Jesch/Striegel/Boxberger
Rechtshandbuch Private Equity

# Rechtshandbuch Private Equity

Herausgegeben von

Dr. Thomas A. Jesch, LL.M.    Dr. Andreas Striegel, LL.M.

Lutz Boxberger

Bearbeitet von

RA Dr. Ernst-Albrecht von Beauvais, LL.M. (Berkeley), Taylor Wessing, Düsseldorf; RA Clemens von Berger, Triginta Capital GmbH, Düsseldorf; StB Markus Böhl, Ernst & Young GmbH Wirtschaftsprüfungsgesellschaft, Berlin; RA, StB Lutz Boxberger, SJ Berwin LLP, München; RA, StB Dr. Hardy Fischer, P+P Pöllath + Partners, Berlin; RA Dr. Gottfried M. Freier, Kaye Scholer (Germany) LLP, Frankfurt am Main; RA Dr. Volker Geyrhalter, Hogan Lovells International LLP, München; RA Dr. Anna Katharina Gollan, P+P Pöllath + Partners, Berlin; RA Dr. Christian Halasz, Bingham McCutchen (London) LLP, London; RA, StB Dr. Marcus Helios, KPMG AG Wirtschaftsprüfungsgesellschaft, Frankfurt am Main; RA Dr. Peter Hellich, Taylor Wessing, München; RA, StB Dr. Klaus Herkenroth, LL.M. (Michigan), Ashurst LLP, Frankfurt am Main; RA Dr. Benedikt Hohaus, P+P Pöllath + Partners, München; RA Dr. Thomas Ingenhoven, LL.M. (Cambridge), Milbank, Tweed, Hadley & McCloy LLP, Frankfurt am Main; RA Dr. Michael Inhester, P+P Pöllath + Partners, München; RA Dr. Thomas A. Jesch, LL.M. Taxation (Georgetown), Kaye Scholer (Germany) LLP, Frankfurt am Main; RA, StB Dr. Tobias Klass, Latham & Watkins LLP, Hamburg; Stephan Klier, Commerzbank AG, Frankfurt am Main; RA Dr. Lars Kloster, Hengeler Mueller, Frankfurt am Main; RA Dr. Adrian Körner, Bingham McCutchen (London) LLP, London; Prof. Dr. Thomas C. Knecht, Roland Berger Strategy Consultants GmbH, München; RA Dr. Alexander von Kuhlberg, Berenberg Bank Joh. Berenberg, Gossler & Co. KG, Hamburg; Martin Kuzmicki, Commerzbank AG, Frankfurt am Main; RA, StB Dr. Henrik Lay, Latham & Watkins LLP, Hamburg; RA Dr. Hans-Peter Löw, Hogan Lovells International LLP, Frankfurt am Main; RA Markus Muhs, Clifford Chance Partnerschaftsgesellschaft, Frankfurt am Main; RA Dr. Peter Nussbaum, M.C.J. (NYU), Milbank, Tweed, Hadley & McCloy LLP, München; Dr. Sönke Pinkernelle, Union Asset Management Holding AG, Hamburg; Andreas C. Reusche, Triginta Capital GmbH, Düsseldorf; RA Dr. Andreas Richter, LL.M. (Yale), P+P Pöllath + Partners, Berlin; RA Dr. Christian Ries, Willkie Farr & Gallagher LLP, Frankfurt am Main; RA Dr. Alexander Rinne, Milbank, Tweed, Hadley & McCloy LLP, München; RA Dr. Christoph Rothenfußer, Milbank, Tweed, Hadley & McCloy LLP, München; RA Adrian M. Schell, Nobel Biocare Holding AG, Zürich; RA, StB Christian Schatz, SJ Berwin LLP, München; RA Prof. Dr. Michael Schlitt, Willkie Farr & Gallagher LLP, Frankfurt am Main; RA Dr. Tobias Schneider, CMS Hasche Sigle, Stuttgart; RA, StB Dr. Oliver von Schweinitz, LL.M. (Duke), Master of Law and Finance (Goethe), KSP Kanzlei Dr. Seegers, Dr. Frankenheim & Partner, Hamburg; Holger Seidel, BPE Fund Investors GmbH, Hamburg; RA Dr. Udo Simmat, CMS Hasche Sigle, Stuttgart; RA Dr. Jens Steinmüller, LL.M. (Boston), P+P Pöllath + Partners, Berlin; RA Dr. Arndt Stengel, Clifford Chance Partnerschaftsgesellschaft, Frankfurt am Main; RA, StB Dr. Andreas Striegel, LL.M. (Miami), mainfort Rechtsanwälte, Frankfurt am Main; Wirtschaftsprüfer Freddy Strottmann, Deloitte & Touche GmbH, Düsseldorf; StB Dr. Vassil Tcherveniachki, Flick Gocke Schaumburg, Bonn; Gerwin Theiler, capiton AG, Berlin; StB Dr. Thomas Töben, P+P Pöllath + Partners, Berlin; RA Dr. Axel Vogelmann, LL.M. (Edinburgh), Paul, Hastings, Janofsky & Walker LLP, Frankfurt am Main; RA Dr. Michael Wiesbrock, Flick Gocke Schaumburg, Frankfurt am Main; RA Dr. Nikolas Zirngibl, Hogan Lovells International LLP, München.

Verlag C. H. Beck München 2010

Verlag C.H.Beck im Internet:
**beck.de**

ISBN 978 3 406 60184 2

© 2010 Verlag C.H.Beck oHG
Wilhelmstraße 9, 80801 München
Druck: Bercker graphische Betriebe GmbH
Hooge Weg 100, 47623 Kevelaer

Satz: ottomedien
Birkenweg 12, 64289 Darmstadt

Gedruckt auf säurefreiem, alterungsbeständigem Papier
(hergestellt aus chlorfrei gebleichtem Zellstoff)

# Vorwort

Die deutsche Private-Equity-Branche kommt nicht zur Ruhe, und dies gerade auch in rechtlicher und steuerlicher Hinsicht: Wurde in den 80er Jahren mit der beginnenden Professionalisierung der Industrie durch verbindliche Auskünfte der bayerischen, insbesondere der Münchener, Finanzämter erste Sicherheit erlangt, was die Qualifizierung der nationalen Fondsvehikel als vermögensverwaltend anbelangt, so sollte dies nicht lange anhalten. Zwischen den einzelnen Bundesländern konnte sich insoweit von vornherein keine einheitliche Linie durchsetzen und schließlich wog man sich auch am „Fondsstandort München" nicht mehr ganz in Sicherheit – und auch die Sitzverlagerung durch „Bundesländer-Shopping" ließ nach.

Das BMF-Schreiben vom 16. Dezember 2003 brachte sodann immerhin einen Kriterienkatalog, der eine Abgrenzung der Vermögensverwaltung von der gewerblichen Tätigkeit erleichtern sollte – faktisch aber viele neue Fragen aufwarf: Wie aktiv durfte sich der Fonds in die Belange seiner Portfolio-Unternehmen einmischen? Wie umfangreich durfte er sich organisieren und auf dem Markt – gar unter „Einsatz beruflicher Erfahrungen" – agieren?

Parallel dazu wurde seit 1987 die Möglichkeit geboten, dem deutschen Fonds das Rechtskleid der *Unternehmensbeteiligungsgesellschaft* zu verleihen. Die Frage der Qualifizierung als vermögensverwaltend konnte damit zur Zufriedenheit des Initiators beantwortet werden. Aber konnte dieser auch mit den Einschränkungen der UBG leben?

Diese Beispiele aus dem Bereich der Fondsstrukturierung sind exemplarisch für die rechtlichen Rahmenbedingungen der deutschen Private-Equity-Branche: Auch bei den Transaktionen sieht sich der Investor keinesfalls nur einem begünstigenden Umfeld ausgesetzt. Die Grenze für eine wesentliche Beteiligung, die bei natürlichen Personen zur Besteuerung von Veräußerungsgewinnen führt, lag früher bei 25 %. Dann bei 10 %. Nunmehr bei 1 %. Und mit den neuesten steuerlichen Reformen schlägt nunmehr auch darunter die sog. Abgeltungsteuer zu. Was zudem die Besteuerung des *Carried Interest* anbelangt, so kann man sich über die jahrelange Rechtsunsicherheit bei dessen steuerlicher Qualifikation nur wundern.

Gerade junge Hochtechnologieunternehmen müssen auf der *J-Curve* zunächst einmal die Verlustphase durchschreiten. Essentiell ist insoweit, dass Verluste zumindest steuerlich berücksichtigt werden können. Der Gesetzgeber hat jüngst die generellen Möglichkeiten der Verlustnutzung weiter eingeschränkt – um sie sogleich für einen Übergangszeitraum und unter bestimmten Bedingungen wieder zuzulassen. Die Milderungen für die jungen Hochtechnologieunternehmen sind zum Zeitpunkt des Redaktionsschlusses dieses Werkes über das Papierstadium noch nicht hinausgekommen, die EU-Kommission hat dem deutschen Gesetzgeber einen vorläufigen „Strich durch die Rechnung" gemacht.

Werden wir nunmehr unter der neuen Regierung in den nächsten Monaten einen erneuten Anlauf zum vereinheitlichenden „Private-Equity-Gesetz" erleben? Wird dieses dann in Summe das Geschäft der Private-Equity-Investoren erleichtern?

Die Spekulation ist müßig. Eine handfeste und belastbare Analyse des rechtlichen und steuerlichen Status Quo bieten die hier versammelten Autoren, die erstmalig versuchen, sämtliche, die deutsche Private-Equity-Branche betreffenden Rechts- und Steuerfragen zusammenhängend darzustellen. Hierbei wird der internationale Wettbewerb nicht gescheut und kurze Länderberichte bieten einen Überblick über die entsprechenden Rahmenbedingungen wichtiger Jurisdiktionen.

Den Autoren sei mit dieser ersten Auflagen viel Erfolg beschieden – möge die zweite

# Vorwort

Auflage, so der Wunsch des Verfassers als „praktischem Juristen", sich einer abnehmenden Zahl von Gesetzen und Zweifelsfragen ausgesetzt sehen!

*Rolf Christof Dienst*

General Partner
Wellington Partners Venture Capital GmbH

# Dankeswort der Herausgeber

Private Equity hat stürmische Zeiten hinter sich. Eine nicht immer sachlich geführte Mediendiskussion wurde abgelöst von einer Finanz- und später globalen Wirtschaftskrise. Diese führte zu einem Einbruch bei Anzahl und Volumina der Transaktionen. Private Equity hat spannende und ertragreiche Zeiten vor sich. Die Preisvorstellungen der potentiellen Verkäufer werden realistischer und so versprechen die *Vintage Years* 2009 und 2010 für die Private-Equity-Fonds durchaus attraktiv zu werden.

In rechtlicher und steuerlicher Hinsicht sind Vergangenheit wie Gegenwart durch unsichere Rahmenbedingungen gekennzeichnet – es bleibt die Hoffnung, dass die zum Zeitpunkt des Manuskriptabschlusses noch zu bildende neue Regierung hier auch neue Akzente setzt.

Die Herausgeber danken RA Dr. Klaus U. Eyber und RA Matthias Götz für eine gründliche Durchsicht von Manuskriptteilen. Dank gilt weiterhin stud. iur. Christopher Bragrock, stud. iur. Semiha Ercik, stud. iur. Julia Pomer, Katja Putschke und cand. iur. Alexander Wüst für die Unterstützung bei der Erstellung des Manuskripts.

Beim Erstellen und Redigieren der Texte haben wir uns um größtmögliche Sorgfalt bemüht. Für eventuell verbleibende Ungenauigkeiten und Lücken kann allerdings keine Haftung übernommen werden.

Die Herausgeber freuen sich schon jetzt über Kritik und Ergänzungsvorschläge – das jetzige Werk kann nur eine erste Bestandsaufnahme sein.

Frankfurt am Main/Stuttgart/München, im April 2010

*Thomas A. Jesch*
*Andreas Striegel*
*Lutz Boxberger*

# Inhaltsübersicht

## 1. Teil. Investoren
§ 1 Stiftungen als Investoren *(Richter/Steinmüller/Gollan)* .................. 1
§ 2 Versicherungsunternehmen und Pensionskassen als Investoren
*(von Berger/Reusche)* .................................................. 18
§ 3 Dachfonds als Investoren *(von Kuhlberg/Seidel)* ....................... 36

## 2. Teil. Fondsstrukturierung
§ 4 Inländische Fondsstrukturen *(Schatz)* ................................. 73
§ 5 Fondsstrukturen (Inbound) *(Klass/Lay)* ................................ 82
§ 6 Fondsstrukturen (Outbound) *(Boxberger)* .............................. 108

## 3. Teil. Due Diligence
§ 7 Legal Due Diligence *(Geyrhalter/Zirngibl)* ........................... 139
§ 8 Tax Due Diligence *(Böhl)* ............................................ 165
§ 9 Financial Due Diligence und Unternehmensbewertung
*(Strottmann/Pinkernelle)* ............................................. 191

## 4. Teil. Beteiligungsstrukturierung
§ 10 Management-Beteiligung *(Hohaus)* .................................... 207
§ 11 Beteiligungsvertrag *(Inhester)* ..................................... 230
§ 12 Fremdfinanzierung *(Ingenhoven)* ..................................... 256
§ 13 Steuerliche Fragen der Akquisitionsfinanzierung und Rekapitalisierung einer
deutschen Zielgesellschaft *(Helios/Kloster/Tcherveniachki)* ........... 290
§ 14 Beteiligungscontrolling *(Theiler)* .................................. 339

## 5. Teil. Exit-Strukturierung
§ 15 Exit-Option Anteilsveräußerung *(von Beauvais/Hellich)* .............. 363
§ 16 Exit-Option Börsengang *(Schlitt/Ries)* .............................. 396
§ 17 Dual-Track-Verfahren *(Simmat/Schneider)* ............................ 423

## 6. Teil. Einzelrechtsgebiete
§ 18 Steuerrechtliche Fragestellungen *(Herkenroth/Striegel/Wiesbrock)* ... 449
§ 19 Kartellrechtliche Fragestellungen *(Rinne)* .......................... 480
§ 20 Arbeitsrechtliche Fragestellungen *(Löw)* ............................ 541

## 7. Teil. Spezielle Beteiligungsformen
§ 21 PIPEs *(Nussbaum/Rothenfußer)* ....................................... 569
§ 22 Mezzanine Investments *(Klier/Kuzmicki/von Schweinitz)* .............. 596
§ 23 Distressed Equity Investments *(Knecht/Jesch)* ....................... 643
§ 24 Distressed Debt Investments *(Halasz/Vogelmann/Körner)* .............. 667
§ 25 Real Estate Investments *(Töben/Fischer)* ............................ 723
§ 26 Infrastructure Investments *(Stengel/Muhs)* .......................... 740
§ 27 Biotechnology Investments *(Freier/Schell)* .......................... 759

## 8. Teil. Länderberichte/Country Reports
§ 1 USA *(Skilken/Spangler)* .............................................. 777
§ 2 UK *(Fleet/Spangler/Lewin)* ........................................... 793

## Inhaltsübersicht

| | | |
|---|---|---|
| § 3 | Frankreich *(Dutton/Goldschmidt/Teissier/Dufrêne)* | 808 |
| § 4 | Österreich *(Sauer/Aigner/Pucher)* | 824 |
| § 5 | Spanien *(Hödl/von Thunen)* | 836 |
| § 6 | Belgien *(Liebman/Rousselle)* | 855 |
| § 7 | Niederlande *(van Asbeck/Reumkens)* | 869 |
| § 8 | Schweden *(Busch/Bärlin)* | 875 |
| § 9 | Kanada *(Dietrich/Johnston)* | 887 |
| § 10 | Japan *(Shirai/Hafermalz)* | 899 |
| § 11 | Volksrepublik China *(Liew/Xing)* | 921 |
| § 12 | Indien *(Krause/von Ilsemann)* | 931 |
| § 13 | Russland *(Heidemann)* | 944 |

Rechtsprechungs- und Literaturverzeichnis .......... 955
Stichwortverzeichnis ................................ 989

# Inhaltsverzeichnis

**1. Teil. Investoren**
§ 1 Stiftungen als Investoren *(Richter/Steinmüller/Gollan)* .................. 1
  1. Einleitung .................................................... 1
  2. Stiftungen als Anleger ......................................... 2
    2.1. Rechtsformen ............................................ 2
      2.1.1. Die rechtsfähige Stiftung bürgerlichen Rechts .............. 3
      2.1.2. Die nichtrechtsfähige Stiftung ........................ 3
      2.1.3. Die Stiftungs-GmbH ................................ 3
      2.1.4. Der Stiftungs-Verein ................................ 4
      2.1.5. Stiftungen der öffentlichen Hand ..................... 4
    2.2. Allgemeine rechtliche Grundlagen der Vermögensanlage für Stiftungen 4
      2.2.1. Zivilrechtliche Rahmenbedingungen für die Vermögensanlage .. 4
      2.2.2. Gemeinnützigkeitsrechtliche Rahmenbedingungen für die Vermögensanlage ......................................... 6
  3. Charakteristika von Private-Equity-Fonds ........................... 6
  4. Rechtliche Fragestellungen im Zusammenhang mit der Anlage von Stiftungen in Anteile an Private-Equity-Fonds ......................... 8
    4.1. Verlustrisiko ............................................. 8
      4.1.1. Stiftungsrechtliches Gebot der sicheren Vermögensanlage ...... 8
      4.1.2. Gemeinnützigkeitsrechtliches Gebot der Selbstlosigkeit ....... 11
    4.2. Beteiligung an gewerblichen Private-Equity-Fonds ............... 12
      4.2.1. Folgen der Gewerblichkeit für steuerpflichtige Stiftungen ..... 12
      4.2.2. Folgen der Gewerblichkeit für gemeinnützige Stiftungen ...... 12
      4.2.3. Abgrenzung von Gewerblichkeit und Vermögensverwaltung bei Private-Equity-Fonds ................................. 13
    4.3. Illiquidität von Anlagen in Private-Equity-Fonds ................. 14
      4.3.1. Gebot der ertragreichen Vermögensanlage ............... 14
      4.3.2. Gebot der zeitnahen Mittelverwendung ................. 15
    4.4. Kostenstrukturen von Private-Equity-Fonds .................... 16
      4.4.1. Stiftungsrechtliche Vorgaben beim Einsatz von Vermögensverwaltern ............................................ 16
      4.4.2. Gemeinnützigkeitsrechtliches Begünstigungsverbot ......... 17
  5. Zusammenfassung .............................................. 17
§ 2 Versicherungsunternehmen und Pensionskassen als Investoren *(von Berger/Reusche)* ............................................. 18
  1. Einleitung .................................................... 18
  2. Anforderungen durch Regulierung ................................ 19
    2.1. Zweck und Umfang der Versicherungsaufsicht ................. 19
    2.2. Vermögensbegriff des Versicherungsaufsichtsgesetzes ............ 20
    2.3. Anlagebeschränkungen .................................... 20
      2.3.1. Qualitative Beschränkungen .......................... 20
      2.3.2. Quantitative Beschränkungen ......................... 22
      2.3.3. Kontrolle durch die Bundesanstalt für Finanzdienstleistungsaufsicht .................................................. 23
  3. Anforderungen durch Kapitalmarkt und Steuergesetze ................ 24
    3.1. Erfordernis einer niedrigen Volatilität der Anlagen ............... 24
    3.2. Vermeidung einer gewerblichen Infektion ..................... 25

# Inhaltsverzeichnis

|  |  |
|---|---|
| 3.3. Master-Feeder-Struktur für Private-Equity-Fonds | 27 |
| 4. Zukünftige Anforderungen durch Solvency II | 28 |
| 4.1. Entwicklung der Versicherungsaufsicht zu Solvency I | 28 |
| 4.2. Fortentwicklung der Versicherungsaufsicht zu Solvency II | 30 |
| 4.3. Konsequenzen für die Anlage in Private Equity | 32 |
| 5. Fazit | 33 |
| § 3 Dachfonds als Investoren *(von Kuhlberg/Seidel)* | 36 |
| 1. Vorbemerkung | 37 |
| 2. Dachfonds als Investoren | 37 |
| 2.1. Struktur eines Private-Equity-Dachfonds („Fund-of-Funds") | 37 |
| 2.2. Multi-Fonds-Strategie oder Feeder Fund | 38 |
| 2.3. Blind Pool- oder Pre-Commitment-Strategie | 38 |
| 2.4. Private-Equity-Allokationen über Dachfonds | 39 |
| 2.5. Dachfondskonzepte für private und institutionelle Investoren | 40 |
| 2.5.1. Diversifizierte „Retail"-Produkte für private Investoren | 40 |
| 2.5.2. Spezialisierte Konzepte für institutionelle Investoren | 40 |
| 2.6. Typische Merkmale für die Strukturierung von Private-Equity-Dachfonds | 41 |
| 2.6.1. Trennung von Vermögensanlage und Vermögensverwaltung | 42 |
| 2.6.2. Vergütungsstrukturen | 42 |
| 2.6.3. Weitere typische Fondsstrukturierungsmerkmale | 44 |
| 2.7. Erfolgsfaktoren eines Private-Equity-Dachfonds | 44 |
| 2.7.1. Risikoreduktion durch Diversifikation | 44 |
| 2.7.2. Qualität des Managements | 45 |
| 2.7.3. Kontinuität | 46 |
| 2.7.4. Track Record | 46 |
| 2.7.5. Commitment-Struktur | 47 |
| 2.7.6. Weitere Erfolgsfaktoren | 48 |
| 3. Private-Equity-Dachfonds in der Rechtsform einer GmbH & Co. KG | 48 |
| 3.1. Steuerliche Gesichtspunkte für die Wahl der Rechtsform einer GmbH & Co. KG | 48 |
| 3.1.1. Besteuerung der Investoren | 48 |
| 3.1.2. Erfordernis der Abgrenzung zwischen privater Vermögensverwaltung und gewerblicher Tätigkeit | 49 |
| 3.2. Haftungsrechtliche Gesichtspunkte für die Wahl der Rechtsform einer GmbH & Co. KG | 51 |
| 3.3. Gesellschafterstruktur eines Dachfonds in der Rechtsform der GmbH & Co. KG | 51 |
| 3.3.1. Komplementärin | 51 |
| 3.3.2. Gründungskommanditisten | 51 |
| 3.3.3. Investoren als Kommanditisten | 52 |
| 4. Andere Beteiligungsformen | 53 |
| 4.1. Gesellschaft mit beschränkter Haftung | 53 |
| 4.2. Aktiengesellschaft | 54 |
| 4.3. Wagniskapitalbeteiligungsgesellschaft | 55 |
| 4.4. Unternehmensbeteiligungsgesellschaft | 56 |
| 4.5. Strukturen nach Luxemburger Recht | 58 |
| 4.5.1. Société d'Investissement à Capital Variable (SICAV) | 58 |
| 4.5.2. Société d'Investissement en Capital à Risque (SICAR) | 59 |
| 5. Erlaubnispflicht | 61 |
| 5.1. Erlaubnispflicht nach dem Kreditwesengesetz | 61 |
| 5.1.1. Verwaltungspraxis der BaFin in Bezug auf Treuhandkommanditmodelle | 62 |

# Inhaltsverzeichnis

| | |
|---|---|
| 5.1.2. Gegenauffassung der Rechtsprechung | 63 |
| 5.1.3. Keine Erlaubnispflicht von Private-Equity-Fonds nach dem Kreditwesengesetz | 64 |
| 5.2. Erlaubnispflicht nach dem Investmentgesetz | 65 |
| 6. Prospektpflicht | 65 |
| 6.1. Rechtsgrundlagen | 65 |
| 6.2. Öffentliches Angebot | 66 |
| 6.3. Prospektinhalt | 67 |
| 6.4. Prospektprüfung und Veröffentlichung | 67 |
| 6.5. Prospekthaftung | 68 |
| 7. Vertragsdokumentation | 68 |
| 7.1. Gesellschaftsvertrag/„Limited Partnership Agreement" | 69 |
| 7.2. Managementvertrag | 69 |
| 7.3. Treuhandvertrag | 70 |
| 7.4. Mittelverwendungsvertrag | 71 |

## 2. Teil. Fondsstrukturierung

| | |
|---|---|
| § 4 Inländische Fondsstrukturen *(Schatz)* | 73 |
| 1. Einleitung | 73 |
| 2. Was ist ein Private-Equity-Fonds? | 73 |
| 3. Was sind die Parameter für inländische Fondsstrukturen? | 74 |
| 3.1. Personengesellschaftsmodelle | 74 |
| 3.1.1. Die vermögensverwaltende GmbH & Co. KG | 74 |
| 3.1.2. Gewerbliche GmbH & Co. KG | 77 |
| 3.1.3. Das GbR mbH-Modell | 77 |
| 3.1.4. Stille Gesellschaft als Beteiligungsmodell | 78 |
| 3.2. Kapitalgesellschaftsmodelle | 78 |
| 3.2.1. AG/GmbH-Modell | 78 |
| 3.2.2. GmbH & Co. KGaA-Modell | 78 |
| 3.3. Unternehmensbeteiligungsgesellschaft und Wagniskapitalbeteiligungsgesellschaft | 80 |
| 3.3.1. Unternehmensbeteiligungsgesellschaft | 80 |
| 3.3.2. Wagniskapitalbeteiligungsgesellschaft | 80 |
| 4. Ausblick: Die AIFM-Richtlinie – Wie geht es weiter? | 81 |
| § 5 Fondsstrukturen (Inbound) *(Klass/Lay)* | 82 |
| 1. Einleitung | 82 |
| 2. Ertragsteuerliche Behandlung von Inlandsinvestitionen durch Steuerausländer | 83 |
| 2.1. Grundlagen | 83 |
| 2.1.1. Steuersubjekte und Abkommensberechtigung | 83 |
| 2.1.2. Beschränkte Steuerpflicht | 85 |
| 2.2. Steuereffiziente Repatriierung von Gewinnen | 92 |
| 2.2.1. Direktbeteiligung | 93 |
| 2.2.2. Indirekte Beteiligung | 94 |
| 2.2.3. Sonderfall Immobilieninvestment | 99 |
| 3. US-amerikanische Vorgaben für Inlandsinvestitionen durch Steuerausländer | 101 |
| 3.1. US-amerikanische Besteuerungstatbestände auf Investorenebene | 102 |
| 3.1.1. Hinzurechnungsbesteuerung/CFC-Rules | 102 |
| 3.1.2. ECI/UBTI | 103 |
| 3.2. ERISA | 105 |
| 3.2.1. Voraussetzungen der „Plan Assets Regulation" | 105 |
| 3.2.2. Rechtsfolgen des ERISA | 105 |
| 3.2.3. Vermeidungsstrategien | 106 |

XIII

# Inhaltsverzeichnis

§ 6 Fondsstrukturen (Outbound) *(Boxberger)* .................................. 108
  1. Einleitung ................................................................ 108
    1.1. Typische Outbound-Fondsstruktur: US-Fonds .................... 109
    1.2. Typische Outbound-Fondsstruktur: Pan-Asienfonds .............. 110
    1.3. Typische Outbound-Fondsstruktur: VR China-Fonds ............. 110
  2. Aufsichtsrechtliche Strukturerwägungen ........................... 112
    2.1. Geographische Beschränkung der Anlagemöglichkeiten ............ 113
    2.2. Schuldnerbezogene Beschränkungen ............................... 114
    2.3. Beschränkungen von Fremdwährungsengagements ................ 114
    2.4. Anlagesicherheit: Monitoring ................................... 114
    2.5. Fungibilität/Treuhändervermerk ................................. 115
    2.6. Aufsichtsrechtlich probate Feeder-Vehikel ...................... 115
  3. Steuerrechtliche Strukturerwägungen ............................. 115
    3.1. Verfahrensrecht ................................................ 116
      3.1.1. Erhöhte Anzeige- und Erklärungspflichten bei Auslandssachverhalten ........................................................ 116
      3.1.2. Steuererklärungspflichten (§§ 179, 180 AO) ................ 116
    3.2. Besteuerung der Investoren .................................... 117
      3.2.1. Institutionelle Investoren .................................. 118
      3.2.2. Private Investoren ......................................... 120
      3.2.3. Steuerbefreite Investoren ................................. 120
    3.3. Investmentsteuerrecht .......................................... 123
      3.3.1. Anwendbarkeit des InvG/InvStG ............................ 124
      3.3.2. Vermeidung der „Strafbesteuerung" ....................... 128
    3.4. Außensteuergesetz (AStG) ...................................... 130
    3.5. Steuerliches Einlagekonto (§ 27 Abs. 8 KStG) .................. 131
      3.5.1. EU-Gesellschaften ......................................... 131
      3.5.2. Drittstaaten- (und EWR-)Gesellschaften .................. 132
    3.6. Carried Interest ................................................ 132
      3.6.1. Übergangsregelung unter MoRaKG ......................... 134
      3.6.2. Vermögensverwaltender Fonds/gewerbliches Carry-Vehikel .... 134
      3.6.3. Auszahlungs- und Zuflusszeitpunkt ........................ 135
      3.6.4. Lohnsteuerrechtliche Aspekte ............................. 136
  4. Fazit ................................................................. 137

## 3. Teil. Due Diligence

§ 7 Legal Due Diligence *(Geyrhalter/Zirngibl)* ............................. 139
  1. Die Due Diligence als Bestandteil einer Unternehmenstransaktion ...... 140
    1.1. Einordnung der Due Diligence in den Transaktionsprozess ........ 140
    1.2. Wechselwirkung von Due Diligence und Vertragsgestaltung ...... 141
  2. Zulassung einer Due Diligence ..................................... 142
    2.1. Die Due Diligence im Spannungsverhältnis von Informationsoffenlegung und Geheimhaltung ........................................ 142
    2.2. Materieller Inhalt der Entscheidung über die Zulassung der Due Diligence ......................................................... 144
    2.3. Entscheidung über die Zulassung einer Due Diligence bei der Aktiengesellschaft ...................................................... 144
      2.3.1. Formelle Zuständigkeit für die Entscheidung ............. 144
      2.3.2. Maßgebliche Entscheidungskriterien ...................... 146
      2.3.3. Abwägung der verschiedenen Interessen .................. 147
      2.3.4. Zurückhaltung bestimmter Informationen aufgrund besonderer Verpflichtungen ........................................... 149
    2.4. Entscheidung über die Zulassung einer Due Diligence bei der GmbH . 150

## Inhaltsverzeichnis

|  |  |
|---|---|
| 2.4.1. Gesellschafterbeschluss über die Zulassung der Due Diligence | 150 |
| 2.4.2. Maßgebliche Entscheidungskriterien | 151 |
| 2.4.3. Pflicht zur Zulassung der Due Diligence durch die Geschäftsführung aufgrund Informationsanspruchs des Gesellschafters | 151 |
| 2.5. Entscheidung über die Zulassung einer Due Diligence bei Personenhandelsgesellschaften | 152 |
| 3. Vorbereitung der Due Diligence | 153 |
| 3.1. Vorbereitung durch den Verkäufer | 153 |
| 3.1.1. Aufbereitung der Information entsprechend der Due Diligence Request List | 153 |
| 3.1.2. Einrichtung eines Datenraums | 153 |
| 3.1.3. Erstellung von Datenraumregeln, Q&A-Process, Data Request Forms | 155 |
| 3.1.4. Vorbereitung der Management Presentation | 155 |
| 3.2. Vorbereitung durch den Käufer | 155 |
| 3.2.1. Vorüberlegungen | 155 |
| 3.2.2. Erstellen einer Due Diligence Request List und Übermittlung an den Verkäufer | 155 |
| 3.2.3. Aufstellung des Due Diligence Teams | 155 |
| 3.2.4. Festlegen der Reportingstandards | 156 |
| 4. Durchführung der Due Diligence | 156 |
| 4.1. Nutzung aller verfügbaren Informationsquellen | 156 |
| 4.2. Kommunikation während der Due Diligence | 157 |
| 4.3. Erstellung der Due Diligence Reports | 157 |
| 4.3.1. Aufbau | 157 |
| 4.3.2. Darstellung | 158 |
| 5. Sonderfall Vendor Due Diligence | 158 |
| 5.1. Vor- und Nachteile | 158 |
| 5.2. Nutzen des Vendor Due Diligence Report für den Käufer | 159 |
| 6. Typische Prüfungsschwerpunkte | 159 |
| 6.1. Gesellschaftsrecht | 159 |
| 6.2. Arbeitsrecht | 160 |
| 6.3. Immobilienrecht | 161 |
| 6.4. Commercial: Wichtige Vertragsbeziehungen | 161 |
| 6.5. Gewerbliche Schutzrechte | 161 |
| 6.6. Finanzierung/Banking | 161 |
| 6.7. Versicherungen | 162 |
| 6.8. Rechtsstreitigkeiten | 162 |
| 6.9. Öffentliche Zuschüsse und Beihilfen | 162 |
| 7. Besonderheiten bei Private Equity Transaktionen | 162 |
| 7.1. Einführung | 162 |
| 7.2. Besonderheiten im Hinblick auf die Strukturierung von Private Equity Transaktionen | 163 |
| 7.2.1. Übernahme oder Ablösung der bestehenden Finanzierung der Zielgesellschaft | 163 |
| 7.2.2. Erweiterter Adressatenkreis der Due Diligence | 163 |
| 7.3. Besonderheiten im Hinblick auf den Anlagehorizont von Private Equity Investoren | 164 |
| 7.3.1. Restrukturierungsmöglichkeiten der Zielgesellschaft | 164 |
| 7.3.2. Geplanter Exit | 164 |
| 7.4. Besonderheiten bei Secondary Buy-outs | 164 |
| § 8 Tax Due Diligence *(Böhl)* | 165 |
| 1. Einführung | 166 |

# Inhaltsverzeichnis

    1.1. Begriff, Inhalt und Ziele ................................... 166
    1.2. Vorgehensweise ........................................ 166
  2. Vorbereitung ............................................... 167
    2.1. Auftragsvergabe und Festlegung des Untersuchungsprogramms ....... 167
    2.2. Steuerlich relevante Informationen und ihre Beschaffung .......... 168
  3. Durchführung .............................................. 169
    3.1. Aufnahme des steuerlichen Status ........................... 169
        3.1.1. Abgeschlossene Betriebsprüfungen ...................... 169
        3.1.2. Offene Veranlagungszeiträume ......................... 170
    3.2. Untersuchung ausgewählter Bilanzpositionen ................... 170
        3.2.1. Allgemeines ........................................ 170
        3.2.2. Eigenkapital ........................................ 170
        3.2.3. Rückstellungen ...................................... 170
        3.2.4. Wertaufholung nach Teilwertabschreibungen ............... 171
        3.2.5. Immaterielle Wirtschaftsgüter .......................... 172
    3.3. Organschaften .......................................... 173
        3.3.1. Inhalt und Bedeutung der Organschaft ................... 173
        3.3.2. Ausgewählte Prüfungsfelder ........................... 174
    3.4. Steuerliche Verlustvorträge ................................ 175
        3.4.1. Rechtslage bis 2007 .................................. 175
        3.4.2. Rechtslage ab 2008 .................................. 177
        3.4.3. Rechtslage ab 2010 .................................. 178
    3.5. Verträge mit Gesellschaftern/nahe stehenden Personen ............ 179
        3.5.1. Gesellschaftsrechtlich verursachte Gewinnverschiebungen ..... 179
        3.5.2. Verdeckte Gewinnausschüttung ........................ 179
    3.6. Finanzierung ........................................... 180
        3.6.1. Allgemeines ........................................ 180
        3.6.2. Gesellschafterfremdfinanzierung ........................ 180
        3.6.3. Zinsschranke ....................................... 181
    3.7. Beziehungen zu ausländischen verbundenen Unternehmen ......... 183
        3.7.1. Fremdvergleichsmaßstab als Prüfungsschwerpunkt .......... 183
        3.7.2. Dokumentation von Verrechnungspreisen ................. 184
        3.7.3. Einkünfteberichtigung ................................ 184
    3.8. Umsatzsteuer .......................................... 185
        3.8.1. Ausgewählte Prüfungsschwerpunkte ..................... 185
        3.8.2. Umsatzsteuerliche Konsequenzen der Geschäftsveräußerung ... 185
        3.8.3. Umsatzsteuerliche Risiken des Zielunternehmens ........... 186
    3.9. Grunderwerbsteuer ...................................... 187
        3.9.1. Ausgewählte Prüfungsschwerpunkte ..................... 187
        3.9.2. Übertragung von Grundstücken (Asset Deal) .............. 187
        3.9.3. Übertragung von Gesellschaftsanteilen (Share Deal) ......... 188
        3.9.4. Restrukturierungen .................................. 189
  4. Auswertung ................................................ 189
    4.1. Berichterstattung und Auswertung .......................... 189
    4.2. Steuerklauseln .......................................... 190
    4.3. Maßnahmen zur Risikobegrenzung .......................... 190
§ 9 Financial Due Diligence und Unternehmensbewertung
  *(Strottmann/Pinkernelle)* .......................................... 191
  1. Einführung ................................................ 191
  2. Financial Due Diligence ...................................... 191
    2.1. Zielsetzung einer Financial Due Diligence ..................... 191
    2.2. Bilanz, GuV und Business Plan als Informationsgrundlage ......... 192
    2.3. Analyse des Working Capital ............................... 193

# Inhaltsverzeichnis

  2.4. Analyse des Cash Flow ................................. 194
  2.5. Analyse von Planungsrechnungen ......................... 195
 3. Unternehmensbewertung ..................................... 195
  3.1. Grundsätzliche Problemstellung ........................ 195
  3.2. Direkte und indirekte Bewertungsverfahren ............. 196
  3.3. Anwendung der Multiplikatormethode ................... 197
  3.4. Anwendung der Discounted Cash Flow Methode ............ 198
  3.5. Ertragswertverfahren .................................. 201
  3.6. Substanzwertverfahren ................................ 201
  3.7. Realoptionen ......................................... 202
  3.8. Besonderheiten für Start-Up-Unternehmen .............. 203
  3.9. IDW S1 ............................................... 204
  3.10. EVCA and PEIGG Valuation Guidelines ................. 204
 4. Zusammenfassung und Fazit ................................. 205

## 4. Teil. Beteiligungsstrukturierung

§ 10 Management-Beteiligung *(Hohaus)* ............................. 207
 1. Vorbemerkung .............................................. 207
  1.1. Grundlagen ........................................... 207
  1.2. Zielrichtungen von Managementbeteiligungen und vergleichbaren Anreizen .............................................. 208
 2. Gestaltungsmöglichkeiten .................................. 209
  2.1. Echte Kapitalbeteiligung ............................. 209
  2.2. Tantiemen und virtuelle Kapitalbeteiligung ........... 210
  2.3. Optionsrechte ........................................ 210
  2.4. Kombinationsmodelle .................................. 211
 3. Tantiemen und Optionsrechte ............................... 212
  3.1. Allgemeine Rahmenbedingungen für Tantiemen ........... 212
   3.1.1. Arbeitsrechtliche Grundsätze .................. 212
   3.1.2. Problematik der verdeckten Gewinnausschüttung . 213
  3.2. Optionsrechte ........................................ 214
   3.2.1. Formelle Vorgaben des Aktiengesetzes .......... 214
   3.2.2. Einbeziehung von Aufsichtsratsmitgliedern ..... 215
   3.2.3. Arbeitsrechtliche Aspekte ..................... 215
 4. Eigenkapitalbeteiligungen ................................. 217
  4.1. Arten des Beteiligungserwerbs und dessen Finanzierung . 217
  4.2. Wesentliche Vertragselemente ......................... 218
   4.2.1. Vesting-Schedule und Leaver-Scheme ............ 219
   4.2.2. Ausgestaltung von Call- und Put-Optionen im Leaver Scheme .. 220
   4.2.3. Rechtliche Wirksamkeit von Call-Optionen ...... 221
   4.2.4. Zwangseinziehung ............................. 223
   4.2.5. Rückkaufpreis ................................ 224
   4.2.6. Ratchets ..................................... 226
  4.3. Steuerrechtliche Rahmenbedingungen ................... 226
   4.3.1. Steuerliche Gestaltungsziele ................. 226
   4.3.2. Lohnsteueranrufungsauskünfte ................. 228
 5. Offenlegung der Vergütungen der Führungsorgane ............ 228

§ 11 Beteiligungsvertrag *(Inhester)* .............................. 230
 1. Grundlagen zur Begriffsbestimmung ......................... 230
  1.1. Rechtsnatur von Beteiligungsvereinbarungen ........... 231
  1.2. Wechselwirkung von Beteiligungsvereinbarung und Satzung . 232
 2. Der Letter of Intent als Produkt der Investitionsentscheidung des Investors .. 233
  2.1. Bedeutung des Letter of Intent für den Transaktionsverlauf ......... 233

# Inhaltsverzeichnis

|  |  |
|---|---|
| 2.2. Abgrenzung zum Vorvertrag | 234 |
| 3. Beteiligungsvereinbarung im engeren Sinn | 234 |
|    3.1. Beteilgung des Investors | 235 |
|       3.1.1. Beitritt durch Kapitalerhöhung | 235 |
|       3.1.2. Kombination mit Fremdkapitalinstrumenten | 237 |
|       3.1.3. Festlegung der (weiteren) Finanzierungsleistungen, Milestone-Finanzierung | 239 |
|       3.1.4. Disquotale Einlagen | 241 |
|    3.2. Garantieverpflichtungen der Gründungsgesellschafter | 241 |
|       3.2.1. Vertragliche Rechtsfolgenvereinbarungen (Garantien) | 241 |
|       3.2.2. Garantiegeber | 242 |
|       3.2.3. Maßgeblicher Zeitpunkt | 243 |
|       3.2.4. Rechtsfolgen der Garantieverletzung (Haftung) | 243 |
|    3.3. Verwässerungsschutz (Anti-Dilution) | 245 |
| 4. Typische Gesellschaftervereinbarungen im Rahmen der Beteiligung | 246 |
|    4.1. Corporate Governance Regelungen | 246 |
|       4.1.1. Besetzung der Management- und Aufsichtsgremien | 246 |
|       4.1.2. Informationsrechte | 247 |
|       4.1.3. Zustimmungsvorbehalte des PE-Investors | 248 |
|       4.1.4. Key-Man Klauseln, Vesting | 248 |
|       4.1.5. Wettbewerbsverbote | 249 |
|       4.1.6. Technologietransfer | 250 |
|    4.2. Anteilsverfügungen, Andienungs- und Vorkaufsrechte | 250 |
|       4.2.1. Verfügungsbeschränkungen, Vinkulierungsklauseln | 250 |
|       4.2.2. Andienungs- und Vorkaufsrechte | 251 |
|    4.3. Exitvereinbarungen | 252 |
|       4.3.1. Verpflichtung zum Trade Sale oder Börsengang | 252 |
|       4.3.2. Mitverkaufspflichten (Drag Along) | 252 |
|       4.3.3. Mitverkaufsrechte (Tag Along) | 253 |
|       4.3.4. Erlösverteilungspräferenzen | 253 |
| 5. Besondere Rechtsfragen im Zusammenhang mit der Beteiligungsvereinbarung | 254 |
|    5.1. Formfragen | 254 |
|    5.2. Laufzeit | 255 |
| § 12 Fremdfinanzierung *(Ingenhoven)* | 256 |
| 1. Einführung | 256 |
| 2. Beschreibung einer typischen Akquisitionsfinanzierungsstruktur | 257 |
| 3. Übersicht über die klassischen Fremdfinanzierungstranchen | 258 |
|    3.1. Senior-Kredite | 258 |
|       3.1.1. Laufzeitkredite – Term Facilities | 258 |
|       3.1.2. Betriebsmittellinie – Revolving Facility | 260 |
|       3.1.3. Ergänzende bilaterale Linien – Ancillary Facilities | 261 |
|    3.2. Second-Lien-Kredite | 261 |
|    3.3. Mezzanine-Kredite | 262 |
|    3.4. Sonderformen der Fremdfinanzierung | 264 |
|       3.4.1. PIK-Kredite | 264 |
|       3.4.2. Verkäuferdarlehen (Vendor Loans) | 265 |
|       3.4.3. Hochzinsanleihen (High Yield Bonds) | 266 |
|       3.4.4. Asset Based Lending | 266 |
| 4. Finanzierungszusage und Certain Funds | 267 |
|    4.1. Finanzierungszusage – Commitment Papers | 267 |
|    4.2. Sicherstellung der Kaufpreisfinanzierung – Certain Funds | 268 |
|    4.3. Wege zu Certain Funds | 269 |

# Inhaltsverzeichnis

  4.3.1. Bankgarantie und Treuhandkonto ........................ 269
  4.3.2. Unterzeichneter Kreditvertrag ........................... 269
  4.3.3. Aufhebung des Dokumentationsvorbehaltes – Fundable Commitment Papers ..................................... 270
  4.3.4. Übergangsfinanzierung – Interim Facility Agreement ........ 270
  4.3.5. Erfüllung der Auszahlungsvoraussetzungen ................ 271
 5. Vertragsdokumentation der Kreditfinanzierung ..................... 271
  5.1. Vertragsmuster für Kreditverträge ............................. 271
  5.2. Überblick über die wichtigsten Regelungen des Kreditvertrages ..... 273
   5.2.1. Zusicherungen der Kreditnehmer – Representations ......... 273
   5.2.2. Allgemeine Auflagen für Kreditnehmer – General Undertakings 274
   5.2.3. Finanzkennzahlen – Financial Covenants .................. 277
   5.2.4. Kündigungsgründe – Events of Default ................... 279
  5.3. Konsortialbestimmungen und die Intercreditor-Vereinbarung ...... 281
   5.3.1. Die Konsortialbestimmungen ............................ 281
   5.3.2. Die Intercreditor-Vereinbarung .......................... 282
 6. Die Besicherung der Kredite ..................................... 283
  6.1. Struktur der Besicherung .................................... 283
  6.2. Aufhebung des strukturellen Nachrangs ........................ 284
   6.2.1. Aufsteigende Sicherheiten und Garantien .................. 284
   6.2.2. Refinanzierung auf Ebene der Zielunternehmen ............. 285
   6.2.3. Schuldübernahme – Debt Push-Down ..................... 285
   6.2.4. Verschmelzung mit der Zielgesellschaft .................... 286
   6.2.5. Beherrschungsverträge und Gewinnabführungsverträge ....... 286
 7. Steuerliche Aspekte im Zusammenhang mit der Akquisitionsfinanzierung .. 287
  7.1. Abzugsfähigkeit des Zinsaufwandes beim Kreditnehmer ........... 287
  7.2. Besteuerung des Kreditgebers ................................ 287
  7.3. Kapitalertragsteuer ......................................... 288
§ 13 Steuerliche Fragen der Akquisitionsfinanzierung und Rekapitalisierung einer deutschen Zielgesellschaft *(Helios/Kloster/Tcherveniachki)* ................ 290
 1. Einleitung: Ziele einer aus steuerlicher Sicht optimierten Akquisitionsfinanzierung ..................................................... 291
 2. Überblick über die steuerrechtlichen Parameter einer Akquisitionsfinanzierung ..................................................... 292
  2.1. Grundsatz der Finanzierungsfreiheit ........................... 292
  2.2. Zinsschranke (§§ 4h EStG, 8a KStG) ........................... 293
   2.2.1. Tatbestandsvoraussetzungen und Wirkungsweise ............ 293
   2.2.2. Praktisch relevante Finanzierungsgestaltungen außerhalb der gesetzlichen Ausnahmetatbestände ...................... 296
   2.2.3. Gesetzliche Ausnahmen von der Zinsschranke .............. 298
  2.3. Gewerbesteuerliche Abzugsbeschränkungen .................... 302
 3. Besonderheiten einer grenzüberschreitenden Akquisitionsstruktur ........ 303
  3.1. Nutzung einer ausländischen Holdinggesellschaft ................ 303
   3.1.1. Zwischenschaltung einer LuxCo ......................... 303
   3.1.2. Nutzung grenzüberschreitender Akquisitionsstrukturen ....... 306
  3.2. Steuerfolgen für die inländische Akquisitionsgesellschaft (NewCo) ... 306
  3.3. Steuerfolgen für die inländische Zielgesellschaft .................. 309
 4. Ausgewählte Debt-push-down Strukturen .......................... 310
  4.1. Überblick ................................................ 310
  4.2. Organschaft .............................................. 310
   4.2.1. Voraussetzungen und Funktionsweise ..................... 310
   4.2.2. Zeitliche Fragen ....................................... 311
   4.2.3. Pro- und con .......................................... 313

# Inhaltsverzeichnis

  4.3. Verschmelzung der Erwerbszweck- auf die Zielgesellschaft
    (Down-stream Verschmelzung) ................................. 313
    4.3.1. Voraussetzungen und Funktionsweise .................... 315
    4.3.2. Weitere Rechtsfolgen ..................................... 317
    4.3.3. Zeitliche Fragen ........................................... 318
    4.3.4. Pro- und con ............................................... 318
  4.4. Verschmelzung der Ziel- auf die Erwerbszweckgesellschaft (Up-stream merger) ........................................................ 319
    4.4.1. Voraussetzungen und Funktionsweise .................... 319
    4.4.2. Weitere Rechtsfolgen ..................................... 321
    4.4.3. Zeitliche Fragen ........................................... 322
    4.4.4. Pro- und con ............................................... 322
  4.5. Formwechsel der Zielgesellschaft und sich anschließende Anwachsung . 322
  4.6. Debt-push-down durch „Umhängen" der Fremdfinanzierung ....... 323
    4.6.1. Erwerb eigener Anteile ................................... 324
    4.6.2. Fremdfinanzierte Dividende bzw. fremdfinanziertes Up-stream Darlehen ................................................... 324
    4.6.3. Konzerninterne Veräußerung (insbesondere beim internationalen Debt-push-down) ........................................... 325
  4.7. Besonderheiten bei der Übernahme börsennotierter Gesellschaften ... 326
 5. Gewinnrepatriierung ................................................. 327
  5.1. Ausgangsstruktur ............................................. 327
  5.2. Besteuerung des Target/NewCo beim „full-exit" aus der Struktur .... 328
  5.3. Besteuerung von Ausschüttungen des Target/NewCo („Teil-Exit") ... 328
    5.3.1. Körperschaftsteuer ........................................ 328
    5.3.2. Gewerbesteuer ............................................. 330
  5.4. Besteuerung der Repatriierung von Lux S.ar.l an den PE-Fonds ...... 330
 6. Rekapitalisierung (Leveraged Re-Capitalization) als wirtschaftlicher Teil-Exit ........................................................... 330
  6.1. Wirtschaftliche Hintergrund ................................... 330
  6.2. Struktur der Leveraged Recap .................................. 332
    6.2.1. Ablauf der Leveraged Recap ............................... 332
    6.2.2. Zusammenfassendes Beispiel einer Leveraged Recap ........ 335
  6.3. Gesellschaftsrechtliche Rahmenbedingungen ..................... 337

§ 14 Beteiligungscontrolling *(Theiler)* ....................................... 339
 1. Einleitung ........................................................... 339
 2. Begriffsabgrenzungen und Definitionen ............................. 340
  2.1. Skizzierung des Private Equity Geschäftsmodells ................ 340
  2.2. Begriff des Beteiligungscontrolling in Private Equity Gesellschaften ... 341
    2.2.1. Abgrenzung zum allgemeinen Controllingbegriff .......... 341
    2.2.2. Merkmale des Private Equity Beteiligungscontrolling ...... 341
    2.2.3. Abgrenzung des Private Equity Beteiligungscontrolling gegenüber dem Beteiligungscontrolling aus Konzernsicht .......... 343
 3. Aufgaben des Private Equity Beteiligungscontrolling in den unterschiedlichen Investmentphasen ............................................ 343
  3.1. Aufgaben des Private Equity Beteiligungscontrolling in der Investitionsphase ........................................................... 344
    3.1.1. Allgemeine Aufgaben und Zielsetzungen ................. 344
    3.1.2. Ergebnisse der Investitionsphase ........................... 344
    3.1.3. Wertsteigerungskonzept/Finanzplan für das Portfolio-Unternehmen ............................................. 345
    3.1.4. Maßnahmenplan („6-Monatsplan") für das Portfolio-Unternehmen ............................................. 347

## Inhaltsverzeichnis

|   |   |   |
|---|---|---|
| | 3.2. Aufgaben des Private Equity Beteiligungscontrolling in der Betreuungsphase | 347 |
| |     3.2.1. Abweichungsanalyse/Laufender Soll-/Ist-Vergleich | 347 |
| |     3.2.2. Dem Private Equity Controller kommen in dieser Phase somit drei wesentliche Aufgabenbereiche zu | 348 |
| | 3.3. Aufgaben des Private Equity Beteiligungscontrolling in der Exitphase | 348 |
| 4. | Wichtige Instrumente des Private Equity Beteiligungscontrolling | 349 |
| | 4.1. Einordnung | 349 |
| | 4.2. Wesentliche Kennzahlen des Private Equity Beteiligungscontrolling zur Informationsgewinnung | 351 |
| |     4.2.1. Kennzahlen der Liquidität und Kapitalverzinsung | 351 |
| |     4.2.2. Weitere Kennzahlen des Private Equity Controlling | 352 |
| |     4.2.3. Zusammenfassung wesentlicher Kennzahlen des Private Equity Beteiligungscontrolling | 353 |
| | 4.3. Informationsaufbereitung im Portfoliobericht | 353 |
| |     4.3.1. Überblick und Zusammenfassung | 354 |
| |     4.3.2. Kennzahlensystem | 355 |
| | 4.4. Informationsverdichtung im Controlling-Gespräch | 358 |
| 5. | Erfolgsfaktoren des Private Equity Beteiligungscontrolling aus Anwendersicht | 360 |
| | 5.1. Aufhebung Informationsasymmetrien zwischen Management des Beteiligungsunternehmens und der Private Equity Gesellschaft | 360 |
| | 5.2. Konsequenz der Kontrolle/Effiziente Verzahnung der Controlling-Instrumente | 361 |
| | 5.3. Funktionale Träger des Beteiligungscontrolling | 361 |
| 6. | Fazit | 362 |

## 5. Teil. Exit-Strukturierung

**§ 15 Exit-Option Anteilsveräußerung** *(von Beauvais/Hellich)* ... 363

|   |   |   |
|---|---|---|
| 1. | Vorbemerkung | 364 |
| 2. | Arten des Exit durch Anteilsveräußerung | 364 |
| | 2.1. Trade Sale | 364 |
| | 2.2. Secondary Purchase | 365 |
| | 2.3. Buy Back | 366 |
| 3. | Bewertung der Exit-Möglichkeiten | 366 |
| | 3.1. Trade Sale | 367 |
| | 3.2. Secondary Purchase | 368 |
| | 3.3. Buy Back | 369 |
| 4. | Exit-Regelungen in Beteiligungsvereinbarung und Satzung | 369 |
| | 4.1 Mitveräußerungspflicht (drag along) | 369 |
| | 4.2. Mitveräußerungsrecht (tag along) | 370 |
| | 4.3. Liquidationspräferenz | 370 |
| | 4.4. Call Option, Vorerwerbsrecht/Voranbietungspflicht, Vorkaufsrecht | 371 |
| 5. | Rechtliche Ausgestaltung | 372 |
| | 5.1. Allgemeines | 372 |
| |     5.1.1. Kaufpreis | 372 |
| |     5.1.2. Fusionskontrollrechtliche Anmeldepflichten | 374 |
| | 5.2. Trade Sale | 376 |
| |     5.2.1. Rechtliche Struktur | 376 |
| |     5.2.2. Haftung | 377 |
| |     5.2.3. Gewährleistung und Garantie | 378 |
| |     5.2.4. Meldepflichten | 383 |
| |     5.2.5. Besonderheiten Trade Sale durch Asset Deal | 383 |

# Inhaltsverzeichnis

| | |
|---|---|
| 5.3. Secondary Purchase | 386 |
|     5.3.1. Rechtliche Struktur | 386 |
|     5.3.2. Gewährleistung und Garantie | 387 |
| 5.4. Buy Back | 387 |
| 6. Steuerliche Folgen | 387 |
|     6.1. Trade Sale durch Share Deal | 387 |
|         6.1.1. Verkehrsteuern | 387 |
|         6.1.2. Ertragsteuern | 388 |
|     6.2. Trade Sale durch Asset Deal | 391 |
|         6.2.1. Verkehrsteuern | 391 |
|         6.2.2. Ertragsteuern | 392 |
|     6.3. Secondary Purchase | 392 |
|     6.4. Buy Back | 392 |
| 7. Strukturierung des Verkaufsprozesses | 393 |
|     7.1. Phase 1 – Vorbereitung | 393 |
|     7.2. Phase 2 – Käuferauswahl | 393 |
|     7.3. Phase 3 – Due Diligence | 394 |
|     7.4. Phase 4 – Vertragsverhandlungen | 394 |
|     7.5. Phase 5 – Signing und Closing | 395 |
| **§ 16 Exit-Option Börsengang** *(Schlitt/Ries)* | 396 |
| 1. Einführung | 396 |
| 2. Rechtliche Voraussetzungen eines Börsengangs | 397 |
| 3. Vorbereitung des Börsengangs | 398 |
|     3.1. Dual Track | 398 |
|     3.2. Börseneinführungsrechte | 398 |
|     3.3. Umwandlung der Gesellschaft | 398 |
|     3.4. Anpassung der Satzung | 399 |
|     3.5. Auswahl der Konsortialbanken | 400 |
|     3.6. Due Diligence | 401 |
|     3.7. Emissionskonzept | 401 |
|         3.7.1. Börsenzulassung | 401 |
|         3.7.2. Öffentliches Angebot von Aktien | 403 |
|         3.7.3. Emissionsvolumen | 404 |
| 4. Dokumentation | 404 |
|     4.1. Wertpapierprospekt | 404 |
|         4.1.1. Prospekterfordernis | 404 |
|         4.1.2. Prospektinhalt | 404 |
|         4.1.3. Prospektsprache | 405 |
|         4.1.4. Billigung | 406 |
|         4.1.5. Veröffentlichung | 406 |
|         4.1.6. Nachtragspflicht | 406 |
|         4.1.7. Europäischer Pass | 407 |
|         4.1.8. Prospekthaftung | 407 |
|     4.2. Gremienbeschlüsse | 408 |
|         4.2.1. Hauptversammlung | 408 |
|         4.2.2. Vorstand | 409 |
|         4.2.3. Aufsichtsrat | 409 |
|     4.3. Mandatsvereinbarung | 409 |
|     4.4. Übernahmevertrag | 410 |
|     4.5. Angebot | 415 |
|         4.5.1. Bookbuilding | 415 |
|         4.5.2. Decoupled Bookbuilding | 416 |
|     4.6. Börsenzulassung | 417 |

# Inhaltsverzeichnis

| | |
|---|---|
| 5. Marketing und Stabilisierung | 418 |
|     5.1. Marketing | 418 |
|     5.2. Stabilisierung | 419 |
| 6. Kapitalmarktrechtliche Folgepflichten | 422 |
| 7. Fazit | 422 |
| **§ 17 Dual-Track-Verfahren** *(Simmat/Schneider)* | 423 |
| 1. Einleitung | 423 |
| 2. Definition | 424 |
| 3. M&A-Prozess, IPO und Dual Track | 425 |
|     3.1. M&A-Prozess | 425 |
|         3.1.1. Trade Sale – Verkauf an einen strategischen Investor | 425 |
|         3.1.2. Secondary Buyout – Verkauf an einen Finanzinvestor | 426 |
|     3.2. Börsengang (IPO) | 426 |
|     3.3. Dual Track | 428 |
|         3.3.1. Transaktionssicherheit | 429 |
|         3.3.2. Erlösmaximierung | 430 |
|         3.3.3. Weitere Motive | 431 |
| 4. Herausforderungen und Besonderheiten bei Durchführung eines Dual Track | 431 |
|     4.1. Prozess und Koordination | 431 |
|         4.1.1. Die Vorbereitung des Exits, Synergien | 431 |
|         4.1.2. Die Rolle des Managements | 437 |
|         4.1.3. Auswahl der Berater | 441 |
|         4.1.4. Prozesssteuerung und Kommunikation | 442 |
|         4.1.5. Zeitliche Planung | 444 |
|     4.2. Besondere rechtliche Anforderungen | 446 |
|         4.2.1. Vertraulichkeitsvereinbarung | 446 |
|         4.2.2. Prozessbrief | 446 |
|         4.2.3. Unternehmenskaufvertrag | 447 |
|         4.2.4. Mandatsvereinbarung Bank/Übernahmevertrag | 447 |
| 5. Dual Track – Pro und Contra auf einen Blick | 448 |
| | |
| **6. Teil. Einzelrechtsgebiete** | |
| **§ 18 Steuerrechtliche Fragestellungen** *(Herkenroth/Striegel/Wiesbrock)* | 449 |
| 1. Vorbemerkung | 449 |
| 2. Die vermögensverwaltende Personengesellschaft als der Standardfall | 450 |
|     2.1. Die Struktur und Vorgaben | 450 |
|     2.2. Die Besteuerung der Personengesellschaft | 451 |
|         2.2.1. Die steuerliche Transparenz | 451 |
|         2.2.2. Die gewerbliche Tätigkeit der Personengesellschaft | 452 |
|         2.2.3. Das Besteuerungsverfahren | 454 |
|         2.2.4. Der Einspruch und das Rechtsbehelfsverfahren | 454 |
|         2.2.5. Das Zwischenergebnis | 454 |
|     2.3. Die Besteuerung der Investoren | 455 |
|         2.3.1. Natürliche Personen | 455 |
|         2.3.2. Institutionelle Investoren | 460 |
|         2.3.3. Steuerbefreite institutionelle Investoren | 462 |
|         2.3.4. Der Carry-Inhaber | 464 |
|     2.4. Das Investmentsteuergesetz | 470 |
|     2.5. Die Umsatzsteuer | 470 |
| 3. Die Kapitalgesellschaft als Fondsgesellschaft | 472 |
| 4. Die Unternehmensbeteiligungsgesellschaft nach UBG als Fondsgesellschaft | 473 |
| 5. Die Wagnisbeteiligungsgesellschaft als Fondsgesellschaft | 473 |
| 6. Die SICAR als Fondsgesellschaft | 474 |

# Inhaltsverzeichnis

| | |
|---|---|
| 7. Die Finanzierung | 474 |
|    7.1. Zinsschranke | 475 |
|    7.2. CPECs | 476 |
| 8. Transaktionskosten | 477 |
|    8.1. Ertragsteuer | 477 |
|    8.2. Umsatzsteuer | 477 |
| 9. Laufende Kosten des Fonds | 477 |
|    9.1. Ertragsteuer | 477 |
|    9.2. Umsatzsteuer | 478 |
| 10. Der ausländische Investor | 479 |
|    10.1. Die natürliche Person | 479 |
|    10.2. Der ausländische institutionelle Anleger | 479 |
| § 19 Kartellrechtliche Fragestellungen *(Rinne)* | 480 |
| 1. Einführung | 481 |
| 2. Europäische Fusionskontrolle | 482 |
|    2.1. Allgemeines | 482 |
|    2.2. Zusammenschlusstatbestand | 482 |
|       2.2.1. Die Fusion | 482 |
|       2.2.2. Der Kontrollerwerb | 483 |
|       2.2.3. Bankenklausel | 485 |
|    2.3. Umsatzschwellen des Art. 1 FKVO | 485 |
|       2.3.1. Umsatzschwellen des Art. 1 Abs. 2 und 3 FKVO | 486 |
|       2.3.2. Beteiligte Unternehmen | 486 |
|       2.3.3. Berechnung des Umsatzes, Art. 5 FKVO | 487 |
|       2.3.4. Berechnung des Umsatzes bei PE Unternehmen | 488 |
|    2.4. Materielle Beurteilung von Zusammenschlussvorhaben | 489 |
|       2.4.1. Marktabgrenzung | 489 |
|       2.4.2. Materielle Beurteilung des Zusammenschlussvorhabens | 491 |
|       2.4.3. Nebenabreden | 496 |
|    2.5. Das Verfahren | 497 |
|       2.5.1. Das Verfahren vor Einreichung der Anmeldung (pre-notification) | 498 |
|       2.5.2. Formale Voraussetzungen der Anmeldung | 498 |
|       2.5.3. Das Vollzugsverbot und seine Ausnahmen, Art. 7 FKVO | 499 |
|       2.5.4. Die Fristen | 500 |
|       2.5.5. Verpflichtungszugsagen | 500 |
|       2.5.6. Die Beteiligung Dritter am Verfahren | 501 |
|       2.5.7. Die Entscheidung | 502 |
|       2.5.8. Rechtsmittel gegen die Entscheidung | 503 |
| 3. Deutsche Fusionskontrolle | 504 |
|    3.1. Allgemeines | 504 |
|    3.2. Zusammenschlusstatbestand | 505 |
|       3.2.1. Zusammenschlusstatbestände des § 37 Abs. 1 GWB | 505 |
|       3.2.2. Beteiligte Unternehmen | 509 |
|    3.3. Umsatzschwellen des § 35 GWB | 509 |
|       3.3.1. Umsatzschwellen des § 35 Abs. 1 Nr. 1 und 2 GWB | 509 |
|       3.3.2. Ausnahmen von der Anmeldepflicht | 509 |
|       3.3.3. Berechnung des Umsatzes, § 38 GWB | 510 |
|    3.4. Inlandsauswirkung im Sinne des § 130 Abs. 2 GWB | 512 |
|    3.5. Materielle Beurteilung von Zusammenschlussvorhaben | 512 |
|       3.5.1. Marktabgrenzung | 512 |
|       3.5.2. Entstehung oder Verstärkung einer marktbeherrschenden Stellung | 513 |
|       3.5.3. Abwägungsklausel | 515 |

# Inhaltsverzeichnis

|  |  |
|---|---|
| 3.5.4. Nebenabreden | 516 |
| 3.6. Das Verfahren | 516 |
|    3.6.1. Formale Voraussetzungen der Anmeldung | 516 |
|    3.6.2. Vollzugsverbot und Ausnahmen | 517 |
|    3.6.3. Behandlung bereits vollzogener Zusammenschlüsse | 517 |
|    3.6.4. Die Fristen | 518 |
|    3.6.5. Die Beteiligung Dritter am Verfahren | 519 |
|    3.6.6. Die Entscheidung | 519 |
|    3.6.7. Rechtsmittel gegen die Entscheidung | 519 |
|    3.6.8. Vollzugsanzeige, § 39 Abs. 6 GWB | 520 |
|    3.6.9. Gebühren, § 80 Abs. 1 und 2 GWB | 520 |
| 3.7. Ministererlaubnis, § 42 GWB | 521 |
| 4. Verweisung von Zusammenschlussvorhaben zwischen den nationalen Kartellbehörden und der Kommission | 521 |
|    4.1. Möglichkeit der Verweisung durch die Kommission an nationale Kartellbehörden | 521 |
|       4.1.1. Verweisung auf Antrag eines Mitgliedstaates, Art. 9 FKVO | 521 |
|       4.1.2. Verweisung an nationale Kartellbehörden auf Antrag der beteiligten Unternehmen, Art. 4 Abs. 4 FKVO | 523 |
|    4.2. Möglichkeit der Verweisung durch nationale Kartellbehörden an die Kommission | 523 |
|       4.2.1. Verweisung auf Antrag eines oder mehrer Mitgliedstaaten, Art. 22 Abs. 1 FKVO | 523 |
|       4.2.2. Verweisung an die Kommission auf Antrag der beteiligten Unternehmen, Art. 4 Abs. 5 FKVO | 524 |
| 5. Mehrfachnotifizierungen | 524 |
|    5.1. Einführung | 524 |
|    5.2. Fusionskontrollregime anderer Staaten | 525 |
|       5.2.1. Fusionskontrollregime in den Mitgliedstaaten der EU | 525 |
|       5.2.2. Fusionskontrollregime in außereuropäischen Staaten | 529 |
| 6. Behandlung von Bieterkonsortien | 533 |
|    6.1. Beurteilung von Bieterkonsortien nach deutschem Recht – § 1 GWB | 534 |
|       6.1.1. Bildung von Bieterkonsortien vor Beginn des Bieterprozesses | 534 |
|       6.1.2. Bildung eines Bieterkonsortiums nach Beginn des Bieterprozesses | 538 |
|    6.2. Beurteilung von Bieterkonsortien nach europäischem Recht – Art. 101 AEUV | 538 |
| **§ 20 Arbeitsrechtliche Fragestellungen** *(Löw)* | **541** |
| 1. Vorbemerkung | 542 |
| 2. Mitwirkungsrechte der Arbeitnehmervertretungen vor Abschluss der Transaktion | 542 |
|    2.1. Information des Wirtschaftsausschusses | 542 |
|    2.2. Pflicht zur Beratung mit dem Wirtschaftsausschuss? | 543 |
|    2.3. Informationen des Betriebsrates | 543 |
|    2.4. Sanktionen und Streitigkeiten | 543 |
|    2.5. Folgen für die Transaktionsgestaltung | 543 |
| 3. Arbeitsrechtliche Aspekte der Umwandlung von Unternehmen | 544 |
|    3.1. Arbeitsrechtliche Angaben im Umwandlungsvertrag | 544 |
|    3.2. Zuleitung an den zuständigen Betriebsrat | 544 |
|    3.3. Rechtsfolgen bei Verstößen | 545 |
|    3.4. Auswirkungen auf Betriebsratsstrukturen | 546 |
|    3.5. Auswirkungen auf Betriebsvereinbarungen und Tarifverträge | 546 |
|       3.5.1. Betriebsvereinbarungen | 546 |
|       3.5.2. Tarifverträge | 547 |

# Inhaltsverzeichnis

|  |  |
|---|---|
| 3.5.3. Besonderheiten bei Bezugnahmeklauseln | 547 |
| 3.5.4. Überleitungsvereinbarungen | 548 |
| 4. Kauf und Verkauf von Betrieben und Betriebsteilen | 548 |
| 4.1. Voraussetzungen eines Betriebsübergangs | 548 |
| 4.2. Taktische Hinweise für die arbeitsrechtliche Gestaltung | 549 |
| 4.3. Individualrechtliche Folgen eines Betriebsübergangs | 550 |
| 4.3.1. Übergang der Arbeitsverhältnisse auf den Erwerber | 550 |
| 4.3.2. Unterrichtungspflicht | 550 |
| 4.3.3. Widerspruchsrecht der Arbeitnehmer | 552 |
| 4.3.4. Haftung von Erwerber und Veräußerer | 552 |
| 4.3.5. Auswirkung auf Kündigungen | 552 |
| 4.4. Kollektivrechtliche Folgen eines Betriebsübergangs | 552 |
| 4.4.1. Grundsatz der Transformation in Individualrecht | 552 |
| 4.4.2. Ablösung durch Kollektivrecht beim Erwerber | 553 |
| 4.4.3. Besonderheiten bei Gesamtbetriebsvereinbarungen | 553 |
| 4.4.4. Besonderheiten bei Bezugnahme auf Tarifverträge | 554 |
| 4.5. Betriebsübergang als Betriebsänderung? | 554 |
| 5. Reorganisation auf Betriebsebene | 555 |
| 5.1. Interessenausgleich | 555 |
| 5.1.1. Voraussetzungen | 555 |
| 5.1.2. Gegenstand und Inhalt des Interessenausgleichs | 556 |
| 5.1.3. Interessenausgleichsverfahren | 556 |
| 5.2. Sozialplan | 557 |
| 5.2.1. Inhalt des Sozialplans | 557 |
| 5.2.2. Verhandlungspartner für Interessenausgleich und Sozialplan | 558 |
| 5.3. Taktische Hinweise für die Verhandlung von Interessenausgleich und Sozialplan | 559 |
| 5.4. Tarifsozialplan | 560 |
| 5.5. Besonderheiten bei Massenentlassungen | 561 |
| 6. Änderung von materiellen Beschäftigungsbedingungen | 562 |
| 6.1. Ausstieg aus dem geltenden Tarifsystem | 562 |
| 6.2. Kündigung von Betriebsvereinbarungen | 564 |
| 6.3. Besonderheiten bei der betrieblichen Altersversorgung | 565 |
| 6.4. Einstellung freiwilliger Leistungen | 566 |
| 6.4.1. Betriebliche Übung | 566 |
| 6.4.2. Leistungen aufgrund Freiwilligkeitsvorbehalts | 566 |
| 6.4.3. Widerrufsvorbehalt | 567 |
| 6.5. Zusammenfassende Bewertung | 567 |

## 7. Teil. Spezielle Beteiligungsformen

|  |  |
|---|---|
| § 21 PIPEs *(Nussbaum/Rothenfußer)* | 569 |
| 1. Einführung | 569 |
| 1.1. Begriff und Herkunft | 569 |
| 1.2. Erscheinungsformen | 570 |
| 1.3. Bedeutung in Deutschland | 572 |
| 1.4. Vorteile einer PIPE-Transaktion aus Sicht des Investors | 573 |
| 1.5. Akquisitionsstruktur und Finanzierung | 575 |
| 2. Klassischer PIPE | 576 |
| 2.1. Interessenlage aus Sicht der Zielgesellschaft | 576 |
| 2.2. Beteiligung durch Übernahme von Aktien | 577 |
| 2.2.1. Herkunft der Aktien | 577 |
| 2.2.2. Ausstattung neu auszugebender Aktien | 577 |
| 2.2.3. Bezugsrechtsausschluss | 579 |

|  |  |
|---|---|
| 2.2.4. Börsenzulassung der neuen Aktien . . . . . . . . . . . . . . . . . . | 580 |
| 2.3. Beteiligung über Wandel-/Optionsanleihen . . . . . . . . . . . . . . . . . . | 580 |
| 2.4. Due Diligence . . . . . . . . . . . . . . . . . . . . . . . . . . . . . . . . . . . . . . . | 581 |
| 2.5. Vereinbarungen zwischen Investor und Zielgesellschaft . . . . . . . . . . . | 582 |
| 3. Moderner PIPE . . . . . . . . . . . . . . . . . . . . . . . . . . . . . . . . . . . . . . . . . . . . | 583 |
| 3.1. Interessenlage aus Sicht der Zielgesellschaft . . . . . . . . . . . . . . . . . . | 583 |
| 3.2. Beteiligungsaufbau . . . . . . . . . . . . . . . . . . . . . . . . . . . . . . . . . . . . . | 584 |
| 3.2.1. Überblick . . . . . . . . . . . . . . . . . . . . . . . . . . . . . . . . . . . . . . | 584 |
| 3.2.2. Kapitalmarktrechtliche Meldepflichten . . . . . . . . . . . . . . . . . . | 585 |
| 3.2.3. Unmittelbarer Aktienerwerb über die Börse . . . . . . . . . . . . . | 588 |
| 3.2.4. Verwendung von Swaps . . . . . . . . . . . . . . . . . . . . . . . . . . | 588 |
| 3.2.5. Erwerb von Wandel-/Optionsanleihen . . . . . . . . . . . . . . . . | 592 |
| 3.3. Due Diligence . . . . . . . . . . . . . . . . . . . . . . . . . . . . . . . . . . . . . . . . | 592 |
| 3.4. Vereinbarungen zwischen Investor und Zielgesellschaft . . . . . . . . . . . | 594 |
| 4. Fazit . . . . . . . . . . . . . . . . . . . . . . . . . . . . . . . . . . . . . . . . . . . . . . . . . . . . | 595 |
| § 22 Mezzanine Investments *(Klier/Kuzmicki/von Schweinitz)* . . . . . . . . . . . . . . | 596 |
| 1. Einleitung . . . . . . . . . . . . . . . . . . . . . . . . . . . . . . . . . . . . . . . . . . . . . . . . | 596 |
| 2. Definition und Charakteristika von Mezzanine Kapital . . . . . . . . . . . . . . | 597 |
| 3. Motive für die Aufnahme von Mezzanine Kapital . . . . . . . . . . . . . . . . . . | 600 |
| 4. Motive für die Bereitstellung von Mezzanine Kapital . . . . . . . . . . . . . . . | 602 |
| 5. Bilanzielle und wirtschaftliche Bewertung von Mezzanine Kapital . . . . . . | 604 |
| 5.1. Mezzanine Kapital aus unterschiedlichen Blickwinkeln . . . . . . . . . . . | 604 |
| 5.2. Handelsbilanzielle Behandlung . . . . . . . . . . . . . . . . . . . . . . . . . . . | 605 |
| 5.2.1. HGB-Anforderungen an den bilanziellen Eigenkapitalausweis . . | 605 |
| 5.2.2. IFRS-Anforderungen an den bilanziellen Eigenkapitalausweis . . | 607 |
| 5.3. Wirtschaftliche Bewertung von Mezzanine Kapital im Ratingverfahren | 609 |
| 6. Kategorien mezzaniner Finanzierungen . . . . . . . . . . . . . . . . . . . . . . . . . | 612 |
| 6.1. Gesellschafterdarlehen . . . . . . . . . . . . . . . . . . . . . . . . . . . . . . . . . | 613 |
| 6.2. Typische und atypische stille Gesellschaft . . . . . . . . . . . . . . . . . . . . | 614 |
| 6.3. Genussrechte und partiarisches Darlehen . . . . . . . . . . . . . . . . . . . . | 616 |
| 6.4. Wandel-, Umtausch-, Optionsanleihe und ewige Anleihe . . . . . . . . . | 619 |
| 7. Steuerliche Behandlung von mezzaninen Finanzierungen . . . . . . . . . . . . | 621 |
| 7.1. Nachrangigkeitsvereinbarung und § 5 Abs. 2a EStG . . . . . . . . . . . . | 623 |
| 7.2. Gewinnabhängige Vergütungen . . . . . . . . . . . . . . . . . . . . . . . . . . | 625 |
| 7.2.1. Steuerliche Behandlung von Equity Kickern . . . . . . . . . . . . . | 625 |
| 7.2.2. Behandlung von mezzaninen Finanzierungen für Zwecke der Kapitalertragsteuer und nach internationalem Steuerrecht . . . . . | 627 |
| 7.2.3. Steuerliche Abzugsfähigkeit von Finanzierungsaufwand . . . . . . | 629 |
| 7.3. Fazit . . . . . . . . . . . . . . . . . . . . . . . . . . . . . . . . . . . . . . . . . . . . . . | 638 |
| 8. Auswahlkriterien für ein geeignetes Finanzierungsinstrument . . . . . . . . . | 639 |
| 9. Idealtypischer Ablauf einer Mezzanine Finanzierung . . . . . . . . . . . . . . . | 642 |
| § 23 Distressed Equity Investments *(Knecht/Jesch)* . . . . . . . . . . . . . . . . . . . . . | 643 |
| 1. Einleitung . . . . . . . . . . . . . . . . . . . . . . . . . . . . . . . . . . . . . . . . . . . . . . . . | 644 |
| 1.1. Eigenkapitalinvestitionen in Krisenunternehmen . . . . . . . . . . . . . . . | 644 |
| 1.2. Rendite-Risiko-Profil von Investitionen in Krisenunternehmen . . . . . | 644 |
| 1.3. Wirtschaftliche Herausforderungen . . . . . . . . . . . . . . . . . . . . . . . . | 645 |
| 1.4. Rechtliche Herausforderungen . . . . . . . . . . . . . . . . . . . . . . . . . . . | 645 |
| 1.5. Zielsetzung und Struktur des Beitrags . . . . . . . . . . . . . . . . . . . . . . | 645 |
| 2. Begriff und Abgrenzung . . . . . . . . . . . . . . . . . . . . . . . . . . . . . . . . . . . . . | 645 |
| 2.1. Begriffsabgrenzung Unternehmenskrise . . . . . . . . . . . . . . . . . . . . . | 646 |
| 2.1.1. Betriebswirtschaftlicher Krisenbegriff . . . . . . . . . . . . . . . . . . | 646 |
| 2.1.2. Rechtlicher Krisenbegriff . . . . . . . . . . . . . . . . . . . . . . . . . . . | 646 |
| 2.2. Investment-Optionen bei Krisenunternehmen . . . . . . . . . . . . . . . . . | 646 |

# Inhaltsverzeichnis

|  |  |
|---|---|
| 2.3. Begriffsabgrenzung Distressed Equity | 647 |
|     2.3.1. Übernahme des Eigenkapitals | 647 |
|     2.3.2. Instrument Debt-Equity Swap | 648 |
| 2.4. Abgrenzung von Private Equity | 648 |
| 2.5. Abgrenzung von Distressed Debt | 649 |
| 3. Besonderheiten bei Investitionen in Krisenunternehmen | 649 |
|    3.1. Investitionskriterium Sanierungsfähigkeit | 649 |
|    3.2. Due Diligence | 650 |
|      3.2.1. Due Diligence als Beurteilungsgrundlage bei Distressed-Equity-Investitionen | 650 |
|      3.2.2. Besondere Anforderungen an die Beurteilung | 650 |
|      3.2.3. Prozessvorgehen der Beurteilung | 651 |
|    3.3. Bestandteile des Restrukturierungskonzepts | 651 |
|      3.3.1. Strategische Neuausrichtung | 651 |
|      3.3.2. Operative Restrukturierung | 651 |
|      3.3.3. Finanzielle Restrukturierung | 651 |
|    3.4. Maßnahmenidentifikation und Umsetzung | 652 |
|    3.5. Anforderungen an den Distressed Investor | 652 |
|      3.5.1. Wertsteigerung durch aktives Engagement | 652 |
|      3.5.2. Anforderungen an den Distressed Equity Investor | 653 |
| 4. Wirtschaftliche Rahmenbedingungen | 653 |
|    4.1. Verfügbarkeit von Investitionsobjekten | 653 |
|    4.2. Verfügbarkeit von Refinanzierungsmitteln | 654 |
| 5. Rechtliche Rahmenbedingungen | 655 |
|    5.1. Investition vor Stellung des Insolvenzantrages | 655 |
|      5.1.1. Share Deal | 655 |
|      5.1.2. Asset Deal | 656 |
|    5.2. Investition nach Stellung des Insolvenzantrages | 657 |
|      5.2.1. Share Deal | 657 |
|      5.2.2. Asset Deal | 657 |
|    5.3. Investition nach Eröffnung des Insolvenzverfahrens | 658 |
|      5.3.1. Share Deal/Insolvenzplanverfahren | 658 |
|      5.3.2. Asset Deal/Übertragende Sanierung | 659 |
|    5.4. Geschäftsleitungshaftung | 660 |
|      5.4.1. Insolvenzantragspflicht | 660 |
|      5.4.2. Vorenthalten und Veruntreuen von Arbeitsentgelt | 661 |
|    5.5. Investor als faktischer Geschäftsführer | 661 |
|    5.6. Europäisches Insolvenzrecht | 662 |
|      5.6.1. EUInsVO | 662 |
|      5.6.2. Englisches Insolvenzrecht | 662 |
| 6. Steuerliche Rahmenbedingungen | 664 |
|    6.1. Abgrenzung Vermögensverwaltung/gewerbliche Tätigkeit | 664 |
|    6.2. Umsatzsteuerpflichtigkeit der Management-Leistung | 664 |
|    6.3. Sanierungsgewinnbesteuerung/Sanierungsprivileg | 664 |
|    6.4. Verlustverrechnung | 665 |
|      6.4.1. Körperschaftsteuer | 665 |
|      6.4.2. Gewerbesteuer | 666 |
| 7. Zusammenfassung | 666 |
| § 24 Distressed Debt Investments *(Halasz/Vogelmann/Körner)* | 667 |
| 1. Einführung | 667 |
|    1.1. Motivation des Verkäufers | 668 |
|      1.1.1. Eigenkapitalunterlegung und bilanzieller Wertansatz von Distressed Debt | 668 |

# Inhaltsverzeichnis

|   |   |
|---|---|
|     1.1.2. MaRisk | 669 |
|     1.1.3. Rating | 669 |
|   1.2. Motivation des Erwerbers | 669 |
| 2. Single Name Transaktionen | 670 |
|   2.1. Finanzierung in der Krise | 670 |
|     2.1.1. Finanzierungsformen | 670 |
|     2.1.2. Rechtliche Risiken | 674 |
|   2.2. Erwerb von notleidenden Kreditforderungen | 684 |
|     2.2.1. Forderungskauf | 684 |
|     2.2.2. Due Diligence | 684 |
|     2.2.3. Exkurs: LMA Trades | 687 |
|     2.2.4. Übertragung von Forderungen und Sicherheiten | 692 |
|   2.3. Debt-Equity Swap | 703 |
|     2.3.1. Gestaltung der Umwandlung von Forderungen in Eigenkapital | 704 |
|     2.3.2. Risiken für den Investor in Zusammenhang mit dem Debt-Equity Swap | 707 |
|     2.3.3. Gesellschaftliche Risiken | 707 |
| 3. Portfoliotransaktionen | 717 |
|   3.1. Auswirkungen des Risikobegrenzungsgesetzes auf Portfoliotransaktionen | 717 |
|   3.2. Umwandlungsrechtliche Übertragung von Forderungsportfolien | 718 |
|     3.2.1. Allgemeine rechtliche Grundlagen der Spaltung nach §§ 123 ff. UmwG | 718 |
|     3.2.2. Übertragung eines Forderungsportfolios durch Spaltung §§ 123 ff. UmwG | 719 |
|   3.3. Betriebsübergang gemäß § 613a BGB | 720 |
|     3.3.1. Voraussetzungen eines Betriebsübergangs nach § 613a BGB | 720 |
|     3.3.2. Übernahme eines Forderungsportfolios als Betriebs- oder Betriebsteilübergang | 721 |
|   3.4. Betriebsänderung nach § 111 BetrVG | 721 |
| **§ 25 Real Estate Investments** *(Töben/Fischer)* | 723 |
| 1. Vorbemerkung | 723 |
| 2. Schwerpunkt Nr. 1: Laufende Besteuerung/Abzug von Fremdfinanzierungsaufwendungen/Kapitalertragsteuer | 724 |
|   2.1. Grundlagen der laufenden Besteuerung von Inbound-Immobilieninvestitionen | 724 |
|     2.1.1. Steuerpflicht | 724 |
|     2.1.2. Asset vs. Share Deal/Abschreibung | 725 |
|   2.2. Abzug von Fremdfinanzierungsaufwendungen – Zinsschranke | 725 |
|     2.2.1. Grundregel der Zinsschranke | 726 |
|     2.2.2. Ausnahmen von der Zinsschranke | 727 |
|     2.2.3. Keine schädliche Gesellschafterfremdfinanzierung | 728 |
|     2.2.4. Probleme bei der Zinsschranke/Offene Fragen | 729 |
|   2.3. Kapitalertragsteuer (§ 50d Abs. 3 EStG) | 730 |
|     2.3.1. Grundlagen | 730 |
|     2.3.2. Voraussetzungen und Folgen des § 50d Abs. 3 EStG | 730 |
|     2.3.3. Gestaltungen ohne Anwendung von § 50d Abs. 3 EStG | 732 |
| 3. Schwerpunkt Nr. 2: (Keine) Gewerbesteuer/Betriebstätte | 733 |
|   3.1. Grundlagen | 733 |
|   3.2. Betriebstätte bei Inbound-Immobilieninvestitionen | 733 |
|     3.2.1. Anknüpfung an § 12 AO | 733 |
|     3.2.2. Keine Betriebstätte durch schlichte Vermietung/Veräußerung | 734 |
|     3.2.3. Zusatzleistungen vor Ort/Subunternehmer/Kontrolle | 734 |

# Inhaltsverzeichnis

    3.2.4. Geschäftsleitungs-Betriebstätte durch Asset/Property Manager? . . 735
 4. Schwerpunkt Nr. 3: Grunderwerbsteuer . . . . . . . . . . . . . . . . . . . . . . . . . . . 736
  4.1. Asset Deal . . . . . . . . . . . . . . . . . . . . . . . . . . . . . . . . . . . . . . . . . . . . . . . 736
  4.2. Share Deal . . . . . . . . . . . . . . . . . . . . . . . . . . . . . . . . . . . . . . . . . . . . . . . 736
    4.2.1. Grundregel . . . . . . . . . . . . . . . . . . . . . . . . . . . . . . . . . . . . . . . . . 737
    4.2.2. Erwerb von grundbesitzhaltenden Kapitalgesellschaften . . . . . . . 737
    4.2.3. Erwerb von grundbesitzhaltenden Personengesellschaften . . . . . . 737
  4.3. Steuervergünstigung für konzerninterne Umstrukturierungen . . . . . . . 738
 5. Steuerfragen in der Krise/Fazit . . . . . . . . . . . . . . . . . . . . . . . . . . . . . . . . . . 738
§ 26 Infrastructure Investments *(Stengel/Muhs)* . . . . . . . . . . . . . . . . . . . . . . . . . . 740
 1. Vorbemerkung . . . . . . . . . . . . . . . . . . . . . . . . . . . . . . . . . . . . . . . . . . . . . . 740
 2. Infrastruktur als Anlageklasse . . . . . . . . . . . . . . . . . . . . . . . . . . . . . . . . . . . 741
  2.1. Charakteristik von Infrastruktur-Investitionen . . . . . . . . . . . . . . . . . . . 741
  2.2. Rendite und Risikoprofil . . . . . . . . . . . . . . . . . . . . . . . . . . . . . . . . . . . 742
  2.3. Politische und gesellschaftliche Akzeptanz . . . . . . . . . . . . . . . . . . . . . 743
 3. Investoren . . . . . . . . . . . . . . . . . . . . . . . . . . . . . . . . . . . . . . . . . . . . . . . . . 743
  3.1. Infrastrukturfonds und strategische Investoren . . . . . . . . . . . . . . . . . . 743
  3.2. Unterschiede zwischen Private Equity Fonds und Infrastrukturfonds . . 744
  3.3. Akquisitionskontrolle für ausländische Investoren . . . . . . . . . . . . . . . . 744
 4. Investitionsstrukturen . . . . . . . . . . . . . . . . . . . . . . . . . . . . . . . . . . . . . . . . . 745
  4.1. Direktinvestition . . . . . . . . . . . . . . . . . . . . . . . . . . . . . . . . . . . . . . . . . 745
    4.1.1. Steuerliche Aspekte . . . . . . . . . . . . . . . . . . . . . . . . . . . . . . . . . . 745
    4.1.2. Managementbeteiligungen . . . . . . . . . . . . . . . . . . . . . . . . . . . . . 746
  4.2. Mittelbare Beteiligung an Infrastruktur . . . . . . . . . . . . . . . . . . . . . . . . 746
 5. Öffentlich Private Partnerschaften . . . . . . . . . . . . . . . . . . . . . . . . . . . . . . . 747
  5.1. ÖPP-Modelle . . . . . . . . . . . . . . . . . . . . . . . . . . . . . . . . . . . . . . . . . . . 748
  5.2. Gesetzliche Rahmenbedingungen/ÖPP-Beschleunigungsgesetz . . . . . 750
    5.2.1. Änderung der Vergabeverordnung . . . . . . . . . . . . . . . . . . . . . . . 750
    5.2.2. Änderung des Fernstraßenbauprivatfinanzierungsgesetzes . . . . . . 751
    5.2.3. Änderung des Investmentgesetzes . . . . . . . . . . . . . . . . . . . . . . . 751
  5.3. Gesetzesvorhaben und „Partnerschaften Deutschland" . . . . . . . . . . . . . 751
  5.4. Infrastruktur-Sondervermögen . . . . . . . . . . . . . . . . . . . . . . . . . . . . . . . 752
    5.4.1. Zulässige Vermögensgegenstände . . . . . . . . . . . . . . . . . . . . . . . 753
    5.4.2. Verwaltung und Rücknahme . . . . . . . . . . . . . . . . . . . . . . . . . . . 754
    5.4.3. Kritik . . . . . . . . . . . . . . . . . . . . . . . . . . . . . . . . . . . . . . . . . . . . . 754
 6. Fremdfinanzierung . . . . . . . . . . . . . . . . . . . . . . . . . . . . . . . . . . . . . . . . . . . 755
  6.1. Infrastrukturinvestitionen allgemein . . . . . . . . . . . . . . . . . . . . . . . . . . 755
    6.1.1. Finanzierung . . . . . . . . . . . . . . . . . . . . . . . . . . . . . . . . . . . . . . . 755
    6.1.2. Sicherheiten . . . . . . . . . . . . . . . . . . . . . . . . . . . . . . . . . . . . . . . 756
  6.2. Öffentlich Private Partnerschaften . . . . . . . . . . . . . . . . . . . . . . . . . . . . 756
    6.2.1. Projektfinanzierung . . . . . . . . . . . . . . . . . . . . . . . . . . . . . . . . . . 757
    6.2.2. Forfaitierung mit Einredeverzicht . . . . . . . . . . . . . . . . . . . . . . . 757
§ 27 Biotechnology Investments *(Freier/Schell)* . . . . . . . . . . . . . . . . . . . . . . . . . . 759
 1. Einleitung . . . . . . . . . . . . . . . . . . . . . . . . . . . . . . . . . . . . . . . . . . . . . . . . . . 759
  1.1. Bedeutung von Biopharmazeutika im Gesamtpharmamarkt . . . . . . . . 759
  1.2. Bedeutung von Investitionen in Biotechnologieunternehmen aus Sicht der Beteiligten . . . . . . . . . . . . . . . . . . . . . . . . . . . . . . . . . . . . . . . . . . . 760
 2. Geheimhaltungsvereinbarung . . . . . . . . . . . . . . . . . . . . . . . . . . . . . . . . . . . 761
 3. Term Sheet – Unverbindliche Absichtserklärung oder Vorvertrag? . . . . . . . 762
  3.1. Üblicher Inhalt des Term Sheet . . . . . . . . . . . . . . . . . . . . . . . . . . . . . . 762
  3.2. Verbindliche Klauseln im „unverbindlichen" Term Sheet . . . . . . . . . . . 763
  3.3. Verhandlungs-/Abschlussexklusivität . . . . . . . . . . . . . . . . . . . . . . . . . . 763
  3.4. Sorgfaltspflicht des Investors . . . . . . . . . . . . . . . . . . . . . . . . . . . . . . . . 763

# Inhaltsverzeichnis

|  |  |
|---|---|
| 3.5. Regelungen zugunsten der Zielgesellschaft | 764 |
| 4. Besonderheiten bei der Due Diligence vor dem Erwerb einer Beteiligung an einem Biotechnologieunternehmen | 764 |
| 4.1. Was unterscheidet die Due Diligence im Bereich der Biotechnologie von anderen Bereichen? | 764 |
| 4.2. Due Diligence bei Beteiligungen an Biotechnologieunternehmen | 764 |
| 4.2.1. Standardklauseln | 765 |
| 4.2.2. Bestimmung von Umfang und Wert des Intellectual Property anhand von Vertragsklauseln | 766 |
| 4.2.3. Besondere „Gefahrenquellen" in Lizenz- und Kooperationsverträgen | 767 |
| 5. Beteiligungsvertrag | 771 |
| 5.1. Pre-Money-Bewertung | 771 |
| 5.2. Meilensteinzahlung | 772 |
| 5.3. Verwässerungsschutz | 772 |
| 5.4. Liquidationspräferenz | 772 |
| 6. Exit | 773 |
| 6.1. Exitvarianten | 773 |
| 6.2. Vor allem: Trade Sale | 773 |
| 6.3. Auslizenzierung als Alternativlösung | 773 |
| 6.4. Strukturierte Übernahme durch ein Pharmaunternehmen | 774 |
| 7. Fazit | 775 |

## 8. Teil. Länderberichte/Country Reports

|  |  |
|---|---|
| § 1 USA *(Skilken/Spangler)* | 777 |
| 1. Einführung: Übersicht über den M&A-Markt und die Aktivitäten der Private-Equity-Fonds | 777 |
| 2. US-Fondsstrukturen | 779 |
| 2.1. Fondsgröße und Investmentstrategie | 779 |
| 2.2. Capital Contributions | 780 |
| 2.3. Management der Limited Partnership | 780 |
| 2.4. Investitionsperiode | 780 |
| 2.5. Carried Interest | 781 |
| 2.6. Managementgebühren und andere Einnahmen | 781 |
| 2.7. „Key Man" Provisions | 782 |
| 2.8. „No Fault Divorce" Provisions | 782 |
| 2.9. Advisory Committee | 782 |
| 3. Private-Equity-Transaktionsstrukturen | 784 |
| 3.1. Herkömmliche Transaktionsstrukturen | 784 |
| 3.2. Regulatorische Gesichtspunkte | 785 |
| 3.3. Derzeitige Marktentwicklung bei M&A-Transaktionen – Kaufverträge | 785 |
| 3.4. Zusicherungen und Gewährleistungsversprechen | 789 |
| 3.5. Schadensersatzvereinbarungen | 790 |
| 4. Finanzierung | 791 |
| 5. Exits | 791 |
| 6. Ergebnis | 792 |
| § 2 UK *(Fleet/Spangler/Lewin)* | 793 |
| 1. Einführung und Momentaufnahme des M&A-Marktes sowie der Private-Equity-Fonds-Aktivitäten | 793 |
| 2. Fondsstrukturen | 794 |
| 2.1. Limited Partnerships | 795 |
| 2.2. Wesentliche Strukturelemente | 796 |
| 2.2.1. Fondsgröße und Investmentstrategie | 796 |

XXXI

# Inhaltsverzeichnis

|  |  |
|---|---|
| 2.2.2. Capital Contributions | 796 |
| 2.2.3. Management der Partnership | 797 |
| 2.2.4. Ausfall der limited partner mit ihren Zahlungsverpflichtungen | 797 |
| 2.2.5. Investmentperiode | 798 |
| 2.3. Key Economic Terms | 798 |
| 2.3.1. Carried Interest | 798 |
| 2.3.2. Managementgebühren und andere Einnahmen | 799 |
| 2.4. Vermarktung von Private-Equity-Fonds | 799 |
| 2.4.1. Collective Investment Schemes | 800 |
| 2.4.2. Scheme Promotion Order | 800 |
| 2.4.3. FSA Rules | 800 |
| 2.4.4. Unauthorised Persons | 801 |
| 2.5. Anforderungen des Walker Reports | 801 |
| 2.6. Von der Walker Working Group zu der Guidelines Monitoring Group | 803 |
| 2.7. Die Alternative Investment Fund Manager's Directive | 803 |
| 3. Transaktionen mit Private-Equity-Hintergrund | 804 |
| 3.1. Transaktionsstruktur und -finanzierung | 804 |
| 3.2. Strukturierung vor der Finanzkrise | 805 |
| 3.3. Einfluss der Finanzkrise | 806 |
| 3.4. Exit | 806 |
| § 3 Frankreich *(Dutton/Goldschmidt/Teissier/Dufrêne)* | 808 |
| 1. Überblick über die französische Private-Equity-Industrie | 808 |
| 2. Strukturierung von Private-Equity-Fonds | 810 |
| 2.1. Gängige Fondsstrukturen | 810 |
| 2.2. Capital Contributions | 811 |
| 2.3. Capital Distributions | 811 |
| 2.4. Management Fees | 812 |
| 2.5. Carried Interest | 813 |
| 2.6. Liquidation | 814 |
| 2.7. Finanzaufsicht | 815 |
| 2.8. Investor Committee | 815 |
| 2.9. Besteuerung | 815 |
| 3. Strukturierung von Private-Equity-Transaktionen | 816 |
| 3.1. Akquisitionsstrukturen | 816 |
| 3.1.1. LBOs | 816 |
| 3.1.2. PIPEs | 816 |
| 3.2. Acquisition agreements | 817 |
| 3.2.1. MAC clause | 817 |
| 3.2.2. Abbruch der Verhandlungen, break-up fees und reverse break-up fees | 818 |
| 3.3. Finanzierungsstruktur | 819 |
| 3.4. Exit Optionen | 819 |
| 3.5. Spezielle regulatorische Erfordernisse zur Durchführung von Akquistionsvorhaben in Frankreich | 820 |
| 3.6. Besteuerung | 821 |
| 3.6.1. Steuerliche Organschaft einer französischen Unternehmensgruppe | 821 |
| 3.6.2. Quick Merger | 821 |
| 3.6.3. Thin-capitalization rules | 822 |
| 3.6.4. Secondary Leveraged Buy-Outs | 822 |
| 3.6.5. Besteuerung von Kapitalerträgen nach Exits | 822 |
| 3.6.6. Stempelsteuer/transfer tax | 823 |
| § 4 Österreich *(Sauer/Aigner/Pucher)* | 824 |

# Inhaltsverzeichnis

| | |
|---|---|
| 1. Fondsstruktur | 824 |
| 1.1. Übliche Fondsstrukturen | 825 |
| 1.2. Kapitalaufbringung und -investments | 827 |
| 1.3. Ergebnisverwendung | 827 |
| 1.4. Management Fee | 828 |
| 1.5. Carried Interest | 828 |
| 1.6. Liquidation | 828 |
| 1.7. Finanzaufsicht/Regulatorisches Umfeld | 829 |
| 1.8. Investor Committee | 829 |
| 1.9. Steuerfragen | 830 |
| 1.9.1. Besteuerung von Private-Equity-Fonds | 830 |
| 1.9.2. Besteuerung auf Investorenebene | 830 |
| 1.9.3. Mehrwertsteuer | 831 |
| 2. Transaktionsstruktur | 832 |
| 2.1. Beteiligungsvertrag | 832 |
| 2.2. Fremdfinanzierung (Thin-Cap Rules) | 833 |
| 2.3. Exit-Optionen | 833 |
| 2.4. Steuerfragen | 834 |
| § 5 Spanien *(Hödl/von Thunen)* | 836 |
| 1. Einführung | 836 |
| 2. Fondsstruktur | 837 |
| 2.1. Übliche Fondsstrukturen | 837 |
| 2.1.1. Sociedades de Capital-Riesgo und Fondos de Capital-Riesgo | 837 |
| 2.1.2. Régimen común und régimen simplificado | 839 |
| 2.2. Gründungsablauf, Genehmigungsvoraussetzungen und -verfahren, Kapitalisierungsanforderungen, Aufsicht | 839 |
| 2.2.1. Satzung | 839 |
| 2.2.2. Genehmigung | 840 |
| 2.2.3. Prüfverfahren der CNMV; Kapitalisierung | 840 |
| 2.2.4. Anforderung an interne Organisation | 840 |
| 2.2.5. Transparenz | 840 |
| 2.2.6. Untätigkeit des CNMV | 841 |
| 2.2.7. Registereintragung | 841 |
| 2.2.8. Laufende Aufsicht | 841 |
| 2.3. Anlagerestriktionen – régimen de inversiones | 841 |
| 2.3.1. Anlageformen und Portfolio | 841 |
| 2.3.2. Funds of funds | 842 |
| 2.3.3. Risikostreuung/Diversifikation | 842 |
| 2.3.4. Karenzfristen, Unbeachtlichkeit von Verstößen | 842 |
| 2.4. Ergebnisverwendung und Carried Interest | 842 |
| 2.5. Steuerfragen | 843 |
| 2.5.1. Steuerliche Behandlung des Fonds | 843 |
| 2.5.2. Steuerliche Behandlung der Anleger und des Carried Interest | 844 |
| 3. Transaktionsstruktur | 844 |
| 3.1. Investmentstrukturierung | 845 |
| 3.1.1. Letter of Intent/Memorandum of Understanding | 845 |
| 3.1.2. Due Diligence | 845 |
| 3.1.3. Kaufvertrag | 847 |
| 3.1.4. Investmentstruktur: Debt Push Down und Financial Assistance | 847 |
| 3.2. Beteiligungsstrukturierung | 849 |
| 3.2.1. Anreizsysteme – Management Incentives | 849 |
| 3.2.2. Art der Beteiligung und Ausgestaltung des finanziellen Engagements | 850 |

# Inhaltsverzeichnis

|  |  |
|---|---|
| 3.2.3. Recaps | 851 |
| 3.3. Exit-Strukturierung | 852 |
| 3.3.1. Veräußerung an Dritte: Trade Sale und Secondary Buy-Out | 852 |
| 3.3.2. Börsengang (IPO) | 853 |
| 3.4. Steuerfragen | 853 |
| § 6 Belgien *(Liebman/Rousselle)* | 855 |
| 1. Einleitung | 855 |
| 2. Buy-Out-Strukturen | 855 |
| 2.1. Errichtung eines Akquistions-Vehikels | 855 |
| 2.2. Ansiedlung des SPV in Belgien | 856 |
| 2.3. Spezielle belgische Besteuerungssysteme für Private-Equity-Vehikel | 858 |
| 3. Wesentliche Steueraspekte | 859 |
| 3.1. Anteilsveräußerungsgewinne | 859 |
| 3.2. Dividenden | 860 |
| 3.2.1. Quellensteuer auf Dividenden | 860 |
| 3.2.2. Steuerbefreiung für Dividenden – Dividend Participation Exemption | 860 |
| 3.3. Zinsen | 860 |
| 3.3.1. Zinsabzug | 860 |
| 3.3.2. Quellensteuer auf Zinsen | 861 |
| 3.4. Das Fehlen der Konsolidierungsvorschriften sowie Debt-Push Down Szenarien | 862 |
| 3.5. Exit Tax | 862 |
| 3.6. Sonstiges | 863 |
| 3.6.1. Verlustvorträge und Anteilseignerwechsel (Change of Control) | 863 |
| 3.6.2. Der Verkauf einer „Cash Company" | 863 |
| 4. Fiktiver Zinsabzug | 864 |
| 5. Management Incentives | 865 |
| 5.1. Stock Options/Warrants | 865 |
| 5.2. Anteile | 867 |
| 5.3. Restricted Stock Units (RSU's) und Profit Units (Participation Bénéficiaire/Winstbewijzen) | 867 |
| § 7 Niederlande *(van Asbeck/Reumkens)* | 869 |
| 1. Einführung und Übersicht über die Private-Equity-Industrie in den Niederlanden | 869 |
| 2. Private-Equity-Fondsstrukturen | 869 |
| 2.1. Partnerships, NV, BV | 869 |
| 2.2. COOP | 870 |
| 2.2.1. Charakteristika der COOP | 870 |
| 2.2.2. Kapitaleinlagen | 870 |
| 2.2.3. Kapitalauszahlungen | 870 |
| 2.2.4. Management Fees | 871 |
| 2.2.5. Carried Interest | 871 |
| 2.2.6. Liquidation | 872 |
| 2.2.7. Regulatorische Vorgaben der Regierung | 872 |
| 2.2.8. Investment Committee | 872 |
| 2.2.9. Besteuerung | 872 |
| 3. Private-Equity-Transaktionsstrukturen | 873 |
| 3.1. Share Purchase Agreement | 873 |
| 3.2. Finanzierung (Thin-Cap Rules) | 873 |
| 3.3. Exit Options | 873 |
| 3.4. Besteuerung | 874 |
| 3.4.1. Weitere Aspekte | 874 |

# Inhaltsverzeichnis

| | |
|---|---|
| § 8 Schweden *(Busch/Bärlin)* | 875 |
| 1. Fondsstruktur | 875 |
| 1.1. Übliche Fondsstrukturen | 875 |
| 1.1.1. Ausländische Strukturen | 875 |
| 1.1.2. Schwedische Strukturen | 876 |
| 1.2. Investoren | 876 |
| 1.3. Kapitalaufbringung | 877 |
| 1.4. Ergebnisverwendung | 877 |
| 1.5. Management Fee | 877 |
| 1.6. Carried Interest | 878 |
| 1.7. Liquidation | 878 |
| 1.8. Finanzaufsicht/Regulatorisches Umfeld | 879 |
| 1.9. Investor Committee | 879 |
| 1.10. Steuerfragen | 880 |
| 1.10.1. Besteuerung von Fonds und ihren Investoren | 880 |
| 1.10.2. Mehrwertsteuer | 882 |
| 2. Transaktionsstruktur | 882 |
| 2.1. Beteiligungsvertrag | 882 |
| 2.1.1. Anteilskaufvertrag | 882 |
| 2.1.2. Gesellschaftervertrag | 883 |
| 2.2. Fremdfinanzierung (Thin Cap Rules) | 883 |
| 2.3. Exit-Optionen | 883 |
| 2.3.1. Trade Sale | 884 |
| 2.3.2. Börsennotierung/Going public | 884 |
| 2.4. Steuerfragen | 886 |
| § 9 Kanada *(Dietrich/Johnston)* | 887 |
| 1. Einführung und Momentaufnahme der kanadischen Private-Equity-Industrie | 887 |
| 2. Private-Equity-Fondsstrukturen | 888 |
| 2.1. Übliche Fondsstrukturen | 888 |
| 2.2. Kapitalaufbringung | 889 |
| 2.3. Ergebnisausschüttung | 889 |
| 2.4. Management Fee | 890 |
| 2.5. Carried Interest | 890 |
| 2.6. Liquidation | 891 |
| 2.7. Regulatorisches Umfeld | 891 |
| 2.8. Anlegerbeirat | 891 |
| 2.9. Besteuerung | 892 |
| 3. Private-Equity-Transaktionsstrukturen | 892 |
| 3.1. Akquisitionsstrukturen | 892 |
| 3.1.1. Übernahmevorschriften und Plans of Arrangement („Arrangement") | 892 |
| 3.1.2. Zusätzliche Deal Strukturen | 893 |
| 3.1.3. Kaufverträge | 894 |
| 3.1.4. Abwehrtaktiken | 894 |
| 3.1.5. Kanada-spezifische Transaktionsmerkmale | 895 |
| 3.2. Kapitalbeschaffung | 895 |
| 3.3. Exits/Desinvestments | 896 |
| 3.4. Besteuerung | 896 |
| 3.5. Income-Trust | 897 |
| 3.5.1. Trusts | 897 |
| 3.5.2. Kanadische Pensionsfonds | 897 |
| § 10 Japan *(Shirai/Hafermalz)* | 899 |

# Inhaltsverzeichnis

| | |
|---|---|
| 1. Der japanische Private-Equity-Markt | 899 |
| 2. Rechtliche Aspekte japanischer Private-Equity-Fonds | 902 |
|    2.1. Fondsstrukturen | 902 |
|       2.1.1. Abhängige und unabhängige Fonds | 903 |
|       2.1.2. Aktivitäten von Fonds | 904 |
|    2.2. Rechtliche Organisationsformen | 911 |
|       2.2.1. Limited Liability Partnership for Investment (tôshi jigyô yûgen sekinin kumiai – LPS) | 911 |
|       2.2.2. General Partnership (nin'i kumiai – NK) | 913 |
|       2.2.3. Stille Gesellschaft (Silent Partnership (tokumei kumiai) – TK) | 914 |
|       2.2.4. Limited Liability Partnership (yûgensekinin jigyô kumiai – LLP) | 914 |
|       2.2.5. Kapitalgesellschaften | 915 |
|       2.2.6. Ausländische Gesellschaftsformen | 915 |
|    2.3. Rechtliche Rahmenbedingungen | 915 |
|       2.3.1. Anlegerschutz | 916 |
|       2.3.2. Eintragung oder Anzeige | 917 |
|       2.3.3. Andere Fondsvehikel | 918 |
|    2.4. Merkmale von Private-Equity-Fondsverträgen | 919 |
| § 11 Volksrepublik China *(Liew/Xing)* | 921 |
| 1. Marktübersicht | 921 |
| 2. Fondsstrukturen | 922 |
|    2.1. Onshore-Struktur | 922 |
|    2.2. Limited Partnership der VR China | 922 |
|       2.2.1. Struktur | 922 |
|       2.2.2. Carried Interest | 923 |
|       2.2.3. Rechtsrahmen | 923 |
|    2.3. Foreign Invested Venture Capital Investment Enterprise (FIVCIE) | 923 |
|       2.3.1. Struktur | 924 |
|       2.3.2. Management | 924 |
|       2.3.3. „Indispensable" Investor | 924 |
|       2.3.4. Investments | 924 |
|       2.3.5. Carried Interest | 924 |
|       2.3.6. Rechtlicher Rahmen | 924 |
| 3. Industrial Investment Fonds | 924 |
| 4. Offshore-Strukturen | 925 |
|    4.1. Red-chip-Modell | 925 |
|       4.1.1. Struktur | 925 |
|       4.1.2. Regulierung | 925 |
|       4.1.3. Status Quo | 926 |
|    4.2. Das SINA-Modell | 926 |
|       4.2.1. Struktur | 926 |
|       4.2.2. Rechtsrahmen | 927 |
|    4.3. Chinesisch-Ausländische Joint Ventures | 927 |
|       4.3.1. Struktur | 927 |
|       4.3.2. Rechtsrahmen | 928 |
| 5. Transaktionsstrukturen | 928 |
|    5.1. Akquisitionen | 928 |
|    5.2. Exit-Möglichkeiten | 928 |
|    5.3. Genehmigungen | 929 |
|    5.4. Beschränkung von ausländischen Investments | 929 |
| 6. Neuere Entwicklungen | 929 |
|    6.1. Entwicklungen in Shanghai | 929 |
|    6.2. Foreign Invested Partnership Regularien | 930 |

# Inhaltsverzeichnis

|  |  |
|---|---|
| 6.3. Rechtliche Rahmenbedingungen für Private Equity | 930 |
| 6.4. Chinas Börsensegment für Wachstumsunternehmen (Growth Enterprise Market) | 930 |
| 6.5. Chinas Staatlicher Pensionsfonds | 930 |
| 7. Ausblick | 930 |
| **§ 12 Indien** *(Krause/von Ilsemann)* | 931 |
| 1. Einleitung | 931 |
| 2. Fondsstrukturen | 932 |
| 2.1. Übliche Fondstrukturen | 932 |
| 2.2. Investoren | 933 |
| 2.3. Kapitalaufbringung | 933 |
| 2.4. Ergebnisverwendung | 934 |
| 2.5. Management Fee | 934 |
| 2.6. Carried Interest | 934 |
| 2.7. Liquidation | 934 |
| 2.8. Investor Committee | 934 |
| 3. Transaktionsstruktur | 935 |
| 3.1. Zustandekommen von Investitionen | 935 |
| 3.2. Foreign Direct Investment und Sectoral Caps | 935 |
| 3.3. Beteiligungsvertrag | 936 |
| 3.4. Anteilskaufvertrag | 937 |
| 3.5. Gesellschaftervereinbarung | 939 |
| 3.6. Exit-Optionen | 941 |
| 3.6.1. Trade Sale | 942 |
| 3.6.2. Börsennotierung/Going public | 942 |
| **§ 13 Russland** *(Heidemann)* | 944 |
| 1. Private Equity in Russland | 944 |
| 2. Fondsstrukturen | 944 |
| 2.1. Fondsstrukturen unter russischem Recht | 945 |
| 2.1.1. Strukturierungsoptionen aus dem Gesetz über Investmentfonds | 945 |
| 2.1.2. Weitere Optionen des russischen Gesellschaftsrechts zur Fondsstrukturierung | 946 |
| 2.1.3. Modifikationen unter Einsatz von Shareholders' Agreements | 947 |
| 2.2. Strukturierungen über ausländische Fondsgesellschaften | 947 |
| 3. Transaktionsstrukturen | 948 |
| 3.1. Legal Due Diligence | 948 |
| 3.1.1. Grundsätzliches | 948 |
| 3.1.2. Typische Schwerpunkte | 948 |
| 3.2. Tpische Strukturierungsmuster | 949 |
| 3.2.1. Russische Zielgesellschaft | 949 |
| 3.2.2. Ausländisches Zielgesellschaft | 950 |
| 3.3. Typische Inhalte des Investment Agreement | 951 |
| Rechtsprechungs- und Literaturverzeichnis | 955 |
| Stichwortverzeichnis | 989 |

# Bearbeiterverzeichnis
# Länderberichte/Country Reports

USA: *Adam Skilken*, Attorney at Law (Illinois), Kaye Scholer LLP, Chicago; *Timothy Spangler*, Attorney at Law (New York), Solicitor (England and Wales), Kaye Scholer LLP, London/New York

UK: *Stuart Fleet*, Solicitor (England and Wales), Kaye Scholer LLP, London; *Timothy Spangler*, Solicitor (England and Wales), Attorney at Law (New York), Kaye Scholer LLP, London/New York; *Daniel Lewin*, Solicitor (England and Wales), Attorney at Law (New York), Kaye Scholer LLP, London

Frankreich: *Edward Drew Dutton*, Avocat à la Cour (Paris), Attorney at Law (New York), Solicitor (England and Wales), Debevoise & Plimpton LLP, Paris; *Rudolf Y. Goldschmidt*, Avocat à la Cour (Paris), Debevoise & Plimpton LLP, Paris; *Gérard Dufrêne*, Avocat à la Cour (Paris), Debevoise & Plimpton LLP, Paris; *Cédric Teissier*, Avocat à la Cour (Paris), Debevoise & Plimpton LLP, Paris

Österreich: *Mag. Andreas Sauer*, Steuerberater und Wirtschaftsprüfer, LeitnerLeitner, Wien; *Dr. Barbara Aigner*, Steuerberaterin, LeitnerLeitner, Wien; *Michael Pucher*, LeitnerLeitner, Wien

Spanien: *Christian Hoedl*, Abogado, Uria Menéndez, Madrid; *Sebastian von Thunen*, LL.M. (London), Rechtsanwalt, Hengeler Mueller, Düsseldorf

Belgien: *Howard M. Liebman*, Avocat du Barreau de Bruxelles, Attorney at Law (District of Columbia), Jones Day, Brüssel; *Olivier Rousselle*, Leyton Associés, Brüssel

Niederlande: *Ewout van Asbeck*, Advocaat, Belastingkundige, Van Doorne N.V., Amsterdam; *Hugo Reumkens*, Advocaat, Van Doorne N.V., Amsterdam

Schweden: *Jürgen Busch*, Rechtsanwalt, Mannheimer Swartling AB, Berlin; *Susanne Bärlin*, LL.M. (Uppsala), Mannheimer Swartling AB, Frankfurt am Main

Kanada: *Nicholas Dietrich*, Solicitor (Ontario), Gowling Lafleur Henderson LLP, Toronto; *Sam Johnston*, Solicitor (Ontario), Gowling Lafleur Henderson LLP, Toronto

Japan: *Katsumi Shirai*, Bengoshi (Japan), Attorney at Law (New York), TMI Associates, Tokyo; *Eberhard Hafermalz*, Rechtsanwalt, Arqis Foreign Law Office, Tokyo

Volksrepublik China: *Daniel Liew*, Asia Managing Partner, SJ Berwin LLP, Hong Kong; *Elyn Xing*, Associate, SJ Berwin LLP, Hong Kong

Indien: *Dr. Nils Krause*, LL.M. (Durham), Rechtsanwalt, Solicitor (England and Wales), White & Case LLP, Hamburg; *Julian von Ilsemann*, Rechtsanwalt, White & Case LLP, Hamburg

Russland: Dr. Thomas Heidemann, Rechtsanwalt, CMS Russia, Moskau

# Abkürzungsverzeichnis

| | |
|---|---|
| a. A. | anderer Ansicht |
| ABS | Asset Backed Securities |
| AEAO | Anwendungserlass zur Abgabenordnung |
| AFIC | Association Française des Investisseurs en Capital |
| AG | Aktiengesellschaft |
| AG | Die Aktiengesellschaft (Zeitschrift) |
| AktG | Aktiengesetz |
| ALM | Asset-Liability-Management |
| AMA | Anti-Monopoly Act (shiteki dokusen no kinshi oyobi kôsei torihiki no kakuho ni kansuru hôritsu) |
| AMF | Autorité des Marches Financiers |
| Angebots-VO | Angebotsverordnung |
| AnlV | Anlageverordnung |
| AO | Abgabenordnung |
| ArbEG | Arbeitnehmererfindungsgesetz |
| ARUG | Gesetz zur Umsetzung der Aktionärsrechterichtlinie |
| AStG | Außensteuergesetz |
| AVCO | Dachorganisation der österreichischen Beteiligungskapitalindustrie |
| AWV | Außenwirtschaftsverordnung |
| BaFin | Bundesanstalt für Finanzdienstleistungsaufsicht |
| BAG | Bundesarbeitsgericht |
| BAGE | Entscheidungen des Bundesarbeitsgerichts (Zeitschrift) |
| BayObLG | Bayerisches Oberstes Landesgericht |
| BB | Betriebs-Berater (Zeitschrift) |
| BDSG | Bundesdatenschutzgesetz |
| BetrVG | Betriebsverfassungsgesetz |
| BeurkG | Beurkundungsgesetz |
| BewG | Bewertungsgesetz |
| BGB | Bürgerliches Gesetzbuch |
| BGBl. | Bundesgesetzblatt |
| BGH | Bundesgerichtshof |
| BGHZ | Entscheidungen des Bundesgerichtshofs in Zivilsachen |
| BIP | Bruttoinlandsprodukt |
| BITC | Belgian Income Tax Code |
| BMF | Bundesministerium der Finanzen |
| BörsG | Börsengesetz |
| BörsZulV | Börsenzulassungs-Verordnung |
| BKartA | Bundeskartellamt |
| BKR | Bank- und Kapitalmarktrecht (Zeitschrift) |
| BStBl. | Bundessteuerblatt (Zeitschrift) |
| BT-Drucks. | Bundestagsdrucksache |
| BBodSchG | Bundesbodenschutzgesetz |
| BMVBS | Bundesministerium für Verkehr, Bau und Wohnungswesen |
| BörsG | Börsengesetz |
| BSE | Bombay Stock Exchange |
| BStBl. | Bundessteuerblatt |
| B.V. | Besloten Vennootschap met beperkte aansprakelijkheid |
| BVCA | British Venture Capital Association |
| BVK | Bundesverband Deutscher Kapitalbeteiligungsgesellschaften |
| BWG | Bankwesengesetz |
| BZRG | Bundeszentralregistergesetz |

# Abkürzungsverzeichnis

| | |
|---|---|
| CAPM | Capital Asset Pricing Model |
| CC | Competition Commission |
| CCI | Controller of Capital Issues |
| CFC | Controlled Foreign Corporations |
| CFIUS | Committee on Foreign Investment in the United States |
| CHF | Schweizer Franken |
| CIS | Collective Investment Schemes |
| CLN | Credit Linked Notes |
| CMBOR | Center for Management Buy-out Research |
| CNMV | Comisión Nacional del Mercado de Valores |
| COMI | Center of Main Interest |
| CPECs | Convertible Preferred Equity Certificates |
| CSSF | Commission de Surveillance du Secteur Financier |
| CVA | Company Voluntary Arrangement |
| CV | Closed Limited Partnership |
| | |
| DB | Der Betrieb (Zeitschrift) |
| DBA | Doppelbesteuerungsabkommen |
| DBJ | Development Bank of Japan (nippon seisaku tôshi ginkô) |
| DCF | Discounted Cash-Flow |
| DGCCRF | Direction Générale de la Concurrence, de la Consommation et de la Répression des Fraudes |
| Difu | Deutsches Institut für Urbanistik |
| DNotZ | Deutsche Notar-Zeitschrift |
| D&O | Directors & Officers |
| DOJ | US Department of Justice |
| DStJG | Deutsche Steuerjuristische Gesellschaft |
| DStR | Deutsches Steuerrecht (Zeitschrift) |
| DStRE | DStR-Entscheidungsdienst (Zeitschrift) |
| DVFA | Deutsche Vereinigung für Finanzanalyse und Asset Management |
| DZWIR | Deutsche Zeitschrift für Wirtschafts- und Insolvenzrecht |
| | |
| EA | Enterprise Act 2002 |
| ebda. | ebenda |
| EBIT | Earnings before Interest and Taxes |
| EBITDA | Earnings before Interest, Taxes, Depreciation and Amortization |
| EBRD | Europäische Bank für Wiederaufbau und Entwicklung |
| ECI | Effectively Connected Income |
| EFG | Entscheidungen der Finanzgerichte (Zeitschrift) |
| EG | Europäische Gemeinschaft |
| EGV | EG-Vertrag |
| EGBGB | Einführungsgesetz zum Bürgerlichen Gesetzbuch |
| EHUG | Gesetz über elektronische Handelsregister und Genossenschaftsregister sowie das Unternehmensregister |
| EK | Eigenkapital |
| EKEG | Eigenkapitalersatz-Gesetz |
| ErbStR | Erbschaftsteuerrichtlinien |
| ERISA | Employee Retirement Income Security Act of 1974 |
| EStDV | Einkommensteuerdurchführungsverordnung |
| EStG | Einkommensteuergesetz |
| EU | Europäische Union |
| EuGH | Europäischer Gerichtshof |
| EGInsO | Einführungsgesetz zur Insolvenzordnung |
| EuInsVO | EU-Insolvenzverordnung |
| EURIBOR | European Interbank Offered Rate |
| EVCA | European Private Equity & Venture Capital Association |
| EWR | Europäischer Wirtschaftsraum |

# Abkürzungsverzeichnis

| | |
|---|---|
| FB | Finanz Betrieb (Zeitschrift) |
| FCPE | Fonds Commun de Placement d'Entreprise |
| FCPI | Fonds Commun de Placement dans l'Innovation |
| FCPR | Fonds Commun de Placement à Risques |
| FIP | Fonds d'Investissement de Proximité |
| FIPB | Foreign Investment Promotion Board |
| FStrPrivFinG | Fernstraßenbauprivatfinanzierungsgesetz |
| FG | Finanzgericht |
| FIEL | Financial Instruments and Exchange Law (kin'yû shôhin torihiki hô) |
| FKVO | Verordnung (EG) Nr. 139/2004 des Rates über die Kontrolle von Unternehmenszusammenschlüssen (EG Fusionskontrollverordnung) |
| FMFC | French Monetary and Financial Code |
| FR | Finanz-Rundschau (Zeitschrift) |
| FRR | Fonds de Reserve pour les Retraites |
| FSA | Financial Services Agency (kin'yû chô) |
| FSMA | Financial Services and Markets Act 2000 |
| FTC | Federal Trade Commission |
| FTC | Fair Trade Commission (kôsei torihiki iinkai) |
| GAAP | Generally Accepted Accounting Principles |
| gAG | geschlossene Aktiengesellschaft |
| GBO | Grundbuchordnung |
| GbR | Gesellschaft bürgerlichen Rechts |
| GDV | Gesamtverband der Deutschen Versicherungswirtschaft |
| GenG | Genossenschaftsgesetz |
| GewStG | Gewerbesteuergesetz |
| GFTT | Gruppenfreistellungsverordnung |
| GG | Grundgesetz |
| GHS | Gewerbesteuer-Hebesatz |
| GmbH | Gesellschaft mit beschränkter Haftung |
| GmbHG | Gesetz betreffend Gesellschaften mit beschränkter Haftung |
| GmbHG-E | Entwurfsfassung des GmbHG gem. MoMiG |
| GmbHR | GmbH-Rundschau (Zeitschrift) |
| GmbH-StB | Der GmbH-Steuer-Berater (Zeitschrift) |
| GMG | Guidelines Monitoring Group |
| GoB | Grundsätze ordnungsgemäßer Buchführung |
| GP | General Partner |
| GP | General Partnership |
| GrESt | Grunderwerbsteuer |
| GrEStG | Grunderwerbsteuergesetz |
| GU | Gemeinschaftsunternehmen |
| GuV | Gewinn- und Verlustrechnung |
| GWB | Gesetz gegen Wettbewerbsbeschränkungen |
| HFA | Hauptfachausschuss |
| HGB | Handelsgesetzbuch |
| HR B | Handelsregister, Abteilung B |
| HRV | Handelsregisterverordnung |
| HSR | Hart-Scott-Rodino Antitrust Improvement Act of 1976 |
| IAS | International Accounting Standards |
| IBO | Institutional Buy-Out |
| IdW | Institut der Wirtschaftsprüfer |
| IFRS | International Financial Reporting Standards |
| IG | Bundesgesetz für Investmentgesellschaften |
| IML | Institut Monétaire Luxembourgois |
| InsO | Insolvenzordnung |
| InvFG | Investmentfondsgesetz |

# Abkürzungsverzeichnis

| | |
|---|---|
| InvG | Investmentgesetz |
| InvStG | Investmentsteuergesetz |
| IPEV | International Private Equity and Venture Capital Valuation Board |
| IPO | Initial Public Offering |
| IRR | Internal Rate of Return |
| IStR | Internationales Steuerrecht (Zeitschrift) |
| IWB | Internationale Wirtschafts-Briefe (Zeitschrift) |
| KapErhG | Kapitalerhöhungsgesetz |
| KapSt | Kapitalertragsteuer |
| KG | Kommanditgesellschaft |
| KGaA | Kommanditgesellschaft auf Aktien |
| KK | Joint Stock Corporation (kabushiki kaisha) |
| KMG | Kapitalmarktgesetz |
| KMU | Kleine und mittlere Unternehmen |
| KoR | Zeitschrift für internationale und kapitalmarktorientierte Rechnungslegung |
| KostO | Kostenordnung |
| KöR | Körperschaften des öffentlichen Rechts |
| KSchG | Kündigungsschutzgesetz |
| KStG | Körperschaftsteuergesetz |
| KWG | Kreditwesengesetz |
| LBO | Leveraged Buy-Out |
| LG | Landgericht |
| LIBOR | London Interbank Offered Rate |
| LLC | Limited Liability Company |
| LLC | Japanese Limited Liability Company (gôdô kaisha) |
| LLP | Limited Liability Partnership |
| LLP | Japanese Limited Liability Partnership (yûgensekinin jigyô kumiai) |
| LMA | Loan Market Association |
| LMBO | Leveraged Management Buy-Out |
| LMESM | Ley 3/2009, de 3 de abril, de Modificaciones Estructurales de las Sociedades Mercantiles |
| LMV | Ley 24/1988, de 28 de julio, del Mercado de Valores |
| LOI | Letter of Intent |
| LP | Limited Partner |
| LP | Limited Partnership |
| LPA | Limited Partnership Agreement |
| LPS | Limited Liability Partnership for Investment (tôshi jigyô yûgen sekinin kumiai) |
| LSA | Ley de Sociedades Anónimas |
| LSRL | Ley 2/1995 de Sociedades de Responsabilidad Limitada, de 23 de marzo |
| LTIBR | Long-Term Interest Bearing Receivables |
| Ltd. | Private Limited Company |
| MAC | Material Adverse Change |
| MaRisk | Mindestanforderungen an das Risikomanagement |
| MBO | Management Buy-Out |
| MCR | Minimum Capital Requirement |
| METI | Ministry of Economy, Trade and Industry (keizai sangyô shô) |
| MEP | Management Equity Program |
| MFN | Most-Favoured Nation Clause |
| MiFiG | Mittelstandsfinanzierungsgesellschaft |
| MOFCOM | Ministry of Commerce of the People's Republic of China |
| MoMiG | Entwurf eines Gesetzes zur Modernisierung des GmbH-Rechts und zur Bekämpfung von Missbräuchen |

# Abkürzungsverzeichnis

| | |
|---|---|
| MoRaKG | Gesetz zur Modernisierung der Rahmenbedingungen für Kapitalbeteiligungen |
| MoU | Memorandum of Understanding |
| MPP | Management Participation Program |
| MSP | Matching Stock Program |
| MTV | Manteltarifvertrag |
| MüKo | Münchener Kommentar |
| | |
| NCDR | National Commission for Development and Reform |
| NCSD | Nordic Central Securities Depository |
| NGM | Nordic Growth Market |
| NK | General Partnership (nin'i kumiai) |
| NJW | Neue Juristische Wochenschrift (Zeitschrift) |
| NSE | National Stock Exchange |
| N.V. | Naamloze Vennootschap |
| NVwZ | Neue Zeitschrift für Verwaltungsrecht |
| NZA | Neue Zeitschrift für Arbeitsrecht |
| NZG | Neue Zeitschrift für Gesellschaftsrecht |
| | |
| OFD | Oberfinanzdirektion |
| OFT | Office of Fair Trading |
| oHG | offene Handelsgesellschaft |
| OID | Original Issue Discount |
| OLG | Oberlandesgericht |
| OMX AB | Aktiebolaget Optionsmäklarna/Helsinki Stock Exchange |
| ÖPP | Öffentlich-Private Partnerschaft |
| | |
| PatG | Patentgesetz |
| PD | ÖPP Deutschland AG – Partnerschaften Deutschland |
| PE | Private Equity |
| PECs | Preferred Equity Certificates |
| PE Funds | Private Equity Funds |
| PEIGG | Private Equity Industry Guidelines Group |
| PFKapAV | Pensionsfonds-Kapitalanlageverordnung |
| PIF | Anteilsinvestmentfonds (paewoj inwesticionnyj fond) |
| PIK | Payment in Kind |
| PIPE | Private Investment in Public Equity |
| PPM | Private Placement Memorandum |
| PPP | Public Private Partnership |
| PRICAF Privée/ Private PRIVAK | Closed Private Collective Investment Vehicle for Private Equity Purposes |
| PRICAF Publique/ Publieke PRIVAK | Closed Public Collective Investment Vehicle for Private Equity Purposes |
| ProspektVO | Prospektverordnung |
| PublG | Publizitätsgesetz |
| | |
| RBC | Risk Based Capital |
| RBI | Reserve Bank of India |
| RechVersV | Verordnung über die Rechnungslegung von Versicherungsunternehmen (Versicherungsunternehmens-Rechnungslegungsverordnung) |
| REIT | Real Estate Investment Trust |
| REITG | REIT-Gesetz |
| REOC | Real Estate Operating Company |
| RFH | Reichsfinanzhof |
| RIW | Recht der internationalen Wirtschaft (Zeitschrift) |
| RStBl. | Reichssteuerblatt |

# Abkürzungsverzeichnis

RSU . . . . . . . . . . . . . . . Restricted Stock Unit

S.A. . . . . . . . . . . . . . . . . Sociedad Anónima
SA/NV . . . . . . . . . . . . . . Joint Stock Company
SAIC . . . . . . . . . . . . . . . State Administration for Industry and Commerce
S.à r.l. . . . . . . . . . . . . . . Société à responsabilité limitée
SCA/CVA . . . . . . . . . . . Partnership limited by Shares
SCR . . . . . . . . . . . . . . . . Sociedad de Capital Riesgo
SCR . . . . . . . . . . . . . . . . Solvency Capital Requirement
SE . . . . . . . . . . . . . . . . . Societas Europaea
SEBI . . . . . . . . . . . . . . . Securities and Exchange Board of India
SEC . . . . . . . . . . . . . . . . U.S. Securities and Exchange Commission
SEAG . . . . . . . . . . . . . . Gesetz zur Ausführung der Verordnung (EG) Nr. 2157/2001 des Rates vom 8. Oktober 2001 über das Statut der Europäischen Gesellschaft (SE)
SEStEG . . . . . . . . . . . . . Gesetz über steuerliche Begleitmaßnahmen zur Einführung der Europäischen Gesellschaft und zur Änderung weiterer steuerrechtlicher Vorschriften
SE-VO . . . . . . . . . . . . . . Verordnung (EG) Nr. 2157/2001 des Rates über das Statut der Europäischen Gesellschaft (SE)
SGECR . . . . . . . . . . . . . Sociedad Gestora de Entidades de Capital Riesgo
SGIIC . . . . . . . . . . . . . . Sociedad Gestora de Instituciones de Inversión Colectiva
SICAR . . . . . . . . . . . . . . Société d'Investissement en Capital à Risque
SICAV . . . . . . . . . . . . . . Société d'Investissement à Capital Variable
SSNIP . . . . . . . . . . . . . . Small but Significant Non-transitory Increase in Price
S.L. . . . . . . . . . . . . . . . . Sociedad de Responsabilidad Limitada
SMRJ . . . . . . . . . . . . . . . Organization for Small & Medium Enterprises and Regional Innovation (dokuritsu gyôsei hôjin chûshôkigyô kiban seibi kikô)
SoS . . . . . . . . . . . . . . . . Secretary of State for Business, Enterprise and Regulatory Reform
SOX . . . . . . . . . . . . . . . . Sarbanes-Oxley Act
SPA . . . . . . . . . . . . . . . . Share Purchase Agreement
SPAC . . . . . . . . . . . . . . . Special Purpose Acquisition Company
SPV . . . . . . . . . . . . . . . . Special Purpose Vehicle
SPRL/BVBA . . . . . . . . . Limited Liability Company
StiftG . . . . . . . . . . . . . . . Stiftungsgesetz
StGB . . . . . . . . . . . . . . . Strafgesetzbuch
StabilisierungsVO . . . . . . Verordnung (EG) Nr. 2273/2003 der Kommission vom 22. Dezember 2003
StSenkG . . . . . . . . . . . . . Gesetz zur Senkung der Steuersätze und zur Reform der Unternehmensbesteuerung

TK . . . . . . . . . . . . . . . . . Silent Partnership (tokumei kumiai)
TSX . . . . . . . . . . . . . . . . Toronto Stock Exchange
TVG . . . . . . . . . . . . . . . . Tarifvertragsgesetz

UBG . . . . . . . . . . . . . . . Unternehmensbeteiligungsgesellschaft
UBGG . . . . . . . . . . . . . . Gesetz über Unternehmensbeteiligungsgesellschaften
UBTI . . . . . . . . . . . . . . . Unrelated Business Taxable Income
UmwG . . . . . . . . . . . . . . Umwandlungsgesetz
UmwStG . . . . . . . . . . . . Umwandlungssteuergesetz
UR . . . . . . . . . . . . . . . . . Urkundenrolle
UStG . . . . . . . . . . . . . . . Umsatzsteuergesetz
UStR . . . . . . . . . . . . . . . Umsatzsteuerrichtlinien
usw. . . . . . . . . . . . . . . . . und so weiter
u. U. . . . . . . . . . . . . . . . . unter Umständen

VAG . . . . . . . . . . . . . . . . Versicherungsaufsichtsgesetz
VCOC . . . . . . . . . . . . . . Venture Capital Operating Company

# Abkürzungsverzeichnis

| | |
|---|---|
| VersR | Zeitschrift für Versicherungsrecht |
| V-Modell | Verfügbarkeitsmodell |
| WACC | Weighted Average Cost of Capital |
| WAG | Wertpapieraufsichtsgesetz |
| Wft | Wet op het financieel btoezicht |
| WiSt | Wirtschaftswissenschaftliches Studium (Zeitschrift) |
| WKBG | Wagniskapitalbeteiligungsgesetz |
| WM | Wertpapier-Mitteilungen (Zeitschrift) |
| WPg | Die Wirtschaftsprüfung (Zeitschrift) |
| WpPG | Gesetz über die Erstellung, Billigung und Veröffentlichung des Prospekts, der beim öffentlichen Angebot von Wertpapieren oder bei der Zulassung von Wertpapieren zum Handel an einem organisierten Markt zu veröffentlichen ist |
| WPÜG | Wertpapiererwerbs- und Übernahmegesetz |
| WuW/E | Zeitschrift für deutsches und europäisches Wettbewerbsrecht |
| ZGB RF | Zivilgesetzbuch der Russischen Föderation |
| ZIP | Zeitschrift für Wirtschaftsrecht |
| ZPO | Zivilprozessordnung |

# 1. Teil. Investoren

## § 1 Stiftungen als Investoren

| Übersicht | Seite |
|---|---|
| 1. Einleitung | 1 |
| 2. Stiftungen als Anleger | 2 |
|   2.1. Rechtsformen | 2 |
|     2.1.1. Die rechtsfähige Stiftung bürgerlichen Rechts | 3 |
|     2.1.2. Die nichtrechtsfähige Stiftung | 3 |
|     2.1.3. Die Stiftungs-GmbH | 3 |
|     2.1.4. Der Stiftungs-Verein | 4 |
|     2.1.5. Stiftungen der öffentlichen Hand | 4 |
|   2.2. Allgemeine rechtliche Grundlagen der Vermögensanlage für Stiftungen | 4 |
|     2.2.1. Zivilrechtliche Rahmenbedingungen für die Vermögensanlage | 4 |
|     2.2.2. Gemeinnützigkeitsrechtliche Rahmenbedingungen für die Vermögensanlage | 6 |
| 3. Charakteristika von Private-Equity-Fonds | 6 |
| 4. Rechtliche Fragestellungen im Zusammenhang mit der Anlage von Stiftungen in Anteile an Private-Equity-Fonds | 8 |
|   4.1. Verlustrisiko | 8 |
|     4.1.1. Stiftungsrechtliches Gebot der sicheren Vermögensanlage | 8 |
|     4.1.2. Gemeinnützigkeitsrechtliches Gebot der Selbstlosigkeit | 11 |
|   4.2. Beteiligung an gewerblichen Private-Equity-Fonds | 12 |
|     4.2.1. Folgen der Gewerblichkeit für steuerpflichtige Stiftungen | 12 |
|     4.2.2. Folgen der Gewerblichkeit für gemeinnützige Stiftungen | 12 |
|     4.2.3. Abgrenzung von Gewerblichkeit und Vermögensverwaltung bei Private-Equity-Fonds | 13 |
|   4.3. Illiquidität von Anlagen in Private-Equity-Fonds | 14 |
|     4.3.1. Gebot der ertragreichen Vermögensanlage | 14 |
|     4.3.2. Gebot der zeitnahen Mittelverwendung | 15 |
|   4.4. Kostenstrukturen von Private-Equity-Fonds | 16 |
|     4.4.1. Stiftungsrechtliche Vorgaben beim Einsatz von Vermögensverwaltern | 16 |
|     4.4.2. Gemeinnützigkeitsrechtliches Begünstigungsverbot | 17 |
| 5. Zusammenfassung | 17 |

## 1. Einleitung

Private Equity hat sich in Deutschland schon länger durchgesetzt. Gerade auch für Stiftungen ist diese alternative Anlageklasse von Interesse.[1] Während im Ausland Stiftungen, Trusts und Endowments als regelmäßige und professionelle Anleger zur typischen Zielgruppe von

---

[1] Vgl. Rodin, Private Equity – eine Anlageklasse in der Vermögensverwaltung, ein Segment des Kapitalmarkts, eine Anlageform für gemeinnützige Investoren, in: Birk, Transaktionen, Vermögen, Pro bono, Festschrift zum zehnjährigen Bestehen von P+P Pöllath + Partners, S. 541, 547 ff., 560 ff. Zur Eignung Alternativer Investments für Stiftungen vgl. Richter/Sturm, Möglichkeiten und Grenzen der Vermögensanlage deutscher rechtsfähiger Stiftungen am Beispiel von Hedge Fonds, in: Richter/Wachter, Handbuch des internationalen Stiftungsrechts, § 7; Haag/Richter, Rechtliche Maßstäbe für die Kapitalanlage von Stiftungen in Hedge Fonds nach deutschem und US-amerikanischem Recht, Non Profit Law Yearbook 2006, 97 ff. Zur Vermögensanlage in Private Equity vgl. Panse/Bär, Strategische Vermögensanlage von Stiftungen, in: Richter/Wachter, Handbuch des internationalen Stiftungsrechts, § 6 Rn. 48 ff.

Private-Equity-Fonds zählen, erschließt sich dieses Feld für Stiftungen in Deutschland erst seit kurzer Zeit.[2] Die wirtschaftliche Bedeutung von Private Equity als wichtigem Vertreter der alternativen Investments hat in den vergangenen Jahren deutlich zugenommen. Gleichzeitig ist ein starker Zuwachs an Stiftungsneugründungen zu verzeichnen,[3] der das Augenmerk der Investmentbranche vermehrt auf die Bedürfnisse dieser Kundengruppe lenkt.[4]

Bei der Stiftung kommt dem Wesenselement Vermögen eine Schlüsselfunktion zu, da sie ihren Zweck durch die Verwendung der Vermögenserträge verwirklicht.[5] Voraussetzung dafür ist einerseits die Vermögensausstattung und andererseits die Vermögensverwaltung. Die Stiftung muss bereits bei der Gründung derart mit Vermögenswerten ausgestattet sein, dass die dauerhafte und nachhaltige Erfüllung des Stiftungszwecks gesichert erscheint.[6] Bei der Bewirtschaftung des Stiftungsvermögens durch die Stiftungsorgane müssen diese stiftungsrechtliche und steuerrechtliche Vorschriften beachten. Allein die 15 größten deutschen Stiftungen verfügen über ein Gesamtvermögen von rund 23,3 Mrd. Euro.[7]

Die wachsende Bedeutung von Stiftungen als Investoren einerseits und Private Equity als alternativer Anlageklasse andererseits geben Anlass dazu, den Rechtsrahmen von Kapitalanlagen durch Stiftungen in Private Equity zu skizzieren. In diesem Beitrag sollen nach einer einführenden Darstellung und Definition der Stiftung die allgemeinen rechtlichen Rahmenbedingungen der Vermögensverwaltung durch Stiftungen dargestellt werden. Dabei wird neben dem Stiftungszivilrecht auch auf das Gemeinnützigkeitsrecht einzugehen sein, das für annähernd 96% aller Stiftungen von Relevanz ist. Abschließend soll untersucht werden, welche rechtliche und steuerliche Behandlung die Vermögensanlage in Private-Equity-Fonds durch Stiftungen erfährt.

## 2. Stiftungen als Anleger

### 2.1. Rechtsformen

Da der Firmenbestandteil „Stiftung" nicht geschützt ist,[8] existieren „Stiftungen" in verschieden Formen. Neben Stiftungen bürgerlichen Rechts können rein schuldrechtlich treuhänderische bzw. unselbständige Stiftungen errichtet oder Stiftungs-GmbHs und Stiftungs-Vereine gegründet werden. Tritt der Staat als Stifter auf, so kann er sich dieser Rechtsformen bedienen oder eigenes Organisationsrecht schaffen.

Aufgrund ihrer zahlenmäßig überragenden Bedeutung soll in diesem Beitrag die gemeinnützige Stiftung bürgerlichen Rechts im Mittelpunkt der Betrachtung stehen. Die gemeinnützigkeitsrechtlichen Vorgaben, denen sie unterliegt, lassen sich allerdings auf andere gemeinnützige Stiftungs-Formen übertragen.

---

[2] Die Volkswagenstiftung investiert beispielsweise in einen breiten Anlagenmix, in dem auch Alternative Investments (Private Equity und Hedge Fonds) enthalten sind, vgl. Pressemitteilung der Volkswagenstiftung vom 11. April 2008 und AbsolutReport vom 23. Juli 2008.

[3] Die Zahl der neu gegründeten rechtsfähigen Stiftungen bürgerlichen Rechts wuchs im Jahr 2008 um 1.120 auf nunmehr 16.406, vgl. Bundesverband Deutscher Stiftungen, „Stiftungen in Zahlen", www.stiftungen.org.

[4] Vgl. Rezmer, Handelsblatt v. 17. Juni 2004, „Investmenthäuser entdecken Stiftungen als Kundengruppe"; ähnl. Koenen, Handelsblatt vom 23. Juni 2008, „Vermögensverwalter investieren unverändert in Fonds für Beteiligungen".

[5] Siehe z. B. Art. 11 Abs. 1 Satz 1, Art. 6 Abs. 2 BayStG; § 6 Abs. 3 Satz 1 HessStifG.

[6] Vgl. § 80 Abs. 2 BGB.

[7] Basierend auf Zahlen des Bundesverbands deutscher Stiftungen für das Jahr 2008, vgl. www.stiftungen.org.

[8] Vgl. OLG Stuttgart, Urt. v. 12. Februar 1964, NJW 1964, 1231.

### 2.1.1. Die rechtsfähige Stiftung bürgerlichen Rechts

Die rechtsfähige Stiftung bürgerlichen Rechts ist nicht gesetzlich definiert. Nach dem Leitbild des Gesetzes in §§ 80 ff. BGB und nach allgemeiner Auffassung handelt es sich bei einer Stiftung um eine Einheit der drei Wesenselemente Vermögen, Zwecksetzung und nichtverbandsmäßige Eigenorganisation.[9] Die rechtsfähige Stiftung wird auch als selbstständige Stiftung bezeichnet. Nach ihrer Zweckrichtung lassen sich rechtsfähige Stiftungen zur Verfolgung altruistischer Zwecke oder zugunsten privatnütziger Zwecke unterscheiden. Erstere werden auch als öffentliche Stiftungen bezeichnet. Sie werden in den meisten Fällen gemeinnützig und damit steuerbefreit sein. Bei der so genannten Familienstiftung als häufigstem Fall der privatnützigen Stiftung handelt es sich nicht um eine Rechtsform, sondern um eine Anwendungsform der Stiftung.[10] Der Stiftungszweck besteht regelmäßig in Zuwendungen aus dem Vermögensertrag an eine bestimmte Personengruppe. Nicht zulässig hingegen ist die sogenannte Selbstzweckstiftung, deren Zweck sich in der Verwaltung ihres Vermögens erschöpft.[11] Die Stiftung muss einen Zweck verfolgen, der außerhalb ihrer selbst liegt.

Die rechtsfähige Stiftung unterliegt der staatlichen Stiftungsaufsicht, die sich nach den Landesstiftungsgesetzen richtet.[12] In den meisten Bundesländern ist sie für privatnützige Stiftungen stark eingeschränkt. Die Landesstiftungsgesetze enthalten neben den Regeln über die Aufsicht auch Vorschriften zur Vermögensverwaltung von Stiftungen.[13]

### 2.1.2. Die nichtrechtsfähige Stiftung

Bei der sog. nichtrechtsfähigen oder auch treuhänderischen Stiftung handelt es sich um ein zweckgebundenes Sondervermögen, das von einem Träger (Treuhänder) im Auftrag des Stifters auf der Grundlage und nach Maßgabe einer vertraglichen Vereinbarung verwaltet wird.[14] Träger kann eine natürliche oder – häufiger – juristische Person sein, die nicht mit dem Stifter identisch sein darf. Die treuhänderische (fiduziarische) Stiftung wird auch als nichtrechtsfähige oder unselbstständige Stiftung bezeichnet. Sie kann als gemeinnützige Stiftung von der Körperschaftsteuer befreit sein.[15] Einer staatlichen Aufsicht sowie den Regelungen der Landesstiftungsgesetze unterliegt sie nicht.

### 2.1.3. Die Stiftungs-GmbH

Die Stiftungsnatur der Stiftungs-GmbH ergibt sich (nur) aus der konkreten Ausgestaltung des Gesellschaftsvertrags bzw. der Satzung. Von einer erwerbswirtschaftlichen GmbH unterscheidet sich die Stiftungs-GmbH durch eine fremdnützige Zielsetzung, durch ein auf Dauer gewidmetes und zu erhaltendes Stiftungsvermögen und durch eine Organisationsstruktur, die die dauerhafte Bindung des Vermögens an den Stiftungszweck sicherstellen soll und Entscheidungen über die Verwendung der Gesellschaftsmittel für den Stiftungszweck er-

---

9 Statt vieler v. Campenhausen in: Seifart/v. Campenhausen, Stiftungsrechts-Handbuch, § 1 Rn. 6 ff. m.w.N.
10 Vgl. Pöllath/Richter in: Seifart/v. Campenhausen, Stiftungsrechts-Handbuch, § 13 Rn. 1; Richter in: Meyn/Richter/Koss, Die Stiftung, 2. Aufl., Freiburg, Berlin 2009, Rn. 96 ff.
11 Vgl. Hof in: Seifart/v. Campenhausen, Stiftungsrechts-Handbuch, § 7 Rn. 57.
12 Vgl. § 8 Abs. 1 StiftG B-W; Art. 6 BayStiftG; § 7 StiftG Bln; § 6 Abs. 1 StiftG Bbg; § 11 Satz 1 BremStiftG; § 5 Abs. 1 HambStiftG; § 10 Abs. 1 Satz 2 HessStiftG; § 4 Abs. 1 Satz 1 StiftG M-V; § 10 Abs. 1 Satz 1 NStiftG; § 6 Abs. 1 StiftG NRW; § 9 Abs. 1 Satz 1StiftG Rh-Pf; § 10 Abs. 1 SaarlStiftG; § 6 Abs. 1 SächsStiftG; § 18 StiftG S-A; § 8 Abs. 1 StiftG S-H.; Hof in: Seifart/v. Campenhausen, Stiftungsrechts-Handbuch, § 10; Meyn in: Meyn/Richter/Koss, Die Stiftung, Rn. 677 ff.
13 Vgl. dazu unten S. 8 ff., 14 f., 16 f. und Hof in: Seifart/v. Campenhausen, Stiftungsrechts-Handbuch, § 9 Rn. 54 ff.
14 Vgl. dazu Meyn in: Meyn/Richter/Koss, Die Stiftung, Rn. 207 ff.
15 Zu den Voraussetzungen vgl. Hüttemann/Herzog, Steuerfragen bei gemeinnützigen nichtrechtsfähigen Stiftungen, DB 2004, 1001 ff.

möglich.[16] In aller Regel ist die Stiftungs-GmbH gemeinnützig. Sie unterliegt nicht der Stiftungsaufsicht.

### 2.1.4. Der Stiftungs-Verein

Kennzeichnend für den Verein sind die körperschaftliche Struktur und die Festlegung eines gemeinsamen Zweckes, der nachhaltig verfolgt werden soll. Beim Verein als Grundform der Mitgliederorganisation sind ähnlich wie bei der Stiftungs-GmbH Zweck und Existenz nach der gesetzlichen Regelung völlig dem jeweiligen Willen der Mitglieder unterworfen. In der Satzung eines Stiftungs-Vereins müssen daher Vorkehrungen zur dauerhaften Vermögens-Zweck-Bindung getroffen werden.[17] Während Vereine keinen eigenen Vermögensstock benötigen und ihre Aufgaben häufig aus laufenden Einnahmen, insbesondere aus Mitgliedsbeiträgen und Spenden, finanzieren, bestehen umgekehrt auch keine Bedenken, Vereine mit Vermögen auszustatten.

Der Stiftungs-Verein zeichnet sich also funktionell dadurch aus, dass ein Vermögen dauerhaft zur Erfüllung eines Zwecks gewidmet wird.[18] Ähnlich wie die Gesellschafter bei der Stiftungs-GmbH nehmen die Mitglieder des Stiftungs-Vereins ihre mitgliedschaftlichen Rechte als Treuhänder des Stifterwillens wahr und verzichten weitgehend auf eine autonome Willensbildung. Beispiele für Stiftungs-Vereine sind vor allem die parteinahen Stiftungen oder die Studienstiftung des deutschen Volkes. Einer Stiftungsaufsicht unterliegt der Stiftungs-Verein nicht.

### 2.1.5. Stiftungen der öffentlichen Hand

Auch der Staat kann Stiftungen errichten. Dazu kann er sich der Rechtsformen des bürgerlichen Rechts bedienen. Beispiele für staatlich errichtete Stiftungen in zivilrechtlicher Form sind die Volkswagenstiftung und die Alexander von Humboldt-Stiftung sowie die Landesstiftung Baden-Württemberg gGmbH in Form der gemeinnützigen Stiftungs-GmbH.

Daneben kann der Staat auch spezifisch eigenes Organisationsrecht schaffen, nämlich durch die Errichtung einer Stiftung öffentlichen Rechts. Mangels rechtlich verbindlicher Vorgaben wird jede dieser Stiftungen ausschließlich durch ihren Errichtungsakt und ihre Satzung definiert; der stiftende Staat erfindet so jeweils das Stiftungsrecht neu. Dabei lehnt er sich in der Regel an existierende Strukturen an. So haben die meisten öffentlich-rechtlichen Stiftungen einen Vorstand und ein Kontrollorgan, ein Stiftungsvermögen und einen dauerhaften Stiftungszweck.

## 2.2. Allgemeine rechtliche Grundlagen der Vermögensanlage für Stiftungen

Die rechtlichen Grundlagen der Vermögensanlage von Stiftungen hängen neben der Rechtsform und der übrigen stiftungszivilrechtlichen Ausgestaltung auch vom steuerrechtlichen Status der Stiftung ab.

### 2.2.1. Zivilrechtliche Rahmenbedingungen für die Vermögensanlage

Das Bürgerliche Gesetzbuch enthält keine explizite Aussage zur Vermögensverwaltung der Stiftung. Aus stiftungsrechtlicher Sicht sind Stiftungen daher grundsätzlich in der Auswahl der Anlage ihres Vermögens frei.[19] Auch Kapitalanlagen in Private-Equity-Beteiligungen

---

[16] Vgl. Meyn in: Meyn/Richter/Koss, Die Stiftung, Rn. 230 ff.; Wochner, Die Stiftungs-GmbH, DStR 1998, 1835 ff.; Thiel, Die gemeinnützige GmbH, GmbHR 1997, 10 ff.
[17] Vgl. Meyn in: Meyn/Richter/Koss, Die Stiftung, Rn. 271 ff.
[18] Zur Verwendung des Bestandteils „Stiftung" im Vereinsnamen vgl. BayObLG, Urt. v. 25. 10. 1972, NJW 1973, 249.
[19] Vgl. Brockhoff in: Kötz/Rawert/Schmidt/Walz, Non Profit Law Yearbook 2002, Köln (u. a.) 2003, S. 221; Hüttemann/Schön, Vermögensverwaltung und Vermögenserhaltung, S. 8 f.; Wachter, Stiftung & Sponsoring 6/2002, Beilage Die Roten Seiten, S. 5.

sind insoweit prinzipiell zulässig und bei vielen größeren Stiftungen üblich.[20] Allerdings sind in den Landesstiftungsgesetzen zwei Grundsätze geregelt, die miteinander in Einklang zu bringen sind. Zum einen sind Stiftungen im Anwendungsbereich der Landesstiftungsgesetze verpflichtet, die Erträge des Stiftungsvermögens ausschließlich für den Stiftungszweck einzusetzen (Ertragsverwendungsgebot).[21] Zum anderen ist das Stiftungsvermögen in seinem Bestand ungeschmälert zu erhalten (Bestandserhaltungsgebot).[22]

Stiftungszivilrechtlich bestehen bei der Ausfüllung dieser Grundprinzipien grundsätzlich Spielräume. Das Stiftungszivilrecht ist vom Grundsatz der Privatautonomie geprägt. Grundsätzlich bestimmt der Stifter den Wirkungskreis der Stiftung.[23] Er kann unter Beachtung der allgemeinen stiftungsrechtlichen Grundsätze insbesondere ein Vermögenserhaltungskonzept festlegen. Aus dem Willen des Stifters lässt sich daher erkennen, wie Ertragsverwendung und Vermögenserhaltung zu erfolgen haben.[24]

Es setzt sich die Ansicht durch, dass ein einheitliches Vermögensbewirtschaftungskonzept nicht existieren kann. Dies wird aus der Tatsache gefolgert, dass es dem Stifter frei steht, mit welchen Vermögensgegenständen er die Stiftung ausstattet.[25] Dabei lassen sich zwei Grundtypen der Vermögensausstattung unterscheiden: Kapitalstiftung und Anstaltsstiftung. Während die Kapitalstiftung ihre Zweckverwirklichung mit Hilfe der aus dem Stiftungsvermögen erwirtschafteten Erträge finanziert, erreicht die Anstaltsstiftung dies durch den direkten Einsatz ihres Stiftungsvermögens.[26]

Neben der Vermögensausstattung bestimmt der Stifter die Richtlinien der Vermögenserhaltung.[27] Dies kann in Extremfällen einerseits dazu führen, dass anfänglich sämtliche Erträge zu thesaurieren sind, um die Leistungskraft der Stiftung zunächst einmal aufzubauen. Oberste Grenze bildet hier lediglich das Verbot der Selbstzweckstiftung, wonach die Stiftung nicht ausschließlich zur Ansparung von Vermögenswerten errichtet werden darf.[28] Andererseits kann der Stifter bestimmen, dass selbst das Stiftungsvermögen angegriffen werden soll, wenn eine Zweckverwirklichung durch die Erträge nicht mehr sinnvoll erfolgen

---

[20] Vgl. AbsolutReport vom 22. Juli 2008: „Deutsche Stiftungen wollen Allokation in Alternative Investments erhöhen"; Koenen, Handelsblatt vom 23. Juni 2008, „Stiftungen sind treue Anleger – Vermögensverwalter investieren unverändert in Fonds für Beteiligungen".

[21] Vgl. Art. 11 Abs. 3 BayStiftG; § 7 Abs. 3 Satz 1 BremStiftG; § 4 Abs. 3 Satz 1 HambStiftG; § 6 Abs. 3 HessStiftG; § 10 Abs. 1 StiftG M-V; § 6 Abs. 2 NStiftG; § 4 Abs. 3 StiftG NRW; § 7 Abs. 3 Satz 1 StiftG Rh-Pf; § 6 Abs. 2 Satz 1 SaarlStiftG; § 4 Abs. 3 Satz 1 StiftG S-H; § 8 Abs. 3 ThürStiftG-Entwurf (LT-DrS. 4/3949).

[22] Vgl. § 7 Abs. 2 StiftG B-W, Art. 6 Abs. 2 BayStiftG; § 3 StiftG Bln; § 7 Abs. 1 Satz 1 BremStiftG; § 4 Abs. 2 Satz 3 HambStiftG, § 6 Abs. 1 HessStiftG; § 9 Abs. 1 StiftG M-V; § 6 Abs. 1 Satz 1 NStiftG; § 4 Abs. 2 Satz 1 StiftG NRW; § 7 Abs. 2 Satz 1 StiftG Rh-Pf; § 6 Abs. 1 Satz 1 SaarlStiftG; § 4 Abs. 3 SächsStiftG; § 4 Abs. 2 Satz 1 StiftG S-H; §§ 1 Abs. 2, 8 Abs. 2 ThürStiftG-Entwurf (LT-DrS. 4/3949).

[23] Vgl. Hüttemann, FG Flume (1998), S. 59 (68 ff.; 74); Hüttemann/Schön, Vermögensverwaltung und Vermögenserhaltung, S. 32 ff.; Schindler, DB 2003, 297 (300).

[24] Aus diesem Grund wird im „Modellentwurf eines Landesstiftungsgesetzes" von Hüttemann und Rawert die gesetzliche Normierung des Grundsatzes der Vermögenserhaltung für entbehrlich gehalten, vgl. Hüttemann/Rawert, ZIP 2002, 2019 (2022); Richter, Stiftungsrechtsreform und Novellierung der Landesstiftungsgesetze, in: Bundesverband Deutscher Stiftungen e.V., 59. Jahrestagung, Berlin 2003, S. 44 (55).

[25] So insbesondere Hüttemann, FG Flume (1998), S. 59 (69) (74); Hüttemann/Schön, Vermögensverwaltung und Vermögenserhaltung, S. 28 ff.; a.A. Reuter in: Kötz/Rawert/Schmidt/Walz, Non Profit Law Yearbook 2002, S. 157 (161 f.). Kritisch Richter, Rechtsfähige Stiftung und Charitable Corporation, S. 343 ff. (358 ff.).

[26] Vgl. Schauhoff in: Schauhoff, Handbuch der Gemeinnützigkeit, § 3 Rn. 25.

[27] Vgl. Hüttemann, FG Flume (1998), S. 59 (74); kritisch Reuter, NZG 2005, 649 (651 ff.).

[28] Siehe oben S. 3 und Hüttemann, FG Flume (1998), S. 59 (88); kritisch dazu Reuter in: Kötz/Rawert/Schmidt/Walz, Non Profit Law Yearbook 2002, S. 157 (163). Diese Aussage ist für gemeinnützige Stiftungen zu modifizieren, weil das Gemeinnützigkeitsrecht weitere Vorgaben macht. Vgl. unten S. 6.

kann. Derartige Verbrauchsstiftungen sind grundsätzlich anerkennungsfähig, solange die Stiftung eine gewisse Dauer und Beständigkeit aufweist.[29]

Für Fälle, in denen der Wille des Stifters nicht eindeutig zum Ausdruck kommt, wird im Allgemeinen davon ausgegangen, dass Sachmittel, welche selbst die Grundlage für Stiftungserträge bzw. für die Zweckverwirklichung bilden sollen, in Natur zu erhalten sind.[30] Dies kann z. B. bei Mietshäusern, Unternehmensbeteiligungen und auch Kunstgegenständen der Fall sein. Wurden dagegen Kapitalwerte wie Bargeld oder Wertpapiere gestiftet, setzt die Vermögenserhaltung nicht voraus, dass die Vermögensgegenstände in Natur erhalten bleiben. Vielmehr kommt es dann auf die Sicherstellung der Ertragskraft des Stiftungsvermögens an.[31]

### 2.2.2. Gemeinnützigkeitsrechtliche Rahmenbedingungen für die Vermögensanlage

Gemeinnützige Stiftungen haben bei der Vermögensverwaltung neben den zivilrechtlichen Grundsätzen auch und vor allem steuerrechtliche Aspekte zu beachten. Das Gemeinnützigkeitsrecht enthält verbindliche Vorgaben für die Vermögensverwaltung und die Verwendung von Erträgen aus der Vermögensverwaltung (§§ 51 bis 68 AO). Besonderes Augenmerk ist auf den Grundsatz der Selbstlosigkeit und auf den Grundsatz der zeitnahen Mittelverwendung sowie das Verbot der unbeschränkten Bildung von Rücklagen zu richten. Verstößt das Stiftungsmanagement (z. B. durch Vermögenserhaltungsmaßnahmen) gegen diese Vorgaben, gerät der steuerbegünstigte Status der Gemeinnützigkeit in Gefahr.[32] Zwischen dem Stiftungszivilrecht und dem Stiftungssteuerrecht besteht insoweit ein Zielkonflikt.

Die steuerrechtliche Betrachtung dürfte auch auf die stiftungszivilrechtliche Beurteilung zurückwirken. Hat der Stifter die Gemeinnützigkeit in seinen Willen und in die Stiftungssatzung aufgenommen, so ist regelmäßig zu unterstellen, dass er im Rahmen des für die Erhaltung der Gemeinnützigkeit Erforderlichen gemeinnützigkeitsrechtlichen Anforderungen (z. B. der zeitnahen Ertragsverwendung für die Zweckerfüllung) Vorrang gegenüber anderen aus der Stiftungsverfassung ableitbaren Zielen (z. B. Bestandserhaltung) gegeben hat.[33]

### 3. Charaktaristika von Private-Equity-Fonds

Unter Private Equity versteht man Beteiligungen an Unternehmen, die in der Regel bei Erwerb an keiner Wertpapierbörse gehandelt werden.[34] Investoren stellen voll haftendes Eigenkapital zur Verfügung, für das kein Rückzahlungsanspruch besteht.[35] Anlagen in Private Equity sind somit Risikoanlagen. Investoren müssen stets mit einem Totalverlust rechnen.

Private-Equity-Anlagen zeichnen sich dadurch aus, dass sie in der Regel nicht nur erworben, gehalten und wieder veräußert werden. Vielmehr betreuen Private-Equity-Investoren die Zielunternehmen für die Dauer des Engagements. Ziel der Betreuung ist es, ein schnelles Wachstum des Zielunternehmens herbeizuführen, um zum Zeitpunkt des Ausstiegs (*exit*)

---

[29] Vgl. Richter, Rechtsfähige Stiftung und Charitable Corporation, S. 416 f.; a. A. Muscheler, in: Saenger u. a., FS Werner, S. 129 ff.
[30] Vgl. Schauhoff in: Schauhoff, Handbuch der Gemeinnützigkeit, § 3 Rn. 63.
[31] Vgl. Hüttemann, FG Flume (1998), S. 59 (61 f.).
[32] Vgl. Pöllath/Richter in: Seifart/von Campenhausen, Stiftungsrechts-Handbuch, § 43 Rn. 125.
[33] Vgl. Hüttemann, FG Flume (1998), S. 59 (91).
[34] Vgl. Rodin/Veith, DB 2001, 883; Feldhaus in: Feldhaus/Veith, Frankfurter Kommentar zu Private Equity, Frankfurt am Main 2010, Kap. 1 Rn. 1 ff.; Eilers/Koffka in: Eilers/Koffka/Mackensen, Private Equity, München 2009, Einl. Rn. 2; Jesch in: Farkas-Richling/Fischer/Richter, Private Banking and Family Office, Stuttgart 2009, S. 309.
[35] Vgl. Weitnauer, FB 2001, 258; Watrin/Gockseh, DB 2002, 341.

einen möglichst hohen Gewinn zu erzielen.[36] Zu diesem Zweck werden häufig Mehrheitsbeteiligungen oder bedeutende Minderheitsbeteiligungen erworben, die einen Eintritt in die unternehmerische Entscheidungs- und Verantwortungssphäre erlauben.[37] Nach einer mittleren bis langen Haltedauer, während der die genannten Maßnahmen zur Wertsteigerung durchgeführt werden, werden die Beteiligungen wieder veräußert.[38]

In Private-Equity-Fonds, die von Private-Equity-Gesellschaften gegründet werden, schließen sich Kapitalanleger zur Finanzierung junger Unternehmen, der Förderung des Wachstums mittelständischer Unternehmen, der Ausgliederung von Unternehmensteilen oder der Unternehmensnachfolge zusammen. Die Initiatoren und das Management des Private-Equity-Fonds dienen dabei als Vermittler zwischen Kapitalanlegern und den finanzierten Unternehmen. Sie bringen neben ihrem Kapital regelmäßig immaterielle Beiträge (Erfahrungen, Kontakte, Netzwerke) ein. Nach Erreichen des durch die Finanzierung beabsichtigten Ziels sollen die Anteile an den Gesellschaften gewinnbringend wieder veräußert werden.[39]

*Private-Equity-Fonds treten je nach Jurisdiktion und wirtschaftlicher Ausrichtung in unterschiedlichen rechtlichen Strukturen in Erscheinung. Obwohl das deutsche Recht besondere Vehikel für Private Equity kennt (z. B. die Unternehmensbeteiligungsgesellschaft oder die Wagniskapitalbeteiligungsgesellschaft), werden Private-Equity-Fonds meist noch immer in Form einer Kommanditgesellschaft (GmbH & Co. KG) gegründet. Die Komplementär-GmbH ist dabei meist nicht am Vermögen der KG beteiligt. Die Anleger beteiligen sich ebenso wie die Initiatoren als Kommanditisten an den Fonds. Ausländische Private-Equity-Fonds verfügen über vergleichbare Strukturen. Die am häufigsten anzutreffende Rechtsform ist dabei die der Kommanditgesellschaft ähnliche limited partnership. Daneben finden sich Organisationsformen, die den Besonderheiten der jeweiligen Länder Rechnung tragen, in denen das Fondsmanagement seinen Sitz hat.*[40]

Private-Equity-Fonds sind in aller Regel als geschlossene Fonds ausgestaltet, bei denen die Anleger kein Recht auf Rückgabe ihres Fondsanteils und Auszahlung des Geldwertes haben. Vielmehr ist das eingesetzte Kapital entweder bis zur Ausschüttung von Realisierungsgewinnen oder bis zur Liquidation des Fonds gebunden.[41] Die Laufzeit der meisten Private-Equity-Fonds beträgt sieben bis zehn Jahre, wobei meist Verlängerungsmöglichkeiten um bis zu drei Jahre vorgesehen sind.[42] Die Laufzeit ist meist in eine Investitionsperiode und eine Deinvestitionsperiode unterteilt, wobei Neuanlagen grundsätzlich nur während der Investitionsperiode getätigt werden dürfen.

Die laufende Geschäftsführung wird meist von einer hinsichtlich Private-Equity-Beteiligungen über besondere Kenntnisse verfügenden Management-Gesellschaft als Kommanditist mit Geschäftsführungsbefugnis (geschäftsführender Gesellschafter) wahrgenommen. Zur laufenden Geschäftsführung zählen die Prüfung von Beteiligungsmöglichkeiten, die Ver-

---

[36] Vgl. Pfeifer, BB 1999, 1665 (1669); Eilers/Koffka in: Eilers/Koffka/Mackensen, Private Equity, München 2009, Einl. Rn. 10 f.

[37] Vgl. Pfarr/Welke, IWB, Fach 3, Gruppe 3, S. 1317; Stoschek/Protzen, FR 2001, 816; Eilers/Koffka in: Eilers/Koffka/Mackensen, Private Equity, München 2009, Einl. Rn. 14; vgl. Veith in: Feldhaus/Veith, Frankfurter Kommentar zu Private Equity, Frankfurt am Main 2010, Kap. 1 Rn. 4.

[38] Vgl. Bärenz/Veith, BB 2004, 251 f.; Bauer/Gemmeke, DStR 2004, 580; Dautel, FB 2004, 475; Rodin/Veith, DB 2001, 883; Stoscheck/Protzen, FR 2001, 816; Feldhaus in: Feldhaus/Veith, Frankfurter Kommentar zu Private Equity, Frankfurt am Main 2010, Kap. 1 Rn. 289.

[39] Vgl. Rodin/Veith, DB 2001, 883; Feldhaus in: Feldhaus/Veith, Frankfurter Kommentar zu Private Equity, Frankfurt am Main 2010, Kap. 1 Rn. 289.

[40] Vgl. Veith in: Feldhaus/Veith, Frankfurter Kommentar zu Private Equity, Frankfurt am Main 2010, Kap. 1 Rn. 60 ff.

[41] Veith in: Feldhaus/Veith, Frankfurter Kommentar zu Private Equity, Frankfurt am Main 2010, Kap. 1 Rn. 146.

[42] Vgl. Feldhaus in: Feldhaus/Veith, Frankfurter Kommentar zu Private Equity, Frankfurt am Main 2010, Kap. 1 Rn. 165.

handlung der Beteiligungsverträge, die spätere Überwachung der Beteiligungen, das Berichtswesen, die Kapitalabrufe und die Betreuung der Investoren.

Hinsichtlich der Vergütung der Initiatoren von Private-Equity-Fonds haben sich im Markt zwei Elemente herausgebildet: ein Gewinn-Vorab, den der Fonds leistet, um die laufenden Kosten des Fondsmanagements abzudecken (*Management Fee*) sowie eine kapitaldisproportionale Gewinnbeteiligung (*Carried Interest*), die die Initiatoren des Fonds für ihre letztverantwortlichen Anlageentscheidungen und sonstigen immateriellen Beiträge unmittelbar oder mittelbar über eine separate Gesellschaft erhalten.

Die *Management Fee* wird in der Regel in Höhe eines Prozentsatzes des gezeichneten oder investierten Kapitals auf jährlicher Basis vom Fonds gezahlt. Verbreitet ist ein jährlicher Betrag in Höhe von 2 bis 3% des Gesamtzeichnungsbetrages während der Investitionsperiode und danach ein Betrag in Höhe von 2 bis 3% der Buchwerte der Portfoliobeteiligungen des Fonds.[43]

Der *Carried Interest* wird häufig erst nach Rückführung der Kapitaleinlagen der als Investoren beteiligten Gesellschafter zuzüglich einer Vorzugsrendite (*Preferred Return*) ausgezahlt. Der Vorzugsrendite wird in der Regel ein jährlicher Zinssatz zwischen 6% und 8% (*Hurdle Rate*) zugrunde gelegt.[44]

## 4. Rechtliche Fragestellungen im Zusammenhang mit der Anlage von Stiftungen in Anteile an Private-Equity-Fonds

Eine Anlage von Stiftungsvermögen in Private Equity wirft verschiedene stiftungs- und gemeinnützigkeitsrechtliche Fragen auf. Erstens ist fraglich, ob ein Verlustrisiko der Anlage entgegensteht und wie sich mögliche Verluste auswirken (1.). Zweitens ist eine Abgrenzung von steuerfreien Einkünften aus der Vermögensverwaltung und steuerpflichtigen Einkünften aus wirtschaftlichem Geschäftsbetrieb vorzunehmen (2.). Die Illiquidität der Anlageklasse führt dazu, dass keine laufenden Erträge für die Zweckverwirklichung zur Verfügung stehen (3.) und die Kostenstrukturen von Private-Equity-Fonds könnten dem Gebot der Sparsamkeit widersprechen (4.).[45]

### 4.1. Verlustrisiko

Vorbehalte gegen Anteile an Private-Equity-Fonds als Portfoliobestandteile für gemeinnützige Stiftungen werden teils mit den Verlustrisiken begründet, die diese Anlageklasse mit sich bringt. Anlagen in Private Equity sind regelmäßig mit dem Risiko eines Totalverlusts verbunden. Isoliert betrachtet könnten Private-Equity-Anlagen aufgrund dieses Risikos gegen den landesstiftungsrechtlichen Grundsatz der sicheren Vermögensanlage verstoßen und überdies gemeinnützigkeitsschädlich sein.

### 4.1.1. Stiftungsrechtliches Gebot der sicheren Vermögensanlage

Risikoanlagen wie Private-Equity-Beteiligungen werfen im Hinblick auf die Verlustrisiken die Frage nach ihrer grundsätzlichen Zulässigkeit auf. Die meisten Landesstiftungsgesetze sehen vor, dass das Stiftungsvermögen in seinem Bestand ungeschmälert zu erhalten ist.[46] Das Stiftungsvermögen darf grundsätzlich nicht verbraucht, sondern lediglich zur Erzielung von Erträgen genutzt werden. Der Umfang des Gebots der Bestandserhaltung ist in den

---

[43] Vgl. Feldhaus in: Feldhaus/Veith, Frankfurter Kommentar zu Private Equity, Frankfurt am Main 2010, Kap. 1 Rn. 163.
[44] Zu Vergütungsstrukturen bei Private-Equity-Fonds siehe ausführlich Gottschalg/Kreuter/Phalippou, Absolut-Report, Heft 8/2007, S. 48 ff.
[45] Vgl. zu diesen Fragen am Beispiel der Anlage von Stiftungsvermögen in Hedge Fonds auch Kayser/Richter in: Busack/Kaiser, Handbuch Alternative Investments, Band 2, S. 597 ff.
[46] Siehe z. B. Art. 6 Abs. 2 BayStG; § 3 Satz 1 StiftG Bln; § 6 Abs. 1 Satz 1 HessStiftG.

Landesstiftungsgesetzen nicht näher bestimmt.[47] Inwieweit das Vermögen in seiner ursprünglichen Substanz erhalten bleiben muss oder etwaige Wertverluste auszugleichen sind, wird kontrovers diskutiert. Substanzerhaltung, Inflationsausgleich, nominale oder reale Werterhaltung lauten einige Schlagworte dieser Diskussion.[48] Während früher in den Landesstiftungsgesetzen eine mündelsichere Anlage vorgeschrieben wurde, gilt heute der Grundsatz einer sicheren und wirtschaftlichen Vermögensanlage.[49] Daraus lässt sich ein Abrücken von der rein substanz- oder nominalwerterhaltenden Vermögensanlage ableiten.

Soweit der Grundsatz der Bestandserhaltung auf den Realwert bezogen wird, ergibt sich im Hinblick auf die Abwägung zwischen sicherer und ertragreicher Anlage, dass ein Teil der Nominalerträge aus der Vermögensverwaltung für den realen Bestandserhalt benötigt wird. Denn Kapitalvermögen verliert regelmäßig inflationsbedingt an Wert.[50] So ist das Stiftungsvermögen bei Stiftungen, in denen der Stifter eine Bareinlage geleistet hat, in aller Regel weit überwiegend in festverzinslichen Wertpapieren investiert, weil diese traditionell als verhältnismäßig risikoarm und ertragreich angesehen werden.[51] Da diese aber bei ihrer Endfälligkeit zum Nominalwert getilgt werden, weisen sie in der Regel keine Wertsteigerungen auf.[52] Untersuchungen ergaben, dass Stiftungen mit festverzinslichen Kapitalanlagen in den zurückliegenden Jahrzehnten 45 % des Ertrages dem Vermögen hätten zuführen müssen, um eine real gleichbleibende Stiftungsleistung zu gewährleisten.[53] Da dies aber im Falle einer gemeinnützigen Stiftung gemäß § 58 Nr. 7 Buchst. a) AO nur begrenzt möglich ist, führt eine derartige Anlageform zu einem Verstoß gegen den Grundsatz der (realen) Vermögenserhaltung. Dagegen sind die Substanzwerte Aktien und Immobilien auf lange Sicht infolge von Wertsteigerungen inflationsresistenter.[54] Damit verbunden sind allerdings geringere laufende Erträge, was – bei sehr starker Gewichtung – mit dem Grundsatz einer ertragreichen Vermögensanlage im Konflikt stehen kann.

Erforderlich ist daher eine Mischung aus Renten, Aktien und Immobilien.[55] Professionelle Vermögensverwalter empfehlen häufig, neben den Barreserven ca. 60–80 % des verbleibenden Stiftungsvermögens in Renten und ca. 20–40 % in Aktien anzulegen.[56] Private Equity und andere alternative Investments werden hingegen lediglich mit bis zu 10 % gewichtet.[57] Dennoch stammten im Jahr 2007 insgesamt 8,3 % europäischer Private-Equity-Investitionen aus Stiftungen und von vermögenden Familien. Nur eine solche, diversifizie-

---

[47] Kritisch dazu Richter, Stiftungsrechtsreform und Novellierung der Landesstiftungsgesetze, in: Bundesverband Deutscher Stiftungen e.V., 59. Jahrestagung, Berlin 2003, S. 44 (45). Zu den Auslegungsansätzen vgl. Richter, Rechtsfähige Stiftung und Charitable Corporation, Berlin 2001, S. 362 ff.

[48] Vgl. Carstensen, Vermögensverwaltung, Vermögenserhaltung und Rechnungslegung gemeinnütziger Stiftungen, 1996, S. 43 f.; Hüttemann in: Festgabe für Werner Flume zum 90. Geburtstag, S. 59 (61 ff.) m.w.N.; Hüttemann/Schön, Vermögensverwaltung und Vermögenserhaltung im Stiftungs- und Gemeinnützigkeitsrecht; Reuter in: Kötz/Rawert/Schmidt/Walz (Hrsg.), Non Profit Law Yearbook 2002, S. 157 (160 ff.); ders., NZG 2005, 649 ff.; Schindler, DB 2003, 297 (300 ff.).

[49] So ausdrücklich Art. 6 Abs. 1 Satz 1 BayStG; vgl. auch Schauhoff in: Schauhoff, Handbuch der Gemeinnützigkeit, § 3 Rn. 138.

[50] Vgl. Brockhoff in: Kötz/Rawert/Schmidt/Walz (Hrsg.), Non Profit Law Yearbook 2002, S. 221 (222); Schauhoff in: Schauhoff, Handbuch der Gemeinnützigkeit, § 3 Rn. 128.

[51] Vgl. Schindler, DB 2003, 297 (298).

[52] Zu den Folgen eines vorwiegend in Renten investierten Stiftungsvermögens vgl. Panse/Bär, Strategische Vermögensanlage von Stiftungen, in: Richter/Wachter, Handbuch des internationalen Stiftungsrechts, § 6 Rn. 38 ff.; Carstensen in: Bertelsmann Stiftung, Handbuch Stiftungen, S. 535 (545).

[53] Vgl. Carstensen in: Bertelsmann Stiftung (Hrsg.), Handbuch Stiftungen, S. 535 (548).

[54] Vgl. Carstensen in: Bertelsmann Stiftung (Hrsg.), Handbuch Stiftungen, S. 535 (545).

[55] Vgl. Benke, Stiftung & Sponsoring 2/1999, S. 13.

[56] Vgl. Nolting/Hauff, AbsolutReport Nr. 11,12/2000, S. 46 (49).

[57] In der Hertie-Stiftung mit 7 %, die Volkswagen-Stiftung strebt 10 % an, vgl. Koenen, Handelsblatt vom 23. Juni 2008, „Stiftungen sind treue Anleger – Vermögensverwalter investieren unverändert in Fonds für Beteiligungen".

rende Anlagestrategie bietet demnach die Möglichkeit, das Stiftungsvermögen wertbeständig und laufend ertragreich anzulegen.

Ein Teil der nominal erzielten Erträge kann dann zum Ausgleich von realen Wertverlusten verwendet werden. Auch die insoweit bestehenden Möglichkeiten sind strikt geregelt. Im Hinblick auf die Geldentwertung durch Inflation kann die Stiftung Rücklagen bilden. Gemeinnützigen Stiftungen ist dies aber nur im Rahmen des § 58 Nr. 7 lit a) AO gestattet.[58] Für den Fall weiterer Wertminderungen,[59] etwa durch Kursverluste, ist z. B. in Art. 17 des Bayerischen Stiftungsgesetzes geregelt, dass die Vermögenserträge so lange ganz oder teilweise anzusammeln sind, bis die Stiftung wieder leistungsfähig geworden ist. Die Herstellung der Leistungskraft muss allerdings auf absehbare Zeit möglich sein.[60] Dieses sog. Admassierungsgebot kann sich aufgrund des gemeinnützigkeitsrechtlichen Gebots der zeitnahen Mittelverwendung als steuerschädlich erweisen. Darüber hinaus gilt auch im Stiftungszivilrecht, dass der Grundsatz der Vermögenserhaltung nicht zum Selbstzweck werden darf.[61] Somit muss die Stiftung gegebenenfalls Vermögensumschichtungen vornehmen. Letztlich muss die Stiftung genügend Erträge erwirtschaften, um den Stiftungszweck erfüllen und allen laufenden Zahlungsverpflichtungen nachkommen zu können. Insofern müssen die Stiftungsorgane im Gespräch mit den zuständigen Behörden praktikable Lösungen finden.[62]

Neben dem Werterhalt durch Nominalerträge stehen die Stiftungsorgane bei der Anlage des Stiftungsvermögens auch aus einem anderen Grund in der Verantwortung, das Stiftungsvermögen nicht nur wertbeständig (im Sinne des Gebots der Bestandserhaltung), sondern ertragreich anzulegen. Durch die Vermögensanlage muss nämlich das Erzielen angemessener laufender Erträge sichergestellt werden, aus denen eine Erfüllung des Stiftungszwecks möglich ist.[63] In der Literatur wird andererseits zutreffend darauf hingewiesen, dass wirtschaftlich kein Ertrag vorliegt, solange das Vermögen nicht erhalten ist. Der Ertrag ist nichts anderes als die Vermögensmehrung. Strittig kann daher nicht sein, ob Ertrag oder Erhaltung anzustreben ist, sondern nur, welches Erhaltungskonzept der Ertragsermittlung zugrunde zu legen ist.[64]

Letztlich muss zwischen einer möglichen Steigerung der Erträge und dem damit verbundenen Risiko für die Substanz des Stiftungsvermögens abgewogen werden.[65] Wie diese Abwägung im Einzelfall zu erfolgen hat, ist nicht abschließend geklärt. Grundsätzlich ist einem planbaren und regelmäßigen Vermögensertrag im Zweifel gegenüber einer kurzfristigen und risikobehafteten Ertragssteigerung der Vorrang einzuräumen.[66] Jeder Anleger wird aber eigene Maßstäbe zur Beurteilung ansetzen, was eine sichere und ertragreiche Anlage ist. Daher ist eine allgemeine Regelung nicht möglich, was das Fehlen entsprechender gesetzlicher Vorgaben erklärt. Soweit die Landesstiftungsgesetze überhaupt Aussagen treffen, werden lediglich Kosten- und Risikoerwägungen (Sparsamkeit, Wirtschaftlichkeit, Ordnungsmäßigkeit) genannt.[67] Oberste Richtschnur muss daher auch hier der Wille des Stifters

---

[58] Siehe unten S. 15 f. Dagegen sind rein privatnützige Stiftungen nur den stiftungsrechtlichen Admassierungsverboten unterworfen. Dabei ist in erster Linie auf den Willen des Stifters abzustellen, der in seiner Zielrichtung lediglich durch das Verbot der Selbstzweckstiftung beschränkt wird, vgl. Hüttemann, FG Flume (1998), S. 59 (88).

[59] Vgl. Carstensen in: Bertelsmann Stiftung, Handbuch Stiftungen, S. 535 (538).

[60] Vgl. Voll/Störle, Bayerisches Stiftungsgesetz, Art. 17 Rn. 1.

[61] Vgl. Hüttemann, FG Flume (1998), S. 59 (88).

[62] Vgl. Richter in: Meyn/Richter/Koss, Die Stiftung, Rn. 828.

[63] Siehe dazu auch unten. Vgl. Benke, Stiftung & Sponsoring 2/1999, S. 13; Funken, Stiftung & Sponsoring 2/2002, S. 24; Orth, DStJG 26 (2003), S. 177 (194 f.).

[64] Vgl. Schindler, DB 2003, 297.

[65] Vgl. Wachter, Stiftung & Sponsoring 6/2002, Beilage Die Roten Seiten, S. 5. Zu Abwägungsgesichtspunkten vgl. Hüttemann/Schön, Vermögensverwaltung und Vermögenserhaltung, S. 32 ff.

[66] Vgl. Wachter, Stiftung & Sponsoring 6/2002, Beilage Die Roten Seiten, S. 5.

[67] Vgl. Schindler, DB 2003, 297; Art. 11 Abs. 2 Satz 1 BayStG.

sein.⁶⁸ Dieser kann durch spezielle Anlagerichtlinien für Eindeutigkeit und Klarheit sorgen. Dadurch kann das Haftungsrisiko des Stiftungsvorstandes verringert und Flexibilität gewährleistet werden.⁶⁹ Fehlen Vorgaben des Stifters, dann kann der Stiftungsvorstand ein Kapitalerhaltungskonzept ausarbeiten und ggf. förmlich beschließen. Teilweise ist für die Umsetzung oder Ausarbeitung von Kapitalerhaltungsrichtlinien auch ein eigenes Organ (Anlageausschuss, Kuratorium) zuständig.⁷⁰

### 4.1.2. Gemeinnützigkeitsrechtliches Gebot der Selbstlosigkeit

Erzielt eine gemeinnützige Stiftung Verluste, so ist dies nach Auffassung der Finanzverwaltung grundsätzlich gemeinnützigkeitsschädlich.⁷¹ Die Mittel einer gemeinnützigen Körperschaft dürfen nur für satzungsmäßige Zwecke verwendet werden (§ 55 Abs. 1 Nr. 1 S. 1 AO). Das Ziel der zweckmäßigen Mittelverwendung ist nach Rechtsprechung und Finanzverwaltung verfehlt, wenn die Stiftung einen Verlust im Bereich der Vermögensverwaltung erzielt. Denn der Ausgleich eines Verlustes aus der Vermögensverwaltung erfolgt mit Mitteln des ideellen Tätigkeitsbereichs und ist daher eine Mittelfehlverwendung. Ein solcher Verlust soll grundsätzlich im Jahr der Verlusterzielung zur Aberkennung der Gemeinnützigkeit führen.⁷² Ein Vermögensverlust ist anzunehmen, wenn mit hoher Wahrscheinlichkeit eine Veräußerung zum Anschaffungswert auf Dauer nicht mehr möglich ist.⁷³

Sollte es zum Verlust eines in Private-Equity-Fonds investierten Teils des Stiftungsvermögens kommen, so führt dies allein jedoch nicht zum Verlust der Gemeinnützigkeit. Es kommt ausschließlich auf das Gesamtergebnis der Vermögensverwaltung an, während die Ergebnisse einzelner Anlagen nur insoweit von Belang sind, als sie das Gesamtergebnis beeinflussen. Ein Verlust in dem hier maßgeblichen Sinn setzt voraus, dass die gesamte Vermögensverwaltung der Stiftung in einem Jahr insgesamt einen Verlust erzielt. Für die Vermögensverwaltung sollen die Regelungen über den Ausgleich von Verlusten aus dem wirtschaftlichen Geschäftsbetrieb entsprechend gelten.⁷⁴ Dort ist für das Vorliegen eines Verlustes das Ergebnis des *einheitlichen* wirtschaftlichen Geschäftsbetriebes nach § 64 Abs. 2 AO maßgeblich. Für die Verwendung von Mitteln des ideellen Bereichs für den Ausgleich von Verlusten bedeutet dies, dass Verluste eines einzelnen Geschäftsbetriebs unschädlich sind, soweit der Verlust bereits im Entstehungsjahr mit Gewinnen anderer steuerpflichtiger wirtschaftlicher Geschäftsbetriebe verrechnet werden kann.⁷⁵ Damit kommt es für die Vermögensverwaltung nicht darauf an, ob in einzelnen Bereichen der Vermögensverwaltung negative Ergebnisse erzielt werden, sondern ausschließlich darauf, ob die Vermögensverwaltung insgesamt zu Verlusten führt.⁷⁶ Wenn Verluste aus einzelnen Anlagen nicht für sich zu einer Aberkennung der Gemeinnützigkeit führen, dann gilt dies erst recht für das Eingehen einzelner Anlagen, bei denen zwar das Risiko eines Totalverlustes besteht, dieser sich aber aber noch nicht realisiert hat. Etwas anderes gilt erst, wenn spekulative Anlagen getätigt werden. Da sich bei

---

⁶⁸ Vgl. Meyn in: Meyn/Richter/Koss, Die Stiftung, Rn. 151 f.
⁶⁹ Vgl. Schindler, DB 2003, 297 (299); Wachter, Stiftung & Sponsoring 6/2002, Beilage Die Roten Seiten, S. 12.
⁷⁰ Vgl. Meyn in: Meyn/Richter/Koss, Die Stiftung, Rn. 153.
⁷¹ Vgl. AEAO Nr. 9 zu § 55. Zu Recht a. A. Hüttemann, a.a.O., § 6 Rn. 22; Hüttemann/Schön, Vermögensverwaltung, S. 56 ff. (68); Schauhoff, DStR 1998, 701 ff.; ders. in: Schauhoff, Handbuch der Gemeinnützigkeit, § 6 Rn. 73.
⁷² Vgl. BFH, Urt. v. 13. November 1996, BStBl. 1998 Teil II, S. 711; AEAO Nr. 4 ff. zu § 55.
⁷³ Vgl. Schindler, DB 2003, 297 (299).
⁷⁴ Vgl. AEAO Nr. 9 zu § 55.
⁷⁵ Vgl. AEAO Nr. 4 S. 2 und 3 zu § 55.
⁷⁶ Nach einer im Vordringen begriffenen, aber von der Finanzverwaltung nicht geteilten Ansicht soll selbst ein Verlustausgleich aus Mitteln des ideellen Bereichs nicht gegen § 55 Abs. 1 Nr. 1 AO verstoßen, wenn die Investition aus der Perspektive ex ante wirtschaftlich vertretbar war, vgl. Hüttemann, Gemeinnützigkeits- und Spendenrecht, § 6 Rn. 22; Hüttemann/Schön, Vermögensverwaltung, S. 56 ff., 68; Schauhoff, DStR 1998, 701 ff.

spekulativem Einsatz das Verlustrisiko extrem erhöhen kann, sollte – wenn entsprechende Anlagen in Erwägung gezogen werden – eine verbindliche Auskunft der Finanzverwaltung eingeholt werden. Dasselbe gilt, wenn sich Vermögensanlagen – wie Private Equity – erst nach mehreren Jahren rechnen.[77]

### 4.2. Beteiligung an gewerblichen Private-Equity-Fonds

Bei Anlageentscheidungen im Zusammenhang mit Private-Equity-Fonds sollte immer geprüft werden, ob eine Beteiligung gewerbliche Einkünfte vermittelt. Je nach steuerlichem Status der Stiftung hat die Gewerblichkeit unterschiedliche Auswirkungen.

Davon zu trennen ist die Besteuerung auf Ebene des Fonds: Ein als Personengesellschaft konzipierter Private-Equity-Fonds mit Betriebsstätte in Deutschland wird im Falle der Gewerblichkeit selbst zum Gewerbesteuersubjekt. Die von ihm aus den Portfoliogesellschaften oder durch deren Veräußerung bezogenen Einkünfte (Veräußerungsgewinne, Dividenden und Zinsen) werden auf Fondsebene zur Gewerbesteuer herangezogen.

#### 4.2.1. Folgen der Gewerblichkeit für steuerpflichtige Stiftungen

Für am Fonds beteiligte steuerpflichtige Stiftungen als Körperschaftsteuersubjekte ist die Belastung mit Gewerbesteuer auf Fondsebene definitiv. Auf Ebene der am Fonds beteiligten steuerpflichtigen Stiftungen sind Veräußerungsgewinne des Fonds im Rahmen des Beteiligungsprivileg effektiv zu 5 % steuerpflichtig (§ 8b Abs. 2, Abs. 3 Satz 1, Abs. 6 Satz 1 KStG).

#### 4.2.2. Folgen der Gewerblichkeit für gemeinnützige Stiftungen

Auch die Beteiligung an einem gewerblichen Fonds durch eine gemeinnützige Stiftung hat auf der Ebene der Stiftung Konsequenzen.

Die Stiftung bezieht auf der Seite der Mittelerzielung Einkünfte aus unterschiedlichen gemeinnützigkeitsrechtlichen Sphären: Im ideellen Bereich erzielt sie etwa Einnahmen aus Spenden und im Bereich der Vermögensverwaltung insbesondere Kapitaleinkünfte. In beiden Sphären ebenso wie im sog. Zweckbetrieb (z. B. aus dem Betrieb eines Kindergartens oder eines Krankenhauses) sind die Einkünfte steuerfrei. Soweit eine Stiftung allerdings Einnahmen aus der Sphäre eines steuerpflichtigen wirtschaftlichen Geschäftsbetriebs gem. §§ 64, 14 Satz 1 AO erzielt, unterliegen diese der Besteuerung. Diese gesetzgeberische Konzeption lässt erahnen, dass eine klare und abstrakt vorhersehbare Trennung zwischen steuerfreiem Bereich und gewerblichem Bereich – also zwischen den Sphären der gemeinnützigen Mittelerzielung – nicht immer gelingen kann. So ist es neben der Art auch die Intensität der wirtschaftlichen Betätigung, welche nach ihrem Gesamtbild im Einzelfall über die Zuordnung entscheidet, da ein wirtschaftlicher Geschäftsbetrieb gerade dadurch gekennzeichnet ist, dass er den Rahmen der Vermögensverwaltung verlässt.

Dennoch ist es für gemeinnützige Stiftungen von Bedeutung, Vermögensanlagen, die zu einem steuerpflichtigen wirtschaftlichen Geschäftsbetrieb führen, weitestgehend zu vermeiden. Zum einen sollte die Steuerbelastung der Einkünfte im wirtschaftlichen Geschäftsbetrieb nach Möglichkeit vermieden werden. Zum anderen können umfangreiche wirtschaftliche Geschäftsbetriebe die Steuerbegünstigung der Stiftung insgesamt in Frage stellen. Eine gemeinnützige Stiftung hat ihre Tätigkeit gemäß § 52 Abs. 1 S. 1 AO nämlich so auszurichten, dass sie die Allgemeinheit selbstlos fördert. Diesem sog. Gebot der Selbstlosigkeit ist gemäß § 55 Abs. 1 AO dann Genüge getan, wenn die Stiftung nicht in erster Linie eigenwirtschaftliche Zwecke verfolgt.[78] Daher muss darauf geachtet werden, dass die wirtschaftlichen Geschäftsbetriebe i.S.d. § 14 Satz 1 AO in der Gesamtschau nicht zum Selbstzweck der Körperschaft werden[79] und damit ihre Selbstlosigkeit in Frage stellen.

---

[77] Vgl. Pöllath/Richter in: Seifart/v. Campenhausen, Stiftungsrechts-Handbuch, § 43 Rn. 129.
[78] Vertiefend Hüttemann, Wirtschaftliche Betätigung und steuerliche Gemeinnützigkeit, S. 7 ff.
[79] Vgl. BFH, Urt. v. 4. April 2007, DStR 2007, 1121 (1123).

Ob eine an einer Personengesellschaft beteiligte steuerbegünstigte Körperschaft gewerbliche Einkünfte bezieht und damit einen wirtschaftlichen Geschäftsbetrieb (§ 14 Satz 1 und 2 AO) unterhält, wird im einheitlichen und gesonderten Gewinnfeststellungsbescheid der Personengesellschaft bindend festgestellt.[80]

Vermögensverwaltung liegt gemäß § 14 Satz 3 AO in der Regel vor, wenn Vermögen genutzt wird. Nach Ansicht des BFH ist das der Fall, wenn sich die Betätigung noch als Nutzung im Sinne einer Fruchtziehung aus zu erhaltenden Substanzwerten darstellt.[81] Das sollte indes bei einer (langfristigen) Anlage in aus steuerlicher Sicht vermögensverwaltende Fonds regelmäßig der Fall sein. Demgegenüber wird ein wirtschaftlicher Geschäftsbetrieb i.S.d. § 14 Satz 1 AO mit der Ausnutzung substanzieller Vermögenswerte durch Umschichtungen gleichgesetzt.[82]

Handelt es sich bei dem Fonds um eine vermögensverwaltende Personengesellschaft, stellen die Gewinnanteile Einkünfte aus Vermögensverwaltung dar. Ist die Personengesellschaft dagegen gewerblich tätig oder liegt eine gewerblich geprägte Personengesellschaft vor, so sind die daraus bezogenen Gewinnanteile Einkünfte des Gesellschafters aus Gewerbebetrieb, womit stets ein wirtschaftlicher Geschäftsbetrieb gegeben ist. Ist ein Private-Equity-Fonds gewerblich, so führt dies auf Ebene der beteiligten Investoren zum Bezug von Einkünften aus Gewerbebetrieb (§ 15 EStG) und bei einer gemeinnützigen Stiftung zu steuerpflichtigen Einkünften aus einem wirtschaftlichen Geschäftsbetrieb.

Auch wenn sich eine steuerbefreite Körperschaft an einer gewerblich tätigen Personengesellschaft „nur" als Kommanditistin beteiligt, ohne dass durch die Beteiligung ein Einfluss auf die Geschäftsleitung ermöglicht wird, begründet dies nach der Rechtsprechung einen wirtschaftlichen Geschäftsbetrieb.[83] In der Literatur wird die Einordnung einer Kommanditbeteiligung als wirtschaftlicher Geschäftsbetrieb kritisiert. Ein Kommanditist unterhalte – wie auch der Gesellschafter einer Kapitalgesellschaft – nur dann einen wirtschaftlichen Geschäftsbetrieb, wenn er Einfluss auf die laufende Geschäftsführung nehme oder nehmen könne.[84]

### 4.2.3. Abgrenzung von Gewerblichkeit und Vermögensverwaltung bei Private-Equity-Fonds

Entsprechende Leitlinien hat das Bundesministerium der Finanzen in seinem Schreiben vom 16. Dezember 2003[85] zur Abgrenzung von Gewerblichkeit und privater Vermögensverwaltung bei Private-Equity-Fonds vorgegeben, was zu einer verbesserten Beurteilungsgrundlage für einschlägig interessierte Investoren führt. Dennoch werden für einen Ausschluss der Gewerblichkeit eines Fonds stets eine gründliche rechtliche Vorabprüfung des Anlagevehikels durch die Stiftung sowie im Einzelfall eine vorherige Absprache mit der Finanzverwaltung zu empfehlen sein.

Die Beurteilung der Gewerblichkeit von Private-Equity-Fonds hat nach dem BMF-Schreiben auf Grundlage der Rechtsprechung des BFH nach einer Gesamtbetrachtung unter Einbeziehung aller Tätigkeiten des Fonds zu erfolgen.[86] Dabei bieten folgende Kriterien Anhaltspunkte für eine lediglich vermögensverwaltende Tätigkeit:

---

[80] Vgl. AEAO Nr. 3 zu § 64 Abs. 1 AO.
[81] BFH, Urt. v. 19. Februar 1997, BStBl. 1997 Teil II, S. 399 (402).
[82] Bundesministerium der Finanzen: Schreiben v. 20. Dezember 1990, BStBl. 1990 Teil I, S. 884 (885 f.); Pöllath/Richter in: Seifart/von Campenhausen, Stiftungsrechts-Handbuch, § 43 Rn. 128; Richter in: Meyn/Richter/Koss, Die Stiftung, Rn. 825 ff.
[83] BFH, Urt. v. 27. März 2001, BStBl. 2001 Teil II, S. 449 (450).
[84] Vgl. Pezzer, FR 2001, 837 f.; Funnemann, DStR 2002, 2013 (1018).
[85] Bundesministerium der Finanzen: Schreiben v. 16. Dezember 2003, IV a 6 – S 2240 – 153/03. Vgl. dazu Rodin, Private Equity – eine Anlageklasse in der Vermögensverwaltung, ein Segment des Kapitalmarkts, eine Anlageform für gemeinnützige Investoren, in: Birk, Transaktionen, Vermögen, Pro bono, Festschrift zum zehnjährigen Bestehen von P+P Pöllath + Partners, S. 541 (545 ff.).
[86] Bundesministerium der Finanzen: Schreiben v. 16. Dezember 2003, IV a 6 – S 2240 – 153/03, Tz. 8.

- Keine Fremdfinanzierung der Beteiligungen
- Keine Übernahme von Sicherheiten für Verbindlichkeiten der Portfolio-Gesellschaften
- Handeln auf eigene Rechnung für einen begrenzten Kreis von Investoren
- Keine unmittelbare oder mittelbare Beteiligung am aktiven Management der Portfolio-Gesellschaften
- Kein organisatorischer Umfang über den üblichen Rahmen vergleichbarer privater Großvermögen hinaus
- mittelfristige Anlagestrategie
- Reinvestition von Veräußerungserlösen nur in engen Grenzen.[87]

Selbst wenn die Tätigkeit eines Private-Equity-Fonds für sich gesehen nicht als gewerblich anzusehen ist, kann eine Beteiligung an einem Private-Equity-Fonds zu gewerblichen Einkünften führen. Eine Personengesellschaft, bei der ausschließlich eine Kapitalgesellschaft persönlich haftender Gesellschafter ist und nur diese oder Personen, die nicht Gesellschafter sind, zur Geschäftsführung befugt sind, erzielt kraft gewerblicher Prägung gewerbliche Einkünfte (vgl. § 15 Abs. 3 Nr. 2 EStG). Aus einer gewerblich geprägten KG würde die Stiftung nach überwiegender Ansicht Einkünfte aus wirtschaftlichem Geschäftsbetrieb erzielen.[88] Nach anderer Auffassung ist bei einer Beteiligung an einer lediglich gewerblich geprägten, aber vermögensverwaltend tätigen Personengesellschaft kein wirtschaftlicher Geschäftsbetrieb anzunehmen.[89] Gewerbliche Einkünfte können vermieden werden, indem eine Person, die Gesellschafter ist, Geschäftsführerin der Gesellschaft wird. Eine gewerbliche Prägung (§ 15 Abs. 3 Nr. 2 EStG) liegt jedenfalls dann nicht vor, wenn zwar ausschließlich eine oder mehrere Kapitalgesellschaften persönlich haften, aber zumindest auch eine natürliche Person, die Gesellschafter der Personengesellschaft ist, zur Geschäftsführung befugt ist.[90]

### 4.3. Illiquidität von Anlagen in Private-Equity-Fonds

Anlagen in Private-Equity-Fonds sind in hohem Maße illiquide. Oft vergehen Jahre, bis aus einer solchen Anlage Erträge erzielt werden können. In der Zwischenzeit folgt aus dem Charakter als geschlossener Fonds, dass eine Rückgabe von Fondsanteilen vor Ablauf der Laufzeit, die meist über zehn Jahre beträgt, nicht möglich ist. In diesem Zusammenhang stellt sich die Frage nach der Vereinbarkeit mit dem stiftungszivilrechtlichen Gebot der ertragreichen Vermögensanlage und dem gemeinnützigkeitsrechtlichen Gebot der zeitnahen Mittelverwendung.

#### 4.3.1. Gebot der ertragreichen Vermögensanlage

Die Vermögensverwaltung einer Stiftung muss grundsätzlich Überschüsse (z. B. Zinsen, Dividenden oder Mieterträge) erzielen, die dem ideellen Bereich zugeführt werden können.[91] Hingegen darf die Stiftung Erträge nicht übermäßig dem Stiftungsvermögen zuführen (*thesaurieren*).[92] Ziel ist, dass die Stiftung aus der Vermögensanlage kontinuierliche Erträge

---

[87] Bundesministerium der Finanzen: Schreiben v. 16. Dezember 2003, IV a 6 – S 2240 – 153/03, Tz. 14, 15.

[88] Vgl. Buchna, Gemeinnützigkeit im Steuerrecht, S. 258 f.; Fischer in: Hübschmann/Hepp/Spitaler, § 14 Rn. 105; Troll/Wallenhorst/Halaczinsky, Besteuerung gemeinnütziger Vereine, Stiftungen und der juristischen Personen des öffentlichen Rechts, E.1 Rn. 43. Offen lassend BFH, Urt v. 27. März 2001, DStR 2001, 1071.

[89] Vgl. Hüttemann, Gemeinnützigkeits- und Spendenrecht, § 6 Rn. 128; Schauhoff in: Schauhoff, Handbuch der Gemeinnützigkeit, § 6 Rn. 67; Fritz, Wirtschaftliche Tätigkeiten von gemeinnützigen Körperschaften, S. 135.

[90] Vgl. BFH, Urt. v. 23. Mai 1996, DStR 1996, 1443 (1444).

[91] Vgl. Meyn in: Meyn/Richter/Koss, Die Stiftung, Rn. 144; Bork, ZSt 2003, 14 f.; Art. 6 Abs. 1 BayStiftG; § 6 Abs. 3 Satz 1 StiftG Hess.

[92] Vgl. Hof in: Seifart/v. Campenhausen, Stiftungsrechts-Handbuch, § 9 Rn. 9 f., Rn. 117 ff.

erzielt, die zur Erfüllung des Stiftungszwecks auf konstant hohem Niveau ausreichen.[93] Andernfalls kann die Verpflichtung zur Ertragsverwendung verletzt sein. In diesem Zusammenhang können solche Anlageformen problematisch sein, die wie Private-Equity-Fonds keinen laufenden Ertrag generieren. Entscheidend ist jedoch nicht, dass jede einzelne Kapitalanlage laufende Erträge abwirft, sondern dass die Vermögensanlage insgesamt laufende Erträge hervorbringt. Insoweit sollte auf das Anlageverhalten der Stiftung als Ganzes abgestellt werden. Nur eine derartige Gesamtschau wird dem Grundsatz der sicheren und ertragreichen Vermögensanlage gerecht. Denn keine Anlageklasse kann sowohl Wertbeständigkeit als auch laufende Erträge auf höchstem Niveau sichern. Solange nur ein Teil des Stiftungsvermögens keine laufenden Erträge generiert, liegt daher kein Verstoß gegen das Stiftungsrecht vor.

### 4.3.2. Gebot der zeitnahen Mittelverwendung

Aus dem Selbstlosigkeitsgebot folgt gemäß § 55 Abs. 1 Nr. 5 AO auch die Pflicht, Stiftungsmittel grundsätzlich zeitnah und in voller Höhe für die satzungsgemäßen Zwecke zu verwenden. Eine bis zum Ende des auf die Vereinnahmung der entsprechenden Mittel folgenden Veranlagungszeitraums erfolgende Verwendung ist „zeitnah". „Mittel" i.S.d. § 55 Abs. 1 Nr. 5 AO sind grundsätzlich alle Vermögenswerte einer gemeinnützigen Stiftung. Das Grundstockvermögen unterliegt allerdings nicht der Pflicht zur zeitnahen Verwendung.[94]

Das Gebot der zeitnahen Mittelverwendung hat zur Folge, dass die Admassierung von Vermögenserträgen nicht unbegrenzt zulässig ist. Eine steuerlich unschädliche Rücklagenbildung gewährleistet lediglich § 58 Nr. 6 und 7 AO. Dabei ist zwischen unterschiedlichen Arten von Rücklagen zu unterscheiden, die erheblich von den Möglichkeiten der stiftungszivilrechtlichen Regelungen abweichen und gelegentlich den Interessen der Stifter widersprechen können. Im Bereich der Vermögensanlage ist vor allem die so genannte freie Rücklage von Interesse (§ 58 Nr. 7 Buchst. a AO). Die freie Rücklage ermöglicht die Thesaurierung von Vermögenserträgen zur Sicherung oder Steigerung der Ertragskraft von gemeinnützigen Körperschaften. Sie ist weder an eine bestimmte Maßnahme gebunden noch unterliegt sie der zeitnahen Mittelverwendung. In ihrer Höhe wird sie allerdings begrenzt. Zum einen darf höchstens ein Drittel des Überschusses der Vermögensverwaltung der freien Rücklage zugeführt werden. Zum anderen können maximal 10 % der übrigen nach § 55 Abs. 1 Nr. 5 AO zeitnah zu verwendenden Mittel in die Rücklage eingestellt werden.[95]

In Bezug auf Anlagen in Private Equity stellt sich die Frage, ob die der Stiftung zugeflossenen Erträge dem Gebot der zeitnahen Mittelverwendung unterliegen und bei fehlender Ausschüttung ein Verstoß gegen die Regeln zulässiger Rücklagenbildung vorliegt.

Zurückgewährte Einlagen oder ein Liquidationsgewinn müssen nicht zeitnah verwendet werden. Nicht zu den zeitnah zu verwendenden Mitteln im Sinne des § 55 Abs. 1 Nr. 5 AO zählen nämlich Vermögenswerte, die zum Vermögensstock gehören, sowie die Surrogate des Vermögensstocks, die durch Umschichtungen entstanden sind.[96] Dies trifft auf die geleisteten Einlagen und einen etwaigen Liquidationsgewinn zu.

Die Anlage in Private-Equity-Dachfonds über ein körperschaftliches Anlagevehikel widerspricht nicht schon deshalb dem Grundsatz der zeitnahen Mittelverwendung, weil das Vehikel, die Dachfonds und die Einzelfonds, in welche die Dachfonds investiert sind, ihre Erträge thesaurieren oder die Geschäftsführung des Vehikels zugeflossene Erlöse in weitere Anlagen in Private-Equity-Dachfonds oder Einzelfonds reinvestiert. Die Partizipation an der Wertentwicklung von Private-Equity-Dachfonds über Schuldverschreibungen wider-

---

[93] Vgl. Benke, Stiftung & Sponsoring 2/1999, S. 13; Funken, Stiftung & Sponsoring 2/2002, S. 24; Orth, DStJG 26 (2003), S. 177 (194 f.).
[94] Vgl. Orth in: Seifart/von Campenhausen, Stiftungsrechts-Handbuch, § 37 Rn. 381.
[95] Vgl. Stahlschmidt, FR 2002, 1109 (1110 f.); Orth in: Seifart/von Campenhausen, Stiftungsrechts-Handbuch, § 37 Rn. 419 ff.
[96] Vgl. AEAO Nr. 11 zu § 55.

spricht ebenfalls nicht dem Grundsatz der zeitnahen Mittelverwendung, weil ein Ertrag erst am Ende der Laufzeit zufließt.

Das Gebot der zeitnahen Mittelverwendung umfasst vielmehr nur solche Beträge, die der Stiftung am jeweiligen Veranlagungsstichtag bereits zugeflossen sind.[97] Es kommt nicht darauf an, welche Erträge auf der Dachfondsebene oder der Einzelfondsebene zugeflossen sind. Die Thesaurierung auf den Fondsebenen und auf der Ebene des Vehikels ist unschädlich. Nur solche Erträge, die bei Endfälligkeit der Schuldverschreibungen der Stiftung zugeflossen sind, müssen zeitnah verwendet werden.

Wird ein Beteiligungsfonds als vermögensverwaltend im steuerlichen Sinn konzipiert, so unterliegt er dem Grundsatz des Reinvestitionsverbots von Erlösen aus den Private-Equity-Beteiligungen. Von diesem Grundsatz hat das BMF im Schreiben vom 16.12.2003 zur Besteuerung von Private-Equity-Fonds[98] enge Ausnahmen zugelassen (erstmalige Investition von Erlösen in Höhe der aus Kapitaleinzahlungen finanzierten Kosten und des Ergebnis-Vorab für die Geschäftsführung; Nachfinanzierungen in Höhe von maximal 20% des Zeichnungskapitals bei bestehenden Portfoliobeteiligungen). Werden Erlöse vom Beteiligungsfonds nicht ausgeschüttet, sondern in den Grenzen des BMF-Schreibens vom 16.12.2003 reinvestiert, fehlt es auf der Ebene der Stiftung insoweit an einem Zufluss; die Reinvestition durch den Beteiligungsfonds begründet deshalb keinen Verstoß gegen das Gebot der zeitnahen Mittelverwendung.

### 4.4. Kostenstrukturen von Private-Equity-Fonds

Verglichen mit anderen Anlageklassen ist die Anlage von Vermögenswerten in Private Equity mit relativ hohen Kosten verbunden. Dies hindert gemeinnützige Stiftungen indes nicht an einer Investition.

### 4.4.1. Stiftungsrechtliche Vorgaben beim Einsatz von Vermögensverwaltern

Zivilrechtlich ist vielfach in den Landesstiftungsgesetzen eine „sparsame" oder „ordnungsgemäße" Wirtschaftsführung vorgesehen.[99] Allen Begriffen ist gemeinsam, dass nur im jeweiligen Einzelfall entschieden werden kann, wann ein angemessener Rahmen überschritten ist. Die im Markt gebräuchliche Vergütungsstruktur für Private-Equity-Fonds motiviert aufgrund der hohen Eigenbeteiligung das Management-Team, eine hohe absolute Rendite zu erzielen. Sie bedingt einen weitgehenden Gleichlauf der Interessen von Investoren und Management-Team. Insgesamt macht diese Kostenstruktur Private-Equity-Fonds allerdings zu einem relativ teuren Investment.

Die Verwaltungskosten für Private-Equity-Fonds stehen dem stiftungsrechtlichen Gebot der Sparsamkeit – einem allgemeinen „selbstverständlichen Grundsatz",[100] der für alle Stiftungen gilt und nur in Extremfällen justiziabel ist[101] – in der Regel nicht entgegen. Man muss berücksichtigen, dass minimale Kosten als Zielvorgabe nur dann rational sind, wenn sie auf einen bestimmten Ertrag bezogen werden. Ansonsten wäre die Alternative 6% Bruttoertrag bei 0,6% Aufwand, somit 10% Aufwandsquote, der Alternative 13% Bruttoertrag bei

---

[97] Vgl. Orth, DStJG 26 (2003), S. 177 (219); Schauhoff in: Schauhoff, Handbuch der Gemeinnützigkeit, § 8 Rn. 73; Thiel, DB 1992, 1900 (1901).

[98] Vgl. BStBl. I 2004, 40. Vgl. dazu Rodin, Private Equity – eine Anlageklasse in der Vermögensverwaltung, ein Segment des Kapitalmarkts, eine Anlageform für gemeinnützige Investoren, in: Birk, Transaktionen, Vermögen, Pro bono, Festschrift zum zehnjährigen Bestehen von P+P Pöllath + Partners, S. 541 (546).

[99] Vgl. Art. 14 BayStiftG; § 7 Abs. 1 Satz 1 StiftG B-W; § 6 Abs. 1 Satz 2 BremStiftG; § 8 Satz 1 HessStiftG; § 6 Abs. 3 NiedStiftG; § 5 Abs. 1 Satz 2 SaarlStiftG; § 4 Abs. 1 SächsStiftG; § 14 Abs. 1 Satz 1 StiftG S-A; § 8 Abs. 1 ThürStiftG.

[100] Vgl. Hof/Hartmann/Richter, Stiftungen, S. 98.

[101] Vgl. Reuter, Die Haftung des Stiftungsvorstands gegenüber der Stiftung, Dritten und dem Fiskus, in: Kötz/Rawert/Schmidt/Walz (Hrsg.), Non Profit Law Yearbook 2002, S. 157 (164).

1,5 % Aufwand, somit 11,5 % Aufwandsquote, vorzuziehen, obwohl zusätzlich 6,1 %-Punkte und damit mehr als doppelt so viele Mittel für Satzungszwecke eingesetzt werden könnten[102].

### 4.4.2. Gemeinnützigkeitsrechtliches Begünstigungsverbot

Auch ein Verstoß gegen das gemeinnützigkeitsrechtliche Begünstigungsverbot als Ausfluss des Gebots der Selbstlosigkeit wird in aller Regel nicht vorliegen. Werden Vermögensverwalter eingesetzt, so darf die Stiftung diese nicht durch unverhältnismäßig hohe Vergütungen begünstigen (vgl. § 55 Abs. 1 Nr. 3 AO). Die Ausgaben für die allgemeine Verwaltung einer Stiftung dürfen einen „angemessenen Rahmen" nicht übersteigen.[103] Unangemessen sind danach solche Vergütungen, die ihrer Höhe nach nicht dem entsprechen, was für eine vergleichbare Tätigkeit oder Leistung auch von nicht steuerbegünstigten Einrichtungen gezahlt wird.[104] Vergleichsmaßstab ist das Vergütungsniveau für vergleichbare Private-Equity-Fonds. Solange sich die Vergütungsstruktur im Rahmen des für eine solche Anlagestruktur Üblichen bewegt, ist es unschädlich, dass die zu zahlenden Vergütungen in der Regel höher sind als die für klassische Investmentfonds üblichen Vergütungen.

## 5. Zusammenfassung

Anlagen in Private-Equity-Fonds bieten gute Möglichkeiten, eine breite Risikodiversifikation zu erzielen und neue Renditechancen zu erschließen. Hierfür besteht bei gemeinnützigen wie steuerpflichtigen Stiftungen (z. B. Familienstiftungen) hoher Bedarf. Stiftungszivilrechtlich und gemeinnützigkeitsrechtlich sind Anlagen in Private-Equity-Fonds insbesondere bei größeren Stiftungsvermögen – allerdings vorbehaltlich besonderer Vorgaben des Stifters z. B. in der Stiftungssatzung – zulässige und mehr und mehr auch übliche Formen der Vermögensanlage. Für kleinere Stiftungsvermögen ist die Investition in Private Equity indessen weniger zu empfehlen. Relativ hohe Schwellen für eine Beteiligung können mit dem Erfordernis der Diversifikation des Stiftungsvermögens zur Minimierung der Verluste in Konflikt geraten. Auch die verhältnismäßig hohen Kosten im Zusammenhang mit Beteiligungen an Private-Equity-Fonds werden für kleinere Stiftungsvermögen in der Regel nicht zu rechtfertigen sein.

---

[102] Vgl. Kayser/Richter in: Busack/Kaiser, Handbuch Alternative Investments, Band 2, 597 (603); a.A. wohl Carstensen, ZSt 2005, 90 (92) („[…] eine Vermögensanlage in Segmenten, die ausschließlich auf Wertsteigerungen setzt, aber keinen laufenden Ertrag bringt, […] ausscheidet.").
[103] Vgl. AEAO Nr. 18 zu § 55.
[104] Vgl. Buchna, Gemeinnützigkeit im Steuerrecht, S. 145.

# § 2 Versicherungsunternehmen und Pensionskassen als Investoren

| Übersicht | Seite |
|---|---|
| 1. Einleitung | 18 |
| 2. Anforderungen durch Regulierung | 19 |
|   2.1. Zweck und Umfang der Versicherungsaufsicht | 19 |
|   2.2. Vermögensbegriff des Versicherungsaufsichtsgesetzes | 20 |
|   2.3. Anlagebeschränkungen | 20 |
|     2.3.1. Qualitative Beschränkungen | 20 |
|     2.3.2. Quantitative Beschränkungen | 22 |
|     2.3.3. Kontrolle durch die Bundesanstalt für Finanzdienstleistungsaufsicht | 23 |
| 3. Anforderungen durch Kapitalmarkt und Steuergesetze | 24 |
|   3.1. Erfordernis einer niedrigen Volatilität der Anlagen | 24 |
|   3.2. Vermeidung einer gewerblichen Infektion | 25 |
|   3.3. Master-Feeder-Struktur für Private-Equity-Fonds | 27 |
| 4. Zukünftige Anforderungen durch Solvency II | 28 |
|   4.1. Entwicklung der Versicherungsaufsicht zu Solvency I | 28 |
|   4.2. Fortentwicklung der Versicherungsaufsicht zu Solvency II | 30 |
|   4.3. Konsequenzen für die Anlage in Private Equity | 32 |
| 5. Fazit | 33 |

## 1. Einleitung

Zum 31. 12. 2007 betrugen die Vermögensanlagen von deutschen Versicherungsunternehmen in die Anlageklasse Private Equity annähernd 4,7 Milliarden Euro. Unverändert gegenüber dem Vorjahr entspricht dies 0,4 Prozent der gesamten Kapitalanlagen.[105] Einer repräsentativen Umfrage aus 2007 unter den deutschen Lebensversicherungen zufolge beabsichtigt die Versicherungsbranche innerhalb der nächsten fünf Jahre eine Erhöhung auf ca. 10 Milliarden Euro bzw. 3 Prozent der gesamten Kapitalanlagen.[106] Bereits frühere Studien hatten eine signifikante Erhöhung der Kapitalanlagen von Versicherungsunternehmen in Private Equity prognostiziert – die allerdings in diesem Umfang nicht realisiert wurden.[107]

Die Vorteile von Private Equity im Mix der Kapitalanlagen sind wissenschaftlich belegt[108] und werden auch von Praktikern nicht bezweifelt. Offensichtlich gibt es also andere Gründe, die ein höheres Engagement der Versicherungsunternehmen erschweren.

Im folgenden Abschnitt werden daher die Anforderungen durch die Regulierung an Versicherungsunternehmen und Pensionskassen dargestellt. Nach einer Einführung in die Versicherungsaufsicht und der Definition des Vermögensbegriffes nach dem deutschen Versicherungsaufsichtsgesetz werden die quantitativen und qualitativen Anlagebeschränkungen erläutert. Davon ausgehend werden konkrete Gestaltungsempfehlungen gegeben, wie Private Equity-Fonds die besonderen Ansprüche deutscher Versicherungen und Pensionskassen erfüllen können.

Der nächste Abschnitt befasst sich mit den Anforderungen durch den Kapitalmarkt und die Steuergesetzgebung an Versicherungsunternehmen und Pensionsfonds. Das Erfordernis einer niedrigen Volatilität der Kapitalanlagen wird ebenso dargestellt wie die steuerliche Bedeutung der Vermeidung einer gewerblichen Infizierung durch den Private Equity-

---

[105] Vgl. Bundesamt für Finanzdienstleistungsaufsicht: Jahresbericht der BaFin 2007, S. 89.
[106] Vgl. Kollmann, Private Equity als Kapitalanlage deutscher Lebensversicherungsunternehmen – Eine empirische Analyse, S. 179.
[107] Vgl. u. a. Frankfurter Börsenzeitung vom 4. März 2004: „Institutionelle bauen Private Equity aus" sowie Handelsblatt vom 29. Mai 2006: „Private Equity lockt Versicherungen".
[108] Vgl. Mackewicz, et al.: Die alternative Anlageklasse Private Equity und ihr Einfluss auf die Portfolioallokation institutioneller Investoren in Europa, S. 40.

Fonds. Auch hier werden Gestaltungsmöglichkeiten für die spezifischen Versicherungszweige angesprochen.

Der letzte Abschnitt beschäftigt sich mit den zukünftigen Anforderungen durch Solvency II, einem Projekt der EU-Kommission zur grundlegenden Reform des Versicherungsaufsichtsrechts in Europa. Zunächst wird die Entwicklung der deutschen Versicherungsaufsicht zu Solvency I beschrieben. Die Fortentwicklung und der derzeitige Stand zur Umsetzung von Solvency II werden nachfolgend dokumentiert. Der Abschnitt schließt mit einer Analyse der Konsequenzen für die Anlage in Private Equity unter dem Solvency II-Regime.

Abschließend werden die wesentlichen Anforderungen durch Regulierung, Kapitalmarkt und Steuergesetze sowie Solvency II an Versicherungsunternehmen und Pensionskassen als Investoren in Private Equity zusammengefasst.

## 2. Anforderungen durch Regulierung

### 2.1. Zweck und Umfang der Versicherungsaufsicht

Wie kaum ein anderer Wirtschaftzweig unterliegt der Finanzdienstleistungssektor umfangreichen Aufsichtsnormen. Traditionell gilt dies auch für die deutsche Versicherungswirtschaft seit der Einführung des Versicherungsaufsichtsgesetzes im Jahre 1901. Als Ziele der Versicherungsaufsicht nennt Farny die Verhinderung von Missständen im Versicherungswesen, den Schutz der Interessen der Versicherungsnehmer, das Erhalten der Funktionsfähigkeit der Versicherungswirtschaft sowie die Nutzung des Versicherungswesens für wirtschaftspolitische Zwecke.[109]

Der Umfang der Regulierung ergibt sich vor allem aus dem Versicherungsaufsichtsgesetz (VAG), den ergänzenden Vorschriften des Handelsgesetzbuches für Versicherungsunternehmen und Pensionskassen (§§ 341–341p HGB) sowie den Verordnungen und Rundschreiben der Bundesanstalt für Finanzdienstleistungsaufsicht (BaFin).

Die Vorschrift des § 81 VAG enthält eine Generalklausel zur sogenannten laufenden Missstandsaufsicht und wird daher als wichtigste Norm des VAG betrachtet.[110] Der BaFin kommt sowohl eine Beobachtungsfunktion wie auch eine Berichtigungsfunktion zu. Zielsetzung der Überwachungstätigkeit ist das rechtzeitige Erkennen von Missständen, die dann entsprechend der weiteren Normen des VAG korrigiert werden sollen. Diese Aufgaben übt die BaFin im öffentlichen Interesse an einem funktionsfähigen Versicherungswesen aus. Die Aufsichtsbehörde hat die dauernde Erfüllbarkeit der Versicherungsverpflichtungen zu überwachen. Dies erfolgt insbesondere durch Kontrolle der versicherungstechnischen Rückstellungen, der Vermögensanlagen, der Solvabilität sowie der Einhaltung kaufmännischer Grundsätze der Versicherungsunternehmen. Dieser letzte unbestimmte Rechtsbegriff wird beispielhaft mit ordnungsgemäßer Verwaltung und angemessener interner Kontrollverfahren beschrieben. Die Berichtigungsaufgabe der Aufsichtsbehörde umfasst alle Anordnungen, die einen Missstand beseitigen bzw. seine Entstehung vermeiden. Das Eingriffs- und Auswahlermessen der Aufsichtsbehörde hinsichtlich der Anordnungen hat pflichtgemäß zu erfolgen. Die BaFin darf nicht die Interessen der Versicherten optimieren, sondern muss lediglich eine unangemessene Benachteiligung derselben verhindern.[111]

---

[109] Vgl. Farny, Versicherungsbetriebslehre, S. 108.
[110] Vgl. Regierungsbegründung Drittes Durchführungsgesetz zum VAG, Bundestag-Drucksache 12/6959, S. 83.
[111] Vgl. Winter, Versicherungsaufsichtsrecht kritische Betrachtungen, S. 70.

## 2.2. Vermögensbegriff des Versicherungsaufsichtsgesetzes

Der Vermögensbegriff des Versicherungsaufsichtsgesetzes besteht aus dem freien und dem gebundenen Vermögen. Das gebundene Vermögen wird unterteilt in Sicherungsvermögen und sonstiges gebundenes Vermögen.

Das Soll des Sicherungsvermögens wird nach § 66 Abs. 1a VAG durch die Summe verschiedener Elemente der Passivseite der Handelsbilanz definiert, die nach Kaulbach letztendlich den Verbindlichkeiten gegenüber den Versicherungsnehmern entsprechen.[112] Im Einzelnen sind dies die folgenden Positionen:
– Beitragsüberträge, § 341e Abs. 2 Nr. 1 HGB
– Deckungsrückstellung, § 341f HGB
– Rückstellung für noch nicht abgewickelte Versicherungsfälle, § 341g HGB
– Rückstellung für erfolgsunabhängige Beitragsrückerstattung, § 341e Abs.2 Nr. 2 HGB
– Rückstellung für ruhende Versicherungsverträge, § 31 Abs. 2 Nr. 2 RechVersV
– Rückstellung für Beitragsrückerstattung, § 341e Abs. 2 Nr. 2 HGB
– Erstattungsansprüche bei Scheitern eines Geschäftes über die Verwaltung von Versorgungseinrichtungen oder eines Kapitalisierungsgeschäftes, § 1 Abs. 4 VAG i.V.m. VAG Anlage A Nr. 23 und 24

Die Bestände des Sicherungsvermögens sind in einem Vermögensverzeichnis einzeln einzutragen und müssen gesondert verwaltet werden. Die Verwaltung übernimmt ein Treuhänder, der durch den Aufsichtrat des Versicherungsunternehmens bestellt wird und von der Bundesanstalt für Finanzdienstleistungsaufsicht bestätigt werden muss.

Das Soll des sonstigen gebundenen Vermögens wird ebenfalls über die Passivseite der Handelsbilanz festgelegt. Es umfasst nach § 54 Abs. 5 VAG die Summe der Bilanzwerte der versicherungstechnischen Rückstellungen und der aus Versicherungsverhältnissen entstandenen Verbindlichkeiten und Rechnungsabgrenzungsposten, soweit diese nicht zum Sicherungsvermögen gehören. Damit besteht das sonstige gebundene Vermögen primär aus der Schwankungsrückstellung und ähnlichen Rückstellungen nach § 341h HGB.

Das freie Vermögen wird im VAG nicht gesondert bestimmt und entspricht somit dem Vermögen, das nicht den Sonderregeln über gebundenes Vermögen unterliegt. Im Kern handelt es sich dabei um das Grundkapital und die Rücklagen der Handelsbilanz.

## 2.3. Anlagebeschränkungen

### 2.3.1. Qualitative Beschränkungen

Für das gebundene Vermögen gebietet das Versicherungsaufsichtsgesetz die fünf Anlagegrundsätze Sicherheit, Rentabilität, Liquidität, Mischung und Streuung; § 54 Abs. 1 VAG für Versicherungsunternehmen und analog § 115 Abs. 1 S. 3 VAG für Pensionfonds. Dem Ziel Sicherheit kommt eine prioritäre Bedeutung zu, Mischung und Streuung dienen zur Realisation derselben. Diese Gestaltungsziele können nur wertend in Bezug auf das gesamte Anlagenportfolio eines der Aufsicht unterliegenden Unternehmens beurteilt werden. An eine unangemessene Anlagestruktur als Voraussetzung für einen Eingriff der Bundesanstalt für Finanzwesen als Aufsichtbehörde werden daher hohe Anforderungen gestellt.[113]

Für Versicherungsunternehmen werden die zuvor genannten abstrakten Grundsätze in der Anlageverordnung (AnlV) konkretisiert, die als Verordnung mehr Flexibilität und eine schnelle Einführung vom adäquaten Risikoparameter gegenüber einem Gesetzgebungsverfahren ermöglichen soll.[114] Danach muss die Anlage des gebundenen Vermögens unter an-

---

[112] Vgl. Kaulbach in Fahr/Kaulbach/Bähr: VAG Versicherungsaufsichtsgesetz, Kommentar, § 66 Rn. 7b, S. 521.
[113] Vgl. Kaulbach in Fahr/Kaulbach/Bähr: VAG Versicherungsaufsichtsgesetz, Kommentar, § 54 Rn. 8, S. 491.
[114] Vgl. Begründung zur Anlageverordnung, Bundesrat-Drucksache 709/01, S. 11.

derem durch ein qualifiziertes Anlagemanagement sowie geeignete interne Kapitalanlagegrundsätze und Kontrollverfahren erfolgen. Explizit wird nach § 1 Abs. 2 S. 3 AnlV auch ein Asset-Liability-Management (ALM) zur Risikominimierung gefordert, welches laufend Kapitalanlagen und Verbindlichkeiten auf Renditen und zeitliche Staffelung untersucht und damit durch eine Aktiv-Passiv-Steuerung aller Bilanzpositionen die erwartete Rendite unter Unsicherheit optimiert. Für Pensionsfonds werden die fünf Anlagegrundsätze in der Pensionsfonds-Kapitalanlageverordnung (PFKapAV) analog spezifiziert. Das mit der zweiten Änderung der AnlV zum 1. 1. 2008 eingeführte Asset-Liability-Management bei Versicherungsunternehmen wurde bisher nicht in der Pensionsfonds-Kapitalanlageverordnung eingeführt, sodass dort noch Maßnahmen der Risikosteuerung und eine perspektivische Anlagepolitik gefordert werden.

Als zulässige Anlageformen für das gebundene Vermögen von Versicherungsunternehmen benennt § 54 Abs. 2 VAG Darlehensforderungen, Schuldverschreibungen, Genussrechte, Schuldbuchforderungen, Aktien, Beteiligungen, Grundstücke und grundstücksgleiche Rechte, Anteile an unter Aufsicht stehendem Sondervermögen, Einlagen bei Kreditinstituten und sonstigen Anlagen laut EU-Richtlinien[115].

Diese Beschränkungen werden in der Anlageverordnung spezifiziert. Von den dort aufgeführten zwanzig zulässigen Anlageformen betreffen die Anlage in Private Equity-Fonds vor allem börsennotierte Aktien nach § 2 Abs. 1 Nr. 12 AnlV sowie sonstige haftungsbegrenzte Beteiligungen nach § 2 Abs. 1 Nr. 13 AnlV. Die börsennotierten Aktien müssen dabei an einem organisierten Markt im Sinne von § 2 Abs. 5 des Gesetzes über den Wertpapierhandel oder eines amtlichen Marktes einer Börse zugelassen sein. Bei den sonstigen Beteiligungen handelt es sich um voll eingezahlte Aktien, GmbH-Geschäftsanteile, Kommanditanteile und stille Beteiligungen – soweit der Unternehmenssitz in einem Land des Europäischen Wirtschaftraums bzw. eines OECD-Vollmitglieds liegt und testierte Jahresabschlüsse vorliegen. Der Ausschluss von Konzernbeteiligungen wurde zum 1. 1. 2008 aufgehoben. Bei Pensionsfonds gelten die wortgleiche Regelung des § 2 Abs. 1 Nr. 13 PFKapAV für Beteiligungen und die inhaltsgleiche Regelung des § 2 Abs. 1 Nr. 12 PFKapAV für Aktien.

Private Equity-Fonds sind zumeist in der Gesellschaftsform einer Personengesellschaft errichtet. Überwiegend ist deren Struktur mit der deutschen Kommanditgesellschaft vergleichbar. Aufgrund spezieller Private Equity-Gesetze insbesondere in Europa gibt es auch andere Formen. Soweit der Anteil an derartigen Gesellschaften mit einer Aktie vergleichbar ist, müssen die darauf entfallenden Kapitaleinzahlungen wegen § 2 Abs. 1 Nr. 13 AnlV bei Anteilserwerb vollständig eingezahlt werden. Spätere „Kapitalabrufe" für Portfolio-Investitionen können selbstverständlich durch die Ausgabe neuer Aktien erfolgen.

Ein weiteres Erfordernis ist die Fungibilität der Kapitalanlagen. Die BaFin verlangt aufgrund des Sicherheitsgebotes in § 54 Abs. 1 VAG, dass Kapitalanlagen des gebundenen Vermögens grundsätzlich uneingeschränkt veräußerbar sein müssen. So darf keine Verfügungsbeschränkung dies verhindern[116] – mit Ausnahme der Verfügungsbeschränkungen zugunsten des Treuhänders einer Erstversicherung. Besondere Relevanz hat dies bei Beteiligungen, wenn Vereinbarungen im Gesellschaftsvertrag oder in der Satzung dem Grundsatz der Fungibilität entgegenstehen. So finden sich bei Private Equity-Fonds regelmäßig Zustimmungsrechte zugunsten der Gesellschaft oder der übrigen Gesellschafter, die zur Wirksamkeit des Anteilsverkaufs einer Veräußerung erst schriftlich zustimmen müssen. Das legitime Interesse der Investoren, über ein Zustimmungsrecht die zukünftigen Gesellschafter mitbestimmen zu können, kollidiert hier eindeutig mit der aufsichtsrechtlichen Anforderung einer freien Veräußerbarkeit. In Abstimmung mit der BaFin lässt sich dieser Interessenkonflikt durch eine Fungibilitätsklausel im Gesellschaftsvertrag heilen. Danach haben die übrigen Gesellschafter

---

[115] Vgl. EU-Richtlinie 2002/83/EG v. 5. November 2002 über Lebensversicherungen, Artikel 23 f. und EU-Richtlinie 92/49/EWG v. 18. Juni 1992, Dritte Richtlinie Schadenversicherung, Artikel 21 f.
[116] Vgl. Veröffentlichungen des Bundesaufsichtsamtes für das Versicherungs- und Bausparwesen 2002, S. 103.

ein Vorkaufsrecht, wenn ein Investor ausscheiden möchte. Wird dieses Vorkaufsrecht nicht innerhalb einer angemessen Frist – die BaFin akzeptiert hier zwei Monate – ausgeübt, kann der veräußerungswillige Gesellschafter auch an Außenstehende verkaufen.

Eine freie Veräußerbarkeit der Vermögensanlage setzt auch eine wirtschaftliche Veräußerbarkeit voraus. Beteiligungen an geschlossenen Fonds erfüllen diese Anforderung nach dem BaFin-Rundschreiben 15/2005 grundsätzlich nicht. Ausdrücklich gilt dies wiederum nicht, wenn sich der Fonds vornehmlich an institutionelle Anleger richtet.[117]

### 2.3.2. Quantitative Beschränkungen

Die Mischung der Vermögensanlagen soll durch einen Risikoausgleich zwischen den verschiedenen Anlagearten die anlagetypischen Risiken begrenzen und so die Sicherheit insgesamt erhöhen. Für Versicherungsunternehmen wird die Mischung in § 3 Abs. 3 AnlV reguliert. Danach dürfen nachrangige Verbindlichkeiten und Genussrechte an Unternehmen, auf Aktien basierende Wertpapierdarlehen, Anlagen in Hedgefonds und Investmentaktiengesellschaften sowie die zuvor erläuterten zulässigen Anlagen in börsennotierte Aktien und sonstige haftungsbegrenzte Beteiligungen maximal 35 Prozent des gebundenen Vermögens betragen. Innerhalb dieser Quote ist der Anteil nicht börsennotierter Anlagen auf 10 Prozent beschränkt. Damit ist die Anlage von Versicherungsunternehmen in als Personengesellschaften strukturierte Private Equity-Fonds und weiterer haftungsbeschränkter Beteiligungen auf jeweils maximal 10 Prozent des Sicherungsvermögens und des sonstigen gebundenen Vermögens begrenzt. Bei Pensionskassen richtet sich die Mischung als angemessene Verteilung des gebundenen Vermögens auf verschiedene Anlageformen gemäß § 3 Abs. 1 PFKapAV nach dem jeweiligen Pensionsplan.

Die Streuung der Kapitalanlagen ist die Verteilung auf verschiedene Aussteller zur Risikodiversifizierung und ist in § 4 AnlV geregelt. Demzufolge wird die Konzentration pro Schuldner auf 5 Prozent des gebundenen Vermögens begrenzt. Sowohl für börsennotierte Aktien wie auch sonstige haftungsbeschränkte Beteiligungen wird zudem die Beteiligungsquote am Kapital der Gesellschaft – sofern es sich nicht um ein Kreditinstitut handelt – auf maximal 10 Prozent festgelegt. Zur Erleichterung von Investitionen in Private Equity bezieht sich diese Quote nicht nur auf den Fonds, sondern auf die durchgerechnete Quote mit Portfolio-Unternehmen.[118] Somit ist es für Versicherungsunternehmen rechnerisch möglich, maximal 50 Prozent an einem Private Equity-Fonds zu halten, sofern der Fonds mit jeweils weniger als 20 Prozent am Kapital der Portfolio-Unternehmen beteiligt ist. Für Pensionskassen wird die Streuung in § 4 PFKapAV geregelt. Danach ist die Konzentration pro Schuldner auf 5 Prozent des Sicherungsvermögens – bei Kreditinstituten als Schuldner auf 30 Prozent – begrenzt. Auch hier gilt die Beschränkung von 10 Prozent als Beteiligungsquote am Kapital einer nicht börsennotierten Gesellschaft.

Die Kongruenzregeln des § 5 AnlV beinhalten eine weitere Beschränkung. Wegen der Wechselkursrisiken müssen mindestens 80 Prozent der Kapitalanlagen des gebundenen Vermögens auf die Währung lauten, in der die Verpflichtungen zu erfüllen sind. Dabei gelten nicht börsennotierte Aktien und Anteile als in der Währung des Sitzlandes angelegt. Für Pensionsfonds bestimmt § 5 PFKapAV eine Kongruenzquote von zumindest 70 Prozent.

Änderungen der Anlageverordnung sieht der im Juli 2008 versandte Referenten-Entwurf des Bundesfinanzministeriums vor. Zu den wesentlichen Modifikationen[119] für die Anlage von Versicherungsunternehmen in Private Equity zählt hinsichtlich der Mischung die Anhebung der Quote von nicht börsennotierten Anlagen auf 15 Prozent des gebundenen Vermögens. Weiterhin werden nicht notierte nachrangige Forderungen gegenüber Kreditinstituten und nicht notierte Genussrechte an Kreditinstituten nicht mehr auf die 35-Pro-

---

[117] Vgl. Bundesanstalt für Finanzdienstleistungsaufsicht: Rundschreiben 15/2005, A.II. Nr. 1b Abs. 2.
[118] Vgl. Begründung zur Anlageverordnung, Bundesrat-Drucksache 709/01, S. 19.
[119] Vgl. Vorblatt zum Entwurf einer Dritten Verordnung zur Änderung der Anlageverordnung.

zent-Quote der Risikokapitalanlagen angerechnet. Bei der Streuung betrifft eine wesentliche Änderung die derzeitige Beschränkung auf 10 Prozent des (durchgerechneten) Eigenkapitals an Gesellschaften. Diese Regelung wird durch ein Abstellen auf maximal 1 Prozent des gebundenen Vermögens des Versicherungsunternehmens ersetzt. Damit werden höhere Beteiligungen bei einzelnen Unternehmen ermöglicht und zugleich das Spektrum mehrstufiger Beteiligungsformen erweitert.

### 2.3.3. Kontrolle durch die Bundesanstalt für Finanzdienstleistungsaufsicht

Die Einhaltung der Beschränkungen der Vermögensanlagen wird in vielfältiger Hinsicht von der Bundesanstalt für Finanzdienstleistungsaufsicht überwacht. Ein wesentliches Mittel ist das sogenannte VAG-Reporting des BaFin-Rundschreibens 11/2005. Danach müssen Erwerb oder Veränderung von Beteiligungen innerhalb eines Monats gemeldet werden. Dies betrifft Anteile von mehr als 10 Prozent an Kapitalgesellschaften und jede Beteiligung an Personengesellschaften. Bei Private Equity-Fonds sind dabei auch Name und Zweck der Portfolio-Gesellschaften sowie ein Schaubild der Beteiligungskonstruktion beizufügen.

Quartalsweise hat das VAG-Reporting zu erfolgen, das im Wesentlichen aus den folgenden Nachweisen und Anlagen besteht:
– Nachweis Nw 670, Zusammensetzung der Kapitalanlagen
– Nachweis Nw 671, Buch- und Zeitwerte der Kapitalanlagen und Bedeckung der versicherungstechnischen Passiva
– Anlage Mischung und Anlage Streuung
– weitere, für Private Equity weniger relevante Anlagen wie Fonds (Sondervermögen und Investmentgesellschaften), Strukturierte Produkte, ABS/CLN (Asset Backed Securities, Credit Linked Notes) und Hedgefonds sowie Nw 673 Finanzinnovationen

Ein weiteres Überwachungsinstrument sind die sogenannten Stresstests entsprechend dem BaFin-Rundschreiben 1/2004. Diese müssen innerhalb von drei Monaten nach Jahresabschluss bei der BaFin eingereicht werden. Darüber hinaus müssen die Versicherungsunternehmen im Rahmen des Risikomanagements mindestens vierteljährig eigene Stresstests, die qualitativ gleichwertig sind, durchführen. Bei dem Stresstest handelt es sich um ein dynamisches Cash-Flow-basiertes Modell mit vorgegebenen Szenarien.[120]

Die vier Szenarien des Stresstests sind:
– Test R 10: Kursrückgang der festverzinslichen Wertpapiere um 10 Prozent
– Test A 35: Kursrückgang der Aktien um 35 Prozent
– Test RA 25: Kursrückgang der Aktien um 20 Prozent und gleichzeitiger Kursrückgang der festverzinslicher Wertpapiere um 5 Prozent
– Test AI 30: Kursrückgang der Aktien um 20 Prozent und Marktwertrückgang der Immobilien um 10 Prozent

Bei diesen Tests müssen auch Bonitätsrisiken pauschal durch Abschläge berücksichtigt werden. Diese betragen 10 Prozent bei einer Einstufung als Non-Investment-Grade BB-B und 30 Prozent bei Klassifizierung als Non-Investment-Grade CCC-D. Soweit kein Rating vorliegt, müssen die Anlagen pauschal mit 10 Prozent Abschlag berücksichtigt werden.

Unternehmensspezifische Modifikationen an dem vorgegebenen Stresstestmodell sind unzulässig. Jedoch können die Auswirkungen von individuellen Besonderheiten der Versicherungsunternehmen der BaFin separat erläutert werden.

Falls das Ergebnis eines oder mehrerer Stresstests negativ ausfällt, müssen der BaFin die beabsichtigten Maßnahmen zur Wiederherstellung der Risikotragfähigkeit der Kapitalanlagen ausführlich dargelegt werden. Diese Wiederherstellung kann zum Beispiel durch Umstrukturierung des Portfolios, durch Absicherung von Anlagen an den Kapitalmärkten,

---

[120] Vgl. Eling, Der Swiss Solvency Test: ein Vorbild für Solvency II?, Der Finanzbetrieb 9 (2007), Nr. 5, 279.

durch Zuführung von Eigenkapital oder durch eine Senkung der Überschussbeteiligung erreicht werden.

Um die Risikotragfähigkeit der Anlagen zu testen, sind die Stress-Szenarien besonders rigoros festgelegt. Der Test RA 25 unterstellt einen gleichzeitigen Rückgang der Kurse an den Aktien- und Rentenmärkten. Zudem werden die Anlagen grundsätzlich nicht nach dem gemilderten Niederstwertprinzip, sondern mit marktnahen Werten berücksichtigt. Die Stresstests werden dabei unabhängig von der aktuellen Kapitalmarktsituation durchgeführt. Dies bedeutet aber auch, dass die Folgen von Liquiditätskrisen nicht berücksichtigt werden.[121]

## 3. Anforderungen durch Kapitalmarkt und Steuergesetze

### 3.1. Erfordernis einer niedrigen Volatilität der Anlagen

Noch in den 90er Jahren des letzten Jahrhunderts galten Aktien von deutschen Versicherungsunternehmen als solide Anlage. Die Aktien waren hoch bewertet, da hohe Erträge erwirtschaftet und kontinuierlich hohe Dividenden ausgeschüttet wurden. In den letzten 20 Jahren hat sich dies wesentlich verändert. Größere Schäden, „Jahrhundert-Katastrophen" und die höhere Lebenserwartung bei Kapitalversicherten führten immer häufiger zu versicherungstechnischen Verlusten, da die Prämien aufgrund des zunehmenden Wettbewerbs immer knapper kalkuliert wurden. Zugleich sorgten volatilere Aktienmärkte und ein niedriges Zinsniveau dafür, dass die versicherungstechnischen Verluste nicht immer durch Erträge aus dem Kapitalanlagegeschäft kompensiert werden konnten. Der Nimbus der Versicherungsunternehmen war gebrochen und zunehmend wurde eine kapitalanlegerorientierte Rechnungslegung erwartet – statt einer gläubigerschutzorientierten Rechnungslegung nach dem deutschen Handelsgesetzbuch.

Nach dem HGB werden Anlagen in Private Equity als „Beteiligungen" qualifiziert. Der Zugang erfolgt mit den Anschaffungskosten und Werterhöhungen bleiben bis zur Realisierung als „Stille Reserven" unberücksichtigt, § 253 Abs. 1 HGB. Folgebewertungen unterliegen dem gemilderten Niederstwertprinzip, d. h. nur bei einer dauernden Wertminderung wird auf einen niedrigeren beizulegenden Wert abgeschrieben, § 279 Abs. 1 S. 2 HGB. Schwankungen bei den Kapitalanlagen können dabei oftmals durch die versicherungstechnischen Rückstellungen ausgeglichen werden. Bei Kranken- und Lebensversicherungen z. B. erfolgt dies explizit über die Rückstellung für Beitragsrückerstattung, § 341e Abs. 2 Nr. 2 HGB.

Nach den kapitalmarktorientierten International Financial Reporting Standards (IFRS) gehören Finanzanlagen in Private Equity nur dann zu den Beteiligungen der Kategorie „assoziierte Unternehmen", wenn eine Beteiligungsquote von über 20 Prozent besteht und nachweislich ein maßgeblicher Einfluss ausgeübt wird. Die Zugangs- und Folgebewertungen erfolgen in diesem Fall nach der Equity-Methode als Vollkonsolidierung, IAS 28.11. Danach werden die Anteile zunächst mit ihren Anschaffungskosten angesetzt. In der Folge verändert sich der Wert durch das anteilige Periodenergebnis des Beteiligungsunternehmens, erhaltene Ausschüttungen reduzieren dabei den Buchwert der Anteile.

Alle anderen Beteiligungen an Private Equity-Fonds werden der Kategorie „available-for-sale", IAS 39.9, zugeordnet. Der Zugang erfolgt zu Anschaffungskosten. Folgebewertungen müssen nach IAS 39.46, 55 (b) erfolgsneutral den Fair Value (Marktwert) berücksichtigen. Da für die Beteiligungen kein notierter Markt existiert, werden sie zum bestmöglichen Fair Value bewertet. Dies kann der nach den Richtlinien der European Private Equity & Venture Capital Association (EVCA) ermittelte Fair Market Value sein – oder aber nach der Discounted Cash Flow-Methode ermittelt werden, IAS 39.AG74. Die Wertveränderungen

---

[121] Vgl. Horsch/Schölisch/Sturm, Stress-Test. Regulierung der Kapitalanlagen von Lebensversicherungsunternehmen, Der Finanzbetrieb 12 (2003), 855.

werden dabei erfolgsneutral direkt im Eigenkapital als unrealisierte Gewinne/Verluste erfasst. Erst bei Veräußerung der Beteiligung werden diese erfolgswirksam berücksichtigt.

Sofern der Wert am Bewertungsstichtag mehr als 20 Prozent oder länger als neun Monate unter den Anschaffungskosten liegt, hat ein Impairment-Test zu erfolgen. Dabei wird der Buchwert mit dem diskontierten Barwert der zukünftigen Cash Flows verglichen. Die Differenz fließt erfolgswirksam in die Gewinn- und Verlustrechnung, IAS 39.63. Sobald einmal ein Impairment-Test notwendig war, muss dieser zukünftig laufend erfolgen. Eine Zuschreibung bei Wertaufholung ist dabei nicht zulässig, IAS 39.66.

Obwohl die Vermögenswerte von Versicherungsunternehmen in erster Linie dazu dienen, die Verpflichtungen aus dem Versicherungsgeschäft zu erfüllen, erfolgen bei den IFRS Bewertungsänderungen nicht spiegelbildlich. Wie zuvor dargestellt, entstehen Volatilitäten im Eigenkapital, die durch eine inkonsistente Bewertung ausgelöst werden. Diese bilden nicht die tatsächliche Situation des Unternehmens ab und können selbst bei einem funktionierenden Asset-Liability-Management nicht kompensiert werden.[122] Dies liegt vor allem daran, dass eine Kompensierung über die versicherungstechnischen Rückstellungen des HGB in der IFRS-Rechnungslegung nur sehr begrenzt möglich ist. Einige Rückstellungen sind untersagt und bei anderen werden die Unterschiede zum Vorjahr spiegelbildlich in den latenten Steuern ausgewiesen, sodass letztlich Volatilitäten im Eigenkapital stattfinden. Die marktgerechte und realitätsnahe Bewertung, die Schwankungen impliziert, ist gerade eine der Prämissen der IFRS.

Eine niedrige Volatilität der Kapitalanlagen ist für Versicherungsunternehmen und Pensionskassen wichtig. Wertschwankungen bei Venture Capital-Beteiligungen folgen einer mehr oder weniger ausgeprägten J-Kurve im zeitlichen Verlauf. Das investierte Kapital wird zur Entwicklung des Unternehmens genutzt und das Unternehmen erwirtschaftet keine Gewinne. Der Wert des Unternehmens sinkt also zunächst. In der Folgezeit erzielt das Unternehmen höhere Umsätze und die Verluste werden geringer. Mit dem Break-Even-Punkt erreicht das Unternehmen die Gewinnzone und der Unternehmenswert übersteigt zunehmend den ursprünglich investierten Betrag. Die Volatilitäten solcher Portfolio-Unternehmen können kompensiert werden, indem in Unternehmen investiert wird, die sich an unterschiedlichen Punkten der J-Kurve befinden. Diese Selektion kann dabei sowohl bei Venture Capital-Fonds selbst erfolgen oder aber auch durch Dachfonds, die in unterschiedliche Venture Capital-Fonds investieren. Wertschwankungen bei Buyout-Unternehmen sind weniger ausgeprägt, da diese zumeist Gewinne erwirtschaften. Nur bei außergewöhnlichen Veränderungen kann dabei ein Abschreibungsbedarf entstehen.

### 3.2. Vermeidung einer gewerblichen Infektion

Für Versicherungsunternehmen ist es wichtig, dass eine Investition in Private Equity steuerlich ähnlich behandelt wird wie eine Investition in Fonds nach dem Investmentgesetz. Nur so lassen sich zum Beispiel die Risiko-Ertrags-Relationen einer Investition in börsennotierte Beteiligungen über Investmentfonds mit denen einer Investition in nichtnotierte Beteiligungen über Private Equity-Fonds direkt vergleichen.

Nach dem Investmentsteuergesetz unterliegen die Erträge auf Fondsebene grundsätzlich keiner Besteuerung. Steuerpflichtige Erträge werden vielmehr beim Anleger im Rahmen seiner Steuerveranlagung erfasst. Dies kann bei Private Equity-Fonds ebenfalls erreicht werden, wenn diese als vermögensverwaltende Personengesellschaften strukturiert sind. Derartige Gesellschaften unterliegen nicht der Gewerbesteuer und sorgen für eine transparente Besteuerung erst auf Ebene des Anteilseigners.[123]

---

[122] Vgl. Romeike/Müller-Reichart, Risikomanagement in Versicherungsunternehmen: Grundlagen, Methoden, Checklisten und Implementierung, S. 227.
[123] Vgl. Hey in Tipke/Lang: Steuerrecht, § 18 Rn. 52.

Bislang gibt es in Deutschland kein eigenständiges Gesetz zur generellen Besteuerung von Private Equity. Die Besteuerung erfolgt anhand der allgemeinen Besteuerungsgrundsätze und der Entwicklung der Rechtsprechung. In Zweifelsfragen können verbindliche Auskünfte der Finanzverwaltung eingeholt werden. Als Richtschnur gilt hierbei das Schreiben des Bundesministeriums der Finanzen (BMF) aus 2003, der sogenannte Private Equity-Erlass[124].

Nach dem BMF-Schreiben liegt ein Gewerbebetrieb vor, wenn eine selbstständige nachhaltige Betätigung mit Gewinnabzielungsabsicht durch Beteiligung am allgemeinen wirtschaftlichen Verkehr (sogenannte Positivabgrenzung nach § 15 Abs. 2 Satz 1 EStG) ausgeübt wird und dies den Rahmen einer Vermögensverwaltung überschreitet (sogenannte Negativabgrenzung nach § 14 Satz 1 AO). Der Erlass beinhaltet einen Kriterienkatalog zur Nicht-Annahme einer gewerblichen Tätigkeit des Fonds. Problematisch ist allenfalls das Kriterium „keine gewerbliche Prägung bzw. gewerbliche Infektion", da hierbei ein Private Equity-Fonds nur begrenzte Einflussmöglichkeiten hat und Legislative wie Exekutive die Gewerbesteuerpflicht zunehmend ausweiten.[125] Zudem wurden in § 19 WKBG erstmals gesetzliche Kriterien zur vermögensverwaltenen Tätigkeit konstituiert, selbst der Bundesrat befürchtet deren reziproke Anwendung für Nicht-Wagniskapitalbeteiligungsgesellschaften.[126]

Versicherungsgesellschaften bündeln üblicherweise – nicht zuletzt aus organisatorischen Gründen – ihre Beteiligungen an Private Equity-Fonds in zwischengeschaltete Gesellschaften, auch Vorschaltgesellschaften genannt. Bei einem vermögensverwaltenden Fonds in Form einer Personengesellschaft wird dabei die Beteiligung an dem Fonds durch eine ebenfalls vermögensverwaltende Personengesellschaft gehalten. Die erstmalige Besteuerung der Einkünfte in Form von Körperschaftsteuer und Gewerbesteuer erfolgt dadurch auf Ebene der Versicherungsgesellschaft. Bei einem als gewerbliche Personengesellschaft qualifizierten Private Equity-Fonds wird diese Beteiligung durch eine ebenfalls gewerbliche Personengesellschaft als Vorschaltgesellschaft gehalten. Durch die Kürzungsvorschrift des § 9 Nr. 2 GewStG für Gewinnanteile an gewerblichen Personengesellschaften erfolgt auch bei dieser Konstellation nur einmalig die Besteuerung mit Körperschaft- und Gewerbesteuer. Problematisch ist allerdings, wenn eine als vermögensverwaltend konzipierte Zwischengesellschaft Beteiligungen an ebenfalls vermögensverwaltenden Personengesellschaften hält und auch nur eine dieser Beteiligungen den vermögensverwaltenden Status verliert. Dadurch wird die Vorschaltgesellschaft nach § 15 Abs. 3 Nr. 1 EStG gewerblich infiziert und sämtliche Erträge unterliegen der Gewerbesteuer, die Kürzungsvorschrift greift mangels Gewerblichkeit bei den vermögensverwaltenden Beteiligungen nicht. Die dramatischen Folgen bedeuten z. B. für ein Lebensversicherungsunternehmen eine kumulierte Steuerbelastung von ca. 20 Prozent anstatt unter 5 Prozent.[127]

Pensionskassen und dergleichen sind grundsätzlich körperschaftsteuerpflichtig, unter den Voraussetzungen des § 5 Nr. 3 KStG jedoch steuerbefreit.[128] Wird die Beteiligung an einem Private Equity-Fonds als gewerblich eingestuft, so führt dies zum vollständigen Verlust der Steuerbefreiung.[129] Um dieses Risiko auszuschließen, halten Pensionskassen die Beteiligungen über zwischengeschaltete Kapitalgesellschaften. Auf der Ebene dieser Kapitalgesellschaft

---

[124] Vgl. Bundesministerium der Finanzen: Schreiben v. 16. Dezember 2003, IV A 6 – S 2240 – 153/03, BStBl. 2004, Teil I, S. 40: Einkommensteuerliche Behandlung von Venture Capital Fonds und Private Equity Fonds; Abgrenzung der privaten Vermögensverwaltung vom Gewerbebetrieb.

[125] Vgl. BMF-Nichtanwendungserlass v. 18. Mai 2005, IV B 2-S 2241-34/05, BStBl 2005, Teil I, S. 698 sowie Jahressteuergesetz 2007, BStBl 2006, Teil I, S. 2880, Artikel 1 Nr. 11.

[126] Vgl. Bundestag-Drucksache 16/6648: Stellungnahme des Bundesrates und Gegenäußerung der Bundesregierung zum MoRaKG-Entwurf v. 10. Oktober 2007, S. 6.

[127] Jeweils abhängig vom Gewerbesteuer-Hebesatz (GHS); höchster GHS 490%: 21,03% statt 4,68%; durchschnittlicher GHS 400%: 17,54% statt 4,11%; Mindest-GHS 200%: 9,7% statt 2,9%.

[128] Vgl. Buttler, Einführung in die betriebliche Altersversorgung, S. 181.

[129] Vgl. BFH, Urt., I 247/65, BStBl 1969, Teil II, S. 269 und BFH, Urt. I R 14/76, BStBl 1980, Teil II, S. 225.

sind von dem Private Equity-Fonds ausgeschüttete Veräußerungserlöse nach § 8b KStG zu 95 Prozent von der Körperschaftsteuer und der Gewerbesteuer befreit. Bei erhaltenen Dividenden ist zudem die notwendige Schachtelbeteiligung von mindestens 15 Prozent zur Vermeidung der Gewerbesteuer zu beachten. Die Gewinne schüttet die zwischengeschaltete Kapitalgesellschaft als Dividende an die Pensionskasse aus. Diese Dividenden beeinträchtigen nicht die subjektive Steuerbefreiung, allerdings unterliegen sie der Kapitalertragssteuer zum halben Steuersatz, § 48a Abs. 8 S. 1 Nr. 2 EStG.

Die Problematik des vermögensverwaltenden Status einer deutschen Personengesellschaft kann durch Einschaltung einer luxemburgischen Gesellschaft nach dem sogenannten SICAR-Gesetz[130] verhindert werden. Dies ist keine spezielle Rechtsform, sondern vielmehr ein Regulierungsstatus. Nach Art. 1 Abs. 1 SICAR-Gesetz kann es sich dabei um eine Personengesellschaft oder eine Kapitalgesellschaft handeln. Steuerlich werden die Einkünfte einer als SICAR registrierten Personengesellschaft transparent behandelt, in Luxemburg wird nach Art. 34 Abs. 1 SICAR-Gesetz keine Einkommensteuer erhoben. Eine als SICAR registrierte Kapitalgesellschaft hingegen unterliegt nach Art. 34 Abs. 2 SICAR-Gesetz der Steuerbarkeit und kann damit auch Doppelbesteuerungsabkommen in Anspruch nehmen. In Luxemburg sind dabei sämtliche Einkünfte aus Wertpapieren steuerfrei, auch Veräußerungsgewinne. Beide Gesellschaftsformen sind von der Gewerbesteuer (Art. 36 SICAR-Gesetz) und der Vermögensteuer (Art. 35 SICAR-Gesetz) befreit. Ebenfalls ist die SICAR von der Umsatzsteuer befreit – und damit die Management Fee (Verwaltungsgebühr) ebenfalls. Dieser letzte Punkt wurde auch bereits in einem Urteil des Europäischen Gerichtshofes[131] als EU-Richtlinienkonform bestätigt. Unabhängig von der Rechtsform ist damit de facto eine Steuertransparenz gewährleistet, die zu einer Besteuerung erst auf Ebene des Investors führt und eine Doppelbesteuerung vermeidet.

Private Equity- Fonds sind auf eine lange mehrjährige Laufzeit ausgerichtet. Die Planbarkeit der rechtlichen und steuerlichen Rahmenbedingungen ist daher für die Investoren von wesentlicher Bedeutung. Soweit es möglich ist, sollten daher bereits bei der Planung und grundsätzlichen Konzeption von Private Equity-Fonds auch die besonderen steuerlichen Anforderungen von Versicherungsunternehmen und Pensionskassen berücksichtigt werden.

### 3.3. Master-Feeder-Struktur für Private Equity-Fonds

Bis zum 31. 12. 2007 ließ die Anlageverordnung nur direkte Investitionen im Europäischen Wirtschaftsraum zu. Kapitalanlagen z. B. im EWR-Staat Island, einem Land mit weniger Einwohnern als die Stadt Wuppertal mit 353.759 Einwohnern (Stand 30. 9. 2008), wurden demnach als risikoärmer eingestuft als Anlagen in wirtschaftsstarke G8-Staaten wie den USA oder Japan.

In der Praxis löste man das Problem der EWR-Ansässigkeit mit einer sogenannten Feeder-Gesellschaft. Das Versicherungsunternehmen oder die Pensionskasse investiert dabei in eine Gesellschaft mit Sitz im Europäischen Wirtschaftsraum (Feeder-Fonds), die ausschließlich in den Ziel-Fonds außerhalb der EWR (Master Fonds) investiert. Diese Vorgehensweise wird explizit von der BaFin akzeptiert.[132]

Mit Wirkung zum 1. 1. 2008 wurde das Spektrum der Ansässigkeit um OECD-Vollmitgliedsstaaten erweitert.[133] Seitdem ist die Investition in die 27 EU-Staaten und in die EWR-Staaten Norwegen, Island und Lichtenstein sowie in die OECD-Staaten Australien, Japan, Kanada, Korea, Mexiko, Neuseeland, Schweiz und die USA möglich.

---

[130] Loi du 15 juin 2004 relative à la Société d'investissement en capital à risque (SICAR).
[131] Vgl. EUGH, Rechtssache C-8/03: Das Urteil erging für eine SICAV, gilt aber analog für eine SICAR.
[132] Vgl. Bundesanstalt für Finanzdienstleistungsaufsicht: Rundschreiben 15/2005, A III Nr. 7 d).
[133] Vgl. Zweite Verordnung zur Änderung der Anlageverordnung, BGBl 2007, Teil I, Nr. 70, S. 3278–3281.

Die Kanalinseln Jersey und Guernsey verfügen über attraktive Rahmenbedingungen zur Verwaltung von geschlossenen Fonds und sind daher besonders bei angelsächsischen Fonds als Standort beliebt. Die Kanalinseln sind als Kronbesitz direkt der britischen Krone unterstellt, sind also weder Teil von Großbritannien noch Kronkolonien. Daher sind sie nicht Teil der Europäischen Union. Trotz Zollunion mit der EU gehören die Inseln nicht zum Europäischen Wirtschaftsraum. Zwecks Investition in einem auf den Kanalinseln ansässigen Fonds müsste also ein Feeder-Fonds benutzt werden.

Ein anderer Grund für den Einsatz einer Master-Feeder-Struktur können steuerliche Rahmenbedingungen sein. Beispielsweise bei einer gemeinsamen Investition von US-steuerpflichtigen Investoren, US-steuerbefreiten Investoren und nicht der US-Besteuerung unterliegenden Investoren werden zumeist zwei Feeder-Vehikel benutzt. Die US-steuerpflichtigen Investoren partizipieren dabei an einem in den USA ansässigen Fonds. Die US-steuerbefreiten Investoren und nicht der US-Besteuerung unterliegenden Investoren hingegen beteiligen sich an einem Fonds, der in einem „Offshore"-Finanzplatz wie z. B. den Cayman-Islands seinen Sitz hat. Beide Feeder-Fonds investieren dann einzig in den ebenfalls an einem „Offshore"-Finanzplatz angesiedelten Master-Fonds. Der Vorteil einer solchen Konstruktion ist, dass ein US-steuerpflichtiger Investor steuerbegünstigt (pauschal 15 Prozent Steuern auf Veräußerungsgewinne) an einem Fonds teilnehmen kann, ohne dass dies die Position von US-steuerbefreiten Investoren und nicht der US-Besteuerung unterliegenden Investoren durch eine Besteuerung in den USA kompromittiert.

## 4. Zukünftige Anforderungen durch Solvency II

### 4.1. Entwicklung der Versicherungsaufsicht zu Solvency I

Mit der Einführung des Versicherungsaufsichtsgesetzes wurde im Jahre 1901 erstmalig eine einheitliche Staatsaufsicht in Deutschland geschaffen. Geregelt wurde auch die Kapitalanlage des Sicherungsvermögens bzw. Deckungsstocks, der damals Prämienreservefonds genannt wurde, in sogenannte mündelsichere Werte. Höchste Priorität hatte dabei der Grundsatz der Sicherheit. In den folgenden Jahrzehnten kamen auch den Grundsätzen der Liquidität und Rentabilität Bedeutung zu. In den Jahren 1922/23 wurde daher die Währungskongruenz von Kapitalanlagen und Versicherungsverpflichtungen eingeführt und die Anlagemöglichkeiten auch auf Substanzwerte ausgeweitet. Bereits Anfang der 30er Jahre wurde die Dispositionsfreiheit der Versicherungsunternehmen umfassend durch Erlasse eingeschränkt.[134]

Nach dem Ende des Zweiten Weltkrieges wurde die Versicherungsaufsicht in den Besatzungszonen unterschiedlich gehandhabt. 1952 wurde dies mit dem Bundesamt für das Versicherungs- und Bausparwesen wieder zentralisiert. Bereits 1958 definierte die Behörde Anlagerestriktionen sowie die Gründsätze der Sicherheit, Rentabilität und Liquidität der Kapitalanlagen unter Berücksichtigung einer angemessenen Streuung und Mischung.[135] 1974 wurde dies im Rahmen der sogenannten kleinen VAG-Novelle kodifiziert.

Die bis dahin überwiegend auf Deutschland fokussierte Aufsicht musste ebenfalls dem Trend der Internationalisierung Rechnung tragen. Die unterschiedlichen Formen der Versicherungsaufsicht in den Staaten der Europäischen Union bedurften einer Harmonisierung. Diese erfolgte in mehreren Wellen und teilweise erst nach langjährigen Verhandlungen. Die sogenannte Erste Richtliniengeneration aus den 70er Jahren ermöglichte die Niederlassungsfreiheit der Versicherungsunternehmen durch Harmonisierung der Aufnahme und Ausübung der Versicherungstätigkeit, also einer harmonisierten Versicherungsaufsicht. Die Zweite Richtliniengeneration führte Ende der 80er Jahre unter anderem das Prinzip der

---

[134] Vgl. Hahn, Die Kapitalanlage von Versicherungsunternehmen nach dem Vag unter besonderer Berücksichtigung von Asset-backed-securities, S. 25.
[135] Vgl. Bundesaufsichtsamt für das Versicherungs- und Bausparwesen: Rundschreiben R 15/58 v. 20. Dezember 1958, VerBAV 1959, S. 1.

Sitzlandaufsicht, auch Heimatland- oder Herkunftslandaufsicht genannt, ein. Damit wurde einheitlich geregelt, dass die Aufsichtsbehörde im Sitzland des Versicherungsunternehmens für die Zulassung und Überwachung der Geschäftätigkeiten des Unternehmens in allen Staaten der Europäischen Union und des Europäischen Wirtschaftsraumes zuständig ist. Mit der Dritten Richtliniengeneration wurde in den 90er Jahren die Mindestharmonisierung innerhalb des europäischen Versicherungsbinnenmarktes erreicht: Die über Jahrzehnte in Deutschland praktizierte Genehmigungspflicht von Versicherungsprodukten wurde aufgehoben. Zugleich wurden die Versicherungsaufsicht auf das einzelne Versicherungsunternehmen als juristische Person ausgerichtet (Solo-Aufsicht) und Vorschriften zu einer ausreichenden Solvabilitätsspanne festgelegt.[136]

Im Jahr 2002 wurden die EU-Richtlinien 2002/13/EG und 2002/83/EG verabschiedet, bekannt unter dem Begriff Solvency I. Nach diesem Regelwerk wird die Risikolage der Versicherungsunternehmen mithilfe bestimmter vergangenheitsorientierter Indikatoren des Jahresabschlusses gemessen. Parallel wird eine Mindestausstattung mit Eigenmitteln gefordert – teils in absoluter Höhe, teils in Relation zur geschätzten Risikolage. Wird diese Mindestausstattung unterschritten, so folgen stufenweise Sanktionen der Aufsichtsbehörden bis zur Wiederherstellung derselben. Dies kann sowohl durch Maßnahmen zur Beeinflussung der Ist-Solvabilität (z. B. durch Erhöhung des Eigenkapitals) oder durch eine Anpassung der Soll-Solvabilität (z. B. durch höhere Rückversicherung) erfolgen.

Die mindestens vorzuweisende Soll-Solvabilität besteht aus drei Komponenten. Erste Komponente ist die Solvabilitätsspanne. Diese wird prozentual in Abhängigkeit von dem höheren Wert der Beitragseinnahmen oder Schadenaufwendungen errechnet. In der Lebensversicherung wird die Solvabilitätsspanne überwiegend in Relation zur Deckungsrückstellung und zum riskierten Kapital bemessen. Zweite Komponente ist ein Garantiefonds in Höhe von einem Drittel der Solvabilitätsspanne. Dritte Komponente ist ein absoluter Mindestgarantiefonds, dessen Höhe von dem betriebenen Versicherungszweig abhängt.

Die Ist-Solvabilität wird durch die freien, unbelasteten Eigenmittel bestimmt. Diese entsprechen der Summe des bilanziellen Eigenkapitals und auf Antrag bestimmte stille Reserven z. B. in den Kapitalanlagen. Bei Lebensversicherungsunternehmen werden auch die freien Teile der Rückstellung für Beitragsrückerstattung berücksichtigt. Eine ausreichende Solvabilität ist dann gegeben, wenn die Ist-Solvabilität mindestens der Soll-Solvabilität entspricht.[137]

In den letzten Jahren hat der Gesetzgeber weitere notwendige Umsetzungen zur EU-Konformität vorgenommen. Die Solo-Aufsicht wurde daher zur Solo-Plus-Aufsicht ausgeweitet, die bei Finanzkonglomeraten eine Mehrfachbelegung des haftenden Eigenkapitals ebenso wie eine Eigenkapitalschöpfung durch Kredit ausschließt. Eine Mehrfachbelegung von Eigenmitteln („double gearing") kann entstehen, wenn ein Versicherungsunternehmen das Geschäftsvolumen ausweitet und dies anstelle von reinen Kapitalanlagen mit Beteiligungen an einem (Tochter-) Versicherungsunternehmen gedeckt wird. Eine Eigenkapitalschöpfung durch Kredit entsteht, wenn das Mutterunternehmen eine Anleihe emittiert, um die Tochtergesellschaft mit Kapital zu versorgen.[138]

Nach einer Unterrichtung des Bundestages sieht die Bundesregierung die Eigenkapitalausstattung der Versicherungsunternehmen entsprechend den Vorgaben von Solvency I als erfüllt an. Zugleich wird darauf verwiesen, dass risikoadäquate Ausstattungen erst mit den Regeln zu Solvency II erfüllt sein werden. Für das Kapitalanlagenmanagement der Versiche-

---

[136] Vgl. Schradin, Entwicklung der Versicherungsaufsicht, in: Zeitschrift für die gesamte Versicherungswissenschaft, Heft 4, 2003, 620.
[137] Vgl. Farny, Versicherungsbetriebslehre, S. 782.
[138] Vgl. Schradin, Entwicklung der Versicherungsaufsicht, in: Zeitschrift für die gesamte Versicherungswissenschaft, Heft 4, 2003, 638.

rungsunternehmen antizipiert die existierende Regulierung größtenteils die Anforderung durch Solvency II, soweit diese bereits bekannt sind.[139]

### 4.2. Fortentwicklung der Versicherungsaufsicht zu Solvency II

Bereits vor der Verabschiedung der EU-Richtlinien zu Solvency I wurden Diskussionen zur Fortentwicklung als Solvency II begonnen. Kern von Solvency I war die Harmonisierung der Versicherungsaufsicht mit einem Mindeststandard. Zwar wurde dies erreicht, außer Acht blieben aber Anpassungen an die geänderten Rahmenbedingungen des europäischen Versicherungsbinnenmarktes. Durch die Harmonisierung und Liberalisierung des Marktes verschärfte sich der Wettbewerb und führte zu geringeren Gewinnmargen der Versicherer bei zugleich höherer Risikoexposition. Aufgrund der negativen Entwicklung der Kapitalmärkte seit dem Jahr 2000 und des niedrigen Zinsniveaus in dem Euro-Währungsraum konnten die gestiegenen versicherungstechnischen Verluste nicht immer durch Gewinne aus Kapitalanlagen kompensiert werden. Zugleich zeigte die Volatilität von Wertpapierkursen und Zinssätzen die Grenzen der bisherigen Solvabilitäts-Modelle auf. Ebenfalls erhöhte das Outsourcing von Vertriebs- und Verwaltungsarbeiten die Notwendigkeit zu einem verbesserten Risikomanagement.

Aufsichtsbehörden außerhalb der Europäischen Union reagierten auf die Entwicklungen im Versicherungsmarkt mit Ansätzen zu risikobasiertem Kapital (RBC) und Szenario-Modellen. Die EU-Kommission begann daher mit den Konsultationen zu Solvency II. Dies sollte stärker die individuellen Risiken der Versicherungsunternehmen berücksichtigen und auch die Veränderungen der Rechnungslegung zu den IFRS sowie die Entwicklung der Bankenaufsicht zu Basel II berücksichtigen.[140] Ein Komitee der europäischen Versicherungs-Aufsichtsbehörden erstellte eine umfangreiche Dokumentation der Erfahrungen aus den einzelnen Staaten, bekannt als Sharma-Bericht.[141] Ein von der Europäischen Kommission initiierter Bericht der Wirtschaftsprüfungsgesellschaft KPMG empfiehlt ein Modell mit drei Säulen in Analogie zum Basel II-Modell für Banken.[142] An den folgenden Diskussionen beteiligten sich die Versicherungs- und Aktuar-Verbände, Aufsichtsbehörden sowie Rechnungslegungsstandard-Institutionen auf europäischer und internationaler Ebene.

Basierend auf den umfangreichen Beratungen innerhalb und außerhalb der Kommission veröffentlichte der Versicherungsausschuss eine zusammenfassende Darstellung, die als Wegweiser zu einer EU-Richtlinie Solvency II dienen kann.[143]
Dabei stützte man sich auf folgende Grundsätze:
– eine Anpassung der Basel II-Struktur mit den drei Säulen an die versicherungsspezifischen Belange mit Orientierung an den Einzelrisiken und dem Gesamtrisiko des Versicherers. In Bezug auf die Eigenkapitalausstattung entspricht dies weitgehend dem US-amerikanischen Risk Based Capital-Modell (RBC)
– Motivierung der Versicherungsunternehmen, eigene Risikomanagementsysteme sowie ein entsprechendes Asset-Liability-Management (ALM) zu entwickeln und Darlegung detaillierter Grundsätze bezüglich der Versicherungsaufsicht
– Bewertung der risikobegründenden Aktiva und Passiva im Gleichklang von rechnungslegungsorientierter IFRS und aufsichtsorientierter Solvency II

---

[139] Vgl. Bundestag-Drucksache 16/4339: Unterrichtung durch die Bundesregierung v. 9. Februar 2007, S. 6.
[140] Vgl. Winter, Versicherungsaufsichtsrecht kritische Betrachtungen, S. 730.
[141] Vgl. Conference of Insurance Supervisory Services of the Member States of the European Union: Prudential Supervision of Insurance Undertakings, 2002.
[142] Vgl. KPMG: Study into the methodologies to assess the overall financial position of an insurance undertaking from the perspective of prudential supervision, EU-Kommission, Mai 2002.
[143] Vgl. MARKT/2535/02: Informationspapier für den Unterausschuss „Solvabilität" v. 28. November 2002.

Die Bestandteile der ersten Säule werden in den Punkten 143 bis 223 des Berichtes erläutert. Diese betreffen quantitative Anforderungen an die versicherungstechnischen Rückstellungen, an die Kapitalanlagen und an die Solvabilitätsspanne.

Die versicherungstechnischen Rückstellungen sollen dabei angemessen und objektiv sein sowie einen Vergleich zwischen den Versicherern ermöglichen. Hierzu müssen Definitionen für die Rückstellungen in der Schadenversicherung und die versicherungsmathematischen Rückstellungen bei Lebensversicherungen genauer präzisiert werden. Ein generelles Abweichen von den bisherigen Grundsätzen nach Solvency I hält der Versicherungsausschuss nicht für notwendig.

Bei den Kapitalanlagen sollen die Vorschriften zu den Vermögenswerten als Deckung der versicherungstechnischen Rückstellungen nach Ansicht des Ausschusses ebenfalls deutlicher artikuliert werden, obwohl die bisherigen Richtlinien mit dem Grundsatz des umsichtigen Finanzmanagements bereits die Forderung nach einem Asset-Liability-Management enthalten. Die Grundsätze der Mischung und Streuung sollen ebenfalls überprüft werden. Nach derzeitigen EU-Richtlinien werden quantitative Grenzen festgelegt, die bei Unterschreitung der Grenzwerte ein Eingreifen der Aufsichtsbehörde auslösen. Der Ausschuss hinterfragt dabei, ob die quantitativen Kriterien nicht durch qualitative Schwellen ersetzt werden sollen.

In Bezug auf die Solvabilitätsspanne befürwortet der Versicherungsausschuss der EU-Kommission die Einführung einer „wünschenswerten Kapitalausstattung" (Solvency Capital Requirement, SCR) und einer „absoluten Mindestspanne" (Minimum Capital Requirement, MCR). Die absolute Mindestspanne entspricht dabei den beiden Konzepten des Garantiefonds und der Mindestsolvabilitätsspanne wie sie bereits in Solvency I festgelegt wurden. Während man die Regelungen für den Garantiefonds als ausreichend erachtet, wird bei der Mindestsolvabilitätsspanne eine Vereinfachung der Regeln vorgeschlagen.

Die zweite Säule, die qualitative Anforderungen präzisiert, wird in den Punkten 224 bis 289 des Berichtes dargelegt. Kernpunkte sind die Festlegung der Grundsätze der internen Kontrolle und des Risikomanagements der Versicherungsunternehmen sowie die Festlegung der gemeinsamen Grundsätze einer Versicherungsaufsicht.

Die interne Kontrolle und Verwaltung innerhalb der Versicherungsunternehmen müssen nach Ansicht der Kommission detaillierter in den Richtlinien Eingang finden. Analog zu den Regelungen für Banken nach Basel II wird gefordert, dass die strategischen Ziele des Unternehmens klar kommuniziert werden, Verantwortlichkeiten innerhalb der Hierarchien eindeutig festgelegt und die Leitungsorgane für die wirksame Kontrolle und Überwachung zur Verantwortung gezogen werden. Nach dem Bericht der EU-Kommission müssen die Grundsätze eines Risikomanagements die Grundsätze einer ordnungsgemäßen Verwaltung und einer angemessenen internen Kontrolle ergänzen. Für die vier Bereiche Unternehmensorganisation und -führung, Strategie und Entscheidungsfindung, Überwachung und Information sowie Untersuchung und Korrekturmaßnahmen werden versicherungsspezifische Vorschläge erläutert. Bei der Zeichnungstätigkeit sollen Strategie, Rendite und Risikoumfang kontinuierlich überwacht werden. Bei dem Vertrags-, Schaden- und Rückstellungsmanagement sollen die Regeln zur Erfassung, Bewertung und Dokumentation ausgeweitet werden. Bei den Kapitalanlagen fordert die Kommission die Verpflichtung zu einem Asset-Liability-Management.

Die Grundsätze und Instrumente der Versicherungsaufsicht in Europa müssen nach Ansicht der EU-Kommission überdacht werden. Ähnlich der Finanzaufsicht nach Basel II wird ein einheitliches aufsichtsrechtliches Überprüfungsverfahren gefordert. Dies muss die Qualität der internen Kontrolle und Verwaltung der Versicherungsunternehmen objektiv messen können. Hierzu sollen vermehrt statistische Daten gesammelt werden und eine Harmonisierung der Frühwarnindikatoren erfolgen. Auch wird die Entwicklung von europaweit anzuwendenden Referenzszenarien, z. B. für das Kapitalanlagen- und Schadenmanagement, empfohlen. Zudem wird die Notwendigkeit von Vor-Ort-Prüfungen durch die Behörden betont. Für die Aufsichtbehörden selbst werden eindeutige Regeln zur Transparenz und

Verantwortlichkeit gefordert, die auch Fragen der Zuständigkeit bei grenzüberschreitenden Tätigkeiten von Versicherungsunternehmen und -gruppen klärt.

Die dritte Säule wird in den Punkten 290 bis 298 erläutert. Die entsprechende Säule von Basel II betrifft die Marktdisziplin und die zugrunde liegende gegenseitige Abhängigkeit der Banken. Da eine derartige Abhängigkeit im Versicherungssektor kaum vorhanden ist, empfiehlt die Kommission entsprechende Abweichungen. Insbesondere durch die Offenlegungspflichten können Wettbewerbsvorteile verloren gehen. Daher wird eine umfassende Überprüfung gefordert, inwieweit weitergehende Veröffentlichungen als die Rechnungslegungsvorschriften nach IFRS notwendig sind. Auf der anderen Seite muss die Aufsicht zum Schutz des Versicherten eine wesentliche Rolle darin übernehmen, welche Informationen an den Versicherungsnehmer übermittelt werden.

Den Vorschlag für eine EU-Richtlinie Solvabilität II veröffentlichte die Kommission im Juli 2007, einen geänderten Vorschlag bereits im Februar 2008.[144] Darin werden 14 bisherige Richtlinien zusammengefasst und um neue Solvabilitätsbestimmungen ergänzt. Der Anwendungsbereich gilt für alle Erst- und Rückversicherungsunternehmen mit Ausnahme von kleineren Versicherungsvereinen auf Gegenseitigkeit und Pensionsfonds. Der Richtlinienvorschlag präzisiert bzw. ergänzt die bisherigen Überlegungen der Kommission und berücksichtigt die Eingaben der Aufsichtsbehörden und der Versicherungsverbände.

Besonders hervorzuheben ist, dass in Artikel 74 der beizulegende Zeitwert nach IFRS als Bewertungsstandard für Vermögenswerte verbindlich festgelegt wird. Dieser Wert gilt daher sowohl beim Asset-Liability-Management wie auch bei Solvabilitätsberechnungen. Wie zuvor beschrieben kann dies zu Volatilitäten im Eigenkapital führen, welche die wirtschaftliche Situation des Versicherungsunternehmens nicht richtig wiedergeben.

Für die Berechnung der Solvenzkapitalanforderung wird ein Modell vorgeschlagen, das dem Value-at-Risk-Modell mit einem 99,5-Prozent-Konfidenzintervall und einer Haltedauer von einem Jahr entspricht. Unter Prämisse einer Normalverteilung bedeutet dies, dass ein negatives Ereignis einmal innerhalb von 200 Jahren eintritt. Alternativ können auch unternehmensinterne Modelle verwendet werden, sofern diese von der Aufsichtbehörde zugelassen werden. Vorteil des Standardmodells sind die einfache Handhabung sowie die geringe Erklärungsbedürftigkeit. Problematisch ist aber, dass insbesondere versicherungstechnische Risiken nicht normal verteilt sind. Ebenfalls hat die Volatilität gravierende Auswirkungen. Was bei einer implizierten Dax-Volatilität für den Zeitraum 1993–1998 noch ein 200-Jahresereignis ist, wäre bei einer implizierten Dax-Volatilität für den Zeitraum 1997–2002 bereits ein 25-Jahresereignis.[145]

### 4.3. Konsequenzen für die Anlage in Private Equity

Im Rahmen der Konsultationen zur Solvency II-Richtlinien hat der Gesamtverband der Deutschen Versicherungswirtschaft (GDV) gemeinsam mit der BaFin und weiteren Verbänden ein Modell zur Berechnung der vorhandenen Solvenzmittel für Versicherungsunternehmen der Leben-, Schaden- und Krankensparte entwickelt. Das Model untersucht alle relevanten Risiken eines Versicherungsunternehmens und ermittelt deren Verlustpotenzial als monetäre Größe, indem alle Risiken kumuliert werden.[146] Die Risiken werden dabei in Kapitalanlagerisiko, Versicherungstechnisches Risiko und Operationales Risiko unterteilt, die jeweils auf die Besonderheiten der einzelnen Versicherungssparten abgestimmt werden.

Das GDV-Modell ordnet Private Equity pauschal der Asset-Klasse Aktie zu, sodass als Risikofaktor 31,8 Prozent für Kursrisiken und 10,56 Prozent für Bonitätsrisiken (wegen

---

[144] Vgl. KOM 2007/0361 v. 10. Juli 2007 und KOM 2008/0119 v. 26. Februar 2008.
[145] Vgl. Schradin, Entwicklung der Versicherungsaufsicht, in: Zeitschrift für die gesamte Versicherungswissenschaft, Heft 4, 2003, 631.
[146] Vgl. Gesamtverband der Deutschen Versicherungswirtschaft e.V.: Diskussionsbeitrag für einen Solvency II kompatiblen Standardansatz (Säule I) Modellbeschreibung, Berlin: GDV 2005, S. 7.

des fehlenden Ratings) berücksichtigt werden müssen.[147] Nach einer späteren Untersuchung fordert die BaFin, dass Anlagen in Private Equity pauschal mit einem Marktrisiko von 45 Prozent bewertet werden.[148] Auch in diesem Fall werden die verschiedenen Formen von Private Equity nicht hinsichtlich ihrer unterschiedlichen Risikoausprägung differenziert.

Für Investoren, die dem Solvency II-Regime unterliegen, sind Kapitalanlagen in Private Equity nicht mehr interessant bei einer geforderten Eigenkapitalunterlegung von 45 Prozent bzw. sogar 65 Prozent für nicht in Euro nominierte Anlagen.[149] De facto wird damit die Nutzung von Rendite- und Risikovorteilen der Anlageklasse Private Equity für Versicherungsunternehmen und Pensionskassen durch das Aufsichtsrecht verhindert.

Eine Deloitte-Untersuchung ermittelte anhand historischer Daten einen Private Equityspezifischen Risikofaktor von 34 bis 36 Prozent.[150] Der signifikante Unterschied der Kennzahlen gegenüber den Werten der BaFin und des GDV zeigt die Dringlichkeit und Bedeutsamkeit von weitergehenden Analysen. Diese sollten möglichst nach Marktsegmenten und Finanzierungsphasen von Private Equity unterteilt werden, sodass realitätsnahe Risikoparameter in Solvency II einfließen können.

## 5. Fazit

Das Versicherungsaufsichtsgesetz schränkt bei Versicherungsunternehmen und Pensionskassen die Anlagemöglichkeiten für das Sicherungsvermögen, das den Verbindlichkeiten gegenüber den Versicherungsnehmer entspricht, und dem sonstigen gebundenen Vermögen, das überwiegend aus der Schwankungsrückstellung besteht, ein.

Zu den qualitativen Anlagebeschränkungen gehört die Begrenzung auf zwanzig zulässige Anlageformen. Private Equity betreffen dabei überwiegend die Anlageformen börsennotierte Aktien und sonstige Beteiligungen. Die sonstigen Beteiligungen umfassen dabei voll eingezahlte Aktien, GmbH-Geschäftsanteile, Kommanditanteile und stille Beteiligungen. Ebenso wie bei der Anlageform börsennotierte Aktien ist dabei Voraussetzung, dass der Unternehmenssitz in einem EWR- bzw. OECD-Vollmitgliedsstaat liegt und testierte Jahresabschlüsse vorliegen. Ein Erfordernis für der Aufsicht unterliegender Investoren in Private Equity ist die uneingeschränkte Veräußerbarkeit der Kapitalanlagen. Eine Fungibilitätsklausel sollte Bestandteil des Gesellschaftsvertrages sein. Danach haben die übrigen Gesellschafter ein zweimonatiges Vorkaufsrecht, wenn ein Investor ausscheiden möchte. Die notwendige wirtschaftliche Veräußerbarkeit ist nach der Bundesanstalt für Finanzdienstleistungsaufsicht (BaFin) gegeben, soweit sich ein geschlossener Fonds überwiegend an institutionelle Anleger wendet.

Die quantitativen Anlagebeschränkungen beziehen sich auf die Mischung und die Streuung der Kapitalanlagen. Die Mischung soll durch einen Ausgleich zwischen den verschiedenen Anlagearten die Risiken begrenzen. Versicherungsunternehmen dürfen maximal 35 Prozent des gebundenen Vermögens in nachrangige Verbindlichkeiten und Genussrechte an Unternehmen, auf Aktien basierende Wertpapierdarlehen, Anlagen in Hedgefonds und Investmentaktiengesellschaften sowie in börsennotierte Aktien und sonstige haftungsbegrenzte

---

[147] Vgl. Gesamtverband der Deutschen Versicherungswirtschaft e.V.: Diskussionsbeitrag für einen Solvency II kompatiblen Standardansatz (Säule I) Modellbeschreibung, Berlin: GDV 2005, S. 33 und S. 43.
[148] Vgl. Bundesanstalt für Finanzdienstleistungsaufsicht: Dritte Untersuchung zu den quantitativen Auswirkungen von Solvabilität II (Quantitative Impact Study 3), Hinweise für Lebensversicherer v. 9. Mai 2007, S. 39.
[149] Vgl. Kollmann, Private Equity als Kapitalanlage deutscher Lebensversicherungsunternehmen – Eine empirische Analyse, S. 72.
[150] Vgl. Stemmer, Züchner, Private Equity weniger riskant als angenommen, in: Versicherungswirtschaft Heft 3/2006, 198.

Beteiligungen investieren. Innerhalb dieser Quote ist der Anteil nicht börsennotierter Anlagen auf 10 Prozent beschränkt. Die Streuung soll durch die Verteilung auf verschiedene Aussteller zur Risikodiversifizierung erfolgen. Danach wird die Konzentration pro Schuldner auf 5 Prozent des gebundenen Vermögens begrenzt. Sowohl für börsennotierte Aktien wie auch sonstige haftungsbeschränkte Beteiligungen wird zudem die Beteiligungsquote am Kapital der Gesellschaft auf maximal 10 Prozent festgelegt. Bei Private Equity bezieht sich dies auf die durchgerechnete Quote mit Portfolio-Unternehmen. Rechnerisch ist es daher möglich, dass ein Versicherungsunternehmen oder eine Pensionskasse maximal 50 Prozent an einem Private Equity-Fonds hält, sofern der Fonds mit jeweils weniger als 20 Prozent am Kapital der Portfolio-Unternehmen beteiligt ist.

Zur Kontrolle durch die BaFin müssen Beteiligungserwerbe und -veränderungen bei mehr als 10-prozentigen Anteilen an Kapitalgesellschaften und jegliche Beteiligung an Personengesellschaften innerhalb eines Monats gemeldet werden. Diese Werte erscheinen auch in dem quartalsweise anzufertigenden VAG-Reporting an die BaFin.

Wesentliche Änderungen der Anlageverordnung sieht der im Juli 2008 versandte Referenten-Entwurf des Bundesfinanzministeriums vor. Bei der Mischung wird die Quote von nicht börsennotierten Anlagen auf 15 Prozent des gebundenen Vermögens angehoben. Bei der Streuung wird die derzeitige Beschränkung auf 10 Prozent des (durchgerechneten) Eigenkapitals an Gesellschaften ersetzt durch eine Beschränkung auf maximal 1 Prozent des gebundenen Vermögens des Versicherungsunternehmens.

Mit dem Übergang zu den kapitalmarktorientierten International Financial Reporting Standards (IFRS) bekommt eine mögliche Volatilität der Investitionen in Private Equity eine neue Bedeutung. Finanzanlagen in Private Equity-Fonds werden überwiegend der Kategorie „available-for-sale" zugeordnet. Der Zugang erfolgt zu Anschaffungskosten und Folgebewertungen müssen erfolgsneutral den Fair Value berücksichtigen. Die Wertveränderungen vor einer Anteilsveräußerung werden dabei erfolgsneutral direkt im Eigenkapital als unrealisierte Gewinne/Verluste erfasst. Dies bewirkt Volatilitäten im Eigenkapital, die nicht die tatsächliche Situation des Unternehmens abbilden. Auch ein funktionierendes Asset-Liability-Management kann das nicht kompensieren. Diese Situation wird billigend in Kauf genommen, da die marktgerechte und realitätsnahe Bewertung, die Schwankungen impliziert, gerade eine der Prämissen der IFRS ist. Im Zuge der Finanzkrise wurden im Oktober 2008 die strengen Regeln weitgehend für bestimmte Finanzanlagen außer Kraft gesetzt – Private Equity-Beteiligungen sind aber explizit davon ausgeschlossen.

Steuerlich ist die Anerkennung eines Private Equity-Fonds als vermögensverwaltende Gesellschaft wichtig damit es – wie bei einer Investition in börsennotierte Unternehmen über Investmentfonds – nicht zu einer Doppelbesteuerung kommt und auch keine Gewerbesteuer anfällt. In der Praxis nimmt dabei das Kriterium „keine gewerbliche Prägung bzw. gewerbliche Infektion" an Bedeutung zu. Hierbei hat ein Private Equity-Fonds nur begrenzte Einflussmöglichkeiten und Legislative wie Exekutive weiten die daraus resultierende Gewerbesteuerpflicht zunehmend aus. Institutionelle Anleger bündeln ihre Beteiligungen an Private Equity-Fonds in zwischengeschaltete Gesellschaften. Dabei hält eine gewerbliche Personengesellschaft alle gewerblichen Beteiligungen. Die vermögensverwaltenden Beteiligungen werden über eine ebenfalls vermögensverwaltende Gesellschaft gehalten. Wird nun eine der vermögensverwaltenden Beteiligungen als gewerblich eingestuft, so unterliegen sämtliche anderen vermögensverwaltenden Beteiligungen ebenfalls der Gewerbesteuer. Die dramatischen Folgen bedeuten z. B. für ein Lebensversicherungsunternehmen eine kumulierte Steuerbelastung von ca. 20 Prozent anstatt unter 5 Prozent. Aus einem anderen Grund bündeln Pensionskassen ihre Beteiligungen in zwischengeschaltete Kapitalgesellschaften: Die Gewerblichkeit auch nur einer Beteiligung würde zu einem Wegfall der Steuerbefreiung für die gesamte Pensionskasse führen. Um dies zu vermeiden, nehmen Pensionskassen in Kauf, dass nur 95 Prozent der Veräußerungserlöse von der Körperschaftsteuer und der Gewerbesteuer befreit sind und Ausschüttungen an die Pensionskasse mit den halben Satz der Kapitalertragsteuer ohne mögliche Anrechnung besteuert werden.

Bis zum 31.12.2007 konnten der Versicherungsaufsicht unterliegende Unternehmen nicht direkt in Länder außerhalb des Europäischen Wirtschaftraumes investieren. Indirekt war dies aber möglich, indem das Versicherungsunternehmen oder die Pensionskasse in eine Gesellschaft mit Sitz im Europäischen Wirtschaftsraum (Feeder-Fonds) investierte, die dann ausschließlich in den Ziel-Fonds außerhalb der EWR (Master Fonds) investierte. Master-Feeder-Strukturen sind seitdem nur noch notwendig, wenn in andere Staaten als den 27 EU-Staaten und in den EWR-Staaten Norwegen, Island und Lichtenstein sowie in den OECD-Staaten Australien, Japan, Kanada, Korea, Mexiko, Neuseeland, Schweiz und die USA investiert werden soll. Solche Konstruktionen können aber steuerlich notwendig sein, beispielsweise bei einer gemeinsamen Investition von US-steuerpflichtigen Investoren, US-steuerbefreiten Investoren und nicht der US-Besteuerung unterliegenden Investoren. Die US-steuerpflichtigen Investoren partizipieren dabei an einem in den USA ansässigen Fonds. Die US-steuerbefreiten Investoren und nicht der US-Besteuerung unterliegenden Investoren hingegen beteiligen sich an einem Fonds, der in einem „Offshore"-Finanzplatz wie z. B. den Cayman Islands seinen Sitz hat. Beide Feeder-Fonds investieren dann einzig in den ebenfalls an einem „Offshore"-Finanzplatz angesiedelten Master-Fonds. Der Vorteil einer solchen Konstruktion ist, dass ein US-steuerpflichtiger Investor steuerbegünstigt (pauschal 15 Prozent Steuern auf Veräußerungsgewinne) an einem Fonds teilnehmen kann, ohne dass dies die Position von US-steuerbefreiten Investoren und nicht der US-Besteuerung unterliegenden Investoren durch eine Besteuerung in den USA kompromittiert.

Die Versicherungsaufsicht in Europa wird fortentwickelt zu Solvency II, welche das für Banken geltende dreigliedrige Modell Basel II für die Versicherungswirtschaft anpasst. Die drei Säulen von Solvency II sind ein erweitertes Modell zur Solvabilitätsspanne, die Verpflichtung zu Risikomanagement-Systemen und Asset-Liability-Management sowie die Bewertungsgleichheit von rechnungslegungsorientierter IFRS und aufsichtsorientierter Solvency II. Für die Berechnung der Solvenzkapitalanforderung wird ein Modell vorgeschlagen, das dem Value-at-Risk-Modell mit einem 99,5-Prozent-Konfidenzintervall und einer Haltedauer von einem Jahr entspricht. Unter Prämisse einer Normalverteilung bedeutet dies, dass ein negatives Ereignis einmal innerhalb von 200 Jahren eintritt. Vorteile des Standardmodells sind die geringe Erklärungsbedürftigkeit und die gute Vergleichbarkeit. Problematisch ist aber, dass die Volatilität der Kapitalanlagen gravierende Auswirkungen hat. Was bei einer implizierten Dax-Volatilität für den Zeitraum 1993–1998 noch ein 200-Jahresereignis ist, wäre bei einer implizierten Dax-Volatilität für den Zeitraum 1997–2002 bereits ein 25-Jahresereignis.

Der Gesamtverband der Deutschen Versicherungswirtschaft (GDV) hat gemeinsam mit der BaFin und weiteren Verbänden ein Modell zur Berechnung der vorhandenen Solvenzmittel für Versicherungsunternehmen der Leben-, Schaden- und Krankensparte entwickelt. In dem Modell werden Private Equity-Beteiligungen pauschal mit einem Risikoabschlag von 42,36 Prozent berücksichtigt. In einer späteren Untersuchung fordert die BaFin, dass Anlagen in Private Equity pauschal mit einem Marktrisiko von 45 Prozent abgewertet werden bzw. 65 Prozent bei nicht in Euro lautenden Währungen. Auch in diesem Fall werden die verschiedenen Formen von Private Equity nicht hinsichtlich ihrer unterschiedlichen Risikoausprägung differenziert. De facto wird damit die Nutzung von Rendite- und Risikovorteile der Anlageklasse Private Equity für Versicherungsunternehmen und Pensionskassen durch das Aufsichtsrecht verhindert.

Eine Deloitte-Untersuchung ermittelte anhand historischer Daten einen Private Equity-spezifischen Risikofaktor von 34 Prozent bis 36 Prozent. Dieser Unterschied zum BaFin-Modell zeigt die Dringlichkeit und Bedeutsamkeit von weitergehenden Analysen. Dabei sollte möglichst nach Marktsegmenten und Finanzierungsphasen von Private Equity differenziert werden, sodass realitätsnahe Risikoparameter in Solvency II einfließen können. Nur so ist es möglich, dass z. B. Prognosen über die Erhöhung der Kapitalanlagen von deutschen Versicherungsunternehmen von derzeit 0,4 Prozent auf 3 Prozent Realität werden können.

# § 3 Dachfonds als Investoren

## Übersicht

| | Seite |
|---|---|
| 1. Vorbemerkung | 37 |
| 2. Dachfonds als Investoren | 37 |
|    2.1. Struktur eines Private-Equity-Dachfonds („Fund-of-Funds") | 37 |
|    2.2. Multi-Fonds-Strategie oder Feeder Fund | 38 |
|    2.3. Blind Pool- oder Pre-Commitment-Strategie | 38 |
|    2.4. Private-Equity-Allokationen über Dachfonds | 39 |
|    2.5. Dachfondskonzepte für private und institutionelle Investoren | 40 |
|       2.5.1. Diversifizierte „Retail"-Produkte für private Investoren | 40 |
|       2.5.2. Spezialisierte Konzepte für institutionelle Investoren | 40 |
|    2.6. Typische Merkmale für die Strukturierung von Private-Equity-Dachfonds | 41 |
|       2.6.1. Trennung von Vermögensanlage und Vermögensverwaltung | 42 |
|       2.6.2. Vergütungsstrukturen | 42 |
|       2.6.3. Weitere typische Fondsstrukturierungsmerkmale | 44 |
|    2.7. Erfolgsfaktoren eines Private-Equity-Dachfonds | 44 |
|       2.7.1. Risikoreduktion durch Diversifikation | 44 |
|       2.7.2. Qualität des Managements | 45 |
|       2.7.3. Kontinuität | 46 |
|       2.7.4. Track Record | 46 |
|       2.7.5. Commitment-Struktur | 47 |
|       2.7.6. Weitere Erfolgsfaktoren | 48 |
| 3. Private-Equity-Dachfonds in der Rechtsform einer GmbH & Co. KG | 48 |
|    3.1. Steuerliche Gesichtspunkte für die Wahl der Rechtsform einer GmbH & Co. KG | 48 |
|       3.1.1. Besteuerung der Investoren | 48 |
|       3.1.2. Erfordernis der Abgrenzung zwischen privater Vermögensverwaltung und gewerblicher Tätigkeit | 49 |
|    3.2. Haftungsrechtliche Gesichtspunkte für die Wahl der Rechtsform einer GmbH & Co. KG | 51 |
|    3.3. Gesellschafterstruktur eines Dachfonds in der Rechtsform der GmbH & Co. KG | 51 |
|       3.3.1. Komplementärin | 51 |
|       3.3.2. Gründungskommanditisten | 51 |
|       3.3.3. Investoren als Kommanditisten | 52 |
| 4. Andere Beteiligungsformen | 53 |
|    4.1. Gesellschaft mit beschränkter Haftung | 53 |
|    4.2. Aktiengesellschaft | 54 |
|    4.3. Wagniskapitalbeteiligungsgesellschaft | 55 |
|    4.4. Unternehmensbeteiligungsgesellschaft | 56 |
|    4.5. Strukturen nach Luxemburger Recht | 58 |
|       4.5.1. Société d'Investissement à Capital Variable (SICAV) | 58 |
|       4.5.2. Société d'Investissement en Capital à Risque (SICAR) | 59 |
| 5. Erlaubnispflicht | 61 |
|    5.1. Erlaubnispflicht nach dem Kreditwesengesetz | 61 |
|       5.1.1. Verwaltungspraxis der BaFin in Bezug auf Treuhandkommanditmodelle | 62 |
|       5.1.2. Gegenauffassung der Rechtsprechung | 63 |
|       5.1.3. Keine Erlaubnispflicht von Private-Equity-Fonds nach dem Kreditwesengesetz | 64 |
|    5.2. Erlaubnispflicht nach dem Investmentgesetz | 65 |
| 6. Prospektpflicht | 65 |
|    6.1. Rechtsgrundlagen | 65 |
|    6.2. Öffentliches Angebot | 66 |
|    6.3. Prospektinhalt | 67 |
|    6.4. Prospektprüfung und Veröffentlichung | 67 |
|    6.5. Prospekthaftung | 68 |
| 7. Vertragsdokumentation | 68 |
|    7.1. Gesellschaftsvertrag/„Limited Partnership Agreement" | 69 |

§ 3 Dachfonds als Investoren

**Übersicht** | **Seite**
--- | ---
7.2. Managementvertrag | 69
7.3. Treuhandvertrag | 70
7.4. Mittelverwendungsvertrag | 71

## 1. Vorbemerkung

Von „Private Equity" spricht man, wenn das zur Verfügung gestellte Eigenkapital („Equity") – in Abgrenzung zu Fremdkapital – nicht über den Kapitalmarkt („Public Equity") eingeworben wird, sondern aus „privaten" Quellen stammt. Private Equity bedeutet also die (zeitweilige) Bereitstellung von Eigenkapital für in der Regel nicht börsennotierte Unternehmen mit dem Ziel der Wertsteigerung. Bei einem Investment in Private Equity wird das Kapital regelmäßig in Fonds zusammengeführt. Primäres Ziel sind überdurchschnittlich hohe Renditen.

Private Equity darf aber nicht nur als Beteiligungskapital aus Sicht des zu finanzierenden Unternehmens verstanden werden, sondern stellt eine eigene Anlageklasse („Asset"-Klasse) dar.[151] Private Equity zählt zur Anlageklasse der „Alternative Investments", welche das Spektrum „traditioneller" Asset-Klassen wie Aktien und Anleihen ergänzen und dadurch Möglichkeiten für eine Diversifikation von Anlagestrategien schaffen.

Bei Private Equity handelt es sich um eine risikoreiche Anlageklasse. Dies lässt Private-Equity-Dachfonds für Investoren besonders attraktiv erscheinen, da bei einer solchen Struktur eine hohe Streuung der Risiken erzielt wird, weil die Investoren in einen Fonds einzahlen, der regelmäßig nicht direkt in einzelne Beteiligungsunternehmen, sondern seinerseits in verschiedene Private-Equity-Fonds investiert, deren Vermögen aus einzelnen Beteiligungsunternehmen besteht. Private-Equity-Dachfonds bieten damit also aufgrund ihrer Struktur einen hohen Diversifizierungseffekt bei attraktivem Risikoprofil. Dieser Befund wird bestätigt durch die Studie „The Risk Profiles of Private Equity" von *Weidig/Mathonet*.[152] *Weidig/Mathonet* haben die Risikoprofile von Private Equity-Direktinvestments mit Fonds- und Dachfondsinvestments verglichen und festgestellt, dass die Asset-Klasse Private Equity als solche zwar durchaus riskant ist, aber Anlagen in dieser Anlagekategorie sogar ein Totalverlustrisiko von nahezu Null aufweisen können, wenn über einen Dachfonds investiert wird. Die Autoren weisen nach, dass die Wahrscheinlichkeit eines Totalverlustes bei einem Direktinvestment in nicht börsennotierte Beteiligungen 30 Prozent beträgt. Bei einem Investment in Private-Equity-Fonds mit einem Portfolio von nicht börsennotierten Beteiligungen beträgt dieses Risiko nur 1 Prozent. Ein Private-Equity-Dachfonds, der in eine Vielzahl von Private-Equity-Fonds mit einigen hundert Einzelengagements investiert, kann dieses Risiko faktisch auf Null absenken.

Vor diesem Hintergrund ist davon auszugehen, dass die Bedeutung von Dachfonds als Investmentvehikel in Private Equity in Zukunft weiter zunehmen wird.

## 2. Dachfonds als Investoren

### 2.1. Struktur eines Private-Equity-Dachfonds („Fund-of-Funds")

Private-Equity-Investoren bieten sich grundsätzlich drei Möglichkeiten für ein Private-Equity-Investment: (1) Direktinvestments, (2) Einzelfonds und (3) Dachfonds.

Bei Direktinvestments beteiligt sich der Investor direkt an kapitalsuchenden Unternehmen. Der Investor übernimmt damit Aufgaben wie ein Private-Equity-Fondsmanager. Dies

---

[151] Z. B. Dahmann, Zur volkswirtschaftlichen Bedeutung von Private Equity und Venture Capital, in: BVK, Jahrbuch Berlin 2004, S. 45 (55).
[152] Weidig/Mathonet, The Risk Profiles of Private Equity, Januar 2004, abrufbar im Internet unter http://ssrn.com/abstract=495482, S. 2 u. 6.

erfordert viel Know-how und einen ausgezeichneten Zugang zu Investmentmöglichkeiten (sog. „Dealflow").

Bei Fondsinvestments beteiligt sich der Investor an Private-Equity-Fonds. Private-Equity-Fonds investieren ihrerseits in einzelne Portfoliounternehmen. Die Mindestzeichnungssummen liegen dabei in aller Regel bei über fünf Millionen Dollar oder Euro. Der zuständige Fondsmanager betreut das Portfoliounternehmen in der Regel bis zum Exit und unterstützt die Beteiligung in Bezug auf Fragen der Finanzierung, der Strategie oder auch in Bezug auf Personalentscheidungen.

Demgegenüber zahlen Investoren bei Investments in Dachfonds zahlen in einen dem Private-Equity-Fonds übergeordneten Fonds ein.

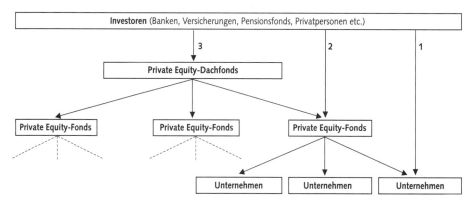

## 2.2. Multi-Fonds-Strategie oder Feeder Fund

Ein Dachfonds investiert die von seinen Investoren zur Verfügung gestellten Mittel gemäß einer vorher formulierten Strategie. Sie kann z. B. in der Herstellung eines bestimmten Verhältnisses von Buyout- und Venture-Capital-Fonds bestehen, das gegebenenfalls über Investmentphasen und geographischer Ausrichtung diversifiziert sein kann. In der Regel investieren Dachfonds in Rahmen einer so genannten „Multi-Fonds-Strategie" in bis zu 25 Fonds, die ihrerseits in eine Zahl von 15 bis 50 Portfoliounternehmen finanzieren können. Im Einzelfall kann ein Dachfondsinvestor auf diese Weise mittelbar an mehr als 1.000 Portfoliounternehmen beteiligt sein. Damit erzielt der Dachfondsinvestor eine beträchtliche Diversifikation seiner Anlage. Dachfonds zeichnen sich also in der Regel durch attraktive Risikoprofile aus, wobei das systematische Risiko bei Investments in Dachfonds zum großen Teil „wegdiversifiziert" wird.[153]

Im Gegensatz zu einer Multi-Fonds-Strategie bündelt ein sog. „Feeder-Fonds" eine Vielzahl von Investoren, die dann in ein „Target" investieren. Meist werden solche „Feederfonds" im Retail-Segment eingesetzt, um viele „kleinteilige" Zeichnungsbeträge zu bündeln, um so die Mindestzeichnungssumme des Zielfonds, der oftmals ebenfalls ein Dachfonds sein kann, zu erreichen. Ein „Feeder-Fonds" kann aber auch als steuerliches Strukturierungsmittel eingesetzt werden, wenn beispielsweise der Zielfonds vermögensverwaltend strukturiert ist, der Anleger aber ein gewerbliches Vehikel benötigt.

## 2.3. Blind Pool- oder Pre-Commitment-Strategie

Private-Equity-Dachfonds sind meist als so genannte „Blind Pools" konzipiert. Dies bedeutet, dass der Investor im Zeitpunkt der Zeichnung des Investments noch nicht weiß, in welche Zielfonds und gegebenenfalls in welche anderen zulässigen Vermögenswerte der

---

[153] Vgl. dazu z. B. Perridon/Steiner, Finanzwirtschaft der Unternehmung, S. 281 ff.

Private-Equity-Dachfonds investiert. Für die Investoren ergibt sich daraus eine gewisse Intransparenz der Strategie, das so genannte Blind Pool-Risiko, das von Fall zu Fall unterschiedlich zu gewichten ist. Dem Blind Pool-Risiko wird dadurch begegnet, dass den Investoren möglichst umfassende Informationsmöglichkeiten geboten werden. Dazu gehören ausführliche Beratungsgespräche über die geplanten Investitions- und Anlagekonzepte, detaillierte Angebotsunterlagen wie z. B. der Verkaufsprospekt des Dachfonds sowie eine Darstellung der Chancen und Risikokennzahlen. Erfahrene Dachfondsmanager mit beständigen Investmentstrategien können das Blind Pool-Risiko darüber hinaus erheblich dadurch reduzieren, dass sie über meist langjährige Verbindungen zu Zielfonds verfügen und so in der Lage sind, dem (potenziellen) Dachfondsinvestor das zukünftige Portfolio hinreichend präzise zu skizzieren. Dies alles führt dazu, dass erfahrene Dachfondsmanager ihren Investoren trotz der Blind Pool-Struktur einen hohen Transparenzgrad bieten können.

Den Gegensatz zum Blind Pool stellt die so genannte Pre-Commitment-Strategie dar, die auch als „Warehousing"-Strategie bezeichnet wird. Sie ist im Bereich der Private-Equity-Dachfonds allerdings eher untypisch. Im Rahmen dieser Strategie zeichnet die Managementgesellschaft bereits frühzeitig auf eigene Rechnung Zielfonds, die sie dann zunächst in ihrem eigenen Investitionsportfolio zusammenfasst und verwaltet, um sie dann erst in einem zweiten Schritt in den neu aufgelegten Dachfonds einzubringen. In einem solchen Dachfonds sind damit im Gegensatz zu den üblichen Blind-Pool-Konstruktionen bereits ab Platzierungsbeginn Investitionen getätigt. Der Vorteil dieser Strategie liegt insbesondere darin, dass damit für Investoren bereits in einem frühen Platzierungsstadium Klarheit darüber besteht, welche Investitionen für das Portfolio des Dachfonds getätigt werden.

## 2.4. Private-Equity-Allokationen über Dachfonds

Private Equity stellt eine Alternative zu traditionellen Anlageinstrumenten dar. Die Gründe für Engagements in dieser Anlageklasse sind im Wesentlichen die Faktoren Anlagediversifikation und Anreicherung des Investmentportefeuilles um renditestarke Anlagen in Zeiten niedriger Zinsen.[154] Besonders institutionelle Investoren wie z. B. Versicherungen stehen angesichts einerseits volatiler Aktienmärkte und andererseits vergleichsweise geringer Renditen von Rentenpapieren, die meist keine ausreichende Rendite erwirtschaften, vor der Herausforderung, gewisse Mindestverzinsungen[155] zu gewährleisten. Die durch die Beimischung von Private Equity zum Portfolio ausgehende Risikoreduktion ergibt sich aus der niedrigen Korrelation von Private Equity zu anderen Anlageklassen. Die Beimischung von Private Equity trägt zur Portfoliodiversifikation bei und führt so zu höheren Renditen bei gleichem Risiko oder gleichen Renditen bei niedrigerem Risiko. Private-Equity-Investments können somit das Risiko-/Rendite-Profil eines Portfolios verbessern.[156] Darüber hinaus werden schon aufgrund der von Private-Equity-Fonds geforderten Mindestzeichungssummen von mehreren Millionen US-Dollar bzw. Euro Private-Equity-Investments in hinreichend diversifizierter Form oftmals erst durch Dachfonds möglich. *Jugel*[157] geht noch einen Schritt weiter und ist der Meinung, dass Privatanleger zu dieser Asset-Klasse

---

[154] Vgl. Miran Khan/Olm, Private-Equity-Beteiligungskapital für den Mittelstand: Motive und Bedeutung von Investoren in Private Equity, in: M&A Review 6/1999, S. 257 (263); Schmidt H., Venture-Capital-Märkte in Europa, in: Kredit und Kapital 1984, S. 281 (282 f.).

[155] Die gesetzliche Mindestverzinsung bei kapitalbildenden Lebens- und Rentenversicherungen wird in Deutschland vom Bundesanstalt für Finanzdienstleistungsaufsicht (BaFin) festgelegt und beträgt seit 1. Januar 2004 2,75 Prozent (davor 3,25 Prozent und bis zum 30. Juni 2000 noch 4 Prozent).

[156] Vgl. auch Kreuter, Kriterien für die Fondsauswahl, in Jugel, Private-Equity-Investments, 2003, S. 91 (93 m. w. N.). Siehe auch Markowitz, Portfolio Selection, in: Journal of Finance, März 1952, S. 77 (91) zur Portfoliotheorie.

[157] Höfling, Interview mit Stefan Jugel, „Ein Markt für absolute Kenner", WELT am SONNTAG vom 12. Dezember 2004, S. 44.

„sinnvoll Zugang nur über Dachfonds" erhalten, denn es ist „ein Markt für Kenner" „in einem intransparenten Umfeld".[158]

Alles in allem können die wesentlichen Gründe für Investments in Private-Equity-Dachfonds wie folgt zusammengefasst werden:
(1) Möglichkeit des Aufbaus eines Private-Equity-Portfolios, das die übrigen Anlagen ergänzt und insbesondere mit der individuellen Risikotragfähigkeit im Einklang ist.
(2) Erzielung einer Überrendite als Primärziel bei gleichzeitiger Diversifikation von Risiken. Der Investor erwartet eine Anlage, die hinreichend breit abgestützt ist, um ihn vor systematischen Risiken zu schützen.
(3) Private-Equity-Dachfonds sind ein geeignetes Instrument dafür, Zugang zu den so genannten „Top Quartile-Funds" der besten Fondsmanager zu erlangen. Wichtig ist dies aus Investorensicht, denn nur die besten Manager von Private-Equity-Fonds sind regelmäßig erfolgreich.

## 2.5. Dachfondskonzepte für private und institutionelle Investoren

### 2.5.1. Diversifizierte „Retail"-Produkte für private Investoren

Über die am Markt angebotenen Publikums- bzw. „Retail"-Private-Equity-Dachfonds können sich nunmehr auch Privatanleger mit geringen Private-Equity-Kenntnissen und relativ kleinen Anlagebeträgen in diesem Segment engagieren. Demgegenüber war die Asset-Klasse Private Equity bis vor wenigen Jahren aufgrund der hohen Mindestzeichnungssummen weit überwiegend institutionellen Anlegern vorbehalten. Ein „Retail"-Dachfonds bündelt relativ kleine Zeichnungsbeträge (üblicherweise unter 50.000 Euro) und investiert diese dann unter Beachtung der hohen Mindestzeichnungssummen in Private-Equity-(Ziel-) Fonds (sog. „Losgrößentransformation").[159]

„Retail"-Private-Equity-Dachfonds verfolgen meist eine diversifizierte Investmentstrategie. Ziel ist es, dem Anleger ein Produkt (Fonds) anzubieten, mit dem dieser das gesamte Private-Equity-Spektrum abdecken kann. In der Regel setzen sich daher die ausgewählten Zielfonds aus einer Kombination von Buyout- und Venture-Capital-Fonds zusammen, wobei der Buyout-Anteil überwiegt. So wird eine breite Diversifikation mit einem möglichst niedrigen Risikoprofil erreicht.

Die am Markt vorhandenen Produkte zeichnen sich alle durch – im Vergleich zu Dachfonds für institutionelle Investoren – hohe Kosten aus, welche die Netto-Rendite für den Anleger erheblich schmälern. Die Kosten setzen sich zusammen aus den einmaligen Kosten, zu denen Prospektierungs-, Rechts- und Steuerberatungskosten sowie Strukturierungs- und Vertriebskosten zählen. Darüber hinaus fallen laufende Kosten wie beispielsweise Treuhandvergütungen, Komplementärvergütungen, Jahresabschlusskosten sowie Management-Fees an.

### 2.5.2. Spezialisierte Konzepte für institutionelle Investoren

Besonders gut geeignet ist Private Equity für Investoren, die einen langfristigen Anlagehorizont verfolgen. Im Wesentlichen handelt es sich daher um institutionelle Investoren, die sich in dieser Asset-Klasse engagieren.[160] Solche institutionellen Investoren verfügen in der Re-

---

[158] Vgl. dazu die Aussage von Branchenkenner Detlev Mackewicz in der WELT am SONNTAG (Höfling, Aufschwung neben der Börse, WELT am SONNTAG vom 12. Dezember 2004, S.44) sowie Abschnitt 2.5.1 zu „Retail"-Fonds.
[159] Vgl. z. B. Weitnauer, Rahmenbedingungen und Gestaltung von Private Equity Fonds, in: FB 2001, S. 258 (269).
[160] Vgl. z. B. Jesch/Kreuter, Private Equity: Investitionsmöglichkeiten für Versicherungsunternehmen und Pensionsfonds aus wirtschaftlicher und rechtlicher Sicht, in: Finanz Betrieb 2002, S. 407 (409); Leitinger/Strohbach/Schöfer/Hummel, Venture Capital und Börsengänge, 2000, S. 117; Leopold, Venture Capital – Das Eigenkapitalgeschäft mit kleinen und mittleren Unternehmen, DStR 1999,

gel über gute Kenntnisse im Bereich von Alternative Assets und sind oft erfahrene Anleger im Private-Equity-Bereich.[161] Zu den bedeutendsten Investorengruppen, die Private-Equity-Investments über Private-Equity-(Dach-) Fonds tätigen, zählen Versicherungsgesellschaften, Pensionsfonds, Banken, private Stiftungen sowie „Family Offices". Vor allem solche Strukturen, die der Altersvorsorge dienen und für ihre Kunden und Beitragszahler qualifizierte Anlagemöglichkeiten suchen, sind in hohem Maße an einem möglichst breiten Spektrum von Anlagemöglichkeiten interessiert. Hierzu zählen in zunehmendem Maße auch Private-Equity-Dachfondsanlagen. Sie erscheinen geeignet, die gegenwärtig mäßigen Renditeaussichten konventioneller Vermögensanlagen mit überdurchschnittlichen Gewinnchancen bei vertretbarem Risiko anzureichern.[162]

Institutionelle Investoren sind in der Regel sehr „gebührensensitiv". „Retail"-Fonds sind für sie daher meist völlig ungeeignet. Da institutionelle Investoren bereit sind, höhere Beträge, meist mehrere Millionen Euro bzw. US-Dollar, zu investieren, setzen sich Dachfonds für diese Investorengruppe aus einer insgesamt kleinen Anzahl von Investoren zusammen, für die die höheren Mindestzeichnungssummen solcher Dachfonds (in der Regel ab einer Million Euro) keine Schwierigkeit darstellen. Die geringere Zahl von Investoren führt aus Sicht des Fondsmanagers zu einem im Vergleich zu „Retail"-Produkten spürbar geringeren Verwaltungsaufwand mit der Folge, dass sie eine dementsprechend günstigere Vergütungsstruktur anbieten können.

Auch für institutionelle Investoren werden unterschiedliche Konzepte angeboten. Diese reichen von diversifizierten bis hin zu spezialisierten Produkten. Als „Daumenregel" bezüglich des nachgefragten Spezialisierungsgrades gilt: Je mehr Private-Equity-Expertise beim institutionellen Investor vorhanden ist, umso spezialisiertere Produkte wird er nachfragen. Da institutionelle Investoren häufig ein aktives Asset-Management betreiben, fragen sie erfahrungsgemäß meist Spezialprodukte nach, die geeignet sind, ihr bestehendes Portfolio zu komplettieren. Abgesehen davon investieren institutionelle Investoren im Gegensatz zu Privatanlegern nicht nur höhere Summen, sondern verfügen auch oft über speziell für die Vermögensanlage geschaffene Vehikel. Damit besteht vielfach keine Notwendigkeit, den Dachfonds aus steuerlicher Sicht als „vermögensverwaltend" einzustufen. Dachfonds für institutionelle Investoren sind daher nicht selten als Kapitalgesellschaft strukturiert. Im Unterschied zu privaten Investoren kann bei institutionellen Investoren davon ausgegangen werden, dass diese jederzeit in der Lage sind, ihren Einzahlungsverpflichtungen nachzukommen. Im institutionellen Bereich erfolgen die Kapitalabrufe des Dachfonds in der Regel „just-in-time", d. h. entsprechend der Abrufe durch die Zielfonds.[163]

## 2.6. Typische Merkmale für die Strukturierung von Private-Equity-Dachfonds

In der Praxis kommen viele verschiedene Fondstypen vor, die sich in ihrer Strukturierung zum Teil deutlich voneinander unterscheiden. So weist ein Buyout-Fonds meistens andere Strukturen als ein Venture-Capital-Fonds auf. Einfluss auf die Strukturierungsmerkmale eines Private-Equity-Dachfonds kann auch die Zielgruppe der betreffenden Investoren ha-

---

470 (470); Kußmaul/Richter, Betriebswirtschaftliche Aspekte von Venture-Capital-Gesellschaften und ihre Bedeutung im Hinblick auf Existenzgründungen: Zeitlicher Ablauf und öffentliche Finanzierungsprogramme, DStR 2000, 1195 (1204). Daneben kommen als Investoren z. B. noch Stiftungen, „Family Offices", öffentlich-rechtliche Kapitalbeteiligungsgesellschaften und Corporate Venture-Capital-Gesellschaften in Frage.

[161] Vgl. Fleischhauer/Hoyer, Studie: Private Equity als fester Bestandteil der Anlageportfolios europäischer Institutionen, in: Finanz Betrieb 2004, S. 395 (396).

[162] Vgl. Leopold a.a.O., S. 473; Zimmerer, in: BVK, Konferenzband zum 7. Deutschen Eigenkapitaltag 2004, S. 46.

[163] Bei „Retail"-Fonds wird der Zeichnungsbetrag meist in zwei bis vier Tranchen über die ersten zwei Jahre abgerufen.

ben: Ein (Dach-) Fonds, der sich im Wesentlichen an institutionelle Investoren richtet, wird niedrigere Konzeptions- und Verwaltungsentgelte verlangen als etwa ein Fonds, der hauptsächlich kleinere Einzahlungstranchen von Privatinvestoren annimmt. Insgesamt geht es jedoch bei der Strukturierung eines (Dach-) Fonds nicht so sehr nur um technische Fragen; Ziel ist es vielmehr, für beide Seiten (Management bzw. „General Partner" einerseits und Investoren bzw. „Limited Partner" andererseits) ausgewogene und zufriedenstellende Konditionen zu schaffen. Nur so ist es entsprechend dem Wunsch der meisten Fondsmanager möglich, eine stabile Investorenbasis mit langfristigen Beziehungen aufzubauen.[164]

Trotz der Detailvielfalt der Strukturierungsmöglichkeiten finden sich bei fast allen Private-Equity-Fonds einige grundlegende Strukturierungsmerkmale, auf die nachfolgend näher eingegangen werden soll.

### 2.6.1. Trennung von Vermögensanlage und Vermögensverwaltung

Fondskonzepte zeichnen sich durch eine „immanente Trennung von Vermögensanlage und Vermögensverwaltung" aus. Diese Trennung spiegelt sich auch in der Organisation der Fondsverwaltung wider, die zwischen dem Fondsmanagement auf der einen Seite und den Investoren auf der anderen Seite unterscheidet.[165] In diesem Zusammenhang stellt sich in Bezug auf die Gestaltung des Fonds die organisatorische Frage, ob das Fondsmanagement direkt durch die Fondsgesellschaft selbst dargestellt werden soll oder ob das Fondsmanagement auf der Grundlage eines Management- bzw. Geschäftsbesorgungsvertrages auf eine eigenständige Gesellschaft ausgegliedert werden soll. Die Ausgliederung auf eine separate (Management-) Gesellschaft ist nicht nur aus Gründen der Haftungsbeschränkung sinnvoll, sondern ermöglicht auch den (gleichzeitigen) Aufbau mehrerer Fonds unter einer einheitlichen Leitung. Sie ermöglicht ferner auch die kontinuierliche Betreuung des Fonds vom Stadium des Fundraising und damit von einem Zeitpunkt vor der offiziellen Fondsgründung bis zum Zeitpunkt der Liquidation des Fonds.[166]

### 2.6.2. Vergütungsstrukturen

Im Falle einer solchen institutionellen Trennung von Vermögensanlage und Vermögensverwaltung übernimmt die Managementgesellschaft unter anderem das Beteiligungsmanagement, die Akquisition von Beteiligungen einschließlich der Führung von Vertragsverhandlungen, die laufende Verwaltung der Beteiligungen und die Exit-Gestaltung für die Beteiligungen. Dafür zahlt der (Dach-) Fonds der Managementgesellschaft eine pauschale Tätigkeitsvergütung. Diese so genannte Management-Fee wird üblicherweise prozentual nach dem Fondsvolumen berechnet und beträgt regelmäßig 1,5 bis 2,5 Prozent p. a. des Fondsvolumens. Bei Dachfonds ist die Management-Fee meist etwas geringer und beträgt zwischen 0,5 und 1,5 Prozent.

Die Management-Fee ist eine feste Vergütung und muss von den Investoren unabhängig von der Performance des Fonds gezahlt werden. Im Regelfall ist allerdings vereinbart, dass sie sich nach Beendigung der Investmentperiode reduziert, die meist vier bis fünf Jahre beträgt (auch als „Step Down" oder „Scale Down" bezeichnet). Diese Regelung findet ihre Rechtfertigung darin, dass die Managementgesellschaft nach Abschluss des letzten Neuinvestments nur noch mit der Betreuung und zum Ende der Fondslaufzeit schließlich nur noch mit der „Abwicklung" des Portfolios beschäftigt ist. Zudem erzielt die Management-

---

[164] Vgl. Thomson, Vive La Difference, in: Private Equity International, April 2005, in: Sonderheft Fund Structures, S. 3 (3).

[165] Herzig/Gocksch, Die steuerliche Behandlung von Übergewinnanteilen für Sponsoren inländischer Private-Equity-Fonds, in: DB 2002, 600 (600).

[166] Vgl. Weitnauer, a.a.O., S. 270 f., der dazu noch ausführt, dass in Deutschland „die institutionelle Trennung von Management und Fonds, also die Trennung zwischen Komplementär als vertretungsberechtigtem Organ und geschäftsführungsbefugtem Kommanditisten, […] schon aus steuerlichen Gründen zur Vermeidung der gewerblichen Prägung bei der Fondsgestaltung in Form der GmbH & Co. KG vorgegeben" ist.

gesellschaft in diesem Stadium oftmals bereits „Fee"-Einkommen aus Nachfolgefonds. Technisch kann diese Regelung entweder durch Reduzierung des Prozentsatzes der Tätigkeitsvergütung z. B. um jährlich 10 Prozent oder alternativ durch Reduzierung der Bemessungsgrundlage bei unverändertem Prozentsatz umgesetzt werden. Im letzteren Fall kann die Tätigkeitsvergütung dann nicht mehr auf das **„Committed Capital"**, sondern nur noch auf das „Remaining Capital under Management" bezogen werden, bei dem abgeschriebene und bereits veräußerte Investments außer Betracht bleiben.

Bei sog. Publikums-/„Retail"-Dachfonds kommt – neben den vergleichsweise hohen anfänglichen Einmalkosten für Gründung bzw. Fondskonzeption, Vermittlung des Eigenkapitals nebst Agio, Prospektierung/Marketing und Berater – in der Regel noch die Vergütung für den Treuhandkommanditisten hinzu.[167]

Der sog. „Carried Interest" (oder kurz: „Carry")[168] stellt einen zum Kapitalanteil am Fonds disproportionalen Gewinnanteil dar. Im Gesellschaftsvertrag wird daher meist festgelegt, dass die Gewinnverteilung nicht nur nach Kapitalanteilen[169] zu erfolgen hat, sondern dass die Carry-Berechtigten neben dem auf ihren Kapitalanteil entfallenden Gewinnanteil zusätzlich noch einen Übergewinnanteil erhalten.[170] Dieser Carried Interest wird unter den Fondsmanagern aufgeteilt und stellt damit – ganz im Sinne der Investoren – einen wichtigen Erfolgsfaktor für den Fonds dar. Mit Hilfe des Carry wird erreicht, dass das Fondsmanagement nicht nur dieselben Interessen wie die Investoren des Fonds verfolgt, sondern darüber hinaus auch hinreichend motiviert wird, die Investmentziele des Fonds mit maximalem Einsatz zu verwirklichen.[171] Die Anleger, die ihre Anlageentscheidung wesentlich vom Managementteam des Fonds abhängig machen, gestehen den Fondsmanagern damit im Ergebnis einen höheren Anteil an den erzielten Gewinnen zu. Dafür erwarten sie aber im Gegenzug auch, dass die Fondsmanager ihr Engagement für den Fonds mit einer eigenen Kapitalbeteiligung unterlegen.[172] Bei direkt investierenden Fonds verlangt das Management meist einen Carried Interest von 20 Prozent. Es gibt allerdings auch einige Fonds, bei denen das Management einen Carried Interest von bis zu 30 Prozent beansprucht.[173] Demgegenüber berechnen Dachfonds – ähnlich wie auch in Bezug auf die Management-Fee – einen

---

[167] Vgl. z. B. EVCA, EVCA Special Paper: Why and How to Invest in Private Equity, 2004, S. 12; Weitnauer, a.a.O., S. 270.

[168] Vgl. z. B. Birk/Pöllath/Rodin, Kapitalbeteiligungs-Gesellschaften (Private-Equity-Fonds) und ihre steuerliche Behandlung, 2001, S. 3, Glossar "Carried Interest" oder Bundesministerium der Finanzen: Schreiben v. 16. Dezember 2003 IV A 6 – S 2240 – 153/03, BStBl. 2004, Teil I, 40, Tz. 3 Satz 4.

[169] Das Fondsmanagement tätigt ein Investment von regelmäßig einem Prozent des Fondsvolumens.

[170] Zur gesellschaftsrechtlichen Gestaltung vgl. z. B. Möller, Rechtsformen der Wagnisfinanzierung: Eine rechtsvergleichende Studie zu den USA und zu Deutschland, 2003, S. 211 f.

[171] Vgl. Herzig/Gocksch, a.a.O., S. 601; Pöllath/Rodin, Privately Placed Closed-End Funds for Crossboarder Investments From and Into Germany – German Legal and Tax Issues of Private Equity, Venture Capital, LBO, Real Estate or Other Specialized Funds or Pools, in Breuninger/Müller/Strobl-Haarmann; Elisabeth, Steuerrecht und europäische Integration, Festschrift Rädler, 1999, S. 487 ff. (501 (Fn. 18)); Schüppen/Ehlermann, Corporate Venture Capital, 2000, S. 59. Private-Equity-Fonds sind auf die Erzielung absoluter Renditen ausgerichtet und daher wird die erfolgsorientierte Vergütung der Manager nicht im Vergleich mit einem Branchenbenchmark bestimmt, sondern ergibt sich direkt aus den erzielten Gewinnen; vgl. Kreuter, a.a.O., S. 95.

[172] Vgl. Weitnauer, a.a.O., S. 271; Schüppen/Ehlermann, a.a.O., Rn. 189 (190).

[173] Vgl. z. B. Gompers/Lerner, The Venture Capital Cycle, 2004, S. 91f. Gem. der empirischen Untersuchung von Feinendegen/Schmidt/Wahrenburg, Die Vertragsbeziehung zwischen Investoren und Venture-Capital-Fonds: Eine empirische Untersuchung des europäischen Venture-Capital-Marktes, Center for Financial Studies, CFS Working Paper No. 2002/01, S. 21 f., werden bei europäischen Venture-Capital-Fonds in 90 Prozent der Fälle 20 Prozent Carry berechnet. Bei US-amerikanischen Venture-Capital-Fonds werden in knapp 80 Prozent der untersuchten Fälle 20 Prozent Carry berechnet, 15 Prozent verlangen 25 Prozent und 5 Prozent erwarten 30 Prozent Carry.

niedrigeren Carried Interest, der sich meist in einer Größenordnung von fünf bis zehn Prozent bewegt.

### 2.6.3. Weitere typische Fondsstrukturierungsmerkmale

Ergänzend zu den vorstehend genannten Fondsstrukturierungsmerkmalen gibt es eine Vielzahl weiterer Regelungen, die nicht selten in die Platzierungsdokumente eingearbeitet werden. Als Beispiele sollen an dieser Stelle die folgenden Regelungen erwähnt werden:

- *Festlegung der Mindestzeichnungssumme („Minimum Commitment")*: In der Regel liegt das Minimum Commitment bei Venture-Capital-Fonds bei fünf Millionen US-Dollar oder Euro. Bei Buyout-Fonds kann diese Grenze in Abhängigkeit von der Fondsgröße deutlich höher liegen.
- *Investmentperiode („Investment Period")*: Sie bezeichnet den Zeitraum, in dem der Fonds Neuinvestments tätigt. Nach Ablauf der Investmentperiode werden im Wesentlichen nur noch Folgeinvestments („Follow-on Investments") gewährleistet.
- *„Key Man Clause"*: Eine „Key Man"-Klausel trägt dem Umstand Rechnung, dass die Rendite eines (Dach-) Fonds ganz wesentlich von den Fähigkeiten und Erfahrungen der einzelnen Fondsmanager abhängt. Im Rahmen einer solchen Klausel wird deshalb vereinbart, dass sich ganz bestimmte Fondsmanager, die aus Sicht der Investoren den Schlüssel zum Erfolg darstellen, zum Bleiben verpflichten müssen. Gehen sie dennoch vorzeitig, haben die Investoren das Recht, ihre Investitionszusagen vorzeitig zurückziehen. Geregelt werden muss in diesem Zusammenhang auch, ob diese Rechtsfolgen automatisch eintreten oder ob hierzu eine gegebenenfalls an eine Abstimmung unter den Investoren geknüpfte Kündigung der Investoren notwendig ist.
- *„Recycling"* erlaubt dem Fondsmanagement, Exit-Erlöse zu reinvestieren, statt diese an die Investoren auszuschütten. Der Vorteil einer solchen Regelung liegt für die Investoren darin, dass das Fondsmanagement auf diese Weise mehr Kapital verwaltet und anlegt, ohne dafür mehr Management-Fee zu erhalten. Nachteilig ist, dass die Investoren aus einem Exit vorerst keine Ausschüttung erhalten.[174] Üblicherweise werden in diesem Zusammenhang allerdings Grenzen festgelegt, die bestimmen, bis zu welchem Grad ein Recycling von Exit-Erlösen erfolgen darf. In der Praxis wird vielfach vereinbart, dass zumindest die Entgelte wiederangelegt werden sollen, so dass 100 Prozent des Fondsvolumens auch tatsächlich für Investments genutzt werden kann. Manche Fondsregularien erlauben sogar ein „Over-Commitment" bis zu 120 Prozent des Fondsvolumens.

## 2.7. Erfolgsfaktoren eines Private-Equity-Dachfonds

### 2.7.1. Risikoreduktion durch Diversifikation

Eine professionelle Vorgehensweise beim Aufbau und der Zusammenstellung des Portfolios eines (Dach-) Fonds ist Voraussetzung für die Erzielung der überdurchschnittlichen Renditen, die mit Private-Equity-Investments zu erzielen sind. Hierbei trägt vor allem eine durchdachte Commitment-Strategie zur Reduktion der mit Investments in dieser Asset-Klasse verbundenen Risiken bei.

Der Prozess der Portfoliozusammenstellung erfolgt in mehreren Stufen. Auf der ersten Stufe wird noch keine Entscheidung für die einzelnen Zielfonds, sondern nur über den Diversifikations- bzw. Spezialisierungsgrad getroffen. Erst wenn hierüber entschieden ist, erfolgt in der zweiten Stufe die eigentliche Zielfondsauswahl. Im Rahmen der Zielfondsauswahl müssen die Fonds identifiziert werden, die als Zielfonds für die gewählte Strategie in Frage kommen. In diesem Zusammenhang wird beispielsweise entschieden, in welche Art von Fonds wie z. B. Buyout-Fonds oder Venture-Capital-Fonds, in welche Branchen oder in welche Regionen investiert werden soll. Anschließend muss der Zugang zu diesen Fonds geprüft werden. Vor jedem Investment ist eine sorgfältige Due Diligence Prüfung

---

[174] Vgl. Thomson, a.a.O., S. 5.

durchzuführen, die sämtliche für die Investment-Entscheidung wesentlichen Punkte zu berücksichtigen hat. Im Rahmen des Prozesses der Portfoliozusammenstellung muss insbesondere berücksichtigt werden, dass eine Diversifikation und die damit einhergehende Risikoreduktion vor allem für Dachfonds entscheidende Kriterien für den Erfolg des Investments sind. Ziel des Dachfonds muss also die Zusammenstellung eines Portfolios aus verschiedenen geeigneten Zielfonds sein, die nicht oder jedenfalls nicht in selben Umfang dieselbe Investmentstrategie und denselben Investmentfokus verfolgen. Die Diversifikation eines Private-Equity-(Dach-) Fonds kann durch folgende, sein Risiko-/Rendite-Profil beeinflussende Maßnahmen erreicht werden:

- Streuung über verschiedene Sektoren bzw. Phasen der Unternehmensentwicklung (z. B. kleinere/mittlere und größere Buyouts oder Venture-Capital-Fonds mit Fokus auf Seed-, Early Stage-, Late Stage-Investments);
- Streuung über unterschiedliche Branchen;
- Streuung über Regionen (z. B. USA und Europa);
- Abdeckung mehrerer „Vintage"-Jahre;
- Streuung über verschiedene Fondsmanager;
- Diversifikation über verschiedenen Währungen.

## 2.7.2. Qualität des Managements

Private Equity eine so genannte „Alpha"-orientierte Anlageklasse. Dies bedeutet, dass der „Manager Selection" sowohl auf Dachfonds- als auch auf Zielfondsebene entscheidende Bedeutung für den Rendite-Erfolg zukommt.

Die Prüfung des Dachfonds durch den Dachfondsinvestor sollte daher vor allem ergeben, dass das Management des Dachfonds bei der Zielfondsauswahl erfahren ist und außerdem über den Zugang zu renommierten Fonds, den „Top-" bzw. Spitzenfonds verfügt. Dies ist vor allem deshalb von Bedeutung, weil der Aufbau eines diversifizierten Portfolios aus qualitativ hochwertigen Fonds in möglichst kurzer Zeit eine große Herausforderung darstellt, die nicht von allen Fondsmanagern bewältigt wird. Der Zugang zu solchen Spitzenfonds gestaltet sich für viele Fondsmanager in der Praxis sehr schwierig, weil solche Fonds meist über langjährige Investorenbeziehungen verfügen und daher oftmals keine neuen Investoren aufnehmen. Dieses auch als „Closed shop"-Problematik bezeichnete Phänomen stellt für das Management eines Private-Equity-Dachfonds eine der wesentlichen Herausforderungen dar. Dies gilt umso mehr deshalb, weil die Gruppe derjenigen (Ziel-) Fondsmanager, die kontinuierlich herausragende Renditen erzielen, vergleichsweise klein ist. Nur solche Dachfondsmanager, die über eine hohe Professionalität sowie über Jahre aufgebaute und gepflegte Beziehungsnetzwerke verfügen, sind in der Lage, ihren Investoren Zugang zu den gewünschten attraktiven Zielfonds zu verschaffen.

*„Private Equity is all about people"*. Abgesehen vom Zugang zu Spitzenfonds sind auch die sonstigen Qualifikationen des Dachfondsmanagement für den Erfolg eines (Dach-) Fonds von entscheidender Bedeutung. So müssen Fondsmanager auf Dachfondsebene über exzellente Marktkenntnisse sowie über ein tiefgreifendes Verständnis der weltweiten Private-Equity-Märkte verfügen. Ferner müssen gute Dachfondsmanager in der Lage sein, die Qualität der Zielfondsmanager zu prüfen und richtig einzuschätzen. In der Regel wird dazu eine detaillierte Due Diligence-Liste verwendet. Auf Zielfondsebene sollten besonders Qualifikationen wie Managementerfahrung und die Fähigkeit von Erbringung von „Value Add" für die Portfoliounternehmen vorhanden sein. Der persönliche „Track Record" der Teammitglieder ist ebenfalls von großer Bedeutung bei der Prüfung und Auswahl der Fondsmanager. Auch insoweit gilt also, dass das Management des Private-Equity-Dachfonds die Performance eines Dachfonds durch die Auswahl geeigneter und renommierter Zielfonds (-Manager) entscheidend beeinflussen kann.

### 2.7.3. Kontinuität

Für die Beurteilung der Qualität eines Dachfonds ist die Kontinuität und damit die Dauer der Zusammenarbeit des gesamten Managementteams ein weiteres wichtiges Kriterium. Im Vergleich zu einem neu formierten Team weist ein über einen langen Zeitraum eingespieltes Team ein deutlich niedrigeres Managementrisiko auf, weil die Arbeitsprozesse, Rollen- und Kompetenzverteilung hier in aller Regel besser organisiert und eingespielt sind. Viele Investoren vermeiden aus diesem Grund „First time"-Fonds. Ist es zu Veränderungen im Managementteam gekommen, müssen die Gründe hierfür näher untersucht werden, bevor die Investmententscheidung getroffen wird. In diesem Zusammenhang ist allerdings ein veränderter Investmentfokus und das damit zusammenhängende Ausscheiden von Teammitgliedern, die sich mit der neuen Investmentstrategie nicht identifizieren können, in der Regel weniger kritisch. In einem solchen Fall dürften weniger die Gründe für das Ausscheiden von Teammitgliedern als mehr die Begründung für den Strategiewechsel sowie die Qualität der neuen Strategie untersucht und nachvollzogen werden. Ohne weitere Prüfung nachzuvollziehen ist regelmäßig auch das Ausscheiden von Teammitgliedern aus Altersgründen, wobei jedoch geprüft werden sollte, ob und inwieweit das Ausscheiden eines oder mehrerer Teammitglieder aus Altersgründen den weiteren Erfolg des (Dach-) Fonds zu beeinflussen geeignet ist. Weitere Gründe für Teamveränderungen können persönliche oder familiäre Gründe, aber auch Erfolglosigkeit des einzelnen Fondsmanagers sein.

Im Rahmen der Due Diligence gilt es herauszufinden, welche Rolle das ausscheidende Teammitglied im Managementteam innehatte und welchen Anteil das betreffende Teammitglied am Erfolg oder Misserfolg des (Dach-) Fonds in der Vergangenheit hatte. Ferner wird bezogen auf die Zukunft einzuschätzen sein, welche Auswirkungen auf den zukünftigen Erfolg des (Dach-) Fonds in Folge des Ausscheidens des betreffenden Teammitglieds zu erwarten sind.

Schließlich sind auch Mechanismen wie z. B. „Carry"- und „Vesting"-Regelungen, die eine Bindung einzelner Teammitglieder an den Fonds bewirken sollen, für den Erfolg des (Dach-) Fonds regelmäßig von entscheidender Bedeutung. Eine Erfolgsbeteiligung (Anteil am „Carried Interest") der Fondsmanager gewährleistet eine hohe variable Vergütung im Erfolgsfall. Es muss dabei jedoch sichergestellt werden, dass Teammitglieder, die einen Carried-Interest-Anteil erhalten, dem Team auch längerfristig zur Verfügung stehen und nicht nach einem frühzeitigen, sehr erfolgreichen Exit ihren Carry-Anteil erhalten und dann das Team verlassen. So genannte „Vesting"-Regelungen, die Teammitgliedern für die Zukunft gewisse finanzielle Anrechte oder sonst Vorteile gewähren, sollen bewirken, dass die Mitglieder des Managementteams langfristig an den (Dach-) Fonds gebunden werden.

### 2.7.4. Track Record

Sowohl auf Dachfonds- als auch auf Zielfondsebene ist der jeweils erzielte „Track Record", d. h. die Reihe der Erfolge in der Vergangenheit, wohl einer der am meisten beachteten Due Diligence-Aspekte und damit eines der wesentlichen Kriterien für die Beurteilung der Erfolgsaussichten des betreffenden Fonds. In der Regel wird der Track Record retrospektiv mit einer „Benchmark" verglichen.[175] Wichtig ist jedoch, dass der vergangenheitsbezogen festgestellte Track Record naturgemäß keine Garantie für zukünftige Erfolge bietet. Er kann jedoch als Indiz für das Performancepotential des neuen Fonds bzw. als „Auswahlfilter" bei der Investmententscheidung[176] herangezogen werden, um gestützt darauf Voraussagen über die Renditeerwartung für den aktuellen bzw. nächsten Fonds dieses Managementteams zu treffen.

---

[175] Die Performance der besten 25 Prozent der Fonds (sog. „Top Quartile") ist wesentlich besser als der Durchschnitt, wobei der Unterschied zwischen den „Outperformern" und den „Nachzüglern" sehr groß ist.

[176] Vgl. EVCA, a.a.O., S. 13; Kreuter, a.a.O., S. 95 u. 98.

### 2.7.5. Commitment-Struktur

Bei der Beurteilung der Qualität von Private-Equity-Dachfondsprogrammen wird meist auf die Fähigkeit zu einer geschickten Fondsauswahl abgestellt. Eine möglichst optimale Commitment-Struktur eines Dachfonds wird nicht nur durch eine im Hinblick auf Diversifikation und Risikostruktur geeignete Portfoliostruktur, sondern auch durch ein professionelles Allokations-, Liquiditäts- und gegebenenfalls Abweichungsmanagement erreicht, welches dazu führt, dass das Commitment des Dachfondsinvestors möglichst vollständig ausgenutzt und renditeoptimierend angelegt wird.[177]

Ein gutes Allokationsmanagement sollte dafür sorgen, dass die Abweichung zwischen angestrebter Commitment-Höhe im Segment Private Equity und tatsächlichem Allokationsgrad möglichst gering ist. Die für Private Equity vorgesehenen Mittel sollten tatsächlich in diesem Segment angelegt werden, um so eine Renditeverwässerung zu vermeiden. In der Regel ist dazu eine Überallokation („Over-Commitment") notwendig. Im Rahmen eines guten Allokationsmanagements kann – soweit dies möglich ist – durch Beimischung von Secondaries ein schnellerer Liquiditätsrückfluss erreicht und damit der so genannte „J-Curve"-Effekt[178] abgeschwächt werden.

Die Verwässerung der Rendite eines (Dach-) Fonds kann ferner über ein entsprechendes Liquiditätsmanagement reduziert werden. Sofern – wie es in der Regel bei „Retail"-Dachfonds der Fall ist – der Dachfonds die von den Zielfonds nicht abgerufenen Mittel anzulegen hat, muss ein gutes Liquiditätsmanagement vor allem auf eine Optimierung der Zahlungsströme des Dachfonds gerichtet sein. Außerdem ist dafür zu sorgen, dass die kurzfristige Geldanlage der nicht abgerufenen Mittel zu möglichst guten Konditionen erfolgt.

Die professionelle Allokation der Mittel eines (Dach-) Fonds sollte schließlich über ein entsprechendes Abweichungsmanagement oder Controlling überwacht werden. Bei signifikanten Abweichungen von der Investment-Strategie des Fonds müssen geeignete Maßnahmen zur Wiederherstellung der optimalen Commitment-Struktur ergriffen werden. Als Steuerungsmöglichkeiten bieten sich beispielsweise der Verkauf von eingegangenen Commitments oder der zusätzliche Erwerb von Secondary-Opportunitäten an. Darüber hinaus müssen Maßnahmen zur künftigen Verhinderung solcher Abweichungen ergriffen werden. Es muss erreicht werden, dass es weder zu einer weiteren Überallokation, die aus dem Dachfondsvolumen nicht bedient werden kann, noch zu einer weiteren Unterallokation kommt, die zu einer Verwässerung der Rendite führt.

---

[177] Vgl. dazu ausführlich Meyer/Gschrei, The Management of Liquidity for Private Equity and Venture Capital Funds-of-Funds: Challenges and Approaches/Liquiditätsmanagement für Private-Equity- und Venture-Capital-Dachfonds: Herausforderungen und Lösungsansätze, herausgegeben von RWB Rendite WertBeteiligungen AG, Oberhaching, April 2005.

[178] Die „J-Curve" beschreibt den Verlauf, den die Wertentwicklung eines Private-Equity-Portfolios regelmäßig nimmt – nämlich eine j-förmige Kurve. Dieser Verlauf ist wie folgt begründet: Die Investmentperiode eines Fonds beträgt in der Regel drei bis vier Jahre. Dabei variiert die Haltedauer der Investments in Abhängigkeit von Fokus und Exit-Rahmenbedingungen zwischen zwei und sieben Jahren. Während der ersten Investmentphase ist die Fondsperformance daher in den meisten Fällen negativ, weil den anfänglichen Einzahlungen in einen Private-Equity-Fonds in den ersten Jahren regelmäßig kein Portfolio mit einem Marktwert („Fair Value") in gleicher Höhe gegenübersteht. Neben den Entgelten, die der Private-Equity-Fonds in Rechnung stellt, liegt dies vor allem daran, dass sich nicht alle Investments des jeweiligen Private-Equity-Fonds wunschgemäß entwickeln. Erst nach drei bis fünf Jahren haben die potentiellen Stars im Portfolio den „Wertverzehr" im Portfolio wettgemacht. Zudem werden Wertsteigerungen bei den Portfoliounternehmen erst ausweisbar, wenn diese z. B. über eine neue Finanzierungsrunde zu einer höheren Bewertung „objektivierbar" sind, oder der „Exit" erfolgt ist. Verdeutlicht man nun diese Wertentwicklung graphisch, indem der „Fair Value" des Portfolios auf der Y-Achse über die Fondslaufzeit (X-Achse) abgetragen wird, ergibt sich für die ersten Jahre ein zunehmend negativer Verlauf, der sich in der Regel nach zwei bis vier Jahren umkehrt, um dann wieder die „Nulllinie" zu schneiden und stetig weiter zu wachsen. Dieser Verlauf ähnelt einem „J" und ergibt die sog. „J-Curve".

### 2.7.6. Weitere Erfolgsfaktoren

Neben den oben genannten Erfolgsfaktoren kann auch die Fondsgröße für den Erfolg eines Private-Equity-Dachfonds von einiger Bedeutung sein und sollte dementsprechend bei der Due Diligence betrachtet werden. Die Fondsgröße ist eine Funktion aus der Investmentopportunität und den Managementressourcen. Sowohl zu große als auch zu kleine Fonds – betrachtet im Verhältnis zu den Managementkapazitäten und dem Investmentfokus – wirken sich meist negativ auf die Performance aus.

Erheblichen Einfluss auf den Erfolg eines Private-Equity-Dachfonds haben im Übrigen regelmäßig auch die Kosten des Fonds. Erfahrungsgemäß gilt: Je niedriger die Kosten des Fonds ausfallen, desto höher fällt in der Regel auch seine Investitionsquote aus. Je mehr investiert wird, desto höher ist die Chance auf eine attraktive Rendite. Im Allgemeinen bieten Fonds für institutionelle Investoren hinsichtlich Fondskosten und Investitionsquote für attraktivere Konditionen als dies bei „Retail"-Fonds der Fall ist.

Abgesehen von den Kosten und den übrigen oben genannten Punkten sollte eine sorgfältige Due Diligence ferner folgende Punkte berücksichtigen:
– Gesellschaftsstruktur und deren steuerliche Konsequenzen;
– Kontinuität in der Investmentstrategie;
– Geplanter Investmentzeitraum;
– Anlagegrundsätze;
– Investorenbasis;
– Anlagebeirat;
– Potentielle Interessenskonflikte;
– Reporting.

## 3. Private-Equity-Dachfonds in der Rechtsform einer GmbH & Co. KG

Private-Equity-Fonds, die mit ihrem Management in Deutschland tätig sind, sind auch als Dachfonds sehr häufig in der Rechtsform einer GmbH & Co. KG strukturiert. Einer der wesentlichen Gesichtspunkte für diese Wahl ist die steuerliche Transparenz der in dieser Rechtsform strukturierten (Dach-) Fondsgesellschaft. Von Bedeutung ist neben weiteren Gesichtspunkten[179] auch die beschränkte Haftung der Investoren für die Verbindlichkeiten der Gesellschaft.

### 3.1. Steuerliche Gesichtspunkte für die Wahl der Rechtsform einer GmbH & Co. KG

#### 3.1.1. Besteuerung der Investoren

Aus Investorensicht ist einer der wesentlichen Gesichtspunkte dafür, den Dachfonds als Personengesellschaft in der Rechtsform einer GmbH & Co. KG zu strukturieren, die Wahrung der Steuertransparenz oder Steuerneutralität des Dachfonds. Durch die Rechtsform der Personengesellschaft wird erreicht, dass die auf den einzelnen Investor entfallenden Anteile an den Erträgen des Dachfonds ertragsteuerlich nicht auf Ebene der Dachfondsgesellschaft, sondern ausschließlich auf Ebene der Investoren zu versteuern sind. Die Besteuerung der Investoren erfolgt in ihrem jeweiligen Domizilstaat und nach ihren individuellen Besteuerungsmerkmalen.

---

[179] So kann die innere Verfassung einer Personengesellschaft in der Rechtsform der GmbH & Co. KG sehr flexibel ausgestaltet und genau an die Bedürfnisse der Initiatoren und Investoren angepasst werden, siehe hierzu Sohbi/von Beauvais, Corporate Governance von Private-Equity-Fonds in Deutschland, in: Jugel, Private-Equity-Investments. Praxis des Beteiligungsmanagements, S. 236 ff.

Erreicht werden kann das Ziel der Steuerneutralität des Dachfonds nur, wenn die Tätigkeit der Dachfondsgesellschaft steuerlich als private Vermögensverwaltung zu qualifizieren ist. Etwaige Veräußerungsgewinne werden dann zwar im Rahmen einer einheitlichen und gesonderten Feststellung auf Ebene der Dachfondsgesellschaft ermittelt, zum Zwecke der Besteuerung aber den Gesellschaftern zugerechnet. Im Kern bedeutet dies, dass insbesondere Veräußerungsgewinne aus Wertpapieren bzw. Beteiligungen für Investoren, die als natürliche Personen in Deutschland unbeschränkt steuerpflichtig sind und ihre Beteiligung an der Dachfondsgesellschaft nicht in einem Betriebsvermögen halten, bislang einkommensteuerfrei sind, wenn die Beteiligungsquote – bezogen auf den jeweiligen Investor – weniger als ein Prozent beträgt und die Spekulationsfrist von einem Jahr überschritten wird. Die §§ 17, 23 EStG sind in diesen Fällen nicht anwendbar. Dagegen unterliegen laufende Erträge wie z. B. Zinsen und Dividenden der Besteuerung.

Allerdings führt die Einführung der Abgeltungssteuer mit Wirkung zum 1.1.2009 aus Investorensicht bei Investments im Rahmen einer vermögensverwaltenden Personengesellschaft zu einer substanziellen Steuererhöhung und daher zu einer verringerten Nachsteuerrendite. Veräußerungsgewinne können auch dann, wenn die Beteiligung nicht in einem Betriebsvermögen gehalten wird, nicht mehr steuerfrei vereinnahmt werden. Sie werden vielmehr mit einem pauschalen Steuersatz von 25 Prozent zuzüglich eines Solidaritätszuschlags von 5,5 Prozent belastet werden. Bislang gilt dies jedoch nur für solche Beteiligungen, die *nach* dem 31.12.2008 erworben werden. Demgegenüber werden *vor* diesem Stichtag erworbene Beteiligungen unter den oben genannten Voraussetzungen weiterhin steuerfrei veräußert werden können.

Erzielt hingegen die Dachfondsgesellschaft aufgrund einer gewerblichen Tätigkeit oder infolge einer gewerblichen Prägung Einkünfte aus Gewerbebetrieb, so verlieren Investoren, die als natürliche Personen ihre Beteiligung im Privatvermögen halten, in Bezug auf Veräußerungsgewinne ihre bislang grundsätzlich geltende Steuerfreiheit. In diesem Fall ist die gewerbliche Mitunternehmerschaft ein eigenes Gewerbesteuersubjekt, § 5 Abs. 1 Satz 3 GewStG. Hat die Dachfondsgesellschaft ihren Sitz in der Bundesrepublik Deutschland, so unterliegen ihre Einkünfte der deutschen Gewerbesteuer.[180]

Darüber hinaus gehören Veräußerungsgewinne aus Anteilen an Kapitalgesellschaften ebenso wie Dividenden zu den laufenden Einkünften aus Gewerbebetrieb (§ 15 Abs. 1 Satz 1 Nr. 2 Satz 1 EStG), die anders als die in vollem Umfang steuerpflichtigen Zinseinkünfte derzeit noch im Rahmen des Halbeinkünfteverfahrens besteuert werden. Ab dem 1.1.2009 wird das Halbeinkünfteverfahren durch das so genannte Teileinkünfteverfahren ersetzt. Dies führt dazu, dass mit Wirkung vom 1.1.2009 60 Prozent dieser Erträge einkommensteuerpflichtig sein werden.

### 3.1.2. Erfordernis der Abgrenzung zwischen privater Vermögensverwaltung und gewerblicher Tätigkeit

Diese aus Investorensicht bislang praktisch bedeutsamen ertragsteuerlichen Auswirkungen machen eine möglichst eindeutige Abgrenzung zwischen privater Vermögensverwaltung und einer gewerblichen Tätigkeit erforderlich. Im Grundsatz geht die Dachfondsgesellschaft keiner originär gewerblichen, sondern einer Tätigkeit im Rahmen der privaten Vermögensverwaltung nach. Nach ständiger Rechtsprechung des Bundesfinanzhofes (BFH) wird allerdings die Grenze zwischen privater Vermögensverwaltung und Gewerbebetrieb dann überschritten, wenn nach dem Gesamtbild der Betätigung und unter Berücksichtigung der Verkehrsauffassung die Ausnutzung substanzieller Vermögenswerte durch Umschichtung gegenüber der Nutzung im Sinne einer Fruchtziehung aus zu erhaltenden Substanzwerten entscheidend in den Vordergrund tritt.[181]

---

[180] Im Falle einer ausländischen Dachfondsgesellschaft besteht mangels eines inländischen (= deutschen) Anknüpfungspunktes keine Gewerbesteuerpflicht.

[181] BFH, Beschluss v. 3. Juli 1995, GrS 1/93, BB 1995, 1827 ff. (1828).

Ob und unter welchen Voraussetzungen dies der Fall ist, wird durch das BMF-Schreiben vom 16. 12. 2003[182] konkretisiert.[183] Auch wenn Dachfonds bei wörtlicher Auslegung nicht unmittelbar in den Anwendungsbereich dieses BMF-Schreibens einbezogen sind, weil sie allenfalls im Ausnahmefall unmittelbar Beteiligungen an Portfoliogesellschaften erwerben,[184] so wird wohl im Rahmen einer vorsichtigen Betrachtungsweise doch davon auszugehen sein, dass auch Dachfonds, die als Personengesellschaften strukturiert sind, ebenso wie deren Investoren nach den Grundsätzen des BMF-Schreibens vom 16. 12. 2003 steuerlich eingestuft und behandelt werden.[185]

In Anwendung der BMF-Schreiben vom 16. 12. 2003 zu entnehmenden Grundsätze ist eine gewerbliche Einstufung der Dachfondsgesellschaft unter Berücksichtigung des Gesamtbildes ihrer Betätigung dann zu erwarten, wenn sie beispielsweise aufgrund einer weitgehenden Einflussnahme des Managements auf die Zielfonds gewerblich handelt oder wenn sie gewerblich geprägt oder gewerblich infiziert ist.

Die Dachfondsgesellschaft ist gewerblich geprägt, wenn ausschließlich eine oder mehrere Kapitalgesellschaften persönliche haftende Gesellschafter sind und nur diese oder solche Personen, die nicht Gesellschafter sind, zur Geschäftsführung befugt sind, § 15 Abs. 3 Nr. 2 EStG. Die gewerbliche Prägung nach § 15 Abs. 3 Nr. 2 EStG kann demnach durch entsprechend ausgestaltete Geschäftsführungsbefugnisse zugunsten eines oder mehrerer Kommanditisten vermieden werden.[186]

Eine gewerbliche Infizierung, mithin also eine in vollem Umfang gewerbliche Tätigkeit der Dachfondsgesellschaft ist nach den Grundsätzen des BMF-Schreibens vom 16. 12. 2003 dann gegeben, wenn in deren Portfolio auch nur eine einzige (mitunternehmerische) Beteiligung an einer gewerblich tätigen oder gewerblich geprägten Personengesellschaft gehalten wird, § 15 Abs. 3 Satz 1 EStG. In diesem Falle färbt die gewerbliche Tätigkeit der Untergesellschaft in vollem Umfang auf die Obergesellschaft ab.[187]

Problematisch erweist sich dieses Verständnis insbesondere auch bei Dachfonds in der Rechtsform einer Personengesellschaft mit Beteiligungen an gewerblichen Zielfonds in der Rechtsform einer Kommanditgesellschaft. Entscheidend ist in diesen Fällen die Qualifikation der Einkünfte der Zielgesellschaft bzw. des Zielfonds. Aufgrund der damit verbundenen Abgrenzungsschwierigkeiten, die oftmals auch weder durch eine Due Diligence noch durch gesellschaftsvertraglich vereinbarte Anlagerichtlinien vermieden werden können, wird in der Praxis die drohende gewerbliche Infektion des gesamten Dachfonds regelmäßig durch Zwischenschaltung einer Kapitalgesellschaft, einer so genannten Abschirm- oder Blockergesellschaft, vermieden.[188]

Mit § 15 Abs. 3 Nr. 1 EStG in der Fassung des Jahressteuergesetzes 2007 ist die bisherige Verwaltungsauffassung nunmehr gesetzlich normiert worden. Danach erzielt die vermögensverwaltend tätige Personengesellschaft, zu deren Gesamthandvermögen auch nur eine Beteiligung an einer gewerblich tätigen Personengesellschaft gehört, in vollem Umfang gewerbliche Einkünfte. Deshalb ist in solchen Fällen zur Vermeidung einer gewerblichen Infektion des gesamten Dachfonds die Zwischenschaltung einer Abschirm- oder Blockergesellschaft nunmehr zwingend erforderlich.

---

[182] Bundesministerium der Finanzen: Schreiben v. 16. Dezember 2003, IV A 6 – S 2240 – 153/03, BStBl. 2004 Teil I, S. 40.

[183] Siehe hierzu im Einzelnen Rodin, Steuerliche Aspekte bei der Strukturierung von Private-Equity und Venture-Capital-Fonds, in: Jugel, a.a.O., S. 184 ff.

[184] Siehe dort Rn. 1.

[185] Für die Besteuerung der Initiatoren gilt das Gesetz zur Förderung von Wagniskapital v. 30. Juli 2004, siehe hierzu etwa Rodin, a.a.O., S. 182 und 195 ff.

[186] Abschnitt R 15.8 Abs. 6 Satz 2 EStR 2005.

[187] A.A. Ernst, Private-Equity-Fonds zwischen Gewerblichkeit und Vermögensverwaltung, BB 2005, 2213 ff. (2218) im Einklang mit BFH, Urteil v. 6. Oktober 2004, IX R 53/01, BB 2004, 2614.

[188] Ernst, a.a.O., S. 2213 ff. (2214).

### 3.2. Haftungsrechtliche Gesichtspunkte für die Wahl der Rechtsform einer GmbH & Co. KG

Für die Strukturierung eines Dachfonds als Personengesellschaft in der Rechtsform der GmbH & Co. KG sprechen neben den jedenfalls bislang entscheidenden steuerlichen Gesichtspunkten auch haftungsrechtliche Aspekte eine wichtige Rolle. Die Investoren, die in dieser Rechtsform die Stellung von Kommanditisten einnehmen, haften den Gläubigern der Gesellschaft nur bis zur Höhe ihrer Einlage, wobei eine unmittelbare Haftung ausgeschlossen ist, soweit die Einlage geleistet ist (§ 171 Abs. 1 HGB). Eine Nachschusspflicht besteht nicht. Die Höhe der Einlage wird durch den im Handelsregister eingetragenen Betrag bestimmt (§ 172 Abs. 1 HGB).

Anders als die Kommanditisten haftet die GmbH als Komplementär den Gläubigern der Gesellschaft unmittelbar, persönlich, unbeschränkt und unbeschränkbar (§§ 161 Abs. 2, 128 HGB), wobei die Haftung der Komplementär-GmbH auf ihr Gesellschaftsvermögen beschränkt ist (§ 13 Abs. 2 GmbHG).

### 3.3. Gesellschafterstruktur eines Dachfonds in der Rechtsform der GmbH & Co. KG

#### 3.3.1. Komplementärin

Komplementärin der Dachfondsgesellschaft ist eine regelmäßig von den Initiatoren zu diesem Zweck eingesetzte Gesellschaft mit beschränkter Haftung. Als Komplementärin haftet die GmbH unbeschränkt für die Verbindlichkeiten der Kommanditgesellschaft, wobei sie für diese Verbindlichkeiten nur mit ihrem Gesellschaftsvermögen einzustehen hat. Die Komplementär-GmbH ist zur Vermeidung einer gewerblichen Prägung der Dachfondsgesellschaft in der Regel im gesetzlich zulässigen Umfang von der Geschäftsführung ausgeschlossen und überdies häufig auch weder am Kapital noch am Vermögen der Gesellschaft beteiligt. Sie zeichnet keine Kapitaleinlage.

#### 3.3.2. Gründungskommanditisten

In der Struktur einer GmbH & Co. KG beteiligt sich der Initiator regelmäßig als einer von mehreren Gründungskommanditisten an dem von ihm aufgelegten Dachfonds. Er übernimmt die Leistung eines Teils des Zeichnungskapitals und erhält dafür einen Kapitalanteil. Darüber hinaus wird der Initiator vielfach verpflichtet sein, seine Expertise sowie einen etwaigen Goodwill in die Gesellschaft einzubringen.

Neben dem Initiator zählt der geschäftsführende Kommanditist zu den Gründungskommanditisten, dem in Abweichung von dem in § 164 HGB geregelten Grundsatz schon zur Vermeidung einer gewerblichen Prägung im Sinne des § 15 Abs. 3 EStG die Geschäftsführung der Dachfondsgesellschaft übertragen wird.[189] Aus Haftungsgründen wird geschäftsführender Kommanditist in der Regel eine rechtlich selbständige, meist von dem Initiator eingesetzte Kapitalgesellschaft, die so genannte Managementgesellschaft sein. Sie kann, muss aber nicht am Kapital der Dachfondsgesellschaft beteiligt sein. Die Übertragung der Managementfunktion auf eine Managementgesellschaft ermöglicht den (gleichzeitigen) Aufbau mehrerer (Dach-) Fonds unter einer einheitlichen Leitung. Möglich wird dadurch auch, die Betreuung zu Zwecken des Fundraising bereits vor der offiziellen Gründung des (Dach-) Fonds beginnen zu lassen, um sie dann bis zu der Liquidation des Dachfonds fortzuführen. Die Geschäftsführungsbefugnis der Managementgesellschaft beschränkt sich auf das Gesellschaftsvermögen. Sie umfasst beispielsweise investorenbezogene Angelegenheiten wie etwa Kapitalabrufe und Kapitalrückzahlungen, das Berichtswesen, den Aufbau sowie die Verwal-

---

[189] Siehe hierzu Abschnitt 2.1.1. oben.

tung des Portfolios der Dachfondsgesellschaft einschließlich des jeweiligen Exit sowie die Betreuung der steuerlichen Angelegenheiten der Dachfondsgesellschaft.[190]

Zu den Gründungskommanditisten kann ferner auch ein Treuhandkommanditist gehören, bei dem es sich aus Haftungsgründen ebenfalls häufig um eine rechtlich selbständige, von den Initiatoren eingesetzte Kapitalgesellschaft handelt. Treuhandkommanditisten sind in der Regel im Retail-Segment anzutreffen, wenn es darum geht, eine Vielzahl von Investoren an der Dachfondsgesellschaft zu beteiligen.

### 3.3.3. Investoren als Kommanditisten

Die Beteiligung der Investoren an der Dachfondsgesellschaft erfolgt ebenfalls auf Kommanditistenseite. Die Beteiligung kann je nach Strukturvariante entweder direkt oder mittelbar über die Treuhandkommanditistin erfolgen. Der Beitritt der Investoren zu der Dachfondsgesellschaft erfolgt jeweils durch Vertrag, der durch den so genannten Zeichnungsschein dokumentiert wird. Vertragspartner sind die Gesellschafter. Aufgrund seiner Beitrittserklärung verpflichtet sich der Investor zur Leistung der Pflichteinlage in bestimmter Höhe zuzüglich eines Agios. Das Agio ist der Aufschlag auf den Nennwert der Pflichteinlage. Die Höhe der Pflichteinlage entspricht mindestens dem im Gesellschaftsvertrag geregelten Mindestzeichnungsbetrag. Der Abruf des einzuzahlenden Betrages erfolgt in der Regel auf Abruf in bestimmten Teilbeträgen nach Maßgabe des so genannten „Take Down Schedule". Der Beitritt des Investors zur Dachfondsgesellschaft wird im Außenverhältnis erst mit seiner Eintragung in das Handelsregister wirksam, wobei die in das Handelsregister eingetragene Hafteinlage regelmäßig nur einen Bruchteil (häufig ein Prozent) der vom Investor gezeichneten Kapital- bzw. Pflichteinlage darstellt. Diese Gestaltung wird aus haftungsrechtlichen Gründen gewählt, weil der Umfang der Haftung Investors im Verhältnis zu den Gläubigern der Gesellschaft ausschließlich durch den in der Handelsregistereintragung angegebenen Betrag bestimmt wird (§ 172 Abs. 1 HGB). Im Innenverhältnis der Gesellschafter wird der Investor bereits ab dem Zeitpunkt der Annahme seiner Beitrittserklärung durch die Treuhandkommanditistin wie ein Kommanditist behandelt.

Sollen Investoren an der Dachfondsgesellschaft nur mittelbar beteiligt werden, so wird im Gesellschaftsvertrag eine so genannte Vollrechtstreuhand vereinbart. Diese Struktur ist dadurch gekennzeichnet, dass sie dem Treuhänder im Außenverhältnis gegenüber Dritten ein Mehr an Rechten überträgt, als er sie nach Maßgabe der gleichzeitig mit dem Treugeber getroffenen schuldrechtlichen Abrede gegenüber dem Treugeber ausüben darf.[191] Im Falle der Vollrechtstreuhand erhöht die Treuhandkommanditistin ihre Kommanditbeteiligung im Auftrag des betreffenden Investors im eigenen Namen, aber für dessen Rechnung um einen bestimmten Betrag. Sie verwaltet sodann ihre insoweit erhöhte Kommanditbeteiligung treuhänderisch für den Investor. Im Außenverhältnis stehen die Rechte und Pflichten eines Kommanditisten für die Dauer des Treuhandverhältnisses auch hinsichtlich der erhöhten Kommanditbeteiligung allein der Treuhandkommanditistin zu.[192] Damit wird der nur mittelbar beteiligte Investor für die Dauer der Vollrechtstreuhand nur im Innenverhältnis der Gesellschafter untereinander wie ein unmittelbar beteiligter Kommanditist behandelt. Steuerlich wird die Kommanditbeteiligung nicht der Treuhandkommanditistin, sondern allein dem jeweiligen Investor zugerechnet, der auch wirtschaftlich das Risiko aus der erhöhten Kommanditbeteiligung wie ein im Handelsregister eingetragener Kommanditist trägt.

---

[190] Zur Unterstützung und Kontrolle des geschäftsführenden Kommanditisten kann im Gesellschaftsvertrag ein Beirat vorgesehen werden. Aufgabe eines solchen Beirats ist die Beratung der geschäftsführenden Kommanditisten bei der Verfolgung und Umsetzung des Gesellschaftszwecks. Die Beratung wird sich regelmäßig insbesondere auf die Auswahl der Zielfonds, auf die Einhaltung der Anlagerichtlinien sowie auf die Vermeidung von Interessenkonflikten beziehen. Eine Abweichung von den Anlagerichtlinien sollte dann nur mit Zustimmung des Beirats zulässig sein, siehe in diesem Sinne auch Sohbi/von Beauvais, a.a.O., S. 238.

[191] Palandt/Heinrichs/Ellenberger, Überbl. V. § 104 Rn. 25.

[192] Palandt/Bassenge, § 903 BGB Rn. 37.

Zur Vermeidung einer Erlaubnispflichtigkeit der Dachfondsgesellschaft im Sinne des § 32 Abs. 1 KWG empfiehlt es sich, die Rechtsstellung der über eine Vollrechtstreuhand nur mittelbar an der Dachfondsgesellschaft beteiligten Investoren so auszugestalten, dass sie der Rechtsstellung von unmittelbar beteiligten Gesellschaftern entspricht. Jeder dieser Investoren sollte berechtigt sein, das Treuhandverhältnis jederzeit zu beenden und die Übertragung des ihm wirtschaftlich zuzurechnenden Teils der von der Treuhandkommanditistin gehaltenen Kommanditbeteiligung zu verlangen. Darüber hinaus sollte das Innenverhältnis der Gesellschafter untereinander so gestaltet sein, dass auch nur mittelbar über eine Vollrechtstreuhand an der Gesellschaft beteiligte Investoren über Mitgliedschaftsrechte verfügen, die ihnen eine Mitwirkung an der Willensbildung der Dachfondsgesellschaft erlauben. Hierzu gehört auch für diese Investoren das Recht zur Teilnahme an Gesellschafterversammlungen sowie das Recht zur Ausübung der den Kommanditisten zustehenden Rechte gemäß §§ 164, 166 HGB. Die Informationsrechte der Kommanditisten können im Gesellschaftsvertrag erweitert werden. Den Kommanditisten sollte nicht nur ein testierter Jahresabschluss (§ 166 Abs. 1 HGB) zur Verfügung gestellt werden. Die Investoren sollten darüber hinaus berechtigt sein, eine Berichterstattung auf vierteljährlicher bzw. jährlicher Basis zu verlangen. Darüber hinaus kann die Managementgesellschaft verpflichtet werden, den Kommanditisten in regelmäßigen Abständen über Anlageentscheidungen und besondere Vorkommnisse in den Zielfonds zu berichten.[193]

Sollen hingegen einzelne Investoren als weitere Kommanditisten unmittelbar Gesellschafter der Dachfondsgesellschaft werden, so wird der Gesellschaftsvertrag hierfür nicht selten die Möglichkeit einer so genannten uneigennützigen Verwaltungstreuhand vorsehen. Bei der uneigennützigen Verwaltungstreuhand (auch „unechte" Treuhand genannt) ist der jeweilige Investor selbst Inhaber aller einem Kommanditisten zustehenden Rechte und Pflichten.[194] Er erwirbt unter Berücksichtigung der vereinbarten Mindestzeichnungssumme die Kommanditbeteiligung im eigenen Namen und für eigene Rechnung.

Aus Gründen der Vereinfachung der Geschäftsführung und Verwaltung der Dachfondsgesellschaft erteilt allerdings der betreffende Investor der Treuhandkommanditistin eine (Register-) Vollmacht, ihn unter Befreiung von den Beschränkungen des § 181 BGB gegenüber dem Handelsregister zu vertreten und bestimmte Handelsregisteranmeldungen vorzunehmen. Hierzu zählen etwa der Eintritt und das Ausscheiden von persönlich haftenden Gesellschaftern, der Eintritt und das Ausscheiden von Kommanditisten einschließlich des Treugebers selbst, die Änderung der Beteiligungsverhältnisse und des Kapitals der Gesellschaft, die Änderung von Firma, Sitz und Zweck der Gesellschaft einschließlich aller weiteren eintragungsfähigen und -pflichtigen gesellschaftsvertraglichen Bestimmungen sowie die Liquidation der Gesellschaft. Explizit ausgenommen wird hingegen regelmäßig die Erhöhung der Kommanditeinlage des Investors. Weitere Einzelheiten des jeweiligen Treuhandverhältnisses können im Rahmen eines gesonderten Treuhand- und Verwaltungsvertrages geregelt werden.[195]

## 4. Andere Beteiligungsformen

### 4.1. Gesellschaft mit beschränkter Haftung

Die Gesellschaft mit beschränkter Haftung (GmbH), die in Deutschland am weitesten verbreitete Unternehmensrechtsform, führt aus Sicht ihrer Gesellschafter ihre Attraktivität vor allem auf die Möglichkeit der Haftungsbegrenzung bei gleichzeitiger weitgehender Gestaltungsfreiheit in Bezug auf das Innenverhältnis der Gesellschafter zurück.[196] Mit dem Gesetz

---

[193] Sohbi/von Beauvais, a.a.O., S. 239.
[194] Palandt/Bassenge, § 903 BGB Rn. 34.
[195] Siehe hierzu Abschnitt 8 unten.
[196] Vgl. Möller (2003), Rechtsformen der Wagnisfinanzierung, S. 77.

zur Senkung der Steuersätze und zur Reform der Unternehmensbesteuerung (StSenkG)[197] wurde insbesondere durch Neufassung des § 8b Abs. 2 KStG die Möglichkeit geschaffen, Veräußerungsgewinne aus Anteilen an Kapitalgesellschaften – zumindest auf Ebene der Fondsgesellschaft – nahezu steuerfrei zu vereinnahmen. Aufgrund des § 8b Abs. 1 KStG gilt dies im Ergebnis auch für Dividenden. Damit wurde die Bedeutung der GmbH als mögliche Rechtsform für Private-Equity-Dachfonds – vor allem vor dem Hintergrund der eventuell drohenden Gewerblichkeit eines Private-Equity-Fonds in der Rechtsform der GmbH & Co. KG[198] – wesentlich erhöht.[199]

Ein Private-Equity-(Dach-) Fonds in der Rechtsform einer GmbH erzielt prinzipiell gewerbliche Einkünfte. Dennoch kommt es zu einer weitgehenden Steuerfreiheit von Gewinnen aus der Veräußerung von Beteiligungen, denn bei der (Dach-) Fonds-GmbH bleiben Veräußerungsgewinne wegen § 8b KStG bei der Ermittlung des steuerpflichtigen Einkommens der empfangenden Körperschaft, also der (Dach-) Fonds-GmbH, im Ergebnis zu 95 Prozent außer Ansatz. Auch bezüglich der Gewerbesteuer gilt, dass 95 Prozent der erzielten Veräußerungsgewinne auf Ebene der (Dach-) Fonds-GmbH von der Gewerbesteuer befreit sind (§ 7 GewStG in Verbindung mit § 8b Abs. 2 und 3 KStG). Die aus Sicht insbesondere institutioneller Investoren bedeutsamen steuerlichen Vorteile der GmbH als Vehikel für einen Private-Equity-Dachfonds lassen sich wie folgt zusammenfassen:

– kein Risiko der „gewerblichen Infizierung" und damit Rechtssicherheit;
– Veräußerungsgewinne können steuerunschädlich reinvestiert werden;
– Veräußerungsgewinne der Fondsgesellschaft sind zu 95 Prozent von der Körperschaft- und Gewerbesteuer befreit;
– für institutionelle Investoren besteht die Möglichkeit einer nahezu steuerfreien Ausschüttung von 95 Prozent der Veräußerungsgewinne; für private Investoren bleibt immerhin das (steuergünstige) Halbeinkünfteverfahren (ab 1. 1. 2009 Teileinkünfteverfahren).

### 4.2. Aktiengesellschaft

Die genannten Vorteile der GmbH[200] gelten gleichermaßen für die Aktiengesellschaft, die dennoch zumindest in Deutschland als Rechtsform für Private-Equity-Dachfonds bisher wenig Verbreitung gefunden hat. Gegenüber der GmbH hat die Aktiengesellschaft den Nachteil, dass die Aktionäre in einer solchen Struktur über die Hauptversammlung nur geringen Einfluss auf die Aktivitäten der Gesellschaft ausüben können, während den Gesellschaftern einer GmbH über die Gesellschafterversammlung insoweit mehr Einflussmöglichkeiten zukommen. Darüber hinaus erlauben die gesetzlichen Regeln für die Einberufung der Hauptversammlung und die Beschlussfassung der Aktionäre ein deutlich geringeres Maß an Flexibilität als es durch die Satzung einer GmbH hinsichtlich der Einberufung und Beschlussfassung der Gesellschafterversammlung zugelassen werden kann. So kann bei der GmbH auf der Grundlage einer entsprechenden Satzungsregelung eine Beschlussfassung im Umlaufverfahren, eine telefonische Stimmabgabe oder auch eine schriftliche Stimmabgabe per Telefax zugelassen werden,[201] während dies bei einer Aktiengesellschaft nicht möglich ist.

---

[197] Steuersenkungsgesetz (StSenkG) v. 23. Oktober 2000, BGBl. 2000 Teil I, S. 1433 ff.; weitere Änderungen durch das Steuervergünstigungsabbaugesetz (StVergAbG) v. 16. Mai 2003, BGBl. 2003 Teil I, 660.
[198] Rabini (2003), FINANCE-Magazin März 2003, S. 62.
[199] Vgl. Möller, a.a.O., S. 191, sowie auch Broschinski (2000), Die Bank 2000, 161 mit Anmerkungen zur Bedeutung der steuerfreien Vereinnahmung von Veräußerungsgewinnen für Private-Equity-Fonds.
[200] Vgl. Abschnitt 4.1 oben.
[201] Vgl. zu Stimmrechts-, Informations-, Kontroll- und Beschlußregelungen bei AG und GmbH z. B. Möller, a.a.O., S. 47 ff. (AG) u. 77 ff. (GmbH).

Trotz dieser praxisrelevanten Nachteile kann die Rechtsform der Aktiengesellschaft in Einzelfällen eine interessante Alternative zur Rechtsform der GmbH darstellen, wenn dem Investor über eine Börsennotierung die Möglichkeit einer erhöhten Liquidität seiner Anlage geboten werden soll. Bekannte börsennotierte Private-Equity-Gesellschaften sind z. B. die Deutsche Beteiligungs AG oder die in der Schweiz börsennotierten Dachfonds Absolute Private Equity AG, AIG Private Equity AG, Castle Private Equity AG oder ShaPE AG.[202] Aus Sicht des Fondsinitiators nachteilig kann dabei jedoch die bei einer Börsennotierung geforderte hohe Unternehmenstransparenz sein,[203] die den Zugang zu internationalen Top-Private-Equity-Fonds sogar erheblich erschweren kann, wenn die Zielfonds befürchten müssen, dass die Dachfonds-AG Zielfondsinterna, wie z. B. erzielte Renditen oder Bewertungen der Portfoliounternehmen offenlegen muss.

**4.3. Wagniskapitalbeteiligungsgesellschaft**

Mit dem am 12. August 2008 in Kraft getretenen *Gesetz* zur Modernisierung der *Rahmenbedingungen für Kapitalbeteiligungen* (MoRaKG)[204] wurde eine neue, eng definierte Kategorie von Beteiligungsformen in Form der Wagniskapitalbeteiligungsgesellschaft geschaffen. Art. 1 MoRaKG enthält das *Gesetz zur Förderung von Wagniskapitalbeteiligungen* (Wagniskapitalbeteiligungsgesetz – WKBG).[205] Rechtsfolge der Anerkennung einer Gesellschaft als Wagniskapitalbeteiligungsgesellschaft ist die Anwendbarkeit bestimmter steuerlicher Sonderregelungen (§§ 19, 20 WKBG).[206]

Eine Wagniskapitalbeteiligungsgesellschaft ist im Hinblick auf ihr Kapitalanlagegeschäft einer ganzen Reihe von Beschränkungen unterworfen. Sie darf gemäß § 2 Abs. 3 WKBG nur in Kapitalgesellschaften (Zielgesellschaften) investieren, deren Sitz und Geschäftsleitung in einem EWR-Vertragsstaat liegt, die zum Zeitpunkt des Beteiligungserwerbs nicht älter als zehn Jahre sind, deren Eigenkapital nicht mehr als 20 Millionen Euro beträgt und deren Gründungszeitpunkt nicht mehr als zehn Jahre zurückliegt. Ferner darf die Zielgesellschaft im Zeitpunkt des Erwerbs nicht bereits börsennotierte Wertpapiere ausgegeben haben oder unmittelbar oder mittelbar ein Unternehmen oder Unternehmensteile betreiben oder durch Einzel- oder Gesamtrechtsnachfolge erwerben, sofern das Unternehmen oder die Unternehmensteile älter als die Zielgesellschaft selbst sind. Keine Zielgesellschaft im Sinne des § 2

---

[202] Vgl. Deibert (2005), VentureCapital Magazin 2/2005, S. 25.
[203] Ähnlich Ahrweiler/Börner (2003) in: Kienbaum/Börner, Finanzierungswege, 2003, S. 60.
[204] BGBl. 2008 Teil I, S. 1672 ff.
[205] Wagniskapitalbeteiligungsgesellschaften sind nur solche Gesellschaften, welche die BaFin als solche anerkannt hat. Nur sie dürfen die Bezeichnung „Wagniskapitalbeteiligungsgesellschaft" führen (§§ 2 Abs. 1, 3 WKBG). Die Anerkennung als Wagniskapitalbeteiligungsgesellschaft, die in der Rechtsform einer Personenhandels- oder Kapitalgesellschaft organisiert sein kann und die der Aufsicht der BaFin unterliegt (§ 12 Abs. 1 Satz 1 WKBG), ist gemäß § 14 Abs. 3 WKBG an bestimmte Voraussetzungen geknüpft. Danach muss der satzungsmäßige Zweck einer Wagniskapitalbeteiligungsgesellschaft auf den Erwerb, das Halten, die Verwaltung und die Veräußerung von Wagniskapitalbeteiligungen im Sinne des § 2 Abs. 2 WKBG gerichtet sein (§ 4 WKBG). Sitz und Geschäftsleitung der Wagniskapitalbeteiligungsgesellschaft müssen sich in Deutschland befinden (§ 5 WKBG). Das Stammkapital ist auf einen Betrag von mindestens 1 Million € festgelegt. Hiervon ist ein Viertel sofort bei Anerkennung, der Rest spätestens innerhalb von zwölf Monaten nach Anerkennung der Wagniskapitalbeteiligungsgesellschaft zu leisten. Schließlich muss eine Wagniskapitalbeteiligungsgesellschaft mindestens zwei Geschäftsleiter haben, die nach Einschätzung der BaFin zuverlässig und fachlich geeignet sein müssen (§ 7 WKBG). Verfehlt eine einmal von der BaFin anerkannte Wagniskapitalbeteiligungsgesellschaft die zur Anerkennung erforderlichen gesetzlichen Voraussetzungen, so kann die BaFin die Anerkennung nach Maßgabe des § 17 WKBG nachträglich aufheben. Sollte sich ein Geschäftsleiter im Nachhinein als unzuverlässig oder inkompetent erweisen, kann die BaFin anstelle der Aufhebung der Anerkennung die Abberufung des betreffenden Geschäftsleiters verlangen.
[206] Siehe hierzu Haag/Veith, Das MoRaKG und seine Auswirkungen für Wagniskapital in Deutschland – oder was von einem Private-Equity-Gesetz geblieben ist, BB 2008, 1915 ff. (1918 f.)

Abs. 3 WKBG ist schließlich ein Portfoliounternehmen, das während der Dauer der Beteiligung durch die Wagniskapitalbeteiligungsgesellschaft Organträger im Sinne des § 14 KStG oder Mitunternehmer des Organträgers ist. Unabhängig vom Vorliegen aller in § 2 Abs. 3 WKBG genannten Voraussetzungen gilt eine Gesellschaft drei Jahre nach ihrer Börseneinführung nicht mehr als Zielgesellschaft im Sinne des WKBG (§ 9 Abs. 2 WKBG). Entsprechendes gilt, wenn die Zielgesellschaft länger als 15 Jahre im Portfolio der Wagniskapitalbeteiligungsgesellschaft verbleibt (§ 9 Abs. 3 WKBG).

Schon aufgrund der restriktiven Definition geeigneter Zielgesellschaften dürfte der Anwendungsbereich des WKBG an der Lebenswirklichkeit der meisten inländischen Private-Equity-Fonds vorbeigehen. Insbesondere im Hinblick auf das Höchstalter der Zielgesellschaften, die maximale Höhe ihres Eigenkapitals sowie in Anbetracht der begrenzten Anlagedauer dürften dieser Beteiligungsform praktische Einsatzmöglichkeiten allenfalls in engen Grenzen beschieden sein. In Bezug auf Dachfonds, die ihrerseits in Private-Equity-Fonds investieren, stellt sich zudem die – im Ergebnis wohl zu verneinende – Frage, ob der gesetzliche definierte Unternehmensgegenstand, der unter anderem auch im Halten sowie in der Verwaltung von Wagniskapitalbeteiligungen bestehen muss, überhaupt die Anerkennung eines Dachfonds als Wagniskapitalbeteiligungsgesellschaft zulässt.

### 4.4. Unternehmensbeteiligungsgesellschaft

Eine weitere Beteiligungsform neben der Wagniskapitalbeteiligungsgesellschaft ist im Bereich des Wagniskapitalgeschäfts die Unternehmensbeteiligungsgesellschaft,[207] die durch das am 1. 1. 1987 in Kraft getretene *Gesetz über Unternehmensbeteiligungsgesellschaften* (UBGG)[208] geregelt wird.[209]

Unternehmensbeteiligungsgesellschaften unterliegen bestimmten Investitionsvorschriften, die allerdings mit dem Inkrafttreten des MoRaKG zum Teil gelockert wurden. So wurde durch die Neufassung des § 1a Abs. 3 UBGG der Kreis der tauglichen Anlageobjekte erweitert. Taugliche Anlageobjekte sind nicht mehr nur Wagniskapitalbeteiligungen, sondern jetzt ganz generell Unternehmensbeteiligungen. Zum Kreis der tauglichen Anlageobjekte zählen nunmehr explizit auch offene Handelsgesellschaften, Gesellschaften bürgerlichen

---

[207] Unternehmensbeteiligungsgesellschaft im Sinne des UBGG ist nur die Gesellschaft, die von der zuständigen Behörde als solche anerkannt wurde. Auch hier gilt Bezeichnungsschutz, § 20 Abs. 2 UBGG. Anders als im WKBG ist die zuständige Behörde für die Anerkennung und auch die laufende Beaufsichtigung der Gesellschaft nicht die BaFin, sondern das Wirtschaftsministerium des Landes, in dem die Unternehmensbeteiligungsgesellschaft ihren Sitz hat. Eine Unternehmensbeteiligungsgesellschaft darf in der Rechtsform der Aktiengesellschaft, der Gesellschaft mit beschränkter Haftung, der Kommanditgesellschaft und der Kommanditgesellschaft auf Aktien betrieben werden (§ 2 Abs. 1 UBGG). Ihr Unternehmensgegenstand darf vorbehaltlich einiger gesetzlicher Sonderregelungen ausschließlich in dem Erwerb, dem Halten sowie der Verwaltung und Veräußerung von Unternehmensbeteiligungen bestehen (§ 2 Abs. 2 Satz 1 UBGG). Sie muss ihren Sitz und ihre Geschäftsleitung in Deutschland haben (§ 2 Abs. 3 UBGG). Ihr Stammkapital muss mindestens eine Million € betragen. Die Einlagen müssen voll geleistet sein (§ 2 Abs. 4 UBGG).

[208] Zuletzt geändert durch Art. 2 MoRaKG vom 19. August 2008.

[209] Das UBGG lässt auf der Grundlage einer entsprechenden gesellschaftsvertraglichen Regelung neben der so genannten offenen Unternehmensbeteiligungsgesellschaft auch den Typus der integrierten Unternehmensbeteiligungsgesellschaft zu. Offene Unternehmensbeteiligungsgesellschaften sind Unternehmensbeteiligungsgesellschaften, die ihre Geschäfte unter Beachtung des § 7 Abs. 1 bis 5 UBGG betreiben (§ 1a Abs. 1 Satz 1 UBGG) und daher Beschränkungen im Hinblick auf den Gesellschafterkreis unterliegen. Demgegenüber zeichnen sich integrierte Unternehmensbeteiligungsgesellschaften dadurch aus, dass sie gemäß § 7 Abs. 1 bis 6 UBGG von der Möglichkeit Gebrauch machen, von den Vorschriften des § 7 Abs. 1 bis 5 UBGG abzuweichen (§ 1a Abs. 1 Satz 2 UBGG). Damit unterliegen nur offene Unternehmensbeteiligungsgesellschaften dem Konzernierungsverbot gemäß § 7 Abs. 1 UBGG. Integrierte Unternehmensbeteiligungsgesellschaften dürfen von diesem Verbot abweichen, wenn sie die Anlagegrenzen des § 4 Abs. 4 UBGG beachten.

Rechts sowie Gesellschaften vergleichbarer ausländischer Rechtsformen.[210] Darüber hinaus spricht § 1a Abs. 3 UBGG hinsichtlich der tauglichen Anlageobjekte nicht mehr nur von Aktien und Geschäftsanteilen (§ 1a Abs. 2 UBGG a. F.), sondern verwendet nunmehr den weiter gehenden Begriff der Eigenkapitalbeteiligungen. Durch diese Neuformulierung werden nunmehr all diejenigen mezzaninen Finanzierungsformen erfasst, die als Eigenkapital im Sinne des § 272 HGB oder vergleichbarer ausländischer Vorschriften qualifiziert werden können.[211]

Auch Unternehmensbeteiligungsgesellschaften haben die in § 4 UBGG geregelten Anlagegrenzen beispielsweise im Hinblick auf die Risikostreuung (§ 4 Abs. 1 UBGG) oder Investments in außereuropäische Beteiligungen (§ 4 Abs. 5 UBGG) zu beachten. Aufgrund der Neufassung des UBGG durch Art. 2 MoRaKG und der damit einher gehenden Neufassung des § 4 Abs. 4 UBGG können allerdings integrierte Unternehmensbeteiligungsgesellschaften nunmehr auch in Gesellschaften in der Rechtsform einer GmbH & Co. KG investieren. Soweit diese Gesellschaften Unternehmensbeteiligungen nur an Unternehmensbeteiligungen erwerben dürfen, bei denen mindestens einer der zur Geschäftsführung Berechtigten eine natürliche Person ist, die (un-) mittelbar mit mindestens 10 Prozent an den Stimmrechten des Unternehmens beteiligt ist (§ 4 Abs. 4 Satz 1 UBGG), gilt diese Voraussetzung bei einer GmbH & Co. KG als erfüllt, wenn ein Geschäftsführer der Komplementär-GmbH an der Kommanditgesellschaft beteiligt ist und über mindestens 10 Prozent an den Stimmrechten der Kommanditgesellschaft verfügt (§ 4 Abs. 4 Satz 2 UBGG). Damit entfällt eine bislang praktisch wichtige Einschränkung der Beteiligungsmöglichkeiten für integrierte Unternehmensbeteiligungsgesellschaften. Darüber hinaus lässt § 4 Abs. 4 Satz 1 UBGG in Bezug auf integrierte Unternehmensbeteiligungsgesellschaften künftig auch mittelbare Beteiligungen zu, wenn die Höhe der Beteiligung einer direkten Beteiligung von 10 Prozent entspricht und das Risiko des Missbrauchs von Holdingstrukturen nicht besteht.

Wird eine Gesellschaft als Unternehmensbeteiligungsgesellschaft anerkannt, so genießt sie das Privileg, gemäß § 3 Nr. 23 GewStG von der Gewerbesteuer befreit zu sein. Ferner ist die Unternehmensbeteiligungsgesellschaft sowie ein an ihr beteiligter Gesellschafter gemäß § 24 UBGG von der insolvenzrechtlichen Nachrangigkeit befreit. § 39 Abs. 1 Nr. 5 InsO ist insoweit unanwendbar. Neu ist, dass dieses Zurechnungsprivileg aufgrund der Neufassung des § 24 UBGG durch Art. 2 MoRaKG nunmehr auch für die Unternehmensbeteiligungsgesellschaft selbst gilt. Infolge dieser Erweiterung des Zurechnungsprivilegs kann auch die Unternehmensbeteiligungsgesellschaft Portfoliounternehmen im Rahmen der zulässigen Grenzen mit (Gesellschafter-) Darlehen versorgen, ohne befürchten zu müssen, im Insolvenzfall bis zur Höhe der Darlehenssumme in Anspruch genommen zu werden.

Alles in allem dürfte jedoch die Beteiligungsform der Unternehmensbeteiligungsgesellschaft trotz der Neufassung des UBGG durch Art. 2 MoRaKG nach wie vor nur für bestimmte Gruppen von Private-Equity-Fonds in Betracht kommen. Nach wie vor eignet sie sich wegen der bestehenden Anlagegrenzen nicht für Private-Equity-Fonds mit regionalem Anlagefokus außerhalb Europas, denn sie darf nur maximal 30 Prozent ihrer Bilanzsumme außerhalb der Staaten des Europäischen Wirtschaftsraumes investieren.

Im Übrigen erscheint zweifelhaft, ob Dachfonds, soweit sie ihrerseits hauptsächlich in Private-Equity-Fonds investieren, überhaupt als Unternehmensbeteiligungsgesellschaft anerkannt werden können. Zwar verlangt der durch das MoRaKG neu gefasste § 2 Abs. 2 UBGG hinsichtlich des Unternehmensgegenstandes nicht mehr das Halten und Verwalten von Wagniskapitalbeteiligungen, sondern steckt hier den Handlungsrahmen durch Verwen-

---

[210] Die an dieser Stelle fehlende ausdrückliche Erwähnung europäischer Rechtsformen wie z.B. der Societas Europea und damit ihre Qualifizierung als taugliche Anlageobjekte im Sinne des § 1A Abs. 3 UBGG dürfte auf einem Redaktionsversehen des Gesetzgebers beruhen, Haag/Veith, BB 2008, S. 1915 ff. (1920).
[211] Begründung zum Entwurf des MoRaKG, BT-Drucksache 16/6311 v. 7. September 2007, S. 25.

dung des Begriffes der Unternehmensbeteiligung deutlich weiter, doch dürfte der Fokus der Unternehmensbeteiligungsgesellschaft nach wie vor eher auf unmittelbaren Beteiligungen denn auf Private-Equity-Fonds liegen. Es wird sich also noch zu erweisen haben, ob die Unternehmensbeteiligungsgesellschaft zukünftig eine größere praktische Bedeutung erlangen wird, als dies in der Vergangenheit der Fall gewesen ist.

### 4.5. Strukturen nach Luxemburger Recht

Der Standort Luxemburg bietet für die Private-Equity-Branche im Vergleich zu Deutschland ein interessantes und konkurrenzfähiges Umfeld. Neben attraktiven steuerlichen und rechtlichen Rahmenbedingungen bietet das Großherzogtum Luxemburg stabile politische, wirtschaftliche, soziale und pragmatische gesetzliche Rahmenbedingungen und verfügt gerade im Finanzsektor über eine hervorragende Infrastruktur. Die Luxemburger Finanzaufsichtsbehörde, die *Commission de Surveillance du Secteur Financier* (CSSF), genießt international einen exzellenten Ruf. Sie gilt nicht nur als unabhängig und kompetent, sondern auch als kundenfreundlich und flexibel in der Handhabung von Zulassungsfragen sowie pragmatisch in der Auslegung aufsichtsrechtlicher Bestimmungen. Luxemburg bietet ferner als Vertragspartner einer großen Zahl von Doppelbesteuerungsabkommen zahlreiche steuerlich begünstigte Strukturlösungen.

Im Folgenden soll an dieser Stelle kurz auf die *Société d'Investissement à Capital variable* (SICAV) sowie die *Société d'Investissement en Capital à Risque* (SICAR) eingegangen werden.[212] Beide Strukturlösungen lassen für Private-Equity-Investments wichtige steuerlich neutrale, transparente Gestaltungen zu.

### 4.5.1. Société d'Investissement à Capital Variable (SICAV)

Die *Société d'Investissement à Capital Variable* (SICAV), eine Investmentgesellschaft mit variablem Kapital,[213] ist eine auch privaten Anlegern offen stehende aufsichtsrechtlich regulierte Investmentgesellschaft in Gestalt eines so genannten Organismus für gemeinsame Anlagen (OGA). Rechtsgrundlage der SICAV ist Teil II des Luxemburger Gesetzes vom 20. Dezember 2002 über Organismen für gemeinsame Anlagen („Gesetz vom 20. 12. 2002"). Die SICAV kommt häufig die Rechtsform einer Aktiengesellschaft (*Société Anonyme – S.A.*) vor. Insoweit gelten – vorbehaltlich der Sonderregelungen des Gesetzes vom 20. 12. 2002 – die allgemeinen aktienrechtlichen Bestimmungen des Luxemburger Gesetzes vom 10. August 1915 über Handelsgesellschaften.

Eine SICAV muss ihren satzungsmäßigen Sitz ebenso wie ihre Geschäftsleitung in Luxemburg haben. Vor Aufnahme ihrer Geschäftstätigkeit bedarf eine SICAV der Zulassung durch die CSSF. Der CSSF obliegt auch die laufende Überwachung der Geschäftstätigkeit einer SICAV.[214]

Als Investmentgesellschaft mit variablem Kapital im Sinne des Teil II des Gesetzes vom 20. 12. 2002 gilt nur eine Gesellschaft, deren ausschließlicher Zweck darin besteht, die ihr zur Verfügung stehenden Mittel nach dem Grundsatz der Risikostreuung in Vermögenswerten anzulegen und das Ergebnis der Verwaltung ihrer Vermögenswerte ihren Anteilinhabern zuteil werden zu lassen. Für eine SICAV, deren Hauptanlagezweck Anlagen in Risikokapital ist, gelten bezüglich ihrer Anlagepolitik Beschränkungen nach Maßgabe von Kapitel I des Rundschreibens des Luxemburger Währungsinstitutes (*Institut Monétaire Lux-*

---

[212] Für Private-Equity-Investments kommen auch die eher selten anzutreffende, aufsichtsrechtlich nicht regulierten Finanzbeteiligungsgesellschaft (Société de Participation Financière – SOPARFI) und neuerdings auch der für Private-Equity Investments empfohlene, durch Gesetz v. 13. Februar 2007 geregelte Fonds d'Investissement Spécialisé (SIF); siehe hierzu Claire de Boeck/Edouard d'Anterroches, A New Investment Vehicle Suitable For Private Equity, in: Arendt & Medernach, Specialized Investment Funds, Luxemburg, Oktober 2007, S. 214 ff.

[213] SICAV-Strukturen gibt es auch nach französischem, italienischem und Schweizer Recht, die jedoch für die Zwecke dieser Untersuchung außer Betracht bleiben sollen.

[214] Art. 93 des Gesetzes v. 20. Dezember 2002.

*embourgois – IML*) Nr. 91/75 vom 21. 1. 1991 („IML-Rundschreiben vom 21. 1. 1991"). Für Dachfonds gelten darüber hinaus die Sonderbestimmungen in Kapitel J des IML-Rundschreibens vom 21. 9. 1991. Danach darf eine SICAV nur in eine bestimmte Art von Risikokapital investieren. Hierunter fallen ausschließlich solche Anlagen, die in Wertpapieren nicht (börsen-) notierter Gesellschaften erfolgen, welche entweder Neugründungen sind oder sich in einer Entwicklungsphase befinden und daher noch nicht das Stadium der Börsenreife erreicht haben.[215]

Diese vergleichsweise restriktive Definition von Risikokapital und die sich daraus ergebenden Beschränkungen der Anlagepolitik dürften für Dachfondsstrukturen eher weniger geeignet sein. Im Übrigen schließen sie eine Vielzahl von Private-Equity-Investments wie z. B. die meisten Buy-Outs oder Later Stage Capital im Rahmen einer SICAV-Struktur aus und entsprechen daher nicht den Bedürfnissen der Private-Equity-Industrie. Für Private-Equity-Zwecke nachteilig erweist sich im Übrigen auch, dass das Mindestkapital der SICAV in Höhe von 1,25 Millionen Euro innerhalb von sechs Monaten, gerechnet vom Datum der Zulassung der SICAV durch die CSSF voll eingezahlt sein muss.[216] Sukzessive Kapitalabrufe über einen längeren Zeitraum sind in dieser Struktur damit nicht möglich. Aus diesen Gründen dürfte im Ergebnis eine SICAV-Struktur für Private-Equity-(Dach-) Fonds in vielen Fällen nicht als die Struktur erster Wahl erscheinen.

### 4.5.2. Société d'Investissement en Capital à Risque (SICAR)

Die *Société d'Investissement en Capital à Risque* (SICAR) wird geregelt durch das Gesetz vom 15. Juni 2004 betreffend die Investmentgesellschaft zur Anlage in Risikokapital („Gesetz vom 15. 6. 2004"). Der Sitz und die Geschäftsleitung der SICAR müssen sich in Luxemburg befinden (Art. 1 Abs. 3 des Gesetzes vom 15. 6. 2004). Wie die SICAV ist auch die SICAR eine aufsichtsrechtlich regulierte und hinsichtlich ihrer Geschäftstätigkeit der Beaufsichtigung durch die CSSF unterliegende Investmentgesellschaft.[217]

Der Status einer SICAR wird durch eine entsprechende Erklärung in der Satzung sowie durch Zulassung der CSSF erlangt. Die Rechtsform kann frei gewählt werden. Es besteht volle Flexibilität hinsichtlich ihrer rechtlichen Strukturierung. Die SICAR kann also Personenhandels- oder Kapitalgesellschaft sein, wobei häufig die Rechtsform einer Aktiengesellschaft (*SA* oder *SCA*), nicht selten aber auch die Rechtsform einer *Société à Responsabilité Limitée* (Sàrl) gewählt wird.[218] Im Hinblick auf die jeweilige Rechtsform gelten für die SICAR – vorbehaltlich der spezialgesetzlichen Bestimmungen des Gesetzes vom 15. 6. 2004 – die allgemeinen Bestimmungen des Gesetzes vom 10. August 1915 über die Handelsgesellschaften (Art. 3 des Gesetzes vom 15. 6. 2004).

Das Grund- oder Stammkapital der SICAR muss mindestens eine Million Euro betragen und innerhalb von zwölf Monaten gerechnet vom Datum der Zulassung einbezahlt sein (Art. 4 Abs. 1 des Gesetzes vom 15. 6. 2004). In Abweichung von den allgemeinen Bestimmungen des Gesetzes vom 10. August 1915 über die Handelsgesellschaften, wonach (bei einer Aktiengesellschaft) mindestens ein Viertel des Nennwerts jeder Aktie eingezahlt werden muss, hat das Kapital einer SICAR vollständig gezeichnet zu sein. Dabei muss jeder Anteil in Höhe von mindestens fünf Prozent durch Barzahlung oder durch eine andere Einlage eingezahlt sein (Art. 5 Abs. 2 des Gesetzes vom 15. 6. 2004). Bei Wahl einer entsprechenden Rechtsform wie z. B. der *Société Anonyme* kann das Kapital – wie bei einer SICAV – variabel in Höhe des jeweiligen Nettoinventarwertes ausgestaltet werden (Art. 4 Abs. 2 des Gesetzes vom 15. 6. 2004). Die Ermittlung des Nettovermögens[219] sowie die Voraussetzungen und das Verfahren der Ausgabe neuer Aktien bzw. Anteilscheine können bei einer

---

[215] Kapitel I des IML-Rundschreibens v. 21. September 1991.
[216] Art. 70 des Gesetzes v. 20. Dezember 2002.
[217] Auch in Bezug auf die SICAR gilt Bezeichnungsschutz, Art. 33 des Gesetzes v. 15. Juni 2004.
[218] Siehe im Übrigen die sonst in Art. 1 des Gesetzes v. 15. 6. 2004 genannten Rechtsformen.
[219] Die Bewertung erfolgt nach dem „Fair Value"-Prinzip.

SICAR in der Satzung geregelt werden und unterliegen im Übrigen abgesehen von Art. 5 Abs. 2 des Gesetzes vom 15. 6. 2004 keinen weiteren gesetzlichen Beschränkungen. Neben der vollen Flexibilität in Bezug auf Kapitaleinzahlungen besteht auch gemäß Art. 6 des Gesetzes vom 15. 6. 2004 keine Verpflichtung zur Bildung einer gesetzlichen Rücklage. Dividendenzahlungen unterliegen außer etwaigen satzungsmäßigen Bestimmungen keinerlei gesetzlichen Restriktionen, wobei jedoch das Mindestkapital von einer Million Euro nach Einzahlung zu keinem Zeitpunkt unterschritten werden darf.

Der gesetzlich definierte Unternehmensgegenstand legt nahe, dass die SICAR speziell für den Private-Equity-Markt entwickelt wurde. Gemäß Art. 1 Abs. 1 des Gesetzes vom 15. 6. 2004 besteht der Unternehmensgegenstand in der Aufbringung von Risikokapital und dessen Management mit dem Ziel, das erwirtschaftete Ergebnis im Ausgleich für das in Kauf genommene Risiko an sachkundige Anleger, die Gesellschafter der SICAR, zu verteilen. Der Begriff des Risikokapitals wird in Art. 1 Abs. 2 des Gesetzes vom 15. 6. 2004 konkretisiert: Unter Risikokapital wird die direkte oder indirekte Einbringung von Mitteln in Anlageobjekte zum Zwecke ihrer Markteinführung, ihrer Entwicklung oder ihrer Börseneinführung verstanden. Abgesehen von der Beschränkung, ausschließlich in Risikokapital investieren zu dürfen, unterliegt eine SICAR im Übrigen weder besonderen gesetzlichen Anlagebestimmungen noch irgendwelchen Anforderungen in Bezug auf eine Risikostreuung. Ferner gelten weder Beschränkungen in Bezug auf eine Fremdfinanzierung von Investments noch bestehen besondere Vorgaben für Debt/Equity-Ratios. Eine SICAR kann daher auch von Pool-Investoren zum Zweck der Investition in ein einziges Investment genutzt werden. Möglich ist auch die Konzentration auf eine einzige Branche oder eine einzige geografische Region. Die SICAR kommt auch für Dachfonds in Betracht. Voraussetzung ist allerdings, dass die jeweiligen Zielfonds als Risikokapital im Sinne des Art. 1 Abs. 2 des Gesetzes vom 15. 6. 2004 qualifiziert werden können.

Abgesehen von der Einschränkung, ausschließlich in Risikokapital investieren zu dürfen, unterliegt die SICAR nur noch der Beschränkung, dass sie – im Unterschied zur SICAV – auf Investorenseite keinen Privatanlegern, sondern ausschließlich so genannten „sachkundigen Anlegern" (*investisseurs avertis*) offensteht (Art. 1 Abs. 1 des Gesetzes vom 15. 6. 2004).[220] Darunter fallen gemäß Art. 2 des Gesetzes vom 15. 6. 2004 in erster Linie institutionelle sowie professionelle Anleger.[221] Dennoch können auch nicht-institutionelle und nicht-professionelle Anleger als „sachkundige Anleger" qualifiziert werden. Voraussetzung ist allerdings, dass ein solcher Anleger schriftlich bestätigt, als „sachkundiger Anleger" behandelt werden zu wollen. Er muss ferner mindestens 125.000 Euro in die SICAR investieren sowie über eine schriftliche Bestätigung eines Kreditinstitutes, eines Finanzdienstleistungsinstitutes oder eines sonstigen professionellen Teilnehmers des Finanzsektors im Sinne des Art. 2 des Gesetzes vom 15. 6. 2004 verfügen, aus der hervorgeht, dass der betreffende Anleger über ausreichende Kenntnisse und Erfahrungen verfügt, um die erhöhten Risiken aus Anlagen in Risikokapital angemessen beurteilen zu können.

Ebenso wie die SICAV bedarf auch die SICAR einer Zulassung durch die CSSF. Über die Zulassung wird im Rahmen eines vereinfachten Verfahrens entschieden (Art. 12 des Gesetzes vom 15. 6. 2004). Im Rahmen des Zulassungsverfahrens prüft die CSSF lediglich den Prospekt bzw. das Ausgabedokument,[222] die Satzung bzw. den Gesellschaftsvertrag sowie

---

[220] Art. 2 des Gesetzes v. 15. Juni 2004.
[221] Vgl. Auslegung der CSSF gemäß Gesetz v. 19. Juli 1991, Gesetz v. 30. März 1988 und Gesetz v. 20. Dezember 2002 über OGA.
[222] Ungeachtet der bestehenden Prospektpflicht (Art. 23 Abs. 1 Satz 2 des Gesetzes vom 15. Juni 2004) erscheinen die inhaltlichen Anforderungen an den Prospekt bzw. das Ausgabedokument relativ gering. Ein bestimmter Mindestinhalt ist gesetzlich nicht festgelegt, außer dass das Dokument die Investoren in die Lage versetzen muss, im Hinblick auf die wesentlichen Merkmale des Investments und die damit verbundenen typischerweise vorhersehbaren Risiken eine Anlageentscheidung auf informierter Grundlage zu treffen (Art. 24 Abs. 1 des Gesetzes v. 15. Juni 2004).

Verträge mit der Depotbank sowie für die Zentralverwaltung. Ein Promoter bzw. Sponsor ist nicht erforderlich. Die CSSF prüft auch die fachliche und persönliche Eignung des Managements, die durch geeignete und aussagekräftige Dokumente nachzuweisen ist. Das Management sowie etwaige Mitarbeiter müssen zur Überzeugung der CSSF in der Lage sein, die Geschäfte der SICAR angemessen zu führen. Die entsprechenden Substanzanforderungen erstrecken sich auch auf eine angemessene Vergütung von Management und Mitarbeitern. Ferner muss nachgewiesen werden, dass sich die Geschäftsführung tatsächlich in Luxemburg befindet. Erforderlich ist die Unterhaltung eines Büros in Luxemburg mit einer unter Berücksichtigung des Unternehmenszwecks der SICAR angemessenen Ausstattung. Nach Erteilung der Zulassung durch die CSSF erfolgt die Eintragung der SICAR in das offizielle SICAR-Register.

Folge der Zulassung einer Gesellschaft als SICAR, für die eine pauschale Gesellschaftssteuer in Höhe von 1.250 Euro erhoben wird, ist die Erzielung einer hohen Steuereffizienz. So unterliegt eine SICAR weder der Vermögenssteuer noch der Abonnementsteuer. Eine SICAR in Form einer Aktiengesellschaft gilt nicht als Handelsgesellschaft. Sie unterliegt daher in Luxemburg nicht der Körperschaftsteuer. Wird hingegen eine SICAR als Handelsgesellschaft gegründet, so unterliegt sie in Luxemburg zwar der Körperschaftsteuer, doch stellen Einnahmen, die sich aus dem Verkauf, der Einbringung oder der Liquidation von Anteilen aus dem Vermögen der SICAR ergeben, kein körperschaftsteuerpflichtiges Einkommen dar. Dies gilt auch für liquide Guthaben, sofern solche Guthaben innerhalb von zwölf Monaten in Risikokapital im Sinne des Gesetzes vom 15. 6. 2004 investiert werden.

Dividendenausschüttungen der SICAR an ihre Gesellschafter unterliegen ebenso wenig wie Veräußerungsgewinne und Liquidationserlöse der Quellensteuer. Vergütungen für das Management zu Lasten der SICAR sind ebenso wie der Carried Interest von der Umsatzsteuer befreit.

Alles in allem erscheint eine SICAR-Struktur unter Berücksichtigung dieser steuerlichen Gegebenheiten sowie der rechtlichen Rahmenbedingungen insbesondere hinsichtlich der Flexibilität der Strukturierung, des unkomplizierten Gebrauchs der Struktur und der sich daraus ergebenden Kosteneffizienz für Private-Equity-Investments besonders attraktiv. Im Hinblick auf die gesetzliche Definition von Risikokapital im Sinne des Art. 1 Abs. 2 des Gesetzes vom 15. 6. 2004 ist eine SICAR allerdings nur für Anlagen in Aktiva geeignet, mit denen ein besonderes Risiko einhergeht.

## 5. Erlaubnispflicht

### 5.1. Erlaubnispflicht nach dem Kreditwesengesetz

Einer Erlaubnis gemäß § 32 Abs. 1 Satz 1 KWG bedarf, wer im Inland gewerbsmäßig oder in einem Umfang, der einen in kaufmännischer Weise eingerichteten Geschäftsbetrieb erfordert, Bankgeschäfte im Sinne des § 1 Abs. 1 Satz 2 KWG betreibt oder Finanzdienstleistungen im Sinne des § 1 Abs. 1a Satz 2 KWG erbringt. Ist eine Erlaubnis im Sinne des § 32 Abs. 1 KWG erforderlich, dürfen Eintragungen in das Handelsregister nur vorgenommen werden, wenn dem Registergericht die Erlaubnis nachgewiesen ist (§ 43 Abs. 1 KWG).

Bei einer Personengesellschaft in der Rechtsform einer GmbH & Co. KG ist Träger der Erlaubnis nicht wie bei einer Kapitalgesellschaft die Kommanditgesellschaft selbst, sondern deren persönlich haftender Gesellschafter (die GmbH). Dies gilt unabhängig davon, dass die Kommanditgesellschaft als Personengesellschaft unter ihrer Firma selbst Rechtsgeschäfte abschließen und selbst Träger von Rechten sein kann, §§ 161 Abs. 2, 124 Abs. 1 HGB. Bei mehreren persönlich haftenden Gesellschaftern muss die erforderliche Erlaubnis jedem einzelnen persönlich haftenden Gesellschafter erteilt sein.[223]

---

[223] So die ganz h.M., vgl. etwa Fischer in: Boos/Fischer/Schulte-Mattler (BFS), Kommentar zum Kreditwesengesetz, § 32 Rn. 24 mit weiteren Nachweisen.

Werden Bankgeschäfte ohne die gemäß § 32 Abs. 1 KWG erforderliche Erlaubnis betrieben oder werden Finanzdienstleistungen ohne eine solche Erlaubnis erbracht, erfüllt dies den Straftatbestand des § 54 Abs. 1 Nr. 2 KWG, wobei auch fahrlässiges Handeln unter Strafe gestellt ist (§ 54 Abs. 2 KWG). Im Übrigen kann die Bundesanstalt für Finanzdienstleistungsaufsicht (BaFin) solche Geschäfte gemäß § 37 Abs. 1 Satz 1 KWG untersagen und deren Abwicklung anordnen. Die Frage des Erlaubnispflichtigkeit ist also schon deshalb von einiger praktischer Relevanz.

#### 5.1.1. Verwaltungspraxis der BaFin in Bezug auf Treuhandkommanditmodelle

Ein seit langem umstrittenes Thema ist, ob kollektive, nicht vom Investmentgesetz erfasste Anlagemodelle wie z. B. die auch im Private-Equity-Bereich häufigen Treuhandkommanditmodelle[224] gemäß § 32 Abs. 1 KWG erlaubnispflichtig sind. Die BaFin hat dies in erster Linie im Hinblick auf den Tatbestand des Finanzkommissionsgeschäfts gemäß § 1 Abs. 1 Satz 2 Ziffer 4 KWG in einzelnen Fällen bejaht. Gleiches gilt in Bezug auf den insoweit allerdings subsidiären Tatbestand der Finanzportfolioverwaltung gemäß § 1 Abs. 1a Satz 2 Ziffer 3 KWG.

Ein Finanzkommissionsgeschäft liegt vor, wenn ein Unternehmen im eigenen Namen für fremde Rechnung Finanzinstrumente im Sinne des § 1 Abs. 11 KWG wie z. B. Aktien und andere Wertpapiere anschafft oder veräußert. Die BaFin sieht das Tatbestandsmerkmal „im eigenen Namen" bei kollektiven Anlagemodellen regelmäßig als erfüllt an. Sie sieht hierin einen Fall der verdeckten Stellvertretung, bei dem der Anbieter aus den Geldern der Anleger ein Gesellschaftsvermögen bildet und dieses Gesellschaftsvermögen im Namen der Anleger anlegt.[225] Ferner sieht die BaFin in derartigen Fällen auch das für den Tatbestand des Finanzkommissionsgeschäftes erforderliche Tatbestandsmerkmal eines Handelns „für fremde Rechnung" als erfüllt an. Die BaFin begründet dies damit, dass dieses Tatbestandsmerkmal schon dann vorliegt, wenn die materiellen Vor- und Nachteile der Geschäfte über die Anschaffung und Veräußerung von Finanzinstrumenten nicht dem Anbieter des Anlagemodells, sondern dem Anleger zugute kommen oder zur Last fallen sollen, der damit das wirtschaftliche Risiko der Geschäfte trägt. Ein Handeln „für fremde Rechnung" mit dem Charakter einer Dienstleistung liegt nach Auffassung der BaFin nicht nur dann vor, wenn der Handelnde im Rahmen eines Geschäftsbesorgungsverhältnisses gemäß § 675 Abs. 1 BGB oder eines qualifizierten eines Geschäftsbesorgungsverhältnisses im Sinne eines Kommissionsverhältnisses nach §§ 383 Abs. 1 HGB tätig wird. Durch das Tatbestandsmerkmal „für fremde Rechnung" soll § 1 Abs. 1 Satz 2 Ziffer 4 KWG vielmehr als eigenständiger Tatbestand auch solche Geschäfte mit Finanzinstrumenten erfassen, bei denen die unmittelbaren rechtlichen und wirtschaftlichen Folgen des Geschäfts verschiedene Personen treffen, soweit sich die Tätigkeit nur im Übrigen als Dienstleistung darstellt.[226]

Nach Auffassung der BaFin erfüllen kollektive Anlagemodelle auch den Tatbestand der Finanzportfolioverwaltung. Finanzportfolioverwaltung im Sinne des § 1 Abs. 1a Satz 2 Ziffer 3 KWG ist die gewerbsmäßige „Verwaltung einzelner in Finanzinstrumenten angelegter Vermögen für andere mit Entscheidungsspielraum". Die BaFin hält diesen Tatbestand in Bezug auf kollektive Anlagemodelle prinzipiell für einschlägig. Sie beruft sich dabei auf Rechtsprechung des Bundesverwaltungsgerichtes, der zufolge der Geschäftsführer und Gesellschafter einer Gesellschaft bürgerlichen Rechts (GbR) im Sinne des §§ 705 ff. BGB, der

---

[224] Unter den Begriff des kollektiven Anlagemodells fällt auch die Ausgabe von Genussrechten oder Schuldverschreibungen zur gemeinschaftlichen Anlage gepoolter Gelder.

[225] Eßer, Kollektive Anlagemodelle als Finanzportfolioverwaltung, WM 2008, 671 ff. (672), der im Übrigen darauf hinweist, dass auch dann, wenn der Anbieter im Einzelfall nicht im eigenen Namen handeln sollte, nach Auffassung der BaFin immer noch ein erlaubnispflichtiges Geschäft in Gestalt der Abschlussvermittlung gemäß § 1 Abs. 1a Satz 2 Nr. 2 KWG vorliegen kann.

[226] Sahavi, Kollektive Anlagemodelle und das Finanzkommissionsgeschäft im Sinne von § 1 Abs. 1 Satz 2 Nr. 4 KWG, ZIP 2005, 929 ff. (933).

die Vermögensverwaltung seiner Mitgesellschafter in der GbR übernimmt, „für andere" im Sinne des Kreditwesengesetzes tätig wird. Diese Auffassung hält die BaFin auf ein kollektives Anlagemodell in Gestalt einer Kommanditgesellschaft für übertragbar, soweit hier, wie bei der Vermögensverwaltung auch, die Anleger keine Mitwirkungsmöglichkeiten bei der Verwaltung des Vermögens haben und von den einzelnen Verwaltungsentscheidungen ausgeschlossen sind. Im Übrigen entspricht es nach Ansicht der BaFin der Systematik der §§ 1 f. KWG, bei den kollektiven Anlagemodellen eine Vermögensverwaltung anzunehmen. Nach diesen Bestimmungen soll jegliches Handeln mit Finanzinstrumenten für andere und insbesondere die Verwaltung von Anlagevermögen für andere schon aus Anlegerschutzgesichtspunkten beaufsichtigt werden. Daran soll sich auch durch den Zusammenschluss der Anleger in einer (Kommandit-) Gesellschaft nichts ändern.[227]

### 5.1.2. Gegenauffassung der Rechtsprechung

Die Rechtsprechung teilt die Auffassung der BaFin hinsichtlich der Erlaubnispflichtigkeit kollektiver Anlagemodelle nicht. Den Schlusspunkt setzte insoweit die Entscheidung des *Bundesverwaltungsgerichts* vom 27. 2. 2008.[228]

Die Einordnung des Handelns der Kommanditgesellschaft als Finanzkommissionsgeschäft und damit als Bankgeschäft sprengt nach Ansicht der Gerichte den vom Gesetz vorgegebenen Rahmen. Dieser Auffassung zufolge kann ein Finanzkommissionsgeschäft im Sinne des § 1 Abs. 1 Satz 2 Ziffer 4 KWG nur im Fall des Handelns mit Finanzinstrumenten vorliegen, bei dem auch die ein Kommissionsgeschäft im Sinne der §§ 383 ff. HGB prägenden Merkmale gewahrt sind.[229] Dies ist nach Ansicht der Gerichte in einer KG-Struktur eben nicht der Fall. Die Gesellschaft handelt weder „für fremde Rechnung" noch stellt ihre Tätigkeit überhaupt eine Dienstleistung für die Anleger dar. Die Kommanditgesellschaft kann unter ihrer Firma Rechte erwerben und Verbindlichkeiten eingehen. Sie betreibt daher ihre Geschäfte grundsätzlich nicht nur im eigenen Namen, sondern auch für eigene Rechnung, § 161 Abs. 2 HGB in Verbindung mit § 124 Abs. 1 HGB. Dies gilt nach Ansicht des *Hessischen Verwaltungsgerichtshofes* auch für eine Struktur, in der die Investoren nur mittelbar im Rahmen einer Treuhandstruktur an der Kommanditgesellschaft beteiligt sind. Voraussetzung ist allerdings, dass den Investoren die Rechtsstellung von Gesellschaftern und nicht nur die Rechtsstellung von außen stehenden Geschäftspartnern zukommt. Den Investoren muss deshalb auch in der Treuhandstruktur ein hinreichendes Mitspracherecht bei der Tätigkeit der Gesellschaft und insbesondere im Verhältnis zum Treuhänder verbleiben, das ihnen eine Mitwirkung an der Willensbildung der Kommanditgesellschaft ermöglicht.[230]

Für eine erweiternde Auslegung des Tatbestandes des Finanzkommissionsgeschäftes gemäß § 1 Abs. 1 Satz 2 Ziffer 4 KWG und insbesondere des Tatbestandsmerkmals des Handelns „für fremde Rechnung" ist nach Ansicht des *Bundesverwaltungsgerichts* auch unter Anlegerschutzgesichtspunkten kein Raum. Die Auslegung sei unter Berücksichtigung des Wortlauts, der Systematik sowie der Entstehungsgeschichte dahingehend beschränkt, dass unter einem Handel „für fremde Rechnung" nur Kommissionsgeschäfte im Sinne der §§ 383 ff. HGB zu verstehen sind.[231] Auch verfassungsrechtliche Bedenken sprechen gegen eine erweiternde Auslegung des Tatbestandes des Finanzkommissionsgeschäftes. Das unerlaubte Betreiben von Bankgeschäften begründet einen Straftatbestand im Sinne von § 54 Abs. 1 Nr. 2 KWG. Die strafbarkeitsbegründenden Tatbestandsmerkmale der Blankettnorm in dieser Vorschrift haben sich an der Wortlautgrenze im Sinne des § 2 StGB und Art. 103

---

[227] Eßer, WM 2008, 671 ff. (675).
[228] AZ 6 C 11.07/6 C 12.07.
[229] BVerwG, Urteil v. 27. Februar 2008, 6 C 11.07/6 C 12.07, dort Rn. 26 ff.
[230] Beschluss des Hessischen Verwaltungsgerichtshofes v. 14. Februar 2006, 6 TG 1447/05, ZIP 2006, 800 ff. mit Anmerkung von Hey/Dörre in EWiR 13/2006, 407 f.
[231] BVerwG, Urteil v. 27. Februar 2008, 6 C 11.07/6 C 12.07, dort Rn. 47.

Abs. 2 GG zu messen.[232] Sie sind daher einer erweiternden Auslegung durch die BaFin nicht zugänglich.[233]

Nach Auffassung der Rechtsprechung ergibt sich eine Erlaubnispflichtigkeit gemäß § 32 Abs. 1 KWG auch nicht unter anderen rechtlichen Gesichtspunkten.

So werden insbesondere die Voraussetzungen des Tatbestandes der Finanzportfolioverwaltung für nicht gegeben erachtet. Es fehlt der Fremdbezug der Tätigkeit.[234] Im Rahmen des KG-Modells erfolgt die Anlage der eingeworbenen Gelder vielmehr im eigenen Namen und für eigene Rechnung der Gesellschaft.

Darüber hinaus ist auch der Tatbestand des erlaubnispflichtigen Eigenhandels für andere nach § 1 Abs. 1a Satz 2 Ziffer 4 KWG nicht gegeben.[235] In diesem Sinne liegt Eigenhandel für andere nur vor, wenn ein Unternehmen Finanzinstrumente im eigenen Namen für eigene Rechnung für andere mit dem Ziel anschafft und veräußert, bestehende oder erwartete Unterschiede zwischen dem Kauf- und Verkaufspreis oder anderen Preis- oder Zinsschwankungen auszunutzen.[236] Hierbei tritt das Unternehmen dem Kunden als Käufer oder Verkäufer gegenüber. Bei dieser Vertragsgestaltung trägt der Eigenhändler das Risiko, sich am Markt zu einem höheren als mit dem Kunden vereinbarten Preis mit den gehandelten Finanzinstrumenten eindecken zu müssen oder hierfür einen geringeren Preis am Markt zu erzielen. An einer solchen Vertragsgestaltung, die für den Abschluss von Kaufverträgen kennzeichnend ist, fehlt es im Verhältnis zwischen der Kommanditgesellschaft und den Anlegern Treugebern der Treuhandkommanditistin als Investoren.[237]

Im Ergebnis qualifiziert die Rechtsprechung derartige Tätigkeiten selbst dann, wenn die Kommanditgesellschaft in Finanzinstrumente investiert, als eine im Sinne des Kreditwesengesetzes erlaubnisfreie Tätigkeit für eigene Rechnung gemäß § 1 Abs. 3 Nr. 5 KWG.

### 5.1.3. Keine Erlaubnispflicht von Private-Equity-Fonds nach dem Kreditwesengesetz

Unabhängig von den oben dargestellten Überlegungen ist die Tätigkeit von Private-Equity-Fonds bislang auch ganz generell nicht als erlaubnispflichtig im Sinne des § 32 KWG ange-

---

[232] Hanten/v. Livonius, Erlaubnispflicht kollektiver Anlagemodelle nach dem KWG, BKR 2008, S. 230 ff. (233).

[233] Das zitierte Urteil des BVerwG hat das Bundesministerium der Finanzen (BMF) veranlasst, einen Vorschlag zur Änderung des KWG und des WpHG vorzulegen. Das BMF schlug zunächst vor, den Terminus „Finanzkommissionsgeschäft" durch „Effektengeschäft" zu ersetzen und „jede Anschaffung und Veräußerung von Finanzinstrumenten für andere" als erlaubnispflichtiges Bankgeschäft einzuordnen. Nach erheblicher Kritik aus Fachkreisen hat das BMF den Vorschlag für eine Änderung der Legaldefinition des Finanzkommissionsgeschäftes fallen gelassen und anstatt dessen vorgeschlagen, einen neuen Tatbestand der „Anlageverwaltung" (§ 1 Abs. 1 Satz 2 Nr. 6 KWG) einzuführen. Erfasst werden soll damit die Anschaffung und Veräußerung von Finanzinstrumenten mit Entscheidungsspielraum für eine Gemeinschaft von Anlegern, die natürliche Personen sind, sofern dies ein Schwerpunkt des angebotenen Produkts ist und zu dem Zweck erfolgt, dass die Anleger an der Wertentwicklung der erworbenen Finanzinstrumente teilnehmen. Einschränkend soll in § 2 Abs. 1 KWG eine neue Ziffer 10 eingefügt werden, wonach ein Unternehmen keiner Erlaubnis bedarf, wenn es bereits selbst über eine Erlaubnis nach dem KWG verfügt oder sein Mutterunternehmen beispielsweise ein Kreditinstitut nach dem KWG ist. Die Gesetzesbegründung des BMF nimmt neben zahlreichen weiteren Konstruktionen auch Private-Equity-Fonds aus dem Anwendungsbereich des Tatbestandes der „Anlageverwaltung aus. Zur Begründung wird angegeben, dass die dauerhafte oder vorübergehende Anlage von Liquiditätsreserven in Finanzinstrumente oder Absicherungsgeschäfte, wie sie von solchen Fonds getätigt werden, keine Erlaubnispflicht auslösen sollen. Fraglich ist allerdings, ob dies auch dann gelten würde, wenn und soweit Investments in Finanzinstrumente zur Kerntätigkeit eines Private-Equity-Fonds gehörten.

[234] BVerwG Urteil v. 27. Februar 2008, 6 C 11.07/6 C 12.07, dort Rn. 58.

[235] BVerwG, Urteil v. 27. Februar 2008, 6 C 11.07/6 C 12.07, dort Rn. 59.

[236] Fülbier in: Boos/Fischer/Schulte-Mattler, Kommentar zum KWG, § 1 Rn. 132.

[237] So auch der Beschluss des Hessischen Verwaltungsgerichtshofes v. 14. Februar 2006 – 6 TG 1447/05.

sehen worden. Soweit ersichtlich sollte dies auch dann gelten, wenn einzelne Zielgesellschaften in der Rechtsform einer Aktiengesellschaft geführt werden oder wenn der Private-Equity-Fonds neben seinem Kerngeschäft auch in einzelne Finanzinstrumente im Sinne des § 1 Abs. 11 KWG investiert. Ausschlaggebend für diese Auffassung ist der Gedanke, dass eine Erlaubnispflicht nach dem Kreditwesengesetz jedenfalls solange nicht ausgelöst wird, als die Beteiligungen in der Absicht erfolgen, die Selbständigkeit der Zielgesellschaft einzuschränken und in deren unternehmerischen Entscheidungs- und Verantwortungsbereich einzutreten. Der Unterschied zu normalen Investmentfonds besteht hier darin, dass es in derartigen Fällen eben nicht um eine reine Kapitalbeteiligung, sondern auch und gerade um eine unternehmerische Einflussnahme geht. Kriterien hierfür sind unter anderem der Erwerb von Mehrheitsbeteiligungen an den Zielgesellschaften, die Stellung von Personen für Leitungs- und Aufsichtsfunktionen sowie eine sonstige aktive oder beratende Tätigkeit auf der Management-Ebene in den Zielgesellschaften. In diesem Rahmen würde auch eine Anlage in Finanzinstrumente zu Anlagezwecken, die im Schwerpunkt nicht die Ausrichtung des Fonds bestimmt, zu keiner Erlaubnispflicht nach dem Kreditwesengesetz führen.[238]

### 5.2. Erlaubnispflicht nach dem Investmentgesetz

Eine Erlaubnispflicht nach dem Investmentgesetz besteht gemäß § 7 Abs. 1 InvG nur für Kapitalanlagegesellschaften im Sinne des § 6 InvG sowie für Investmentaktiengesellschaften im Sinne des § 97 Abs. 1 InvG. Kapitalanlagegesellschaften dürfen gemäß § 6 Abs. 1 Satz 2 InvG ausschließlich als Körperschaften in der Rechtsform einer Aktiengesellschaft oder in der Rechtsform einer Gesellschaft mit beschränkter Haftung betrieben werden. Auch Investmentaktiengesellschaften dürfen, wie der Begriff bereits nahe legt, nur in der Rechtsform einer Aktiengesellschaft betrieben werden, § 96 Abs. 1 InvG. Eine Erlaubnispflicht anderer Gesellschaften wie z. B. die für Private-Equity-Dachfonds häufige Personenhandelsgesellschaft in der Rechtsform einer GmbH & Co. KG scheidet somit auf der Grundlage des Investmentgesetzes auch dann aus, wenn ihr Geschäftszweck auf die gemeinschaftliche Verwaltung von Vermögensgegenständen gerichtet ist, die beispielsweise für sonstige Sondervermögen gemäß §§ 90g ff. InvG zulässigerweise erworben werden dürfen. Anders ist dies für Private-Equity-(Dach-) Fonds in der Rechtsform einer GmbH oder Akteingesellschaft, wenn sie auch sonst die Voraussetzungen des Investmentgesetzes erfüllen.

### 6. Prospektpflicht

#### 6.1. Rechtsgrundlagen

Seit dem Inkrafttreten des Gesetzes zur Verbesserung des Anlegerschutzes am 1. 7. 2005 muss der Anbieter auf der Grundlage des Verkaufsprospektgesetzes für im Inland öffentlich angebotene Anteile, die eine Beteiligung am Ergebnis eines Unternehmens gewähren, für Anteile an einem Vermögen, das der Emittent oder ein Dritter in eigenem Namen für fremde Rechnung hält oder verwaltet (Treuhandvermögen) oder für Anteile an sonstigen geschlossenen Fonds vorbehaltlich der in § 8f Abs. 2 VerkaufsprospektG aufgeführten Ausnahmen einen Verkaufsprospekt erstellen, § 8f Abs. 1 Satz 1 VerkaufsprospektG. Zu den Unternehmensanteilen im Sinne des § 8f Abs. 1 Satz 1 VerkaufsprospektG gehören insbesondere auch Unternehmensbeteiligungen an Personengesellschaften. Prospektpflichtig gemäß § 8f Abs. 1 Satz 1 VerkaufsprospektG ist demnach auch das öffentliche Angebot zum

---

[238] Vgl. Anlage zum Schreiben des Zentralen Kreditausschuss v. 23. Juli 2008; fraglich ist allerdings, ob und inwieweit diese Argumentation auch in Bezug auf Private-Equity-(Dach-) Fonds gilt, deren Investmentstrategie so ausgerichtet ist, dass die Investition in Finanzinstrumente keine Nebentätigkeit darstellt, sondern den Kern ihrer Aktivitäten bildet.

Verkauf von Anteilen an einer Dachfondsgesellschaft, die als Personengesellschaft in der Rechtsform einer GmbH & Co. KG gegründet worden ist.[239] Die Verpflichtung zur Veröffentlichung des Verkaufsprospektes trifft den Anbieter. Als Anbieter, der mit dem Emittenten identisch sein kann, ist derjenige anzusehen, der für das öffentliche Angebot der Vermögensanlage verantwortlich ist und für die Anleger erkennbar nach außen auftritt. Emittent der Vermögensanlage nach § 8f VerkaufsprospektG ist in Abgrenzung zu sonstigen Anbietern und in Erweiterung des wertpapierrechtlichen Emittentenbegriffs im Sinne der Prospektrichtlinie derjenige, der die Vermögensanlage erstmalig auf den Markt bringt und für seine Rechnung unmittelbar oder durch Dritte öffentlich zum Erwerb anbietet.[240]

Eine Prospektpflicht nach dem Verkaufsprospektgesetz gilt hingegen nicht für Anteile, die in Wertpapieren im Sinne des § 2 Nr. 1 WpPG verbrieft sind.[241] Insoweit gelten grundsätzlich die Bestimmungen des Wertpapierprospektgesetzes, wenn und soweit es sich Wertpapiere handelt, die öffentlich angeboten oder zum Handel an einem organisierten Markt zugelassen werden sollen, § 1 Abs. 1 WpPG. Eine Prospektpflicht nach dem Verkaufsprospektgesetz besteht ferner nicht, wenn eine Prospektpflicht bereits nach anderen Vorschriften wie z. B. nach § 42 InvG begründet ist oder wenn ein Prospekt nach den Vorschriften des Verkaufsprospektgesetzes bereits veröffentlicht worden ist, § 8f Abs. 1 Satz 1 VerkaufsprospektG.

### 6.2. Öffentliches Angebot

Eine Prospektpflicht nach dem Verkaufsprospektgesetz besteht nur für „öffentliche Angebote" von Anteilen im Sinne des § 8f Abs. 1 Satz 1 VerkaufsprospektG. Ein solches öffentliches Angebot ist nur ein Verkaufsangebot, das sich an das „Publikum" und mithin an einen unbestimmten Personenkreis wendet.[242] Diese Voraussetzung erfüllt auch jede Form von Werbung, wenn sie dem Ziel dient, Investoren zur Annahme des Verkaufsangebotes zu bewegen. Ein öffentliches Angebot kann auch mittels elektronischer Medien, also beispielsweise im Internet verbreitet werden.[243] Unbeschadet dessen besteht eine Ausnahme von der Prospektpflicht dann, wenn sich ein im vorgenannten Sinne an sich öffentliches Angebot lediglich an einen begrenzten Personenkreis von weniger als 100 nicht qualifizierten Investoren richtet.[244]

Kein öffentliches Angebot liegt im Falle eines so genannten private placement vor.[245] Ein private placement richtet sich ausschließlich an solche Investoren, die dem Anbieter im Einzelnen bekannt sind, zu ihm bereits in einer persönlichen Verbindung stehen und von ihm aufgrund einer gezielten Auswahl nach individuellen Gesichtspunkten angesprochen werden.[246] In einem solchen Fall scheidet eine Prospektpflicht im Sinne des § 8f Abs. 1 Satz 1

---

[239] Gleiches gilt dann, wenn die Dachfondsgesellschaft als GmbH strukturiert würde. Für das öffentliche Angebot von Anteilen an einer Dachfondsgesellschaft in der Rechtsform einer AG fänden hingegen die Bestimmungen des WpPG Anwendung.
[240] BT-Drs. 15/3174, S. 42; ferner zur Anbietereigenschaft im Einzelnen Lüdicke/Arndt/Götz, Geschlossene Fonds, S. 111 f.
[241] Zum Begriff des Wertpapiers siehe Groß, Kommentar zum Kapitalmarktrecht, § 2 WpPG Rn. 2 ff.
[242] Definition des „öffentlichen Angebotes" in § 2 Nr. 4 WpPG; die Definition entspricht dem Begriffsverständnis zum Verkaufsprospektgesetz (vgl. Begründung des Regierungsentwurfes eines Prospektrichtlinie-Umsetzungsgesetzes BT-Drs. 15/4999, S. 28); siehe zur Begriffsbestimmung auch Groß, § 2 WpPG Rn. 16.
[243] Siehe hierzu Abschnitt I. Nr. 2 der Bekanntmachung des Bundesaufsichtsamtes für den Wertpapierhandel zum Verkaufsprospektgesetz v. 6. September 1999, in: Bundesanzeiger Nr. 177 v. 21. September 1999, S. 16180.
[244] Arg. e § 3 Abs. 2 Nr. 2 WpPG; früher Merkmal des „begrenzten Personenkreises", vgl. § 2 Nr. 2 VerkaufsprospektG a.F.
[245] Groß, § 2 WpPG Rn. 17 f.
[246] Abschnitt II. Nr. 1. der Bekanntmachung des Bundesaufsichtsamtes für den Wertpapierhandel zum Verkaufsprospektgesetz v. 6. September 1999.

VerkaufsprospektG aus.[247] Dennoch wird auch in solchen Fällen eine Angebotsunterlage, das so genannte Private Placement Memorandum (PPM), erstellt, das im Wesentlichen als Informations- und Marketinginstrument gedacht ist. In dem PPM werden den potentiellen Investoren alle Details des Investments offenlegt.[248] So informiert das PPM beispielsweise über die Managementfirma, die Investmentstrategie und die „Investment Terms", d. h. die rechtlichen und wirtschaftlichen Eckdaten wie Fondsvolumen, Fondslaufzeit, Management-Fee und weitere Gebühren, Gewinnanteil des Fondsmanagements etc. Obwohl es für den Aufbau eines PPM keinen offiziellen Standard gibt, wird das PPM im angelsächsischen Raum meist in folgende Abschnitte untergliedert: „Executive Summary", Managementgesellschaft und Investmentphilosophie, Managementteam und Beirat, Zusammenfassung der Investment Terms, Track Record, rechtliche und steuerliche Aspekte und zuletzt Darstellung der Risiken.[249]

**6.3. Prospektinhalt**

Ziel der Prospektpflicht ist es, zu gewährleisten, dass die Investoren in den Stand versetzt werden, ihre Investitionsentscheidung qualifiziert, d. h. auf einer fundierten Grundlage treffen zu können. In diesem Sinne darf der Investor erwarten, ein zutreffendes Bild über das Beteiligungsobjekt zu erhalten. Der Verkaufsprospekt muss den Investor deshalb über alle Umstände, die für seine Entscheidung von wesentlicher Bedeutung sind oder sein können, sachlich richtig und vollständig unterrichten. Hierzu gehören insbesondere solche Tatsachen, die den Vertragszweck vereiteln können.[250]

Der Verkaufsprospekt muss deshalb grundsätzlich alle tatsächlichen und rechtlichen Angaben enthalten, die der Investor für die Beurteilung des Emittenten und der Vermögensanlage benötigt, § 8g Abs. 1 Satz 1 VerkaufsprospektG).[251] Er ist in deutscher Sprache und in einer Form abzufassen, die sein Verständnis und seine Auswertung erleichtert.[252] Weitere Einzelheiten betreffend Inhalt, Sprache und Aufbau des Verkaufsprospekts regelt die Vermögensanlagen-Verkaufsprospektverordnung vom 16. 12. 2004. Bei den Angaben, die der Vermögensanlagen-Verkaufsprospektverordnung zu entnehmen sind, handelt es sich allerdings lediglich um die vom Gesetzgeber vorgesehenen Mindestangaben. Darüber hinaus können je nach Einzelfall und Struktur des Investments weitere Angaben im Verkaufsprospekt zwingend erforderlich sein.

**6.4. Prospektprüfung und Veröffentlichung**

Um dem Anleger Gelegenheit zu geben, sich über die angebotenen Vermögensanlagen und deren Emittenten zu informieren, muss der Verkaufsprospekt mindestens einen Werktag vor dem öffentlichen Angebot der Vermögensanlagen veröffentlicht werden (§ 9 Abs. 2 VerkaufsprospektG). Die Veröffentlichung erfolgt durch eine Hinweisbekanntmachung in einem überregionalen Börsenpflichtblatt, die den Hinweis enthalten muss, wo der Verkaufs-

---

[247] Entsprechendes gilt hinsichtlich einer Prospektpflicht nach dem WpPG. Ungeachtet dessen werden sich auch außerhalb des Anwendungsbereiches gesetzlicher Prospektpflichten Vermögensanlagen regelmäßig wohl nur platzieren lassen, wenn potenziellen Investoren im Rahmen des Vertriebs eine geeignete Verkaufsunterlage auf einem „dauerhaften Datenträger" zur Verfügung gestellt wird. Solche Prospekte können durch unabhängige Wirtschaftsprüfer geprüft werden. Hierbei werden die Standards zur Prospektbegutachtung (IDW S 4) des Instituts der Wirtschaftsprüfer (IDW) zugrunde gelegt.
[248] Vgl. Sorrentino (2003), Note on Private Placement Memoranda, S. 1.
[249] Vgl. Sorrentino (Fn. 99), S. 1.
[250] Ständige Rechtsprechung, siehe z. B. BGH, Urteil v. 6. Oktober 1980, II ZR 60/80, BGHZ 79, 337.
[251] Siehe zur Prospektpflicht und zum Verfahren im Überblick das Merkblatt der BaFin, abrufbar unter www.BaFin.de/verkaufsprospekte/verm_2.htm.
[252] § 2 Abs. 1 VermVerkProspV.

prospekt zur kostenlosen Ausgabe bereitgehalten wird. Alternativ kann die Veröffentlichung auch durch einen vollständigen Abdruck des Verkaufsprospektes in einem überregionalen Börsenpflichtblatt veröffentlicht werden. Abschließend ist der BaFin eine Mitteilung über die Veröffentlichung zu übersenden.

Der Prospekt darf jedoch erst veröffentlicht werden, wenn die Veröffentlichung zuvor von der BaFin gestattet wurde. Zu diesem Zweck ist der BaFin der Verkaufsprospekt zu übermitteln. Die BaFin prüft, ob der Verkaufsprospekt die (Mindest-) Anforderungen des Verkaufsprospektgesetzes im Verbindung mit der Vermögensanlagen-Verkaufsprospekt-Verordnung erfüllt. Die BaFin gestattet die Veröffentlichung, wenn und sobald der Verkaufsprospekt den gesetzlichen Anforderungen entspricht.

Das Prüfungsverfahren dauert in der Regel zwanzig Werktage, wobei der Samstag als Werktag mitzurechnen ist. Sollten die Unterlagen unvollständig sein, so beginnt eine erneute Prüfungsfrist von zwanzig Werktagen, sobald die fehlenden Unterlagen nachgereicht worden sind. Fehlen Unterlagen, so wird der Anbieter durch die BaFin spätestens zehn Werktage nach Übermittlung der Unterlagen von der BaFin entsprechend benachrichtigt.

Die Nichteinhaltung dieser Veröffentlichungspflichten stellt eine Ordnungswidrigkeit dar, die bußgeldrechtlich geahndet werden kann.[253]

Für den Investor wichtig zu wissen ist, dass die inhaltliche Richtigkeit der im Prospekt gemachten Angaben nicht Gegenstand der Prüfung des Verkaufsprospektes durch die BaFin ist. Allein aus der Tatsache, dass ein Verkaufsprospekt hinterlegt und veröffentlicht wurde, kann deshalb nicht auf die Seriosität oder auf die Bonität des Emittenten geschlossen werden.

### 6.5. Prospekthaftung

Seit dem Inkrafttreten des Anlegerschutzverbesserungsgesetzes am 1. 7. 2005 gilt durch Einfügung des neuen Abschnitts IIIa in das Verkaufsprospektgesetz nicht nur die Prospektpflicht, sondern auch der Haftungstatbestand des § 13 VerkaufsprospektG für nicht in Wertpapieren verbriefte Anlagen, zu denen auch Unternehmensbeteiligungen an Personengesellschaften gehören. Die Regelung des § 13 VerkaufsprospektG, der allein die Haftung für fehlerhafte Verkaufsprospekte regelt, wird durch § 13a VerkaufsprospektG ergänzt, dem zufolge nunmehr auch eine Haftung für das *Fehlen* eines Verkaufsprospektes besteht.

Nach § 13 VerkaufsprospektG sind die Bestimmungen der §§ 44 bis 47 BörsenG mit einigen Besonderheiten entsprechend anzuwenden, wenn wesentliche Prospektangaben, die für die Beurteilung der Vermögensanlage von wesentlicher Bedeutung sind, unrichtig oder unvollständig sind. Der Bestimmung des § 13 VerkaufsprospektG, welche die Rechtsfolgen eines fehlerhaften Verkaufsprospektes regelt, ist § 13a VerkaufsprospektG im Hinblick auf Anspruchsvoraussetzungen und -ausschlüsse im Falle eines gänzlich fehlenden Verkaufsprospektes nachgebildet. Danach besteht ein Anspruch gegen den Anbieter und den Emittenten nur dann, wenn das Erwerbsgeschäft vor Veröffentlichung des Prospektes und innerhalb von sechs Monaten nach dem ersten öffentlichen Angebot im Inland abgeschlossen wurde (§ 13a Abs. 1 Satz 1 VerkaufsprospektG). Eine spätere Veröffentlichung des Verkaufsprospektes lässt den Haftungsanspruch unberührt.[254]

### 7. Vertragsdokumentation

Ein Private-Equity-(Dach-) Fonds erfordert eine Vertragsdokumentation, auf deren Bestandteile im Folgenden kurz eingegangen werden soll.

---

[253] Zu den Bußgeldbestimmungen siehe § 17 VerkaufsprospektG.
[254] Siehe hierzu im Einzelnen Lüdicke/Arndt/Götz, a.a.O., S. 119 f.

### 7.1. Gesellschaftsvertrag/„Limited Partnership Agreement"

Die Beziehung zwischen dem Gesellschafter – im angelsächsischen Raum als „Limited Partner"[255] bezeichnet – eines Private-Equity-Fonds und der den Fonds verwaltenden Management-Gesellschaft – im angelsächsischen Raum als „General Partner" bezeichnet – wird im Gesellschaftsvertrag bzw. „Limited Partnership Agreement (LPA)" geregelt. Das Verständnis sowie gegebenenfalls die Verhandlung der Vertragsklauseln und Konditionen ist für den potentiellen Investor des Fonds ein aufwändiger und komplexer Prozess, der jedoch von eminenter Bedeutung zur Absicherung seiner Interessen gegenüber dem General Partner ist.[256] Im LPA werden alle schon im PPM dargestellten Fondsmerkmale und Eckdaten des Fonds verbindlich festgelegt. Das LPA wird in der Regel erst im Entwurf an die potentiellen Investoren ausgehändigt und kurz vor dem ersten Zeichnungsschluss – gegebenenfalls unter Berücksichtigung von Änderungswünschen seitens der Investoren – fertig gestellt. Zu den wichtigsten Bestandteilen des Gesellschaftsvertrages bzw. LPA gehören die Formulierung der Anlagegrundsätze, die Festlegung des Fondsvolumens, die Bestimmungen zur laufenden Vergütung und zur Gewinnbeteiligung der Managementgesellschaft. Des Weiteren finden sich hier Regelungen zur Fondslaufzeit ebenso wie zur Frage, ob und wie das Team persönlich in den Fonds investiert. Bestandteile des Gesellschaftsvertrages bzw. LPA sind schließlich auch die „Key Man Clause", etwaige Ausstiegsklauseln, Wettbewerbsverbote oder Rücktrittsrechte.[257]

### 7.2. Managementvertrag

Die Leistungen der Managementgesellschaft oder des Managements können Gegenstand eines Managementvertrages sein. Der Managementvertrag hat die Rechtsnatur eines entgeltlichen Geschäftsbesorgungsvertrages im Sinne der §§ 675 ff., 662 BGB.

Die Managementgesellschaft übernimmt auf der Grundlage des Managementvertrages insbesondere das Beteiligungsmanagement, die Akquisition von Beteiligungen einschließlich der Führung von Vertragsverhandlungen, die laufende Verwaltung der Beteiligungen und die Exit-Gestaltung für die Beteiligungen. Hierfür erhält die Managementgesellschaft eine laufende, von der Performance unabhängige Tätigkeitsvergütung, die so genannte Management-Fee. Neben einer Regelung zur Management-Fee finden sich im Managementvertrag auch Regelungen in Bezug auf die weiteren Vergütungselemente, hier insbesondere die Gewinnbeteiligung des Fondsmanagements („Carried Interest").[258]

In der Vergangenheit hat es sich bei Private-Equity-(Dach-) Fonds in der Rechtsform einer GmbH & Co. KG aus umsatzsteuerlichen Gründen empfohlen, anstelle einer entsprechenden Regelung in einem Managementvertrag im Gesellschaftsvertrag zu regeln, dass der geschäftsführende Kommanditist seine Management- bzw. Geschäftsführungsleistung als Gesellschafterbeitrag zur Erreichung des Gesellschaftszwecks erbringt. In diesem Fall wurde die Leistung des geschäftsführenden Kommanditisten nicht gegen ein festes Sonderentgelt ausgeführt, sondern wurde durch eine Beteiligung am Ergebnis der Dachfondsgesellschaft abgegolten (so genannter Ergebnis-Vorab). Umsatzsteuerlich hatte dies zur Folge, dass die Leistung des geschäftsführenden Kommanditisten, die ihren Grund in einem gesellschafts-

---

[255] Entspricht der Kommanditistenstellung in einer Kommanditgesellschaft.
[256] Vgl. Mackewicz & Partner, Institutionelle Investoren und deren Aktivitäten im Hinblick auf die alternative Anlageklasse Private Equity, 2004, S. 22 f.
[257] Vgl. Mackewicz & Partner.
[258] Vgl. Herzig/Gocksch, S. 601; Krüger/Kalbfleisch, Due Diligence bei Kauf und Verkauf von Unternehmen, DStR 1999, 174 ff. (174); Lorenz, Auswirkungen der Unternehmenssteuerreform 2001 auf die Gestaltung von Venture Capital-Fonds, DStR 2001, 821 ff. (821); Rodin/Veith, Zur Abgrenzung zwischen privater Vermögensverwaltung und gewerblicher Tätigkeit bei Private Equity-Pools, in: DB 2001, 883 ff. (884).

rechtlichen Beitragsverhältnis findet, nicht als auf einen Leistungsaustausch gerichtet galt und daher nicht der Umsatzsteuer unterfiel.

Derartige gängige gesellschaftsvertragliche Regelungen werden künftig für Private-Equity-(Dach-) Fonds, die ab 1. 1. 2008 gegründet werden, zur Vermeidung der Umsatzsteuer nicht mehr anerkannt werden. Unter Berücksichtigung des BMF-Schreibens vom 31. 5. 2007[259] ist nunmehr für die umsatzsteuerliche Behandlung derartiger Leistungen alleine die tatsächliche Ausführung des Leistungsaustausches und nicht etwa eine gesellschaftsrechtliche Verpflichtung entscheidend. Auf die Buchung solcher Leistungen als „Aufwand" innerhalb der Gewinn- und Verlustrechnung kommt es insoweit nicht mehr an. Für das Vorliegen eines Leistungsaustausches ist umsatzsteuerrechtlich maßgebend, dass ein Leistender und ein Leistungsempfänger (überhaupt) vorhanden sind und dass der Leistung eine Gegenleistung gegenüber steht. Unter umsatzsteuerlichen Gesichtspunkten setzt die Steuerbarkeit der Geschäftsführungsleistungen also lediglich das Bestehen eines unmittelbaren Zusammenhangs zwischen der erbrachten Leistung und dem empfangenen Entgelt voraus. Unerheblich ist hingegen, dass die geschäftsführenden Kommanditisten zugleich Mitgliedschaftsrechte ausüben. Auch auf die Bezeichnung der Gegenleistung z. B. als Ergebnis- oder Gewinnvorab kommt es für die umsatzsteuerliche Behandlung des Entgeltes nicht an.

### 7.3. Treuhandvertrag

Bei „Retail"-Dachfonds in Gestalt einer GmbH & Co. KG regelt der Treuhandvertrag die Einzelheiten des Rechtsverhältnisses zwischen dem Treuhandkommanditisten (Treuhänder) und dem jeweiligen Investor (Treugeber), welcher der (Dachfonds-) Gesellschaft nach Maßgabe der Bestimmungen des Gesellschaftsvertrages und der im Zeichnungsschein dokumentierten Beitrittserklärung entweder mittelbar im Rahmen einer Vollrechtstreuhand oder unmittelbar im Rahmen einer Verwaltungstreuhand beitritt.

Für Investoren, die in Bezug auf ihre unmittelbar gehaltene Kommanditbeteiligung eine Verwaltungstreuhand vereinbart haben, gilt der Treuhandvertrag mit der Maßgabe, dass sich dieser Vertrag nur auf die treuhänderische Verwaltung der Kommanditbeteiligung des Investors und der Wahrnehmung seiner sich daraus ergebenden Gesellschafterrechte bezieht.

Soweit der Treuhandkommanditist demgegenüber Kommanditbeteiligungen einzelner Investoren auf der Grundlage einer Vollrechtstreuhand im eigenen Namen aber für Rechnung der betreffenden Investoren erwirbt, besteht nach Maßgabe des Treuhandvertrages die Verpflichtung, das Treugut vom eigenen Vermögen des Treuhandkommanditisten getrennt zu halten und insoweit auch getrennt zu verwalten. Dem entspricht die Regelung, dass der Treuhandkommanditist einem Investor alles herauszugeben hat, was er aufgrund seiner Rechtsstellung als Treuhänder und in Ausübung des Treuhandvertrages erlangt hat. Umgekehrt ist jeder Investor verpflichtet, den Treuhandkommanditisten von allen Verpflichtungen und Verbindlichkeiten im Zusammenhang mit dem Erwerb und der Verwaltung der betreffenden Beteiligung frei zu halten und bereits geleistete Zahlungen zu erstatten. Es sollte im Interesse des Treuhandkommanditisten ausdrücklich vereinbart sein, dass die Erstattung auf erstes Anfordern zu erfolgen hat.

Sowohl bei der Vollrechtstreuhand als auch bei der Verwaltungstreuhand übt der Treuhandkommanditist im Rahmen seines Auftrags die dem betreffenden Investor zustehenden Mitgliedschaftsrechte grundsätzlich selbst aus. Dieses Recht des Treuhandkommanditisten bezieht sich insbesondere auf das Teilnahme-, das Rede-, das Antrags- und das Stimmrecht im Rahmen von Gesellschafterversammlungen. Der Treuhandkommanditist hat diese Mitgliedschaftsrechte jeweils nach pflichtgemäßem Ermessen sowie unter Berücksichtigung der berechtigten Belange der betreffenden Investoren auszuüben. Der Treuhandvertrag kann vorsehen, dass die Investoren – widerruflich – bevollmächtigt sind, das Stimmrecht, soweit es dem Treuhandkommanditisten zusteht, anteilig und damit entsprechend der Stimmkraft sei-

---

[259] Az. IV A 5 – S 7100/07/0031, BStBl 2007, Teil I, S. 503.

ner durch das Treuhandverhältnis begründeten wirtschaftlichen Beteiligung an der Dachfondsgesellschaft auch während des Treuhandverhältnisses selbst auszuüben.

In dem Treuhandvertrag darf im Hinblick auf die Anerkennung des Treuhandverhältnisses eine Regelung nicht fehlen, welche den Investor berechtigt, dem Treuhandkommanditisten Weisungen hinsichtlich der Ausübung des Stimmrechts bei der Fassung von Gesellschafterbeschlüssen zu erteilen.[260] Dieses Weisungsrecht des Investors darf nicht eingeschränkt werden. Der Treuhandkommanditist muss seinerseits verpflichtet werden, die ihm von dem Investor erteilten Weisungen jedenfalls insoweit zu beachten, als sie nicht gegen die Interessen der (Dachfonds-) Gesellschaft verstoßen. In der Regel findet sich in diesem Zusammenhang auch die Regelung, dass der Treuhandkommanditist berechtigt ist, nach eigenem pflichtgemäßem Ermessen zu handeln, zu entscheiden und abzustimmen, wenn es nicht möglich war, rechtzeitig Weisungen des jeweiligen Investors einzuholen.

**7.4. Mittelverwendungsvertrag**

Der Mittelverwendungsvertrag ist ein entgeltlicher Geschäftsbesorgungsvertrag im Sinne der §§ 675, 662 BGB. Der Mittelverwendungsvertrag wird in der Regel zwischen einer „Retail"-Dachfondsgesellschaft und einer Wirtschaftsprüfungsprüfungsgesellschaft vereinbart. Die Vereinbarung eines Mittelverwendungsvertrages mit einer externen Wirtschaftsprüfungsgesellschaft ist allerdings nicht zwingend.[261] Schon aus Kostengründen ist nicht selten im Gesellschaftsvertrag der Dachfondsgesellschaft geregelt, dass die Mittelfreigabe durch den Treuhandkommanditisten erfolgt. In einem solchen Fall obliegt dem Treuhandkommanditisten auch die Prüfung der Voraussetzungen für eine Freigabe der Mittel.

Gegenstand eines Mittelverwendungsvertrages ist der Auftrag an die Wirtschaftsprüfungsgesellschaft, die Voraussetzungen für die Verwendung und gegebenenfalls auch die Freigabe bestimmter Mittel zu prüfen. Die Wirtschaftsprüfungsgesellschaft hat diese Funktion gewissenhaft und im Verhältnis zur Dachfondsgesellschaft unabhängig und unparteiisch auszuüben.

Bei den der Mittelverwendungskontrolle unterliegenden Mitteln handelt es sich regelmäßig um die von den Investoren geleisteten Kapitaleinzahlungen. Der Mittelverwendungskontrolle können auch diejenigen Mittel unterstellt werden, die für Investitionen in die betreffenden Zielfonds notwendig sind.

Eine Verfügung über die der Mittelverwendungskontrolle unterliegenden Mittel für Rechnung der Dachfondsgesellschaft kommt nur nach Erteilung der (Mittel-) Freigabe in Betracht. Die Freigabe darf nur erteilt werden, wenn bestimmte formelle und/oder materielle Voraussetzungen erfüllt sind. Diese Freigabevoraussetzungen können im Gesellschaftsvertrag oder auch im Mittelverwendungsvertrag geregelt sein. Beispiele für formelle Freigabevoraussetzungen sind das Erreichen einer bestimmten Mindestzeichnungssumme und/oder das Vorliegen eines Prüfungsberichts, der keine wesentlichen Einwendungen gegen den Verkaufsprospekt enthalten darf. Soweit es um die Freigabe derjenigen Mittel geht, die für Investitionen in Zielfonds notwendig sind, kommt als weitere formelle Freigabevoraussetzung der Nachweis eines entsprechenden Beteiligungsvertrages in Betracht, der durch Vorlage des angenommenen Zeichnungsscheines (Beitrittserklärung) einschließlich der betreffenden Kapitalanforderung geführt wird. Beispiele für materielle Freigabevoraussetzungen können bestimmte steuerliche Gesichtspunkte oder auch die Verwendung der Mittel im Einklang mit den im Gesellschaftsvertrag geregelten Anlagerichtlinien oder in Übereinstimmung mit dem Finanz- und Investitionsplan der Dachfondsgesellschaft sein.

---

[260] So auch Jesch, Private-Equity-Beteiligungen, S. 155.
[261] So auch Jesch, a.a.O., S. 155.

## 2. Teil. Fondsstrukturierung

### § 4 Inländische Fondsstrukturen

| Übersicht | Seite |
|---|---|
| 1. Einleitung | 73 |
| 2. Was ist ein Private-Equity-Fonds? | 73 |
| 3. Was sind die Parameter für inländische Fondsstrukturen? | 74 |
| 3.1. Personengesellschaftsmodelle | 74 |
| 3.1.1. Die vermögensverwaltende GmbH & Co. KG | 74 |
| 3.1.2. Gewerbliche GmbH & Co. KG | 77 |
| 3.1.3. Das GbR mbH-Modell | 77 |
| 3.1.4. Stille Gesellschaft als Beteiligungsmodell | 78 |
| 3.2. Kapitalgesellschaftsmodelle | 78 |
| 3.2.1. AG/GmbH-Modell | 78 |
| 3.2.2. GmbH & Co. KGaA-Modell | 78 |
| 3.3. Unternehmensbeteiligungsgesellschaft und Wagniskapitalbeteiligungsgesellschaft | 80 |
| 3.3.1. Unternehmensbeteiligungsgesellschaft | 80 |
| 3.3.2. Wagniskapitalbeteiligungsgesellschaft | 80 |
| 4. Ausblick: Die AIFM-Richtlinie – Wie geht es weiter? | 81 |

### 1. Einleitung

Kann man Private-Equity-Fonds überhaupt in Deutschland errichten? Ist nicht London oder Luxemburg als Fondsstandort besser? Gibt es nicht unüberwindbare rechtliche oder steuerliche Problematiken? Diese Fragen werden sehr häufig bei der Strukturierung von Private-Equity-Fonds aufgeworfen. Die Entwicklung des deutschen Private-Equity-Fonds Marktes in den letzten Jahrzehnten zeigt, dass diese Fragen – wenn überhaupt – nur zum Teil berechtigt sind. In Deutschland haben sich in den letzten Jahrzehnten marktgängige Strukturen für Private-Equity-Fonds entwickelt, die erfolgreich sowohl national als auch international vermarktet werden können. Eine Einheitsstruktur wie in anderen Ländern hat sich aber mangels Schaffung eines sog. Private-Equity-Gesetzes bisher in Deutschland nicht entwickelt.

Nachfolgend sollen einführend die derzeit vorherrschenden Strukturen für Private-Equity-Fonds überblicksartig dargestellt werden. Des Weiteren soll ein kurzer Ausblick gegeben werden, wie sich inländischer Fondsstrukturen auf Grund der sog. Alternative Investment Fund Managers Richtlinie voraussichtlich entwickeln werden. Der Entwurf zu dieser Richtlinie wurde am 30. April 2009 veröffentlicht[262] und wird derzeit im Europäischen Parlament diskutiert.[263]

### 2. Was ist ein Private-Equity-Fonds?

Das Bundesministerium der Finanzen definiert in Textziffer 1 ihres Schreibens vom 16. Dezember 2003[264] wie folgt: „In Venture Capital und Private Equity Fonds, die meist von ei-

---

[262] Im Internet abrufbar unter http://ec.europa.eu/internal_market/investment/alternative_investments_de.htm
[263] Verfahrensstand abrufbar unter http://www.europarl.europa.eu/oeil/search_reference_procedure.jsp, Referenz COD/2009/0064.
[264] BStBl. 2004, Teil II, S. 40.

nem oder mehreren Initiatoren gegründet werden, schließen sich Kapitalanleger insbesondere zum Zweck der Finanzierung junger Unternehmen, des Wachstums mittelständischer Unternehmen, der Ausgliederung von Unternehmensteilen oder der Nachfolge in Unternehmen zusammen. [...]".

Diese Beschreibung verweist auf das Vorliegen eines Zusammenanschlusses von Kapitalanlegern, erwähnt aber ein wesentliches Merkmal nicht: Private-Equity-Fonds werden grundsätzlich als geschlossene Fonds aufgesetzt, d. h. der Fonds hat eine bestimmte Laufzeit und Investoren haben keine Möglichkeit, ihre Fondsanteile zurückzugeben bzw. nur eingeschränkte Möglichkeiten, diese zu veräußern. Die nachfolgende Darstellung konzentriert sich auf geschlossene, nach deutschem Recht errichtete Fonds und lässt andere Spielarten von Private-Equity-Fonds außer Betracht.

### 3. Was sind die Parameter für inländische Fondsstrukturen?

Die Parameter können vereinfachend wie folgt zusammengefasst werden:
1. *Flexible Kapitalstruktur*
   Der Fonds soll eine flexible Kapitalstruktur haben, d. h. der Fonds soll Kapital nur bei Bedarf einfach und schnell abrufen und freie Liquidität zeitnah nach Vereinnahmung an die Investoren zurückführen können.
2. *Haftungsbeschränkung*
   Die Investoren sollen in den Genuss der Beschränkung ihrer Haftung auf ihre Einlage kommen.
3. *Steuerliche Neutralität*
   Fondsstrukturen sollen grundsätzlich steuerlich neutral sein, d. h. weder das Fondsvehikel selbst (sog. steuerliche Transparenz) als auch Ausschüttungen des Fonds sollen steuerlichen Belastungen unterliegen. Selbstverständlich sollen ausländische Investoren nicht allein auf Grund ihrer Beteiligung am Fonds einer Besteuerung im Ansässigkeitsstaat des Fonds unterliegen.
4. *Marktübliche Besteuerung des Carried Interest*
   Der sog. Carried Interest, also die Beteiligung des Managements des Fonds am Erfolg des Fonds, soll marktüblich besteuert werden.
5. *Aufsichtsrecht*
   Aufsichtsrechtliche „Belastungen" sollen sich im Rahmen halten.

Die in Deutschland eingesetzten Strukturen können grundsätzlich in zwei Hauptgruppen Personengesellschaftsmodelle und Kapitalgesellschaftsmodelle eingeteilt werden.

### 3.1. Personengesellschaftsmodelle

#### 3.1.1. Die vermögensverwaltende GmbH & Co. KG

Die ersten Private Equity Fonds wurden in Deutschland Mitte der 1980er Jahre errichtet. In Anlehnung an die in den USA und Großbritannien damals schon üblichen Strukturen in der Rechtsform einer limited partnership wurden Strukturen unter Verwendung einer GmbH & Co. KG für Private Equity Fonds entwickelt. Diese Rechtsform wurde schon für andere geschlossene Fonds in Deutschland zu diesem Zeitpunkt eingesetzt. Im Unterschied zu anderen geschlossenen Fonds wurde und wird bei Private Equity Fonds steuerlich meist nicht die Gewerblichkeit, sondern der vermögensverwaltende Status der Personengesellschaft angestrebt **(siehe hierzu Striegel/Herkenroth, § 18, Abschnitt 2.2.2.).** Diese Struktur wurde über die Jahre fortentwickelt und dürfte jetzt die gängigste Struktur darstellen.

Die Struktur kann wie folgt zusammengefasst werden:
– Der Fonds wird als Kommanditgesellschaft errichtet.
– Die Investoren werden Kommanditisten des Fonds.

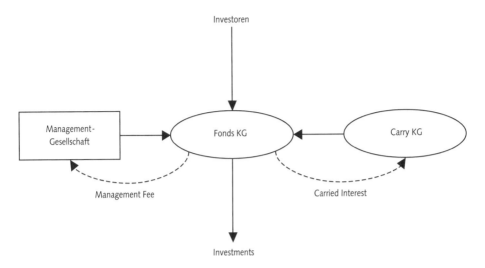

- Das Management des Fonds, also das Team des Private Equity Hauses, wird über eine Management-Gesellschaft tätig, die meist als persönlich haftender Gesellschafter ohne Kapitalanteil, in manchen Fällen als Kommanditist mit Geschäftsführungsbefugnis an den Fonds angebunden ist. Für diese Leistungen erhält die Management-Gesellschaft eine Vergütung (sog. Management Fee).
- Daneben ist Kommanditist die sog. Carried Interest GmbH & Co. KG, die häufig als geschäftsführende Kommanditistin am Fonds teilnimmt. Ein eventuelles Co-Investment des Managements des Fonds wird über diese Gesellschaft in den Fonds investiert.

Diese Struktur wurde an Hand der im Ausland üblichen Strukturen im Rahmen von einer Vielzahl von Verfahren zur Erteilung von verbindlichen Auskünften, die insbesondere in München geführt wurden, entwickelt und liegt auch dem Schreiben des Bundesministeriums der Finanzen vom 16. Dezember 2003[265] zugrunde.

Im Idealfall erfüllt diese Struktur die oben dargestellten Parameter:
1. *Flexible Kapitalstruktur*
   Die Kommanditgesellschaft ermöglicht eine flexible Kapitalstruktur, da Einlageverpflichtungen der Kommanditisten flexibel geregelt und Ausschüttungen an Kommanditisten geregelt werden können.
2. *Haftungsbeschränkung*
   Die Haftung eines Kommanditisten kann im Grundsatz auf seine im Handelsregister eingetragene Einlage begrenzt werden.
3. *Steuerliche Neutralität*
   Ist der Fonds als vermögensverwaltend zu betrachten (**s. hierzu Striegel/Herkenroth, § 18, Abschnitt 2.2.2.**), ist der Fonds selbst steuerlich neutral und ausländische Investoren unterliegen nicht allein auf Grund ihrer Beteiligung am Fonds der Besteuerung in Deutschland (keine Betriebsstätte durch Fonds). Ausschüttungen aus Personengesellschaften unterliegen in Deutschland keiner Quellensteuer.
4. *Marktübliche Besteuerung des Carried Interest:*
   Die Carried-Interest-Berechtigten können in dieser Struktur eine teilweise Steuerbefreiung des Carried Interest nutzen. In früheren Jahren akzeptierten Landesfinanzverwaltungen eine Besteuerung des Carried Interest als Gewinnanteil, d. h. Carried Interest in Form von Veräußerungsgewinnen konnte bei Nichtvorliegen der Voraussetzungen

---

[265] BStBl. 2004, Teil II, S. 40.

von §§ 17, 23 EStG ohne Steuerbelastung vereinnahmt werden.[266] Seit 2004 besteht ein sog. Carried-Interest-Gesetz (§ 18 Abs. 1 Satz 1 Nr. 4 EStG, § 3 Nr. 40a EStG), das die Steuerbelastung des Carried Interest auf einem international wettbewerbsfähigeren Niveau hält (**maximal ca. 28 %, ohne Kirchensteuer**).

5. *Aufsichtsrecht:*
Hinsichtlich Private-Equity-Fonds kann Deutschland als niedrig reguliertes Land angesehen werden.
- Derart errichtete Private Equity Fonds unterlagen und unterliegen keinen aufsichtsrechtlichen Bestimmungen,[267] es sei denn, es würde bewusst das Statut einer Unternehmensbeteiligungsgesellschaft (siehe hierzu Abschnitt 3.3.1.) oder einer Wagniskapitalbeteiligungsgesellschaft (siehe hierzu Abschnitt 3.3.2.) gewählt werden. Private-Equity-Fonds, die derart errichtet wurden, unterliegen keinen aufsichtsrechtlichen Bestimmungen. Der in 2009 eingeführte Tatbestand der Anlageverwaltung könnte grundsätzlich auf Private-Equity-Fonds nach seinem Wortlaut Anwendung finden, wenn der Fonds schwerpunktmäßig in Finanzinstrumente investiert und darauf abzielt, an deren Wertentwicklung teilzunehmen.[268] Aus der Gesetzesbegründung folgt aber, dass Private-Equity-Fonds generell von dem Tatbestand der Anlageverwaltung ausgeschlossen sein sollen.[269] Der Gesetzgeber schließt sich damit der auch im Rahmen des Investmentgesetzes relevanten und von der Bundesanstalt für Finanzdienstleistungsaufsicht (BaFin) konkretisierten Auffassung an, dass Private-Equity-Fonds nicht auf die bloße Teilnahme an der Wertentwicklung von Finanzinstrumenten ausgerichtet sind.[270] Dies sollte bedeuten, dass Private Equity Fonds bei Übereinstimmung mit den von der BaFin konkretisierten Kriterien nicht unter den Tatbestand der Anlageverwaltung fallen. Es kann daher davon ausgegangen werden, dass Private-Equity-Fonds in Deutschland weiterhin ohne aufsichtsrechtliche Regulierung errichtet werden können.
- Anders als z. B. in anderen Mitgliedsstaaten der Europäischen Union bestehen auch keine strukturellen Anforderungen an Private-Equity-Fonds, d. h. im internationalen Vergleich kann sich Deutschland aufsichtsrechtlich z. B. mit den USA messen.
- Auch der Vertrieb von Private-Equity-Fonds in dieser Struktur im Rahmen eines sog. Private Placements wie bei Private-Equity-Fonds in der Regel üblich ist in Deutschland ohne Prospekt im Sinne des Wertpapier-Verkaufsprospektgesetzes (Verkaufsprospektgesetz) möglich (siehe § 8f Verkaufsprospektgesetz, siehe hierzu **von Kuhlberg/Seidel, § 3 Abschnitt 6**).

Die GmbH & Co. KG wäre daher die nahezu perfekte Struktur, wenn nicht derzeit zwei steuerliche Gesichtspunkte zu berücksichtigen wären:

### 3.1.1.1. Vermögensverwaltung

In Deutschland besteht keine generelle gesetzliche Regelung der Kriterien für Vermögensverwaltung bei Private-Equity-Fonds (zu § 19 WKBG siehe unten unter Abschnitt XXX). Die von der Finanzverwaltung für richtig erachteten Kriterien sind im Schreiben des Bundesministeriums der Finanzen vom 16. Dezember 2003[271] dargestellt und werden in weiteren Erlassen der Finanzverwaltung aus deren Sicht erläutert. Ohne Details darstellen zu

---

[266] Vgl. OFD München, OFD/Nürnberg, Verfügung v. 23. Januar 2004, Az. S 2241 – 55 St 41/42, S 2241 – 328/St 31, DStR 2004, 355.
[267] Vgl. auch BVerwG Urt. v. 27. Februar 2008, C 11.07 u. 6 C 12.07, BeckRS 2008 39619.
[268] Vgl. hierzu von Livonius/Bernau, WM 2009, 1216.
[269] Vgl. Entwurf eines Gesetzes zur Fortentwicklung des Pfandbriefrechts, BT-Drucks. 16/11130, S. 43 f.
[270] Vgl. auch Ziffer I.4. des BaFin-Rundschreibens 14/2008 (WA) zum Anwendungsbereich des Investmentgesetzes nach § 1 Satz 1 Nr. 3 InvG v. 22. Dezember 2008 (WA 41-Wp2136-2008/0001).
[271] BStBl. 2004, Teil II, S. 40.

wollen (s. hierzu **Striegel/Herkenroth, § 18, Abschnitt 2.2.2.**) kann zusammenfassend gesagt werden, dass diese Kriterien sehr ungenau und restriktiv formuliert sind. Im Ausland bestehen ähnliche steuerliche Konzepte für die steuerliche Behandlung von Private-Equity-Fonds, die aber den Fonds mehr Spielraum für unternehmerisches Handeln lassen. Es bestehen auch erhebliche Zweifel, ob die von der Finanzverwaltung aufgestellten Kriterien rechtlich zutreffend sind. Auch wenn es möglich ist, Private-Equity-Fonds in Deutschland als vermögensverwaltende Personengesellschaften zu führen, begleiten Diskussionen um die steuerliche Behandlung deutsche Private-Equity-Fonds von Anfang an. Derzeit ist nicht absehbar, ob Deutschland diesbezüglich zu einer marktgängigeren und damit wettbewerbsfähigeren steuerlichen Regelung der steuerlichen Behandlung von Private-Equity-Fonds kommt. Damit Deutschland nicht im Wettbewerb weiter zurückfällt, ist ein schnelles Handeln der Politik geboten.

### 3.1.1.2. Umsatzsteuer auf Management-Leistungen

Als erheblich wettbewerbsverzerrend wirkt sich des Weiteren derzeit aus, dass nach Auffassung der Finanzverwaltung die von der Management-Gesellschaft erbrachten Leistungen zur Führung der Geschäfte eines Fonds als der Umsatzsteuer unterliegend behandelt werden. In früheren Jahren wurden solche Leistungen auf Grundlage etablierter Rechtsprechung des Bundesfinanzhofes als nicht der Umsatzsteuer unterliegend behandelt (sog. Organwaltertheorie).[272] Im Jahr 2002 hat der Bundesfinanzhof diese Rechtsprechung aber aufgegeben[273] und die Finanzverwaltung möchte nunmehr diese Leistungen der Umsatzsteuer unterwerfen.[274] Fonds, die vor 2008 errichtet wurden, können in der Regel von Übergangsregelungen Gebrauch machen, so dass dieses Problem bei diesen Fonds nicht auftritt. Für ab 2008 gegründete Fonds kommt es aber zu einer Umsatzbesteuerung dieser Leistungen. Deutschland dürfte wohl derzeit das einzige Land auf der Welt sein, das solche Leistungen der Umsatzsteuer unterwirft. Dies stellt einen schwerwiegenden Standortnachteil für in Deutschland errichtete Private-Equity-Fonds dar und bedarf dringend einer Änderung.

Daneben finden sich aber auch andere Strukturen im deutschen Fondsmarkt:

### 3.1.2. Gewerbliche GmbH & Co. KG

Vereinzelt ist eine gewerbliche GmbH & Co. KG anzutreffen, die ggf. zur gewerbesteuerlichen Optimierung als Unternehmensbeteiligungsgesellschaft ausgestaltet ist. Die Zahl dieser Strukturen ist aber relativ überschaubar. Deutsche Fonds erreichen kritische Größen meist nur mit ausländischen Investoren. Eine gewerbliche GmbH & Co. KG würde für diese eine Betriebsstätte in Deutschland begründen und diese der Besteuerung in Deutschland aussetzen (§ 49 Abs. 1 Nr. 2 EStG). Da dies z. B. insbesondere von ausländischen Funds-of-Funds nicht gewünscht wird, wird diese Struktur nur sehr selten bewusst eingesetzt.

### 3.1.3. Das GbR mbH-Modell

In den Anfangsjahren wurden Fonds teils auch in der Rechtsform einer Gesellschaft bürgerlichen Rechts strukturiert. Diese Struktur hat sich aber aus rechtlichen Gründen nicht im Markt gehalten, da insbesondere keine Haftungsbeschränkung für die Investoren sicher darstellbar war. Zwar hatte man gesellschaftsvertraglich versucht, eine sog. Gesellschaft bürgerlichen Recht mit beschränkter Haftung zu konstruieren. Spätestens mit dem Urteil des Bundesgerichtshofs vom 27. September 1999 dürfte sich die Erkenntnis im Markt durchgesetzt haben, dass diese Struktur zu risikobehaftet ist und keine wesentlichen Vorteile gegenüber einer GmbH & Co. KG bietet.

---

[272] BFH, Urt. v. 17. Juli 1980, V R 5/72, BStBl. 1980, Teil II, S. 622.
[273] BFH, Urt. v. 6. Juni 2002, V R 43/01, BStBl. 2003, Teil II, S. 36.
[274] Bundesministeriums der Finanzen: Schreiben v. 31. Mai 2007, Az. BMF IV A 5-S 7100/07/0031, BStBl. 2007, Teil I, S. 503.

#### 3.1.4. Stille Gesellschaft als Beteiligungsmodell

Das gleiche Schicksal hat auch im Private Equity Fonds Markt das Beteiligungsmodell in Form einer stillen Gesellschaft ereilt. Dieses wurde im Markt als zu komplex und ohne große Vorteile gegenüber dem GmbH & Co. KG-Modell beurteilt und gelangte daher nur selten zur Umsetzung. Aus diesem Grunde wird hier auch von einer weiteren Darstellung abgesehen.

### 3.2. Kapitalgesellschaftsmodelle

Mit der Einführung des deutschen Beteiligungsprivilegs (§ 8b KStG) im Rahmen der Unternehmenssteuerreform 2001 haben Kapitalgesellschaften als Private-Equity-Fonds an Attraktivität gewonnen. Im Grundsatz wurde es dadurch möglich, einen Private-Equity-Fonds nahezu ohne Steuerbelastung auf Ebene des Fonds zu betreiben, soweit Veräußerungsgewinne und Dividenden erzielt wurden. Insbesondere nachfolgende Änderungen des Beteiligungsprivilegs haben diesen Vorteil wieder reduziert, aber nie gänzlich aufgehoben (s. hierzu **Striegel/Herkenroth, § 18, Abschnitt 2.3.2.**).

Nach deutschem Recht stehen grundsätzlich zwei Gestaltungsvarianten zur Verfügung:

#### 3.2.1. AG/GmbH-Modell

Die Struktur kann wie folgt zusammengefasst werden:
- Der Fonds wird in der Rechtsform einer Aktiengesellschaft oder Gesellschaft mit beschränkter Haftung errichtet.
- Die Investoren werden Gesellschafter des Fonds.
- Das Management stellt den Vorstand bzw. die Geschäftsführung.
- Der Carried Interest wird über eine Vorzugsaktie bzw. einen Vorzugsgeschäftsanteil ausgeschüttet, der z. B. über eine Carried Interest KG gehalten wird.

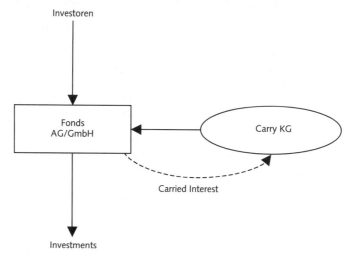

#### 3.2.2. GmbH & Co. KGaA-Modell

Daneben kann die GmbH & Co. KGaA (Kommanditgesellschaft auf Aktien) gewählt werden, die strukturell dem GmbH & Co. KG-Modell näher ist.
- Der Fonds wird als Kommanditgesellschaft auf Aktien errichtet.
- Die Investoren werden Kommanditaktionäre.
- Das Management des Fonds wird über eine Management-Gesellschaft tätig, die als persönlich haftender Gesellschafter ohne Kapitalanteil an den Fonds angebunden ist. Für

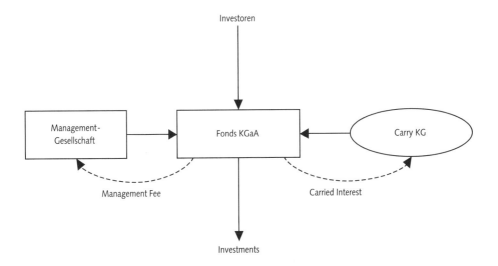

diese Leistungen erhält die Management-Gesellschaft eine Vergütung (sog. Management Fee).
– Der Carried Interest kann nach steuerlichem Gestaltungsinteresse unterschiedlich ausgestaltet werden, z. B. über eine Vorzugsaktie, die über eine Carried Interest KG gehalten wird.

Mit diesen Modellen können die Parameter Haftungsbeschränkung und Aufsichtsrecht bei entsprechender Gestaltung wie im GmbH & Co. KG-Modell umgesetzt werden, nicht aber in der Regel die insbesondere für ein international erfolgreiches Placement wichtigen anderen Parameter:

1. *Keine flexible Kapitalstruktur*
   Zwar kann noch die Einlageverpflichtung flexibel übe der Kommanditisten flexibel über die Gestaltung von Verpflichtungen zur Einzahlung in die Kapitalrücklage ausgestaltet werden. Bei der Rückführung freier Liquidität ergeben sich aber auf Grund gesetzlicher Bestimmungen (§§ 57, 58 AktG, §§ 29, 30 GmbHG) erhebliche Einschränkungen.

2. *Steuerliche Neutralität*
   Auch wenn ein solcher Fonds selbst auf Grund von § 8b KStG körperschaftsteuerlich hinsichtlich Veräußerungsgewinnen und Dividenden meist nur geringen Belastungen unterliegt, unterliegen andere Einkünfte der Körperschaftsteuer. Da Kapitalgesellschaften auch der Gewerbesteuer unterliegen, können erhebliche gewerbesteuerliche Belastungen auftreten (z. B. wegen sog. Streubesitzdividenden im Sinne von § 8 Nr. 5 GewStG). Als im Placement besonders nachteilig wirkt sich aber aus, dass Gewinnausschüttungen aus solchen Fondsstrukturen in Deutschland grundsätzlich der Kapitalertragsteuer unterliegen und daher insbesondere ausländische Investoren häufig eine Steuerbelastung in Deutschland erleiden (siehe hierzu **Striegel/Herkenroth, § 18, Abschnitt 2.3.**).

3. *Marktübliche Besteuerung des Carried Interest*
   Nach Auffassung der beratenden Zunft kann bei entsprechender Ausgestaltung Carried Interest z. B. als Gewinnausschüttung strukturiert werden, die der Abgeltungsteuer bzw. bei Kapitalgesellschaften als Berechtigten § 8b KStG unterliegt. Die Finanzverwaltung möchte solche Ausschüttungen aber als voll steuerpflichtig behandeln.[275] Diese Auffas-

---

[275] Bayerisches Landesamt für Steuern, Verfügung v. 29. August 2008, Az. S 2241 – 17 St32/St33, DB 2008, 2166.

sung entbehrt jeglicher Rechtsgrundlage und widerspricht auch anderen Äußerungen der Finanzverwaltung zu vergleichbaren Strukturen.[276]

Zu diesen Thematiken tritt hinzu, dass auch bei dem GmbH & Co. KGaA-Modell eine Umsatzbesteuerung von Management-Leistungen in Betracht kommt (siehe oben).

In der Praxis werden daher solche Strukturen meist nur im Konzernverbund z. B. im Corporate-Venture-Bereich oder bei Fonds, die sich ausschließlich an inländische Investoren richten, eingesetzt. Ebenso wurden mehrere börsennotierte Fonds unter Verwendung einer KGaA oder einer AG errichtet, die in der Regel aber thesaurieren, also nicht ausschütten.

### 3.3. Unternehmensbeteiligungsgesellschaft und Wagniskapitalbeteiligungsgesellschaft

Welche Bedeutung haben in diesem Zusammenhang die Unternehmens- und die Wagniskapitalbeteiligungsgesellschaft? Beiden Begriffen ist gemein, dass sie nicht eine spezielle Rechtsform für einen Private-Equity-Fonds bezeichnen, sondern einen besonderen Status, der von Private-Equity-Fonds gewählt werden kann. Sowohl eine Unternehmens- als auch eine Wagniskapitalbeteiligungsgesellschaft kann z. B. als Personen- oder als Kapitalgesellschaft errichtet werden (§ 2 Abs. 1 UBGG, § 2 Abs. 1 WKBG). Sie stellen somit eine Ergänzung der bestehenden Modelle und nicht ein weiteres Modell im engeren Sinne dar.

#### 3.3.1. Unternehmensbeteiligungsgesellschaft

Das Gesetz über Unternehmensbeteiligungsgesellschaften (UBGG)[277] wurde ursprünglich 1986 eingeführt und in der Folge mehrfach geändert.[278] Ein wesentlicher Vorteil der Unternehmensbeteiligungsgesellschaft ist die damit verbundene Befreiung von der Gewerbesteuer (§ 3 Nr. 23 GewStG). Steuerlich löst sie aber nicht die anderen Thematiken, wie z. B. die Betriebsstättenbesteuerung ausländischer Investoren im Falle einer gewerblichen Personengesellschaft als Fonds oder die Kapitalertragsteuerbelastungen bei Einsatz einer Kapitalgesellschaft. Der gewerbesteuerliche Vorteil wird auch durch Einschränkungen hinsichtlich Struktur und Geschäftstätigkeit erkauft (s. hierzu **Striegel/Herkenroth, § 21, Abschnitt 2.2.2.**). So unterliegt die Unternehmensbeteiligungsgesellschaft Anlagegrenzen z. B. hinsichtlich Mehrheitsbeteiligungen (siehe § 4 UBGG). Die Zahl der Unternehmensbeteiligungs-gesellschaften ist daher noch überschaubar geblieben. Ein Erfolgsmodell dürfte sie erst bei einer weitergehenden Reform werden.[279]

#### 3.3.2. Wagniskapitalbeteiligungsgesellschaft

Die Hoffnungen waren groß, dass diese Reform mit der Wagniskapitalbeteiligungsgesellschaft geschafft wird und dass damit Deutschland ein international wettbewerbsfähiges Fondsstatut bekommt. Die Hoffnungen wurden bitterlich enttäuscht. Das Gesetz zur Förderung von Wagniskapitalbeteiligungen (Wagniskapitalbeteiligungsgesetz – WKBG) vom 12. August 2008 wird sich zum wirkungslosen Papiertiger entwickeln. Dies hat mehrere Gründe: Schon während des Gesetzgebungsprozesses wurde darauf hingewiesen, dass die Voraussetzungen für dieses Statut so eng definiert sind, so dass es selbst Venture-Capital-Fonds schwer fallen wird, das Statut zu nutzen: eine Wagniskapitalbeteiligungsgesellschaft

---

[276] Bundesministerium der Finanzen: Schreiben v. 7. Dezember 2000, Az. BMF IV A 2 – S 2810 – 4/00, BStBl. 2001, Teil I, S. 47, nachdem sog. inkongruente Gewinnausschüttungen steuerlich dann anzuerkennen sind, wenn für eine solche Gewinnverteilung besondere Leistungen eines oder mehrerer Gesellschafter für die Kapitalgesellschaft ursächlich sind.

[277] Gesetz über Unternehmensbeteiligungsgesellschaften (UBGG) v. 9. September 1998, BGBl. 1998, Teil I, S. 2765.

[278] Zuletzt geändert durch Art. 78 FGG-ReformG v. 17. Dezember 2008, BGBl. 2008, Teil I, S. 2586.

[279] Vgl. zum Reformbedarf z. B. Veith, DB 2003, 1191 und Fock, DB 2006, 1542.

darf nur in Unternehmen mit Ansässigkeit im Europäischen Wirtschaftsraum investieren, die bei Erwerb der Beteiligung ein Eigenkapital von weniger als € 20 Mio. aufweisen und deren Gründung nicht länger als zehn Jahre zurückliegt (§ 2 Abs. 3 WKBG). Nun hat auch noch die EU-Kommission mit Entscheidung vom 30. 9. 2009[280] mit § 19 WKBG die wohl wichtigste Vorschrift des WKBG als europarechtswidrig eingestuft. In § 19 WKBG wurde erstmals die Vermögensverwaltung steuerlich geregelt und damit war es über das WKBG erstmals möglich, gesetzlich abgesichert steuerlich transparente Personengesellschaften zu errichten, auch wenn zu berücksichtigen war, dass die Voraussetzungen hierfür in § 19 WKBG zum Teil enger definiert sind als nach dem BMF-Schreiben vom 16. Dezember 2003.[281] Da ist es fast schon unerheblich, dass das WKBG auch nicht das drängenste Problem der Branche gelöst hätte, die Umsatzbesteuerung der Management-Leistungen (siehe oben). Ein größeres gesetzgeberisches Desaster ist kaum vorstellbar.

### 4. Ausblick: Die AIFM-Richtlinie – Wie geht es weiter?

Am Horizont ziehen schon die nächsten Wolken für den deutschen Private-Equity-Fonds-Markt auf. Sollte die AIFM-Richtlinie entsprechend dem derzeitigen Entwurf in Kraft treten und von Deutschland umgesetzt werden, würden massive Änderungen des Umfeldes für Private-Equity Fonds eintreten.
Die AIFM-Richtlinie würde insbesondere zu folgenden Änderungen führen:
– Die Management-Gesellschaft würde grundsätzlich einer Zulassung bedürfen und einer Aufsicht unterliegen, es sei denn der Schwellenwert nach Artikel 2 der AIFM-Richtlinie wäre nicht überschritten. Bisher ist weder eine Zulassung erforderlich noch unterliegen die Management-Gesellschaften einer Aufsicht.
– Der Fonds würde einer sog. Verwahrstelle bedürfen, dessen Aufgabe es wäre, (i) sämtliche Zahlungen, die Anleger bei der Zeichnung von Anteilen eines Fonds leisten, entgegenzunehmen, (ii) dieser Zahlungen im Auftrag des Fonds auf einem gesonderten Konto zu buchen, (iii) sämtlicher Finanzinstrumente des Fonds zu verwahren; und (iv) zu überprüfen, dass der Fonds das Eigentum an allen anderen Vermögenswerten, in die der Fonds investiert, erlangt hat. Dies ist bisher bei inländischen Fondsstrukturen nicht erforderlich.
– Die Aufnahme natürlicher Personen wäre nur noch in unwahrscheinlichen Ausnahmefällen möglich. Bisher können inländische Fondsbeteiligungen auch natürliche Personen ohne maßgebliche Einschränkungen als Investoren aufgenommen werden.

Daneben sind eine Vielzahl weiterer Anforderungen umzusetzen, aber schon aus dieser kurzen Aufstellung wird deutlich, dass sich das Umfeld für inländische Fondsstrukturen massiv durch die Richtlinie ändern würde. Es bleibt zu hoffen, dass die AIFM-Richtlinie dem deutschen Private-Equity-Fonds-Markt nicht erheblichen Schaden zufügen wird.

---

[280] EU Kommission K (2009) 7387.
[281] BStBl. 2004, Teil II, S. 40.

# § 5 Fondsstrukturen (Inbound)

**Übersicht**             **Seite**

1. Einleitung ................................................................. 82
2. Ertragsteuerliche Behandlung von Inlandsinvestitionen durch Steuerausländer ....... 83
    2.1. Grundlagen ........................................................... 83
       2.1.1. Steuersubjekte und Abkommensberechtigung ....................... 83
       2.1.2. Beschränkte Steuerpflicht ........................................ 85
    2.2. Steuereffiziente Repatriierung von Gewinnen ......................... 92
       2.2.1. Direktbeteiligung ................................................ 93
       2.2.2. Indirekte Beteiligung ............................................ 94
       2.2.3. Sonderfall Immobilieninvestment ................................. 99
3. US-amerikanische Vorgaben für Inlandsinvestitionen durch Steuerausländer ........ 101
    3.1. US-amerikanische Besteuerungstatbestände auf Investorenebene ............. 102
       3.1.1. Hinzurechnungsbesteuerung/CFC-Rules ......................... 102
       3.1.2. ECI/UBTI ..................................................... 103
    3.2. ERISA ................................................................ 105
       3.2.1. Voraussetzungen der „Plan Assets Regulation" ..................... 105
       3.2.2. Rechtsfolgen des ERISA ......................................... 105
       3.2.3. Vermeidungsstrategien .......................................... 106

## 1. Einleitung[282]

Im Rahmen der Strukturierung von Private Equity Fonds sowie der Gestaltung ihrer Investmentstrukturen im Inland steht grundsätzlich das Prinzip der Steuerneutralität im Vordergrund. Die Investoren von Private Equity Fonds erwarten nicht nur, dass auf Ebene des Private Equity Fonds als Pooling Vehikel keine zusätzliche Steuerbelastung auftritt, sondern auch, dass in der Zieljurisdiktion, d. h. also in der Jurisdiktion, in der das Zielinvestment sich befindet bzw. steuerlich verhaftet ist, keine oder zumindest eine möglichst geringe zusätzliche Steuerbelastung ausgelöst wird. Die im Rahmen eines Private Equity Investments erzielten Erträge sollen also vom Ansatz her möglichst nur einmal, und zwar auf Ebene der Investoren, der Besteuerung unterliegen. Damit die Besteuerung auf Investorenebene ausschließlich nach den persönlichen Besteuerungsmerkmalen bzw. dem jeweiligen persönlichen Steuerregime im Ansässigkeitsstaat erfolgt, soll die Besteuerung der Erträge aus dem Private Equity Fonds auf Ebene der Investoren in ihrem Ansässigkeitsstaat zudem weder durch die Struktur des Private Equity Fonds noch durch die Gestaltung der Investmentstruktur in der Zieljurisdiktion, hier also im Inland, beeinflusst werden. Nur wenn diese Vorgaben im Rahmen der konkreten Fondsstruktur erfüllt werden, wird dem Prinzip der Steuerneutralität genügt.

Im Folgenden sollen vor diesem Hintergrund zum einen die wesentlichen deutschen ertragsteuerlichen Gesichtspunkte für die Gestaltung sog. Inbound-Investmentstrukturen von Private Equity Fonds, also die ertragsteuerliche Behandlung von Inlandsinvestitionen durch Steuerausländer, sowie zum anderen wichtige ausländische, insbesondere US-amerikanische Anforderungen erörtert werden, die typischerweise Einfluss auf die Gestaltung von Inbound-Investmentstrukturen haben.

Aus deutscher Sicht sind insoweit typisierend im Wesentlichen drei unterschiedliche Fondsstrukturen zu unterscheiden, die für die inländische Gestaltung der jeweiligen Inbound-Investmentstruktur unterschiedliche steuerliche Problemschwerpunkte haben. Dies sind US Private Equity Fonds, sog. *Offshore* Private Equity Fonds, die üblicherweise in Jurisdiktionen wie den Cayman Islands oder den Kanalinseln aufgesetzt werden, und EU Private Equity Fonds, also Fondsvehikel in der Rechtsform einer Kapital- oder einer Personen-

---

[282] Die Autoren danken Frau Katharina Hemmen, LL.M. (Tax.) für die wertvolle Unterstützung bei der Erstellung dieses Beitrags.

gesellschaft aus einer Jurisdiktion der Europäischen Union. Auf deutscher Seite wird das Gestaltungsfeld durch die Rechtsform der Zielgesellschaft bzw. das Zielobjekt abgesteckt. Folgendes Schaubild veranschaulicht den typischen gestalterischen Rahmen von Inbound-Investmentstrukturen:

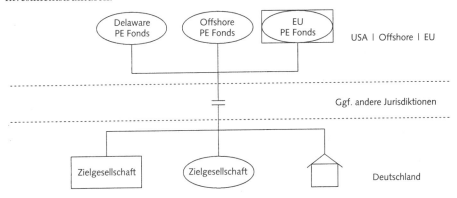

## 2. Ertragsteuerliche Behandlung von Inlandsinvestitionen durch Steuerausländer

Für Inlandsinvestitionen von Steuerausländern hat neben der laufenden Besteuerung im Inland insbesondere die steuereffiziente Repatriierung von Gewinnen Bedeutung. Die steuerlichen Anknüpfungspunkte im Inland geben insoweit den Rahmen für die Gestaltung der Inbound-Investmentstruktur eines Private Equity Fonds vor.

### 2.1. Grundlagen

#### 2.1.1. Steuersubjekte und Abkommensberechtigung

Nicht in Deutschland ansässige natürliche Personen sind nach § 1 Abs. 4 EStG in Deutschland dann beschränkt steuerpflichtig, wenn sie inländische Einkünfte i.S.d. § 49 EStG erzielen. Nach § 2 Nr. 1 KStG gilt dies auch für Körperschaften, Personenvereinigungen und Vermögensmassen, die weder ihren Sitz noch ihre Geschäftsleitung im Inland haben. Entsprechend dem im deutschen Steuerrecht geltenden Transparenzprinzip unterfallen Personengesellschaften, die selbst nicht Subjekt der Einkommen- und Körperschaftsteuer sind, nicht der beschränkten Steuerpflicht. Abzustellen ist vielmehr auf die hinter der Personengesellschaft stehenden Gesellschafter. Bei Inlandsinvestitionen ausländischer Private Equity Fonds kommt als Steuersubjekt damit grundsätzlich der Fonds selbst, wenn er als Körperschaft i.S.d. Körperschaftsteuerrechts anzusehen ist, oder die hinter dem als Personengesellschaft zu qualifizierenden Fonds stehenden Investoren in Betracht.

#### 2.1.1.1. Typenvergleich

Ob ein ausländischer Private Equity Fonds als Personengesellschaft oder Körperschaft zu qualifizieren ist, beantwortet sich regelmäßig nach dem von der Rechtsprechung[283] entwickelten Typenvergleich. Hierbei wird danach gefragt, ob die Fondsgesellschaft rechtlich und wirtschaftlich mit einer Personen- oder Kapitalgesellschaft deutschen Rechts vergleichbar ist. Ausgangspunkt ist der ausländische Rechtsrahmen, d. h. es ist eine Gesamtwürdigung der maßgebenden ausländischen Bestimmungen über die Organisation und Struktur der Gesellschaft vorzunehmen. Lässt der ausländische Rechtsrahmen, z. B. durch ein hohes Maß an Flexibilität bei der gesellschaftsvertraglichen Ausgestaltung, keine generell-abstrakte Aussage

---

[283] Vgl. RFH, Urteil v. 12. Februar 1930, RStBl. 1930, 444; Urteil v. 18. Dezember 1930, RStBl. 1931, 200; BFH, Urteil v. 23. Juni 1992, IX R 182/87, BStBl. 1992, Teil II, S. 972.

über die Einordnung zu, ist gegebenenfalls im Rahmen einer individuell-konkreten Betrachtungsweise auf die vertragliche Ausgestaltung der Gesellschaft abzustellen.[284]

Der auf diese Weise vorzunehmende Typenvergleich lässt sich relativ einfach durchführen, wenn die Organisationsform der Fondsgesellschaft im Inland eine zivilrechtliche Parallele findet. Regelmäßig unproblematisch erweist sich daher etwa die Nutzung einer luxemburgischen *S.à r.l.* (z. B. unter dem SICAV-SIF oder SICAR Regime) als Fondsgesellschaft, da die *S.à r.l.* anerkanntermaßen das Pendant zur deutschen GmbH darstellt und damit typischerweise als Kapitalgesellschaft zu qualifizieren ist.[285] Auch im Hinblick auf *offshore*-LP Strukturen oder UK/US LP-Strukturen, die strukturell einer deutschen Personengesellschaft entsprechen, lässt sich der Typenvergleich in der Regel vergleichsweise einfach durchführen, so dass bei der Strukturierung insoweit das Transparenzprinzip zugrunde zu legen ist. Schwierig erweist sich der Typenvergleich allerdings dann, wenn sich die ausländische Rechtsform strukturell keiner der im Inland vorhandenen zivilrechtlichen Rechtsformen zuordnen lässt. Insbesondere im Hinblick auf die Einordnung von US Private Equity Fonds in der Rechtsform einer Delaware LLC haben die von der Finanzverwaltung[286] aufgestellten Kriterien hier allerdings für ein erhöhtes Maß an Rechtssicherheit gesorgt.

### 2.1.1.2. Abkommensberechtigung

Die Einordnung ausländischer Gesellschaften für deutsche Besteuerungszwecke hat grundsätzlich allein aus deutscher Sicht zu erfolgen. Dies gilt jedoch nicht unbedingt auch für die Zwecke eines Doppelbesteuerungsabkommens (DBA).

Besteht mit dem Domizilstaat des Private Equity Fonds ein DBA, stellt sich zunächst die Frage, ob der Private Equity Fonds selbst abkommensberechtigt ist. Üblicherweise umfasst der persönliche Anwendungsbereich eines DBA „Personen, die in einem Vertragsstaat oder in beiden Vertragsstaaten ansässig sind", vgl. Art. 1 OECD-MA. Personen sind nach der Definition in Art. 3 Abs. 1 lit. a) OECD-MA natürliche Personen, Gesellschaften und alle Personenvereinigungen. Jedoch muss die Person in einem der Vertragsstaaten ansässig sein. Gemäß Art. 4 Abs. 1 OECD-MA ist eine Person in einem Vertragsstaat ansässig, wenn sie eines der in der Vorschrift genannten steuerpflichtbegründenden Merkmale im Sinn einer Inländerbesteuerung erfüllt.[287]

Hieraus folgt, dass ein Private Equity Fonds jedenfalls dann nicht abkommensberechtigt ist, wenn dieser sowohl aus Sicht des deutschen Steuerrechts als auch aus Sicht des Steuerrechts des Sitzstaates als steuerlich transparente Personengesellschaft zu qualifizieren ist. Zwar stellt eine Personengesellschaft grundsätzlich eine Person im abkommensrechtlichen Sinn dar.[288] Da der Personengesellschaft aufgrund ihrer Transparenz aber die Steuersubjekteigenschaft fehlt, ist sie nicht ansässig i.S.d. Art. 4 Abs. 1 OECD-MA. Für Zwecke der Abkommensberechtigung ist daher in einem solchen Fall auf die hinter der Personengesellschaft stehenden Gesellschafter abzustellen, was allerdings im Rahmen der Strukturierung von Private Equity Fonds häufig nicht praktikabel ist.

Ist der Private Equity Fonds dagegen sowohl aus Sicht des deutschen Steuerrechts als auch aus Sicht des Steuerrechts des Sitzstaates als Kapitalgesellschaft zu qualifizieren, erfüllt er das Merkmal der Ansässigkeit i.S.d. Art. 4 Abs. 1 OECD-MA und ist dementsprechend

---

[284] Rengers in: Blümich, EStG/KStG/GewStG, § 1 KStG Rn. 143.

[285] Wachter, FR 2006, 358, hält einen Typenvergleich für EU-Kapitalgesellschaften für entbehrlich. Kritisch auch Fischer, DStR 2006, 2281.

[286] Bundesministerium der Finanzen: Schreiben betreffend die steuerliche Einordnung der nach dem Recht der Bundesstaaten der USA gegründeten Limited Liability Company v. 19. März 2004, – IV B 4 – S 1301 USA – 22/04, BStBl. 2004, Teil I, S. 411. Auf die hier aufgestellten Kriterien nimmt auch der BFH Urteil v. 20. August 2008, I R 34/08, BFH/NV 2008, 2123, ausdrücklich Bezug.

[287] Dies ist im Sinne einer unbeschränkten Steuerpflicht zu verstehen. Die beschränkte Steuerpflicht reicht nicht aus. Umkehrschluss aus Art. 4 Abs. 1 Satz 2 OECD-MA. Vgl. Lehner in: Vogel/Lehner, DBA, Art. 4 Rn. 77.

[288] A.A. Kaminski in Strunk/Kaminiski/Köhler, MA Art. 4 Rn. 18.

berechtigt, die Abkommensvorteile in Anspruch zu nehmen. Auf die hinter dem Fonds stehenden Gesellschafter ist – jedenfalls aus abkommensrechtlicher Sicht – nicht abzustellen.[289] Unterliegt der Private Equity Fonds in seinem Sitzstaat aufgrund eines speziellen Steuerregimes nicht der Besteuerung, stellt sich in diesem Fall allerdings die Frage, wie sich dieses spezielle Steuerregime auf die Ansässigkeit i.S.d. Art. 4 Abs. 1 OECD-MA auswirkt. Hier geht die herrschende Meinung davon aus, dass die tatsächliche Besteuerung nicht erforderlich ist, um die Ansässigkeit zu begründen. Vielmehr soll es ausreichen, dass die in Frage stehende Person diejenige Beziehung zum Sitzstaat aufweist, die zur (unbeschränkten) Steuerpflicht führen kann.[290] Nach einer Minderansicht führt eine Steuerfreistellung im Sitzstaat dagegen dazu, dass der Rechtsträger nicht als steuerpflichtig und damit nicht als ansässig im Sinn des Abkommensrechts qualifiziert wird.[291] Zu Recht wird diese Ansicht indessen als verfehlt zurückgewiesen.[292]

Kommt es dagegen zu einem Qualifikationskonflikt zwischen dem deutschen Steuerrecht und dem Steuerrecht des Sitzstaates des Private Equity Fonds, stellt sich die Frage, wie dieser aufzulösen ist.[293] Für Inbound-Investments ausländischer Private Equity Fonds spielt diese Frage indes dann keine Rolle, wenn ein oder mehrere (nicht substanzschwache) Vehikel zwischen den Fonds und das inländische Zielinvestment geschaltet werden.

**2.1.2. Beschränkte Steuerpflicht**

Im Ausland steuerlich ansässige Investoren eines für deutsche steuerliche Zwecke transparenten Private Equity Fonds bzw. ein im Ausland ansässiger, für deutsche steuerliche Zwecke intransparenter Private Equity Fonds sind im Rahmen der beschränkten Steuerpflicht nur mit den Einkünften in Deutschland steuerpflichtig, für die § 49 EStG einen besonderen Inlandsbezug statuiert.

**2.1.2.1. Gewerbliche Tätigkeit und Betriebsstätte**

Ob dieser Inlandsbezug für die Einkünfte eines Private Equity Fonds besteht, beurteilt sich insbesondere danach, ob es sich bei den erzielten Einkünften um Einkünfte aus Gewerbebetrieb handelt. Ist dies der Fall, ist in einem nächsten Schritt zu prüfen, ob für diese Einkünfte eine Betriebsstätte oder ein ständiger Vertreter im Inland unterhalten wird (§ 49 Abs. 1 Nr. 2 lit. a) EStG).

---

[289] Dieses Prinzip wird vielfach durch nationale Missbrauchsvermeidungsregeln (treaty override) durchbrochen. Vgl. hierzu unten 2.2.2.1 Lit b).
[290] Vgl. Art. 4 Ziff. 8.2 OECD-MK; Wassermeyer in: Debatin/Wassermeyer, MA, Art. 1 Rn. 23; Lehner in: Vogel/Lehner, DBA, Art. 4 Rn. 82; FG München, Gerichtsbescheid v. 13. Juni 2003, 7 K 3871/00, EFG 2004, 478.
[291] FG Niedersachsen, Urteil v. 29. März 2007, 6 K 514/03, IStR 2007, 755 zu einer SICAV französischen Rechts in der Rechtsform einer société anonyme (S.A.).
[292] Lehner in Vogel/Lehner, DBA, Art. 4 Rn. 83; Geurts/Jacob, IStR 2007, 737 mit Hinweis auf § 50d Abs. 3 EStG, wo der Gesetzgeber selbst davon ausgeht, dass eine Investmentgesellschaft Abkommensberechtigung besitzen kann. Abweichend vom OECD-MA stellen einige DBA (z. B. Luxemburg und Niederlande) im Rahmen der Abkommensberechtigung nicht auf die Ansässigkeit, sondern auf den Wohnsitz ab. Eine ausdrückliche Bezugnahme auf eine etwaige Inländerbesteuerung wird nicht gemacht, so dass man die Ansicht vertreten könnte, dass sich die Frage nach dem Fehlen der Abkommensberechtigung aufgrund einer Steuerfreistellung von vornherein nicht stellt. Indes gehen auch diese DBAs davon aus, dass die Person der Besteuerung unterliegt, so dass sich wohl auch hier die gleiche Frage stellt. Nach dem Schlussprotokoll zu Art. 1 des DBA Luxemburg wird der Abkommensschutz für Holdinggesellschaften nach dem luxemburgischen Holdingsteuergesetz von 1929 allerdings explizit ausgeschlossen. Diese Ausnahmeregelung wendet die Finanzverwaltung auch auf die Nachfolgeregelung in Form der SPF an, OFD Rheinland und OFD Münster: Verfügung v. 9. Oktober 2008, S 1301 – St 123 (09/2008) (Rheinland), S 1301 – 51 – St 45 -31 (Münster), IStR 2008, 779. Diese explizite Ausnahme verdeutlicht letztlich die Richtigkeit der Auffassung, dass es auf die tatsächliche Besteuerung nicht ankommt. Vgl. auch Art. 4 Ziff. 8.3 OECD-MK.
[293] Vgl. zur Typenqualifikation auch BFH, Urteil v. 20. August 2008, I R 34/08, DStR 2008, 2151.

**a) Gewerbebetrieb.** Ein Private Equity Fonds in der Rechtsform einer ausländischen Personengesellschaft erzielt gewerbliche Einkünfte, wenn er gewerblich geprägt ist (sog. gewerbliche Prägung). Bei einer gewerblich geprägten Personengesellschaft gilt deren Tätigkeit infolge der einkommensteuerlichen Fiktion des § 15 Abs. 3 Nr. 2 Satz 1 EStG als Gewerbebetrieb, auch wenn sie keine originär gewerblichen Einkünfte erzielt. Nach § 15 Abs. 3 Nr. 2 Satz 1 EStG setzt diese Fiktion voraus, dass ausschließlich eine oder mehrere Kapitalgesellschaften persönlich haftende Gesellschafter sind und nur diese oder Personen, die nicht Gesellschafter sind, zur Geschäftsführung befugt sind, wobei bei doppelstöckigen Personengesellschaften eine gewerblich geprägte Personengesellschaft ihrerseits einer Kapitalgesellschaft gleich steht. Eine gewerblich geprägte Personengesellschaft liegt daher nicht vor, wenn ein nicht persönlich haftender Gesellschafter zur Geschäftsführung befugt ist. Dies gilt unabhängig davon, ob der zur Geschäftsführung befugte Gesellschafter eine natürliche Person oder eine Kapitalgesellschaft ist, und auch dann, wenn der beschränkt haftende Gesellschafter neben dem persönlich haftenden Gesellschafter zur Geschäftsführung befugt ist.[294] Die Fiktion eines Gewerbebetriebs gemäß § 15 Abs. 3 Nr. 2 Satz 1 EStG gilt auch bei einer ausländischen Personengesellschaft, wenn sie nach ihrem rechtlichen Aufbau und ihrer wirtschaftlichen Gestaltung einer inländischen Personengesellschaft entspricht.[295] Dabei ist eine ausländische Kapitalgesellschaft, die nach ihrem im Ausland geregelten rechtlichen Aufbau und ihrer wirtschaftlichen Gestaltung einer inländischen Kapitalgesellschaft entspricht, ohne weitere Einschränkungen geeignet, die ausländische Personengesellschaft gewerblich zu prägen.[296] Im Hinblick auf die gewerbliche Prägung ist also bei einem ausländischen Private Equity Fonds in der Rechtsform einer Personengesellschaft in einem ersten Schritt zu prüfen, ob die Binnenverfassung Anlass dazu gibt, von einer Gewerblichkeit kraft Prägung ausgehen zu müssen. Typischerweise wird dies bei Private Equity Fonds angelsächsischer Prägung ohne Berücksichtigung der deutschen steuerlichen Besonderheiten der Fall sein.

Aber auch wenn die Gewerblichkeit kraft Prägung vermieden werden kann, ist zu prüfen, ob die Tätigkeit eines Private Equity Fonds in der Rechtsform einer ausländischen Personengesellschaft originär gewerblichen Charakter i.S.d. § 15 Abs. 1 Nr. 1 Satz 1 EStG hat. Insoweit ist auch für ausländische Private Equity Fonds, die im Inland investieren, die Abgrenzung der privaten Vermögensverwaltung vom Gewerbebetrieb von entscheidender Bedeutung. Nach wie vor ist diese Abgrenzung schwierig und teilweise höchst umstritten. Nach dem BMF-Schreiben vom 16. Dezember 2003[297] liegt eine private Vermögensverwaltung vor, wenn sich die Betätigung des Fonds noch als Nutzung von Vermögen im Sinne einer Fruchtziehung aus zu erhaltenden Substanzwerten darstellt und die Ausnutzung substanzieller Vermögenswerte durch Umschichtung nicht entscheidend in den Vordergrund tritt. Ein Gewerbebetrieb ist dagegen anzunehmen, wenn eine selbstständige nachhaltige Betätigung mit Gewinnerzielungsabsicht unternommen wird, die sich als Beteiligung am allgemeinen wirtschaftlichen Verkehr darstellt und über den Rahmen einer Vermögensverwaltung hinausgeht. Zur Präzisierung dieser Grundsätze gibt das BMF in Anlehnung an die von der Rechtsprechung entwickelten Merkmale, die für einen gewerblichen Wertpapierhandel und den Handel mit GmbH-Beteiligungen sprechen, acht Kriterien vor, die, wenn

---

[294] Vgl. R 15.8 (6) EStR. A.A. aber Wacker in: Schmidt, EStG, § 15 Rn. 222.
[295] Vgl. BFH, Urteil v. 14. März 2007, XI R 15/05, BStBl. 2007, Teil II, S. 924; BFH, Urteil v. 17. Dezember 1997, I R 34/97, BStBl. 1997, Teil II, S. 296; Wacker in: Schmidt, EStG, § 15 Rn. 215 m.w.N.
[296] Vgl. BFH, Urteil v. 14. März 2007, XI R 15/05, BStBl. 2007, Teil II, S. 924; BFH, Urteil v. 17. Dezember 1997, I R 34/97, BStBl. 1997, Teil II, S. 296; Bundesministerium der Finanzen: Schreiben betreffend DBA Ungarn: Beteiligung an einer ungarischen vermögensverwaltenden GmbH & Co. KG v. 24. September 1999, IV D 3 – S 1301 Ung – 5/99, IStR 2000, 627; Piltz in: Debatin/Wassermeyer, MA Art. 7 Rn. 85; Gosch in: Kirchhof, EStG, § 49 Rn. 62.
[297] Bundesministerium der Finanzen: Schreiben betreffend einkommensteuerliche Behandlung von Venture Capital und Private Equity Fonds; Abgrenzung der privaten Vermögensverwaltung vom Gewerbebetrieb v. 16. Dezember 2003, IV A 6 – S 2240 – 153/03, DStR 2004, 181.

sie kumulativ vorliegen, eine gewerbliche Tätigkeit des Private Equity Fonds regelmäßig ausschließen. Diese Kriterien sind:[298]
– Der Fonds muss seine Beteiligungen an den Portfolio-Gesellschaften im Wesentlichen aus Eigenmitteln finanzieren.
– Der Fonds muss seine Beteiligungen mindestens mittelfristig, d. h. drei bis fünf Jahre halten.
– Erzielte Veräußerungserlöse dürfen nicht reinvestiert, sondern müssen ausgeschüttet werden.
– Der Fonds darf in den Portfolio-Gesellschaften nicht unternehmerisch tätig werden.
– Der Fonds darf für die Verwaltung des Fonds-Vermögens keine umfangreiche eigene Organisation unterhalten.
– Der Fonds darf sich nicht eines Marktes bedienen und auf fremde Rechnung unter Einsatz beruflicher Erfahrungen tätig werden.
– Der Fonds darf Beteiligungen an den Portfolio-Gesellschaften nicht gegenüber der breiten Öffentlichkeit anbieten.
– Bei dem Fonds darf es sich nicht um einen Gewerbebetrieb kraft gewerblicher Prägung handeln.[299]

**b) Betriebsstätte.** Ist der Private Equity Fonds als Gewerbebetrieb zu qualifizieren, sei es aufgrund gewerblicher Prägung oder originär gewerblicher Tätigkeit,[300] sind der Fonds selbst bzw. seine Investoren mit ihren Einkünften allerdings nur insoweit beschränkt steuerpflichtig, als gemäß § 49 Abs. 1 Nr. 2 lit. a) EStG für den Gewerbetrieb eine inländische Betriebsstätte unterhalten wird oder ein ständiger Vertreter im Inland bestellt ist.

Gemäß § 12 Satz 1 AO ist eine Betriebsstätte jede feste Geschäftseinrichtung oder Anlage, die der Tätigkeit eines Unternehmens dient. Auch die Stätte der Geschäftsleitung ist eine Betriebsstätte (sog. Geschäftsleitungsbetriebsstätte), vgl. § 12 Satz 2 Nr. 1 AO. Private Equity Fonds verfügen dann nicht über eine feste Geschäftseinrichtung oder eine entsprechende Anlage, wenn die Geschäftstätigkeit des Fonds über eine Managementgesellschaft bzw. zuarbeitende verbundene Unternehmen abgewickelt wird. Zwar verfügen diese Gesellschaften über feste Geschäftseinrichtungen, jedoch wird dadurch in der Regel keine Betriebsstätte für den Fonds selbst begründet. Denn nach allgemeinen Grundsätzen kann eine Einrichtung nur eine Betriebsstätte i.S.v. § 12 Satz 1 AO sein, wenn der Unternehmer über sie eine nicht nur vorübergehende Verfügungsmacht besitzt. Dies bedeutet, dass er eine Rechtsposition innehaben muss, die ihm nicht ohne weiteres entzogen und die ohne seine Mitwirkung nicht ohne weiteres verändert werden kann.[301] Da der Private Equity Fonds normalerweise keine Verfügungsmacht über die Büroräume seiner Managementgesellschaft hat, können ihm diese Einrichtungen auch nicht zugerechnet werden. Unter den geschilderten Umständen wird eine beschränkte Steuerpflicht eines Private Equity Fonds bzw. seiner Investoren also nicht durch eine inländische Betriebsstätte i.S.v. § 12 Satz 1 AO begründet.

Nach § 49 Abs. 1 Nr. 2 lit. a) EStG kann die beschränkte Steuerpflicht aber auch durch einen ständigen Vertreter im Inland entstehen. Nach § 13 Satz 1 AO ist ein ständiger Vertreter eine Person, die nachhaltig die Geschäfte eines Unternehmens besorgt und dabei dessen Anweisungen unterliegt. Eine Geschäftsbesorgung in diesem Sinne ist jede Tätigkeit wirtschaftlicher Art im Interesse des Unternehmens und umfasst auch rein tatsächliche Handlungen[302] sowie Hilfs- und Nebentätigkeiten.[303] Ein gleichzeitig bestehendes Eigen-

---

[298] Vgl. zu den Einzelheiten z. B. Wiese/Klass, FR 2004, 324; Bauer/Gemmecke, DStR 2004, 579.
[299] Vgl. hierzu oben unter 2.1.2.1. lit. a).
[300] Zu beachten ist, dass bei ausländischen Kapitalgesellschaften die Gewerblichkeitsfiktion des § 8 Abs. 2 KStG nicht greift.
[301] Ständige Rechtsprechung des BFH, etwa Urteil v. 11. Oktober 1989, I R 77/88, BFHE 158, 499 und Urteil v. 3. Februar 1992, I R 80–81/91, DStR 1993, 680.
[302] BFH, Urteil v. 14. Juli 1971, I R 127/68, BStBl. 1971, Teil II, S. 776.
[303] Koenig in: Pahlke/Koenig, AO, § 13 Rn. 4 m.w.N.

interesse an der Ausführung der Geschäfte, auch im Rahmen eines eigenen Betriebs, ist unschädlich.[304] Aufgrund dieser sehr weiten Definition besteht schon bei relativ geringer Aktivität von Managern und Beratern des Fonds das Risiko, dass sie nach § 13 AO als ständige Vertreter anzusehen sind. Entscheidend ist deshalb, dass diese Personen ihre Tätigkeiten nicht im Inland ausüben.

Anders verhält es sich unter Umständen, wenn der Fonds bzw. seine Investoren den Schutz eines DBA genießen. Grund hierfür ist, dass der DBA-Betriebsstättenbegriff enger ist als der inländische Begriff, weil die von Deutschland abgeschlossenen Abkommen regelmäßig entsprechend Art. 5 Abs. 4 OECD-MA einen Negativkatalog für eine Reihe von Tätigkeiten enthalten, die nicht als Betriebsstätte gelten. Dies gilt insbesondere für vorbereitende und Hilfstätigkeiten, die nach rein nationalem Recht grundsätzlich ausreichend für die Begründung einer Betriebsstätte wären. Das deutsche Recht wird durch das DBA-Recht insoweit verdrängt.[305]

Zudem ist zu berücksichtigen, dass das Abkommensrecht den ständigen Vertreter als einen Unterfall der Betriebsstätte betrachtet und ihn wesentlich enger als das nationale Recht definiert. Nach Art. 5 Abs. 5 und 6 OECD-MA ist zunächst zwischen abhängigen und unabhängigen Vertretern zu unterscheiden, für deren Qualifikation als ständige Vertreter sodann unterschiedliche Kriterien anzulegen sind. Ein unabhängiger Vertreter ist gemäß Art. 5 Abs. 6 OECD-MA ständiger Vertreter, wenn er für seinen Geschäftsherrn Tätigkeiten ausführt, die außerhalb seines gewöhnlichen Geschäftsbetriebs liegen. Dagegen wird nach Art. 5 Abs. 5 OECD-MA ein abhängiger Vertreter als ein ständiger Vertreter angesehen, wenn ihm sein Geschäftsherr eine Vollmacht erteilt und er diese auch ausübt. Ob eine Person (davon sind natürliche Personen, Gesellschaften und andere Personenvereinigungen umfasst, vgl. Art. 3 Abs. 1 lit. a) OECD-MA) von dem durch sie vertretenen Unternehmen abhängig oder unabhängig ist, bestimmt sich danach, welche Pflichten sie gegenüber dem Unternehmen hat.[306] Eine sachliche Abhängigkeit aufgrund Weisungsgebundenheit allein genügt noch nicht für die Abhängigkeit i.S.v. Art. 5 Abs. 5 OECD-MA. Vielmehr muss hinzukommen, dass der Vertreter von dem Unternehmen persönlich abhängig ist. Dies ist stets der Fall bei Personen, die mit dem vertretenen Unternehmen in einem Arbeitsverhältnis stehen. Unabhängig sind damit stets selbstständige Kaufleute, die unter eigener Firma und Verantwortung auftreten und aufgrund einer Rechtsbeziehung für ein Unternehmen tätig sind, die weder juristisch noch wirtschaftlich eine dem Arbeitsverhältnis vergleichbare Abhängigkeit vermittelt.[307] Entscheidend ist letztlich also die persönliche Selbstständigkeit des Vertreters gegenüber dem vertretenen Unternehmen.[308]

Diese Grundsätze sind bei der Integration der Management- und Beratungsgesellschaften in die Struktur eines Private Equity Fonds zu beachten, um eine beschränkte Steuerpflicht des Fonds bzw. seiner Investoren nach § 49 Abs. 1 Nr. 2 lit. a) EStG zu vermeiden. Da es sich bei der Management-Gesellschaft eines Fonds um einen von diesem abhängigen Vertreter handelt, darf die Management-Gesellschaft ihre Tätigkeit nicht im Inland ausführen. Im Ergebnis bedeutet dies, dass sich die in Deutschland tätigen Personen sowohl im Innen- als auch im Außenverhältnis auf beratende Tätigkeiten für den Fonds beschränken müssen. In praktischer Hinsicht ist darauf zu achten, dass sämtliche Schritte beim Aufbau, der Verwaltung und der Veräußerung von Beteiligungen entweder dem Bereich Verwaltung oder dem Bereich Beratung korrekt zugeordnet werden. Zu dieser Abgrenzung existieren weder explizite Verwaltungsanweisungen noch unmittelbar einschlägige Rechtsprechung. Im Regelfall sind aber bei einer inländischen Beratungsgesellschaft u. a. folgende Punkte zu berücksichtigen:

---

[304] BFH, Urteil v. 28. Juni 1972, I R 35/70, BStBl. 1972, Teil II, S. 785.
[305] Vgl. nur Wied in: Blümich, EStG/KStG/GewStG, § 49 EStG Rn. 66 m.w.N.
[306] Art. 5 Ziff. 38 OECD-MK.
[307] Görl in: Vogel/Lehner, DBA, Art. 5 Rn. 145.
[308] BFH, Urteil v. 30. April 1975, I R 152/73, BStBl. 1975, Teil II, S. 626 f.

- Die von dem Fonds mandatierte Beratungsgesellschaft und die Berater dürfen keinerlei Befugnis haben, die mit dem Fonds verbundene Managementgesellschaft oder die Fondsgesellschaft selbst im Rechtsverkehr zu vertreten oder irgendwelche rechtsgeschäftlichen Erklärungen für diese abzugeben. Auch eine nur faktische Vertretung ist schädlich.
- Der Beratungsgesellschaft sollte auch kein Verhandlungsmandat übertragen werden (weder ein rechtlich bindendes noch ein tatsächliches).
- Die Tagesgeschäfte, d. h. der gewöhnliche Betrieb und die gewöhnliche Verwaltung der Gesellschaft, sind ausschließlich von der im Ausland ansässigen Managementgesellschaft durchzuführen.

### 2.1.2.2. Inlandsbezug sonstiger Einkünfte (insbesondere im Fall des Exits)

Auch wenn der Private Equity Fonds die Voraussetzungen eines Gewerbebetriebs, der im Inland eine Betriebsstätte bzw. einen ständigen Vertreter unterhält, nicht erfüllt, gibt es freilich noch weitere Anknüpfungspunkte für eine beschränkte Steuerpflicht in Deutschland. Von besonderer Relevanz im Rahmen der Strukturierung von Inbound-Investments sind diese für den Exit.[309] Aufgrund der Realisierung der Wertsteigerungen birgt der Exit die größte potentielle Steuerlast im Rahmen der Investition. Auch hier ist generell zwischen der Besteuerung nach nationalem Recht und der Besteuerung nach Abkommensrecht zu unterscheiden. Darüber hinaus spielt regelmäßig die Mutter-/Tochterrichtlinie[310] eine wesentliche Rolle bei den Strukturüberlegungen.

**a) Nationales Recht.** Zu nennen sind insbesondere § 49 Abs. 1 Nr. 2 lit. e) sowie § 49 Abs. 1 Nr. 5 lit. a) EStG. Nach § 49 Abs. 1 Nr. 2 lit. e) EStG sind auch solche Einkünfte aus Gewerbebetrieb inländische Einkünfte, die unter den Voraussetzungen des § 17 EStG erzielt werden, wenn es sich bei den veräußerten Anteilen um Anteile an einer Kapitalgesellschaft handelt. § 17 Abs. 1 EStG setzt weiter voraus, dass der Steuerpflichtige Anteile an einer Kapitalgesellschaft veräußert, an deren Kapital er innerhalb der letzten fünf Jahre unmittelbar oder mittelbar zu mindestens 1 % beteiligt war. Aber auch wenn der Exit im Wege der Auflösung einer Kapitalgesellschaft, der Kapitalherabsetzung und gleichzeitigen Zurückzahlung des Kapitals oder der Ausschüttung oder Zurückzahlung von Beträgen aus dem steuerlichen Einlagenkonto i.S.d. § 27 KStG erfolgt, handelt es sich im Falle qualifizierter Beteiligungen um inländische Einkünfte nach § 49 Abs. 1 Nr. 2 lit. e) EStG (§ 17 Abs. 4 EStG).

Der gemäß § 49 Abs. 1 Nr. 2 lit. e) i.V.m. § 17 EStG erzielte Veräußerungsgewinn unterliegt bei natürlichen Personen grundsätzlich dem Teileinkünfteverfahren, also nach § 3 Nr. 40 Sätze 1 und 2 EStG einer Steuerfreistellung in Höhe von 40 %. Dies gilt unabhängig davon, ob der Private Equity Fonds bzw. seine Investoren die Anteile im Betriebs- oder im Privatvermögen halten.[311] Für Kapitalgesellschaften[312] sieht § 8b Abs. 2 und 5 KStG grund-

---

[309] In Betracht kommt hierbei eine Vielzahl von Strategien für die Beendigung des Investments, beispielsweise durch Veräußerung des Unternehmens als Ganzes oder in Teilen, dessen vollständige Abwicklung, die Rückzahlung von Vorzugsanteilen oder Darlehen an den Fonds sowie die Veräußerung der Portfolio-Gesellschaft an andere Finanzinvestoren, an strategische Investoren, an Finanzinstitute und im Wege öffentlicher Zeichnungsangebote (einschließlich Börsengang), vgl. hierzu ausführlicher §§ 15–27.
[310] Richtlinie 90/435/EWG über das gemeinsame Steuersystem der Mutter- und Tochtergesellschaften verschiedener Mitgliedstaaten v. 23. Juli 1990 (ABl. Nr. L 225 S. 6, ber. ABl. EG Nr. L 266 S. 20, ABl. EG Nr. L 16 S. 98) zuletzt geändert durch Art. 1 ÄndRL 2006/98/EG v. 20. 11. 2006 (ABl. Nr. L 363 S. 129).
[311] Dies wurde klargestellt durch den Verweis auf § 17 im Klammerzusatz von Nr. 2, denn § 17 differenziert in seinem Tatbestand nicht zwischen Privat- und Betriebsvermögen, vgl. Heinicke in: Schmidt, EStG, § 49 Rn. 37; Frotscher, EStG, § 49 Rn. 69. Besonderheiten gelten freilich bei inländischen Investoren.
[312] Sofern es sich bei der Portfolio-Gesellschaft um eine operativ tätige Personengesellschaft handelt, begründet diese regelmäßig eine Betriebsstätte im Inland, so dass sich die beschränkte Steuerpflicht schon aus § 49 Abs. 1 Nr. 2 lit. a) EStG ergibt.

sätzlich eine 95%ige Steuerfreistellung vor. Die besonderen Voraussetzungen des § 8b KStG sind jedoch zu beachten.

Ist mit dem Exit eine Veräußerung von Kapitalgesellschaftsanteilen verbunden, die nicht unter § 49 Abs. 1 Nr. 2 lit. e) i.V.m. § 17 EStG fällt (z. B. weil die den im Ausland steuerlich ansässigen Investoren eines für deutsche steuerliche Zwecke transparenten Private Equity Fonds zuzurechnenden Anteile nicht die Schwelle von 1% erreichen), sind etwaige Gewinne aus der Veräußerung nicht steuerbar. Insbesondere unterliegt die Veräußerung nicht der sog. Abgeltungssteuer nach § 20 Abs. 2 Satz 1 Nr. 1 i.V.m. 32d EStG, da § 49 EStG keine entsprechende Besteuerungsnorm für beschränkt Steuerpflichtige enthält. Mangels Steuerbarkeit fällt auch keine Kapitalertragsteuer nach § 43 Abs. 1 Satz 1 Nr. 9 EStG an.

Erfolgen Dividendenzahlungen einer inländischen Kapitalgesellschaft,[313] sind diese Ausschüttungen nach § 49 Abs. 1 Nr. 5 lit. a) EStG für ausländische Investoren ebenfalls inländische Einkünfte, mit denen sie im Inland nach nationalem Recht beschränkt steuerpflichtig sind.

**b) Abkommensrecht und Mutter-/Tochterrichtlinie.** Abkommensrechtlich wird das Besteuerungsrecht des Quellenstaates in den DBA regelmäßig eingeschränkt, wobei sich der Umfang der Einschränkung nach der zugrunde liegenden abkommensrechtlich zu bestimmenden Einkunftsart richtet. Die Einordnung auf der Abkommensebene weicht teilweise von den im EStG vorgesehen Einkunftsarten ab. So werden anders als im deutschen Recht z. B. Veräußerungsgewinne von den DBA als eigene Einkunftsart erfasst, vgl. Art. 13 OECD-MA. Die DBA weisen das Besteuerungsrecht für Gewinne aus der Veräußerung von Beteiligungen nach § 17 EStG regelmäßig dem Ansässigkeitsstaat des Veräußerers zu (vgl. Art. 13 Abs. 5 OECD-MA). Ausnahmsweise besteuert der Staat, in dem die Kapitalgesellschaft Sitz und/oder Geschäftsleitung hat, so z. B. in der EU nach den DBA mit Tschechien, der Slowakei oder Zypern.[314] Darüber hinaus kann ein DBA vorsehen, dass bei einer Veräußerung von Anteilen an einer Grundstücksgesellschaft derjenige Staat den Veräußerungsgewinn besteuert, in dem die Grundstücke belegen sind.[315] In der Regel ist aber dann, wenn der Private Equity Fonds bzw. die Investoren abkommensberechtigt sind, das deutsche Besteuerungsrecht ausgeschlossen.

Auf Abkommensebene ist zudem das Betriebsstättenprinzip zu berücksichtigen. Hiernach wird das Besteuerungsrecht grundsätzlich dem Betriebsstättenstaat insoweit zugewiesen, als der Betriebsstätte Gewinne zugerechnet werden können.[316] Da die DBA-Vorschriften die Quellenbesteuerung in unterschiedlichem Umfang beschränken, ist stets eine präzise Zuordnung der Einkünfte zu einer der abkommensrechtlichen Einkunftsarten erforderlich. So können Einkünfte, die als Unternehmensgewinne qualifiziert werden, gleichzeitig die Voraussetzungen einer weiteren Verteilungsnorm des DBA erfüllen. Für diese Fälle regelt Art. 7 Abs. 7 OECD-MA, dass die Vorschriften über Unternehmensgewinne bei Einkünften, die in anderen Artikeln des Abkommens behandelt werden, subsidiär sind. Etwas anderes gilt nach dem sog. Betriebsstättenvorbehalt allerdings dann, wenn die Einkünfte aus einem Vermögenswert stammen, der „tatsächlich" zu der Betriebsstätte im Quellenstaat gehört, wenn also z. B. die Dividende aus einer Beteiligung fließt, die von der Betriebsstätte selbst gehalten wird.[317] Für diese Fälle enthalten die Art. 10 Abs. 4, Art. 11 Abs. 3 etc.

---

[313] Im Rahmen des Exits kommen diese insbesondere nach der Veräußerung der Zielgesellschaft durch eine inländische Kapitalgesellschaft in Betracht.

[314] Vgl. im Übrigen Vogel/Lehner, Art. 13 Rn. 74.

[315] Art. 13 Abs. 4 OECD-MA. In der Mehrzahl der von der Bundesrepublik Deutschland abgeschlossenen Doppelbesteuerungsabkommen findet sich indes keine solche Regelung, vgl. die Übersicht bei Reimer in Vogel/Lehner, DBA, Art. 13 Rn.149.

[316] Art. 7 OECD-MA „Unternehmensgewinne". Vgl. zu den verschiedenen Betriebsstättenbegriffen ausführlich oben 2.1.2.1. lit. b).

[317] Vgl. hierzu auch unten 2.2.2.1 lit. b) cc). Das Erfordernis der tatsächlichen Zugehörigkeit besteht im Übrigen auch, wenn der Wortlaut des abkommensrechtlichen Betriebsstättenvorbehalts dies nicht

OECD-MA eine Rückverweisung auf Art. 7 OECD-MA, so dass sie als Unternehmensgewinne besteuert werden.

Sind Dividenden keiner inländischen Betriebsstätte zuzuordnen, verbleibt regelmäßig das Recht des Ansässigkeitsstaates der ausschüttenden Gesellschaft, die Dividenden (in der Regel zu einem ermäßigten Steuersatz) zu besteuern. Werden Dividenden an eine in der EU ansässigen Gesellschaft ausgeschüttet, geht die Mutter-/Tochterrichtlinie über den Regelungsgehalt vieler Doppelbesteuerungsabkommen hinaus, indem der Quellenstaat auf die Dividende überhaupt keine Steuer erheben darf. Die Mutter-/Tochterrichtlinie ist durch § 43b EStG in nationales Recht umgesetzt worden. Hiernach wird auf Antrag die Kapitalertragsteuer auf Gewinnausschüttungen nicht erhoben, die einer in einem anderen Mitgliedstaat der Europäischen Union ansässigen Gesellschaft oder deren Betriebsstätte von ihrer unbeschränkt körperschaftsteuerpflichtigen Tochtergesellschaft zufließen. Voraussetzung für die Inanspruchnahme ist allerdings, dass die Gesellschaft als Muttergesellschaft im Sinn der Mutter-/Tochterrichtlinie qualifiziert und nicht von der Steuer befreit ist.[318] Zudem muss die Beteiligung mindestens 15 % betragen und mindestens 12 Monate bestehen.[319] Zu beachten ist, dass die Tochtergesellschaft gemäß § 50d Abs. 2 EStG von dem Abzug der Kapitalertragsteuer nur absehen darf, wenn die die Ausschüttung empfangende Gesellschaft eine Freistellungsbescheinigung vorlegt.[320] Dies gilt auch für den Fall der Inanspruchnahme der Vergünstigungen eines DBA (vgl. § 50d Abs. 1 Satz 1 EStG).

### 2.1.2.3. Sonderfall Immobilieninvestment

Insbesondere für sog. Real Estate Private Equity Fonds gelten Besonderheiten. Bei Immobilieninvestitionen sind laufende Vermietungseinkünfte als inländische Einkünfte aus Vermietung und Verpachtung nach § 49 Abs. 1 Nr. 6 EStG und Veräußerungsgewinne innerhalb der sog. Spekulationsfrist von zehn Jahren nach § 49 Abs. 1 Nr. 8 EStG beschränkt steuerpflichtig. Soweit allerdings die Veräußerung, z. B. aufgrund gewerblichen Grundstückshandels, oder seit dem 1. Januar 2009 auch die Vermietung und Verpachtung der Betätigungsart nach als gewerblich zu qualifizieren sind, richtet sich die beschränkte Steuerpflicht nach § 49 Abs. 1 Nr. 2 lit. f) EStG. Dies gilt unabhängig von der Rechtsform und der Betätigungsart des Veräußerers bzw. Vermieters oder Verpächters, wenn es sich bei dem Veräußerer bzw. Vermieter oder Verpächter um eine Körperschaft i.S.d. § 2 Nr. 1 KStG handelt, die mit einer Kapitalgesellschaft oder sonstigen juristischen Person i.S.d. § 1 Abs. 1 Nr. 1 bis 3 KStG vergleichbar ist, also z. B. für eine vermögensverwaltende luxemburgische SICAV-SIF in der Rechtsform einer S.à r.l.[321] Ist eine Personengesellschaft Eigentümerin der inländischen Vermögensgegenstände, gilt die Erweiterung des Satzes 2 nur insoweit, als Gesellschafter dieser Personengesellschaft Körperschaften sind, die nach dem Typenvergleich einer der genannten Körperschaften entsprechen. Auch im Falle einer gewerblich geprägten Personengesellschaft ohne inländische Betriebsstätte erzielen die ausländischen Gesellschafter bei der Veräußerung inländischen Grundbesitzes gewerbliche Einkünfte nach § 49 Abs. 1

---

ausdrücklich verlangt (so spricht z. B. Art. 13 Abs. 5 DBA Niederlande lediglich davon, dass „die Einkünfte durch diese Betriebsstätte erzielt" werden), vgl. BFH, Beschluss v. 19. Dezember 2007, I R 66/06, IStR 2008, 367, II. 1. c) cc) bbb).

[318] Vgl. Anlage 2 zum EStG.

[319] Im Fall der Reziprozität beträgt die maßgebliche Beteiligungsschwelle 10 %, § 43b Abs. 3 EStG. Wird der Beteiligungszeitraum erst nach dem Entstehen des Kapitalertragsteuer erfüllt, kommt eine Freistellung von der Erhebung der Kapitalertragsteuer nicht in Betracht; vielmehr wird der Steuerpflichtige gemäß § 43b Abs. 2 S. 4 EStG auf das Erstattungsverfahren nach § 50d EStG verwiesen.

[320] Die Freistellungsbescheinigung ist bei dem Bundeszentralamt für Steuern zu beantragen. Für Einzelheiten vgl. § 50d Abs. 2 EStG.

[321] Bis 2009 galt diese Fiktion nur für den Veräußerungsfall. Für den Vermietungsfall fanden die im Ausland verwirklichten Besteuerungsmerkmale aufgrund der in § 49 Abs. 2 EStG angeordneten isolierenden Betrachtungsweise keine Berücksichtigung, vgl. OFD Münster, Verfügung v. 24. Juli 2008, S 1300 – 169 – St 45-32, GmbHR 2008, 1007.

## 2. Teil. Fondsstrukturierung

Nr. 2 lit. f) Satz 1 lit. bb) EStG, ohne dass es dafür der isolierenden Betrachtungsweise des § 49 Abs. 2 EStG bedarf.[322] Handelt es sich um Veräußerungen von im Privatvermögen gehaltenen Grundstücken, kann sich eine beschränkte Steuerpflicht aus § 49 Abs. 1 Nr. 8 EStG ergeben, wenn der Zeitraum zwischen Anschaffung und Veräußerung weniger als zehn Jahre beträgt.

Da auch in einem DBA-Fall das Besteuerungsrecht regelmäßig bei dem Belegenheitsstaat des Grundstücks verbleibt, wird das inländische Besteuerungsrecht nicht ausgeschlossen, so dass die dargestellten Besteuerungsfolgen auch in einem solchen Fall eintreten.

### 2.2. Steuereffiziente Repatriierung von Gewinnen

Die oben dargestellten steuerlichen Regelungen geben den Rahmen für die Gestaltung der Investmentstruktur vor. Innerhalb dieses Rahmens ist dafür Sorge zu tragen, dass Gewinne aus dem Investment steuereffizient repatriiert werden können. Es bietet sich eine Vielzahl von Strukturierungsmöglichkeiten. Für einige davon sollen im Folgenden grundlegende Eckpunkte dargestellt werden.

Ausgangspunkt der Überlegungen ist die Akquisitionsstruktur. Typischerweise werden Akquisitionen durch Private Equity Investoren als sog. Leveraged-Buy-Outs (LBOs) durchgeführt, bei denen ein Teil des Kaufpreises durch Fremdkapital finanziert wird. Das Fremdkapital wird hierbei durch ein neu zu gründendes Akquisitionsvehikel in der Rechtsform einer Kapitalgesellschaft (*NewCo* oder *AcquiCo*) aufgenommen. Zusammen mit den von dem Private Equity Fonds (als Eigen- oder weiteres Fremdkapital) zur Verfügung gestellten Mitteln erwirbt diese dann die Zielgesellschaft. In der Regel wird es sich bei der Akquisitionsgesellschaft um eine unbeschränkt steuerpflichtige Kapitalgesellschaft handeln, um eine Konsolidierung der auf die Akquisitionsfinanzierung gezahlten Zinsen mit den operativen Gewinnen der Zielgesellschaft zu erreichen.[323]

Alternativ kann die Zielgesellschaft aber auch von einer im Ausland ansässigen Akquisitionsgesellschaft erworben werden. Eine solche Struktur bietet sich beispielsweise dann an, wenn es sich bei der Zielgesellschaft um eine Personengesellschaft handelt. Da die auf Ebene der Akquisitionsgesellschaft anfallenden Finanzierungsaufwendungen als Sonderbetriebsausgaben im Inland grundsätzlich steuerlich abziehbar sind,[324] kann auf diese Weise trotz des grenzüberschreitenden Sachverhalts ein Konsolidierungskreis zwischen der Akquisitionsgesellschaft und der Zielgesellschaft hergestellt werden.[325] Zu beachten ist aber, dass die Akquisitionsgesellschaft aufgrund der durch die Zielpersonengesellschaft vermittelten Betriebsstätte gemäß § 49 Abs. 1 Nr. 2 lit. a) EStG im Inland beschränkt steuerpflichtig ist. Dieser

---

[322] Vgl. OFD Münster, Verfügung v. 24. Juli 2008, S 1300 – 169 – St 45–32, GmbHR 2008, 1007.

[323] Zu den Auswirkungen der Zinsschranke auf die Finanzierung bei Private Equity Strukturen und LBOs vgl. Eilers, Ubg 2008, 197 ff. sowie Scheunemann/Socher, BB 2007, 1144 ff.

[324] Nach dem BFH-Urteil v. 17. Oktober 2007, I R 5/06, BFH/NV 2008, 869, könnte dies in Frage gestellt werden. Der BFH hat entgegen der Verwaltungsauffassung (vgl. Bundesministerium der Finanzen: Schreiben v. 24. Dezember 1999, BStBl. I 1999, 1076, Tz. 1.2.3) entschieden, dass an einen ausländischen Gesellschafter einer inländischen Personengesellschaft gezahlte Zinsen abkommensrechtlich als Zinsen zu qualifizieren sind und nicht zu den Unternehmensgewinnen gehören. Hieraus ist von Schnitger/Bildstein, Ubg 2008, 444 (450), gefolgert worden, dass Sonderbetriebsausgaben dann nach § 3c EStG nicht mehr abziehbar seien. Zweifelhaft ist allerdings, ob eine solche Sichtweise richtig ist. Schließlich unterliegt der ausländische Gesellschafter im Übrigen mit seinem Gewinnanteil der inländischen Besteuerung. Durch § 50d Abs. 10 EStG hat sich diese Diskussion indes zunächst erledigt, da hier angeordnet wird, dass Sondervergütungen eines Mitunternehmers für abkommensrechtliche Zwecke grundsätzlich als Unternehmensgewinne zu qualifizieren sind. Sondervergütungen an einen ausländischen Gesellschafter einer inländischen Gesellschaft unterliegen damit regelmäßig der inländischen Besteuerung, so dass § 3c EStG nicht einschlägig ist. Zu § 50d Abs. 10 EStG vgl. auch FG München, Urteil v. 30. Juli 2009, 1 K 1816/09, EFG 2009, 1954 (nicht rkr., Rev. eingelegt, I R 74/09).

[325] Bei der Zielgesellschaft in Form einer Kapitalgesellschaft scheidet ein grenzüberschreitender Konsolidierungskreis, z. B. in Form einer Organschaft, regelmäßig aus.

Betriebsstätten sind grundsätzlich auch Gewinne aus der Veräußerung der Beteiligung an der Zielpersonengesellschaft, die als (anteiliger) *Asset Deal* hinsichtlich der der Betriebsstätte zuzuordnenden Wirtschaftsgüter zu qualifizieren ist, zuzuordnen. Aus steuerlicher Sicht ist daher die Veräußerung oberhalb der Akquisitionsgesellschaft vorzugswürdig, wobei darauf hinzuweisen ist, dass sich die Einbindung einer ausländischen Akquisitionsgesellschaft gegebenenfalls als Hindernis erweisen kann, insbesondere wenn die Zielgesellschaft später an einen strategischen inländischen Investor verkauft werden soll.

### 2.2.1. Direktbeteiligung

Handelt es sich bei der Akquisitionsgesellschaft um eine inländische Kapitalgesellschaft, kann die Akquisitionsstruktur schlank gehalten werden, wenn der Private Equity Fonds aus deutscher steuerlicher Sicht eine transparente Gesellschaft ist und jeder der Investoren[326] zu weniger als 1 % am Vermögen des Fonds und damit mittelbar am Kapital der Akquisitionsgesellschaft beteiligt ist. Unterhalten der Fonds bzw. aufgrund der anteiligen Zurechnung die Investoren keine Betriebsstätten im Inland und ist im Inland kein ständiger Vertreter bestellt, sind die Investoren mit den Veräußerungsgewinnen dann weder über § 49 Abs. 1 Nr. 2 lit. a) EStG noch über § 49 Abs. 1 Nr. 2 lit. e) i.V.m. § 17 EStG beschränkt steuerpflichtig.

Auch im Hinblick auf die Beteiligung inländischer Privatinvestoren konnte sich diese Struktur vor dem 1. Januar 2009 als attraktiv erweisen, da ein Veräußerungsgewinn unter den obigen Voraussetzungen der Besteuerung nur dann unterlag, wenn die Beteiligung im Betriebsvermögen gehalten wurde.[327] Seit dem 1. Januar 2009 unterliegen allerdings auch Veräußerungsgewinne inländischer Privatinvestoren gemäß § 32d EStG dem Abgeltungsteuersatz von 25 %, wenn die Anteile nach dem 31. Dezember 2008 erworben wurden.

Hinzuweisen ist zudem darauf, dass es sich strukturell als vorteilhaft erweisen kann, im Inland eine doppelstöckige Struktur zu implementieren. Hierdurch kann gegebenenfalls dem Interesse der Banken an lokaler Besicherung Rechnung getragen werden. Außerdem bietet eine solche Doppelstockstruktur einen breiteren Gestaltungsspielraum (z. B. im Hinblick auf einen später beabsichtigten Börsengang der Zielgesellschaft), ohne die Struktur insgesamt zu verkomplizieren.

Bei einer Direktbeteiligung ist allerdings zu bedenken, dass sich die Repatriierung von Gewinnen insbesondere in Form von Gewinnausschüttungen schwierig gestalten kann. Grund hierfür ist, dass der hinter dem (transparenten) Private Equity Fonds stehende Investor mit den Gewinnausschüttungen im Inland gemäß § 49 Abs. 1 Nr. 5 lit. a) i.V.m. § 20 Abs. 1 Nr. 1 EStG beschränkt steuerpflichtig ist. Die im Wege des Steuerabzugs erhobene Steuer hat gemäß § 50 Abs. 2 EStG für die Investoren grundsätzlich abgeltende Wirkung. Für etwaige Ausschüttungen bedeutet dies – vorbehaltlich eines aufgrund eines DBA niedrigeren Steuersatzes[328] – einen Steuernachteil in Höhe von 26,375 % der Gewinnausschüttung. In der Regel scheidet die Repatriierung von Gewinnen in Form von Gewinnausschüttungen daher bei einer Direktbeteiligung des Private Equity Fonds an der Akquisitionsgesellschaft aus.

Gleichwohl bieten sich verschiedene Möglichkeiten, die Repatriierung steuereffizient zu gestalten. Ein probates Gestaltungsmittel ist die Ausstattung der Gesellschaft mit verzinslichen Gesellschafterdarlehen. Weder für die Zinszahlungen noch für die Rückzahlungen

---

[326] Handelt es sich bei dem Investor um einen Dachfonds, ist – sofern er steuerlich transparent ist – auf die hinter diesem Fonds stehenden Gesellschafter zurückzugreifen.

[327] Bei der Beteiligung eines Inländers an einem ausländischen Private Equity Fonds ist insoweit insbesondere zu beachten, dass die Veräußerungsgewinne dann als gewerblich zu qualifizieren sind, wenn der ausländische Fonds entweder gewerblich tätig oder gewerblich geprägt ist. Auch eine ausländische Kapitalgesellschaft ist geeignet, eine Personengesellschaft i.S.d. § 15 Abs. 3 Nr. 2 EStG gewerblich zu prägen, wenn die Kapitalgesellschaft nach ihrem rechtlichen Aufbau und ihrer wirtschaftlichen Gestaltung einer inländischen Kapitalgesellschaft entspricht, vgl. oben 2.1.2.1. lit. a).

[328] Sofern ein Investor berechtigt sein sollte, die Vergünstigungen eines DBA in Anspruch zu nehmen, wird dies allerdings in vielen Fällen aus praktischen Gründen ausscheiden.

des Darlehens gibt es einen steuerlichen Anknüpfungspunkt im Inland, so dass diese Zahlungen ohne Kapitalertragsteuerabzug vorgenommen werden können. Voraussetzung für den Kapitalertragsteuerabzug wäre nämlich die zumindest beschränkte Steuerpflicht des Darlehensgebers. Zu beachten ist allerdings, dass 25 % der auf das Gesellschafterdarlehen gezahlten Zinsen auf Ebene der Akquisitionsgesellschaft gemäß § 8 Nr. 1 lit. a) GewStG gewerbesteuerlich wieder hinzuzurechnen sind. Da es zu einer Hinzurechnung nur kommt, wenn die Zinsen bei der Ermittlung des Gewinns abgesetzt wurden, ergibt sich allerdings dann kein gewerbesteuerlicher Nachteil, wenn der Zinsabzug durch die Regelungen der Zinsschranke ohnehin nicht oder nur eingeschränkt möglich ist. Insoweit wirkt sich die Zinsschranke vor dem Hintergrund einer steuereffizienten Gewinnrepatriierung ausnahmsweise positiv aus.[329]

### 2.2.2. Indirekte Beteiligung

Oft stellt sich die indirekte Beteiligung des Private Equity Fonds an der Akquisitionsgesellschaft durch Zwischenschaltung einer internationalen Zwischenholding allerdings als vorzugswürdig dar. Die Steuerneutralität des Investments gibt auch hier die Rahmenbedingungen für die Wahl des optimalen Standorts der Zwischenholding vor, wobei neben der steuerlichen Behandlung der Zwischenholding in ihrem Ansässigkeitsstaat sowohl das Verhältnis zwischen dem Ansässigkeitsstaat der Zielgesellschaft und dem Ansässigkeitsstaat der Zwischenholding sowie das Verhältnis zwischen dem Ansässigkeitsstaat der Zwischenholding und dem Ansässigkeitsstaat des Private Equity Fonds bzw. der Investoren zu berücksichtigen sind.

#### 2.2.2.1. Keine Besteuerung im Inland

Wie im Fall der Direktbeteiligung des Fonds gilt es auch hier, eine Besteuerung der Zwischenholding im Inland im Rahmen der beschränkten Steuerpflicht zu vermeiden. Dies kann durch die gezielte Nutzung der oben dargestellten DBA-Vergünstigungen[330] sowie der Mutter-/Tochterrichtlinie erreicht werden.

**a) Keine Basisgesellschaft.** Die Zwischenholding darf freilich nicht als bloße Basisgesellschaft zu qualifizieren sein, die steuerlich nicht anerkannt wird (§ 42 AO). Dies wäre dann der Fall, wenn für die Errichtung der Zwischenholding wirtschaftliche oder sonst beachtliche Gründe fehlen und keine eigene wirtschaftliche Tätigkeit entfaltet wird.[331] Beachtliche Gründe in diesem Sinn können beispielsweise die Errichtung einer Finanzierungsgesellschaft für Tochtergesellschaften oder die Wahrnehmung von Managementfunktionen sein. Darüber hinaus ist zu beachten, dass die Zwischenholding mit einem gewissen Maß an Mindestsubstanz ausgestattet ist, diese also gemessen an ihrem Geschäftszweck über eine angemessene finanzielle, administrative und personelle Ausstattung in Form von Büroräumen, Personal und Kommunikationsmitteln verfügen kann.[332] Nach der Verschärfung des

---

[329] Zu beachten ist freilich, dass die Zinseinkünfte gegebenenfalls auf Ebene der Investoren zu versteuern sind. In diesem Fall ist die Zwischenschaltung einer ausländischen Zwischenholding geboten, auf deren Ebene durch eine hybride Finanzierungsstruktur steuerliche Nachteile vermieden werden.

[330] Vgl. oben 2.1.2.2. lit. b).

[331] Vgl. z. B. BFH, Urteil v. 19. August 1999, I R 77/96, BStBl., 2001, Teil II, 43 mit weiteren Nachweisen. Zum Begriff der Basisgesellschaft vgl. ausführlich auch Fischer in: Hübschmann/Hepp/Spitaler, AO/FGO, § 42 AO Rn. 282 ff. sowie Gosch FS Reiß, S. 597.

[332] Zwar hat der BFH in seinem Urteil v. 31. Mai 2005, I R 88/04, IStR 2005, 701 (Hilversum II) das Substanzerfordernis hinter dem Vorliegen sonstiger beachtlicher Gründe zurücktreten lassen. In Anlehnung an die Cadbury Schweppes Entscheidung des EuGH (Urteil v. 12. September 2006, C-196/04, IStR 2006, 670) macht der BFH in einer neueren Entscheidung (Urteil v. 29. Januar 2008, I R 26/06, IStR 2008, 364) aber deutlich, dass rein künstlichen, jeder wirtschaftlichen Realität baren Gestaltungen die Anerkennung zu versagen ist. Von einer solchen Gestaltung ist wohl auszugehen, wenn die ausländische Gesellschaft keinerlei greifbare Substanz aufweist, also weder über Büroräume oder Personal noch über Kommunikationsmittel verfügt, und es an objektiven, von dritter Seite nach-

§ 50d Abs. 3 EStG[333] reicht allein dieses Mindestmaß an Substanz zwar nicht mehr aus, um die durch ein DBA bzw. die Mutter-/Tochterrichtlinie gewährten Vorteile hinsichtlich der Reduzierung des Kapitalertragsteuerabzugs in Anspruch zu nehmen. Einer auf diese Weise ausgestatteten Zwischengesellschaft wird man aber nicht die Abkommensberechtigung versagen können, wenn es darum geht, die nach dem einschlägigen Doppelbesteuerungsabkommen gewährte Steuerfreistellung von Veräußerungsgewinnen in Anspruch zu nehmen.

**b) Anti-Treaty-/Anti-Directive-Shopping.** Um im Hinblick auf etwaige Dividenden die Vergünstigungen eines DBA oder der Mutter-/Tochterrichtlinie in Anspruch nehmen zu können, müssen über die eben genannten Anforderungen hinaus die erhöhten Substanzanforderungen der Anti-Treaty-/Directive-Shopping Regel des § 50d Abs. 3 EStG erfüllt sein.[334] Hiernach können ausländische Gesellschaften entsprechende Vergünstigungen nur in Anspruch nehmen, sofern sie einen der in § 50d Abs. 3 EStG aufgeführten Tatbestände erfüllen. Zwar wird die Europarechtskonformität dieser Vorschrift auf breiter Front bezweifelt.[335] Gleichwohl wird man bei der Gestaltung dieser Vorschrift besondere Beachtung schenken müssen.

**aa) Versagung der Abkommens-/Richtlinienvergünstigung.** Sind an der ausländischen Gesellschaft Personen beteiligt, denen die Steuerentlastung bei einer unmittelbaren Beteiligung an der inländischen Kapitalgesellschaft nicht zustünde, verlangt § 50d Abs. 3 EStG, dass (i) für die Einschaltung der ausländischen Gesellschaft wirtschaftliche oder sonst beachtliche Gründe vorliegen, (ii) die ausländische Gesellschaft mehr als 10% ihrer gesamten Bruttoerträge des betreffenden Wirtschaftsjahres aus eigener Wirtschaftstätigkeit erzielt und (iii) die ausländische Gesellschaft mit einem für ihren Zweck angemessen eingerichteten Geschäftsbetrieb am allgemeinen wirtschaftlichen Verkehr teilnimmt. An einer eigenen wirtschaftlichen Tätigkeit fehlt es nach § 50d Abs. 3 Satz 3 EStG, soweit die ausländische Gesellschaft ihre Bruttoerträge aus der Verwaltung von Wirtschaftsgütern erzielt oder ihre wesentliche Geschäftstätigkeit auf Dritte überträgt. Dementsprechend qualifiziert das in diesem Zusammenhang ergangene BMF-Schreiben die bloße Beteiligungsverwaltung ebenso als schädlich wie die Auslagerung von (wesentlichen) Funktionen auf Management-, Beratungs- oder ähnliche Gesellschaften.[336] Da sich die Tätigkeit der Zwischenholding regelmä-

---

prüfbaren Anhaltspunkten fehlt, die Rückschlüsse auf ein „greifbares Vorhandensein" der ausländischen Gesellschaft und für eine „wirkliche" eigenwirtschaftliche Tätigkeit zulassen.

[333] Zur Entstehungsgeschichte der Norm vgl. Schönfeld in: Flick/Wassermeyer/Baumhoff, Außensteuerrecht, § 50d Abs. 3 EStG Rn. 4; Gosch in: FS Reiß, S. 597, 613 ff. Die Verschärfung ist nicht zuletzt der zu der alten Fassung von § 50d Abs. 3 EStG (vormals § 50d Abs. 1a EStG) ergangenen Rechtsprechung geschuldet (BFH, Urteil v. 20. März 2002, I R 63/99, IStR 2002, 597 (Hilversum I); BFH, Urteil v. 31. Mai 2005, I R 88/04, IStR 2005, 701 (Hilversum II); vgl. hierzu auch Gosch in: Kirchhof, EStG, § 50d Rn. 43 ff.). Auch wenn sich durch die Neufassung des § 50d Abs. 3 EStG die dort aufgestellten Grundsätze für die Frage der Kapitalertragsteuerentlastung weitgehend erledigt haben, lassen sich doch für das Vorliegen einer Basisgesellschaft im Rahmen des 42 AO Rückschlüsse ziehen. Insofern bringt der BFH (Urteil v. 29. Januar 2008, I R 26/06, IStR 2008, 364) zum Ausdruck, dass hier wie dort im Grundsatz die gleichen Maßstäbe gelten. So auch Gosch, BFH/PR 2008, 296.

[334] Durch das Jahressteuergesetz 2009 wurde § 50d Abs. 3 EStG auch im Rahmen des § 44a Abs. 9 EStG für entsprechend anwendbar erklärt. § 44a Abs. 9 EStG war erst durch das Unternehmensteuerreformgesetz 2008 neu eingefügt worden. Hiernach können beschränkt steuerpflichtige Körperschaften i.S.d. § 2 Nr. 1 KStG eine Erstattung von zwei Fünfteln der einbehaltenen und abgeführten Kapitalertragsteuer beantragen, wodurch im Ergebnis die Kapitalertragsteuer auf das inländische Körperschaftsteuerniveau von 15% absenkt wird. Diese vor dem Hintergrund des Typenvergleichs sachgerechte Regelung wird durch die Anwendbarkeitserklärung des § 50d Abs. 3 EStG in europarechtswidriger Weise konterkariert.

[335] Vgl. nur Gosch, BFH/PR 2008, 296; Wiese/Süß, GmbHR 2006, 972.

[336] Vgl. Bundesministerium der Finanzen: Schreiben betreffend Entlastungsberechtigung ausländischer Gesellschaften; Anwendung des § 50d Abs. 3 EStG in der Fassung des Jahressteuergesetzes 2007 v. 3. April 2007, IV B 1-S 2411/07/0002, BStBl. 2007, Teil I, S. 446, Tz. 6 ff.

ßig auf die bloße Beteiligungsverwaltung beschränkt, erzielt die Zwischenholding typischerweise keine Einkünfte aus eigener Wirtschaftstätigkeit und kann den 10%-Test nicht erfüllen.

In einem solchen Fall steht der Zwischenholding der aufgrund eines DBA oder der Mutter-/Tochterrichtlinie geltend gemachte Entlastungsanspruch gemäß § 50d Abs. 1 und 2 EStG nur zu, soweit an ihr Gesellschafter beteiligt sind, denen ein Entlastungsanspruch zustünde, wenn sie die Dividende unmittelbar erhalten hätten. Für jeden Gesellschafter der ausländischen Zwischenholding ist daher zunächst gesondert zu prüfen, inwiefern ihm ein – fiktiver – Entlastungsanspruch bezogen auf das DBA zwischen Deutschland und dem Ansässigkeitsstaat dieses Gesellschafters zustünde.[337] Der Entlastungsanspruch der Zwischenholding ergibt sich sodann aus der Summe aller fiktiven Entlastungsansprüche der Gesellschafter.[338] Wie oben schon angemerkt, erweist es sich bei einer steuerlich transparenten Private Equity Struktur häufig als wenig praktikabel, auf die Abkommens- bzw. Richtlinienberechtigung der Investoren abzuzielen.[339]

**bb) Geschäftsleitende Holding.** Ein Ausweg bietet sich jedoch über die Qualifikation der Zwischenholding als sog. geschäftsleitende Holding im Sinn einer aktiven Beteiligungsverwaltung. Erfüllt die ausländische Zwischengesellschaft die Voraussetzungen einer aktiven Beteiligungsverwaltung, wird diese nämlich als eigene Wirtschaftstätigkeit und werden die ansonsten passiven Erträge in Form von Dividenden und Zinsen als aktive Einkünfte anerkannt,[340] so dass die Gesellschaft in der Regel auch die 10%-Grenze überschreiten kann. Nach Auffassung des BMF[341] setzt eine aktive Beteiligungsverwaltung voraus, dass die ausländische Gesellschaft Beteiligungen von einigem Gewicht erworben hat, und zwar an mindestens zwei Gesellschaften.[342] Besteht die Holdingeigenschaft der Zwischengesellschaft

---

[337] Intensiv diskutiert wurde lange Zeit, wie der Umfang der Entlastungsberechtigung bei mehr als dreistufigen funktionsschwachen Beteiligungsketten zu ermitteln sei. Auf eine Anfrage hin hat dies die Finanzverwaltung jedoch dahingehend klargestellt, dass die Voraussetzungen des § 50d Abs. 3 EStG grundsätzlich auf jeder einzelnen (mittelbaren) Beteiligungsstufe zu prüfen sind. Vgl. Bundesministerium der Finanzen: Schreiben betreffend Entlastungsberechtigung ausländischer Gesellschaften (§ 50d Abs. 3 EStG) bei mehrstufigen Beteiligungsstrukturen v. 10. Juli 2007, IV B 1-S 2411/07/0002, IStR 2007, 555.
[338] Bundesministerium der Finanzen: Schreiben betreffend Entlastungsberechtigung ausländischer Gesellschaften; Anwendung des § 50d Abs. 3 EStG in der Fassung des Jahressteuergesetzes 2007 v. 3. April 2007, IV B 1-S 2411/07/0002, BStBl. 2007, Teil I, S. 446, Tz. 13; vgl. auch Günkel/Lieber, Ubg 2008, 383 f. Die Feststellungslast bezüglich des Nichtvorliegens der Voraussetzungen des § 50d Abs. 3 EStG liegt bei der die Entlastung beanspruchenden Gesellschaft, also bei der ausländischen Holding (vgl. Bundesministerium der Finanzen: Schreiben betreffend Entlastungsberechtigung ausländischer Gesellschaften; Anwendung des § 50d Abs. 3 EStG in der Fassung des Jahressteuergesetzes 2007 v. 3. April 2007, IV B 1-S 2411/07/0002, BStBl. 2007, Teil I, S. 446, Tz. 14). Hierfür hält das BZSt einen Fragebogen bereit. Anhand der beantworteten Fragen wird ermittelt, ob und in welcher Höhe einer ausländischen Gesellschaft ein Entlastungsanspruch zusteht.
[339] Dies gilt auch, wenn steuerlich per se nicht transparente, aber funktions- oder substanzschwache Gesellschaften zwischengeschaltet werden.
[340] Vgl. Bundesministerium der Finanzen: Schreiben betreffend Entlastungsberechtigung ausländischer Gesellschaften; Anwendung des § 50d Abs. 3 EStG in der Fassung des Jahressteuergesetzes 2007 v. 3. April 2007, IV B 1-S 2411/07/0002, BStBl, Teil I, S. 446, Tz. 7.
[341] Vgl. Bundesministerium der Finanzen: Schreiben betreffend Entlastungsberechtigung ausländischer Gesellschaften; Anwendung des § 50d Abs. 3 EStG in der Fassung des Jahressteuergesetzes 2007 v. 3. April 2007, IV B 1-S 2411/07/0002, BStBl, Teil I, S. 446, Tz. 6.2.
[342] Letztere Voraussetzung betonen auch BFH, Urteil v. 15. April 1970, I R 122/66, BStBl. 1970, Teil II, S. 554 sowie FG Köln, Urteil v. 16. März 2006, 2 K 1139/02, EFG 2006, 896. Kritisch Frotscher in: Frotscher, EStG § 50d Rn. 75. Nicht ganz eindeutig ist, ob die Finanzverwaltung die Beteiligung an mindestens zwei inländischen Gesellschaften verlangt oder ob die Beteiligung an einer inländischen und einer ausländischen Gesellschaft ausreichend ist. Der Sinn einer solchen Einschränkung würde indes im Dunkeln bleiben. Eine Klarstellung durch die Finanzverwaltung wäre gleichwohl wünschens-

zunächst nur in Bezug auf eine Beteiligung, kann eine mehrfache Beteiligung gegebenenfalls durch die Entflechtung der Zielgruppe erreicht werden.[343]

Die von der Zwischenholding wahrgenommenen Funktionen müssen hierbei geschäftsleitend sein, wobei die tatsächliche Einflussnahme auf das Geschäft der Beteiligungsgesellschaft entscheidend ist. Geschäftsleitende Funktionen werden durch strategische Führungsentscheidungen ausgeübt, die sich durch ihre langfristige Natur, Grundsätzlichkeit und Bedeutung für die Portfoliogesellschaften auszeichnen.[344] Diese sind schriftlich zu dokumentieren, da rein mündlich ergangene Entscheidungen zum Nachweis der (tatsächlich wahrgenommenen) geschäftsleitenden Funktion nicht anerkannt werden.[345] Gegebenenfalls bietet es sich auch an, auf Ebene der Zwischenholding weitere Funktionen (z. B. Rechts-, Steuer-, Unternehmensberatung, Finanz- und Rechnungswesen, etc.) anzusiedeln, die zwar weniger strategischer Natur sind, die aber typischerweise von einer geschäftsleitenden Holding erbracht werden.[346]

Bei der Strukturierung ist zudem darauf zu achten, dass weder die ausländische Zwischenholding eine inländische Geschäftsleitungsbetriebsstätte noch die inländische Portfoliogesellschaft eine ausländische Geschäftsleitungsbetriebsstätte begründet. Es ist daher insbesondere dafür Sorge zu tragen, dass Entscheidungen des Tagesgeschäfts dort getroffen werden, wo die jeweilige Gesellschaft ansässig ist und solche Entscheidungen auch nicht von der Portfoliogesellschaft auf die Zwischenholding übertragen werden.

cc) **Alternativstrukturen.** Unverkennbar ist, dass die Implementierung einer geschäftsleitenden Auslandsholding personelle und sachliche Ressourcen sowie die Erfüllung von Dokumentationspflichten in erheblichem Umfang erfordert. Soll die Struktur des Private Equity Investments indes schlank gehalten werden, ist eine Versagung der Quellensteuerentlastung nach § 50d Abs. 3 EStG kaum zu vermeiden. Allerdings versagt § 50d Abs. 3 EStG lediglich die Erstattung oder die Befreiung von der Kapitalertragsteuer im Kapitalertragsteuerabzugsverfahren, sie unterbindet aber nicht deren Anrechnung auf Dividenden einer deutschen Tochterkapitalgesellschaft im Rahmen einer inländischen Veranlagung (vgl. § 36 Abs. 1 Nr. 2 KStG, § 50 Abs. 5 Satz 2, § 36 Abs. 2. Nr. 2 Satz 1 EStG). Insofern stellt sich die Frage, ob dies gestalterisch nutzbar gemacht werden kann.

Denkbar ist die Zwischenschaltung einer inländischen Personenholdinggesellschaft (z. B. in Form einer GmbH & Co. KG). Die durch die Personengesellschaft vermittelte Betriebsstätte der ausländischen Zwischenholding führt nämlich prinzipiell gemäß § 49 Abs. 1 Nr. 2 lit. a) EStG zur beschränkten Steuerpflicht der ausländischen Zwischenholding. Ist diese als Kapitalgesellschaft zu qualifizieren,[347] sind von der Personengesellschaft vereinnahmte Dividendeneinkünfte dann zwar im Inland grundsätzlich steuerpflichtig, gemäß § 8b Abs. 1 und 5 jedoch zu 95% steuerbefreit. Die von der Tochterkapitalgesellschaft einbehaltene Kapital-

---

wert. Zu weiteren Unklarheiten vgl. Schönfeld in: Flick/Wassermeyer/Baumhoff, Außensteuerrecht, § 50d Abs. 3 EStG Rn. 187.

[343] Bundesministerium der Finanzen: Schreiben betreffend Entlastungsberechtigung ausländischer Gesellschaften; Anwendung des § 50d Abs. 3 EStG in der Fassung des Jahressteuergesetzes 2007 v. 3. April 2007, IV B 1-S 2411/07/0002, BStBl. 2007, Teil I, S. 446, Tz. 6.2.

[344] Vgl. Bundesministerium der Finanzen: Schreiben betreffend Entlastungsberechtigung ausländischer Gesellschaften; Anwendung des § 50d Abs. 3 EStG in der Fassung des Jahressteuergesetzes 2007 v. 3. April 2007, IV B 1-S 2411/07/0002, BStBl. 2007, Teil I, S. 446, Tz. 6.3. Ein Katalog möglicher Führungsaufgaben findet sich bei Schönfeld in: Flick/Wassermeyer/Baumhoff, Außensteuerrecht Kommentar, Band IV, § 50d Abs. 3 EStG Rn. 188 ff.

[345] Vgl. Bundesministerium der Finanzen: Schreiben betreffend Entlastungsberechtigung ausländischer Gesellschaften; Anwendung des § 50d Abs. 3 EStG in der Fassung des Jahressteuergesetzes 2007 v. 3. April 2007, IV B 1-S 2411/07/0002, BStBl. 2007, Teil I, S. 446, Tz. 14.

[346] Diese Leistungen können von der Zwischenholding z. B. im Rahmen von Management Verträgen erbracht werden. Hierbei ist darauf zu achten, dass die Zwischenholding auch über die entsprechenden Ressourcen verfügt und der Vertrag dem Fremdvergleich standhält.

[347] Auch hier darf die ausländische Zwischenholding keine Basisgesellschaft sein.

ertragsteuer ist im Veranlagungsverfahren anzurechnen bzw. zu erstatten (§§ 31 Abs. 1, 32 Abs. 1 Nr. 2 KStG, § 36 EStG).

Hinzuweisen ist auf die jüngst in diesem Zusammenhang ergangene Rechtsprechung des BFH,[348] der sich zur Betriebsstätten-Zurechnung im DBA-Fall geäußert hat. Der BFH macht deutlich, dass es für die abkommensrechtliche Zuweisung des Besteuerungsrechts für die Einkünfte einer Betriebsstätte auf eine funktionale Betrachtungsweise ankommt.[349] Der willkürlichen Zuordnung einer Beteiligung zu einer in- oder ausländischen Betriebsstätte wird damit eine Absage erteilt. Ebenso verneint der BFH aber auch die von der Finanzverwaltung[350] vertretene Auffassung der Attraktivität des Stammhauses und eröffnet somit zumindest den Weg für die Zwischenschaltung einer geschäftsleitenden Holding in Form einer inländischen Personengesellschaft.[351]

Für die steuereffiziente Gestaltung der Repatriierung von Gewinnen in Private Equity Strukturen bedeutet dies, dass es auf Grundlage dieser Rechtsprechung jedenfalls dann, wenn sich die Beteiligung an der inländischen Kapitalgesellschaft im Gesamthandsvermögen einer als geschäftsleitenden Holding ausgestaltenden inländischen Personengesellschaft befindet, möglich erscheint, die Anwendung des § 50d Abs. 3 EStG zu vermeiden. Allerdings wird man an die Ausstattung der geschäftsleitenden Holding prinzipiell die gleichen Anforderungen stellen müssen wie oben beschrieben. Zudem ist zu berücksichtigen, dass noch nicht klar ist, wie die Finanzverwaltung auf die Rechtsprechung des BFH reagieren wird. Zurzeit wird sich eine solche Struktur daher nicht ohne ein gewisses Maß an Rechtsunsicherheit etablieren lassen.[352] Etwas anderes gilt freilich dann, wenn der funktionale Zusammenhang anders dargestellt werden kann. Zu denken ist hier insbesondere an die Gründung eines Joint Ventures mehrerer Investoren unter Ansiedlung weiterer Funktionen auf Ebene der (Holding-)Personengesellschaft.

Unklar ist auch, ob sich daraus, dass die Entscheidungen des BFH zur Zuordnung von Beteiligungen für abkommensrechtliche Zwecke ergangen sind, weitere Aspekte für die Gestaltung ergeben. Hier wird zwar teilweise vertreten, dass dies die Möglichkeit der Veranlagung mit anschließender Anrechnung bzw. Erstattung unberührt lasse, da der insoweit einschlägige § 32 Abs. 1 Nr. 2 KStG auf den „inländischen gewerblichen Betrieb" abstelle. Ob dies der Fall ist, sei allein nach innerstaatlichem Recht zu beantworten.[353] Dividenden, die von einer inländischen (gewerblich tätigen oder gewerblich geprägten) Personengesellschaft bezogen werden, würden daher in einem solchen „inländischen gewerblichen Betrieb" anfallen, was die Anrechnung bzw. Erstattung der einbehaltenen Kapitalertragsteuer eröffne.[354]

Vor dem Hintergrund des im innerstaatlichen Recht anzuwendenden Veranlassungsprinzips erscheint allerdings fraglich, ob diese Schlussfolgerung zwingend ist. Auch im Rahmen des innerstaatlichen Veranlassungsprinzips ist die Zuordnung nämlich grundsätzlich nach wirtschaftlichen Gesichtspunkten vorzunehmen.[355] Inwiefern diese mit den vom BFH für

---

[348] BFH, Urteil v. 9. August 2006, II R 59/05, BFH/NV 2006, 2326; Urteil v. 17. Oktober 2007, I R 5/06, BFH/NV 2008, 869; Beschluss v. 19. Dezember 2007, I R 66/06, BStBl. 2008, Teil II, 510; Urteil v. 13. Februar 2008, I R 63/06, BFH/NV 2008, 1250.

[349] Vgl. hierzu Blumers, DB 2008, 1765 ff.

[350] Vgl. Betriebsstättenerlass, Tz. 2.4 sowie der Entwurf eines BMF-Schreibens zur DBA-Anwendung auf Personengesellschaften v. 10. Mai 2007, IV B 4 – S 1300/07/0006, Tz. 2.2.4.1. Vgl. aber noch das Urteil des BFH v. 17. Dezember 2003, I R 47/02, BFH/NV 2004, 771 (obiter dictum).

[351] Vgl. Gosch, BFH/PR 2008, 327; Schönfeld, IStR 2008, 370.

[352] Vgl. auch den Risikohinweis bei Frotscher in: Frotscher, EStG, § 50d Rn. 111.

[353] Schönfeld, IStR 2008, 370 (371); Günkel/Lieber, Ubg 2008, 383 (388); ebenso Kollruss, IStR 2007, 870.

[354] Dies würde insbesondere auch die Nutzung von Zwischengesellschaften in Nicht-DBA Staaten ermöglichen.

[355] Vgl. Gosch in: Kirchhof, EStG, § 49 Rn. 27; Kumpf/Roth in: Herrmann/Heuer/Raupach, EStG/KStG, § 49 EStG Rn. 244.

das Abkommensrecht entwickelten Abgrenzungskriterien übereinstimmen, ist weitgehend ungeklärt. Nicht auszuschließen ist daher, dass der wirtschaftliche Veranlassungszusammenhang zu verneinen und die Beteiligung nicht der durch die inländische Holdingpersonengesellschaft vermittelten Betriebsstätte, sondern der ausländischen Zwischenholding zuzuordnen ist.[356] Die Zwischenschaltung einer inländischen Personengesellschaft erscheint deswegen jedenfalls ohne die entsprechende Ausstattung mit Substanz und ohne weitere Vorkehrungen nicht ohne Risiko.

### 2.2.2.2. Steueroptimaler Standort der Zwischenholding

Auf Ebene der Zwischenholding selbst sollte es ebenfalls zu keiner wesentlichen steuerlichen Belastung der Mittelrückflüsse in Form von Dividenden, Zinsen oder Veräußerungsgewinnen kommen. Gleiches gilt für die Repatriierung von Gewinnen von der Zwischenholding an den Fonds bzw. die hinter dem Fonds stehenden Investoren. In Europa bieten insoweit insbesondere die Niederlande und Luxemburg Besteuerungsregelungen für Holdinggesellschaften, die eine steuerliche (Zusatz-)Belastung weitgehend ausschließen. Oftmals werden Zwischenholdings daher in diesen Staaten angesiedelt.[357] So sind zum Beispiel auf Ebene einer zwischengeschalteten Kapitalgesellschaft nach Luxemburger Recht Dividenden steuerbefreit, wenn die Beteiligung mindestens 10 % beträgt oder die Anschaffungskosten der Beteiligung mindestens € 1,2 Mio. betragen und die Beteiligung für einen ununterbrochenen Zeitraum von mindestens 12 Monaten gehalten wird. Unter den gleichen Voraussetzungen sind Veräußerungsgewinne von der Steuer befreit, vorausgesetzt die Anschaffungskosten der Beteiligung haben € 6 Mio. betragen. Aufwendungen, die im Zusammenhang mit einer solchen Beteiligung stehen, sind in dem Umfang abziehbar, wie sie steuerfreie Erträge übersteigen, unterliegen aber einer Nachversteuerung im Fall des Erzielens steuerfreier Veräußerungsgewinne aus der Beteiligung. Da im Übrigen eine unbeschränkte Verrechenbarkeit gewährleistet ist, kann unter anderem das sog. *Onlending* zur Optimierung der Repatriierung von Gewinnen genutzt werden.[358]

Neben den Ertragsteuern können zudem weitere steuerliche Kosten bei der Zwischenschaltung einer Holdinggesellschaft zu beachten sein.[359]

### 2.2.3. Sonderfall Immobilieninvestment

Tätigen ausländische Real Estate Private Equity Fonds Immobilieninvestments in Deutschland, kann sich bei der Strukturierung insbesondere im Hinblick auf die Gewerbesteuer ein erhöhtes Gestaltungspotenzial ergeben. Eine Gewerbesteuerpflicht nach § 2 Abs. 1 GewStG

---

[356] Ob es hier eines Rückgriffs auf § 42 AO bedarf, erscheint fraglich. In diese Richtung aber Frotscher in: Frotscher, EStG, § 50d Rn. 111.

[357] Allerdings bieten auch andere Staaten attraktive Besteuerungsregelungen für Holdinggesellschaften. Insbesondere im Verhältnis zu den USA sind die Niederlande und Luxemburg – auch aufgrund der bestehenden Infrastruktur sowie des stabilen politischen Umfelds – allerdings bevorzugte Standorte.

[358] Generell erhebt Luxemburg keine Quellensteuer auf Zinszahlungen. Allerdings sieht die Luxemburger Finanzverwaltung ein maximales Verhältnis von Eigenkapital zu Fremdkapital von 15:85 als fremdvergleichsgerecht an. Auch sollte auf Ebene der Zwischenholding ein angemessener Spread verbleiben. Die Finanzierungsstruktur wird daher regelmäßig durch hybride Finanzierungsinstrumente optimiert. Zu nennen sind etwa Preferred Equity Certificates („PECs") oder Convertible Preferred Equity Certificates („CPECs"), die regelmäßig im Verhältnis zu den USA genutzt werden. Weitere weit verbreitete Gestaltungsmittel auf Ebene einer Luxemburger Zwischenschaftsgesellschaft sind Implementierung von Tracking Stocks sowie die Teilliquidation, wodurch die Gewinnrepatriierung sehr flexibel gestaltet werden kann. Wird die Struktur in den Niederlanden aufgesetzt, bietet insbesondere die coöperatie ein interessantes Vehikel im Rahmen der Private Equity Strukturierung. Aus deutscher steuerlicher Sicht kann neben der Abkommens- und Richtlinienberechtigung der Zwischenholding auch die Finanzierungsgestaltung – beispielsweise im Rahmen der Zinsschranke bei der Akquisitionsstrukturierung – von besonderer Relevanz sein.

[359] Z. B. Capital Duty etc.

kommt nämlich nur in Betracht, wenn die Gesellschaft im Inland eine Betriebsstätte unterhält.[360] Die im Inland belegenen Grundstücke der Gesellschaft stellen regelmäßig keine Betriebsstätte dar.[361] Vor diesem Hintergrund kann es sich daher anbieten, Immobilieninvestitionen so zu strukturieren, dass eine im Ausland ansässige Grundstücksgesellschaft (*PropCo*) die inländische Immobilie erwirbt. Wenn auch sonstige eine Betriebsstätte begründenden Tatbestände vermieden werden können, unterliegen weder die laufenden Vermietungseinkünfte noch die Gewinne aus der Veräußerung der inländischen Grundstücke der Gewerbsteuer.[362]

Um eine Doppelbesteuerung in dem Ansässigkeitsstaat der Grundstücksgesellschaft zu vermeiden, sollte diese in einem DBA-Staat ansässig sein. Sowohl die laufenden Vermietungseinkünfte als auch die Veräußerungsgewinne unterliegen dann nach Art. 6 und Art. 13 OECD-MA der Einkommen- bzw. Körperschaftsteuer in Deutschland als Belegenheitsstaat; in dem Ansässigkeitsstaat sind die Einkünfte entsprechend freizustellen. Zu bedenken ist allerdings, dass sich die Ansässigkeit der Grundstücksgesellschaft im Ausland bei einer späteren Veräußerung des Investments als *Share Deal* auf potentielle Investoren als Hindernis auswirken könnte.

Als Alternative kommt eine Gestaltung mit einer inländischen Grundstückgesellschaft in Betracht. Zwar entstünde in diesem Fall grundsätzlich mit der nach § 2 Abs. 1 GewStG begründeten Gewerbesteuerpflicht ein Steuerverlust. Dieser kann jedoch mit der Inanspruchnahme der erweiterten Gewerbesteuerkürzung nach § 9 Nr. 1 Satz 2 GewStG vermieden werden. Liegen die Voraussetzungen für die erweiterte Gewerbesteuerkürzung vor, ist die Bemessungsgrundlage um den Teil des Gewerbeertrags zu kürzen, der auf die Verwaltung und Nutzung des eigenen Grundbesitzes entfällt.[363] Unter anderem setzt die erweiterte Gewerbesteuerkürzung voraus, dass die Grundstücksgesellschaft nur eigenen Grundbesitz oder neben eigenem Grundbesitz eigenes Kapitalvermögen verwaltet.[364] Dies gilt in zeitlicher Hinsicht für den gesamten Erhebungszeitraum. Daher ist es bei einem *Asset Deal* schädlich, wenn die Grundstücksgesellschaft sich nach der Veräußerung ihres einzigen und letzten Grundstücks auf die Verwaltung des hieraus erzielten Kapitalvermögens beschränkt.[365] Unschädlich ist dagegen der Verkauf zum Ende eines Wirtschaftsjahres.[366] Dies ist im Rahmen der Exit-Strukturierung, gegebenenfalls durch Umstellung des Wirtschaftsjahres, zu berücksichtigen.

Bei einem *Asset Deal* stellt sich bei Nutzung einer inländischen Grundstücksgesellschaft in Form einer Kapitalgesellschaft allerdings wieder die Frage nach der steuereffizienten Gewinnrepatriierung. Im Grunde gilt das oben Gesagte hier entsprechend.[367] Hinzuweisen ist aber auf eine Besonderheit: Gemäß § 50d Abs. 3 Satz 4 EStG gelten die Anforderungen

---

[360] Auf das Vorhandensein eines ständigen Vertreters kommt es für die Gewerbesteuerpflicht nicht an.

[361] Vgl. auch Bundesministerium der Finanzen: Schreiben betreffend Grundsätze der Verwaltung für die Prüfung der Aufteilung der Einkünfte bei Betriebsstätten international tätiger Unternehmen (Betriebsstätten-Verwaltungsgrundsätze) v. 24. Dezember 1999, IV B 4-S 1300-111/99, BStBl. 1999, Teil I, S. 1076, Tz. 1.2.1.1.

[362] Die Änderung des § 49 Abs. 1 Nr. 2 lit. f) aa) EStG durch das Jahressteuergesetz 2009, durch den Einkünfte beschränkt Steuerpflichtiger aus Vermietung und Verpachtung in gewerbliche Einkünfte umqualifiziert werden, ändert daran nichts, vgl. Huschke/Hartwig, IStR 2008, 745 (749).

[363] Dies umfasst grundsätzlich auch den Veräußerungsgewinn als letzten Teil der Fruchtziehung.

[364] In diesem Zusammenhang ist insbesondere auf schädliche Nebentätigkeiten und die (Mit-)Vermietung von Betriebsvorrichtungen zu achten. Vgl. zur erweiterten Gewerbesteuerkürzung eingehend Gosch in: Blümich, EStG/KStG/GewStG, § 9 GewStG Rn. 40ff.

[365] BFH, Urteil v. 20. Januar 1982, I R 201/78, BStBl. 1982, Teil II, 477.

[366] BFH, Urteil v. 11. August 2004, I R 89/03, BStBl. 2004, Teil II, 1080.

[367] Sollten bestehende Strukturen von der Verschärfung des § 50d Abs. 3 EStG „überrascht" worden sein, sollte möglichst im Vorlauf des Veräußerungsprozesses über etwaige Umstrukturierungsmöglichkeiten nachgedacht werden, die eine steuereffiziente Gewinnrepatriierung erlauben.

dieser Vorschrift nicht für ausländische Gesellschaften, die börsennotiert sind oder für die die Vorschriften des Investmentsteuergesetzes gelten. Während die Ausnahme für börsennotierte Gesellschaften im Rahmen von Private Equity Investments eine untergeordnete Rolle spielt, könnte die zweite Ausnahmeregelung insbesondere bei Immobilieninvestments einen Gestaltungsspielraum eröffnen.[368] Insoweit ist allerdings zu berücksichtigen, dass diese Ausnahmeregelung nach Auffassung des Gesetzgebers lediglich klarstellender Natur sein sollte, weil Fonds, für die Vorschriften des Investmentsteuergesetzes gelten, üblicherweise mehr als nur reine Vermögensverwaltung ausübten.[369] Explizit wird auf die luxemburgische SICAV Bezug genommen. Die Finanzverwaltung sieht daher den Anwendungsbereich auf „ausländische Investmentvermögen des Kapitalgesellschaftstyps (d. h. mit einer Investmentaktiengesellschaft i.S.v. § 2 Abs. 5 InvStG vergleichbaren Konstruktion)" beschränkt.[370] Hieraus ist gefolgert worden, dass die Finanzverwaltung insoweit einen formellen Investmentbegriff zugrunde legt.[371] Sollte dies so sein, kommt die Inanspruchnahme der Ausnahmeregelung nur in Betracht, wenn zumindest der Fonds selbst die Voraussetzungen des formellen Investmentbegriffs derart erfüllt, dass dieser in seiner Struktur einer inländischen Investmentaktiengesellschaft i.S.v. § 2 Abs. 5 InvStG vergleichbar ist.

### 3. US-amerikanische Vorgaben für Inlandsinvestitionen durch Steuerausländer

Bei Inbound-Investments sind für die Besteuerung auf der Investorenebene in der Praxis neben den oben dargestellten inländischen Vorgaben vor allem auch Vorgaben des US-amerikanischen Rechts von Bedeutung. Dies ist darauf zurückzuführen, dass zum einen US-amerikanische Pensionsfonds und andere *Tax Exempt Entities*, also nach amerikanischem Recht steuerbefreite Gesellschaften, die wichtigsten Kapitalgeber im Private Equity Bereich darstellen, darüber hinaus aber auch die größten und bedeutendsten Private Equity Gesellschaften in den USA ansässig sind.[372] Um die Besteuerung der in den USA ansässigen Investoren sowie der ausländischen (im Sinne von nicht US-amerikanischen) Investoren, die an US-amerikanischen Private Equity Fonds beteiligt sind, gering zu halten, müssen auch Inbound-Investments so gestaltet werden, dass sie möglichst keine zusätzlichen Anknüpfungspunkte für eine Besteuerung nach US-amerikanischem Recht bieten. Typischerweise gilt es in diesem Zusammenhang, eine Hinzurechnungsbesteuerung über *Controlled Foreign Corporations* („CFC"), die Entstehung von *Effectively Connected Income* („ECI") bei nicht in den

---

[368] Außerhalb von Immobilieninvestments unterfallen Private Equity Fonds aufgrund des Anlageziels regelmäßig nicht dem Investmentsteuergesetz, vgl. BaFin Rundschreiben 14/2008 (WA) zum Anwendungsbereich des Investmentgesetzes nach § 1 Satz 1 Nr. 3 InvG v. 22. Dezember 2008, WA 41–Wp 2136–2008/0001, abrufbar unter www.bafin.de. Etwas anderes kann allerdings dann gelten, wenn der Fonds im Rahmen der Syndizierung eines Investments eines anderen Private Equity Fonds lediglich als Co-Investor auftritt.

[369] Vgl. BT-Drucks. 16/3368, 19.

[370] Bundesministerium der Finanzen: Schreiben betreffend Entlastungsberechtigung ausländischer Gesellschaften; Anwendung des § 50d Abs. 3 EStG in der Fassung des Jahressteuergesetzes 2007 v. 3. April 2007, IV B 1-S 2411/07/0002, BStBl. 2007, Teil I, S. 446, Tz. 10.2.

[371] Häußermann/Rengier, IStR 2008, 679 (684), die – auch nach Inkrafttreten des Investmentänderungsgesetzes v. 27. Dezember 2007 (BGBl. 2007, Teil I 2007, 3089) – den materiellen Investmentbegriff für anwendbar halten.

[372] Daneben können freilich auch die Vorgaben anderer Jurisdiktionen im Einzelfall maßgeblichen Einfluss auf die inländische Gestaltung haben; dies gilt auch für Vorgaben des islamischen Rechts nach Maßgabe der Schari'a, deren Bedeutung für die Fondsstrukturierung durch die stetig wachsende Zahl muslimischer Investoren in letzter Zeit stark gewachsen ist. Hier sind insbesondere das allgemeine Zinsverbot (ribā), das Verbot der Unbestimmtheit (gharar) und das Verbot von Investitionen in Geschäftsbereichen, die gemäß der Schari'a als nicht ethisch einzustufen sind (haraam), zu nennen. Vgl. zu islamischen Aktienfonds auch Bälz, BKR 2002, 447.

USA ansässigen Investoren und von *Unrelated Business Taxable Income* („UBTI") bei *Tax Exempt Entities* zu vermeiden.

Neben diesen Besteuerungstatbeständen spielt bei der Fondsstrukturierung immer wieder der *Employee Retirement Income Security Act of 1974* („ERISA") eine Rolle, der die finanzielle Integrität von Kapitalanlagen der *US Corporate Pension Plans*, also US-amerikanischen Pensionskassen, gewährleisten soll. ERISA normiert u. a. besonders strenge Sorgfaltspflichten mit entsprechenden Haftungsfolgen für Manager und verbietet bestimmte Arten von Transaktionen. Diese Beschränkungen gelten nicht nur – wie man zunächst vermuten könnte – für Pensionskassen selbst, sondern können grundsätzlich alle US-amerikanischen Fonds treffen, an denen die Pensionskassen wesentliche Beteiligungen halten.[373] Zwar kann ein Private Equity Fonds grundsätzlich auch „ERISA-compliant" tätig werden, jedoch kollidieren die ERISA-Vorgaben oftmals mit der gewöhnlichen Geschäftstätigkeit eines Fonds. Daher ist es das Bestreben der meisten Private Equity Fonds, einen der normierten Ausnahmetatbestände zu erfüllen. Die dazu erforderlichen Strukturierungen betreffen nicht nur die Ebene des Private Equity Fonds, sondern verlangen regelmäßig die Mitwirkung der inländischen Portfolio-Gesellschaft. Die folgende Darstellung soll dem deutschen Rechtsanwender lediglich einen ersten überblickartigen Einstieg in die komplexen US-amerikanischen Regelungen bieten und Verständnis für die allfälligen Rückkopplungen bei der inländischen Gestaltung wecken.

### 3.1. US-amerikanische Besteuerungstatbestände auf Investorenebene
#### 3.1.1. Hinzurechnungsbesteuerung/CFC-Rules

Die US-amerikanische Hinzurechnungsbesteuerung ist in Subpart F des IRC, Sec. 951–964 geregelt. Nach der Legaldefinition in Sec. 957 IRC ist eine *Controlled Foreign Corporation* („CFC") eine ausländische Körperschaft, deren Stimmrechte oder deren Gesamtanteilswert an irgendeinem Tag im Wirtschaftsjahr unmittelbar oder mittelbar zu mehr als 50% von US-Anteilseignern gehalten werden. Diesen Anteilseignern werden die passiven Einkünfte der CFC als *Subpart F Income* anteilig zugerechnet.[374]

Sofern der Anteil oder die Stimmrechte der in den USA ansässigen Investoren des Private Equity-Fonds die 50%-Grenze überschreiten, besteht aus Sicht dieser Investoren das Bedürfnis, die amerikanische Hinzurechnungsbesteuerung zu vermeiden. Da sich die *CFC-Rules* nur auf Körperschaften beziehen, kann dies durch eine Rechtsformgestaltung erreicht werden, die typischerweise nicht die Portfolio-Gesellschaft selbst betrifft, sondern durch die Zwischenschaltung eines (bei Inbound-Investments in der Regel ebenfalls in Deutschland ansässigen) Akquisitionsvehikels erfolgt. Für diese Akquisitionsgesellschaft wird eine Rechtsform gewählt, die nach den amerikanischen *Check-the-Box*-Regelungen als transparente Gesellschaft behandelt werden kann und damit nicht unter die *CFC-Rules* fällt.[375] Es ist jedoch darauf zu achten, dass eine Rechtsform gewählt wird, die nicht als „*Per-se*"-Corporation gilt.[376] Zu den „*Per-se*"-Corporations gehört z. B. die deutsche AG, nicht aber die deutsche GmbH.

---

[373] Es handelt sich um eine sog. „look-through"-Rule.
[374] Sec. 951(a) IRC.
[375] Das Check-the-Box-Verfahren kann zur Einordnung ausländischer Unternehmen für US-steuerliche Zwecke herangezogen werden. Es räumt dem Steuerpflichtigen ein Wahlrecht ein, eine Gesellschaft unabhängig von ihrer gesellschaftlichen Rechtsform entweder als Körperschaft oder als transparente Personengesellschaft bzw. Betriebsstätte zu behandeln.
[376] Die Regulations zu Sec. 7701 IRC enthalten eine Auflistung ausländischer Gesellschaftsformen, die für US-steuerliche Zwecke zwingend als Kapitalgesellschaften besteuert werden („Per-se"-Corporations).

### 3.1.2. ECI/UBTI
#### 3.1.2.1. Allgemeines

Ausländische und US-amerikanische steuerbefreite Investoren unterliegen mit ihren Zinseinkünften, Dividenden und dem Großteil ihrer Veräußerungsgewinne in den USA grundsätzlich nicht der Besteuerung. Ausländische Investoren erreichen diese Steuerfreiheit, indem sie tatsächlich nur „investieren", also keine Tätigkeit ausüben, die als *US trade or business* anzusehen ist.[377] Steuerbefreite Investoren sind hingegen per Gesetz grundsätzlich von der Besteuerung dieser Einkünfte ausgenommen.[378] Dementsprechend zahlen diese Investoren auch auf Ausschüttungen eines Private Equity Fonds in den USA keine Steuern, solange sich die Kapitalerträge des Fonds auf Zinsen, Dividenden und Veräußerungsgewinne beschränken.[379]

Problematisch ist es jedoch, wenn der Private Equity Fonds Erträge generiert, die bei seinen ausländischen Investoren als *Effectively Connected Income* („ECI") oder bei seinen steuerbefreiten Investoren als *Unrelated Business Taxable Income* („UBTI") der Besteuerung unterliegen.

Ein wirtschaftlicher Zusammenhang mit einer US-Tätigkeit, der bei ausländischen Investoren zu einer ECI-Besteuerung führt, ist anzunehmen, wenn Einkünfte unmittelbarer Ausfluss geschäftlicher Aktivitäten in den USA sind.[380] Dies setzt nicht voraus, dass der ausländische Investor selbst und unmittelbar geschäftliche Aktivitäten in den USA unterhält. Denn sofern eine Personengesellschaft *(partnership)* einen Handel oder Geschäftsbetrieb *(trade or business)* in den USA betreibt, wird jeder ihrer Gesellschafter so behandelt, als sei er selbst an diesem Geschäft beteiligt.[381] Dies gilt unabhängig davon, wie viele Zwischengesellschaften die Beteiligung des ausländischen Gesellschafters an der aktiven Gesellschaft vermitteln, sofern es sich bei den Zwischengesellschaften um *Flow-through Entities*, also transparente Gesellschaften, handelt.

Ähnlich verhält es sich mit der Entstehung von UBTI. Nach der Definition in Sec. 512(a)(1) IRC handelt es sich bei UBTI um das Bruttoeinkommen, das einem Handel oder Geschäftsbetrieb zuzuordnen ist, der in keinem wesentlichen Zusammenhang mit dem von der steuerbefreiten Gesellschaft verfolgten Zweck steht. Wiederum muss die steuerbefreite Gesellschaft die aktiven Einkünfte nicht selbst erzielt haben, sondern diese werden ihr – gegebenenfalls auch über mehrere Zwischengesellschaften – entsprechend der Höhe ihrer Beteiligung zugerechnet.[382]

---

[377] Die Rechtsprechung definiert „investing" als das Kaufen, Halten und Verkaufen von Aktien und Wertpapieren zur Erzielung laufender Erträge und langfristiger Wertsteigerungen, „trading" als das Kaufen und Verkaufen von Wertpapieren in kurzen Abständen, um von kurzfristigen Marktschwankungen zu profitieren, vgl. BNA Tax Management Portfolios – Private Equity Funds, 2004, 735 A-27.
[378] Sec. 512 (b) IRC.
[379] Ausländische Investoren, die keinen Abkommensschutz genießen, müssen US-Quellensteuer in Höhe von 30% auf dort angefallene Dividenden und bestimmten Arten von Zinseinkünften abführen, vgl. Fenn/Goldstein, International Financial Law Review, Private Equity and Venture Capital 2002 Supplement. Zu den Ausnahmen siehe Sec. 871(h) und 881(c) IRC.
[380] Dies wird für passive Einkünfte (z. B. Zinsen, Dividenden) mittels des „Business-activity-test" bzw. des „Asset-use-test" festgestellt, vgl. Schmidt/Dendorfer, IStR 2000, 46f.
[381] Sec. 875(1) IRC; siehe auch Sec. 702(b) IRC; Regs. Sec. 1.702-1(b) IRC.
[382] Sec. 512(c)(1) IRC, vgl. auch Kenyon/Carmichael, International Financial Law Review, Supplement Jan 2002, 6.

## 3.1.2.2. Entstehungstatbestände

Die Entstehung von ECI und UBTI hängt von der Tätigkeit sowohl des Private Equity Fonds, an dem die Investoren beteiligt sind, als auch der inländischen Portfoliogesellschaft ab.

Typischerweise entstehen ECI oder UBTI aus

- Investitionen des Private Equity Fonds in eine transparente Portfolio-Gesellschaft, die – unmittelbar oder mittelbar – aktive Einkünfte aus einem *US trade or business* bezieht. UBTI setzt voraus, dass diese Einkünfte nicht in einem wesentlichen Zusammenhang[383] mit dem steuerbefreiten Zweck der Investorgesellschaft stehen.
- Entgelten für vom Fonds gegenüber der Portfolio-Gesellschaft erbrachte Serviceleistungen,[384] wie z. B. Management- und Überwachungsvergütungen, Bereitstellungs- und Vermittlungsprovisionen, Haftungsvergütungen und andere mit der Transaktion verbundene Zahlungen.
- Erträgen fremdfinanzierter Investitionen. Diese werden allerdings nur als UBTI besteuert,[385] auf die Entstehung von ECI hat eine Fremdfinanzierung keinen Einfluss.[386]

## 3.1.2.3. Vermeidungsstrategien

Die Strategien zur Vermeidung von Steuerbelastungen durch ECI oder UBTI sind überaus vielfältig und können unmittelbar Einfluss auf die konkrete Strukturierung im Inland haben, so dass grundlegende Kenntnisse hierzu auch für den deutschen Rechtsanwender zweckmäßig sind. Die zu wählende Variante ist jeweils davon abhängig, durch welche Konstellation oder Tätigkeit eine ECI- oder UBTI-Besteuerung hervorgerufen wird.

Sofern sie – wie oben dargestellt – aufgrund aktiver Tätigkeit des Private Equity Fonds oder der Portfolio-Gesellschaft in einem *US trade or business* entsteht, ist der in der Praxis am häufigsten gewählte Weg der Einsatz einer sog. *Blocker Corporation*. Es handelt sich dabei um eine Körperschaft, die in der Gesamtstruktur zwischen die Investoren und die Portfolio-Gesellschaft eingefügt wird[387] und die Zurechnung der aktiven Einkünfte von der Portfolio-Gesellschaft über den Fonds zu dessen Investoren verhindert.[388] Zwar tragen die Investoren des Private Equity Fonds auch bei dieser Gestaltung noch eine indirekte Steuerlast, da auch die *Blocker Corporation* die ihr zuzurechnenden Einkünfte zu versteuern hat.[389] Gleichzeitig entfällt jedoch die ECI- oder UBTI-Steuerlast. Inwiefern sich die Gesamtsteuerbelastung des Investments mit der Zwischenschaltung einer *Blocker Corporation* letztlich verändert, hängt von der gewählten Strukturierung ab, also insbesondere davon, an welcher

---

[383] Vgl. zu diesem Tatbestandsmerkmal („not substantially related") ausführlich Lyons/Hall, Journal of Taxation of Exempt Organizations, Nov/Dec 1996.

[384] Sec. 864(b) IRC für ECI; sie setzt voraus, dass der Fonds die Serviceleistungen in den USA erbringt. UBTI entsteht, weil die Serviceleistungen nicht in einem wesentlichen Zusammenhang („substantially related to") mit dem steuerbefreiten Gesellschaftszweck stehen, vgl. Sec. 513 IRC.

[385] Sec. 514 IRC (Unrelated Debt Financed Income); siehe dazu auch Spirtos, Journal of Partnership Taxation, Fall 1997.

[386] Häufig tritt diese Form des UBTI im Rahmen von Zwischenfinanzierungen eines Private Equity Fonds auf, wenn der Fonds gezwungen ist, eine Investmentmöglichkeit wahrzunehmen, bevor seine Investoren ihre Kapitaleinlagen für das Investment vollständig erbracht haben.

[387] Die Blocker Corporation kann sowohl oberhalb, unterhalb des Fonds oder parallel zum Fonds eingefügt werden. Vgl. ausführlich zu den verschiedenen Gestaltungsmöglichkeiten Requenez/Shuman, Journal of Taxation, Jun 2007, Exhibit 2.

[388] Eine Analogie zu Sec. 875 IRC ist ausgeschlossen. Eine Zurechnung könnte allenfalls noch in Betracht kommen, wenn der Internal Revenue Service (IRS) die Blocker Corporation nicht anerkennt, vgl. BNA Tax Management Portfolios – Private Equity Funds, 2004, 735 A-35.

[389] Je nachdem, ob die Blocker Corporation in den USA oder Offshore ansässig ist, muss sie in den USA ihre gesamten Einkünfte oder nur das auf sie entfallende ECI versteuern, vgl. Sec. 11, 11(d), 882(a)(1) IRC.

Position der *Blocker* eingefügt wurde und ob er alle oder nur einen Teil der Fonds-Investments hält.

### 3.2. ERISA

#### 3.2.1. Voraussetzungen der „Plan Assets Regulation"

Die für Private Equity Fonds relevanten Bestimmungen im Zusammenhang mit dem *Employee Retirement Income Security Act of 1974 („ERISA")* ergeben sich im Wesentlichen aus der *Plan Assets Regulation* des *US Department of Labor*. Die *Regulation*[390] konkretisiert, unter welchen Voraussetzungen die *Assets* eines Fonds als *Plan Assets* gelten und der Fonds damit den strengen Rechtsfolgen des ERISA ausgesetzt ist. Im Einzelnen ist dies regelmäßig der Fall, wenn[391]

– das Investment der Pensionskasse als „*Equity Interest*" einzuordnen ist (ein „*Equity Interest*" ist jeder Anteil an einer Gesellschaft außer einem Wertpapier, das nach geltendem Recht als Schuldtitel zu behandeln ist und keine substantiellen Eigenkapital-Merkmale aufweist),[392]
– das Investment keine öffentlich angebotenen Wertpapiere betrifft,
– der Emittent keine gemäß dem *Investment Company Act of 1940* eingetragene Investmentgesellschaft ist,
– der Emittent kein aktives Geschäft betreibt und
– die „*Benefit Plan Investors*"[393] eine wesentliche Kapitalbeteiligung halten. (Die Anzahl der *Benefit Plan Investors* ist im August 2006 mit dem *Pension Protection Act* stark reduziert worden. Nach der neuen Regelung gehören immer noch Pensionskassen, die vom ERISA erfasst werden, zu diesen Investoren, außerdem Fonds, die diesen Bestimmungen zufolge selbst *Plan Assets* halten; ausgenommen sind nunmehr außerhalb der USA ansässige Pensionskassen sowie staatliche und kirchliche Kassen.)

#### 3.2.2. Rechtsfolgen des ERISA

Sofern eine Fondsgesellschaft im Sinne der genannten Kriterien *Plan Assets* hält, ist sie von den umfangreichen Rechtsfolgen des ERISA betroffen. Dies bedeutet im Wesentlichen:[394]

– Die General Partner des Fonds und ihnen gleichgestellte Personen haben bezüglich aller *Plan Assets* eine Treuhänderstellung inne.
– Für die von dem Fonds getätigten Investitionen gelten die nach ERISA vorgegebenen strengeren Sorgfaltsmaßstäbe und sonstigen Anforderungen an die Treuhänderstellung, wie z. B. Regelungen für Interessenkonflikte. Diese Bestimmungen ziehen auch ein strengeres Haftungsregime nach sich.
– Transaktionen, die der Fonds im Rahmen seiner üblichen Geschäftstätigkeit abschließen würde, können unter Umständen als nach ERISA sowie Sec. 4975 IRC verbotene Transaktionen einzuordnen sein. Dies betrifft vor allem Geschäfte zwischen den *Benefit Plan Investors* und den Fonds Partnern oder ihnen gleichgestellte Personen, die eine Treuhänderstellung innehaben[395].
– Ein General Partner oder Manager eines Private Equity Fonds darf keinen *Carried Interest*, also keine Gewinnbeteiligung an dem Fonds halten.

---

[390] Die Regulation bezieht sich auf subtitle A, parts 1 und 4 des subtitle B, auf title I des ERISA sowie auf Sec. 4975 IRC.
[391] DOL Reg. Sec. 2510.3-101(a)(2); siehe zu den Einzelheiten auch Falk/Kleinman, The Investment Lawyer, Jan 2002, 2 ff.
[392] DOL Reg. Sec. 2510.3-101(b)(1).
[393] Katalog in Sec. 3(42) ERISA.
[394] Vgl. zu den Einzelheiten auch Spirtos, Journal of Partnership Taxation, Fall 1997.
[395] „party-in-interest" (ERISA) bzw. „disqualified persons" (Sec. 4975 IRC).

### 3.2.3. Vermeidungsstrategien

Es gibt jedoch Strukturierungsmöglichkeiten für Private Equity Fonds, die dazu führen, dass der Fonds von den ERISA-Bestimmungen ausgenommen ist:

#### 3.2.3.1. Wesentliche Beteiligung der „Benefit Plan Investors"

Eine Gestaltung zielt auf die Ausnahme der *Plan Assets Regulation* ab, derzufolge ein Fonds von den ERISA-Bestimmungen befreit ist, wenn die *Benefit Plan Investors* nicht eine wesentliche Beteiligung an dem Fonds halten. Eine Beteiligung gilt als wesentlich, wenn sie mindestens 25% des Gesamtanteilswerts beträgt.[396] Die Möglichkeit des *25 Percent Test* wird in der Praxis am häufigsten gewählt, um dem ERISA-Regime zu entgehen. Dies gilt insbesondere seit dem Inkrafttreten des *Pension Protection Act*. Dieser hat nicht nur größere Freiheiten durch die Reduzierung des Katalogs der *Benefit Plan Investors* geschaffen, sondern im Rahmen des *25 Percent Test* auch die Berechnung des Beteiligungsanteils von Fonds, die selbst *Plan Assets* halten und damit *Benefit Plan Investors* sind, liberalisiert.[397]

#### 3.2.3.2. Fonds als VCOC/REOC

Für Inbound-Investitionen sind vor allem die Fälle relevant, in denen sich die Überschreitung der 25%-Grenze nicht vermeiden lässt und der zweite Ausnahmetatbestand in Betracht gezogen werden muss, demzufolge eine Gesellschaft jedenfalls keine *Plan Assets* hält, wenn sie eine *Operating Company* ist.

Als *Operating Company* muss die Gesellschaft hauptsächlich eine aktive Tätigkeit, d. h. Herstellung oder Verkauf eines Produkts oder Dienstleistungserbringung (in Abgrenzung zu reiner Vermögensverwaltung), ausüben. Für Private Equity Fonds wird dies kaum in Betracht kommen. Ein Fonds kann sich aber als *Operating Company* qualifizieren, indem er – auch ohne selbst eine aktive Tätigkeit auszuüben – die Form einer *Venture Capital Operating Company* („VCOC") bzw. einer *Real Estate Operating Company* („REOC") annimmt.[398]

Voraussetzung eines VCOC-Fonds bzw. eines REOC-Fonds (nachfolgend nur: VCOC-Fonds) ist, dass der Fonds mindestens 50% seiner *Assets*[399] in *Operating Companies*, also in aktiv tätige Gesellschaften (nicht VCOCs!), bzw. in Grundstücke investiert, die ihm vertragliche Management-Rechte einräumen *(50 Percent Test)*.[400] Diese Rechte muss der VCOC-Fonds im Rahmen seiner gewöhnlichen Geschäftstätigkeit in mindestens einer der Portfolio-Gesellschaften bzw. in Bezug auf mindestens ein Grundstück einmal jährlich ausüben.[401] Die Management-Rechte müssen es dem Investor erlauben, sich an der Geschäftsleitung/ dem Management der Portfolio-Gesellschaft wesentlich zu beteiligen oder wesentlichen Einfluss darauf zu nehmen[402] bzw. sich wesentlich und direkt an den Management- und Entwicklungsaktivitäten für diese Grundstücke zu beteiligen.[403] Als vertraglich einzuräu-

---

[396] DOL Reg. Sec. 2510.3-101(f)(1).
[397] Ein Basisfonds, der die 25%-Beteiligungsschwelle kalkuliert, muss nunmehr Investitionen von Plan Assets haltenden Fonds nur noch zu dem Anteil berücksichtigen, zu dem diese Fonds selbst von Benefit Plan Investors gehalten werden, vgl. Falk/Kleinman, The Investment Lawyer, Jan 2007, 3.
[398] DOL Reg. Sec. 2510.3-101(c)(1). Diese Option besteht nicht für Fund-of-Funds/Dachfonds.
[399] „Valued at cost", wobei die Regulation den Begriff „cost" nicht spezifiziert. Auf der Grundlage der Preamble zur Plan Assets Regulation wird jedoch angenommen, dass die Anschaffungskosten zzgl. etwaiger weiterer Kosten, die unmittelbar im Zusammenhang mit dem Investment entstanden sind, abzgl. einer etwaigen (anteiligen) Verminderung der Kostenbasis im Zusammenhang mit der (teilweisen) Veräußerung eines Investments, zugrunde zu legen sind.
[400] DOL Reg. Sec. 2510.3-101(d)(i) bzw. (e)(1).
[401] DOL Reg. Sec. 2510.3-101(d)(ii) bzw. (e)(2).
[402] DOL Reg. Sec. 2510.3-101(d)(3)(ii). Vgl. dazu auch Kenyon/Carmichael, International Financial Law Review, Supplement Jan 2002, 6.
[403] DOL Reg. Sec. 2510.3-101(e)(1).

mende Management-Rechte zugunsten des VCOC-Fonds kommen (auch in Kombination) z. B. in Betracht
– das Recht, ein Mitglied des Vorstands der Portfolio-Gesellschaft zu benennen,
– das Recht, in die Unterlagen der Portfolio-Gesellschaft Einsicht zu nehmen und Abschriften anzufertigen, ihre Vermögensgegenstände zu prüfen und sich Bilanzen vorlegen zu lassen,
– das Recht, einen stimmrechtslosen Beobachter des Vorstands zu benennen,
– die Verpflichtung der Portfolio-Gesellschaft, regelmäßig Vorstandsmitglieder freizustellen, die mit Vertretern des VCOC-Fonds Rücksprache über die Geschäftstätigkeit der Portfolio-Gesellschaft halten,
– die Einwilligung der Portfolio-Gesellschaft, den VCOC-Fonds über alle größeren oder wichtigen Kapitalmaßnahmen der Gesellschaft zu informieren und sich diesbezüglich von ihm beraten zu lassen.

Entscheidend für die Qualifizierung als VCOC-Fonds und damit die Befreiung von den ERISA-Beschränkungen ist, dass die genannten Voraussetzungen zum Zeitpunkt des ersten *Long term-Investments* und einmal jährlich während der festgesetzten Prüfzeit (*Annual Valuation Period*, ein 90-tägiger Zeitabschnitt während eines Jahres, der von der Fondsgesellschaft vor der ersten Prüfung festgesetzt wird und danach nur noch in Ausnahmefällen geändert werden kann) erfüllt sind.[404] Während der *Distribution Period*, d. h. zwischen der Ausschüttung der Gewinne an die Investoren und der Vornahme eines neuen Portfolio-Investments,[405] ist der VCOC-Fonds vom *50 Percent Test* befreit.[406]

Es ist zu berücksichtigen, dass die genannten Strukturveränderungen, die der „*Operating Company*"-Ausnahmetatbestand verlangt, oftmals mit organisationsrechtlichen Zielen und Vorstellungen des Fonds und seiner Investoren kollidieren. Auch die Konsequenzen der Gestaltung für die Besteuerung des Fonds nach US-amerikanischem Recht und/oder deutschem Recht sowie gesellschaftsrechtliche Überlegungen dürfen nicht außer Acht gelassen werden. Ob eine Befreiung von den ERISA-Bestimmungen tatsächlich erstrebenswert ist, bedarf daher in jedem Einzelfall einer sorgfältigen Abwägung, in die auch die inländischen Gestaltungsüberlegungen einzubringen sind.

---

[404] DOL Reg. Sec. 2510.3-101(d)(1)(i) bzw. (e)(1).
[405] Definition in DOL Reg. Sec. 2510.3-101(d)(2)(iii).
[406] DOL Reg. Sec. 2510.3-101(d)(2)(i).

# § 6 Fondsstrukturen (Outbound)

| Übersicht | Seite |
|---|---|
| 1. Einleitung | 108 |
| 1.1. Typische Outbound-Fondsstruktur: US-Fonds | 109 |
| 1.2. Typische Outbound-Fondsstruktur: Pan-Asienfonds | 110 |
| 1.3. Typische Outbound-Fondsstruktur: VR China-Fonds | 110 |
| 2. Aufsichtsrechtliche Strukturerwägungen | 112 |
| 2.1. Geographische Beschränkung der Anlagemöglichkeiten | 113 |
| 2.2. Schuldnerbezogene Beschränkungen | 114 |
| 2.3. Beschränkungen von Fremdwährungsengagements | 114 |
| 2.4. Anlagesicherheit: Monitoring | 114 |
| 2.5. Fungibilität/Treuhändervermerk | 115 |
| 2.6. Aufsichtsrechtlich probate Feeder-Vehikel | 115 |
| 3. Steuerrechtliche Strukturerwägungen | 115 |
| 3.1. Verfahrensrecht | 116 |
| 3.1.1. Erhöhte Anzeige- und Erklärungspflichten bei Auslandssachverhalten | 116 |
| 3.1.2. Steuererklärungspflichten (§§ 179, 180 AO) | 116 |
| 3.2. Besteuerung der Investoren | 117 |
| 3.2.1. Institutionelle Investoren | 118 |
| 3.2.2. Private Investoren | 120 |
| 3.2.3. Steuerbefreite Investoren | 120 |
| 3.3. Investmentsteuerrecht | 123 |
| 3.3.1. Anwendbarkeit des InvG/InvStG | 124 |
| 3.3.2. Vermeidung der „Strafbesteuerung" | 128 |
| 3.4. Außensteuergesetz (AStG) | 130 |
| 3.5. Steuerliches Einlagekonto (§ 27 Abs. 8 KStG) | 131 |
| 3.5.1. EU-Gesellschaften | 131 |
| 3.5.2. Drittstaaten- (und EWR-)Gesellschaften | 132 |
| 3.6. Carried Interest | 132 |
| 3.6.1. Übergangsregelung unter MoRaKG | 134 |
| 3.6.2. Vermögensverwaltender Fonds/gewerbliches Carry-Vehikel | 134 |
| 3.6.3. Auszahlungs- und Zuflusszeitpunkt | 135 |
| 3.6.4. Lohnsteuerrechtliche Aspekte | 136 |
| 4. Fazit | 137 |

## 1. Einleitung

Das Interesse institutioneller Investoren, Private-Equity-Investitionen einzugehen, basiert einerseits auf dem Wunsch nach einer gegenüber traditionellen Anlagearten höheren Rendite und andererseits insbesondere auf dem Erfordernis der „Asset Allocation", das heißt, das Vermögen diversifiziert in verschiedene Vermögensklassen anzulegen. Des Weiteren wird häufig angeführt, dass Private Equity eine geringe Korrelation zu den Wertentwicklungen an den Aktienmärkten aufweise und deshalb helfe, deren Schwankungen etwas abzufedern.

Zwecks Optimierung der Fondsinvestition für deutsche Investoren sind hinsichtlich jeder Investorengruppe, seien es natürliche Personen (Family Offices), steuerpflichtige institutionelle Investoren (Versicherungsunternehmen) oder steuerbefreite institutionelle Investoren (genannt seien Pensionskassen, berufsständische Versorgungskassen und Stiftungen) besondere Anforderungen und Wünsche zu berücksichtigen. Oberste Prämisse einer jeden Private-Equity-Fondsstruktur ist die Wahrung des Grundsatzes der Steuerneutralität. Die gewählte Fondsstruktur sollte sicherstellen, dass die Private-Equity-Investoren, welche über ein Fondsvehikel investieren, nicht schlechter gestellt werden als bei einem unmittelbaren Direktinvest in die Portfolio-Unternehmen. Die zur „Pooling" der Investoren zwischengeschalteten Vehikel (inklusive etwaige Feeder-Vehikel) müssen also, so weit als möglich, transparent und steuerneutral sein (vulgo sog. steuerliches Transparenzprinzip).

Weitere zwingende Zielvorgabe bei steuerbefreiten Investoren ist zudem der Schutz des nationalen Status der Steuerbefreiung. Zu beachten ist schließlich, dass die Interessen der Sponsoren und die der (deutschen) Fondsinvestoren nicht immer gleichlaufend sind, so dass es erforderlich sein kann, dass zwischengeschaltete Vehikel außerhalb der eigentlichen Jurisdiktion des Hauptfonds aufgesetzt werden oder Treuhandlösungen respektive Parallelfondslösungen gefunden werden müssen, um beide Seiten zufrieden zu stellen.

In Ansehung dieser unterschiedlichen Zielvorgaben sollen im Folgenden die diversen aufsichtsrechtlichen und steuerrechtlichen Strukturerwägungen und probate Outbound-Fondsstrukturen (inklusive Fondsvehikel) erläutert werden, die diesen Erfordernissen der unterschiedlichsten Investorengruppen Rechnung tragen, ohne dabei die steuerrechtlichen Bedürfnissen der Fondssponsoren zu vernachlässigen. Die Struktur einer typischen Outbound Private-Equity-Fondsstruktur soll dabei wie folgt analysiert werden: Ein von ausländischen Sponsoren gemanagter Private-Equity-Fonds soll in operative Unternehmen (sog. Portfolio-Unternehmen) vornehmlich außerhalb Deutschlands investieren[407] und zielt hinsichtlich der Investitionsmittelbeschaffung insbesondere auf institutionelle Investoren aus Europa, inklusive Deutschland, ab. Als Ausgangspunkt werden zunächst beispielhaft häufige ausländische Fondsstrukturen anhand von Strukturbildern dargestellt, auf denen aufbauend die aufsichtsrechtlichen und steuerrechtlichen Strukturerwägungen für deutsche Investoren erläutert werden.

### 1.1. Typische Outbound-Fondsstruktur: US-Fonds

Vorab lässt sich konstatieren, dass sich in der Praxis als probates ausländisches Fondsvehikel in erster Linie die Rechtsform der Limited Partnership, vergleichbar der deutschen GmbH und Co. KG, beispielsweise nach dem Recht des US Bundesstaates Delaware, dem Recht der Cayman Islands und bei Fondsvehikeln mit europäischem Investmentfokus auch nach dem Recht Schottlands oder Englands durchgesetzt hat:

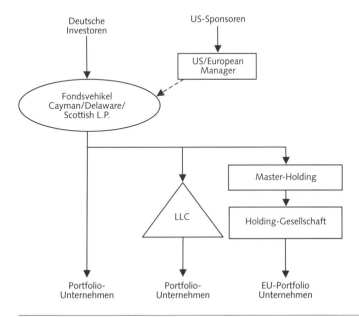

---
[407] Vgl. vorhergehendes Kapitel Klass/Lay, § 5 Fondsstrukturen (Inbound), zu Inlandsinvestitionen durch Steuerausländer.

## 2. Teil. Fondsstrukturierung § 6 Fondsstrukturen (Outbound)

### 1.2. Typische Outbound-Fondsstruktur: Pan-Asienfonds

Im Fall von Private-Equity-Fonds mit Investitionsfokus Asien (sog. Pan-Asiatische Fonds) sind die einschlägigen Fondsstrukturen maßgeblich durch das Netzwerk der bestehende Doppelbesteuerungsabkommen (DBA) zwischen den Jurisdiktionen der Portfolio-Unternehmen und den Jurisdiktionen der Holding- respektive Akquisitionsvehikel dieser Portfolio-Unternehmen geprägt. Den meisten dieser Strukturen ist jedoch gleich, dass wiederum eine Limited Partnership als Fondsvehikel fungiert.

Zur Sicherstellung einer steuereffizienten Repatriierung von Gewinnen erfolgen beispielsweise aufgrund der günstigen Regelungen im DBA zwischen Indien und Mauritius bzw. Zypern, Investitionen in indische Portfolio-Unternehmen über in Mauritius oder Zypern ansässige Holdinggesellschaften. Gleichfalls werden aufgrund günstiger Abkommensregelungen im DBA zwischen Irland und Japan betreffend Veräußerungsgewinne, Investitionen in Japan auch über in Irland domizilierte Holdinggesellschaften „gefahren".

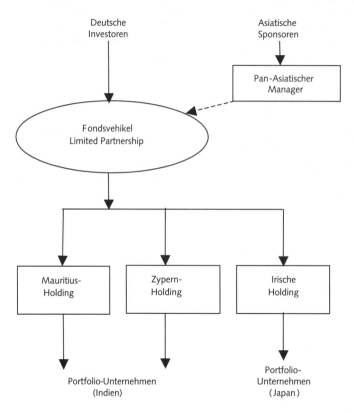

### 1.3. Typische Outbound-Fondsstruktur: VR China-Fonds

Im Fall von Private-Equity-Fonds mit Investitionsfokus VR China bestimmen rechtliche Einschränkungen des Kapitalverkehrs sowie Beschränkungen der Beteiligungshöhe von ausländischen Investoren an chinesischen Unternehmen und vice versa der Beteiligung chinesischer Investoren an ausländischen Fondsvehikeln, maßgeblich die Strukturierung. Häufig enthalten einschlägige Investmentstrukturen unterhalb oder parallel zum eigentlich Offshore-Hauptfonds mit Sitz beispielsweise auf den Cayman Islands einen On-shore-Fonds nach chinesischem Recht (sog. RMB-Fonds). Derartige RMB-Fonds können in der VR

China, soweit ersichtlich, so strukturiert werden, dass diese von der Besteuerung ausgenommen sind. Es bleibt abzuwarten, ob die am 1. März 2010 in Kraft getretene sog. FIPE-Verordnung,[408] die es nunmehr auch ausländischen Investoren ermöglichen soll, in der VR China Partnership-Strukturen ins Leben zu rufen, eine attraktive Alternative zu den bisherigen Fondsvehikeln bietet.

Mit der chinesischen Steuerreform wurde eine Quellensteuer auf Dividendenausschüttungen an nicht in China ansässige Unternehmen mit Wirkung vom 1. Januar 2008 in Höhe von 10% wiedereingeführt (der allgemeine Quellensteuersatz beträgt 20%, der nach den chinesischen Ausführungsregeln jedoch auf 10% reduziert wird). Auch Zinsen unterliegen einer Quellensteuer in Höhe von 10%.[409]

Insbesondere bei deutschen unbeschränkt körperschaftsteuerpflichtigen Investoren (mit Ausnahme von Lebens- u. Krankenversicherungsunternehmen sowie Pensionsfonds) sieht das deutsche Steuerrecht aufgrund § 8b KStG keine Anrechnung etwaiger im Ausland gezahlter Quellensteuern vor. Chinesische Quellensteuern werden somit definitiv.

Zur Reduzierung dieser definitiven Quellensteuerbelastung kann daher die Einschaltung einer Zwischenholdinggesellschaft außerhalb Chinas interessant sein. Die Errichtung von Holdinggesellschaften in Hongkong bietet sich vorliegend insbesondere auf Grund des zwischen dieser chinesischen Sonderverwaltungsregion[410] mit der VR China abgeschlossenen Vereinbarung über die Doppelbesteuerung (nachfolgend „DBA")[411] an.

Das DBA China-Hongkong sieht für Dividenden bei einer mindestens 25%igen Beteiligung eine Reduzierung der Quellensteuer auf 5%, für Zinsen hingegen auf 7%, vor. Eine Reduktion unter dem DBA China-Deutschland auf unter 10% im Fall einer Direktinvestition (die „steuerliche Transparenz" des Fonds unterstellt) erfolgt hingegen nicht. Dividen-

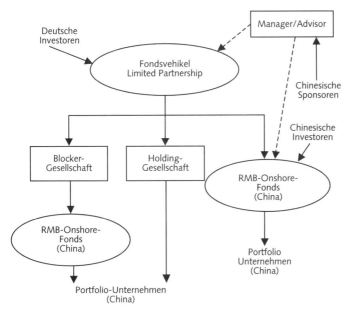

---

[408] Measures for the Administration of the Establishment of Partnership Enterprises by Foreign Enterprises or Individuals in the PRC.
[409] Vgl. zu steuerlichen Aspekten und Gewinntransfer im Rahmen von Investitionen in China, Balmes/Zhang/Ren, RIW 2009, 504 und Pfaar, IStR 2003, 692. Zum DBA China-Hongkong, Pfaar/Vocke, IStR 2007, 510.
[410] Vgl. Jesch, Die Wirtschaftsverfassung der Sonderverwaltungsregion Hongkong, passim.
[411] Formell handelt es sich dabei nicht um ein DBA, sondern um eine „Vereinbarung", da die Vertragsparteien ein gemeinsames Land repräsentieren, Pfaar/Vocke, IStR 2007, 510.

den ausländischer Kapitalgesellschaften und ausländische Zinseinkünfte sollten in Hongkong steuerfrei sein. Ferner sollten Dividendenausschüttungen sowie Zinszahlungen einer in Hongkong ansässigen Holdinggesellschaft keiner weiteren Quellensteuer in Hongkong unterliegen mit der Folge, dass die definitive Quellensteuerbelastung für die oben genannten deutschen institutionellen Anleger auf 5% reduziert werden könnte.

In diesem Zusammenhang dürfte ebenfalls das relative junge DBA zwischen Hongkong und Luxemburg in der Praxis für die internationale steuereffiziente Gewinnrepatriierung tauglich sein.

Schließlich werden im Hinblick auf die grundsätzliche chinesische Quellensteuer auf Veräußerungsgewinne in Höhe von 10% in der Praxis häufig Zwischenholdings in Drittstaaten eingesetzt, die dann veräußert werden. Sofern sich nämlich aus chinesischer Sicht die Beteiligungsverhältnisse an dem zu verkaufenden (chinesischen) Portfolio-Unternehmen nicht ändern, werden also Anteile an der ausländischen Zwischenholding, die ihrerseits die Anteile an dem chinesischen Portfolio-Unternehmen hält, veräußert, sollte die chinesische Quellensteuer auf Veräußerungsgewinne vermieden werden können.

## 2. Aufsichtsrechtliche Strukturerwägungen

In der Praxis stellen Versicherungsunternehmen einschließlich Pensionskassen den wesentlichen Teil der deutschen Geldgeber für Private-Equity-Fonds dar. Möchte der Offshore-Fonds auch diese institutionellen, dem Aufsichtsrecht unterliegenden, Investoren gewinnen, hat er zwingend die deutschen aufsichtsrechtlichen Hürden mittels entsprechenden Anlagestrukturen zu überwinden.

Versicherungsunternehmen inklusive Rückversicherer und Pensionskassen unterliegen bzgl. ihres sog. „gebundenen Vermögens" (früher als Deckungsstock bekannt) Beschränkungen, die sich aus dem Versicherungsaufsichtsgesetz („VAG"), einer aufgrund § 54 Abs. 3 VAG erlassenen Rechtsverordnung[412] (der sog. Anlageverordnung „AnlV") sowie erläuternden Rundschreiben der Bundesanstalt für Finanzdienstleistungsaufsicht („BaFin")[413] und ihrer Vorgängerbehörde, dem Bundesaufsichtsamt für Versicherungswesen („BAV"), ergeben.[414] Soweit Versicherungsunternehmen mit ihrem freien Vermögen in den Fonds investieren (was durchaus vorkommt), finden die Einschränkungen des § 54 VAG in Verbindung mit der Anlageverordnung hingegen keine Anwendung.

Für Pensionsfonds im Sinne des § 112 VAG gelten vergleichbare Regelungen; auch diese unterstehen der Versicherungsaufsicht, die von der Allfinanzbehörde BaFin wahrgenommen wird.[415] Darüber hinaus sind vielfach berufsständische Versorgungswerke hinsichtlich ihrer Vermögensanlagen an die Vorgaben der § 54 VAG gebunden.[416] Für diese gelten daher grundsätzlich die folgenden Ausführungen gleichermaßen.

Anlagen in Private Equity fallen in der Regel unter die erlaubte Anlageklasse der nicht öffentlich gehandelten Beteiligungen gemäß § 2 Abs. 1 Nr. 13 AnlV. Die Sicherungsvermögensfähigkeit kann in der Praxis bei etwaigen Zweifeln, im Vorhinein der beabsichtigten Anlage mit der BaFin im Rahmen eines schriftlichen Verfahrens abgestimmt werden.

---

[412] In der Fassung der Zweiten Verordnung zur Änderung der Anlageverordnung v. 21. Dezember 2007, BGBl. 2007, Teil I, Nr. 70, S. 3278. Es existiert bereits ein Referentenentwurf einer Dritten Verordnung zur Änderung der Anlageverordnung des Bundesministeriums der Finanzen datierend Ende Juli 2008.

[413] Insbesondere das BaFin-Rundschreiben 15/2005 v. 20. August 2005.

[414] Mit diesen besonderen Vorschriften für das Sicherungsvermögen und das sonstige gebundene Vermögen soll sichergestellt werden, dass durch die Vermögensanlage die dauernde Erfüllbarkeit der Versicherungsverträge nicht beeinträchtigt wird.

[415] Für Pensionsfonds gilt eine weitestgehend identische Pensionsfonds-Kapitalanlagenverordnung.

[416] Vgl. z. B. § 13 des Gesetzes über das Versorgungswerk der Rechtsanwälte in Baden-Württemberg, § 33 Abs. 2 der Satzung des Versorgungswerkes der Rechtsanwälte im Lande Hessen.

## 2.1. Geographische Beschränkung der Anlagemöglichkeiten

Anlagegesellschaften, in welche Versicherungsunternehmen ihr gebundenes Vermögen anlegen wollen, mussten bis in jüngste Vergangenheit ihren Sitz innerhalb der EU bzw. des Europäischen Wirtschaftsraums („EWR"), mithin in EU-Staaten oder Norwegen, Liechtenstein und Island, haben. Mit der zweiten Verordnung zur Änderung der AnlV vom 21. Dezember 2007 wurden diese geographischen Beschränkungen der Anlagemöglichkeiten für das gebundene Vermögen auf Vollmitgliedstaaten der Organisation für wirtschaftliche Zusammenarbeit („OECD") erweitert (§ 2 Abs. 1 Nr. 13 der Zweiten AnlV).[417] Die sog. Öffnungsklausel sieht zwar für 5% des gebundenen Vermögens Ausnahmen von dieser und anderen Beschränkungen vor (§ 2 Abs. 2 in Verbindung mit § 3 Abs. 2 lit. c AnlV),[418] die Fondsstrukturierung kann jedoch nicht auf diese Öffnungsklausel ausgerichtet werden, weil dieser „Joker" gern für die Allokation in andere Anlagen genutzt wird.

Zu beachten ist, dass diese Erweiterung auf Vollmitgliedstaaten der OECD in der Pensionsfonds-Kapitalanlageverordnung bisher nicht erfolgt ist.

Versicherungsunternehmen setzen in der Praxis eine in einem Vollmitgliedstaat der OECD ansässige zwischengeschaltete Personen- oder Kapitalgesellschaft ein, um ein Investment im Rahmen von § 2 Abs. 1 Nr. 13 AnlV zu erreichen.

Der Begriff „Vollmitgliedstaat" ist unklar. Ausweislich der OECD gibt es keinen Unterschied im Status unter den Mitgliedstaaten. Gegenwärtig gibt es 30 „Vollmitgliedstaaten" der OECD,[419] darunter insbesondere die USA. Eine Direktanlage in einen US-Fonds in der Rechtsform einer Delaware Limited Partnership ist für Versicherungsunternehmen und Pensionskassen nach der Novelle der AnlV somit unproblematisch möglich. Die Direktanlage in einen ausländischen Fonds in Form einer Cayman Limited Partnership kommt hingegen nicht in Betracht, da die Cayman Islands nicht als Vollmitgliedstaat im Sinne der AnlV qualifizieren. Gleiches gilt im Übrigen beispielsweise auch für die in jüngerer Vergangenheit äußerst populären sog. BRIC-Staaten (Brasilien, Russland, Indien und China).

Weniger klar ist die momentane Rechtslage hinsichtlich Ausländischer/Übersee-Territorien. Zu nennen sind in erster Linie die Niederländischen Antillen, die verfassungsrechtlich Teil des Königreiches der Niederlande sind, das selbst unproblematisch Vollmitgliedstaat der OECD ist. Ausweislich einer schriftlichen Auskunft des niederländischen Außenministeriums sollen die Niederländischen Antillen Mitglieder der OECD sein, da die Niederlande eine ausdrückliche Erklärung abgegeben haben, wonach die OECD-Konvention auch für ausländische Territorien, wie insbesondere die Antillen, gilt. Dem Vernehmen nach will sich die BaFin der Ansicht der OECD anschließen, sofern ein konkreter Fall zur Beurteilung anstehe.

Ähnlich unklar erscheint die Rechtslage hinsichtlich der Kanalinseln (insbesondere Guernsey und Jersey), den Bermudas und Gibraltar. Die genannten ausländischen Territorien stellen verfassungsrechtlich kein Teilgebiet von Großbritannien dar. Dennoch erfolgt eine Einbeziehung dieser Territorien in die OECD-Konvention kraft ausdrücklicher Erklärung, welche im Einklang mit dem entsprechenden Wunsch dieser ausländischen Territorien steht. Das wird auch durch die Vertretung Großbritanniens bei der OECD bestätigt,[420] was

---

[417] Zusätzlich muss entweder in den Gesellschaftsverträgen oder in Nebenvereinbarungen mit den Investoren gesichert sein, dass das jeweilige Fondsvehikel dem Versicherungsunternehmen den letzten Jahresabschluss zur Verfügung stellt, der in der entsprechenden Anwendung der für Kapitalgesellschaften geltenden Vorschriften aufgestellt und geprüft ist nebst einer Verpflichtung, auch zukünftig zu jedem Bilanzstichtag einen derartigen Jahresabschluss vorzulegen.

[418] Anmerkend sei erwähnt, dass mit Genehmigung der BaFin dieser „Joker" auf bis zu 10% des Sicherungsvermögens erhöht werden kann.

[419] Im Internet abrufbar unter http://www.oecd.org/document/58/0,3343,en_2649_201185_188 9402_1_1_1_1,00.html.

[420] Vgl. zudem die diesbezügliche diplomatische Notifizierung durch den Botschafter Großbritanniens v. 20. Juli 1990.

## 2. Teil. Fondsstrukturierung

für eine Vollmitgliedschaft sprechen könnte. Nach der hier vertretenen Auffassung ist diese Einbeziehung jedoch nicht ausreichend um als Vollmitgliedsstaat der OECD zu qualifizieren, so dass eine Anwendung von § 2 Abs. 1 Nr. 13 Anlageverordnung (AnlV) auf diese Fonds zweifelhaft ist. Die British Virgin Islands im Übrigen werden explizit nicht von der OECD-Konvention erfasst.

In der Praxis investieren Versicherungsunternehmen daher in einen Feeder-Fonds mit Sitz in der OECD. Ein Feeder-Vehikel löst dieses Problem selbst dann, wenn der Feeder, ausschließlich außerhalb der EU, EWR oder OECD investiert, denn bei mehrstufigen Beteiligungsstrukturen (also auch im Fall von Dachfonds) ist das Sitzerfordernis nur hinsichtlich der Holdinggesellschaft bzw. des Dach- oder Feeder-Fonds zu beachten.

### 2.2. Schuldnerbezogene Beschränkungen

Sofern es sich bei der Investition des Versicherungsunternehmens betragsmäßig um ein derart großes "Ticket" handelt, dass absehbar ist, dass dieses beispielsweise mehr als 10% an dem Feeder-Vehikel halten würde, könnte die schuldnerbezogen Beschränkung des § 4 Abs. 4 AnlV problematisch werden. Dieser begrenzt die maximale Anlage in nicht öffentlich gehandelte Beteiligungen auf 10% des Eigenkapitals ein und derselben Gesellschaft, also vorliegend bezogen auf das Feeder-Vehikel.[421]

Hierzu gibt es eine in der Praxis wichtige Ausnahme: Bei Anteilen an einem Unternehmen, dessen **alleiniger** Zweck das Halten von Anteilen an anderen Unternehmen ist, bezieht sich die 10%-Eigenkapitalgrenze auf die durchgerechneten Anlagen (§ 4 Abs. 4 Satz 3 AnlV), d. h. die durchgerechnete Höhe der Beteiligung des Versicherungsunternehmens an den Portfolio-Unternehmen (bzw. den Zielfonds bei Dachfonds-Strukturen). Es wird also durch die Holdinggesellschaft im Wege der Hindurchrechnung auf die gehaltenen Unternehmen hindurchgeschaut (**sog. Holding-Privileg**).[422]

### 2.3. Beschränkungen von Fremdwährungsengagements

Neben den obigen Beschränkungen sehen die sog. Kongruenzregeln in Anlage Teil C des VAG in Verbindung mit § 4 AnlV noch vor, dass im Hinblick auf Wechselkursrisiken das gebundene Vermögen der Versicherungsunternehmen grundsätzlich in derselben Währung zu bedecken sind, auf die ihre Verpflichtungen laufen. Danach dürfen maximal 20% der Vermögensanlagen, welche Teil des gebundenen Vermögens sind, inkongruent bedeckt sein, also in Fremdwährungsengagements erfolgen (entsprechend der Praxis der BaFin wird dabei auf die Holdinggesellschaft abgestellt, d. h. insoweit „keine Durchschau"). In der Praxis hat dieses Kriterium jedoch deshalb keine Bedeutung, weil die Versicherungsunternehmen meist erheblich unter diesem Schwellenwert bleiben.

### 2.4. Anlagesicherheit: Monitoring

Die BaFin hält es für erforderlich, dass Versicherungsunternehmen das Risiko von Private-Equity-Engagements einschätzen können. Es sei daher erforderlich, dass bei Erwerb von Anteilen an Private-Equity-Fondsgesellschaften, die ihrerseits unmittelbar oder mittelbar in nicht börsennotierte Unternehmen investieren, das Versicherungsunternehmen eine eigene Expertise, also auch ein insoweit versiertes Anlagemanagement mit einem hinreichenden Wissen über das Unternehmensbeteiligungsgeschäft vorhalten. In der Praxis kann dem beispielsweise Genüge getragen werden, indem auf Ebene des Fonds ein Beirat/Advisory Committee eingerichtet wird, in dem Vertreter der Versicherungsunternehmen vertreten

---

[421] Diese Begrenzung nach § 4 Abs. 4 AnlV bleibt im Übrigen von der Öffnungsklausel nach § 2 Abs. 2 AnlV unberührt (§ 3 Abs. 2c AnlV).
[422] Vgl. Tz. III.7.c des Rundschreiben 15/2005 v. 20. August 2005.

sein können. Damit werden Versicherungsunternehmen in die Lage versetzt entsprechend den formalen Vorgaben durch die AnlV, ihre Private-Equity-Anlagen kontinuierlich zu überwachen, in institutionalisierter Form sicherzustellen und zu dokumentieren.

### 2.5. Fungibilität/Treuhändervermerk

Im Rahmen der Strukturierung ist ferner der Umstand im Auge zu behalten, dass Versicherungsgsunternehmen imstande sein müssen, die Anteile frei zu übertragen, was Beteiligungen an Private-Equity-Fonds (im Gegensatz zu –aufsichtsrechtlich ausdrücklich nach Maßgabe der § 2 Abs. 1 Nr. 15–17 AnlV erlaubten- Beteiligungen an Hedgefonds) grundsätzlich zuwider läuft.

In der Praxis sind bestimmte mit der BaFin und insbesondere dem früheren Bundesaufsichtsamt für das Versicherungswesen (BAV) abgestimmte Musterformulierungen zum Ausschluss von Verfügungsbeschränkungen[423] gebräuchlich, die in den Gesellschaftsvertrag der Fonds-Vehikel aufgenommen werden. Weiter muss ein sog. „Treuhändervermerk" typischerweise in den Gesellschaftsvertrag des Fonds-Vehikels aufgenommen werden, wonach Verfügungen über den Anteil nur mit Zustimmung des versicherungsrechtlichen Treuhänders vorgenommen werden dürfen (§ 72 Abs. 1 VAG). Im Fall der Strukturierung internationaler Fonds ist eine strenge Orientierung an den Musterformulierungen erforderlich. Ferner ist darauf zu achten und unverzichtbar, dass das betreffende ausländische Recht die Wirksamkeit solcher Verfügungsbeschränkungen anerkennt.[424]

### 2.6. Aufsichtsrechtlich probate Feeder-Vehikel

Sofern eine Direktinvestition in einen Hauptfonds mit Sitz außerhalb des EWR oder der OECD ausscheidet, muss ein Feeder-Vehikel innerhalb der EU/EWR/OECD etabliert werden. Der Sitz des Feeders kann irgendwo in der EU/EWR/OECD gelegen sein, es muss sich nicht um Deutschland handeln, wobei deutsche GmbHs gleichwohl als Feeder in der Praxis anzutreffen sind. Gebräuchlicher sind Limited Partnerships nach englischem oder schottischem Recht und insbesondere für steuerbefreite (folglich strafbesteuerungsindifferente) Investoren, Kapitalgesellschaften nach Luxemburger Recht, insbesondere nach dem luxemburgischen steuerrechtlichen Regime der SICAV. Im Zuge der oben erwähnten geographischen Erweiterung ist zudem die Delaware LLC in jüngster Vergangenheit als probates aufsichtsrechtliches Feeder-Vehikel „entdeckt" worden.

## 3. Steuerrechtliche Strukturerwägungen

Die Zielvorgabe einer jeden Private-Equity-Investition ist es, zu erreichen, dass die Private-Equity-Investoren nicht schlechter gestellt werden als bei einem unmittelbaren Direktinvestment in die Portfolio-Unternehmen. Die zur „Pooling" der Investoren zwischengeschalteten Vehikel als auch etwaige Feeder-Vehikel müssen also so weit als möglich transparent und steuerneutral sein. Dieser Wunsch nach Transparenz führt bei steuerbefreiten Investoren zu Interessengegensätzen, da diese zwingend zwecks Vermeidung der Erzie-

---

[423] Siehe Veröffentlichungen des Bundesaufsichtsamtes für das Versicherungs- und Bausparwesen (VerBAV) 4/2002.

[424] Weniger aufsichtsrechtlich denn unternehmenspolitisch motiviert sind in der Praxis schließlich Nebenabreden zum eigentlichen Gesellschaftsvertrag, wonach der General Partner des Fondsvehikels die Zustimmung einer Übertragung des Fondsanteils innerhalb (klar definierter und abgegrenzter) verbundener Unternehmen des Investors nicht verweigern darf. Das gilt insbesondere hinsichtlich der Übertragung des Anteils innerhalb verschiedener Anlagevehikel desselben Investors, die Vermögen anlegen mit dem Ziel, Pensionsverbindlichkeiten zu decken, für die Pensionsrückstellungen gebildet wurden.

lung von gewerblichen Einkünften aus dem Investment ein intransparentes Feeder-Vehikel benötigen (vgl. diesbezüglich nachfolgende Ausführungen unter Abschnitt 3.2.3.).

### 3.1. Verfahrensrecht

#### 3.1.1. Erhöhte Anzeige- und Erklärungspflichten bei Auslandssachverhalten

Bekanntlich sind die Finanzbehörden gehalten, den Sachverhalt von Amts wegen zu ermitteln. Bei Auslandssachverhalten, namentlich der Beteiligung deutscher Investoren an ausländischen Private-Equity-Fonds, kommen den Investoren gemäß § 90 Abs. 2 AO erhöhte Mitwirkungspflichten zu, die den vorgenannten Amtsermittlungsgrundsatz ergänzen, damit die rechtzeitige steuerliche Erfassung und Überwachung grenzüberschreitender Sachverhalte gewahrt ist. Daraus folgend sind im Inland steuerpflichtige Investoren grundsätzlich verpflichtet, jegliche Auslandsbeteiligungen innerhalb eines Monats nach Unterzeichnung der so genannten Zeichnungsunterlagen des betreffenden Fonds dem für die einheitliche und gesonderte Feststellungserklärung örtlich zuständigen Finanzamt mitzuteilen (§ 138 Abs. 2 und Abs. 3 AO).[425] Das gilt im Übrigen auch für deutsche Carried-Interest-Berechtigte. Durch das noch junge Steuerhinterziehungsbekämpfungsgesetz[426] haben sich die Anforderungen insoweit im Übrigen nochmals verschärft.[427] Die Mitteilung ist auf amtlich vorgeschriebenem Vordruck vorzunehmen,[428] die Mitteilungspflicht beinhaltet zunächst lediglich die Angabe genereller Daten betreffend die Fondsbeteiligung, persönliche Daten des Investors inklusive der Steuernummer des Wohnsitzfinanzamtes sowie das Zeichnungsdatum, jedoch (zumindest in diesem Stadium) keinesfalls die Übersendung der Fondsunterlagen.[429]

Deutsche Investoren in Private-Equity-Fonds als auch deutsche Carried-Interest-Berechtigte müssen diesen Mitwirkungspflichten nachkommen. Andernfalls kann das Finanzamt hieraus nachteilige Schlüsse ziehen, insbesondere die Besteuerungsgrundlagen gemäß § 162 Abs. 2 und 3 AO schätzen. Unter Umständen kann sogar eine Beweislastumkehr zu Lasten der Steuerpflichtigen eintreten.[430] Ferner kann die vorsätzliche oder leichtfertige Nichtanzeige als Ordnungswidrigkeit in Form einer Steuergefährdung gemäß § 379 Abs. 2 Nr. 1 AO (und vorbehaltlich des § 378 AO) mit einer Geldbuße bis zu € 5.000 geahndet und die Anzeigepflicht mit Zwangsmitteln nach § 328 AO durchgesetzt werden.

#### 3.1.2. Steuererklärungspflichten (§§ 179, 180 AO)

Sobald mehr als ein im Inland unbeschränkt steuerpflichtiger Investor an einem ausländischen Fondsvehikel in Form einer Personengesellschaft beteiligt ist, sind die Einkünfte gemäß § 180 Abs. 1 Nr. 2 lit. a AO gesondert und einheitlich festzustellen, da die Einkünfte der deutschen Investoren aus dem Private-Equity-Fonds vorbehaltlich der Anwendung von

---

[425] Zu beachten ist, dass eine etwaige Erklärungspflicht gemäß § 18 Abs. 3 AStG daneben bestehen bleibt, vgl. nachfolgend Abschnitt 3.4.

[426] Gesetz zur Bekämpfung der Steuerhinterziehung (Steuerhinterziehungsbekämpfungsgesetz) v. 29. Juli 2009, BGBl. 2009, Teil I, Nr. 48, S. 2302; vgl. Jarass in DATEV magazin 5/2009, 33.

[427] Obwohl sich das Steuerhinterziehungsbekämpfungsgesetz und die Steuerhinterziehungsverordnung in Ermangelung von nicht kooperativen Staaten zurzeit als Papiertiger entpuppt, vgl. Bundesministerium der Finanzen: Schreiben v. 5. Januar 2010, BStBl. 2010, Teil I, S. 19 und Boxberger/Schatz in Deutscher AnwaltSpiegel 03/2010.

[428] § 138 (1b) AO in der Form des SteuerbürokratieabbauG sieht die Mitteilung auf elektronischem Wege vor. Der so genannte Vordruck BZSt-2 (vormals BfF 2) zur Mitteilung der steuerlichen Erfassung von Auslandsbeteiligungen (mit Anlagen ausländischer Betriebe und ausländischer Gesellschaft) kann beim zuständigen Finanzamt angefordert werden. Zusätzlich ist dieser Vordruck auf dem Formularserver der Bundesfinanzverwaltung abgelegt: http://www.bzst.bund.de/003_menue_links/0151_Auslandsbeziehungen/index.html.

[429] Zu weiteren Details siehe ferner BMF v. 17. August 2004, BStBl. 2004, Teil I, S. 847 und BMF v. 19. März 2003, BStBl. 2003, Teil I, S. 260.

[430] BFH v. 6. Juni 2006, XI B 162/05, BFH/NV 2006, 1785.

Doppelbesteuerungsabkommen (DBA)[431] grundsätzlich infolge des Welteinkommensprinzips der deutschen Besteuerung unterliegen.

Ausweislich Verlautbarungen der Finanzverwaltung kommt eine gesonderte und einheitliche Feststellung nach § 180 Abs. 1 Nr. 2a AO nicht in Betracht, wenn mit dem betreffenden ausländischen Sitzstaat ein Doppelbesteuerungsabkommen besteht, wonach diesem das ausschließliche Besteuerungsrecht für die inländischen Beteiligten zusteht.[432] In der Praxis gestatten jedoch die meisten DBA die Berücksichtigung der nach DBA in Deutschland steuerfreien Einkünfte im Rahmen des Progressionsvorbehalts gemäß § 32b EStG mit der Folge, dass trotz ausschließlichem Besteuerungsrecht des Sitzstaates, die ausländischen Einkünfte zum Zwecke des Progressionsvorbehalts gesondert und einheitlich festzustellen sind (§ 180 Abs. 5 Nr. 1 AO). Gleiches gilt im Übrigen auch hinsichtlich der Feststellung etwaig anrechenbarer oder abziehbarer ausländischer Steuer (§ 180 Abs. 5 Nr. 2 AO).

Ausdrücklich keine gesonderte und einheitliche Feststellung erfolgt, sofern nur ein inländischer Steuerpflichtiger an einer ausländischen Personengesellschaft beteiligt ist. In diesem Fall hat das Wohnsitzfinanzamt des inländischen Steuerpflichtigen im Sinne des § 19 AO die erforderlichen Ermittlungen vorzunehmen, nichtsdestotrotz treffen den deutschen Investor die erhöhten Mitwirkungspflichten bei Auslandssachverhalten (§ 90 Abs. 2 AO) und Anzeigepflichten gemäß § 138 Abs. 2 AO.

In der Praxis wird die tatsächliche Erstellung und Abgabe der Feststellungserklärung sehr unterschiedlich gehandhabt. Grundsätzlich erfolgt **vor** Zeichnung eines Privat Equity-Fondsanteils die Abstimmung der praktischen Vorgehensweise mit dem General Partner des jeweiligen Fonds. Häufig erklärt sich der General Partner in Nebenabreden zum Gesellschaftsvertrag (Side Letter) dazu bereit, auf Kosten der deutschen Investoren die Erstellung der Feststellungserklärung vorzunehmen, was aus Sicht der Fondsinitiatoren in gewissen Konstellationen vorteilhaft sein kann. Teilweise verpflichtet sich der General Partner zumindest die für eine Feststellungserklärung essentiellen Informationen nach deutschem Steuerrecht aufgearbeitet zur Verfügung zu stellen. Schließlich sieht man auch Fälle, in denen der deutsche Investor mit dem insgesamt größten Anteil am jeweiligen Fondsvehikel die Abgabe der Feststellungserklärung übernimmt.[433]

Diese Nebenvereinbarungen gehen über die üblichen Steuerinformations-Klauseln des Gesellschaftsvertrages hinaus. Anmerkend sei erwähnt, dass die Information der US-amerikanischen K-1-Erklärung alleine den deutschen Anforderungen an eine Feststellungserklärung keinesfalls Genüge trägt. Diese kann lediglich als Ausgangspunkt für die Erstellung der Feststellungserklärung gemäß §§ 179, 180 AO dienen.

### 3.2. Besteuerung der Investoren

Weder bei Investoren, die infolge des beschriebenen aufsichtsrechtlichen Korsetts gezwungen sind, über ein OECD/EWR-Vehikel zu investieren, noch bei Investoren, die ein Direktengagement in den Private-Equity-Fonds eingehen können, dürfen durch das Pooling der Investments in einem Fondsvehikel noch durch die etwaige Zwischenschaltung eines OECD/EWR-Vehikels zusätzlichen Steuern ausgelöst werden. Dieses absolute Ziel der Steuerneutralität erreicht man in der Regel mit Personengesellschaften. Im betreffen-

---

[431] Siehe Boxberger, in: Striegel/Wiesbrock/Jesch, Kapitalbeteiligungsrecht, Kommentar, „Das Recht der Doppelbesteuerungsabkommen/OECD-MA" zu DBA-spezifischen Fragen in Zusammenhang mit Private Equity.

[432] OFD Frankfurt in einer Verfügung v. 14. November 2008, Az.: S2241 A-107-St. 213, RIW 2009, 96.

[433] Letzteres entspricht auch den Regeln über die örtliche Zuständigkeit für die Feststellungserklärung von Einkünften ausländischer Personengesellschaften gemäß § 18 Abs. 1, 2 AO, vgl. Bundesministerium der Finanzen: Schreiben v. 11. Dezember 1989, IV A 5 – S 0120 – 4/89, BStBl. 1989, Teil I, S. 470 geändert durch Schreiben v. 2. Januar 2001, BStBl. 2001, Teil I, S. 40.

## 2. Teil. Fondsstrukturierung   § 6 Fondsstrukturen (Outbound)

Heimatstaat der Personengesellschaft (beispielsweise Cayman Islands, Delaware/USA oder Großbritannien) fallen bei richtiger Strukturierung keine nennenswerten Steuern an.

### 3.2.1. Institutionelle Investoren

#### 3.2.1.1. Veräußerungsgewinne

Veräußerungsgewinne aus dem Verkauf von Anteilen an Portfolio-Unternehmen können ungeachtet der Zwischenschaltung einerseits des Hauptfonds und einer etwaigen OECD/EWR-Personengesellschaft wie bei einem Direktengagement von institutionellen Investoren effektiv zu 95% steuerfrei vereinnahmt werden (§ 8b Abs. 2 KStG). Das gilt gemäß § 8b Abs. 6 KStG auch dann, wenn die Anteile an den veräußerten Portfolio-Unternehmen nicht direkt gehalten wurden, sondern die Veräußerungsgewinne dem jeweiligen Steuerpflichtigen im Rahmen des Gewinnanteils aus einer Mitunternehmerschaft (also dem Private-Equity-Fonds) zugerechnet werden. Das gilt insbesondere auch bei ausländischen Mitunternehmerschaften.[434]

Für Lebens- und Krankenversicherungsunternehmen sowie Pensionsfonds gilt die Veräußerungsgewinnbefreiung allerdings generell nicht (§ 8b Abs. 8 KStG), andererseits verschlechtert sich deren Situation durch diese Zwischenschaltung einer Personengesellschaft auch nicht. In der Praxis investieren diese häufig über konzerneigene (§ 8b KStG privilegierte) Kapitalgesellschaften, so dass ausschließlich im Verhältnis dieser zum Versicherungsunternehmen § 8b Abs. 8 KStG Anwendung findet.

Die Regelung des § 8b Abs. 2 KStG ist ferner nicht anzuwenden,[435] soweit die Anteile von Finanzunternehmen im Sinne des KWG oder Finanzunternehmen mit Sitz in einem anderen Mitgliedstaat der EU oder des EWR mit dem Ziel der kurzfristigen Erzielung eines Eigenhandelserfolges erworben wurden (§ 8b Abs. 7 Satz 2 und Satz 3 KStG). Veräußerungsgewinne aus Anteilen an Kapitalgesellschaften und anderen Körperschaften unterliegen in diesem Fall der regulären Besteuerung auf Ebene des Anteilseigners. Die Finanzverwaltung steht jedoch im Hinblick auf Private-Equity-Fonds auf dem Standpunkt, dass diese keine Finanzunternehmen im Sinne des KWG sind.[436] Daraus folgt, dass § 8b Abs. 7 Satz 2 KStG nur noch auf Ebene des betreffenden Investors Anwendung finden kann. Die Investoren halten ihre Fondsbeteiligung üblicherweise im Anlagevermögen.[437]

Für Gewerbesteuerzwecke sollten 100% der Veräußerungsgewinne steuerfrei sein, wenn das Feeder-Vehikel oder bei Direktinvestments der Hauptfonds gewerblich qualifiziert,[438] andernfalls unterliegen entsprechend 5% der Veräußerungsgewinne bei institutionellen Investoren der Gewerbesteuer.

#### 3.2.1.2. Dividenden

Hinsichtlich Dividendenausschüttungen gilt für die Körperschaftsteuer gleichfalls die 95%ige Befreiung (wiederum mit der Ausnahme für Lebens- und Krankenversicherungsunternehmen sowie Pensionsfonds). Schwieriger ist die Situation für Dividendenausschüttungen in Bezug auf die Gewerbesteuer in Deutschland. Grundsätzlich erzielen Private-Equity-Fonds ihren Ertrag in Form von Veräußerungsgewinnen und gerade nicht über Dividendenausschüttungen. In der jüngsten Vergangenheit sind jedoch mangels Exit-Alter-

---

[434] Dötsch/Pung, § 8b KStG n.F. Rn. 58 a.

[435] Vgl. zur sog. Zuschreibungsfalle im Zusammenhang mit der Wertaufholung von Teilwertabschreibungen auf Beteiligungen: Boxberger/Schatz in Frankfurter Allgemeine Zeitung v. 2. Dezember 2009, S. 25.

[436] Tz. 18 des Schreiben des Bundesministeriums der Finanzen: zur einkommensteuerlichen Behandlung von Venture Capital und Private Equity Fonds v. 16. Dezember 2003, IV A 6-S 2240-153/03, BStBl. 2004, Teil I, S. 40, ber. 2006, Teil I, S. 632.

[437] Vgl. diesbezüglich auch die Ausführungen in BFH, Urt. v. 14. Januar 2009, I R 36/08, DStR 2009, 635.

[438] Vgl. Ausführungen unter 3.2.1.2. lit a) und lit b).

nativen vermehrt Dividenden in den Blickpunkt der Investoren gerückt. Insofern ist diese Frage nicht lediglich theoretischer Natur.

Bei entsprechender Strukturierung lässt sich jedoch auch für Dividenden Gewerbesteuerfreiheit in Deutschland erreichen, nämlich dadurch, dass die ausländische Personengesellschaft aus deutscher Sicht als originär gewerblich tätig oder gewerblich geprägt anzusehen ist (was allerdings den Interessen von steuerbefreiten Pensionskassen, individuellen Anlegern und nicht zuletzt in Deutschland steuerpflichtigen Carried-Interest-Empfängern zuwiderläuft, vgl. Ausführungen unter Abschnitt 3.6.). Die Erträge aus dem Fonds sind in diesem Fall vom deutschen Gewerbeertrag gemäß § 9 Nr. 2 GewStG zu kürzen.

**a) Originäre Gewerblichkeit.** Das Bundesministerium der Finanzen (BMF) hat in seinem vorgenannten Erlass[439] die einkommensteuerliche Behandlung von Private-Equity-Fonds zusammengefasst und diverse Kriterien zur Abgrenzung zwischen privater Vermögensverwaltung und Gewerblichkeit eines Private-Equity-Fonds herausgearbeitet.[440] Dabei ist zu beachten, dass diese Kriterien in einer Würdigung des Gesamtbildes der Fondstätigkeit zu berücksichtigen sind. Ausschließlich die sklavische Beachtung sämtlicher Kriterien des BMF-Erlasses durch das Fondsmanagement führt dazu, dass die Tätigkeit des Fonds keine originäre Gewerblichkeit begründet. In der Praxis dürfte die in einer Vielzahl der Fondsverträge vorgesehene Möglichkeit der Kreditaufnahme sowie der Stellung von Sicherheiten durch den Fonds sowie die Übernahme von aktiven Managementfunktionen oftmals Indizien für eine originäre Gewerblichkeit des Fonds sein.

**b) Gewerbliche Prägung.** Sofern in der Praxis eine homogene institutionelle Investorenbasis vorzufinden ist, wird man sich nicht auf die Gesamtwürdigung der Tätigkeit des Fonds auf Basis des vorgenannten BMF-Erlasses beschränken wollen um die gewünschte Gewerblichkeit zu erzielen. Vielmehr wird man durch eine gewerbliche Prägung des Fondsvehikels eine Gewerblichkeit gezielt strukturieren. Diese gewerbliche Prägung ist der typischen Grundstruktur einer Vielzahl ausländischer Private-Equity-Fondsvehikel (insbesondere angelsächsischen Limited Partnerships) von Anbeginn immanent, da ausschließlich Kapitalgesellschaften (beispielsweise eine Limited Company) persönlich haftende Gesellschafter sind und nur diese zur Geschäftsführung befugt sind. Eine ausländische Kapitalgesellschaft, die nach dem sog. Rechtstypenvergleich einer inländischen Kapitalgesellschaft entspricht, kann eine Personengesellschaft prägen und zu einer Mitunternehmerschaft machen.[441] Dabei kann die gewerbliche Prägung bei ausländischen als auch inländischen Personengesellschaften auf die Komplementärstellung einer ausländischen Kapitalgesellschaft zurückzuführen sein.[442]

In diesem Fall greift die sog. „Geprägetheorie" (§ 15 Abs. 3 Nr. 2 EStG) und das Fondsvehikel erzielt kraft Gesetzes gewerbliche Einkünfte. Diese unterliegen sodann beim inländischen Investor (mit Ausnahme von Lebens- und Krankenversicherungsunternehmen sowie Pensionsfonds) gemäß § 9 Nr. 2 GewStG nicht in Deutschland der Gewerbesteuer.[443] Es ist anerkannt, dass die Geprägetheorie auch „über die Grenze" Anwendung findet.[444]

---

[439] Bundesministerium der Finanzen: Schreiben v. 16. Dezember 2003, IV A 6 – S 2240 – 153/03, BStBl. 2004, Teil I, S. 40.
[440] Vgl. insoweit detaillierte Erläuterungen der Kriterien bei Herkenroth/Striegel/Wiesbrock, § 18, Steuerrechtliche Fragestellungen.
[441] BFH, Urt. v. 14. März 2007, XI R 15/05, BStBl. 2007, Teil II, 924.
[442] OFD Münster, Vfg. v. 24. Juli 2008, S 1300 -169 St 45- 32, GmbHR 2008, S. 1007.
[443] Die Kürzungsvorschrift setzt ferner voraus, dass der inländische Investor als Mitunternehmer im Sinne der H 15.8 (1) der Einkommensteuerrichtlinien anzusehen ist, was typischerweise der Fall ist, da der jeweilige Investor fraglos Mitunternehmerrisiko infolge seiner Beteiligung am Gewinn und Verlust des Fonds hat und –wenn auch eingeschränkt- Mitunternehmerinitiative ausübt, da ihm Gesellschafterrechte zustehen, die einem deutschen Kommanditisten vergleichbar sind (Einsichts-, Informations-, und gewisse Widerspruchs- und Stimmrechte).
[444] BFH, Urt. v. 14. März 2007, XI R 15/05, NZG 2007, 479.

### 3.2.2. Private Investoren

Vor Einführung des Abgeltungsteuerregimes zum 1. Januar 2009 profitierten private Investoren, sofern der Fonds als vermögensverwaltend qualifizierte. Veräußerungsgewinne waren außerhalb der einjährigen „Spekulationsfrist" des § 23 EStG vollständig nicht steuerbar. Fälle des § 17 EStG konnten mangels Erreichen der durchgerechneten Mindestbeteiligungshöhe von 1 % ausgeschlossen werden. Selbst Dividenden profitierten vom so genannten Halbeinkünfteverfahren, wonach lediglich 50 % der Dividenden mit dem persönlichen Steuersatz des Steuerpflichtigen in Höhe von maximal 47,5 % (inklusive Solidaritätszuschlag) mithin einem maximalen Steuersatz von 23,75 % unterlagen. Gewerbesteuer fiel nicht an.

Soweit das mit dem Geschäftsmodell des Fonds vereinbar ist, versucht man daher vereinzelt, die in der Mehrzahl der Fondsverträge vorzufindenden schädlichen Kriterien, insbesondere die Möglichkeit der Kreditaufnahme sowie der Stellung von Sicherheiten auszuschließen, um den Interessen der individuellen Anleger und insbesondere den Carried Interest-Berechtigten gerecht zu werden. Vereinzelt verpflichtet sich das Fondsmanagement daher in einem sog. *Reliance Letter*, sämtliche Kriterien des BMF-Schreibens zu beachten und von der Gebrauchnahme der im Fondsvertrag grundsätzlich eingeräumten schädlichen Befugnisse Abstand zu nehmen. Zusätzlich beherzigt man das Modell der sog. Entprägung des Fondsvehikels, in dem man einen Kommanditisten mit Geschäftsführungsbefugnis ausstattet.

Für Fondsinvestoren, die nach dem 31. Dezember 2008 ein Investment eingegangen sind, findet auf Veräußerungsgewinne und Dividenden aus einem vermögensverwaltenden Fondsvehikel gleichermaßen die max. 26,375 %tige Abgeltungsteuer (inklusive Solidaritätszuschlag) Anwendung. Veräußerungsgewinne aus einem gewerblichen (geprägten) Fondsvehikel hingegen würden dem Teileinkünfteverfahren unterliegen, mit anderen Worten, lediglich 60 % der Veräußerungsgewinne und Dividenden würde mit dem individuellen Steuersatz des Anlegers in Höhe von maximal 47,5 % besteuert, was einer effektiven Steuerlast von 28,5 % entspricht.

In Anbetracht dieser marginalen Differenz in Höhe von 2,125 % bezogen auf die Abgeltungsteuer bleibt die zukünftige Präferenz privater Anleger abzuwarten. Die Gewerblichkeit des Fonds könnte zukünftig sogar für private Investoren von Vorteil sein, sofern diese beabsichtigen, ihre Beteiligung zu refinanzieren, da Betriebsausgaben zumindest in Höhe von 60 % abzugsfähig bleiben (§ 3c Abs. 2 Satz 1 EStG). Unter dem Abgeltungsteuerregime hingegen finden etwaige Refinanzierungskosten oder andere Werbungskosten keinerlei Berücksichtigung, da gemäß § 20 Abs. 9 EStG der Abzug der tatsächlichen Werbungskosten ausgeschlossen ist. Der effektive Steuersatz nach Berücksichtigung etwaiger Betriebsausgaben dürfte also die zukünftige Präferenz entscheidend beeinflussen.

### 3.2.3. Steuerbefreite Investoren

Es wurde bereits ausgeführt, dass ein nicht unerheblicher Teil der insgesamt in Private-Equity-Fonds investierten Mittel von steuerbefreiten, institutionelle Investoren, insbesondere **Pensionskassen** und **berufsständigen Versorgungseinrichtungen**, stammt. Pensionskassen sind abzugrenzen von den durch Gesetz per 2002 geschaffenen „Pensionsfonds" im Sinne von §§ 112 ff VAG, für die ganz andere Regelungen gelten, insbesondere sind diese steuerpflichtig und werden daher im Folgenden nicht näher beleuchtet. Die unter Abschnitt 2 genannten aufsichtsrechtlichen Strukturierungsanforderungen sind im Einklang mit denen für normale Versicherungsunternehmen. Das gilt indes nicht für die steuerrechtlichen Strukturierungsanforderungen.

Insbesondere Pensions- und Unterstützungskassen unterliegen hinsichtlich der Steuerfreiheit verschärften Anforderungen gemäß § 5 Abs. 1 Nr. 3 lit. c KStG, um ihre Steuerfreiheit nicht zu gefährden. Erforderlich ist die „ausschließliche und unmittelbare" Verwendung des Vermögens und der Einkünfte der Kasse für die begünstigten Zwecke. Dies wird dahingehend interpretiert, dass keinerlei gewerbliche Betätigung zulässig ist, sondern dass sich die Anlage des Vermögens vielmehr im Rahmen der „Vermögensverwaltung" halten muss. Ein (auch nur versehentlicher) Verstoß hiergegen führt zum vollständigen und nicht nur partiellen Verlust des steuerfreien Status.[445] Das Gleiche gilt auch für berufsständische Versorgungseinrichtungen im Sinne des § 5 Abs. 1 Nr. 8 KStG.[446]

Im Fall von gemeinnützigen (§§ 51 bis 68 AO) und gemäß § 5 Nr. 9 KStG steuerbefreiten Körperschaften, Personenvereinigungen und Vermögensmassen (insbesondere **Stiftungen**)[447] führt eine gewerbliche mithin wirtschaftliche Betätigung (sog. wirtschaftlicher Geschäftsbetrieb, § 5 Nr. 9 Satz 2 KStG) nicht per se dazu, dass die gesamte Körperschaft ihre Steuervergünstigung aus der Gemeinnützigkeit verliert. Vielmehr bestimmt sich die Steuerschädlichkeit der wirtschaftlichen Betätigung einer gemeinnützigen Körperschaft nach der sog. **Geprägetheorie**, wonach die Körperschaft nicht mehr steuerbegünstigt ist, wenn ihr die wirtschaftliche Tätigkeit bei einer Gesamtbetrachtung das Gepräge gibt.[448] Daher haben gemeinnützige Körperschaften grundsätzlich dasselbe Interesse wie Pensions- bzw. Unterstützungskassen an der Vermeidung gewerblicher Einkünfte. Insofern gelten die folgend dargestellten Grundsätze allgemein.

Gewerblich geprägte ausländische Personengesellschaften, wie sie von steuerpflichtigen institutionellen Investoren aufgrund an anderer Stelle erörterten Gründen (Gewerbesteuerkürzung) bevorzugt werden, sind daher für die vorgenannten Investorengruppen gleichsam tabu. Denn die Beteiligungen steuerbefreiter Körperschaften als Mitunternehmer an gewerblichen Personengesellschaften werden stets als schädliche gewerbliche Betätigung (wirtschaftlicher Geschäftsbetrieb) angesehen.[449] Selbst wenn keine gewerbliche Prägung vorliegt, kann angesichts der Rechtsprechung des BFH zum gewerblichen Beteiligungshandel[450] sowie der wenig trennscharfen Abgrenzungskriterien im BMF-Erlass[451] zur vermögensverwaltenden Tätigkeit von Private-Equity-Fonds nicht hinreichend sicher darauf vertraut werden, dass eine Beteiligung an einem Private-Equity-Fonds vermögensverwaltender Natur ist.

Steuerbefreite institutionelle Investoren werden daher regelmäßig darauf bestehen, dass sie ihr Engagement über eine zwischengeschaltete ausländische oder deutsche Gesellschaft halten, die aus deutscher steuerrechtlicher Sicht als Kapitalgesellschaft qualifiziert (Rechtstypenvergleich) und somit Abschirmwirkung entfaltet (neudeutsch „Blocker Corporation" genannt).

Beteiligungen an Kapitalgesellschaften sind lediglich unter sehr engen Voraussetzungen schädlich, nämlich nach der Rechtsprechung und Literatur nur dann, wenn mit der Beteiligung an der Kapitalgesellschaft tatsächlich ein entscheidender Einfluss auf die laufende Geschäftsführung der Kapitalgesellschaft ausgeübt wird.[452] Die bloße Möglichkeit der Einflussnahme soll hingegen nach in der Literatur geäußerten Ansichten selbst dann nicht ausreichen, wenn eine Mehrheitsbeteiligung besteht.[453]

---

[445] BFH, Urt. v. 17. Oktober 1979, I R 14/76, BStBl. 1980, Teil II, S. 225 (226).
[446] Weniger restriktiv aber FG Düsseldorf, Urt. v. 12. Mai 2009, 6 K 3127/06 K, G, F (rev. BFH I R 47/09), EFG 2009, 1593.
[447] Deutsche Stiftungen wollen die Allokation in Alternative Investments erhöhen, vgl. nur Börsen-Zeitung v. 22. Juli 2008, S. 2.
[448] Anwendungserlass zur Abgabenordnung (AEAO), zu § 55 Abs. 1 Nr. 1, Rn. 2 Satz 2; Bundesministerium der Finanzen, Verfügung v. 15. Februar 2002, BMF IV C 4 – S 0174 – 2/01, BStBl. 2002, Teil I, 267; generell zur Geprägetheorie jüngst Wallenhorst, DStR 2009, 717 mit weiteren Nachweisen.
[449] BFH, Urt. v. 27. März 2001, I R 78/99, BStBl. 2001, Teil II, S. 449.
[450] BFH, Urt. v. 25. Juli 2001, X R 55/97, BStBl. 2001, Teil II, S. 809 und Anmerkung F. Hey, BB 2002, 870.
[451] Bundesministerium der Finanzen: Schreiben v. 16. Dezember 2003, IV A 6 – S 2240 – 153/03, BStBl. 2004, Teil I, Seite 40.
[452] BFH, Urt. v. 30. Juni 1971, I R 57/70, BStBl. 1971, Teil II, S. 753; BFH, Urt. v. 27. März 2001, I R 78/99, BStBl. 2001, Teil II, S. 449; Wallenhorst, DStR 2009, 717 (719).
[453] Vgl. aus jüngerer Zeit J. Alvermann, FR 2006, 262 selbst für den Fall einer 100%igen Beteiligung, mit weiteren Literaturnachweisen.

## 2. Teil. Fondsstrukturierung § 6 Fondsstrukturen (Outbound)

Im Rahmen der Strukturierung sollte darauf geachtet werden, dass kein steuerbefreiter Investor allein oder mit verbundenen Unternehmen eine Mehrheitsbeteiligung an der Blocker-Kapitalgesellschaft eingeht (Verbot der mehrheitlichen Einflussnahme). Gleichfalls sollte die Geschäftsführung satzungsgemäß nicht von den steuerbefreiten Investoren wahrgenommen werden. Vielmehr sollten die Geschäftsführer in vollem Umfang selbst für die Führung der Geschäfte verantwortlich zeichnen. Es sollte nicht vorgesehen sein, dass die Gesellschafter (Investoren) in die laufenden Tagesgeschäfte der Blocker-Kapitalgesellschaft eingreifen. Gewisse auf bestimmte grundlegende Maßnahmen beschränkte Mitspracherechte der steuerbefreiten Investoren über einen etwaigen Beirat dürften hingegen unschädlich sein, da es sich nicht um die Einflussnahme auf die laufende Geschäftsführung handeln dürfte. Beherzigt man diese Vorgaben, sollte man ausschließen können, dass die steuerbefreiten Investoren „vermittels einer zwischengeschalteten Kapitalgesellschaft" aktiv am wirtschaftlichen Geschäftsverkehr teilnehmen. Die Beteiligung an der Kapitalgesellschaft dürfte vielmehr im Rahmen der normalen unschädlichen Vermögensverwaltung bleiben.

Aus Renditegesichtspunkten ist für steuerbefreite institutionelle Investoren von Bedeutung, dass die zwischengeschaltete Blocker-Kapitalgesellschaft keiner nennenswerten Besteuerung unterliegt. Eine Luxemburger SOPARFI ist dafür grundsätzlich geeignet, da deren steuerliche Belastung in Luxemburg bei entsprechender Strukturierung durch Fremdfinanzierungsaufwand auf ein Minimum reduziert werden kann. Auch eine Luxemburger SICAV (SIF), ein auf Private Equity zugeschnittenes Luxemburger Vehikel zeichnet sich dadurch aus, dass keine nennenswerte steuerliche Belastung auf Ebene des Vehikels anfällt.[454] Gleiches gilt für das sog. Luxemburger Securitisation Vehicle (Verbriefungsgesellschaft).

In der jüngeren Gestaltungspraxis hat sich bei US-Fonds zudem die Delaware Limited Liability Company („LLC") als beliebtes Blocker-Vehikel herausgestellt.[455] Die Strukturierung einer LLC birgt jedoch gewisse Fallstricke, denn die steuerliche Einordnung der LLC aus deutscher Sicht kann sowohl als Personen- wie auch als Kapitalgesellschaft erfolgen. Allein im Fall der Ausgestaltung als Kapitalgesellschaft aus deutscher steuerrechtlicher Sicht kann die LLC als Blocker-Vehikel fungieren.

Die zum 1. Januar 1997 eingeführten check-the-box-rules ermöglichen US-Gesellschafen für Besteuerungszwecke zwischen der Klassifikation als Kapitalgesellschaft oder Personengesellschaft durch Ankreuzen der erwünschten Klassifikation auf dem Steuererklärungsformular („check the box") zu wählen. Entsprechend der im US-Steuerrecht einschlägigen Standardklassifikation wird eine LLC grundsätzlich als Personengesellschaft behandelt,[456] sofern sie nicht von der Wahlmöglichkeit der Behandlung als Kapitalgesellschaft Gebrauch macht und unterliegt somit keiner eigenen Besteuerung in den USA.

Aus deutscher Sicht bestimmt sich die Einordnung grundsätzlich nach dem sog. Rechtstypenvergleich, unter spezieller Berücksichtigung der dafür vom BMF im so genannten LLC-Schreiben aufgestellten Kriterien.[457] Zwecks Erreichen des Klassenziels einer intransparenten Einordnung der LLC aus deutscher steuerrechtlicher Sicht, muss die Strukturierung zwingend anhand der im LLC-Erlass genannten Merkmale erfolgen.[458] Entspricht die LLC nach dem Gesamtbild der in den Gesellschaftsstatuten enthaltenen Merkmale dem Typus einer Kapitalgesellschaft, kann diese als Blocker-Vehikel dienen.

---

[454] Die jährliche Steuer in Höhe von 0,01% des Nettovermögenswertes des Fonds (sog. taxe d'abonnement) mal ausgenommen.

[455] Vgl. diesbezüglich Boxberger in Striegel/Wiesbrock/Jesch, Kapitalbeteiligungsrecht, Kommentar, „Das Recht der Doppelbesteuerungsabkommen", Einf. OECD-MA, Rn. 101 ff.

[456] Flick/Heinsen, IStR 2008, 781.

[457] Bundesministerium der Finanzen: Schreiben v. 19. März 2004, IV B 4 – S 1301 USA – 22/04, BStBl. 2004, Teil I, S. 411; BFH v. 20. 8. 2008, I R 34/08, BStBl. 2009, Teil II, 263.

[458] Merkmale sind die zentralisierte Geschäftsführung und Vertretung, beschränkte Haftung, freie Übertragbarkeit der Anteile, Gewinnzuteilung, Kapitalaufbringung, unbegrenzte Lebensdauer der Gesellschaft, Gewinnverteilung und formale Gründungsvoraussetzungen.

Colorandi causa sei angemerkt, dass in der Private-Equity-Fondsstrukturierung von Fall zu Fall mittels check-the-box auch ganz bewusst zu einer US-amerikanischen Besteuerung der LLC als Körperschaft optiert wird. Das kann der Fall sein, sobald bei einem Investment durch den Private-Equity-Fonds die Gefahr einer beschränkten Steuerpflicht und damit einhergehender unliebsamer Steuererklärungspflichten der ausländischen Investoren droht. Das wäre beispielsweise der Fall, wenn der Private-Equity-Fonds bei Investitionen in (transparente) Portfolio-Unternehmen originär gewerbliche Einkünfte generieren würde, das bei den ausländischen Investoren als sog. *effectively connected income* (ECI) oder auf Ebene der steuerbefreiten Investoren als *unrelated business taxable income* (UBTI) der Besteuerung unterliegen würde. Gleiches gilt bei Immobilientransaktionen, die unter den sog. Foreign Investment in Real Property Tax Act (sog. FIRPTA rules) fallen.

Der US LLC-Blocker wird in diesen Fällen zwischen das eigentliche Fondsvehikel und das Portfolio-Unternehmen „gehängt" und soll damit die Zurechnung dieser aktiven gewerblichen Einkünfte des Portfolio-Unternehmens über den (transparenten) Fonds zu dessen Investoren verhindern („blocken"). Das hat für die ausländischen Investoren den Vorteil, dass ihre ECI- oder UBTI-Steuerlast und ihre Steuererklärungspflichten entfallen. Andererseits tragen die Investoren jedoch eine indirekte Steuerlast, denn nunmehr sind auf Ebene der Blocker-LLC die ihr zuzurechnenden Einkünfte zu versteuern, was bei der Berechnung der Gesamtsteuerbelastung zu berücksichtigen ist.

### 3.3. Investmentsteuerrecht

Die steuerlichen Folgen für deutsche Investoren in Private-Equity-Fonds können sich wesentlich verändern, sofern steuerliche Sondervorschriften für ausländische „Investmentvermögen" gemäß § 1 Abs. 1 Nr. 2 Investmentsteuergesetz („InvStG") hinsichtlich der ausländischen Fondsvehikel, etwaiger Zielfonds oder hinsichtlich der Feeder-Vehikel eingreifen. Das ist immer dann der Fall, wenn ein ausländisches Private-Equity-Vehikel entweder als ausländisches Investmentvermögen, mithin als „Fonds" im Sinne des § 2 Abs. 8 Investmentgesetz („InvG") oder die Anteile an diesem Vehikel als ausländische Investmentanteile im Sinne des § 2 Abs. 9 InvG qualifizieren, denn das Investment**steuer**gesetz knüpft in Bezug auf den Begriff Investmentvermögen an das InvG an (sog. **faktische Maßgeblichkeit** des aufsichtsrechtlichen Fondsbegriffs für das InvStG).

Sofern ein ausländisches Fondsvehikel als Investmentvermögen im oben genannten Sinne qualifiziert, muss es zwingend den in § 5 Abs. 1 bis Abs. 3 InvStG geregelten Bekanntmachungs- und Nachweispflichten form- und insbesondere fristgerecht nachkommen, will es die nachteilige sog. **Strafbesteuerung gemäß § 6 InvStG** auf Ebene der Investoren verhindern (das Fondsvehikel qualifiziert in diesem Fall als transparent oder als „weißer Fonds"). Für ausländische Spezialfonds im Sinne des § 16 InvStG gelten insoweit Erleichterungen. Dieser detaillierte Nachweis und insbesondere die Veröffentlichung der Besteuerungsgrundlagen ist jedoch teilweise von Fondsseite nicht gewollt oder häufig faktisch nicht möglich, so dass Ziel bei der Strukturierung ausländischer Private-Equity-Fonds sein sollte, die Anwendung des InvG respektive des InvStG von vornherein zu vermeiden.

Andernfalls würden bei Nichtbeachtung der Bekanntmachungs- und Nachweispflichten nicht nur sämtliche Ausschüttungen der vollen deutschen Besteuerung auf Investorenebene unterliegen, sondern zusätzlich würden der Zwischengewinn (vereinfacht gesprochen Zinserträge und Zinssurrogate) sowie 70% der Wertsteigerungen bezogen auf den letzten zum Ende des Kalenderjahres festgesetzten Rücknahmepreis verglichen mit dem ersten im Kalenderjahr festgesetzten Rücknahmepreis, mindestens jedoch 6% des letzten im Kalenderjahr festgesetzten Rücknahmepreis der vollen Besteuerung auf Investorenebene unterliegen. Mit anderen Worten, selbst bei einer negativen Wertermittlung ergäbe sich steuerlich gesehen positives Einkommen mit der Folge, dass eine Steuer auf eine fiktive Wertsteigerung erhoben würde.

Die Ausschüttung und der Zufluss dieses Mehrbetrages würde zum Ablauf des jeweiligen Kalenderjahres fingiert (§ 6 Satz 3 InvStG). Die steuerlichen Privilegien der § 3 Nr. 40

EStG und § 8b KStG würden insoweit keine Anwendung finden. Das Anwendungsschreiben zum Investmentsteuergesetz lässt indessen zu, den Mindestbetrag um den Gesamtbetrag der im Kalenderjahr durch den Fonds erfolgten Ausschüttungen zu kürzen.[459]

Diese sog. **Straf-** oder **Pauschalbesteuerung** gemäß § 6 Satz 1 InvStG war vor Inkrafttreten des InvStG als Besteuerung „schwarzer Fonds" im Sinne des Auslandsinvestmentgesetzes bekannt.

Die beschriebene Strafbesteuerung muss bilanzrechtlich gesprochen zu keiner permanenten im Gegensatz zu einer temporären Differenz führen. Mit anderen Worten, falls im Vergleich zu dem tatsächlich erzielten Ertrag aus der Investition ein zu hoher Betrag versteuert wird, gleicht sich dies unter Umständen systemimmanent irgendwann im Verlauf der gesamten Haltedauer aus, so dass die anfänglich zu hohe Bersteuerung à la longue abgemildert wird. Insbesondere kann bei bilanzierenden Steuerpflichtigen ein so genannter „aktiver Ausgleichsposten" in der Steuerbilanz gebildet werden, der sodann bei Veräußerung des Fondsanteils beziehungsweise Liquidation des Fonds aufgelöst wird, womit sich dann am Ende der Haltedauer eine zutreffende Besteuerung einstellt. Bei anderen (nicht bilanzierenden) betrieblichen Anlegern kann der bei der Einkommensermittlung zugerechnete Mehrbetrag infolge Strafbesteuerung bei der Veräußerung der Anteile ebenfalls ergebniswirksam berücksichtigt werden.[460]

Die Strafbesteuerung ist irrelevant für Pensionskassen und Unterstützungskassen weil sie subjektiv steuerbefreit sind, sie also eine Strafbesteuerung von vornherein nicht tangiert. Relevant ist die Strafbesteuerung hingegen für steuerpflichtige Pensionsfonds im Sinne von § 112 ff. VAG.

### 3.3.1. Anwendbarkeit des InvG/InvStG

Bis zur Novelle des Investmentgesetzes durch das InvÄndG war Risikodiversifikation das entscheidende Kriterium, um von einem „Fonds" zu sprechen. Anders als bei deutschen Anlage-Vehikeln, die nur dann „Fonds" im Sinne des InvG sein können, wenn diese formalrechtlich der Investmentaufsicht unterliegen, also eine Kapitalanlagegesellschaft im Sinne des Kreditwesengesetzes sind (formeller Fondsbegriff), galt bei ausländischen Vehikeln der materielle Fondsbegriff. Danach war lediglich entscheidend, ob es sich um ein Vermögen zur gemeinschaftlichen Kapitalanlage handelte, das nach dem Grundsatz der Risikomischung („risikodiversifiziert") in Vermögensgegenstände des § 2 Abs. 4 InvG angelegt war. Dieser Begriff lässt jedoch Trennschärfe vermissen und wird grundsätzlich weit ausgelegt in dem Sinne, dass auch bereits bei wenigen Wirtschaftsgütern eine Risikodiversifikation angenommen wird.[461]

### 3.3.1.1. Anwendungsschreiben des BMF zum InvStG

Das Anwendungsschreiben des BMF zum Investmentsteuergesetz vom 2. Juni 2005[462] brachte für die Praxis eine wesentliche Erleichterung. Im Anwendungsschreiben regelte das Bundesministerium für Finanzen in der sog. **Bereichsausnahme** unter Textziffer 6 ff., dass ausländische Vehikel, die in der Rechtsform einer „Personengesellschaft" organisiert sind (abgesehen von gewissen Ausnahmefällen, beispielsweise Hedgefonds) nicht zu den auslän-

---

[459] Vgl. Tz. 127, Bundesministerium der Finanzen (BMF): Schreiben v. 2. Juni 2005, BStBl. 2005, Teil I S. 728 in der Fassung v. 18. August 2009, IV C 1 – S 1980-1/08/10019, BStBl. 2009, Teil I, S. 931.

[460] Vgl. Tz. 130 des BMF-Schreibens vom 2. Juni 2005, BStBl. 2005, Teil I S. 728 in der Fassung v. 18. August 2009, IV C 1 – S 1980-1/08/10019, BStBl. 2009, Teil I, S. 931.

[461] Laut BaFin liegt eine Risikomischung regelmäßig vor, „wenn das Vermögen zum Zwecke der Risikostreuung in mehr als drei Vermögensgegenständen mit unterschiedlichen Anlagerisiken angelegt ist [...]", Textziffer 1.b des BaFin-Rundschreibens 14/2008, v. 22. Dezember 2008, WA 41-Wp 2136-2008/0001. Im Internet abrufbar unter http://www.bafin.de.

[462] BStBl. 2005, Teil I, S. 728 nunmehr novelliert mit Schreiben v. 18. August 2009, IV C 1 – S 1980-1/08/10019, BStBl. 2009, Teil I, S. 931.

dischen Investmentvermögen zählen und somit das InvG/InvStG (inklusive) Strafbesteuerung keine Anwendung finden konnte.

Dem folgend, wählte die bisherige Strukturierungspraxis somit Private-Equity-Fondsvehikel, deren Rechtsform nach dem Typenvergleich einer deutschen Kommanditgesellschaft entspricht. Somit konnte man kautelar-juristisch durch die Wahl eines probaten Rechtskleids die Anwendbarkeit des InvStG und insbesondere der Pauschalbesteuerung von vornherein ausschließen. Es galt zu beachten, dass diese Voraussetzung auf jeder Stufe vorliegen musste; mit anderen Worten durfte sich unterhalb eines EWR/OECD-Feeder-Vehikels keine Nicht-Personengesellschaft befinden (auch kein Trust), die ihr Vermögen in risikodiversifizierter Weise angelegt hatte. Das galt auch für etwaige ausländische Zielfonds, in welche die ausländischen (Dach-)Fondsvehikel investierten. Bezogen auf den Beispielsfall einer typischen US Fondsstruktur bedeutete das, dass sowohl das Feeder-Vehikel als auch der US-Hauptfonds zumindest als Limited Partnership und damit als Personengesellschaft im Sinne des deutschen Steuerrechts organisiert sein mussten, um unter die (alte) Bereichsausnahme des Anwendungsschreibens zu fallen. Dass die Portfolio-Unternehmen, die ihrerseits von dem US-Hauptfonds gehalten werden, regelmäßig Kapitalgesellschaften sein dürften, war für diese Betrachtung deshalb unbeachtlich, weil diese Portfolio-Unternehmen aktive operativ tätige Gesellschaften und ihrerseits damit nicht „risikodiversifiziert" waren und demzufolge Kraft ihrer Natur keine „Fonds" im Sinne des InvG/InvStG sein konnten.

Ausweislich der Novellierung des Anwendungsschreibens zum InvStG findet die vorgenannte Bereichsausnahme für Personengesellschaften keine Anwendung mehr. Allein für bestehende Strukturen findet sich in Tz. 296 der Novellierung eine Übergangsregelung für bestehende Strukturen. Danach sind ausländische Investmentvermögen in der Rechtsform der Personengesellschaft in Fortführung der bisherigen Tz. 6 des ursprünglichen Anwendungsschreibens vom 2. Juni 2005 erst für nach dem 30. Juni 2009 beginnende Geschäftsjahre als ausländische Investmentvermögen zu behandeln.[463]

### 3.3.1.2. Investmentänderungsgesetz

Das am 28. Dezember 2007 in Kraft getretene **Investmentänderungsgesetz** (**„InvÄndG"**)[464] beinhaltet eine Neudefinition des Fondsbegriffs für ausländische Fondsvehikel.[465] Das InvÄndG ergänzt nunmehr den weiterhin bei ausländischen Fondsvehikeln geltenden materiellen Fondsbegriff um formelle Zusatzkriterien, man spricht landläufig von der Einführung des formellen Fondsbegriffs für Auslandsfonds. Die Novellierung beinhaltet u. a. eine Änderung in § 2 Abs. 9 InvG. Danach liegen nur dann ausländische Investmentanteile (und mithin Fonds im technischen Sinn) vor, wenn ein ausländisches Investmentvermögen zu bejahen ist und (i) „… der Anleger verlangen kann, dass ihm gegen Rückgabe des Anteils sein Anteil an dem ausländischen Investmentvermögen ausgezahlt wird, oder (ii) wenn der Anleger kein Recht zur Rückgabe der Anteile hat, aber die ausländische Investmentgesellschaft in ihrem Sitzstaat einer Aufsicht über Vermögen zur gemeinschaftlichen Kapitalanlage unterstellt ist".

Anwendungsvoraussetzung des InvG ist folglich das Vorliegen eines Fonds im materiellen Sinne, mithin eines ausländisches Fondsvehikels, das nach seinem objektivem Geschäftszweck in risikodiversifizierter Weise in nach dem InvG zulässige Vermögensgegenstände investiert und des Weiteren eine Vergleichbarkeit des ausländischen Investmentvermögens mit einem Sondervermögen nach dem InvG hinsichtlich Anlagegrenzen besteht.[466] Zusätz-

---

[463] Bundesministerium der Finanzen: Schreiben v. 18. August 2009, IV C 1 – S 1980-1/08/10019, BStBl. 2009, Teil I, S. 931, Tz. 296.

[464] BGBl. 2007, Teil I, Nr. 68, S. 3089 ff.

[465] Hinsichtlich inländischer Fondsvehikel gilt weiterhin ein ausschließlich formale Betrachtungsweise, so dass beispielsweise Private Equity-Fonds in Gestalt einer GmbH & Co. KG nicht unter den formellen Fondsbegriff fallen.

[466] BaFin-Rundschreiben 14/2008 v. 22. Dezember 2008.

lich bedarf es noch mindestens eines der formellen Zusatzkriterien (**Rückgabemöglichkeit** oder **Investmentaufsicht**).

Selbst wenn ein ausländisches Fondsvehikel grundsätzlich als Investmentvermögen im Sinne des § 2 Abs. 8 InvG qualifizieren sollte, da es risikodiversifiziert investiert, kann durch Vermeidung der formellen Zusatzkriterien dennoch die Qualifizierung als Fonds im technischen Sinn vermieden werden mit der Folge, dass auch nach dem InvÄndG die Anwendung des InvStG von vornherein ausgeschlossen sein sollte.

Liegt ein ausländisches Investmentvermögen nicht vor, scheidet eine Anwendung des InvStG dagegen grundsätzlich aus. Vereinzelt wird in der Literatur vertreten, dass ausländische Investmentanteile auch dann vorliegen, wenn zwar die (zusätzlichen) Voraussetzungen nach § 2 Abs. 9 InvG (Rückgaberecht der Anteile oder Investmentaufsicht), nicht aber ein Investmentvermögen im Sinne des § 2 Abs. 8 InvG vorliege.[467] Diese Auffassung verkennt den Wortlaut des § 2 Abs. 9 InvG, der ausdrücklich auf den Begriff Investmentvermögen verweist und dieses zur Tatbestandsvoraussetzung für das Vorliegen eines Investmentanteils macht. Liegt damit kein Investmentvermögen vor, kann auch kein Investmentanteil gegeben sein. Anders gewendet, das InvStG kann nur Anwendung finden, wenn der Investor einen Investmentanteil an einem ausländischen Investmentvermögen hält.[468]

### 3.3.1.3. BaFin-Rundschreiben 14/2008: Sonderfall Private-Equity-Fonds

Im jüngsten Rundschreiben 14/2008 nimmt die BaFin, unter Tz. 4a) zum *Sonderfall* Private-Equity-Fonds Stellung. Danach werden Private-Equity Fonds[469] explizit aus dem Anwendungsbereich des InvG ausgenommen. Die BaFin stellt klar, dass per se **kein Investmentvermögen** im Sinne des § 2 Abs. 8 in Verbindung mit § 1 Satz 2 InvG vorliegen soll, sofern „das Vermögen in **beachtlichem** Umfang[470] auf die Anlage der Mittel in Unternehmensbeteiligungen oder anderen Vermögensgegenständen (z. B. Aktien) gerichtet ist, deren Wert durch eine **aktive unternehmerische Tätigkeit** gesteigert werden soll". Das Rundschreiben gibt ferner einen Katalog **diversifikationsausschließender** Maßnahmen an die Hand. Eine aktive unternehmerische (also diversifikationsausschließende) Tätigkeit soll beispielsweise angenommen werden bei beabsichtigtem oder tatsächlichem Erwerb von Mehrheitsbeteiligungen, sofern eine Einflussnahmemöglichkeit auf den unternehmerischen Entscheidungs- und Verantwortungsbereich durch Übernahme von Organfunktionen[471] existiert und wenn vor Erwerb der Unternehmensbeteiligung eine eingehende Due Diligence der Zielgesellschaft inklusive der Prüfung von dem allgemeinen Markt nicht zugänglichen Daten stattfindet.

Diese Kriterien dürften in einer Vielzahl der Fälle erfüllt sein, da das Geschäftsmodell Private Equity gerade vorsieht, dass die mit der Geschäftsführung des Hauptfonds betrauten Personen in Aufsichtsgremien der Portfolio-Unternehmen vertreten sind. Ferner erfolgt typischerweise vor einer Beteiligung des Private-Equity-Fonds an Portfolio-Unternehmen eine eingehende Prüfung des Geschäftsmodells der betreffenden Zielgesellschaft seitens des Fonds, die auch nicht öffentliche zugängliche Informationen umfasst. Sofern die soeben genannte Private Equity Ausnahme des BaFin-Rundschreibens Platz greift, bedarf es rechtsdogmatisch grundsätzlich nicht mehr der weiteren Beachtung der formellen Strukturie-

---

[467] Haase, DStR 2009, 957.
[468] So auch Süß/Mayer, DStR 2009, 1741.
[469] Mit Ausnahme von ausländischen Infrastrukturvermögen im Sinne des § 2 Abs. 4 Nr. 8 InvG.
[470] Laut BaFin-Schreiben v. 12. November 2009, sog. FAQ-Katalog, kann von einem **beachtlichem Umfang** ausgegangen werden, wenn das Vermögen zu mehr als 30 % auf die Anlage der Mittel in Unternehmensbeteiligungen oder andere Vermögensgegenstände (z. B. Aktien) gerichtet ist.
[471] Welche über die Ausübung von Aktionärsrechten in der Hauptversammlung hinausgehen. Der aufmerksame Leser erkennt spätestens an dieser Stelle den alltäglichen Spagat des Fondsmanagements zwischen aufsichtsrechtlich ausdrücklich erwünschter und ertragsteuerrechtlich im BMF-Schreiben vom 16. Dezember 2003 (BStBl. 2004, Teil I, S. 40) explizit eingeschränkter aktiver unternehmerischer Tätigkeit.

rungserwägungen (Rückgaberecht und Investmentaufsicht), denn es liegt von vornherein kein Investmentvermögen vor.[472]

Ferner beinhalten die typischen Gesellschaftsverträge der Private-Equity-Fonds gerade keine Anlagegrenzen, so dass auch die laut BaFin erforderliche Vergleichbarkeit mit Sondervermögen in den meisten Fällen zu verneinen düfte.

Gleichwohl soll nachfolgend aufgrund der fehlenden Trennschärfe der genannten Kriterien der BaFin-Private-Equity-Ausnahme ein kurzer Abriss der (neuen) zusätzlichen formellen Erfordernisse gegeben werden:

**a) Rückgaberecht der Anteile.** Hinsichtlich der **Rückgabemöglichkeit** wird auf die konzeptionelle Ausgestaltung des ausländischen Investmentvermögens abgestellt und nicht auf den einzelnen Investor.[473] Ein jederzeitiges Rückgaberecht ist nicht erforderlich, vielmehr ist ausreichend, dass die Rücknahme zu bestimmten Rücknahmeterminen, jedoch mindestens einmal innerhalb von zwei Jahren erfolgen kann. Der Rücknahme ist die Verpflichtung zum Rückkauf der Fondsanteile durch eine Rückkaufgesellschaft gleichgestellt. Ferner ist darauf hinzuweisen, dass Mindesthaltefristen (sog. Lock-up-Perioden) vor der erstmaligen Rückgabemöglichkeit unberücksichtigt bleiben, sofern nach Ablauf der Lock-up-Periode die Rückgabe mindestens einmal innerhalb von zwei Jahren erfolgen kann.[474] Eine solche Rückgabemöglichkeit gibt es bei Private-Equity-Fonds (im Gegensatz zu Hedgefonds) typischerweise nicht.

**b) Investmentaufsicht.** Bei der Wahl des ausländischen Fondsvehikels ist ferner tunlichst darauf zu achten, dass Fondsvehikel (inklusive etwaiger Feeder- und Blocker-Vehikel) keiner irgendwie gearteten **Investmentaufsicht** über Vermögen zur gemeinschaftlichen Kapitalanlage im Sitzstaat unterstellt sind.

Unter Investmentaufsicht versteht die BaFin eine staatliche Aufsicht, die gerade (auch) dem Schutz der Investoren dienen soll, nicht jedoch wenn das aufsichtsrechtliche Handeln nur der Integrität und Funktionsfähigkeit des Marktes oder der Überprüfung steuerlicher Voraussetzungen (Stichwort REIT) dient. Eine bloße Registrierungspflicht im Sitzstaat des Fondsvehikels ist nicht ausreichend.

Der BaFin zu Folge sei eine Investmentaufsicht beispielsweise anzunehmen, wenn **vor Auflegung** des Fondsvehikels die Bonität der Investmentgesellschaft, die Zuverlässigkeit und die fachliche Eignung der leitenden Personen sowie **nach der Auflegung** die Beachtung der Vorgaben aus dem Gesetz oder den Vertragsbedingungen, der Satzung, den Anlagebedingungen oder vergleichbaren Bestimmungen zur Strukturierung des Portfolios (genannt werden z. B. Anlagegrenzen) kontrolliert werden.[475] Fonds in Gestalt des Luxemburger SICAR-Regimes oder des jüngeren SIF-Regimes dürften einer Investmentaufsicht im Sinne des § 2 Abs. 9 InvG unterliegen, auch wenn diese oftmals als „leichte" Investmentaufsicht verniedlicht wird.

---

[472] Andere Auffassung wohl Haase, DStR 2009, 957.
[473] Das bedeutet z. B. bei Umbrella-Fonds, also eines Quasi-Dachfonds für Anlagemöglichkeiten in verschiedenen Teilfonds der gleichen Investmentgruppe, dass auf die Rücknahmeregelung in Bezug auf den jeweiligen Teilfonds abzustellen ist. Ferner, dass eine Unterscheidung nach Anteilklassen, z. B. gemäß der jüngsten Novelle des Luxemburger SICAR-Regimes, wonach das Vermögen der SICAR in verschiedene Vermögen eingeteilt werden kann („Kompartimenten"), unberücksichtigt bleiben.
[474] Das gilt ausweislich des BaFin-Rundschreibens 14/2008 auch für Fälle in denen die lock-up Periode länger als zwei Jahre dauert. Ungeklärt ist in diesem Zusammenhang die Frage, ab welchem Zeitpunkt die einschlägige Zweijahresfrist berechnet wird und ob eine fortlaufende (sog. rollierende) Betrachtungsweise Anwendung findet. So kann man bei strenger Auslegung zu dem Ergebnis kommen, dass ein Privat Equity Fonds mit dreijähriger/fünfjähriger lock-up Periode zunächst nicht in den Anwendungsbereich des InvG fällt, sondern erst mit Zeitablauf hineinwächst.
[475] BaFin-Rundschreiben 14/2008 v. 22. Dezember 2008 zum Anwendungsbereich des InvG Tz. I.3.

### 3.3.1.4. Novelle des InvSt-Erlasses

Das Bundesministerium der Finanzen folgt in der Novelle des Anwendungsschreibens zum InvStG vollumfänglich der Auffassung der BaFin hinsichtlich der Definition des ausländischen Investmentvermögens und des ausländischen Investmentanteils.[476]

### 3.3.2. Vermeidung der „Strafbesteuerung"

Man begegnet dem Problem der Strafbesteuerung auf zweierlei Wegen. Zum einen vertraut man darauf, dass bei Private-Equity-Engagement per se kein Investmentvermögen im Sinne des § 1 Satz 2 InvG vorliegt und bezieht sich auf bereits erwähnte diverse Verlautbarungen des BAKred zum Auslandinvestmentgesetz[477] und dem jüngsten BaFin-Rundschreiben 14/2008, wonach bei aktiven, unternehmerischen Engagements, wie sie für Private Equity typisch sind, kein „Fonds" gegeben sein soll.

Wissend, dass diese Kriterien aber nicht trennscharf sind, vertraut man hierauf nicht allein, sondern verlangte (zumindest in der Vergangenheit) von den Initiatoren der Fonds regelmäßig in Nebenvereinbarungen zum eigentlichen Gesellschaftsvertrag (sog. *Side Letter*), dass der General Partner den Informations- und Veröffentlichungspflichten nach dem Investmentsteuergesetz nachkommt, falls die Finanzverwaltung dessen Anwendbarkeit bejaht.

### 3.3.2.1. Fondsreporting gemäß § 5 Abs. 1–3 InvStG

Sofern ein ausländisches Fondsvehikel als Investmentvermögen im oben genannten Sinne qualifiziert, kann es dennoch die Strafbesteuerung gemäß § 6 InvStG verhindern, wenn es die in § 5 Abs. 1 bis Abs. 3 InvStG geregelten Bekanntmachungs- und Nachweispflichten erfüllt. Danach muss das Investmentvermögen die Bekanntmachung der Besteuerungsgrundlagen[478] im elektronischen Bundesanzeiger spätestens vier Monate nach Ablauf des Geschäftsjahres vornehmen. Dabei handelt es sich um eine nicht verlängerbare Ausschlussfrist, die bei Versäumen zur Strafbesteuerung führt.[479] Darüber hinaus ist zu beachten, dass die volle Anwendung der §§ 2 und 4 InvStG auf die Erträge des ausländischen Investmentvermögens (Steuerfreiheit des Fondsvehikels und Steuerprivilegien auf Anlegerebene, also insbesondere § 3 Nr. 40 EStG, § 8b KStG und Anrechnung etwaiger ausländischer Quellensteuer) ebenfalls abhängig ist von der Erfüllung der in § 5 InvStG geregelten Bekanntmachungs- u. Nachweispflichten.

Auch in diesem Zusammenhang sei angemerkt, dass die bloße anteilige Übernahme der Daten aus ausländischen Rechnungslegungswerken (beispielsweise der bereits erwähnten US-amerikanischen sog. Schedule K-1 (Form 1065)) nicht ausreichend sein dürfte, denn die im elektronischen Bundesanzeiger zu veröffentlichenden Angaben sind nach den Regeln des deutschen Steuerrechts zu ermitteln und dies ist durch eine Bescheinigung eines in § 3 StBerG genannten Angehörigen der steuerberatenden Berufe zu bestätigen. Die Werte für Zwecke des ausländischen Steuerrechts können somit allenfalls als Ausgangspunkt für eine Umrechnungs- oder Überleitungsrechnung dienen.[480]

---

[476] Bundesministerium der Finanzen: Schreiben v. 18. August 2009, IV C 1 – S 1980-1/08/10019, BStBl. 2009, Teil I, S. 931.

[477] BAKred-Schreiben zum AIG v. 30. August 1990 (V2-X-11/90) und v. 28. August 1991 (V2-X-12/91) abgedruckt in Beckmann/Scholtz/Vollmer, Investment-Handbuch, 448 Nr. 26 bzw. Nr. 27, S. 32, 33 sowie BAKred-Schreiben zum AIG v. 7. Dezember 2001 (V2-X-3818/2001) abgedruckt ebenda, 448 Nr. 38, S. 91.

[478] Zu beachten sind dabei die unterschiedlichen Rechtsfolgen bei Fehlen der Angaben, denn bestimmte Angaben müssen den Investoren bekannt gemacht und im elektronischen Bundesanzeiger veröffentlicht werden, sofern die Strafbesteuerung vermieden werden soll. Das Fehlen anderer Angaben hingegen, führt „lediglich" zum Verlust etwaiger Steuerentlastungen auf Investorenebene.

[479] Bundesministerium der Finanzen: Schreiben v. 4. Dezember 2007, Az.: IV B8 – S 1980-1/0, DStR 2008, 256.

[480] Bundesministerium der Finanzen: Schreiben v. 18. August 2009, IV C 1 – S 1980-1/08/10019, BStBl. 2009, Teil I, S. 931. Rn. 87.

Insbesondere die im elektronischen Bundesanzeiger vorzunehmenden Veröffentlichungen stoßen bei ausländischen Private-Equity-Sponsoren indes auf große Vorbehalte, da diese den enormen bürokratischen Mehraufwand scheuen und teilweise auch die Preisgabe von Interna befürchten, die Rückschlüsse auf das Geschäftsmodell zulassen. Im Fall von Private-Equity-Dachfonds sind diese Veröffentlichungspflichten schließlich praktisch kaum umsetzbar, da der Dachfonds in den seltensten Fällen Mehrheitsbeteiligungen in den jeweiligen Zielfonds eingehen wird, die es ihm ermöglichen würden, die ihm auf Dachfondsebene aufgebürdeten Verpflichtungen zum „Fondsreporting" an die General Partner der Zielfonds weiter zu oktroyieren. Dennoch wurden bisher in der Mehrzahl der Private-Equity-Investitionen deutscher Investoren Nebenvereinbarungen dahingehend getroffen, wonach der General Partner für den Eventualfall, dass der Fonds in den Anwendungsbereich des InvG/InvStG fällt, den Bekanntmachungs- und Nachweispflichten unter Zuhilfenahme eines Vertreters der steuerberatenden Berufe auf Kosten der deutschen Investoren nachkommt.

### 3.3.2.2. Spezialfondsregime

Die Strafbesteuerung kann ebenfalls durch die Strukturierung eines ausländischen Spezial-Investmentvermögen („Spezialfonds") ausgeschlossen werden, da die Strafbesteuerung gemäß § 6 InvStG bei diesen expressis verbis nicht anzuwenden ist (§ 16 Satz 1 InvStG).[481]

Ein Spezialfonds verlangt aufsichtsrechtlich als auch steuerrechtlich eine ausschließliche Beschränkung auf institutionelle (nicht natürliche) Investoren. Ferner existiert eine steuerrechtliche Beschränkung der Investorenzahl auf maximal 100 (§ 16 Satz 1 InvStG). Die ehemals existente aufsichtsrechtliche Beschränkung der Investorenzahl wurde durch das InvÄndG aufgehoben. Aus Strukturierungsgesichtspunkten ist zu beachten, dass es nicht ausreichend ist, dass rein tatsächlich die Grenzen zur Art und Zahl der Investoren eingehalten werden. Stattdessen bedarf es insoweit entsprechender Vorkehrungen in der Satzung oder des Gesellschaftsvertrages bzw. einer Vinkulierung der Anteile.[482]

Die gängige Praxis bei Spezialfonds ist es daher, dass natürliche Personen über Personengesellschaften – wie z. B. eine deutsche GmbH & Co. KG – in den Spezialfonds investieren. Die überwiegende Meinung in der Literatur spricht sich für die Zulässigkeit dieser Vorgehensweise aus.[483]

Weder die BaFin noch die Finanzverwaltung haben sich hierzu bisher ausdrücklich geäußert. Zwar enthielt der Rohentwurf des BMF-Anwendungsschreibens zum InvStG eine Feststellung, dass eine mittelbare Beteiligung über Personengesellschaften schädlich sein soll. Weder in die endgültige Fassung des BMF-Schreibens noch in dessen Novellierung vom 18. August 2009 hat diese Feststellung jedoch Eingang gefunden. Der Erlassgeber ist aufgefordert, insoweit für die nötige Rechtssicherheit zu sorgen, insbesondere für in- und ausländische Fonds, die den Spezialfonds-Status anstreben.

---

[481] Dennoch muss der ausländische Spezialfonds seinen Investoren die Besteuerungsgrundlagen bekannt machen, da andernfalls im Rahmen der Veranlagung der deutschen Investoren eine Schätzung der Erträge aus ihrem Fondsanteil durch das BZSt droht und etwaige Steuerprivilegien (beispielsweise § 8b KStG oder anrechenbare ausländische Steuern) verlustig gehen. Es bedarf ausdrücklich keiner Veröffentlichung der Besteuerungsgrundlagen im elektronischen Bundesanzeiger, eine Bekanntmachung gegenüber den Investoren über die Internetseite der Fondsgesellschaft, per E-Mail oder Rundschreiben ist völlig ausreichend aber auch geboten, vgl. Bundesministerium der Finanzen: Schreiben v. 18. August 2009, IV C 1 – S 1980-1/08/10019, BStBl. 2009, Teil I, S. 931, Rn. 268, 270).

[482] Bundesministerium der Finanzen: Schreiben v. 18. August 2009, IV C 1 – S 1980-1/08/10019, BStBl. 2009, Teil I, S. 931, Rn. 266.

[483] Vgl. Beckmann in: Beckmann/Scholtz, § 2 InvG (XI/04) Rn. 22; Zeller in: Brinkhaus/Scherrer, KAGG, 2003, § 1 Rn. 39; Baur, Investmentrecht, 1997, § 1 KAGG Rn. 37; Grabbe/Behrens, IStR 2005, 159; indifferent ohne Position zu beziehen: Ramakers in: Littmann u. a., EStG, § 1 InvStG (5/2004) Rn. 19; a. A. Köndgen/Schmies in: Schimansky, Bankrechts-Handbuch, § 113 Rn. 94.

## 2. Teil. Fondsstrukturierung

§ 6 Fondsstrukturen (Outbound)

Schließlich ist zu beachten, dass ein Spezialfonds auf Ebene des Feeder-Vehikels oder gar als Dachfondsvehikel nur bedingt tauglich ist, sofern die darunter liegenden (Haupt-) Fondsvehikel in den Anwendungsbereich des InvStG, mithin auch der potentiellen Strafbesteuerung fallen. Hält nämlich ein ausländischer Spezialfonds Anteile an einem anderen Investmentvermögen, das kein Spezialfonds ist, und kommt dieses andere Investmentvermögen seinen oben genannten Bekanntmachungs- und Veröffentlichungspflichten oder seinen Nachweispflichten nach § 5 Abs. 1 InvStG nicht nach, sind die Erträge aus diesem (schädlichen) Zielinvestmentvermögen auf der Ebene des Spezialfonds nach Maßgabe der Strafbesteuerung des § 6 InvStG anzusetzen.[484]

### 3.3.2.3. Zertifikatestruktur

Das Anwendungsschreiben zum InvStG[485] bejaht schließlich das Vorliegen ausländischer Investmentanteile und somit mittelbar die Anwendbarkeit der Strafbesteuerung nur, sofern zwischen dem Rechtsinhaber, namentlich dem Investor, und dem Rechtsträger des ausländischen Vermögens, namentlich dem Fondsvehikel selbst oder seinem Geschäftsführungsorgan, direkte Rechtsbeziehungen bestehen (die jedoch **nicht mitgliedschaftlicher** Natur sein müssen). Folglich qualifizieren Wertpapiere, die von einem Dritten, namentlich einer Bank, emittiert werden und die die Performance eines oder mehrerer ausländischer Fondsvehikel lediglich nachvollziehen (Zertifikate) nicht als ausländische Investmentanteile.

### 3.4. Außensteuergesetz (AStG)

Bei Privat Equity-Strukturen kann die Anwendbarkeit des AStG grundsätzlich nicht ausgeschlossen werden.[486] Zwar sollte die Hinzurechnungsbesteuerung auf das Gros der durch den Private-Equity-Fonds generierten Einkünfte keine Anwendung finden, da Dividenden und Veräußerungsgewinne aus dem Katalog der zur Hinzurechnung führenden passiven Einkünfte explizit ausgenommen sind (§ 8 Abs. 1 Nr. 8 und 9 AStG). Ferner dürften die Portfolio-Unternehmen regelmäßig aktiv tätig sein, sodass die Ausnahmeregelung, die § 8 Abs. 1 Nr. 9 AStG für Anteile an bestimmten passiven Gesellschaften vorsieht, nicht eingreift (vorausgesetzt ein entsprechender Aktivitätsnachweis wird erbracht).

Infolge der häufig mehrstufigen Strukturen (vgl. obige Schaubilder) und in Abhängigkeit der finanziellen Ausstattung der Akquisitionsvehikel unterhalb des eigentlichen *Off-shore*-Hauptfonds (insbesondere bei Investitionen von US-Fonds in europäische Portfolio-Unternehmen über diverse Layer von Luxemburger Kapitalgesellschaften) ist die Anwendbarkeit des AStG auf einen Teil der Einkünfte eines Private-Equity-Fonds jedoch wahrscheinlich.

Im Falle einer Anwendung des AStG unterliegen in Deutschland unbeschränkt steuerpflichtige Investoren der sog. Hinzurechnungsbesteuerung gemäß § 7 ff. AStG. Passive Einkünfte (vornehmlich Zinsen) des Private-Equity-Fonds aus niedrig besteuerten Holding- oder Akquisitionsvehikeln werden im sog. Hinzurechnungsbetrag erfasst und den Investoren steuerlich zugerechnet. Der Hinzurechnungsbetrag unterliegt ungemindert der Besteuerung, z. B. § 8b KStG oder § 32d EStG (Abgeltungsteuer) finden keine Anwendung. Dies gilt grundsätzlich unabhängig davon, ob eine Ausschüttung der passiven Einkünfte an die in Deutschland unbeschränkt steuerpflichtige Person erfolgt (sog. *phantom income*).

---

[484] Bundesministerium der Finanzen: Schreiben v. 18. August 2009, IV C 1 – S 1980-1/08/10019, BStBl. 2009, Teil I, S. 931, Rn. 211.

[485] Bundesministerium der Finanzen: Schreiben v. 18. August 2009, IV C 1 – S 1980-1/08/10019, BStBl. 2009, Teil I, S. 931, Rn. 9.

[486] Allein auf Einkünfte, die den Vorschriften des Investmentsteuergesetzes unterliegen findet die Hinzurechnungsbesteuerung grundsätzlich keine Anwendung (§ 7 Abs. 7 AStG). Es kann jedoch in diesen Fällen zu einer Zurechnungsbesteuerung gemäß § 14 AStG an das ausländische Investmentvermögen in Betracht kommen, vgl. zum höchst unsicheren Zusammenwirken der Hinzurechnungsbesteuerung mit den Regelungen des InvStG instruktiv Schnitger/Schachinger, BB 2007, 801 und Fock, IStR 2006, 734.

Schließlich legt das AStG den deutschen steuerpflichtigen Investoren umfangreiche Mitwirkungs- und Nachweispflichten auf. Die Finanzverwaltung kann insbesondere die Beibringung weiterer Informationen und Unterlagen verlangen, was ebenfalls mit erheblichem Aufwand für den Investor verbunden sein kann. Sind mehrere in Deutschland unbeschränkt steuerpflichtige Personen beteiligt, besteht nach § 18 AStG eine Verpflichtung zur Abgabe einer Erklärung zur gesonderten und ggf. einheitlichen Feststellung der Besteuerungsgrundlagen für die Hinzurechnungsbesteuerung für diese Steuerpflichtigen.

Deshalb verlangen die Investoren von den Fondsinitiatoren für den Fall, dass ein Vehikel in der Fondsstruktur als Zwischengesellschaft qualifizieren und dieses passive Einkünfte generieren sollte, regelmäßig in Nebenvereinbarungen, dass den Investoren die notwendigen Informationen über etwaige passive Einkünfte im Sinne des AStG nach deutschem Steuerrecht aufbereitet zur Verfügung gestellt werden. Damit sollen diese in die Lage versetzt werden, ihrer etwaigen Verpflichtung zur Abgabe einer Feststellungserklärung gemäß § 18 Abs. 3 AStG nachzukommen. In der Regel wird dem General Partner dabei gestattet, auf Kosten der deutschen Investoren die Hilfe einer deutschen Wirtschaftsprüfungsgesellschaft zu Rate zu ziehen.

### 3.5. Steuerliches Einlagekonto (§ 27 Abs. 8 KStG)

Ausschüttungen eines inländischen Portfolio-Unternehmens gehören nicht zu den inländischen steuerbaren Einnahmen, soweit hierfür Beträge aus dem steuerlichen Einlagekonto im Sinne des § 27 KStG als verwendet gelten (§ 20 Abs. 1 Satz 3 EStG), so genannte steuerneutrale Kapitalrückzahlung. Die Beträge gelten grundsätzlich als aus dem steuerlichen Einlagekonto verwendet, soweit sie den auf den Schluss des vorangegangenen Wirtschaftsjahres ermittelten ausschüttbaren Gewinn übersteigen (§ 27 Abs. 1 Satz 3 KStG).

#### 3.5.1. EU-Gesellschaften

Das sog. SEStEG[487] hat mit § 27 Abs. 8 KStG eine Regelung betreffend die Möglichkeit der **steuerneutralen Einlagenrückgewähr** durch in der EU ansässige Gesellschaften eingeführt (steuerneutrale Repatriierung von Einlagen).

Die Neuregelung sieht vor, dass der als Einlagenrückgewähr zu berücksichtigende Betrag aufgrund eines amtlich vorgeschriebenen Antrags durch das (Portfolio-)Unternehmen in der Regel bei dem Bundeszentralamt für Steuern (BZSt) für den jeweiligen Veranlagungszeitraum gesondert festgestellt wird. Der Antrag ist bis zum Ende des Kalenderjahres zu stellen, das auf das Kalenderjahr folgt, in dem die Leistung erfolgt ist (§ 27 Abs. 8 Satz 4 KStG). Soweit keine gesonderte Feststellung erfolgt, gelten die Leistungen als Gewinnausschüttungen, die beim Anteilseigner zu Einnahmen gemäß § 20 Abs. 1 Nr. 1 oder Nr. 9 EStG (Gewinnausschüttung) führen.

Die Vorschrift ist von großer Relevanz, da in der Praxis die Finanzverwaltung oft die Steuerneutralität verneint und es somit zu einer Besteuerung des eingesetzten Kapitals kommen kann. Das gilt auch für Fondsinvestoren mit der Folge, dass in der Praxis auch Fondsinitiatoren aufgefordert werden, für eine derartige gesonderte Feststellung Sorge zu tragen. Das bedeutet, dass der Fonds als Gesellschafter auf die Portfolio-Unternehmen einwirken muss.

Im Feststellungsantrag hat das Portfolio-Unternehmen, die für die Berechnung der Einlagenrückgewähr erforderlichen Umstände darzulegen (§ 27 Abs. 8 Satz 7 KStG).[488] Insoweit bestehen noch Unklarheiten und „Anlaufschwierigkeiten" mit dem BZSt hinsichtlich des Umfangs der Darlegungen.[489] Grundsätzlich dürfte aber gelten, dass die Entwicklung des

---

[487] Gesetz über steuerliche Begleitmaßnahmen zur Einführung der Europäischen Gesellschaft und zur Änderung weiterer Vorschriften v. 7. Dezember 2006, BGBl. 2006, Teil I, S. 2782.
[488] Vgl. das Informationsblatt des BZSt bzgl. der im Rahmen des Antrags nach § 27 Abs. 8 KStG beizufügenden Unterlagen, Stand 1. April 2009 und im Übrigen Sedemund, IStR 2009, 579.
[489] Sedemund/Fischenich, BB 2008, 1656 (1659).

steuerlichen Einlagekontos seit dem Zeitpunkt, ab dem Einlagen erbracht wurden (also typischerweise mit dem Erwerb des Portfolio-Unternehmens respektive der Gründung des Akquisitionsvehikels) entsprechend der deutschen Steuerrechtsnormen nachzuweisen ist.[490] Holdinggesellschaften, die üblicherweise „zwischengeschaltet" werden, sollten in der Lage sein, diese Anforderungen zu erfüllen.

In der jüngsten Vertragspraxis sehen sich Fondsinitiatoren daher vermehrt mit Forderungen deutscher institutioneller Investoren konfrontiert, wonach sich der General Partner in Nebenvereinbarungen zu den Fondsverträgen verpflichten soll, auf eine Feststellung gemäß § 27 Abs. 8 KStG (ausschließlich auf Ebene der ersten Gesellschaft unmittelbar unterhalb des Fondsvehikels, die als Kapitalgesellschaften im Sinne des deutschen Steuerrechts qualifizieren, hinzuwirken (im Fall von Dachfondsgestaltungen in Ermangelung erforderlicher Mehrheitsverhältnisse auf Ebene der Zielfonds im Übrigen ein praktisch aussichtloses Unterfangen).

### 3.5.2. Drittstaaten- (und EWR-)Gesellschaften

Die nicht steuerbare Einlagenrückgewähr durch eine in einem Drittstaat oder dem EWR ansässige Gesellschaft[491] ist gesetzlich nicht explizit geregelt.

Mit Verweis auf die amtliche Gesetzesbegründung, wonach sich § 27 Abs. 8 KStG ausdrücklich auf den EU-Raum beschränke und eine weltweite Ausdehnung nicht administrierbar gewesen wäre, wird teilweise vertreten, dass Leistungen einer in einem Drittstaat ansässigen Körperschaft bei dem inländischen Investor nicht als steuerfreie Einlagenrückgewähr behandelt werden könne.[492]

Dieses Wortlautargument der Gesetzesbegründung sollte jedoch aus folgenden Gesichtspunkten nicht verfangen. Laut BFH ist immer dann eine Kapitalrückzahlung gegeben, wenn das Personal- und Gesellschaftsstatut des Sitzstaats der ausländischen Körperschaft eine Kapitalrückzahlung annimmt.[493] Im Übrigen sollte ausweislich der Empfehlung des Finanzausschusses des Bundestages dieses Richterrecht im Fall von Einlagenrückzahlungen von Körperschaften aus Drittstaaten außerhalb der EU weiter Anwendung finden.[494] Dieser Auffassung des Finanzausschusses wurde im Gesetzgebungsverfahren – soweit ersichtlich – nicht widersprochen. Nach der hier vertretenen Auffassung sollte daher auch eine Einlagenrückgewähr von Nicht-EU-Kapitalgesellschaften steuerneutral möglich sein (einen Nachweis der Umstände vorausgesetzt).[495]

### 3.6. Carried Interest

Unter Carried Interest versteht man die erfolgsabhängige Vergütungskomponente der Fondsinitiatoren, auch Sponsoren genannt und der Fondsprofessionals (so genannte *Carry Holder*).[496] Diese sind in unterschiedlichster Weise in geringem Umfang am Fonds beteiligt.

---

[490] Vgl. Informationsblatt des BZSt und Sedemund, IStR 2009, 579.

[491] Sedemund/Fischenich, BB 2008, 1656 (1660) sprechen hinsichtlich der Nichterwähnung von EWR-Gesellschaften von einem „Redaktionsversehen" des SEStEG-Gesetzgebers.

[492] Dötsch/Dötsch/Jost/Pung/Witt, § 27 KStG Rn. 267 mit Verweis auf BT-Drucks. 16/2710, S. 32.

[493] BFH, Urt. v. 14.10.1992, I R 1/91, BStBl. 1993, Teil II, S. 189; BFH, Urt. v. 27.4.2000, I R 58/99, BStBl. 2001, Teil II, S. 168.

[494] BR-Drucks. 542/1/06, S. 2.

[495] So auch Sedemund, IStR 2009, 579.

[496] Daneben erhalten die Fondsprofessionals zusätzlich eine jährliche, erfolgsunabhängige, Vergütungskomponente in Form der so genannten Management Fee in Höhe von 1,0 % bis 2,0 % des Fondsvolumens, wobei diese oftmals in der (kostenintensiveren) Investitionsphase des Fonds höher ausfällt als in der Desinvestitionsphase. Diese beiden Vergütungskomponenten (erfolgsunabhängige Management Fee und erfolgsabhängiges Carried Interest) haben in der Private Equity-Community das Modewort two and twenty geprägt. Infolge umsatzsteuerlicher Motive kann diese Management Fee entweder als Gewinnvorab (priority profit share) oder als Beratungsgebühr (advisory fee) ausgestaltet sein.

Sie können beispielsweise über eine ausländische Management-Kapitalgesellschaft oder aber auch eine Initiatoren-Personengesellschaft beteiligt sein.[497]

Die *Carry Holder* erhalten für ihre Anlageentscheidungen und die Bereitstellung ihrer Expertise, Branchenkenntnisse sowie Netzwerke eine Vergütung, die nicht im proportionalen Verhältnis zu ihrem Kapitalanteil steht. Im Gesellschaftsvertrag des Fonds (Limited Partnership Agreement) wird der Carried Interest im Rahmen einer disproportionalen Gewinnverteilungsabrede (so genannter *distribution waterfall*) geregelt. Dem General Partner oder alternativ dem eigenständigen Carry Vehikel, welches als Limited Partner an der Fondsgesellschaft beteiligt ist, werden abweichend von der erwähnten minimalen Kapitalbeteiligung ein Gewinnanteil in Höhe von häufig 20% der Fondserträge nach Rückzahlung des Anlagekapitals zuzüglich einer Mindestverzinsung dieses Anlagekapitals in Höhe von 8%, (so genannten *hurdle rate*) an die Investoren, zugewiesen.

Bei entsprechender Strukturierung des Fonds als auch der Carry-Vehikel als vermögensverwaltend, unterlag der Carried Interest für in Deutschland unbeschränkt steuerpflichtiger *Carry Holder*[498] seit Inkrafttreten des Gesetzes zur Förderung von Wagniskapital[499] lediglich zu 50% dem persönlichen Steuersatz des Fondsinitiators oder Fondsmanagers in Höhe von maximal 47,475% einschließlich Solidaritätszuschlag (§ 18 Abs. 1 Nr. 4 EStG in Verbindung mit § 3 Nr. 40a EStG).[500] Diese Regelung findet weiterhin Anwendung auf Venture-Capital- und Private-Equity-Fonds, die nach dem 31. März 2002, jedoch vor dem 1. Januar 2009 gegründet worden sind.[501]

Das Gesetz zur Modernisierung der Rahmenbedingungen für Kapitalbeteiligungen (MoRaKG)[502] bringt nun eine Reduzierung dieser 50-%tigen Steuerbefreiung um 10 Prozentpunkte auf eine Steuerfreistellung von lediglich 40% mit sich, was einer Steuererhöhung für die betreffenden deutschen Carry Holder von 20% gleichkommt,[503] was uns zur ersten Carried Interest-Strukturierungserwägung führt.

---

[497] Zudem kommt es häufig vor, dass die Fondsmanager neben den Managern der Portfolio-Unternehmen im Rahmen von Co-Investmentmöglichkeiten eigene Anteile an den Portfolio-Unternehmen übernehmen, damit diese auch ein ureigenes Interesse an der Wertsteigerung dieser haben und unmittelbar am Risiko eines Wertverlustes partizipieren müssen (landläufig "skin in the game" genannt). Diese Co-Investmentvereinbarungen beinhalten im Rahmen einer so genannten Leaver-Klausel eine Call-Option des Fonds auf den vom Manager gehaltenen Anteil für den Fall seines vorzeitigen Ausscheidens. In diesem Zusammenhang stellte sich in jüngster Zeit die Frage, ob bereits mit der Vereinbarung einer solchen Call-Option das wirtschaftliche Eigentum an diesen Anteilen auf den Fonds übergeht, das heißt ein Realisationstatbestand im Sinne des § 17 EStG auf Ebene des Fondsmanagers zu verzeichnen ist. Das hat der BFH in einem jüngeren Urteil verneint, BFH, Urt. v. 4. Juli 2007, VIII R 68/05, BStBl. 2007, Teil II, S. 937.

[498] In diesem Zusammenhang darf nicht unerwähnt bleiben, dass auch für deutsche Carry Holder die erhöhten Mitwirkungspflichten bei Auslandssachverhalten gemäß § 90 Abs. 2 AO und die Anzeigepflicht gemäß § 138 Abs. 2 und 3 AO gelten, sobald diese ihren Anteil am Carry-Vehikel gezeichnet haben und sei es auch nur über Treuhandkonstellationen (vgl. diesbezüglich detaillierte Ausführungen oben unter Abschnitt 3.1.1.).

[499] BGBl. 2004, Teil I, S. 2013.

[500] Zu dem „faulen" Kompromiss der dieser systemwidrigen Gesetzesregelung zugrunde liegt sowie dem Meinungsstreit zur steuerrechtlichen Behandlung und der unterschiedlichen Praxis der Länderfinanzverwaltungen im Zeitraum vor Geltung dieser gesetzlichen Regelung (nicht Steuerbarkeit der disproportionalen Carried Interest Vergütung sofern aus Veräußerungsgewinnen außerhalb der §§ 17, 23 EStG gespeist versus voll steuerpflichtige Einnahmen aus selbständiger respektive gewerblicher Tätigkeit in Form eines Dienstleistungsentgelts) vgl. Striegel/Herkenroth/Wiesbrock § 18. Dort werden auch detailliert die konkreten Voraussetzungen für die Privilegierung gemäß §§ 18 Abs. 1 Nr. 4, 3 Nr. 40a EStG erläutert, so dass im Folgenden lediglich die Tatbestandsmerkmale erwähnt werden, die bei Strukturierungsfragen von Bedeutung sind. Vgl. zudem Behrens, FR 2004, 1211 und Altfelder, FR 2005, 6.

[501] Siehe Boxberger in Frankfurter Allgemeine Zeitung v. 13. August 2008, S. 21.

[502] BGBl. 2008, Teil I, S. 1672.

[503] Diese Steuererhöhung wurde offiziell als Gegenfinanzierungsmaßnahme für das MoRaKG dargestellt, trug jedoch sicher auch der intensiv und über die Grenzen Deutschlands hinaus kontrovers

## 2. Teil. Fondsstrukturierung   § 6 Fondsstrukturen (Outbound)

### 3.6.1. Übergangsregelung unter MoRaKG

Diese erhöhte Besteuerung ist erstmals auf Carried Interest-Vergütungen anzuwenden, wenn die vermögensverwaltende Gesellschaft oder Gemeinschaft, namentlich der Private-Equity-Fonds nach dem 31. Dezember 2008 gegründet wird (§ 52 Abs. 4c EStG). Bei vermögensverwaltenden Fonds, die bis zum 31. Dezember 2008 gegründet wurden, gilt hingegen noch das günstigere Halbeinkünfteverfahren.[504] Diese *Grandfathering*-Regelung stellt somit explizit auf die Fondsgründung ab. Auf den Zahlungszeitpunkt des Carried Interest oder auf den Beitritt des Fondsprofessionals stellt diese Vertrauensschutzregelung jedoch ausdrücklich nicht ab. Sofern also vor dem 1. Januar 2009 Fondsvehikel nebst Carry-Vehikel gegründet wurden, diese Fonds- respektive Carry-Vehikel mit einem Mindestmaß an Geschäftstätigkeit und Substanz ausgefüllt wurden, beispielsweise mit dem Fundraising begonnen wurde oder sogar erste Kapitalabrufe getätigt wurden spricht nichts dagegen, dass auch Professionals, die erst nach diesem Datum ihre minimale (mittelbare oder unmittelbare) Kapitalbeteiligung zeichnen, in den Genuss der *Grandfathering*-Regel kommen sollten.[505]

### 3.6.2. Vermögensverwaltender Fonds/gewerbliches Carry-Vehikel

Die (deutsche) steuerrechtliche Privilegierung des Carried Interest setzt zwingend ein vermögensverwaltendes Fondsvehikel voraus. Ein etwaiges Carry-Vehikel kann dagegen originär gewerblich oder gewerblich infiziert bzw. geprägt sein (§ 18 Abs. 1 Nr. 4 letzter Halbsatz EStG); das bisherige Halbeinkünfteverfahren bei Altfällen (Stichwort *Grandfathering*) bzw. das zukünftige Teileinkünfteverfahren gemäß § 3 Nr. 40a ist selbst in den Fällen anzuwenden, in denen der Empfänger des Carried Interest eine (deutsche) Kapitalgesellschaft ist.[506]

Das Erfordernis eines vermögensverwaltenden Fondsvehikels steht im Interessenwiderstreit zur generellen Präferenz institutioneller deutscher Investoren, die infolge der gewerbesteuerlichen Kürzung gemäß § 9 Nr. 2 GewStG, eine gewerbliches Fondsvehikel bevorzugen (vgl. oben Abschnitt 3.2.1.). Man kann diesem Interessenwiderstreit in der Praxis dadurch Rechnung tragen, dass der Hauptfonds in Form einer ausländischen Personengesellschaft durch einen Kommanditisten mit Co-Geschäftsführungsbefugnis (*designated limited partner*) entprägt wird (vgl. oben Abschnitt 3.2.2.) und die deutschen institutionellen Anleger in diesen Hauptfonds über eine separate gewerblich geprägte Feeder-Limited Partnership investieren. In diesem Zusammenhang sei erwähnt, dass eine Infizierung des Hauptfonds durch diesen gewerblichen Feeder (also quasi von „oben nach unten") der deutschen

---

geführten Diskussion über die Opportunität dieser Subventionierung von Fondsprofessionals Rechnung, vgl. zu entsprechenden Entwicklungen in den USA und Großbritannien, Anzinger/Jekerle, IStR 2008, 821.

[504] Diese Vertrauensschutzregelung sah sich im Gesetzgebungsverfahren harscher Kritik des Bundesrats ausgesetzt, der die Vertrauensschutzregelung nicht auf den Zeitpunkt der Fondsgründung abstellen wollte, sondern auf den Erwerbszeitpunkt der Beteiligung aus deren Veräußerungserlösen das Carried Interest gespeist würde. Die Bundesregierung lehnte aber das Vorbringen der Länderkammer ab, da die Privilegierung auf den Gesamterfolg des Fonds abstelle und nicht auf das einzelne erfolgreiche Investment eines Fonds in Portfoliogesellschaften, vgl. BT-Drs. 16/6648, S. 7 und S. 9.

[505] Vgl. bereits frühzeitig Boxberger, in Frankfurter Allgemeine Zeitung v. 13. August 2008, S. 21.

[506] So explizit die Gesetzesbegründung zum Gesetz zur Förderung von Wagniskapital, BT-Drs. 15/3336, S. 5. Im erwähnten und in US-amerikanischen Private-Equity-Fondsstrukturen gar nicht mal so seltenen Fall, wonach der General Partner in Form einer Kapitalgesellschaft gleichzeitig als Carry-Vehikel fungiert, kommt dieser Regelung jedoch keine Bedeutung zu, da die deutschen Fondsprofessionals den Carried Interest in Form von Dividenden erlangen, die ab dem Veranlagungszeitraum 2009 der 26,375-prozentigen Abgeltungsteuer (inklusive Solidaritätszuschlag) unterliegen, die etwas über dem max. Steuersatz nach dem Halbeinkünfteverfahrens (47,475% x 50% = 23,7375%) bzw. etwas unter dem max. Steuersatz nach dem Teileinkünfteverfahren (47,475% x 60% = 28,485%) liegt. Vor Einführung des Abgeltungsteuerregimes behalf man sich daher im Fall von deutschen Fondsprofessionals einer Treuhandlösung, die faktisch als Bypass „um" den General Partner „herum" fungierte.

Infektionsnorm des § 15 Abs. 3 Nr. 1 letzter Halbsatz EStG fremd ist,[507] denn der Hauptfonds *bezieht* vom Feeder keine gewerblichen Einkünfte im Sinne dieser Vorschrift. Vielmehr *bezieht* der Feeder Einkommenskomponenten des Hauptfonds, die erst auf Ebene des Feeder in gewerbliche Einkünfte umqualifiziert werden (sog. Ping-Pong-Verfahren).

### 3.6.3. Auszahlungs- und Zuflusszeitpunkt

Die Privilegierung des Carried Interest aus steuerrechtlicher Sicht setzt zudem voraus, dass der Anspruch auf den Carried Interest unter der Voraussetzung eingeräumt worden ist, dass allen Anlegern ihr eingezahltes Kapital vollständig (eventuell zuzüglich der bereits erwähnten 8%tigen Mindestverzinsung *-hurdle rate-*) zurückerhalten haben (§ 18 Abs. 1 Nr. 4 EStG). Hinsichtlich des Ausschüttungszeitpunkts des Carried Interest findet man in der Vertragspraxis zwei Modelle, einerseits das bei Offshore-Fonds (insbesondere US-Fonds) vereinzelt anzutreffende *deal-by-deal*-Konzept und andererseits das im Europäischen Kontext gängige *fund-as-a-whole*-Konzept.[508]

### 3.6.3.1. Deal-by-Deal (US-Modell)

Das Deal-by-Deal-Modell sieht vor, dass nach Abverkauf jedes einzelnen Portfolio-Unternehmens (*Exits*) eine Zuweisung des Carried Interest nach Maßgabe der Gewinnverwendungsklausel des Gesellschaftsvertrages des Fonds (bereits erwähnter *distribution waterfall*) erfolgt. Dieser *distribution waterfall* sieht üblicherweise vor, dass die Investoren vom Nettoveräußerungserlös zunächst ihr anteilig auf das entsprechende Portfolio-Unternehmen eingesetzte Kapital vollständig zurückerhalten. Zusätzlich erhalten die Investoren vorab die bereits erwähnte Mindestverzinsung ihres insoweit eingesetzten Kapitals (*hurdle-rate* oder *preferred return*). Vom verbleibenden Nettoerlös werden sodann an den General Partner respektive an das Carried-Interest-Vehikel zunächst 25 % der Mindestverzinsung ausgeschüttet (so genannte *catch-up*). Das *catch-up* stellt sicher, dass in der Retrospektive bei Liquidation des Fonds tatsächlich sämtliche Erlöse nach Maßgabe der gängigen 80/20-Formel aufgeteilt wurden. Abschließend erfolgt eine Verteilung des Restgewinns in Form des eigentlichen Carried Interest in Höhe von häufig 20 % an den General Partner (respektive das Carry Vehikel) und 80 % an die Investoren.

Es liegt auf der Hand, dass Investoren im Fall des Deal-by-Deal-Modells Gefahr laufen, im Fall von Totalausfällen oder zumindest verlustbringenden Portfolio-Unternehmen am Ende der Laufzeit des Fonds nicht ihr vollständig eingezahltes Kapital vollständig zurückerhalten, da es vorher für Carried-Interest-Ausschüttungen aufgezehrt wurde. Das birgt vor dem Hintergrund des Gesetzeswortlauts des § 18 Abs. 1 Nr. 4 EStG[509] zudem die Gefahr für deutsche *Carry Holder*, dass ihre Privilegierung verlustig geht.[510] Dennoch sind nach ganz herrschender Meinung diese systemimmanenten Abschlags- oder Vorauszahlungen zulässig, sofern diese unter einem gesellschaftsvertraglich vor der ersten Auszahlung vereinbarten Rückgewährvorbehalt stehen, so genannter *claw-back*.[511]

Der Rückgewährvorbehalt ist eine in der Vertragspraxis gängige Klausel in den Fondsverträgen, der grundsätzlich dem Schutz der Investoren dient, jedoch zusätzlich auch oben genannte positive Nebenwirkung für deutsche Carry Holder hat. Dieser Rückgewährvor-

---

[507] Im Gegensatz zur gewerblichen Prägung, die ausschließlich von „oben nach unten" wirkt, vgl. H. 15.8 (6) der Einkommensteuer-Hinweisen zu den EStR mit Verweis auf BFH, Urt. v. 8. Juni 2000, IV R 37/99, BStBl. 2001, Teil II, S. 162.
[508] Vereinzelt findet man auch das (zumindest in Europa) exotische Ausschüttungsmodell return-all-commitments-first.
[509] Danach setzt die Begünstigung des § 18 Abs. 1 Nr. 4 EStG voraus, dass „die Gesellschafter ihr eingezahltes Kapital vollständig **zurückerhalten haben**"; so auch Schmidt/Wacker, Rn. 286 zu § 18 EStG.
[510] Vgl. Behrens, FR 2004, 1211.
[511] HHR/Brandt, § 18 EStG Rn. 286; Korn, Rn. 103.10 zu § 18 EStG, Littmann/Güroff Rn. 392 zu § 18 EStG und Behrens FR 2004, 1211 (1218).

behalt besagt, dass Carried-Interest-Ausschüttungen für bereits erfolgte *Exits* insoweit zurückzuzahlen sind, als das für die vollständige Rückzahlung des **gesamten**[512] Kapitals zuzüglich Mindestverzinsung an den Investor am Ende der Fondslaufzeit notwendig wird, da nachfolgende *Exits* verlustbringend oder Totalausfälle sind. Diese Rückzahlungsverpflichtungen beinhalten regelmäßig so genannte *net-of-taxes*-Klauseln, wonach die Rückzahlung des erhaltenen Carried Interest um etwaig bereits darauf gezahlte Steuern gemindert ist.

Ferner existiert in der Praxis das Treuhandmodell, so genannte *escrow account* Klausel, die vorsieht, dass den Fondsinitiatoren das Carried Interest nur teilweise ausgezahlt wird und der restliche Betrag (häufig 25%) auf ein Treuhandkonto überwiesen wird. Im Fall etwaiger Überzahlungen der Fondsinitiatoren nach Beendigung des Fonds erhalten die Investoren ihre noch nicht ausbezahlten Kapitalanteile aus diesem Treuhandkonto zurückbezahlt.

### 3.6.3.2. Fund-as-a-whole-Konzept (Europäisches Modell)

Bei diesem bei den meisten Europäischen (inklusive deutschen) Fonds gängigen Modell erfolgt die Auszahlung des Carried Interest nebst oben genanntem *catch-up* erst am Ende der Laufzeit des Fonds nachdem die Investoren die Rückzahlung des Kapitalanteils zuzüglich Mindestverzinsung erhalten haben. Vereinfacht gesprochen wird also durch Saldierung sämtlicher Erlöse und Verluste aus *Exits* der Nettoerlös des Fonds ermittelt und nach Maßgabe der oben geschilderten Gewinnverteilungsabrede (*distribution waterfall*) auf die Investoren (80%) und Fondsinitiatoren (20%) ausgeschüttet. Das europäische Modell entspricht somit exakt dem Wortlaut der deutschen Carried Interest Regelung.

### 3.6.4. Lohnsteuerrechtliche Aspekte

Aus lohnsteuerrechtlichen Gründen (Lohnsteuerabzugsverpflichtung bezüglich eines etwaigen geldwerten Vorteils, der durch den Arbeitgeber dem Fondsprofessional zugewandt wurde) sollte der deutsche Fondsprofessional den minimalen Anteil am Carry Vehikel wie unter fremden Dritten üblich, zu Verkehrswerten des Anteils erwerben.

Der Carried Interest stellt ein Entgelt für die originäre Dienstleistung im Sinne der mittelbar oder unmittelbar am Fonds beteiligten Fondsprofessionals zugunsten der Mitgesellschafter des Fonds dar.[513] Folglich ist er nicht durch das etwaige Arbeitsverhältnis der Fondsprofessionals mit den Fondsinitiatoren veranlasst, sondern fließt diesen von den übrigen Gesellschaftern des Fonds aufgrund ihrer gesellschaftsrechtlichen Rechtsbeziehung zu den Fondsprofessionals zu und stellt daher keine Einkünfte aus nichtselbständiger Arbeit im Sinne des § 19 EStG sondern vielmehr solche aus selbständiger Arbeit gemäß § 18 Abs. 1 Nr. 4 EStG dar.

Aus Haftungsgesichtspunkten (§ 42d EStG) besteht die Möglichkeit eine Anrufungsauskunft gemäß § 42e EStG dahingehend einzuholen, dass der Carried Interest nicht der deutschen Lohnsteuer unterliegt, mithin als Einkünfte aus selbständiger Arbeit gemäß § 18 Abs. 1 Nr. 4 EStG qualifiziert.[514]

---

[512] Nicht ausreichend für das deutsche Carried-Interest-Regime dürfte es hingegen sein, sofern das claw-back lediglich die (teilweise) Rückzahlung des Carried Interest zur Sicherung der Rückzahlung der Kapitaleinlage nebst Mindestverzinsung des Investors betreffend einzelner Portfolioinvestment umfasst, nicht jedoch auf die vollständige Kapitalrückzahlung des gesamten Kapitaleinlagen abstellt, so auch Behrens, FR 2004, S. 1211 (1218).

[513] Bundesministerium der Finanzen: Schreiben v. 16. Dezember 2003, BStBl. 2004, Teil I, S. 40, Rn. 24.

[514] Wohl wissend, dass sich eine solche verbindliche Anrufungsauskunft auf das Lohnsteuer-Abzugsverfahren beschränkt und nicht auf das Einkommensteuerveranlagungsverfahren des deutschen Fondsprofessionals erstreckt (vgl. BFH, Urt. v. 9.10.1992 – VI R 97/90, BStBl. II 1993, 166); es geht also allein um den Lohnsteuerhaftungsausschluss der Initiatorengesellschaften.

## 4. Fazit

Es ist unschwer zu erkennen, dass es eine Outbound-Struktur getreu dem Motto „one size fits all" nicht geben kann. Vorausgesetzt das Fondsvolumen insgesamt und das der einzelnen Investorengruppen ist groß genug, sollten parallele Strukturen unter Einschaltung von „Blocker-Kapitalgesellschaften" für steuerbefreite Investoren ermöglicht werden. Falls der Aufwand zu groß wird, so werden einige Investoren Kompromisse eingehen müssen. Letztendlich ist ausschlaggebend, ob sich die Rendite nach Steuern im Vergleich zu anderen Anlagemöglichkeiten rechnet. In praktischer Hinsicht sollte auch berücksichtigt werden, dass einfache Strukturen den Charme haben, über die lange Laufzeit von Private-Equity-Fonds gesehen weniger anfällig für Änderungen des rechtlichen Rahmens zu sein und von den mit der Verwaltung betrauten Mitarbeitern leichter verwaltet und an sich verändernde Umstände angepasst werden können. Auch hier gilt das Motto: „the simpler the better". Die Strukturbilder geben lediglich beispielhafte Strukturen wider und sind nicht als Muster für alle Fälle zu verstehen. In der Praxis sind abgestimmt auf die Bedürfnisse des Einzelfalls vielfältige Strukturierungen anzutreffen.

# 3. Teil. Due Diligence

## § 7 Legal Due Diligence

| Übersicht | Seite |
|---|---|
| 1. Die Due Diligence als Bestandteil einer Unternehmenstransaktion | 140 |
| 1.1. Einordnung der Due Diligence in den Transaktionsprozess | 140 |
| 1.2. Wechselwirkung von Due Diligence und Vertragsgestaltung | 141 |
| 2. Zulassung einer Due Diligence | 142 |
| 2.1. Die Due Diligence im Spannungsverhältnis von Informationsoffenlegung und Geheimhaltung | 142 |
| 2.2. Materieller Inhalt der Entscheidung über die Zulassung der Due Diligence | 144 |
| 2.3. Entscheidung über die Zulassung einer Due Diligence bei der Aktiengesellschaft | 144 |
| 2.3.1. Formelle Zuständigkeit für die Entscheidung | 144 |
| 2.3.2. Maßgebliche Entscheidungskriterien | 146 |
| 2.3.3. Abwägung der verschiedenen Interessen | 147 |
| 2.3.4. Zurückhaltung bestimmter Informationen aufgrund besonderer Verpflichtungen | 149 |
| 2.4. Entscheidung über die Zulassung einer Due Diligence bei der GmbH | 150 |
| 2.4.1. Gesellschafterbeschluss über die Zulassung der Due Diligence | 150 |
| 2.4.2. Maßgebliche Entscheidungskriterien | 151 |
| 2.4.3. Pflicht zur Zulassung der Due Diligence durch die Geschäftsführung aufgrund Informationsanspruchs des Gesellschafters | 151 |
| 2.5. Entscheidung über die Zulassung einer Due Diligence bei Personenhandelsgesellschaften | 152 |
| 3. Vorbereitung der Due Diligence | 153 |
| 3.1. Vorbereitung durch den Verkäufer | 153 |
| 3.1.1. Aufbereitung der Information entsprechend der Due Diligence Request List | 153 |
| 3.1.2. Einrichtung eines Datenraums | 153 |
| 3.1.3. Erstellung von Datenraumregeln, Q&A-Process, Data Request Forms | 155 |
| 3.1.4. Vorbereitung der Management Presentation | 155 |
| 3.2. Vorbereitung durch den Käufer | 155 |
| 3.2.1. Vorüberlegungen | 155 |
| 3.2.2. Erstellen einer Due Diligence Request List und Übermittlung an den Verkäufer | 155 |
| 3.2.3. Aufstellung des Due Diligence Teams | 155 |
| 3.2.4. Festlegen der Reportingstandards | 156 |
| 4. Durchführung der Due Diligence | 156 |
| 4.1. Nutzung aller verfügbaren Informationsquellen | 156 |
| 4.2. Kommunikation während der Due Diligence | 157 |
| 4.3. Erstellung der Due Diligence Reports | 157 |
| 4.3.1. Aufbau | 157 |
| 4.3.2. Darstellung | 158 |
| 5. Sonderfall Vendor Due Diligence | 158 |
| 5.1. Vor- und Nachteile | 158 |
| 5.2. Nutzen des Vendor Due Diligence Report für den Käufer | 159 |
| 6. Typische Prüfungsschwerpunkte | 159 |
| 6.1. Gesellschaftsrecht | 159 |
| 6.2. Arbeitsrecht | 160 |
| 6.3. Immobilienrecht | 161 |
| 6.4. Commercial: Wichtige Vertragsbeziehungen | 161 |
| 6.5. Gewerbliche Schutzrechte | 161 |
| 6.6. Finanzierung/Banking | 161 |
| 6.7. Versicherungen | 162 |

# 3. Teil. Due Diligence § 7 Legal Due Diligence

| Übersicht | Seite |
|---|---|
| 6.8. Rechtsstreitigkeiten | 162 |
| 6.9. Öffentliche Zuschüsse und Beihilfen | 162 |
| 7. Besonderheiten bei Private Equity Transaktionen | 162 |
| 7.1. Einführung | 162 |
| 7.2. Besonderheiten im Hinblick auf die Strukturierung von Private Equity Transaktionen | 163 |
| 7.2.1. Übernahme oder Ablösung der bestehenden Finanzierung der Zielgesellschaft | 163 |
| 7.2.2. Erweiterter Adressatenkreis der Due Diligence | 163 |
| 7.3. Besonderheiten im Hinblick auf den Anlagehorizont von Private Equity Investoren | 164 |
| 7.3.1. Restrukturierungsmöglichkeiten der Zielgesellschaft | 164 |
| 7.3.2. Geplanter Exit | 164 |
| 7.4. Besonderheiten bei Secondary Buy-outs | 164 |

## 1. Die Due Diligence als Bestandteil einer Unternehmenstransaktion

### 1.1. Einordnung der Due Diligence in den Transaktionsprozess

Die im Rahmen einer Due Diligence vorgenommene Prüfung eines Unternehmens ist fester Bestandteil jeder Unternehmenstransaktion.[515] Die Due Diligence hat die primären Funktionen, den Käufer über das Unternehmen als Kaufgegenstand zu informieren, ihm die Bewertung des Unternehmens zu erleichtern und eine Einschätzung der mit der Transaktion verbundenen Risiken zu ermöglichen.[516] Der Käufer und seine Berater untersuchen das Unternehmen in der Regel unter allen betriebswirtschaftlichen und rechtlichen Aspekten.

Eine Due Diligence kann auf verschiedene Weise ablaufen und in verschiedenen Stadien eines Transaktionsprozesses eine Rolle spielen. Bei einer Grobeinteilung eines Transaktionsprozesses in eine Vorbereitungsphase, eine Verhandlungsphase bis zur Unterzeichnung des Kaufvertrags und eine Vollzugsphase, kann die Due Diligence in allen drei Phasen relevant werden. Der Verkäufer kann die Due Diligence zur Vorbereitung der Transaktion bereits in der Vorbereitungsphase als sog. Vendor Due Diligence[517] durchführen. Die Due Diligence-Prüfungen durch den Käufer unterscheiden sich dadurch, ob sie in der Verhandlungsphase oder erst in der Vollzugsphase stattfinden. Am weitesten verbreitet ist die (Purchaser) Due Diligence durch den Käufer in einem relativ frühen Stadium der Verhandlungsphase.[518] Von einer Confirmatory Due Diligence spricht man, wenn bestimmte Informationen erst zur Bestätigung zuvor getroffener Annahmen kurz vor, oder sogar nach Abschluss des Kaufvertrags offen gelegt werden. Wird die Due Diligence insgesamt erst nach Vollzug des Kaufvertrags durchgeführt, liegt eine sog. Post Acquisition Due Diligence vor.[519] Das nachfolgende Schaubild verdeutlicht diese zeitliche Einordnung:

---

[515] Mueller-Thuns in: Rödder/Hötzel/Mueller-Thuns, Unternehmenskauf, Unternehmensverkauf, Zivilrechtliche und steuerrechtliche Gestaltungspraxis, § 3 Rn. 34; Dietzel in: Semler/Volhard, Arbeitshandbuch für Unternehmensübernahmen, Band 1, § 9 Rn. 59, 60; Beisel in: Beisel/Andreas, Due Diligence, § 1 Rn. 7 ff.

[516] Dietzel in: Semler/Volhard, Arbeitshandbuch für Unternehmensübernahmen, Band 1, § 9 Rn. 61.

[517] Siehe auch unten S. 158; die Terminologie ist insoweit nicht einheitlich, es werden auch – mit teilweise Differenzierung nach dem verfolgten Zweck – Pre-sale Due Diligence und Vendor-side Due Diligence verwendet.

[518] Nawe/Nagel in: Berens/Brauner/Strauch, Due Diligence bei Unternehmensakquisitionen, S. 759.

[519] Dann ggf. Abschluss des Kaufvertrags unter der aufschiebenden Bedingung, dass die Due Diligence zur Zufriedenheit des Käufers ausfällt, vgl. Beisel in: Beisel/Klumpp, Der Unternehmenskauf, Kapitel 2, Rn. 29; Dietzel in: Semler/Volhard, Arbeitshandbuch für Unternehmensübernahmen, Band 1, § 9 Rn. 104.

| Vorbereitungsphase | Verhandlungsphase | Vollzugsphase |

| Due Diligence durch den Verkäufer | Due Diligence durch den Käufer | |

| Vendor Due Diligence | Purchaser Due Diligence | Confirmatory Due Diligence | Post Acquisition Due Diligence |

## 1.2. Wechselwirkung von Due Diligence und Vertragsgestaltung

Die Due Diligence dient in erster Linie der Identifikation möglicher mit dem Unternehmen und damit der Transaktion verbundener **Risiken**.[520] Der Käufer möchte schließlich nicht die sprichwörtliche „Katze im Sack" erwerben.[521] Die im Rahmen der Due Diligence identifizierten Risiken können unterschiedliche Auswirkungen auf die Transaktion haben.[522] Schwerwiegende Risiken können dazu führen, dass der Kaufinteressent von dem möglichen Erwerb des Unternehmens Abstand nimmt (**Deal Breaker**). Im Übrigen können sich die Risiken in verschiedener Weise auf die weiteren Verhandlungen auswirken: Zunächst ist denkbar, dass dem Verkäufer die Heilung des Risikos vor dem Vollzug der Transaktion auferlegt wird und die entsprechende Heilungsmaßnahme als **Vollzugsbedingung** (*Closing Condition*) in den Kaufvertrag aufgenommen wird. Soweit die finanzielle Tragweite eines Risikos bereits feststeht, kann der Käufer dieses Risiko im Rahmen seiner Unternehmensbewertung berücksichtigen und den Kaufpreis entsprechend reduzieren. Insoweit kann das Risiko **Kaufpreisrelevanz** haben. Ist der Sachverhalt hinsichtlich eines Risikos nicht abschließend geklärt und eine weitere Sachverhaltsaufklärung auch nicht möglich, kann sich der Käufer mit einer **Garantie** des Verkäufers gegen das Risiko absichern (Relevanz der Due Diligence auf die Gewährleistung des Verkäufers). Mit einer Garantie wird das Risiko der Richtigkeit bestimmter Annahmen auf den Verkäufer verlagert. Schließlich ist der dritte Fall denkbar, dass der Sachverhalt abschließend geklärt ist und lediglich unklar ist, inwieweit sich das Risiko finanziell bei dem Unternehmen auswirkt. Richtigerweise kann der Verkäufer in diesem Fall keine Garantie übernehmen, da Garantien nur bei Sachverhaltsunsicherheiten eine Risikoverteilung zulasten des Verkäufers erreichen können. Das mögliche finanzielle Risiko ist in diesem Fall vielmehr durch eine **Freistellung** des Käufers durch den Verkäufer abzudecken (Relevanz der Due Diligence auf die Freistellungen).

Schließlich kann die Due Diligence bereits der **Vorbereitung der Fortführung des Unternehmens** durch den Käufer dienen: Der Käufer erhält einen umfassenden, in den verschiedenen Due Diligence Berichten schriftlich dokumentierten Überblick über das Unternehmen und kann diese Informationen auch für die Fortführung des Unternehmens und etwaige Restrukturierungsmaßnahmen nutzen.[523]

---

[520] Zu der Risikoermittlungsfunktion und den weiteren Funktionen der Due Diligence vgl. auch Beisel in: Beisel/Klumpp, Der Unternehmenskauf, Kapitel 2, Rn. 4; Beisel in: Beisel/Andreas, Due Diligence, § 1, Rn. 23 ff.; Mueller-Thuns in: Rödder/Hötzel/Mueller-Thuns, Unternehmenskauf, Unternehmensverkauf, Zivilrechtliche und steuerrechtliche Gestaltungspraxis, § 3, Rn. 33; Dietzel in: Semler/Volhard, Arbeitshandbuch für Unternehmensübernahmen, Band 1, § 9, Rn. 61.
[521] Müller, NJW 2000, 3452 (3454); Böttcher, NZG 2005, 49.
[522] Beisel in: Beisel/Andreas, Due Diligence, § 1 Rn. 46; Andreas in: Beisel/Andreas, Due Diligence, § 2 Rn. 32 § 11 Rn. 9 ff.
[523] Felsenstein/Meyding in: Triebel, Mergers & Acquisitions, Teil II, Kapitel 2, Rn. 666; Andreas in: Beisel/Andreas, Due Diligence, § 2, Rn. 34.

# 3. Teil. Due Diligence

## 2. Zulassung einer Due Diligence

### 2.1. Die Due Diligence im Spannungsverhältnis von Informationsoffenlegung und Geheimhaltung

Vor der Durchführung einer Due Diligence stellt sich regelmäßig die Frage, wer über die Zulassung der Due Diligence entscheiden kann. Für die Beurteilung dieser Frage und ihre materielle Bedeutung ist es hilfreich, sich zunächst das einer Due Diligence immanente Spannungsverhältnis von Informationsoffenlegung und Geheimhaltung vor Augen zu führen.

Üblicherweise findet die Due Diligence durch den Käufer in einem frühen Stadium des Transaktionsprozesses und damit zu einem Zeitpunkt statt, zu welchem das Zustandekommen der Transaktion noch nicht feststeht. Im Zuge einer Due Diligence gibt es daher immer ein **Spannungsverhältnis von Informationsoffenlegung und Geheimhaltung**.[524] Die umfassende Offenlegung von Informationen über das Unternehmen ist für das Unternehmen insbesondere dann mit Risiken verbunden, wenn im Zuge der Due Diligence auch vertrauliche Informationen und Betriebsgeheimnisse offen gelegt werden sollen. Wenn der Käufer ein Wettbewerber des Unternehmens ist, ist das Geheimhaltungsinteresse besonders groß. Das Spannungsverhältnis reduziert sich aber nicht auf das Interesse des Käufers an der Informationsoffenlegung und das korrespondierende Geheimhaltungsinteresse des Verkäufers und des Unternehmens. Auch auf Seiten des Verkäufers und des Unternehmens können begründete Interessen an einer Offenlegung von Informationen im Rahmen einer Due Diligence bestehen.

Auf Seiten des **Käufers** besteht grundsätzlich ein vorrangiges Interesse an der umfassenden Offenlegung von Informationen: Er benötigt die Informationen für die Unternehmensbewertung und damit die Ermittlung eines angemessenen Kaufpreises. Risiken des Unternehmens sollen identifiziert und in angemessener Weise im Rahmen der Transaktion abgedeckt werden. Rechtfertigen nicht besondere Umstände ausnahmsweise ein anderes Vorgehen, handelt die Geschäftsführung nicht mit der ihr im Rahmen der Business Judgement Rule obliegenden Sorgfalt eines ordentlichen Geschäftsmannes, wenn die mit dem Erwerb eines anderen Unternehmens verbundenen Risiken in Kauf genommen werden und die Entscheidung über die Transaktion ohne die Durchführung einer Due Diligence und damit ohne die für die Entscheidung erforderliche hinreichende Informationsgrundlage getroffen wird.[525] Zwar schadet dem Käufer nach der gesetzlichen Konzeption der Gewährleistungshaftung die Kenntnis von den haftungsbegründenden Umständen (vgl. § 442 BGB).[526] Da die Reichweite dieser Bestimmung im Rahmen des vertraglichen Gewährleistungsregimes des Unternehmenskaufvertrags regelmäßig neu verhandelt wird, steht dieser (grundsätzliche) Nachteil einer Due Diligence dem Überwiegen des Informationsinteresses auf Seiten des Käufers aber nicht entgegen.

Der **Verkäufer** hat in der Regel ebenfalls ein Interesse an einer umfassenden Information des Käufers: Er möchte Kaufpreisabschläge wegen unzureichender Information des Käufers vermeiden und seine Garantiehaftung reduzieren. Die Durchführung einer umfassenden Due Diligence liefert dem Verkäufer bei der Verhandlung der Garantien gute Argumente, bestimmte Garantien nicht abzugeben.

---

[524] Beisel in: Beisel/Klumpp, Der Unternehmenskauf, Kapitel 2, Rn. 20.

[525] Beisel in: Beisel/Klumpp, Der Unternehmenskauf, Kapitel 2, Rn. 27 ff.; Beisel in: Beisel/Andreas, Due Diligence, § 7 Rn. 23; Becker in: Picot/Mentz/Seydel, Die Aktiengesellschaft bei Unternehmenskauf und Umstrukturierung, Teil II, Rn. 14 ff.; Fritzsche/Griese in: Berens/Brauner/Strauch, Due Diligence bei Unternehmensakquisitionen, S. 461 f.

[526] Mueller-Thuns in: Rödder/Hötzel/Mueller-Thuns, Unternehmenskauf, Unternehmensverkauf, Zivilrechtliche und steuerrechtliche Gestaltungspraxis, § 3 Rn. 53; Elfring, JuS-Beil. 2007, 3 (12).

Auf Seiten des **Unternehmens** steht hauptsächlich das Geheimhaltungsinteresse im Vordergrund: Betriebs- und Geschäftsgeheimnisse müssen vor einem möglichen Missbrauch Dritter, insbesondere von Wettbewerbern, geschützt werden.[527] Zudem kann eine Due Diligence den Geschäftsbetrieb erheblich beeinträchtigen.[528] Dem können strategische Interessen des Unternehmens am Zustandekommen der Transaktion gegenüberstehen, die auch auf Seiten des Unternehmens für eine Förderung der Transaktion und die Zulassung einer Due Diligence streiten können.[529]

Die Interessenkonflikte sind bei Asset und bei Share Deal unterschiedlich: Ist die Gesellschaft bei einem **Asset Deal** selbst als Verkäufer von Einzelwirtschaftsgütern des Unternehmens als Partei an der Transaktion beteiligt, fallen bei der Gesellschaft die Interessen von Unternehmen und Verkäufer zusammen. Bei einem **Share Deal** sind die Interessen des Unternehmens und des Verkäufers dagegen nicht gleichläufig.

Die nachfolgenden Schaubilder verdeutlichen die widerstreitenden Interessen in Zwei-Parteien-Konstellationen bei Asset Deals und in Drei-Parteien-Konstellationen bei Share Deals:

**Schaubild: Interessenkonflikte beim Asset Deal (Zwei-Parteien-Konstellation)**

**Schaubild: Interessenkonflikte beim Share Deal (Drei-Parteien-Konstellation)**

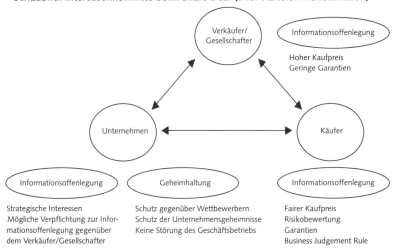

---

[527] Beisel in: Beisel/Klumpp, Der Unternehmenskauf, Kapitel 2, Rn. 20; Dietzel in: Semler/Volhard, Arbeitshandbuch für Unternehmensübernahmen, Band 1, § 9 Rn. 64.

[528] Dietzel in: Semler/Volhard, Band 1, Arbeitshandbuch für Unternehmensübernahmen, § 9, Rn. 67.

[529] Becker in: Picot/Mentz/Seydel, Die Aktiengesellschaft bei Unternehmenskauf und Umstrukturierung, Teil II, Rn. 27; Schroeder, DB 1997, 2161 (2162).

## 2.2. Materieller Inhalt der Entscheidung über die Zulassung der Due Diligence

Mit einer Due Diligence ist die umfassende Offenlegung von Informationen über das Unternehmen einschließlich sensibler Informationen der Gesellschaft in Form von Betriebs- oder Geschäftsgeheimnissen an den Kaufinteressenten verbunden. Die Due Diligence birgt für das Unternehmen daher stets das Risiko, dass die Informationen nicht nur für den mit der Due Diligence eigentlich verfolgten Zweck, sondern – insbesondere bei einem Scheitern der Transaktion – durch den Kaufinteressen missbräuchlich verwendet werden und der Gesellschaft daraus ein materieller oder immaterieller Schaden entsteht oder die Wettbewerbsfähigkeit oder das Ansehen oder Vertrauen in die Gesellschaft beeinträchtigt wird. Evident ist dieses Risiko auch bei Auktionsprozessen mit mehreren Bietern, wenn bereits feststeht, dass ein Teil der Kaufinteressenten nicht zum Zug kommt und die Informationen jedenfalls nicht im weiteren Zusammenhang mit der Transaktion nutzen kann. Materiell geht es bei der Entscheidung über die Zulassung der Due Diligence daher letztlich um die **Offenlegung von Betriebs- und Geschäftsgeheimnissen** gegenüber gesellschaftsfremden Dritten.

Für die Geschäftsführer von Personen- und Kapitalgesellschaften, die Ziel einer Unternehmenstransaktion sind, stellt sich daher regelmäßig die Frage, ob und unter welchen Voraussetzungen sie die Durchführung einer Due Diligence zugunsten des Käufers zulassen dürfen oder sogar müssen. Diese Frage ist für die verschiedenen Gesellschaftsformen unterschiedlich zu beantworten.

## 2.3. Entscheidung über die Zulassung einer Due Diligence bei der Aktiengesellschaft

### 2.3.1. Formelle Zuständigkeit für die Entscheidung

Die der Durchführung der Due Diligence zugrunde liegenden Entscheidung auf Seiten des Unternehmens stellt eine Geschäftsführungsangelegenheit dar.[530] Die Zuständigkeit für diese **Geschäftsführungsentscheidung** ist nach der allgemeinen Kompetenzverteilung bei der maßgeblichen Gesellschaft zu beurteilen. Vorbehaltlich besonderer statutarischer Bestimmungen ist die Zuständigkeitsfrage für Aktiengesellschaften wie folgt zu beurteilen:

#### 2.3.1.1. Beschlussfassungen in Vorstand und Aufsichtsrat

Nach der gesetzlichen Konzeption des Aktiengesetzes ist der Vorstand einer Aktiengesellschaft umfassend und nahezu ausschließlich zur Geschäftsführung berufen (vgl. §§ 76, 77 AktG).[531] Die Geschäftsführung obliegt dem Vorstand auch in außergewöhnlichen Geschäftsführungsfragen.

Soweit weder die Geschäftsordnung des Vorstands noch der auf seiner Grundlage erlassene Geschäftsverteilungsplan im Hinblick auf die Offenlegung von Informationen der Gesellschaft etwas anderes bestimmen, verbleibt es bei der allgemeinen Regelung des § 77 AktG, nach der sämtliche Vorstandsmitglieder gemeinschaftlich zur Geschäftsführung befugt sind und somit der Gesamtvorstand den entsprechenden Beschluss zu fassen hat.[532] Schon die Entscheidung über die Vorbereitung des Datenraums die Gesellschaft als solche und erfordert eine ressortübergreifende Regelung der Organisation und Koordination der Zusammenstellung der für den Datenraum relevanten Unterlagen und des Einsatzes der für die Vorbereitung abzustellenden Mitarbeiter, so dass sie sinnvoll nur vom Gesamtvorstand der

---

[530] Zirngibl, Die Due Diligence bei der GmbH und der Aktiengesellschaft, S. 143.
[531] Hüffer, AktG, § 77 Rn. 5.
[532] Dietzel in: Semler/Volhard, Arbeitshandbuch für Unternehmensübernahmen. Band 1, § 9 Rn. 76; Becker in: Picot/Mentz/Seydel, Die Aktiengesellschaft bei Unternehmenskauf und Umstrukturierung, Teil II, Rn. 30; Müller, NJW 2000, 3452 (3455); Linker/Zinger, NZG 2002, 497 (498).

Gesellschaft getroffen werden kann. Erst recht gilt dies für die für die Gesellschaft noch gravierendere Entscheidung über die eigentliche Zulassung der Due Diligence, die ebenfalls einen Beschluss des Gesamtvorstands erfordert.

**Merke:** Im Rahmen eines Due Diligence-Prozesses sind bei einer Aktiengesellschaft in der Regel gesonderte Beschlüsse des Gesamtvorstands für folgende Maßnahmen erforderlich:
– Zusammenstellung der Unterlagen über das Unternehmen für einen Datenraum
– Zulassung der einzelnen Bieter zu der Due Diligence

Zudem wird vielfach die Herbeiführung eines Aufsichtsratsbeschlusses gefordert.[533] Soweit sich das Erfordernis eines Aufsichtsratsbeschlusses nicht aus der Satzung der Gesellschaft oder der Geschäftsführung des Vorstands ergibt (vgl. auch § 111 Abs. 4 Satz 2 AktG), dürfte ein Vorstandsbeschluss allerdings ausreichen.[534] Selbst wenn ein Aufsichtsratsbeschluss ausnahmsweise erforderlich ist, müssen auch die unter diesen Zustimmungsvorbehalt fallenden Maßnahmen vom Vorstand getätigt und umgesetzt werden, eine Delegation von Geschäftsführungsaufgaben vom Vorstand auf den Aufsichtsrat ist mit dem Zustimmungsvorbehalt nicht verbunden. Dem Aufsichtsrat können Maßnahmen der Geschäftsführung gemäß § 111 Abs. 4 Satz 1 AktG nämlich grundsätzlich nicht übertragen werden.

**Praxistipp:** Wenngleich ein Aufsichtsratsbeschluss grundsätzlich rechtlich nicht erforderlich sein mag, sollte ein entsprechender Beschluss jedenfalls dann eingeholt werden, wenn er unbürokratisch erlangt werden kann. Er ist in jedem Fall geeignet, dem Vorstand den Rücken zu stärken und den Aktionären gegenüber zum Ausdruck zu bringen, dass die Entscheidung von der Gesamtheit der Unternehmensführung getragen wird.

Anders als bei der GmbH sind also nicht die Gesellschafter zur Entscheidung berufen, es sei denn der Vorstand legt die Entscheidung über die Zulassung zur Due Diligence nach § 119 Abs. 2 AktG der Hauptversammlung zur Entscheidung vor.[535] Eine Verpflichtung des Vorstands zur Vorlage an die Hauptversammlung dürfte in der Regel nicht vorliegen: Nach der Rechtsprechung des BGH in den Entscheidungen **Holzmüller**[536] und **Gelatine**[537] setzt die Pflicht des Vorstands zur Vorlage von Geschäftsführungsmaßnahmen an die Hauptversammlung schwerwiegende Eingriffe in die Rechte und Interessen der Aktionäre durch die angestrebte Maßnahme voraus, die die Verfassung der Gesellschaft berühren und von ihrer Bedeutung her einer Satzungsänderung gleichkommen müssen. Nicht ausreichend ist dagegen eine Beteiligungsveräußerung, wenn die Beteiligung an dem Tochterunternehmen nicht das gesamte Vermögen der veräußernden Gesellschaft i. S. d. § 179a AktG ausmacht.[538] Die Entscheidungen über die Vorbereitung eines Datenraumes und die Offenlegung von sensiblen und vertraulichen Informationen der Gesellschaft gegenüber Dritten im Rahmen eines Due Diligence Verfahrens erreichen die Schwelle für die Hauptversammlungszuständigkeit in der Regel nicht.[539]

---

[533] Linker/Zinger, NZG 2002, 497 (499); siehe auch Vogt, DStR 2001, 2027 (2033).
[534] Müller, NJW 2000, 3452 (3455); Rittmeister, NZG 2004, 1032 (1035); siehe auch Spindler in: Münchener Kommentar, AktG, § 93, Rn. 123.
[535] Mueller-Thuns in: Rödder/Hötzel/Mueller-Thuns, Unternehmenskauf, Unternehmensverkauf, Zivilrechtliche und steuerrechtliche Gestaltungspraxis, § 3 Rn. 72.
[536] BGH Urt. v. 25. Februar 1982, II ZR 174/80, BGHZ 83, 122 ff., NJW 1982, 1703, ZIP 1982, 568 ff. („Holzmüller").
[537] BGH Urt. v. 26. April 2004, II ZR 155/02, BGHZ 159, 30 ff., DStR 2004, 922 ff., NJW 2004, 1860 ff., NZG 2004, 571 ff. („Gelatine I") sowie BGH Urt. v. 26. April 2004, II ZR 154/02, NZG 2004, 575 ff., ZIP 2004, 1001 ff. („Gelatine II").
[538] BGH Beschl. v. 20. November 2006, II ZR 226/05, ZIP 2007, 24, DStR 2007, 586 f.
[539] Roschmann/Frey, AG 1996, 449 (451); Körber in: Fleischer, Handbuch des Vorstandsrechts, § 10 Rn. 19; die Notwendigkeit eines Hauptversammlungsbeschlusses bejahend für den Fall der Veräußerung des gesamten Geschäftsbetriebs nach § 179a AktG jedoch Ziemons, AG 1999, 492 (499).

### 2.3.1.2. Zulassung der Due Diligence auf Veranlassung eines Aktionärs

Der einzelne veräußerungswillige Aktionär hat keinen Anspruch auf Zulassung einer Due Diligence.[540] Auch der gesetzliche Informationsanspruch des Aktionärs gemäß § 131 AktG ist nicht geeignet, die für eine Due Diligence Prüfung erforderlichen Informationen von der Gesellschaft herauszuverlangen.[541]

Die Mehrheit der Aktionäre kann den Vorstand nicht per se zur Zulassung einer Due Diligence anweisen. Mit Ausnahme im Vertragskonzern haben die Aktionäre kein Weisungsrecht gegenüber dem Vorstand in Geschäftsführungsangelegenheiten.[542] Faktisch können Mehrheitsaktionäre freilich über ihren Einfluss auf den Aufsichtsrat und damit mittelbar auf den Vorstand Geschäftsführungsentscheidungen entsprechend steuern, so dass der Vorstand dem Verlangen eines Mehrheitsaktionärs – auch ohne entsprechende rechtliche Verpflichtung – folgen wird.[543]

### 2.3.2. Maßgebliche Entscheidungskriterien

Die Entscheidung über die Vorbereitung eines Datenraumes und die Zulassung einer Due Diligence ist vom Vorstand – wie jede andere Entscheidung im Rahmen der Geschäftsführung auch – mit der Sorgfalt eines ordentlichen und gewissenhaften Geschäftsleiters am Maßstab des objektiven Gesellschaftsinteresses zu treffen.[544] Der Vorstand einer Aktiengesellschaft ist gemäß § 93 Abs. 1 Satz 3 AktG grundsätzlich verpflichtet, vertrauliche Angaben und Betriebs- oder Geschäftsgeheimnisse der Gesellschaft geheim zu halten. Die **Geheimhaltungspflicht** ist Teil der organschaftlichen Treuepflicht des Vorstands gegenüber der Gesellschaft und verbietet es dem Vorstand, sensible Informationen gegenüber Dritten offen zu legen.[545] Die Geheimhaltungspflicht ist gemäß § 404 Abs. 1 Nr. 1 AktG auch strafbewährt.

Die Geheimhaltungspflicht gilt jedoch nicht absolut, sondern findet ihre Grenze dann, wenn die Weitergabe der Informationen gerade im Interesse der Gesellschaft liegt.[546] Der Vorstand hat dabei insbesondere die Folgen beider Entscheidungsalternativen zu ermitteln und das Geheimhaltungsinteresse der Gesellschaft gegen die berechtigten Interessen an der Informationsoffenlegung abzuwägen.[547]

Ist die Gesellschaft selbst Veräußerer (in den Asset Deal Konstellationen) hat der Vorstand vor allem zu berücksichtigen, dass die Gesellschaft mit der Informationsoffenlegung keinen Selbstzweck verfolgt, sondern die Informationsoffenlegung für Zwecke der Durchführung einer Due Diligence unmittelbar der Veräußerung des Unternehmens an den Kaufinteressenten dient und diese Veräußerung ohne die Durchführung der Due Diligence nicht oder

---

[540] Mueller-Thuns in: Rödder/Hötzel/Mueller-Thuns, Unternehmenskauf, Unternehmensverkauf, Zivilrechtliche und steuerrechtliche Gestaltungspraxis, § 3 Rn. 78; Dietzel in: Semler/Volhard, Arbeitshandbuch für Unternehmensübernahmen, Band 1, § 9 Rn. 73; Semler in: Hölters, Handbuch des Unternehmens- und Beteiligungskauf, Teil VII, Rn. 59; a. A. bei einer unternehmerischen Beteiligung: Beisel in: Beisel/Klumpp, Der Unternehmenskauf, Kapitel 2, Rn. 24 – Informationsrecht des unternehmerisch beteiligten Aktionärs analog § 51a GmbHG; Beisel in: Beisel/Andreas, Due Diligence, § 7 Rn.13.
[541] Linker/Zinger, NZG 2002, 497 (502).
[542] Allg. Meinung, siehe nur Hefermehl/Spindler in: Münchener Kommentar, AktG, § 76 Rn. 21.
[543] Semler in: Hölters, Handbuch des Unternehmens- und Beteiligungskauf, Teil VII, Rn. 59.
[544] Vgl. Holzapfel/Pöllath, Unternehmenskauf in Recht und Praxis, Rn. 17a; Körber, NZG 2002, 263 (269); Beisel in: Beisel/Andreas, Due Diligence, § 7 Rn. 11.
[545] Vgl. Hüffer, AktG, § 93 Rn. 6; Becker in: Picot/Mentz/Seydel, Die Aktiengesellschaft bei Unternehmenskauf und Umstrukturierung, Teil II, Rn. 22.
[546] Linker/Zinger, NZG 2002, 499; Semler in: Hölters, Handbuch des Unternehmens- und Beteiligungskauf, Teil VII, Rn. 59.
[547] Müller, NJW 2000, 3452 (3453); Mueller-Thuns in: Rödder/Hötzel/Mueller-Thuns, Unternehmenskauf, Unternehmensverkauf, Zivilrechtliche und steuerrechtliche Gestaltungspraxis, § 3 Rn. 72.

nur zu einem durch Risikoabschlag verringerten Preis möglich wäre.[548] Da in den meisten Fällen der Erfolg einer Unternehmenstransaktion von der Durchführung einer für den Kaufinteressenten zufrieden stellenden Due Diligence des Zielgesellschaft abhängt, kann die Offenlegung von sensiblen und vertraulichen Informationen der Gesellschaft und die dafür erforderliche Vorbereitung in ihrem eigenen strategischen Interesse liegen.[549]

In Share Deal Konstellationen können sowohl die Interessen der Gesellschaft als auch berechtigte Interessen des veräußernden Aktionärs relevant werden. Auf Seiten der Gesellschaft kann die Person des Kaufinteressenten für die Entscheidung von Bedeutung sein: Zwar hat jedenfalls eine Publikumsgesellschaft grundsätzlich kein schutzwürdiges Interesse daran, auf die Zusammensetzung ihres Aktionärskreises Einfluss zu nehmen.[550] Etwas anderes gilt aber dann, wenn die Beteiligung eines bestimmten Aktionärs an einer Gesellschaft in ihrem eigenen Interesse liegt, weil sie **strategische Vorteile** durch die Übermittlung von Know-How, Geschäftsbeziehungen oder Kapital mit sich bringt.[551] Der Vorstand hat daher zu bewerten, welche Chancen der Erwerb von Anteilen an der Gesellschaft durch den konkreten Kaufinteressenten für die Gesellschaft bietet und welche neuen Perspektiven sich mit dem neuen Gesellschafter sowohl aus finanzieller Hinsicht als auch aus strategischer Sicht für die Gesellschaft ergeben.

Gerade wenn die Veräußerung eines Aktienpakets faktisch nur bei Durchführung einer Due Diligence möglich ist, erlangen die Aktionärsinteressen als Ausdruck der Durchsetzung des Mitgliedschaftsrechts der freien Veräußerung der Aktien zunehmende Bedeutung. Dann hat der Vorstand neben den Gesellschaftsinteressen an Geheimhaltung und Offenlegung auch die – berechtigten – Interessen des veräußerungswilligen Aktionärs an der Informationsoffenlegung zu berücksichtigen.

Oberster Maßstab ist das Unternehmensinteresse, in das sich alle Einzelinteressen einzuordnen haben.[552] Dies zeigt auch, dass sich eine allgemeingültige Aussage, ob eine Due Diligence zuzulassen ist oder nicht, verbietet. Vielmehr bleibt bei der Entscheidung ein **unternehmerischer Ermessensspielraum**, in dessen Rahmen unter Abwägung des Geheimhaltungsinteresses der Gesellschaft gegen die Offenlegungsinteressen eine Einzelfallentscheidung zu fällen ist.[553]

### 2.3.3. Abwägung der verschiedenen Interessen

Ein besonderes strategisches Interesses der Gesellschaft am Zustandekommen der Transaktion sowie berechtigte Veräußerungsinteressen des veräußerungswilligen Aktionärs können für eine Zulassung der Due Diligence Prüfung sprechen, soweit der Due Diligence Prozess in professioneller Weise durchgeführt und das Risiko des Missbrauchs der offen gelegten Informationen durch den Erwerbsinteressenten durch die besondere Gestaltung der Due Diligence hinreichend gewahrt wird.[554]

---

[548] Hefermehl/Spindler in: Münchener Kommentar, AktG, § 93 Rn. 63.
[549] Ziegler, DStR 2000, 249 (253); Müller, NJW 2000, 3452 (3453).
[550] Linker/Zinger, NZG 2002, 497 (500); Oppenländer, GmbHR 2000, 535 (536).
[551] Hemeling, ZHR 169 (2005), 275 (280); Rittmeister, NZG 2004, 1032 (1034); Becker in: Picot/Mentz/Seydel, Die Aktiengesellschaft bei Unternehmenskauf und Umstrukturierung, Teil II, Rn. 27.
[552] Müller, NJW 2000, 3452 (3453).
[553] Wiesner in: Hoffmann-Becking, Münchener Handbuch Gesellschaftsrecht, Band IV, § 25, Rn. 42; Rittmeister, NZG 2004, 1032 (1034).
[554] H.M., vgl. Becker in: Picot/Mentz/Seydel, Die Aktiengesellschaft bei Unternehmenskauf und Umstrukturierung, Teil II, Rn. 26, 27; Roschmann/Frey, AG 1996, 449 (452); Mertens, AG 1997, 541 (546 f.); Schroeder, DB 1997, 2161 (2163); Ziegler, DStR 2000, 249; Kiethe, NZG 1999, 976 (977); nach anderer Ansicht soll die Offenlegung nur zulässig sein, wenn die Existenz der Gesellschaft gefährdet ist und nur durch den Erwerb durch den Kaufinteressenten gesichert werden kann, Lutter, ZIP 1997, 613 (617).

Insbesondere die folgenden Kriterien sind bei der Abwägung der Interessen zu berücksichtigen und können helfen, das Spannungsverhältnis von Geheimhaltungs- und Offenlegungsinteressen aufzulösen:

a) Wie groß ist das strategische Interesse der Gesellschaft an der Transaktion? Je wichtiger das Zustandekommen der Transaktion für die Gesellschaft ist, desto mehr treten Geheimhaltungsinteressen der Gesellschaft gegenüber den Offenlegungsinteressen im Sinne des überwiegenden Unternehmensinteresses zurück.[555]

b) Wie hoch ist die Wahrscheinlichkeit des Zustandekommens der Transaktion? Je verfestigter die Erwerbsabsicht und je sicherer der Abschluss der Transaktion ist, desto geringer ist das (abstrakte) Missbrauchsrisiko sensibler Informationen. Insoweit ist es für die Gesellschaft regelmäßig von Vorteil, wenn der Kaufinteressent und Verkäufer einen Letter of Intent abgeschlossen haben und die Durchführung einer für den Kaufinteressenten zufrieden stellenden Due Diligence die einzige wesentliche Hürde für das Zustandekommen der Transaktion darstellt.[556] In Share Deal Konstellationen ist es nicht erforderlich, dass auch die Gesellschaft selbst Partei des Letter of Intent ist.

c) Wie hoch ist das konkrete Missbrauchsrisiko bei den offen gelegten Informationen durch den jeweiligen Informationsempfänger? Soweit Informationen ohnehin öffentlich bekannt sind oder nicht wettbewerbssensibel sind, ist die Offenlegung unkritisch.[557] Aber auch bei wettbewerbsrelevanten Informationen überwiegt nicht per se das Geheimhaltungsinteresse. Vielmehr ist hier zu überlegen, ob das Schutzbedürfnis der Gesellschaft nicht auf andere Weise sichergestellt werden kann. Insoweit kommen in Frage:

(1) Abschluss einer Geheimhaltungsvereinbarung mit der Gesellschaft;[558] im Idealfall sollte die Geheimhaltungsvereinbarung eine Vertragsstrafenklausel enthalten.[559] Da Vertragsstrafen in Geheimhaltungsvereinbarungen von Kaufinteressenten nur selten akzeptiert werden, kann die Vereinbarung einer Vertragsstrafe aus praktischen Gesichtspunkten nicht als Voraussetzung für die Zulässigkeit der Informationsoffenlegung gesehen werden.

(2) Besonders sensible Informationen sollten im Rahmen einer gestuften Informationsoffenlegung erst dann offen gelegt werden, wenn die Wahrscheinlichkeit des Zustandekommens der Transaktion weiter gestiegen ist und das Risiko des Informationsmissbrauchs weiter sinkt (gestufte Due Diligence).[560] Insbesondere bei Auktionsverfahren haben sich gestufte Due Diligence Prüfungen etabliert: in einem frühen Stadium und bei einem größeren Bieterkreis werden sensible Informationen noch zurückgehalten. Erst in einem fortgeschrittenen Stadium und bei einem, infolge des verkleinerten Bieterkreises geringeren Missbrauchsrisikos, werden die sensibleren Informationen offen gelegt.

d) Schließlich ist bei der Entscheidung auch zu berücksichtigen, dass die Informationen dem Bieter nicht unqualifiziert zur Verfügung gestellt werden, sondern in einem geord-

---

[555] Hemeling, ZHR 169 (2005), 275 (280).
[556] Müller, NJW 2000, 3452 (3455); Mueller-Thuns in: Rödder/Hötzel/Mueller-Thuns, Unternehmenskauf, Unternehmensverkauf, Zivilrechtliche und steuerrechtliche Gestaltungspraxis, § 3 Rn. 75; Dietzel in: Semler/Volhard, Arbeitshandbuch für Unternehmensübernahmen, Band 1, § 9 Rn. 76; Becker in: Picot/Mentz/Seydel, Die Aktiengesellschaft bei Unternehmenskauf und Umstrukturierung, Teil II, Rn. 31.
[557] Mueller-Thuns in: Rödder/Hötzel/Mueller-Thuns, Unternehmenskauf, Unternehmensverkauf, Zivilrechtliche und steuerrechtliche Gestaltungspraxis, § 3, Rn. 65 und Rn. 73.
[558] Müller, NJW 2000, 3452 (3454); Beisel in: Beisel/Klumpp, Der Unternehmenskauf, Kapitel 2, Rn. 20; Dietzel in: Semler/Volhard, Arbeitshandbuch für Unternehmensübernahmen, Band 1, § 9 Rn. 65 und Rn. 76; Becker in: Picot/Mentz/Seydel, Die Aktiengesellschaft bei Unternehmenskauf und Umstrukturierung, Teil II, Rn. 32; Beisel in: Beisel/Andreas, Due Diligence, § 7 Rn. 45 ff.
[559] Schlitt in: Semler/Volhard, Arbeitshandbuch für Unternehmensübernahmen, Band 1, § 6 Rn. 20 ff.
[560] Hemeling, ZHR 169 (2005), 275 (280).

neten und überwachten Due Diligence Prozess.⁵⁶¹ Für diesen Zweck werden üblicherweise Datenraumregeln mit besonderen Verhaltensregeln aufgestellt und die Geheimhaltungsvereinbarung zwischen dem Kaufinteressenten und der Gesellschaft auf alle Berater, welche Zugang zu dem Datenraum bekommen, erstreckt. Zudem kann durch eine Datenraumaufsicht sichergestellt werden, dass die Informationen nicht in unzulässiger Weise aus dem physischen Datenraum entfernt werden.

e) In der Literatur wird noch vorgeschlagen, besonders sensible Informationen nur einer beruflichen Verschwiegenheitsverpflichtung unterliegenden Beratern (d. h. Steuerberatern, Wirtschaftsprüfern und Rechtsanwälten) zugänglich zu machen, die die Informationen auswerten und lediglich das Untersuchungsergebnis dem Kaufinteressenten mitteilen dürfen.⁵⁶² Schon aus praktischen Gesichtspunkten ist diese Forderung aber abzulehnen, da die Verkäufer keinerlei Kontrolle darüber haben, welche Informationen die Berater tatsächlich an den Kaufinteressenten weiterleiten.⁵⁶³ Aus rechtlicher Sicht ist fraglich, ob die aus dem Mandatsverhältnis zwischen dem Kaufinteressenten und seinen Beratern begründete Berufsverschwiegenheitspflicht überhaupt geeignet ist, den Verkäufer vor einer Informationsweiterleitung zu schützen.

f) Die Vorbereitung eines Datenraums bindet bei der Gesellschaft regelmäßig nicht unerhebliche Mitarbeiterressourcen. Dieser Nachteil für die Gesellschaft dürfte aber hinter die vorrangigen Interessen der Gesellschaft am Zustandekommen der Transaktion zurücktreten.

**Praxistipp:** Es empfiehlt sich, den Vorstandsbeschluss über die Zulassung sorgfältig zu dokumentieren und dabei alle entscheidungserheblichen Kriterien und ihre Gewichtung im Rahmen der durchgeführten Abwägung aufzunehmen. Der Vorstand bietet auf diese Weise für den Fall einer etwaigen Auseinandersetzung wenig Angriffsfläche und kann sich nach der sorgfältig dokumentierten Entscheidungsfindung auf den ihm verbleibenden unternehmerischen Ermessensspielraum im Rahmen der Business Judgement Rule berufen.

### 2.3.4. Zurückhaltung bestimmter Informationen aufgrund besonderer Verpflichtungen

Soweit die grundsätzliche Entscheidung für die Zulassung einer Due Diligence gefallen ist, ist noch im Einzelnen zu prüfen, ob bestimmte Informationen aufgrund gesetzlicher oder vertraglicher Beschränkungen nicht offen gelegt werden dürfen.

Bei personenbezogenen Daten über Mitarbeiter kann aus datenschutzrechtlichen Aspekten eine Offenlegung verboten sein.⁵⁶⁴ In diesem Fall ist sicherzustellen, dass diese Daten vor der Offenlegung für eine Due Diligence entsprechend anonymisiert werden.⁵⁶⁵

Vertraulichkeitsvereinbarungen in Verträgen können deren Offenlegung für eine Due Diligence verbieten. Hier ist im Einzelfall zu prüfen, ob die Zustimmung des Vertragspartners zur Offenlegung eingeholt werden kann⁵⁶⁶ oder ob der Vertrag so durch Schwärzungen anonymisiert werden kann, dass die Offenlegung keine Verletzung der Vertraulichkeitsvereinbarung darstellt.

---

⁵⁶¹ Beisel in: Beisel/Andreas, Due Diligence, § 7 Rn. 48.
⁵⁶² Lutter, ZIP 1997, 613 (615); Mueller-Thuns in: Rödder/Hötzel/Mueller-Thuns, Unternehmenskauf, Unternehmensverkauf, Zivilrechtliche und steuerrechtliche Gestaltungspraxis, § 3 Rn. 75; Dietzel in: Semler/Volhard, Arbeitshandbuch für Unternehmensübernahmen, Band 1, § 9 Rn. 66 schlägt vor, dass die Berater von beiden Parteien beauftragt werden, um die Neutralität zu gewährleisten; Beisel in: Beisel/Andreas, Due Diligence, § 7 Rn. 11.
⁵⁶³ Becker in: Picot/Mentz/Seydel, Die Aktiengesellschaft bei Unternehmenskauf und Umstrukturierung, Teil II, Rn. 27.
⁵⁶⁴ Beisel in: Beisel/Andreas, Due Diligence, § 7 Rn. 38.
⁵⁶⁵ Näher Dietzel in: Semler/Volhard, Arbeitshandbuch für Unternehmensübernahmen, Band 1, § 9 Rn. 94.
⁵⁶⁶ Dietzel in: Semler/Volhard, Arbeitshandbuch für Unternehmensübernahmen, Band 1, § 9 Rn. 92.

## 2.4. Entscheidung über die Zulassung einer Due Diligence bei der GmbH
### 2.4.1. Gesellschafterbeschluss über die Zulassung der Due Diligence

Die Entscheidung über die Zulassung einer Due Diligence dürfte in der Regel als außergewöhnliche Geschäftsführungsmaßnahme nicht in den Zuständigkeitsbereich der Geschäftsführer fallen, sondern einen Beschluss der Gesellschafterversammlung erfordern.[567] Geschäftsführer, die eine Due Diligence ohne entsprechenden Gesellschafterbeschluss zulassen, verletzen die ihnen gemäß § 43 Abs. 1 GmbHG obliegende und nach § 85 GmbHG strafbewehrte Geheimhaltungspflicht.[568]

Es ist umstritten, welche Mehrheit der Gesellschafterbeschluss über die Zulassung einer Due Diligence erfordert.

Nach einem Urteil des Landgerichts Köln vom 26. März 2008 soll für den Beschluss die Zustimmung sämtlicher Gesellschafter erforderlich sein.[569] Eine andere Ansicht fordert für diesen Beschluss eine qualifizierte Mehrheit.[570] Richtig ist sicherlich, dass der Alleingesellschafter oder die Gesellschafter durch einstimmigen Beschluss den Geschäftsführer zur Zulassung einer Due Diligence anweisen können, ohne dabei auf etwaig entgegenstehende Geheimhaltungsinteressen der Gesellschaft Rücksicht nehmen zu müssen.[571] Die Gesellschafter sind in ihrer Gesamtheit Herr der Unternehmensgeheimnisse und können über diese verfügen.

Im Übrigen ist ein Erfordernis der Zustimmung aller Gesellschafter dem GmbH-Recht fremd und es ist nicht ersichtlich, weshalb für die Zulassung einer Due Diligence eine solche Mehrheit erforderlich sein sollte. Vielmehr sieht das GmbH-Recht zum Schutz der Minderheitsgesellschafter für Maßnahmen, die besonders gravierend in die Mitgliedschaft eingreifen, ausnahmsweise eine qualifizierte Mehrheit vor. Soweit sich eine höhere Mehrheit nicht aus dem Gesellschaftsvertrag ergibt, sollte eine einfache Mehrheit grundsätzlich ausreichen.[572] Die Zulassung einer Due Diligence stellt nämlich nicht per se eine mit strukturändernden Maßnahmen vergleichbare Situation dar, bei denen nach der gesetzlichen Konzeption eine qualifizierte Mehrheit zwingend erforderlich ist.

Der veräußerungswillige Gesellschafter ist bei der Beschlussfassung nach herrschender Meinung nach dem allgemeinen Grundsatz des Verbots des Richtens in eigener Sache vom Stimmrecht ausgeschlossen.[573]

---

[567] Mueller-Thuns in: Rödder/Hötzel/Mueller-Thuns, Unternehmenskauf, Unternehmensverkauf, Zivilrechtliche und steuerrechtliche Gestaltungspraxis, § 3 Rn. 59; Götze, ZGR 1999, 202 (226); Meincke, WM 1998, 749 (752); Körber, NZG 2002, 263 (268); Koppensteiner, ZHR 165 (1991), 97 (101); Bremer, GmbHR 2000, 176; Oppenländer, GmbHR 2000, 535 (539).

[568] Dietzel in: Semler/Volhard, Arbeitshandbuch für Unternehmensübernahmen, Band 1, § 9 Rn. 78.

[569] LG Köln, Urt. v. 26. März 2008, 90 O 11/08, GmbHR 2009, 261 = BeckRS 2008, 21808; ebenso: *Kleindiek*, in Lutter/Hommelhoff, GmbHG § 43 Rn. 14; *Schneider*, in: Scholz, GmbHG, §43 Rn. 118a; *Schulze-Osterloh/Servatius*, in: Baumbach/Hueck, GmbHG, § 85 Rn. 11.

[570] Oppenländer, GmbHR 2000, 535 (540).

[571] Beisel in: Beisel/Klumpp, Der Unternehmenskauf, Kapitel 2, Rn. 22; Dietzel in: Semler/Volhard, Arbeitshandbuch für Unternehmensübernahmen, Band 1, § 9 Rn. 78; Semler in: Hölters, Handbuch des Unternehmens- und Beteiligungskauf, Teil VII, Rn. 58; Fritzsche/Griese in: Berens/Brauner/Strauch, Due Diligence bei Unternehmensakquisitionen, S. 460; Beisel in: Beisel/Andreas, Due Diligence, § 7 Rn. 5.

[572] Götze, ZGR 1999, 202 (229 ff.); Körber, NZG 2002, 263 (268); Koppensteiner, ZHR 165 (1991), 97 (101); Zirngibl, Die Due Diligence bei der GmbH und der Aktiengesellschaft, S. 163 f.

[573] Mueller-Thuns in: Rödder/Hötzel/Mueller-Thuns, Unternehmenskauf, Unternehmensverkauf, Zivilrechtliche und steuerrechtliche Gestaltungspraxis, § 3 Rn. 60; Körber, NZG 2002, 263 (268); Oppenländer, GmbHR 2000, 535 (540); Götze, ZGR 1999, 202 (230); a. A. Zirngibl, Die Due Diligence bei der GmbH und der Aktiengesellschaft, S. 163 f.

**Praxistipp:** Diese Fragen sind nicht akademischer Natur, sondern können schnell von praktischer Relevanz werden, wenn nur ein Teil der Gesellschafter seine Geschäftsanteile verkaufen möchte und die übrigen Gesellschafter eine Offenlegung von Informationen zugunsten außenstehender Dritter verhindern möchten. Die Geschäftsführer stehen hier zwischen den Fronten der streitenden Gesellschafter und müssen eine eigene Entscheidung treffen, welche Mehrheiten sie bei den maßgeblichen Beschlussfassungen für ausreichend erachten. Wenn das Urteil des Landgerichts Köln in der Literatur auf Kritik gestoßen ist,[574] so ist der Praxis anzuraten, bis auf Weiteres von dem Erfordernis eines einstimmigen Gesellschafterbeschlusses auszugehen. Zur Absicherung des eigenen Sorgfaltsmaßstabs ist die Geschäftsführung zudem gut beraten, selbst Rechtsrat zu diesen Fragen einzuholen.

### 2.4.2. Maßgebliche Entscheidungskriterien

Die Gesellschafter müssen bei ihrer Entscheidung die widerstreitenden Interessen der Gesellschaft an der Geheimhaltung und der Informationsoffenlegung abwägen.[575] In Share Deal Konstellationen ist zudem das berechtigte Interesse des Gesellschafters an der Veräußerung seines Geschäftsanteils zum vollen wirtschaftlichen Wert zu berücksichtigen. Im GmbH-Recht ist das dieses Gesellschafterinteresse tragende Mitgliedschaftsrecht der freien Veräußerlichkeit in § 15 Abs. 1 GmbHG sogar gesetzlich normiert. Zwar haben die Gesellschafter bei ihrer Entscheidung einen **weiten unternehmerischen Entscheidungsspielraum**, jedoch lassen sich die maßgeblichen Entscheidungskriterien im Ergebnis auf die bereits bei der Aktiengesellschaft dargestellten reduzieren.[576] Bei einem strategischen Interesse an der Transaktion oder dem berechtigten Interesse eines Gesellschafters an der Veräußerung seines Anteils kann die Due Diligence in der Regel so gestaltet werden, dass die Geheimhaltungsinteressen der Gesellschaft hinreichend geschützt werden und damit hinter die Offenlegungsinteressen der Gesellschaft und/oder des Gesellschafters zurücktreten.

### 2.4.3. Pflicht zur Zulassung der Due Diligence durch die Geschäftsführung aufgrund Informationsanspruchs des Gesellschafters

Soweit bei Beschlussfassungen über die Zulassung einer Due Diligence die für erforderlich erachteten Mehrheiten der Gesellschafterversammlung nicht erreicht werden, ist fraglich, ob die Gesellschaft aufgrund des sich aus § 51a GmbHG ergebenden Informationsanspruchs des veräußerungswilligen (Minderheits-)Gesellschafters zur Zulassung einer Due Diligence verpflichtet sein kann.

Restriktive Auffassungen nehmen hier an, dass die Geschäftsführung die Herausgabe von Informationen verweigern kann und einen entsprechenden Gesellschafterbeschluss herbeiführen muss, wenn die Weitergabe von Informationen durch den Gesellschafter an Dritte zu befürchten ist. Insoweit soll eine Verwendung zu gesellschaftsfremden Zwecken vorliegen.[577]

Neuere Auffassungen wollen die Herausgabe für Zwecke der Due Diligence zulassen, da die Due Diligence zur Vorbereitung des Verkaufs der Geschäftsanteile in Ausübung des Mitgliedschaftsrechts der freien Veräußerlichkeit der Geschäftsanteile geschehe und damit keine Verwendung zu gesellschaftsfremden Zwecken vorliegen könne.[578]

---

[574] *Liese/Theusinger*, BB 2009, 186; *Maitzen/Ebel*, FD-MA 2008, 270121.
[575] Mueller-Thuns in: Rödder/Hötzel/Mueller-Thuns, Unternehmenskauf, Unternehmensverkauf, Zivilrechtliche und steuerrechtliche Gestaltungspraxis, § 3 Rn. 60.
[576] Siehe soeben S. 146.
[577] Lutter, ZIP 1997, 613; Lutter/Hommelhoff, GmbHG, § 51a Rn. 26; Hüffer in: Hachenburg, GmbHG Großkommentar, § 51a Rn. 11.
[578] Götze, ZGR 1999, 202 (207–212); Mueller-Thuns in: Rödder/Hötzel/Mueller-Thuns, Unternehmenskauf, Unternehmensverkauf, Zivilrechtliche und steuerrechtliche Gestaltungspraxis, § 3 Rn. 63; Dietzel in: Semler/Volhard, Arbeitshandbuch für Unternehmensübernahmen, Band 1, § 9 Rn. 82; Becker in: Picot/Mentz/Seydel, Die Aktiengesellschaft bei Unternehmenskauf und Umstrukturierung, Teil II, Rn. 21; Beisel in: Beisel/Andreas, Due Diligence, § 7 Rn. 8.

### 3. Teil. Due Diligence

Auch nach dieser neueren Auffassungen führt ein Informationsbegehren nicht dazu, dass die Geschäftsführer eine Due Diligence uneingeschränkt zuzulassen hätten: Der Informationsanspruch des Gesellschafters wird nämlich durch die Treuepflicht des Gesellschafters begrenzt, so dass im Ergebnis die Interessen der Gesellschaft an der Geheimhaltung von Informationen gegen die Interessen des Gesellschafters an der Veräußerung seiner Geschäftsanteile abzuwägen seien.[579] Im Rahmen dieser Abwägung kann auf die bereits dargestellten[580] Kriterien zurückgegriffen werden, nach welchen die Due Diligence dann zuzulassen ist, wenn die Geheimhaltungsinteressen der Gesellschaft aufgrund einer bestehenden Geheimhaltungsvereinbarung und der konkreten Gestaltung und Organisation der Due Diligence hinreichend gewahrt werden können und auf diese Weise ein Ausgleich der widerstreitenden Interessen gefunden werden kann.

#### 2.5. Entscheidung über die Zulassung einer Due Diligence bei Personenhandelsgesellschaften

Für Personenhandelsgesellschaften wurde die Rechtslage bislang weniger untersucht als für Kapitalgesellschaften. Das dürfte zum einen an der vergleichsweise geringeren Bedeutung von Personenhandelsgesellschaften als Zielgesellschaften von Unternehmenstransaktionen und zum anderen daran liegen, dass wegen des dispositiveren Gesetzesrechts in geringerem Umfang einheitliche Strukturen vorzufinden sind, die allgemeingültige Aussagen zulassen.[581]

Außergewöhnliche Geschäftsführungsentscheidungen bedürfen bei oHG gemäß § 116 Abs. 1 und 2 HGB und bei KG gemäß § 161 Abs. 2 iVm § 116 Abs. 1 und 2 HGB eines zustimmenden Gesellschafterbeschlusses, dies gilt auch für die Zulassung von Due Diligence Prüfungen.[582] Nach der gesetzlichen Konzeption bedürfen Gesellschafterbeschlüsse grundsätzlich der Einstimmigkeit. In diesem Fall ist es den Gesellschaftern unbenommen, unter Missachtung etwaiger Geheimhaltungsinteressen der Gesellschaft Due Diligence Prüfungen zuzulassen. Soweit der Gesellschaftsvertrag – wie in der Regel – Mehrheitsbeschlüsse zulässt, sind die Gesellschafter durch ihre Treuepflicht gebunden, bei der Entscheidungsfindung die Geheimhaltungsinteressen der Gesellschaft gegen die Offenlegungsinteressen der Gesellschaft und des veräußerungswilligen Gesellschafters abzuwägen. Dann helfen die bei der Aktiengesellschaft dargestellten Kriterien, dieses Spannungsverhältnis aufzulösen.[583]

Ungeklärt ist auch die Frage, ob ein veräußerungswilliger Gesellschafter ihm zustehende Informationsansprüche nutzen kann, die für die Due Diligence benötigten Informationen von der Gesellschaft herauszuverlangen. Die gesetzlichen Informationsrechte (vgl. §§ 118 Abs. 1, 166 Abs. 1 HGB) sind reine Kontrollrechte und als solche nicht geeignet, exzessive Informationsverlangen des Gesellschafters für Zwecke einer Due Diligence zu rechtfertigen.[584] Zwar wird insoweit vertreten, dass die gesetzlichen Rechte zu eng seien und Gesellschaftern analog § 51a GmbHG ein weiter Informationsanspruch zustehe.[585] Dabei ist aber zu beachten, dass auch nach § 51a GmbHG ein Informationsbegehren präventiv verweigert

---

[579] Beisel in: Beisel/Andreas, Due Diligence, § 7 Rn. 8.
[580] Siehe oben S. 147 ff.
[581] Dietzel in: Semler/Volhard, Arbeitshandbuch für Unternehmensübernahmen, Band 1, § 9 Rn. 88.
[582] Mueller-Thuns in: Rödder/Hötzel/Mueller-Thuns, Unternehmenskauf, Unternehmensverkauf, Zivilrechtliche und steuerrechtliche Gestaltungspraxis, § 3 Rn. 68; Dietzel in: Semler/Volhard, Arbeitshandbuch für Unternehmensübernahmen, Band 1, § 9 Rn. 89.
[583] Siehe oben S. 146.
[584] Vgl. BGH, Urt. v. 23. März 1992, II ZR 128/91, NJW 1992, 1891 (1892); Mueller-Thuns in: Rödder/Hötzel/Mueller-Thuns, Unternehmenskauf, Unternehmensverkauf, Zivilrechtliche und steuerrechtliche Gestaltungspraxis, § 3 Rn. 69; Lutter, ZIP 1997, 613 (619).
[585] Mueller-Thuns in: Rödder/Hötzel/Mueller-Thuns, Unternehmenskauf, Unternehmensverkauf, Zivilrechtliche und steuerrechtliche Gestaltungspraxis, § 3 Rn. 69.

werden kann, wenn eine Verwendung der Information zu gesellschaftsfremden Zwecken zu befürchten ist (§ 51a Abs. 2 GmbHG).[586] Eine Verwendung zu gesellschaftsfremden Zwecken soll selbst nach den neueren Auffassungen nur dann nicht vorliegen, wenn die Due Diligence zur Vorbereitung der berechtigten Veräußerung von Geschäftsanteilen und damit in Ausübung des Mitgliedschaftsrechts der freien Veräußerung durchgeführt werden soll. Die Gesellschaftsanteile an Personengesellschaften sind – anderes als bei den Kapitalgesellschaften – im Grundsatz aber gerade nicht frei veräußerlich, so dass ein Gesellschafter nur dann ein berechtigtes Interesse an der Veräußerung seines Geschäftsanteils haben kann, wenn der Gesellschaftsvertrag die freie Veräußerung ausnahmsweise zulässt oder die übrigen Gesellschafter der Veräußerung zustimmen.[587]

## 3. Vorbereitung der Due Diligence

Schon vor der eigentlichen Durchführung der Due Diligence ist diese sowohl für den Verkäufer als auch den Käufer mit erheblichem Vorbereitungsaufwand verbunden.

### 3.1. Vorbereitung durch den Verkäufer
#### 3.1.1. Aufbereitung der Information entsprechend der Due Diligence Request List

Dem Verkäufer obliegt zunächst die Einrichtung eines Datenraums mit allen für die Due Diligence wesentlichen Informationen.[588] Üblicherweise übermittelt der Kaufinteressent dem Verkäufer hierfür eine Liste aller Dokumente, die er für seine Due Diligence Prüfung einsehen möchte (*Due Diligence Request List*). Soweit der Datenraum für einen Veräußerungsprozess mit mehreren Bietern (*Auction Sale*) vorbereitet wird, wird der Umfang des Datenraums von dem Verkäufer selbst (ggf. zusammen mit der den Auction Sale beratenden Investment Bank oder anderen Corporate Finance Beratern) festgelegt.

**Praxistipp:** Aufgrund der Vielzahl der für den Datenraum erforderlichen Informationen kann die Geschäftsführung die Informationen nicht vollständig selbst bereitstellen, sondern ist auf die Mithilfe verschiedener Spezialabteilungen des Unternehmens angewiesen. Dabei ist es in einem frühen Stadium des Transaktionsprozesses in der Regel nicht gewollt, die Mitarbeiter über die mögliche Unternehmenstransaktion zu informieren. Um Spekulationen im Mitarbeiterkreis vorzubeugen, sollte daher eine einheitliche Sprachregelung gefunden werden, für welchen Zweck die Informationen benötigt werden (etwa Kreditrating der Hausbank).

#### 3.1.2. Einrichtung eines Datenraums
Nach dem Sammeln der Informationen sind diese für einen Datenraum (*Data Room*) zusammenzuführen.

#### 3.1.2.1. Physicher vs. Virtueller Datenraum
Von dem Verkäufer ist dabei zunächst zu entscheiden, ob ein physischer oder ein virtueller Datenraum eingerichtet werden soll. Bei einem **physischen Datenraum** findet die Due Diligence in einem von dem Verkäufer kontrollierten Raum auf dem Betriebsgelände des Unternehmens oder extern, in einer Kanzlei oder einem Hotel, statt, in welchem die Informationen dem Kaufinteressenten und seinen Beratern zur Verfügung gestellt werden. In der Regel wird es sich empfehlen, den physischen Datenraum nicht auf dem Betriebsgelände

---

[586] Mueller-Thuns in: Rödder/Hötzel/Mueller-Thuns, Unternehmenskauf, Unternehmensverkauf, Zivilrechtliche und steuerrechtliche Gestaltungspraxis, § 3 Rn. 69.
[587] Beisel in: Beisel/Klumpp, Der Unternehmenskauf, Kapitel 2, Rn. 25; Beisel in: Beisel/Andreas, Due Diligence, § 7 Rn. 18.
[588] Dietzel in: Semler/Volhard, Arbeitshandbuch für Unternehmensübernahmen, Band 1, § 9 Rn. 112.

einzurichten, da die Besuche der verschiedenen Due Diligence Teams die „Gerüchteküche" über eine bevorstehende Transaktion anheizen dürften.

Bei einem **virtuellen Datenraum** werden die Informationen dem Käufer für die Due Diligence online zur Verfügung gestellt. Die Nutzer des Datenraums können den Datenraum von jedem beliebigen Standort über Internetverbindungen einsehen. Verschiedene Anbieter haben die Einrichtung und den Betrieb virtueller Datenräume entsprechend professionalisiert.[589] Soweit die in den virtuellen Datenraum eingestellten Informationen nicht bereits als Dateien zur Verfügung stehen, entbindet auch ein virtueller Datenraum den Verkäufer nicht davon, zunächst alle Informationen physisch aufzubereiten, damit diese von dem Datenraumprovider eingescannt und als Datei in den Datenraum eingespielt werden können.

Ein virtueller Datenraum bringt für den Verkäufer und den Käufer sowohl Vor- als auch Nachteile mit sich. Zunächst ist ein virtueller Datenraum mit Kosten des Datenraumproviders verbunden, die üblicherweise von dem Verkäufer getragen werden. Andererseits spart sich der Verkäufer die Aufwendungen für die Überwachung eines physischen Datenraums durch Datenraumaufsichten. Bei einem virtuellen Datenraum ist die Due Diligence nicht zwangsläufig in größerem Maße der Kontrolle entzogen als bei einem physischen Datenraum: Es ist technisch möglich, die Zugriffsberechtigung auf die verschiedenen Dokumente unterschiedlich zu gestalten und etwa den Ausdruck von sensiblen Informationen zu unterbinden. Der Verkäufer ist aufgrund der von dem Datenraumprovider erstellten Protokolle genau in der Lage zu sehen, wer welche Informationen eingesehen hat.

**Praxistipp:** Virtuelle Datenräume haben insoweit einen weiteren Vorteil: Aus den Protokollen über die Aktivitäten der einzelnen Datenraumnutzer lassen sich wertvolle Informationen für den Verkäufer über das grundsätzliche Interesse eines Bieters und dessen Prüfungsschwerpunkte ableiten.

Ein virtueller Datenraum ermöglicht des Weiteren die parallele Durchführung der Due Diligence durch mehrere Kaufinteressenten, weshalb sich virtuelle Datenräume gerade bei Auktionsprozessen als Standard durchgesetzt haben. Der Verkäufer kann sich allerdings nicht davor schützen, dass die Informationen nicht auch von Dritten eingesehen werden, da nicht gewährleistet werden kann, dass die Zugangsdaten ausschließlich von dem tatsächlich berechtigten Nutzer verwendet werden oder Dritte die Informationen am Bildschirm des Berechtigten einsehen.

Für den Käufer hat ein virtueller Datenraum den Vorteil, dass die Due Diligence am üblichen Arbeitsplatz durchgeführt werden kann. Der Käufer erspart sich dadurch ggf. Reisekosten und ist bei der Due Diligence auch nicht durch Öffnungszeiten eines physischen Datenraums begrenzt. Soweit der Verkäufer den Zugriff auf die Daten sehr restriktiv gestaltet und den Ausdruck weitgehend beschränkt, kann sich die Due Diligence am Bildschirm für den Käufer allerdings als mühsam erweisen.

### 3.1.2.2. Erstellung eines Datenraumindex

Sobald der Datenraum erstellt ist, werden die Dokumente üblicherweise indiziert.[590] Der Datenraumindex dient dabei nicht nur als Inhaltsverzeichnis des Datenraums, sondern kann auch als Nachweis der offen gelegten Informationen weitere Verwendung finden: Soweit die im Zuge der Due Diligence offen gelegten Informationen etwa im Rahmen der vertraglichen Gewährleistungshaftung des Verkäufers Bedeutung erlangen, kann im Kaufvertrag auf die gemäß dem Datenraumindex zur Verfügung gestellten Informationen Bezug genommen werden.

---

[589] Anbieter für Online Datenräume sind beispielsweise Brainloop AG, Conetics AG, Merill Data-Site, Multipartner S.p.A.
[590] Dietzel in: Semler/Volhard, Arbeitshandbuch für Unternehmensübernahmen, Band 1, § 9 Rn. 150.

### 3.1.3. Erstellung von Datenraumregeln, Q&A-Process, Data Request Forms

Der Verkäufer kann für die Nutzung des Datenraums Datenraumregeln aufstellen. Neben organisatorischen Regelungen hinsichtlich der zulässigen Nutzung des Datenraums (zugelassene technische Hilfsmittel, Kopierverbote, Öffnungszeiten) können die Datenraumregeln dem Nutzer auch eine vertragliche Vertraulichkeitsbindung auferlegen. Hier bietet es sich an, eine zwischen dem Käufer und dem Verkäufer abgeschlossene Vertraulichkeitsvereinbarung auf jeden Nutzer des Datenraums zu erstrecken. Durch Gegenzeichnung der Datenraumregeln erkennt der Nutzer diese vertragliche Verpflichtung als eigene an.

Des Weiteren kann der Verkäufer bereits Vorkehrungen für einen geordneten Ablauf der Due Diligence schaffen und Formblätter für Fragen der Datenraumbesucher, Kopieanfragen oder Anfragen nach weiteren Informationen vorbereiten.

### 3.1.4. Vorbereitung der Management Presentation

Soweit als Teil der Due Diligence eine Präsentation des Unternehmens durch die Geschäftsführung (*Management Presentation*) geplant ist, sollte diese ebenfalls frühzeitig vorbereitet werden. Verschiedene Marketingagenturen haben sich auf Transaktionsberatung spezialisiert und bieten zur Vorbereitung der Management Presentation auch spezielle Coachingprogramme an. Das Management Team kann auf etwaige kritische Fragen der Käufer vorbereitet werden und es können Sprachregelungen zu sensiblen Themen abgestimmt werden.

## 3.2. Vorbereitung durch den Käufer

### 3.2.1. Vorüberlegungen

Zur Vorbereitung der Due Diligence sollte sich der Käufer zunächst überlegen, welche Ziele mit der Transaktion verfolgt werden und welche Schwerpunkte für die Due Diligence festgelegt werden.[591] Die für die Due Diligence relevanten Prüfungsschwerpunkte können sich unterscheiden, je nachdem ob der Käufer das Unternehmen unter strategischen Gesichtspunkten oder lediglich als Finanzbeteiligung erwirbt oder ob der Käufer die selbständige Fortführung des Unternehmens (*stand alone*) oder die Eingliederung in eigene Strukturen plant. Die Due Diligence kann insoweit nicht nur für eine Bestandsaufnahme der Ist-Situation genutzt werden, sondern auch der vorbereitenden Prüfung für die spätere Durchführung von Restrukturierungsmaßnahmen dienen.

### 3.2.2. Erstellen einer Due Diligence Request List und Übermittlung an den Verkäufer

In Abhängigkeit des so ermittelten Prüfungsmaßstabs bereitet der Käufer sodann die Due Diligence Request List vor, mit welcher der Käufer die vom ihm für die Due Diligence benötigten Informationen bei dem Verkäufer abfragt.[592]

**Praxistipp:** Berater verfügen insoweit über vorbereitete Standard Due Diligence Request Lists, die alle denkbaren Themen abdecken. Dabei sollte aber darauf geachtet werden, dass die angeforderten Informationen nach Art und Umfang im Hinblick auf die Transaktion angemessen erscheinen.

### 3.2.3. Aufstellung des Due Diligence Teams

Sodann wird der Käufer sein Due Diligence Team aufstellen, das sich üblicherweise aus eigenen Mitarbeitern des Käufers und externen Beratern zusammensetzt.[593] Zwischen den

---

[591] Andreas in: Beisel/Andreas, Due Diligence, § 8 Rn. 16.
[592] Dietzel in: Semler/Volhard, Arbeitshandbuch für Unternehmensübernahmen, Band 1, § 9 Rn. 111.
[593] Dietzel in: Semler/Volhard, Arbeitshandbuch für Unternehmensübernahmen, Band 1, § 9 Rn. 111, 128 ff.; Andreas in: Beisel/Andreas, Due Diligence, § 8 Rn. 21.

verschiedenen internen und externen Teams sollte – ggf. in einem Kick-off Meeting[594] – eine klare Abgrenzung der Kompetenzen stattfinden, um einerseits zu vermeiden, dass bestimmte für relevant erachtete Aspekte von keinem der Teams geprüft werden oder eine (unbeabsichtigte) Doppelprüfung durch verschiedene Teams stattfindet.

Zugleich sollten alle Teammitglieder nochmals auf die Prüfungsschwerpunkte und die vom Käufer mit der Transaktion verfolgten Ziele hingewiesen werden.

### 3.2.4. Festlegen der Reportingstandards

Schließlich hat der Käufer mit seinen Beratern abzustimmen, in welcher Form die Ergebnisse der Due Diligence aufbereitet werden. Schon aus Kostengesichtspunkten verzichten Käufer häufig auf ausführliche Due Diligence Berichte (*Full Report*), die sich mit allen Aspekten der bereitgestellten Informationen auseinandersetzen. In der Regel wird sich der Due Diligence Report daher auf die Darstellung der transaktionsrelevanten Risiken beschränken (*Exceptions Only Report*). Geht es dem Käufer nur um die Identifikation von Deal Breakern kann sich der Report auch auf die Darstellung solcher Risiken beschränken, die die Transaktion als solche in Frage stellen (*Red Flag Report*). Ferner sollten dem Due Diligence Team vom Käufer bestimmte wertmäßige Aufgreifschwellen für zu prüfende Sachverhalte vorgegeben werden, um die Zielrichtung der Prüfung zu optimieren.

## 4. Durchführung der Due Diligence

### 4.1. Nutzung aller verfügbaren Informationsquellen

Die eigentliche Due Diligence Prüfung beschränkt sich nicht auf die Prüfung aller im Datenraum bereitgestellten Unterlagen. Vielmehr sollten alle verfügbaren Informationsquellen genutzt werden: Oft lassen sich auf diese Weise nicht nur (unbeabsichtigt) fehlende Unterlagen von dem Käufer selbst beschaffen, sondern auch weitere von dem Verkäufer (beabsichtigt) zurückgehaltene Informationen erlangen. Schon vor der Öffnung des Datenraums kann der Käufer auf **öffentlich zugängliche Informationsquellen** zurückgreifen und eigene Recherchen im Internet (einschließlich der Webpage des Unternehmens) durchführen und – soweit relevant – alle verfügbaren Unterlagen aus öffentlichen Registern, etwa Handels-, Marken-, Patentregister oder dem Grundbuch anfordern.[595]

Bei Auktionsprozessen ist zudem das von der Investmentbank für den Verkäufer erstellte **Informationsmemorandum** eine gute Informationsquelle, sich einen ersten Überblick über das Unternehmen zu verschaffen.[596]

Soweit sich der Datenraum hinsichtlich einzelner Themengebiete als unvollständig erweist oder der Käufer einzelne Dokumente zur Erleichterung der Aufnahme der Informationen kopieren oder eine elektronische Kopie erhalten möchte, kann der Käufer die entsprechenden Anfragen mit einem entsprechenden **Copy oder Data Request** an den Verkäufer stellen.[597]

Ergeben sich während der Due Diligence Fragen, werden diese in der Regel über vorbereitete Formulare dem Verkäufer zugeleitet und von diesem schriftlich beantwortet (**Q&A-Process**). Oft finden auch sog. **Expert Sessions** statt, in welchen der Käufer und seine verschiedenen Berater besondere Themen mit den zuständigen Mitarbeitern des Verkäufers, des Unternehmens oder sogar externen Beratern besprechen können. Soweit die Informationen während der Due Diligence nicht schriftlich, sondern mündlich erteilt werden, sollte

---

[594] Andreas in: Beisel/Andreas, Due Diligence, § 8 Rn. 7.
[595] Dietzel in: Semler/Volhard, Arbeitshandbuch für Unternehmensübernahmen, Band 1, § 9 Rn. 113 ff.; Andreas in: Beisel/Andreas, Due Diligence, § 8 Rn. 5 f.
[596] Andreas in: Beisel/Andreas, Due Diligence, § 8 Rn. 7.
[597] Dietzel in: Semler/Volhard, Arbeitshandbuch für Unternehmensübernahmen, Band 1, § 9 Rn. 125.

aus Sicht des Verkäufers darauf geachtet werden, dass jede Auskunft an den Käufer schriftlich dokumentiert wird. Nur so kann später der Nachweis geführt werden, ob der Käufer über den entsprechenden Umstand informiert war und ein entsprechender Garantieanspruch deshalb gegebenenfalls ausgeschlossen ist.

Bei größeren Transaktionen haben sich auch **Management Presentations** etabliert, bei welchen die Geschäftsführung des Unternehmens sich und das Zielunternehmen vorstellt.[598]

Schließlich kann dem Käufer als Teil seiner Due Diligence das Betriebsgelände gezeigt werden (*Site Visit*).[599] Ist die mögliche Unternehmenstransaktion noch nicht im Unternehmen bekannt, sollte dabei allerdings darauf geachtet werden, dass die Besichtigung keine Unruhe im Unternehmen stiftet und entsprechende Spekulationen innerhalb der Belegschaft herbeiführt. Gegebenenfalls ist zu überlegen, ob die Besichtigung außerhalb der Betriebszeiten durchgeführt wird. Anderenfalls sollte eine entsprechende Sprachregelung gegenüber der Belegschaft gefunden werden.

### 4.2. Kommunikation während der Due Diligence

Im Zuge der Vorbereitung der Due Diligence sollte der Käufer eine Kommunikationsstrategie festgelegt haben, die den Informationsfluss und -austausch zwischen den verschiedenen Due Diligence Teams sicherstellt. Soweit die verschiedenen Due Diligence Teams bei einer physischen Due Diligence ohnehin alle zusammentreffen, kann der Informationsaustausch etwa bei einem täglichen Treffen aller Teammitglieder stattfinden.

In jedem Fall ist darauf zu achten, dass die Erkenntnisse aus der Due Diligence dem Käufer nicht erst nach deren Abschluss und bei Abgabe des Due Diligence Reports mitgeteilt werden, sondern wichtige Informationen (**Key Findings**) regelmäßig und mögliche **Deal Breaker** sofort kommuniziert werden.[600]

### 4.3. Erstellung der Due Diligence Reports
#### 4.3.1. Aufbau
Legal Due Diligence Reports werden üblicherweise nach folgendem Schema aufgebaut:[601]

In einer **Executive Summary** werden die wesentlichen Erkenntnisse der Due Diligence sowie ihre jeweilige Auswirkung auf die Transaktion zusammengefasst und dem Due Diligence Bericht vorangestellt.[602] Dabei sollte darauf hingewiesen werden, dass die Executive Summary nur einen Auszug und eine verkürzte Darstellung der Ausführungen enthält und für das vollständige Bild unbedingt der gesamte Report gelesen werden sollte.[603]

Der Executive Summary folgt die eigentliche **Einleitung** zu dem Report. In ihr werden üblicherweise der Adressatenkreis[604] (auch im Hinblick auf die Haftung) eingegrenzt, die Grenzen der durchgeführten Due Diligence beschrieben und bestimmte Annahmen (*Assumptions*) getroffen. Schließlich enthält die Einleitung oft noch Regelungen zur vereinbarten Haftungsbeschränkung.

---

[598] Dietzel in: Semler/Volhard, Arbeitshandbuch für Unternehmensübernahmen, Band 1, § 9 Rn. 116.
[599] Dietzel in: Semler/Volhard, Arbeitshandbuch für Unternehmensübernahmen, Band 1, § 9 Rn. 117; Andreas in: Beisel/Andreas, Due Diligence, § 8 Rn. 11.
[600] Andreas in: Beisel/Andreas, Due Diligence, § 8 Rn. 14, § 10 Rn. 3.
[601] Dietzel in: Semler/Volhard, Arbeitshandbuch für Unternehmensübernahmen, Band 1, § 9 Rn. 162.
[602] Andreas in: Beisel/Andreas, Due Diligence, § 10 Rn. 5.
[603] Dietzel in: Semler/Volhard, Arbeitshandbuch für Unternehmensübernahmen, Band 1, § 9 Rn. 164.
[604] Andreas in: Beisel/Andreas, Due Diligence, § 10 Rn. 8 f.

# 3. Teil. Due Diligence

Nach der Einleitung kommt der eigentliche **Berichtsteil**, der je nach der vereinbarten Ausführlichkeit Ausführungen zu den verschiedenen untersuchten Themengebieten enthält.

Es hat sich als besonders praktikabel erwiesen, **Anlagen** zu dem Berichtsteil zu erstellen, in welcher umfangreichere Informationen besonders übersichtlich dargestellt werden können.[605] So können etwa die gesellschaftsrechtliche Struktur in einem Organigramm grafisch abgebildet werden, die wesentlichen gesellschaftsrechtlichen Grundinformationen in einer entsprechenden Tabelle für alle Gruppengesellschaften zusammengefasst werden oder wesentliche Verträge mit ihren jeweiligen Vertragsbedingungen aufbereitet werden.

### 4.3.2. Darstellung

Besonders bei der Darstellung im Berichtsteil ist darauf zu achten, dass sich der Bericht auf den vereinbarten Rahmen beschränkt. Dies gilt vor allem für den Umfang der Darstellung.

Bei der Darstellung von Problemen sollte dem jeweiligen Adressatenkreis ein besonderer Augenmerk geschenkt werden: Rechtsausführungen zu einzelnen Problemen sind bei den Entscheidungsträgern in der Regel nicht gewünscht, die sich vielmehr für die wirtschaftlichen Auswirkungen des jeweiligen Problems auf die Transaktion interessieren. Die Darstellung kann sich daher auch nicht auf die Beschreibung identifizierter Risiken beschränken, sondern sollte bereits Vorschläge unterbreiten, wie dem Risiko im Zuge der Transaktion begegnet werden kann.[606] Zu den insoweit relevanten Wechselwirkungen der Due Diligence auf die Vertragsgestaltung durch Closing Bedingungen, Garantien und Freistellungen vgl. bereits oben S. 141. Ein guter Legal Due Diligence Bericht soll sich nicht auf die bloße Darstellung der rechtlichen Fakten eines Unternehmens beschränken, sondern auch eine kommerzielle Bewertung von möglichen rechtlichen Risiken enthalten. Hierfür ist es zwingend, dass die beteiligten Rechtsanwälte, die „Eckpfeiler" des Geschäftsbetriebes der Zielgesellschaft und die zukünftige Strategie eines Käufers verstehen. Nur so kann der Legal Due Diligence Bericht den Entscheidungsträgern des Käufers bei den zu treffenden Entscheidungen helfen.

## 5. Sonderfall Vendor Due Diligence

### 5.1. Vor- und Nachteile

Bei einer Vendor Due Diligence führt der Verkäufer noch vor dem Käufer selbst eine Due Diligence durch.[607] Die Vendor Due Diligence ist mit verschiedenen Vor- und Nachteilen verbunden, wobei die Vorteile (vorbehaltlich hoher Kosten) üblicherweise überwiegen dürften:

Zunächst verschafft sich der Verkäufer selbst einen umfassenden Überblick über das zum Verkauf stehende Unternehmen. Insbesondere in Share Deal Konstellationen erlangt die Vendor Due Diligence besondere Bedeutung, wenn der Verkäufer als Gesellschafter keine Detailkenntnis von dem Unternehmen besitzt. Der Verkäufer muss sich jedenfalls einen Überblick über das Unternehmen verschaffen, um dem Käufer, der das Unternehmen nach der Due Diligence relativ gut kennt, bei den Vertragsverhandlungen nicht strukturell unterlegen zu sein und das Risiko der von dem Verkäufer abzugebenden Garantien einschätzen zu können.[608] Soweit das Unternehmen bestimmte Risiken birgt, ist es auch aus Sicht des

---

[605] Dietzel in: Semler/Volhard, Arbeitshandbuch für Unternehmensübernahmen, Band 1, § 9 Rn. 166.

[606] Dietzel in: Semler/Volhard, Arbeitshandbuch für Unternehmensübernahmen, Band 1, § 9 Rn. 165; Nawe/Nagel, in: Berens/Brauner/Strauch, Due Diligence bei Unternehmensakquisitionen, S. 764; Andreas in: Beisel/Andreas, Due Diligence, § 11 Rn. 2.

[607] Zu terminologischen Unklarheiten und Abgrenzungen vgl. Nawe/Nagel in: Berens/Brauner/Strauch, Due Diligence bei Unternehmensakquisitionen, S. 759 ff.

[608] Nawe/Nagel in: Berens/Brauner/Strauch, Due Diligence bei Unternehmensakquisitionen, S. 761; Andreas, in: Beisel/Andreas, Due Diligence, § 2 Rn. 20.

Verkäufers unabdingbar, diese vor dem Käufer zu kennen, ihnen gegebenenfalls abzuhelfen und auf diese Weise den Kaufpreis zu steigern und jedenfalls „böse Überraschungen" während der Due Diligence des Käufers zu vermeiden.[609]

Besondere Bedeutung kann eine Vendor Due Diligence auch bei besonders komplexen oder komplizierten Vorgängen haben: dem Käufer wird die eigene Due Diligence erleichtert, wenn ihm eine entsprechender Vendor Due Diligence Bericht komplexe Sachverhalte verständlich aufbereitet. So hat es sich etwa bei komplexen Vertragswerken als hilfreich erwiesen, dem Käufer diese entsprechend zusammenzufassen und nicht mit der Lektüre umfangreicher Vertragsdokumentation alleine zu lassen.

Die Vendor Due Diligence ist insoweit auch geeignet, den Due Diligence Aufwand des Käufers zu reduzieren und damit die Dauer der Transaktion zu verkürzen.

Für den Verkäufer ist die Vendor Due Diligence natürlich mit zusätzlichen Kosten verbunden. Der Verkäufer sollte daher vor der Vendor Due Diligence abwägen, ob die erwarteten Vorteile der Vendor Due Diligence die Kosten rechtfertigen. Bei zahlreichen im Rahmen eines Auktionsverfahrens durchgeführten Transaktionen wurden in den letzten Jahren Vendor Due Diligence Berichte erstellt, um die Verfahren zu optimieren.

**Praxistipp:** Insbesondere wenn der Verkäufer selbst keine Kenntnis von dem Unternehmen hat, sollte unbedingt eine wie auch immer geartete Vendor Due Diligence durchgeführt werden. Anderenfalls kann sich der Verkäufer nicht auf Augenhöhe mit dem Käufer bewegen und den Unternehmenskaufvertrag nicht interessengerecht verhandeln.

### 5.2. Nutzen des Vendor Due Diligence Report für den Käufer

Eine Vendor Due Diligence kann die eigene Due Diligence des Käufers aber kaum ersetzen. Zwar ist es durchaus üblich, dem Käufer den Vendor Due Diligence Bericht zugänglich zu machen. Da in der Regel aber weder der Verkäufer noch seine Report bereit sein werden, die Verantwortung für die Richtigkeit des Vendor Due Diligence Report gegenüber dem Käufer mit einem Reliance Letter zu übernehmen, muss der Käufer noch eine eigene Due Diligence durchführen, will er sich von der Richtigkeit und Vollständigkeit des Vendor Due Diligence Report überzeugen.

## 6. Typische Prüfungsschwerpunkte

Im Rahmen der Legal Due Diligence ergeben sich für die verschiedenen rechtlichen Gebiete typische Prüfungsschwerpunkte, die nachfolgend stichpunktartig dargestellt werden sollen.

### 6.1. Gesellschaftsrecht

Die gesellschaftsrechtliche Due Diligence ist vor allem bei einem Share Deal von besonderer Bedeutung, da sie der Prüfung der Existenz der Gesellschaftsanteile als eigentlichem Kaufgegenstand dient. Typischerweise sind zu prüfen:
– **Gründung:** Gründungsvorgang, insbesondere Kapitalaufbringung, Besonderheiten der Sachgründung, Handelsregistereintragung, Nachgründung
– **Chain of Title:** Veränderung der Beteiligungsverhältnisse seit der Gründung, insbesondere Anteilsübertragungen und Kapitalmaßnahmen
– **Aktuelle Beteiligungsverhältnisse**
  • Eigenkapital
  • Stille Beteiligungen, Optionen, Wandelschuldverschreibungen
  • Treuhandverhältnisse

---

[609] Dietzel in: Semler/Volhard, Arbeitshandbuch für Unternehmensübernahmen, Band 1, § 9 Rn. 62; 173 f.

- **Belastungen**, insbesondere Pfandrechte
- **Aktueller Gesellschaftsvertrag**
- **Finanzierung**
  - Eigenkapital
  - Fremdkapital, Gesellschafterdarlehen
  - Stille Beteiligungen, Schuldverschreibungen, sonstige mezzanine Finanzierungsinstrumente
- **Umwandlungsmaßnahmen**
- **Konzernstruktur**
  - Gruppenstruktur, insbesondere unmittelbare und mittelbare gesellschaftsrechtliche Beteiligungen
  - Unternehmensverträge i. S. d. §§ 291 ff. AktG und Möglichkeiten und Auswirkungen deren Beendigung im Zusammenhang mit der Transaktion
- **Corporate Governance**
  - Organe und deren Befugnisse
  - Organisationsstruktur
- **Veräußerungsbeschränkungen**
  - Vinkulierung der Anteile, Zustimmungsvorbehalte für die Übertragung
  - Vorerwerbsrechte, sonstige Veräußerungsbeschränkungen (etwa Mitveräußerungsrechte (*Tag Along*) oder Mitveräußerungspflichten (*Drag Along*))
- **Related Party Transactions:** Verträge mit Gesellschaftern und nahe stehenden Personen
  - Drittvergleich (*arm's length*), verdeckte Gewinnausschüttungen, Kapitalerhaltung
  - Folgen der Beendigung im Rahmen der Transaktion
  - Gesellschaftervereinbarungen

### 6.2. Arbeitsrecht

- **Organisationsplan** und Verantwortlichkeitsstrukturen in der Unternehmensleitung
- **Management**
  - Dienstverträge und sonstige Verträge mit Management
  - Abfindungsregelungen, Wettbewerbsverbote, Versorgungsleistungen
- **Managementbeteiligungsprogramme**
- **Mitarbeiter**
  - Identifikation der wesentlichen Mitarbeiter
  - Standardarbeitsverträge
  - Kündigungsschutz für bestehende Mitarbeiter
  - Arbeitsrechtliche Nebenleistungen und besondere Vergütungsformen, insbesondere Bonuspläne, Sozialleistungen und Mitarbeiterbeteiligungsprogramme, betriebliche Übung
- **Mitbestimmung**
  - Bestehen eines Betriebsrates oder anderer Vertretungsorgane der Arbeitnehmer und deren Mitglieder
- **Kollektivarbeitsrecht**
  - Tarifbindung und Tarifverträge
  - Betriebsvereinbarungen
- **Betriebliche Altersvorsorge**, insbesondere Pensionspläne und deren Finanzierung (Direktversicherungen, Rückstellungen, etc.)
- **Altersteilzeit**
- **Arbeitsrechtliche Rechtsstreitigkeiten**

## 6.3. Immobilienrecht

- **Grundeigentum/Erbbaurechte**
- **Betriebsstätten**
- **Beschränkte dingliche Rechte**
  - Nutzungsrechte (Dienstbarkeiten, Nießbrauch, Reallasten)
  - Grundpfandrechte, insbesondere Rangstellung der Grundpfandrechte und Auswirkungen auf die Transaktionsfinanzierung
  - Schuldrechtliche Vereinbarungen zu den beschränkten dinglichen Rechten
- **Altlasten:** historische Nutzung des Grundbesitzes, Bodengutachten, Sanierung
- **Mietverträge**
  - Wesentliche kommerzielle Bedingungen (Mietzins, Indexierung, Laufzeit, Verlängerungsoptionen, Betriebskosten, Instandhaltung, Rückbau)
  - Wahrung des Schriftformerfordernisses gemäß § 550 BGB
- **Öffentliches Recht:** Gewerberecht, Immissionsschutzrecht, Baurecht, Wasserrecht und sonstige öffentlich-rechtliche Vorschriften im Zusammenhang mit Grundstücken oder Betriebsanlagen des Unternehmens

## 6.4. Commercial: Wichtige Vertragsbeziehungen

- **Verträge auf Beschaffungs- und Vertriebsseite**, Identifikation der wichtigen Verträge aufgrund von Umsatzzahlen
- **Typische Prüfungsschwerpunkte**
  - Vertragsschluss, insbesondere Vertretungsmängel und Formmängel
  - Laufzeiten, Verlängerungsoptionen, Kündigungsmöglichkeiten, *Change of control* Klauseln
  - Mindestabnahme-, Mindestlieferverpflichtungen
  - Unzulässige Kartellabsprachen und bestehende Wettbewerbsverbote
  - Exklusivbindungen
  - Haftungsregelungen, insbesondere Produkthaftung
- **Standardverträge**, allgemeine Geschäftsbedingungen
- **Vertriebsbeziehungen**, insbesondere Handelsvertreter- und Vertragshändlerverträge

## 6.5. Gewerbliche Schutzrechte

- **Bestehende Schutzrechte**: Marken (Wortmarken, Bildmarken, Wort-/Bildmarken, Formmarken), Domains, Urheberrechte, Geschmacksmuster, Patente, Gebrauchsmuster, Know-how
- **Prüfungsschwerpunkte**: (registrierter) Inhaber des Schutzrechts, laufende Anmeldeverfahren, Schutzgebiete, Schutzdauer, Priorität des Schutzrechts
- **Lizenzvereinbarungen**, insbesondere Exklusivität, Vertragsgebiet, Lizenzgebühr, Dauer, *Change of control* Klauseln
- **Rechtsstreitigkeiten**, insbesondere Stand laufender Verfahren, Einschätzung der wirtschaftlichen Bedeutung der Verfahren für das Unternehmen
- **Arbeitnehmererfindungen**, insbesondere betriebliche Praxis, wirksame Inanspruchnahme der Erfindung durch den Arbeitgeber, Erfindervergütung

## 6.6. Finanzierung/Banking

- **Finanzierung** durch Eigenkapital, Fremdkapital, Mezzaninefinanzierung
- **Kreditverträge mit Dritten**, insbesondere Art des Kredits, Zins, Zinsanpassung, Laufzeit, Beendigungsmöglichkeiten, Vorfälligkeitsentschädigungen, *Change of control* Klauseln, Covenants
- **Gesellschafterdarlehen**, insbesondere Drittvergleich, Eigenkapitalersatzrecht, Wandeldarlehen

## 3. Teil. Due Diligence § 7 Legal Due Diligence

- **Schuldverschreibungen**, insbesondere Wandel- und Optionsschuldverschreibungen,
- **Stille Beteiligungen**, insbesondere typische und atypische stille Gesellschaften,
- **Genussrechte**
- **partiarische Darlehen**
- **Factoring**
- Besonderheiten bei **Konzernfinanzierung**, insbesondere Up-stream und Down-stream-Darlehen, Cash-Pool, Kapitalerhaltung
- **Gewährte Sicherheiten**, insbesondere persönliche Sicherheiten wie Bürgschaften, Garantien, Patronatserklärungen, etc. und dingliche Sicherheiten wie Pfandrechte, Sicherungsabtretungen oder -übereignungen;

### 6.7. Versicherungen

- **Bestehende Versicherungen**, insbesondere abgedeckte Risiken, Versicherungshöhe, Prämie, Selbstbeteiligung, Laufzeit und Kündigungsmöglichkeit
- **Gruppenversicherungen** bei Konzernverhältnissen (Beendigung des Versicherungsschutzes durch die Transaktion)
- Gemeldete **Schadensfälle** der letzten Jahre

### 6.8. Rechtsstreitigkeiten

- Angedrohte und anhängige Rechtsstreitigkeiten (insbesondere auch im Hinblick auf gebildete Rückstellungen)
- Abgeschlossene Rechtsstreitigkeiten der letzten Jahre

### 6.9. Öffentliche Zuschüsse und Beihilfen

- Beihilfetatbestand
- Ordnungsgemäße Anmeldung der Beihilfen und Genehmigung durch die zuständigen Behörden
- Auflagen, Bedingungen oder sonstige bei der Gewährung auferlegte Beschränkungen
- Pflicht zur Rückzahlung der Beihilfen im Zusammenhang mit der Durchführung der Transaktion

## 7. Besonderheiten bei Private Equity Transaktionen

### 7.1. Einführung

Grundsätzlich bestehen für die Zulassung, Vorbereitung und Durchführung einer Due Diligence-Prüfung bei Private Equity Transaktionen keine Besonderheiten.[610] Wegen der besonderen Strukturierung von Private Equity Transaktionen und der besonderen Anlagezwecke institutioneller Investoren können sich bei Private Equity Transaktionen aber besondere Prüfungsschwerpunkte im Rahmen der Due Diligence-Prüfung ergeben, auf die nachfolgend gesondert eingegangen werden soll.

---

[610] Felsenstein/Meyding in: Triebel, Mergers & Acquisitions, Teil II, Kapitel 2, Rn. 665; allgemein zur Bedeutung der Due Diligence in Private Equity Transaktionen: Koblenzer, ZEV 2002, 350 (352 f.).

## 7.2. Besonderheiten im Hinblick auf die Strukturierung von Private Equity Transaktionen

### 7.2.1. Übernahme oder Ablösung der bestehenden Finanzierung der Zielgesellschaft

#### 7.2.1.1. Bedeutung der Fremdfinanzierung für den Private Equity Käufer

Private Equity Käufer versuchen typischerweise, einen Großteil des Kaufpreises mit Fremdkapital zu finanzieren, um den für Private Equity Beteiligungen typischen Hebel (*Leverage*) auf das eingesetzte Eigenkapital des Private Equity Käufers zu bekommen.[611] Die finanzielle Situation der Zielgesellschaft hinsichtlich bereits bestehender Fremdfinanzierungen und möglicher neuer Fremdfinanzierungen spielen für einen Private Equity Käufer daher eine sehr große Rolle. Sofern bereits eine größere Finanzierung bei der Zielgesellschaft besteht, stellt sich für den Käufer die Frage, ob er diese Finanzierung übernehmen oder ob er im Zusammenhang mit der Transaktion die Zielgesellschaft refinanzieren möchte.

#### 7.2.1.2. Übernahme bestehender Finanzierungen

Gerade in Zeiten, in denen Banken mit der Vergabe neuer Akquisitionskredite zurückhaltend sind, kann die Übernahme einer existierenden Finanzierung für einen Private Equity Käufer von Vorteil sein. Insoweit ist der bestehenden Finanzierung im Rahmen der Due Diligence Prüfung besondere Aufmerksamkeit zu widmen. Neben den kommerziellen Bedingungen der Finanzierung (Zinskonditionen, Laufzeiten, Sicherheiten und Covenants) ist insbesondere zu prüfen, ob die Übernahme der Finanzierung der Mitwirkung der finanzierenden Banken bedarf. Soweit die Bank etwa im Falle eines Gesellschafterwechsels (*Change of Control*) ein einseitiges Kündigungsrecht hat, muss die Bank entsprechend in den Transaktionsprozess einbezogen werden.

#### 7.2.1.3. Ablösung bestehender Finanzierungen

Sofern im Zuge der Transaktion eine neue Fremdfinanzierung erforderlich ist, etwa weil noch keine hinreichende Fremdfinanzierung besteht oder die Konditionen einer neuen Fremdfinanzierung besser sind, ergeben sich ebenfalls besondere Prüfungsschwerpunkte für die Due Diligence:

Soll eine bestehende Fremdfinanzierung vor dem Ende der geplanten Laufzeit abgelöst werden, können hiermit Kosten durch Vorfälligkeitsentschädigungen und pauschalierte Vertragsstrafen verbunden sein, die möglicherweise von der Zielgesellschaft zu tragen sind.

Die Verfügbarkeit und die Bedingungen eines neuen Akquisitionskredits hängen entscheidend von den zur Verfügung stehenden Sicherheiten ab. Im Rahmen der Due Diligence ist daher zudem die Sicherheitensituation bei der Zielgesellschaft zu prüfen und festzustellen, welche Sicherheiten gestellt werden können und welchen Beschränkungen die Gewährung von Sicherheiten für die Akquisitionsfinanzierung (z. B. beschränkte Zulässigkeit von Upstream-Sicherheiten nach Kapitalerhaltungsregeln) unterliegt. Bei Grundpfandrechten spielt auch die Rangstellung der neuen Bank eine entscheidende Bedeutung.

### 7.2.2. Erweiterter Adressatenkreis der Due Diligence

Im Rahmen der Gewährung der Akquisitionsfinanzierung führen die Banken eine eigene Risikobewertung für die Zielgesellschaft durch. Insoweit ist es aber unüblich, dass die Banken eine vollständige eigene Due Diligence Prüfung bei der Zielgesellschaft veranlassen. Vielmehr ziehen die Banken insoweit die Due Diligence Ergebnisse des Private Equity

---

[611] Becker, DStR 1998, 1429; ausführlich zum Leverage: Eidenmüller, ZHR 171 (2007), 644 (655 ff.).

Käufers heran. Für die Banken ist es dabei unerlässlich, eine eigene Haftungsbeziehung mit den Beratern zu begründen, die die Due Diligence Prüfung durchgeführt haben. Hierfür stehen prinzipiell zwei Möglichkeiten zur Verfügung:

### 7.2.2.1. Einbeziehung der Banken in den Adressatenkreis des Due Diligence Reports

Zunächst können die Banken ausdrücklich in den Adressatenkreis des Due Diligence Berichts einbezogen werden, wodurch eine vertragliche Grundlage für eine Haftung der Rechtsanwaltskanzlei und den Banken geschaffen wird.

### 7.2.2.2. Reliance Letter

Ist die finanzierende Bank nicht ausdrücklich im Due Diligence Bericht als Adressat des Berichts genannt, besteht die Möglichkeit, dass sie über einen sog. Reliance Letter in den Schutzbereich des Berichts einbezogen wird und auf diesem Weg den gleichen Schutz genießt wie der ursprüngliche Adressat. Dieses Konzept bietet sich z. B. an, wenn die finanzierende Banken zum Zeitpunkt der Fertigstellung des Due Diligence Berichts noch nicht feststehen und zu einem späteren Zeitpunkt einbezogen werden sollen. Da die finanzierende Bank häufig den Akquisitionskredit weiter an andere Banken syndizieren möchte, ist es üblich, auch diese weiteren Banken in den Schutzbereich des Due Diligence Berichts einzubeziehen. Der Reliance Letter wird deshalb üblicherweise mit der finanzierenden Bank abgestimmt und dann entsprechend den Bedürfnissen der konkreten Transaktion angepasst.

## 7.3. Besonderheiten im Hinblick auf den Anlagehorizont von Private Equity Investoren

### 7.3.1. Restrukturierungsmöglichkeiten der Zielgesellschaft

Nach Durchführung der Transaktion beabsichtigt ein Private Equity Käufer üblicherweise umfassende Restrukturierungsmaßnahmen bei der Zielgesellschaft. Schon im Vorfeld des Erwerbs muss sich der Berater mit dem Private Equity Käufer über die typischen Restrukturierungsmaßnahmen abstimmen und dann im Rahmen der Due Diligence prüfen, welche rechtlichen Restriktionen sich für diese Maßnahmen ergeben können.

Der Private Equity Käufer beabsichtigt in der Regel, die Zinszahlungen und die Tilgung des Akquisitionsdarlehens aus dem Cash Flow der Zielgesellschaft zu leisten. Insoweit ist im Zuge der Due Diligence zu prüfen, welche faktischen und rechtlichen Beschränkungen für den Zugriff auf den Cash Flow bestehen.

### 7.3.2. Geplanter Exit

Da Private Equity Käufer üblicherweise eine Zielgesellschaft nur für einen begrenzten Zeitraum übernehmen, sollte bereits bei dem Erwerb darauf geachtet werden, ob in der Zielgesellschaft Probleme existieren, die einen Exit des Investors zu einem späteren Zeitpunkt erschweren können.

## 7.4. Besonderheiten bei Secondary Buy-outs

Bei Secondary Buy-outs besteht für Zwecke der Due Diligence in der Regel die Besonderheit, dass der veräußernde Private Equity Verkäufer bereits bei dem eigenen Einstieg eine professionelle Due Diligence Prüfung durchgeführt hat und eine Bewertung der Risiken der Zielgesellschaft getroffen hat. Werden die (historischen) Due Diligence Berichte dem neuen Private Equity Käufer für dessen Due Diligence offen gelegt, kann dies die Verfahrensdauer für die Due Diligence erheblich verkürzen.

# § 8 Tax Due Diligence

## Übersicht

| | Seite |
|---|---|
| 1. Einführung | 166 |
| 1.1. Begriff, Inhalt und Ziele | 166 |
| 1.2. Vorgehensweise | 166 |
| 2. Vorbereitung | 167 |
| 2.1. Auftragsvergabe und Festlegung des Untersuchungsprogramms | 167 |
| 2.2. Steuerlich relevante Informationen und ihre Beschaffung | 168 |
| 3. Durchführung | 169 |
| 3.1. Aufnahme des steuerlichen Status | 169 |
| 3.1.1. Abgeschlossene Betriebsprüfungen | 169 |
| 3.1.2. Offene Veranlagungszeiträume | 170 |
| 3.2. Untersuchung ausgewählter Bilanzpositionen | 170 |
| 3.2.1. Allgemeines | 170 |
| 3.2.2. Eigenkapital | 170 |
| 3.2.3. Rückstellungen | 170 |
| 3.2.4. Wertaufholung nach Teilwertabschreibungen | 171 |
| 3.2.5. Immaterielle Wirtschaftsgüter | 172 |
| 3.3. Organschaften | 173 |
| 3.3.1. Inhalt und Bedeutung der Organschaft | 173 |
| 3.3.2. Ausgewählte Prüfungsfelder | 174 |
| 3.4. Steuerliche Verlustvorträge | 175 |
| 3.4.1. Rechtslage bis 2007 | 175 |
| 3.4.2. Rechtslage ab 2008 | 177 |
| 3.4.3. Rechtslage ab 2010 | 178 |
| 3.5. Verträge mit Gesellschaftern/nahe stehenden Personen | 179 |
| 3.5.1. Gesellschaftsrechtlich verursachte Gewinnverschiebungen | 179 |
| 3.5.2. Verdeckte Gewinnausschüttung | 179 |
| 3.6. Finanzierung | 180 |
| 3.6.1. Allgemeines | 180 |
| 3.6.2. Gesellschafterfremdfinanzierung | 180 |
| 3.6.3. Zinsschranke | 181 |
| 3.7. Beziehungen zu ausländischen verbundenen Unternehmen | 183 |
| 3.7.1. Fremdvergleichsmaßstab als Prüfungsschwerpunkt | 183 |
| 3.7.2. Dokumentation von Verrechnungspreisen | 184 |
| 3.7.3. Einkünfteberichtigung | 184 |
| 3.8. Umsatzsteuer | 185 |
| 3.8.1. Ausgewählte Prüfungsschwerpunkte | 185 |
| 3.8.2. Umsatzsteuerliche Konsequenzen der Geschäftsveräußerung | 185 |
| 3.8.3. Umsatzsteuerliche Risiken des Zielunternehmens | 186 |
| 3.9. Grunderwerbsteuer | 187 |
| 3.9.1. Ausgewählte Prüfungsschwerpunkte | 187 |
| 3.9.2. Übertragung von Grundstücken (Asset Deal) | 187 |
| 3.9.3. Übertragung von Gesellschaftsanteilen (Share Deal) | 188 |
| 3.9.4. Restrukturierungen | 189 |
| 4. Auswertung | 189 |
| 4.1. Berichterstattung und Auswertung | 189 |
| 4.2. Steuerklauseln | 190 |
| 4.3. Maßnahmen zur Risikobegrenzung | 190 |

# 3. Teil. Due Diligence § 8 Tax Due Diligence

## 1. Einführung

### 1.1. Begriff, Inhalt und Ziele

Der Begriff der Due Diligence entstammt ursprünglich den im US-amerikanischen Kapitalmarkt- und Anlegerschutzrecht kodifizierten Haftungsregeln und bezeichnete in diesem Zusammenhang den für die mit der Emission von Wertpapieren betrauten Personen anwendbaren Sorgfaltsmaßstab.[612] Über dieses herkömmliche Begriffsverständnis hinaus erlangt die Due Diligence heutzutage ihre wesentliche Bedeutung bei der Transaktionsberatung, also insbesondere bei dem Kauf oder Verkauf eines Unternehmens, dessen Umstrukturierung, Fusionierung oder Sanierung.[613]

Auch wenn sich eine allgemeinverbindliche Definition des Begriffs der Due Dilligence bislang nicht herausbilden konnte, sind die zu verzeichnenden Unterschiede der bestehenden Begriffsdefinitionen[614] als gering einzuschätzen. Bei wörtlicher Übersetzung bedeutet der Begriff der Due Diligence „erforderliche, angemessene, gebührende Sorgfalt" und beschreibt im Allgemeinen den für einen abgrenzbaren Personenkreis geltenden Verhaltensmaßstab im Rahmen einer bestimmten Tätigkeit.

Das Ziel der Tax Due Diligence liegt in der Erlangung von möglichst umfassenden Informationen über die steuerliche Situation der zu erwerbenden Gesellschaft, um die mit der geplanten Transaktion einhergehenden Chancen und Risiken sachgerecht analysieren zu können. So wird in der Praxis oftmals erst nach Durchführung der Due Diligence abschließend beurteilt werden können, ob die beabsichtigte Akquisition getätigt werden soll, welchen Einfluss die erlangten Erkenntnisse auf den Kaufpreis haben werden und inwiefern diese im Rahmen der Kaufvertragsverhandlungen mittels Steuerklauseln bzw. -garantien interessengerecht abgedeckt werden können. Ergeht die Entscheidung nach Abschluss der Untersuchungen für den Erwerb der Zielgesellschaft, dient die Vornahme der Due Diligence ferner dem Zweck, Informationen für die sich dann anschließende Strukturierung der geplanten Transaktion zu gewinnen. Im Rahmen von Unternehmenstransaktionen wird eine Tax Due Diligence entweder von dem potenziellen Käufer (Buy Side Due Diligence) oder vorbereitend vom Verkäufer (Vendor Due Diligence) beauftragt.

### 1.2. Vorgehensweise

Aufgrund der hohen Komplexität einer Tax Due Diligence sowie der oftmals nur engen zeitlichen Kapazitäten ist ein strukturiertes Vorgehen für die Prüfung von im Vorfeld ausgewählten steuerlichen Risikofaktoren des Zielunternehmens unerlässlich. Auch wenn für die Tax Due Diligence keine allgemein verbindlichen Regelungswerke bestehen,[615] die im

---

[612] Vgl. ausführlich zu dem Begriff der Due Diligence und dessen Herkunft Berens/Strauch, Herkunft und Inhalt des Begriffes Due Diligence, in: Berens/Brauner/Strauch, Due Diligence bei Unternehmensakquisitionen, S. 3 ff.; Pack in: Picot, Handbuch Mergers & Acquisitions, S. 287 (288 ff.).

[613] Vgl. zu der Funktion der Due Diligence im Allgemeinen Beisel in: Beisel/Andreas, Due Diligence, § 1 Rn. 23 ff.; Berens/Schmitting/Strauch, Funktion, Terminierung und rechtliche Einordnung der Due Diligence, in: Berens/Brauner/Strauch, Due Diligence bei Unternehmensakquisitionen, S. 75 ff.

[614] Vgl. hierzu etwa Beisel in: Beisel/Andreas, Due Diligence, § 1 Rn. 1 ff.; Berens/Strauch, Herkunft und Inhalt des Begriffes Due Diligence, in: Berens/Brauner/Strauch (Hrsg.), Due Diligence bei Unternehmensakquisitionen, S. 3, 10 ff.; Schiffers, GmbH-StB 2004, 239 (239); Löffler, Wpg 2004, 576 (577); ders. Tax Due Diligence beim Unternehmenskauf, 2002, S. 8; Marx/Löffler, StuB 2000, 333 (333 f.); Wegmann/Koch, DStR 2000, 1027 (1027).

[615] Zwar hat der Gebrauch von Checklisten eine gewisse Verbreitung erfahren, vgl. hierzu etwa die Übersicht bei Holzhäuser in: Beisel/Andreas, Due Diligence, § 32 Rn. 56; ausführlich Kneip/Jänisch, Tax Due Diligence, E. Anhang (S. 943 ff.). In der Praxis sollte auf diese wegen den im jeweiligen Einzelfall zu berücksichtigenden individuellen Problembereichen und Fragestellungen jedoch nur bedingt zurückgegriffen werden.

Sinne eines effizienten Ablaufs grundsätzlich herangezogen werden könnten, bietet sich in der Praxis eine dreigliedrige Vorgehensweise an, die sich in eine Vorbereitungsphase, eine Durchführungsphase und eine Auswertungsphase untergliedert.

Aufgrund der zur Verfügung stehenden Informationen (öffentlich zugängliche Informationen, Information Memorandum, Datenraum-Index, Jahresabschlüsse) werden in Vorbereitung auf die Tax Due Diligence zunächst potenzielle Risikofelder identifiziert und daraus der Umfang der steuerlichen Prüfung zielgerichtet abgegrenzt. In Relation zum Transaktionsvolumen wird dabei häufig ein Mindestrisikobetrag vereinbart. Potenzielle Risiken unterhalb dieser Wesentlichkeitsgrenze sollen dann nicht mehr zum Gegenstand der Tax Due Diligence gemacht werden.

In der sich anschließenden Durchführungsphase beginnen die eigentlichen Untersuchungen zur Identifizierung der sich in dem Zielunternehmen befindenden steuerlichen Chancen und Risiken. Der Prüfungsumfang bemisst sich in rechtlicher Hinsicht anhand der in der Vorbereitungsphase festgelegten Untersuchungsfelder und wird rein faktisch von den vom Auftraggeber zur Verfügung gestellten Informationen und Dokumenten des Zielunternehmens bestimmt. Die im Rahmen dieser Phase gefundenen Ergebnisse werden in einem Abschlussbericht, dem sog. Tax Due Diligence Report, zusammenfassend dokumentiert.

## 2. Vorbereitung

### 2.1. Auftragsvergabe und Festlegung des Untersuchungsprogramms

Erfolgt die Beauftragung der Tax Due Diligence – wie im Regelfall – an externe steuerliche Berater,[616] gilt es zunächst, das konkrete Untersuchungsprogramm zwischen Auftraggeber und Auftragnehmer abzustimmen. Die Aufgliederung des gesamten Prüfungsgebiets in einzelne Untersuchungsfelder und die damit ggf. verbundene Aufteilung in verschiedene Beraterteams ist im Hinblick auf den hohen Spezialisierungsgrad der einzelnen Teams sowie die fristgerechte Erledigung der Tax Due Diligence gerade im Rahmen größerer Transaktionen zwingend.[617] Die zu prüfenden Untersuchungsfelder sollten inhaltlich möglichst homogen, d. h. inhaltlich gleichartig sein und die vermuteten Risiken weitgehend auf den gleichen Ursprung zurückgehen.[618] Im Sinne einer effizienten Arbeitsweise sowie zur Vermeidung späterer Unklarheiten ist es ferner empfehlenswert, das gesamte Untersuchungsprogramm genau festzulegen und den zu prüfenden Leistungsumfang der einzelnen Beraterteams detailliert zu bestimmen. Hierbei wird es oftmals ratsam sein, den Auftragsinhalt auch negativ abzugrenzen, also darzulegen, welche Bereiche nicht Gegenstand der Untersuchung sein sollen. In diesem Zusammenhang sollte ebenfalls eine Abgrenzung zu anderen Untersuchungen (Legal Due Diligence, Financial Due Diligence etc.) erfolgen, die in der Regel parallel durchgeführt werden.

Der Umfang des Untersuchungsprogramms unterscheidet sich auch durch die Art der geplanten Transaktion. Denn die Risikolage des Erwerbers im Hinblick auf Steuerrisiken der Zielgesellschaft divergiert in Abhängigkeit von der Form der Unternehmensakquisition.[619]

---

[616] Da die Tax Due Diligence eine „Beratung in Steuerangelegenheiten" gem. § 33 Satz 1 StBerG darstellt und somit auch als „geschäftsmäßige Hilfeleistung in Steuersachen" gem. § 32 Abs. 1 StBerG einzuordnen ist, ist zur Durchführung einer Tax Due Diligence nur ein bestimmter Personenkreis befugt. Dies sind insb. Steuerberater, Steuerberatungsgesellschaften, Rechtsanwälte, Rechtsanwaltsgesellschaften sowie Wirtschaftsprüfer und Wirtschaftsprüfergesellschaften, vgl. § 3 StBerG.
[617] Vgl. näher zur Team-Bildung bei Due Diligence Projekten Pack in: Picot, Handbuch Mergers & Acquisitions, 287 (291 ff.).
[618] Löffler, Tax Due Diligence beim Unternehmenskauf, S. 145.
[619] Vgl. ausführlich zu den steuerlichen Erwägungen bei der Wahl zwischen dem Kauf von Unternehmensteilen oder Gesellschaftsrechten Holzapfel/Pöllath, Unternehmenskauf in Recht und Praxis, S. 111 ff.

## 3. Teil. Due Diligence                                    § 8 Tax Due Diligence

So übernimmt der Käufer im Falle eines Anteilserwerbs („Share Deal") stets sämtliche steuerlichen Verpflichtungen, welche aufgrund der Identität des erworbenen Rechtsträgers beim Erwerber auch nicht ausgeschlossen werden können.[620] Dabei ist der Umfang einer möglichen Inanspruchnahme im Falle eines Anteilserwerbs einer Personengesellschaft weit geringer als beim Erwerb von Kapitalgesellschaftsanteilen, da Personengesellschaften für Zwecke der Einkommen- bzw. Körperschaftsteuer keine eigenständigen Steuersubjekte sind.[621] Steuerschuldner sind Personengesellschaften insbesondere nur für die Gewerbesteuer und Umsatzsteuer und können darüber hinaus nur für die Lohnsteuer sowie Sozialversicherungsbeiträge in Anspruch genommen werden.[622] Wird die Gesellschaft hingegen nicht durch Anteilsabtretung, sondern durch Übereignung ihrer Einzelwirtschaftsgüter veräußert („Asset Deal"), stellt sich der Kauf einer Gesellschaft in steuerlicher Hinsicht weniger riskant dar. Bei dieser Erwerbsart hat der Käufer jedoch § 75 Abgabenordnung (AO) zu beachten, wonach er bei der Übereignung eines Unternehmens[623] oder eines gesondert geführten Betriebs im Ganzen[624] für Steuern haftet, bei denen sich die Steuerpflicht auf den Betrieb des Unternehmens gründet. Insofern ist die Haftung des Erwerbers sachlich auf die sog. betrieblichen Steuern beschränkt, zu denen die Gewerbe-, Umsatz-, Lohnsteuer sowie die Kapitalertrag- und Verbrauchsteuern zählen.[625] In zeitlicher Hinsicht ist die Norm dahingehend begrenzt, dass die Steuer seit Beginn des letzten, vor der Übereignung liegenden Kalenderjahres entstanden ist und bis zum Ablauf von einem Jahr nach Anmeldung des Betriebs durch den Käufer festgesetzt oder angemeldet wird, so dass der Käufer für Steuern i. S. d. § 75 AO für maximal zwei Jahre haftet.[626] Der Höhe nach ist die Haftung auf den Bestand des übernommenen Vermögens beschränkt, vgl. § 75 Satz 2 AO.

### 2.2. Steuerlich relevante Informationen und ihre Beschaffung

Die Durchführung der Prüfung des Zielunternehmens im Hinblick auf steuerliche Risiken erfordert das Vorliegen entsprechender Informationen sowie deren Verfügbarkeit für die steuerlichen Berater. Als steuerlich relevante Informationsquellen kommen interne und externe Dokumente in Betracht.[627]

Als externe Informationsquellen werden diejenigen Informationen bezeichnet, welche außerhalb der Zielgesellschaft zu finden sind. So kann es im Vorfeld der Tax Due Diligence ratsam sein, sich in öffentlichen, allgemein zugänglichen Quellen einen Überblick über bestimmte unternehmensspezifische Grundinformationen, etwa anhand von Presseberichten, den Internetauftritt des Zielunternehmens oder Auszügen aus dem Handelsregister und dem Bundesanzeiger, zu verschaffen.[628] Teilweise bedarf bereits die Erlangung externer Informa-

---

[620] Hogh in: Kneip/Jänisch, Tax Due Diligence, B. II. 1 Rn. 2 (S. 46).
[621] Allerdings kann der Erwerber mit den Personengesellschaftsanteilen auch nicht zugleich die Verlustvorträge erwerben, weil einkommensteuerrechtlich die Verluste unmittelbar den Gesellschaftern zugerechnet werden.
[622] Holzhäuser in: Beisel/Andreas, Due Diligence, § 27 Rn. 4.
[623] Vgl. hierzu Boeker in: H/H/Sp., Abgabenordnung, § 75, Rn. 22 ff.
[624] Vgl. hierzu Boeker in: H/H/Sp., Abgabenordnung, § 75, Rn. 27 ff.
[625] Vgl. Boeker in: H/H/Sp., Abgabenordnung, § 75, Rn. 71–75; hingegen wird die Grunderwerb-, Grund-, Erbschaft- und Kfz-Steuer nicht von § 75 AO erfasst. Ferner sind steuerliche Nebenleistungen (§ 3 Abs. 4 AO) keine Steuern i. S. d. § 75 AO, vgl. Jatzke in: Beermann/Gosch, Abgabenordnung, § 75, Rn. 5.
[626] Holzhäuser in: Beisel/Andreas, Due Diligence, § 27 Rn. 13.
[627] Vgl. zu dieser Unterscheidung Löffler, Tax Due Diligence beim Unternehmenskauf, S. 139 ff.; Berens/Hoffjan/Strauch, Planung und Durchführung der Due Diligence, in: Berens/Brauner/Strauch, Due Diligence bei Unternehmensakquisitionen, S. 118 (121 ff.); vgl. zu den Informationsquellen einer Due Diligence insgesamt Andreas in: Beisel/Andreas, Due Diligence, § 8 Rn. 1 ff.
[628] Als weitere externe Informationsquellen sind die allgemein zugänglichen Informationen eines Unternehmens zu nennen, etwa die aufgrund gesetzlicher Publizitätspflichten zu veröffentlichenden

tionen der ausdrücklichen Zustimmung des zu prüfenden Unternehmens, etwa wenn die Überlassung von Unterlagen bzw. die Erteilung von Auskünften durch unternehmensexterne Personen[629] benötigt wird.

Die bedeutenderen Informationsquellen für die Analyse der steuerlichen Risiken stellen die internen Dokumente und Aufzeichnungen dar, welche direkt von dem Zielunternehmen zur Verfügung gestellt werden. Als besonders relevante Unterlagen der unternehmensinternen Informationsgewinnung sind u. a. Steuererklärungen und Steuerbescheide, Betriebsprüfungsberichte, der Schriftverkehr mit dem Finanzamt, ggf. bestehende verbindliche Auskünfte, Unternehmensverträge sowie die wesentlichen schuldrechtlichen Verträge des Unternehmens, etwa Darlehens-, Miet-, Leasing-, oder Serviceverträge mit verbundenen Unternehmen, Gesellschaftern oder Dritten, zu nennen.[630] Die Bereitstellung der internen Unterlagen erfolgt entweder in einem physischen Datenraum, in dem in die Dokumente Einsicht genommen werden kann und ggf. Kopien erstellt werden können. Alternativ wird ein sogenannter virtueller Datenraum zur Verfügung gestellt, d. h., die Dokumente werden in Datenbanken hinterlegt, auf die über das Internet den potenziellen Käufern und ihren Beratern Zugang gewährt wird. Neben der Auswertung der schriftlich vorliegenden Dokumente und Unterlagen stellt das persönliche Gespräch mit dem Management des Zielunternehmens und seines steuerlichen Beraters eine weitere bedeutende Möglichkeit zur Erlangung relevanter Informationen dar. Im Rahmen der Due Diligence wird es den potenziellen Käufern bzw. ihren Beratern in der Regel ermöglicht, in einem organisierten Prozess Fragen an das Unternehmen zu stellen bzw. weitere Dokumente anzufordern. Darüber hinaus wird insbesondere bei größeren Transaktionen häufig die Möglichkeit geboten, steuerliche Fragestellungen im Gespräch mit den Fachabteilungen des Unternehmens und/oder den steuerlichen Beratern zu diskutieren (sog. Expert Sessions).

## 3. Durchführung

Nachdem die Schwerpunkte des Untersuchungsgegenstands definiert worden sind, erfolgen in dieser Phase die eigentlichen Untersuchungen im Hinblick auf bestehende und zukünftige steuerliche Risiken des Zielunternehmens. Nachfolgend werden einige typische Untersuchungsfelder einer Tax Due Diligence erläutert.

### 3.1. Aufnahme des steuerlichen Status

#### 3.1.1. Abgeschlossene Betriebsprüfungen

Gemäß der Funktion der Tax Due Diligence, die in der Vergangenheit liegenden Steuerrisiken eines Zielunternehmens möglichst umfassend zu identifizieren und zu quantifizieren, kann die Untersuchung derjenigen Veranlagungszeiträume, die bereits durch eine steuerliche Betriebsprüfung abschließend geprüft worden sind, in der Regel vernachlässigt werden.

Dennoch sollten auch solche Veranlagungszeiträume, die bereits Gegenstand einer Betriebsprüfung waren, nicht gänzlich außer Acht gelassen werden, da eine Korrektur der Steuerfestsetzung auch für diese Zeiträume noch möglich ist und insofern steuerliche Risiken bestehen können. Da eine Änderung von Steuerbescheiden bereits abschließend geprüfter Veranlagungszeiträume allerdings nur unter besonderen Voraussetzungen, namentlich bei Vorliegen einer Steuerhinterziehung oder leichtfertigen Steuerverkürzung, zulässig ist, sollten derartige Veranlagungszeiträume grundsätzlich nur dann in die Untersuchungen

---

Jahres- und Konzernabschlüsse, Lage- und Geschäftsberichte sowie sonstige Publikationen in Datenbanken, Fachzeitschriften und Tageszeitungen.
[629] In Betracht kommen z. B. die Wirtschaftsprüfer, Steuerberater oder Rechtsanwälte der Zielgesellschaft.
[630] Vgl. hierzu die ausführliche Auflistung bei Löffler, Tax Due Diligence beim Unternehmenskauf, 2002, S. 141 f.; ferner Eilers in: Schaumburg, Unternehmenskauf im Steuerrecht, 2004, S. 83 (89 f.).

## 3. Teil. Due Diligence § 8 Tax Due Diligence

einbezogen werden, sofern hierfür ein konkreter Verdacht besteht.[631] Darüber hinaus können sich aus den Feststellungen abgeschlossener Betriebsprüfungen Folgewirkungen für Jahre ergeben, für die noch keine Bestandskraft der Steuerbescheide besteht. Hierbei gilt es vor allem zu untersuchen, ob die von dem Zielunternehmen nach Abschluss einer Betriebsprüfung angefertigten Steuererklärungen, insbesondere sofern sie wiederkehrende Bilanzierungs- und Bewertungsthemen betreffen, tatsächlich den Feststellungen der Betriebsprüfung angepasst worden sind.

### 3.1.2. Offene Veranlagungszeiträume

Der für die Tax Due Diligence weitaus bedeutendere steuerliche Status umfasst insbesondere die Zusammenstellung des Veranlagungsstands für alle relevanten Steuerarten zuzüglich der Erfassung, für welche Jahre Betriebsprüfungen angekündigt oder begonnen, aber noch nicht abgeschlossen wurden. Für die offenen Veranlagungszeiträume werden möglichst in tabellarischer Form die folgenden Informationen zu dem Zielunternehmen aufbereitet: Veranlagungsstand (mit Unterscheidung hinsichtlich eingereichter Erklärungen und Veranlagungszeiträumen, zu denen Steuerbescheide vorliegen), erklärte bzw. veranlagte steuerliche Einkünfte und Verlustvorträge, anhängige Rechtsbehelfs- und Klageverfahren, angekündigte bzw. begonnene steuerliche Außenprüfungen.

### 3.2. Untersuchung ausgewählter Bilanzpositionen

### 3.2.1. Allgemeines

Im Folgenden werden ausgewählte Bilanzpositionen dargestellt, bei denen typischerweise steuerliche Risiken bestehen und die daher regelmäßig Gegenstand einer Tax Due Diligence sind.

### 3.2.2. Eigenkapital

Die Struktur des steuerlichen Eigenkapitals sowie der Bestand eines Körperschaftsteuer-Guthabens können für die Bewertung des Zielunternehmens von großer Bedeutung sein. Dabei ist im Rahmen der Tax Due Diligence für Veranlagungszeiträume, in denen das körperschaftsteuerliche Anrechnungsverfahren[632] galt, zu untersuchen, ob das Eigenkapital aus versteuerten Zugängen (die entsprechend ihrer Tarifbelastung als EK 45, 40 oder 30 bezeichnet wurden) oder unversteuerten Zugängen (EK 01–04) besteht.[633] So stellt ein vorhandenes Körperschaftsteuer-Guthaben zukünftige Chancen dar, weil sie dem Erwerber des Zielunternehmens die Aussicht bieten, eine Körperschaftsteuerminderung zu realisieren. Noch vorhandene Bestände an ehemaligem unversteuerten Eigenkapital, insbesondere den EK 02 Beständen, führen zu einer Nachversteuerung. Durch das Jahressteuergesetz 2008 erfolgt die Nachversteuerung nicht mehr ausschüttungsabhängig. Der EK 02 Bestand wird zum 31. Dezember 2006 letztmalig festgestellt. Der sog. Körperschaftsteuererhöhungsbetrag beträgt 3 Prozent des festgestellten EK 02 Bestands und ist grundsätzlich innerhalb des Zeitraums von 2008 bis 2017 in gleichen Jahresbeträgen zu entrichten. Auf Antrag kann der Erhöhungsbetrag durch eine abgezinste Einmalzahlung abgegolten werden.

### 3.2.3. Rückstellungen

Rückstellungen sind auf der Passivseite anzusetzende Bilanzposten mit der Funktion, erst in der Zukunft entstehende ungewisse Zahlungsverpflichtungen periodengerecht abzubilden. Daher sind solche Verpflichtungen als Rückstellungen auszuweisen, die dem Grunde oder

---

[631] Welbers, Tax Due Diligence, in: Berens/Brauner/Strauch, Due Diligence bei Unternehmensakquisitionen, 435 (442); Schiffers, GmbH-StB 2004, 239 (240).
[632] Vgl. zum Übergang vom Anrechnungs- zum Halbeinkünfteverfahren nur Bauschatz in: Gosch, KStG, Vor §§ 36–40, Rn. 1 ff.; Frotscher, BB 2000, 2280 ff.
[633] Eilers, Tax Due Diligence, in: Schaumburg, Unternehmenskauf im Steuerrecht, S. 83 (95 f.).

der Höhe nach ungewiss sind, aber auch drohende Verluste, deren Ursache vor dem Bilanzstichtag liegen und deshalb wirtschaftlich das Ergebnis des abgelaufenen Geschäftsjahres mindern. Durch die Bildung überhöhter Rückstellungen wird Aufwand vorverlagert, der zu einem entsprechenden Mehrgewinn im Jahr der Rückstellungsauflösung führt. Das Unterlassen einer Rückstellungsbildung bewirkt einen korrespondierenden anfänglichen Mehrgewinn und zukünftigen Aufwand. Aufgrund dieses „Gewinnverschiebungseffekts" ist es im Rahmen der Tax Due Diligence nicht nur von Bedeutung zu beurteilen, ob die Zielgesellschaft Rückstellungen ordnungsgemäß angesetzt hat, sondern auch wie ggf. beim Erwerber eintretende steuerliche Nachzahlungen bzw. Mehrgewinne sachgerecht zu verteilen sind[634].

Die gesetzlichen Regelungen in Bezug auf die Frage, ob eine Rückstellung steuerlich gebildet werden darf oder muss, ergeben sich aus §§ 4 und 5 Einkommensteuergesetz (EStG). In der Steuerbilanz sind ausschließlich Rückstellungen für ungewisse Verbindlichkeiten,[635] für Gewährleistungen, die ohne rechtliche Verpflichtung erbracht werden[636] sowie für im Geschäftsjahr unterlassene Aufwendungen für Instandhaltung oder für Abraumbeseitigung[637] zulässig. Rückstellungen für drohende Verluste aus schwebenden Geschäften[638] dürfen in der Steuerbilanz gemäß § 5 Abs. 4a EStG nicht gebildet werden[639].

Steuerrechtlich gelten für die Bewertung von Rückstellungen prinzipiell die Vorschriften über die Bewertung von Verbindlichkeiten entsprechend,[640] vgl. § 6 Abs. 1 Nr. 3 i.V.m. Nr. 2 EStG. Für die nach dem 31. 12. 1998 endenden Wirtschaftsjahre[641] bestimmt § 6 Abs. 1 Nr. 3a EStG für sämtliche steuerrechtlich zulässigen Rückstellungen Höchstwertgebote[642].

### 3.2.4. Wertaufholung nach Teilwertabschreibungen

Im Rahmen der Tax Due Diligence ist der Untersuchung von in der Vergangenheit durchgeführten Teilwertabschreibungen beim Zielunternehmen vor allem deshalb besondere Aufmerksamkeit zu widmen, da durch das Steuerentlastungsgesetz 1999/2000/2001[643] ab dem 1. 1. 1999 die Möglichkeit von Teilwertabschreibungen beschränkt und ein steuerliches Wertaufholungsgebot eingeführt wurde.[644] Daher ist zu prüfen, ob die bereits vollzogenen Teilwertabschreibungen in Übereinstimmung mit den steuerlichen Anforderungen erfolgt sind. Darüber hinaus muss ermittelt werden, ob die Voraussetzungen der Teilwertabschreibungen auch in der Zukunft, insbesondere nach dem Erwerb des Zielunternehmens, noch gegeben sind oder ob mit einer Wertaufholung zu rechnen ist.

---

[634] Grube/Behrendt in: Kneip/Jänisch, Tax Due Diligence, Rn. 265 (S. 97 f.).
[635] Gem. § 249 Abs. 1 Satz 1, Alt. 1 HGB i.V.m. § 5 Abs. 1 Satz 1 EStG.
[636] Gem. § 249 Abs. 1 Satz 2 Nr. 2 HGB i.V.m. § 5 Abs. 1 Satz 1 EStG.
[637] Gem. § 249 Abs. 1 Satz 2 Nr. 1 HGB i.V.m. § 5 Abs. 1 Satz 1 EStG.
[638] Gem. § 249 Abs. 1 Satz 1, 2. Alt. HGB.
[639] Für vor dem 1. Januar 1997 zulässigerweise gebildete Drohverlustrückstellungen besteht gem. § 52 Abs. 13 EStG eine Übergangsregel, wonach diese in dem ersten nach dem 31. Dezember 1996 endenden Wirtschaftsjahr mit mindestens 25 % und in dem zweiten bis sechsten Wirtschaftsjahr zu mindestens 15 % gewinnerhöhend aufzulösen sind.
[640] Vgl. für die Bewertung von Rückstellungen für ungewisse Verbindlichkeiten BFH Urt. v. 7. Juli 1983, IV R 47/80, BStBl. 1983, Teil II, S. 753 (m. w. N.); für andere Rückstellungen findet § 6 Abs. 1 Nr. 3 EStG entsprechende Anwendung, vgl. Korn/Strahl in: Korn, EStG, § 6, Rn. 381.
[641] Wobei gem. § 52 Abs. 16 Satz 12 EStG die Höchstwertgebote in § 6 Abs. 1 Nr. 3a EStG rückwirkend bereits auf Rückstellungen anzuwenden sind, die vor dem 1. Januar 1999 gebildet worden sind.
[642] Vgl. hierzu ausführlich etwa Korn/Strahl in: Korn, EStG, § 6, Rn. 382 ff.; Ehmcke in: Blümich, EStG, § 6, Rn. 977 ff.
[643] Gesetz v. 24. März 1999, BGBl. 1999, Teil I, S. 402.
[644] Vgl. hierzu allg. Korn/Strahl in: Korn, EStG, § 6, Rn. 222 ff.; ausführlich zu Teilwertabschreibung und Wertaufholung Schlagheck, StuB 2003, 723 ff.

## 3. Teil. Due Diligence
§ 8 Tax Due Diligence

Die gesetzlichen Anforderungen an Teilwertabschreibungen setzen ab dem 1. 1. 1999 eine „voraussichtlich dauerhafte Wertminderung" des jeweiligen Wirtschaftsguts voraus.[645] Eine solche Wertminderung liegt im Allgemeinen[646] dann vor, wenn der Teilwert während eines erheblichen Teils der Restnutzungsdauer den Wert, der sich aus der planmäßigen Abschreibung ergibt, nicht erreicht,[647] so dass der Wert nachhaltig abgesunken erscheint.[648] Bei abnutzbaren Wirtschaftsgütern des Anlagevermögens ist diese Voraussetzung dann erfüllt, wenn der Teilwert des Wirtschaftsguts zum Bilanzstichtag mindestens für die halbe Restnutzungsdauer unter dem planmäßigen Restbuchwert liegt.[649] Im Hinblick auf Wirtschaftsgüter des nicht abnutzbaren Anlagevermögens kann dann von einer voraussichtlich dauerhaften Wertminderung ausgegangen werden, wenn die Gründe für eine niedrigere Bewertung voraussichtlich anhalten werden,[650] wobei sich die Bestimmung der Voraussehbarkeit nach den Verhältnissen am Bilanzstichtag richtet und stets die Eigenart des betreffenden Wirtschaftsguts zu berücksichtigen ist.

Der Steuerpflichtige hat nachzuweisen, ob und in welchem Umfang die Voraussetzungen der ursprünglichen Wertminderung für die nachfolgenden Veranlagungszeiträume noch bestehen.[651] Sofern der Steuerpflichtige dieser ihm obliegenden Feststellungslast nicht nachkommt, darf der steuerlich niedrigere Teilwertansatz nicht länger beibehalten werden, weshalb der ursprüngliche Bewertungsabschlag in der nächsten Steuerbilanz mittels Zuschreibung wieder mit seinem „Regelwert" anzusetzen ist. Dabei wird der Umfang der Zuschreibung durch die Höhe der Anschaffungs- oder Herstellungskosten begrenzt.[652]

### 3.2.5. Immaterielle Wirtschaftsgüter

Zu den immateriellen Wirtschaftsgütern zählen grundsätzlich alle unkörperlichen Gegenstände unter Ausschluss von Finanz- und Geldwerten, wie etwa Rechte, Rechtspositionen oder Know-how.[653] In der Praxis bereitet die Abgrenzung zwischen materiellen und immateriellen Wirtschaftsgütern oftmals deshalb Schwierigkeiten, da materielle und immaterielle Komponenten häufig zusammentreffen. In diesem Fall ist entscheidend, welches Element wirtschaftlich im Vordergrund steht. Die gesonderte Untersuchung immaterieller Wirtschaftgüter im Rahmen der Tax Due Diligence ist deshalb zu empfehlen, da sowohl in Bezug auf die Bilanzierungsfähigkeit sowie auch insbesondere im Hinblick auf die Bewertung derartiger Wirtschaftgüter eine gewisse Rechtsunsicherheit besteht, die eine potenzielle Gefahrenquelle von Steuerrisiken auf Seiten des Zielunternehmens beherbergen.

So bedarf es zur Bestimmung der Bilanzierung dem Grunde nach zunächst einer dahingehenden Festlegung, ob es sich bei dem aktivierten immateriellen Wirtschaftsgut um ein

---

[645] Vgl. § 6 Abs. 1 Nr. 1 Satz 2 EStG für Wirtschaftsgüter des Anlagevermögens und § 6 Abs. 1 Nr. 2 Satz 2 EStG für andere als die in Nr. 1 bezeichneten Wirtschaftsgüter; gem. § 6 Abs. 1 Nr. 3 EStG sind Verbindlichkeiten unter sinngemäßer Anwendung der Vorschriften der Nr. 2 anzuwenden, vgl. hierzu Ehmcke in: Blümich, EStG, § 6, Rn. 948 ff.

[646] Vgl. ausführlich zu dem Begriff der „voraussichtlich dauernden Wertminderung" Teschke, DStZ 2006, 661 ff.; Hoffman, in: Littmann/Bitz/Pust, EStG, § 6 Rn. 486.

[647] BFH, Urt. v. 27. November 1974, I R 123/73, BStBl. 1975, Teil II, S. 294; Ehmcke, in: Blümich, EStG, § 6 (EL 104 September 2009), Rn. 564 (m.w.N.).

[648] BFH v. 9. 9. 1985, VIII R 20/85, BFH/NV 1987, 442.

[649] So die Formulierung des Bundesministeriums der Finanzen: Schreiben v. 25. 2. 2000, BStBl. 2000, Teil I, S. 372; bestätigt durch BFH, Urt. v. 14. März 2006, I R 22/05, BStBl. 2006, Teil II, S. 680.

[650] Vgl. Bundesministerium der Finanzen: Schreiben v. 25. Februar 2000, BStBl. 2000, Teil I, S. 372, Rn. 6 ff. 11 ff. mit Beispielen zur Bewertung von Grund und Boden und Beteiligungen.

[651] Bundesministerium der Finanzen: Schreiben v. 25. Februar 2000, BStBl. 2000, Teil I, S. 372, Rn. 2.

[652] Vgl. die Verweisung in § 6 Abs. 1 Nr. 1 Satz 4 EStG auf Satz 1 dieser Norm für Wirtschaftsgüter des Anlagevermögens und § 6 Abs. 1 Nr. 2 Satz 3 EStG für andere als die in Nr. 1 bezeichneten Wirtschaftsgüter.

[653] Vgl. zu immateriellen Wirtschaftsgütern etwa die beispielhafte Auflistung bei Ehmcke in: Blümich, EStG, § 6, Rn. 782.

solches des Anlage- oder des Umlaufvermögens handelt, da gemäß § 5 Abs. 2 EStG immaterielle Wirtschaftsgüter des Anlagevermögens nur dann angesetzt werden dürfen, wenn sie entgeltlich erworben wurden. Ist dies der Fall, stellt sich die daran anschließende Frage, ob das aktivierungsfähige Wirtschaftsgut abnutzbar ist und, falls dies zu bejahen ist, mit welcher Nutzungsdauer es anzusetzen ist. In Bezug auf die Abschreibungsart kommt bei immateriellen Wirtschaftsgütern ausschließlich eine lineare Abschreibung in Betracht, da es sich bei derartigen Wirtschaftsgütern nicht um „bewegliche" Wirtschaftsgüter i. S. d. § 7 EStG handelt.[654] Da jedoch für immaterielle Wirtschaftsgüter, anders als bei materiellen Wirtschaftsgütern des Anlagevermögens, von der Finanzverwaltung keine AfA-Tabellen veröffentlicht werden, in denen pauschalierend die betriebsgewöhnliche Nutzungsdauer der gängigen Wirtschaftsgüter aufgelistet werden, fehlt es dem Steuerpflichtigen in Bezug auf die Bemessung der Abschreibungsdauer oftmals an Anhaltspunkten. Es muss zur Bestimmung der Nutzungsdauer auf die allgemeinen Grundsätze sowie auf die hierzu ergangene Rechtsprechung zurückgegriffen werden. Dabei können die auf dieser Grundlage getroffenen Abschreibungsdauern im Rahmen der Tax Due Diligence oftmals nur auf ihre Plausibilität überprüft werden.

Einer gesonderten Überprüfung bedarf die Frage nach dem Vorliegen eines Geschäfts- und Firmenwerts, da dieser gem. § 7 Abs. 1 Satz 3 EStG steuerlich über einen Zeitraum von fünfzehn Jahren abzuschreiben ist.[655] Als Geschäfts- oder Firmenwert versteht man den Unterschiedsbetrag zwischen einem im Rahmen der Übernahme eines Unternehmens gezahlten Gesamtkaufpreises und den Werten der einzelnen übernommenen Vermögensgegenstände/Wirtschaftsgüter abzüglich der Schulden. Die Abgrenzung des Geschäfts- und Firmenwerts von den sonstigen immateriellen Vermögensgegenständen sollte in der Weise vorgenommen werden, dass man ihm die übrigen unkörperlichen Werte, die selbstständig verkehrsfähig sind, gegenüberstellt. Nachdem diese selbstständig verkehrsfähigen Werte einzeln und vollständig erfasst worden sind, bleiben für den Geschäfts- und Firmenwert letztlich (nur) noch diejenigen Faktoren übrig, die von dem Unternehmen nicht getrennt werden können.[656]

## 3.3. Organschaften

### 3.3.1. Inhalt und Bedeutung der Organschaft

Durch die Begründung einer körperschaftlichen Organschaft gem. § 14 Körperschaftsteuergesetz (KStG) wird das Einkommen einer als Organgesellschaft zu bezeichnenden Kapitalgesellschaft einem als Organträger auftretenden, anderen Steuerpflichtigen zugerechnet. Ist eine Kapitalgesellschaft in ein anderes inländisches Unternehmen nach körperschaftsteuerlichen Grundsätzen eingegliedert, gilt sie für Zwecke der Gewerbesteuer als Betriebsstätte dieses anderen Unternehmen und stellt daher keinen eigenständigen Gewerbebetrieb dar, § 2 Abs. 2 Satz 2 Gewerbesteuergesetz (GewStG). In der Konsequenz findet damit eine Durchbrechung des im Steuerrecht vorherrschenden Steuersubjektprinzips statt, da die Besteuerung des gesamten Organkreises insgesamt, also unter Einschluss des positiven bzw. negativen Einkommens der Organgesellschaft(en), ausschließlich auf der Ebene des Organträgers erfolgt. Weil der Erwerb von Anteilen an einer Organgesellschaft i. d. R. zur Beendigung des Organschaftsverhältnisses führt und damit u. U. eine rückwirkende Versagung der

---

[654] Vgl. nur Kulosa in: Schmidt, EStG, § 7 Rn. 131.
[655] Diese für steuerliche Zwecke unwiderleglich vermutete betriebsgewöhnliche Nutzungsdauer von fünfzehn Jahren gilt auch dann, wenn im Einzelfall Erkenntnisse dafür vorliegen, dass die voraussichtliche Nutzungsdauer geringer ist, vgl. Bundesministerium der Finanzen: Schreiben v. 20. November 1986, BStBl. 1986, Teil I, S. 532, und in der Handelsbilanz eine kürzere betriebsgewöhnliche Nutzungsdauer anzusetzen ist, vgl. Kozikowski/Roscher/Schramm in: Beck'scher Bilanzkommentar, § 253 Rn. 675.
[656] In diesem Sinne stellt sich der Geschäfts- und Firmenwert als „Residium" dar, vgl. Förschle/Kroner in: Beck'scher Bilanzkommentar, § 246 Rn. 82.

vorteilhaften steuerlichen Folgen des bestehenden Organkreises drohen kann, ist auch die Untersuchung der Beendigung einer bestehenden Organschaft regelmäßig in die Tax Due Diligence einzubeziehen.

### 3.3.2. Ausgewählte Prüfungsfelder

Ist die Zielgesellschaft im Zeitpunkt der Übernahme als Organgesellschaft in ein bestehendes Organschaftsverhältnis eingebunden, ist im Rahmen der Tax Due Diligence vor allem zu untersuchen, ob die Organschaft unter steuerlichen Gesichtspunkten mit Wirkung für die Vergangenheit anzuerkennen ist, insbesondere ob sie entsprechend den gesellschafts- und steuerrechtlichen Voraussetzung abgeschlossen und tatsächlich durchgeführt worden ist.

So ist für die steuerliche Anerkennung der Organschaft die finanzielle Eingliederung der Organgesellschaft in den Organträger erforderlich, was den Abschluss eines zivilrechtlich wirksamen Gewinnabführungsvertrags[657] unter Beachtung der in §§ 14 ff. KStG normierten steuerlichen Anforderungen sowie dessen tatsächlichen Durchführung verlangt. Das Erfordernis einer finanziellen Eingliederung liegt gemäß § 14 Abs. 1 Satz 1 Nr. 1 KStG dann vor, wenn der Organträger eine Beteiligung an der Organgesellschaft hält, die ihm die Mehrheit der Stimmrechte vermittelt. Nicht erforderlich ist eine unmittelbare Beteiligung des Organträgers an der Organgesellschaft, so dass auch eine mittelbare Beteiligung über Tochterkapital- oder -personengesellschaften ausreichend sein kann.[658]

Die handelsrechtlichen Wirksamkeitsvoraussetzungen zum Abschluss eines Gewinnabführungsvertrags richten sich – auch bei der GmbH als Organträger oder als Organgesellschaft – nach den Regeln des Aktienrechts. Danach bestimmt sich der handelsrechtliche Umfang der Gewinnabführungsverpflichtung der Organgesellschaften nach § 301 Aktiengesetz (AktG)[659] und die Verlustübernahmeverpflichtung des Organträgers nach § 302 AktG.[660] Der Gewinnabführungsvertrag muss nach § 14 Abs. 1 Nr. 3 Satz 1 KStG auf mindestens fünf Zeitjahre abgeschlossen werden, wobei die Vertragsdauer ausdrücklich und eindeutig vereinbart werden muss.[661] Ferner ist zu untersuchen, ob der Ergebnisabführungsvertrag bei der Begründung der Organschaft bis zum Ende desselben Wirtschaftsjahres im Handelsregister eingetragen wurde.

Als weitere steuerliche Voraussetzung der Organschaft setzt § 14 Abs. 1 Nr. 3 Satz 1 KStG ferner voraus, dass der Gewinnabführungsvertrag während seiner gesamten Geltungsdauer durchgeführt wird. Dieses Wirksamkeitserfordernis liegt vor, wenn der Vertrag vollumfänglich entsprechend seinen vertraglich festgelegten Vereinbarungen vollzogen wird.[662] Handelt es sich bei dem Organträger um eine Personengesellschaft, wird die Organschaft gem. § 14 Abs. 2 Satz 2 KStG nur dann anerkannt, wenn die Personengesellschaft eine originär gewerbliche Tätigkeit i. S. d. § 15 Abs. 1 Nr. 1 EStG ausübt.

Letztlich ist bei einem bestehenden Organschaftsverhältnis zu untersuchen, ob dieses vor der geplanten Akquisition steuerlich unschädlich gekündigt worden ist. Sofern die zwischen dem Veräußerer und der Zielgesellschaft bestehende Organschaft bereits über den gesetzlich geforderten Zeitraum von fünf Jahren[663] bestand, kann sie im gegenseitigen Einvernehmen

---

[657] Vgl. §§ 291 ff., insb. §§ 301 f. AktG.

[658] Vgl. § 14 Abs. 1 Satz 1 Nr. 1 Satz 2 KStG; siehe in Bezug auf die Anforderungen einer mittelbaren Beteiligung über eine Personengesellschaft bzw. über eine ausländische Gesellschaft Walter in: Ernst & Young, KStG, § 14, Rn. 290 ff.

[659] Vgl. hierzu ausführlich Dötsch/Witt in: Dötsch/Jost/Pung/Witt, KStG, § 14, Rn. 173 ff.

[660] Wobei aus steuerlichen Gründen der Verweis auf den vollständigen § 302 AktG bei der GmbH als Organträger zu beachten ist, vgl. BFH, Urt. v. 22. Februar 2006, I R 73/05, GmbHR 2006, 890; Witt/Dötsch in: Dötsch/Jost/Pung/Witt, KStG, § 17, Rn. 23.

[661] So genügt der Abschluss eines Gewinnabführungsvertrags „auf unbestimmte Zeit" auch dann nicht, wenn der Vertrag tatsächlich fünf Jahre durchgeführt wird, vgl. Witt/Dötsch in: Dötsch/Jost/Pung/Witt, KStG, § 14, Rn. 216.

[662] BFH, Urt. v. 5. April 1995, I R 156/93, DStR 1995, 1109.

[663] Vgl. § 14 Abs. 1 Nr. 3 KStG.

problemlos gekündigt werden. Dabei wirkt die Kündigung gemäß § 14 Abs. 1 Nr. 3 Satz 3 KStG regelmäßig auf den Beginn des Wirtschaftsjahres zurück, in dem das Organschaftsverhältnis gekündigt wurde, so dass ggf. ein Rumpfwirtschaftsjahr zu bilden ist.

Sollte bei Beendigung des Gewinnabführungsvertrags die Organschaft noch keine fünf Jahre bestanden haben, bewirkt eine Kündigung ohne steuerlich wichtigen Grund grundsätzlich deren rückwirkende Unwirksamkeit.[664] Insofern kommt es zur Vermeidung unerwünschter Rechtsfolgen auf einen „wichtigen Grund" i. S. d. § 14 Abs. 1 Nr. 3 Satz 2 KStG zur Beendigung der Organschaft an. Zwar wird die Veräußerung der Anteile der Organgesellschaft durch den Organträger als ein steuerlich wichtiger Grund im Sinne dieser Norm anerkannt,[665] jedoch stellt eine solche Veräußerung nicht auch zivilrechtlich stets einen wichtigen Grund zur Kündigung i.S.d. § 297 Abs. 1 AktG eines Beherrschungs- oder Gewinnabführungsvertrags dar.[666] Der Gewinnabführungsvertrag sollte daher daraufhin geprüft werden, ob er den Fall einer Veräußerung der Anteile an der Organgesellschaft als Kündigungsgrund ausdrücklich anerkennt. Da die vorzeitige Beendigung einer bestehenden Organschaft innerhalb eines Jahres steuerrechtlich nicht rückwirkend auf einen Zeitpunkt während des laufenden Jahres möglich ist, erscheint die Bildung eines Rumpfwirtschaftsjahres auch in derartigen Konstellationen zu empfehlen.

## 3.4. Steuerliche Verlustvorträge
### 3.4.1. Rechtslage bis 2007

Für die Inanspruchnahme eines bestehenden steuerlichen Verlustvortrages besagt § 8 Abs. 4 KStG bis zum Ende des Jahres 2007, dass eine Kapitalgesellschaft zum Verlustabzug i. S. d. § 10d Abs. 2 EStG berechtigt ist, wenn sie mit der Kapitalgesellschaft, die den Verlust erlitten hat, nicht nur rechtlich, sondern auch wirtschaftlich identisch ist. Dabei bezog sich das Tatbestandsmerkmal der rechtlichen Identität auf die rechtliche Situation der Gesellschaft und war stets gegeben, solange sie keinen rechtlichen Veränderungen unterlag.[667] Die wirtschaftliche Identität ging nach § 8 Abs. 4 Satz 2 KStG a. F. insbesondere dann verloren, wenn mehr als die Hälfte der Anteile an einer Kapitalgesellschaft übertragen wurden und die Kapitalgesellschaft ihren Geschäftsbetrieb überwiegend mit neuem Betriebsvermögen fortführte. Als eine unschädliche Zuführung neuen Betriebsvermögens wurde es nach § 8 Abs. 4 Satz 3 KStG a. F. angesehen, wenn diese allein der Sanierung des Geschäftsbetriebs diente, der den verbleibenden Verlustabzug verursacht hat und die Körperschaft den Geschäftsbetrieb in einem nach dem Gesamtbild der wirtschaftlichen Verhältnisse vergleichbaren Umfang in den folgenden fünf Jahren fortführte.

Im Hinblick auf die Zuführung überwiegend neuen Betriebsvermögens stellte § 8 Abs. 4 KStG a. F. auf das Aktivvermögen der Gesellschaft ab,[668] wobei das neu zugeführte Aktivvermögen überwog, wenn es das im maßgeblichen Beurteilungszeitpunkt vorhandene Aktivvermögen überstieg.[669] Bewertungsmaßstab waren dabei die Teilwerte sowohl des vorhandenen als auch des zugeführten Vermögens.[670]

Keine einheitliche Auffassung besteht im Hinblick darauf, was unter dem Aktivvermögen der entsprechenden Gesellschaft zu verstehen ist. Nach Ansicht der Finanzbehörden[671] so-

---

[664] Die Organschaft ist damit ex tunc unwirksam, vgl. Walter in: Ernst & Young, KStG, § 14, Rn. 781.
[665] Vgl. nur Neumann in: Gosch, KStG, 2005 § 14 Rn. 262.
[666] Vgl. hierzu Dötsch/Witt in: Dötsch/Jost/Pung/Witt, § 14, Rn. 223.
[667] Roser in: Gosch, KStG, § 8 Rn. 1410.
[668] BFH, Urt. v. 8. August 2001, I R 29/00, BStBl. II 2002, 392; Rengers in: Blümich, KStG, § 8 (EL 98 Februar 2008), Rn. 936; Roser in: Gosch, KStG, § 8 Rn. 1420.
[669] Rengers in: Blümich, KStG, § 8, Rn. 936 i.V. m. Rn. 939.
[670] Bundesministerium der Finanzen: Schreiben v. 16. April 1999, BStBl. 1999, Teil I, S. 455, Rn. 9.
[671] Bundesministerium der Finanzen: Schreiben v. 16. April 1999, BStBl. 1999, Teil I, S. 455, Rn. 9.

wie eines Teils der Literatur[672] setzt sich das Aktivvermögen aus der Summe des Anlage- und Umlaufvermögens der Gesellschaft zusammen. Dagegen vertrat der Bundesfinanzhof[673] bis vor Kurzem die Auffassung, dass ausschließlich auf das Anlagevermögen unter Ausgrenzung des Umlaufvermögens abzustellen sei. In einem jüngst ergangenen Urteil aus dem Jahr 2007 modifiziert der BFH jedoch seine bisherige Rechtsprechung und ist nunmehr der Auffassung, dass in das zu betrachtende Aktivvermögen „jedenfalls" in den Fällen auch das Umlaufvermögen einzubeziehen ist, in denen es zu einer Änderung des Unternehmensgegenstandes (Branchenwechsel) gekommen ist und deshalb die Wirtschaftsgüter des Umlaufvermögens für das Unternehmen „prägend" sind.[674]

In Bezug auf die Frage einer „schädlichen Betriebsvermögenszuführung" stellt die Rechtsprechung auf den gegenständlichen Bereich des Aktivvermögens ab,[675] so dass z. B. Ersatzwirtschaftsgüter *insgesamt* als neues Betriebsvermögen anzusehen sind.[676] Nach Auffassung der Finanzverwaltung soll hingegen der wertmäßige Bestand im Sinne einer Saldobetrachtung maßgeblich sein,[677] so dass lediglich die Betriebsvermögens*mehrung*, d. h. unter Berücksichtigung des Wertabgangs der ausscheidenden Wirtschaftsgüter, als neues Betriebsvermögen zu erachten ist. Dabei vertritt die Finanzverwaltung die Ansicht, dass die Zuführung von neuem Betriebsvermögen nur „von außen"[678] erfolgen kann, d. h., ein eigenfinanzierter Aktivzugang ausscheiden soll[679].

Zuletzt muss zwischen dem Anteilserwerb und der Betriebsvermögenszuführung ein notwendiger sachlicher und zeitlicher Zusammenhang bestehen, wobei insbesondere das zeitliche Moment dieses Zusammenhangs strittig ist. So hat die Finanzverwaltung bis 2007 die Ansicht vertreten, dass in der Regel neues Betriebsvermögen dann zu berücksichtigen sei, sofern es innerhalb von fünf Jahren nach der schädlichen Anteilsübertragung zugeführt wurde.[680] Nach einem in 2006 ergangenen Urteil des Bundesfinanzhofs,[681] in dem das Gericht die Auffassung vertrat, dass, sofern der Zeitraum zwischen der Anteilsübertragung und der Betriebsvermögenszuführung mehr als ein Jahr beträgt, ein derartiger Zusammenhang nicht mehr unterstellt werden könne, hat die Finanzverwaltung ihre Auffassung revidiert. Zwar hält sie eine solche Frist von lediglich einem Jahr als für zu kurz bemessen, vertritt jedoch unter Bezugnahme auf das obige Urteil die Ansicht, dass von einem zeitlichen und sachlichen Zusammenhang auszugehen sei, wenn zwischen der Anteilsübertragung und der Betriebsvermögenszuführung nicht mehr als zwei Jahre vergangen sind.[682] Weiterhin könne auch bei einem Überschreiten des Zwei-Jahreszeitraums ein sachlicher Zusammenhang

---

[672] Dötsch in: Dötsch/Pung/Jost/Witt, KStG, § 8 Abs. 4, Rn. 76; Roser in: Gosch, KStG, 2005, § 8 Rn. 1431.

[673] BFH v. 8. 8. 2001, I R 29/00, BStBl. 2002, Teil II, S. 392; BFH v. 19. 12. 2001, I R 58/01, BStBl. 2002, Teil II, S. 395.

[674] BFH, Urt. v. 5. Juni 2007, I R 9/06, DStR 2007, 2152.

[675] BFH, Urt. v. 8. August 2001, I R 29/00, BStBl. 2002, Teil II, S. 392; bestätigt in BFH, Urt. v. 5. Juni 2007, I R 106/05, DStR 2007, 1765; BFH, Urt. v. 5. Juni 2007, I R 9/06, DStR 2007, 2152; vgl. jedoch BFH, Urt. v. 26. 5. 2004, I R 112/03, BStBl. 2004, Teil II, S. 1085, wonach die bloße Umschichtung von Finanzanlagen keine Zuführung von neuem Betriebsvermögen darstellt.

[676] Diese Auffassung ist in der Literatur ganz überwiegend kritisiert worden, vgl. nur Köhler, DStR 2003, 1011 (1012).

[677] Bundesministerium der Finanzen: Schreiben v. 16. April 1999, BStBl. 1999, Teil I, S. 455, Rn. 9–11.

[678] Bundesministerium der Finanzen: Schreiben v. 16. April 1999, BStBl. 1999, Teil I, S. 455, Rn. 9–11, wonach die Zuführung von Aktivvermögen über Einlagen, Fremdmittel sowie auch durch Verschmelzung erfolgen kann.

[679] A. A. jedenfalls bei einem Branchenwechsel jüngst BFH, Urt. v. 5. Juni 2007, I R 106/05, DStR 2007, 1765.

[680] Bundesministerium der Finanzen: Schreiben v. 16. April 1999, BStBl. 1999, Teil I, S. 455, Rn. 12.

[681] BFH v. 14. März 2006, I R 8/05, BFH/NV 2006, 1419.

[682] Bundesministerium der Finanzen: Schreiben v. 2. August 2007, BStBl 2007, Teil I, S. 624.

zwischen Anteilsübertragung und Betriebsvermögenszuführung vorliegen, wenn dies anhand entsprechender Umstände dargelegt werden kann.

### 3.4.2. Rechtslage ab 2008

Die bisherigen in § 8 Abs. 4 KStG enthaltenen Regelungen zur Verlustnutzung nach erfolgter Anteilsübertragung wurden durch die Unternehmensteuerreform 2008 durch eine neue Vorschrift in § 8c KStG ersetzt. Die neue „Mantelkaufregelung" gilt erstmals für den Veranlagungszeitraum 2008 und für Anteilsübertragungen nach dem 31.12.2007. Die bisherige Regelung ist letztmals anzuwenden, wenn mehr als die Hälfte der Anteile innerhalb eines Zeitraums von fünf Jahren übertragen werden, der vor dem 1.1.2008 beginnt, und der Verlust der wirtschaftlichen Identität vor dem 1.1.2013 eintritt. Damit kann die alte Mantelkaufregelung auch noch für Veranlagungszeiträume nach dem 31.12.2007 zur Anwendung kommen. Alt- und Neufassung können somit innerhalb einer Übergangsphase bis zum 31.12.2012 parallel Anwendung finden.

Die Neuregelung sieht eine zweistufige Verlustbeschränkung vor, wobei das alleinige Kriterium für die Verlustabzugsbeschränkung der Anteilseignerwechsel des Zielunternehmens darstellt.[683] Auf die Zuführung von (überwiegend) neuem Betriebsvermögen kommt es somit nicht mehr an. Auch enthält § 8c KStG keine dem bisherigen Sanierungsprivileg entsprechende Ausnahmeregelung, wonach von der Beschränkung der Nutzbarkeit von Verlustvorträgen abgesehen wird, wenn die Zuführung neuen Betriebsvermögens der Sanierung des verlustverursachenden Geschäftsbetriebs dient.[684] Vielmehr bestimmt die Neuregelung zunächst einen quotalen Untergang des Verlustabzugs bei mittelbaren oder unmittelbaren Anteils- oder Stimmrechtsübertragungen innerhalb von fünf Jahren an einen Erwerber[685] oder einem diese nahe stehende Person von mehr als 25% bis zu 50%. Diese Vorschrift wird gemäß § 8c Satz 2 KStG um einen vollständigen Untergang des Verlustabzugs bei der Übertragung von mehr als 50% der Anteile oder Stimmrechte erweitert. Kapitalerhöhungen sind gem. § 8c Satz 4 KStG einer Anteilsübertragung gleichgestellt, sofern es dadurch zu einer Veränderung der Beteiligungsquote am Kapital der Körperschaft kommt.

Auch wenn der Anwendungsbereich des § 8c KStG nicht auf unbeschränkt Steuerpflichtige beschränkt ist, unterfallen beschränkt Steuerpflichtige der Neuregelung nur dann, wenn sie im Inland veranlagt werden.[686] Hierzu gehören insbesondere solche ausländischen Körperschaften, die eine im Inland belegene Betriebsstätte unterhalten, sich an einer inländischen Mitunternehmerschaft beteiligen oder Einkünfte aus Vermietung und Verpachtung bei im Inland belegenem Grundbesitz erzielen.

Durch das Bürgerentlastungsgesetz Krankenversicherung vom 16. Juli 2009[687] wurde § 8c KStG um eine Sanierungsklausel erweitert.[688] Nach § 8c Abs. 1a KStG ist ein Beteiligungserwerb zum Zwecke der Sanierung des Geschäftsbetriebs einer Körperschaft für die Anwendung der Verlustabzugsbeschränkung unbeachtlich. Das Erfordernis eines Beteiligungserwerbs zum Zwecke der Sanierung manifestiert sich grundsätzlich in der Erfüllung der in § 8c Abs. 1a S. 3 KStG genannten objektiven Sanierungskriterien. Die danach erforderliche Erstattung der wesentlichen Betriebsstrukturen setzt entweder die Erhaltung oder Sicherung der Arbeitsplätze (Nr. 1 und 2) oder eine Zuführung wesentlichen Betriebsvermögens vor-

---

[683] Vgl. zur Neuregelung etwa Neyer, BB 2007, 1415 ff.; ausführlich Lang, DStZ 2007, 652 ff. Im Referentenentwurf des Gesetzes zur Modernisierung der Rahmenbedingungen für Kapitalbeteiligungen (MoRaKG) vom 29.6.2007 sind u. a. für unmittelbare Anteilserwerbe von jungen Unternehmen durch Wagniskapitalgesellschaften Entschärfungen von der neuen Mantelkaufregelung vorgesehen.

[684] Vgl. § 8 Abs. 4 Satz 3 KStG a. F.

[685] Gem. § 8c Satz 3 KStG gilt als ein Erwerber auch eine Gruppe von Erwerbern mit gleichgerichteten Interessen.

[686] Lang, DStZ 2007, 652 (653).

[687] BGBl. 2009, Teil I, 1959.

[688] Vgl. hierzu etwa Sistermann/Brinkmann DStR 2009, 1453 ff.

aus. Zudem darf nach der Gesetzesbegründung[689] der Erwerb erst zum Zeitpunkt der drohenden oder eingetretenen Zahlungsunfähigkeit bzw. Überschuldung der Körperschaft stattfinden. Die objektive Feststellungslast dafür, dass der Beteiligungserwerb zum Zweck der Sanierung erfolgt bzw. darauf gerichtet ist, (drohende) Zahlungsunfähigkeit oder Überschuldung zu verhindern, trägt der Steuerpflichtige.[690] Zum Nachweis hierfür dürfte sich für die Praxis die Vorlage eines Sanierungsplans eignen. Ein Ausschluss der Anwendung der Sanierungsklausel wird durch § 8c Abs. 1a Satz 4 KStG für den Fall angeordnet, dass die Körperschaft ihren Geschäftsbetrieb im Zeitpunkt des Beteiligungserwerbs im Wesentlichen eingestellt hat oder nach dem Beteiligungserwerb ein Branchenwechsel innerhalb eines Zeitraums von fünf Jahren erfolgt. Zweck dieser Ausnahmevorschrift soll die Verhinderung der Verlustnutzung im Falle der Verwendung des Mantels einer unternehmenslosen Körperschaft sein.

### 3.4.3. Rechtslage ab 2010

Die durch das Wachstumsbeschleunigungsgesetz[691] mit Wirkung zum 1. Januar 2010 in Kraft getretenen Sofortmaßnahmen zur Entschärfung der Finanz- und Wirtschaftskrise betreffen – neben zahlreichen sonstigen Neuregelungen[692] – auch Änderungen in Bezug auf die Nutzung von Verlustvorträgen.[693] Um konzerninterne Umstrukturierungen zu ermöglichen, liegt nach § 8c Abs. 1 Satz 5 KStG dann kein schädlicher Beteiligungserwerb mehr vor, wenn an dem übertragenden und an em übernehmenden Rechtsträger dieselbe Person zu jeweils 100 % mittelbar oder unmittelbar beteiligt ist. Durch das alleinige Abstellen auf die Beteiligungsverhältnisse sowohl bei dem übernehmenden als auch bei dem übertragenden Rechtsträger folgt die Konzernklausel dem Leitbild einer Anteilsübertragung zwischen Schwestergesellschaften mit einem Alleingesellschafter in einem dreistufigen Konzernaufbau.[694]

In § 8c Abs. 1 Sätze 6 ff. KSt wurde ebenfalls durch das Wachstumsbeschleunigungsgesetz eine sog. Verschonungsregel eingeführt. Danach bleiben bei einem schädlichen Beteiligungserwerb eigentlich untergehende, bisher nicht genutzte Verlust erhalten, soweit ihnen zum Zeitpunkt des schädlichen Beteiligungserwerbs stille Reserven in den Anteilen an der Kapitalgesellschaft gegenüberstehen. Insofern dürfte die Neuregelung dazu führen, dass die bislang in der Praxis des Öfteren zu beobachtende Hebung stiller Reserven vor einem schädlichen Anteilserwerb in der Zukunft mehr notwendig ist.[695]

Die Ermittlung stiller Reserven im Sinne der Verschonungsregel erfolgt anhand § 8c Abs. 1 Satz 7 KStG. Danach sind stille Reserven der Unterschiedbetrag zwischen dem (ggf. anteiligen) steuerlichen Eigenkapital und dem auf dieses Eigenkapital jeweils entfallenden gemeinen Wert der Anteile an der Körperschaft. Hierbei wird als steuerliches Eigenkapital das in der Steuerbilanz ausgewiesene Eigenkapital verstanden und der gemeine Wert regelmäßig dem gezahlten Entgelt entsprechen.

Erforderlich ist nach § 8c Abs. 1 Satz 7 KStG weiterhin, dass die stillen Reserven im Inland steuerpflichtig sind.[696] In diesem Sinne dürfen nach der Gesetzesbegründung grundsätzlich stille Reserven aus Beteiligungen nicht zu berücksichtigen sein, da Gewinne des § 8b Abs. 2 KStG Gewinne aus der Veräußerung von Anteilen nicht steuerpflichtig sind. Zu beachten ist ferner, dass bei der Ermittlung der stillen Reserven nur das Betriebsvermögen zu berücksichtigen ist, das der Körperschaft ohne steuerliche Rückwirkung, insbesondere ohne Anwendung des § 2 Abs. 1 UmwStG, zuzurechnen ist (§ 8 Abs. 1 Satz 8 KStG).

---

[689] BT-Drs. 16/13429, S. 76.
[690] BT-Drs. 16/13429, S. 76.
[691] BGBl. 2009, Teil I, S. 3950.
[692] Vgl. z. B. Melchior, Das Wachstumsbeschleunigungsgesetz im Überblick, DStR 2009, S. 2630 ff.
[693] Vgl. ausführlich Sistermann/Brinkmann, Wachstumsbeschleunigungsgesetz; Die Änderungen bei der Mantelkaufregelung, DStR 2009, 2633 ff.
[694] Kritisch hierzu Sistermann/Brinkmann, DStR 2009, 2633 (2633 f.).
[695] Sistermann/Brinkmann, DStR 2009, 2633 (2635); Herzig/Bohn DStR 2009, 2341 (2343).
[696] Zur möglichen Europarechtswidrigkeit dieser Einschränkung Scheunemann/Dennisen, BB 2009, 2564 (2565).

Nach § 8a Abs. 1 Satz 3 KStG gilt § 8c KStG für den Zinsvortrag i. S. des § 4h Abs. 1 Satz 5 EStG entsprechend. Dadurch darf auch ein im Übrigen nicht abziehbarer Zinsvortrag in Höhe der stillen Reserven genutzt werden, wobei stille Reserven vorrangig nicht genutzten Verlusten und erst nachrangig einem Zinsvortrag zuzuordnen sind (§ 8a Abs. 1 Satz 3, 2. Hs. KStG).

### 3.5. Verträge mit Gesellschaftern/nahe stehenden Personen
#### 3.5.1. Gesellschaftsrechtlich verursachte Gewinnverschiebungen

Soweit es innerhalb verbundener Unternehmen zu Einkommensverschiebungen gekommen ist, welche nicht im Einklang mit dem im Steuerrecht maßgeblichen Fremdvergleichsgrundsatz stehen, droht die Gefahr einer nachträglichen steuerlichen Rückgängigmachung derartiger Transaktionen. Von besonderer Relevanz im Rahmen der Tax Due Diligence sind demnach vor allem die Überprüfung derjenigen wirtschaftlichen Beziehungen zu Lasten der Gesellschaft, in denen das Interesse der Gesellschaft von denen der Gesellschafter überlagert wird. Derartige, als sog. verdeckte Gewinnausschüttungen bezeichnete Einkommensminderungen auf Ebene der Gesellschaft werden durch die Vorschrift in § 8 Abs. 3 Satz 2 KStG korrigiert. Die „umgekehrten" Fälle sog. verdeckter Einlagen, in denen ein Anteilseigner oder eine ihm nahe stehende Person der Gesellschaft einen Vermögensvorteil gewährt, den ein Dritter bei Anwendung der Sorgfalt eines ordentlichen Kaufmanns nicht gewährt hätte,[697] erlangen bei der Tax Due Diligence regelmäßig eine nur untergeordnete Bedeutung. Da sie in der überwiegenden Mehrheit keine Risikoquelle für den Erwerber darstellen, sondern gegebenenfalls durchzuführende Gewinnkorrekturen i. d. R. sogar zum Vorteil der Zielgesellschaft wären, sollen sie im Folgenden außer Betracht bleiben.[698]

#### 3.5.2. Verdeckte Gewinnausschüttung

Unter einer verdeckten Gewinnausschüttung gem. § 8 Abs. 3 Satz 2 KStG versteht man eine durch das Gesellschaftsverhältnis veranlasste Vermögensminderung bzw. verhinderte Vermögensmehrung, die sich auf die Höhe des Einkommens auswirkt und in keinem Zusammenhang mit einer offenen Ausschüttung steht.[699] Dabei ist von einer Veranlassung durch das Gesellschaftsverhältnis auszugehen, wenn ein ordentlicher und gewissenhafter Geschäftsleiter[700] die Vermögensminderung bzw. verhinderte Vermögensmehrung bei einem fremden Dritten unter sonst gleichen Umständen nicht hingenommen hätte.[701]

Da verdeckte Gewinnausschüttungen zu u. U. erheblichen steuerlichen Mehrbelastungen auf Ebene des Zielunternehmens führen können, erlangen sie im Rahmen der Tax Due Diligence typischerweise eine große Bedeutung. Insofern sind sämtliche zwischen den Gesellschaften und ihren (auch ehemaligen) Gesellschaftern vereinbarten Leistungsbeziehungen einer dahingehenden Prüfung zu unterziehen, inwiefern sie dem Fremdvergleichsgrundsatz standhalten. Als typische Problemfelder kommen dabei insbesondere die Untersuchung der Vergütung des Gesellschafter-Geschäftsführers inklusive einer ggf. vereinbarten Tantiemenvereinbarung,[702] gruppeninterne Lieferungs- und Leistungsbeziehun-

---

[697] Vgl. hierzu etwa BFH, Urt. v. 20. August 1986, I R 150/82, BStBl. 1987 Teil II, S. 455.
[698] Vgl. ausführlich hierzu Kreidl/Lingscheidt in: Kneip/Jänisch, Tax Due Diligence, B IV Rn. 119 ff. (S. 131 ff.).
[699] Grundlegend BFH v. 22. Februar 1989, I R 9/85, BStBl. 1989, Teil II, S. 631; ferner BFH v. 5. Oktober 1994, I R 50/94, BStBl. 1995, Teil II, S. 549; BFH, Urt. v. 30. Juli 1997, I R 65/96, BStBl. 1998, Teil II, S. 402.
[700] Vgl. § 93 Abs. 1 Satz AktG, § 43 Abs. 1 GmbHG, § 34 Abs. 1 Satz 1 GenG.
[701] BFH v. 7. Dezember 1989, I R 25/82, BStBl. 1989, Teil II, S. 248.
[702] Vgl. hierzu BFH, Urt. v. 5. Oktober 1994, I R 50/94, BStBl. 1995, Teil II, S. 549; ferner R 39 und H 39 zu § 8 KStG der Körperschaftsteuer-Richtlinien 2004 (KStR 2004) v. 13. 12. 2004, BStBl. 2004, Teil I, Sondernummer 2 S. 2.

## 3. Teil. Due Diligence

gen[703] oder Nutzungsüberlassungen[704] eines Gesellschafters an seine Gesellschaft in Betracht.

Der unmittelbaren Zuwendung an einen Gesellschafter steht die an einen Nicht-Gesellschafter gleich, wenn sie durch das Gesellschaftsverhältnis veranlasst ist.[705] Eine gesellschaftsrechtliche Veranlassung bei derartigen Zuwendungen ist insbesondere im Rahmen von Gestaltungen innerhalb mehrstufiger Konzernverbünde zu sehen, wie sie etwa bei Geschäften zwischen einer Muttergesellschaft mit ihrer Enkelgesellschaft[706] oder Schwestergesellschaften[707] vorkommen können. Insofern gilt es bei der Tax Due Diligence auch, den Kreis derartiger in Betracht kommender nahe stehender Personen zu ermitteln und die Liefer- und Leistungsbeziehungen zu diesen Personen zu untersuchen. Im Rahmen der Tax Due Diligence ist daher zu überprüfen, ob derartige Leistungsbeziehungen zu Gesellschaftern und diesen nahe stehenden Personen einem Drittvergleich standhalten.

### 3.6. Finanzierung
#### 3.6.1. Allgemeines

Durch die Unternehmensteuerreform 2008 haben die Vorschriften über die steuerliche Behandlung von Vergütungen für Fremdkapital an Gesellschafter bzw. diesen nahe stehende Personen umfangreiche Änderungen erfahren. Beschränkte § 8a KStG a. F. innerhalb bestimmter qualitativer und quantitativer Grenzen die steuerliche Abzugsfähigkeit von Zinszahlungen, welche Kapitalgesellschaften an einen wesentlich beteiligten Anteilseigner, eine diesem nahe stehenden Person oder einen rückgriffsberechtigten Dritten zahlten, kam es durch die Einführung der „Zinsschranke" in § 4h EStG zu einer Ausdehnung des ursprünglichen auf den Bereich der Gesellschafter-Fremdfinanzierung begrenzten Anwendungsbereichs.

#### 3.6.2. Gesellschafterfremdfinanzierung

§ 8a KStG a. F. beschränkte den steuerlichen Abzug von Vergütungen für Fremdkapital, das eine Kapitalgesellschaft nicht nur kurzfristig von einem wesentlich beteiligten Anteilseigner, einer diesem nahe stehenden Person oder einem rückgriffsberechtigten Dritten erhalten hat. Als Rechtsfolge ordnete die Vorschrift die Umqualifizierung der Fremdkapitalzinsen in eine verdeckte Gewinnausschüttung i. S. d. § 8 Abs. 3 Satz 2 KStG an.[708] Im Ergebnis richteten sich die Auswirkungen damit nach den allgemeinen Grundsätzen, wonach die Vergütungen auf Ebene der Kapitalgesellschaft zwar Betriebsausgaben darstellen, bei der Einkommensermittlung dem Einkommen jedoch außerbilanziell hinzuzurechnen waren.

Die Begrenzung des Abzugs von Finanzierungsaufwendungen als Betriebsausgabe wurde durch eine in § 8a KStG a. F. gesetzte Grenze erreicht, wobei zwischen erfolgsabhängigen Vergütungen[709] und nicht erfolgsabhängigen Vergütungen[710] unterschieden werden musste:[711] Während bei erfolgsabhängigen Vergütungen, die keinen fixen Bezug zu dem

---

[703] BFH, Urt. v. 6. August 1985, VIII R 280/81, BStBl. 1986, 17; BFH v. 21. Dezember 1972, I R 70/70, BStBl. 1973, Teil II, S. 449.
[704] BFH, Urt. v. 3. Februar 1971, I R 51/66, BStBl. 1971, Teil II, S. 408.
[705] BFH, Urt. v. 22. Februar 2005, VIII R 24/03, BFH/NV 2005, 1266; BFH v. 18. Dezember 1996, I R 139/94, BStBl. 1997, Teil II, S. 301.
[706] Vgl. Lang in: Ernst & Young, KStG, § 8, Rn. 855.
[707] Vgl. Lang in: Ernst & Young, KStG, § 8, Rn. 864 ff.
[708] § 8a KStG a. F. enthielt insofern eine (bloße) Rechtsfolgenverweisung auf § 8 Abs. 3 Satz 2 KStG, vgl. Gosch in: Gosch, KStG, § 8a Rn. 150.
[709] Das Gesetz spricht insofern auch von „nicht in einem Bruchteil des Kapitals bemessene Vergütung", vgl. § 8a Abs. 1 Satz 1 Nr. 1 KStG.
[710] Im Hinblick darauf spricht das Gesetz von „in einem Bruchteil des Kapitals bemessene Vergütung", vgl. § 8a Abs. 1 Satz 1 Nr. 2 KStG.
[711] Vgl. allg. zu dieser Unterscheidung Gosch in: Gosch, KStG, 2005, § 8a Rn. 119 ff.

hingegeben Fremdkapital aufweisen, ein steuerwirksamer Abzug vollständig versagt war, durften erfolgsunabhängige Vergütungen das steuerliche Einkommen nur mindern, wenn und soweit das Fremdkapital nicht das 1,5-fache des anteiligen Eigenkapitals, den sog. „Safe Heaven", überstieg.[712] Bei Überschreitung des „Safe Heaven" konnte der Steuerabzug der nicht erfolgsabhängigen Vergütungen erhalten bleiben, sofern die Kapitalgesellschaft den Gegenbeweis erbrachte, dass sie das hingegebene Fremdkapital bei sonst gleichen Umständen auch von einem Dritten erhalten hätte.[713]

Zum Fremdkapital i. S. d. § 8a KStG a. F. gehörten insbesondere fest oder variabel verzinsliche Darlehen, partiarische Darlehen, typische stille Beteiligungen, Gewinnschuldverschreibungen und Genusskapital,[714] wobei die Gesellschaft dieses Fremdkapital von einem wesentlich, d. h. einem unmittelbar oder mittelbar zu mehr als 25 % beteiligten Anteilseigner, einer diesem nahe stehenden Person i. S. d. § 1 Abs. 2 AStG oder einem rückgriffsberechtigten Dritten erhalten hat. Der Anwendungsbereich der Rückgriffsregelung in § 8a Abs. 1 Satz 2 Alt. 2 KStG a. F. ist im Jahr 2005 durch die Finanzverwaltung[715] konkretisiert worden. Danach war die besagte Vorschrift zunächst in Fällen anzuwenden, in denen der Anteilseigner oder eine diesem nahe stehende Person eine Kapitalforderung besitzt und über diese aus Anlass der Darlehensgewährung eine dingliche Sicherheit zu Gunsten des rückgriffsberechtigten Darlehensgeber getroffen wird.[716] Darüber hinaus galt die Rückgriffsregelung, wenn der Darlehensgeber einen lediglich schuldrechtlichen Anspruch gegen den Anteilseigner oder eine diesem nahe stehende Person hat und diese mit einer Verfügungsbeschränkung hinsichtlich der Kapitalforderung oder einer Unterwerfung unter die sofortige Zwangsvollstreckung durch den Anteilseigner oder die nahe stehende Person verbunden wird.[717] In jedem dieser Fälle traf die Beweislast, dass kein Fall der Rückgriffsregelung vorlag, den Steuerpflichtigen,[718] wobei für die Beweisführung eine Bescheinigung des rückgriffsberechtigten Darlehensgebers erforderlich war, in der Auskunft über die infolge der Darlehensausreichung an die Kapitalgesellschaft gewährten Sicherheiten erteilt werden musste.[719] Daher sind für die Veranlagungszeiträume bis einschließlich 2007 im Rahmen der Tax Due Diligence sämtliche Darlehensbeziehungen zu Gesellschaftern, diesen nahe stehenden Personen und rückgriffsberechtigten Dritten intensiv zu untersuchen, um den Umfang der steuerlich abziehbaren Finanzierungsaufwendungen zu bestimmen bzw. das Risiko verdeckter Gewinnausschüttungen zu ermitteln. Besonderes Augenmerk ist dabei in der Praxis auf die Ermittlung des Safe Heaven und die Qualifizierung der Darlehen von rückgriffsberechtigten Dritten, insbesondere durch Vorlage von Bestätigungsschreiben der Banken zu gewährten Sicherheiten, zu richten.

### 3.6.3. Zinsschranke

Die im Rahmen der Unternehmensteuerreform 2008[720] neu eingefügte Zinsschranke gilt erstmalig für vom Kalenderjahr abweichende Wirtschaftsjahre, die nach dem 25. 5. 2007 begonnen haben und nicht vor dem 1. 1. 2008 enden, und in den verbleibenden Fällen ab

---

[712] Darüber hinaus kam es nur dann zu einer Hinzurechung, soweit die Freigrenze von € 250.000 überschritten war, vgl. § 8a Abs. 1 S. 1 KStG a. F.
[713] Vgl. § 8a Abs. 1 Satz 1 Nr. 2 Halbs. 2 KStG a. F.
[714] Vgl. BMF v. 15. Dezember 1994, BStBl. 1995, Teil I, S. 25, ber. 176, Rn. 44.
[715] Bundesministerium der Finanzen: Schreiben v. 22. Juli 2005, BStBl. 2005, Teil I, S. 829.
[716] Vgl. auch das Beispiel des Bundesministerium der Finanzen: Schreiben v. 22. Juli 2005, BStBl. 2005, Teil I, S. 829, Rn. 2.
[717] Vgl. hierzu die Beispiele des Bundesministerium der Finanzen: Schreiben v. 22. Juli 2005, BStBl. 2005, Teil I, S. 829, Rn. 4.
[718] Bundesministerium der Finanzen: Schreiben v. 22. Juli 2005, BStBl. 2005, Teil I, S. 829, Rn. 5.
[719] Vgl. zur Musterbescheinigung Bundesministerium der Finanzen: Schreiben v. 20. Oktober 2005, DStR 2005, 2126.
[720] BGBl. 2007, 1912.

2008. Die bisherigen Regelungen zur Gesellschafter-Fremdfinanzierung nach § 8a KStG sind für Veranlagungszeiträume ab 2008 nicht mehr anwendbar.[721]

Nach der Konzeption der Zinsschranke wird unter bestimmten Voraussetzungen auf Ebene des den Zins zahlenden Unternehmens die steuerliche Abzugsfähigkeit von Zinsen als Betriebsausgaben untersagt. Dabei greift die Regelung generell für alle Zinsaufwendungen, die grundsätzlich steuerlich abzugsfähig sind,[722] so dass sie insbesondere auch bei Zinsen auf Bankdarlehen zur Anwendung gelangt.

Kommt die Zinsschranke zur Anwendung, sind zunächst die Zinsaufwendungen eines Betriebs[723] mindestens bis zur Höhe des Zinsertrages desselben Wirtschaftsjahres abziehbar. Die darüber hinausgehenden Zinsaufwendungen (der sog. „negative Zinssaldo") sind nur bis zur Höhe von 30% des steuerlichen Gewinns nach Hinzurechnung von Zinsen, Steuern sowie der Regel-Abschreibung, nicht jedoch Teilwert-Abreibungen, aber insbesondere gekürzt um steuerfreie Dividenden (steuerliches EBITDA), abzugsfähig. Nicht abziehbare Zinsaufwendungen können in die folgenden Wirtschaftsjahre vorgetragen werden[724].

Von der Anwendung der Zinsschranke bestehen gem. § 4h Abs. 2 EStG drei Ausnahmen, bei deren Eingreifen ein unbeschränkter Zinsabzug möglich ist. Danach muss entweder der Zinsaufwand des Betriebs kleiner als 3 Mio. €[725] sein („Freigrenze"), darf der Betrieb zu keinem Konzern gehören (sog. „Konzern-Klausel") oder muss die Eigenkapitalquote des Betriebs die des relevanten Konzerns übersteigen (sog. „Escape-Klausel").

Der Betrieb gehört dann zu einem Konzern i. S. d. Zinsschranke, wenn der (deutsche) Betrieb mit anderen Betrieben entweder tatsächlich konsolidiert wird oder auch nur konsolidiert werden könnte. Bei Kapitalgesellschaften gilt die „Konzern-Klausel" nicht, wenn eine schädliche Gesellschafter-Fremdfinanzierung i. S. d. § 8a Abs. 2 KStG vorliegt. Um die Versagung zu vermeiden, muss die Körperschaft nachweisen, dass nicht mehr als 10% des Schuldzinsenüberhangs als Zinsen an einen zu mehr als 25% beteiligten Anteilseigner, eine diesem nahe stehende Person oder an einen rückgriffsberechtigten Dritten gewährt wird. Liegt dagegen eine schädliche Gesellschafter-Fremdfinanzierung vor, greifen die Regelungen der Zinsschranke, so dass der steuerliche Zinsabzug dann auf die Zinserträge zzgl. 30% des EBITDA begrenzt ist. Soweit einem Veranlagungszeitraum ein höheres EBITDA zur Verfügung steht als es durch Zinsaufwendungen nutzbar gemacht werden kann, ist dieses für Wirtschaftsjahre, die nach dem 31. Dezember 2009[726] enden, vorzutragen (EBITDA-Vortrag). Damit wird in den Jahren, in denen der Betrieb mit seinen Zinsaufwendungen den Abzugsrahmen der Zinsschranke nicht ausschöpft, der nicht ausgeschöpfte Teil in künftige Wirtschaftsjahre vorgetragen, wobei der Vortrag auf maximal fünf Jahre begrenzt ist. Im Fall

---

[721] Blumenberg/Lechner in: Blumenberg/Benz, Die Unternehmensteuerreform 2008, 2007, S. 107.

[722] Darunter fallen z. B. Zinsen aus der Gewährung oder Inanspruchnahme von Darlehen (sowohl von nahe stehenden Dritten wie auch von Fremden) sowie aus der Auf- und Abzinsung von Verbindlichkeiten oder Kapitalforderungen. Nicht in den Anwendungsbereich der Zinsschranke fallen Dividenden, Skonti oder Boni.

[723] Einen „Betrieb" dürfte i. d. R. jede Personen- und Kapitalgesellschaft darstellen, wobei im Falle einer Organschaft der Organkreis als ein einziger Betrieb anzusehen ist.

[724] Blumenberg/Lechner in: Blumenberg/Benz, Die Unternehmensteuerreform 2008, 2007, S. 109.

[725] Die ursprüngliche Freigrenze von 1 Mio. € wurde im Rahmen des Bürgerentlastungsgesetzes Krankenversicherung vom 16. Juli 2009 (BGBl. 2009, Teil I, S. 1959) auf 3 Mio. € angehoben. Die Änderung galt rückwirkend ab dem Zeitpunkt der erstmaligen Anwendung der Vorschrift, war zeitlich befristet und sollte letzmalig für Wirtschaftsjahre anzuwenden sein, die zum 31. Dezember 2009 enden. Die zeitliche Befristung der Erhöhung der Freigrenze wurde durch das Wachstumsbeschleunigungsgesetz gestrichen, womit die auf 3 Mio. € erhöhte Freigrenze nunmehr zeitlich unbefristet Anwendung findet (§ 52 Abs. 12d Satz 3 EStG).

[726] Auf Antrag erhöhen die – fiktiven – EBITDA-Vorträge der Wirtschaftsjahre, die nach dem 31. Dezember 2006 beginnen und vor dem 1. Januar 2010 enden, das verrechenbare EBITDA des ersten Wirtschaftsjahrs, das nach dem 31. Dezember 2009 endet, § 52 Abs. 12d S. 5 EStG.

der Aufgabe oder Übertragung eines Betriebs entfällt der EBITDA-Vortrag vollständig bzw. bei einer Mitunternehmerschaft anteilig

Darüber hinaus kommt die Zinsschranke auch dann nicht zur Anwendung, wenn der Betrieb zwar zu einem Konzern gehört, die Eigenkapitalquote (Eigenkapital/Bilanzsumme) des betreffenden Betriebs aber am Schluss des vorangegangenen Abschlussstichtags in den nach IFRS[727] erstellten Abschlüssen die Eigenkapitalquote des Konzerns nicht um mehr als einen Prozentpunkt unterschreitet. Durch das Wachstumsbeschleunigungsgesetz ist für Wirtschaftsjahre, die nach dem 31. Dezember 2009 enden, ein Unterschreiten der Konzern-Eigenkapitalquote um bis zu 2 % unschädlich. Für den Eigenkapitalquotenvergleich ist sowohl der Konzernabschluss als auch der maßgebliche Einzelabschluss des Betriebs nach dem gleichen Rechnungslegungsstandard zu erstellen, wobei Wahlrechte einheitlich auszuüben sind. Ferner sind bei der Ermittlung der relevanten Eigenkapitalquote verschiedene Modifikationen vorzunehmen. So ist etwa das Eigenkapital des von der Zinsschranke betroffenen Betriebs um den Betrag eines im Konzernabschluss enthaltenden Firmenwerts zu erhöhen, soweit dieser auf den entsprechenden Betrieb entfällt. Darüber hinaus ist das maßgebliche Eigenkapital um solches Eigenkapital zu kürzen, welches keine Stimmrechte vermittelt[728] sowie um Einlagen der letzten sechs Monate vor dem Abschlussstichtag, soweit diesen Einlagen Entnahmen der ersten sechs Monate nach dem Abschlussstichtag gegenüberstehen.[729] Zu beachten ist, dass auch die Escape-Klausel nur zur Anwendung gelangt, wenn weder bei dem betreffenden Betrieb noch bei einem anderen Konzernunternehmen mehr als 10 % des Schuldzinsenüberhangs an einen zu mehr als 25 % beteiligten Anteilseigner, eine diesem nahe stehende Person oder einen rückgriffsberechtigten Dritten gewährt wird.

Hinsichtlich der Zinsschranke wird im Rahmen der Tax Due Diligence insbesondere zu untersuchen sein, ob das Zielunternehmen von einer der Ausnahmeregelungen Gebrauch machen kann. Da teilweise Fragen der (internationalen) Rechnungslegung berührt werden, wird die Beurteilung in vielen Fällen nicht durch den steuerlichen Berater allein vorgenommen werden können. Soweit der Zinsaufwand der Zielgesellschaft nahe 1 Mio. liegt, sollte insbesondere geprüft werden, ob die Gesellschaft bei der Abgrenzung, welche Finanzierungskosten Zinsaufwendungen im Sinne von § 4h EStG darstellen, der Auffassung der Finanzverwaltung gefolgt ist[730].

## 3.7. Beziehungen zu ausländischen verbundenen Unternehmen
### 3.7.1. Fremdvergleichsmaßstab als Prüfungsschwerpunkt

Unterhält das Zielunternehmen Geschäftsbeziehungen zu ausländischen verbundenen Unternehmen, sollte zur Ermittlung der diesbezüglich ggf. bestehenden steuerlichen Risiken die Verrechnungspreispolitik des Konzernverbunds untersucht werden. Unter dem steuerlichen Begriff der „Verrechnungspreise" werden die zwischen verschiedenen Bereichen eines Unternehmens bzw. die zwischen verschiedenen rechtlichen Einheiten eines Konzerns gezahlten Entgelte für innerbetrieblich ausgetauschte Güter und Dienstleistungen verstanden. Während der einzelne Betrieb rechtlich und der Konzern als gesellschaftsrechtlicher Unternehmensverbund zumindest wirtschaftlich als eine Einheit behandelt werden, sind beide Unternehmungen aus steuerlicher Sicht getrennt zu behandeln. Der für steuerliche Zwecke anerkannte Maßstab einer sachgerechten Erfolgsabgrenzung betrieblicher Innentransaktionen bildet der Fremdvergleichsgrundsatz (sog. „Dealing at Arm's Length Principle"), wonach die Verrechnungspreise bei innerbetrieblichen Leistungs- und Austauschbeziehungen

---

[727] Sofern IFRS nicht zur Anwendung gelangt, ist nachrangig auf die nach HGB bzw. US-GAAP erstellten Jahresabschlüsse zurückzugreifen.
[728] Wobei Vorzugsaktien von dieser Regelung auszunehmen sind.
[729] Vgl. zu den Korrekturen zur Ermittlung des maßgeblichen Eigenkapitals Blumenberg/Lechner in: Blumenberg/Benz, Die Unternehmenssteuerreform 2008, 2007, S. 161 ff.
[730] Vgl. Bundesministerium der Finanzen: Schreiben v. 4. Juli 2008, DStR 2008, 1427 ff.

so auszugestalten sind, wie sie zwischen unabhängigen Dritten vereinbart würden. Im Rahmen der Tax Due Diligence liegt der Schwerpunkt der Prüfung in der Identifizierung und Quantifizierung steuerlicher Risiken, die sich aufgrund einer unzureichenden Verrechnungspreisgestaltung und –dokumentation ergeben können.

### 3.7.2. Dokumentation von Verrechnungspreisen

Gesetzliche Vorschriften zur verpflichtenden Dokumentation von Verrechnungspreisen bestehen erst seit dem Jahr 2003 durch die Einfügung des § 90 Abs. 3 AO.[731] Für die bis zum 31. 12. 2002 laufenden Veranlagungszeiträume bestanden demnach keine speziellen Aufzeichnungs- und Dokumentationspflichten für Verrechnungspreise, so dass Steuerpflichtige bis dato nicht verpflichtet waren, über die §§ 140 ff. AO sowie §§ 238 ff. HGB hinaus spezielle Bücher und Aufzeichnungen zu führen bzw. Dokumente zu erstellen[732].

Insofern ist bei der Prüfung der Verrechnungspreispolitik des Zielunternehmens im Hinblick auf die Anforderungen an die Aufzeichnungs- und Dokumentationspflichten zwischen den Veranlagungszeiträumen zu unterscheiden: Für die Zeit vor dem 1. 1. 2003 können neben den allgemeinen Büchern und Aufzeichnungen nur dann besondere Unterlagen zur Dokumentation der Verrechnungspreise gesichtet werden, sofern sie von dem Zielunternehmen geführt wurden. Hierbei gilt es zu beachten, dass in anderen Ländern ggf. bereits vor 2003 spezialgesetzliche Vorschriften bzw. Verwaltungsanweisungen bestanden und dass derartige Aufzeichnungen anderer Konzerngesellschaften zu weitreichenden Erkenntnissen über die Innentransaktionen und deren Preisgestaltung innerhalb der gesamten Unternehmensgruppe führen können.[733] Hinsichtlich der Veranlagungszeiträume nach dem 31. 12. 2002 ist ausführlicher zu prüfen, ob und in welcher Qualität das Zielunternehmen seiner Verpflichtung zur Aufzeichnung und Dokumentation der ab diesem Zeitpunkt getätigten innerbetrieblichen Leistungsbeziehungen gerecht wurde.

### 3.7.3. Einkünfteberichtigung

Als mögliches Berichtigungsinstrument einer unangemessenen Verrechnungspreispolitik kommt neben der verdeckten Gewinnausschüttung gem. § 8 Abs. 3 Satz 2 KStG und der korrespondierenden verdeckten Einlage gem. § 4 Abs. 2 Satz 5 EStG i.V.m. § 8 Abs. 1 KStG in internationalen Sachverhalten insbesondere die Einkünfteberichtigung nach § 1 AStG in Betracht.[734] Nach dieser Norm kann es bei Geschäftsbeziehungen zum Ausland[735] mit einer nahe stehenden Person[736] zu einer steuerlichen Einkünftekorrektur kommen, sofern diese nicht dem Fremdvergleichsgrundsatz entsprechen. Halten die Geschäftsbeziehungen zu der nahe stehenden Person im Ausland dem Fremdvergleichsgrundsatz nicht stand und kommt es dadurch zu einer Minderung des im Inland steuerpflichtigen Gewinns, ordnet § 1 AStG eine Erhöhung der Einkünfte an. Insofern gilt es, sich im Rahmen der Tax Due Diligence mit der organisatorischen Konzernstruktur des zu untersuchenden Unternehmens vertraut zu machen. Insbesondere ist ein Verständnis darüber zu gewinnen, zwischen welchen Einheiten innerhalb eines Unternehmens interne Leistungs- und Austauschbeziehungen statt-

---

[731] Vgl. näher zu den inhaltlichen Anforderungen an die Aufzeichnung und Dokumentation von Verrechnungspreisen die Gewinnabgrenzungsaufzeichnungsverordnung (GAufzV) v. 13. November 2003, zuletzt geändert durch Art. 9 UnternehmensteuerreformG 2008 v. 14. August 2007.
[732] BFH v. 17. Oktober 2001, I R 103/00, BStBl. 2004, Teil II, S. 171; vgl. jedoch das zu diesem Urteil (kritisch) ergangene Schreiben des Bundesministeriums der Finanzen v. 26. Februar 2004, BStBl. 2004, Teil II, S. 270.
[733] Loh in: Kneip/Jänisch, Tax Due Diligence, B VIII Rn. 114 (S. 522).
[734] Vgl. zum Verhältnis des § 1 AStG zu anderen (Gewinnkorrektur-)Vorschriften Wassermeyer in: Flick/Wassermeyer/Baumhoff, AStG, § 1, Rn. 76 ff.
[735] Vgl. hierzu die Definition in § 1 Abs. 5 AStG sowie ausführlich Wassermeyer in: Flick/Wassermeyer/Baumhoff, AStG, § 1, Rn. 891 ff.
[736] I. S. d. Definition in § 1 Abs. 2 AStG; vgl. hierzu Wassermeyer in: Flick/Wassermeyer/Baumhoff, AStG, § 1, Rn. 826 ff.

## 3.8. Umsatzsteuer
### 3.8.1. Ausgewählte Prüfungsschwerpunkte
Der Umsatzsteuer unterliegen gemäß § 1 Abs. 1 Nr. 1 UStG Lieferungen und sonstige Leistungen, die ein Unternehmer im Inland gegen Entgelt im Rahmen seines Unternehmens ausführt. Die Umsatzbesteuerung findet grundsätzlich auf jeder Wirtschaftsstufe statt, wobei die Ausgangsbasis für die Berechnung der Umsatzsteuer jeweils der Wert der von den Unternehmen erbrachten Leistungen darstellt. Damit es jedoch nicht zu einer Kumulation der Umsatzsteuer kommt, kann die für erhaltene Vorleistungen entrichtete Vorsteuer innerhalb des unternehmerischen Bereichs in Abzug gebracht werden.[737] Insofern ist Gegenstand der Umsatzsteuer lediglich die jeweilige Wertschöpfung der betreffenden Wirtschaftsstufe (sog. System einer „Allphasen-Nettoumsatzsteuer mit Vorsteuerabzug"). Im Rahmen der Tax Due Diligence ist zu empfehlen, neben der Ermittlung der umsatzsteuerlichen Risiken aus der laufenden Geschäftstätigkeit des Zielunternehmens auch die umsatzsteuerlichen Konsequenzen der Geschäftsveräußerung selbst zu untersuchen.

### 3.8.2. Umsatzsteuerliche Konsequenzen der Geschäftsveräußerung
Gemäß dem mit Wirkung ab 1. 1. 1994 geltenden § 1 Abs. 1a UStG unterliegen die Umsätze im Rahmen einer Geschäftsveräußerung an einen anderen Unternehmer für dessen Unternehmen nicht der Umsatzsteuer. Eine Geschäftsveräußerung i. S. d. Norm liegt dann vor, wenn ein Unternehmen oder ein in der Gliederung eines Unternehmens gesondert geführter Betrieb im Ganzen entgeltlich oder unentgeltlich übereignet oder in eine Gesellschaft eingebracht wird. Für eine „Übertragung im Ganzen" reicht es bereits aus, wenn zwar einzelne wesentliche Betriebsgrundlagen[738] nicht übereignet, aber dem Übernehmer langfristig überlassen werden, so dass die dauerhafte Fortführung des Unternehmens bzw. des gesondert geführten Betriebs gewährleistet ist.[739] Ein „gesondert geführter Betrieb" liegt dann vor, wenn er im Zeitpunkt der Übereignung wirtschaftlich selbstständig ist, der Betrieb also einen für sich lebensfähigen Organismus bildet, der unabhängig von den anderen Geschäften des Unternehmens nach Art eines selbstständigen Unternehmens betrieben wird und nach außen hin ein selbstständiges, in sich geschlossenes Wirtschaftsgebilde darstellt[740].

Sofern die Voraussetzungen einer unentgeltlichen Geschäftsveräußerung vorliegen, tritt gemäß § 1 Abs. 1a Satz 3 UStG der Erwerber an die Stelle des Veräußerers, d. h., der Erwerber tritt in das (Umsatz-)Steuerschuldverhältnis des Veräußerers mit dem Steuergläubiger ein.[741] Diese Einzelrechtsnachfolge bewirkt, dass Entscheidungen des Veräußerers im Rahmen gesetzlicher Wahlrechte[742] für den Erwerber fortgelten.[743] Darüber hinaus tritt der Erwerber auch im Hinblick auf die Voraussetzungen für die Berichtigung des Vorsteuerab-

---

[737] Vgl. allg. zur Bedeutung und Wirkungsweise des Vorsteuerabzugs Bülow in: Vogel/Schwarz, Praxis-Kommentar UStG, § 15, Rn. 1 ff.
[738] Vgl. hierzu näher Bülow in: Vogel/Schwarz (Hrsg.), Praxis-Kommentar UStG, § 1, Rn. 346 ff.
[739] BFH v. 28. November 2002, V R 3/01, BStBl. 2004, Teil II, S. 665; zu § 1 Abschnitt 5 der Umsatzsteuer-Richtlinien v. 16. Dezember 2004, BStBl. 2004, Teil I, Sondernummer 3 S. 3.
[740] BFH, Urt. v. 10. März 1998, VIII R 31/95, BFH/NV 1998, 1209; BFH, Urt. v. 13. Februar 1996, VIII R 39/92, BStBl. II 1996, 409; Husmann, in: Rau/Dürrwächter, UStG, § 1, Rn. 1119.
[741] Insofern hat auch die Nichtsteuerbarkeit der Geschäftsveräußerung ihren „Preis", vgl. Reiß, Umsatzsteuer und Grunderwerbsteuer beim Unternehmens(ver)kauf, in: Schaumburg, Unternehmenskauf im Steuerrecht, 241 (244).
[742] Z. B. Optionen nach § 9 UStG, das Wahlrecht nach § 19 Abs. 2 UStG oder die Erklärung nach § 24 Abs. 2 UStG.
[743] Zeuner in: Bunjes/Geist, UStG, 9. Aufl. 2009, § 1 Rn. 103; Bülow in: Vogel/Schwarz, Praxis-Kommentar UStG, § 1, Rn. 369.

## 3. Teil. Due Diligence                                    § 8 Tax Due Diligence

zugs nach § 15a UStG in die Rechtsposition des Veräußerers ein, so dass der für das Wirtschaftsgut maßgebliche Berichtigungszeitraum nicht unterbrochen wird.[744] Daher ist im Rahmen der Tax Due Diligence zu untersuchen, ob die Voraussetzungen für eine Geschäftsveräußerung im Ganzen tatsächlich vorliegen.

### 3.8.3. Umsatzsteuerliche Risiken des Zielunternehmens

Als eine der größten Schwierigkeiten betreffend die Ermittlung umsatzsteuerlicher Risiken des Zielunternehmens im Rahmen der Tax Due Diligence wird die Beschaffung der hierfür erforderlichen Informationen gesehen.[745] Insofern erscheint es angebracht, sich zumindest für den Regelfall auf eine reine Plausibilitätsprüfung zu beschränken und nur diejenigen Problembereiche einer eingehenden Untersuchung zu unterziehen, die typischerweise bzw. aufgrund der Geschäftstätigkeit der einzelnen Branche ein erhöhtes Risikopotenzial in sich tragen.

So sollten zum einen insbesondere diejenigen Umsätze einer tiefer gehenden Untersuchung unterzogen werden, die beim Zielunternehmen eine nicht unerhebliche Größenordnung erreicht haben und dort als steuerfrei behandelt wurden. In diesem Sinne ist zu empfehlen, Verträge im Zusammenhang mit dem Erwerb, der Veräußerung oder Vermietung von Immobilien intensiv zu untersuchen, da diese oftmals nicht nur einen bedeutenden Teil des Unternehmenswerts ausmachen dürften, sondern sie ferner auch verschiedenen umsatzsteuerrechtlichen Besonderheiten unterliegen.[746] Darüber hinaus kann sich ein umfangreicher Prüfungsbedarf bei grenzüberschreitenden[747] Lieferungen und Leistungen ergeben, da die für solche Geschäftstätigkeiten angeordnete Umsatzsteuerfreiheit an die Erfüllung umfangreicher Nachweispflichten geknüpft ist.[748]

Zum anderen erscheint eine detaillierte Untersuchung geboten, wenn das Zielunternehmen in der Vergangenheit hohe Vorsteuerbeträge bei dem Erwerb bestimmter Wirtschaftsgüter geltend gemacht hat und es im Anschluss zu einer Nutzungsänderung gekommen ist. Für diese Fälle bestimmt § 15a UStG, dass für jedes Kalenderjahr ab der Änderung[749] des Wirtschaftsguts[750] eine Berichtigung des Abzugs der auf die Anschaffungs- oder Herstellungskosten entfallenen Vorsteuerbeträge vorzunehmen ist. Dabei beträgt der Berichtigungszeitraum bei einem Wirtschaftsgut, das nicht nur einmalig zur Ausführung von Umsätzen verwendet wird, fünf Jahre und für Grundstücke zehn Jahre, wobei bei einer Geschäftsveräußerung der maßgebliche Berichtigungszeitraum der Vorsteuerkorrektur gem. § 15a Abs. 10 UStG nicht unterbrochen wird. In Verbindung mit der nach § 1 Abs. 1a Satz 3 UStG angeordneten Fiktion der Unternehmeridentität muss sich somit der Erwerber des Zielunternehmens die für den Vorsteuerabzug maßgebenden Verhältnisse des Veräußerers zurechnen lassen. In der Konsequenz muss der Erwerber damit rechnen, eine zu seinen Lasten gehende Vorsteuerkorrektur aufgrund einer vorsteuerabzugsschädlichen Verwendung des Wirtschaftsgutes beim Veräußerer vornehmen zu müssen, sofern letzterer einen Vorsteuerabzug geltend gemacht hat.

---

[744] Vgl. näher zu § 15a UStG sogleich unter Abschnitt 3.8.3.
[745] Slapio in: Kneip/Jänisch, Tax Due Diligence, B VI Rn. 430 (S. 411).
[746] Vgl. näher hierzu Slapio, in: Kneip/Jänisch, Tax Due Diligence,, B VI Rn. 432 ff (S. 412 ff.).
[747] Das sind gem. § 6 UStG i.V. m. § 4 Nr. 1 Buchst. a) UStG Lieferungen von Gegenständen in die Gebiete außerhalb der Europäischen Union (sog. Ausfuhrlieferungen) sowie gem. § 6a i.V. m. § 4 Nr. 1 Buchst. b) UStG Lieferungen innerhalb der Europäischen Union (sog. innergemeinschaftliche Lieferungen).
[748] Slapio in: Kneip/Jänisch, Tax Due Diligence, B VI Rn. 449 ff (S. 416 ff.).
[749] Vgl. nur BFH, Urt. v. 27. Juni 1991 V R 106/86, BStBl. 1991, Teil II, S. 860.
[750] Der Begriff des „Wirtschaftsguts" wird nur in § 15a UStG, nicht aber in Art. 20 Abs. 2 der 6. EG-Richtlinie verwendet. Dort wird von einem „Investitionsgut" gesprochen, worunter der EuGH einen Gegenstand versteht, der sich durch seine Langlebigkeit auszeichnet und dessen Anschaffungskosten daher i. d. R. nicht als laufende Kosten verbucht, sondern über mehrer Jahre abgeschrieben werden, vgl. EuGH, Urt. v. 1. Februar 1977, Rs. C 51/76, BeckRS 2004 73250.

## 3.9. Grunderwerbsteuer
### 3.9.1. Ausgewählte Prüfungsschwerpunkte

Nach dem Grunderwerbsteuergesetz (GrEStG) unterliegen bestimmte, dort aufgezählte Erwerbsvorgänge der Grunderwerbsteuer, sofern sie sich auf im Inland belegene Grundstücke beziehen. Die Überprüfung grunderwerbsteuerlich relevanter Rechtsvorgänge des Zielunternehmens ist im Rahmen der Tax Due Diligence insbesondere hinsichtlich folgender zwei Aspekte von großer Bedeutung: Zum einen werden im Vorfeld einer geplanten Unternehmensveräußerung oftmals konzerninterne Umstrukturierungen vorgenommen, bei denen sich ein erhöhtes Risiko betreffend grunderwerbsteuerlicher Folgen ergeben kann, sofern dabei inländische Grundstücke auf einen anderen Rechtsträger übergehen. Dabei gilt für nach dem 31. Dezember 2009[751] verwirklichte Erwerbsvorgänge die Neuregelung des § 6a GrEStG zu beachten, wonach beschränkt auf Konzernsachverhalte keine Grunderwerbsteuer mehr durch einen Rechtsträgerwechsel am Grundstück durch Verschmelzung, Spaltungen und Vermögensübertragung i. S. des § 1 Abs. 1 Nr. 1–3 UmStG oder durch entsprechende Umwandlungen nach dem Recht eines EU oder EWR-Staates ausgelöst wird.[752] Dabei wird die Begünstigung nur gewährt, wenn an dem Umwandlungsvorgang ausschließlich ein herrschendes Unternehmen abhängige Gesellschaften beteiligt sind. Von einer Abhängigkeit wird dann ausgegangen, wenn das herrschende Unternehmen am Kapital der Gesellschaft innerhalb von fünf Jahren vor und nach dem Rechtsvorgang (teilweise) unmittelbar oder mittelbar zu mindestens 95 % beteiligt ist. Zum anderen führt die nachträgliche Aufdeckung von in der Vergangenheit durchgeführten grunderwerbsteuerlichen Vorgängen des Zielunternehmens zu keinen Umkehreffekten in den Folgejahren, so dass die Grunderwerbsteuer zu einer definitiven Steuerbelastung beim Erwerber führt, insbesondere für die vor dem 31. Dezember 2009 verwirklichten Erwerbsvorgänge.

Im Hinblick auf die bei der Tax Due Diligence zu untersuchenden grunderwerbsteuerlichen Problembereiche sollte aufgrund der im GrEStG angelegten Unterscheidung zwischen der Übertragung von Grundstücken einerseits sowie der Übertragung von Gesellschaftsanteilen anderseits differenziert vorgegangen werden.

### 3.9.2. Übertragung von Grundstücken (Asset Deal)

Gehen bei dem Erwerb einzelner Vermögensgegenstände im Rahmen einer Unternehmensübernahme im Inland belegene Grundstücke[753] auf den Erwerber über, unterliegt dieser Vorgang grundsätzlich[754] der Grunderwerbsteuer, vgl. § 1 Abs. 1 GrEStG. Auch wenn den Ausgangspunkt für die erwerbsteuerlichen Rechtsvorgänge nach § 1 Abs. 1 GrEStG der zivilrechtliche Eigentumsübergang des Grundstücks darstellt, bestimmt das GrEStG bereits das – zeitlich vorher oder gleichzeitig abgeschlossene – Verpflichtungsgeschäft als primäre Besteuerungsgrundlage.[755]

Die Bemessungsgrundlage bemisst sich bei einem Grundstückserwerb grundsätzlich nach dem Wert der Gegenleistung, § 8 Abs. 1 GrEStG, wobei diese bei einem Kauf der vom Erwerber gezahlte Kaufpreis darstellt, vgl. § 9 Abs. 1 Nr. 1 GrEStG. Bei einem Unternehmenskauf im Wege des Asset Deals bedarf es regelmäßig einer Aufteilung der Gesamtgegenlei-

---

[751] Zur Vermeidung missbräuchlicher Gestaltungen ist die Regelung nicht anzuwenden, wenn ein zwischen dem 1. Januar 2008 und dem 31. Dezember 2009 verwirklichter Erwerbsvorgang rückgängig gemacht wird und deshalb die Steuer nach § 16 Abs. 1 oder Abs. 2 GrEStG nicht erhoben oder die Steuerfestsetzung aufzuheben oder zu ändern ist.
[752] Vgl. ausführlich hierzu Wischott/Schönweiß, Wachstumsbeschleunigungsgesetz – Einführung einer Grunderwerbsteuerbefreiung für Umwandlungsvorgänge, DStR 2009, 2638 ff.
[753] Zur Definition des „Grundstück" i. S. d. GrEStG vgl. § 2 GrEStG.
[754] Zu den allgemeinen und besonderen Ausnahmetatbeständen vgl. §§ 3 und 4 GrEStG.
[755] Fischer in: Boruttau, Grunderwerbsteuergesetz, § 1 Rn. 287.

### 3.9.3. Übertragung von Gesellschaftsanteilen (Share Deal)

Erfolgt der Kauf eines Unternehmens durch den Erwerb seiner Anteile so besteht die Gefahr, dass ein grunderwerbsteuerpflichtiger Vorgang entweder durch den Wechsel des Gesellschafterbestands einer Personengesellschaft gemäß § 1 Abs. 2a GrEStG oder durch die Vereinigung von Anteilen einer Gesellschaft in einer Hand gem. § 1 Abs. 3 GrEStG ausgelöst wird[756].

§ 1 Abs. 2a GrEStG bestimmt, dass sofern zum Vermögen einer Personengesellschaft ein inländisches Grundstück gehört und sich innerhalb von fünf Jahren unmittelbar oder mittelbar der Gesellschafterbestand in der Weise ändert, dass mindestes 95 % der Anteile am Gesellschaftsvermögen auf neue Gesellschafter übergehen, dieser Vorgang der Grunderwerbsteuer unterliegt. Von der Regelung nicht erfasst sind somit Änderungen der Beteiligungen am Gesellschaftsvermögen der Altgesellschafter[757] im Verhältnis untereinander. Eine Änderung des Gesellschafterbestands i. S. d. § 1 Abs. 2a GrEStG liegt jedoch vor, wenn neue Gesellschafter mindestens 95 % der bereits bestehenden Anteile an der Personengesellschaft bzw. neue Anteile im Rahmen einer Kapitalerhöhung erwerben und dadurch im Verhältnis zu den Altgesellschaftern zu mindestens 95 % an der Gesellschaft beteiligt sind.

Die Regelung zur Anteilsvereinigung gemäß § 1 Abs. 3 GrEStG erfasst im Gegensatz zu den Bestimmungen des § 1 Abs. 2a GrEStG neben einer Änderung des Gesellschafterbestands einer Personengesellschaft auch vergleichbare Änderungen bei einer Kapitalgesellschaft. Wie sich bereits aus dem Wortlaut des § 1 Abs. 3 GrEStG ergibt, ist diese Vorschrift gegenüber der Vorschrift des § 1 Abs. 2a GrEStG subsidiär,[758] so dass immer zuerst zu prüfen ist, ob eine Änderung des Gesellschafterbestands einer Personengesellschaft i. S. d. § 1 Abs. 2a GrEStG gegeben ist, bevor eine Anteilsvereinigung i. S. d. § 1 Abs. 3 GrEStG festgestellt werden kann. Eine Anteilsvereinigung bzw. Anteilsübertragung i. S. d. § 1 Abs. 3 GrEStG liegt dann vor, wenn mindestens 95 % der Gesellschaftsanteile unmittelbar oder mittelbar[759] in der Hand einer Person vereinigt bzw. auf eine Person übertragen werden. Sofern bereits eine Anteilsvereinigung i. H. v. mindestens 95 % in der Hand des Erwerbes bestanden hat, löst eine weitere Verstärkung der Beteiligung grundsätzlich keinen Besteuerungstatbestand nach § 1 Abs. 3 GrEStG mehr aus.[760] Im Rahmen der Tax Due Diligence ist bei Unternehmen mit materiellem Grundbesitz insbesondere zu prüfen, ob durch Veränderungen im unmittelbaren oder mittelbaren Gesellschafterbestand unbeachtet Grunderwerbsteuer ausgelöst worden sein könnte.

---

[756] Vgl. hierzu anschaulich Schönweiß, Grunderwerbsteuer beim Unternehmenskauf, in: Schaumburg, Unternehmenskauf im Steuerrecht, S. 290 (298 ff.).

[757] Altgesellschafter i. d. S. sind die Gründungsgesellschafter, die Gesellschafter, die vor dem Beginn des Fünfjahreszeitraums i. S. § 1 Abs. 2a GrEStG unmittelbar oder mittelbar an der Gesellschaft beteiligt waren, sowie die Gesellschafter, deren Beitritt schon einmal den Tatbestand des § 1 Abs. 2a GrEStG erfüllt hat, vgl. gleich lautender Ländererlass v. 26. Februar 2003, BStBl. 2003, Teil I, S. 271, Rn. 4.

[758] Unstr., vgl. nur Fischer in: Boruttau, Grunderwerbsteuergesetz, § 1 Rn. 990.

[759] Wobei nur solche mittelbaren Beteiligungen bei der Anwendung des § 1 Abs. 3 GrEStG zu berücksichtigen sind, die zu mindestens 95 % gehalten werden, vgl. Finanzministerium Baden-Württemberg: Schreiben v. 14. Februar 2000, DStR 2000, 430.

[760] Finanzministerium Bayern: Schreiben v. 2. Dezember 1999, BStBl. 1999, Teil I, S. 991; BFH, Urt. v. 20. Oktober 1993, II R 116/90, BStBl. 1994, Teil II, S. 121.

## 3.9.4. Restrukturierungen

Umstrukturierungen[761] innerhalb eines Konzerns können insbesondere gem. § 1 Abs. 1 Nr. 3 GrEStG ebenfalls Grunderwerbsteuer auslösen.[762] Die Bemessungsgrundlage einer Grundstücksübertragung aufgrund einer Umwandlung ist gemäß § 8 Abs. 2 Nr. 2 GrEStG nach § 138 Abs. 2 oder 3 BewG anhand einer sog. Bedarfsbewertung[763] zu ermitteln. Der Bedarfswert bebauter Grundstücke ist nach den Vorschriften der §§ 146 ff. BewG in der Regel nach einem vereinfachten Ertragswertverfahren zu ermitteln, wohingegen sich der Wert bei unbebauten Grundstücken gem. § 145 BewG nach den jeweils maßgeblichen Bodenrichtwerten bestimmt.

Bei der Übertragung von Grundstücken auf eine Personengesellschaft[764] bzw. von einer solchen wird durch §§ 5 und 6 GrEStG eine partielle Steuerbefreiung angeordnet, um den Besonderheiten der gesamthänderischen Bindung Rechnung zu tragen.[765] Insofern tritt bei der Übertragung eines Grundstücks von einem Gesellschafter auf die Gesamthand und umgekehrt sowie von einer Gesamthand auf eine andere Gesamthand in dem Umfang keine Grunderwerbsteuerpflicht ein, in dem der Gesellschafter an der Gesellschaft beteiligt ist.[766] Im Hinblick auf diese Grunderwerbsteuerbefreiungen ist im Rahmen der Tax Due Diligence eine Prüfung sowohl betreffend das Vorliegen der tatbestandlichen Voraussetzungen als auch bezüglich der zutreffenden Bewertung sämtlicher Restrukturierungsmaßnahmen anzuraten.[767]

## 4. Auswertung

### 4.1. Berichterstattung und Auswertung

Innerhalb dieser Phase der Tax Due Diligence sind die identifizierten steuerlichen Risiken und Chancen abschließend zu dokumentieren und umfassend auszuwerten. Insbesondere gilt es, die ermittelten Steuerrisiken in qualitativer und quantitativer Hinsicht einzuschätzen, wobei sich in der Praxis die Einteilung in verschiedene Risikoklassen (niedrig/mittel/hoch) durchgesetzt hat. Sämtliche in steuerlicher Hinsicht relevanten Informationen werden hierzu in einem sog. Tax Due Diligence Report zusammengefasst, in dem alle wesentlichen Daten, Ermittlungen und Empfehlungen niedergeschrieben und für den Berichtsempfänger überschaubar aufgearbeitet und sachgerecht darstellt werden.[768] Der Due Diligence Report kann neben dieser Hauptfunktion einer umfassenden Berichterstattung auch für zukünftige Sach-

---

[761] Worunter Umwandlungen i. d. S. des Umwandlungssteuergesetzes unter Ausschluss des Formwechsels (§§ 190 ff. UmwG) zu verstehen sind. Dieser unterliegt mangels Rechtsträgerwechsels nicht der GrESt, vgl. Fischer in: Boruttau, Grunderwerbsteuergesetz, § 1 Rn. 545 ff.

[762] § 1 Abs. 1 Nr. 1 GrEStG ist deshalb nicht anwendbar, weil der Verschmelzungsvertrag bzw. Spaltungsplan keinen „Anspruch auf Übereignung" begründet. Vgl. näher hierzu Salzmann/Loose, DStR 2004, 1941.

[763] Danach sind die Grundbesitzwerte nicht generell für jede wirtschaftliche Einheit, sondern nur dann gesondert festzustellen, wenn sie für die GrESt erforderlich sind, vgl. Viskorf in: Boruttau, Grunderwerbsteuergesetz, § 8 Rn. 98.

[764] Insb. einer GbR (§§ 705 ff. BGB), einer OHG (§§ 105 ff. HGB) oder einer KG (§§ 161 ff. HGB), wegen fehlendem Gesamthandsvermögen aber nicht die stille Gesellschaft (§§ 230 ff. HGB).

[765] Vgl. zur Gesamthand im Grunderwerbsteuerrecht ausführlich Fischer in: Boruttau, Grunderwerbsteuergesetz, § 1 Rn. 76 ff.

[766] Das Gleiche gilt bei der Einbringung eines Grundstücks im Wege der Sacheinlage.

[767] Hierbei ist zu beachten, dass für Einbringungen nach dem 31. Dezember 1999 § 5 Abs. 3 und § 6 Abs. 3 GrEStG jeweils Nachbehaltefristen für einen Zeitraum von fünf Jahren anordnen, bei deren Nicht-Beachtung es zu einer Versagung der Steuervergünstigungen kommt.

[768] Vgl. allg. zum Aufbau und Inhalt des Due Diligence Reports Berens, Hoffjan, Strauch, Planung und Durchführung der Due Diligence, in: Berens, Brauner, Strauch, Due Diligence bei Unternehmensakquisitionen, S. 121 (164 f.).

# 3. Teil. Due Diligence § 8 Tax Due Diligence

verhalte, insbesondere im Hinblick auf die Ausgestaltung einer Akquisitionsstruktur sowie die Erarbeitung eines Unternehmenskaufvertrags, als Informationsquelle herangezogen werden[769].

## 4.2. Steuerklauseln

Die Verwendung von Steuerklauseln dient dem Zweck, den Käufer im Hinblick auf die in der Vergangenheit entstandenen Steuerrisiken, die erst in künftigen Wirtschaftsjahren zu einer drohenden wirtschaftlichen Belastung werden, in finanzieller Hinsicht abzusichern.[770] Trotz bzw. gerade wegen der Durchführung einer Tax Due Diligence kommt dem Einsatz von Steuerklauseln in der Praxis eine große Bedeutung zu, um einer sach- und verursachungsgerechten Verteilung historischer Steuerrisiken angemessen Rechnung tragen zu können.

Inhaltlich haben derartige Klauseln in der Regel zum Gegenstand, den Erwerber wirtschaftlich für den Zeitraum bis zur Übernahme von weiteren als den bereits in den Rückstellungen der Gesellschaft abgebildeten Steuerverbindlichkeiten zu befreien. Für den Fall zusätzlicher Steuerzahlungen, welche zumeist nachträglich im Rahmen einer Betriebsprüfung festgesetzt werden, wird typischerweise vereinbart, dass der Veräußerer für sämtliche Steuern haftet, welche sich auf die Zeit vor dem Stichtag des Unternehmenskaufs beziehen. Zur Sicherung dieser Ansprüche verlangt der Käufer oftmals, den Teil des Kaufpreises, der sich an der ungefähren Höhe der erwarteten zusätzlichen Steuerzahlungen orientiert, bis zur abschließenden Aufklärung der steuerlichen Gegebenheiten einzubehalten oder durch eine (Bank-)Bürgschaft zu sichern. Auf diesem Wege können die durch die Tax Due Diligence ermittelten steuerlichen Risiken nicht nur der Höhe nach, sondern auch unter Solvenzgesichtspunkten sachgerecht zwischen Veräußerer und Erwerber verteilt werden. Bei der Formulierung bzw. Verhandlung der Steuerklauseln ist empfehlenswert, dass der Berater, der die Tax Due Diligence durchgeführt hat, die Klausel daraufhin überprüft, ob tatsächlich alle von ihm identifizierten Risiken abgedeckt werden.

## 4.3. Maßnahmen zur Risikobegrenzung

Bei der Auswertung der während der Tax Due Diligence gefundenen Ergebnisse sollte angestrebt werden, identifizierte steuerliche Risiken durch entsprechende Maßnahmen zumindest mit Wirkung für die Zukunft zu reduzieren bzw. zu beseitigen. Die Notwendigkeit derartiger Umstrukturierungen ergibt sich insbesondere deshalb, weil regelmäßig lediglich die in der Vergangenheit liegenden steuerlichen Risiken bei der Kaufpreisgestaltung ihre Berücksichtigung finden können, nicht aber solche, die erst nach dem Erwerb der Zielgesellschaft auf Seiten des Käufers entstehen. Hierfür kann es erforderlich sein, nach erfolgter Akquisition als Maßnahme einer zukünftigen Risikominderung gesellschaftsrechtliche Umstrukturierungen vorzunehmen sowie auf eine ggf. verbesserte unternehmensinterne Dokumentation zu achten.

Im Ergebnis kann es durch entsprechende gestalterische Maßnahmen den Käufern der Zielgesellschaft auf diese Weise ermöglicht werden, die im Rahmen der Tax Due Diligence aufgedeckten steuerlichen Risiken für die Zukunft zu verringern oder zu beseitigen.

---

[769] Vgl. bezüglich dieser in die Zukunft gerichteten Funktion der Due Diligence etwa Welbers in: Berens, Brauner, Strauch, Due Diligence bei Unternehmensakquisitionen, S. 437 (451), wonach die Tax Due Diligence idealerweise „die Brücke zwischen Erkenntnissen über die steuerliche Vergangenheit des Zielunternehmens und der steueroptimalen Gestaltung seiner Zukunft schlagen" sollte.

[770] Vgl. ausführlich zu Steuerklauseln im Rahmen der Tax Due Diligence Holzhäuser in: Beisel, Andreas, Due Diligence, § 32, Rn. 1 ff.; Gröger/Wellens in: Kneip/Jänisch, Tax Due Diligence, D II Rn. 1 ff. (S. 927 ff.); ferner Welbers, Tax Due Diligence, in: Berens, Brauner, Strauch, Due Diligence bei Unternehmensakquisitionen, S. 437 (439 f.); Eilers, Tax Due Diligence, in: Schaumburg, Unternehmenskauf im Steuerrecht, S. 83 (106 ff.).

# § 9 Financial Due Diligence und Unternehmensbewertung

### Übersicht Seite
1. Einführung ... 191
2. Financial Due Diligence ... 191
    2.1. Zielsetzung einer Financial Due Diligence ... 191
    2.2. Bilanz, GuV und Business Plan als Informationsgrundlage ... 192
    2.3. Analyse des Working Capital ... 193
    2.4. Analyse des Cash Flow ... 194
    2.5. Analyse von Planungsrechnungen ... 195
3. Unternehmensbewertung ... 195
    3.1. Grundsätzliche Problemstellung ... 195
    3.2. Direkte und indirekte Bewertungsverfahren ... 196
    3.3. Anwendung der Multiplikatormethode ... 197
    3.4. Anwendung der Discounted Cash Flow Methode ... 198
    3.5. Ertragswertverfahren ... 201
    3.6. Substanzwertverfahren ... 201
    3.7. Realoptionen ... 202
    3.8. Besonderheiten für Start-Up-Unternehmen ... 203
    3.9. IDW S1 ... 204
    3.10. EVCA and PEIGG Valuation Guidelines ... 204
4. Zusammenfassung und Fazit ... 205

## 1. Einführung

Transaktionen sind oftmals Meilensteine in der Entwicklung von Unternehmen und haben weitreichende Folgen angefangen bei der strategischen Positionierung über das operative Geschäft bis hin zur externen Rechnungslegung. Aufgrund der Bedeutung der Auswirkungen muss die Entscheidung über die Durchführung einer Transaktion wohlüberlegt getroffen werden und daher auf verlässlichen Informationen beruhen. Diese Informationen fließen letztlich in die Wertbestimmung sowie in den Kauf- oder Verkaufspreis.

In diesem Beitrag soll die Rolle einer Financial Due Diligence bei der Gewinnung von verlässlichen entscheidungsrelevanten Informationen untersucht werden sowie die Verwendung dieser Informationen zur Ermittlung des Wertes eines Transaktionsobjektes.

## 2. Financial Due Diligence

### 2.1. Zielsetzung einer Financial Due Diligence

Eine Zielsetzung einer Financial Due Diligence ist die eingehende Analyse der externen und internen Rechenwerke sowie der Planungsrechungen eines Transaktionsobjektes. Dabei wird insbesondere die Darstellung der Vermögens-, Finanz- und Ertragslage analysiert. Als Betrachtungszeitraum werden zumeist ein historischer Zeitraum von ca. 3 Jahren gewählt sowie ein zukünftiger Zeitraum, für den ein ausführlicher Business Plan erstellt worden ist.

Eine Financial Due Diligence ist nicht zu verwechseln mit einer Jahresabschlußprüfung. Das Vorgehen bei einer Financial Due Diligence ist stärker auf eine Analyse unter betriebswirtschaftlichen Gesichtspunkten ausgerichtet und hat eine höhere Untersuchungstiefe. Eine Financial Due Diligence wird durchgeführt, um den Käufer oder Verkäufer eines potentiellen Transaktionsobjektes bei der Entscheidung zu unterstützen, ob und unter welchen Bedingungen eine Transaktion durchgeführt werden soll und welche Parameter gegebenenfalls in einen Kaufvertrag fließen sollten. Darüber hinaus bietet eine Financial Due Diligence durch die Ermittlung von Erfolgsgrößen und des Cash Flow auf einer normalisierten oder pro forma Basis auch den Ausgangspunkt für eine Unternehmensbewertung. Die Ergebnisse der Financial Due Diligence werden zusammengefasst in einem Due Diligence Report, in dem die wichtigen Aussagen und Entwicklungen aufbereitet dargestellt werden und der als primäre Grundlage für eine Entscheidung über Durchführung oder Nichtdurchführung der Transaktion bzw. über eine Bewertung des Transaktionsobjektes dienen kann. Übergeordnetes Ziel der Analysen und des Reports ist die Verringerung der Informationsasymmetrie zwischen Käufer und Verkäufer des Transaktionsobjektes sowie die damit einhergehende Verringerung von Unsicherheit über das Transaktionsobjekt auf Seiten des Käufers. Dieses führt zum einen dazu, dass der Käufer einen geringeren Risikoabschlag bei der Ermittlung eines Kaufpreises ansetzen muss. Zum anderen kann der Käufer die Entscheidung, ob grundsätzliche Sachverhalte gegen eine Durchführung der Transaktion sprechen (sog. Dealbreaker existieren), fundierter treffen. so dass die Wahrscheinlichkeit steigt, dass Käufer und Verkäufer erfolgreiche Preisverhandlungen führen können.

Im Rahmen der Financial Due Diligence untersuchte Kennzahlen umfassen unter anderem die in der externen Rechnungslegung gezeigte Profitabilität, dargestellt in Form von Maßgrößen wie EBIT oder EBITDA, auch unter Gesichtspunkten der nachhaltigen Erzielbarkeit. Darüber hinaus werden die Zusammensetzung der Nettoverschuldung (Net Debt) des Transaktionsobjektes, die Entwicklung des Nettoumlaufvermögens (Net Working Capital) sowie die geplanten Investitionen untersucht. Die Analysen dienen der Identifikation der wesentlichen Werttreiber und der entscheidenden Erfolgsfaktoren für die Transaktion.

### 2.2. Bilanz, GuV und Business Plan als Informationsgrundlage

Da das Ziel der Financial Due Diligence die Generierung einer soliden Entscheidungsgrundlage über die finanziellen Chancen und Risiken der Durchführung der Transaktion ist und zu diesem Zweck zumindest teilweise in die Zukunft gerichtete Informationen analysiert werden, muss auf eine Vielzahl von Informationen zurückgegriffen werden, die in der Jahresabschlußprüfung von untergeordneter Bedeutung sind oder keine Verwendung finden. Dies betrifft beispielsweise Informationen, die die Steuerung des Unternehmens betreffen, primär die Management Accounts sowie Analysen, die die Unternehmensleitung im Rahmen der Unternehmensplanung erstellt hat. Neben diesen internen Informationen werden auch externe Informationen in Form von Marktstudien bezüglich Produkt- oder Absatzmärkten, wichtigen Kunden oder Lieferanten sowie Wettbewerbern herangezogen.

Zu Beginn der Financial Due Diligence wird ausgehend von den Management Accounts eine Überleitung zu den geprüften Jahresabschlüssen erstellt. Anschließend wird die Historie des Unternehmens innerhalb des betrachteten Vergangenheitszeitraumes in einer Weise abgebildet, die der Darstellung in der Planung entspricht. In der Regel kommt es zu diesem Zweck bei der Erstellung des Financial Due Diligence Reports zu Anpassungen bei den historischen Zahlen, um eine Vergleichbarkeit von Planung und gezeigter Historie zu gewährleisten. Die Notwendigkeit der Anpassung historischer Zahlen kann durch mehrere Faktoren ausgelöst werden:
– Akquisitionen/Veräußerungen von Teilen des Transaktionsobjektes im Betrachtungszeitraum, die zur Notwendigkeit von Pro Forma Darstellungen führen. Diese erfüllen den Zweck, das Transaktionsobjekt in einer Struktur abzubilden, die der Struktur entspricht, die Gegenstand des Business Plans ist
– Änderungen des verwendeten Rechnungslegungsstandards

Eine Zielsetzung für die Darstellung der historischen Ertragslage ist die Ermittlung desjenigen operativen Ergebnisses , das nachhaltig erzielbar und somit mit dem Business Plan vergleichbar ist.[771] Dieses Vorgehen hat zum Ziel, in der Vergangenheit bestehende Entwicklungen und Trends zu erkennen und mit dem Business Plan vergleichen zu können. Insbesondere bei Brüchen in Trendentwicklungen zwischen Vergangenheit und Zukunft wird anschließend die entsprechende Ursache zu hinterfragen sein. Die Bestimmung eines

---

[771] Vgl. Wagner und Russ (2002).

nachhaltig erzielbaren Ergebnisses erfolgt oftmals durch die Normalisierung der Auswirkungen von einmaligen oder ungewöhnlichen Ereignissen sowie Einflüssen, die nicht operativer Natur sind.[772]

Ebenfalls sind Aufwendungen, Erträge und Cash Flows zu normalisieren, die periodenfremd sind deshalb periodengerecht zugeordnet werden müssen. Würde um derartige Ergebniseinflüsse nicht bereinigt, wäre das gezeigte Ergebnis nicht repräsentativ für das operative Geschäft, sondern durch Sondereinflüsse verzerrt dargestellt. Eine auf den unbereinigten Erfolgsgrößen basierende Ermittlung des Unternehmenswertes wäre damit ebenfalls verzerrt: Es würde ein zu hoher bzw. ein zu niedriger Wert ermittelt.

Beispiele für zu normalisierende Sachverhalte sind:
– Durch eine Änderung von Umweltauflagen kann ein Industriebetrieb eine Produktionsanlage nicht mehr nutzen und muss eine Ersatzinvestition tätigen (außerordentliche Abschreibung/Capex)
– Durch Verkauf von Aktiva zu einem Verkaufspreis, der höher ist als der Buchwert, kommt es zu einem außerordentlichen Ertrag
– Ein Unternehmen verbucht in einem Geschäftsjahr eine Wertberichtigung auf eine Forderung, weil nicht mit einem Zahlungseingang in voller Höhe gerechnet wird. Im Folgejahr geht die Zahlung wider Erwarten in voller Höhe ein (außerordentlicher Aufwand/Ertrag)
– Ein Unternehmen hält einen Bestand an Fremdwährungen. Am Ende des Geschäftsjahres kommt es durch Änderungen des Wechselkurses zu außerordentlichen Erträgen oder Aufwendungen (außerordentlicher Aufwand/Ertrag)

In allen Fällen wird die Höhe des vom Unternehmen erzielten Ertrages beeinflusst, ohne dass dies Folge des operativen Geschäfts gewesen ist. Daher muss für die Analyse von Trends und die Plausibilisierung des Business Plans um diese Ereignisse bereinigt werden. Bei der Bereinigung um die zu normalisierenden Sachverhalte ist es ebenfalls wichtig, die Einflüsse auf Bilanzgrößen zu berücksichtigen, weil diese Einfluss bei der derivativen Bestimmung des Cash Flow des Unternehmens haben.

Im Due Diligence Report werden nach Abschluss der Analyse die Gründe für die beobachteten Entwicklungen von Positionen in Bilanz, GuV und Cash Flow auf normalisierter Basis kommentiert, ebenso wie alle Sachverhalte, die zu Normalisierungen geführt haben. Dies ermöglicht zum einen ein Verständnis der lediglich auf das operative Geschäft zurückzuführenden Zahlen, erlaubt andererseits aber auch eine Überleitung der normalisierten Zahlen auf die geprüften Abschlüssen des Transaktionsobjektes.

## 2.3. Analyse des Working Capital

Nach der Bestimmung eines normalisierten EBITDA ist die Ermittlung eines (ebenfalls normalisierten) Net Working Capitals der nächste Schritt, um einen normalisierten Cash Flow bestimmen zu können. Das Net Working Capital, auch Nettoumlaufvermögen genannt, ist definiert als die Summe der kurzfristigen Forderungen abzüglich der kurzfristigen Verbindlichkeiten und Rückstellungen. Das Net Working Capital ist aus mehreren Gründen von Bedeutung.

Zum einen muss das Net Working Capital im Transaktionsobjekt für die Aufrechterhaltung des Geschäftsbetriebes zur Verfügung stehen, daher ist für das Net Working Capital auch eine Finanzierung nötig. Dies ist für die Finanzierung einer M&A Transaktion auch deshalb interessant, weil die Menge des für ein Transaktionsobjekt notwendigen Net Working Capitals im Verlauf eines Geschäftsjahres stark schwanken bzw. Zyklizitäten unterliegen kann. Das zur Verfügung stehende Finanzierungsvolumen muss nicht nur den Bedarf an Net Working Capital zum Zeitpunkt der Transaktion decken, sondern auch die zu erwartenden Schwankungen.

---

[772] Die Ausführungen zur Normalisierung sind angelehnt an Brebeck und Bredy (2005).

Des Weiteren ist das aktive Management des Net Working Capital insbesondere in kleinen und mittleren Unternehmen noch nicht weit verbreitet und stellt für einen potentiellen Käufer eventuell einen Ansatzpunkt für Optimierungsmaßnahmen dar.

Die Höhe des Net Working Capital sollte auch in die Erstellung des Kaufvertrages einfließen. In vielen Fällen wird ein Unternehmen „cash and debt free" verkauft, d. h. unverschuldet und ohne Barmittel, die nicht für den operativen Betrieb notwendig sind. In diesem Zusammenhang ist es wichtig zu ermitteln, welcher Bestand an Cash für das operative Geschäft des Unternehmens benötigt wird. Damit stellt sich unmittelbar die Frage nach dem notwendigen Umfang des Net Working Capital, weil dieses vergleichsweise schnell in Cash umgewandelt werden kann. Es ist sinnvoll, einen bestimmten Bestand an Net Working Capital im Kaufvertrag festzulegen, damit für den Verkäufer der Anreiz entfällt, das Net Working Capital des Unternehmens im Vorfeld einer Transaktion zu reduzieren, um vor dem Verkauf Cash entziehen zu können. Um den eigentlich notwendigen Bestand an Net Working Capital zu gewährleisten, müsste der Erwerber nach Durchführung der Transaktion wieder in das Net Working Capital investieren.

## 2.4. Analyse des Cash Flow

Beim Cash Flow handelt es sich um die Größe, der als „Zielgröße" im Rahmen der Due Diligence die größte Bedeutung zukommt. Die Höhe des Cash Flow, der vom Unternehmen generiert werden kann, hat mehrere wesentliche Implikationen: Zum einen ist sie zentrale Größe bei der Ermittlung des Unternehmenswertes nach der Discounted Cash Flow Methode (Free Cash Flow), zum anderen hat sie einen wesentlichen Einfluss auf die Refinanzierungsmöglichkeiten für den Erwerber, der den Cash Flow für Zahlungen an die Fremdkapitalgeber verwenden kann. Von Interesse sind die Aussagen der Due Diligence zum Thema Cash Flow daher auch für finanzierende Banken, insbesondere bei Buy Out-getriebenen Transaktionen oder Transaktionen mit einem hohen Anteil Fremdkapital am Finanzierungsvolumen.

Ein wesentliches Ziel der Due Diligence ist die Ermittlung eines normalisierten Cash Flow, der als Indikator für die Höhe des nachhaltig erzielbaren Cash Flows angesehen werden kann. Für dessen Ermittlung werden ausgehend von einer normalisierten Erfolgsgröße wie dem EBITDA noch die Einflüsse der Normalisierungssachverhalte auf die Cash Flow-Entwicklung berücksichtigt. Die Notwendigkeit zur separaten Erfassung von Normalisierungen auf Cash Flow-Ebene besteht aus mehreren Gründen. Zum einen kann es dazu kommen, dass Normalisierungen von Sachverhalten zu Änderungen von Ergebnis und Cash Flow in unterschiedlichen Zeitpunkten führen. Zum anderen kann es aber auch außergewöhnliche bzw. nicht wiederkehrende Ereignisse geben, die lediglich einen Einfluss auf den Cash Flow haben, aber nicht auf Erfolgsgrößen oder umgekehrt.

Ein Beispiel für den erstgenannten Fall ist eine Rückstellung für ein außergewöhnliches Prozessrisiko, die das Transaktionsobjekt in einem Jahr gebildet hat. Im folgenden Geschäftsjahr verliert das Unternehmen den entsprechenden Prozess und muss eine Zahlung an den Kläger leisten. Werden diese Sachverhalte als außergewöhnlich eingestuft, kommt eine Normalisierung des gesamten Vorgangs in Frage. Im ersten Jahr würde das Ergebnis auf normalisierter Basis dann höher ausfallen als auf berichteter Basis. Vor Normalisierung hatte die Bildung der Rückstellung jedoch keinen Einfluss auf den Cash Flow. Der Verringerung des Ergebnisses stand eine Erhöhung der Rückstellungen in gleicher Höhe gegenüber. Wird nun die Verringerung des Ergebnisses normalisiert, fiele ohne eine Berücksichtigung der Normalisierungen der Effekte aus der Veränderung der Rückstellungen der Cash Flow im Vergleich zum berichteten Betrag im ersten Jahr höher aus. Es ist daher notwendig, durch eine Normalisierung den Cash Flow entsprechend dem bezogen auf das Ergebnis normalisierten Betrages zu verringern. Im Folgejahr kehrt sich dieses Vorgehen um. Auf berichteter Basis kommt es zu einer Auflösung der Rückstellung und damit zu einer erfolgsneutralen Auszahlung. Da die Bildung der Rückstellung normalisiert wurde, muss auch die entsprechende Auszahlung normalisiert werden. Nach Normalisierung stellen sich das Ergebnis und der Cash Flow des Unternehmens dar, als hätte es den ergebnis- und zahlungswirksamen Sachverhalt nicht gegeben.

Im zweitgenannten Fall besteht Normalisierungsbedarf für den Cash Flow, ohne dass dies eine Folge einer ergebniswirksamen Normalisierung ist. Die Umgliederung zwischen lang- und kurzfristigen Rückstellungen ist ein solches Beispiel. Wird für die Ermittlung eines (indikativen) Cash Flows nur die Entwicklung der kurzfristigen Rückstellungen herangezogen, erhöht sich der gezeigte Cash Flow bei einer Umgliederung von kurz- in langfristige Rückstellungen und sinkt bei einer Umgliederung von lang- in kurzfristige Rückstellungen. Um diesen Effekt zu neutralisieren, müssen die aus den Umgliederungen resultierenden Cash Flow Effekte angepasst werden.

### 2.5. Analyse von Planungsrechnungen

Ein Ziel der Analyse der Unternehmenshistorie ist die Möglichkeit zur Plausibilisierung von Planungsrechnungen. Dies ist insofern eine sinnvolle Vorgehensweise, als dass die Möglichkeiten zu direkter Verifizierung von Planungsrechnungen aufgrund der Vielzahl der einfließenden Annahmen nur eingeschränkt möglich ist. Eine Analyse ist beschränkt auf die dem Business Plan zugrunde gelegten Annahmen sowie erwartete Ereignisse und Entwicklungen. Dabei ist die in den vorherigen Analyseschritten erstellte mit der Zukunft vergleichbare Abbildung der Unternehmenshistorie sinnvoll. Sie kann unmittelbar herangezogen werden, um in der Vergangenheit beobachtete Entwicklungen mit der Zukunft zu vergleichen. So kann beispielsweise untersucht werden, ob in der Vergangenheit beobachtete Kennzahlen wie beispielsweise Wachstumsraten oder Verhältniszahlen von Umsatz und Ertrag in der Zukunft in gleicher Weise erwartet werden oder ob es beim Übergang von Historie zu Planung zu Trendbrüchen kommt. Hilfreich bei der Plausibilisierung von Planungsrechnungen sind auch extern eingeholte Studien und Prognosen. Letztere spielen eine Rolle bei der Beurteilung von unterstellten Entwicklungen bei Absatz- oder Beschaffungspreisen sowie anderer externer Faktoren wie der Entwicklung von Inflation oder Zinsen.

Insgesamt soll die Plausibilitätsprüfung die folgenden Fragen beantworten:
– Gibt es bei der Entwicklung von Positionen der Bilanz, GuV oder Cash Flow wesentliche Brüche beim Übergang von historischen Werten zur Planung? Wenn ja, sind diese begründbar bzw. nachvollziehbar?
– Können die einzelnen Annahmen, die zur Erstellung des Business Planes getroffen wurden, nachvollzogen werden? Inwiefern unterscheiden sich die Annahmen für Planungsparameter deutlich von in der Vergangenheit beobachteten Werten? Wie lautet in solchen Fällen die Begründung?
– Ändert sich die Entwicklung von Schlüsselgrößen bezüglich Ertrag oder Cash Flow (beispielsweise EBITDA oder Free Cash Flow) zwischen Historie und Planungsrechnungen? Vielfach ist zu beobachten, dass sich eine in der Historie zu beobachtende negative Entwicklung, beispielsweise ein Rückgang des EBITDA, im Planungszeitraum umkehrt, so dass z. B. das EBITDA wieder zunimmt. Eine derartige nach dem Verlauf eines Charts der entsprechenden betrachteten Größe als „Hockey Stick" bezeichnete Entwicklung deutet in der Regel darauf hin, dass Annahmen bezüglich der Unternehmensentwicklung deutlich von der Historie abweichen. Dies bietet einen Ansatzpunkt, derartige Annahmen zu hinterfragen.

## 3. Unternehmensbewertung

### 3.1. Grundsätzliche Problemstellung

In diesem Abschnitt soll gezeigt werden, wie die in der Financial Due Diligence gewonnenen Informationen in die Ermittlung des Wertes eines Transaktionsobjektes einfließen und welche Verfahren zur Ermittlung eines Wertes existieren. Generell ist allerdings bei der Bewertung von Unternehmen zu beachten, dass es sich bei den einfließenden Daten zum einen um erwartete zukünftige Größen handelt, bei denen die Realisation vom Erwartungswert abweichen kann.

Außerdem muss in Abhängigkeit von der gewählten Bewertungsmethode und den erhaltenen Informationen aus der Financial Due Diligence der Bewertende eine Reihe von Annahmen treffen, die teilweise signifikanten Einfluss auf das Ergebnis der Bewertung haben können.

Ebenfalls relevant ist die durch eine Bewertung zu lösende Fragestellung. In vielen Fällen wird entweder aus Sicht eines Erwerbers oder eines Veräußerers ermittelt, welcher Kaufpreis bei der Verhandlung über eine Transaktion anzusetzen ist. Der gesuchte Wert ist dann der Wert der Wert des Eigenkapitals (Equity Value), der sich vom Wert des gesamten Unternehmens (Entity Value) um den Wert des Fremdkapitals (Net Debt) unterscheidet. Es gilt: Equity Value = Entity Value – Net Debt. Wesentliches Charakteristikum von Unternehmenswerten ist, dass unterschiedliche Akteure einem Unternehmen unterschiedliche Werte beimessen können. Dies ist unmittelbare Voraussetzung dafür, dass Transaktionen von Unternehmen oder Unternehmensteilen überhaupt stattfinden können – für einen Erwerber ist der Kauf eines Unternehmens nur interessant, wenn der Wert aus seiner Sicht höher ist als der Kaufpreis. Ebenso ist für den Verkäufer eine Transaktion nur dann interessant, wenn der erzielbare Verkaufspreis höher ist als der Wert des Unternehmens im Falle des Verbleibs beim Verkäufer. Als Ursache für unterschiedliche Werte, die einzelne Akteure Unternehmen beimessen, können hauptsächlich unterschiedliche Annahmen bezüglich der Ausprägung der bewertungsrelevanten Parameter sowie unterschiedliche strategische Konzepte angesehen werden. Beispiele für bewertungsrelevante Annahmen, die die in das Bewertungsverfahren eingehenden Größen beeinflussen, sind zukünftige Wachstumsraten, Entwicklungen auf Absatz- und Beschaffungsmärkten oder zur Verfügung stehende Finanzierungsquellen. Unter strategischen Konzepten sind Möglichkeiten des Managements zu verstehen, die zukünftige Geschäftsentwicklung zu steuern. Dazu zählen operative Entscheidungen wie die Einführung neuer Produkte, aber beispielsweise auch weitere Unternehmenstransaktionen. Der Einfluss solcher Möglichkeiten wird im Abschnitt „Realoptionen" näher betrachtet.

### 3.2. Direkte und indirekte Bewertungsverfahren

Bei den Methoden der Bewertung von Unternehmen kann man zwischen direkten und indirekten Verfahren differenzieren. Diese unterscheiden sich dahingehend, welches Gewicht jeweils auf die Verwendung von Informationen gelegt wird, die aus dem Vergleich mit anderen Unternehmen gewonnen werden bzw. sich ausschließlich auf das zu bewertende Unternehmen selbst beziehen.

Bei indirekten Bewertungsverfahren wird ein Unternehmen hauptsächlich durch den Vergleich mit einem anderen oder mehreren anderen Unternehmen bewertet. Dabei werden in den meisten Fällen Kennzahlen generiert, die sich aus dem Rechnungswesen eines oder mehrerer vergleichbarer Unternehmen sowie dem Marktwert eines Unternehmens, der sich beispielsweise an einer Börse beobachten lässt, ableiten lassen. Dann wird der Wert ermittelt, der sich für das zu bewertende Unternehmen ergäbe, wenn die entsprechende Kennzahl des zu bewertenden Unternehmens die gleiche Ausprägung aufwiese. Beispiele für entsprechende Kennzahlen sind price to earnings, price to book, price to sales oder price to EBITDA.[773] Die entsprechenden Verfahren werden Multiplikatorverfahren genannt.

Die andere mögliche Vorgehensweise ist die primäre Verwendung von Informationen, die sich direkt auf das betreffende Unternehmen beziehen (direkte Methode). Die direkten Verfahren zielen zumeist auf die Bewertung auf Basis diskontierter zukünftiger Cash Flows,

---

[773] Vgl. dazu auch Bhojraj, Lee und Ng (2003).

Dividenden oder Gewinne ab. Bei diesen Verfahren wird allerdings oftmals trotz der primären Verwendung direkt unternehmensbezogener Informationen zumindest teilweise ebenfalls auf Informationen von Vergleichsunternehmen zurückgegriffen, beispielsweise für die Ermittlung von Diskontierungsfaktoren oder in die Ausarbeitung der in die Bewertung einfließenden Annahmen.

### 3.3. Anwendung der Multiplikatormethode

Die Multiplikatormethode hat in der Praxis der Unternehmensbewertung große Verbreitung gefunden, obwohl das theoretische Fundament nicht unumstritten ist. Die Vorteile dieser Vorgehensweise liegen darin, dass sie einfach und praktikabel ist, und auch bei einem vergleichsweise schlechten Informationsstand durchführbar ist.[774] Die Multiplikatormethode in ihren verschiedenen Ausprägungen ist die gängige Vorgehensweise bei indirekter Bewertung.[775]

Der Anwendung des Multiplikatorverfahrens liegt die implizite Annahme zugrunde, dass es ein anderes Unternehmen gibt, das mit dem zu bewertenden Unternehmen vergleichbar ist oder dass ein Index aus mehreren Unternehmen existiert, der mit dem zu bewertenden Unternehmen vergleichbar ist. Dabei ist ein Multiplikator selbst als eine Kennzahl zu verstehen, die aus einer Strom- oder Bestandsgröße (z. B. EBITDA, Cash Flow, Umsatz oder Buchwert) sowie einer Wertgröße (z. B. einem beobachteten Verkaufspreis oder einer Marktkapitalisierung) besteht. Diese Kennzahl repräsentiert das Vielfache (den Multiplikator), das bei dem Vergleichsunternehmen bzw. dem Index aus Vergleichsunternehmen für die betreffende Bezugsgröße bezahlt würde. Die Anwendung der Multiplikatormethode erfolgt in drei Schritten.

1. *Auswahl des Vergleichsmaßstabes*

   Zunächst ist auszuwählen, welche Vergleichsunternehmen für die Bildung eines oder mehrerer Multiplikatoren herangezogen werden sollen. Dies ist der schwierigste Schritt in der Anwendung des Multiplikatorverfahrens, weil es in der Regel sehr schwierig sein wird, einen zum zu bewertenden Unternehmen identischen Vergleichsmaßstab zu finden. Kriterien für die Auswahl des Vergleichsmaßstabes können sein: Branchenzugehörigkeit, Unternehmensgröße, Marktposition, Kostenstruktur, Lebenszyklusphase, geographische Verbreitung, Aktionärsstruktur oder ähnliche.

2. *Auswahl eines oder mehrerer Multiplikatoren*

   Als nächster Schritt ist zu ermitteln, welcher Multiplikator oder welche Gruppe von Multiplikatoren auszuwählen ist. Die Auswahl der Multiplikatoren hängt entscheidend vom zu bewertenden Unternehmen ab, da man mit der Wahl des Multiplikators unterstellt, dass sich dessen Bezugsgröße proportional zum Unternehmenswert verhält. Durch Division des Marktwertes durch die Bezugsgröße erhält man den entsprechenden Multiplikator für das Vergleichsunternehmen. Für verschiedene Branchen, Unternehmensgrößen oder andere Differenzierungsmerkmale können verschiedene Multiplikatoren relevant sein. In der Regel werden mehrere Multiplikatoren gebildet, die beispielsweise auf Basis von statistischen Verfahren ausgewählt werden, welche die für die Bewertung relevanten Bezugsgrößen aufdecken können. Anschließend ist es möglich, eine Bandbreite von Multiplikatoren aufzubauen, die sich auch durch Durchschnittbildung auf einen einzelnen Multiplikator verengen lässt.

3. *Bestimmung des Unternehmenswertes*

   Der Wert des betrachteten Unternehmens ergibt sich nun durch die Multiplikation der entsprechenden Strom- oder Bestandsgröße des zu bewertenden Unternehmens mit dem ermittelten Multiplikator. Dabei ist darauf zu achten, dass die Bezugsgrößen nicht

---

[774] Vgl. Liu et al (2007) für eine Diskussion der Aussagekraft von Multiples im Vergleich zur Discounted Cash Flow Methode.
[775] Die folgenden Darstellungen sind angelehnt an Coenenberg (2002).

# 3. Teil. Due Diligence

verzerrt sind, beispielsweise indem bei der Ermittlung der Höhe des Multiplikators der gesamte Unternehmenswert zur Berechnung herangezogen wird und dieser anschließend verwendet wird, um den Wert lediglich des Eigenkapitals des zu bewertenden Unternehmens zu bestimmen.

Die Anwendung der Multiplikatormethode ist umstritten. Aus Sicht der Befürworter spricht für die Anwendung der Multiplikatormethode, dass sie zum einen sehr einfach und auch bei schlechter allgemeiner Datenlage anwendbar ist, zum anderen durch den relativen Charakter auch in der Lage ist, Marktstimmungen zu berücksichtigen, die im Marktwert der Vergleichsbasis enthalten sind.

Gegner der Multiplikatormethode führen an, dass die angenommene direkte Vergleichbarkeit zwischen Vergleichsmaßstab und zu bewertendem Unternehmen in der Regel nicht gegeben ist, weil die Komplexität von Geschäftsmodellen verhindert, dass es überhaupt eine direkte Vergleichbarkeit geben kann. Ein Ausweg aus dieser Problematik wäre das explizite Ausmodellieren von wesentlichen Unterschieden zwischen den Unternehmen, insbesondere des Business Plans und anderer Unterschiede, die die Möglichkeit, zukünftige Cash Flows zu generieren, beeinflussen. Beim Beschreiten dieses Weges sind jedoch nicht nur die Nachteile behoben, sondern es entfiele auch der Vorteil der Einfachkeit, weil in diesem Fall der Multiplikatoransatz der Discounted Cash Flow Methode weitgehend entsprechen würde. Als weiterer Nachteil wird außerdem angeführt, dass es beim Bestehen einer Überbewertung beim Vergleichsmaßstab auch zu einer Überbewertung des Transaktionsobjektes käme.

## 3.4. Anwendung der Discounted Cash Flow Methode

Discounted Cash Flow Methoden zielen darauf ab, den Wert eines Unternehmens aus den auf die Gegenwart abgezinsten zukünftigen Free Cash Flows abzuleiten. Unter dem Free Cash Flow eines Zeitraumes versteht man dabei den Cash Flow, den das Unternehmen durch das operative Geschäft in diesem Zeitraum erwirtschaften konnte, abzüglich der in diesem Zeitraum durchgeführten Auszahlungen für Investitionen. Bei dem Free Cash Flow handelt es sich insofern um den Betrag der generierten Zahlungsmittel, der verwendet werden kann, um Zinsverpflichtungen an die Fremdkapitalgeber und/oder Dividenzahlungen an die Eigenkapitalgeber nachzukommen.

Discounted Cash Flow Methoden, die auf einer Diskontierung der generierten Free Cash Flow aufsetzen, gehören zu den direkten Methoden der Unternehmensbewertung. Dabei ist grundsätzlich möglich, nach der Equity-Methode oder nach der Entity-Methode vorzugehen.

Im Rahmen der Equity-Methode wird in einem ersten Schritt ermittelt, wie hoch die erwarteten zukünftigen Zahlungen sind, die den Eigenkapitalgebern zugehen. Anschließend erfolgt eine Bewertung dieses Zahlungsstromes mit einem geeigneten Zinssatz. Zum anderen kann beim Discounted Cash Flow Verfahren entsprechend der Entity-Methode zunächst der Wert des gesamten Unternehmens ermittelt werden, indem der gesamte Free Cash Flow, der vom Unternehmen generiert wird, zur Bewertung herangezogen und ebenfalls mit einem geeigneten Zinssatz bewertet wird. Anschließend wird für die Ermittlung des Wertes des Eigenkapitals der Wert des Fremdkapitals subtrahiert. Dieser Weg wird in der Regel gewählt, weil direkt auf die durch das Unternehmen erwirtschafteten normalisierten Cash Flows aus der Financial Due Diligence zurückgegriffen werden kann und der Wert des Fremdkapitals vergleichsweise einfach zu ermitteln ist.

Ein im Rahmen der Entity-Methode gängiges Verfahren zur Durchführung der Bewertung ist der Weighted Average Cost of Capital-Ansatz (WACC-Ansatz). Das Spezifikum dieses Ansatzes ist, dass bei der Bewertung des Free Cash Flow ein Zinssatz verwendet wird, der einen Mischzins zwischen Eigenkapitalkostensatz und Fremdkapitalkostensatz in Form eines gewichteten Durchschnittssatzes darstellt. Die Anwendung dieses Ansatzes wird im Folgenden dargestellt.

Zu den Ausführungen werden einige Annahmen getroffen, die der Vereinfachung der Darstellungsweise dienen. In realen Bewertungssituationen müssen diese Annahmen nicht zutreffen. Die notwendigen Anpassungen für reale Situationen beeinflussen die grundsätzliche Vorgehensweise jedoch nicht, sie führen lediglich zu Änderungen im Detail sowie zu einer Erhöhung der Komplexität. Im Einzelnen soll gelten

– Es wird ein konstanter Steuersatz auf Zahlungen an die Eigenkapitalgeber unterstellt.
– Die Zahlungen an die Eigenkapitalgeber können ermittelt werden aus dem gesamten Free Cash Flow, der an das Unternehmen fließt, abzüglich der Zahlungen an die Fremdkapitalgeber.
– Das Fremdkapital ist nicht ausfallgefährdet und wird mit dem sicheren Zinssatz verzinst. Der Marktwert entspricht daher dem Rückzahlungswert.
– Es wird von einem unendlichen Fortbestand der Unternehmung ausgegangen.
– Nach dem Ende des detailliert geplanten Betrachtungshorizonts des Business Plans wächst die Unternehmung mit einer konstanten Wachstumsrate pro Jahr weiter.
– Der erwartete normalisierte Cash Flow des Transaktionsobjektes ändert sich nach einer Transaktion nicht, wie es zum Beispiel aufgrund von veränderten Entscheidungen des Erwerbers möglich wäre (in der Regel werden entsprechende Änderungen durch den Bewertenden explizit modelliert).
– Die Kapitalstruktur des Unternehmens ändert sich im Zeitablauf nicht – für das Transaktionsobjekt wird unterstellt, dass eine Zielkapitalstruktur verfolgt wird („atmende Finanzierung")

Insbesondere die letzte Annahme erscheint auf den ersten Blick fragwürdig, weil Unternehmen, auch wenn sie eine Zielkapitalstruktur anstreben, in der Regel nur über einen begrenzten Zeitraum eine konstante Kapitalstruktur aufweisen. Dies ist dem Umstand geschuldet, dass eine Transaktion oftmals mit der Neuaufnahme und außerordentlichen Tilgung von Fremdkapital verbunden ist. Die Annahme einer Zielkapitalstruktur ist für die Durchführung realer Bewertungen nach dem WACC-Ansatz indes nicht zwangläufig erforderlich, sondern dient lediglich der Komplexitätsreduktion bei der Darstellung des Modells.

Es gilt

| | |
|---|---|
| $n$ | Anzahl der Perioden, für die ein detaillierter Business Plan zur Verfügung steht |
| $X_t$ | Erwarteter normalisierter Free Cash Flow des Unternehmens in Periode $t$ |
| $X_N(n+1)$ | In der Periode nach Ende des Betrachtungszeitraumes des Business Plans erwarteter Free Cash Flow |
| $g$ | jährliche Wachstumsrate des Free Cash Flow für Perioden nach dem Ende des Betrachtungszeitraumes des Business Plans |
| $s$ | Steuersatz auf Zahlungen an die Eigenkapitalgeber |
| $r_{EK}$ | Kapitalkostensatz des Eigenkapitals |
| $r_f$ | Risikoloser Zinssatz |
| $r_M$ | Erwartete Rendite des Marktportfolios |
| $EK$ | Marktwert des Eigenkapitals |
| $FK$ | Marktwert des Fremdkapitals |
| $GK$ | Marktwert des Gesamtkapitals |
| $V_U$ | Marktwert des Unternehmens |
| $\beta_U$ | Beta-Faktor des Transaktionsobjektes |

Nach dem WACC-Ansatz entsprechen die Kapitalkosten, mit denen der Free Cash Flow bewertet wird, dem gewichteten Durchschnitt der Kosten von Eigen- und Fremdkapital, wobei die Gewichtung von der Kapitalstruktur abhängt:

$$WACC = r_f(1-s)\frac{FK}{GK} + r_{EK}\frac{EK}{GK}$$

Die durchschnittlichen gewichteten Kapitalkosten entsprechen dem mit den Anteilen entsprechend dem Marktwert am gesamten Kapital gewichteten Durchschnitt der Kapitalkosten von Eigen- und Fremdkapital, wobei beim Fremdkapital noch der Einfluss der Steuern zu berücksichtigen ist. Letzterer Effekt kommt zustande, weil bei Steuern, die hier annahmegemäß nur für Zahlungen an die Eigenkapitalgeber anfallen, Fremdkapital im Vergleich zu Eigenkapital einen steuerlichen Vorteil besitzt, der eine Verringerung der Kapitalkosten zur Folge hat.

Aus Sicht der Kapitalgeber stellen $r_f$ und $r_{EK}$ erwartete Renditen dar. Aus Sicht des Unternehmens sind die erwarteten Renditen Kapitalkosten. Bei annahmegemäß nicht ausfallgefährdetem Fremdkapital kann die erwartete Rendite der Fremdkapitalgeber leicht ermittelt werden. Für die Ermittlung der erwarteten Rendite der Eigenkapitalgeber muss auf ein Bewertungsmodell zurückgegriffen werden. Das für diese Zwecke am häufigsten eingesetzte Modell ist das Capital Asset Pricing Model (CAPM). Zu diesem Zweck muss man zunächst für ein mit dem Transaktionsobjekt in Bezug auf das operative Risiko vergleichbares Unternehmen den sogenannten Beta-Faktor ermitteln. Dieser Faktor, der sich als Risikomaß für ein bestimmtes Wertpapier in einem diversifizierten Wertpapierportfolio interpretieren lässt, kann durch statistische Verfahren ermittelt werden. Zu beachten ist dabei, dass ermittelte Beta-Faktoren nicht nur das operativ bedingte Risiko eines bestimmten Unternehmens beinhalten, sondern auch das finanzielle Risiko, das durch den Verschuldungsgrad beeinflusst wird. Vor der Verwendung eines Beta-Faktors eines operativ vergleichbaren Unternehmens für die Bewertung eines Transaktionsobjektes muss daher noch das finanzielle Risiko herausgerechnet werden, um den Einfluss des unterschiedlichen Verschuldungsgrades zwischen Transaktionsobjekt und Vergleichsunternehmen zu eliminieren.[776] Anschließend kann zur Ermittlung der erwarteten Rendite des Eigenkapitals die CAPM-Gleichung angewandt werden:[777]

$$r_{EK} = r_f + (r_M - r_f)\beta_U$$

Für die erwartete Rendite des Marktportfolios $r_M$ kann dabei die erwartete Rendite für die Investition in einen die Entwicklung des gesamten Aktienmarktes repräsentierenden Index angesetzt werden.

Betrachtet man die Gleichung zur Ermittlung des *WACC*, so sind nun die Kapitalkosten des Fremdkapitals $r_f$, die Kapitalkosten des Eigenkapitals $r_{EK}$ sowie annahmegemäß der Steuersatz $s$ bekannt. Möchte man nun ermitteln, mit welchen Anteilen die Kapitalkosten von Eigen- und Fremdkapital in die Ermittlung des *WACC* einfließen, steht man vor einem Problem: Um die Anteile der Marktwerte von Eigen- und Fremdkapital am gesamten Marktwert des Gesamtkapitals zu ermitteln, müssen die Marktwerte von Eigen-, Fremd- und Gesamtkapital bekannt sein. Diese sind jedoch erst das Ergebnis der Analyse. Dieses sogenannte Zirkularitätsproblem der Unternehmensbewertung hat zur Folge, dass für das Verhältnis von Eigen- und Fremdkapital zum Gesamtkapital entweder Schätzwerte angesetzt werden müssen oder die Bewertung durch iterative Verfahren vorgenommen werden muss. Häufig wird auch die Annahme einer festen Zielkapitalstruktur verwendet.

Ist der *WACC* bestimmt, lässt sich der Wert des Unternehmens ermitteln als

$$V_U = \sum_{t=1}^{n} \frac{X_t}{(1 + WACC)^t} + \frac{X_n}{(1 + WACC)^n (WACC - g)}$$

Für die Ermittlung des Wertes des Unternehmens werden zunächst die zukünftigen von der Unternehmung generierten Free Cash Flows, die aus dem Business Plan der Unternehmung abgeleitet werden, mit dem *WACC* diskontiert. Die Informationsquelle für die Höhe dieser anzusetzenden Free Cash Flows ist die durchgeführte Financial Due Diligence. Dies wird durch den linken Summanden der Bewertungsgleichung repräsentiert. Der rechte

---

[776] Die Umrechnung ermittelter Beta-Faktoren auf unterschiedliche Verschuldungsgrade soll in diesem Artikel nicht dargestellt werden. Zur Methodik bei der Annahme der Existenz von risikolosem Fremdkapital vgl. u. a. Hamada (1972).
[777] Zu Hintergrund und Anwendung des CAPM vgl. auch Kruschwitz (2004).

Summand ermittelt den Wert der Free Cash Flows, die nach dem Ende der Detailplanung generiert werden und annahmegemäß mit der Wachstumsrate $g$ wachsen. Für den Free Cash Flow, der in der Periode nach dem Ende der Detailplanung anfallen wird, sowie für die anzusetzende Wachstumsrate $g$ liefert ebenfalls die Financial Due Diligence eine Ausgangsbasis für Schätzungen oder alternative Szenarien.

Das Ergebnis der Gleichung, $V_U$, repräsentiert den Wert der Gesamtunternehmung. Um zur Bestimmung eines Kaufpreises für das Transaktionsobjekt zu gelangen, muss eine Ermittlung des Wertes des Eigenkapitals erfolgen, sowie weiterer Größen, die für den Kaufvertrag relevant sind. Ein Verkaufsvertrag kann beispielsweise eine „Cash and Debt Free"-Kaufpreisermittlung vorsehen. In diesem Fall würde der Verkäufer das vorhandene Fremdkapital ablösen beziehungsweise vom Gesamtunternehmenswert in Abzug bringen und dem Käufer eine unverschuldete Unternehmung übergeben oder den Verkaufspreis entsprechend reduzieren. Gleichzeitig entnimmt er im Rahmen der Transaktion nicht für den Betrieb der Unternehmung benötigte Zahlungsmittel. Die für eine solche Transaktion notwendige Ermittlung der Nettoverschuldung des Unternehmens sowie der Menge der vorhandenen, nicht für das operative Geschäft benötigten Zahlungsmittel, erfolgt ebenfalls im Rahmen der Financial Due Diligence und ist Gegenstand des Due Diligence Reports.

Neben dem WACC-Verfahren existieren zahlreiche weitere Varianten der Discounted Cash Flow Methode, die sich zwar hinsichtlich Verfahrensweise und Methodik unterscheiden, die aber als Input-Daten auf die gleichen Informationen angewiesen sind wie obiges Modell. Als Alternative zum WACC-Verfahren ist noch das Adjusted Present Value-Verfahren zu erwähnen, das im Gegensatz zum WACC-Verfahren auf die Annahme einer konstanten Kapitalstruktur verzichtet, dafür aber eine höhere Komplexität aufweist.

### 3.5. Ertragswertverfahren

Das Ertragswertverfahren spielte historisch eine verhältnismäßig wichtige Rolle in Deutschland. So sah das Institut der Wirtschaftsprüfer in seinem Gutachten HFA 2/1983 den Ertragswert als den einzigen und endgültigen Weg an, um den Wert eines Unternehmens zu bestimmen. Von dieser Ansicht ist das Institut der Wirtschaftsprüfer mit der Neufassung des IDW-Standards 1 zwischenzeitlich abgerückt und betrachtet diese Methode nun als eine mögliche Variante der Diskontierung von Cash Flows. Die Besonderheit an diesem Verfahren ist, dass nicht zunächst wie bei der oben beschriebenen DCF-Methode der Wert des gesamten Unternehmens ermittelt wird und anschließend aus diesem Betrag der Wert des Eigenkapitals der Unternehmung, sondern dass die Grundlage der Diskontierung von vornherein die den Eigenkapitalgebern zufließenden Zahlungsströme sind. Insofern handelt es sich um ein Equity-Verfahren.

### 3.6. Substanzwertverfahren

Beim Substanzwertverfahren wird eine grundsätzlich andere Vorgehensweise als bei den zuvor behandelten Modellen gewählt. In diesem Verfahren wird nicht auf die erzielbaren zukünftigen Zahlungsüberschüsse abgezielt, sondern es wird lediglich der Wert der betrieblichen Substanz ermittelt.

Dieser wird bestimmt als Rekonstruktions- oder Wiederbeschaffungswert aller im Unternehmen vorhandenen materiellen und immateriellen Werte abzüglich der entsprechenden Schulden. Er ist daher zu verstehen als die Summe der Ausgaben, die durch den Aufbau eines identischen Unternehmens erspart blieben.[778]

Die Verwendbarkeit dieser Methode ist stark eingeschränkt, weil für einige Bestandteile des Unternehmenswertes, wie beispielsweise das Know How der Mitarbeiter oder den existierenden Kundenstamm eines Unternehmens, ein Wiederbeschaffungswert sehr schwierig oder unmöglich zu ermitteln ist.

---

[778] IDW (2007).

## 3.7. Realoptionen

Ein Kritikpunkt, der gegenüber klassischen Verfahren der Bewertung regelmäßig genannt wird, ist der Umstand, dass bei der Anwendung der Discounted Cash Flow Methode in die Ermittlung des Unternehmenswertes nur ein fixes Set von Annahmen sowie ein fixes Set an Erwartungswerten für die zukünftige Entwicklung einfließt. Es ist zwar möglich, die Bewertung jeweils für verschiedene Sets von Annahmen und Erwartungswerten durchzuführen und dadurch für verschiedene Szenarien verschiedene Unternehmenswerte zu erhalten, doch stellen die einzelnen Werte jeweils nur ein starres Szenario dar. Derartigen Szenarien liegt die implizite Annahme zugrunde, dass lediglich die Verteilungen, die zu den verwendeten Erwartungswerten führen, bekannt sind. In der Realität ist es jedoch so, dass nicht alle Umstände, die den zukünftigen Cash Flow beeinflussen, von vornherein festgelegt werden können. Das Management der Unternehmung hat die Möglichkeit, in Zukunft Entscheidungen zu treffen und insofern auf im Zeitablauf eingehende Informationen zu reagieren. So kann das Management der Unternehmung beispielsweise auf nach dem Bewertungszeitpunkt eingehende Informationen reagieren und so beispielsweise eine Entscheidung über die Durchführung eines bestimmten Investitionsprojektes mit Sicherheit treffen, obwohl seine Durchführung zum Zeitpunkt der Durchführung der Bewertung noch unter Unsicherheit analysiert werden musste.

Derartige Flexibilitäten können im Verfahren der Discounted Cash Flow Methode oder der Multiplikatormethode nicht richtig abgebildet werden, weil sie nicht als Bestandteil eines fixen Szenarios erfasst werden können.

Eine Möglichkeit der expliziten Berücksichtigung zukünftiger Handlungs- und Entscheidungsmöglichkeiten liegt in der Berücksichtigung im Bewertungskalkül als Realoption. Wesentliche Voraussetzung für ein solches Vorgehen ist jedoch, dass zumindest die Existenz und die Art der zukünftigen Handlungsmöglichkeit bereits im Bewertungszeitpunkt bekannt sind.

Es wird zwischen den folgenden Typen von Realoptionen unterschieden:[779]

*1. Verzögerungsoption*
Besteht die Möglichkeit, die Durchführung eines Investitionsprojektes, über das in der Zukunft entschieden werden soll, innerhalb einer bestimmten zeitlichen Bandbreite zu verschieben, so spricht man von einer Verzögerungsoption.

*2. Folgeinvestitionsoption*
Bei erfolgreichem Verlauf eines Investitionsprojektes kann es sein, dass sich dadurch die Möglichkeit zur Durchführung einer Folgeinvestition ergibt, die ohne einen erfolgreichen Verlauf des vorausgegangenen Investitionsprojektes nicht möglich wäre. Dies bezeichnet man als Folgeinvestitionsoption.

*3. Abbruchsoption*
Eine Abbruchsoption beschreibt die Möglichkeit, eine Investition bei schlechtem Verlauf des Projektes vorzeitig zu beenden. Dadurch können Verluste vermieden werden, wenn sich im Verlauf der Durchführung eines Investitionsprojektes herausstellt, dass die ursprünglich erwartete Vorteilhaftigkeit nicht eintritt.

*4. Erweiterungs- und Verkleinerungsoption*
Bei der Erweiterungs- bzw. der Verkleinerungsoption besteht die Möglichkeit, den Umfang eines Investitionsprojektes zu erhöhen oder zu verringern. Dies spiegelt sich in der Möglichkeit wieder, die Investitionsauszahlung und die daraus resultierenden erwarteten nachfolgenden Einzahlungen einer in der Zukunft durchzuführenden Investition zu verändern. Eine derartige Situation kann beispielsweise gegeben sein, wenn in der Zukunft über die Kapazität einer zusätzlichen Produktionsstätte entschieden werden muss.

---

[779] Für eine Einführung in die Realoptionstheorie vgl. Dixit und Pindyck (1994).

Derartige Realoptionen können in einer Erweiterung des Bewertungskalküls der Discounted Cash Flow Methode berücksichtigt werden. Neben den zukünftigen zu diskontierenden Cash Flows werden die Handlungsoptionen und die mit den jeweils möglichen Handlungen verknüpften Folgen für den Cash Flow mit Hilfe der Optionspreistheorie modelliert. Dies kann im Fall von einfachen Entscheidungen wie der Durchführung oder der Nichtdurchführung einer Investition auf Basis des Binomialmodells erfolgen, während bei komplexeren Situationen auf das Black Scholes Modell zurückgegriffen werden muss.[780]

Bei Verwendung in Bewertungsmodellen haben Realoptionen folgende Charakteristika:
– Da das Wesen einer Realoption in der Flexibilität besteht, eine Entscheidung durchzuführen oder nicht, hat eine Realoption wie auch eine finanzielle Option nie einen negativen Wert.
– Einzelne in der Zukunft auftretende Realoptionen sind manchmal schwierig exakt zu definieren, weil zum Zeitpunkt der Durchführung der Bewertung nur ein Teil der zukünftigen Handlungsmöglichkeiten bekannt ist. So kann es dazu kommen, dass im betrachteten Zeitraum weitere Handlungsmöglichkeiten bekannt werden, die als Realoptionen verstanden werden könnten. Andererseits könnten als Realoption behandelte Handlungsmöglichkeiten entfallen.
– Der Wert von Optionen ist in der Regel umso höher, je größer die Unsicherheit bezüglich zukünftiger Entwicklungen ist, weil durch die Berücksichtigung einer Realoption der Wert der Möglichkeiten, dieser Unsicherheit entgegenzuwirken berücksichtigt wird. Dies hat zur Folge, dass der positive Wert von Realoptionen umso höher ist, je stärker risikobehaftet das Umfeld des betrachteten Unternehmens ist.

Schliesslich gilt es, die Gefahr zu erwähnen, dass durch die Schwierigkeiten in der exakten Definition von Realoptionen sowie dem Umstand, dass diese nie einen negativen Wert haben, eine Versuchung entsteht, einem zu bewertenden Unternehmen so lange zusätzliche Realoptionen zu unterstellen, bis der durch die Analyse ermittelte Unternehmenswert die gewünschte Höhe aufweist.[781] Da die Existenz von Realoptionen ex post nur bedingt verifizierbar und von anderen Einflussfaktoren wie beispielsweise Synergieeffekten nur schwer zu trennen ist, eröffnen Realoptionen bei der Bewertung teilweise erhebliche Spielräume für subjektive Einschätzungen.

### 3.8. Besonderheiten für Start-Up-Unternehmen

Für Start-Up Unternehmen, die Gegenstand einer Unternehmenstransaktion sein sollen, bestehen hinsichtlich der Financial Due Diligence als auch der anschliessenden Bewertung erhebliche Herausforderungen. Zum einen besitzen Start-Up Unternehmen keine ausreichend lange Historie, um sie im Rahmen der Financial Due Diligence darstellen und zum Vergleich mit der Planung heranziehen zu können. Zum anderen kommt es gerade durch charakteristische Merkmale von Start-Up Unternehmen wie starkes Umsatzwachstum, erhebliche Investitionen in Forschung und Entwicklung und schnellen Veränderungen unterworfenen Organisations- und Finanzierungsstrukturen dazu, dass die Analyse von Trends und Trendbrüchen schwerfällt. Von deutlich gesteigerter Bedeutung für die Bewertung ist die Analyse der Planung. Aufgrund der in der Regel hohen Sensitivität der erwarteten Einzahlungsüberschüsse gegenüber Änderungen von Planungsprämissen ist es bei Start-Up Unternehmen von zentraler Bedeutung, die dem Business Plan zugrundeliegenden Annahmen zu hinterfragen. Dabei können Analysen zu Entwicklungen auf Rohstoff- oder Beschaffungsmärkten, der Entwicklungsstand betreffend Forschung und Entwicklung und ähnliches auch durch Rückgriff auf externe Quellen wie Studien oder Gutachter durchgeführt werden.

---

[780] Für eine Übersicht der verschiedenen Methoden zur Bewertung von Realoptionen vgl. Copeland und Antikarov (2003).
[781] Zu den Gefahren der Verwendung des Realoptionsansatzes für unternehmerische Entscheidungen vgl. Pritsch und Weber (2001).

### 3.9. IDW S1

Der Standard 1 des Deutschen Instituts der Wirtschaftsprüfer (IDW S1) ist der für Wirtschaftsprüfer und Wirtschaftsprüfungsgesellschaften relevante Standard für die Bewertung von Unternehmen. Wirtschaftsprüfer werden in mehreren Fällen mit Fragen zur Bewertung von Unternehmen konfrontiert. Während sie in der Regel mit der Durchführung der Financial Due Diligence betraut werden und damit wesentlich zur Ermittlung der historischen und geplanten Cash Flow beitragen, die letztlich in die geschilderten Bewertungsverfahren einfließen, kann der Wirtschaftsprüfer bei der Ermittlung von Unternehmenswerten auch beratend tätig sein, häufiger ist er neutraler Gutachter oder Schiedsgutachter bzw. Vermittler. Der IDW S1 bestimmt dabei die vom Wirtschaftsprüfer zu beachtenden Grundsätze. Zu diesem Zweck wird im IDW S1 nach einer Vorbemerkung und begrifflichen Grundlagen auf die anzuwendenden Grundsätze zur Ermittlung von Unternehmenswerten eingegangen. Eine zentrale Rolle spielt dabei die Anwendung des Discounted Cash Flow-Verfahrens. Grundsätzlich wird dabei unterschieden zwischen der Ermittlung eines objektivierten Unternehmenswertes und der Ermittlung von subjektiven Entscheidungswerten. Der objektivierte Unternehmenswert entspricht dabei dem intersubjektiv vergleichbaren Zukunftserfolgswert aus Sicht der Anteilseigner. Dieser ergibt sich bei Fortführung des Unternehmens auf Basis des bestehenden Unternehmenskonzeptes und mit allen realistischen Zukunftserwartungen im Rahmen der Marktchancen, -risiken und finanziellen Möglichkeiten des Unternehmens sowie sonstigen Erfolgsfaktoren.[782] Die Ermittlung eines derartigen Wertes entspringt der Notwendigkeit, von den möglichen verschiedenen Werten, die einem Unternehmen beigemessen werden können, einen solchen auszuwählen, der die individuellen Erwartungen, Planungsannahmen und strategischen Konzepte verschiedener Investoren nicht berücksichtigt und dementsprechend einem sogenannten objektiv nachvollziehbaren Szenario entspricht. Der objektivierte Unternehmenswert wird beispielsweise auch bei Squeeze-Out von Minderheitsaktionären angewandt. Bei der Ermittlung von subjektiven Entscheidungswerten im Rahmen der Beratung bei der Unternehmenswertermittlung berücksichtigt auch der Wirtschaftsprüfer auftraggeberbezogene Konzepte und Annahmen.

Neben diesen grundsätzlichen Festlegungen geht der IDW S1 auch ein auf Prognosen der zukünftigen Cash Flow, die Ermittlung geeigneter Diskontierungsfaktoren sowie die Anwendung der Bewertungsmodelle. Bei den Bewertungsmodellen ist als Besonderheit zu erwähnen, dass im IDW S1 sowohl das Discounted Cash Flow Verfahren als auch das Ertragswertverfahren gesondert dargestellt werden. Dabei wird allerdings darauf hingewiesen, dass beide Verfahren, sofern sie auf den gleichen Annahmen beruhen, zum gleichen Ergebnis führen müssen.

### 3.10. EVCA and PEIGG Valuation Guidelines

Bei börsengehandelten Wertpapieren stellen die Bewertung und auch das Verfolgen der Wertentwicklung einer Investition keine große Schwierigkeit dar. Durch die Beobachtung von Wertpapierkursen bei aktuellen Transaktionen lässt sich mit relativ hoher Sicherheit der Wert eines Aktienpaketes oder eines Portfolios verschiedener Aktien ermitteln.

Einschränkungen der Bewertbarkeit von Investitionen können existieren, wenn keine Werte beobachtet werden können, die für ein exakt identisches Wertpapier bei einer Transaktion bezahlt wurde oder wenn ein solcher beobachteter Wert nicht für Rückschlüsse bezüglich bevorstehender eigener geplanter Transaktionen geeignet ist. Bei Beteiligungen an Unternehmen, die von Private Equity Gesellschaften gehalten werden, sind in der Regel beide Bewertungseinschränkungen gegeben. Zum einen ist es aus den bereits in Abschnitt 3.3 geschilderten Gründen problematisch, eine exakt vergleichbare Transaktion zu beobach-

---

[782] IDW S1, S. 9.

ten, zum anderen kann aufgrund der geringeren Menge an Transaktionen der bei einer Transaktion beobachtete Wert nicht ohne Weiteres als Erwartungswert für eine eigene Transaktion angesetzt werden, weil zwischen einzelnen Transaktionen oftmals größere Zeiträume verstreichen. Auch ist der zeitliche Vorlauf für die Veräußerung einer Beteiligung oftmals groß. Insgesamt kann also von einer vergleichsweise geringen Liquidität von Private Equity-Investitionen gesprochen werden. Für die Methodik des Reportings von Private Equity Fonds-Managern entstehen damit erhebliche Probleme, die zu Inkonsistenzen innerhalb des Reportings einzelner Fonds sowie mangelnder Vergleichbarkeit bezüglich des Reportings verschiedener Fonds führen. Um dem entgegenzuwirken, haben sich in den Vereinigten Staaten Vertreter der Private Equity Branche zur Private Equity Industry Guidelines Group (PEIGG) zusammengeschlossen, um Richtlinien herauszugeben, die eine konsistente und vergleichbare Performance-Berichterstattung ermöglichen.[783] In der Europäische Union wird eine vergleichbare Aufgabe wahrgenommen von der European Venture Capital and Private Equity Association (EVCA). Diese hat ebenfalls Richtlinien für das Reporting des Wertes von Private Equity Investitionen herausgegeben.[784]

Beide Sets von Richtlinien decken thematisch folgende Bereiche ab:
- Das Konzept des Fair Value
- Grundlegende Problemstellungen und Lösungsansätze für Bewertungen von Private Equity Investitionen. Dabei wird insbesondere auf die Folgen der vergleichsweise geringen Liquidität für die Auswahl des Bewertungsverfahrens und das konkrete Vorgehen eingegangen.
- Mögliche konkrete Bewertungsverfahren mit Hinweisen auf ihre konsistente und vergleichbare Anwendung werden dargestellt. Neben den in diesem Beitrag geschilderten Multiplikatorverfahren und dem Discounted Cash Flow Verfahren werden dabei auch Bewertungsverfahren für spezielle Anwendungen beschrieben. Diese beziehen sich beispielsweise auf Unternehmen, deren Bewertung weniger durch Ertragszahlen oder Cash Flow, sondern mehr durch den Wert der gehaltenen Vermögensgegenstände getrieben wird, wie Holdinggesellschaften oder Investment-Unternehmen. Für solche Unternehmen kann das Net Assets-Verfahren zur Anwendung kommen. Darüber hinaus wird auch auf branchenspezifische Bewertungsverfahren eingegangen.

Die Befolgung beider Sets von Richtlinien wird von den Autoren als freiwillig angesehen, eine Verpflichtung zur Einhaltung besteht nicht. Dennoch ist davon auszugehen, dass sich die Befolgung langfristig als de-facto Standard durchsetzen wird.

## 4. Zusammenfassung und Fazit

Als Fazit lässt sich festhalten, dass insbesondere bei Unternehmenstransaktionen mit Beteiligung von Private Equity Investoren oftmals eine hohe Informationsasymmetrie zwischen Käufer und Verkäufer eines Unternehmens besteht, die zur Notwendigkeit einer Financial Due Diligence führt. Diese kann als Entscheidungsgrundlage über Durchführung oder Ablehnung der Transaktion genutzt werden und dient als Quelle für die bewertungsrelevanten Parameter, die anschließend in einer Bewertung zur Anwendung kommen. Zudem kann sie als Informationsquelle für die Menge der betriebsnotwendigen Menge an Cash und Working Capital und der Höhe der Nettoverschuldung dienen.

Für die anschließende Bewertung können sowohl indirekte als auch direkte Bewertungsverfahren verwendet werden. Während sich bei den indirekten Verfahren das einfach anzuwendende Multiplikatorverfahren etabliert hat, stehen bei den direkten Verfahren verschiedene Varianten der Discounted Cash Flow Methode zur Verfügung, in der Praxis am stärksten verbreitet ist das Entity Verfahren mit dem WACC Ansatz.

---

[783] Vgl. PEIGG (2007).
[784] Vgl. EVCA (2006).

Unternehmenstransaktionen mit Beteiligung von Private Equity Investoren werden aufgrund der komplexen Entscheidungssituation auch in Zukunft große Herausforderungen an die Anwender und Ersteller von Bewertungsmodellen stellen und damit auch an die Qualität der zugrundeliegenden Datenbasis in Form von Financial Due Diligence Reports.

# 4. Teil. Beteiligungsstrukturierung

## § 10 Management-Beteiligung

### Übersicht

| | Seite |
|---|---|
| 1. Vorbemerkung | 207 |
| 1.1. Grundlagen | 207 |
| 1.2. Zielrichtungen von Managementbeteiligungen und vergleichbaren Anreizen | 208 |
| 2. Gestaltungsmöglichkeiten | 209 |
| 2.1. Echte Kapitalbeteiligung | 209 |
| 2.2. Tantiemen und virtuelle Kapitalbeteiligung | 210 |
| 2.3. Optionsrechte | 210 |
| 2.4. Kombinationsmodelle | 211 |
| 3. Tantiemen und Optionsrechte | 212 |
| 3.1. Allgemeine Rahmenbedingungen für Tantiemen | 212 |
| 3.1.1. Arbeitsrechtliche Grundsätze | 212 |
| 3.1.2. Problematik der verdeckten Gewinnausschüttung | 213 |
| 3.2. Optionsrechte | 214 |
| 3.2.1. Formelle Vorgaben des Aktiengesetzes | 214 |
| 3.2.2. Einbeziehung von Aufsichtsratsmitgliedern | 215 |
| 3.2.3. Arbeitsrechtliche Aspekte | 215 |
| 4. Eigenkapitalbeteiligungen | 217 |
| 4.1. Arten des Beteiligungserwerbs und dessen Finanzierung | 217 |
| 4.2. Wesentliche Vertragselemente | 218 |
| 4.2.1. Vesting-Schedule und Leaver-Scheme | 219 |
| 4.2.2. Ausgestaltung von Call- und Put-Optionen im Leaver Scheme | 220 |
| 4.2.3. Rechtliche Wirksamkeit von Call-Optionen | 221 |
| 4.2.4. Zwangseinziehung | 223 |
| 4.2.5. Rückkaufpreis | 224 |
| 4.2.6. Ratchets | 226 |
| 4.3. Steuerrechtliche Rahmenbedingungen | 226 |
| 4.3.1. Steuerliche Gestaltungsziele | 226 |
| 4.3.2. Lohnsteueranrufungsauskünfte | 228 |
| 5. Offenlegung der Vergütungen der Führungsorgane | 228 |

## 1. Vorbemerkung

### 1.1. Grundlagen

Mit dem Begriff „Managementbeteiligung" ist die Gesamtheit der Regelungen gemeint, die den Erwerb, die Art und die Dauer einer Beteiligung des Managements an einer Gesellschaft bestimmen. Dementsprechend haben auf die Managementbeteiligung ökonomische und juristische Faktoren Einfluss. Zu den Kernelementen der Managementbeteiligung gehören

– die beiderseitigen, zumeist disproportionalen Finanzierungsbeiträge,
– das so genannte „Leaver Scheme", in dem die unterschiedlichen wirtschaftlichen und rechtlichen Folgen in Abhängigkeit von der Dauer der Beschäftigung und dem Ausscheidensgrund bestimmt werden,
– der so genannte „Vesting Schedule", der über die Ausübbarkeit und Unverfallbarkeit der gewährten Rechte entscheidet; und
– die so genannten „Ratchets", die anreizorientiert die Erlösverteilung zwischen Finanzinvestoren und Management in Abhängigkeit von bestimmten Performance-Kriterien regeln.

# 4. Teil. Beteiligungsstrukturierung § 10 Management-Beteiligung

Diese Bestimmungen sind regelmäßig in der geschlossenen Gesellschaftervereinbarung („Co-Investmentvereinbarung") und teilweise in der Satzung der Erwerberholding („NewCo"), an der das Management beteiligt werden soll, enthalten. Beide Verträge bestimmen das Verhältnis von Management und Finanzinvestoren als Gesellschafter der Erwerberholding.

Darüber hinaus ermöglichen zwei englische Begriffe eine Abgrenzung, die auch die Gliederung der Darstellung in diesem Kapitel bestimmt. Unter den international gebräuchlichen Begriff „Management Equity Program" (MEP) wird die Beteiligung des Managements am Eigenkapital der Erwerberholding gefasst. Der Begriff MEP ist daher synonym zu dem Begriff „Managementbeteiligung" zu verwenden. Es entspricht dem in Private Equity-Transaktionen am häufigsten realisierten Beteiligungsmodell, weshalb hier der Schwerpunkt der Darstellung entsprechend auf dieses Modell gelegt wird.

Neben diesen Begriffen existiert im internationalen Sprachgebrauch auch der Begriff „Management Participation Program (MPP)". Mit diesem Begriff werden Managementanreize bezeichnet, die nicht ausschließlich auf eine direkt oder indirekt gehaltene Beteiligung am Eigenkapital der Erwerberholding zurückgehen. Hier stehen vielmehr andere Sondervorteile in Frage, die rechtlich und wirtschaftlich ähnliche Gestaltungselemente aufweisen. Auch diese Anreizformen werden im Folgenden erörtert.

## 1.2. Zielrichtungen von Managementbeteiligungen und vergleichbaren Anreizen

Mit Managementbeteiligungen in Private Equity-Transaktionen und mit vergleichbaren Management-Anreizstrukturen werden gemeinsame Zielrichtungen verfolgt. Das grundlegende Ziel besteht darin, gleichlaufende Interessen des Managements und der Finanzinvestoren zusammenzuführen und gegenseitige Interessen anzugleichen.[785]

Etwaige Interessendivergenzen haben ihren Ausgangspunkt im Principal-Agent-Problem,[786] das die Ineffizienzen beschreibt, die aus der Aufteilung von Kapital und Kontrolle hervorgehen. Das Principal-Agent-Problem stellt sich im Management Buy-Out (MBO) nicht nur wie häufiger beschrieben[787] zwischen der Zielgesellschaft bzw. den Altgesellschaftern einerseits und den einen MBO betreibenden Managern andererseits, sondern auch innerhalb der Buy-Out Gruppe selbst: Manager und Kapitalgeber haben unterschiedliche Interessen.

Der Kapitalgeber kann durch Aufbau eines Gesamtportfolios das mit der Zielgesellschaft verbundene unsystematische Risiko mittels Diversifikation ausgleichen. Dementsprechend kann der Kapitalgeber größere Chancen um den Preis größerer Risiken verfolgen, wenn das unternehmensspezifische Risiko durch das Gesamtportfolio ausgeglichen ist. Demgegenüber hat der Manager die Risiken seines Investments in Form von Arbeitseinsatz hinzunehmen, da er dieses wegen der firmenspezifischen Bindung seines Humankapitals nicht diversifizieren kann (vgl. das so genannte „Klumpenrisiko"). Folglich nimmt er regelmäßig eine eher risikoaverse Position ein.

Private Equity-spezifische Umstände verschärfen die Interessendivergenzen.[788] Anders als sonstige Kapitalgeber orientieren sich Private Equity-Investoren naturgemäß am Exit durch

---

[785] Vgl. von Braunschweig, DB 1998, 1831 f.; Hohaus, BB 2005, 1291 ff.; ders./Koch-Schulte in: FS 10 Jahre P+P, S. 94; Pöllath in: Verdient – unverdient, Unternehmerische Arbeit und Vermögen, S. 51 f. (81 ff.); Pöllath, FS Lüer, S. 573.

[786] Vgl. dazu Fama/Jensen, Journal of Law & Economics (1983), 301 ff. (307 ff.); Jensen/Meckling, Journal of Financial Economics (1983), 305 ff. Die Annahmen der Agency-Theorie werden nicht jeden Einzelfall zutreffend abbilden. Gleichwohl kann die Theorie zumindest modellartig zur Beschreibung einer gewissen Verhaltenstendenz, die in der Mehrheit der Fälle gegeben ist, herangezogen werden.

[787] Vgl. dazu Rhein, Der Interessenkonflikt der Manager beim Management Buy-out, S. 65–73; Weber, Transaktionsboni für Vorstandsmitglieder, S. 60 ff.

[788] Vgl. dazu insbesondere von Braunschweig, DB 1998, 1831 (1832).

IPO, Trade Sale oder Secondary Buy-Out. Deshalb beträgt der Investitionshorizont regelmäßig drei bis sieben Jahre. Anreizsysteme für Manager sollen zum einen als Motivations- und Steuerungsinstrument überhaupt erst dem Management einen Anreiz geben, den Exit herbeizuführen. Zum anderen stellen sie auch eine Kompensation dafür da, dass entgegen dem regelmäßig langfristig orientierten und auf eigene Sicherheit bedachten Denken der Manager ein eher kurzer Investitionshorizont verfolgt wird. Zudem muss das Management für Arbeitsmarktnachteile kompensiert werden. Diese Nachteile werden offenbar, wenn die größere Risikoneigung eines Private Equity-Investors und die durch ihn veranlasste engere Führung des Managements mit den Risikoneigungen eines eigentümergeführten mittelständischen Unternehmens bzw. einer börsennotierten Gesellschaft mit weit verteiltem Eigenkapital und entsprechenden Managementfreiräumen verglichen werden. Die Überwindung der vorgenannten Interessendivergenzen ist aus Kapitalgebersicht notwendig, um das zentrale Ziel, die größtmögliche Steigerung des Unternehmenswerts zu erreichen. Dies erfordert eine optimale Gestaltung der Anreizstruktur.

Vom Management wird der zur Verfügung gestellte Anreiz insbesondere dann als lohnend empfunden, wenn es für den Erfolgsfall des Gesamtinvestments die Möglichkeit erhält, mit möglichst geringem Kapitaleinsatz einen möglichst hohen Erlös zu erzielen. Dieses Rentabilitätsziel hängt wiederum von zwei Gestaltungselementen ab. Zunächst ist der Leverage-Effekt zu nennen, der hier wie allgemein in der Finanzierungstheorie auch dadurch bestimmt wird, bei geringem Eigenkapitaleinsatz des Managements eine möglichst hohe Verzinsung des getätigten Investments zu erreichen. Des Weiteren ist eine steueroptimierte Gestaltung des Managementanreizes erforderlich. Inwieweit dieses Gestaltungselement umgesetzt werden kann, hängt von der Wahl einer günstig besteuerten Einkunftsart sowie eines günstigen Besteuerungszeitpunkts ab.

Der Finanzinvestor verfolgt bei der Implementierung der Anreizstruktur ebenso ein Rentabilitätsziel. Der Gesamtnettoeffekt hängt unter anderem davon ob, inwieweit sich der nachsteuerliche Cash-Flow bei dem jeweiligen Portfolio-Unternehmen unmittelbar bei dem Finanzinvestor maximieren lässt, indem die für das Anreizprogramm erforderlichen Aufwendungen als Betriebsausgaben bei dem Portfolio-Unternehmen abzugsfähig sind. Außerdem kann es darauf ankommen, den vorsteuerlichen Ertragswert auf Grundlage der EBIT- oder EBITDA-Zahlen durch geringe Lohnkosten möglichst unberührt zu lassen. Welcher dieser unterschiedlichen Parameter zur Anwendung kommt, entscheidet sich nach Art des Investments.

## 2. Gestaltungsmöglichkeiten

Wie zuvor beschrieben, existieren neben der Managementbeteiligung im engeren Sinne auch andere Formen von Managementanreizen, bei denen das Management nicht Geschäftsanteile an der Erwerberholding erhält.[789] Die Auswahl des zum Einsatz kommenden Gestaltungsmittels richtet sich allgemein danach, mit welchem Instrument die Zielsetzungen des konkreten Falls bestmöglich und steueroptimiert umgesetzt werden können.

### 2.1. Echte Kapitalbeteiligung

In der Regel wird in Private Equity-Transaktionen das Anreizsystem für die wichtigen Entscheidungsträger durch eine echte Kapitalbeteiligung umgesetzt.[790] Dadurch verbinden Finanzinvestoren und Manager als Gesellschafter gemeinsame Interessen. Zudem steht nur die Eigenkapitalbeteiligung für eine (un-)mittelbare Beteiligung am „eigenen" Unternehmen. Daher verwundert es nicht, wenn dieser Beteiligungsform die vergleichsweise höchste

---

[789] Vgl. von Braunschweig, DB 1998, 1831 (1832 ff.).
[790] Dazu ausführlich Hohaus/Inhester, DStR 2003, 1765 (1766).

## 4. Teil. Beteiligungsstrukturierung § 10 Management-Beteiligung

Incentivierungswirkung zugeschrieben wird.[791] Je nach Anzahl der begünstigten Manager wird für diese ein Anteil von 5–20 % an der Erwerberholding zur Verfügung gestellt. Die Anteile werden von den Managern entweder unmittelbar („Direktbeteiligung") oder aber für die Manager treuhänderisch durch eine zwischengeschaltete Gesellschaft („Treuhand-GmbH") gehalten.[792] Alternativ dazu kommt eine Zwischenschaltung einer GmbH & Co. KG („Manager-KG") in Betracht, an der sich die Manager als Kommanditisten bzw. einer Gesellschaft bürgerlichen Rechts, an der sich die Manager als GbR-Gesellschafter beteiligen. Diese Bündelung des Managements bietet sich gerade bei einer größeren Anzahl von zu beteiligenden Managern an. Für das Management ist dies nicht unbedingt nachteilig. Die Finanzinvestoren genießen jedenfalls den Vorteil, dass die Administration der Beteiligungen insgesamt vereinfacht wird. Zum einen weiß man immer wo die Anteile sind und bewahrt sich die Handlungsfähigkeit insb. im Exit. Zum anderen können in der Gesellschafterversammlung der NewCo die Manager durch einen Gesellschafter allein vertreten werden.

Das für den Geschäftsanteilserwerb aufzubringende Eigeninvestment eines Managers der ersten Managementebene entspricht in der Regel ungefähr einem Bruttojahresgehalt. Auf der zweiten Ebene sind die zu investierenden Summen regelmäßig geringer. Darüber hinaus ist deren Beteiligung freiwillig.

### 2.2. Tantiemen und virtuelle Kapitalbeteiligung

Tantiemen kommen in Private Equity-Transaktionen ebenso zum Einsatz. Diese Vergütungsform kann allerdings zwischenzeitlich als Standardbestandteil der variablen Managervergütung gelten. Sie kommen zur Umsetzung der vorgenannten Gestaltungsziele von Management-Anreizstrukturen in Private Equity Transaktionen allerdings nur selten zum Einsatz.

Wenn die rechtlichen Wesensmerkmale einer Gesellschafterstellung vermieden werden sollen, die Beteiligung aber einer echten Kapitalbeteiligung wirtschaftlich entsprechen soll, kommt die Gewährung virtueller Kapitalbeteiligungen (so genannter „Phantom Stocks") in Betracht. Bei einer solchen „Als-ob-Beteiligung" handelt es sich regelmäßig rechtlich und steuerlich um eine Tantieme oder, sofern der Manager eigenes Kapital einsetzt, um ein partiarisches Darlehen. Die Umsetzung von dem angloamerikanischen Vorbild folgenden „Tracking Stocks",[793] deren Inhaber wirtschaftlich eine Beteiligung an rechtlich unselbstständigen Unternehmensteilen und rechtlich eine Beteiligung an der Gesamtgesellschaft erhalten sollen, trifft in Deutschland jedoch auf rechtliche Probleme. Diese führen zu Unwägbarkeiten, die die Realisierung der erstrebten Anreizwirkung gefährden.

### 2.3. Optionsrechte

Zu Vergütungszwecken gewährte Optionsrechte sind in der angloamerikanischen Vergütungspraxis trotz der geübten Kritik[794] weitverbreitet und gehören unter anderem deshalb auch weiterhin zur Vergütungspraxis in Deutschland.

Optionsrechte unterstützen den Leverage-Effekt, da sie für eine maximale Beteiligung am Erfolg bei minimalem Kapitaleinsatz des Managers stehen. Allerdings sind die Optionen steuerlich unattraktiv, da für sie nur eine „Endbesteuerung" in Betracht kommt: Die Optionen sind nicht bei Erwerb, sondern bei Ausübung zu besteuern. Versteuert werden muss der Differenzbetrag zwischen dem Basispreis und dem zum Ausübungszeitpunkt gegebenen

---

[791] Hohaus/Koch-Schulte in: FS 10 Jahre P+P Pöllath + Partners, S. 93 (95).
[792] Zur „Treuhandlösung" Hohaus, DB 2002, 1233.
[793] Vgl. dazu Görgemanns, GmbHR 2004, 170 ff.; Prinz/Schürner, DStR 2003, 181 ff.; Tonner, IStR 2002, 317 ff.; Vater, Stock Options, S. 219 ff.
[794] International führend dürfte sein Bebchuk/Fried, Pay without Performance, S. 15 ff.

Verkehrswert.[795] Weiterhin ist bemerkenswert, dass kaum noch Aktienoptionen ausgegeben werden, die ausschließlich an die Kursentwicklung des gewährenden Unternehmens anknüpfen.[796]

Ansonsten unterscheiden sich Optionsrechte, solange sie nicht ausgeübt sind, von Tantiemen im Wesentlichen nur dadurch, dass ein Ergebnisausweis bei dem Portfoliounternehmen ggf. vermieden werden kann, wenn eine Bilanzierung nach HGB erfolgt.[797] Gerade darin liegt im Hinblick auf die vom Finanzinvestor angestrebte Steigerung des meist auf Ergebnis-Kenngrößen basierenden Unternehmenswertes ihre eigentliche Attraktivität.

Das Aktiengesellschaftsrecht hält für Optionen ein ausgefeiltes gesetzliches Instrumentarium bereit, das eine Mitwirkung der Aktionäre nur bei Begründung des Optionsprogramms vorschreibt. Vor der Einführung von „Naked Warrants" durch das KonTraG im Jahr 1998[798] wurden Aktienoptionspläne regelmäßig mit Wandelschuldverschreibungen und Optionsanleihen unterlegt. Dieser Weg kann auch nach Einführung des KonTraG weiterhin für die Bedienung von Aktienoptionsplänen beschritten werden.[799] Im GmbH-Gesellschaftsrecht müssen Optionsrechte mangels gesetzlicher Bestimmungen individuell vereinbart werden. Daher eignet sich ein mit Optionsrechten unterlegtes Anreizprogramm nur bedingt für eine Struktur, die für eine Vielzahl von Teilnehmern vorgesehen ist. Ob das durch die Vorschriften des Gesetzes zur Modernisierung des GmbH-Rechts und zur Bekämpfung von Missbräuchen (MoMiG) geschaffene genehmigte Kapital Abhilfe schaffen kann, wird die Praxis zeigen. § 55a GmbHG n.F. sieht jetzt vor, dass der Gesellschaftsvertrag den Geschäftsführer für höchstens 5 Jahre nach Eintragung der Gesellschaft ermächtigen kann, das Stammkapital bis zu einem bestimmten Nennbetrag (genehmigtes Kapital) durch Ausgabe neuer Geschäftsanteile gegen Einlagen zu erhöhen.

## 2.4. Kombinationsmodelle

Neben den genannten Gestaltungsmöglichkeiten von Management-Anreizstrukturen sind zunehmend auch solche Programme anzutreffen, in denen Wesensmerkmale der vorgenannten Ursprungsformen miteinander kombiniert werden. Bei so genannten Matching Stock-Programmen (MSP) wird die Zuteilung von Optionsrechten (Aktienoptionen oder Phantom Stocks) an den Erwerb und das Halten von Aktien gekoppelt und zugleich Erfolgshürden und Sperrfristen für die mit Aktienerwerb verbundene Berechtigung auf die Optionen vereinbart. Eine solche Kombination schafft einen entsprechenden Leverage-Effekt, der gerade dann gefragt ist, wenn ein Finanzinvestor vor dem IPO Hauptgesellschafter war und nunmehr eine Beteiligungsart mit hoher Hebelwirkung gesucht wird.[800]

---

[795] Vgl. BFH Urteil v. 24. Januar 2001 – I R 100/98, BStBl. 2001, Teil II S. 509 ff.; Urteil v. 1. Februar 2007 – VI R 73/04, BFH/NV 2007, 896 ff. Zum Management Buy-Out und der Ausgabe von Stock Options vgl. ferner Eschbach, BB 1999, 2484 ff.

[796] Vgl. prägnant zur Entwicklung der Vergütungspraxis mit Optionen Hoffmann-Becking in: Verdient – unverdient, Unternehmerische Arbeit und Vermögen, S. 94.

[797] Nach h. M. sind weder Zusage noch Ausgabe von Optionsrechten an Mitarbeiter als Personalaufwand zu erfassen. Vgl. Herzig, DB 1999, 1 ff.; differenzierend Vater, DB 2000, 2177 ff. Bei Bilanzierung nach US-GAAP und IAS/IFRS ist hingegen eine ausnahmslose Erfassung als Personalaufwand erforderlich; vgl. ausführlicher dazu Heidemann/Mittermaier/Brunner in: Harrer, Mitarbeiterbeteiligungen und Stock-Option-Pläne, Rn. 315 ff.; Heimbürger, WPg 2008, 117 ff.

[798] BT-Drucks. 13/9712, S. 1 ff. (Regierungsbegründung).

[799] Vgl. Weiß, Aktienoptionspläne für Führungskräfte, S. 193 m. w. N.

[800] Vgl. dazu Ambacher in; Venture Capital Magazin, Sonderbeilage „Munich Private Equity Training 2007", Ausgabe August/September 2007, S. 18; Hohaus/Koch-Schulte in: FS 10 Jahre P+P Pöllath + Partners, S. 93 (97).

## 3. Tantiemen und Optionsrechte

### 3.1. Allgemeine Rahmenbedingungen für Tantiemen

Tantiemen für Manager können entweder im Dienst- bzw. Arbeitsvertrag geregelt oder in einer separaten Tantiemevereinbarung festgesetzt werden. Gleiches gilt für virtuelle Beteiligungen, da diese rechtlich Tantiemen entsprechen. Die Bedingungen für die Gewährung der Sondervorteile differenzieren in der Regel sowohl dem Grunde sowie der Höhe nach. Häufig wird die Tantieme über einen zweistufigen Regelungsmechanismus eingeführt: Auf der ersten Stufe wird die Tantieme dem Grunde nach zugesagt, da der Arbeitsvertrag den Abschluss einer Zielvereinbarung oder die Teilnahme des Arbeitnehmers an einem zielorientierten Bonusplan des Unternehmens vorsieht. Die konkreten Voraussetzungen der Bonusberechtigung werden auf der zweiten Stufe in der Zielvereinbarung oder dem Bonusplan geregelt. Kommt eine solche Zielvereinbarung dann später nicht zustande, steht dem Manager zwar kein Bonus, aber womöglich ein Schadensersatzanspruch zu.[801]

### 3.1.1. Arbeitsrechtliche Grundsätze

In Buy-Out-Strukturen hängt die Höhe des Tantiemeanspruchs unter anderem davon ab, wie lange der Manager im Unternehmen tätig war und aus welchen Gründen er ausgeschieden ist.[802] Teilweise wird auch vorgesehen, dass bereits geleistete Tantiemezahlungen im Falle eines Ausscheidens zurückgezahlt werden müssen.[803]

Insbesondere bei Personen, die nicht dem Vorstand bzw. der GmbH-Geschäftsführung angehören, sind solche Klauseln im Hinblick auf eine faktische Vereitelung des Kündigungsrechtes problematisch. Denn einem Manager, dessen Ausscheiden mit dem Verlust potentieller Vergütungsansprüche sanktioniert wird, wird es schwer fallen, von seinem Kündigungsrecht Gebrauch zu machen. Erfolgsbeteiligungen und Leistungsprämien dürfen nach der Rechtsprechung des Bundesarbeitsgerichts[804] nicht an den Fortbestand des Arbeitsverhältnisses über den Bemessungszeitraum hinaus gekoppelt werden. Zulässig sollten demgegenüber Regelungen sein, bei denen der Tantiemeanspruch erst zu dem Zeitpunkt entsteht, in dem die Tantieme unverfallbar und ausübbar geworden ist, auch wenn die Ergebnisse früherer Geschäftsjahre (Bemessungsjahre) in die Berechnung des Tantiemeanspruchs einbezogen werden.[805] Denn in diesem Fall wird dem Mitarbeiter bei Ausscheiden kein Arbeitslohn entzogen, der wirtschaftlich einem früheren Zeitraum zuzuordnen ist. Die Tantieme ist dann Entgelt für die Arbeitsleistung des Jahres, in dem die Unverfall- und Ausübbarkeit eintritt, und nicht Entgelt für die Arbeitsleistung des Bemessungsjahres. Diese wirtschaftliche Zuordnung kann aber durch Hinzutreten bestimmter Umstände (bspw. a-conto-Zahlungen auf Tantiemen) in Frage gestellt werden und eine andere Beurteilung kann angezeigt sein.

Darüber hinaus ist im Einzelfall zu untersuchen, ob das jeweilige Tantiememodell mit den weiteren Rechtsprechungsgrundsätzen des Arbeitsgerichts zu Sondervergütungen[806] in Einklang steht. Bei der Prüfung der Wirksamkeit der jeweiligen Vertragsklausel ziehen die Arbeitsgerichte regelmäßig die dem Anreizmodell zugrunde liegende Risikoverteilung in Betracht.[807]

---

[801] BAG Urteil v. 12. Dezember 2007, AZR 97/07, DB 2008, 473 ff.

[802] Dabei handelt es sich um so genanntes „Vesting". Dazu sogleich ausführlicher unten Abschnitt 4.2.1.1.

[803] Zu arbeitsrechtlichen Aspekten von Freiwilligkeits- und Rückzahlungsklauseln vgl. Lingemann/Gotham, NZA 2008, 509.

[804] BAG Urteil v. 27. April 1982, 3 AZR 814/79, DB 1982, 2406.

[805] A. A. wohl Hidalgo/Rid, BB 2005, 2686 (2690).

[806] Vgl. mit einem Überblick über die Rechtsprechung Lembke, BB 2001, 1469 (1473); Lingemann/Gotham, NZA 2008, 509; Pulz, BB 2004, 1107 (1112).

[807] Exemplarisch ist insoweit BAG Urteil v. 28. Mai 2008, 10 AZR 351/07, ZIP 2008, 1390 ff., zu nennen.

### 3.1.2. Problematik der verdeckten Gewinnausschüttung

Bei Tantiemevereinbarungen sind stets die steuerlichen Implikationen im Blick zu behalten. Nach Maßgabe der Rechtsprechung des Bundesfinanzhofs[808], die durch Bundesministerium der Finanzen-Schreiben[809] und Richtlinien[810] konkretisiert wird, sind unangemessene Tantiemezahlungen in verdeckte Gewinnausschüttungen (§ 8 Abs. 3 S. 2 KStG) umzuqualifizieren.[811] Unter einer verdeckten Gewinnausschüttung in diesem Sinne ist eine Vermögensminderung oder verhinderte Vermögensmehrung zu verstehen, die durch das Gesellschaftsverhältnis veranlasst ist, sich auf die Höhe des Unterschiedsbetrags (gemäß § 4 Abs. 1 i.V. m. § 8 Abs. 1 S. 1 KStG) auswirkt und in keinem Zusammenhang zu einer offenen Ausschüttung steht.[812] Die verdeckte Gewinnausschüttung hat zur Folge, dass bei der Gesellschaft der Betriebsausgabenabzug entfällt und das zu versteuernde Einkommen nicht gemindert wird.[813]

Nach den ursprünglich etablierten Grundsätzen ist eine verdeckte Gewinnausschüttung regelmäßig anzunehmen, wenn (i) die vereinbarte und zugesagte Tantieme sich auf mehr als 50 % des handelsrechtlichen Jahresüberschusses der Gesellschaft vor Abzug der Gewinntantieme und der ertragsabhängigen Steuern (KSt, GewSt und SolZ) beläuft („50 %-Grenze") oder (ii) die Tantieme als variabler Vergütungsanteil 25 % der Festbestandteile der Geschäftsführervergütung übersteigt („75/25-Regel" mit Wirkung als Indiz für das Vorliegen einer verdeckten Gewinnausschüttung).[814] Zunächst sind für die Prozentermittlung die zum Zeitpunkt des Abschlusses der Tantiemevereinbarung erwartbaren Jahresüberschüsse maßgeblich.[815] Bei Gewinntantiemen ist für die 50 %-Grenze zudem zu beachten, dass Verlustvor-

---

[808] BFH Urteil v. 27. Februar 2003, I R 46/01, DStR 2003, 1567 ff.; Urteil v. 4. Juni 2003, I R 24/02, DStR 2003, 1747 ff.

[809] Bundesministerium der Finanzen: Schreiben v. 1. Februar 2003, IV A 2 – S 2742 – 4/02, BStBl. Teil I, 219 (Anerkennung von Gewinntantiemen); Bundesministerium der Finanzen: Schreiben v. 14. Oktober 2002 – IV A 2 – S 2742 – 62/02, BStBl. I, 972 (Angemessenheit der Gesamtbezüge eines Gesellschafter-Geschäftsführers); eine Übersicht über die Rechtsprechung findet sich bei Schwedhelm, AG 2006, 626 f. Zum Verhältnis von BFH-Rechtsprechung und Bundesministerium der Finanzen: Schreiben vgl. OFD Düsseldorf: Verfügung v. 17. Juni 2004, S 2742 A, St 13/S 2742 – 88 St 131 – K.

[810] R 36 der Körperschaftsteuer-Richtlinien 2004 mit Hinweisen 2006.

[811] Die dort aufgestellten Grundsätze gelten auch für nicht beherrschende Gesellschafter-Geschäftsführer; vgl. BFH Urteil v. 15. März 2003, I R 74/99, BB 2000, 2082 (2083). Wenn die Gesellschaft eine Leistung an ihn oder an eine ihm nahe stehenden Person erbringt, für die es an einer klaren und eindeutigen, im Voraus getroffenen, zivilrechtlich wirksamen und tatsächlich durchgeführten Vereinbarung fehlt, ist das vom Fremdvergleich abweichende Verhalten der Gesellschaft und ihres Gesellschafters oder diesem nahe stehenden Person die für die verdeckte Gewinnausschüttung erforderliche Veranlassung im Gesellschaftsverhältnis.

[812] Vgl. etwa BFH Urteil v. 18. September 2007, I R 73/06, DStR 2008, 247 ff.

[813] Ausführlich zur verdeckten Gewinnausschüttung bei unüblichen Tantiemevereinbarungen mit Gesellschafter-Geschäftsführern Schnittker/Best, GmbHR 2002, 565 ff.; für AG-Vorstände Schwedhelm, AG 2006, 626; Erhart/Lücke, BB 2007, 183 ff.

[814] Die 75/25-Regel aufweichend, aber die 50 %-Grenze bestätigend BFH Urteil v. 26. Mai 2004, I R 86/03, GmbHR 2004, 1536 ff. Die Abweichung von der 75/25-Regel soll kein Indiz für eine verdeckte Gewinnausschüttung sein, wenn mit sprunghaften Gewinnentwicklungen gerechnet werden konnte, starke Ertragsschwankungen gegeben sind, eine Gewinnprognose im Vorfeld nicht erstellt wurde die Prognose später nicht mehr verlässlich rekonstruieren lässt oder keine weiteren Anhaltspunkte für die Annahme einer verdeckten Gewinnausschüttung bestehen (alternative Kriterien). Hingegen soll die Abweichung vom Regelverhältnis ein Indiz sein, wenn keine größeren Ertragsschwankungen bestehen, eine nachvollziehbare Gewinnprognose erstellt wurde bzw. ohne größere Unwägbarkeiten rekonstruierbar ist, keine Deckelung der Tantieme vorgenommen wurde, die Abweichung vom Regelverhältnis mit einem Tantiemeanteil von größer als 50 % gegeben ist und die indizielle Wirkung durch weitere Anhaltspunkte erhärtet wird (kumulative Voraussetzungen); vgl. dazu zum Überblick OFD Düsseldorf, Verfügung v. 17. Juni 2004, S 2742 A – St 13/S 2742 – 88 St 131 – K.

[815] BFH Urteil v. 26. Mai 2004, I R 86/03, GmbHR 2004, 1536 (1538).

träge mindernd berücksichtigt werden müssen. Dies gilt jedenfalls dann, wenn der tantiemeberechtigte Gesellschafter-Geschäftsführer für den Verlust verantwortlich oder zumindest mitverantwortlich ist.[816]

Die in Buy-Out-Strukturen üblichen Tantiemeregelungen, die auf EBIT, EBITDA oder andere Cash-Flow-nahe Bezugsgrößen abstellen, verletzen häufig die 50%-Grenze und/oder die 75/25-Regel. In diesen Fällen muss der Steuerpflichtige beweisen, dass besondere Umstände vorliegen, die die Tantieme ausnahmsweise als angemessen erscheinen lassen.

### 3.2. Optionsrechte

Der Inhaber eines Optionsrechts hat das unentziehbare Recht, nach Maßgabe der Optionsbedingungen durch Ausübungserklärung gegen Zahlung eines bestimmten Basispreises Aktien zu beziehen, die mit Zugang der Ausübungserklärung bei der Ausübungsstelle entstehen. Für den Begünstigten lohnt sich die Optionsrechtsausübung, wenn der Referenzwert für die Option den Basispreis übersteigt (die Option ist „in the money"). Dementsprechend kann der Begünstigte einer solchen Anreizstruktur an der durch den Referenzwert ausgedrückten Wertsteigerung partizipieren, zu der er selbst beigetragen hat. Wenn für diesen Wertsteigerungsbeitrag der gesetzte Anreiz kausal wurde und die Kosten des Anreizes selbst durch das optimierte Verhalten des Begünstigten aufgewogen wird, handelt es sich um ein effektives und rentables Programm.

#### 3.2.1. Formelle Vorgaben des Aktiengesetzes

Der Hauptversammlungsbeschluss für die Ausgabe der Optionsrechte und die Schaffung des bedingten Kapitals bedarf gemäß § 193 Abs. 1 AktG einer Mehrheit von drei Vierteln des vertretenen Grundkapitals, soweit die Satzung keine größere Mehrheit verlangt oder weitere Erfordernisse aufstellt. Alternativ dazu kann ein Optionsplan mit eigenen Aktien bedient werden, die für diesen Zweck zurückgekauft werden (vgl. § 71 Abs. 1 Nr. 8 AktG).

In der Regel wird der Vorstand zur Ausgabe der Optionsrechte ermächtigt; der Aufsichtsrat erhält die Ermächtigung nur ausnahmsweise. Allerdings ist der Aufsichtsrat zur Ausgabe von Optionsrechten an Vorstandsmitglieder der Aufsichtsrat zwingend zuständig (§§ 84, 87, 112 AktG), was bei der Fassung des Ermächtigungsbeschlusses entsprechend zu berücksichtigen ist. Häufig sehen Ermächtigungsbeschlüsse vor, dass die Optionsausgabe an Mitarbeiter zwar durch den Vorstand erfolgt, jedoch der Zustimmung des Aufsichtsrates bedarf.

Zwingende Inhalte des Hauptversammlungsbeschlusses sind (vgl. § 193 Abs. 2 AktG):
- der Zweck der bedingten Kapitalerhöhung, der bei Optionsplänen in der Ausgabe von Optionsrechten besteht;
- der Kreis der Bezugsberechtigten, wobei nach § 192 Abs. 2 Nr. 3 AktG Bezugsrechte nur an Arbeitnehmer und Mitglieder der Geschäftsführung der Gesellschaft oder eines verbundenen Unternehmens ausgegeben werden dürfen;[817]
- die Höhe des bedingten Kapitals (für Optionsrechte maximal 10% des zum Zeitpunkt der Beschlussfassung im Handelsregister eingetragenen Grundkapitals, d. h. ohne Berücksichtigung etwa gleichzeitig beschlossener und daher noch nicht eingetragener ordentlicher Kapitalerhöhungen);[818]
- der Ausgabebetrag (Basispreis) oder die Grundlagen, nach denen dieser Betrag errechnet wird;

---

[816] BFH Urteil v. 17. Dezember 2003, I R 22/03, DB 2004, 1075; Urteil v. 18. September 2007, I R 73/06, DStR 2008, 247 (248).

[817] Dazu sogleich ausführlicher unten Abschnitt 3.2.3.

[818] Nach Mutter, ZIP 2002, 295 ff., darf die 10%-Grenze überschritten werden, indem zusätzlich Aktien aus Aktienrückkaufprogrammen nach § 71 Abs. 1 Nr. 8 AktG zur Bedienung der Optionen verwendet werden. Dies ist allerdings zweifelhaft, vgl. Knoll, ZIP 2002, 1382 ff. Zu den (streitigen) Rechtsfolgen einer Überschreitung der 10%-Grenze vgl. Maidl, NZG 2007, 495 ff.

- die Aufteilung der Optionsrechte auf Geschäftsführer einerseits und Arbeitnehmer andererseits;[819]
- die Erfolgsziele, für die regelmäßig eine Mindest-Wertsteigerung[820] der Gesellschaft (schon die Anknüpfung an den Börsenkurs reicht in rechtlicher Hinsicht aus) in den Hauptversammlungsbeschluss aufgenommen und die Festlegung weitergehender zusätzlicher Erfolgsziele dem Vorstand/Aufsichtsrat überlassen wird;
- die Erwerbs- und Ausübungszeiträume, die bei börsennotierten Gesellschaften üblicherweise in bestimmten Zeiträumen unmittelbar nach den Terminen für die öffentlichen Quartalsberichte liegen;[821] und
- die Wartezeit für die erstmalige Ausübung, wobei eine Frist von mehr als vier Jahren gesetzlich vorgeschrieben ist.[822]

### 3.2.2. Einbeziehung von Aufsichtsratsmitgliedern

Einerseits scheint die Ratio von Managementbeteiligungen, einen Anreiz zur shareholder value-orientierten Wertsteigerung zu geben, mit der in der rechtspolitischen Diskussion angeregten gesteigerten Verantwortung der Aufsichtsräte zu korrespondieren. Dies gilt im Besonderen für Unternehmen in der Gründungs- oder Aufbauphase, da hier oft die Liquidität fehlt und ein starkes zeitliches Engagement der Aufsichtsratsmitglieder erforderlich ist. Überhaupt müssen Aufsichtsräte zum Teil auch unternehmerische Entscheidungen treffen. Andererseits steht die Anreizwirkung in einem gewissen Spannungsverhältnis zu den Überwachungs- und Beratungsaufgaben, die Aufsichtsratsmitglieder unabhängig wahrzunehmen haben.

Dementsprechend verwundert die „Mobil-Com"-Entscheidung des BGH[823] nicht, mit der ausdrücklich die Unterlegung von Optionsprogrammen aus rückgekauften Aktien (§ 71 Abs. 1 Nr. 8 S. 5 HS. 2 AktG i. V. m. § 193 Abs. 2 Nr. 4 AktG) für unzulässig erklärt wird. Dass in den Bestimmungen zum bedingten Kapital (vgl. §§ 192 Abs. 2 Nr. 3, 193 Abs. 2 Nr. 4 AktG) Aufsichtsratsmitglieder als Begünstigte eines Aktienoptionsplans gar nicht erst vorgesehen sind, zeigt an, dass auch die Bedienung aus bedingtem Kapital unzulässig ist. Damit verbleibt nur noch der Weg, die Optionspläne mit Wandelschuldverschreibungen, Optionsanleihen oder entsprechenden schuldrechtlichen Nachbildungen zu unterlegen. Diese Gestaltungsmöglichkeiten sind jedenfalls nicht ausdrücklich[824] untersagt. Jedenfalls sind die Bedingungen des Programms mit der Forderung nach der zu wahrenden Unabhängigkeit des Aufsichtsrats abzugleichen.

### 3.2.3. Arbeitsrechtliche Aspekte

Da Aktienoptionspläne anders als Managementbeteiligungen regelmäßig einen weiteren Kreis von Begünstigten adressieren, ist es erforderlich, hier einen kurzen Überblick über die arbeitsrechtlichen Probleme zu geben.

---

[819] Dabei ist es zulässig, den Vorstand zu ermächtigen, Bezugsrechte, die von Geschäftsführungsmitgliedern nicht benötigt werden, dann an Arbeitnehmer auszugeben. Der umgekehrte Fall einer Mehrzuteilung an Geschäftsführer wird in der Praxis als problematisch angesehen, da damit der Sinn und Zweck von § 193 Abs. 2 Nr. 4 AktG umgangen werden könnte.

[820] Für einen Ausnahmefall hält OLG Koblenz, Urteil v. 16. Mai 2002, 6 U 211/81, AG 2003, 453 (454), sogar eine Verlangsamung des Kursverfalls als „Erfolgsziel" für zulässig.

[821] Bei nicht börsennotierten Gesellschaften wird es im Allgemeinen als zulässig angesehen, einen Gesamtzeitraum von mehreren Jahren festzulegen und wiederum Vorstand/Aufsichtsrat zum Erlass weitergehender Beschränkungen in den Optionsbedingungen zu ermächtigen.

[822] § 193 Abs. 2 Nr. 4 AktG in der Fassung des VorstAG, BT-Drucks. 16/12278.

[823] BGH Urteil v. 16. Februar 2004, II ZR 316/02, ZIP 2004, 613 ff.

[824] In einem obiter dictum äußert der BGH Zweifel an der Zulässigkeit der Umsetzung des Programms mit Wandelschuldverschreibungen; vgl. BGH Urteil v. 16. Februar 2004, II ZR 316/02, ZIP 2004, 613 (615). Für die Zulässigkeit Richter, BB 2004, 949 (956 ff.); Vetter, AG 2004, 234 (237 ff.); dagegen Habersack, ZGR 2004, 721 (732 ff.); gegen Zulässigkeit schuldrechtlicher Nachbildungen ebenso Meyer/Ludwig, ZIP 2004, 940 (944).

## 4. Teil. Beteiligungsstrukturierung

Der allgemeine arbeitsrechtliche Gleichbehandlungsgrundsatz findet auf alle Maßnahmen des Arbeitgebers mit kollektivem Charakter Anwendung. Untersagt sind damit die willkürliche Schlechterstellung einzelner Arbeitnehmer innerhalb einer Gruppe von Arbeitnehmern in vergleichbarer Lage sowie eine sachfremde Gruppenbildung.[825]

Wenn ein Optionsmodell nur bestimmten Gruppen zugute kommen und zum Teil innerhalb einer Gruppe nur bestimmte Personen begünstigen soll, wird der Gleichbehandlungsgrundsatz berührt. Dieser ist aber nicht verletzt, wenn ein Unternehmen Bonuszusagen auf bestimmte Mitarbeitergruppen beschränkt, sofern diese Gruppen im Hinblick auf ihre Stellung in der Unternehmenshierarchie definiert sind.[826] Soweit eine Bonusregelung zwischen Mitarbeitern differenziert, die auf einer Hierarchiestufe stehen, setzt die Zulässigkeit der Unterscheidung voraus, dass sachliche und billigenswerte Gründe im Zusammenhang mit dem Arbeitsverhältnis die Differenzierung rechtfertigen. In der Literatur ist anerkannt, dass die Honorierung der individuellen Leistung des Mitarbeiters einen solchen Grund zur Differenzierung darstellt, um dem einen Mitarbeiter mehr Vorteile zuzuwenden als einem auf gleicher Hierarchiestufe stehenden anderen Mitarbeiter.[827]

Ein Aktienoptionsprogramm kann den Gleichbehandlungsgrundsatz auch dadurch betreffen, dass vergleichbare Sachverhalte zeitlich unterschiedlich behandelt werden. Es ist denkbar, dass Klauseln, die die Optionsrechte an bestimmte Stichtage knüpfen oder sie verfallen lassen, zu einer unterschiedlichen Behandlung der Arbeitnehmer führen.[828] Auch hier sind entsprechende sachliche Gründe erforderlich.

Ferner sind die richterrechtlich entwickelten Grundsätze für Sonderleistungen zu beachten. Hier stellt sich jeweils die Frage, inwieweit diese auf spezielle Vergütungsinstrumente wie Aktienoptionspläne Anwendung finden und ob das jeweilige Vergütungsinstrument mit diesen Grundsätzen vereinbar ist. Zu beachten ist, dass unter Umständen die zugrundeliegenden Verträge Allgemeine Geschäftsbedingungen i. S. v. § 305 Abs. 1 BGB darstellen können,[829] so dass sie der AGB-rechtlichen Inhaltskontrolle unterliegen. Allerdings können nach der Rechtsprechung des BAG die Rechtsgrundsätze für bestimmte Sonderleistungen bezüglich der Zulässigkeit von Bindungsfristen und Verfallklauseln nicht uneingeschränkt auf Aktienoptionen übertragen werden.[830] Darüber hinaus ist anerkannt, dass Aktienoptionsrechte grundsätzlich an das Bestehen eines Arbeitsverhältnisses gebunden werden können.[831]

Außerdem stellt sich regelmäßig die Frage, welche kollektiv-rechtlichen Beteiligungsrechte bei der Einführung von Aktienoptionsplänen bestehen. Die Mitbestimmungsrechte des Betriebsrates ergeben sich aus § 87 Abs. 1 Nr. 10 BetrVG. Zu beachten ist insoweit, dass sich das Mitbestimmungsrecht des Betriebsrates unter anderem nicht auf die Mitglieder des Organs, das zur gesetzlichen Vertretung der juristischen Person berufen ist (vgl. § 5 Abs. 2 Nr. 1 BetrVG), sowie nicht auf leitende Angestellte (vgl. § 5 Abs. 3 S. 1 BetrVG) erstreckt.[832] Zudem kann bei der Einführung von Aktienoptionsplänen der Sprechausschuss der leitenden Angestellten zu beteiligen sein. Dessen Mitwirkungsrechte sind allerdings auf Unterrichtung und Beratung beschränkt (vgl. § 30 SprAuG).

---

[825] Vgl. Lembke, BB 2001, 1469 (1471), m. w. N.
[826] Baeck/Diller, DB 1998, 1405 (1409); Lembke, BB 2001, 1469 (1471).
[827] Vgl. Baeck/Diller, DB 1998, 1405 (1409); Lembke, BB 2001, 1469 (1471), mit Bezug auf BAG Urteil v. 25. Januar 1984 – 5 AZR 89/82, DB 1984, 2251.
[828] Vgl. dazu Lingemann/Diller/Mengel, NZA 2000, 1191 (1197).
[829] Vgl. dazu BAG Urteil v. 28. Mai 2008 – 10 AZR 351/07, ZIP 2008, 1390 (1394).
[830] Nach BAG Urteil v. 28. Mai 2008 – 10 AZR 351/07, ZIP 2008, 1390 (1396), soll eine mehrjährige Bindung des Bezugsberechtigten durch eine Wartezeit bis zur Ausübungsberechtigung keine unangemessene Benachteiligung darstellen.
[831] BAG Urteil v. 28. Mai 2008 – 10 AZR 351/07, ZIP 2008, 1390 (1396).
[832] Baeck/Diller, DB 1998, 1405 (1410).

## 4. Eigenkapitalbeteiligungen

### 4.1. Arten des Beteiligungserwerbs und dessen Finanzierung

Die Beteiligung an der NewCo erfolgt entweder durch den direkten Kauf von den Finanzinvestoren oder die Übernahme von Anteilen an der Erwerbergesellschaft im Rahmen einer Kapitalerhöhung.

Zivilrechtlich am einfachsten umzusetzen ist der Kauf der Anteile an der Erwerbergesellschaft, bei dem das Management die Anteile von den Finanzinvestoren erwirbt. Der Kaufpreis entspricht regelmäßig dem Kaufpreis, den die Finanzinvestoren gezahlt haben. Häufiger findet der Erwerb der Beteiligung im Rahmen einer Kapitalerhöhung statt, die bei der NewCo kurz vor oder zum Closing der Transaktion erfolgt.

Bei beiden Erwerbsarten entsteht mitunter eine Finanzierungslücke für die Manager. Im Fall des Kaufs der Beteiligung können die Manager den Kaufpreis nur aus dem Bonus bestreiten, der ihnen vom Verkäufer für den erfolgreichen Verkauf an die Erwerbergesellschaft versprochen ist, aber an das erfolgreiche Closing geknüpft ist. Die Finanzierungslücke rührt dann daher, dass das Closing wiederum von der vollständigen Leistung des Kaufpreises abhängig ist. Eine vergleichbare Finanzierungslücke kann sich auch im Falle der Übernahme neuer Anteile dann auftun, wenn ein Secondary Buy-Out erfolgt: Wenn hier die Erwerbergesellschaft der Folgetransaktion noch nicht alle für den Kauf der „ersten" Erwerbergesellschaft erforderlichen Finanzmittel erhalten hat, kann die Folgetransaktion nicht vollzogen werden. Das Management wiederum verfügt für die Folgetransaktion regelmäßig nicht über ausreichend Finanzmittel, sondern erhält diese erst über den Verkauf seiner Anteile an der „ersten" Erwerbergesellschaft. Derartige Finanzierungslücken können regelmäßig nur durch eine Stundung des Kaufpreises geschlossen werden. Um im Fall der Barkapitalerhöhung die negativen Konsequenzen einer verdeckten Sacheinlage bei der Erwerbergesellschaft – nur teilweise Anrechnung, die erst nach Eintragung in das Handelsregister erfolgt – zu vermeiden, kann dieser gestundete Kaufpreis als „offene" Sacheinlage eingebracht werden. Hierzu hat vorrangig der Gesellschafter, der die Beweislast für die Werthaltigkeit trägt (vgl. § 19 Abs. 4 S. 5 GmbHG n. F.), ein entsprechendes Werthaltigkeitsgutachten einzuholen.

Wenn es bei der Finanzierung rein um die Liquidität geht, kommen als Darlehensgeber neben dem Finanzinvestor auch die Hausbank des Managements oder die der Zielgesellschaft in Betracht. Die Erwerbergesellschaft hingegen scheidet als Darlehensgeber regelmäßig wegen der gesellschaftsrechtlichen Kapitalerhaltungsvorschriften (vgl. § 71a AktG, §§ 30, 31 i. V. m. § 43a GmbHG n. F.) eher aus. Allerdings liegt nach den durch das MoMiG neu gefassten Vorschriften unter anderem dann kein Verstoß gegen das Verbot der Einlagenrückgewähr vor, wenn die Leistung der Gesellschaft durch einen vollwertigen Gegenleistungs- oder Rückgewähranspruch gegen den Gesellschafter gedeckt ist. Dies setzt allerdings voraus, dass tatsächlich ein bilanziell neutraler Aktivtausch vorliegt.

Für die Fremdfinanzierung entscheidend ist vor allem der Umfang der Haftung des Managers für die Rückzahlung des ausgereichten Darlehens, da hierüber der gewünschte Leverage-Effekt erzielt werden kann.

Der Teil des Investments, der dabei von einem Manager getragen wird, sollte etwa 20–25 % des für den Erwerb seines Anteils erforderlichen Gesamtinvestments ausmachen. Dieser Eigenmitteleinsatz ist erforderlich, da so auch bei dem Management Selbstbetroffenheit („skin in the game") und Mitverantwortung hergestellt wird. Beide Kriterien gehören zu guter Corporate Governance und sind Erfolgsfaktor von Private Equity-Transaktionen.[833] Der restliche Teil des Gesamtinvestments kann, wenn er nicht durch Eigenmittel des Managements aufgebracht wird, durch ein Darlehen vom Arbeitgeber oder dem Gesellschafter gewährt werden.

---

[833] Pöllath in: Verdient – unverdient, Unternehmerische Arbeit und Vermögen, S. 59 (82); ferner Klesse, in WirtschaftsWoche Nr. 32 v. 4. August 2008, S. 63.

# 4. Teil. Beteiligungsstrukturierung

Je nachdem, wie die Darlehensbedingungen ausgestaltet sind, wird der Leverage-Effekt verstärkt. Dieser besteht lediglich bei einem Non-Recourse-Darlehen, bei dem die Darlehenssumme einschließlich der Zinsen erst mit dem Exit und dann auch nur in dem Umfang zurückzuzahlen ist, wie der Manager Erlöse aus der Veräußerung seiner Beteiligung erzielt. Bei einem Full-Recourse-Darlehen, bei dem der Manager mit seinem gesamten Privatvermögen für die Rückzahlung haftet, fehlt hingegen dieser zusätzliche Hebel; es handelt sich allein um eine „Brückenfinanzierung". Hier soll wie bei einem klassischen Darlehen lediglich eine Liquiditätslücke geschlossen werden. Neben den Reinformen eines Full-Recourse- und Non-Recourse-Darlehens sehen manche Finanzinvestoren auch Mischmodelle vor. So ist etwa bei dem so genannten Limited-Recourse-Darlehen das an das Management vergebene Darlehen lediglich in einem begrenzten Umfang vollständig zurückzahlbar.

## 4.2. Wesentliche Vertragselemente

Die wesentlichen Vertragselemente werden von den Parteien üblicherweise zunächst in einem „Termsheet" zusammengefasst, das die Grundlage der Verhandlung und des Abschlusses der Gesellschafter- und Co-Investmentvereinbarung („Co-Investmentvereinbarung") bildet. Bevor die rechtlich wichtigsten Punkte näher erläutert werden, soll ein Überblick über diese wesentlichen Aspekte gegeben werden.

Die Co-Investmentvereinbarung muss vorsehen, welche Beteiligungshöhe von dem Management insgesamt und von den einzelnen Managern gehalten werden soll. Typischerweise erhalten die für die Zielgesellschaft wichtigsten Entscheidungsträger (CEO, CFO, COO) im Vergleich mit anderen Managern größere Anteile. Neben der Vereinbarung der richtigen Beteiligungshöhe ist die Finanzierung des Beteiligungserwerbs, im Rahmen der gegebenen Eigenkapitalstruktur der Erwerbergesellschaft weiteres wesentliches Gestaltungselement zur Erzielung eines optimalen Leverages. Die Parteien vereinbaren im Vorhinein, auf eine steueroptimierte Struktur hinzuwirken. Diese Regelungen gewährleisten, dass das Investment des individuellen Managers und dessen Finanzierung transparent und entsprechend anreizwirksam umgesetzt werden.

Mitunter werden die Manager in der Co-Investmentvereinbarung verpflichtet, gegenüber dem Finanzinvestor Gewährleistungen abzugeben.[834] Da das Management im Buy-Out typischerweise einem Interessenkonflikt unterliegt, können folgende Punkte derartiger Gewährleistungen benannt werden. Dies sind die Versicherung, dass der Business-Plan mit der Sorgfalt eines ordnungsgemäß handelnden Geschäftsführers aufgestellt worden ist, dass keine Kenntnis von Tatsachen gegeben ist, die zu einer Unrichtigkeit der Angaben in den vom Käufer im Rahmen der Transaktion erstellten Due Diligence Berichte führen würden und die Zusage, dass der Manager im Zusammenhang mit der Verkaufstransaktion bis auf die zuvor offengelegten keine Anreize von dem Verkäufer erhalten hat.

Darüber hinaus werden Regelungen für Situationen getroffen, in denen ein Exit in der Form eines Verkaufs von Geschäftsanteilen an der Erwerbergesellschaft an Dritte erfolgt. So erhält etwa für den Fall eines (Mehrheits-)Verkaufs von Geschäftsanteilen durch den Finanzinvestor an einen Dritten (Change of Control) der Finanzinvestor gegenüber den Managern ein pro-rata Mitverkaufsrecht (drag-along-right, d. h. Mitverkaufspflicht der Manager). Für den Fall eines Verkaufs von Geschäftsanteilen an der Erwerbergesellschaft durch den Finanzinvestor an einen Dritten haben die Manager gegenüber den Finanzinvestoren ein pro-rata Mitverkaufsrecht (tag-along-right, d. h. Mitverkaufsrecht der Manager). Hierbei hat dann der Finanzinvestor sicherzustellen, dass der Dritte allen Parteien die gleichen Konditionen anbietet. Ähnlich sehen Vertragsklauseln für den Fall des Exits über einen IPO ein Mitverkaufsrecht der Manager vor.

---

[834] Vgl. zu Managementgarantien Schaffner, BB 2007, 1292 ff.; Seibt/Wunsch, ZIP 2008, 1093 ff.; ferner Hohaus/Weber, BB 2008, 2359.

### 4.2.1. Vesting-Schedule und Leaver-Scheme

Herzstück der Co-Investmentvereinbarung sind sämtliche Vertragsbedingungen, die Regelungen für die Ausübbarkeit und Verfallbarkeit der eingeräumten Rechte („Vesting Schedule") sowie unterschiedliche rechtliche Folgen für die Beendigung des Dienstverhältnisses oder der Organstellung des Managers nach Maßgabe des Ausscheidensgrundes („Leaver Scheme") vorsehen.

#### 4.2.1.1. Die Bedeutung von Vesting-Regelungen

Der Gedanke des Vestings ist U.S.-amerikanischen Aktienoptionsplänen abgeleitet und wird durch vier Kriterien geprägt. Beim Zeitvesting erhält der Begünstigte in Abhängigkeit von der Dauer der Unternehmenszugehörigkeit das Recht, nach Erreichen eines neuen Zeitabschnitts eine bestimmte Anzahl von Optionen in Aktien umzuwandeln. Beim Performance Vesting ist die Ausübungsberechtigung an das Erreichen bestimmter betriebswirtschaftlicher Kennzahlen gekoppelt. Weiter lässt sich nach linearem Vesting (jährliches Vesting von Anteilen zu einer gleichbleibenden Prozentrate) und Back-loaded Vesting (mit Zeitablauf steigender Anteil der Anteile, die dem Vesting unterliegen) unterscheiden.

Die Umsetzung des Vestings in Managementbeteiligungsprogrammen ist weniger zivilrechtlich[835] als steuerrechtlich problematisch. Die steuerrechtliche Schwierigkeit rührt daher, dass das Vesting die Anerkennung des wirtschaftlichen Eigentums i. S. v. § 39 Abs. 2 Nr. 1 AO des Managers gefährden kann. Gerade damit es möglich ist, dem Manager zur steuerlichen Optimierung ab Einräumung der Beteiligung das wirtschaftliche Eigentum zuzuerkennen, ist es erforderlich, dass er von vornherein die komplette Beteiligung erwirbt. Da ein Mehr an Beteiligung nicht möglich ist, hat das Vesting dementsprechend anders zu erfolgen: Auf den anfänglich eingeräumten Anteilen lastende Beschränkungen oder Rückabtretungsverpflichtungen werden nach Erreichen bestimmter Dienstzeiten oder Leistungsziele aufgehoben („negatives Vesting"). Bestimmungen zum negativen Vesting sind vor allem in steuerlicher Hinsicht zu überprüfen, um sicherzustellen, dass dem Manager das wirtschaftliche Eigentum von Anfang an zusteht.[836]

Teilweise wird das Vesting aber auch nur über das Leaver Scheme realisiert. In dessen Rahmen wird dann der Rückkaufpreis bei Ausübung der Call-Option danach bestimmt, ob der zurückerworbene Anteil gevestet war oder nicht.[837]

#### 4.2.1.2. Die Bedeutung der Leaver-Regelungen

Neben dem Vesting Scheme ist es vor allem der Leaver Scheme, der sicherstellt, dass trotz anfänglicher Einräumung der gesamten Beteiligung für den beteiligten Manager ein Anreiz zur Wertsteigerung des Unternehmens gegeben ist. Die Regelungen sehen vor, was mit der Beteiligung des Managements bei Beendigung des mit dem Target bestehenden Dienstverhältnisses der Manager oder Beendigung der Organstellung sowie in anderen ausdrücklich geregelten Fällen geschieht. Hierbei ist der Zweck von Managementbeteiligungen, die Zusammenführung gleichgelagerter Interessen von Management und Finanzinvestoren, zu berücksichtigen. Gleichgelagerte Interessen kann es aber nur für die Dauer der Tätigkeit des Managers im erworbenen Unternehmen geben. Deswegen hat bei Beendigung des Dienstverhältnisses und bzw. oder der Organstellung der Manager eine Pflicht zur Rückübertragung der Beteiligung auf den Finanzinvestor (Call-Option).

---

[835] Auch beim Vesting bestehen rechtliche Schranken. Beispielhaft kann die oben unter Abschnitt 3.2.3 genannte arbeitsrechtliche Problematik der Zulässigkeit von Bindungsfristen angeführt werden.
[836] Vgl. dazu Abschnitt 4.3.1.
[837] Vgl. dazu im Detail unten Abschnitt 4.2.5.

## 4.2.2. Ausgestaltung von Call- und Put-Optionen im Leaver Scheme

Die Finanzinvestoren oder die Gesellschaft sind typischerweise bei Beendigung des Dienstverhältnisses (einschließlich Freistellung und Auslaufen des Dienstvertrages) bzw. der Organstellung des Managers zur Ausübung der Call-Option berechtigt. Oftmals lassen sich die Finanzinvestoren darüber hinaus gehende Call-Optionen einräumen. So wird eine Call-Option auch für Ereignisse vorgesehen, die auf die Eigentümerstellung des Managers Einfluss haben könnten. Dies ist etwa der Fall bei der Privatinsolvenz des Managers, wenn in seine Vermögenswerte und eben auch in seine Managementbeteiligung vollstreckt wird. Ferner ist die Scheidung zu nennen, bei der der Manager keine Gütertrennung oder einen modifizierten Zugewinnausgleich (Herausnahme der Managementbeteiligung aus dem gesetzlichen Zugewinnausgleichsanspruch) vereinbart hat.

Weitergehend verlangen Finanzinvestoren zum Teil eine Call-Option für den Fall, dass der Manager schwerwiegende Verstöße gegen die Gesellschaftervereinbarung begeht (z. B. Verstoß gegen das Wettbewerbsverbot, vertragswidrige Anteilsübertragung). Vereinzelt werden „Underperformance Call-Optionen" vereinbart. Diese knüpfen an das Nichterreichen von bestimmten wirtschaftlichen Kennzahlen wie bspw. EBITDA und Free Cash Flow an. Da dies Zielgrößen sind, die regelmäßig mit der Tantiemevereinbarung gesteuert werden, bildet eine solche Underperformance Call-Option eher eine Ausnahme.

Typisch im Rahmen der Call-Optionen ist die Unterscheidung zwischen so genannten Good-Leaver-Fällen und so genannten Bad-Leaver-Fällen. Diese Differenzierung ist für das Auslösen der Call-Option zwar irrelevant, da in jedem dieser Fälle die Call-Option ausgeübt werden kann. Allerdings entscheidet die jeweilige Kategorie über die Fragen, zu welchem Preis die Call-Option ausgeübt werden kann und ob dem Management ggf. auch eine Put-Option zusteht.

### Abbildung 1: Klassische Fälle von Good Leaver und Bad Leaver

| Good Leaver | Bad Leaver |
| --- | --- |
| • Tod des Managers<br>• Erwerbsminderung i. S. d. § 43 SGB VI oder Berufsunfähigkeit i. S. d. §§ 240 Abs. 2, 241 SGB VI des Managers<br>• Pensionierung<br>• berechtigte Kündigung seitens des Managers aus wichtigem Grund oder Niederlegung des Amts als Geschäftsführer durch den Managers aus wichtigem Grund<br>• Kündigung des Anstellungsvertrages des Managers durch die Anstellungsgesellschaft, ohne dass der Manager einen wichtigen Grund hierfür gesetzt hat<br>• Ablauf der bei Abschluss der Gesellschaftervereinbarung geltenden Laufzeit des Geschäftsführerdienstvertrags des Managers, ohne dass ihm eine Verlängerung der Laufzeit seines Geschäftsführerdienstvertrags zu mindestens wirtschaftlich gleichen Bedingungen wie bisher angeboten wird | • Kündigung des Anstellungsvertrages des Managers durch die Anstellungsgesellschaft, aufgrund eines wichtigen Grundes, den der Manager zu verantworten hat<br>• Eigenkündigung des Managers ohne wichtigen Grund<br>• Ablauf der bei Abschluss dieses Beteiligungsvertrags geltenden Laufzeit des Geschäftsführerdienstvertrags des Managers, obwohl ihm eine Verlängerung der Laufzeit seines Geschäftsführerdienstvertrags zu mindestens wirtschaftlich gleichen Bedingungen wie bisher angeboten wurde |

Manche Beteiligungsprogramme sehen vor, dass der eigentliche Bad Leaver-Status nach einer gewissen Zeit entfällt. So erhält der Manager einen Good Leaver-Status, wenn die eigentlich den Bad Leaver-Status herbeiführende Eigenkündigung des Managers nach fünf bis sieben Jahren nach Closing ausgesprochen wird. Aus Sicht des Managements ist diese Gestaltung erstrebenswert, allerdings wird sich ein Finanzinvestor nur schwerlich darauf einlassen.

Bisweilen wird im Rahmen des Leaver Scheme dem Management auch eine Put-Option gegen die Finanzinvestoren oder die Gesellschaft eingeräumt. Sollte eine solche Put-Option gewährt werden, ist diese häufig nur für die Good-Leaver-Fälle vorgesehen. Anders als bei der Call-Option, über deren Ausübung der Finanzinvestor frei entscheiden kann, trifft ihn bei der Put-Option eine mit dem Andienungsrecht des Managers korrespondierende Abnahmepflicht. Für deren Erfüllung haben die Finanzinvestoren aber regelmäßig keine Geldmittel zur Verfügung, es sei denn sie würden auf Anfrage von ihren eigenen Investoren mit Liquidität ausgestattet (sogenannter „Cash Call"). Wenn die Gesellschaft die Put-Option finanzieren würde, entsteht grundsätzlich das gesellschaftsrechtliche Problem, dass die Gesellschaft freie Rücklagen zur Verfügung haben muss, um eigene Anteile zurückkaufen zu können, da andernfalls ein Verstoß gegen die Kapitalerhaltungsgrundsätze (vgl. §§ 30, 31, 33 GmbHG) gegeben wäre. Weiterhin sehen häufig die Finanzierungsverträge der Banken vor, dass kein Geld die Gruppe vor Befriedigung der Banken verlassen darf. Entsprechende Ausnahmevorschriften müssen im Vorfeld vereinbart werden.

**4.2.3. Rechtliche Wirksamkeit von Call-Optionen**

Beteiligungsmodelle, bei denen die Dauer der Gesellschafterstellung des Begünstigten mittels einer Call-Option von dem Bestand seines Dienstvertrags oder seiner Organstellung abhängig gemacht wird, waren in der Vergangenheit mehrfach Gegenstand der Rechtsprechung und wurden in der Literatur intensiv diskutiert. Zwei divergierende Entscheidungen von verschiedenen Oberlandesgerichten zu demselben Sachverhalt[838] lösten die Diskussion[839] und auch Rechtsunsicherheit aus, ob entsprechende Call-Optionen wirksam vereinbart werden können.

**4.2.3.1. Rechtsprechungsgrundsätze**

Derartige Call-Optionen sollen unter Umständen gegen das „Hinauskündigungsverbot" verstoßen können, das für eine kautelare Wirksamkeitskontrolle steht.[840] Grundsätzlich sind demnach gesellschafts- oder schuldrechtliche Regelungen, die einem Gesellschafter, einer Gruppe von Gesellschaftern oder der Gesellschaftermehrheit das Recht einräumen, einen Mitgesellschafter ohne sachlichen Grund aus der Gesellschaft auszuschließen, wegen Verstoßes gegen die guten Sitten nach § 138 Abs. 1 BGB nichtig. Ausnahmsweise soll aber auch eine voraussetzungslose Hinauskündigungsklausel wirksam sein, wenn sie wegen besonderer Umstände sachlich gerechtfertigt ist.[841] Hierzu entwickelte die Rechtsprechung eine Ausnahmekasuistik. Auch die Entscheidung „Managermodell"[842] zählt zu einem solchen Ausnahmefall. Hier lehnte der BGH die vorgenannte Auffassung des OLG Frankfurt a.M. ab, indem er feststellte, dass jedenfalls bei der dem Urteil zugrundeliegenden Vertragsgestaltung die Call-Option auf den Geschäftsführergesellschaftsanteil nicht gegen das Hinauskündi-

---

[838] Das OLG Frankfurt a. M. (Urteil v. 16. Januar 2004, 17 U 50/03, ZIP 2004, 1801 ff.) ging von einer Gesamtnichtigkeit des Managementbeteiligungsmodells aus, über das zu entscheiden war. Das Gericht trat damit bewusst der die Wirksamkeit bejahenden Entscheidung des OLG Düsseldorf (Urteil v. 23. Juni 2004, 13 U 89/03, ZIP 2004, 1804ff.) entgegen.
[839] Für die Wirksamkeit Bütter/Tonner, BB 2005, 283ff.; Habersack/Verse, ZGR 2005, 451 (460ff.); Hohaus, DB 2005, 939 (940); ders., BB 2005, 1291 (1292); ders./Weber, Beraterbrief Vermögen 6/2005, 11; Kästle/Heuterkes, NZG 2005, 289 (292ff.); Kowalski/Bormann, GmbHR 2004, 1438 (1440ff.); Menke, M&A-Review 2005, 2 (4f.); Rock, M&A-Review 2005, 64 (70); Schockenhoff, ZIP 2005, 1009 (1016f.); Sosnitza, DStR 2005, 72 (73f.); vgl. bereits Schäfer/Hillesheim, DStR 2003, 2122 (2123f.); Sigle in: FS Semler, S. 767 (769ff.); offengelassen von Kolaschnik/Haase, Stbg 2004, 574ff.; a. A. Binz/Sorg, GmbHR 2005, 893ff.
[840] Dogmatisch ist dabei die Überprüfung der Wirksamkeit des vereinbarten Hinauskündigungsrechts von der wirksamen Ausübung des Hinauskündigungsrechts („Ausübungskontrolle") abzuschichten.
[841] Vgl. zu dieser durch die Rechtsprechung etablierten Regel-Ausnahme-Systematik etwa BGH Urteil v. 7. Mai 2007, II ZR 281/05, BB 2007, 1578ff.
[842] Vgl. BGH Urteil v. 19. September 2005, II ZR 173/04, BB 2005, 2430ff. (Managermodell); parallel dazu BGH Urteil v. 19. September 2005, II ZR 342/03, BB 2005, 2427ff. (Mitarbeitermodell).

gungsverbot verstößt. Offen ist jedoch weiterhin die Frage, ob das gleiche Verdikt auch für Managementbeteiligungen in Private Equity-Transaktionen gelten kann.

#### 4.2.3.2. Rechtfertigung von Call-Optionen in Private Equity-Transaktionen

Es bestehen Gemeinsamkeiten zwischen Private-Equity-typischen Managementbeteiligungen und dem vom BGH entschiedenen Fall. Auch bei den hier erörterten Managementbeteiligungsmodellen kann der zu übertragende Geschäftsanteil gesellschaftsrechtlich als „Annex zur Geschäftsführerstellung" verstanden werden.[843] Diese akzessorische Gesellschafterstellung des Geschäftsführers hat folglich das Schicksal der frei widerrufbaren Geschäftsführerstellung zu teilen. Zur dauerhaften Perpetuierung des Managementbeteiligungsmodells ist die Weitergabe der Rechte aus dem gesellschaftsrechtlichen Rechtsverhältnis auf den Nachfolger des Ausscheidenden erforderlich.[844] Dieser „Rotationsgedanke" wird in den meisten Managementbeteiligungsmodellen eingreifen, die bis zu einem gewissen Grad standardisiert und auf längere Dauer betrieben angelegt sind.

Im Hinblick auf das von dem Manager-Gesellschafter zu tragende Risiko bestehen Unterschiede zu dem vom BGH entschiedenen Fall. Dem Grundgedanken der BGH-Rechtsprechung kann aber auch eine Vertragsgestaltung entsprechen, die zu einem höheren Risiko des Managers führt.[845] Voraussetzung ist, dass die veränderte Risikoverteilung durch Sinn und Zweck des Beteiligungsprogramms ausgeglichen wird. Eine derartige zweckorientierte Betrachtung ist nämlich maßgeblich, um die Ungleichbehandlung der Gesellschafter zu rechtfertigen. Managementbeteiligungsprogramme in Private Equity-Transaktionen verfügen über eine breitere Legitimationsbasis als das Beteiligungsmodell, über das der BGH zu entscheiden hatte; es geht keinesfalls nur um die Motivation des Managements.[846] Demgemäß kann die veränderte Risikostruktur bis zu dem bei Private Equity-Transaktionen teilweise üblichen Grad gerechtfertigt werden.[847] In der Vertragsgestaltung empfiehlt sich, die Gründe für die zeitliche Beschränkung der Gesellschafterstellung des Managers in dem Gesellschaftsvertrag oder in dem schuldrechtlichen Vertrag der beteiligten Parteien aufzuführen.[848] Damit ist gewährleistet, dass die hinauskündigungsbedrohten Geschäftsführer sich bewusst und in Kenntnis aller Umstände unter das Damoklesschwert stellen, das der BGH[849] über dem hinauskündigungsbedrohten Gesellschafter schweben sieht. Zugleich wird durch umfassende Information des Managers das mögliche Gegenargument widerlegt, er sei besonders schutzwürdig. So dürfte sichergestellt sein, dass es zu einem Gleichlauf der vertraglichen und gesellschaftsrechtlichen Rechtsverhältnisse durch Beteiligungsvereinbarungen kommt.

Eine ausdrückliche Befristung der Call-Option, wie sie die Analyse der Rechtsprechung anzuraten scheint,[850] ist nicht erforderlich. Der Managementbeteiligung ist eine Befristung faktisch immanent, da diese sich bereits aus dem Grund der Gewährung des Geschäftsanteils ergibt.[851] Außerdem verlangen Sinn und Zweck des Beteiligungsprogramms nicht danach, diese Frist formell und explizit zu vereinbaren.[852]

---

[843] Strikt zu trennen ist hiervon die steuerrechtliche Einordnung. Mit Erwerb des Anteils unter Beachtung der nach § 39 AO gegeben Vorgaben besteht eine Kapitalbeteiligung und über die Anteile wird das wirtschaftliche Eigentum ausgeübt, so dass die Anteile dem Manager auch zuzurechnen sind
[844] Hohaus, DB 2005, 937 ff.
[845] Vgl. Hohaus/Weber, BB 2006, 2089 (2090); dies., BB 2007, 2582.
[846] Vgl. dazu die oben unter Abschnitt 1.2 angeführten Gründe für die Implementierung von Managementbeteiligungen.
[847] Vgl. Hohaus/Weber, BB 2006, 2089 (2090).
[848] Hohaus/Weber, Berater-Brief Vermögen 2005, 11 (14); Kordes, GmbH-StB 2007, 21 (23).
[849] BGH Urteil v. 13. Juli 1981, II ZR 56/80, BGHZ 81, 263 (268).
[850] BGH Urteil v. 8. März 2004, II ZR 165/02, BB 2004, 1017 ff.; Urteil v. 7. Mai 2007, II ZR 281/05, BB 2007, 1578 (1581); vgl. in diesem Zusammenhang auch Grunewald, DStR 2004, 1750 (1751).
[851] Vgl. Hohaus/Weber, NZG 2005, 961 (962).
[852] Hohaus/Weber, BB 2007, 2582 (2584).

### 4.2.4. Zwangseinziehung

Von der Übertragung auf Grund der vorgenannten Call-Optionen ist die Einziehung von Aktien (§ 237 AktG) oder GmbH-Geschäftsanteilen (§ 34 GmbHG) zu unterscheiden. Während sich die Einziehung sich nur gegen einen einzelnen Geschäftsanteil richtet, der in Folge der Einziehung untergeht, richtet sich der durch Ausübung des Call-Rechts vollzogene Ausschluss gegen den Gesellschafter persönlich[853] und der Geschäftsanteil geht auf die Gesellschaft oder die Finanzinvestoren als Mitgesellschafter über (Zwangsübertragung). Das Bestehenbleiben des Anteils hat gerade bei größeren Programmen den Vorteil, dass so ein Gesellschafter bis zum Einstieg eines neuen Managers zwischenzeitlich als Halter des Anteils fungieren und diesen dann auf den neuen Manager übertragen kann („Warehousing"). Beide Wege führen zum Ausstieg aus der Investition und können kumulativ oder alternativ verfolgt werden. Der Weg über die Einziehung wird aber vergleichsweise seltener beschritten.

Im Aktiengesellschaftsrecht ist von Bedeutung, dass die Einziehung von Aktien – sei es durch Einziehung von Anteilen, nachdem die Gesellschaft diese bereits erworben hat oder durch Zwangseinziehung (vgl. § 237 Abs. 1 AktG) – nur aufgrund einer (auch nachträglich eingefügten) Satzungsbestimmung erfolgen darf. Hier müssen Zeitpunkt, Umfang, Durchführung und Höhe des Einziehungsentgelts festgelegt werden, so dass kein Entscheidungsspielraum für den Vorstand als grundsätzliches Beschlussorgan verbleibt.[854] Bei der Vereinbarung der Einziehungsgründe in der Gründungssatzung besteht wegen des insoweit geltenden Einstimmigkeitserfordernisses ein noch weiterer Freiraum als bei der nachträglichen Satzungsänderung.[855] So können beispielsweise als Einziehungsgründe das persönliche Verlangen des Aktionärs nach Einziehung, persönliche Verhältnisse des Aktionärs wie Insolvenz oder die durch Los bestimmte Einziehung von Aktien in einem festgelegten Zeitraum in bestimmter Zahl festgelegt werden.[856]

Im GmbH-Recht ist hingegen zwischen Einziehung mit Zustimmung des betroffenen Gesellschafters (vgl. § 34 Abs. 1 GmbHG) und Zwangseinziehung (vgl. § 34 Abs. 2 GmbHG) zu differenzieren. Anders als bei der AG ist zudem bei Einziehung nicht das Stammkapital zwingend herunterzusetzen; es kommt zu einer Nettowertaufstockung.[857] Für die Einziehung mit Zustimmung des Gesellschafters ist lediglich eine allgemeine Bestimmung in die Satzung aufzunehmen, die die Einziehung als solche gestattet.[858] Die zwangsweise Einziehung erfordert hingegen, dass deren Voraussetzungen bereits bei Erwerb des Geschäftsanteils durch die betroffenen Gesellschafter hinreichend bestimmt in der Satzung geregelt werden.[859] Die Zwangseinziehung kann auch nachträglich durch Satzungsänderung eingeführt werden, was allerdings die Zustimmung aller betroffenen Gesellschafter voraussetzt.[860] Dem Ausschluss eines Gesellschafters vergleichbar erfordert die Zwangseinziehung einen sachlichen Grund,[861] der nicht das Gewicht eines wichtigen Grundes erreichen muss. Als sachliche Gründe unstreitig anerkannt sind etwa ein schwerer Verstoß gegen das gesellschafts-

---

[853] Vgl. Hueck/Fastrich in: Baumbach/Hueck, GmbHG, § 34, Rn. 2; BGH Urteil v. 19. September 1977 – II ZR 11/76, NJW 1977, 2316f. Ausführlich zum Vergleich Einziehung und Ausschluss Battke, GmbHR 2008, 850.
[854] Lutter in: Köln Komm. § 237 AktG Rn. 34 und 43; Hüffer, AktG, § 237 Rn. 10, 14; Oechsler in MünchKomm AktG, § 237 Rn. 13.
[855] Vgl. zu den Einzelheiten Hüffer, AktG, § 237 Rn. 11 ff.
[856] Vgl. Hüffer AktG, § 237 Rn. 12; Krieger in: Münchner Handbuch Gesellschaftsrecht, § 62 Rn. 8 m. w. N.
[857] Lutter/Hommelhoff, GmbHG, § 34 Rn. 2.
[858] Hueck/Fastrich in: Baumbach/Hueck, GmbHG, § 34 Rn. 4.
[859] Hueck/Fastrich in: Baumbach/Hueck, GmbHG, § 34 Rn. 7.
[860] Vgl. BGH Urteil v. 16. Dezember 1991, II ZR 58/91, BGHZ 116, 359 (363).
[861] BGH Urteil v. 9. Juli 1990, II ZR 194/89, BGHZ 112, 103 (108).

vertragliche Wettbewerberbot[862] oder das Vorliegen eines wichtigen Grundes in der Person des Gesellschafters.[863] Mit Vereinbarung des letztgenannten personenbezogenen Grundes werden die Voraussetzungen für den Gesellschafterausschluss und der eigentlich nicht personenbezogenen Einziehung gleichgeschaltet. Ferner ist anzumerken, dass nach der Rechtsprechung für die Einziehung bei Gründen, die das Verhalten als Gesellschaftergeschäftsführer betreffen, noch nach dem ultima-ratio-Prinzip geprüft werden soll, ob nicht lediglich die Abberufung als Geschäftsführer ausreicht.[864]

### 4.2.5. Rückkaufpreis

Wie in den Ausführungen zum Vesting dargestellt wurde,[865] wird zur Bestimmung des Rückkaufpreises bisweilen zwischen gevesteten und nicht gevesteten Anteilen unterschieden. Weiterhin variiert der Rückkaufpreis in Abhängigkeit von dem Grund des Ausscheidens. Hier werden also wieder die Bad Leaver und Good Leaver-Kategorien aufgegriffen.

**Abbildung 2: Typische Gestaltungen des Rückkaufpreises für Good Leaver- und Bad Leaver-Fälle**

| Good Leaver | Bad Leaver |
| --- | --- |
| • Unterscheidung zwischen gevesteten und nicht gevesteten Anteilen<br>• *Regelmäßige Gestaltung:*<br>  – Für nicht gevestete Anteile Zahlung der Anschaffungskosten des Managers für den Beteiligungserwerb[843]<br>  – Für gevestete Anteile Zahlung des Verkehrswerts<br>• *Alternative Gestaltung:*<br>Zahlung des höheren Werts von Anschaffungskosten und Verkehrswert entweder<br>  – ausschließlich für gevestete Anteile (während es für nicht gevestete Anteile bei dem niedrigeren Wert bleibt) oder<br>  – ohne Unterscheidung von gevesteten und nicht gevesteten Anteilen bei Tod und Berufsunfähigkeit des Managers, da in einem solchen Extremfall die Familie des Managers nicht unter dem Investment leiden soll | • Keine Unterscheidung zwischen gevesteten und nicht gevesteten Anteilen<br>• *Regelmäßige Gestaltung:*<br>  – Zahlung des niedrigeren Werts von Anschaffungskosten des Managers für den Beteiligungserwerb und dem Verkehrswert der Managementbeteiligung zum Zeitpunkt seines Ausscheidens bzw. der Ausübung der Call-Option<br>• *Alternative Gestaltung:*<br>Gewährung einer gewissen, aber niedrigeren Verzinsung für den Fall, dass der Verkehrswert höher liegen sollte als die Anschaffungskosten |

#### 4.2.5.1. Vereinbarkeit mit Abfindungsgrundsätzen

Da der Rückkaufpreis bei der Übertragung auf Grund von Optionen ebenso wie Zahlungen für einen eingezogenen Geschäftsanteil den Ausgleich für den Verlust der Gesellschafterstellung darstellen, steht die Vereinbarkeit entsprechender Vertragsgestaltungen mit den etablierten Rechtsgrundsätzen zur Abfindung in Frage.

Die Höhe der Abfindungszahlung steht im Zusammenhang mit der für die Rechtfertigung der Ausschlussklausel entscheidenden Risikoverteilung. Zur Klarstellung ist anzumerken, dass die Vereinbarung einer unangemessen niedrigen Abfindung die Wirksamkeit der

---

[862] OLG Nürnberg Urteil v. 19. März 1992, 12 U 3500/91, GmbHR 1994, 252.
[863] BGH Urteil v. 19. September 1977, II ZR 11/76, NJW 1977, 2316.
[864] OLG Rostock Urteil v. 15. August 2001 – 6 U 49/00, NZG 2002, 294.
[865] Vgl. Abschnitt 4.2.1.1.
[866] Neuerdings sieht man auch vermehrt für den Good Leaver Fall, dass der Rückkaufpreis dem niedrigeren Wert von Anschaffungskosten des Managers für den Beteiligungserwerb und dem Verkehrswert entspricht, um kein Incentive zu setzen bei schlechtlaufender Wertentwicklung das Unternehmen auf Veranlassung der Anstellungsgesellschaft möglichst frühzeitig zu verlassen.

Ausschlussklausel unberührt lässt.[867] Allerdings hat die Kontrolle der Ausübung des vereinbarten Ausschlussrechts unter anderem für die Korrektur einer Abfindung Bedeutung, die bereits bei ihrer Einführung grob unbillig ist. Dann wird die nach § 138 Abs. 1 BGB nichtige vertragliche Abfindung durch den Verkehrswert ersetzt.[868]

Für Managementbeteiligungsmodelle in Private Equity-Transaktionen werden diese Grundsätze allenfalls für die soeben beschriebene regelmäßige Gestaltung des Rückkaufpreises im Bad Leaver-Fall relevant. Aber auch wenn nach diesem Vergleich die Anschaffungskosten anzusetzen sein sollten, ist die Abfindungsvereinbarung nicht per se unwirksam. Denn in diesem Fall erhält das Interesse der Gesellschaft an der Mittelerhaltung den Vorzug vor dem Interesse des Gesellschafters an einer angemessenen Abfindung, so dass Abschläge von dem Verkehrswert zulässig sind.[869] Ferner fließen in die Angemessenheitsbewertung Umstände des konkreten Falls ein wie die Dauer der Mitgliedschaft, der Anteil am Aufbau und Erfolg des Unternehmens sowie der Anlass des Ausschlusses.[870]

Von dem Anteilserwerb durch die Gesellschaft ist die Situation zu unterscheiden, in der der Geschäftsanteil von dem Finanzinvestor als Gesellschafter erworben wird. Da dann nicht die Gesellschaft, sondern der Finanzinvestor Allein- oder zumindest Primärschuldner[871] der vereinbarten Abfindung ist, kann die Kapitalbindung der Gesellschaft nicht dem Interesse des Abfindungsgläubigers an einer angemessenen Abfindung entgegengesetzt werden. Allerdings kann auch hier eine den Verkehrswert unterschreitende Abfindung aus den vorgenannten Gründen zulässig sein.

### 4.2.5.2. Ermittlung des Verkehrswertes

Die beschriebenen Grundsätze zur Bestimmung des Rückkaufpreises setzen voraus, dass die Anteile zum Zeitpunkt des Ausscheidens des Managers bewertet werden können, ohne eine teure Unternehmensbewertung durchführen zu müssen. Hier bieten sich verschiedene Möglichkeiten an.

Am einfachsten ist es, wenn sich die beteiligten Parteien zunächst auf einen Verkehrswert versuchen zu einigen und für den Nichteinigungsfall vereinbaren, den Verkehrswert durch einen unabhängigen Dritten abschließend bestimmen zu lassen.[872] Auch dies setzt aber letztlich einen Weg zur Wertermittlung voraus. Hier bieten sich unterschiedliche Formen der Unternehmensbewertung an (Ertragswertverfahren bzw. Discounted Cash Flow-Methode, Substanzwertverfahren, Mittelwertverfahren, Liquidationsverfahren, Stuttgarter Verfahren etc.), von denen eine dem Gutachter vorzugeben ist, die den Besonderheiten einer Private Equity-Transaktion gerecht wird.

Manche Finanzinvestoren greifen auf eine Formelbewertung zurück. Der Verkehrswert der aufgrund der Call-Optionen zurückgekauften Anteile wird dadurch ermittelt, dass eine

---

[867] Vgl. BGH Urteil v. 19. September 1988, II ZR 329/87, BGHZ 105, 213 (220); Urteil v. 5. Juni 1989, II ZR 227/88, BGHZ 107, 351, 354; Urteil v. 9. Juli 1990, II ZR 194/89, BGHZ 112, 103 (111); ferner Hohaus/Weber, NZG 2005, 961 (962).

[868] Vgl. BGH Urteil v. 16. Dezember 1991, II ZR 58/91, BGHZ 116, 359 (365).

[869] Vgl. BGH Urteil v. 20. September 1993, II ZR 104/92, BGHZ 123, 281 (285 ff.); Urteil v. 13. Juni 1994 – II ZR 38/93, BGHZ 126, 226 (242 ff.). Zur Vertragspraxis und mit Kritik an der BGH-Rechtsprechung Volmer, DB 1998, 2507 ff.

[870] Vgl. BGH Urteil v. 20. September 1993 – II ZR 104/92, BGHZ 123, 281 (286 f.).

[871] Ist ein Erwerbsrecht vereinbart, richtet sich der Abfindungsanspruch mangels anders lautender Satzungsregelung allein gegen den Abtretungsempfänger; offengelassen von BGH Urteil v. 20. Juni 1983, II ZR 237/82, NJW 1983, 2880 (2881); wie hier Ulmer in: Großkommentar GmbHG, § 34 Rn. 74, 124 m. w. N. auch zur a. A. Für eine zusätzliche Haftung der Gesellschaft besteht zumindest in dem hier zu beurteilenden typisierten Sachverhalt kein Grund, da bei einem Finanzinvestor kein Insolvenzrisiko zu besorgen ist.

[872] Der unabhängige Dritte ist in der Regel ein vom Präsidenten des Instituts der deutschen Wirtschaftsprüfer e.V. (IdW) oder Präsident der örtlichen IHK ausgewählter Wirtschaftsprüfer oder eine renommierte Investmentbank.

## 4. Teil. Beteiligungsstrukturierung § 10 Management-Beteiligung

Unternehmensbewertung auf der Basis der Formel „Einstiegsmultiple des Finanzinvestors × EBIT(DA) – Nettofinanzschulden" vorgenommen wird. Hierbei wird regelmäßig auf das durchschnittliche EBIT(DA) und die durchschnittlichen Nettofinanzschulden der letzten zwölf Monate Bezug genommen, die vor dem Ausscheiden des Managers liegen. Andere Finanzinvestoren nehmen Bezug auf Bewertungen der European Venture Capital Association[873] oder der British Venture Capital Association.[874]

Weiterhin besteht die Möglichkeit einer retrograden Verkehrswertermittlung. Diese orientiert sich an der Exitbewertung und wird auch erst im Rahmen des Exits ausgezahlt; zum Zeitpunkt des Ausscheidens des Managers selbst wird keine eigene Verkehrswertermittlung vorgenommen. Die Berechnung des Rückkaufpreises erfolgt in zwei Schritten: Zunächst wird der Exiterlös auf den gecallten Managementanteil heruntergebrochen und dann eine pro-rata temporis Betrachtung vorgenommen. Der Einfachheit halber wird bei dieser Betrachtung davon ausgegangen, dass die Wertentwicklung des Unternehmens linear verlief. Dann wird die Dauer der Unternehmenszugehörigkeit des Managers von Abschluss der Transaktion an zum Gesamtzeitraum der Transaktion ins Verhältnis gesetzt.

Eine Verkehrswertberechnung, die nicht auf Basis der Exiterlöse vorgenommen wird, empfindet das Management möglicherweise als problematisch, da vom Standpunkt des Finanzinvestors die Ausübung einer Call-Option auf Basis einer synthetischen Verkehrswertberechnung attraktiv sein könnte. Daher besteht die Gefahr, dass die Call-Option willkürlich ausgeübt wird. Um entsprechende Bedenken sowie Mißbrauchsfälle zu vermeiden, erhält das Management im Good Leaver-Fall vom Finanzinvestor teilweise einen Besserungsschein. Auf dieser Grundlage schüttet der Finanzinvestor bei einem Exit, der sechs bis zwölf Monate nach Ausscheiden des Managers stattfindet, zusätzlich zu dem dem Manager bei seinem Ausscheiden gezahlten Betrag an den Manager die Differenz zu dem bei Exit erlösten höheren Verkehrswert aus.

### 4.2.6. Ratchets

Um dem Management ein zusätzliches Incentives zu geben, wird im Exit-Fall teilweise die Erlösverteilung abweichend von den Beteiligungsquoten durch das vorerwähnte Ratchet[875] bestimmt. Entweder gewähren die Finanzinvestoren dem Management bei Erreichen gewisser Erfolgshürden zusätzliche Anteile, die das Management zu den ursprünglichen Anschaffungskosten erwerben kann (Positives Ratchet). Um den Exitprozess nicht zu verkomplizieren, wird das Recht manchmal durch eine disproportionale Erlösverteilung abgelöst. Bei den Erfolgskriterien wird zum einen auf eine von den Finanzinvestoren zu erzielende Mindestrendite (Internal Rate of Return/IRR), die im Schnitt zwischen 20 bis 30 % p.a. liegt und zum anderen auf ein erzieltes Kapitalmultiple (der erzielte Ertrag wird ins Verhältnis zum eingesetzten Kapital gesetzt), das üblicherweise zwischen 2,5 und 3,5 liegt, abgestellt. Wenn die Manager zunächst die komplette Beteiligung, einschließlich der dem Ratchet unterliegenden Anteile erwerben und die die Finanzinvestoren gegen die Manager ein Call-Recht auf einen bestimmten Prozentanteil der von den Managern gehaltenen Beteiligung erhalten, wenn die Erfolgskriterien nicht erzielt werden, dann spricht man von einem „negativem Ratchet".

### 4.3. Steuerrechtliche Rahmenbedingungen
### 4.3.1. Steuerliche Gestaltungsziele

Die Strukturierung und rechtliche Umsetzung der Anreizstrukturen in Buy-Outs hängen in erster Linie von steuerrechtlichen Erwägungen ab. Während Einzelheiten hier aus Platzgründen nicht besprochen werden können, sind zumindest die wesentlichen Gestaltungsziele zu nennen.

---

[873] Online zugänglich unter http://www.evca.eu.
[874] Online zugänglich unter http://www.bvca.co.uk.
[875] Siehe bereits oben Abschnitt 1.1.

Im Rahmen einer Managementbeteiligung kommt es darauf an, die Veräußerungsgewinne, die sich aufgrund der erzielten Wertsteigerung zwischen Erwerb der im Privatvermögen gehaltenen Beteiligung (Erwerb bis Ende 2008) und Exit einstellen, steuerfrei zu erhalten. Wenn die Beteiligung 1% oder mehr am Kapital der Gesellschaft beträgt oder innerhalb der einjährigen Spekulationsfrist verkauft wurde, ist es Ziel, die Gewinne nach dem Halbeinkünfteverfahren zu besteuern.[876] Ab 2009 gilt die Abgeltungssteuer für alle Gewinne, die aus der Veräußerung von nach 2008 erworbenen Beteiligungen zurückgehen. Für Beteiligungen von 1% oder mehr gilt das Teileinkünfteverfahren. Dies bedeutet, dass anstelle der bisherigen hälftigen Steuerpflicht 60% der Veräußerungsgewinne in den steuerpflichtigen Gewinn mit einzubeziehen sind (vgl. § 3 Nr. 40 EStG).

Vor diesem Hintergrund sind zwei Eckpunkte zu beachten: Zum einen führt eine vergünstigte Ausgabe der Anteile an der NewCo (*Sweet Equity*) schon bei Einräumung der Managementbeteiligung zu einem lohnsteuerpflichtigen Arbeitslohn, der der vollen Versteuerung unterliegt, § 19 Abs. 1 Nr. 1 EStG.[877] Zum anderen kann je nach Ausgestaltung der schuldrechtlichen Beziehungen der Managementbeteiligung dem Manager, der an sich zivilrechtlich an der Erwerbergesellschaft beteiligt und damit Gesellschafter ist, das wirtschaftliche Eigentum an den Anteilen versagt werden (vgl. § 39 Abs. 2 Nr. 1 S. 1 AO). Dies führt zu einer der Ausübung von Stock Options steuerlich entsprechenden Situation. Die Differenz zwischen den Anschaffungskosten der Beteiligung und dem Veräußerungserlös würde dann ebenfalls lohnsteuerpflichtigen Arbeitslohn i.S.v. § 19 Abs. 1 Nr. 1 EStG darstellen.

Sofern die Beteiligung unter dem zum Übertragungszeitpunkt geltenden Verkehrswert an den Manager abgegeben wird, ist in der Differenz zwischen Verkehrs- und Veräußerungswert schon bei Einräumung ein lohnsteuerpflichtiger Arbeitslohn gegeben, § 19 Abs.1 Nr. 1 EStG.[878] Ausgangspunkt für die Bestimmung des Verkehrswertes der Beteiligung ist üblicherweise der von dem Finanzinvestor gezahlte Preis pro Eigenkapitaleinheit. Abzuraten ist insoweit von einseitigen Agio-Zahlungen des Finanzinvestors, da hierdurch womöglich stille Reserven verschoben werden, was ebenfalls zu lohnsteuerpflichtigem Arbeitslohn bei dem Manager – und zwar schon im Zeitpunkt der Einräumung der Managementbeteiligung führen könnte.[879]

Der BFH bejaht den Übergang des wirtschaftlichen Eigentums an Gesellschaftsanteilen auf den Erwerber, wenn dieser aufgrund des zivilrechtlichen Rechtsgeschäfts eine auf den Erwerb des Rechts geschützte Position erworben hat, die ihm gegen seinen Willen nicht mehr entzogen werden kann.[880] Das ist in der Regel der Fall, sobald Besitz, Gefahr, Nutzungen und Lasten, insbesondere die mit Wertpapieren gemeinhin verbundenen Kursrisiken und -chancen, und die mit den Anteilen verbundenen wesentlichen gesellschaftsrechtlichen Rechte auf den Erwerber übergegangen sind.[881]

Um das wirtschaftliche Eigentum an der Managementbeteiligung beim Manager zu bejahen, ist es erforderlich, dass dieser die mit den Anteilen verbundenen wesentlichen gesellschaftsrechtlichen Rechte erwirbt. Dies sind insbesondere das Nutzungs- bzw. Verwertungsrechtrecht, das Stimmrecht und das Gewinnbezugsrecht. Zu starke schuldrechtliche

---

[876] Mit einem kurzen Überblick über die steuerlichen Gestaltungsziele Streck, AG 2008, 321 f.
[877] Von Braunschweig, Steuergünstige Gestaltung von Mitarbeiterbeteiligungen in Management-Buy-Out Strukturen, DB 1998, 1831.
[878] Zu der darüber hinausgehenden Frage, ob die unentgeltliche bzw. verbilligte Überlassung von Anteilen an Manager durch Unternehmensgründer oder Mitgesellschafter eine verdeckte Einlage iSd. § 17 Abs. 1 S. 2 EStG darstellt, vgl. – u.E. richtiger Weise verneinend – Wienands, Unentgeltliche Übertragung von Aktien an verdiente Mitarbeiter der Gesellschaft, GestStB 2000, 204.
[879] Holzapfel/Pöllath, Unternehmenskauf in Recht und Praxis, 2008, Rn. 711.
[880] BFH Urteil v. 28. April 1983, IV R 152/80, BStBl. 1983, Teil II, 690; BFH Urteil v. 11. Juli 2006, VIII R 32/04, BStBl. 2007, Teil II, 296; BFH Urteil v. 4. Juli 2007, VIII R 68/05, FR 2008, 136 ff.
[881] BFH Urteil v. 10. März 1988, IV R 226/85, BStBl. 1988, Teil II, 833 (835); BFH Urteil v. 15. Dezember 1999, I R 29/97, BStBl 2000, Teil II, 527.

# 4. Teil. Beteiligungsstrukturierung

Bindungen in der Gesellschaftervereinbarung (z. B. Drag-Along-Recht, Verfügungsbeschränkungen, Lock-ups, Vorkaufsrechte) können dazu führen, dass der Erwerb des wirtschaftlichen Eigentums an den Anteilen zeitlich hinausgeschoben wird. Allgemeingültige Aussagen gibt es insoweit nicht. Vielmehr ist eine Gesamtbetrachtung unter Berücksichtigung aller Umstände des Einzelfalles anzustellen. So ist etwa eine Verwendungsabrede (Tilgung der Darlehensschuld) über die erhaltenen Dividenden unschädlich, wenn das Gewinnbezugsrecht selbst nicht abbedungen wird. Auch kommt dem Stimmrecht aufgrund der Minderheitsbeteiligung regelmäßig keine besondere Bedeutung zu; es sollte aber dennoch nicht gänzlich ausgeschlossen sein.

### 4.3.2. Lohnsteueranrufungsauskünfte

Letztendlich ist jedes Managementbeteiligungsmodell einzelfallabhängig gestaltet und birgt somit individuelle Fragestellungen. Deshalb ist häufig nur die Einholung einer Lohnsteueranrufungsauskunft (§ 42e EStG) das geeignete Mittel, um Rechts- und Planungssicherheit zu erlangen oder zumindest zu fördern. Auskunftsgegenstand sind sämtliche lohnsteuerrechtlichen Fragestellungen, die sich im Zusammenhang mit Anreizstrukturen stellen können. Dazu zählen insbesondere Fragen zur Gewährleistung des wirtschaftlichen Eigentums (§ 39 Abs. 2 AO) und dem Veranlassungszusammenhang im Rahmen nichtselbstständiger Arbeit (§ 19 EStG).

Allerdings bringt mitunter auch die Lohnsteueranrufungsauskunft nicht vollumfängliche Sicherheit. So kann bei der Veranlagung des einzelnen Managers der Einwand aufkommen, dass sich die veranlagende Stelle nicht an die Anstellungsgesellschaft erteilte Anrufungsauskunft gebunden sieht. Dementsprechend stellen mögliche Abweichungen zwischen dem Betriebsstättenfinanzamt und dem Wohnsitzfinanzamt ein nicht unterschätzendes Risiko dar. Außerdem ist zu beachten, dass mit der Lohnsteueranrufungsauskunft nur die Lohnsteuerpflichtigkeit und nicht die ggf. sonstige bestehende Einkommensteuerpflichtigkeit abgeprüft wird.

## 5. Offenlegung der Vergütungen der Führungsorgane

Die als Reaktion auf vermeintliche Auswüchse in der Vorstandsvergütung eingeführten Veröffentlichungspflichten treffen auch die hier behandelten Vergütungsformen. Die Publizitätspflichten lassen sich in dauerhafte und transaktionsbezogene Publizitätspflichten unterteilen.

Zu der ersten Fallgruppe gehört die Offenlegung der Vergütung des Vorstands bzw. der GmbH-Geschäftsführer nach § 285 Nr. 9 HGB.[882] Demnach müssen im Anhang zu der Bilanz die Gesamtbezüge offengelegt werden, in die unter anderem Gehälter, Gewinnbeteiligungen, Bezugsrechte und sonstige aktienbasierte Vergütungen, Aufwandsentschädigungen, Provisionen und Nebenleistungen jeder Art einzurechnen sind. Darunter fallen sämtliche der hier behandelten Vergütungsformen. Bei börsennotierten Aktiengesellschaften wurde die Veröffentlichungspflicht darüber hinaus durch das Gesetz über die Offenlegung der Vorstandsvergütung (VorstOG)[883] auf die Angabe der Einzelbezüge mit Namensnennung und eine Aufgliederung nach erfolgsabhängigen und -unabhängigen sowie langfristig Anreizwirkung entfaltenden Vergütungsbestandteilen erweitert (vgl. § 285 Nr. 9 lit. a) S. 5 HGB). Hervorzuheben ist, dass dabei auch Leistungen, die dem Vorstandsmitglied für den Fall der Beendigung seiner Tätigkeit zugesagt wurden, sowie solche Leistungen, die von einem Dritten im Hinblick auf die Tätigkeit als Vorstandsmitglied zugesagt oder gewährt wurden, anzugeben sind (vgl. § 285 Nr. 9 lit. a) S. 6 bis 8 HGB). Ähnliche Pflichtangaben sind auch im Konzernanhang zu machen (vgl. § 314 Nr. 6 HGB).

---

[882] Vgl. dazu Baums, ZHR 169 (2005), 299 ff.; Fleischer, DB 2005, 1611 ff.; Spindler, NZG 2005, 689 ff.; Thüsing, ZIP 2005, 1389 ff.
[883] BT-DruckS. 15/5860 (Beschlussempfehlungen und Bericht des Rechtsausschusses).

Im Transaktionszusammenhang bestehen regelmäßig zwischen den Geschäftsführern und anderen Beteiligten Interessendivergenzen, die durch Sondervergütungen ausgeglichen werden sollen. Die durch die Publizität im Jahres- oder Konzernanhang erreichte Transparenz ist für diese Interessendivergenzen regelmäßig ohne Bedeutung, da die Transparenz regelmäßig erst nach den eigeninteressengeleiteten Handlungen einsetzt. Dies verdeutlicht den Bedarf für transaktionsbezogene Publizitätspflichten. An verschiedenen Stellen in der Rechtsordnung wird deutlich, das für das Versprechen oder die Gewährung derartiger Sondervorteile stets Publizität und erst ab einem bestimmten Grad der Einflussnahme ein Verbot in Betracht kommt.[884] Werden von der Erwerberseite bei einem Öffentlichen Übernahmeangebot Geldleistungen oder andere geldwerte Vorteile gewährt oder in Aussicht gestellt, so sind diese als ergänzende Angaben in die Angebotsunterlage mitaufzunehmen (vgl. § 11 Abs. 2 S. 3 Nr. 3 WpÜG). Darüber hinaus besteht im Rahmen der Erfüllung der Stellungnahmepflicht der Vorstands- und Aufsichtsratsmitglieder (vgl. § 27 WpÜG) gegenüber den Aktionären der Zielgesellschaft eine Pflicht zur Information über zugesagte oder gewährte Vorteile.[885] Unabhängig von dieser gesetzlichen Regelung lässt sich für den Buy-Out auch eine entsprechende Offenlegungspflicht in den Regelungen zur c. i. c. (§§ 280 Abs. 1, 311 Abs. 2, 3 BGB) verorten, die auf GmbH-Geschäftsführer Anwendung finden kann.[886] Der Erwerber wird mittels Offenlegung und der vom Management regelmäßig darauf abzugebenden Managementgarantien[887] über etwaige von der Zielgesellschaft oder Dritten zugesagte oder gewährte Sondervorteile informiert.

In diesem Zusammenhang ist zu erwähnen, dass eine Offenlegung aber nicht unproblematisch ist. Entsprechende Boni enthalten in aller Regel Vertraulichkeitsvereinbarungen oder aber es bestehen Treuepflichten, die zur Vertraulichkeit verpflichten. Zudem ist das Management zugleich durch (ggf. vorvertragliche) Treuepflichten gegenüber den zu der Buy-Out-Gruppe gehörenden Finanzinvestoren gebunden. Aufgrund dieser komplizierten Gemengelage wird in der Praxis häufig der Weg beschritten, dass eine Offenlegung zumindest kurz vor Vertragsschluss erfolgt.

---

[884] Ausführlich Weber, Transaktionsboni für Vorstandsmitglieder: Zwischen Gewinnchance und Interessenkonflikt, S. 352 ff.
[885] Weber, Transaktionsboni für Vorstandsmitglieder: Zwischen Gewinnchance und Interessenkonflikt, S. 371 ff.
[886] Zur dogmatischen Grundlage vgl. Fleischer, AG 2000, 309 (320).
[887] Vgl. oben Abschnitt 4.2.

# § 11 Beteiligungsvertrag

## Übersicht

| | Seite |
|---|---|
| 1. Grundlagen zur Begriffsbestimmung | 230 |
| 1.1. Rechtsnatur von Beteiligungsvereinbarungen | 231 |
| 1.2. Wechselwirkung von Beteiligungsvereinbarung und Satzung | 232 |
| 2. Der Letter of Intent als Produkt der Investitionsentscheidung des Investors | 233 |
| 2.1. Bedeutung des Letter of Intent für den Transaktionsverlauf | 233 |
| 2.2. Abgrenzung zum Vorvertrag | 234 |
| 3. Beteiligungsvereinbarung im engeren Sinn | 234 |
| 3.1. Beteiligung des Investors | 235 |
| 3.1.1. Beitritt durch Kapitalerhöhung | 235 |
| 3.1.2. Kombination mit Fremdkapitalinstrumenten | 237 |
| 3.1.3. Festlegung der (weiteren) Finanzierungsleistungen, Milestone-Finanzierung | 239 |
| 3.1.4. Disquotale Einlagen | 241 |
| 3.2. Garantieverpflichtungen der Gründungsgesellschafter | 241 |
| 3.2.1. Vertragliche Rechtsfolgenvereinbarungen (Garantien) | 241 |
| 3.2.2. Garantiegeber | 242 |
| 3.2.3. Maßgeblicher Zeitpunkt | 243 |
| 3.2.4. Rechtsfolgen der Garantieverletzung (Haftung) | 243 |
| 3.3. Verwässerungsschutz (Anti-Dilution) | 245 |
| 4. Typische Gesellschaftervereinbarungen im Rahmen der Beteiligung | 246 |
| 4.1. Corporate Governance Regelungen | 246 |
| 4.1.1. Besetzung der Management- und Aufsichtsgremien | 246 |
| 4.1.2. Informationsrechte | 247 |
| 4.1.3. Zustimmungsvorbehalte des PE-Investors | 248 |
| 4.1.4. Key-Man Klauseln, Vesting | 248 |
| 4.1.5. Wettbewerbsverbote | 249 |
| 4.1.6. Technologietransfer | 250 |
| 4.2. Anteilsverfügungen, Andienungs- und Vorkaufsrechte | 250 |
| 4.2.1. Verfügungsbeschränkungen, Vinkulierungsklauseln | 250 |
| 4.2.2. Andienungs- und Vorkaufsrechte | 251 |
| 4.3. Exitvereinbarungen | 252 |
| 4.3.1. Verpflichtung zum Trade Sale oder Börsengang | 252 |
| 4.3.2. Mitverkaufspflichten (Drag Along) | 252 |
| 4.3.3. Mitverkaufsrechte (Tag Along) | 253 |
| 4.3.4. Erlösverteilungspräferenzen | 253 |
| 5. Besondere Rechtsfragen im Zusammenhang mit der Beteiligungsvereinbarung | 254 |
| 5.1. Formfragen | 254 |
| 5.2. Laufzeit | 255 |

## 1. Grundlagen zur Begriffsbestimmung

Der „Beteiligungsvertrag" bezeichnet in der Praxis seit jeher Vereinbarungen, die im Zusammenhang mit der Beteiligung an Unternehmen getroffen werden. Im Rahmen von Private Equity-Transaktionen erfasst der Beteiligungsvertrag in der Regel alle Rechtsbeziehungen des Investors gegenüber (potentiellen) Co-Investoren sowie den übrigen Gesellschaftern und der jeweiligen Zielgesellschaft. Beteiligungsverträge zielen damit zunächst auf die Regelung des **Einstiegs des jeweiligen Investors** ab und enthalten insoweit insbesondere Vorschriften über die Höhe der Beteiligung, die Bewertungsgrundlagen (etwa Festlegung der *pre-money*-Bewertung des Zielunternehmens) sowie Vereinbarungen über die Art, Höhe und Fälligkeit des Investitionsbetrages (etwa die Festlegung eines *staged financing*). In Anlehnung an die Struktur angelsächsischer *Investment Agreements* finden sich in der Praxis weiterhin häufig Verwässerungsschutz- bzw. Bewertungsanpassungsregeln mit Auswirkungen auf die Anteilsverhältnisse der Beteiligten sowie Garantien/Gewährleistungsverpflichtungen der Gründungsgesellschafter, die zur Absicherung des Investors abgegeben werden. Dieser Regelungskomplex wird häufig auch als **Beteiligungsvertrag im engeren Sinne** bezeichnet.[888] In der Praxis wird der Beteiligungsvertrag mittlerweile aber breiter angelegt und erfasst damit auch Regelungen, die herkömmlich in einer separaten Gesellschaftervereinbarung außerhalb der Satzung der Zielgesellschaft vereinbart wurden. Da es sich bei der Beteiligung des Investors meist um eine **„(Minderheits-)Beteiligung auf Zeit"** handelt, geht es insoweit insbesondere um eine Erweiterung der gesetzlichen Informations- und Zustimmungsrechte des Investors gegenüber den gesetzlichen Vorgaben, um die Absicherung der Exitrechte (etwa Mitverkaufspflichten (*Drag Along Rights*), Mitverkaufsrechte (*Tag Along Rights*), Erlösverteilungspräferenzen (*Liquidation Preferences*)) sowie um die Bindung und Incentivierung des Managements an das Zielunternehmen. In der Praxis wird daher mittlerweile der Gesamtregelungskomplex zutreffend als **Beteiligungs- und Gesellschaftervereinbarung** bezeichnet.[889] Denn die „Beteiligung" wird ohne die „Gesellschaftervereinbarung" kaum vorgenommen werden, so dass eine wechselseitige Bezugnahme auch bei einer (strukturell) separaten Ausgestaltung[890] ohnehin angezeigt wäre[891].

## 1.1. Rechtsnatur von Beteiligungsvereinbarungen

Der Beteiligungsvertrag ist ein **gegenseitiger Vertrag**, der auf die Festlegung bestimmter gegenseitiger Rechte und Pflichten der Gesellschafter hinsichtlich der Beteiligung an der Zielgesellschaft gerichtet ist. Wegen seines nicht-korporativen Charakters gilt der Beteiligungsvertrag als **„schuldrechtliche Nebenabrede"**[892] oder allgemein als Gesellschafter-[893] oder Aktionärsvereinbarung.[894] Die schuldrechtliche Vereinbarung bildet damit das technische Hilfsmittel, um nach den dort getroffenen Regeln der Willensbildung das Rechtsverhältnis der Gesellschafter untereinander und in Bezug auf die Gesellschaft zu ordnen und über die fortlaufende Steuerung des Unternehmens bis zum Exit zu entscheiden. Die korporativen Elemente der Gesellschaft, insbesondere die Gesellschafterversammlung, haben insoweit nur eine „dienende Funktion" weil die entscheidenden Weichen bereits im Beteiligungsvertrag konkret gestellt sind. So werden etwa Andienungspflichten mit korrespondierenden Vorerwerbsrechten sowie Vorkaufsrechte nicht in der Satzung, sondern ausschließlich auf der Ebene des Beteiligungsvertrages geregelt. In der Satzung erfolgt dann lediglich die Absicherung aufgrund einer „dinglichen" Vinkulierungsschranke, die nur dann aufgrund eines entsprechenden Gesellschafterbeschlusses geöffnet werden kann, wenn zuvor

---

[888] Weitnauer, Handbuch Venture Capital, S. 265, Rn. 35.
[889] „Beteiligungsvereinbarung" wird hier also im umfassenden Sinne verstanden und beinhaltet auch die möglichen Regelungen einer „Gesellschaftervereinbarung". In diesem Sinne auch: Weitnauer, Handbuch Venture Capital, S. 265, Rn. 35.
[890] Für die Bezugnahme gilt insoweit im Rahmen einer GmbH-Beteiligung § 13a BeurkG.
[891] Die Ausgestaltung ist insoweit in anglo-amerikanischen Verträgen ähnlich. Dort wird das Investment Agreement quasi als Rahmenvereinbarung vor die Klammer gezogen und referenziert sodann auf die einzelnen Gesellschaftervereinbarungen, die jeweils in einer Anlage beigefügt werden. Insbesondere in US-amerikanischen Verträgen wird hierfür je Regelungskomplex häufig auf eine separate Anlage im Investment Agreement verwiesen Voting Agreement (Stimmbindungsvereinbarung), Restrictive Covenant Agreement (Wettbewerbsverbot), Right of First Refusal Agreement (Verfügungen über Anteile, Vorerwerbsrechte), Investor Rights Agreement (Vorzugs- und Informations- bzw. Kontrollrechte etc.).
[892] Hoffmann-Becking, ZGR 1994, 442 ff.; Winkler, Rechtsfragen der Venture Capital Finanzierung, S. 41; Wiesner in: Münchener Handbuch des Gesellschaftsrechts, Bd. 4, § 6 Rn. 13; Wicke, DStR 2006, 1137.
[893] Baumann/Reiss, ZGR 1989, 163 ff.
[894] Etwa Wiesner in: Münchener Handbuch des Gesellschaftsrechts, Bd. 4, § 6 Rn. 13; Mayer, MittBayNot 2006, 281 ff.

die schuldrechtlich vereinbarten Verfahren über Ankaufs- oder Vorkaufsrechte oder dergleichen ordnungsgemäß durchgeführt worden sind.[895] Die Einordnung als schuldrechtliche Vereinbarung betont lediglich den schuldrechtlichen Charakter des Beteiligungsvertrages und die damit verbundenen rechtlichen Folgen „neben" den bei der Zielgesellschaft vorhandenen notwendigen korporativen Elementen, eine Entscheidung darüber, ob die Parteien den Regelungen (vor dem Hintergrund der praktischen Bedeutung und Relevanz) tatsächlich die Bedeutung einer „Hauptvereinbarung" beimessen, ist dafür ohne Bedeutung[896].

### 1.2. Wechselwirkung von Beteiligungsvereinbarung und Satzung

Wenngleich die korporationsrechtliche Wirkung der Satzung gegenüber der schuldrechtlichen Beteiligungsvereinbarung in den Hintergrund tritt, bedeutet dies nicht, dass der Satzungsinhalt gänzlich zur Disposition der Beteiligten steht. Vielmehr sind die gesetzlich bestimmten zwingenden Regelungen bezüglich der Gesellschaft und ihrer Beziehungen zu den Gesellschaftern als **notwendig materielle Satzungsbestimmungen** gemäß § 23 Abs. 3, 4 AktG sowie § 3 Abs. 1 GmbHG in der Satzung selbst zu regeln. Ferner gilt der Grundsatz der **Satzungspublizität** aus Gläubigerschutzgesichtspunkten auch für den Fall, dass Sacheinlageverpflichtungen übernommen werden (§§ 26 AktG, 5 Abs. 4, 19, 56 GmbHG) oder Sondervorteile gewährt werden (§§ 26 AktG).[897]

Geht man davon aus, dass nach der Zielsetzung der Parteien die **Sonderrechte der Investoren** in der Beteiligungsvereinbarung vor die Klammer gezogen werden, könnte man meinen, dass die Satzung neben den gesetzlich zwingenden Inhalten keine weiteren wesentlichen Regelungen mit Relevanz für die Private Equity-Transaktion hat. Schuldrechtliche Beteiligungsvereinbarung und Satzung sind jedoch grundsätzlich mit unterschiedlichen Auslegungsmaßstäben getrennt voneinander zu beurteilen.[898] Die Beteiligungsvereinbarung wird daher nur dann ihrer dienenden Funktion als „Vorhof" der Satzung gerecht werden, wenn im Rahmen der gesetzlichen Möglichkeiten die satzungsrechtlichen Bestimmungen auf diejenigen in der Beteiligungsvereinbarung ausgerichtet sind. So begründen etwa die Vorzugsrechte der Investoren in der Beteiligungsvereinbarung für sich noch keine eigene Gattung von Vorzugsaktien.[899] Möglich und sinnvoll ist es daher komplementär zu den Regelungen der Beteiligungsvereinbarung über die „dingliche" Vinkulierungsschranke hinaus bestimmte Vermögensrechte (Dividendenvorzüge, Liquidationsverteilungspräferenze, Veto-Rechte aufgrund Sonderbeschlussfassungen)[900] auf Satzungsebene abzusichern.

Zwar soll nach Auffassung des *Bundesgerichtshofes*[901] ein Hauptversammlungsbeschluss anfechtbar sein, wenn alle Aktionäre an der Vereinbarung beteiligt sind (sog. omnilaterale Aktionärsvereinbarung). Ob damit jedoch die Synthese zwischen korporationsrechtlicher und schuldrechtlicher Ebene durch den *Bundesgerichtshof* insgesamt vollzogen ist, ist unklar ge-

---

[895] Beteiligungsverträge werden in der Praxis insoweit häufig bereits ausschließlich auf englisch abgefasst. Hierdurch ist es insbesondere auch ausländischen Finanzinvestoren möglich, an der Willensbildung auf Gesellschafterebene konkret teilzunehmen.

[896] So etwa Wolf, Der Beteiligungsvertrag bei der Aktiengesellschaft, S. 2f.

[897] § 26 AktG gilt für die GmbH sinngemäß, vgl. etwa BGH, Beschluss v. 20. Februar 1989 – II ZB 10/88, NJW 1989, 1610.

[898] Zu den Auslegungsmaßstäbe näher: Baumann/Reiss, ZGR 1989, 158f.; Hüffer, AktG, § 23 Rn. 47.

[899] So zutreffend Weitnauer, Handbuch Venture Capital, S. 268.

[900] Gemäß § 138 AktG in Verbindung mit § 179 Abs. 3, 182 Abs. 2, 222 Abs. 2 AktG bedarf ein Hauptversammlungsbeschluss in den gesetzlich geregelten Fällen insbesondere bei der Aufhebung oder Beschränkung des Vorzuges sowie bei Kapitalerhöhung bzw. -herabsetzung einer Sonderbeschlussfassung der jeweiligen Inhaber von Gattungsaktien.

[901] BGH, Urteil v. 20. Januar 1983, II ZR 243/81, NJW 1983, 1910 (1911); BGH, Urteil v. 27. Oktober. 1986, II ZR 240/85, NJW 1987, 1890 (1892).

blieben.[902] In der Praxis sollte jedenfalls aus Beratersicht vermieden werden, dass die Beteiligten das Risiko dieser dogmatischer Auseinandersetzungen tragen und eine entsprechende Feinabstimmung zwischen korporationsrechtlicher und schuldrechtlicher Ebene erfolgen; jedenfalls sollten offensichtliche Wertungswidersprüche vermieden werden.

## 2. Der Letter of Intent als Produkt der Investitionsentscheidung des Investors

Grundsätzlich ist davon auszugehen, dass die Beteiligung eines Investors im Rahmen einer Private Equity-Transaktion in zwei Stufen dokumentiert wird: Zunächst wird das Verhandlungsergebnis über die Investitionsentscheidung in einem noch rechtlich unverbindlichen *Letter of Intent* zusammengefasst. Im Anschluss von Due Diligence und Verhandlungen steht (prozedural) der (rechtsverbindliche) Abschluss der Beteiligungsvereinbarung.

### 2.1. Bedeutung des Letter of Intent für den Transaktionsverlauf

Der *Letter of Intent*[903] entspringt dem anglo-amerikanischen Rechtskreis und hat sich als „Vorfeldvereinbarung" insbesondere im Bereich des Unternehmenskaufes eingebürgert. Aufgrund des fehlenden Rechtsbindungswillens kann man den *Letter of Intent* nach Maßgabe deutscher Rechtsterminologie treffend wohl auch als Absichtserklärung verstehen. Danach erfasst der *Letter of Intent* die Kundgabe einer Absicht, Vertragsverhandlungen zu führen und einen entsprechenden Vertrag abzuschließen ohne eine rechtliche Bindungswirkung bezüglich des Vertragsausschlusses auszulösen.

Ein *Letter of Intent* kommt in unterschiedlichen Erscheinungsformen vor. Üblich ist die mehrseitige Erklärung unter Einbindung des entsprechenden Finanzinvestors, der Gesellschaft sowie (zumindest) der Gründungsgesellschafter. In der Regel wird das erreichte Verhandlungsergebnis der Beteiligten systematisch zusammengefasst und dokumentiert, so dass sich daraus (trotz Unverbindlichkeit des Investmentinteresses des Investors) für die eigentlichen Vertragsverhandlungen wichtige verhandlungspsychologische Wirkungen entfalten.

Aus Sicht eines Investors dient der *Letter of Intent* aber auch dazu ein gewisses Maß an Transaktionssicherheit zu erhalten, bevor im Rahmen der Due Diligence und der Erstellung und Verhandlung der Vertragsdokumentation umfangreichere weitere Kosten anfallen. Durch den Abschluss eines *Letter of Intent* wird insoweit eine (in der Regel rechtsverbindliche) Formalisierung des (weiteren) Transaktionsprozesses erreicht. Denn der Investor wird in die eigentlichen Vertragsverhandlungen und der damit verbundenen Vorbereitung der Vertragsdokumentation nur einsteigen, wenn ihm im Rahmen der Due Diligence (rechtsverbindlich) das Recht gewährt wird, innerhalb eines bestimmten Zeitrahmens Unterlagen und Informationen von der Zielgesellschaft hinsichtlich dessen geschäftlicher, wirtschaftlicher, finanzieller, steuerlicher und rechtlicher Verhältnisse einzusehen bzw. zur Prüfung zu erhalten. Vor diesem Hintergrund bezieht sich in der Praxis der gegenständliche Anwendungsbereichs der Regelungen des *Letter of Intent* häufig auf einen rechtlich „unverbindlichen" und einen rechtlich „verbindlichen" Teil. Danach werden regelmäßig die Verfahrensfragen im Zusammenhang mit der Due Diligence und der damit verbundenen wechselseitigen Vertraulichkeit der Rechtsbindung unterworfen. Auch finden sich auf Wunsch des Investors häufig Regelungen über eine verbindliche Exklusivitätsabrede. Danach verpflichten sich primär die Gesellschafter bzw. das Zielunternehmen gegenüber dem Finanzinvestor innerhalb des gemeinsam festgelegten Zeitrahmens bis zum Abschluss der

---

[902] Ablehnend jedenfalls: Hüffer, AktG, § 243 Rn. 9; Wiesner in: Münchener Handbuch des Gesellschaftsrechts, Bd. 4, § 6 Rn. 13; Hoffmann-Becking, ZGR 1994, 446 ff.

[903] Teilweise synonym auch Term Sheet genannt. Demgegenüber wird jedenfalls im anglo-amerikanischen Recht mit einem Memorandum of Understanding oder Heads of Agreement eher ein „Vorvertrag" mit tendenziell höherem Verbindlichkeitscharakter bezeichnet.

## 4. Teil. Beteiligungsstrukturierung

Transaktion keine Verhandlungen mit einem anderen Investor zu führen. Eine derartige Regelung schützt den Investor vor vergeblichen Aufwendungen im Rahmen der vorvertraglichen Prüfungen, insbesondere im Rahmen der Due Diligence, für den Fall, dass sich die Gesellschafter der Zielgesellschaft entschließen, die Transaktion mit einem anderen Investor abzuschließen und wird daher häufig auch mit einem pauschalen Schadenersatz oder gar mit einer Vertragsstrafe unterlegt. In den letzten Jahren haben sich ferner sog. **Break-up-Fees** in der Praxis durchgesetzt. Auch Break-up-Fees sichern dem Finanzinvestor einen Kostenersatz zu, wenn die Gesellschafter oder die Zielgesellschaft einseitig die Verhandlungen abbrechen oder das Investment aufgrund der Due Diligence Ergebnisse nicht durchgeführt werden kann.

Die Folgen der Verletzung der Exklusivitätsklausel, die *Break-up-Fee* oder sonstige Kostenerstattungspflichten werden in der Praxis regelmäßig von vornherein von der Zielgesellschaft übernommen, obwohl die Ursachen für die Auslösung der jeweiligen Rechtsfolgen häufig auch auf Gesellschafterebene zu suchen sind. Intendiert sind unter anderem der steuerliche Betriebsausgabenabzug und der umsatzsteuerliche Vorsteuerabzug. Neben der Gefahr einer verdeckten Gewinnausschüttung können sich insbesondere bei einer Aktiengesellschaft hieraus auch Probleme hinsichtlich einer unzulässigen Kapitalrückgewähr gemäß § 57 AktG ergeben, wenn es sich tatsächlich um Leistungen für Aktionäre handelt. Jedenfalls bietet sich gegebenenfalls eine Kostenaufteilung sowie die Dokumentation des eigenen Interesses der Gesellschaft an.

### 2.2. Abgrenzung zum Vorvertrag

Im Gegensatz zum typischen *Letter of Intent* entfalten Vorverträge eine rechtliche Bindungswirkung. Aus praktischer Sicht ist hierbei problematisch, dass ein Vorvertrag ähnlich wie ein *Letter of Intent* häufig nur den wirtschaftlichen Willen der Beteiligten wiedergibt und insoweit im Hinblick auf rechtliche und steuerliche Fragen nicht den (notwendigen) Detaillierungsgrad eines Vertrages aufweist. Kommt es also im Anschluss an den Vorvertrag nicht zum Abschluss der eigentlichen Beteiligungsvereinbarung, und wäre die Leistung des Investors zumindest bestimmbar,[904] wäre der Investor gebunden, das Investment lediglich auf Basis des Vorvertrages und damit ohne die notwendigen (detaillierten) Vorzugs-, Minderheitenschutz- und Informations- bzw. Kontrollrechte durchzuführen.

Ein Vorvertrag als „Vor-"Stufe zu einer Beteiligungsvereinbarung ist nur ausnahmsweise sinnvoll. Aus Sicht eines Finanzinvestors ist regelmäßig davon auszugehen, dass ein solches Interesse nicht besteht. Teilweise kommt es jedoch in der Praxis vor, dass gerade aus Sicht der Gründungsgesellschafter der Versuch unternommen wird, ein Investment in die Zielgesellschaft bereits in einem frühen Stadium im Wege eines (verbindlichen) Vorvertrages (häufig trotzdem mit der Bezeichnung *Letter of Intent* oder *Term Sheet*) abzusichern. Allerdings gilt die Formpflicht des Hauptvertrages auch für den Vorvertrag[905] so dass das Risiko einer übereilten Bindung zumindest bei einer GmbH nicht besteht. Zur Vermeidung von Missverständnissen sollte dennoch ausdrücklich im *Letter of Intent* festgehalten werden, dass eine rechtliche Bindungswirkung hinsichtlich des Vertragsschlusses ausdrücklich ausgeschlossen ist.

### 3. Beteiligungsvereinbarung im engeren Sinn

Die im Rahmen einer Private Equity-Transaktion abgeschlossenen Verträge variieren in Art, Umfang und Bezeichnung häufig nach den individuellen Präferenzen des Investors und seiner rechtlichen Berater. Insoweit gibt es weder einen bestimmten Vertragstypus noch

---

[904] Dies ist in der Regel schon dann der Fall, wenn die Investmentsumme und die Beteiligungshöhe und damit die Bewertung der Zielgesellschaft feststehen.
[905] BGH, Urteil v. 27. Juni 1988, II ZR 143/87, NJW 1989, 166 (167).

feststehende Begrifflichkeiten. Vielmehr werden die im Rahmen einer Private Equity-Transaktion verwendeten Begriffe nicht selten wegen ihrer Anlehnung an das anglo-amerikanische Rechtssystem sowie der fortlaufend schnellen Entwicklung der PE-Industrie häufig mit unterschiedlichen Inhalten belegt. Allerdings haben sich in der Praxis bestimmte Gegenstände herauskristallisiert, die typischerweise in einer Beteiligungsvereinbarung geregelt werden.

### 3.1. Beteiligung des Investors

Die der Gesellschaft im Rahmen einer PE-Beteiligung zur Verfügung zu stellenden Finanzmittel seitens des Investors werden üblicherweise in Form von Eigenkapital, teilweise in Kombination mit nachrangigen Fremdfinanzierungsinstrumenten (Gesellschafterdarlehen, Partiarische Darlehen, Stille Beteiligung) gewährt.

### 3.1.1. Beitritt durch Kapitalerhöhung

Die Beteiligung des neuen Investors an der Zielgesellschaft wäre zunächst durch den Erwerb von Anteilen der Gründungsgesellschafter denkbar, damit wäre jedoch unzweifelhaft ein steuerbarer Veräußerungsvorgang auf der Ebene der Gründungsgesellschafter verbunden. Die steuerlichen Folgen sind hierbei unklar. Teilweise ist durch die Finanzverwaltung vertreten worden, dass der Investmentbetrag in die Bemessungsgrundlage des Veräußerungsvorganges einzubeziehen ist, was auf der Ebene der Gründungsgesellschafter eine hohe Steuerbelastung ohne gleichzeitigen (unmittelbaren) Zufluss liquider Mittel auslösen würde. Abgesehen von solchen steuerlichen Erwägungen zielen insbesondere anglo-amerikanische Investoren schon von jeher auf den Erwerb von *primary-shares* und nicht von *secondary-shares* ab. In der Praxis erfolgt daher in der Regel die Beteiligung des Investors durch die Zeichnung neuer Aktien (§§ 182 ff. AktG) oder die Übernahme neuer Geschäftsanteile (§§ 55 ff. GmbHG), die jeweils im Rahmen einer durchzuführenden Kapitalerhöhung geschaffen werden. Seit der Einführung des *MoMiG*[906] zum 1. November 2008 ist hierbei die insbesondere von ausländischen Investoren häufig als nachteilig empfundene Regelung, wonach der Nennbetrag eines jeden Geschäftsanteils mindestens 50 Euro betragen musste, entfallen. Nach § 5 Abs. 2 S. 1 GmbHG muss nunmehr ein Geschäftsanteil lediglich auf „volle Euro" lauten und die Summe der Nennbeträge aller Geschäftsanteile muss gemäß § 5 Abs. 3 S. 2 GmbH mit dem Stammkapital übereinstimmen.

Mit der Zeichnung der neuen Aktien oder der Übernahme der neuen Geschäftsanteile wird der Investor noch nicht Aktionär bzw. Gesellschafter der GmbH. Auch resultiert aus dem Übernahmevertrag kein Anspruch auf Verschaffung der Mitgliedschaft an der Gesellschaft. Es besteht also kein Erfüllungsanspruch des Übernehmers gegenüber der Gesellschaft auf Durchführung der Kapitalerhöhung und auf den Erwerb der Mitgliedschaft, weil die für sie erforderliche Satzungsänderung erst mit der Eintragung wirksam wird (§ 54 Abs. 3 GmbHG) und bis dahin der Autonomie der (bisherigen) Gesellschafter unterliegt.[907] Ob hieraus unmittelbar (schadenersatzbewährte) Treuepflichten der Gesellschaft entstehen, kann hier offenbleiben, da sich jedenfalls aus der Beteiligungsvereinbarung ein wirksamer schuldrechtlicher Anspruch herleiten lässt, der nach der Rechtsprechung des *Bundesgerichtshofes* auch auf Erfüllung gerichtet ist[908] und jedenfalls einen durchsetzbaren Schadenersatzan-

---

[906] Das Gesetz zur Modernisierung des GmbH-Rechts und zur Bekämpfung von Missbräuchen (MoMiG) ist am 26. Juni 2008 verabschiedet worden und am 1. November 2008 in Kraft getreten, BGBl. 2008, Teil I, S. 2026 ff. Vgl. hierzu etwa: Kindler, NJW 2008, 3249.
[907] So ausdrücklich BGH, Urteil v. 11. Januar 1999, II ZR 170/98, ZIP 1999, 310 mit weiteren Nachweisen. Vgl. für das Aktienrecht: Hüffer, AktG, § 185 Rn. 4.
[908] BGH, Urteil v. 19. Mai 1967, II ZR 105/66, NJW 1967, 1963 (1965); BGH, Urteil v. 10. April 1989, II ZR 158/88, WM 1989, 1021. So auch: Semler, Münchener Handbuch des Gesellschaftsrechts, § 38 Rn. 48, Weitnauer, Handbuch Venture Capital, S. 277 Rn. 77 unter Verweis auf: Winkler, Rechtsfragen der Venture Capital Finanzierung, S. 239; kritisch hierzu: Hüffer, AktG, § 133 Rn. 29 m.w.N.

## 4. Teil. Beteiligungsstrukturierung § 11 Beteiligungsvertrag

spruch vermittelt.[909] Die Durchführung der Kapitalerhöhung ist nach Leistung der Einlagen des Investors auf ein Bankkonto der Gesellschaft durch Vorstand und Vorsitzenden des Aufsichtsrates der AG bzw. durch die Geschäftsführung der GmbH zur Eintragung in das Handelsregister anzumelden.

Die Erfüllung der Bareinlagepflicht setzt hierbei voraus, dass der eingezahlte Betrag zur freien Verfügung der Geschäftsleitung steht (vgl. §§ 188 Abs. 2 i.V.m 36 Abs. 2, 36a AktG sowie §§ 57 Abs. 2 i.V.m. 7 Abs. 2 S. 1, Abs. 3 GmbHG). Dies ist der Fall, wenn die jeweilige Einlage der Gesellschaft endgültig und ohne Beschränkungen und Vorbehalte zugeflossen ist und damit die Geschäftsleitung der Gesellschaft (AG oder GmbH) nach pflichtgemäßem Ermessen über die Einlage verfügen kann.[910] Nicht zur freien Verfügung der Geschäftsleitung steht also eine Einlage, die auf ein debitorisches Bankkonto der Gesellschaft geleistet wird, sofern die der Gesellschaft von der Bank gewährte Kreditlinie überschritten und der Kontokorrentkredit fällig ist, so dass die Bank die Einzahlung mit dem Debetsaldo verrechnen kann.[911] Insbesondere ausländische Investoren neigen gelegentlich dazu, unmittelbar im Anschluss an den Abschluss der Beteiligungsvereinbarung bereits die Einlage zu leisten, obwohl der Kapitalerhöhungsbeschluss noch gar nicht gefasst ist (weil etwa die Beteiligungsvereinbarung noch nicht ausgefertigt ist, (apostillierte) Originalvollmachten bzw. Vertretungsbescheinigungen nachgereicht werden müssen oder sonstige Verfahrensmaßnahmen ausstehen). Auch solche Voreinzahlungen entfalten nur dann Tilgungswirkung, wenn der eingezahlte Betrag im Zeitpunkt der Beschlussfassung und der damit verbundenen Übernahmeerklärung noch zweifelsfrei vorhanden ist.[912] Ist demgegenüber die Voreinzahlung durch die Gesellschaft verbraucht, kommt eine Tilgungswirkung grundsätzlich nicht in Betracht. Lediglich ausnahmsweise kann sich der Investor der daraus resultierenden Haftung entziehen, wenn die Beschlussfassung über die Kapitalerhöhung im Anschluss an die Voreinzahlung mit aller gebotenen Beschleunigung nachgeholt wird, ein akuter Sanierungsfall vorliegt (etwa in *Turnaround*-Situationen), andere Maßnahmen nicht in Betracht kommen und die Rettung der sanierungsfähigen Gesellschaft scheitern würde, wenn die übliche Reihenfolge der Durchführung der Kapitalerhöhungsmaßnahme beachtet werden müsste.[913]

Die Rechtsprechung sieht die Bareinlage auch dann nicht als „erbracht" an, wenn innerhalb eines engen zeitlichen Zusammenhangs zwischen Übernahme der Zahlungsverpflichtung durch den Gesellschafter Rückflüsse aufgrund anderer Rechtsverhältnisse (etwa im Rahmen einer kombinierten PE-Finanzierung aus (*Bridge*-) Darlehen) erfolgen.[914] Die Annahme eines solchen Umgehungstatbestandes kann in der Praxis zu erheblichen Problemen führen, weil dadurch der Investor (auch) nach einem Scheitern des Investments zur Einlageleistung verpflichtet bleibt; im Stadium der Insolvenz der Gesellschaft also trotz Vermögenszuführung die Bareinlage „erneut" zu erbringen hat. Zwar befreit seit der Einführung des *MoMiG* § 19 Abs. 5 GmbH n.F. nunmehr von einer Einlageverpflichtung, wenn die Leistung durch einen vollwertigen Rückgewähranspruch gedeckt ist, der jederzeit fällig ist oder

---

[909] So auch: Hüffer, AktG, § 133 Rn. 29.
[910] BayObLg, Urteil v. 25. Februar 1988, BReg 3 Z 165/87, WM 1988, 622.
[911] Hierzu jüngst: OLG Oldenburg, Urteil v. 17. Juli 2008, 1 U 49/08, GmbHR 2008, 1270 (1271). Allerdings hat das Gericht im entschiedenen Fall eine Erfüllungswirkung angenommen, wenn bei Eingang der Einlagezahlung das Konto im Soll geführt wurde, weil die Bank eine entsprechende Überziehung (ohne Kreditgewährung) geduldet hatte, kurze Zeit darauf jedoch ein die Einlagezahlung übersteigender Habensaldo vorhanden ist.
[912] BGH, Urteil v. 15. März 2004, II ZR 210/01, NJW, 2004, 2592 (2593). Maßgeblich ist insoweit, dass der gezahlte Betrag als solcher noch vorhanden ist und nicht bloß „wertmäßig".
[913] BGH, Urteil v. 26. Juni 2006, II ZR 43/05, NJW 2007, 515 f. Vgl. hierzu näher: Goette in: FS Hans-Joachim Priester, S. 95 ff.
[914] Vgl. etwa: BGH, Urteil v. 9. Januar 2006, II ZR 72/05, GmbHR 2006, 306 (308); OLG Köln, Urteil v. 12. April 1994, 22 U 189/93, GmbHR 1994, 470. Bei wirtschaftlicher Betrachtung liegt somit eine „Sacheinlage" vor, da der endgültig an die Gesellschaft zu übertragende Vermögenswert nicht die Bareinlage, sondern der Gegenstand des Austauschgeschäftes ist.

durch fristlose Kündigung durch die Gesellschaft fällig werden kann. Der Gesetzgeber wollte mit dieser Regelung primär aber Vorgänge im Rahmen eines *cash-poolings* erfassen,[915] so dass zweifelhaft ist, ob durch die Neuregelung solche wirtschaftlich vergleichbaren Gestaltungen erfasst werden[916].

### 3.1.2. Kombination mit Fremdkapitalinstrumenten

Soweit Fremdkapitalinstrumente zum Einsatz kommen, zielt der Finanzinvestor hierbei nicht primär auf die Erwirtschaftung von Zinserträgen ab, da diese im Vergleich zur Besteuerung des Verkaufs von Kapitalgesellschaftsanteilen (insbesondere bei einer Ansässigkeit des Investors im Ausland ohne Abschirmwirkung eines DBA) in der Regel einer höheren Steuerlast unterworfen sind. Im Übrigen entspricht es eigentlich nicht dem Sinn und Zweck einer PE-Finanzierung, der Zielgesellschaft über Zinsabflüsse das investierte Geld wieder zu entziehen, das ja an sich zum (weiteren) Aufbau des Geschäftsbetriebes eingesetzt werden soll. Deshalb erfolgt im Rahmen einer PE-Finanzierung die Rückführung des Fremdkapitals einschließlich aufgelaufener Zinsen (und ggfs. einer zusätzlichen Vergütung) in der Regel am Ende der Laufzeit – idealerweise im Zusammenhang mit einem *Exit*.[917]

Die Kombination mit Fremdkapital kann zunächst im Rahmen von *Turnaround*-Investments sinnvoll sein. Hierdurch kann der Finanzinvestor im Verhältnis zu den übrigen Gesellschaftern faktisch einen „Liquidationsvorzug"[918] erreichen, denn im Liquidations- oder Veräußerungsfall kommt die Rückzahlung von Fremdkapital vor Eigenkapital in Betracht, soweit die Leistung nicht den Kapitalersatzregeln unterfällt. Neben der Erwartung, das Gesellschafterdarlehen auch im Falle einer Krise der Gesellschaft noch rechtzeitig zurückbezahlt zu bekommen, steht auch die steuerliche Überlegung, im negativen Risikofall das verlorene Finanzierungsvolumen wenigstens steuerlich geltend machen zu können.

Im Rahmen von PE-Finanzierungen ist aber in der Praxis häufiger der Umstand relevant, dass im Zusammenhang mit der Hingabe von Fremdkapital **Umtausch- oder Optionsrechte** zur Erreichung eines Hebeleffektes (*leverage*-Effekt) vereinbart werden können. Aufgrund der hybriden Verknüpfung spricht man in der Praxis auch von **Mezzanine-Finanzierungen**.[919] Zu unterscheiden sind dabei der sog. echte *Equity Kicker*, der das Recht vermittelt, zu einem bestimmten Zeitpunkt Gesellschaftsanteile zu erwerben sowie der *Non-Equity Kicker*, der eine Beteiligung nur an der Wertsteigerung des Unternehmens, nicht aber am Unternehmen selbst ermöglicht. Der **echte** *Equity Kicker* wird hierbei in der Regel entweder als Optionsrecht oder als Wandelschuldverschreibung ausgestaltet. Im Rahmen der Ausübung des Optionsrechts erwirbt der Mezzaninegeber Anteile zu einem festgelegten Bezugspreis. Demgegenüber erlischt im Rahmen der Ausübung von Wandelschuldverschreibungen der Rückzahlungsanspruch des Mezzaninegebers im Gegenzug für die Gewährung von Gesellschaftsanteilen. Hingegen wird der **Non-Equity Kicker** in der Regel durch eine Einmalzahlung an den Kapitalgeber zum Ende der Laufzeit realisiert, während beim **virtuellen** *Equity Kicker* bei Rückzahlung des Mezzanine-Kapitals dem Kapitalgeber

---

[915] Vgl. Entwurf zur Einführung des MoMiG vom 25. Juli 2007, BT-Drucks. 16/6140, S. 96.
[916] So zutreffend: Mohr, GmbH-StB 2008, 339 (340). Vgl. hierzu auch: Herrler, DB 2008, 2347 ff.; Kindler, NJW 2008, 3249 (3250).
[917] In der Praxis stellen vor allem die deutschen Mittelstands- und Förderbanken (mit oder ohne Eigenkapitalbeteiligung) nachrangige Fremdkapitalinstrumente in Form von stillen Gesellschaften zur Verfügung, um damit ihrem öffentlichen Förderauftrag zu genügen. Die stille Gesellschaft ist hierbei als Teilgewinnabführungsvertrag gemäß § 292 Abs. 1 Nr. 2 AktG einzuordnen, so dass die Zustimmung der Hauptversammlung und die Eintragung in das Handelsregister Wirksamkeitsvoraussetzung ist.
[918] Der Begriff „Liquidationsvorzug" hat sich aus der anglo-amerikanischen Bezeichnung Liquidation Preference abgeleitet und hat sich in der Praxis durchgesetzt. An sich ist der Begriff etwas eng, da ja nicht nur die Verteilung eines Liquidatiosüberschusses erfasst werden soll, sondern in der Regel auch die Ergebnisallokation der Parteien insgesamt.
[919] Vgl. etwa: Weitnauer, Handbuch Venture Capital, S. 296 ff.; Wolf, Der Beteiligungsvertrag bei der Aktiengesellschaft, S. 26 ff., je mit weiteren Nachweisen.

## 4. Teil. Beteiligungsstrukturierung

ein fiktiver Veräußerungsgewinn ausgezahlt wird, den er durch einen realisierten Verkauf der über ein Wandlungsrecht bezogenen Anteile erhalten hätte. Die Begrifflichkeiten entsprechen damit denjenigen, wie sie auch im Rahmen von *Buy-Out*-Finanzierungen zur Anwendung kommen. Allerdings unterscheidet sich im Rahmen einer PE-Finanzierung die Regelungsdichte und damit die Reichweite der Dokumentation solcher Fremdkapitalinstrumente (noch immer) deutlich von derjenigen, wie sie sich bei typischen *Buy-out*-Transaktion herausgebildet hat. So werden etwa nur eingeschränkt Bedingungen und Auflagen (sog. *covenants*) vereinbart, Sicherheiten[920] (mangels Vorhandenseins) gegeben oder Ziehungsvoraussetzungen formalisiert. Die Wandlungsoption für das Fremdkapital in Gesellschaftsanteile kann unmittelbar im Rahmen der Beteiligungsvereinbarung schuldrechtlich geregelt werden. Will man das Wandlungsrecht daneben „dinglich" absichern, kommt aktienrechtlich lediglich die Ausgabe von Wandelschuldverschreibungen in Betracht, die durch ein bedingtes Kapital gemäß § 192 Abs. 2 Nr. 1 AktG unterlegt werden.

Gerade bei *Venture Capital*-Finanzierungen kommt es nicht selten vor, dass gewährte Gesellschafterdarlehen in Eigenkapital gewandelt werden. Insbesondere in einem schwierigen Geschäftsumfeld geschieht dies häufig bei der Zielgesellschaft im Zusammenhang mit **Sanierungsmaßnahmen**. In der Regel erfolgt der sog. *debt equity swap* im Zusammenhang mit einer Barkapitalerhöhung in der der Finanzinvestor Gesellschaftsanteile zum geringsten Ausgabebetrag (typischerweise zu 1,00 EUR) übernimmt. Anstelle einer weiteren baren Einlageleistung tritt der Finanzinvestor sodann das gewährte Darlehen als „sonstige Zuzahlung" gemäß § 272 Abs. 2 Nr. 4 HGB in die freie Rücklage der Gesellschaft ab. Da die „freiwillige Rücklagendotation" gemäß § 272 Abs. 2 Nr. 4 HGB nicht den engen Kapitalerhaltungs- und aufbringungsvorschriften unterliegt, wird hierdurch der Aufwand einer Sachkapitalerhöhung und die damit verbundene Einholung eines Wertgutachtens durch einen Wirtschaftsprüfer zum Nachweis der Werthaltigkeit in Höhe der Einlageverpflichtung vermieden. Steuerlich ist hierbei jedoch zu berücksichtigen, dass der Verzicht auf ein nichtwerthaltiges Gesellschafterdarlehen und damit auch der *debt equity swap* bei der begünstigten Zielgesellschaft zu einem außerordentlichen Ertrag führt, der bei Anwendung der Regelungen über die Mindestbesteuerung nach § 10d Abs. 2 EStG die Sanierungsbemühungen ganz oder teilweise durch das entstehende Steuerrisiko ab adsurdum führen kann. Denn kommt eine Verrechnung mit Verlusten (mangels Bestehen eines entsprechenden Verlustvortrages oder aufgrund der Vorschriften über die Mindestbesteuerung) nicht in Betracht, führt die (außerordentliche) Ertragsbesteuerung dazu, dass die mit dem Schuldenerlass bzw. dem *debt equity swap* bezweckte Sanierung in Gefahr gerät, weil der Steuereffekt mitfinanziert werden muss. Bis zum Jahre 1997 begünstigte daher bei Vorliegen bestimmter Voraussetzungen § 3 Nr. 66 EStG a. F. den einseitigen und endgültigen Erlass bestehender Steuerschulden zur Sanierung in Form der **Steuerbefreiung für Sanierungsgewinne**. Hierin sah der Gesetzgeber jedoch eine Doppelbegünstigung, da auch ein unbegrenzter Verlustabzug gegeben war, und hob diese Steuerbefreiung ab 1998 auf. Gleichwohl wurde in vielen Fällen die Steuer in Sanierungsfällen aufgrund des BMF-Schreibens vom 27. 3. 2003 erlassen.[921] Auch die finanzgerichtliche Rechtsprechung betont die Notwendigkeit eines Steuererlasses aus Billigkeitsgründen jedenfalls bei solchen Sanierungsgewinnen, bei denen die korrespondierenden Verluste steuerlich nicht verrechnet werden können.[922] Aufgrund eines anhängigen Revisionsverfahrens beim *Bundesfinanzhof* ist es jedoch derzeit offen, ob ohne ein Eingreifen des Gesetzgebers, solche Billigkeitsmaßnahmen künftig noch in Betracht kommen.[923]

---

[920] Demgegenüber kommen insbesondere im Bereich des sog. Venture-Leasings in Anlehnung an Buy-Out Transaktionen auch die Vereinbarung weitreichender Sicherheiten zur Anwendung.

[921] Bundesministerium der Finanzen: Schreiben v. 27. März 2003, BStBl 2003, Teil I, S. 240.

[922] Vgl. etwa: FG Köln Urteil v. 24. April 2008, 6 K 2488/06, DStRE 2008, 1445 (1447).

[923] Nach Ansicht des Finanzgerichts München, Urteil v. 12. Dezember 2007, 1 K 4487/06, EFG 2008, 615, verstößt die Steuerbefreiung durch das BMF-Schreiben gegen den Grundsatz der Gesetzmäßigkeit der Verwaltung. Der ausdrückliche Wille des Gesetzgebers zeige durch die Aufhebung des

### 3.1.3. Festlegung der (weiteren) Finanzierungsleistungen, Milestone-Finanzierung

Die im Rahmen einer PE-Finanzierung über die eigentliche Einlagenleistung (Einzahlungen in das Grund- oder Stammkapital) hinaus zu erbringende Eigenkapitalfinanzierung wird in der Praxis in Form einer oder mehrerer Einzahlungen in die Kapitalrücklage der Gesellschaft vereinbart. Solche sog. Rücklagendotationen kommen gemäß § 272 Abs. 2 HGB in unterschiedlichen Formen vor. So beschreibt die Kapitalrücklage gemäß § 272 Abs. 2 Nr. 1 HGB das klassische gesellschaftsrechtliche „Agio", als den Betrag, der bei Ausgabe von Anteilen über den Nennbetrag hinaus erzielt wird. Während bei der GmbH die Fälligkeit des Agios gemäß § 7 Abs. 2 GmbHG grundsätzlich der Dispositivität der Gesellschafter unterliegt,[924] muss bei der Aktiengesellschaft das Agio als Gegenleistung zur Aktienausgabe gemäß §§ 36a Abs. 1, 188 Abs. 2 AktG bereits vor Anmeldung der Kapitalerhöhung in voller Höhe an die AG geleistet werden. Das Agio ist insoweit Teil der Einlageleistung des Gesellschafters. Zwar steht die Entscheidung über Art und Umfang der Finanzierung der Gesellschaft im Ermessen der Gesellschafter und ist insoweit Ausdruck der „Freiheit der Finanzierungsentscheidung" der Gesellschafter. Die sofortige Leistungspflicht des Agios im Rahmen der Zeichnung der Aktien bzw. das Bestehen der gläubigerschützenden Einlagenaufbringungspflicht in Krisenzeiten auch bei der GmbH wird im Rahmen von PE-Finanzierungen häufig als nachteilig empfunden, weil dadurch eine gestufte Finanzierung der Zielgesellschaft nach Maßgabe von Fälligkeitsabreden oder unter der Voraussetzung des Eintritts bestimmter Bedingungen nicht ohne weiteres möglich ist (*staged financing*).

Abgesehen vom klassischen Agio können Dotationen der Rücklage auch gemäß § 272 Abs. 2 Nr. 4 HGB als schuldrechtlich vereinbarte **„freiwillige Leistung"** vereinbart werden. Die freiwillige Einzahlung in die Kapitalrücklage gemäß § 272 Abs. 2 Nr. 4 HGB begründet hierbei grundsätzlich keine „Einlagepflicht" gegenüber der Gesellschaft und steht insoweit zur freien Disposition der Gesellschafter.[925] Aufgrund dieser Dispositionsbefugnis der Gesellschafter ist es grundsätzlich rechtlich möglich, die Eigenkapitaldotationen, die von der Erfüllung bestimmter **„Meilensteine"** abhängig gemacht werden, außerhalb des Kapitalerhöhungsbeschlusses in der Beteiligungsvereinbarung zu regeln. Die Erreichung von „Meilensteinen" ist hierbei nichts anderes als der Einritt einer „aufschiebende Bedingung" im Sinne des § 158 BGB. Auf der Grundlage des Sicherungsbedürfnisses des Finanzinvestors sind wirtschaftlich unterschiedlichste Folgen bei Nichterreichen der Meilensteine beabsichtigt. In der Regel wird der Umfang der Finanzierungsverpflichtung des Finanzinvestors an die Erfüllung bestimmter unternehmerischer Ziele geknüpft. Wird also ein Meilenstein nicht erfüllt, so soll der Finanzinvestor auch nicht einer Finanzierungsverpflichtung unterliegen. Geht man davon aus, dass der Finanzinvestor im Zusammenhang mit der Eingehung der Beteiligungsvereinbarung die „volle Beteiligung" am Unternehmen „erhalten" hat, wäre diese Rechtsfolge mit einem „Kaufpreisabschlag" gleichzusetzen. Meilensteinregelungen knüpfen stets an ein in der Zukunft liegendes Ereignis an. Dieses zukünftige Ereignis kann unterschiedlicher Natur sein, wobei in der Praxis insbesondere **technologische Mei-**

---

§ 3 Nr. 66 EStG a. F., dass im Falle von Sanierungsgewinnen grundsätzlich kein Erlassgrund wegen sachlicher Unbilligkeit gegeben sei. Dieser ausdrückliche gesetzgeberische Befehl schließe eine abweichende – auch den Steuerbürger begünstigende – Handhabung aus. Insbesondere könne eine Einzelfallentscheidung, wie die des Erlasses der Steuer wegen Unbilligkeit, nicht durch ein BMF-Schreiben mit genereller Anordnung ersetzt werden.

[924] Die Dispositivität von Ein- und Anforderung der Einlage wird auch bei der GmbH nach Eröffnung des Insolvenzverfahrens zum Schutze der Gläubigerinteressen eingeschränkt, so dass der Einforderungsbeschluss der Gesellschafter gemäß § 46 Nr. 2 GmbHG entfällt und die Resteinlage mit Anforderung durch den Insolvenzverwalter fällig wird. Vgl. hierzu: Inhester/Tönies, Anm. zu BGH Urteil vom 15. Oktober 2007, II ZR 216/06 (OLG Köln), BeckRS 2007 19667.

[925] Vgl. hierzu: Inhester/Tönies, Anm. zu BGH Urteil vom 15. Oktober 2007, II ZR 216/06 (OLG Köln), BeckRS 2007, 19667.

## 4. Teil. Beteiligungsstrukturierung  § 11 Beteiligungsvertrag

**lensteine** (Erreichung bestimmter technologischer Ziele wie etwa die Entwicklung eines bestimmten Wirkstoffes innerhalb einer vorgegebenen Zeit) sowie **ökonomische Meilensteine** (Erreichung bestimmter wirtschaftlicher Zielvorgaben innerhalb einer vorgegebenen Zeit) unterschieden werden. Die möglichen Ausgestaltungen sind hierbei vielschichtig. Jedenfalls sollte darauf geachtet werden, dass das maßgebliche künftige Ereignis hinreichend definiert ist, so dass auch im Falle von Meinungsverschiedenheiten eine Überprüfung durch einen Experten stattfinden kann.

Abgesehen von der Regelung der handelsbilanziellen Behandlung nach § 272 Abs. 2 HGB, enthalten weder das Aktiengesetz noch das GmbHG spezielle Vorschriften zu Meilensteinregelungen, obwohl diese Form der der Gesellschafterfinanzierung in der Praxis häufig anzutreffen ist. Im Zusammenhang mit einer PE-Finanzierung hat erstmals das *Bayerische Oberste Landesgericht* mit Beschluss vom 27. Februar 2002 explizit zur **Vereinbarkeit von Meilensteinen** bei der Einlagenfinanzierung einer Aktiengesellschaft Stellung genommen. Hintergrund des Beschlusses waren hierbei mehrere Barkapitalerhöhungen, die bei einer Aktiengesellschaft durchgeführt werden sollten und deren Anmeldungen zur Eintragung durch den verfahrensbevollmächtigten Notar veranlasst wurden. Die Zahlung eines „Aufgeldes" auf den Nennbetrag der Aktien war rein schuldrechtlich in einer Beteiligungsvereinbarung geregelt und weder im Zeichnungsschein noch im Rahmen des Antrags auf Eintragung der Kapitalerhöhung an das Handelsregister genannt. Das mit der registergerichtlichen Prüfung befasste Amtsgericht hatte die Eintragung der beschlossenen Kapitalerhöhungen von der Vorlage der Beteiligungsvereinbarung abhängig gemacht, wogegen sich der verfahrensbevollmächtigte Notar im Wege der Beschwerde an das Landgericht sowie weiterer Beschwerde an das *BayObLG* richtete. Nach Auffassung des *BayObLG* konnte das mit der registerrechtlichen Prüfung befasste Amtsgericht die Vorlage der Beteiligungsvereinbarung verlangen, da sich die Prüfungspflicht des Registergerichts bei der Anmeldung einer Kapitalerhöhung gemäß §§ 182 ff. AktG auch auf die Frage erstreckt, ob der gesamte Vorgang gesetzes- und satzungsgemäß abgelaufen sei. Bestehen daran Zweifel, so habe das Gericht von Amts wegen Ermittlungen anzustellen und Beweise zu erheben. Insbesondere könne das Registergericht prüfen, ob eine Pflicht zur Leistung einer Einlage über den geringsten Ausgabebetrag begründet worden sei.[926] Vor diesem Hintergrund muss bei der Begebung neuer Anteile im Rahmen von Kapitalerhöhungen (Aktien/Geschäftsanteile) besondere Aufmerksamkeit auf die Abgrenzung der mitgliedschaftlichen Einlagepflicht (Agio) sowie schuldrechtlicher Rücklagendotation gelegt werden.[927] Als „Agio" sind jedenfalls solche Beträge anzusehen, welche die Anteilseigner „vereinbarungsgemäß" über den Nennbetrag ihrer Anteile hinaus an die Gesellschaft zahlen oder zur „Herstellung eines angemessenen Ausgabekurses" zwingend erforderlich sind. Freiwillige Zuzahlungen oder Zuschüsse durch die Anteilseigner gehören demgegenüber zu den „anderen Zuzahlungen nach § 272 Abs. 2 Nr. 4 HGB" und können mithin auch mit sog. Meilensteinen versehen werden. Wollen die Parteien keine Einlagepflicht gegenüber der Gesellschaft begründen, sollte dies insoweit in der Beteiligungsvereinbarung ausdrücklich klargestellt werden. Soll im übrigen die Vorlage der Beteiligungsvereinbarung beim Registergericht vermieden werden, erscheint eine Versicherung des Vorstandes zweckmäßig, wonach „die Aktionäre gegenüber der Gesellschaft nicht zur Zahlung eines Aufgeldes über den Ausgabebetrag der Aktien verpflichtet sind und die Gesellschaft kein eigenes Forderungsrecht auf Leistungen über das gezeichnete Kapital hat".

---

[926] BayObLG, Beschluss vom 27. Februar 2002, 3 Z BR 35/02, DB 2002, 940. Hierzu: Inhester/Hohaus, Financial Times Deutschland vom 15. Juni 2002, S. 33

[927] Vgl. hierzu näher: Herchen, Agio und verdecktes Agio im Recht der Kapitalgesellschaften; Priester in: FS Marcus Lutter, S. 617 ff.; F. Wagner, DB 2004, 293 ff.

### 3.1.4. Disquotale Einlagen

Im Rahmen von Private Equity-Transaktionen stellt die Festsetzung eines angemessenen Ausgabebetrages einschließlich der sonstigen Eigenkapitalleistungen häufig ein (praktisches) Problem dar. Mit solchen Kapitalmaßnahmen sind mittelbare Vermögensverschiebungen zwischen den Beteiligten regelmäßig nicht verbunden. Dies ergibt sich bereits daraus, dass diejenigen Gesellschafter, die nicht willens oder in der Lage sind, an den Eigenkapitalleistungen teilzunehmen, regelmäßig eine Verwässerung ihrer Beteiligung zu erleiden haben. Stehen sich die Beteiligten nicht als nahe Angehörige gegenüber, kann sich eine andere Beurteilung auch dann nicht ergeben, wenn die Gesellschafter im Verhältnis ihrer Beteiligung an der Kapitalerhöhung teilnehmen, die Beteiligten aber entsprechend ihrer wirtschaftlichen Leistungsfähigkeit oder -bereitschaft unterschiedliche Aufgelder (Zuzahlungen in die Kapitalrücklage) leisten.

Die disproportionale Erhöhung des Gesellschaftsvermögens mag auf den ersten Blick denjenigen Gesellschaftern zugutekommen, die eine (im Verhältnis) niedrigere Eigenkapitalleistung erbracht haben. Eigenkapitalleistungen im Rahmen von Private Equity-Transaktionen werden jedoch regelmäßig nicht unmittelbar zur Wertsteigerung des Unternehmens führen, denn der Wert des Beteiligungsunternehmens wird gerade im Gründungs- und Wachstumsstadium nicht durch die Eigenkapitalleistungen der Gesellschafter objektiviert. Dies ist spätestens seit dem Wertverfall der Notierungen im ehemaligen „Neuen Markt"-Segment offensichtlich. Setzt sich nämlich das Business-Modell am Markt nicht durch, so haben die Eigenkapitalleistungen (in der ex post Betrachtung) keinen eigenen Unternehmenswert schaffen können. Wesentlicher ist jedoch der Umstand, dass im Rahmen von Private Equity-Transaktionen den höheren Eigenkapitalleistungen in der Regel Ausschüttungs- und Erlösverteilungspräferenzen gegenüber stehen, durch die die (gesellschaftsrechtlich) eintretende Wertsteigerung (schuldrechtlich) wieder ausgeglichen wird. Von einer „objektiven Bereicherung" der Mitgesellschafter durch eine „Erhöhung des Wertes der Beteiligung" kann somit aufgrund einer wirtschaftlichen Betrachtungsweise keine Rede sein. Aber selbst wenn man annehmen will, dass inkongruente Eigenkapitalzahlungen zu einer Werterhöhung der Beteiligungen der Mitgesellschafter führen, erbringen die Gesellschafter die (inkongruenten) Eigenkapitalleistungen ausschließlich im Interesse der Gesellschaft und zum Erhalt der Beteiligung selbst. Dies ist insbesondere im Rahmen von sog. **Bridgefinanzierungen** offensichtlich. Die Zuwendung des Eigenkapitals ist damit rein gesellschaftsrechtlicher Natur, so dass sich die Werterhöhung der Beteiligung als bloßer Reflex der Zuwendung an das Beteiligungsunternehmen selbst darstellt[928].

### 3.2. Garantieverpflichtungen der Gründungsgesellschafter

Der Gesetzgeber stellt für den Vertragstyp „Beteiligungsvereinbarung" im Rahmen einer Private Equity-Transaktion keine eigenständigen gesetzlichen Gewährleistungsregelungen zur Verfügung. Auch lassen sich die geltenden gesetzlichen Grundsätze der Sach- und Rechtsmängelhaftung nur eingeschränkt auf solche Transaktionen übertragen.[929] Wie beim Unternehmenskauf zielt jedoch die „Gewährleistung" auch bei PE-Investitionen darauf ab, den Beteiligungserwerber vor Risiken zu schützen, die aus dem Zeitraum „vor" dem Beteiligungserwerb stammen und von ihm weder veranlasst noch beeinflusst wurden.

#### 3.2.1. Vertragliche Rechtsfolgenvereinbarungen (Garantien)

Außerhalb des gesetzlichen Gewährleistungsregimes der Sach- und Rechtsmängelhaftung kann sich eine Haftung im Wesentlichen aus vertraglichen Vereinbarungen der Parteien über die Rechtsfolgen bei Vorliegen eines Beschaffenheitsmangels ergeben. In der Praxis

---

[928] Vgl. hierzu auch: Inhester/Hohaus, Inkongruente Einlagen im Rahmen von Private Equity-Transaktionen, JUVE Handbuch 2003, 238 f.
[929] Vgl. hierzu näher etwa: Holzapfel/Pöllath, Unternehmenskauf, Rn. 750 ff.

erfolgt dies dadurch, dass (insbesondere) die Gründungsgesellschafter gegenüber dem Investor eine **selbständige Garantie** gemäß § 311 BGB abgeben, mit der diese gegenüber dem Investor die Haftung für bestimmte vom Investor als wesentlich erachtete Umstände im Wege einer vertraglichen Rechtsfolgenvereinbarung übernehmen. Die Garantiegeber haften dann bei Erfüllung des jeweiligen (haftungsbegründenden) Tatbestandes unbedingt und ohne Rücksicht auf ein Verschulden (§ 276 Abs. 1 S. 1 BGB). Ähnlich wie beim Unternehmenskauf erfasst hierbei der **Garantiekatalog** auch bei PE-Finanzierungen einen umfangreichen Katalog von Sachverhalten, die die von den (Gründungs-) Gesellschaftern dargestellte rechtliche, finanzielle und wirtschaftliche Situation der Gesellschaft und ihres Geschäftsbetriebes abbilden.[930] Aufgabe von Gewährleistungen ist nicht, die „Beschaffenheit" des Unternehmens als solches in das Risiko der Gründungsgesellschafter zu legen. Der Investor darf aber dort Garantien der Gründungsgesellschafter erwarten, wo diese das Risiko besser beurteilen können und die relevanten Umstände eine besondere Bedeutung für das Unternehmen und die Verwirklichung des Geschäftsmodells haben. Der Gründer eines Technologieunternehmens wird daher für Patente und gewerbliche Schutzrechte Gewähr leisten müssen. Anders kann es dagegen bei einer Investition in ein Handelskonzept liegen; hier kommt es weniger auf das Vorliegen gewerblicher Schutzrechte an, sondern auf das (wirksame) Vorliegen bestimmter Lieferungs- und Leistungsbeziehungen.

Umstände, die aufgrund der Due Diligence die Besorgnis eines unklaren Sachverhaltes begründen, bilden herkömmlich den Anlass für Gewährleistungen. Liegt nämlich der Schadensfall auf der Hand und hat sich insoweit bereits ein Risiko verwirklicht, muss er im Rahmen der PE-Finanzierung bereits in der zugrundeliegenden Unternehmensbewertung berücksichtigt werden und nicht in einer Gewährleistung. Anders als ein klassischer Unternehmenskauf ist eine PE-Finanzierung aber auch in die Zukunft gerichtet, da mit dem zu gewährenden Investment ja die Zielgesellschaft idealerweise in einen gemeinsamen *Exit* geführt werden soll. Der Garantiekatalog enthält daher auch typischerweise Regelungen mit Bezug zum Businessplan der Gründungsgesellschafter. Danach wird in der Regel die Garantie übernommen, dass der Businessplan mit der Sorgfalt eines ordentlich handelnden Kaufmanns erstellt und hinsichtlich der Prognosen im Zeitpunkt des Abschlusses der Beteiligungsvereinbarung überprüft wurde. Die Businessplan-Garantie zielt hierbei nicht darauf ab, dem Investor bestimmte Ertrags- oder Entwicklungschancen hinsichtlich des Geschäftsbetriebes der Zielgesellschaft zuzusichern und dadurch das unternehmerische Risiko für den Erfolg des Investments ganz oder teilweise den (garantierenden) Gründungsgesellschaftern zu überwälzen. Vielmehr ist intendiert, die Tatsachengrundlagen auf denen das Geschäftsmodell beruht und eskaliert werden soll, zu erfassen und verbindlich festzustellen. Entsprechend finden sich etwa im Rahmen von Biotechnologie-Investments Feststellungen, dass die dem Businessplan zugrunde liegende Tatsachenbasis sorgfältig und mit der gebotenen Vorsicht geltender wissenschaftlicher Standards ermittelt wurde. Der Investor macht sich also nicht die Fachkompetenz der Gründungsgesellschafter zu Eigen, sondern sichert sein Vertrauen auf die entsprechende Fachkompetenz aufgrund einer vertraglichen Regelung ab.

### 3.2.2. Garantiegeber

Im Rahmen von PE-Finanzierungen werden die Garantien regelmäßig von den Altgesellschaftern abgegeben. Dies betrifft insbesondere Garantien, die sich auf bestimmte Rechtsverhältnisse der Gesellschaft und die Beteiligungsverhältnisse der **Altgesellschafter** hinsichtlich der Zielgesellschaft beziehen. Die Garantie der Altgesellschafter bezieht sich hierbei häufig lediglich auf die von ihnen gehaltene Beteiligung. Garantien, die im Zusammenhang mit dem Geschäftsbetrieb der Zielgesellschaft zusammenhängen, werden demgegenüber

---

[930] Zum Garantiekatalog vgl. ausführlich Weitnauer, Handbuch Venture Capital, Anhang IV Ziffer II; zum Garantiekatalog bei Unternehmenskaufverträgen ausführlich Holzapfel/Pöllath, Unternehmenskauf, Rn. 839 ff.

häufig lediglich von den **Gründungsgesellschaftern** abgegeben, die das Unternehmen auch operativ führen und daher die dem Geschäftsbetrieb zugrunde liegenden Vorgänge entweder unmittelbar oder aufgrund organisatorischer Maßnahmen veranlasst haben. Insbesondere anglo-amerikanische Investoren neigen dazu, auch die **Zielgesellschaft** selbst als Garantiegeber in die Haftung zu nehmen. Im Falle einer Garantiehaftung und Inanspruchnahme der Gesellschaft würde damit das Investment ganz oder teilweise an den Investor zurückfließen. Grundsätzlich sind solche Leistungen, auch wenn sie aus einer haftungsbegründenden Pflichtverletzung resultieren, an den geltenden Grundsätzen der Kapitalerhaltung zu messen. Im Geltungsbereich des Aktiengesetzes normiert insoweit § 57 AktG das **Verbot der Einlagenrückgewähr**. Anders als bei § 30 GmbHG kommt es dabei nicht lediglich darauf an, ob durch die Zahlung an den Gesellschafter das zur Erhaltung des Grundkapital erforderliche Vermögen angegriffen wird. Vielmehr schützt das in § 57 Abs. 1 S. 1, Abs. 3 AktG normierte Verbot der Einlagenrückgewähr, das der Gesellschaft – auch über die unmittelbare Rückzahlung der von den Aktionären geleisteten Einlagen hinaus – grundsätzlich jede Form der Leistung an die Aktionäre untersagt, die nicht Dividende („Verteilung von Bilanzgewinn") ist, das gesamte Vermögen der Gesellschaft.[931] Trotz dieses Grundsatzes des absoluten Kapitalschutzes wird teilweise für den Fall einer PE-Finanzierung angenommen, dass die Übernahme von Gewährleistungen durch die Aktiengesellschaft im Rahmen einer PE-Finanzierung zulässig sei, da diese primär lediglich darauf abziele, den garantierten und zur Voraussetzung der Beteiligung gemachten Zustand herzustellen oder, sofern dies nicht möglich sein, den Investor zumindest finanziell gleichzustellen.[932] Hierbei wird jedoch verkannt, dass damit die Aktiengesellschaft aus ihrem Vermögen eine (Sicherheits-)leistung erbringt, mit der sie dem (zukünftigen) Aktionär das bei dem Aktienerwerb bestehende Beschaffenheitsrisiko der emittierenden Gesellschaft abnimmt. Auch gewährt das Aktienrecht keinen „Wertsicherungsanspruch" im Zusammenhang mit der Aktienausgabe, so dass der Nachteilsausgleich des Investors durch Schadenersatzzahlungen der Gesellschaft auf der Grundlage eines Garantieversprechens eine wertmäßige Beeinträchtigung des Gesellschaftsvermögens darstellt und damit in den Anwendungsbereich des § 57 AktG.[933]

### 3.2.3. Maßgeblicher Zeitpunkt

Maßgeblicher Zeitpunkt für die Übernahme der vertraglichen Garantiehaftung ist bei PE-Investments in der Regel der Abschluss der Beteiligungsvereinbarung. Im Hinblick auf das Vorliegen bestimmter Rechtsgarantien wird darüber hinaus auch häufig auf den Zeitpunkt der Eintragung der Kapitalmaßnahme im Handelsregister abgestellt. Teilweise wird im Rahmen von Verhandlungen auch gefordert, dass die Garantien insgesamt auf den Zeitpunkt der Handelsregistereintragung und damit auf den dinglichen Vollzugszeitpunkt des Beteiligungserwerbs bezogen werden. Diese zeitliche Verschiebung des maßgeblichen Zeitpunkts für die Geltung der Garantiehaftung ist vor allem dann relevant, wenn zwischen dem Abschluss der Beteiligungsvereinbarung und dem Vollzug der zugrundeliegenden Finanzierungsmaßnahmen im Handelsregister (etwa wegen einer Kartellanmeldung oder anderer Umstände) ein längerer Zeitraum liegt. Aus Garantiegebersicht wird eine solche Verschiebung häufig wegen der damit verbundenen Risikoüberwälzung aufgrund des Eintritts zufälliger Ereignisse mit Auswirkungen auf die Beschaffenheit der Gesellschaft abgelehnt.

### 3.2.4. Rechtsfolgen der Garantieverletzung (Haftung)

Haben sich die Parteien darüber geeinigt, für welche Gegenstände gehaftet werden soll, stellt sich zwangsläufig die Frage, welche Rechtsfolge eine Verletzung der Einstandspflichten ha-

---

[931] Vgl. hierzu näher: Hüffer, AktG, § 57 Rn. 2.
[932] So etwa ausdrücklich: Weitnauer, Hannbuch Venture Capital, S. 281, Rn. 86.
[933] So auch ausdrücklich: Bayer in: MüKo zum AktG, § 57 Rn. 96. Vgl. auch: Lutter in: Kölner Komm AktG, § 57 Rn. 31; Henze in: Großkomm AktG, § 57 Rn. 68; Mellert, NZG 2003, 1096 (1099); Sieger/Hasselbach, BB 2004, 60 (62).

ben soll. Da es sich bei der Garantiehaftung um eine vertragliche Vereinbarung handelt, müssen die Parteien Art, Inhalt und Umfang der Rechtsfolgen der Garantieverletzung festlegen. Denkbar wäre in diesem Zusammenhang auf die gesetzlichen Regelungen der §§ 249 ff. BGB, die grundsätzlich auf alle Schadenersatzansprüche Anwendung finden, zu verweisen. In der Praxis legen die Parteien in der Beteiligungsvereinbarung jedoch auch die Haftungsfolgen fest. Anders als in vielen anglo-amerikanischen Verträgen wird hierbei den Garantiegebern in Anlehnung an den Rechtsgedanken des § 249 Abs. 1 BGB regelmäßig das Recht eingeräumt, im Falle einer Garantieverletzung den Schaden im Wege der **Naturalrestitution** auszugleichen. Erst wenn eine solche Restitution nicht oder nicht innerhalb einer in der Beteiligungsvereinbarung bestimmten Frist möglich bzw. hinreichend ist, besteht ein Anspruch auf **Schadenersatz**.

Anders als beim Unternehmenskauf fließt den Gründungsgesellschaftern bei Einstieg des Investors allerdings kein „Kaufpreis" zu, so dass im Zusammenhang mit der PE-Finanzierung jedenfalls eine unmittelbare Leistungsfähigkeitssteigerung auf der Ebene der Gründungsgesellschafter nicht verbunden ist. Vielmehr kommt das Investment dem Gründungsgesellschafter lediglich mittelbar zu Gute und wird selbst im Erfolgsfall erst im Rahmen eines *Exits* realisiert. Die Gründungsgesellschafter werden daher immer den Versuch unternehmen, neben der Abschwächung auf Tatbestandsseite auch eine **Beschränkung auf Rechtsfolgenseite** durchzusetzen. Gerade im Rahmen von PE-Finanzierungen stellt sich daher regelmäßig die Frage nach dem **rechten Maß** der Haftungsfolgen. Ein Gesichtspunkt für die Ableitung der Haftungsfolgen im Rahmen einer PE-Finanzierung ist sicherlich die Absicherung des Investments aufgrund bestmöglicher Information des Investors. Denn jede haftungsbewährte Garantie fördert den Informationsfluss und die Richtigkeit bzw. Vollständigkeit erteilter Informationen und dient damit der Absicherung des Investments. Dennoch geht vielen Gründungsgesellschaftern die Begrenzung der Garantiehaftung neben Haftungsfreibetrag oder -freigrenze auf das durch den Investor eingezahlte Kapital nicht weit genug – oder an der Realität vorbei, da die Investitionssummen die persönliche Leistungsfähigkeit des Gründungsgesellschafters in keiner Weise widerspiegeln. In der Praxis wird daher häufig der Versuch unternommen, die Garantiehaftung durch eine Verknüpfung mit dem Gehalt des Garantiegebers als Ausdruck seiner wirtschaftlichen Leistungsfähigkeit zu „individualisieren" und damit realitätsgerechter abzubilden. Dies kann freilich nur für die geschäftsbezogenen Garantien gelten. Allgemeine rechtliche Garantien („Rechtsmängel" im weiteren Sinne) sollten immer und ohne Beschränkung gegeben werden (z. B. das Bestehen und die Inhaberschaft der Anteile, die Erbringung der Einlagen und ihre Nicht-Rückgewährung u. ä.).

Im Rahmen von PE-Finanzierungen ist in der Regel auch bei materiellen Garantieverletzungen eine **Rückabwicklung** ausgeschlossen. Dies resultiert einerseits strukturell schon daraus, dass im Gegensatz zum Unternehmenskauf Gegenstand einer PE-Finanzierung nicht die „Lieferung" eines Unternehmens oder eines Geschäftsbetriebes im Wege der „Abtretung" von Gesellschaftsrechten (*share deal*) oder der Übertragung von Sachen und Rechten (*asset deal*) ist und damit eine umfänglich neue Zuordnung der Unternehmensinhaberschaft erfolgt. Andererseits scheidet aus den bereits geschilderten Gründen im Anschluss an die Zeichnung bzw. Übernahme der Beteiligung ein Rücktritt regelmäßig aus. Denkbar ist allenfalls, dass die in der Beteiligungsvereinbarung vereinbarten schulrechtlichen Pflichten zur Zeichnung bzw. Übernahme der Beteiligung mit einem Rücktrittsvorbehalt belegt sind, wenn bestimmte Umstände eintreten (etwa im Zusammenhang eines Gremienvorbehaltes).[934]

---

[934] Vertragstechnisch dürfte dann allerdings die Vereinbarung einer „aufschiebenden Bedingung" zweckmäßiger sein.

### 3.3. Verwässerungsschutz (Anti-Dilution)

Regelungen über einen „Verwässerungsschutz" gehören mittlerweile zu den Standardregelungen einer Beteiligungsvereinbarung. Sie knüpfen in der Regel an das Vorliegen einer weiteren (internen oder externen) Finanzierungsrunde und damit an weitere Kapitalmaßnahmen bei der Zielgesellschaft an. Der Begriff „Verwässerungsschutz" wird hierbei nicht einheitlich verwendet. Käme es allein auf den Schutz der Anteilsquote an, bedürfte es nach deutschem Recht jedenfalls keiner näheren Regelung, da nach § 186 Abs. 1 AktG, dessen Anwendung auch für die GmbH anerkannt ist,[935] grundsätzlich ein gesetzliches Bezugsrecht entsprechend der bestehenden Beteiligungsquote auf das erhöhte Grund- oder Stammkapital der Gesellschaft besteht. Konsequenterweise ist nach deutschem Recht auch ein Bezugsrechtsausschluss als Eingriff in die Mitgliedschaftsrechte des Gesellschafters nur unter eingeschränkten Voraussetzungen zulässig und muss im Interesse der Gesellschaft geeignet, erforderlich und angemessen sein; insbesondere darf der für die Gesellschaft erstrebte Vorteil nicht außer Verhältnis zu dem Nachteil der Gesellschafter stehen.[936] Die in Beteiligungsvereinbarungen verfolgten Regelungsziele gehen jedoch darüber hinaus, denn selbst durch die Einräumung eines Bezugsrechtes kann der Verwässerung der Altanteile nur begrenzt entgegen gewirkt werden, da der bezugsberechtigte Investor die neuen Anteile lediglich zu aktuellen Werten erwerben kann. Ein solches (weiteres) Investment ist in der Regel aber gar nicht gewünscht. In der Praxis knüpft daher der Verwässerungsschutz nicht primär an der quotalen Beteiligung des Investors sondern an der zugrundeliegenden Unternehmensbewertung an. Der Investor wird danach für den Fall niedriger Unternehmensbewertungen im Rahmen künftiger Finanzierungsrunden (*down rounds*) vor einem Wertverlust seiner Beteiligung geschützt. Das Risiko einer (negativen) Wertentwicklung des Beteiligungsunternehmens wird damit zu einem wesentlichen Teil auf die Ebene der Gründungsgesellschafter verlagert.

Greift im Rahmen einer nachfolgenden Finanzierungsrunde der Verwässerungsschutz, weil Anteile an einen (internen oder externen) Investor zur einer niedrigeren Bewertung ausgegeben werden, ist der (Vorrunden-)Investor zur Abmilderung oder Beseitigung der negativen Wertentwicklung des Beteiligungsunternehmens berechtigt, eine gewisse Anzahl neuer Anteile zum Nominalwert (EUR 1) nachzuzeichnen. In welchem Umfang neue Anteile gezeichnet werden können, ist hierbei abhängig von der jeweiligen vertraglichen Ausgestaltung: Soweit eine *full-ratchet*-Klausel greift, kann der (Vorrunden-) Investor so viele Anteile zum Nominalwert nachzeichnen, dass er im Ergebnis so gestellt ist, als habe er seine alten Anteile auch zu der niedrigen Bewertung erworben. Demgegenüber geht man bei der *weighted-average*-Methode davon aus, dass der (Vorrunden-) Investor so gestellt wird, als ob er sein Investment insgesamt zum „gewichteten durchschnittlichen Kaufpreis" getätigt hätte.[937] Für die Gewichtung ist das Verhältnis der jeweiligen Finanzierungsvolumina der jeweiligen Finanzierungsrunden maßgeblich. Angesichts der in der Praxis auftretenden Facetten ist zu Rechtssicherheit ratsam, die entsprechende Berechnungsformel in den Vertragstext aufzunehmen.[938] Gelegentlich wird der Verwässerungsschutz durch sog. *pay-to-play*-Klauseln wieder eingeschränkt. Danach steht die Kompensation mit zusätzlichen Anteilen dem Investor nur zu, wenn er im Rahmen der Durchführung der weiteren Finanzierungsrunde in einem bestimmten Umfang[939] mit investiert.

---

[935] Vgl. etwa: BGH, Urteil vom 18. April 2005, II ZR 151/03, NZG 2005, 551 (552). Zur dogmatischen Herleitung: Scholz/Priester, GmbHG, 9. Aufl., § 55 Rn. 39 ff.
[936] Vgl. etwa: BGH, Urteil vom 19. April 1982, II ZR 55/81, NJW 1982, 2444 ff.
[937] Vgl. hierzu näher: von Einem/Schmid/Meyer, BB 2004, 2702 ff.
[938] Zu den einzelnen Berechnungsformeln ausführlich: von Einem/Schmid/Meyer, BB 2004, 2703 ff.
[939] Häufig wird verlangt, dass der (Vorrunden-) Investor mindestens pro rata mit investiert. Teilweise werden pay-to-play-Klauseln auch mit sonstigen „Vorzügen" (etwa Erlösvorzüge) verknüpft.

## 4. Typische Gesellschaftervereinbarungen im Rahmen der Beteiligung

Neben den Regelung der eigentlichen „Beteiligung" des Investors an der Zielgesellschaft vereinbaren die Parteien in der Regel, in welcher Art und Weise sie über die Satzung hinaus ihr Rechtsverhältnis als Gesellschafter bis zum Ausstieg ordnen wollen. Teilweise werden diese Gesellschaftervereinbarungen auch separat in einer Anlage zur Beteiligungsvereinbarung geregelt; zwingend ist dies aber nicht.

### 4.1. Corporate Governance Regelungen

In Deutschland zielt der Corporate Governance Kodex darauf ab, die geltenden Regeln für die Unternehmensleitung und -überwachung für nationale und internationale Investoren transparent zu machen. Allgemein umfasst der Begriff „Corporate Governance" Werte und Grundsätze für eine verantwortungsvolle Unternehmensführung. Auch bei PE-Finanzierungen haben sich in den letzten Jahren im Hinblick auf die Führung des Beteiligungsunternehmens bestimmte branchenspezifische Grundsätze herausgebildet, die mit unterschiedlichster Regelungsdichte und Reichweite im Einzelfall vereinbart werden.

#### 4.1.1. Besetzung der Management- und Aufsichtsgremien

Grundsätzlich ist es einem Investor, der als vermögensverwaltender (in- oder ausländischer) Fonds strukturiert ist, zur Vermeidung der steuerlichen „Gewerblichkeit" untersagt, sich am aktiven Management der Portfoliogesellschaft zu beteiligen. Keine Teilnahme am aktiven Management ist dagegen die Wahrnehmung von Aufsichtsfunktionen über die Geschäftsführung der Beteiligungsgesellschaften und die Wahrnehmung von Mandaten in den gesellschaftsrechtlich gebildeten Aufsichtsgremien, solange sich deren Kompetenzen und Aufgaben im Rahmen des gesetzlichen Leitbildes des Aufsichtsrates von Aktiengesellschaften halten.[940] Die Einräumung von Zustimmungsvorbehalten kann insoweit nur dann zur Gewerblichkeit führen, wenn der Geschäftsführung der Beteiligungsgesellschaft kein „echter Spielraum für unternehmerische Entscheidungen bleibt".[941] Dies bedeutet, dass es im Rahmen einer typischen PE-Finanzierung ein „echtes Mitspracherecht" des Investors bei Geschäftsführungsentscheidungen nicht geben kann. Vielmehr muss sich der Investor von vornherein auf die eher „passiven" Kontroll- und Aufsichtsrechte beschränken. Der Frage der Zusammensetzung und Aufgabenzuweisung der Kontroll- und Aufsichtsgremien (Aufsichtsrat, Beirat) kommt daher eine besondere Bedeutung zu.

Bei der Aktiengesellschaft sind Zusammensetzung und Aufgaben des Aufsichtsrates in den §§ 95 bis 116 AktG geregelt. Bei der GmbH kann neben der Geschäftsführung und der Gesellschafterversammlung im Gesellschaftsvertrag als weiteres Organ ein (fakultativer) Aufsichtsrat eingerichtet werden, für den § 52 Abs. 1 GmbHG auf bestimmte Vorschriften des Aktienrechtes verweist.[942] In der Praxis wird jedoch in der Regel § 52 GmbHG abbedungen und ein sog. Beirat[943] eingerichtet, auf den die Vorschriften des Aktienrechts nicht oder

---

[940] Vgl. Bundesministerium der Finanzen: Schreiben v. 16. Dezember 2003, IV A 6-S 2240-153/03, BStBl. 2004, Teil I, S. 40, (ber. 2006, Teil I, S. 632), Rn. 16; hierzu näher: Inhester, in: Münchener Handbuch des Gesellschaftsrechts, Bd. 2, § 26 Rn. 128 ff.; Pöllath+Partner, Private Equity Fonds, S. 114 ff.

[941] So ausdrücklich: Bundesministerium der Finanzen: Schreiben v. 16. Dezember 2003, IV A 6-S 2240-153/03, BStBl. 2004, Teil I, S. 40, (ber. BStBl. 2006, Teil I, S. 632), Tz. 16.

[942] In Fragen der Arbeitnehmermitbestimmung ist freilich auch bei der GmbH die Bildung eines Aufsichtsrates obligatorisch (§§ 1 Abs. 1 Nr. 3 S. 2 DrittelbG, 25 Abs. 1 Nr. 2 MitbestG, 3 Abs. 2 MontanMitbestG).

[943] Die Begriffsbestimmung ist aufgrund der bestehenden Gestaltungsfreiheit uneinheitlich. Teilweise spricht man auch insoweit von einem „Aufsichtsrat" obwohl die entsprechenden Vorschriften für diesen gerade nicht gelten sollen. Häufiger wird allerdings der Begriff „Beirat" oder „Verwaltungsrat" verwendet.

nur eingeschränkt Anwendung finden sollen. Auch der fakultativ eingerichtete Beirat ist nicht lediglich auf die Wahrnehmung von Beratungsfunktionen begrenzt wenn ihm organschaftliche Befugnisse zugewiesen werden, wie etwa die Bestellung und Überwachung der Geschäftsführung. Grundsätzlich werden die Mitglieder des Aufsichtsrates durch die Hauptversammlung ohne Bindung an Wahlvorschläge gewählt (§ 101 Abs. 1 S. 2 AktG). Die Bestellung von Aufsichtsratsmitgliedern kann daneben auch durch die Ausübung von Entsenderechten gemäß § 101 Abs. 2 AktG erfolgen, wobei jedoch die Zahl der durch Entsendung besetzten Mandate ein Drittel der Aufsichtsratsmitglieder der Aktionäre nicht übersteigen darf. Das Entsendungsrecht als satzungsmäßiges Sonderrecht für bestimmte Aktionäre bzw. für die jeweiligen Inhaber bestimmter Aktien ist von dem schuldrechtlich in der Beteiligungsvereinbarung geregelten Benennungsrecht als Spezialfall der Stimmbindung strikt zu trennen und ist entsprechend zu behandeln.

Aufsichtsratsmitglieder sind grundsätzlich unabhängig und an Weisungen der entsendungs- oder benennungsberechtigten Aktionäre nicht gebunden. Insbesondere muss das Aufsichtsratsmitglied seine Entscheidung am Unternehmensinteresse ausrichten und darf sich nicht an von ihm repräsentierte Interessen binden und gebunden fühlen; schon gar nicht darf es einen Interessenkonflikt zu Lasten des Unternehmensinteresses auflösen.[944] Trotz dieser klaren gesetzgeberischen Leitlinie haben Investoren im Rahmen von PE-Finanzierungen häufig eine andere Erwartungshaltung und besetzen daher Aufsichtsratsposten durch nahestehende Persönlichkeiten, mit denen sie häufig auch wirtschaftliche Beziehungen unterhalten. Es dürften jedoch selbst Verpflichtungen in Beteiligungsvereinbarungen, nach denen darauf hinzuwirken ist, dass die benannten Mandatsträger entsprechend den unter den Gesellschaftern getroffenen Vereinbarungen abstimmen, kaum justiziabel sein. Denn das Weisungsverbot erfasst auch alle Ersatzformen einer Weisungsbindung wie etwa einen Vertrag, durch den sich das Aufsichtsratsmitglied bei Nichtbefolgung von Anweisungen oder Wünschen des Wahlorgans oder sonstiger Dritter zur Leistung von Vertragsstrafen oder zur Amtsniederlegung verpflichtet.[945] Es kommt demnach bei einem Vertrauensverlust lediglich die Möglichkeit der Abberufung der Aufsichtsratsmitglieder durch die Hauptversammlung in Betracht – allerdings unter den erschwerten Bedingungen des § 103 Abs. 1 AktG.

### 4.1.2. Informationsrechte

Wenn im Rahmen einer PE-Finanzierung der Investor bereits aus steuerlichen Gründen daran gehindert ist, eine aktive Rolle im Bereich des Managements des Beteiligungsunternehmens zu spielen, ist eine umfassende und gleichberechtigte Information über die Angelegenheiten der Gesellschaft von entscheidender Bedeutung. Bei der GmbH sind Informationsrechte (Auskunfts- und Einsichtsrechte) der Gesellschafter schon nach Maßgabe des § 51a Abs. 1 GmbHG weitreichend gewährleistet und über die Einschränkungen in § 51a Abs. 2 GmbHG lediglich den allgemeinen Schranken (Verhältnismäßigkeit, Rechtsmissbrauch, § 242 BGB) unterworfen. Demgegenüber ist nach § 131 AktG die Informationsweitergabe durch den Vorstand an die Aktionäre von vornherein auf die Hauptversammlung und den Gleichbehandlungsgrundsatz der Aktionäre beschränkt. Die Vertragspartner der Beteiligungsvereinbarung messen daher in der Regel der Information „ihrer" Aufsichtsratsmitglieder große Bedeutung zu. Problematisch ist in diesem Zusammenhang die Weiterleitung vertraulicher Erkenntnisse, die das Aufsichtsratsmitglied im Rahmen seiner Mandatstätigkeit erlangt hat, an Aktionäre oder Dritte (etwa Investoren auf Ebene des Fonds). Die Aufsichtsratsmitglieder der Aktiengesellschaft unterliegen gemäß §§ 116, 93 Abs. 1 S. 2 AktG einer strafbewährten Verschwiegenheitspflicht im Hinblick auf Geschäftsgeheimnisse. Lediglich ausnahmsweise, soweit es im objektiven Interesse der betroffenen Gesellschaft liegt, muss im Einzelfall abgewogen werden, ob eine Berechtigung zur Weitergabe besteht. Im

---

[944] Vgl. etwa: Habersack, MüKo AktG, § 111 Rn. 136 m.w.N.
[945] Habersack, MüKo AktG, § 111 Rn. 136 m.w.N.

Rahmen einer solchen Abwägung im Konflikt mit anderen Interessen kann es durchaus gerechtfertigt sein, bestimmte vertrauliche Informationen nur einem abgegrenzten Aktionärskreis oder auch Dritten offenzulegen. In jedem Fall müssen dann aber wirksame Vorkehrungen gegen einen Missbrauch der überlassenen Informationen getroffen werden.

### 4.1.3. Zustimmungsvorbehalte des PE-Investors

Üblicherweise verläuft die Eigenkapitalbeteiligung des Investors nicht linear zum zugrunde liegenden Investment. Vielmehr spiegelt sich die Beteiligungsquote des Investors lediglich in den mit den Gründungsgesellschaftern verhandelten Bewertungen des Beteiligungsunternehmens wider. Insbesondere im Rahmen von *Venture Capital*-Beteiligungen erwirbt ein Investor Minderheitsbeteiligungen, obwohl er den wesentlichen Teil der Anlauffinanzierung erbringt. Im Rahmen solcher Minderheitsbeteiligungen besteht naturgemäß ein besonderes Schutzbedürfnis des Investors, damit er in Bezug auf Struktur- und Geschäftsführungsmaßnahmen nicht übergangen und das Investment wirtschaftlich ausgehöhlt wird. Zustimmungsvorbehalte hinsichtlich **Strukturmaßnahmen**, die bei der Beteiligungsgesellschaft durchgeführt werden, betreffen in der Regel Satzungsänderungen, Kapitalmaßnahmen, Umwandlungen, Verschmelzungen oder aber die Liquidation der Gesellschaft. Gleichermaßen finden sich in der Regel für Maßnahmen auf **Geschäftsführungsebene** Zustimmungsvorbehalte wie beispielsweise für Maßnahmen der Geschäftsführung, die über das übliche Tagesgeschäft hinausgehen, Vergabe oder Aufnahme von Krediten, Vereinbarungen mit Gesellschaftern oder deren Angehörigen, Aufstellung des Jahresplanes etc. Auch im Rahmen solcher Zustimmungsvorbehalte sind die üblichen Sorgfaltspflichten zu beachten. Erteilt also ein Mitglied eines (fakultativen) Aufsichtsrates seine Zustimmung zu bestimmten Geschäften der Geschäftsführung, kommt eine Haftung der Organmitglieder nicht nur in Betracht, wenn es sich dabei um ein für die Gesellschaft „nachteiliges Geschäft" handelt. Vielmehr kann eine Sorgfaltspflichtverletzung bereits darin liegen, dass er die zur hinreichenden Chancen- und Risikoeinschätzung gebotenen Informationen nicht eingeholt hat.[946]

Nach § 37 Abs. 1 GmbHG ist über den bloßen Zustimmungsvorbehalt hinaus auch eine **Weisung** gegenüber der Geschäftsführung der GmbH und damit eine aktive Beeinflussung der Geschäftsleitung möglich. Die Gesellschafter können danach generelle Weisungen oder spezielle Anordnungen erteilen und damit die Geschäftsführung faktisch zu einem reinen Exekutivorgan herabstufen. Nach Maßgabe des sog. *Private Equity*-Erlasses geht die Ausübung solcher Weisungsrechte wohl über die „passive Betreuung von Portfoliounternehmen" hinaus und indiziert mit der aktiven, weisungsgestützten Teilnahme am aktiven Management die Ausübung einer gewerblichen Tätigkeit.[947]

### 4.1.4. Key-Man Klauseln, Vesting

Gerade im Zusammenhang mit *Venture Capital*-Finanzierungen haben die Investoren ein starkes Interesse daran, bestimmte Gründungsgesellschafter und andere *Key-persons* an das Unternehmen zu binden und ihr Investment gegen deren Ausfall zu schützen. Neben den typischen *Key-Man Insurance*-Klauseln, wonach auf Kosten und zur Absicherung des Beteiligungsunternehmens eine Lebensversicherung mit einer bestimmten Deckung abzuschließen ist, finden sich gerade im Zusammenhang mit *Venture Capital*-Finanzierungen häufig auch Regeln, wonach Gründungsgesellschafter, die auch aktiv das Management der Beteiligungsgesellschaft führen, an das Unternehmen gebunden werden sollen (sog. Halteklauseln oder *Vesting*-Regeln). Es erfolgt eine Verknüpfung der Gesellschafterstellung des Gründungsgesellschafters mit seiner Organ- oder Dienststellung und damit mit seiner aktiven

---

[946] BGH, Urteil v. 11. Dezember 2006, II ZR 243/05, BB 2007, 283 ff.
[947] Vgl. Bundesministerium der Finanzen: Schreiben v. 16. Dezember 2003, IV A 6-S 2240-153/03, BStBl. 2004, Teil I, S. 40, (ber. 2006, Tei I, S. 632), Tz. 16; hierzu näher: Inhester, in: Münchener Handbuch des Gesellschaftsrechts, Bd. 2 § 26 Rn. 128 ff.; Pöllath+Partner, Private Equity Fonds, S. 114 ff.

Tätigkeit. Entfällt das Engagement für das Unternehmen, wird also die Organ- oder Dienststellung bei dem Unternehmen beendet, soll er auch seine Gesellschafterstellung entweder ganz oder teilweise im Rahmen eines gestuften Verfahrens (sog. *Vesting-Schedule*) verlieren. Bei Beendigung des Dienstverhältnisses bzw. der Organstellung des Gründungsgesellschafters bei dem Beteiligungsunternehmen sowie in anderen ausdrücklich geregelten Fällen kann danach vom betreffenden Gesellschafter die Veräußerung und Übertragung der Gesellschaftsbeteiligung im Wege einer Call-Option verlangt werden. In der Praxis wird bei der Bestimmung des Rückkaufpreises in der Regel nach dem Grund der Beendigung der aktiven Tätigkeit (*Good leaver/Bad leaver*) differenziert.

Als *Good-Leaver*-Fälle gelten häufig Tod, Erwerbs- und Berufsunfähigkeit, Kündigung des Dienstverhältnisses durch den Gründungsgesellschafter aus wichtigem Grund, den er nicht zu vertreten hat. Als *Bad-Leaver*-Fälle gelten häufig Kündigung des Dienstverhältnisses des Gründungsgesellschafters aus wichtigem Grund, den er zu vertreten hat, Pflichtverletzungen, häufig auch Kündigung des Dienstverhältnisses ohne wichtigen Grund innerhalb eines Zeitraumes von drei bis fünf Jahren. In *Good-Leaver*-Fällen erfolgt die (anteilige) Bestimmung des Rückkaufpreises nach Maßgabe des (zu bestimmenden) Verkehrswertes der Anteile. Dagegen bestimmt sich der Rückkaufpreis in den *Bad-Leaver*-Fällen häufig nach Maßgabe des niedrigen Wertes zwischen Buchwert und Verkehrswert. Bei der GmbH bedarf die Implementierung der Call-Option der notariellen Form des § 15 Abs. 4 GmbH. Seit der Einführung des *MoMiG* zum 1. November 2008 ist es nunmehr auch möglich, die häufig in der Praxis auftretenden Probleme der Teilung nach Maßgabe des *Vesting-Schedule* bereits vorab durchzuführen und auf „volle Euro" lautende Geschäftsanteile als Bezugsgestand für die Ausübung der Call-Option zu schaffen.

Als Alternative zur Implementierung einer Call-Option kommt zur Absicherung des *Vesting* auch die Schaffung eines Einziehungsrechtes in Betracht. Das Recht zur Zwangseinziehung muss gemäß §§ 34 Abs. 2 GmbHG, 237 Abs. 1 S. 2 AktG in der Gründungssatzung oder vor Übernahme der Beteiligung des betreffenden Gesellschafters vorgesehen sein oder nachträglich mit Zustimmung aller Gesellschafter in die Satzung eingefügt werden. Da die Zwangseinziehung „gegen" den Willen des betreffenden Gesellschafters durchsetzbar sein muss, empfiehlt es sich eine hinreichende Konkretisierung des Einziehungsgrundes in die Satzung aufzunehmen. Zeitpunkt der Zahlung der Einziehungsvergütung oder des Rückkaufpreises kann mit Exit oder mit Eintritt eines Optionsfalles gegeben sein, was regelmäßig eine Frage der Liquidität des Beteiligungsunternehmens sein dürfte.

### 4.1.5. Wettbewerbsverbote

Auch Wettbewerbsverbote der Gründungsgesellschafter dienen der Absicherung des Investments und werden im Rahmen von PE-Finanzierungen regelmäßig in Beteiligungsvereinbarungen geregelt. Wettbewerbsverbote verhindern oder erschweren zumindest die Fruchtziehung des durch den Investor finanzierten und beim Gründungsgesellschafter geschaffenen Know-Hows. Da sich dieses „Verwertungsverbot" gerade auf den „nachvertraglichen" Zeitraum, also nach Ausscheiden des Gründungsgesellschafters aus dem Organ- oder Dienstverhältnis beziehen sollte, um die gewünschte rechtliche Wirkung zu entfalten, hilft das allgemein geltende gesetzliche Wettbewerbsverbot für sich regelmäßig nicht aus, um die Interessen des Investors hinreichend abzusichern, da das Bestehen einer nachvertraglichen Treuepflicht zur Unterlassung von Wettbewerb nach Ausscheiden aus der Gesellschaft nicht anzunehmen ist. In der Regel wird daher flankierend (und subsidiär) zu entsprechenden (häufig gleichlautenden) Regelungen im Dienstvertrag auch in der Beteiligungsvereinbarung ein nachvertragliches Wettbewerbsverbot vereinbart.

Die Rechtsprechung misst nachvertragliche Wettbewerbsverbote wegen der Drittwirkung der Grundrechte unmittelbar an Art. 12, 2 GG i.V.m. § 138 BGB und hat konkretisierend festgestellt, dass derartige Beschränkungen der „Freiheit der Berufsausübung" insbesondere dann nicht zu rechtfertigen sind, wenn das Verbot nicht dem berechtigten geschäftlichen Interesse der Gesellschaft dient oder es nach Ort, Zeit und Gegenstand die

# 4. Teil. Beteiligungsstrukturierung § 11 Beteiligungsvertrag

Berufsausübung und die wirtschaftliche Tätigkeit des Geschäftsführers unbillig erschwert.[948] Unklar ist, ob und inwieweit die §§ 74 ff. HGB, die ein nachvertragliches Wettbewerbsverbot von einer Karrenzentschädigung geltend machen (§ 74 Abs. 2 HGB), für Organe der Beteiligungsgesellschaft unmittelbar oder zumindest entsprechend anwendbar sind. Eine analoge Anwendung hat der *Bundesgerichtshof* selbst für Fremdgeschäftsführer abgelehnt.[949] Im Rahmen der Auslotung der gegenständlichen Reichweite des nachvertraglichen Wettbewerbsverbotes greift jedoch auch der Bundesgerichtshof auf die in den §§ 74 ff. HGB zum Ausdruck gekommenen Rechtsgrundsätze zurück.[950] Vor diesem Hintergrund ist davon auszugehen, dass bei der üblichen Laufzeit eines nachvertraglichen Wettbewerbsverbotes von zwei Jahren ein umfassendes Tätigkeitsverbot regelmäßig unbillig und sittenwidrig ist, wenn überhaupt keine Karrenzentschädigung zugesagt wird. Bei einem sachlich, räumlich und zeitlich besonders umfassenden Wettbewerbsverbot ist möglicherweise sogar die Zusage einer Karrenzentschädigung in Höhe von 50 % der zuletzt bezogenen vertragsgemäßen Vergütung unzureichend.[951]

### 4.1.6. Technologietransfer

Im Rahmen von PE-Finanzierungen stellt sich häufig die Frage, ob die dem Geschäftsmodell der Gesellschaft zugrundeliegende Technologie auch in rechtlicher Hinsicht dem Unternehmen zusteht. Jedenfalls werden die Finanzierungszusagen des Investors nicht selten vom Status des Technologiebestandes abhängig gemacht. Aufgrund der steuerlichen Wirkung, die eine Übertragung von Patenten und Schutzrechten der Gründungsgesellschafter bei gleichzeitigem Einstieg des Investors nach Maßgabe der geltenden Unternehmensbewertung auslöst, ist in der Regel davon auszugehen (oder jedenfalls anzuraten), dass im Zeitpunkt des Abschlusses der Beteiligungsvereinbarung der relevante Technologietransfer bereits abgeschlossen ist. Dementsprechend findet sich häufig in Beteiligungsvereinbarungen lediglich eine deskriptive Feststellung, dass der Technologietransfer erfolgt ist, sowie die Verpflichtung, auch alle weiteren künftigen Erfindungen im Bereich des Unternehmensgegenstandes der Gesellschaft zu überlassen.

## 4.2. Anteilsverfügungen, Andienungs- und Vorkaufsrechte

Beteiligungsvereinbarungen enthalten in der Regel sehr weitreichende Vorschriften über Anteilsverfügungen, Andienungspflichten und Vorkaufsrechte in Bezug auf die gehaltenen Anteile an der Beteiligungsgesellschaft. Solche Regelungen zielen darauf ab, die Zusammensetzung des Gesellschafterkreises zu kontrollieren und kommen daher insbesondere auch bei den typischen Familiengesellschaften zur Anwendung.

### 4.2.1. Verfügungsbeschränkungen, Vinkulierungsklauseln

Ähnlich wie bei typischen Familiengesellschaften kommt es gerade den Investoren einer PE-finanzierten Beteiligungsgesellschaft darauf an, dass eine Anteilsübertragung an Dritte oder sogar innerhalb des bestehenden Gesellschafterkreises nur unter Einbeziehung des Investors bzw. der übrigen Gesellschafter und nur unter bestimmten Voraussetzungen erfolgt. Anderenfalls wäre es möglich, dass insbesondere Gründungsgesellschafter, die aufgrund einer niedrigen (Nominal-) Bewertung des Unternehmens ihre Beteiligung erworben haben, einseitig zum Nachteil des Investors realisieren. Zahlreiche Beteiligungsvereinbarungen sehen daher vor, dass bestimmte Gründungsgesellschafter, die zugleich auch als *Key-Man* gelten und daher auch regelmäßig einem *Vesting* unterliegen, ihre Beteiligung bis zum Ablauf einer

---

[948] BGH, Beschluss v. 7. Juli 2008, II ZR 81/07, NZG 2008, 753; Urteil v. 26. März 1984, II ZR 229/83, NJW 1984, 2366.
[949] BGH, Urteil v. 17. Februar 1992, II ZR 140/91, NJW 1992, 1892. Vgl. auch: Baumann in: Oppenländer/Trölitzsch, § 14, Rn. 14.
[950] Näher hierzu: Baumbach/Hueck, GmbHG, § 35 Rn. 195 ff.
[951] So OLG Düsseldorf Urteil v. 18. Mai 1989, 8 U 143/88, DB 1990, 1960.

bestimmten Frist entweder gar nicht oder nur nach Maßgabe der Zustimmung des Investors veräußern können (*Founder's lock up*). Demgegenüber behalten sich Investoren typischerweise das Recht vor, ihre Beteiligung jederzeit an verbundene Unternehmen oder an parallel verwaltete Fonds zu übertragen. Wegen der regelmäßig begrenzten Laufzeit des Fonds finden sich überdies in diesem Zusammenhang auch Öffnungsklauseln für Sekundär-Transaktionen (sog. *secondary direct investments*).

Dinglich werden solche Verfügungsbeschränkungen durch sog. **Vinkulierungsklauseln** auf Satzungsebene abgesichert. Durch die Vinkulierung wird das Recht des Aktionärs zur Übertragung seiner Namensaktie mit dinglicher Wirkung beschränkt, d. h. die Vinkulierung erfasst (nur) das Verfügungsgeschäft (Erfüllung), nicht schon das Verpflichtungsgeschäft (Kauf- oder Einbringungsvertrag). Bei Aktiengesellschaften wird ein satzungsmäßiges Vorkaufsrecht für unzulässig gehalten, da § 68 Abs. 2 AktG die möglichen Übertragungsbeschränkungen abschließend regelt. Darüber hinausgehende Satzungsbestimmungen sind daher nach Maßgabe des § 23 Abs. 5 AktG nichtig.[952] Damit bleibt den Aktionären von vornherein lediglich die Möglichkeit, die Vorerwerbsrechte in der Beteiligungsvereinbarung zu verankern.

**4.2.2. Andienungs- und Vorkaufsrechte**

Bei der GmbH können die Geschäftsanteile sowohl einem Vorkaufsrecht oder einer Andienungspflicht auch im Gesellschaftsvertrag unterstellt werden. Werden die Vorkaufs- oder Andienungspflichten dagegen in der Beteiligungsvereinbarung verankert, ist gemäß § 15 Abs. 4 GmbHG die notarielle Form einzuhalten. Dies hat sich auch durch die Einführung des *MoMiG* nicht geändert. Bei der Ausübung des Vorkaufsrechts ergibt sich in der Praxis keine Schwierigkeit bei der Bestimmung des Kaufpreises. Denn nach § 463 BGB verlangt das Vorkaufsrecht, dass ein mit einem Dritten wirksam abgeschlossener Vertrag besteht, in den der Vorkaufsberechtigte anstelle des Käufers einzutreten berechtigt ist.[953] Andererseits wird gerade dieses Eintrittsrecht des Vorkaufberechtigten in der Praxis als hinderlich angesehen, denn ein potentieller Käufer wird nur dann die Bereitschaft zu einer kostenintensiven Due Diligence mit nachfolgenden Vertragsverhandlungen entfalten, wenn er (zumindest hinsichtlich der Kosten) nicht das Ausfallrisiko der Ausübung des Vorkaufsrechts trägt. Beteiligungsvereinbarungen sehen daher in der Regel das Vorkaufsrecht nur als ultima ratio zur Erhaltung des Gesellschafterkreises bei gebundenen Gesellschaftern vor. Vorgeschaltet sind in der Regel Andienungspflichten, wonach die zu veräußernde Beteiligung bereits vor Abschluss eines endgültigen Vertrages den übrigen Gesellschaftern nach Maßgabe des verbindlichen Angebotes des Dritten in einem bestimmten Verhältnis angeboten wird. Beteiligungsvereinbarungen bestimmen insoweit die wechselseitige Verpflichtung der Parteien, sich gegenseitig von der Absicht zur Beteiligungsveräußerung zu informieren und dabei neben dem Kaufinteressenten die Höhe der zu veräußernden Beteiligung sowie den Kaufpreis bzw. die übrigen Gegenleistungskomponenten zu nennen.

Schwierigkeiten können sich dann ergeben, wenn im Rahmen der Andienungsverpflichtung der Kaufpreis nicht allein durch das vorliegende Drittangebot bestimmt werden soll, sondern weitere qualitative Merkmale zur Kaufpreisadjustierung nach Maßgabe der Beteiligungsvereinbarung herangezogen werden sollen. So finden sich etwa Regelungen, wonach der Kaufpreis mindestens dem Verkehrswert der Beteiligung zu entsprechen hat oder der Verkehrswert sogar mit einem prozentualen Aufschlag zu versehen ist bzw. Andienungsberechtigte und der Drittanbieter zu einem Bieterverfahren gezwungen werden. Meinungsverschiedenheiten lassen sich selbstverständlich durch Schiedsgutachter (Gutachten eines Wirtschaftsprüfers) überwinden. Solche Verfahren sind jedoch zeitintensiv und verursachen weitere Kosten. Die Beteiligungsvereinbarung sollte deshalb den Kaufpreis (bzw. die Kauf-

---

[952] Bayer, in: MüKo AktG, § 68 Rn. 38 f.
[953] Zu den Besonderheiten des Vorkaufsrechts im Rahmen von vinkulierten Namensaktien vgl. vorstehend Abschnitt 4.2.1. Abs. 2.

preisfindung) bestimmen oder mindestens die Bewertungsgrundlagen hinreichend konkretisieren.

### 4.3. Exitvereinbarungen

PE-Finanzierungen sind immer auch Beteiligungen auf Zeit. Investoren zielen hierbei wegen der steuerlichen Wirkungen nicht auf die Erzielung laufenden Dividendeneinkünfte ab, sondern auf die Realisierung der Wertsteigerung des Unternehmens im Rahmen einer Anteilsverkaufes. Die Wahl der geeigneten Exit-Strategie stellt insoweit den letzten, jedoch nicht minder wichtigen Schritt im Rahmen des Investitionsprozesses für einen Investor dar, denn hier stellt sich letztendlich heraus, ob sich die in das Engagement gesetzten Erwartungen bestätigen werden und ein entsprechend attraktiver Veräußerungserlös für das Unternehmen erzielt werden kann. Dabei kann sowohl die Wahl des Exit-Zeitpunktes als auch die Wahl des Exit-Kanals von entscheidender Bedeutung für die effektiv mit der Investition erzielte Rendite sein.

#### 4.3.1. Verpflichtung zum Trade Sale oder Börsengang

Regelmäßig werden in einer Beteiligungsvereinbarung die vom Investor priorisierten Exit-Varianten festgelegt. Neben einem sog. *Trade Sale* (Verkauf an einen strategischen Investor), *Secondary Sale* (Verkauf an einen anderen Finanzinvestor) steht häufig auch ein *IPO* (Börsengang) im Fokus des Investors. Beteiligungsvereinbarungen im Rahmen von PE-Investitionen enthalten daher häufig auch Aussagen zu einem angestrebten Börsengang des Unternehmens. Da ein Börsengang nicht allein von der Entscheidung der Parteien der Beteiligungsvereinbarung, sondern in erster Linie von den wirtschaftlichen Rahmenbedingungen der Gesellschaft (Skalierbarkeit des Geschäftsmodells, Börsenreife des Unternehmens etc.) sowie natürlich von den äußeren Marktbedingungen abhängt, regelt die Beteiligungsvereinbarung in der Regel eine Absichtserklärung der Parteien, die Aktien der Gesellschaft dem Handel an einer Börse zuzuführen. Für den Fall, dass der Börsengang dann mit einem bestimmten Quorum beschlossen wird, sind die Gesellschafter selbstverständlich flankierend verpflichtet, notwendige Umstrukturierungsmaßnahmen (etwa im Rahmen des Formwechsels der Gesellschaft) zu beschließen oder sich den speziellen Regeln des Börsensegmentes (etwa *Lock-up*- oder Transparenzregelungen) zu unterwerfen. Häufig finden sich in diesem Zusammenhang auch Verpflichtungen, wonach im Rahmen des Börsenganges vorrangig die Aktien des Investors zu platzieren sind.

Kommt ein Börsengang innerhalb des vereinbarten Exit-Horizontes nicht zustande, muss freilich der Exit über ein anderes Szenario ausgelöst werden. Vor der Segmentierung der Börse mit unterschiedlichen Zulassungsverfahren war insbesondere der sog. *Trade Sale*, also der Verkauf an einen strategischen Investor, die typische Form der Realisierung des Investments durch den Investor. In den letzten Jahren sind zunehmend vor allem im Bereich der *Buy-Outs* auch sog. *Secondaries* hinzugekommen. Herkömmlich wurde jedoch davon ausgegangen, dass ein *Secondary Sale* gegenüber einem klassischen Trade Sale an einen strategischen Käufer sowie einer Börseneinführung zunächst mit Nachteilen behaftet ist, die sich in der Bewertung des Beteiligungsunternehmens niederschlagen können. So wird ein strategischer Käufer im Gegensatz zu einem Finanzinvestor in der Lage sein, strategische Synergieeffekte sowie Mark- bzw. Wertsteigerungspotentiale auch bei der Kaufpreisermittlung (positiv) zu berücksichtigen. Sekundärkäufer machen sich demgegenüber zunutze, dass es keinen organisierten Handelsplatz für PE-finanzierte Unternehmen gibt, so dass Sekundärkäufer gerade in Konsolidierungsphasen (wie nach der Kreditkrise 2008/09) auf attraktive Investitionschancen hoffen können.

#### 4.3.2. Mitverkaufspflichten (Drag Along)

Eine nachhaltige Realsierung der Wertsteigerung des Portfolios im Rahmen eines Beteiligungsverkaufes kommt in der Regel nicht bei der (isolierten) Veräußerung der Minderheitsbeteiligung in Betracht. Wenn es sich bei dem Käufer nicht gerade um einen Wettbewerber handelt, wird dieser einen Minderheitsabschlag im Rahmen der Bewertung der Unternehmensbeteiligung vornehmen. Eine Maximierung des Unternehmenswertes ist daher nur beim Verkauf des Gesamtunternehmens zu erreichen – und zwar unbeschadet, ob es sich dabei um einen *Trade Sale* oder um einen *Secondary Sale* handelt. Dieser erzwungene Exit (teilweise auch *forced sale* genannt) kann vertraglich dadurch erreicht werden, dass die Gründungsgesellschafter dem Investor das Sonderrecht einräumen, sämtliche Anteile des Unternehmens einem Dritten zum Kauf anzubieten. Die in der Beteiligungsvereinbarung gebundenen Gesellschafter unterwerfen sich mithin einer Mitverkaufsverpflichtung (*drag along right*).

Die Ausübung einer Mitverkaufsverpflichtung durch einen Minderheitsgesellschafter berührt wesentlich die Vermögensinteressen der (mitverkaufs-)verpflichteten Gesellschafter. Häufig wird daher das Recht, die Mitverkaufsverpflichtung auszulösen, an das Vorliegen bestimmter Voraussetzungen geknüpft. So kommt in der Regel die Ausübung einer Mitverkaufsverpflichtung erst nach Ablauf einer gewissen Haltefrist in Betracht. Diese orientiert sich teilweise an der Laufzeit des investieren Fondsvehikels aus dem der Investor heraus in das Unternehmen investiert oder an der unmittelbaren Haltedauer der Beteiligung. Häufig treten daneben qualitative Merkmale wie etwa Nichtverwirklichung eines *IPO* oder Erreichens eines Unternehmenswertes in einer bestimmten Höhe. Teilweise wird es aber bereits als ausreichend angesehen, wenn die Mehrheit der Inhaber von Vorzugsanteilen aufgrund einer entsprechenden Beschlussfassung den Gesamtverkauf des Unternehmens initiiert. Zur Abwendung einer Mitverkaufsverpflichtung kann die Beteiligungsvereinbarung auch bestimmen, dass die Gründungsgesellschafter das Recht zur Abgabe eines bevorzugten Angebotes zum Erwerb des Gesamtunternehmens haben (sog. *Founders' Buy Back*).

### 4.3.3. Mitverkaufsrechte (Tag Along)

Das Mitverkaufsrecht bildet das Gegenstück zur Mitverkaufsverpflichtung. Kommt es nämlich dem Investor zur Absicherung seines Investments im Rahmen seiner Minderheitsbeteiligung darauf an, durch die Ausübung des *drag-along*-Rechts einen möglichst hohen Unternehmenswert durch einen *Gesamt*verkauf zu realisieren, steht beim sog. *tag-along*-Recht der Schutz derjenigen Gesellschafter im Vordergrund, die unmittelbar kein Veräußerungsangebot vom erwerbswilligen Dritten erhalten haben und im Falle eines Beteiligungsverkaufes, der nicht notwendig zu einem *Gesamt*verkauf des Unternehmens führen muss, Gefahr laufen, selbst ohne Realisierungsmöglichkeit im Unternehmen zu verbleiben. Bei der Ausübung des *tag along*-Rechts kann der berechtigte Gesellschafter vom veräußerungswilligen Mitgesellschafter verlangen, dass der die Anteile des veräußerungswilligen Gesellschafters erwerbende Dritte auch die Anteile des *tag along*-Berechtigten zu den verhältnismäßig gleichen Konditionen erwirbt, zu denen er die Anteile des veräußerungswilligen Gesellschafters erwirbt. Mitverkaufsrechte können also den Gründungsgesellschafter im Falle von Anteilsveräußerungen durch den Investor schützen. Denkbar ist aber auch, dass sich der Investor ein Mitverkaufsrecht einräumen lässt, damit er ebenso wie der veräußerungswillige Mitgesellschafter seine Beteiligung entweder ganz oder teilweise realisieren kann.

### 4.3.4. Erlösverteilungspräferenzen

Beteiligungsvereinbarungen im Rahmen von PE-Finanzierungen gehen in der Regel davon aus, dass der Investor zum Aufbau des Geschäftsbetriebes der Gesellschaft eine einseitige Finanzierungsverpflichtung übernimmt.[954] Mit dieser einseitigen Übernahme der Finanzierungspflicht des Beteiligungsunternehmens korreliert regelmäßig die Vereinbarung von Erlösverteilungspräferenzen in der Beteiligungsvereinbarung zugunsten des Investors. Würden solche Erlösverteilungspräferenzen nicht geregelt, wären (Dividenden-) Ausschüttungen, Liquidationsüberschüsse oder aber die Verteilung eines Veräußerungserlöses lediglich pro rata, also im Verhältnis der gehaltenen Beteiligung, auf die jeweiligen Gesellschafter

---

[954] Vgl. hierzu näher vorstehend Abschnitt 3.1.ff.

zu verteilen. Eine solche „proportionale" Ausschüttungsregel berücksichtigt aber nicht die disproportionale Finanzierungsleistung des Investors. Der Investor will also mit der Vereinbarung von Erlösverteilungspräferenzen sicherstellen, dass das in das Beteiligungsunternehmen investierte Kapital ggf. nebst einer bestimmten Rendite (*hurdle*) vorrangig an ihn zurückfließt, bevor die Gründungsgesellschafter, die ihre Beteiligung in der Regel zum Nominalwert erworben haben, von Rückflüssen profitieren. Der finanzielle Beitrag des Investors steht damit im Rang vor den Gesellschafterbeiträgen der übrigen Gesellschafter.

Je nach den wirtschaftlichen Marktverhältnissen und den Positionen der Parteien der Beteiligungsvereinbarung, werden Erlösverteilungspräferenzen in unterschiedlichen Ausprägungen geregelt. Üblich sind zunächst Regelungen, die für den Fall der Unternehmensveräußerung, der Ausschüttung von Dividenden, der Liquidation der Gesellschaft, von Einbringungs- bzw. Umwandlungsvorgängen (einschließlich Abfindungszahlungen nach dem Umwandlungsgesetz) oder sonstigen Maßnahmen, die mit einer Anteilsveräußerung wirtschaftlich vergleichbar sind, sämtliche Dividenden, Veräußerungs- bzw. Liquidationserlöse dem Investor zuweisen, bis er sein eingesetztes Investment nebst der bestimmten Mindestrendite erwirtschaftet hat. Hierbei hat sich in der Praxis bei der Durchführung mehrerer Finanzierungsrunden der Grundsatz des sog. „*last in first out*" am Markt etabliert. Es erhält also immer der Investor der letzten Finanzierungsrunde „vorrangig" vor den Investoren der vorherigen Finanzierungsrunde sein Investment zurück. Demgegenüber nehmen die Gründungsgesellschafter nur nachrangig an der Verteilung der Erlöse teil. Erfolgt nach Auskehr der Erlösverteilungspräferenzen die Verteilung des verbleibenden Erlöses nicht lediglich an die Gründungsgesellschafter (*non-participating preference*), sondern (wiederum) unter Einschluss des Investors (*participating preference*), entsteht zugunsten des Investors eine weitere Hebelwirkung der Rendite.

*Participating*- und *non-particpipating*-Präferenzen kommen in den unterschiedlichsten Erscheinungen vor und weisen zum Teil neben zeitlichen auch weitere (betrags- oder meilensteinabhängige) Beschränkungen auf. Gerade im Zusammenhang mit einer Erlösverteilungspräferenz, bei der der Investor quasi auf jeder Verteilungsstufe partizipiert, werden die Gründer versuchen sicherzustellen, dass sie auf einer bestimmten Verteilungsstufe „aufholen" (*catch-up*), damit es nicht zu einer signifikanten Bevorzugung des Investors (sog. *double dip*) kommt. Die Erlösverteilungspräferenz kann bei einer GmbH sowohl in der Satzung als in der Beteiligungsvereinbarung geregelt werden. Bei der Aktiengesellschaft ist die Regelung einer Erlösverteilungspräferenz, soweit die Verteilung von Veräußerungserlösen betroffen ist, lediglich schuldrechtlich in der Beteiligungsvereinbarung möglich. In der Praxis wird zur Vermeidung der Publizitätswirkung des Handelsregisters ohnehin die schuldrechtliche Vereinbarung in der Beteiligungsvereinbarung bevorzugt.

## 5. Besondere Rechtsfragen im Zusammenhang mit der Beteiligungsvereinbarung

Je nach der gegenständlichen Reichweite der Beteiligungsvereinbarung ergeben sich besondere Rechtsfragen, die im Zusammenhang mit dem Abschluss der Vereinbarung geklärt werden müssen. So sind etwa bei der Beteiligung von Großkonzernen oder Fonds, die bestimmte Schwellenwerte im Rahmen ihrer Investments überschreiten oder bereits in bestimmte sensible Industriezweige investiert haben, neben fusionskontrollrechtlichen Fragestellungen auch die Regelungen des Außenwirtschaftsrechts zu prüfen. Im Folgenden soll zum Abschluss lediglich kurz auf bestehende Formerfordernisse sowie auf laufzeitrelevante Fragestellungen hingewiesen werden.

### 5.1. Formfragen

Bei der GmbH löst insbesondere die Implementierung der Mitverkaufsverpflichtung sowie des Mitverkaufsrechts gemäß § 15 Abs. 4 GmbHG das Bedürfnis der notariellen Beurkundung der Beteiligungsvereinbarung aus, denn formbedürftig ist die vertragliche Begründung einer Abtretungspflicht für einen Geschäftsanteil auch dann, wenn sie nur auf Verlangen zu erfüllen ist. Ebenso formbedürftig sind spätere Änderungen der Beteiligungsvereinbarung oder Vertragsergänzungen.

### 5.2. Laufzeit

Sofern Beteiligungsvereinbarungen auf unbestimmte Zeit abgeschlossen sind, sind diese wie alle Dauerschuldverhältnisse ordentlich kündbar.[955] Für Beteiligungsvereinbarungen gelten die Regelungen über die Kündigung einer Gesellschaft bürgerlichen Rechts. Maßgeblich ist insoweit § 723 Abs. 1 S. 1 BGB. Danach kann eine Gesellschaft, soweit sie nicht für eine bestimmte Zeit eingegangen wurde, von jedem Gesellschafter jederzeit gekündigt werden, sofern diese nicht zur Unzeit geschieht.

---

[955] Baumann/Reiss, ZGR 1989, 157 (180).

# § 12 Fremdfinanzierung

## Übersicht

| | Seite |
|---|---|
| 1. Einführung | 256 |
| 2. Beschreibung einer typischen Akquisitionsfinanzierungsstruktur | 257 |
| 3. Übersicht über die klassischen Fremdfinanzierungstranchen | 258 |
| 3.1. Senior-Kredite | 258 |
| 3.1.1. Laufzeitkredite – Term Facilities | 258 |
| 3.1.2. Betriebsmittellinie – Revolving Facility | 260 |
| 3.1.3. Ergänzende bilaterale Linien – Ancillary Facilities | 261 |
| 3.2. Second-Lien-Kredite | 261 |
| 3.3. Mezzanine-Kredite | 262 |
| 3.4. Sonderformen der Fremdfinanzierung | 264 |
| 3.4.1. PIK-Kredite | 264 |
| 3.4.2. Verkäuferdarlehen (Vendor Loans) | 265 |
| 3.4.3. Hochzinsanleihen (High Yield Bonds) | 266 |
| 3.4.4. Asset Based Lending | 266 |
| 4. Finanzierungszusage und Certain Funds | 267 |
| 4.1. Finanzierungszusage – Commitment Papers | 267 |
| 4.2. Sicherstellung der Kaufpreisfinanzierung – Certain Funds | 268 |
| 4.3. Wege zu Certain Funds | 269 |
| 4.3.1. Bankgarantie und Treuhandkonto | 269 |
| 4.3.2. Unterzeichneter Kreditvertrag | 269 |
| 4.3.3. Aufhebung des Dokumentationsvorbehaltes – Fundable Commitment Papers | 270 |
| 4.3.4. Übergangsfinanzierung – Interim Facility Agreement | 270 |
| 4.3.5. Erfüllung der Auszahlungsvoraussetzungen | 271 |
| 5. Vertragsdokumentation der Kreditfinanzierung | 271 |
| 5.1. Vertragsmuster für Kreditverträge | 271 |
| 5.2. Überblick über die wichtigsten Regelungen des Kreditvertrages | 273 |
| 5.2.1. Zusicherungen der Kreditnehmer – Representations | 273 |
| 5.2.2. Allgemeine Auflagen für Kreditnehmer – General Undertakings | 274 |
| 5.2.3. Finanzkennzahlen – Financial Covenants | 277 |
| 5.2.4. Kündigungsgründe – Events of Default | 279 |
| 5.3. Konsortialbestimmungen und die Intercreditor-Vereinbarung | 281 |
| 5.3.1. Die Konsortialbestimmungen | 281 |
| 5.3.2. Die Intercreditor-Vereinbarung | 282 |
| 6. Die Besicherung der Kredite | 283 |
| 6.1. Struktur der Besicherung | 283 |
| 6.2. Aufhebung des strukturellen Nachrangs | 284 |
| 6.2.1. Aufsteigende Sicherheiten und Garantien | 284 |
| 6.2.2. Refinanzierung auf Ebene der Zielunternehmen | 285 |
| 6.2.3. Schuldübernahme – Debt Push-Down | 285 |
| 6.2.4. Verschmelzung mit der Zielgesellschaft | 286 |
| 6.2.5. Beherrschungsverträge und Gewinnabführungsverträge | 286 |
| 7. Steuerliche Aspekte im Zusammenhang mit der Akquisitionsfinanzierung | 287 |
| 7.1. Abzugsfähigkeit des Zinsaufwandes beim Kreditnehmer | 287 |
| 7.2. Besteuerung des Kreditgebers | 287 |
| 7.3. Kapitalertragsteuer | 288 |

## 1. Einführung

Unternehmensakquisitionen von Private-Equity-Investoren werden durch eine Kombination von Eigen- und Fremdkapital finanziert. Durch einen hohen Fremdkapitalanteil kann die Eigenkapitalrendite für den Private-Equity-Investor erhöht werden, weshalb die Fremdfinanzierung einen entscheidenden Faktor für den Erfolg oder Misserfolg einer LBO-Transaktion darstellt.

Die klassische Form der Fremdfinanzierung für eine Unternehmensübernahme ist der syndizierte Kredit, da er flexibel ist und seine Erhältlichkeit wesentlich weniger von den Schwankungen der Kapitalmärkte abhängt als Kapitalmarktinstrumente wie Hochzinsanleihen (High Yield Bonds).[956] Im folgenden Kapital werden die verschiedenen Formen der Fremdfinanzierung dargestellt und besondere Problemschwerpunkte bei ihrem Einsatz in der Praxis der Unternehmensakquisition erläutert.

## 2. Beschreibung einer typischen Akquisitionsfinanzierungsstruktur

Die Struktur der Akquisition und ihrer Finanzierung muss idealerweise den Interessen aller Beteiligten gerecht werden. Den Investoren ist daran gelegen, die investierenden Fonds aus den Akquisitions- und Finanzierungsverträgen herauszuhalten, da die Fonds ansonsten in einer Vielzahl von Transaktionen Partei von umfänglichen Verträgen mit schwer einzuschätzenden Folgen werden. Dem Management muss ein taugliches Vehikel zur Verfügung gestellt werden, das ihm ein Co-Investment mit Investoren ermöglicht. Die finanzierenden Kreditgeber fordern eine klare Trennung zwischen der Transaktionsebene einerseits und der Sphäre der Gesellschafter andererseits sowie in aller Regel die Verpfändung der Anteile am Kreditnehmer der Akquisitionskredite (siehe unten Abschnitt 6.1). Schließlich ist allen Beteiligten daran gelegen, dass die Zielgesellschaft mit den Erwerbergesellschaften steuerlich konsolidiert wird, um im Rahmen der allgemeinen Grenzen eine Verrechnung von operativen Gewinnen der Zielgesellschaft mit (insbesondere Zins-) Aufwendungen der Erwerbergesellschaft zu erreichen.

Die vorstehend kursorisch beschriebene Interessenlage hat in der Praxis zur häufigen Verwendung der folgenden Transaktionsstruktur geführt:

Die Investoren, das Management und sonstige Co-Investoren sind Gesellschafter der obersten deutschen Erwerbergesellschaft, die in der Rechtsform einer GmbH gegründet wird (Parent).[957] Der Parent hält sämtliche Anteile an einer weiteren deutschen GmbH-Zweckgesellschaft (Company),[958] die Käuferin unter dem Unternehmenskaufvertrag ist und die Anteile an der Zielgesellschaft erwirbt. Die Company erhält von Parent Eigenmittel in der Form von Eigenkapital (Stammkapital und Zuzahlung in die freien Rücklagen im Sinne des § 272 Abs. 2 Nr. 4 HGB) und nachrangigen Gesellschafterdarlehen und nimmt zur Finanzierung des Kaufpreises weiterhin Konsortialkredite auf. Sämtliche Mittel werden dann bei Vollzug des Unternehmenskaufvertrages (dem Closing) zur Begleichung des Kaufpreises sowie zur Refinanzierung der bestehenden Finanzverbindlichkeiten der Zielgesellschaft eingesetzt. Parent verpfändet seine Anteile an der Company sowie sämtliche Ansprüche gegen diese (insbesondere aus Nachrangdarlehen) zur Sicherheit an die Kreditgeber. Die Company verpfändet mit Wirkung zum Closing alle Anteile an der Zielgesellschaft an die Kreditgeber. Nach Closing wird ein Beherrschungs- und Gewinnabführungsvertrag zwischen der Zielgesellschaft als beherrschter und der Company als herrschender Gesellschaft geschlossen, um eine ertragsteuerliche Organschaft zu begründen.[959] Regelmäßig sind nur

---

[956] Siehe hierzu unten Abschnitt 3.4.3.
[957] Diese Begrifflichkeit entstammt dem Vertragsmuster der Loan Market Association (LMA) für LBO-Finanzierungen; siehe hierzu im Einzelnen unten Abschnitt 5.1.
[958] Siehe hierzu Fußnote 957.
[959] Unter den Voraussetzungen der §§ 14, 17 KStG, § 2 Abs. 2 Satz 2 GewStG wird das Ergebnis der abhängigen Gesellschaft (Organgesellschaft) der herrschenden Gesellschaft (Organträger) zugerechnet. Dadurch kommt es zu einer Ergebniskonsolidierung beider Gesellschaften mit der Folge, dass insbesondere Betriebsausgaben im Zusammenhang mit der vom Organträger aufgenommenen Fremdfinanzierung mit operativen Gewinnen der Organgesellschaft verrechnet werden können. Die Abzugsfähigkeit der Zinsen ist allerdings durch die sog. Zinsschranke (§§ 4h EStG, 8a KStG) sowie die gewer-

der Parent und die Company Partei der Finanzierungsverträge (Kreditverträge, Sicherheitenverträge und Intercreditor-Vereinbarung), nicht aber die investierenden Fonds der Investoren, das Management (oder sein Beteiligungsvehikel) und mögliche Co-Investoren. Insbesondere geben die Fonds keinerlei Sicherheiten oder Garantien für die Verbindlichkeiten der Erwerbergesellschaften und deren Erfüllung der Finanzierungsverträge ab.

Die Gegebenheiten und Anforderungen der individuellen Transaktion erfordern häufig eine Abweichung von der dargestellten idealtypischen Struktur. Insbesondere der Einsatz von weiteren nachrangigen Finanzierungstranchen mag die Zwischenschaltung weiterer Erwerbergesellschaften erfordern, um einen strukturellen Nachrang der nachrangigen Kreditgeber zu begründen.[960]

## 3. Übersicht über die klassischen Fremdfinanzierungstranchen

### 3.1. Senior-Kredite

Der Großteil des Finanzierungsbedarfs bei einer Unternehmensübernahme wird meist durch Senior-Kredite abgedeckt. Senior-Kredite sind die innerhalb der Hierarchie der Finanzierungstranchen höchstrangigen Kredite, die erstrangig besichert und seitens wesentlicher Gesellschaften des Zielgesellschaftskonzerns garantiert werden.[961] Um die gesamte Bandbreite des Finanzierungsbedarfs bei einer Akquisitionsfinanzierung abdecken zu können, umfassen Senior-Kreditvereinbarungen fast ausnahmslos mehrere Finanzierungsfazilitäten. Die typischen Senior-Fazilitäten werden im Folgenden kurz dargestellt.

### 3.1.1. Laufzeitkredite – Term Facilities

In einem typischen Senior-Kredit unterteilen sich die Laufzeitkredite (die sogenannten Term Facilities) in die Fazilitäten A, B und C auf. Während die Fazilität A amortisierend ist und das Darlehen üblicherweise beginnend ca. ein Jahr nach erstmaliger Inanspruchnahme in halbjährlichen Tilgungsraten über die Laufzeit zurückgeführt werden muss, sind die Fazilitäten B und C endfällig (sogenanntes Bullet Repayment). Die Laufzeitstaffelung sah in den letzten Jahren typischerweise 7 Jahre für die amortisierende Fazilität A, 8 Jahre für Fazilität B und 9 Jahre für Fazilität C vor.[962] Der Verwendungszweck der Term Facilities erstreckt sich neben der Finanzierung des Kaufpreises auch auf die Refinanzierung bestehender Finanzverbindlichkeiten auf Ebene der Zielgesellschaft (jeweils einschließlich anfallender Transaktionskosten).[963]

---

besteuerliche Hinzurechnungsvorschrift des § 8 Nr. 1 GewStG beschränkt, dazu unten Abschnitt 7. Ggf. erfordert die Transaktionsstruktur auch den Parent in das Gefüge der steuerlichen Organschaft zu integrieren, sollten etwaige Gesellschafterdarlehen auf Ebene des Parent steuerlich zu berücksichtigen sein.

[960] So erfordert die Aufnahme einer PIK-Fazilität die Gründung eines oberhalb der Gesellschaft angesiedelten Kreditnehmers. Auch Mezzanine-Kredite wurden herkömmlich an eine Gesellschaft oberhalb des Senior-Kreditnehmers vergeben, um einen strukturellen Nachrang zu schaffen. Hiervon ist die Transaktionspraxis in den letzten Jahren allerdings abgerückt (siehe auch unten Abschnitt 6.2). Grundlegend zum strukturellen Nachrang siehe Fahrholz, Neue Formen der Unternehmensfinanzierung, S. 55 ff.

[961] Zur Besicherung im einzelnen siehe unten Abschnitt 6.1.

[962] Aufgrund der längeren Laufzeit und der Endfälligkeit ist die Zinsmarge für die Fazilitäten B und C teils erheblich höher.

[963] Im Bullenmarkt der Jahre 2005 bis 2007 konnten über den Kaufpreis und die Refinanzierungskosten hinausgehende Beträge für den allgemeinen Finanzierungsbedarf der Gruppe verwendet werden. Diese Freiheit für den Kreditnehmer dürfte der Vergangenheit angehören, so dass ein für die Finanzierung der Akquisition nicht erforderlicher überschießender Betrag nicht zur Verfügung steht und (teil-)gekündigt werden muss.

Die Term Facilities werden unter Bezugnahme auf den Referenzzinssatz EURIBOR[964] (bzw. bei Fremdwährungen LIBOR)[965] zuzüglich einer Marge verzinst. Der jeweils anwendbare EURIBOR-Satz wird für die Dauer der vom Kreditnehmer gewählten Zinsperiode[966] zu ihrem Beginn festgelegt; kurz vor Ende einer Zinsperiode wird der Zinssatz für die folgende Zinsperiode aufgrund des dann aktuellen EURIBOR festgesetzt. Wirtschaftlich gesehen ist der Zinssatz der Kredite daher variabel,[967] rechtlich handelt es sich um ein Darlehen mit einem festen Zinssatz für einen bestimmten Zeitraum (Abschnittsfinanzierung) im Sinne des § 489 Abs. 1 Nr. 1, 2. Halbsatz BGB. Die Marge ist üblicherweise für die Fazilität C fix während sie für die Fazilitäten A und B einer Margenskala (sogenanntes *Margin Ratchet*) unterliegt und abhängig vom quartalsweise gemessenen Verschuldungsgrad der Gruppe nach unten oder oben angepasst wird.[968]

Neben die typischen A-, B- und C-Fazilitäten treten häufig weitere Term Facilities, um einen speziellen langfristigen Finanzierungsbedarf der Gruppe nach Durchführung der Akquisition abzudecken, so etwa Akquisitions- oder Investitions-Fazilitäten, durch die spätere Unternehmensakquisitionen (sogenannte *Add-on-Acquisitions*) oder allgemeiner oder aus strategischen Gründen von den Investoren geplanter Investitionsbedarf (sogenanntes *Capital Expenditure*) finanziert werden können. Derartige Akquisitions- und Investitions-Fazilitäten entsprechen in der Regel ihrer Struktur nach der amortisierenden Fazilität A (also siebenjährige Laufzeit und halbjährliche Tilgungsraten), haben jedoch naturgemäß einen verlängerten Verfügbarkeitszeitraum (sogenannte *Availability Period*). Während die A-, B- und C-Fazilitäten nur bis zum Vollzug des Unternehmenskaufs verfügbar sind (bei Bedarf zuzüglich eines geringen zeitlichen Puffers für die Refinanzierung der Finanzverbindlichkeiten der Zielgesellschaft), erstreckt sich der Verfügbarkeitszeitraum für Akquisitions- und Investitions-Fazilitäten über drei bis vier Jahre; nach Ende des Verfügbarkeitszeitraums erfolgt dann eine ratenweise Rückzahlung bis zum Laufzeitende.

---

[964] Euro Interbank Offered Rate. Dies ist der Referenzzinssatz für kurzfristige Geldanlagen unter Geschäftsbanken in Euro. Er wird vom Verband der Kreditwirtschaft der Europäischen Union auf Grundlage der Quotierungen ausgesuchter Panel-Banken (geschäfts-)täglich ermittelt und veröffentlicht. Für weitere Informationen zum EURIBOR siehe http://www.euribor.org.

[965] London Interbank Offered Rate für die jeweilige Währung. Der LIBOR wird von der British Bankers Association ermittelt und veröffentlicht. Weitere Informationen bei http://www.bbalibor.com.

[966] Bei Senior-Krediten stehen dem Kreditnehmer üblicherweise Zinsperioden von ein, zwei, drei sowie sechs Monaten Dauer zur Verfügung, abweichende Perioden können mit der Zustimmung aller beteiligten Kreditgeber ad hoc vereinbart werden.

[967] Daher sehen die Kreditverträge auch die Verpflichtung für den Kreditnehmer vor, einen bestimmten Prozentsatz (meist ca. 2/3 der Kreditvaluta) der Zinszahlungen auf die Term Facilities durch entsprechendes Zinshedging wirtschaftlich in einen Festsatzkredit umzuwandeln.

[968] Als Grundlage für die Margenanpassung dient der Test der Financial Covenants (siehe unten Abschnitt 5.2.3). Eine Margenanpassung aufgrund eines veröffentlichten Ratings ist bei LBO-Finanzierungen selten und naturgemäß nur bei großen Transaktionen möglich und zusätzlich mit dem Risiko behaftet, dass die Ratingagenturen das Vorhandensein ratingabhängiger Zinskonditionen als möglicherweise kreditrisikoerhöhend einstufen. Weitere Vergütungselemente sind die Mandatory Costs und die Increased Costs, die aber in der Praxis selten erhoben werden. Bei Mandatory Costs im Sinne des LMA-Vertragsmusters handelt es sich um solche Kosten der Kreditgeber, die diesen bei Einhaltung der regulatorischen Anforderungen an die Mindestreserve im Zusammenhang mit der Darlehensgewährung an den Kreditnehmer entstehen und bereits dem Grunde nach feststehen bzw. bestimmbar sind. Nach der Increased-Costs-Klausel im LMA-Vertragsmuster verpflichtet sich der Kreditnehmer hingegen den Kreditgebern höhere Kosten oder Mindereinnahmen zu ersetzen, die diesen aufgrund einer Änderung des regulatorischen Umfeldes entstehen, etwa durch den Erlass neuer oder die Änderung existierender Rechtsvorschriften, siehe hierzu Wright, International Loan Documentation, S. 16, 80, 101 ff.; Wood, Law and Practice of International Finance, S. 106 ff.; Diem, Akquisitionsfinanzierung, S. 70 ff., S. 100 ff. sowie Jetter/Frost/Müller-Deku/Jörgens in: Eilers/Koffka/Mackensen, Private Equity, S. 327 ff.

Nicht selten besteht bei Strukturierung des Unternehmenskaufs ein zu diesem Zeitpunkt nicht genau abzusehender besonderer Finanzierungsbedarf.[969] Für diesen Fall werden sogenannte *Uncommited Facilities* eingesetzt. Dies sind Fazilitäten, die in die Kreditvertragsdokumentation bereits voll aufgenommen werden, ohne dass die finanzierenden Banken eine Finanzierungszusage für diese Fazilitäten abgeben. Die *Uncommited Facilities* geben dem Kreditnehmer die Möglichkeit, sich zum gegebenen Zeitpunkt (etwa fortgeschrittener Verhandlungsstand einer Add-on-Akquisition oder Verbesserung des Finanzierungsumfeldes) an das Konsortium oder auch andere potentielle Kreditgeber zu wenden, um eine Finanzierungszusage für die *Uncommited Facility* zu erhalten. Die Fazilität kann dann auf Grundlage des bestehenden Kreditvertrages bereitgestellt werden, ohne dass wie sonst die Zustimmung aller anderen Kreditgeber erforderlich wäre.[970]

### 3.1.2. Betriebsmittellinie – Revolving Facility

Der allgemeine Betriebsmittelbedarf wird durch einen „revolvierenden" Kredit abgedeckt, der eine flexible und wiederholte Inanspruchnahme für kurzfristigen Finanzierungsbedarf ermöglicht. Der revolvierende Kredit kann in der Regel sowohl in bar als auch in der Form von Bankgarantien in Anspruch genommen werden und ist nicht notwendig nur auf die reine Betriebsmittelfinanzierung beschränkt; häufig kann er für jegliche Unternehmenszwecke (also z.B. auch für Investitionen) in Anspruch genommen werden; die Verwendung für Akquisitionszwecke wird allerdings in aller Regel ausdrücklich ausgeschlossen. Bei entsprechendem Bedarf sieht die *Revolving Facility* auch die Inanspruchnahme in optionalen Fremdwährungen vor, die entweder vorab im Kreditvertrag genehmigt werden kann oder der Zustimmung der Banken bei konkreter Inanspruchnahme bedarf.[971] Die Verzinsung der Revolving Facility entspricht derjenigen der Fazilität A (siehe oben Abschnitt 3.1.1), setzt sich also zusammen aus der Summe des Referenzzinssatzes für die gewählte Periode und der in Abhängigkeit vom Verschuldungsgrad fluktuierenden Marge.

Der revolvierende Charakter der Betriebsmittellinie bedingt es, dass Barinanspruchnahmen am Ende der vom Kreditnehmer gewählten Zinsperiode zurückgezahlt werden müssen, wobei die so in Anspruch genommenen Kredit-Teilbeträge bei gewünschter weiterer Inanspruchnahme (sogenanntes *Rollover Loan*) in der Praxis nicht physisch zurückbezahlt und wieder ausgereicht werden, sondern es zu einer Verrechnung der Verpflichtung des Kreditnehmers zur Rückzahlung und der Verpflichtung der Banken zur Neuausreichung kommt. Um den Charakter der revolvierenden Fazilität als Betriebsmittellinie zur Deckung kurzfristigen Finanzierungsbedarfs abzusichern, sehen die Kreditvertragsdokumentationen standardmäßig einen sogenannten *Clean Down* vor, demzufolge mindestens einmal innerhalb einer Zwölfmonatsperiode die Barinanspruchnahmen unter der Betriebsmittellinie für einen kurzen Zeitraum auf Null zurückgeführt werden müssen.[972]

---

[969] Etwa für geplante aber noch nicht feststehende Add-on-Akquisitionen oder besondere Investitionen, deren Umsetzung noch von weiteren Bedingungen abhängt.

[970] Siehe zu Uncommited Facilities in Fremdwährungen etwa Wight/Cooke/Gray, The LSTAs Complete Credit Agreement Guide, S. 46 ff.

[971] Die Bereitstellung von international besonders wichtigen und gebräuchlichen Währungen (so etwa US-Dollar, Britische Pfund und Schweizer Franken) war bis in die erste Jahreshälfte 2008 weitgehend unproblematisch. Allerdings wurde es im weiteren Jahresverlauf aufgrund der weltweiten Finanzkrise für Banken immer schwieriger, sich in Fremdwährungen, in denen die finanzierenden Banken selbst keine oder nur geringe Einlagen haben, zu refinanzieren (so insbesondere für europäische Banken ein US-Dollar Funding). Es bleibt zu hoffen, dass durch die weltweiten staatlichen Hilfsprogramme der Interbanken-Markt wieder in Gang kommt und die Probleme bei der Bereitstellung von Fremdwährungen abnehmen.

[972] Hierbei wird nicht selten eine Netto-Betrachtungsweise angewendet, so dass frei verfügbare Liquidität gegengerechnet werden und in dem Maße, wie freie Liquidität besteht, die Barkredite unter der Betriebsmittellinie für die Zwecke des Clean Down nicht zurückgeführt werden müssen.

### 3.1.3. Ergänzende bilaterale Linien – Ancillary Facilities

Auch wenn die Zahl der an der Betriebsmittellinie beteiligten Kreditgeber meist wesentlich geringer ist als bei den Term Facilities,[973] ist die *Revolving Facility* ein syndizierter Kredit, der dem Kreditnehmer wegen der Ausreichung einzelner Kredite durch Konsortialbanken häufig ein ausreichendes Maß an Flexibilität nicht zur Verfügung stellen kann.[974] Aus diesem Grunde kann der Kreditvertrag sogenannte *Ancillary Facilities* vorsehen.[975] Dies sind bilaterale Kreditlinien, die durch einzelne Banken der Betriebsmittellinie auf bilateraler Basis zur Verfügung gestellt werden und durch Umwandlung der Beteiligung der jeweiligen Bank an der Betriebsmittellinie entstehen (also keine Erhöhung der Beteiligungsquote der betreffenden Bank am Konsortialkredit). Da diese bilateralen Fazilitäten in das syndizierte Kreditverhältnis eingebunden sind und auch voll am Sicherheitenpaket partizipieren, erhält der Kreditnehmer leichter Zusagen für eine *Ancillary Facility* als für bilaterale Kreditlinien von Drittbanken, die unabhängig neben den syndizierten Kredit treten und nicht oder nur gering besichert werden können. Die Verzinsung der *Ancillary Facilities* und die sonstigen für sie zu entrichtenden Gebühren können vom Kreditnehmer mit der jeweiligen *Ancillary Bank* frei verhandelt werden und liegen nicht selten unter dem Niveau der syndizierten *Revolving Facility*, solange jedenfalls der Konsortialkreditvertrag diesbezüglich keine Einschränkungen vorsieht.

### 3.2. Second-Lien-Kredite

In der Hierarchie der Finanzierungstranchen folgt nach dem Senior-Kredit der Second Lien-Kredit. In seiner Ursprungsform sind die Zahlungsansprüche der Second-Lien-Kreditgeber mit denen der Senior-Kreditgeber gleichrangig, jedoch haben die Second-Lien-Kreditgeber bei der Verteilung der Erlöse der Sicherheitenverwertung nur Anspruch auf die Erlöse, die nach vollständiger Befriedigung der Senior-Kredite verbleiben.[976] Allerdings sind Second-Lien-Kredite in der europäischen Dokumentationspraxis der letzten Jahre immer stärker Mezzanine-Krediten (dazu siehe unten Abschnitt 3.3) angeglichen worden, so dass sich der Nachrang der europäischen Second-Lien-Kredite nicht auf die Sicherheiten beschränkt, sondern auch auf die eigentlichen Zahlungsansprüche erstreckt. Die Second-Lien-Tranche wurde daher teilweise etwas despektierlich als "cheap mezzanine" bezeichnet.[977] Second-Lien-Kredite werden in aller Regel nur für die Kaufpreis-Finanzierung (inklusive

---

[973] Zum einen liegt der Betrag der Betriebsmittellinien weit unter der Gesamtsumme der Term Facilities, zum anderen kommen Betriebsmittellinien aufgrund der revolvierenden Inanspruchnahme, optionalen Fremdwährungen und der Inanspruchnahmemöglichkeit als Avallinie oft nur für Banken und vereinzelt auch für Versicherungsunternehmen in Betracht, nicht aber für Fonds, die vor der Finanzkrise die wichtigsten Investoren für Term Facilities stellten.

[974] So sind beispielsweise für Inanspruchnahmen häufig nicht unwesentliche Mindestbeträge vorgesehen, Inanspruchnahmen müssen mit drei bis fünf Tagen Vorlauf schriftlich beantragt werden, die Linie steht nicht als Kontokorrentkredit zur Verfügung, die Zustimmung zu weiteren optionalen Fremdwährungen kann weitere Zeit in Anspruch nehmen etc.

[975] Siehe hierzu auch Jetter/Frost/Müller-Deku/Jörgens in: Eilers/Koffka/Mackensen, Private Equity, S. 312.

[976] Second-Lien-Kredite sind zur Befriedigung von spezifischen Anforderungen einer Investorenklasse entwickelt worden, da manche Investoren aufgrund interner Investmentvorgaben nicht in Mezzanine (nachrangige) Kredite investieren durften. Vgl. im Allgemeinen hierzu etwa Muzilla/Siebens, Euromoney International Debt Capital Markets Yearbook 2006, S. 5 ff.

[977] Second Lien-Kredite werden wie die anderen Term Facilities verzinst (siehe oben Abschnitt 3.2), jedoch liegt die Marge um einige Prozentpunkte höher als für die Senior-Kredite und wird bei sinkendem Verschuldungsgrad nicht anhand einer Margenskala angepasst. Anders als beim Mezzanine-Kredit wird der Zins bar gezahlt und nicht teilweise kapitalisiert. Die Marge liegt in der Regel deutlich unterhalb der bei Mezzanine-Krediten üblichen Gesamtmarge.

Transaktionskosten) vorgesehen,[978] wobei die Laufzeit meist um ein halbes Jahr länger ist als die der längsten Senior-Fazilität.[979] Anders als der Mezzanine-Kredit, der in einem separaten Kreditvertrag dokumentiert wird, ist die Second-Lien-Tranche meist Bestandteil des Senior-Kreditvertrages und ist lediglich eine zusätzliche Term Facility besonderer Ausprägung.[980] Durch die Finanzkrise ist die Nachfrage nach Second-Lien-Krediten von Investorenseite vollständig zum Erliegen gekommen, so dass zumindest derzeit Second-Lien-Kredite in der Praxis keine Rolle spielen.[981]

### 3.3. Mezzanine-Kredite

Mezzanine-Kredite stellen die klassische Form der nachrangigen Kredite dar. Es handelt sich gegenüber den erstrangigen Senior-Krediten sowohl hinsichtlich der Zahlungsansprüche als auch des Anspruchs auf Teilhabe an den Sicherheitenerlösen um zweitrangige Kredite, die grundsätzlich erst befriedigt werden dürfen, wenn die vorrangigen Senior- (und ggf. Second-Lien-) Kredite abgelöst sind.[982]

Mezzanine-Kredite sehen in aller Regel nur eine Fazilität vor, die ausschließlich zur Kaufpreisfinanzierung eingesetzt werden kann.[983] Der Mezzanine-Kredit wird üblicherweise in einem separaten Kreditvertrag dokumentiert, der auf Grundlage des Senior-Kreditvertrages erstellt wird. Zu diesem Zweck wird aus dem Senior-Kreditvertrag die Vielzahl der Senior-Fazilitäten gelöscht und durch eine endfällige *Mezzanine Term Facility* ersetzt;

---

[978] Könnte der Second-Lien-Kredit auch für die Refinanzierung der Zielgesellschaft herangezogen werden, so würde dies dazu führen, dass der Second-Lien-Kredit möglicherweise dem Senior-Kredit strukturell vorrangig ist (da nicht auf Ebene der Erwerbergesellschaften, sondern durch die Zielgesellschaft in Anspruch genommen).

[979] Bei einer üblichen Laufzeit von 9 Jahren für Fazilität C, liegt das Laufzeitende von Second-Lien-Krediten meist bei 9,5 Jahren.

[980] Der Senior-Kreditvertrag unterscheidet dann zwischen den Priority Senior Facilities (Fazilitäten A, B, C und RCF) und der Second Lien Facility (häufig als Facility D definiert). Die kreditvertragliche Behandlung der Second-Lien-Tranche als Senior-Fazilität hat insbesondere bei Abstimmungen innerhalb des Senior-Konsortiums wesentliche Auswirkungen: Die Second-Lien-Kreditgeber gehören dem Senior-Konsortium an und stimmen gemeinsam mit diesem ab. Ihre Stimmen verwässern also die der erstrangigen Senior-Kreditgeber, andererseits können die Second-Lien-Kreditgeber regelmäßig von den erstrangigen Senior-Kreditgebern überstimmt werden (abhängig von der Größe der Second-Lien-Fazilität). Eine separate Abstimmung der Second-Lien-Kreditgeber wird nur für wenige second-lien-spezifische Grundlagenentscheidungen vorgesehen (typischerweise die Abstimmung über eine Kündigung der Second-Lien-Kredite bei Vorliegen eines besonders gravierenden Kündigungsgrundes in Bezug auf die Second-Lien-Fazilität, also Zahlungsverzug oder Insolvenz des Second-Lien-Kreditnehmers).

[981] Weitere praxisnahe Ausführungen zu Second-Lien-Krediten finden sich etwa bei Mittendorfer, Praxishandbuch Akquisitionsfinanzierung, S. 143 ff. sowie Wight/Cooke/Gray, The LSTAs Complete Credit Agreement Guide, S. 48 ff.

[982] Im Einzelnen gibt es eine Vielzahl von mezzaninen Finanzierungsformen, die zwischen erstrangigen Krediten und nachrangigem Eigenkapital anzusiedeln sind. Teilweise handelt es sich um hybride Finanzierungsformen, die trotz gewisser Charakteristika von Fremdverbindlichkeiten bilanziell wie Eigenkapital behandelt werden, siehe hierzu näher Golland/Gehlhaar/Grossmann/Eickhoff-Kley, BB Special 2005, 15 ff., Kiethe, DStR 2006, 1763 ff., Schmeissel/Claussen, DStR 2008, 688 ff.; Berger, ZBB 2008, 92 ff.; Laudenklos/Sester, WM, 2004, S. 2417 (2422); Schulte, Corporate Finance, S. 147 ff.; Stamm/Ries in: Unternehmensfinanzierung, § 20 Rn. 8; Everling/Trieu, in Bösl/Sommer, Mezzanine Finanzierung, S. 97 ff.; Gleske/Laudenklos in: Eilers/Rödding/Schmalenbach, Unternehmensfinanzierung, S. 471 ff sowie Werner, Mezzanine Kapital, S. 27 ff. Der folgende Abschnitt bezieht sich nur auf als Fremdkapital einzuordnende Mezzanine-Kredite.

[983] Wie bei Second Lien-Krediten dient dies zur Sicherung des strukturellen Nachrangs des Mezzanine Kredits, da eine Verwendung des Mezzanine-Kredits für die Refinanzierung bestehender Finanzverbindlichkeiten der Zielgesellschaft dazu führen würde, dass Mezzanine-Ansprüche an strukturell vorrangiger Stelle entstehen.

zusätzlich werden die Mezzanine-spezifischen Besonderheiten eingefügt. Hierbei handelt es sich aus wirtschaftlicher Sicht insbesondere um Vorfälligkeitsgebühren (sogenannte *Prepayment Fees*) sowie die besondere Zins-Struktur eines Mezzanine-Kredits. Die Regelungen zur *Prepayment Fee* sehen vor, dass eine vorfällige Rückzahlung der Mezzanine-Kredite innerhalb der ersten ein bis drei Jahre der Kreditvertragslaufzeit[984] eine Gebühr auslösen, die sich im Bereich zwischen ein und drei Prozent der vorfällig zurückgezahlten Summe bewegt.[985] Die Zinsstruktur des Mezzanine-Kredits sieht eine Aufteilung der Zins-Marge in einen bar zu zahlenden und einen sogenannten PIK-Zins[986] vor, der am Ende einer jeden Zinsperiode (mindestens jedoch halbjährlich) kapitalisiert, also dem Darlehensbetrag zugeschlagen und künftig wie dieser verzinst wird.[987]

Als zusätzliches Vergütungselement sehen Mezzanine-Kredite häufig einen sogenannten Warrant oder Equity Kicker vor. Hierbei handelt es sich im Grundsatz um das Recht des Mezzanine-Kreditgebers, sich gegen die Zahlung eines symbolischen Preises[988] am Eigenkapital des Transaktionsvehikels[989] zu beteiligen. Auch wenn der Warrant in seiner Ursprungsform als Option auf den Erwerb von GmbH-Anteilen strukturiert ist, ist der tatsächliche Erwerb einer Gesellschafterstellung durch den Mezzanine-Kreditgeber in der Praxis nur äußerst selten anzutreffen, da die Tatbestände, bei deren Eintreten die Option ausgeübt werden kann (Trigger Events), in aller Regel auf den Verkauf der Unternehmensanteile durch die Investoren (Exit) abstellen und die Mezzanine-Kreditgeber das Recht zum Mitverkauf haben.[990] Der Warrant führt also zu einer abschließenden Barzahlung an den Mezzanine-Kreditgeber, deren Höhe sich nach dem Unternehmenswert zum Zeitpunkt des Exit

---

[984] Diese ist in der Praxis häufig anzutreffen, da Kreditnehmer in aller Regel versuchen, den recht teuren Mezzanine-Kredit frühzeitig abzulösen.

[985] Die *Prepayment-Fee* wird teils auch als sogenanntes Make Whole Payment strukturiert. Hiernach ist der Kreditgeber durch eine Zahlung des Kreditnehmers so zu stellen, als hätte der Kreditgeber die Zinsmarge bis zum Ende der vereinbarten Make Whole-Periode erhalten. *Prepayment-Fee-* wie *Make-Whole-Payment*-Regelungen können wegen einer Beeinträchtigung des gesetzlichen Kündigungsrechts des Kreditnehmers nach § 489 BGB unwirksam sein (vgl. § 489 Abs. 4 BGB, siehe hierzu etwa Stupp/Mucke, BKR 2005, S. 20 (24). Dies gilt erst recht für ein Verbot der Rückzahlung innerhalb bestimmter Zeiträume (sogenannte Non-call Period). Dem wird in der Praxis teilweise dadurch begegnet, dass die *Prepayment-Fee-* oder *Make-Whole-Payment*-Regelungen in einer Nebenvereinbarung getroffen und diese englischem Recht unterstellt wird (vgl. zum Ganzen etwa Diem, Akquisitionsfinanzierungen, § 38 Rn. 8 ff.). Allerdings ist auch dies nicht frei von Bedenken, vgl. etwa Thorn in: Palandt, Art. 27 EGBGB Rn. 9.

[986] Bei der Abkürzung PIK (für payment in kind) handelt es sich um einen Begriff aus dem Bereich der Anleihen, wonach dem Anleiheemittenten die Option eingeräumt wird, fällige Zinszahlungen entweder in bar zu leisten oder an den Anleihegläubiger im Gegenwert der fälligen Zinszahlung zusätzliche Anleihen zu begeben. Unter Berücksichtigung des zusätzlich zahlbaren Zinses in Höhe des zugrundeliegenden Referenzzinssatzes (meist EURIBOR) sowie des Zinseszinseffektes ist der Mezzanine-Kredit eine teure Finanzierungsform.

[987] Die gängigen vertraglichen Gestaltungen sind darauf ausgerichtet, dem Verbot des Zinseszinses im Bürgerlichen Gesetzbuch (§ 248 BGB) Rechnung zu tragen (etwa periodische schriftliche Kapitalisierungsbestätigungen durch den Kreditnehmer, die Ausgestaltung als Premium-Zahlung oder die Beifügung eines exakten Kapitalisierungsplans). Auch wenn ein Schutzbedürfnis der Kreditnehmer in LBO-Transaktionen kaum erkennbar ist (für jede Finanzierung werden ausführliche finanzmathematische Berechnungen erstellt), muss auch in LBO-Transaktionen von einer Anwendbarkeit des Zinseszinsverbotes ausgegangen werden.

[988] In der Regel ein Euro oder der Nominalbetrag der übernommenen Anteile, denn die eigentliche Gegenleistung des Mezzanine-Kreditgebers besteht ja bereits in der Ausreichung des Mezzanine-Kredits.

[989] Meist nicht der Hauptkreditnehmer, sondern die oberste Erwerbergesellschaft, an der auch die Investoren und das Management ihre Beteiligungen halten.

[990] Siehe hierzu auch Jetter/Frost/Müller-Deku/Jörgens in: Eilers/Koffka/Mackensen, Private Equity, S. 314.

bestimmt.[991] Warrants sind in der Praxis ausgesprochen verhandlungsintensiv und erfordern ein erhebliches Maß an steuerlicher Strukturierung.[992] Daneben gehen mit einem Warrant häufig weitere, gesellschafternahe Rechte einher, die die Position des Mezzanine-Kreditgebers sichern sollen.[993]

Mezzanine-Kredite sind gegenüber den Senior-Krediten und den Second-Lien-Krediten nachrangig. Strukturell bedeutet dies, dass der Mezzanine-Kredit bei klassischer Strukturierung von einer Muttergesellschaft des Senior-Kreditnehmers aufgenommen und durch Gesellschafterdarlehen oder Eigenkapital-Einschuss nach unten weitergereicht wird.[994] Der strukturelle Nachrang wird durch umfängliche vertragliche Vereinbarungen flankiert.[995] Die vertraglichen Nachrangabreden sehen vor, dass mit Ausnahme von wenigen zulässigen Zahlungen (etwa der laufenden Zinszahlungen) keine Zahlungen an die Mezzanine-Kreditgeber geleistet werden dürfen, so lange nicht die Senior-Kredite vollständig zurückgeführt sind. Auch die Besicherung der Mezzanine-Kredite ist zweitrangig,[996] so dass Erlöse aus der Sicherheitenverwertung an die Mezzanine-Kreditgeber erst dann ausgekehrt werden können, wenn die vorrangigen Senior-Kredite (und ggf. Second-Lien-Kredite) vollständig abgelöst sind.

### 3.4. Sonderformen der Fremdfinanzierung

Die beschriebenen Senior-, Second-Lien- und Mezzanine-Kredite stellen die Finanzierungstranchen einer klassischen LBO-Fremdfinanzierung dar. Darüber hinaus gibt es regelmäßig und von der Verfügbarkeit an den Kapitalmärkten abhängig anzutreffende Sonderformen, von denen im folgenden einige exemplarisch beschrieben werden sollen.

#### 3.4.1. PIK-Kredite

PIK-Fazilitäten sind in LBO-Transaktionen die am tiefsten nachrangigen Kredite von Fremdkapitalgebern in der Kapitalstruktur.[997] Sie sind strukturell subordiniert, indem sie

---

[991] Warrants werden daher teils auch als Synthetic Warrant oder Phantom Warrant bezeichnet, strukturiert also nicht als Option auf den Erwerb von GmbH-Anteilen, sondern als schlichter Zahlungsanspruch, dessen Fälligwerden und Berechnung von bestimmten unternehmensbezogenen Umständen abhängen.

[992] Wenn keine echte Beteiligung des Mezzanine-Kreditgebers am Transaktionsvehikel erfolgt, ist es Ziel der steuerlichen Strukturierung, die Einstufung der abschließenden Barzahlung als (mittelbar) erfolgsabhängige Vergütung (etwa im Sinne eines partiarischen Darlehens, einer stillen Beteiligung, einer Gewinnobligation oder eines Genussrechts) zu vermeiden. Denn hieraus könnte sich ggf. eine Kapitalertragsteuerpflicht sowie eine beschränkte Steuerpflicht ausländischer Mezzanine-Kreditgeber ergeben (mit den hieraus resultierenden Folgeproblemen aufgrund des Tax Gross-up bzw. der Tax Indemnity, dazu unter Abschnitt 7). Wenn eine Beteiligung des Mezzanine-Kreditgebers am Transaktionsvehikel nicht in Betracht kommt, zielt die steuerliche Strukturierung daher in der Regel darauf ab, den Mezzanine-Kredit als Doppelerwerb sowohl einer Anleihe als auch eines Optionsrechts auszugestalten.

[993] So wird zur Flankierung des Warrant häufig das Recht zur Benennung eines stimmrechtslosen Mitglieds des Beirats oder Aufsichtsrats (Board Observer) vereinbart, der das Recht zur Teilnahme an den Sitzungen des Leitungsgremiums des Transaktionsvehikels hat.

[994] Allerdings ist in der Praxis der letzten Jahre eine Aufweichung des strukturellen Nachranges zu beobachten (siehe auch unten Abschnitt 6.2). Die Ausreichung des Mezzanine-Kredits an den Kreditnehmer der Senior-Kredite wird von den Senior-Kreditgebern in aller Regel akzeptiert; bei dieser Gestaltung verlassen sich die Senior-Kreditgeber ausschließlich auf den im Intercreditor Agreement vereinbarten vertraglichen Nachrang des Mezzanine-Kredits. Die Inanspruchnahme des Mezzanine-Kredits oder seine sonstige Übernahme durch Gesellschaften der Zielgruppe ist hingegen äußerst selten.

[995] Zur Dokumentation im Einzelnen siehe unten Abschnitt 6.2.

[996] Zur Besicherung im Einzelnen unten Abschnitt 6.1.

[997] Auch wenn sie bilanziell als Kredite ausgewiesen werden, zählen Gesellschafterdarlehen nach dem hier zugrundegelegten Verständnis nicht zur Fremdkapitalfinanzierung einer Unternehmensakquisition.

von einem Kreditnehmer oberhalb des Senior- und des Mezzanine-Kreditnehmers aufgenommen werden. Darüber hinaus erklären die PIK-Kreditgeber vertraglich den Nachrang gegenüber allen vorrangigen Kredit-Tranchen (Senior, Second-Lien, Mezzanine) und erhalten nur dann eine Rückzahlung, wenn alle anderen Kredite der Struktur vollständig befriedigt sind.[998] Der auf den PIK-Kredit entfallende Zins wird meist vollständig kapitalisiert,[999] so dass der PIK-Kreditgeber während der Laufzeit des Kredits keine, nur sehr geringe oder unregelmäßige[1000] Zahlungen erhält. Oft ist die Rückzahlung der PIK-Fazilitäten durch den operativen Cash-flow der Zielgesellschaft weder möglich noch geplant, so dass PIK-Kredite erst beim Exit im Rahmen einer Kaufpreiszahlung oder vorher durch Eigenkapital oder eigenkapitalähnliche Maßnahmen abgelöst werden. Dieses enorme Kreditrisiko spiegelt sich selbstverständlich auch im Preis dieser Kredite wider. Die Dokumentation eines PIK-Kredits ist wesentlich schlanker als die vorrangigen Senior- und Mezzanine-Kreditverträge und sieht nur sehr eingeschränkte Rechte für die PIK-Kreditgeber vor. PIK-Kredite sind entweder unbesichert oder erhalten limitierte Sicherheiten, so etwa ein Pfandrecht an den Anteilen ihrer unmittelbaren Tochtergesellschaft[1001] sowie eine Sicherungsabtretung oder Verpfändung der aus einer darlehensweisen Weiterreichung des PIK-Kredits entstehenden Ansprüche gegen die unmittelbare Tochtergesellschaft.[1002]

### 3.4.2. Verkäuferdarlehen (Vendor Loans)

Verkäuferdarlehen, die meist durch Umwandlung eines stehengelassenen Kaufpreisanspruchs entstehen, stellen in Zeiten zögerlicher Kreditvergabe durch Banken und andere Kreditgeber ein besonders wichtiges Instrument der Fremdfinanzierung dar. Einerseits signalisiert der zur Vergabe eines Vendor Loan bereite Verkäufer, dass er Vertrauen in die fortwährende Ertragskraft seines Unternehmens und den Erfolg der LBO-Transaktion hat. Andererseits ist die Beteiligung des Verkäufers an der Kapitalstruktur gemeinsam mit dem Käufer und seinen Finanziers konfliktträchtig. Bei der Ausgestaltung von Verkäuferdarlehen besteht eine große Vielfalt. Meist wird der Verkäufer nicht umhin kommen, einen vertraglichen (und teils auch strukturellen) Nachrang gegenüber den Darlehensforderungen der finanzierenden Banken zu akzeptieren, allerdings häufig mit der Besonderheit, dass seine vorzeitige Ablösung – etwa bei Erfüllung bestimmter Finanzkennzahlen oder aus bestimmten privilegierten Finanzierungsquellen – in der Dokumentation vorgesehen und ohne weitere Zustimmung der Kreditgeber zulässig ist, jedenfalls bei laufender Bedienung des Konsortialkredits und für den Fall, dass damals keine aktuellen Kündigungsgründe bestehen.[1003]

---

[998] Siehe hierzu etwa das Schaubild bei Jetter/Frost/Müller-Deku/Jörgens in: Eilers/Koffka/Mackensen, Private Equity, S. 316.

[999] Anders als beim Mezzanine-Kredit nicht nur ein Teil der Marge, sondern die gesamte Marge sowie der Referenzzinssatz entsprechende Zins (sofern nicht ohnehin ein Fixzins vereinbart wird).

[1000] Teils wird eine sogenannte „pay if you can"-Regelung vorgesehen, derzufolge der Kreditnehmer das Recht hat, den Zins in dem Maße bar zu zahlen, in dem er Zahlungen von seinen Tochtergesellschaften erhält, die nach den Regelungen der vorrangigen Kredite und der Intercreditor-Vereinbarung zulässig sind.

[1001] Auch wenn die verpfändete Gesellschaft meist eine Strukturgesellschaft ohne operatives Geschäft weit oberhalb der Zielgesellschaft ist, kommt dieser Sicherheit potentiell eine große strategische Bedeutung zu, da die PIK-Kreditgeber durch eine Verwertung des Pfandrechts und Übertragung der Anteile an einen Käufer einen Change of Control auf Ebene der vorrangigen Kredite auslösen können, der in den meisten Dokumentationen automatisch zur sofortigen Vorfälligkeit der Kredite führt.

[1002] Weiterführend zu PIK-Krediten etwa Mittendorfer, Praxishandbuch der Akquisitionsfinanzierung, S. 159 ff. und Jetter/Frost/Müller-Deku/Jörgens in: Eilers/Koffka/Mackensen, Private Equity, S. 315 ff.

[1003] Praxisnahe Erläuterungen zu Vendor Loans finden sich bei Mittendorfer, Praxishandbuch der Akquisitionsfinanzierung, S. 138 ff.

## 4. Teil. Beteiligungsstrukturierung     § 12 Fremdfinanzierung

### 3.4.3. Hochzinsanleihen (High Yield Bonds)

High Yield Bonds unterliegen auch bei deutschen LBO-Transaktionen aufgrund der Erwartungen der klassischen High-Yield-Bond-Investoren und den Usancen des internationalen Kapitalmarktes meist dem Recht des Staates New York.[1004] Aufgrund der Komplexität und Regelungsdichte[1005] des Kapitalmarktes ist die Begebung einer Schuldverschreibung in aller Regel mit einem hohen Strukturierungsaufwand verbunden, weshalb in LBO-Transaktionen Schuldverschreibungen fast ausschließlich zur Refinanzierung bereits ausgereichter Akquisitionsdarlehen und nicht für die anfängliche Finanzierung der Unternehmensübernahme eingesetzt werden. Dementsprechend muss dem angestrebten High Yield Bond eine Brückenfinanzierung vorangestellt werden, mit der der für den High Yield Bond vorgesehene Teil der Finanzierung zunächst kurz- oder mittelfristig zur Verfügung gestellt wird. Hierfür sind zum einen schlichte kurzläufige Bankkredite zu beobachten, die mit den Erlösen eines High Yield Bond und spätestens am Ende der Laufzeit (häufig zwischen sechs und zwölf Monaten) zurückgezahlt werden müssen. Echte High-Yield-Style-Brückenfinanzierungen sind stärker auf die geplante Begebung der High Yield Bonds zugeschnittene Kredite,[1006] die häufig mit der Mandatierung der finanzierenden Banken für die spätere Begebung der High Yield Bonds einhergehen. Tendenziell haben diese Bridge-Fazilitäten eine etwas längere Laufzeit (typischerweise zwölf Monate, ggf. mit Verlängerungsoption auf achtzehn Monate) und sehen am Laufzeitende für den Fall, dass die Platzierung der Schuldverschreibung nicht erfolgreich war, vor, dass der Brücken-Kredit in einen permanenten (in der Regel nachrangigen) Kredit umgewandelt werden kann.[1007] Die Zinsstruktur von High-Yield-Style-Bridges trägt dem Ziel der möglichst baldigen Refinanzierung durch eine Schuldverschreibung dadurch Rechnung, dass die Zinsmarge mit Zunehmen der Laufzeit (typischerweise im Dreimonats-Rhythmus und mit einem Maximalzins gedeckelt) ansteigt.[1008] High Yield Bonds eignen sich primär für große Unternehmensübernahmen und bergen wegen der Notwendigkeit einer Brückenfinanzierung und der Volatilität der Kapitalmärkte ein hohes Refinanzierungsrisiko.[1009]

### 3.4.4. Asset Based Lending

Unter dem Begriff Asset Based Lending werden verschiedenste Kreditformen zusammengefasst, die in besonderem Maße auf bestimmte Vermögensgegenstände des Kreditnehmers abstellen. In diesem Zusammenhang sind das Factoring, die Verbriefung von Forderungen (Securitisation),[1010] Sale-and-Lease-Back-Transaktionen und sogenannte Borrowing-Base-

---

[1004] High Yield Bonds wurden erstmalig in den USA entwickelt und dort typischerweise zur (allgemeinen) Finanzierung von Unternehmen, weniger für die Zwecke einer Übernahmefinanzierung eingesetzt. Im europäischen Markt hingegen wurden High Yield Bonds vorwiegend im Zusammenhang mit großvolumigen LBOs verwendet.

[1005] So wird insbesondere die Prospektpflicht nicht zu vermeiden sein, siehe § 3 Wertpapierprospektgesetz sowie die entsprechenden US-amerikanischen Vorschriften (insbesondere Rule 10b-5 der U.S. SEC).

[1006] So werden z. B. im Bridge-Kreditvertrag oft bereits ganze Regelungsbereiche im Stile eines High Yield Bonds dokumentiert, so insbesondere durch Verwendung sogenannter Incurrence Covenants (im Gegensatz zu in Kreditverträgen üblichen Maintenance Covenants; zu diesen Begriffen siehe unten Fußnote 104).

[1007] Je nach Investorenklasse wird dies häufig durch das Recht der Kreditgeber flankiert, die Ausstellung sogenannter Loan Notes zu verlangen, die in den USA fungibler als normale Kredite sind. Kann der Brückenkredit nicht durch einen High Yield Bond refinanziert werden, spricht man von einem „hung bridge".

[1008] Oft bildlich als „exploding bridge" bezeichnet.

[1009] Siehe hierzu auch Quiry/Dallocchio/Lefur/Salvi in: Handbook of Finance, Volume II, S. 925 (928).

[1010] Die Whole Business Securitisation, bei der nicht Handelsforderungen, sondern die Cash-flows eines ganzen Geschäftsbetriebs verbrieft, also durch ein Kapitalmarktinstrument refinanziert werden,

Kredite[1011] zu nennen. Im weiteren Sinne fallen in diese Kategorie auch in besonderer Weise besicherte Spezialkredite wie etwa grundpfandrechtlich besicherte Immobilienfinanzierungen sowie durch entsprechende Hypotheken besicherte Schiffs- und Flugzeugfinanzierungen. Diesen Finanzierungsformen ist gemein, dass sie bereits für die Strukturierung detaillierte Informationen und direkten Zugang zu den betreffenden Vermögensgegenständen erfordern, was im Rahmen einer Akquisitionsfinanzierung in aller Regel ausgeschlossen ist. Dementsprechend eignen sich die Asset-bezogenen Finanzierungsformen weniger für die anfängliche Finanzierung des Kaufpreises oder der Refinanzierung der Zielgesellschaft als für die Erschließung weiterer Finanzierungsquellen nach erfolgter Übernahme, sei es zur Refinanzierung der aufgenommenen Akquisitionskredite[1012] oder zur Erhöhung der Liquidität der Gruppe unter Schonung der revolvierenden Kreditlinie.[1013] Sofern derartige Finanzierungsinstrumente nach Unternehmensübernahme in mehr als nur unwesentlichem Maße eingesetzt werden sollen, muss dies in der Kreditvertragsdokumentation als spezifischer Erlaubnistatbestand vorgesehen werden; anderenfalls ist die Einholung der Zustimmung des Kreditgeberkonsortiums unumgänglich.

## 4. Finanzierungszusage und Certain Funds

### 4.1. Finanzierungszusage – Commitment Papers

Am Anfang der Finanzierung einer Unternehmensakquisition steht die Finanzierungszusage durch die finanzierenden Banken. Der Investor wird für diese Zwecke regelmäßig Angebote verschiedener Banken (oder Bankengruppen) für die Arrangierung und Zusage (das sogenannte Underwriting) der Akquisitionskredite einholen.[1014] Diese Angebote werden durch die Banken in der Form mehr oder weniger ausführlicher Term Sheets vorgelegt, die die Grundlage für die anschließende Kreditvertragsdokumentation bilden. Wird einer Bank das Mandat zur Finanzierung erteilt, unterschreiben Bank und Erwerbergesellschaft ein Kreditzusageschreiben (*Commitment Letter* – teils auch als Mandatsbrief (*Mandate Letter*) bezeichnet), dem das Term Sheet mit den grundsätzlichen Bedingungen der Kreditvergabe als Anhang beigefügt ist.[1015] *Commitment Letter* und *Term Sheet* werden durch *Fee Letters* ergänzt,

---

hat wegen insbesondere insolvenzrechtlicher Hindernisse in deutschen LBOs bisher keine Bedeutung erlangt; vgl. Mittendorfer, Praxishandbuch der Akquisitionsfinanzierung, S. 174 ff.; Klüwer/Marschall, ZBB 2005, 255 (264) sowie Dittrich/Kölbl-Vogt, Die Bank 3/2002, 180 (182) (die wohl ersten Whole Business Securitisation in Deutschland waren die GEMA-Transaktion im März 2001 sowie die Tenovis-Transaktion im November 2001 vgl. Klüwer/Marschall, ZBB 2005, 255 (258) sowie Dittrich/Kölbl-Vogt, Die Bank 3/2002, 180 ff.), allerdings nicht in einem LBO-Kontext).

[1011] Diese Kredite werden mit bestimmten Vermögenswerten des Kreditnehmers (etwa Handelsforderungen und Lagerbestände) besichert. Anders als beim klassischen besicherten Bankkredit hängt ihre Höhe und Verfügbarkeit vom jeweiligen Stand der Borrowing Base ab, also dem periodisch festgestellten Wert der dem Kreditgeber als Sicherheit zur Verfügung stehenden Vermögenswerte.

[1012] Die Kreditverträge schreiben häufig vor, dass die Erlöse weiterer Finanzierungsquellen zumindest teilweise zur vorfälligen Rückzahlung der Akquisitionskredite verwendet werden (sogenannte Mandatory Prepayments).

[1013] Seit Beginn der Finanzkrise hat die Erschließung neuer Finanzquellen besondere Bedeutung erlangt. So versuchen viele Kreditnehmer insbesondere, ihre Liquidität sowie ihre Finanzkennzahlen durch etwa den Einsatz von echtem Factoring zu verbessern.

[1014] Zur Sonderform des Stapled Financing, bei dem eine Bank – meist die Bank, die auch den Verkaufsprozess für den Verkäufer als M&A-Berater begleitet – im Auftrag des Verkäufers allen potentiellen Käufern ein fertiges Finanzierungspaket anbietet, vgl. Mittendorfer, Praxishandbuch der Akquisitionsfinanzierung, S. 108 ff.

[1015] Die Loan Market Association (LMA) (hierzu unten Abschnitt 5.1) hat für LBO-Finanzierungen ein Term Sheet veröffentlicht; der Mandate/Commitment Letter der LMA entstammt dem Bereich der Investment-Grade-Dokumentation und muss für LBO-Transaktionen entsprechend angepasst werden. Private-Equity-Häuser haben jedoch ggf. ihre eigenen Muster für die Dokumentation

## 4. Teil. Beteiligungsstrukturierung

die Regelungen zu den Arrangierungsgebühren, den Gebühren für die Tätigkeiten des Konsortialführers (Agent) und Sicherheitentreuhänders und häufig Preisanpassungsklauseln enthalten.[1016]

### 4.2. Sicherstellung der Kaufpreisfinanzierung – Certain Funds

Eine wesentliche Anforderung an jede Akquisitionsfinanzierung ist die Sicherheit der Kaufpreisfinanzierung. Während Verkäufer ihr Unternehmen nur an solche Käufer zu verkaufen gewillt sind, bei denen sie sicher sein können, dass diese den verhandelten Kaufpreis auch bezahlen können,[1017] ist den Käufern daran gelegen, die Finanzierung der im Kaufvertrag übernommenen Kaufpreisverpflichtung sicherzustellen. Dies gilt für LBO-Transaktionen in besonderem Maße, da die von Investorenseite eingesetzten Zweckgesellschaften den Kaufpreis zu einem großen Teil fremdfinanzieren und im übrigen mittellos sind; andererseits können die Investoren die Erwerbergesellschaft bei Scheitern der Finanzierung nicht einfach in die Insolvenz schicken, da Verkäufer bei Vertragsabschlüssen mit Private-Equity-Investoren üblicherweise zusätzlich zum Unternehmenskaufvertrag einen sogenannten *Equity Commitment Letter* verlangen, wonach die das Eigenkapital für die Transaktion zur Verfügung stellenden Fonds des Private-Equity-Investors sich gegenüber dem Verkäufer verpflichten, für die Zwecke des Kaufvertragsvollzugs einen bestimmten Betrag von Eigenmitteln zur Verfügung zu stellen.[1018] Aufgrund dieser Interessenlage hat ein Konzept in Strukturierung und Dokumentation der Akquisitionsfinanzierung Eingang gefunden, welches allgemein mit dem Stichwort "Certain Funds" umschrieben wird.[1019]

---

der Finanzierungszusage entwickelt. Diese teils sehr detaillierten Term Sheets (100 Seiten waren keine Seltenheit) haben das Ziel verfolgt, auch die Details der Kreditvertragsdokumentation bereits vorwegzunehmen, bevor ein Arrangeur für die Finanzierung mandatiert war und dementsprechend zwischen den Banken noch eine Konkurrenzsituation bestand. Es bleibt abzuwarten, wie sich die Dokumentationspraxis der Commitment Papers in den Zeiten der Finanzkrise und danach entwickeln wird.

[1016] Sogenannte Market-Flex-Klauseln schaffen die Möglichkeit, die zu zahlenden Entgelte (Höhe der Zinsmarge oder der Arrangierungsgebühr, Einführung eines Disagios (meist als OID (Original Issue Discount) bezeichnet)) und teils auch die Struktur der Fazilitäten (Betrag der Senior- und der Mezzanine-Kredite, Aufteilung auf die verschiedenen Senior-Fazilitäten) abhängig vom Erfolg der Syndizierung der Kredite im Rahmen vereinbarter Grenzen zu verändern. In seiner klassischen Form gibt der Market Flex dem Arrangeur und Underwriter das Recht, das Preisniveau der Kredite zu erhöhen, wenn er auf Grundlage des ursprünglich vereinbarten Pricings nicht in der Lage ist, weitere Kreditgeber zu finden, die gewillt sind, sich an den Krediten bei Ausreichung oder im Rahmen der Syndizierung nach Ausreichung zu beteiligen. Auch wenn der Market Flex für den Kreditnehmer das Risiko späterer Preiserhöhungen birgt, kann er auch in seinem Interesse liegen, da arrangierende Banken bei Vereinbarung eines Market Flex eher gewillt sind, aggressive Preisstrukturen anzubieten. Eine Reverse-Market-Flex-Klausel verpflichtet den Arrangeur umgekehrt, bei besonders günstigem Finanzierungsumfeld erzielbare Preissenkungen im Rahmen der Syndizierung durchzusetzen; hierfür wird dadurch ein Anreiz geschaffen, dass der Kreditnehmer zusätzliche Zahlungen an den Arrangeur leistet, deren Höhe sich nach der Kosteneinsparung beim Kreditnehmer richtet.

[1017] Dies gilt natürlich in besonderem Maße bei von Private-Equity-Unternehmen eingesetzten Zweckgesellschaften, die mit dem Mindeststammkapital gegründet und erst für die Zwecke der Akquisition mit Finanzmitteln ausgestattet werden.

[1018] Siehe hierzu sowie zu weiteren Verpflichtungen der Investoren etwa Jetter/Frost/Müller-Deku/Jörgens in: Eilers/Koffka/Mackensen, Private Equity, S. 335.

[1019] Ursprünglich entstand das Prinzip von Certain Funds, also einer über das Normalmaß hinaus gesicherte Zurverfügungstellung einer Finanzierung, im Kapitalmarkt. Bei öffentlichen Übernahmen verlangen die in den verschiedenen Jurisdiktionen anwendbaren Regeln, dass als Voraussetzung für die Abgabe eines öffentlichen Übernahmeangebotes die Finanzierung der Zahlungen an die das Angebot annehmenden Aktionäre gesichert ist (siehe für Deutschland die Finanzierungsbestätigung gemäß § 13 Abs. 1 WpÜG; in England ergibt sich das Erfordernis einer gesicherten Finanzierung aus General

### 4.3. Wege zu Certain Funds

Im marktüblichen Sprachgebrauch bedeutet Certain Funds, dass die Gesamtfinanzierung für die Kaufpreiszahlung unwiderruflich zur Verfügung steht und nicht mehr von Bedingungen oder Handlungen abhängt, die außerhalb der Sphäre des Kreditnehmers liegen.

#### 4.3.1. Bankgarantie und Treuhandkonto

Die strengste Variante zur Erreichung dieses Ziels ist die Hinterlegung des Kaufpreises auf dem Konto eines Treuhänders oder die Beibringung einer Bankgarantie für die Kaufpreiszahlung durch den Käufer. Beide Varianten sind aus Käufersicht ausgesprochen unattraktiv, kaum finanzierbar und in der Praxis daher nicht relevant.

#### 4.3.2. Unterzeichneter Kreditvertrag

Der Normalfall der Akquisitionsfinanzierung sollte eigentlich ein mit den Kreditgebern bereits unterschriebener Kreditvertrag sein, da nur dieser eine wirklich langfristige Finanzierungssicherheit zugunsten des Käufers garantiert. Im Kreditvertrag wird das Certain-Funds-Konzept umgesetzt, indem die Auszahlungsvoraussetzungen für die Inanspruchnahme der Akquisitionskredite am Vollzugstag reduziert werden. Neben den sogenannten *Documentary Conditions Precedent*, deren Vorlage für jede Inanspruchnahme unabdingbar ist,[1020] wird die Anforderung, dass zum Zeitpunkt der ersten Kreditziehung kein Verstoß gegen die Kreditfinanzierungsdokumente vorliegt und keine unrichtigen Zusicherungen abgegeben worden sind, auf besonders essentielle, nur die Erwerbergesellschaften betreffende Bestimmungen beschränkt, während Bezugnahmen auf der Zielgesellschaft entweder ganz ausgeschlossen oder auf wenige Ausnahmetatbestände limitiert werden. Bei diesen Ausnahmen, auf denen finanzierende Banken zunehmend wieder bestehen und die häufig sowohl für Käufer als auch Verkäufer akzeptabel sind, handelt es sich um das Vorliegen von Insolvenztatbeständen bei wesentlichen Gesellschaften im Konzern der Zielgesellschaft sowie dem Auftreten einer wesentlich nachteiligen Beeinträchtigung seines Geschäftsbetriebs, insbesondere wenn hieraus nach den Bestimmungen des Kaufvertrages ein Rücktrittsrecht für den Käufer entsteht. Rechtsfolge dieser vertraglichen Regelungen ist, dass die Kreditgeber während der *Certain Funds Period*, die regelmäßig mit dem vereinbarten Verfügbarkeitszeitraum (*Availability Period*) kongruent ist, die Kredite nicht kündigen und nicht in sonstiger Weise die Auszahlung der Kredite für die Zahlung des Kaufpreises (und teilweise auch für die Refinanzierung der Finanzverbindlichkeiten der Zielgesellschaft) verweigern dürfen. Das Certain-Funds-Konzept hat nur suspendierende Wirkung, so dass den Kreditgebern nach Ablauf der *Certain Funds Period* sämtliche vertraglichen Rechte grundsätzlich wieder in vollem Umfang zur Verfügung stehen und beispielsweise aufgrund von in der *Certain Funds Period* aufgetretenen und nicht zwischenzeitlich geheilten Vertragsverstößen oder unrichtigen Zusicherungen die Kredite gekündigt oder weitere Auszahlungen verweigert werden können.[1021]

---

Principle 5 sowie Rule 2.5 und Rule 24.7 des City Code on Takeovers and Mergers (sogenanntes Blue Book).

[1020] Hierzu zählen insbesondere die gesellschaftsrechtlichen Unterlagen der Erwerbergesellschaften, die unterzeichneten Finanzierungsdokumente sowie wirksam bestellte Sicherheiten, der Unternehmenskaufvertrag und eine unmittelbar vor Closing abzugebende schriftliche Bestätigung der Geschäftsführung der Erwerbergesellschaft, dass alle Bedingungen des Kaufvertrages erfüllt sind und mit Ausreichung der Kredite und anschließender Kaufpreiszahlung das Eigentum an der Zielgesellschaft auf den Käufer übergeht.

[1021] Dieses Wiederaufleben der vertraglichen Rechte wird hinsichtlich der Zielgruppe allerdings häufig durch eine weitere Nachfrist, die sogenannte Clean-up Period, aufgeschoben. Während dieser Frist von ca. 90 Tagen werden bestimmte Kündigungsgründe und sonstige negative Rechtsfolgen, die allein aufgrund eines in der Zielgesellschaft auftretenden Umstands entstehen, suspendiert, um dem

## 4. Teil. Beteiligungsstrukturierung § 12 Fremdfinanzierung

Da aber Unternehmenskäufe häufig unter hohem Zeitdruck verhandelt und abgeschlossen werden müssen, zumal wenn der Verkauf im Wege eines Auktionsprozesses mit etlichen konkurrierenden Käufern stattfindet, ist der vollständige Abschluss der Kreditvertragsverhandlungen bis zum Zeitpunkt der Unterzeichnung des Kaufvertrages häufig nur schwierig darstellbar. In der Praxis entscheiden viele Käufer daher, auf der Grundlage von Vorstufen der eigentlichen Akquisitionsfinanzierung ein Gebot für den Erwerb eines Unternehmens abzugeben und dem Verkäufer gegenüber die Sicherung der Finanzierung zu belegen.

### 4.3.3. Aufhebung des Dokumentationsvorbehaltes – Fundable Commitment Papers

Eine mögliche Vorstufe zur vollen Dokumentation der Akquisitionsfinanzierung bilden besonders „harte" *Commitment Letter*, die verbunden mit einem detaillierten *Term Sheet* und dem Verweis auf eine vereinbarte Vertragsvorlage[1022] keine oder besonders wenige Bedingungen für die Ausreichung der Kredite vorsehen. Sofern die finanzierende Bank sogar auf den Abschluss eines Kreditvertrages für die erstmalige Ausreichung der Kaufpreisfinanzierung verzichtet,[1023] sich also verpflichtet, notfalls nur auf Grundlage des *Commitment Letter* die Kredite auszureichen, spricht man von einem sogenannten *"Fundable Commitment Letter"* oder als Hinweis auf das die Kreditkonditionen festschreibende *Term Sheet* von einem *"Fundable Term Sheet"*.

### 4.3.4. Übergangsfinanzierung – Interim Facility Agreement

Ein in der Praxis häufig eingeschlagener Mittelweg zwischen dem Versprechen der Banken, ganz ohne Kreditvertrag die Gelder zunächst zur Verfügung zu stellen, und einem vollständig ausverhandelten Kreditvertrag, stellt ein sogenanntes *Interim Facility Agreement* dar.[1024] Hierbei handelt es sich um einen Kreditvertrag, der üblicherweise gleichzeitig mit dem *Commitment Letter* unterzeichnet wird. Auf Grundlage des *Interim Facility Agreement*, welches nur die nötigsten Bestandteile eines Kreditvertrages enthält, verspricht die finanzierende Bank die Ausreichung derjenigen Mittel, die vom Verkäufer für den Abschluss des Unternehmenskaufvertrages als Bedingung verlangt werden. Eine darüber hinausgehende Betriebsmittellinie wird häufig gar nicht oder nur in geringerem Maße als in der langfristigen Finanzierung zur Verfügung gestellt. So attraktiv die Option des *Interim Facility Agreement* erscheinen mag (vertragliche Absicherung der Kaufpreisfinanzierung mit einer schlanken Dokumentation), so risikoreich ist sie gleichwohl: Die Zusage der Übergangsfinanzierung wird mit dem Zugeständnis einer äußerst kurzen Laufzeit erkauft (üblicherweise 30 bis 90 Tage), so dass der Käufer Gefahr läuft, das Unternehmen zwar kreditfinanziert erworben zu haben, es aber bei Scheitern der Refinanzierung der Interimskredite sofort wieder verliert: Einigen sich Kreditgeber und Investoren nicht auf die vollständigen Bedingungen der Kreditfinanzierung, so können erstere bei Endfälligkeit des Zwischenfinanzierungskredits das ihnen stets zu gewährende Pfandrecht an den Anteilen der Zielgesellschaft (und ggf. auch der Erwerbergesellschaft) verwerten. Der Verkäufer kann zudem zu vermuten veranlasst sein, dass ein Käufer, der den kreditfinanzierten Teil

---

Unternehmenskäufer die Gelegenheit zu geben, die erworbene Zielgesellschaft zu integrieren und dafür Sorge zu tragen, dass in Zukunft keine weiteren Vertragsverstöße mehr auftreten. Wird der betreffende Vertragsverstoß innerhalb der Clean-up Period beseitigt, so gilt er für die Zwecke der Finanzierungsverträge als geheilt.

[1022] Entweder ein Vertragsmuster oder die Dokumentation einer Vorgängertransaktion zwischen der finanzierenden Bank und den Investoren.

[1023] Dieser sogenannte Dokumentationsvorbehalt ist sonst unabdingbare Bedingung für die Auszahlungsverpflichtung der Kreditgeber.

[1024] Wenige Ausführungen hierzu auch bei Jetter/Frost/Müller-Deku/Jörgens in: Eilers/Koffka/Mackensen, Private Equity, S. 318.

des Kaufpreises aufgrund eines *Interim Facility Agreement* in Anspruch nimmt, erhebliche Probleme mit seiner Fremdfinanzierung hat.[1025] Die vollständige Ausverhandlung und Unterzeichnung der Finanzierungsdokumentation zum Zeitpunkt des Abschlusses des Unternehmenskaufvertrages ist daher vorzugswürdig, um die Finanzierung des Kaufpreises und des Geschäftsbetriebs der erworbenen Unternehmensgruppe verlässlich und dauerhaft sicherzustellen.

**4.3.5. Erfüllung der Auszahlungsvoraussetzungen**

In sämtlichen der oben beschriebenen Varianten ist aber zur Erreichung von *Certain Funds* neben der schriftlichen Finanzierungszusage der finanzierenden Banken (sei es in Form eines *Commitment Letters*, eines *Interim Facility Agreements* oder eines vollen Kreditvertrages) die vollständige oder weitgehende Erfüllung der Auszahlungsvoraussetzungen erforderlich. Solange nicht sämtliche der meist sehr zahlreichen Auszahlungsvoraussetzungen erfüllt sind und vom Agent schriftlich bestätigt worden sind, verbleibt ein Restrisiko der Auszahlungsverweigerung durch die Kreditgeber. Da aber die vollständige Erfüllung sämtlicher Auszahlungsvoraussetzungen einen hohen Aufwand erfordert und teilweise faktisch unmöglich ist,[1026] werden die sogenannten CP-Bestätigungen[1027] in der Praxis häufig auf die kaufmännisch besonders relevanten Auszahlungsvoraussetzungen, die dem Kreditgeber einen Ermessensspielraum einräumen, beschränkt.[1028]

## 5. Vertragsdokumentation der Kreditfinanzierung

Die Dokumentation von syndizierten Akquisitionsfinanzierungen ist eine Herausforderung, deren Schwierigkeit und Komplexität häufig unterschätzt werden. Zu dieser Fehleinschätzung haben insbesondere die ansteigenden Transaktionszahlen und die zunehmende Standardisierung in den Jahren vor der Finanzkrise geführt, wobei im derzeit schwierigen Finanzierungsumfeld eine gewisse Rückbesinnung auf den hohen Stellenwert der Vertragsdokumentation zu verzeichnen ist.

Jeder Kreditvertrag muss für die individuellen Bedingungen der Finanzierungsstruktur und insbesondere die Erfordernisse des Geschäftsbetriebs der Zielgesellschaft maßgeschneidert werden und dabei gleichzeitig den Erwartungen der Syndizierungsmärkte Rechnung tragen.

### 5.1. Vertragsmuster für Kreditverträge

Die überwiegende Zahl der Akquisitionsfinanzierungen mit einem substantiellen Kreditvolumen (dafür kann man ca. 50 Millionen Euro ansetzen) wird erfahrungsgemäß in englischer Sprache dokumentiert. Englischsprachige Kreditverträge basieren zumeist auf den

---

[1025] Akquisitionskredite werden in den seltensten Fällen tatsächlich auf Grundlage des Interim Facility Agreement in Anspruch genommen, da zwischen Unterzeichnung des Interim Facility Agreement zur Abgabe des Gebotes bis zum Vollzug des Unternehmenskaufs in der überwiegenden Zahl der Fälle eine vollständige Kreditvertragsdokumentation erstellt werden kann.
[1026] So müssen häufig Bestätigungen für Vorgänge abgegeben werden, die im Transaktionsverlauf noch nicht abgeschlossen sein können, Strukturgesellschaften sind teilweise noch nicht gegründet und Legal Opinions können selbstverständlich erst abgegeben werden, wenn die entsprechenden Finanzierungsdokumente vorliegen und unterzeichnet worden sind.
[1027] CP steht für Conditions Precedent. Dies sind keine aufschiebenden Bedingungen im Sinne des § 158 Abs. 1 BGB, sondern reine Auszahlungsvoraussetzungen. Siehe hierzu etwa Jetter in: Eilers/Rödding/Schmalenbach, Unternehmensfinanzierung, S. 194 ff.
[1028] Insbesondere die auf die Zielgesellschaft bezogenen Due Diligence Reports, das Strukturmemorandum sowie der Kaufvertrag.

## 4. Teil. Beteiligungsstrukturierung
§ 12 Fremdfinanzierung

Vertragsvorlagen[1029] der Londoner Loan Market Association.[1030] Das Vertragsformular für LBO-Finanzierungen[1031] unterliegt englischem Recht und sieht als Gerichtsstand London vor, wird jedoch in der deutschen Vertragspraxis üblicherweise mit den erforderlichen Änderungen auch als Basis für Vertragsdokumentationen nach deutschem Recht verwendet.[1032] Neben dem LMA-Vertrag in seiner Reinform werden in der Praxis viele Abwandlungen verwendet, die etwa sowohl Banken als auch Private-Equity-Häuser als ihren Standard etabliert haben; jedoch basieren auch diese in Struktur und Formulierung meist auf dem LMA-Vertrag. Für kleinere Transaktionen, die nur in geringem Maße syndiziert werden müssen, oder bei einem Club Deal mit einem beschränkten Kreis von Banken, die von vornherein an der Kreditvergabe beteiligt sind, bieten sich auch kürzere Vertragsmuster an, die abhängig von den Beteiligten in englischer oder deutscher Sprache sein können. Diese Vertragsmuster, die mit einem Umfang von ca. 50 Seiten häufig nur ein Viertel der Länge eines üblichen LMA-Vertrages erreichen, haben selbstverständlich das positive Attribut der Kürze für sich; allerdings sind Kreditgeber auch bei kurzen Verträgen in aller Regel nicht gewillt, auf einen Mindeststandard von Schutzmechanismen zu verzichten, so dass die Gefahr besteht, dass fehlende Vertragsbestandteile durch pauschale Regelungen ersetzt werden, die der späteren Anpassung an die praktischen Anforderungen der Zielgesellschaft bedürfen.[1033]

---

[1029] Die Verwendung von Vertragsformularen birgt die Gefahr, dass die vertraglichen Regelungen ganz oder teilweise als allgemeine Geschäftsbedingungen iSd § 305 Abs. 1 BGB einzuordnen sind, was zur Anwendung der Schutzvorschriften der §§ 305 ff. BGB führen könnte. Eine AGB-rechtliche Kontrolle wäre indes angesichts der üblicherweise umfänglichen und detaillierten Verhandlung der Finanzierungsdokumente mit spezialisierter anwaltlicher Vertretung auf beiden Seiten verfehlt und würde die Konkurrenzfähigkeit des deutschen Rechts im internationalen Vergleich erheblich beeinträchtigen (vgl. etwa die parallele Diskussion zur Anwendung der AGB-Vorschriften auf Schuldverschreibungen nach deutschem Recht. Der Regierungsentwurf der Bundesregierung zur Reform des Schuldverschreibungsgesetzes vom 18. Februar 2009 sieht keine abschließende Regelung hierzu vor, siehe Regierungsbegründung S. 19 sowie kritische Anmerkungen hierzu von Bredow/Vogel, ZBB 2008, 221 (224); Bredow/Vogel, ZBB 2009, 153 (154) sowie grundlegend Horn, ZHR 173 (2009), 12 (35 ff.)). Zumindest bei den besonders wesentlichen Teilen des Kreditvertrages dürfte es sich in aller Regel um ausgehandelte Individualvereinbarungen iSd § 315 Abs. Satz 3 BGB handeln, die keiner AGB-Kontrolle unterliegen, vgl. etwa LG Frankfurt, NZBAU 2004, 44 (45); Lischek/Mahnken, ZIP 2007, 158 (160); grundlegend Graf von Westphalen, ZIP 2007, 149 (150) sowie Kessel/Jüttner, BB 2008, 1350 (1352).

[1030] Die Loan Market Association (LMA) ist ein im Jahr 1996 in London gegründeter Interessenverband, der die Förderung und Fortentwicklung des europäischen Kreditmarktes zum Ziel hat. Mittlerweile sind mehr als 400 Banken, Finanzinvestoren, internationale Rechtsanwaltssozietäten und Ratingagenturen Mitglied der LMA. Weitere Informationen unter http://www.loan-market-assoc.com. Das Pendant der LMA für den US-amerikanischen Kreditmarkt ist die Loan Syndication and Trading Association (LSTA), die ebenfalls Vertragsformulare veröffentlicht hat, welche aber im europäischen Markt kaum eine Rolle spielen. Vgl. zum Ganzen etwa Wight/Cooke/Gray, The LSTAs Complete Credit Agreement Guide.

[1031] Senior Multicurrency Term and Revolving Facilities Agreement for Leveraged Acquisition Finance Transactions (zuletzt aktualisiert im Februar 2009, in diesem Kapitel 12 als LMA-Vertrag in Bezug genommen). Neben der LBO-Vertragsvorlage hat die LMA ein Vertragsmuster für Kreditnehmer aus dem Investment-Grade-Bereich veröffentlicht, welches sich allerdings für Akquisitionsfinanzierungen nicht eignet.

[1032] Seit Oktober 2008 existiert auch eine Vertragsvorlage der LMA für Kredite nach deutschem Recht. Hierbei handelt es sich aber um das Vertragsmuster für Investment Grade-Kredite.

[1033] Eine im Markt allgemein etablierte Vertragsvorlage in deutscher Sprache existiert nicht. Das Vertragsmuster des Bundesverbands Deutscher Banken für gewerbliche Kreditnehmer ist nicht auf die Besonderheiten einer Akquisitionsfinanzierung zugeschnitten und wird daher in der Praxis allenfalls als Referenzquelle verwendet. Teilweise werden auch nahezu wörtliche Übersetzungen des englischen LMA-Vertrags verwendet, in denen sich LMA-erfahrene Parteien zwar schnell zurecht finden, die aber häufig das Sprachgefühl des deutschen Lesers auf eine schwere Probe stellen.

## 5.2. Überblick über die wichtigsten Regelungen des Kreditvertrages

Der Kreditvertrag regelt zunächst die technischen Details der Kreditvergabe. Hierzu zählen etwa die Aufteilung der Kredite in die verschiedenen Fazilitäten, die Bestimmung des Verfügbarkeitszeitraums und der Laufzeit, des Verwendungszwecks, der Auszahlungsvoraussetzungen (*Conditions Precedent*), der Inanspruchnahmemodalitäten, der Rückzahlungsprofile der amortisierenden Fazilitäten, die Bestimmung des zahlbaren Zinses sowie der Zinszahlungstermine, die Vorschriften zum Referenzzinssatz und zur Anpassung desselben bei Marktstörungen.[1034]

Auch wenn diese Regelungen selbstverständlich technisch einwandfrei abgebildet sein müssen, sind für den Erfolg oder Misserfolg einer Kreditvertragsdokumentation diejenigen Vorschriften von entscheidender Bedeutung, die das vertragliche Korsett für den Geschäftsbetrieb des Kreditnehmers beschreiben. Dieses vertragliche Korsett besteht aus den vier Eckpfeilern der Zusicherungen (*Representations*), der allgemeinen Verhaltenspflichten (*General Undertakings*), der Finanzkennzahlen (*Financial Covenants*) sowie der Kündigungsgründe (*Events of Default*).

### 5.2.1. Zusicherungen der Kreditnehmer – Representations

Kreditverträge englischer Prägung, und mittlerweile auch überwiegend deutsche Verträge, enthalten zahlreiche Zusicherungen, die von den Erwerbergesellschaften und allen späteren Kreditnehmern und Garantiegebern hinsichtlich der Transaktion und der Beschaffenheit der Kreditnehmergruppe abzugeben sind.[1035] Sie beschreiben gewissermaßen die Geschäftsgrundlage, aufgrund derer die Kreditgeber die Kredite zur Verfügung stellen. Während die Zusicherungen zum gesellschaftsrechtlichen Status der verschiedenen Gruppenmitglieder in aller Regel unproblematisch sein werden, sind die Representations zur Beschaffenheit der Zielgesellschaften sowie der Vollständigkeit und Korrektheit der Due-Diligence-Berichte, des Geschäftsplans und der enthaltenen Finanzmodelle regelmäßig Gegenstand intensiver Diskussionen zwischen den Investoren und den finanzierenden Banken.

Da zumindest für besonders wesentliche Umstände das Fortbestehen auch nach Unterzeichnung der Kreditverträge und Ausreichung der Kredite vorausgesetzt wird, werden einige dieser Zusicherungen periodisch zu bestimmten Anlässen wiederholt.[1036] Folge der Abgabe einer falschen Zusicherung ist das Entstehen eines außerordentlichen Kündigungs-

---

[1034] Die letztgenannte Vorschrift zu Marktstörungen (sogenannte Market Disruption Clause) hat lange wenig Beachtung gefunden, da auch erfahrene Marktteilnehmer die Anwendung der Klausel meist weder noch für möglich gehalten haben. Die Market Disruption Clause sieht (unter anderem) für den Fall, dass der gewählte Referenzzinssatz des Interbankenmarktes (z. B. EURIBOR) die tatsächlichen Refinanzierungskosten der Kreditgeber nicht widerspiegelt, vor, dass jeder Kreditgeber dem Kreditnehmer statt des Referenzzinssatzes seine tatsächlichen Refinanzierungskosten in Rechnung stellen kann. Obwohl eine solche Marktstörung spätestens nach der Insolvenz von Lehman Brothers im September 2008 eingetreten ist, sind nur wenige Fälle bekannt geworden, in denen Kreditgeberkonsortien von der Klausel Gebrauch gemacht und höhere Zinsen vom Kreditnehmer verlangt haben. Siehe hierzu auch Gray/Mehta in: International Finance Law Review/December/January 2009, S. 88 ff.; Wood, Law and Practice of International Finance, S. 105; Kilgus, BKR 2009, 181 ff. sowie Laudenklos in: Börsen-Zeitung vom 3. Dezember 2008, 2.

[1035] Jetter in: Eilers/Rödding/Schmalenbach, Unternehmensfinanzierung, S. 200 ff.

[1036] Sogenannte Repeating Representations (im deutschen LMA-Vertragsmuster Repeated Representations genannt). Ausdrücklich schriftliche Wiederholungen sind in Ziehungsnotizen, bei der Wahl von Zinsperioden sowie bei Beitritten von weiteren Kreditnehmern oder Garantiegebern vorgeschrieben. Darüber hinaus sind Wiederholungen kraft Vereinbarung (sogenannte Deemed Repetition) zu weiteren Zeitpunkten vorgesehen. Die fiktive Wiederholung von Zusicherungen allein aufgrund vertraglicher Vereinbarung ist nach deutschem Recht nicht frei von Bedenken; gleichwohl wird das Konzept überwiegend (in Einklang mit dem deutschen LMA-Kreditvertragsmuster) beibehalten. Vgl. zum Ganzen Diem, Akquisitionsfinanzierungen, S. 107 ff.

grundes für die Kreditgeber.[1037] Hierbei ist zu beachten, dass Kreditverträge üblicherweise keinen Mechanismus für eine spätere Anpassung der Zusicherungen vorsehen. Der Kreditnehmer wird also gewissermaßen gezwungen, auch eine als falsch erkannte Zusicherung abzugeben, oder aber die Abgabe zu verweigern, was in beiden Fällen zum Entstehen eines Kündigungsgrundes führt. Sofern also eine Zusicherung, die während der Vertragslaufzeit wiederholt werden muss, nicht flexibel genug formuliert ist, um nachträgliche Änderungen abzubilden, muss rechtzeitig das Gespräch mit den Kreditgebern gesucht werden.

### 5.2.2. Allgemeine Auflagen für Kreditnehmer – General Undertakings

Die allgemeinen Auflagen (*General Undertakings*) umfassen sowohl negative Verbote (etwa von Sicherheitenbestellungen oder Veräußerungen von Vermögensgegenständen) als auch positive Handlungspflichten (beispielsweise zur Sicherstellung eines adäquaten Versicherungsschutzes für die Kreditnehmergruppe, zur Durchführung von bestimmten Umstrukturierungsmaßnahmen oder zum Abschluss von Zinshedging-Verträgen für die Zinszahlungen unter den *Term Facilities*).[1038] Neben die allgemeinen Auflagen treten die speziellen *Information Undertakings*, die die Kreditnehmergruppe verpflichten, periodisch (in der Regel zum Ende eines jeden Monats) detaillierte Finanzinformationen sowie auf Anfrage weitere Informationen zum Geschäftsbetrieb der Gruppe vorzulegen.

Die Auflagen geben für den gesamten Konzern der Erwerbergesellschaft und der Zielgesellschaft ein für die Laufzeit der Kredite anwendbares vertragliches Korsett vor. Hierdurch soll sichergestellt werden, dass der Geschäftsbetrieb, den die Banken sich zu finanzieren bereiterklärt haben, in seiner Substanz und Eigenart grundsätzlich erhalten bleibt und vor allem keine wesentlichen, das Kreditrisiko der Banken erhöhende Vermögensverschiebungen zugunsten von Lieferanten, Abnehmern, anderen Kreditgebern, sonstigen Vertragspartnern der Kreditnehmergruppe oder Gesellschaftern stattfinden. Die entsprechenden Vertragsregelungen bestehen im einzelnen aus einer beträchtlichen Anzahl von Verhaltenspflichten, die das Risiko bergen, wichtige Anpassungen der Zielgesellschaft und ihres Geschäftsbetriebs an die Erfordernisse des jeweiligen Marktes und ihrer Konzernfinanzierungsstruktur bewusst oder unbewusst zu verbieten.

### 5.2.2.1. Vertragstechnik der wichtigsten Auflagen

Von besonderer Bedeutung für den operativen Geschäftsbetrieb der Kreditnehmergruppe sind in der Praxis regelmäßig die Verbote von Unternehmensakquisitionen, der Beteiligung an Joint Ventures, der Veräußerung von Vermögenswerten, der Aufnahme weiterer Finanzverbindlichkeiten sowie der Bestellung von Sicherheiten und Garantien zugunsten Dritter.

Die etablierten deutschen Vertragsmuster sahen häufig ein Verbot nur insoweit vor, als die Risikoposition der Kreditgeber durch die jeweilige Handlung des Kreditnehmers wesentlich negativ beeinträchtigt wird. Dies hat zwar den Vorteil einer knappen und technisch unkomplizierten vertraglichen Regelung auf seiner Seite, kann aber in der Praxis dazu führen, dass große Auslegungsspielräume bestehen und der Kreditnehmer in vielen Fällen praktisch gezwungen ist, die Kreditgeber um Zustimmung zu bitten, um einen (tatsächlichen oder auf der Kreditgeberseite als solcher empfundenen) Vertragsverstoß zu vermeiden. Die

---

[1037] Anders als in Unternehmenskaufverträgen sehen Kreditverträge nicht ausdrücklich vertragliche Schadensersatzansprüche bei Unrichtigkeit einer Zusicherung vor. Ein Schadensersatzanspruch gegen den Kreditnehmer kann sich gleichwohl aus einer gesetzlichen Anspruchsgrundlage ergeben. Hierbei wird die unrichtige Zusicherung des handelnden Geschäftsführers der Gesellschaft organschaftlich zugerechnet. Zusätzlich könnte grundsätzlich auch eine persönliche Haftung des Geschäftsführers aus Deliktsrecht in Betracht kommen; allerdings bestehen für eine deliktsrechtliche Haftung hohe Anforderungen. Im Innenverhältnis könnte eine Ersatzpflicht des Geschäftsführers gegenüber der Gesellschaft aus § 43 GmbHG bestehen, sofern der Geschäftsführer nicht auf der Grundlage einer Weisung der Gesellschafter handelt.

[1038] Weitere Beispiele etwa bei Jetter in: Eilers/Rödding/Schmalenbach, Unternehmensfinanzierung, S. 207 ff.

englischen Vertragsmuster hingegen sehen ein umfassendes und weitgehend lückenloses Verbot dieser Maßnahmen vor, welches dann durch eine große Anzahl spezieller Erlaubnistatbestände[1039] durchbrochen und an den Geschäftsbetrieb der Zielgesellschaft angepasst wird.[1040]

### 5.2.2.2. Erlaubnistatbestände

Die einzelnen Erlaubnistatbestände sind teilweise ebenfalls weit formuliert und beschreiben generisch immer wiederkehrende Vorgänge (beispielsweise die Erlaubnis zur Veräußerung von Gegenständen des Umlaufvermögens im gewöhnlichen Geschäftsbetrieb des Kreditnehmers); andererseits enthalten sie auch exakte Erlaubnisse, die auf Betreiben des Kreditnehmers in den Vertrag aufgenommen werden (so etwa die Zulässigkeit bestimmter, bereits bestehender bilateraler Kreditlinien, die durch die Konsortialfinanzierung nicht abgelöst werden sollen oder einer bestimmten, bereits geplanten Unternehmensakquisition oder Veräußerung eines Geschäftsteils). Regelmäßig ist eine Auffangklausel Teil der Erlaubnistatbestände, nach der bis zu einem bestimmten Maximalbetrag (meist pro Finanzjahr, teilweise aber auch auf den einzelnen Geschäftsvorgang abstellend) Transaktionen ohne weitere Zustimmung der Banken durchgeführt werden können (sogenannte Baskets).

Derartige Erlaubnistatbestände müssen immer im Kontext des Gesamtvertrages gelesen werden. Eine spezielle Ausnahme von einem Verbot qualifiziert nicht automatisch auch alle anderen Vertragsvorschriften, die auf den Vorgang Anwendung finden können. Dies kann exemplarisch am Verbot von Finanzverbindlichkeiten und dem Verbot der Veräußerung von Vermögenswerten veranschaulicht werden. So können zusätzliche Finanzverbindlichkeiten, selbst wenn diese speziell oder im Rahmen des allgemeinen Basket erlaubt sind, selbstverständlich nur in dem Maße aufgenommen werden, wie die Finanzkennzahlen (insbesondere der Verschuldungsgrad (*Leverage Covenant*) sowie der Zinsdeckungsgrad (*Interest Cover Covenant*)) weiterhin eingehalten werden. Die Veräußerung eines bestimmten Vermögenswertes ist zulässig und kann durchgeführt werden, wenn diese vom grundsätzlichen Veräußerungsverbot ausgenommen ist; jedoch müssen die Erlöse aus der Veräußerung in aller Regel vollständig oder zum großen Teil zur vorfälligen Tilgung der Kredite verwendet werden (Pflichtsondertilgung oder *Mandatory Prepayments*), sofern der Kreditvertrag nicht auch für die Erlösverwendung eine spezielle Ausnahme vorsieht. In der Praxis ist dies besonders relevant bei der möglichen Erschließung weiterer Finanzierungsquellen durch die Kreditnehmergruppe (etwa durch Factoring, Verbriefung von Forderungen oder Sale and Lease-Back Transaktionen), die bei vollständiger Abschöpfung der Erlöse durch Pflichtsondertilgungen für den Kreditnehmer unattraktiv oder nicht durchführbar werden können.

### 5.2.2.3. Besonderheiten bei deutschen Kreditnehmern

Bei deutschen Kreditnehmern wird die Schärfe der *General Undertakings* häufig durch eine als Informationsmodell bezeichnete Regelungstechnik abgeschwächt. Dies hat seine Ursache in den gesetzlichen Regelungen zu eigenkapitalersetzenden Gesellschafterdarlehen[1041] und der Rechtsprechung des BGH zum sogenannten atypischen Pfandgläubiger,[1042] der-

---

[1039] Dies sind insbesondere die Permitted-Tatbestände im Verzeichnis der definierten Begriffe im Kreditvertrag (z. B. Permitted Acquisitions, Permitted Disposals, Permitted Financial Indebtedness oder Permitted Security).

[1040] Allerdings werden auch im englischen Vertragsmuster Handlungsverbote oft dadurch aufgeweicht, dass Verstöße zusätzlich einen „Material Adverse Effect" erfordern, um im Verletzungsfall einen Kündigungsgrund auszulösen. Dies führt dann zu einer Unschärfe, die derjenigen der oben beschriebenen deutschen Vertragsmuster entspricht.

[1041] Ursprünglich § 32a GmbHG. Diese Vorschrift zum Eigenkapitalersatzrecht wurde durch das Gesetz zur Modernisierung des GmbH-Rechts und zur Bekämpfung von Missbräuchen (MoMiG) mit Wirkung zum 1. November 2008 aufgehoben und in die Insolvenzordnung (§§ 39 Abs. 1 Nr. 5, 44a und 135 InsO) überführt.

[1042] Grundlegend hierzu BGHZ 119, 191 ff.

zufolge auch ein Kreditgeber, der keine Gesellschafterstellung inne hat, wie ein solcher behandelt werden kann, wenn sich der Kreditgeber durch die Ausgestaltung der Kreditvertragsdokumentation eine eigentümerähnliche Stellung verschafft. Um die drastische Folge der Behandlung der Senior- oder Mezzanine-Kredite als nachrangige Gesellschafterdarlehen zu vermeiden,[1043] sieht das Informationsmodell vor, dass bestimmte Verbote und Verhaltenspflichten im Kreditvertrag, die üblicherweise in die Entscheidungsprärogative der Gesellschafter fallen,[1044] auf deutsche Kreditnehmer nur modifiziert angewendet werden. Diese modifizierte Anwendung sieht vor, dass der betreffende deutsche Kreditnehmer die Kreditgeber rechtzeitig vor Durchführung einer möglicherweise gegen eine vereinbarte Verhaltenspflicht verstoßende Maßnahme schriftlich informiert. Nur dann, wenn die Kreditgeber nach Prüfung des Sachverhaltes innerhalb einer bestimmten Frist der Durchführung aufgrund einer befürchteten wesentlich nachteiligen Beeinträchtigung ihrer Sicherheiten- und Risikoposition widersprechen, würde die Durchführung der Maßnahme zu einem Kündigungsgrund führen. Anderenfalls kann der Kreditnehmer die Maßnahme umsetzen.[1045]

### 5.2.2.4. Aufweichung der Auflagen durch Release Conditions

In einigen LBO-Vertragsdokumentationen wird versucht, durch sogenannten *Release Conditions* einen fließenden Übergang von einer LBO-Dokumentation zu einem normalen Unternehmenskredit zu bewerkstelligen. Hierzu werden bestimmte Kriterien vereinbart, bei deren Erfüllung eine Reihe von Verboten oder positiven Handlungspflichten des LBO-Kreditvertrages entweder bis zum erneuten Wegfall der relevanten Kriterien suspendiert werden oder auf Dauer wegfallen. Das am meisten verwendete Kriterium ist der Verschuldungsgrad[1046] oder bei größeren Unternehmensgruppen ein bestimmtes Rating. Die von den *Release Conditions* betroffenen Vertragsvorschriften sind regelmäßig die Beschränkung der Aufnahme weiterer Finanzverbindlichkeiten (Wegfall oder Freibetragserhöhung), das Verbot der Sicherheitenbestellung (sogenannter *Negative Pledge*; diesbezüglich meist kein Wegfall, sondern Freibetragserhöhung), Wegfall der Verpflichtung, Hedging-Vereinbarungen für einen Teil des Nominalbetrags der Kredite abzuschließen bzw. aufrecht zu erhalten, die Beschränkungen der Investitionsaufwendungen (*Capex Covenant*), Wegfall des *Clean Down* für die *Revolving Facility*[1047] sowie insbesondere die Verpflichtung zur regelmäßigen

---

[1043] Rechtsfolge des § 32a GmbHG a.F. war es, dass Gesellschafterdarlehen, die der Gesellschaft in ihrer Krise gewährt oder auch stehengelassen wurden, in der sich hieran anschließenden Insolvenz der Gesellschaft als nachrangige Insolvenzforderungen behandelt werden und damit in aller Regel vollständig ausfallen. Mit Inkrafttreten des MoMiG wird nicht mehr auf das nur schwer greifbare Merkmal der Krise der Gesellschaft abgestellt. Vielmehr werden Gesellschafterdarlehen und Forderungen aus Rechtshandlungen, die einem Gesellschafterdarlehen wirtschaftlich entsprechen, in der Insolvenz der Gesellschaft gemäß § 39 Abs. 1 Nr. 5 InsO grundsätzlich als nachrangige Insolvenzforderungen behandelt. Diese Regelung wird flankiert durch besondere Insolvenzanfechtungsfristen, die insbesondere vorsehen, dass die Rückzahlung eines Gesellschafterdarlehens innerhalb eines Jahres vor Insolvenzeröffnungsantrag angefochten werden kann und die erhaltenen Beträge zurückgezahlt werden müssen (§ 135 Abs. 1 InsO).
[1044] Beispielsweise wesentliche Änderungen in der Ausrichtung der Geschäftsfelder, Ausschüttung von Dividenden, Ausgabe neuer Geschäftsanteile oder Entscheidung betreffend Unternehmenszusammenschlüsse.
[1045] Es ist zu erwarten, dass diese Regelungstechnik auch nach Inkrafttreten des MoMiG und Verschiebung der Regelungen zum Eigenkapitalersatzrecht in die Insolvenzordnung beibehalten wird – jedenfalls solange die höchstrichterliche Rechtsprechung oder der Gesetzgeber das Risiko der Beurteilung der Kreditgeber einer Fremdfinanzierung als „eigentümerähnliche Dritte" nicht beseitigen oder die Voraussetzungen hierfür im Einzelnen präzisieren, siehe hierzu etwa Krolop, GmbHR 2009, 397 (400 ff.).
[1046] Sogenannter Leverage Covenant; der Schwellenwert, ab dem von einem Unternehmenskredit ausgegangen wird, liegt häufig bei 2,5:1 oder 2,0:1.
[1047] Siehe oben Abschnitt 3.1.2.

Abführung eines bestimmten Teils der überschüssigen Liquidität (sogenannter *Excess Cash-flow*) zum Ende des Geschäftsjahres.

### 5.2.3. Finanzkennzahlen – Financial Covenants

Die Finanzkennzahlen sind aus kaufmännischer Sicht das Herzstück eines jeden Kreditvertrages. Sie schreiben für die Kreditnehmergruppe auf konsolidierter Basis eine bestimmte finanzielle Beschaffenheit vor, bei deren Nichteinhaltung ein Kündigungsgrund für die Kreditgeber ausgelöst wird. Sie sind gewissermaßen ein Frühwarnsystem für die Kreditgeber, die hierdurch in die Lage versetzt werden sollen, anhand der Finanzkennzahlen die Verfassung des Kreditnehmers abzulesen und gegebenenfalls gegenzusteuern, wenn sich die Verfassung des Kreditnehmers wesentlich verschlechtert. Die Finanzkennzahlen werden auf Basis des Geschäftsplanes,[1048] den die Investoren – meist unter Mitwirkung der Geschäftsführung der Zielgesellschaft – für die Kreditnehmergruppe erstellen, festgesetzt. Die Finanzkennzahlen räumen regelmäßig einen zusätzlichen Spielraum (sogenannter *Headroom*) von ca. 20% – 25% zu den Annahmen des Geschäftsplans ein, so dass das Nichterreichen der im Geschäftsplan prognostizierten Ziele nicht automatisch auch einen Verstoß gegen den Kreditvertrag auslöst.[1049]

Ein für LBO-Kreditverträge typisches Financial-Covenant-Paket umfasst die folgenden Finanzkennzahlen:

– **Schuldendienstdeckungsgrad – Cash-flow Cover**[1050]
Dieser beschreibt das Verhältnis von EBITDA[1051] zum (Finanz-) Schuldendienst der Gruppe. Die Schwellenwerte liegen hier regelmäßig bei 1:1, teilweise sogar bei 1,1:1 oder 1,2:1.

– **Zinsdeckungsgrad – Interest Cover**
Der *Interest Cover* misst die Zinsdeckung, also das Verhältnis des EBITDA der Gruppe zum Zinsaufwand.

– **Verschuldungsgrad – Leverage**[1052]
Der *Leverage Covenant* beschränkt den Verschuldungsgrad der Kreditnehmergruppe. Verschuldungsgrad bedeutet das Verhältnis der Finanzverbindlichkeiten zum EBITDA der Gruppe. Teilweise wird beim *Leverage Covenant* unterschieden zwischen dem *Senior Leverage*, der nur die erstrangigen Finanzverbindlichkeiten der Gruppe erfasst, und dem *Total Leverage*, der auch die Finanzverbindlichkeiten aus der Mezzanine-Finanzierung einschließt.

– **Investitionszahlungen – Capital Expenditure**
Diese meist als *Capex Covenant* bezeichnete Kennzahl ist eigentlich keine Finanzkennzahl, sondern gibt einen jährlichen Maximalrahmen für Investitionszahlungen der Kreditnehmergruppe vor. Dieser wird regelmäßig zur Schaffung größerer Flexibilität mit einer Vortrags- und einer Rücktragsmöglichkeit versehen, also dem Recht des Kreditnehmers, einen bestimmten Prozentsatz des nicht genutzten Teils des Budgets für das Vorjahr in das nächste Finanzjahr vorzutragen (*Carry Forward*) oder unter Reduzierung des Budgets für

---

[1048] In englischsprachigen Verträgen als Business Plan oder auch Base Case Model bezeichnet.
[1049] Der Headroom zwischen dem Geschäftsplan und den Finanzkennzahlen ist nicht mit dem Headroom zu verwechseln, der üblicherweise zwischen den Finanzkennzahlen des Senior-Kreditvertrages und denen des Mezzanine-Kreditvertrages besteht. Häufig sind die Finanzkennzahlen des Mezzanine-Kreditvertrages um ca. 10% laxer, um zu erreichen, dass zunächst nur im Senior-Kreditvertrag ein Kündigungsgrund entsteht und so die Senior-Kreditgeber ohne Druck der Mezzanine-Kreditgeber in der Lage sind, Restrukturierungsgespräche mit dem Kreditnehmer zu führen.
[1050] Häufig auch als Fixed Charge Cover bezeichnet.
[1051] Die übliche Abkürzung für Earnings Before Interest, Tax, Depreciation and Amortisation.
[1052] Häufig auch Debt Cover genannt.

das Folgejahr das zulässige Investitionsvolumen für das laufende Geschäftsjahr zu erhöhen (*Carry Back*).

Neben diesen klassischen Finanzkennzahlen vereinbaren die Parteien auch für den jeweiligen Geschäftsbetrieb der Kreditnehmergruppe maßgeschneiderte Indikatoren.[1053] Die in Unternehmenskreditverträgen bisweilen zu findenden Finanzkennzahlen *Gearing* (Verhältnis von Finanzverbindlichkeiten zu Eigenkapital), *Net Worth Ratio* (Verhältnis von Eigenkapital zur Bilanzsumme) sowie *Minimum Net Worth* (Mindestbestand von Eigenkapital)[1054] sind in LBO-Kreditverträgen in aller Regel untauglich und deswegen eher unüblich.

Die Finanzkennzahlen werden üblicherweise zum Ende eines jeden Quartals auf Grundlage der konsolidierten Abschlüsse der Kreditnehmergruppe für den zurückliegenden Zwölfmonatszeitraum geprüft.[1055] Die Einhaltung der Finanzkennzahlen muss von der Geschäftsführung der Obergesellschaft der Gruppe in einer Konformitätsbescheinigung (*Compliance Certificate*), die zusammen mit den jeweiligen Abschlüssen vorgelegt wird, bestätigt werden. Für den geprüften Jahresabschluss müssen auch die Wirtschaftsprüfer bestätigen, dass die Berechnungen der Finanzkennzahlen korrekt vorgenommen worden sind.

Die Finanzkennzahlen werden auf der Grundlage vertraglicher Finanzdefinitionen berechnet, die in aller Regel nicht unerheblich von den zugrundeliegenden Bilanzierungsgrundsätzen (in Deutschland meist HGB oder IFRS) abweichen. Insofern ist es unerlässlich, dass sowohl auf Kreditnehmer- und Investorenseite als auch auf Kreditgeberseite die mit der Erstellung des Geschäftsplans befassten Personen die Terminologie des Kreditvertrages eingehend prüfen und ihrem zugrundeliegenden finanzmathematischen Modell anpassen. Zuguterletzt sollte auch der Wirtschaftsprüfer der Zielgesellschaften eingebunden werden, da er weitgehenden Einblick in deren Geschäftsbetrieb hat und die Einhaltung der Finanzkennzahlen im Rahmen des Compliance Certificate zum testieren Jahresabschluss bestätigen muss.

Die Finanzkennzahlen sind aus Kreditnehmersicht ein neuralgischer Punkt, da sie stark vom Geschäftsverlauf abhängen und dementsprechend für das Unternehmen nicht beherrschbar sind. Aus diesem Grunde haben sich vor der Finanzkrise im Laufe des Jahres 2006 und in der ersten Hälfte des Jahres 2007 auf Betreiben von Private-Equity-Häusern sogenannte Covenant-Lite[1056]-Kredite entwickelt, die entweder keine oder nur auf ein Minimum beschränkte Finanzkennzahlen vorsahen.[1057] Nach Eintritt der Finanzkrise sind der-

---

[1053] So kann etwa an das Auftragsvolumen, den Forderungsbestand oder den Wert des Umlauf- und/oder Anlagevermögens angeknüpft werden. Bei Asset-Finanzierungen (beispielsweise Schiffsfinanzierungen oder Finanzierung eines Beteiligungsaufbaus an einer börsennotierten Aktiengesellschaft) sind Loan-to-Value-Covenants sachgerecht.

[1054] Für die Zwecke der drei genannten Covenants wird statt Eigenkapital häufig auch die Größe „wirtschaftliche Eigenmittel" verwendet, die gegenüber dem reinen bilanziellen Eigenkapital insbesondere auch nachrangige Finanzverbindlichkeiten umfasst.

[1055] Sogenannte LTM (Last Twelve Months)-Betrachtung. Eine Ausnahme stellt der Capex Covenant dar, der ein jährliches Budget vorgibt und dementsprechend nur am Ende des Finanzjahres geprüft werden kann.

[1056] Wenn auch orthographisch inkorrekt, wird überwiegend das in den USA und der Werbung umgangssprachlich gebräuchliche „lite" anstelle des korrekten „light" verwendet.

[1057] Häufig sind Covenant-Lite-Kredite das Produkt einer Kombination von in High Yield Bonds üblichen Incurrence Covenants (derartige Finanzkennzahlen werden nur bei bestimmten Handlungen des Kreditnehmers geprüft, so etwa die Aufnahme zusätzlicher Finanzverbindlichkeiten oder eine Unternehmensakquisition) mit den in syndizierten Krediten üblichen Maintenance Covenants (die unabhängig von bestimmten Handlungen oder Ereignissen immer eingehalten werden müssen und periodisch geprüft werden). Siehe zu Covenant-Lite-Krediten etwa Hoffmann, ZBB 2007, 413 (416); O'Donovan, IFR Buyouts Europe, 10. Mai 2007, S. 15; Haghani/Holzamer in: Buth/Hermanns, Restrukturierung, Sanierung, Insolvenz, § 21 Rn. 2; Kilgus, BKR 2009, S. 181 (187); Jetter/Frost/Müller-Deku/Jörgens in: Eilers/Koffka/Mackensen, Private Equity, S. 319 sowie Eidenmüller, ZHR (171 (2007), 644 (657) m.w.N.

artige Kredite für Akquisitionsfinanzierungen im Markt nicht mehr angeboten worden; sie dürften nur ein kurzzeitiges Phänomen eines überhitzten Marktes gewesen sein.

Von größerer Langlebigkeit hingegen sind punktuelle Aufweichungen und Gestaltungsmöglichkeiten für Kreditnehmer im Bereich der Finanzkennzahlen. Neben einzelnen Instrumenten bei der Berechnung der Finanzkennzahlen[1058] ist in diesem Zusammenhang insbesondere die sogenannte *Equity Cure* zu nennen.[1059] Hierbei handelt es sich um das Recht des Kreditnehmers, einen aufgetretenen Verstoß gegen die vereinbarten Finanzkennzahlen durch nachträglichen Kapitaleinschuss (in der Form nachrangiger Gesellschafterdarlehen oder von Eigenkapital) zu heilen.[1060] Sofern bei Neuberechnung der *Financial Covenants* unter Berücksichtigung des Kapitaleinschusses die Finanzkennzahlen eingehalten werden, gilt der Vertragsverstoß und der dadurch zunächst entstandene Kündigungsgrund als geheilt. Dieses Recht gibt den Investoren die Möglichkeit, die Kündigung der Akquisitionskredite durch die Kreditgeber zu verhindern und ihre Kapitalinvestitionen durch Kapitalnachschüsse zu sichern. Im Interesse der Kreditgeber ist dieses Recht allerdings regelmäßig derart beschränkt, dass es nicht in aufeinanderfolgenden Quartalen und nicht häufiger als zwischen zwei- und viermal während der Laufzeit der Kredite angewendet werden darf, da ansonsten die Kreditgeber zu befürchten hätten, dass eine nicht tragfähige Finanzierung durch punktuelle Einschüsse künstlich aufrechterhalten bleibt. Die Regelungen der *Equity Cure* sind im Detail sehr vielgestaltig. So wird teilweise vorgeschrieben, dass der Equity-Einschuss zumindest anteilig zu einer vorfälligen Tilgung der Kredite verwendet werden muss, was allerdings in aller Regel weder im Sinne der Kreditnehmergruppe, noch im Sinne der Banken ist, da das frische Kapital in der Krise meist dringend für die Verwendung im Geschäftsbetrieb erforderlich ist. Besondere Bedeutung hat die Anrechnung der eingeschossenen Beträge im Rahmen der Neuberechnung der Finanzkennzahlen. Wird der Einschuss dem operativen Ergebnis zugerechnet, erhöht sich das Nettoergebnis (EBITDA), was eine wesentlich stärkere Wirkung entfaltet als eine bloße Anrechnung als Barbestand. Seit Beginn der Finanzkrise sind Kreditgeber kaum noch bereit, eine Anrechnung des Einschusses auf EBITDA zuzugestehen.

### 5.2.4. Kündigungsgründe – Events of Default

#### 5.2.4.1. Überblick über die außerordentlichen Kündigungsgründe

Der Kreditvertrag ist während seiner Laufzeit von Kreditgeberseite nicht ordentlich kündbar, da es dem Kreditnehmer gerade um eine verlässliche Sicherung seines langfristigen Finanzierungsbedarfs geht. Die Kreditgeber können sich also nur vom Kreditvertrag lösen, wenn ein Recht zur außerordentlichen Kündigung entsteht. Die außerordentlichen Kündigungsgründe werden in den Kreditverträgen detailliert geregelt, um die Transparenz für beide Vertragsseiten zu erhöhen. Die wichtigsten dieser Kündigungsgründe sind Zahlungsverzug, die Nichteinhaltung von Finanzkennzahlen, der Verstoß gegen sonstige Vorschriften der Finanzierungsdokumente, die Abgabe einer falschen Zusicherung, der sogenannte *Cross Default* (also das Vorliegen eines Kündigungsgrundes hinsichtlich anderer Finanzverbindlichkeiten der Kreditnehmergruppe),[1061] die Insolvenz von Mitgliedern der Kreditnehmergruppe, wesentliche Zwangsvollstreckungsmaßnahmen durch konkurrierende Gläubiger, die Unwirksamkeit wesentlicher Finanzierungsdokumente, die Vertragsaufsage ("repudiation") durch die Kreditnehmer oder Garantiegeber, die Erteilung eines eingeschränkten Testats durch den Abschlussprüfer der Gruppe (sogenannte *Auditor's Qualification*) sowie als

---

[1058] So etwa Berücksichtigung von zu erwartendem Aufwand oder Synergieeffekten bei Restrukturierungsmaßnahmen oder Unternehmensakquisitionen.
[1059] Siehe hierzu etwa Hoffmann, ZBB 2007, 413 (415) sowie Kilgus, BKR 2009, 181 (186).
[1060] Meist innerhalb einer Frist von bis zu 30 Tagen nach Vorlage des entsprechenden Compliance Certificate, welches den Verstoß gegen die Finanzkennzahlen bestätigt.
[1061] Als Wesentlichkeitskriterium wird üblicherweise ein Mindestbetrag vereinbart, der von diesem Kündigungsrecht betroffen sein muss.

## 4. Teil. Beteiligungsstrukturierung   § 12 Fremdfinanzierung

Auffangtatbestand des sogenannten *Material Adverse Change*, der gegeben ist, wenn eine wesentlich nachteilige Beeinträchtigung der Kreditnehmergruppe eintritt, die befürchten lässt, dass sie ihre Zahlungsverpflichtungen unter den Krediten, die Finanzkennzahlen oder sonstige wesentliche kreditvertragliche Verpflichtungen in der Zukunft nicht wird einhalten können.[1062] Neben diesen spezifischen vertraglichen Kündigungsgründen besteht das gesetzliche Recht zur Kündigung aus wichtigem Grund weiter.[1063] Da die vertraglich vereinbarten Kündigungsgründe in aller Regel detailliert und umfassend sind, spielen die gesetzlichen Kündigungsgründe in der Praxis nur eine geringe Rolle und werden in der Regel nicht abbedungen.[1064]

### 5.2.4.2. Faktische Beschränkungen der Kündigung in der Praxis

Trotz Vorliegens eines Kündigungsgrundes wird die praktische Wahrscheinlichkeit einer Kündigung der Kredite in der Praxis insbesondere durch zwei Faktoren verringert: Zum einen durch den Grundsatz der Verhältnismäßigkeit, zum anderen mittels der Notwendigkeit einer Mehrheitsentscheidung der Kreditgeber.

Im täglichen Geschäftsbetrieb einer Kreditnehmergruppe kommt es erfahrungsgemäß immer wieder zu Situationen, in denen gegen das Korsett der vorgegebenen Verhaltenspflichten verstoßen oder eine falsche wiederholende Zusicherung (*Repeating Representation*) abgegeben wird. Sofern dies unbewusst und nicht grob fahrlässig geschehen ist und keinen für die Kreditgeber wesentlichen Sachverhalt betrifft, wird es den Kreditgebern aus Gründen der Verhältnismäßigkeit oft versagt sein, dieses „technischen" *Event of Default* zum Anlass für eine Kündigung zu nehmen, ohne damit das Risiko einer möglicherweise Schadensersatzansprüche begründenden „Kündigung zur Unzeit" einzugehen.[1065] Dies ist allerdings eine Abwägungsfrage im Einzelfall, weshalb der Kreditnehmer sich hierauf nicht verlassen kann und Vertragsverstöße jeglicher Art tunlichst vermeiden sollte.

Eine weitere faktische Beschränkung des Kündigungsrechts ist die Tatsache, dass die Bindung durch den Konsortialvertrag die Kündigung durch einzelne Kreditgeber ausschließt. Über Maßnahmen, die die Grundlagen des Kreditverhältnisses betreffen, entscheiden die Kreditgeber als Gruppe in der Regel mit einer qualifizierten Mehrheit von zwei Dritteln der Kreditbeteiligungen.[1066] Innerhalb eines Konsortiums bestehen häufig divergierende Interessen, so dass es auch bei eindeutigen Vertragsverstößen nur selten zur Kündigung kommt. Hausbanken der Kreditnehmergruppe sowie solche Institute, die mit den Investoren eine Vielzahl von Transaktionen finanzieren, werden die Fälligstellung der Kredite erst als ultima ratio zulassen. Die Rolle dieser Institute verliert aber mit zunehmender Größe der Konsor-

---

[1062] Im Einzelnen ist die Definition des Material Adverse Effect Gegenstand der Verhandlung zwischen den Parteien. Siehe hierzu im Allgemeinen Wight/Cooke/Gray, The LSTAs Complete Credit Agreement Guide, S. 436 ff.; Siehe hierzu auch Jetter/Frost/Müller-Deku/Jörgens in: Eilers/Koffka/Mackensen, Private Equity, S. 322 sowie Kirchner, Börsen-Zeitung vom 26. November 2008, S. 2.

[1063] Vgl. § 490 BGB, wonach der Kreditgeber zur Kündigung berechtigt ist, wenn in den Vermögensverhältnissen des Darlehensnehmers oder in der Werthaltigkeit einer für das Darlehen gestellten Sicherheit eine wesentliche Verschlechterung eintritt oder einzutreten droht, durch die die Rückerstattung des Darlehens, auch bei Verwertung der Sicherheit, gefährdet wird. Daneben besteht das Recht zur außerordentlichen Kündigung aus wichtigem Grund nach den allgemeinen Vorschriften (§§ 313, 314 BGB), welches auch andere als die von § 490 BGB erfassten Fälle berücksichtigen kann.

[1064] § 490 BGB ist grundsätzlich dispositiv. Das allgemeine Recht zur Kündigung aus wichtigem Grund ist aber der Abdingbarkeit nur in begrenztem Maße zugänglich, weshalb der Ausschluss des außerordentlichen Kündigungsrechts nach § 490 BGB nicht sämtliche Ansatzpunkte für ein außerordentliches Kündigungsrecht der Kreditgeber auf gesetzlicher Grundlage ausschließen kann.

[1065] Das Verbot unverhältnismäßiger Rechtsausübung ergibt sich aus dem allgemeinen Grundsatz von Treu und Glauben (§ 242 BGB).

[1066] Zwar sieht die übliche Kündigungsregelung meist vor, dass der Agent (Konsortialführer) zur Kündigung auch ohne ein Votum der Kreditgeber berechtigt (aber nicht verpflichtet) ist, jedoch wird der Agent nur in Ausnahmefällen (Gefahr im Verzug, vorherige fortgeltende Instruktionen o.ä.) ohne ausdrückliche Weisung der Kreditgeber die Kredite kündigen.

tien (bei Transaktionen ab ca. 1 Mrd. Euro Kreditvolumen sind Konsortien mit mehr als 100 Kreditgebern keine Seltenheit) und dem intensiveren Sekundärhandel syndizierter Kredite an Bedeutung. Trifft ein zu erwartender hoher Verwertungserlös mit einer Vielzahl von Kreditgebern im Konsortium zusammen, die ihre Kreditbeteiligungen erheblich unter pari erworben haben, besteht ein erhöhtes Kündigungsrisiko.

**5.2.4.3. Weitere Folgen eines außerordentlichen Kündigungsgrundes**
Neben dem Recht zur Kündigung hat das Auftreten eines *Event of Default* weitere weitreichende Folgen für die Kreditnehmerrechte und -pflichten aus dem Kreditvertrag und den sonstigen Finanzierungsverträgen. Bei Vorliegen eines Kündigungsgrundes sind die Kreditgeber insbesondere berechtigt, die Vorlage von Informationen zum Kündigungsgrund und seiner geplanten Beseitigung oder sogar Einsicht in Geschäftsunterlagen zu verlangen. Erlaubnistatbestände im Kreditvertrag sind nicht mehr anwendbar (beispielsweise die Erlaubnis für Unternehmensakquisitionen oder Zahlungen an die Investoren). Die meist abhängig vom Verschuldungsgrad variabel gestaltete Marge steigt für die Dauer des Kündigungsgrundes auf die oberste Margenstufe und wird teils sogar noch um einen Strafmargenaufschlag erhöht. Die Berechtigung der Gruppengesellschaften, über die als Sicherheiten hingegebenen Vermögensgegenstände im gewöhnlichen Geschäftsbetrieb zu verfügen,[1067] wird automatisch oder auf Verlangen des Sicherheitentreuhänders eingeschränkt. Von besonderer Relevanz sind in diesem Zusammenhang die Folgen eines Kündigungsgrundes für die revolvierende Kreditlinie. Die Auszahlung weiterer Gelder kann durch die Kreditgeber gewöhnlich schon bei Auftreten eines potentiellen Kündigungsgrundes verweigert werden, was einem Kreditnehmer in der Krise die dringend benötigte Liquidität nehmen kann. Während die Blockierung zusätzlicher Liquidität häufig zumindest kurzzeitig verschmerzt werden kann, hat die Verweigerung des Rollover von ausstehenden Inanspruchnahmen (siehe oben Abschnitt 3.1.2.) eine wesentlich einschneidendere Wirkung, da als Folge sämtliche Barinanspruchnahmen der *Revolving Facility* zum Ende der jeweils gewählten Zinsperiode zurückgezahlt werden müssten und dann wegen des ausstehenden Kündigungsgrundes nicht erneut in Anspruch genommen werden können, solange der *Event of Default* nicht geheilt oder ein Verzicht der Kreditgeber (sogenannter Waiver) ausgesprochen worden ist. Dies kann schnell – auch aus Kreditgebersicht möglicherweise unbeabsichtigt – zur Zahlungsunfähigkeit und damit zur Insolvenz des Kreditnehmers führen. Die Privilegierung des Rollover wird daher in der Dokumentationspraxis häufig verstärkt und eine Unterbrechung des Rollovers nur vorgesehen, wenn die Kreditgeber die Kredite aktiv gekündigt haben.[1068]

**5.3. Konsortialbestimmungen und die Intercreditor-Vereinbarung**
**5.3.1. Konsortialbestimmungen**
Die Konsortialbestimmungen sind in Kreditverträgen englischer Prägung (so auch in den LMA-Vertragsvorlagen), Bestandteil des Kreditvertrages. Sie beinhalten insbesondere die Ernennung des Agent, der als Beauftragter der Kreditgeber die Kreditfazilitäten verwaltet. Einerseits haben die Kreditgeber das Recht, den Agent zu bestimmten Handlungen anzuweisen: andererseits enthalten die Konsortialvereinbarungen etliche Regelungen zum Schutz des Agent, wie insbesondere eine Haftungsbeschränkung für (einfache) Fahrlässigkeit und einen Anspruch auf Schadloshaltung gegen die Kreditgeber hinsichtlich Kosten oder Haftungsfolgen, die sich aus seiner Tätigkeit als Agent ergeben.

Aus Kreditnehmersicht sind insbesondere die Bestimmungen zu den Mehrheitserfordernissen innerhalb des Konsortiums relevant. Als Grundsatz können sämtliche Vertragsbestim-

---

[1067] Etwa die Einziehung zur Sicherheit abgetretener Geldforderungen, die Verfügung über abgetretene Bankkonten oder die Veräußerung oder Verarbeitung von sicherungsübereignetem Umlaufvermögen.
[1068] Im Ergebnis werden ausstehende revolvierende Kredite dann ähnlich den Laufzeitkrediten behandelt.

mungen der Finanzierungsdokumente mit Zustimmung der Kreditnehmer und der Mehrheit der Kreditgeber (der sogenannten *Majority Lenders*) geändert oder auf ihre Anwendung im Einzelfall verzichtet werden; die erforderliche Mehrheit ist meist qualifiziert und beträgt zwei Drittel der Beteiligung an den Krediten.[1069] In Abweichung von diesem Grundsatz gibt es aber immer einen Katalog von kreditgenehmigungsrelevanten Entscheidungen, die Einstimmigkeit[1070] oder eine besondere qualifizierte Mehrheit[1071] verlangen. Je umfangreicher der Katalog der Einstimmigkeitserfordernisse ist, desto schwieriger wird es, die Finanzierungsverträge während der Laufzeit der Kredite zu ändern und eventuell wichtige und erforderliche Anpassungen an die Anforderungen der Kreditnehmergruppe vorzunehmen. Als Korrektiv hierfür sieht der LMA-Vertrag mittlerweile das Recht vor, nicht zustimmende Kreditgeberminderheiten durch eine Zwangsabtretung an vom Kreditnehmer zu benennende Dritte aus dem Konsortium zu entfernen.[1072] Die Ersetzung eines solchen sogenannten *Non-Consenting Lenders* muss aber zu pari zuzüglich Zinsen und sonstiger geschuldeter Beträge erfolgen, weshalb die Ausübung der Klausel in Krisenzeiten, in denen die Kredite weit unter ihrem Nennbetrag gehandelt werden, nicht möglich bzw. wirtschaftlich unattraktiv ist; als Kehrseite ist aber der Anreiz für Kreditgeber umso größer, durch Zustimmungsverweigerung ihre Ablösung zu pari herauszufordern. Um die häufig für Kreditnehmer sehr zeitkritischen Abstimmungsprozesse zu optimieren, wird in der Dokumentationspraxis häufig ein Stimmrechtsausschluss für Kreditgeber vereinbart, die ihr Stimmrecht bei Änderungsanfragen der Kreditnehmergruppe nicht innerhalb einer bestimmten Frist ausüben.[1073]

### 5.3.2. Intercreditor-Vereinbarung

Weitere unerlässliche Bestandteile einer Finanzierungsdokumentation für LBO-Transaktionen sind die Abreden zur Sicherheitenverwaltung durch den Sicherheitentreuhänder, die Nachrangvereinbarung mit den Gesellschaftern der Kreditnehmergruppe, die Abreden zwischen den verschiedenen Klassen der Fremdkapitalgeber zum Rangverhältnis untereinander sowie meist auch Nachrangvereinbarungen hinsichtlich der konzerninternen Kredit- und Finanzierungsvereinbarungen.

In den letzten Jahren hat die Dokumentationspraxis auch in diesem Bereich eine zunehmende Standardisierung erfahren. Im Februar 2009 ist nun die erste Vertragsvorlage für eine Intercreditor-Vereinbarung durch die LMA vorgelegt worden.[1074] In deutschen Dokumentationen wurden diese Regelungen häufig auf separate Verträge aufgeteilt (Sicherheitentreuhandvertrag für die Sicherheitenverwaltung, Nachrangvereinbarung mit den Gesellschaftern und eine Intercreditor-Vereinbarung zwischen den verschiedenen Fremdkapitalgebern);[1075] jedoch ist es auch in deutschen Transaktionen mittlerweile üblich gewor-

---

[1069] Neben Vertragsänderungen entscheiden die Majority Lenders auch über die Kündigung der Kredite, die Erteilung sonstiger Instruktionen an den Agent, die Verwertung von Sicherheiten etc.

[1070] So etwa die Verlängerung einer planmäßigen Rückzahlung, eine Reduzierung der Marge oder eine betragsmäßige Erhöhung oder Verlängerung der Verfügbarkeit der zugesagten Kredite.

[1071] Sogenannte Super Majority Lenders. Häufig wird diese mit einem Prozentsatz von 85% bis 90% der Kreditbeteiligungen angesetzt und für Sicherheiten- und Garantiefreigaben vorgesehen.

[1072] Sogenannte „Yank the Bank"-Klausel.

[1073] Sogenannte „Snooze and lose"-Klausel. Diese Regelung hat mittlerweile auch Eingang in den LMA-Vertrag gefunden, allerdings mit der Anregung, besonders grundlegende Entscheidungen vom Stimmrechtsausschluss auszunehmen. So soll vermieden werden, dass ein Kreditgeber beispielsweise aufgrund eines Versehens im internen Postlauf ohne sein Wissen eine erhöhte Kreditzusage abgibt.

[1074] Aufgrund der Anforderungen des englischen Rechts hat dieser Vertrag die Form eines „Deed" (Urkunde), was aber einer Verwendung auch für deutsche Transaktionen (mit den entsprechenden Anpassungen) nicht im Wege steht. Zur Vertragsform des Deed im Common Law siehe etwa Zweigert/Kötz, An Introduction To Comparative Law, S. 357 ff. m.w.N.

[1075] Darüber hinaus gibt es häufig noch einen separaten Konsortialvertrag, wenn die Konsortialbestimmungen nicht wie in den Kreditverträgen englischer Prägung bereits Bestandteil des Kreditvertrages sind.

den, den englischen Vertragsvorlagen folgend sämtliche dieser Vertragsbeziehungen in eine Intercreditor-Vereinbarung aufzunehmen.

Die Regelungen der Intercreditor-Vereinbarung sind im einzelnen sehr umfangreich.[1076] Herzstück der Intercreditor-Vereinbarung ist die Regelung des Rangverhältnisses der verschiedenen Gläubigerklassen. Die ranghöchste Forderungsklasse sind die Senior-Kredite (zusammen mit den Forderungen aus den für die Transaktion abgeschlossenen Hedging-Vereinbarungen).[1077] Ihnen folgen die derzeit bei Neufinanzierungen nicht mehr verfügbaren Second-Lien-Kredite und diesen wiederum die Mezzanine-Kredite. Die Forderungen innerhalb der Gruppe (sogenannte *Intra-Group Liabilities*) sind ebenfalls in die Nachrangvereinbarung einbezogen und folgen im Rang auf die Senior-, Second-Lien- und Mezzanine-Kredite. Die niedrigste Rangstufe schließlich nehmen die Forderungen der Investoren aus Gesellschafterdarlehen, Dividenden, Managementgebühren und sonstigen Verhältnissen ein, die grundsätzlich nur nach Ablösung der vorrangigen Finanzierungs-Klassen bedient werden dürfen. Weitere Finanzierungstranchen wie High Yield Bonds, PIK-Kredite oder sonstige Instrumente werden nach je nach Eigenart in die vertragliche Rangfolge eingefügt.[1078]

## 6. Die Besicherung der Kredite

### 6.1. Struktur der Besicherung

Die Senior-Kredite werden erstrangig besichert und garantiert. Als Sicherheit dienen alle materiellen Vermögenswerte der Erwerbergesellschaften (insbesondere die Anteile an der zu erwerbenden Zielgesellschaft) sowie auch der Zielgesellschaft. Als Garantiegeber unterzeichnen alle Gesellschaften den Kreditvertrag, die besondere strukturelle Bedeutung haben (so insbesondere alle Zweckgesellschaften der Erwerber-Gruppe) oder materielle Vermögenswerte halten (also insbesondere die wesentlichen Gesellschaften im Konzern der Zielgesellschaft). Je nach Geschäftsbetrieb der Zielgesellschaft kann so ein erhebliches Sicherheitenpaket zustande kommen.[1079]

Die nachrangigen Second Lien- und Mezzanine-Kredite erhalten in der Regel das selbe Sicherheitenpaket, an dessen Erlösen sie aber entsprechend ihrer Rangstelle nur nachrangig partizipieren. Bei nicht akzessorischen Sicherheiten, die nur dem Sicherheitentreuhänder bestellt werden,[1080] wird der Nachrang durch den sogenannten „Wasserfall" der Erlösvertei-

---

[1076] Die neue Vertragsvorlage der LMA ist mit Anhängen ca. 120 Seiten stark. Die vergleichbare deutsche Dokumentation (meist aufgeteilt in Nachrangvereinbarung, Intercreditor-Vereinbarung und Sicherheitentreuhandvertrag) kam noch mit ca. 30 Seiten aus. Auch wenn die Vorlage der LMA die Transaktionserfahrung der verschiedenen Marktteilnehmer über die letzten Jahre umsetzt und als problematisch erkannte Konstellationen adressiert, werden sich in der deutschen Praxis, zumal für kleinere Transaktionen, sicher kürzere Dokumentationen behaupten oder sich verkürzte Versionen des LMA-Standards etablieren.

[1077] Auch wenn sich zumindest ein Teil der Hedging-Vereinbarungen ihrem Nominalbetrag nach auf die nachrangigen Second-Lien-Mezzanine-Kredite bezieht, werden die Hedging-Forderungen zusammen mit den Senior-Krediten als erstrangig eingestuft.

[1078] Verkäuferdarlehen werden allerdings häufig nicht in die Intercreditor-Vereinbarung aufgenommen. Die Einbeziehung der Verkäufer, die regelmäßig früh aus der Transaktion ausscheiden und abgelöst werden sollen, in die Verhandlung eines so komplexen Vertrages wie die Intercreditor-Vereinbarung ist weder erforderlich noch – meistens – wünschenswert.

[1079] Verpfändung von Geschäftsanteilen und Bankkonten, Abtretung von Ansprüchen aus dem Unternehmenskaufvertrag sowie den darauf bezogenen Due Diligence Reports, den Hedging-Vereinbarungen für die Akquisitionskredite und Versicherungen, Globalzessionen von Handelsforderungen, Sicherungsübereignung von Anlage- und Umlaufvermögen, Abtretung/Verpfändung von Immaterialgüterrechten sowie bei Grundbesitz Eintragung von Grundpfandrechten.

[1080] Insbesondere Forderungsabtretungen und Sicherungsübereignungen.

lung im Sicherheitentreuhandvertrag erreicht. Bei den akzessorischen Pfandrechten, für die das Gesetz mehrere Ränge anerkennt,[1081] wird den nachrangigen Gläubigern meist ein separates Pfandrecht bestellt.[1082]

Von besonderer struktureller Bedeutung für die Kreditgeber ist häufig die Verpfändung der Anteile an der Erwerbergesellschaft selbst. Hierdurch wird eine weitere Ebene für eine Sicherheitenverwertung eröffnet, die trotz mittlerweile eingeschränkter Möglichkeiten der Ausnutzung von Verlustvorträgen[1083] für die Kreditgeber sehr wichtig ist.[1084] Für die Struktur der Erwerbergesellschaften bedeutet dies, dass schon aus diesem Grund eine Doppelstockstruktur vorteilhaft sein kann, in der zwischen dem Erwerbsvehikel und den Fonds/Gesellschaften der Investoren eine weitere Zweckgesellschaft vorgesehen wird, die dann die Anteile an der Erwerbergesellschaft verpfändet und als oberste Gruppengesellschaft die Intercreditor-Vereinbarung unterzeichnet.[1085]

## 6.2. Aufhebung des strukturellen Nachrangs

Für die Kreditgeber der Akquisitionsfinanzierung ist es von entscheidender Bedeutung, erstrangigen Zugriff auf die Vermögensgegenstände der Zielgesellschaft zu erlangen. Hierfür muss der sogenannte strukturelle Nachrang überwunden werden, der dadurch entsteht, dass bei einer Kreditausreichung auf der Ebene der Erwerbergesellschaft der Wert der Zielgesellschaft den Kreditgebern zwar indirekt aufgrund der Verpfändung der erworbenen Geschäftsanteile an der Zielgesellschaft zur Verfügung steht, die Kreditgeber aber keinen direkten Anspruch gegen das Zielunternehmen haben und dementsprechend gegenüber Kreditgebern und sonstigen Gläubigern auf Ebene der Zielgesellschaft faktisch nachrangig sind.[1086] Ziel der üblichen Finanzierungsstrukturen ist es daher, den Kreditgebern einen direkten Zugang zu den Vermögenswerten der Zielgesellschaft zu ermöglichen. Hierfür stehen verschiedene Strukturmaßnahmen zur Verfügung, die meist nicht isoliert nebeneinander stehen, sondern kombiniert angewendet werden.

### 6.2.1. Aufsteigende Sicherheiten und Garantien

In nahezu allen Finanzierungen wird vorgesehen, dass die (wesentlichen) einzelnen Gesellschaften des Konzerns der Zielgesellschaft unmittelbar nach Vollzug des Unternehmens-

---

[1081] Vgl. § 1209 BGB, relevant insbesondere für Pfandrechte an Gesellschaftsanteilen und Bankkonten.

[1082] Dies erfordert zwar separate Sicherheitenverträge für jede Rangstufe und führt damit vermeintlich zu höheren Kosten: jedoch ist die Aufnahme nachrangiger Kreditgeber als erstrangige Pfandgläubiger in die Senior-Verpfändungsverträge systemwidrig und gibt den nachrangigen Gläubigern in einem Verwertungsszenario eine unangemessen starke Stellung. Dies ist weder im Interesse der Investoren und Kreditnehmer, noch im Interesse der Senior-Kreditgeber.

[1083] Nach § 8c KStG, § 10a Satz 10 GewStG führt – vereinfacht – die (unmittelbare oder mittelbare) Übertragung von mehr als 50% der Anteile an einen Erwerber zu einem vollständigen Untergang sämtlicher nicht genutzter Verluste; im Falle einer Übertragung von nicht mehr als 50%, aber mehr als 25% gehen die Verluste anteilig unter. Die Verpfändung des Akquisitionsvehikels ist demgegenüber steuerlich grundsätzlich unschädlich, sofern es hierdurch nicht ausnahmsweise zum Übergang wirtschaftlichen Eigentums an den verpfändeten Anteilen kommt.

[1084] Die gesamte Erwerbsstruktur kann hiernach gewissermaßen als Paket durch nur eine Sicherheitenverwertung (Verpfändung der Anteile an der Erwerbergesellschaft) veräußert werden. Dies ist insbesondere dann vorteilhaft, wenn die Anteile an mehreren Zielgesellschaften erworben worden sind oder durch post-akquisitorische Umstrukturierungen die Erwerbergesellschaft weitere Tochtergesellschaften oder sogar einen operativen Geschäftsbetrieb erworben hat, da in diesem Fall eine Vielzahl von Sicherheiten zeitgleich verwertet werden müsste, um die Gruppe als Ganzes auf einen Erwerber zu übertragen. Auch die mit der Auflösung eines mit der Erwerbergesellschaft eventuell bestehenden Beherrschungs- und/oder Gewinnabführungsvertrag verbundenen Probleme werden mit einer Verpfändung der Anteile an der Erwerbergesellschaft vermieden.

[1085] Siehe bereits oben unter Abschnitt 2.

[1086] Siehe hierzu etwa Schrell/Krichner, BKR 2004, 212ff.

kaufs Sicherheiten und Garantien für die Akquisitionskredite stellen bzw. übernehmen. Da derartige Sicherheiten und Garantien für die Verbindlichkeiten von Gesellschaftern (sogenannte aufsteigende oder Upstream-Sicherheiten und bzw. -Garantien) zu Verstößen gegen das Kapitalerhaltungsrecht führen können,[1087] werden von Gesellschaften in der Rechtsform einer GmbH oder GmbH & Co. KG gestellte Upstream-Sicherheiten und -Garantien in der Praxis mit sogenannten Restriktionsklauseln ("Limitation Language") beschränkt. Die Restriktionsklauseln verfolgen das Ziel, das Entstehen einer Unterbilanz, also das Absinken des Reinvermögens der GmbH unter ihre Stammkapitalziffer, beim Sicherheiten- oder Garantiegeber als Folge der Verwertung durch entsprechende Verwertungsbeschränkungen zu verhindern.[1088] Aufgrund dieser Einschränkungen kommt Upstream-Sicherheiten und -Garantien aus Kreditgebersicht im Verwertungsszenario in aller Regel ein belastbarer Sicherungswert nicht zu, so dass die Sicherheitenkonstruktion durch weitere Strukturmaßnahmen flankiert werden muss.

### 6.2.2. Refinanzierung auf Ebene der Zielgesellschaften

Eine häufig zur Verfügung stehende Maßnahme ist es, den Unternehmenskauf so zu strukturieren, dass die Zielgesellschaft nicht schuldenfrei erworben wird, sondern der Käufer das Unternehmen inklusive seiner bestehenden Finanzverbindlichkeiten erwirbt und so für eine Refinanzierung der bestehenden Finanzverbindlichkeiten der Zielgesellschaft beim Vollzug des Kaufvertrages Sorge tragen muss. Diese Refinanzierung wird dann als Teil der Senior-Kredite durch die Senior-Kreditgeber zur Verfügung gestellt,[1089] so dass – je nach Höhe des Refinanzierungsbedarfs – bereits eine beträchtliche Verschiebung des Kreditrisikos auf die Zielgesellschaft und seine weiteren Konzerngesellschaften stattfindet.

### 6.2.3. Schuldübernahme – Debt Push Down

Darüber hinaus können Verbindlichkeiten aus den Akquisitionskrediten (also den Laufzeitkrediten, die zur Finanzierung des Kaufpreises in Anspruch genommen worden sind) durch einen sogenannten *Debt Push Down* von der Ebene der Erwerbergesellschaft auf die Ebene der Zielgesellschaft übertragen werden.[1090] Bei einem *Debt Push Down* handelt es sich zumeist um eine häufig in der Kreditvertragsdokumentation schon angelegte teilweise Vertragsübernahme[1091] von auf Ebene der Erwerbergesellschaft ausgereichten Krediten durch bestimmte Zielgesellschaften. Als Rechtsgrund für den *Debt Push Down* im Innenverhältnis zwischen der Erwerbergesellschaft und der übernehmenden Zielgesellschaften können beim

---

[1087] Das Kapitalerhaltungsrecht der GmbH (§§ 30 ff. GmbHG) verbietet die Auszahlung des zur Erhaltung des Stammkapitals erforderlichen Vermögens der Gesellschaft an die Gesellschafter; die Kapitalerhaltungsvorschriften der AG sind noch strenger und verbieten grundsätzlich jede Einlagenrückgewähr (§ 57 Abs. 1 AktG) oder die Unterstützung eines Dritten beim Erwerb der Aktien der AG (§ 71a AktG). Vgl. zum Ganzen Diem, Akquisitionsfinanzierung, §§ 43 bis 49.

[1088] Aufgrund der strengeren Kapitalerhaltungsvorschriften des AktG ist der sinnvolle Einsatz einer Limitation Language bei aufsteigenden Sicherheiten und Garantien einer AG nur beschränkt möglich.

[1089] Zum Zwecke der Kreditaufnahme treten die Gesellschaften der Zielgesellschaft mit Refinanzierungsbedarf dem Senior-Kreditvertrag unmittelbar nach Closing als Kreditnehmer bei.

[1090] Der umgekehrte Weg – Übertragung von Vermögenswerten von den Zielgesellschaften auf die Erwerbergesellschaft – steht zwar grundsätzlich auch zur Verfügung, ist aber in aller Regel nicht gewünscht (die operativen Tätigkeiten sollen in einer Hand gebündelt bleiben) und erfordert einen hohen Strukturierungsaufwand (Dokumentation der Übertragungen einzelner Vermögenswerte, Neubestellung/Bestätigung der Sicherheiten an den übertragenen Vermögenswerten, Zahlung und Finanzierung eines angemessenen Kaufpreises durch die Erwerbergesellschaft oder gesellschaftsrechtliche Ermöglichung des Stehenlassens des Kaufpreisanspruchs, negative Steuerfolgen aufgrund Hebung stiller Reserven etc.).

[1091] Nach überwiegender Ansicht ist die Vertragsübernahme dogmatisch als einheitliches Rechtsgeschäft zu qualifizieren (BGH NJW-RR 2005, 958 (959) sowie BAG, DB 1973, 924 (925)) und nicht als Kombination aus Schuldübernahme und Abtretung (so noch BGH NJW 1961, 453 (454)).

## 4. Teil. Beteiligungsstrukturierung § 12 Fremdfinanzierung

Unternehmenskauf miterworbene Forderungen gegen die Zielgesellschaften (so insbesondere ausstehende Gesellschafterdarlehen des Verkäufers) oder Dividendenansprüche der Erwerbergesellschaft gegen die Zielgesellschaften dienen. Diese Forderungen werden dann durch teilweise Übernahme der Akquisitionsverbindlichkeiten an Erfüllungs Statt befriedigt. Stehen keine derartigen Forderungen der Erwerbergesellschaft gegen die Zielgesellschaft zur Verfügung, kann ggf. der durch die Schuldübernahme entstehende Aufwendungsersatzanspruch der Zielgesellschaft gegen die Erwerbergesellschaft darlehensweise stehen gelassen werden; ein derartiges Darlehen der Zielgesellschaft an ihre Muttergesellschaft kann aber zu einem Verstoß gegen die Kapitalerhaltungsregeln führen und ist daher nur unter bestimmten Voraussetzungen zulässig.[1092]

### 6.2.4. Verschmelzung mit der Zielgesellschaft

Durch eine Verschmelzung der Zielgesellschaft und der Erwerbergesellschaft kann die Trennung der beiden Ebenen aufgehoben und den Kreditgebern direkter Zugriff auf die Vermögenswerte der Zielgesellschaft gewährt werden. Eine solche Verschmelzung der Zielgesellschaft mit der Erwerbergesellschaft (*Upstream Merger*) oder der Erwerbergesellschaft auf das Zielunternehmen (*Downstream Merger*) [1093] oder durch Anwachsung[1094] erfordert allerdings in der Regel einen erheblichen gesellschaftsrechtlichen und steuerlichen Strukturierungsaufwand.

### 6.2.5. Beherrschungsverträge und Gewinnabführungsverträge

Der Abschluss eines Beherrschungs- und/oder Gewinnabführungsvertrages zwischen der Erwerbergesellschaft als herrschender Gesellschaft und der Zielgesellschaft als beherrschter Gesellschaft ist ein in der deutschen Strukturierungspraxis häufig gewähltes Instrument, um die beiden Ebenen – wenn nicht im engeren rechtlichen Sinne, so doch wirtschaftlich und steuerlich – miteinander zu „verschmelzen". Durch das Bestehen eines Beherrschungs- oder Gewinnabführungsvertrages werden die Kapitalerhaltungsvorschriften suspendiert[1095] und damit die Bestellung unbeschränkter Upstream-Sicherheiten und -Garantien für die Akquisitionsfinanzierung in der Regel zulässig.[1096]

---

[1092] Siehe hierzu etwa Wand/Tillmann/Heckenthaler, AG 2009, 148 (151); MPS-Entscheidung des BGH, ZIP 2009, 70 (71); Anmerkungen zur MPS-Entscheidung bei Altmeppen, ZIP 2009, 49 (52 ff.), Cahn, ILF Working Papers Series No. 98 (02/2009), S. 4 ff., Mülbert/Leuschner, NZG 2009, 281 (282 ff.) und Habersack, ZGR 2009, 347 ff.

[1093] § 2 Nr. 1 Umwandlungsgesetz.

[1094] Anwachsung des Vermögens der Zielgesellschaft auf dasjenige der Erwerbergesellschaft – möglich bei Personengesellschaften durch Austritt aller Gesellschafter bis auf einen, vgl. § 738 Abs. 1 Satz 1 BGB.

[1095] § 30 Abs. 1 Satz 2 GmbHG; § 57 Abs. 1 Satz 3 AktG.

[1096] Im Einzelnen ist hier nach Inkrafttreten des MoMiG noch vieles ungeklärt. Die Geschäftsführung der Zielgesellschaft kann sich nicht ohne weiteres auf das Bestehen des Beherrschungs- oder Gewinnabführungsvertrages verlassen, sondern muss die Rechtmäßigkeit der Weisung des herrschenden Unternehmens zum Abschluss der aufsteigenden Sicherheiten anhand einer kaufmännischen Prognoseentscheidung prüfen. Spricht eine hohe Wahrscheinlichkeit für die Verwertung der Sicherheiten und für die Wertlosigkeit oder Nichtdurchsetzbarkeit des Ausgleichsanspruchs der Zielgesellschaft gegen die Erwerbergesellschaft im Verwertungsfall, kann die Weisung rechtswidrig sein und darf nicht befolgt werden. Zum Ganzen eingehend Langenbucher in Schmidt/Lutter, Aktiengesetz, § 308 Rn. 31; Altmeppen in MüKo, Aktiengesetz, § 308 Rn. 119; Diem, Akquisitionsfinanzierungen §§ 46 und 49 sowie Hüffer, Aktiengesetz, § 308 Rn. 19.

## 7. Steuerliche Aspekte im Zusammenhang mit der Akquisitionsfinanzierung

### 7.1. Abzugsfähigkeit des Zinsaufwandes beim Kreditnehmer

Zinsaufwendungen (und sonstige Vergütungen) für den Kredit sind beim Kreditnehmer steuerlich grundsätzlich abzugsfähig. Dies gilt auch für erfolgsabhängig ausgestaltete Vergütungen wie bei partiarischen Darlehen, typisch stillen Beteiligungen, Gewinnobligationen und nicht beteiligungsähnlichen Genussrechten.

Allerdings ergibt sich aus der Zinsschranke (§ 4h EStG sowie § 8a KStG) eine allgemeine Grenze für den steuerlichen Abzug der Vergütungen. Hiernach sind *Netto*zinsaufwendungen[1097] eines Betriebs, soweit sie die Freigrenze von 1 Mio. Euro übersteigen,[1098] grundsätzlich nur bis zur Höhe von 30% des sog. steuerlichen EBITDA[1099] abzugsfähig; nicht abzugsfähige Beträge werden vorgetragen und erhöhen als sogenannten Zinsvortrag die Zinsaufwendungen der Folgejahre. Die Zinsschranke sieht einige wenige Ausnahmen vor,[1100] die Gestaltungsmöglichkeiten zur Vermeidung der Zinsschranke sind allerdings beschränkt.[1101]

Unabhängig davon, kommt es für Zwecke der Gewerbesteuer grundsätzlich zu einer Hinzurechnung von 25% der (abzugsfähigen) Vergütungen, d. h. abzugsfähig sind – auch bei Nichteingreifen der Zinsschranke – im Ergebnis nur 75% der Vergütungen (vgl. § 8 Nr. 1 GewStG).

### 7.2. Besteuerung des Kreditgebers

Keine Besonderheiten ergeben sich bei in Deutschland unbeschränkt steuerpflichtigen Kreditgebern. Bei diesen sind die Vergütungen aus dem Kreditvertrag – ebenso wie etwaige Gewinne bei der Veräußerung der Kreditforderung an Dritte – ertragsteuerlich nach allgemeinen Grundsätzen zu erfassen.

Ausländische Kreditgeber können demgegenüber nur unter gewissen Umständen mit der Vergütung aus dem Kreditvertrag in Deutschland steuerpflichtig sein. Hierbei ist zunächst nach deutschem nationalen Steuerrecht zu prüfen, ob eine beschränkte Steuerpflicht besteht. Das ist etwa der Fall, wenn der Kredit durch eine Betriebsstätte des ausländischen Kreditgebers in Deutschland ausgegeben wird.[1102] Wird der Kredit demgegenüber aus dem Ausland heraus ausgereicht, sind Vergütungen, die von einem in Deutschland ansässigen Kreditnehmer gezahlt werden, regelmäßig nur in zwei Fällen zu erfassen: Zum einen, wenn die Höhe der Vergütung für die Kreditgewährung in bestimmter Weise vom Unternehmenserfolg des Kreditnehmers abhängig gemacht wird[1103] und zum anderen wenn der Kre-

---

[1097] Die Zinsschranke beschränkt nur die Abzugsfähigkeit der Nettozinsaufwendungen. Bis zur Höhe des Zinsertrags sind Zinsaufwendungen grundsätzlich in voller Höhe abzugsfähig.

[1098] Überschreiten die Zinsaufwendungen diese Freigrenze, ist die Zinsschranke auf sämtliche Zinsaufwendungen (d. h. nicht nur auf den übersteigenden Betrag) anzuwenden. Im Gesetzgebungsverfahren des Bürgerentlastungsgesetzes Krankenversicherung hat der Bundesrat eine für die Veranlagungszeiträume 2008 bis 2010 befristete Anhebung der Freigrenze auf 3 Millionen Euro vorgeschlagen, vgl. BR-Drs. 168/1/09.

[1099] Steuerlicher Gewinn vor Zinsertrag, Zinsaufwand und Abschreibungen.

[1100] Neben der Freigrenze sind zu nennen die sog. Stand-Alone-Klausel des § 4h Abs. 2 Satz 1 lit. b (Betrieb gehört keinem Konzern an) sowie die Escape-Klausel des § 4h Abs. 2 Satz 1 lit. c (Eigenkapitalquote des Betriebs ist gleich hoch oder höher als die des Konzerns).

[1101] Vgl. zu den (wenigen) Gestaltungsmöglichkeiten Reiche/Kroschewski, DStR 2007, 1330 ff.; Korn/Strahl, KÖSDI 2007, 15783 (15785 ff.); Kußmaul/Ruiner/Schappe, GmbHR 2008, 505 ff.; Dörr/Fehling, Ubg 2008, 345 ff.; Prinz, FR 2008, 441.

[1102] § 49 Abs. 1 Nr. 2 lit. a EStG.

[1103] § 49 Abs. 1 Nr. 5 lit. a EStG. Erfasst sind hier über § 20 Abs. 1 Nr. 1 EStG beteiligungsähnliche Genussrechte, über § 20 Abs. 1 Nr. 4 EStG stille Beteiligungen bzw. partiarische Darlehen, sowie un-

## 4. Teil. Beteiligungsstrukturierung   § 12 Fremdfinanzierung

dit in Deutschland durch inländischen Grundbesitz (oder dergleichen) besichert ist.[1104] Die Besicherung im Inland genügt für die Steuerpflicht dabei selbst dann, wenn der Kreditnehmer nicht in Deutschland ansässig ist.

Besteht aufgrund nationalen Steuerrechts eine beschränkte Steuerpflicht, ist sodann zu prüfen, ob Deutschland das Besteuerungsrecht durch ein anwendbares Doppelbesteuerungsabkommen genommen ist. Dabei steht Deutschland nach den Abkommen mit einem Teil der Länder grundsätzlich kein Besteuerungsrecht hinsichtlich der Zinsen zu, solange der Kredit nicht über eine Betriebstätte in Deutschland ausgereicht wurde.[1105] In den Abkommen mit vielen anderen Ländern wird die deutsche Besteuerung hingegen nicht vollständig aufgehoben, sondern – in Anlehnung an das OECD-Musterabkommen – lediglich der Höhe nach, meist auf 10% der Vergütungen, begrenzt.[1106] Für erfolgsabhängige Vergütungen gelten diese abkommensrechtlichen Beschränkungen des deutschen Besteuerungsrechts bisweilen aber nur eingeschränkt.[1107]

Die vorstehend beschriebenen steuerlichen Folgen treffen zwar unmittelbar den Kredit*geber*, aufgrund der Vertragsdokumentation (und entsprechend den Vertragsvorlagen der LMA) verpflichtet sich der Kredit*nehmer* jedoch regelmäßig zur Erstattung aller den Kreditgeber treffenden Steuern, soweit die Steuerpflicht nicht auf der Ansässigkeit des Kreditgebers oder auf der Zugehörigkeit des Kredits zu einer Betriebstätte des jeweiligen Kreditgebers beruht (*Tax Indemnity Clause*).[1108] Durch diese Vereinbarung soll der Kreditgeber aber nicht besser gestellt werden als er ohne Steuerpflicht in Deutschland stünde. Demzufolge wird regelmäßig ergänzend vorgesehen, dass im Zusammenhang mit der Erstattung beim Kreditgeber entstehende steuerliche Vorteile, insbesondere Steueranrechnungsbeträge, bis zur Höhe der Erstattung abgeschöpft werden (*Tax Credit Clause*).

### 7.3. Kapitalertragsteuer

In Deutschland fällt auf Zinszahlungen regelmäßig keine Kapitalertragsteuer an, solange der Kreditnehmer kein inländisches Kredit- oder Finanzdienstleistungsinstitut ist und es sich

---

mittelbar durch § 49 Abs. 1 Nr. 5 lit. a Hs. 2 EStG Gewinnobligationen. Allein die Anknüpfung des Zinssatzes an Veränderungen der Fremdkapitalquote des Kreditnehmers, etwa im Rahmen einer sog. Margin Ratchet, führt hingegen regelmäßig nicht zur Annahme derartiger erfolgsabhängiger Vergütungen.

[1104] § 49 Abs. 1 Nr. 5 lit. c, aa EStG. Der Grundbesitzbesicherung ist die Besicherung durch grundstücksgleiche Rechte wie beispielsweise Wohnungseigentum oder Erbbaurechte sowie durch inländische Register eingetragene Schiffe gleichgestellt. Grundsätzlich genügt auch eine nur mittelbare Besicherung, solange dem Kreditgeber dadurch aus eigenem Recht eine Befriedigung aus der Sicherheit ermöglicht wird.

[1105] So ist dies etwa in den Abkommen mit Frankreich, Großbritannien, Luxemburg, den Niederlanden oder den USA geregelt.

[1106] So ist dies etwa in den Abkommen mit Australien, Italien, Japan und Kanada geregelt.

[1107] Dies beruht vor allem darauf, dass erfolgsabhängige Darlehensvergütungen teilweise Dividenden gleichgestellt werden. In der Folge gelten regelmäßig höhere Steuersatzbeschränkungen oder entfallen diese gar vollständig. Vergünstigungen sind regelmäßig von einer gewissen Mindestbeteiligung des Kreditnehmers am Kreditgeber abhängig. Die Qualifikation erfolgt je nach Abkommen sehr unterschiedlich. Während in einer Reihe von Abkommen, wie beispielsweise denjenigen mit Frankreich oder den USA, Genussrechte, typisch stille Beteiligungen, partiarische Darlehen sowie Gewinnobligationen einheitlich wie Dividenden behandelt werden, differenzieren andere Abkommen, wie etwa dasjenige mit Luxemburg, zwischen beteiligungsähnlichen Genussrechten sowie stillen Beteiligungen einerseits (Behandlung als Dividenden) und nicht beteiligungsähnlichen Genussrechten, partiarischen Darlehen sowie Gewinnobligationen andererseits (Behandlung als Zinsen). In anderen Abkommen wiederum, etwa dem Abkommen mit Österreich, werden erfolgsabhängige Darlehensvergütungen zwar überwiegend zunächst den Zinseinkünften zugewiesen; gleichzeitig werden allerdings die für Zinseinkünfte grundsätzlich geltenden Begrenzungen insofern aufgehoben.

[1108] In der Praxis werden darüber hinausgehend häufig auch die Fälle, in denen sich die Steuerpflicht aus einer Grundbesicherung des Kredits ergibt, von der Erstattungspflicht ausgenommen.

nicht um bestimmte verbriefte oder registrierte Kreditforderungen handelt.[1109] Handelt es sich hingegen um eine erfolgsabhängige Kreditvergütung und ist diese beim Kreditgeber nach den eben dargestellten Kriterien der unbeschränkten oder beschränkten Steuerpflicht zu unterwerfen, kann der Kreditnehmer in bestimmten Fällen bei der Auszahlung der Vergütung zur Einbehaltung (und Abführung) von Kapitalertragsteuer in Höhe von 25 % (zuzüglich Solidaritätszuschlag in Höhe von 5,5 % hierauf) verpflichtet sein.[1110] Etwaig bestehende abkommensrechtliche Erleichterungen vermögen an dieser Einbehaltenspflicht regelmäßig nichts zu ändern.[1111] Die einbehaltene Kapitalertragsteuer kann dem ausländischen Kreditgeber bei entsprechendem Abkommensschutz aber grundsätzlich nachträglich erstattet werden.[1112]

Angelehnt an die Vertragsvorlagen der LMA sehen die Kreditverträge im Regelfall vor, dass die Kreditvergütung vom Kreditnehmer in dem erforderlichen Maße aufzustocken ist, um dem Kreditgeber nach Einbehalt der Kapitalertragsteuer tatsächlich den Betrag auszahlen zu können, den er erhalten hätte, wenn es keine Einbehaltenspflicht gäbe (*Tax Gross-up Clause*). Diese Regelung wird umgekehrt ergänzt durch ein Abschöpfen eventueller mit dieser Aufstockung zusammenhängender Steuervorteile beim Kreditgeber (*Tax Credit Clause*).

---

[1109] Zu diesen Kreditforderungen zählen solche, die in ein öffentliches Schuldbuch bzw. ein ausländisches Register eingetragen sind oder über Sammelurkunden bzw. Teilschuldverschreibungen ausgegeben werden.

[1110] § 43 Abs. 1 Nr. 1 bis 3, § 43a Abs. 1 Nr. 1, § 44 Abs. 1 Satz 3 EStG.

[1111] Vgl. § 50d Abs. 1 Satz 1 EStG. Abgesehen von Bagatellfällen gibt es Ausnahmen von der Einbehaltenspflicht grundsätzlich lediglich, wenn der betreffende körperschaftlich verfasste Kreditgeber an dem Kreditnehmer wesentlich beteiligt oder sonst mit diesem verbunden ist.

[1112] Werden die Vergütungen an Gesellschaften gezahlt, so sind hierbei die Anforderungen des § 50d Abs. 3 EStG, unter anderem an eine Mindestsubstanz der Gesellschaft, zu beachten.

# § 13 Steuerliche Fragen der Akquisitionsfinanzierung und Rekapitalisierung einer deutschen Zielgesellschaft

**Übersicht**     **Seite**

1. Einleitung: Ziele einer aus steuerlicher Sicht optimierten Akquisitionsfinanzierung ... 291
2. Überblick über die steuerrechtlichen Parameter einer Akquisitionsfinanzierung ..... 292
   - 2.1. Grundsatz der Finanzierungsfreiheit ................................. 292
   - 2.2. Zinsschranke (§§ 4h EStG, 8a KStG) ................................ 293
     - 2.2.1. Tatbestandsvoraussetzungen und Wirkungsweise .................... 293
     - 2.2.2. Praktisch relevante Finanzierungsgestaltungen außerhalb der gesetzlichen Ausnahmetatbestände ......................................... 296
     - 2.2.3. Gesetzliche Ausnahmen von der Zinsschranke .................... 298
   - 2.3. Gewerbesteuerliche Abzugsbeschränkungen ........................... 302
3. Besonderheiten einer grenzüberschreitenden Akquisitionsstruktur ............ 303
   - 3.1. Nutzung einer ausländischen Holdinggesellschaft ....................... 303
     - 3.1.1. Zwischenschaltung einer LuxCo ............................... 303
     - 3.1.2. Nutzung grenzüberschreitender Akquisitionsstrukturen ............... 306
   - 3.2. Steuerfolgen für die inländische Akquisitionsgesellschaft (NewCo) ........... 306
   - 3.3. Steuerfolgen für die inländische Zielgesellschaft ........................ 309
4. Ausgewählte Debt-push-down Strukturen .................................. 310
   - 4.1. Überblick ..................................................... 310
   - 4.2. Organschaft ................................................... 310
     - 4.2.1. Voraussetzungen und Funktionsweise ........................... 310
     - 4.2.2. Zeitliche Fragen .......................................... 311
     - 4.2.3. Pro- und con ............................................. 313
   - 4.3. Verschmelzung der Erwerbszweck- auf die Zielgesellschaft (Down-stream Verschmelzung) ........................................ 313
     - 4.3.1. Voraussetzungen und Funktionsweise ........................... 315
     - 4.3.2. Weitere Rechtsfolgen ...................................... 317
     - 4.3.3. Zeitliche Fragen .......................................... 318
     - 4.3.4. Pro- und con ............................................. 318
   - 4.4. Verschmelzung der Ziel- auf die Erwerbszweckgesellschaft (Up-stream merger) .. 319
     - 4.4.1. Voraussetzungen und Funktionsweise ........................... 319
     - 4.4.2. Weitere Rechtsfolgen ...................................... 321
     - 4.4.3. Zeitliche Fragen .......................................... 322
     - 4.4.4. Pro- und con ............................................. 322
   - 4.5. Formwechsel der Zielgesellschaft und sich anschließende Anwachsung ........ 322
   - 4.6. Debt-push-down durch „Umhängen" der Fremdfinanzierung ............... 323
     - 4.6.1. Erwerb eigener Anteile ..................................... 324
     - 4.6.2. Fremdfinanzierte Dividende bzw. fremdfinanziertes Up-stream Darlehen .. 324
     - 4.6.3. Konzerninterne Veräußerung (insbesondere beim internationalen Debt-push-down) ......................................... 325
   - 4.7. Besonderheiten bei der Übernahme börsennotierter Gesellschaften ........... 326
5. Gewinnrepatriierung .................................................. 327
   - 5.1. Ausgangsstruktur ................................................ 327
   - 5.2. Besteuerung des Target/NewCo beim „full-exit" aus der Struktur ............ 328
   - 5.3. Besteuerung von Ausschüttungen des Target/NewCo („Teil-Exit") .......... 328
     - 5.3.1. Körperschaftsteuer ........................................ 328
     - 5.3.2. Gewerbesteuer ............................................ 330
   - 5.4. Besteuerung der Repatriierung von Lux S.ar.l an den PE-Fonds ............ 330
6. Rekapitalisierung (Leveraged Re-Capitalization) als wirtschaftlicher Teil-Exit ....... 330
   - 6.1. Wirtschaftliche Hintergrund ....................................... 330
   - 6.2. Struktur der Leveraged Recap ...................................... 332
     - 6.2.1. Ablauf der Leveraged Recap ................................. 332
     - 6.2.2. Zusammenfassendes Beispiel einer Leveraged Recap ............... 335
   - 6.3. Gesellschaftsrechtliche Rahmenbedingungen ........................... 337

## 1. Einleitung: Ziele einer aus steuerlicher Sicht optimierten Akquisitionsfinanzierung

Typischerweise werden Unternehmensakquisitionen durch Private-Equity Investoren fremdfinanziert.[1113] Anschließend wird das Fremdkapital mit dem Vermögen des erworbenen Unternehmens besichert und aus dessen Ertragskraft zurückgezahlt (klassische „Leverage-buy-outs"). Parallel hierzu erfolgen Rationalisierungsmaßnahmen, die sich nicht selten in Personalfreisetzungen und in der Schließung unprofitabler Unternehmensteile niederschlagen. Das so restrukturierte Unternehmen soll sodann mit möglichst hohem Gewinn weiter verkauft werden.

Während die Fremdfinanzierungsquote in der Boomphase von Private-Equity-Transaktion vor Beginn der Finanzkrise im Sommer 2007 sehr hoch war (ca. 70–80%), hat diese sich im gegenwärtigen Marktumfeld deutlich verringert (in manchen Fällen sogar auf ca. 50% oder weniger), d. h. der Anteil betriebswirtschaftlich teuren Eigenkapitals im Verhältnis zum Fremdkapital steigt/überwiegt mit zunehmender Tendenz. Bei Einsatz eines „Schuldenhebels" (so genannte *Leverage*-Transaktion), der neben der betriebswirtschaftlichen[1114] gerade auch der steuerlichen Optimierung dient[1115] und dessen Einsatz daher nach wie vor grundsätzlich seine Berechtigung hat, erfolgt der Erwerb der Anteile der Zielgesellschaft (nachfolgend „Target") aus unterschiedlichen Gründen[1116] regelmäßig zunächst über eine in deren Sitzstaat erworbene oder gegründete Zweckkapitalgesellschaft(en) (nachfolgend „NewCo"), die in der Regel wiederum von mehreren Zwischengesellschaften des/der Private-Equity Fonds gehalten wird. Diese NewCo nimmt in aller Regel die zur Zahlung des Kaufpreises und der Transaktionskosten sowie zur Refinanzierung bestehender Finanzierungen der Target-Gruppe benötigten Fremdmittel auf. Dabei sind die allgemeinen steuerlich relevanten Rahmenbedingungen für Akquisitionsfinanzierungen zu beachten, wie sie unter 2. zusammengefasst sind. Darauf basierend werden unter 3. die steuerlichen Besonderheiten mit Bezug auf eine typische Akquisitionsstruktur erläutert.

Üblicherweise wird nur die Refinanzierungstranche der Fremdmittelaufnahme durch NewCo (etwa im Wege von Gesellschafterdarlehen oder im Wege des (befreienden) Schuldbeitritts) direkt an die Target-Gruppe weitergeleitet, während die Finanzierung im Übrigen bei der NewCo verbleibt. Die NewCo verfügt in aller Regel allerdings nicht über nennenswertes eigenes steuerliches Einkommen,[1117] mit dem der aus der Fremdmittelaufnahme resultierende Zinsaufwand verrechnet werden kann. Steuerliches Hauptziel der Strukturie-

---

[1113] Zur typischen Strukturierung der Fremdfinanzierung als Senior Loan, Second Lien, Mezzanine Loan und ggf. High Yield Bonds (jeweils inklusive Sonderformen) Jetter in: Eilers/Rödding/Schmalenbach, Unternehmensfinanzierung, S. 183 ff.; Diem, Akquisitionsfinanzierung, § 5 Rn. 1 ff. Siehe auch Ingenhoven, oben § 12.

[1114] Zum betriebswirtschaftlichen und rechtstatsächlichen Hintergrund Eidenmüller, ZHR 171 (2007), 644 (655 ff.); Eilers/Koffka in: Eilers/Koffka/Mackensen, Private Equity, S. 1; Kussmaul/Pfirmann/Tcherveniachki, DB 2005, 2533 ff.; Seibt, ZHR 171 (2007), 282 (283, 387 ff.); Kuntz, ZIP 2008, 814; Schäffler, BB Special 2006, 1; Füger/Rieger, Börsen-Zeitung v. 11. Oktober 2006, 2; Tcherveniachki, Kapitalgesellschaften und Private Equity Fonds, S. 49 ff.

[1115] Vgl. Eilers in: Eilers/Koffka/Mackensen, Private Equity, S. 272.

[1116] So kann bspw. im Hinblick auf die Bedürfnisse der finanzierenden Banken über eine Anteilsverpfändung der Anteile an NewCo eine umfassende, dennoch aber auf das konkrete, zu refinanzierende Investment des PE-Investors beschränkte Sicherheit bereitgestellt werden. Steuerlich soll insbesondere mit Blick auf den späteren Exit eine steuergünstige Veräußerung der Anteile erreicht werden.

[1117] Von NewCo vereinnahmte Dividenden sind aufgrund der de facto 95%-igen Steuerfreiheit (§ 8b Abs. 1 i.V.m. Abs. 5 KStG) hierfür zu einem wesentlichen Teil nicht nutzbar. Zweifelhaft ist freilich, ob bzw. inwieweit das BFH-Urteil v. 14. Januar 2009, I R 36/08, IStR 2009, 282, nach dem bestimmte Holdinggesellschaften aufgrund § 8b Abs. 7 S. 2 KStG die zuvor beschriebene Steuerfreiheit nicht nutzen können, eine Neuorientierung auslösen kann. Vgl. zu diesem Urteil z. B. Jacob/Scheifele, IStR 2009, 304 ff.

rung der Akquisitionsfinanzierung einer Private-Equity Transaktion ist daher regelmäßig, diesen Zinsaufwand mit zukünftigen Erträgen des Target aus dessen operativer Tätigkeit[1118] zusammenzuführen, um hierdurch zum einen eine steuerliche Verrechenbarkeit zu erreichen und zum anderen die Zahlung der Zinsen und die Tilgung unabhängig von der Ausschüttungspolitik gestalten zu können. Hierdurch wird die Steuerquote in Bezug auf das Investment optimiert werden.[1119] Steuerlich gilt es daher, die juristisch selbständigen Einheiten[1120] NewCo und Target zu einer steuerlichen Einheit zusammenzuführen, ohne nachteilige Steuerfolgen, wie insbesondere vorhandene steuerliche Verlustvorträge zu eliminieren. Unterschiedliche Wege, einen solchen Debt-push down zu erreichen, werden unter 4. dargestellt.

Die steuerliche Strukturierung der Akquisitionsfinanzierung einer Private-Equity Transaktion soll ferner den möglichst steuerschonenden, d. h. insbesondere auch quellensteuerfreien Transfer von Erträgen des Target zu dem/den in aller Regel ausländischen Private-Equity Investor(en) ermöglichen. Zu diesen Fragen der Gewinnrepatriierung siehe im Überblick unter 5.

Weitere steuerliche Strukturierungsparameter der Akquisitionsfinanzierung einer Private-Equity-Transaktion sind Integrationsvariabilität im Hinblick auf zukünftige Akquisitionen sicherzustellen und angesichts des üblicherweise mittelfristigen Anlagehorizonts eines Private-Equity Investors steuerschonende Exit Alternativen aus dem Investment vorzusehen.[1121] Neben den klassischen Exit Formen Verkauf, Secondary-Buy-out und IPO stehen hier zunehmend alternative (Teil-)Exit Strategien zur (fremdfinanzierten) Hebung von stillen Reserven bzw. der Ersetzung von Eigen- durch Fremdkapital (so genante Rekapitalisierungen oder Leveraged Re-Capitalizations) im Fokus (dazu unter 6.).

Aus Platzgründen ausgeklammert bleiben im Folgenden neben der Erwähnung einiger allgemeiner, bereits bei der Konzeption einer Private-Equity Transaktion zu beachtender Gesichtspunkte steuerliche Fragen der Restrukturierung notleidender Private-Equity Akquisitionsfinanzierungen (Debt Restructuring, Debt-Buy-backs).[1122]

## 2. Überblick über die steuerrechtlichen Parameter einer Akquisitionsfinanzierung

### 2.1. Grundsatz der Finanzierungsfreiheit

Die rechtlichen Gestaltungsparameter einer Akquisitionsfinanzierung sind komplex und vielgestaltig. Neben gesellschafts-[1123] und bilanzrechtlichen[1124] Vorgaben nehmen insbeson-

---

[1118] Bzw. soweit überschießender Zinsaufwand verbleibt: mit Erträgen von Gruppengesellschaften.

[1119] Eilers/Koffka in: Eilers/Koffka/Mackensen, Private Equity, S. 1. Eilers in: Eilers/Koffka/Mackensen, Private Equity, S. 273 weist zutreffend darauf hin, dass der Steuerplanung gerade bei einem Private-Equity Investment eine herausragende Bedeutung zukommt: Denn „ungeplante" Steuerbelastungen sind nicht nur „liquiditätswirksam", sondern – und diesem Gesichtspunkt kommt zunehmend verstärkte Bedeutung zu – können die Finanzierungsparameter sehr kritisch verschieben. In diesem, letztlich auch im Interesse der NewCo als Darlehensnehmerin liegenden, Kontext sind Steuer Gewährleistungen und Zusicherungen (Representations und Covenants) sowie Steuerklauseln der Kreditverträge zu sehen.

[1120] Eher selten ist der Erwerb einer Personengesellschaft bzw. die Nutzung einer Personengesellschaft als Erwerbszweckgesellschaft. Die Einschaltung einer zusätzlichen inländischen Personengesellschaft, die die Anteile an NewCo hält, kann freilich mit Blick auf § 50d Abs. 3 EStG sinnvoll sein, siehe dazu unten Abschnitt 5.3.1.2.

[1121] Eilers in: Eilers/Koffka/Mackensen, Private Equity, S. 273.

[1122] Vgl. dazu Schmidt/Mielke, UbG 2009, 395 ff.; Schmidt/Schlitt, Der Konzern 2009, 279 ff.; Friedl/Natusch, Finanz Betrieb 2009, 227 ff..

[1123] Vgl. allgemein Hirte in: Lutter/Scheffler/Schneider, Handbuch der Konzernfinanzierung, § 35; zu den Änderungen durch das MoMiG Burg/Westerheide, BB 2008, 62 ff.; Heinze, GmbHR 2008, 1065 ff.; Winter, DStR 2007, 1484 ff.

[1124] Breuninger, StbJb. 2002/2003, S. 336 ff.

dere steuerliche Regelungen Einfluss auf Transaktionsstruktur und Finanzierungsform einer Unternehmensakquisition.

Steuerlicher Ausgangspunkt ist der so genannte Grundsatz der Finanzierungsfreiheit.[1125] Danach steht es den Gesellschaftern frei, ihre Gesellschaft wahlweise mit Eigen- oder Fremdkapital auszustatten, und zwar auch in Fällen, in denen die Gesellschaft weder über Vermögen oder stille Reserven verfügt, die zur Schuldendeckung herangezogen werden können[1126] oder unmittelbar vor Aufnahme der für betriebliche Aufwendungen eingesetzten Finanzierung Mittel entnommen wurden.[1127] Die Entscheidung eines Gesellschafters, der Gesellschaft Fremd- statt Eigenkapital zur Verfügung zu stellen, ist nach Auffassung des BFH[1128] auch unter dem Gesichtspunkt des § 42 AO grundsätzlich hinzunehmen. Allerdings wird die steuerliche Finanzierungsfreiheit durch zahlreiche, unterschiedliche Zwecke verfolgende Einzelvorschriften eingeschränkt. Zu nennen sind u. a.:[1129] Zinsschranke und Grenzen der Gesellschafterfremdfinanzierung (§§ 4h EStG, 8a KStG),[1130] Überentnahmebesteuerung (§ 4 Abs. 4a EStG), Mindestbesteuerung (§ 10d Abs. 2 EStG), gewerbesteuerliche Hinzurechnung für Finanzierungsaufwendungen (§ 8 Nr. 1 GewStG), Abzinsungsgebot gem. § 6 Abs. 1 Nr. 3 EStG bei unverzinslichen langfristigen Darlehen,[1131] Regelungen über das Dotationskapital,[1132] § 1 AStG im Hinblick auf die Berichtigung von Einkünften sowie der (teilweise) Wegfall von Verlust- oder Zinsvorträgen bei bestimmten Anteilsübertragungen (§ 8c KStG).[1133]

## 2.2. Zinsschranke (§§ 4h EStG, 8a KStG)
### 2.2.1. Tatbestandsvoraussetzungen und Wirkungsweise

Hintergrund der Einführung der Zinsschranke waren neben der Gegenfinanzierung der Unternehmensteuerreform 2008 die Sicherung von Steuersubstrat durch die Beseitigung von [angeblichen] „*Schwächen*" des § 8a KStG a.F.[1134] Neben bestehenden[1135] müssen künf-

---

[1125] BFH, Urteil v. 5. Februar 1992, I R 127/90, BStBl. 1992, Teil II, 533; BFH, Urteil v. 5. Februar 1992, I R 79/89, BFH/NV 1992, 629; BFH, Urteil v. 8. Dezember 1997, GrS 1–2/95, BStBl. 1998, Teil II, 193; BFH v. 6. November 2003, IV R 10/01, BFH/NV 2004, 697; vgl. auch BMF-Schreiben v. 16. September 1992, IV B 7-S 2747-61/92, BStBl. 1992, Teil I, 653; ferner Breuninger, StbJb. 2002/2003, S. 336 ff.

[1126] Z.B. negatives Kapitalkonto, vgl. BFH v. 23. Juli 1986, I B 25/86, BStBl. II 1987, 328; BFH v. 15. November 1990, IV R 97/82, BStBl. II 1991, 226.

[1127] Vgl. nur BFH v. 4. Juli 1990, GrS 2–3/88, BStBl. II 1990, 817, C II 3 e; BFH v. 8. 12. 1997, GrS 1–2/95, BStBl. II 1998, 193; BFH v. 20. 6. 2000, VIII R 57/98, BFH/NV 2001, 28; BFH v. 4. 11. 2004, III R 5/03 , BStBl. II 2005, 277.

[1128] BFH v. 5. 2. 1992, I R 127/90, BStBl. II 1992, 533

[1129] Im Folgenden wird ausschließlich auf die Rechtslage nach Inkrafttreten des Unternehmensteuerreformgesetz 2008 eingegangen (zu einem Überblick vgl. Rödder in: Schaumburg/Rödder, Unternehmensteuerreform 2008, S. 351 ff.).

[1130] Dazu Bundesministerium der Finanzen: Schreiben v. 4. Juli 2008, IV C 7-S 2742-a/07/10001, BStBl. I 2008, 718.

[1131] Dazu Bundesministerium der Finanzen: Schreiben v. 26. Mai 2005, IV B 2-S 2175-7105, BStBl. I 2005, 699.

[1132] Dazu Bundesministerium der Finanzen: Schreiben v. 24. Dezember 1999, IV B 4-S 1300-111/09, BStBl. I 1999, 1076 ff.

[1133] Dazu BMF, Urteil v. 4. Juli 2008, IV C 7-S 2745-a/08/10001, BStBl. 2008, Teil I, 736. Vgl. auch Eilers, FR 2008, 733 (734).

[1134] Hierzu zählen eine übermäßige Down-stream-Inboundfinanzierung durch die ausländische Muttergesellschaft, Up-stream-Inboundfinanzierungen durch ausländische Tochtergesellschaften und die Refinanzierung von Outboundinvestitionen, vgl. hierzu Rödder/Stangl, DB 2007, 479 ff.; ferner Rödder in: Kessler/Kröner/Köhler, Konzernsteuerrecht, § 10 Rn. 1 ff.; Töben/Fischer, Ubg 2008, 149 ff.

[1135] Insoweit kann in der Praxis die Problematik bestehen, dass Private Equity-Finanzierungen aufgrund der Laufzeit der Kreditverträge, sofern diese nicht bereits ausreichende Steuerklauseln enthalten, nicht ohne die Zustimmung der Banken zufriedenstellend angepasst werden können.

tige Akquisitionsfinanzierungsstrukturen unter Berücksichtigung der Zinsschrankenregelung strukturiert werden, die alle (kurz- und langfristigen) Finanzierungen betrifft.

Die Zinsaufwendungen eines Betriebs sind nach der Grundregelung § 4h Abs. 1 Satz 1 EStG, §§ 8a Abs. 1, 8 Abs. 1 KStG in Höhe des Zinsertrags abziehbar (sog. Nettozinsaufwand), darüber hinaus ist der Abzug auf 30%[1136] des um die Zinsaufwendungen und um die nach § 6 Abs. 2 Satz 1, § 6 Abs. 2a Satz 2 und § 7 EStG abgesetzten Beträge erhöhten und um die Zinserträge verminderten maßgeblichen steuerpflichtigen Gewinns bzw. bei Kapitalgesellschaften des maßgeblichen steuerpflichtigen Einkommens begrenzt (so genanntes steuerliches EBITDA).[1137] Über § 7 Satz 1 GewStG gilt § 4h EStG auch im Rahmen der Gewerbesteuer.[1138] Die Grundregelung der betriebs- und nicht steuerpflichtigenbezogenen Zinsschranke erfasst – unabhängig von der Person des Darlehensgebers – alle (kurz- und langfristigen) Finanzierungen. Unerheblich ist ferner die Rechtsform des fremdfinanzierten Unternehmens, d. h. personell werden sowohl Einzelunternehmen als auch (Gewinneinkünfte erzielende)[1139] Personen- sowie Kapitalgesellschaften erfasst. Die § 4h EStG ergänzenden Regelungen des § 8a Abs. 2 und Abs. 3 KStG modifizieren und verschärfen die Wirkung der Zinsschranke für Kapitalgesellschaften, sofern schädliche Gesellschafterfremdfinanzierungen im Sinne dieser Regelungen vorliegen. Anstelle des maßgeblichen Gewinns ist das maßgebliche Einkommen zu berücksichtigen. Durch die Anknüpfung an das körperschaftsteuerliche Einkommen stehen Beteiligungserträge nach § 8b KStG nur in Höhe der nicht abziehbaren Betriebsausgaben von 5% für eine Erhöhung des Zinsausgleichsvolumens zur Verfügung. Damit gehen die §§ 4h EStG, 8a KStG deutlich über den Anwendungsbereich des allein die Fremdfinanzierung durch Gesellschafter einschränkenden § 8a KStG a.F. hinaus.

Der Begriff des „Betriebs" soll nach zum Teil vertretener Ansicht[1140] mit dem des § 15 Abs. 2 EStG identisch sein.[1141] Unstreitig ist, dass Betrieb im Sinne der Zinsschranke der einheitliche Betrieb einer Mitunternehmerschaft[1142] bzw. einer Körperschaft ist.[1143] Nach § 15 Satz 1 Nr. 3 KStG sind Organgesellschaften und Organträger wie ein Betrieb zu behandeln.[1144] Da Finanzierungen innerhalb einer ertragsteuerlichen Organschaft nicht den Beschränkungen der Zinsschranke unterliegen (§ 18 KStG) und dies auch für mehrstufige

---

[1136] Kritisch zu dieser Grenze mit Hinweis auf die Finanzierungswirklichkeit deutscher Unternehmen Stangl/Hageböke in: Schaumburg/Rödder, Unternehmenssteuerreform 2008, S. 450.

[1137] Earnings before interests, taxes, depreciation and amortization. Zu beachten ist, dass das steuerliche EBITDA von dem betriebswirtschaftlichen EBITDA abweicht. Als betriebswirtschaftliche Kennzahl ermöglicht der handelsrechtliche EBITDA bei PE-Akquisitionen im Rahmen der sog. Multiplikatorenmethode eine grobe Schätzung des Unternehmenswertes und auf diese Weise des Kaufpreises, vgl. näher Scheunemann/Socher, BB 2007, 1144 (1146).

[1138] Nach § 8 Nr. 1 Buchst. a) GewStG sind „Entgelte für Schulden" dem Gewinn aus Gewerbebetrieb hinzuzurechnen, soweit sie bei der Ermittlung des Gewinns abgesetzt worden sind. Nicht abgesetzte Zinsen unterliegen nicht der Hinzurechnung, da sie bereits über § 7 GewStG im Gewerbeertrag enthalten sind. Wenn und soweit Zinsen wegen der Zinsschranke nicht abzugsfähig sind, unterbleibt eine gewerbesteuerliche Hinzurechnung; vgl. auch Stangl/Hageböke in: Schaumburg/Rödder, Unternehmenssteuerreform 2008, S. 453 m.w.N.

[1139] Rödder in: Kessler/Kröner/Köhler, Konzernsteuerrecht, § 10 Rn. 11.

[1140] Möhlenbrock, UbG 2008, 1 (3).

[1141] Vgl. auch Rödder/Stangl, DB 2007, 480; Köhler, DStR 2007, 598; Schaden/Käshammer, BB 2007, 2319.

[1142] Zum Betrieb der Mitunternehmerschaft gehört neben dem Gesamthandsvermögen auch das Sonderbetriebsvermögen von Mitunternehmern im Sinne des § 15 Abs. 1 Satz 1 Nr. 2 und Abs. 3 EStG.

[1143] Zu weiteren Fragen des Betriebsbegriffs vgl. nur Stangl/Hageböke in: Schaumburg/Rödder, Unternehmenssteuerreform 2008, S. 454 ff. m.w.N.

[1144] Technisch wird die Bruttomethode angewendet, vgl. Blumenberg/Lechner in: Blumenberg/Benz, Die Unternehmensteuerreform 2008, S. 121.

Kettenorganschaften gelten soll[1145], bietet es sich u.E. nicht nur im Hinblick auf den Debt-push down (siehe dazu unten 4.1.), sondern auch vor dem Hintergrund der Zinsschranke an, NewCo, Target sowie die Target Gruppengesellschaften organschaftlich zu verbinden.

Ausländische Betriebsstätten eines inländischen Stammhauses begründen demgegenüber keinen eigenständigen Betrieb.[1146] Eine gewerbliche Prägung ist jedoch bspw. bei vermögensverwaltend tätigen Personengesellschaften ausreichend.[1147] Im Hinblick auf ausländische Kapitalgesellschaften, die ihre Einkünfte durch den Überschuss der Einnahmen über die Werbungskosten ermitteln (§ 2 Abs. 2 Nr. 2 EStG), hat der Gesetzgeber in § 8a Abs. 1 Satz 4 KStG klargestellt, dass § 4h EStG sinngemäß anzuwenden ist.[1148] Wagnisbeteiligungsgesellschaften in der Rechtsform einer Personengesellschaft sind vermögensverwaltend, wenn sie keine schädliche Aktivitäten (vgl. §§ 8 Abs. 4, 19 Satz 2 Nr. 3 WKBG) entfalten und daher von der Zinsschranke nicht betroffen.[1149]

Nach § 4h Abs. 3 Sätze 2 und 4 EStG sind „*Zinsaufwendungen*" Vergütungen für Fremdkapital,[1150] die den maßgeblichen Gewinn (bzw. das maßgebliche Einkommen) gemindert haben sowie der Aufwand aus der Abzinsung unverzinslicher oder niedrigverzinslicher Kapitalforderungen.[1151] „*Zinserträge*" sind Erträge aus Kapitalforderungen jeder Art, die den maßgeblichen Gewinn erhöht haben (§ 4h Abs. 3 Satz 3 EStG). Erfasst werden ausschließlich Zinsen für Geldkapitalüberlassungen, nicht jedoch Vergütungen für Sachkapitalüberlassungen. Leasing, Miete, Pacht und Sachdarlehen wie z. B. Wertpapierdarlehen[1152] fallen somit nicht unter die Zinsschranke.[1153] Streitig ist die Beurteilung von Zinsswaps. Dies gilt insbesondere im Falle von Upfront-Zahlungen oder vergleichbarer Gestaltungen. Richtigerweise handelt es sich nicht um Zins, da es um ein Absicherungsgeschäft und nicht um eine Kapitalüberlassung geht.

---

[1145] Vgl. hierzu u. a. Rödder, DStR 2005, 217, 221.

[1146] Bundesministerium der Finanzen: Schreiben v. 4. Juli 2008, IV C 7-S2742-a/07/10001, BStBl. I 2008, 718 Rn. 9; zur Eigenkapitaldotation von Betriebsstätten vgl. Bundesministerium der Finanzen: Schreiben v. 24. Dezember 1999, IV B 4-S 1300-111/99, BStBl. I 1999, 1076 ff. Im Verhältnis zwischen ausländischer Kapitalgesellschaft und ihrer inländischen Betriebsstätte findet die Zinsschranke keine Anwendung. Innentransaktionen sind insoweit nicht möglich, vgl. Blumenberg/Lechner in: Blumenberg/Benz, Die Unternehmensteuerreform 2008, S. 115.

[1147] Bundesministerium der Finanzen: Schreiben v. 4. Juli 2008, IV C 7-S2742-a/07/10001, BStBl. I 2008, 718 Rn. 5; zu Fragen der Zinsschranke aus der Sicht ausländischer Investoren vgl. ferner Töben/Fischer, Ubg 2008, 149 ff.

[1148] Vgl. hierzu insbesondere Töben/Fischer, Ubg 2008, 149 (151 ff.) m.w.N.

[1149] Hierzu näher Helios/Wiesbrock, DStR 2007, 1793 ff. Für ihre Wirtschaftsgüter gilt allerdings die Bruchteilsbetrachtung des § 39 Abs. 2 Nr. 2 AO, d. h. sie sind steuerlich (anteilig) den Gesellschaftern zuzuordnen. Wenn ein Gesellschafter seine Beteiligung an einer solchen Personengesellschaft in einem (inländischen) Betriebsvermögen hält (Zebragesellschaft), sind die auf Ebene der Personengesellschaft gegebenen Merkmale, insbesondere die Zinsaufwendungen, bei ihm entsprechend seiner Beteiligung zu berücksichtigen.

[1150] Fremdkapital im Sinne des § 4h Abs. 3 EStG sind damit alle als Verbindlichkeit passivierungspflichtigen Kapitalzuführungen in Geld, die nach steuerlichen Kriterien nicht zum Eigenkapital gehören.

[1151] Der Zinsschranke unterliegen nur solche Zinsaufwendungen und Zinserträge, die den maßgeblichen Gewinn bzw. das maßgebliche Einkommen gemindert oder erhöht haben. Insbesondere nicht abziehbare Zinsen gemäß § 3c Abs. 1 und 2 EStG, § 4 Abs. 4a EStG, § 4 Abs. 5 Satz 1 Nr. 8a EStG und Zinsen, die gemäß § 8 Abs. 3 Satz 2 KStG als verdeckte Gewinnausschüttungen das Einkommen einer Körperschaft gemindert haben, sind keine Zinsaufwendungen im Sinne des § 4h Abs. 3 Satz 2 EStG.

[1152] Eine Wertpapierleihe oder ein ähnliches Geschäft kann einen Missbrauch von rechtlichen Gestaltungsmöglichkeiten (§ 42 AO) darstellen, vgl. Bundesministerium der Finanzen: Schreiben v. 4. Juli 2008, IV C 7-S2742-a/07/10001, BStBl. I 2008, 718 Rn. 24. Siehe hierzu auch Häuselmann, Ubg 2009, 225; ders. FR 2009, 401 und 506.

[1153] Bundesministerium der Finanzen: Schreiben v. 4. Juli 2008, BStBl. I 2008, IV C 7-S2742-a/07/10001, 718 Rn. 11.

Im Rahmen der Gewinnermittlung von Mitunternehmerschaften ist zu beachten, dass Zinsaufwendungen auf Gesellschafterdarlehen den maßgeblichen Gewinn nicht mindern, soweit die Aufwendungen Sondervergütungen des Gesellschafters nach § 15 Abs. 1 Satz 1 Nr. 2 Satz 1 EStG darstellen. Mithin findet weder eine Hinzurechnung der Zinsaufwendungen noch eine Kürzung der Zinserträge aus dem Gesellschafterdarlehen gem. § 4h Abs. 1 EStG statt.[1154] Zinsaufwendungen und -erträge, die Sonderbetriebsausgaben oder -einnahmen sind, werden der Mitunternehmerschaft zugeordnet.[1155]

§ 4h Abs. 1 Sätze 2 und 3 EStG ordnen in der Rechtsfolge die Nichtabzugsfähigkeit der die 30% EBITDA-Grenze übersteigenden Finanzierungsaufwendungen (Nettozinsaufwand) auf Gesellschaftsebene an.[1156] Nicht abziehbare Finanzierungskosten können im Rahmen eines betriebs- und personenbezogenen Zinsvortrags ggf. in späteren Wirtschaftsjahren genutzt werden.[1157] Soweit das verrechenbare EBITDA den Nettozinsaufwand übersteigt, ist nach § 4h Abs. 1 Satz 3 EStG i.d.F. des Wachstumsbeschleunigungsgesetz v. 22. Dezember 2010[1158] in die folgenden fünf Wirtschaftsjahre vorzutragen (EBITDA-Vortrag). Der EBITDA-Vortrag erhöht somit in den Folgejahren die Abzugsmöglichkeit für Zinsaufwendungen, soweit das EBITDA des laufenden Jahres oder die Anwendung einer Ausnahmeregelung der Zinsschranke den vollen Zinsabzug nicht ermöglicht.[1159] Zinsvorträge erhöhen die Zinsaufwendungen dieser Wirtschaftsjahre und können dazu führen, dass im Vortragsjahr die Freigrenze nach § 4h Abs. 2 Satz 1 Buchst. a) EStG überschritten wird.[1160] Zu beachten ist indes, dass der Zinsvortrag durch Umstrukturierungsmaßnahmen (bspw. durch postakquisitorische Maßnahmen) sowie bei Übertragung von Beteiligungen an Kapitalgesellschaften ganz oder anteilig wegfallen kann (§ 4h Abs. 5 EStG, § 8a Abs. 1 i.V.m. § 8c KStG). Bei Umwandlungen geht der Zinsvortrag nicht auf die Übernehmerin über (§§ 4 Abs. 2 Satz 2, 20 Abs. 9, 24 Abs. 6 UmwStG).

Im Gegensatz zu § 8a KStG a.F. wird ein Zinsaufwand nicht in verdeckte Gewinnausschüttungen umqualifiziert. Eine Umqualifizierung auf der Ebene des Zinsempfängers bzw. Anteilseigners findet nicht mehr statt.[1161]

### 2.2.2. Praktisch relevante Finanzierungsgestaltungen außerhalb der gesetzlichen Ausnahmetatbestände

Der Kaufpreis im Rahmen einer LBO-Transaktion wird mit Eigenkapital, Fremdkapital und eigenkapitalähnlichen bzw. hybriden Finanzierungsinstrumenten, die zusammenfassend mit dem Begriff Mezzanine-Kapital bezeichnet werden, finanziert. Die Optimierung des Finanzierungsmix hängt von der Rechtsform des Zielunternehmens, von den Kosten der einzelnen Finanzierungsinstrumente, von der zeitlichen Verfügbarkeit des Finanzierungsinstruments sowie von den verfügbaren Sicherheiten ab.

---

[1154] Nach Bundesministerium der Finanzen: Schreiben v. 4. Juli 2008, IV C 7-S2742-a/07/10001, BStBl. I 2008, 718 Rn. 19 ist die Nichtanwendung der Zinsschranke beschränkt auf „im Inland steuerpflichtige" Sondervergütungen.

[1155] Umfassend zum Ganzen vgl. van Lishaut/Schumacher/Heinemann, DStR 2008, 2341 ff.

[1156] Zum Konkurrenzverhältnis des § 4h EStG zu §§ 2a, 15a und 15b EStG vgl. Scheunemann/Socher, BB 2007, 1147 Fn. 25. Zuerst ist zu prüfen, ob Zinsaufwand unter Einbeziehung des § 4h bei der Ermittlung des Gewinns berücksichtigt werden kann. Erst danach stellt sich die Frage, inwieweit ein Verlust oder ein Anteil daran verrechenbar ist.

[1157] Der Zinsvortrag ist gemäß § 4h Abs. 4 Satz 1 EStG gesondert festzustellen.

[1158] BGBl. 2009, Teil I, S. 3950.

[1159] Rödding, DStR 2009, 2649.

[1160] In der Rechnungslegung können bei Anwendung der Zinsschranke aktive latente Steuern gebildet werden, vgl. Rödder in: Kessler/Kröner/Köhler, Konzernsteuerrecht, § 10 Rn. 35 m.w.N. Die Zinsschranke sollte insoweit keine Auswirkungen auf die Steuerquote haben.

[1161] Vgl. noch Bundesministerium der Finanzen: Schreiben v. 15. Juli 2004, IV A 2-S 274a-20/04, BStBl. I 2004, 593 Rn. 11.

Mit Bezug auf eine zinsschrankenoptimierte[1162] Akquisitionsfinanzierung kommt dem Mezzanine-Kapital eine erhebliche Bedeutung zu. Mezzanine-Kapital als „*hybrides Finanzierungsinstrument*" kombiniert aufgrund ihrer wirtschaftlichen Ausgestaltung typische Merkmale von Fremdkapital und Eigenkapital miteinander. Insbesondere die eine Akquisition finanzierenden Banken bestehen zum Teil auf Mezzanine-Kapital. Denn dieses übernimmt die Garantiefunktion von Eigenkapital und gewährleistet so eine zusätzliche Substanzunterlage ihrer Darlehensforderungen.[1163] Zu den klassischen hybriden Finanzinstrumenten, die steuerlich als Fremdkapital zu qualifizieren sind und damit grundsätzlich in den Anwendungsbereich der Zinsschranke fallen, gehören insbesondere

– die nachrangigen Darlehen (insbesondere Gesellschafterdarlehen sowie hochverzinsliche Anleihen, sog. *High Yield Bonds* oder *Junk Bonds*),
– die PIK-Anleihen (*Payment in Kind*), welche dem Emittenten das Wahlrecht einräumen, die daraus resultierenden Zinsverpflichtungen entweder in bar zu leisten oder durch die Ausgabe neuer Anleihen zu erfüllen,
– die typisch-stille Beteiligungen[1164] und
– die Genussrechte.[1165]

Besondere Schwierigkeiten bereitet insoweit die steuerliche Strukturierung von Genussrechten. Bei Genussrechten liegt, ungeachtet einer möglichen handelsbilanziellen Erfassung als Eigenkapital,[1166] eine Kapitalforderung bzw. Fremdkapital i.S. des § 4h EStG vor, solange nicht die Tatbestandsvoraussetzungen des § 8 Abs. 3 Satz 2 KStG („*Recht auf Beteiligung am Gewinn und am Liquidationserlös der Kapitalgesellschaft*") erfüllt werden.[1167] Die Finanzverwaltung[1168] nimmt eine Beteiligung am Liquidationserlös etwa dann an, wenn der Genussrechtsgläubiger seinen Rückforderungsanspruch nie oder erst mit Ablauf von 30 Jahren geltend machen kann.[1169] Für ausländische Unternehmen, die Mezzanine-Kapital platzieren wollen, ist zudem auf einen etwaigen Kapitalertragsteuereinbehalt nach § 43 Abs. 1 Nr. 2 EStG hinzuweisen.

Bedingt durch die Finanzmarktkrise, aber auch um die Wirkungen der Zinsschranke auszuschalten, sind als Alternative zum sonst üblichen „PIK-Interest" zunehmend eigenkapitalfinanzierte (bspw. atypisch stille Beteiligungen, Vereinbarung von Equity-Kickern etc.) Akquisitionen zu beobachten. In bestehenden Finanzierungsstrukturen kann es im Einzelfall sinnvoll sein, im Wege eines „*Debt-to-Equity-Swap*"[1170] das Kapital nominal zunächst herabzusetzen und dann eine Kapitalerhöhung unter Einbringung der Forderung als Sacheinlage durchzuführen.[1171] Grundsätzlich entspricht jedoch eine gesellschaftsrechtliche Beteiligung des Kreditgebers an der NewCo weder den Interessen der Finanzinvestoren noch denen der Kreditgeber.

---

[1162] Eine zinsschrankenoptimierte Finanzierung kann regelmäßig keinen Missbrauch von rechtlichen Gestaltungsmöglichkeiten (§ 42 AO) darstellen, unabhängig davon ob man § 4h EStG den Charakter einer speziellen Missbrauchsnorm i.S.d. § 42 Abs. 1 Satz 2 AO zuspricht, vgl. ebenso Häuselmann, FR 2009, 506 (514).

[1163] Vgl. hierzu Gleske/Laudenklos in: Eilers/Rödding/Schmalenbach, Unternehmensfinanzierung, D. Rn. 3 m.w.N., dort auch Hinweise zur Bedeutung für Ratingsysteme.

[1164] Zur Abgrenzung einer Mitunternehmerschaft vgl. OFD Erfurt v. 23. Oktober 2003, S 2241 A – 08 – L 221, GmbHR 2004, 209; OFD Frankfurt v. 3. November 2008, S 2241 A – 37 – St 213 (nv).

[1165] Vgl. Tcherveniachki, Kapitalgesellschaften und Private Equity Fonds, S. 215 ff.

[1166] Vgl. Hoyos/M. Ring in: Beck'scher Bilanz-Kommentar, § 247 HGB Rn. 228.

[1167] Bundesministerium der Finanzen: Schreiben v. 4. Juli 2008, IV C 7-S2742-a/07/10001, BStBl. I 2008, 718 Rn. 11. Vgl. auch BFH v. 19. Januar 1994, I R 67/92, BStBl. II 1996, 77.

[1168] Bundesministerium der Finanzen: Schreiben v. 8. Dezember 1986, IV B 7-S 2742-26/86, BB 1987, 667; Bundesministerium der Finanzen: Schreiben v. 27. Dezember 1995, IV B 7-S 2742-76/95, BStBl. I 1996, 49.

[1169] Dagegen BFH v. 19. Januar 1994, I R 67/92, BStBl. II 1996, 77; Angerer, DStR 1994, 651; Groh, BB 1993, 1882 (1890).

[1170] Dazu Halasz/Kloster, WM 2006, 2152.

[1171] Vgl. Scheunemann/Hoffmann, DB 2009, 983 ff.

Des Weiteren können die nachteiligen Wirkungen der Zinsschranke durch eine verstärkte Fremdkapital-Finanzierung der ausländischen Tochtergesellschaften vermieden werden, indem das inländische Verrechnungsvolumen bei der Zinsschranke erhöht werden. Insoweit kann es im Einzelfall auch von Vorteil sein, sog. Recaps zur Aufnahme zusätzlichen Fremdkapitals zum Zwecke der Ausschüttung an Finanzinvestoren über im Ausland ansässige Tochtergesellschaften zu steuern (vgl. dazu unter 6.)

### 2.2.3. Gesetzliche Ausnahmen von der Zinsschranke

§ 4h Abs. 2 Satz 1 EStG sieht drei Ausnahmen von der Zinsschranke vor (Freigrenze, keine Konzernzugehörigkeit, sog. Escape-Klausel), die nach § 8a KStG von Kapitalgesellschaften bei Gesellschafter-Fremdfinanzierungen allerdings nur unter zusätzlichen Voraussetzungen in Anspruch genommen werden können.

#### 2.2.3.1. Freigrenze

Die Zinsschrankenregelung findet keine Anwendung, wenn der Betrag der Zinsaufwendungen, soweit er den Betrag der Zinserträge übersteigt, weniger als drei Millionen Euro beträgt (§ 4h Abs. 1 Satz 1 Buchst. a) EStG; vgl. § 52 Abs. 12d EStG i.d.F. des Wachstumsbeschleunigungsgesetzes).[1172] Zinsaufwand und Zinsertrag, der außerhalb der inländischen Gewinnermittlung anfällt, ist nicht zu berücksichtigen. Die Freigrenze ist betriebsbezogen und wird für den Organkreis nur einmal gewährt. Im Rahmen von bestimmten PE-Akquisitionen[1173] kann durch die Einschaltung mehrerer Erwerbszweckgesellschaften als gestalterisches Mittel eine Mehrfachnutzung der Freigrenze erreicht werden.[1174] § 42 AO steht dem grundsätzlich nicht entgegen.

#### 2.2.3.2. Fehlende Konzernzugehörigkeit

Die Zinsschranke ist ferner nicht anzuwenden, wenn der Betrieb nicht oder nur anteilmäßig[1175] zu einem Konzern gehört (§ 4h Abs. 1 Satz 1 Buchst. b) EStG).[1176] In diesem Fall liegt nach typisierter Einschätzung des Gesetzgebers keine missbräuchliche Darlehensgewährung vor. Nach § 4h Abs. 3 Satz 5 EStG gehört ein Betrieb zu einem Konzern, wenn er nach dem für die Anwendung des § 4h Abs. 2 Satz 1 Buchst. c) EStG zugrunde gelegten Rechnungslegungsstandard (vorrangig IFRS, subsidiär HGB bzw. Handelsrecht eines EU-Mitgliedstaats, hilfsweise US-GAAP) mit einem oder mehreren anderen Betrieben konsolidiert wird oder werden könnte. Hiernach ist der nach den einschlägigen handelsrechtlichen Konsolidierungsregeln *größtmögliche* Konsolidierungskreis maßgebend. Für Zwecke der Zinsschranke wird somit steuerlich ein sog. „*erweiterter Konzernbegriff*" zugrunde gelegt. Maßgebend ist also, welcher Rechnungslegungsstandard (für den Eigenkapitalvergleich) zugrunde gelegt wird. Das richtet sich nach den IFRS und wenn nach deren Maßstäben kein Konzernabschluss zu erstellen ist, nach Handelsrecht. Sofern ein Konzernabschluss nach den genannten Rechnungslegungsstandards erstellt ist, in dem der Betrieb im Wege einer Voll-

---

[1172] Soweit der Betrieb keine weiteren Finanzierungsaufwendungen hat, werden bei unterstelltem Zinssatz von 5% p.a. Akquisitionsfinanzierungen von bis zu 60 Mio. € von der Zinsschranke freigestellt. Es ist zu beachten, dass bereits ein geringfügiges Überschreiten der Freigrenze die Anwendung der Zinsschranke auslöst.

[1173] In Betracht kommen insoweit insbesondere Immobilientransaktionen.

[1174] Auf die damit verbundenen Administrationskosten weisen Reiche/Kroschewski, DStR 2007, 1330 (1333), richtigerweise hin. Vgl. auch Prinz, FR 2008, 441 (446).

[1175] Gemeinschaftlich geführte Unternehmen nach § 310 HGB oder vergleichbare Unternehmen, die nach anderen zur Anwendung kommenden Rechnungslegungsstandards (z.B. IAS 31) nur anteilmäßig in den Konzernabschluss einbezogen werden, gehören für Zwecke der Zinsschranke nicht zu einem Konzern. Gleiches gilt für assoziierte Unternehmen (§ 311 HGB) oder diesen vergleichbare Unternehmen.

[1176] Ein Einzelunternehmer mit mehreren Betrieben begründet für sich noch keinen Konzern im Sinne der Zinsschranke.

konsolidierung enthalten ist, gehört dieser Betrieb unzweifelhaft zu einem Konzern im Sinne des § 4h Abs. 3 Satz 5 EStG.[1177] Besteht somit eine Konzernabschlusspflicht gem. § 290 HGB (oder nach § 11 PublG) und sind die Voraussetzungen einer Befreiung wegen Größe (§ 293 HGB, § 11 Abs. 1 PublG) oder übergeordneten Konzernabschlusses (§§ 291, 292 HGB) nicht gegeben, besteht die Pflicht (§ 315a Abs. 1 und 2 HGB) oder das Recht (§ 315a Abs. 3 HGB), diesen Abschluss nach den IFRS[1178] oder nach Handelsrecht (§ 290 HGB) aufzustellen. In diesem Fall müsste der Betrieb oder könnte jedenfalls, wenn er zum Konsolidierungskreis zählt, mit anderen konsolidiert werden und gehört deshalb zu einem Konzern im Sinne von § 4h Abs. 3 Satz 5 EStG. Zu beachten ist, dass ein Betrieb nach § 4h Abs. 3 Satz 6 EStG auch dann zu einem Konzern gehört, wenn seine Finanz- oder Geschäftspolitik mit einem oder mehreren anderen Betrieben einheitlich bestimmt werden kann.[1179] Hierdurch sollen nach umstrittener Ansicht „Gleichordnungskonzerne" erfasst werden.[1180] Voraussetzung für einen Gleichordnungskonzern ist, dass die Finanz- und Geschäftspolitik eines Betriebs mit einem oder mehreren anderen Betrieben einheitlich bestimmt werden kann. Für die Frage, ob und zu welchem Konzern ein Betrieb gehört, ist nach Ansicht der Finanzverwaltung[1181] grundsätzlich auf die Verhältnisse am vorangegangenen Abschlussstichtag abzustellen. Das gilt auch für die Fälle des unterjährigen Erwerbs oder der unterjährigen Veräußerung von Gesellschaften.

Im Schrifttum[1182] wird für PE-Fonds die Ansicht vertreten, dass zwischen den Investitionen eines weltweit operierenden Konzerns mit einer beherrschenden Einheit im In- oder Ausland und den Investitionen eines PE-Investments qualitative Unterschiede bestehen, die eine Nichtanwendung der Zinsschranke im Sinne einer Bereichsausnahme rechtfertigen. Der IDW ist dem gefolgt, hat insoweit jedoch eine gesetzliche Klarstellung gefordert.[1183] Im Übrigen wird jedenfalls eine Konzernzugehörigkeit der Portfoliogesellschaften verneint.[1184] Es soll an einer einheitlichen Bestimmung der Finanz- und Geschäftspolitik der Tochtergesellschaften des PE-Fonds fehlen.[1185] Die Nichtanwendung der Zinsschranke ist rechtspolitisch aufgrund der Besonderheiten von PE-Investitionen durchaus folgerichtig. Gegenwärtig kann jedoch aufgrund der gesetzlichen Ausgangssituation nicht rechtssicher ausgeschlossen werden, dass PE-Fonds einen „Gleichordnungskonzern" begründen, d. h. mangels einer Konzernmutter ausschließlich bestehend aus horizontal konsolidierten Tochtergesellschaften.[1186] Gestalterisch kann in diesen Fällen die Begründung einer Organschaft (§ 15 Satz 1 Nr. 3 KStG) in Erwägung gezogen werden, die jedoch in den klassischen grenzüberschreitenden

---

[1177] Dies gilt auch, wenn der Betrieb lediglich aus Wesentlichkeitsgründen (siehe IAS 8.8 oder § 296 Abs. 2 HGB) nicht einbezogen worden ist, vgl. Blumenberg/Lechner in: Blumenberg/Benz, Die Unternehmensteuerreform 2008, S. 135.
[1178] IAS 27 knüpft die Aufstellung eines Konzernabschlusses – unabhängig von der Rechtsform – an das Vorhandensein eines Mutter-Tochter-Verhältnisses. Ein Tochterunternehmen liegt nach Maßgabe des „Control-Konzepts" (IAS 27.13) dann vor, wenn die Möglichkeit besteht, die Finanz- und Geschäftspolitik eines Unternehmens zu bestimmen, um aus dessen Tätigkeit Nutzen zu ziehen (vgl. IAS 27.4). Eine Beherrschung ist jedenfalls gegeben, wenn das Mutterunternehmen (IAS 27.13) unmittelbar oder mittelbar über die Mehrheit der Stimmrechte verfügt.
[1179] § 4h Abs. 3 Satz 6 EStG ist ausweislich der Gesetzesbegründung dem IAS 27.4 entlehnt, vgl. näher Rödder in: Kessler/Kröner/Köhler, Konzernsteuerrecht, § 10 Rn. 47 a.E.
[1180] Rödder in: Kessler/Kröner/Köhler, Konzernsteuerrecht, § 10 Rn. 47 a.E.
[1181] Bundesministerium der Finanzen: Schreiben v. 4. Juli 2008, IV C 7-S2742-a/07/10001, BStBl. I 2008, 718 Rn. 68.
[1182] Vgl. nur Töben/Fischer, Ubg 2008, 149 (154) m.w.N.; Blumenberg/Lechner in: Blumenberg/Benz, Die Unternehmensteuerreform 2008, S. 156; Eilers, Ubg 2008, 197 (200) m.w.N.
[1183] IDW Stellungnahme zu Auslegungsfragen zur Anwendung der sog. Zinsschranke (§4h EStG/§ 8a KStG), Ubg 2008, 53.
[1184] Töben/Fischer, Ubg 2008, 149 (154); Eilers, Ubg 2008, 197 (200).
[1185] Töben/Fischer, Ubg 2008, 149 (154 f.).
[1186] Ebenso und mit Hinweis auf IAS 27.19 Stangl/Hageböke in: Schaumburg/Rödder, Unternehmensteuerreform 2008, S. 475; vgl. ferner Scheunemann/Socher, BB 2007, 1144 (1149).

PE-Sachverhalten aufgrund der gesetzlichen Einschränkungen[1187] nicht umgesetzt werden kann. Zudem könnten im Rahmen der Akquisition der Zielgesellschaft mehrere Akquisitionsvehikel eingesetzt werden, um eine Konzernzugehörigkeit der Zielgesellschaft zu der darüber liegenden Akquisitionsebene zu vermeiden. Insoweit ist freilich zu beachten, dass dies voraussetzt, dass die der Ebene der (mehreren) Akquisitionsvehikel übergeordneten Ebenen ihrerseits nicht miteinander konzernverbunden sind.[1188]

Die Nichtanwendung der Zinsschranke ist trotz fehlender Konzernzugehörigkeit bei Kapitalgesellschaften nach § 8a Abs. 2 KStG in Fällen der Gesellschafter-Fremdfinanzierung eingeschränkt. Die Ausnahme von der Zinsschranke des § 4h Abs. 2 Satz 1 Buchst. b EStG, wonach der Betrieb nicht oder nicht anteilig zu einem Konzern gehören darf, ist auf Körperschaften nur anwendbar, wenn die Vergütungen für Fremdkapital an einen zu mehr als einem Viertel unmittelbar oder mittelbar am Grund- oder Stammkapital beteiligten Anteilseigner, eine diesem nahe stehende Person im Sinne von § 1 Abs. 2 AStG oder einen Dritten, der auf den mehr als einem Viertel am Grund- oder Stammkapital beteiligten Anteilseigner oder eine dessen nahe stehende Person zurückgreifen kann, nicht mehr als 10 % der die Zinserträge übersteigenden Zinsaufwendungen der Körperschaft i. S. des § 4h Abs. 3 EStG betragen und die Körperschaft dies nachweist.[1189]

Die verschärfte Voraussetzung greift nach ihrem Wortlaut nur für solche Körperschaften, die über ein gesetzlich angeordnetes Mindestkapital in Form eines Grund- oder Stammkapitals verfügen. Das sind lediglich Kapitalgesellschaften (GmbH, AG, KGaA, SE) und nicht z. B. Genossenschaften und Stiftungen. Aufgrund der Betriebsfiktion für den Organkreis ist in Organschaftsfällen der „10 %-Test" auf den Organkreis anzuwenden. Als Darlehensgeber kommt jede Person in Betracht, die einem wesentlich beteiligten Anteilseigner nach § 1 Abs. 2 AStG nahe steht. Dies kann auf Beteiligungen (§ 1 Abs. 2 Nr. 1 und 2 AStG), aber auch auf besonderen Einflussmöglichkeiten oder Interessen i. S. des § 1 Abs. 2 Nr. 3 AStG beruhen.[1190] Der „*Rückgriffstatbestand*"[1191] soll – anders als beim bisherigen § 8a KStG.[1192] – insbesondere Fallgestaltungen einer doppelstufigen Kreditgewährung durch sog. „back-to-back-Finanzierungen" erfassen, bei der ein Anteilseigner (oder eine diesem nahe stehende Person) einer Bank Geldmittel überlässt, damit diese die Mittel in eigenem Namen als Darlehen an die Kapitalgesellschaft weiterleitet und aufgrund eines rechtlichen Anspruchs oder einer dinglichen Sicherheit auf die Einlage zurückgreifen kann. Bereits eine rein faktische Rückgriffsmöglichkeit soll schädlich sein.[1193]

---

[1187] Das deutsche Körperschaftsteuerrecht kennt keine echte grenzüberschreitende Organschaft. Ausländische Organträger sind nur ausnahmsweise zulässig, und zwar im Fall der Doppelansässigkeit sowie im Fall einer beschränkten Steuerpflicht des ausländischen Organträgers aufgrund einer inländischen, in das Handelsregister eingetragenen Zweigniederlassung (§ 18 KStG). Darüberhinaus muss die Organgesellschaft stets und ohne Ausnahme Sitz und Geschäftsleitung im Inland haben. Eine weitere Hürde für eine grenzüberschreitende Organschaft ist die Voraussetzung des Abschlusses eines Gewinnabführungsvertrags, vgl. § 14 Abs. 1 S. 1 KStG i. V. m. § 291 Abs. 1 AktG. Vergleichbare Instrumente existieren im ausländischen Gesellschaftsrecht nicht, vgl. zum Ganzen Endres/Günkel, WPg Sonderheft 2006, 2 (9). Zu den möglichen Folgen des Urteils EuGH v. 13. Dezember 2005, C-446/03, DStR 2005, 2168, auf das deutsche Steuerrecht vgl. etwa Kußmaul/Niehren, IStR 2008, 81 ff.; Pache/Englert, IStR 2007, 47 ff.

[1188] Reiche/Kroschewski, DStR 2007, 1330 (1334).

[1189] Zu dieser Ausnahme Stangl/Hageböke in: Schaumburg/Rödder, Unternehmensteuerreform 2008, S. 502 ff.

[1190] Vgl. dazu auch Bundesministerium der Finanzen: Schreiben v. 15. Dezember 1994, IV B 7-S 2742a-63/94, BStBl. I 1995, 176.

[1191] Unter „Rückgriff" behandelt das Zivilrecht – z. B. in § 774 Abs. 1 BGB – Fälle, in denen wegen einer gegen eine bestimmte Person gerichteten Forderung ein Dritter in Anspruch genommen werden kann.

[1192] So noch Bundesministerium der Finanzen: Schreiben v. 15. Juli 2004, IV A 2-S 2742a-20/04, BStBl. I 2004, 593 Tz. 18 ff.

[1193] So bereits zur bisherigen Fassung Gosch in: Gosch, KStG, § 8a Rn. 184 m. w. N.

Für die PE-Praxis ist von besonderer Bedeutung, dass die bloße Verpfändung der Anteile an der fremdfinanzierten Gesellschaft einen Rückgriff begründen soll.[1194] Sowohl schuldrechtliche Ansprüche wie Garantieerklärungen sowie Bürgschaften und auch dingliche Sicherheiten wie Grundschulden und Sicherungseigentum werden hierzu gezählt.[1195] Das BMF[1196] hat schließlich klargestellt, dass konzerninterne Finanzierungen grundsätzlich nicht zu einer schädlichen Gesellschafterfremdfinanzierung im Sinne von § 8a Abs. 3 KStG führen. Eine konzerninterne Finanzierung liegt jedoch dann nicht vor, wenn das Fremdkapital durch die Konzernspitze überlassen wird und die Konzernspitze selbst nicht zum Konzern gehört (Gleichordnungskonzern).[1197]

**2.2.3.3. Escape-Klausel**

§ 4h Abs. 1 Satz 1 Buchst. c) EStG (sog. Escape-Klausel) schließt die Anwendung der Zinsschranke aus, wenn der Betrieb zu einem Konzern gehört und seine Eigenkapitalquote am Schluss des vorangegangenen Abschlussstichtages gleich hoch oder höher ist als die des Konzerns (Eigenkapitalvergleich).[1198] Ein Unterschreiten der Eigenkapitalquote des Konzerns bis zu einem Prozentpunkt ist unschädlich. Das Wachstumsbeschleunigungsgesetz hat den Toleranzrahmen auf zwei Prozentpunkte angehoben. Dies gilt ab dem ersten Wirtschaftsjahr, das nach dem 1. Dezember 2009 endet (§ 52 Abs. 12d EStG) Maßstab für den Eigenkapital-Vergleich ist die Eigenkapital-Quote. Darunter versteht § 4h Abs. 2 Satz 1 Buchst. c) Satz 3 EStG das Verhältnis des Eigenkapitals zur Bilanzsumme des untersuchten Betriebs. Der Eigenkapitalvergleich ist anhand der Bilanzen auf das Ende des vorangegangenen Wirtschaftsjahres zu führen. Liegt für den Betrieb kein Jahresabschluss oder Einzelabschluss nach denselben Rechnungslegungsstandards wie für den Konzernabschluss vor, ist für den Nachweis der Eigenkapital-Quote des Betriebs eine Überleitungsrechnung aufzustellen. Die Eigenkapital-Quote ist danach nach den für den Konzernabschluss geltenden Rechnungslegungsstandards zu ermitteln (§ 4h Abs. 2 Satz 1 Buchst.) c Satz 11 EStG). Die Ermittlung der Eigenkapitalquoten erfolgt rechnerisch durch Division des in der Bilanz ausgewiesenen Eigenkapitals durch die Bilanzsumme.[1199] Nach § 4h Abs. 2 Satz 1 Buchst. c) Satz 5 EStG ist das Eigenkapital des Betriebs um die im Einzelabschluss des Betriebs ausgewiesenen Anteile an anderen Konzerngesellschaften zu kürzen (Beteiligungsbuchwertkürzung).[1200] Insoweit ist unerheblich, ob es sich um in- oder ausländische Konzerngesellschaften (Kapital- oder Personengesellschaften) handelt. Die Finanzierung des Beteiligungserwerbs spielt gleichermaßen keine Rolle. Im Unterschied zu § 8a Abs. 4 Satz 1 KStG a.F. sieht § 4h EStG keine Ausnahme von der Beteiligungsbuchwertkürzung für Holdinggesellschaften vor.[1201] Dem Eigenkapital ist ein im Konzernabschluss enthaltener Firmenwert hinzuzurechnen, soweit er auf den inländischen Betrieb entfällt.[1202] Das Eigenkapital ist auch um

---

[1194] Bundesministerium der Finanzen: Schreiben v. 4. Juli 2008, IV C 7-S2742-a/07/10001, BStBl. I 2008, 718 Rn. 83; zu Recht kritisch vgl. Töben/Fischer, Ubg 2008, 149 (159).
[1195] Vgl. Leyendecker/Rödding/Kalb in: Eilers/Koffka/Mackensen, Private Equity, S. 445 m.w.N.
[1196] Bundesministerium der Finanzen: Schreiben v. 4. Juli 2008, IV C 7-S2742-a/07/10001, BStBl. I 2008, 718 Rn. 80.
[1197] Bundesministerium der Finanzen: Schreiben v. 4. Juli 2008, IV C 7-S2742-a/07/10001, BStBl. I 2008, 718 Rn. 80.
[1198] Näher hierzu Bundesministerium der Finanzen: Schreiben v. 4. Juli 2008, IV C 7-S2742-a/07/10001, BStBl. I 2008, 718 Rn. 69 ff.
[1199] Möhlenbrock, Ubg 2008, 1 (9 m.w.N.).
[1200] Dies führt praktisch dazu, dass auf Ebene der anteilserwerbenden Gesellschaft zinsschrankenrechtlich Eigenkapital vernichtet wird und auf Ebene der erworbenen Gesellschaft das zinsschrankenrelevante Eigenkapital allein (und auch grds. zu niedrig) um den Firmenwert erhöht wird. Zur Behandlung eigener Anteile vgl. etwa Blumenberg/Lechner in: Blumenberg/Benz, Die Unternehmensteuerreform 2008, S. 164.
[1201] Vgl. näher Hallerbach, StuB 2007, 487 (492).
[1202] Stangl/Hageböke in: Schaumburg/Rödder, Unternehmensteuerreform 2008, S. 483.

**4. Teil. Beteiligungsstrukturierung** § 13 Fragen der Akquisitionsfinanzierung

Eigenkapital zu kürzen, das keine Stimmrechte vermittelt.[1203] Sonderbetriebsvermögen von Personengesellschaften ist dem Betrieb der Mitunternehmerschaft zuzuordnen (§ 4h Abs. 2 Satz 7 EStG). Weitere Korrekturen regeln § 4h Abs. 2 Buchst. c) Sätze 5 ff. EStG.

Im Rahmen des Eigenkapitalvergleichs ist die Bilanzsumme um innerkonzernliche Kapitalforderungen und die damit korrespondierenden Verbindlichkeiten zu kürzen.[1204] Den Zinsaufwendungen (§ 4h Abs. 3 Satz 2 EStG) müssen somit Verbindlichkeiten zugrunde liegen, die in einem voll konsolidierten Konzernabschluss nach § 4h Abs. 2 Satz 1 Buchst. c) EStG ausgewiesen sind. Im Rahmen einer Vollkonsolidierung werden konzerninterne Forderungen und Verbindlichkeiten im Wege der Schuldenkonsolidierung eliminiert (vgl. § 303 Abs. 1 HGB) und im Konzernabschluss nicht ausgewiesen. Sie sind auch bei der Prüfung der 10%-Grenze nicht zu beachten und können nicht zu einer schädlichen Gesellschafter-Fremdfinanzierung führen.

Für PE-Investoren ist es wegen der globalen Investitionen in unterschiedlichen Jurisdiktionen praktisch unmöglich, die für den Eigenkapitalvergleich notwendige Konsolidierung des Konzerns durchzuführen.[1205] Ein Ausweg könnte ggfs. darin gesehen werden, dass die PE-Investoren ein Joint-Venture gründen, bei dem die Investoren gemeinsam die Kontrolle bspw. über die LuxCo ausüben.[1206] Die Konsolidierung würde dann ggfs. nur bis zur Ebene der LuxCo erfolgen.[1207]

Eine weitere Lösung wäre, etwaige ausländische Tochtergesellschaften des Portfoliounternehmens direkt neben die NewCo zu hängen, d. h. direkt unter die LuxCo, und dabei Teile der Verschuldung der NewCo auf diese ausländischen Tochtergesellschaften zu verlagern (im Wege eines „Debt Push Down"). Dadurch könnte die Eigenkapitalquote des deutschen Betriebs (bestehend aus einer Organschaft zwischen der NewCo und den inländischen Gesellschaften des Zielunternehmens) im Vergleich zu der des Konzerns gesteigert werden, so dass die Escape-Klausel zur Anwendung kommen könnte.

Konzernzugehörigen Gesellschaften wird der Escape gem. § 4h Abs. 2 Buchst. c) EStG jedoch dann versagt, wenn deren nicht konzernzugehöriger, unmittelbar oder mittelbar mindestens 25% wesentlich beteiligter Gesellschafter, eine diesem nahestehende (nicht zum Konzern gehörende) Personengesellschaft oder ein gegen den wesentlich beteiligten Gesellschafter oder die nahestehende Person Rückgriffsberechtigter im Umfang von mehr als 10% des Zinssaldos Vergütungen für Fremdkapital von der Gesellschaft erhält. Zinsaufwendungen aufgrund von Finanzierungen durch einen Dritten sind bei der „Rückausnahme" des § 8a Abs. 3 Satz 1 KStG nur zu berücksichtigen, wenn sie einen Rückgriff gegen einen nicht zum Konzern gehörenden Gesellschafter oder einen diesem nahe stehende Person auslösen. Eine Gesellschafterfremdfinanzierung soll damit schädlich sein, wenn sie *„von außerhalb des Konzerns erfolgt"*.[1208] Damit soll – umgekehrt – ein Rückgriff innerhalb des Konzerns nicht zu einer schädlichen Gesellschafterfremdfinanzierung führen.

### 2.3. Gewerbesteuerliche Abzugsbeschränkungen

Die gewerbesteuerliche Hinzurechnung von Finanzierungsaufwendungen ist durch das Unternehmensteuerreformgesetz 2008 grundlegend verändert worden. Die früheren Regelungen des § 8 Nr. 1, 2, 3 und 7 GewStG sind in dem neu gefassten § 8 Nr. 1 GewStG zusam-

---

[1203] Stangl/Hageböke in: Schaumburg/Rödder, Unternehmensteuerreform 2008, S. 484 m.w.N. und Hinweisen zu Mezzanine-Kapital.
[1204] Stangl/Hageböke in: Schaumburg/Rödder, Unternehmensteuerreform 2008, S. 507.
[1205] Vgl. näher Leyendecker/Rödding/Kalb in: Eilers/Koffka/Mackensen, Private Equity, S. 445 m.w.N.
[1206] Leyendecker/Rödding/Kalb in: Eilers/Koffka/Mackensen, Private Equity, S. 445 m.w.N.
[1207] Bundesministerium der Finanzen: Schreiben v. 4. Juli 2008, IV C 7-S2742-a/07/10001, BStBl. I 2008, 718 Rn. 61; ebenso Töben/Fischer, Ubg 2008, 149 (154); ferner Eilers in: Eilers/Koffka/Mackensen, Private Equity, S. 280 m.w.N.
[1208] So BT-Drs. 16/4841, S. 75.

mengefasst und darüber hinaus um die Hinzurechnung der in Mieten, Leasingzahlungen und Lizenzgebühren (fiktiv) enthaltenen Finanzierungsanteile ergänzt worden. Nach § 8 Nr. 1 GewStG werden einheitlich 25% des betreffenden Zinsanteils zum Gewerbeertrag hinzugerechnet. Voraussetzung ist lediglich ein wirtschaftlicher Zusammenhang mit dem Betrieb und der Abzug des betreffenden Entgelts bei der Ermittlung des Gewinns. Der Zins*anteil* wird je nach Art der Geld- oder Sachkapitalüberlassung unterschiedlich, jedoch pauschaliert festgelegt. Soweit eine Berücksichtigung als Betriebsausgaben erfolgte, also z. B. nicht bei der Zinsschranke unterfallenden und damit nicht abzugsfähigen Zinsteilen, beträgt die Hinzurechnung ein Viertel der Summe aus

- Entgelten für Schulden, § 8 Nr. 1 Buchst. a) GewStG,
- Gewinnanteilen des (typisch) stillen Gesellschafters, § 8 Nr. 1 Buchst. c) GewStG,
- 20% der Miet- und Pachtzinsen (einschließlich Leasingraten) für bewegliche Wirtschaftsgüter, die, gehörten sie dem Unternehmer, im Anlagevermögen auszuweisen wären, § 8 Nr. 1 Buchst. d) GewStG,
- 50% der Miet- und Pachtzinsen (einschließlich Leasingraten) für nicht bewegliche Wirtschaftsgüter, die, gehörten sie dem Unternehmer, im Anlagevermögen auszuweisen wären, § 8 Nr.1 Buchst. e) GewStG,
- 25% der Aufwendungen für die zeitlich befristete Überlassung von Rechten, mit Ausnahme solcher Lizenzen, die ausschließlich zur Unterlizensierung an Dritte berechtigen, § 8 Ziff. 1 f) GewStG,

soweit die Summe 100 000 € übersteigt (Freibetrag). Eine weitere, für die PE-Praxis bedeutsame Hinzurechnungsvorschrift ist § 8 Nr. 5 Satz 1 HS. 1 GewStG. Danach sind Gewinnanteile und die ihnen gleich gestellten Bezüge und Leistungen aus Anteilen an Körperschaften i.S.d. KStG, die wegen der Steuerbefreiungen nach § 8b Abs. 1 KStG bei der Gewinnermittlung abzuziehen sind, bei der Ermittlung des Gewerbeertrags dem Gewinn wieder hinzuzurechnen. Nach § 8 Nr. 5 Satz 1 HS. 2 GewStG ist die Hinzurechnung jedoch ausgeschlossen, wenn die Beteiligungserträge die Voraussetzungen des § 9 Nr. 2a oder Nr. 7 GewStG erfüllen, für sie also das Schachtelprivileg (erforderlicher Beteiligungsanteil 15%) gilt. Gemäß § 8 Nr. 10 GewStG sind Gewinnminderungen, die durch den Ansatz eines niedrigeren Teilwerts einer Schachtelbeteiligung im Zusammenhang mit der Veräußerung oder Entnahme einer Schachtelbeteiligung oder bei Auflösung oder Herabsetzung des Kapitals einer Schachteltochter entstehen, dem Gewinn aus Gewerbebetrieb wieder hinzuzurechnen, soweit der Ansatz des niedrigeren Teilwerts oder die sonstige Gewinnminderung auf Gewinnausschüttungen der Kapitalgesellschaft zurückzuführen ist, um die der Gewerbeertrag nach § 9 Nr. 2a, 7 oder 8 GewStG zu kürzen ist.

## 3. Besonderheiten einer grenzüberschreitenden Akquisitionsstruktur

„*Die*" PE-Akquisitionsstruktur gibt es naturgemäß nicht. Vielmehr wird die Strukturierung einer PE-Akquisition durch vielfältige Faktoren und insbesondere die jeweiligen Besonderheiten des Target determiniert. Gleichwohl ist zu beobachten, dass die nachfolgend – graphisch abgebildete – Struktur in der Praxis oftmals als Grundmodell einer PE-Akquisition fungiert. Für die Beurteilung der Besonderheiten einer solchen PE-typischen Struktur sind die einzelnen Strukturebenen zu unterscheiden.

### 3.1. Nutzung einer ausländischen Holdinggesellschaft
#### 3.1.1. Zwischenschaltung einer LuxCo

In der Praxis strukturieren insbesondere US-Private Equity Fonds ihre Investitionsaktivitäten in Europa regelmäßig über Luxemburg. Das hat den Vorteil, dass diese Fonds in Luxemburg auf die sog. *Preferred Equity Certificates* („PECs") zurückgreifen können. Die PECs sind ein hybrides Finanzierungsinstrument, welches in Luxemburg als Fremdkapital behandelt wird. Zahlungen auf PECs sind für steuerliche Zwecke daher grundsätzlich abzugsfähig und

## 4. Teil. Beteiligungsstrukturierung   § 13 Fragen der Akquisitionsfinanzierung

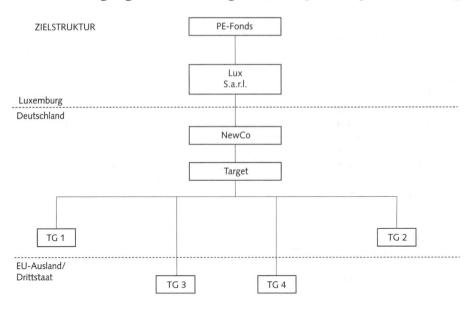

reduzieren die Ertragsteuerbelastung in Luxemburg. Aus US-amerikanischer Sicht werden PECs hingegen als Eigenkapital behandelt mit der Folge, dass die Fonds aus diesen Instrumenten keinen Zinsertrag, sondern Dividende erzielen.

Die LuxCo stellt der NewCo Eigen- und Fremdkapital (als Gesellschafterdarlehen) zur Verfügung. Dabei wird der Einsatz von Fremdkapital im Rahmen bestehender Restriktionen maximiert, um möglichst hohe Aufwendungen zu generieren. Den bei der LuxCo vereinnahmten Zinserträgen stehen steuerlich abzugsfähige Aufwendungen auf die PECs gegenüber. Im Ergebnis wird das das steuerliche Einkommen in Luxemburg minimiert[1209].

Darüber hinaus gibt die LuxCo zusätzlich sog. *Convertible Preferred Equity Certificates* (CPECs) als hybride Finanzierungsformen an den Fonds aus. Nach der Umwandlung solcher CPECs können Erträge an die Investoren ausgeschüttet werden, ohne dass luxemburgische Kapitalertragsteuer ausgelöst wird. Weitere Vorteile liegen in der Flexibilität der CPECs, die aus Sicht der Investoren als Eigenkapital ausgestaltet werden können, auf der Ebene der LuxCo jedoch ihren Fremdkapitalcharakter behalten. Da der Zeitwert der CPECs unmittelbar vom Unternehmenswert der einziehenden bzw. rückkaufenden Gesellschaft abhängt, kann bei einer Steigerung des Unternehmenswerts der Zielgesellschaft (sowie der zwischengeschalteten Gesellschaft mit Sitz im europäischen Ausland) diese Steigerung durch den Rückkauf oder die Einziehung von CPECs an den Fonds weitergereicht werden, wenn und soweit die rückkaufende bzw. einziehende Gesellschaft über ausreichende Liquidität verfügt[1210] (vgl. dazu eingehend unten 6.). Vor diesem Hintergrund ist eine Ausschüttung umso leichter darstellbar und strukturierbar, je mehr Gesellschafterdarlehen für die Akquisition ausgereicht worden sind, die für eine Rückzahlung der Zielgesellschaft an den Fonds genutzt werden können. Demgegenüber ist eine Rückzahlung echten bilanziellen Eigenkapitals gesellschaftsrechtlich nur unter engeren Voraussetzungen zulässig. Rechtliche Voraussetzung für die Zulässigkeit von Zahlungen durch die Kette der an der Ausschüttung beteiligten Gesellschaften bis zum Private-Equity Fonds ist, dass die jeweils empfangende Gesellschaft bzw. der Fonds einen Anspruch auf Zahlung gegen die jeweils auszahlende Ge-

---

[1209] Nach der Abschaffung der sog. „capital duty" entfällt demnach in Luxemburg praktisch die Steuerbelastung.

[1210] Eingehend Leyendecker/Rödding/Kalb in: Eilers/Koffka/Mackensen, Private Equity, 2009, S. 411.

sellschaft hat. Dieser Anspruch kann sich unter anderem aus einem Gesellschafterdarlehen ergeben. Wenn kein derartiges Gesellschafterdarlehen gewährt wurde, können die Zahlungen durch Ausschüttung zwischen den an der Rekapitalisierung beteiligten Gesellschaften oder durch Kauf eigener Anteile erfolgen.

Ferner wird durch die Zwischenschaltung der LuxCo einen steuergünstigen Exit angestrebt. So werden Veräußerungsgewinne nach § 8b Abs. 2 i.V.m. Abs. 3 Satz 1 KStG zu 95% in Deutschland freigestellt. Erzielt die LuxCo einen Gewinn aus der Veräußerung der Beteiligung an der deutschen NewCo, so unterliegt dieser nach § 49 Abs. 1 Nr. 2 Buchst. e) EStG i.V.m. § 17 EStG zwar der beschränkten Steuerpflicht. Das deutsche Besteuerungsrecht wird aber nach Art. 8 Abs. 1 DBA-Luxemburg ausgeschlossen. In Luxemburg bleibt der Veräußerungsgewinn unter bestimmten Voraussetzungen zu 100% steuerfrei (vgl. dazu unter 5.2.).

Im Hinblick auf die Zwischenschaltung einer LuxCo ist im Übrigen auf § 50d Abs. 3 EStG[1211] hinzuweisen (dazu auch noch unten 5.3.1.2.). § 50d Abs. 3 EStG versagt die Steuerentlastungen nach §§ 43b, 50g EStG oder DBA auf Befreiung oder Ermäßigung von Kapitalertrag- oder Abzugssteuern, wenn die ausländische Gesellschaft „substanz- oder funktionsschwach" ist. Der Gesetzgeber unterstellt dies, soweit an der ausländischen Gesellschaft Personen beteiligt sind, denen die Erstattung oder Freistellung nicht zustände, wenn sie die Einkünfte unmittelbar erzielten, und (1) für die Einschaltung der ausländischen Gesellschaft wirtschaftliche oder sonst beachtliche Gründe fehlen oder (2) die ausländische Gesellschaft nicht mehr als 10 Prozent ihrer gesamten Bruttoerträge des betreffenden Wirtschaftsjahres aus eigener Wirtschaftstätigkeit erzielt oder (3) die ausländische Gesellschaft nicht mit einem für ihren Geschäftszweck angemessen eingerichteten Geschäftsbetrieb am allgemeinen wirtschaftlichen Verkehr teilnimmt. Für die Prüfung der Tatbestände sind die organisatorischen, wirtschaftlichen oder sonst beachtlichen Merkmale der Unternehmen, die der ausländischen Gesellschaft nahe stehen (§ 1 Abs. 2 AStG) nicht zu berücksichtigen (§ 50d Abs. 3 Satz 2 EStG). Nach § 50d Abs. 3 Satz 3 1. Alt. EStG fehlt es an einer eigenen Wirtschaftstätigkeit, soweit die ausländische Gesellschaft ihre Bruttoerträge aus der Verwaltung von Wirtschaftsgütern erzielt. Nach der Gesetzesbegründung[1212] führt die Wahrnehmung einer geschäftsleitenden Funktionen i.S. der Managementtätigkeit nicht zur Annahme einer solchen schädlichen Verwaltungstätigkeit. Sie muss allerdings für mehrere Tochtergesellschaften erfolgen. Für mehrstöckige Holdingstrukturen ist nach Ansicht der Finanzverwaltung[1213] aufsteigend zu prüfen. Auf diese Weise erstreckt die Finanzverwaltung den Anwendungsbereich, bis eine nichtabkommensberechtigte oder substanzschwache Gesellschaft die Kette durchbricht. In der PE-Praxis unterliegen daher laufende Dividendenerträge aus den Zielgesellschaften oftmals einer definitiven Kapitalertragsteuer i.H.v. 25% zzgl. SolZ, ohne dass (wie in Regel) eine Anrechnung im Ausland möglich ist (zu Gestaltungsansätzen siehe noch unten unter 5.3.1.2.).

Es besteht ferner das Risiko, dass die LuxCo mangels unternehmerischer Substanz von der deutschen Finanzverwaltung als Basisgesellschaft (§ 42 AO) angesehen wird, sofern für die hierzu entwickelten Grundsätze nach der Neufassung des § 50d Abs. 3 EStG überhaupt noch Raum verbleibt.[1214] In diesem Fall würden die Einkünfte der LuxCo direkt den Gesellschaftern zugerechnet.[1215]

---

[1211] Durch das JStG 2007 v. 13. Dezember 2006 (BGBl. I 2006, 2878) wurde § 50d Abs. 3 EStG in Reaktion auf die seinen Anwendungsbereich zunehmend einengende Rechtsprechung des BFH (vgl. bspw. BFH v. 31. Mai 2005, I R 74, 88/04, BStBl. II 2006, 118) schärfer gefasst. Durch die Einfügung eines neuen § 50d Abs. 9 EStG wurde zudem eine sog. unilaterale switch-over Klausel zur Vermeidung einer doppelten Nichtbesteuerung bei Anwendung der DBA-Freistellungsmethode in das Gesetz aufgenommen.

[1212] Vgl. BT-Drs. 16/2712, S. 107.

[1213] BMF v. 10. Juli 2007, IV B 1-S 2411/07/0002, IStR 2007, 555.

[1214] Mit Recht ablehnend M. Klein in H/H/R, EStG/KStG, § 50d Rn. 13 m.w.N.

[1215] Vgl. Jacobs, Internationale Unternehmensbesteuerung, S. 465 f.

## 3.1.2. Nutzung grenzüberschreitender Akquisitionsstrukturen

Wenngleich zwischenzeitlich durchaus rechtliche Instrumentarien zur Verfügung stehen, die grenzüberschreitende Akquisitionsstrukturen ermöglichten,[1216] werden solche Strukturen durch Private-Equity Investoren bislang kaum genutzt. So finden sich nur wenige Beispiele, in denen eine deutsche Zielgesellschaft im Rahmen einer Private-Equity Transaktion direkt durch die LuxCo (oder eine andere EU-Zweckgesellschaft) erworben wurde. Solche Strukturen gelten zwar durchaus als innovativ und werden immer wieder diskutiert; sie sind jedoch wenig praxiserprobt und daher – so die übliche Sorge – deutlich störungsanfälliger. Aus Sicht eines steuerlichen Beraters sind hier im Rahmen des Private-Equity Mandats nicht nur bestehende Spielräume aufzuzeigen. So kann beispielsweise vor dem Hintergrund der soeben unter 3.1.1 dargestellten Problematik der definitiven Quellenbesteuerung eine Erwerbstruktur mit einer LuxCo, auf welche die Zielgesellschaft grenzüberschreitend verschmolzen wird, durchaus geeignet sein, eine sonst drohende Anwendung des § 50d Abs. 3 EStG zu vermeiden. Vielmehr gilt es, Investoren von der Vorteilhaftigkeit solcher Strukturen in bestimmten Konstellationen zu überzeugen und diese damit zugleich „am Markt" nachhaltiger zu etablieren. Gegenwärtig erfolgt in der Praxis aber weiterhin durchweg die Einschaltung einer inländischen Akquisitionsgesellschaft (NewCo), die wiederum die Anteile an der Zielgesellschaft erwirbt.

## 3.2. Steuerfolgen für die inländische Akquisitionsgesellschaft (NewCo)

Die steuerlichen Folgen aus dem Erwerb des Zielunternehmens auf Ebene der Akquisitionsgesellschaft (NewCo) hängen maßgeblich davon ab, ob das Zielunternehmen eine Kapital- oder Personengesellschaft ist. Im Fall des (typischen) Anteilserwerbs an einer Kapitalgesellschaft können die Anschaffungskosten nicht auf die Wirtschaftsgüter der Zielgesellschaft verteilt werden. Vielmehr sind die Anteile an der Zielgesellschaft mit den Anschaffungskosten auszuweisen. Zu den Anschaffungskosten gehören der Kaufpreis zzgl. der Anschaffungsnebenkosten. Zu den Anschaffungskosten des Anteils gehören auch Einzahlungen des Gesellschafters in die Kapitalrücklage der Kapitalgesellschaft.[1217]

Fraglich ist, ob Transaktionskosten sich als Anschaffungsnebenkosten oder als sofort abziehbare Betriebsausgaben qualifizieren.[1218] Nach zutreffender Auffassung gehören nur solche Transaktionskosten zu den Anschaffungsnebenkosten, d. h. erhöhen den Beteiligungsbuchwert, die in einem unmittelbaren zeitlichen und sachlichen Zusammenhang mit dem Erwerb der Beteiligung stehen. Hierzu gehören Provisionen, Bankspesen, Maklergebühren, Grunderwerbsteuer und Beratungsgebühren, die im Zusammenhang mit dem Kaufvertrag anfallen.[1219] Demgegenüber sind Gebühren für Due Diligence und sonstige Beratungskos-

---

[1216] Dies gilt freilich nur sehr eingeschränkt für die grenzüberschreitende Verlustverrechnung oder für die grenzüberschreitende ertragsteuerliche Organschaft.

[1217] BFH, Urteil v. 27. April 2000, I R 58/99, BStBl. II 2001, 168.

[1218] Problematisch ist ferner insbesondere mit Blick auf ein jüngeres Urteil des Finanzgericht München v. 28. Januar 2009 – 3 K 3141/05, EFG 2009, 1153, inwieweit USt aus Beratungsleistungen, die gegenüber der NewCo erbracht wurden, als Vorsteuer abgezogen werden können. Nach Auffassung der Finanzverwaltung und wohl auch der Rechtsprechung sind bestimmte Holdings, die keine entgeltliche geschäftsleitende Funktion wahrnehmen, sondern sich auf das Halten und die Verwaltung der Beteiligungen beschränken, wie typischerweise der NewCo, keine Unternehmen i.S.d. Umsatzsteuergesetzes, vgl. das Schreiben betr. umsatzsteuerlicher Fragen im Zusammenhang mit dem Halten von Beteiligungen v. 26. Januar 2007, BStBl. I 2007, 211, Tz, 6, 7. Vgl. hierzu auch EuGH, Rs. C-77/01 v. 29. April 2004, UR 2004, 292 Rn. 57; EuGH, Rs. C 16/00 v. 27. September 2001, UR 2001, 500 Rn. 19 ff. Dies führt dazu, dass eine Option zur Umsatzsteuerpflicht ebenso wie der Vorsteuerabzug durch die Holdinggesellschaft ausgeschlossen ist. Nicht abziehbare Vorsteuer erhöht ertragsteuerlich die Anschaffungskosten der Anteile an Target (§ 9b EStG).

[1219] BFH v. 3. August 1976, VIII R 101/71, BStBl. II 1977, 65; BFH v. 9. Oktober 1979, VIII R 67/77, BStBl. II 1980, 116.

ten sofort abziehbare Betriebsausgaben; dies gilt jedenfalls insoweit, als diese in der Phase der Entscheidungsfindung anfallen. Finanzierungskosten (z. B. Debt Arrangement Fees) und Beratungskosten, die im Zusammenhang mit der Finanzierung entstehen, sind demgegenüber Betriebsausgaben.

Der Erwerb von mindestens 95 % der Anteile an einer inländischen Kapitalgesellschaft, in deren Betriebsvermögen sich inländische Grundstücke befinden, löst nach § 1 Abs. 3 Nr. 1 GrEStG eine Belastung mit Grunderwerbsteuer aus.[1220] Dabei begründet auch eine mittelbare Vereinigung von mindestens 95 % der Anteile der Zielgesellschaft in der Hand des Erwerbers eine Grunderwerbsteuerpflicht.[1221] Gleiches gilt in bezug auf Tochtergesellschaften des Target, die ebenfalls inländischen Grundbesitz halten, sofern Target unmittelbar oder mittelbar mindestens 95 % der Anteile an solchen Tochtergesellschaften hält. Mittelbare Beteiligungen sind im Rahmen des § 1 Abs. 3 GrEStG allerdings grundsätzlich nur dann dem Gesellschafter der vermittelnden Gesellschaft zuzurechnen, wenn dieser an der vermittelten Kapitalgesellschaft[1222] zu mindestens 95 % beteiligt ist.[1223] Ist eine vermittelnde Kapitalgesellschaft allerdings abhängig im Sinne von § 1 Abs. 4 Nr. 2b) GrEStG, findet auch bei einer Beteiligung von weniger als 95 %, eine volle, d. h. nicht nur anteilige Zurechnung statt,[1224] sofern die Zwischengesellschaft finanziell,[1225] wirtschaftlich[1226] und organisatorisch[1227] in

---

[1220] Vgl. zu Nachfolgendem ausführlich Kloster/Reckordt in: Brück/Sinewe, Steueroptimierter Unternehmenskauf, § 3d). Die Bemessungsgrundlage wird gem. § 8 Abs. 2 Nr. 3 GrEStG nach Maßgabe des § 138 Abs. 2 und 3 BewG (Bedarfswerte statt Kaufpreise) berechnet. Der Steuersatz beträgt gem. § 11 Abs. 1 GrEStG 3,5 % der Bemessungsgrundlage (in Berlin und Hamburg 4,5 %).

[1221] Vgl. Rödder/Hötzel/Mueller-Thuns, Unternehmenskauf, S. 863.

[1222] Handelt es sich bei der Zwischengesellschaft um eine Kapitalgesellschaft, so ist nach Auffassung der Finanzverwaltung (vgl. Finanzministerium Baden-Württemberg, koordinierter Ländererlass vom 14. Februar 2000, 3, S 4500/43, BStBl. I 2000, 991; vgl. auch Gleich lautender Ländererlass vom 26. Februar 2003 – BStBl. I 2003, 271) Voraussetzung einer Zurechnung, dass der – in Bezug auf die zu erwerbende Gesellschaft indirekte – Gesellschafter an der Zwischengesellschaft zu mindestens 95 % beteiligt ist. Nach einer anderen Auffassung soll es indes darauf ankommen, ob „durchgerechnet", also die Beteiligungsquote der Obergesellschaft an der Zwischengesellschaft multipliziert mit der Beteiligungsquote der Zwischengesellschaft an der zu erwerbenden Gesellschaft, 95 % der Anteile an der grundbesitzenden Gesellschaft gehalten werden. FG Münster, Urteil v. 17. September 2008, EFG 2008, 1993 (mit Bspr. Fumi). In dem Verfahren wurde Revision eingelegt. Insofern ist die Entscheidung des BFH abzuwarten. Die Entscheidung des FG Münster ablehnend Wischott/Schönweiß/Fröhlich, DStR 2009, 361; zur Entscheidung instruktiv auch Behrens/Schmitt, BB 2009, 425.

[1223] Vgl. FinMin Baden-Württemberg, Erlass v. 14. Februar 2000, 3, S 4500/43, DStR 2000, S. 430. Vgl. dazu auch Fischer, in: Boruttau/Klein (Begr.), Grunderwerbsteuergesetz, § 1 GrEStG Rn. 892c; Rödder/Hötzel/Mueller-Thuns, Unternehmenskauf, S. 863. Vgl. auch Kloster/Reckordt in: Brück/Sinewe, Steueroptimierter Unternehmenskauf, § 3d) und § 4 II.

[1224] Vgl. Hoffmann, Grunderwerbsteuerplanung bei Konzernumstrukturierungen, in: Grotherr, Handbuch der internationalen Steuerplanung, S. 623. Hingegen sind Anteilsverschiebungen innerhalb eines Organkreises, die lediglich dazu führen, dass die Anteile an einer grundbesitzenden Gesellschaft nicht mehr in der Hand von mehreren Organgesellschaften, sondern in der Hand einer einzelnen Gesellschaft vereinigt werden, unschädlich, weil diese ohnehin bereits dem Organkreis zuzurechnen wären. Vgl. BFH-Urteil v. 20. Oktober 1993, II R 116/90, BB 1994, 417 f.; BFH-Urteil v. 12. Januar 1994, II R 130/91, BStBl II 1994, S. 408 f.; FinMin Baden-Württemberg, Erlass v. 6. November 1995, S 4500/43, DB 1995, 2295.

[1225] Stimmrechtsmehrheit, die nach dem Gesetz oder der Satzung erforderlich ist, um die wesentlichen Entscheidungen durchzusetzen Fischer in: Boruttau, GrEStG, § 1 Rn. 965; Pahlke in: Pahlke/Franz, GrEStG, § 1 Rn. 343. Vgl. dazu auch FG Münster, Urteil v 23. August 2007, EFG 2008, 1828.

[1226] Organgesellschaft muss gemäß dem Willen des Organträgers im Rahmen des Gesamtunternehmens, und zwar im engen wirtschaftlichen Zusammenhang mit diesem – fördernd und ergänzend – wirtschaftlich tätig sein, vgl. Fischer in: Boruttau, GrEStG, § 1 Rn. 965a.

[1227] Organträger stellt durch organisatorische Maßnahmen sicher, dass sein Wille in der Organgesellschaft auch tatsächlich ausgeführt wird, Hofmann, GrESt, § 1 Rn. 168; Hidien/Lohmann, GmbHR 2008, 917. Zu (möglichen) neueren Entwicklungen in der Rechtsprechung im Zusammenhang mit

den indirekten Anteilseigner eingegliedert ist (grunderwerbsteuerliche Organschaft i.S.d. § 1 Abs. 4 GrEStG).[1228] Als Organgesellschaften kommen nur juristische Personen in Betracht, so dass die Zurechnung im Organkreis durch Zwischenschaltung von Personengesellschaften unterbrochen werden kann. Ist die Zwischengesellschaft eine Personengesellschaft, so schließt nach Auffassung des BFH[1229] bereits die Beteiligung eines unverbundenen „dritten" (d. h. unabhängigen) Gesellschafters eine Zurechnung regelmäßig aus. Unerheblich ist dabei, ob dieser „dritte" Gesellschafter vermögensmäßig an der Personengesellschaft beteiligt ist, so dass z. B. auch eine „unabhängige" Komplementär-GmbH, die am Vermögen der Kommanditgesellschaft nicht beteiligt ist, eine Zurechnung grundsätzlich ausschließen kann. In der Private –Equity Praxis werden basierend auf dieser Rechtsprechung Personengesellschaften als Grunderwerbsteuer-Blocker genutzt, um beim Kauf/Verkauf der Beteiligung Grunderwerbsteuer zu vermeiden.

Es bietet sich beispielsweise folgende Gestaltung an:[1230] Die inländische NewCo erwirbt unmittelbar maximal 94,9 % der Anteile an der inländischen Zielgesellschaft. Zugleich sollte eine Personengesellschaft in der Rechtsform einer GmbH & Co. KG zwischengeschaltet werden, an der sich die NewCo mit maximal 94,9 % beteiligt. Die restlichen Anteile an der Personengesellschaft können sodann an das Management der Zielgesellschaft oder an Dritte (z. B. externes Management) abgetreten werden. Daran anschließend erwirbt die GmbH & Co. KG die verbleibenden Anteile an der Zielgesellschaft. Durch die zwischengeschaltete Personengesellschaft werden weder eine mittelbare Anteilsvereinigung, weil die Erwerbsholding weniger als 95 % von deren Anteilen hält, noch eine Anteilsvereinigung im Organkreis, da die Personengesellschaft keine juristische Person darstellt und somit nicht als Organgesellschaft in Betracht kommt, begründet. Im Ergebnis wird eine Grunderwerbsteuer vermieden, auch wenn die Erwerbsholding bei wirtschaftlicher Betrachtung mehr als 95 % der Anteile an der Zielgesellschaft erworben hat.[1231]

Ist die Zielgesellschaft eine Personengesellschaft und werden mindestens 95% der Anteile übernommen, löst dies Grunderwerbsteuer nach § 1 Abs. 3 GrEStG aus.[1232] Beim Erwerb

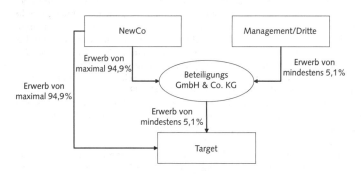

---

der Auslegung des Tatbestandmerkmals „organisatorische Eingliederung" Scholz/Nattkämper, UR 2008, 716.

[1228] Siehe dazu Gleichlautende Erlasse der obersten Finanzbehörden der Länder zur Anwendung des § 1 Abs. 3 iVm. § 1 Abs. 4 GrEStG auf Organschaftsfälle v. 21. März 2007, BStBl. I 2007, 442.

[1229] BFH, Urteil v. 8. August 2001, BFH/NV 2001, 1672; Fischer in: Boruttau, GrEStG, § 1 Rn. 898b.

[1230] Vgl. Bogenschütz, Steuerliche Aspekte des Kaufs und Verkaufs inländischer Unternehmen durch Steuerausländer, in: Schaumburg, Unternehmenskauf im Steuerrecht, S. 354; Tcherveniachki, Kapitalgesellschaften und Private Equity Fonds, S. 319 f.

[1231] Zu komplexeren Vermeidungsstrukturen siehe Kloster/Reckordt in: Brück/Sinewe, Steueroptimierter Unternehmenskauf, § 4 II.

[1232] Wenngleich lediglich subsidiär zu § 1 Abs. 2a GrEStG, so kann auch beim Anteilserwerb in Bezug auf Personengesellschaften eine Grunderwerbsteuerbarkeit nach § 1 Abs. 3 GrEStG in Betracht kommen, bspw. bei Beteiligungsverschiebungen zwischen den Altgesellschaftern und Übertragungen außerhalb des relevanten 5-Jahres-Zeitraums.

von Personengesellschaftsanteilen ist zudem § 1 Abs. 2a GrEStG zu beachten, wonach auch der Wechsel von mindestens 95% des Gesellschafterbestands einer Grundbesitz haltenden Personengesellschaft innerhalb von fünf Jahren grundsätzlich der Grunderwerbsteuer unterliegt.[1233]

### 3.3. Steuerfolgen für die inländische Zielgesellschaft

Steuerliches Hauptaugenmerk im Rahmen der Akquisition von inländischen Zielunternehmen ist neben der Erhaltung von steuerlichen Verlustvorträgen die Zusammenführung der operativen Gewinne des Zielunternehmens mit den Finanzierungsaufwendungen der Akquisitionsgesellschaft (zu letzterem siehe ausführlich im Kapitel 4.).

§ 8c KStG führt regelmäßig zu einem Untergang der körperschaft- und gewerbesteuerlichen Verlustvorträge. Dies gilt auch für Zinsvorträge (§ 8a Abs. 1 Satz 3 KStG) und den gewerbesteuerlichen Verlustvortrag (§ 10a Satz 9 GewStG).

Nach § 8c KStG führt die entgeltliche oder unentgeltliche mittelbare oder unmittelbare Übertragung des gezeichneten Kapitals, der Mitgliedschaftsrechte, Beteiligungsrechte oder der Stimmrechte an einer (un-)beschränkt steuerpflichtigen Körperschaft zu einem teilweisen oder vollständigen Untergang von Verlustvorträgen. Werden mehr als 50% an einen Erwerber[1234] innerhalb von fünf (Zeit-)Jahren übertragen, so gehen die nicht genutzten Verluste vollständig unter (§ 8c Satz 2 KStG). Im Falle der Übertragung von mehr als 25% bis einschließlich 50% erfolgt ein entsprechend quotaler Untergang der nicht genutzten Verluste. Dabei sind sämtliche Übertragungen an einen Erwerber(-kreis) innerhalb des Fünfjahreszeitraums zusammenzufassen, unabhängig davon, ob bei der ersten Anteilsübertragung ein Verlustvortrag vorliegt. Bei einer Überschreitung der 25%-Grenze beginnt mit dem nachfolgenden Beteiligungserwerb ein neuer Fünfjahreszeitraum für Zwecke von § 8c Satz 1 KStG, nicht aber für Zwecke von § 8c Satz 2 KStG.[1235]

Mit dem Wachstumsbeschleunigungsgesetz v. 22. Dezember 2009 wurde eine neue Regelung in § 8c KStG eingefügt, wonach künftig nicht genutzte Verluste bis zur Höhe der stillen Reserven des inländischen Betriebsvermögens erhalten bleiben, soweit die stillen Reserven im Inland steuerpflichtig sind (vgl. § 8c Abs. 1 Satz 6 KStG n.F.) Bei einem Beteiligungserwerb von mehr als 25%, aber nicht mehr als 50%, ergibt sich die Höhe der maßgeblichen stillen Reserven als Differenz zwischen dem anteiligen Eigenkapital und dem auf dieses Eigenkapital entfallenden gemeinen Wert. Bei einem Beteiligungserwerb von mehr als 50% werden die stillen Reserven als Differenz zwischen dem gesamten Eigenkapital und dem gemeinen Wert aller Anteile an der Zielgesellschaft berechnet. Hierbei werden allerdings auf Grund der Steuerfreistellung nach § 8b Abs. 2 UStG die stillen Reserven in Anteilen an Kapitalgesellschaften, die die Zielgesellschaft selber besitzt, nicht berücksichtigt. (vgl. BT-Drucks. 17/15, S. 19). Aus diesem Grund würde die Vorschrift dem Wortlaut nach ins Leere laufen, wenn die Anteile an einer Holding erworben werden. Denn diese verfügt nicht selbst, sondern vielmehr deren Tochtergesellschaften verfügen über die relevanten stillen Reserven.[1236]

---

[1233] Näheres hierzu bei Kloster/Reckordt in: Brück/Sinewe, Steueroptimierter Unternehmenskauf, § 4d).

[1234] Ein Erwerber kann jede natürliche Person, Personengesellschaft oder juristische Person sein. Vgl. Bundesministerium der Finanzen: Schreiben v. 4. Juli 2008, VI C 7-S 2745-a/08/10001-DOK2008/0349554, GmbHR 2008, S. 883, Tz. 25. Einem Erwerber wird eine diesem nahe stehende Person zugerechnet. Ferner lässt sich auch eine Gruppe von Erwerbern mit gleichgerichteten Interessen als „Erwerber" auffassen.

[1235] Vgl. Bundesministerium der Finanzen: Schreiben v. 4. Juli 2008, VI C 7-S 2745-a/08/10001-DOK2008/0349554, GmbHR 2008, 883, Tz. 17–21.

[1236] Vgl. Ortmann-Babel/Zippel, Ubg 2009, 818.

## 4. Teil. Beteiligungsstrukturierung     § 13 Fragen der Akquisitionsfinanzierung

Einen Lösungsweg jedenfalls für kleinere Akquisitionen bietet die Durchführung des Unternehmenskaufs im Wege eines Asset Deals an.[1237] In steuerlicher Hinsicht ist der Asset Deal aus Sicht des Käufers vorteilhafter, da er in diesem Fall den Kaufpreis auf die bilanzierungspflichtigen Wirtschaftsgüter verteilen und diese zu ihrem Teilwert in seine Steuerbilanz übernehmen kann. Dadurch verschafft er sich ein erhöhtes Abschreibungspotenzial, das sich in den nachfolgenden Jahren steuermindernd auswirkt. Der Asset Deal beinhaltet aus Sicht des Verkäufers den Vorteil, dass Verlustvorträge des Verkäufers mit einem etwaigen Veräußerungsgewinn unter Berücksichtigung des Mindestbesteuerung gem. § 10d EStG verrechnet werden können. Dabei ist allerdings zu beachten, dass körperschaft- und gewerbesteuerliche Verlustvorträge regelmäßig nicht identisch sind. Infolgedessen kann durch die Aufstockung ggf. ein Gewinn entstehen, der eine Gewerbesteuerbelastung zur Folge hat, soweit kein gewerbesteuerlich nutzbarer Verlust mehr vorliegt. Außerdem gestaltet sich der Asset Deal mit Bezug auf dessen praktische Umsetzungen als deutlich aufwendiger und komplexer im Vergleich zum Share Deal.

### 4. Ausgewählte Debt-push-down Strukturen

#### 4.1. Überblick

Der Debt-push-down ist regelmäßig steuerliches Hauptziel der Strukturierung der Akquisitionsfinanzierung.[1238] Zinsaufwand, der auf Ebene der NewCo entsteht, kann dabei auf unterschiedlichen Wegen mit zukünftigen Erträgen des Target oder – soweit überschießender Zinsaufwand verbleibt – mit Erträgen der Gruppengesellschaften zusammengeführt werden. Nachfolgend werden die Grundzüge einiger ausgewählter Strukturen, die jeweils zu einem Debt-push-down führen, aufgezeigt und die zentralen (steuer)rechtlichen Fragen, die sich bei solchen Debt-push-down Strukturen[1239] stellen, erörtert. Welche der aufgezeigten Alternativen im konkreten Fall vorzugswürdig ist, muss freilich stets anhand der spezifischen Umstände der konkreten Akquisition entschieden werden. Die nachfolgende Darstellung will dabei zugleich wesentliche Determinanten einer solchen Entscheidungsfindung bereitstellen.

#### 4.2. Organschaft

Einfaches, effizientes und vielfach genutztes „Standardtool", um einen Debt-push-down zu erreichen, ist die Begründung einer körperschaft- und gewerbesteuerlichen Organschaft zwischen NewCo (Organträger – OT) und Target (Organgesellschaft – OG), vorausgesetzt allerdings, dass es sich bei dem Target um einen Kapitalgesellschaft handelt.

##### 4.2.1. Voraussetzungen und Funktionsweise

Voraussetzung einer Organschaft zwischen NewCo und Target ist zunächst das Halten der Mehrheit der Stimmrechte der OG (so genannte finanzielle Eingliederung des Target in NewCo) während des gesamten Geschäftsjahres der OG (§ 14 Abs. 1 S. 1 Nr. 1 S. 1 KStG). Ferner bedarf es des Abschlusses eines wirksamen Gewinnabführungsvertrags i.S.d. § 291 Abs. 1 AktG („GAV"),[1240] der gewissen inhaltlichen und formalen Anforderungen entspre-

---

[1237] Vgl. Kußmaul/Richter/Tcherveniachki, GmbHR 2008, 1012f.
[1238] Eilers in: Eilers/Koffka/Mackensen, Private Equity, S. 51.
[1239] Die nachfolgenden Beispiele sind sehr stark vereinfacht. Im Interesse einer verbesserten Übersichtlichkeit wird insbesondere auf eine Darstellung der in der Private-Equity Praxis üblichen Zwischengesellschaften, mit denen Gläubiger strukturell subordiniert werden, verzichtet, siehe hierzu Ingenhoven, oben § 12; Fahrholz, Neue Formen der Unternehmensfinanzierung, S. 55 ff.; Schrell/Kirchner, BKR 2004, 212.
[1240] Zu den gesellschaftsrechtlichen Voraussetzungen vgl. §§ 291 ff. AktG, die grundsätzlich analog auch bei einer GmbH als OG Anwendung finden. Handelt es sich bei dem Target um eine Aktienge-

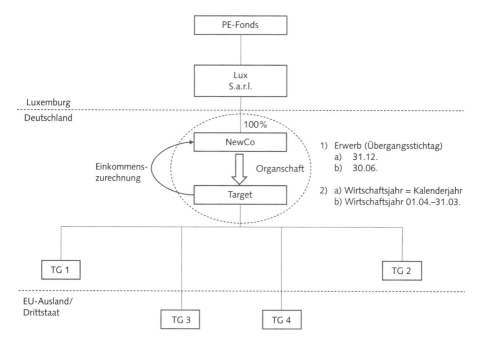

chen muss[1241] über mindestens 5 Jahre und dessen tatsächliche Durchführung[1242] über die gesamte Geltungsdauer (§ 14 Abs. 1 S. 1, S. 1 Nr. 3 KStG), insbesondere der Abführung des gesamten Gewinns der OG.[1243] Insoweit ist zu beachten, dass die Covenants in der Finanzierungsdokumentation (insbesondere General Covenants; Contract Covenants) dem Abschluss eines GAV mit Target nicht entgegenstehen.[1244]

Körperschaftsteuerliche Rechtsfolge einer Organschaft ist die grundsätzliche[1245] Zurechnung des Einkommens der OG beim OT gem. § 14 Abs. 1 S. 1 KStG mit der Konsequenz, dass die Besteuerung insgesamt, d. h. inklusive des zugerechneten Einkommens beim OT erfolgt. Ausgaben im Zusammenhang mit der Beteiligung an der OG, insbesondere Zinsen beim fremdfinanzierten Erwerb der Anteile, dürfen bei der Ermittlung des Einkommens von NewCo im Rahmen der Beschränkungen der Zinsschranke (§ 4h EStG, § 8a KStG) abgezogen werden. § 3c Abs. 1 EStG bzw. § 8b Abs. 5 S. 1 EStG sind auf Finanzierungskosten des OT nicht anwendbar.[1246] Gewerbesteuerlich gilt die OG als Betriebsstätte des OT (§ 2 Abs. 2 S. 2 GewStG).

### 4.2.2. Zeitliche Fragen

Die Einkommenszurechnung erfolgt erstmals für das Kalenderjahr, in dem das Wirtschaftsjahr der OG endet, in dem der GAV wirksam wird (§ 14 Abs. 1 S. 2 EStG), sofern die OG

---

sellschaft, deren Anteile im Streubesitz gehalten werden, ist der Abschluss eines GAV aufgrund der streitträchtigen Ausgleichs- und Abfindungsverpflichtung nach §§ 304, 305 AktG oftmals schwierig.

[1241] Vgl. hierzu im Einzelnen Witt/Dötsch in: Dötsch/Eversberg/Jost/Pung/Witt, Die Körperschaftsteuer, § 14 KStG n.F. Rn. 13. Die Anforderungen an die Erfüllung dieser Inhalts- und Formvoraussetzungen sind hoch, vgl. z. B. Wulf, AG 2007, 320.

[1242] Vgl. hierzu Suchanek/Herbst, FR 2005, 665. Siehe auch Baldamus, UbG 2009, 484.

[1243] Dazu z. B. BFH, Urteil v. 28. November 2007, I R 94/06, Der Konzern 2008, 381 mit Bspr. Puls, ebenda S. 555. Siehe auch (anhand von Bilanzierungsfehlern) Dötsch, Der Konzern 2009, 171.

[1244] Mit Blick auf die Haftungsnorm des § 73 AO ist das mitunter auch der Fall in bestehenden Darlehensverträgen des Target.

[1245] Zu Ausnahmen siehe § 16 KStG.

[1246] R 62 Abs. 1 KStR.

**4. Teil. Beteiligungsstrukturierung**  § 13 Fragen der Akquisitionsfinanzierung

vom Beginn dieses Wirtschaftsjahres an ununterbrochen in die OT finanziell eingegliedert war (§ 14 Abs. 1 S. 1 Nr. 1 S.1 KStG). Für Akquisitionen von Gesellschaften, die mit dem Veräußerer organschaftlich verbunden sind,[1247] bedeutet dies, dass im Jahr des Erwerbs der Anteile am Target eine Organschaft aufgrund der fehlenden finanziellen Eingliederung des Target zu Beginn des Wirtschaftsjahres ausscheidet. Korrespondiert das Wirtschaftsjahr des Target mit dem Kalenderjahr, kommt insoweit die Wahl eines Akquisitionszeitpunkts zum 31.12. in Betracht (Beispiel a). Im Hinblick auf die Mindestlaufzeit eines GAV aus Blick des Veräußerers ist eine Veräußerung zu diesem Stichtag nach Auffassung der Finanzverwaltung unschädlich und ermöglicht ein nahtloses Ineinandergreifen von bestehender und zu begründender Organschaft.[1248] Ist der Erwerb zum 31.12. nicht realisierbar oder hat Target ein vom Kalenderjahr abweichendes Wirtschaftsjahr (vgl. Beispiel b), kann das Wirtschaftsjahr von Target (und solcher Tochtergesellschaften, die organschaftlich in Target eingegliedert sind) auf den Veräußerungszeitpunkt umgestellt werden.[1249] Alternativ, bspw. wenn der Veräußerer zur Umstellung nicht bereit ist, kann das Wirtschaftsjahr der OG durch den Erwerber so umgestellt werden, dass bereits kurz nach dem Closing ein neues Wirtschaftsjahr beginnt. Im Beispiel b) könnte folglich das Wirtschaftsjahr des Target auf den 1.8.–31.7 umgestellt werden. Eine vergleichbare Umstellung bietet sich auch im Hinblick auf den Erwerb eines nicht organschaftlich verbundenen Target an. Denn damit wird hier ebenfalls erreicht, dass die „organschaftsfreie" Zeit für den Erwerber im Erwerbsjahr relativ kurz ausfällt.[1250] Freilich bedarf eine solche Umstellung des Wirtschaftsjahrs des Target für den Fall der Umstellung auf ein vom Kalenderjahr abweichendes Wirtschafjahr gem. § 7 Abs. 4 S. 3 KStG stets der Zustimmung der Finanzverwaltung.[1251] Zudem ist u. U. die zeit- und kostspielige Erstellung zusätzlicher (geprüfter) Jahresabschlüsse[1252] erforderlich. Im Hinblick auf die ggfs. erforderliche Argumentation mit der Finanzverwaltung kann es sinnvoll sein, im Vorfeld bereits das Wirtschaftsjahr der NewCo entsprechend zu wählen; hier bietet sich ein Wirtschaftsjahr-Ende der NewCo relativ kurz nach dem Zeitpunkt des Closing an,[1253] im Beispiel b) also zum 31.7. Letzteres ist allerdings insofern problematisch, als der bis zum Ende des ersten Wirtschaftsjahres der NewCo anfallende Aufwand, insbesondere also wirtschaftlich schon entstandene Transaktionskosten, sofern diese dem Erwerbsvehikel belastet werden können,[1254] lediglich zu einem Verlustvortrag führen. Aufgrund der so genannten

---

[1247] Die Frage der zutreffenden Zurechnung beim Erwerb eines OT ist nicht hinreichend geklärt, vgl. Walter in: Ernst & Young, KStG, § 14 Rn. 810.

[1248] R 59 Abs. 2 S. 1 und 2 KStR.

[1249] R 59 Abs. 2 S. 3 KStG. Deutlich weitergehend – lediglich Erstellung eines Zwischenabschlusses notwendig, sofern die Eingliederungsvoraussetzungen zu diesem Zeitpunkt vorliegen – Walter, AG 2008, 741 (743).

[1250] Optimalerweise wird hier zugleich der Entstehenszeitpunkt von Zins- und Akquisitionsaufwand in einer solchen Weise strukturiert, dass dieser – soweit zulässig – erst im folgenden Wirtschaftsjahr entsteht, vgl. sogleich noch oben im Text.

[1251] Gem. R 59 Abs. 3 S. 1 KStR ist eine solche Umstellung regelmäßig zu erteilen. Zu den Rechtsfolgen bei unzulässiger Umstellung und der entsprechend notwendigen Rückumstellung BFH, Urteil v. 12. Juli 2007, X R 34/05, FR 2008, 27.

[1252] Dies gilt insbesondere für die Fälle, in denen Target kurzfristig in eine bestehende Struktur mit einheitlichem Wirtschaftsjahr integriert werden soll.

[1253] Vgl. R 59 Abs. 3 S. 2 KStR. Beachte auch H 62 Abs. 1 KStR; dadurch wird zugleich zeitliche Zurechnungskongruenz hergestellt, vgl. Witt/Dötsch in: Dötsch/Eversberg/Jost/Pung/Witt, Die Körperschaftsteuer, § 14 KStG n.F. Rn. 304 ff. Wird das Wirtschaftsjahr der OT nicht umgestellt, stellt sich die Frage, ob entsprechender Aufwand der NewCo mit der Gewinnabführung der OG für das dem Rumpfwirtschaftsjahr 1.4.–31.7 folgende Wirtschaftsjahr verrechnet werden kann. Vgl. hierzu Witt/Dötsch, a.a.O., Rn. 309. Vgl. ferner Walter in: Ernst & Young, KStG, § 14 Rn. 810 ff. und allgemein zu Fragen der Einkommenszurechnung bei abweichenden Wirtschaftsjahren auch Kempf/Zipfel, DStR 2005, 1301, m.w.N.

[1254] Transaktionskosten sind nur insoweit sofort abziehbarer Aufwand, als sie nicht auf die Anschaffung der Anteile entfallen und auch nicht als Finanzierungskosten qualifizieren. Erste sind Anschaf-

Mindestbesteuerung (§ 10d Abs. 2 EStG) droht auf Ebene der NewCo im Erwerbsjahr u. U. nämlich insoweit eine Steuerbelastung.

#### 4.2.3. Pro- und con

Ein Debt-push-down im Wege der Begründung einer ertragsteuerlichen Organschaft ist grundsätzlich ein vergleichsweise effizientes Strukturmittel, das nicht nur einen Debt-push-down bewirkt, sondern zugleich die faktische Besteuerung von 5 % der Dividenden von Target an NewCo[1255] und von nach DBA freigestellten Ausschüttungen einer Tochtergesellschaft der OG bei Weiterausschüttung dieser Dividende an NewCo[1256] vermeidet. Ferner, da der OT und die OG für Zwecke der Zinsschranke als ein Betrieb gelten (§ 15 Abs. S. 1 Nr. 2 KStG),[1257] sind bspw. auf ein down-stream Darlehen der NewCo an Target gezahlte Zinsen nicht auf den zulässigen Zinsabzug anzurechnen. Ist zu erwarten, dass Target oder einzelne Gruppengesellschaften – etwa infolge hoher Restrukturierungskosten – nach dem Übergang zunächst Verluste erwirtschaften, ist eine gruppenweite organschaftliche Verbindung unabdingbar; denn so kann verhindert werden, dass Verlustvorträge infolge von späteren Umstrukturierungen oder Teilveräußerungen nach § 8c KStG verfallen.[1258] Aus gesellschaftsrechtlicher Sicht sind als Vorteile der Organschaft die partielle Suspendierung der Kapitalerhaltungsvorschriften gem. § 30 Abs. 1 S. 2 GmbHG, §§ 57 Abs. 1 S. 3, 291 Abs. 3 AktG zu nennen. Up-stream Sicherheiten und Garantien können in einem Vertragskonzern vergleichsweise problemlos bestellt werden.[1259] Im Erwerbsjahr selbst ist die Organschaft freilich nur mit gestalterischem Aufwand (Umstellung des Wirtschaftsjahrs) und möglicherweise unter Inkaufnahme gewisser Nachteile (Mindestbesteuerung auf Ebene der NewCo) zielführend. Als weitere (potentielle) Nachteile sind zu nennen, dass Verlustvorträge des Target, soweit diese ausnahmsweise[1260] nicht bereits infolge einer Anwendung des § 8c KStG beim Erwerb der Anteile untergegangen sind, eingefroren werden. Eine Organschaft ist insbesondere in „EK 02 Fällen" wenig sinnvoll (§§ 14 Abs. 3, 38 KStG).[1261] Ferner besteht die Verpflichtung zur Übernahme von Verlusten der OG nach § 302 AktG (analog) bzw. eine umgekehrten Haftung nach § 73 AO und zu Ausgleichszahlungen bzw. einer Garantiedividende, soweit am Target Minderheitsgesellschafter beteiligt sind/bleiben. Letzteres wird insbesondere bei Aktiengesellschaften als abhängigen Unternehmen relevant (§§ 304, 305 AKtG).

### 4.3. Verschmelzung der Erwerbszweck- auf die Zielgesellschaft (Down-stream Verschmelzung)

In der LBO-Praxis erfolgte ein Debt-push-down oftmals durch Down-stream-Verschmelzung der NewCo auf Target. Dabei geht der Teil der Akquisitionsfinanzierung, der nicht per Gesellschafterdarlehen und/oder Schuldübernahme an Target bzw. dessen Gruppengesellschaften weitergeleitet wurde, im Wege der Gesamtrechtsnachfolge (§ 20 Abs. 1 Nr. 1 UmwG) auf das Target über.

---

fungsnebenkosten der Anteile, letztere für körperschaftsteuerzwecke pro rata temporis über die Laufzeit des Kredits abziehbar (aber Hinzurechnung für GewSt-Zwecke!), vgl. oben Abschnitt 3.3.

[1255] Gem. § 8b Abs. 5 S. 1 KStG, sofern nicht § 8b Abs. 7 S. 2 KStG Anwendung findet.
[1256] Witt/Dötsch in: Dötsch/Eversberg/Jost/Pung/Witt, Die Körperschaftsteuer, § 14 KStG n.F. Rn. 33, 34, 323. Ein insoweit steuerfreier Exit durch Veräußerung der Beteiligung an der OG ist hingegen nicht möglich (§ 8b Abs. 3 S. 1 KStG).
[1257] Vgl. bereits oben Abschnitt 2.2.
[1258] Vgl. nur Frotscher, Der Konzern 2008, 548 (549).
[1259] Auch nach Inkrafttreten des MoMiG bestehen insoweit allerdings noch einige Zweifelsfragen.
[1260] Eine Ausnahme hiervon kann bspw. bei bestimmten Sanierungsfällen vorliegen, vgl. § 8c Abs. 1a KStG i.d.F. des BürgEntlG.
[1261] Witt/Dötsch in: Dötsch/Eversberg/Jost/Pung/Witt, Die Körperschaftsteuer, § 14 KStG n.F. Rn. 33, 34.

# 4. Teil. Beteiligungsstrukturierung   § 13 Fragen der Akquisitionsfinanzierung

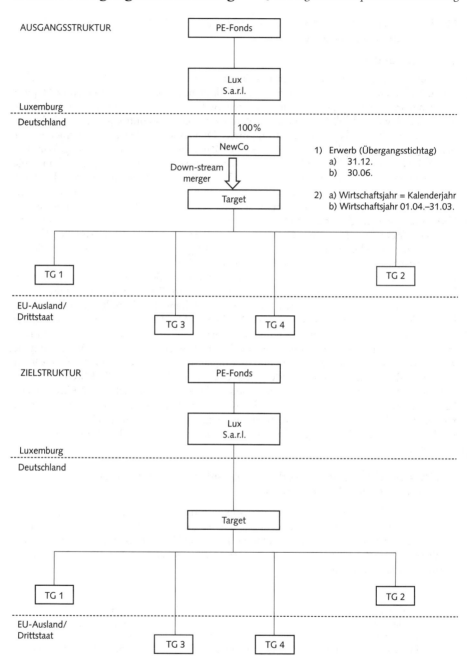

## 4.3.1. Voraussetzungen und Funktionsweise

### 4.3.1.1. Gesellschaftsrechtliche Gesichtspunkte[1262]

Gem. § 20 Abs. 1 Nr. 3 S. 1 UmwG ist konstitutives Element einer Verschmelzung u. a., dass die Anteilsinhaber des übertragenden Rechtsträgers Anteilsinhaber des übernehmenden Rechtsträgers werden. Regelmäßig ist deshalb beim übernehmenden Rechtsträger eine Kapitalerhöhung durchzuführen. Nach § 54 Abs. 1 S. 2 Nr. 2 UmwG kann die Verschmelzung auf eine Tochter-GmbH hingegen ohne Erhöhung des Stammkapitals durchgeführt werden, soweit auf die Geschäftsanteile des übertragenden Rechtsträgers die Einlagen in voller Höhe bewirkt sind (Vergleichbares gilt gem. § 68 Abs. 1 S. 2 Nr. 2 UmwG für Tochter-AG). Bei einer Down-stream Verschmelzung von NewCo mit Target ist daher eine Kapitalerhöhung bei der aufnehmenden Gesellschaft entbehrlich. Vielmehr werden die von NewCo gehaltenen Anteile am Target automatisch – und zwar ohne Durchgangserwerb[1263] – zu Anteilen der LuxCo. Nach einer Auffassung soll insoweit allerdings Voraussetzung sein, dass – an den Anteilen an Target – vor Durchführung der Verschmelzung keine Rechte Dritter bestehen.[1264] Die Anteile an Target werden üblicherweise in LBO-Transaktionen an die finanzierenden Banken verpfändet. Folglich wäre nur insoweit als auch die Anteile an NewCo bereits an die finanzierenden Banken verpfändet sind, nach dieser Ansicht keine Kapitalerhöhung durchzuführen.

Erforderlich sind im Übrigen der Abschluss eines notariell beurkundeten Verschmelzungsvertrags (§§ 4ff. UmwG), Verschmelzungsbeschlüsse mit einer Mehrheit von mindestens 75 % der abgegebenen Stimmen (§§ 13, 50 UmwG) und die Eintragung der Verschmelzung in die relevanten Handelsregister (§§ 19, 20 Abs. 1 UmwStG).

Bei der down-stream Verschmelzung von NewCo auf Target wird neben der Beteiligung an Target, die im wirtschaftlichen Ergebnis auf die Anteilseigner der NewCo übergeht, lediglich die Akquisitionsfinanzierung übertragen. Diese belastet die Bilanz des Target, ohne dass insoweit wirtschaftlich eine Gegenleistung der NewCo vorliegt. Die aufnehmende Gesellschaft muss folglich über hinreichendes freies Eigenkapital oberhalb der Stammkapitalziffer verfügen bzw. solches freies Eigenkapital muss im Vorfeld der down-stream Verschmelzung im gestalterischen Wege aufgedeckt werden,[1265] um einen Verstoß gegen Kapitalerhaltungsregeln (§ 30 GmbHG) zu vermeiden.[1266] Dass hinreichend freies Eigenkapital oberhalb der Stammkapitalziffer zur Verfügung steht, sollte von einem Wirtschaftsprüfer bestätigt und auch im Interesse der Geschäftsführungsorgane des Target im Vorfeld der Down-stream Verschmelzung hinreichend dokumentiert werden.

In diesem Zusammenhang wird im Schrifttum argumentiert, dass es sich hierbei regelmäßig um eine rechnerische Überschuldung handelt, die keine konkrete Gläubigergefährdung zur Folge hat.[1267] Die Überschuldung ist vielmehr auf das handelsrechtliche Realisationsprinzip (§ 252 Abs. 1 Nr. 4 2. HS HGB) sowie auf das handelsrechtliche Verbot des Ausweises eines originären Geschäfts- oder Firmenwerts und bestimmter selbst geschaffener immaterieller Vermögensgegenstände (gem. § 248 Nr. 4 HGB z. B. Marken, Kundenlisten), deren Aufwendungen sich nicht von den Aufwendungen im Zusammenhang mit dem originären

---

[1262] Vgl. hierzu auch Klein/Stephanblome, ZGR 2007, 351 ff.
[1263] Hörtnagl in: Schmitt/Hörtnagl/Stratz, UmwG/UmwStG, § 24 UmwG Rn. 47; Kallmeyer, in ders., UmwG, § 54 Rn. 8; Mayer in: Widmann/Mayer, UmwG, § 5 UmwG Rn. 38.
[1264] Vgl. Kallmeyer, in ders., UmwG, § 54 Rn. 8a: Eine analoge Anwendung von § 20 Abs. 1 Nr. 3 UmwG scheide aus. A.A. Mayer in: Widmann/Mayer, UmwG, § 5 UmwG Rn. 40.2. Mertens, AG 2005, 785.
[1265] In Betracht kommen insoweit eine vorgeschaltete up-stream Verschmelzung oder einer Ausgliederung zu Verkehrswerten, vgl. noch unten Abschnitt 6.
[1266] Haritz in: Semler/Stengel, UmwG § 24 Rn. 48; Kallmeyer, in ders., UmwG, § 54 Rn. 8.
[1267] Vgl. Bock, GmbHR 2005, 1028; Widmann in: Widmann/Mayer, Umwandlungsrecht, § 24 UmwG, Rn. 388, Fn. 4.

Geschäfts- oder Firmenwert eindeutig abgrenzen lassen, zurückzuführen. Dementsprechend bewirkt die Verschmelzung keine wirtschaftliche Beeinträchtigung des Stammkapitals, „da den Finanzschulden entsprechende stille Reserven in der Vermögensgegenständen und dem Firmenwert der aufnehmenden Gesellschaft gegenüberstehen und diese Werte trotz der Verschmelzung weiterhin als Haftungssubstrat zur Verfügung stehen."[1268] Eine derartige wirtschaftliche Betrachtungsweise ist insofern zutreffend, als die Fremdkapitalgeber die Akquisitionsfinanzierung gar nicht zur Verfügung stellen würden, wenn sie davon ausgehen, dass die Zielgesellschaft wirtschaftlich nicht in der Lage sein wird, die aufgenommenen Kredite zu bedienen.

Handelt es sich beim Target um eine AG, scheidet eine Down-stream Verschmelzung mit Blick auf § 57 AktG aus.[1269] Möglich und auch mit Blick auf die §§ 57, 71a AktG zulässig bleibt insoweit freilich, die AG in einem ersten Schritt in eine GmbH formzuwechseln.[1270]

#### 4.3.1.2. Steuerrechtliche Gesichtspunkte

Das UmwStG geht nunmehr ausdrücklich von der Zulässigkeit einer Down-stream Verschmelzung aus, indem es in § 11 Abs. 2 S. 2 UmwStG idF. des SEStEG[1271] für bestimmte Fälle einen Mindest- und Höchstansatz für Anteile an der übernehmenden Körperschaft vorschreibt, die im Zuge einer Verschmelzung auf diese übergehen. (Spätestens) D(d)amit entfällt das bislang von der Finanzverwaltung aufgestellte Antragserfordernis.[1272]

Die steuerlichen Folgen einer Down-stream Verschmelzung richten sich nach allgemeinen Grundsätzen einer Verschmelzung von Körperschaften: Gem. § 11 Abs. 1 S. 1 UmwStG sind bei einer solchen Verschmelzung einer Körperschaft auf eine andere Körperschaft „die übergehenden Wirtschaftsgüter" in der steuerlichen Schlußbilanz der übertragenden Körperschaft mit dem gemeinen Wert, in aller Regel also dem Einzelveräußerungspreis, anzusetzen. Die dadurch bewirkte Aufdeckung stiller Reserven führt regelmäßig zu einem steuerlichen Übertragungsgewinn. Nach § 11 Abs. 2 Satz 1 UmwStG kann unter bestimmten Voraussetzungen auf Antrag der übertragenden Körperschaft auch der Buchwert angesetzt und damit eine Besteuerung vermieden werden. Zwar fällt es schwer, die Anteile an der übernehmenden Tochtergesellschaft bei einer Down-stream Verschmelzung als „übergehende Wirtschaftsgüter" anzusehen. Denn umwandlungsrechtlich erfolgt nach h.M. ja ein Direkterwerb dieser Anteile durch die Anteilseigner der übertragenden Körperschaft.[1273] Damit sollte sich die Frage des Bewertungsansatzes an sich nicht stellen.[1274] Dem UmwStG liegt aber wie § 11 Abs. 2 S. 2 UmwStG zeigt, die gegenteilige Vorstellung zugrunde.[1275]

---

[1268] Bock, GmbHR 2005, 1028.
[1269] Vgl. nur Bayer in: MüKo AktG, § 57 Rn. 95.
[1270] Vgl. nur Mertens, AG 2005, 785 (786f.).
[1271] Vom 7. Dezember 2006, BGBl. I 2006, 2782.
[1272] Vgl. dazu Bundesministerium der Finanzen, a.a.O. (vorherige Fn. Tz. 11.24 und Rn. 15). Nach Auffassung der Finanzverwaltung zum UmwStG bisherige Fassung sollte § 11 UmwStG nur aus Billigkeitsgründen und auf Antrag für den down-stream merger gewährt werden. Vgl. dazu Schmitt in: Schmitt/Hörtnagl/Stratz, UmwG/UmwStG, § 11 UmwStG Rn. 43ff., 70ff. m.w.N.; Rödder/Wochinger, DStR 2006, 684ff.
[1273] Zusammenfassend Schmitt in: Schmitt/Hörtnagl/Stratz, UmwG/UmwStG, § 11 UmwStG Rn. 42 (72); Rödder/Wochinger, FR 1999, 1.
[1274] § 11 (2) S. 1 Nr. 1 UmwStG verlangt, dass die „übergehenden Wirtschaftsgüter" bei der übernehmenden Körperschaft der Besteuerung mit Körperschaftsteuer unterliegen. Da bei der Verschmelzung einer Holding unter der Prämisse eines Direkterwerbs lediglich negative Wirtschaftgüter übertragen werden, mag zweifelhaft sein, ob diese Voraussetzung in bezug auf die Anteile an Target erfüllt ist. Vor dem Hintergrund, dass – so die mit Recht h.M. (vgl. vorherige Fn.) zur bisherigen Rechtslage – diese Anteile schon nicht zu den übergehenden Wirtschaftsgütern rechnen, ist eine Sicherstellung der Besteuerung der stillen Reserven nicht erforderlich. Vgl. hierzu Rödder in: Rödder/Herlinghaus/van Lishaut, Umwandlungssteuerrecht, § 12 Rn. 25 und bereits Rödder/Wochinger, FR 1999, 1 (6ff.); Thill/Antoszkiewicz, FR 2006, 7 (9).
[1275] Schmitt in: Schmitt/Hörtnagl/Stratz, UmwG/UmwStG, § 11 UmwStG Rn. 50, 139ff.

Im Zusammenhang mit einer Private-Equity Transaktion bedeutet dies: Soweit der gemeine Wert der Beteiligung an Target im Zeitpunkt der Verschmelzung (noch) den Anschaffungskosten entspricht, entsteht kein steuerlicher Übertragungsgewinn, d. h. es kann im Gleichschritt mit dem Handelsrecht (§ 24 UmwG)[1276] – in der steuerlichen Schlußbilanz der übertragenden Körperschaft der gemeine Wert angesetzt werden.[1277] Ist dies nicht der Fall, sollte ein Buchwertansatz nach § 11 Abs. 2 UmwStG gewählt werden.

Steuerlich ist ebenfalls zu beachten, dass ein Schuldenüberhang zur Verminderung des Eigenkapitals des Target führt und – jedenfalls nach Auffassung der Finanzverwaltung – insoweit eine vGA vorliegen kann.[1278] Im Vorfeld eines Down-stream mergers ist daher auch aus steuerlicher Sicht in vielen Fällen ein handelsrechtlicher Step-up auf der Ebene des Target erforderlich, um diese Rechtsfolge bei fehlendem freiem Eigenkapital zu vermeiden.

Aus Sicht der DBA-geschützten LuxCo als Anteilseignerin der NewCo, die nunmehr Anteile an Target hält, führt die down-stream Verschmelzung nicht zu einem steuerpflichtigen Veräußerungsgewinn. Zwar ist § 13 Abs. 1 i.V.m. § 49 Abs. 1 Nr. 2 e) EStG UmwStG hier grundsätzlich anwendbar;[1279] bei Ansatz des gemeinen Wertes in der Schlussbilanz von NewCo mangels Wertsteigerung fehlt es aber an einem steuerpflichtigen Gewinn. Auf die Frage, ob ein Buchwertansatz nach § 13 Abs. 2 Nr. 2 UmwStG bzw. § 11 UmwStG begünstigt ist, kommt es dann nicht weiter an.[1280]

### 4.3.2. Weitere Rechtsfolgen

#### 4.3.2.1. Zinsabzug

Die Down-stream Verschmelzung der NewCo auf das Target führt zum Erlöschen der NewCo. Target wird Gesamtrechtsnachfolgerin (§ 20 Abs. 1 Nr. 1 UmwG). Für die auf das Target übergehende Akquisitionsfinanzierung bedeutet dies, dass der Finanzierungsaufwand im Rahmen allgemeiner Beschränkungen von Target als Betriebsausgabe abgezogen werden kann; der erforderliche Veranlassungszusammenhang mit dem Geschäftsbetrieb liegt vor.[1281]

#### 4.3.2.2. Verluste; nicht ausgeglichene negative Einkünfte

Etwaige nicht ausgeglichene negative Einkünfte, Verlust- und Zinsvorträge des Übertragers[1282] gehen nach § 12 Abs. 3 S. 2 HS. 2 i.V.m. § 4 Abs. 2 UmwStG unter. Gleiches dürfte für Verlustvorträge des Target gelten, soweit diese ausnahmsweise (mangels steuerpflichtiger stiller Reserven im Inland) nicht schon infolge der Anteilsübertragung bei Erwerb des Target durch NewCo untergegangen sind.[1283]

#### 4.3.2.3. Umsatzsteuer

Umstritten ist, inwieweit bei einem down-stream merger Vorsteuern z. B. aus Beratungsleistungen, die NewCo beansprucht hat, geltend gemacht werden können.[1284] Dass sich die

---

[1276] Kallmeyer, in ders., UmwG, § 54 Rn. 8a. Siehe aber auch Hörtnagl in: Schmitt/Hörtnagl/Stratz, UmwG/UmwStG, § 24 UmwG Rn. 49f.

[1277] Entsteht ausnahmsweise dennoch ein Übertragungsgewinn, kann dieser mit einem Verlustvortrag verrechnet werden. Ferner führt der „Step-up" zu zusätzlichem Abschreibungsvolumen, vgl. Trossen, FR 2006, 617 (620).

[1278] Vgl. OFD Hannover, Verfügung v. 5. Januar 2007, S 1978b – 22. StO 243, DB 2007, 428: vGA bei unzulässiger Unterdeckung des Stammkapitals. Gegen diese Auffassung überzeugend Wassermeyer, Der Konzern 2005, 424; Füger/Rieger, FS Widmann, S. 287; Schmitt in: Schmitt/Hörtnagl/Stratz, UmwG/UmwStG, § 11 UmwStG Rn. 48f. Siehe auch Rödder, DStR 2006, 684.

[1279] Vgl. nur Schmitt in Schmitt/Hörtnagl/Stratz, UmwG/UmwStG, § 13 UmwStG Rn. 12.

[1280] Zur bisherigen Rechtslage Rödder/Wochinger, DStR 2006, 684.

[1281] Rödder/Wochinger, DStR 2006, 684 (685).

[1282] In Betracht kommen hier Verluste im Zusammenhang mit Transaktionskosten.

[1283] Vgl. Bundesministerium der Finanzen: Schreiben v. 4. Juli 2008, IV C 7 – S 2745-a/08/10001, BStBl. I 2008, 736, Tz. 7.

[1284] Dazu Schmitt in: Schmitt/Hörtnagl/Stratz, UmwG/UmwStG, Kapitel E Verkehrsteuern Rn. 6.

Tätigkeit von NewCo auf die Eigenschaft als Akquisitionsvehikel, das selbst keine operativen Aufgaben wahrnimmt, beschränkt, spricht gegen einen Vorsteuerabzug.[1285] Soweit sich die Beratungsleistung aber, wie im Regelfall, auch auf den Debt-push down erstreckt, ist u.E. der Vorsteuerabzug (dann bei Target) zu bejahen, sofern die übrigen Voraussetzungen dafür vorliegen. Insofern ist auf eine zutreffende Rechnungstellung zu achten.

### 4.3.2.4. Grunderwerbsteuer

GrESt in bezug auf (a) inländische Grundstücke des Target und (b) inländische Grundstücke der Tochtergesellschaften fällt bei einer bloßen „Kettenverkürzung" um ein Glied nach zutreffender Ansicht im Ergebnis nicht an: Die (mittelbare) Zuordnung der Grundstücke des Target bzw. der Tochtergesellschaften zur NewCo (bzw. LuxCo) löste bereits beim Erwerb des Target GrESt aus (§ 1 Abs. 3 Nr. 1 GrEStG). Sowohl in der Fallgruppe (a) als auch in der Fallgruppe (b) ändert sich zwar die grunderwerbsteuerliche Zuordnung erneut, da mit Newco jeweils eine „Zwischenstufe" entfällt. Es kommt aber weder zu einer neuen unmittelbaren noch zu einer neuen mittelbaren Zuordnung, so dass nach unserer Auffassung die Rechtsprechung zu Down-stream Übertragungen innerhalb eines Konzerns[1286] und damit § 1 Abs. 3 Nr. 4 GrEStG bei solchen Down-stream Kettenverkürzungen per Verschmelzung nicht anwendbar ist. GrESt wird vorliegend deshalb nur beim Erwerb, nicht aber auch bei der sich anschließenden down-stream Verschmelzung ausgelöst[1287].

### 4.3.3. Zeitliche Fragen

Eine down-stream Verschmelzung kann grundsätzlich mit Rückwirkung auf den Übergangsstichtag bzw. auf den Tag der Gründung von NewCo erfolgen (§ 2 UmwStG). Eine solche rückwirkende Verschmelzung ist insbesondere deshalb sinnvoll, da hierdurch kein „zinsabzugsfreier Zwischenzeitraum" entsteht.

### 4.3.4. Pro- und con

In der LBO-Praxis erfolgte ein Debt-push-down nicht ohne Grund oftmals durch downstream-Verschmelzung der NewCo auf eine Target-GmbH. Dies schon deshalb, weil diese Debt-push-down Alternative üblicherweise von den finanzierenden Banken bevorzugt wird, da hierdurch Darlehen und Assets auf einer juristischen Ebene zusammengeführt werden.[1288] Bei einer Target-AG steht der Übertragung eines Schuldenüberhangs nach h.M. allerdings § 57 AktG entgegen. Insoweit kann freilich die AG in einem ersten Schritt in eine GmbH umgewandelt werden. NewCo sollte ferner sämtliche Anteile an Target halten.[1289] Der down-stream merger als „Variante" des Debt-push-down ist zwar mit einer Vielzahl steuertechnischer, gesellschaftsrechtlicher und praktischer Fragestellungen verbunden; Verlautbarungen der Finanzverwaltung[1290] und ihre (nach ihrer Auffassung) jedenfalls unter der Ägide

---

[1285] Die NewCo kann eine sog. Finanzholding sein, die selbst nicht vorsteuerabzugsberechtigt ist, sofern sie keine entgeltliche geschäftsleitenden Funktion i.S.d Tz. 6 und 7 des Bundesministerium der Finanzen: Schreiben v. 26. Januar 2007, IV A 5 – S 7300 – 10/07, BStBl. I 2007, S. 211 (dazu Englisch, UR 2007, 290) wahrnimmt. Vgl. bereits oben Abschnitt 3.3.

[1286] BFH, Urt. v. 10. Juli 2002, DStRE 2002, 1454; FG Münster v. 20. Oktober 1999, EFG 2000, 451 (rkr.).

[1287] Auf die für Down-stream Übertragungen innerhalb einer Gruppe relevante Frage, ob § 1 Abs. 6 GrEStG anwendbar ist (ablehnend BFH v. 31.März 2004, II R 54/01, DStRE 2004, 837 (839)), kommt es also hier nicht an.

[1288] Vgl. Eilers in: Eilers/Koffka/Mackensen, Private Equity, S. 291. Aus diesem Grund enthalten Finanzierungsverträge oftmals covenants, den Debt-push-down auch tatsächlich auf diesem Wege herbeizuführen, vgl. auch Ingenhoven, oben § 12 unter 6.2.3.

[1289] Soweit am Target Minderheitsgesellschafter beteiligt sind, stellt sich die Frage, ob diese abweichend von §§ 13 Abs. 1, 50 Abs. 1 S. 1 bzw. § 65 Abs. 1 S, 1 UmwG zustimmen müssen. Vgl. zum Problem und etwaigen Anfechtungsrisiken (§§ 14 Abs. 2, 15, 29, 32) Mertens, AG 2005, 785 (789 ff.).

[1290] Bundesministerium der Finanzen: Schreiben v. 25. März 1998, IV B 7-S 1978-21/98, IV B 2-S 1909-33/98, BStBl. I 1998, 268.; v. 16. Dezember 2003, IV A 2-S 1978/03, BStBl. I 2003, 786.

des UmwStG in der bisherigen Fassung einzuholende „Genehmigung" sicher(te)n solche Vorgänge in den wesentlichen Punkten aber hinreichend ab.

Wie auch die Organschaft vermeidet ein Debt-push-down qua down-stream merger die Besteuerung von 5% der Dividenden-Ausschüttungen nach § 8b Abs. 5 KStG. Diese Alternative dürfte aus steuerlicher Sicht[1291] der Begründung einer Organschaft dann vorgezogen werden, wenn der Erwerber eine sehr „schlanke" Zielstruktur verlangt und kurz- bis mittelfristig den Exit unmittelbar aus dem DBA-Ausland anvisiert.[1292]

## 4.4. Verschmelzung der Ziel- auf die Erwerbszweckgesellschaft (Up-stream merger)

Das UmwStG i.d.F. des SEStEG setzt die Zulässigkeit der Up-stream Verschmelzung in §§ 12 Abs. 1 Satz 2, 4 Abs. 1 Sätze 2 und 3, § 12 Abs. 2 Sätze 1 und 2 UmwStG voraus.

Vergleichbar mit einem Debt-push-down durch Down-stream Verschmelzung werden bei der Up-stream Verschmelzung die Akquisitionsfinanzierung der NewCo mit den Erträgen des Target zusammengeführt, wobei bei der Up-stream Verschmelzung nicht die Finanzierung, sondern die ertragsbringenden Assets im Wege der Gesamtrechtsnachfolge (§ 20 Abs. 1 Nr. 1 UmwG) auf die NewCo bewegt werden.

### 4.4.1. Voraussetzungen und Funktionsweise
#### 4.4.1.1. Gesellschaftsrechtliche Gesichtspunkte

Nach § 54 Abs. 1 S. 1 Nr. 1 UmwG darf die NewCo zur Durchführung der Up-stream Verschmelzung ihr Stammkapital nicht erhöhen. Die Up-stream Verschmelzung vollzieht sich demnach stets ohne Kapitalerhöhung. Da die Anteile an Target, die bei Private-Equity Transaktionen regelmäßig an die finanzierenden Banken verpfändet sind, im Zuge einer

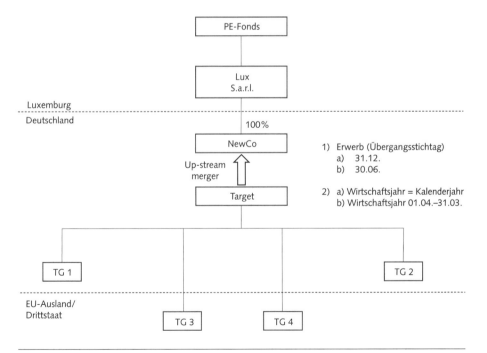

---

[1291] Aus gesellschaftsrechtlicher Sicht sind neben Fragen der Kapitalerhaltung auch die Rechtspositionen etwaiger Minderheitsgesellschafter zu beachten. Vgl. dazu Mertens, AG 2005, 785 ff.
[1292] In der Organschaftsalternative kann auch die Beteiligung an der OG veräußert werden.

## 4. Teil. Beteiligungsstrukturierung § 13 Fragen der Akquisitionsfinanzierung

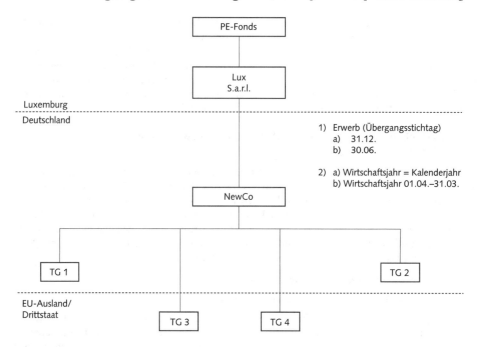

Up-stream Verschmelzung untergehen, sollte die Finanzierungsdokumentation eine entsprechende Freigabe der Verschmelzung (*permitted restructuring*) enthalten. Auch bei einer Up-stream Verschmelzung sind der Abschluss eines notariell beurkundeten Verschmelzungsvertrags (§§ 4 ff. UmwG), Verschmelzungsbeschlüsse mit einer Mehrheit von mindestens 75 % der abgegebenen Stimmen (§§ 13, 50 UmwG) und die Eintragung der Verschmelzung in die relevanten Handelsregister (§§ 19, 20 Abs. 1 UmwStG) erforderlich.

### 4.4.1.2. Steuerrechtliche Gesichtspunkte

Die steuerlichen Folgen einer Up-stream Verschmelzung des Target auf NewCo richten sich nach allgemeinen umwandlungssteuerrechtlichen Grundsätzen einer Verschmelzung. Auf der Ebene der Übertragerin Target ist die Verschmelzung demnach bei entsprechendem Buchwertansatz in deren steuerlicher Schlussbilanz nach § 11 Abs. 2 UmwStG steuerneutral möglich. Anders als bei der Down-stream Verschmelzung[1293] wird hier ein solcher Buchwertansatz zum Vermeiden einer Aufdeckung stiller Reserven zu wählen sein.

Für die Ebene der Übernehmerin NewCo ist das so genannte Übernahmeergebnis zu ermitteln. Dieses bleibt gemäß § 12 Abs. 2 Satz 1 UmwStG zwar außer Ansatz.[1294] Nach § 12 Abs. 2 S. 2 UmwStG findet aber § 8b KStG und damit insbesondere § 8b Abs. 5 KStG Anwendung mit der Folge einer Besteuerung von 5 %, soweit der Gewinn dem Anteil von NewCo an Target entspricht. Das mit Ablauf des steuerlichen Übertragungsstichtags entstehende Übernahmeergebnis (Übernahmegewinn bzw. Übernahmeverlust) wird durch Gegenüberstellen des Übernahmewerts der übergegangen Wirtschaftsgüter des Target einerseits und des Buchwerts der wegfallenden Anteile an Target nach Abzug von Kosten andererseits berechnet.[1295] Bei Private-Equity Transaktionen übersteigen in aller Regel die Anschaffungskosten der Beteiligung an Target die dortigen Buchwerte erheblich, so dass das

---

[1293] Schmitt in: Schmitt/Hörtnagl/Stratz, UmwG/UmwStG, § 13 UmwStG Rn. 12
[1294] Steuerpflichtig ist freilich das Beteiligungskorrekturergebnis nach § 12 Abs. 1 S. 2 UmwStG, welches gerade kein Bestandteil des Übernahmeergebnisses ist.
[1295] Dazu Rödder in: Rödder/Herlinghaus/van Lishaut, Umwandlungssteuerrecht, § 12 Rn. 50, 62 ff.

Übernahmeergebnis negativ ausfällt (Übernahmeverlust); die oben genannte 5% Besteuerung geht damit in aller Regel ins Leere.

Aus Sicht der DBA-geschützten LuxCo als Anteilseignerin der NewCo führt die downstream Verschmelzung nicht zu einem steuerpflichtigen Gewinn i.S.d. § 13 UmwStG.[1296]

### 4.4.2. Weitere Rechtsfolgen

#### 4.4.2.1. Zinsabzug

Im Zuge der Up-stream Verschmelzung des Target auf die NewCo erlischt Target und NewCo wird dessen Gesamtrechtsnachfolgerin (§ 20 Abs. 1 Nr. 1 UmwG). Der aus der Akquisitionsfinanzierung resultierende Finanzierungsaufwand kann im Rahmen der allgemeinen Beschränkungen als Betriebsausgabe von den Betriebseinnahmen, die mit den Assets des Target erwirtschaftet wurden bzw. werden, abgezogen werden; der erforderliche Veranlassungszusammenhang mit dem Geschäftsbetrieb der NewCo nach Verschmelzung liegt vor.[1297]

#### 4.4.2.2. Verlustvorträge; nicht ausgeglichene negative Einkünfte

Etwaige Verlustvorträge des Target gehen nach § 12 Abs. 3 S. 2 UmwStG unter. Als Lösung bietet sich in diesem Zusammenhang unter Umständen der Ansatz der übergehenden Wirtschaftsgüter des Target mit den gemeinen Werten oder – unter den Voraussetzungen des § 11 Abs. 2 Satz 1 UmwStG – mit einem Zwischenwert an. Ein aus einem solchen Ansatz resultierender Übertragungsgewinn lässt sich anschließend unter Berücksichtigung der Mindestbesteuerung gem. § 10d Abs. 2 EStG mit den Verlustvorträgen auf Ebene des Target verrechnen.

Demgegenüber bleiben Verlustvorträge der aufnehmenden NewCo grundsätzlich bestehen; § 8c KStG dürfte insoweit nicht anwendbar sein.

#### 4.4.2.3. Umsatzsteuer

Auch für den Up-stream merger ist nicht abschließend geklärt, inwieweit Vorsteuern z. B. aus Beratungsleistungen, die NewCo beansprucht hat, geltend gemacht werden können.[1298] Da sich die Tätigkeit von NewCo beim Up-stream merger nicht auf die Eigenschaft als Akquisitionsvehikel beschränkt, sondern NewCo vielmehr daraufhin angelegt ist, das operative Geschäft des Target zu übernehmen, ist u.E. ist u.E. der Vorsteuerabzug (dann bei Target) zu bejahen, sofern die übrigen Voraussetzungen dafür vorliegen. Auch hier ist auf eine zutreffende Rechnungstellung zu achten.

#### 4.4.2.4. Grunderwerbsteuer

Wird im Rahmen des up-stream mergers eine Gesellschaft mit Grundstücken i.S.d. § 2 GrEStG unmittelbar bewegt, fällt grundsätzlich GrESt an. Denn in diesem Fall verstärkt sich die mittelbare Zuordnung zu NewCo, eine qualifizierte Beteiligung von mindestens 95% oder entsprechende grunderwerbsteuerliche Zurechnung vorausgesetzt, in bezug auf dieses Grundstück zu einer unmittelbaren Zuordnung. Nach Auffassung der Rechtsprechung und h.M.[1299] löst eine solche „Verstärkung" der Zuordnung GrESt nach § 1 Abs. 1 Nr. 3 GrEStG aus. In Betracht kommt aber eine Anrechnung der Grunderwerbsteuer aus dem Erwerb nach § 1 Abs. 6 Satz 2[1300] GrEStG. Dies bedeutet, dass beim up-stream merger auf NewCo übertragene Grundstücke des Target zwar zunächst der GrESt unterliegen; es kann allerdings

---

[1296] Vgl. zur bisherigen Rechtslage Rödder/Wochinger, DStR 2006, 684.
[1297] Vgl. nur Rödder/Wochinger, DStR 2006, 684 (685).
[1298] Dazu Schmitt in: Schmitt/Hörtnagl/Stratz, UmwG/UmwStG, Kapitel E Verkehrsteuern Rn. 6.
[1299] Rasche in: Rödder/Herlinghaus/van Lishaut, Umwandlungssteuergesetz, Anh. 8 Rn. 10; Schmitt in: Schmitt/Hörtnagl/Stratz, UmwG/UmwStG, Kapitel E Verkehrsteuern Rn. 38 m.w.N.; Schiessl/Tschesche, BB 2003, 1867 (1870).
[1300] Schmitt in Schmitt/Hörtnagl/Stratz, UmwG/UmwStG, Kapitel E Verkehrsteuern Rn. 39 m.w.N.

## 4. Teil. Beteiligungsstrukturierung  § 13 Fragen der Akquisitionsfinanzierung

grundsätzlich die GrESt aus dem Erwerb auf diese angerechnet werden. Die Voraussetzungen für eine Privilegierung nach § 6a GrESt n.F. werden in Anbetracht der fünfjährigen Vorbeteiligungsfrist (§ 6a Satz 4 GrEStG n.F.) regelmäßig nicht vorliegen.

Anders ist die Rechtslage bei einer bloßen „Kettenverkürzung", d. h. vorliegend in bezug auf Grundstücke von Tochtergesellschaften des Target. Denn insoweit bleibt es bei einer nur mittelbaren Zuordnung der Grundstücke zur NewCo, die bereits bei Erwerb des Target nach § 1 Abs. 3 Nr. 1 GrEStG GrESt auslöste. Freilich entfällt hier eine Zuordnungsstufe und § 1 Abs. 3 Nr. 4 GrEStG ist nach seinem Wortlaut anwendbar. Nach Auffassung der Rechtsprechung und hM[1301] löst eine solche „Verstärkung" der Zuordnung nicht erneut GrESt aus. § 1 Abs. 3 GrEStG sei insoweit entsprechend teleologisch zu reduzieren.

### 4.4.3. Zeitliche Fragen

Auch eine Up-stream Verschmelzung kann mit Rückwirkung auf den Übergangsstichtag erfolgen (§ 2 UmwStG). Eine solche Rückwirkung ist freilich hier weniger bedeutend.

### 4.4.4. Pro- und con

In der LBO-Praxis erfolgte ein Debt-push-down weniger oft durch Up-stream Verschmelzung des Target auf NewCo. Zwingende Gründe hierfür sind indes nicht ersichtlich. Im Vergleich zur Organschaft führt der Vorgang zu einer „schlankeren" Zielstruktur.

### 4.5. Formwechsel der Zielgesellschaft und sich anschließende Anwachsung

Eine vergleichsweise einfache Variante, einen Debt-push down herbeizuführen, die freilich dennoch nur bei kleineren Private Equity Transaktionen verbreitet ist, ist der Formwechsel des Target in eine GmbH und Co. KG. Hierzu bedarf es des Hinzutretens einer weiteren

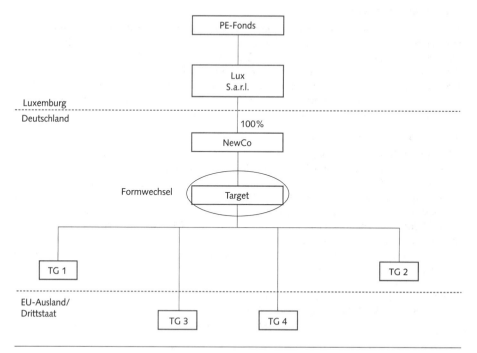

---

[1301] BFH, Urteil v. 5. November 2002, II R 41/02, BFH/NV 2003, 507. Siehe auch FG Hamburg Urteil v. 28. Februar 2000, I 10/99, EFG 2000, 696. Ebenso Gleich lautende Erlasse der obersten Finanzbehörden der Länder v. 2. Dezember 1999, BStBl. I 1999, 991 Tz. 3. Vgl. hierzu auch Hofmann in: Hofmann/Hofmann, GrEStG, § 1 Rn. 154; Schiessl/Tschesche, BB 2003, 1867 (1869 f.).

GmbH im Zuge des Formwechsels.[1302] Aufgrund des für die Einkommensbesteuerung der KG grundsätzlich[1303] geltenden Transparenzprinzips kommt es im Rahmen der gesondert und einheitlichen Gewinnfeststellung der GmbH & Co. KG jedenfalls im Grundsatz zu einer „Verrechnung" des Zinsaufwandes mit den Erträgen des Target (Abzug als Sonderbetriebsausgaben); der hierzu erforderliche Veranlassungszusammenhang sollte bestehen. Nach den §§ 4 Abs. 7 und 7 UmwStG i.d.F. des SEStEG ist ein beim Formwechsel entstehender Übernahmegewinn zu 95% steuerfrei während Gewinnrücklagen nach §§ 8b Abs. 1 und 5 KStG besteuert werden. Einen noch direkteren Zusammenschluss lässt sich durch eine nachfolgende Anwachsung des Vermögens der GmbH & Co. KG auf Newco (vgl. § 738 BGB) herbeiführen, in dem die hinzugetretene GmbH aus der KG wieder austritt. Eine solche Anwachsung ist dem Grunde nach ertragsteuerneutral[1304] und bei Einhaltung der in § 6 Abs. 4 S. 1 GrEStG statuierten zeitlichen Grenzen auch grunderwerbsteuerneutral[1305] möglich.

### 4.6. Debt-push-down durch „Umhängen" der Fremdfinanzierung

In der Private-Equity Praxis wurden neben den vorstehenden Debt-push-down Formen weitere Strukturen entwickelt, die einen Debt-push-down erzielen. Diese oftmals ergänzend zu den Hauptformen des Debt-push-down zum Einsatz kommenden Alternativen werden nachfolgend im Überblick kurz vorgestellt.

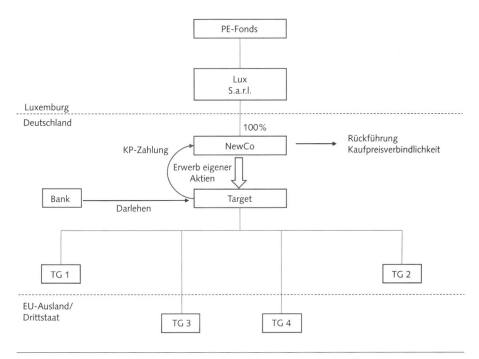

---

[1302] Vgl. dazu BFH, Urteil v. 16. September 2004, X R 25/01, DB 2005, 183; Stratz in: Schmitt/Hörtnagl/Stratz, UmwG/UmwStG, § 226 UmwG Rn. 3 m.w.N. Streitig ist, ob ein Hinzutritt auch als Komplementärin zulässig ist, dazu und zu möglichen Gestaltungen Dirksen in: Kallmeyer, § 226 Rn. 3, 7 ff.

[1303] Für Gewerbesteuerzwecke ist die KG „intransparent", vgl. § 5 Abs. 1 S. 3 GewStG.

[1304] Hier empfiehlt sich, im Vorfeld des Austritts der Komplementärin die Abstimmung mit der Finanzverwaltung zu suchen, vgl. ebenso Eilers in: Eilers/Koffka/Mackensen, Private Equity, 2009, S. 291.

[1305] § 6 Abs. 2 S. 1 GrEStG. Ungenau Eilers in: Eilers/Koffka/Mackensen, Private Equity, S. 291.

## 4. Teil. Beteiligungsstrukturierung  § 13 Fragen der Akquisitionsfinanzierung

### 4.6.1. Erwerb eigener Anteile

Ein Debt-push down lässt sich dadurch erzielen, dass das Target von NewCo Anteile an sich selbst erwirbt.[1306] Dieser Erwerb wird durch ein Bankdarlehen finanziert. Mit den Mitteln aus der Kaufpreiszahlung (abzüglich 15,825 % von 5 % eines etwaigen Veräußerungsgewinns)[1307] kann die NewCo sodann die Akquisitionsverbindlichkeit (teilweise) zurückführen.

Bei der Planung und Durchführung des Erwerbes der eigenen Anteile sind die gesellschaftsrechtlichen Restriktionen (insbesondere Beschränkung auf 10 % des Grundkapitals bei AG und Rücklagenbildung bei der AG und GmbH, vgl. § 71 Abs. 1 Nr. 8 AktG, bzw. § 33 Abs. 2 GmbHG i.V.m. § 272 HGB)[1308] zu beachten. Zu beachten sind ferner die potentiell nachteiligen steuerlichen Auswirkung, die aus den Änderungen der Bilanzierung von eigenen Anteilen durch das BilMoG resultieren könnten.[1309] Die Geschäftsführung kann dem Erwerb eigener Anteile nur zustimmen, wenn dieser Erwerb im Interesse der Gesellschaft erfolgt.

### 4.6.2. Fremdfinanzierte Dividende bzw. fremdfinanziertes Up-stream Darlehen

Eine weniger häufige angewendete aber dennoch durchaus effektive Debt-push-down Alternative, ist die Fremdfinanzierung einer Ausschüttung bzw. eines Up-stream Darlehens des Target an NewCo. Der ausgeschüttete Betrag (abzüglich der zunächst anfallenden KapESt) kann sodann zur Tilgung der Darlehensverbindlichkeit der NewCo gegenüber ihrer finanzierenden Bank genutzt werden. Mit Blick auf den Kapitalertragsteuereinbehalt von 26,375 % infolge dessen ein „sich netten" der Beträge ausscheidet und der oftmals Anlass für eine Zwischenfinanzierung gibt, kann die Gewährung eines Up-stream Darlehens anstatt der

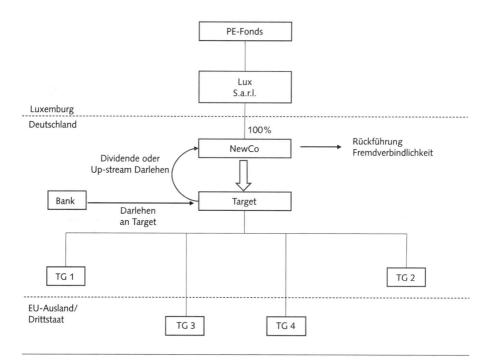

---

[1306] Vgl. Rödder/Wochinger, DStR 2006, 684 (688).
[1307] § 8b Abs. 3 S. 1 KStG.
[1308] Vgl. auch BFH, Urteil v. 23. März 1979, VIII R 95/76, BStBl. II 1979, 553.
[1309] Vgl. dazu Blumenberg/Roßner, GmbHR 2008, 1079.

Ausschüttung einer Dividende sinnvoll sein. Freilich sind hier die nunmehr zwar im Zuge des MoMiG und der neueren BGH-Rechtsprechung gelockerten aber dennoch bestehenden gesellschaftsrechtlichen[1310] aber auch steuerrechtliche Restriktionen zu beachten.

Die Fremdfinanzierung einer Ausschüttung (oder eines Up-stream Darlehens) kann – wenngleich deutlich komplexer – prinzipiell auch durch eine (befreiende) Schuldübernahme des Target gespeist werden. Dazu bedarf es freilich der Zustimmung der finanzierenden Banken, was in der Praxis in aller Regel indes unproblematisch ist. Letztlich kann die Fremdfinanzierung auch dergestalt erfolgen, dass NewCo nach Erwerb des Target ein Gesellschafterdarlehen an dieses ausreicht, welches durch die Weiterreichung (zusätzlich) aufgenommener Darlehensmittel gespeist wird. Fremdübliche[1311] Refinanzierungszinsen auf die Innenverbindlichkeit sollten im Rahmen der allgemeinen Beschränkungen steuerlich abzugsfähig sein.[1312]

### 4.6.3. Konzerninterne Veräußerung (insbesondere beim internationalen Debt-push-down)

Gerade wenn es sich bei dem Target um eine größere, international aufgestellte Unternehmensgruppe handelt, kann folgende Gestaltung sinnvoll sein:

In einem ersten Schritt veräußert Target seine Beteiligung an einer deutschen Tochtergesellschaft („TG2") an eine andere (ggf. neu gegründete) deutsche Tochtergesellschaft („TG1"), wobei TG1 und TG2 sodann organschaftlich verbunden werden. 5% des Gewinns aus diesem Veräußerungsvorgang unterliegen der Steuerpflicht nach § 8b Abs. 2 KStG.[1313]

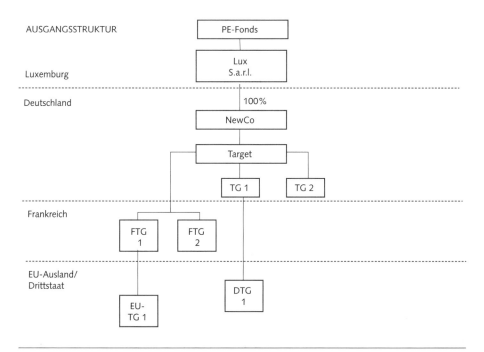

---

[1310] Zu beachten ist, dass fremdfinanzierten Ausschüttungen und Up-stream Darlehen bei einer AG wegen § 71a AktG unzulässig sind

[1311] Der Refinanzierungszinssatz auf das Gesellschafterdarlehen sollte sich am Zinssatz der Bankverbindlichkeiten orientieren und im übrigen nach den allgemeinen Grundsätzen der steuerlich anzuerkennenden Konzerninnenfinanzierung justiert werden.

[1312] OFD Kiel, StEK KSTG § 8 Nr. 188; OFD Koblenz, StEK KSTG § 8 Nr. B 21.

[1313] Immerhin fällt hier keine KaESt an, vgl. § 43 Abs. 2 S. 3 Nr. 1 EStG.

# 4. Teil. Beteiligungsstrukturierung § 13 Fragen der Akquisitionsfinanzierung

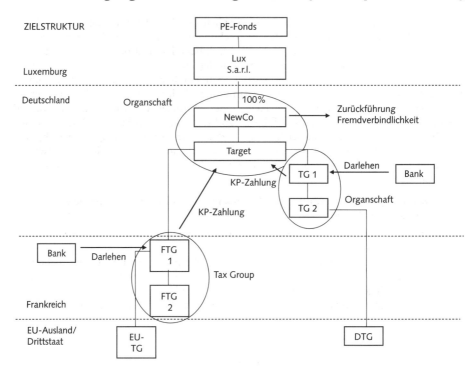

Auch die Weiterausschüttung an NewCo führt grundsätzlich zur Steuerpflicht i.H.v. 5 % der Dividende, wobei eine solche Besteuerung durch (vorherige) Begründung einer Organschaft vermeidbar ist.[1314] Der Kaufpreis wird von TG1 fremdfinanziert. Das Target nutzt den Kaufpreis schließlich zur Rückführung der Akquisitionsfinanzierung. Danach erfolgt eine internationale Kombination ähnlicher „Intra-group-sales", wodurch zum einen ein sehr zielgenauer Debt-push down auf die operativen (ausländischen) Gruppengesellschaften erreicht wird. Zum anderen kann gerade mit Blick auf die lokalen Beschränkungen der (Gesellschafter-) Fremdfinanzierung die Konzernfinanzierung insgesamt neu adjustiert werden.[1315] Allerdings ist hier im Einzelfall sehr genau zu prüfen, dass die konzerninternen Veräußerungen nicht ungewollt Steuern (etwa GrESt) oder sonstige Transaktionskosten auslösen. Ferner besteht die Gefahr einer unübersichtlichen und schon deshalb ineffizienten Struktur, so dass sich oftmals weitere Restrukturierungsschritte anschließen werden.

## 4.7. Besonderheiten bei der Übernahme börsennotierter Gesellschaften

Soweit bei der Übernahme einer börsennotierten Gesellschaft die für einen Squeeze-out erforderliche Schwelle von 95 %[1316] nicht erreicht wird oder ein Squeeze-out aus sonstigen Gründen nicht in Betracht kommt, sind sowohl die Begründung einer Organschaft als auch die Durchführung eines Down-stream-mergers mit Blick auf das Störpotential der verbleibenden Minderheitsaktionäre wenig praktikabel. In diesen Fällen tendieren Private-Equity Investoren zur fremdfinanzierten Ausschüttung so genannter „Superdividenden", d. h. zur

---

[1314] Insoweit fällt zunächst auch KaESt i.H.v. grundsätzlich 26,375 % an.
[1315] Ein solcher internationaler Debt-push-down erfordert entsprechend angelegte Vorüberlegungen der in der jeweiligen Jurisdiktion eingeschalteten Berater.
[1316] § 327a Abs. 1 AktG.

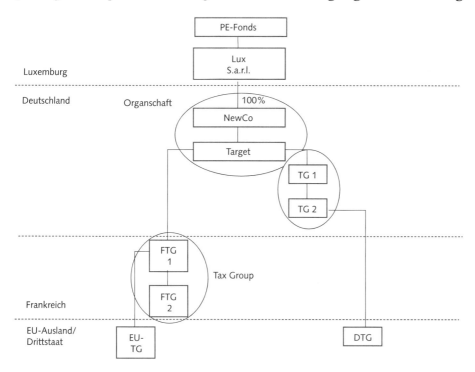

Ausschüttung sämtlicher freier Rücklagen in Form einer Dividende.[1317] Zu diesen Techniken noch näher unten im Kapitel 6.

## 5. Gewinnrepatriierung

### 5.1. Ausgangsstruktur

Mit Blick auf den üblicherweise eher mittelfristigen Anlagehorizont[1318] eines typischen Private-Equity Investors werden Private Equity Akquisitionsstrukturen regelmäßig schon beim Aufsetzen unter dem Aspekt eines steueroptimierten Exit aus dem Investment konzipiert.[1319] Klassische „full-exit" Alternativen zur Realisierung von Gewinnen und Beendigung des Investments sind ein Verkauf (inkl. eines sog. Secondary-Buy-out) oder ein Börsengang (IPO) im Wege der Umplatzierung von Altaktien nach einem Formwechsel der NewCo.[1320] Ein Verkauf (oder auch Teilverkauf) erfolgt zumeist aus dem DBA-geschützten Ausland heraus, d. h. durch den Verkauf der Anteile an der obersten deutschen Einheit (der so genannten TopCo) im Wege des Share Deal, in der obigen Ausgangsstruktur also im

---

[1317] S. dazu Braun, Börsen-Zeitung vom 4. Juli 2007, S. 2. Vgl. auch Füger/Rieger, Börsen-Zeitung v. 11. Oktober 2006, S. 2.

[1318] Typischerweise 5–7 Jahre. Im Zuge des Private Equity Booms 2006/2007 hatte sich die durchschnittliche Haltedauer freilich deutlich verkürzt, vgl. FAZ v. 20. 1. 2006, S. 19; Eidenmüller, ZHR 171 (2007), 644 (646 f.). Im aktuellen Marktumfeld hat sich dieser Trend allerdings wieder umgekehrt.

[1319] Vgl. auch Eilers in: Eilers/Koffka/Mackensen, Private Equity, 2009, S. 273 (532).

[1320] Vgl. Eidenmüller, ZHR 171 (2007), 644 (651). Zu alternativen (Teil-)Exit Strategien zur (fremdfinanzierten) Hebung von stillen Reserven bzw. der Ersetzung von Eigen- durch Fremdkapital (Rekapitalisierungen oder Leveraged Re-capitalisations) ausführlich noch unten unter 5. Vor dem Hintergrund der derzeitigen wirtschaftlichen Situation sind freilich Insolvenz- und sonstige Abwicklungsszenarien durchaus ebenfalls realistische „Exit-Alternativen".

**4. Teil. Beteiligungsstrukturierung**  § 13 Fragen der Akquisitionsfinanzierung

Wege des Verkaufs der Beteiligung an NewCo.[1321] Die Ausgestaltung und Verhandlung der Finanzierungsdokumentation sollte beachten, dass sich ein Formwechsel und der Verkauf der Anteile an TopCo/NewCo als „permitted transaction" qualifizieren; ferner darf der mit dem Verkauf bzw. der Umplatzierung einhergehende „change of control" nicht dazu führen, dass die Bank/das Konsortium den Kreditvertrag modifizieren oder kündigen kann.[1322]

### 5.2. Besteuerung des Target/NewCo beim „full-exit" aus der Struktur

Bei einem Verkauf aus dem DBA-geschützten Ausland fällt – eine entsprechende Strukturierung und die Abkommensberechtigung der Lux S.ar.l vorausgesetzt – keine KSt an.[1323] Mangels der dafür erforderlichen Inlandsanknüpfung (§ 2 Abs. 1 S. 1 GewStG: Gewerbebetrieb, soweit er im Inland betrieben wird.), ist der Verkauf auch nicht gewerbesteuerbar. Beides gilt freilich jeweils nur insoweit, als die Anteile an NewCo nicht einer inländischen Betriebsstätte zuzuordnen sind. Gerade diese Aspekte sind bei der steuerlichen Strukturierung der Akquisition sorgfältig zu beachten. Infolge des Exit gehen die in der Target-Gruppe vorhandenen und auch durch gestalterische Maßnahmen nicht nutzbaren Verlustvorträge nach § 8c KStG unter, soweit sie nicht auf stille Reserven entfallen, die in Deutschland steuerpflichtig sind. Ferner kann Grunderwerbsteuer ausgelöst werden.[1324]

### 5.3. Besteuerung von Ausschüttungen des Target/NewCo („Teil-Exit")

Die Strukturierung der Akquisitionsfinanzierung sollte auch den steuerschonenden Transfer von Gewinnen während der Laufzeit des Investments (Gewinnrepatriierung im engeren Sinn) ermöglichen bzw. diesen Transfer nicht erschweren. Gerade auch vor dem Hintergrund immer wieder aufflackernder politischer Diskussionen, die Besteuerungsfreiheit von Anteilsveräußerungsgewinnen einzuschränken[1325] bzw. DBA entsprechend zu ändern, kann es sinnvoll sein, die Gewinnrepatriierung nicht bis zum Exit aufzuschieben. Im Kern geht es bei der Gewinnrepatriierung um die (idealiter auch quellensteuerfreie) Patriierung von den nach der Verrechnung mit dem Zinsdienst periodisch verbleibenden Erträgen des Target zu dem/den in aller Regel ausländischen Private-Equity Investor(en), d. h. zunächst den Private Equity Fonds. In diesem Zusammenhang stellt die Frage eines Kapitalertragsteuereinbehalts bzw. einer Erstattung einbehaltener Kapitalertragsteuern große Herausforderungen an die Steuerplanung.

#### 5.3.1. Körperschaftsteuer

##### 5.3.1.1. Besteuerung auf der Ebene des Target/NewCo

Wie bereits oben unter 3.1 ausgeführt, wird infolge der körperschaftsteuerlichen Organschaft das Einkommen des Target der NewCo gem. § 14 Abs. 1 S. 1 KStG zugerechnet.[1326] Dies bedeutet im Grundsatz, dass nur die den Zinsdienst innerhalb des Veranlagungszeit-

---

[1321] Im Einzelfall kann auch ein zweistufiger Exit, d. h. ein Verkauf der Anteile an Target (5% des Gewinns sind KSt/GewSt-pflichtig, § 8b Abs. 3 KStG; § 8c KStG greift hier ebenfalls) und eine sich anschließende Abwicklung der NewCo nach den Grundsätzen der Liquidationsbesteuerung, in Betracht kommen.

[1322] Dies würde der Bank/den Banken ein Druckmittel in die Hand geben, der einem aus Investorensicht (sinnvollen) Exit verhindert/erschwert.

[1323] Art. 8 Abs. 1 DBA Luxemburg/Deutschland. § 50d Abs. 3 EStG ist auf den Veräußerungsgewinn unanwendbar, vgl. Bundesministerium der Finanzen: Schreiben v. 3. April 2007, IV B 1 – S 2411/07/002, BStBl I 2007, 446 Tz. 2; Mihm, Steueranwaltsmagazin 2007, 82 (84).

[1324] Zu Einzelheiten Kloster/Reckordt in: Brück/Sinewe, Steueroptimierter Unternehmenskauf, S. 170 ff.

[1325] Vgl. zum rechtsdogmatischen Hintergrund Kloster, Grenzüberscheitende Unternehmenszusammenschlüsse, 2004, S. 222 ff. Zuletzt wurde im Rahmen des Gesetzgebungsverfahrens zum JStG 2009 diskutiert, § 8b KStG für im Streubesitz gehaltene Beteiligungen abzuschaffen.

[1326] Zu Ausnahmen siehe § 16 KStG.

raums überschreiten Erträge der Target-Gruppe bzw. sofern Zinsaufwand aufgrund des Eingreifens der Zinsschranke nicht abzugsfähig ist, das nicht ausgeglichene positive Ergebnis, mit KSt und Solidaritätszuschlag in Höhe von insgesamt 15,8% belastet sind. Ausgeklammert aus dieser Besteuerung bleiben lediglich bestimmte steuerfreie Erträge, wie u. U. Dividenden, die von EU-TG bzw. DTG an FTG1 bzw. TG2 ausgeschüttet wurden und sodann im Rahmen der (mehrfachen) Gewinnabführung an NewCo fließen.[1327]

### 5.3.1.2. Besteuerung bei Dividendenausschüttung

Die Ausschüttung des Ergebnisses an die Lux S.ar.l unterliegt – eine entsprechende Strukturierung und die Abkommensberechtigung der Lux S.ar.l vorausgesetzt – im Ergebnis weder der KSt noch der GewSt (vgl. bereits oben 4.2.). Die Lux S.ar.l ist zwar mit ihren aus Deutschland bezogenen Dividenden beschränkt steuerpflichtig (§ 49 Abs. 1 Nr. 2 f) EStG); insoweit enthält das DBA Luxemburg/Deutschland aber eine entsprechende Befreiung.[1328]

Gerade in Private-Equity Transaktionen stellt sich verschärft die Frage nach dem Kapitalertragsteuerabzug bezüglich der Dividendenausschüttung: Dieser beträgt 26,375%.[1329] Er entfällt auf Antrag der Lux S.ar.l, wenn die Voraussetzungen des § 43b Abs. 1 EStG (sog. Mutter-Tochter Richtlinien Fall) vorliegen (Freistellung im Steuerabzugsverfahren gemäß § 50d Abs. 2 S. S. 1 EStG). Auf entsprechenden Antrag hin und bei Vorliegen bestimmter Voraussetzungen, erfolgt eine Erstattung um 2/5 nach nationalem Recht (§ 44a Abs. 9, 50d Abs. 1 EStG) bzw. der gesamten einbehaltenen Kapitalertragsteuer nach dem anwendbaren DBA Deutschland/Luxemburg (§ 50d Abs. 1 EStG). Nadelöhr eines solchen Absehens vom Kapitalertragsteuerabzug bzw. einer (teilweisen) Erstattung ist allerdings die nationale Anti-Treaty-Shopping Vorschrift des § 50d Abs. 3 EStG[1330] (hierzu bereits oben unter 3.1.). Hiernach ist erforderlich, dass es für die Einschaltung der Lux S.ar.l wirtschaftliche oder sonst beachtliche Gründe gibt, Lux S.ar.l mehr als 10% ihrer gesamten Bruttoerträge des betreffenden Wirtschaftsjahres aus eigener Wirtschaftstätigkeit erzielt und mit einem für ihren Geschäftszweck angemessenen eingerichteten Geschäftsbetrieb am allgemeinen wirtschaftlichen Verkehr teilnimmt. Das Vorliegen dieser Voraussetzungen ist von Lux S.ar.l darzulegen und zu beweisen.[1331] Obwohl die Reichweite dieser Kriterien sehr umstritten ist, wird eine (verbindliche) Abstimmung mit dem zuständigen Bundeszentralamt für Finanzen (BZSt) in aller Regel nicht gelingen.

Da sich die vorstehenden Kriterien gerade im Kontext einer Private Equity Struktur kaum darlegen lassen werden,[1332] empfiehlt sich zumeist eine gewerblich tätige Organträger-Personengesellschaft als weitere Zwischenholding zwischen Lux S.ar.l und NewCo zu schalten,[1333] eine Anrechnungsmöglichkeit für deutsche Kapitalertragsteuer zu schaffen[1334] oder Gewinne per Shareholder Loan abzuziehen (letzteres freilich nur, soweit mit Blick auf die Zinsschranke entsprechende Spielräume bestehen). Mit Blick auf die Strukturierung der Akquisitionsfinanzierung ist zu beachten, dass ein (endgültiger) Abfluss der Kapitalertragsteuer zumindest als „worst-case" Szenario eingeplant ist und die Finanzierungsparameter und Kennzahlen entsprechend vorsichtig definiert werden.

---

[1327] Weniger positiv kann in diesem Zusammenhang unter Umständen die Frage des Einbehalts (und der Erstattung) von Kapitalertragsteuern ausfallen.

[1328] Art. 13 DBA Luxemburg/Deutschland

[1329] 25% Kapitalertragsteuer; 5,5% Solidaritätszuschlag darauf.

[1330] Eingehend hierzu, M. Klein, H/H/R, § 50d EStG. Ferner Altrichter-Herzberg, GmbHR 2007, 579; Mihm, Steueranwaltsmagazin 2007, 82; Kempf/Meyer, DStZ 2007, 584.

[1331] Vgl. Bundesministerium der Finanzen: Schreiben v. 3. April 2007, IV B 1 – S 2411/07/002, BStBl I 2007, 446 Tz. 14.

[1332] Eilers, in: Eilers/Koffka/Mackensen, Private Equity, S. 287; Leyendecker/Rödding/Kalb in: Eilers/Koffka/Mackensen, Private Equity, S. 436.

[1333] Näher dazu Mihm, Steueranwaltsmagazin 2007, 82 (85). Vgl. zum Thema der steueroptimierten Gewinnrepatriierung unter § 50d EStG auch Kollruss, IStR 2007, 870 ff.

[1334] Dazu Kollruss, IStR 2007, 870 ff.

## 5.3.2. Gewerbesteuer

Gewerbesteuerlich gilt die OG als Betriebsstätte des OT (§ 2 Abs. 2 S. 2 GewStG), mit der Folge, dass der Gewerbeertrag einheitlich ermittelt und lediglich im Rahmen der Zerlegung auf die beiden Einheiten NewCo bzw. Target aufgeteilt wird. Auch insoweit sind also die operativen Erträge mit den Zinsaufwendungen aus der Akquisitionsfinanzierungen (innerhalb der Beschränkungen der Zinsschranke) verrechenbar. Allerdings greift gewerbesteuerlich die sog Hinzurechnung von 25% der für Körperschaftsteuerzwecke abzugsfähigen Zinsen (§ 8 Nr. 1 GewStG) ein, mit der Folge eines entsprechend erhöhten Gewerbeertrages.[1335]

## 5.4. Besteuerung der Repatriierung von Lux S.àr.l an den PE-Fonds

Das Luxemburger Gesellschafts- und Steuerrecht stellt Möglichkeiten zur Verfügung, die Erträge der Lux S.àr.l im Ergebnis unbelastet von Luxemburger Körperschaftsteuer zu dem PE-Fonds zu transferieren (vgl. bereits oben 3.3).[1336] Klassische Formen einer solcher steuerneutralen „Gewinnabsaugung" während der Laufzeit des Investments[1337] sind die Nutzung hybrider Finanzierungsinstrumente, wie z.B. convertible preferred equity certificates (CPECs) oder preferred equity certificates (PECs).[1338] Diese Finanzinstrumente sind nach Luxemburger Steuerrecht[1339] als fremdkapitalähnlich einzuordnen, stellen aber nach dem Steuerrecht bestimmter Juridiktionen, insbesondere der USA Eigenkapital dar.[1340] Zahlungen an Investoren unter diesen Instrumenten sind daher auf der Ebene der Lux S.ar.l grundsätzlich als Betriebsausgabe abzugsfähig, d.h. mindern die Bemessungsgrundlage der Luxemburger Körperschaftsteuer/Gewerbesteuer[1341] und unterliegen keiner Kapitalertragsteuer.

Mit Blick auf die (steuerliche) Strukturierung der Akquisitionsfinanzierung bedeutet dies, dass eine „echte" Fremdmittelaufnahme (Kreditfinanzierung über eine Bank) auf der Ebene der Lux S.ar.l mangels gegenrechenbaren Steuersubstrats meist wenig sinnvoll ist; Lux S.ar.l sollte (jedenfalls primär) mit hybriden Eigenkapital des PE-Fonds ausgestattet werden.

## 6. Rekapitalisierung (Leveraged Re-Capitalization) als wirtschaftlicher Teil-Exit

### 6.1. Wirtschaftliche Hintergrund

Neben den klassischen Formen des Exits wie Börsengang (IPO), Verkauf an einen strategischen Investor (Trade Sale) oder Verkauf an einen anderen Finanzinvestor (Secondary Buyout) hat die LBO-Praxis insbesondere seit Beginn dieses Jahrzehnts eine weitere Gestaltung entwickelt, die eine Realisierung der innerhalb der Beteiligungsdauer erreichten Wertsteigerung des Portfoliounternehmens ermöglicht. Bei dem Modell der sog. Leveraged Re-Capitalization (nachfolgend: Leveraged Recap) wird nach der ursprünglichen Wertsteigerung der Beteiligung am Portfoliounternehmen erneut Fremdkapital von einer Zwischenholding

---

[1335] Vgl. dazu oben Abschnitt 2.5.

[1336] Hierin in Kombination mit einem Netz von Doppelbesteuerungsabkommen mit aus PE-Fonds Sicht wichtigen Juridiktionen und der effizienten Rechtskultur liegt, zumal nach Wegfall der sog. Capital Duty, der Reiz dieses Zwischenholdingstandortes.

[1337] Am Laufzeitende kommt die Liquidation der Lux S.ar.l in Betracht.

[1338] Ausführlicher dazu oben 3.1.

[1339] Zur Einordnung nach deutschem Steuerrecht vgl. allgemein Jacob, IBFD 2000, 442.

[1340] Vgl. dazu bspw. die Darstellung bei [Verweis auf die Darstellung in der entsprechenden Länderübersicht].

[1341] Infolge der weitgehenden Steuerfreistellung nach nationalem Steuerrecht (Participation Exemption; Umsetzung Mutter-Tochter-Richtlinie) wird diese regelmäßig bereits niedrig sein.

(Finanzierungsholding) aufgenommen, um das in den Erwerb des Portfoliounternehmens investierte Eigenkapital einschließlich der Wertsteigerung in Form der stillen Reserven während der Laufzeit des Investment an die Investoren auszukehren.[1342] Die Fremdmittel werden sodann aus dem operativen Cashflow des Portfoliounternehmens bedient. Ein Leveraged Recap ermöglicht es dem Private Equity Fonds im Ergebnis die Vorgaben seiner Investoren rechtzeitig zu erfüllen, sollte bis zum Ablauf des ursprünglich geplanten Investitionszeitraums[1343] ein Börsengang oder eine Veräußerung der Beteiligung nicht möglich sein.[1344] Zugleich wird wirtschaftlich ein Teil des Risikos der Investoren auf die Fremdkapitalgeber übertragen, die dieses Risiko sodann am Kapitalmarkt ausplatzieren können. Umgekehrt verbleibt die Chance auf die Realisierung eines weiteren Erlöses aus einem später doch noch möglichen Exit aus der Beteiligung.[1345]

Im Ergebnis wird durch den Leveraged Recap ohne Veräußerung der Beteiligung an der Portfoliogesellschaft eine Rückzahlung des von den Finanzinvestoren eingesetzten Eigenkapitals ermöglicht. Dies wird regelmäßig durch
- eine besonders gute wirtschaftliche Entwicklung, insb. starke Zunahme des Free Cashflows des Portfoliounternehmens seit der Akquisition,
- weitgehende Entschuldung des Portfoliounternehmens sowie
- Leveragearbitrage, die durch die Zunahme aggressiver Finanzierungspraktiken ermöglich wird,

begünstigt.[1346]

Vorangetrieben durch die niedrigen Zinsen und durch die Bereitschaft der Banken, Kreditzusagen in Milliardenhöhe zu erteilen, gelang es vor allem amerikanischen Private Equity Fonds in den vergangenen Jahren Rekapitalisierungen in erheblichem Umfang durchzuführen.[1347] Die Banken platzierten wiederum erfolgreich die damit einhergehenden Kredite (sog. Leveraged Loans) am Markt und verzeichneten erhebliche Profite in ihrer Rolle als Finanzierungsarrangeure. Dementsprechend hat sich seit Beginn der Finanzkrise im Sommer 2007 gezeigt, wie stark fremdfinanzierte Ausschüttungen vom Kapitalmarkt abhängig sind. Die zunehmende Risikoscheu der Kreditgeber, Unternehmensakquisitionen zu günstigen Konditionen zu finanzieren, führte zuletzt auch zu einem erheblichen Rückgang der durchgeführten Rekapitalisierungen.

Die Durchführung von Leveraged Recap Transaktionen wirft nicht nur gesellschafts-, finanz- und handelsrechtliche Fragen auf, sondern erfordert die Berücksichtigung zahlreicher steuerrechtlicher Implikationen.[1348] Fremdfinanzierte Ausschüttungen (Rekapitalisierungen) zeichnen sich durch eine bestimmte Struktur aus. Dabei sind nachteilige Effekte zu

---

[1342] Seibt, ZHR 171 (2007), 282 (289); Leyendecker/Rödding/Kalb in: Eilers/Koffka/Mackensen, Private Equity, S. 406.

[1343] In der LBO-Praxis sind meistens geschlossene Private Equity Fonds üblich. Diese zeichnen sich durch eine begrenzte Laufzeit (i.d.R. 10 Jahre) sowie durch ein im Voraus definiertes Vermögen aus. Vgl. Raupach/Weiss in: Hölters, Handbuch des Unternehmens- und Beteiligungskaufs, S. 301–390, Rn. 63. Darüber hinaus haben Ausschüttungen an die Investoren während der Laufzeit erheblichen Einfluss auf den internen Zinsfuß (Internal Rate of Return – IRR) des Investments. Wirtschaftlich kommt es zu einer vorweggenommenen Vereinnahmung eines Teils des Erlöses aus dem Exit. Vgl. zur Performancemessung von Private Equity Fonds Hielscher/Zelger/Bayer, FR 2003, S. 498; Kraft, Private Equity-Investitionen in Turnarounds und Restrukturierungen, S. 299.

[1344] Vgl. Eilers/Rödding, DB 2005, S. 1591.

[1345] Vgl. Leyendecker/Rödding/Kalb in: Eilers/Koffka/Mackensen, Private Equity, S. 406 ff. – dort auch zu den positiven Auswirkungen auf den Internal Rate of Return. Eingehend zu den betriebswirtschaftlichen und wohlfahrtsökonomischen Überlegungen auch Seibt, ZHR 171 (2007), 282 (283 ff.).

[1346] Vgl. Mittendorfer, Praxishandbuch der Akquisitionsfinanzierung, S. 116.

[1347] Vgl. Tcherveniachki, M & A – Review 2008, S. 351.

[1348] Vgl. Leyendecker/Rödding/Kalb in: Eilers/Koffka/Mackensen, Private Equity, S. 405 ff.; vgl. auch Tcherveniachki, Kapitalgesellschaften und Private Equity Fonds, S. 298 ff.

## 4. Teil. Beteiligungsstrukturierung   § 13 Fragen der Akquisitionsfinanzierung

vermeiden, die aus einer Besteuerung der Dividenden, der Erhebung von Quellensteuern, Untergang von Verlustvorträgen oder auch der Besteuerung von Restrukturierungsgewinnen entstehen können. Weitere steuerrechtliche Risiken drohen aus der Anwendung der den Abzug von Fremdfinanzierungsaufwendungen einschränkenden Regelungen.[1349] Gesellschaftsrechtlich hat die das Fremdkapital aufnehmende Gesellschaft insbesondere die Kapitalerhaltungsgrundsätze (§§ 30, 31 GmbHG, § 57 AktG) zu beachten, während die Gesellschafter die von der Rechtsprechung entwickelten Grundsätze des existenzvernichtenden Eingriffs in ihre Überlegungen einzubeziehen haben.

### 6.2. Struktur der Leveraged Recap
#### 6.2.1. Ablauf der Leveraged Recap

Um die Leveraged Recap zu veranschaulichen, wird auf die in nachstehender Abbildung dargestellte typische Beteiligungsstruktur zurückgegriffen. Dabei wird angenommen, dass ein Private Equity Fonds seine Aktivitäten in einer in Luxemburg ansässigen Kapitalgesellschaft (LuxCo) gebündelt hat.

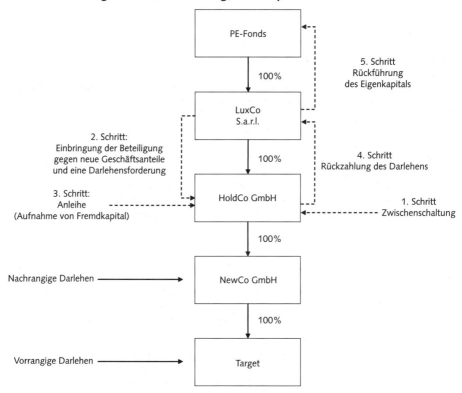

**Abbildung: Ablauf einer Leveraged Re-Capitalization**[1352]

---

[1349] Vgl. dazu oben unter Abschnitt 2.
[1350] Entnommen aus Tcherveniachki, Kapitalgesellschaften und Private Equity Fonds, S. 299.

## 6.2.1.1. Gründung einer Zwischenholding

LuxCo gründet in einem ersten Schritt eine deutsche Erwerbsholding (NewCo) in der Rechtsform einer GmbH, die 100% der Anteile an einer deutschen Zielgesellschaft (Target) erwirbt. Den Kaufpreis finanziert die NewCo mit Eigenkapital sowie Bankkrediten, deren Tilgungs- und Zinszahlungen aus der Ertragskraft der Zielgesellschaft bedient werden. Die Fremdfinanzierung auf Ebene der Zielgesellschaft ist gegenüber den Bankkrediten vorrangig besichert, da die Sicherheiten unmittelbar aus dem Vermögen der Zielgesellschaft bestellt wurden. Die Bankkredite der NewCo wurden hingegen mit den Geschäftsanteilen an dem Target besichert.

Ist eine weitere gleich- oder nachrangige Finanzierung auf Ebene der NewCo aufgrund der Finanzierungsdokumentation nicht mehr möglich,[1351] so wird im ersten Schritt eine neue Finanzierungsgesellschaft (HoldCo) in der Rechtsform einer GmbH – in der Regel mit dem Mindestkapital von 25.000 € – zwischen der LuxCo und der NewCo errichtet.[1352] Aus Sicht der Gläubiger des Portfoliounternehmens sowie der NewCo ist dieser Schritt in der Regel unproblematisch, da ihre Forderungen gegenüber den Forderungen der Gläubiger der HoldCo strukturell vorrangig sind (Strukturelle Subordination).[1353]

## 6.2.1.2. Einbringung der Beteiligung an NewCo

Im zweiten Schritt bringt die LuxCo ihre Beteiligung an der NewCo in die HoldCo ein.[1354] Handelsrechtlich kann dies entweder durch eine Ausgliederung gem. § 123 Abs. 3 UmwG oder im Wege der Einzelrechtsnachfolge erfolgen. Voraussetzung hierfür ist, dass der einbringende Rechtsträger neue Gesellschaftsrechte am übernehmenden Rechtsträger erhält. Beide Vorgänge werden steuerlich unter dem Begriff der Einbringung gem. § 21 UmwStG subsumiert, die unter bestimmten Voraussetzungen steuerneutral erfolgen kann. Als Gegenleistung erhält die übertragende LuxCo neue Anteile an der übernehmenden HoldCo (Anteilstausch) und eine Darlehensforderung (genauer: eine gestundete Kaufpreisforderung).[1355] Dies stellt handelsrechtlich einen Sachkapitalerhöhungsvorgang dar, weshalb sich die Anschaffungskosten der eingebrachten Anteile bei der übernehmenden Kapitalgesellschaft nach den Grundsätzen zur Bewertung einer Sacheinlage ermitteln.[1356] Handelt es sich um eine Ausgliederung im Sinne von § 123 Abs. 3 UmwG, kommt § 24 UmwG zur Anwendung, wonach neben dem Ansatz der Anschaffungskosten grundsätzlich auch ein Buchwertansatz möglich ist. Im Falle einer Einbringung im Wege der Einzelrechtsnachfolge ist hingegen die Anwendung des § 24 UmwG ausgeschlossen, so dass die handelsrechtliche Bewertung nach allgemeinen Grundsätzen vorzunehmen ist. Im Ergebnis ist die Beteiligung der LuxCo an der NewCo in der Bilanz der HoldCo mit dem Zeitwert anzusetzen.[1357] Dies ist insoweit auch sinnvoll, als eine Auskehrung der Refinanzierungserlöse aus der im nachfolgenden vierten Schritt vorzunehmenden Fremdkapitalaufnahme an die LuxCo nur dann möglich ist, wenn die in den eingebrachten Anteilen enthaltenen stillen Reserven aufge-

---

[1351] Dies wird regelmäßig der Fall sein, vgl. von Rosenberg/Rüßmann, DB 2006, 1303 (1304).
[1352] Insoweit sind freilich etwaige nachrangige grunderwerbsteuerliche Konsequenzen zu berücksichtigen.
[1353] Die Gläubiger der HoldCo haben gegenüber den Gläubigern der Zielgesellschaft und der NewCo einen strukturellen Nachrang. Dies ergibt sich aus den Besonderheiten der mehrfachen Holdingstruktur. Je weiter die Gläubiger von der operativen Zielgesellschaft entfernt sind, desto größer wird ihr struktureller Nachrang.
[1354] Als Alternative kommt auch die konzerninterne Veräußerung der Beteiligung in Betracht. Vgl. Leyendecker/Rödding/Kalb in: Eilers/Koffka/Mackensen, Private Equity, S. 416 ff.
[1355] Vgl. von Rosenberg/Rüßmann, DB 2006, 1303 (1304).
[1356] Vgl. Knop/Küting, BB 1995, 1024.
[1357] Vgl. Eilers/Rödding, DB 2005, 1593; Leyendecker/Rödding/Kalb in: Eilers/Koffka/Mackensen, Private Equity, S. 414 ff. m.w.N.

**4. Teil. Beteiligungsstrukturierung**   § 13 Fragen der Akquisitionsfinanzierung

deckt werden. Zur Ermittlung des Zeitwerts der Beteilung ist ein Bewertungsgutachten eines Wirtschaftsprüfers gem. IDW RS HFA 10 einzuholen.[1358]
Steuerlich sind die eingebrachten Anteile nach § 21 Abs. 1 Satz 1 UmwStG mit dem gemeinen Wert anzusetzen.[1359] Mit dem gemeinen Wert wird nach § 9 Abs. 2 BewG der Preis bestimmt, der im gewöhnlichen Geschäftsverkehr nach der Beschaffenheit des Wirtschaftsguts bei einer Veräußerung zu erzielen wäre (Einzelveräußerungspreis), so dass der gemeine Wert marktpreisabhängig ist. Damit unterscheidet sich der gemeine Wert der eingebrachten Anteile nicht vom einschlägigen Zeitwert. Die Einbringung zum gemeinen Wert führt zu einem Veräußerungsgewinn in Höhe der Differenz zwischen dem gemeinen Wert und dem Buchwert der eingebrachten Anteile, der nach § 8b Abs. 2 Satz 3 KStG freigestellt wird.[1360] Nach § 8b Abs. 3 KStG gelten jedoch 5% als nicht abzugsfähige Betriebsausgaben, die der Gewerbesteuer und der Körperschaftsteuer unterliegen. Befindet sich aber die einbringende Kapitalgesellschaft im Ausland, so gelten Einbringungsgewinne nach § 49 Abs. 1 Nr. 2 Buchst. e EStG i.V.m. § 17 EStG als beschränkt steuerpflichtige Einkünfte aus Gewerbebetrieb. Nach Art. 8 Abs. 1 DBA-Luxemburg wird das Besteuerungsrecht für den Einbringungsgewinn im vorliegenden Modell ausschließlich Luxemburg zugewiesen. Voraussetzung einer Anwendung des DBA ist allerdings, dass sich die LuxCo nicht als so genannte Basisgesellschaft i.S.d hierzu entwickelten Grundsätze der Finanzverwaltung qualifiziert.[1361] Letzteres ist bereits beim Aufsetzen der Struktur indes durch entsprechende Strukturierung zu vermeiden. Nach luxemburgischem Steuerrecht würde der Einbringungsgewinn steuerfrei bleiben, wenn die LuxCo ihre Anteile an der deutschen NewCo mindestens 12 Monate gehalten hat und die Beteiligung mindestens 10% des Stammkapitals beträgt oder die Anschaffungskosten mindestens 1,2 Mio. € betragen.[1362] Letzteres wird im Regelfall vorliegen, da die Leveraged Recap i.d.R. zwei bis drei Jahre nach dem Erwerb der Unternehmensbeteiligung stattfindet.[1363] Im Ergebnis wird durch die Einschaltung der LuxCo die steuerliche Belastung von 5% der aufgedeckten stillen Reserven vermieden.[1364]

Die einbringende LuxCo erhält als Gegenleistung nicht nur neue Geschäftsanteile an der HoldCo, sondern auch eine Darlehensforderung in Höhe des Betrags, der später an die Gesellschafter der LuxCo (d. h. die Investoren) ausgeschüttet werden soll. Die Differenz zwischen dem Zeitwert der Beteiligung einerseits und der Summe aus dem Nominalbetrag der neuen Geschäftsanteile und der Darlehensforderung andererseits wird gem. § 272 Abs. 2 Nr. 4 HGB in die Kapitalrücklagen der HoldCo eingestellt. Gesellschaftsrechtlich wäre es denkbar, anstelle der Darlehensforderung die Kapitalrücklage in der entsprechenden Höhe

---

[1358] Die IDW Stellungnahme zur Bewertung von Beteiligungen, IDW RS HFA 10, basiert größtenteils auf den im IDW S 1 vorgesehenen Bewertungsgrundsätzen und Bewertungsverfahren (Ertragswert- bzw. DCF-Verfahren).
[1359] Soweit es sich um einen qualifizierten Anteilstausch handelt und keine sonstigen Gegenleistungen gewährt werden, können gem. § 21 Abs. 1 Satz 2 UmwStG auf Antrag auch der Buchwert oder der Zwischenwert angesetzt werden. Ein qualifizierter Anteilstausch liegt dabei vor, wenn die übernehmende Gesellschaft nach Einbringung die Stimmrechtsmehrheit an der Gesellschaft hat, deren Anteile eingebracht wurden.
[1360] Vgl. Dötsch/Pung in: Dötsch/Jost/Pung/Witt, Die Körperschaftsteuer, § 8b KStG Rn. 38.
[1361] Vgl. dazu Leyendecker/Rödding/Kalb in: Eilers/Koffka/Mackensen, Private Equity, S. 441 f. m.w.N.
[1362] Leyendecker/Rödding/Kalb in: Eilers/Koffka/Mackensen, Private Equity, S. 441; Jacobs, Internationale Unternehmensbesteuerung, S. 845.
[1363] Die Fremdkapitalgeber stimmen einer Leveraged Recap zu, wenn sich der Unternehmenswert der Portfoliogesellschaft seit der Akquisition erhöht hat, so dass – bei gleichbleibender Fremdverschuldung des Portfoliounternehmens – zugleich der Wert des von den Investoren eingesetzten Eigenkapitals (Equity Value) gestiegen ist. Vgl. Leyendecker/Rödding/Kalb in: Eilers/Koffka/Mackensen, Private Equity, S. 407.
[1364] Angesichts der hohen Beträge ist dieser Umstand nicht zu vernachlässigen. So entsprechen 5% des Einbringungsgewinns im nachfolgenden Beispiel einem Betrag von 20 Mio. € (5% von 400 Mio. €).

zusätzlich nach § 272 Abs. 2 Nr. 1 HGB zu dotieren.[1365] Steuerrechtlich liegt in diesem Fall nach Ansicht der Finanzverwaltung – soweit das Nennkapital überstiegen wird – ein Zugang in das steuerliche Einlagekonto vor.[1366] Die Rückgewähr von Beständen aus dem steuerlichen Einlagekonto an die Gesellschafter stellt gem. § 20 Abs. 1 Nr. 1 Satz 3 EStG keine steuerbare Einnahme dar. Dementsprechend wäre denkbar, die Erlöse aus der Fremdkapitalaufnahme aus dem steuerlichen Einlagekonto der HoldCo auszuschütten, ohne dabei eine Quellensteuerbelastung in Deutschland auszulösen. § 27 Abs. 1 Satz 3 KStG schränkt allerdings den Direktzugriff auf das steuerliche Einlagekonto insofern ein, als Leistungen der Kapitalgesellschaft (Einlagenrückgewähr), mit Ausnahme der Rückzahlung von Nennkapital i.S.d. § 28 Abs. 2 Satz 2 KStG, das steuerliche Einlagekonto unabhängig von ihrer handelsrechtlichen Einordnung nur unter der Voraussetzung mindern, dass sie den auf den Schluss des vorangegangenen Wirtschaftsjahres ermittelten ausschüttbaren Gewinn übersteigen. Als ausschüttbarer Gewinn gilt dabei gem. § 27 Abs. 1 Satz 4 KStG das um das gezeichnete Kapital geminderte in der Steuerbilanz ausgewiesene Eigenkapital abzgl. des Bestands des steuerlichen Einlagekontos. Soweit die Ausschüttung nicht aus dem steuerlichen Einlagekonto stammt, wird sie aber eine Quellensteuer in Deutschland auslösen. In diesem Zusammenhang ist davon auszugehen, dass die LuxCo regelmäßig Schwierigkeiten haben wird, die verschärften Substanzvoraussetzungen gem. § 50d Abs. 3 EStG zu erfüllen, so dass eine Freistellung von der Quellensteuer ggf. nicht möglich sein wird[1367].

### 6.2.1.3. Anleihenemission

Im dritten Schritt emittiert die HoldCo eine Anleihe in Höhe der Darlehensforderung. Dabei werden die Laufzeit dieser Anleihe sowie die entsprechende Bedienung der Zinsen so ausgestaltet, dass sämtliche damit einhergehenden Zahlungen erst nach Ablösung der bereits auf Ebene der Zielgesellschaft und der NewCo aufgenommenen Verbindlichkeiten fällig werden (sog. *Bullet Maturity*).[1368] Alternativ kann die Leveraged Recap auch auf Ebene der Newco stattfinden, indem diese nachrangige Schuldverschreibungen ausgibt. Dies setzt allerdings voraus, dass solche Verbindlichkeiten auf Ebene der NewCo nicht bereits bestehen.[1369]

### 6.2.1.4. Auskehrung der Liquidität

Die durch die Ausgabe der Anleihe generierte Liquidität wird im vierten Schritt zur Begleichung der Darlehensforderung der LuxCo verwendet. Diese kann wiederum im fünften Schritt die empfangenen Barmittel an ihre Anteilseigner ausschütten.

### 6.2.2. Zusammenfassendes Beispiel einer Leveraged Recap

Nachfolgend wird der dargestellte Ablauf einer Leveraged Recap anhand eines einfachen Beispiels veranschaulicht.[1370]

### 1. Schritt: Zwischenschaltung einer HoldCo

Die LuxCo ist eine 100%ige Tochtergesellschaft eines ausländischen Private Equity Fonds. Sie hält eine 100%ige Beteiligung an einer deutschen NewCo, die ihrerseits 100% der Anteile an einer deutschen Zielgesellschaft erworben hat. Der Buchwert der Beteiligung der LuxCo an der NewCo entspricht somit dem Eigenkapitaleinsatz des ausländischen Private Equity Fonds. Zur Durchführung einer Leveraged Recap gründet die LuxCo

---

[1365] Vgl. von Rosenberg/Rüßmann, DB 2006, 1303 (1304).
[1366] Vgl. Bundesministerium der Finanzen: Schreiben v. 4. Juni 2003, IV A 2 – S 2836 – 2/03, BStBl I 2003, S. 366, Rn. 6; Bundesministerium der Finanzen: Schreiben v. 16. Dezember 2003, IV A2 – S 1978 –16/03, BStBl 1 2003, S. 786, Rn. 20. Siehe auch Eilers/Rödding, DB 2005, 1591 (1593).
[1367] Vgl. dazu bereits ausführlich oben Abschnitt 3.3. und Abschnitt 5.2.
[1368] Vgl. von Rosenberg/Rüßmann, DB 2006, 1303 (1305).
[1369] Vgl. Eilers/Rödding, DB 2005, 1591.
[1370] Vgl. dazu Tcherveniachki, Kapitalgesellschaften und Private Equity Fonds, S. 303 ff.; von Rosenberg/Rüßmann, DB 2006, 1303 ff.

## 4. Teil. Beteiligungsstrukturierung  § 13 Fragen der Akquisitionsfinanzierung

eine HoldCo als Finanzierungsgesellschaft in Deutschland und stattet diese lediglich mit dem erforderlichen Mindesteigenkapital in Höhe von 25.000 € aus.

| LuxCo (in Mio. €) | | | |
|---|---|---|---|
| Aktiva | | Passiva | |
| Anteile an NewCo | 200 | Stammkapital | 0,1 |
| Anteile an HoldCo | 0,025 | Kapitalrücklage | 199,925 |
| | 200,025 | | 200,025 |
| **HoldCo (in Mio. €)** | | | |
| Aktiva | | Passiva | |
| Bank | 0,025 | Stammkapital | 0,025 |
| | 0,025 | | 0,025 |

### 2. Schritt: Einbringung der Beteiligung der LuxCo an der NewCo in die HoldCo

Um die Leveraged Recap zu ermöglichen, bringt die LuxCo ihre Beteiligung an der NewCo in die HoldCo zum Zeitwert (600 Mio. €) ein. Annahmegemäß sind in der Zeit nach dem Erwerb der deutschen Zielgesellschaft stille Reserven entstanden. Diese werden im Rahmen der Einbringung aufgedeckt. Als Gegenleistung erhält die LuxCo neue Geschäftsanteile an der HoldCo im Wert von 75.000 € sowie eine Darlehensforderung in Höhe der aufgedeckten stillen Reserven in Höhe von 400 Mio. €. Der Differenzbetrag in Höhe von 199,925 Mio. € wird der Kapitalrücklage der HoldCo zugeführt.

| LuxCo (in Mio. €) | | | |
|---|---|---|---|
| Aktiva | | Passiva | |
| Anteile an HoldCo | 200,025 | Stammkapital | 0,1 |
| Darlehensforderung | 400,000 | Kapitalrücklage | 599,925 |
| | 600,025 | | 600,025 |
| **HoldCo (in Mio. €)** | | | |
| Aktiva | | Passiva | |
| Anteile an NewCo | 600,000 | Stammkapital | 0,1 |
| Bank | 0,025 | Kapitalrücklage | 199,925 |
| | | Darlehensverbindlichkeit | 400,000 |
| | 600,025 | | 600,025 |

### 3. Schritt: Ausgabe einer Anleihe von der HoldCo

Angesichts der durch die Einbringung entstandenen Darlehensverbindlichkeit gibt die HoldCo eine unbesicherte Anleihe mit einer Laufzeit von 10 Jahren aus.

| HoldCo (in Mio. €) | | | |
|---|---|---|---|
| Aktiva | | Passiva | |
| Anteile an NewCo | 600,000 | Stammkapital | 0,1 |
| Bank | 400,025 | Kapitalrücklage | 199,925 |
| | | Darlehensverbindlichkeit | 400,000 |
| | | Anleihe | 400,000 |
| | 1.000,025 | | 1.000,025 |

### 4. Schritt: Rückzahlung der Darlehensforderung
Durch die Anleihe werden die Mittel zur Rückzahlung der Darlehensverbindlichkeit gegenüber der LuxCo generiert.

| LuxCo (in Mio. €) | | | |
|---|---|---|---|
| Aktiva | | | Passiva |
| Anteile an HoldCo | 200,025 | Stammkapital | 0,1 |
| Bank | 400,000 | Kapitalrücklage | 599,925 |
| | 600,025 | | 600,025 |
| HoldCo (in Mio. €) | | | |
| Aktiva | | | Passiva |
| Anteile an NewCo | 600,000 | Stammkapital | 0,1 |
| Bank | 0,025 | Kapitalrücklage | 199,925 |
| | | Anleihe | 400,000 |
| | 600,025 | | 600,025 |

### 5. Schritt: Rückführung des Eigenkapitals
Die LuxCo bekommt auf ihr Bankkonto 400 Mio. €, die sie an ihre Anteilseigner ausschütten kann. Damit werden im vorliegenden Fall durch die Leveraged Recap die in der Beteiligung enthaltenen stillen Reserven an den Private Equity Fonds ausgezahlt und zwar unabhängig von einem Exit.

## 6.3. Gesellschaftsrechtliche Rahmenbedingungen

Wird die HoldCo als eine GmbH gegründet, stellt sich die Frage, ob die Begleichung der Darlehensforderung eine verbotene Auszahlung i.S.d. § 30 GmbHG darstellt.[1371] Bei der Beurteilung dieser Frage ist nicht nur auf den Teil der eingebrachten Beteiligung, dessen nominaler Wert der Höhe der Darlehensrückzahlung entspricht,[1372] sondern auf die gesamte Leveraged Recap abzustellen. Diese besteht aus Darlehensforderung, Sachkapitalerhöhung bei der HoldCo sowie Einstellung des verbleibenden Teils der Beteiligung in die Kapitalrücklage der HoldCo gem. § 272 Abs. 2 Nr. 4 HGB. Dementsprechend wäre das Vorliegen eines Drittgeschäfts zu verneinen, da die letzten beiden Komponenten der Leveraged Recap ihre Grundlage im Gesellschaftsverhältnis haben. Die Darlehensrückzahlung wird allerdings das Stammkapital der HoldCo nicht angreifen. Dies lässt sich damit begründen, dass die NewCo mit dem Teil der Beteiligung, der nominal dem Wert des Darlehens entspricht, eine Gegenleistung erhält, die rechnerisch die durch die Darlehensrückzahlung ausgelöste Auszahlung im Sinne von § 30 GmbHG kompensiert. Außerdem kann der in den Kapitalrücklagen nach § 272 Abs. 2 Nr. 4 HGB eingestellte Teil der eingebrachten Beteiligung im Zeitpunkt der Darlehensrückzahlung etwaige Differenzen zwischen der Leistung der LuxCo und der Gegenleistung der HoldCo (etwa aufgrund von Zinsschulden) auffangen. Zu beachten sind in diesem Kontext auch die Änderungen durch das MoMiG, dessen Regelungen am 1.11.2008 in Kraft getreten sind.[1373] Das MoMiG hat zu einer

---

[1371] Vgl. dazu Rosenberg/Rüßmann, DB 2006, 1303 (1306 ff.); Leyendecker/Rödding/Kalb in: Eilers/Koffka/Mackensen, Private Equity, S. 423 ff.

[1372] Stellt man hingegen lediglich auf die Darlehensforderung ab, so lässt sich unter Heranziehung eines Bewertungsgutachtens gem. IDW S 1 i.V.m. IDW RS HFA 10 ein Drittgeschäft annehmen. Die LuxCo hätte den Teil der Beteiligung, der der Darlehensforderung entspricht, auch zu dessen Nominalwert an einen Dritten verkaufen können. Wirtschaftlich betrachtet handelt es sich um einen Beteiligungskauf, bei dem die Kaufpreisforderung gestundet wurde. Vgl. von Rosenberg/Rüßmann, DB 2006, 1306.

[1373] Gesetz zur Modernisierung des GmbH-Rechts und zur Bekämpfung von Missbräuchen, BGBl. I 2008, 2026 ff.

## 4. Teil. Beteiligungsstrukturierung    § 13 Fragen der Akquisitionsfinanzierung

Neufassung der Regeln zur Kapitalerhaltung geführt. Im Rahmen einer „bilanziellen Betrachtung" regeln § 30 Abs. 1 Satz 2 GmbHG bzw. § 57 Abs. 1 Satz 3 AktG nunmehr, dass eine Leistung keine Auszahlung aus dem zur Erhaltung des Stammkapitals erforderlichen Vermögen darstellt, soweit sie durch einen vollwertigen Gegenleistungs- oder Rückgewähranspruch gedeckt ist. Dies gilt auch für Leistungen „bei Bestehen" eines Beherrschungs- oder Gewinnabführungsvertrags.

Die Leveraged Recap kann bei einer GmbH-Finanzierungsholding ferner im Hinblick auf die Regelungen zum existenzvernichtenden Eingriff[1374] Probleme bereiten.[1375] So löst zunächst die Rückzahlung des Darlehens einen erheblichen Liquiditätsabfluss aus, der zur (späteren) Zahlungsunfähigkeit der HoldCo führen kann. Des Weiteren sind während der Laufzeit der Anleihe Rückstellungen für die angelaufenen Zinsen zu bilden, die eine Überschuldung i.S.d. § 19 InsO bei der HoldCo herbeiführen können.[1376] Dies kann im Übrigen auch durch eine außerplanmäßige Abschreibung auf den Beteiligungsbuchwert der NewCo verursacht werden. Schließlich kann eine Zahlungsunfähigkeit der HoldCo i.S.v. § 17 InsO spätestens am Ende der Laufzeit der Anleihe eintreten, wenn die Gesellschaft liquide Mittel zur Rückzahlung des Nominalwerts der Anleihe zzgl. der kumulierten Zinsen benötigen wird.[1377] Letztere können aufgrund der hohen Verzinsung von unbesicherten Anleihen ein Mehrfaches des Nominalbetrags der Anleihe betragen.

Aus den vorstehenden Gründen setzt die Umsetzung der Leveraged Recap bei der fremdfinanzierten Unternehmensgruppe eine weitere Verschuldungsfähigkeit, einen zuverlässigen und hohen Cashflow, eine starke Marktposition sowie eine solide Unternehmensführung voraus, damit einerseits die finanzierenden Gläubiger bereit sind, der HoldCo Fremdmittel zur Verfügung zu stellen,[1378] und andererseits der Gefahr eines existenzvernichtenden Eingriffs vorgebeugt wird.[1379]

---

[1374] Die Existenzvernichtungshaftung hatte der BGH mit der Entscheidung „Bremer Vulkan" (BGH, Urteil v. 17. September 2001, II ZR 178/99 BGHZ 149, 10) aus dem Jahr 2001 entwickelt und in der KBV-Entscheidung 2002 (BGH v. 24. Juni 2002, II ZR 300/00, BGHZ 151, 181 (186 f.)) dogmatisch als Fall der Durchgriffshaftung beurteilt. In der Trihotel-Entscheidung (BGH, Urteil v. 16. Juli 2007, II ZR 3/04, BGHZ 173, 246) ordnet der BGH die Haftung wegen existenzvernichtenden Eingriffs nunmehr als Fallgruppe von § 826 BGB ein, die allerdings durch die Gesellschaft geltend zu machen ist (sog. Innenhaftung). Zur Neufassung des § 57 Abs. 1 S. 3 AktG siehe die MPS Entscheidung des BGH, Urteil v. 1. Dezember 2008, II ZR 102/07, WM 2009, 78 und dazu Altmeppen, ZIP 2009, 49; Cahn, Der Konzern 2009, 67; Habersack, ZGR 2009, 347.
[1375] Vgl. Leyendecker/Rödding/Kalb in: Eilers/Koffka/Mackensen, Private Equity, S. 429.
[1376] Vgl. von Rosenberg/Rüßmann, DB 2006, 1303, (1308).
[1377] Vgl. von Rosenberg/Rüßmann, DB 2006, 1303 (1308).
[1378] Vgl. Eilers/Rödding, DB 2005, 1591.
[1379] Dazu, welche Anforderungen an die sorgfältige Geschäftsführung der HoldCo zu stellen sind, vgl. eingehend von Rosenberg/Rüßmann, DB 2006, 1303 (1308 ff.); Seibt, ZHR 171 (2007), 282 (309); Leyendecker/Rödding/Kalb in: Eilers/Koffka/Mackensen, Private Equity, S. 429 ff.

# § 14 Beteiligungscontrolling

| Übersicht | Seite |
|---|---|
| 1. Einleitung | 339 |
| 2. Begriffsabgrenzungen und Definitionen | 340 |
|    2.1. Skizzierung des Private Equity Geschäftsmodells | 340 |
|    2.2. Begriff des Beteiligungscontrolling in Private Equity Gesellschaften | 341 |
|       2.2.1. Abgrenzung zum allgemeinen Controllingbegriff | 341 |
|       2.2.2. Merkmale des Private Equity Beteiligungscontrolling | 341 |
|       2.2.3. Abgrenzung des Private Equity Beteiligungscontrolling gegenüber dem Beteiligungscontrolling aus Konzernsicht | 343 |
| 3. Aufgaben des Private Equity Beteiligungscontrolling in den unterschiedlichen Investmentphasen | 343 |
|    3.1. Aufgaben des Private Equity Beteiligungscontrolling in der Investitionsphase | 344 |
|       3.1.1. Allgemeine Aufgaben und Zielsetzungen | 344 |
|       3.1.2. Ergebnisse der Investitionsphase | 344 |
|       3.1.3. Wertsteigerungskonzept/Finanzplan für das Portfolio-Unternehmen | 345 |
|       3.1.4. Maßnahmenplan („6-Monatsplan") für das Portfolio-Unternehmen | 347 |
|    3.2. Aufgaben des Private Equity Beteiligungscontrolling in der Betreuungsphase | 347 |
|       3.2.1. Abweichungsanalyse/Laufender Soll-/Ist-Vergleich | 347 |
|       3.2.2. Dem Private Equity Controller kommen in dieser Phase somit drei wesentliche Aufgabenbereiche zu | 348 |
|    3.3. Aufgaben des Private Equity Beteiligungscontrolling in der Exitphase | 348 |
| 4. Wichtige Instrumente des Private Equity Beteiligungscontrolling | 349 |
|    4.1. Einordnung | 349 |
|    4.2. Wesentliche Kennzahlen des Private Equity Beteiligungscontrolling zur Informationsgewinnung | 351 |
|       4.2.1. Kennzahlen der Liquidität und Kapitalverzinsung | 351 |
|       4.2.2. Weitere Kennzahlen des Private Equity Controlling | 352 |
|       4.2.3. Zusammenfassung wesentlicher Kennzahlen des Private Equity Beteiligungscontrolling | 353 |
|    4.3. Informationsaufbereitung im Portfoliobericht | 353 |
|       4.3.1. Überblick und Zusammenfassung | 354 |
|       4.3.2. Kennzahlensystem | 355 |
|    4.4. Informationsverdichtung im Controlling-Gespräch | 358 |
| 5. Erfolgsfaktoren des Private Equity Beteiligungscontrolling aus Anwendersicht | 360 |
|    5.1. Aufhebung Informationsasymmetrien zwischen Management des Beteiligungsunternehmens und der Private Equity Gesellschaft | 360 |
|    5.2. Konsequenz der Kontrolle/Effiziente Verzahnung der Controlling-Instrumente | 361 |
|    5.3. Funktionale Träger des Beteiligungscontrolling | 361 |
| 6. Fazit | 362 |

## 1. Einleitung

In dem aktuellen Wettbewerbsumfeld turbulenter Finanzmärkte und der anhaltenden Finanzkrise, welche für Private Equity Unternehmen vor allem durch erhöhte Risiken der Investments und erschwerte Desinvestments gekennzeichnet ist, wird ein systematisches und effizientes Controlling der eingegangenen Beteiligungen zum entscheidenden Erfolgsfaktor für die Performance der investierenden Fonds und das Private Equity Unternehmen selbst. Dieser Aspekt tritt derzeit umso mehr in den Vordergrund, da aufgrund der Finanzkrise tendenziell eine Abnahme der Dealgrößen zu beobachten ist, die auch bei größeren Private Equity Gesellschaften zu einer höheren Heterogenität und Granularität der Fondsportfolien führt.

Während das allgemeine Controlling eine breite methodische Fundierung in der betriebswirtschaftlichen Lehre findet, wurde den spezifischen praxisorientierten Fragestel-

# 4. Teil. Beteiligungsstrukturierung  § 14 Beteiligungscontrolling

lungen des Controlling der Beteilungen von Private Equity Unternehmen in der Literatur bislang eher untergeordnete Aufmerksamkeit gewidmet. Im vorliegenden Beitrag werden deshalb wesentliche Aufgaben und Instrumente des Beteiligungscontrolling von Private Equity Unternehmen dargestellt, sowie Erfolgsfaktoren aus Praxissicht diskutiert.

Die weiteren Ausführungen dieses Beitrags gliedern sich wie folgt. Kapitel 2 liefert grundlegende Begriffsabgrenzungen und Definitionen. Im Kapitel 3 werden wichtige Aufgaben des Private Equity Beteiligungscontrolling im Kontext des Beteiligungslebenszyklus einer Unternehmensbeteiligung dargestellt. Im Kapitel 4 werden wesentliche Instrumente des Private Equity Beteiligungscontrolling vertieft. Kapitel 5 fasst Erfolgsfaktoren des Private Equity Beteiligungscontrolling aus Praxissicht zusammen, die im Kontext der vorangehenden Kapitel diskutiert wurden. Der Beitrag schliesst mit einem Fazit im Kapitel 6.

## 2. Begriffsabgrenzungen und Definitionen

### 2.1. Skizzierung des Private Equity Geschäftsmodells

Unter Private Equity wird allgemein eine Art der Unternehmensfinanzierung verstanden, bei der Unternehmen in verschiedenen zeitlichen Entwicklungsphasen mittel- bis langfristiges Risikokapital bereitgestellt wird.[1380] Private Equity Gesellschaften übernehmen dabei häufig eine aktive Rolle bezüglich der Betreuung und Kontrolle der Beteiligungsunternehmen und leisten ggf. auch Managementunterstützung.[1381] Als Hauptmotiv der Investmententscheidung der Private Equity Gesellschaft steht die Realisierung eines Kapitalgewinns durch eine spätere Veräusserung der Beteiligung im Vordergrund. Typischerweise beträgt der geplante Investitionszeitraum dabei drei bis acht Jahre. Oberstes Ziel der Beteiligung ist es, die Wertsteigerungspotenziale, die zum Zeitpunkt der Investition identifiziert wurden, in der Zeit bis zum Verkauf erfolgreich umzusetzen.

Da sich der Markt für Private Equity Beteiligungen als wenig liquide und transparent angesehen werden kann, bündeln Private Equity Gesellschaften die Finanzkraft verschiedener Investoren in einem Fonds, der dann in die verschiedenen Portfolio-Unternehmen investiert. Die Private Equity Gesellschaft besitzt folglich eine Intermediationsfunktion zwischen den kapitalgebenden Investoren einerseits und den kapitalsuchenden Portfolio-Un-

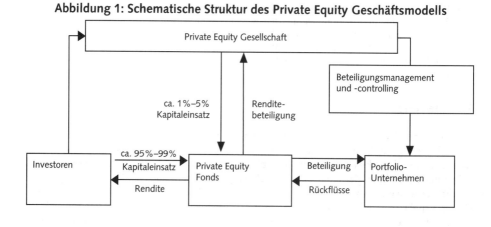

Abbildung 1: Schematische Struktur des Private Equity Geschäftsmodells

---

[1380] Vgl. z. B. Groh (2004).
[1381] Vgl. z. B. Bader (1996).

ternehmen andererseits. Jede Investition in ein Unternehmen wird dabei „standalone" betrachtet, die sich eigenständig rechnen muss.[1382] Aus Sicht der Investoren soll dabei aufgrund der Risikostreuung in einem Beiteiligungsfonds eine maximale Rendite bei begrenztem Risiko erreicht werden.

Es besteht auch bei Private Equity Fonds eine strikte rechtliche Trennung zwischen den Private Equity Fonds und der Private Equity Gesellschaft an sich. Die folgende Abbildung fasst schematisch die Struktur des Private Equity Geschäftsmodells zusammen und ordnet das Beteiligungsmanagement und -controlling ein:[1383]

## 2.2. Begriff des Beteiligungscontrolling in Private Equity Gesellschaften

Wie bereits in der Einleitung skizziert, findet der Begriff des Private Equity Beteiligungscontrolling in der betriebswirtschaftlichen Literatur keine spezifische Definition. Im Folgenden wird daher ausgehend von Begriffen und Kennzahlen des allgemeinen Controlling eine begriffliche Eingrenzung auf die spezifischen Erfordernisse des Private Equity Beteiligungscontrolling vorgenommen. Zudem erfolgt eine Abgrenzung zu dem gängigeren Begriffs des Beteiligungscontrolling im Sinne des Konzerncontrolling.

### 2.2.1. Abgrenzung zum allgemeinen Controllingbegriff

Der allgemeine Begriff des **Controlling** ist dem Angelsächsischen angelehnt und bedeutet sinngemäß Beherrschung, Lenkung und Steuerung eines Vorganges.[1384] Controlling wird häufig definiert als dasjenige Subsystem der Führung, das Planung und Kontrolle sowie Informationsversorgung systembildend koordiniert. Als weitere Aufgabe des Controlling kann die Beschaffung und Interpretation von Informationen einbezogen werden. Das Controlling soll allen am Zielprozess des Unternehmens beteiligen Instanzen Instrumente und Informationen zur Verfügung stellen, damit sie ihre Rolle im Zielerreichungsprozess ausüben können. Es handelt sich somit um eine enge Zusammenarbeit des Controlling mit anderen Management-Teilsystemen wie den Organisations-, Führungs- und Informationssystemen.

Für den Begriff des Beteiligungscontrolling existiert keine einheitliche Begriffskonzeption. Im Zusammenhang mit dem Beteiligungscontrolling durch Private Equity Unternehmen wird häufig der Aspekt der Rationalitätssicherung der Führung in den Vordergrund gestellt, in dem das Controlling vor allem eine Management-Unterstützungsfunktion übernimmt. Diese schlägt sich insbesondere in Kontrolle und Beratung des Beteiligungsunternehmens durch die Private Equity Gesellschaft nieder.[1385]

### 2.2.2. Merkmale des Private Equity Beteiligungscontrolling

Bei Private Equity Gesellschaften existieren verschiedene Controlling-Bereiche nach den Steuerungsebenen des Unternehmens. So lassen sich verschiedene Controllingebenen des Gesamtunternehmens, der jeweiligen Fonds und der einzelnen Beteiligungen innerhalb eines Fonds unterscheiden, wie in der Abbildung 2 skizziert wird:

Im Fokus dieses Beitrags steht das Controlling der Beteiligungsunternehmen innerhalb eines Fonds. Das Private Equity Beteiligungscontrolling befaßt sich mit der Steuerung und Kontrolle der einzelnen Beteiligungen eines Private Equity Fonds. Ein Hauptwesensmerkmal des **Private Equity Beteiligungscontrolling** besteht folglich darin, dass jeweils einzelne Unternehmen bzw. Unternehmensgruppen im Fokus des Controlling stehen. Diese Unternehmen sind im Allgemeinen in unterschiedlichen Branchen tätig, befinden sich in verschiedenen Entwicklungsstadien und verfolgen unterschiedliche Strategien. Auch im Kontext des Private Equity ist es die Hauptaufgabe des Beteiligungscontrolling, die Ent-

---

[1382] Vgl. Eitelwein et al. (2008), S. 83.
[1383] Eigene Darstellung in Anlehnung an Bader (1996) und Eitelwein et al. (2008).
[1384] Vgl. hierzu und zum Folgenden z. B. Graumann (2008), Horvath (2004), Küpper (2005).
[1385] Vgl. Eitelwein et al. (2008), S. 85 ff.

## 4. Teil. Beteiligungsstrukturierung § 14 Beteiligungscontrolling

**Abbildung 2: Aufgabenfelder des Controlling in Private Equity Unternehmen**

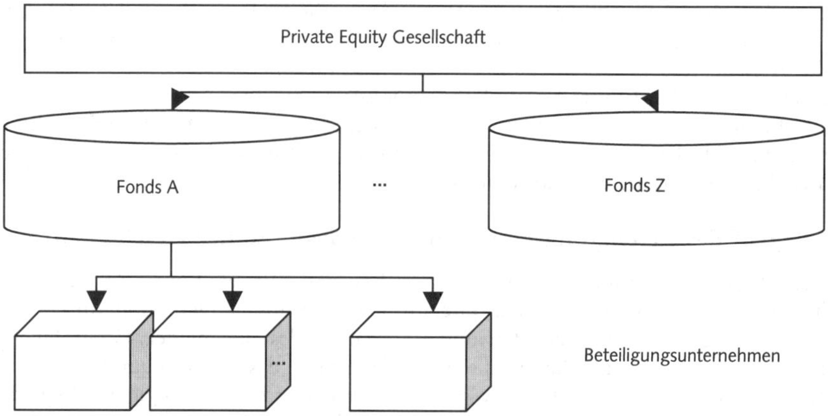

scheidungsträger mit notwendigen Informationen zu versorgen und die getroffenen Entscheidungen kritisch zu hinterfragen. Entsprechend lassen sich dabei nach den zeitlichen Investitionsphasen drei wesentliche Aufgabenfelder ableiten:
1. Investitionsphase: Unterstützung der Analyse und Auswahl geeigneter Investments,
2. Betreuungsphase: Kontrolle der Durchführung der beschlossenen Maßnahmen,
3. Exitphase: Entscheidung über den Exitzeitpunkt und Bewertung.

Das Private Equity Beteiligungscontrolling setzt auf den Daten des Controlling der Beteiligungsgesellschaft auf. Deswegen ist eine wesentliche Aufgabe, dafür zu sorgen, dass deren Controlling den qualitativen und quantitativen Anforderungen der Private Equity Gesellschaft genügt. Eine Herausforderung des Private Equity Beteiligungscontrolling liegt vor allem darin, dass für jedes Portfolio-Unternehmen ein spezifisches Kennzahlensystem entworfen und etabliert werden muss. Hier bewegt sich das Private Equity Beteiligungscontrolling im Spannungsfeld der Heterogenität der betreuten Portfolio-Unternehmen auf der einen Seite und der Notwendigkeit, auf Fondsebene die verschiedenen Unternehmen anhand einheitlicher Kennzahlen zu führen. Ein wesentlicher Anspruch des Private Equity Beteiligungscontrolling liegt somit darin, trotz des im Allgemeinen sehr heterogenen Portfolios eine transparente und schlanke Kennzahlensystematik zu entwickeln und in der Steuerung umzusetzen, die einerseits den individuellen Besonderheiten der betreuten Unternehmen gerecht wird und andererseits in praktikabler Weise eine transparente und ergebnisorientierte Steuerung des Gesamtportfolios erlaubt.[1386]

Die Umsetzung des Beteiligungscontrolling erfolgt in der Praxis durch unterschiedliche Beteiligte. Beispielsweise werden Controllingaufgaben häufig durch das Management-Team der Private Equity Gesellschaft mit übernommen. Teilweise verfügen Private Equity Unternehmen auch über eigene Beteiligungscontrolling-Instanzen, deren Mitarbeiter ausschließlich mit dem Controlling der Beteiligungen beauftragt sind.[1387] Im Fokus dieses Beitrags stehen zunächst die Aufgaben, welche das Private Equity Beteiligungscontrolling zu leisten hat. Der Aspekt der Trägerschaft dieser Funktionen wird im Zusammenhang mit den Erfolgsfaktoren im Kapitel 5 diskutiert.

---

[1386] Vgl. hierzu die weiteren Ausführungen in Abschnitt 4.2.
[1387] Vgl. hierzu Umfrageergebnisse in Eitelwein et al. (2008), S. 95 ff.

### 2.2.3. Abgrenzung des Private Equity Beteiligungscontrolling gegenüber dem Beteiligungscontrolling aus Konzernsicht

In der Literatur wird der Begriff des Beteiligungscontrolling oftmals im Zusammenhang mit Konzernen betrachtet. Dabei wird die Aufgabe des Beteiligungscontrolling gesehen als „Unterstützung für das Management bei der Schaffung einer abgestimmten ergebnisorientierten Steuerung des Gesamtunternehmens und seiner Beteiligungen".[1388] Dabei soll das Beteiligungscontrolling das Führen der Beteiligungen unterstützten, indem es plant, kontrolliert und informiert, inwieweit die Gesellschaften dem Geschäftsbetrieb der Muttergesellschaften dienen und die gesetzten Zeile erreichen.

Im Unterschied dazu zeichnet sich das Beteiligungscontrolling von Private Equity Gesellschaften gerade dadurch aus, dass es auf das einzelne Unternehmen und nicht auf eine übergeordnete Instanz ausgerichtet ist, d. h. durch die Abwesenheit des Konzerns und dessen Zielsystem-Vorgaben.[1389] Die Besonderheit des Private Equity Beteiligungscontrolling gegenüber dem Konzernbeteiligungscontrolling liegt somit darin, dass es nicht um einen direkten Vergleich der unterschiedlichen Portfoliogesellschaften miteinander geht, sondern dass jede einzelne Portfoliogesellschaft für sich betrachtet wird. Somit ist nicht ein Schwesterunternehmen oder eine konzernweit vorgegebene Kennzahl der Vergleichsmaßstab, sondern die Umsetzung des individuellen Wertsteigerungskonzepts, welches die Grundlage der unternehmensspezifischen Investitionsentscheidung im Rahmen der Private Equity Beteiligung gewesen ist. Es geht also darum festzustellen, ob sich die einzelnen Beteiligungsgesellschaften auf den zum Zeitpunkt des Investments definierten Entwicklungspfad befinden oder von diesem abweichen.

Ein wesentlicher Unterschied zwischen Private Equity Beteiligungscontrolling und dem klassischem Konzerncontrolling liegt weiterhin in der geplanten Verweildauer der Beteiligungsunternehmen im Fondsportfolio der Private Equity Gesellschaft. Eine Konzerngesellschaft ist tendenziell langfristig in den Konzernverbund eingebunden. Erst wenn die Konzerngesellschaft entweder nicht mehr in das strategische Portfolio des Konzerns passt, oder wenn sie die Erwartungen langfristig nicht erfüllt, wird es aus dem Konzernverbund ausgeschlossen und veräußert.

### 3. Aufgaben des Private Equity Beteiligungscontrolling in den unterschiedlichen Investmentphasen

Im folgenden Kapitel werden wesentliche Aufgaben des Private Equity Beteiligungscontrolling im Verlauf des Beteiligungslebenszyklus beleuchtet. Nach dem zeitlichen Ablauf eines Beteiligungsinvestments lassen sich die Aktivitäten der Private Equity Gesellschaft in den verschiedenen Investmentphasen wie folgt unterscheiden:
– Investitionsphase:
  Analyse und Auswahl geeigneter Investitionsmöglichkeiten, Beteiligungserwerb und Erarbeitung des Wertsteigerungskonzeptes,
– Betreuungsphase:
  Betreuung des Unternehmens mit dem Ziel der Umsetzung des Wertsteigerungskonzeptes,
– Exitphase:
  Vorbereitung zum Verkauf und Verkauf des Portfoliounternehmens.

Hieraus ergeben sich unterschiedliche Aufgabenschwerpunkte des Private Equity Beteiligungscontrolling innerhalb der verschiedenen zeitlichen Phasen, auf welche in den folgenden Abschnitten eingegangen wird.

---

[1388] Horváth (1997), S. 82.
[1389] Hierbei sei darauf hingewiesen, dass ein einzelnes Beteiligungsunternehmen für sich durchaus eine Konzernstruktur haben kann.

## 3.1. Aufgaben des Private Equity Beteiligungscontrolling in der Investitionsphase

### 3.1.1. Allgemeine Aufgaben und Zielsetzungen

Private Equity Gesellschaften gehen bei der Auswahl ihrer Beteiligungsinvestitionen sehr sorgfältig und selektiv vor. Ein Kernproblem der Akquisition besteht darin, geeignete Informationen über das Zielunternehmen zu bekommen. Zwischen Verkäufer und Käufer ist generell eine hohe Interessendivergenz zu vermuten. Die Verantwortlichen des Zielobjekts werden eher darum bemüht sein, ein hohes Maß an Vertraulichkeit zu wahren, und die Informationen in der Hinsicht zu steuern, dass ein möglichst hoher Kaufpreis erzielt werden kann. Im Gegensatz dazu geht es dem Käufer darum, möglichst detaillierte Informationen über das Unternehmen und konservative Einschätzungen des zukünftigen Geschäftspotenzials zu bekommen, um verlässliche Grundlagen für sein Chance-Risiko-Kalkül und die Abschätzung einer Mindestrentabilität der Investition zu erhalten.[1390]

Die Prüfung eines Investitionsprojekts umfasst typischerweise mehrere Schritte.[1391] Im Rahmen einer Vorprüfung wird zunächst die Einhaltung von Mindestanforderungen, beispielsweise bezüglich Umsatz, Rendite und Marktpotenzial beurteilt. Werden diese Kriterien erfüllt, schliesst sich die Phase der Due Diligence an, an deren Ende nach erfolgreichem Abschluss der Beteiligungsverhandlungen die positive Investitionsentscheidung steht.

Grundsätzlich bemisst sich die Performance der Private Equity Gesellschaft anhand des finanziellen Erfolges der späteren Veräusserung einer Beteiligung, d. h. an der Wertsteigerung während der Beteiligungsphase. Wie diese Wertsteigerung erreicht werden soll, wird in dem Wertsteigerungskonzept, welches zu Beginn des Investments erstellt wird, festgelegt. Grundlage für die strategische Entscheidung für oder gegen den Erwerb des Unternehmens in der Investitionsphase ist daher ein belastbares Urteil über die Umsetzbarkeit des Wertsteigerungskonzeptes. Wesentliche Kriterien sind dabei neben der Beurteilung des Managements v. a. auch die Finanzplanung, sowie die Einschätzung von Markposition, Vertriebskanälen, Produktsortiment und des zukünftigen Entwicklungspotenzials des Unternehmens.

Im Mittelpunkt der Investitionsentscheidung steht die Einschätzung, ob durch den Kapitaleinsatz die angestrebte Kapitalverzinsung erreicht werden kann, die häufig als Internal Rate of Return (IRR) oder als Kapitalmultiplikator (Multiple) angegeben wird.[1392] Insbesondere zur Beurteilung der Qualität und Umsetzbarkeit dieser Finanzprognosen wird der Beteiligungscontroller der Private Equity Gesellschaft in den Investitionsprozess einbezogen. Zu seinen Aufgaben gehören dabei vor allem eine Prüfung der Nachvollziehbarkeit und Realisierbarkeit der Renditeberechnungen, das Abwägen der Chancen-/Risikopotenziale sowie das kritische Hinterfragen der zugrunde liegenden Berechnungs- und Prognoseannahmen.

### 3.1.2. Ergebnisse der Investitionsphase

Wird im Rahmen der Investmentsuche der Private Equity Gesellschaft eine Investitionsmöglichkeit identifiziert, beginnt zunächst ein Untersuchungsprojekt, welches auch als *Due Diligence* bezeichnet wird, und an dessen Ende die Investitionsentscheidung steht. Das Ziel der Due Diligence ist die Beschaffung und Bewertung relevanter Informationen über das Zielunternehmen als Grundlage für die Unternehmensbewertung und insbesondere auch zur Einschätzung der erforderlichen Garantien und Gewährleistungen aus den identifizierten Risikopositionen.[1393] Der Umfang der Due Diligence hängt, genauso wie die Frage, ob die Untersuchungen von der Private Equity Gesellschaft selbst oder durch Hinzuziehung von

---

[1390] Vgl. Lenzen (2006), S. 418.
[1391] Vgl. z. B. Eitelwein et al. (2008), S. 88 ff.
[1392] Zur Beschreibung der Kennzahlen siehe die weiteren Ausführungen in Abschnitt 4.1.
[1393] Vgl. z. B. Lenzen (2006), S. 418.

externen Beratern, Wirtschaftsprüfern, Steuerberatern und Rechtsanwälten durchgeführt werden, von der Art und der Größe des Investments ab. Die Due Diligence umfasst im Allgemeinen die folgenden Bereiche:[1394]
- Management (Management Due Dilligence):
Prüfung, inwieweit das Management der Beteiligungsgesellschaft die geforderten Qualifikationen bereits erfüllt oder nicht erfüllt, welche Qualifikationen noch fehlen oder welche Manager für das Unternehmen besonders wichtig sind.
- Finanzdaten (Financial Due Diligence):
Ziel dieser Untersuchung sind zum einem die Beschreibung und Analyse des Geschäfts des Unternehmens bzw. der Geschäftsführung, zum anderen eine Darstellung der Vermögens-, Finanz- und Ertragslage inklusive einer Zukunftsprognose.
- Recht (Legal Due Diligence):
Im Rahmen der Legal Due Diligence wird das zu erwerbende Unternehmen auf seine rechtlichen Grundlagen und ggf. vorhandene Schwachpunkte hin untersucht. Besonderes Augenmerk wird dabei z. B. auf vertragliche Verpflichtungen des Unternehmens und Haftungsfragen gelegt.
- Steuern (Tax Due Diligence):
In der Tax Due Diligence wird das Unternehmen auf mögliche Steuerrisiken geprüft.
- Markt (Market Due Diligence):
In diesem Zusammenhang werden durch Marktstudien die Zukunftschancen der Produkte und des Geschäftskonzeptes des Zielunternehmens untersucht.
- Versicherungen (Insurance Due Diligence):
Bei der Insurance Due Diligence wird geklärt, ob das Zielunternehmen alle notwendigen Versicherungen im sinnvollem Umfang abgeschlossen hat.

Aufgabenschwerpunkte des Private Equity Beteiligungscontrolling liegen in diesem Zusammenhang auf einer Einschätzung und Bewertung der finanzwirtschaftlichen Kennzahlen im Rahmen der Financial Due Diligence, auf die im folgenden Kapitel näher eingegangen wird[1395].

### 3.1.3. Wertsteigerungskonzept/Finanzplan für das Portfolio-Unternehmen

Als wesentliches Ergebnis der Investitionsphase wird auf Basis der Erkenntnisse der Due Diligence ein übergeordnetes **Wertsteigerungskonzept** erarbeitet, welches in unterschiedlichem Umfang ausgearbeitet sein kann. In manchen Fällen wird ein kompletter Business Plan entworfen, in anderen erfolgt die Festlegung eines knapper gehaltenen Strategiepapiers, welches wesentliche Handlungsmaßnahmen für die Gesellschaft zusammenfasst.[1396] In Abhängigkeit vom erforderlichen Detaillierungsgrad werden in dem Wertsteigerungskonzept die Ziele und die erforderlichen Maßnahmen festgelegt, um die geplante Unternehmenswertsteigerung zu erreichen. Inhalte eines Wertsteigerungskonzepts können beispielsweise sein:
- Generisches Wachstum:
Verbreiterung des Angebotspektrum, Aufbau von Produktionsanlagen, Geografische Ausdehnung des Geschäftsmodells
- Buy and Build:
Zukauf und Eingliederung von weiteren Unternehmen
- Kostensenkung:
Steigerung des Operativen Ergebnisses durch Senkung der Kosten: z. B. durch Gemeinkostenoptimierung, Fixkostensenkung, Sourcing, Produktkostensenkung, Target

---

[1394] Vgl. z. B. Holzapfel/Pöllath (2008).
[1395] Vgl. Abschnitt 4.2.
[1396] Vgl. Umfrageergebnisse unter Private Equity Gesellschaften in Eitelwein et al. (2008), S. 90.

Costing, Design to Cost, Outsourcing von nicht wesentlichen Geschäftsbereichen bzw. Tätigkeiten.
- Reduzierung des Working Capital:
z. B. durch Bestandsmanagement, Optimierung des Forderungsmanagements, Optimierung der Lieferantenkonditionen.
- Reduzierung des Anlagevermögens:
z. B. durch Konsolidierung von Standorten, Zentralisierung, Sale and Lease Back von Immobilien, Finanzierung, Outsourcing.

In diesem Zusammenhang liegen Aufgaben des Beteiligungscontrolling in der Planungsunterstützung , wie z. B. durch die Aufbereitung von Markt- und Unternehmensdaten, Prüfung der Konsistenz der Planung und der verwendeten Planungsinstrumente und -annahmen.

Aus dem Wertsteigerungskonzept wird im nächsten Schritt ein Finanzplan abgeleitet. Der **Finanzplan** besteht im Wesentlichen aus Planungen der Bilanzen und Gewinn- und Verlustrechnungen, sowie aus Liquiditäts- bzw. Cash Flow-Planungen auf mittelfristige Sicht. Er legt damit den Entwicklungspfad des Unternehmens bis zum angestrebten Exit unter Berücksichtigung der Auswirkungen der Maßnahmen aus dem Wertsteigerungskonzept fest. Der Finanzplan spielt eine zentrale Rolle für die Performance des Portfoliounternehmens und damit für den Erfolg des Private Equity Fonds auf aggregierter Ebene.

Finanzplanungen werden häufig von verschiedenen Beteiligten erstellt, welche auf den jeweils subjektiven Annahmen und Einschätzungen basieren, und mit deren Erstellung ggf. unterschiedliche Interessen verfolgt werden. Die Herausforderung für die Private Equity Gesellschaft besteht darin, diese Interessen zu erkennen und sich ein möglichst objektives und konsistentes Urteil aus den verschiedenen Informationsquellen zu bilden.
- Der Finanzplan des Unternehmens:
Dieser Plan wird vom bestehenden Management unter der Führung des alten Gesellschafters erstellt. Hierbei besteht häufig ein Interessenskonflikt. Grundsätzlich will der alte Gesellschafter den Plan möglichst positiv gestalten, denn dieser ist die wesentliche Grundlage für die Kaufpreisfindung. Je nach Situation des Managements wird dieses jedoch versuchen, mehr oder weniger stark auf die Planungsergebnisse Einfluss zu nehmen. So hat das Management kein Interesse daran, eine zu ambitionierte Planung abzugeben, wenn es selbst in den nächsten Jahren an der erfolgreichen Umsetzung des Finanzplans gemessen wird. Muss das Management jedoch davon ausgehen, dass es nach der Übernahme ausscheidet, oder verbleibt es beim verkaufenden Gesellschafter, dann wird es eher einen sehr positiv gestalteten Finanzplan unterstützen.
- Finanzplan des Managements:
Eine typische Situation für eine Private Equity Beteiligung ist ein Management Buy Out, bei dem der neue Gesellschafterkreis auch das bisherige Managementteam umfasst, d. h. das bisherige Management wird zukünftig Mitgesellschafter des Zielunternehmens und wird an dem zukünftigen Erfolg des Unternehmens beteiligt. Das Management hat in diesem Fall zumeist sehr genaue Vorstellungen, wo die Erfolgspotentiale liegen und wie diese realisiert werden können, bzw. wo Verlustrisiken drohen und wie sich diese umgehen lassen. Da das Management auch an einem möglichen Misserfolg beteiligt ist, wird es eine möglichst realistische Finanzplanung erstellen.
- Finanzplan der Private Equity Gesellschaft:
Im Rahmen des Investmentprozesses erstellt die Private Equity Gesellschaft ebenfalls einen Finanzplan aus den verschiedenen Informationsquellen. Hierbei liegt die Hauptanforderung darin, ein realitätsnahes und umsetzbares Gesamtbild des Finanzplans zu entwickeln. Die Aufgabe des Controllers ist es, die den verschiedenen Informationsquellen zu Grunde liegenden Annahmen und Intentionen zu erkennen, zu verstehen und in der eigenen Planung und Beurteilung entsprechend zu berücksichtigen.

### 3.1.4. Maßnahmenplan („6-Monatsplan") für das Portfolio-Unternehmen

Das Wertsteigerungskonzept beinhaltet eine Reihe von kurz- und mittelfristig geplanten Maßnahmen und Zielen. Um die operative Umsetzung zu erleichtern, werden diese am Ende des Investitionsprozesses typischerweise in einem Maßnahmenplan, dem sogenannten 6-Monatsplan zusammengefasst.[1397] Dieser beinhaltet die Aktivitäten, die in den nächsten sechs Monaten von dem Management des Unternehmens angegangen werden sollen, um die mittelfristigen Ziele des Wertsteigerungskonzeptes zu erreichen. Ebenfalls werden in diesem Zusammenhang Schritte festgehalten, um eine möglichst effiziente Infrastruktur für die Zusammenarbeit zwischen Private Equity Gesellschaft und Portfolio-Unternehmen aufzubauen.

Der Maßnahmenplan ist von besonderer Wichtigkeit für die Zusammenarbeit zwischen Private Equity Gesellschaft und Beteiligungsunternehmen, um die zu Beginn der Investition identifizierten Wertsteigerungspotenziale in konkrete Maßnahmen umzusetzen. Während zum Zeitpunkt des Investitionsabschlusses eine Konformität der Interessen beider Seiten hinsichtlich des übergeordneten Geschäftsziels der Gewinnerzielung besteht, treten in der folgenden operativen Zusammenarbeit häufig Diskrepanzen auf hinsichtlich der einzuschlagenden Wege zur Realisierung des Geschäftspotenzials, insbesondere auch in Bezug auf den dafür zu veranschlagenden Zeitraum.[1398] Diese Anreizproblematik im Sinne der Principal-Agency-Theorie[1399] ist durch geeignete Steuerungsinstrumente zu reduzieren. Hierzu gehört insbesondere die Festlegung und strenge Kontrolle des Maßnahmenplanes, der im Rahmen der Investition erarbeitet und in der laufenden Betreuung überwacht wird, sowie aus Sicht des Private Equity Beteiligungscontrolling der Einsatz geeigneter Controllinginstrumente, auf die im Kapitel 4 näher eingegangen wird.

### 3.2. Aufgaben des Private Equity Beteiligungscontrolling in der Betreuungsphase

#### 3.2.1. Abweichungsanalyse/Laufender Soll-/Ist-Vergleich

Nach dem Abschluss der Investitionsphase und erfolgter Unternehmensbeteiligung nimmt die Private Equity Gesellschaft typischerweise die Rolle eines aktiven Beraters und Sparringpartners für das Management der Beteiligungsgesellschaft ein, indem v. a. Kontroll- und Beratungsfunktionen übernommen werden.[1400] Der Private Equity Beteiligungscontroller unterstützt den Private Equity Manager in der Umsetzung der strategischen und operativen Zielsetzungen im Bezug auf die einzelnen Portfoliogesellschaften.

In der **Anfangsphase** der Beteiligung liegen die Aufgabenschwerpunkte des Private Equity Beteiligungscontrollers vor allem in dem Aufbau der Infrastruktur für die Zusammenarbeit mit dem Portfolio-Unternehmen. Hierbei sind die bestehenden Controllingsysteme auf ihre Verlässlichkeit zu prüfen, eine adäquate spezifische Kennzahlensystematik festzulegen, sowie aus prozessualer Sicht Zuständigkeiten für das Berichtswesen zu definieren, sowie entsprechende Datenschnittstellen zu etablieren und Vorlagen für das Reporting vorzugeben.[1401] Dabei setzt das Private Equity Beteiligungscontrolling auf den Daten des jeweiligen Controlling der Beteiligungsgesellschaften auf. Aus Sicht des Private Equity Beteiligungscontrolling ist dafür zu sorgen, dass das Controlling der jeweiligen Portfoliogesell-

---

[1397] Hierzu kann auch ein kürzerer Zeitraum für die Umsetzung der konkreten Maßnahmen gewählt werden; üblich ist auch ein „100-Tages-Plan", vgl. Eitelwein et al. (2008), S. 92.
[1398] Vgl. z. B. Schmidt (2006), S. 206.
[1399] In diesem Zusammenhang ist die Private Equity Gesellschaft der Principal, der für geeignete Anreizmechanismen sorgen muss, um den Agent, d. h. das Management der Beteiligungsgesellschaft, zu dem aus seiner Sicht wünschenswerten Verhalten zu bewegen.
[1400] Vgl. z. B. Jesch (2004).
[1401] Vgl. auch die Ausführungen in Abschnitt 4.3.

schaften den qualitativen und quantitativen Anforderungen des Private Equity Beteiligungscontrolling genügt.

Eine wesentliche Aufgabe der **laufenden Betreuung** besteht in der periodischen Überprüfung, ob die Zielgrößen aus Finanzplan und Maßnahmenkatalog eingehalten werden. Darüber hinaus soll das Private Equity Beteiligungscontrolling ggf. auf Ineffizienzen aufmerksam machen und dadurch zusätzliche Erfolgspotenziale des Portfolio-Unternehmens erkennen und deren Ausbau unterstützen.

### 3.2.2. Dem Private Equity Controller kommen in dieser Phase somit drei wesentliche Aufgabenbereiche zu:

1. **Durchführungskontrolle**:
   Im Rahmen der Durchführungskontrolle muss er prüfen, inwieweit die zum Investitionszeitpunkt beschlossenen Maßnahmen umgesetzt werden. Eine wichtige Aufgabe des Private Equity Beteiligungscontrollers ist es, die Umsetzung des Maßnahmenplans zu überwachen und dessen laufende Fortschreibung zu begleiten. Bei der Fortschreibung ist es besonders wichtig, auf der einen Seite die sich aus dem Tagesgeschäft neu ergebenen Aufgaben zu erfassen und zu verfolgen, aber auf der anderen Seite die mittel- bis langfristigen Ziele des Wertsteigerungskonzeptes als oberste Richtgröße streng zu beachten.

2. **Budgetkontrolle**:
   Weiterhin muss er überwachen, ob die mittelfristige Finanzplanung im Rahmen kurzfristigerer Budgetplanungen adäquat fortgeschrieben wird und die vorgegebenen Kennzahlen eingehalten werden.

3. **Prämissenkontrolle**:
   Schliesslich fallen ihm Aufgaben der Prämissenkontrolle zu, indem der Private Equity Controller hinterfragen muss, inwieweit sich die zum Investitionszeitpunkt getroffenen Annahmen halten lassen oder angepasst werden müssen, wodurch sich weiterer Anpassungsbedarf sowohl für die strategische als auch die operative Planung ergeben kann.

Aus Sicht des Private Equity Beteiligungscontrolling geht es insgesamt in dieser Phase darum zu überprüfen, ob sich die einzelnen Beteiligungsgesellschaften auf den zum Zeitpunkt des Investments definierten Entwicklungspfad befinden, der mit dem Wertsteigerungskonzept bzw. mit dem aus dem Wertsteigerungskonzept abgeleiteten Finanz- und Maßnahmenplan festgelegt wurde, oder inwieweit sie von diesen abweichen. Ein zentrales Instrument des laufenden Private Equity Beteiligungscontrolling ist der **monatliche Soll/Ist-Vergleich**. In diesem werden die für die Planungsperiode festgelegten Zielwerte mit den aktuellen Ist-Werten abgeglichen.[1402] Sofern sich aus dem Soll-/Ist-Vergleich Abweichungen der aktuellen Entwicklungen von den Planwerten ergeben, muss das Private Equity Beteiligungscontrolling entsprechende Signale an die Projektmanager weitergeben. Hierzu sind geeignete Frühwarnsysteme und Eskalationsprozesse festzulegen. Der Soll/Ist-Vergleich ist wesentlicher Bestandteil des Controllinginstrumentes des Projektberichts, auf dem im Kapitel 4.3 näher eingegangen wird.

### 3.3. Aufgaben des Private Equity Beteiligungscontrolling in der Exitphase

Bereits zum Zeitpunkt der Investition steht das übergeordnete Ziel der Private Equity Investition fest, die Investition in absehbarer Zeit mit einem definierten Mindest-Veräußerungserlös wieder zu verkaufen. Hauptaufgaben des Private Equity Beteiligungscontrolling in dieser Phase sind es, einen günstigen Verkaufszeitpunkt zu empfehlen, zu dem der erzielbare Veräußerungserlös möglichst hoch ist, sowie Kennzahlen für den Erfolg des Unternehmensverkaufs bereitzustellen. Dabei hängt die Rentabilität der Investition einerseits vom

---

[1402] Vgl. Darstellungen zum Projektbericht in Abschnitt 4.3.

wirtschaftlichen Erfolg des Portfoliounternehmens, anderseits von den die Transaktion beeinflussenden Rahmenbedingungen ab. Hierzu gehören insbesondere die Entscheidung über den zu wählenden Veräußerungsweg, z. B. über einen Börsengang oder den Verkauf an eine dritte Partei, wie z. B. einen strategischen Investor, Finanzinvestor oder Mitgesellschafter, wobei die verschiedenen Käufergruppen unterschiedliche Erfolgspotenziale widerspiegeln.[1403] Nicht in jedem Fall ist ein Verkauf die einzig mögliche und sinnvolle Exit-Option für das Private Equity Unternehmen. Wenn sich das Beteiligungsunternehmen gut entwickelt und die Private Equity Gesellschaft keine Verschlechterung des Marktumfeldes erwartet, kann eine Rekapitalisierung ein probates Mittel sein, um die Rendite für den Private Equity Fonds zu optimieren. In einem solchen Fall wird dem Portfolio-Unternehmen die nicht notwendige Liquidität entzogen und an die Investoren ausgeschüttet.

Für die Exitvorbereitung ist ein Zeitpunkt günstiger Marktumfeldbedingungen, wie z. B. beim Börsengang der allgemeinen Kapitalmarktsituation, möglichst zutreffend einzuschätzen. Wesentliche Aufgabe des Private Equity Beteiligungscontrolling ist es in diesem Zusammenhang, Vorhersagen für die Auswirkungen der unterschiedlichen Effekte auf den Unternehmenswert zu treffen und so einen optimalen Exitzeitpunkt zu empfehlen, in dem sich die angestrebten Rentabilitätsvorgaben best möglich realisieren lassen.[1404] Der Private Equity Controller muss den aus dem Wertsteigerungskonzept abgeleiteten Finanzplan mit der Realität vergleichen. Gegebenenfalls müssen Abweichungen analysiert und deren Auswirkungen auf den erstrebten Exitwert und -zeitpunkt eingeschätzt werden. Falls es sich als notwendig erweisen sollte, muss die bisher verfolgte Strategie überprüft, neu adjustiert oder die Exitperspektive überdacht werden.

Eine weitere Aufgabe des Private Equity Beteiligungscontrolling besteht in der finanziellen Ergebniskontrolle nach dem Verkauf. Dazu muss der tatsächliche monetäre Beteiligungserfolg anhand der vorgegebenen Renditekennzahlen, insbesondere des IRR und des Cash Multiple,[1405] bestimmt werden. Diese Kennzahlen stehen vom Beginn der Investitionsphase bis zur Beendigung des Investments im Mittelpunkt der Aufmerksamkeit des Private Equity Controlling, da sie letztendlich den Erfolg und die Performance des gesamten Fonds und damit des Private Equity Unternehmens bestimmen.

## 4. Wichtige Instrumente des Private Equity Beteiligungscontrolling

### 4.1. Einordnung

Im Private Equity Beteiligungscontrolling stehen finanzwirtschaftliche Kennzahlen im Vordergrund, die auf dessen spezifischen Zielsetzungen und Anforderungen ausgerichtet sind. Dabei finden vor dem Leitmotiv der Wertsteigerung im Wesentlichen unternehmenswertorientierte und finanzwirtschaftliche Kennzahlen für die einzelnen Beteiligungsunternehmen Anwendung. Aus Sicht der Private Equity Gesellschaft steht die für jeden Fonds auf aggregierter Fondsebene zu erreichende Performance im Mittelpunkt. Diese kann nur durch nachhaltige erfolgreiche Entwicklungen der Beteiligungsunternehmen des Fonds erreicht werden. Damit steht die finanzielle Erfolgsanalyse im Zentrum des Controlling der einzelnen Beteiligungen.

Eine wesentliche Anforderung ist dabei die komprimierte Abbildung komplexer Vorgänge in den unterschiedlichen Portfoliogesellschaften anhand eines geeigneten Kennzahlenaufbaus. Während aus Unternehmenssicht häufig komplexe Kennzahlensysteme Anwen-

---

[1403] Vgl. z. B. Bodmer et al. (1999), S. 15.
[1404] Zusätzlich muss berücksichtigt werden, dass ein Unternehmen nicht unbedingt kurzfristig verkauft werden kann. Für die Durchführung des professionellen Verkaufsprozesses sollte ein Zeitraum von mindestens sechs bis neun Monaten veranschlagt werden.
[1405] Vgl. hierzu die weiteren Ausführungen in Abschnitt 4.2.

## 4. Teil. Beteiligungsstrukturierung  § 14 Beteiligungscontrolling

dung in der laufenden Steuerung finden,[1406] fokussiert das Controlling von Private Equity Beteiligungsunternehmen typischerweise bewusst auf eine reduzierte Zahl ausgewählter Kennzahlen, die den genannten Anforderungen genügen. Wichtig ist dabei, dass das zu Grunde liegende Kennzahlensystem die Anforderungen eines Frühwarnsystems erfüllt, da die rechtzeitige Erkennung von Chancen und Risiken eine wichtige Aufgabe für das zukunftorientierte Beteiligungscontrolling darstellt.

Wesentliche Instrumente für das Private Equity Beteiligungscontrolling ergeben sich aus den **Richtlinien der European Private Equity and Venture Capital Association (EVCA)**, die für das Reporting sowohl auf Ebene der Private Equity Gesellschaft gegenüber den Investoren, als auch innerhalb eines Fonds für die einzelnen Portfoliounternehmen konkrete Vorgaben machen, und als Branchenstandard für das Berichtswesen der Private Equity Gesellschaften angesehen werden können:[1407]

*"These Guidelines have been widely adopted across the private equity industry. [...] EVCA proposes that these updated Guidelines be adopted by private equity firms in Europe in order to create a presentation standard for the whole of the industry. EVCA recognizes that some firms will wish to disclose additional information to that specified in these Guidelines and it is not EVCA's intention to restrict such disclosure in any way."* [1408]

Konkret schlägt die EVCA folgende Berichtsstruktur für das Fondsreporting vor, welches die Private Equity Gesellschaft für ihre eigenen Berichtszwecke gegenüber den Investoren berücksichtigen sollte:[1409]

**Abbildung 3: Wesentliche Inhalte des Fundreportings nach den EVCA Guidelines**

**Fund Reporting**
  Fund Overview
  Executive Summary
  Fund Summary
  Cash Flow and IRR Calculations
**Portfolio Reporting**
  Realisations Summary
  Current Portfolio Summary
  Portfolio Companies and Investments
**Capital Account**

Aus dieser Übersicht wird die dominierende Rolle der Cash Flow- und Renditegrößen deutlich, zu denen im Wesentlichen die Kennzahlen Internal Rate of Return und Cash Multiple gehören. Diese sind an vorrangiger Stelle auf Ebene des Fonds zu berichten und finden sich ebenfalls im Berichtsteil der einzelnen Portfoliogesellschaften wieder. Die übergeordnete Bedeutung dieser Steuerungsgrößen ergibt sich aus der Tatsache, dass sich aus den Cash-Flow- und Renditegrößen die Performance und der Erfolg des Fonds und damit auch der Private Equity Gesellschaft gegenüber ihren Investoren bemessen. Aus Investorensicht ist entscheidend, welche Kapitalverzinsung mit dem zur Verfügung gestellten Kapital erzielt werden kann.

Da sich diese Renditegrößen auf Fondsebene aus der Aggregation der Größen für die einzelnen Beteiligungen ergeben, spielen diese Kennzahlen auch im Controlling der Beteiligungsunternehmen eine zentrale Rolle. Die EVCA lässt es dabei offen, inwieweit die Private Equity Gesellschaften weitere Kennzahlen für die einzelnen Portfolio-Unternehmen zusätzlich berichten. Im Folgenden werden zunächst die für die Performanceanalyse übergeordneten Kennzahlen der Rendite- und Cash Flow-Berechnung dargestellt. Anschliessend werden weitere häufig verwendete Kennzahlen zusammengefasst.

---

[1406] Vgl. z. B. das Du-Pont-System oder das ZVEI-System; siehe z. B. Perridon/Steiner (1997), S. 564 ff.
[1407] EVCA Reporting Guidelines, EVCA (2006).
[1408] Vgl. EVCA (2006), S. 3.
[1409] Vgl. EVCA (2006), S. 13.

## 4.2. Wesentliche Kennzahlen des Private Equity Beteiligungscontrolling zur Informationsgewinnung

### 4.2.1. Kennzahlen der Liquidität und Kapitalverzinsung

#### 4.2.1.1. Cash-Flow

Grundlage der Cash Flow Analyse sind Informationen aus der Gewinn und Verlustrechnung. Grundsätzlich beziffert der Cash Flow den *Überschuss der einzahlungswirksamen Einnahmen über die auszahlungswirksamen Ausgaben.* Der Cash Flow gibt Informationen über den Mittelzufluss aus dem Umsatzprozess, aus dem weitere Rückschlüsse auf die Liquiditätslage und die finanzielle Entwicklung des Unternehmens gezogen werden können.[1410] Er lässt erkennen, in welchem Maße ein Unternehmen Finanzmittel aus eigener Kraft erwirtschaftet hat. Die Kennzahl Cash Flow gilt damit als ein wichtiger Indikator der Zahlungskraft und des Innenfinanzierungspotenzials eines Unternehmens. Der Cash Flow ist als Ertragsgröße aussagekräftiger als der Jahresüberschuss, der sich leicht durch Bilanzpolitik (bspw. durch Rückstellungen) beeinflussen lässt.

Auf Basis des Cash Flow lassen sich die beiden in der Private Equity Industrie vorrangigen Renditegrößen der Internal Rate of Return und des Cash Multiple bestimmen, welche im Folgenden dargestellt werden.

#### 4.2.1.2. Internal Rate of Return (IRR, „Interner Zinsfuss")

Die Internal Rate of Return (IRR), auch interner Zinsfuss genannt, ist der Zinssatz, bei dem der Kapitalwert (KW bzw. Net Present Value) einer Zahlungsreihe aus einer Investition (I) zuzüglich der Summe aller abgezinsten Rückflüsse $C_t$ zum jeweiligen Zeitpunkt t, t=1, ..., T, gleich Null ist. Mit anderen Worten, die Internal Rate of Return i repräsentiert den Zinssatz, bei dem der Investitionsbetrag gerade dem diskontierten Wert aller Rückflüsse (Cash Flows) aus der Investition entspricht.

$$KW = -I + \sum_{t=1}^{T} \frac{C_t}{(1+i)^t} = 0 \qquad (1)$$

#### 4.2.1.3. Cash Multiple

Als weitere wichtige Kennzahl wird als Multiple (m) ein Vervielfältigungsmultiplikator bezeichnet, der sich aus dem Verhältnis von Investition (I) und der Summe aller Rückzahlungen des Gesamt-Cash Flow ($C = \sum C_t$) ergibt:

$$m = C/I \text{ bzw. } C = m \cdot I \qquad (2)$$

Beispielsweise besagt ein Multiple von m=2, dass die Summe C aller Rückflüsse der Investition doppelt so hoch ist wie die Investition I, d. h. das investierte Kapital wurde durch die Investition verdoppelt.

Die Höhe der angestrebten Renditekennzahlen Internal Rate of Return und Multiple ist dabei abhängig von einer Vielzahl von Einflussfaktoren, insbesondere von der spezifischen Unternehmenssituation und der geplanten Verweildauer der Beteiligung im Private Equity Fondsportfolio. Häufig werden IRR's von 20%–25% angestrebt.[1411] Untergrenzen für den Multiple m einer Investition liegen oftmals bei ca. 2 bis 3.[1412]

Für beide Größen Internal Rate of Return und Multiple verfügt jeder Private Equity Fonds typischerweise über interne Zielvorgaben, d. h. zum Zeitpunkt des Investments wird

---

[1410] Vgl. hierzu und zum Folgenden z. B. Wöhe (1984), S. 316 ff. Die finanzielle Stromgröße des Cash Flow wird in der Literatur und Praxis nicht einheitlich definiert. Vielmehr unterscheiden sich Definitionen durch die Komponenten, die in die Cash Flow-Berechnung eingehen.

[1411] Vgl. Umfrageergebnisse in Eitelwein et al. (2008), S. 90.

[1412] Für eine Übersicht aktueller Multiples europäischer Private Equity Fonds vgl. z, B. Kaserer/Diller (2007), S. 92 ff.

eine Aussage über die erwartete Rendite und den erwarteten Multiple getroffen. Diese Annahmen sind die entscheidenden Grundlagen für die Investitionsentscheidung. Das Private Equity Beteiligungscontrolling wird die Kennzahlen im Rahmen der regelmäßigen Soll/Ist-Vergleiche für jedes Investment ermitteln und den zum Investitionszeitpunkt geplanten Zielgrößen gegenüberstellen.

### 4.2.2. Weitere Kennzahlen des Private Equity Controlling

#### 4.2.2.1. EBIT und EBITDA

EBIT ist die Abkürzung für *earnings before interest and taxes*,[1413] d. h. Gewinn vor Zinsen und Steuern". In der praktischen Anwendung hat es jedoch die Bedeutung von *Gewinn vor Finanzergebnis, außerordentlichem Ergebnis und Steuern*.[1414] Es werden also außerordentliche (einmalige) Kosten und Aufwendungen ebenso ignoriert wie Zinsen, sonstige Finanzierungsaufwendungen oder -erträge und Steuern, weil alle diese Positionen nicht durch die eigentliche betriebliche Tätigkeit entstanden sind. Man spricht hier auch von einer *Bereinigung* des Gewinns oder dem *Herausrechnen* bestimmter Positionen. Anhand des EBIT lässt sich z. B. der operative Gewinn im Zeitvergleich oder bezogen auf verschiedene Unternehmen direkt vergleichen, ohne dass die Resultate durch schwankende Steuersätze, Zinsaufwendungen oder sonstige außerordentliche Faktoren verzerrt werden.

**EBITDA** ist die Abkürzung für *earnings before interest, taxes, depreciation and amortization*, d. h. Ertrag vor Zinsen, Steuern, Abschreibungen auf Sachanlagen und Abschreibungen auf immaterielle Vermögensgegenstände.[1415] In der praktischen Anwendung hat es die Bedeutung von Ertrag vor Finanzergebnis, außerordentlichem Ergebnis, Steuern und Abschreibungen. Der EBITDA lässt sich wie folgt aus dem EBIT berechnen:

EBIT
+ Abschreibungen auf das Anlagevermögen
− Zuschreibungen zum Anlagevermögen
**= EBITDA**

#### 4.2.2.2. Covenants

Weiterhin sind aus Sicht des eigenkapitalgebenden Private Equity Unternehmens Kennzahlen von essentieller Bedeutung, deren Einhaltung von an der Unternehmensfinanzierung beteiligten Fremdkapitalgebern als sogenannte Covenants eingefordert werden. Unter Covenants versteht man Zusatzvereinbarungen zwischen Fremdkapitalgebern und Unternehmen bei der Kreditvergabe, die den Zweck erfüllen sollen, die Kreditwürdigkeit des Unternehmens zu unterstützen. Häufig vereinbarte Covenants sind z. B. eine Mindest-Eigenkapitalquote, Verschuldungsgrad, Zinsdeckung, Schuldendienstdeckung, Kapitaldienstdeckungsgrad.[1416]

Sollten diese Covenants nachhaltig nicht erfüllt werden, erhalten die kreditgebenden Banken im Allgemeinen umfangreiche Eingriffsmöglichkeiten in die unternehmerischen Entscheidungen der betroffenen Gesellschaft. Diese quasi Entmündigung der Gesellschafter geht meist einher mit einem hohen Wertverlust für die bestehenden Gesellschafter, da die Strategie der Banken auf die Reduzierung der Verschuldung der Gesellschaft ausgerichtet ist. Seit dem Einsetzen der Finanzkrise lassen sich hierzu zwei Entwicklungen beobachten. Zum einem ist die Anzahl der in den Kreditverträgen vereinbarten Covenants tendenziell angestiegen und zum anderen belassen die vereinbarten Covenants den jeweiligen Unternehmen geringere Freiheitsgrade als vor der Finanzkrise.

---

[1413] Vgl. z. B. www.wikipedia.org.
[1414] Vgl. die Darstellung in der Abbildung 4.
[1415] Der englische Begriff amortization bedeutet dabei die Abschreibungen auf immaterielle Vermögensgegenstände.
[1416] Vgl. die Darstellungen in der Abbildung 4.

## 4.2.3. Zusammenfassung wesentlicher Kennzahlen des Private Equity Beteiligungscontrolling

Die folgende Tabelle fasst zentrale Kennzahlen zusammen, die häufig zur laufenden Kontrolle der Beteiligungsunternehmen eingesetzt werden und oft im Zeitablauf für jedes Investment (time series) oder im Quervergleich für alle Investments (cross sectional) analysiert werden:

**Abbildung 4: Wesentliche Kennzahlen für das Private Equity Beteiligungscontrolling**

| Kennzahl | Definition |
|---|---|
| **Mittelzufluss/Liquidität** | |
| Cash Flow | Einzahlungswirksamer Ertrag – auszahlungswirksamer Aufwand (Direkte Ermittlung) |
| **Kapitalverzinsung** | |
| Internal Rate of Return | Interner Kapitalzinsfuß, Verzinsung des eingesetzten Kapitals |
| Cash Multiple | Multiplikator zur Kapitalverzinsung |
| **Ertragskraft** | |
| EBIT | Jahresüberschuss (Gewinn)<br>+ Zinsaufwand – Zinserträge<br>+/– Beteiligungsergebnis<br>+ Steueraufwand – Steuerertrag<br>+ außerordentlicher Aufwand – außerordentliche Erträge<br>= EBIT |
| EBITDA | EBIT<br>+ Abschreibungen auf das Anlagevermögen<br>– Zuschreibungen zum Anlagevermögen<br>= EBITDA |
| **Finanzierung und Kapitalstruktur** | |
| Nettoverschuldung | Fremdkapital ./. Kasse + erhaltene Anzahlungen |
| freie Linien | Nicht in Anspruch genommene Kontokorrentlinien |
| Verschuldungsgrad | Fremdkapital/Eigenkapital |
| Verschuldungsquote | verzinsliches Fremdkapital/EBIT oder EBITDA |
| Eigenkapitalquote | bilanzielles Eigenkapital/Gesamtkapital (Bilanzsumme) |
| Fremdkapitalquote | bilanzielles Fremdkapital/Gesamtkapital (Bilanzsumme) |
| Zinsdeckung | EBIT oder EBITDA/zahlungswirksamen Zinszahlungen |
| Schuldendienstdeckung | Cash Flow/Kapitaldienst |
| Kapitaldienstdeckungsgrad | EBITDA/Kapitaldienst |

## 4.3. Informationsaufbereitung im Portfoliobericht

Eine der zentralen Aufgaben des Private Equity Beteiligungscontrolling ist die Beschaffung und Zusammenführung von verläßlichen Informationen über die Beteiligungsunternehmen. Das Controlling des Private Equity Unternehmens setzt dazu auf den vorhandenen Controllingsystemen des Beteilgungsunternehmens auf. Hieraus sind für die Private Equity Gesellschaft relevante Kennzahlen, wie im vorangehenden Kapitel dargestellt, zu extrahieren und ggf. um unternehmensspezifische Informationen zu ergänzen. Für das regelmäßige Reporting innerhalb der Private Equity Gesellschaft sind zusätzlich für alle Beteiligungsgesellschaften des Private Equity Fonds vergleichbare Kennzahlen darzustellen. Besonders kommt es dabei auf Aktualität und Validität der bereitgestellten Informationen an.

Herausforderungen liegen für das Private Equity Controlling dabei insbesondere in einer Überbrückung der hohen Heterogenität der verschiedenen Portfoliogesellschaften sowie die bereits angesprochene häufig hohe Informationsasymmetrie zwischen dem einzelnen Beteiligungsunternehmen und der Private Equity Gesellschaft. Oft ergeben sich in der Zusammenarbeit mit dem Beteiligungsunternehmen für das Private Equity Controlling weitere Aufgaben daraus, den Aufbau eines effizienten Controlling in den Portfoliogesellschaften zu unterstützen. Dies ist vor allem bei mittelständischen Unternehmen zu beobachten.

Die Ergebnisse und Tätigkeiten des Private Equity Beteiligungscontrolling werden in regelmäßigen Zeitabständen in Form eines Portfolioberichtes zusammengefasst. Dieser Portfoliobericht ist Grundlage für das i. d. R. monatlich stattfindende Controllinggespräch.[1417] Der Portfoliobericht basiert auf Kennzahlen des Private Equity Beteiligungscontrolling, wie sie im vorangehenden Kapitel dargestellt wurden. Wesentlicher Bestandteil ist der monatliche Soll/Ist-Vergleich, in dem die Plankennzahlen mit den aktuellen Ist-Werten verglichen werden, sowie ein aktueller Status zur Umsetzung des Maßnahmenplans. Neben quantitativen Kennzahlen spielen dabei auch qualitative Einschätzungen des Private Equity Beteiligungscontrolling über das Beteiligungsunternehmen eine wesentliche Rolle.

Der Portfoliobericht stellt ein internes Controllinginstrument dar, welches dem Informationsaustausch innerhalb der Private Equity Gesellschaft dient, um dem Partnerschaftsgremium[1418] einen Überblick über die Erfolgssituation der Beteiligungsunternehmen eines einzelnen Fonds zu vermitteln. Der Portfoliobericht sollte dabei wesentliche Kennzahlen, die auch für das Reporting gegenüber den Fonds-Investoren benötigt werden, enthalten und kann sich insofern an den Reporting Guidelines der EVCA orientieren.[1419] Im Folgenden wird ein möglicher Berichtsaufbau exemplarisch vorgestellt.

### Abbildung 5: Exemplarischer Aufbau des Portfolioberichts

1. Portfolioebene: **Überblick und Zusammenfassung**
2. Je Einzelunternehmen:
   a. Kennzahlensystem – Darstellung der wesentlichen Kennzahlen im Zeitvergleich **Soll-Ist-Vergleiche** der einzelnen Beteiligungsunternehmen
   b. Darstellung der Entwicklung der durch die Fremdkapitalgeber vorgegebenen Covenants
   c. Erläuterung und Kommentierung der wirtschaftlichen Situation
   d. Darstellung der beschlossenen Maßnahmen und deren jeweiliger Status **Aktueller Status zum Maßnahmenplan**.

Im Folgenden werden wesentliche Inhalte eines solchen Portfolioberichts anhand der vorgeschlagenen Struktur erläutert.

### 4.3.1. Überblick und Zusammenfassung

Am Anfang des Berichtes sollte ein Übersicht zum aktuellen Informationsstand der Portfoliounternehmen gegeben werden (siehe Abbildung 6).

Die Erfahrung zeigt, dass häufig eine positive Korrelation zwischen einem effektiven, zeitnahen und systematischen Berichtswesen und dem Gesamterfolg eines Unternehmens besteht. Tendenziell sind die Unternehmen, die pünktlich und zeitnah berichten, im Allgemeinen auch die Erfolgreicheren. Als auffälliges Warnsignal für eine sich verschlechternde Entwicklung des Unternehmens kann dabei eine sich sukzessiv verringernde Qualität und zunehmende zeitliche Verzögerung der berichteten Controllinginformationen dienen. Noch auffälliger sind aus der praktischen Erfahrung heraus auch gestalterische Änderungen

---

[1417] Vgl. hierzu die weiteren Ausführungen in Abschnitt 4.4.
[1418] Je nach Größe und Struktur der Private Equity Gesellschaft handelt es sich hierbei um die Geschäftsführung, die Partnerversammlung oder Teile derselben. In machen Fällen kann es sich auch um das Investment Committee handeln.
[1419] Vgl. die Darstellungen in Abschnitt 4.1.

**Abbildung 6: Beispiel für eine Übersicht zum Stand der Controllinginformationen der Portfolio-Unternehmen**

| Portfoliobericht/Blatt 1: Status der Informationen | | |
|---|---|---|
| Beteiligung | Report | Status/Kommentar |
| Unternehmen A | August | Aktueller Report liegt vor |
| Unternehmen B | August | Report nur auszugsweise |
| Unternehmen C | Juli | angekündigter Augustreport liegt noch nicht vor |
| ... | ... | ... |

in der Berichterstattung, wenn z. B. anstelle eines Auszuges aus der Buchhaltung Folienpräsentationen oder Tabellenkalkulationsdateien an das Private Equity Unternehmen übermittelt werden.

### 4.3.2. Kennzahlensystem

#### 4.3.2.1. Kennzahlensystem – Aufbereitung der wesentlichen Unternehmenskennzahlen

Anschließend wird der Soll/Ist-Vergleich der Portfoliounternehmen mit wesentlichen Kennzahlen je Portfoliounternehmen präsentiert.[1420] Hierzu eignen sich insbesondere EBIT, Gesamtleistung, Cash Flow oder auch weitere spezifische Kennzahlen wie z. B. Auftragseingang. Zumeist werden diese Kennzahlen, um auf besondere Entwicklungen aufmerksam zu machen, weiter untergliedert, z. B. nach Geschäftsbereichen, Standorten oder Ländern. Die Kennzahlenübersicht kann mit einer kurzen Indikation (z. B. Ampelverfahren) zur Einschätzung der aktuellen Situation des jeweiligen Unternehmens in Relation zur geplanten Entwicklung ergänzt werden. Die folgende Tabelle schlägt eine Struktur zur Erfassung dieser Informationen vor:

**Abbildung 7: Beispiel für eine Kennzahlenübersicht der Portfolio-Unternehmen**

| Portfoliobericht/Blatt 2: Kennzahlenübersicht der Portfolio-Unternehmen | | | | | | |
|---|---|---|---|---|---|---|
| | | | | | Weitere Kennzahlen, vgl. Kapitel 4.2. | |
| Beteiligung | Umsatz | | EBIT | | ... | Ampel |
| | Ist 20XX | Plan 20XX | Ist 20XX | Plan 20XX | | z. B. |
| Unternehmen A | | | | | | O „grün" |
| Unternehmen B | | | | | | O „gelb" |
| Unternehmen C | | | | | | O „rot" |
| ... | ... | ... | ... | ... | ... | ... |

Bei besonders zyklischen oder saisonbedingten Geschäften ist es darüber hinaus wichtig, die individuelle Periodizität in den Analysen zu berücksichtigen. So ist es z. B. nicht hilfreich, die Umsatzentwicklung linear zu planen und anteilig in den Soll-Ist-Vergleichen zu berücksichtigen, wenn der größte Teil des Umsatzes z. B. saisonbedingt im vierten Quartal getätigt wird. Dies führt eventuell dazu, dass man über das Jahr eine Planverfehlung ausweist,

---

[1420] Vgl. die Kennzahlenübersicht in Abschnitt 4.2.

## 4. Teil. Beteiligungsstrukturierung
§ 14 Beteiligungscontrolling

die dann regelmäßig um den Hinweis auf die Hauptumsatzsaison im vierten Quartal ergänzt werden muss. Auch sind gegebenenfalls abweichende Wirtschaftsjahre oder Monate mit unterschiedlich vielen Arbeitstagen in der Gestaltung zu berücksichtigen. Auf saisonbedingte Besonderheiten ist auch im Berichtsteil 2c (5.4) hinzuweisen.

Um einen schnellen Überblick über die Entwicklung eines Unternehmens zu bekommen, ist die grafische Darstellung von ausgewählten Kennzahlen empfehlenswert. Dabei muss der Private Equity Beteiligungscontroller sehr gut überlegen, welche Entwicklungen er regelmäßig darstellen will. Dabei sollte die Informationsdichte gegen die Lesbarkeit des Berichts abgewogen werden. Es sollte ein in sich konsistentes Gesamtkonzept von Kennzahlen festgelegt werden, die für jedes Unternehmen berichtet werden und damit auch einen Quervergleich im Portfolio erlauben. Zusätzlich können individuell für die Situation einzelner Unternehmen relevante Informationen hinzugenommen werden.

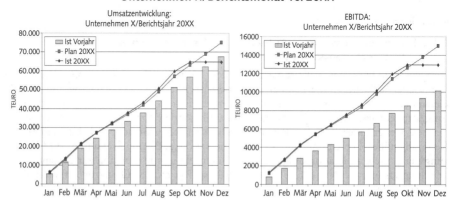

Abbildung 8: Beispielhafte Grafiken zur Unternehmensentwicklung
Unternehmen X/Berichtsmonat 10/20XX

Beispielhaft wird anhand der Abbildung 9 auf Seite 357 dargestellt, welche Informationen die EVCA Guidelines für eine Zusammenfassung zu einem einzelnen Portfolio-Unternehmen vorschlagen.[1421]

### 4.3.2.2. Darstellung der Bank Covenants

Auf die Bedeutung der Bank Covenants wurde bereits im Zusammenhang mit der Eingrenzung wesentlicher Controllinginformationen im Abschnitt 4.2 eingegangen. Im Zuge der aktuellen Finanzkrise hat sich die Kreditvergabepolitik der Banken weiter verschärft. An die Unternehmensbonität und die geforderten Sicherheiten und Covenants werden strengere Anforderungen gestellt. Die von dem kreditnehmenden Beteiligungsunternehmen zu erfüllenden Informationspflichten und die einzuhaltenden Kriterien werden im Kreditvertrag festgeschrieben und einer regelmäßigen Kontrolle unterzogen.[1422] Aufgrund der Eingriffsmöglichkeiten der Banken bei Verletzung kommt der Einhaltung der Covenants auch aus Eigentümersicht eine hohe Bedeutung zu. Im Fall der Bonitätsverschlechterung muss eine ausreichende Reaktionszeit zur Einleitung der erforderlichen Gegenmaßnahmen bleiben. Diese von den Banken vorgegebenen Kennzahlen müssen daher in den laufenden Report der Private Equity Gesellschaft einbezogen werden.

---

[1421] EVCA (2006), S. 21.
[1422] Der Zeitraum für die Überprüfungen kann dabei bonitätsabhängig schwanken. Typischerweise werden die Covenants-Kriterien in einem Dreimonatszyklus überprüft.

## Abbildung 9: Informationen eines Portfolio-Unternehmens im EVCA Report

| | |
|---|---|
| Legal and trading Name (including any changes) | Company C |
| Location of head office or management | Mystic Harbor, USA |
| Total amount invested by the Fund | € 27 million |
| Description of the business | Develops wireless communication services |
| Stage of initial investment | Expansion |
| Fund's role in the initial investment (lead, co-lead) | Lead |
| Percentage ownership and board representation by the fund | 45 % <br> Two board members – Jim Smith and David Jones |
| Other significant co-investors (recommendation) | Venture Fund I Scandinavia, European Ventures III and investor no. 10 on same terms as fund |
| Company valuation at time of initial investment | € 81 million – (enterprise value) |
| Company's Fair Value as of 31 December 2005 | € 133 million (enterprise value – in accordance with the International Private Equity and Venture Capital Valuation Guidelines) |

| Trading record – € million | 31/12/2003 Actual | 31/12/2004 Actual | 31/12/2005 Actual | 31/12/2006 Budget/Forecast (recommendation) |
|---|---|---|---|---|
| Sales | 82 | 103 | 128 | 179 |
| EBITDA | 16 | 20 | 23 | 27 |
| EBIT | 8 | 11 | 11 | 13 |
| Net income | 4 | 5 | 4 | 5 |
| Net debt | 21 | 39 | 35 | |

| | |
|---|---|
| Significant events | A new generation of software has been introduced which has significantly increased revenues |
| Exit plans (recommendation) | Potential public offering on Nasdaq |
| Assessment versus Initial Plan | On Plan |
| Extraordinary items | – |

### 4.3.2.3. Erläuterung und Kommentierung der wirtschaftlichen Situation

In einer kurzen Stellungnahme wird auf die Besonderheiten des Unternehmens in der vergangenen Berichtsperiode hingewiesen. Deren Hintergründe sind zu erläutern. Hier besteht die Möglichkeit, weitere Zusammenhänge aufzuzeigen und geeignete Maßnahmen vorzuschlagen.

### 4.3.2.4. Darstellung der beschlossenen Maßnahmen und deren jeweiliger Status

Wie oben dargestellt, orientiert sich das Private Equity Beteiligungscontrolling zunächst an dem zum Zeitpunkt der Investition festgelegten Finanz- und 6-Monats-Plan. Die Umsetzung der vereinbarten Maßnahmen muss eng verfolgt werden. Der Maßnahmenkatalog wird laufend um neue Maßnahmen ergänzt, die sich aus der Besprechung des Portfolioberichtes im Rahmen der regelmäßig stattfindenden Portfoliogespräche ergeben.[1423] Wichtig ist, dass bei der Fixierung der Maßnahmen eine für die Umsetzung zuständige Person und einen Umsetzungszeitraum festgelegt werden.

---

[1423] Vgl. die Ausführungen in Abschnitt 4.4.

## 4. Teil. Beteiligungsstrukturierung § 14 Beteiligungscontrolling

**Abbildung 10: Beispielhafte Übersicht für einen Maßnahmenplan**

| Unternehmen X/Berichtsmonat 10/20XX | | | |
|---|---|---|---|
| Maßnahme | Termin | Status | Zuständig |
| Umsatzentwicklung | 30.10.20XX | Nach den hohen Monatsumsätzen in 07–09/20XX blieb der Umsatz im Berichtszeitraum deutlich unter Plan. Grund ist der Ausfall eines größeren Kunden. Rücksprache mit dem Management wegen zusätzlichen Vertriebsmaßnahmen im Folgemonat. Der geplante Umsatz- und Ergebniszielwert für das Jahresende 20XX scheint aufgrund der guten Vormonatswerte noch erreichbar. | Projektleiter Z |
| Verkaufsprozess | 30.6.20XX+1 | Geplanter Verkauf zu Mitte 20XX+1 nicht gefährdet; Käufersuche wird fortgesetzt, Gespräche mit Interessent Y und Z sind im Folgemonat angesetzt. | Projektleiter Z |

### 4.4. Informationsverdichtung im Controlling-Gespräch

Als weiteres wichtiges Controlling-Instrument dient ein regelmäßiges, typischerweise monatlich stattfindendes Controlling-Gespräch, an dem neben dem Partnerschaftsgremium der Private Equity Gesellschaft der zuständige Projektleiter bzw. Projektmanager sowie der Beteiligungscontroller beteiligt sind. Das Controllinggespräch dient dem Informationsaustausch zu den Portfolio-Unternehmen eines Fonds. Es wird über die Fortschritte der Portfoliogesellschaft berichtet und es werden die nächsten Aktivitäten und Maßnahmen für die einzelnen Portfolio-Unternehmen diskutiert und festgelegt. Im Folgenden werden zunächst die Aufgaben des Partnerschaftsgremium und der Projektleiter kurz beschreiben:

– Partnerschaftsgremium:
  Im Allgemeinen ist die Private Equity Gesellschaft partnerschaftlich organisiert. Je nach Größe der Private Equity Gesellschaft wird sich dieses Gremium aus allen Partnern oder nur aus einem Teil der Partner zusammensetzen. Dieses Partnerschaftsgremium wird in den meisten Fällen die täglichen Entscheidungen bezüglich der Portfolio-Unternehmen treffen.[1424]

– Projektleiter/Projektmanager:
  Es wird davon ausgegangen, dass innerhalb der Private Equity Gesellschaft eine Person, der sogenannte *Projektmanager* bzw. *Projektleiter,* bzw. eine Gruppe von Personen für die Betreuung einer Beteiligung zuständig ist. Meist handelt es sich hierbei um dieselben Personen, die auch die Beteiligung ausgewählt haben bzw. den Akquisitionsprozess durchgeführt haben. Die gleichen Personen sind meist auch für den Veräußerungsprozess zuständig

Die Abbildung 11 auf Seite 359 illustriert eine typische Teilnehmerstruktur des Controlling-Gesprächs.

Die Abbildung verdeutlicht, dass in der vorgeschlagenen Struktur Informationen über das Beteiligungsunternehmen auf zwei unabhängigen Wegen für das Controllinggespräch aufbereitet werden. Der zuständige Projektleiter erhält seine Informationen vom Management, das Beteiligungscontrolling aus dem Controlling und Finanzbereich des Portfolio-Unternehmens. Die unabhängige Informationsauswertung ist in verschiedener Hinsicht wichtig. Sie unterstützt in wesentlichem Maße die Objektivität der Unternehmensdarstellung, da der Private Equity Beteiligungscontroller nicht in die laufenden Zusammenarbeit zwischen Portfolio-Unternehmen und Private Equity Manager involviert ist und die Unternehmens-

---

[1424] Zumeist werden die weitreichenden Entscheidungen wie Investitionen, Nachinvestitionen und Exits von dem Partnerschaftsgremium vorbereitet und dann dem Entscheidungsgremium des Fonds zur endgültigen Verabschiedung vorgelegt.

## Abbildung 11: Organisatorische Eingliederung des Controlling Gesprächs

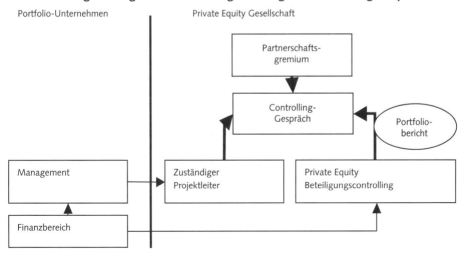

entwicklung aus größerer Distanz auf Basis der ihm vorliegenden Kennzahlen beurteilt. Gerade durch die laufende zum Teil tägliche Zusammenarbeit des Projektmanagers mit dem Portfoliounternehmen geht oft ein Stück Objektivität verloren. Auch fällt es nicht jedem Projektmanager leicht, über schwierige bzw. negative Entwicklungen zu berichten.

Wichtig ist in diesem Zusammenhang, dass das Controlling und der zuständige Projektleiter nicht zunächst eine gemeinsame Sicht der Dinge erarbeiten und diese dann gemeinsam dem Partnergremium präsentieren. Vielmehr sollten sich beide unabhängig voneinander auf die Sitzung vorbereiten und jeweils die eigene Sicht auf die Situation und Lage der Portfoliogesellschaft präsentieren und so ein unabhängiges 4-Augen-Prinzip umsetzen. Im Rahmen des Controllinggespräches erfolgt auf Basis der aus den verschiedenen Perspektiven zusammengetragenen Informationen ein Dialog und Austausch, auf dessen Basis die weiteren für das jeweilige Portfolio-Unternehmen einzuleitenden Maßnahmen beschlossen werden, welche dann in dem Maßnahmenplan festgehalten werden.

Zur effizienten Durchführung dieser Controllinggespräche benötigen die Teilnehmer grundlegende Informationen über die Entwicklung der Gesellschaften, welche im Portfoliobericht aufgearbeitet werden.[1425] Damit dieser Portfoliobericht möglichst objektiv erstellt wird, sollte er nicht von dem zuständigen Partner oder von einem diesem zuarbeitenden Analysten erstellt werden, sondern von einer unabhängigen Instanz, die mit den Aufgaben des Beteiligungscontrolling betraut ist. Diese sollte sowohl in Hinsicht der Informationsauswertung und Präsentation als auch in hinsichtlich der Informationsbeschaffung unabhängig von dem jeweils zuständigen Partner sein.

Das hier dargestellte Instrument des Controllinggesprächs sichert aus Perspektive der Private Equity Gesellschaft ein Höchstmaß an Objektivität der Informationsgewinnung über das Portfolio-Unternehmen. Ein Nachteil der beschriebenen Vorgehensweise liegt darin, dass eine strikte Trennung zwischen Portfoliobetreuung und Beteiligungscontrolling in einem kleinen Team zwar grundsätzlich möglich, aber im täglichen Arbeiten schwierig ist. Es wird die Tendenz bestehen, dass sich der Projektleiter und das Beteiligungscontrolling im Vorfeld des Controllinggespräches informell über die jeweiligen Besonderheiten austauschen, sei es auch nur, um die diesbezügliche Meinung des anderen zu erfahren. Dadurch kann es dazu kommen, dass im Controllinggespräch eine bereits untereinander abgestimmte

---

[1425] Vgl. die Ausführungen in Abschnitt 4.3.

Meinung präsentiert wird und eine tiefergehende Diskussion und Analyse zu dem Portfolio-Unternehmen umgangen wird.

Zu bedenken bleibt ebenfalls, die hohe zeitliche Intensitivität, die sich aus der doppelten Informationsgenerierung und den Diskussionsrunden im Rahmen des Controllinggesprächs ergibt. Andererseits bewirkt dieser Prozess eine intensive Auseinandersetzung der Private Equity Gesellschaft mit jedem Portfoliounternehmen, aus der eine hohe Informationsdichte und fundierte Einschätzung über jede Beteiligung resultieren. Der Mehrwert kann in der Möglichkeit einer zeitnahen Reaktion auf unerwünschte Fehlentwicklungen bzw. eine gute Einschätzung des richtigen Verkaufstimings gesehen werden, woraus sich wesentliche Impulse für eine möglichst zeitnahe Realisierung des angestrebten Wertsteigerungspotenzials der Beteiligung ergeben. Insofern sind aus Sicht der Private Equity Gesellschaft Kosten und Nutzen der Einführung dieses Controllinginstruments abzuwägen. Aus Sicht des Autors wird die Anwendung dieses Instruments in der dargestellten Weise befürwortet.

## 5. Erfolgsfaktoren des Private Equity Beteiligungscontrolling aus Anwendersicht

Im Folgenden werden wesentliche Erfolgsfaktoren des Private Equity Beteiligungscontrolling aus Anwendungssicht zusammengefasst, auf die bei der Darstellung der Aufgaben und Instrumente des Beteiligungscontrolling eingegangen wurde.

### 5.1. Aufhebung Informationsasymmetrien zwischen Management des Portfolio-Unternehmens und der Private Equity Gesellschaft

Die Principal-Agent-Beziehung zwischen der Private Equity Gesellschaft und dem Management des Beteiligungsunternehmens birgt häufig Anreizprobleme, welche aus der hohen Informationsasymmetrie zwischen beiden Seiten resultieren. Eine wesentliche Gefahr aus Sicht der Private Equity Gesellschaft besteht darin, dass die beim Eingang der Unternehmensbeteiligung festgelegten Erfolgsziele nicht erreicht werden können, da sich das Management der Beteiligungsgesellschaft nicht nachdrücklich für deren Umsetzung einsetzt, sondern eigene Interessen verfolgt. Aus Sicht der Private Equity Gesellschaft ist es daher wichtig, ein wirksames Instrumentarium von Steuerungs- und Kontrollinstrumenten einzusetzen, um diese Informationsasymmetrien weit möglichst aufzuheben und für eine Konformität der Interessenausrichtung und die gewünschte Geschäftsaktivität des Managements zu sorgen. Dem Beteiligungscontrolling fällt hierbei eine zentrale Rolle zu. Wichtige Aufgaben in diesem Kontext werden im Folgenden zusammengefasst:

- **Informationsbeschaffung**:
  Wichtig ist eine möglichst vollständige und objektive Informationsbeschaffung. Das Beteiligungscontrolling muss sich im Rahmen der Due Diligence zunächst ein möglichst objektives und umfassendes Bild des Geschäfts- und Renditepotenzials der Investition verschaffen und dabei die Interessen der am Informationsprozess Beteiligten berücksichtigen und zutreffend einschätzen.

- **Enge Zusammenarbeit mit dem Beteiligungsunternehmen**:
  Anschließend muss die Infrastruktur für die Zusammenarbeit mit dem Beteiligungsunternehmen aufgebaut werden. Entscheidend für die Qualität der später zu generierenden Informationen ist es, inwieweit es dem Beteiligungscontroller gelingt, eine positive und tragfähige Beziehung zu den entsprechenden organisatorischen Einheiten des Beteiligungsunternehmens aufzubauen. Es muss eine aussagefähige Kennzahlensystematik festgelegt und ein effizientes Berichtswesen etablieren werden, um einen zeitnahen und möglichst vollständigen Informationsaustausch mit dem Private Equity Unternehmen sicherzustellen und aktuell über die Entwicklungen im Beteiligungsunternehmen informieren zu können.

## 5.2. Konsequenz der Kontrolle/Effiziente Verzahnung der Controlling-Instrumente:

Entscheidend für den Erfolg der Beteiligung ist aus Sicht des Private Equity Unternehmens die konsequente Umsetzung des zum Zeitpunkt der Investition beschlossenen Maßnahmenkatalogs, mit dem das identifizierte Wertsteigerungspotenzial realisiert werden soll. Eine zeitlich enge Kontrolle des Umsetzungserfolges der Maßnahmen durch das Beteiligungscontrolling stellt dabei einen wichtigen Erfolgsfaktor dar. Als zentrale Instrumente dienen hierzu der monatliche Projektbericht einschließlich der Soll/Ist-Vergleiche aller Portfoliounternehmen, sowie das Controllinggespräch. In einem revolvierenden Prozess werden Maßnahmen im Controllinggespräch festgelegt, im Maßnahmenplan fixiert und zur Umsetzung beauftragt. Der Umsetzungsstatus wird im Rahmen des Projektberichts festgehalten. Der Handlungserfolg wird in den jeweils nachfolgenden Controllinggesprächen erörtert, und gegebenenfalls werden dort weitere Maßnahmen getroffen.

## 5.3. Funktionale Träger des Beteiligungscontrolling

Das Controlling der Beteiligungen ist in den Private Equity Gesellschaften in unterschiedlicher Weise organisiert. Private Equity Gesellschaften sind in der Regel relativ klein und verfügen allein aufgrund ihrer Größe häufig über keine separate Einheit für das Beteiligungscontrolling.[1426] In den vorangehenden Ausführungen wurde die Bedeutung der Objektivität der über die Beteiligungsunternehmen zu generierenden Informationen hervorgehoben. Dabei wurde unterstellt, dass der Prozess der Informationsbeschaffung im Wesentlichen von einem unabhängigen Beteiligungscontrolling durchgeführt wird. Diese Objektivität des Beteiligungscontrolling ist aus Sicht des Autors wünschenswert und rechtfertigt den auf Seiten der Private Equity Gesellschaft resultierenden erhöhten organisatorischen Aufwand. Insbesondere in der Informationszusammenführung im Rahmen des Controllinggesprächs zeichnet sich aus Sicht des Autors ein erheblicher Mehrwert ab, indem nach einem Vier-Augen-Prinzip die verschiedenen Sichtweisen auf das Beteiligungsunternehmen durch den Projektmanager und das Beteiligungscontrolling mit dem Partnerschaftsgremium detailliert diskutiert und weitere Maßnahmen auf Basis dieser Informationsdichte beschlossen werden.

Die Tatsache, dass das Private Equity Controlling einen sowohl von dem zuständigen Partner der Private Equity Gesellschaft als auch von dem Management der Portfoliogesellschaft unabhängigen Zugang auf Unternehmensdaten hat, führt nicht nur zu wertschaffenden Diskussionen in den Controllinggesprächen, sondern stellt eine wesentliche Kontrollinstanz in der Betreuung der Portfoliogesellschaften dar.

Eine Entsprechung findet diese Herangehensweise auf Seiten der Fremdkapitalgeber. So ist für die Kreditvergabe der Kreditinstitute in den Mindestanforderungen an das Risikomanagement (MaRisk)[1427] vorgeschrieben, dass die Bereiche „Markt" (Kundenbetreuer) und „Marktfolge" (Kreditabteilung) in dem Kreditvergabeprozess bis auf Geschäftsführungsebene strikt voneinander zu trennen sind, um eine möglichst weitgehende Objektivität der Kreditvergabeentscheidung und der folgenden regelmäßigen Bonitätskontrollen zu erreichen. Bei der Kreditentscheidung haben nach einem Vier-Augen-Prinzip der Kundenbetreuer („Markt") und die Kreditabteilung („Marktfolge") ein separates Votum abzugeben.

---

[1426] Vgl. die Umfrageergebnisse europäischer Private Equity Gesellschaften in Eitelwein et al. (2008).

[1427] Die Mindestanforderungen an das Risikomanagement (MaRisk) sind die verbindliche Vorgabe der Bundesanstalt für Finanzdienstleistungsaufsicht (BaFin) für die Ausgestaltung des Risikomanagements in deutschen Kreditinstituten. Sie wurden von der BaFin mit Rundschreiben 18/2005 v. 20. Dezember 2005 veröffentlicht und zuletzt mit Rundschreiben 05/2007 v. 30. Oktober 2007 neu gefasst.

Vergeben wird der Kredit nur bei übereinstimmender positiver Einschätzung durch beide Bereiche, d. h. durch den marktnahen Kundenbetreuer, der in Kontakt mit dem Unternehmen steht, und durch die Kreditabteilung, die das Engagement auf Basis der ihr vorliegenden Zahlenwerks und Geschäftsinformationen beurteilt.[1428]

## 6. Fazit

In dem vorliegenden Beitrag wurden wesentliche Aufgaben und Instrumente des Beteiligungscontrolling in Private Equity Gesellschaften aus praktischer Anwendungssicht dargestellt. Im Kontext des Beteiligungslebenszyklus wurden anhand der Investitions-, Betreuungs- und Exitphase wichtige Aufgaben des Beteiligungscontrolling beleuchtet. In der Investitionsphase begleitet es den Akquisitionsprozess bis zur Investitionsentscheidung, wirkt v. a. an der Erstellung des Finanzplanes mit und prüft das finanzwirtschaftliche Gesamtkonzept sowie die zugrunde liegenden Annahmen. In der Betreuungsphase liegen die Aufgabenschwerpunkte im Nachhalten der Umsetzung der beschlossenen Maßnahmen und der regelmäßigen Erstellung und Überprüfung der monatlichen Soll-Ist-Vergleiche. Im Rahmen der Exitphase unterstützt das Beteiligungscontrolling bei der Feststellung eines günstigen Verkaufszeitpunktes und erarbeitet die Finanzkennzahlen zur Ergebniskontrolle nach einem erfolgten Verkauf.

Als wesentliche Controllinginstrumente wurden Kennzahlensysteme des Private Equity Beteiligungscontrolling vorgestellt, sowie die Informationsaufbereitung im regelmäßig zu erstellenden Projektbericht und die Informationszusammenführung und Maßnahmenfestlegung im Rahmen der monatlichen Controllinggespräche. Als wesentliche Erfolgsfaktoren wurden dabei die Aufhebung der Informationsasymmetrien zwischen Beteiligungsunternehmen und Private Equity Gesellschaft, die Konsequenz in Kontrolle und Verzahnung der Controllinginstrumente, sowie die organisatorische Bündelung der Aufgaben des Private Equity Beteiligungscontrolling in einer Instanz herausgestellt

Aufgrund der Finanzkrise werden die Wertschöpfungsmöglichkeiten der Private Equity Gesellschaften auf absehbare Zeit deutlich eingeschränkt sein. Insgesamt erfordern erhöhte Risiken der Investments und erschwerte Desinvestments ein systematisches und konsequentes Controlling der Portfoliounternehmen und Beteiligungen. Die Fähigkeit, auch unter erschwerten Marktumfeldbedingungen die angestrebten Wertsteigerungspotenziale realisieren zu können, wird zum entscheidenden Wettbewerbsfaktor der Private Equity Unternehmen. Hierzu kann ein effizientes Beteiligungscontrolling entscheidende Erfolgsbeiträge leisten.

Zu bedenken bleibt, dass die Umsetzungskosten des Private Equity Beteiligungscontrolling ausschließlich von der Private Equity Gesellschaft zu tragen sind. Die Private Equity Gesellschaft muss für sich entscheiden, wie intensiv das Private Equity Beteiligungscontrolling betrieben werden soll. Letztendlich soll der Erfolg der Portfoliogesellschaft und damit der Erfolg für die Investoren dadurch gesichert bzw. optimiert werden. Die Entscheidung zur Umsetzung eines starken, eigenständigen Beteiligungscontrolling obliegt damit einer individuellen Kosten-Nutzen-Analyse des einzelnen Private Equity Unternehmen.

---

[1428] Vgl. BaFin (2007), BTO 1.1 Funktionstrennung und Votierung: „Maßgeblicher Grundsatz für die Ausgestaltung der Prozesse im Kreditgeschäft ist die klare aufbauorganisatorische Trennung der Bereiche Markt und Marktfolge bis einschließlich der Ebene der Geschäftsleitung. [...] Abhängig von Art, Umfang, Komplexität und Risikogehalt des Kreditengagements erfordert eine Kreditentscheidung zwei zustimmende Voten der Bereiche Markt und Marktfolge."

# 5. Teil. Exit-Strukturierung

## § 15 Exit-Option Anteilsveräußerung

| Übersicht | Seite |
|---|---|
| 1. Vorbemerkung | 364 |
| 2. Arten des Exit durch Anteilsveräußerung | 364 |
|    2.1. Trade Sale | 364 |
|    2.2. Secondary Purchase | 365 |
|    2.3. Buy Back | 366 |
| 3. Bewertung der Exit-Möglichkeiten | 366 |
|    3.1. Trade Sale | 367 |
|    3.2. Secondary Purchase | 368 |
|    3.3. Buy Back | 369 |
| 4. Exit-Regelungen in Beteiligungsvereinbarung und Satzung | 369 |
|    4.1 Mitveräußerungspflicht (drag along) | 369 |
|    4.2. Mitveräußerungsrecht (tag along) | 370 |
|    4.3. Liquidationspräferenz | 370 |
|    4.4. Call Option, Vorerwerbsrecht/Voranbietungspflicht, Vorkaufsrecht | 371 |
| 5. Rechtliche Ausgestaltung | 372 |
|    5.1. Allgemeines | 372 |
|       5.1.1. Kaufpreis | 372 |
|       5.1.2. Fusionskontrollrechtliche Anmeldepflichten | 374 |
|    5.2. Trade Sale | 376 |
|       5.2.1. Rechtliche Struktur | 376 |
|       5.2.2. Haftung | 377 |
|       5.2.3. Gewährleistung und Garantie | 378 |
|       5.2.4. Meldepflichten | 383 |
|       5.2.5. Besonderheiten Trade Sale durch Asset Deal | 383 |
|    5.3. Secondary Purchase | 386 |
|       5.3.1. Rechtliche Struktur | 386 |
|       5.3.2. Gewährleistung und Garantie | 387 |
|    5.4. Buy Back | 387 |
| 6. Steuerliche Folgen | 387 |
|    6.1. Trade Sale durch Share Deal | 387 |
|       6.1.1. Verkehrsteuern | 387 |
|       6.1.2. Ertragsteuern | 388 |
|    6.2. Trade Sale durch Asset Deal | 391 |
|       6.2.1. Verkehrsteuern | 391 |
|       6.2.2. Ertragsteuern | 392 |
|    6.3. Secondary Purchase | 392 |
|    6.4. Buy Back | 392 |
| 7. Strukturierung des Verkaufsprozesses | 393 |
|    7.1. Phase 1 – Vorbereitung | 393 |
|    7.2. Phase 2 – Käuferauswahl | 393 |
|    7.3. Phase 3 – Due Diligence | 394 |
|    7.4. Phase 4 – Vertragsverhandlungen | 394 |
|    7.5. Phase 5 – Signing und Closing | 395 |

# 5. Teil. Exit-Strukturierung

§ 15 Exit-Option Anteilsveräußerung

## 1. Vorbemerkung

Private-Equity-Investitionen sind Investitionen auf Zeit.[1429] Ziel vor allem institutioneller Investoren ist das Erzielen einer optimalen Kapitalrendite. Rückläufe auf das investierte Kapital ergeben sich zum einen aus den Gewinnausschüttungen der Beteiligungen (laufende Kapitalerträge) und zum anderen aus den durch die Wertsteigerung der Beteiligung realisierten Veräußerungsgewinnen. Der Wertsteigerung der Beteiligung kommt dabei die weitaus größere Bedeutung für die Rentabilität des investierten Kapitals zu. Der Investor realisiert die Wertsteigerung durch den Ausstieg aus der Beteiligung – den sogenannten *Exit* – im Wege der rechtstechnischen Beendigung der Vertragsverhältnisse zwischen Private-Equity-Investor, Mitgesellschaftern, Fremdkapitalgebern und Gesellschaft. Das Ziel eines gewinnbringenden *Exit* muss über die gesamte Investitionsdauer verfolgt, bereits bei Auswahl der Investition bedacht (Beurteilung von Wertsteigerungspotentialen, etc.) und frühzeitig geplant werden (Suche nach geeigneten *Exit*-Partnern, etc.). Erkannte *Exit*-Schwierigkeiten können schon bei der Investitionsentscheidung zum Deal-Breaker werden.

Im Jahr 2007 erzielten die in Deutschland tätigen Beteiligungsgesellschaften durch *Exits* Einnahmen in Höhe von rund EUR 2,2 Mrd.[1430] Im Vergleich dazu betrug das Fundraising im selben Zeitraum ca. EUR 4,2 Mrd. bei Fondsvolumina[1431] von insgesamt EUR 31,9 Mrd. Auf lange Sicht zeigt sich, dass die Höhe der jährlichen *Exit*-Volumina der Höhe des jährlichen Fundraising zeitlich versetzt nachfolgt.[1432]

## 2. Arten des *Exit* durch Anteilsveräußerung

### 2.1. Trade Sale

Die häufigste *Exit*-Variante[1433] ist die Veräußerung sämtlicher oder nahezu sämtlicher Anteile an der Beteiligungsgesellschaft durch den Investor und seine Mitgesellschafter (*Share Deal*). Hierbei erwirbt der Erwerber, in der Regel ein strategischer Investor (z. B. Konkurrent, Kunde, Lieferant), die Anteile an der Gesellschaft (*Target*) im Wege eines individuell verhandelten Kauf- und Übernahmevertrages (*Trade Sale*).

**Abbildung 1: Transaktionsstruktur Trade Sale**

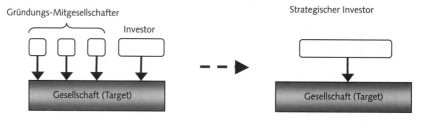

---

[1429] Die durchschnittliche Dauer eine Private-Equity-Beteiligung liegt deutlich unter zehn Jahren. Weitnauer, Handbuch Venture Capital, S. 4, nimmt eine übliche Beteiligungsdauer von drei bis sieben Jahren an. Verlässliche statistische Angaben hierüber fehlen jedoch.

[1430] BVK Statistik – Das Jahr 2007 in Zahlen, hrsg. vom Bundesverband Deutscher Kapitalbeteiligungsgesellschaften – German Private Equity and Venture Capital Association e.V. (BKV), Berlin, S. 19.

[1431] Volumen deutscher Beteiligungsgesellschaften sowie das in Deutschland verwaltete Portfolio ausländischer Beteiligungsgesellschaften, siehe BVK Statistik, a.a.O., S. 14.

[1432] Vgl. die Übersichten über langfristige Entwicklungen in BVK Statistik, S. 25 und 34.

[1433] Zur Exit-Variante Börsengang siehe § 16.

Abweichend von der üblichen Variante des Share Deal kann ein Trade Sale auch durch die Veräußerung der wesentlichen Vermögenswerte der Beteiligungsgesellschaft erreicht werden (*Asset Deal*). Möglich ist ferner, dass das Target auf eine (Tochter-)Gesellschaft des strategischen Investors gegen Gewährung von Anteilen verschmolzen wird. Auch wenn der eigentliche *Exit* dann erst nachgelagert durch die Veräußerung der Anteile an der aufnehmenden Gesellschaft des strategischen Investors erfolgt, zählt man diese Variante üblicherweise zu den *Exit*-Möglichkeiten beim Trade Sale.

## 2.2. Secondary Purchase

Bei einer Variante des Secondary Purchase veräußert nur der Investor seine Beteiligung an einer Portfolio-Gesellschaft (*Target*) und zwar in der Regel an einen anderen Finanzinvestor. Im Unterschied zum Trade Sale bleiben beim Secondary Purchase die übrigen Gesellschafter an der Gesellschaft beteiligt.

**Abbildung 2: Transaktionsstruktur Secondary Purchase –
Veräußerung einzelner Beteiligungen**

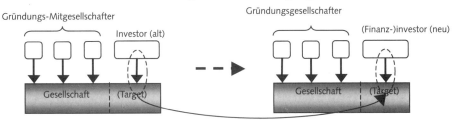

Eine weitere Variante des Secondary Purchase ist die Veräußerung des gesamten Beteiligungsportfolios eines Investors. Ziel (*Target*) der Transaktion sind in diesem Fall nicht die Anteile an einer oder mehreren Portfolio-Gesellschaften, sondern i.d.R. die Fondsgesellschaft selbst, über die der veräußernde Investor die Portfolio-Gesellschaften hält (Variante 1), oder die Gesamtheit der von der Fondsgesellschaft gehaltenen Anteile an den Portfolio-Gesellschaften (Variante 2) (sogen. *Secondary Buy Out*).

**Abbildung 3: Transaktionsstruktur Secondary Purchase (Variante 1) –
Veräußerung der Fondsgesellschaft**

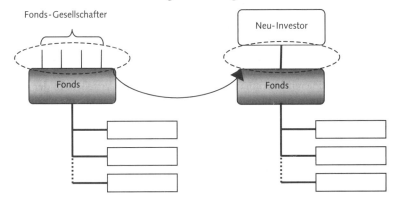

**Abbildung 4: Transaktionsstruktur Secondary Purchase (Variante 2) – Veräußerung des Portfolios**

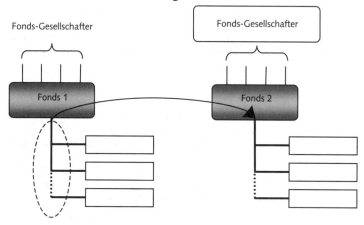

In der Praxis können auch Mischformen aus beiden Varianten vorkommen. Ist der neue Investor zwar an dem gesamten Portfolio interessiert, will dieses jedoch nicht in einem Akt – etwa aus Liquiditätsgründen – erwerben, vereinbaren die Parteien gelegentlich die schrittweise Veräußerung einzelner Beteiligungen.

### 2.3. Buy Back

Beim Buy Back erwerben Gesellschafter (regelmäßig die Gründungsgesellschafter) in der Regel die Anteile der Gesellschaft, oder auch der Fonds-Gesellschaft (jeweils *Target*) von dem Investor. Im Unterschied zum Secondary Purchase beabsichtigen die übrigen Gesellschafter jedoch, das Unternehmen in diesem Fall ohne externen Investor weiterzuführen.

## 3. Bewertung der Exit-Möglichkeiten

Bis zum letzten Einbruch der Aktienmärkte im Jahr 2001 galt der Börsengang als die optimale *Exit*-Variante schlechthin. Seither sind allerdings die alternativen *Exit*-Varianten durch Anteilsveräußerung stärker in das Blickfeld von Private-Equity-Investoren gelangt. Auch in den Jahren vor 2001 nahmen allerdings Anteilsveräußerungen im Wege der verschiedenen Trade-Sale-Varianten bereits den größten Anteil an den insgesamt erzielten *Exit*-Erlösen ein.[1434]

Die für gewöhnlich behauptete „Attraktivitäts-Rangliste" IPO – Trade Sale – Secondary Purchase – Buy Back trifft in dieser Allgemeinheit nicht zu, da Trade Sale und Secondary Purchase oft die flexibleren Instrumente als *Exit*-Alternativen darstellen. In der Praxis wird diese Rangliste oft durch Statistiken untermauert, die den Fokus auf die absoluten Erlöse der einzelnen Transaktionen legen. Dabei ist der einflussreichste Faktor jedoch die Größe der Gesellschaft, die erst ab einer bestimmten Schwelle einen Börsengang wirtschaftlich sinnvoll werden lässt.

Entscheidendes Kriterium für die richtige *Exit*-Strategie ist aus Sicht des Investors aber die erzielbare Kapitalrendite (*Return on Investment*). Die als relative Größe gemessene Kapitalrendite kann auch bei kleineren Beteiligungen einen hohen Wert annehmen. Jede *Exit*-Entscheidung hat daher auf die individuellen Besonderheiten der einzelnen Beteiligung

---

[1434] Siehe die Übersicht über die zahlenmäßige Entwicklung seit 1996 in BVK Statistik, a.a.O., S. 34.

Rücksicht zu nehmen. Unterschiedliche Rahmenbedingungen erfordern unterschiedliche *Exit*-Strategien.

Jede *Exit*-Entscheidung ist bestimmt durch eine Abwägung der Kosten und Nutzen der Veräußerung einer Beteiligung gegenüber dem Halten der Beteiligung. Das Halten einer Beteiligung ist nur dann wirtschaftlich sinnvoll, wenn die in Zukunft erwartete Wertsteigerung (*value added*) stärker wächst als die Kosten der Investition. In der Regel steigen mit laufender Haltedauer die Refinanzierungskosten der Investition. Zugleich nimmt das Wertsteigerungspotential der Beteiligung ab. Folglich verspricht das Halten der Beteiligung ab einem gewissen Zeitpunkt keinen Mehrgewinn. In Folge dessen ist der Ausstieg aus der Investition die rentablere Alternative.[1435]

Der Zeitpunkt, ab welchem keine signifikante Wertsteigerung mehr zu erwarten ist, hängt maßgeblich von den Besonderheiten des Einzelfalls ab. Das Ende der Laufzeit eines Private-Equity-Fonds stellt allerdings die endgültige zeitliche Grenze dar, bis zu welcher die Beteiligung veräußert sein muss.

### 3.1. Trade Sale

Im Allgemeinen wählen Investoren einen Trade Sale, wenn die Gesellschaft nicht börsenreif ist – etwa weil sie die hierfür erforderlichen Kriterien nicht erfüllt –, oder wenn die allgemeine Situation des Kapitalmarktes keinen lohnenden IPO verspricht. Darüber hinaus ermöglicht ein Trade Sale eine im Vergleich zum IPO schnellere Veräußerung sämtlicher Anteile an der Gesellschaft, weil insbesondere die Prospekterstellung, Prospektveröffentlichung und der Listing-Prozess an der jeweiligen Wertpapierbörse entfallen. Damit bietet der Trade Sale i.d.R. ein flexibleres und präziser planbares *Exit*-Timing, mit dem die Gesellschafter auch kurzfristig auf eine sich bietende *Exit*-Möglichkeit reagieren können.

Besonderes Interesse an dem Erwerb sämtlicher Anteile haben in der Regel strategische Investoren, die auf das operative Geschäft der Gesellschaft abzielen. Sie sind bestrebt, durch den Erwerb ihre eigenen geschäftlichen Aktivitäten zu ergänzen bzw. abzurunden und – natürlich ihre operativen Erträge zu steigern. Dies gelingt vor allem strategischen Investoren, die in derselben Branche tätig sind und die durch Eingliederung des Geschäftsbetriebes in die eigenen Unternehmensstrukturen Synergiepotentiale nutzen und auf diese Weise einen Teil der Erwerbskosten amortisieren können. Jedoch kann ein Trade Sale für einen strategischen Investor auch interessant sein, wenn etwa der Erwerb der Gesellschaft eine lohnende Alternative zum Abschluss eines Kooperations- oder Lizenzvertrages darstellt.[1436]

Gerade die mit dem Trade Sale verbundene Chance des Erwerbers, Synergieeffekte zu nutzen, kann den Trade Sale gegenüber dem IPO deutlich aufwerten. Dies ist etwa dann der Fall, wenn die Gesellschaft für einen strategischen Investor besonders interessante Besonderheiten aufweist (Produkte/ Rechte/ Know How/ Vertriebssysteme/ o.ä.), die erst durch die Eingliederung in das operative Geschäft des strategischen Investors wertsteigernd wirken, in der Hand des bisherigen Inhabers jedoch nicht in gleicher Weise zu vermarkten sind.

Ist der Geschäftsbetrieb der Gesellschaft durch einige wesentliche Vermögensgegenstände (z. B. ein Patent) geprägt und beschränkt sich das Interesse des strategischen Investors auf diese Vermögensgegenstände, kann es sinnvoll sein, den Trade Sale nicht wie üblich als Share Deal, sondern als Asset Deal auszugestalten.[1437] Denn die grundsätzliche Erschwernis beim Asset Deal, das Vermögen durch dingliche Einzelakte zu übertragen, wirkt sich bei der Veräußerung einiger weniger Wirtschaftsgüter nicht aus. In diesen Fällen ist ein Asset Deal insbesondere haftungsrechtlich vorteilhafter als eine Anteilsübertragung, da er es ermöglicht, Verbindlichkeiten und Risiken gezielt beim Veräußerer zu belassen.[1438]

---

[1435] Vgl. Sonndorfer, Private Equity in Deutschland, Darstellung und Analyse unter besonderer Berücksichtigung des Exits, Saarbrücken 2007, S. 65.
[1436] Weitnauer, a.a.O., Teil I, Rn. 22.
[1437] Siehe hierzu unten unter Abschnitt 6.2.
[1438] Siehe dazu unten unter Abschnitt 5.2.3. und Abschnitt 5.2.5.

## 5. Teil. Exit-Strukturierung     § 15 Exit-Option Anteilsveräußerung

Ist ein strategischer Investor zu einem früheren Zeitpunkt ihrer geschäftlichen Entwicklung an der Gesellschaft interessiert, in dem die Geschäftsanteile noch nicht sehr werthaltig sind, können die Gesellschafter durch eine Verschmelzung der Gesellschaft mit dem strategischen Investor an den zukünftigen Wertsteigerungen teilhaben. Im Tausch gegen ihre Anteile an der Gesellschaft erhalten die Gesellschafter Anteile an dem strategischen Investor, die sie regelmäßig erst nach Realisierung der Wertsteigerung veräußern können.

### 3.2. Secondary Purchase

Bis vor einigen Jahren waren Secondary Purchases in Deutschland eher unterrepräsentiert und ist ihre Bedeutung erst in den letzten fünf Jahren gewachsen. Dies liegt vor allem daran, dass der Markt für Secondary Purchases ein nachgelagerter Markt ist, der sich im Rahmen des insgesamt verhältnismäßig jungen Private-Equity-Marktes in Deutschland erst entwickeln musste.[1439] Nach *Exit*-Volumina nehmen Secondary Purchases im statistischen Vergleich inzwischen Rang 3 unter den *Exit*-Varianten ein. So ist es in den vergangenen Jahren Private-Equity-Investoren gelungen, einige wenige, dafür aber lukrative Secondary Purchases abzuwickeln.[1440] Die Anzahl der im gleichen Zeitraum durchgeführten Secondary Purchases hat sich hingegen nicht signifikant erhöht.

Da der Käufer im Rahmen des Secondary Purchase regelmäßig die Beteiligung des Investors erwirbt, nicht jedoch die gesamten Anteile an der Gesellschaft, werden Secondary Purchases vor allem von anderen Finanzinvestoren zur Platzierung ihrer Investments genutzt. Hinter der auf den ersten Blick eigentümlichen Interessenlage eines solchen „Investment-Verkaufs" können folgende Motive stecken:

Aus Sicht des Verkäufers kann ein Secondary Purchase angezeigt sein, wenn die Beteiligung die Erwartungen an ihre wirtschaftliche Entwicklung nicht erfüllt hat. Zudem bietet der Secondary Purchase bei Liquiditätsengpässen die Möglichkeit schneller Rekapitalisierung. Banken als Private-Equity-Investoren können aufgrund der besonderen Anforderungen an die Eigenkapitaldeckung nach Basel II genötigt sein, ihre Beteiligung wieder zu veräußern. Schließlich bieten sich Secondary Purchases immer dann an, wenn die Halteperiode des Fonds endet, obwohl die Portfoliogesellschaft für einen Trade Sale noch nicht reif ist. Zudem haben sich einige Private-Equity-Fonds auf bestimmte Finanzierungsstufen (z. B. Wachstumsfinanzierung zum Ausbau des Vertriebsnetzes) spezialisiert. Erreicht das Portfoliounternehmen eine neue Finanzierungsstufe, die nicht mehr in die Investitionsstrategie des Fonds passt, entledigt sich der Fonds des Portfolio-Unternehmens durch einen Secondary Purchase.

Aus Käufersicht ist ein Secondary Purchase für einen strategischen Investor in den seltensten Fällen interessant, da er in aller Regel nicht sämtliche Anteile an der Zielgesellschaft erwerben kann. Daher stehen finanzielle Investitionsinteressen beim Erwerb einer Beteiligung im Wege des Secondary Purchase im Vordergrund. Hierbei kommt den Käufern zu Gute, dass das Portfoliounternehmen bereits eine gewisse Zeit existiert, so dass der Unternehmenswert, die zukünftige Wertsteigerung und damit das Investitionsrisiko insgesamt besser abschätzbar sind. Erfahrungsgemäß liegt allerdings der Kaufpreis, der bei einem Secondary Purchase erzielt wird, in der Regel zwischen einem Fünftel und der Hälfte unter dem bei einem Trade Sale erzielbaren Kaufpreis.[1441]

---

[1439] Für einen geschichtlichen Überblick über die Entwicklung von Private Equity im deutschen und in ausgewählten ausländischen Märkten siehe Leopold/Frommann/Kühr, Private Equity – Venture Capital, Eigenkapital für innovative Unternehmer, S. 39 ff.

[1440] So wurden laut BVK Statistik, a.a.O., im Jahr 2007 durch Secondary Purchases, die lediglich 3,6 % der Transaktionen im Jahr 2007 ausmachten, Transaktionsvolumen von ca. EUR 433 Mio erreicht. Dies entspricht einem Anteil von 20,1 % am Gesamtvolumen sämtlicher Exit-Transaktionen im Vergleichszeitraum.

[1441] Kloyer, Venture Capital Magazin 11/2005, S. 16 f.

In den letzten Jahren haben sich Private-Equity-Fonds entwickelt, die sich auf Secondary-Purchase-Transaktionen spezialisiert haben (sog. Secondary Buy-Out-Fonds). Häufigste Variante ist der Erwerb gesamter Beteiligungs-Portfolios von Primary Fonds.

### 3.3. Buy Back

Der Buy Back bietet den Gründungsgesellschaftern eine Möglichkeit, die ausschließliche Gesellschafterstellung wieder zurückzuerlangen. Gerade für den Fall, dass andere *Exit*-Kanäle sich nicht realisieren lassen oder nicht gewollt sind, kann mit einem Buy Back ggf. auch die Liquidation des Unternehmens abgewendet werden.

Die natürlichen Interessengegensätze zwischen Gründungsgesellschaftern und Investoren im Rahmen eines Buy Back führen leicht zu Spannungen unter den Gesellschaftern. Während der aussteigende Private-Equity-Investor an einer möglichst hohen Bewertung seiner Anteile interessiert ist, wünschen die Gründungsgesellschafter eine möglichst günstige Übernahme der Gesellschaftsanteile. Sind die Gründungsgesellschafter (wie regelmäßig) zugleich Geschäftsführer der Gesellschaft, besteht für den Private-Equity-Investor die Gefahr, dass die Gesellschafter-Geschäftsführer durch bilanzpolitische und operative Maßnahmen die Bewertung der Gesellschaft drücken.[1442]

Auch wenn er in der jüngeren Vergangenheit eine eher unterdurchschnittliche Rolle spielte,[1443] galt der Buy Back in den Anfangsjahren des Private-Equity-Marktes in Deutschland als die maßgebliche Form des *Exit*.[1444] Nach damaligem Verständnis sollte am Ende der als reine finanzielle Überbrückung, als „Eigenkapital auf Zeit", verstandenen Private-Equity-Investitionen die unternehmerische Selbständigkeit der Gründungsgesellschafter regelmäßig wiederhergestellt werden. Diese Vorstellung ist durch die mittlerweile aber auch im deutschen Markt etablierten Tätigkeit von Private-Equity-Investoren[1445] überholt.

## 4. *Exit*-Regelungen in Beteiligungsvereinbarung und Satzung

Die Ausrichtung der Private-Equity-Investition auf einen gewinnbringenden *Exit* veranlasst die Parteien, besondere Regelungen für den Ausstieg bereits in die Beteiligungsvereinbarung und/oder die Satzung aufzunehmen. Ausgewogene *Exit*-Regelungen berücksichtigen dabei sowohl die Interessen des Private-Equity-Investors an einem flexiblen und ertragreichen Ausstieg aus der Investition (durch Mitveräußerungspflichten (*drag along*) und Liquidationspräferenz) als auch die Teilhabe der Gründungsgesellschafter an einem *Exit* durch den Investor, bei dem eine Wertsteigerung der Gesellschaft erzielt wird (Mitveräußerungsrecht (*tag along*)).

### 4.1. Mitveräußerungspflicht (*drag along*)

Insbesondere ein strategischer Investor ist in der Regel nur dann an einem Trade Sale interessiert, wenn er sämtliche oder nahezu sämtliche Anteile an der Gesellschaft übernehmen kann. Durch die Vereinbarung einer Mitveräußerungspflicht (*drag along*) (regelmäßig in der Beteiligungsvereinbarung) sind sämtliche Gesellschafter verpflichtet, für den Fall eines Trade Sale unter bestimmten Voraussetzungen ihre Anteile an den erwerbenden Investor zu veräußern.[1446] In der Praxis wird die Mitveräußerungspflicht der übrigen Gesellschafter dazu

---

[1442] Vgl. Sonndorfer, a.a.O., S. 85; Feldhaus in: Feldhaus/Veith, Frankfurter Kommentar zu Private Equity, S. 110.
[1443] Im Jahr 2007 erzielten Exit-Transaktionen durch Buy Back (einschließlich der Rückzahlung von Stillen Beteiligungen und Gesellschafterdarlehen) lediglich 5,3 % der gesamten Transaktionsvolumina ein, vgl. BVK-Statistik, a.a.O., S. 19.
[1444] Leopold/Frommann/Kühr, a.a.O., S. 177.
[1445] Zu den Tätigkeitsfeldern von Private-Equity-Investitionen siehe §§ 1, 2 und 3.
[1446] Weitnauer, NZG 2001, 1065 (1072); Feldhaus in: Feldhaus/Veith, a.a.O., S. 108 f.

häufig an die Aufforderung des Private-Equity-Investors oder eine entsprechende Beschlussfassung einer qualifizierten Mehrheit der Gesellschafter gebunden. Je nach vertraglicher Ausgestaltung erhält der Investor so die Möglichkeit, seinen Erwerb davon abhängig zu machen, dass er die Anteils- und Stimmenmehrheit in der Gesellschaft erlangt.

Eine Mitveräußerungspflicht kann bei einer GmbH auch im Gesellschaftsvertrag festgeschrieben werden und entfaltet dann auch unmittelbar Wirkung für etwaige Rechtsnachfolger in Gesellschaftsanteile. Bei einer Aktiengesellschaft überschreitet eine Mitveräußerungspflicht jedoch den abschließenden Katalog mitgliedschaftsrechtlich wirkender Nebenpflichten gemäß § 55 AktG und kann daher nicht mit Wirkung für etwaige Rechtsnachfolger festgeschrieben werden.[1447] Entsprechende Vereinbarungen in der Satzung haben daher lediglich schuldrechtlichen Charakter und binden nur die einer solchen Vereinbarung ausdrücklich zustimmenden Aktionäre.

### 4.2. Mitveräußerungsrecht (tag along)

Als Ausgleich für die starke Gewichtung des Private-Equity-Investors bei der Entscheidung über den *Exit* und die zur Sicherung des *Exit* regelmäßig vereinbarte Mitveräußerungspflicht kann den übrigen Gesellschaftern auch ein Mitveräußerungsrecht (*tag along*) eingeräumt werden. Dieses verpflichtet in der Regel den veräußernden Private-Equity-Investor, auf Wunsch der übrigen Gesellschafter auch deren Anteile im Rahmen des *Exit* dem Erwerber zu denselben Konditionen anzubieten und – dies wird häufig so vereinbart – die Annahme von dessen Erwerbsangebot davon abhängig zu machen, dass der Ewerber auch sämtliche ihm angebotenen Anteile erwirbt. Dadurch wird die gemeinsame Teilhabe der veräußernden Gesellschafter an der Wertsteigerung der Anteile gesichert, zumal regelmäßig davon auszugehen ist, dass bei einer isolierten Anteils-Veräußerung geringere Erlöse erzielt werden. Darüber hinaus können die Gründungsgesellschafter auf diese Weise auch von der Marktkenntnis und Transaktionserfahrung des Private-Equity-Investors profitieren.

Einer besonderen Regelung bedarf es für den Fall, dass der Erwerber nicht sämtliche ihm angebotenen Anteile erwerben will. Interessengerecht ist es, dass dann sämtliche veräußerungswilligen Gesellschafter ihre Anteile anteilig an den Erwerber mitveräußern dürfen.

In der Satzung einer Aktiengesellschaft kann ein Mitveräußerungsrecht nicht als mitgliedschaftlich wirkende Nebenpflicht vereinbart werden.[1448]

### 4.3. Liquidationspräferenz

Liquidationspräferenzen dienen dem Schutz der wirtschaftlichen Interessen des Private-Equity-Investors. Sie geben ihm einen vorrangigen Anspruch auf Erlös-Beteiligung im Falle der Anteilsveräußerung oder Liquidation der Gesellschaft, der dem investierten Betrag (einschließlich Zinsen) des Investors oder einem Vielfachen davon entspricht. Gerade im Zusammenspiel von Mitveräußerungspflicht- und Mitveräußerungsrechtklauseln kommt der Liquidationspräferenz besondere Bedeutung zu. Als Ausgleich dafür, dass der Private-Equity-Investor verpflichtet ist, die übrigen Gesellschafter an der Anteilsveräußerung teilnehmen zu lassen, gewähren Liquidationspräferenzen dem Private-Equity-Investor den Anspruch auf vorrangige Befriedigung im Innenverhältnis.

Zu beachten ist allerdings, dass zumindest die Liquidationspräferenz in die Satzung der Gesellschaft aufgenommen werden sollte, damit sie sämtliche, auch zukünftige Gesellschafter sowie insbesondere den Liquidator dinglich bindet.[1449]

---

[1447] Vgl. Fleischer in: Schmidt/Lutter, Aktiengesetz, I. Band, § 55 Rn. 1 u. 38.
[1448] S.o. unter Abschnitt 4.1.
[1449] Zum dinglichen Charakter der Satzung siehe u. a. Hueck/Fastrich in: Baumbach/Hueck, GmbHG, § 2 Rn. 3.

## 4.4. Call Option, Vorerwerbsrecht/Voranbietungspflicht, Vorkaufsrecht

Sichern Mitveräußerungspflicht, Mitveräußerungsrecht und Liquidationspräferenz die Interessen des Private-Equity-Investors bzw. der übrigen Gesellschafter bei Veräußerung der Anteile an einen externen Erwerber, eröffnen Call Option, Vorerwerbsrecht/Voranbietungspflicht und Vorkaufsrecht in unterschiedlichen technischen Ausgestaltungen die Möglichkeit des Buy Back im bestehenden Gesellschafterkreis, um den Verkauf an Dritte zu verhindern, oder zur Anteilskonsolidierung.

Eine Call Option ist regelmäßig als unwiderrufliches Angebot der betroffenen Gesellschafter zur Veräußerung ihrer Anteile an einen oder mehrere der übrigen Gesellschafter zu bestimmten Bedingungen[1450] gestaltet, das nach Eintritt bestimmter Voraussetzungen von den berechtigten Gesellschaftern angenommen werden kann. Diese können dann nach Eintritt der Voraussetzungen durch schlichte Annahme des Angebots die bindende Vereinbarung über den Erwerb der Call Options-Anteile mit dem verpflichteten Gesellschafter herbeiführen.

Beim Vorerwerbsrecht bzw. der Voranbietungspflicht ist regelmäßig der betroffene Gesellschafter verpflichtet, den von ihm gehaltenen Anteil (oder Teile davon) im Falle einer von ihm beabsichtigten Veräußerung zunächst den berechtigten Gesellschaftern zu denselben (oder – besser – in der Beteiligungsvereinbarung bereits festgelegten) Konditionen zum Erwerb anzubieten, bevor er die Anteile einer dritten Partei anbieten darf. Erst wenn keiner der berechtigten Gesellschafter von seinem korrespondierenden Recht zum (Vor-)Erwerb der angebotenen Anteile Gebrauch macht oder diese Rechte nicht vollständig ausgeübt werden, darf der verpflichtete Gesellschafter seinen Anteil (oder Teile davon) der dritten Partei anbieten.

Das Vorkaufsrecht schließlich richtet sich nach den Bestimmungen der §§ 463 ff. BGB i.V.m. § 453 BGB. Danach hat jeder berechtigte Gesellschafter für den Fall, dass der verpflichtete Gesellschafter den von ihm gehaltenen Anteil an eine dritte Partei verkauft, das Recht, gegenüber dem verpflichteten Gesellschafter die Ausübung des Vorkaufsrechts zu erklären mit der Folge, dass der Kaufvertrag, den der verpflichtete Gesellschafter mit der dritten Partei abgeschlossen hat, mit denselben Bestimmungen zwischen dem verpflichteten Gesellschafter und dem bzw. den berechtigten Gesellschaftern zustande kommt. Diese Variante ist in der Praxis nicht empfehlenswert, da sie den verpflichteten Gesellschafter mit der Offenlegung des Vorkaufsrechts gegenüber der dritten Partei belastet, will er sich dieser gegenüber nicht schadenersatzpflichtig machen und i.Ü. auch das Verhältnis unter den Gesellschaftern belastet, wenn ein Anteil unabgestimmt veräußert wird und die berechtigten Gesellschafter dann ggf. ihr Recht gegen den verpflichteten Gesellschafter durchsetzen müssen. Nicht unüblich ist es allerdings, in der Beteiligungsvereinbarung geregelte Vorerwerbsrechte/Voranbietungspflichten durch ein Vorkaufsrecht (und – in jedem Fall – die Vinkulierung der Anteile) abzusichern für den Fall, dass ein Gesellschafter unter Verstoß gegen die Beteiligungsvereinbarung Anteile der Gesellschaft zu veräußern versucht.

---

[1450] Dazu sollte in jedem Fall die Bestimmung des Kaufpreises gehören. – Zu den Möglichkeiten der Bestimmung des Kaufpreises siehe im Fortgang unter Abschnitt 5.1.1.; vgl. auch zur Ausgestaltung als „Equity Kicker" bei der atypischen stillen Gesellschaft bei Hellich/Grossmann in: Häger/Elkemann-Reusch: Mezzanine Finanzierungsinstrumente, S. 81 f. und zu Wandelschuldanleihen von Beauvais/Traichel in: Bösl/Sommer: Mezzanine Finanzierung, S. 198 f.

## 5. Rechtliche Ausgestaltung

### 5.1. Allgemeines

#### 5.1.1. Kaufpreis

Die Preisfindung ist eine unternehmerische Entscheidung. Sie ist Kern der Vertragsverhandlungen und entscheidendes Kriterium für den wirtschaftlichen Erfolg des *Exit*. Die Parteien bestimmen den Kaufpreis auf der Grundlage ihrer jeweiligen Vorstellungen über den Wert des Unternehmens. Maßgeblicher Faktor ist die in die Zukunft projizierte Ertragsfähigkeit des Unternehmens.[1451] Die Notwendigkeit dieser dynamischen Sichtweise erschwert nicht nur die Kaufpreisfindung, sondern stellt auch besondere Anforderungen an die Regelungen zur Kaufpreisbestimmung und ggf. -anpassung im Unternehmenskaufvertrag.

##### 5.1.1.1. Fester Kaufpreis

Haben die Parteien ihre wechselseitigen Vorstellungen über den Unternehmenswert einigungsfähig einander angenähert und soll die Preisfindung keinen weiteren Änderungen unterliegen, können die Parteien den Kaufpreis vertraglich festlegen. Dazu kann ein absoluter Wert oder eine Berechnungsmethode mit einvernehmlich festgelegten Parametern im Unternehmenskaufvertrag vereinbart werden. Der feste Kaufpreis ist im ersten Fall bestimmt, im zweiten Fall bestimmbar.

Während die Vereinbarung eines absoluten Wertes vertragstechnisch einfach ist, muss bei der Vereinbarung einer Kaufpreisberechnungsmethode sorgfältig formuliert werden. Häufig vereinbaren die Parteien, dass der endgültige Kaufpreis anhand einer Stichtagsbilanz[1452] zu ermitteln ist. Üblich ist, als Kaufpreis das Produkt aus dem EBITDA des Unternehmens und einem (in der Regel branchenabhängigen) Faktor festzulegen.[1453] Dabei müssen sich die Parteien insbesondere über die anzuwenden Bilanzierungsgrundsätze (HGB, IFRS, etc.) einigen. Da auch innerhalb der einzelnen Bilanzierungsgrundsätze zum Teil erhebliche Bewertungsspielräume bestehen, bietet sich zudem die Vornahme bzw. Überprüfung durch einen von allen Parteien unabhängigen externen Wirtschaftsprüfer an, z. B. auf der Grundlage der vom Institut der Wirtschaftsprüfer in Deutschland e.V. empfohlenen Grundsätze zur Unternehmensbewertung.[1454] Alternativ können die Parteien auch für den Fall von Meinungsverschiedenheiten einen externen Wirtschaftsprüfer als Schiedsgutachter im Sinne von §§ 317 ff. BGB analog, in seltenen Fällen auch als Schiedsrichter im Rahmen eines Schiedsverfahrens nach §§ 1025 ff. ZPO einsetzen. Während sich die Rolle des Schiedsgutachters auf die Feststellung von Tatsachen beschränkt,[1455] trifft ein Schiedsrichter unter grundsätzlichem Ausschluss der ordentlichen Gerichtsbarkeit (§ 1026 ZPO) eine die Parteien bindende rechtliche Entscheidung, § 1055 ZPO.[1456]

In jedem Fall sollte der Unternehmenskaufvertrag präzise Regelungen zur Fälligkeit des Kaufpreises enthalten. Ist die Fälligkeit nicht vereinbart, ist der Kaufpreis gemäß § 271 Abs. 1 BGB bei Abschluss des Vertrages sofort in voller Höhe fällig.

Sollte der Fälligkeitszeitpunkt – insbesondere bei Ratenzahlung – erst mit nicht unerheblicher Dauer nach dem Vertragsschluss eintreten, ist es interessengerecht, den Kaufpreis zu verzinsen. Dies gilt auch für den Fall des Zahlungsverzugs.

---

[1451] Zur Unternehmensbewertung im Einzelnen siehe unter § 9. Vgl. auch Wollny, Unternehmens- und Praxisübertragungen, Rn. 2701 ff.

[1452] Als Stichtagsbilanz kann, wenn der Übertragungsstichtag mit dem Bilanzstichtag zusammenfällt, die letzte Jahresbilanz dienen. Anderenfalls sollten die Parteien eine Zwischenbilanz aufstellen lassen.

[1453] Vgl. v. Braunschweig, DB 2002, 1815.

[1454] Zu Beziehen über das Institut der Wirtschaftsprüfer in Deutschland e.V., Düsseldorf.

[1455] Vgl. Grüneberg in: Palandt, § 317 Rn. 6.

[1456] Zu Abgrenzungsschwierigkeiten siehe auch BGH, Urteil v. 17. Mai 1967, VIII ZR 58/66, BGHZ 48, 25 (30).

Um die reibungslose Abwicklung der Kaufpreiszahlung zu gewährleisten, sollten die Parteien i.Ü. den Erfüllungsort festlegen und die technischen Modalitäten der Zahlungsausführung, insbesondere die Bankverbindungen, im Unternehmenskaufvertrag präzise regeln und – v.a. bei aus steuerlichen Gründen einzuhaltenden Zahlungsterminen – auch im Vorfeld eine Abstimmung mit den beteiligten Banken herbeiführen, damit der fristgerechte Geldtransfer gesichert ist.

### 5.1.1.2. Kaufpreisanpassung

In der Regel verhandeln die Parteien über den Kaufpreis auf der Grundlage des letzten Jahresabschlusses der Gesellschaft. Regelmäßig wird dieser auf einen vor dem wirtschaftlichen Übergangsstichtag oder vor dem dinglichen Übertragungszeitpunkt (*Closing*) liegenden Stichtag erstellt worden sein. Bis zum Closing ändern sich jedoch regelmäßig die Vermögenswerte der Gesellschaft im Rahmen des fortgesetzten Geschäftsganges. Da der Kaufpreis die Unternehmensbewertung der Parteien zum Übertragungszeitpunkt widerspiegeln soll, haben die Parteien ein Interesse daran, in der Zwischenzeit erfolgte Wertänderungen zu berücksichtigen. Durch eine Kaufpreisanpassungsklausel können quantitative Abweichungen von der dem vereinbarten Kaufpreis zugrunde gelegten Unternehmens- bzw. Anteilsbewertung zwischen dem Stichtag des Jahresabschlusses und dem Stichtag einer auf den Zeitpunkt des Closing aufzustellenden Abrechnungsbilanz abgebildet und korrigiert werden, indem der Kaufpreis nachträglich im Verhältnis der eingetretenen bilanziellen Veränderungen angepasst wird.

### 5.1.1.3. Earn-Out

Alternativ oder zusätzlich zu einem festen Kaufpreis können die Parteien eine variable Kaufpreisregelung[1457] treffen. Dazu ist es gebräuchlich, die Höhe des Kaufpreises insgesamt oder von Teilen des Kaufpreises an den zukünftigen Unternehmenserfolg zu koppeln.[1458] Derartige Kaufpreisregelungen bieten sich an, wenn zwischen dem momentanen Wert des Unternehmens und dem im Unternehmen angelegten, jedoch noch nicht realisierten Wertsteigerungspotential eine erhebliche Differenz besteht. Vor allem bei jungen, innovativen Unternehmen (z. B. im Technologiesektor), die sich noch in der Entwicklungsphase befinden, ist dies häufig der Fall. Die gegenläufigen Interessen des Käufers (Zahlung eines nach messbaren Kriterien bestimmbaren Kaufpreises) und des Verkäufers (äquivalenter Ausgleich für das mit der bisherigen Investition angelegte und entwickelte Wertsteigerungspotential) können die Parteien durch eine sog. *Earn-Out*-Regelung in Einklang bringen.

Dazu definieren die Parteien gemeinsam Ziele, die vom Unternehmen zu erreichen sind und sich anhand objektiver Kriterien messen lassen (z. B. Umsatz, EBITDA, erfolgreiche Anmeldung eines Patentes, etc.). Erreicht das Unternehmen die vereinbarten Ziele, erhalten die Verkäufer einen den festen Basiskaufpreis übersteigenden Mehrkaufpreis.

Die Schwierigkeit bei der interessengerechten Ausgestaltung von Earn-Out-Regelungen besteht darin, dass der Verkäufer regelmäßig die Kontrolle über das Unternehmen verliert und der Käufer die Möglichkeit hat, das Erreichen der Ziele zu beeinflussen (etwa durch Verlagerung von Gewinnen auf die Zeit nach der Earn-Out-Periode oder die Steuerung des EBITDA durch Bilanzgestaltung). Vertragstechnisch können die Parteien diese Schwierigkeiten v.a. dadurch reduzieren, dass sie entsprechende Kontroll- und Mitwirkungsrechte des Veräußerers auch für die Zeit nach dem Closing vereinbaren.[1459]

---

[1457] Die Bezeichnung „variabler Kaufpreis" ist in der Literatur uneinheitlich. Zum Teil wird darunter auch die nur formelmäßig festgelegte Bestimmbarkeit eines festen Kaufpreises verstanden. Mit dem wohl herrschenden Gebrauch (vgl. Holzapfel/Pöllath, Unternehmenskauf in Recht und Praxis, Rn. 737) verstehen wir unter „variablem Kaufpreis" einen Kaufpreis, der zum Übertragungszeitpunkt betragsmäßig noch nicht feststeht, sondern erst durch zukünftige Faktoren errechnet werden kann.

[1458] Vgl. Semler in: Hölters, Handbuch des Unternehmens- und Beteiligungskaufs, Teil VII Rn. 97.

[1459] Vgl. Streyl in: Semler/Volhard, Arbeitshandbuch für Unternehmensübernahmen, Band 1, München 2001, § 12 Rn. 78 ff.; v. Schlabrendorff in: Semler/Volhard, a.a.O., § 16 Rn. 34 ff.

Sinnvoll ist eine Earn-Out-Regelung vor allem dann, wenn Gründungsgesellschafter als Geschäftsführer im Unternehmen bleiben und durch einen erfolgsabhängigen Mehrkaufpreis einen Anreiz für gute Leistungen in der Zukunft erhalten.

### 5.1.1.4. Kaufpreissicherung

In jedem Unternehmenskaufvertrag ist es üblich, das Closing, also den Vollzug der vertraglichen Einigung über den dinglichen Übergang des Eigentums an den Gesellschaftsanteilen (beim *Share Deal*) oder an den Vermögensgegenständen eines Unternehmens (beim *Asset Deal*)[1460] unter die aufschiebende Bedingung (§ 158 Abs. 1 BGB) der vollständigen Kaufpreiszahlung zu stellen. Liegt dabei zwischen der Unterzeichnung des Unternehmenskaufvertrages und dem Closing ein längerer Zeitraum und besteht Sorge beim Veräußerer, dass der Erwerber in der Zwischenzeit in Vermögensverfall gerät oder ist der Zugriff auf diesen erschwert (z. B. bei grenzüberschreitenden Sachverhalten), so bietet sich ggf. die Einzahlung des Kaufpreises auf ein (verzinsliches) Anderkonto bei einem Rechtsanwalt oder Notar an, der den Kaufpreis erst dann an den Veräußerer auskehrt, wenn die Parteien ihm gegenüber bestätigt haben, dass sämtliche sonstigen Voraussetzungen mit Ausnahme der Kaufpreiszahlung für das Closing erfüllt sind. Um den Zeitpunkt des Rechtsübergangs zu dokumentieren, vereinbaren die Parteien in der Regel i.Ü., dass der Erwerber den Eingang des Kaufpreises dem beurkundenden Notar und/oder dem Veräußerer gegenüber (schriftlich) anzeigen muss.

### 5.1.2. Fusionskontrollrechtliche Anmeldepflichten[1461]

Ein *Exit* kann der kartellrechtlichen Zusammenschlusskontrolle durch die Europäische Kommission oder das Bundeskartellamt unterliegen.[1462] Zusammenschluss im Sinne der Verordnung (EG) Nr. 139/2004 („FKVO")[1463] ist insbesondere der Erwerb der alleinigen oder gemeinsamen Kontrolle über ein oder mehrere andere Unternehmen (Art. 3 Abs. 1 lit. b) FKVO).[1464] Die Vorschriften der deutschen Fusionskontrolle greifen ebenfalls im Falle eines Kontrollerwerbs. Daneben sind insbesondere der Erwerb des Vermögens (oder eines wesentlichen Teils) eines anderen Unternehmens (§ 37 Abs. 1 Nr. 1 GWB) und der Erwerb von 25% oder 50% des Kapitals oder der Stimmrechte eines anderen Unternehmens (§ 37 Abs. 1 Nr. 3 GWB) Zusammenschlüsse.[1465]

Die Europäische Kommission ist für die Prüfung von Zusammenschlüssen nach der FKVO ausschließlich[1466] zuständig, wenn alle beteiligten Unternehmen im letzten abgeschlossenen Geschäftsjahr einen weltweiten Umsatz von mehr als EUR 5,0 Mrd. und mindestens zwei beteiligte Unternehmen innerhalb der Europäischen Gemeinschaft jeweils

---

[1460] Üblicherweise erklären die Parteien die dingliche Einigung im notariellen Unternehmenskaufvertrag.

[1461] Für eine vertiefte Darstellung kartellrechtlicher Belange im Rahmen einer Private-Equity-Beteiligung siehe unter § 19.

[1462] Daneben können Fusionskontrollregime anderer Staaten anwendbar sein, so dass für jeden Exit im Einzelfall die fusionskontrollrechtlichen Anmeldepflichten in allen denjenigen Staaten zu prüfen sind, in denen der Zusammenschluss Auswirkungen hat.

[1463] ABl. EU Nr. L 24 v. 29. Januar 2004, S. 1.

[1464] Die FKVO kennt als weiteren Zusammenschlusstatbestand die Fusion, die in der Praxis jedoch eine geringere Bedeutung hat (Art. 3 Abs. 1 lit. a) FKVO).

[1465] Ein weiterer Zusammenschlusstatbestand der deutschen Fusionskontrolle ist der Erwerb eines wettbewerblich erheblichen Einflusses auf ein anderes Unternehmen (§ 37 Abs. 1 Nr. 4 GWB).

[1466] Nach dem so genannten „One-Stop-Shop"-Prinzip sind Zusammenschlüsse, bei denen die beteiligten Unternehmen die Schwellenwerte des Art. 1 Abs. 2 oder Abs. 3 FKVO überschreiten, ausschließlich bei der Europäischen Kommission und nicht bei den Wettbewerbsbehörden der EU-Mitgliedstaaten anzumelden, vgl. Art. 21 Abs. 2 und 3 FKVO. Im deutschen Recht ist dieser Grundsatz in § 35 Abs. 3 GWB niedergelegt.

mehr als EUR 250,0 Mio. Umsatz erzielt haben (Art. 1 Abs. 2 FKVO).[1467] Sind die Schwellenwerte der FKVO nicht erreicht, unterliegt der Zusammenschluss gemäß § 35 Abs. 1 GWB der deutschen Fusionskontrolle, wenn die beteiligten Unternehmen im letzten Geschäftsjahr insgesamt weltweit Umsatzerlöse von mehr als EUR 500,0 Mio. erzielt haben und mindestens eines der beteiligten Unternehmen im Inland Umsatzerlöse von mehr als EUR 25,0 Mio. erzielt hat.[1468] Auch bei der Veräußerung von Unternehmen kleineren Umfangs kann die kartellrechtlich relevante Grenze erreicht werden, wenn der Erwerber allein Umsätze in der kritischen Größenordnung erwirtschaftet.[1469]

Fällt die Veräußerung unter die FKVO, haben die beteiligten Unternehmen den Zusammenschluss vor dem Vollzug bei der Europäischen Kommission anzumelden. Die Europäische Kommission prüft zunächst in einem Vorverfahren von 25 Arbeitstagen Dauer (ca. 5 Wochen), ob der Zusammenschluss freizugeben ist oder Anlass für erhebliche wettbewerbliche Bedenken bestehen und daher eine vertiefte Untersuchung erforderlich ist. In diesem Fall eröffnet die Europäische Kommission das Prüfungsverfahren, das weitere 90 Arbeitstage (ca. 4–5 Monate) dauert. Nach Abschluss des Prüfungsverfahren hat die Europäische Kommission den Zusammenschluss zu untersagen, wenn durch ihn wirksamer Wettbewerb im Gemeinsamen Markt erheblich behindert würde, insbesondere durch Begründung oder Verstärkung einer beherrschenden Stellung; andernfalls ist der Zusammenschluss – ggf. unter Berücksichtigung von Verpflichtungszusagen der beteiligten Unternehmen – freizugeben.[1470] Vor einer Freigabe bzw. vor Ablauf der festgelegten Prüfungsfristen dürfen die beteiligten Unternehmen den Zusammenschluss nicht vollziehen (Art. 7 Abs. 1 FKVO).

Das vom Bundeskartellamt durchgeführte Verfahren zur Prüfung von Zusammenschlüssen läuft ähnlich ab wie das Verfahren nach der FKVO. In einem einmonatigen Vorverfahren prüft das Bundeskartellamt, ob es das Hauptprüfungsverfahren einleitet, weil eine vertiefte Prüfung des Zusammenschlusses erforderlich ist. Im Hauptprüfverfahren hat das Bundeskartellamt den Zusammenschluss zu untersagen, wenn zu erwarten ist, dass durch ihn eine marktbeherrschende Stellung entsteht oder verstärkt wird (§ 36 Abs. 1 GWB).[1471] Bis

---

[1467] Daneben unterliegen auch solche Zusammenschlüsse ausschließlich der FKVO, bei denen der weltweite Gesamtumsatz aller beteiligten Unternehmen mehr als EUR 2,5 Mrd. beträgt, der Gesamtumsatz aller beteiligten Unternehmen in mindestens drei Mitgliedstaaten jeweils EUR 100 Mio. übersteigt, mindestens zwei beteiligte Unternehmen in jedem von mindestens drei dieser Mitgliedstaaten einen Gesamtumsatz von jeweils mehr als EUR 25 Mio. erzielen und der gemeinschaftsweite Umsatz von mindestens zwei beteiligten Unternehmen jeweils EUR 100 Mio. übersteigt (Art. 1 Abs. 3 FKVO). Die FKVO ist unanwendbar, wenn die beteiligten Unternehmen jeweils mehr als zwei Drittel ihres gemeinschaftsweiten Gesamtumsatzes in ein und demselben Mitgliedstaat erzielen.

[1468] Die deutsche Fusionskontrolle ist trotz Überschreiten der Umsatzschwellen unanwendbar, wenn ein beteiligtes Unternehmen nicht konzernabhängig ist und weltweit weniger als EUR 10 Mio. umsetzt (§ 35 Abs. 2 Nr. 1 GWB) oder soweit ein Markt betroffen ist, auf dem seit mindestens fünf Jahren Waren oder gewerbliche Leistungen angeboten werden und auf dem im letzten Kalenderjahr weniger als EUR 15,0 Mio. umgesetzt wurden (§ 35 Abs. 2 Nr. 2 GWB).

[1469] Dies soll sich nach Plänen der Bundesregierung ändern. Am 23. August 2008 verabschiedete die Bundesregierung den Entwurf eines Dritten Gesetzes zum Abbau bürokratischer Hemmnisse insbesondere in der mittelständischen Wirtschaft (Drittes Mittelstandsentlastungsgesetz). Der Entwurf sieht die Einführung einer zweiten Inlandsschwelle von EUR 5 Mio. für die Fusionskontrolle vor. Zusammenschlüsse, bei denen der Erwerber mehr als EUR 25 Mio. im Inland umsetzt, die Zielgesellschaft dagegen weniger als EUR 5 Mio., würden dann nicht mehr von der deutschen Fusionskontrolle erfasst.

[1470] Siehe zu den Einzelheiten der Bewertung von Zusammenschlüssen nach der FKVO Motag/v. Bonin in: Münchener Kommentar zum Europäischen und Deutschen Wettbewerbsrecht (Kartellrecht), Band 1, Europäisches Wettbewerbsrecht, FKVO Art. 2 Rn. 22 ff.

[1471] Siehe zu den Einzelheiten der Bewertung von Zusammenschlüssen nach dem GWB C. Becker/Knebel in: Münchener Kommentar zum Europäischen und Deutschen Wettbewerbsrecht (Kartellrecht), Band 2, GWB, § 36 Rn. 26 ff.

zur Freigabe durch das Bundeskartellamt dürfen die Unternehmen den Zusammenschluss gemäß § 41 Abs. 1 Satz 1 GWB nicht vollziehen. Sämtliche Rechtsgeschäfte, die gegen das Vollziehungsverbot verstoßen, sind gemäß § 41 Abs. 1 Satz 2 GWB unwirksam.

Daher dürfen die Parteien, wenn sie die Schwellenwerte des Art. 1 Abs. 2 oder Abs. 3 FKVO bzw. des § 35 Abs. 1 GWB überschreiten und der beabsichtigte *Exit* einen Zusammenschluss im Sinne von Art. 3 Abs. 1 FKVO oder § 37 GWB darstellt, Unternehmenskaufverträge (in der Regel nur den dinglichen Vollzug, ausnahmsweise aber ggf. auch den Vertrag als solchen) nur unter der aufschiebenden Bedingung der Erteilung der Freigabe durch die Europäische Kommission bzw. das Bundeskartellamt schließen.

### 5.2. Trade Sale

#### 5.2.1. Rechtliche Struktur

Geschäftsanteile einer **Gesellschaft mit beschränkter Haftung** werden durch Abtretung gemäß § 15 Abs. 3 GmbHG übertragen. Die Abtretung, wie auch eine auf die Abtretung gerichtete Vereinbarung bedürfen der notariellen Beurkundung (§ 15 Abs. 3, 4 GmbHG). Die Erteilung einer Vollmacht zur Abtretung hingegen ist formlos möglich,[1472] ggf. ist allerdings die Unterschrift des Vollmachtgebers zu beglaubigen.

Grundsätzlich sind Geschäftsanteile frei veräußerbar. Gemäß § 15 Abs. 5 GmbHG kann die Abtretung von Geschäftsanteilen aber durch den Gesellschaftsvertrag an weitere Voraussetzungen geknüpft, insbesondere von der Genehmigung der Gesellschaft abhängig gemacht werden (*Vinkulierung*). Haben die Gesellschafter im Gesellschaftsvertrag von dieser Möglichkeit Gebrauch gemacht, ist die Zustimmung in der Regel Wirksamkeitserfordernis für die Abtretung.[1473] Die Zuständigkeit für die Erteilung der Zustimmung bestimmt sich nach dem Gesellschaftsvertrag. Eine von der Gesellschaft zu erteilende Zustimmung wird nach den allgemeinen Vertretungsregeln durch die Geschäftsführer erklärt.[1474] Ob die Geschäftsführer dafür im Innenverhältnis einen ermächtigenden Gesellschafterbeschluss benötigen, richtet sich nach den Regelungen im Gesellschaftsvertrag, ist im Zweifel jedoch anzunehmen.[1475] Die Genehmigung nach § 15 Abs. 5 GmbHG ist Zustimmung im Sinne von §§ 182 ff. BGB[1476] und kann daher entweder vor der Abtretung (dann Zustimmung im technischen Sinne) oder nach der Abtretung (dann Genehmigung im technischen Sinne) erteilt werden. Bis zur Erteilung oder Verweigerung der Zustimmung bzw. Genehmigung ist die Abtretung schwebend unwirksam[1477] und wird bei Verweigerung ggf. endgültig unwirksam.

Der Erwerber ist gemäß § 16 Abs. 1 GmbHG in die beim Handelsregister der Gesellschaft zu hinterlegende Gesellschafterliste aufzunehmen. Die Aufnahme in die Gesellschafterliste ist kein Wirksamkeitserfordernis für die Abtretung der Geschäftsanteile.[1478] Jedoch gilt gemäß § 16 Abs. 1 GmbHG gegenüber der Gesellschaft nur derjenige als Inhaber eines Geschäftsanteils, der in die Gesellschafterliste aufgenommen wurde. Bis zur Eintragung in die Gesellschafterliste kann der Erwerber somit grundsätzlich seine Gesellschafterrechte, insbesondere Stimmrechte und Gewinnbezugsrechte, nicht ausüben. Jedoch gilt gemäß § 16

---

[1472] Hueck/Fastrich in: Baumbach/Hueck, a.a.O., § 15 Rn. 23. Es gilt die allgemeine Regelung des § 167 Abs. 2 BGB. § 2 Abs. 2 GmbHG gilt nicht analog.

[1473] OLG Schleswig, Urteil v. 28. Mai 1998, 5 U 24/97, GmbHR 1999, 35.

[1474] BGH, Urteil v. 9. Juni 1954, II ZR 70/53, BGHZ 14, 31; Hueck/Fastrich in: Baumbach/Hueck, a.a.O., § 15 Rn. 42.

[1475] BGH, Urteil v. 14. März 1988, II ZR 211/87, NJW 1988, 2241; OLG Hamburg, Beschluss v. 5. Juni 1992, 11 W 30/92, DB 1992, 1628.

[1476] Ganz h.M.: RGE 160, 232; BGH, Urteil v. 28. April 1954, II ZR 8/53, BGHZ 13, 184; Hueck/Fastrich in: Baumbach/Hueck, a.a.O., § 15 Rn. 41.

[1477] Zutt in: Hachenburg, GmbHG, § 15 Rn. 118. Die nachträglich erteilte Genehmigung wirkt ex tunc auf den Zeitpunkt der Abtretung.

[1478] Vgl. zur alten Rechtslage: Hueck/Fastricht, a.a.O., § 16 Rn. 9.

Abs. 1 Satz 2 GmbHG eine vom Erwerber in Bezug auf das Gesellschaftsverhältnis vorgenommene Rechtshandlung als von Anfang an wirksam, wenn die Gesellschafterliste unverzüglich nach Vornahme der Rechtshandlung in das Handelsregister aufgenommen wird.

An die Eintragung in die Gesellschafterliste knüpft § 16 Abs. 3 GmbHG die Möglichkeit des gutgläubigen Erwerbs. Danach kann ein Erwerber Geschäftsanteile wirksam von einem Nichtberechtigten erwerben, wenn der Veräußerer als Inhaber des Geschäftsanteils in die Gesellschafterliste eingetragen ist, es sei denn (i) die Gesellschafterliste ist zum Zeitpunkt des Erwerbs seit weniger als drei Jahren unrichtig und (ii) die Unrichtigkeit ist dem Berechtigten nicht zuzurechnen. Ein gutgläubiger Erwerb ist gemäß § 16 Abs. 3 Satz 3 GmbHG ferner dann nicht möglich, wenn dem Erwerber die mangelnde Berechtigung des Veräußerers bekannt oder infolge grober Fahrlässigkeit unbekannt ist oder der Liste ein Widerspruch zugeordnet ist.

Anspruch auf Teilhabe am ausgeschütteten Gewinn gemäß § 29 GmbHG hat, wer zum Zeitpunkt des Gewinnausschüttungsbeschlusses Gesellschafter und als solcher gegenüber der Gesellschaft angemeldet ist. Werden Geschäftsanteile im laufenden Geschäftsjahr veräußert, geht das volle Gewinnstammrecht auf den Erwerber über. Daher steht dem Erwerber grundsätzlich der volle Gewinnauszahlungsanspruch zu.[1479] Dem Veräußerer hingegen hat grundsätzlich keinen Anspruch auf anteilige Gewinnauszahlung gegen die Gesellschaft, da der Gewinnauszahlungsanspruch erst mit entsprechendem Gesellschafterbeschluss begründet wird.[1480] Im Verhältnis zum Erwerber hat der Veräußerer jedoch gemäß § 101 Nr. 2 BGB einen dispositiven, schuldrechtlichen Ausgleichsanspruch auf zeitanteilige Abführung des bezogenen Gewinns.[1481] Dieser Anspruch kann im Unternehmenskaufvertrag zwischen Veräußerer und Erwerber abbedungen werden und muss, um Unklarheiten zu vermeiden, insbesondere dann abbedungen werden, wenn der wirtschaftliche Übergangsstichtag vereinbarungsgemäß vor dem dinglichen Übergangsstichtag liegt.

Sind bei einer **Aktiengesellschaft** die Mitgliedschaftsrechte in einem Wertpapier (Aktie) verkörpert, können diese gemäß §§ 929 ff. BGB im Wege der Übereignung beweglicher Sachen formlos veräußert werden. Namensaktien werden durch Indossament gemäß § 68 Abs. 1 Satz 1 AktG übertragen. Hierbei sieht § 68 Abs. 1 Satz 1 AktG die Möglichkeit vor, die Übertragung von Namensaktien an die Zustimmung der Gesellschaft zu binden (*Vinkulierung*). Sind die Mitgliedschaftsrechte nicht verkörpert, werden sie als sonstige Rechte gemäß § 413 BGB i.V.m. § 398 BGB abgetreten.

### 5.2.2. Haftung

Der Erwerber eines Geschäftsanteils einer **GmbH** haftet als neuer Gesellschafter für die Erfüllung sämtlicher fällig werdenden mitgliedschaftsrechtlichen Forderungen ab dem Zeitpunkt, zu dem er gemäß § 16 Abs. 1 GmbH der Gesellschaft gegenüber als Inhaber des Geschäftsanteils gilt. Darüber hinaus haftet der Erwerber gemäß § 16 Abs. 2 GmbHG mit dem Veräußerer gesamtschuldnerisch für die Erfüllung sämtlicher Leistungen auf den veräußerten Geschäftsanteil, die zu dem Zeitpunkt fällig sind, zu dem er gemäß § 16 Abs. 1 GmbH der Gesellschaft gegenüber als Inhaber des Geschäftsanteils gilt. Davon umfasst ist jedoch nicht die Haftung für verbotswidrig zurückgezahlte Stammeinlagen nach § 31 Abs. 1 GmbHG,[1482] da es sich dabei um eine persönliche Schuld des vormaligen Gesellschafters und nicht um eine mit dem Anteil verbundene Verpflichtung handelt.[1483] Gleichwohl ist nicht ausgeschlossen, dass der Erwerber – wie alle übrigen Gesellschafter – im Rahmen der

---

[1479] Baumbach/Hueck, a.a.O., § 29 Rn. 59.
[1480] BGH, Urteil v. 14. September 1998, II ZR 172, 97, NJW 1998, 3646.
[1481] BGH, Urteil v. 8. Dezember 1997, II ZR 203/96, NJW 1998, 1314.
[1482] H.M. Goerdeler/Müller in: Hachenburg, a.a.O., § 31 Rn. 17; Pentz in: Rowedder/Schmidt-Leithoff, GmbHG, § 31 Rn. 8; Hueck/Fastrich, a.a.O., § 31 Rn. 8; Habersack in: Ulmer/Habersack/Winter, a.a.O., § 31 Rn. 15.
[1483] Goerdeler/Müller in: Hachenburg, a.a.O., § 31 Rn. 12.

Ausfallhaftung nach § 31 Abs. 3 GmbHG für die Erstattung verbotswidriger Rückzahlungen, die nicht vom Empfänger erlangt werden können (etwa weil er vermögenslos oder nicht greifbar ist) anteilig subsidiär haftet.[1484]

Der Veräußerer haftet gegenüber der Gesellschaft weiter für sämtliche vor Anmeldung der Geschäftsanteilsübertragung fällig gewordenen Leistungen, d. h. für vor Anmeldung eingeforderte Stammeinlagen sowie für sämtliche Ansprüche, die während seiner Mitgliedschaft begründet wurden. Dies schließt die Haftung nach §§ 24 und 31 Abs. 3 GmbHG, Nachschusspflichten, Nebenleistungspflichten sowie die Differenzhaftung nach § 9 GmbHG[1485] mit ein, sofern sie vor der Anmeldung entstanden sind.

Bei der **Aktiengesellschaft** ist die Einlagepflicht durch den Ausgabebetrag der Aktien gemäß § 54 Abs. 1 AktG begrenzt. Schuldner der Einlagepflicht ist der jeweilige Inhaber der Aktie, d. h. im Falle der Veräußerung der Erwerber.[1486] Die Einlagepflicht des Veräußerers erlischt.[1487]

### 5.2.3. Gewährleistung und Garantie

#### 5.2.3.1. Gesetzliche Gewährleistungsansprüche

Der Erwerb von Geschäftsanteilen beim Share Deal ist Rechtskauf, auf den gemäß § 453 Abs. 1 BGB die Sachmängelgewährleistungsrechte der §§ 434 ff. BGB Anwendung finden. Unmittelbar beziehen sich die Gewährleistungsrechte des Käufers nur auf die erworbenen Beteiligungsrechte. Diese können mit Rechtsmängeln behaftet sein, insbesondere wenn sie nicht dem Veräußerer gehören oder mit Rechten Dritter (etwa einem Pfandrecht) belastet sind.[1488]

Dagegen haftet der Verkäufer nicht ohne weiteres für Mängel des Unternehmens,[1489] welches von der Gesellschaft betrieben wird (und dessen Erwerb regelmäßig das eigentliche Ziel des Unternehmenskaufvertrages ist). Unter Geltung des alten Schuldrechts hatte sich eine differenzierende Rechtsprechung entwickelt, nach der das Sachmängelgewährleistungsrecht jedenfalls beim Erwerb sämtlicher[1490] oder nahezu sämtlicher[1491] Beteiligungsrechte Anwendung finden sollte. Demgegenüber wertete die Rechtsprechung bislang den Erwerb nur eines Teils der Beteiligungsrechte nicht als Sachkauf.[1492] Auch der Erwerb einer qualifizierten Beteiligungsmehrheit reichte nicht aus.[1493]

Ob die Rechtsprechung ihre Auffassung unter Geltung des neuen Schuldrechts beibehalten wird oder mit weiten Teilen der Literatur die Anforderungen an die Anwendung der Regelungen über den Sachkauf bei jeder Form des Unternehmenskaufs lockert, bleibt abzuwarten, insbesondere, ab welcher Beteiligungsquote der Beteiligungskauf in einen Unternehmenskauf „umschlägt".

Erfolgt der Beteiligungserwerb als Sachkauf nach den obigen Kriterien, bestimmt sich ein Mangel des Unternehmens nach § 434 BGB. Da es sich bei einem Unternehmen um eine

---

[1484] BGH, Urteil v. 11. Juli 2005, II ZR 285/03, NJW-RR 2005, 1485.
[1485] BGH, Urteil v. 14. März 1977, II ZR 156/75, BGHZ 68, 196.
[1486] Picot in: Picot, Unternehmenskauf und Restrukturierung, S. 180.
[1487] Zur Nachhaftung der Vormänner bei Eintragung im Aktienregister siehe § 65 AktG.
[1488] Weitere Rechtsmängel können u. a. sein: Einlageschulden (RGZ 96, 227 (230); Prölss, ZIP 1991, 337), Liquidation der Gesellschaft (RGZ 92, 73 (76)).
[1489] Zum Unternehmensbegriff siehe grundlegend K. Schmidt, Handelsrecht, S. 63 ff.
[1490] RGZ 86, 146; RGZ 120, 283; vgl. Huber, ZGR 1972, 395.
[1491] BGH, Urteil v. 27. Februar 1970, I ZR 103/68, WM 1970, 819.
[1492] BGH, Urteil v. 4. April 2001, VIII ZR 32/00, DB 2001, 1298 (40%); BGH, Urteil v. 12. November 1975, VIII ZR 142/74, BGHZ 65, 246 (49%); BGH, Urteil v. 2. Juni 1980, VIII ZR 64/79, DB 1980, 1786 (60%).
[1493] A.A. jedoch OLG München, Urteil v. 29. April 1998, 7 U 6364/97, DB 1998, 1321. Die Literatur nahm zum Teil die Anwendbarkeit der Gewährleistungsrechte ab Erwerb einer Einflussnahme sichernden Quote (50 %, 75 %) an.

ebenso individuelle wie komplexe Gesamtheit von Rechten an materiellen und immateriellen Vermögensgegenständen handelt, ist es praktisch ausgeschlossen, einen etwaigen Mangel anhand des in § 434 Abs. 1 Satz 2 Nr. 2 BGB verwendeten Fehlerbegriffs (Abweichung von der „gewöhnlichen Beschaffenheit") zu bestimmen. Entscheidende Bedeutung kommt damit vertraglichen Beschaffenheitsvereinbarungen im Sinne von § 434 Abs. 1 Satz 1 BGB sowie der nach dem Vertrag vorausgesetzten Verwendung des Unternehmens im Sinne von § 434 Abs. 1 Satz 2 Nr. 2 BGB zu. Dabei ist auf diejenigen Tatsachen abzustellen, die im und im Zusammenhang mit dem Unternehmenskaufvertrag Gegenstand der Parteivereinbarungen geworden sind. Noch nicht abschließend geklärt ist, ob nach neuem Schuldrecht Jahresabschlussangaben (Umsatz, EBITDA, etc.) einen Mangel des Unternehmens begründen können. Unter der Geltung des alten Schuldrechts hat die Rechtsprechung Abweichungen von Jahresabschlussangaben nur dann als Mangel angesehen, wenn sie (i) als Beschaffenheit vereinbart wurden, (ii) sich auf einen mehrjährigen Zeitraum bezogen und (iii) sich aus ihnen auf die Ertragsfähigkeit des Unternehmens schließen ließ.[1494] Teile der Literatur wollen an dieser Rechtsprechung festhalten.[1495]

Um sich jedoch auch im Kontext vertraglicher Vereinbarungen der Unsicherheit über die (regelmäßig sachgerechte) Anwendung der Regelungen über den Sachkauf zu entziehen, geht die Praxis schon seit langer Zeit den Weg, in Unternehmenskaufverträgen von der gesetzlichen Regelung weitestgehend losgelöste und diese auch ausschließende eigenständige Regelungen in Gestalt selbständiger Garantieversprechen zu vereinbaren, in denen die vertraglich geschuldete Qualität des verkauften Unternehmens definiert und die Rechtsfolgen bei einer Abweichung davon ebenso individuell und weitestgehend losgelöst von der gesetzlichen Regelung getroffen werden (siehe dazu im Fortgang unter 5.2.3.4.).

Liegt ein Mangel vor, bestimmen sich die Rechtsfolgen nach der gesetzlichen Regelung i.Ü. nach den §§ 437 ff. BGB. Dem Käufer stehen primär ein Recht auf Nacherfüllung gemäß §§ 437, 439 BGB und nachgelagert das Recht zum Rücktritt sowie Ansprüche auf Minderung und Schadensersatz nach §§ 437, 440, 441 BGB zu.

### 5.2.3.2. Verschulden bei Vertragsverhandlungen (c.i.c.)

Ein Schuldverhältnis mit Rücksichtnahmepflichten entsteht nach §§ 311 Abs. 2, 241 Abs. 2 BGB bereits mit der Aufnahme von Vertragsverhandlungen. Unrichtige Angaben, insbesondere über Unternehmenszahlen (Umsatz, EBITDA, etc.) bei den Vertragsverhandlungen können daher einen Schadensersatzanspruch gemäß § 280 Abs. 1 BGB begründen.[1496]

Dies ist insbesondere beim Abschluss vorvertraglicher Vereinbarungen mit regelmäßig rechtlich nicht bindendem Charakter bedeutsam. So können unzutreffende Angaben in einem in der Praxis gebräuchlichen *Letter of Intent* (*LoI*), *Heads of Agreement* oder *Term Sheet* unabhängig von ihrer in der Regel rechtlich unverbindlichen Natur Schadensersatzansprüche der Parteien begründen, wenn sie sich aufgrund dieser Angaben für die jeweils andere Partei erkennbar darauf verlassen haben, dass es zum erfolgreichen Abschluss eines (dann verbindlichen) Unternehmenskaufvertrages kommen würde.[1497]

### 5.2.3.3. Vertragliche Garantieversprechen

Aufgrund der eingangs skizzierten Schwächen des gesetzlichen Sachmängelgewährleistungsrechts beim Unternehmenskauf und der Unsicherheit über ihre Anwendung auf den Unternehmenskauf beim Share Deal überhaupt hat es sich in der Vertragspraxis seit langer Zeit durchgesetzt, etwaige Mängel des verkauften Unternehmens durch die Vereinbarung

---

[1494] BGH, Urteil v. 6. Dezember 1995, VIII ZR 192/94, NJW-RR 1996, 429; BGH, Urteil v. 4. April 2001, VIII ZR 33/00, NJ 2001, 483.
[1495] Semler in: Höltgers, a.a.O., S. 718.
[1496] Zu den Folgen des Abbruchs von Vertragsverhandlungen siehe unter Abschnitt 7.4.
[1497] Zu den Haftungen aus einem Letter of Intent, etc., vgl. u. a. Lutter, Letter of Intent, S. 19., und siehe unter Abschnitt 7.2.

spezifischer Garantien abzudecken. Anspruchsgrundlage der vertraglichen Mängelhaftung ist dabei regelmäßig die Verletzung eines verschuldensunabhängigen, selbständigen Garantieversprechens im Sinne von § 311 Abs. 1 BGB.

Die einzelnen Garantieversprechen sind das Ergebnis von Verhandlungen zwischen Käufer und Verkäufer und werden in einem entsprechenden Katalog im Unternehmenskaufvertrag vereinbart. Üblich ist es, Garantieversprechen wenigstens über die nachstehend genannten Umstände des verkauften Unternehmens zu vereinbaren:

- Gesellschaftsrechtliche Verhältnisse
  - Wirksame Gründung und Existenz der Gesellschaft
  - Vollständige Leistung der Stammeinlagen
  - Keine Nachschusspflichten
  - Keine Rückzahlung von Stammeinlagen
  - Uneingeschränkte Verfügungsbefugnis über Geschäftsanteile (insbesondere keine Abtretung, Verpfändung oder Pfändung)
  - Keine Vorkaufsrechte hinsichtlich der Geschäftsanteile
  - Richtigkeit der vorgelegten Handelsregisterauszüge
  - Wirksames Bestehen von Beteiligungen an Tochtergesellschaften
  - Keine Maklerprovisionen durch Transaktion
  - Kein laufendes Insolvenzverfahren/keine Insolvenzreife
  - Keine (Teil-)Gewinnabführungsverträge bzw. Unternehmensverträge i.S.v. §§ 291 ff. AktG
- Finanzielle Situation
  - Übereinstimmung der Jahresabschlüsse mit den Grundsätzen ordnungsgemäßer Buchführung
  - Erklärungen über Änderungen der wirtschaftlichen Situation der Gesellschaft seit dem letzten Jahresabschluss
  - Erklärungen zu ausstehenden Rechnungen und Darlehen
  - Keine nicht bilanzierten Verbindlichkeiten
- Materielle Vermögensgegenstände
  - Verfügungsbefugnis über die im Jahresabschluss aufgelisteten Vermögensgegenstände
  - Keine über den normalen Geschäftsverlauf hinausgehenden Belastungen
- Arbeitsrecht
  - Vollständige Liste der Arbeitnehmer
  - Angaben über Schlüsselpersonen
  - Angaben über die Errichtung eines Betriebsrats
  - Angaben über Betriebsvereinbarungen
  - Ausstehende Löhne (Zuschüsse, Gratifikationen, etc.)
  - Keine Betriebsstörungen
  - Keine Arbeitsplatzgarantien
  - Angaben zu Pensionsverpflichtungen
  - Ordnungsgemäße und rechtzeitige Abführung der Sozialversicherungsbeiträge
  - Bestehen etwaiger Mitarbeiterbeteiligungsprogramme
  - Keine Arbeitsrechtsstreitigkeiten
- Immaterielle Vermögensgegenstände
  - Liste betriebsnotwendiger Patente, Marken und sonstiger Schutzrechte, einschließlich IT-Rechte (Domain, Software, Hardware)
  - Inhaberschaft bzw. Nutzungsbefugnis an allen betriebsnotwendigen Patenten, Marken und sonstigen Schutzrechten
  - Befolgung sämtlicher Zahlungs- und Anmeldepflichten zur Aufrechterhaltung der Schutzrechte
  - Keine über den normalen Geschäftsverlauf hinausgehende Belastungen
  - Keine laufenden Anfechtungen gegen Schutzrechte

- Keine Verletzung fremder Schutzrechte
  - Übernahme von Arbeitnehmererfindungen und Angaben über diesbezügliche, ausstehende Zahlungen
- Wesentliche Verträge
  - Liste der wesentlichen Verträge
  - Keine Beschränkungen in diesen Verträgen (Wettbewerbs-/ Chance-of-Control-Klauseln)
  - Keine Hinweise auf Beendigung dieser Verträge
  - Einhaltung der Verträge, insbesondere Zahlungen
- Grundstücke und Gebäude
  - Erklärungen zum Grundbesitz der Gesellschaft[1498]
  - Vorliegen aller erforderlichen Baugenehmigungen
  - Keine wesentlichen Auflagen/Beschränkungen
  - Zahlung sämtlicher grundstücksbezogener Gebühren und Abgaben
  - Keine Grenzverletzungen
  - Gesicherte Erschließung der Grundstücke
  - Angaben zu grundstücks- bzw. gebäudebezogenen Verträgen (Instandhaltung, etc.)
  - Keine nachbarrechtlichen Streitigkeiten
- Öffentlich-rechtliche Verhältnisse und Erlaubnisse/Genehmigungen
  - Vorliegen aller erforderlichen öffentlich-rechtlichen Genehmigungen
  - Ordnungsgemäße Führung der Geschäfte nach dem Sorgfaltsmaßstab eines ordentlichen Kaufmanns[1499]
- Beihilfe und Subventionen
  - Offenlegung sämtlicher empfangenen und/oder beantragten Beihilfen und Subventionen
  - Einhaltung der beihilferechtlichen Vorschriften und Auflagen
  - Keine Rückzahlbarkeit der Beihilfen/Subventionen bei Inhaberwechsel
- Umweltbelastungen
  - Einhaltung sämtlicher gesetzlicher und behördlicher Vorschriften
  - Keine umweltrechtlich relevante Geschäftstätigkeit
  - Keine laufenden oder drohenden umweltrechtlichen Untersuchungen
  - Keine Boden-, Wasser, Luft- oder sonstige Verschmutzung
- Gerichtliche und außergerichtliche Streitigkeiten, behördliche Verfahren
- Steuerliche Verhältnisse
  - Ordnungsgemäße Abgabe der Steuererklärungen
  - Ergebnisse von Betriebsprüfungen
  - Steuerbescheide
  - Angaben zu Organschaften
  - Unternehmenswertfortführung
- Versicherungen
  - Vollständige Liste der Versicherungsverträge
  - Wirksames Bestehen der Versicherungsverträge und ordnungsgemäße Zahlung der Beiträge
  - Keine Kenntnis über eine etwaige Unterdeckung
  - Keine Schadensereignisse innerhalb der letzten drei Jahre

Hinsichtlich einiger Umstände (z. B. Vorliegen aller erforderlichen öffentlich-rechtlichen Genehmigungen, keine Verletzung von gewerblichen Schutzrechten der Gesellschaft durch Dritte) wird der Verkäufer häufig nicht bereit sein, umfassende Garantieerklärungen abzu-

---

[1498] Dies ist vor allem aus steuerlichen Gründen wichtig, s.u. unter Abschnitt 6.1.1.2.
[1499] Sorgfaltsmaßstab bemisst sich durch einen Drittvergleich mit einem idealtypisierten Kaufmann, vgl. Hopt in: Baumbach/Hopt, Handelsgesetzbuch, § 347 Rn. 1.

geben. Hinsichtlich solcher Punkte bietet es sich an, die Garantie auf das beste Wissen des Verkäufers zu beschränken. Der Vertrag sollte hierbei (i) den Maßstab des besten Wissens (positive Kenntnis, Kennen-Müssen), (ii) den maßgeblichen Zeitpunkt (z. B. Vertragsschluss) und (iii) den Kreis der Personen, deren Wissen dem Verkäufer ggf. als eigenes (bestes) Wissen zuzurechnen ist, festlegen.

Will der Verkäufer bestimmte Umstände von den Garantien ausnehmen, ist es üblich, solche Umstände in Anlagen zum Unternehmenskaufvertrag aufzuführen und darauf in den betreffenden Garantieerklärungen zu verweisen. In gleicher Weise kann der Verkäufer auf bestimmte Umstände, aus denen sich Verstöße gegen die Garantieversprechen ergeben oder auf besondere, ihnen bekannte oder von ihnen vermutete Risiken, ausdrücklich hinweisen und – nach dem Rechtsgedanken des § 442 BGB – durch Offenlegung der zugrundeliegenden Tatsachen (*disclosures*) in einer weiteren Anlage zum Unternehmenskaufvertrag (*disclosure schedule*) ihre Haftung hinsichtlich solcher Umstände beschränken oder ausschließen.

Aufnahme und Inhalt eines *disclosure schedule* sind häufig Gegenstand kontroverser Diskussionen zwischen den Parteien, wenn vor dem Unternehmenskauf oder begleitend zu dessen Verhandlung eine rechtliche Prüfung des Unternehmens (*due diligence*) durchgeführt wurde. Regelmäßig wird der Verkäufer dann den Inhalt sämtlicher Unterlagen und sonstigen Informationen, die der *due diligence* zugrundelagen, zum Inhalt der *disclosure schedule* machen und damit beim Käufer als (anspruchsausschließend) offengelegt behandeln wollen, während der Käufer dies nur in allenfalls stark begrenztem Umfang akzeptieren möchte. Da diese Unterlagen und sonstigen Informationen in der Regeln in einem (physischen oder virtuellen) Datenraum zur Verfügung gestellt werden, verlangen Verkäufer in der Praxis häufig, den gesamten Inhalt des Datenraums auf Datenträger (etwa einer DVD oder CD-RoM) zu speichern und diese dem Unternehmenskaufvertrag als Anlage beizufügen, die dann häufig bei einem Notar oder neutralen Rechtsanwalt verwahrt und im Streitfall für Beweiszwecke verwendet werden soll. Erachtet der Käufer diese Art der Offenlegung als zu weit, kann ein Kompromiss darin bestehen, dass nur diese Tatsachen als offengelegt gelten, die (i) ohne weitere Information und (ii) ohne Rückgriff auf andere Dokumente aus den als Anlage beigefügten Dokumenten zu entnehmen sind.

Bei jedem Trade Sale durch einen Private-Equity-Investor gibt es hinsichtlich der im Unternehmenskaufvertrag abzugebenden Garantien und der in diesem Zusammenhang erforderlichen Haftungsübernahme einen natürlichen Interessengegensatz zwischen Investor und Gründungsgesellschaftern. Der Investor sieht seine Beteiligung in der Regel trotz Gewährung der üblichen Informations- und Kontrollrechte sowie ggf. Vertretung im Aufsichts- oder Beirat der Gesellschaft in erster Linie als finanzielles Investment an. Deswegen werden die Investoren gegenüber dem Erwerber bei einem Trade Sale in der Regel keine umfassenden Garantien zu solchen (operativen) Umständen abgeben wollen, auf die sie keinen Einfluss haben oder hatten, da sie nicht an der operativen Geschäftsführung beteiligt waren.[1500] Hierzu zählen unter anderem Garantien zu den gesellschaftsrechtlichen Umständen, die vor ihrem Eintritt in die Gesellschaft lagen, insbesondere die Gründung, die Einzahlung der Stammeinlagen, etc., aber auch Garantien, die den operativen Geschäftsbetrieb betreffen, wie z. B. die Führung der Geschäfte im Einklang mit öffentlich-rechtlichen Genehmigungen, etc.. Letztlich handelt es sich hierbei um Umstände, die dem Private-Equity-Investor selbst bei seinem Eintritt in die Gesellschaft von den Gründungsgesellschaftern garantiert wurden, auf die er aber weder zu diesem Zeitpunkt noch während der Dauer seiner Beteiligung prägend Einfluss nehmen konnte. In der Praxis kann es sich daher anbieten, den Garantiekatalog in Garantien der Gründungsgesellschafter und in Garantien des Private-Equity-Investors zu teilen.

Das Verlangen des Private-Equity-Investors nach einer solchen, schon tatbestandlichen Beschränkung seiner Haftung ist auch dem Umstand geschuldet, dass der aus dem *Exit* er-

---

[1500] Vgl. u. a. EVCA, Governing Principles, S. 22, Download unter: http://www.evca.com/html/PE_industry/IS.asp, Stand: 22. Januar 2008.

zielte Erlös in der Regel kurzfristig an die Gesellschafter des Private-Equity-Fonds ausgeschüttet werden soll, um das abgegebene Renditeversprechen einzuhalten und es für den Fonds daher regelmäßig nicht akzeptabel ist, mit schwer kalkulierbaren Haftungsrisiken im Zusammenhang einer Verletzung von Garantieversprechen aus dem Unternehmenskaufvertrag belastet zu sein.

Auf der Rechtsfolgenseite schließen die Parteien im Zuge der Gewährung von verschuldensunabhängigen, selbständigen Garantieversprechen im Sinne von § 311 Abs. 1 BGB üblicherweise die gesetzlichen Gewährleistungsrechte umfassend aus. In aller Regel bedingen die Parteien dabei insbesondere das gesetzliche Rücktrittsrecht ab, da die Rückabwicklung einer Transaktion aufwendig ist und in der Regel auch für keine Seite eine befriedigende Form der Schadenskompensation darstellt, da ein einmal verkauftes Unternehmen praktisch nicht ohne erhebliche negative Einflüsse auf seinen weiteren Geschäftsbetrieb wieder in die alte Eigentümerstruktur zurückgeführt werden kann.[1501] Für Private-Equity-Investoren, deren Beteiligungen nur auf einen begrenzten Zeitraum angelegt sind, ist der Rücktritt als Rechtsfolge einer Garantieverletzung schlicht nicht akzeptabel.

Schließlich wird der Verkäufer in jedem Fall bemüht sein, seine Garantiehaftung sowohl in der Höhe (i.d.R. Beschränkung auf einen prozentualen Anteil am Kaufpreis als Haftungshöchstbetrag, Vereinbarung von Aufgreifschwellen (*de minimis*) und Freigrenzen (*liability thresholds*) oder Freibeträgen (*liability caps / deductibles*) als auch in zeitlicher Hinsicht (Verjährung) zu beschränken.

### 5.2.3.4. Warranty Insurance

Im angloamerikanischen Rechtsraum hat sich die Möglichkeit entwickelt, Risiken aus einer Garantieerklärung auf einen Dritten, in der Regel auf eine Versicherung, abzuwälzen. Die Versicherung bündelt die Garantierisiken aus einer Vielzahl von Beteiligungen und stellt ihre Versicherungsnehmern entgeltlich von der Inanspruchnahme aus den von ihnen gegebenen Garantien frei (warranty insurance). Vor Abschluss eines derartigen Versicherungsvertrages verlangen die Versicherungen meist ein Gutachten von einem neutralen, rechtlichen Berater (legal opinion) und wälzen auf diese Weise einen Teil ihres Risikos auf die Berufshaftpflicht des Beraters ab.

In Deutschland ist diese Art der Absicherung bislang wenig populär. Dies mag daran liegen, dass sich der Abschluss einer solchen Versicherung für einen redlichen Veräußerer nicht lohnt, da ihm durch die Übernahme der üblichen Garantien kein übermäßiges, unkalkulierbares Risiko aufgebürdet wird.

### 5.2.4. Meldepflichten

Die Veräußerung von Anteilen an einer Aktiengesellschaft kann aktien- oder wertpapierrechtliche Meldepflichten nach sich ziehen. Aktienrechtliche Meldepflichten nach §§ 20, 21 AktG gelten ausschließlich für Beteiligungen an einer nicht börsennotierten AG oder KGaA. Für bösennotierte Gesellschaften gelten die Mitteilungsvorschriften der §§ 21 ff. WpHG. Beiden Regelungsgebieten ist gemeinsam, dass das Überschreiten einer gewissen Beteiligungsquote gegenüber der Gesellschaft[1502] meldepflichtig ist.

### 5.2.5. Besonderheiten Trade Sale durch Asset Deal

Beim Asset Deal wird, anders als beim Share Deal, nicht der Rechtsträger des Unternehmens übertragen, sondern die einzelnen Vermögensgegenstände (*assets*) des Unternehmens ausmachenden. Der sachenrechtliche Bestimmtheitsgrundsatz verlangt, dass die Vermögensgegenstände durch Einzelakt nach den jeweiligen sachenrechtlichen Vorschriften (§§ 929 ff. BGB für bewegliche Sachen, §§ 873 ff. BGB für Grundstücke, §§ 398 ff. BGB für Forderungen) übertragen werden. Der Umstand, dass die Parteien die Gegenstände hierzu einzeln

---

[1501] Vgl. Holzapfel/Pöllath, a.a.O., S. 47 ff.
[1502] Die Gesellschaft wiederum ist unter weiteren Voraussetzungen verpflichtet, meldepflichtige Sachverhalte zu publizieren bzw. der BaFin zu melden.

erfassen müssen, erschwert die praktische Ausgestaltung des Unternehmenskaufvertrages. Bilanzierte Vermögensgegenstände können vereinfacht unter Bezugnahme auf die Bilanz nebst Inventarliste oder auf einen bestimmten Lagerplatz (Raumübereignungsklausel) übertragen werden.[1503] Ein solches Verfahren ist naturgemäß bei allen nicht bilanzierten oder nicht bilanzierungsfähigen Gütern – etwa originäre, immaterielle Vermögensgegenstände gemäß § 248 Abs. 2 HGB – ausgeschlossen.

Parteien beim Asset Deal sind regelmäßig der Rechtsträger des zu übertragenden Unternehmens und der übernehmende Rechtsträger. Durch den Asset Deal rekapitalisiert der übertragende Rechtsträger die bislang gebundenen Vermögenswerte und stellt in der Regel (bei vollständiger oder nahezu vollständiger Veräußerung seiner Vermögenswerte) gleichzeitig seine werbende Tätigkeit ein. Die Änderung der Vermögensstruktur des übertragenden Rechtsträgers berührt die Stellung der Gesellschafter zunächst nicht. Erst die anschließende Liquidierung des übertragenden Rechtsträgers und die Verteilung seines Vermögens (zu dem dann insbesondere auch der Veräußerungserlös für die Vermögensgegenstände zählt) unter den Gesellschaftern bewirkt den endgültigen *Exit* der Gesellschafter.

Die dinglichen Übertragungsgeschäfte sind grundsätzlich formfrei. Ist die Gesellschaft Grundeigentümerin, bedarf das schuldrechtliche Verpflichtungsgeschäft gemäß § 311b Abs. 1 BGB allerdings der notariellen Form. Zu beachten ist ferner, dass gemäß § 311b Abs. 3 BGB die Verpflichtung zur Veräußerung des gegenwärtigen oder eines Bruchteils des gegenwärtigen Vermögens ebenfalls notariell zu beurkunden ist. Eine derartige Verpflichtung liegt jedoch nur vor, wenn das Vermögen als solches Vertragsgegenstand ist. § 311b Abs. 3 BGB findet daher keine Anwendung, wenn die Vermögensgegenstände im Vertrag einzeln aufgeführt sind.[1504] Dies gilt selbst dann, wenn die Summe der einzeln aufgeführten Vermögensgegenstände das gesamte Vermögen ausmacht.[1505] Ob die Vermögensgegenstände hinreichend konkret bezeichnet sind, kann im Einzelfall, insbesondere wenn Vermögensgegenstände in Gruppen zusammengefasst sind, zweifelhaft sein. Zur Vermeidung von Rechtsunsicherheit empfiehlt sich daher regelmäßig eine notarielle Beurkundung.[1506]

Ein Vertrag, durch den sich eine Kapitalgesellschaft verpflichtet, ihr gesamtes Vermögen zu veräußern, bedarf gemäß § 179a AktG der Zustimmung der Hauptversammlung. § 179a AktG ist analog auf die GmbH anzuwenden.[1507] Darüber hat der BGH in den Entscheidungen „Holzmüller"[1508] sowie „Gelatine I"[1509] und „Gelatine II"[1510] ungeschriebene Zustimmungserfordernisse der Hauptversammlung anerkannt, wenn formal in die Zuständigkeit des Vorstands fallende Maßnahmen *„so tief in die Mitgliedsrechte der Aktionäre und deren im Anteilseigentum verkörpertes Vermögensinteresse eingreifen, dass der Vorstand vernünftigerweise nicht annehmen kann, er dürfe sie in ausschließlich eigener Verantwortung treffen, ohne die Hauptversammlung zu beteiligen."* Bei der GmbH wird zudem eine Unternehmensveräußerung für die Geschäftsführer regelmäßig ein außergewöhnliches und damit kraft Gesellschaftsvertrag zustimmungsbedürftiges Geschäft darstellen.

Wer im Wege eines Asset Deal ein Unternehmen erwirbt, haftet grundsätzlich nicht für unternehmensbezogene Verbindlichkeiten, die vor dem Eigentumsübergang begründet wurden. Hiervon gibt es folgende Ausnahmen:

---

[1503] Vgl. Semler in: Hölters, a.a.O., Teil VII, Rn. 66.
[1504] BGH, Urteil v. 19. Juni 1957, IV ZR 214/56, BGHZ 25, 4; Grüneberg in: Palandt, a.a.O., § 311b Rn. 66.
[1505] BGH, Urteil v. 5. Mai 1958, VII ZR 102/57, BB 1958, 648.
[1506] Insbesondere auch deshalb, weil der Formmangel des Verpflichtungsgeschäftes im Rahmen des § 313b Abs. 3 BGB nicht durch Vollzug geheilt werden kann, h.M. Grüneberg in: Palandt, a.a.O., § 311b Rn. 68.
[1507] Ulmer in: Hachenburg, a.a.O., § 53 Rn. 164.
[1508] BGH, Urteil v. 25. Februar 1982, II ZR 174/80, BGHZ 83, 122 ff.
[1509] BGH, Urteil v. 26. April 2004, II ZR 155/02, BGHZ 159, 30 ff.
[1510] BGH, Urteil v. 26. April 2004, II ZR 154/02, ZIP 2004, 1001 ff.

- **§ 25 HGB** ordnet für den Fall, dass ein Unternehmen erworben und der erworbene Geschäftsbetrieb unter dem bisherigen Namen fortgeführt wird, die gesetzliche Haftung des Käufers für alle in dem erworbenen Betrieb begründeten Verpflichtungen des früheren Inhabers an, es sei denn, ein entsprechender Ausschluss wurde in das Handelsregister eingetragen und bekannt gemacht oder von dem Erwerber oder dem Veräußerer dem jeweiligen Gläubiger mitgeteilt. Für die Begründung der gesetzlichen Haftung müssen die beiden Tatbestandsmerkmale (i) Übernahme eines Handelsgeschäfts[1511] und (ii) Geschäfts- und Firmenfortführung kumulativ vorliegen. Die systematische Stellung und der Normzweck von § 25 HGB sind höchst umstritten.[1512] Hintergrund der rechtspolitisch gewollten Vorschrift ist, dass nach handels- bzw. gesellschaftsrechtlichen Grundsätzen Verbindlichkeiten aus einem Handelsgeschäft mangels Rechtspersönlichkeit eines Handelsgeschäfts als solches nicht auf den neuen Rechtsträger übergehen. Dessen Haftung für Altverbindlichkeiten bedarf eines besonderen gesetzlichen Verpflichtungsgrundes, der mit § 25 HGB geschaffen wurde. Veräußerer und Erwerber können die Haftung nach § 25 HGB vertraglich ausschließen. Dieser Ausschluss ist Dritten gegenüber gemäß § 25 Abs. 2 HGB jedoch nur wirksam, wenn er in das Handelsregister eingetragen und bekannt gemacht oder von dem Erwerber oder dem Veräußerer dem Dritten mitgeteilt worden ist.

- **§ 613a BGB** ordnet an, dass bei dem rechtsgeschäftlichen Übergang eines Betriebes oder Betriebsteils der neue Inhaber in die bestehenden arbeitsrechtlichen Vertragsverhältnisse eintritt. Der bisherige Inhaber haftet gemäß § 613a Abs. 2 BGB neben dem neuen Inhaber als Gesamtschuldner für Verpflichtungen aus den Arbeitsverhältnissen weiter, soweit sie vor dem Zeitpunkt des Übergangs entstanden sind und vor Ablauf eines Jahres nach diesem Zeitpunkt fällig werden. Der Veräußerer oder der Erwerber haben gemäß § 613a Abs. 5 BGB die von dem Betriebsübergang betroffenen Arbeitnehmer in Textform über (i) den Zeitpunkt des Betriebsübergangs, (ii) den Grund für den Betriebsübergang, (iii) die rechtlichen, wirtschaftlichen und sozialen Folgen des Betriebsübergangs für die Arbeitnehmer sowie (iv) die hinsichtlich der Arbeitnehmer in Aussicht genommenen Maßnahmen zu unterrichten. Jeder Arbeitnehmer kann gemäß § 613a Abs. 6 BGB innerhalb eines Monats nach Zugang der Unterrichtung dem Übergang seines Arbeitsverhältnisses widersprechen. Wird also ein gesamter Betrieb oder Betriebsteil veräußert, gehen die Arbeitsverhältnisse der in dem Betrieb beschäftigten Arbeitnehmer kraft Gesetzes automatisch auf den Käufer über, unabhängig davon, ob sich Verkäufer und Käufer darüber geeinigt haben oder nicht. § 613a BGB gilt allerdings nicht für Mitglieder des Vorstands oder der Geschäftsführung. Die automatische Übertragung der Arbeitsverhältnisse bedarf keiner Zustimmung der Arbeitnehmer. Jeder Arbeitnehmer kann jedoch der Übertragung widersprechen, woraufhin der Arbeitsvertrag mit dem Verkäufer fortgesetzt wird (ggf. ist der Verkäufer aber dann zur betriebsbedingten Kündigung des Arbeitsverhältnisses berechtigt, wenn der den Arbeitnehmer bislang beschäftigende Betrieb beim Verkäufer nicht mehr existiert).

- Nach **§ 75 Abs. 1 AO** haftet der Erwerber eines Unternehmens oder eines Teilbetriebs kraft Gesetzes insbesondere für die Gewerbe- und Umsatzsteuer des Betriebs oder Teilbe-

---

[1511] Ausreichend ist die Übernahme des Kerns des Handelsgeschäfts. Vgl. Picot in: Picot, a.a.O., S. 168.

[1512] Die Rechtsprechung ist ursprünglich von einer typisierten Rechtsscheinhaftung ausgegangen (BGH, Urteil v. 13. Oktober 1955, II ZR 44/54, BGHZ 18, 250; BGH, Urteil v. 29. November 1956, II ZR 32/56, BGHZ 22, 239; BGH, Urteil v. 1. Dezember 1958, II ZR 238/57, BGHZ 29, 3; BGH, Urteil v. 10. Februar 1960, V ZR 39/58, BGHZ 32, 62). Für einen zweigliedrigen Haftungstatbestand als Kombination von Vermögensübernahme- und Verkehrsschutzprinzip Schricker, ZGR 1972, 121 ff. Eine rechtsgeschäftliche Haftung aufgrund Schuldübernahme durch typisiertes Verhalten nimmt Säcker, ZGR 1973, 261 ff., an. Sehr weitgehend K. Schmidt, Handelsrecht, a.a.O., § 8 I 3, der ein neues Haftungsregime aufgrund Unternehmensidentität begründen will. Grundsätzlich ablehnend Canaris, Handelsrecht, S. 140; ders., Die Vertrauenshaftung im deutschen Privatrecht, S. 183 ff.

triebs sowie für alle einbehaltenen Steuern (z. B. Lohnsteuer), die seit dem Beginn des letzten, vor der Übereignung liegenden Kalenderjahres entstanden sind und bis zum Ablauf von einem Jahr nach Anmeldung des Betriebes durch den Erwerber festgesetzt oder angemeldet werden.[1513] Die Haftung ist gemäß § 75 Abs. 1 Satz 2 AO auf das übernommene Vermögen beschränkt.

– Im Rahmen der Übertragung von Handelsvertreterverträgen im Zusammenhang mit dem Erwerb eines Unternehmens kann der Verkäufer dem Handelsvertreter zur Zahlung eines angemessenen Ausgleichs nach **§ 89b HGB** verpflichtet sein, da die Übertragung gleichsam eine Beendigung des Handelsvertreters mit dem Verkäufer darstellt (so die derzeitige BGH-Rechtsprechung).

### 5.3. Secondary Purchase
#### 5.3.1. Rechtliche Struktur
##### 5.3.1.1. Variante 1 – Veräußerung einzelner Beteiligungen

In der Grundvariante des Secondary Purchase veräußert der Private-Equity-Investor seine Geschäftsanteile an der Gesellschaft. Zur rechtlichen Ausgestaltung der Anteilsveräußerung siehe Ziffer 0. Daneben muss der Erwerber in der Regel die vom Erstinvestor gewährten mezzaninen Finanzierungen, deren Rückzahlung beim *Exit* noch nicht fällig sind, ablösen. Zu diesem Zweck tritt der Erstinvestor entgeltlich seine Rechte aus der mezzaninen Finanzierung – etwa den Rückzahlungsanspruch aus einem überlassenen Gesellschafterdarlehen – an den Erwerber ab.

##### 5.3.1.2. Variante 2 – Veräußerung eines Portfolios

In der Variante 2 veräußern die Fonds-Investoren ihre Anteile an der Fondsgesellschaft. Die Fondsgesellschaft wird üblicherweise in der Rechtsform einer Personenhandelsgesellschaft, regelmäßig einer GmbH & Co. KG oder in einer entsprechenden Rechtsform ausländischen Rechts, betrieben. Bei der Veräußerung einer GmbH & Co. KG oder Personenhandelsgesellschaft ausländischem Rechts müssen neben der Übertragung der Gesellschaftsanteile an der Fondsgesellschaft in der Regel auch die Geschäftsanteile an der Komplementär-GmbH[1514] bzw. an einer Management-Gesellschaft ausländischen Rechts übertragen werden.

Kommanditanteile werden als Mitgliedschaftsrechte gemäß §§ 413, 398 BGB durch Abtretung übertragen.[1515] §§ 717, 719 BGB sind nicht einschlägig,[1516] so dass der Wechsel der Kommanditisten nicht durch einen Doppelvertrag (Austritt des Altkommanditisten und Eintritt des Neukommanditisten) vollzogen werden muss.[1517] Die Abtretung ist grundsätzlich formfrei.[1518] Der Gesellschaftsvertrag der Fondsgesellschaft kann jedoch die Wirksamkeit der Abtretung an weitere Voraussetzungen knüpfen.[1519] Zudem ändert die Übertragung von Kommanditanteilen den Gesellschafterkreis und setzt daher als Grundlagengeschäft grundsätzlich die Zulassung im Gesellschaftsvertrag oder die Zustimmung aller Gesellschafter voraus.

Durch die Abtretung des Kommanditanteils geht die Mitgliedschaft als solche, d. h. mit allen Rechten und Pflichten, auf den Erwerber über. Der Erwerber haftet in Höhe der von dem Veräußerer übernommenen Einlage gemäß § 171 Abs. 1 HGB. Seine Haftung ist ge-

---

[1513] Vgl. zu Einzelheiten: Anwendungserlass zur Abgabenordnung zu § 75.
[1514] Hierzu siehe oben unter § 4 Abschnitt 3.1.
[1515] Hopt in: Baumbach/Hopt, a.a.O., § 161 Rn. 8 i.V.m. § 105 Rn. 69.
[1516] BGH, Urteil v. 28. April 1954, II ZR 8/53, BGHZ 13, 187; BGH, Urteil v. 8. November 1965, II ZR 223/64, BGHZ 44, 229.
[1517] Hopt in: Baumbach/Hopt, a.a.O.
[1518] Zu den Ausnahmen siehe Hopt in: Baumbach/Hopt, a.a.O., § 161 Rn. 8 i.V.m. § 105 Rn. 55.
[1519] Hopt in: Baumbach/Hopt, a.a.O., § 161 Rn. 8 i.V.m. § 105 Rn. 71.

mäß § 171 Abs. 1, 2. HS HGB ausgeschlossen, wenn der Veräußerer die Einlage bereits geleistet hat.[1520] Der Wechsel der Kommanditistenstellung ist mit einem Rechtsnachfolgevermerk in das Handelsregister einzutragen.[1521] Es empfiehlt sich, den Kommanditanteil aufschiebend bedingt durch die Eintragung der Sonderrechtsnachfolge in das Handelsregister abzutreten.[1522]

### 5.3.2. Gewährleistung und Garantie

Sowohl der Veräußerung einzelner Beteiligungen als auch der Veräußerung der Anteile an einer Fondsgesellschaft liegt ein Rechtskauf zugrunde. Die Gewährleistungs- und Garantieansprüche richten sich daher nach den zuvor dargestellten Grundsätzen.[1523]

### 5.4. Buy Back

Beim Buy Back überträgt der Investor seine Geschäftsanteile, die er im Rahmen seines Investments übernommen hat, an die verbleibenden Gesellschafter. Die rechtliche Struktur entspricht damit im Grundsatz der Struktur der Veräußerung einzelner Beteiligungen im Rahmen eines Secondary Purchase. Entscheidender Unterschied ist allerdings, dass bei einem Buy Back die Geschäftsanteile nicht an außenstehende Personen veräußert werden und so die Notwendigkeit entfällt, umfangreiche Garantieerklärungen abzugeben. Der ausscheidende Investor wird nur für den rechtlichen Bestand und die freie Verfügbarkeit seiner Geschäftsanteile einstehen wollen.

## 6. Steuerliche Folgen

### 6.1. Trade Sale durch Share Deal

#### 6.1.1. Verkehrsteuern

##### 6.1.1.1. Umsatzsteuer

Die Veräußerung von Geschäftsanteilen ist gemäß § 4 Nr. 8 lit. f UStG umsatzsteuerfrei.[1524]

Ist der Veräußerer ein Unternehmer im Sinne von § 2 UStG,[1525] kann er gemäß § 9 Abs. 1 UStG gleichwohl für die Umsatzsteuerpflicht optieren, wenn der Erwerber ebenfalls Unternehmer ist und die Geschäftsanteile für sein Unternehmen erwirbt.

Der Veräußerer wird optieren wollen, wenn ihm anderenfalls eine Vorsteuerkorrektur oder ein Ausschluss des Vorsteuerabzugs droht. Dies ist insbesondere der Fall, wenn er im Zusammenhang mit der Veräußerung zusätzliche Kosten, etwa Beraterhonorare, aufgewendet hat. Auch für den Vorsteuerabzug ist die Unternehmereigenschaft im Sinne des § 2 UStG Voraussetzung.

Die (umsatzsteuerfreie) Veräußerung von Anteilen ist jedoch grundsätzlich nicht vorsteuerschädlich in Bezug auf laufende Aufwendungen, welche auf Ebene der veräußerten Portfolio-Gesellschaft anfallen (z. B. Anschaffungskosten für Wirtschaftsgüter oder Aufwendun-

---

[1520] BGH, Urteil v. 29. Juni 1981, II ZR 142/80, BGHZ 81, 82.
[1521] Hopt in: Baumbach/Hopt, a.a.O., § 173 Rn. 13.
[1522] Zur Haftung von altem und neuem Kommanditisten bis zur Eintragung siehe BGHZ 81, 82; Karsten Schmidt, GmbHR 1981, 253 ff.
[1523] Siehe unter Abschnitt 5.2.3.
[1524] Sind die Geschäftsanteile in Wertpapieren (Aktien) verbrieft, ist auch deren Veräußerung gemäß § 4 Nr. 8 lit. e UStG steuerfrei.
[1525] Danach ist Unternehmer, wer eine gewerbliche oder berufliche Tätigkeit selbständig ausübt. Gewerblich oder beruflich ist jede nachhaltige Tätigkeit zur Erzielung von Einnahmen, auch wenn die Absicht, Gewinn zu erzielen, fehlt. Das bloße Erwerben, Halten und Veräußern von gesellschaftsrechtlichen Beteiligungen ist keine unternehmerische Tätigkeit, R 18 Abs. 2 Satz 1 UStR, siehe auch Stadie in: Rau/Dürrwächter, UStG, § 2 Rn. 204 f. Davon zu unterscheiden ist die Frage nach der Umsatzsteuer auf Managementleistungen.

gen für empfangene Dienstleistungen). Davon streng zu trennen ist die Frage, in welchem Umfang Transaktionskosten gegenüber dem veräußerten Portfolio-Unternehmen in Rechnung zu stellen sind und auf welcher Ebene richtigerweise Umsatzsteuer bzw. Vorsteuerabzug anfallen.[1526]

### 6.1.1.2. Grunderwerbsteuer

Der Erwerb von Anteilen an einer Kapitalgesellschaft mit inländischem Grundbesitz unterliegt gemäß § 1 Abs. 3 GrEStG der Grunderwerbsteuer, wenn durch den Erwerb mindestens 95 % der Anteile an der Gesellschaft in der Hand des Erwerbers (oder eines herrschenden oder abhängigen[1527] Unternehmens) vereinigt werden. Grunderwerbsteuerpflichtig ist bereits die Verpflichtung zu einem derartigen Erwerb.

Zur Vermeidung der Grunderwerbsteuerpflicht müssen daher mehr als 5 % der Geschäftsanteile bei den ursprünglichen Gesellschaftern verbleiben oder an einen nicht mit dem Erwerber verbundenen Dritten veräußert werden.[1528] Zu beachten ist, dass auch rechtlich unverbundene Dritte „eine Hand" im Sinne des Grunderwerbsteuerrechts bilden können. Wenn beispielsweise ein Dritter nur deshalb die übrigen 6 % der Anteile erwirbt, weil es eine Innenabrede mit dem Haupterwerber (94 %) gibt und Art der Zweckbeziehung eine Gesellschaft bürgerlichen Rechts begründet, kann Grunderwerbsteuer ausgelöst sein.[1529]

Eine nachgelagerte Übertragung der verbleibenden Geschäftsanteile oder eine Verschmelzung[1530] des Dritten auf den Erwerber löst die Grunderwerbsteuerpflicht aus, da auf diese Weise der Erwerber die Grenze von 95 % gehaltener Anteile überschreitet.[1531]

Die Veräußerung von Anteilen an einer Personengesellschaft (nicht: Kapitalgesellschaft, s. zuvor) mit inländischem Grundbesitz unterliegt gemäß § 1 Abs. 2a GrEStG der Grunderwerbsteuer, wenn durch die Veräußerung oder mehrere Teilveräußerungen innerhalb von fünf Jahren mindestens 95 % der Anteile auf neue Gesellschafter übergehen. Einzelheiten hierzu bedürfen – insbesondere in Fällen mehrstufiger Strukturen – einer sorgfältigen Prüfung.

### 6.1.2. Ertragsteuern

### 6.1.2.1. Körperschaftsteuer

Ist der Veräußerer ein inländisches Körperschaftsteuersubjekt (z. B. GmbH als Zwischenholding oder z. B. GmbH als Gesellschafterin/Investorin der veräußernden Fonds KG), findet das Körperschaftsteuergesetz Anwendung.

Bei der Ermittlung des Einkommens einer Kapitalgesellschaft bleiben Gewinne aus der Veräußerung von Anteilen an einer Körperschaft gemäß § 8b Abs. 2 KStG außer Ansatz. Jedoch gelten gemäß § 8b Abs. 3 KStG 5 % des Veräußerungsgewinns als nicht abzugsfähige Betriebsausgabe. Das führt im Ergebnis zu einer 95 %igen Körperschaftsteuerbefreiung. Gemäß § 8b Abs. 3 KStG werden Veräußerungsverluste steuerlich nicht berücksichtigt.

Ein Ausschluss der Steuerbefreiung für sog. Streubesitzanteile wurde diskutiert, ist aber nicht im Zuge des Jahressteuergesetzes 2009 umgesetzt worden. Dennoch ist nicht auszuschließen, dass diese Idee vom Gesetzgeber wieder aufgegriffen wird. Vorläufig bleibt es bei der angesprochenen Steuerbefreiung.

Veräußerungsgewinne sind jedoch gemäß § 8b Abs. 2 Satz 4 KStG dann voll steuerpflichtig, wenn die Geschäftsanteile in früheren Wirtschaftsjahren (d. h. vor Einführung des

---

[1526] Eine unberechtigte Rechnungstellung gegenüber der veräußerten Gesellschaft ändert nichts am bestehenden Leistungsverhältnis und löst insgesamt – zumindest vorläufig – eine doppelte Belastung mit Umsatzsteuer des Leistenden und eine Nichtabzugsfähigkeit als Vorsteuer beim Rechnungsempfänger aus, vgl. § 14c UStG und R 190c f. UStR.
[1527] Der Begriff „abhängig" ist in § 1 Abs. 4 Nr. 2 GrEStG definiert.
[1528] Zieren in: Hölters, a.a.O., Teil V, Rn. 65.
[1529] Vgl. Fischer in: Boruttau, Kommentar zum GrEStG, § 1 Rn. 896.
[1530] BFH, Urteil v. 15. Januar 2003, II R 50/00, BFHE 200, 430.
[1531] BFH, Beschluss v. 14. Februar 1990, II B 107/89, BB 1990, 1542.

Halbeinkünfteverfahrens) steuerwirksam auf den niedrigeren Teilwert abgeschrieben wurden und die Gewinnminderung nicht durch den Ansatz eines höheren Wertes ausgeglichen worden ist. Entsprechendes gilt für einbringungsgeborene bzw. steuerverstrickte Anteile. Die Idee des Gesetzgebers ist, vereinfacht ausgedrückt, dass eine an sich steuerpflichtige Veräußerung von Wirtschaftsgütern (Assets) nicht in eine steuerfreie Veräußerung von Kapitalgesellschaftsanteilen soll „umverpackt" werden können, z. B. durch vorherige steuerneutrale Sacheinlage oder Umwandlung. Diese – nicht abschließenden – Beispiele zeigen: Es sollte sorgfältig geprüft werden, ob die zu veräußernden Anteile aus einem Umwandlungsvorgang stammen, mit einem solchen Vorgang in Zusammenhang stehen oder ob sonstige Umstände die Steuerbefreiung ausschließen.

Werden (unmittelbar) Anteile an einer Personengesellschaft veräußert, die wiederum an dem Target (z. B. einer inländischen GmbH) beteiligt ist, so gilt die oben beschriebene Steuerfreistellung, soweit der Veräußerungsgewinn auf die GmbH-Anteile entfällt. Es wird gemäß § 8b Abs. 6 S. 1 KStG durch die Personengesellschaft „durchgeschaut". Das betrifft insbesondere den Fall, dass „hinter" einer veräußernden Fonds KG eine inländische Kapitalgesellschaft als Anleger steht.

Von der Steuerfreistellung gemäß § 8b Abs. 2 KStG sind bestimmte Fälle ausgenommen: Die Veräußerungen von Anteilen, die nach § 1a KWG bei Kredit- und Finanzdienstleistungsinstituten dem Handelsbuch zuzurechnen sind, sowie von Anteilen, die von Finanzunternehmen im Sinne des Kreditwesengesetzes mit dem Ziel der kurzfristigen Erzielung eines Eigenhandelserfolges erworben werden, sind gemäß § 8b Abs. 7 KStG steuerpflichtig. Während der erstgenannte Fall eine rein branchenbezogene Ausnahme darstellt (Kredit- und Finanzdienstleistungsinstitute), birgt die zweite Ausnahme leicht zu übersehende Gefahren. So kann ein „Weiterreichen" von Anteilen mit Gewinn im Zuge einer Gesamttransaktion oder auf Grund von Optionen durch eine Holding unter bestimmten Voraussetzungen zur vollen Steuerpflicht führen.[1532]

Die Steuerfreistellung gilt gemäß § 8b Abs. 8 KStG ebenfalls nicht für die Veräußerung von Anteilen, die bei Lebens- und Krankenversicherungsunternehmen den Kapitalanlagen zuzurechnen sind.

Ist der Veräußerer eine ausländische Körperschaft, können Doppelbesteuerungsabkommen das Besteuerungsrecht Deutschlands ausschließen.[1533] Entsprechendes gilt für im Ausland ansässige natürliche Personen. In solchen Fällen kann die steuerliche Behandlung nur anhand des konkreten Einzelfalls beurteilt werden.

### 6.1.2.2. Gewerbesteuer

Gemäß § 7 S. 4 GewStG i.V.m. § 8b KStG bleiben Gewinne aus der Veräußerung von Anteilen an einer Körperschaft auch für die Ermittlung der gewerbesteuerlichen Bemessungsgrundlage grundsätzlich außer Ansatz. Damit ist z. B. die Veräußerung von Geschäftsanteilen an einer Körperschaft durch eine Kapitalgesellschaft (zu 95%) nicht gewerbesteuerbelastet.

Veräußert ein als Personengesellschaft konzipierter Private-Equity-Fonds Anteile an einer Kapitalgesellschaft, hängt die Gewerbesteuerpflicht von der steuerlichen Strukturierung des Fonds ab. Als sog. vermögensverwaltender Fonds nach den Vorgaben des Private-Equity-Erlasses (BMF-Schreiben vom 16. Dezember 2003)[1534] unterliegt er nicht der Gewerbesteuer. Es wird auf die Anleger/Gesellschafter durchgeschaut. Sind diese im Inland gewerbesteuerpflichtig, so sind die Konsequenzen auf ihrer Ebene zu ziehen: Im Falle einer Kapitalgesellschaft gilt eine 95%ige Gewerbesteuerfreiheit, in den übrigen Fällen betrieblicher Anleger sind 40% des anteiligen Gewinns gewerbesteuerfrei. Privatanleger zahlen keine

---

[1532] Siehe hierzu Bundesministerium der Finanzen: Schreiben v. 25. Juli 2002, BStBl. 2002 I, S. 712; FG Hamburg, Urteil v. 26. Februar 2008, 2 K 54/07, Rev. anhängig: BFH I R 96/08.
[1533] So sieht Art. 13 Abs. 5 OECD-MA einen Ausschluss des deutschen Besteuerungsrechts vor. Zur Abkommensübersicht Reimer in: Vogel/Lehner, DBA, Art. 13, Rn. 225.
[1534] BMF v. 16. Dezember 2003, BStBl. 2004, Teil I, S. 40.

Gewerbesteuer. Im Falle ausländischer Anleger scheidet eine Gewerbesteuerpflicht auf Anlegerebene aus, wenn der Anleger/Gesellschafter keine inländische Betriebsstätte unterhält. Anderenfalls, d. h. wenn der Fonds nicht vermögensverwaltend, sondern gewerblich und damit gewerbesteuerpflichtig ist, ist er selbst Schuldner der Gewerbesteuer. Der Umfang der Gewerbesteuerpflicht bestimmt sich dann nach den „hinter dem Fonds stehenden" Gesellschaftern, § 7 Satz 4 GewStG. Sofern es sich dabei um Kapitalgesellschaften handelt, ist der (anteilige) Veräußerungsgewinn auf Ebene des Fonds zu 95% gewerbesteuerfrei. Soweit es sich um natürliche Personen handelt, sind 40% steuerfrei.[1535] Eine Einschränkung für die Fälle ausländischer Anteilseigner enthält der Wortlaut des Gesetzes nicht.

Technisch sieht das Gewerbesteuergesetz im nächsten Schritt eine mögliche Hinzurechnung bestimmter Erträge vor. Beispielsweise werden sog. Streubesitzdividenden (weniger als 15%) hinzugerechnet (und dann der Gewerbesteuer unterworfen). Für Veräußerungsgewinne fehlt jedoch eine solche Hinzurechnungsregel. Es bleibt also bei der zuvor beschriebenen Steuerfreiheit in Höhe von 95% oder 40%. Auf den steuerpflichtigen Teil wird Gewerbesteuer erhoben. Der Steuersatz hängt vom lokalen Hebesatz ab. Grob vereinfachend kann mit 15,5% gerechnet werden.

Sonderregelungen enthalten § 3 Nr. 23 GewStG für Unternehmensbeteiligungsgesellschaften sowie § 19 Wagniskapitalbeteiligungsgesetz für Wagniskapitalbeteiligungsgesellschaften. Diese Sonderregelungen setzen jedoch voraus, dass die Fondsgesellschaft jeweils als Unternehmensbeteiligungs- bzw. als Wagniskapitalbeteiligungsgesellschaft anerkannt ist.

Falls die veräußerte Gesellschaft eine gewerbesteuerpflichtige (nicht rein vermögensverwaltende) Personengesellschaft ist, ist der daraus folgende Gewinn auf Ebene der Personengesellschaft nicht gewerbesteuerpflichtig, soweit natürliche Personen unmittelbar beteiligt sind. Im Übrigen, insbesondere soweit Kapitalgesellschaften beteiligt sind, wird Gewerbesteuer ausgelöst, § 7 Satz 2 GewStG. Daraus können sich Überhänge zu Ungunsten von einzelnen Gesellschaftern ergeben, was durch Ausgleichsregelungen im Gesellschaftsvertrag abgefedert werden kann.

### 6.1.2.3. Einkommensteuer

Ist der Veräußerer bzw. der Anleger einer Fonds KG[1536] eine im Inland steuerpflichtige natürliche Person (und kein inländisches Körperschaftsteuersubjekt, s.o.), findet das Einkommensteuergesetz Anwendung.

Die Veräußerung von Kapitalgesellschaftsanteilen ist grundsätzlich einkommensteuerpflichtig. Hierbei ist zu differenzieren, ob die Veräußerung aus dem Privatvermögen oder einem Betriebsvermögen erfolgt.

Veräußerungen aus dem Privatvermögen sind zu 60% steuerpflichtig und dem individuellen Einkommensteuersatz zu unterwerfen, wenn der Veräußerer innerhalb der letzten fünf Jahre unmittelbar oder mittelbar zu mindestens 1% am Kapital der Gesellschaft beteiligt war (*Wesentlichkeitsgrenze*). Unter der Annahme eines Steuersatzes von 42% ergibt sich somit eine effektive Steuerbelastung von 25,2% (zzgl. Solidaritätszuschlag und Kirchensteuer). Die Abweichung zur sog. Abgeltungsteuer (s. nachfolgend) ist also gering.

Veräußerungen aus dem Privatvermögen sind im Übrigen (d. h. Beteiligungen unterhalb der Wesentlichkeitsgrenze) seit 2009 unter der sog. Abgeltungsteuer mit 25% des Gewinns (zzgl. Solidaritätszuschlag und Kirchensteuer) zu versteuern. Für vor 2009 erworbene Anteile kann die sog. Spekulationsfrist gelten (1 Jahr), so dass nach deren Ablauf Veräußerungsgewinne steuerfrei vereinnahmt werden können. Auch das gilt jedoch nur für geringfügige Beteiligungen (unter 1%).

---

[1535] Vgl. Selder in: Glanegger/Güroff, Kommentar zum GewStG, § 7 Rn. 3a, auch zur Einzelzuweisung an Gesellschafter. Zur verfahrensrechtlichen Anwendung (Brutto- und Nettomethode) s. Dötsch/Pung, DB 2005, 10.

[1536] Einkommensteuerrechtlich (nicht: gewerbesteuerrechtlich) ist die Fonds KG transparent, d. h. Steuerschuldner sind unmittelbar die Gesellschafter.

Im Falle von Veräußerungen aus dem Betriebsvermögen (z. B. Anleger hält Anteile an der Fonds KG im Betriebsvermögen, diese hält nur Kapitalgesellschaftsanteile) sind ebenfalls 60 % des Veräußerungsgewinns steuerpflichtig, ohne dass es auf die Wesentlichkeitsgrenze ankommt. Entsprechendes gilt für Anteile an gewerblichen (d. h. nicht vermögensverwaltenden) Fonds KG, bei denen der (Privat-) Anleger steuerlich als Mitunternehmer anzusehen ist.

Wenn der Anteilseigner nicht im Inland ansässig ist, kann das jeweilige Doppelbesteuerungsabkommen das Besteuerungsrecht Deutschlands ausschließen.

Die Besteuerungsfolgen der Veräußerung etwaiger (Portfolio-)Personengesellschaftsanteile richtet sich u. a. danach, welche Vermögensgegenstände vom Vermögen der Gesellschaft umfasst sind (d. h. inwieweit Kapitalgesellschaftsanteile enthalten sind) und ob der oder die Fonds-Gesellschafter im Inland oder im Ausland ansässig sind und ob es sich dabei um natürliche Personen oder um Körperschaften handelt. Die Besteuerungsfolgen können daher nur auf Grundlage des jeweiligen Einzelfalls behandelt werden.

## 6.2. Trade Sale durch Asset Deal
### 6.2.1. Verkehrsteuern
#### 6.2.1.1. Umsatzsteuer

In vielen Fällen steht in Rede, dass sämtliche Vermögensgegenstände übertragen werden sollen. Umsatzsteuerlich ist die Veräußerung eines Unternehmens oder eines in der Gliederung des Unternehmens gesondert geführten Betriebes im Ganzen gemäß § 1 Abs. 1a UStG nicht umsatzsteuerbar.[1537] Die Aufspaltung der Veräußerung in mehrere Teile ist dabei unschädlich, solange die einzelnen Veräußerungstatbestände in einem engen sachlichen und zeitlichen Zusammenhang stehen und die Übertragung des gesamten Vermögens auf den Erwerber offensichtlich ist.[1538]

Für die Kaufvertragsparteien ist wichtig, die Konsequenzen der gesetzgeberisch angeordneten Rechtsnachfolge zu berücksichtigen. Der Erwerber rückt gleichsam in die umsatzsteuerrechtliche Position des Veräußerers und „erbt" auch Risiken aus der Vergangenheit (z. B. drohende Vorsteuerkorrekturen). Es handelt sich um eine gesetzlich angeordnete Rechtsnachfolge, so dass die Folgen nicht vertraglich abbedungen werden können. Daher sollte der Kaufvertrag (Asset Purchase Agreement) entsprechende Klauseln enthalten, um Fehlerfolgen untereinander zu regeln.

Die Veräußerung einer Summe von Assets, die keinen Betrieb im vorstehenden Sinne bilden, ist hingegen umsatzsteuerpflichtig. Der Erwerber wird zumeist vorsteuerabzugs- bzw. erstattungsberechtigt sein, so dass er lediglich einen vorübergehenden Abfluss von Liquidität erleidet. Um das zu verhindern, könnte eine Abtretung unter Anrechnung auf die Kaufpreisschuld erfolgen. So würde der Erwerber den anteiligen Kaufpreis in Höhe der geschuldeten Umsatzsteuer nicht an den Veräußerer auszahlen müssen und reduzierte so den für die Transaktion erforderlichen Liquiditätsbedarf. Abtretungsfähig ist jedoch nur der positive Saldo (Vorsteuer abzüglich Umsatzsteuer), nicht „die Vorsteuer" aus einem einzelnen Geschäftsvorfall.[1539] Ausreichend ist der jeweilige Voranmeldungszeitraum. Aufgrund der damit verbundenen Unsicherheit über die Höhe des letztlich geltenden Erstattungsanspruchs (Umsatzsteuer als Jahressteuer und mögliche Korrekturen der Voranmeldungen) und des Risikos der Haftung für etwaige Rückzahlungsansprüche[1540] sollte die Abtretung nur erfül-

---

[1537] Siehe hierzu R 5 UStR m.w.N.
[1538] BFH, Urteil v. 1. August 2002, V R 17/01, BB 2003, 244.
[1539] BFH, Urteil v. 24. März 1983, V R 8/81, BB 1983, 1518 ff.; BFH, Urteil v. 15. Juni 1999, VII R 3/97, BFHE 189, 14 ff.
[1540] BFH, Urteil 19. August 2008, VII R 36/07, BFH/NV 2008, 2081; BFH, Urteil v. 31. August 1993, VII R 69/91, BFHE 173, 1 ff.; BFH, Beschluss v. 12. April 1994, VII B 278/93, BFHE 174, 8 ff.

lungshalber vorgenommen werden. Ob und in welchem Maße eine solche Gestaltung zu Vorteilen führt und anzuraten ist, kann also nur im Einzelfall beurteilt werden.

Für einzelne Veräußerungsumsätze können Befreiungsvorschriften greifen. Ausgenommen von der Umsatzsteuerpflicht sind beispielsweise die Veräußerung von Grundstücken (§ 4 Nr. 9 lit. a UStG), von Beteiligungen an Personen- und Kapitalgesellschaften (§ 4 Nr. 8 lit. f UStG)[1541] und von Forderungen (§ 4 Nr. 8 lit. c UStG). In vielen Fällen stellt sich die Frage nach einer möglichen Option des Veräußerers zur Umsatzsteuer entgegen der gesetzlichen Befreiung. Damit will der Veräußerer seinen früheren Vorsteuerabzug sichern und verhindern, dass er während eines noch laufenden Vorsteuerkorrekturzeitraums Nachteile erleidet.

#### 6.2.1.2. Grunderwerbsteuer

Bei der Übertragung von Grundbesitz im Rahmen eines Asset Deal fällt gemäß § 1 Abs. 1 GrEStG Grunderwerbsteuer an. Hierfür haften Veräußerer und Erwerber gemäß § 13 Nr. 1 GrEStG gesamtschuldnerisch. Vertraglich vereinbaren die Parteien üblicherweise, dass der Erwerber im Innenverhältnis die Grunderwerbsteuer trägt und diese an das Finanzamt abzuführen hat. Die hälftige Übernahme der Grunderwerbsteuer durch den Erwerber erhöht nicht das umsatzsteuerliche Entgelt.

### 6.2.2. Ertragsteuern

#### 6.2.2.1. Körperschaftsteuer

Gewinne aus der Veräußerung von Assets durch ein inländisches Körperschaftsteuersubjekt (z. B. inländische Portfolio-GmbH veräußert Assets) sind auf dessen Ebene zu versteuern (15 % zzgl. Solidaritätszuschlag, d. h. 15,825 %). Ausländische Körperschaften können mit dem Veräußerungsgewinn im Inland beschränkt steuerpflichtig (§ 2 KStG, § 49 EStG) sein. Das kann nur im Einzelfall beurteilt werden.

#### 6.2.2.2. Gewerbesteuer

Entsprechendes gilt für Zwecke der Gewerbesteuer. Wenn die Assets von einer ausländischen Gesellschaft oder von einer Personengesellschaft veräußert werden, kann unter bestimmten Voraussetzungen – insbesondere inländische Betriebsstätte – ebenfalls Gewerbesteuer ausgelöst sein (Gewerbesteuersatz variabel, z. B. 15,5 %, s.o.).

#### 6.2.2.3. Einkommensteuer

Sollte im Einzelfall eine (Portfolio-)Personengesellschaft Assets veräußern, ist sie einkommentsteuerlich „transparent", d. h. der Veräußerungsgewinn wird anteilig den Gesellschaftern zugerechnet. Deren Besteuerung richtet sich nach ihren individuellen Merkmalen (v.a. natürliche oder juristische Person, Ansässigkeit im Inland oder im Ausland) und kann nur im Einzelfall präzise bestimmt werden. Gewerbesteuerlich wäre die (gewerblich tätige oder gewerblich geprägte) Personengesellschaft selbst Schuldnerin der Gewerbesteuer. Für den Umfang der Gewerbesteuerpflicht ist wiederum auf die hinter der Personengesellschaft stehenden Gesellschafter abzustellen, § 7 Satz 2 GewStG.

### 6.3. Secondary Purchase

Die Veräußerung einzelner Beteiligungen im Rahmen des Secondary Purchase erfolgt durch Share Deal. Insofern wird auf die obigen Ausführungen unter 5.1 verwiesen.

### 6.4. Buy Back

Die steuerliche Bewertung des Buy Backs richtet sich grundsätzlich nach der steuerlichen Bewertung einer Veräußerung von Geschäftsanteilen. Hierzu wird auf die obigen Ausführungen unter Abschnitt 6.1. verwiesen.

---

[1541] Siehe dazu bereits oben unter Abschnitt 6.1.1.1.

## 7. Strukturierung des Verkaufsprozesses

### 7.1. Phase 1 – Vorbereitung

Grundsätzlich sollte der Verkäufer in der gesamten Phase des *Exit* eng mit der Geschäftsführung der Gesellschaft zusammenarbeiten. Nur so können die Beteiligten einen reibungsarmen und damit ertragreichen Übergang auf den Erwerber erreichen. Durch die Einschaltung professioneller M&A-Berater kann der Verkäufer – häufig erforderliches – externes Spezialwissen integrieren.

Ausgangspunkt für die Wahl der optimalen *Exit*-Variante muss die eigene Analyse und Bewertung der Gesellschaft sein. Hierbei sind Stärken hervorzuheben und Schwächen bzw. Risiken nach Möglichkeit zu beseitigen.

Die durch die interne Analyse gewonnenen Merkmale der Gesellschaft sollte der Verkäufer mit den im Markt nachgefragten Profilen abgleichen. Alle grundsätzlich in Betracht kommenden Käufer setzt der Verkäufer auf eine sog. Long List.

### 7.2. Phase 2 – Käuferauswahl

Mit den in Frage kommenden Erwerbern nimmt der Verkäufer Kontakt auf. Der schriftlichen Einladung, möglicherweise durch ein Kurzprofil des Unternehmens ergänzt, sollte er eine Vertraulichkeitsvereinbarung mit der Bitte beifügen, diese bei weiterem Interesse unterschrieben zurückzusenden.

An interessierte potentielle Erwerber versendet der Verkäufer in einem weiteren Schritt ein ausführliches Informationsmemorandum, das sämtliche für die Kaufentscheidung wesentlichen Informationen über das Unternehmen enthält. Auswahl, Aufbereitung und Gewichtung der dargestellten Informationen haben hierbei das erkannte Informationsbedürfnis des potentiellen Erwerbers zu befriedigen.

Die mit konkreten Kaufpreisgeboten verbundenen Rückläufe sichtet der Verkäufer und trifft die Auswahl für einen oder mehrere konkrete Käufer, mit denen er in Vertragsverhandlungen eintreten will.

Vor Aufnahme konkreter Vertragsverhandlungen tauschen der Verkäufer und der oder die potentiellen Käufer in der Regel einen Letter of Intent[1542] aus, also vorvertragliche, regelmäßig rechtlich nicht verbindliche Erklärungen,[1543] die sich – ursprünglich aus dem angloamerikanischen Rechtskreis stammend – mittlerweile auch in Deutschland als selbstverständlicher Bestandteil von Unternehmenstransaktionen etabliert haben. Der Letter of Intent stellt regelmäßig eine ohne Rechtsbindungswillen abgegebene Absichtserklärung dar,[1544] durch die die beteiligten Parteien ihre Verhandlungspositionen fixieren. Häufig sind in einem Letter of Intent bereits erste Eckpunkte der Transaktion fixiert. Ein Letter of Intent begründet grundsätzlich keine Verpflichtung zur Aufnahme von Vertragsverhandlungen oder zum Abschluss der Transaktion.[1545] Dies gilt selbst dann, wenn im Letter of Intent die Bedingungen eines künftigen Vertrages bereits hinreichend konkret umrissen sind.

Die Parteien können jedoch in Bezug auf einzelne Punkte einen konkreten Rechtsbindungswillen erkennen lassen, sog. „Vorfeldvereinbarungen".[1546] Insbesondere Geheimhaltungsvereinbarungen, die Gewährung von Verhandlungsexklusivität[1547] sowie die Regelung

---

[1542] Die Bezeichnungen variieren. Gebräuchlich ist auch Term Sheet, Memorandum of Understanding, etc.
[1543] Heinrichs in: Palandt, a.a.O., Einf. v. § 145 Rn. 18.
[1544] Beisel/Klumpp, a.a.O., 1. Kapitel, Rn. 70.
[1545] Lutter, Letter of Intent, S. 19. Gleichwohl kann der Letter of Intent Grundlage für die Begründung vorvertraglicher Nebenpflichten sein. Vgl. hierzu Picot in: Picot, a.a.O., S. 41 f.; sowie unter 6.4.
[1546] Heinrichs, a.a.O.
[1547] Siehe hierzu allgemein Fleischer, ZIP 2002, 651 (655 f.).

von Break-up-Zahlungen (pauschalierter Schadensersatz) haben in einem Letter of Intent in der Regel bindenden Charakter und können Grundlage von Unterlassungs- und Schadensersatzansprüchen sein.[1548]

### 7.3. Phase 3 – Due Diligence

Im Rahmen einer Due Diligence[1549] prüft der Käufer – meist durch professionelle Berater – das zu erwerbende Unternehmen unter gewissen Aspekten. Darunter fallen die rechtliche Prüfung (Legal Due Diligence), die steuerliche Prüfung (Tax Due Diligence), die Prüfung der Finanzdaten (Financial Due Diligence) sowie die Prüfung des operativen Geschäfts (Commercial Due Diligence). Im Einzelfall können sich je nach Bedarf konkrete weitere Prüfungen anschließen (z. B. Environmental Due Diligence, Cultural Due Diligence, Technical Due Diligence).

### 7.4. Phase 4 – Vertragsverhandlungen

Grundsätzlich sind die Parteien bis zum endgültigen Vertragsschluss in ihren privatautonomen Entscheidungen über Inhalt und Abschluss des Vertrages frei. Grundsätzlich ist es den Parteien daher unbenommen, begonnene Vertragsverhandlungen abzubrechen.[1550] Dies gilt unabhängig davon, ob die andere Seite in Erwartung des Vertragsschlusses bereits Aufwendungen getätigt hat.[1551] Gleichwohl entsteht mit der Aufnahme geschäftlicher Kontakte ein vorvertragliches Schuldverhältnis im Sinne von § 241 Abs. 2 i.V.m. § 311 Abs. 2 BGB, aus dem beiden Seiten die gegenseitige Pflicht zur Rücksichtnahme auf die berechtigten Belange des jeweils anderen Verhandlungspartners erwächst.

Vertragsverhandlungen sind ein dynamischer Prozess, in dessen Fortgang das wechselseitige Vertrauensverhältnis in der Regel wächst und sich die vorvertraglichen Pflichten damit sukzessive verdichten.[1552] Je intensiver die Vertragsverhandlungen und je konkreter die Verhandlungsergebnisse werden, desto umfangreicher werden die Pflichten der Verhandlungspartner zur gegenseitigen Rücksichtnahme. Eine Schadensersatzpflicht wegen Abbruchs der Vertragsverhandlungen besteht daher, wenn ein Verhandlungspartner bei der Gegenseite zurechenbar das aus deren Sicht berechtigte Vertrauen geweckt hat, der Vertrag werde mit Sicherheit zustande kommen, und sodann die Vertragsverhandlungen ohne triftigen Grund abbricht.[1553] Die Rechtsprechung hat einen derartigen, qualifizierten Vertrauenstatbestand unter anderem in den Fällen angenommen, in denen eine Seite den Vertragsschluss als sicher hinstellt,[1554] die andere Seite zu Vorleistungen veranlasst hat[1555] oder die andere Partei mit der Durchführung des Vertrages bereits begonnen hat.[1556] Die Tatsache allein, dass die Par-

---

[1548] Die Verwendung der Überschrift „Letter of Intent" ist lediglich als Indiz bei der rechtlichen Bewertung des Parteiwillens gemäß §§ 133, 157 BGB heranzuziehen, schließt jedoch nicht per se einen Rechtsbindungswillen aus.

[1549] Hinsichtlich der Einzelheiten einer Due Diligence sei auf §§ 7, 8 und 9 verwiesen.

[1550] BGH, Urteil v. 22. Februar 1989, VIII ZR 4/88, ZIP 1989, 514 (515); BGH, Urteil v. 15. Januar 2001, II ZR 127/99, DStR 2001, 802 (803); siehe auch Emmerich in: Münchener Kommentar, Bürgerliches Gesetzbuch, § 311 Rn. 213 ff.

[1551] Grüneberg in: Palandt, a.a.O., § 311 Rn. 30.

[1552] Picot in: Picot, a.a.O., S. 35.

[1553] So h.M. BGH, Urteil v. 17. Mai 1962, VII ZR 224/60; BGH, WM 1989, 685 (687); BGH Urteil v. 8. Februar 2001, 7 U 2238/00, ZIP 2001, 604 (605); Grüneberg in: Palandt, a.a.O., § 311 Rn. 30 ff.; aA Bodewig, Jura 2001, 1 (5); Reinicke/Tiedtke, ZIP 1989, 1093 (1099 f.).

[1554] BGH, Urteil v. 10. Juli 1970, V ZR 159/67, NJW 1970, 1840; BGH, Urteil v. 22. Februar 1989, VIII ZR 4/88, NJW-RR 1989, 627.

[1555] BGH, Urteil v. 19. Oktober 1960, VIII ZR 133/59, NJW 1961, 169; BGH, Urteil v. 20. September 1984, III ZR 47/83, NJW 1985, 1778 (1781).

[1556] Grüneberg in: Palandt, a.a.O., Rn. 31.

teien Vertragsverhandlungen aufgenommen haben, genügt jedoch nicht.[1557] Rechtsfolge des rechtswidrigen Abbruchs der Vertragsverhandlungen ist der Ersatz des Vertrauensschadens (negatives Interesse).[1558] Hierunter fällt insbesondere der Ersatz der entstandenen Beraterkosten.

### 7.5. Phase 5 – Signing und Closing

Während durch das Signing die schuldrechtliche Verpflichtung begründet wird, dient das anschließende Closing der „Lieferung des Vertragsgegenstands". Die aus dem angloamerikanischen Rechtskreis stammende Institution[1559] bezweckt zum einen die dingliche Übertragung der verkauften Geschäftsanteile und zum anderen die Verschaffung der Kontrolle über das Unternehmen.

---

[1557] Zu den Besonderheiten formbedürftiger Verträge siehe u. a. BGH, Urteil v. 18. Oktober 1974, V ZR 17/73, NJW 1975, 43 (44).

[1558] Vgl. Picot, a.a.O., S. 50 ff.

[1559] Das Erfordernis eines Closing im angloamerikanischen Rechtsraum ist durch die Besonderheiter der dortigen Rechtsordnung begründet und umfasst sämtliche gesondert auszuführenden Rechtshandlungen, die zur Abwicklung des Unternehmensverkaufs erforderlich sind. Im deutschen Rechtsraum hat sich das Closing mittlerweile als gesonderter Abwicklungstermin etabliert, obwohl er in einer Vielzahl von Transaktionen aufgrund der Möglichkeit, die dingliche Übertragung an aufschiebende Bedingungen zu knüpfen, rechtlich nicht zwingend ist.

## § 16 Exit-Option Börsengang

### Übersicht

|  | Seite |
|---|---|
| 1. Einführung | 396 |
| 2. Rechtliche Voraussetzungen eines Börsengangs | 397 |
| 3. Vorbereitung des Börsengangs | 398 |
| 3.1. Dual Track | 398 |
| 3.2. Börseneinführungsrechte | 398 |
| 3.3. Umwandlung der Gesellschaft | 398 |
| 3.4. Anpassung der Satzung | 399 |
| 3.5. Auswahl der Konsortialbanken | 400 |
| 3.6. Due Diligence | 401 |
| 3.7. Emissionskonzept | 401 |
| 3.7.1. Börsenzulassung | 401 |
| 3.7.2. Öffentliches Angebot von Aktien | 403 |
| 3.7.3. Emissionsvolumen | 404 |
| 4. Dokumentation | 404 |
| 4.1. Wertpapierprospekt | 404 |
| 4.1.1. Prospekterfordernis | 404 |
| 4.1.2. Prospektinhalt | 404 |
| 4.1.3. Prospektsprache | 405 |
| 4.1.4. Billigung | 406 |
| 4.1.5. Veröffentlichung | 406 |
| 4.1.6. Nachtragspflicht | 406 |
| 4.1.7. Europäischer Pass | 407 |
| 4.1.8. Prospekthaftung | 407 |
| 4.2. Gremienbeschlüsse | 408 |
| 4.2.1. Hauptversammlung | 408 |
| 4.2.2. Vorstand | 409 |
| 4.2.3. Aufsichtsrat | 409 |
| 4.3. Mandatsvereinbarung | 409 |
| 4.4. Übernahmevertrag | 410 |
| 4.5. Angebot | 415 |
| 4.5.1. Bookbuilding | 415 |
| 4.5.2. Decoupled Bookbuilding | 416 |
| 4.6. Börsenzulassung | 417 |
| 5. Marketing und Stabilisierung | 418 |
| 5.1. Marketing | 418 |
| 5.2. Stabilisierung | 419 |
| 6. Kapitalmarktrechtliche Folgepflichten | 422 |
| 7. Fazit | 422 |

## 1. Einführung

Neben der in § 15 beschriebenen Anteilsveräußerung steht Private-Equity-Investoren als Exit-Option der Weg offen, ihre Anteile an dem Portfoliounternehmen im Rahmen eines Börsengangs (*initial public offering, IPO*) zu veräußern. Unter einem Börsengang versteht man das erstmalige öffentliche Angebot von Aktien an einer Gesellschaft verbunden mit der erstmaligen Zulassung dieser Aktien zum Handel an einer Börse.[1560]

Zunächst muss die Gesellschaft eine börsenfähige Rechtsform aufweisen. Deutschen Unternehmen stehen als börsenfähige Rechtsformen die Aktiengesellschaft („AG"), die Kom-

---

[1560] Singhof/Weber in: Habersack/Mülbert/Schlitt,, Unternehmensfinanzierung am Kapitalmarkt § 3 Rn. 1; Meyer in: Marsch-Barner/Schäfer, § 7 Rn. 1 und 78; Schlitt in: Semler/Volhard, § 23 Rn. 1 ff.; Ries in: Grunewald/Schlitt, § 2.I. (19).

manditgesellschaft auf Aktien („KGaA") sowie die Europäische Gesellschaft („SE")(vgl. §§ 32 Abs. 3, 34 BörsG i.V.m. § 5 Abs. 1 BörsZulV) zur Verfügung. Der IPO eines deutschen Unternehmens kann aber letztlich auch mit Hilfe eines ausländischen IPO-Vehikels erfolgen, etwa wenn aus steuerlichen Gründen über den deutschen Unternehmensträger eine ausländische, insbesondere Luxemburger Holdingkonstruktion errichtet wird und im Anschluss die Anteile dieser Luxemburger Gesellschaft öffentlich angeboten und zum Börsenhandel zugelassen werden.[1561]

## 2. Rechtliche Voraussetzungen eines Börsengangs

Ein Börsengang im regulierten Markt setzt voraus, dass die in § 32 Abs. 3 BörsG i.V. m. § 34 BörsG i.V. m. §§ 1 ff. BörsZulV genannten Zulassungsvoraussetzungen erfüllt sind.[1562] Diese stellen indessen in der Praxis keine hohen Hürden dar.

Die Exit-Option „Börsengang" bietet sich insbesondere an, wenn Private-Equity-Investoren nicht nur ihre Anteile an der Gesellschaft veräußern wollen, sondern gleichzeitig auch noch die zukünftige Finanzierung der Gesellschaft sichergestellt werden soll. Wird ein Börsengang – wie in aller Regel – mit einer Kapitalerhöhung verbunden, wird der Gesellschaft nämlich zusätzliches Eigenkapital zugeführt. Ein Börsengang wird aber als Exit-Option vor allem dann in Betracht gezogen, wenn der Private Equity-Investor der Auffassung ist, dass sich die Veräußerung des gesamten Anteilspakets an einen weiteren Finanzinvestor oder strategischen Investor schwierig gestalten könnte. Über einen Börsengang kann nämlich eine breite Streuung des gesamten Anteilspakets erreicht werden. Ein Börsengang erweist sich gegenüber einer Anteilsveräußerung auch als vorteilhaft, wenn Private-Equity-Investoren ihre Beteiligung an der Gesellschaft nicht sofort, sondern gestaffelt in mehreren Tranchen veräußern möchten.[1563] Aufgrund der im Rahmen des Börsengangs erfolgenden Zulassung der Aktien zum Börsenhandel kann eine Sekundärplatzierung weiterer Aktien verhältnismäßig einfach vorgenommen werden.

Dagegen bietet sich ein Börsengang als Exit-Option nicht an, wenn die Anteile sehr kurzfristig, etwa innerhalb weniger Wochen, veräußert werden sollen. Denn die Vorbereitung eines Börsengangs bedarf wegen der Erstellung der erforderlichen Dokumentation (insbesondere des Wertpapierprospekts) und der intensiven Prüfung der Gesellschaft in wirtschaftlicher (*business due diligence*) und rechtlicher (*legal due diligence*) Hinsicht einer meist mehrmonatigen Vorbereitungsphase. Dies gilt erst recht, wenn die Gesellschaft – wie häufig – noch nicht in der Rechtsform einer AG, KGaA oder SE organisiert ist, da sie dann zunächst in eine der vorgenannten börsengängigen Gesellschaftsformen formgewechselt werden muss, wodurch sich der Dokumentations- und Zeitaufwand weiter erhöht.

Darüber hinaus muss der voraussichtliche Kurswert der zuzulassenden Aktien oder, falls eine Schätzung nicht möglich ist, das Eigenkapital der Gesellschaft i.S.d. § 266 Abs. 3 lit. A HGB mindestens € 1.250.000 EUR betragen (vgl. §§ 32 Abs. 3, 34 BörsG i.V.m. § 2 Abs. 1 BörsZulV). Sollte die Gesellschaft über Stückaktien verfügen, muss sich deren Gesamtzahl auf mindestens 10.000 belaufen. Außerdem muss der Emittent mindestens drei Jahre als Unternehmen (nicht zwangsläufig als AG, KGaA oder SE) bestanden haben, d. h. er muss eine Geschäftstätigkeit während dieses Zeitraums verfolgt haben, und seine Jahresabschlüsse für die drei dem Zulassungsantrag vorangegangenen Geschäftsjahre entsprechend den hier-

---

[1561] So beispielsweise bei IPO der Gagfah S.A. im Jahre 2006 und der SAF HOLLAND S.A. im Jahre 2007.
[1562] Schlitt/Singhof/Schäfer, BKR 2005, 251 (255); Groß in: Marsch-Barner/Schäfer, § 9 Rn. 11 ff.; Schlitt in: Semler/Volhard, § 23 Rn. 17 ff.; Ries in: Grunewald/Schlitt, § 2.II.1. (S. 20).
[1563] Ein Beispiel hierfür ist der Börsengang der Demag Cranes AG im Jahre 2006. Im Rahmen des Börsengangs reduzierte ein Private-Equity-Investor seine maßgebliche Beteiligung an der Demag Cranes AG in erheblichem Umfang und veräußerte kurze Zeit nach dem erfolgreichen Börsengang im Rahmen eines Block Trades weitere Aktien der Demag Cranes AG.

für geltenden Vorschriften offengelegt haben (vgl. §§ 32 Abs. 3, 34 BörsG i.V.m. § 3 Abs. 1 BörsZulV).[1564] Schließlich müssen die zuzulassenden Aktien ausreichend gestreut sein (§§ 32 Abs. 3, 34 BörsG i.V.m. § 9 Abs. 1 BörsZulV). Dies ist der Fall, wenn mindestens fünfundzwanzig vom Hundert des Gesamtnennbetrags, bei nennwertlosen Aktien der Stückzahl, der zuzulassenden Aktien vom Publikum erworben worden sind *(free float)*. Diesbezüglich ist es ausreichend, dass die ausreichende Streuung über die Einführung an der Börse erreicht werden soll (vgl. § 9 Abs. 2 Nr. 1 BörsZulV).

### 3. Vorbereitung des Börsengangs

#### 3.1. Dual Track

Es hängt maßgeblich von den Marktverhältnissen ab, ob der Private-Equity-Investor die für ihn günstigsten Preiskonditionen im Rahmen eines Secondary Buy Outs, eines Trde Sale oder eines IPOs erzielen kann. Häufig kann diese Entscheidung erst kurzfristig unter Berücksichtigung der aktuellen Marktkonditionen gefällt werden. Aus diesem Grund gestaltet der Private-Equity-Investor den Ausstiegsprozess in vielen fällen zweigleisig, in dem sowohl ein Börsengang, als auch ein Verkauf der Anteile im Wege einer M&A-Transaktion vorbereitet werden. Zum Dual Track im Einzelnen § 17.

#### 3.2. Börseneinführungsrechte

Private-Equity-Investoren lassen sich anlässlich des Erwerbs von Aktien des Portfolio-Unternehmens häufig vertraglich das Recht einräumen, von der Gesellschaft und den übrigen Aktionären bei Eintritt der Börsenreife die Durchführung eines Börsengangs zu verlangen, oder jedenfalls an einem Börsengang mit der eigenen Beteiligung vorrangig teilzunehmen.[1565] Ob die Vereinbarung einer Pflicht zur Durchführung eines Börsengangs durchsetzbar ist, dürfte im Hinblick auf den Grundsatz der Verbandsautonomie zweifelhaft sein.[1566] Dagegen ist die Vereinbarung einer bevorrechtigten Zuteilung der Aktien des Private-Equity-Investors jedenfalls dann aktienrechtlich zulässig, wenn die anderen Aktionäre damit einverstanden sind[1567].

#### 3.3. Umwandlung der Gesellschaft

Sofern die Gesellschaft, deren Anteile im Wege eines Börsengangs veräußert werden sollen, noch nicht in der Rechtsform einer AG oder KGaA organisiert ist,[1568] muss sie zunächst in eine dieser beiden Gesellschaftsformen durch umgewandelt werden.[1569] Häufig erfolgt die Umwandlung im Wege des Formwechsels (§§ 190ff. UmwG). Für diese Maßnahme ist die Mitwirkung des Private Equity-Investors erforderlich, da ein Formwechsel einen Beschluss der Anteilsinhaber der Gesellschaft erfordert (§ 193 Abs. 1 UmwG), der – abhängig von der Ausgangsrechtsform und den statutarischen Bestimmungen – mit qualifizierter Mehrheit gefasst werden muss. Anders als bei einem „gewöhnlichen" IPO wird der Formwechsel

---

[1564] Ausnahmen von der Voraussetzung des dreijährigen Bestehens und entsprechender Offenlegung der Jahresabschlüsse können gemäß § 3 Abs. 2 BörsZulV erteilt werden (Ries in: Grunewald/Schlitt, § 2.II.1 mit Fn. 14 (S. 21)).

[1565] Singhof/Weber in: Habersack/Mülbert/Schlitt, Unternehmensfinanzierung am Kapitalmarkt, § 3 Rn. 57.

[1566] Singhof/Weber in: Habersack/Mülbert/Schlitt, Unternehmensfinanzierung am Kapitalmarkt, § 3 Rn. 57.

[1567] Singhof/Weber in: Habersack/Mülbert/Schlitt, Unternehmensfinanzierung am Kapitalmarkt, § 3 Rn. 57.

[1568] Die Gründung einer SE im Wege des Formwechsels steht gemäß Art. 2 Abs. 4 SE-VO und Art. 37 SE-VO nur AGs und REIT-AGs offen.

[1569] Ries in: Grunewald/Schlitt, § 2.II.2.a) (S. 21).

i.d.R. erst kurz vor dem eigentlichen Börsengang umgesetzt, nämlich wenn Klarheit über dessen Durchführung besteht. Selbst wenn der Private-Equity-Investor Alleingesellschafter des Portfoliounternehmens ist, wird sein Einfluss auf die Geschäftsführung des Unternehmens durch einen Formwechsel in eine Aktiengesellschaft bzw. KGaA mediatisiert. Während die Geschäftsführer einer GmbH den Weisungen der Gesellschafterversammlung unterliegen (§ 37 Abs. 1 GmbHG) und nach h.M. außergewöhnliche Geschäftsführungsmaßnahmen von sich aus der Gesellschafterversammlung zur Zustimmung vorlegen müssen,[1570] leiten die Vorstände einer AG die Geschäfte eigenverantwortlich (§ 76 Abs. 1 AktG) und sind weder einem Weisungsrecht der Hauptversammlung noch des Aufsichtsrates ausgesetzt. Der Formwechsel wäre zwar bei einer Nichtverfolgung des Börsengangs durch einen neuerlichen Gesellschafterbeschluss revisibel, jedoch wäre ein doppelter Formwechsel zeit- und kostenaufwändig.

### 3.4. Anpassung der Satzung

In vielen Fällen muss die Satzung der Gesellschaft vor dem Börsengang noch an die Erfordernisse des Kapitalmarkts angepasst werden. So wird zuweilen der Unternehmensgegenstand präzisiert, der Anspruch der Aktionäre auf Verbriefung ihrer Anteile ausgeschlossen (§ 10 Abs. 5 AktG), eine von § 60 Abs. 2 Satz 3 AktG abweichende Regelung der Gewinnberechtigung festgelegt (§ 60 Abs. 3 AktG), bestimmt, dass Bekanntmachungen der Gesellschaft ausschließlich im elektronischen Bundesanzeiger vorzunehmen sind (vgl. § 25 Satz 1 und 2 AktG) und der Versammlungsleiter ermächtigt, das Frage- und Rederecht der Aktionäre zeitlich angemessen zu beschränken (§ 131 Abs. 2 Satz 2 AktG).[1571] Häufig werden zudem Regelungen in die Satzung aufgenommen, die die Durchführung von Aufsichtsratssitzungen im Wege von Video- und Telefonkonferenzen auch bei Widerspruch eines oder mehrerer ihrer Mitglieder gegen ein solches Verfahren gestatten (§ 108 Abs. 4 AktG)[1572] und die die Übertragung einer Hauptversammlung in Ton und Bild zulassen (§ 118 Abs. 4 AktG).[1573] Außerdem wird verbreitet eine Regelung in die Satzung aufgenommen, die die Übermittlung von Informationen an die Aktionäre im Rahmen der gesetzlich zulässigen auch im Wege der Datenfernübertragung gestattet (§ 30b Abs. 3 Nr. 1 WpHG).[1574] Zudem werden häufig Anpassungen der Satzung bzw. der Geschäftsordnungen von Vorstand und Aufsichtsrat vorgenommen, um den Empfehlungen des Deutschen Corporate Governance Kodex zu entsprechen.[1575]

Schließlich sollte vor einem Börsengang zukünftig geprüft werden, ob von den Möglichkeiten zum Einsatz von modernen Kommunikations- und Informationsmitteln Gebrauch gemacht werden soll, die durch das Gesetz zur Umsetzung der Aktonärsrichtlinie (ARUG)[1576] eröffnet worden sind.[1577] So kann die Satzung der Gesellschaft beispielsweise eine Online-Teilnahme der Aktionäre an der Hauptversammlung ermöglichen (§ 118 Abs. 1 Satz 2 AktG), den Aktionären die Stimmabgabe in schriftlicher Form oder im Wege elektronischer

---

[1570] BGH, Urt. v. 5. Dezember 1983, II ZR 56/82, NJW 1984, 1461 (1462). OLG Karlsruhe, Urt. v. 4. Mai 1999, 8 U 153/97, NZG 2000, 264 (267); Kleindiek in: Lutter/Hammelhoff, § 37 Rn. 10.
[1571] Vgl. dazu Singhof/Weber in: Habersack/Mülbert/Schlitt, Unternehmensfinanzierung am Kapitalmarkt, § 3 Rn. 10 f.; Ries in: Grunewald/Schlitt, § 2.II.2.c) (S. 22); Göckeler in: Beck'sches Handbuch der AG, § 21 Rn. 228, 218.
[1572] Göckeler in: Beck'sches Handbuch der AG, § 21 Rn. 231.
[1573] Singhof/Weber in: Habersack/Mülbert/Schlitt, Unternehmensfinanzierung am Kapitalmarkt § 3 Rn. 11; Ries in: Grunewald/Schlitt, § 2.II.2.c) (S. 22).
[1574] Singhof/Weber in: Habersack/Mülbert/Schlitt, Unternehmensfinanzierung am Kapitalmarkt, § 3 Rn. 10.
[1575] Singhof/Weber in: Habersack/Mülbert/Schlitt/Singhof/Weber, Unternehmensfinanzierung am Kapitalmarkt, § 3 Rn. 12; Riesin: Grunewald/Schlitt, § 2.II.2.c) (S. 22).
[1576] BGBl. 2009, Teil I, S. 2479.
[1577] Göckeler in: Beck'sches Handbuch der AG, § 21 Rn. 236.

# 5. Teil. Exit-Strukturierung § 16 Exit-Option Börsengang

Kommunikation (Briefwahl) gestatten (§ 118 Abs. 2 AktG) oder das Formerfordernis hinsichtlich der Erteilung einer Stimmrechtsvollmacht (seit dem In-Kraft-Treten des ARUG nur noch Textform gemäß § 126b BGB) weiter erleichtern (§ 134 Abs. 3 Satz 3 AktG).[1578]

## 3.5. Auswahl der Konsortialbanken

Der Exit über einen Börsengang erfordert die Einbindung einer oder mehrerer Konsortialbanken, da eine Zulassung der Aktien vom Emittenten ausschließlich zusammen mit einem Kreditinstitut, Finanzdienstleistungsinstitut oder einem nach § 53 Abs. 1 Satz 1 oder § 53b Abs. 1 Satz 1 KWG tätigen Unternehmen beantragt werden kann (§ 32 Abs. 2 BörsG). Darüber hinaus ist die Unterstützung durch die Konsortialbanken hinsichtlich vieler anderer im Rahmen eines Börsengangs zu vollziehender Schritte erforderlich: So beraten die Konsortialbanken den Emittenten und den Private-Equity-Investor u. a. in finanziellen und strategischen Aspekten des Börsengangs, bei der Entwicklung der sog. Equity Story, bei der Erstellung des Wertpapierprospekts, bei der Begleitung des Prospektbilligungsverfahrens, bei der Strukturierung sowie der Organisation der Aktienplatzierung und der Zuteilung der Aktien an die Investoren, ggf. bei der Implementierung eines Mitarbeiterbeteiligungsprogramms und hinsichtlich der zu ergreifenden Marketingmaßnahmen. Daneben unterbreiten sie der Gesellschaft und dem Private Equity-Investor einen Vorschlag, welche Investoren im Rahmen des Börsengangs angesprochen werden sollen, erarbeiten eine detaillierte, im Rahmen des Vorbereitungsprozesses regelmäßig zu aktualisierende Unternehmensbewertung, bereiten die Roadshow vor, betreuen das Bookbuilding-Verfahren und fungieren im Anschluss an die Transaktion als Stabilisierungsmanager. Führt der Emittent im Rahmen des Börsengangs – wie meist – eine Kapitalerhöhung durch, so zeichnen eine oder mehrere Konsortialbanken die neuen Aktien. Eine Zeichnung der neuen Aktien unmittelbar durch jeden einzelnen Investor wäre bei einem Börsengang praktisch unmöglich.[1579]

Da der Auswahl der Konsortialbanken demnach eine entscheidende Bedeutung für den späteren Erfolg des Börsengangs zukommt, schaltet sich der Private-Equity-Investor regelmäßig aktiv in den Auswahlprozess ein und selektiert mit der Gesellschaft die für die Platzierung geeignetsten Kreditinstitute. In der Praxis erfolgt die Auswahl der Konsortialbanken in aller Regel im Rahmen eines sog. „Beauty Contests". In dessen Verlauf laden die Gesellschaft und der Private-Equity-Investor einige Banken ein und fordern diese auf, die Einschätzung des Private-Equity-Investors und des Managements über die Börsenreife der Gesellschaft zu bestätigen, Indikationen für die Bewertung der Gesellschaft zu unterbreiten, den Ablauf des geplanten Börsengangs vorzustellen, Ausführungen über ihre Erfahrungen auf dem Gebiet von Börsengängen und ihre jeweilige Platzierungskraft zu machen und die geplante Kapitalmarktbetreuung im Anschluss an den geplanten Börsengang darzulegen.[1580] Neben der oder den konsortialführenden Banken, die häufig eine Platzierungsquote von 60–80% des Gesamtvolumens übernehmen, werden i.d.R. – zumeist in einem späteren Transaktionsstadium – weitere Konsortialbanken[1581] benannt, die lediglich eine geringere Quote übernehmen und eine untergeordnete Rolle in der Planung und Durchführung des Börsengangs übernehmen.[1582]

---

[1578] Göckeler in: Beck'sches Handbuch der AG, § 21 Rn. 236; vgl. zu den Änderungen durch das AURUG im Einzelnen Herrler/Reymann, DNotZ 2009, 815.ff. und 914ff.

[1579] Ries in: Grunewald/Schlitt, § 2 II. 3. (S. 23).

[1580] Meyer in: Marsch-Barner/Schäfer, § 8 Rn. 17; Singhof/Weber in: Habersack/Mülbert/Schlitt, Unternehmensfinanzierung am Kapitalmarkt, § 3 Rn. 26; Ries in: Grunewald/Schlitt, § 2.II.3. (S. 23); Rudolf in: Habersack/Mülbert/Schlitt, Kapitalmarktinformation, § 1 Rn. 8 f.

[1581] Zwischen den Konsortialbanken wird i.d.R. ein Konsortialvertrag (agreement among underwriters) geschlossen; siehe dazu S. Schäfer in: Grunewald/Schlitt, § 9.

[1582] Singhof/Weber in: Habersack/Mülbert/Schlitt, Unternehmensfinanzierung am Kapitalmarkt, § 3 Rn. 27; Ries in: Grunewald/Schlitt, § 2.II.3. (S. 23).

### 3.6. Due Diligence

Wesentliches element des Transaktionsprozesses ist die so genannte Due Diligence.[1583] Im Rahmen der Due Diligence wird von den emissionsbegleitenden Banken, ihren Rechtsberatern und den Rechtsberatern des Emittenten geprüft, ob der Emittent die erforderliche Kapitalmarktreife aufweist.[1584] Durch diese Prüfung soll der Eintritt von Reputationsschäden vermieden werden, die entstehen würden, wenn die Banken ungeeignete Gesellschaften an die Börse führten. Zudem hilft den Konsortialbanken die Durchführung einer Due Diligence, bei möglichen späteren Prospekthaftungsklagen den Nachweis zu erbringen, nicht grob fahrlässig gehandelt zu haben (sog. *due diligence defense*), um eine Prospekthaftung zu vermeiden (vgl. § 45 Abs. 1 BörsG). Gegenstand der Due Diligence sind insbesondere die gesellschaftsrechtliche Historie, zwischen den Aktionären bestehende Stimmbindungsverträge, etwaige Vereinbarungen über Belastungen oder Verfügungsbeschränkungen der Aktien, die Protokolle der Vorstands- und Aufsichtsratssitzungen, die wichtigsten Verträge mit seinen Banken, seinen Zulieferern und seinen Kunden, seine öffentlich-rechtlichen Genehmigungen und gewerblichen Schutzrechte, die Anstellungsverträge der Vorstandsmitglieder, Informationen über die wichtigsten Rechtsstreitigkeiten des Emittenten und seine Subventionen, die Jahres- und ggf. Konzernabschlüsse des Emittenten mit den dazugehörigen Prüfungsberichten der Wirtschaftsprüfer, die Finanzplanung des Emittenten für die nächsten Jahre sowie weitere Dokumente, die Aufschluss über seine finanzielle Situation geben. Daneben erstreckt sich die Due Diligence auch auf die entsprechenden Dokumente der (wesentlichen) Tochtergesellschaften des Emittenten. Während die Aufgabe der Rechtsberater des Emittenten und der Banken darin besteht, die Dokumente in rechtlicher Hinsicht zu prüfen und die Vertreter der Banken die Unterlagen mit finanziellem Hintergrund durchsehen, sind der Private-Equity-Investor und sein Rechtsberater nur am Rand in die Due Diligence involviert. So muss der Private-Equity-Investor bestimmte, sein Verhältnis zur Gesellschaft betreffende Unterlagen herausgeben und für Rückfragen zur Verfügung stehen. Zuweilen werden er bzw. sein Rechtsberater konsultiert, ob etwaige im Rahmen der Due Diligence festgestellten Mängel fundiert und ob die ggf. zu deren Heilung vorgeschlagenen Maßnahmen erforderlich und zielführend sind, da Heilungsmaßnahmen häufig zeitintensiv sind und mithin Auswirkungen auf den Zeitplan der Transaktion haben können.

### 3.7. Emissionskonzept
#### 3.7.1. Börsenzulassung

Im Rahmen der Erstellung des Emissionskonzepts muss sich der Private-Equity-Investor gemeinsam mit der Gesellschaft und der Bank darüber einigen, für welche Börsenplätze und für welches Teilsegment die Zulassung der Aktien beantragt werden soll.[1585] In Deutschland gibt es insgesamt sieben[1586] Wertpapierbörsen, wobei der Frankfurter Wertpapierbörse (FWB) die mit weitem Abstand größte Bedeutung zukommt.[1587] Neben der Zulassung an

---

[1583] Meyer in: Marsch-Barner/Schäfer, § 8 Rn. 21; Singhof/Weber in: Habersack/Mülbert/Schlitt, Unternehmensfinanzierung am Kapitalmarkt, § 3 Rn. 3; siehe zur Due Diligence ausführlich Ponick in: Grunewald/Schlitt, § 12 III. (S. 233 f.) und Göckeler in: Beck'sches Handbuch der AG, § 24 Rn. 130 ff.
[1584] Göckeler in: Beck'sches Handbuch der AG, § 24 Rn. 132; Ries in: Grunewald/Schlitt, § 2.II.4. (S. 24).
[1585] Zur Auswahl des Börsenplatzes und des Marktsegments im Einzelnen Harrer in: Beck'sches Handbuch der AG, § 22 Rn. 1 ff.; Ries in: Grunewald/Schlitt, § 2.II.5.b) (S. 25).
[1586] Die sieben Wertpapierbörsen sind die Wertpapierbörsen von Frankfurt, Stuttgart, Düsseldorf, Berlin-Bremen, München, Hamburg und Hannover.
[1587] Meyer in: Marsch-Barner/Schäfer, § 7 Rn. 41; Singhof/Weber in: Habersack/Mülbert/Schlitt, Unternehmensfinanzierung am Kapitalmarkt, § 3 Rn. 28; Ries in: Grunewald/Schlitt, § 2.II.5.b) (S. 25).

der FWB dürfte eine ergänzende Zulassung an einer der übrigen sechs Regionalbörsen nur dann in Betracht gezogen erden, wenn die Gesellschaft einen starken regionalen Bezug aufweist.[1588] An der FWB existieren mit dem General Standard und dem Prime Standard innerhalb des regulierten Marktes zwei Teilsegmente, die sich hinsichtlich der Zulassungsfolgepflichten unterscheiden. Wegen der geringeren Zulassungsfolgepflichten und den mithin geringeren Kosten der Aufrechterhaltung der Zulassung ist der General Standard grundsätzlich auf kleinere und mittlere Unternehmen ausgerichtet, die hauptsächlich nationale Investoren ansprechen, während für größere Unternehmen der Prime Standard i.d.R. das geeignete Segment ist, da er hinsichtlich der Transparenzpflichten den Anforderungen der internationalen Kapitalmärkte und damit den Anforderungen internationaler Investoren entspricht.[1589] Für die Portfoliounternehen eines Private-Equity-Investors dürfte i.d.R. nur die Zulassung zum Prime Standard in Frage kommen.

Im regulierten Markt muss sich der Antrag auf Zulassung grundsätzlich auf alle Aktien derselben Gattung beziehen (§ 7 Abs. 1 BörsZulV). Dies werden in aller Regel sämtliche Aktien des Emittenten sein, es sei denn, der Emittent verfügt ausnahmsweise über Stamm- und Vorzugsaktien (§ 11 AktG); in diesem Fall reicht die Zulassung einer Gattung aus.

Neben einem „regulären" Börsengang besteht die Möglichkeit, das öffentliche Angebot von Aktien mit einer Einbeziehung der Aktien des Emittenten in den Entry Standard zu verbinden.[1590] Der Entry Standard ist ein im Oktober 2005 errichteter Teilbereich des Freiverkehrs (*open market*) an der FWB,[1591] der im Vergleich zum Open Market über zusätzliche Transparenzanforderungen verfügt, die ihrerseits jedoch nicht unerheblich hinter den Transparenzanforderungen des regulierten Marktes zurückstehen.[1592] Ein Börsengang in den Entry Standard ist insbesondere dann als mögliche Gestaltungsalternative zu einem „regulären" Börsengang in Betracht zu ziehen, wenn der Emittent seine Konzernabschlüsse weiterhin nach HGB und nicht nach IFRS erstellen möchte. Bei einem „Börsengang" in den Entry Standard besteht nämlich keine Pflicht zur Aufnahme von IFRS-Konzernabschlüssen in den Wertpapierprospekt, da eine solche Verpflichtung nach Anhang I Ziffer 20.1 ProspektVO nur besteht, wenn der Emittent nach der Veröffentlichung des Wertpapierprospekts seinen nächsten Konzernabschluss nach IFRS erstellt, wozu er nur im Falle einer Zulassung oder Zulassungsantragstellung an einem organisierten Markt verpflichtet ist (§ 315a Abs. 1 HGB i.V.m. Art. 4 der Verordnung (EG) Nr. 1606/2002 des Europäischen Parlaments und des Rates vom 19. Juli 2002 betreffend die Anwendung internationaler Rechnungslegungsstandards).[1593]

Weitere wesentliche Erleichterungen ergeben sich bei einem „Börsengang" in den Entry Standard nicht. Insbesondere ist der Dokumentationsaufwand bei einem solchen Börsengang nicht geringer als bei einem regulären. Denn der Wertpapierprospekt, der im Falle ei-

---

[1588] Meyer in: Marsch-Barner/Schäfer, § 7 Rn. 42 weist darauf hin, dass für mittelständische Emittenten eine Notierung an einer Regionalbörse den Vorteil größerer Visibilität bei Anlegern aus der Region biete; Ries in: Grunewald/Schlitt, § 2.II.5.b) (S. 25).

[1589] Meyer in: Marsch-Barner/Schäfer, § 7 Rn. 50 f.; Singhof/Weber in: Habersack/Mülbert/Schlitt, Unternehmensfinanzierung am Kapitalmarkt, § 3 Rn. 28; Ries in: Grunewald/Schlitt, § 2. II.5.b) (S. 25 f.); zu Marktsegmenten an der FWB bereits Schlitt, AG 2003, 57 ff.

[1590] Die anstelle eines solchen „Börsengangs" des Weiteren mögliche alleinige Einbeziehung der Aktien des Emittenten in den Entry Standard (ohne öffentliches Angebot der Aktien), die im Grundsatz prospektfrei erfolgen kann (siehe dazu Schlitt/Schäfer, AG 2008, 525 (526)), und eine im Anschluss daran erfolgende Veräußerung der Aktien der Altaktionäre über die Börse oder eine reine Privatplatzierung im Zusammenhang mit der Einbeziehung, kommt in der Praxis in aller Regel nicht in Betracht, da die Altaktionäre zu viele Aktien an dem Emittenten halten, als dass eine Veräußerung über die Börse oder eine reine Privatplatzierung tatsächlich möglich wäre.

[1591] Schlitt/Schäfer, AG 2008, 525 (526).

[1592] Schlitt/Schäfer, AG 2006, 147 (148); vgl. auch insgesamt zum Entry Standard Schlitt/Schäfer, AG 2006, 147 ff.

[1593] Schlitt/Schäfer, AG 2008, 525 (526 f. mit Fn. 16).

nes „Börsengangs" in den Entry Standard nach § 3 Abs. 1 WpPG erstellt werden muss, weil die Aktien des Emittenten öffentlich angeboten werden, muss inhaltlich fast vollständig einem solchen Wertpapierprospekt entsprechen, der für Zwecke der Zulassung von Aktien zum regulierten Markt angefertigt wird. Die inhaltlichen Vorgaben des WpPG und der ProspektVO differenzieren nicht danach, ob der Wertpapierprospekt für Zwecke eines öffentlichen Angebots oder für eine Zulassung zum regulierten Markt erstellt wird.[1594]

Vor einigen Jahren war die zusätzliche Zulassung der Aktien an einer anderen Börse (*Dual Listing*), etwa der New York Stock Exchange,[1595] beliebt,[1596] da man sich davon einen besseren Zugang zu ausländischen, vor allem US-amerikanischen Investoren, versprach. Jedoch blieb in den meisten Fällen das Handelsvolumen an den ausländischen Börsen in der Folgezeit weit hinter den Erwartungen zurück. Die nicht unbeträchtlichen Kosten für die Aufrechterhaltung der Börsenzulassung sowie die gesteigerten Haftungsrisiken haben den Enthusiasmus für Dual Listings in der jüngeren Vergangenheit stark gedämpft. Im Gegenteil haben viele Gesellschaften ihr Dual Listing aufgegeben, zumal Erleichterungen für ein Delisting in den USA geschaffen wurden. Der Gang auch an eine ausländische Börse kommt daher lediglich dann für den Emittenten und den Private-Equity-Investor in Betracht, wenn davon auszugehen ist, dass zumindest ein großer Teil der Investoren tatsächlich in diesem Land ansässig ist oder ein Börsengang im Ausland eine bessere Bewertung der Aktien verspricht und damit die zusätzlichen Kosten gerechtfertigt sind.[1597]

### 3.7.2. Öffentliches Angebot von Aktien

Im Zuge des Exit-IPO können entweder ausschließlich bereits existierende Aktien oder sowohl existierende als auch neue Aktien öffentlich angeboten werden.[1598] Bei einem Exit-Szenario wird zumeist die zuletzt genannte Variante gewählt.[1599] Das ausschließliche Anbieten von Altaktien wird vom Kapitalmarkt meistens nicht positiv aufgenommen, da die gesamten Erlöse ausschließlich den veräußernden Aktionären, zugute kommen, während dem Börsenkandidaten selbst keine neuen Finanzmittel zufließen, was die Kommunikation einer Wachstumsstory erschwert.[1600] Dagegen wird ein Emissionskonzept, das den bisherigen Gesellschaftern die Möglichkeit zum jedenfalls teilweisen „Ausstieg" bietet, von den Investoren grundsätzlich positiv aufgenommen, solange im Rahmen des öffentlichen Angebots die Zahl der neuen Aktien die der bereits existierenden angebotenen Aktien nicht wesentlich unterschreitet.

Für die Schaffung der neuen Aktien stehen dem Emittenten entweder eine ordentliche Kapitalerhöhung nach den §§ 182 ff. AktG oder eine Kapitalerhöhung aus genehmigtem Kapital nach §§ 202 ff. AktG zur Verfügung.[1601] Bei großem Kapitalbedarf kann dem Emittenten der Weg über eine Kapitalerhöhung aus genehmigtem Kapital wegen der Volumensbegrenzung auf 50 % des Grundkapitals verschlossen sein (§ 202 Abs. 3 Satz 1 AktG). Um neuen Investoren Aktien zur Verfügung stellen zu können, muss das den bisherigen Aktionären von Gesetzes wegen (§ 186 AktG bzw. § 203 Abs. 1 Satz 1 AktG i. V. m. § 186 AktG)

---

[1594] Schlitt/Schäfer, AG 2008, 525 (526).
[1595] Vgl. zu den Voraussetzungen der Zulassung von Aktien einer deutschen Aktiengesellschaft an einer US-amerikanischen Börse, Harrer in: Beck'sches Handbuch der AG, § 22 Rn. 52 ff.; Hutter in: Semler/Volhard, § 23 Rn. 144 ff.; Ries in: Grunewald/Schlitt, § 2.II.5.b) (S. 26).
[1596] Technau, AG 1998, 445 (445); Ries in: Grunewald/Schlitt, § 2.II.5.b) (S. 26).
[1597] Vgl. zu alledem Singhof/Weber in: Habersack/Mülbert/Schlitt, Unternehmensfinanzierung am Kapitalmarkt, § 3 Rn. 29; Ries in: Grunewald/Schlitt, § 2.II.5.b) (S. 26).
[1598] Göckeler in: Beck'sches Handbuch der AG, § 21 Rn. 192; Ries in: Grunewald/Schlitt, § 2.II.5.c) (S. 26).
[1599] Singhof/Weber in: Habersack/Mülbert/Schlitt, Unternehmensfinanzierung am Kapitalmarkt, § 3 Rn. 32; Schlitt in: Semler/Volhard, § 23 Rn. 21; vgl. auch Ries in: Grunewald/Schlitt; § 2.II.5.c) (S. 26).
[1600] Schlitt in: Semler/Volhard, § 23 Rn. 21; Ries in: Grunewald/Schlitt; § 2.II.5.c) (S. 26).
[1601] Schlitt in: Semler/Volhard, § 23 Rn. 128; Ries in: Grunewald/Schlitt; § 2.II.5.c) (S. 27).

zustehende Bezugsrecht ausgeschlossen werden oder die bisherigen Aktionäre müssen auf ihr Bezugsrecht verzichten. Ein für einen Ausschluss des Bezugsrechts erforderlicher sachlicher Grund kann nach verbreiteter Meinung in der Börseneinführung der Aktien des Emittenten liegen.[1602] Haben alle Altaktionäre sich zu einem Verzicht auf ihr Bezugsrecht bereit erklärt, ist eine sachliche Rechtfertigung des Bezugsrechtsausschlusses entbehrlich.[1603]

### 3.7.3. Emissionsvolumen

Das Emissionsvolumen ist so festzulegen, dass nach Durchführung des Börsengangs grundsätzlich mindestens 25 % der Aktien vom Publikum gehalten werden (§ 9 BörsZulV). Weitere Entscheidungsparameter bei der Bemessung des Emissionsvolumens sind ferner, wie viele Aktien die Private Equity-Investoren im Zuge des Börsengangs veräußern und welchen Einfluss sie auf den Emittenten behalten wollen. Schließlich ist das Volumen einer etwaigen Kapitalerhöhung eng auf den Finanzbedarf des Emittenten zuzuschneiden.

## 4. Dokumentation

### 4.1. Wertpapierprospekt

Im Zuge der Vorbereitung des Börsengangs erstellt der Emittent mit Unterstützung der Konsortialbanken einen Wertpapierprospekt, der von der Bundesanstalt für Finanzdienstleistungsaufsicht („BaFin") zu billigen und von der Gesellschaft zu veröffentlichen ist. Die Federführung bei der Prospektvorbereitung liegt dabei i.d.R. beim Anwalt des Emittenten *(issuer's counsel)*.

#### 4.1.1. Prospekterfordernis

Ein Wertpapierprospekt ist zu veröffentlichen, wenn Wertpapiere – wozu gemäß § 2 Nr. 1. a) WpPG u.a. Aktien zählen – im Inland öffentlich angeboten werden (§ 3 Abs. 1 WpPG). Nach der gesetzlichen Legaldefinition des § 2 Nr. 4 WpPG ist unter einem öffentlichen Angebot von Wertpapieren eine Mitteilung an das Publikum in jedweder Form und auf jedwede Art und Weise zu verstehen, die ausreichende Informationen über die Angebotsbedingungen und die anzubietenden Wertpapiere enthält, um einen Anleger in die Lage zu versetzen, über den Kauf oder die Zeichnung dieser Wertpapiere zu entscheiden. Die Pflicht zur Veröffentlichung eines Wertpapierprospekts besteht zusätzlich dann, wenn Wertpapiere im Inland zum Handel an einem organisierten Markt zugelassen werden soll (§ 3 Abs. 3 WpPG). Für die Zulassung und das öffentliche Angebot wird ein einheitliches Wertpapierprospekt erstellt.

#### 4.1.2. Prospektinhalt

Ein Wertpapierprospekt muss eine Zusammenfassung enthalten, in der in kurzer und allgemein verständlicher Form die wesentlichen Merkmale und Risikofaktoren zu nennen sind, die auf den Emittenten und die Wertpapiere zutreffen (§ 5 Abs. 2 WpPG). Diese Zusammenfassung[1604] sollte nicht mehr als 2.500 Wörter enthalten, wobei die BaFin bis zu 5.000 Wörter umfassende Zusammenfassungen toleriert. Neben der Nennung der wesentlichen Merkmale und der Risikofaktoren hat die Zusammenfassung spezifische Warnhinweise zu enthalten (§ 5 Abs. 2 S. 3 Nr. 1–4 WpPG). So muss in der Zusammenfassung u.a. gemäß § 5 Abs. 2 Nr. 2 WpPG der Hinweis enthalten sein, dass der Anleger jede Entscheidung zur Anlage in die Aktien auf die Prüfung des gesamten Wertpapierprospekts stützen und sich

---

[1602] Hüffer, Aktiengesetz, § 186 Rn. 31; Göckeler in: Beck'sches Handbuch der AG, § 21 Rn. 194; Ries in: Grunewald/Schlitt; § 2.II.5.c) (S. 27). Vgl. zur sachlichen Rechtfertigung eines Bezugsrechtsausschlusses zur Einführung von Aktien der Gesellschaft an einer ausländischen Börse BGH, Urt. v. 7. März 1994, II ZR 52/93, BGHZ 125, 239 (242 ff.).

[1603] Hüffer, Aktiengesetz, § 186 Rn. 25; Ries in: Grunewald/Schlitt; § 2.II.5.c) (S. 27).

[1604] Im Zuge der geplanten Änderung der Prospektrichtlinie sollen die Anforderungen an den Inhalt und den Umfang der Zusammenfassung geändert werden.

nicht mit der Lektüre der Zusammenfassung zufrieden geben sollte. Im Übrigen kommt der allgemeine Grundsatz des § 5 Abs. 1 WpPG zum Tragen, wonach der Wertpapierprospekt in leicht analysierbarer und verständlicher Form sämtliche Angaben enthalten muss, die im Hinblick auf den Emittenten und die öffentlich angebotenen oder zum Handel an einem organisierten Markt zugelassenen Wertpapiere notwendig sind, um dem Publikum ein zutreffendes Urteil über die Vermögenswerte und Verbindlichkeiten, die Finanzlage, die Gewinne und Verluste, die Zukunftsaussichten des Emittenten sowie über die mit diesen Wertpapieren verbundenen Rechte zu ermöglichen. Dieser Grundsatz wird durch § 7 WpPG i. V. m. der Prospektverordnung (ProspektVO) im Einzelnen ausgefüllt. Die im Falle eines Börsengangs zu machenden Angaben ergeben sich insbesondere aus Anhang I und Anhang III der ProspektVO.[1605] Danach muss ein Wertpapierprospekt u. a. die folgenden Inhalte aufweisen: spezifische Risikofaktoren, das Angebot der Aktien, die Gründe für das Angebot, die Verwendung des Erlöses aus der Emission der Aktien, eine Darstellung und Analyse der Vermögens-, Finanz- und Ertragslage des Emittenten, die Geschäftstätigkeit des Emittenten, allgemeine Informationen über die Gesellschaft (z. B. Firma, Sitz, Gegenstand des Unternehmens, Konzernstruktur und Beteiligungen, Geschäftsjahr und Dauer der Gesellschaft), detaillierte Angaben über das Grundkapital des Emittenten, Angaben über die Organe der Gesellschaft, die Aktionärsstruktur, Geschäfte mit nahe stehenden Personen, die Besteuerung in der Bundesrepublik Deutschland (wichtige Besteuerungsgrundsätze für den Emittenten und den Anleger), die Übernahme der Aktien durch die Emissionsbank und der jüngste Geschäftsgang des Emittenten. An Finanzangaben müssen grundsätzlich die Jahres- bzw. Konzernabschlüsse für die vergangenen drei Jahre in den Wertpapierprospekt aufgenommen werden.

Bei einem Exit-IPO muss daher u. a. dargelegt werden, in welchem Umfang der private-Equity-Investor an der Gesellschaft beteiligt ist und wie viele Altaktien nicht der Private-Equity-Investor im Zuge des Börsengangs veräußern möchte. Außerdem ist klarzustellen, dass der Nettoerlös aus der Veräußerung der Altaktien nicht der Gesellschaft, sondern vollständig dem private-Equity-Investor zufließt. Erwarb der Private-Equity-Investor die Altaktien innerhalb eines Jahres vor dem Börsengang, sind wesentliche Abweichungen zwischen dem erwerbspreis und dem Angebotspreis offen zu legen (Ziffer 5.3.4 des Anhangs III der ProspektVO). Rechtsgeschäfte zwischen den Emittenten und dem Private-Equity-Investor können unter gewissen Voraussetzungen als Geschäfte mit nahe stehenden Personen einzustufen und damit offenlegungspflichtig sein.

### 4.1.3. Prospektsprache

Der Wertpapierprospekt eines deutschen Aktienemittenten ist im Regelfall in deutscher Sprache zu erstellen. Werden die Anteile an der operativen deutschen Gesellschaft, etwa aus steuerlichen Gründen, zunächst an eine ausländische (z. B. luxemburgische), Holding-Gesellschaft übertragen und deren Aktien sodann an der Börse zugelassen, erfolgt die Billigung des Wertpapierprospekts durch die Behörde am Sitz der Holding-Gesellschaft, so dass er in der jeweiligen Landessprache bzw., so z. B. in Luxemburg, in englischer Sprache abgefasst sein kann.

Auch die für deutsche Aktienemittenten zuständige BaFin billigt einen englischsprachigen Wertpapierprospekt, wenn das öffentliche Angebot der Aktien nicht nur in Deutschland, sondern auch in einem weiteren EU/EWR-Mitgliedstaat durchgeführt wird. Um allein ein englischsprachiges Dokument verwenden zu können, wird daher in Einzelfällen das öffentliche Angebot auf einen weiteren Mitgliedstaat, z. B. Österreich, ausgedehnt. Die meisten Banken ziehen dieses Vorgehen jedoch i.d.R. nur dann in Betracht, wenn in erster Linie ausländische, institutionelle Investoren angesprochen werden sollen.

---

[1605] Siehe zum Inhalt eines Wertpapierprospekts im Einzelnen Ponick in: Grunewald/Schlitt, § 11; Schlitt/Singhof/Schäfer, BKR 2005, 251 (252 ff.).

### 4.1.4. Billigung

Ein Wertpapierprospekt muss von der BaFin gebilligt[1606] werden (§ 13 Abs. 1 WpPG). Die BaFin muss die Billigung erteilen, wenn sie im Rahmen ihrer Prüfung keine Anhaltspunkte dafür gefunden hat, dass der Wertpapierprospekt nicht alle vom Gesetz (WpPG und ProspektVO nebst Anhängen) geforderten Angaben enthält und sie keine Anhaltspunkte dafür hat, dass die vorgelegten Informationen nicht kohärent und verständlich sind. Die BaFin prüft allerdings nicht, ob die in dem Wertpapierprospekt enthaltenen Angaben inhaltlich zutreffend sind. Der BaFin stehen für die Prüfung bei einem Börsengang grundsätzlich 20 Werktage zur Verfügung (§ 13 Abs. 2 Satz 2 WpPG). Diese Frist beginnt jedoch erst zu laufen, wenn der Wertpapierprospekt vollständig ist und die BaFin über sämtliche Informationen verfügt, die sie für ihre Prüfung benötigt (§ 13 Abs. 3 Satz 1 WpPG). Vor diesem gesetzlichen Hintergrund hat sich in der Praxis ein von den gesetzlichen Fristen glöster Ablauf des Prüfungsverfahrens etabliert: Nach Ablauf von 13 Werktagen seit der ersten Einreichung stellt die BaFin ihre ersten Kommentare zum Wertpapierprospekt dem Emittenten oder den Konsortialbanken zur Verfügung. Im Anschluss daran werden innerhalb weniger Tage diese Anmerkungen umgesetzt und der Wertpapierprospekt erneut bei der BaFin eingereicht. Innerhalb von neun bis zehn Werktagen nach dieser zweiten Einreichung stellt die BaFin ihre Kommentare zu dieser zweiten Einreichungsfassung des Wertpapierprospekts zur Verfügung. Diese Kommentare werden dann erneut innerhalb weniger Tage eingearbeitet und der Wertpapierprospekt im Anschluss daran das dritte und letzte Mal eingereicht. Innerhalb von zwei bis fünf Werktagen nach dieser letzten Einreichung billigt die BaFin dann i.d.R. den Wertpapierprospekt. Insgesamt erstreckt sich das Prüfungsverfahren daher auf bis zu eineinhalb Monate, da bei den Prüfungsfristen der BaFin Samstage, Sonn- und Feiertage nicht mitgezählt werden.

### 4.1.5. Veröffentlichung

Nach seiner Billigung muss der Wertpapierprospekts bei der BaFin hinterlegt und unverzüglich, spätestens einen Werktag vor Beginn des öffentlichen Angebots, von dem Emittenten oder den Konsortialbanken veröffentlicht werden (§ 14 Abs. 1 WpPG). Die Veröffentlichung erfolgt in der Praxis stets durch Einstellung des Wertpapierprospekts auf der Internetseite des Emittenten (§ 14 Abs. 2 Nr. 3 WpPG). Zusätzlich wird der Wertpapierprospekt in gedruckter Form zur kostenlosen Ausgabe bereit gehalten (§ 14 Abs. 2 Nr. 2 WpPG). Der ebenfalls zulässige Weg, den Wertpapierprospekt ausschließlich durch Einstellung auf der Internetseite des Emittenten zu veröffentlichen, wird von der Praxis i.d.R. nicht beschritten, weil der Anleger auch in diesem Fall die Bereitstellung einer Papierversion verlangen kann (§ 14 Abs. 5 WpPG)[1607].

### 4.1.6. Nachtragspflicht

Stellt sich im Zeitraum zwischen der Billigung des Wertpapierprospekts und dem Schluss des öffentlichen Angebots bzw. der Einführung in den Handel heraus, dass der Wertpapierprospekt in einem wesentlichen Punkt unrichtig ist oder sich ein wichtiger neuer Umstand ergeben hat, der die Beurteilung der Wertpapiere beeinflussen könnte, ist ein Nachtrag zu erstellen, der diesen Punkt oder neuen Umstand erläutert (§ 16 Abs. 1 Satz 1 WpPG).[1608] Jeder Nachtrag ist von dem Emittenten oder den Konsortialbanken bei der BaFin einzureichen (§ 16 Abs. 1 Satz 2 WpPG) und von dieser innerhalb von höchstens sieben Werktagen nach Eingang zu billigen (§ 16 Abs. 1 Satz 3 WpPG). Nach der Billigung des Nachtrags

---

[1606] Siehe zur Billigung Schlitt/Singhof/Schäfer, BKR 2005, 251 (255 f.) und im Einzelnen Groß, § 13 WpPG Rn. 1 ff.; Schanz, § 13 Rn. 47 ff.

[1607] Groß, § 14 WpPG Rn. 6; Schlitt/Singhof/Schäfer, BKR 2005, 251 (259 f.).

[1608] Siehe zum Nachtrag auch Groß, § 16 WpPG Rn. 1 ff.; Schlitt/Singhof/Schäfer, BKR 2005, 251 (256 f.); Schanz, § 13 Rn. 59 ff.; Ries in: Grunewald/Schlitt, § 2.III.1.f) (S. 33 f.) und Ponick in Grunewald/Schlitt, § 11.V.5. (S. 218).

muss dieser in derselben Art und Weise wie der ursprüngliche Wertpapierprospekt von dem Emittenten oder den Konsortialbanken veröffentlicht werden (§ 16 Abs. 1 Satz 4 WpPG). Die Investoren, die vor der Veröffentlichung des Nachtrags eine auf den Erwerb oder die Zeichnung der Wertpapiere gerichtete Willenserklärung abgegeben haben, können diese innerhalb von zwei Werktagen nach Veröffentlichung des Nachtrags widerrufen, sofern noch keine Erfüllung eingetreten ist (§ 16 Abs. 3 Satz 1 WpPG).[1609]

### 4.1.7. Europäischer Pass

Sind der Wertpapierprospekt und die ggf. erstellten Nachträge von der BaFin gebilligt worden, so können diese Dokumente, für ein (weiteres) öffentliches Angebot oder für die (zusätzliche) Zulassung zum Handel in einem oder mehreren Staaten des Europäischen Wirtschaftsraums ohne zusätzliches Billigungsverfahren verwandt werden, wenn der oder die anderen Staaten eine dem § 17 Abs. 3 WpPG entsprechende Vorschrift erlassen haben (§ 17 Abs. 1 WpPG).[1610] Voraussetzung dafür ist, dass das sog. Notifizierungsverfahren nach § 18 WpPG ordnungsgemäß durchgeführt wird. Dieses Notifizierungsverfahren wird vom Emittenten oder von den Konsortialbanken durch einen an die BaFin zu richtenden Antrag initiiert. Daraufhin übermittelt die BaFin den zuständigen Behörden der Aufnahmestaaten innerhalb von drei Werktagen neben der Kopie des Wertpapierprospekts eine Bescheinigung über seine Billigung, aus der hervorgeht, dass der Wertpapierprospekt gemäß dem WpPG erstellt wurde. Wird der Antrag auf Durchführung des Notifizierungsverfahrens zusammen mit dem Billigungsantrag gestellt, verkürzt sich die Notifizierungsfrist auf einen Werktag nach Billigung des Wertpapierprospekts (§ 18 Abs. 1 Satz 2 WpPG). Sollte nach dem Recht des jeweiligen Aufnahmestaats eine Übersetzung der Zusammenfassung des Wertpapierprospekts in die jeweilige Landessprache erforderlich sein, ist dem Antrag diese Übersetzung beizufügen.[1611] Sie wird in einem solchen Fall von der BaFin mit der Bescheinigung und dem Wertpapierprospekt in englischer Sprache der zuständigen Behörde des Aufnahmestaats übermittelt.

### 4.1.8. Prospekthaftung

Um eine Prospekthaftung zu vermeiden, müssen sämtliche Angaben im Wertpapierprospekt richtig und vollständig sein. Sollte eine wesentliche Angabe unrichtig oder unvollständig sein, muss den Erwerbern der Aktien der Erwerbspreis unter bestimmten Voraussetzungen gegen Übernahme der Aktien erstattet werden (§ 44 Abs. 1 BörsG). Diese Erstattungspflicht trifft zum einen diejenigen, die für den Wertpapierprospekt die Verantwortung übernommen haben (§ 44 Abs. 1 Satz 1 Nr. 1 BörsG). Eine solche Verantwortungsübernahme muss nach außen erkennbar sein.[1612] Indem der Emittent (§ 32 Abs. 2 BörsG i.V.m. § 5 Abs. 3, Abs. 4 WpPG) und die konsortialführende Bank (§ 32 Abs. 2 BörsG i.V.m. § 5 Abs. 3 Satz 2, Abs. 4 Satz 2 WpPG) den Wertpapierprospekt unterzeichnen, wird die Übernahme der Verantwortung nach außen erkennbar, was sie zu den primären Adressaten der Erstattungspflicht macht. Daneben sind aber auch diejenigen Personen Adressaten der Prospekthaftung, die den Wertpapierprospekt freiwillig unterzeichnen oder die in diesem als Prospektverantwortliche aufgeführt sind, selbst wenn sie den Wertpapierprospekt nicht unterzeichnet ha-

---

[1609] Erfüllung tritt bei einem Börsengang mit dem so genannten Settlement ein. Beim Settlement, das i.d.R. zwei Tage nach Zuteilung der neuen Aktien durchgeführt wird, erhalten die Investoren die von ihnen erworbenen Aktien gegen Zahlung des Emissionspreises buchmäßig geliefert.
[1610] Groß, § 17 WpPG Rn. 3 der dies zutreffend damit begründet, das das deutsche Wertpapierprospektgesetz nicht anderen Rechtsordnungen vorschreiben könne, dass diese tatsächlich die von der BaFin gebilligten Prospekte und Nachträge annehmen; siehe zum grenzüberschreitenden Börsengang auch Schlitt/Singhof/Schäfer, BKR 2005, 251 (257); Ries in: Grunewald/Schlitt, § 2.III.1.g) (S. 34).
[1611] Hiervon zu unterscheiden ist die regelmäßig freiwillig erstellte Übersetzung des Wertpapierprospekts in die englische Sprache, um den Investorenerwartungen Genüge zu tun.
[1612] Siehe nur Mülbert/Steup in: Habersack/Mülbert/Schlitt, Unternehmensfinanzierung am Kapitalmarkt, § 33 Rn. 58.

ben (§ 44 Abs. 1 Satz 1 Nr. 1 BörsG).[1613] Um eine mögliche Prospekthaftung zu vermeiden, unterzeichnen Private-Equity-Investoren den Wertpapierprospekt tyischerweise nicht freiwillig und tragen Sorge dafür, dass sie in diesem nicht als Prospektverantwortliche genannt werden.

Zum anderen trifft die Prospekthaftung diejenigen, von denen der Erlass des Wertpapierprospekts ausgeht (sog. Prospektveranlasser; § 44 Abs. 1 Satz 1 Nr. 2 BörsG). Hierunter fallen diejenigen, die zwar nicht nach außen erkennbar die Urheber des Wertpapierprospekts aber in Wahrheit dessen tatsächliche Urheber sind.[1614] Damit sollen mögliche Haftungslücken geschlossen werden, die entstehen könnten, wenn jemand zwar vordergründig nicht durch seine Unterschrift oder die Übernahme der Verantwortung als Prospektverantwortlicher in Erscheinung tritt, in Wahrheit aber die Erstellung des Wertpapierprospekts und ihre Inhalte maßgeblich beeinflusst.[1615] Nach der herrschenden Meinung ist als Prospektveranlasser anzusehen, wer ein eigenes wirtschaftliches Interesse an der Emission hat und maßgeblich auf die Erstellung des Wertpapierprospekts einwirkt.[1616] Da die Vereinnahmung des Nettoerlöses aus der Veräußerung der Altlasten das eigene wirtschaftliche Interesse indizieren dürfte, kann ein im Zuge des Börsengangs Aktien veräußernder Großaktionär diese Voraussetzungen erfüllen, wenn er maßgeblichen Einfluss auf die Prospekterstellung nimmt.[1617] Deshalb involviere sich Private-Equity-Investoren i.d.R. möglichst wenig in die Prospekterstellung, um dadurch ihr potentielles Haftungsrisiko zu minimieren. Auch nehmen Private-Equity-Investoren in der Praxis nicht an Prospektsitzungen teil, in denen der Inhalt des Wertpapierprospekts zwischen dem Emittenten und den Konsortialbanken und deren jeweiligen Rechtsberatern abgestimmt wird. Auch unterbreiten Private Equity-Investoren i.d.R. keine umfangreichen und detaillierten Anmerkungen zu den Prospektentwürfen. Keinen durchgreifenden Bedenken unterliegt demgegenüber die Prüfung, ob die im Wertpapierprospekt zu ihnen selbst gemachten Angaben zutreffend sind. Angaben, die bezüglich der Private-Equity-Investoren in den Wertpapierprospekt aufgenommen werden, sind z. B. die Höhe der Beteiligung an dem Emittenten, der Sitz der Private-Equity-Investoren und deren Beteiligungsstruktur und die Zahl der Aktien, die sie im Rahmen des Börsengangs veräußern wollen.

### 4.2. Gremienbeschlüsse

Zur Umsetzung eines Börsengangs sind von den Organen des Emittenten verschiedene Beschlüsse zu fassen.

#### 4.2.1. Hauptversammlung

Werden im Zuge des Börsenganges neue Aktien platziert, muss die Hauptversammlung einen Beschluss über eine ordentliche Kapitalerhöhung unter Ausschluss des oder Verzicht auf das Bezugsrecht(s) (§§ 182 ff. AktG) oder über die Schaffung eines genehmigten Kapitals gemäß §§ 202 ff. AktG unter Ausschluss des oder Verzicht auf das Bezugsrecht(s) fassen. Für diese Beschlüsse in der Hauptversammlung ist die Mitwirkung des Private-Equity-Investors

---

[1613] Mülbert/Steup in: Habersack/Mülbert/Schlitt, Unternehmensfinanzierung am Kapitalmarkt, § 33 Rn. 59.

[1614] Mülbert/Steup in: Habersack/Mülbert/Schlitt, Unternehmensfinanzierung am Kapitalmarkt, § 33 Rn. 67.

[1615] Mülbert/Steup in: Habersack/Mülbert/Schlitt, Unternehmensfinanzierung am Kapitalmarkt, § 33 Rn. 67.

[1616] Mülbert/Steup in: Habersack/Mülbert/Schlitt, Unternehmensfinanzierung am Kapitalmarkt, § 33 Rn. 68; Habersack in: Habersack/Mülbert/Schlitt, Handbuch der Kapitalmarktinformation, § 28 Rn. 29; Assmann in: Assmann/Schütze, § 6 Rn. 223.

[1617] Mülbert/Steup in: Habersack/Mülbert/Schlitt, Unternehmensfinanzierung am Kapitalmarkt, § 33 Rn. 69; Habersack in: Habersack/Mülbert/Schlitt, Handbuch der Kapitalmarktinformation, § 28 Rn. 29.

erforderlich. In den meisten Fällen dürfte dieser Beschluss auch implizit die Zustimmung zum Börsengang enthalten.[1618] Eine andere Frage ist, ob ein ausdrücklicher Zustimmungsbeschluss erforderlich ist, wenn eine reine Umplatzierung erfolgen soll. Ein solcher Beschluss ist nach überwiegender Ansicht[1619] nicht erforderlich. Dies wird damit begründet, dass die sich durch den Börsengang für den Emittenten ergebenden Veränderungen, die hauptsächlich in der börsen- und wertpapierhandelsrechtlichen Publizität zu sehen sind, nicht als Strukturänderungen angesehen werden können, die nach den sog. Holzmüller- und Gelatine-Grundsätzen einen Zustimmungsvorbehalt der Hauptversammlung auslösen könnten. Außerdem werden die sich durch diese Publizität ergebenden Nachteile zumindest dadurch abgemildert, dass sich durch die Börsenzulassung der Aktien deren Verkehrsfähigkeit und damit deren Attraktivität für Investoren verbessert.

### 4.2.2. Vorstand

Neben dem Hauptversammlungsbeschluss sind im Rahmen eines Börsenganges auch Vorstandsbeschlüsse zu fassen. Der Vorstand beschließt zunächst darüber, welche Banken er zur Zeichnung der noch zu schaffenden Aktien zulässt, die die gezeichneten Aktien dann im weiteren Verlauf des Börsenganges bei interessierten Investoren platzieren. Außerdem muss der Vorstand Beschlüsse über die Preisspanne für das sog. Bookbuilding-Verfahren,[1620] über den Abschluss des Übernahmevertrags und den Umfang der Kapitalerhöhung fassen. Letzterer Beschluss ist erforderlich, weil sowohl eine Hauptversammlungsermächtigung als auch ein Direktbeschluss der Hauptversammlung den Erhöhungsbetrag in aller Regel nicht genau festlegen, sondern lediglich bestimmen, dass die Kapitalerhöhung bis zu einem bestimmten Maximalbetrag durchgeführt werden kann. Schließlich ist nach Abschluss des Bookbuilding-Verfahrens noch ein Beschluss des Vorstands erforderlich, durch den der endgültige Emissionspreis, also der Preis, zu dem die Investoren die Aktien erwerben können, und das endgültige Emissionsvolumen festgelegt werden.

### 4.2.3. Aufsichtsrat

Da die Festlegung der Einzelheiten der Kapitalerhöhung aus genehmigten Kapital (§§ 202 Abs. 3 Satz 2, 204 Abs. 1 Satz 2 AWfG) und im Falle eines Direktbeschlusses der Hauptversammlung regelmäßig an die Zustimmung des Aufsichtsrats gebunden ist, muss der Aufsichtsrat einen Zustimmungsbeschluss zu den Beschlüssen des Vorstands über die Festlegung der Preisspanne, über den Abschluss des Übernahmevertrags, über die Zulassung zur Zeichnung, über das Kapitalerhöhungsvolumen und ggf. über die Festlegung des Emissionspreises fassen.

### 4.3. Mandatsvereinbarung

Nach der Auswahl der Konsortialführer wird zwischen diesen, dem Emittenten und dem Private-Equity-Investor häufig eine Mandatsvereinbarung (sog. *letter of engagement*)[1621] abgeschlossen[1622]. In dieser Mandatsvereinbarung wird im Einzelnen festgelegt, welche Leistun-

---

[1618] So zutreffend Singhof/Weber in: Habersack/Mülbert/Schlitt, Unternehmensfinanzierung am Kapitalmarkt, § 3 Rn. 55.
[1619] Schanz, § 6 Rn. 54; Heidelbach in: Schwark, § 30 BörsG Rn. 52; Reichert, Ab 2005, 150 (157): Groß in: Marsch-Barner/Schäfer, § 9 Rn. 57 ff. Singhof/Weber in: Habersack/Mülbert/Schlitt, Unternehmensfinanzierung am Kapitalmarkt, § 3 Rn. 56 m. w. N. auch zur Gegenansicht a. A. beispielsweise Baums/Vogel in: Lutter/Scheffler/U. H. Schneider, Handbuch der Konzernfinanzierung, § 9 Rn. 9.56; siehe aber auch Beschlussempfehlung des DJT 2008, S. 21.
[1620] Siehe zum Bookbuilding-Verfahren im Einzelnen 4.5.1. und Ries in: Grunewald/Schlitt, § 2. III.3.a) (S. 36); Schäcker/Brehm in: Habersack/Mülbert/Schlitt, Unternehmensfinanzierung am Kapitalmarkt, § 2 Rn. 39; Schlitt/Ries in: FS Schwark, 2009, S. 241 (S. 242 ff.).
[1621] Siehe zum *letter of engagement* im Einzelnen C. Schäfer, ZGR 2008, 455 (460 ff.).
[1622] C. Schäfer, ZGR 2008, 455 (461).

gen die Konsortialbanken im Rahmen der Vorbereitung des Börsengangs zu erbringen haben.[1623] So wird beispielsweise festgelegt, dass die Konsortialbanken den Emittenten bei der Erarbeitung der Equity Story und bei der Erstellung des Wertpapierprospekts zu unterstützen sowie eine Unternehmensbewertung des Emittenten vorzunehmen haben.[1624] Ferner werden Regelungen hinsichtlich der Vertraulichkeit getroffen; zudem verpflichtet sich der Emittent, sämtliche Informationen und Dokumente herauszugeben, die die Konsortialbanken zur Durchführung ihrer Due Diligence benötigen.[1625] Der Detaillierungsgrad solcher Vereinbarungen variiert in der Praxis sehr stark. Werden die Gesellschaft und der Private-Equity-Investor durch einen Finanzberater (*financial adviser*) unterstützt, drängt dieser häufig darauf, dass genaue Regelungen hinsichtlich des sog. Pilot Fishings[1626], der Roadshow[1627], des Bookbuildings[1628] und der Zuteilung der Aktien getroffen werden. Zuweilen wird auch der in einem späteren Stadium der Transaktion zu schließende Übernahmevertrag hinsichtlich seiner wichtigsten Regelungen „präjudiziert". So kann beispielsweise bereits in der Mandatsvereinbarung geregelt werden, welche Provisionen die Konsortialbanken für ihre Leistungen erhalten und welche Kosten ihnen – auch im Falle einer Beendigung der Transaktion – erstattet werden.[1629] Außerdem kann die Haftungsverteilung zwischen den Beteiligten konturiert werden.[1630]

#### 4.4. Übernahmevertrag

Der Übernahmevertrag, der zwischen dem Emittenten, den Konsortialbanken und den abgebenden Aktionären abgeschlossen wird, stellt neben dem Wertpapierprospekt das „Herzstück" der Dokumentation dar.[1631] Eine eindeutige Zuordnung des Übernahmevertrags zu einem bestimmten Vertragstyp ist nicht möglich, da ein Übernahmevertrag verschiedene Leistungspflichten enthält.[1632] So weist er beispielsweise kaufvertragliche Elemente – Verkauf der alten Aktien an die Konsortialbanken – und geschäftsbesorgungsvertragliche Elemente – Mitwirkung der Konsortialbanken bei der Erstellung des Wertpapierprospekts, Platzierung der Aktien etc. auf.[1633] Der Übernahmevertrag wurde in der Vergangenheit regelmäßig erst kurz vor der Zeichnung der neuen Aktien durch die Konsortialbanken abgeschlossen, um den Zeitraum, in dem die Konsortialbanken dem Übernahmerisiko ausgesetzt sind, möglichst kurz zu halten.[1634] In der jüngeren Vergangenheit geht die Praxis dahin, den Übernahmevertrag bereits vor Veröffentlichung des Wertpapierprospekts und damit kurz vor Beginn des Angebots abzuschließen, da die Konsortialbanken dann bereits im Zeitpunkt der Veröffentlichung des Wertpapierprospekts über die Gewährleistungen des Emittenten und der veräußernden Aktionäre verfügen.[1635] Im Übernahmevertrag verpflichten sich die Konsortialbanken die neuen Aktien, die im Wege der Kapitalerhöhung geschaffen werden, zu zeichnen und diese gemeinsam mit den alten Aktien aus dem Bestand der Private-Equity-Investoren im Rahmen des Börsengangs bei interessierten Investoren zu platzie-

---

[1623] C. Schäfer, ZGR 2008, 455 (460 f.).
[1624] C. Schäfer, ZGR 2008, 455 (461).
[1625] C. Schäfer, ZGR 2008, 455 (461).
[1626] Siehe dazu Abschnitt 5.1.
[1627] Siehe dazu Abschnitt 5.1.
[1628] Siehe dazu Abschnitt 4.5.1.
[1629] C. Schäfer, ZGR 2008, 455 (461 f.).
[1630] C. Schäfer, ZGR 2008, 455 (461 f.), siehe dazu im Einzelnen Rn. 4.4.
[1631] Zum Übernahmevertrag im Einzelnen siehe S. Schäfer in: Grunewald/Schlitt, § 8 und C. Schäfer, ZGR 2008, 455 (470 ff.).
[1632] C. Schäfer, ZGR 2008, 455 (472).
[1633] C. Schäfer, ZGR 2008; 455 (472 f.); Haag in: Habersack/Mülbert/Schlitt, Unternehmensfinanzierung am Kapitalmarkt, § 23 Rn. 11.
[1634] C. Schäfer, ZGR 2008, 455 (474 f.).
[1635] S. Schäfer in: Grunewald/Schlitt, § 8 IV.1.a) (S. 154 f.)..

ren.[1636] Diese Verpflichtung ist zu meist nur als sog. „Best Efforts Underwriting" ausgestaltet, d. h. die Banken übernehmen keine Platzierungsgarantie.[1637] Gleiches gilt für den Verkauf von Aktien durch die Altaktionäre. Umgekehrt verpflichtet sich die Gesellschaft, die neuen Aktien zu schaffen, und die veräußernden Aktionäre verpflichten sich, den Banken eine der Nachfrage entsprechende Anzahl von alten Aktien zu veräußern.[1638] Im Übernahmevertrag wird jedoch i.d.R. nur eine Höchstzahl der zu platzierenden neuen und alten Aktien festgelegt. Die endgültige Anzahl der Aktien, auf die sich die Kauf- bzw. Verkaufsverpflichtung bezieht, und der Platzierungspreis werden vom Ergebnis des Bookbuildings abhängig gemacht. Da der Kaufvertrag u. a. unter der Bedingung geschlossen wurde, dass sich die Vertragsparteien über den Kaufpreis einigen, sind die Kaufverpflichtungen der Konsortialbanken und die Verkaufsverpflichtung der veräußernden Aktionäre unwirksam, sollte eine diesbezügliche Einigung nicht erzielt werden[1639].

Weiterhin wird in dem Übernahmevertrag die Höhe der Provisionen der Konsortialbanken festgelegt[1640] und eine Regelung über die Erstattung ihrer Auslagen getroffen. Bei diesen Regelungen ist darauf zu achten, dass die Provisionen und die Auslagen nicht nur von dem Emittenten, sondern anteilsmäßig (etwa entsprechend dem Verhältnis des neue Aktien zu den alten Aktien am Emissionsvolumen) auch von den Altaktionären getragen werden, da eine vollständige Übernahme dieser Kosten durch den Emittenten eine verbotene Einlagenrückgewähr gegenüber den Altaktionären nach § 57 AktG darstellen könnte.

Ein wesentlicher Bestandteil eines jeden Übernahmevertrags sind die Gewährleistungen.[1641] Durch die Gewährleistungen sichern sich die Vertragsparteien das Vorhandensein oder Nichtvorhandensein bestimmter Umstände oder Rechtspositionen gegenseitig zu.[1642] Die Gewährleistungen werden in aller Regel in Form von selbständigen, verschuldensunabhängigen Garantien abgegeben, durch die die Haftung für die Richtigkeit einer Aussage übernommen werden kann, selbst wenn sich diese Aussage nicht auf die rechtliche oder tatsächliche Eigenschaft einer Sache bezieht, sondern beispielsweise auf ein vorangegangenes Verhalten.[1643] Auf diese Weise sollen sie auch dann noch Rechtswirkungen entfalten, wenn andere Garantien unwirksam sein sollten.[1644] Zudem wird dem jeweiligen Garantiegeber die Möglichkeit abgeschnitten, sich gegen die Inanspruchnahme aus den Garantien mit dem Argument zu verteidigen, dass die Einhaltung der garantierten Umstände außerhalb seines Einflussbereichs liege und er daher nicht haften müsse.[1645] Abgegeben werden die Garantien insbesondere von dem Emittenten. Auch die Altaktionäre, insbesondere, wenn sie im Zuge des IPO Aktien veräußern, geben – jedoch in wesentlich geringerem Umfang – Garantieerklärungen ab.[1646]

---

[1636] C. Schäfer, ZGR 2008, 455 (470 f.).
[1637] Haag in: Habersack/Mülbert/Schlitt, Unternehmensfinanzierung am Kapitalmarkt, § 23 Rn. 15; Ries in: Grunewald/Schlitt, § 2.III.2. (S. 34); C. Schäfer, ZGR 2008, 455 (471)..
[1638] Haag in: Habersack/Mülbert/Schlitt, Unternehmensfinanzierung am Kapitalmarkt, § 23 Rn. 13.
[1639] Haag in: Habersack/Mülbert/Schlitt, Unternehmensfinanzierung am Kapitalmarkt, § 23 Rn. 13; C. Schäfer, ZGR 2008, 455 (471).
[1640] Haag in: Habersack/Mülbert/Schlitt, Unternehmensfinanzierung am Kapitalmarkt, § 23 Rn. 30; C. Schäfer, ZGR 2008, 455 (471).
[1641] C. Schäfer, ZGR 2008, 455 (483); S. Schäfer in: Grunewald/Schlitt, § 8 IV.1.e) (S. 157 f.).
[1642] Haag in: Habersack/Mülbert/Schlitt, Unternehmensfinanzierung am Kapitalmarkt, § 23 Rn. 32.
[1643] Haag in: Habersack/Mülbert/Schlitt, § 23 Unternehmensfinanzierung am Kapitalmarkt, Rn. 32.
[1644] Haag in: Habersack/Mülbert/Schlitt, Unternehmensfinanzierung am Kapitalmarkt, § 23 Rn. 32.
[1645] Haag in: Habersack/Mülbert/Schlitt, Unternehmensfinanzierung am Kapitalmarkt, § 23 Rn. 32.
[1646] C. Schäfer, ZGR 2008, 455 (483).

Der Emittent garantiert i.d.R. etwa, dass (i) der Wertpapierprospekt im Einklang mit sämtlichen gesetzlichen Vorschriften steht und keine unrichtigen Angaben enthält, die für die Beurteilung der Aktien wesentlich sind, und in Bezug auf diese Angaben nicht unvollständig ist, (ii) die in den Wertpapierprospekt aufgenommenen Jahres- und Konzernabschlüsse in Übereinstimmung mit den jeweils einschlägigen gesetzlichen Vorschriften aufgestellt wurden und ein den tatsächlichen Verhältnissen entsprechendes Bild der Vermögens-, Finanz- und Ertragslage vermitteln, (iii) der Emittent wirksam errichtet wurde, (iv) seine im Wertpapierprospekt dargestellten Kapitalverhältnisse zutreffend wiedergegeben sind, (v) seine Aktien frei übertragen werden können, (vi) er über sämtliche Genehmigungen verfügt, die für das Bestehen und die Aufrechterhaltung seines Geschäftsbetriebs erforderlich sind, (vii) er sämtliche einschlägigen rechtlichen Bestimmungen einhält, (viii) keine ihn in seiner Geschäftstätigkeit beeinträchtigenden Verwaltungsakte oder Gerichtsurteile ergangen sind und (ix) ihm auch keine laufenden oder drohenden Verwaltungs- oder Gerichtsverfahren bekannt sind, die einen wesentlichen Einfluss auf seine Geschäftstätigkeit entfalten könnten, und die nicht im Wertpapierprospekt offen gelegt wurden. Auf die Abgabe solcher Garantien legen die Konsortialbanken nicht nur deshalb wert, weil sie ihnen eine Rückgriffsmöglichkeit im Falle der Geltendmachung von Prospekthaftungsansprüchen ermöglichen, sondern die Erklärung Teil der Due Diligence Defense (o. Abschnitt 3.6) ist und daher ihre Position in einem etwaigen Prospekthaftungsprozess stärkt. Durch das Insistieren auf der Abgabe der Garantien hielt den Banken bei Erbringung des Nachweises, dass sie den Angaben des Emittenten nicht in grob fahrlässiger Weise vertraut haben, sondern – neben der Durchführung einer intensiven Due Diligence – alle wesentliche Punkte zum Gegenstand der Vertragsverhandlungen gemacht haben.[1647]

Die Altaktionäre geben dagegen nur in wesentlich geringerem Umfang Garantien ab.[1648] Ihre wichtigsten Erklärungen beziehen sich auf die im Rahmen des Angebots zu veräußernden Altaktien.[1649] Insoweit garantieren die Altaktionäre üblicherweise, dass die Altaktien wirksam ausgegeben und voll eingezahlt sind, sie die alleinigen Inhaber dieser Aktien sind, sie unbeschränkt über diese verfügen können und die Aktien unbelastet sind, sie – wenn es sich bei ihnen wie i.d.R. auch um Gesellschaften handelt – ordnungsgemäß errichtet wurden und sie wirksam bestehen, sie alle erforderlichen Handlungen (einschließlich der nach dem jeweils einschlägigen Gesellschaftsrecht erforderlichen Handlungen) vorgenommen haben, die für die Umsetzung des Angebots – in der Art und Weise, wie es im Wertpapierprospekt und im Übernahmevertrag beschrieben ist – erforderlich sind, dass sämtliche Verpflichtungen, die von ihnen im Übernahmevertrag abgegeben wurden, ihnen gegenüber rechtsverbindlich sind und dass die Durchführung des Übernahmevertrags nicht gegen Rechtsvorschriften oder gegen Bestimmungen der Gesellschaftsverträge der Altaktionäre verstößt.

Die Garantien der Konsortialbanken sind demgegenüber typischerweise sehr eingeschränkt. Die Konsortialbanken garantieren im Wesentlichen nur, dass sie die Aktien in allen Ländern, in denen diese angeboten werden, ausschließlich in Übereinstimmung mit den jeweils einschlägigen gesetzlichen Vorschriften anbieten werden und dass die von ihnen zur Prospekterstellung beigesteuerten Informationen, meist nur die genaue Firmierung der Konsortialbanken, zutreffend sind.[1650]

Größere Diskussionen löst häufig die Frage aus, ob die Altaktionäre auch Garantien in Bezug auf den Wertpapierprospekt abgeben sollen. Insoweit wird i.d.R. nicht erwartet, dass die Altaktionäre umfassende Aussagen zum Inhalt des Wertpapierprospekts treffen müssen,

---

[1647] Haag in: Habersack/Mülbert/Schlitt, Unternehmensfinanzierung am Kapitalmarkt, § 23 Rn. 36.
[1648] C. Schäfer, ZGR 2008, 455 (483).
[1649] C. Schäfer, ZGR 2008, 455 (483).
[1650] Haag in: Habersack/Mülbert/Schlitt, Unternehmensfinanzierung am Kapitalmarkt, § 23 Rn. 46.

da die Altaktionäre oftmals keinen unmittelbaren Zugriff auf alle Geschäftsinformationen haben und in die Prospekterstellung nicht eingebunden sind. Der genaue Umfang der Garantien der Altaktionäre ist indessen häufig Gegenstand eingehender Verhandlungen. Häufig besteht der Verhandlungskompromiss darin, dass die Altaktionäre lediglich versichern, dass sämtliche tatsächlichen Aussagen in dem Wertpapierprospekt, die sich auf die Altaktionäre beziehen, richtig und vollständig sind.

Übernahmeverträge enthalten üblicherweise eine Klausel, durch die der Emittent die Konsortialbanken im Innenverhältnis von jeglichen Verlusten, Ansprüchen, Schäden oder Haftungsverbindlichkeiten, die sich aus einem unrichtigen Wertpapierprospekt oder aus der Verletzung vom Emittenten übernommener Garantien ergeben, freistellt,[1651] wobei von der Haftungsfreistellung für den unrichtigen Wertpapierprospekt lediglich die (wenigen) Informationen ausgenommen sind, die von den Konsortialbanken stammen (*blood letter*). Eine solche Haftungsfreistellungsklausel ist, jedenfalls wenn im Rahmen des Börsengangs nicht nur Altaktien, sondern auch neue Aktien veräußert werden, nach der heute ganz herrschenden und zutreffenden Meinung[1652] insbesondere auch unter dem Blickwinkel des § 57 AktG gegenüber den Konsortialbanken wirksam. Der Anwendungsbereich des § 57 AktG ist zwar eröffnet, weil die Konsortialbanken die neuen Aktien, die im Zuge der Kapitalerhöhung ausgegeben werden, zeichnen und mithin kurzfristig Aktionär des Emittenten werden.[1653] Die Vorteile eines Börsengangs (Zulassung der Aktien, Emissionserlös) kommen aber in erster Linie dem Emittenten zugute, so dass es interessengerecht ist, ihm, der im Außenverhältnis sowieso unbeschränkt haftet, im Verhältnis zu den Konsortialbanken, die ihm gegenüber auch nach einer Due Diligence stets ein Wissensdefizit aufweisen und die lediglich aus Vereinfachungsgründen die neuen Aktien als Intermediär zeichnen, die Alleinverantwortung im Innenverhältnis aufzuerlegen.[1654] Aufgrund dieser Interessengerechtigkeit hält diese Haftungsfreistellungsklausel dem Maßstab eines ausgeglichenen Drittgeschäfts stand und ist mithin nicht als verbotene Einlagenrückgewähr anzusehen.[1655] Die Haftungsfreistellungsklausel stellt auch bei einer reinen Umplatzierung von Aktien im Verhältnis zu den Konsortialbanken keinen Verstoß gegen § 57 AktG dar, da die Konsortialbanken bei einer reinen Umplatzierung allenfalls vorübergehend und zum Zwecke der Platzierung Aktionär des Emittenten werden.[1656] Im Verhältnis zu den Altaktionären ist bei einer reinen Umplatzierung ein Verstoß gegen § 57 AktG jedenfalls dann nicht gegeben, wenn die Altaktionäre eine das übernommene Haftungsrisiko ausgleichende Gegenleistung an den Emittenten erbringen[1657] oder – nach zutreffender Auffassung[1658] – der Emittent an der Durchführung der Umplatzierung ein eigenes Interesse hat. Ein solches eigenes Interesse kann beispielsweise in der auf der Umplatzierung beruhenden Verbreitung der Aktionärsbasis, der Stärkung des Streubesitzes, der Erhöhung an Liquidität der Aktie und der Erlangung eines größeren allgemeinen Bekanntheitsgrades beispielsweise durch Research-Coverage liegen.[1659]

---

[1651] C. Schäfer, ZGR 2008, 455, (483 ff.); S. Schäfer in: Grunewald/Schlitt, § 8 IV.1.f) (S. 158 f.; C. Schäfer, ZGR 2008, 455) (483 ff. und 486 f.)..
[1652] Groß, §§ 44, 45 BörsG Rn. 17 ff.; Haag in: Habersack/Mülbert/Schlitt, § 23 Rn. 61; Fleischer, ZIP 2007, 1969 (1972 f.).
[1653] Fleischer, ZIP 2007, 1969 (1971).
[1654] Groß, §§ 44, 45 BörsG Rn. 18.
[1655] Technau, AG 1998, 445 (456 f.).
[1656] Meyer in: Marsch-Barner/Schäfer, § 8 Rn. 155.
[1657] LG Bonn, Urt. v. 1. Juni 2007, 1 O 552/05, AG 2007, 715 (717); Bayer in: MünchKomm AktG, § 57 Rn. 9.
[1658] OLG Köln, Urt. v. 28. Mai 2009, 18 U 108/07, AG 2009 584 (586 ff.) (nrks.); Meyer in: Marsch-Barner/Schäfer, § 8 Rn. 156; Hoffmann-Beching, FS Lieberknecht, 1997, S. 25 (S. 37); Cahn/Senger in: Spindler/Stilz, § 57 Rn. 38.
[1659] OLG Köln, Urt. v. 28. Mai 2009, 18 U 108/07, AG 2009, 584 (585 und 588) (nrhr.); Groß §§ 44, 45 BörsG Rn. 22a.

# 5. Teil. Exit-Strukturierung  § 16 Exit-Option Börsengang

Häufig findet sich in einem Übernahmevertrag eine solche Haftungsfreistellungsklausel auch im Verhältnis zwischen den Konsortialbanken und den Altaktionären. Indessen bezieht sich diese nur auf die Verletzung der von den Altaktionären abgegebenen Garantien und ist somit stark eingeschränkt. Die Haftungsfreistellung erstreckt sich nämlich nur auf solche Unrichtigkeiten des Wertpapierprospekts, die sich auf die Altaktionäre beziehen, und ist zudem bisweilen auf die Höhe des von den Altaktionären aus der Veräußerung ihrer Aktien im Rahmen des Börsengangs erzielten Erlöses begrenzt.

Übernahmeverträge enthalten zudem üblicherweise eine sog. Marktschutzklausel (*lock-up*),[1660] im Rahmen derer sich der Emittent und die Altaktionäre verpflichten, während eines bestimmten Zeitraums nach dem Börsengang kursbeeinträchtigende Maßnahmen zu unterlassen. Üblich ist insoweit ein Zeitraum zwischen sechs und 24 Monaten.[1661] Aufgrund dieser Klausel ist es dem Emittenten beispielsweise untersagt, innerhalb des vereinbarten Zeitraums ohne die Zustimmung der Konsortialbanken eine Kapitalerhöhung aus genehmigtem Kapital durchzuführen oder der Hauptversammlung eine ordentliche Kapitalerhöhung vorzuschlagen.[1662] Den Altaktionären ist es u. a. untersagt, ohne die Zustimmung der Konsortialbanken weitere Aktien zu veräußern oder eine Kapitalerhöhung vorzuschlagen oder für eine solche in einer Hauptversammlung des Emittenten zu stimmen.

Die Übernahmeverpflichtung der Banken ist typischerweise an zahlreiche aufschiebende Bedingungen geknüpft.[1663] Typische aufschiebende Bedingungen sind die Abgabe von (i) Bestätigungen des Rechtsberaters des Emittenten und des Rechtsberaters der Konsortialbanken (*legal opinions*) über bestimmte rechtliche Verhältnisse des Emittenten (z. B. wirksame Errichtung, wirksames Bestehen, Bestätigung über die Höhe des Grundkapitals), (ii) Bestätigungen dieser Rechtsberater zur Vollständigkeit und Richtigkeit des Wertpapierprospekts (*disclosure letter*), (iii) Bestätigungen der Rechtsberater (ausländischer) Altaktionäre darüber, dass die von den Altaktionären im Übernahmevertrag abgegebenen Verpflichtungen rechtswirksam sind (*capacity opinion*), (iv) Bestätigungen des Emittenten und der Altaktionäre darüber, dass die von ihnen abgegebenen Garantien auch im jeweils maßgeblichen Zeitpunkt noch zutreffend sind und sie alle ihre jeweiligen Verpflichtungen aus dem Übernahmevertrag ordnungsgemäß erfüllt haben (*officers'/shareholders' certificate*), sowie (v) Bestätigungen des Abschlussprüfers des Emittenten über die Richtigkeit der im Wertpapierprospekt enthaltenen Finanzzahlen (*comfort letter*). Weitere aufschiebende Bedingungen sind der Nichteintritt von wesentlich nachteiligen Änderungen der Verhältnisse des Emittenten (*material adverse change*) und der Kapitalmärkte (*force majeure*), die ordnungsgemäße Erfüllung der jeweiligen Verpflichtungen des Emittenten und der Altaktionäre aus dem Übernahmevertrag und das Zutreffen sämtlicher im Übernahmevertrag übernommener Garantien des Emittenten und der Altaktionäre.

Diese aufschiebenden Bedingungen müssen zu verschiedenen Zeitpunkten während der Durchführung eines Börsengangs eingetreten sein. Als maßgebliche Termine haben sich in der Praxis ein Zeitpunkt unmittelbar vor der Billigung des Wertpapierprospekts, ein Zeitpunkt unmittelbar vor der Zeichnung der neuen Aktien durch die Konsortialbanken und ein Zeitpunkt unmittelbar vor der Erfüllung der gegenseitigen Pflichten aus dem Übernahmevertrag, d. h. Lieferung der alten Aktien und Auskehrung des Emissionserlöses abzüglich Provisionen und Kosten an den Emittenten und die Altaktionäre (*closing*), etabliert. Sollte das Angebot in Form eines Decoupled Bookbuildings (u. 4.5.2.) durchgeführt werden, wird meistens noch zusätzlich ein Zeitpunkt unmittelbar vor Veröffentlichung der Preisspanne festgelegt. Zumeist findet sich im Vertrag eine deklaratorische Bestimmung, dass die Konsortialbanken auf die zu ihrem Schutz aufgenommenen aufschiebenden Bedingungen verzichten können (*waiver*).

---

[1660] S. Schäfer in: Grunewald/Schlitt, § 8 IV.1.d) (S. 156 f.); C. Schäfer, ZGR 2008, 455 (472).
[1661] C. Schäfer, ZGR 2008, 455 (462).
[1662] Im Einzelnen, insbesondere zur Wirksamkeit, C. Schäfer, ZGR 2008, 455 (464 f.).
[1663] C. Schäfer, ZGR 2008, 455 (485).

### 4.5. Angebot

Einen Tag nach der Veröffentlichung des Wertpapierprospekts kann mit der Durchführung des öffentlichen Angebots begonnen werden. Das öffentliche Angebot erfolgt in der Praxis durch eine Anzeige in der Tages- und Wirtschaftspresse, durch die potenzielle Investoren aufgefordert werden, auf Grundlage des Wertpapierprospekts bis zu einem bestimmten Zeitpunkt Angebote zum Erwerb von Aktien des Emittenten bei den Konsortialbanken abzugeben.[1664] Daneben werden institutionelle Investoren durch gezielte Verkaufsbemühungen der Konsortialbanken direkt angesprochen. In aller Regel stehen zu diesem Zeitpunkt der Emissionspreis und die Gesamtzahl der öffentlich angebotenen Aktien noch nicht endgültig fest. Dies ist rechtlich zulässig, da der Wertpapierprospekt diese Angaben nicht zwingend enthalten muss, wenn sie im Veröffentlichungszeitpunkt noch nicht genannt werden können (§ 8 Abs. 1 Satz 1 WpPG). Jedoch muss der Wertpapierprospekt in diesem Fall die Kriterien oder Bedingungen offen legen, anhand derer die Werte ermittelt werden. Abweichend davon kann bezüglich des Emissionspreises im Wertpapierprospekt auch ein Höchstpreis angegeben werden (§ 8 Abs. 1 Satz 2 WpPG). Deshalb werden in einem Wertpapierprospekt üblicherweise die Preisspanne (und damit auch der Höchstpreis) und die maximale Anzahl der öffentlich angebotenen Aktien benannt und darauf hingewiesen, dass der Preis je Aktie und die exakte Anzahl der öffentlich angebotenen Aktien im Rahmen des sog. Bookbuildings ermittelt werden. Die anzugebende Preisspanne wird von den den Börsengang begleitenden Konsortialbanken aufgrund einer vorher durchgeführten Bewertung des Emittenten und aufgrund der Auswertung der Preisindikationen von einzelnen, ausgewählten Investoren, die die Banken gezielt im Vorfeld der Durchführung des Angebots auf die Aktien der Gesellschaft angesprochen haben *(pre-marketing)*, ermittelt und von Vorstand und Aufsichtsrat beschlossen.[1665] Zivilrechtlich ist das Verkaufsangebot kein bindendes Angebot, sondern lediglich eine Invitatio ad Offerendum.[1666]

#### 4.5.1. Bookbuilding

Aufgrund der in der Tages- und Wirtschaftspresse verbreiteten Aufforderung und der gezielten Ansprache durch die Konsortialbanken geben interessierte Investoren Angebote zum Erwerb von Aktien des Emittenten bei den Konsortialbanken ab, wobei sie bestimmen, zu welchem Preis innerhalb der Preisspanne sie bereit sind, eine bestimmte Anzahl von Aktien des Emittenten zu erwerben *(limits)*. Diese Angebote werden von den den Börsengang begleitenden Banken an die Konsortialbank weitergeleitet, die das sog. elektronische Orderbuch führt *(bookrunner)*, und in diesem vermerkt.[1667] Nach Ablauf der Angebotsfrist wird das Orderbuch von der Konsortialführerin ausgewertet und der Emissionspreis und die Anzahl der öffentlich angebotenen Aktien von der Gesellschaft in Abstimmung mit den Konsortialbanken und den veräußernden Aktionären festgelegt. Bei der Festlegung des Emissionspreises müssen die teilweise unterschiedlichen Interessen der Beteiligten in Einklang gebracht werden. Die Altaktionäre streben, jedenfalls wenn sie ihre Beteiligung an dem Emittenten vollständig abbauen möchten, einen möglichst hohen Verkaufspreis für die Aktien an. Im Gegensatz dazu haben die Konsortialbanken und der Emittent zumeist ein Inter-

---

[1664] Singhof/Weber in: Habersack/Mülbert/Schlitt, Unternehmensfinanzierung am Kapitalmarkt, § 3 Rn. 75; Meyer in: Marsch-Barner/Schäfer, § 8 Rn. 30 ff.; Ries in: Grunewald/Schlitt, § 2.III.3. (S. 35).
[1665] Meyer in: Marsch-Barner/Schäfer, § 8 Rn. 30 mit Fn. 7; ähnlich Singhof/Weber in: Habersack/Mülbert/Schlitt, Unternehmensfinanzierung am Kapitalmarkt, § 3 Rn. 75 mit Rn. 41; Ries in: Grunewald/Schlitt, § 2.III.3. (S. 36).
[1666] Ries in: Grunewald/Schlitt, § 2 III.3. (S. 35).
[1667] Meyer in: Marsch-Barner/Schäfer, § 8 Rn. 30; Singhof/Weber in: Habersack/Mülbert/Schlitt, Unternehmensfinanzierung am Kapitalmarkt, § 3 Rn. 75; Schanz, § 10 Rn. 33; Ries in: Grunewald/Schlitt, § 2.III.3.a) (S. 36).

esse daran, das Preispotenzial nicht voll auszureizen. Indem sie auch langfristig orientierte Investoren berücksichtigen[1668], helfen sie den Börsenkurs der Aktie nach ihrer Einführung möglichst stabil über dem Ausgabekurs zu halten und damit die Erwartungen der Anleger, die in die Aktien investiert haben, nicht zu enttäuschen und letztlich auch eine Inanspruchnahme aus Prospekthaftung zu vermeiden. Daher wird bei der Festlegung des Emissionspreises nicht der maximal mögliche Emissionspreis[1669], sondern ein solcher bestimmt, der einen ausgewogenen Investorenmix ermöglicht. Emissionspreis und -volumen werden nach ihrer Festlegung unverzüglich im Wege einer Ad-hoc-Mitteilung veröffentlicht und anschließend gemäß § 8 Abs. 1 Satz 6 WpPG im Wege einer (nicht billigungspflichtigen) Preisbekanntmachung bekannt gegeben.

### 4.5.2. Decoupled Bookbuilding

In der Praxis hat sich neben dem Bookbuilding das sog. Decoupled Bookbuilding[1670] etabliert, das eine Variante des Bookbuildings darstellt. Bei diesem Verfahren wird im Wertpapierprospekt die Preisspanne, innerhalb derer Aktien erworben werden können, und (häufig auch) der Angebotszeitraum offen gelassen.[1671] Auf der Grundlage des so gebilligten Wertpapierprospekts sprechen die Konsortialbanken zunächst eine möglichst große Zahl von institutionellen Investoren an, um weitere, stabilere Preisindikationen zu erhalten. Sodann legen sie die Preisspanne und den Zeitraum fest, in dem Angebote zum Erwerb von Aktien bei ihnen abgegeben werden können.[1672] Des Weiteren wird eine Anzeige in der Tages- und Wirtschaftspresse platziert, die die Investoren zur Abgabe von Angeboten zum Kauf der Aktien des Emittanten auffordert. Die Angebotsfrist, die beim regulären Bookbuilding i.d.R. sieben bis zehn Tage umfasst, ist beim Decoupled Bookbuilding verkürzt und beträgt meist lediglich zwei bis drei Tage.[1673] Dem steht auch die Regelung des § 14 Abs. 1 Satz 4 WpPG nicht entgegen.[1674] Zwar ist nach der Gesetzesbegründung[1675] das öffentliche Angebot im Rahmen eines Börsengangs mindestens sechs Werktage lang aufrechtzuerhalten, jedoch folgen die BaFin und die Praxis dieser Ansicht zu Recht nicht. Dem Gesetzeswortlaut kann ein solches Erfordernis indessen nicht entnommen werden. Dort ist lediglich bestimmt, dass zwischen dem Zeitpunkt der Veröffentlichung des Wertpapierprospekts und dem Abschluss des Angebots eine Frist von mindestens sechs Werktagen liegen muss. Diese Vorschrift besagt aber gerade nicht, dass das öffentliche Angebot einen Werktag nach Veröffentlichung des Wertpapierprospekts beginnen muss.

Die Anwendung des Decoupled Bookbuilding, das in der Praxis häufig angewendet wird, wenn die Konsortialbanken nach den bis zu diesem Zeitpunkt gesammelten Erkenntnissen

---

[1668] Singhof/Weber in: Habersack/Mülbert/Schlitt, § 3 Rn. 75; Meyer in: Marsch-Barner/Schäfer, § 8 Rn. 32 mit Rn. 40; Ries in: Grunewald/Schlitt, § 2.III.3.a) (S. 44).

[1669] Eine Pflicht zur Festlegung des höchsten erzielbaren Emissionspreises ergibt sich nach richtiger Auffassung auch nicht aus der Verpflichtung zur bestmöglichen Auftragsdurchführung (*best execution*) gemäß § 33a WpHG, da im Wertpapierprospekt ausdrücklich auf die Berücksichtigung weiterer Kriterien bei der Festlegung des Emissionspreises hingewiesen wird. Häufig findet sich zur Klarstellung ein entsprechender Hinweis in der Mandatsvereinbarung (*letter of engagement*) zwischen dem Konsortialführer, dem Emittenten und den veräußernden Altaktionären (vgl. Schlitt/Ries in: FS Schwark, 2009, S. 241, S. 244 mit Fn. 25; Meyer in: Marsch-Barner/Schäfer, § 8 Rn. 41).

[1670] Siehe zum Bookbuilding und zum Decoupled Bookbuilding im Einzelnen Schlitt/Ries in: FS Schwan 2009, S. 241 (S. 242 ff.).

[1671] Apfelbacher/Metzner, BKR 2006, 81 (86); Schlitt/Singhof/Schäfer, BKR 2005, 251 (261); Ries in: Grunewald/Schlitt, § 2.III.3.b) (S. 36).

[1672] Apfelbacher/Metzner, BKR 2006, 81 (86); Schlitt/Singhof/Schäfer, BKR 2005, 251 (261); Ries in: Grunewald/Schlitt, § 2.III.3.b) (S. 36).

[1673] Schlitt/Singhof/Schäfer, BKR 2005, 251 (261) sprechen von einer „relativ kurzen Zeit"; Ries in: Grunewald/Schlitt, § 2.III.3.b) (S. 38).

[1674] Schlitt/Singhof/Schäfer, BKR 2005, 251 (261); Ries in: Grunewald/Schlitt, § 2.III.3.b) (S. 36 f.); wohl auch Apfelbacher/Metzner, BKR 2006, 81 (86); wohl a. A. Groß, § 14 WpPG Rn. 3.

[1675] BR-Drucks. 85/05, S. 76.

die geeignete Preisspanne noch nicht abschließend einschätzen können, hat zur Konsequenz, dass nach Festlegung der Preisspanne ein Nachtrag erstellt und veröffentlicht werden muss, der die Preisspanne, die Angebotsfrist und damit im Zusammenhang stehende Angaben enthält.[1676] Den Investoren steht in diesem Fall ein Widerrufsrecht zu (§ 16 Abs. 3 Satz 1 WpPG). Dieses Widerrufsrecht läuft beim Decoupled Bookbuilding jedoch praktisch leer, da die Konsortialbanken vor Bekanntgabe der Preisspanne das Orderbuch nicht öffnen, mithin zu diesem Zeitpunkt noch keine Angebote auf den Erwerb der Aktien abgegeben wurden, die widerrufen werden könnten. Der Emissionspreis und das Emissionsvolumen werden – wie im Falle des Bookbulding-Verfahrens – unverzüglich nach ihrer Festlegung ad hoc veröffentlicht und anschließend gemäß § 8 Abs. 1 Satz 6 WpPG im Wege einer nicht billigungspflichtigen Preisbekanntmachung bekannt gemacht.

### 4.6. Börsenzulassung

Der für die Einleitung des Zulassungsverfahrens[1677] erforderliche Zulassungsantrag ist schriftlich bei der Geschäftsführung der jeweiligen Börse (d. h. i.d.R. bei der Geschäftsführung der Frankfurter Wertpapierbörse), vom Emittenten zusammen mit den Konsortialbanken (§ 32 Abs. 2 Satz 1 BörsG, §§ 60 Abs. 1, 63 BörsO FWB) zu stellen (§ 48 BörsZulV) und muss Firma, Sitz der Antragsteller sowie Art und Betrag der zuzulassenden Aktien angeben. Dem Zulassungsantrag für eine Zulassung zum regulierten Markt ist ein Entwurf des Wertpapierprospekts oder der gebilligte Wertpapierprospekt beizufügen (vgl. § 48 Abs. 2 BörsZulV). Darüber hinaus sind der Geschäftsführung auf deren Verlangen weitere Dokumente vorzulegen,[1678] die in aller Regel unaufgefordert mit dem Zulassungsantrag eingereicht werden. Die Geschäftsführung hat grundsätzlich die Zulassung zu erteilen, wenn die Zulassungsvoraussetzungen erfüllt sind und ein nach den Vorschriften des WpPG gebilligter Wertpapierprospekt veröffentlicht wurde (§ 32 Abs. 3 BörsG). Sie nimmt keine weitere Prüfung des Wertpapierprospekts vor.[1679] Sie hat sich lediglich davon zu überzeugen, dass die BaFin die Billigung für den Wertpapierprospekt tatsächlich erteilt hat und dieser ordnungsgemäß veröffentlicht worden ist. Die Zulassung darf frühestens am ersten Handelstag nach der Einreichung des Zulassungsantrags erfolgen (§ 50 BörsZulV). In der Praxis benötigt die Geschäftsführung regelmäßig drei Werktage zur Bearbeitung des Zulassungsantrags.[1680]

---

[1676] Schlitt/Singhof/Schäfer, BKR 2005, 251 (261); Ries in: Grunewald/Schlitt, § 2.III.3.b) (S. 37).
[1677] Siehe zum Zulassungsverfahren im Einzelnen Marsch-Barner/Schäfer/Groß in: § 9 Rn. 11 ff.
[1678] Zu diesen Dokumenten zählen ein beglaubigter Handelsregisterauszug des Emittenten neuesten Datums, eine Satzung des Emittenten in der aktuellen Fassung und die Jahresabschlüsse sowie die Lageberichte des Emittenten für die drei Geschäftsjahre, die dem Antrag vorausgegangen sind, einschließlich der Bestätigungsvermerke der Abschlussprüfer.
[1679] Schlitt/Singhof/Schäfer, BKR 2005, 251(255).
[1680] Zeitliche Vorgaben finden sich ebenfalls für die von der Zulassung zu unterscheidende Einführung der Aktien, also die Aufnahme der Notierung im regulierten Markt (§ 52 BörsZulV). Diese darf erst an dem auf die Veröffentlichung des Wertpapierprospekts folgenden Werktag erfolgen, was in der Praxis keinerlei Probleme bereitet, da die Einführung der Aktien grundsätzlich am auf die Zulassung folgenden Werktag und mithin viele Tage nach der Veröffentlichung des Wertpapierprospekts vorgenommen wird.

## 5. Marketing und Stabilisierung

### 5.1. Marketing

Ein weiteres wichtiges Element des Börsengangs ist die Vermarktung der Aktien.[1681] Zu unterscheiden ist diesbezüglich zwischen dem Zeitraum vor Veröffentlichung des gebilligten Wertpapierprospekts und dem Zeitraum nach Billigung und Veröffentlichung. Im Zeitraum vor der Veröffentlichung des gebilligten Wertpapierprospekts erfolgt die Vermarktung in begrenzter Weise, nämlich vor allem durch das Pilotfishing[1682] und das Pre-Marketing[1683]. Beim Pilotfishing handelt es sich um die Ansprache einer geringen Zahl ausgewählter Investoren, um ein Gefühl (*sentiment*) für die Vermarktbarkeit der Aktien, insbesondere die Attraktivität des Geschäftsmodells aus Investorensicht, sowie erste Indizien für die Unternehmensbewertung zu gewinnen.[1684] Das Pre-Marketing zielt darauf ab, eine – gegenüber dem Pilotfishing intensivere – Sondierung des Investoreninteresses vorzunehmen, um auf dieser Basis die Bookbuilding-Spanne festlegen zu können.[1685] Im Rahmen des Pre-Marketings versenden die Konsortialbanken sog. Research-Berichte, die von Research-Analysten der Konsortialbanken auf Grundlage einer Präsentation des Managements des Emittenten (Analysten-Präsentation) und weiterer Informationen erstellt werden, an einen ausgewählten Kreis institutioneller Investoren. Diese Reports werden diesen Investoren sodann von den Research-Analysten erläutert (*investor education*), worauf diese gegenüber der Sales Force der Konsortialbanken ihre Preisvorstellungen und ihr Interesse (ggf. in Abhängigkeit von bestimmten Preisgrenzen) äußern und auf diese Weise Kriterien für die marktgerechte Preiseinschätzung liefern.[1686] Nach der Billigung und Veröffentlichung des Wertpapierprospekts tritt die Vermarktung dann in die „heiße Phase" ein. Im Rahmen einer Roadshow besuchen die Vorstände des Emittenten eine Vielzahl besonders wichtiger institutioneller Investoren in ganz Europa und ggf. den Vereinigten Staaten von Amerika. Bei dieser häufig zwischen zehn und vierzehn Tage andauernden Reise werden sie von Mitarbeitern der Konsortialbanken begleitet, die sie währenddessen beraten.[1687] Die einzelnen Termine bei den besonders wichtigen institutionellen Investoren bestehen aus einer Mischung zwischen Präsentationen der Mitglieder des Vorstands und Fragen an diese von den Investoren. Daneben finden Einzelgespräche (sog. One-on-Ones) zwischen den Mitgliedern des Vorstands des Emittenten und jeweils einem einzelnen besonders wichtigen institutionellen Investor statt.[1688] Neben der Roadshow werden in diesem Zeitraum in Deutschland teilweise auch Werbeanzeigen in der Tages- und Wirtschaftspresse geschaltet, die auf das öffentliche Angebot aufmerksam machen sollen.

---

[1681] Siehe zur Vermarktung Schäcker/Brehm in: Habersack/Mülbert/Schlitt, Unternehmensfinanzierung am Kapitalmarkt, § 2 Rn. 33 ff.; Singhof/Weber in: Habersack/Mülbert/Schlitt, Unternehmensfinanzierung am Kapitalmarkt, § 3 Rn. 40 ff.; Schanz, § 10 Rn. 35 ff.; Rudolf in: Habersack/Mülbert/Schlitt, Handbuch der Kapitalmarktinformation, § 1 Rn. 7.

[1682] Vgl. zum Pilotfishing im Einzelnen Schäfer/La Corte in: Habersack/Mülbert/Schlitt, Handbuch der Kapitalmarktinformation, § 8 Rn. 17 f.

[1683] Vgl. zum Pre-Marketing im Einzelnen Schäfer/La Corte in: Habersack/Mülbert/Schlitt, Handbuch der Kapitalmarktinformation, § 8 Rn. 23 f.

[1684] Schäfer/La Corte in: Habersack/Mülbert/Schlitt, Handbuch der Kapitalmarktinformation, § 8 Rn. 17.

[1685] Schäfer/La Corte in: Habersack/Mülbert/Schlitt, Handbuch der Kapitalmarktinformation, § 8 Rn. 23.

[1686] Schäfer/La Corte in: Habersack/Mülbert/Schlitt, Handbuch der Kapitalmarktinformation, § 8 Rn. 24.

[1687] Singhof/Weber in: Habersack/Mülbert/Schlitt, Unternehmensfinanzierung am Kapitalmarkt, § 3 Rn. 42; Schanz, § 10 Rn. 39; Ries in: Grunewald/Schlitt, § 2.III.5. (S. 38).

[1688] Schäcker/Brehm in: Habersack/Mülbert/Schlitt, Unternehmensfinanzierung am Kapitalmarkt, § 2 Rn. 37; Ries in: Grunewald/Schlitt, § 2.III.5. (S. 38).

Bei der Vermarktung ist vor Veröffentlichung des Wertpapierprospekts darauf zu achten, dass diese kein (verfrühtes) öffentliches Angebot darstellt. Werbung muss klar als solche zu erkennen sein (§ 15 Abs. 3 Satz 1 WpPG). Zudem ist in jeder Werbeanzeige auf den bereits veröffentlichten Wertpapierprospekt hinzuweisen und darzulegen, wo Anleger diesen erhalten können (§ 15 Abs. 2 WpPG). Außerdem darf der Inhalt der Werbung weder unrichtig noch irreführend sein (§ 15 Abs. 3 Satz 2 WpPG). Schließlich müssen alle Informationen, die über den Börsengang verbreitet werden, mit den Aussagen im Wertpapierprospekt übereinstimmen (§ 15 Abs. 4 WpPG; sog. Konsistenzgebot). Daher ist bei der Vermarktung der Aktien sehr genau darauf zu achten, dass keine Aussagen getätigt werden, die einer Grundlage im Wertpapierprospekt entbehren. Besonders vorsichtig sollte der Emittent mit zukunftsgerichteten Aussagen umgehen[1689], zu denen beispielsweise Prognosen über die Entwicklung des Gewinns oder des Umsatzes des Emittenten in den nächsten Geschäftsjahren gehören.[1690] Sollten solche Aussagen getätigt werden, müssten sie unter Umständen in den Wertpapierprospekt aufgenommen werden, was zur Folge hätte, dass der Emittent und die Konsortialbanken für diese Aussagen die Haftung gemäß § 44 Abs. 1 BörsG übernehmen müssen.[1691] Da sich solche Prognosen erfahrungsgemäß als fehlerträchtig erwiesen haben, ist das Haftungsrisiko tendenziell besonders hoch,[1692] weshalb Prognosen generell bewusst vermieden werden.

### 5.2. Stabilisierung

Da kurz nach der Börseneinführung der Aktien des Emittenten einige Investoren die von ihnen erworbenen Aktien wieder verkaufen, kommt es in diesem Zeitraum häufig zu einem Verkaufsdruck auf den Börsenkurs der Aktien des Emittenten.[1693] Da diese Kursschwankungen ihre Ursache nicht in der wirtschaftlichen Situation des Emittenten, sondern im Anlageverhalten der Investoren haben,[1694] besteht ein berechtigtes Interesse, diese Kursschwankungen durch Stabilisierungsmaßnahmen zu begrenzen.[1695] Diese Stabilisierungsmaßnahmen finden ihre Grenze jedoch im Verbot der Marktmanipulation des § 20a Abs. 1 Satz 1 WpHG. Ein Verstoß scheidet aus (sog. „*safe harbour*"), wenn die Stabilisierungsmaßnahme nach Maßgabe der Verordnung (EG) Nr. 2273/2003 der Kommission vom 22. Dezember 2003 („StabilisierungsVO") erfolgt (§ 20a Abs. 3 WpHG).[1696] Die StabilisierungsVO enthält detaillierte Voraussetzungen, die bei der Durchführung von Stabilisierungsmaßnahmen zu beachten sind, damit der „Safe Harbour" zur Verfügung steht (Art. 7 ff.). So müssen Sta-

---

[1689] Schlitt/Singhof/Schäfer, BKR 2005, 251 (258); Ries in: Grunewald/Schlitt, § 2.III.5. (S. 39).
[1690] Schlitt/Singhof/Schäfer, BKR 2005, 251 (258); Ries in: Grunewald/Schlitt, § 2.III.5. (S. 39).
[1691] Schlitt/Singhof/Schäfer, BKR 2005, 251 (258 mit Fn. 96); Ries in: Grunewald/Schlitt, § 2. III.5. (S. 39); siehe zur Aufnahmepflicht von Prognosen in den Wertpapierprospekt im Einzelnen Schlitt/Posick in: Habersack/Mülbert/Schlitt, Handbuch der Kapitalmarktinformation, § 5 Rn. 89 ff. und Schäfer/La Corte in: Habersack/Mülbert/Schlitt, Handbuch der Kapitalinformation, § 14 Rn. 9 und § 8 Rn. 14.
[1692] Nach Auffassung der BGH müssen Prognosen ausreichend durch Tatsachen gestützt und kaufmännisch vertretbar sein. Von Prognosen sollte nur zurückhaltend Gebrauch gemacht werden. Auf Risiken, die den Eintritt der Prognosen in Frage stellen können, muss deutlich hingewiesen werden (BGH, Urt. v. 12. Juli 1982, II ZR 175/81, WM 1982, 862 (865); vgl. auch Meyer, in: Habersack/Mülbert/Schlitt, Unternehmensfinanzierung am Kapitalmarkt, § 30 Rn. 51).
[1693] Vogel in: Assmann/Schneider, § 20a Rn. 267; Singhof/Weber in: Habersack/Mülbert/Schlitt, § 3 Rn. 83; Ries in: Grunewald/Schlitt, § 2.III.6. (S. 39).
[1694] Singhof/Weber in: Habersack/Mülbert/Schlitt, Unternehmensfinanzierung am Kapitalmarkt, § 3 Rn. 83; Ries in: Grunewald/Schlitt, § 2.III.6. (S. 39).
[1695] Siehe zu den Voraussetzungen einer zulässigen Kursstabilisierung im Einzelnen Feuring/Berrar in: Habersack/Mülbert/Schlitt, § 34 Rn. 5 ff.; Singhof/Weber in: Habersack/Mülbert/Schlitt, Unternehmensfinanzierung am Kapitalmarkt, § 3 Rn. 83 ff.; Schanz, § 10 Rn. 132 ff.; Singhof in: Habersack/Mülbert/Schlitt, Handbuch der Kapitalmarktinformation, § 21 Rn. 1 ff..
[1696] Vgl. auch § 5 MaKonV.

bilisierungsmaßnahmen zeitlich befristet sein (Art. 8 Abs. 1 StabilisierungsVO). Bei einem Börsengang beginnt die Stabilisierungsfrist mit dem Tag der Handelsaufnahme und endet spätestens nach 30 Kalendertagen (Art. 8 Abs. 2 StabilisierungsVO). Daneben bestehen Publizitätspflichten, und zwar im Zeitraum vor Durchführung von Stabilisierungsmaßnahmen (Art. 9 Abs. 1 StabilisierungsVO) und im Zeitraum nach Durchführung solcher Maßnahmen (Art. 9 Abs. 2 und 3 StabilisierungsVO). Die vor Durchführung der Stabilisierungsmaßnahmen bestehenden Publizitätspflichten werden jedoch durch die teilweise weitergehenden Publizitätspflichten[1697] in Anhang III Ziffer 5.2.5. und Ziffer 6.5. ProspektVO verdrängt (Art. 9 Abs. 1 Satz 2 StabilisierungsVO). Diese sehen u. a. vor, dass im Wertpapierprospekt Angaben über den Stabilisierungszeitraum enthalten sein müssen, ebenso ein Hinweis, dass die Stabilisierungsmaßnahmen zu einem Marktpreis führen können, der über dem liegt, der sich sonst ergäbe. Spätestens am Ende des siebten Handelstages nach der Durchführung einer jeden Stabilisierungsmaßnahme muss eine der Konsortialbanken (sog. Stabilisierungsmanager) der BaFin die Einzelheiten der jeweiligen Stabilisierungsmaßnahme mitteilen (Art. 9 Abs. 2 StabilisierungsVO),[1698] sowie innerhalb einer Woche nach Ablauf des Stabilisierungszeitraums in der Tages- oder Wirtschaftspresse bekannt geben, ob Stabilisierungsmaßnahmen durchgeführt wurden, zu welchem Termin mit ihnen begonnen wurde, wann die letzte Stabilisierungsmaßnahme erfolgte und innerhalb welcher Kursspanne Stabilisierungsmaßnahmen vorgenommen wurden (Art. 9 Abs. 3 StabilisierungsVO). Schließlich ist vorgeschrieben, dass die Kursstabilisierung unter keinen Umständen zu einem höheren Kurs als dem Emissionskurs erfolgen darf (Art. 10 Abs. 1 StabilisierungsVO).

Für Altaktionäre besonders relevant sind die sog. „ergänzenden Kursstabilisierungsmaßnahmen", worunter die „Überzeichnung" (richtig: Mehrzuteilung) und die Greenshoe-Option durch den Stabilisierungsmanager zu verstehen sind (vgl. Art. 2 Nr. 12 StabilisierungsVO).[1699] Insoweit sind neben den vorstehend dargestellten Voraussetzungen noch die weitergehenden Bestimmungen des Art. 11 StabilisierungsVO zu beachten. Unter Mehrzuteilung ist eine Klausel im Übernahmevertrag zu verstehen, die den Konsortialbanken die Möglichkeit einräumt, mehr Aktien an Investoren zu verkaufen, als ursprünglich geplant (vgl. Art. 2 Nr. 13 StabilisierungsVO). Diese Aktien werden den Konsortialbanken von Altaktionären im Wege eines Wertpapierdarlehens gemäß § 607 Abs. 1 BGB zur Verfügung gestellt.[1700] Jedoch ist eine solche Mehrzuteilung nur zulässig, wenn sie innerhalb der Zeichnungsfrist und zum Emissionspreis erfolgt (Art. 11 lit. a StabilisierungsVO). Darüber hinaus fällt eine solche Vereinbarung nur dann in den Anwendungsbereich des Safe Harbours, wenn sie bis auf maximal 5% des ursprünglichen Angebotsvolumens durch eine sog. Greenshoe-Option gedeckt ist (Art. 11 lit. b StabilisierungsVO; die Mehrzuteilung kann sich also maximal auf bis zu 20% des ursprünglichen Angebotsvolumens belaufen).

Eine Greenshoe-Option ist die den Konsortialbanken eingeräumte Möglichkeit, nach dem Börsengang eine bestimmte Menge der Aktien zum Emissionspreis zu erwerben (Art. 2 Nr. 14 StabilisierungsVO). Durch diese Kaufoption können die Konsortialbanken ihren Verpflichtungen gegenüber den Altaktionären zur Rückführung der Wertpapierdarlehen gerecht werden. Entwickelt sich der Börsenkurs der Aktien des Emittenten nach dem Börsengang positiv, werden die Konsortialbanken die mehrzugeteilten Aktien nicht aus dem Markt zurückerwerben (vgl. auch Artikel 10 Abs. 1 StabilisierungsVO). In diesem Fall machen die Konsortialführer von der Greenshoe-Option Gebrauch: Fungieren Altaktionäre als Stillhalter, führen die Konsortialbanken das Wertpapierdarlehen durch Barleistung zu-

---

[1697] Vogel in: Assmann/Schneider, § 20a Rn. 283; Ries in: Grunewald/Schlitt, § 2.III.6. (S. 40).
[1698] Feuring/Berrar in: Habersack/Mülbert/Schlitt, Unternehmensfinanzierung am Kapitalmarkt, § 34 Rn. 47; Ries in: Grunewald/Schlitt, § 2.III.6. (S. 40).
[1699] S. Schäfer in: Grunewald/Schlitt, § 8 IV.1.c) (S. 156).
[1700] Singhof/Weber in: Habersack/Mülbert/Schlitt, Unternehmensfinanzierung am Kapitalmarkt, § 3 Rn. 84; Schäfer, ZGR 2008, 455 (487); Ries in: Grunewald/Schlitt, § 2.III.6. (S. 40).

rück.[1701] Fungiert der Emittent dagegen selbst als Stillhalter[1702], sind die Banken berechtigt, weitere Aktien aus genehmigtem Kapital zum Emissionspreis zu zeichnen, um damit den Anspruch der Altaktionäre aus dem Wertpapierdarlehen auf Übereignung von Aktien gleicher Art, Güte und Menge erfüllen zu können (Zwei-Tranchen-Modell).[1703] Einem solchen Vorgehen steht selbst dann nicht die Vorschrift des § 255 Abs. 2 AktG entgegen, wenn die Konsortialbanken diese weiteren Aktien aus dem genehmigten Kapital zu einem Ausgabebetrag zeichnen, der deutlich unter dem zu diesem Zeitpunkt aktuellen Börsenkurs liegt.[1704] Denn die Rechte der Aktionäre werden auch in diesem Fall nicht beeinträchtigt, weil das zusätzliche Kapitalerhöhungsvolumen von Anfang an hätte ausgeschöpft und die Aktien anschließend zum Emissionspreis platziert werden können.[1705] Dann stünden die Altaktionäre mitunter sogar schlechter, weil dann kein Stabilisierungsinstrument zur Verfügung stünde.[1706] Die Verwässerung tritt mit der Festlegung des Emissionspreises und der Vereinbarung der Greenshoe-Option ein und nicht erst mit deren Ausübung.[1707] Sinkt dagegen der Börsenkurs der Aktie des Emittenten kurz nach dem Börsengang unter den Emissionspreis ab, kauft die Konsortialführerin die notwendige Anzahl Aktien aus dem Markt zurück und übereignet diese anschließend an die Altaktionäre, um so das Wertpapierdarlehen zurückzuführen. Für den Kauf der Aktien aus dem Markt[1708] verwenden die Konsortialbanken die Mittel, die sie durch die zusätzliche Zuteilung erlangt haben.[1709] Während die Ausübung der Greenshoe-Option für die Konsortialbanken eine finanziell neutrale Transaktion ist, können sie bei einem Kauf der Aktien aus dem Markt einen Stabilisierungsgewinn erzielen, da sie von den Investoren bei der Platzierung den höheren Emissionspreis erhalten haben, nun aber nur den geringeren Börsenkurs zahlen müssen.[1710]

Eine Greenshoe-Option kann lediglich bis zu einem Maximalbetrag von 15 % des ursprünglichen Angebotsvolumens vereinbart werden (Art. 11 lit. d StabilisierungsVO). Des Weiteren muss sich der für die Ausübung der Greenshoe-Option vorgesehene Zeitraum mit der 30-tägigen Stabilisierungsfrist decken (vgl. Art. 11 lit. e, Art. 8 Abs. 2 StabilisierungsVO). Schließlich ist die Öffentlichkeit unverzüglich und in allen angemessenen Einzelheiten über die Ausübung der Greenshoe-Option zu unterrichten, insbesondere über den Zeitpunkt der Ausübung und die Zahl und Art der Aktien (Art. 11 lit. f).

---

[1701] Meyer in: Marsch-Barner/Schäfer, § 8 Rn. 69; C. Schäfer, ZGR 2008, 455 (488); Ries in: Grunewald/Schlitt, § 2.III.6. (S. 41).
[1702] Zur Zulässigkeit BGH, Beschl. v. 21. Juli 2008, II ZR 1/07, AG 2009, 446 (447); KG, Urt. v. 16. November 2006, 23 U 55/03, NZG 2008, 29 ff.; Schäfer, ZGR 2008, 455 (488 f.); Singhof/Weber in: Habersack/Mülbert/Schlitt, Unternehmensfinanzierung am Kapitalmarkt, § 3 Rn. 84; Meyer in: Marsch-Barner/Schäfer, § 8 Rn. 65 ff.; Busch, AG 2002, 230 (231 ff.); a. A. noch KG, Urt. v. 22. August 2001, 23 U 6712/99, AG 2002, 243 f.
[1703] Meyer in: Marsch-Barner/Schäfer, § 8 Rn. 69; Singhof/Weber in: Habersack/Mülbert/Schlitt, Unternehmensfinanzierung am Kapitalmarkt, § 3 Rn. 84; C. Schäfer, ZGR 2008, 455 (488); Ries in: Grunewald/Schlitt, § 2.III.6. (S. 41).
[1704] BGH, Beschl. v. 21. Juli 2008, II ZR 1/07, AG 2009, 446 (447 f.); KG Urt. v. 16. November 2006, 23 U 55/03, NZG 2008, 29 ff.; Singhof/Weber in: Habersack/Mülbert/Schlitt, § 3 Rn. 84; Meyer in: Marsch-Barner/Schäfer, § 8 Rn. 70; Busch, AG 2002, 230 (231 ff.); KG, C. Schäfer, ZGR 2008, 455 (488); Ries in: Grunewald/Schlitt, § 2.III.6. (S. 41); a. A. noch KG, Urt. v. 22. August 2001, 23 U 6712/99, AG 2002, 243 f.
[1705] Busch, AG 2002, 230 (233); Ries in: Grunewald/Schlitt, § 2.III.6. (S. 41).
[1706] Busch, AG 2002, 230 (233); Ries in: Grunewald/Schlitt, § 2.III.6. (S. 41).
[1707] Busch, AG 2002, 230 (233); Ries in: Grunewald/Schlitt, § 2.III.6. (S. 41).
[1708] Gleiches gilt selbstverständlich für den Fall, dass die Konsortialbanken die Greenshoe-Option ausüben.
[1709] Busch, AG 2002, 230 (231).
[1710] Busch, AG 2002, 230 (233 mit Fn. 27).

## 6. Kapitalmarktrechtliche Folgepflichten

Die Stellung des Antrags auf Zulassung bzw. die Zulassung der Aktien des Emittenten zum Handel im regulierten Markt hat sowohl für den Emittenten als auch für dessen Aktionäre weitreichende Folgen. So hat der Emittent beispielsweise Insiderinformationen, die ihn unmittelbar betreffen, unverzüglich zu veröffentlichen (§ 15 WpHG), er hat die Vorschriften der §§ 37 ff. WpHG über die Finanzberichterstattung zu beachten und der Vorstand und der Aufsichtsrat des Emittenten haben jährlich eine Entsprechenserklärung zum Corporate Governance Kodex gemäß § 161 AktG abzugeben.[1711]

Die Aktionäre haben infolge der Zulassung der Aktien insbesondere die Mitteilungspflichten gemäß §§ 21 ff. WpHG zu beachten. So haben die Aktionäre, die durch Erwerb, Veräußerung oder auf sonstige Weise 3%, 5%, 10%, 15%, 20%, 25%, 30%, 50% oder 75% der Stimmrechte an dem Emittenten erreichen, überschreiten oder unterschreiten dies unverzüglich, spätestens innerhalb von vier Handelstagen, diesem und gleichzeitig der BaFin mitzuteilen. Gehören einem Aktionär im Zeitpunkt der erstmaligen Zulassung der Aktien des Emittenten Stimmrechte in einer Höhe von 3% oder mehr, so hat er dies dem Emittenten und der BaFin unverzüglich mitzuteilen (§ 21 Abs. 1a; § 21 Abs. 1 Satz 1 WpHG). Zudem müssen Aktionäre, die unmittelbar oder mittelbar Finanzinstrumente halten, die ihnen das Recht verleihen, einseitig im Rahmen einer rechtlich bindenden Vereinbarung mit Stimmrechten verbundene und bereits ausgegebene Aktien des Emittenten zu erwerben, dies bei Erreichen, Überschreiten oder Unterschreiten der vorstehend genannten Schwellen mit Ausnahme der Schwelle von 3% unverzüglich dem Emittenten und gleichzeitig der BaFin mitteilen (§ 25 WpHG). Diesbezüglich ist darauf zu achten, dass seit dem 1. März 2009 – entgegen der früheren Rechtslage – aufgrund einer durch das Risikobegrenzungsgesetz[1712] bewirkten Änderung des § 25 Abs. 1 WpHG eine Zusammenrechnung der Finanzinstrumente mit den Beteiligungen nach den §§ 21, 22 WpHG erfolgt (§ 25 Abs. 1 Satz 3 WpHG). Durch das Risikobegrenzungsgesetz wurde außerdem noch eine weitere Mitteilungspflicht für Inhaber wesentlicher Beteiligungen geschaffen. Nach dem durch das Risikobegrenzungsgesetz geschaffenen, am 31. Mai 2009 in Kraft getretenen § 27a WpHG hat ein nach §§ 21, 22 WpHG Meldepflichtiger, der die Schwelle von 10% der Stimmrechte aus Aktien des Emittenten oder eine der höheren Schwellen erreicht oder überschreitet, dem Emittenten die mit dem Erwerb der Stimmrechte verfolgten Ziele und die Herkunft der für den Erwerb verwendeten Mittel innerhalb von 20 Handelstagen nach Erreichen oder Überschreiten dieser Schwellen mitzuteilen. Eine Änderung der Ziele ist ebenfalls innerhalb von 20 Handelstagen mitzuteilen (§ 27a Abs. 1 Satz 2 WpHG), so dass die Aktionäre eine ständige Aktualisierungspflicht im Hinblick auf die mit dem Erwerb verfolgten Ziele trifft. Von dieser Pflicht können die Aktionäre des Emittenten durch eine Satzungsregelung befreit werden (§ 27a Abs. 3 WpHG).

## 7. Fazit

Vor diesem Hintergrund ist der Börsengang für Private-Equity-Investoren eine interessante Exit-Option. Letztlich hängt es davon ab, ob der Verkauf von Aktien über die Börse jedenfalls vergleichbare wirtschaftliche Konditionen bietet. Auch wenn dies nicht unmittelbar der Fall ist, ermöglicht ein Börsengang Private-Equity-Investoren die sukzessive Abgabe von Aktien im Sekundärmarkt und somit ein erhöhtes Maß an Flexibilität.

---

[1711] Vgl. zu den kapitalmarktrechtlichen Folgepflichten im Einzelnen Klawitter in: Habersack/Mülbert/Schlitt, Unternehmensfinanzierung am Kapitalmarkt, § 32; Stoppel und S. Schäfer in: Grunewald/Schlitt, §§ 13, 14, 15.

[1712] Gesetz zur Begrenzung der mit Finanzinvestitionen verbundenen Risiken (Risikobegrenzungsgesetz), BGBl. 2008, Teil I S. 1666 ff.

# § 17 Dual-Track-Verfahren

**Übersicht**                  Seite

1. Einleitung . . . . . . . . . . . . . . . . . . . . . . . . . . . . . . . . . . . . . . . . . . . . . . . . . . . . . 423
2. Definition . . . . . . . . . . . . . . . . . . . . . . . . . . . . . . . . . . . . . . . . . . . . . . . . . . . . 424
3. M&A-Prozess, IPO und Dual Track . . . . . . . . . . . . . . . . . . . . . . . . . . . . . . . 425
   3.1. M&A-Prozess . . . . . . . . . . . . . . . . . . . . . . . . . . . . . . . . . . . . . . . . . . . . . 425
      3.1.1. Trade Sale – Verkauf an einen strategischen Investor . . . . . . . . . . . . . . . . . 425
      3.1.2. Secondary Buyout – Verkauf an einen Finanzinvestor . . . . . . . . . . . . . 426
   3.2. Börsengang (IPO) . . . . . . . . . . . . . . . . . . . . . . . . . . . . . . . . . . . . . . . . . . 426
   3.3. Dual Track . . . . . . . . . . . . . . . . . . . . . . . . . . . . . . . . . . . . . . . . . . . . . . . 428
      3.3.1. Transaktionssicherheit . . . . . . . . . . . . . . . . . . . . . . . . . . . . . . . . . . . . 429
      3.3.2. Erlösmaximierung . . . . . . . . . . . . . . . . . . . . . . . . . . . . . . . . . . . . . . 430
      3.3.3. Weitere Motive . . . . . . . . . . . . . . . . . . . . . . . . . . . . . . . . . . . . . . . . 431
4. Herausforderungen und Besonderheiten bei Durchführung eines Dual Track . . . . . . . 431
   4.1. Prozess und Koordination . . . . . . . . . . . . . . . . . . . . . . . . . . . . . . . . . . . . 431
      4.1.1. Die Vorbereitung des Exits, Synergien . . . . . . . . . . . . . . . . . . . . . . . . 431
      4.1.2. Die Rolle des Managements . . . . . . . . . . . . . . . . . . . . . . . . . . . . . . 437
      4.1.3. Auswahl der Berater . . . . . . . . . . . . . . . . . . . . . . . . . . . . . . . . . . . . 441
      4.1.4. Prozesssteuerung und Kommunikation . . . . . . . . . . . . . . . . . . . . . . . 442
      4.1.5. Zeitliche Planung . . . . . . . . . . . . . . . . . . . . . . . . . . . . . . . . . . . . . . 444
   4.2. Besondere rechtliche Anforderungen . . . . . . . . . . . . . . . . . . . . . . . . . . . . 446
      4.2.1. Vertraulichkeitsvereinbarung . . . . . . . . . . . . . . . . . . . . . . . . . . . . . . 446
      4.2.2. Prozessbrief . . . . . . . . . . . . . . . . . . . . . . . . . . . . . . . . . . . . . . . . . . 446
      4.2.3. Unternehmenskaufvertrag . . . . . . . . . . . . . . . . . . . . . . . . . . . . . . . . 447
      4.2.4. Mandatsvereinbarung Bank/Übernahmevertrag . . . . . . . . . . . . . . . . . 447
5. Dual Track – Pro und Contra auf einen Blick . . . . . . . . . . . . . . . . . . . . . . . . 448

## 1. Einleitung

Private Equity- bzw. Finanzinvestoren sind Investoren auf Zeit, die meist kein längerfristiges strategisches Interesse an der Unternehmensbeteiligung haben. Sie versuchen, innerhalb eines begrenzten Zeitraums eine möglichst hohe Wertsteigerung ihrer Beteiligung zu erreichen.[1713] Der Exit, also der Ausstieg eines Investors aus einem Portfolio-Unternehmen entweder im Rahmen eines M&A-Prozesses über den Verkauf der Beteiligung an einen Dritten (Trade Sale oder Secondary Buy-Out) oder über den Börsengang (Initial Public Offering – IPO),[1714] ist neben dem Beteiligungserwerb der bedeutendste Schritt im Rahmen eines Buy-Out und damit ein wesentliches Grundelement eines erfolgreichen Investments. Der Grund für die zeitliche Befristung der Beteiligung eines Finanzinvestors an einem Portfolio-Unternehmen – die Haltedauer beträgt meist zwischen drei und sieben Jahren[1715] – liegt darin, dass in der Regel[1716] nur durch einen Exit die von dem Finanzinvestor und den Fonds-Investoren erwartete Rendite realisiert werden kann. Der Exit zu einem Preis, der den Wertzuwachs des Portfolio-Unternehmens widerspiegelt, ist daher das eigentliche Ziel eines Private Equity-Investors.[1717] Der Ablauf eines Exits hängt in erster Linie davon auf, ob

---

[1713] Rudolph, ZGR 2008, 161 m.w.N.
[1714] In Betracht kommt darüber hinaus neben einer Rückführung von Eigenkapital, die durch die Neuaufnahme von Fremdkapital finanziert wird, auch eine Insolvenz, bei der es sich selbstverständlich nicht um den bevorzugten Exitkanal handelt. In Zeiten des wirtschaftlichen Abschwungs und gestresster Finanzmärkte kommt dem Bereich Distressed Equity Investments (vgl. hierzu Kapitel 23) eine erhöhte Bedeutung zu.
[1715] Hölters in ders., Handbuch des Unternehmens- und Beteiligungskaufs, Teil I Rn. 86.
[1716] In Betracht kommt auch eine Refinanzierung oder eine Sonderausschüttung.
[1717] Baisch in: Hamman/Sigle, Vertragsbuch Gesellschaftsrecht, § 9 Rn. 409.

## 5. Teil. Exit-Strukturierung § 17 Dual-Track-Verfahren

ein Verkauf der Beteiligung oder ein IPO durchgeführt werden soll. Beide Exitvarianten haben unterschiedliche Voraussetzungen und stellen rechtlich unterschiedliche Anforderungen. Die beiden Exitvarianten lassen sich jedoch auch kombinieren, man spricht dann von einem Dual-Track-Verfahren oder schlicht Dual Track. Bei einem Dual Track handelt es sich um ein in Europa erst seit wenigen Jahren verfolgtes Verfahren der Private-Equity-Investoren, einen Exit durchzuführen. Auf die rechtlichen und auf ausgewählte wirtschaftliche Besonderheiten eines Dual-Track-Verfahrens wird im Folgenden näher eingegangen.

### 2. Definition

Unter Dual Track versteht man das Verfahren, das ein Private-Equity-Investor im Zusammenhang mit dem Ausstieg aus einem Portfolio-Unternehmen verfolgt (Exit), bei dem sowohl der Verkauf der Beteiligung im Weg eines M&A-Prozesses durch einen Trade Sale oder ein Secondary Buy-Out als auch der Börsengang in parallelen Prozessen vorbereitet und meist zu einem späten Zeitpunkt entschieden wird, auf welche Weise der Exit tatsächlich vollzogen werden soll.[1718]

Vereinzelt wird auch zu einem Triple Track geraten, bei dem zusätzlich zu dem M&A-Prozess (Trade Sale oder Secondary Buy-Out) und dem IPO auch die Refinanzierung parallel vorbereitet wird. Unter Refinanzierung versteht man vereinfacht gesprochen die Ersetzung von Eigenkapital, das von dem Private-Equity-Investor dem Portfolio-Unternehmen zur Verfügung gestellt wurde, durch Fremdkapital, das von dem Portfolio-Unternehmen aufgenommen wird, sofern es über die hierfür erforderliche Bilanz- und Ertragsstruktur verfügt. Voraussetzung für eine Refinanzierung ist allerdings, dass die Fremdkapitalmärkte funktionieren. Durch eine Refinanzierung kann sich der Investor und gegebenenfalls auch das im Rahmen eines Managementbeteiligungsprogramms beteiligte Management das operative Ergebnis des Portfolio-Unternehmens zu Nutze machen und den Wertzuwachs des Unternehmens bereits vor dem eigentlichen Exit ganz oder teilweise realisieren. Im Fall des Scheiterns von M&A-Prozess und IPO lässt sich daher mit einer Refinanzierung aus Investorensicht wenigstens ein partieller Exit erzielen, der für das Unternehmen aufgrund der (zusätzlichen) Aufnahme des Fremdkapitals und der damit verbundenen Zins- und Tilgungszahlungen nicht ohne Risiko ist. Die Durchführung eines Triple Track stellt gegenüber einem Dual Track noch weitergehendere Anforderungen an Koordination und Aufwand und sollte daher nur verfolgt werden, wenn im Rahmen der Planung die Komplexität eines Triple Track als noch überschaubar eingeordnet wird. Im Folgenden wird auf die Möglichkeit einer Refinanzierung und damit auf einen Triple Track nicht näher eingegangen, sondern der Dual Track ausführlich dargestellt.

In der jüngeren Vergangenheit erfreuten sich Dual-Track-Verfahren bei Finanzinvestoren größerer Beliebtheit. Exemplarisch zu nennen sind der Verkauf von Grohe durch BC Partners an Texas Pacific Group und CSFB Private Equity,[1719] von Tank & Rast durch ein Konsortium bestehend aus Allianz Capital Partners, Apax und Lufthansa an Terra Firma,[1720] von ATU durch Doughty Hanson an KKR[1721] sowie der Börsengang von Tognum. Diese Verfahren waren jeweils als Dual Track strukturiert. Mit Ausnahme des Börsengangs von Tognum führten die genannten Dual-Track-Verfahren jeweils zu einem Verkauf des Portfolio-Unternehmens. Der parallel verfolgte IPO wurde jeweils abgesagt.

---

[1718] Ähnlich Menke, M&A Review 2005, III; Diehl, Going Public 2006, 66.
[1719] Going Public 2004, 12.
[1720] Going Public 2004, 10.
[1721] Börsen-Zeitung v. 13. Dezember 2005, S. 13.

## 3. M&A-Prozess, IPO und Dual Track

Dem Exit kommt im Rahmen eines Investments neben dem Erwerb des Portfolio-Unternehmens maßgebliche Bedeutung zu, da ein möglichst hoher Verkaufspreis für die Rendite ebenso entscheidend ist wie ein möglichst günstiger Kaufpreis. Wird daher die Entscheidung getroffen, den Exit vorzubereiten und damit Zeit, Geld und Ressourcen zu investieren und längerfristig zu binden, kommt es aus Sicht des Finanzinvestors und – sofern eine entsprechende Beteiligung besteht – des Managements entscheidend darauf an, den Exit zu einem erfolgreichen Abschluss zu führen. Der Exit wird klassischerweise entweder mittels eines M&A-Prozesses oder eines IPO durchgeführt. Jeder dieser beiden Exitkanäle bietet Vor- und Nachteile, die es im Vorfeld zu analysieren und abzuwägen gilt und auf die nachfolgend überblicksartig kurz eingegangen wird, bevor die Gründe dargestellt werden, die für einen Dual Track sprechen.

### 3.1. M&A-Prozess

Als Erwerber eines Portfolio-Unternehmens im Rahmen eines M&A-Prozesses kommt sowohl ein strategischer Investor (Trade Sale) als auch ein weiterer Finanzinvestor (Secondary Buy-Out)[1722] in Betracht, wobei der Verkaufsprozess exklusiv (bilateral) oder als Bieter- bzw. Auktionsverfahren (multilateral) ausgestaltet werden kann.

### 3.1.1. Trade Sale – Verkauf an einen strategischen Investor

Für den Verkauf an einen strategischen Investor spricht in erster Linie dessen vermutete oder tatsächlich bestehende Affinität zu dem zum Verkauf stehenden Unternehmen, die regelmäßig darauf beruht, dass der strategische Investor in demselben oder in einem nahestehenden Geschäfts- oder Marktumfeld tätig ist.[1723] Ein strategischer Investor ist häufig auch an dem Erwerb eines Portfolio-Unternehmens interessiert, um die bisherigen Geschäftstätigkeit um ein weiteres Geschäftsfeld zu erweitern. Der Stratege hat regelmäßig großes Interesse daran, Produkte, Technologie und Kunden für seine eigene Geschäftstätigkeit nutzbar zu machen und Synergien zu realisieren. Ein strategischer Investor verfügt oft über ein ausgeprägtes Verständnis des zum Verkauf stehenden Unternehmens und kann kritische Bereiche rasch identifizieren und einordnen. Gegen einen Trade Sale spricht regelmäßig die Notwendigkeit, vertrauliche Informationen im Rahmen der von dem Kaufinteressenten durchzuführenden Due Diligence[1724] offenlegen zu müssen, selbst wenn – die Transaktion kann aus vielfältigen Gründen auch noch in letzter Minute scheitern – dies erst in einem späten Stadium der Transaktion, etwa in einem gesondert eingerichteten Datenraum, der besonders sensible Informationen enthält, erfolgt. Bei einem Trade Sale bleibt darüber hinaus die Unabhängigkeit des zum Verkauf stehenden Unternehmens nicht gewahrt, es wird nach dem Vollzug der Transaktion regelmäßig in das erwerbende Unternehmen integriert. Bei großvolumigen oder komplexen Transaktionen benötigen strategische

---

[1722] Möglich ist auch ein Tertiary, Quartiary, etc. Buy-Out, bei dem das Unternehmen jeweils an einen weiteren Finanzinvestor verkauft wird. Ohne hierauf im Folgenden weiter einzugehen, bedürfen Equity Story und Finanzierungsmöglichkeiten bei jedem weiteren Buy-Out einer gründlichen Analyse.

[1723] Auf mögliche fusionskontrollrechtliche Schwierigkeiten, die nicht nur bei strategischen, sondern auch bei Finanzinvestoren auftreten können, sofern in dem Portfolio des Finanzinvestors entsprechende Unternehmen vorhanden sind, wird hier nicht näher eingegangen.

[1724] Haftungsrechtliche Überlegungen auf der Käuferseite zwingen in der Regel zur Durchführung einer Due Diligence. So ist es z. B. aus Sicht des Managements des erwerbenden Unternehmens als sorgfaltswidrig nach § 43 GmbHG, § 93 AktG anzusehen, wenn das zu erwerbende Unternehmen dem Erwerber unbekannt ist und dennoch nicht untersucht wird, vgl. Schickerling/Blunk, GmbHR 2009, 337.

Investoren meist mehr Zeit für eine Transaktion, insbesondere für die Durchführung einer Due Diligence und sie neigen häufig dazu, Entscheidungen erst zu treffen, nachdem tatsächlich bestehende oder lediglich vermutete Probleme, die im Rahmen der Due Diligence identifiziert wurden, gelöst worden sind.

#### 3.1.2. Secondary Buy-Out – Verkauf an einen Finanzinvestor

Für den Verkauf an einen Finanzinvestor spricht, dass die Unternehmensidentität des zum Verkauf stehenden Unternehmens in der Regel erhalten bleibt, sofern der Finanzinvestor, der den Zuschlag erhält, nicht bereits über ein Portfolio-Unternehmen verfügt, das auf demselben Geschäftsfeld wie das zum Verkauf stehende Unternehmen tätig ist. Im Gegensatz zu einem IPO hat ein Secondary Buy-Out auch den Vorteil, dass der Kreis der Anteilsinhaber (Gesellschafter) überschaubar ist und diese damit direkt in die wesentlichen Entscheidungen des Unternehmens einbezogen werden können. Aufgrund der unterschiedlichen Ausrichtung und Investitionsstrategien der Private-Equity-Investoren kann ein solcher Secondary Buy-Out wirtschaftlich vorteilhaft sein, wenn das weitere Wachstum des Unternehmens einen neuen Investor erfordert, der auf Unternehmen anderer Größenordnung als der ursprüngliche Investor spezialisiert ist und der daher weitere Mittel zur Verfügung stellen kann. Das Management des zum Verkauf stehenden Unternehmens steht einem Secondary Buy-Out aufgeschlossen gegenüber, sofern zwei Voraussetzungen erfüllt sind: Zum einen wird das Management, sofern es an dem Unternehmen als Gesellschafter (direkt oder indirekt) beteiligt ist, Wert darauf legen, an der Realisierung des Exiterlöses angemessen zu partizipieren und nicht den gesamten Erlös erneut im Rahmen eines neuen Beteiligungsprogramms investieren zu müssen (Rollover); zum anderen eröffnet gerade ein neues Beteiligungsprogramm dem Management die Möglichkeit, bei Erreichen der vereinbarten Ziele – insbesondere eines von dem Finanzinvestor definierten IRR[1725] – finanziell erneut an der weiteren Wertsteigerung des Unternehmens zu partizipieren.

Zu den Gründen, die zwar nicht aus Sicht des den Exit betreibenden Finanzinvestors, allerdings aus Sicht des zum Verkauf stehenden Unternehmens gegen ein Secondary Buy-Out sprechen können, zählt zunächst, dass dem Unternehmen keine neuen oder zusätzlichen Finanzierungslasten auferlegt werden, die zu einer nachhaltigen Einschränkung der Investitions- und Wachstumsaktivitäten führen. Vor allem in wirtschaftlichen Schwächephasen zeigt sich, ob Portfolio-Unternehmen ausreichend konservativ finanziert sind oder ob gegen die in Kreditverträgen regelmäßig ausführlichen Regelungen[1726] zu den Pflichten des Kreditnehmers (Covenants), die während der Laufzeit des Kredits zu beachten sind, verstoßen wird.[1727] Darüber hinaus fehlt es bei einem Secondary Buy-Out regelmäßig an Synergieeffekten, die bei dem Verkauf an einen strategischen Investor meist vorhanden sind und die es einem Strategen erlauben, diese Effekte über einen attraktiven Kaufpreis ganz oder teilweise an den veräußernden Finanzinvestor zurückzugeben und sich damit einen Wettbewerbsvorteil gegenüber einem Finanzinvestor zu verschaffen, der an einem Erwerb des Unternehmens ebenfalls interessiert ist.

### 3.2. Börsengang (IPO)

Ob der Exitkanal IPO offen steht, hängt in erster Linie davon ab, ob die Kapitalmärkte aufnahmebereit sind. Verfügt das Unternehmen über ein besonderes Unternehmenskonzept, das auf Interesse bei Aktionären stößt, besteht allerdings auch in einem schwächeren Kapi-

---

[1725] Die Rendite eines Private-Equity-Investments wird mit der Internal Rate of Return (IRR) gemessen, einer finanzmathematischen Methode zur Renditeberechnung unter Beachtung des internen Zinsfußes, vgl. Baisch in: Hamman/Sigle, Vertragsbuch Gesellschaftsrecht, § 9 Rn. 294 m.w.N.
[1726] Das „Covenants Light-Prinzip", wonach insbesondere die Kreditgeber auf sog. Maintenance Covenants, also die Einhaltung bestimmter Finanzrelationen wie zum Beispiel ein bestimmtes Verhältnis von Schulden zu operativem Gewinn, weitgehend verzichten, ist von dem Kreditmarkt verschwunden.
[1727] Ruby/Seibold in: Hamman/Sigle, Vertragsbuch Gesellschaftsrecht, § 9 Rn. 30.

talmarktumfeld die Chance, einen IPO erfolgreich durchzuführen. Der IPO hat den Vorteil, dass die Unabhängigkeit des Unternehmens erhalten bleibt, das Unternehmen Zugang zu Finanzierungsquellen über den Kapitalmarkt erhält und aufgrund der kapitalmarktrechtlichen Transparenzvorschriften das Vertrauen von Investoren, Kunden und Lieferanten in das Unternehmen und damit das operative Geschäft gestärkt wird. Gründe, die gegen einen IPO sprechen, sind die Volatilität des Kapitalmarks, die trotz planmäßiger Performance des Portfolio-Unternehmens dazu führen kann, dass das Unternehmen Marktkapitalisierung verliert. Darüber hinaus bestehen für das börsennotierte Unternehmen erhöhte Publizitäts- und Veröffentlichungspflichten und damit Verwaltungs- und Kostenaufwand, der im Einzelfall von dem Börsensegment abhängt, in dem das Unternehmen gelistet ist. Bei einem börsennotierten Unternehmen sind Angriffe verschiedener Investoren nicht auszuschließen, die von sogenannten räuberischen Aktionären im Rahmen von Hauptversammlungen, aktivistischen Hedgefonds oder anderen Investoren ausgehen können, die eine Übernahme des Unternehmens, eine Änderung der Geschäftspolitik oder einfach die Ausschüttung von Dividenden anstreben.

Das Management eines Portfolio-Unternehmens bevorzugt oft den Börsengang gegenüber dem Verkauf an einen strategischen oder Finanzinvestor, da bei einem Börsengang zwar die aktienrechtliche Kompetenzverteilung zu beachten und kapitalmarkt- und börsenrechtliche Vorgaben einzuhalten sind, eine (börsennotierte) Aktiengesellschaft im Übrigen allerdings vom Vorstand geleitet wird und die Geschäftsführung inne hat, ohne an Weisungen anderer Gesellschaftsorgane oder von (Groß-) Aktionären gebunden zu sein, während der Aufsichtsrat (lediglich) Überwachungsfunktion hat und der Hauptversammlung die Beschlussfassung in wesentlichen Gesellschaftsangelegenheiten obliegt.[1728] Im Rahmen der Planung und Durchführung eines Dual Track, bei dem es auf die Mitwirkung des Managements entscheidend ankommt, ist daher die vermutete oder tatsächlich bestehende Präferenz des Managements zugunsten eines Börsengangs stets zu beachten und bei der Prozesssteuerung einzuplanen.

Im Fall eines Börsengangs ist zu entscheiden, ob und inwieweit die Emission aus neuen, im Rahmen einer Kapitalerhöhung geschaffenen Aktien besteht, ob bestehende Aktien von Altaktionären platziert werden, oder ob sowohl neue Aktien emittiert als auch alte Aktien umplatziert werden.[1729] Der Exitkanal Börsengang ist aus Sicht eines Finanzinvestors in der Regel nur dann sinnvoll, wenn er wenigstens einen Teil seiner Altaktien im Rahmen der Emission platzieren kann, um jedenfalls einen teilweisen Exit realisieren zu können. Gerade die Platzierung von Altaktien eines Finanzinvestors sieht der Kapitalmarkt mittlerweile zunehmend als natürlichen Schritt an.[1730]

Der Finanzinvestor sollte sich darüber bewusst sein, in der Regel nicht sämtliche von ihm gehaltenen Altaktien an dem Portfolio-Unternehmen bereits im Rahmen des IPO platzieren und damit einen vollständigen Exit durchführen zu können. Die Emissionsverträge mit den mandatierten Banken[1731] sehen für die Altaktionäre regelmäßig Veräußerungsverbote in Form von Lock-up-Verpflichtungen vor, wobei der Zeitraum für ein solches Veräußerungs-

---

[1728] Zur aktienrechtlichen Kompetenzabgrenzung statt aller Hüffer, Aktiengesetz, § 76 Rn. 4.
[1729] Investoren sehen es regelmäßig ungern, wenn die Altaktionäre „Kasse machen" und sich aus dem Unternehmen verabschieden. Kapitalerhöhungen werden von Investoren daher grundsätzlich bevorzugt, wobei bei einem Börsengang eines Portfolio-Unternehmens eines Finanzinvestors ein hoher Anteil an mit zu platzierenden Altaktien eher akzeptiert wird. Zum Ganzen Schanz, Börseneinführung, § 6 Rn. 35 ff., insbesondere Rn. 37.
[1730] Schäcker/Brehm in: Habersack/Mülbert/Schlitt, Unternehmensfinanzierung am Kapitalmarkt, § 2 Rn. 13.
[1731] Lock-up-Verpflichtungen können entweder bereits in der Mandatsvereinbarung (Engagement Letter) mit der Emissionsbank oder in dem Übernahmevertrag geregelt werden. Eine Lock-up-Verpflichtung bereits in der Mandatsvereinbarung setzt voraus, dass die Altaktionäre gegenüber der Emissionsbank bzw. dem Konsortialführer neben dem Emittenten – also der den Börsengang anstrebenden Gesellschaft – auch als Mandant auftreten.

verbot zwischen sechs Monaten und zwei Jahren variiert.[1732] Bei der Bemessung des Zeitraums, für den ein solches Veräußerungsverbot gilt, kann allerdings zwischen verschiedenen Aktionärsgruppen – also zum Beispiel zwischen einem Finanzinvestor und dem Management – unterschieden werden. Der Sinn solcher Lock-up-Verpflichtungen besteht darin, vertrauensbildend auf den Kapitalmarkt einzuwirken, wonach in der Folgezeit einer Emission kein Verkaufsdruck durch Platzierung weiterer großer Pakete entsteht.[1733] Eine Lock-up-Verpflichtung kann für den Investor auch von Vorteil sein, da er über sein Aktienpaket an weiteren Wertsteigerungen des börsennotierten Unternehmens bis zum endgültigen Exit partizipiert.[1734] Allerdings besteht umgekehrt auch die Gefahr eines Wertverlusts. Erst im Rahmen eines Secondary Public Offerings, also einer zweiten Platzierungsrunde, oder im Rahmen eines Verkaufs außerhalb der Börse, also im Rahmen eines sog. Block Trades, gelingt einem Private-Equity-Investor bei einem Börsengang der vollständige Exit und damit die endgültige Realisierung des Investments.

Auch bei einer reinen Umplatzierung von Aktien aus dem Bestand von Altaktionären ohne Durchführung einer Kapitalerhöhung bei der Gesellschaft und der Ausgabe neuer Aktien im Weg eines öffentlichen Angebots, bei der ein Prospekt[1735] erstellt wird, ist regelmäßig die Unterstützung der Gesellschaft erforderlich. Eine solche Unterstützung durch die Gesellschaft bei der Umplatzierung von Altaktien kann aktienrechtlich unzulässig sein, sofern sie nicht auch im Interesse der Gesellschaft liegt. Aus aktienrechtlicher Sicht ist der Vorstand verpflichtet, die Vermögensinteressen der Gesellschaft und nicht diejenigen der Aktionäre wahrzunehmen; darüber hinaus hat er die Geschäftsgeheimnisse der Gesellschaft, die bei der Prospekterstellung berührt werden, vertraulich zu behandeln.[1736] Allerdings hat die Gesellschaft auch an einer reinen Umplatzierung von Aktien regelmäßig ein eigenes Interesse. Neben der Lösung von dem bisherigen Großaktionär kann die Gesellschaft die Platzierung der Aktien im Wege eines öffentlichen Angebots auch zur Steigerung ihrer eigenen Bekanntheit sowie für künftige Investor-Relations-Maßnahmen verwenden.[1737] Da also regelmäßig auch eine Umplatzierung von Aktien im Interesse der Gesellschaft liegt, ist eine Einigung der Gesellschaft mit dem Altaktionär über eine interessengerechte Aufteilung der Kosten anzustreben, die der Gesellschaft bei der Unterstützung der Prospekterstellung und der Einbindung von Beratern und Wirtschaftsprüfern entstehen. Für die Vermarktung spielt die Herkunft der Aktien aufgrund ihres Einflusses auf die Equity Story allerdings eine wichtige Rolle, d. h. ob die Aktien aus einer Kapitalerhöhung oder aus dem Bestand der Altaktionäre stammen.[1738] Die korrekte Kommunikation im Vorfeld eines IPO ist Aufgabe der begleitenden Investmentbank.

### 3.3. Dual Track

M&A-Prozess und IPO bieten, wie soeben gezeigt, jeweils verschiedene Vor- und Nachteile. Der vor einem Exit stehende Finanzinvestor ist vor allem daran interessiert, auf Grundlage eines strukturierten Prozesses, der ihm die größtmögliche Abschlusswahrscheinlichkeit verspricht, einen möglichst hohen Erlös zu erzielen. Ein Dual Track kombiniert diese beiden Zielvorgaben miteinander, nämlich Transaktionssicherheit sowie Erlösmaximierung, trotz der regelmäßig hiermit verbundenen Schwierigkeiten und der Komplexität.

---

[1732] Schanz, Börseneinführung in Recht und Praxis, § 6 Rn. 43.
[1733] Schäfer, ZGR 2008, 455 (465).
[1734] Wollgarten in: Ottersbach, Praxishandbuch Unternehmensbeteiligung, A IV 2, Rn. 543.
[1735] Zur Prospektpflicht vgl. Schanz, Börseneinführung, § 13 Rn. 7 ff.
[1736] Zur Zulässigkeit der Weitergabe von Insiderinformationen durch den Vorstand einer börsennotierten AG im Rahmen einer Due-Diligence-Prüfung vgl. Assmann in: ders./Uwe H. Schneider, WpHG, § 14 Rn. 164.
[1737] Meyer in: Marsch-Barner/Schäfer, Handbuch börsennotierte AG, § 6 Rn. 20.
[1738] Schäcker/Brehm in: Habersack/Mülbert/Schlitt, Unternehmensfinanzierung am Kapitalmarkt, § 2 Rn. 12.

### 3.3.1. Transaktionssicherheit

Die Vorbereitung und Durchführung eines Exits binden Zeit und Geld und damit Ressourcen, die für das operative Geschäft des Portfolio-Unternehmens fehlen. Der den Exit betreibende Finanzinvestor wird daher am Ende des Exitprozesses den Exitkanal wählen, der ihm die größtmögliche Abschlusssicherheit verspricht.

Ein erfolgreicher Verkauf des Portfolio-Unternehmens im Rahmen eines M&A-Prozesses sowie ein erfolgreicher Börsengang hängen von verschiedenen externen Faktoren ab, die der Investor nicht beeinflussen kann. Die M&A-Aktivitäten bewegen sich nicht auf einem konstanten Niveau und sind insbesondere von den Faktoren Konjunktur sowie Verfassung der Finanzmärkte abhängig. In Zeiten schwacher Konjunktur oder labiler Finanzmärkte üben sowohl strategische als auch Finanzinvestoren Zurückhaltung bei ihren M&A-Aktivitäten. Auch die Aufnahmebereitschaft der Börsen unterliegt Schwankungen, das Interesse von Investoren am Kapitalmarkt ist daher unterschiedlich stark ausgeprägt.[1739] Ein Dual Track kann daher nur dann glaubhaft durchgeführt werden, wenn sowohl der M&A- als auch der IPO-Markt im Grundsatz funktionieren. Steht mindestens einer der beiden potentiellen Exitkanäle nicht zur Verfügung, sollte von einem Dual Track Abstand genommen und der Fokus auf den aktuell funktionierenden Exitkanal gerichtet werden. Ein gewichtiges Argument aus Sicht des verkaufswilligen Finanzinvestors spricht allerdings gegen einen isolierten Börsengang und für einen Dual Track: Bei einem Verkauf können in der Regel sämtliche Anteile an dem Unternehmen verkauft und damit ein vollständiger Exit durchgeführt werden während bei einem Börsengang der Finanzinvestor meist nur bis zu 50 % der Anteile umplatzieren kann. Darüber hinaus besteht für den verkaufenden Finanzinvestor nach der Unterzeichnung des Unternehmenskaufvertrags, vorbehaltlich fusionskontrollrechtlicher Freigaben und der Erfüllung weiterer gesetzlich zwingender oder vertraglich vereinbarter Vollzugsvoraussetzungen,[1740] Transaktionssicherheit.[1741] Bei einem Börsengang fehlt diese, da der Erfolg oder Misserfolg des Börsengangs letztlich von der Nachfrage nach den zum Börsenhandel zuzulassenden Aktien des Unternehmens abhängt.

Ein Dual Track ermöglicht es dem Finanzinvestor, sich zu einem späten Zeitpunkt für oder gegen einen Exitkanal zu entscheiden und auch bei Scheitern des M&A-Prozesses den IPO-Prozess erfolgreich zu Ende zu führen und umgekehrt. Wird dagegen ausschließlich einer der beiden Exitkanäle verfolgt und scheitert der in Aussicht genommene Weg, muss der gesamte Exitprozess weitgehend neu aufgesetzt werden, da ein Umschwenken auf einen parallel laufenden Exitkanal, der im Fall eines Dual Track zur Verfügung steht, mangels entsprechender Vorbereitung regelmäßig nicht möglich ist. Für den Finanzinvestor bietet – vorausgesetzt, der M&A- und der IPO-Markt funktionieren – ein Dual Track daher die

---

[1739] Das Volumen der Beteiligungsverkäufe in Deutschland ansässiger Beteiligungsgesellschaften hat sich im Vergleich zum Vorjahr (2007 – Verf.) von 2.909 Mio. € auf 1.557 Mio. € annähernd halbiert. Hauptgrund hierfür sind die sich im Jahresverlauf verschärfende Lage am Kapitalmarkt und die Zurückhaltung von Käufern im M&A-Markt, die erfolgreiche Unternehmensverkäufe schwierig bis unmöglich machten. Dementsprechend sank auch die Zahl der Unternehmen, bei denen deutsche Beteiligungsgesellschaften sich von ihrer Beteiligung ganz oder teilweise trennten, von 697 auf 575. Bezogen auf das Exitvolumen, dominierten Trade Sales mit 35 %, Verkäufe an Beteiligungsgesellschaften mit 30 % und Divestments beim IPO/Aktienverkäufe mit 9 %. BVK Statistik, Das Jahr 2008 in Zahlen, S. 9, abrufbar unter www.bvkap.de.

[1740] Ausgewählte Zustimmungs- und Genehmigungserfordernisse finden sich bei Semler in: Hölters, Handbuch des Unternehmens- und Beteiligungskaufs, Teil VII Rn. 124 ff.

[1741] Insbesondere bei sog. Material-Adverse-Change (MAC)- bzw. Force-Majeur-Klauseln fehlt aus Verkäufersicht eine unbedingte Sicherstellung der Vertragsdurchführung. Ob und falls ja, mit welchem Inhalt solche MAC- bzw. Force-Majeur-Klauseln Eingang in einen Unternehmenskaufvertrag finden, hängt wesentliche von der Verhandlungsmacht beider Seiten und damit von dem jeweiligen Marktumfeld ab. Zur Auslegung von Material-Adverse-Change-Klauseln vgl. Kuntz, DStR 2009, 377 ff.

größtmögliche Transaktionssicherheit verbunden mit der größtmöglichen Flexibilität beim Exit.

### 3.3.2. Erlösmaximierung

Der Erfolg eines Investments wird in erster Linie an der erwirtschafteten Rendite gemessen. Neben dem beim Erwerb des Portfolio-Unternehmens gezahlten Kaufpreis kommt es im Fall des Verkaufs daher entscheidend auf den erzielten Verkaufpreis und im Fall eines IPO auf den Emissionserlös an, der dem Investor zufließt.

Bei einem M&A-Prozess bietet es sich – jedenfalls wenn für das zum Verkauf stehende Unternehmen mehrere Kaufinteressenten in Betracht kommen – regelmäßig an, statt von Beginn des Verkaufsprozesses an exklusive Verhandlungen mit einem Kaufinteressenten zu führen, ein Auktions- bzw. Bieterverfahren vorzusehen, zu dem sowohl strategische als auch Finanzinvestoren eingeladen werden. Aufgrund der Wettbewerbssituation,[1742] die gegenüber den verschiedenen Bietern kommuniziert wird, soll ein möglichst optimaler Kaufpreis ermittelt und bei Closing vereinnahmt werden. Ein solches Auktionsverfahren führt aus Sicht des Verkäufers zu einem objektivierten Preisvergleich.[1743] Ein Auktionsverfahren kann potentielle Interessenten allerdings auch davon abhalten, an einem Verkaufsprozess teilzunehmen, etwa weil sie aufgrund der Wettbewerbssituation und der damit regelmäßig verbundenen geringeren Aussichten auf einen erfolgreichen Abschluss der Transaktion nicht an solchen Verfahren teilnehmen. Vor Durchführung eines Auktionsverfahrens sollten daher auch die hiermit verbundenen Nachteile bedacht werden, zu denen aus praktischer Sicht insbesondere die aus Käufersicht fehlende Transparenz sowie die aufgrund der Wettbewerbssituation geringeren Chancen auf einen erfolgreichen Abschluss und die damit verbundenen nutzlos aufgewendeten Kosten zählen. Aus rechtlicher Sicht fragt sich ein aus dem Auktionsverfahren ausgeschiedener Bieter, ob er Ansprüche auf Erstattung der bei ihm im Zusammenhang mit dem Auktionsverfahren entstandenen Kosten gegen den Verkäufer oder gegen die das Auktionsverfahren begleitende Investmentbank geltend machen kann.[1744] Wird bei einem Dual Track ein Auktionsverfahren durchgeführt und fällt die Entscheidung für den Börsengang, scheiden Ersatzansprüche der Bieter aus dem Trade-Sale-Prozess mangels schutzwürdigen Vertrauens regelmäßig aus, sofern von Beginn an die Durchführung eines Dual Track kommuniziert war.[1745] Auf eine rechtlich gesicherte Formulierung des Prozessbriefs, aus dem sich die Regeln für den Ablauf der Transaktion und insbesondere der Hinweis auf die Durchführung eines Auktionsverfahrens im Rahmen eines Dual Track ergeben, ist daher Wert zu legen.[1746]

Wird parallel zu dem M&A-Prozess der IPO vorbereitet, stellt der Finanzinvestor aufgrund der gleichzeitigen Ansprache verschiedener Investorengruppen den größtmöglichen Wettbewerbsdruck unter den verschiedenen Investorengruppen her und kann so den Exiterlös maximieren. Bei der Vorbereitung des IPO ist allerdings im Rahmen der Festsetzung der Preisspanne der regelmäßig vorzunehmende IPO-Discount zu berücksichtigen.[1747] Von dem als angemessen angesehenen Preis für die zukünftig börsennotierten Aktien wird üblicherweise ein Abschlag vorgenommen, um die Investoren zur Zeichnung der Aktien zu

---

[1742] Die an einem Auktionsverfahren Beteiligten sind in geeigneter Weise, meist im Rahmen eines Process Letter, auf die Wettbewerbssituation hinzuweisen, um haftungsrechtliche Konsequenzen für den Verkäufer möglichst zu vermeiden. Hierzu später.

[1743] Holzapfel/Pöllath, Unternehmenskauf in Recht und Praxis, Rn. 69a.

[1744] Eine Haftung ist unter verschiedenen Gesichtspunkten denkbar, nämlich im Zusammenhang mit der Richtigkeit und Vollständigkeit der in einem Information Memorandum enthaltenen Informationen, der Abweichung von einem zuvor kommunizierten Verfahrensablauf sowie der Existenz und der Anzahl weiterer Bieter. Vieles ist hier von der Rechtsprechung bislang nicht geklärt.

[1745] Geyrhalter/Zirnbigl/Strehle, DStR 2006, 1559 (1562).

[1746] Zum Prozessbrief vgl. Abschnitt 4.2.2.

[1747] Hierzu Singof/Weber in: Habersack/Mülbert/Schlitt, Unternehmensfinanzierung am Kapitalmarkt, § 23 Rn. 50.

bewegen. Dieser Discount, der nur bei einem IPO zu berücksichtigen ist, kann bis zu 15 % vom fairen Preis der Aktie betragen.

### 3.3.3. Weitere Motive

Zusätzlich zu den beiden vorstehend genannten Gründen spricht auch die gesteigerte Verhandlungsmacht des den Exit betreibenden Finanzinvestors für die Durchführung eines Dual Track. Ein glaubhaft durchgeführter Dual Track ermöglicht es dem Finanzinvestor sowohl bei Verhandlungen im Rahmen des M&A-Prozesses als auch bei den Vorbereitungen des Börsengangs auf den jeweils anderen Track zu verweisen und damit die eigene Verhandlungsposition zu optimieren.

Im Rahmen des M&A-Prozesses wird jedenfalls bei Durchführung eines Auktionsverfahrens der Unternehmenskaufvertrag parallel mit verschiedenen Interessenten verhandelt. Dabei steht der Umfang der von der Verkäuferseite abzugebenden Gewährleistungen im Fokus der Interessen. Die verschiedenen Kaufinteressenten werden aufgrund der Wettbewerbssituation den individuellen Erfolg ihrer Verhandlungen nicht mit der Forderung nach umfangreichen Garantiekatalogen gefährden, um ein vorzeitiges Ausscheiden aus dem Verkaufsprozess zu vermeiden. Eine weitere Einschränkung des Gewährleistungskatalogs lässt sich aus Sicht des verkaufenden Investors dadurch erzielen, dass auf die parallel laufende Vorbereitung des Börsengangs und dort auf den mit der Emissionsbank abzuschließenden Übernahmevertrag verwiesen wird. Der Übernahmevertrag enthält zwar regelmäßig auch Garantien der Altaktionäre und nicht nur des Emittenten, allerdings werden sich die Garantien der Altaktionäre inhaltlich weitgehend auf rechtliche Umstände beschränken.[1748] Ob sich die Altaktionäre gegenüber der Emissionsbank damit durchsetzen können, keine unternehmens- und prospektbezogenen Garantien abzugeben, wie dies für den Emittenten der Fall ist, hängt neben der Marktmacht des Altaktionärs auch von der Höhe seiner Beteiligung sowie seiner unternehmerischen Einbindung ab.[1749] Als Kompromiss bieten sich Haftungsbeschränkungen für die Altaktionäre an, auf deren Ausgestaltung hier nicht vertieft eingegangen werden kann.[1750]

## 4. Herausforderungen und Besonderheiten bei Durchführung eines Dual Track

Bei einem Dual Track werden im Rahmen eines Gesamtprojekts M&A-Transaktion und Börsengang parallel und jeweils in vollem Umfang vorbereitet. Beide Projektstränge müssen gleichzeitig geplant und umgesetzt sowie aufeinander abgestimmt werden. Der starre IPO-Prozess, bei dem gesetzlich vorgegebene Fristen eingehalten und innerhalb der vorgegebenen Zeiträume Unterlagen, insbesondere Jahresabschlüsse, vorgelegt werden müssen, gibt dabei in zeitlicher Hinsicht den Takt vor. Hieraus ergeben sich prozessuale sowie rechtliche Besonderheiten, auf die nachfolgend vertieft eingegangen wird.

### 4.1. Prozess und Koordination

#### 4.1.1. Die Vorbereitung des Exits, Synergien

Da sich erst beim Exit zeigt, ob das Investment erfolgreich war, wird auf diesen letzten Schritt eines Private Equity Investments besonderer Wert gelegt. Bevor der Investor in den

---

[1748] Haag in: Habersack/Mülbert/Schlitt, Unternehmensfinanzierung am Kapitalmarkt, § 23 Rn. 41.
[1749] Schanz, Börseneinführung in Recht und Praxis, § 9 Rn. 83.
[1750] In Betracht kommt die Abgabe von Garantien „nach bestem Wissen", die Beschränkung der Haftung auf den Verkaufserlös, die Haftung der Altaktionäre nur für den Fall, dass der Emittent erfolglos in Anspruch genommen wurde, etc. Vgl. hierzu Haag in: Habersack/Mülbert/Schlitt, Unternehmensfinanzierung am Kapitalmarkt, § 23 Rn. 43.

Exitprozess eintritt und die hierfür erforderlichen Maßnahmen ergriffen werden, ist zunächst die Exitreife des Portfolio-Unternehmens sicherzustellen. Die Exitvorbereitungen für einen Börsengang unterscheiden sich in mehrfacher Hinsicht von denjenigen eines Verkaufs.

#### 4.1.1.1. Börsengang

Bei einem Dual Track entscheidet der Exitkanal Börsengang über die rechtlichen und wirtschaftlichen Anforderungen, die ein Unternehmen erfüllen muss und die bei einem Börsengang klar definiert und daher vorgegeben sind. Im Fall eines Börsengangs reflektiert die Börsen- oder Kapitalmarktreife des Unternehmens die Investitionskriterien von Anlegern, die in börsennotierte Unternehmen investieren. Diese Kriterien werden daher auch von den Emissionsbanken zugrunde gelegt, wobei diese Kriterien nicht identisch sind, sondern sich von Bank zu Bank unterscheiden können.[1751] Maßgeblich sind unter anderem Transparenz und Klarheit des Unternehmens im Hinblick auf Struktur, Beteiligungs- und sonstige Rechtsverhältnisse, wie zum Beispiel geistige Eigentumsrechte, sowie ein überzeugendes Management. Darüber hinaus kommt es auf ein funktionierendes Rechnungswesen und Controlling an, damit das Unternehmen die vielfältigen Berichtspflichten im Zusammenhang mit dem Börsengang erfüllen kann. Falls das Unternehmen nicht im Freiverkehr, sondern im regulierten Markt gelistet werden soll, ist der Konzernabschluss nach den Vorschriften der International Reporting Standards (IFRS) aufzustellen,[1752] was bei dem betroffenen Unternehmen oft umfangreiche Vorbereitungs- und Umstellungsmaßnahmen erfordert. Schließlich kommt es darauf an, ob das Unternehmen eine überzeugende Unternehmensstrategie, insbesondere eine Wachstumsstory, aufweist.[1753]

#### 4.1.1.2. Verkauf

Auch bei einem Verkauf sind klare und transparente Strukturen des Unternehmens im Zweifel einem hohen Verkaufserlös zuträglich und qualitativ hochwertige Jahresabschlüsse erhöhen das Vertrauen des Käufers in das Unternehmen und wirken sich daher ebenfalls positiv auf den Erlös aus. Im Idealfall führt der Verkäufer vor Beginn des Verkaufsprozesses sogar eine eigene, also eine Vendor Due-Diligence[1754] durch und trägt dafür Sorge, dass Schwachstellen, die im Rahmen der Verkaufsvorbereitungen identifiziert wurden, auf eine rechtlich einwandfreie Grundlage gestellt werden.[1755] Schließlich benötigt auch der Verkäufer eines Unternehmens eine überzeugende Equity Story,[1756] wie sie bei einem Börsengang regelmäßig verlangt, von dem Börsenkandidaten präsentiert und von der Emissionsbank aufbereitet und vor Durchführung der Platzierung geprüft wird. Denn das Ansehen der Bank hängt auch von dem Erfolg oder Misserfolg der von ihr durchgeführten Emission sowie der weiteren Kursentwicklung der von ihr platzierten Aktien ab.[1757] Die Darstellung

---

[1751] Schanz, Börseneinführung, § 6 Rn. 24.
[1752] Marsch-Barner in: ders./Schäfer, Handbuch börsennotierte AG, § 1 Rn. 37. Mit der Pflicht für kapitalmarktorientierte Unternehmen, ihre konsolidierten Abschlüsse nach IFRS der EU-Verordnung v. 19. Juli 2002 (Verordnung (EG) Nr. 1606/2002 des Europäischen Parlaments und des Rats v. 19. Juli 2002 betreffend die Anwendung internationaler Rechnungslegungsstandards) aufzustellen (vgl. § 315a HGB), soll erreicht werden, dass innerhalb der EU die konsolidierten Abschlüsse dieser Unternehmen nach einheitlichen Regeln erstellt und damit untereinander vergleichbar werden.
[1753] Ecker, Mergers and Acquisitions 2006, 483 (485).
[1754] Vgl. zur Vendor Due Diligence Cannivé, ZIP 2009, 254 ff.
[1755] Eine Vendor Due Diligence im Rahmen eines Dual Track ist mit Vorsicht durchzuführen, das Wechselspiel zwischen den bei der Vendor Due Diligence gewonnenen Erkenntnissen mit den Informationen, die den Anlegern durch den Börsenprospekt mitgeteilt werden, sollte stets bedacht werden.
[1756] Vgl. Singhof/Weber in: Habersack/Mülbert/Schlitt, Unternehmensfinanzierung am Kapitalmarkt, § 3 Rn. 40 ff.
[1757] Meyer in: Marsch-Barner/Schäfer, Handbuch börsennotierte AG, § 8 Rn. 5.

der wesentlichen Kaufargumente für die zu platzierenden Aktien, insbesondere das Geschäftsmodell und die sich daraus ergebenden unternehmerischen Perspektiven, erfolgt bei einem Verkauf allerdings nicht durch die konsortialführende Bank und das Management bei der Roadshow, sondern auf Grundlage eines Information Memorandum, in dem die wesentlichen Vorteile und Investitionserwägungen dargestellt werden.[1758]

#### 4.1.1.3. Synergien

Bei einem Dual Track entstehen regelmäßig Synergien zwischen beiden Tracks, die es zu nutzen gilt.

Das zum Verkauf stehende Unternehmen hat seine jeweilige Form aufgrund individueller Entwicklungen erreicht. Für einen Käufer oder den Kapitalmarkt können das sichtbare Erscheinungsbild eines Unternehmens und die hinter diesem Erscheinungsbild liegenden, meist intransparenten Entwicklungen eher abschreckend wirken, da sie häufig nicht vollständig nachvollziehbar erscheinen. Am Anfang des Exitprozesses und vor Ansprache von Investoren und anderen potentiellen Interessenten steht daher, soweit erforderlich, die Änderung der Erscheinungsform des Unternehmens, seiner Rechtsform, seiner Organisation, seiner Beziehungen zur Außenwelt und seiner sonstigen wesentlichen Verhältnisse. Ziel einer solchen Umstrukturierung ist es, das Unternehmen als eine überschaubare und durchstrukturierte Einheit darstellen zu können, die über besondere Eigenschaften verfügt und daher ein attraktives Akquisitionsobjekt darstellt.[1759] Dieses Ziel gilt universell und unabhängig davon, ob der Exit im Weg eines Verkaufs oder eines Börsengangs erfolgt. Für den Fall, dass das an der Börse einzuführende Unternehmen noch keine Aktiengesellschaft, Kommanditgesellschaft auf Aktien oder Societas European (SE)[1760] oder noch keine eigenständige Einheit in einer der drei Rechtsformen ist, muss dieses vor dem Börsengang durch einen Rechtsformwechsel umstrukturiert werden. Dabei sind abhängig von der ursprünglichen Rechtsform des Unternehmens zahlreiche steuerliche, organisatorische und andere Aspekte zu beachten, wobei die Attraktivität eines solchen Rechtsformwechsels maßgeblich von steuerlichen Aspekten geprägt wird. Auf die Vielzahl der Möglichkeiten, die Rechtsform eines Unternehmens zu ändern, kann hier nicht eingegangen werden.[1761]

Sowohl für den Börsengang als auch für den M&A-Prozess wird für die Durchführung der Due-Diligence[1762] ein Datenraum eingerichtet, in dem die wesentlichen Unterlagen offengelegt werden: Für den Börsengang werden die von der Emissionsbank mandatierten Rechtsberater[1763] eine Due Diligence durchführen, um eine Legal Opinion und Disclosure Opinion[1764] abgeben zu können, und für den M&A-Prozess wird der Datenraum in jedem Fall[1765] von den Kaufinteressenten benötigt, die auf Grundlage dieses Prozesses Risiken

---

[1758] Zum Information oder Offering Memorandum Gran, NJW 2008, 1409 (1410).

[1759] Holzapfel/Pöllath, Unternehmenskauf in Recht und Praxis, Rn. 821.

[1760] Die Rechtsform, die das Unternehmen für den Börsengang erhalten muss, ergibt sich aus börsenrechtlichen Regeln, wonach die zuzulassenden Wertpapiere „frei handelbar" sein müssen, vgl. Singhof/Weber in: Habersack/Mülbert/Schlitt, Unternehmensfinanzierung am Kapitalmarkt, § 3 Rn. 4 m.w.N.

[1761] Siehe hierzu die Übersicht sowie die ausführliche Darstellung zum Rechtsformwechsel bei Schanz, Börseneinführung, § 4 Rn. 1 ff.

[1762] Zur Due Diligence bei M&A-Transaktionen im Allgemeinen und den Arten der Due Diligence im Besonderen, vgl. Gran, NJW 2008, 1409 (1412 ff.)

[1763] Auch die mandatierten Wirtschaftsprüfer, die gegenüber der Emissionsbank einen Comfort Letter abzugeben haben, welcher der Sicherstellung der Richtigkeit und Vollständigkeit des Prospekts dient und den die Emissionsbank aufgrund der „due diligence defense" als Argument gegen ihre Prospekthaftung ins Feld führen kann, benötigen einen Datenraum. Zum Comfort Letter Kunold in: Habersack/Mülbert/Schlitt, Unternehmensfinanzierung am Kapitalmarkt, § 28.

[1764] Zu Legal Opinion und Disclosure Opinion Schanz, Börseneinführung, § 8 Rn. 61 ff. m.w.N.

[1765] Sofern eine Vendor Due Diligence durchgeführt wird, benötigen auch die Berater des Verkäufers bzw. des Unternehmens den Datenraum.

identifizieren, den Kaufpreis bewerten und Vorbereitungen für die Kaufvertragsverhandlungen treffen, indem der Garantiekatalog vorbereitet wird.[1766] Über die Verwaltung der Zugriffsrechte auf die einzelnen in dem – meist elektronischen – Datenraum vorhandenen Dokumente lässt sich der Detaillierungsgrad der Offenlegung je nach Stadium des Prozesses steuern. Dadurch kann sichergestellt werden, dass sensible Informationen einem Wettbewerber des zum Verkauf stehenden Unternehmens erst dann zugänglich gemacht werden, wenn die Unterzeichnung des Unternehmenskaufvertrags kurz bevor steht oder bereits erfolgt ist.

Für den Börsengang ist in der Regel ein Prospekt zu erstellen und zu veröffentlichen, es sei denn, die Aktienplatzierung soll nicht im Rahmen eines öffentlichen Angebots bei einem möglichst breiten Kreis von Investoren platziert werden.[1767] Die Darstellungen in dem Prospekt können weitgehend auch für das Information Memorandum verwendet werden, soweit sich die Darstellungen auf die Beschreibung des Unternehmens in operativer, organisatorischer und finanzieller Hinsicht beziehen und eine Beschreibung des Marktumfelds mit den herausragenden (Alleinstellungs-) Merkmalen des Unternehmens erfolgt. Dabei ist darauf zu achten, dass die Zielrichtung des Prospekts, der unter anderem dazu dienen soll, die Funktionsfähigkeit der Kapitalmärkte durch Transparenz zu stärken und den Schutz der Anleger sicherzustellen,[1768] von derjenigen des Information Memorandum, das in erster Linie ein Verkaufsdokument ist, abweichen kann.

Die unterschiedlichen Zielrichtungen von einem im Zusammenhang mit einem Börsengang zu erstellenden und zu veröffentlichenden Prospekt und einem Information Memorandum sind insbesondere auch im Hinblick auf die Prospekthaftungstatbestände zu beachten: Die Darstellung der Vor- und Nachteile des vor dem Börsengang oder dem Verkauf stehenden Unternehmens sowie die damit verbundenen Chancen und Risiken erfolgt im Rahmen eines Prospekts stets auch mit Blick auf die mögliche Inanspruchnahme durch einen Aktionär aufgrund der spezialgesetzlich geregelten[1769] oder von der Rechtsprechung entwickelten[1770] Fälle der Prospekthaftung. Bei einem Information Memorandum kommt es darauf an, das Unternehmen und die Transaktion den Tatsachen entsprechend und gleichzeitig als möglichst attraktiv darzustellen. Daher sind sich die angesprochenen möglichen Erwerber darüber im Klaren, dass die in einem Information Memorandum enthaltenen Informationen zwar einerseits als korrekt eingeordnet werden können, andererseits allerdings ein Verkäufer und in jedem Fall auch die mandatierte Investmentbank für den Inhalt keine Haftung übernehmen wollen. Käufer versuchen allerdings, für die Richtigkeit des Informa-

---

[1766] Das LG Köln (Urteil v. 23. Juni 2008, 90 O 11/08, GmbHR 2009, 261) hat entschieden, dass über die Durchführung einer Due Diligence bei der GmbH die Gesellschafterversammlung durch einstimmigen Beschluss zu entscheiden hat. Diese Entscheidung ist für die Praxis des Unternehmenskaufs natürlich kontraproduktiv. Krömker (NZG 2003, 418 ff.) vertritt bei der AG die Ansicht, dass ein Paketaktionär gegebenenfalls sogar einen Anspruch auf Informationsoffenbarung haben kann. Es bleibt abzuwarten, wie sich die Rechtsprechung weiter entwickelt.

[1767] Ein öffentliches Angebot stellt für einen Börsengang die Regel dar. Die Prospektpflicht ergibt sich in diesem Fall aus § 3 Abs. 1 S. 1 WpPG. Liegt kein öffentliches Angebot, sondern eine Privatplatzierung vor, entfällt die Prospektpflicht. Zu den Einzelheiten vgl. Meyer in Handbuch börsennotierte AG, § 7 Rn. 84 ff.

[1768] Zum gesetzlich vorgeschriebenen Inhalt des Prospekts vgl. § 5 WpPG.

[1769] Anspruchsgrundlage sind für Prospekte von im amtlichen Markt notierten Aktien die §§ 44 bis 47 BörsG (für Werte in anderen Marktsegmenten bzw. Verkaufsprospekte über die Verweise in § 55 BörsG und §§ 13, 13a VerkProspG. Vgl. Mülbert/Steup in: Habersack/Mülbert/Schlitt, Unternehmensfinanzierung am Kapitalmarkt, § 33 Rn. 9 ff., insbesondere Rn. 13 ff.

[1770] Die allgemeine bürgerlich-rechtliche Prospekthaftung im engeren Sinn aufgrund typisierten Vertrauens ist von der Rechtsprechung entwickelt worden, findet nach nicht unumstrittener Ansicht im Anwendungsbereich der spezialgesetzlichen Prospekthaftung allerdings keine Anwendung; Kümpel, Bank- und Kapitalmarktrecht, Rn. 9.405. Die deliktische Haftung wegen fehlerhafter Prospekte nach § 823 Abs. 2 BGB i.V.m. § 264a StGB, § 826 BGB soll nicht unerwähnt bleiben.

tion Memorandum oder genauer die Richtigkeit der in dem Information Memorandum enthaltenen Informationen vom Verkäufer eine Garantie zu erhalten. Der Verkäufer will dies vermeiden. Außerdem können die in einem Information Memorandum enthaltenen Informationen als öffentliche Äußerungen des Verkäufers nach § 434 Abs. 1 Satz 3 BGB angesehen werden und damit eine Haftung für den Verkäufer begründen.[1771] Es werden daher regelmäßig Haftungsbeschränkungen (Disclaimer) in das Information Memorandum aufgenommen, um eine Haftung des Verkäufers und des Erstellers des Information Memorandum – häufig die begleitende Investmentbank – nach Möglichkeit auszuschließen. Auf eine sorgfältige und insbesondere einzelfallbezogene Formulierung des Disclaimers ist daher Wert zu legen. Bei einem Information Memorandum ist außerdem zu beachten, dass vorsätzlich oder fahrlässig falsche Angaben in einem Information Memorandum eine vorvertragliche Pflichtverletzung darstellen können.[1772] Die möglicherweise zu ersetzenden Schäden liegen zum Beispiel in den Beraterkosten und sonstigen Kosten, die dem Kaufinteressenten entstanden sind. Darüber hinaus wird diskutiert, ob der Verkäufer auch nach den Grundsätzen der Prospekthaftung im engeren Sinn für die Richtigkeit und Vollständigkeit des Information Memorandum haftet.[1773] Hiergegen spricht, dass ein Information Memorandum nicht als wesentliche Grundlage für die Kaufentscheidung des Erwerbers dient, und zwar weder aus Sicht des Verkäufers noch aus Sicht des Erwerbers, der vor der Kaufentscheidung eine in der Regel umfangreiche Due Diligence durchführt und weitere Informationen im Lauf des Prozesses erhält, auf deren Grundlage dann die Kaufentscheidung getroffen wird.

Eine unreflektierte Verwendung der Darstellungen in einem Information Memorandum in einem Börsenprospekt sollte in jedem Fall vermieden werden. Gleiches gilt für Widersprüche zwischen beiden Dokumenten, um von vornherein Anlegern im Fall eines Börsengangs das Argument abzuschneiden, der Prospekt sei unrichtig oder unvollständig.[1774]

Für die Vermarktung der Aktien im Fall eines Börsengangs präsentiert der Vorstand vor der geplanten Börseneinführung das Unternehmen bei Finanzanalysten im Rahmen einer Analystenpräsentation.[1775] Auf Grundlage der Analystenpräsentation erstellen die Finanzanalysten ihre Unternehmensanalysen (Research Reports), die wiederum für die Ansprache institutioneller Investoren verwendet werden. Für die Vermarktung des Unternehmens im Fall eines M&A-Prozesses präsentiert das Management das Unternehmen bei ausgewählten Interessenten, die zuvor ihr Interesse an einem Erwerb bekundet haben, im Rahmen einer Managementpräsentation. Sowohl bei einer Analystenpräsentation als auch bei Managementpräsentation werden die wesentlichen Vorzüge des Unternehmens, insbesondere Finanzkennzahlen und Informationen zum aktuellen Markt- und wirtschaftlichen Umfeld sowie zum Businessplan direkt vom Management dargestellt und erläutert. Bei der Erstellung der Präsentationen bestehen inhaltliche Überschneidungen. Bei diesen Präsentationen hat das Management auch Gelegenheit, sich selbst gegenüber dem künftigen Gesellschafter oder gegenüber den Analysten, die eine Bewertung des Unternehmens und der Aktien vornehmen, zu präsentieren. Die Informationen, die das Management vor den Analysten oder möglichen Erwerbern präsentiert, sind im Vorfeld abzustimmen und insbesondere mit den Angaben im Börsenprospekt in Einklang zu bringen.

---

[1771] Seibt/Reiche, DStR 2002, 1135 (1139). Zu den Voraussetzungen des § 434 Abs. 1 Satz 3 BGB vgl. Palandt/Weidenkaff, § 434 Rn. 34.

[1772] Anspruchsgrundlage sind §§ 311 Abs. 2, 280, 241 Abs. 2 BGB. Vgl. Holzapfel/Pöllath, Unternehmenskauf in Recht und Praxis, Rn. 69a.

[1773] So Weber-Rey in: Semler/Volhard, Arbeitshandbuch für Unternehmensübernahmen, § 11 Rn. 67; ablehnend Louven/Böckmann, ZIP 2004, 445 (446).

[1774] Die Haftung nach §§ 44, 45 BörsG setzt unrichtige oder unvollständige Angaben im Prospekt voraus. Vgl. hierzu Krämer in: Marsch-Barner/Schäfer, Handbuch börsennotierte AG, § 10 Rn. 317 ff.

[1775] Singhof/Weber in: Habersack/Mülbert/Schlitt, Unternehmensfinanzierung am Kapitalmarkt, § 3 Rn. 41.

Allerdings unterscheiden sich die Anforderungen an die Vorbereitungen und an das Unternehmen im Fall eines Verkaufs von einem Börsengang. Sofern ein zum Verkauf stehendes Unternehmen nicht aufgrund seiner aus anderen Gründen bestehenden Kapitalmarktorientierung – das Unternehmen kann zum Beispiel eine Anleihe emittiert haben, die meist institutionelle Investoren gezeichnet haben und die Anleihebedingungen können eine Pflicht des Unternehmens zur Bilanzierung nach den Vorschriften von IFRS vorsehen – ohnehin nach den Vorschriften von IFRS bilanziert, erscheint eine Umstellung von HGB auf IFRS nicht sinnvoll, jedenfalls aber nicht zwingend. Bei einem Börsengang ist eine solche Umstellung auf Konzernebene zwingend. Darüber hinaus bestehen bei rechtlich oder wirtschaftlich komplizierteren Sachverhalten, die ein Kaufinteressent während der Durchführung der Due Diligence identifiziert hat, bei Verhandlungen über den Verkauf des Unternehmens regelmäßig bessere Chancen zur Erläuterung als dies in einem Börsenzulassungsprospekt oder bei einer Roadshow möglich ist. Schließlich entstehen bei der Durchführung eines Dual Track höhere Kosten als dies bei der Verfolgung lediglich eines Exitkanals der Fall wäre, da – abgesehen von den vorstehend dargestellten Synergien – zwei parallele Prozesse vorzubereiten und auch weitgehend durchzuführen sind. Allerdings steht den höheren Kosten ein aufgrund der Durchführung des Dual Track maximierter Exiterlös gegenüber.

Ein Dual Track und der damit verbundene Aufwand sind nur dann sinnvoll, wenn bestimmte Parameter erfüllt sind. Daher ist der erhöhte Aufwand für ein Dual-Track-Verfahren nur gerechtfertigt, wenn der hieraus zu erwartende erhöhte Exiterlös in einem angemessenen Verhältnis zu dem höheren Aufwand steht. Wenngleich sich bislang keine eindeutigen Konturen im Hinblick auf die quantitativen und qualitativen Voraussetzungen herausgebildet haben, die von einem Portfolio-Unternehmen erfüllt sein müssen, damit ein Dual Track bei Investoren auf Akzeptanz stößt und sich auch hinsichtlich des Kostenaufwands rechnet, so gibt doch der IPO-Track bestimmte Mindeststandards vor, die von dem Unternehmen erfüllt werden sollten, um für einen Börsengang und damit auch für einen Dual Track in Frage zu kommen. Im Idealfall hat das Unternehmen nicht nur eine angemessene Größe erreicht, sondern ist auch profitabel und hat über einige Jahre hohe Zuwachsraten bei Umsatz und Ertrag erzielt. Allerdings haben sich im deutschen Markt in der jüngeren Vergangenheit die Schwerpunkte vermehrt in Richtung überzeugender Unternehmensstrategie und einer ebenso überzeugenden auf dieser Strategie basierenden Planung mit entsprechenden Zuwachsraten verschoben. Es kommt daher vermehrt auf den mittel- bis langfristig absehbaren Cashflow und die Ertragssituation des Börsenaspiranten an.[1776] Vor dem Hintergrund der aktuellen gravierenden Turbulenzen an den weltweiten Kapitalmärkten und der tiefgreifenden ebenfalls weltweiten Rezession bleibt allerdings abzuwarten, ob Investoren und Emissionsbanken in Zukunft nicht wieder vermehrt auf historisch belegte nachhaltige Zuwachsraten bei Umsatz und Ertrag der Unternehmen, die vor einem Börsengang stehen, Wert legen werden.[1777] Feste Mindestgrößen, die von einem Portfolio-Unternehmen erfüllt sein müssen, damit ein Dual Track durchgeführt werden kann, bestehen allerdings abgesehen von den Mindestanforderungen, die der Kapitalmarkt verlangt, nicht. Die Entscheidung für oder gegen die Durchführung eines Dual Track hängt daher von der generellen Marktsituation und damit insbesondere davon ab, wie belastbar das Kapitalmarktumfeld ist und welche strategischen oder Finanzinvestoren für das zum Verkauf stehende Unternehmen als Käufer in Betracht kommen.[1778]

---

[1776] Schanz, Börseneinführung, § 6 Rn. 31.
[1777] Im Jahr 2008 erfolgten in Deutschland lediglich drei von insgesamt 568 Exits durch Finanzinvestoren auf dem Weg eines Börsengangs während 69 Trade Sales und 31 Verkäufe an andere Beteiligungsgesellschaften (Secondary Buy-Outs) durchgeführt wurden; vgl. BVK Statistik, Das Jahr 2008 in Zahlen, Tabelle A14, abrufbar unter http://www.bvkap.de.
[1778] Diehl/Bozicevic, AG-Report 2006, R493.

## 4.1.2. Die Rolle des Managements

Das Management spielt bei den Vorüberlegungen und Vorarbeiten sowie bei der Durchführung des Exits über einen Dual Track eine maßgebliche Rolle. Bei den Vorüberlegungen ist zu beachten, dass das Management, wie bei Private-Equity-Investments üblich, an dem Portfolio-Unternehmen (direkt oder indirekt) beteiligt sein kann und aufgrund vertraglicher Vereinbarungen mit dem Private-Equity-Investor[1779] ein zwar eingeschränktes, aber dennoch zu beachtendes Mitsprache- oder jedenfalls Informationsrecht im Zusammenhang mit dem Exit hat. Darüber hinaus werden dem Management im Fall eines Verkaufs bestimmte Mitverkaufsrechte eingeräumt sowie Mitverkaufspflichten auferlegt während im Fall eines Börsengangs das Management Wert darauf legen wird, die von ihm gehaltenen Anteile parallel und pro-rata zum Finanzinvestor platzieren zu können, und zwar unabhängig davon, auf welcher Ebene in der Holdingstruktur der Börsengang erfolgen soll. Bereits im Stadium der Konzeption und Planung eines Dual Track, im Idealfall bereits bei dem Erwerb des Portfolio-Unternehmens, sind die Präferenzen des Managements für den einen oder anderen Exitkanal einzuplanen und vertraglich abzubilden. Jedenfalls müssen alle Anteile des Managements beim Exit des Private-Equity-Investors rechtssicher verkauft und übertragen bzw. platziert werden können.[1780] Das Ergebnis dieser Überlegungen determiniert den gesamten Exitprozess im Allgemeinen und die Einbindung des Managements in den Exitprozess im Besonderen.

Das Management wird in der Regel den Börsengang als Exitkanal favorisieren: Zunächst erfordert ein Börsengang, dass das Portfolio-Unternehmen die Rechtsform der Aktiengesellschaft (oder der SE oder der Kommanditgesellschaft auf Aktien, die allerdings keine große Bedeutung hat und auf die daher nicht vertieft eingegangen wird) erhält. Eine Aktiengesellschaft bietet aus Sicht des Managements, also des Vorstands, den gesetzlich in § 76 Abs. 1 AktG niedergelegten Vorteil, wonach der Vorstand die Gesellschaft unter eigener Verantwortung leitet. Der Vorstand trifft seine Entscheidungen nach eigenem Ermessen unter Berücksichtigung der Interessen der Gesellschaft, der Aktionäre und der Arbeitnehmer. Weisungen anderer Organe oder von Großaktionären ist der Vorstand nicht unterworfen,[1781] wenngleich er diese Interessen im wohlverstandenen Eigeninteresse nicht unbeachtet lassen wird.[1782] Wird das Unternehmen nicht an die Börse gebracht, sondern an einen industriellen oder Finanzinvestor verkauft, kommt das Management nicht in den Genuss der aktienrechtlich verankerten Autonomie des Vorstands einer Aktiengesellschaft. Vielmehr wird es bei einem Verkauf an einen weiteren Finanzinvestor bei umfangreichen Mitsprache- und Entscheidungsrechten des Erwerbers sowie bei regelmäßigen Berichtspflichten des Managements bleiben. Bei einem Verkauf an einen industriellen Investor nimmt dieser Einfluss auf das Tagesgeschäft, sofern das erworbene Unternehmen nicht vollständig in die Erwerbergruppe integriert wird und damit seine Selbständigkeit gänzlich verliert. Schließlich wird ein Börsengang weithin als „Ritterschlag" für das Unternehmen angesehen, der zu einer erhöhten Publizität und Berichterstattung und damit zu einem höheren Bekanntheitsgrad des Unternehmens und des Managements führt.[1783]

---

[1779] Private-Equity-Investor und beteiligtes Management regeln die zwischen ihnen bestehenden Rechtsverhältnisse in einer Gesellschaftervereinbarung (Shareholder Agreement), in dem sich auch möglichst flexible Vorschriften über die Voraussetzungen, die Art und Weise sowie die Durchführung des Exits finden sollten.
[1780] Vgl. Holzapfel/Pöllath, Unternehmenskauf in Recht und Praxis, Rn. 382 m.w.N.
[1781] Vgl. Böttcher/Blasche, NZG 2006, 569 ff.
[1782] Auf Grundlage einer Geschäftsordnung für den Vorstand können auch bei einer Aktiengesellschaft bedeutende Entscheidungen des Vorstands, die dieser an sich – ohne Vorliegen einer Geschäftsordnung – in eigener Verantwortung treffen könnte, von der Zustimmung des Aufsichtsrats abhängig gemacht werden. Vgl. § 77 Abs. 2 Aktiengesetz, wonach sich der Vorstand selbst eine Geschäftsordnung geben kann, sofern nicht die Satzung den Erlass einer Geschäftsordnung dem Aufsichtsrat überträgt oder der Aufsichtsrat eine solche Geschäftsordnung für den Vorstand erlässt.
[1783] Ähnlich Schanz, Börseneinführung, § 2 Rn. 10.

Ist das Management an dem Portfolio-Unternehmen direkt oder indirekt – gegebenenfalls zu Bedingungen, die günstiger sind als die Bedingungen, die von den übrigen Kapitalgebern zu erfüllen sind – beteiligt und wurde eine entsprechende Rendite auf das vom Finanzinvestor eingesetzte Eigenkapital erwirtschaftet, zahlt sich dies auch bei dem Rückfluss an die beteiligten Manager aus. Sofern die maßgeblichen wirtschaftlichen Parameter erfüllt sind, wird das Management einen Gewinn aus dem Investment erwirtschaften, den es im Rahmen einer abhängigen Beschäftigung in aller Regel nicht hätte erwirtschaften können. Das Management kann in einem solchen Fall einem Verkauf des Portfolio-Unternehmens an einen weiteren Finanzinvestor, also bei einem Secondary Buy-Out, eher reserviert gegenüberstehen, da auch der erwerbende weitere Finanzinvestor wieder ein Managementbeteiligungsprogramm arrangieren und von dem Management erwarten wird, dass es sich hieran beteiligt. An einer erneuten Beteiligung unter vollständigem Einsatz des aus der ersten Beteiligung erwirtschafteten Gewinns hat das Management allerdings regelmäßig kein Interesse. Aus Sicht des verkaufenden Private-Equity-Investors ist daher entscheidend, das Management auf geeignete Weise zu incentivieren, den Exitprozess auch für den Fall eines Verkaufs an einen weiteren Finanzinvestor zu unterstützen. Als Incentive kann ein zusätzlicher Exitbonus zugunsten des Managements dienen, den die Manager auch bei einem Secondary Buy-Out nicht reinvestieren müssten, der allerdings nur dann fällig wird, sofern bestimmte Ziele, insbesondere ein bestimmter Mindestkaufpreis, erreicht ist.[1784] Eine solche Bonusvereinbarung müsste gegenüber dem Käufer rechtzeitig, vor Unterzeichnung eines Unternehmenskaufvertrags, offen gelegt werden. Mit dem Kaufinteressenten kann auch vereinbart werden, dass im Fall eines weiteren Managementbeteiligungsprogramms nicht der gesamte Erlös aus dem Exit seitens des Managements reinvestiert werden muss.

Auch unter haftungsrechtlichen Aspekten bevorzugt das Management oft einen Börsengang, da es in dieser Konstellation jedenfalls nach der bisherigen Transaktionspraxis keine Garantien abgeben muss. Üblich geworden ist allerdings eine Vollständigkeitserklärung des Vorstands am Tag der Veröffentlichung des Prospekts unabhängig von den umfassenden Zusicherungen und Gewährleistungen im Übernahmevertrag.[1785] Vor allem Wirtschaftsprüfer vor Abgabe des Comfort Letter[1786] als auch Anwaltskanzleien vor Abgabe der Disclosure Opinion bestehen auf solchen Vollständigkeitserklärungen.

Kommt es zu einer M&A-Transaktion und nicht zu einem Börsengang, wird der verkaufende Investor Gewährleistungen gegenüber dem Käufer übernehmen müssen. Die Parteien eines Unternehmenskaufvertrags weichen von dem gesetzlichen Gewährleistungsregime ab und vereinbaren individualvertraglich selbständige Garantien, mit denen der Verkäufer gegenüber dem Käufer die Haftung für bestimmte vom Käufer als wesentlich erachtete Umstände übernimmt. Der Verkäufer haftet damit gegenüber dem Käufer unbedingt und ohne Rücksicht auf Verschulden, vorbehaltlich der üblichen Haftungsbegrenzungen und Haftungsausschlüsse.[1787] Auch die Rechtsfolgen werden zwischen den Parteien des Unternehmenskaufvertrags individualvertraglich vereinbart.[1788] Kommt ein Verkauf des Portfolio-Unternehmens in Betracht, haben sowohl der verkaufende als auch der erwerbende Investor ein Interesse an einer gesonderten Garantieerklärung des Managements: Der Verkäufer versucht zu vermeiden, Garantien zum operativen Geschäftsbetrieb des Unternehmens mit der

---

[1784] Vgl. hierzu Hohaus/Weber, BB 2008, 2358 ff.

[1785] Krämer in: Marsch-Barner/Schäfer, Handbuch börsennotierte AG, § 10 Rn. 95.

[1786] Es handelt sich um eine schriftliche Bestätigung eines Wirtschaftsprüfers betreffend die Bilanzen, Gewinn- und Verlustrechnungen und Kapitalflussrechnungen für die letzten drei Geschäftsjahre sowie andere Finanzzahlen, die in einem Wertpapierprospekt enthalten sind. Vgl. Krämer in: Marsch-Barner/Schäfer, Handbuch börsennotierte AG, § 10 Rn. 209.

[1787] In Unternehmenskaufverträgen werden regelmäßig Haftungshöchstbeträge, Freibeträge oder Freigrenzen, Verjährungsvorschriften und dergleichen mehr vereinbart.

[1788] Zu den vertraglichen Regelungen vgl. Semler in: Hölters, Handbuch des Unternehmens- und Beteiligungskaufs, Teil VIII Rn. 181 ff.

Begründung abzugeben, er sei an der Geschäftsführung nicht beteiligt und könne daher keine Garantien zum Tagesgeschäft übernehmen.[1789] Dem Finanzinvestor, der das Unternehmen erwerben möchte, stehen die Erkenntnisse aus der Due Diligence zur Verfügung, häufig fehlen ihm spezifische Branchenkenntnisse, wie sie bei einem strategischen Käufer vorhanden sind. Branchenspezifische Spezialkenntnisse sind bei einem Finanzinvestor häufig nur dann vorhanden, wenn er sich mit seinen Investmentaktivitäten auf eine bestimmte Branche konzentriert oder wenn er sich im Vorfeld einer Transaktion solche Branchenkenntnisse durch externe Sachverständige beschafft, beispielsweise indem er eine Marktstudie bei einem Beratungsunternehmen in Auftrag gegeben hat. Managementgarantien dienen in solchen Fällen dazu, Garantien zum Tagesgeschäft anstelle des Verkäufers zu übernehmen sowie dazu, dem Erwerber zu signalisieren, dass die im Rahmen der Due Diligence offengelegten Informationen vollständig und die durch das Management mitgeteilten Informationen zutreffend waren.[1790] Die vom Management abzugebenden Garantien beziehen sich dabei insbesondere auf die aus Sicht des Erwerbers wesentlichen Informationsträger wie Information Memorandum, Businessplan, Finanzkennzahlen und Managementpräsentation; verlangt wird auch eine Bestätigung der Angaben in Due-Diligence-Berichten,[1791] die von dem Erwerber und dessen Beratern im Vorfeld der Transaktion angefertigt wurden.

Unklar ist, ob das Management verpflichtet ist, Managementgarantien abzugeben. Sofern das Management, wie bei Private Equity-Transaktionen üblich, an dem Portfolio-Unternehmen beteiligt ist, finden sich bereits in der Gesellschaftervereinbarung mit dem Finanzinvestor entsprechende Verpflichtungen, wonach das Management beim Exit des Finanzinvestors marktübliche Garantien abzugeben hat. Fehlt eine solche vertraglich vereinbarte Verpflichtung des Managements, Garantien gegenüber einem Erwerber abzugeben, besteht keine oder allenfalls eine sehr eingeschränkte Pflicht des Managements zur Abgabe solcher Garantien.[1792] Tatsächlich wird das Management meist dazu bereit sein, Garantien oder andere haftungsrelevante Erklärungen gegenüber einem Erwerber abzugeben, entweder aufgrund einer gesellschaftsrechtlichen Beteiligung des Managements, die zur Partizipation am Verkaufserlös führt, oder aufgrund anderweitiger finanzieller oder anderer Anreize.[1793] Festzuhalten bleibt allerdings, dass Managementgarantien nur im Fall eines Verkaufs des Unternehmens in Erwägung zu ziehen sind während dies im Fall eines Börsengangs nicht der Fall ist und ein Börsengang daher aus Sicht des Managements unter haftungsrechtlichen Gesichtspunkten vorzugwürdig erscheint. Schließlich sollte bereits bei dem Erwerb eines Unternehmens durch einen Finanzinvestor, an dem das Management beteiligt wird, im Rahmen des Beteiligungsvertrags oder der Gesellschaftervereinbarung eine Verpflichtung des Managements zur Abgabe entsprechender marktüblicher Garantien aufgenommen werden.

Das Management wird bei einem Dual Track stark in Anspruch genommen. Zusätzlich zu dem laufenden Geschäftsbetrieb wird vom Management im M&A-Prozess Unterstützung bei einer Vielzahl von Prozessschritten benötigt. Für die Erstellung des Information Memorandum ist zwar in erster Linie die Investmentbank sowie die operative Ebene des zum Verkauf stehenden Unternehmens verantwortlich. Das Management ist allerdings dazu aufgerufen, im Rahmen von mehreren Sitzungen an der Vervollständigung und Abstimmung dieses Transaktionsdokuments mitzuwirken und das Unternehmen so darzustellen, dass die in dem Information Memorandum enthaltenen Informationen nicht nur mit der Sichtweise des Managements auf das Unternehmen übereinstimmen, sondern auch mit den Angaben in

---

[1789] Schaffner, BB 2007, 1292 ff.
[1790] Seibt/Wunsch, ZIP 2008, 1093 (1094).
[1791] Die Aussagen des Managements zu den Due-Diligence-Berichten beschränkt sich oft auf die den Berichten vorangestellte einleitende Zusammenfassung der wesentlichen Ergebnisse der jeweiligen Due-Diligence.
[1792] Seibt/Wunsch, ZIP 2008, 1093 (1096 ff.).
[1793] Zu beachten ist bei finanziellen Anreizen, dass diese an der Treuepflicht des Geschäftsführers der GmbH bzw. des Vorstands der AG gegenüber der Gesellschaft gemessen werden.

der Managementpräsentation. Im Rahmen der Due Diligence stellen die verschiedenen Interessenten regelmäßig Fragen, die direkt vom Management beantwortet werden. Das Management muss darüber hinaus die Entscheidung darüber treffen, welche Unterlagen und Informationen welchen Interessenten in welchem Stadium der Transaktion zugänglich gemacht werden, sofern bei diesen Fragen ein nicht vom Verkäufer und dessen Beratern auszufüllender Spielraum verbleibt. Eine wichtige Rolle spielt die Managementpräsentation, in der das Unternehmen, sein Markt- und Wettbewerbsumfeld, die wesentlichen Finanzkennzahlen sowie nicht zuletzt die Mitglieder des Managementteams selbst vorgestellt werden. Schließlich wird das Management für die Verhandlungen über den Unternehmenskaufvertrag benötigt, jedenfalls dann, wenn das Management aufgrund seiner direkten oder indirekten Beteiligung an dem Unternehmen als Mitverkäufer auftritt. Schließlich erfordern auch die Verhandlungen mit dem zweiten Private-Equity-Investor über die neue Managementbeteiligung und deren Ausgestaltung Aufmerksamkeit und Zeit des Managements. Gerade bei Secondary Buy-Outs, also bei Transaktionen, bei denen das Management bereits Erfahrungen mit einem Finanzinvestor und den Abläufen bei Private Equity-Transaktionen gesammelt hat, tritt es bei den Verhandlungen über eine Reinvestition des Erlöses aus dem ersten Buy-Out selbstbewusster und robuster auf als dies bei dem ersten Buy-Out der Fall war. Entsprechende Kapazitäten für die Verhandlungen über das Managementpaket sind daher sowohl beim Management als auch bei dem Erwerber einzuplanen.

Im IPO-Prozess kommt es wie bei dem M&A-Prozess auf die Mitwirkung des Managements bei der Entwicklung der Equity Story sowie deren Darstellung in dem Prospekt und bei der Due Diligence an. Eine bedeutende Rolle kommt der Roadshow zu, die der gezielten Ansprache institutioneller Investoren dient und das wichtigste Vermarktungsinstrument neben einer Marketingkampagne darstellt.[1794] Bei der Roadshow werden innerhalb kurzer Zeit im Anschluss an die Veröffentlichung des Angebots, meist innerhalb von ein bis zwei Wochen, Präsentationen in ausgewählten Städten gehalten. Die institutionellen Anleger werden vom Topmanagement, meist dem Vorsitzenden des Vorstands und dem Finanzvorstand, über das Unternehmen, seine wirtschaftliche Entwicklung und seine Zukunftsstrategie informiert. Besondere Bedeutung kommt dabei dem persönlichen Eindruck zu, den die angesprochenen Investoren vom Management gewinnen. Aufgrund der Bedeutung der Roadshow für den Erfolgt des Börsengangs wird das Management im Vorfeld intensiv – oft unter Einbeziehung von Kommunikations- und Präsentationstrainern – geschult und die Präsentation ebenso intensiv vorbereitet und abgestimmt.

Das Management hat bereits bei einem isolierten Verkaufsprozess sowie bei einem isolierten Börsengang eine entscheidende Rolle. Die Art und Weise, wie sich das Management gegenüber den potentiellen Käufern oder gegenüber Analysten und Investoren präsentiert, ist sowohl für den Ablauf des Exitprozesses als auch für die Höhe des erzielbaren Kaufpreises bzw. der Preisfestsetzung beim Börsengang von großer Bedeutung. Bei der Kombination beider Exitvarianten gilt dies erst recht, eine aktive Einbindung und Mitwirkung des Managements ist daher für den Erfolg des Exits unerlässlich. Der vor dem Exit stehende Finanzinvestor, der sich die Entscheidung für einen der beiden Tracks lange offenhalten möchte, arbeitet eine wohlüberlegte interne Kommunikationsstrategie aus, die den eigenen Interessen sowie den Präferenzen des Managements Rechnung trägt. Einer der wesentlichen Gründe, die für einen Dual Track sprechen, nämlich die Optimierung des Exiterlöses, lässt sich im Hinblick auf die Rolle des Managements insbesondere dadurch erreichen, dass die von den möglichen Erwerbern eingegangenen Angebote sowie die vorläufigen Indikationen für die Preisfestsetzung im Fall des Börsengangs gegenüber dem Management nicht kommuniziert werden. Solange das Management nicht abschätzen kann, ob die angebotenen Kaufpreise oder die Preisindikationen aus Sicht des Finanzinvestors attraktiv genug sind,

---

[1794] Zur Roadshow vgl. Schanz, Börseneinführung, § 10 Rn. 39 ff. Die Roadshow findet an den wichtigen nationalen und internationalen Finanzplätzen statt, vgl. auch Singhof/Weber in: Habersack/Mülbert/Schlitt, Unternehmensfinanzierung am Kapitalmarkt, § 3 Rn. 42.

um sich auf einen Track zu konzentrieren, wird das Management, nicht zuletzt aus eigenem Interesse – jedenfalls dann, wenn es an dem Unternehmen beteiligt ist – motiviert den weiteren Prozess begleiten.

### 4.1.3. Auswahl der Berater

Die Börseneinführung eines Unternehmens ist ein komplexer und zeitaufwändiger Vorgang,[1795] der umfangreiche Planungen und Vorbereitungshandlungen erfordert, für die ein spezielles Team von Spezialisten aus unterschiedlichen Disziplinen benötigt wird, das sich aus Mitarbeitern des Unternehmens sowie externen Beratern zusammensetzt. Da innerhalb des Unternehmens das erforderliche Know-how nicht oder nur in begrenztem Umfang vorhanden ist, wird entweder eine entsprechende Abteilung innerhalb des Unternehmens aufgebaut oder, so lange offen ist, ob der Exitprozess in einen Börsengang mündet, externe Expertise in Anspruch genommen. Während die Gesamtverantwortung für die Börseneinführung bei dem Unternehmen – überwacht und begleitet durch den exitbereiten Finanzinvestor – und damit in der Regel bei einem Mitglied des (künftigen) Vorstands liegt, gehören zum Kernteam für die Börseneinführung neben der konsortialführenden Bank vor allem Rechtsanwälte, Steuerberater und Wirtschaftsprüfer sowie Public Relations-Agenturen, die sich auf Finanzmarketing spezialisiert haben.[1796] Die Public Relations-Agenturen sind für die Entwicklung und Durchführung einer Imagekampagne verantwortlich und zeichnen sich dadurch aus, dass sie neben ihrer Marketingexpertise das regulatorische Umfeld, das für einen Börsengang maßgeblich ist, kennen. Den Steuerberatern kommt in erster Linie die Aufgabe zu, die steuerlichen Auswirkungen der Börseneinführung zu beurteilen und aus Sicht der Gesellschaft und der Aktionäre zu optimieren. Die beteiligten Wirtschaftsprüfer sind für die Beratung bei der Anpassung des Rechnungswesens, vor allem bei der Umstellung auf IFRS, sowie bei der Zusammenstellung und Aufbereitung der Finanzinformationen verantwortlich. Ihre Aufgabe umfasst insbesondere auch die Abgabe des Comfort Letter.[1797] Rechtsanwälte werden zunächst für die Beratung bei der Herstellung der gesellschaftsrechtlichen Voraussetzungen eines Börsengangs, also insbesondere für die Gründung oder deren Umwandlung in eine AG, beauftragt, sofern sie nicht bereits in die grundsätzliche Planung des Börsengangs eingeschaltet werden. Darüber hinaus obliegt den Rechtsanwälten die Beratung bei der Einhaltung der für die Börseneinführung geltenden Regeln sowie bei der Erstellung und Verhandlung der für den Börsengang benötigten Unterlagen. Bei der Auswahl dieser Berater kommt es vor allem auf die entsprechende Expertise bei Börseneinführungen und vor allem bei der Projektsteuerung komplexer Transaktionen an. Entsprechende Überlegungen gelten in gleicher Weise für die Beauftragung von Wirtschaftsprüfern, Steuerberatern und Rechtsanwälten bei einem M&A-Prozess.

Bei einem Börsengang kommt es im Unterschied zu einem M&A-Prozess maßgeblich auf eine überzeugende Börseneinführungsstrategie an, die sich neben einer rechtlich transparenten Strukturierung des Unternehmens in erster Linie mit dem Investment Case befasst. Das vor einem Börsengang stehende Unternehmen schaltet eine oder mehrere emissionsbegleitende Banken in die Vorbereitungen des Börsengangs und die Entwicklung der Börseneinführungsstrategie ein.[1798] Aufgrund der Bedeutung der emissionsbegleitenden Bank für den Erfolg eines Börsengangs wird deren Auswahl große Beachtung geschenkt, wobei sich die Bedeutung im Fall eines Dual Track weiter erhöht, da der Komplexität des kombinierten Verfahrens zusätzlich Rechnung getragen werden muss. Das Unternehmen und der exitbereite Investor wählen die emissionsbegleitende Bank daher im Rahmen eines

---

[1795] Harrer in: Beck'sches Handbuch der AG, § 20 Rn. 170.
[1796] Schanz, Börseneinführung, § 6 Rn. 8.
[1797] Harrer in: Beck'sches Handbuch der AG, § 20 Rn. 180, § 23 Rn. 148 ff.
[1798] Für den regulierten Markt ist die Einschaltung einer Investment- oder Geschäftsbank oder eines Wertpapierhandelshauses gesetzlich zwingend vorgesehen, vgl. § 32 Abs. 2 BörsG.

strukturierten und kompetitiven Prozesses, dem Beauty Contest,[1799] aus, in dem die Banken, die zu dem Auswahlprozess eingeladen sind, ihr Platzierungskonzept, ihre vorläufige Bewertung des Unternehmens sowie ihre Stärken – häufig auf Grundlage einer vorab vom Finanzinvestor und dem Unternehmen zur Verfügung gestellten Fragenliste –[1800] vorstellen. Auf dieser Grundlage wird die (konsortialführende) Bank ausgewählt, die für die gesamte Abwicklung des Börsengangs zuständig ist.[1801] Abhängig vom Platzierungsvolumen, der Volatilität im Markt, der Platzierungsform und der angestrebten Breite der Streuung wird ein Emissionskonsortium aus dem Kreis jener Banken zusammengestellt, die bereits im Rahmen des Beauty Contest überzeugt haben.

Da auch bei einem M&A-Prozess regelmäßig eine Investmentbank eingeschaltet wird, die für die Koordination dieses Prozesses sowie die Erstellung bestimmter Unterlagen verantwortlich ist, empfiehlt sich im Hinblick auf einen Dual Track, für beide Exitkanäle dieselbe Bank zu beauftragen. Da beide Prozesse eng miteinander verwoben werden müssen, um die einzelnen Tracks zeitlich aufeinander abzustimmen und die vorstehend dargestellten Synergien zu realisieren, und auch zahlreiche Bezüge zueinander aufweisen, lassen sich auf diese Weise Friktionen und unnötiger Aufwand vermeiden, die entstehen, falls für jeden Track eine andere Bank beauftragt wird. Bei der allein beauftragten Bank, die für beide Tracks verantwortlich ist, wird dann mit unterschiedlichen Teams an der Durchführung gearbeitet. Dadurch verringert sich nicht nur der Koordinierungs- und Kostenaufwand, sondern auch die Gefahr eines Informationslecks.[1802] Obwohl in der Vergangenheit verkaufswillige Finanzinvestoren häufig nicht nur verschiedene Banken, sondern auch verschiedene Rechtsanwälte für die Beratung bei einem Dual Track beauftragt haben, sprechen die vorstehend genannten Gründe auch dafür, ausschließlich eine Rechtsanwaltskanzlei zu beauftragen, die für die Beratung beider Tracks ebenso wie die Bank verschiedene Teams zur Verfügung stellt.

Bei der Auswahl der Berater kommt es darauf an, die an den einzelnen Tracks arbeitenden Teams getrennt zu halten und sog. Chinese Walls zu errichten. Damit soll sichergestellt werden, dass die verschiedenen Teams keine Informationen über den Stand und die Erfolgsaussichten des jeweils anderen Tracks erhalten. Die verschiedenen Teams sollen möglichst isoliert voneinander arbeiten, wobei mögliche Synergien zwischen beiden Tracks nach Möglichkeit zu realisieren sind. Um dies organisatorisch sicherzustellen, sind die erforderlichen technischen Vorkehrungen zu treffen, wie z. B. die Sicherstellung, dass die jeweiligen Teams keinen Zugriff auf Dokumente des jeweils anderen Teams erhalten. In rechtlicher Hinsicht ist es naheliegend, die Mitarbeiter aus den Teams durch geeignete Vertraulichkeitsvereinbarungen an der Weitergabe relevanter Informationen zu hindern. Solche Vertraulichkeitsvereinbarungen sollten auch von solchen Beratern unterzeichnet werden, die aufgrund gesetzlicher berufsrechtlicher Vorschriften zur Vertraulichkeit verpflichtet sind.[1803] Während eine strikte Trennung beider Tracks auf der Arbeitsebene erforderlich ist, wird ein Gremium benötigt, das für die Steuerung und Überwachung beider Prozesse verantwortlich ist. Hierfür wird ein sog. Steering Committee, also ein Lenkungsausschuss, eingerichtet.

### 4.1.4. Prozesssteuerung und Kommunikation

Das Steering Committee setzt sich zusammen aus einem Vertreter des verkaufswilligen Finanzinvestors, der Investmentbank, die für beide Tracks ausgewählt und verantwortlich ist,

---

[1799] Singhof/Weber in: Habersack/Mülbert/Schlitt Unternehmensfinanzierung am Kapitalmarkt, § 3 Rn. 26.

[1800] Zu den möglichen Fragen, die im Rahmen der Bankenpräsentation gestellt und beantwortet werden, vgl. Schanz, Börseneinführung, § 9 Rn. 15.

[1801] Zum Umfang der Aufgaben Schwintowski/Schäfer, Bankrecht, Rn. 42 ff.

[1802] Diehl/Bozicevic, AG-Report 2006, R493.

[1803] Für den Rechtsanwalt folgt die Verpflichtung zur Verschwiegenheit aus § 43a Abs. 2 BRAO, § 2 BORA; für Wirtschaftsprüfer folgt die Verpflichtung zur Verschwiegenheit aus § 43 Abs. 1 WPO und für Steuerberater aus § 9 BOStB.

sowie der beteiligten Rechtsanwälte, gegebenenfalls auch der Steuerberater, die für die optimale steuerliche Strukturierung der beiden Tracks beauftragt wurden. Auch ein hochrangiger Vertreter des Portfolio-Unternehmens ist regelmäßig in dem Steering Committee vertreten. In diesem Fall ist allerdings darauf zu achten, dass besonders sensible Informationen, die für eine glaubhafte Durchführung des Dual Track entscheidend sind und die Auswirkungen auf die Motivation des Managements haben können, nicht allen Mitgliedern des Steering Committee zugänglich gemacht werden. Die verschiedenen Berater berichten regelmäßig und ausschließlich an das Steering Committee, bei dem exklusiv alle Informationen zusammengeführt werden und deren Mitglieder daher allein einen Überblick über die einzelnen Tracks und den Stand des Exitprozesses haben. Mit der Einrichtung eines Steering Committees soll darüber hinaus die Vertraulichkeit weitestgehend gewährleistet werden, indem ausschließlich ein kleiner Kreis von Personen einen Überblick über den Status der einzelnen Tracks hat. Damit lassen sich auch Motivationsprobleme[1804] der einzelnen Teammitglieder vermeiden, sofern sich die Präferenz für einen der beiden Tracks abzeichnet, da keines der Teammitglieder über den Stand und die Erfolgsaussichten des jeweils anderen Tracks informiert ist.

Dual-Track-Verfahren stellen nicht nur eine Herausforderung für die interne, sondern gerade auch für die externe Kommunikation mit an dem Prozess Unbeteiligten dar. Zu Beginn des Exitprozesses kommt es auf eine strikte Vertraulichkeit an während gegen Ende des Prozesses eine aktive Kommunikation, insbesondere im Fall eines Börsengangs,[1805] unerlässlich ist. Bei einem Dual Track sind mehr Personen an den beiden Prozessen beteiligt als dies bei der Fokussierung auf einen M&A-Prozess oder einen Börsengang der Fall wäre. Es besteht daher die Gefahr, dass Einzelheiten über die Exitvorbereitungen ungewollt an die Öffentlichkeit dringen und damit der gesamte Exitprozess gefährdet wird. Um eine solche Gefährdung zu vermeiden, sind zu Beginn des Dual-Track-Verfahrens Spracheregelungen abzustimmen, die sich sowohl auf den M&A-Prozess als auch auf den IPO-Prozess beziehen und mit denen auf ungewollte Presseveröffentlichungen umgehend, konsistent und glaubhaft reagiert werden kann. Weder der exitbereite Investor noch das zum Verkauf oder Börsengang anstehende Unternehmen dürfen zum Spielball der Medien und Kapitalmärkte werden. In einer späteren Phase des Dual Track ist zu entscheiden, ob die Öffentlichkeit über die Durchführung des Dual Track informiert oder ob hierüber Stillschweigen bewahrt wird. Aufgrund der Vielzahl der an einem Dual Track Beteiligten lässt sich ein Kommunikationsleck oft nicht vermeiden. Sofern die Öffentlichkeit über den geplanten Exit des beteiligten Investors mittels Dual Track informiert wird, sollte dies pro-aktiv und gezielt geschehen. Dabei sind beide Exitkanäle als gleichwertig zu kommunizieren, eine Präferenz für den einen oder anderen Exitkanal darf nicht vorzeitig an die Öffentlichkeit geraten. Andernfalls würde bei Aufgabe des zunächst präferierten Exitkanals der verbliebene Track von den Märkten als Notlösung gesehen mit absehbaren Folgen für die Preisbildung.[1806] Bei einem Börsengang sind die Anforderungen an die externe Kommunikation höher als dies bei einem M&A-Prozess der Fall ist.[1807] Sobald sich ein Börsengang als wahrscheinliche Exitroute herauskristallisiert, sind die entsprechenden Maßnahmen, meist mit Unterstützung externer Berater, zu ergreifen, wobei insbesondere eine Investor-Relations-Abteilung

---

[1804] Hierzu Dübner, Going Public 2004, 62, der von einer „self-fulfilling prophecy" spricht, wenn am Ende eines Dual Track die Entscheidung für einen Verkauf gefallen ist.

[1805] Zu den Anforderungen an die Werbung im Zusammenhang mit einem Börsengang vgl. Schanz, Börseneinführung, § 10 Rn. 44 ff.

[1806] Juchem/Linnartz, Dual-Track-Verfahren ist eine Herausforderung, Börsen-Zeitung v. 19. Mai 2007 (Nr. 95), Sonderbeilage, B 4.

[1807] Bei einem Börsengang ist nicht nur auf die unterschiedlichen Investorengruppen einzugehen, das Management ist darüber hinaus auf Roadshow, Analystenpräsentationen und Pressekonferenzen vorzubereiten. Schließlich muss auch die Webseite des Unternehmens börsentauglich gestaltet werden, indem insbesondere eine Investor-Relations-Rubrik aufgenommen wird.

in kurzer Zeit aufzubauen ist, die mit Bekanntwerden der IPO-Pläne auf das öffentliche Interesse an dem Unternehmen angemessen und professionell reagieren kann.

#### 4.1.5. Zeitliche Planung

Eines der wesentlichen Ziele bei der Durchführung eines Dual Track ist die Wertmaximierung. Dieses Ziel soll erreicht werden, indem beide Tracks lange Zeit parallel vorbereitet werden, um dadurch den Wettbewerbsdruck auf die an dem jeweiligen Track Beteiligten hoch zu halten. Eine der entscheidenden Fragen bei der Durchführung eines Dual Track ist regelmäßig, bis zu welchem Zeitpunkt der Dual Track glaubhaft vorbereitet werden kann und wann die Entscheidung für einen der beiden Tracks fallen sollte. Ausschlaggebend bei dieser Entscheidung ist insbesondere die Überlegung, dass die an dem Dual Track Beteiligten, seien es Mitarbeiter des Unternehmens, seien es externe Berater, seien es die Kaufinteressenten bei einem M&A-Prozess oder die potentiellen Investoren bei einem Börsengang, sich mit vollem Engagement ihrem jeweiligen Track widmen. Das Ziel der Wertmaximierung soll nicht gefährdet werden, weil der Dual Track zu lange durchgeführt oder zur Unzeit auf einen einzelnen Prozess reduziert wird. An sich sollte eine Entscheidung für einen der beiden Tracks vor Beginn der Investor-Education-Periode getroffen und dann auch kommuniziert werden, um sicherzustellen, dass sich die Investoren und Analysten mit vollem Engagement der Analystenpräsentation und der Roadshow widmen.[1808] Hieraus folgt, dass in der Regel in die Phase des Pilot Fishing, also der vertraulichen Vorstellung des Unternehmens bei ausgewählten Investoren noch vor der eigentlichen Analystenpräsentation, eingetreten werden kann, obwohl zu diesem Zeitpunkt noch keine Entscheidung für oder gegen den Börsengang getroffen wurde. Wird der M&A-Prozess erst während der Investor-Education-Periode abgesagt, kommt es auf eine überzeugende Kommunikation an, damit der Kapitalmarkt keine unzutreffenden Schlüsse über die Hintergründe für die Absage des M&A-Prozesses zieht und die Kapitalmarktinvestoren ihre Preisvorstellungen nach unten korrigieren oder sich ganz aus dem Prozess zurückziehen. Umgekehrt wird auch für die verbliebenen für die Vertragsverhandlungen ausgewählten potentiellen Erwerber im Fall einer Absage des IPO während der begleitenden Vermarktung[1809] eine überzeugende Kommunikationsstrategie benötigt, um zu vermeiden, dass deren Preisindikationen ebenfalls nach unten korrigiert werden und (fälschlich) fehlendes Interesse an einem Börsengang des Unternehmens hinter der Absage des IPO vermutet wird. Darüber hinaus droht der Ruf des exitbereiten Finanzinvestors Schaden zu nehmen, wenn die Entscheidung für einen der beiden Tracks zu einem so späten Zeitpunkt getroffen wird, zu dem die beteiligten Interessenten und Investoren einschließlich deren Berater bereits viel Zeit und Arbeit in die Transaktion investiert haben.[1810] Die Öffentlichkeit sollte daher über den Exitprozess erst informiert werden, nachdem die Entscheidung für einen der beiden Tracks gefallen ist. Ob der abgesagte Track überhaupt erwähnt wird, hängt davon ab, ob der Dual Track bis zu diesem Zeitpunkt in der Öffentlichkeit unbekannt geblieben ist.

Aus rechtlicher Sicht scheidet ein Umschwenken auf den M&A-Prozess spätestens aus, nachdem die im Zusammenhang mit dem Börsengang beschlossene Kapitalerhöhung in das Handelsregister der Gesellschaft eingetragen ist und die Emissionsbank oder das Konsortium die aus der Kapitalerhöhung entstandenen Aktien übernommen hat. Zu diesem Zeitpunkt ist die Bank bzw. das Konsortium Eigentümer der Aktien.[1811] Tatsächlich wird aber bereits kein Preisbildungsverfahren durchgeführt werden, bevor nicht die Entscheidung für den Börsengang getroffen wurde. Sofern sich ein Finanzinvestor für die Durchführung eine Dual

---

[1808] Ebenso Diehl/Bozicevic, AG-Report 2006, R493; wohl auch Weiler, Going Public 2006, 72.

[1809] Zur begleitenden Vermarktung Singhof/Weber in: Habersack/Mülbert/Schlitt, Unternehmensfinanzierung am Kapitalmarkt, § 3 Rn. 40 ff.

[1810] Zu der Frage möglicher Ansprüche von Interessenten, die aus einem Auktionsverfahren ausgeschieden sind, vgl. Holzapfel/Pöllath, Unternehmenskauf in Recht und Praxis, Rn. 69a.

[1811] Vgl. Harrer in: Beck'sches Handbuch der AG, § 23 Rn. 115.

| Trade Sale/Secondary Buy-Out | Monat 1 | Monat 2 | Monat 3 | Monat 4 | Monat 5 | Monat 6 | Monat 7 | IPO |
|---|---|---|---|---|---|---|---|---|
| Vorbereitungsphase | ■ | | | | | | | Business, Legal und Tax Due Diligence |
| Ansprache von Interessenten | | ■ | | | | | | Einladung Konsortialbanken |
| Versendung Info Memo | | ■ | | | | | | Entwurf Börsenprospekt |
| Eingang indikativer Angebote | | | | ■ | | | | Analystenpräsentationen |
| Einladung zur weiteren Bieterrunde | | | ■ | | | | | Veröffentlichung Research-Berichte |
| Datenraum | | | | ■ | ■ | | | Billigung des Börsenprospekts durch BaFin |
| Management Präsentationen/Site Visit | | | | | ■ | | | Pilot Fishing |
| Eingang bindender Angebote | | | | | ■ | ■ | | Pre-Marketing |
| Finale Bieterrunde | | | | | | ■ | | Veröffentlichung vorl. Börsenprospekt (optional) |
| Verhandlungen/Confirmatory Due Diligence | | | | | | ■ | | Roadshow |
| Signing | | | | | | ■ | | Veröffentlichung endgültiger Börsenprospekt |
| | | | | | | | ■ | Erstnotierung |
| Closing | | | | | | | ■ | Closing |

Track entschieden und mit der aus dem Beauty Contest hervorgegangenen Emissionsbank (dem Konsortialführer) den Übernahmevertrag oder – zu einem früheren Stadium – die Mandatsvereinbarung verhandelt, sollte dort eine Regelung vorgesehen werden, wonach sich der Finanzinvestor, der aufgrund der erforderlichen Platzierung der von ihm gehaltenen Altaktien ebenfalls Partei des Übernahmevertrags wird, bis zu einem im Voraus zu vereinbarenden Zeitpunkt einen (entschädigungslosen) Rücktritt von dem Übernahmevertrag vorbehält. Ein Standard hat sich in diesem Zusammenhang noch nicht herausgebildet.

Ein illustrativer Zeitplan für die Durchführung eines Dual Track, aus dem sich die wesentlichen, im Lauf eines Dual Track zu treffenden Entscheidungen ergeben, ist in der folgenden Abbildung dargestellt.

## 4.2. Besondere rechtliche Anforderungen

Bei der Erstellung der Vertragsdokumentation für einen Dual Track, die sich im Grundsatz von der Dokumentation, die bei einem isolierten M&A-Prozess oder Börsengang benötigt wird, nicht unterscheidet, sind einige Besonderheiten zu beachten.

### 4.2.1. Vertraulichkeitsvereinbarung

Die Vertraulichkeitsvereinbarung, die zu Beginn des M&A-Prozesses von den identifizierten Interessenten zu unterzeichnen ist, bevor sie Zugang zu vertieften Informationen, insbesondere dem Information Memorandum, erhalten, sollte zunächst einen Hinweis auf das Verbot von Insidergeschäften nach dem Wertpapierhandelsgesetz[1812] sowie gegebenenfalls auch nach sonstigen anwendbaren Insiderverboten ausländischer Rechtsordnungen enthalten. Es kann zwar im Grundsatz nicht davon ausgegangen werden, dass nach der Veröffentlichung des von der Bundesanstalt für Finanzdienstleistungsaufsicht gebilligten Prospekts noch Insiderinformationen betreffend das vor dem Börsengang stehende Unternehmen vorhanden sind, da alle Informationen, die Insiderinformationen sein können, darin veröffentlicht sein sollten. Allerdings ist nicht auszuschließen, dass bestimmte Informationen, die im Rahmen des M&A-Prozesses in der Due Diligence offengelegt wurden, doch als Insiderinformationen zu qualifizieren sind.[1813]

Darüber hinaus wird in die Vertraulichkeitsvereinbarung regelmäßig eine Standstill-Vereinbarung aufgenommen, wonach sich der mögliche Erwerber des Unternehmens verpflichtet, nach Absage des M&A-Prozesses und einem Börsengang für einen bestimmten Zeitraum danach[1814] keine Aktien zu erwerben. Mit einer solchen Standstill-Vereinbarung soll aus „hygienischen" Gründen vermieden werden, dass die Interessenten, die sich an dem M&A-Prozess beteiligt und dort im Rahmen der Due-Diligence-Prüfung vertieft Einblick in die Verhältnisse des Unternehmens erhalten haben, aufgrund dieses gegenüber den Aktionären bestehenden Informationsvorsprungs Aktien erwerben.

### 4.2.2. Prozessbrief

Wie bei Auktionsverfahren üblich, wird auch bei einem Dual Track zu Beginn des Prozesses ein Prozessbrief an die Gruppe der möglichen Bieter, die als Erwerber des Unternehmens in Betracht kommen, verschickt. In diesem Prozessbrief werden die möglichen Bieter über den Ablauf des Exitprozesses informiert. Bei einem Dual Track sollte in dem Prozessbrief nicht

---

[1812] Vgl. § 14 Abs. 1 WpHG.

[1813] Obwohl das Verbot von Insidergeschäften unabhängig davon gilt, ob ein Hinweis auf die gesetzlichen Regeln im Rahmen einer Vertraulichkeitsvereinbarung erfolgt ist, wird in der Literatur im Zusammenhang mit der Weitergabe von (Insider-) Informationen bei Due-Diligence-Prüfungen die Ansicht vertreten, dass sich der Informationsempfänger zur Einhaltung der Insiderhandelsverbote verpflichten muss, vgl. Krämer in: Marsch-Barner/Schäfer, Handbuch börsennotierte AG, § 10 Rn. 32 m.w.N.

[1814] Der Zeitraum wird kaum länger als 12 Monate und sollte nicht weniger als drei bis sechs Monate betragen.

nur ein Vorbehalt gemacht werden, wonach die in dem Prozessbrief angekündigten Verfahrensregeln jederzeit und ohne Angabe von Gründen geändert werden können. Der Prozessbrief sollte außerdem den Hinweis enthalten, dass der Prozess jederzeit auch abgebrochen werden kann und keine Verpflichtung besteht, das höchste der von den Bietern eingereichten Angebote anzunehmen. Erforderlich erscheint darüber hinaus eine Aufklärung der möglichen Bieter über die Durchführung eines Dual Track. Mit diesen verfahrensmäßigen Vorbehalten soll eine Haftung des Verkäufers wegen vorvertraglicher Pflichtverletzung ausgeschlossen werden, rechtstechnisch handelt es sich um einen Haftungsausschluss für Verfahrensänderungen. Es ist anerkannt, dass der Verkäufer aufgrund der Privatautonomie frei ist, wie und mit wem er verhandelt.[1815] Ungeklärt ist, ob es sich bei solchen Vorbehalten um (unzulässige) allgemeine Geschäftsbedingungen handelt und welche Maßstäbe bei der Beurteilung einer eventuellen Unzulässigkeit heranzuziehen sind.[1816]

**4.2.3. Unternehmenskaufvertrag**

Fällt die Entscheidung für einen Verkauf des Portfolio-Unternehmens und wird der Börsengang abgesagt, kann in den Unternehmenskaufvertrag eine Regelung aufgenommen werden, wonach der Erwerber für den Fall, dass er das Unternehmen innerhalb einer bestimmten Frist nach dem Erwerb seinerseits an die Börse bringt, den Verkäufer an einem hieraus gegenüber dem aus dem Verkauf resultierenden etwaigen Mehrerlös partizipieren lassen muss. Als Argument für eine solche Regelung kann ins Feld geführt werden, dass bereits der Verkäufer aufgrund des Dual-Track-Verfahrens den Grundstein zu dem zunächst abgebrochenen und dann von dem Erwerber doch durchgeführten Börsengang gelegt und die damit verbundenen Kosten jedenfalls teilweise getragen hat. Hinzu kommt der zeitliche Mehraufwand, der für die Vorbereitungen des Börsengangs investiert worden ist. Eine solche Regelung, sofern sie von einem Erwerber überhaupt akzeptiert wird, ist auf einen überschaubaren Zeitraum zu begrenzen.[1817] Bewertungsfragen werden bei einer solchen Regelung eine Hauptrolle spielen.

**4.2.4. Mandatsvereinbarung Bank / Übernahmevertrag**

Mit dem Konsortialführer ist aufgrund der besonderen Situation bei einem Dual Track, wonach sich der exitbereite Finanzinvestor die Entscheidung für oder gegen einen Track bis zu einem möglichst späten Zeitpunkt vorbehält, entweder bereits in der Mandatsvereinbarung oder in dem Übernahmevertrag zu vereinbaren, dass der Finanzinvestor bis zu einem im Voraus zu vereinbarenden Zeitpunkt entschädigungslos von dem IPO-Prozess Abstand nehmen, für den M&A-Prozess entscheiden und diesen abschließen kann. Der Konsortialführer sowie die Konsortialbanken werden einer solchen Regelung zurückhaltend gegenüberstehen. Wie vorstehend bereits ausgeführt, hat sich noch kein Standard herausgebildet.

---

[1815] Holzapfel/Pöllath, Unternehmenskauf in Recht und Praxis, Rn. 69a.
[1816] Louven/Böckmann, ZIP 2004, 445 (450), die einen Vergleich zu den Regeln über das Preisausschreiben, § 661 BGB, sowie zu öffentlich-rechtlichen Beschaffungsvorgängen ziehen, die Anwendbarkeit der daraus folgenden Regeln auf ein Auktionsverfahren aber letztlich zu recht ablehnen. Zu der Annahme einer unzulässigen allgemeinen Geschäftsbedingung wohl tendierend Holzapfel/Pöllath, Unternehmenskauf in Recht und Praxis, Rn. 69a.
[1817] Der Zeitraum kann so bemessen werden, dass die für den Prospekt benötigten Finanzkennzahlen nicht mehr aktuell genug sind und daher neu zusammengestellt werden müssen. Alternativ kommt auch eine feste Frist in Betracht, die sicher nicht länger als 12 Monate betragen wird.

# 5. Teil. Exit-Strukturierung § 17 Dual-Track-Verfahren

## 5. Dual Track – Pro und Contra auf einen Blick

| Vorteile | Nachteile |
|---|---|
| **Transaktionssicherheit**<br>▶ mit der Anzahl der Exit-Alternativen steigt die Abschlusswahrscheinlichkeit<br>▶ Zeitpläne werden aufgrund der Abhängigkeit der Parallelprozesse in der Regel eingehalten<br>▶ Transaktionsdisziplin ist durch die notwendige stringente Steuerung des Prozesses und der genauen Verfolgung des jeweiligen Arbeitsstandes sehr hoch | **Komplexität**<br>▶ hoher Koordinierungsaufwand<br>▶ viel Disziplin (Zeitpläne sind verzahnt) |
| **Erlösmaximierung**<br>▶ Test, an welchem Markt (Kapitalmarkt/M&A) der höchste Preis erzielt wird<br>▶ Verhandlungsdruck kann auch noch aufrechterhalten werden im Falle der Exklusivität im M&A-Prozess | **Kosten**<br>▶ Dual Track ist teurer als Single Track<br>▶ Höhere Kosten rechnen sich nicht bei geringem Transaktionsvolumen |
| **Stärkung der Verhandlungsposition im Verkaufsprozess**<br>▶ Glaubhafte Option IPO Track bringt zusätzlichen Druck auf Angebotshöhe<br>▶ Glaubhafte Option IPO Track mit eingeschränktem Garantiekatalog erzeugt Leverage für SPA-Konditionen (Garantien, Kaufpreiseinbehalt, etc.) | **Schwächung der Verhandlungsposition, wenn eine der Exit-Optionen „kollabiert"**<br><br>**Management**<br>▶ Dual Track bindet Managementkapazität<br>▶ Management teils von Informationen (Angebote, Stand des Verfahrens) abgeschnitten (Vorsicht vor Missstimmung) |
| **Stärkung der Verhandlungsposition im IPO-Prozess**<br>▶ Glaubhafte Option M&A Track bringt zusätzlichen Druck auf Pricing (falls IPO zu diesem späten Zeitpunkt noch abgesagt werden kann)<br>▶ Glaubhafte Option M&A Track erzeugt Leverage für Konditionen des Übernahmevertrages | **Interessenkollision**<br>▶ Management hat gegebenenfalls eigene Interessen<br>▶ Konkurrenzsituation zwischen den an den beiden Tracks beteiligten Teams<br>▶ Interessenkonflikt bei Emissionsbank, die beim IPO Fees mit anderen Banken teilen muss |

# 6. Teil. Einzelrechtsgebiete

## § 18 Steuerrechtliche Fragestellungen

| Übersicht | Seite |
|---|---|
| 1. Vorbemerkung | 449 |
| 2. Die vermögensverwaltende Personengesellschaft als der Standardfall | 450 |
|     2.1. Die Struktur und Vorgaben | 450 |
|     2.2. Die Besteuerung der Personengesellschaft | 451 |
|         2.2.1. Die steuerliche Transparenz | 451 |
|         2.2.2. Die gewerbliche Tätigkeit der Personengesellschaft | 452 |
|         2.2.3. Das Besteuerungsverfahren | 454 |
|         2.2.4. Der Einspruch und das Rechtsbehelfsverfahren | 454 |
|         2.2.5. Das Zwischenergebnis | 454 |
|     2.3. Die Besteuerung der Investoren | 455 |
|         2.3.1. Natürliche Personen | 455 |
|         2.3.2. Institutionelle Investoren | 460 |
|         2.3.3. Steuerbefreite institutionelle Investoren | 462 |
|         2.3.4. Der Carry-Inhaber | 464 |
|     2.4. Das Investmentsteuergesetz | 470 |
|     2.5. Die Umsatzsteuer | 470 |
| 3. Die Kapitalgesellschaft als Fondsgesellschaft | 472 |
| 4. Die Unternehmensbeteiligungsgesellschaft nach UBG als Fondsgesellschaft | 473 |
| 5. Die Wagnisbeteiligungsgesellschaft als Fondsgesellschaft | 473 |
| 6. Die SICAR als Fondsgesellschaft | 474 |
| 7. Die Finanzierung | 474 |
|     7.1. Zinsschranke | 475 |
|     7.2. CPECs | 476 |
| 8. Transaktionskosten | 477 |
|     8.1. Ertragsteuer | 477 |
|     8.2. Umsatzsteuer | 477 |
| 9. Laufende Kosten des Fonds | 477 |
|     9.1. Ertragsteuer | 477 |
|     9.2. Umsatzsteuer | 478 |
| 10. Der ausländische Investor | 479 |
|     10.1. Die natürliche Person | 479 |
|     10.2. Der ausländische institutionelle Anleger | 479 |

## 1. Vorbemerkung

Die vermögensverwaltende Personengesellschaft hat sich als Standardfall des Private-Equity-Fonds entwickelt. Die steuerlichen Implikationen dieser Struktur sollen daher zunächst im Teil A allgemein dargestellt werden. Die steuerliche Analyse dieser Investitionsstruktur soll steuerartübergreifend sowohl Fragen der Einkommen- als auch Körperschafts- und Gewerbesteuer abdecken und alle einbezogenen Parteien umfassen.

Dieser Abschnitt setzt sich in den Teilen B bis E mit anderen Fondsformen auseinander, bevor in Teil F auf die Sonderfrage der Finanzierung, in Teil G auf die steuerliche Behandlung der Transaktionskosten und in Teil H auf die laufende Einkommensbesteuerung eingegangen wird. Teil I rundet die Übersicht aus dem Blickwinkel des ausländischen und beschränkt steuerpflichtigen Investors ab.

# 6. Teil. Einzelrechtsgebiete  § 18 Steuerrechtliche Fragestellungen

## 2. Die vermögensverwaltende Personengesellschaft als der Standardfall

### 2.1. Die Struktur und Vorgaben

Die Standardstruktur stellt sich im Überblick wie folgt dar:

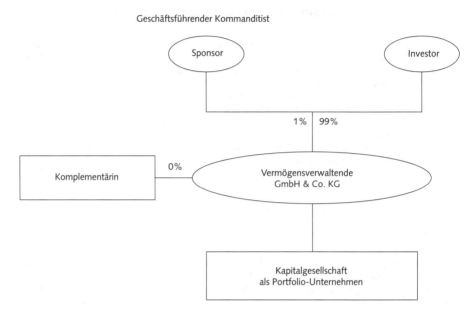

Das Investment, das so genannte Portfolio-Unternehmen, wird hierbei entweder in der Rechtsform einer Kapitalgesellschaft oder durch eine Tochterkapitalgesellschaft (so genannte Akquisitions-Gesellschaft) erworben und gehalten. Die Investoren und Sponsoren sind in der Rechtsform einer Personengesellschaft verbunden, so dass die Personengesellschaft mit der gebündelten Einlagesumme die Investitionen in die Portfolio-Unternehmen vornehmen kann.

Die Verwaltung der Personengesellschaft erfolgt regelmäßig über eine haftungsabschirmende Kapitalgesellschaft, die als Komplementärin fungiert und nicht am Vermögen der Personengesellschaft, des Fonds, beteiligt ist.

Die Kommanditisten der Fonds unterscheiden sich in Investoren und Sponsoren. Als Investoren werden die in der Regel passiven Kapitalanleger bezeichnet, die in die von den Sponsoren initiierte Private-Equity-Fonds investieren.

Diese Grundform des Private-Equity-Fonds setzt folgende rechtliche und wirtschaftliche Vorgaben der Beteiligten um:
- **Die steuerliche Transparenz:** Bei steuerlicher Transparenz des Fonds kann jeder Investor nach seiner individuellen Situation strukturieren; eine zusätzliche Besteuerungsebene auf Ebene des Fonds wird vermieden. Der steuerbefreite Investor kann die Voraussetzungen für seine Steuerfreiheit eigenständig erhalten.[1818]
- **Das Pooling des Kapitals:** Das Investitions-Vehikel muss die finanziellen Mittel auf eine handelnde Einheit poolen, um handlungsfähig zu sein.
- **Die Abschirmung gewerblicher Tätigkeiten:** Die Investoren möchten meist von gewerblicher Tätigkeit abgeschirmt sein, die zur Gewerblichkeit auf der Ebene des Investors

---

[1818] Zumeist muss er eine gewerbliche Tätigkeit vermeiden.

führen könnte. Daher erfolgt idR keine Beteiligung an Personen-,[1819] sondern an Kapitalgesellschaft als Portfoliounternehmen. Personengesellschaften werden über Akquisitions-Kapitalgesellschaften erworben.

## 2.2. Die Besteuerung der Personengesellschaft
### 2.2.1. Die steuerliche Transparenz

Die Personengesellschaft ist selbst kein Einkommensteuersubjekt; ihre Einkünfte werden vielmehr den Gesellschaftern anteiligt zugerechnet und bei diesen der Einkommen- oder Körperschaftsteuer unterworfen.

Die Personengesellschaft ist dagegen ein Gewerbesteuersubjekt und gewerbesteuerpflichtig, wenn sie entweder gewerblich geprägt oder aber gewerblich tätig ist. Die gewerbliche Prägung nach § 15 Abs. 3 EStG wird idR durch geschäftsführende Kommanditisten[1820] vermieden. Die Vermeidung einer originär gewerblichen Tätigkeit ist daher regelmäßig für die Gewerblichkeit entscheidend. Im Überblick kann die Ausgangslage wie folgt dargestellt werden:

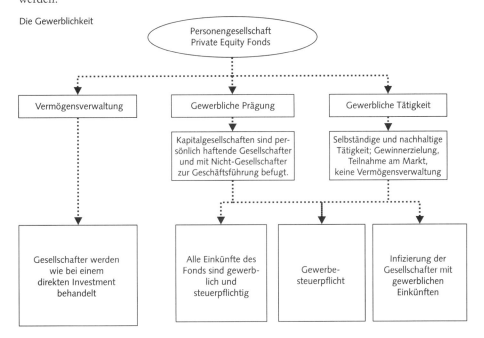

---

[1819] Die Beteiligung an einer gewerblichen Personengesellschaft führt zu gewerblichen Einkünfte auch der Gesellschafter, vgl. BFH-Urteile v. 8. Dezember 1994 Az. IV R 7/92, BStBl. 1996 II, S. 264 ff. sowie vom 18. April 2000 Az. VIII R 68/98, BStBl. 2001 II, S. 359 ff.

[1820] Bei Kapitalgesellschaften als geschäftsführenden Kommanditisten bestehen Zweifel, ob die Entprägung gelingt. Die Finanzverwaltung geht jedenfalls bislang hiervon aus. Zweifel könnten an der Tragfähigkeit des „entprägenden" Kommanditisten in Jurisdiktionen bestehen – notabene Großbritannien – in denen der geschäftsführende Kommanditist seine beschränkte Haftung verlieren kann, wenn und soweit er in das Management der – ausländischen – Personengesellschaft involviert wird; gegebenenfalls könnte man hier die Auffassung vertreten, der geschäftsführende Kommanditist sei nunmehr nicht länger Kommanditist, sondern infolge des Verlustes der beschränkten Haftung gewissermaßen Komplementär. Mangels geschäftsführenden Kommanditisten wäre die „Entprägung" in dieser sichtweise gegebenenfalls fehlgeschlagen.

## 2.2.2. Die gewerbliche Tätigkeit der Personengesellschaft

Die Personengesellschaft darf mithin nicht selbst originär gewerblich tätig sein. Die Gewerblichkeit liegt bei einer selbständigen, nachhaltigen Bestätigung mit Gewinnerzielungsabsicht vor, die sich als Beteiligung am allgemeinen wirtschaftlichen Verkehr und keine Vermögensverwaltung darstellt, § 15 Abs. 2 EStG. Die Finanzverwaltung hat mit BMF-Schreiben vom 16. Dezember 2003[1821] diese Tatbestandsmerkmale für Private-Equity-Fonds konkretisiert. Die Gewerblichkeit wird hiernach auf der Basis der durch die Rechtsprechung entwickelten folgenden Kriterien und Indizien beurteilt[1822]:
1. Bankfinanzierung des Portfolio-Erwerbes
2. Sicherheiten zugunsten des Portofolio-Unternehmens
3. Eigene Organisation/Büro des Fonds
4. Ausnutzung eines Marktes unter Einsatz beruflicher Erfahrungen
5. Anbieten der Anteile des Fonds gegenüber breiter Öffentlichkeit
6. Kurzfristige Beteiligung am Portfolio-Unternehmen
7. Re-Investition von Veräußerungserlösen durch den Fonds
8. Unternehmerisches Tätigkeitwerden des Fonds in Portfoliogesellschaften

Diese Kriterien sollen nachfolgend kurz beschrieben und erläutert werden.

### 2.2.2.1. Zum Indiz der Bankfinanzierung des Portfolio-Erwerbes

Für die Beurteilung der Gewerblichkeit eines Wertpapierhandels wurde der Aspekt der Finanzierung als unbeachtlich eingestuft. Diese Grundsätze sollen nach Auffassung der Finanzverwaltung jedoch nicht auf Private-Equity-Fonds übertragen werden können.

Eine Fremdfinanzierung spräche für die Notwendigkeit eines baldigen Warenumschlages, der für eine gewerbliche Tätigkeit typisch sei. Der Erwerb des Portfolio-Unternehmens muss auf Fondebene mit Eigenkapital finanziert werden. Da damit auch staatliche Förderdarlehen ausgeschlossen wären und damit das staatliche Ziel nicht umgesetzt werden könnte, werden solche Darlehen als unschädlich angesehen. Ebenso wird eine Ausnahme für eine Zwischenfinanzierung zur Überbrückung von Einforderungsfristen für die Kapitaleinlagen der Investoren vorgenommen. Schließlich werden bank- und versicherungsaufsichtsrechtliche Gesellschafterdarlehen als unschädlich angesehen. Eine Fremdfinanzierung der typischerweise als Akquisitionsvehikel zwischengeschalteten Kapitalgesellschaft ist unschädlich.

### 2.2.2.2. Zum Indiz der Sicherheitengestellung zugunsten des Portofolio-Unternehmens

Die Besicherung von Verbindlichkeiten der Beteiligungsgesellschaften sei für eine gewerbliche Tätigkeit typisch, da damit offenbar am unternehmerischen und gewerblichen Risiko partizipiert wird. Dagegen soll sich eine bloße Vermögensverwaltung nicht durch die Übernahme von unternehmerischen Risiken auszeichnen.

Die Besicherung (ebenso wie für Zwischenkredite) in Bezug auf noch ausstehende Einlagen des Fonds in das Portfoliounternehmen sind hingegen unschädlich, weil diese nur Indifferenzen in der Zahlungsfälligkeit abfangen.

### 2.2.2.3. Zum Indiz der eigenen Organisation/Büro des Fonds

Eine umfangreiche Verwaltungs-Organisation des Private-Equity-Fonds spricht für eine gewerbliche Tätigkeit, die über die typische bloß verwaltende Tätigkeit einer Vermögensverwaltung hinausgeht. Die Größe des Vermögens an sich ist jedoch kein Indiz für/gegen die Gewerblichkeit.[1823] Dies gilt insbesondere bei der bloßer Verwaltung von Großvermögen, die eine gewisse Substanz hat, aber auf die Art der Tätigkeit keinen Einfluss hat.

---

[1821] Bundesministerium der Finanzen v. 16. Dezember 2003, IV AG – § 2240 – 153/03, BStBl. 2004, Teil I, S. 40, ber. BStBl. 2006, Teil I, S. 632.

[1822] Vgl. BFH v. 25. 7. 2001, Az. R 55/97, BStBl. 2001 II 809.

[1823] Vgl. BFH Urt. v. 19. Februar 1997, XI R 1/96, BStBl. 1997 Teil II, S. 395.

### 2.2.2.4. Zum Indiz der Ausnutzung eines Marktes unter Einsatz beruflicher Erfahrungen

Das „Verkaufen" eigener Marktkenntnis durch die initierenden Sponsoren und den Fonds spricht für eine Gewerblichkeit; nichts anderes tun Unternehmensberater auch. Dagegen ist die bloße Nutzung eigener Erkenntnisse für die eigene Investition unschädlich; schließlich beeinflusst auch eine überlegene Kenntnis nicht die Art der Tätigkeit, die für die Bestimmung der Gewerblichkeit maßgebend ist. Die Marktkenntnisse der Initiatoren des Private-Equity-Fonds gelten als für eigene Investitionen verwendet und sind daher unschädlich.

### 2.2.2.5. Zum Indiz des Anbietens von Beteiligungen an Portfolio-Unternehmen gegenüber breiter Öffentlichkeit

Die Vermarktung von Beteiligungen an Portfolio-Unternehmen gleicht einer Maklertätigkeit und spricht für eine Gewerblichkeit; so handeln gewerbliche „Beteiligungs- oder Unternehmenshändler". Die bloße Verwaltung der Beteiligungen ist dagegen ebenso unschädlich wie die Verwertung der Anteile auf eigene Rechnung. Die Grenze der Vermögensverwaltung wird dann nicht überschritten.

### 2.2.2.6. Zum Indiz der kurzfristige Beteiligung

Das kurzfristige Handeln von Beteiligungen spricht für einen (gewerblichen) Händler, der seinen Gewinn durch den Umschlag von Günter erzielen will. Die bloße Vermögensverwaltung ist dagegen typischerweise langfristig angelegt, weil es schon an der Substanz fehlt, die einen häufige Umschlag der Beteiligungen abwickeln kann.

Die Beteiligungen müssen zur Vermeidung eines Handels daher mittelfristig gehalten werden, was 3 bis 5 Jahre sein sollen. Hierbei ist die gewogene durchschnittliche Beteiligungsdauer entscheidend, so dass einzelne kurzfristige Verkäufe unschädlich sind.

In diesem Zusammenhang wird die Syndizierung der Beteiligungen an mehrere Fonds nicht einbezogen, wenn die Veräußerung innerhalb von 18 Monaten stattfindet und die Übertragung zu Anschaffungskosten zuzüglich einer Verzinsung erfolgt. Die Syndizierung wird zu Recht als Teil der Akquisitionsstruktur und nicht als Exit aus dem Investment angesehen.

### 2.2.2.7. Zum Indiz der Re-Investition von Veräußerungserlösen

Eine Reinvestition von Veräußerungserlösen spricht für das Vorliegen eines Händlers, der seine Ware umschlagen will, um hiermit Gewinne zu realisieren. Die passive Vermögensverwaltung zeichnet sich hiergegen typischerweise durch eine längere Haltensdauer aus. Das Investment wird durch Veräußerung beendet.

Die Ausschüttung der Erlöse entspricht daher typischerweise einer bloßen Vermögensverwaltung, die sich bei Veräußerung von diesem Investment löst. Veräußerungserlöse dürfen daher nur bis zu 20 % in Nachfinanzierungen von Portfoliogesellschaften investiert werden.

### 2.2.2.8. Zum Indiz des unternehmerischen Tätigkeitwerdens in Portfoliogesellschaften

Ein aktives Management des Private-Equity-Fonds in den Portfolio-Unternehmen steht einer Unternehmensberatung näher als einer bloßen Vermögensverwaltung. Die Überwachungsfunktion entsprechend einem Aufsichtsrat ist dagegen als Ausfluss der Gesellschafterstellung, die auch für die Vermögensverwaltung typisch ist, unschädlich. Dementsprechend ist die Beschränkung der Einflussnahme auf Portfolio-Unternehmen durch Zustimmungsvorbehalte bei bestimmten Entscheidungen unschädlich, analog § 111 Abs. 4 Satz 2 AktG. Die Zustimmungserfordernisse dürfen den Spielraum der Portofolio-Unternehmebn für eigene unternehmerische Entscheidungen nicht ausschließen. Die Finanzverwaltung wird freilich darüber hinaus noch zwischen mehrheitlich beherrschter und nicht mehrheitlich beherrschter Portfoliogesellschaft differenzieren.

# 6. Teil. Einzelrechtsgebiete   § 18 Steuerrechtliche Fragestellungen

Ein Inkubator begründet dagegen eine gewerbliche Entwicklungstätigkeit und führt zur Gewerblichkeit des Fonds.

Besonderheiten gelten bei ausländischen Gesellschaften sowie One Tier Board Systemen.

### 2.2.3. Das Besteuerungsverfahren

Der inländische Fonds sowie der ausländische Fond, der mindestens 2 Inlandsbeteiligte hat, gibt eine Feststellungs-Steuererklärung ab. Die Einkünfte werden in einem Feststellungsbescheid festgestellt und auf die Gesellschafter aufgeteilt.

Für die gesonderte Feststellung eines gewerblichen Private-Equity-Fonds ist das Finanzamt zuständig, in dessen Bezirk sich die Geschäftsleitung befindet, § 18 Abs. 1 Nr. 2 AO. Ohne inländischen Ort der Geschäftsleitung ist das Finanzamt zuständig, in dessen Bezirk die Betriebsstätte belegen ist.

Für die gesonderte Feststellung von (nicht gewerblichen und damit vermögensverwaltenden) Einkünften, an denen mehrere Personen beteiligt sind, ist das Finanzamt zuständig, von dessen Bezirk die Verwaltung dieser Einkünfte ausgeht, § 18 Abs. 1 Nr. 4 AO.

Die Situation beim sogenannten Carried Interest, der Übergewinnbeteiligung zugunsten der Sponsoren, ist unklar.

Die hier in Betracht kommende Charakterisierung als gewerbliche oder selbständige Einkünfte führt bei vermögensverwaltenden Fonds eigentlich zur ausschließlichen Zuständigkeit des Finanzamts des Carry-Inhabers. Nur er hat „gewerbliche" Carry-Einkünfte bezogen, nicht jedoch der vermögensverwaltende Fonds. Andererseits erzielen die Inhaber des Carried Interest diesen in personengesellschaftlicher Verbundenheit durch eine nicht-gewerbliche-Personengesellschaft. Das spricht dafür, dass in der einheitlichen und gesonderten Gewinnfeststellung über die Einhaltung und damit auch über den Carried Interest zu entscheiden ist.

Bei gewerblichen Fonds ist der Carry ein Bestandteil der gewerblichen Betätigung des Fonds und wäre daher beim Feststellungsfinanzamt zu erfassen.

### 2.2.4. Der Einspruch und das Rechtsbehelfsverfahren

Die im Feststellungsbescheid enthaltenen Regelungen müssen durch Einspruch gegen den Feststellungsbescheid angefochten werden.

Ein Einspruch gegen den hierauf aufbauenden Folgebescheid in Form des Einkommen- oder Körperschaftsteuerbescheides ist nach § 352 Abs. 2 AO unzulässig, da dort nur die Folge des Feststellungsbescheides als so genanntem bindenden Grundlagenbescheid festgelegt wird. Eine eigenständige Entscheidung oder Regelung wird durch das Einkommen- oder Körperschaftsteuerfinanzamt insoweit nicht getroffen.

Nach § 352 Abs. 1 Nr. 1 AO ist nur der zur Vertretung berufene Geschäftsführer des Fonds zur Einlegung eines Einspruches gegen den Feststellungsbescheid berechtigt. Die Gesellschafter sind sind nach § 352 Abs. 1 Nr. 4 AO nur einspruchsberechtigt, soweit es um die Beteiligung und Verteilung des festgestellten Betrages geht.

Die Einspruchsberechtigung bezieht sich bei der Besteuerung des Carried Interest auf den Steuerbescheid, der die Feststellung trifft. Bei der gewerblichen Personengesellschaft wird im Feststellungsbescheid über den Carry entscheiden. Bei der vermögensverwaltenden Personengesellschaft wird bei der Veranlagung des Carry-Inhabers entschieden.

### 2.2.5. Das Zwischenergebnis

Die vermögensverwaltende GmbH & Co. KG ist ein geeignetes Fondsvehikel für einen Private-Equity-Fonds. Sie stellt die steuerliche Transparenz sicher und ermöglicht die Pooling der Kapitaleinlagen. Da die deutsche und ausländische Personengesellschaft steuerlich gleichbehandelt wird, eignet sich diese Struktur auch als ausländische Variante.

## 2.3. Die Besteuerung der Investoren
### 2.3.1. Natürliche Personen
#### 2.3.1.1. Die Besteuerung der laufenden Einkünfte (insbesondere Zinsen, Dividenden)

**a) Zinseinkünfte und andere Einkünfte nach § 20 EStG mit Ausnahme des Abs. 1 Nr. 1 (Dividenden):** (Anteilige) Zinseinkünfte des vermögensverwaltenden Fonds sind als Einkünfte aus Kapitalvermögen gemäß § 20 Abs. 1 EStG einkommensteuerpflichtig. Aufwendungen im Zusammenhang mit der Erzielung der Zinseinkünfte sind als Werbungskosten im Sinne des § 9 EStG abzugsfähig.

Für den Investor, der seine Beteiligung am Private-Equity-Fonds in seinem Betriebsvermögen hält, gilt selbiges. Er erzielt statt Einkünfte aus Kapitalvermögen nach § 15 EStG Einkünfte aus Gewerbebetrieb. Seine hierdurch veranlassten Aufwendungen stellen grundsätzlich abzugsfähige Betriebsausgaben nach § 4 Abs. 4 EStG dar. Die Unqualifikation der Einkünfte in gewerbliche Einkünfte erfolgt nach den Grundsätzen der sogenannten „Zebragesellschaft" ausschließlich auf der Ebene des Investors.[1824]

Ab 2009 unterliegen Zinseinkünfte im Privatvermögen der so genannten Abgeltungsteuer. § 32d Abs. 1 Satz 1 EStG normiert für Einkünfte aus Kapitalvermögen einen gesonderter Steuertarif mit 25% Prozent.

Auf Antrag werden die nach § 20 EStG ermittelten Kapitaleinkünfte der tariflichen Einkommensteuer unterworfen, wenn dies zu einer niedrigeren Einkommensteuer führt (Günstigerprüfung nach § 32d Abs. 6 EStG). Der Antrag kann für den jeweiligen Veranlagungszeitraum nur einheitlich für sämtliche Kapitalerträge gestellt werden. Bei zusammenveranlagten Ehegatten kann der Antrag nur für sämtliche Kapitalerträge beider Ehegatten gestellt werden.

Aufwendungen können bei der Abgeltungsteuer nicht mehr berücksichtigt werden; die Werbungskosten sind nach § 20 Abs. 9 EStG mit dem Sparerpauschbetrag in Höhe von 801 Euro abgegolten.

Soweit die Zinseinkünfte zu den Einkünften aus Land- und Forstwirtschaft, aus Gewerbebetrieb, aus selbständiger Arbeit oder aus Vermietung und Verpachtung gehören, sind sie nach § 20 Abs. 8 EStG diesen Einkünften zuzurechnen; die Abgeltungssteuer findet dann keine Anwendung.

**b) Dividendeneinkünfte im Sinne des § 20 Abs. 1 Nr. 1 EStG:** Einkünfte aus Dividenden erfahren eine besondere steuerliche Behandlung. Dies liegt darin begründet, dass Dividenden aus den Gewinnen von Kapitalgesellschaften gezahlt werden, die bereits einer körperschaftsteuerlichen Vorbelastung unterlegen haben. Die ungemilderte Einkommensbesteuerung würde zu einer doppelten Belastung führen. Von den erwirtschafteten Gewinnen der Kapitalgesellschaft würde nach Abzug der Körperschaftsteuer (25%, ab 2008 noch 15%) und der Einkommensteuer (typisiert 42%) auf die hiernach verbleibende Dividende weniger als die „Hälfte" übrig bleiben. Die Belastung mit beiden Ertragsteuern würde gegenüber dem normalen Einkommensteuersatz mit 42% auf die erwirtschafteten Erträge eine unangemessene Doppelbesteuerung begründen.

Diese doppelte Ertragsteuerbelastung kann auf zwei verschiedene Arten beseitigt oder abgemildert werden.

Zum einen kann die Körperschaftsteuer, mit welcher die Dividenden vorbelastet sind, auf die Einkommensteuer des Gesellschafters angerechnet werden. So war es bis zum Kalenderjahr 2001 durch das so genannte Anrechnungsverfahren auch in Deutschland vorgesehen.

Zum anderen kann die Einkommensteuerbelastung statt dessen abgemildert werden, so dass die Einkünfte aus Dividenden – im Gegensatz zu anderen Einkünften – einer geringe-

---

[1824] Vgl. BFH v. 11. Dezember 1997, III R 14/96 BStBl. 1999 II 401.

## 6. Teil. Einzelrechtsgebiete § 18 Steuerrechtliche Fragestellungen

ren Ertragsteuerbelastung unterzogen werden. Für dieses Verfahren hat sich der deutsche Gesetzgeber für die Kalenderjahre 2001 ff. entscheiden.

Anteilige Dividendeneinkünfte sind dementsprechend nach dem so genannten Halbeinkünfteverfahren (die Ertragsteuer wird „halbiert") gemäß § 3 Nr. 40 EStG zu 50% einkommensteuerfrei. Aufwendungen zur Erzielung der Dividende sind korrespondierend gemäß § 3c EStG ebenfalls nur zu 50% abzugsfähig.

Ab 2009 sind Dividendeneinkünfte im Betriebsvermögen nur noch nach dem Teileinkünfteverfahren, welches das bisherige Halbeinkünfteverfahren fortführt, zu 40% einkommensteuerfrei. Diese reduzierte Einkommensteuerbefreiung liegt darin begründet, dass ab 2009 durch Kapitalgesellschaften Gewinne ausgeschüttet werden, die in Folge des seit 2008 geltenden reduzierten Körperschaftsteuersatzes von 15% nur noch einer geringeren Vorbelastung unterlegen haben. Daher ist zur Vermeidung der doppelten Besteuerung nur noch eine geringere Einkommensteuerbefreiung für notwendig erachtet worden. Die Aufwendungen zur Erzielung der Dividende sind korrespondierend gemäß § 3c EStG zu 60% abzugsfähig.

Dagegen werden Dividendeneinkünfte im Privatvermögen ab 2009 – ebenso wie die anderen Einkünfte aus Kapitalvermögen – ebenfalls von der Abgeltungsteuer erfasst.[1825] Die Abgeltungssteuer beträgt maximal 25%. Ein Abzug von Aufwendungen ist nicht zulässig.

Die Rechtslage kann in der Übersicht wie folgt dargestellt werden:

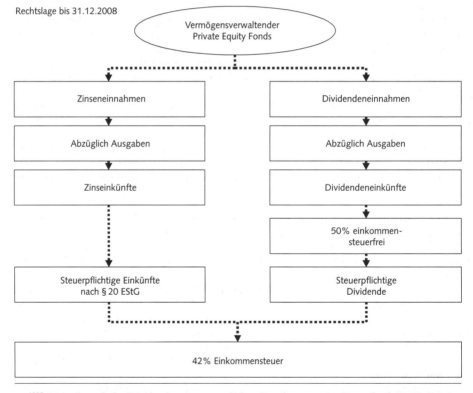

[1825] Dies gilt auch für Dividenden aus wesentlichen Beteiligungen im Sinne des § 17 EStG (mindestens 1%), da – trotz § 17 EStG – Einkünfte aus Kapitalvermögen vorliegen. Dagegen erfasst § 17 EStG einen Veräußerungsgewinn aus dem Verkauf einer wesentlichen Beteiligung als Einkünfte aus Gewerbebetrieb. Damit fallen diese Veräußerungsgewinne aus dem Anwendungsbereich der Abgeltungsteuer heraus und werden wir betriebliche Veräußerungsgewinne behandelt. Die Differenzierung zwischen Dividenden und Veräußerungsgewinnen aus einer wesentlichen Beteiligung ist systemwidrig und nicht nachvollziehbar.

Rechtslage ab 2009

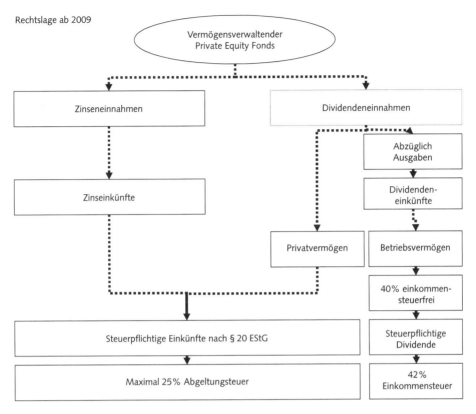

Der betriebliche Investor muss neben der Einkommensteuerpflicht auch die Gewerbesteuerpflicht beachten. Einkünfte, die einkommensteuerlich als Einkünfte aus Gewerbebetrieb qualifizieren, sind im Rahmen eines inländischen Gewerbebetriebes grundsätzlich auch gewerbesteuerpflichtig. Damit unterliegen die Zins- wie auch die (steuerpflichtigen) Dividenden der Gewerbesteuerpflicht. Dividenden sind über ihren einkommensteuerpflichtigen Teil hinaus auch mit dem einkommensteuerfreien Anteil gewerbesteuerpflichtig, wenn der Steuerpflichtige nicht die Voraussetzungen des § 9 Nr. 2a, 7 GewStG erfüllt. Eine Tatbestandsvoraussetzung ist die Mindestbeteiligung von 10 %, die der Gesellschafter eines vermögensverwaltenden Private-Equity-Fonds anteilig nur in Ausnahmefällen erreicht. Bei Auslandsfonds ist die Gewerbesteuerbefreiung des § 9 Nr. 2 GewStG für im Ausland belegene Betriebsstätten relevant.

Die Gewerbesteuerpflicht der Einkünfte aus einer vermögensverwaltenden Personengesellschaft als Fonds macht zusätzlich deutlich, dass die Gewerblichkeit auch auf Ebene der natürlichen Person als Investor vermieden werden muss, wenn eine sinnvolle steuerliche Situation erreicht werden soll. Mit anderen Worten wird keine natürliche Person als Investor seine Beteiligung an einem vermögensverwaltenden Private-Equity-Fonds „freiwillig" seinem individuellen Betriebsvermögen zuordnen. Ein Zuordnungszwang besteht nur, wenn die Beteiligung am Fonds als so genanntes notwendiges Betriebsvermögen qualifiziert. Dies setzt voraus, dass diese Beteiligung dem Einzelbetrieb des Investors „dient". Eine solche Tatsachenlage scheint nur in Ausnahmefällen denkbar.

### 2.3.1.2. Die Veräußerungsgewinne

Der Private-Equity-Fonds ist hauptsächlich auf die Erzielung von Veräußerungsgewinnen ausgerichtet, die mit den Anteilen an den Portfoliogesellschaften erzielt werden sollen; die laufende Erträgen in Form von Dividenden und Zinsen sind meist nebensächlich.

# 6. Teil. Einzelrechtsgebiete § 18 Steuerrechtliche Fragestellungen

Für die Veräußerungsgewinne an Anteilen von Kapitalgesellschaften gelten grundsätzlich dieselben Erwägungen, die zur Besteuerung der Dividenden vorstehend dargestellt wurden. Ein Veräußerungsgewinn ist auf eine Wertsteigerung der Kapitalgesellschaft zurückzuführen, die diese idealtypisch durch thesaurierte Gewinne erzielt – hiervon ist jedenfalls der Gesetzgeber ausgegangen. Damit ist die Wertsteigerung und somit der Veräußerungsgewinn auf die Gewinne zurückzuführen, die die Kapitalgesellschaft erzielt und der Körperschaftsteuer unterworfen hat. Damit tritt ebenfalls eine Doppelbelastung ein, weil die Gewinne mit Körperschaftsteuer belastet sind, die sich im Veräußerungsgewinn widerspiegeln.

Anteilige Veräußerungsgewinne von Anteilen an Kapitalgesellschaften waren daher ebenso wie Dividenden nach dem so genannten Halbeinkünfteverfahren gemäß § 3 Nr. 40 EStG zu 50 % einkommensteuerfrei. Veräußerungskosten waren gemäß § 3 Nr. 40 EStG korrespondierend zu 50 % abzugsfähig.

Das Halbeinkünfteverfahren gilt auch für wesentliche Beteiligungen[1826] nach § 17 EStG, die im Privatvermögen gehalten werden, aber durch § 17 EStG als gewerbliche Einkünfte steuerpflichtig sind.

Dagegen waren andere Beteiligungen im Privatvermögen, die nicht die Tatbestandsvoraussetzungen einer wesentlichen Beteiligung im Sinne des § 17 EStG erfüllen, grundsätzlich in keiner anderen Einkunftsart des § 2 Abs. 1 EStG erfasst und somit nicht einkommensteuerbar.

Diese fehlende Einkommensteuerbarkeit von (unwesentlichen) Beteiligungen (unter 1 %) im Privatvermögen ein zentraler steuerlicher Gesichtspunkt für die Strukturierung von Private-Equity-Fonds. Wesentliche Teile des Geschäftsergebnisses des Fonds können als nicht einkommensteuerbare Veräußerungsgewinne vollständig an die natürliche Person als Investor weitergereicht werden.

Da diese Steuerbefreiung nur im Privat-, nicht aber im Betriebsvermögen gilt, muss auf der Ebene der Fonds-Personengesellschaft eine gewerbliche Tätigkeit (oder Prägung) vermieden werden. Vor diesem Hintergrund wird deutlich, welche Bedeutung den Abgrenzungskriterien im BMF Schreiben vom 16. 12. 2003 zukommt.

Ab 2009 verändert sich die Situation durch die Einführung der Abgeltungsteuer.

Veräußerungsgewinne im Betriebsvermögen sind ab 2009 nur noch nach dem Teileinkünfteverfahren zu 40 % einkommensteuerfrei. Auch insoweit ist durch die gesunkene Körperschaftsteuerbelastung mit 15 % keine weitergehende Einkommensteuerbefreiung zur Vermeidung der Doppelbesteuerung mehr für notwendig gehalten worden. Veräußerungskosten sind dann gemäß § 3c EStG korrespondierend auch nur zu 60 % abzugsfähig.

Veräußerungsgewinne von nicht wesentlichen Beteiligungen im Privatvermögen unterliegen von 2009 an der Abgeltungsteuer. Die Abgeltungssteuer beträgt maximal 25 %. Ein Abzug von Aufwendungen ist nicht zulässig. Für Anteile, die vor dem 1. 1. 2009 erworben wurden, bleibt die „alte" Regelung in Kraft. Die Veräußerungsgewinne aus solchen Anteilen sind auch dann nicht einkommensteuerbar, wenn die Veräußerung nach Einführung der Abgeltungssteuer ab 2009 erfolgt.

Die Rechtslage kann in der Übersicht wie folgt, auf der nächsten Seite, dargestellt werden.

Der betriebliche Investor, der seine Beteiligung an einem vermögensverwaltenden Private-Equity-Fonds seinem Betriebsvermögen zugeordnet hat, muss auch für den Fall von Veräußerungsgewinnen die Gewerbesteuer beachten. Steuerpflichtige Veräußerungsgewinne führen daher zu einer Gewerbesteuerbelastung. Im Gegensatz zur gewerbesteuerlichen Behandlung der laufenden Dividendeneinnahmen muss der Gesellschafter keine Einbeziehung des einkommensteuerfreien Teils des Veräußerungsgewinnes fürchten; die entsprechenden Vorschriften des § 9 Nr. 2a, 7 GewStG erfassen keine Veräußerungsgewinne. Natürliche Personen können die Gewerbesteuerbelastung durch eine pauschale Anrechnung auf die Einkommensteuer nach § 35 EStG mindern.

---

[1826] 1%-Beteiligung während der letzten 5 Jahre.

§ 18 Steuerrechtliche Fragestellungen        6. Teil. Einzelrechtsgebiete

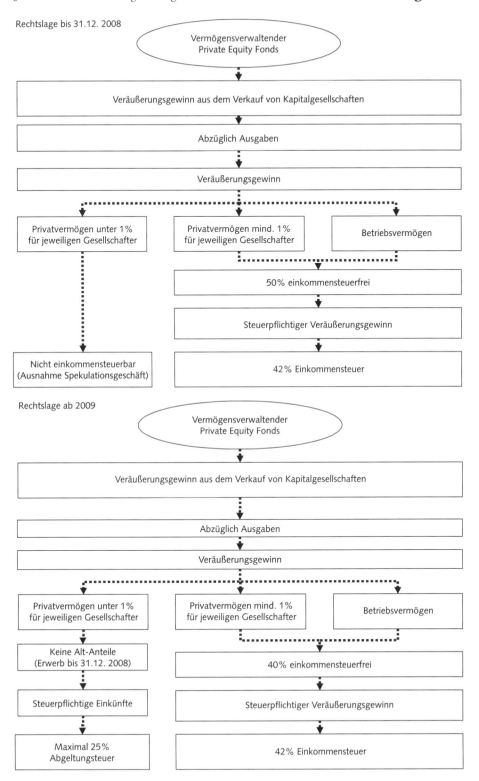

## 2.3.2. Institutionelle Investoren

Als institutionelle Investoren werden nachfolgend Anleger in der Rechtsform einer juristischen Person bezeichnet. Es kann sich hierbei um Gesellschaften handeln, die z. B. als Pensionsfonds nach nationalem Recht steuerlich begünstigt sind.

### 2.3.2.1. Steuerpflichtige institutionelle Investoren

**a) Laufende Einkünfte.** Zinseinnahmen gehören bei der juristischen Person zu den steuerpflichtigen Einkünften aus Kapitalvermögen, § 20 EStG. Sie gehören zu den Einkünften aus Gewerbebetrieb, wenn die juristische Person gewerblich tätig ist oder – wie die Kapitalgesellschaft – eine gewerbliche Tätigkeit gemäß § 8 Abs. 2 KStG gesetzlich fingiert wird.

Anteilige Dividendeneinnahmen von Kapitalgesellschaften sind idR[1827] nach dem Halbeinkünfteverfahren gemäß § 8b KStG zu 95 % körperschaftsteuerfrei. 5 % der Aufwendungen gelten pauschal als nicht abzugsfähige Aufwendungen. Aufwendungen zur Erzielung der Dividende sind vollständig abzugsfähig.

Eine Änderung der Rechtslage aufgrund der Einführung der Abgeltungsteuer ergibt sich nicht; die Abgeltungsteuer ist auf natürliche Personen beschränkt.

Aufgrund der Gewerblichkeit der unbeschränkt steuerpflichtigen Kapitalgesellschaft nach § 8 Abs. 2 KStG stellt sich nun auch im Falle einer Beteiligung an einer vermögensverwaltenden Personengesellschaft die Frage nach der Gewerbesteuer. Anteilige Dividendeneinkünfte inländischer Kapitalgesellschaften sind zu 95 % gewerbesteuerfrei, wenn die Beteiligung zu Beginn des Erhebungszeitraum zumindest ein Zehntel[1828] betragen hat, § 9 Nr. 2a GewStG.

Anteilige Dividendeneinkünfte von ausländischen Kapitalgesellschaften sind nur dann gewerbesteuerfrei, wenn eine Beteiligung von 10 % (ab 2008, 15 %) während des gesamten Wirtschaftsjahres der Kapitalgesellschaft bestanden hat und die ausländische Kapitalgesellschaft aktive Tätigkeiten im Sinne des § 8 AStG ausübt, § 9 Nr. 7 GewStG.[1829]

Die Gewerbesteuerbefreiung bezieht sich auf Gewinne und nicht auf Einnahmen. Daher ist nur der nach Abzug der entstandenen Aufwendungen verbleibende Gewinn von der Gewerbesteuer befreit. Dagegen gewährt die Körperschaftsteuer eine 95 % Steuerbefreiung der Dividendeneinnahme bei vollständigem Abzug der damit zusammenhängenden Aufwendungen

Die Systematik der Besteuerung laufender Einkünft kann in der Übersicht wie folgt, auf der nächsten Seite, dargestellt werden.

Aufgrund der vorstehenden (Gewerbe-) Steuerrechtslage wird eine unbeschränkt steuerpflichtige Kapitalgesellschaft nur im Ausnahmefall in einen Private-Equity-Fonds investieren. Schließlich läßt sich diese Steuerproblematik leicht dadurch vermeiden, dass entweder eine ausländische Kapitalgesellschaft als Investor gewählt oder eben zwischengeschalten

---

[1827] Ausnahmen bestehen nach § 8b Abs. 7 und 8 KStG insbesondere für Kreditinstitute und Finanzdienstleistungsunternehmen, die Anteile an Kapitalgesellschaften als Umlaufvermögen dem Handelsbuch zuzuordnen haben sowie für Lebens- und Krankenversicherungsunternehmen wie auch Pensionsfonds, mit den als Kapitalanlagen zuzuordnenden Anteile. Die Steuerbefreiung nach § 8b Abs. 1, 2 KStG ist insoweit ausgeschlossen. Freilich können hier steuermindernde Rücklagen gebildet werden.

[1828] Diese Beteiligungsqoute wird bei der gewerblichen Personengesellschaft auf der Ebene der Personengesellschaft ermittelt. Bei der vermögensverwaltenden Personengesellschaft gilt jedoch das Bruchteilsprinzip, wonach jeder Gesellschafter so behandelt wird, als ob er eine direkte (und anteilige) Beteiligung halten würde. In diesem Fall muss die anteilige Beteiligung des jeweiligen Gesellschafters die 10 % (15 %) Qoute erreichen, wenn Gewerbesteuer vermieden werden soll. Der ausländische Gesellschafter vermeidet die Gewerbesteuer im Zusammenhang mit seiner Beteiligung an einer vermögensverwaltenden Personengesellschaft unabhängig von der 10 % – Grenze schon dadurch, dass er eine inländische Betriebsstätte vermeidet.

[1829] Das Jahressteuergesetz 2008 beinhaltet eine Angleichung an die Gewerbesteuerbefreiung bei ausländische Beteiligungen, so dass – wie bei inländischen Beteiligungen – die Mindestbeteiligung zu Beginn des Erhebungszeitraums, aber nicht ununterbrochen während desselben bestanden haben muss, Vgl. § 9 Nr. 7 GewStG.

Die steuerpflichtige Kapitalgesellschaft als Investor

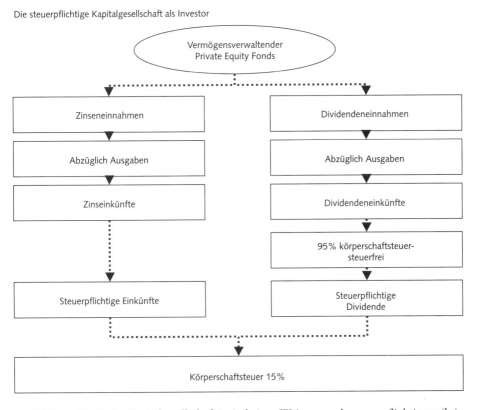

wird. Die ausländische Kapitalgesellschaft ist in keiner Weise gewerbesteuerpflichtig, weil sie keinen Betrieb im Inland unterhält. Alternativ kann der Fonds so genannte Parallelvehikel verhalten, die über eine ausländische Betriebsstätte verfügen und den Gesellschaftern die Gewerbesteuerfreiheit des § 9 Nr. 2 GewStG vermitteln.

**b) Die Veräußerungsgewinne.** Die steuerliche Behandlung der Veräußerungsgewinne entspricht auch auf der Ebene von juristischen Personen der Besteuerung der Dividenden. Schließlich gilt auch hier die Vorstellung, dass Veräußerungsgewinne nichts anderes als Wertsteigerungen widerspiegeln, die durch die Thesaurierung von Gewinnen entstanden ist. Die alternativ mögliche Gewinnausschüttung würde zu Dividenden führen, die begünstigt sind. Daher werden auch Veräußerungsgewinne begünstigt.

Anteilige Veräußerungsgewinne sind dementsprechend bei Kapitalgesellschaften idR[1830] nach dem Halbeinkünfteverfahren gemäß § 8b KStG zu 95% körperschaftsteuerfrei. 5% der Gewinne gelten pauschal als nicht abzugsfähige Aufwendungen.

---

[1830] Ausnahmen bestehen nach § 8b Abs. 7 und 8 KStG insbesondere für Kreditinstitute und Finanzdienstleistungsunternehmen, die Anteile an Kapitalgesellschaften als Umlaufvermögen dem Handelsbuch zuzuordnen haben sowie für Lebens- und Krankenversicherungsunternehmen wie auch Pensionsfonds, mit den als Kapitalanlagen zuzuordnenden Anteile. Die Steuerbefreiung nach § 8b Abs. 1, 2 KStG ist insoweit ausgeschlossen. Wie bereits erwähnt, können diese Versicherungsunternehmen steuermindernde Rücklagen bilden. Infolge der fehlenden Steuerbefreiung nach § 8a KStG bevorzugen Versicherungsgesellschaften zur Vermeidung einer gewerbesteuerlichen „Nachbesteuerung" gewerblicher Fonds. Bei nicht gewerblichen Fonds ist die Zwischenschaltung eines geeigneten „Feeders" typisch, z. B. eine ausländische gewerblich geprägte Personengesellschaft. Eine weitere Ausnahme besteht für sogenannten einbringungsgeborenen Anteilen. Einbringungsgeborene Anteile konnten nach § 21 UmwStG aF insbesondere durch Einbringung von Anteilen und anderen Wirtschaftsgütern in eine

## 6. Teil. Einzelrechtsgebiete
§ 18 Steuerrechtliche Fragestellungen

Die Gewerbesteuer folgt der körperschaftsteuerlichen Behandlung. Die bei den Dividendeneinkünften zusäztlich zu erfüllenden Tatbestandsvoraussetzungen der § 9 Nr. 2a, 7 GewStG werden für Veräußerungsgewinne nicht gefordert.

In der Übersicht stellt sich die Besteuung von Veräußerungsgewinnen wie folgt dar:

Die steuerpflichtige Kapitalgesellschaft als Investor

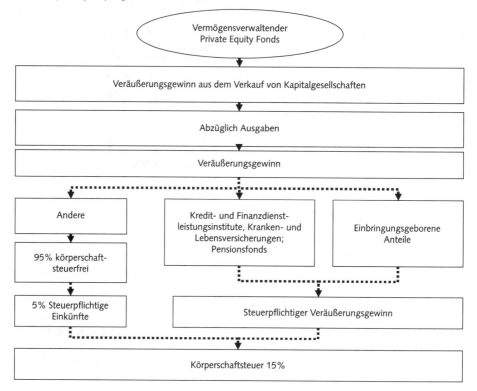

### 2.3.3. Steuerbefreite institutionelle Investoren

#### 2.3.3.1. Laufende Einkünfte

Die Steuerbefreiung dieser Investoren erstreckt sich auch auf anteilige Dividenden, die insgesamt steuerfrei bleiben. Aufwendungen zur Erzielung der Dividende sind nicht steuerwirksam.

Dagegen wird die von Dividenden nach § 43 Abs. 1 EStG einzubehaltende in Kapitalertragsteuer nicht wie bei der körpersschaftsteuerpflichtigen Gesellschaft aus die Körperschaftsteuerschuld wie eine Vorauszahlung angerechnet.

Die Kapitalertragsteuer hat für steuerbefreite Gesellschaften vielmehr eine abgeltende Wirkung. Die Kapitalertragsteuer ist jedoch bei steuerbefreiten Körperschaften im Sinne des § 5 Abs. 1 KStG nur zu $^3/_5$ vorzunehmen, § 44a Abs. 8 S. 1 EStG.

---

andere Kapitalgesellschaft zum Buch- oder einem Zwischenwert entstehen. Die Steuerbefreiung des § 8b Abs. 2 KStG ist für solche einbringungsgeborenen Anteile ausgeschlossen. Seit 2007 wurde die Systematik der einbringungsgeborenen Anteilen durch die Änderung des UmwStG im Rahmen des SESTEG verändert. Einbringungsgeborene Anteile können nunmehr nicht mehr entstehen. Statt dessen muss eine Einbringung zum Buch- oder Zwischenwert nachversteuert werden, wenn entweder der Einbringende (dann Einbringungsgewinn I) oder aber die übernehmende Kapitalgesellschaft (dann Einbringungsgewinn II) die erhaltenen Wirtschaftsgüter innerhalb von 7 Jahren verwertet. Der nachzuversteuernde Betrag mindert sich für jedes Jahr um 1/7.

Auch anteilige Zinseinkünfte sind von der Steuerbefreiung des steuerbefreiten Investors umfasst. Aufwendungen zur Erzielung der Zinsen sind nicht steuerwirksam. Sofern von Zinseinnahmen Kapitalertragsteuer nach § 43 ff. ESt einzubehalten ist, hat auch diese abgeltende Wirkung. Die Kapitalertragsteuer ist bei steuerbefreiten Körperschaften im Sinne des § 5 Abs. 1 KStG nur anteilig vorzunehmen, § 44a Abs. 8 S. 1 EStG.

Die Besteuerung der steuerbefreiten Gesellschaft stellt sich im Überblick wie folgt dar:

Die steuerfreie Gesellschaft als Investor

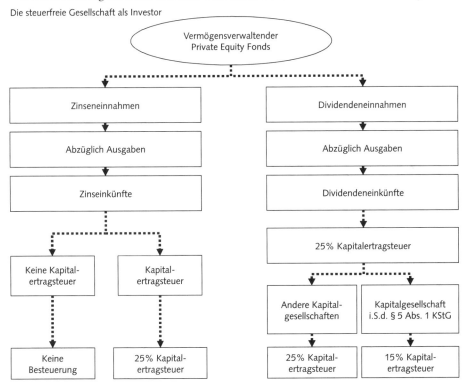

### 2.3.3.2. Veräußerungsgewinne

Anteilige Veräußerungsgewinne, die durch steuerbefreite Körperschaften erzielt werden, bleiben bei diesen steuerfrei. Veräußerungskosten sind nicht steuerwirksam. Kapitalertragsteuer fällt auf Veräußerungsgewinne nicht an.

Anteilige Veräußerungsgewinne werden fortan dem Grunde nach durch die Abgeltungsteuer erfasst. Die Abgeltungsteuer erfasst Veräußerungsgewinne an in- und ausländischen Kapitalgesellschaften;[1831] eine wesentliche Beteiligung braucht nicht vorzuliegen. Steuerbefreite Körperschaften mit Einkünften aus Kapitalvermögen müssen jedoch auch künftig Veräußerungsgewinne nicht der Abgeltungsteuer unterwerfen; § 44a Abs. 4 EStG.

Im Überblick stellt sich die steuerliche Situation wie folgt dar.

Steuerbefreite Investoren scheuen typischerweise die Investition in einen Private-Equity-Fonds, der nicht lediglich vermögensverwaltend ist, denn die Beteiligung an einer gewerblichen Personengesellschaft kann gegebenenfalls den Wegfall der Steuerbefreiung zur Folge haben.

---

[1831] Nach der Übergangsregelung findet die Abgeltungssteuer keine Anwendung auf Anteile, die bis 31. Dezember 2008 erworben werden, § 52a Abs. 10 EStG.

# 6. Teil. Einzelrechtsgebiete § 18 Steuerrechtliche Fragestellungen

Die steuerfreie Kapitalgesellschaft als Investor

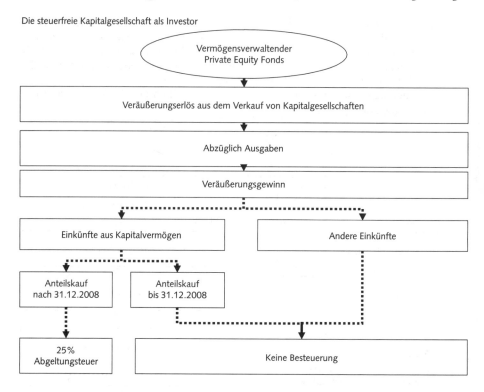

## 2.3.4. Der Carry-Inhaber (Wiesbrock)

### 2.3.4.1. Die rechtliche Carry-Gestaltung

**a) Rechtliche Grundlagen zum Carried Interest.** Als Gesellschafter leisten die Initiatoren eines Private-Equity-Fonds – wie die übrigen Investoren auch – materielle Beiträge zum Gesellschaftskapital. Bei GmbH & Co. KGs leisten sie etwa eine Kapitaleinlage in Geldeswert oder in Sachwerten so wie dies auch für die übrigen Investoren gilt. Insoweit unterscheiden sich die Initiatoren nicht von anderen Investoren. Initiatoren leisten aber neben den vorgenannten materiellen Beiträgen regelmäßig weitere Beiträge immaterieller Art für welche sie keine kapitalmäßige Beteiligung an dem Private-Equity-Fonds erhalten. Der Grund dafür kann darin liegen, dass diese immateriellen Beiträge nicht bilanzierungsfähig sind. Er kann aber auch darin bestehen, dass die Bewertung dieser Beiträge Schwierigkeiten bereitet (z. B. bei der Einbringung von Expertise etc.). Von besonderer Bedeutung ist dies freilich bei Fondsgesellschaften, die strengen Kapitalaufbringungsregelungen unterliegen, wie dies z. B. bei Kapitalgesellschaften nach deutschem Recht der Fall ist.

Die Initiatoren eines Private-Equity-Fonds erbringen damit – so jedenfalls die Arbeitshypothese – einen größeren Beitrag als ein gewöhnlicher Investor. Für diesen zusätzlichen Wert, der dem Private-Equity-Fonds von solchen Initiatoren vermittelt wird, erhalten diese Initiatoren regelmäßig einen Ergebnisanteil, der über den Ergebnisanteil hinausgeht, den der von den Initiatoren gehaltene Gesellschaftsanteil vermitteln würde. Dieser überproportionale Ergebnisanteil wird als sog. Carried Interest bezeichnet.[1832]

Der disproportionale Mehrerlös wird in der Praxis regelmäßig erst dann gewährt, wenn eine festgelegte Mindestrendite auf die von Initiatoren und übrigen Investoren eingesetzte

---

[1832] Andreas Rodin in: Stefan Jugel: Private Equity Investments, Praxis des Beteiligungsmanagements, S. 59.

Kapitalbeteiligung erzielt wird. In Abhängigkeit von der Art des Investments ist diese Mindestrendite höher oder niedriger, regelmäßig bewegt sie sich aber in einer Bandbreite von 8–12% p. a. Die Mindestrendite wird als „Hurdle Rate" bezeichnet. Der Carried Interest wird nicht nur für die Leistung der vorgenannten immateriellen Beiträge genannt, sondern dient auch der Incentivierung des Management eines Private-Equity-Fonds soweit dieses von Seiten der Initiatoren gestellt wird. In der Praxis ist es durchaus häufig der Fall, dass nach Übernahme einer Beteiligung das Private Equity Management über das Akquisitionsvehikel (z. B. durch Weisungen oder durch Hinweise, Empfehlungen, Coaching etc.) oder aber durch Besetzung einer Leitungsfunktion im Zielunternehmen direkt Einfluss auf das Management der Zielgesellschaft nimmt.

**b) Grundmodelle des Carried Interest in der Praxis.** In der Praxis sind zwei Grundmodelle des Carried Interest zu unterscheiden, die letztlich aber zu einem ähnlichen Ergebnis führen; die Grundmodelle unterscheiden sich allerdings in der zeitlichen Wirkungsweise. Dem Model des „full repayment of capital commitment" steht dabei das Modell des "full repayment of capital contribution" gegenüber.

**aa) Full repayment of capital commitment.** Der Carried Interest wird in dieser Variante erst dann an die Initiatoren ausgeschüttet, wenn die gesamte von den übrigen Investoren geleistete Kapitaleinlage vollständig an jene zurück gezahlt und auch die festgelegte Mindestverzinsung (Hurdle Rate) an diese Investoren ausgeschüttet worden ist.

**bb) Full repayment of capital contribution.** In diesem Fall kann der Carried Interest bereits während der Laufzeit des Fondsinvestments anfallen und ausgeschüttet werden. Dies setzt im Vergleich zu dem Modell des „full repayment of capital commitment" lediglich voraus, dass die Mindestverzinsung für die Kapitaleinlagen der übrigen Investoren überschritten wird. Eine Auszahlung kann demnach bereits dann erfolgen, wenn für die übrigen Investoren noch nicht feststeht, ob das Gesamtinvestment erfolgreich werden wird. So kann freilich der Fall eintreten, dass etwa im ersten Jahr der Kapitalbeteiligung eine Dividende an die Investoren ausgeschüttet wird, die die vereinbarte Mindestrendite deutlich überschreitet. Bei negativem Geschäftsverlauf in den Folgejahren kann schließlich der Fall eintreten, dass keine weiteren Ausschüttungen während der Beteiligungsphase vorgenommen werden können und ggf. das Investment in einen Totalverlust mündet. In diesem Fall hätte der Initiator wegen des Überschreitens der Mindestrendite in nur einem Jahr einen Carried Interest vereinnahmen können.

**cc) Claw back und catch up Vereinbarungen.** Der unter vorstehend 2. beschriebenen Gefahr, dass die Initiatoren durch starke Schwankungen in der Geschäftsentwicklung einer Zielgesellschaft in den Genuss des Carried Interest gelangen können, obwohl das Investment über die gesamte Beteiligungsphase hinweg möglicherweise nicht die vereinbarte Mindestrendite erzielt, wird in der Praxis durch sog. claw-back Vereinbarungen vorgebeugt.[1833] Derartige Vereinbarungen sehen eine Rückzahlungspflicht der Empfänger des vorzeitig ausgeschütteten Carried Interest vor, sofern die vereinbarte Mindestrendite für die Kapitaleinlage nicht über den gesamten Zeitraum der Beteiligung erzielt wird. Problematisch ist freilich in der Praxis die Absicherung einer solchen Rückzahlungsverpflichtung.

Modifikation erfahren Carried Interest Vereinbarungen in der Praxis häufig durch sog. catch-up Vereinbarungen. In diesem Fall, der ein „Aufholen" der Initiatoren darstellt, erhalten diese Initiatoren nach Auslösen des Carried Interest einen Betrag, der bis zur Höhe der Mindestverzinsung reicht, die die übrigen Investoren erhalten. Die nach Auslösen des Carried Interest folgenden weiteren Rückflüsse aus dem Investment werden danach zunächst von den Initiatoren selbst vereinnahmt bis diese die Mindestverzinsung erreicht haben. Erst wenn sowohl die Initiatoren als auch die übrigen Investoren die Mindestverzinsung erreicht haben, greift die Gewinnverteilung nach der Regelung des Carried Interest.

---

[1833] Behrens, FR 2004, 1211 (1218).

**dd) Charakterisierung des Carried Interest.** Wie im vorstehenden dargestellt, ist der Carried Interest eine an die Private Equity Initiatoren gewährte überproportionale Vergütung, die keine eindeutige wirtschaftliche Begründung hat. Einerseits kann sie als besondere Vergütung für die Einbringung immaterieller Werte in den Private-Equity-Fonds bzw. in die Zielgesellschaft qualifiziert werden, die dort Mehrwert schafft. Zum anderen – insbesondere bei aktiver Beteiligung von Private Equity Initiatoren im Management des Zielunternehmens – hat die Auslösung eines Carried Interest auch die Qualität einer Art Tätigkeitsvergütung. In diesem Spannungsfeld bewegt sich auch die steuerrechtliche Beurteilung des Carried Interest.

Der Carried Interest wäre in diesem Fall ähnlich einem Tantieme-Anspruchs eines Geschäftsführers oder einer besonders vereinbarten Gratifikation für das Management. Der tatsächliche Gesellschafterbeitrag der Initiatoren dürfte für die steuerliche Zuordnung allerdings von herausragender Bedeutung sein.

**c) Carried Interest und Rechtsform des Private-Equity-Fonds.** Die rechtlichen Rahmenbedingungen der Gewährung des Carried Interest werden maßgeblich durch die Rechtsform bestimmt, in welcher der Private-Equity-Fonds geführt wird. Entscheidend ist dabei bei mehrstöckigen Akquisitionsstrukturen regelmäßig die oberste Ebene, in welcher Initiatoren einerseits und übrige Investoren andererseits ihre gesellschaftsrechtliche Verbindung begründen. Die Auslösung von Carried Interest auf Zwischenebenen ist allerdings grundsätzlich auch denkbar. Insbesondere könnte auch eine Direktbeteiligung am Zielunternehmen durch Initiatoren Hand in Hand mit einer gemeinsamen Beteiligung an dem Private-Equity-Fonds gehen.

In der Praxis sind Private-Equity-Fonds typischerweise als vermögensverwaltende Personengesellschaften ausgestaltet.[1834] Der Grund dafür liegt in erster Linie in der ertragsteuerlichen Transparenz einer vermögensverwaltenden Personengesellschaft. Diese ertragsteuerliche Transparenz des Private-Equity-Fonds führt dazu, dass die durch den Kapitalanleger erzielen Veräußerungsgewinne – sofern sie denn anfallen – ausschließlich auf Ebene des jeweiligen Kapitalanlegers nach dessen individuellen steuerlichen Verhältnissen versteuert werden

### 2.3.4.2. Die steuerliche Betrachtung des Carry (Striegel/Herkenroth)

Die Carry-Inhaber erhalten einen Übergewinn aus dem durch die Fondsgesellschaft erzielten Veräußerungsgewinn, der nicht dem Verhältnis der Kapitaleinlage der Carry-Inhaber zur Kapitaleinlage der Investoren entspricht. Im nachfolgenden Berechnungsbeispiel erhält

| Kapitaleinlagen im Privat Equity Fonds | | Gewinnbeteiligung nach Einlagen | Gewinnbeteiligung nach Vereinbarung | Übergewinnbeteiligung = Carry-Interest | |
|---|---|---|---|---|---|
| Carry-Inhaber | 1.000 € | 10 % | 20 % | 10 % | Übergewinn |
| Investoren | 9.000 € | 90 % | 80 % | – 10 % | Übergewinn |
| | 10.000 € | 100 % | 100 % | 0 % | |
| | | | | | |
| Veräußerungsgewinn des Private Equity Fonds | 100.000 € | | | | |
| Carry-Inhaber | | 10.000 € | 20.000,00 € | 10.000 € | |
| Investoren | | 90.000 € | 80.000,00 € | – 10.000 € | |

---

[1834] Vgl. Rodin/Veith, DB 2001, 883 (884); Bundesministerium der Finanzen: Schreiben v. 16. Dezember 2003, BStBl. 2004, Teil I, S. 40, Tz 2, (17), (21); Weitnauer, FB 2001, 258.

der Carry-Inhaber eine Gewinnbeteiligung von 20% und dies obwohl er aufgrund des Verhältnisses seiner Einlage zum gesamten Eigenkapital nur 10% beanspruchen könnte.

In schematischen Überblick stellt sich die Carry-Gestaltung wie folgt dar:

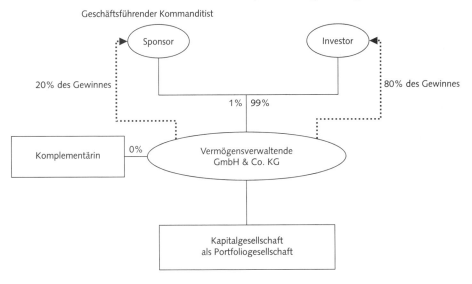

### 2.3.4.3. Die Carry-Besteuerung

Der Carry soll nach Literatur ein Teil des Veräußerungserlöses sein. Sofern der Veräußerungserlös durch Veräußerung einer nach § 17 EStG unwesentlichen Beteiligung an einer Kapitalgesellschaft erzielt wird, entfällt jede Einkommensteuerpflicht. Der Fonds, die Investoren und vor allem auch die Sponsoren haben ihr steuerstrukturelles Ziel erreicht. Der Veräußerungsgewinn ist nicht einkommensteuerbar.

Sofern der Sponsor anteilig eine wesentliche Beteiligung verkauft hat, erzielt er einen einkommensteuerbaren Veräußerungsgewinn nach § 17 EStG. Der Veräußerungserlös war dann nach dem Halbeinkünfteverfahren[1835] begünstigt.

Die Finanzverwaltung charakterisiert den Carry als Vergütung für eine Dienstleistung. Diese Vergütung ist vollständig steuerpflichtig. Auch eine Steuerbefreiung nach dem Halbeinkünfteverfahren kam nicht in Betracht

Die Finanzverwaltung hat sich durchgesetzt, in dem spätestens mit Einführung des § 18 Abs. 1 Nr. 4 EStG durch den Gesetzgeber angeordnet wird, dass Einkünfte aus Carry solche aus selbständiger Arbeit und nicht aus der Veräußerungen von Beteiligungen sind.

Der Gesetzgeber hat zur Milderung der Enttäuschung der „Branche" eine teilweise Steuerbefreiung des Carry in § 3 Nr. 40a EStG vorgesehen, wenn dieser Carry die Tatbestandsvoraussetzungen des § 18 EStG erfüllt (hierzu sogleich).

Bei der Erfassung des Carried Interest wird nicht danach unterschieden, ob dieser aus Zinsen, Dividenden oder nur Veräußerungsgewinnen gespeist oder gezahlt wird. Die Begünstigung für den Carry im Sinne des § 3 Nr. 40a EStG erstreckt sich damit auch auf normal zu besteuernde Ertragsbestandteile.

Die Besteuerung des Carry Interest ist aus folgenden Gründen systemwidrig:

---

[1835] Natürliche Personen können bei wesentlichen Beteiligungen die 50% Einkommensteuerbefreiung beanspruchen. Bei nicht wesentlichen Beteiligungen besteht Einkommensteuerfreiheit, sofern die Spekulationsfrist beachtet wird. Für Anteile, die nach dme 31. Dezember 2008 erworben wird, führt die Abgeltungsteuer stets zu einer Einkommensteuerpflicht, die auf maximal 25% beschränkt ist. Juristische Personen können idR die 95% Steuerbefreiung nach § 8b Abs. 2 KStG beanspruchen.

– Dieser Besteuerung der – fiktiven – Dienstleistungsvergütung steht kein Betriebsausgabenabzug bei den Investoren gegenüber, obwohl sie die leistenden Parteien dieser Fiktion sein müssen.
– Die Dienstleistungsfiktion wird für Zwecke der Umsatzsteuer bislang nicht umgesetzt.

Die Steuerbefreiung für den Carried Interest gilt unter folgenden Voraussetzungen, § 18 Abs. 1 Nr. 4 EStG:
1. Einkünfte aus einer vermögensverwaltenden Gesellschaft oder Gemeinschaft,
2. deren Zweck im Erwerb, Halten und in der Veräußerung von Anteilen an Kapitalgesellschaften [Portfoliogesellschaften] besteht,
3. als Vergütung für Leistungen zur Förderung des Gesellschafts- oder Gemeinschaftszweckes,
4. wenn der Anspruch unter der Voraussetzung der vollständigen Rückzahlung des Kapitals der anderen Investoren gewährt wird[1836].

Auch eine (gewerbliche) Kapitalgesellschaft soll einen („freiberuflichen") Carry im Sinne des § 18 EStG überhaupt erzielen und von der davon abhängenden Steuerbefreiung profitieren.

Die Steuerbefreiung nach § 18 Abs. 1 Nr. 4 EStG gilt nicht für Alt-Fälle im Sinne des § 52 Abs. 4c EStG (Fondsgründung vor dem 31. 3. 2002/Anteile nach dem 7. 11. 2003). Alt-Fälle werden ohne Berücksichtigung der §§ 18 Abs. 1 Nr. 4, 3 Nr. 40a EStG besteuert.

Carry-Zahlungen sind daher steuerpflichtig, wenn das Rechtsverständnis zutreffend ist, das den Carry als eine Dienstleistungsvergütung – und nicht als einen Veräußerungsgewinn – auslegt.

Carry-Zahlungen sind umgekehrt steuerfrei, wenn das Rechtsverständnis zu einer Erfassung als Veräußerungsgewinn führt, der außerhalb der Spekulationsfrist unterhalb einer wesentlichen Beteiligung zu keinen einkommensteuerbaren Einkünften bei einer natürlichen Person führt.

Die Gerichte müssen entscheiden, was richtig war.

Nur die Fonds, die in Bayern angesiedelt waren, dürfen sich auf den Vertrauensschutz freuen, die Bayern „seinen Fonds" im Hinblick auf die in Bayern vorgenommene Charakterisierung des Carry als Veräußerungsgewinn gewährt hat. Fonds in den anderen Bundesländern haben dieses Glück nicht. Sie müssen sich das „Recht" erstreiten. Sie können auch nicht „Country-Shoppen" und ihren Sitz und ihre Geschäftsleitung „schnell" nach Bayern verlegen. Die Bayern beschränken ihre Wohltaten auf die Fonds, die von vornherein auf Bayern „gesetzt" haben. Der entsprechende Erlass der OFD München vom 15. 10. 2004 ist in der Anlage beigefügt.

Eine bislang nicht gekannte Rechtswirklichkeit ist eingetreten: „Das Verwaltungs-Auffassungs-Shopping" oder die „Nachzugsstrafe".

In der Übersicht kann die Besteuerung des Carried Interest wie folgt dargestellt werden.

Nicht selten beteiligen sich die Sponsoren auch über ein so genanntes vermögensverwaltendes Carry-Vehikel, was jedoch nichts an der vorstehenden steuerlichen Situation ändert.

---

[1836] Abschlags- oder Vorauszahlungen können zulässig sein, wenn sie unter dem Vorbehalt der vollständigen Rückzahlung des Kapitals an die Investoren bezahlt werden und ggfs. zurückzufordern sind (sog. Claw-Back).

§ 18 Steuerrechtliche Fragestellungen          6. Teil. Einzelrechtsgebiete

Die Carry-Besteuerung

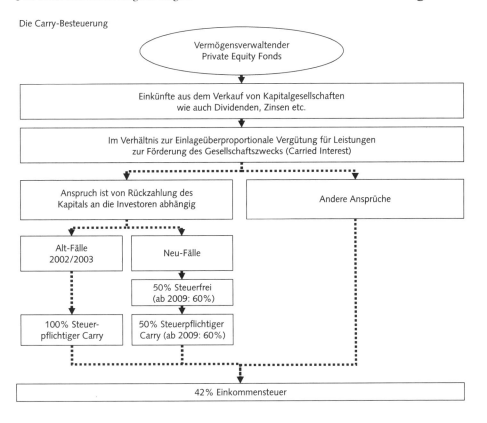

Das vermögensverwaltende Carry-Vehikel

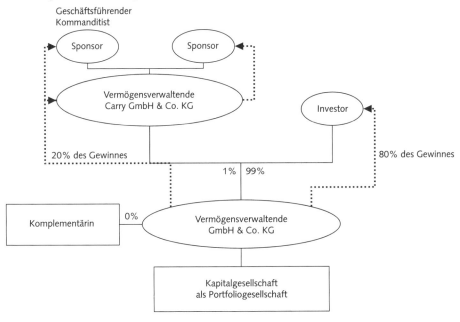

## 2.4. Das Investmentsteuergesetz

Das Investmentsteuergesetz ist anzuwenden auf
1. inländische Investmentvermögen und Investmentanteile und
2. ausländische Investmentvermögen und Investmentanteile.

Ein inländisches Investmentvermögen beinhaltet den Investmentfonds im Sinne des § 2 Abs. 1 InvG sowie die Investmentaktiengesellschaft iSd § 2 Abs. 5 InvG.

Ein Investmentvermögen ist in § 1 S. 2 InvG als Vermögen zur gemeinschaftlichen Kapitalanlage definiert. Investmentfonds sind in § 2 Abs. 1 InvG definiert als die von einer Kapitalgesellschaft verwalteten Publikums-Sondervfermögen iSd RL 85/EWG. Ein ausländisches Investvermögen ist in § 2 Abs. 8 und 9 InvG definiert. § 2 Abs. 8 InvG erfasst Investmentvermögen iSd. § 1 S. 2 InvG, das dem Recht eines anderen Staates unterliegt. § 2 Abs. 9 InvG erfasst als Investmentanteile die Anteile an ausländischen Investmentvermögen, die entweder eine Finanzaufsicht unterliegt oder deren Anteile zurückgegeben werden können.

Die Rechtsfolge einer Einordnung des Fonds als Investmentvermögen oder des Anteils als Investmentanteil besteht neben der regulatorischen Konsequenzen im Investmentgesetz insbesondere auch in der besonderen steuerlichen Behandlung.

Hiernach erfolgt grundsätzlich eine transparente Besteuerung des Fonds mit folgenden Besonderheiten:
– § 2 InvStG erfasst als Erträge aus Investmentanteilen nicht nur die Ausschüttungen, sondern auch die ausschüttungsgleichen Erträge sowie den Zwischengewinn als Einkünfte aus Kapitalvermögen.
– Das Halbeinkünfteverfahren findet auch auf den Anteilseigner Anwendung, soweit die ausgeschütteten Erträge aus Gewinne im Sinne der §§ 8b KStG, 3 Nr. 40 EStG, also Dividenden und Veräußerungsgewinne) bestehen.

§ 6 InvStG sieht jedoch auch eine pauschale Besteuerung vor, wenn der Fonds seinen umfangreichen Mitteilungspflichten nicht nachkommt. Diese pauschale Besteuerung wird als Strafbesteuerung empfunden.

Private-Equity-Fonds erfüllen jedenfalls dann nicht die Tatbestandsvoraussetzung als Investmentfonds, wenn eine aktive unternehmerische Beteiligung an den Portfoliounternehmen erfolgt.[1837]

## 2.5. Die Umsatzsteuer

Umsatzsteuer entsteht bei
1. entgeltlichen
2. Lieferungen oder sonstigen Leistungen
3. eines Unternehmers
4. im Rahmen seines Unternehmens.

Keine Entgeltlichkeit liegt zum Beispiel bei einem Gesellschafterbeitrag vor. Daher erbringt der geschäftsführende Gesellschafter dann keine entgeltliche Leistung, wenn die Tätigkeit als Gesellschafterbeitrag und nicht z. B. auf Grundlage einer Dienstleistungsvereinbarung erbracht wird.

§ 2 UStG definiert den Unternehmer als eine Person, die ein gewerbliche oder berufliche Tätigkeit selbständig ausübt.

Der Unternehmer kann eine private und unternehmerische Sphäre haben. So ist zum

---

[1837] Die unternehmerische Beteiligung als Ausnahme von der Anwendung des Investment(steuer-)gesetzes beruht auf verschiedenen Schreiben des Bakred aus den 90er Jahren; 30. August 1990; 28. August 1991; 7. Dezember 2001; das Erfordernis einer unternehmerischen Beteiligung steht in einer gewissen Spannung zur Vermögensverwaltung die ein unternehmerisches tätig werden in den Portfoliogesellschaften gerade ausschließt, s.o. Abschnitt 2.2.2.8.).

Beispiel die private Wohnung nicht dem Unternehmen zuzuordnen und daher bei einem Verkauf auch nicht umsatzsteuerbar
Umsatzsteuerbare Leistungen sind steuerpflichtig, wenn sie
1. im Inland ausgeführt werden, und
2. nicht umsatzsteuerbefreit sind, § 4 UStG.

§§ 3, 3a UStG beschäftigen sich mit dem Ort der Leistung. Nur im Falle eines inländischen Leistungsortes ist die umsatzsteuerbare Leistung umsatzsteuerpflichtig.

Diese grundlegende umsatzsteuerliche Systematik kann wie folgt dargestellt werden:

Der Ort der Leistung im Überblick

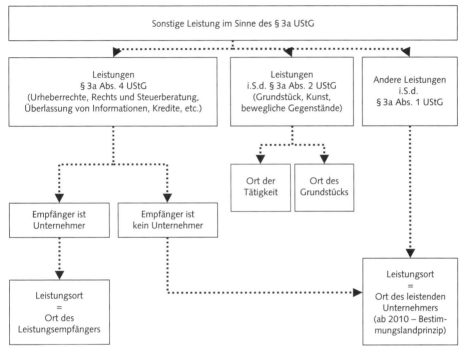

Im Falle einer Private Equity Struktur können insbesondere die folgenden Leistungsbeziehungen umsatzsteuerlich relevant sein:
– Die geschäftsführenden Gesellschafter erbringen eine Managementleistung gegenüber dem Fonds.
– Der Fonds erbringt ggfs. eine Beratungsleistung gegenüber dem Portfoliounternehmen.
– Die Komplementärgesellschaft nimmt das Haftungsrisiko auf sich.
– Der Carry Interest.

Im Überblick können diese denkbaren Leistungsbeziehungen wie folgt dargestellt werden:
Es stellen sich daher insbesondere die folgenden Fragen:
– Erbringen die geschäftsführenden Gesellschafter eine umsatzsteuerpflichtige Managementleistung oder aber einen nicht umsatzsteuerbaren Beitrag als Gesellschafter.
– Erbringt die Komplementärgesellschaft eine umsatzsteuerbare Leistung?
– Begründen gewinnabhängige Leistungen ein Entgelt im Sinne des Umsatzsteuerrechts?

Die Finanzverwaltung hat zu diesen Problemkreisen mit Erlass vom 31. 5. 2007 Stellung bezogen[1838].

---

[1838] http://www.bundesfinanzministerium.de/nn_53836/DE/BMF_Startseite/Aktuelles/BMF_Schreiben/Veroffentlichungen_zu_Steuerarten/umsatzsteuer/193,property=publicationFile.pdf.

# 6. Teil. Einzelrechtsgebiete          § 18 Steuerrechtliche Fragestellungen

Das umsatzsteuerlichen Leistungsbeziehungen

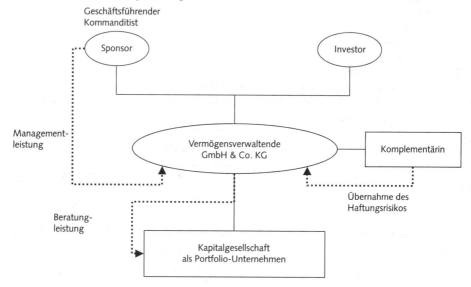

Hiernach richtet sich die umsatzsteuerrechtliche Behandlung dieser Leistungen danach, ob es sich um Leistungen handelt, die als Gesellschafterbeitrag durch die Beteiligung am Ergebnis der Gesellschaft abgegolten werden, oder um Leistungen, die gegen Sonderentgelt ausgeführt werden und damit auf einen Leistungsaustausch gerichtet sind.

Ergebnisanteile sind kein Sonderentgelt; die Geschäftsführungs- und Vertretungsleistungen werden daher als Gesellschafterbeitrag erbracht.

Bei Leistungen aufgrund eines Vertrags sind die für einen steuerbaren Leistungsaustausch regelmäßig erfüllt. Im Falle einer Vergütung auf der Basis des Gesellschaftsvertrages sollen die geschlossenen Vereinbarungen und deren tatsächliche Ausführung „wirtschaftlich" ausgelegt und ggfs. als Sonderentgelt charakterisiert werden. Der Erlass charakterisiert in Beispiel 10 z. B. eine fixe Vorwegvergütung z. B. als Sonderentgelt.

Wenngleich dem Carried Interest nach Ansicht der Finanzverwaltung eine freiberufliche Dienstleistung zugrunde liegt, sind hieraus bislang umsatzsteuerliche Konsequenzen nicht gezogen worden.

## 3. Die Kapitalgesellschaft als Fondsgesellschaft

Die Investoren einer Kapitalgesellschaften erzielen Einkünfte aus Dividenden oder Veräußerungserlöse. Die Besteuerung dieser Einkünfte ist durch das oben im Detail beschriebene Halb- bzw. Teileinkünfteverfahren begünstigt, soweit nicht im Privatvermögen von natürlichen Personen ab 2009 auf Dividenden und Veräußerungserlöse unwesentlicher Beteiligungen die Abgeltungsteuer anzuwenden ist.

Die inländische Kapitalgesellschaft erzielt mit Dividenden von und Veräußerungsgewinnen an Anteilen von Portfoliogesellschaften in der Rechtsform der Kapitalgesellschaft nach dem Halbeinkünfteverfahren begünstigte Einkünfte. 95% dieser Einkünfte sind körperschaftsteuerfrei, wohingegen die entsprechende Gewerbesteuerbefreiung für Dividenden zusätzlich die Tatbestandsmerkmale in § 9 Nr. 2a, 7 GewStG voraussetzt.

Die ausländische Kapitalgesellschaft ist nur mit ihren inländischen Einkünften im Sinne des § 49 EStG steuerpflichtig, was bei Dividenden von und Veräußerungsgewinnen mit Anteilen an inländischen Kapitalgesellschaften regelmäßig der Fall ist.

Die Kapitalgesellschaft als Fondsgesellschaft ermöglicht Gestaltungschancen für die

Carry-Besteuerung. Vorzugsaktien können an die Stelle einer Carry-Gestaltung treten. Erträge aus Vorzugsaktien führen zu Einkünften aus Kapitalvermögen und unterliegen dem Halbeinkünfteverfahren. Hingegen ist die Anwendung der § 18 I Nr. 4 EStG zweifelhaft, denn eine Kapitalgesellschaft kann freiberufliche Einkünfte nicht erzielen.

Disproportionale Gewinnausschüttungen können an die Stelle der Carry-Gestaltungen treten. Der Carry-Inhaber erhält dann eine im Verhältnis zu seinem Investment höheren Gewinnanteil (Halbeinkünfteverfahren/Abgeltungsteuer). Die Zulässigkeit disproportionaler Gewinnausschüttung ist höchstrichterlich bestätigt.[1839]

## 4. Die Unternehmensbeteiligungsgesellschaft nach UBG als Fondsgesellschaft

Die Eigenschaft als Unternehmensbeteiligungsgesellschaft einer inländischen Kapital- oder Personengesellschaft wird behördlich anerkannt, § 1 Abs. 1 UBG. Diese Einordnung als Unternehmensbeteiligungsgesellschaft nach UBG hat Vorrang vor der Charakterisierung als Wagniskapitalgesellschaft, § 2 Abs. 1 WKBG.

UBG profitieren von der Gewerbesteuerbefreiung nach § 3 Nr. 23 GewStG, die sie beanspruchen können, auch wenn ihre Tätigkeit als gewerblich einzustufen ist. Weiterhin finden die Eigenkapitalersatzregelungen für den Gesellschafter der UBG bislang keine Anwendung.

In der Praxis ist die UBG nur bedingt erfolgreich, so dass sich ihre Zahl auf bislang nur 80 Gesellschaften beschränkt.

Die UBG kann in Eigenkapitalbeteiligungen an Kapitalgesellschaften oder Personengesellschaften investieren, § 1a Abs. 3 UBG, wenn sie einen Investitionshorizont von 15 Jahren hat, § 4 Abs. 6 UBG.

Die Anzahl von UBG ist nicht zuletzt infolge der regulatorischen Implikation beschränkt geblieben.

## 5. Die Wagnisbeteiligungsgesellschaft als Fondsgesellschaft

Die Eigenschaft als Wagniskapitalgesellschaft wird durch die Bafin zuerkannt, §§ 1 Abs. 1, 14 WKBG. Der Status ist auf Personen- oder Kapitalgesellschaften mit inländischem Sitz und Geschäftsleitung, § 5 WKBG beschränkt. Die Begünstigung soll auf kleine und jüngere Unternehmen konzentriert sein, so dass § 10 WKBG eine Konzernfreiheit vorschreibt, die spätestens innerhalb von 5 Jahren nach Anerkennung erlangt sein soll.

Zulässige Investition in Wagniskapitalbeteiligungen sind nach § 2 Abs. 2 WKBG Eigenkapitalbeteiligungen an Zielgesellschaften, die handelsrechtlich als Eigenkapital gelten und bei denen eine für die Überlassung gezahlte Vergütung steuerlich nicht abziehbar ist.

Als Zielgesellschaften sind nur Kapitalgesellschaften vorgesehen, deren Sitz und Geschäftsleitung in der EU liegt. Die Beschränkung auf kleine und junge Unternehmen kommt durch die Beschränkung auf Unternehmen mit einem Eigenkapital von maximal 20 Mio € sowie einer Existenz von nicht mehr als 10 Jahren zum Ausdruck. Ebenso dürfen keine Wetpapiere zugelassen sein.

Die Rechtsfolgen einer Charakterisierung als WKBG besteht in folgenden Besonderheiten:
– Die Wagniskapitalgesellschaft ist auch dann gemäß vermögensverwaltend, wenn sie
  1. Beratungstätigkeiten nach § 8 Abs. 2 WKBG gegenüber Zielgesellschaften durch eine Tochtergesellschaft ausübt, § 19 S. 3 WKBG;
  2. Darlehen an Zielgesellschaften nach § 8 Abs. 3 WKBG durch eine Tochtergesellschaft vergibt, § 19 S. 3 WKBG;
  3. Sicherheiten für die Zielgesellschaften durch eine Tochtergesellschaft stellt, §§ 8 Abs. 3, 19 S. 3 WKBG;

---

[1839] Vgl. zuletzt BFH Urt. v. 4. Februar 2005, VIII B 185/02, BFH/NV 2005, 1258 m.w.N.

4. Kredite nach § 8 Abs. 4 WKBG durch eine Tochtergesellschaft aufnimmt, § 19 S. 3 WKBG;
5. Geschäftsräume unterhält, §§ 8 Abs. 5, 19 S. 2 WKBG.
– Die WKBG unterliegt der Aufsicht durch die BaFin, § 12 WKBG.
– Es besteht die Pflicht zur Erstellung eines Jahresabschluss nebst Lageberichtes in dem Umfang einer mittelgrossem Kapitalgesellschaft, § 15 WKBG.
– Es bestehen Anzeigepflichten der Wagniskapitalgesellschaft, § 16 WKBG.
– Nach § 8c KStG entfallen Verlustvorträge bei einem Anteilseignerwechsel innerhalb von 5 Jahren von 25% bis 50% anteilig und ab 50% vollständig. Wagniskapitalgesellschaften sind von dieser Regelung ausgenommen, § 8c Abs. 2 KStG. Ein Verlustabzug bleibt erhalten, soweit er auf stillen Reserven des steuerpflichtigen inländischen Betriebsvermögens der Zielgesellschaft entfällt. Die korrespondierende Regelung für den Erhalt von Gewerbeverlusten ist in § 36 Abs. 9 GewStG enthalten.

## 6. Die SICAR als Fondsgesellschaft

Die SICAR ist eine gebräuchliche Gestaltungsalternative für in Luxemburg ansässige Fondsgesellschaften. Aus diesem Grunde soll nachfolgend ein kurzer Überblick gegeben werden.

Die Charakterisierung als SICAR kann in Luxemburg für Personen- oder Kapitalgesellschaften erfolgen.

Die SICAR-Personengesellschaft ist transparent. Nur die Gesellschafter werden besteuert. Luxemburg besteuert Dividenden und Veräußerungsgewinne nicht. Der deutsche Anleger kann sich grundsätzlich auf die Steuerfreiheit von Betriebstättengewinnen nach dem Doppelbesteuerungsabkommen Deutschland – Luxemburg berufen. § 50d Abs. 9 Nr. 1 EStG soll nunmehr eine Nicht-Besteuerung der Gewinne vermeiden.

Die SICAR-Kapitalgesellschaft ist in Luxemburg grundsätzlich steuerpflichtig. Einkommen aus Beteiligungen einer SICAR ist in Luxemburg jedoch steuerbefreit, so dass de facto keine Steuerbelastung auftritt. Auf Gewinnausschüttungen einer SICAR erhebt Luxemburg keine Kapitalertragsteuer. Das Investmentsteuergesetz kann unter bestimmten Umständen anwendbar sein und zu einer transparente Besteuerung führen.

Die SICAR-Kapitalgesellschaft ist grundsätzlich abkommensberechtigt und kann Doppelbesteuerungsabkommen in Anspruch nehmen.

## 7. Die Finanzierung

Die Finanzierung sowohl des Portfoliounternehmens selbst als auch des Fonds nimmt eine bedeutende Stellung bei der Strukturierung von Private Equity Beteiligungen ein.

Auf der Ebene des Portfoliounternehmens kann eine Refinanzierung zu einer Ergebnisverbesserung wie auch einer Optimierung des Cash-Flows führen. Beide Aspekte sind für die Unternehmens- und Wertentwicklung wichtig.

Auf der Ebene des Fonds ermöglicht der fremdfinanzierte Beteiligungserwerb eine höheres Investitionsvolumen und vor allem eine Renditeverbesserung, da weniger Eigenkapital eingesetzt werden muss, an welchem die Rendite gemessen wird. Der Fonds selbst muss nur im Falle einer inländischen Tätigkeit oder Betriebsstätte die deutsche Gewerbesteuer fürchten, so dass eine Ansiedelung im Ausland die Rücksichtnahme auf die Gewerblichkeitskriterien der deutschen Finanzverwaltung entbehrlich macht.

Der inländische Fonds muss daher etwa auf folgende Finanzierungsstruktur zurückgreifen, um eine schädliche Finanzierungstätigkeit auf seiner Ebene zu vermeiden:
Eine Finanzierung des Erwerbes eines Portofoliounternehmens wird – wegen des Verbotes der Aufnahme von Fremdkapital für vermögensverwaltende Personengesellschaften – oft durch Zwischenschaltung einer NewCo als Darlehensnehmerin strukturiert.

Nachfolgend sollen daher einige in diesem Zusammenhang bedeutsamen Aspekte im Überblick dargestellt werden.

Die Finanzierung des Beteiligungserwerbes durch Zwischenschaltung einer NewCo

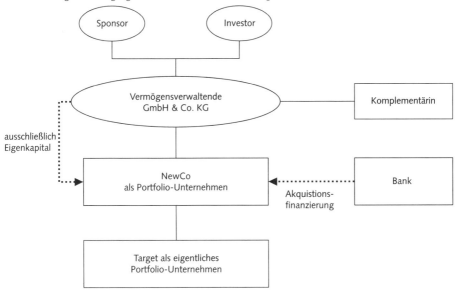

## 7.1. Zinsschranke

§ 4h EStG beschränkt den Betriebsausgabenabzug für die Netto-Zinsaufwendungen auf 30% des steuerlich EBITDA. Damit soll es Unternehmen (und deren Gesellschaftern) unmöglich gemacht werden, durch eine hohe Fremdfinanzierung das in Deutschland steuerpflichtige Gewinnsubstrat zu „sehr" zu mindern. Diese Motivation ist insbesondere für ausländische Gesellschafter eines inländischen Betriebs relevant, da nur hier ein Verlust des deutschen Steuersubstrates möglich ist. Aus Gründen der Gleichbehandlung sowie in Erfüllung der Diskriminierungsverbote innerhalb der EU wurde die Beschränkung auch auf inländische Gesellschafter ausgedehnt.

Die Grundkonzeption dieser Zinsschranke besteht darin, einen Zinsabzug nur bis zu einer gewissen Höhe des erwirtschafteten Ertrages, nämlich 30% der Earnings before Interest Tax Depreciation and Amortization zuzulassen.

Um den Mittelstand nicht „allzusehr" zu belasten, findet die Beschränkung der Zinsschranke nach § 4h Abs. 2 EStG keine Anwendung, wenn die Summe des Netto-Zinsaufwandes geringer als 1 Mio. € ist („Kleinfälle", die durch das Bürgerentlastungsgesetz befristet auf 3 Mio. erhöht wurde) oder aber der Steuerpflichtige ein konzernfreies Unternehmen ist. In letzterem Fall sei schließlich eine „einseitige" Verlagerung der Finanzierungsaufwendungen zu lasten des deutschen Steuersubstrates ausgeschlossen, weil das konzernfreie Unternehmen keine Verlagerungsmöglichkeiten auf ausländische Gesellschaften habe.

Kein Mißbrauchsfall wird auch angenommen, wenn die Fremdkapitalqoute des konzernangehörigen Steuerpflichtigen der Fremdkapitalqoute des gesamten Konzerns entspricht. Dann kommt Deutschland nicht zu kurz, sondern muss – wie jedes andere beteiligte Land auch – seinen Anteil an Betriebsausgaben zu Lasten seines Steuersubstrates akzeptieren.

Für die Private Equity Investition ist die Anwendung der Zinsschranke für das Portfoliounternehmen bedeutsam. Der Fonds könnte als Gesellschafter des oder der Portfoliounternehmen anzusehen sein, so dass sich die Portfoliounternehmen dann nicht mehr auf die Ausnahme der Konzernfreiheit berufen können. Die Zinsaufwendungen des Portfoliounternehmens wären dann in ihrer Abzugsfähigkeit beschränkt, wenn nicht die Freigrenze in Höhe von 1 Mio. € (3 Mio.) oder aber die fondsübergreifende Fremdkapitalqoute beachtet ist.

Der Private-Equity-Fonds ist bei bloßer Vermögensverwaltung nicht als Konzernmuttergesellschaft anzusehen. Vermögensverwaltung begründet kein Unternehmen.

Jedoch können die Portfoliounternehmen, die unter dem Dach der Fonds zusammengefasst sind, einen Gleichordnungskonzern der Beteiligungsgesellschaften begründen. Auch dies würde bei den Portfoliogesellschaften die Konzernfreiheit entfallen lassen.

Der Erlaß des Bundesministeriums der Finanzen vom 4. 7. 2008[1840] kann für Einzelfragen herangezogen werden.

Die Zinsschranke kann in der Übersicht wie folgt dargestellt werden:

Die Zinsschranke im Überblick

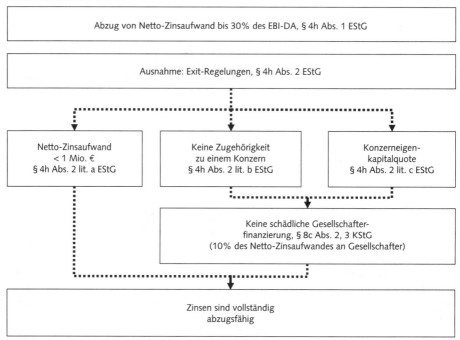

## 7.2. CPECs

CPEC ist die Abkürzung für Convertible Participating Equity Certificates. Diese Gestaltung wird bei Fondsgesellschaften in Luxembourg häufig eingesetzt und soll der Vollständigkeit halber nachfolgen kurz erläutert werden.

Die CPECs kombinieren den Vorteil von Fremd- und Eigenkapital. Die Zinszahlung stellen abzugsfähige Betriebsausgaben in Luxembourg dar, wohingend ausländische Jurisdiktionen die CPECs teilweise als Eigenkapital einstufen.

In wirtschaftlicher Hinsicht ermöglichen die CPECs eine variable Rückzahlung und Einziehung, die nicht den aufwändigen Regelungen über eine Kapitalherabsetzung unterliegen.

---

[1840] http://www.bundesfinanzministerium.de/nn_290/DE/BMF_Startseite/Aktuelles/BMF_Schreiben/Veroffentlichungen_zu_Steuerarten/koerperschaftsteuer_umwandlungsteuerrecht/052_a_zinsschranke,templateId=raw,property=publicationFile.pdf.

## 8. Transaktionskosten

### 8.1. Ertragsteuer

Transaktionskosten erhöhen als Anschaffungsnebenkosten die Anschaffungskosten des erworbenen Portfoliounternehmens.

Dagegen stellen Transaktionskosten im Zusammenhang mit der Finanzierung der Transaktion stellen keine Anschaffungskosten der Portfoliobeteiligung dar; sie wurden zur Erlangung und Umsetzung der Finanzierung stellen Finanzierungskosten aufgewendet.

Finanzierungskosten sind auf die Laufzeit des Darlehens zu verteilen, wenn sie an den Darlehensgeber als zusätzliches Entgelt für die Gewährung des Darlehens bezahlt werden. Ansonsten sind Finanzierungskosten an Dritte als sofort abzugsfähige Aufwendungen zu berücksichtigen.

### 8.2. Umsatzsteuer

Beauftragte Transaktionsleistungen, z. B. der beratenden Berufe, können umsatzsteuerpflichtig sein.

Der Fonds kann die bezahlte Umsatzsteuer nur dann als Vorsteuer vom Finanzamt erstattet verlangen, wenn er die erlangte Leistung zur Ausführung von Ausgangsumsätze verwendet, die nach § 15 UStG den Vorsteuerabzug nicht ausschließen. Vereinfacht ausgedrückt, muss der Fonds umsatzsteuerpflichtige Leistungen erbringen (bzw. Leistungen, die bei einem inländischen Leistungsort umsatzsteuerpflichtig wären).

Der Fonds kann diesen Verwendungszusammenhang dann herstellen, wenn die erworbene Beteiligung zum Beispiel dazu dient, umsatzsteuerpflichtige Managementleistungen an die Portfoliogesellschaften zu erbringen. Die bloße Entgegennahme von Dividenden wie auch die Durchführung gelegentlicher Veräußerungen allein begründet keine unternehmerische Tätigkeit, die zum Vorsteuerabzug berechtigen kann.

Hinsichtlich weiterer Details sei auf die Umsatzsteuerrichtlinien, insbesondere, R. 213b. Vorsteuerabzug im Zusammenhang mit dem Halten von gesellschaftsrechtlichen Beteiligungen, sowie auf verschiedene Schreiben des Bundesfinanzministeriums, z. B. Vorsteuerabzug aus Aufwendungen, die mit der Ausgabe von gesellschaftsrechtlichen Anteilen gegen Bareinlage oder gegen Sacheinlage zusammenhängen[1841] oder grundsätzlich zu Fragen im Zusammenhang mit dem Halten von Beteiligungen,[1842] verwiesen.

## 9. Laufende Kosten des Fonds

Die Grundprinzipen der steuerlichen Behandlung von Erträgen und Aufwendungen wurde bereits dargestellt. Nachfolgend soll auf Private Equity spezifische Besonderheiten für die steuerliche Behandlung der Aufwendungen eingegangen werden.

### 9.1. Ertragsteuer

Aufwendungen sind nur abzugsfähig, wenn sie der Erzielung von steuerpflichtigem Einkommen dienen.

Aufwendungen im Zusammenhang mit der Erwerb von Anteilen an einem Portfoliounternehmen stellen Anschaffungsnebenkosten dar. Dagegen sind Aufwendungen, die direkt mit der Erzielung steuerpflichtiger Zinseinnahmen zusammenhängen, abzugsfähig.

---

[1841] http://www.bundesfinanzministerium.de/nn_53836/DE/BMF_Startseite/Aktuelles/BMF_Schreiben/Veroffentlichungen_zu_Steuerarten/umsatzsteuer/166,property=publicationFile.pdf.
[1842] http://www.bundesfinanzministerium.de/nn_53836/DE/BMF_Startseite/Aktuelles/BMF_Schreiben/Veroffentlichungen_zu_Steuerarten/umsatzsteuer/183,property=publicationFile.pdf.

Aufwendungen, die direkt mit der Erzielung steuerpflichtiger Dividenden zusammenhängen, sind nach Maßgabe des § 3c EStG bei natürlichen Personen soweit abzugsfähig, als mit den steuerpflichtigen Teilen zusammenhängen. Selbiges gilt für die Veräußerungskosten, die mit den ebenfalls teilweise steuerbefreiten Veräußerungsgewinnen zusammenhängen.

Ab 2009 sind Aufwendungen im Zusammenhang mit Dividenden, die natürliche Personen im Privatvermögen erzielen, im Rahmen der Abgeltungsteuer grundsätzlich vom Abzug ausgeschlossen. Nur im Betriebsvermögen können Aufwendungen geltend gemacht werden, soweit sie freilich in Anwendung des § 3c EStG mit dem steuerpflichtigen Teil der Dividenden (anteilig) zusammenhängen.

Dagegen sind Veräußerungskosten im Zusammenhang mit abgeltungssteuerpflichtigen Veräußerungen von unwesentlichen Beteiligungen von natürlichen Personen zu berücksichtigen, weil sie einen Bestandteil des aus Veräußerungserlös und Anschaffungs- sowie Veräußerungskosten zu ermittelnden abgeltungsteuerpflichtigen Gewinnes sind.

Soweit Kapitalgesellschaften als Investoren beteiligt sind, ist die Abzugsfähigkeit von Aufwendungen sowohl in Zusammenhang mit Dividenden als auch Veräußerungsgewinnen vollständig gegeben. Die 5 % Ausnahme von der Steuerfreiheit soll solche Betriebsausgaben abgeltend erfassen.

Die Finanzverwaltung[1843] modifiziert diese vorstehenden Grundsätze im Falle von Private-Equity-Fonds nach folgenden Maßgaben:

Zu den Anschaffungskosten auf die Beteiligungen an den Portfoliogesellschaften gehören hiernach alle Aufwendungen, die in wirtschaftlichem Zusammenhang mit der Abwicklung des Projekts stehen, also insbesondere die. Managementgebühren, Haftungs- und Geschäftsführervergütungen, Geschäftsführervergütungen und, Vergütungen für Treuhandkommanditisten in der Investitionsphase anfallen.

Andere Aufwendungen, die hiernach keine Anschaffungskosten darstellen und weder mit (anteiligen) Zinseinnahmen noch mit (steuerpflichtigen) Dividenden zusammenhängen, sollen abweichend von der grundlegenden Systematik nicht als Werbungskosten abzugsfähig sein, weil die Aufwendungen nur mit der Erzielung von Wertsteigerungen im Zusammenhang stehen. Soweit die Wertsteigerungen nicht steuerpflichtig sind (unwesentliche Beteiligungen im Privatvermögen, die bis zum 31.12.2008 angeschafft werden) oder der Abgeltungsteuer unterliegen (kein Werbungskostenabzug), besteht kein Zusammenhang mit der Erzielung steuerbarer Einkünfte. Damit ist der Veranlassungszusammenhang, der für abzugsfähige Werbungskosten notwendig ist, durchbrochen.

Eine Aufteilung der in Aufwendungen, die bei den Einkünften nach § 20 EStG als Werbungskosten zu berücksichtigen sind, und solche, die der nichtsteuerbaren Vermögensebene zuzuordnen sind, soll ausscheiden.

## 9.2. Umsatzsteuer

Bezahlte Umsatzsteuerbeträge auf bezogene Leistungen können als Vorsteuer vom Finanzamt erstattet werden, wenn die bezogenen Leistungen zur Ausführung umsatzsteuerpflichtiger Leistungen dienen. Die Eingangsleistungen dienen z. B. dann der Ausführung umsatzsteuerpflichtiger Ausgangsleistungen, wenn sie z. B. für umsatzsteuerpflichtige Beratungsleistungen gegenüber den Portfoliounternehmen verwendet werden. Für die laufende Behandlung der erhaltenen umsatzsteuerlichen Leistungen gelten daher keine Besonderheiten im Vergleich zu der oben ausführlich dargestellten Abzugsfähigkeit der Vorsteuerbeträge im Rahmen der Akquisition.

---

[1843] Vgl. OFD Frankfurt/M.: Verfügung v. 1. Dezember 2006 S 2241 A – 67 – St 210 DB 2007, 22 sowie OFD Rheinland vom 8. Januar 2007, DB 2007, 135.

## 10. Der ausländische Investor

### 10.1. Die natürliche Person

Ausländische natürliche Personen, die im Inland weder Wohnsitz noch einen gewöhnlichen Aufenthalt haben, sind in Deutschland nur steuerpflichtig, wenn sie inländische Einkünfte erzielen. § 49 EStG definiert abschließend, in welchen Fallgestaltungen inländische Einkünfte vorliegen.

Ein typischer Fall inländischer Einkünfte liegt bei einer inländischen Betriebsstätte vor. Eine inländische Betriebsstätte wird z. B. durch eine Beteiligung an einer gewerblichen Personengesellschaft, möglicherweise dem Fonds, vermittelt. Der ausländische Anteilseigner ist in diesem Fall mit allen Einkünften steuerpflichtig, die dieser Betriebsstätte zuzuordnen sind. Wie der inländische Gesellschafter kann auch er von den Steuerbefreiungen für Dividenden und Veräußerungsgewinnen profitieren.

Im Normalfall eines vermögensverwaltenden Private-Equity-Fonds wird weder der Fonds noch der ausländische Anteilseigern allein schon aus steuerlichen Gründen keine gewerbliche Tätigkeit im Inland ausüben.

Die anteiligen Dividenden inländischer Kapitalgesellschaften sind dann auch beim ausländischen Anteilseigner steuerpflichtig und werden im Privatvermögen durch die Kapitalertragsteuer mit Abgeltungswirkung besteuert. Der ausländische Anteilseigner kann sich auf einen reduzierten Kapitalertragsteuersatz berufen, wenn dieser im Doppelbesteuerungsabkommen enthalten ist. Der ausländische Anteilseigner kann keine Aufwendungen gegenrechnen.

Veräußerungsgewinne von Beteiligungen an unbeschränkt steuerpflichtigen Kapitalgesellschaften sind beim ausländischen Anteilseigner ohne inländische Betriebsstätte nur steuerpflichtig, wenn eine wesentliche Beteiligung (1 %) gehalten wird.

### 10.2. Der ausländische institutionelle Anleger

Für die ausländische juristische Person, die weder Sitz noch Geschäftsleitung im Inland hat, gilt dieselbe Systematik. Auch sie ist nur mit inländischen Einkünften im Sinne des § 49 EStG steuerpflichtig. Auch sie wird mit dem Fonds eine gewerbliche Tätigkeit im Inland schon aus steuerlichen Gründen unterlassen.

Anteilige Dividenden inländischer Kapitalgesellschaften sind auch beim ausländischen Anteilseigner ohne inländische Betriebsstätte steuerpflichtig und werden durch die Kapitalertragsteuer mit Abgeltungswirkung besteuert. Der ausländische Anteilseigner kann sich auf einen reduzierten Kapitalertragsteuersatz mit 15 % nach § 44a Abs. 9 EStG sowie auf reduzierte Sätze berufen, wenn solche im Doppelbesteuerungsabkommen vorgesehen sind. Der ausländische Anteilseigner kann keine Aufwendungen gegen rechnen.

Die EU-Kapitalgesellschaft kann für Tochtergesellschaften nach Maßgabe der EU-Mutter-Tochter-Richtlinie (= § 43b EStG) eine Kapitalertragsteuerbefreiung erlangen, die schon wegen der notwendigen Mindestbeteiligung im Falle von Private-Equity-Fonds fast nie erreicht wird.

Sowohl die Kapitalertragsteuerbefreiung als auch die Reduktion setzt voraus, dass kein nach § 50d Abs. 3 EStG unzulässiges Treaty-Shopping vorliegt. Ein solche Treaty-Shopping liegt vor, wenn die Anteilseigner dieser Kapitalgesellschaft bei einer direkten Beteiligung am Portfoliounternehmen selbst nicht im selben Umfang begünstigt wären und die zur Erlangung des Vorteils zwischengeschaltete Kapitalgesellschaft selbst eines der drei Inaktivitätskriterien des § 50d Abs. 3 EStG nicht erfüllt.

Veräußerungsgewinne von Beteiligungen an unbeschränkt steuerpflichtigen Kapitalgesellschaften sind beim ausländischen Anteilseigner ohne inländische Betriebsstätte nur steuerpflichtig, wenn eine wesentliche Beteiligung (1 %) gehalten wird.

# § 19 Kartellrechtliche Fragestellungen

| Übersicht | Seite |
|---|---|
| 1. Einführung | 481 |
| 2. Europäische Fusionskontrolle | 482 |
|   2.1. Allgemeines | 482 |
|   2.2. Zusammenschlusstatbestand | 482 |
|     2.2.1. Die Fusion | 482 |
|     2.2.2. Der Kontrollerwerb | 483 |
|     2.2.3. Bankenklausel | 485 |
|   2.3. Umsatzschwellen des Art. 1 FKVO | 485 |
|     2.3.1. Umsatzschwellen des Art. 1 Abs. 2 und 3 FKVO | 486 |
|     2.3.2. Beteiligte Unternehmen | 486 |
|     2.3.3. Berechnung des Umsatzes, Art. 5 FKVO | 487 |
|     2.3.4. Berechnung des Umsatzes bei PE Unternehmen | 488 |
|   2.4. Materielle Beurteilung von Zusammenschlussvorhaben | 489 |
|     2.4.1. Marktabgrenzung | 489 |
|     2.4.2. Materielle Beurteilung des Zusammenschlussvorhabens | 491 |
|     2.4.3. Nebenabreden | 496 |
|   2.5. Das Verfahren | 497 |
|     2.5.1. Das Verfahren vor Einreichung der Anmeldung (pre-notification) | 498 |
|     2.5.2. Formale Voraussetzungen der Anmeldung | 498 |
|     2.5.3. Das Vollzugsverbot und seine Ausnahmen, Art. 7 FKVO | 499 |
|     2.5.4. Die Fristen | 500 |
|     2.5.5. Verpflichtungszusagen | 500 |
|     2.5.6. Die Beteiligung Dritter am Verfahren | 501 |
|     2.5.7. Die Entscheidung | 502 |
|     2.5.8. Rechtsmittel gegen die Entscheidung | 503 |
| 3. Deutsche Fusionskontrolle | 504 |
|   3.1. Allgemeines | 504 |
|   3.2. Zusammenschlusstatbestand | 505 |
|     3.2.1. Zusammenschlusstatbestände des § 37 Abs. 1 GWB | 505 |
|     3.2.2. Beteiligte Unternehmen | 509 |
|   3.3. Umsatzschwellen des § 35 GWB | 509 |
|     3.3.1. Umsatzschwellen des § 35 Abs. 1 Nr. 1 und 2 GWB | 509 |
|     3.3.2. Ausnahmen von der Anmeldepflicht | 509 |
|     3.3.3. Berechnung des Umsatzes, § 38 GWB | 510 |
|   3.4. Inlandsauswirkung im Sinne des § 130 Abs. 2 GWB | 512 |
|   3.5. Materielle Beurteilung von Zusammenschlussvorhaben | 512 |
|     3.5.1. Marktabgrenzung | 512 |
|     3.5.2. Entstehung oder Verstärkung einer marktbeherrschenden Stellung | 513 |
|     3.5.3. Abwägungsklausel | 515 |
|     3.5.4. Nebenabreden | 516 |
|   3.6. Das Verfahren | 516 |
|     3.6.1. Formale Voraussetzungen der Anmeldung | 516 |
|     3.6.2. Vollzugsverbot und Ausnahmen | 517 |
|     3.6.3. Behandlung bereits vollzogener Zusammenschlüsse | 517 |
|     3.6.4. Die Fristen | 518 |
|     3.6.5. Die Beteiligung Dritter am Verfahren | 519 |
|     3.6.6. Die Entscheidung | 519 |
|     3.6.7. Rechtsmittel gegen die Entscheidung | 519 |
|     3.6.8. Vollzugsanzeige, § 39 Abs. 6 GWB | 520 |
|     3.6.9. Gebühren, § 80 Abs. 1 und 2 GWB | 520 |
|   3.7. Ministererlaubnis, § 42 GWB | 521 |
| 4. Verweisung von Zusammenschlussvorhaben zwischen den nationalen Kartellbehörden und der Kommission | 521 |
|   4.1. Möglichkeit der Verweisung durch die Kommission an nationale Kartellbehörden | 521 |

§ 19 Kartellrechtliche Fragestellungen    **6. Teil. Einzelrechtsgebiete**

| Übersicht | Seite |
|---|---|
| 4.1.1. Verweisung auf Antrag eines Mitgliedstaates, Art. 9 FKVO | 521 |
| 4.1.2. Verweisung an nationale Kartellbehörden auf Antrag der beteiligten Unternehmen, Art. 4 Abs. 4 FKVO | 523 |
| 4.2. Möglichkeit der Verweisung durch nationale Kartellbehörden an die Kommission | 523 |
| 4.2.1. Verweisung auf Antrag eines oder mehrerer Mitgliedstaaten, Art. 22 Abs. 1 FKVO | 523 |
| 4.2.2. Verweisung an die Kommission auf Antrag der beteiligten Unternehmen, Art. 4 Abs. 5 FKVO | 524 |
| 5. Mehrfachnotifizierungen | 524 |
| 5.1. Einführung | 524 |
| 5.2. Fusionskontrollregime anderer Staaten | 525 |
| 5.2.1. Fusionskontrollregime in den Mitgliedstaaten der EU | 525 |
| 5.2.2. Fusionskontrollregime in außereuropäischen Staaten | 529 |
| 6. Behandlung von Bieterkonsortien | 533 |
| 6.1. Beurteilung von Bieterkonsortien nach deutschem Recht – § 1 GWB | 534 |
| 6.1.1. Bildung von Bieterkonsortien vor Beginn des Bieterprozesses | 534 |
| 6.1.2. Bildung eines Bieterkonsortiums nach Beginn des Bieterprozesses | 538 |
| 6.2. Beurteilung von Bieterkonsortien nach europäischem Recht – Art. 101 AEUV | 538 |

## 1. Einführung

Aus Sicht eines PE Unternehmens ist für einen rechtssicheren und zügigen Transaktionsprozess äußerst wichtig, bereits im Rahmen einer ersten Akquisitionsanalyse zu prüfen, ob eine Transaktion fusionskontrollpflichtig ist, bei welcher Kartellbehörde ein Vorhaben anzumelden ist, ob das Vorhaben wettbewerbliche Bedenken aufwerfen könnte und wie diese ggf. auszuräumen sind.

Unternehmenskäufe sind sowohl nach dem deutschen Gesetz gegen Wettbewerbsbeschränkungen („**GWB**") als auch nach der Verordnung (EG) Nr. 139/2004 des Rates über die Kontrolle von Unternehmenszusammenschlüssen (EG Fusionskontrollverordnung; „**FKVO**") fusionskontrollpflichtig. Zuständige Behörden sind zum einen das deutsche Bundeskartellamt („**BKartA**") und gegebenenfalls die Wettbewerbsbehörden anderer Mitgliedstaaten der Europäischen Union sowie zum anderen die Europäische Kommission („**Kommission**"). Jede Kartellbehörde prüft einen Zusammenschluss nach ihren eigenen Normen (nationale Fusionskontrollregime oder FKVO). Dies führt zu stark unterschiedlichen Verfahrensabläufen.

Zusammenschlüsse, deren Prüfung in die Zuständigkeit der Kommission fällt, sind von der Anwendung des nationalen Rechts der EU-Mitgliedstaaten ausgeschlossen. Das bedeutet, dass eine parallele Zuständigkeit nationaler Behörden der EU-Mitgliedstaaten und der Kommission grundsätzlich ausgeschlossen ist. Dagegen sind parallele Verfahren vor verschiedenen nationalen Wettbewerbsbehörden durchaus üblich (sog. Mehrfachnotifizierungen).

Die Fusionskontrollpflicht richtet sich in vielen Jurisdiktionen nach den von den am Zusammenschlussvorhaben beteiligten Unternehmen erzielten Umsatzerlösen, in einigen zusätzlich auch nach den Marktanteilen der beteiligten Unternehmen. Bei der Berechnung der relevanten Umsätze sind die Umsatzerlöse der verbundenen Unternehmen einzubeziehen. Dies bedeutet für Private-Equity („**PE**") Unternehmen, dass bei der Berechnung der Schwellenwerte die Umsätze aller kontrollierten Portfolio-Unternehmen einzubeziehen sind.[1844]

Die Fusionskontrolle ist eine Marktstrukturkontrolle. Der Gesetzgeber versucht zu verhindern, dass Unternehmen durch externen Zukauf von Unternehmen oder Unternehmensteilen marktbeherrschend werden oder in die Lage versetzt werden, eine bereits bestehende marktbeherrschende Stellung zu verstärken. Eine aufgrund internen Wachstums

---

[1844] Siehe dazu insbesondere Abschnitt 2.3.4.

erreichte marktbeherrschende Stellung wird von der Fusionskontrolle hingegen nicht aufgegriffen. Sie kann lediglich dazu führen, dass einem solchen marktbeherrschenden Unternehmen aufgrund seiner Stellung im Markt ein bestimmtes Verhalten untersagt wird (sog. Missbrauchsaufsicht). Um die Marktstellung eines Unternehmens beurteilen zu können, ist eine Marktabgrenzung sowohl in sachlicher als auch in räumlicher Hinsicht vorzunehmen. Sowohl das BKartA als auch die Kommission stellen dabei auf den ökonomisch relevanten Markt ab, der größer, aber auch kleiner als der Geltungsbereich des jeweiligen Fusionskontrollregimes sein kann.

Sowohl nach dem GWB als auch nach der FKVO gilt das Vollzugsverbot. Danach ist es den an einem Zusammenschlussvorhaben beteiligten Unternehmen untersagt, ein Vorhaben vor Erhalt der fusionskontrollrechtlichen Freigabe durch die zuständige Kartellbehörde zu vollziehen. Ein Verstoß gegen das Vollzugsverbot kann mit hohen Geldbußen geahndet werden. Sowohl nach der FKVO als auch nach dem GWB kann die Geldbuße 10 % des von dem beteiligten Unternehmen erzielten Gesamtumsatzes betragen. Überdies sind Rechtsgeschäfte, die gegen das Vollzugsverbot verstoßen, zivilrechtlich (schwebend) unwirksam.

## 2. Europäische Fusionskontrolle

### 2.1. Allgemeines

Die FKVO ist anwendbar, wenn zwei Voraussetzungen vorliegen: zum einen muss es sich um einen Zusammenschluss im Sinne der FKVO handeln; zum anderen müssen die an einer Transaktion beteiligten Unternehmen bestimmte Umsatzschwellen überschreiten. Als verbindlicher Leitfaden für die Auslegung der FKVO dient die Konsolidierte Mitteilung der Kommission zu Zuständigkeitsfragen gemäß der Verordnung (EG) Nr. 139/2004 des Rates über die Kontrolle von Unternehmenszusammenschlüssen („**Konsolidierte Mitteilung**").[1845]

### 2.2. Zusammenschlusstatbestand

Nach Art. 3 FKVO liegt ein Zusammenschluss vor, wenn zwei oder mehrere bisher voneinander unabhängige Unternehmen oder Unternehmensteile fusionieren („**Fusion**") oder ein Unternehmen die unmittelbare oder mittelbare Kontrolle über die Gesamtheit oder über Teile eines oder mehrerer anderer Unternehmen erwirbt („**Kontrollerwerb**"). Erfasst werden nur solche Transaktionen, die zu einer dauerhaften Veränderung der Kontrolle und der daraus resultierenden Marktstruktur führen.

#### 2.2.1. Die Fusion

Die Fusion wird in Art. 3 Abs. 1 Satz 1 lit. a) FKVO geregelt. Nach der Konsolidierten Mitteilung liegt eine Fusion vor, wenn zwei oder mehr bisher voneinander unabhängige Unternehmen oder Unternehmensteile in der Art fusionieren, dass beide oder eines der Unternehmen ihre Rechtspersönlichkeit verlieren.[1846] Eine Fusion wird aber auch dann bejaht, wenn zuvor unabhängige Unternehmen lediglich ihre Geschäftsaktivitäten derart zusammenlegen, dass eine wirtschaftliche Einheit entsteht. Voraussetzung ist dabei nicht, dass eines oder beide Unternehmen ihre Rechtspersönlichkeiten verlieren („**faktische Fusion**"). Die

---

[1845] ABl. C 95 v. 16. April 2008, S. 1 ff. Die Konsolidierte Mitteilung der Kommission zu Zuständigkeitsfragen ersetzt die folgenden Mitteilungen der Kommission: Mitteilung über den Begriff des Zusammenschlusses (ABl. C 66 v. 2. März 1998, S. 5); Mitteilung über den Begriff des Vollfunktionsgemeinschaftsunternehmens (ABl. C 66 v. 2. März 1998, S.1); Mitteilung über den Begriff der beteiligten Unternehmen (ABl. C 66 v. 2. März 1998, S. 14); Mitteilung über die Berechnung des Umsatzes (ABl. C 66 v. 2. März 1998, S. 25).
[1846] Vgl. Rn.10 der Konsolidierten Mitteilung.

Annahme einer faktischen Fusion setzt neben anderen Kriterien vor allem die Existenz einer dauerhaften gemeinsamen wirtschaftlichen Leitung voraus.[1847]

### 2.2.2. Der Kontrollerwerb

Art. 3 Abs. 1 Satz 1 lit. b) FKVO regelt den Kontrollerwerb. Dieser liegt vor, wenn ein oder mehrere Unternehmen durch den Erwerb von Anteilsrechten oder Vermögenswerten, durch Vertrag oder in sonstiger Weise die unmittelbare oder mittelbare Kontrolle über die Gesamtheit oder Teile eines oder mehrerer anderer Unternehmen erwerben. Voraussetzung ist, dass der Erwerber in die Lage versetzt wird, einen bestimmenden Einfluss auf strategische Entscheidungen des Zielunternehmens auszuüben. Nicht erforderlich ist die tatsächliche Ausübung der Kontrolle.[1848] Die FKVO unterscheidet zwischen dem Erwerb der alleinigen und dem Erwerb der gemeinsamen Kontrolle.

### 2.2.2.1. Der Erwerb der alleinigen Kontrolle

Die Kommission geht von dem Erwerb der alleinigen Kontrolle aus, wenn der Erwerber alleine einen bestimmenden Einfluss auf das strategische Wirtschaftsverhalten des anderen Unternehmens ausüben kann. Einen solchen Einfluss erlangt der Erwerber in der Regel durch die Übernahme der Anteils- und der daraus resultierenden Stimmrechtsmehrheit an dem Zielunternehmen. Überdies bejaht die Kommission den Erwerb der alleinigen Kontrolle, wenn ein Gesellschafter strategische Entscheidungen in einem Unternehmen durch Veto verhindern kann, er zugleich aber nicht in der Lage ist, derartige Entscheidungen alleine durchzusetzen (so genannte **negative alleinige Kontrolle**).[1849] Unter strategischen Entscheidungen versteht die Kommission Entscheidungen über das Budget, den Geschäftsplan, größere Investitionen oder die Besetzung der Unternehmensleitung.[1850]

Die alleinige Kontrolle kann sowohl auf rechtlicher als auch auf faktischer Grundlage beruhen. Sie beruht auf rechtlicher Grundlage, wenn der Erwerber die Stimmrechtsmehrheit an dem Zielunternehmen erwirbt. Aber auch eine Minderheitsbeteiligung kann eine alleinige Kontrolle begründen, wenn die Beteiligung mit besonderen Rechten ausgestattet ist. Die Konsolidierte Mitteilung nennt als Beispiel mit besonderen Rechten verknüpfte Vorzugsaktien, die es dem Minderheitsgesellschafter ermöglichen, die Geschäftsstrategie des Zielunternehmens zu bestimmen. Dies sei zum Beispiel das Recht, mehr als die Hälfte der Aufsichtsrats- oder Vorstandsmitglieder zu ernennen.[1851] Die alleinige Kontrolle kann aber auch auf faktischer Grundlage beruhen. Dies ist zum Beispiel der Fall, wenn sehr wahrscheinlich ist, dass der Minderheitsaktionär über die Mehrheit der Stimmen in der nächsten Hauptversammlung verfügen wird (sog. Hauptversammlungsmehrheit). Diese Prognose wird von der Kommission auf der Basis der Abstimmungssituation der vorherigen Hauptversammlungen vorgenommen.[1852]

### 2.2.2.2. Der Erwerb der gemeinsamen Kontrolle

Die Kommission geht davon aus, dass zwei oder mehr Unternehmen in der Lage sind, die gemeinsame Kontrolle über ein anderes Unternehmen ausüben, wenn sie die Möglichkeit haben, gemeinsam einen bestimmenden Einfluss auszuüben. Die gemeinsame Kontrolle kann ebenso wie im Fall der alleinigen Kontrolle rechtlich oder faktisch begründet werden.

Eine rechtlich begründete gemeinsame Kontrolle liegt vor, wenn an einem Gemeinschaftsunternehmen („**GU**") nur zwei Muttergesellschaften mit gleichen Stimmrechten beteiligt sind und keine Vereinbarung besteht, nach der einer der Muttergesellschaften mehr

---

[1847] Vgl. Rn. 10 der Konsolidierten Mitteilung.
[1848] Vgl. Rn. 16 der Konsolidierten Mitteilung.
[1849] Vgl. Rn. 54 der Konsolidierten Mitteilung. Zur Beurteilung der „negativen Kontrolle" durch das BKartA siehe Ziffer C. II. 1. b).
[1850] Vgl. Rn. 69 ff. der Konsolidierten Mitteilung.
[1851] Vgl. Rn. 57 der Konsolidierten Mitteilung.
[1852] Vgl. Rn. 59 der Konsolidierten Mitteilung.

Rechte als der anderen zustehen, z. B. im Hinblick auf die Gewichtung der Stimmrechte oder die Besetzung der Unternehmensleitung.[1853] Eine gemeinsame Kontrolle liegt überdies vor, wenn zwei (Minderheits-) Gesellschafter zusammen über eine Stimmenmehrheit verfügen und bei der Ausübung der Stimmrechte gemeinsam handeln. Dabei reicht es für die Annahme einer gemeinsamen Kontrolle in dieser Konstellation nicht aus, dass die Gesellschafter nur gemeinsam eine Stimmrechtsmehrheit erreichen. Die gemeinsame Ausübung der Stimmrechte muss rechtlich abgesichert sein. Dies lässt sich über eine (gemeinsam kontrollierte) Holdinggesellschaft oder durch eine Vereinbarung erreichen, in der sich die Gesellschafter verpflichten, in der gleichen Weise zu handeln (Pooling-Vereinbarung).[1854]

Wie bei der Beurteilung der alleinigen Kontrolle, wird das Vorliegen einer gemeinsamen Kontrolle auch dann angenommen, wenn zwei oder mehr Unternehmen ein Vetorecht in Bezug auf strategische Entscheidungen zusteht. Im Unterschied zur alleinigen Kontrolle, bei der ein einzelner Gesellschafter die strategischen Entscheidungen des Unternehmens bestimmen kann, können bei einer gemeinsamen Kontrolle Pattsituationen entstehen, weil zwei oder mehr der Muttergesellschaften die Möglichkeit haben, strategische Entscheidungen zu blockieren. Diese Gesellschafter müssen folglich die Geschäftspolitik des Gemeinschaftsunternehmens einvernehmlich festlegen und zusammenarbeiten.[1855]

Die Konstellation, die ein gemeinsames Handeln auf faktischer Basis erlaubt, wird sehr selten angenommen. Sie ist nur denkbar, wenn starke gemeinsame Interessen der Minderheitsgesellschafter bewirken, dass sie bei der Ausübung ihrer Stimmrechte in dem GU nicht gegeneinander handeln. Die gemeinsamen Interessen liegen vor, wenn die Muttergesellschaften bei der Verwirklichung der strategischen Ziele des GU in einem hohen Grad voneinander abhängig sind. Dies wird z. B. angenommen, wenn jede einzelne Muttergesellschaft einen lebenswichtigen Beitrag zu dem GU leistet (z. B. Technologie, Kenntnis der örtlichen Marktverhältnis oder Lieferverträge). Unter diesen Umständen kann das GU nur dann erfolgreich betrieben werden, wenn Einvernehmen über die strategischen Entscheidungen besteht, auch wenn nicht ausdrücklich Vetorechte vorgesehen sind.[1856]

### 2.2.2.3. Vollfunktionsgemeinschaftsunternehmen

Gemäß Artikel 3 Abs. 1 lit. b) FKVO liegt ein Zusammenschluss vor, wenn mehrere Unternehmen die Kontrolle über die Gesamtheit oder Teile eines anderen Unternehmens übernehmen. Der Erwerb eines anderen, bereits bestehenden Unternehmens durch mehrere Unternehmen, die gemeinsam die Kontrolle ausüben, stellt daher einen Zusammenschluss im Sinne der FKVO dar. Wird ein Unternehmen von mindestens zwei anderen Unternehmen erst gegründet oder bringen diese Unternehmen Vermögenswerte in das neu gegründete Unternehmen ein, die sie zuvor allein besaßen, so handelt es sich nur dann um einen kontrollpflichtigen Zusammenschluss im Sinne der FKVO, wenn das GU ein Vollfunktions-GU darstellt. Ein Vollfunktions-GU ist gegeben, wenn es auf Dauer alle Funktionen einer selbständigen wirtschaftlichen Einheit erfüllt, Art. 3 Abs. 4 FKVO. Vollfunktion bedeutet im Wesentlichen, dass das GU in operativer Hinsicht selbständig ist. Deshalb muss das GU über ein sich dem Tagesgeschäft widmendes Management und ausreichende Ressourcen wie finanzielle Mittel, Personal sowie materielle und immaterielle Vermögenswerte verfügen, um langfristig seine Tätigkeit ausüben zu können.[1857]

---

[1853] Vgl. Rn. 64 der Konsolidierten Mitteilung.
[1854] Vgl. Rn. 75 der Konsolidierten Mitteilung.
[1855] Vgl. Rn. 62 der Konsolidierten Mitteilung.
[1856] Vgl. Rn. 76 f. der Konsolidierten Mitteilung unter Verweis auf die Entscheidungspraxis der Kommission.
[1857] Vgl. Rn. 94 der Konsolidierten Mitteilung.

### 2.2.2.4. Besonderheiten beim Erwerb der Kontrolle durch PE Unternehmen

Die Kommission widmet sich in einem gesonderten Abschnitt dem Erwerb der Kontrolle durch Investmentfonds.[1858] Dabei geht die Kommission davon aus, dass der Fonds von einer Investmentgesellschaft betrieben wird und der Fonds lediglich ein reines Anlageinstrument darstellt. Diese Struktur entspricht der Investitionsstruktur von PE Unternehmen. Die Ausführungen der Kommission zu Investmentfonds finden daher auf PE Unternehmen Anwendung.

Nach den Erfahrungen der Kommission sind Investmentfonds oft als Kommanditgesellschaften organisiert, an der die Investoren als Kommanditisten beteiligt sind. Die Investoren üben in der Regel weder einzeln noch zusammen die Kontrolle über die Portfolio-Unternehmen aus. Der Erwerb eines Unternehmens stellt sich gewöhnlich so dar, dass der Investmentfonds die Anteile und Stimmrechte an dem Portfolio-Unternehmen erwirbt. Hingegen wird die Kontrolle in der Regel durch die Investmentgesellschaft ausgeübt, die den Fonds betreibt („**Fondsbetreiber**"). Der Fonds wird in dieser Konstellation als reines Anlageinstrument gesehen. Der Fondsbetreiber übt die Kontrolle normalerweise über die organisatorische Struktur aus. Als Beispiel nennt die Kommission zum einen die Kontrolle des Komplementärs für den Fall, dass der Fonds als Kommanditgesellschaft organisiert ist. Zum anderen werden vertragliche Vereinbarungen (z. B. Beratungsverträge) zwischen dem Komplementär bzw. dem Investmentfonds und dem Fondsbetreiber genannt. Die Kontrolle kann auch durch eine Kombination von beiden Einflussmöglichkeiten ausgeübt werden.

**a) Kontrolle des Komplementärs.** Die Kommission geht davon aus, dass der Fondsbetreiber den Komplementär kontrolliert, wenn er die Anteile an der Komplementärgesellschaft hält. Die Kommission vertritt überdies die Auffassung, dass der Fondsbetreiber die Komplementärgesellschaft selbst dann kontrollieren kann, wenn deren Anteile von natürlichen Personen (die mit dem Fondsbetreiber verbunden sein können) oder einer Treuhandgesellschaft gehalten werden.

**b) Beratungsverträge.** Beratungsverträge spielen nach den Erfahrungen der Kommission insbesondere dann eine wichtige Rolle, wenn der Komplementär selbst nicht über Finanz- und Humanressourcen für die Führung der Portfoliogesellschaften verfügt. In diesem Fall stellt der Komplementär nur eine gesellschaftsrechtliche Struktur dar. Werden die Handlungen der Komplementärgesellschaft von Personen ausgeführt, die mit dem Fondsbetreiber verbunden sind, so erwirbt unter diesen Umständen gewöhnlich der Fondsbetreiber die indirekte Kontrolle im Sinne von Art. 3 Abs. 1 lit. b) FKVO und Art. 3 Abs. 3 lit. b) FKVO und kann selbst die Rechte ausüben, die sich in Besitz des Investmentfonds befinden.

### 2.2.3. Bankenklausel

Erwerben Kreditinstitute, Finanzinstitute oder Versicherungsunternehmen Anteile an einem anderen Unternehmen zum Zwecke der Weiterveräußerung, gilt dies nicht als Zusammenschluss, solange sie das Stimmrecht aus den Anteilen nicht ausüben und sofern die Veräußerung innerhalb eines Jahres erfolgt. Diese Frist kann von der Kommission auf Antrag verlängert werden, wenn glaubhaft gemacht wird, dass die Veräußerung innerhalb der Frist unzumutbar war, Art. 3 Abs. 5 lit. a) FKVO.

### 2.3. Umsatzschwellen des Art. 1 FKVO

Ein Zusammenschluss hat nur dann gemeinschaftsweite Bedeutung und fällt damit in die Zuständigkeit der Kommission, wenn die an der Transaktion beteiligten Unternehmen die in Art. 1 FKVO genannten Umsatzschwellen überschreiten.

---

[1858] Vgl. Rn. 14 f. der Konsolidierten Mitteilung.

## 2.3.1. Umsatzschwellen des Art. 1 Abs. 2 und 3 FKVO

Artikel 1 FKVO sieht zwei Gruppen von Schwellenwerten vor, anhand derer zu prüfen ist, ob eine Transaktion gemeinschaftsweite Bedeutung hat. Die Schwellenwerte beziehen sich auf den weltweiten, gemeinschaftsweiten sowie den in den einzelnen Mitgliedstaaten erzielten Umsatz. Die einzelnen Schwellenwerte müssen jeweils kumulativ erfüllt sein.

### 2.3.1.1. Art. 1 Abs. 2 FKVO

Die erste Gruppe von Schwellenwerten ist in Art. 1 Abs. 2 FKVO geregelt. Danach wird die gemeinschaftsweite Bedeutung bejaht, wenn alle beteiligten Unternehmen zusammen einen weltweiten Umsatz von mehr als € 5 Mrd. (lit. a)) **und** mindestens zwei beteiligte Unternehmen einen gemeinschaftsweiten Gesamtumsatz von jeweils mehr als € 250 Mio. erzielen (lit. b)). Mit dem Schwellenwert für den weltweiten Umsatz sucht die Kommission die Gesamtgröße der beteiligten Unternehmen zu erfassen. Der Schwellenwert für den gemeinschaftsweiten Umsatz dient der Feststellung, ob die Tätigkeit der Unternehmen einen Mindestumfang in der Gemeinschaft erreicht.

### 2.3.1.2. Art. 1 Abs. 3 FKVO

Die zweite Gruppe von Schwellenwerten findet sich in Art. 1 Abs. 2 FKVO. Danach hat ein Zusammenschluss gemeinschaftsweite Bedeutung, wenn alle beteiligten Unternehmen zusammen einen weltweiten Gesamtumsatz von mehr als € 2,5 Mrd. erzielen (lit. a)) **und** der Gesamtumsatz aller beteiligten Unternehmen in mindestens drei Mitgliedstaaten jeweils € 100 Mio. übersteigt (lit. b)) **und** in jedem von mindestens drei von Buchstabe b) erfassten Mitgliedstaaten der Gesamtumsatz von mindestens zwei beteiligten Unternehmen jeweils mehr als € 25 Mio. beträgt (lit. c)) **und** der gemeinschaftsweite Gesamtumsatz von mindestens zwei beteiligten Unternehmen jeweils € 100 Mio. übersteigt (lit. d)).

### 2.3.1.3. Zwei-Drittel-Regel

Sind die vorgenannten Schwellenwerte erfüllt, wird die gemeinschaftsweite Bedeutung eines Vorhabens ausnahmsweise verneint, wenn die beteiligten Unternehmen jeweils mehr als zwei Drittel ihres gemeinschaftsweiten Gesamtumsatzes in ein und demselben Mitgliedstaat erzielen (Art. 1 Abs. 2 und 3, jeweils 2. HS FKVO). Die Zwei-Drittel-Regel dient dazu, rein inländische Transaktionen von der Gemeinschaftszuständigkeit auszuschließen.

## 2.3.2. Beteiligte Unternehmen

Nach den Umsatzerlösen der beteiligten Unternehmen bestimmt sich, ob die Umsatzschwellen des Art. 1 Abs. 2 und 3 FKVO erreicht werden. Als beteiligte Unternehmen gelten die Unternehmen, die als Zielunternehmen oder erwerbendes Unternehmen in ein Zusammenschlussvorhaben eingebunden sind. Wer beteiligtes Unternehmen ist, richtet sich nach der Art des Zusammenschlusses.

### 2.3.2.1. Fusion

Bei einer Fusion sind die beteiligten Unternehmen die einzelnen fusionierenden Unternehmen(steile). Handelt es sich um einen Kontrollerwerb, so ist danach zu unterscheiden, ob die Kontrolle alleine oder durch mehrere Unternehmen gemeinsam erworben wird.

### 2.3.2.2. Erwerb der alleinigen Kontrolle

Wird die alleinige Kontrolle an einem Unternehmen erworben, so sind beteiligte Unternehmen das Zielunternehmen sowie das erwerbende Unternehmen. Ist Ziel der Transaktion lediglich ein Unternehmensteil, so ist dieser Teil neben dem Erwerber beteiligtes Unternehmen.

### 2.3.2.3. Erwerb der gemeinsamen Kontrolle

Erwerben zwei Unternehmen die gemeinsame Kontrolle über ein bereits bestehendes Unternehmen, so sind beteiligte Unternehmen einerseits die Unternehmen, die die gemeinsame Kontrolle erwerben, und andererseits das Zielunternehmen. In einer solchen Konstellation kann auch der Veräußerer (gemeinsam) kontrollierende Obergesellschaft bleiben. In allen anderen Fällen ist der Veräußerer hingegen kein beteiligtes Unternehmen, so dass seine Umsatzerlöse bei der Berechnung der Schwellenwerte keine Berücksichtigung finden, vgl. Art. 5 Abs. 2 Satz 1 FKVO. Wird ein GU hingegen erst neu gegründet, so ist dieses kein beteiligtes Unternehmen, da es noch keinen eigenen Umsatz erzielt. Dieselbe Regel gilt auch, wenn ein Unternehmen eine zuvor bestehende Tochtergesellschaft oder einen Geschäftsbereich in das neu gegründete GU einbringt. In diesem Fall wird jedes der gemeinsam kontrollierenden Unternehmen als beteiligtes Unternehmen betrachtet, während die in das GU eingebrachten Unternehmen oder Geschäftsbereiche keine beteiligten Unternehmen sind. Ihr Umsatz findet als Teil des Umsatzes der anfänglichen Muttergesellschaft bei der Berechnung der Schwellenwerte Berücksichtigung.

### 2.3.3. Berechnung des Umsatzes, Art. 5 FKVO

Bei der Berechnung der Schwellenwerte sind die Umsätze zu berücksichtigen, die die beteiligten Unternehmen im letzten Geschäftsjahr mit Waren und Dienstleistungen erzielt haben und die dem normalen geschäftlichen Tätigkeitsbereich der Unternehmen zuzuordnen sind.

Dabei sind die Umsätze der mit den beteiligten Unternehmen verbundenen Unternehmen in die Berechnung einzubeziehen. Als verbundene Unternehmen gelten sowohl die von einem beteiligten Unternehmen kontrollierten Gesellschaften als auch diejenigen Gesellschaften, die das beteiligte Unternehmen kontrollieren. So sind zum Beispiel die Umsatzerlöse von Tochtergesellschaften zu berücksichtigen, die von einem beteiligten Unternehmen kontrolliert werden. (vgl. Art. 5 Abs. 4 FKVO). Überdies sind aber auch die Umsätze zu berücksichtigen, die von Gesellschaften erzielt werden, die den Erwerber kontrollieren (vgl. Art. 5 Abs. 4 FKVO). Ist das erwerbende Unternehmen z. B. Teil eines Konzerns, so bleibt es zwar beteiligtes Unternehmen im Sinne der FKVO. Für die Berechnung der Schwellenwerte ist aber nicht nur der Umsatz des beteiligten Tochterunternehmens, sondern der Konzernumsatz zugrunde zu legen.

Vom Umsatz werden Erlösschmälerungen, die Mehrwertsteuer und andere unmittelbar auf den Umsatz bezogene Steuern abgezogen (Art. 5 Abs. 1 Unterabschnitt 1 FKVO). Es ist somit auf den Nettoumsatz abzustellen. Der Nettoumsatz ist maßgeblich, weil er die reale wirtschaftliche Stärke des Unternehmens widerspiegelt. Umsätze aus dem „normalen geschäftlichen Tätigkeitsbereich" beziehen sich auf den Umsatz, der im Rahmen der normalen Geschäftstätigkeit aus dem Verkauf von Waren oder der Erbringung von Dienstleistungen erzielt wird. Er umfasst im Allgemeinen nicht diejenigen Posten, die in den Jahresabschlüssen von Unternehmen unter der Überschrift „Finanzerträge" oder „außerordentliche Erträge" aufgeführt sind. Derartige außerordentliche Erträge können aus dem Verkauf von Geschäftsbereichen oder von Anlagevermögen stammen.[1859] Unter Erlösschmälerungen versteht die Kommission die Gesamtheit aller Abschläge, Rabatte und Vergütung, die die Unternehmen ihren Kunden gewähren und die den Verkaufserlös direkt beeinflussen.[1860] Der Begriff „andere unmittelbar auf den Umsatz bezogene Steuern" bezieht sich auf die auf den Umsatz bezogene indirekte Besteuerung, wie z. B. die Steuern auf alkoholische Getränke oder Zigaretten. Konzerninterne Umsätze werden bei der Berechnung des Gesamtumsatzes eines beteiligten Unternehmens nicht berücksichtigt (Art. 5 Abs. 1 Unterabsatz 1 FKVO). Bei einem Unternehmensverbund ist damit der konsolidierte Geschäftsabschluss maßgeblich.

---

[1859] Vgl. Rn. 161 der Konsolidierten Mitteilung.
[1860] Vgl. Rn. 165 der Konsolidierten Mitteilung.

In der Praxis stützt sich die Kommission auf Geschäftsabschlüsse, die sich auf das Geschäftsjahr beziehen, das dem Datum der Transaktion am nächsten liegt, und die nach dem Standard geprüft wurden, der auf das jeweilige Unternehmen anwendbar und für das jeweilige Steuerjahr vorgeschrieben ist. Von dieser Praxis weicht die Kommission nur ab, wenn das beteiligte Unternehmen nach Prüfung des Abschlusses einzelne Geschäftsbereiche übernommen, veräußert oder stillgelegt hat. In diesem Fall muss der dem jeweiligen Geschäftsbereich zuzurechnende Umsatz vom Umsatz des Anmelders, der in dessen letzten geprüften Abschlüssen ausgewiesen ist, abgezogen werden. Umgekehrt ist der Umsatz derjenigen Geschäftsbereiche hinzuzufügen, deren Erwerb nach der Erstellung des letzten geprüften Abschlusses, aber vor dem Stichtag für die Ermittlungen der Zuständigkeit vollzogen wurde.[1861]

### 2.3.3.1. Spezielle Regeln zur Berechnung des Umsatzes

Die FKVO enthält für einige Wirtschaftssektoren spezielle Regelungen zur Berechnung des Umsatzes. Betroffen ist insbesondere die Umsatzberechnung bei Kredit- und anderen Finanzinstituten sowie bei Versicherungsunternehmen.

### 2.3.3.2. Kreditinstitute und sonstige Finanzinstitute, Art. 5 Abs. 3 lit. a) FKVO

Bei Kreditinstituten und sonstigen Finanzinstituten tritt an die Stelle des Umsatzes die Summe der Erlöse nach Abzug der Mehrwertsteuer und sonstiger direkt auf diese Erträge erhobener Steuern.[1862] Für die geographische Zurechnung des Umsatzes zur Gemeinschaft und zu einzelnen Mitgliedstaaten findet die spezifische Bestimmung in Art. 5 Abs. 1 lit. a) Unterabsatz 2 FKVO Anwendung. Danach ist der Erlös derjenigen Zweig- oder Geschäftsstelle in der Gemeinschaft oder in dem Mitgliedstaat zuzuordnen, die diesen Ertrag verbucht.

### 2.3.3.3. Versicherungen, Art. 5 Abs. 3 lit. b) FKVO

Bei Versicherungsunternehmen wird auf die Summe der Bruttoprämien abgestellt. Diese Summe umfasst alle vereinnahmten sowie alle noch zu vereinnahmenden Prämien aufgrund von Versicherungsverträgen, die von diesen Unternehmen oder für ihre Rechnung abgeschlossen worden sind, einschließlich etwaiger Rückversicherungsprämien. Steuern und sonstigen Abgaben, die aufgrund der Prämie oder des gesamten Prämienvolumens berechneten werden, sind abzuziehen.

### 2.3.4. Berechnung des Umsatzes bei PE Unternehmen

Erwirbt ein Investmentfonds ein Portfolio-Unternehmen, so stellt sich die Frage, ob bei der Berechnung der für die Schwellenwerte relevanten Umsätze nur die Umsätze der Portfolio-Unternehmen einzubeziehen sind, die von dem erwerbenden Fonds kontrolliert werden, oder ob darüber hinaus auch die Umsätze einzubeziehen sind, die von Portfolio-Unternehmen anderer Fonds erzielt werden, die von demselben Fondsbetreiber mit möglicherweise unterschiedlichen Investoren aufgelegt worden sind. Die Antwort auf diese Frage hängt davon ab, welche Portfoliogesellschaften als verbundene Unternehmen im Sinne des Art. 5 Abs. 4 FKVO angesehen werden. Die Kommission geht in der Konsolidierten Mitteilung davon aus, dass in der Regel der Fondsbetreiber die (indirekte) Kontrolle über die Portfoliogesellschaften ausübt und damit (indirekt) über die in Art. 5 Abs. 4 lit. b) FKVO genannten Rechte und Befugnisse verfügt. Dabei geht es insbesondere um die Befugnis, die Stimmrechte auszuüben, die der Investmentfonds an den Portfoliogesellschaften hält.[1863] Die Kommission vertritt daher die Auffassung, dass ein Fondsbetreiber unter diesen Umständen eine

---

[1861] Vgl. Rn. 172 der Konsolidierten Mitteilung.
[1862] Die FKVO verweist in Art. 5 Abs. 3 lit. a) auf die Richtlinie 86/635/EWG des Rates v. 31. Dezember 1986 (ABl. L 372). Richtlinie zuletzt geändert durch die Richtlinie 2003/51/EG des Europäischen Parlaments und des Rates.
[1863] Vgl. Rn. 189 der Konsolidierten Mitteilung.

gemeinsame Kontrollstruktur für die einzelnen von ihr unterhaltenen Fonds betreibt. Daraus resultiert, dass auch die Umsätze derjenigen Portfolio-Unternehmen in die Berechnung der Schwellenwerte einbezogen werden müssen, die von anderen Fonds gehalten, jedoch von demselben Fondsbetreiber kontrolliert werden. Nach Auffassung der Kommission ist ein Anhaltspunkt für einen solchen gemeinsamen „Betrieb" mehrerer Fonds häufig ein gemeinsamer Markenname der einzelnen Fonds.[1864]

In der Konsolidierte Mitteilung nicht behandelt wird die Konstellation, in der ein Konzern, der unter anderem im PE Geschäft tätig ist, seine PE Unternehmungen in verschiedenen (nationalen) Fondsbetreibern bündelt, die wiederum Fonds mit eigenen Beteiligungsstrukturen auflegen. Auch in einer solchen Konstellation stellt sich die Frage, welche Umsatzerlöse in die Berechnung der Schwellenwerte einzubeziehen sind. Die Antwort richtet sich wiederum danach, welche Unternehmen als verbundene Unternehmen im Sinne des Art. 5 Abs. 4 FKVO anzusehen sind. Die Beantwortung der Frage hängt also davon ab, ob der den (nationalen) Fondsbetreibern übergeordnete Fondsmanager und/oder aber die Konzernobergesellschaft Kontrolle über die einzelnen (nationalen) Fondsbetreiber ausübt. Ist dies der Fall, sind die Portfoliogesellschaften sämtlicher (nationaler) Fonds in die Berechnung einzubeziehen. Unabhängig von der wettbewerblichen Bedeutung des beabsichtigten Zusammenschlusses können diese Angaben für den erwerbenden Fondsmanager umfangreiche interne Ermittlungen erforderlich machen.

## 2.4. Materielle Beurteilung von Zusammenschlussvorhaben

Gemäß Art. 2 Abs. 2 und 3 FKVO ist zu prüfen, ob durch den Zusammenschluss wirksamer Wettbewerb im Gemeinsamen Markt oder in einem wesentlichen Teil desselben erheblich behindert wird, insbesondere durch Begründung oder Verstärkung einer beherrschenden Stellung (sog. SIEC-Test).[1865] Der SIEC-Test ist mit der Neufassung der FKVO (VO 139/2004) im Jahr 2004 eingeführt worden und hat den reinen Marktbeherrschungstest ersetzt. Änderungen in der Entscheidungspraxis der Kommission resultieren daraus kaum.[1866] Obwohl der Tatbestand der erheblichen Wettbewerbsbehinderung weiter gefasst ist als der der Marktbeherrschung,[1867] folgt daraus nicht, dass grundsätzlich alle wettbewerbsbeschränkenden Auswirkungen nach dem Wettbewerbsbehinderungstest beurteil werden sollen.[1868] Aus dem Erwägungsgrund 25 der FKVO ergibt sich vielmehr, dass in der Regel der Marktbeherrschungstest angewandt werden soll.[1869]

### 2.4.1. Marktabgrenzung

Um eine Beurteilung vornehmen zu können, ob durch einen Zusammenschluss wirksamer Wettbewerb im Gemeinsamen Markt oder in einem wesentlichen Teil desselben erheblich behindert wird, ist der für das Zusammenschlussvorhaben relevante Markt sowohl in sachlicher als auch in räumlicher Hinsicht abzugrenzen.[1870] Hauptzweck der Marktabgrenzung ist

---

[1864] Vgl. Rn. 190 der Konsolidierten Mitteilung.
[1865] Art. 2 Abs. 3 FKVO lautet in Englischer Sprache: "A concentration which would **s**ignificantly **i**mpede **e**ffective **c**ompetition, in the common market or in a substantial part of it, in particular as a result of the creation or strengthening of a dominant position, shall be declared as incompatible with the common market (SIEC-Test)."
[1866] Siehe auch Tätigkeitsbereich des BKartA 2005/2006, Drucksache 16/5710, X.
[1867] Bechtold/Bosch/Brinker/Hirsbrunner, EG-Kartellrecht, Kommentar, Art. 2 FKVO Rn. 37.
[1868] Bechtold/Bosch/Brinker/Hirsbrunner, a.a.O., Art. 2 FKVO Rn. 38.
[1869] So auch Bechtold/Bosch/Brinker/Hirsbrunner, a.a.O., Art. 2 FKVO Rn. 38; lediglich in einer besonderen Fallkonstellation hat die Kommission bislang eine Behinderung des Wettbewerbs ohne Vorliegen von Marktbeherrschung angenommen, Entscheidung v. 26. April 2007, T-Mobile Austria/tele.ring, COMP/M.3916.
[1870] Siehe zu der Abgrenzung des relevanten Marktes die Bekanntmachung der Kommission über die Definition des relevanten Marktes im Sinne des Wettbewerbsrechts der Gemeinschaft (ABl. Nr. C 372 v. 9. Dezember 1997, S. 5 ff.).

es, systematisch zu erfassen, welchem unmittelbaren Wettbewerbsdruck das fusionierte Unternehmen ausgesetzt ist.[1871]

### 2.4.1.1. Der sachlich relevante Markt

In der FKVO fehlt eine Legaldefinition zum sachlich relevanten Markt. Dafür findet sich eine Definition des Produktmarktes im Formblatt CO zur FKVO, die wie folgt lautet:

*„Der relevante Produktmarkt umfasst sämtliche Erzeugnisse und/oder Dienstleistungen, die von den Verbrauchern hinsichtlich ihrer Eigenschaften, Preise und ihres vorgesehenen Verwendungszwecks als austauschbar oder substituierbar angesehen werden."*

Das entscheidende Kriterium der Produktmarktabgrenzung ist die Nachfragesubstituierbarkeit, d. h. die Frage, ob ein bestimmtes Produkt aus Sicht der Abnehmer als austauschbar mit einem anderen Produkt angesehen werden kann. Die Beurteilung der Nachfragesubstituierbarkeit erfordert die Bestimmung derjenigen Produkte, die von den Nachfragern im Hinblick auf ihre Eigenschaften, ihren Preis und ihres vorgesehenen Verwendungszwecks als austauschbar angesehen werden. Abzustellen ist auf die nachgelagerte Marktstufe, so fragen z. B. der Einzelhandel beim Großhandel und der Großhandel beim Hersteller nach. Zur Bestimmung der Nachfragesubstituierbarkeit nimmt die Kommission ein gedankliches Experiment vor. Sie unterstellt für die von dem Vorhaben betroffenen Produkte eine geringe (im Bereich zwischen 5 % und 10 %) Erhöhung der relativen Preise und nimmt eine Bewertung der wahrscheinlichen Reaktion der Kunden vor. Die Kommission prognostiziert, ob die Kunden als Reaktion auf die Preisanhebung für die betreffenden Produkte auf leicht verfügbare Substitute ausweichen würden. Ist die Substitution so groß, dass durch den damit einhergehenden Absatzrückgang eine Preiserhöhung nicht mehr einträglich wäre, so werden in den sachlich und räumlich relevanten Markt so lange weitere Produkte und Gebiete einbezogen, bis kleine, dauerhafte Erhöhungen der relativen Preise einen Gewinn einbrächten[1872] (sog. **Preisheraufsetzungstest** oder **SSNIP-Test,** SSNIP steht für „small but significant non-transitory increase in price"). Der Preisheraufsetzungstest wird insbesondere vom BGH und der deutschen Literatur kritisiert.[1873] Die Erhebung über die Reaktionen der Verbraucher auf hypothetische Preiserhöhungen sei in der Regel ungenau und spekulativ.[1874]

Die Substituierbarkeit auf der Angebotsseite kann ebenso große Bedeutung wie die Nachfragesubstituierbarkeit haben. Die Angebotsubstituierbarkeit setzt voraus, dass die Anbieter von Produkten in Reaktion auf kleine, dauerhafte Änderungen bei den relativen Preisen in der Lage sind, ihre Produktion auf die relevanten Erzeugnisse umzustellen und sie kurzfristig auf den Markt zu bringen, ohne spürbare Zusatzkosten oder Risiken ausgesetzt zu sein.[1875]

Wann immer möglich, lässt die Kommission in ihren Fusionskontrollentscheidungen die Produktmarktdefinition offen, um sich für zukünftige Fälle nicht festlegen zu müssen. Sie hat überdies die Tendenz, enge Märkte abzugrenzen, so dass es bei der Produktmarktabgren-

---

[1871] Vgl. Rn. 10 der Leitlinien zur Bewertung horizontaler Zusammenschlüsse gemäß der Ratsverordnung über die Kontrolle von Unternehmenszusammenschlüssen.

[1872] Rn. 17 der Bekanntmachung der Kommission über die Definition des relevanten Marktes im Sinne des Wettbewerbsrechts der Gemeinschaft.

[1873] Kritisch zum SSNIP-Test: Mestmäcker/Schweitzer, Europäisches Wettbewerbsrecht, § 25 Rn. 20 mit Fn. 24; Körber in: Immenga/Mestmäcker, Wettbewerbsrecht EG, Teil 2, Art. 2 FKVO Rn. 52 f.; Ewald, ZWeR 2004, 512, (525 ff.). Der Test versage bereits, wenn der Startpreis über dem Wettbewerbspreis liege. Dieses sei primär bei Missbrauchsfällen nach Art. 82 EG der Fall (Körber in: Immenga/Mestmäcker, a.a.O., Art. 2 FKVO Rn. 52 f.; so auch BGH in einer jüngeren Entscheidung v. 4. März 2008, WM 19/2008, S. 893, (896) – Soda Club).

[1874] Mestmäcker/Schweitzer, a.a.O., 2. Aufl., § 25 Rz 20 mit Fn. 24.

[1875] Bekanntmachung der Kommission über die Definition des relevanten Marktes im Sinne des Wettbewerbsrechts der Gemeinschaft, ABl. Nr. C 372 v. 9. Dezember 1997 S. 0005–0013, Rn. 20.

zung zu einer Vielzahl von relevanten Märkten kommt.[1876] Dabei stützt sie sich sowohl auf unterschiedliche Produkteigenschaften (Materialen, Qualität, technische Reife, Preissegment etc.) als auch auf den Verwendungszweck (statt Zucker wird z. B. zwischen Haushaltszucker, Industriezucker, Zucker für Handelsmarken unterschieden)[1877].

### 2.4.1.2. Der räumlich relevante Markt

Ebenso wie der sachlich relevante Markt nicht in der FKVO definiert ist, fehlt es auch an einer Legaldefinition für den räumlich relevanten Markt. In dem Formblatt CO zur FKVO findet sich eine Definition des räumlich relevanten Marktes, die wie folgt lautet:

„*Der räumlich relevante Markt umfasst das Gebiet, in dem die beteiligten Unternehmen die relevanten Produkte oder Dienstleistungen anbieten und nachfragen, in dem die Wettbewerbsbedingungen hinreichend homogen sind und das sich von benachbarten Gebieten durch spürbar unterschiedliche Wettbewerbsbedingungen unterscheidet.*"

Die von der Kommission verwendete Definition des geographischen Marktes ist vom EuGH vollauf bestätigt worden.[1878] Zur Abgrenzung des Marktes sind danach die Nachfragemerkmale zu untersuchen, wie z. B. die Bedeutung nationaler oder regionaler Präferenzen, das gegenwärtige Käuferverhalten, die Produkt- und Markendifferenzierung. Auch hier beruht der theoretische Ansatz auf einer Substitution infolge von Änderungen bei den relevanten Preisen. Es muss wiederum die Frage beantwortet werden, ob die Abnehmer der beteiligten Unternehmen ihre Nachfrage kurzfristig und zu geringen Kosten auf Unternehmen mit anderen Standorten umlenken würden.[1879] Die Kommission grenzt den Markt nach ökonomischen Kriterien ab. Es ist also durchaus möglich, dass der relevante Markt nicht mit dem Geltungsbereich der FKVO übereinstimmt. Er kann weltweit,[1880] national[1881] oder lediglich lokal[1882] abzugrenzen sein. Zum Teil stellt die Kommission den definierten Markt auch auf Regionen ab, die die Gebiete mehrerer Mitgliedstaaten umfassen können.[1883]

### 2.4.2. Materielle Beurteilung des Zusammenschlussvorhabens

Gemäß Art. 2 Abs. 2 und 3 FKVO ist im Rahmen einer Prognoseentscheidung zu prüfen, ob das Zusammenschlussvorhaben zu einer erheblichen Wettbewerbsbehinderung führen wird, die insbesondere bei der Begründung oder Verstärkung einer beherrschenden Stellung angenommen wird. Die FKVO enthält keine Legaldefinition des Begriffs der marktbeherrschenden Stellung. Dafür findet sich in den Leitlinien zur Bewertung horizontaler Zusammenschlüsse gemäß der Ratsverordnung über die Kontrolle von Unternehmenszusammenschlüssen (2004/C 31/03) (**„Leitlinien zur Bewertung horizontaler Zusammenschlüsse"**)[1884] der Begriff der beherrschenden Stellung, der wie folgt definiert wird:

---

[1876] Zum Beispiel: Bayer/Aventis Crop Science, COMP/M.2547, Entscheidung vom 17. April 2002.

[1877] Südzucker/St. Louis Sucre, COMP/M.2530, Entscheidung vom 20. Dezember 2001; vgl. auch Baron in Langen/Bunte, a.a.O., Art. 2 FKVO Rn. 44.

[1878] Rs. C-68/95 „Frankreich u. a./Kommission" Slg. 1998, I-1375, Entscheidung v. 31. März 1998.

[1879] Vgl. Rn. 29 der Bekanntmachung der Kommission über die Definition des relevanten Marktes im Sinne des Wettbewerbsrechts der Gemeinschaft.

[1880] Vgl. zum Beispiel COMP/M.2220 GE/Honeywell Rn. 36, 240.

[1881] Cadbury Schweppes/Pernod Ricard, COMP/M.2504 v. 29. Oktober 2001, Rn. 15 für nicht alkoholische Getränke; Pernod Ricard/Allied Domeq, COMP/M.3779 v. 24. Juni 2005, Rn. 14 für alkoholische Getränke und Wein; Volvo/Scania, COMP/M.1672, Rn. 37 ff. für schwere LKW.

[1882] Südzucker/Saint Louis Sucre, 20. Dezember 2001, COMP/M.2530.

[1883] In der Entscheidung Südzucker/Saint Louis Sucre vom 20. Dezember 2001 stellt die Kommission für den Produktmarkt Industrie- und Haushaltszucker auf einen räumlich relevanten Markt ab, der Belgien und Süddeutschland umfasst.

[1884] ABl. C 31/5 v. 5. Februar 2004 mit Verweis auf Entscheidungen der Gemeinschaftsgerichte.

## 6. Teil. Einzelrechtsgebiete   § 19 Kartellrechtliche Fragestellungen

*„Die wirtschaftliche Machtstellung eines oder mehrerer Unternehmen, die diese in die Lage versetzt, die Aufrechterhaltung eines wirksamen Wettbewerbs auf dem relevanten Markt zu verhindern, indem sie ihnen die Möglichkeit verschafft sich ihren Konkurrenten, ihren Kunden und letztlich den Verbrauchern gegenüber in nennenswertem Umfang unabhängig zu verhalten."*

Kriterien für die Beurteilung der Marktstellung der beteiligten Unternehmen finden sich in Art. 2 Abs. 1 lit. a) und b) FKVO. Auslegungshilfen für die Prüfung bieten zum einen die Leitlinien zur Bewertung horizontaler Zusammenschlüsse gemäß der Leitlinien zur Bewertung horizontaler Zusammenschlüsse sowie zum anderen die Leitlinien zur Bewertung nicht horizontaler Zusammenschlüsse gemäß der Ratsverordnung über die Kontrolle von Unternehmenszusammenschlüssen („**Leitlinien zur Bewertung nicht horizontaler Zusammenschlüsse**"). Zusammenschlüsse zwischen Wettbewerbern sind eher geeignet, den Wettbewerb zu behindern, als Zusammenschlüsse zwischen Unternehmen, die entweder keine oder lediglich vertikale Verbindungen aufweisen.[1885]

### 2.4.2.1. Horizontale Zusammenschlüsse

Als horizontale Zusammenschlüsse bezeichnet die Kommission Transaktionen, bei denen die beteiligten Unternehmen tatsächliche oder potenzielle Wettbewerber auf denselben relevanten Märkten sind.[1886] In den Leitlinien zur Bewertung horizontaler Zusammenschlüsse werden verschiedene Faktoren genannt, die abhängig von der Fallkonstellation in die Betrachtung einzubeziehen sind. Dabei handelt es sich im Wesentlichen um die addierten Marktanteile der beteiligten Unternehmen nach dem Zusammenschluss und den Konzentrationsgrad auf den relevanten Märkten. Beide Kriterien sind neben weiteren Kriterien wichtige Anhaltspunkte für die Marktstruktur und die wettbewerbliche Bedeutung der beteiligten Unternehmen und ihrer Wettbewerber.[1887]

a) **Marktanteil.** Nach der Rechtsprechung der Gemeinschaftsgerichte sprechen hohe Marktanteile für das Bestehen einer marktbeherrschenden Stellung. So kann ein Marktanteil von 50 % oder mehr für sich allein ein Nachweis für das Vorhandensein einer beherrschenden Marktstellung sein.[1888] Die Kommission hat in einigen Fällen sogar eine marktbeherrschende Stellung angenommen, in denen der Zusammenschluss der beteiligten Unternehmen nur zu Marktanteilen von zwischen 40 % und 50 %[1889] und sogar von unter 40 %[1890] geführt hat. Aber auch hier kann nicht von starren Grenzen ausgegangen werden. Es ist in jedem Einzelfall z. B. die Stärke und die Anzahl der Wettbewerber, das Vorhandensein von Kapazitätsengpässen sowie das Ausmaß, in dem die Produkte der fusionierenden Unternehmen aus Sicht der Nachfrager austauschbar sind, zu prüfen.[1891] Überdies findet sich in den Leitlinien zur Bewertung horizontaler Zusammenschlüsse die Vermutung, dass ein Zusammenschluss mit dem Gemeinsamen Markt vereinbar ist, wenn der Marktanteil der beteiligten Unternehmen 25 % nicht überschreitet.[1892]

b) **Konzentrationsgrad.** Der Konzentrationsgrad eines Marktes kann nützliche Hinweise zur Wettbewerbssituation liefern. Um den Konzentrationsgrad zu ermitteln, wendet die Kommission den Herfindahl-Hirschman-Index („**HHI**") an. Der HHI wird durch die

---

[1885] Rn. 11 der Leitlinien zur Bewertung nichthorizontaler Zusammenschlüsse.
[1886] Vgl. Rn. 5 der Leitlinien zur Bewertung horizontaler Zusammenschlüsse.
[1887] Vgl. Rn. 14 ff. der Leitlinien zur Bewertung horizontaler Zusammenschlüsse.
[1888] Vgl. Leitlinien zur Bewertung horizontaler Zusammenschlüsse unter Hinweis auf Entscheidungen des EuG, z. B. Entscheidung v. 28. April 1999, Rs. T-221/95, Endemol/Kommission, Slg. 1999 II-1299, Rn. 134 und Entscheidung v. 25. März 1999, Rs. T-102/96, Gencor/Kommission, Slg. 1999 II-753, Rn. 205.
[1889] COMP/M.2337 – Nestlé/Ralston Purina, Rn. 48–50.
[1890] IV/M.1221 – Rewe/Meinl, Rn. 98–114; COMP/M.2337 – Nestlé/Ralston Purina, Rn. 45–47.
[1891] Vgl. Rn. 17 der Leitlinien zur Bewertung horizontaler Zusammenschlüsse.
[1892] Vgl. Rn. 18 der Leitlinien zur Bewertung horizontaler Zusammenschlüsse.

Summe des Quadrates der jeweiligen Marktanteile sämtlicher Unternehmen in einem Markt errechnet. Der HHI reicht von 0 ($0^2=0$; kein Marktanteil) bis 10.000 ($100^2=10.000$, reines Monopol). Bsp.: Bei fünf Anbietern mit einem Marktanteil von jeweils 30%, 20%, 20%, 15% und 15% beträgt der HHI 2150 ($30^2+20^2+20^2+15^2+15^2=2150$). Dieser Index räumt den Marktanteilen der größeren Unternehmen ein verhältnismäßig größeres Gewicht ein. Im Idealfall sollten zwar alle Unternehmen eines Marktes in die Berechnung einbezogen werden, das Fehlen von Angaben über sehr kleine Unternehmen hat jedoch nur geringe Auswirkungen, da sich diese nur geringfügig auf die Index-Berechnung auswirken. Während die absolute Höhe des HHI eine erste Aussage über den Wettbewerbsdruck in dem betreffenden Markt nach dem Zusammenschluss machen kann, ist die Veränderung im Index (als „Delta" bezeichnet) ein nützlicher Hinweis für die durch den Zusammenschluss unmittelbar herbeigeführten Änderungen in der Konzentration.[1893] Bsp.: Nach dem Zusammenschluss zwei der Unternehmen in dem oben dargestellten Beispiel, beträgt bei vier Anbietern mit einem Marktanteil von jeweils 30%, 20%, 35% (Zusammenschluss 20% + 15%) und 15% beträgt 2750. ($30^2+20^2+35^2+15^2 =2750$). Der Delta beträgt in diesem Fall 600 (2750-2150=600). Für die Kommission stellen sich in der Regel keine horizontalen Wettbewerbsbedenken in einem Markt, dessen HHI nach dem Zusammenschluss unterhalb von 1.000 liegt.[1894] Das Gleiche gilt für Transaktionen, bei denen der HHI nach dem Zusammenschluss zwischen 1.000 und 2.000 und der Delta-Wert unterhalb von 250 liegt oder wenn der HHI oberhalb von 2.000 und der Deltawert unter 150 liegt,[1895] es sei denn, es liegen besondere Umstände vor.[1896]

**c) Sonstige Kriterien.** Sonstige Kriterien zur Bestimmung der Marktmacht sind die Nachfragemacht der Abnehmer,[1897] die Marktzutrittschancen potentieller Wettbewerber[1898] sowie die durch den Zusammenschluss entstehenden Effizienzgewinne.[1899] Wettbewerbsdruck kann nicht nur von Wettbewerbern der beteiligten Unternehmen, sondern auch von der Marktgegenseite, also den Kunden, ausgeübt werden. Nachfragemacht ist als die Verhandlungsmacht anzusehen, die ein Käufer gegenüber seinem Lieferanten angesichts seiner Größe, seiner wirtschaftlichen Bedeutung und seiner Fähigkeit hat, zu anderen Lieferanten zu wechseln. Die Kommission ermittelt, in welchem Maße die Kunden nach Vollzug des Zusammenschlusses noch in der Lage wären, einer durch den Zusammenschluss entstehenden erhöhten Marktmacht entgegenzuwirken. Könnte ein Kunde glaubwürdig androhen, innerhalb eines nicht zu langen Zeitraums zu einer anderen Lieferquelle überzuwechseln, sollte sein Lieferant eine Preiserhöhung beschließen, so würde dies für das Bestehen erheblicher Nachfragemacht sprechen. Wenn ein Marktzutritt leicht ist und entsprechende potentielle Wettbewerber bereit stehen, so kann dies als ausreichender Wettbewerbsdruck angesehen werden. Voraussetzung ist, dass nachgewiesen wird, dass der Marktzutritt geeignet ist, mit hinreichender Wahrscheinlichkeit und rechtzeitig die potenziellen wettbewerbswidrigen Wirkungen eines Zusammenschlusses zu verhindern oder aufzuheben.[1900] Überdies prüft die Kommission Effizienzgewinne, die die Auswirkungen auf den Wettbewerb und insbesondere potenzielle Nachteile für Verbraucher ausgleichen könnten. Im Rahmen der wettbewerblichen Analyse berücksichtigt die Kommission daher auch die Entwicklung des

---

[1893] Vgl. Rn. 16 der Leitlinien zur Bewertung horizontaler Zusammenschlüsse.
[1894] Vgl. Rn. 19 der Leitlinien zur Bewertung horizontaler Zusammenschlüsse.
[1895] Vgl. Rn. 20 der Leitlinien zur Bewertung horizontaler Zusammenschlüsse.
[1896] Die besonderen Umstände sind aufgeführt in Rn. 20 der Leitlinien zur Bewertung horizontaler Zusammenschlüsse.
[1897] Vgl. Rn. 64 ff. der Leitlinien zur Bewertung horizontaler Zusammenschlüsse.
[1898] Vgl. Rn. 68 ff. der Leitlinien zur Bewertung horizontaler Zusammenschlüsse, vgl. auch Art. 2 Abs. 1 lit. b) FKVO.
[1899] Vgl. Rn. 76 ff. der Leitlinien zur Bewertung horizontaler Zusammenschlüsse.
[1900] Rn. 68 der Leitlinien zur Bewertung horizontaler Zusammenschlüsse; Einzelheiten zu Marktzutrittsschranken in Rn. 71 der Leitlinien.

technischen und wirtschaftlichen Fortschritts, sofern er den Verbrauchern zum Vorteil gereicht und keine Hindernisse für den Wettbewerb errichtet. Die Effizienzvorteile müssen unmittelbare Folge des angemeldeten Zusammenschlusses sein und nicht in ähnlichem Umfang durch weniger wettbewerbswidrige Alternativen erzielt werden können (sog. fusionsspezifische Effizienzvorteile).[1901] Darüber hinaus müssen die Effizienzvorteile nachprüfbar sein, um von der Kommission in ihre wettbewerbliche Würdigung aufgenommen zu werden. Zum Nachweis geeignet sind interne Dokumente der Unternehmensleitung sowie Studien außenstehender Sachverständige.[1902]

### 2.4.2.2. Nichthorizontale Zusammenschlüsse

Für die Beurteilung von nichthorizontalen Zusammenschlüssen knüpft die Kommission an die Leitlinien zur Bewertung horizontaler Zusammenschlüsse an. Sie unterscheidet zwischen vertikalen[1903] und konglomeraten[1904] Zusammenschlüssen.

**a) Vertikale Zusammenschlüsse.** Ein vertikaler Zusammenschluss liegt vor, wenn Unternehmen beteiligt sind, die auf verschiedenen Ebenen der Lieferkette tätig sind, zum Beispiel wenn ein Hersteller eines bestimmten Produktes mit einem seiner Vertriebshändler fusioniert.[1905] Liegt eine vertikaler Zusammenschluss vor, so stellt die Kommission die Vermutung auf, dass das Vorhaben keinen wettbewerblichen Bedenken begegnet, wenn der Marktanteil der beteiligten Unternehmen unter 30% und der HHI nach Vollzug unter 2.000 liegt.[1906] Die Kommission untersucht solche Fusionen nur dann eingehend, wenn bestimmte spezielle Umstände dies gebieten. Dies soll der Fall sein, wenn an der Fusion ein Unternehmen beteiligt ist, das in naher Zukunft wegen jüngst erfolgter Innovationen wahrscheinlich beträchtlich wachsen wird oder wenn zwischen den Marktteilnehmern beträchtliche Überkreuz-Beteiligungen oder wechselseitig besetzte Führungsposten bestehen.[1907]

Die Kommission untersucht einen vertikalen Zusammenschluss im Hinblick auf Abschottungseffekte, wobei sie zwischen der Abschottung von Einsatzmitteln und der Abschottung von Kunden unterscheidet. Die erste Form der Abschottung liegt vor, wenn das Zusammenschlussvorhaben bewirkt, dass die Kosten der nachgeordneten Wettbewerber erhöht werden, indem ihr Zugang zu wichtigen Einsatzmitteln (z. B. Vorprodukten) beschränkt wird.[1908] Die Kommission nimmt eine Abschottung bei den Einsatzmitteln an, wenn das fusionierte Unternehmen nach dem Zusammenschluss in der Lage ist, den Zugang zu solchen Produkten oder Dienstleistungen zu beschränken, die es ohne die Fusion geliefert hätte.[1909] Die Abschottung von Kunden liegt vor, wenn das Vorhaben geeignet ist, die vorgelagerten Wettbewerber durch die Beschränkung des Zugangs zu einem ausreichenden Kundenstamm abzuschotten.[1910] So kann z. B. die fusionierte Einheit beschließen, ihren gesamten Bedarf an Waren und Dienstleistungen bei ihrem vorgelagerten Unternehmensbereich zu decken und deshalb keine Waren mehr bei ihren vorgelagerten Wettbewerbern zu beziehen.[1911]

---

[1901] Rn. 85 der Leitlinien zur Bewertung horizontaler Zusammenschlüsse.
[1902] Rn. 88 der Leitlinien zur Bewertung horizontaler Zusammenschlüsse.
[1903] Siehe Rn. 28 ff. Leitlinien zur Bewertung nichthorizontaler Zusammenschlüsse gemäß der Ratsverordnung über die Kontrolle von Unternehmenszusammenschlüssen.
[1904] Siehe Rn. 91 ff. Leitlinien zur Bewertung nichthorizontaler Zusammenschlüsse gemäß der Ratsverordnung über die Kontrolle von Unternehmenszusammenschlüssen.
[1905] Rn. 4 der Leitlinien zur Bewertung nichthorizontaler Zusammenschlüsse.
[1906] Rn. 25 der Leitlinien zur Bewertung nichthorizontaler Zusammenschlüsse.
[1907] Siehe Rn. 26 der Leitlinien zur Bewertung nichthorizontaler Zusammenschlüsse.
[1908] Rn. 30 ff. der Leitlinien zur Bewertung nichthorizontaler Zusammenschlüsse.
[1909] Zur Verdeutlichung siehe Schaubild in Rn. 31 der Leitlinien zur Bewertung nichthorizontaler Zusammenschlüsse.
[1910] Rn. 30, 58 ff. der Leitlinien zur Bewertung nichthorizontaler Zusammenschlüsse.
[1911] Zur Verdeutlichung siehe Schaubild in Rn. 58 der Leitlinien zur Bewertung nichthorizontaler Zusammenschlüsse.

**b) Konglomerate Zusammenschlüsse.** Unter einer konglomeraten Fusion versteht die Kommission einen Zusammenschluss zwischen Unternehmen, deren Beziehung zueinander weder rein horizontal (als Wettbewerber in demselben relevanten Markt) noch rein vertikal (als Anbieter und Kunde) ist. Zumeist betreffen konglomerate Fusionen Unternehmen, die in eng verwandten Märkten tätig sind. Die Kommission geht grundsätzlich davon aus, dass konglomerate Fusionen in der Mehrzahl der Fälle keine Wettbewerbsprobleme aufwerfen.[1912] Ebenso wie bei vertikalen Fusionen prüft die Kommission auch bei konglomeraten Fusionen, ob Abschottungseffekte wahrscheinlich sind.[1913] Im Einzelnen prüft die Kommission erstens, ob die fusionierte Einheit die Fähigkeit hätte, ihre Wettbewerber abzuschotten, zweitens, ob sie hierfür einen wirtschaftlichen Anreiz hätte und drittens, ob eine Abschottungsstrategie spürbar schädigende Auswirkungen auf den Wettbewerb hätte und damit den Verbrauchern Schaden zugefügt würde.

**2.4.2.3. Oligopolistische Marktbeherrschung**

Die Kommission prüft neben der Einzelmarktbeherrschung auch die Entstehung oder Verstärkung einer gemeinsamen Marktbeherrschung. Eine Marktbeherrschung durch zwei oder mehrere Unternehmen liegt vor, wenn rechtlich selbständige Unternehmen aufgrund besonderer Marktbedingungen in der Lage sind ihr Verhalten aufeinander abzustimmen und dadurch als Gruppe „wie ein marktbeherrschendes Unternehmen" auftreten.[1914] Die Wettbewerber und Abnehmer sind dadurch einer einheitlichen Strategie durch die Oligopolunternehmen ausgesetzt.[1915] Kennzeichen oligopolistischer Marktbeherrschung ist somit, dass sich die Oligopolunternehmen auf wettbewerbliche Impulse am Markt gleichgerichtet verhalten (Reaktionsverbundenheit).[1916] Das gleichförmige Verhalten (Koordinierung) entsteht dabei vor allem im Bereich der einheitlichen Festsetzung der Preise bzw. Preisnachlässe.[1917] Bis zur Entscheidung des EuG im Fall „Airtours/First Choice"[1918] hatte die Kommission bei der Feststellung einer oligopolistischen Marktbeherrschung noch einen erheblichen Ermessens- bzw. Beurteilungsspielraum.[1919] Dies hat sich mit der genannten Entscheidung geändert. Die Kommission ist nunmehr an strenge Kriterien gebunden, die ihr die Annahme einer oligopolistischen Marktbeherrschung erlauben. Die Kriterien hat sie im Einzelnen in ihren Leitlinien zur Bewertung horizontaler Zusammenschlüsse niedergelegt.[1920]

**2.4.2.4. Besonderheiten bei PE Transaktionen**

Bei der Beurteilung von Zusammenschlüssen, bei denen ein Fondsbetreiber über einen seiner Investmentfonds ein neues Portfolio-Unternehmen erwirbt, sind zunächst alle Portfolio-Unternehmen in die wettbewerbliche Betrachtung einzubeziehen, die von dem Fondsbetreiber (indirekt) kontrolliert werden. Insoweit kommt es wiederum darauf an, welche Portfolio-Unternehmen als verbundene Unternehmen anzusehen sind.[1921]

In der Regel führt die Übernahme einer Gesellschaft durch ein PE Unternehmen nicht zu wettbewerblichen Bedenken, die es rechtfertigen würden, in das Hauptverfahren einzu-

---

[1912] Vgl. Rn. 92 der Leitlinien zur Bewertung nichthorizontaler Zusammenschlüsse; die Kommission sah Wettbewerbsprobleme in den nachfolgenden Entscheidungen: v. 3. Juli 2001 in Sachen GE/Honeywelll, COMP/M.2220; bestätigt durch EuG, Entscheidung v. 14. Dezember 2005, T-209/01; Kommission v. 30. Oktober 2001 und 13. Januar 2003 in Sachen Tetra Laval/Sidel, COMP/M.2416.
[1913] Vgl. Rn. 93 ff. der Leitlinien zur Bewertung nichthorizontaler Zusammenschlüsse.
[1914] Vgl. Immenga/Körber in: Immenga/Mestmäcker, a.a.O., Art. 2 Rn. 413.
[1915] Baron in: Langen/Bunte, a.a.O., Art. 2 FKVO Rn. 193.
[1916] Baron in: Langen/Bunte, a.a.O., Art. 2 FKVO Rn. 193.
[1917] Baron in: Langen/Bunte, a.a.O., Art. 2 FKVO Rn. 193; Immenga/Körber in: Immenga/Mestmäcker, a.a.O., Art. 2 Rn. 415..
[1918] Rs. T-342/99 Slg. 2002, II-2585, Entscheidung v. 6. Juni 2002 (rechtskräftig).
[1919] Baron in: Langen/Bunte, a.a.O., Art. 2 FKVO Rn. 194.
[1920] Siehe Rn. 39 ff. der Leitlinien zur Bewertung horizontaler Zusammenschlüsse.
[1921] Siehe oben Abschnitt 2.3.4. (Berechnung des Umsatzes bei PE Unternehmen).

treten. Grund dafür ist, dass das PE Unternehmen in der Regel durch keines der Portfolio-Unternehmen auf dem Markt der Zielgesellschaft tätig ist und es dadurch zu keinen Marktanteilsadditionen kommt. Überdies hat der bloße Wechsel der Anteilseigner an der Zielgesellschaft keine Auswirkungen auf die wettbewerbliche Stellung der Zielgesellschaft im Markt, es sei denn, der Zielgesellschaft werden durch das PE Unternehmen neue Finanzmittel zur Verfügung gestellt. Wettbewerbliche Bedenken können hingegen auftreten, wenn das PE Unternehmen bereits über eines oder mehrere seiner kontrollierten Portfolio-Unternehmen auf den Märkten des Zielunternehmens tätig ist. In diesem Fall prüft die Kommission nach den aufgeführten Kriterien, ob es aufgrund des Zusammenschlussvorhabens auf den betroffenen Märkten zu einer erheblichen Behinderung des Wettbewerbs kommt.[1922]

### 2.4.3. Nebenabreden

#### 2.4.3.1. Nebenabreden bei der Übernahme eines Unternehmens

Unter Nebenabreden werden Vereinbarungen verstanden, die nicht integraler Bestandteil der Übernahmevereinbarung sind, die aber mit der Durchführung des Zusammenschlusses unmittelbar verbunden und für die Durchführung des Zusammenschlusses notwendig sind, wie z. B. Wettbewerbsverbote. Gemäß Art. 8 Abs. 2 Satz 3 FKVO gelten Nebenabreden als genehmigt, sobald die Kommission eine Fusionskontrollentscheidung erlässt. Nach dem Erläuterungsgrund 21 der FKVO bedeutet dies, dass Nebenabreden durch die Entscheidung über den Zusammenschluss „automatisch abgedeckt" werden, d. h. dass die Kommission in der Fusionskontrollentscheidung zu den Nebenabreden nicht separat Stellung nehmen muss. Sie kann die Nebenabreden hingegen jederzeit zum Gegenstand eines Kartellbußgeldverfahrens gemäß Art. 81 EG machen.[1923] Unternehmen können sich bei der Beurteilung von Nebenabreden an der Bekanntmachung der Kommission über Einschränkungen des Wettbewerbs, die mit der Durchführung von Unternehmenszusammenschlüssen unmittelbar verbunden und für diese notwendig sind (2005/C 56/03) („Bekanntmachung der Kommission über Nebenabreden") orientieren.[1924] Die Kommission unterscheidet zwischen Wettbewerbsverboten, Lizenzvereinbarungen sowie Bezugs- und Lieferpflichten.

**a) Wettbewerbsverbote.** Wettbewerbsverbote, die dem Veräußerer im Zusammenhang mit der Übertragung eines Unternehmens oder Unternehmensteils auferlegt werden, sind nur in einem eingeschränkten Maß zulässig.[1925] Im Hinblick auf die Geltungsdauer sind Wettbewerbsverbote bis zu drei Jahren gerechtfertigt, wenn zusammen mit dem Unternehmen sowohl der Geschäftswert als auch das Know-how übertragen wird.[1926] Wird nur der Geschäftswert übertragen, verkürzt sich dieser Zeitraum auf höchstens zwei Jahre.[1927] Ein Wettbewerbsverbot gilt nicht als für die Durchführung des Zusammenschlusses notwendig, wenn de facto nur materielle Vermögenswerte wie etwa Grundstücke, Gebäude, Maschinen oder ausschließliche gewerbliche Schutzrechte übertragen werden.[1928] Der räumliche Geltungsbereich von Wettbewerbsverboten muss sich auf das Gebiet beschränken, in dem der

---

[1922] Zum Beispiel hat die Kommission den Erwerb von Lenzing durch das PE Unternehmen CVC untersagt, weil die von CVC kontrollierte Acordis-Gruppe bereits auf den Märkten des Zielunternehmens tätig war und durch den Zusammenschluss eine marktbeherrschende Stellung der beteiligten Unternehmen auf den betroffenen Märkten entstanden wäre (COMP/M.2187 – CVC/Lenzing, Entscheidung v. 17. Oktober 2001).
[1923] Bechtold/Bosch/Brinker/Hirsbrunner, a.a.O., Art. 8 FKVO Rn. 26.
[1924] ABl. C 56 v. 5. März 2005, S. 24 ff.
[1925] Die Kommission stellt Wettbewerbsverbote mit Klauseln gleich, die das Recht des Veräußerers einschränken, Anteile an Unternehmen zu erwerben oder zu halten, das mit dem übertragenen Unternehmen im Wettbewerb steht, vgl. Rn. 25 der Bekanntmachung der Kommission über Nebenabreden. Ebenso werden Abwerbeverbote und Vertraulichkeitsklauseln behandelt.
[1926] Vgl. Rn. 20 der Bekanntmachung der Kommission über Nebenabreden.
[1927] Vgl. Rn. 20 der Bekanntmachung der Kommission über Nebenabreden.
[1928] Vgl. Rn. 21 der Bekanntmachung der Kommission über Nebenabreden.

Veräußerer die betreffenden Waren oder Dienstleistungen bereits vor der Unternehmensübertragung angeboten hat.[1929] Überdies muss sich das Wettbewerbsverbot auf Waren und Dienstleistungen beschränken, die den Geschäftsgegenstand des übertragenen Unternehmens bilden.

**b) Lizenzvereinbarungen.** Eine weitere Nebenabrede stellt die Lizenzvereinbarung dar.[1930] Zusammen mit dem Unternehmen oder Unternehmensteil können auch Rechte an geistigem Eigentum oder Know-how übertragen werden, um dem Erwerber die volle Nutzung der übernommenen Vermögenswerte zu ermöglichen. Behält der Veräußerer das Eigentum an diesen Rechten für sich, wird er mit dem Käufer eine Lizenzvereinbarung abschließen, die es dem Käufer ermöglicht, die Rechte zu nutzen. Lizenzen für Patente oder verwandte Rechte oder für Know-how können als für die Durchführung des Zusammenschlusses notwendig angesehen werden und unterliegen damit nicht der Pflicht einer Befristung.[1931]

**c) Bezugs- und Lieferpflichten.** Bezugs- und Lieferverbindungen zwischen dem Veräußerer und dem Erwerber sind für einen Übergangszeitraum zulässig. Diese Verpflichtung dient dazu, die Auflösung der wirtschaftlichen Einheit des Veräußerers und die Übertragung der betreffenden Vermögensteile auf den Erwerber unter zumutbaren Bedingungen zu ermöglichen.

### 2.4.3.2. Nebenabreden bei der Gründung eines Gemeinschaftsunternehmens

Besonderheiten bestehen bei der Gründung eines GU hinsichtlich Wettbewerbsverboten. Diese sind auch bei der Gründung eines GU zulässig. Sie können zwischen den Unternehmen geschlossen werden, die sich zwecks Gründung eines GU zusammen tun. Ein Wettbewerbsverbot kann notwendig sein, um den Gutglaubensschutz während der Verhandlung zu gewährleisten, die Vermögenswerte des GU in vollem Umfang zu nutzen, dem GU die Aneignung des Know-hows und des Geschäftswerts der Gründer zu ermöglichen oder die Interessen der einzelnen Gründer am GU vor Wettbewerbshandlung zu schützen.[1932] Zu beachten ist, dass die Laufzeit des Wettbewerbsverbots unbeschränkt ist und so lange als notwendig angesehen werden kann, wie das GU besteht.[1933]

### 2.5. Das Verfahren

Die Verordnung (EG) Nr. 802 aus 2004 der Kommission vom 7. April 2004 zur Durchführung der FKVO („**DVO**") enthält in ihrem Anhang I das Formblatt CO, das vereinfachte Formblatt sowie das Formblatt RS. Das Formblatt CO dient dazu, bei den beteiligten Unternehmen die für die Beurteilung des Zusammenschlussvorhabens erforderlichen Angaben abzufragen. Das vereinfachte Formblatt kommt zur Anwendung, wenn das Vorhaben wettbewerblich unbedenklich ist. Die Kommission stellt in diesem Zusammenhang Kriterien auf, die die wettbewerbliche Unbedenklichkeit indizieren.[1934] Das Formblatt RS wird bei Verweisungen nach Art. 4 Absätzen 4 und 5 FKVO verwendet. Wichtige Hinweise zum praktischen Vorgehen der Kommission in Fusionskontrollverfahren liefern die „Best Practices on the conduct of EC merger control proceedings".[1935]

---

[1929] Vgl. Rn. 22 der Bekanntmachung der Kommission über Nebenabreden.
[1930] Vgl. Rn. 27 ff. der Bekanntmachung der Kommission über Nebenabreden.
[1931] Vgl. Rn. 28 der Bekanntmachung der Kommission über Nebenabreden.
[1932] Vgl. Rn. 36 der Bekanntmachung der Kommission über Nebenabreden.
[1933] Vgl. Rn. 28 der Bekanntmachung der Kommission über Nebenabreden.
[1934] Ziffer 5 lit. b) bis d) der Bekanntmachung der Kommission über ein vereinfachtes Verfahren für bestimmte Zusammenschlüsse gemäß der Verordnung (EG) Nr. 139/2004 des Rates (2005/C 56/04) („Bekanntmachung über das vereinfachte Verfahren"), ABl. 2005 C 56/32.
[1935] Abrufbar auf der Website der Kommission unter: http://ec.europa.eu/comm/competition/mergers/legislation/proceedings.pdf.

## 2.5.1. Das Verfahren vor Einreichung der Anmeldung (pre-notification)

Die Kommission empfiehlt den beteiligten Unternehmen, bereits vor der formellen Einreichung der Anmeldung ein Memorandum an die Kommission zu übersenden, das die Hintergründe des Zusammenschlusses aufzeigt sowie eine kurze Beschreibung der relevanten Märkte und die Auswirkungen des Zusammenschlusses auf den Markt enthält.[1936] Der Kontakt sollte bereits zwei Wochen vor der formellen Anmeldung hergestellt werden.[1937] Der Kontakt wird streng vertraulich behandelt. In der Praxis ist es üblich, einen Entwurf der Anmeldung zu übersenden. Auf diese Weise soll bereits im Vorfeld geprüft werden, ob der Entwurf vollständig ist, d. h. ob die im Formblatt gestellten Fragen in einem ausreichenden Maße beantwortet wurden. Überdies dient der Entwurf dazu, ein geeignetes Case-Team zusammen zu stellen. Zu beachten ist, dass die Case-Teams für neue Fälle in der Regel einmal die Woche in den DG Competitions Merger Management Meetings verteilt werden.[1938] Um die Zuteilung der Fusionskontrollvorhaben an die Case-Teams zu verbessern, hat die Kommission kürzlich auf ihrer Website ein Formblatt veröffentlicht, das von den anmeldenden Unternehmen auszufüllen ist. Danach sind Angaben zu den beteiligten Unternehmen, dem Zusammenschlussvorhaben, den betroffenen Märkten und der Schwierigkeit des Falles zu machen. Das Formblatt sollte bis 12 Uhr an einem Freitag per Fax oder E-Mail an die Kommission übersandt werden, um sicher zu gehen, dass das Zusammenschlussvorhaben in der sich daran anschließenden Woche einem Case-Team zugeordnet wird. Dieses (informelle) Vorverfahren gilt nicht nur für problematische, sondern auch für unproblematische Fälle.[1939]

## 2.5.2. Formale Voraussetzungen der Anmeldung

### 2.5.2.1. Anmeldefrist

Ein Zusammenschlussvorhaben kann bereits vor Unterzeichnung des Unternehmenskaufvertrags oder der Veröffentlichung des Übernahmeangebots bei der Kommission angemeldet werden. Voraussetzung ist, dass die beteiligten Unternehmen der Kommission gegenüber glaubhaft machen, dass sie gewillt sind, einen Vertrag zu schließen, oder im Fall eines Übernahmeangebots öffentlich ihre Absicht zur Abgabe eines solchen Angebots bekundet haben (Art. 4 Abs. 1 Unterabschnitt 2 FKVO).

### 2.5.2.2. Form und Inhalt der Anmeldung

Form und Inhalt der Anmeldung werden in der DVO geregelt. Für die Anmeldung eines Zusammenschlussvorhabens ist das im Anhang zur DVO abgedruckte Formblatt (Formblatt CO „Concentration") vollständig auszufüllen. Sollten die Angaben in der Anmeldung in einem wesentlichen Punkt unvollständig sein, ist die Anmeldung unwirksam, Art. 5 Abs. 2 DVO. Folge der Unvollständigkeit ist, dass die Frist des § 10 Abs. 1 FKVO nicht zu laufen beginnt. Ebenso führen unrichtige oder irreführende Angaben zur Unvollständigkeit der Anmeldung, Art. 5 Abs. 4 DVO. Im vereinfachten Verfahren genügt die Übersendung des sog. „Short Formblatt CO", das als Anhang II zur DVO abgedruckt ist. Wann das vereinfachte Verfahren anzuwenden ist, ist der Mitteilung der Kommission zum vereinfachten Verfahren zu entnehmen.[1940] Das vereinfachte Verfahren kommt unter anderem dann zur Anwendung, wenn die beteiligten Unternehmen ein GU gründen, das keine oder nur marginale Aktivitäten im Europäischen Wirtschaftsraum entfaltet oder bei Zusammenschlüssen,

---

[1936] Vgl. Rn. 11 der Best Practices on the conduct of EC merger proceedings.
[1937] Vgl. Rn. 10 der Best Practices on the conduct of EC merger proceedings.
[1938] Vgl. Fußnote 6 der Best Practices on the conduct of EC merger proceedings.
[1939] Vgl. Rn. 5 ff. der Best Practices on the conduct of EC merger proceedings.
[1940] Bekanntmachung der Kommission über ein vereinfachtes Verfahren für bestimmte Zusammenschlüsse gemäß der Verordnung (EG) Nr. 139/2004 des Rates (2005/C 56/04) („Bekanntmachung über das vereinfachte Verfahren"), ABl. 2005 C 56/32.

bei denen die Unternehmen weder in den gleichen sachlichen oder räumlichen Märkten noch in einander vor- oder nachgelagerten Märkten tätig werden oder aber hierbei zusammen nur einen geringen Marktanteil haben.[1941] Die anmeldenden Unternehmen haben das Formblatt CO und das vereinfachte Formblatt CO im Original sowie fünf Papierkopien und 32 Kopien der Anmeldung im CD- oder DVD-ROM-Format einzureichen.[1942] Ist die Anmeldung vollständig, wird sie gem. Art. 5 DVO am Tag ihres Eingangs bei der Kommission wirksam und im Amtsblatt veröffentlicht.

**2.5.3. Das Vollzugsverbot und seine Ausnahmen, Art. 7 FKVO**

Art. 7 Abs. 1 FKVO normiert ein Vollzugsverbot für Zusammenschlüsse bis zur Freigabeentscheidung durch die Kommission. Das Vollzugsverbot gilt nicht nur für die beteiligten Unternehmen, sondern auch für den Veräußerer. Verbotene Durchführungshandlungen im Sinn von Art. 7 Abs.1 FKVO sind sämtliche Handlungen, die das Zusammenschlussvorhaben vollenden. Darunter fallen die Übertragung von Geschäftsanteilen, die Ausübung von sich aus der Übernahmevereinbarung ergebenden Rechten und Pflichten, die Vornahme faktischer Handlungen zur Durchsetzung erworbener Kontrollrechte oder die Vornahme von Registereintragungen. Reine Vorbereitungshandlungen wie der Abschluss obligatorischer Verträge sind zulässig, da diese nach Art. 4 Abs. 1 Satz 1 FKVO die Anmeldepflicht erst auslösen.[1943] Schließlich ergibt sich aus Randziffer 14 der Bekanntmachung der Kommission über Nebenabreden, dass Erwerber und Veräußerer für die Übergangszeit bis zur Freigabeentscheidung vereinbaren dürfen, dass der Veräußerer keine wesentlichen Änderungen am Geschäft vornehmen darf (Stillhaltevereinbarung). Umfasst werden auch Berichtspflichten, die dem zu erwerbenden Unternehmen gegenüber dem Erwerber auferlegt werden können, solange diese Regeln ausschließlich der Werterhaltung des zu erwerbenden Unternehmens dienen, und keine Beeinflussung des Marktverhaltens bewirken.[1944] Die genannten Kontrollmaßnahmen dienen allein dazu, einen Wertverlust des erworbenen Unternehmens in dem Entscheidungszeitraum zu verhindern.

Ein Vorhaben kann ausnahmsweise bereits vor der Freigabeentscheidung vollzogen werden, wenn die Voraussetzungen des Art. 7 Abs. 2 FKVO (automatische Ausnahme) vorliegen oder die Kommission eine Befreiung nach Art. 7 Abs. 3 FKVO erteilt hat. Art. 7 Abs. 2 FKVO sieht für öffentliche Übernahmeangebote und Rechtsgeschäfte mit Wertpapieren einschließlich dem Erwerb über die Börse Ausnahmen vom Vollzugsverbot vor. Eine automatische Ausnahme vom Vollzugsverbot tritt ein, wenn der Erwerber den Zusammenschluss unverzüglich anmeldet und die mit den Anteilen verbundenen Stimmrechte nicht ausübt. Will der Erwerber demgegenüber seine Stimmrechte zumindest zur Erhaltung des vollen Wertes seiner Investition ausüben, ist zusätzlich eine Freistellung vom Vollzugsverbot gem. Art. 7 Abs. 3 FKVO erforderlich. Eine Befreiung nach Art. 7 Abs. 3 FKVO wird auf Antrag erteilt, dem eine ausführliche Begründung beigefügt sein muss. Der Antrag kann vor oder gleichzeitig mit der Anmeldung gestellt werden.[1945] Die Kommission nimmt eine Interessenabwägung zwischen den möglichen Auswirkungen des Aufschubs des Vollzuges auf die beteiligten Unternehmen auf der einen Seite und einer möglichen Gefährdung des Wettbe-

---

[1941] Zu den Voraussetzungen für das vereinfachte Verfahren siehe Ziffer 5 lit a) bis d) der Bekanntmachung über das vereinfachte Verfahren.
[1942] Mitteilung gemäß Artikel 3 Absatz 2 der Verordnung (EG) Nr. 802/2004 der Kommission v. 7. April 2004 zur Durchführung der Verordnung (EG) Nr. 139/2004 des Rates über die Kontrolle von Unternehmenszusammenschlüssen (2006/C 251/02); zur Heraufsetzung der einzureichenden elektronisch gespeicherten Anmeldungen siehe: http://ec.europa.eu/comm/competition/mergers/legislation/regulations.html#impl_reg.
[1943] Bechtold/Bosch/Brinker/Hirsbrunner, a.a.O. (Art. 7 FKVO Rn. 1) vertritt die Auffassung, dass die vorzeitige Zahlung des Kaufpreises von der Kommission ebenfalls als reine Vorbereitungshandlung als zulässig angesehen wird.
[1944] Vgl. Bechtold/Bosch/Brinker/Hirsbrunner, a.a.O., Art. 7 FKVO Rn. 1.
[1945] Baron in: Langen/Bunte, a.a.O., Art. 7 Rn. 7.

werbs auf der anderen Seite vor.[1946] In der Praxis hat die Kommission eine Freigabe vom Vollzugsverbot nur in wenigen Ausnahmefällen erteilt.[1947]

Gem. Art. 7 Abs. 4 FKVO sind Rechtshandlungen, die als Vollzug zu qualifizieren sind, bis zur Entscheidung der Kommission schwebend unwirksam. Dabei bleibt die dem Zusammenschluss zugrunde liegende schuldrechtliche Vereinbarung (Unternehmenskaufvertrag) von einem Verstoß gegen das Vollzugsverbot unberührt. Untersagt die Kommission das Vorhaben, wird die Unwirksamkeit endgültig. Im umgekehrten Fall endet die schwebende Unwirksamkeit mit der Freigabeentscheidung. Ein Verstoß gegen das Vollzugsverbot kann zudem gem. Art. 14 Abs. 2 lit. b) FKVO mit einem Bußgeld von bis zu 10% des Gesamtumsatzes des beteiligten Unternehmens sanktioniert werden, das das Vollzugsverbot missachtet hat.

### 2.5.4. Die Fristen
Innerhalb des Fusionskontrollverfahrens ist zwischen der Anmeldung gem. Art. 4 FKVO, dem Vorverfahren nach Art. 6 FKVO und dem Hauptverfahren nach Art. 8 FKVO zu unterscheiden. Das gesamte Verfahren soll insgesamt nicht länger als ca. fünf Monate dauern, sofern keine Fristhemmung nach Art. 10 Abs. 4 FKVO oder eine Verlängerung des Vorverfahrens gem. Art. 10 Abs. 1 und Abs. 2 S. 3 FKVO eintritt.[1948] Wettbewerbsrechtlich unbedenkliche Zusammenschlussvorhaben können jedoch weit schneller, nach 25 Arbeitstagen der „ersten Phase" von der Kommission eine Freigabeentscheidung erhalten.

### 2.5.4.1. Entscheidung im Vorverfahren („erste Phase")
Die Kommission entscheidet gem. Art. 6 Abs. 1 FKVO innerhalb des Vorverfahrens darüber, ob sie das Hauptverfahren eröffnet. Die Vorprüfung dauert gem. Art. 10 Abs. 1 S. 1 FKVO im Regelfall 25 Arbeitstage ab dem Tag, der auf den Eingang der vollständigen Anmeldung folgt.

### 2.5.4.2. Entscheidung im Hauptverfahren („zweite Phase")
Das Hauptverfahren beginnt gem. Art. 8 FKVO, wenn die Kommission ernsthafte wettbewerbliche Bedenken hat und die möglicherweise von den beteiligten Parteien vorgeschlagenen Änderungen nicht ausreichen, um diese ernsthaften Bedenken auszuräumen. Im Hauptverfahren hat die Kommission 90 Arbeitstage, um die Vereinbarkeit des Zusammenschlussvorhabens mit dem Gemeinsamen Markt zu prüfen, Art. 10 Abs. 3 UAbs. 1 S. 1 FKVO.

### 2.5.5. Verpflichtungszusagen
Kommt die Kommission im Rahmen ihrer Prüfung zu dem Ergebnis, dass das Zusammenschlussvorhaben wettbewerbliche Bedenken aufwirft, so haben die beteiligten Unternehmen die Möglichkeit, diese Bedenken mit Verpflichtungszusagen auszuräumen. Die beteiligten Unternehmen können Verpflichtungszusagen sowohl im Vorverfahren, Art. 6 Abs. 2 FKVO, als auch im Hauptverfahren anbieten, Art. 8 Abs. 2 FKVO. In beiden Fällen verbindet die Kommission ihre Entscheidung in aller Regel mit Bedingungen und Auflagen um sicherzustellen, dass die beteiligten Unternehmen den Verpflichtungen nachkommen.

---

[1946] Baron in: Langen/Bunte, a.a.O., Art. 7 Rn. 7.
[1947] Zum Beispiel: Kelt/American Express, Entscheidung v. 24. Juli 1991, Schlussentscheidung v. 20. August 1991 WuW/E EV 1719; ENEL/FT/DT, Entscheidung v. 26. Mai 1998, Schlussentscheidung v. 22. Juni 1998 WuW 1998, 964.
[1948] Beachte die dienstfreien Tage der Kommission, die bei der Berechnung der Arbeitstage keine Berücksichtigung finden, abrufbar auf der Website der Kommission unter http://eur-lex.europa.eu/LexUriServ/LexUriServ.do?uri=OJ:C:2006:169:0003:0003:DE:PDF.

## 2.5.5.1. Fristen

Im Vorverfahren müssen die beteiligten Unternehmen der Kommission die Verpflichtungen binnen 20 Arbeitstagen ab dem Datum des Eingangs der Anmeldung übermitteln, Art. 19 Abs. 1 DVO. In diesem Fall verlängert sich die Prüffrist im Vorverfahren von 25 auf 35 Arbeitstage, Art. 10 Abs. 1 UAbs. 2 FKVO. Werden die Verpflichtungszusagen innerhalb der 54 Arbeitstage nach Einleitung des Hauptverfahrens angeboten, so verbleibt es bei der Prüffrist von 90 Arbeitstagen. Die Prüffrist verlängert sich jedoch um 15 Arbeitstage, wenn Verpflichtungszusagen später als 54 Arbeitstage nach Einleitung der Hauptprüfung vorgelegt werden. Überdies ist eine Verlängerung des Hauptverfahrens um bis zu weitere 20 Arbeitstage gem. Art. 10 Abs. 3 UAbs. 2 FKVO möglich. Voraussetzung ist, dass die beteiligten Unternehmen die Fristverlängerung innerhalb von 15 Arbeitstagen nach Einleitung des Hauptverfahrens beantragen bzw. einem Vorschlag der Kommission auf Fristverlängerung zustimmen.

## 2.5.5.2. Beschaffenheit von Verpflichtungszusagen

Zu der Beschaffenheit von Verpflichtungszusagen hat sich die Kommission ebenfalls grundsätzlich geäußert.[1949] Die Kommission unterscheidet zwischen strukturellen Verpflichtungszusagen wie dem Verkauf von Unternehmensteilen und Verhaltenszusagen. Strukturelle Verpflichtungszusagen sind Verhaltenszusagen grundsätzlich vorzuziehen. So wird die Veräußerung von Unternehmen bzw. Unternehmensteilen grundsätzlich als akzeptable Verpflichtungszusage angesehen. Voraussetzung ist, dass es sich bei dem zu veräußernden Unternehmen um ein lebensfähiges Geschäft handelt, das in den Händen eines fähigen Käufers wirksam und auf Dauer mit dem durch die Fusion entstandenen Unternehmen konkurrieren kann. Dagegen sind sog. Verhaltensauflagen in aller Regel nicht zulässig, da es sich bei der Fusionskontrolle um eine Marktstrukturkontrolle und keine Verhaltenskontrolle handelt. Überdies sind Verhaltenszusagen praktische nicht kontrollierbar, denn die Kommission müsste das von den beteiligten Unternehmen zugesagte Verhalten auf unabsehbare Zeit überwachen. Dies ist ihr allein aufgrund der personellen Ausstattung nicht möglich.

## 2.5.6. Die Beteiligung Dritter am Verfahren

Dritte, d. h. nicht am Fusionskontrollverfahren beteiligte natürliche oder juristische Personen, sind unter bestimmten Voraussetzungen am Verfahren zu beteiligen. Als Dritte anerkannt sind dabei alle Personen, die ein hinreichendes Interesse am Ausgang des Zusammenschlussverfahrens geltend machen können. Art. 11 lit. c) DVO nennt beispielsweise Kunden, Lieferanten und Wettbewerber, bei denen ein derartiges Interesse in der Regel anzunehmen ist. Die Geltendmachung wirtschaftlicher Interessen ist ausreichend. Dritten wird gem. Art. 18 Abs. 4 FKVO i.V.m. Art. 16 DVO ein Anspruch auf rechtliches Gehör gewährt. Art. 18 Abs. 4 FKVO räumt das Recht auf rechtliches Gehör auch den Mitgliedern der Aufsichts- und Leitungsorgane der beteiligten Unternehmen sowie rechtlich anerkannten Vertretern der Arbeitnehmer ein. Hinsichtlich der Mitglieder der Leitungsorgane sind als Dritte regelmäßig diejenigen Personen anerkannt, die die strategischen Entscheidungen treffen, d. h. Vorstand und Geschäftsführung, nicht jedoch Aktionäre.[1950] Bei Arbeitnehmervertretern werden Mitglieder von Gewerkschaften im Unterschied zu den gewählten Betriebsräten nicht als Dritte anerkannt.[1951]

---

[1949] Mitteilung der Kommission über im Rahmen der Verordnung (EWG) Nr. 4064/89 des Rates und der Verordnung (EG) Nr. 447/98 der Kommission zulässige Abhilfemaßnahmen (2001/C 68/03). Zur konkreten Durchführung von Verpflichtungszusagen siehe „Best Practice Guidelines: The Commission's Model Texts for Divestiture Commitments and the Trustee Mandate under the EC Merger Regulation", abrufbar auf der Website der Kommission unter http://ec.europa.eu/comm/competition/mergers/legislation/commitments.pdf.
[1950] EuG Urteil v. 28. Oktober 1993, Rs. T-83/92 „Zunis o. a./Kommission", Slg. 1993 II–1169 ff.
[1951] EuG Urteil v. 27. April 1995, Rs. T-12/93 „SA Vitell/Kommission", Slg. 1992 II-1247.

Gem. Art. 16 Abs. 2 S. 1 DVO steht den Dritten das Recht auf schriftliche Äußerung zu. Ob ihnen demgegenüber ein Recht auf eine förmliche mündliche Anhörung zusteht, ist umstritten. Während Art. 16 Abs. 2 DVO davon ausgeht, dass Dritten gegebenenfalls die Gelegenheit zur Teilnahme an einer förmlichen mündlichen Anhörung zu geben ist, geht Art. 18 Abs. 4 S. 2 FKVO davon aus, dass bei Vorliegen eines hinreichenden Interesses dem Antrag auf Anhörung stattzugeben ist. Dritten wird darüber hinaus ein beschränktes Informationsrecht gewährt, Art. 16 Abs. 1 DVO, dass die Übermittlung von Informationen über Zusagenangebote umfasst. Ein Recht zur Akteneinsicht besteht demgegenüber nicht.[1952]

### 2.5.7. Die Entscheidung

Die Kommission entscheidet entweder im Vor- oder im Hauptverfahren.

#### 2.5.7.1. Entscheidung im Vorverfahren („erste Phase")

Im Vorverfahren sind drei Entscheidungen möglich. Sind die Schwellenwerte nicht erreicht oder handelt es sich nicht um einen Zusammenschluss im Sinn des Art. 3 FKVO, stellt die Kommission durch eine Entscheidung nach Art. 6 Abs. 1 lit. a) FKVO fest, dass der Zusammenschluss nicht unter die Verordnung fällt. Sind die formalen Voraussetzungen erfüllt und ergibt die Vorprüfung keine ernsthaften Bedenken hinsichtlich der Vereinbarkeit des Zusammenschlusses mit dem Gemeinsamen Markt, wird der Zusammenschluss durch eine Entscheidung gem. Art. 6 Abs. 1 lit. b) FKVO freigegeben. Bestehen dagegen ernsthafte Bedenken hinsichtlich der Vereinbarkeit des Zusammenschlusses mit dem Gemeinsamen Markt, stellt die Kommission das durch eine Entscheidung gem. Art. 6 Abs. 1 lit. c) FKVO fest. Durch diese Entscheidung wird zugleich der Übergang in das Hauptverfahren bewirkt. Die anmeldenden Parteien haben jedoch Gelegenheit, die Bedenken der Kommission durch Änderungen auszuräumen und dadurch das Hauptverfahren zu vermeiden, Art. 6 Abs. 2 UAbs. 1 FKVO. In diesem Fall verlängert sich die Entscheidungsfrist auf 35 Arbeitstage, Art. 10 Abs. 1 UAbs. 2 S. 3 FKVO. Die Kommission kann den Zusammenschluss zudem mit Bedingungen und Auflagen versehen, Art. 6 Abs. 2 UAbs. 2 FKVO, um sicherzustellen, dass die Parteien den Verpflichtungen tatsächlich nachkommen.

#### 2.5.7.2. Entscheidung im Hauptverfahren („zweite Phase")

Gem. Art. 19 FKVO wird der Entwurf der Kommissionsentscheidung den Mitgliedstaaten übersandt und im beratenden Ausschuss, dem Vertreter der Wettbewerbsbehörden der Mitgliedstaaten angehören, diskutiert. Das Ausschuss-Votum ist für die Kommission nicht bindend, wird aber in der Praxis regelmäßig berücksichtigt. Die Kommission trifft die endgültige Entscheidung als Kollegialorgan mit einfacher Mehrheit.

Auch im Hauptprüfverfahren hat die Kommission drei Entscheidungsmöglichkeiten. Ist der Zusammenschluss mit dem Gemeinsamen Markt vereinbar, kommt es zur Freigabe ohne Abänderung des Vorhabens gem. Art. 8 Abs. 2 UAbs. 1 FKVO. Bestehen wettbewerbliche Bedenken, die durch Zusagen der beteiligten Unternehmen ausgeräumt werden können, versieht die Kommission die Freigabeentscheidung mit Bedingungen und Auflagen, um sicherzustellen, dass die Parteien den Änderungen nachkommen, Art. 8 Abs. 2 UAbs. 2 FKVO. Zu einer Untersagung kommt die Kommission nur, wenn die wettbewerblichen Bedenken durch Zusagen nicht ausgeräumt werden können, Art. 8 Abs. 3 FKVO. In der Praxis überwiegen mit Bedingungen und Auflagen verbundene Freigabeentscheidungen deutlich vor Untersagungsentscheidungen.[1953]

---

[1952] Ablasser-Neuhuber in: Loewenheim/Meessen/Riesenkampff, Kommentar zum Kartellrecht, Bd. 1, Art. 18 FKVO Rn. 36 f.
[1953] Vgl. die Statistik der Kommission unter: http://ec.europa.eu/comm/competition/mergers/statistics.pdf.

## 2.5.8. Rechtsmittel gegen die Entscheidung

Die europäische Fusionskontrolle ist ein Verwaltungsverfahren. Gegen Kommissionsentscheidungen bestehen die allgemeinen Rechtsmittel nach dem EG-Vertrag.

### 2.5.8.1. Rechtsmittel durch beteiligte Unternehmen

Gegen eine Entscheidungen der Kommission, einen Zusammenschluss für unvereinbar mit dem Gemeinsamen Markt zu erklären, können die beteiligten Unternehmen nach Art. 230 Abs. 4 EG Nichtigkeitsklage beim Europäischen Gericht erster Instanz („**EuG**") erheben. Hat die Nichtigkeitsklage Erfolg, hebt das EuG die Untersagungsentscheidung der Kommission auf.[1954] In diesem Fall wird das Zusammenschlussvorhaben von der Kommission erneut geprüft. Die Prüffrist des Art. 10 Abs. 1 FKVO beginnt zu laufen, sobald die beteiligten Unternehmen ihre ursprüngliche Anmeldung ergänzen; bestätigen, dass keine Änderungen eingetreten sind; oder wegen Änderungen der Marktverhältnisse oder der ursprünglich vorgelegten Angaben eine neue Anmeldung vorlegen, vgl. Art. 10 Abs. 5 Satz 3 FKVO. Das Zusammenschlussvorhaben wird unter Berücksichtigung der aktuellen Marktverhältnisse erneut geprüft, vgl. Art. 10 Abs. 5 Satz 2 FKVO. Gegen Entscheidungen des EuG ist ein auf Rechtsfragen beschränktes Rechtsmittel beim Europäischen Gerichtshof gem. Art. 225 Abs. 1 S. 1 EG möglich. Gegen Bußgeld-Entscheidungen der Kommission kann gem. Art. 16 FKVO eine unbeschränkte Ermessensüberprüfung durch das EuG herbeigeführt werden. Das Gericht kann die Geldbuße oder das Zwangsgeld aufheben, herabsetzen oder erhöhen.

### 2.5.8.2. Rechtsmittel durch Dritte

Dritten steht gegen die Genehmigung eines Zusammenschlusses durch die Kommission unter bestimmten Voraussetzungen ein Klagerecht zu. Angreifbar ist nicht nur eine Freigabeentscheidung der Kommission im Hauptverfahren nach Art. 8 Abs. 1 und 2 FKVO, sondern auch eine Freigabeentscheidung im Vorverfahren gemäß Art. 6 Abs. 1 lit. b) oder Abs. 2 FKVO.[1955] Dritten natürlichen oder juristischen Personen steht nur dann ein Klagerecht zu, wenn sie eine Klagebefugnis nachweisen können.[1956] Eine Klagebefugnis setzt voraus, dass die Dritten unmittelbar und individuell betroffen sind, Art. 230 Abs. 4 EG. Das Kriterium der Unmittelbarkeit soll Fälle ausschließen, in denen noch weitere Umsetzungsakte hinzutreten müssen.[1957] Da für die Wirksamkeit einer Fusionskontrollentscheidungen keine weiteren Umsetzungsakte erforderlich sind, ist die unmittelbare Betroffenheit zu bejahen. Das Kriterium der Individualität soll die im System des EG-Rechtsschutzes nicht statthafte Popularklage ausschließen.[1958] Nach der Formel der Gemeinschaftsgerichte liegt eine individuelle Betroffenheit vor, wenn *„die Entscheidung ihn wegen bestimmter persönlicher Eigenschaften oder besonderer, ihn aus dem Kreis aller übrigen Personen heraushebender Umstände berührt und ihn daher in ähnlicher Weise individualisiert wie den Adressaten"*.[1959] In einem Urteil in Sachen „Air France/Kommission" nahm der EuG die individuelle Betroffenheit an, da die wettbewerbliche Position von Air France aufgrund ihrer starken Marktposition auf dem relevanten Markt in der Weise berührt sei, die sie von allen anderen Flugunternehmen unter-

---

[1954] Zum Beispiel Tetra/Laval/Kommission, Entscheidung EuG v. 25. Oktober 2002, T-5/02.
[1955] EuG Urteil v. 19. April 1994, Rs. T-2/93 „Air France/Kommission", Slg. 1994 II-323 ff.
[1956] EuG Urteil v. 19. April 1994, Rs. T-2/93 „Air France/Kommission", Slg. 1994 II-323 ff, Rn. 40–42.
[1957] Hakenberg/Sixt-Hackl, Handbuch zum Verfahren vor dem Europäischen Gerichtshof, 2. Aufl., S. 43.
[1958] Hakenberg/Sixt-Hackl, Handbuch zum Verfahren vor dem Europäischen Gerichtshof, 2. Aufl., S. 43.
[1959] EuGH T-83/92, Zunis Holding u. a./Kommission, Slg. 1993, II-1169, Entscheidung v. 28. Oktober 1993; EuG T-2/93, „Air France/Kommission", Slg. 1994 II-323 ff, Rn. 42.

scheide.[1960] Ob allein eine aufgrund von Verfahrensrechten erfolgte Beteiligung am Fusionskontrollverfahren ausreicht, um eine individuelle Betroffenheit anzunehmen, ist hingegen fraglich.[1961]

## 3. Deutsche Fusionskontrolle

### 3.1. Allgemeines

Wie nach der FKVO ist nach dem GWB zwischen kontrollpflichtigen und nicht kontrollpflichtigen Zusammenschlüssen zu unterscheiden. Kontrollpflichtige Vorhaben sind gem. § 39 GWB vor Vollzug anzumelden, nicht kontrollpflichtige Zusammenschlüsse sind dagegen weder anmeldepflichtig, noch besteht eine Pflicht zur Vollzugsanzeige. Ob ein Zusammenschluss anmeldepflichtig ist, richtet sich nach den Umsätzen der am Zusammenschluss beteiligten Unternehmen.[1962] Das Fusionskontrollregime basiert auf dem GWB in der Fassung der 7. GWB-Novelle, das am 1. Juli 2005 in Kraft trat.[1963] Durch das Dritte Gesetz zum Abbau bürokratischer Hemmnisse in der mittelständischen Wirtschaft („**Dritte Mittelstandsentlastungsgesetz**"), welches am 25. März 2009 in Kraft trat, wurde § 35 GWB um eine zweite Innlandsumsatzschwelle ergänzt (siehe Abschnitt 3.3.1.).

Das deutsche und das europäische Fusionskontrollregime sind in vielerlei Hinsicht vergleichbar, weisen jedoch auch einige wesentliche Unterschiede auf. Unterschiede bestehen insbesondere im Hinblick auf den Zusammenschlussbegriff. In der FKVO werden lediglich Transaktionen in der Form einer Fusion oder eines Kontrollerwerbs erfasst, wohingegen das GWB in § 37 bereits den Erwerb von Minderheitsbeteiligungen erfasst. Ein wesentlicher Unterschied besteht überdies in der Behandlung von Gemeinschaftsunternehmen. Die Kommission behandelt die Gründung eines GU nur dann als Zusammenschluss im Sinne der FKVO, wenn es auf Dauer alle Funktionen einer selbständigen wirtschaftlichen Einheit erfüllt. Anders in der deutschen Fusionskontrolle, in der ein Zusammenschluss auch vorliegt, wenn das GU eine unselbständige wirtschaftliche Einheit darstellt.

In der materiellen Beurteilung von Zusammenschlüssen unterscheiden sich beide Regime dahingehend, dass das GWB auf den Marktbeherrschungstest abstellt, die FKVO hingegen auf den SIEC-Test. Auswirkungen der unterschiedlichen Tests in der Praxis vermögen hingegen kaum festgestellt zu werden. Ein wesentlicher Unterschied zwischen beiden Regimen besteht im Verfahren. Das Verfahren vor der Kommission ist aufgrund der ausführlichen Fragestellungen in den Fragebögen (Formblatt CO, vereinfachtes Formblatt CO oder Formblatt RS) mit erheblich größerem Aufwand von Seiten der anmeldenden Unternehmen sowie mit einer längeren Prüfdauer verbunden als das Verfahren vor dem BKartA. Überdies hat das BKartA bisher kein verbindliches Formblatt vorgelegt, mit dem die erfor-

---

[1960] EuG T-3/93, Air France/Kommission, Slg. 1994 II-121 ff., Entscheidung v. 24. März 1994, Rn. 82.

[1961] Vgl. EuG Urteil v. 19. April 1994, Rs. T-2/93 „Air France/Kommission", Slg. 1994 II-323 ff., in dem das Gericht sowohl auf die Einbindung in das Fusionskontrollverfahren als auch auf weitere Kriterien abstellt.

[1962] Im Jahr 2006 wurden 1829 Zusammenschlüsse beim BKartA angemeldet. In den Jahren 2005/2006 hat das BKartA 64 Fusionsfälle im Hauptprüfverfahren durch förmliche Verfügung abgeschlossen (davon 43 Freigaben, 11 Untersagungen, 10 Freigaben unter Bedingungen); Quelle: BKartA, Tätigkeitsbericht 2005/2006, Kurzfassung, S. 27, (28).

[1963] Am 21. Dezember 2007 wurde das Gesetz zur Bekämpfung von Preismissbrauch im Bereich der Energieversorgung und des Lebensmittelhandels verkündet (BGBl. 2007 I S. 2966), das am 22. Dezember 2007 in Kraft trat. Das Gesetz ändert neben dem Gesetz gegen Wettbewerbsbeschränkungen auch das Energiewirtschaftsgesetz. Die Änderungen betreffen nicht die Fusionskontrolle, sondern sehen vielmehr eine deutliche Verschärfung des allgemeinen Missbrauchsverbots für Anbieter von Elektrizität, Gas und Fernwärme vor. Im Bereich des Lebensmitteleinzelhandels wird das Verbot des Verkaufs unter Einstandspreis durch die Einführung eines perse Verbots verschärft.

derlichen Angaben abgefragt werden. Die für eine Anmeldung erforderlichen Pflichtangaben ergeben sich abschließend aus § 39 Abs. 3 GWB. Anders als nach den Bestimmungen des GWB ist eine Vollzugsanzeige im Europäischen Verfahren nicht erforderlich. Die Kommission hat folglich keinen Überblick darüber, welche Zusammenschlussvorhaben tatsächlich vollzogen worden sind.

### 3.2. Zusammenschlusstatbestand
#### 3.2.1. Zusammenschlusstatbestände des § 37 Abs. 1 GWB

§ 37 GWB regelt den Zusammenschlussbegriff einheitlich und abschließend für die gesamte Fusionskontrolle. Dabei schließen sich die einzelnen Tatbestände nicht aus, sondern sind nebeneinander anwendbar. Dies kann dazu führen, dass ein Zusammenschlussvorhaben mehrere Zusammenschlusstatbestände verwirklicht.

#### 3.2.1.1. Der Vermögenserwerb, § 37 Abs. 1 Nr. 1 GWB

Ein Zusammenschluss liegt nach § 37 Abs. 1 Nr. 1 GWB vor, wenn ein Unternehmen das Vermögen eines anderen Unternehmens ganz oder zu einem wesentlichen Teil erwirbt. Es wird zweckmäßigerweise zwischen dem Vermögenserwerb im Rahmen eines Umwandlungsvorgangs und dem Vermögenserwerb in sonstiger Weise unterschieden. Im Rahmen eines Umwandlungsvorgangs ist insbesondere der Vermögenserwerb durch Verschmelzung, durch Spaltung, durch Vermögensübertragung sowie durch Formwechsel von § 37 Abs. 1 Nr. 1 GWB erfasst.[1964] Der Vermögenserwerb in sonstiger Weise umfasst jeden sonstigen Erwerb. Voraussetzung ist der Übergang des Vollrechts. Die Einräumung dinglicher oder obligatorischer Nutzungsrechte ist demgegenüber nicht ausreichend. Auf den rechtlichen Grund bzw. die dem Erwerb zugrunde liegenden Motive kommt es dabei nicht an.[1965] Der Vermögensbegriff umfasst das Aktivvermögen eines Unternehmens einschließlich aller Güter, für die im Wirtschaftsverkehr ein Entgelt gezahlt wird.[1966] Nicht maßgeblich ist das Passivvermögen, so dass ein Erwerb nur des Aktivvermögens ausreicht. Ein Vermögenserwerb zu einem wesentlichen Teil ist nach der Rechtsprechung anzunehmen, wenn der wesentliche Teil quantitativ im Verhältnis zum Gesamtvermögen des Veräußerers ausreichend hoch ist.[1967] Das Wesentlichkeitskriterium ist zudem erfüllt, wenn dem erworbenen Vermögensteil eine qualitativ eigenständige Bedeutung zukommt und er deshalb als ein vom übrigen Vermögen des Veräußerers abtrennbarer einheitlicher Teil erscheint.[1968] Das ist dann anzunehmen, wenn der Vermögenswert tragende Grundlage der Stellung des Veräußerers auf dem relevanten Markt ist und demgemäß geeignet ist, diese Marktstellung auf den Erwerber zu übertragen. Dabei muss die Marktstellung des Veräußerers derart auf den Erwerber übergehen, dass die Stellung des Erwerbers auf dem relevanten Markt spürbar gestärkt wird.[1969]

In Fortführung dieser Rechtsprechung hat der BGH entschieden, dass der Abschluss eines Lizenzvertrags weder einen Vermögenserwerb nach § 37 Abs. 1 Nr. 1 GWB noch einen

---

[1964] Mestmäcker/Veelken in: Immenga/Mestmäcker, Wettbewerbsrecht GWB, § 37 Rn. 7.
[1965] Bechtold in: Bechtold, Kartellgesetz, Gesetz gegen Wettbewerbsbeschränkungen, Kommentar, § 37 Rn. 4.
[1966] Mestmäcker/Veelken in: Immenga/Mestmäcker, a.a.O., § 37 Rn. 14. A.A. Bechtold in: Bechtold, a.a.O., § 37 Rn. 5, wonach nur Vermögensgegenstände, die vor dem Erwerb unternehmerisch genutzt wurden, erfasst sind.
[1967] BGH Urt. v. 20. November 1975, WuW/E BGH 1377 (1379) Zementmahlanlage I; BKartA, Merkblatt zur deutschen Fusionskontrolle V. 3.
[1968] BKartA, Merkblatt zur deutschen Fusionskontrolle V. 3.
[1969] BGH v. 7. Juli 1992, WuW/E BGH 2783, (2786) „Warenzeichenerwerb", womit die frühere Ansicht des BGH (Entscheidung v. 13. März 1979, WuW/E BGH 1570 „Kettenstichnähmaschine"), dass der Vermögenswert eine betriebliche Teileinheit mit qualitativ eigener Bedeutung darstellen müsse, aufgegeben wurde.

Kontrollerwerb über die Gesamtheit oder Teile eines Vermögens nach § 37 Abs. 1 Nr. 2 lit. a) GWB darstellt.[1970] Etwas anderes gelte nur dann, wenn durch den Lizenzerwerb der Lizenznehmer in eine bereits vorhandene Marktstellung des Lizenzgebers einrücken könne.[1971] Wird einem Lizenznehmer eine Lizenz eingeräumt, ohne dass damit eine bereits vorhandene Marktstellung verbunden ist, handele es sich um internes Wachstum, das von der Fusionskontrolle nicht erfasst werde.[1972]

Überdies bejaht das BKartA zum Teil den Tatbestand des Vermögenserwerbs, wenn ein Kreditportfolio erworben wird.[1973] Voraussetzung ist zum einen, dass es sich bei dem erworbenen nominalen Kreditvolumen um eine für die Versorgung des jeweils betroffenen Marktes wesentliche Angebotsmenge handelt und zum zweiten, dass das erwerbende Unternehmen in die Lage versetzt wird, in eine wettbewerblich relevanten Marktstellung des Veräußerers einzutreten. Nach der Entscheidungspraxis der zuständigen Beschlussabteilung liegt ein wesentlicher Vermögenserwerb vor, wenn das erworbene Kreditvolumen einen Nominalwert von € 1 Mrd. hat oder die Transaktionen jeweils einen Anteil von mindestens 1 % am jeweils relevanten Markt umfassen.

Schließlich hat sich für reine Immobilientransaktionen eine besondere Praxis des BKartA herausgebildet. Nach einer nicht veröffentlichten Stellungnahme der für die Immobilienwirtschaft zuständigen 1. Beschlussabteilung ist der Erwerb einer Immobilie nicht anmeldepflichtig, wenn jeweils im letzten Geschäftsjahr die mit der Immobilie erwirtschafteten Umsatzerlöse weniger als € 5 Mio. betragen haben und der Umsatz des Erwerbers aus dem Verkauf, der Verpachtung und Vermietung etc. von Immobilien in einem Umkreis von 20 Kilometern um die zu erwerbende Immobilie nicht höher als € 30 Mio. war.[1974] Von dieser besonderen Praxis des BKartA werden Transaktionen nicht erfasst, bei denen neben der Immobilie auch andere betriebliche Einrichtungen mitveräußert werden (z. B. Kaufhaus mit Geschäftsbetrieb, Fabrik mit Produktionsanlagen, Krankenhausgelände mit Krankenhausbetrieb).[1975] Überdies sind von der Praxis Transaktionen ausgenommen, bei denen Anteile an einer Gesellschaft erworben werden, die wiederum das Eigentum an mehreren Immobilien hält (sog. Objektgesellschaft).[1976]

### 3.2.1.2. Der Kontrollerwerb, § 37 Abs. 1 Nr. 2 GWB

Mit dem Zusammenschlusstatbestand des Kontrollerwerbs übernimmt das GWB den entsprechenden Tatbestand der europäischen Fusionskontrollverordnung.[1977] Folglich wird ergänzend auf die Ausführungen zum Kontrollerwerb in der FKVO verwiesen.[1978] Der Kontrollerwerb liegt nach § 37 Abs. 1 Nr. 2 S. 1 GWB vor, wenn durch ein oder mehrere Unternehmen unmittelbar oder mittelbar die Kontrolle über die Gesamtheit oder Teile eines oder mehrerer anderer Unternehmen erworben wird. Als Mittel des Kontrollerwerbs kommen gem. § 37 Abs. 1 Nr. 2 S. 2 GWB Rechte, Verträge oder andere Mittel in Betracht, die die Möglichkeit gewähren, einen bestimmenden Einfluss auf das Unternehmen auszuüben. Als Regelbeispiel nennt § 37 Abs. 1 Nr. 2 S. 2 in lit. a) und b) GWB den Erwerb von Eigentums- oder Nutzungsrechten bzw. den Abschluss von Verträgen, die einen bestimmenden Einfluss gewähren. Ein Kontrollerwerb wird im Regelfall angenommen, wenn der

---

[1970] Entscheidung des BGH, Beschluss v. 10. Oktober 2006, KVR 32/05 „National Geographic I"; OLG Düsseldorf WuW/E DE-R 1504; BKartA WuW/E DE-V 947.
[1971] Ebenso die Kommission in der Konsolidierten Mitteilung, Rn. 24.
[1972] BGH, Beschluss v. 10. Oktober 2006, KVR 32/05 „National Geographic I", S. 8.
[1973] Der Bankenverband informiert -III/2007 Nr. 4 S. 170.
[1974] Die nicht veröffentlichte Stellungnahme des BKartA wird im Tätigkeitsbericht 2005/2006, BT-Drucks. 16/5710, S. 162 f. wiedergegeben. Siehe auch van Kann/Dallmann, Fusionskontrollrechtliche Besonderheiten bei Immobilientransaktionen, ZfIR 2008, S. 81 ff.
[1975] Tätigkeitsbericht 2005/2006, BT-Drucks. 16/5710, S. 162 f.
[1976] Vgl. Tätigkeitsbericht 2005/2006, BT-Drucks. 16/5710, S. 162, 163.
[1977] BKartA, Merkblatt zur deutschen Fusionskontrolle V. 4.
[1978] Siehe Ausführungen unter Abschnitt 2.2.2.

Erwerber strategische Entscheidungen der Geschäftpolitik oder die Besetzung der Geschäftführungsorgane des zu erwerbenden Unternehmens bestimmen kann.[1979] Praktisch am bedeutsamsten ist der Erwerb einer Mehrheitsbeteiligung. Es kann aber insbesondere bei börsennotierten Gesellschaften auch eine niedrigere Beteiligung ausreichen, wenn dadurch die gesicherte Hauptversammlungsmehrheit erreicht wird. In der Praxis bejaht das BKartA bei dem Erwerb der negativen Kontrolle den Kontrollerwerbstatbestand regelmäßig, ebenso wie die Kommission. Insoweit kann auf die Ausführungen in der europäischen Fusionskontrolle verwiesen werden.[1980]

Der Erwerb der gemeinsamen Kontrolle über die Zielgesellschaft durch mehrere andere Unternehmen ergibt sich nicht allein aus der Addition der Einflussmöglichkeiten dieser Unternehmen, die zusammen die Mehrheit ergeben. Vielmehr ist erforderlich, dass die Unternehmen aufgrund einer gemeinsamen Unternehmenspolitik die eigenen Wettbewerbsinteressen im Verhältnis zueinander und gegenüber dem abhängigen Unternehmen abstimmen und durchsetzen können. Dies ist zum Beispiel aufgrund von Poolverträgen, erhöhten Zustimmungserfordernissen in der Gesellschafterversammlung oder aufgrund einer auf Dauer angelegten Interessengleichheit der Fall, die eine einheitliche Einflussnahme sichert.[1981] Ohne das Vorliegen solcher Faktoren geht das BKartA allerdings in der Regel davon aus, dass bei einer paritätischen Beteiligung von zwei Unternehmen an einem GU beide Unternehmen (mit)beherrschenden Einfluss auf das andere Unternehmen ausüben können.[1982]

Hinsichtlich des Erwerbsgegenstands ist der Begriff des Unternehmensteils mit dem des „wesentlichen Teils des Vermögens" in § 37 Abs. 1 Nr. 1 GWB gleichzusetzen. Für den Erwerb mehrerer Unternehmen ist entscheidend, dass zwischen den erworbenen Unternehmen im Zeitpunkt des Kontrollerwerbs schon eine rechtliche oder wirtschaftliche Verbindung bestand.[1983]

### 3.2.1.3. Der Anteilserwerb, § 37 Abs. 1 Nr. 3 GWB

Der Anteilserwerb des § 37 Abs. 1 Nr. 3 S. 1 GWB erfasst nach dem eindeutigen Wortlaut nur die rein formale Überschreitung der Schwellen von 25% und 50% der Beteiligung. Eine materielle Prüfung der Eingriffsmöglichkeiten findet nicht statt. Einbezogen werden Anteile aller Art (Kapital oder Stimmrechte) sowohl an Kapital- als auch an Personengesellschaften. Entsprechend dem eindeutigen Wortlaut der Norm fällt auch der alleinige Erwerb der Stimmrechte ohne Kapitalbeteiligung dazu. Werden die Beteiligungswerte nicht erreicht, kommt der Erwerb eines wettbewerblich erheblichen Einflusses gem. § 37 Abs. 1 Nr. 4 GWB in Betracht. Gem. § 37 Abs. 1 Nr. 3 S. 2 GWB werden für die Ermittlung des Schwellenwertes Anteile, die dem Erwerber schon gehören, ebenso berücksichtigt, wie Anteile verbundener Unternehmen des Erwerbers i.S.d. § 36 Abs. 2 GWB.

Das Gesetz schafft mit § 37 Abs. 1 Nr. 3 S. 3 GWB für GU einen fiktiven zusätzlichen Zusammenschlusstatbestand der Mütterunternehmen auf den Märkten des GU. Die Beteiligung an einem GU stellt für jedes Mutterunternehmen damit nicht nur einen Zusammenschluss mit dem GU dar, sondern zugleich einen Zusammenschluss der Mutterunternehmen auf dem Markt des GU. Bleiben die Mutterunternehmen auf demselben Markt wie das GU tätig (sog. kooperatives GU), so prüft das BKartA den Zusammenschluss nicht nur fusionskontrollrechtlich, sondern auch unter dem Aspekt des § 1 GWB bzw. Art. 81 EG.

---

[1979] BKartA, Merkblatt zur deutschen Fusionskontrolle, Juli 2005, Nr. V. 4.
[1980] Siehe oben Abschnitt 2.2.2.
[1981] BKartA, Merkblatt zur deutschen Fusionskontrolle, Juli 2005, Nr. V. 4.
[1982] BKartA, Merkblatt zur deutschen Fusionskontrolle, Juli 2005, Nr. V. 2.
[1983] Bechtold in: Bechtold, a.a.O., § 37 Rn. 19.

### 3.2.1.4. Der Erwerb eines wettbewerblich erheblichen Einflusses, § 37 Abs. 1 Nr. 4 GWB

Nach § 37 Abs. 1 Nr. 4 GWB liegt ein Zusammenschluss auch in jeder sonstigen Verbindung vor, aufgrund derer ein oder mehrere Unternehmen einen wettbewerblich erheblichen Einfluss auf ein anderes Unternehmen ausüben können. Bei dem Zusammenschlustatbestand handelt es sich um einen Auffangtatbestand, deren Anwendung mit einer gewissen Unsicherheit verbunden ist. Die Unsicherheit resultiert aus dem Umstand, dass das BKartA selbst bei weit unter 25 % gesellschaftsrechtlicher Beteiligung einen Zusammenschluss angenommen hat.[1984] § 37 Abs. 1 Nr. 4 GWB erfasst Fälle, in denen der mögliche „wettbewerbliche Einfluss auf gesellschaftsrechtlich vermittelten Unternehmensverbindungen beruht".[1985] Entscheidend ist, ob der Anteilserwerb eine Einflussnahme auf die Willensbildung und damit auf das Marktverhalten des Beteiligungsunternehmens ermöglicht und den Erwerber in die Lage versetzt, eigene Wettbewerbsinteressen zur Geltung zu bringen.[1986] Hauptanwendungsfall ist damit der Anteilserwerb von weniger als 25 %, wenn die Anteile mit Zusatzrechten ausgestattet sind, die die gesellschaftsinterne Einflussnahme ermöglichen, sog. Plusfaktoren. Entsprechende Plusfaktoren können Organpräsenzrechte, Sperrrechte, Verkaufsrechte und andere Mitsprache- und Kontrollrechte sein. Je umfangreicher die Einflussmöglichkeiten über die Plusfaktoren sind, desto niedriger kann der gesellschaftsrechtliche Anteil sein, um einen Zusammenschluss noch annehmen zu können.[1987] Dementsprechend hatte das BKartA den Erwerb eines wettbewerblich erheblichen Einflusses sogar bei dem Erwerb einer Beteiligung von nur 9,015 % an der Bonner Zeitungsdruckerei durch DuMont Schauberg angenommen.[1988] Dieser Auffassung ist das Oberlandesgericht Düsseldorf allerdings nicht gefolgt und hat den Anwendungsbereich des § 37 Abs. 1 Nr. 4 GWB begrenzt. Das Gericht entschied, dass beim Erwerb von Unternehmensanteilen von weniger als 25 % der Zusammenschlussbestand des § 37 Abs. 1 Nr. 4 GWB nur dann erfüllt sei, wenn nach der Art der Vertragsgestaltung und der wirtschaftlichen Verhältnisse zu erwarten sei, dass der Mehrheitsgesellschafter auf die Vorstellungen des Erwerbers Rücksicht nehme oder diesem freien Raum lasse. Der Anteilserwerb müsse in jedem Fall mit Zusatzrechten (sog. Plus-Faktoren) verbunden sein, die trotz der geringen Anteilshöhe die Beteiligung als eine solche erscheinen lasse, die mit einem Anteilserwerb von 25 % und mehr als gleichwertig anzusehen ist.[1989]

### 3.2.1.5. Bankenklausel, § 37 Abs. 3 GWB

§ 37 Abs. 3 GWB entspricht Art. 3 Abs. 5 lit. a) FKVO (Bankenklausel). Erwerben danach Kreditinstitute, Finanzinstitute oder Versicherungsunternehmen Anteile an einem anderen Unternehmen zum Zwecke der Weiterveräußerung, gilt dies nicht als Zusammenschluss, solange sie das Stimmrecht aus den Anteilen nicht ausüben und sofern die Veräußerung innerhalb eines Jahres erfolgt. Diese Frist kann vom BKartA auf Antrag verlängert werden, wenn glaubhaft gemacht wird, dass die Veräußerung innerhalb der Frist unzumutbar war.

---

[1984] BKartA Beschluss v. 27. Februar 2008, B5-198/07 „A-TEC/Norddeutsche Affinerie AG", Anteilserwerb von 13,75 %; BKartA, Beschluss v. 22. Juli 2004, B8-27/04 „Mainova AG/Aschaffenburger Versorgungs GmbH, Anteilserwerb von 17,5 %.
[1985] BGH WuW/E DE-R 1419, 1420 f. „Trans-o-flex".
[1986] OLG Düsseldorf, Entscheidung v. 6. Juli 2005, „DuMont Schauberg/Bonner Zeitungsdruckerei", VI-Kart 26/04 (V), Rn. 17.
[1987] Mestmäcker/Veelken in: Immenga/Mestmäcker, a.a.O., § 37 Rn. 97.
[1988] Entscheidung des BKartA v. 8. September 2004, B6-27/04.
[1989] OLG Düsseldorf, Entscheidung v. 6. Juli 2005, „DuMont Schauberg/Bonner Zeitungsdruckerei", VI-Kart 26/04 (V).

### 3.2.2. Beteiligte Unternehmen

Da die Ermittlung der Normadressaten sowohl vom jeweiligen Zusammenschlusstatbestand als auch vom Normzweck abhängig ist, müssen die beteiligten Unternehmen für jeden Zusammenschlusstatbestand gesondert ermittelt werden.[1990] Bei einem Vermögenserwerb gem. § 37 Abs. 1 Nr. 1 GWB im Rahmen eines Umwandlungsvorgangs sind die sich zusammenschließenden Unternehmen beteiligt. Bei einem Vermögenserwerb in sonstiger Weise ist dagegen der Erwerber als Ganzes beteiligt. Die Beteiligung des Veräußerers besteht demgegenüber nur mit dem veräußerten Teil, § 38 Abs. 5 GWB.[1991] Beim Kontrollerwerb gem. § 37 Abs. 1 Nr. 2 GWB sind die Unternehmen beteiligt, die eine Kontrolle ausüben können. Ebenso ist das der Kontrolle unterworfene Unternehmen beteiligt.[1992] Beim Anteilserwerb gem. § 37 Abs. 1 Nr. 3 GWB sind das/die erwerbenden Unternehmen und das Unternehmen, an dem die Anteile bestehen, beteiligt. Nicht beteiligt ist hingegen der Veräußerer.[1993] Dies ergibt sich aus § 39 Abs. 2 Nr. 2 bzw. § 54 Abs. 2 Nr. 4 GWB, in denen der Veräußerer jeweils zusätzlich zu den beteiligten Unternehmen genannt wird.[1994] Bei der Begründung eines GUs oder bei der Erweiterung des Gesellschafterkreises an einem GU im Sinne des § 37 Abs. 1 Nr. 3 S. 3 GWB sind einerseits die erwerbenden Unternehmen beteiligt, die Anteile in Höhe von 25 % oder mehr bereits halten oder neu erwerben und andererseits das GU selbst. Bei der Unternehmensverbindung gem. § 37 Abs. 1 Nr. 4 GWB sind die Unternehmen, die einen wettbewerblich erheblichen Einfluss ausüben können und das Unternehmen, das diesem Einfluss unterliegt, beteiligte Unternehmen.

### 3.3. Umsatzschwellen des § 35 GWB

§ 35 GWB normiert die quantitativen Schwellenwerte der Zusammenschlusskontrolle. Ein Zusammenschluss ist unter anderem anmeldepflichtig, wenn die Umsatzschwellen des § 35 Abs. 1 Nr. 1 und Nr. 2 GWB kumulativ erfüllt sind. Ausnahmen von der Anmeldepflicht sind in § 35 Abs. 2 GWB (sog. Anschluss- und Bagatellmarktklausel) normiert worden.

### 3.3.1. Umsatzschwellen des § 35 Abs. 1 Nr. 1 und 2 GWB

Gem. § 35 Abs. 1 Nr. 1 und Nr. 2 GWB werden Zusammenschlüsse erfasst, bei denen die beteiligten Unternehmen im letzten Geschäftsjahr vor dem Zusammenschluss insgesamt weltweite Umsatzerlöse von mehr als € 500 Millionen und mindestens ein beteiligtes Unternehmen im Inland Umsatzerlöse von mehr als € 25 Millionen und ein weiteres am Zusammenschluss beteiligtes Unternehmen Umsatzerlöse von mehr als € 5 Millionen erzielt haben.

### 3.3.2. Ausnahmen von der Anmeldepflicht

Der Gesetzgeber hat in § 35 Abs. 2 Nr. 1 (Anschlussklausel) und Nr. 2 (Bagatellmarktklausel) Ausnahmen von der Anmeldepflicht formuliert.

### 3.3.2.1. Anschlussklausel, § 35 Abs. 2 S. 1 Nr. 1 GWB

Die Regelung des § 35 Abs. 2 S. 1 Nr. 1 GWB stellt eine Sonderregelung für die Beteiligung kleinerer oder mittlerer Unternehmen an einem Zusammenschlussvorhaben dar, die

---

[1990] KG v. 5. November 1986, WuW/E OLG 3917 (3922) „Coop-Wandmaker".
[1991] BGH v. 13. März 1979, WuW/E BGH 1570 Kettenstichnähmaschine unter Aufgabe der früheren Rspr., wonach der Veräußerer als Ganzes am Zusammenschluss beteiligt war (BGH v. 20. November 1975, WuW/E 1377 (1380) Zementmahlanlage); Mestmäcker/Veelken in: Immenga/Mestmäcker, a.a.O., § 36 Rn. 83; Bechtold, a.a.O., § 35 Rn. 24.
[1992] BKartA, Merkblatt zur deutschen Fusionskontrolle, Juli 2005, Nr.V.1.
[1993] Ruppelt in: Langen/Bunte, Deutsches Kartellrecht, § 35 Rn. 16; Bechtold, a.a.O., § 35 Rn. 24.
[1994] Ruppelt in: Langen/Bunte, a.a.O., § 35 Rn. 16.

im Rahmen der Fusionskontrolle privilegiert werden sollen. Ein Zusammenschluss unterliegt nicht der Fusionskontrolle, wenn sich daran ein nicht verbundenes Unternehmen (vgl. § 36 Abs. 2 GWB) beteiligt, das im letzten Geschäftsjahr weltweit Umsatzerlösen von weniger als € 10 Millionen erzielt hat. Der Wortlaut der Norm ist im Hinblick auf die Abhängigkeit allerdings dahin gehend missverständlich, dass auch der Erwerb eines abhängigen Unternehmens kontrollfrei möglich ist, wenn es einschließlich des beherrschenden Unternehmens unterhalb der Bagatellgrenze der € 10 Millionen bleibt.[1995] Wird die genannte Umsatzschwelle unterschritten, so besteht keine Verpflichtung zur Anmeldung des Vorhabens beim BKartA. Für den Bereich der Pressezusammenschlüsse gilt diese Ausnahmeregel gem. § 35 Abs. 2 S. 2 GWB allerdings nicht.

### 3.3.2.2. Bagatellmarktklausel, § 35 Abs. 2 S. 1 Nr. 2 GWB

Nach der Bagatellmarktklausel des § 35 Abs. 2 S. 1 Nr. 2 GWB sind solche Märkte von der Fusionskontrolle ausgenommen, auf denen weniger als € 15 Millionen im Jahr umgesetzt werden, vorausgesetzt, dass auf diesen Märkten schon seit mindestens fünf Jahren Waren oder gewerbliche Leistungen angeboten werden. Seit Klarstellung des Gesetzgebers in § 19 Abs. 2 Satz 3 GWB, dass der räumlich relevante Markt weiter sein kann als der Geltungsbereich des GWB, war die Praxis des BKartA im Hinblick auf die Bagatellmarktklausel unklar. Das BKartA hatte die Auffassung vertreten, dass es für die Abgrenzung des Marktes im Rahmen des § 35 Abs. 2 Nr. 2 GWB ebenfalls auf den ökonomischen Markt ankomme.[1996] Seit der Entscheidung des BGH vom 25. September 2007 in Sachen „Sulzer/Kelmix" ist klargestellt, dass für die Berechnung des Marktvolumens nur auf die im Inland erzielten Umsatzerlöse abzustellen ist.[1997] Sind von einem Zusammenschluss mehrere Produktmärkte betroffen und werden nur einzelne Märkte von der Bagatellmarktklausel erfasst, so verbleibt es bei einer Anmeldepflicht im Hinblick auf die nicht von der Bagatellmarktklausel erfassten Märkte.[1998]

### 3.3.3. Berechnung des Umsatzes, § 38 GWB

§ 38 GWB legt die Berechnungsregeln für die in § 35 Abs. 1 und Abs. 2 Nr. 1 GWB genannten Umsatzschwellen fest.

### 3.3.3.1. Allgemeine Berechnungsgrundlagen, § 277 Abs. 1 HGB

Nach § 38 Abs. 1 Satz 1 GWB sind die Umsatzerlöse gem. § 277 Abs. 1 HGB zu ermitteln. Grundsätzlich sind die Umsätze der beteiligten Unternehmen einschließlich der gem. § 36 Abs. 2 GWB verbundenen Unternehmen aus allen Tätigkeitsgebieten zu berücksichtigen. Eine Beschränkung auf den Markt des Zusammenschlusses findet nicht statt. Maßgeblicher Zeitraum ist das letzte abgeschlossene Geschäftsjahr vor dem Zusammenschluss (vgl. § 35 Abs. 1, Abs. 2 Satz 1 Nr. 1 GWB). Gem. § 38 Abs. 1 Satz 2 GWB bleiben Umsätze zwischen verbundenen Unternehmen außer Betracht. Es wird also wie bei der europäischen Fusionskontrolle auf den konsolidierten Abschluss der Gesellschaften abgestellt.

Umsatzerlöse im Sinne des § 277 Abs. 1 HGB sind die Erlöse aus dem Verkauf, der Vermietung oder Verpachtung von für die gewöhnliche Geschäftstätigkeit der Gesellschaft typischen Erzeugnisse und Waren sowie aus Dienstleistungen, die für die Geschäftstätigkeit der Gesellschaft typisch sind. Erlösschmälerungen, d. h. Preisnachlässe und zurückgewährte Entgelte, und die Umsatzsteuer sind abzuziehen. Daraus folgt, dass auf die Netto-Umsatzerlöse abzustellen ist. Maßgeblich für die zeitliche Berücksichtigung der Erlöse ist der Tag der

---

[1995] Ruppelt in: Langen/Bunte, a.a.O., § 35 Rn. 22.
[1996] Tätigkeitsbericht des BKartA 2005/2006, Drucksache 16/5710, S. 12.
[1997] BGH v. 25. September 2007, Az. KVR 19/07, Sulzer/Kelmix Tz. 18 unter Aufgabe der Annahme eines erweiterten räumlich relevanten Marktes in Anlehnung an § 19 Abs. 2 S. 3 GWB (so noch BGH v. 5. Oktober 2004 WuW/E DE-R 1355 (1359) „Staubsaugerbeutelmarkt").
[1998] BGH, Sulzer/Kelmix, Rn. 20.

Lieferung. Die gewöhnliche Geschäftstätigkeit ist nach den tatsächlichen Verhältnissen zu bestimmen und richtet sich nicht nach der Satzung oder dem Gesellschaftsvertrag.[1999]

**3.3.3.2. Besondere Regelungen für die Berechnung des Umsatzes in einzelnen Branchen**

In einzelnen Branchen sind Sonderregeln für die Umsatzberechnung notwendig, um einer speziellen wirtschaftlichen Bedeutung der Erlöse gerecht zu werden bzw. um einen präziseren Faktor als Berechnungsgrundlage zu bereitzustellen.

**a) Handelsunternehmen.** Für den Handel mit Waren sind gem. § 38 Abs. 2 GWB nur drei Viertel der Umsatzerlöse in Ansatz zu bringen. Die Regelung erfasst nur reine Handelsgeschäfte. Ein solches liegt vor, wenn Waren von Dritten zum Zweck des Weiterverkaufs erworben werden. Bei gemischten Unternehmen sind Handelsumsätze gesondert zu ermitteln und darzustellen.

**b) Unternehmen im Medienbereich.** Für den Verlag, die Herstellung und den Vertrieb von Zeitungen, Zeitschriften und deren Bestandteile, die Herstellung, den Vertrieb und die Veranstaltung von Rundfunkprogrammen und den Absatz von Rundfunkwerbezeiten ist gem. § 38 Abs. 3 GWB das Zwanzigfache des Umsatzerlöses anzusetzen. Im Pressebereich sind davon alle periodischen Druckwerke erfasst. Leistungen der Presseagenturen fallen nicht unter die Sonderberechnung.[2000]

**c) Kreditinstitute, Finanzinstitute und Bausparkassen.** Nach § 38 Abs. 4 Satz 1 GWB tritt bei Kreditinstituten, Finanzinstituten und Bausparkassen an die Stelle der Umsatzerlöse der Gesamtbetrag der in § 34 Abs. 2 Satz 1 Nr. 1 Buchstabe a) bis e) der Verordnung über die Rechnungslegung der Kreditinstitute vom 10. Februar 1992[2001] genannten Erträge abzüglich der Umsatzsteuer und sonstiger direkt auf diese Erträge erhobener Steuern. Für die Definition der Begriffe „Kreditinstitut" und „Finanzinstitut" kann auf Art. 1 Nr. 1 und Art. 1 Nr. 5 der Richtlinie EG 2000/12[2002] verwiesen werden. „Bausparkassen" sind danach als Unterfall der Kreditinstitute anzusehen.

**d) Versicherungsunternehmen.** Bei Versicherungsunternehmen sind gem. § 38 Abs. 4 Satz 2 GWB die Prämieneinnahmen des letzten abgeschlossenen Geschäftsjahres maßgebend. Prämieneinnahmen umfassen nach § 38 Abs. 4 Satz 3 GWB die Einnahmen aus dem Erst- und Rückversicherungsgeschäft einschließlich der Anteile, die in die Rückdeckung geflossen sind.

**3.3.3.3. Berechnung des Umsatzes bei PE Unternehmen**

Bei der Berechnung der für die Fusionskontrolle relevanten Umsatzerlöse ergeben sich Besonderheiten in Bezug auf die Frage, welche Portfolio-Unternehmen in die Berechnung einbezogen werden müssen. Das BKartA wendet die allgemeinen Grundsätze an, wonach die Umsätze aller verbundenen Unternehmen zu berücksichtigen sind. Insoweit ist auf die Ausführungen zu verweisen, die die Berechnung des Umsatzes bei PE Unternehmen durch die Kommission beschreibt.[2003]

---

[1999] Mestmäcker/Veelken in: Immenga/Mestmäcker, a.a.O., § 38 Rn. 9.
[2000] Bechtold in: Bechtold, a.a.O., § 38 Rn. 7; a. A. Mestmäcker/Veelken in: Immenga/Mestmäcker, a.a.O., § 38 Rn. 30, da die Unterscheidung von Redaktionsmaterial und Bestandteilen praktisch unmöglich sei.
[2001] BGBl. 1992, Teil I S. 203.
[2002] ABl. EG L 126/1 vom 26. Mai 2000.
[2003] Siehe Ausführungen unter Abschnitt 2.3.4.

### 3.4. Inlandsauswirkung im Sinne des § 130 Abs. 2 GWB

Trotz des Erreichens der in § 35 Abs. 1 Nr. 1 und 2 GWB normierten Schwellenwerte kann die Inlandswirkung eines Zusammenschlusses ausnahmsweise abzulehnen sein.[2004] Gem. § 130 Abs. 2 GWB findet das GWB nur Anwendung auf Wettbewerbsbeschränkungen, die sich im Geltungsbereich des GWB auswirken, auch wenn sie außerhalb des Geltungsbereichs des GWB veranlasst werden. Die Prüfung der Inlandsauswirkung kann bei im Ausland realisierten Zusammenschlüssen Bedeutung erlangen. Das BKartA bejaht die Inlandsauswirkungen regelmäßig, wenn das erworbene Unternehmen den Mindestumsatz von € 25 Mio. (§ 35 Abs. 1 Nr. 2 GWB) in Deutschland erreicht. Eigenständige Bedeutung erhält die Prüfung der Inlandsauswirkung, wenn allein der Erwerber im Inland einen Umsatz von € 25 Mio. erzielt hat und das zu erwerbende Unternehmen im Ausland ansässig ist. Bei im Ausland realisierten Zusammenschlüssen liegt eine Inlandswirkung nur vor, wenn die strukturellen Voraussetzungen für den Wettbewerb im Inland beeinflusst werden. Dies ist nach Auffassung des BKartA der Fall, wenn beide Unternehmen schon vor dem Zusammenschluss im Inland tätig waren. Die Inlandsauswirkung wird auch dann angenommen, wenn bislang nur ein Beteiligter im Inland tätig war, aber infolge des Zusammenschlusses Lieferungen in das Inland wahrscheinlich sind, der Zusammenschluss das Know-how eines im Inland tätigen Unternehmens vergrößert, gewerbliche Schutzrechte an diesen übertragen werden oder die Finanzkraft des im Inland tätigen beteiligten Unternehmens verstärkt wird.[2005] Das BKartA tendiert dazu, die Inlandsauswirkung bereits bei minimalen Auswirkungen des Zusammenschlussvorhabens auf die Stellung des in Deutschland Umsätze erzielenden Unternehmens anzunehmen. Zur Vermeidung eines Verstoßes gegen das Vollzugsverbot empfiehlt es sich deshalb, im Zweifel die Frage der Inlandsauswirkung vorab in einem Gespräch mit der zuständigen Beschlussabteilung abzuklären.[2006]

### 3.5. Materielle Beurteilung von Zusammenschlussvorhaben

Gem. § 36 Abs. 1 GWB ist ein Zusammenschluss vom BKartA zu untersagen, wenn zu erwarten ist, dass er eine marktbeherrschende Stellung begründet oder verstärkt. Selbst wenn ein Zusammenschluss zu der Begründung oder Verstärkung einer marktbeherrschenden Stellung führen sollte, so ist er nicht zu untersagen, wenn die Unternehmen nachweisen, dass durch den Zusammenschluss auch Verbesserungen der Wettbewerbsbedingungen eintreten und dass diese Verbesserungen die Nachteile der Marktbeherrschung überwiegen. Für die Feststellung der Marktbeherrschung ist zunächst eine Marktabgrenzung in sachlicher und räumlicher Hinsicht vorzunehmen. Auf dem so ermittelten Markt wird dann der Beherrschungsgrad festgestellt.

#### 3.5.1. Marktabgrenzung

#### 3.5.1.1. Der sachlich relevante Markt

Der sachlich relevante Markt bestimmt sich nach dem sog. Bedarfsmarktkonzept. Unterschiede zur europäischen Fusionskontrolle bestehen nicht, weshalb ergänzend auf die diesbezüglichen Ausführungen zu verweisen ist.[2007] Nach dem Bedarfsmarktkonzept sind sämtliche Erzeugnisse marktgleichwertig, die sich nach ihren Eigenschaften, ihrem wirtschaftlichen Verwendungszweck und ihrer Preislage so nahe stehen, dass der verständige Verbraucher sie als für die Deckung eines bestimmten Bedarfs geeignet und miteinander austauschbar an-

---

[2004] Siehe dazu das Merkblatt des BKartA zur Inlandsauswirkung vom Januar 1999, abrufbar unter http://www.bundeskartellamt.de/wDeutsch/download/pdf/Merkblaetter/Merkblaetter_deutsch/Inlandsauswirkung.pdf.
[2005] Merkblatt des BKartA zur Inlandsauswirkung vom Januar 1999, Ziffer I. 2 lit. a).
[2006] So auch Merkblatt des BKartA zur Inlandsauswirkung vom Januar 1999, Seite 1.
[2007] Ausführungen unter Abschnitt 2.4.1.

sieht.[2008] Es kommt somit grundsätzlich auf eine funktionelle Austauschbarkeit an. Bei der Feststellung der funktionellen Austauschbarkeit kommt es auf die verständige Sicht der Abnehmer an, wobei in erster Linie der Verwendungszweck und damit auch die Eigenschaften der Waren und Dienstleistungen entscheiden. Der Preis bzw. Preisunterschied tritt demgegenüber als Abgrenzungskriterium zurück; er kann aber ein Indiz für das Vorhandensein getrennter Märkte darstellen.[2009] Überdies ist nach ständiger Praxis des BKartA die Möglichkeit der Anbieter zu berücksichtigen, ihr Angebot auf andere Waren oder Leistungen umzustellen.[2010]

### 3.5.1.2. Der räumlich relevante Markt

Die Bestimmung des Gebietes, auf dem die marktbeherrschende Stellung besteht, erfolgt nach den gleichen Kriterien der Austauschbarkeit wie bei der Bestimmung des sachlich relevanten Marktes. Der räumlich relevante Markt kann gem. § 19 Abs. 2 Satz 3 GWB größer sein als das Bundesgebiet. Die Bestimmung erfolgt nach ökonomischen Kriterien.[2011] Ebenso wie die Kommission nimmt das BKartA daher sowohl weltweite, EU-weite, nationale oder regionale[2012] Märkte an.

### 3.5.2. Entstehung oder Verstärkung einer marktbeherrschenden Stellung

### 3.5.2.1. Marktbeherrschende Stellung gem. §§ 36 Abs. 1, 19 Abs. 2 GWB

Gemäß § 36 Abs. 1 GWB ist ein Zusammenschluss zu untersagen, von dem zu erwarten ist, dass er eine marktbeherrschende Stellung begründet oder verstärkt.[2013] In § 19 Abs. 2 GWB nennt der Gesetzgeber Kriterien, anhand derer eine Marktbeherrschung festzustellen ist. Für die Bestimmung, ob ein Unternehmen marktbeherrschend ist, kommt es auf eine Gesamtschau anhand der in § 19 Abs. 2 GWB genannten Kriterien an. Das Gesetz unterscheidet zwischen der Einzelmarktbeherrschung und der gemeinsamen oder oligopolistischen Marktbeherrschung.

**a) Einzelmarktbeherrschung.** Eine Einzelmarktbeherrschung liegt vor, soweit ein einzelnes Unternehmen als Anbieter oder Nachfrager einer bestimmten Art von Waren oder gewerblichen Leistungen auf dem sachlich und räumlich relevanten Markt ohne Wettbewerber ist oder keinem wesentlichen Wettbewerb ausgesetzt ist, § 19 Abs. 2 Nr. 1 GWB. Eine Einzelmarktbeherrschung liegt überdies gem. § 19 Abs. 2 Satz 1 Nr. 2 GWB vor, wenn das Unternehmen eine überragende Marktstellung im Verhältnis zu seinen Wettbewerbern hat. § 19 Abs. 2 Satz 1 Nr. 2 Hs. 2 GWB nennt beispielhaft verschiedene Kriterien, die im Rahmen einer Beurteilung heranzuziehen sind. Wichtigstes Kriterium ist dabei der Marktanteil, der sowohl in seiner absoluten Größe als auch in seiner relativen Größe im Vergleich zu den Marktanteilen der Wettbewerber von Bedeutung ist. Daneben kann die Finanzkraft entscheidend sein, die neben der Eigen- und Fremdfinanzierung auch den Zugang zum Kapitalmarkt umfasst. Weitere Merkmale sind der Zugang zu den Beschaffungs- und Ab-

---

[2008] Vgl. statt vieler: BGH, WuW/E BGH 2433 (2436 f.) „Gruner+Jahr/Zeit"; WuW/E BGH 2150, 2153 „Edelstahlbestecke".
[2009] Z.B. im Verhältnis von Markenartikeln zu Konsum- oder Billigware, vgl. KG v. 16. Dezember 1987 WuW/E OLG 4167, 4169 „Kampffmeyer-Plange"; vgl. auch Entscheidung des BKartA (B4-107/00) v. 1. Dezember 2000, Rn. 10 ff. zu einem eigenständigen Markt für Luxusuhren.
[2010] BKartA, B 6-103/05 vom 19. September 2006, „Axel Sprinter/ProSiebenSat.1", S. 22, (23).
[2011] BGH v. 5. Oktober 2004 WuW/E DE-R 1355 „Staubsaugerbeutelmarkt".
[2012] "Sanacorp/Anzag" (Pharmagroßhändler), Bestätigung der Untersagungsentscheidung des BKartA durch OLG Düsseldorf, Entscheidung v. 29. September 2006 unter Zugrundelegung regionaler Märkte mit einem Radius von etwa 150 km von den Niederlassungen. Die Radiusbetrachtung wird auch im Lebensmitteleinzelhandel vorgenommen, z.B. BKartA v. 20. November 1989 WuW/E BKartA 2441, 2442 „Tengelmann-Gottlieb".
[2013] Die Auslegungsgrundsätze des BKartA zur Prüfung von Marktbeherrschung in der deutschen Fusionskontrolle befinden sich derzeit in Überarbeitung.

satzmärkten, Verflechtungen mit anderen Unternehmen, rechtliche oder tatsächliche Schranken für den Marktzutritt anderer Unternehmen, tatsächlicher oder potentieller Wettbewerb aus dem Ausland, Umstellungsflexibilität sowie Ausweichmöglichkeiten der Marktgegenseite.

**b) Oligopolistische Marktbeherrschung.** Eine Marktbeherrschung im Oligopol besteht gem. § 19 Abs. 2 Satz 2 GWB, wenn zwischen den Unternehmen im Innenverhältnis „für eine bestimmte Art von Waren oder gewerblichen Leistungen ein wesentlicher Wettbewerb nicht besteht" (sog. fehlender Binnenwettbewerb). Im Außenverhältnis dürfen die Oligopol-Unternehmen „in ihrer Gesamtheit" nicht wesentlichem Wettbewerb ausgesetzt sein (§ 19 Abs. 2 Satz 1 Nr. 1 GWB) oder müssen insgesamt eine „überragende Marktstellung" innehaben (§ 19 Abs. 2 Satz 1 Nr. 2 GWB).[2014] Jedes Unternehmen, das dem Oligopol angehört, ist allein Marktbeherrscher.

**c) Marktbeherrschungsvermutungen.** § 19 Abs. 3 GWB stellt für die Prüfung der Begründung einer marktbeherrschenden Stellung Marktbeherrschungsvermutungen auf.[2015]

**i) Vermutung der Einzelmarktbeherrschung.** Gem. § 19 Abs. 3 Satz 1 GWB wird eine Einzelmarktbeherrschung bei einem Marktanteil von einem Drittel vermutet. Der Vermutungstatbestand ist in das Gesetz eingeführt worden, um den Kartellbehörden den Nachweis der Marktbeherrschung zu erleichtern. Das Verfahren vor den Kartellbehörden stellt ein Verwaltungsverfahren dar, in dem gemäß §§ 24 VwVfG und 54 GWB der sog. Amtsermittlungsgrundsatz gilt.[2016] Danach ist die Kartellbehörde verpflichtet, die Tatsachen zu ermitteln, auf deren Grundlage eine Marktbeherrschung bejaht werden kann. Der Vermutungstatbestand greift erst dann ein, wenn die Kartellbehörde das Vorliegen einer marktbeherrschenden Stellung unter Berücksichtigung aller Umstände nicht zweifelsfrei feststellen oder auch nicht zweifelsfrei ausschließen kann.[2017] Nur in einem solchen Fall kann auf der Grundlage des Vermutungstatbestands vom Bestehen einer marktbeherrschenden Stellung ausgegangen werden. Im Kartell-Zivilverfahren kommt der Vermutung nach herrschender Meinung allenfalls Indizwirkung zu. Sie stellt keine Beweislastumkehr dar. Sie wirkt sich dadurch aus, dass das in Anspruch genommene Unternehmen sich nicht auf ein unsubstantiiertes Bestreiten zurückziehen kann, sondern substantiiert darlegen muss, warum es trotz der – vom Anspruchsteller zu beweisenden – Erfüllung des Vermutungstatbestandes nicht marktbeherrschend ist.[2018]

**ii) Vermutung der Oligopol-Marktbeherrschung.** Eine Oligopol-Marktbeherrschung wird gem. § 19 Abs. 3 Satz 2 GWB vermutet, wenn bis zu drei Unternehmen zusammen einen Marktanteil von 50 % (Nr. 1) oder bis zu fünf Unternehmen zusammen einen Marktanteil von zwei Dritteln (Nr. 2) erreichen. Die Vermutungsregelung zur Oligopol-Marktbeherrschung muss anders verstanden werden als die für die Einzelmarktbeherrschung. Es findet dabei eine echte Beweislastumkehr mit der Folge statt, dass die Unternehmen als marktbeherrschend gelten, wenn sie nicht beweisen, dass die Wettbewerbsbedingungen zwischen ihnen wesentlichen Wettbewerb erwarten lassen oder dass die Gesamtheit der Unternehmen im Verhältnis zu den übrigen Wettbewerben keine überragende Marktstellung hat.[2019] Nach herrschender Meinung tragen daher die Unternehmen

---

[2014] Vgl. Entscheidung des BKartA v. 19. September 2006 „Axel Springer/ProSiebenSat.1" B 6-103/05, S. 29 ff. im Hinblick auf den deutschen Fernsehwerbemarkt.
[2015] Bechtold in: Bechtold, a.a.O., § 36 Rn. 8.
[2016] Vgl. Ruppelt in: Langen/Bunte, a.a.O., § 19 Rn. 65; ebenso Bechtold in: Bechtold, a.a.O., § 19 Rn. 53.
[2017] BGH, WuW/E BGH 1749 (1754) – „Klöckner/Becorit".
[2018] BGH, WuW/E BGH 2483 (2488 f.) – „Sonderungsverfahren".
[2019] Mestmäcker/Veelken in: Immenga/Mestmäcker, a.a.O., § 36 Rn 178.

die Beweislast.[2020] Im Zivilverfahren findet die Vermutungsregeln hingegen – wie bei der Einzelmarktbeherrschung – keine Anwendung.

### 3.5.2.2. Prognoseentscheidung gem. § 36 Abs. 1 GWB

Die Prüfung, ob es durch das Zusammenschlussvorhaben zu der Entstehung oder Verstärkung einer marktbeherrschenden Stellung kommt, ist im Rahmen einer Prognoseentscheidung vorzunehmen. Dies beruht auf dem Wortlaut des § 36 Abs. 1 GWB, der von einem Zusammenschluss, spricht, „*von dem zu erwarten ist, dass er eine marktbeherrschende Stellung begründet oder verstärkt*". Folglich sind die Wettbewerbsbedingungen vor dem Zusammenschluss und danach unter Einbeziehung der zu erwartenden Entwicklungen zu vergleichen, sog. Veränderung der Marktstruktur. Es hat eine Saldierung der positiven und negativen Wettbewerbseffekte auf dem betroffenen Markt zu erfolgen.[2021] Aus dem Wortlaut des § 36 Abs. 1 GWB ergibt sich überdies, dass ein Kausalzusammenhang zwischen dem Zusammenschluss und der Veränderung der Marktstruktur erforderlich ist. Die Begründung einer marktbeherrschenden Stellung gem. § 36 Abs. 1 Alt. 1 GWB setzt voraus, dass ohne den Zusammenschluss eine solche nicht besteht. Die Verstärkung einer marktbeherrschenden Stellung gem. § 36 Abs. 1 Alt. 2 GWB erfordert eine Veränderung der die Marktmacht bestimmenden Größen derart, dass der Wettbewerb auf dem betroffenen Markt noch stärker eingeschränkt wird. Eine Erheblichkeitsschwelle muss die Veränderung nach dem Gesetzeswortlaut nicht überschreiten. Die Verstärkung kann umso geringer sein, je stärker die Marktbeherrschung ist.[2022]

### 3.5.2.3. Besonderheiten bei PE Transaktionen

Es gelten die unter Abschnitt 2.4.2.4. beschriebenen Besonderheiten bei der Prüfung von Zusammenschlüssen, an denen ein PE Unternehmen beteiligt ist. Unterschiede zwischen der FKVO und dem GWB bestehen insoweit nicht.

### 3.5.3. Abwägungsklausel[2023]

Nach § 36 Abs. 1 HS 2 GWB ist ein Zusammenschluss, von dem zu erwarten ist, dass er eine marktbeherrschende Stellung begründet oder verstärkt, zu untersagen, es sei denn, die beteiligten Unternehmen weisen nach, dass durch den Zusammenschluss auch Verbesserungen der Wettbewerbsbedingungen eintreten und dass diese Verbesserungen die Nachteile der Marktbeherrschung überwiegen.[2024] Als Verbesserung der Wettbewerbsbedingungen kommen nur solche Umstände in Betracht, die sich auf die Marktstruktur auswirken.[2025] Die Darlegungs- und Beweislast für die Verbesserungen der Wettbewerbsbedingungen liegen entsprechend dem Wortlaut der Norm eindeutig bei den beteiligten Unternehmen.[2026] Dies gilt auch für die Kausalität des Zusammenschlusses für die Verbesserungen.[2027] Die Verbesserung der Wettbewerbsbedingungen kann auf einem beliebigen Markt eintreten, der sich von dem Markt unterscheiden muss, auf dem die Entstehung oder Verstärkung der

---

[2020] BGH, WuW/E BGH 1749, (1755) – „Klöckner/Becorit".
[2021] BKartA, WuW/E DE-V 1113, (1124) „Railion/RBH".
[2022] BGH, WuW/E BGH 1854, (1860) „Zeitungsmarkt München".
[2023] Eine Abwägungsklausel existiert ebenfalls in Art. 2 Abs. 1 lit. a) FKVO, spielt in der Praxis der Kommission jedoch keine Rolle, vgl. Immenga/Körber, Europäisches Kartellrecht Teil 2, Art. 2 FKVO Rn. 394, 396.
[2024] Vgl. Entscheidung des BKartA „SES Global Europe/DPC Digital Playout Center GmbH", nicht veröffentlicht, Tätigkeitsbericht 2003/2004, S. 161 ff. bestätigt durch Beschluss des OLG Düsseldorf v. 18. Oktober 2006, VI Kart 2/05 (V).
[2025] BGH, WuW/E BGH 2425; (2431) „Niederrheinische Anzeigenblätter; BGH, WuW/E BGH 2899, (2902) „Anzeigenblätter II".
[2026] OLG Düsseldorf v. 18. Oktober 2006, VI Kart 2/05 (V), Rn. 92.
[2027] BGH, WuW/E BGH 1533, (1539) „Erdgas Schwaben"; OLG Düsseldorf v. 18. Oktober 2006, VI Kart 2/05 (V).

marktbeherrschenden Stellung festgestellt worden ist. Strukturelle Verbesserungen auf demselben Markt, auf dem ansonsten die marktbeherrschende Stellung entsteht oder verstärkt wird, sind bereits bei der Prüfung der Strukturverschlechterung zu berücksichtigen.[2028] Entgegen einer vom BKartA vertretenen Ansicht ist insbesondere nicht erforderlich, dass dieser Markt von einem der beteiligten Unternehmen beherrscht wird.[2029]

### 3.5.4. Nebenabreden

Nach ständiger Rechtsprechung ist anerkannt, dass eine für sich genommen wettbewerbsbeschränkende Klausel zur Durchführung einer im Ganzen wettbewerbsbelebenden Transaktion notwendig sein kann.[2030] Für die Grundsätze ist auf die Ausführungen zum europäischen Recht unter Abschnitt 2.4.3. zu verweisen.

## 3.6. Das Verfahren

Das Zusammenschlussverfahren ist in den §§ 39–41 GWB geregelt. Es handelt sich um ein Verwaltungsverfahren, das vor dem Vollzug des Zusammenschlussvorhabens durchzuführen ist. Wird ein Zusammenschlussvorhaben vor der erforderlichen Freigabe des BKartA vollzogen, verstößt dies gegen das bußgeldbewehrte Vollzugsverbot des § 41 Abs. 1 Satz 1 GWB.[2031]

### 3.6.1. Formale Voraussetzungen der Anmeldung

#### 3.6.1.1. Zeitpunkt der Anmeldung

Ein anmeldefähiges Vorhaben liegt gem. § 39 Abs. 3 GWB bereits vor, wenn die Form des Zusammenschlusses und die beteiligten Unternehmen feststehen. Es genügt mithin, wenn ein bestimmter Zusammenschluss ernsthaft und konkret angestrebt wird. Der Unternehmenskaufvertrag muss noch nicht abgeschlossen bzw. das öffentliche Übernahmeangebot noch nicht veröffentlicht worden sein. Überdies ist anders als im Verfahren vor der Kommission ein Verfahren vor Einreichung der Anmeldung nicht erforderlich. Lediglich in Fällen, in denen zu erwarten ist, dass das BKartA wettbewerbliche Probleme identifiziert, ist es in der Praxis üblich, vorab mit der zuständigen Beschlussabteilung Kontakt aufzunehmen. Kontakte dieser Art werden vom BKartA streng vertraulich behandelt.

#### 3.6.1.2. Anmeldepflicht

Zur Anmeldung verpflichtet sind gem. § 39 Abs. 2 Nr. 1 GWB die beteiligten Unternehmen. Die Erfüllung der Verpflichtung obliegt den nach Gesetz oder Satzung zur Vertretung berufenen Personen. Nach § 39 Abs. 2 Nr. 2 GWB sind in den Fällen des Zusammenschlusses nach § 37 Abs. 1 Nr. 1 (Vermögenserwerb) und Nr. 3 (Anteilserwerb) GWB auch die Veräußerer anmeldepflichtig.

#### 3.6.1.3. Inhalt der Anmeldung

Die für die Vollständigkeit einer Fusionskontrollanmeldung erforderlichen Angaben sind in § 39 Abs. 3 GWB abschließend aufgezählt.[2032] Das BKartA hat überdies auf seiner Internetseite ein Anmeldeformular bereitgestellt, dessen Nutzung durch die beteiligten Unternehmen freiwillig ist,[2033] dessen Anwendung sich aber in der Praxis nicht durchgesetzt hat. Nach § 39 Abs. 3 Satz 1 GWB ist zunächst die Form des Zusammenschlusses anzugeben.

---

[2028] BKartA, WuW/E DE-V 1113, 1124 „Railion/RBH".
[2029] OLG Düsseldorf v. 18. Oktober 2006, VI Kart 2/05 (V), Rn. 71.
[2030] Für Wettbewerbsverbot in Unternehmenskauf- und Gesellschaftsverträgen siehe: BGH, WuW/E BGH 519, (522) „Kino-Bonbonnière"; BGH WuW/E-R 131, (133) – „Eintritt in Gebäudereinigungsvertrag".
[2031] Vgl. dazu unten Abschnitt 3.6.3..
[2032] Siehe dazu auch BKartA, Merkblatt zur deutschen Fusionskontrolle, Juli 2005, Nr. IV.1.
[2033] Tätigkeitsbericht 2005/2006, S. 13.

Darüber hinaus sind Angaben zu den beteiligten Unternehmen erforderlich, § 39 Abs. 3 Satz 2 GWB. Die Angaben betreffen im Wesentlichen, die Firma und den Sitz des beteiligten Unternehmens, die Art des Geschäftsbetriebs, die Umsatzerlöse im Inland, der EU und weltweit, die Marktanteile einschließlich der Grundlage für ihre Berechnung oder Schätzung sowie beim Erwerb von Anteilen an einem anderen Unternehmen die Höhe der erworbenen und der insgesamt gehaltenen Beteiligung, vgl. § 39 Abs. 3 Nr. 1 bis 5 GWB. Angaben sind auch zu verbundenen Unternehmen erforderlich, vgl. § 39 Abs. 3 Satz 4 GWB. In der Praxis kann man im Fall wettbewerblich unbedenklicher Transaktion mit dem BKartA abstimmen, in welchem Umfang die Angaben nach § 39 Abs. 3 GWB für die Portfolio-Unternehmen gemacht werden müssen. Überdies wurde mit der 7. GWB-Novelle die Verpflichtung eingeführt, die für die beteiligten Unternehmen anzugebenden Informationen auch für den materiell nicht beteiligten Veräußerer zu machen, wenn es sich um einen Vermögens- oder Anteilserwerb handelt, § 39 Abs. 3 Satz 3 GWB. Schließlich ist auch § 39 Abs. 3 Nr. 6 GWB zu beachten, nach dem eine zustellungsbevollmächtigte Person im Inland anzugeben ist, sofern sich der Sitz eines beteiligten Unternehmens im Ausland befindet.

### 3.6.2. Vollzugsverbot und Ausnahmen

Den beteiligten Unternehmen ist es gem. § 41 Abs. 1 Satz 1 GWB untersagt, vor und während des Verfahrens den Zusammenschluss zu vollziehen, sog. Vollzugsverbot. Danach darf ein anmeldepflichtiger Zusammenschluss nicht vollzogen werden, bevor die Fristen der §§ 40 Abs. 1 Satz 1, Abs. 2 Satz 2 GWB nicht abgelaufen sind oder das BKartA den Zusammenschluss freigegeben hat. Verboten sind alle Maßnahmen, die den Zusammenschluss vollenden. Insoweit ist auf die Ausführungen unter Abschnitt 2.5.3. zu verweisen. Reine Vorbereitungsmaßnahmen, wie der Abschluss eines Unternehmenskaufvertrags, sind demgegenüber zulässig. In der Praxis wird in Unternehmenskaufverträge eine sog. Kartellklausel aufgenommen, wonach der Vollzug des Vorhabens unter der aufschiebenden Bedingung der Freigabe durch die zuständigen Kartellbehörden steht.

Die Missachtung des Vollzugsverbotes stellt eine Ordnungswidrigkeit gem. § 81 Abs. 2 Nr. 1 GWB dar, die mit einer Geldbuße in Höhe von bis zu € 1 Mio. geahndet werden kann. Geldbußen gegenüber Unternehmen können sogar darüber hinaus bis zu einer Höhe verhängt werden, die 10 % des von dem betroffenen Unternehmen erzielten Gesamtumsatzes entsprechen. Das BKartA kann auf Antrag ausnahmsweise eine Befreiung vom Vollzugsverbot erteilen, wenn die beteiligten Unternehmen hierfür wichtige Gründe geltend machen, insbesondere um schweren Schaden von einem beteiligten Unternehmen oder von Dritten abzuwenden, § 41 Abs. 2 Satz 1 GWB. Die Befreiung kann jederzeit, auch vor der Anmeldung, erteilt und mit Bedingungen und Auflagen verbunden werden, § 41 Abs. 2 Satz 2 GWB.[2034]

Rechtsgeschäfte, die gegen das Vollzugsverbot verstoßen, sind zivilrechtlich unwirksam, § 41 Abs. 1 Satz 2 GWB. Dabei handelt es sich um eine schwebende Unwirksamkeit.[2035] Der Vollzug des Zusammenschlusses wird erst wirksam, wenn die beteiligten Unternehmen entweder eine Freigabeentscheidung erhalten oder die in § 40 Abs. 1 oder 2 GWB angegebenen Fristen abgelaufen sind. Die Unwirksamkeit tritt endgültig mit Eintritt der Rechtskraft der Untersagungsentscheidung ein. Die Unwirksamkeit gilt nicht für Verträge, die in Register einzutragen sind, um den öffentlichen Glauben daran nicht einzuschränken (Grundstücksgeschäfte und Unternehmensverträge im Sinne von §§ 291, 292 AktG).

### 3.6.3. Behandlung bereits vollzogener Zusammenschlüsse

Gesetzlich nicht ausdrücklich geregelt ist die Behandlung von Zusammenschlüssen, die ohne vorherige Anmeldung vollzogen worden sind. Das BKartA war bis zur 7. GWB-Novelle davon ausgegangen, dass die Anmeldepflicht auch in diesem Fall fortbesteht, mithin ein

---

[2034] BKartA, Beschluss vom 26. September 2001 – „DP AG/trans-o-flex".
[2035] BGH, WuW/E 1556 ff., (1559) Weichschaum III.

nachträgliches fristgebundenes Fusionskontrollverfahren durchgeführt wird, das mit einer Freigabe oder Untersagung endet.[2036] Mit Pressemitteilung vom 13. Mai 2008 hat das BKartA seine Praxis aufgegeben.[2037] Das BKartA akzeptiert eine „Anmeldung" bereits vollzogener Zusammenschlüsse nicht mehr. Bei einer nachträglichen „Anmeldung" handele es sich vielmehr um eine Vollzugsanzeige gemäß § 39 Abs. 5 GWB, zu der die beteiligten Unternehmen ohnehin verpflichtet seien. Die Änderung der bisherigen Praxis stützt das BKartA auf eine Änderung des Wortlauts in § 41 Abs. 3 Satz 1 GWB. Vor der 7.GWB-Novelle konnte die Entflechtung eines Zusammenschlusses nur angeordnet werden, wenn ein Zusammenschluss zuvor untersagt worden war. Es musste also zuvor ein Fusionskontrollverfahren stattfinden, das mit einer Untersagung endete. Nach der 7.GWB-Novelle ist für eine Entflechtung nur noch erforderlich, dass die Voraussetzungen für eine Untersagung erfüllt sind. Das BKartA schließt daraus, dass ein eigenständiges Untersagungsverfahren vor einem Entflechtungsverfahren nicht mehr sinnvoll sei. Die Untersagungsvoraussetzungen seien vielmehr im Rahmen des fristungebundenen Entflechtungsverfahrens zu prüfen. Konsequenz dieser Auffassung ist, dass eine nachträgliche Freigabe eines bereits vollzogenen Zusammenschlusses nicht mehr möglich wäre und damit die zivilrechtlich bestehende schwebende Unwirksamkeit der rechtsgeschäftlichen Vollzugshandlungen nicht mehr durch die nachträgliche Freigabe geheilt würde.[2038] Die neue Verwaltungspraxis wird stark kritisiert, weil sie die endgültige zivilrechtliche Unheilbarkeit der rechtsgeschäftlichen Vollzugshandlungen zur Folge hätte.[2039] Insbesondere Hahn[2040] legt überzeugend dar, dass ein rechtswidrig vollzogener Zusammenschluss nachträglich beim BKartA nach § 39 Abs. 1 GWB angemeldet werden kann. Bis zu einer gerichtlichen Klärung oder einer gesetzgeberischen Klarstellung sollten bereits vollzogenen Zusammenschlüsse daher weiterhin beim BKartA angemeldet werden.[2041] Erteilt das BKartA keine ausdrückliche Freigabe, tritt nach einem Monat die Freigabefiktion gemäß § 40 Abs. 1 Satz 1 GWB ein.

### 3.6.4. Die Fristen

Mit dem Eingang der vollständigen Anmeldung beginnen die Fristen der §§ 40 Abs. 1 Satz 1, 40 Abs. 2 Satz 2 GWB zu laufen. Ebenso wie im Verfahren nach der FKVO findet eine Trennung des Verfahrens in zwei Verfahrensabschnitte statt. Es ist zwischen dem Vorprüfverfahren und dem Hauptprüfverfahren zu unterscheiden.

### 3.6.4.1. Die Fristen im Vorprüfverfahren

Im sog. Vorprüfverfahren hat das BKartA gem. § 40 Abs. 1 Satz 1 GWB nach Eingang der vollständigen Anmeldeunterlagen einen Monat Zeit zu prüfen, ob gegen das Vorhaben wettbewerbliche Bedenken bestehen, die eine weitere Prüfung des Zusammenschlussvorhabens erforderlich machen. Das BKartA muss den Beteiligten innerhalb dieses Monats mitteilen, dass es in die Prüfung des Zusammenschlusses (Hauptprüfverfahren) eingetreten ist, sog. „Monatsbrief". Andernfalls gilt das Zusammenschlussvorhaben als frei gegeben. Die Monatsfrist ist damit eine verfahrensrechtliche Ausschlussfrist, nach deren Ablauf das Recht auf Untersagung des Zusammenschlusses gem. § 40 Abs. 1 Satz 1 GWB erlischt. Handelt es sich um ein wettbewerblich unproblematisches Vorhaben, so erhalten die beteiligten Unternehmen in aller Regel innerhalb der Monatsfrist ein Schreiben, in dem das BKartA den betei-

---

[2036] Tätigkeitsbericht 2003/2004, S. 25.
[2037] Abrufbar unter http://www.bundeskartellamt.de/wDeutsch/aktuelles/2008_05_13_Mitteilung.php; siehe auch Tätigkeitsbericht 2005/2006, S. 12, (21).
[2038] Klocker/Ost, Nach der Novelle ist vor der Novelle – Themen einer 8. GWB-Novelle, FS für Bechtold 2006, S. 229, (235).
[2039] Hahn, Die Kontrolle von Zusammenschlüssen nach ihrem Vollzug, WuW 2007, 1084, (1086 f.), Mayer/Miege, Die Rechtsfolgen eines Verstoßes gegen das zusammenschlussrechtliche Vollzugsverbot, BB 2008, 2031 ff.
[2040] Hahn, a.a.O., S. 1086 ff., (1092).
[2041] Hahn, a.a.O., S. 1092.

ligten Unternehmen mitteilt, dass nicht zu erwarten ist, dass es durch den Zusammenschluss zu der Entstehung oder Verstärkung einer marktbeherrschenden Stellung kommt.

**3.6.4.2. Die Fristen im Hauptprüfverfahren**

Das BKartA muss im Hauptprüfverfahren innerhalb von vier Monaten seit Eingang der vollständigen Anmeldung mit formeller Verfügung über das Vorhaben entscheiden. § 40 Abs. 2 Satz 2 GWB stellt dafür auf die Zustellung an die anmeldenden Unternehmen ab. Wird innerhalb von vier Monaten seit Eingang der vollständigen Anmeldung den beteiligten Unternehmen die Verfügung nicht zugestellt, gilt der Zusammenschluss gem. § 40 Abs. 2 Satz 2 GWB als freigegeben. Das BKartA ist gemäß § 40 Abs. 2 Satz 4 GWB nur ausnahmsweise nicht an die gesetzliche Prüffrist gebunden, wenn die anmeldenden Unternehmen einer Fristverlängerung zugestimmt haben (Nr. 1), das BKartA wegen unrichtiger Angaben oder wegen einer nicht rechtzeitig erteilten Auskunft nach § 39 Abs. 5 GWB oder § 59 GWB die Mitteilung nach Abs. 1 (Eröffnung des Hauptprüfverfahrens) oder die Untersagung des Zusammenschlusses unterlassen hat (Nr. 2) oder keine zustellungsbevollmächtigte Person im Inland benannt haben (Nr. 3).

**3.6.5. Die Beteiligung Dritter am Verfahren**

Gem. § 54 Abs. 2 Nr. 3 GWB können Personen und Personenvereinigungen, deren Interesse durch die Entscheidung erheblich berührt wird, auf Antrag zu dem Fusionskontrollverfahren beigeladen werden. Die Beiladung kann nur während des Verwaltungsverfahrens erfolgen. Dies schließt sowohl das Vorprüf- als auch das Hauptprüfverfahren ein. Sie endet, sobald die Verwaltungsentscheidung unanfechtbar wird. Eine Nachholung im Rechtsmittelverfahren ist bei Antragstellung bis zur Einlegung der Beschwerde möglich. Erforderlich ist eine erhebliche Interessenberührung, wobei rein wirtschaftliche Interessen ausreichen, die kartellrechtlich von Belang sind.[2042] Erheblich ist die Betroffenheit, wenn ein in Betracht kommendes Verfahrensergebnis die Wettbewerbslage spürbar verschlechtert und wirtschaftliche Reaktionen erforderlich macht.

**3.6.6. Die Entscheidung**

Verstößt das Zusammenschlussvorhaben gegen die Eingreifkriterien des § 36 GWB, ist er zu untersagen. Als milderes Mittel kommt eine Freigabeentscheidung gem. § 40 Abs. 3 Satz 1 GWB unter Bedingungen und Auflagen in Betracht. Diese dürfen jedoch nicht einer laufenden Verhaltenskontrolle entsprechen, § 40 Abs. 3 Satz 2 GWB.[2043] In der Vergangenheit hat das BKartA jedoch wiederholt Verhaltenszusagen akzeptiert.[2044] Die Praxis des BKartA hat sich dahingehend geändert, dass in den letzten Jahren nur noch Veräußerungszusagen akzeptiert worden sind.[2045] Wird ein Zusammenschluss freigegeben, kann er vollzogen werden.

**3.6.7. Rechtsmittel gegen die Entscheidung**

In den §§ 63 ff. GWB ist das kartellrechtliche Verwaltungsgerichtsverfahren geregelt. Obwohl die Kartellbehörden als Verwaltungsbehörden tätig sind, gilt nicht das Verwaltungsprozessrecht der VwGO. Es kommt das dem GWB eigene Verfahren zur Anwendung. In § 63 Abs. 1 GWB wird die Anfechtungsbeschwerde, in § 63 Abs. 3 GWB die Verpflichtungsbeschwerde explizit aufgeführt. Andere Beschwerdearten sind nicht von vornherein unzulässig,

---

[2042] OLG Düsseldorf, WuW/E DE-R 1029 – „E.ON/Ruhrgas: Greenpeace".
[2043] Für die Beschaffenheit von Zusagen ist ergänzend auf die Ausführungen zum Verfahren vor der Kommission zu verweisen, Abschnitt 2.5.5..
[2044] Siehe Fallpraxis des BKartA: z. B. Einräumung von Lizenzen, BKartA, „BASF/Bayer CropScience", 22. Mai 2003; Verzicht auf Direktvertrieb in Deutschland, BKartA, „Getinge/Heraeus", 29. Mai 2002.
[2045] Zuletzt: BKartA, „Tengelmann/EDEKA", 30. Juni 2008, B2-333/07.

## 6. Teil. Einzelrechtsgebiete § 19 Kartellrechtliche Fragestellungen

vielmehr sind die Kartellverwaltungsgerichte abschließend zuständig für alle Kartellverwaltungsstreitigkeiten und folglich für alle denkbaren Beschwerdearten.

#### 3.6.7.1. Rechtsmittel durch beteiligte Unternehmen

Gegen die Untersagungsverfügung des BKartA können die beteiligten Unternehmen gem. § 63 Abs. 1 Satz 1, Abs. 4 Satz 1 GWB beim OLG Düsseldorf Beschwerde einlegen.

#### 3.6.7.2. Rechtsmittel durch Dritte

Voraussetzung der Beschwerdebefugnis ist gem. § 54 Abs. 2 Nr. 3 GWB die Stellung der dritten Personen als Beigeladene im Verfahren vor den Kartellbehörden sowie das Vorliegen der formellen und materiellen Beschwer. Der Antrag auf Beiladung muss im Verwaltungsverfahren gestellt werden. Die Möglichkeit der Beiladung endet in dem Zeitpunkt, in dem die Fusionskontrollentscheidung unanfechtbar wird. Diese liegt in der Interessenberührung nach § 54 Abs. 2 Nr. 3 GWB. Eine Verletzung des Beigeladenen in eigenen Rechten ist demgegenüber nicht erforderlich. Eine Besonderheit besteht bei der Verpflichtungsbeschwerde gem. § 63 Abs. 3 Satz 1 GWB. Hier reicht die bloße Verfahrensbeteiligung zur Begründung der Beschwerdeberechtigung nicht aus, vielmehr ist erforderlich, dass der Antragsteller geltend machen kann, auf die Vornahme der beantragten Verfügung ein Recht zu haben.[2046]

Problematisch für betroffene Dritte kann eine Freigabe im Vorprüfverfahren sein, weil sie gegen eine Freigabe in diesem Verfahrensabschnitt nicht vorgehen können. Nach herrschender Meinung stellt die Freigabe im Vorprüfverfahren keinen anfechtbaren Verwaltungsakt dar. Bei der Mitteilung des BKartA, dass die Untersagungsvoraussetzungen des § 36 Abs. 1 GWB nicht vorliegen, handelt es sich um eine bloße Bekundung des Amtes, ein Hauptprüfverfahren nicht einleiten und die Freigabefiktion des § 40 Abs. 1 Satz 1 GWB eintreten lassen zu wollen.[2047]

### 3.6.8. Vollzugsanzeige, § 39 Abs. 6 GWB

Die am Zusammenschluss beteiligten Unternehmen sind nach § 39 Abs. 6 GWB verpflichtet, den Vollzug des Zusammenschlusses dem BKartA unverzüglich anzuzeigen. In der Praxis genügt dafür eine kurze schriftliche Mitteilung unter Nennung der beteiligten Unternehmen und des Geschäftszeichens. Ein Verstoß gegen die Mitteilungspflicht stellt gem. § 81 Abs. 2 Nr. 4 GWB eine Ordnungswidrigkeit dar, die mit einem Bußgeld bis zu € 100.000 geahndet werden kann, § 81 Abs. 4 S. 3 GWB.

### 3.6.9. Gebühren, § 80 Abs. 1 und 2 GWB

Die Anmeldung kontrollpflichtiger Zusammenschlüsse ist gebührenpflichtig, § 80 Abs. 1 Satz 2 Nr. 1 GWB, § 1 der Verordnung über die Kosten der Kartellbehörden vom 16. November 1970 (BGBl. I S. 1535). Die Höhe der Gebühren bestimmt sich nach dem personellen und sachlichen Aufwand der Kartellbehörde unter Berücksichtigung der wirtschaftlichen Bedeutung des Zusammenschlusses, § 80 Abs. 2 Satz 1 GWB. Die Gebühr darf grundsätzlich € 50.000 nicht übersteigen, § 80 Abs. 2 Satz 2 Nr. 1 GWB; sie kann in Ausnahmefällen verdoppelt werden, § 80 Abs. 2 Satz 3 GWB. Gebührenschuldner ist im Fall der Anmeldung eines Zusammenschlusses, wer eine Anmeldung eingereicht hat, § 80 Abs. 6 Nr. 1 GWB. In den Beschlussabteilungen variiert die Höhe der Gebühren zum Teil erheblich. Bei einfachen Zusammenschlussverfahren ohne oder mit nur geringen Marktanteilsadditionen liegen die Gebühren im Schnitt zwischen € 3.000 und € 8.000.

---

[2046] KG, WuW/E 4973, (4975).
[2047] OLG Düsseldorf, 30. Juni 2004, WuW/E DE-R 1293, (1294 f.).

### 3.7. Ministererlaubnis, § 42 GWB

Der Bundesminister für Wirtschaft und Technologie kann gem. § 42 Abs. 1 Satz 1 GWB auf Antrag eines der am Zusammenschlussvorhaben beteiligten Unternehmen einen zuvor vom BKartA aus wettbewerblichen Gründen untersagten Zusammenschluss genehmigen. Der Antrag ist gem. § 42 Abs. 3 Satz 1 GWB innerhalb eines Monats nach Zugang der Untersagungsentscheidung schriftlich beim Bundesministerium zu stellen. Antragsberechtigt sind alle am Fusionskontrollverfahren beteiligten Unternehmen. Wird die Untersagung des BKartA zunächst gerichtlich angefochten, beginnt die Frist gem. § 42 Abs. 3 Satz 2 GWB mit Unanfechtbarkeit der Untersagungsentscheidung. Vor der Entscheidung durch den Minister muss eine Stellungnahme der Monopolkommission eingeholt werden, § 42 Abs. 4 Satz 2 GWB. Materielle Voraussetzung ist, dass aus dem Zusammenschluss resultierende Wettbewerbsbeschränkungen von seinen gesamtwirtschaftlichen Vorteilen aufgewogen werden oder der Zusammenschluss durch ein überragendes Interesse der Allgemeinheit gerechtfertigt ist. Gem. § 42 Abs. 1 Satz 3 GWB darf die Ministererlaubnis nicht erteilt werden, wenn durch das Ausmaß der Wettbewerbsbeschränkung die marktwirtschaftliche Ordnung gefährdet wird. Der Minister hat eine Entscheidung innerhalb von vier Monaten zu treffen, § 42 Abs. 4 Satz 1 GWB. Sie kann mit Bedingungen und Auflagen verbunden werden, § 42 Abs. 2 Satz 1 GWB. In der Praxis sind Anträge auf Ministererlaubnis die Ausnahme. Seit Einführung der Ministererlaubnis im Jahr 1973 sind lediglich 21 Anträge gestellt worden, von denen lediglich 3 ohne Auflagen, 4 mit Auflagen sowie eine Teilerlaubnis erteilt worden sind.[2048]

## 4. Verweisung von Zusammenschlussvorhaben zwischen den nationalen Kartellbehörden und der Kommission

Anträge auf Verweisungen können sowohl von den beteiligten Unternehmen, den nationalen Behörden als auch von der Kommission gestellt werden. Folgt man der Statistik der Kommission, so sind Verweisungsanträge am häufigsten von beteiligten Unternehmen gestellt worden, die das Zusammenschlussvorhaben in mehr als drei Mitgliedstaaten hätten anmelden müssen und die aus diesem Grund einen Verweisungsantrag auf eine einheitliche Prüfung durch die Kommission gestellt haben.[2049] Es folgt ein kurzer Überblick über die Verweisungsmöglichkeiten:

### 4.1. Möglichkeit der Verweisung durch die Kommission an nationale Kartellbehörden

#### 4.1.1. Verweisung auf Antrag eines Mitgliedstaates, Art. 9 FKVO

Ein Zusammenschlussvorhaben, das aufgrund der hohen Umsatzerlöse der beteiligten Unternehmen in die originäre Zuständigkeit der Kommission fällt, kann unter bestimmten Voraussetzungen an die Kartellbehörde eines Mitgliedstaates verwiesen werden.[2050] In einem solchen Fall wendet der Mitgliedstaat seine nationalen Fusionskontrollvorschriften an.

Ein Mitgliedstaat hat nach Art. 9 FKVO die Möglichkeit, bei der Kommission zu beantragen, dass ein Vorhaben an die zuständige Behörde dieses Staates verwiesen wird. Der Antrag ist binnen 15 Arbeitstagen nach Erhalt der Abschrift der Anmeldung zu stellen,

---

[2048] Siehe Übersicht über Ministererlaubnisverfahren auf Webpage des Bundesministeriums für Wirtschaft und Technologie unter: http://www.bmwi.de/BMWi/Redaktion/PDF/Wettbewerbspolitik/antraege-auf-ministererlaubnis,property=pdf,bereich=bmwi,sprache=de,rwb=true.pdf.
[2049] Vgl. http://ec.europa.eu/comm/competition/mergers/statistics.pdf.
[2050] Siehe dazu die Mitteilung der Kommission über die Verweisung von Fusionssachen (2005/C 56/02), Amtsblatt der Europäischen Union C 56/2.

Art. 9 Abs. 2 S. 1 FKVO. Der Mitgliedstaat muss der Kommission entweder mitteilen, dass der Zusammenschluss den Wettbewerb auf einem Markt in diesem Mitgliedstaat, der alle Merkmale eines gesonderten Marktes aufweist, erheblich zu beeinträchtigen droht, Art. 9 Abs. 2 lit. a) FKVO (siehe nachfolgend Ziffer lit. a)); oder er muss darlegen, dass ein Zusammenschluss den Wettbewerb auf einem Markt in diesem Mitgliedstaat beeinträchtigt, der alle Merkmale eines gesonderten Marktes aufweist und keinen wesentlichen Teil des Gemeinsamen Marktes darstellt, Art. 9 Abs. 2 lit. b) FKVO.

Erste Voraussetzung für eine Verweisung ist, dass das Vorhaben in einem gesonderten Markt in einem Mitgliedstaat zu einer Verschlechterung der Wettbewerbsbedingungen führt. In Art. 9 Abs. 7 FKVO definiert die Kommission, was sie unter dem räumlichen Referenzmarkt versteht. Merkmale sind homogene Wettbewerbsbedingungen sowie eine klare Unterscheidbarkeit dieses Gebietes von benachbarten Gebieten. Stellt dieser gesonderte Markt überdies einen wesentlichen Teil des gemeinsamen Marktes dar, so ist zweite Voraussetzung für eine Verweisung, dass der Zusammenschluss in diesem gesonderten Markt den Wettbewerb **erheblich** zu beeinträchtigen droht. Die Kommission bejaht das Vorliegen eines wesentlichen Teils des gemeinsamen Marktes in der Regel, wenn der betroffene räumliche Markt das Gebiet eines Mitgliedstaates oder bedeutende Teile größerer Mitgliedstaaten umfasst.[2051] Der Begriff der erheblichen Beeinträchtigung des Wettbewerbs ist gleichzusetzen mit dem Begriff der Behinderung wirksamen Wettbewerbs im Sinne des Art. 2 Abs. 2 und 3 FKVO.[2052] Eine erhebliche Behinderung liegt danach vor, wenn durch das Vorhaben die Begründung oder Verstärkung einer marktbeherrschenden Stellung droht.

Stellt hingegen der gesonderte Markt keinen wesentlichen Teil des Gemeinsamen Marktes dar, setzt eine Verweisung nicht voraus, dass der betreffende Zusammenschluss den Wettbewerb im gesonderten Markt erheblich zu beeinträchtigen droht. Eine einfache Beeinträchtigung reicht aus.

Folgt die Kommission der Auffassung des Mitgliedstaates, dass das Zusammenschlussvorhaben in einem gesonderten Markt zu einer Verschlechterung der Wettbewerbsbedingungen führt, so liegt es grundsätzlich in ihrem Ermessen, ob sie das Zusammenschlussvorhaben an die zuständige Behörde des Antragstellenden Mitgliedstaates verweist oder den Fall selbst behandelt. Allerdings spricht der Wortlaut des Art. 9 Abs. 3 Unterabs. 3 FKVO dafür, dass die Kommission zu einer Verweisung verpflichtet ist, wenn ein Zusammenschluss den Wettbewerb in einem gesonderten Markt beeinträchtigt, der keinen wesentlichen Teil des Gemeinsamen Marktes ausmacht. Ihr steht insoweit kein Entscheidungsermessen zu.[2053]

Entschließt sich die Kommission zu einer Verweisung, so kann sie den Fall insgesamt verweisen, wenn die Auswirkungen auf den Wettbewerb lediglich in dem Mitgliedstaat liegen, das die Verweisung beantragt hat. Die Kommission kann auch lediglich Teile des Falles abgeben, d. h. eine Verweisung nur für das Gebiet des beantragenden Mitgliedstaates vornehmen. Dies hat zur Folge, dass es die Auswirkungen des Vorhabens in den übrigen, nicht verwiesenen Gebieten selbst prüft.[2054] In der Praxis sind Verweisungen nach Art. 9 FKVO die Ausnahme. Im Jahr 2007 gab es insgesamt lediglich 3 Verweisungsanträge. Zwei der Fälle sind an die entsprechenden Mitgliedstaaten verwiesen worden, ein Antrag ist von der Kommission abgewiesen worden.[2055]

---

[2051] Westermann in: Loewenheim/Meessen/Riesenkampff, Art. 9 FKVO Rn. 8.
[2052] Westermann in: Loewenheim/Meessen/Riesenkampff, Art. 9 FKVO Rn. 9.
[2053] Westermann in: Loewenheim/Meessen/Riesenkampff, Art. 9 FKVO Rn. 17.
[2054] Eine Übersicht über Teilverweisungen der Kommission nach Art. 9 Abs. 3 lit. b) FKVO findet sich unter: http://ec.europa.eu/comm/competition/mergers/cases/index/by_dec_type_art_9_3.html.
[2055] Vgl. http://ec.europa.eu/comm/competition/mergers/statistics.pdf; siehe auch BKartA Tätigkeitsbericht 2005/2006, Drucksache 16/5710 S. 60.

Wird ein Fall nach Deutschland verwiesen, so ist eine erneute Anmeldung nicht erforderlich. Voraussetzung ist allerdings, dass dem BKartA aufgrund der erfolgten Verweisung die erforderlichen Angaben in deutscher Sprache vorliegen, § 39 Abs. 4 GWB.

### 4.1.2. Verweisung an nationale Kartellbehörden auf Antrag der beteiligten Unternehmen, Art. 4 Abs. 4 FKVO

Bereits vor Anmeldung eines Zusammenschlussvorhabens bei der Kommission können die beteiligten Unternehmen bei der Kommission beantragen, dass der Fall an einen Mitgliedstaat verwiesen werden soll. Voraussetzung ist, dass die beteiligten Unternehmen glaubhaft vortragen, dass der Zusammenschluss den Wettbewerb auf einem Markt in diesem Mitgliedstaat erheblich beeinträchtigen könnte, der alle Merkmale eines gesonderten Marktes aufweist. Für den Verweisungsantrag ist das Formblatt RS auszufüllen.[2056] Die Kommission hat eine Frist von 25 Arbeitstagen, um über den Verweisungsantrag zu entscheiden. Wird der Zusammenschluss verwiesen, so finden die Vorschriften zur Fusionskontrolle des betreffenden Mitgliedstaates Anwendung. Anträge auf Verweisung nach Art. 4 Abs. 4 FKVO durch die beteiligten Unternehmen sind selten gestellt worden. Im Jahre 2007 waren es lediglich fünf Anträge, die sämtlich verwiesen wurden.[2057]

### 4.2. Möglichkeit der Verweisung durch nationale Kartellbehörden an die Kommission[2058]

#### 4.2.1. Verweisung auf Antrag eines oder mehrer Mitgliedstaaten, Art. 22 Abs. 1 FKVO

Ein oder mehrere Mitgliedstaaten können die Verweisung eines Zusammenschlusses an die Kommission beantragen. Voraussetzungen für eine solche Verweisung sind, dass es sich erstens um einen Zusammenschluss im Sinne von Art. 3 FKVO handeln, zweitens der Zusammenschluss den Handel zwischen Mitgliedstaaten beeinträchtigt und drittens der Zusammenschluss droht, den Wettbewerb im Hoheitsgebiet des bzw. der antragstellenden Mitgliedstaaten erheblich zu beeinträchtigen. Keine Voraussetzung ist dabei, dass der Zusammenschluss eine gemeinschaftsweite Bedeutung im Sinne von Art. 1 FKVO hat.

Der bzw. die Mitgliedstaaten müssen ihren Antrag innerhalb von 15 Arbeitstagen stellen, nach dem der Zusammenschluss bei ihnen angemeldet wurde oder ihnen anderweitig zur Kenntnis gebracht worden ist. Die Kommission unterrichtet die Mitgliedstaaten unverzüglich über den Eingang des ersten Verweisungsantrages, danach können sich weitere Mitgliedstaaten, die bislang noch keine Verweisung beantragt haben, innerhalb von 15 Arbeitstagen dem ersten Verweisungsantrag anschließen. Alle einzelstaatlichen Fristen, die den Zusammenschluss betreffen, werden bis zur endgültigen Entscheidung darüber gehemmt, durch wen der Zusammenschluss geprüft wird.

Die Kommission selbst entscheidet binnen 25 Arbeitstagen nach Eingang des ersten Verweisungsantrags über den Antrag des bzw. der Mitgliedstaaten. Stimmt die Kommission den Anträgen zu, findet das nationale Wettbewerbsrecht der antragstellenden Mitgliedstaaten keine Anwendung mehr. Die Kommission kann von den beteiligten Unternehmen eine Anmeldung nach Art. 4 FKVO verlangen. Die Bedeutung dieser Verweisungsmöglichkeit ist ebenfalls gering. Im Jahr 2007 wurden lediglich 3 Verweisungsanträge durch die Mitgliedstaaten gestellt.[2059]

---

[2056] Das Formblatt RS ist Anlage III der Verordnung (EG) Nr. 802/2004 der Kommission v. 7. April 2004 zur Durchführung der Verordnung (EG) Nr. 139/2004 des Rates über die Kontrolle von Unternehmenszusammenschlüssen.
[2057] Vgl. http://ec.europa.eu/comm/competition/mergers/statistics.pdf.
[2058] Siehe dazu die Grundsätze der European Competition Authorities Association („ECA"), abrufbar unter http://www.bundeskartellamt.de/wDeutsch/download/pdf/ECA/ECA_Principles_d.pdf.
[2059] Vgl. http://ec.europa.eu/comm/competition/mergers/statistics.pdf.

## 4.2.2. Verweisung an die Kommission auf Antrag der beteiligten Unternehmen, Art. 4 Abs. 5 FKVO

In der Praxis wird von dieser Verweisungsmöglichkeit durch betroffene Unternehmen am häufigsten Gebrauch gemacht. Voraussetzung eines Antrags der beteiligten Unternehmen auf Verweisung an die Kommission ist, dass ein Zusammenschluss in mindestens drei Mitgliedstaaten kontrollpflichtig ist – ohne dabei zugleich gemeinschaftsweite Bedeutung im Sinne von Art. 1 FKVO zu haben. Die beteiligten Unternehmen können gemäß Art. 4 Abs. 5 FKVO vor der Einreichung einer Anmeldung eine Verweisung an die Kommission beantragen. Für den Verweisungsantrag ist das Formblatt RS auszufüllen. Kontakte mit nationalen Wettbewerbsbehörden und der Kommission vor Einreichung des Formblattes RS sind aus Sicht der Wettbewerbsbehörden für die Feststellungen der Voraussetzungen des Art. 4 Abs. 5 FKVO sinnvoll.[2060]

Die Mitgliedstaaten, die für die Prüfung des Zusammenschlusses zuständig wären, entscheiden innerhalb von 15 Arbeitstagen nach Vorlage des begründeten Antrags der Parteien darüber, ob sie den Antrag ablehnen. Wenn mindestens einer dieser Mitgliedstaaten den Verweisungsantrag ablehnt, wird der Zusammenschluss insgesamt nicht, d. h. auch nicht für den Zuständigkeitsbereich der den Antrag annehmenden Mitgliedstaaten, an die Kommission verwiesen. Teilverweisungen scheiden damit aus. Stimmen alle zuständigen Mitgliedstaaten der Verweisung zu, so wird die gemeinschaftsweite Bedeutung des Zusammenschlusses vermutet und er ist bei der Kommission nach Art. 4 Abs. 1 FKVO anzumelden. Prüfungsmaßstab ist dann die FKVO.

Der Verweisungsantrag der beteiligten Unternehmen nach Art. 4 Abs. 5 FKVO wurde im Jahr 2007 insgesamt 51-mal gestellt.[2061] Diese relativ hohe Zahl macht deutlich, dass es in der Praxis eine zunehmende Zahl von Zusammenschlüssen gibt, die in mehr als drei Mitgliedstaaten anmeldepflichtig waren. Aufgrund der unterschiedlichen nationalen Fusionskontrollregime sowie der uneinheitlichen Fristenregelungen in den einzelnen Mitgliedstaaten, erscheint es mithin aus Sicht der Unternehmen vorzugswürdig, das Vorhaben von einer einzigen Behörde prüfen zu lassen.

## 5. Mehrfachnotifizierungen

### 5.1. Einführung

Aufgrund der wachsenden internationalen Verflechtung und zunehmender Globalisierung kommt es immer häufiger zu Zusammenschlussvorhaben, die Fusionskontrollverfahren in verschiedenen Ländern gleichzeitig auslösen. Fast alle mit Deutschland im wirtschaftlichen Kontakt stehenden Staaten haben inzwischen Fusionskontrollgesetze eingeführt (zuletzt China). Die Rechtsordnungen differieren in wesentlichen Gesichtspunkten, wie z. B. den Umsatzschwellen, ab denen eine Anmeldung zu erfolgen hat, den benötigten Informationen und den Verfahrensvorschriften. Die Zuziehung von Experten auf dem Gebiet der Mehrfachnotifizierungen, d. h. der Anmeldung eines Zusammenschlussvorhabens in verschiedenen Jurisdiktionen ist unabdingbar, um einen reibungslosen Ablauf bei Anmeldungen in mehreren Staaten zu gewährleisten und Bußgelder wegen Nichtanmeldung oder Fristversäumnis zu vermeiden. Die wichtigste Ausgangsfrage ist zunächst, in welchen Staaten das beabsichtigte Vorhaben anmeldepflichtig ist. Dabei ist zwischen Staaten zu unterscheiden, die die Anmeldepflicht auslösenden Schwellenwerte allein anhand von Umsatzzahlen festlegen (so z. B. neben Deutschland Frankreich, Italien, Österreich und Polen) und solchen, die

---

[2060] Vgl. Grundsätze für die Anwendung von Artikel 4 Absatz 5 und Artikel 22 der Europäischen Fusionskontrollverordnung durch die nationalen Wettbewerbsbehörden der ECA, S. 7.
[2061] Vgl. http://ec.europa.eu/comm/competition/mergers/statistics.pdf, wonach die Anzahl der nach Art. 4 Abs. 5 FKVO gestellten Anträge in den letzten Jahren stetig zunahm.

darüber hinaus auf Marktanteile abstellen (so z. B. u. a. in Spanien, Portugal und Slowenien). Weiterhin ist zu beachten, dass in den europäischen Staaten fast ausnahmslos ein bußgeldbewehrtes Vollzugsverbot besteht, welches beinhaltet, dass der Vollzug eines Zusammenschlusses von der vorherigen Freigabe der entsprechenden staatlichen Behörden abhängig ist. Als Ausnahme hiervon gilt lediglich das Vereinigte Königreich, in dem die Anmeldung von Zusammenschlussvorhaben ohnehin freiwillig ist, und Luxemburg, in dem eine Anmeldung überhaupt nicht erforderlich ist. Schließlich sind die Anmeldefristen zu beachten. Zum Teil kann ein Vorhaben bereits angemeldet werden, soweit der wesentliche Ablauf der Transaktion feststeht; zum Teil bestehen Fristen für die Anmeldung, die durch die Unterzeichnung des Unternehmenskaufvertrags bzw. dem öffentlichen Übernahmeangebot ausgelöst werden.

## 5.2. Fusionskontrollregime anderer Staaten
### 5.2.1. Fusionskontrollregime in den Mitgliedstaaten der EU

Zunächst ist anzumerken, dass jedes der 27 EU-Mitgliedstaaten ein eigenes Fusionskontrollregime hat. Für die beteiligten Unternehmen kann es daher schwierig sein herauszufinden, in welchen Staaten ein Zusammenschlussvorhaben anmeldepflichtig ist. Aus diesem Grund hat die Kommission die Möglichkeit eingeführt, ein Vorhaben an die Kommission zu verweisen, das in mehr als drei Mitgliedstaaten anmeldepflichtig wäre.[2062] Nachfolgend werden die Anmeldeerfordernisse einiger wichtiger EU-Mitgliedstaaten aufgeführt:[2063]

#### 5.2.1.1. Frankreich

In Frankreich gilt das Vollzugsverbot, d. h. dass ein Zusammenschlussvorhaben vor seinem Vollzug zwingend anzumelden ist. Ein öffentliches Übernahmeangebot darf hingegen vollzogen werden, vorausgesetzt, dass der Erwerber die an die Anteile geknüpften Stimmrechte bis zur Freigabe durch die Wettbewerbsbehörde nicht ausübt. Der Zusammenschlusstatbestand richtet sich nach den in der FKVO niedergelegten Grundsätzen, so dass sowohl die Fusion als auch der Kontrollerwerb erfasst werden. Die Umsatzschwellen werden erreicht, wenn der weltweite Gesamtumsatz (vor Abzug der Steuern) aller beteiligten Parteien € 150 Mio. übersteigt und mindestens zwei der Parteien einen Gesamtumsatz (vor Abzug der Steuern) in Frankreich von mindestens € 50 Mio. Euro erzielen.[2064] Materieller Prüfungsmaßstab ist der SIEC-Test der Kommission.

Das Verfahren ist zweistufig ausgestaltet. Zunächst hat das französische Wirtschaftsministerium über die „Direction générale de la concurrence, de la consommation et de la répression des fraudes" („**DGCCRF**")[2065] einen Zeitraum von fünf Wochen ab Eingang der vollständigen Anmeldung, um den Zusammenschluss zu prüfen. Der Zeitraum kann auf acht Wochen verlängert werden, wenn die Parteien mehr als zwei Wochen nach Eingang der vollständigen Anmeldung Verpflichtungserklärungen abgeben. Kommt das DGCCRF zu dem Ergebnis, dass das Vorhaben schwerwiegende wettbewerbliche Bedenken aufwirft, holt das Wirtschaftsministerium in aller Regel vom Wettbewerbsrat („Conseil de la concurrence")[2066] eine Stellungnahme ein. Der Wettbewerbsrat führt in diesem Fall vertiefte Ermittlungen durch. Der Wettbewerbsrat soll das Ergebnis seiner Prüfung dem Ministerium und den beteiligten Unternehmen innerhalb einer Frist von drei Monaten vorlegen.

---

[2062] Siehe oben Ausführungen zu Art. 4 Abs. 5 FKVO, D. II. 2.
[2063] Siehe dazu links zu Wettbewerbsbehörden der Mitgliedstaaten der Europäischen Gemeinschaft auf der Website des BKartA, abrufbar unter: http://www.bundeskartellamt.de/wDeutsch/service/Links/Europa.php.
[2064] Sonderregeln bestehen seit dem 1. März 2009 für Unternehmen des Einzelhandels.
[2065] Nähere Informationen zum DGCCRF finden sich unter: http://www.minefi.gouv.fr/.
[2066] Nähere Informationen zum Wettbewerbsrat finden sic hunter: http://www.conseil-concurrence.fr/user/index.php.

## 6. Teil. Einzelrechtsgebiete  § 19 Kartellrechtliche Fragestellungen

Nach Eingang der Stellungnahme des Wettbewerbsrates hat das Wirtschaftsministerium eine vierwöchige Frist, um eine endgültige Entscheidung zu treffen. Eine Fristverlängerung von drei Wochen ist möglich, wenn die beteiligten Unternehmen Verpflichtungszusagen vorlegen, die mehr als eine Woche nach Eingang der Stellungnahme des Wettbewerbsrats beim Ministerium eingereicht werden. Das Zusammenschlussverfahren ist gebührenfrei.

Ein Verstoß gegen das Vollzugsverbot kann gegenüber den anmeldepflichtigen Unternehmen mit einer Geldbuße in Höhe von 5% des in Frankreich im letzten Geschäftsjahr erzielten Umsatzes geahndet werden. Natürlichen Personen droht eine Geldbuße bis zu € 1,5 Mio.

### 5.2.1.2. Italien

Die an einem Zusammenschlussvorhaben beteiligten Unternehmen sind verpflichtet, das Vorhaben anzumelden. Die Unternehmen sind hingegen gesetzlich nicht daran gehindert, das Vorhaben vor der kartellbehördlichen Freigabeentscheidung zu vollziehen. Da sie aber Gefahr laufen, dass die Wettbewerbsbehörde eine Entflechtung anordnet, sollte das Vorhaben untersagt werden, werden Zusammenschlussvorhaben in der Praxis erst nach der kartellbehördlichen Freigabe vollzogen. Der Zusammenschlusstatbestand ist erfüllt bei einer Fusion, beim Kontrollerwerb sowie bei der Gründung eines GU. Die Umsatzschwellen werden erreicht, wenn der Gesamtumsatz aller beteiligten Parteien in Italien € 461 Mio. oder der Gesamtumsatz des Zielunternehmens in Italien € 46 Mio. übersteigt. Die Umsatzschwellen werden jedes Jahr um einen Betrag angehoben, der dem Anstieg des BIP-Deflators entspricht.[2067] Materieller Prüfungsmaßstab ist der Marktbeherrschungstest, der weitgehend dem Maßstab des SIEC-Tests der FKVO entspricht.

Das Verfahren ist zweistufig ausgestaltet und sieht seit 2005 ein freiwilliges Vorverfahren vor. In der ersten Phase hat die italienische Wettbewerbsbehörde („Autorita Garante della Concorrenza e del Mercato")[2068] einen Zeitraum von 30 Tagen ab Eingang der vollständigen Anmeldung, um den Zusammenschluss entweder freizugeben oder ein förmliches Hauptprüfverfahren einzuleiten. Die Frist kann von der Wettbewerbsbehörde durch ein formelles Auskunftsersuchen gehemmt werden. Hat die Behörde wettbewerbliche Bedenken gegen das Vorhaben, so hat sie in einer zweiten Phase weitere 45 Kalendertage Zeit, um nach einer eingehenden Prüfung eine Entscheidung zu treffen. Die Frist kann auf Antrag der beteiligten Unternehmen oder von Amts wegen um weitere 30 Kalendertage verlängert werden, falls sich das Vorhaben durch einen hohen Schwierigkeitsgrad auszeichnet oder die beteiligten Unternehmen die erforderlichen Angaben zum Vorhaben nicht zur Verfügung gestellt haben. In der zweiten Verfahrenphase kann die Wettbewerbsbehörde den beteiligten Unternehmen ein Vollzugsverbot auferlegen. Liegt ein öffentliches Übernahmeangebot vor, so dürfen die beteiligten Unternehmen das Vorhaben trotz des Vollzugsverbots vollziehen, wenn der Erwerber die Stimmrechte in dem Zielunternehmen vor Freigabe durch die Behörde nicht ausübt. Die Gebühr für die Prüfung des Zusammenschlussvorhabens wird auf der Basis des Transaktionswertes bemessen und liegt zwischen € 3.000 und € 60.000.

Bei einem Verstoß gegen die Anmeldepflicht können die beteiligten Unternehmen mit einem Bußgeld in Höhe von 1% des im letzten Geschäftsjahr erwirtschafteten weltweiten Gesamtumsatzes belegt werden. In den letzten Jahren verhängten die italienische Wettbewerbsbehörde vermehrt Bußgelder wegen Verstoßes gegen die Anmeldepflicht.

---

[2067] Der BIP-Deflator ist ein Preisindex des Bruttoinlandsprodukts (BIP). Die Veränderungsrate des BIP-Deflators ist eine Preisveränderungsrate.
[2068] Die Wettbewerbsbehörde ist vom italienischen Wirtschaftsministerium unabhängig. Ihre Webpage findet sich unter: http://www.agcm.it/.

### 5.2.1.3. Österreich

In Österreich gilt das Vollzugsverbot, d. h. dass ein Zusammenschlussvorhaben vor Vollzug bei der Bundeswettbewerbsbehörde[2069] anzumelden ist. Die Zusammenschlusstatbestände sind ähnlich ausgestaltet wie im deutschen Recht, insbesondere ist er bereits bei dem Erwerb einer Minderheitsbeteiligung in Höhe von 25 % erfüllt. Die Schwellenwerte werden erreicht, wenn der weltweite Gesamtumsatz aller beteiligten Unternehmen € 300 Mio. und der Inlandsumsatz aller beteiligten Unternehmen € 30 Mio. erreicht. Weitere Voraussetzung ist, dass mindestens zwei der betroffenen Unternehmen weltweit jeweils € 5 Mio. erzielen. Ausgenommen von dieser Regel sind Zusammenschlussvorhaben, bei denen nur eines der beteiligten Unternehmen im Inland mehr als € 5 Mio. erzielt und die übrigen beteiligten Unternehmen weltweit insgesamt nicht mehr als € 30 Mio. erzielen. Materieller Prüfungsmaßstab ist der Marktbeherrschungstest.

Die Bundeswettbewerbsbehörde hat auf ihrer Website ein Anmeldeformular veröffentlicht, deren Anwendung zwar nicht zwingend, in der Praxis jedoch üblich ist. Das behördliche Verfahren ist in zwei Phasen aufgeteilt. Die Bundeswettbewerbsbehörde hat ab Eingang der Anmeldung innerhalb von vier Wochen über das Zusammenschlussvorhaben zu entscheiden. Eine Kopie der Anmeldung erhält der Bundeskartellanwalt, der das öffentliche Interesse in Wettbewerbsangelegenheiten repräsentiert. Der Bundeskartellanwalt ist ebenso wie die Bundeswettbewerbsbehörde Amtspartei, die allein berechtigt sind, einen Antrag auf Prüfung eines Zusammenschlussvorhabens vor dem Kartellgericht in Wien zu stellen. Die Bundeswettbewerbsbehörde kann das Vorhaben entweder freigeben oder einen Antrag auf kartellgerichtliche Prüfung des Zusammenschlusses beim Kartellgericht einreichen. Ein Antrag auf kartellgerichtliche Prüfung wird durch die Amtsparteien eingereicht, wenn sie wettbewerbliche Bedenken gegen das Vorhaben haben. Eine Entscheidung des Kartellgerichts ergeht innerhalb von fünf Monaten. Das Kartellgericht hat die Möglichkeit, das Vorhaben (ggf. unter Auflagen) freizugeben oder es zu untersagen. Die Gebühr für eine Entscheidung in der ersten Phase beläuft sich auf € 1.500. Entscheidet das Kartellgericht über den Zusammenschluss entstehen Gerichtskosten, die bis zu € 30.000 betragen können.

Verstößt ein beteiligtes Unternehmen gegen das Vollzugsverbot, so kann der Verstoß mit einem Bußgeld von bis zu 10 % des im letzten Geschäftsjahr erzielten Gesamtumsatzes geahndet werden.

### 5.2.1.4. Polen

Auch in Polen gilt das Vollzugsverbot. Zusammenschlussvorhaben dürfen erst vollzogen werden, wenn sie von der zuständigen Wettbewerbsbehörde („Prezes Urzedu Ochrony Konkurencji i Konsumentow") freigegeben worden sind. Als Zusammenschlusstatbestände nennt das Gesetz den Kontrollerwerb, die Gründung eines GU, die Fusion sowie den Vermögenserwerb, wenn mit dem Vermögensteil während der letzten zwei Geschäftsjahre ein Inlandsumsatz von mindestens € 10 Mio. erzielt wurde. Anmeldepflichtig sind Vorhaben, bei denen die beteiligten Unternehmen im letzten abgeschlossenen Geschäftsjahr einen weltweiten Gesamtumsatz von € 1 Mrd. oder von € 50 Mio. in Polen erzielten. Ausgenommen von der Anmeldepflicht ist ein Kontrollerwerb, wenn das Zielunternehmen in den letzten zwei abgeschlossenen Geschäftsjahren einen Umsatz in Polen von weniger als € 10 Mio. erzielte. Für die Berechnung ist allein auf den Umsatz abzustellen, der von der Zielgesellschaft und ihren Tochtergesellschaften in Polen erzielt wird. Ein Vorhaben ist nicht anmeldepflichtig, wenn es sich um einen Auslandszusammenschluss handelt, der keine Auswirkungen auf den polnischen Markt hat. Nach der Praxis der polnischen Wettbewerbsbehörde sind Inlandsauswirkungen nur dann zu bejahen, wenn mindestens zwei der beteiligten Unternehmen jeweils selber in Polen tätig sind oder ein Tochterunternehmen in Polen führen.

---

[2069] Weiter Informationen zur Bundeswettbewerbsbehörde finden sich unter: http://www.bwb.gv.at/BWB/default.htm.

# 6. Teil. Einzelrechtsgebiete § 19 Kartellrechtliche Fragestellungen

Danach entfällt die Anmeldepflicht, wenn lediglich ein beteiligtes Unternehmen ein Tochterunternehmen in Polen hat. Materieller Prüfungsmaßstab ist der SIEC-Test. Marktbeherrschung wird vermutet, wenn der Marktanteil der beteiligten Unternehmen 40% übersteigt.

Das Anmeldeformular der polnischen Wettbewerbsbehörde entspricht dem detaillierten Formblatt CO der Kommission. Über ein Vorhaben wird innerhalb einer einzigen Verfahrensphase in einem Zeitraum von zwei Monaten nach Eingang der vollständigen Anmeldung vom Präsident der Behörde entschieden. Die Prüffrist kann verlängert werden, wenn die Behörde weitere Informationen benötigt. Dies ist in der Praxis nur der Fall, wenn ein Vorhaben wettbewerbliche Bedenken aufwirft. Die Anmeldegebühr beträgt derzeit pauschal ca. € 1.300. Verstoßen die beteiligten Unternehmen gegen das Vollzugsverbot, so können sie mit einer Geldbuße belegt werden, die bis zu 10% des im letzten Geschäftsjahr erzielten Gesamtumsatzes betragen kann.

### 5.2.1.5. Spanien

Am 1. September 2007 ist in Spanien ein neues Wettbewerbsgesetz in Kraft getreten. Danach ist ein Zusammenschluss vor seinem Vollzug zwingend anzumelden. Der Zusammenschlusstatbestand richtet sich nach den Vorgaben der FKVO, wonach die Fusion, der Kontrollerwerb sowie die Gründung eines Vollfunktionsgemeinschaftsunternehmens erfasst werden. Die Umsatzschwellen werden erreicht, wenn der Gesamtumsatz aller beteiligten Parteien in Spanien € 240 Mio. übersteigt und der Umsatz von mindestens zwei der beteiligten Unternehmen in Spanien jeweils mindestens € 60 Mio. beträgt. Alternativ ist ein Zusammenschlussvorhaben anzumelden, wenn der Marktanteil des Zielunternehmens in Spanien oder in einem räumlich relevanten Markt, der kleiner ist als Spanien, mindestens 30% beträgt. Materieller prüft die Wettbewerbsbehörde, ob das Zusammenschlussvorhaben die Existenz effektiven Wettbewerbs im Ganzen oder in Teilen des nationalen Marktes behindern wird.

Der Umfang der Fusionskontrollanmeldung entspricht dem Formblatt CO im europäischen Verfahren. Daher wurde mit dem neuen Wettbewerbsgesetz ein vereinfachtes Verfahren eingeführt, das den Umfang der erforderlichen Angaben begrenzt. Das Verfahren ist zweistufig ausgestaltet. Die spanische Wettbewerbsbehörde („Comisión Nacional de Competencia") hat in der ersten Phase ab Eingang der Anmeldung einen Monat Zeit, das Zusammenschlussvorhaben zu prüfen. Die Frist kann um weitere 10 Werktage verlängert werden, wenn die beteiligten Unternehmen Zusagen anbieten. Die zweite Phase läuft weitere zwei Monate und kann bei der Vorlage von Zusagen durch die beteiligten Unternehmen um weitere 15 Arbeitstage verlängert werden. Wenn die Wettbewerbsbehörde das Vorhaben in der zweiten Phase freigibt, hat die Regierung keinen Einfluss auf das Ergebnis. Will sie jedoch das Zusammenschlussvorhaben untersagen oder nur mit Bedingungen und Auflagen freigeben, hat das Wirtschaftsministerium innerhalb von 15 Werktagen nach Kenntnisnahme der Entscheidung zu entscheiden, ob der Fall der Regierung vorzulegen ist. Wird die Regierung beteiligt, kann sie innerhalb eines weiteren Monats die in der zweiten Phase getroffene Entscheidung entweder bestätigen oder das Zusammenschlussvorhaben ggf. unter Bedingungen und Auflagen genehmigen. Im zuletzt genannten Fall muss die Regierung die Freigabe mit Erwägungen des öffentlichen Interesses begründen, die keine wettbewerblichen Erwägungen darstellen dürfen. Die Anmeldegebühr beträgt zwischen € 3.000 und € 60.000 abhängig vom Umsatz der beteiligten Unternehmen. Bei einer Freigabe im vereinfachten Verfahren fällt eine Pauschalgebühr in Höhe von € 1.500 an.

Ein Zusammenschluss darf erst nach behördlicher Freigabe bzw. nach Ablauf der 15-Tages-Frist und Nichtvorlage an die Regierung vollzogen werden. Ein Verstoß gegen die Anmeldefrist kann mit einer Geldbuße geahndet werden, die bis zu 5% des im letzten Geschäftsjahr erzielten Gesamtumsatzes beträgt.

### 5.2.1.6. Vereinigtes Königreich

Zusammenschlussvorhaben werden im Vereinigten Königreich nach dem Enterprise Act 2002 („**EA**") beurteilt, der am 20. Juni 2003 in Kraft trat. Wettbewerbsbehörde ist danach das Office of Fair Trading („**OFT**") und die Competition Commission („**CC**"). Darüber hinaus besteht die Möglichkeit, dass der Secretary of State for Business, Enterprise and Regulatory Reform („**SoS**") in Verfahren, die das öffentliche Interessen betreffen, die Entscheidung über die Zulässigkeit eines Zusammenschlusses trifft. Im Vereinigten Königreich ist die Anmeldung eines geplanten Zusammenschlusses freiwillig. Die Anmeldung kann durch einen informelle Anzeige („**informal submission**") oder durch einen formellen Antrag („**merger notice**") erfolgen. In der Praxis wird ein großer Teil der Vorhaben angemeldet, um Rechtssicherheit für die beteiligten Unternehmen zu erzielen. Das OFT hat die Verpflichtung, auch einen bereits vollzogenen Zusammenschluss zur CC zu verweisen, wenn es davon ausgeht, dass das Vorhaben zu einer wesentlichen Verschlechterung der Wettbewerbsbedingungen führt. Als Schwellenwerte gibt der EA einen Lieferanteil in Höhe von 25% in Großbritannien oder einem wesentlichen Teil davon an. Es ist zu beachten, dass es dabei nicht um einen Marktanteilstest geht, da eine Marktabgrenzung nach fusionskontrollrechtlichen Maßstäben nicht stattfindet. Allerdings muss es durch das Vorhaben zu einer Addition von Lieferanteilen kommen, andernfalls ist der Schwellenwert nicht erreicht. Überdies ist dem EA zu entnehmen, dass ein Vorhaben angemeldet werden kann, wenn der Umsatz des Zielunternehmens in Großbritannien GBP 70 Mio. (ca. € 77,9 Mio.) übersteigt. Auf Märkten mit geringer Bedeutung mit einem Umsatz von weniger als GBP 10 Mio. (ca. € 11,1 Mio. findet kein Anmeldeverfahren statt. Materieller Prüfungsmaßstab ist der SLC-Test („substantial lessening of competition"), also die Frage, ob das Zusammenschlussvorhaben zu einer wesentlichen Reduzierung des Wettbewerbs führt.

Das Verfahren ist zweistufig ausgestaltet. Zunächst wird das Zusammenschlussvorhaben von der OFT beurteilt, die es dann gegebenenfalls an die CC verweist. Sofern ein Zusammenschlussvorhaben mittels einer merger notice angemeldet wurde, beträgt die Entscheidungsfrist der OFT 20 Werktage. Diese kann einmalig um 10 Werktage verlängert werden. Erfolgt lediglich eine informal submission gibt es keine Entscheidungsfrist. Nach Angaben der Wettbewerbsbehörde können die Parteien in der Regel innerhalb von 40 Werktagen mit einer Entscheidung rechnen. Wird ein Zusammenschlussvorhaben an die CC verwiesen, muss diese innerhalb von 24 Wochen eine Entscheidung treffen. Diese Frist kann um acht Wochen verlängert werden, wenn wichtige Gründe vorliegen. Da keine Anmeldepflicht besteht, gibt es auch keine direkten Sanktionen, wenn ein Zusammenschluss nicht angemeldet wird. Da das OFT aber auch einen bereits vollzogenen Zusammenschluss an die CC verweisen kann, besteht das Risiko, dass nach einer abschließenden Entscheidung der CC diese den Zusammenschluss verbietet oder Auflagen anordnet.

### 5.2.2. Fusionskontrollregime in außereuropäischen Staaten

### 5.2.2.1. USA

In den USA sind zwei Behörden für die Fusionskontrolle zuständig, die Federal Trade Commission („**FTC**") und die Antitrust Division des Department of Justice („**Antitrust Division**"). In der Praxis wird jedoch ein Zusammenschlussvorhaben nur von einer Behörde geprüft. Die Zuständigkeitsentscheidung erfolgt in der Regel nach einer internen Absprache aufgrund der jeweiligen Branchenerfahrung zwischen den Wettbewerbsbehörden.

Ein Zusammenschluss ist vor seinem Vollzug zwingend anzumelden, sofern die Voraussetzungen des Hart-Scott-Rodino Antitrust Improvement Act of 1976 („**HSR**") erfüllt sind. Zunächst müssen die beteiligten Unternehmen in den USA tätig sein oder ihre Geschäftstätigkeit Auswirkungen auf den US-Markt haben (sog. „commerce **te**st"). Überdies muss der vom Erwerber gehaltene Wert der stimmberechtigten Aktien oder des Vermögens mehr als USD 63,4 Mio. betragen (sog. „**size-of-transaction test**"). In die Berechnung einzubeziehen sind auch diejenigen Werte, die durch die Transaktion erworben werden.

Sofern das Transaktionsvolumen einen Wert von USD 253,7 Mio. nicht übersteigt, ist zusätzlich erforderlich, dass der Erwerber weltweite Umsätze oder über ein Bilanzvermögen in Höhe von mindestens USD 12,7 Mio. erzielt bzw. verfügt und das Zielunternehmen weltweite Umsätze oder über ein Bilanzvermögen von USD 126,9 Mio. erzielt bzw. verfügt (sog. „**size-of-person test**"). Die beteiligten Unternehmen werden jeweils zusammen mit ihren verbundenen Unternehmen betrachtet. Die Schwellenwerte werden jährlich angepasst.[2070] Es existiert eine Vielzahl von Ausnahmen von der Anmeldepflicht. Eine der Ausnahmen betrifft den Erwerb von nicht in den USA gelegenen Vermögenswerten, die keine Umsätze in den USA erzielen, sowie den Erwerb von Anteilen an einem ausländischen Unternehmen durch einen US-amerikanischen oder ausländischen Erwerber. Materieller Prüfungsmaßstab ist der SLC-Test.

Das Fusionskontrollverfahren ist zweistufig ausgestaltet. Nach der Einreichung der Anmeldung beginnt im Regelfall eine erste Karenzzeit von 30 Tagen. Im Fall eines öffentlichen Übernahmeangebots[2071] reduziert sich diese auf 15 Tage. Kommt die zuständige Behörde zu dem Ergebnis, dass das Zusammenschlussvorhaben keine wettbewerblichen Bedenken aufwirft, hat sie zwei Möglichkeiten, das Verfahren zu beenden. Sie kann einerseits die Karenzzeit schlicht verstreichen lassen, ohne Maßnahmen zu ergreifen. Sie kann andererseits auf Antrag der beteiligten Unternehmen das Verfahren frühzeitig beenden (sog. „early termination"). Die Entscheidung liegt im Ermessen der Behörde. In beiden Fällen veröffentlicht die Behörde keine formale Entscheidung. Kommt die zuständige Behörde zu dem Ergebnis, dass wettbewerbliche Bedenken bestehen, so fordert sie innerhalb der Karenzzeit zusätzliche Informationen von den beteiligten Unternehmen an (sog. „request for additional information and documentary material" oder „second request"). In diesem Fall verlängert sich die Karenzzeit. Das Vorhaben darf erst nach Ablauf der Karenzzeit nach vollständiger Beantwortung des behördlichen Ersuchens vollzogen werden. Im Fall eines öffentlichen Übernahmenangebots reduziert sich die Frist von 30 auf 10 Tage. Kommt die zuständige Behörde zu dem Ergebnis, dass das Zusammenschlussvorhaben wettbewerblich bedenklich ist, so muss sie eine Klage vor einem Bundesbezirksgericht anstrengen, die den Vollzug des Zusammenschlussvorhabens untersagt. Die Gebühr der zuständigen Wettbewerbsbehörde hängt vom Transaktionsvolumen ab und variiert zwischen USD 45.000 und USD 280.000.

Wird gegen die Anmeldepflicht verstoßen, können Geldbußen verhängt werden. Diese können bis zu USD 11.000 pro Tag betragen. Weiterhin haben die zuständigen Wettbewerbsbehörden die Möglichkeit, gerichtliche Maßnahmen zu beantragen, die zur Entflechtung eines bereits vollzogenen Zusammenschlussvorhabens führen.

#### 5.2.2.2. China

Das chinesische Fusionskontrollregime befindet sich im Umbruch. Es wurde durch das neue Antimonopolgesetz umfassend reformiert.[2072] Dieses ist zum 1. August 2008 in Kraft getreten. Die Neuregelungen orientieren sich an dem europäischen Fusionskontrollverfahren.

Das Antimonopolgesetz regelt die Zuständigkeiten der Behörden zum Teil neu. Es bestimmt, dass innerhalb des Staatsrats eine „Antimonopolkommission des Staatesrates" („**Anti-Monopoly Commission**") eingerichtet werden soll, die für die Organisation, Koordination und Leitung der Antimonopolarbeit der Regierung zuständig ist. Überdies sieht

---

[2070] Die in dieser Abhandlung genannten Schwellenwerte sind aufgrund des Billing Code 6750-01O der Federal Trade Commission im Frühjahr 2010 in Kraft getreten.
[2071] Das öffentliche Übernahmeangebot muss als Barangebot ausgestaltet sein („cash tender offer").
[2072] Siehe dazu Wang, Erlass und Ausführung des chinesischen Kartellgesetzes, RIW 2008, 417 (424 f.).

das Gesetz vor, dass (die) „Antimonopolvollzugsorgan(e) des Staatsrates" („**Anti-Monopoly Law Enforcement Authority**") geschaffen werden soll(en). Die Formulierung des Gesetzes lässt offen, ob es ein einheitliches Vollzugsorgan geben wird oder ob es bei der bisherigen Verteilung auf drei Behörden verbleibt. Bisher sind verschiedene Regierungsbehörden für den Vollzug des Gesetzes zuständig. Dies sind neben dem Handelsministerium,[2073] das Staatliche Industrie- und Handelsamt[2074] und die Nationale Entwicklungs- und Reformkommission.[2075] Für die Fusionskontrolle mit ausländischer Beteiligung waren bisher MOFCOM und SAIC aufgrund einer 2003 erlassenen vorläufigen Verordnung zuständig.[2076]

Erfasst werden vom Fusionskontrollregime im Wesentlichen die Fusion und der Kontrollerwerb. Die Umsatzschwellen für die Durchführung des Anmeldeverfahrens sind nicht im Antimonopolgesetz festgelegt, sondern werden durch den Staatsrat mittels einer Verordnung bestimmt. Nach dieser Verordnung sind die Umsatzschwellen dann erfüllt, wenn der weltweite Umsatz aller am Zusammenschluss beteiligten Unternehmen im letzten Geschäftsjahr mehr als 10 Mrd. RMB und der Umsatz von mindestens zwei beteiligten Unternehmen in China jeweils mehr als 400 Mio. RMB betrug. Eine Anmeldepflicht besteht auch, wenn der Umsatz aller beteiligten Unternehmen im letzten Geschäftsjahr in China 2 Mrd. überstieg und sich der Umsatz von mindestens zwei beteiligten Unternehmen in China jeweils auf mindestens RMB 400 Mio. belief. Überdies kann die zuständige chinesische Wettbewerbsbehörde die Anmeldung eines Vorhabens verlangen, obwohl die Umsatzschwellen nicht erreicht werden. Voraussetzung ist, dass nach ihrer Ansicht das Zusammenschlussvorhaben den Wettbewerb ausschalten oder behindern wird.

Die Zusammenschlusskontrolle gliedert sich in zwei Phasen. Im Rahmen des Vorprüfverfahrens gibt die zuständige Wettbewerbsbehörde innerhalb von 30 Tagen nach Eingang der vollständigen Anmeldeunterlagen eine erste Einschätzung der Auswirkungen des Zusammenschlusses ab. Die Behörde kann das Vorprüfverfahren beenden, indem sie beschließt, nicht weiter zu prüfen, oder innerhalb der Frist keinen Beschluss fasst. Die Frist kann unter bestimmten Umständen bis zu 60 Tage verlängert werden. Es schließt sich hieran ggf. das Hauptprüfverfahren an, in dem innerhalb von weiteren 90 Tagen die endgültige Entscheidung der Behörde getroffen wird. Diese Frist kann wiederum um bis zu 60 Tage verlängert werden. Die Kartellbehörde untersagt ein Vorhaben, wenn es zur Beseitigung oder zur Einschränkung des Wettbewerbs führt oder führen kann. Neben wettbewerblichen Überlegungen sollen die zuständige Wettbewerbsbehörde auch die „Auswirkungen des Zusammenschlusses auf die Entwicklung der Volkswirtschaft" bedenken.[2077] Darin wird die Gefahr gesehen, dass manche den Wettbewerb erheblich beschränkende Zusammenschlussvorhaben mit der Begründung genehmigt werden könnten, dass sie günstig für die volkswirtschaftliche Entwicklung seien.[2078] Liegen die Untersagungsvoraussetzungen vor, so ist weiter zu prüfen, ob ein Freistellungsgrund vorliegt. Ein Zusammenschlussvorhaben kann danach trotz des Vorliegens der Untersagungsvoraussetzungen frei gegeben werden, wenn durch die Unternehmenskonzentration auch Verbesserungen der Wettbewerbsbedingungen eintreten und diese die Nachteile der Wettbewerbsbeschränkung oder wenn die Konzentration im Allgemeininteresse liegt.

Ein Zusammenschlussvorhaben ist zwingend vor seinem Vollzug anzumelden. Wird gegen das Vollzugsverbot verstoßen drohen Sanktionen. Die zuständige Vollzugsbehörde kann in diesem Fall Geldbußen bis zu RMB 500.000 (ca. € 55.000) festsetzen oder die Aufhebung der Fusion anordnen.

---

[2073] Ministry of Commerce „MOFCOM".
[2074] State Administration for Industrie and Commerce „SAIC".
[2075] National Commission for Development and Reform „NCDR".
[2076] Mao/Glass, Das neue Antimonopolgesetz der Volksrepublik China, GRUR Int. 2008, 105 (107).
[2077] Wang, RIW 2008, 417 (425).
[2078] Wang, RIW 2008, 417 (425).

### 5.2.2.3. Russland

In Russland werden Zusammenschlüsse von der russischen Bundeskartellbehörde[2079] und seinen lokalen untergeordneten Behörden geprüft. Beinhaltet ein Zusammenschlussvorhaben den Kauf oder Verkauf von Anteilen an Banken und Kreditinstituten ist daneben auch die russische Zentralbank zuständig.

Zusammenschlüsse sind in Russland zwingend anzumelden. Vom Fusionskontrollregime erfasst werden neben Mehrheitsbeteiligungen auch Minderheitsbeteiligungen von 25%. Es hängt von der Form des Vorhabens sowie von den an diesem Vorhaben beteiligten Unternehmen ab, ob ein Zusammenschluss vor oder nach seinem Vollzug anmeldepflichtig ist. Im Fall des am häufigsten vorkommenden Fall des Anteilserwerbs besteht eine Anmeldepflicht vor Vollzug, wenn das Bilanzvermögen der am Zusammenschluss beteiligten Unternehmen einschließlich der mit ihm verbundenen Unternehmen mehr als 3 Mrd. Rubel beträgt und das Bilanzvermögen des Zielunternehmens 150 Mrd. Rubel erreicht oder das Zielunternehmen im letzten Geschäftsjahr Umsatzerlöse von mehr als 6 Mrd. Rubel erzielte. Eine vorherige Anmeldepflicht besteht überdies, wenn eines der am Zusammenschluss beteiligten Unternehmen im russischen Gesellschaftsregister mit einem Marktanteil von mehr als 35% eingetragen ist.

Beim Anteilserwerb besteht eine nachträgliche Anmeldepflicht, wenn das Bilanzvermögen oder die Gesamtumsätze aller beteiligten Unternehmen jeweils 200 Mio. Rubel übersteigen und das Bilanzvermögen des Zielunternehmens einschließlich aller mit ihm verbundenen Unternehmen mehr als 30 Mio. Rubel beträgt. Zudem muss ein Zusammenschluss auch dann nachträglich angemeldet werden, wenn das Zielunternehmen im russischen Gesellschaftsregister mit einem Marktanteil von mehr als 35% eingetragen ist. Letztere Voraussetzung ist hinsichtlich ihrer Anwendung unklar, da sie auch gleichzeitig die anfängliche Anmeldepflicht auslöst. Materieller Prüfungsmaßstab ist der Marktbeherrschungstest. Die Bundeskartellbehörde kann einen Zusammenschluss auch untersagen, wenn das Vorhaben lediglich zu einer Einschränkung des Wettbewerbs auf dem russischen Markt führt.

Das Anmeldeverfahren ist zweistufig ausgestaltet. Im Rahmen eines 30-tägigen Vorprüfverfahrens entscheidet die russische Bundeskartellbehörde, ob es die Fusion genehmigt (ggf. mit Auflagen) oder ob es aufgrund wettbewerblicher Bedenken eine genauere Überprüfung des Zusammenschlussvorhabens anordnet. In diesem Fall wird das Verfahren um zwei Monate verlängert. Die Behörde kann das Vorhaben im Hauptprüfverfahren freigeben oder untersagen. Eine Anmeldegebühr entsteht nur für Vorhaben, die vor ihrem Vollzug anmeldepflichtig sind. Sie beträgt pauschal 10.000 Rubel.

Bei einem Verstoß gegen die Anmeldepflicht können Geldbußen gegen die beteiligten Unternehmen und ihre Geschäftsführer verhängt werden. Diese liegen zwischen etwa 315.000 Rubel und 525.000 Rubel für das beteiligte Unternehmen bzw. zwischen 15.000 Rubel und 20.000 Rubel für den Geschäftsführer, wenn gegen die anfänglich bestehende Anmeldepflicht verstoßen wurde. Wird die nachträgliche Anmeldepflicht nicht beachtet, beläuft sich die Höhe des Bußgeldes auf ca. 157.000 Rubel bis 262.000 Rubel für Unternehmen und auf ca. 5.000 Rubel bis 9.000 Rubel für Geschäftsführer. In der Praxis werden regelmäßig Bußgelder verhängt. Zudem kann die zuständige Wettbewerbsbehörde bei einem Gericht beantragen, dass eine bereits vollzogene Transaktion vollständig oder teilweise aufgehoben wird.

---

[2079] Federal Antimonopoly Service of the Russian Federation, nähere Informationen in Englisch abrufbar unter: http://fas.gov.ru/english/index.shtml.

## 6. Behandlung von Bieterkonsortien

In den letzten Jahren haben PE Unternehmen in Auktionsprozessen vermehrt gemeinsame Gebote für Zielunternehmen abgegeben. In der englischsprachigen Literatur wird die gemeinsame Übernahme eines Unternehmens durch mehrere PE Unternehmen als **„Club Deal"** bezeichnete. Aus Sicht der PE Unternehmen kann ein solches gemeinsames Vorgehen aus den verschiedensten Gründen erforderlich sein. Ein gemeinsames Gebot wird vor allem deshalb abgegeben, um das Investitionsrisiko auf die beteiligten PE Unternehmen zu verteilen. Insbesondere im Hinblick auf so genannte „Mega-Deals", das heißt Unternehmensübernahmen mit besonders hohem Kaufpreis, ist es einzelnen PE Unternehmen aufgrund eigener Statuten schlicht nicht erlaubt, eine bestimmte Investitionssumme zu überschreiten. Überdies können Club Deals den PE Unternehmen helfen, ausgewogene Investitionsentscheidungen zu treffen. Denn die Entscheidung zur Übernahme beruht auf einer oder mehrerer weiterer Auffassungen zu den Erfolgsaussichten der Investition. Von solchen Bieterkonsortien war bisher vor allem der US-amerikanische Markt betroffen. Dies hat das US Department of Justice (**„DOJ"**) im Jahr 2006 zum Anlass genommen, an verschiedene in den USA ansässige große PE Unternehmen heranzutreten, um Informationen über einzelne Club Deals anzufordern.[2080] Überdies haben bereits verschiedene US-amerikanische Gericht über die Zulässigkeit einzelner Club Deals entschieden.[2081]

Auch in Europa ist es im Rahmen von Auktionsprozessen zwischen verschiedenen PE Unternehmen bereits zur Bildung von Bieterkonsortien gekommen. Bisher haben aber weder die Europäische Kommission noch das BKartA Bieterkonsortien zwischen PE Unternehmen aufgegriffen. Soweit ersichtlich, war auch kein deutsches Gericht mit einer solchen Konstellation beschäftigt. Aus diesem Grund gibt es keine Verwaltungspraxis oder Rechtsprechung zu Bieterkonsortien von PE Unternehmen. Allerdings haben Verwaltung und Rechtsprechung Grundsätze zur Behandlung von Bieter- und Arbeitsgemeinschaften entwickelt, auf die zurückgegriffen werden kann. Der Arbeitsgemeinschaftsgedanke beruht auf der Überlegung, dass *„es Situationen im Wirtschaftsleben gibt, in denen es einem einzelnen Unternehmen aus tatsächlichen oder wirtschaftlichen Gründen unmöglich oder jedenfalls kaufmännisch unvernünftig ist, sich als selbständiger Anbieter dem Wettbewerb zu stellen, während bei einem gemeinsamen Auftreten am Markt diese Hintergründe entfallen"*.[2082] Bieter- und Arbeitsgemeinschaften sind in der Bauwirtschaft entwickelt worden. Die dort entwickelten Grundsätze sind inzwischen auch auf andere Branchen übertragen worden.[2083]

---

[2080] Clasper, Under the microscope, Global Competition Review, März 2007, S. 28 f.

[2081] Siehe zum Beispiel: Order of United States District Court Western District of Washington at Seattle of 21 February 2008, Case No. C06-1737RAJ – "Pennsylvania Avenue Funds ./. Edward J. Borley, et al." In diesem Fall hatten verschiedene PE Unternehmen, darunter auch Vector Capital (**„Vector"**) und Francisco Partners (**„Francisco"**), für das börsennotierte Zielunternehmen WatchGuard Technologies geboten. Nachdem Vector und Francisco zunächst eigenständige Gebote abgegeben hatten, schlossen sie sich im Laufe des Bieterprozesses zusammen und gewannen den Bieterprozess mit einem Übernahmepreis, der unter den von ihnen ursprünglich einzeln abgegebenen Geboten lag. Das Gericht kam zu dem Ergebnis, dass das gemeinsame Gebot zulässig sei. Zunächst sei für die Bestimmung des relevanten Marktes die Anzahl der Bieter zu Beginn des Bieterprozesses maßgeblich, so dass Vector und Fransisco keine Marktmacht hätten; zweitens sah es das Gericht als wettbewerbsfördernd an, wenn ein Bieterkonsortium dazu führe, dass die Anzahl der Bieter erhöht werde; und drittens hätte es dem Verkäufer jederzeit frei gestanden, das von Vector und Francisco abgegebene Gebot abzulehnen.

[2082] BGH, WuW/E DE-R 876 (878) „Jugend- und Nachtfahrten".

[2083] Siehe beispielsweise BGH, WuW/E DE-R 876 (878) – „Jugend- und Frauennachtfahrten".

# 6. Teil. Einzelrechtsgebiete  § 19 Kartellrechtliche Fragestellungen

## 6.1. Beurteilung von Bieterkonsortien nach deutschem Recht – § 1 GWB

In der Bauwirtschaft wird eine Bietergemeinschaft gebildet, wenn ein einzelnes Unternehmen die Bauleistung nicht alleine, sondern nur zusammen mit anderen Anbietern anbieten kann. Dabei sind zwei Konstellationen zu unterscheiden. Zum einen erbringen verschiedene Unternehmen unterschiedliche Leistungen, zum anderen gleichartige Leistungen. Vorliegend ist allein die zweite Fallkonstellation von Bedeutung, in der Unternehmen gleiche Leistungen anbieten, also direkte Wettbewerber sind. Erhält die Bietergemeinschaft den Zuschlag, so verwandelt sich die Bietergemeinschaft in eine Arbeitsgemeinschaft, in der die Beteiligten ihre gemeinsame Arbeit fortsetzen.[2084] Es handelt sich also um das arbeitsteilige Zusammenwirken mehrerer Unternehmen, die gegenüber einem Besteller jeweils einen Teil der Gesamtleistung erbringen.

### 6.1.1. Bildung von Bieterkonsortien vor Beginn des Bieterprozesses

Von einer Bietergemeinschaft ist die Rede, wenn die Mitglieder der Bietergemeinschaft ein einziges gemeinsames Gebot abgeben und sich der Möglichkeit begeben, jeweils eigenständige Angebote abzugeben. In der Regel beruht die Entscheidung für ein gemeinsames Gebot auf unternehmerischen Überlegungen, die es aus Sicht des Unternehmens als wirtschaftlich nicht sinnvoll erscheinen lassen, ein eigenständiges Angebot abzugeben (lit. a)). Anders stellt sich die Situation dar, wenn die Mitglieder des Bieterkonsortiums ein eigenständiges Gebot abgeben könnten, das heißt die Abgabe eines eigenständigen Gebotes wirtschaftlich zweckmäßig und kaufmännisch vernünftig wäre (lit. b)), sie die Abgabe eigenständiger Gebote dennoch unterlassen.

#### 6.1.1.1. Gemeinsames Gebot wirtschaftlich zweckmäßig und kaufmännisch vernünftig

Ist dem Mitglied der Bietergemeinschaft die Abgabe eines eigenständigen Angebots unmöglich, so geht der BGH davon aus, dass ein Verstoß gegen § 1 GWB nicht vorliegt. Nach § 1 GWB sind nur Vereinbarungen zwischen Wettbewerbern verboten. Nach dem BGH ist § 1 GWB nicht erfüllt, da die an der Bietergemeinschaft beteiligenden Unternehmen nicht in einem konkreten Wettbewerbsverhältnis zueinander stehen, wenn sich die Mitglieder ohne Koordinierung ihrer Aktivitäten durch die Bietergemeinschaft eines Angebots im konkreten Fall enthalten. Die Rechtsprechung argumentiert in dieser Fallkonstellation sogar, dass die Gründung respektive Durchführung der Bietergemeinschaft im Ganzen wettbewerbsfördernde Wirkung habe.[2085] Denn die Bietergemeinschaft führe erst zum Zustandekommen eines Gebots ihrer Mitglieder.[2086]

Der BGH stellt an die „Unmöglichkeit" eines eigenständigen Gebots geringe Anforderungen. So geht der Gerichtshof von der Zulässigkeit eines gemeinsamen Gebots nicht nur aus, wenn es den einzelnen Unternehmen wirtschaftlich nicht möglich gewesen wäre, alleine zu bieten. Der BGH betrachtet ein eigenständiges Gebot bereits dann als unmöglich, wenn eine selbständige Teilnahme wirtschaftlich nicht zweckmäßig und kaufmännisch nicht vernünftig erscheine.[2087] Die Beurteilung dieses Kriteriums ist anhand einer objektiven und einer subjektiven Komponente vorzunehmen. Es muss anhand von Fakten belegbar und damit objektiv nachvollziehbar sein (objektive Komponente),[2088] dass die Zusammenarbeit

---

[2084] Grundlegend Immenga „Bietergemeinschaften im Kartellrecht – ein Problem potentiellen Wettbewerbs, DB 1984, 385 ff.
[2085] BGH, WuW/E BGH 2050 (2051) „Bauvorhaben Schramberg".
[2086] OLG Naumburg, WuW/E Verg 493 (495).
[2087] BGH, WuW/E BGH 2050 (2051) „Bauvorhaben Schramberg"; OLG Naumburg WuW/E Verg 493 (495).
[2088] BGH, WuW/E BGH 2777 (2779) – Freistellungsende bei Wegenutzungsrecht; BGH WuW/E DE-R 17 (22) – Europapokalheimspiele; sieh auch: BKartA WuW/E DE-V 995, 1008 „Rethmann/GfA Köthen"; so auch OLG Frankfurt/M., 27. Juni 2003 „Zweckverband" WuW/E Verg 823; OLG

eine im Rahmen wirtschaftlich zweckmäßigen und kaufmännisch vernünftigen Handelns liegende Unternehmerentscheidung darstellt (subjektive Komponente) und erst durch die Kooperation ein zusätzliches Angebot auf dem Markt erbracht werden kann.[2089] Damit gesteht die Rechtsprechung den einzelnen Unternehmen die unternehmerische Entscheidung zu, sich alleine oder als Mitglied einer Bietergemeinschaft um die Vergabe eines Auftrags zu bemühen.[2090] Der Unternehmer verfügt insoweit über einen Beurteilungsspielraum.[2091] Diese Grundsätze gelten nicht nur für kleine und mittlere Unternehmen, sondern auch für Arbeitsgemeinschaften von Großunternehmen, wenn die Kooperation erforderlich ist, um überhaupt auf dem Markt mit einem konkurrenzfähigen Angebot auftreten zu können.[2092]

Werden diese Grundsätze auf die Bildung von Bieterkonsortien durch PE Unternehmen bei Auktionsverfahren übertragen, so stellt sich die Situation wie folgt dar: der Zusammenschluss zu einem Bieterkonsortium vor Beginn des Auktionsprozesses ist nicht nur dann zulässig, wenn es einem PE Unternehmen allein aufgrund begrenzt einsetzbarer Finanzmittel nicht möglich ist, alleine für eine Zielgesellschaft zu bieten. Die Rechtsprechung gesteht den beteiligten PE Unternehmen darüber hinaus einen relativ weiten unternehmerischen Beurteilungsspielraum zu. Die unternehmerischen Gründe, die für die Abgabe eines gemeinsamen Gebots sprechen, könnten unter anderem die Aufteilung des Investitionsrisikos oder besondere Branchenkenntnisse sein.

### 6.1.1.2. Alleiniges Gebot wirtschaftlich zweckmäßig und kaufmännisch vernünftig

Anders fällt die kartellrechtliche Beurteilung solcher Situationen aus, in denen den PE Unternehmen die Abgabe eines eigenständigen Gebots nach den bereits skizzierten Grundsätzen möglich wäre,[2093] zwei oder mehr PE Unternehmen aber nur ein gemeinsames Gebot abgeben. Grund für ein gemeinsames Vorgehen könnte in dieser Konstellation die Überlegung sein, den Kaufpreis nicht in die Höhe zu treiben. Einbezogen werden könnten auch Fallgestaltungen, in denen zwei oder mehr PE Unternehmen vereinbaren, sich bei einer bestimmten Auktion eines Gebots zu enthalten und sich als Gegenleistung versprechen lassen, dass das/die anderen PE Unternehmen sich bei der nächsten Auktion enthält/enthalten.

**a) Wettbewerbsverhältnis im Sinne des § 1 GWB.** Es besteht ein Wettbewerbsverhältnis im Sinne des § 1 GWB zwischen den Mitgliedern des Bieterkonsortiums. Denn für die Mitglieder der Bietergemeinschaft wäre es wirtschaftlich zweckmäßig und kaufmännisch vernünftig, eigenständige und damit konkurrierende Gebote abzugeben. Es ist offensichtlich, dass die Vereinbarung der Bietergemeinschaft in diesem Fall gerade nicht dazu führt, dass ein zusätzliches Angebot auf den Markt kommt, sondern im Gegenteil den Wettbewerb zwischen den Unternehmen ausschaltet. In der Ausschaltung des Wettbewerbs ist grundsätzlich eine Wettbewerbsbeschränkung im Sinn von § 1 GWB zu sehen.[2094]

---

Naumburg, 21. Dezember 2000 „Abschleppaufträge" WuW/E Verg. 493 (495); VK Schleswig Holstein, 26. November 2004 VK-SH 26/04; vgl. OLG Düsseldorf, 2. November 2005 VI-Kart 30/04; vgl. Janssen, WuW 2005, 502 (504).

[2089] BKartA, WuW/E DE-V 995, 1008 „Rethmann/GfA Köthen".
[2090] Zimmer in Immenga/Mestmäcker, a.a.O., § 1 Rn. 286
[2091] OLG Naumburg, WuW/E Verg 493 (496); kritisch zur subjektiven Komponente: Maasch, ZHR 150 (1986), S. 657 (673ff.), für ein objektiviertes Verständnis der „wirtschaftlichen Zweckmäßigkeit und der kaufmännischen Vernunft" Koenig/Kühling/Müller, Marktfähigkeit, Arbeitsgemeinschaften und das Kartellverbot, WuW 2005, 126 (131).
[2092] OLG Stuttgart „Parkhaus", WuW/E OLG 3108 (3110).
[2093] So BKartA WuW/E DE-V 995, 1008 „Rethmann/GfA Köthen" zur Bildung einer Bietergemeinschaft zwischen Rethmann KDN und Tönsmeier Entsorgungsdienste im Hinblick auf die Übernahme der Gesellschaft für Abfallwirtschaft Köthen mbH.
[2094] OLG Celle, WuW 1962, 353; BGHZ 31, 105 (112); so auch Maasch, Die Zulässigkeit von Bietergemeinschaften, ZHR 150 (1986), S. 657 (677).

**b) Spürbarkeit der Wettbewerbsbeschränkung.** Weitere Voraussetzung des § 1 GWB ist, dass die Wettbewerbsbeschränkung spürbar ist. Die Spürbarkeit bezieht sich auf die Außenwirkung. Theoretische Außenwirkungen reichen nicht aus. Die Einschränkung der Wettbewerbsfreiheit der Beteiligten muss in einer praktisch ins Gewicht fallenden Weise zu einer Veränderung der Marktverhältnisse führen können.[2095] Spürbarkeit ist gegeben, wenn die Wahlmöglichkeiten der Marktgegenseite merklich beeinträchtigt werden.[2096] Für die Beurteilung ist auf quantitative und qualitative Kriterien abzustellen. In **quantitativer** Hinsicht ist dabei insbesondere der Marktanteil relevant, den die am Kartell beteiligten Unternehmen auf dem relevanten Markt innehaben. In **qualitativer** Hinsicht ist maßgeblich, welchen Inhalt die Wettbewerbsbeschränkung hat, d. h. ob es sich um eine schwerwiegende Beeinträchtigung wie etwa eine Preis-, Quoten-, Gebiets- oder Submissionsabsprache handelt.[2097] Die Rechtsprechung lässt für besonders gravierende Formen der Wettbewerbsbeschränkung wie Gebietsabsprachen oder Preiskartelle geringe Marktanteile für die Anwendung des § 1 GWB ausreichen.[2098]

Um die quantitativen Auswirkungen eines gemeinsamen Gebots bzw. der Nichtabgabe eigenständiger Gebote von (potentiellen) Wettbewerbern auf den Markt beurteilen zu können, ist auf die Stellung der Beteiligten in den von der Zusammenarbeit betroffenen Märkten abzustellen.[2099] Das BKartA hat in der Entscheidung „Rethmann/GfA Köthen"[2100] auf den Markt abgestellt, auf dem sowohl das Zielunternehmen als auch die an der Absprache beteiligten Unternehmen tätig waren. Sind die beteiligten PE Unternehmen durch Portfolio Unternehmen bereits auf den Märkten des Zielunternehmens vertreten, so ist auf die gemeinsamen Marktanteile der PE Unternehmen auf diesem Markt abzustellen. Hierzu ist auf die vom BKartA mit Datum vom 13. März 2007 veröffentlichte Bekanntmachung Nr. 18/2007 über die Nichtverfolgung von Kooperationsabreden mit geringer wettbewerbsbeschränkender Bedeutung („**BKartA Bagatellbekanntmachung**") abzustellen.[2101] Das BKartA erklärt darin, dass es von der Einleitung eines Verfahrens auf der Grundlage von § 1 GWB bzw. Art. 81 EG absehen werde, wenn der von den an einer horizontalen Vereinbarung beteiligten Unternehmen insgesamt gehaltene Marktanteil auf keinem der betroffenen Märkte 10 % überschreitet. Eine gleich lautende Regelung hat die Kommission in ihrer Bekanntmachung über die Vereinbarungen von geringer Bedeutung, die den Wettbewerb gemäß Art. 81 Abs. 1 des Vertrags zur Gründung der Europäischen Gemeinschaft nicht spürbar beschränken (de minimis) („**Bagatellbekanntmachung**") aus dem Jahr 2001 getroffen.[2102] Auch danach soll für Horizontalvereinbarungen der kritische Marktanteil der gebundenen Mitbewerber 10 % betragen.[2103]

---

[2095] BGH, WuW/E DE-R 711 (717) „Ost-Fleisch"; WuW/E BGH 2469 (2470) „Brillenfassungen"; BGH, WuW/E DE-R 115 (119 f.) „Carpartner".
[2096] OLG, Stuttgart WuW/E 928 f.; OLG München, WuW/E OLG 3946 (3947).
[2097] BKartA, WuW/E DE-V 995, 1008 „Rethmann/GfA Köthen".
[2098] OLG München, WuW/E OLG 3946 (3948) – Fassadenbau.
[2099] Leitlinien der Kommission zur Anwendung von Art. 81 EG-Vertrag auf Vereinbarungen über horizontale Zusammenarbeit (2001/C 3/02), ABl. 2001, C 3 ff., Rn. 27.
[2100] BKartA, WuW/E DE-V 995, 1008.
[2101] Die Bagatellbekanntmachung v. 13. März 2007 ersetzt die Bekanntmachung BKartA Nr. 57/80 v. 8. Juli 1980 über die Nichtverfolgung von Kooperationsabreden mit geringer wettbewerbsbeschränkender Bedeutung. Weitergehend zum Teil die Literatur, in der vertreten wird, dass die kritische Grenze bereits bei einem Marktanteil von ca. 5 % liegt; Nordemann in: Loewenheim/Meessen/Riesenkampff, Kartellrecht Band 2 GWB Kommentar, München 2006, § 1 Rn. 142.
[2102] Bekanntmachung der Kommission über Vereinbarungen von geringer Bedeutung, die den Wettbewerb gemäß Art. 81 Abs. 1 des Vertrags zur Gründung der Europäischen Gemeinschaft nicht spürbar beschränken (de minimis) (2001/C 368/07), Amtsblatt der Europäischen Gemeinschaften 22. Dezember 2001, C 368/13.
[2103] Rn. 7 lit. a) der Bagatellbekanntmachung.

In der Praxis stellt die Konstellation, in der ein PE Unternehmen bereits Anteile auf dem Markt hält, auf dem das Zielunternehmen tätig ist, allerdings die Ausnahme dar. PE Unternehmen halten in der Regel Beteiligungen an Unternehmen, die in kartellrechtlich völlig unterschiedlichen Produktmärkten tätig sind. In diesem Fall ist eine Beantwortung der Frage, ob die Wettbewerbsverhältnisse durch die Absprache spürbar beeinträchtigt werden, anhand von Marktanteilen nicht möglich. Es stellt sich die Frage, ob auf andere Kriterien abzustellen ist, die die Spürbarkeit der Wettbewerbsbeeinträchtigung in quantitativer Hinsicht belegen könnte. Ein sinnvolles Kriterium zur Beurteilung der quantitativen Spürbarkeit könnte in dieser Konstellation die Anzahl der zu Beginn des Auktionsprozesses abgegebenen Gebote sein.[2104] Wettbewerber des Bieterverfahrens wären danach alle PE Unternehmen, die ein Angebot zur Übernahme der Zielgesellschaft abgeben. Solange für den Veräußerer ausreichende Alternativen zu dem Bieterkonsortium bestehen, kann eine spürbare Beeinträchtigung der Wettbewerbsbedingungen ausgeschlossen werden.[2105] Denn der Bieterwettbewerb um die Zielgesellschaft bleibt durch die anderen mitbietenden PE Unternehmen erhalten. Spürbarkeit wäre aber in jedem Fall zu bejahen, wenn der Veräußerer keine Alternative zu der Bietergemeinschaft hätte.[2106] In diesem Fall werden die Wahlmöglichkeiten der Marktgegenseite merklich beeinträchtigt, denn statt zwei konkurrierende Wettbewerber verbleibt lediglich ein gemeinsames Angebot.

Enthält das gemeinsame Gebot den Kaufpreis, den die an der Vereinbarung einer Bietergemeinschaft beteiligten PE Unternehmen bei Erhalt des Zuschlags für das Zielunternehmen zu zahlen bereit sind, so könnte die Spürbarkeit auch in qualitativer Hinsicht erfüllt sein. In diesem Fall würde die Abgabe eines gemeinsamen Gebots eine kartellrechtswidrige Preisabsprache beinhalten. Der Preiswettbewerb zwischen den an der Gründung einer Bietergemeinschaft beteiligten PE Unternehmen ist durch die Vereinbarung, ein gemeinsames Gebot abzugeben, entfallen. Dies dürfte die Bejahung der Spürbarkeit im Rahmen des § 1 GWB erleichtern.

**c) Freistellung nach § 2 GWB.** Wenn die Bildung eines Bieterkonsortiums die Wettbewerbsbedingungen spürbar beeinträchtigt, stellt sich die weitere Frage, ob eine solche Vereinbarung nach § 2 GWB freigestellt wäre. Die nach § 2 Abs. 2 GWB für die Beurteilung heranzuziehenden Gruppenfreistellungsverordnungen der Europäischen Kommission finden offensichtlich keine Anwendung.[2107] Es bleibt die allgemeine Prüfung nach § 2 Abs. 1 GWB, deren Kriterien durch die Bildung eines Bieterkonsortiums in der Regel nicht erfüllt werden. Die Prüfung scheitert bereits daran, dass die Vereinbarung über die Bildung eines Bieterkonsortiums nicht *„zur Verbesserung der Warenerzeugung oder -verteilung oder zur Förderung des technischen oder wirtschaftlichen Fortschritts"* beiträgt. Dies wäre ggf. nur der Fall,

---

[2104] So Immenga, Bietergemeinschaften im Kartellrecht – ein Problem potentiellen Wettbewerbs, DB 1984, 385 (386); vgl. auch BGH, WuW/E 1458 (1462) „Fertigbeton"; vgl. zur Bedeutung der Anzahl der Bieter auch T'Syen, Market Power in Bidding Markets: An Economic Overview, World Competition 2008, S. 37 (38) (42 ff.).

[2105] Vgl. OLG Stuttgart, WuW/E OLG 4000 f.

[2106] In einer solchen Konstellation wäre auch an eine Strafbarkeit nach § 298 StGB zu denken, der wettbewerbsbeschränkende Absprachen bei Ausschreibungen unter Strafe stellt.

[2107] Verordnung (EG) Nr. 2658/2000 der Kommission v. 29. November 2000 über die Anwendung von Artikel 81 Abs. 3 des Vertrags auf Gruppen von Spezialisierungsvereinbarungen; Verordnung (EG) Nr. 2659/2000 der Kommission v. 29. November 2000 über die Anwendung von Artikel 81 Abs. 3 des Vertrages auf Gruppen von Vereinbarungen über Forschung und Entwicklung; Verordnung (EG) Nr. 1400/2002 der Kommission v. 31. Juli 2002 über die Anwendung von Artikel 81 Abs. 3 des Vertrags auf Gruppen von vertikalen Vereinbarungen und aufeinander abgestimmten Verhaltensweisen im Kraftfahrzeugsektor; Verordnung (EG) Nr. 2790/1999 der Kommission v. 22. Dezember 1999 über die Anwendung von Artikel 81 Abs. 3 des Vertrags auf Gruppen von vertikalen Vereinbarungen und aufeinander abgestimmten Verhaltensweisen; Verordnung (EG) Nr. 772/2004 der Kommission v. 27. April 2004 über die Anwendung von Artikel 81 Abs. 3 des Vertrags auf Gruppen von Technologietransfer-Vereinbarungen.

## 6. Teil. Einzelrechtsgebiete      § 19 Kartellrechtliche Fragestellungen

wenn der Zielgesellschaft durch die Beteiligung mehrerer PE Unternehmen zusätzliche Finanzmittel zur Verfügung gestellt würden. In der Praxis beteiligen sich PE Unternehmen allerdings in aller Regel an Zielgesellschaften, ohne dem Zielunternehmen zugleich zusätzliche Finanzmittel zukommen zu lassen. Daran ändert sich auch nichts infolge der Beteiligung mehrerer Investoren statt nur eines Investors.

### 6.1.1.3. Ergebnis

Die Bildung einer Bietergemeinschaft durch PE Unternehmen vor Beginn des Bieterprozesses ist kartellrechtlich nicht zu beanstanden, wenn die Abgabe eines eigenständigen Angebots unmöglich ist. Der BGH stellt an die „Unmöglichkeit" eines eigenständigen Gebots geringe Anforderungen. Sie liegt bereits vor, wenn ein gemeinsames Gebot wirtschaftlich zweckmäßig und kaufmännisch vernünftig ist. Den PE Unternehmen steht insoweit ein unternehmerischer Beurteilungsspielraum zu. Gründe für die Vereinbarung einer Bietergemeinschaft können zum Beispiel die Aufteilung des Investitionsrisikos oder besondere Branchenkenntnisse sein.

Ist den PE Unternehmen allerdings die Abgabe eines eigenständigen Gebots möglich und vereinbaren die Unternehmen dennoch die Bildung einer Bietergemeinschaft, liegt eine Vereinbarung zwischen Wettbewerbern nach § 1 GWB vor. Ob die Wettbewerbsbeschränkung spürbar ist, muss im Einzelfall geprüft werden. Die Spürbarkeit wird aber in jedem Fall anzunehmen sein, wenn der Veräußerer keine Alternative zu der Bietergemeinschaft hat und damit seine Wahlmöglichkeiten beschränkt sind. Eine Freistellung nach § 2 GWB scheidet aus, da weder die Voraussetzungen der europäischen Gruppenfreistellungsverordnungen vorliegen noch die allgemeinen Voraussetzungen des § 2 Abs. 1 GWB erfüllt werden.

### 6.1.2. Bildung eines Bieterkonsortiums nach Beginn des Bieterprozesses

Es existieren auch Konstellationen, in denen die an der Bildung eines Bieterkonsortiums beteiligten PE Unternehmen bereits eigenständige Gebote abgegeben haben und die betreffenden PE Unternehmen erst im Laufe des Bieterverfahrens vereinbaren, ein gemeinsames Angebot abzugeben. Das gemeinsame Gebot beinhaltet zumeist, dass die Einzelgebote zurück genommen werden und die Unternehmen im weiteren Verlauf des Bieterverfahrens gemeinsam auftreten. Da die an dem Bieterkonsortium beteiligten Unternehmen bereits eigenständige Gebote abgegeben haben, erscheint es aus ihrer Sicht wirtschaftlich zweckmäßig und kaufmännisch vernünftig, einzeln für das Zielunternehmen zu bieten. In diesem Fall stehen die Unternehmen in einem Wettbewerbsverhältnis im Sinne des § 1 GWB. In der Vereinbarung eines Bieterkonsortiums läge eine Wettbewerbsbeschränkung, die ggf. auch spürbar ist, es sei denn, der Transaktionsprozess hat sich in einer Weise geändert, dass eine Kooperation notwendig ist (z. B. der Kaufpreis steigt im Zuge einer Auktion in einen Bereich, der durch die kooperierenden Bieter nicht mehr alleine aufgebracht werden kann).

### 6.2. Beurteilung von Bieterkonsortien nach europäischem Recht – Art. 101 AEUV[2108]

Auch im europäischen Recht ist der Arbeitsgemeinschaftsgedanke anerkannt. So gehen die Leitlinien der Kommission zur Anwendbarkeit von Art. 101 AEUV auf Vereinbarungen über horizontale Zusammenarbeit davon aus, dass der Abschluss einer Konsortialvereinbarung zwischen Wettbewerbern zulässig sei, die es den beteiligten Unternehmen erlaube, sich an einer Ausschreibung zu beteiligen, deren Anforderungen sie einzeln nicht erfüllen könn-

---

[2108] Vormals Art. 81 EG, geändert durch den Vertrag von Lissabon zur Änderung des Vertrags über die Europäische Union und des Vertrags zur Gründung der Europäischen Gemeinschaft, unterzeichnet in Lissabon am 13. Dezember 2007.

ten.[2109] Eine wettbewerbsbeschränkende Wirkung fehle, wenn die Vereinbarung dazu erforderlich sei, dass ein Partner erst in den Markt eintrete, in den er z. B. wegen der Kosten allein nicht würde eintreten können.[2110] Eine Beschränkung des Wettbewerbs liege in diesem Fall nicht vor, da die an der Bietergemeinschaft beteiligten Unternehmen in Bezug auf die Ausschreibung keine potentiellen Wettbewerber seien.[2111] Dies schließt denknotwendig die Verpflichtung der beteiligten Unternehmen ein, für die konkrete Ausschreibung kein eigenständiges Gebot abzugeben.[2112]

Die Kommission stellt strenge Kriterien auf, bei deren Vorliegen sie davon ausgeht, dass die an der Bietergemeinschaft beteiligten Unternehmen einen Auftrag nur gemeinsam ausführen können. Es dürfe nur an objektive Kriterien angeknüpft werden, z. B. an Erfahrungen, Spezialkenntnisse, Kapazitäten oder an die Finanzkraft.[2113] Die Arbeitsgemeinschaft muss daher aus einer ex-ante Sicht objektiv notwendig sein.[2114] Auf die subjektive Einschätzung der beteiligten Unternehmen kommt es nicht an.[2115] Daher ist eine mit der Rechtsprechung des BGH vergleichbare, weitgehende Einschränkung des Kartellverbots durch das Abstellen auf subjektive Kriterien bisher nicht anerkannt.[2116]

Nach der Entscheidungspraxis der Kommission liegt eine zulässige Arbeitsgemeinschaft vor, wenn die beteiligten Unternehmen für sich allein nicht in der Lage sind, die Aufträge durchzuführen. Dies gilt auch für Unternehmen derselben Branche, soweit sie sich nur mit solchen Erzeugnissen oder Leistungen an der Arbeitsgemeinschaft beteiligen, die von den anderen Beteiligten nicht erbracht werden können.[2117] Eine Zusammenarbeit kann überdies aus tatsächlichen Gründen erforderlich sein, z. B. weil ausreichendes Fachpersonal oder technische Einrichtungen fehlen.[2118] Schließlich kann eine Zusammenarbeit aus ökonomischen Gründen erforderlich sein, z. B. weil das wirtschaftliche Risiko der Beteiligten aufgrund des erforderlichen Einsatzes erheblicher Ressourcen und langfristiger Kapitalbindung zu hoch erscheint und ein individuelles Vorgehen deshalb nicht möglich ist oder jedenfalls vernünftigerweise nicht erwartet werden kann.[2119] Hingegen beurteilt die Kommission eine Vereinbarung als nicht zulässig, wenn die Zusammenarbeit zwischen den beteiligten Unternehmen dadurch lediglich wirtschaftlich effizienter wird. So hat die Kommission die Vereinbarung einer Arbeitsgemeinschaft zur Herstellung von Triebwerken als unzulässig abgelehnt, weil es für die betroffenen Unternehmen lediglich wirtschaftlich effizienter war, das Projekt gemeinsam auszuführen.[2120]

Mit Veröffentlichung der Leitlinien über horizontale Zusammenarbeit hat die Kommission klar gestellt, dass die Bildung einer Arbeitsgemeinschaft ihre wettbewerbsfördernde Wirkung verliert, wenn Unternehmen mit einer erheblichen Marktmacht beteiligt sind und die Zusammenarbeit zu Abschottungsproblemen gegenüber Dritten führen kann.[2121] Als

---

[2109] Bekanntmachung der Kommission: Leitlinien über horizontale Zusammenarbeit, ABl. EG 2001 Nr. C 3/02, Rn. 143, vgl. auch Rn. 24 (87).
[2110] Leitlinien über horizontale Zusammenarbeit, Rn. 143.
[2111] Leitlinien über horizontale Zusammenarbeit, Rn. 143.
[2112] Mestmäcker/Schweitzer, a.a.O., § 10 Rn. 57.
[2113] Mestmäcker/Schweitzer, a.a.O., § 10 Rn. 58.
[2114] Gleiss/Hirsch, Bd. 1, Artikel 85 und Gruppenfreistellungsverordnungen, Art. 85 (1) Rn. 478.
[2115] Gleiss/Hirsch, Art. 85(1) Rn. 478.
[2116] Zimmer in: Immenga/Mestmäcker, a.a.O., § 1 Rn. 286.
[2117] Kommission, 24. Oktober 1988 „Eurotunnel" ABl. 1988 L 311/36 Rn. 17.
[2118] Kommission, 27. Juli 1990 „ECR 900" ABl. 1990 L 228/31 Abschnitt II.2.
[2119] Braun in: Langen/Bunte, Europäisches Kartellrecht, Art. 81 Rn. 58; Kommission, 15. Dezember 1994 "International Private Satellite Partners" ABl. 1994 L 354/75; Kommission, 18. Dezember 1996 „Iridium" ABl. 1997 L 16/87 Rn. 40.
[2120] Kommission, 14. September 1999, ABl. 2000 L 58/16, „GEAE/P & W" Rn. 75.
[2121] Leitlinien über horizontale Zusammenarbeit, Rn. 24 (Satz 3); anders die deutsche Rechtsprechung, nach der auch eine Bieter- und Arbeitsgemeinschaft von Großunternehmen zulässig ist, siehe oben Abschnitt 6.1.1.1.

Beispiel wird in der Kommentarliteratur eine exklusive Zusammenarbeit zwischen zwei Wettbewerbern in einem sehr engen Markt genannt.[2122] Die Beschränkung der Zulässigkeit von Arbeitsgemeinschaften auf kleine und mittlere Unternehmen wird zum Teil für unvereinbar mit dem Wortlaut des Art. 101 AEUV kritisiert.[2123] Entscheidungen der Kommission liegen bisher nicht vor.

Vor dem Hintergrund der Entscheidungspraxis der Kommission ist es PE Unternehmen erlaubt, Bieterkonsortien zu vereinbaren, wenn objektive Kriterien vorliegen, die ein gemeinsames Vorgehen als notwendig erscheinen lassen. Vereinbaren PE Unternehmen die Abgabe eines gemeinsamen Gebots erst nach Beginn des Bieterprozesses, so geht auch die Kommission davon aus, dass es sich bei den Mitgliedern des Bieterkonsortiums um Wettbewerber handelt. Ein Verstoß gegen Art. 101 Abs. 3 AEUV ist möglich.[2124]

---

[2122] Braun in: Langen/Bunte, a.a.O., Art. 81 Rn. 57.
[2123] Emmerich in: Immenga/Mestmäcker, Wettbewerbsrecht AG/Teil 2, Art. 81 Abs. 1 EGV Rn. 160 (145).
[2124] Es wird auf die Ausführungen unter Abschnitt 6.1. zum deutschen Recht verwiesen.

# § 20 Arbeitsrechtliche Fragestellungen

| Übersicht | Seite |
|---|---:|
| 1. Vorbemerkung | 542 |
| 2. Mitwirkungsrechte der Arbeitnehmervertretungen vor Abschluss der Transaktion | 542 |
|    2.1. Information des Wirtschaftsausschusses | 542 |
|    2.2. Pflicht zur Beratung mit dem Wirtschaftsausschuss? | 543 |
|    2.3. Informationen des Betriebsrates | 543 |
|    2.4. Sanktionen und Streitigkeiten | 543 |
|    2.5. Folgen für die Transaktionsgestaltung | 543 |
| 3. Arbeitsrechtliche Aspekte der Umwandlung von Unternehmen | 544 |
|    3.1. Arbeitsrechtliche Angaben im Umwandlungsvertrag | 544 |
|    3.2. Zuleitung an den zuständigen Betriebsrat | 544 |
|    3.3. Rechtsfolgen bei Verstößen | 545 |
|    3.4. Auswirkungen auf Betriebsratsstrukturen | 546 |
|    3.5. Auswirkungen auf Betriebsvereinbarungen und Tarifverträge | 546 |
|       3.5.1. Betriebsvereinbarungen | 546 |
|       3.5.2. Tarifverträge | 547 |
|       3.5.3. Besonderheiten bei Bezugnahmeklauseln | 547 |
|       3.5.4. Überleitungsvereinbarungen | 548 |
| 4. Kauf und Verkauf von Betrieben und Betriebsteilen | 548 |
|    4.1. Voraussetzungen eines Betriebsübergangs | 548 |
|    4.2. Taktische Hinweise für die arbeitsrechtliche Gestaltung | 549 |
|    4.3. Individualrechtliche Folgen eines Betriebsübergangs | 550 |
|       4.3.1. Übergang der Arbeitsverhältnisse auf den Erwerber | 550 |
|       4.3.2. Unterrichtungspflicht | 550 |
|       4.3.3. Widerspruchsrecht der Arbeitnehmer | 552 |
|       4.3.4. Haftung von Erwerber und Veräußerer | 552 |
|       4.3.5. Auswirkung auf Kündigungen | 552 |
|    4.4. Kollektivrechtliche Folgen eines Betriebsübergangs | 552 |
|       4.4.1. Grundsatz der Transformation in Individualrecht | 552 |
|       4.4.2. Ablösung durch Kollektivrecht beim Erwerber | 553 |
|       4.4.3. Besonderheiten bei Gesamtbetriebsvereinbarungen | 553 |
|       4.4.4. Besonderheiten bei Bezugnahme auf Tarifverträge | 554 |
|    4.5. Betriebsübergang als Betriebsänderung? | 554 |
| 5. Reorganisation auf Betriebsebene | 555 |
|    5.1. Interessenausgleich | 555 |
|       5.1.1. Voraussetzungen | 555 |
|       5.1.2. Gegenstand und Inhalt des Interessenausgleichs | 556 |
|       5.1.3. Interessenausgleichsverfahren | 556 |
|    5.2. Sozialplan | 557 |
|       5.2.1. Inhalt des Sozialplans | 557 |
|       5.2.2. Verhandlungspartner für Interessenausgleich und Sozialplan | 558 |
|    5.3. Taktische Hinweise für die Verhandlung von Interessenausgleich und Sozialplan | 559 |
|    5.4. Tarifsozialplan | 560 |
|    5.5. Besonderheiten bei Massenentlassungen | 561 |
| 6. Änderung von materiellen Beschäftigungsbedingungen | 562 |
|    6.1. Ausstieg aus dem geltenden Tarifsystem | 562 |
|    6.2. Kündigung von Betriebsvereinbarungen | 564 |
|    6.3. Besonderheiten bei der betrieblichen Altersversorgung | 565 |
|    6.4. Einstellung freiwilliger Leistungen | 566 |
|       6.4.1. Betriebliche Übung | 566 |
|       6.4.2. Leistungen aufgrund Freiwilligkeitsvorbehalts | 566 |
|       6.4.3. Widerrufsvorbehalt | 567 |
|    6.5. Zusammenfassende Bewertung | 567 |

Löw

# 6. Teil. Einzelrechtsgebiete § 20 Arbeitsrechtliche Fragestellungen

## 1. Vorbemerkung

Der typische Private Equity Deal ist ein Share Deal. Nach dem Closing wird der Investor das Portfolio-Unternehmen bereinigen durch Teilverkäufe und/oder Zukäufe. Parallel dazu wird die Profitabilität des neuen Portfolio-Unternehmens erhöht. Ein wesentlicher Aspekt hierbei sind die Personalkosten. Diese können reduziert werden durch den Abbau von Personal oder auch die Änderung der materiellen Arbeitsbedingungen.

Dieser Logik folgt der Aufbau des arbeitsrechtlichen Kapitels. Es beginnt mit einer Darstellung der Informations- und Beratungsrechte der Arbeitnehmervertretungen vor Abschluss der Transaktion. Sodann werden die arbeitsrechtlichen Implikationen von Teilverkäufen und Zukäufen dargestellt. Es folgen die Möglichkeiten und Grenzen der Personalkostenreduzierungen durch Personalabbau und durch Änderung der materiellen Beschäftigungsbedingungen.

## 2. Mitwirkungsrechte der Arbeitnehmervertretungen vor Abschluss der Transaktion

### 2.1. Information des Wirtschaftsausschusses

Nach § 106 Abs. 3 Nr. 9a BetrVG ist der Wirtschaftsausschuss im Falle der Unternehmensübernahme zu informieren, wenn hiermit der Erwerb der Kontrolle verbunden ist. Ein Kontrollwechsel soll nach der Gesetzesbegründung in den Fällen des § 29 Abs. 2 WPÜG vorliegen. Danach setzt ein Kontrollwechsel den Wechsel von mindestens 30 % der Stimmrechte voraus. Diese Regelung passt allerdings nur für börsennotierte Unternehmen.[2125] Insbesondere bei einer GmbH ist der Erwerb von 30 % der Anteile für einen Kontrollerwerb nicht ausreichend, es sei denn, dass dem Erwerber satzungsmäßig bestimmte Sonderrechte eingeräumt werden.[2126]

Nach dem Gesetzeswortlaut ist der Unternehmer zur Unterrichtung des Wirtschaftsausschusses verpflichtet. Der Unternehmer ist das Leitungsorgan der Zielgesellschaft, also die Geschäftsführung oder der Vorstand. Die Leitung der Zielgesellschaft wird allerdings in vielen Fällen über die beabsichtigte Transaktion nicht oder erst sehr spät oder auch nicht umfassend informiert sein. Unklar ist auch, ob bei einem Verkauf der Konzernobergesellschaft eine Unterrichtungspflicht auch für die Geschäftsführungen der abhängigen Gesellschaften besteht. Insgesamt stellt sich die Frage, ob die Gesellschafter oder die Konzernführung zur Unterrichtung der betroffenen Geschäftsführungen verpflichtet sind. Angesichts des Fehlens einer gesetzlichen Grundlage wird man so weit wohl nicht gehen können.

Nach § 106 Abs. 2 Satz 2 BetrVG gehört zu den erforderlichen Unterlagen im Falle des Kontrollwechsels insbesondere die Angabe über den potentiellen Erwerber und dessen Absichten im Hinblick auf die künftige Geschäftstätigkeit des Unternehmens sowie die sich daraus ergebenden Auswirkungen auf die Arbeitnehmer. Gleiches soll gelten, wenn im Vorfeld der Übernahme des Unternehmens ein Bieterverfahren durchgeführt wird. Die Regelung wirft eine Vielzahl von Fragen auf, die sich aus dem Gesetz nicht beantworten lassen: Woher soll die Unternehmensleitung der Zielgesellschaft wissen, welche Absichten der Erwerber verfolgt? Woher soll die Unternehmensleitung der Zielgesellschaft wissen, welche Auswirkungen sich für die Arbeitnehmer ergeben? Über welche potentiellen Erwerber soll im Falle eines Bieterverfahrens informiert werden?

Auch unter der gesetzlichen Neuregelung bleibt es aber dabei, dass Angaben zum Kaufpreis ebenso wie Informationen zur Finanzierung oder zu sonstigen Vertragskonditionen nicht Gegenstand der Unterrichtung des Wirtschaftsausschusses sind.

---

[2125] Löw, DB 2008, 758 (759); ebenso Schröder/Falter, NZA 2008, 1097 (1099).
[2126] Löw, DB 2008, 758 (759); vgl. auch Thüsing, ZIP 2008, 106 (108).

Nach § 106 Abs. 2 BetrVG muss die Unterrichtung des Wirtschaftsausschusses rechtzeitig erfolgen. Das ist dann der Fall, wenn der Unternehmer den Wirtschaftsausschuss vor einer Entscheidung unterrichtet. Allerdings trifft der Unternehmer überhaupt keine Entscheidung. Die Entscheidung wird von den Anteilseignern getroffen.

### 2.2. Pflicht zur Beratung mit dem Wirtschaftsausschuss?

Nach § 106 Abs. 1 Satz 2 BetrVG hat der Wirtschaftsausschuss die Aufgabe, wirtschaftliche Angelegenheiten mit dem Unternehmer zu beraten. Nach § 106 Abs. 3 Ziffer 9a BetrVG gehört zu den wirtschaftlichen Angelegenheiten auch die Übernahme des Unternehmens, wenn hiermit der Erwerb der Kontrolle verbunden ist. Der naheliegende Schluss, dass der Wirtschaftsausschuss mit dem Unternehmer auch die Veräußerung der Anteile zu beraten hat, ist absurd. Beratungen dienen der Vorbereitung einer Entscheidung. Da der Unternehmer nicht über die Veräußerung der Anteile entscheidet, ist eine Beratung sinnlos.[2127]

### 2.3. Informationen des Betriebsrates

In Unternehmen, in denen kein Wirtschaftsausschuss besteht, ist nach § 109a BetrVG n.F. bei einer Übernahme des Unternehmens, wenn hiermit der Erwerb der Kontrolle verbunden ist, der Betriebsrat zu beteiligen. Sofern ein Gesamtbetriebsrat besteht, dürfte dieser nach § 50 Abs. 1 BetrVG zuständig sein, da die Frage einer Übernahme das Gesamtunternehmen betrifft und Fragen im Zusammenhang mit einer Übernahme durch die einzelnen Betriebsräte nicht innerhalb ihrer Betriebe geregelt werden können.[2128]

### 2.4. Sanktionen und Streitigkeiten

Ein Verstoß gegen die Unterrichtungspflicht ist eine Ordnungswidrigkeit nach § 121 BetrVG. Danach kann bei unterbliebener, verspäteter, wahrheitswidriger oder unvollständiger Unterrichtung des Wirtschaftsausschusses ein Bußgeld bis zu € 10.000 verhängt werden.

Ist der Wirtschaftsausschuss der Auffassung, eine Auskunft über wirtschaftliche Angelegenheiten sei entgegen seinem Verlangen nicht, nicht rechtzeitig oder nur ungenügend erteilt, so kann der Betriebsrat die Einsetzung einer Einigungsstelle nach § 109 BetrVG beantragen. Behauptet der Unternehmer die offensichtliche Unzuständigkeit der Einigungsstelle im Sinne des § 98 ArbGG, so kann das Verfahren zur Bestellung eines Einigungsstellenvorsitzenden über zwei Instanzen gezogen werden. Nach Abschluss der Beratungen in der Einigungsstelle wird der Prozess über die Veräußerung der Anteile in aller Regel abgeschlossen sein.[2129]

Der Betriebsrat hat keine Möglichkeit, mit Hilfe einer einstweiligen Verfügung den Veräußerungsprozess zu stoppen. Einstweilige Verfügungen des Betriebsrates können sich nur gegen den Arbeitgeber richten. Dieser ist aber Objekt, nicht Subjekt im Verkaufsprozess.[2130]

### 2.5. Folgen für die Transaktionsgestaltung

Der Veräußerer eines Unternehmens wird sich die Frage zu stellen haben, ob er von dem potentiellen Erwerber oder von den Beteiligten eines Bieterverfahrens Angaben über deren Absichten im Hinblick auf die künftige Geschäftstätigkeit des Unternehmens sowie die sich daraus ergebenden Auswirkungen auf die Arbeitnehmer verlangen will. Der potentielle Erwerber wird zu entscheiden haben, ob er dem Veräußerer seine Absichten mitteilen möchte

---

[2127] Löw, DB 2008, 758 (760), Thüsing ZIP 2008, 106 (108).
[2128] Löw, DB 2008, 758 (759).
[2129] Löw, DB 2008, 758 (760); vgl. auch Vogt/Bedkowski, NZG 2008, 725 (729 m. Fn. 44).
[2130] Löw, DB 2008, 758 (760).

oder nicht. Gegenüber Wirtschaftsausschuss und Betriebsrat ist zu entscheiden, wann und in welchem Umfang eine Unterrichtung erfolgen soll. Sofern eine Unterrichtung erfolgt, ist ein ausdrücklicher Hinweis auf die Vertraulichkeit zwingend geboten. Es empfiehlt sich, die Mitglieder des Wirtschaftsausschusses schriftlich darauf hinzuweisen, dass es sich dabei um Betriebs- und Geschäftsgeheimnisse handelt sowie auf die Folgen eines Verstoßes gegen die Geheimhaltungspflicht. Bei einem Verkauf im Rahmen einer Unternehmensgruppe ist eine Koordination der Informationspolitik gegenüber mehreren Wirtschaftsausschüssen dringend zu empfehlen.[2131]

Ingesamt sind die Auswirkungen der durch das Risikobegrenzungsgesetz neu geschaffenen Informationspflichten wegen der äußerst begrenzten Sanktionen beherrschbar.

### 3. Arbeitsrechtliche Aspekte der Umwandlung von Unternehmen

Im Anschluss an den Erwerb eines Unternehmens im Rahmen eines Private Equity Deals kommt es häufig zu Umwandlungsvorgängen. Dies kann entweder dadurch geschehen, dass die Zielgesellschaft auf das Akquisitionsvehikel oder mit einem anderen Portfolio-Unternehmen verschmolzen wird. Denkbar ist auch die formwandelnde Umwandlung einer AG in eine GmbH im Zusammenhang mit einem Delisting oder die Umwandlung einer GmbH in eine AG zur Vorbereitung eines Börsengangs. Schließlich kann es zur Vorbereitung eines Teilverkaufs zur Abspaltung von Unternehmensteilen kommen.

#### 3.1. Arbeitsrechtliche Angaben im Umwandlungsvertrag

Nach § 5 Abs. 1 Nr. 9 UmwG muss der Verschmelzungsvertrag Angaben enthalten über die Folgen der Verschmelzung für die Arbeitnehmer und ihre Vertretungen sowie die insoweit vorgesehenen Maßnahmen. Bei den übrigen Umwandlungsformen finden sich entsprechende Regelungen in § 126 Abs. 1 Nr. 11, § 194 Abs. 1 Nr. 7 UmwG. Welche Einzelheiten in diesem Zusammenhang anzugeben sind und welchen Detaillierungsgrad die Angaben haben müssen, ist im Einzelnen in der Literatur heftig umstritten. In jedem Falle anzugeben sind die unmittelbaren Folgen der Umwandlung, die sich mit Wirksamwerden der Umwandlung kraft Gesetzes ergeben. Hierzu gehören etwa der Übergang von Arbeitsverhältnissen nach § 613a BGB, die Frage der Weitergeltung oder nicht Weitergeltung sowie der kollektivrechtlichen oder individualrechtlichen Weitergeltung von Tarifverträgen und Betriebsvereinbarungen, das Schicksal der Betriebsräte und gegebenenfalls des Gesamtbetriebsrates, mögliche Auswirkungen auf den gesetzlichen Kündigungsschutz und Änderungen bei der Mitbestimmung auf Unternehmensebene.[2132]

Umstritten ist demgegenüber, ob auch mittelbare Folgen der Verschmelzung anzugeben sind. Hierzu zählen insbesondere Maßnahmen, die aufgrund der der Umwandlung zu Grunde liegenden unternehmerischen Planung im Anschluss an die Umwandlung durchgeführt werden sollen. Solche Maßnahmen werden sich häufig als Betriebsänderungen im Sinne des § 111 BetrVG darstellen. Richtigerweise sind im Umwandlungsvertrag diejenigen mittelbaren Folgen anzugeben, die bereits in einem konkreten Planungsstadium sind.[2133] Zu diesem Zeitpunkt werden regelmäßig auch die Informations- und Beratungsrechte nach §§ 111f. BetrVG ausgelöst.

#### 3.2. Zuleitung an den zuständigen Betriebsrat

Nach § 5 Abs. 3 UmwG ist der Verschmelzungsvertrag oder sein Entwurf spätestens einen Monat vor dem Tage der Versammlung der Anteilsinhaber jedes beteiligten Rechtsträgers,

---

[2131] Löw, DB 2008, 758 (761).
[2132] Vgl. Mayer in: Widmann/Mayer, Kommentar, Umwandlungsrecht, § 5 UmwG Rn. 181.
[2133] Ähnlich Simon in: Semler/Stengel, Kommentar, Umwandlungsgesetz, § 5 UmwG Rn. 83; Willemsen, RdA 1998, 23 (28).

die über die Zustimmung zum Verschmelzungsvertrag beschließen soll, dem zuständigen Betriebsrat dieses Rechtsträgers zuzuleiten. Nach dem klaren Wortlaut des Gesetzes bezieht sich die Zuleitungspflicht nicht nur auf die arbeitsrechtlichen Pflichtangaben, sondern auf den gesamten Vertragsinhalt. Der Nachweis der rechtzeitigen Zuleitung des Umwandlungsvertrages oder seines Entwurfs an den oder die zuständigen Betriebsräte ist nach § 17 Abs. 1 UmwG der Anmeldung der Verschmelzung zum Handelsregister beizufügen. Ohne diesen Nachweis wird die Verschmelzung nicht ins Handelsregister eingetragen und kann damit nicht wirksam werden.

Die Frage, welcher von mehreren Betriebsräten der zuständige Betriebrat im Sinne des § 5 Abs. 3 UmwG ist, richtet sich nach dem BetrVG.[2134] Bei Vorhandensein eines Gesamtbetriebsrates ergibt sich dessen Zuständigkeit daraus, dass sich alle Umwandlungsvorgänge auf der Ebene des Unternehmens abspielen. In Zweifelsfällen empfiehlt sich aber die Zuleitung an alle Betriebsratsgremien.[2135] Es ist von entscheidender Bedeutung, dass die Zuleitung an den Betriebsrat wie auch das Datum des Zugangs, zweifelsfrei dokumentiert sind, idealerweise durch ein Empfangsbekenntnis des Betriebratsvorsitzenden.

Nach zutreffender Auffassung kann der Betriebsrat auf die Einhaltung der Monatsfrist verzichten.[2136] Im Hinblick auf die Nachweispflicht gegenüber dem Registergericht ist ein schriftlicher und ausdrücklicher Verzicht auf die Frist erforderlich. Nicht verzichten kann der Betriebsrat auf die Zuleitung des Verschmelzungsvertrages oder seines Entwurfes.[2137] Unklar ist die Rechtslage für den Fall, dass nach Zuleitung des Entwurfes Änderungen vorgenommen werden. Angesichts dieser unklaren Rechtslage ist eine erneute Zuleitung des geänderten Entwurfes an die zuständigen Betriebsräte zu empfehlen.[2138] Die Monatsfrist ist dann auch im Hinblick auf den geänderten Entwurf zu beachten.

### 3.3. Rechtsfolgen bei Verstößen

Fehlt es an einer Zuleitung des Verschmelzungsvertrages oder seines Entwurfes an den Betriebsrat, so wird das Registergericht die Umwandlung nicht eintragen. Das gleiche gilt, wenn die Monatsfrist nicht gewahrt wurde, es sei denn, die zuständigen Betriebsräte haben wirksam auf die Einhaltung der Monatsfrist verzichtet und dieser Verzicht wird dem Registergericht in schriftlicher Form nachgewiesen.

Im Hinblick auf die arbeitsrechtlichen Angaben im Verschmelzungsvertrag steht dem Registergericht zwar ein formelles, aber kein materielles Prüfungsrecht zu.[2139] Das Registergericht darf die Eintragung der Verschmelzung daher nur ablehnen, wenn die Angaben zu den Folgen der Verschmelzung für die Arbeitnehmer und die insoweit vorgesehenen Maßnahmen vollständig fehlen oder jedenfalls wesentliche Aspekte der unmittelbaren Folgen überhaupt nicht abgehandelt sind.[2140] Darüber hinaus kommt dem Registergericht keine arbeitsrechtliche Prüfungskompetenz zu.[2141] Die Versuche von Betriebsräten, mit Hilfe von Eingaben an die Registergerichte die Eintragung einer Verschmelzung zu verhindern, haben bisher in keinem Falle zum Erfolg geführt.

Behauptet ein beteiligter Betriebsrat Verstöße des Unternehmens gegen das Umwandlungsgesetz, so steht hierfür der Rechtsweg zu den Arbeitsgerichten nicht offen. Die Regelungsmaterie ist im Umwandlungsgesetz abschließend geregelt. Ein Beschlussverfahren wäre mangels Vorliegen einer betriebsverfassungsrechtlichen Streitigkeit unzulässig.

---

[2134] Vgl. Mayer in: Widmann/Mayer, Kommentar, Umwandlungsrecht, § 5 UmwG Rn. 252.
[2135] Steffan in: Ascheid/Preis/Schmidt, Kommentar, Kündigungsrecht, § 126 Rn. 54.
[2136] LG Gießen, Beschl. v. 14. April 2004, 6 T 12/04, Der Konzern 2004, 622.
[2137] OLG Naumburg, Beschl. v. 17. März 2003, 7 Wx 6/02, GmbHR 2003, 1433.
[2138] Vgl. Simon in: Semler/Stengel, Kommentar, Umwandlungsgesetz, § 5 UmwG Rn. 83.
[2139] Mayer in: Widmann/Mayer, Kommentar, Umwandlungsrecht, § 5 UmwG Rn. 264.
[2140] OLG Düsseldorf, Beschl. v. 15. Mai 1998, 3 Wx 156/98 II DStR 1998, 1190.
[2141] Blechmann, NZA 2005, 1143 (1148); Engelmeyer, DB 1996, 2542 (2544); Joost, ZIP 1995, 976 (986); Willemsen RdA 1998, 23 (33).

### 3.4. Auswirkungen auf Betriebsratsstrukturen

Die Umwandlung eines Unternehmens bringt nicht zwangsläufig eine Veränderung der Betriebsratsstruktur mit sich. Nur wenn sich auch die Identität des jeweiligen Betriebes, insbesondere die Organisation seiner Arbeitsabläufe bzw. der Arbeitsstätte, ändert, schlägt sich die Umwandlung auch in betriebsverfassungsrechtlicher Hinsicht nieder.[2142]

Entstehen im Rahmen der Umwandlung neue Betriebe bzw. selbständige Betriebsteile, so sind für diese Betriebsräte zu wählen. Hat die Umwandlung zur Folge, dass bereits existierende Betriebe mittels Spaltung oder Zusammenlegung ihre Identität verlieren, steht dem bisherigen Betriebsrat ein Übergangsmandat gemäß § 21a Abs. 1 und Abs. 2 BetrVG zu. Das Übergangsmandat endet, sobald in den Betriebsteilen ein neuer Betriebsrat gewählt wird und das Wahlergebnis bekannt gemacht wurde, spätestens jedoch sechs Monate nach Wirksamwerden der Betriebsspaltung. Im Rahmen dieses Übergangsmandates kommt dem Betriebsrat insbesondere die Aufgabe zu, innerhalb der Frist des § 21a Abs. 1 Satz 3 BetrVG die Wahl der Betriebsräte für die neu entstandenen Betriebe bzw. Betriebsteile zu organisieren. Gemäß § 21a Abs. 3 BetrVG gelten die Regelungen des § 21a BetrVG ausdrücklich auch für die Fälle, in denen eine Spaltung oder Zusammenlegung im Rahmen einer Umwandlung nach dem Umwandlungsgesetz stattfindet.

Das Schicksal der Gesamtbetriebsräte ist demgegenüber an den Bestand des Rechtsträgers gekoppelt, denen sie zugeordnet sind. Zwischen den verschiedenen Umwandlungsvarianten muss folglich differenziert werden. Bei der Verschmelzung zur Neugründung im Sinne des § 2 Nr. 2 UmwG gehen die Gesamtbetriebsräte mit den Rechtsträgern unter. Anders bei der Verschmelzung zur Aufnahme im Sinne des § 2 Nr. 1 UmwG: hier geht lediglich der Gesamtbetriebsrat des übertragenden Unternehmens unter, während der Gesamtbetriebsrat des aufnehmenden Unternehmens bestehen bleibt.

### 3.5. Auswirkungen auf Betriebsvereinbarungen und Tarifverträge
#### 3.5.1. Betriebsvereinbarungen

Auch hinsichtlich der Fortgeltung von Betriebsvereinbarungen kommt es nicht auf die Veränderung der Unternehmensstruktur, sondern ausschließlich auf die Frage an, ob die Betriebsidentität gewahrt bleibt. Behält der Betrieb seine Identität, das heißt wird er im Wesentlichen so fortgeführt, wie er vorher bestanden hat, so gelten die bestehenden Betriebsvereinbarungen kollektivrechtlich weiter.[2143] In diesem Fall bedarf es keiner Transformation vorhandener Betriebsvereinbarungen in den Arbeitsvertrag nach § 613a Abs. 1 Satz 2 BGB, da der Betrieb als Bezugspunkt des Kollektivrechts nicht untergeht.[2144]

Wird der veräußerte Betrieb dagegen räumlich und/oder funktional in einen anderen Betrieb des Erwerbers eingegliedert, so gelten die beim Veräußerer bestehenden Betriebsvereinbarungen lediglich kraft gesetzlicher Anordnung nach § 613a Abs. 1 Satz 2 BGB weiter, sofern sie nicht durch gleichartige Betriebsvereinbarungen beim Erwerber nach § 613a Abs. 1 Satz 3 und Satz 4 BGB verdrängt werden. Endet die Betriebsidentität, was insbesondere im Fall von mit dem Betriebsübergang einhergehenden Betriebsänderungen wie Verlagerungen oder Teilbetriebsstilllegungen der Fall sein kann, entfällt in aller Regel die kollektivrechtliche Fortgeltung der bestehenden Betriebsvereinbarungen. Ihr Inhalt wird Gegenstand des individuellen Arbeitsvertrages eines jeden vom Übergang betroffenen Arbeitnehmers und gilt dann individualrechtlich weiter. Veränderungen können insoweit nur nach Ablauf einer Karenzfrist von einem Jahr durch den Erwerber durchgeführt werden.[2145]

---

[2142] Fitting, Kommentar, Betriebsverfassungsgesetz, § 1 Rn. 171.
[2143] Zu den Voraussetzungen und dem Inhalt der Betriebsidentität im Einzelnen: Willemsen Hohenstatt Schweibert Seibt, Umstrukturierung und Übertragung von Unternehmen, Rn. 68ff.
[2144] Vgl. Heinze DB 1998, 1861 (1863).
[2145] Wegen weiterer Einzelheiten s. Abschnitt 4.4.

### 3.5.2. Tarifverträge

Umwandlungsvorgänge können sich auch auf bestehende Tarifverträge auswirken, wobei zwischen Verbands- und Firmentarifverträgen zu differenzieren ist. Eine normative Bindung an die Regelungen eines Verbandstarifvertrages scheidet von vornherein aus. Der neu gebildete Rechtsträger wird durch die Umwandlung nicht automatisch Mitglied im Arbeitgeberverband des bisherigen Rechtsträgers. Die Regelungen des Verbandstarifvertrages gelten aber gemäß § 324 UmwG über § 613a Abs. 1 Sätze 2 bis 4 BGB fort. Eventuelle Änderungen unterliegen der Karenzfrist von einem Jahr. Das Vorgesagte gilt für diejenigen Arbeitnehmer, die Mitglied in der tarifschließenden Gewerkschaft sind. Tritt der Erwerber mit der Erwerbergesellschaft in den entsprechenden Arbeitgeberverband ein, so kommt es zu einer kollektivrechtlichen Fortgeltung der Tarifverträge.[2146]

Bei Firmentarifverträgen ist danach zu unterscheiden, ob der neue Rechtsträger bereits besteht oder erst gegründet werden muss. Bei einer Verschmelzung im Wege der Aufnahme durch einen oder mehrere bestehende Rechtsträger sowie im Falle einer Aufspaltung, Abspaltung oder Ausgliederung durch Übertragung auf einen oder mehrere bestehende Rechtsträger gelten die Regelungen des Firmentarifvertrags gem. § 613a Abs. 1 S. 2 BGB fort. Ist der neue Rechtsträger noch zu gründen, ist weiter zu differenzieren: Bei einer Verschmelzung mehrerer Rechtsträger durch Neugründung tritt der neue Rechtsträger aufgrund der in § 20 Abs. 1 Nr. 1 UmwG angeordneten Gesamtrechtsnachfolge in den mit dem bisherigen Rechtsträger bestehenden Firmentarifvertrag ein.[2147] Bei Aufspaltungen, Abspaltungen und Ausgliederungen durch Neugründung rückt der neu gegründete Rechtsträger hingegen unmittelbar in die aus § 3 Abs. 1 TVG folgende Rechtsstellung des bisherigen Rechtsträgers ein.[2148] In allen Fällen einer Umwandlung durch Neugründung gilt der Firmentarifvertrag damit normativ fort.

### 3.5.3. Besonderheiten bei Bezugnahmeklauseln

Beruht die Anwendbarkeit des Tarifvertrages auf das Arbeitsverhältnis lediglich auf einer Bezugnahme im Arbeitsvertrag, so galten nach früherer Rechtsprechung keine Besonderheiten. Jedenfalls bei Verwendung einer dynamischen Bezugnahmeklausel durch einen tarifgebundenen Arbeitgeber wurde diese als Gleichstellungsabrede eingestuft. Wichtigste Konsequenz dieser Auslegung war die Tatsache, dass die zunächst dynamisch wirkende Klausel zu einer statisch wirkenden Klausel wird, wenn die Tarifbindung des Arbeitgebers endete, etwa bei einem Austritt aus dem Arbeitgeberverband oder einem Branchenwechsel. In diesem Fall galt der Tarifvertrag für die tarifgebundenen Arbeitnehmer nur noch statisch weiter, die Regelungen des Tarifvertrages wurden eingefroren.[2149]

Die bereits Ende 2005 angekündigte Änderung der Rechtsprechung[2150] hat das BAG in späteren Entscheidungen dann vollzogen.[2151] Das hat zur Folge, dass die Verwendung einer dynamischen Bezugnahmeklausel im Arbeitsvertrag im Zweifel auch durch einen Austritt aus dem Arbeitgeberverband, einen Branchenwechsel oder einen Betriebsübergang nicht im Sinne einer Gleichstellungsabrede behandelt wird. Vielmehr gelten die in Bezug genommenen Tarifverträge im Zweifel auch in solchen Fällen dynamisch fort. Diese Konsequenz kann nur dadurch verhindert werden, dass die Bezugnahmeklausel um eine Tarifwechselklausel erweitert wird.[2152]

---

[2146] Heinze, DB 1998, 1861 (1862f.); Kania, DB 1994, 529 (533); MünchKommentar BGB/Müller-Glöge, § 613a BGB Rn. 108 (129ff.).
[2147] BAG, Urt. v. 24. Juni 1998, 4 AZR 208/97, NZA 1998, 1346.
[2148] Preis in: Erfurter Kommentar, § 613a BGB Rn. 186.
[2149] Vgl. zuletzt BAG, Urteil v. 19. März 2003, 4 AZR 331/01, NZA 2003, 1207.
[2150] BAG, Urt. v. 14. Dezember 2005, 4 AZR 536/04, NZA 2006, 607.
[2151] Vgl. insbesondere BAG, Urt. v. 29. August 2007, 4 AZR 767/06, NZA 2008, 365.
[2152] Wegen weiterer Einzelheiten s. Abschnitt 4.4.

## 3.5.4. Überleitungsvereinbarungen

Im Vorfeld der Übernahme kann sich der Investor – unmittelbar oder mittelbar – im Rahmen von Überleitungsvereinbarungen besonderen Bindungen unterwerfen. Diese enthalten häufig Regelungen neben Standortgarantien und dem vorübergehenden Verzicht auf betriebsbedingte Kündigungen zur – gegebenenfalls modifizierten – Weitergeltung von Tarifverträgen und Betriebsvereinbarungen. Sofern allerdings solche Vereinbarungen von Arbeitgeber, Gewerkschaft und Betriebsrat gemeinsam unterzeichnet werden, ist darauf zu achten, dass sich aus diesen selbst ohne weiteres und zweifelsfrei ergibt, wer Urheber der einzelnen Regelungskomplexe ist und um welche Rechtsquellen es sich folglich handelt. Dies folgt aus dem Gebot der Rechtsquellenklarheit, das den Schriftformerfordernissen des § 1 Abs. 2 TVG und § 77 Abs. 1 und 2 BetrVG zugrunde liegt.[2153]

## 4. Kauf und Verkauf von Betrieben und Betriebsteilen

Der Investor wird im Anschluss an einen erfolgreichen Private Equity Deal häufig Restrukturierungsmaßnahmen durchführen wollen, um die Profitabilität des Portfolio-Unternehmens zu erhöhen. Arbeitsrechtliche Fragen stellen sich insbesondere, wenn Betriebe oder Betriebsteile gekauft werden, um Synergieeffekte zu nutzen, oder der Investor unrentable Betriebe oder Betriebsteile abstößt. In beiden Fällen ist regelmäßig ein Betriebsübergang im Sinne des § 613a BGB gegeben.

### 4.1. Voraussetzungen eines Betriebsübergangs

Ein Betriebsübergang liegt nach § 613a Abs. 1 BGB vor, wenn ein Betrieb oder Betriebsteil durch Rechtsgeschäft auf einen anderen Inhaber übergeht. Erforderlich ist nach ständiger Rechtsprechung die Wahrung der Identität der wirtschaftlichen Einheit.[2154] Der Begriff der wirtschaftlichen Einheit bezieht sich auf eine organisatorische Gesamtheit von Personen und/oder Sachen zur auf Dauer angelegten Ausübung einer wirtschaftlichen Tätigkeit mit eigener Zielsetzung. Bei der Prüfung, ob eine solche Einheit übergegangen ist, müssen sämtliche den betreffenden Vorgang kennzeichnenden Tatsachen berücksichtigt werden. Dazu gehören namentlich die Art des betreffenden Unternehmens oder Betriebs, der etwaige Übergang der materiellen Betriebsmittel wie Gebäude oder bewegliche Güter, der Wert der immateriellen Aktiva im Zeitpunkt des Übergangs, die etwaige Übernahme der Hauptbelegschaft, der etwaige Übergang der Kundschaft sowie der Grad der Ähnlichkeit zwischen den vor und nach dem Übergang verrichteten Tätigkeiten und die Dauer einer eventuellen Unterbrechung dieser Tätigkeit, sog. 7-Punkte-Katalog. Die Identität der Einheit kann sich auch aus anderen Merkmalen wie ihrem Personal, ihren Führungskräften, ihrer Arbeitsorganisation, ihren Betriebsmethoden und gegebenenfalls den ihr zur Verfügung stehenden Betriebsmitteln ergeben. Den für das Vorliegen eines Betriebsübergangs maßgeblichen Kriterien kommt je nach der ausgeübten Tätigkeit und je nach den Produktions- und Betriebsmethoden unterschiedliches Gewicht zu.[2155]

Nach der Rechtsprechung kommt insbesondere der Unterscheidung zwischen betriebsmittelgeprägten und betriebsmittelarmen Betrieben maßgebende Bedeutung zu. Während in betriebsmittelgeprägten Betrieben der Übergang der sächlichen Mittel (Maschinen, Gebäude etc.) im Vordergrund steht, kann in betriebsmittelarmen Betrieben bereits die Über-

---

[2153] BAG, Urt. v. 15. April 2008, 1 AZR 86/07, NZA 2008, 1074.
[2154] BAG, Urt. v. 29. März 2007, 8 AZR 519/06, NZA 2007, 927.
[2155] Ständige Rechtsprechung: EuGH Urteil v. 11. März 1997, RSC – 13/95, NZA 1997, 433 – Ayse Süzen – Urt. v. 15. Dezember 2005, C 232, 233/04, NZA 2006, 29 – Güney-Görres –; BAG, Urt. v. 13. Juni 2006, 8 AZR 271/05, NZA 2006, 1101; Urt. v. 22. Juli 2004, 8 AZR 350/03, NZA 2004, 1383.

nahme eines nach Zahl und Sachkunde wesentlichen Teils der Arbeitnehmer einen Betriebsübergang begründen.[2156] Entscheidend für die Frage, ob ein Betriebsübergang vorliegt, sind letztlich stets die Umstände des Einzelfalls. Eine generalisierende Betrachtung verbietet sich.

### 4.2. Taktische Hinweise für die arbeitsrechtliche Gestaltung

Vor dem Kauf oder Verkauf sollten sich die Beteiligten die Frage stellen, welche Ziele mit dem Vorhaben verfolgt werden. Daraus ergeben sich in der Regel wichtige Hinweise für die Gestaltung. Zwar hat sich der Gestaltungsspielraum im Rahmen des Betriebsübergangs in Folge der neueren Rechtsprechung reduziert, er ist aber weiterhin vorhanden und kann bei sorgfältiger Analyse zur Wahrung der eigenen Interessen genutzt werden. Die entscheidende Frage liegt jeweils darin, ob ein Betriebsübergang und damit der Übergang der Arbeitsverhältnisse wünschenswert ist oder nicht.

Gesichtspunkte, die einen Betriebsübergang für wünschenswert erscheinen lassen, sind insbesondere:
– Die Erbringung der Leistung erfordert ein Höchstmaß an unternehmensspezifischem Know-how, das bei dem Erwerber nicht vorhanden ist.
– Eine Kündigung der Mitarbeiter ist rechtlich ausgeschlossen. Dies kann etwa der Fall sein, weil eine Vielzahl der betreffenden Arbeitnehmer unter den tariflichen Kündigungsschutz für ältere Arbeitnehmer fällt.
– Die Kündigung einer Vielzahl von Arbeitnehmern ist nicht erwünscht. Die Gründe dafür können in der sozialen Verantwortung liegen, in der Reputation des Unternehmens, die auch Auswirkungen haben kann auf die Kundenakzeptanz vor Ort, sie können aber auch in finanzieller Hinsicht liegen, etwa mit Blick auf die Kosten eines Sozialplans.

Gründe, die gegen einen Betriebsübergang sprechen, können insbesondere sein:
– Der Erwerber möchte die Arbeitnehmer nicht übernehmen, weil er eigene Arbeitnehmer hat.
– Die Ausgliederung hat ihren Grund gerade in der höheren Sachkunde des Erwerbers für diesen Geschäftsprozess. Diese Sachkunde manifestiert sich auch in den Mitarbeitern des Erwerbers, weil diese die Know-how-Träger sind.
– Der Grund für die Ausgliederung liegt darin, dass der Erwerber die Leistung aufgrund seiner günstigeren Personalstruktur billiger erbringen kann. Dieses Geschäftsmodell würde unterlaufen, wenn die Arbeitnehmer des Veräußerers mit ihrem höheren Niveau an Gehalt und Nebenkosten auf den Erwerber übergehen würden.

Folgende Gestaltungsmöglichkeiten für oder gegen einen Betriebsübergang sind grundsätzlich möglich, wobei in jedem Einzelfall selbstverständlich zu untersuchen ist, ob die Anwendung dieser Gestaltungsmöglichkeiten mit den konkreten Zielsetzungen des Projektes vereinbar ist:

Ein Betriebsübergang liegt nicht vor, wenn keine Betriebsmittel und kein Personal übernommen werden. Es liegt dann ein Fall einer reinen Funktionsnachfolge vor. Eine Möglichkeit, einen Betriebsübergang zu vermeiden, kann darin bestehen, die zu übertragende wirtschaftliche Einheit in den Betrieb des Erwerbers einzugliedern. Hierbei sollte darauf geachtet werden, dass die Arbeitsorganisation und die Betriebsmethoden im Erwerberbetrieb verändert werden. Die Eingliederung ist so durchzuführen, dass die Übertragung einer ihre Identität wahrenden wirtschaftlichen Einheit im Erwerberbetrieb nicht mehr zu erkennen ist. Hierbei ist darauf zu achten, dass die Personalstrukturen verändert werden. Es bietet sich beispielsweise an, die zu übernehmenden Arbeitnehmer in die Abteilungen des Erwerberbetriebs zu integrieren.

Eine weitere Möglichkeit, einen Betriebsübergang zu vermeiden, besteht in der Umgestaltung der wirtschaftlichen Einheit, so dass ihre Identität verloren geht. Dies ist durch die

---

[2156] BAG, Urt. v. 13. Juni 2006, 8 AZR 271/05, NZA 2006, 1101.

# 6. Teil. Einzelrechtsgebiete   § 20 Arbeitsrechtliche Fragestellungen

Veränderung der betrieblichen Arbeitsorganisation und der Betriebsmethoden zu erreichen.[2157]

Ist umgekehrt der Übergang der Arbeitsverhältnisse auf den Dienstleister erwünscht, das Vorliegen eines Betriebsübergangs aber zweifelhaft, so ist zu empfehlen, in dem zugrunde liegenden Vertrag die Verpflichtung zur Übernahme der entsprechenden Mitarbeiter durch den Dienstleister festzulegen. Auch hierdurch kann ein Betriebsübergang im Zweifel begründet werden. Hatte das BAG ursprünglich die Auffassung vertreten, der Übergang der Arbeitsverhältnisse sei Rechtsfolge und nicht Tatbestandsvoraussetzung eines Betriebsübergangs,[2158] so folgte das oberste deutsche Arbeitsgericht später der Rechtsprechung des EuGH,[2159] wonach die Übernahme der Hauptbelegschaft gerade auch ein Indiz für einen Betriebsübergang sein kann, insbesondere in betriebsmittelarmen Betrieben oder Betriebsteilen.[2160]

## 4.3. Individualrechtliche Folgen eines Betriebsübergangs
### 4.3.1. Übergang der Arbeitsverhältnisse auf den Erwerber

Nach § 613a Abs. 1 BGB tritt der neue Inhaber in die Rechte und Pflichten aus den im Zeitpunkt des Übergangs bestehenden Arbeitsverhältnissen ein. Betrifft der Betriebsübergang nur einen Betriebsteil, so ist bisweilen nicht eindeutig zu klären, welche Arbeitnehmer zu diesem übergehenden Betriebsteil gehören. Das gilt insbesondere dann, wenn Arbeitnehmer in einer zentralen Einheit tätig sind und – auch – Leistungen für den übergehenden Betriebsteil erbracht haben. Hatte das BAG ursprünglich die Auffassung vertreten, es komme in einem solchen Fall in erster Linie auf die Übereinstimmung des Veräußerers und Erwerbers an, zu welchem Betrieb oder Betriebsteil der Arbeitnehmer gehöre,[2161] so ist mittlerweile praktisch unumstritten, dass die Zuordnung sich nach objektiven Kriterien zu richten hat. Notwendig ist, dass der Arbeitnehmer in den übergegangenen Betriebsteil tatsächlich eingegliedert war.[2162] Es reicht nicht aus, wenn der Arbeitnehmer lediglich – auch – für den Betriebsteil Tätigkeiten verrichtet hat, ohne dass er dem Betriebsteil angehört.

Das Arbeitsverhältnis der übergehenden Arbeitnehmer mit dem Betriebsveräußerer erlischt. Somit findet ein Wechsel des Vertragspartners auf Arbeitgeberseite statt, der die Rechte und Pflichten aus dem ursprünglichen Arbeitsverhältnis unangetastet lässt. Der Betriebserwerber muss deshalb auch dieselben finanziellen Leistungen an die übergehenden Mitarbeiter erbringen. Hierzu gehören auch alle sonstigen Leistungen, die der Veräußerer bisher erbracht hat, wie etwa Tantieme, Fahrtkostenzuschüsse, Weihnachtsgeld etc. Auf individualrechtlicher Grundlage gewährte Versorgungszusagen gehen ebenfalls über und sind von dem Erwerber weiter zu führen.

### 4.3.2. Unterrichtungspflicht

Nach § 613a Abs. 5 BGB sind Betriebserwerber und Veräußerer verpflichtet, die Arbeitnehmer vor dem Übergang in Textform, § 126 BGB, über den Zeitpunkt und den Grund für den Betriebsübergang, die rechtlichen, wirtschaftlichen und sozialen Folgen für die Arbeitnehmer sowie über die hinsichtlich der Arbeitnehmer in Aussicht genommenen Maßnahmen zu unterrichten. Bei der Formulierung eines derartigen Unterrichtungsschreibens ist besondere Sorgfalt geboten, da nur ein ordnungsgemäßes Schreiben die Widerspruchs-

---

[2157] BAG, Urt. v. 6. April 2006, 8 AZR 249/04, BB 2006, 2192; vgl. aber einschränkend EuGH, Urt. v. 12. Februar 2009, C-466/07, BB 2009, 1133.
[2158] BAG, Urt. v. 25. Februar 1981, 5 AZR 991/78, NJW 1981, 2212; Urt. v. 22. Mai 1985, 5 AZR 30/84, NZA 1985, 775; Urt. v. 9. Februar 1994, 2 AZR 781/93, NZA 1994, 612.
[2159] EuGH, Urt. v. 14. April 1994, RSC 392/92, NZA 1995, 545 – Christel Schmidt –; Urt. v. 11. März 1997, RSC 13/95, NZA 1997, 433 – Ayse Süzen –
[2160] BAG, Urt. v. 22. Mai 1997, 8 AZR 101/96, NZA 1997, 1050.
[2161] Zuletzt BAG, Urt. v. 25. Juni 1985, 3 AZR 254/83, NZA 1986, 93.
[2162] BAG, Urt. v. 13. November 1997, 8 AZR 295/95, AP Nr. 170 zu § 613a BGB.

frist des § 613a Abs. 6 BGB in Gang setzt.[2163] Ein standardisiertes Schreiben genügt. Auf etwaige Besonderheiten des Arbeitsverhältnisses ist jedoch einzugehen.[2164]

Ein Unterrichtungsschreiben, das lediglich das dem Betriebsübergang zu Grunde liegende Rechtsgeschäft benennt, erfüllt die gesetzlichen Anforderungen nicht. Dem Arbeitnehmer müssen vielmehr jene unternehmerischen Gründe schlagwortartig mitgeteilt werden, die sich im Falle seines Widerspruchs auf den Arbeitsplatz auswirken können;[2165] detaillierter wirtschaftlicher und rechtlicher Ausführungen bedarf es aber nicht.[2166] Aber auch die genaue Bezeichnung des Erwerbers einschließlich der Anschrift ist erforderlich.[2167]

Von besonderer Schwierigkeit ist in der Praxis häufig die Angabe der rechtlichen, wirtschaftlichen und sozialen Folgen für die Arbeitnehmer. Das Bundesarbeitsgericht hat jüngst die insoweit zu stellenden Anforderungen präzisiert.[2168] Zunächst sind in dem Unterrichtungsschreiben die sich unmittelbar aus dem Betriebsübergang ergebenden Rechtsfolgen anzugeben, wie etwa der Hinweis auf den Eintritt des Erwerbers in die Rechte und Pflichten aus dem Arbeitsverhältnis sowie die kündigungsrechtlichen Auswirkungen nach § 613a Abs. 4 BGB. Weiterhin ist unbedingt die Haftung von Veräußerer und Erwerber genau anzugeben. Auch die Frage nach den im Verhältnis zum Erwerber anzuwendenden kollektivrechtlichen Regelungen gehört zu den rechtlichen Folgen des Übergangs.

Nach Ansicht des Bundesarbeitsgerichts kann zudem über Sekundärfolgen des Betriebsübergangs aufzuklären sein. Eine Hinweispflicht wird vom Bundesarbeitsgericht beispielsweise bei der Frage angenommen, ob die Arbeitnehmer im Falle eines Widerspruchs gegen den Übergang mit einer Kündigung rechnen müssen. Auch über etwaige Abfindungsansprüche aus einem Sozialplan ist zu unterrichten.[2169]

Die Unterrichtung hat in Textform[2170] zu erfolgen. Hierzu bedarf es weder einer Urkunde noch einer eigenhändigen Unterschrift. Allerdings muss die Unterrichtungserklärung verkörpert sein. Die Person des Erklärenden muss genannt und der Abschluss der Erklärung durch Nachbildung der Namensunterschrift oder anders erkennbar gemacht werden. Denkbar ist also, dass die betroffenen Arbeitnehmer per E-Mail, Intranet oder durch Aushang am schwarzen Brett unterrichtet werden.[2171] In diesem Fall besteht allerdings die Schwierigkeit den individuellen Zugang beim einzelnen Arbeitnehmer nachzuweisen. Vorzugswürdig ist daher die persönliche Übergabe eines Unterrichtungsschreibens gegen Empfangsbekenntnis an jeden einzelnen Arbeitnehmer.

Nach dem Gesetzeswortlaut hat die Unterrichtung der Arbeitnehmer vor dem Übergang zu erfolgen. Nach der Gesetzesbegründung[2172] soll allerdings auch eine nachträgliche Unterrichtung zulässig sein. In jedem Fall ist in der Praxis eine frühzeitige Unterrichtung der Belegschaft vor dem Betriebsübergang geboten, um rechtzeitig Klarheit über die Anzahl der übergehenden und widersprechenden Arbeitnehmer zu gewinnen. Die Unterrichtung dient in erster Linie als „Auslöser" für den Lauf der Widerspruchsfrist. Allerdings handelt es sich bei der Unterrichtungspflicht um eine Rechtspflicht, deren Verletzung Schadensersatzansprüche nach § 280 Abs. 1 BGB auslösen kann.[2173]

---

[2163] BAG, Urt. v. 14. Dezember 2006, 8 AZR 763/05, NZA 2007, 682.
[2164] BAG, Urt. v. 13. Juli 2006, 8 AZR 305/05, NZA 2006, 1268.
[2165] BAG, Urt. v. 13. Juli 2006, 8 AZR 305/05, NZA 2006, 1268.
[2166] Willemsen in: Willemsen/Hohenstatt, Umstrukturierung und Übertragung von Unternehmen, Kapitel G Rn. 228.
[2167] LAG München, Urt. v. 9. Oktober 2008, 4 Sa 411/08.
[2168] BAG, Urt. v. 14. Dezember 2006, 8 AZR 763/05, NZA 2007, 682.
[2169] BAG, Urt. v. 13. Juli 2006, 8 AZR 303/05, NZA 2006, 1273.
[2170] Siehe § 126b BGB.
[2171] Gaul/Otto, DB 2002, 634 (635); Worzalla, NZA 2002, 353 (356).
[2172] BT-Drucks. 14/7760, S. 20.
[2173] BAG, Urt. v. 13. Juli 2006, 8 AZR 382/05, NZA 2006, 1406 (1411).

### 4.3.3. Widerspruchsrecht der Arbeitnehmer

Den Arbeitnehmern steht nach § 613a Abs. 6 BGB das Recht zu, dem Übergang ihres Arbeitsverhältnisses zu widersprechen. Die Frist für die Ausübung des Widerspruchs beträgt einen Monat und beginnt mit Zugang des Unterrichtungsschreibens. Ist das Unterrichtungsschreiben nicht ordnungsgemäß, kann der Widerspruch auch noch Monate nach dem Betriebsübergang erklärt werden. Das Recht zur Ausübung des Widerspruchs wird nur durch den Grundsatz der Verwirkung begrenzt.[2174] Der Widerspruch kann gegenüber dem bisherigen Arbeitgeber oder dem neuen Inhaber erklärt werden.

Ein Widerspruchsrecht gegen den Übergang des Arbeitsverhältnisses besteht nicht, wenn der bisherige Rechtsträger in Folge einer gesellschaftsrechtlichen Umwandlung erlischt, d. h. bei Verschmelzung, Aufspaltung und vollständiger Vermögensübertragung. Dies war in der arbeitsrechtlichen Literatur zwar lange Zeit hoch umstritten, wurde aber jüngst durch das Bundesarbeitsgericht bestätigt.[2175] Wegen des Erlöschens des bisherigen Rechtsträgers kann die von § 613a BGB intendierte Rechtsfolge – das „Zurückfallen" des Arbeitsverhältnisses auf den bisherigen Arbeitgeber – nämlich nicht mehr eintreten Paragraf 613a Abs. 6 BGB ist insoweit teleologisch zu reduzieren.

### 4.3.4. Haftung von Erwerber und Veräußerer

Nach § 613a Abs. 2 BGB haftet der bisherige Betriebsinhaber neben dem neuen Inhaber für Ansprüche der Arbeitnehmer, die vor dem Betriebsübergang entstanden sind und spätestens ein Jahr nach dem Übergang fällig werden. Die Haftung des neunen Betriebsinhabers (auch für die vor dem Übergang begründeten Verbindlichkeiten) folgt bereits aus § 613a Abs. 1 BGB, da er mit dem Betriebsübergang in die Rechte und Pflichten aus dem Arbeitsverhältnis eintritt.[2176] Die Regelung des § 613a Abs. 2 BGB ist im Verhältnis zu den Arbeitnehmern zwingend. Im Innenverhältnis können Erwerber und Veräußerer die Übernahme der Verbindlichkeiten jedoch frei bestimmen.

### 4.3.5. Auswirkung auf Kündigungen

Nach § 613a Abs. 4 Satz 1 BGB sind Kündigungen des Betriebserwerbers und des Veräußerers wegen des Betriebsübergangs unwirksam. Dagegen sind Kündigungen aus anderen Gründen möglich (§ 613a Abs. 4 Satz 2 BGB). Nach der Rechtsprechung des BAG ist bei der Abgrenzung stets zu prüfen, ob es neben dem Betriebsübergang einen sachlichen Grund gibt, der „aus sich heraus" die Kündigung rechtfertigen kann, so dass der Betriebsübergang nur äußerer Anlass, nicht aber der tragende Grund für die Kündigung ist.[2177]

Häufig wird es so sein, dass der Erwerber zunächst alle Arbeitnehmer übernimmt, die in dem ausgegliederten Geschäftsteil beschäftigt sind. Erst nach und nach wird er aufgrund seines überlegenen Know-hows die Geschäftsprozesse effizienter gestalten, so dass dadurch Personalüberhänge entstehen. In einem solchen Fall würde § 613a Abs. 4 BGB einer Kündigung nicht entgegenstehen. Die Kündigung wäre hier nicht wegen des Betriebsübergangs, sondern wegen eines Reorganisationskonzepts erfolgt.

## 4.4. Kollektivrechtliche Folgen eines Betriebsübergangs

### 4.4.1. Grundsatz der Transformation in Individualrecht

Nach der Regelung in § 613a Abs. 1 Satz 2 BGB werden Tarifverträge und Betriebsvereinbarungen mit dem Betriebsübergang zum Inhalt des Arbeitsverhältnisses zwischen dem Betriebserwerber und dem Arbeitnehmer. Tarifverträge und Betriebsvereinbarungen verlieren demnach ihre kollektivrechtliche Wirkung und gelten individualrechtlich weiter.

---

[2174] BAG, Urt. v. 15. Februar 2007, 9 AZR 206/06, NZA 2007, 693.
[2175] BAG, Urt. v. 21. Februar 2008, 8 AZR 157/07, NZA 2008, 815.
[2176] Preis, Erfurter Kommentar, § 613a Rn. 135.
[2177] BAG, Urt. v. 26. Mai 1983, 2 AZR 477/81, NJW 1984, 627.

Das gilt aber nur dann, wenn die bisherigen kollektivrechtlichen Regelungen nicht kollektivrechtlich weitergelten. Hinsichtlich der normativen Weitergeltung von Betriebsvereinbarungen ist entscheidend, ob der übernommene Betrieb als solcher weiter besteht.[2178] Behält der übernommene Betrieb seine Identität im Wesentlichen, besteht auch der ursprüngliche Betriebsrat fort und bleibt somit der maßgebliche Betriebspartner des Erwerbers. Dann gelten auch die Betriebsvereinbarungen als solche kollektivrechtlich fort. Ist der Erwerber an den gleichen Tarifvertrag gebunden, der auch bisher im Arbeitsverhältnis tarifrechtlich anwendbar war, so verbleibt es bei der tarifrechtlichen Geltung.

Die in Individualrecht transformierten Regelungen der Tarifverträge oder Betriebsvereinbarungen dürfen für den Zeitraum eines Jahres nach dem Betriebsübergang nicht zum Nachteil der Arbeitnehmer geändert werden. Vor Ablauf der Jahresfrist können die Regelungen geändert werden, wenn der Tarifvertrag oder die Betriebsvereinbarung nicht mehr gilt oder bei fehlender beiderseitiger Tarifgebundenheit im Geltungsbereich eines anderen Tarifvertrages, dessen Anwendung zwischen dem neuen Inhaber und dem Arbeitnehmer vereinbart wird. Diese individualrechtliche Weitergeltung stellt jedoch nur einen Auffangtatbestand zu Gunsten der Arbeitnehmer für den Fall dar, dass keine Kollektivregelung bei dem Erwerber kollektivrechtlich Anwendung findet.

### 4.4.2. Ablösung durch Kollektivrecht beim Erwerber

Gelten die kollektivrechtlichen Regelungen nach den vorstehenden Grundsätzen nicht kollektivrechtlich weiter, so kommt es dennoch nicht zu einer Transformation in Individualrecht, wenn die Rechte und Pflichten aus Tarifvertrag oder Betriebsvereinbarung bei dem neuen Inhaber durch Rechtsnormen eines anderen Tarifvertrages oder durch eine andere Betriebsvereinbarung geregelt werden. Eine Regelung durch Tarifvertrag beim Erwerber liegt dann vor, wenn der Tarifvertrag für allgemeinverbindlich erklärt wurde (§ 5 TVG) oder der Betriebserwerber an einen Tarifvertrag gebunden ist, der mit einer Gewerkschaft geschlossen wurde, der auch der jeweilige Arbeitnehmer angehört (kongruente Tarifbindung).

Eine anderweitige Regelung durch Kollektivrecht beim Erwerber setzt voraus, dass es sich um den gleichen Regelungsgegenstand handelt. So können etwa Ansprüche aus einer Betriebsvereinbarung über eine Jahresabschlussleistung nicht durch eine Betriebsvereinbarung über zusätzliches Urlaubsgeld abgelöst werden. Es fehlt an der Identität des Regelungsgegenstandes.

Das Gesetz spricht davon, dass die Rechte und Pflichten durch einen Tarifvertrag oder durch eine andere Betriebsvereinbarung „geregelt werden". Das kann sowohl in der Weise geschehen, dass bereits zum Zeitpunkt des Betriebsübergangs eine andere kollektivrechtliche Regelung vorliegt, als auch dadurch, dass nach dem Betriebsübergang eine solche Regelung abgeschlossen wird. In beiden Fällen verdrängt die kollektivrechtliche Regelung beim Erwerber die bisherige Regelung beim Veräußerer.

### 4.4.3. Besonderheiten bei Gesamtbetriebsvereinbarungen

Sind die Rechte und Pflichten beim Veräußerer in einer Gesamtbetriebsvereinbarung geregelt, so gelten diese kollektivrechtlich fort, wenn auch nur ein Betrieb unter Wahrung seiner Betriebsidentität übergeht. Dies soll jedenfalls dann gelten, wenn das andere Unternehmen bis dahin keinen Betrieb geführt hat.[2179]

Wird hingegen lediglich ein Betriebsteil übertragen, was bei einem Outsourcingverfahren der Regelfall sein dürfte, so wird auch hier von einer individualrechtlichen Fortgeltung auszugehen sein.

---

[2178] BAG, Beschl. v. 5. Februar 1991, 1 ABR 32/90, BB 1991, 1052.
[2179] BAG, Beschl. v. 18. September 2002, 1 ABR 54/01, BB 2003, 1387; anders ein Teil der Literatur vgl. nur Preis/Richter, ZIP 2004, 925.

### 4.4.4. Besonderheiten bei Bezugnahme auf Tarifverträge

Häufig findet ein Tarifvertrag auf ein Arbeitsverhältnis nicht deshalb Anwendung, weil Arbeitgeber und Arbeitnehmer tarifgebunden sind, sondern weil sie im Arbeitsvertrag die Anwendbarkeit eines bestimmten Tarifvertrages vereinbart oder das Tarifwerk einer bestimmten Branche in Bezug genommen haben. Weit verbreitet sind kleine dynamische Bezugsklauseln, wonach beispielsweise die Tarifverträge für das private Bankgewerbe in ihrer jeweils geltenden Fassung auf das Arbeitsverhältnis Anwendung finden sollen.

Bisher ging die Rechtsprechung in derartigen Fällen grundsätzlich davon aus, dass der Arbeitgeber mit den entsprechenden Klauseln eine einheitliche Anwendung der tariflichen Regelungen sicherstellen wollte. Die nicht organisierten Arbeitnehmer waren mit den tarifgebundenen Arbeitnehmern gleichzustellen. Derartige Klauseln wurden daher als Gleichstellungsabreden bezeichnet. Die nicht tarifgebundenen Arbeitnehmer nahmen aufgrund der Gleichstellungsabreden an der Tarifentwicklung der in Bezug genommenen Tarifverträge teil. Die Auslegung des BAG führte somit dazu, dass Bezugnahmeklauseln im Zweifel als dynamische Verweisungen zu verstehen waren. Allerdings endete die dynamische Anbindung an die in Bezug genommenen Tarifverträge nach der alten Auffassung des BAG in dem Zeitpunkt, in dem die Tarifbindung des Arbeitgebers endete. Das Ende der Tarifbindung auf Arbeitgeberseite konnte beispielsweise durch den Austritt aus dem Arbeitgeberverband oder durch einen Betriebsübergang auf einen nicht tarifgebundenen Arbeitgeber eintreten. In diesen Fällen wandelte sich die dynamische Verweisung in eine statische Verweisung um. Da auch die tarifgebundenen Arbeitnehmer wegen mangelnder Tarifgebundenheit des Arbeitgebers nicht mehr an Änderungen oder Ergänzungen des Tarifvertrags teilnehmen, musste dies auch für die nicht tarifgebundenen Arbeitnehmer wegen des Gleichstellungszwecks der Bezugnahmeklauseln gelten.[2180]

Das BAG hat seine Rechtsprechung zur Auslegung von arbeitsvertraglichen Bezugnahmeklauseln mittlerweile geändert und legt unklare Verweisungen nicht mehr als Gleichstellungsabreden aus. Nach der neuen Auslegungsmethode sind im Zweifel unklare Klauseln auch bei einem Ende der Tarifbindung des Arbeitgebers als dynamische Verweisungen auf das ursprüngliche Tarifwerk zu verstehen.[2181]

Zur Begründung verweist das BAG auf die Wertungen des Rechts der Allgemeinen Geschäftsbedingungen. Danach gehen Unklarheiten zu Lasten des Verwenders (§ 305c Abs. 2 BGB). Zudem sind Allgemeine Geschäftsbedingungen unwirksam, die nicht klar und verständlich gefasst sind (§ 307 Abs. 1 Satz 2 BGB). Auch ist es nach AGB-Recht nicht möglich, unwirksame Klauseln auf ein zulässiges Maß zu reduzieren (§ 306 BGB). Allerdings differenziert das BAG aus Vertrauensgesichtspunkten zwischen den bis zum 31. Dezember 2001 und den ab dem 1. Januar 2002 abgeschlossenen Arbeitsverträgen. Für die bis zum 31. Dezember 2001 geschlossenen Arbeitsverträge gilt weiterhin im Zweifel die Auslegung als Gleichstellungsabrede. Für die danach abgeschlossenen Arbeitsverträge gilt dieses Auslegungsregel nicht mehr.

### 4.5. Betriebsübergang als Betriebsänderung?

Teilweise wird in dem Übergang eines Betriebs oder Betriebsteils stets auch eine Betriebsänderung gesehen und dem Betriebsrat daher ein Mitwirkungsrecht nach §§ 111, 112 BetrVG zugesprochen.[2182] Das überzeugt nicht. Der Übergang eines Betriebs oder Betriebsteils

---

[2180] Vgl. etwa BAG, Urt. v. 30. August 2000, 4 AZR 581/01, NZA 2001, 510; Urt. v. 21. August 2002, 4 AZR 263/01, NZA 2003, 442; Urt. v. 25. September 2002, 4 AZR 294/01, NZA 2003, 807; Urt. v. 1. Dezember 2004, 4 AZR 50/04, NZA 2005, 478.
[2181] BAG, Urt. v. 14. Dezember 2005, 4 AZR 536/04, NZA 2006, 607.
[2182] Däubler in: Däubler/Kittner/Klebe, Kommentar, Betriebsverfassungsgesetz, § 111 Rn. 102 f.

ist für sich allein keine Betriebsänderung.[2183] Mit dem Betriebsübergang können aber andere Maßnahmen verbunden sein, die die Mitwirkungsrechte des Betriebsrats nach §§ 111, 112 BetrVG auslösen.

So ist es etwa denkbar, dass der übertragene Betrieb oder Betriebsteil beim Erwerber mit einem anderen zusammengelegt wird oder die Übertragung eines Betriebsteils eine Betriebsspaltung bewirkt. In beiden Fällen liegt neben dem Betriebsübergang auch eine Betriebsänderung im Sinne des § 111 Satz 3 Nr. 3 BetrVG vor. Hingegen führt die Aufspaltung des Unternehmens, beispielsweise in Besitz- und Betriebsgesellschaft, nicht zu einem Mitwirkungsrecht des Betriebsrates. § 111 Satz 3 Nr. 3 BetrVG erfasst nur Spaltungen von Betrieben. Eine Betriebsänderung ist deshalb nicht anzunehmen, wenn ein Betrieb nach einer Unternehmensspaltung als Gemeinschaftsbetrieb fortgeführt wird.[2184]

Eine Betriebsänderung kann schließlich auch bei bloßem Personalabbau vorliegen, etwa im Zusammenhang mit einer nach dem Betriebsübergang erfolgenden Restrukturierung. Denkbar ist aber auch, dass eine Vielzahl von Arbeitnehmern dem Betriebsübergang widerspricht und der Betriebsveräußerer deshalb betriebsbedingte Beendigungskündigungen ausspricht. Voraussetzung für eine mitwirkungspflichtige Betriebsänderung ist jeweils, dass die Maßnahme eine größere Anzahl von Arbeitnehmern erfasst. Die Rechtsprechung bejaht diese Voraussetzung regelmäßig, wenn der Personalabbau die Schwellenwerte des § 17 Abs. 1 KSchG erreicht. In Betrieben mit mehr als 600 Arbeitnehmern müssen allerdings mindestens 5% der Arbeitnehmer betroffen sein.[2185]

## 5. Reorganisation auf Betriebsebene

Reorganisationsmaßnahmen führen, wie die vorstehenden Ausführungen verdeutlicht haben, regelmäßig zu einer Betriebsänderung im Sinne des § 111 BetrVG. Für den Investor ergeben sich daraus vor allem zwei betriebsverfassungsrechtliche Pflichten: Er muss grundsätzlich ein Interessenausgleichsverfahren durchführen und die den Arbeitnehmern infolge der Betriebsänderung entstehenden Nachteile mit Hilfe eines Sozialplans zumindest abmildern. Die nachfolgende Darstellung gibt einen Überblick über die üblichen Verfahrensabläufe verbunden mit taktischen Hinweisen zur effizienten Gestaltung des Prozesses.

### 5.1. Interessenausgleich

#### 5.1.1. Voraussetzungen

Plant ein Arbeitgeber eine Betriebsänderung, so hat er ein Interessenausgleichsverfahren durchzuführen. Dies gilt jedoch nur dann, wenn nach § 111 Satz 1 BetrVG in dem Unternehmen in der Regel mehr als 20 wahlberechtigte Arbeitnehmer beschäftigt werden und ein Betriebsrat besteht. Wird der Betriebsrat erst gewählt, wenn der Unternehmer schon mit der Betriebsänderung begonnen hat, stehen dem neu gewählten Betriebsrat keine Beteiligungsrechte hinsichtlich dieser Betriebsänderung mehr zu.[2186] Dies gilt selbst dann, wenn dem Unternehmer im Zeitpunkt seines Beschlusses zur Umsetzung einer Betriebsänderung bekannt war, dass ein Betriebsrat gewählt werden soll.[2187]

Eine Interessenausgleichspflicht setzt weiter voraus, dass von einer geplanten Betriebsänderung „die Belegschaft oder erhebliche Teile der Belegschaft" betroffen sind. Das richtet sich nach der Anzahl der von der Maßnahme betroffenen Arbeitnehmer. Maßgeblich sind nach ständiger Rechtsprechung des BAG die Schwellenwerte des § 17 Abs. 1 KSchG.[2188]

---

[2183] BAG, Urt. v. 4. Dezember 1979, 1 AZR 843/76, BB 1980, 579; Preis in: Erfurter Kommentar, § 613a BGB Rn. 131.
[2184] Kania in: Erfurter Kommentar, § 111 BetrVG Rn. 14.
[2185] BAG, Urt. v. 22. Januar 2004, 2 AZR 111/02, AP BetrVG 1972 § 112 Namensliste Nr. 1.
[2186] BAG Beschl. v. 20. April 1982, 1 ABR 3/80, BB 82, 804.
[2187] BAG Beschl. v. 28. Oktober 1992, 10 ABR 75/91, BB 1993, 140.
[2188] BAG Beschl. v. 6. Dezember 1988, 1 ABR 47/87, NZA 1989, 399. Urt. v. 7. August 1990, 1 AZR 445/89, NZA 1991, 113.

Zusätzlich verlangt das BAG, dass mindestens 5% der Belegschaft von der Maßnahme betroffen sind.[2189]

Eine Betriebsänderung liegt nach der gesetzlichen Definition des § 111 BetrVG vor bei
- Einschränkung oder Stilllegung des ganzen Betriebs oder von wesentlichen Betriebsteilen;
- Verlegung des ganzen Betriebs oder von wesentlichen Betriebsteilen;
- Zusammenschluss mit anderen Betrieben oder die Spaltung von Betrieben;
- grundlegenden Änderungen der Betriebsorganisation, des Betriebszweckes oder der Betriebsanlagen sowie Einführung grundlegend neuer Arbeitsmethoden und Fertigungsverfahren.

### 5.1.2. Gegenstand und Inhalt des Interessenausgleichs

Gegenstand des Interessenausgleiches ist, ob, wann und in welcher Form die vom Arbeitgeber vorgesehene Betriebsänderung durchgeführt werden soll.[2190] Der Arbeitgeber ist verpflichtet, vor der Durchführung einer Betriebsänderung im Sinne des § 111 BetrVG Verhandlungen über einen Interessenausgleich aufzunehmen.

Ein Interessenausgleich enthält typischerweise Regelungen zum organisatorischen Ablauf der Betriebsänderung, im Falle des Personalabbaus insbesondere zur Auswahl der zu entlassenden Arbeitnehmer sowie den Entlassungs- und Freistellungsterminen.[2191] Außerdem können Arbeitnehmer im Falle einer geplanten Verschmelzung, Spaltung oder Vermögensübertragung für die Zeit nach der Umwandlung einem bestimmten Betrieb oder Betriebsteil zugeordnet werden; dadurch darf allerdings § 613a BGB nicht unterlaufen werden.[2192]

Sind die zu kündigenden Arbeitnehmer in einem Interessenausgleich namentlich bezeichnet, so wird vermutet, dass die Kündigung durch dringende betriebliche Erfordernisse bedingt ist. Die soziale Auswahl der Arbeitnehmer kann nur auf grobe Fehlerhaftigkeit überprüft werden.[2193] Durch die Vereinbarung einer Namensliste als Bestandteil des Interessenausgleichs wird daher die Rechtsposition des Arbeitgebers in einem nachfolgenden Kündigungsschutzprozess ganz erheblich gestärkt. Der Arbeitnehmer wird kaum in der Lage sein, den Nachweis der Unwirksamkeit der Kündigung zu erbringen, wenn sein Name wirksam in einer Namensliste aufgeführt ist. Allerdings kann eine solche Namensliste nicht erzwungen werden. Sie bedarf der Zustimmung des Betriebsrates. Üblicherweise wird sich der Betriebsrat nur dann zu einer solchen Namensliste bereit finden, wenn der Arbeitgeber an anderer Stelle Entgegenkommen zeigt. Dies betrifft insbesondere eine höhere Dotierung des Sozialplans.

### 5.1.3. Interessenausgleichsverfahren

Bei der Durchführung des Interessenausgleichs hat der Arbeitgeber ein gesetzlich festgelegtes Verfahren einzuhalten. Er ist verpflichtet, den Betriebsrat rechtzeitig und umfassend über die Betriebsänderung zu unterrichten und die geplanten Maßnahmen mit ihm zu beraten (§ 111 Satz 1 BetrVG). Kommt eine Einigung zustande, ist diese schriftlich niederzulegen.[2194] Anderenfalls können sowohl der Arbeitgeber als auch der Betriebsrat bei der Bundesagentur für Arbeit um Ermittlung nachsuchen. Bleibt auch dies erfolglos, können beide Parteien die Einigungsstelle anrufen (vgl. § 112 Abs. 1 bis 3 BetrVG). Anders als ein Sozialplan ist der Interessenausgleich allerdings nicht erzwingbar.

---

[2189] BAG, Urt. v. 7. August 1990 1 AZR 445/89 NZA 1991, 113
[2190] BAG, Urt. v. 10. März 1998, 1 AZR 509/97, NZA 1998, 1297; BAG, Beschl. v. 27. Oktober 1986, 1 ABR 9/86, NZA 1988, 203.
[2191] Kania in: Erfurter Kommentar, § 112a BetrVG Rn. 1.
[2192] Kania in: Erfurter Kommentar, § 112a BetrVG Rn. 2.
[2193] Vgl. § 1 Abs. 5 KSchG.
[2194] Zu Rechtsnatur und Bindungswirkung des Interessenausgleichs vgl. Kania in: Erfurter Kommentar, § 112a BetrVG Rn. 9.

Führt der Arbeitgeber eine geplante Betriebsänderung durch, ohne über sie mit dem Betriebsrat einen Interessenausgleich versucht zu haben oder weicht er von einem vereinbarten Interessenausgleich ohne Grund ab, hat er den betroffenen Arbeitnehmern gemäß § 113 BetrVG die dadurch erlittenen Nachteile zu ersetzen. Will der Arbeitgeber den Nachteilsausgleich vermeiden, muss er vor der tatsächlichen Durchführung der Betriebsänderung alle Möglichkeiten einer Einigung über den Interessenausgleich einschließlich des Einigungsstellenverfahrens ausschöpfen.[2195] Hoch umstritten und noch nicht höchstrichterlich geklärt ist, ob der Betriebsrat die Betriebsänderung daneben auch im Wege einer einstweiligen Verfügung verhindern kann.[2196]

## 5.2. Sozialplan
### 5.2.1. Inhalt des Sozialplans
Gemäß § 112 Abs. 1 BetrVG enthält ein Sozialplan Regelungen, welche die wirtschaftlichen Nachteile ausgleichen oder mildern, die den Arbeitnehmern infolge der geplanten Betriebsänderung entstehen. Immaterielle Nachteile sind nicht zu ersetzen.[2197] Sozialpläne haben eine Ausgleichs- und Überbrückungsfunktion.[2198] Sie sollen die mit dem Verlust des Arbeitsplatzes verbundenen Nachteile kompensieren, den begünstigten Arbeitnehmern vor allem aber helfen, die Zeit bis zu einem neuen Arbeitsverhältnis oder dem Bezug der gesetzlichen Rente zu überbrücken. Sozialpläne können die Betriebszugehörigkeit bei der Bemessung des Ausgleichs daher berücksichtigen, müssen es aber nicht.[2199]

Anders als der Interessenausgleich kann ein Sozialplan vom Betriebsrat über die Einigungsstelle erzwungen werden, § 112 Abs. 4 BetrVG. Ausnahmen enthalten § 112a Abs. 1 und Abs. 2 BetrVG. Danach ist ein Sozialplan nicht erzwingbar, wenn die geplante Betriebsänderung allein in der Entlassung von Arbeitnehmern besteht und die in § 112a Abs. 1 BetrVG genannten Schwellenwerte nicht erreicht werden. Abs. 2 der Vorschrift, der eine weitere Ausnahme für neu gegründete Unternehmen hinzufügt, ist auf Neugründungen im Zusammenhang mit der rechtlichen Umstrukturierung von Unternehmen und Konzernen nicht anwendbar. Seiner Rechtsnatur nach ist der Sozialplan eine Betriebsvereinbarung.[2200] Die begünstigten Arbeitnehmer können die ihnen eingeräumten Ansprüche somit unmittelbar gegen den Arbeitgeber geltend machen (vgl. § 77 Abs. 4 BetrVG).

Die Betriebsparteien sind bei der Vereinbarung des Sozialplans an zwingendes Recht gebunden, insbesondere haben sie die in § 75 BetrVG niedergelegten Grundsätze und die in § 1 AGG enthaltenen Diskriminierungsverbote zu beachten. Im Übrigen sind sie aber frei in ihrer Entscheidung, welche Nachteile sie ausgleichen oder mildern wollen.[2201] Häufig sehen Sozialpläne die Zahlung von Abfindungen vor, wenn in Folge der Betriebsänderung betriebsbedingte Kündigungen beabsichtigt sind. Die Betriebsparteien können sich aber auch auf andere Sozialplanleistungen verständigen, beispielsweise die Zahlung von Überbrückungsgeldern, die Aufrechterhaltung von Pensionsanwartschaften oder die Übernahme von Bewerbungs- und Fahrtkosten.[2202]

Die vereinbarten Sozialplanleistungen können auch von Arbeitnehmern beansprucht werden, die bereits aus dem Arbeitsverhältnis ausgeschieden sind. Ansonsten könnte sich der

---

[2195] BAG, Urt. v. 16. Mai 2007, 8 AZR 693/06, NZA 2007, 1296.
[2196] Zum Streitstand Fitting, Kommentar, Betriebsverfassungsgesetz, § 111 Rn. 131 ff.
[2197] Fitting, Kommentar, Betriebsverfassungsgesetz, §§ 112, 112a BetrVG Rn. 118.
[2198] BAG, Urt. v. 13. März 2007, 1 AZR 262/06, NZA 2008, 190.
[2199] BAG, Urt. v. 13. März 2007, 1 AZR 262/06, NZA 2008, 190; Kania in: Erfurter Kommentar, § 112a BetrVG Rn. 12.
[2200] BAG, Beschl. v. 18. Dezember 1990, 1 ABR 15/90, NZA 1992, 482. § 112 Abs. 1 Satz 3 BetrVG ist insofern missverständlich.
[2201] BAG, Urt. v. 14. November 2006, 1 AZR 40/06, NZA 2007, 339.
[2202] Kania in: Erfurter Kommentar, § 112a BetrVG Rn. 29; Fitting, Kommentar, Betriebsverfassungsgesetz, §§ 112, 112a BetrVG Rn. 141 f.

Arbeitgeber seiner Ausgleichpflicht dadurch entziehen, dass er den Abschluss des Sozialplans bewusst hinauszögert.[2203] Die Zahlung einer Sozialplanabfindung darf weiter nicht davon abhängig gemacht werden, dass die Arbeitnehmer auf eine Kündigungsschutzklage verzichten. Die Betriebsparteien dürfen jedoch durch eine weitere freiwillige Betriebsvereinbarung einen finanziellen Anreiz schaffen, eine betriebsbedingte Kündigung zu akzeptieren („Turboprämie"). Dadurch darf das Verbot, Sozialplanabfindungen von einem Verzicht auf eine Kündigungsschutzklage abhängig zu machen, allerdings nicht umgangen werden.[2204]

Während die Betriebsparteien bei der Aufstellung eines Sozialplans im Rahmen der aufgezeigten gesetzlichen Regelungen bei der Gestaltung der Sozialplaninstrumente frei sind, gelten für den in der Einigungsstelle durch Spruch entschiedenen Sozialplan die Ermessensrichtlinien des § 112 Abs. 5 BetrVG. Danach hat die Einigungsstelle bei ihrer Entscheidung sowohl die sozialen Belange der betroffenen Arbeitnehmer zu berücksichtigen als auch auf die wirtschaftliche Vertretbarkeit ihrer Entscheidung für das Unternehmen zu achten. Die Einigungsstelle hat sich im Rahmen billigen Ermessens insbesondere von folgenden Grundsätzen leiten zu lassen:

– Sie soll beim Ausgleich oder der Milderung wirtschaftlicher Nachteile, insbesondere durch Einkommensminderung, Wegfall von Sonderleistungen oder Verlust von Anwartschaften auf betriebliche Altersversorgung, Umzugskosten oder erhöhte Fahrtkosten, Leistungen vorsehen, die in der Regel den Gegebenheiten des Einzelfalles Rechnung tragen.
– Sie hat die Aussichten der betroffenen Arbeitnehmer auf dem Arbeitsmarkt zu berücksichtigen. Sie soll Arbeitnehmer von Leistungen ausschließen, die in einem zumutbaren Arbeitsverhältnis im selben Betrieb oder in einem anderen Betrieb des Unternehmens oder eines zum Konzern gehörenden Unternehmens weiterbeschäftigt werden können und die Weiterbeschäftigung ablehnen; die mögliche Weiterbeschäftigung an einem anderen Ort begründet für sich allein nicht die Unzumutbarkeit.
– Sie soll insbesondere die im dritten Buch des Sozialgesetzbuches vorgesehenen Förderungsmöglichkeiten zur Vermeidung von Arbeitslosigkeit berücksichtigen. Das betrifft insbesondere die Instrumente der Transferagentur und der Transfergesellschaft.
– Sie hat bei der Bemessung des Gesamtbetrages der Sozialplanleistungen darauf zu achten, dass der Fortbestand des Unternehmens oder die nach Durchführung der Betriebsänderung verbleibenden Arbeitsplätze nicht gefährdet werden.

Wird der Sozialplan durch Spruch der Einigungsstelle entschieden und ist der Arbeitgeber der Auffassung, dass die vorstehend dargestellten Ermessensrichtlinien überschritten seien, so kann der Arbeitgeber den Spruch der Einigungsstelle vor dem Arbeitsgericht anfechten. Die Anfechtungsfrist beträgt zwei Wochen vom Tag der Zuleitung des Beschlusses an gerechnet.

### 5.2.2. Verhandlungspartner für Interessenausgleich und Sozialplan

Sofern das Unternehmen über mehrere Betriebe und Betriebsräte und damit auch über einen Gesamtbetriebsrat verfügt, stellt sich die Frage, mit wem Interessenausgleich und Sozialplan zu verhandeln sind. Zunächst sind die beiden Verhandlungsgegenstände gedanklich zu trennen. Auf der Basis der gesetzlich geregelten Verteilung der Zuständigkeit nach § 50 BetrVG ist zu entscheiden, mit welchem Gremium verhandelt werden soll. Für den Interessenausgleich ist der Gesamtbetriebsrat zuständig, wenn ein unternehmenseinheitliches Konzept verfolgt wird beziehungsweise eine betriebsübergreifende Entscheidung getroffen wurde. Auch wenn das der Fall ist, ist damit noch nicht gesagt, dass der Gesamtbetriebsrat auch für die Verhandlung des Sozialplans zuständig ist. Es gibt keine Zuständigkeit für den Sozialplan kraft Sachzusammenhangs. Aus der Zuständigkeit für den Interessenausgleich ergibt sich nicht zwingend die Zuständigkeit für den Sozialplan. Der Gesamtbetriebsrat ist

---

[2203] Kania in: Erfurter Kommentar, § 112a BetrVG Rn. 20.
[2204] BAG, Urt. vom 31. Mai 2005, 1 AZR 254/04, NZA 2005, 997.

nach Auffassung des BAG für den Sozialplan nur zuständig, wenn die Regelung zum Ausgleich oder zur Milderung der wirtschaftlichen Nachteile zwingend unternehmenseinheitlich oder betriebsübergreifend erfolgen muss. In einer neueren Entscheidung hat das BAG die Unzuständigkeit des Gesamtbetriebsrats zum Abschluss des Sozialplans festgestellt, obwohl der Gesamtbetriebsrat zuvor den Interessenausgleich mit dem Arbeitgeber vereinbart hatte. Allein der Umstand, dass die für den Sozialplan erforderlichen Mittel von ein und demselben Arbeitgeber zur Verfügung gestellt würden, sei nicht ausreichend für die Zuständigkeit des Gesamtbetriebsrats. Allerdings sei der Gesamtbetriebsrat dann zuständig, wenn ein im Interessenausgleich vereinbartes Sanierungskonzept das gesamte Unternehmen betreffe und nur auf Grundlage eines bestimmten, auf das gesamte Unternehmen bezogenen Sozialplanvolumens realisiert werden könne.[2205]

Dennoch sprechen in der Regel gute Gründe dafür, mit dem Gesamtbetriebsrat auch den Sozialplan zu verhandeln. Wenn bei unternehmensweiten Personalabbaumaßnahmen freie Arbeitsplätze zu besetzen sind, bedarf es eines betriebsübergreifenden Auswahlverfahrens hinsichtlich des Angebots dieser Arbeitsplätze. Die Sozialplanleistungen für Mitarbeiter, die entsprechend Arbeitsplatzangebote annehmen, können nicht unterschiedlich sein, je nach dem aus welchem Betrieb der Mitarbeiter kommt: Umschulungs- und Fortbildungskosten, Mobilitätspakete und Erprobungsphasen sind notwendigerweise unternehmenseinheitlich zu regeln.

Die rechtliche Unsicherheit im Hinblick auf die Zuständigkeit des Gesamtbetriebsrats lässt sich natürlich dann beseitigen, wenn Delegationsbeschlüsse vorliegen, denen zu Folge die örtlichen Betriebsräte den Gesamtbetriebsrat für Verhandlung und Abschluss des Sozialplans beauftragen. Sollte dies nicht möglich sein, so sollte der Arbeitgeber dennoch im Zweifelsfall mit dem Gesamtbetriebsrat auch den Sozialplan verhandeln. Das Risiko scheint überschaubar. Sobald der Arbeitgeber einen Sozialplan mit dem Gesamtbetriebsrat abgeschlossen hat, wird es jedem örtlichen Betriebsrat schwerfallen, in einer erzwungenen erneuten Sozialplanverhandlung das Sozialplanniveau zu Gunsten seines Betriebs substantiell aufzustocken.

## 5.3. Taktische Hinweise für die Verhandlung von Interessenausgleich und Sozialplan

Für die erfolgreiche Verhandlungsführung im Hinblick auf Interessenausgleich und Sozialplan ist es erforderlich, sich die Ausgangslage der Beteiligten deutlich vor Augen zu führen.

Der Arbeitgeber ist in der Regel an einer schnellen Durchführung des Interessenausgleichsverfahrens interessiert, um mit der Umsetzung der unternehmerischen Maßnahme beginnen zu können. Außerdem möchte er die Kosten des Sozialplans in einem vertretbaren Rahmen halten.

Der Betriebsrat kann die Durchführung einer Betriebsänderung mit rechtlichen Mitteln nicht verhindern, er kann das Verfahren aber erheblich verzögern. Das Verzögerungspotential kann sich auf sechs bis acht Monate erstrecken. Üblicherweise nutzt der Betriebsrat dieses Verzögerungspotential, um einen gut dotierten Sozialplan zu erreichen.

Das hat zur Folge, dass der Interessenausgleich, der von Rechtswegen nicht erzwingbar ist, für den Arbeitgeber dennoch wichtig ist, weil er die einfachste Form des Abschlusses des Interessenausgleichsverfahrens darstellt. Der Abschluss des Interessenausgleichsverfahrens ist wiederum Voraussetzung für die betriebsverfassungsrechtliche Zulässigkeit der Betriebsänderung. Der Betriebsrat nutzt das Verzögerungspotential üblicherweise durch immer wieder neue Auskunfts- und Informationsverlangen. Ändert der Arbeitgeber seine unternehmerische Planung im Laufe der Verhandlungen, so führt dies zwangsläufig zu weiteren Verzögerungen.

---

[2205] BAG, Beschl. v. 3. Mai 2006, 1 ABR 15/05, NZA 2007, 1245; tendenziell abweichend BAG, Beschl. v. 23. Oktober 2002, 7 ABR 55/01, AP BetrVG 1972 § 50 Nr. 26.

Es ist daher von eminenter Bedeutung, die Information über die geplante Betriebsänderung sorgfältig vorzubereiten. Die Kernbotschaft sollte schriftlich festgelegt und allen beteiligten Führungskräften zur Verfügung gestellt werden. Es ist dringend zu empfehlen, von dieser Kernbotschaft keinesfalls abzuweichen. Die erforderlichen Unterlagen sollten rechtzeitig vorbereitet und dem Betriebsrat im Zusammenhang mit der jeweiligen Informationsveranstaltung ohne weiteres ausgehändigt werden. Nach Möglichkeit sollte versucht werden, mit dem Betriebsrat einen verbindlichen Zeitplan für die Verhandlungen zu vereinbaren. Gleichzeitig sollte der Arbeitgeber verdeutlichen, dass er nach dieser geplanten Verhandlungsphase gegebenenfalls die Einigungsstelle anrufen werde. Von größter Bedeutung ist es, im Rahmen der Sozialplanverhandlungen keine voreiligen Zugeständnisse abzugeben, ohne hierfür eine Gegenleistung vom Betriebsrat zu erhalten.

### 5.4. Tarifsozialplan

In den letzten Jahren haben die Gewerkschaften ihre Strategie im Kampf um den Standort Deutschland erweitert. Gibt ein Unternehmen die Absicht einer Betriebsschließung bekannt, so fordern die Gewerkschaften immer häufiger zu Verhandlungen über einen Tarifsozialplan auf und setzen auch Arbeitskampfmaßnahmen zur Durchsetzung ihrer Forderungen ein. Die Zulässigkeit eines Tarifsozialplans, der auch mit Mitteln des Arbeitskampfes durchgesetzt werden kann, hat das BAG in der Zwischenzeit bestätigt.[2206] Den Tarifvertragsparteien fehle auch in Betrieben mit Betriebsrat nicht deshalb die Kompetenz zur Schaffung von Abfindungsregelungen, weil die kollektive Regelung dieser Materie ausschließlich den Betriebsparteien vorbehalten wäre. Eine solche Wirkung ordneten die §§ 111ff. BetrVG nach Auffassung des BAG nicht an. Die Gewerkschaft muss mit Aufrufen zu Streiks zur Herbeiführung tariflicher Nachteilsausgleichsansprüche im Zusammenhang mit einer konkreten Betriebsänderung auch nicht abwarten, bis das betriebliche Sozialplanverfahren abgeschlossen ist. Streikforderungen einer Gewerkschaft, deren Gegenstände grundsätzlich tariflich regelbar sind, unterliegen keiner gerichtlichen Übermaßkontrolle. Eine solche Kontrolle verstieße nach Auffassung des BAG gegen die durch Artikel 9 Abs. 3 GG gewährleistete Koalitionsbetätigungsfreiheit der Gewerkschaften und stelle die Funktionsfähigkeit der Tarifordnung in Frage.

Entscheidend ist nach Auffassung des BAG lediglich, ob ein Streikaufruf der Durchsetzung von tariflich regelbaren Zielen gilt. Das sei der Fall, wenn die Gewerkschaft Abfindungsregelungen, Qualifizierungsmaßnahmen oder die Verlängerung von Kündigungsfristen erreichen wolle. Das BAG nahm auch keinen Anstoß daran, dass die Forderungen exorbitant hoch waren, so dass bei Durchsetzung dieser Forderungen die Durchführung der Betriebsänderung wirtschaftlich sinnlos gewesen wäre. So forderte die IG Metall in dem entschiedenen Fall Kündigungsfristen von zum Teil mehr als einem Jahr sowie Abfindungen in Höhe von drei Bruttomonatsgehältern für jedes Jahr der Beschäftigung. Abfindungsregelungen, Kündigungsfristen und Qualifizierungsmaßnahmen seien Regelungen über die Begründung, den Inhalt und die Beendigung von Arbeitsverhältnissen im Sinne des § 4 Abs. 1 TVG.

Nicht zulässig wäre hingegen die Forderung, die Betriebsänderung nicht durchzuführen. Dabei würde es sich nicht um ein tariflich regelbares Ziel handeln, weil es nicht um die Begründung, den Inhalt oder die Beendigung von Arbeitsverhältnissen geht. Erfahrungsgemäß versuchen die Gewerkschaften aber ihre Mitglieder mit der Ankündigung, die Betriebsänderung verhindern zu wollen, für einen Streik zu mobilisieren. Hier ist es wichtig, die Gewerkschaft konkret festzulegen. Bleibt sie bei der Forderung, die Betriebsänderung zu verhindern, so wäre ein Streik hierfür mangels eines tariflich regelbaren Zieles rechtswidrig. Lässt sie die Forderung fallen, wird häufig die Mobilisierung für einen Arbeitskampf nicht im gleichen Ausmaß gelingen.

---

[2206] BAG, Urt. v. 24. April 2007, 1 AZR 252/06, DB 2007, 1924.

Allerdings ist im Einzelfall das jeweils einschlägige Tarifwerk daraufhin zu untersuchen, ob die Materie bereits tarifvertraglich geregelt ist. In diesem Fall besteht Friedenspflicht. Die gesetzliche, dem Tarifvertrag immanente relative Friedenspflicht verbietet den Tarifvertragsparteien, einen bestehenden Tarifvertrag inhaltlich dadurch in Frage zu stellen, dass sie Änderungen oder Verbesserungen vertraglich geregelter Gegenstände mit Mitteln des Arbeitskampfes erreichen wollen. Die Friedenspflicht schützt auf diese Weise den Inhalt des Tarifvertrages. Es ist nämlich gerade Ziel von Tarifverträgen, eine Friedensordnung für deren jeweiligen Regelungsgegenstand zu treffen.[2207] Ein Streik unter Verstoß gegen die Friedenspflicht ist rechtswidrig.

Für die sachliche Reichweite der relativen Friedenspflicht ist der Inhalt der bestehenden tariflichen Regelungen entscheidend, der durch Auslegung zu ermitteln ist. Die sachliche Reichweite ist nach ganz herrschender Auffassung nicht auf die Gegenstände begrenzt, die in einem ungekündigten Tarifvertrag eindeutig und explizit geregelt sind. Dementsprechend sind auch nicht nur solche Kampfmaßnahmen verboten, die auf eine direkte Änderung der Bestimmungen eines laufenden Tarifvertrages gerichtet sind. Dabei ist auch zu beachten, dass eine Materie nicht nur dann geregelt ist, wenn eine positive Regelung in den bestehenden Tarifverträgen enthalten ist. Auch wenn auf eine Regelung bewusst verzichtet wird, kann sie Inhalt des Tarifvertrages sein und zum befriedeten Bestand gehören.[2208]

Regelungen über Abfindungen, Qualifizierungsmaßnahmen und Verzicht auf betriebsbedingte Beendigungskündigungen können insbesondere in Rationalisierungsschutzabkommen, teilweise aber auch in Manteltarifverträgen geregelt sein. Sofern dies der Fall ist, verstößt ein Streik zur Durchsetzung entsprechender Regelungen gegen die relative Friedenspflicht und ist rechtswidrig. Das gilt immer dann, wenn Forderungen erhoben werden, die im MTV oder im Rationalisierungsschutzabkommen geregelt sind.[2209]

Größere Betriebsschließungen werden aufgrund der Möglichkeiten eines Tarifsozialplanes in Zukunft noch komplexer werden. Es ist immer damit zu rechnen, dass sich die Gewerkschaft mit der Forderung nach einem Tarifsozialplan in die Verhandlungen einschaltet. Die Analyse aller bisher bekannt gewordenen Fälle zeigt, dass sich dadurch der Verhandlungszeitraum in die Länge zieht. Üblicherweise können Unternehmen in einem realistischen Szenario einen zusätzlichen Zeitraum von drei bis vier Monaten einrechnen.[2210] Allerdings ist es der Gewerkschaft bisher in keinem Fall gelungen, die Umsetzung der unternehmerischen Entscheidung zu verhindern oder auch nur annähernd einen Abschluss zu erreichen, der der ursprünglichen Tarifforderung entsprach. Teurer als erwartet wurde es aber in jedem Fall. Bei der Planung einer Betriebsänderung ist die Forderung der Gewerkschaft nach Abschluss eines Tarifsozialplanes daher sowohl im Hinblick auf den Zeitplan als auch auf das Restrukturierungsbudget zu berücksichtigen.

### 5.5. Besonderheiten bei Massenentlassungen

Im Falle von Massenentlassungen hat der Arbeitgeber die Anzeigepflicht nach § 17 KSchG zu beachten. Eine anzeigepflichtige Entlassung liegt vor, wenn der Arbeitgeber
– in Betrieben mit in der Regel mehr als 20 und weniger als 60 Arbeitnehmern mehr als fünf Arbeitnehmer,
– in Betrieben mit in der Regel mindestens 60 und weniger als 500 Arbeitnehmern zehn vom hundert der im Betrieb regelmäßig beschäftigten Arbeitnehmer oder aber mehr als 25,
– in Betrieben mit in der Regel mindestens 500 Arbeitnehmern mindestens 30 Arbeitnehmer

---

[2207] BAG, Urt. v. 10. Dezember 2002, 1 AZR 96/02, BB 2003, 1125.
[2208] Löwisch/Rieble, § 1 TVG, Rn. 383.
[2209] LAG Berlin-Brandenburg, Urt. v. 28. September 2007, 8 Sa 916/07, DB 2008, 415.
[2210] Vgl. Löw, AuA 8/07, 463f.

## 6. Teil. Einzelrechtsgebiete     § 20 Arbeitsrechtliche Fragestellungen

innerhalb von 30 Kalendertagen entlässt. Den Entlassungen stehen andere Beendigungen des Arbeitsverhältnisses gleich, die vom Arbeitgeber veranlasst werden. Die Anzeige ist vor Ausspruch der Kündigungen zu erstatten.[2211]

Unterlässt der Arbeitgeber die Anzeige, so ist die Rechtsfolge nach der neueren Rechtsprechung des BAG, wonach die Anzeige vor Ausspruch der Kündigung zu erstatten ist, unklar. Es wird die Auffassung vertreten, dass innerhalb der Monatsfrist des § 18 Abs. 1 KSchG für den Arbeitgeber die Möglichkeit zur Heilung des fehlerhaften Zustands im Wege einer nachgeholten Anzeige besteht. Erst nach Ablauf dieser Frist trete die Unwirksamkeitsfolge ein.[2212]

Nach § 17 Abs. 2 Satz 2 KSchG muss der Arbeitgeber eine beabsichtigte anzeigepflichtige Entlassungsmaßnahme mit dem Betriebsrat beraten. Hierzu ist nach § 17 Abs. 2 Satz 1 KSchG vor Ausspruch der Kündigung eine schriftliche Unterrichtung des Betriebsrats hinsichtlich der Entlassungsgründe, der Zahl der beabsichtigten Entlassungen, der Zahl der in der Regel beschäftigten Arbeitnehmer sowie des entlassungsrelevanten Zeitraums mindestens zwei Wochen vor der Anzeige zwingend vorgeschrieben. Diese als Konsultationsverfahren bezeichnete Beteiligung des Betriebsrats erfordert auch nach der Massenentlassungsrichtlinie nur die Erteilung von Informationen und die Beratung mit dem Betriebsrat, nicht jedoch den förmlichen Abschluss von Interessenausgleichs- und Sozialplanverhandlungen. Eine Einigung muss mit dem Betriebsrat nicht erzielt werden.[2213] Die nach § 17 Abs. 3 Satz 2 KSchG vom Betriebsrat zu erstattende Stellungnahme kann durch einen Interessenausgleich mit Namensliste nach § 1 Abs. 5 Satz 4 KSchG ersetzt werden.

## 6. Änderung von materiellen Beschäftigungsbedingungen

Nach dem Abschluss einer Private-Equity-Transaktion ist es häufig ein vordringliches Ziel des Investors, für ihn ungünstige Beschäftigungsbedingungen im übernommenen Unternehmen zu ändern. Er wird dann aus dem geltenden Tarifsystem aussteigen, bestehende Betriebsvereinbarungen kündigen und/oder freiwillige Leistungen einstellen wollen.

### 6.1. Ausstieg aus dem geltenden Tarifsystem

Grundsätzlich stehen dem Arbeitgeber verschiedene Möglichkeiten offen, aus dem bestehenden Tarifsystem auszusteigen. Denkbar ist ein Austritt oder Wechsel des Arbeitgeberverbands, die Beantragung einer OT-Mitgliedschaft oder der Versuch, die Gestaltung der Beschäftigungsbedingungen von der Tarif- auf die Betriebsebene zu verlagern. Auch eine Ausgründung von Betrieben oder Betriebsteilen ist möglich. Angesichts der jeweils zu beachtenden rechtlichen Schranken wird sich diese Auswahl in der Praxis jedoch regelmäßig deutlich reduzieren.

#### 6.1.1 Austritt aus dem Arbeitgeberverband

Auch nach seinem Austritt aus dem Arbeitgeberverband bleibt der Arbeitgeber zunächst an die bestehenden Tarifverträge gebunden, § 3 Abs. 3 TVG. Die Nachbindung endet nach zutreffender, aber umstrittener Ansicht mit Verstreichenlassen der auf den Austritt folgenden nächsten Beendigungsmöglichkeit.[2214] Der Arbeitgeber kann nach seinem Austritt aber auch einen Haustarifvertrag abschließen, der dem Verbandstarifvertrag als speziellere Regelung vorgeht. Er ist dabei aber auf die Kooperation der Gewerkschaft angewiesen. An die

---

[2211] EuGH, Urt. v. 27. Januar 2005, RSC – 188/03, NZA 2005, 212; BAG, Urt. v. 23. März 2006, 2 AZR 343/05, NZA 2006, 971.
[2212] Ferme/Lipinski, NZA 2006, 937.
[2213] BAG, Urt. v. 13. Juli 2006, 6 AZR 198/06, ZIP 2006, 2396.
[2214] Franzen in: Erfurter Kommentar, § 3 TVG Rn. 27 mit weiteren Nachweisen.

Nachbindung schließt die Nachwirkung an.[2215] Gemäß § 4 Abs. 5 TVG wirkt der Tarifvertrag solange nach, bis seine Regelungen durch eine andere Abmachung ersetzt werden. Dies kann eine individualvertragliche Vereinbarung, ein anderer Tarifvertrag und in den Grenzen des § 77 Abs. 3 BetrVG auch eine Betriebsvereinbarung sein. Grundsätzlich bleibt also der Arbeitgeber auch nach seinem Verbandsaustritt an die Tarifverträge gebunden, er kann nicht einseitig von ihnen abweichen. Der Verbandsaustritt alleine bringt also keinerlei kurzfristige Möglichkeiten der Personalkostenreduzierung mit sich.

Wird in den verwendeten Arbeitsverträgen auf das Tarifsystem Bezug genommen, gelten die tariflichen Regelungen nach dem Verbandsaustritt zunächst schuldrechtlich weiter. Je nach Art der Bezugnahmeklausel endet die schuldrechtliche Weitergeltung entweder mit dem Ende der Nachwirkung oder in dem Zeitpunkt, in dem das Arbeitsverhältnis nicht mehr unter den Geltungsbereich des ursprünglichen Tarifvertrags fällt.[2216]

### 6.1.2 Wechsel des Arbeitgeberverbandes

Neben dem Austritt ist auch ein Wechsel des Arbeitgeberverbands denkbar. Der Arbeitgeber kann dem neuen Arbeitgeberverband jedoch nur beitreten, wenn er dessen fachlicher und räumlicher Zuständigkeit unterfällt. Ein Verbandswechsel erfordert daher regelmäßig, dass sich entweder die betriebliche (Haupt-) Tätigkeit ändert oder der Betrieb an einen anderen Ort verlegt wird. Wechselt der Arbeitgeber den Verband, kann dies dazu führen, dass im Betrieb und/oder Arbeitsverhältnis mehrere Tarifverträge gelten (Tarifpluralität bzw. Tarifkonkurrenz). Daraus ergeben sich weitere Schwierigkeiten.[2217]

Eine weitere Alternative kann der Wechsel in eine Mitgliedschaft ohne Tarifbindung (sog. OT-Mitgliedschaft) sein.[2218] Allerdings muss der Arbeitgeberverband diese Form der Mitgliedschaft in seiner Satzung vorsehen. Auch als OT-Mitglied bleibt der Arbeitgeber zunächst an die bestehenden tariflichen Regelungen gebunden, §§ 3 Abs. 3, 4 Abs. 5 TVG.[2219]

### 6.1.3 Verlagerung auf die Betriebsebene

Auf die Betriebsebene kann die Gestaltung der Beschäftigungsbedingungen grundsätzlich nur dann verlagert werden, wenn der Tarifvertrag eine Öffnungsklausel enthält. Gleichwohl geschlossene Betriebsvereinbarungen sind wegen der in § 77 Abs. 3 BetrVG enthaltenen Tarifsperre bzw. des in § 87 Abs. 1 BetrVG festgesetzten Tarifvorrangs unwirksam.

### 6.1.4 Ausgründung

Die Ausgründung eines Betriebs oder Betriebsteils ist regelmäßig mit einem Betriebsübergang im Sinne des § 613a BGB verbunden. Für die damit einhergehende Frage der Fortgeltung von Tarifverträgen ist entscheidend, ob die tariflichen Arbeitsbedingungen beim Veräußerer aufgrund eines Firmen- oder Verbandstarifvertrags gelten[2220] oder ob die Tarifnormen individualvertraglich einbezogen wurden. Hiervon hängt ab, ob die Tarifbedingungen auch im Betrieb des erwerbenden Unternehmens kollektivrechtlich oder individualvertraglich fortgelten.[2221] Ist das erwerbende Unternehmen an keinen Tarifvertrag gebunden, greift § 613a Abs. 1 Satz 2 BGB als Auffangnorm ein. Eine individualvertragliche Weitergeltung ist nach § 613a Abs. 1 Satz 3 BGB jedoch ausgeschlossen, wenn die Rechte und Pflichten bei dem neuen Betriebsinhaber unmittelbar und zwingend durch

---

[2215] BAG, Urt. v. 7. November 2001, 4 AZR 703/00, NZA 2002, 748.
[2216] Franzen in: Erfurter Kommentar, § 3 TVG Rn. 39.
[2217] Zu den Rechtsfolgen von Tarifkonkurrenz und Tarifpluralität vgl. die Zusammenfassung von Franzen in: Erfurter Kommentar, § 4 Rn. 65 ff.
[2218] Zur rechtlichen Zulässigkeit einer OT-Mitgliedschaft vgl. BAG, Beschl. v. 18. Juli 2006, 1 ABR 36/05, NZA 2006, 1225.
[2219] BAG, Beschl. v. 18. Juli 2006, 1 ABR 36/05, NZA 2006, 1225.
[2220] Vgl. Abschnitt 3.5.2.
[2221] Sieg/Maschmann, Unternehmensumstrukturierung aus arbeitsrechtlicher Sicht, Rn. 187.

# 6. Teil. Einzelrechtsgebiete

Rechtsnormen eines anderen Tarifvertrags geregelt werden. Der beim neuen Betriebsinhaber geltende Tarifvertrag kann insoweit also ablösende Wirkung entfalten. Nach der Rechtsprechung des Bundesarbeitsgerichts ist eine Verdrängung oder Ablösung tarifvertraglicher Regelungen durch eine Betriebsvereinbarung im Erwerberbetrieb – Überkreuzlösung – jedenfalls außerhalb des Bereichs der erzwingbaren Mitbestimmung des Betriebsrats ausgeschlossen.[2222]

## 6.2. Kündigung von Betriebsvereinbarungen

Betriebsvereinbarungen können, soweit keine andere Kündigungsfrist vereinbart ist, gemäß § 77 Abs. 5 BetrVG mit einer Frist von drei Monaten gekündigt werden. Das gilt sowohl für freiwillige wie für mitbestimmte Betriebsvereinbarungen.[2223]

Eine Betriebsvereinbarung kann ordentlich gekündigt werden, ohne dass es hierfür eines sachlichen Grundes bedarf.[2224] Da die Betriebsvereinbarung ein Dauerschuldverhältnis ist, kommt weiter deren außerordentliche fristlose Kündigung in Betracht (vgl. auch § 314 Abs. 1 BGB). Zur Kündigung ist allerdings ein wichtiger Grund erforderlich, an dessen Vorliegen hohe Anforderungen zu stellen sind. Eine außerordentliche fristlose Kündigung ist nur wirksam, wenn dem kündigenden Arbeitgeber ein Festhalten an der Betriebsvereinbarung bis zum Ablauf der Betriebsvereinbarung unter Berücksichtigung aller Umstände und unter Abwägung der Interessen der Betroffenen nicht mehr zumutbar ist. Die Kündigung ist wegen des Grundsatzes der vertrauensvollen Zusammenarbeit (§ 2 Abs. 1 BetrVG) zudem zwingend zu begründen.

Nach überwiegender Auffassung ist auch die (gesetzlich nicht geregelte) teilweise Kündigung einer Betriebsvereinbarung zulässig. Die Teilkündigung muss aber entweder in der Betriebsvereinbarung selbst ausdrücklich zugelassen sein oder einen selbstständigen Regelungskomplex betreffen, der auch Gegenstand einer eigenständigen Betriebsvereinbarung sein könnte.[2225]

Mit Ablauf der Kündigungsfrist gelten die Regelungen der Betriebsvereinbarung allerdings nach § 77 Abs. 6 BetrVG in Angelegenheiten der erzwingbaren Mitbestimmung weiter, bis sie durch eine andere Abmachung ersetzt werden. Das gleiche gilt, sofern in der Betriebsvereinbarung eine Nachwirkung festgeschrieben wurde. Von besonderer Bedeutung sind hier Regelungen in Betriebsvereinbarungen über freiwillige Leistungen des Arbeitgebers. Die Frage, ob der Arbeitgeber Mittel für freiwillige Leistungen zur Verfügung stellt, unterliegt nicht der erzwingbaren Mitbestimmung. Ein Mitbestimmungsrecht des Betriebsrates greift aber nach § 87 Abs. 1 Nr. 10 BetrVG im Hinblick auf die Verteilungsgrundsätze ein. Enthält eine Betriebsvereinbarung teils erzwingbare und teils freiwillige Regelungen, so erstreckt sich die Nachwirkung grundsätzlich nur auf die erzwingbaren Bestandteile, sofern diese eine aus sich heraus handbare Regelung enthalten. Problematisch ist, ob dies auch gilt, wenn ein einheitlicher Regelungsgegenstand teils mitbestimmungspflichtige, teils jedoch mitbestimmungsfreie Elemente enthält. Dies ist insbesondere bei freiwilligen Sozialleistungen der Fall. Hier ist zu differenzieren: Beabsichtigt der Arbeitgeber mit der Kündigung einer bestehenden Betriebsvereinbarung nur eine Änderung der Umstände, über die er mitbestimmungsfrei entscheiden kann, insbesondere über die Erbringung der zusätzlichen Leistungen überhaupt, so kommt eine Nachwirkung nicht in Betracht. Denn dies würde auf eine Beseitigung der insoweit bestehenden freien Entscheidungskompetenz hinauslaufen.[2226] Etwas anderes gilt, wenn der Arbeitgeber mit der Kündigung ohne Änderung des Dotierungsrahmens eine Änderung des derzeitigen Verteilungs- und Leis-

---

[2222] BAG, Urt. v. 6. November 2007, 1 AZR 862/06, NZA 2008, 542.
[2223] Kania in: Erfurter Kommentar, § 77 BetrVG Rn. 100.
[2224] BAG, Beschl. v. 17. August 1999, 3 ABR 55/98, NZA 2000, 498; Fitting, Kommentar, Betriebsverfassungsgesetz, § 77 Rn. 146.
[2225] BAG, Urt. v. 6. November 2007, 1 AZR 826/06, NZA 2008, 422.
[2226] BAG, Beschl. v. 17. Januar 1995, 1 ABR 29/94, NZA 1995, 1010.

tungsplans anstrebt. In diesem Falle wirkt die gekündigte Betriebsvereinbarung so lange nach, bis sie durch eine andere ersetzt ist.[2227]

Sofern also der Arbeitgeber durch eine Kündigung der Betriebsvereinbarung sich seiner finanziellen Verpflichtungen aus der Betriebsvereinbarung entledigen will, ist es entscheidend, dass er mit Ausspruch der Kündigung zum Ausdruck bringt, dass er die Leistung insgesamt einstellen möchte. In diesem Falle entfaltet die Betriebsvereinbarung keine Nachwirkung, sofern nicht die Nachwirkung in der Betriebsvereinbarung selbst festgeschrieben ist.

Ein Wechsel des Betriebsinhabers führt nicht automatisch zum Erlöschen geltender Betriebsvereinbarungen. Auch im Anwendungsbereich des § 613a BGB bleibt deren normative Wirkung vielmehr regelmäßig bestehen,[2228] § 613a BGB, der eine individualvertragliche Fortgeltung der im Betrieb des Veräußerers geltenden Betriebsvereinbarungen vorsieht, stellt nach ganz herrschender Ansicht lediglich eine „Auffangnorm" dar.[2229] Die Vorschrift soll nur in Fällen eingreifen, in denen bei einem Betriebsübergang eine kollektivrechtliche Fortgeltung der Betriebsvereinbarung nicht möglich ist. Das dürfte in der Praxis jedoch der Ausnahmefall sein.[2230]

## 6.3. Besonderheiten bei der betrieblichen Altersversorgung

Während bei freiwilligen Leistungen des Arbeitgebers allgemein regelmäßig kein rechtlich schützenswertes Vertrauen der Arbeitnehmer darauf besteht, dass die in der Betriebsvereinbarung vorgesehenen Leistungen den Arbeitnehmern auch künftig zufließen, hat das BAG bei der betrieblichen Altersversorgung einen anderen Standpunkt eingenommen. Wegen der von den Arbeitnehmern in der Vergangenheit bereits erbrachten Vorleistungen könne die in der Altersversorgung liegende Gegenleistung des Arbeitgebers nicht ersatzlos entfallen, ohne dass hierfür rechtlich billigenswerte Gründe vorlägen. Hierfür hat das BAG eine differenzierte Rechtsprechung entwickelt. Ausgangspunkt ist die Erwägung, dass die Gründe für einen zulässigen Eingriff umso schwerwiegender sein müssen, je stärker in Besitzstände eingegriffen wird.[2231] Dabei kommt ein dreistufiges Prüfungsschema zur Anwendung. Der von den Arbeitnehmern während der bisherigen Ordnung und dem Vertrauen auf deren Inhalt bereits erdiente, nach den Grundsätzen des § 2 BetrAVG errechnete Teilbetrag kann allenfalls aus zwingenden Gründen ganz oder teilweise entzogen werden. Eingriffe in eine erdiente Dynamik, etwa solche, die das Vertrauen des Arbeitnehmers enttäuschen, er werde das von ihm erdiente in Relation zu dem beim Ausscheiden aus dem Arbeitsverhältnis erreichten Endgehalt beziehen, sind nur aus triftigem Grund möglich. Ein solcher liegt insbesondere vor, wenn ein Fortbestand der bisherigen Dynamik den Bestand des Unternehmens gefährdet. Die geringsten Anforderungen sind an Eingriffe in künftige und damit noch nicht erdiente dienstzeitabhängige Zuwächse zu stellen. Hier genügen sachlich-proportionale Gründe. Sie dürfen lediglich nicht willkürlich sein. Hierzu müssen sie nachvollziehbar erkennen lassen, welche Umstände und Erwägungen zur Änderung der Versorgungszusage Anlass gegeben haben. Das Vertrauen der Arbeitnehmer in den Fortbestand der bisherigen Regelung darf nicht über Gebühr beeinträchtigt werden.[2232]

---

[2227] BAG, Urt. v. 26. Oktober 1993, 1 AZR 46/93, NZA 1994, 572.
[2228] BAG, Beschl. v. 18. September 2002, 1 ABR 54/01, NZA 2003, 670; Picot/Schnitker, Arbeitsrecht bei Unternehmenskauf und Restrukturierung, Teil V Rn. 166.
[2229] Preis in: Erfurter Kommentar, § 613a BetrVG Rn. 113; BAG, Beschl. v. 18. September 2002, 1 ABR 54/01, NZA 2003, 670.
[2230] Hohenstatt/Günther-Gräff, DStR 2001, 1980 (1980).
[2231] BAG, Urt. v. 17. April 1985, 3 AZR 72/83, NZA 1986, 57
[2232] Vgl. etwa BAG, Urt. v. 10. September 2002, 3 AZR 635/01, BB 2003, 2749.

## 6.4. Einstellung freiwilliger Leistungen

Auch vom Arbeitgeber freiwillig gewährte Leistungen können nicht jederzeit und vorraussetzungslos eingestellt werden. Soweit die freiwilligen Leistungen aufgrund einer Betriebsvereinbarung erbracht werden, gelten die Ausführungen unter Abschnitt 6.2. Im Übrigen gilt Folgendes:

### 6.4.1. Betriebliche Übung

Sofern eine Rechtsgrundlage nicht im Arbeitsvertrag geschaffen ist, der Arbeitgeber aber eine Leistung mindestens dreimal vorbehaltlos gewährt hat, ist eine betriebliche Übung entstanden. Eine betriebliche Übung setzt allerdings ein Verhalten des Arbeitgebers voraus, aus dem geschlossen werden kann, eine Leistung oder Vergünstigung solle auf Dauer gewährt werden.[2233] Für das Entstehen einer betrieblichen Übung kommt es andererseits nicht auf die subjektiven Vorstellungen des Arbeitgebers und seine interne Willensbildung an. Entscheidend ist, ob die Arbeitnehmer dem Verhalten des Arbeitgebers einen Verpflichtungswillen entnehmen können. Die betriebliche Übung kann auch zu Gunsten von Betriebsrentnern anspruchsbegründend wirken.[2234] Die betriebliche Übung kann durch eine umstrukturierende Betriebsvereinbarung abgelöst werden. Voraussetzung hierfür ist, dass die neue Regelung aufgrund der Betriebsvereinbarung dem kollektivrechtlichen Günstigkeitsvergleich standhält, das heißt, dass die Dotierung insgesamt nicht schlechter wird.[2235] Sie kann weiterhin durch eine gegenläufige betriebliche Übung aufgehoben werden. Voraussetzung ist die mindestens dreimalige Nichtgewährung der Leistungen, ohne dass die anspruchsberechtigten Arbeitnehmer widersprechen.

### 6.4.2. Leistungen aufgrund Freiwilligkeitsvorbehalts

Grundsätzlich kann der Arbeitgeber mit einem Freiwilligkeitsvorbehalt bei Sonderzahlungen die Entstehung eines Anspruchs des Arbeitnehmers auf die Leistung für zukünftige Bezugszeiträume verhindern. Für die Wirksamkeit eines solchen Freiwilligkeitsvorbehalts kommt es nicht auf den vom Arbeitgeber mit der Sonderzahlung verfolgten Zweck an. Der Arbeitgeber muss auch nicht jede Sonderzahlung mit einem Freiwilligkeitsvorbehalt verbinden, wenn er einen Rechtsanspruch des Arbeitnehmers auf die Leistung für künftige Bezugszeiträume ausschließen will. Es genügt ein klarer und verständlicher Hinweis im Formulararbeitsvertrag.[2236] Die Regelung von Freiwilligkeitsvorbehalten in Formulararbeitsverträgen muss allerdings auch der AGB-Kontrolle nach den §§ 305ff. BGB standhalten. Sagt der Arbeitgeber dem Arbeitnehmer im Formulararbeitsvertrag eine bestimmte Sonderzahlung ausdrücklich zu und ist auch die Höhe der versprochenen Sonderzahlung präzise bestimmt, fehlt es an der Transparenz, wenn eine andere Vertragsklausel im Widerspruch dazu bestimmt, dass der Arbeitnehmer keinen Rechtsanspruch auf die Sonderzahlung hat. Die Regelung ist nur insoweit unwirksam, als ein Rechtsanspruch auf die Sonderzahlung ausgeschlossen wird. Widersprüchlich ist auch die Kombination eines Freiwilligkeits- mit einem Widerrufsvorbehalt.[2237]

Jenseits der Sonderzahlungen hat das BAG für eine monatlich zu zahlende Leistungszusage entschieden, dass diese nicht in einem Formulararbeitsvertrag mit einem Freiwilligkeitsvorbehalt versehen werden kann. Eine solche Regelung benachteilige den Arbeitnehmer unangemessen und sei daher unwirksam.[2238]

---

[2233] BAG, Urt. v. 27. Juni 2006, 3 AZR 151/05, NZA 2007, 351.
[2234] BAG, Urt. v. 31. Juli 2007, 3 AZR 189/06, NZA 2008, 263.
[2235] BAG, Großer Senat, Beschl. v. 16. September 1986, GS 1/82, NZA 1987, 168.
[2236] BAG, Urt. v. 30. Juli 2008, 10 AZR 606/07, NZA 2008, 1173.
[2237] BAG, Urt. v. 30. Juli 2008, 10 AZR 606/07, NZA 2008, 1173.
[2238] BAG, Urt. v. 25. April 2007, 5 AZR 627/06, NZA 2007, 853.

### 6.4.3. Widerrufsvorbehalt

Materiellrechtlich ist ein Widerrufsvorbehalt grundsätzlich zulässig, soweit der in Gegenseitigkeitsverhältnis stehende widerrufliche Teil des Gesamtverdienstes unter 25 % liegt und der Tariflohn nicht unterschritten wird.[2239]

In einem Formulararbeitsvertrag sind aber wiederum die Anforderungen der §§ 305ff. BGB zu beachten. Danach ist eine Bestimmung unwirksam, wenn sie den Vertragspartner entgegen den Geboten von Treu und Glauben unangemessen benachteiligt. Eine solche unangemessene Benachteiligung kann sich auch daraus ergeben, dass die Bestimmung nicht klar und verständlich ist (§ 307 Abs. 1 S. 2 BGB). Insbesondere ist eine Bestimmung unwirksam, die dem Verwender das Recht gibt, die versprochene Leistung zu ändern oder von ihr abzuweichen, wenn nicht die Vereinbarung der Änderung oder Abweichung unter Berücksichtigung der Interessen des Verwenders für den anderen Vertragsteil zumutbar ist (§ 308 Nr. 4 BGB). Danach müssen Voraussetzungen und Umfang der vorbehaltenen Änderungen möglichst konkretisiert werden. Bei den Voraussetzungen der Änderung, also den Widerrufsgründen, lässt sich zumindest die Richtung angeben, aus der der Widerruf möglich sein soll. Hierfür kommen insbesondere in Betracht wirtschaftliche Gründe oder Leistung oder Verhalten des Arbeitnehmers. Der Grad der Störung des Austauschverhältnisses muss konkretisiert werden, wenn der Arbeitgeber hierauf abstellen will.[2240]

### 6.5. Zusammenfassende Bewertung

Die einseitige Änderung materieller Beschäftigungsbedingungen, sei ihre Grundlage im Tarifvertrag, in einer Betriebsvereinbarung oder im Arbeitsvertrag, ist nur unter engen Voraussetzungen möglich. Bevor der Arbeitgeber in diesem Zusammenhang Maßnahmen ergreift, ist eine sorgfältige Analyse der einschlägigen Rechtsgrundlagen erforderlich. Auf dieser Basis sollte ein individuelles Konzept erstellt und sorgfältig auf seine Umsetzbarkeit überprüft werden. Kurzfristige Personalkosteneinsparungen sind durch die einseitige Änderung materieller Beschäftigungsbedingungen in aller Regel nicht zu erzielen.

---

[2239] BAG, Urt. v. 11. Oktober 2006, 5 AZR 721/05, NZA 2007, 87.
[2240] BAG, Urt. v. 11. Oktober 2006, 5 AZR 627/06, NZA 2007, 853.

# 7. Teil. Spezielle Beteiligungsformen

## § 21 PIPEs

| Übersicht | Seite |
|---|---|
| 1. Einführung | 569 |
| 1.1. Begriff und Herkunft | 569 |
| 1.2. Erscheinungsformen | 570 |
| 1.3. Bedeutung in Deutschland | 572 |
| 1.4. Vorteile einer PIPE-Transaktion aus Sicht des Investors | 573 |
| 1.5. Akquisitionsstruktur und Finanzierung | 575 |
| 2. Klassischer PIPE | 576 |
| 2.1. Interessenlage aus Sicht der Zielgesellschaft | 576 |
| 2.2. Beteiligung durch Übernahme von Aktien | 577 |
| 2.2.1. Herkunft der Aktien | 577 |
| 2.2.2. Ausstattung neu auszugebender Aktien | 577 |
| 2.2.3. Bezugsrechtsausschluss | 579 |
| 2.2.4. Börsenzulassung der neuen Aktien | 580 |
| 2.3. Beteiligung über Wandel-/Optionsanleihen | 580 |
| 2.4. Due Diligence | 581 |
| 2.5. Vereinbarungen zwischen Investor und Zielgesellschaft | 582 |
| 3. Moderner PIPE | 583 |
| 3.1. Interessenlage aus Sicht der Zielgesellschaft | 583 |
| 3.2. Beteiligungsaufbau | 584 |
| 3.2.1. Überblick | 584 |
| 3.2.2. Kapitalmarktrechtliche Meldepflichten | 585 |
| 3.2.3. Unmittelbarer Aktienerwerb über die Börse | 588 |
| 3.2.4. Verwendung von Swaps | 588 |
| 3.2.5. Erwerb von Wandel-/Optionsanleihen | 592 |
| 3.3. Due Diligence | 592 |
| 3.4. Vereinbarungen zwischen Investor und Zielgesellschaft | 594 |
| 4. Fazit | 595 |

## 1. Einführung

### 1.1. Begriff und Herkunft

Wie viele Fachbegriffe in Private Equity kommt auch der Begriff des „Private Investment in Public Equity" – kurz PIPE – aus dem amerikanischen Sprachraum. In den USA entwickelten sich PIPEs in den 1990er Jahren als Technik insbesondere kleinerer börsennotierter Unternehmen, kostengünstig Kapital von einem Investor oder auch einer beschränkten Zahl von Investoren im Rahmen einer Privatplatzierung aufzunehmen, ohne das für ein öffentliches Angebot junger Aktien erforderliche, aufwändige Registrierungsverfahren durchführen zu müssen. Aufgrund der fehlenden Vorab-Registrierung handelt es sich bei den jungen Aktien dann zunächst um sog. „restricted securities", die nicht zum Handel an einer Wertpapierbörse zugelassen sind. Sie werden daher typischerweise mit einem Abschlag gegenüber dem aktuellen Börsenkurs an die Investoren ausgegeben. Die Zielgesellschaft verpflichtet sich jedoch, die jungen Aktien später registrieren zu lassen und dadurch börsengängig zu machen.

Diese Grundform eines PIPEs gibt es in vielerlei Unterarten, wobei insbesondere sog. „Structured PIPEs" bei US-amerikanischen Private Equity-Häusern beliebt sind. Structu-

# 7. Teil. Spezielle Beteiligungsformen § 21 PIPEs

red PIPEs zeichnen sich dadurch aus, dass von der Gesellschaft anstelle von Aktien Wandelschuldverschreibungen mit variablem Wandlungsverhältnis ausgegeben werden, bei denen das Umtauschverhältnis für die Wandlung der Anleihe in junge Aktien bei einem Absinken des Börsenkurses angepasst wird. Für die Übertragung auf den deutschen Rechtskreis ist ferner von Interesse, dass in den USA bei Ausgabe junger Aktien im Rahmen von PIPEs häufig der Börsenkurs der betreffenden Aktie nach Bekanntgabe der Transaktion fiel. Dieses Phänomen lässt sich ökonomisch durch die Verwässerung der Altaktionäre durch die in den USA übliche Ausgabe der neuen Aktien unter dem aktuellen Börsenkurs erklären. Die tatsächlichen Auswirkungen auf den Börsenkurs wurden in einigen Fällen allerdings noch dadurch verstärkt, dass Investoren – insbesondere Hedgefonds – vorab Leerverkäufe tätigten, die dann aus der Kapitalerhöhung bedient wurden. Die US-amerikanische Börsenaufsicht (Securities and Exchange Commission) versucht nunmehr seit geraumer Zeit, diese Fälle gerichtlich zu verfolgen.[2241] Eine weitere negative Erscheinung waren Structured PIPEs, bei denen der Anpassungsmechanismus der an den Investor ausgegebenen Wandelschuldverschreibungen bei sinkenden Kursen keine Begrenzung durch einen Mindestausgabepreis je Aktie bzw. eine Höchstzahl der auszugebenden Aktien vorsah. Bei fallenden Börsenkursen bewirkt ein solcher Anpassungsmechanismus eine weitere Verwässerung der übrigen Aktionäre, die ihrerseits wiederum den Börsenkurs unter Druck setzt und so die Kursverluste zusätzlich verstärkt. Die fehlende Begrenzung des Anpassungsmechanismus führte deshalb in einigen Fällen zu einer Art Spirale nach unten, weshalb solche PIPEs auch „Death Spiral PIPEs" genannt wurden. Insgesamt dürfte es sich bei diesen negativen Fällen aber um Ausnahmeerscheinungen gehandelt haben, wie die grundsätzliche Popularität dieser Transaktionsform zeigt. So wurden im Zenith im Jahr 2000 PIPE-Finanzierungen in den USA in Höhe von insgesamt USD 24,7 Milliarden durchgeführt; dieses Gesamtvolumen verringerte sich zwar in den Folgejahren, blieb aber immer noch im zweistelligen Milliardenbereich.[2242]

## 1.2. Erscheinungsformen

In Deutschland wird der Begriff des PIPE üblicherweise deutlich weiter verwendet als in den USA. Er umfasst hier nicht nur die Zeichnung junger Aktien oder Wandelschuldverschreibungen im Rahmen nicht-öffentlicher Platzierung. Vielmehr wird in Deutschland als PIPE jede Form der strukturierten Beteiligung an einer börsennotierten Gesellschaft bezeichnet, sei es durch Übernahme neuer Aktien oder Wandelanleihen von der Gesellschaft oder durch Erwerb bestehender Aktien von Dritten, vorausgesetzt, die angestrebte Beteiligung des Investors bleibt unter der übernahmerechtlichen Kontrollschwelle bei 30% der Stimmrechte, die nach deutschem Recht ein auf den Erwerb aller Aktien gerichtetes Übernahme- oder Pflichtangebot erforderlich macht (§§ 29 Abs. 2, 35 WpÜG).

Für die weitere Darstellung soll daher zwischen zwei Grundtypen unterschieden werden, die nachfolgend als „klassischer PIPE" bzw. „moderner PIPE" bezeichnet werden. Zwar sind in der Rechtswirklichkeit durchaus auch Mischformen anzutreffen. Da sich für beide Typen indes unterschiedliche Rechtsfragen stellen, ist es für die rechtliche Analyse trotz solcher Überschneidungen sinnvoll, die mit „moderner PIPE" bezeichneten neueren Transaktionsformen von der „klassischen" Form zu trennen.

„Klassische PIPEs" zeichnen sich dadurch aus, dass der Investor – ähnlich wie in der Ursprungsform des PIPE in den USA – seine Beteiligung unmittelbar von der Gesellschaft

---

[2241] Transcript of Hearing, U.S. Sec. & Exch. Comm'n v. Mangan, 06 Civ. 531 (W.D.N.C. Oct. 24, 2007).

[2242] Für einen aktuellen Überblick zu PIPEs in den USA siehe George S. Canellos & Joshua R. Pater, Federal Courts Consider SEC's Strategy in PIPE Cases, N.Y. L.J., Dec. 21, 2007, at 4; für die Schweiz siehe Frank Gerhard, European Company and Financial Law Review, 2008, 305 ff.; für England, Deutschland, Niederlande und Frankreich siehe Jones/Hurlock/Henry in 37 International Law 23, 2003.

erwirbt und der Gesellschaft durch die Transaktion daher neues Kapital zufließt. Der Beteiligungserwerb wird hier in der Regel durch Übernahme neuer Aktien aus einer Kapitalerhöhung erfolgen. Denkbar ist aber auch, dass die Gesellschaft an den Investor eigene Aktien oder Wandel- bzw. Optionsanleihen ausgibt, die durch Ausübung der betreffenden Wandlungs- bzw. Optionsrechte erst später in Aktien gewandelt werden.

Im Falle „moderner PIPEs" erfolgt der Beteiligungserwerb des Investors demgegenüber nicht von der Gesellschaft, sondern von Dritten, also etwa über bestehende Aktien, die der Investor durch Marktkäufe oder im Rahmen eines außerbörslichen Paketerwerbs erwirbt.

Die eigenständige Entwicklung, welche die Transaktionsform des PIPE in Deutschland gegenüber dem Vorbild aus den USA genommen hat, rührt unter anderem von Unterschieden der rechtlichen Rahmenbedingungen. Zu nennen sind insbesondere die im Vergleich zu den USA strengeren Vorschriften zum Bezugsrechtsausschluss. Sie beschränken das Volumen von Aktien, die eine deutsche Gesellschaft bei Kapitalerhöhungen gegen Bareinlagen unter Ausschluss des Bezugsrechts der bestehenden Aktionäre an einen Investor ausgeben kann, grundsätzlich auf 10% des Grundkapitals.[2243] Um eine größere Beteiligung zu erwerben, ist der Investor – sofern diese Volumenbeschränkung nicht durch Sondergestaltungen der Kapitalerhöhung außer Anwendung bleibt – dann darauf angewiesen, zusätzlich noch bestehende Aktien von Dritten zu erwerben. Ferner sind bei der Festlegung des Ausgabebetrags von Aktien, die unter Ausschluss des Bezugsrechts der bestehenden Aktionäre ausgegeben werden, allenfalls geringfügige Abschläge auf den Börsenkurs zulässig;[2244] größere Abschläge, wie sie bei PIPEs in den USA gebräuchlich sind, sind daher nach deutschem Recht grundsätzlich nicht möglich.

Die genannten Unterschiede sind dafür verantwortlich, dass der „klassische PIPE" in Deutschland für Investoren weniger attraktiv ist als sein Vorbild aus den USA, und haben die Entwicklung neuer Transaktionsformen befördert. Für den Beteiligungsaufbau nach dem Muster „moderner PIPEs" spricht aus ökonomischer Sicht auch die größere Effizienz des Kapitaleinsatzes. Denn eine vorgegebene Aktienquote lässt sich durch den Erwerb bestehender Aktien mit geringerem finanziellen Aufwand herstellen als durch die Zeichnung neuer Aktien. Dies liegt daran, dass der Gesellschaft durch die Zeichnung neuer Aktien neues Kapital zugeführt wird, wodurch ihr Unternehmenswert zunimmt (und sich gleichzeitig die Gesamtzahl der Aktien entsprechend erhöht); für die Beteiligung an einem infolge der Kapitalerhöhung im Wert gesteigerten Unternehmen muss daher in absoluten Zahlen mehr aufgewendet werden als für eine Beteiligungsquote in gleicher Höhe, die ohne Kapitalerhöhung durch den Erwerb bereits bestehender Aktien hergestellt wird.

In jüngerer Zeit hat sich in Deutschland insbesondere für „moderne PIPEs", bei denen der Beteiligungsaufbau des Investors im Wesentlichen durch Marktkäufe erfolgt, ein eigenständiger Markt entwickelt. Dies wurde dadurch begünstigt, dass es in Deutschland – anders als in anderen Rechtsordnungen – keine kapitalmarktrechtlichen Meldepflichten für Optionen auf Aktien gibt, die dem Inhaber bei Fälligkeit lediglich einen Anspruch auf Bar-Ausgleich zwischenzeitlich eingetretener Kursdifferenzen vorsehen wie insbesondere sog. Cash Settled Equity Swaps.[2245] Der Einsatz solcher Derivate erlaubt daher den sukzessiven Aufbau auch größerer Beteiligungen zum jeweils aktuellen Börsenkurs ohne für den Investor vorzeitige Meldepflichten auszulösen.[2246]

---

[2243] Siehe dazu sowie zu Gestaltungen, bei denen diese Volumenbegrenzung keine Anwendung findet, näher Abschnitt 2.2.3.
[2244] Siehe dazu näher Abschnitt 2.2.3.
[2245] Siehe dazu näher Abschnitt 3.2.4.
[2246] Dieses Verfahren wurde außer bei PIPEs im hier verwendeten Sinne auch zur Vorbereitung von Übernahmen eingesetzt, die mit der Zielgesellschaft nicht abgestimmt waren, wie im Fall Porsche/VW und im Fall Schaeffler/Continental; dieses Vorgehen hat in der Öffentlichkeit zum Teil scharfe Kritik hervorgerufen.

## 1.3. Bedeutung in Deutschland

Privatplatzierungen börsennotierter Aktien sind zwar auch in Deutschland schon länger bekannt; als Beteiligungsinstrument im Bereich des Private Equity wird dieses Verfahren indes erst seit vergleichsweise kurzer Zeit genutzt. Als erste PIPE-Transaktion eines Private Equity-Investors in Deutschland wird üblicherweise die Beteiligung von General Atlantic Partners an der IXOS Software AG genannt, für die die Verträge am 12. August 2002 abgeschlossen wurden. Bei dieser Transaktion zeichnete General Atlantic Partners zum einen 1,8 Millionen junger Aktien, entsprechend knapp 10% des bestehenden Grundkapitals, die von der Gesellschaft im Rahmen einer Bar-Kapitalerhöhung aus genehmigtem Kapital unter Ausschluss des Bezugsrechts der Aktionäre ausgegeben wurden; der Ausgabepreis von EUR 5,90 je Aktie enthielt dabei eine Prämie von etwas über 15,9% auf den volumengewichteten durchschnittlichen Börsenkurs der Aktien der Gesellschaft an den letzten fünf Börsentagen vor dem Kapitalerhöhungsbeschluss. Zum anderen erwarb General Atlantic Partners ein Paket bereits bestehender Aktien durch den Abschluss von Aktienkaufverträgen mit einzelnen Großaktionären. Damit erreichte General Atlantic Partners eine Beteiligung von insgesamt rund 25,1% des Grundkapitals der IXOS Software AG.[2247] Die Transaktion wurde vom Kapitalmarkt damals gut aufgenommen. Im Hinblick auf die Ausgabe der jungen Aktien zu einem über dem aktuellen Börsenkurs liegenden Ausgabebetrag führte sie – anders als in einigen Fällen in den USA – insbesondere auch nicht zu einem Absinken des Börsenkurses.

Letzteres dürfte ganz allgemein typisch für PIPEs in Deutschland sein, da hier die bereits erwähnten[2248] Vorschriften zum Bezugsrechtsausschluss größere Abschläge auf den Börsenkurs bei der Ausgabe neuer Aktien nicht zulassen. Dies mag einer der Gründe sein, warum PIPEs in Deutschland bisher nicht in einem mit den USA vergleichbaren Umfang vorgekommen sind. Gerade in neuerer Zeit erfreut sich diese Transaktionsform allerdings auch hier zunehmender Beliebtheit. Denn sie bietet nicht nur Investoren interessante Alternativen. Auch die Zielgesellschaften haben mittlerweile erkannt, dass ein PIPE-Investment für sie von Vorteil sein kann und zwar durchaus auch dann, wenn es in der Form des „modernen PIPE" erfolgt und daher keine Finanzierungsfunktion erfüllt.[2249]

Als jüngere Beispiele „klassischer PIPEs" sind zu nennen:
– IPIC/Daimler AG (2009): Erwerb einer Beteiligung von rund 9% des Grundkapitals an der Daimler AG durch neue Aktien aus einer Barkapitalerhöhung mit sog. vereinfachtem Bezugsrechtsausschluss.[2250]
– Permira/Freenet AG (2008): Erwerb einer Beteiligung von rund 25% an der Freenet AG durch neue Aktien aus einer Sachkapitalerhöhung gegen Einbringung der Beteiligung von Permira an Debitel.[2251]
– Wolfgang und Michael Herz/Escada AG (2008): Erwerb einer Beteiligung von rund 24% an der Escada AG durch neue Aktien aus einer in zwei Tranchen durchgeführten Barkapitalerhöhung. Davon erfolgte die Aktienausgabe in der ersten Tranche unter vereinfachtem Bezugsrechtsausschluss nur an die Familie Herz; die zweite Tranche erfolgte mit Bezugsangebot an alle Aktionäre, wobei sämtliche nicht bezogenen Aktien aufgrund einer entsprechenden Zeichnungsgarantie (sog. Back-Stop) von der Familie Herz übernommen wurden.[2252]

---

[2247] DGAP-Ad-Hoc IXOS Software AG v. 13. August 2002.
[2248] Oben Abschnitt 1.2.
[2249] Siehe dazu Abschnitt 2.1. und Abschnitt 3.1.
[2250] Siehe Börsen-Zeitung v. 24. März 2009, Ausgabe Nr. 57, S. 11.
[2251] Siehe Börsen-Zeitung v. 29. April 2008, Ausgabe Nr. 82, S. 9.
[2252] Siehe Börsen-Zeitung v. 25. Juni 2008, Ausgabe Nr. 120, S. 11.

– Santo Holding (= Beteiligungsgesellschaft der Brüder Strüngmann)/MediGene AG (2007): Erwerb von rund 9% des Grundkapitals an der MediGene AG durch neue Aktien, aus einer Bar-Kapitalerhöhung mit vereinfachtem Bezugsrechtsausschluss.[2253]

Neuere Beispiele für „moderne PIPEs" sind:
– Skion (= Investmentgesellschaft von Susanne Klatten)/SGL Carbon SE (2009): Aufbau einer Beteiligung an der SGL Carbon SE durch Marktkäufe; im Zeitpunkt der Bekanntgabe des Einstiegs betrug die aktuelle Beteiligung von Skion etwas unter 8% des Grundkapitals, wobei eine spätere Aufstockung auf bis zu 25% durch Cash Settled Swaps wirtschaftlich bereits abgesichert war.[2254]
– Skion/Nordex AG (2008): Erwerb einer Beteiligung von insgesamt 20% des Grundkapitals durch Paketerwerb von verschiedenen Großaktionären.[2255]
– HRE Investment Holdings L.P. (= Beteiligungsgesellschaft einer Investorengruppe um J. C. Flowers)/Hypo Real Estate Holding AG (2008): Erwerb einer Beteiligung von rund 24% durch öffentliches Erwerbsangebot (Teilangebot);[2256]
– One Equity Partners/Pfleiderer AG (2008): Erwerb einer Beteiligung von insgesamt 15% des Grundkapitals durch Marktkäufe;[2257]
– Blackstone/Deutsche Telekom AG (2006): Erwerb von rund 4,5% des Grundkapitals aus Bundesbestand von der KfW;[2258]
– Mayfair (= Beteiligungsgesellschaft von Günter und Daniela Herz)/Puma AG (2005): Aufbau einer Beteiligung in mehreren Schritten; zunächst knapp 17% des Grundkapitals (davon ein Teil unter Kartellvorbehalt), später Aufstockung auf über 25%.[2259]

### 1.4. Vorteile einer PIPE-Transaktion aus Sicht des Investors

Das Aufkommen der PIPEs erweiterte für Private Equity-Investoren den Kreis möglicher Zielunternehmen. Denn vormals wurden börsennotierte Gesellschaften nur dann als mögliche Akquisitionsziele in Betracht gezogen, wenn sichergestellt werden konnte, dass der Investor anschließend Kontrolle ausüben kann. Soll diese Kontrollstellung unabhängig von der jeweiligen Hauptversammlungspräsenz bestehen, ist hierzu eine Beteiligung von mehr als 50% der Stimmrechte erforderlich. Für die Umsetzung von Strukturmaßnahmen wie insbesondere den Abschluss eines Beherrschungs- und/oder Gewinnabführungsvertrags mit der Zielgesellschaft ist sogar eine deutlich höhere Beteiligung erforderlich. Dies nicht nur deshalb, weil die Beschlussfassung der Hauptversammlung über solche Maßnahmen grundsätzlich eine qualifizierte Mehrheit von 75% des vertretenen Grundkapitals erfordert; letztere kann bei geringer Hauptversammlungspräsenz nämlich ggf. auch bereits bei einer deutlich geringeren Beteiligungsquote des Investors gewährleistet sein. Zu berücksichtigen ist vielmehr auch, dass den außenstehenden Aktionären im Zusammenhang mit derartigen Strukturmaßnahmen in der Regel eine Barabfindung anzubieten ist, deren Höhe noch nachträglich in einem sog. Spruchverfahren gerichtlich überprüft und ggf. angepasst werden kann. Der Gesamtbetrag der zu zahlenden Barabfindung steht bei Durchführung der Maßnahme daher noch nicht abschließend fest. Befindet sich zu diesem Zeitpunkt noch ein zu großer Aktienanteil bei außenstehenden Aktionären, bestehen bei der Beschlussfassung über die Maßnahme für den Investor somit erhebliche Unsicherheiten über die zu erwartenden finanziellen Auswirkungen. Hinzu kommt, dass in der Vergangenheit auch seitens der finanzierenden Banken häufig eine Beteiligung des Investors in Höhe von mindestens 75% der

---

[2253] Siehe Börsen-Zeitung v. 11. September 2008, Ausgabe 174, S. 10.
[2254] Siehe Börsen-Zeitung v. 17. März 2009, Ausgabe 52, S. 9.
[2255] Siehe Börsen-Zeitung v. 1. August 2008, Ausgabe 147, S. 9.
[2256] Siehe Börsen-Zeitung v. 25. Juni 2008, Ausgabe Nr. 120, S. 3.
[2257] Siehe Börsen-Zeitung v. 23. Januar 2008, Ausgabe 15, S. 13.
[2258] Siehe Börsen-Zeitung v. 25. April 2006, Ausgabe Nr. 79, S. 11.
[2259] Siehe Börsen-Zeitung v. 11. Mai 2005, Ausgabe Nr. 89, S. 9, und v. 10. September 2005, Ausgabe Nr. 175, S. 9.

# 7. Teil. Spezielle Beteiligungsformen

Stimmrechte gefordert wurde, weil das mit der Akquisitionsfinanzierung verbundene Sicherheiten- oder Steuerkonzept die Durchführung solcher Strukturmaßnahmen voraussetzte.[2260] Falls der Investor ein Aktienpaket dieser Größenordnung nicht ausnahmsweise von einem einzelnen Aktionär oder einer Aktionärsgruppe erwerben konnte, musste typischerweise eine erhebliche Prämie auf den Börsenkurs gezahlt werden, um eine entsprechende Annahmequote im Übernahmeangebot zu erreichen. Dies schränkte die Zahl der für ein Private Equity-Investment attraktiven börsennotierten Zielunternehmen erheblich ein.

Dagegen ist die Zahl börsennotierter Unternehmen, die für PIPEs in Betracht kommen, ungleich größer. Denn eine Aktienposition unterhalb der übernahmerechtlichen Kontrollschwelle von 30% der Stimmrechte kann deutlich leichter und häufig auch zu Preisen um den aktuellen Börsenkurs aufgebaut werden. Eine PIPE-Transaktion lässt sich darüber hinaus schneller als eine volle Übernahme vorbereiten und umsetzen, wodurch nicht nur die Transaktionskosten sinken, sondern auch die Transaktionssicherheit steigt. Jedenfalls vor der gegenwärtigen Finanzkrise, gab es in Form sog. Margin Loans ferner einfachere – wenn auch wegen der Nachschusspflicht bei fallenden Börsenkursen[2261] für den Investor nicht risikolose – Finanzierungsmöglichkeiten als für Unternehmensübernahmen. Bei Margin Loans dienen nämlich ausschließlich die vom Investor erworbenen Aktien der Zielgesellschaft als Sicherheit. Anders als bei der klassischen Akquisitionsfinanzierung für Unternehmensübernahmen ist daher die in der Umsetzung aufwändige Einbeziehung der Zielgesellschaft und ihrer Vermögensgegenstände in die Besicherung[2262] – die wegen entsprechender Beschränkungen des deutschen Aktienrechts (§§ 57, 71a AktG) grundsätzlich nur nach der Durchführung der erwähnten Strukturmaßnahmen möglich ist – nicht erforderlich.

Ein weiterer Vorteil von PIPEs gegenüber Unternehmensübernahmen liegt darin, dass die für PIPEs kennzeichnende Beteiligung unterhalb der übernahmerechtlichen Kontrollschwelle auch einen Kontrollwechsel im Sinne so genannter Change-of-Control-Klauseln vermeidet, wie sie für Unternehmensfinanzierungen üblich sind. Denn derartige Klauseln, die dem Kreditgeber im Falle eines Kontrollwechsels bei der finanzierten Gesellschaft das Recht geben, vorzeitig die Rückzahlung des Kredits zu verlangen, greifen typischerweise erst beim Erwerb einer Mehrheitsbeteiligung am finanzierten Unternehmen ein. Das bedeutet, dass die Fremdfinanzierungsinstrumente der Zielgesellschaft von PIPE-Transaktion regelmäßig unberührt bleiben und der Einstieg des Investors daher – anders als der Erwerb einer Mehrheitsbeteiligung – keine Refinanzierung bei der Zielgesellschaft erforderlich macht.

Interessanterweise regte sich aber eine Ebene höher, nämlich bei den Fonds-Investoren der Private Equity-Fonds, zunächst eine gewisse Kritik gegen PIPE-Transaktionen. Denn es handelt sich hierbei um eine Transaktionsform, die – zumindest theoretisch – den typischen Fonds-Investoren wie Versicherungen, Pensionsfonds, Family Offices etc. auch selbst offen steht. Als institutionelle Anleger investieren sie nämlich häufig unmittelbar in börsennotierte Unternehmen und erwerben dann größere Aktienpositionen; hierzu müssten sie daher nicht den Weg über ein Investment in Private Equity-Fonds gehen, der mit Blick auf Management Fees und Carried Interest-Zahlungen für Fondsmanager mit erheblichem finanziellen Mehraufwand für die Fonds-Investoren verbunden ist. Diese Kritik dürfte jedoch unberechtigt sein, da Private Equity-Fonds deutlich aktivere Investoren sind, als es ein Fonds-Investor bei einer eigenen Anlage in Aktien der Zielgesellschaft wäre. So wird sich ein Private

---

[2260] Neuere Finanzierungs- und Steuerkonzepte, bei denen die Verlagerung der zur Akquisition aufgenommenen Fremdverbindlichkeiten auf die Ebene der Zielgesellschaft (sog. Debt-Push-Down) durch Ausschüttung einer auf Ebene der Zielgesellschaft fremdfinanzierten Sonderdividende erreicht wird, kommen demgegenüber auch ohne die erwähnten Strukturmaßnahmen aus und benötigen zur Umsetzung dann lediglich eine einfache Stimmenmehrheit des Investors.

[2261] Dazu näher nachstehend unter Abschnitt 1.5.

[2262] Dazu grundlegend Nussbaum, Besicherung durch die Aktiva der Zielgesellschaft im Leveraged Buyout, München 1996.

Equity-Fonds als PIPE-Investor typischerweise ausbedingen,[2263] dass er eine bestimmte Zahl von Aufsichtsratssitzen erhält, und auch die Strategie der Zielgesellschaft aktiv begleiten. Dies ist ein Mehrwert, der eine PIPE-Transaktion im hier verwendeten Sinne deutlich vom bloßen Halten eines Aktienpakets unterscheidet.

### 1.5. Akquisitionsstruktur und Finanzierung

Die Akquisitionsstruktur bei PIPE-Transaktionen ist grundsätzlich von denselben Überlegungen geprägt, wie bei anderen Private Equity-Transaktionen. Dementsprechend investiert der Private Equity-Fonds auch hier typischerweise über ein Akquisitionsvehikel, das als Erwerber der Aktien in der PIPE-Transaktion auftritt; dabei wird es sich aus steuerlichen Gründen häufig um eine Gesellschaft in Luxemburg handeln. Die Einfügung einer deutschen Zwischengesellschaft in die Akquisitionsstruktur ist bei PIPEs demgegenüber regelmäßig[2264] nicht erforderlich. Denn Strukturmaßnahmen wie insbesondere der Abschluss eines Beherrschungs- und Gewinnabführungsvertrages mit der Zielgesellschaft, die bei klassischen Leveraged Buyout-Strukturen unter anderem dazu dienen, eine steuerliche Konsolidierung von Kosten der Akquisitionsfinanzierung und operativen Gewinnen der Zielgesellschaft zu erreichen, und dann die Verwendung einer deutschen Zwischengesellschaft nahe legen, kommen bei PIPE-Transaktionen schon im Hinblick auf die Mehrheitserfordernisse für deren Umsetzung[2265] meist nicht in Betracht.

Das bedeutet gleichzeitig, dass weder Zugriff auf den Cash Flow der Zielgesellschaft besteht, noch eine Einbeziehung der Zielgesellschaft und ihrer Vermögensgegenstände in die Besicherung einer zur Akquisition aufgenommenen Fremdfinanzierung möglich ist.[2266] Eine klassische Akquisitionsfinanzierung ist daher für PIPEs regelmäßig nicht verfügbar. Der Beteiligungserwerb muss dann entweder ausschließlich durch Eigenkapital oder aber teils durch Eigenkapital, teils durch die bereits im vorangegangenen Abschnitt erwähnten Margin Loans finanziert werden. Ein Margin Loan ist eine Kreditvereinbarung, bei der börsennotierte Aktien in der Weise beliehen werden, dass die kreditgebende Bank dem Kreditnehmer einen bestimmten (von den jeweiligen Marktgegebenheiten abhängigen) Prozentsatz des jeweils aktuellen Börsenwerts der verpfändeten Aktien als Fremdkapital zur Verfügung stellt. Indem der Kreditnehmer – im vorliegenden Zusammenhang das Akquisitionsvehikel – den Differenzbetrag als Eigenkapital zur Verfügung stellt, können Margin Loans zur teilweisen Fremdfinanzierung des Erwerbs von Aktien eingesetzt werden. Da bei Margin Loans der Beleihungswert der erworbenen Aktien von deren Börsenkurs abhängt, muss der Investor typischerweise Eigenkapital nachschießen, wenn der Börsenkurs anschließend unter eine vereinbarte Schwelle absinkt. Kommt er dieser Verpflichtung nicht nach, kann die Bank den gesamten Kredit zur Rückzahlung fällig stellen und bei Zahlungsverzug die verpfändeten Aktien verwerten, indem diese über die Börse veräußert werden. Der Verzicht auf weitere Sicherheiten beruht dabei auf der Annahme, dass mit der Veräußerung der verpfändeten Aktien über die Börse ein Verwertungsweg zur Verfügung steht, auf dem sich schnell und kostengünstig ein dem aktuellen Börsenwert der Aktien entsprechender Erlös erzielen lässt. Dies setzt allerdings voraus, dass die Handelsliquidität der Aktie groß genug ist, um im Verwertungsfall eine entsprechende Anzahl von Aktien innerhalb kurzer Zeit auch über den Markt verkaufen zu können, ohne dass dies zu allzu großen Kursabschlägen führt. Denn andernfalls bildet der Börsenkurs keine aussagekräftige Bemessungsgrundlage für die Beleihung der Aktien. Aus diesem Grund ist das Volumen von Aktien, deren Erwerb durch Margin Loans finanziert werden kann, nach oben beschränkt. Wo hier die Grenze im einzelnen

---

[2263] Zur vertraglichen Umsetzung siehe unten Abschnitt 2.5. und Abschnitt 3.4.
[2264] Sind über die Laufzeit des Investments signifikante Dividendenausschüttungen der Zielgesellschaft zu erwarten, sind mit Blick auf § 50d Abs. 3 EStG allerdings ggf. auch alternative Strukturen erwägenswert.
[2265] Siehe oben Abschnitt 1.4.
[2266] Siehe dazu bereits oben Abschnitt 1.4.

# 7. Teil. Spezielle Beteiligungsformen

verläuft, hängt von der sonstigen Aktionärsstruktur bzw. dem noch verbleibenden Free Float ab; auch bei hohem Streubesitz dürfte die Obergrenze jedoch in Größenordnung von 15–20% des Grundkapitals liegen. Übersteigt die vorgesehene Beteiligung des Investors diese Grenze, wird eine Fremdfinanzierung der PIPE-Transaktion insgesamt schwierig. Man spricht insoweit auch von einer „Death Zone" für die Finanzierung des Beteiligungserwerbs. Ihr oberes Ende ist erst erreicht, wenn der Investor mindestens eine Mehrheitsbeteiligung erwirbt, da letztere grundsätzlich die Mindestvoraussetzung für eine klassische Akquisitionsfinanzierung bildet.

## 2. Klassischer PIPE

### 2.1. Interessenlage aus Sicht der Zielgesellschaft

Im Fall des klassischen PIPE erfolgt der Beteiligungserwerb des Investors über Aktien, die von der Gesellschaft selbst – ggf. auch mittelbar über eine Wandel- oder Optionsanleihe – an den Investor ausgegeben werden. Im Regelfall wird die Gegenleistung eines Private Equity-Investors in Geld bestehen. Seine Beteiligung dient dann aus Sicht der Gesellschaft in erster Linie Finanzierungszwecken. Denkbar ist allerdings auch, dass ein Private Equity-Investor für die an ihn auszugebenden Aktien eine Sacheinlage in Form einer von ihm gehaltenen Beteiligung an einem anderen Unternehmen erbringt. In diesem Fall kommt der Gewinnung des Investors auch strategische Bedeutung für die Gesellschaft zu.

Je nach Umfang der Beteiligung, die der Investor an der Gesellschaft erwirbt, können darüber hinaus Überlegungen eine Rolle spielen, die den Einstieg eines so genannten „Anker-Investors" für die Gesellschaft auch bei „modernen PIPEs" attraktiv machen. Dies sind neben möglichen Vorteilen aus dem Zugang zum Netzwerk oder branchenspezifischem Know-how des Investors namentlich die Absicherung der langfristigen Geschäftsstrategie des Managements sowie der Schutz vor feindlichen Übernahmen durch einen starken Einzelaktionär.[2267] Hierfür bedarf es allerdings in der Regel einer Beteiligung, deren Umfang 10% des Grundkapitals deutlich übersteigt. Diese Grenze – gemessen an der Grundkapitalziffer vor einer evtl. Kapitalerhöhung, die zur Beteiligung des Investors durchgeführt wird – bildet mit Blick auf § 186 Abs. 3 Satz 4 AktG[2268] nach deutschem Recht grundsätzlich die Höchstgrenze, bis zu der die Gesellschaft an den Investor Aktien und/oder Wandlungsrechte gegen Bareinlagen unter Ausschluss des Bezugsrechts der Aktionäre ausgeben kann. Um die Funktion eines „Anker-Investors" übernehmen zu können, muss der Investor dann zusätzlich noch bestehende Aktien von Altaktionären und/oder über den Markt hinzu erwerben.

Auch aus Sicht des Private Equity-Investors ist typischerweise eine deutlich höhere Beteiligung wünschenswert. Ein Erwerb von Aktien unmittelbar von der Gesellschaft wird wegen der vorstehenden 10%-Grenze deshalb häufig nur eines von mehreren Elementen des Beteiligungsaufbaus darstellen. Dies kann dann im Ergebnis zu einer Mischung des „klassischen PIPE" mit Elementen des „modernen PIPE" führen.

Die 10%-Grenze gilt allerdings nicht für eine Ausgabe von Aktien gegen Sacheinlage. Erfolgt die Beteiligung des Investors auf diesem Weg, kann er daher ggf. auch eine deutlich höhere Beteiligung unmittelbar von der Gesellschaft erwerben.[2269] Auch bei einer Kapitalerhöhung gegen Bareinlagen ist ein Erwerb neuer Aktien durch den Investor jenseits der 10%-Grenze denkbar, wenn die Kapitalerhöhung als Bezugsrechts-Emission ausgestaltet ist,

---

[2267] Siehe dazu noch unten Abschnitt 3.1.
[2268] Diese Bestimmung gilt gemäß § 71 Abs. 1 Nr. 8 Satz 5 AktG auch für die Ausgabe der nach dieser Vorschrift erworbenen eigenen Aktien. Sie findet nach h.M. mit Blick auf § 221 Abs. 4 Satz 2 AktG ferner entsprechende Anwendung bei der Ausgabe von Wandel-/Optionsanleihen; siehe dazu BGH, Urt. v. 11. Juni 2007, II ZR 152/06, WM 2007, 2110; Hüffer, AktG, § 221 Rn. 43a.
[2269] So im Beispiel Permira/Freenet AG; siehe dazu oben Abschnitt 1.3 bei Fußn. 2200.

der Investor aber bereits im Vorfeld der Kapitalerhöhung durch Vereinbarung mit der Gesellschaft die Abnahme nicht bezogener Aktien garantiert hat[2270] oder Altaktionäre bereit sind, Bezugsrechte in entsprechendem Umfang an den Investor abzutreten. Eine solche Gestaltung kommt in Betracht, wenn wegen des Marktumfelds, der Lage der Gesellschaft etc. damit zu rechnen ist, dass die neuen Aktien bei den bisherigen Aktionären nicht oder nicht in vollem Umfang zu platzieren sind.

## 2.2. Beteiligung durch Übernahme von Aktien

### 2.2.1. Herkunft der Aktien

Zur Beteiligung des Investors kommen in erster Linie neue Aktien in Betracht, die von der Gesellschaft im Rahmen einer Kapitalerhöhung gegen Einlagen aus genehmigtem Kapital (§§ 202 ff. AktG) ausgegeben werden. Eine unmittelbar von der Hauptversammlung beschlossene Kapitalerhöhung zur Ausgabe neuer Aktien an den Investor ist zwar grundsätzlich ebenfalls möglich, wegen des erforderlichen zeitlichen Vorlaufs für die Einberufung der Hauptversammlung und der Transaktionsrisiken, die sich aus der Möglichkeit von Anfechtungsklagen gegen die Beschlussfassung der Hauptversammlung ergeben, in der Praxis indes nicht empfehlenswert.

Verfügt die Gesellschaft über eigene Aktien, die auf Grundlage einer Ermächtigung der Hauptversammlung gemäß § 71 Abs. 1 Nr. 8 AktG erworben worden sind und zu diesem Zweck verwendet werden können,[2271] kann die Gesellschaft statt oder in Kombination mit neuen Aktien auch eigene Aktien an den Investor ausgeben.

### 2.2.2. Ausstattung neu auszugebender Aktien

Für Besonderheiten bei der Ausstattung der an den Investor auszugebenden neuen Aktien bietet das deutsche Recht nur geringen Spielraum. Nach § 11 AktG können zwar grundsätzlich Aktien mit unterschiedlichen Rechten ausgegeben werden. Sofern von dieser Möglichkeit bei börsennotierten deutschen Gesellschaften Gebrauch gemacht wird, geschieht dies jedoch praktisch ausschließlich durch eine Aufteilung des Grundkapitals in stimmberechtigte Stammaktien und stimmrechtslose Vorzugsaktien. Letztere sind in ihrer üblichen Ausgestaltung[2272] für einen Private Equity-Investor mit Blick auf das fehlende Stimmrechts indes nicht attraktiv. Die Gestaltungsmöglichkeiten bei der Ausgabe stimmberechtigter Aktien mit besonderen Rechten sind wegen des gesetzlichen Verbots des Mehrfachstimmrechts (§ 12 Abs. 2 AktG) und der weitgehend zwingenden Ausgestaltung der übrigen Mitverwaltungsrechte im Wesentlichen auf stimmberechtigte Vorzugsaktien beschränkt, d. h. auf Aktien mit normalem Stimmrecht, jedoch besonderen Rechten hinsichtlich der Gewinnverteilung und/oder der Verteilung eines Liquidationserlöses.[2273] Die nachträgliche Ausgabe einer neuen Gattung stimmberechtigter Aktien, die mit weiterge-

---

[2270] So im Beispiel Herz/Escada AG; siehe dazu oben Abschnitt 1.3 bei Fußn. 2201.

[2271] Eine Verwendungsbeschränkung kann sich außer aus der von der Hauptversammlung erteilten Ermächtigung auch daraus ergeben, dass der Rückerwerb von der Gesellschaft ausdrücklich nur zu einem bestimmten Zweck, etwa zur Einziehung oder zur Verwendung für ein Mitarbeiterbeteiligungsprogramm erfolgt ist; eine solche Beschränkung ist insbesondere dann relevant, wenn der Rückkauf in Übereinstimmung mit den „Safe Harbour"-Bestimmungen der §§ 14 Abs. 2, 20a Abs. 3 WpHG in Verbindung mit der Verordnung (EG) Nr. 2273/2003 der Kommission v. 22. Dezember 2003 erfolgt ist.

[2272] Zwingende Voraussetzung für den Ausschluss des Stimmrechts ist nach § 139 Abs. 1 AktG ein Dividendenvorzug. Der Betrag dieses Vorzug ist jedoch typischerweise gering. Daneben sind stimmrechtslose Vorzugsaktien zwar häufig auch mit einem Mehrdividendenrecht ausgestattet, das jedoch betragsmäßig meist ebenfalls von untergeordneter Bedeutung ist.

[2273] Siehe Hüffer, AktG, § 11 Rn. 4; Butzke in: Marsch-Barner/Schäfer, Handbuch Börsennotierte AG, § 6 Rn. 2 ff. m.w.N. Rechtlich möglich, bei börsennotierten Gesellschaften jedoch nicht praktikabel, sind ferner Aktien mit besonderen Nebenleistungspflichten; vgl. Butzke in: Marsch-Barner/Schäfer, Handbuch Börsennotierte AG, § 6 Rn. 8.

henden Rechten ausgestattet sind als die bisher vorhandenen Aktien, bedarf nach herrschender Meinung allerdings zusätzlich zu den erforderlichen Beschlussmehrheiten der Zustimmung jedes einzelnen Aktionärs[2274] – und zwar auch dann, wenn das Bezugsrecht der bestehenden Aktionäre nicht ausgeschlossen wird[2275] – und ist daher bei einer börsennotierten Gesellschaft in der Praxis nicht durchführbar. Anderes gilt im Hinblick auf die Regelung des § 204 Abs. 2 AktG zwar für die Ausgabe neuer Vorzugsaktien ohne Stimmrecht, die auch ohne solche Zustimmung sämtlicher Altaktionäre möglich ist.[2276] Wenn das genehmigte Kapital dies vorsieht, können aufgrund dieser Bestimmung nämlich auch neue Vorzugsaktien ohne Stimmrecht ausgegeben werden, die den vorhandenen im Range gleichstehen oder vorgehen.[2277] Selbst wenn das genehmigte Kapital die Ausgabe einer neuen Gattung stimmrechtsloser Vorzugsaktien zulässt, dürfte es jedoch kaum möglich sein, solche Aktien an einen Investor unter Ausschluss des Bezugsrechts der Altaktionäre zu vergeben.[2278]

Die neu an den Investor ausgegebenen Aktien werden daher in der Regel derselben Gattung angehören und ebenso ausgestattet sein müssen wie die bereits bestehenden (stimmberechtigten) Aktien der Gesellschaft. Allerdings werden neue Aktien – in Abweichung von der gesetzlichen Grundregel des § 60 Abs. 2 AktG, die eine lediglich zeitanteilige Gewinnberechtigung vorsieht – typischerweise mit vollem Gewinnbezugsrecht ab dem Beginn des Geschäftsjahres ihrer Ausgabe versehen.

Als besonderes Kontrollrecht denkbar ist lediglich die Begründung eines Rechts des Investors, eine bestimmte Anzahl von Mitgliedern des Aufsichtsrats zu entsenden. Dieses Entsendungsrecht kann gemäß § 101 Abs. 2 AktG entweder als persönliches Recht eines Aktionärs oder, im Falle von vinkulierten Namensaktien, auch als ein an die Inhaberschaft bestimmter Aktien gebundenes Recht begründet werden.[2279] Es darf sich maximal auf die Entsendung von einem Drittel der Anteilseignervertreter des Aufsichtsrats erstrecken und kann auch nachträglich durch entsprechende Satzungsänderung geschaffen werden. Sofern die hierzu erforderliche Mehrheit zustande kommt – bei niedriger Hauptversammlungspräsenz ist dies durchaus auch bei der für PIPEs typischen Beteiligungshöhe von 20–25 % der Stimmen denkbar –, ist die Begründung eines solchen Rechts aus rechtlicher Sicht unproblematisch.[2280] Am Kapitalmarkt wird ein solches Entsendungsrecht allerdings in der Regel kritisch aufgenommen und ist in Deutschland nur bei wenigen börsennotierten Gesellschaft (und dann meist nur solchen mit einem langjährigen Mehrheitsaktionär) anzutreffen. In der Praxis bereitet eine angemessene Vertretung des größten Einzelaktionärs – und dies wird

---

[2274] Brändel in: Großkommentar AktG, § 11 Rn. 25; Heider in: Münchner Kommentar AktG, § 11 Rn. 43; Gätsch in: Marsch-Barner/Schäfer, Handbuch Börsennotierte AG, § 5 Rn. 51 m.w.N.

[2275] Zurecht kritisch Butzke in: Marsch-Barner/Schäfer, Handbuch Börsennotierte AG, § 6 Rn. 17.

[2276] Siehe nur Hüffer, AktG, § 139 Rn. 11.

[2277] Sofern noch keine Vorzugsaktien bestehen, ist die erstmalige Ausgabe stimmrechtsloser Vorzugsaktien aus genehmigtem Kapital sogar ohne gesonderte Ermächtigung im genehmigten Kapital zulässig; vgl. OLG Schleswig, Urt. v. 27. Mai 2004, 5 U 2/04, AG 2005, 48 f.; Hüffer, AktG § 204 Rn. 10.

[2278] Für eine Ausgabe neuer Aktien gegen Bareinlagen ergibt sich dies bereits daraus, dass ein Bezugsrechtsausschluss hier regelmäßig nur auf § 186 Abs. 3 Satz 4 AktG gestützt werden kann, der die Ausgabe einer bereits an der Börse notierten Aktiengattung voraussetzt. Aber auch in anderen Fällen wird ein Bezugsrechtsausschluss regelmäßig an der hier kaum möglichen sachlichen Rechtfertigung scheitern; vgl. zu dieser Problematik Hüffer, AktG, 8. Aufl., § 60 Rn. 9 und § 139 Rn. 11 m.w.N.

[2279] Die betreffenden Aktien gelten gemäß § 101 Abs. 2 Satz 3 AktG nicht als Aktien einer besonderen Gattung; die oben genannten Anforderungen an die Ausgabe einer neuen Aktiengattung finden hierauf daher keine Anwendung.

[2280] Siehe BGH, Beschl. v. 8. Juni 2009, II ZR 111/08, DStR 2009, 2547 („Thyssen-Krupp"); sowie die Vorinstanz OLG Hamm, Urt. v. 31. März 2008, 8 U 222/07, NZG 2008, 914 (915 ff.); dazu Neumann/Ogorek, NZG 2008, 892.

der Investor bei PIPE-Transaktionen typischerweise sein – im Aufsichtsrat allerdings auch ohne gesichertes Entsendungsrecht meist keine Schwierigkeiten, so dass dieses bei Mitaktionären „unpopuläre" Instrument verzichtbar erscheint.

### 2.2.3. Bezugsrechtsausschluss

Eine Beschränkung oder ein Ausschluss des gesetzlichen Bezugsrechts der Aktionäre gemäß § 186 Abs. 1 AktG bei Ausgabe neuer Aktien bedarf grundsätzlich der sachlichen Rechtfertigung.[2281] Im Falle einer Kapitalerhöhung aus genehmigtem Kapital ist zusätzlich gemäß § 203 Abs. 2 AktG eine entsprechende Ermächtigung zum Bezugsrechtsausschluss im genehmigten Kapital erforderlich. Dieselben Grundsätze, d. h. Erfordernis der sachlichen Rechtfertigung und Ermächtigung zum Bezugsrechtsausschluss durch die Hauptversammlung, gelten gemäß § 71 Abs. 1 Nr. 8 Satz 5 AktG auch für die Veräußerung eigener Aktien an den Investor unter Ausschluss des Bezugsrechts der Aktionäre.

Besteht die Gegenleistung des Investors für die an ihn auszugebenden Aktien ausnahmsweise nicht in Geld, sondern in einer Sacheinlage, ist die sachliche Rechtfertigung des Bezugsrechtsausschlusses in der Regel unproblematisch, sofern der Erwerb der einzubringenden Vermögensgegenstände im Interesse der Gesellschaft liegt; für den Bezugsrechtsausschluss bestehen dann auch keine gesetzlichen Volumenbeschränkungen. Zu berücksichtigen sind allerdings Volumen- und Zweckbeschränkungen, die sich ggf. aus der Ermächtigung der Hauptversammlung für einen solchen Bezugsrechtsausschluss ergeben. Bei der Festlegung des Ausgabepreises bzw. der Zahl der als Gegenleistung für die Sacheinlage auszugebenden Aktien ist ferner § 255 Abs. 2 AktG zu beachten, wonach bei einer Ausgabe von Aktien unter Bezugsrechtsausschluss der Ausgabebetrag nicht unangemessen niedrig sein darf.[2282]

Demgegenüber ist ein Bezugsrechtsausschluss bei der Ausgabe von Aktien gegen Bareinlage grundsätzlich nur unter den Voraussetzungen des in § 186 Abs. 3 Satz 4 AktG gesetzlich geregelten sog. „vereinfachten" Bezugsrechtsausschlusses möglich[2283] und unterliegt dann der hier geltenden Volumenbeschränkung von 10% des Grundkapitals.[2284] Hat die Hauptversammlung den Vorstand auf unterschiedlicher Grundlage zu einem „vereinfachten" Bezugsrechtsausschluss ermächtigt, etwa im Rahmen des genehmigten Kapitals, im Rahmen einer Ermächtigung zum Erwerb und der Verwendung eigener Aktien gemäß § 71 Abs. 1 Nr. 8 AktG und/oder im Rahmen einer Ermächtigung zur Ausgabe von Wandelschuldverschreibungen, stellt sich die Frage, ob auf die 10%-Grenze Aktien bzw. Wandlungsrechte anzurechnen sind, die während der Laufzeit der maßgeblichen Ermächtigung bereits auf anderer Grundlage unter „vereinfachtem" Bezugsrechtsausschluss ausgegeben wurden. Vor dem Hintergrund des Zwecks dieser Volumenbegrenzung, den Aktionären eine Aufrechterhaltung ihrer Beteiligungsquote durch Zukauf an der Börse zu ermöglichen, liegt eine solche Anrechnung nahe; die Frage ist indes in der Literatur bislang wenig diskutiert. Allerdings sehen die jeweiligen Ermächtigungen in der Praxis eine solche Anrechnung aus Vorsichtsgründen häufig ausdrücklich vor. Jedenfalls dann ist eine Anrechnung vorzunehmen und verhindert, dass durch die Kombination verschiedener Ermächtigungen, etwa

---

[2281] Grundlegend BGH, Urt. v. 13. März 1978, II ZR 142/76, BGHZ 71, 40 (43 ff.); aus der Literatur vgl. nur Hüffer, AktG, § 186 Rn. 25 m.w.N.

[2282] Diese Vorschrift ist bei einer Kapitalerhöhung aus genehmigtem Kapital entsprechend anzuwenden; vgl. BGH, Urt. v. 23. Juni 1997, II ZR 132/93, BGHZ 136, 133 (141); Hüffer, § 204 Rn. 5 m.w.N.

[2283] Das ergibt sich daraus, dass es aus Sicht der Gesellschaft im Ausgangspunkt gleichgültig ist, ob sich der Emissionserlös aus Bareinlagen bisheriger Aktionäre oder Bareinlagen neuer Investoren speist, und für einen weitergehenden Bezugsrechtsausschluss daher regelmäßig die sachliche Rechtfertigung fehlt; bei Barkapitalerhöhungen ist die Möglichkeit eines weitergehenden Bezugsrechtsausschlusses daher auf Sonderfälle wie etwa die Ausgabe neuer Aktien zur Börseneinführung im Ausland oder zu Sanierungszwecken beschränkt; vgl. dazu etwa Hüffer, AktG, 8. Aufl., § 186 Rn. 29 ff. m.w.N.

[2284] Siehe hierzu bereits vorstehend Abschnitt 2.1.

durch Ausgabe neuer Aktien aus genehmigtem Kapital unter gleichzeitiger Veräußerung eigener Aktien aus dem Bestand der Gesellschaft, die 10%-Grenze insgesamt überschritten werden kann.

Der Ausgabepreis der unter „vereinfachtem" Bezugsrechtsausschluss ausgegebenen Aktien darf den Börsenpreis der bereits bestehenden Aktien gemäß § 186 Abs. 3 Satz 4 AktG „nicht wesentlich unterschreiten". Hier ist es üblich, als maßgeblichen Referenzkurs den Durchschnittskurs während der letzen drei bis fünf Handelstage vor Beschlussfassung über die Ausgabe der Aktien heranzuziehen und hiervon einen Abschlag von in der Regel nicht mehr als 3%, höchstens aber 5% vorzunehmen. In der Verwendung der bezugsrechtsfreien Aktien ist der Vorstand frei und kann diese Aktien daher grundsätzlich auch insgesamt an einen einzelnen Investor vergeben. Allerdings findet auf die Vergabe der unter Bezugsrechtsausschluss ausgegebenen Aktien an bestehende Aktionäre nach allgemeinen Regeln der Gleichbehandlungsgrundsatz des § 53a AktG Anwendung. Ist der Investor im Zeitpunkt der Zulassung zur Übernahme der bezugsrechtsfreien Aktien bereits Aktionär der Gesellschaft, bedarf die Ausgabe der bezugsrechtsfreien Aktien (nur) an ihn daher einer zusätzlichen sachlichen Begründung; letztere kann im vorliegenden Zusammenhang etwa in der Bereitschaft des Investors liegen, für die Gesellschaft die Funktion eines „Anker-Investors" zu übernehmen und hierzu eine entsprechende Vereinbarung mit der Gesellschaft abzuschließen.

#### 2.2.4. Börsenzulassung der neuen Aktien

Der Investor wird typischerweise daran interessiert sein, dass an ihn neu ausgegebene Aktien baldmöglichst zum Börsenhandel zugelassen werden.

Nach § 69 BörsZulV besteht grundsätzlich auch eine gesetzliche Verpflichtung der Gesellschaft, neu ausgegebene Aktien, die derselben Gattung angehören wie bereits zum Börsenhandel im regulierten Markt zugelassene Aktien der Gesellschaft, ebenfalls zum Börsenhandel zuzulassen. Ein entsprechender Zulassungsantrag ist spätestens innerhalb von zwölf Monaten nach der Ausgabe der neuen Aktien zu stellen. Diese Frist verlängert sich indes, wenn die neuen Aktien bei Ablauf der Frist, etwa aufgrund einer Lock-up-Vereinbarung mit dem Investor, noch nicht frei handelbar sind, bis zum Zeitpunkt ihrer freien Handelbarkeit. Um dem Investor Sicherheit über den Zeitpunkt der Börsenzulassung der an ihn ausgegebenen neuen Aktien zu verschaffen, empfiehlt es sich daher, diesen Punkt in einer Vereinbarung mit der Gesellschaft näher zu regeln.

Die Zulassung der neuen Aktien zum Börsenhandel setzt wegen § 3 Abs. 3 WpPG grundsätzlich die Erstellung eines Wertpapierprospekts voraus und ist daher mit erheblichem Aufwand für die Gesellschaft verbunden. Eine prospektfreie Zulassung neuer Aktien ist gemäß § 4 Abs. 2 Nr. 1 WpPG allerdings dann möglich, wenn die von der Gesellschaft neu ausgegebenen Aktien über einen Zeitraum von 12 Monaten weniger als 10%[2285] der bereits zum Handel zugelassenen Aktien derselben Gattung ausmachen. Ob von dieser Ausnahme Gebrauch gemacht werden kann, hängt daher nicht nur vom Umfang der an den Investor ausgegebenen neuen Aktien ab, sondern auch davon, ob und in welchem Umfang die Gesellschaft in dem maßgeblichen 12-Monats-Zeitraum noch weitere Aktien, etwa im Rahmen eines Aktienoptionsprogramms, ausgegeben hat.

### 2.3. Beteiligung über Wandel-/Optionsanleihen

Die Ausgabe von Wandel- oder Optionsanleihen bedarf nach § 221 AktG einer Ermächtigung der Hauptversammlung, die in der Praxis jeweils mit einer Beschlussfassung über ein bedingtes Kapital zur Bedienung der Wandlungs- bzw. Optionsrechte verbunden wird. Letzteres zwingt wegen § 193 Abs. 2 Nr. 3 AktG dazu, bereits im Ermächtigungsbeschluss den Ausgabebetrag der neuen Aktien oder die Grundlagen für seine Berechnung festzulegen.

---

[2285] Zur Berechnung vgl. Lachner/v. Heppe, WM 2008, 576 (578).

Üblicherweise werden in der Ermächtigung auch sonstige Eckpunkte der Anleihebedingungen vorgegeben.

Auch bei Gesellschaften, die über eine Vorratsermächtigung zur Ausgabe von Wandel- und/oder Optionsanleihen verfügen, ist der Gestaltungsspielraum der Verwaltung bei der Festlegung der Anleihebedingungen und insbesondere des Wandlungsverhältnisses daher regelmäßig begrenzt. Eine Ausgestaltung der Anleihebedingungen mit dem Ziel einer Kursabsicherung des Investments eines Private Equity-Investors nach dem Vorbild der sog. „strukturierten" PIPEs in den USA wird von einer solchen Vorratsermächtigung häufig nicht gedeckt sein.[2286]

Zu berücksichtigen ist ferner, dass auf Wandel- und Optionsanleihen grundsätzlich ein Bezugsrecht der Aktionäre besteht, für dessen Ausschluss dieselben Grenzen gelten wie für den Ausschluss des Bezugsrechts bei der Ausgabe neuer Aktien (§ 221 Abs. 4 AktG). Zwar sehen Vorratsermächtigungen zur Ausgabe von Wandel- und Optionsanleihen häufig auch die Möglichkeit eines „vereinfachten" Bezugsrechtsausschlusses in entsprechender Anwendung von § 186 Abs. 3 Satz 4 AktG vor, wobei dann an die Stelle des Börsenpreises als Referenz für den Ausgabepreis der in einem mathematischen Verfahren zu ermittelnde Wert des Wandlungsrechts tritt.[2287] Das bedeutet, dass eine für den Investor vorteilhafte Ausgestaltung des Wandlungsrechts bei der Bemessung des Ausgabebetrags der Anleihe zu berücksichtigen wäre und auch hier eine volumenmäßige Beschränkung des Bezugsrechtsausschlusses auf Wandlungsrechte für Aktien mit einem Anteil von höchstens 10% des Grundkapitals besteht. Wegen der typischerweise vorgesehenen Anrechnung unterschiedlicher Ermächtigungen zum „vereinfachten" Bezugsrechtsausschluss auf diese Grenze,[2288] kann letztere also auch durch den Einsatz von Wandel- oder Optionsanleihen nicht erweitert werden.

Aus den vorgenannten Gründen kommt bei deutschen Gesellschaften eine Beteiligung des Investors über Wandel- oder Optionsanleihen in erster Linie als Ergänzungs- oder Ausweichlösung in Betracht, wenn für eine unmittelbare Ausgabe von Aktien durch die Gesellschaft kein geeignetes genehmigtes Kapital oder kein genehmigtes Kapital in ausreichender Höhe vorhanden ist.

### 2.4. Due Diligence

Da die Beteiligung des Private-Equity-Investors in der Konstellation des „klassischen PIPE" unmittelbar mit der Gesellschaft verhandelt wird, erhält der Investor hier regelmäßig auch Gelegenheit zur Durchführung einer Due Diligence, die sich in Ergänzung öffentlich zugänglicher Informationen auch auf ausgewählte interne Daten der Gesellschaft erstreckt.

---

[2286] Die in der Vergangenheit vielfach übliche Angabe eines bloßen Mindestausgabebetrags bzw. der entsprechenden Berechnungsgrundlagen ist von der obergerichtlichen Rechtsprechung in verschiedenen Entscheidungen jüngerer Zeit als unzulässig angesehen worden (vgl. OLG Hamm, Urt. v. 19. März 2009, 8 U 115/07, ZIP 2008, 923; KG Berlin, Urt. v. 3. August 2007, 14 U 72/06, ZIP 2008, 648; OLG Celle, Urt. v. 7. November 2007, 9 U 57/07, ZIP 2008, 926); diese Auffassung wurde vom Bundesgerichtshof erst kürzlich (BGH, Urt. v. 18. Mai 2009, II ZR 262/07, NZG 2009, 986 ff, BGH, Urt. v. 18. Mai 2009, II ZR 124/08, ZIP 2009, 1624) korrigiert. Neuere Ermächtigungen enthalten daher regelmäßig noch präzise Vorgaben für die Berechnung des Ausgabebetrags. In Reaktion auf die genannte obergerichtliche Rechtsprechung sind durch das Gesetz zur Umsetzung der Aktionärsrechterichtlinie (ARUG) v. 30. Juli 2009, BGBl. 2009, Teil I, S. 2479, die Anforderungen, die § 193 Abs. 2 Nr. 3 AktG an die Angaben zum Ausgabebetrag neuer Aktien im Beschluss über das bedingte Kapital stellt, gelockert worden, so dass nunmehr ausdrücklich die Angabe eines bloßen Mindestausgabebetrags bzw. der entsprechenden Berechnungsgrundlagen ausreicht. Künftige Vorratsermächtigungen zur Ausgabe von Wandel- bzw. Optionsschuldverschreibungen können daher ggf. wieder flexibler ausgestaltet sein.

[2287] Zur Zulässigkeit eines „vereinfachten" Bezugsrechtsausschlusses im Rahmen des § 221 AktG siehe BGH, Urt. v. 11. Juni 2007, II ZR 152/06, WM 2007, 2110.

[2288] Siehe dazu bereits oben Abschnitt 2.2.3.

# 7. Teil. Spezielle Beteiligungsformen § 21 PIPEs

Rechtliche Voraussetzung für die Offenlegung vertraulicher Informationen an den Investor ist ein entsprechender Vorstandsbeschluss,[2289] dessen Zulässigkeit im Hinblick auf die Geheimhaltungspflichten aus §§ 93 Abs. 1 Satz 3, 400 AktG und ggf. § 14 Abs. 1 Nr. 2 WpHG nach herrschender Meinung an folgende Bedingungen geknüpft ist:[2290] (1) Nachweis eines ernsthaften Beteiligungsinteresses des Investors gegenüber der Gesellschaft, beispielsweise durch einen „Letter of Interest" (2) ein ausreichendes Interesse der Gesellschaft an der Durchführung der Transaktion, sowie (3) Schutz der Vertraulichkeit der offen gelegten Informationen durch Abschluss einer Vertraulichkeitsvereinbarung[2291] zwischen Investor und Gesellschaft.

Die Zulassung der Due Diligence durch den Vorstand ist eine unternehmerische Entscheidung; der Vorstand verfügt hierbei und insbesondere bei der Beurteilung, ob die Transaktion im Interesse der Gesellschaft liegt, daher unter den Voraussetzungen des § 93 Abs. 1 Satz 2 AktG über einen entsprechenden Beurteilungsspielraum. Ein solches Interesse der Gesellschaft dürfte im Falle des „klassischen" PIPE allerdings schon im Hinblick auf die Finanzierungsfunktion dieser Transaktionsform in der Regel unproblematisch zu bejahen sein. Weitere Gesichtspunkte können etwa die Bereitschaft des Investor zur Übernahme der Funktion eines „Anker-Investors"[2292] oder erwartete Vorteile aus dem Zugang zu besonderem Branchen-Know-how oder dem Netzwerk des Investors sein.

## 2.5. Vereinbarungen zwischen Investor und Zielgesellschaft

Grundlage der Beteiligung des Private Equity-Investors ist im Falle „klassischer PIPEs" üblicherweise eine als Investment Agreement oder ähnlich bezeichnete Vereinbarung zwischen dem Investor und der Zielgesellschaft.[2293]

Diese Vereinbarung enthält als Hauptverpflichtung des Investors die Verpflichtung zur Übernahme der durch die Gesellschaft an ihn auszugebenden Aktien (und ggf. Wandel- und Optionsanleihen), legt deren Ausgabekonditionen fest und enthält ggf. nähere Regelungen zum zeitlichen Ablauf der Transaktion, der Zulassung neu auszugebender Aktien zum Börsenhandel sowie etwaigen Vollzugsbedingungen (insb. Kartellfreigaben oder sonstige regulatorische Genehmigungen, sofern solche erforderlich sind).

Der Übernahme von Kursgarantien oder vergleichbarer Gewährleistungen durch die Gesellschaft für die von ihr auszugebenden Aktien steht nach herrschender Meinung das Ver-

---

[2289] Vgl. Linker/Zinger, NZG 2002, 497; Roschmann/Frey, AG 1996, 449 (452); Spindler in: Münchner Kommentar AktG, § 93 Rn. 124. Ein Aufsichtsratsbeschluss ist für die Zulassung einer Due Diligence demgegenüber grundsätzlich nicht erforderlich und in der Praxis auch nicht üblich. Rechtlich möglich – wenn auch ungewöhnlich – wäre es allerdings, dass die Satzung oder eine vom Aufsichtsrat erlassene Geschäftsordnung die Zulassung einer Due Diligence gemäß § 111 Abs. 4 AktG von der Zustimmung des Aufsichtsrats abhängig macht.

[2290] Vgl. etwa Linker/Zinger, NZG 2002 (497 ff.); Kort in: Großkommentar AktG, § 76 Rn. 126 ff.; Wiesner in: Münchner Hdbuch AG, § 19 Rn. 25 f; Spindler in: Münchner Kommentar AktG, § 93 Rn. 120 ff. m.w.N. Nach Auffassung der Bundesanstalt für Finanzdienstleistungsaufsicht, Emittentenleitfaden v. 20. Mai 2009, Tz. III.2.2.2.1., rechtfertigt ein beabsichtigter Paketerwerb im Umfang oberhalb der gesetzlichen Meldeschwellen in der Regel bereits eine größere Transparenz, so dass dann auch die Weitergabe von Insiderinformationen nicht unbefugt im Sinne des § 14 Abs. 1 Nr. 2 WpHG ist.

[2291] Vor allem in der älteren Literatur wird als Voraussetzung eines wirksamen Schutzes der Vertraulichkeit teilweise die Vereinbarung einer Vertragsstrafe für den Fall bei Verletzung der Vertraulichkeitspflichten gefordert. Von Sonderfällen abgesehen, bei denen ein erhöhtes Schutzbedürfnis der Gesellschaft besteht, wie etwa bei der Offenlegung interner Informationen an einen Wettbewerber, ist die Vereinbarung einer Vertragsstrafe indes rechtlich nicht geboten und in der Praxis auch nicht üblich.

[2292] Siehe dazu näher Abschnitt 3.1.

[2293] Zu Investment Agreements bei öffentlichen Übernahmen siehe auch Seibt/Wunsch, AG 2009, 195 ff.

bot der Einlagenrückgewähr gemäß § 57 AktG entgegen.[2294] Eine vertragliche Absicherung des Werts des Investments durch die Gesellschaft nach dem Muster der für Unternehmenskaufverträge üblichen Garantien ist für den Investor daher nicht verfügbar.

Typischerweise werden in einem Investment Agreement auch Regelungen zur künftigen Vertretung des Investors im Aufsichtsrat der Gesellschaft getroffen. Da für die Wahl der Anteilseignervertreter im Aufsichtsrat die Hauptversammlung zuständig ist, kann die Zielgesellschaft bzw. ihr Vorstand zwar keine Verpflichtung übernehmen, die Vertretung des Investors im Aufsichtsrats herzustellen. Üblich ist jedoch die Fixierung eines gemeinsamen Verständnisses, mit wie vielen Personen der Investor im Aufsichtsrat vertreten sein soll, sowie die Verpflichtung des Vorstands der Zielgesellschaft, eine solche Vertretung im Rahmen seiner gesetzlichen Pflichten zu unterstützen. Um eine möglichst zeitnahe Besetzung einer entsprechenden Anzahl von Aufsichtsratssitzen durch vom Investor vorgeschlagene Personen zu sichern, kann vorgesehen werden, dass bereits bei Abschluss des Investment Agreement Niederlegungserklärungen einer entsprechenden Zahl bisheriger Aufsichtsratsmitglieder bei einem Treuhänder hinterlegt werden, die bei Vollzug der Transaktion vom Treuhänder freizugeben sind und dann mit Zugang bei der Gesellschaft wirksam werden. An Stelle der durch Amtsniederlegung ausgeschiedenen Aufsichtsratsmitglieder können dann die vom Investor benannten Personen gerichtlich gemäß § 104 AktG zu neuen Mitgliedern des Aufsichtsrats bestellt werden. Um eine zügige Umsetzung zu gewährleisten, wird der Antrag auf gerichtliche Ergänzung des Aufsichtsrats in der Regel vom Vorstand unter Beifügung sowohl einer Erklärung des Investors als nunmehr größtem Einzelaktionärs als auch einer Erklärung des Aufsichtsrats gestellt, mit welcher dem Gericht jeweils das Einverständnis von Investor bzw. Aufsichtsrat mit den zur Bestellung vorgeschlagenen Personen bestätigt wird. Vor diesem Hintergrund ist es aus Sicht des Investors empfehlenswert als Closing-Bedingung, d. h. als Bedingung für den Vollzug der Transaktion, auch die Vorlage eines entsprechenden Aufsichtsratsbeschlusses vorzusehen.

Erfüllt die Transaktion für die Gesellschaft nicht lediglich Finanzierungszwecke, kommen ggf. weitere Regelungen in Betracht, wie sie auch bei „modernen PIPEs" üblich sind,[2295] etwa eine Lock-up-Verpflichtung des Investors, mit der er eine bestimmte Haltedauer seiner Beteiligung zusagt, und/oder eine Verpflichtung, seine Beteiligung ohne Zustimmung der Gesellschaft nicht über eine bestimmte Schwelle hinaus auszubauen.[2296]

## 3. Moderner PIPE

### 3.1. Interessenlage aus Sicht der Zielgesellschaft

Bei „modernen PIPEs" in Reinform gibt es keine Kapitalerhöhung und dementsprechend fließt der Gesellschaft im Rahmen der Transaktion auch kein frisches Eigenkapital zu. Gleichwohl kann ein solcher PIPE im Interesse der Gesellschaft liegen. Am offensichtlichsten sind die Fälle, in denen der Investor der Zielgesellschaft zusätzliche Geschäftsmöglichkeiten eröffnen kann; bei Finanzinvestoren ist dies insbesondere über die Zusammenarbeit mit anderen Portfoliogesellschaften oder durch den Zugang zu deren internationalen Netzwerk denkbar. Ein weiterer Gesichtspunkt sind ferner Vorteile, die sich für die Gesellschaft aus der Etablierung eines starken Einzelaktionärs als sog. „Anker-Investor" ergeben können, sei es durch die Absicherung und konstruktive Begleitung der Geschäftsstrategie oder zum Schutz vor feindlichen Übernahmen. Letzteres kann für die Gesellschaft insbesondere in Zeiten attraktiv sein, in denen das wirtschaftliche Umfeld oder Belastungen aus einer Umstrukturierung zu einer vorübergehenden Kursschwäche der Aktie der Gesellschaft führen.

---

[2294] Lutter in: Kölner Kommentar zum AktG, 2. Aufl., § 57 Rn. 31; Bayer in: Münchner Kommentar AktG, 3. Aufl., § 57 Rn. 86; Henze in: Großkommentar AktG, 4. Aufl., § 68 m.w.N.
[2295] Siehe dazu unten Abschnitt 3.4.
[2296] Siehe hierzu auch Schiessl, AG 2009, 385 (391).

Die Absicherung der Geschäftsstrategie durch einen starken Einzelaktionär ist für die Gesellschaft unter anderem in Fällen von Bedeutung, in denen eine vom Vorstand auf mittlere oder lange Sicht als richtig angesehene Strategie bei Aktionären aufgrund von deren individuellen – häufig kurzfristigen – Anlagezielen auf Widerstand stößt, etwa weil diese Strategie sich einer kurzfristigen Steigerung der Dividendenfähigkeit und daran geknüpften Ausschüttungserwartungen oder sonstigen, einseitig auf rasche Steigerung des „Shareholder Value" angelegten Maßnahmen verweigert. In jüngerer Zeit sieht sich die Verwaltung der Gesellschaft in solchen Fällen immer häufiger erheblichem Druck seitens der betreffenden Aktionäre (in der Regel Hedgefonds) ausgesetzt, die dann versuchen, durch sog. „Shareholder Activism"[2297] ihre Vorstellungen durchzusetzen.[2298] Diesem Druck kann durch die Existenz eines „Anker-Investors" effektiv begegnet werden.

### 3.2. Beteiligungsaufbau

#### 3.2.1. Überblick

Für den Beteiligungsaufbau im Fall „moderner PIPEs" kommen im Wesentlichen der außerbörsliche Erwerb größerer Aktienpakete von Altaktionären, der Erwerb von Aktien im Rahmen eines öffentlichen Angebots nach dem WpÜG sowie der allmähliche Aufbau einer Beteiligung durch Marktkäufe bzw. eine Kombination dieser Elemente in Betracht. Die zuletzt genannten Marktkäufe können dabei sowohl in Form eines unmittelbaren Aktienerwerbs an der Börse als auch in Form der lediglich wirtschaftlichen Absicherung bzw. Spiegelung eines solchen Erwerbs durch geeignete Derivate erfolgen.

Beim Paketerwerb durch individuell ausgehandelte Aktienkaufverträge ergeben sich bei PIPEs keine strukturellen Besonderheiten gegenüber sonstigen Private Equity-Transaktionen. Kann die angestrebte Beteiligung bereits auf diese Weise gesichert werden,[2299] sind weitere Transaktionsschritte im Falle von PIPEs auch nicht erforderlich. Denn da hier die Beteiligung des Investors gerade unterhalb der übernahmerechtlichen Kontrollschwelle von 30 % der Stimmrechte bleibt, ist das andernfalls gemäß §§ 29, 35 Abs. 1, Abs. 3 WpÜG erforderliche Übernahme- oder Pflichtangebot entbehrlich.

Die Durchführung eines (freiwilligen) öffentlichen Angebots nach dem WpÜG zum Erwerb der angestrebten Beteiligung ist daher bei PIPEs bisher die Ausnahme geblieben.[2300] Wird ein solches Angebot vom Investor im Rahmen eines PIPE abgegeben, handelt es sich – da nicht auf den Erwerb der Kontrolle gerichtet – um ein sog. „sonstiges Erwerbsangebot", auf das die Sondervorschriften für Übernahme- und Pflichtangebote (vgl. §§ 31 ff. WpÜG) keine Anwendung finden. Es kann daher insbesondere ohne Bindung an Mindestpreisvorschriften und als Teilangebot durchgeführt werden kann, das von vornherein auf den Erwerb einer bestimmten Anzahl von Aktien beschränkt ist. Im Vergleich zu einem sukzessiven Beteiligungsaufbau durch Marktkäufe liegt der Vorteil der Durchführung eines öffentlichen Erwerbsangebots auch bei einer angestrebten Beteiligung von weniger als 30 % vor allem darin, dass der Erwerb der Aktien vom Investor auf diese Weise insgesamt davon abhängig gemacht werden kann, dass eine Beteiligung im angestrebten Umfang und zu einem vorher festgelegten Preis auch tatsächlich gelingt. Um mit einem solchen Angebot erfolgreich zu sein, wird der Investor dann jedoch typischerweise eine Prämie auf den bisherigen Börsenpreis zahlen müssen.

---

[2297] Hierzu Thaeter, AG 2007, 301 ff.

[2298] Bekanntes Beispiel eines solchen „Shareholder Activism" sind die Angriffe der Hedgefonds TCI und Atticus Capital auf die Deutsche Börse AG, die im Frühjahr 2005 zum Rücktritt des damaligen Aufsichtsratsvorsitzenden Werner Seiffert geführt haben; siehe dazu Börsenzeitung v. 10. Mai 2005, Ausgabe Nr. 88, S. 5.

[2299] So im Beispiel Skion/Nordex AG; siehe hierzu oben Abschnitt 1.3. bei Fußn. 2204.

[2300] Diese Gestaltung wurde bisher nur im Fall der Beteiligung der HRE Investment Holdings L.P. an der Hypo Real Estate Holding AG gewählt; siehe hierzu oben Abschnitt 1.3. bei Fußn. 2205.

Demgegenüber erlaubt ein Aktienerwerb durch Marktkäufe grundsätzlich einen Einstieg ohne Prämie auf den Börsenpreis. Da der allmähliche Aufbau einer größeren Beteiligung durch Marktkäufe regelmäßig einen längere Zeitraum in Anspruch nimmt, spielen hier die kapitalmarktrechtlichen Meldepflichten der §§ 21 ff. WpHG eine maßgebliche Rolle. Denn bei vorzeitigem Bekanntwerden der Beteiligungsabsicht des Investors muss mit einem Anstieg des Börsenkurses der Zielgesellschaft gerechnet werden, der den weiteren Beteiligungsaufbau erheblich verteuern kann. Eine ökonomische Absicherung des Erwerbs (zumindest eines wesentlichen Teils) der angestrebten Beteiligung bereits vor Abgabe der ersten Beteiligungsmeldung des Investors – und damit zu Kursen, die noch nicht durch Spekulationen aufgrund seines erwarteten Einstiegs beeinflusst sind – erfordert daher eine sorgfältige Strukturierung. Sie umfasst neben dem unmittelbaren Aktienerwerb an der Börse regelmäßig auch den Einsatz geeigneter Derivate. Diese für den Beteiligungsaufbau bei „modernen PIPEs" typische Vorgehensweise soll nachfolgend näher dargestellt werden.

### 3.2.2. Kapitalmarktrechtliche Meldepflichten

#### 3.2.2.1. Meldepflichten gemäß §§ 21, 22 WpHG

§ 21 Abs. 1 WpHG sieht Meldepflichten bei Erreichen, Überschreiten und Unterschreiten bestimmter Stimmrechtsschwellen vor. Diese Meldeschwellen liegen bei 3%, 5%, 10%, 15%, 20%, 25%, 30%, 50% und 75% der Gesamtzahl der Stimmrechte. Im Ausgangspunkt bezieht sich dies auf Stimmrechte aus Aktien, die vom Meldepflichtigen selbst gehalten werden. § 22 WpHG ordnet allerdings in den in dieser Vorschrift genannten Fällen für Zwecke der Meldepflichten aus § 21 WpHG eine Zurechnung auch von Stimmrechten aus Aktien an, die nicht dem Meldepflichtigen selbst gehören. Im vorliegenden Zusammenhang sind insbesondere folgende Zurechnungsvorschriften von Bedeutung:

Nach § 22 Abs. 1 Satz 1 Nr. 1, Satz 3 WpHG werden dem Meldepflichtigen zunächst sämtliche Stimmrechte aus Aktien zugerechnet, die von Tochterunternehmen des Meldepflichtigen gehalten werden. Durch Aufteilung des Aktienbesitzes auf verschiedene rechtlich selbständige Tochterunternehmen, die mit ihrem eigenen Aktienbesitz keine Meldeschwelle überschreiten, kann daher eine Meldepflicht nicht vermieden werden. Denn beim Mutterunternehmen werden jeweils alle Stimmrechte zusammengerechnet.

Eine Stimmrechtszurechnung erfolgt gemäß § 22 Abs. 1 Satz 1 Nr. 2 WpHG auch in Bezug auf Stimmrechte aus Aktien, die von einem Dritten für Rechnung des Meldepflichtigen gehalten werden. Die Einschaltung eines oder mehrerer Intermediäre, die (zunächst) rechtlicher Inhaber der erworbenen Aktien bleiben, letztere jedoch für Rechnung des Auftraggebers erwerben bzw. halten, verhindert daher nicht, dass sämtliche Stimmrechte aus diesen Aktien von vornherein (auch) dem Auftraggeber zugerechnet werden. Ein „Halten für Rechnung" des Meldepflichtigen im Sinne des § 22 Abs. 1 Satz 1 Nr. 2 WpHG setzt voraus, dass die (wesentlichen) wirtschaftlichen Chancen und Risiken aus den betreffenden Aktien beim Meldepflichtigen liegen. Mit Blick auf den Zweck der Meldepflichten, Transparenz hinsichtlich der Stimmrechtsverhältnisse herzustellen, ist nach herrschender Meinung allerdings zusätzlich erforderlich, dass der Meldepflichtige berechtigt ist, auf die Ausübung der Stimmrechte aus den betreffenden Aktien Einfluss zu nehmen.[2301]

§ 22 Abs. 1 Nr. 5 WpHG ordnet ferner die Zurechnung von Stimmrechten aus Aktien an, die der Meldepflichtige „durch eine Willenserklärung erwerben" kann. Gemeint sind hier allerdings nur dinglich ausgestaltete Erwerbsrechte, bei denen der Meldepflichtige ein-

---

[2301] Vgl. BGH, Urt. v. 16. März 2009, II ZR 302/06, DStR 2009, 862 (867); KölnKommWpHG von Bülow, § 22 WpHG Rn. 66; Schäfer in: Marsch-Barner/Schäfer, Handbuch Börsennotierte AG, § 17 Rn. 22; Weber-Rey in: Habersack/Mülbert/Schlitt, Hdb. Kapitalmarktinformation, § 23 Rn. 90; Dehlinger/Zimmermann in: Fuchs, WpHG, § 22 Rn. 49. Nach Schneider in: Assmann/Schneider, WpHG, § 22 Rn. 55, 57 f. genügt ggf. auch eine rein faktische Einflussmöglichkeit, sofern sie daraus resultiert, dass der Meldepflichtige das mit den betreffenden Aktien verbundene wirtschaftliche Risiko trägt.

seitig den Erwerb des Eigentums bzw. der dinglichen Inhaberschaft an den betreffenden Aktien herbeiführen kann.[2302] Schuldrechtliche Erwerbsrechte, die dem Inhaber lediglich einen Übereignungsanspruch geben, führen demgegenüber nicht zur Zurechnung (unterliegen aber ggf. einer Meldepflicht aus § 25 WpHG). Keine Anwendung findet § 22 Abs. 1 Nr. 5 WpHG auch auf Wandel- und Optionsrechte aus Wandel- bzw. Optionsanleihen, die bei Ausübung zum Bezug dann neu auszugebender Aktien der Gesellschaft berechtigen.[2303]

Zugerechnet werden gemäß § 22 Abs. 2 WpHG schließlich Stimmrechte aus Aktien eines Dritten, sofern der Meldepflichtige oder eines seiner Tochterunternehmen sein Verhalten in Bezug auf den Emittenten mit dem Dritten abstimmt (sog. „Acting in Concert").[2304] Eine Verhaltensabstimmung im Sinne der Vorschrift setzt nach der gesetzlichen Definition des § 22 Abs. 2 Satz 2 WpHG voraus, dass entweder eine Abstimmung über die Ausübung von Stimmrechten oder eine Zusammenwirkung „mit dem Ziel einer dauerhaften und erheblichen Änderung der unternehmerischen Ausrichtung des Emittenten" erfolgt. Der koordinierte Aktienerwerb ist demgegenüber für sich genommen nicht geeignet, eine Stimmrechtszurechnung wegen abgestimmten Verhaltens zu begründen.[2305]

### 3.2.2.2. Meldepflichten gemäß § 25 WpHG

Die Meldepflichten der §§ 21, 22 WpHG bei Erreichen, Überschreiten und Unterschreiten bestimmter Stimmrechtsschwellen werden ergänzt durch die in § 25 WpHG gesondert angeordneten Meldepflichten für das (unmittelbare oder mittelbare) Halten von Finanzinstrumenten, die den Inhaber „einseitig im Rahmen einer rechtlich bindenden Vereinbarung" zum Erwerb von bereits ausgegebenen, stimmberechtigten Aktien berechtigen.[2306] Dies sind insbesondere Derivate wie Call-Optionen oder Swaps, jeweils soweit der Inhaber tatsächliche Lieferung von Aktien verlangen kann. Ob es sich um ein schuldrechtlich oder dinglich ausgestaltetes Erwerbsrecht handelt, ist ohne Belang. Darin liegt die maßgebliche Erweiterung gegenüber § 22 Abs. 1 Nr. 5 WpHG, der eine Stimmrechtszurechnung nur bei dinglich ausgestalteten Erwerbsrechten vorsieht.[2307] Voraussetzung für eine Meldepflicht nach § 25 WpHG ist allerdings weiter, dass der Inhaber des Finanzinstruments den Erwerb der zugrunde liegenden Aktien ausschließlich nach eigenem Ermessen, d. h. unabhängig vom Eintritt äußerer Umstände verlangen kann.[2308] Nicht erfasst werden daher Finanzinstrumente, bei denen das Erwerbsrecht noch von der künftigen Kursentwicklung der zugrunde liegenden Aktien[2309] oder einem sonstigen Ereignis abhängt, dessen Eintritt noch ungewiss

---

[2302] H. M.; vgl. Begr. RegE Transparenzrichtlinie-Umsetzungsgesetz (TUG), BT-Drucks. 16/2498, S. 36; Bundesanstalt für Finanzdienstleistungsaufsicht, Emittentenleitfaden v. 20. Mai 2009, Tz. VIII.2.5.5.; sowie aus der Literatur Fleischer/Schmolke, ZIP 2008, 1501 (1503); MünchKommAktG-Bayer, § 22 Anh. § 22 WpHG Rn. 28 f.; KölnKommWpHG von Bülow, § 22 WpHG Rn. 112 f.; Schwark, Kapitalmarktrechtskommentar, § 22 WpHG Rn. 10; Weber-Rey, in: Habersack/Mülbert/Schlitt, Hdbuch Kapitalmarktinformation, § 23 Rn. 95; Dehlinger/Zimmermann in: Fuchs, WpHG, § 22 Rn. 66 ff. m.w.N.; a. A. Schneider in: Assmann/Schneider, WpHG, § 22 Rn. 109.

[2303] H. M.; KölnKommWpHG von Bülow, § 22 WpHG Rn. 127; Dehlinger/Zimmermann in: Fuchs, WpHG, § 22 Rn. 70.

[2304] Neu geregelt und erweitert durch das Risikobegrenzungsgesetz v. 12. August 2008, BGBl. 2008, Teil I, S. 1666.

[2305] Siehe dazu ausdrücklich die Beschlussempfehlung des Finanzausschusses zum Entwurf des Risikobegrenzungsgesetzes, BT-Drucks. 16/9778, S. 3; v. Bülow/Stephanblome, ZIP 2008, 1797 (1799); Cascante/Topf, AG 2009, 53 (66); Schäfer in: Marsch-Barner/Schäfer, Handbuch Börsennotierte AG, § 17 Rn. 36.

[2306] § 25 WpHG wurde eingeführt durch das Transparenzrichtlinie-Umsetzungsgesetz (TUG) v. 5. Januar 2007, BGBl. 2007, Teil I, S. 10. Zum Begriff des Finanzinstruments im Sinne von § 25 WpHG siehe Schneider/Brouwer, AG 2008, 557 (559 ff.).

[2307] Siehe dazu oben Abschnitt 3.2.2.1.

[2308] Vgl. Begr. RegE Transparenzrichtlinie-Umsetzungsgesetz (TUG), BT-Drucks. 16/2498, S. 36 f.

[2309] So ausdrücklich Begr. RegE Transparenzrichtlinie-Umsetzungsgesetz (TUG), aaO.

ist.[2310] Nicht unter § 25 WpHG fallen ferner Finanzinstrumente, die keinen Anspruch des Inhabers auf Lieferung von Aktien begründen, sondern lediglich den Bar-Ausgleich von Kursdifferenzen etc. vorsehen. Keiner Meldepflicht unterliegen schließlich Wandel- und Optionsanleihen, sofern sich die Wandlungs- und Optionsrechte – wie im Regelfall – auf den Bezug neu auszugebenden Aktien richten.[2311]

Bei § 25 WpHG liegt – anders als bei den Meldepflichten aus §§ 21, 22 WpHG – die erste Meldeschwelle nicht bereits bei 3%, sondern erst bei 5% der Stimmrechte; im Übrigen gelten dieselben Meldeschwellen. Maßgeblich für die Berechnung sind im Rahmen der Meldepflichten des § 25 WpHG zunächst die Stimmrechte aus Aktien, auf deren Erwerb die betreffenden Finanzinstrumente gerichtet sind; hält der Meldepflichtige verschiedene, von § 25 WpHG erfasste Finanzinstrumente, sind die betreffenden Stimmrechte zusammenzurechnen. Hinzuzurechnen sind gemäß § 25 Abs. 1 Satz 3 WpHG ferner auch sämtliche Stimmrechte aus Beteiligungen, die im Rahmen der Meldepflichten aus §§ 21, 22 WpHG zu berücksichtigen sind.[2312] Finanzinstrumente, die zugleich von § 25 WpHG und von § 22 Abs. 1 Nr. 5 WpHG erfasst werden, sind allerdings nur einmal zu berechnen. Umgekehrt erfolgt für Zwecke der Meldepflichten aus den §§ 21, 22 WpHG eine solche Hinzurechnung nicht, weshalb Finanzinstrumente, die nur in den Anwendungsbereich des § 25 WpHG fallen und nicht auch von § 22 Abs. 1 Nr. 5 WpHG erfasst werden, bei der Berechnung der Meldeschwellen des § 21 Abs. 1 WpHG – und insbesondere bei der nur hier geltenden ersten Meldeschwelle bei 3% der Stimmrechte – außer Betracht bleiben können.

### 3.2.2.3. Nichtberücksichtigung von Stimmrechten gemäß § 23 Abs. 1 WpHG

Ein Gesichtspunkt, der beim Einsatz von Finanzinstrumenten zum Beteiligungsaufbau des Investors ebenfalls im Blick zu behalten ist, sind evtl. bestehende Meldepflichten auch des Vertragspartners solcher Finanzinstrumente. Denn der Vertragspartner – typischerweise eine Bank oder ein sonstiges Wertpapierdienstleistungsunternehmen – wird sich zur Absicherung seines Risikos als Stillhalter eines solchen Finanzinstruments in der Regel seinerseits mit den zugrunde liegenden Aktien bzw. geeigneten, hierauf bezogenen Finanzinstrumenten eindecken. Das gilt auch dann, wenn das vom Investor selbst gehaltene Finanzinstrument lediglich einen Bar-Ausgleich vorsieht und daher auf Seiten des Investors keine Meldepflichten auslöst. Von Bedeutung ist in diesem Zusammenhang insbesondere die Ausnahmevorschrift des § 23 Abs. 1 WpHG. Danach bleiben Aktien, die ein Wertpapierdienstleistungsunternehmen mit Sitz in der EU oder einem anderen Vertragsstaat des Abkommens über den Europäischen Wirtschaftsraum im Handelsbestand hält oder zu halten beabsichtigt für die Berechnung seines Stimmrechtsanteils unberücksichtigt, sofern (i) die mit diesen Aktien verbundenen Stimmrechte insgesamt einen Stimmrechtsanteil von nicht mehr als 5% ausmachen und (ii) das Wertpapierdienstleistungsunternehmen sicherstellt, dass die Stimmrechte aus diesen Aktien weder ausgeübt noch anderweitig zur Einflussnahme auf die Geschäftsführung des Emittenten genutzt werden.[2313] Diese Vorschrift gilt gemäß § 25 Abs. 1 Satz 2 WpHG für Meldepflichten aus § 25 WpHG entsprechend.

---

[2310] H. M; vgl. etwa Dehlinger/Zimmermann in: Fuchs, WpHG, § 25 Rn. 9; MünchKommAktG Bayer, Anh. zu § 22 AktG, § 25 Rn. 3; Schneider in: Assmann/Schneider, WpHG, Rn. 12f. m.w.N.

[2311] Dies ergibt sich aus dem Wortlaut des § 25 WpHG, der ein Erwerbsrecht hinsichtlich „bereits ausgegebener Aktien" verlangt. Das häufig anzutreffende Wahlrecht des Emittenten, für die Erfüllung ggf. auch bereits ausgegebene Aktien zu verwenden, steht dem nicht entgegen; vgl. Schlitt/Schäfer, AG 2007, 227 (234).

[2312] Diese Zusammenrechnung wurde erst nachträglich im Rahmen einer Änderung des § 25 WpHG durch das Risikobegrenzungsgesetz v. 12. August 2008, BGBl. 2008, Teil I, S. 1666, eingeführt.

[2313] Die Nichtberücksichtigung erfolgt bei Vorliegen der Voraussetzungen kraft Gesetzes; vgl. Weber-Rey in: Habersack/Mülbert/Schlitt, Hdb. Kapitalmarktinformation, § 23 Rn. 107.

### 3.2.3. Unmittelbarer Aktienerwerb über die Börse

Wie oben dargestellt, liegt die erste Meldeschwelle beim unmittelbaren Aktienerwerb – in Abgrenzung zum Beteiligungsaufbau unter Einsatz von Derivaten – gemäß § 23 Abs. 1 Satz 1 WpHG bei 3% der Stimmrechte. Sofern vorzeitige Meldepflichten beim allmählichen Aufbau einer größeren Beteiligung vermieden werden sollen, kann der unmittelbare Erwerb von Aktien über die Börse daher nur eines von mehreren Elementen des Beteiligungsaufbau bilden und ist dann zunächst auf Aktien mit einem Stimmrechtsanteil beschränkt, der knapp unterhalb dieser 3%-Schwelle bleibt.

In gewissen Grenzen ist eine Aufstockung über diese Meldeschwelle hinaus dann allerdings noch im unmittelbaren Vorfeld der ersten Stimmrechtsmeldung möglich. Dies ist eine Folge der Abwicklungsmodalitäten beim börslichen Aktienerwerb, bei dem erworbene Aktien in der Regel erst am zweiten Handelstag nach Geschäftsabschluss in das Depot des Käufers eingebucht werden (sog. T+2-Settlement). Erst der durch diese Einbuchung erfolgende dingliche Erwerb der Aktien ist für die Meldepflichten aus § 21 Abs. 1 WpHG maßgeblich. Eine durch Geschäftsabschluss am Handelstag 1 ausgelöste Schwellenüberschreitung führt daher normalerweise erst am Handelstag 3 zur tatsächlichen Entstehung der Meldepflicht. Die entsprechende Meldung ist nach der gesetzlichen Regelung sodann unverzüglich, spätestens aber innerhalb von vier Handelstagen nach Kenntnis von der Schwellenerreichung bzw. -überschreitung, gegenüber Gesellschaft und der Bundesanstalt für Finanzdienstleistungsaufsicht abzugeben (§ 21 Abs. 1 WpHG); die Gesellschaft hat die Mitteilung dann ihrerseits unverzüglich, spätestens jedoch innerhalb von drei Handelstagen nach Zugang, zu veröffentlichen (§ 26 Abs. 1 WpHG). Selbst wenn die erforderliche Meldung noch am Tag der Entstehung der Meldepflicht abgegeben und am selben Tag von der Gesellschaft veröffentlicht wird, können somit zumindest die Handelstage 1 bis 3 noch zum börslichen Erwerb weiterer Aktien genutzt werden, bevor die Überschreitung der ersten Meldeschwelle im Markt bekannt wird.

Vorsicht ist demgegenüber bei einer koordinierten Ansprache einer Vielzahl von (institutionellen oder privaten) Anlegern geboten, um auf diese Weise innerhalb eines kurzen Zeitfensters zusätzlich zum börslichen Erwerb in größerem Umfang noch weitere Aktien zu erwerben. Denn dieses auch als „Sweeping the Street" oder „Dawn Raid" bezeichnete Vorgehen kann je nach Ausgestaltung als unzulässiges – weil nicht in Einklang mit den Vorschriften des WpÜG abgegebenes – öffentliches Angebot im Sinne von § 2 Abs. 1 WpÜG zu qualifizieren sein.[2314]

### 3.2.4. Verwendung von Swaps

#### 3.2.4.1. Funktionsweise

Als weiteres Element für einen zunächst nicht meldepflichtigen Aufbau einer größeren Beteiligung werden üblicherweise Derivate in Form sog. Total Return Equity Swaps verwendet. Bei diesen Derivaten – nachfolgend auch kurz als Swaps bezeichnet – handelt es sich um Vereinbarungen, mit denen der Erwerb einer bestimmten Anzahl von Aktien (Swap-Position) durch den Investor wirtschaftlich gespiegelt wird, ohne dass der Investor diese Aktien tatsächlich bereits erwirbt. Die betreffenden Swaps, die vom Investor typi-

---

[2314] Vgl. hierzu Fleischer, ZIP 2001, 1653 (1657, 1659); Baums/Hecker in: Baums/Thoma, WpÜG, 1. Lfg. 5/04, § 2 Rn. 41 ff.; Pötzsch in: Assmann/Schneider, WpÜG, 2005, § 2 Rn. 34 f. Bezug genommen wird in diesem Zusammenhang jeweils auch auf die für die US-Rechtspraxis richtungweisende Entscheidung im Fall Wellmann v. Dickinson, 475 F. Supp. 783 (S.D.N.Y. 1979), 806 ff. In diesem Fall hatte eine Investmentbank im Auftrag eines nicht genannten Bieters insgesamt 30 institutionellen und 9 privaten Anlegern telefonisch ein kurzfristig anzunehmendes Festangebot zum Erwerb ihrer Beteiligung gemacht. Das Gericht hatte hier das Vorliegen eines öffentlichen Angebots (tender offer) im Sinne des US Securities Exchange Act anhand von insgesamt acht Kriterien (eight factor test) beurteilt und im konkreten Fall bejaht; siehe hierzu etwa Fleischer, aaO, 1657.

scherweise mit einer Bank als Vertragspartner vereinbart werden, kommen in zwei Grundformen vor: Swaps mit sog. physischem Settlement geben dem Investor bei Fälligkeit das Recht, die Lieferung einer der Swap-Position entsprechenden Anzahl von Aktien zu verlangen. Bei Swaps mit sog. Cash Settlement besteht demgegenüber bei Fälligkeit lediglich ein Anspruch des Investors auf Bar-Auszahlung des aktuellen Werts der Swap-Position; dieser Wert ergibt sich entweder unmittelbar aus dem Kurswert der zugrunde liegenden Aktien zum Fälligkeitsstichtag oder wird anhand des Erlöses bestimmt, der sich durch Veräußerung einer der Swap-Position entsprechenden Anzahl von Aktien erzielen lässt. Die Kosten des Aufbaus der Swap-Position trägt in beiden Fällen der Investor und ist der Bank dementsprechend zur Zahlung eines Betrags in Höhe der Ausgangsbewertung der zugrunde liegenden Aktien (zuzüglich einer Gebühr) verpflichtet; im Falle von Swaps mit Cash Settlement wird diese Zahlungsverpflichtung, soweit sie nicht bereits vorher zu erfüllen ist, bei Auflösung des Swaps ggf. mit dem Zahlungsanspruch des Inhabers des Swaps verrechnet.

Jedenfalls bei Swaps mit größerem Volumen wird die Swap-Position innerhalb eines in der Swap-Vereinbarung festzulegenden Erwerbszeitraums erst nach und nach bis zu der vereinbarten Höchstgrenze aufgebaut, um der Bank parallel dazu eine Absicherung ihres Risikos als Stillhalter unter dem Swap zu ermöglichen. Für Abrechnungszwecke, d. h. zur Ermittlung der Anzahl der Aktien, um die sich die Swap-Position während des Erwerbszeitraums jeweils erhöht, und zur Festlegung des Ausgangswerts der Swap-Position bzw. der vom Investor zu tragenden Kosten für ihren Aufbau, wird in der Regel unterstellt, dass die Bank – unter Beachtung der Vorgaben der Swap-Vereinbarung zu Preis- und Volumengrenzen für den Erwerb – eine entsprechende Anzahl von Aktien am Markt erwirbt. Die Bank ist allerdings nicht verpflichtet, diese Aktien auch tatsächlich zu erwerben bzw. bis zur Fälligkeit des Swaps durchgehend zu halten. Ihr steht es vielmehr frei, in welcher Weise sie das Risiko aus ihrer Lieferverpflichtung bzw. ihrer Bar-Ausgleichsverpflichtung aus dem Swap absichert. Sie kann zur Risikoabsicherung erworbene Aktien (Hedge-Position) daher – auf eigene Rechnung und eigenes Risiko, d. h. ohne Auswirkungen auf das Volumen und den Ausgangswert der Swap-Position – insbesondere auch wieder veräußern, um sich später erneut einzudecken, sie im Rahmen einer Wertpapierleihe an Dritte weiterreichen oder zur Absicherung ihres Liefer- bzw. Zahlungsrisikos ihrerseits Swap-Vereinbarungen mit Dritten abschließen etc.

### 3.2.4.2. Swaps mit physischem Settlement

Die Meldepflichten des Investors im Zusammenhang mit derartigen Swaps hängen von deren Typ ab: Swaps mit physischem Settlement stellen im Hinblick auf das Recht des Investors, Lieferung der zugrunde liegenden Aktien zu verlangen, grundsätzlich[2315] gemäß § 25 Abs. 1 WpHG meldepflichtige Finanzinstrumente dar. Die erste Meldeschwelle liegt hier folglich bei 5 % der Stimmrechte. Mit einzurechnen sind neben den Aktien, die Gegenstand eines Lieferanspruchs unter den betreffenden Finanzinstrumenten sind, allerdings auch sämtliche unmittelbar gehaltenen Aktien und sonstigen Beteiligungen des Investors im Sinne der §§ 21, 22 WpHG. Durch Swaps mit physischem Settlement lässt sich somit die Beteiligung des Investors gegenüber einer unmittelbar in Aktien gehaltenen Beteiligung und der hierfür geltenden Grenze von 3 % der Stimmrechte immerhin auf insgesamt knapp unterhalb von 5 % der Stimmrechte erhöhen, ohne eine Meldepflicht auszulösen. Diese Schwelle gilt nach dem vorstehenden allerdings gleichermaßen für eine Beteiligung, die nur über solche Swaps

---

[2315] Das gilt jedenfalls dann, wenn das Recht des Investors auf Lieferung der zugrunde liegenden Aktien allenfalls zeitlich aufgeschoben, nicht aber auch zusätzlich von Bedingungen abhängig ist, deren Eintritt noch ungewiss ist und auch nicht im alleinigen Einflussbereichs des Inhabers des Swaps liegt. Die Abhängigkeit von Bedingungen steht ansonsten der Qualifikation als Finanzinstrument im Sinne des § 25 Abs. 1 WpHG entgegen und verhindert dann das Entstehen einer Meldepflicht; siehe dazu vorstehend Abschnitt 3.2.2.2.

gehalten wird, wie für die Kombination solcher Swaps mit einer unmittelbar in Aktien gehaltenen Aktienbeteiligung.

### 3.2.4.3. Swaps mit Cash Settlement

Demgegenüber lösen Swaps mit Cash Settlement in ihrer üblichen Ausgestaltung – unabhängig vom Volumen – grundsätzlich keine Meldepflicht des Investors aus.[2316] Dies folgt für die Meldepflichten des § 25 WpHG bereits daraus, dass der Investor hier nach der Swap-Vereinbarung keinen Anspruch auf Lieferung von Aktien hat. Ein lediglich faktischer Zwang des Vertragspartners, bei Kündigung des Swaps gleichwohl die zugrunde liegenden Aktien – in Anrechnung auf den eigentlich geschuldeten Bar-Ausgleich – an den Investor zu liefern, genügt für die Anwendung des § 25 WpHG nicht, da hier ausdrücklich eine „rechtlich verbindliche" Vereinbarung über den Lieferanspruch gefordert ist.[2317] Gleiches gilt, wenn zwar der Vertragspartner des Investors zwischen Bar-Ausgleich und tatsächlicher Lieferung der Aktien wählen kann, dem jedoch kein Recht des Investors auf Wahl der Erfüllung in Aktien gegenübersteht.[2318]

Ferner besteht auch keine Meldepflicht des Investors aus §§ 21, 22 WpHG aufgrund Zurechnung der Stimmrechte aus Aktien, die der Vertragspartner ggf. zur Absicherung seines Risikos als Stillhalter des Swaps erwirbt. Eine Stimmrechtszurechnung aus § 22 Abs. 1 Nr. 5 WpHG scheidet wiederum mangels Reallieferungsanspruchs des Investors (der hier zudem dinglich ausgestaltet sein müsste) aus. Gleiches gilt für eine Stimmrechtszurechnung wegen abgestimmten Verhaltens gemäß § 22 Abs. 2 WpHG; denn sofern man in dem Abschluss der Swap-Vereinbarung überhaupt eine Verhaltensabstimmung in Bezug auf die Gesellschaft sehen will, so wäre eine solche Abstimmung jedenfalls auf Erwerb von Aktien beschränkt und daher für ein „acting in concert" im Sinne dieser Bestimmung nicht ausreichend.[2319] In Betracht kommt daher allenfalls eine Stimmrechtszurechnung gemäß § 22 Abs. 1 Nr. 2 WpHG. Sie würde voraussetzen, dass die betreffenden Aktien vom Vertragspartner für Rechnung des Investors gehalten werden. Letzteres kann indes nach zutreffender herrschender Ansicht schon deshalb nicht angenommen werden, weil diese Aktien – auch wenn sie mit den „virtuellen" Aktien der Swap-Position im Hinblick auf Anzahl und Einstandsbewertung übereinstimmen mögen – nach der Struktur dieser Finanzinstrumente lediglich der eigenen Risikoabsicherung des Vertragspartners als Stillhalter des Swaps dienen.[2320] Denn er ist gegenüber dem Investor weder verpflichtet, überhaupt Aktien zu

---

[2316] H. M.; vgl. Antwort der Bundesregierung v. 26. August 2008 auf die kleine Anfrage der Fraktion BÜNDNIS 90/DIE GRÜNEN, BT-Drucks. 16/10167, S. 4; Brandt, BKR 2008, 441 (445); v. Bülow/Stephanblome, ZIP 2008, 1797 (1800 f.); Cascante/Topf, AG 2009, 53 (67 f.); Baums/Sauter, ZHR 173 (2009), 454 (470); Gätsch/Schäfer, NZG 2008, 846 (849); Fleischer/Schmolke, NZG 2009, 401 (404); Fleischer/Schmolke, ZIP 2008, 1501 (1511); Schäfer in: Marsch-Barner/Schäfer, Handb. Börsennotierte AG, 2009, § 17 Rn. 24 und 61; Schiessl, AG 2009, 385 (388); Renz/Rippel, BKR 2008, 309 (312). Ebenso die Verwaltungspraxis der BaFin; vgl. Pressemeldung der BaFin v. 21. August 2008 zum Fall Schaeffler/Continental (abrufbar im Pressearchiv der BaFin unter http://www.bafin.de). Zweifelnd Habersack, AG 2008, 817 (819 f.). Eine Meldepflicht bejahend Schanz, DB 2008, 1899 (1905); Weber/Meckbach, BB 2008, 2022 (2029 ff.); sowie Schneider/Brouwer, AG 2008, 557 (562 ff.) (letztere mit Zugeständnis, dass dies durch Gesetzeswortlaut und historischen Kontext nicht gestützt wird).

[2317] Siehe dazu die Erläuterungen in der Durchführungsrichtlinie 2007/14/EG v. 8. März 2007, ABl. EG Nr. L 69 v. 9. März 2007, 27 f., auf die in der Begr. RegE. Transparenzrichtlinie-Umsetzungsgesetz (TUG), BT-Drucks. 16/2498, S. 36, verwiesen wird.

[2318] Schlitt/Schäfer, AG 2007, 227 (233).

[2319] Siehe dazu vorstehend Abschnitt 3.2.2.1.

[2320] Fleischer/Schmolke, ZIP 2008, 1501 (1511); Cascante/Topf, AG 2009, 53 (67 f.); Baums/Sauter, ZHR 173 (2009), 454 (465 ff.). KölnKommWpHG von Bülow, § 22 Rn. 87; Dehlinger/Zimmermann in: Fuchs, WpHG, § 22 Rn. 56; Schäfer in: Marsch-Barner/Schäfer, Handbuch Börsennotierte AG, § 17 Rn. 22 (24); a. A. Schanz, DB 2008, 1899 (1905); Weber/Meckbach, BB 2008, 2022 (2029 ff.).

erwerben oder zu halten, noch unterliegt er Beschränkungen hinsichtlich einer Verfügung über solche Aktien und kann diese daher während der Laufzeit des Swaps insbesondere auch auf eigene Rechnung bzw. eigenes Risiko wieder verwerten. Darüber hinaus fehlt es auch an dem für eine Stimmrechtszurechnung aus § 22 Abs. 1 Nr. 2 WpHG erforderlichen Einfluss des Investors auf die Ausübung von Stimmrechten aus solchen Aktien.[2321] Um diesbezüglich Zweifeln vorzubeugen, wird in der Swap-Vereinbarung häufig sogar ausdrücklich klargestellt, dass eine Rücksichtnahme auf die Interessen des Investors bei der Ausübung von Stimmrechten aus etwaigen vom Stillhalter gehaltenen Aktien weder erfolgt noch erwartet werden darf. Darüber hinaus scheidet ein (wie immer gearteter) Stimmrechtseinfluss des Investors häufig bereits deshalb aus, weil die Nichtausübung der Stimmrechte aus den zur Risikoabsicherung vom Stillhalter erworbenen Aktien gemäß § 23 Abs. 1 Nr. 3 WpHG Voraussetzung dafür ist, dass sie für Zwecke der eigenen Meldepflichten des Stillhalters unberücksichtig bleiben können.[2322]

Durch den Einsatz von Swaps mit Cash Settlement können somit im Ergebnis auch großvolumige Beteiligungen aufgebaut werden, ohne kapitalmarktrechtliche Meldepflichten für den Investor auszulösen. Zwar handelt es sich dann zunächst noch nicht um eine gesellschaftsrechtliche Beteiligung. Da durch den Swap zwischenzeitliche Kursdifferenzen ausgeglichen werden, kann der Investor hierdurch aber einen späteren tatsächlichen Aktienerwerb auf dem Kursniveau, welches zum Zeitpunkt des Aufbaus der Swap-Position bestand, wirtschaftlich absichern. Der Aufbau der gesellschaftsrechtlichen Beteiligung kann dann insbesondere dadurch erfolgen, dass der Erlös aus der Auflösung der Swaps vom Investor zum Aktienkauf über den Markt verwendet wird. Je nach Ausgestaltung des Swaps besteht eine weitere Möglichkeit ggf. auch darin, dass der Stillhalter bei Auflösung der Swaps von einem (nur ihm zustehenden) Wahlrecht auf physisches Settlement Gebrauch macht und dem Investor unmittelbar eine der Swap-Position entsprechende Anzahl von Aktien liefert.

### 3.2.4.4. Meldepflichten des Stillhalters

Was die Meldepflichten des Stillhalters von Swaps angeht, so können solche Meldepflichten – unabhängig davon, ob es sich um Swaps mit physischem Settlement oder Swaps mit Cash Settlement handelt – dann entstehen, wenn der Stillhalter sich zur Absicherung seines Risikos selbst mit Aktien oder meldepflichtigen Finanzinstrumenten eindeckt und dadurch entsprechende Meldeschwellen erreicht bzw. überschreitet. Für Wertpapierdienstleistungsunternehmen mit Sitz in der EU oder einem anderen Vertragsstaat des Abkommens über den Europäischen Wirtschaftsraum wird im Hinblick auf § 23 Abs. 1 WpHG die erste Meldung bei Überschreitung der Schwelle von 5 % der Stimmrechte erforderlich.[2323] Für die Ermittlung dieser Schwelle sind allerdings sämtliche Aktien an der Zielgesellschaft zu berücksichtigen, die das betreffende Wertpapierdienstleistungsunternehmen im Handelsbestand hält. Das bedeutet zum einen, dass auch sonstige Aktivitäten des Wertpapierdienstleistungsunternehmens Einfluss auf das Erreichen dieser Schwelle haben können, und zum anderen, dass eine Meldung wegen Überschreitung der 5 %-Schwelle bei einer in dem betreffenden Wert auch sonst aktiven Bank nicht ungewöhnlich ist und daher nicht notwendigerweise besondere Aufmerksamkeit im Markt hervorruft. Anderes dürfte im Regelfall bei einer Meldung

---

[2321] KölnKommWpHG von Bülow, § 22 Rn. 90; Fleischer/Schmolke, ZIP 2008, 1501 (1506) A.A. unter Hinweis auf einen hier anzunehmenden faktischen Stimmrechtseinfluss des Investors Schanz, DB 2008, 1899 (1905); Weber/Meckbach, BB 2008, 2022 (2029 ff.). Die Annahme eines faktischen Stimmrechtseinflusses entspricht jedoch nicht dem Ergebnis empirischer Untersuchungen; vgl. Fleischer/Schmolke, aaO. Im Übrigen bedarf es für eine Stimmrechtszurechnung nach § 22 Abs. 1 Nr. 2 WpHG richtigerweise einer rechtlich abgesicherten Einflussmöglichkeit; siehe dazu BGH, Urt. v. 16. März 2009, II ZR 302/06, DStR 2009, 862 (867).

[2322] Siehe dazu vorstehend Abschnitt 3.2.2.3.

[2323] Siehe dazu vorstehend Abschnitt 3.2.2.3.

# 7. Teil. Spezielle Beteiligungsformen § 21 PIPEs

wegen Erreichens bzw. Überschreitens der nächsten Meldeschwelle bei 10% der Stimmrechte gelten; hinzukommt, dass hier vom Meldepflichtigen gemäß § 27a WpHG[2324] nunmehr auch zusätzliche Angaben u. a. zur Finanzierung des Erwerbs und weiteren Erwerbsabsichten zu machen sind.[2325] Beim Aufbau einer größeren Beteiligung unter Verwendung von Swaps muss der Investor zur Vermeidung auffälliger Stimmrechtsmeldungen des jeweiligen Stillhalters daher Swaps mit verschiedenen Banken vereinbaren und das Volumen des einzelnen Swaps jeweils entsprechend begrenzen.

### 3.2.5. Erwerb von Wandel-/Optionsanleihen

Wandlungs- bzw. Optionsrechte aus Wandel- oder Optionsanleihen, die von der Gesellschaft begeben bzw. garantiert worden sind und sich auf den Bezug neuer Aktien beziehen, sind vor ihrer Ausübung weder selbst meldepflichtig,[2326] noch führen sie zu einer Stimmrechtszurechnung.[2327] Ein Erwerb solcher Anleihen bzw. Optionsrechte kann daher ggf. als weiteres Element des Beteiligungsaufbaus genutzt werden, sofern die Wandlungs- bzw. Optionsrechte bereits ausübbar sind oder damit zu rechnen ist, dass sie nach den Anleihebedingungen demnächst ausübbar werden.

### 3.3. Due Diligence

Da der Investor bei „modernen PIPEs" seine Beteiligung nicht von der Zielgesellschaft, sondern anderweitig erwirbt, ist es denkbar – und in der Praxis auch in einigen Fällen vorgekommen – dass die Zielgesellschaft über den beabsichtigten Einstieg des Investors vorab nicht informiert wird. Naturgemäß erhält der Investor in einem solchen Fall keinen Zugang zu internen Informationen der Zielgesellschaft. Vielmehr ist er darauf angewiesen, seine Due Diligence ausschließlich auf Basis öffentlich verfügbarer Daten durchzuführen (sog. „Outside-in" Due Diligence). Bei börsennotierten Gesellschaften bieten die Jahres-, Halbjahres- und Quartalsfinanzberichte sowie von der Gesellschaft außerhalb dieser Regelberichterstattung veröffentlichte Ad hoc- und Pressemitteilungen bereits einen gewissen Grundstock an Informationen zur Gesellschaft; vor dem Hintergrund weitergehender Berichtspflichten in den USA gilt dies erst recht, wenn die Aktien der Gesellschaft zusätzlich auch an einer US-Börse gelistet sind. Weitere Informationsquellen zu rechtlichen Aspekten sind öffentlich zugängliche Register (insbesondere das Unternehmens- und Handelsregister, aber auch Register zu Schutzrechten im Bereich des gewerblichen Rechtsschutzes) und nicht zuletzt die Website des Zielunternehmens, auf der häufig Geschäftsordnungen oder andere relevante Dokumente eingestellt sind. Auf der Geschäftsseite helfen ggf. Marktstudien und ähnliche Analysen, die vom Investor durchgeführt bzw. in Auftrag gegeben werden. Für versierte Private Equity-Häuser lässt sich daher auch auf diese Weise eine ausreichende Informationsgrundlage für die Investitionsentscheidung herstellen.

Stimmt der Investor seine beabsichtigte Beteiligung mit der Gesellschaft im Voraus ab und spricht hierzu die Gesellschaft an, besteht grundsätzlich auch beim „modernen PIPE" die Möglichkeit einer weitergehenden Due Diligence, bei der neben öffentlich zugänglichen Daten auch interne Informationen ausgewertet werden können, die vom Zielunternehmen hierzu besonders bereitgestellt werden. Die rechtlichen Anforderungen, die für eine Offenlegung vertraulicher Informationen durch die Gesellschaft erfüllt sein müssen, sind dieselben, die oben bereits im Zusammenhang mit dem „klassischen PIPE" dargestellt wurden.[2328] Zur Begründung des für eine Offenlegung erforderlichen Interesses der Gesellschaft an der Durchführung der Transaktion kann im Falle des „modernen PIPE" zwar nicht

---

[2324] Eingeführt durch das Risikobegrenzungsgesetz v. 12. August 2008, BGBl. 2008, Teil I, S. 1666.
[2325] Vgl. hierzu im Einzelnen von Bülow/Stephanblome, ZIP 2008, 1797 (1801 f.).
[2326] Siehe oben Abschnitt 3.2.2.2.
[2327] Siehe oben Abschnitt 3.2.2.1.
[2328] Siehe Abschnitt 2.4.

die Zufuhr neuen Eigenkapitals durch den Investor herangezogen werden. Aus den weiter oben[2329] dargestellten Gründen kann die Beteiligung des Investors indes durchaus auch beim „modernen PIPE" Vorteile für die Gesellschaft haben und daher in ihrem Interesse liegen. Dies gilt umso mehr, wenn der Investor beispielsweise in einem „Letter of Interest" – nicht notwendig bereits in rechtlich verbindlicher Weise – seine Bereitschaft bekundet hat, sich für den Fall der Durchführung der Transaktion als „Anker-Investor" ggf. bestimmten Beschränkungen gegenüber der Gesellschaft zu unterwerfen.[2330]

Führt der Investor im Zuge eines „modernen PIPE" eine Due Diligence durch, bei der ihm von der Gesellschaft auch Zugang zu nicht-öffentlich verfügbaren Daten gewährt wird, stellt sich die Frage, inwieweit eine solche Informationsgewährung rechtlich ein Hindernis für einen anschließenden Beteiligungserwerb von Dritten und insbesondere für Marktkäufe bildet. Der gesetzliche Rahmen hierfür wird durch das Insiderhandelsverbot des § 14 Abs. 1 Nr. 1 WpHG vorgegeben. Da dieses Verbot auf den Investor bereits kraft Gesetzes Anwendung findet, ist die Vereinbarung einer vertraglichen „Stand-Still"-Verpflichtung des Investors gegenüber der Gesellschaft als Voraussetzung für die Offenlegung interner Informationen rechtlich nicht erforderlich; sie wäre für die Durchführung der Transaktion auch kontraproduktiv, da der Investor seine Position ja gerade (weiter) ausbauen will. Das deutsche Insiderhandelsverbot steht dem – auch bei Gewährung von Zugang zu interne Daten der Gesellschaft – im Allgemeinen nicht entgegen; denn es verbietet einen Beteiligungserwerb nur dann, wenn er „unter Verwendung von Insiderinformationen" erfolgt. Die Absicht des Investors, im Rahmen der Transaktion eine größere Beteiligung an der Gesellschaft zu erwerben, mag, sobald die Durchführung dieser Absicht hinreichend wahrscheinlich geworden ist, zwar als Insiderinformation anzusehen sein (vgl. § 13 Abs. 1 Satz 3 und Satz 4 Nr. 1 WpHG). Es ist jedoch anerkannt, dass die Durchführung eigener Pläne nicht als Verwendung der darin ggf. liegenden Insiderinformation anzusehen ist und daher für sich genommen keinen Verstoß gegen das Insiderhandelsverbot darstellt.[2331] Ein (vorübergehendes) Handelsverbot ist daher allenfalls dann denkbar, wenn dem Investor im Rahmen der Due Diligence Zugang zu Informationen gewährt wird, die als Insiderinformationen zu qualifizieren sind. Da die Gesellschaft sie unmittelbar betreffende Insiderinformationen gemäß § 15 WpHG unverzüglich als Ad hoc-Mitteilung zu veröffentlichen hat und die Definition der Insiderinformation für Zwecke der Ad-hoc-Publizitätspflicht dieselbe ist wie für Zwecke des Insiderhandelsverbots, wird es bei der Gesellschaft indes jeweils nur ganz wenige noch unveröffentlichte Informationen geben, die geeignet sind, bei Offenlegung an den Investor ein Insiderhandelsverbot zu begründen. Dies betrifft in erster Linie Insiderinformationen, hinsichtlich derer die Gesellschaft von der Möglichkeit eines (vorübergehenden) Aufschubs der Ad-hoc-Mitteilung gemäß § 15 Abs. 3 WpHG Gebrauch gemacht hat. Auch in diesen Fällen greift das Insiderhandelsverbot des § 14 Abs. 1 Nr. 1 WpHG indes nur ein, wenn der Erwerb von Aktien oder Derivaten durch den Investor „unter Verwendung" der betreffenden Insiderinformation erfolgt. Spielt sie für diesen Erwerb jedoch keine Rolle, weil die Durchführung der betreffenden Transaktionsschritte vom Investor bereits vorher entschieden worden war, so verwendet er solche Insiderinformationen nicht und verstößt dementsprechend bei planmäßer Umsetzung seines Vorhabens auch nicht gegen das Insiderhandelsverbot.[2332] Selbstverständlich empfiehlt es sich aber für Beweiszwecke, die Entscheidung zum Aufbau der Position und die hierzu geplanten Transaktionsschritte dann bereits zu einem früheren Zeitpunkt sorgfältig zu dokumentieren.

Besondere Vorsicht ist jedoch in den Fällen geboten, in denen der Beteiligungserwerb nicht allein dem deutschen Wertpapierhandelsrecht unterliegt, sondern aufgrund grenzüberschreitender Aspekte auch ausländisches Kapitalmarktrecht zur Anwendung kommt.

---

[2329] Abschnitt 3.1.
[2330] Siehe dazu nachstehend Abschnitt 3.4.
[2331] Dies ist ganz h.M.; vgl. statt aller Cascante/Topf, AG 2009, 53 (54) m.w.N.
[2332] Siehe dazu Cascante/Topf, AG 2009, 53 (56).

Dies gilt besonders für Insiderhandelsverbote nach US-amerikanischem Recht, die zum Beispiel schon dann eingreifen können, wenn außerbörslich Aktien von einem in den USA ansässigen Aktionär (wie z. B. einem institutionellen Investor mit Sitz in USA) gekauft werden. Denn der Begriff der Insiderinformation wird im US-amerikanischen Recht deutlich weiter als im deutschen Recht verwendet.[2333]

### 3.4. Vereinbarungen zwischen Investor und Zielgesellschaft

Der Beteiligungserwerb des Investors bedarf beim „modernen PIPE" als solcher keiner besonderen Dokumentation zwischen Zielgesellschaft und Investor. Denn er erfolgt im Unterschied zum „klassischen PIPE" ja nicht von der Gesellschaft, weshalb die Gesellschaft in die eigentlichen Erwerbsgeschäfte in der Regel nicht einbezogen ist. Letztere können hier ganz verschiedensten Formen annehmen und reichen vom Börsengeschäft bis hin zum Abschluss komplexer Aktienkaufverträge beim Erwerb eines größeren Aktienpakets von einem bestehenden, wesentlichen Aktionär. Andererseits liegt es häufig sowohl im Interesse des Investors als auch der Zielgesellschaft, zusätzlich noch ein Investment Agreement oder einen ähnlichen Vertrag auch zwischen diesen Parteien zu schließen.

Der Zielgesellschaft wird daran gelegen sein, strategische Zusagen des Investors geeignet zu dokumentieren und sicherzustellen, dass insbesondere die Übernahme der Position eines „Anker-Investors" auch Ausdruck in rechtlich bindenden Verpflichtungen des Investors findet. Hierfür gibt es in der Rechtswirklichkeit einen sehr breiten Spielraum. Häufiger anzutreffen sind hier sog. „Lock-up-Verpflichtungen" des Investors, mit denen beispielsweise Aktienverkäufe des Investors an die Zustimmung der Gesellschaft gebunden werden, sofern sie innerhalb bestimmter Fristen stattfinden, oder Vorgaben für einen vorzeitigen Exit des Investors gemacht werden, indem etwa eine Veräußerung nur im Rahmen eines Book-Building-Prozesses an mehrere Erwerber zugelassen oder die Veräußerung durch Einlieferung in ein feindliches Übernahmeangebot untersagt wird. Umgekehrt kommen auch Regelungen zu einer Obergrenze für die Beteiligung des Investors vor, um einen gewissen Free Float zu sichern, der Voraussetzung für die Erhaltung der Möglichkeit einer Eigenkapitalaufnahme der Gesellschaft am Kapitalmarkt bildet. Ähnlich wie dies auch in sog. Business Combination Agreements beim Zusammenschluss zweier Unternehmen üblich ist, kann ein Investment Agreement daneben noch allgemeine Punkte wie die Unterstützung der gegenwärtigen Geschäftsstrategie des Vorstands durch den Investor oder ähnliches enthalten. Auch wenn solche Punkte typischerweise nicht als rechtliche Verpflichtung, sondern als bloße Absichtserklärungen ausgestaltet sein werden, kann die Fixierung eines gemeinsamen Verständnisses der Parteien der betreffenden Punkte eine „moralische" Verpflichtung zu deren Umsetzung bzw. Einhaltung begründen und dadurch die weitere Zusammenarbeit der Parteien erleichtern.

Der Investor wird auch seinerseits Zusagen der Gesellschaft an ihn dokumentieren wollen. Von Bedeutung für den Investor ist insbesondere die Unterstützung der Gesellschaft bei der Herstellung einer angemessenen Vertretung im Aufsichtsrat. Aufgrund der Rahmenbedingungen des deutschen Aktienrechts kann die Gesellschaft eine solche Vertretung zwar nicht verbindlich zusagen.[2334] Ist der Investor jedoch seinerseits Verpflichtungen gegenüber der Gesellschaft eingegangen, etwa in Form einer Lock-up-Vereinbarung, kann vorgesehen werden, dass diese Verpflichtungen entfallen, wenn bestimmte Umstände – und hier insbesondere die Bestellung der vom Investor vorgeschlagenen Personen zu Mitgliedern des Aufsichtsrats – nicht innerhalb bestimmter Fristen eingetreten sind. Möglich ist es ferner, die vom Investor übernommenen Verpflichtungen an die zukünftige Einhaltung bestimmter

---

[2333] Bundesgesetzlich ist dies in USA unter section 10 (b) Exchange Act, 15 U.S.C. § 78j (1994), und den entsprechenden Rules verankert; für diese vergleichende Wertung siehe auch Calaba, 23 Loy. Int'l & Comp. L. Rev. 2001, 457 (471)

[2334] Vgl. dazu sowie zur praktischen Umsetzung der Vertretung im Aufsichtsrat Abschnitt 2.5.

Finanzkennzahlen zu binden, auf die sich Investor und Gesellschaft im Investment Agreement verständigen.

**4. Fazit**

Die aus den USA zu uns gekommene Transaktionsform des PIPE hat in Deutschland aufgrund abweichender rechtlicher Rahmenbedingungen – insbesondere wegen der strengeren Regeln zum Bezugsrechtsausschluss bei Barkapitalerhöhungen – eine eigenständige Entwicklung genommen. Namentlich der „moderne PIPE", bei dem die Zielgesellschaft nicht neue Aktien an den Investor ausgibt, sondern der Investor sich an der Zielgesellschaft durch den Erwerb bereits bestehender Aktien Dritter beteiligt, bietet für Finanzinvestoren auch hier interessante Perspektiven und hat sich mittlerweile im deutschen Rechtsraum etabliert

# § 22 Mezzanine Investments

| Übersicht | Seite |
|---|---|
| 1. Einleitung | 596 |
| 2. Definition und Charakteristika von Mezzanine Kapital | 597 |
| 3. Motive für die Aufnahme von Mezzanine Kapital | 600 |
| 4. Motive für die Bereitstellung von Mezzanine Kapital | 602 |
| 5. Bilanzielle und wirtschaftliche Bewertung von Mezzanine Kapital | 604 |
|    5.1. Mezzanine Kapital aus unterschiedlichen Blickwinkeln | 604 |
|    5.2. Handelsbilanzielle Behandlung | 605 |
|       5.2.1. HGB-Anforderungen an den bilanziellen Eigenkapitalausweis | 605 |
|       5.2.2. IFRS-Anforderungen an den bilanziellen Eigenkapitalausweis | 607 |
|    5.3. Wirtschaftliche Bewertung von Mezzanine Kapital im Ratingverfahren | 609 |
| 6. Kategorien mezzaniner Finanzierungen | 612 |
|    6.1. Gesellschafterdarlehen | 613 |
|    6.2. Typische und atypische stille Gesellschaft | 614 |
|    6.3. Genussrechte und partiarisches Darlehen | 616 |
|    6.4. Wandel-, Umtausch-, Optionsanleihe und ewige Anleihe | 619 |
| 7. Steuerliche Behandlung von mezzaninen Finanzierungen | 621 |
|    7.1. Nachrangigkeitsvereinbarung und § 5 Abs. 2a EStG | 623 |
|    7.2. Gewinnabhängige Vergütungen | 625 |
|       7.2.1. Steuerliche Behandlung von Equity Kickern | 625 |
|       7.2.2. Behandlung von mezzaninen Finanzierungen für Zwecke der Kapitalertragsteuer und nach internationalem Steuerrecht | 627 |
|       7.2.3. Steuerliche Abzugsfähigkeit von Finanzierungsaufwand | 629 |
|    7.3. Fazit | 638 |
| 8. Auswahlkriterien für ein geeignetes Finanzierungsinstrument | 639 |
| 9. Idealtypischer Ablauf einer Mezzanine Finanzierung | 642 |

## 1. Einleitung

Die Finanzierung des deutschen Mittelstandes ist charakterisiert durch die enge Beziehung des Unternehmens zu seinen Hausbanken. Überwiegend werden kurz- und mittelfristige Bankkredite als externes Finanzinstrument eingesetzt. Vor allem mittelständische Unternehmen haben nur beschränkte Zugangsmöglichkeiten zum Kapitalmarkt und damit zu einer bankenunabhängigen Finanzierung. Seit einigen Jahren ist jedoch ein Wandel in der klassischen Hausbankbeziehung bei mittelständischen Unternehmen festzustellen.[2335] Neue Regularien für das Bankgeschäft, der Konzentrationsprozess unter den Banken und eine aktive Steuerung der Kreditportfolien weichen die klassische Hausbankbeziehung auf. Hinzu kommt die zunehmende Bedeutung von Private Equity-Gesellschaften, die dem Mittelstand außerbörslich Kapital bereitstellen. Im Rahmen dieser Bereitstellung wird regelmäßig die gesamte Fremdfinanzierung auf den Prüfstand gestellt und damit auch die Hausbankbeziehung.

Dieser Wandel beeinflusst die Finanzierungsstrategie des deutschen Mittelstandes. Als Folge finden alternative Finanzierungsinstrumente und Kapitalgeber immer häufiger Beachtung. Dies gilt auch für Mezzanine Kapital: Als Eigenkapitalsurrogat kann Mezzanine Kapital die Bonität eines Unternehmens erhöhen, ohne die Stimmrechtsverhältnisse zu verändern. Gleichzeitig kann die Vergütung für die Mezzanine Kapitalüberlassung die steuerliche Bemessungsgrundlage reduzieren.

---

[2335] Vgl. Bundesverband Deutscher Banken, Kapitalmarktprodukte für den deutschen Mittelstand, Bundesverband Deutscher Banken, Berlin, Dezember 2004.

## 2. Definition und Charakteristika von Mezzanine Kapital

Mezzanine Kapital[2336] umfasst alle Finanzierungsinstrumente, die je nach Ausprägung der Rechte und Pflichten mehr oder weniger vertragliche Kriterien von klassischem Fremd- und Eigenkapital in sich vereinen. Dabei stehen bei Mezzanine Kapital insbesondere folgende vertragliche Regelungen im Fokus:
– Rangigkeit der Rückzahlungs- und Vergütungsansprüche aus der Finanzierung gegenüber anderen Gläubigern und den klassischen Eigenkapitalgebern insbesondere im Fall der Insolvenz;
– Zeitliche Befristung der Kapitalüberlassung;
– Gestaltung des Vergütungsanspruches für die Kapitalüberlassung.

Typisch für Mezzanine Kapital ist, dass zwischen dem Mezzanine Nehmer (= Unternehmen) und Mezzanine Geber (= Investor) eine Nachrangabrede für den Insolvenz- bzw. Liquidationsfall abgeschlossen wird. Dies führt dazu, dass der Investor mit seinen Forderungen im Insolvenz- bzw. Liquidationsfall erst befriedigt wird, wenn alle Forderungen der vorrangigen Gläubiger befriedigt wurden. In der Nachrangabrede kann der Inhalt und die Reichweite des Nachranges unterschiedlich geregelt werden. Durch die Nachrangabrede und den Verzicht auf Sicherheitenbestellung verbreitert sich die Haftungsbasis für vorrangige Gläubiger. De facto übernimmt der Investor für vorrangige Gläubiger eine Haftungsfunktion.[2337] Der Investor bemißt seine Risiko nach dem erwarteten Cash Flows und vertraglichen Abreden (sog. Covenants).[2338] Covenants sind vertragliche Verpflichtungen des Schuldners einer Finanzierung, insbesondere Informations- und Kontrollrechte, Beschränkungen bei zukünftiger Fremdverschuldung oder Mitspracherechte bei wesentlichen unternehmerischen Entscheidungen, die dem Unternehmen auferlegt werden, um einen ausreichenden Cash Flow zur Rückzahlung der Verbindlichkeit zu gewährleisten. Die Konsequenz aus der Verletzung eines Covenants kann von weiteren Mitspracherechten/Informationspflichten bis zur Kündigung reichen.[2339]

Typischerweise wird Mezzanine Kapital mittel- bis langfristig (zwischen 5 und 10 Jahren) überlassen und endfällig zurückgeführt. In jüngster Zeit werden sogenannte Hybrid Anleihen eingesetzt, die keinen vertraglich fixierten Rückzahlungszeitpunkt haben (unendliche Laufzeit). Während der Laufzeit des Mezzanine Kapitals steht der erwirtschaftete Cash Flow für die Bedienung von vorrangigen Finanzierungsansprüchen oder für die Innenfinanzierung zur Verfügung. Auch durch diese Tilgungsvereinbarung übernimmt der Investor ein höheres Risiko zu Gunsten vorrangiger Gläubiger.

Die Vergütung des Investors für die Kapitalüberlassung kann aus verschiedenen bedingten und unbedingten Komponenten bestehen. In der Praxis setzt sich die Vergütung häufig aus einem Geldmarktzins und einer Zinsmarge zusammen, die laufend und regelmäßig zu zahlen sind (Cash- bzw. Pay-out-Coupon). Es ist durchaus üblich, dass ein weiterer Teil der Zinsmarge kapitalisiert und erst mit Rückzahlung des Mezzanine Kapitals fällig wird (Roll-up- bzw. Pay-in-Kind Coupon). Schließlich partizipiert der Investor nicht selten über den sogenannten Equity-Kicker an der Wertsteigerung des Unternehmens, der ebenfalls erst

---

[2336] Der italienische Begriff „Mezzanine" stammt aus der Architektur und bezeichnet ein Zwischengeschoss zwischen zwei Hauptstockwerken eines Gebäudes. Roland Schmidtbleicher, Mittelbarer Kapitalmarktzugang für KMU durch Genussrechtepooling, Arbeitspapiere Institut für Bankrecht, Nr. 128, 3/2006, S. 5.
[2337] Betsch/Groh/Lohmann: Corporate Finance, S. 217. Zu den einzelnen Funktionen von Eigenkapital vgl. Baetge, Brüggemann, Ausweis von Genussrechten auf der Passivseite der Bilanz des Emittenten, DB 2005, 2146 f.; Thiele, Das Eigenkapital im handelsrechtlichen Jahresabschluß, S. 54 f.
[2338] Betsch/Groh/Lohmann, Corporate Finance, S. 217.
[2339] Häger/Elkemann-Reusch, Mezzanine Finanzierungsinstrumente, S. 56 f.

# 7. Teil. Spezielle Beteiligungsformen § 22 Mezzanine Investments

beim Ausstieg des Investors fällig wird.[2340] Über die richtige Gewichtung der einzelnen Komponenten kann die Vergütung der Mezzaninefinanzierung individuell an den erwarteten Cashflow Verlauf angepasst werden. Im Extremfall kann die gesamte oder Teile der Vergütung ausgesetzt und auf einen Zeitpunkt verschoben werden, zu dem das Unternehmen diese leisten kann. Damit kann Mezzanine Kapital Verlustausgleichsfunktion in dem Sinne innehaben, dass Vergütungszahlungen nur in Abhängigkeit von bestimmten Erfolgsgrößen (Jahresüberschuss, positiver Cashflow) geleistet werden. Damit wird das Vermögen des Unternehmens in einer Verlustphase nicht durch Vergütungszahlungen zusätzlich gemindert und die Liquidität geschont. Von daher trägt der Investor in erheblichem Umfang die Risiken der Unternehmenstätigkeit mit, anders als ein typischer Fremdkapitalgeber, dessen Vergütungsansprüche unabhängig vom wirtschaftlichen Erfolg des Unternehmens sind.[2341]

Obwohl durch die vertragliche Gestaltung Mezzanine Kapital Eigenkapitalfunktionen übernehmen kann, kann im Regelfall das Gros der laufenden Vergütungen steuerlich als Betriebsausgabe angesetzt werden. Auch wenn ein Teil der Vergütung endfällig zu begleichen ist, stellt dieser steuerlich einen Finanzierungsaufwand dar. Für das Unternehmen ergibt sich somit über die Laufzeit der Finanzierung ein Steuervorteil in Höhe des Grenzsteuersatzes für den kapitalisierten Vergütungsanteil. Für den Investor ergibt sich ein Steuernachteil, durch die vereinnahmten Vergütungsanteile, die jedoch endfällig vom Unternehmen gezahlt werden.

**Abbildung 10: Zusammensetzung der Mezzanine Rendite[2342]**

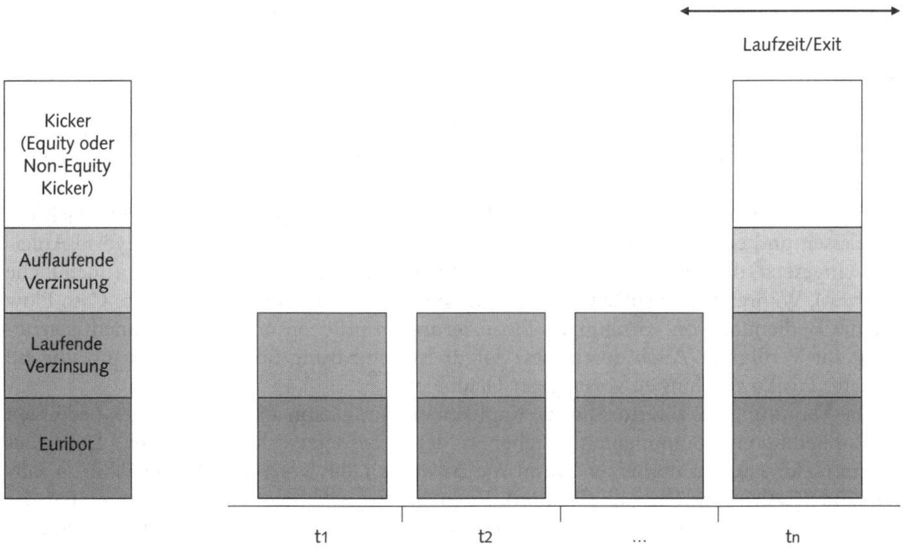

In Abhängigkeit von den oben genannten Kriterienausprägungen kann Mezzanine Kapital tendenziell dem Fremdkapital (Debt Mezzanine) oder dem Eigenkapital (Equity Mezzanine) zugeordnet werden. Hierbei bestimmt sich der Grad der Zuordnung zum Debt- oder Equity-Mezzanine durch die Kombination und Ausprägung der einzelnen Kriterien. Die nachfolgende Abbildung stellt die Rechte und Pflichten bei idealtypischer Ausgestaltung der verschiedenen Kriterien gegenüber.[2343]

---

[2340] Stadler, Venture Capital und Private Equity, S. 121.
[2341] Thiele, Das Eigenkapital im handelsrechtlichen Jahresabschluss, S. 57 f.
[2342] Plankensteiner/Rehbock, Die Bedeutung von Mezzanine Finanzierungen in Deutschland, Zeitschrift für das gesamte Kreditwesen, S. 792.
[2343] In Anlehnung an Thiel, Das Eigenkapital im handelsrechtlichen Jahresabschluss, S. 40.

### Abbildung 11: Charakteristika von Equity/Debt-Mezzanine im Vergleich zu Eigen- und Fremdkapital

| Kriterien | Eigenkapital | Equity Mezzanine | Debt Mezzanine | Fremdkapital |
|---|---|---|---|---|
| Vergütungsanspruch | durch Gewinn bedingt | durch Gewinn oder andere Erfolgsgrößen bedingt | Unbedingt | Unbedingt |
| | Höhe: variabel | Höhe: fixiert; teilweise oder voll variabel | Höhe: fixiert; variabel | Höhe: fixiert |
| | Zeitpunkt der Zahlung: variabel (Entscheidung durch Gesellschafter) | Zeitpunkt: fixiert, bedingt | Zeitpunkt: fixiert | Zeitpunkt: fixiert |
| Rückzahlungsanspruch im Fortführungsfall: | Nein | Ja, bedingt | Ja, unbedingt | Ja, unbedingt |
| | Höhe: entfällt | Höhe: bedingt | Höhe: fixiert, unbedingt | Höhe: fixiert, unbedingt |
| | Zeitpunkt: entfällt | Zeitpunkt: bedingt | Zeitpunkt: fixiert, unbedingt | Zeitpunkt: fixiert, unbedingt |
| Rückzahlungsanspruch bei Insolvenz oder Liquidation: | Ja, bedingt durch Nachrangigkeit | Ja, bedingt durch Nachrangigkeit gegenüber allen Gläubigern, Vorrangig zum Eigenkapital | Ja, bedingt durch Nachrangigkeit gegenüber dem Fremdkapital, Vorrangig zum Eigenkapital und Equity Mezzanine | Ja, unbedingt |
| | Höhe: Quotenanspruch, bedingt durch Nachrangigkeit | Höhe: Quotenanspruch, bedingt durch Nachrangigkeit, Vorrangig vor dem Eigenkapital | Höhe: Quotenanspruch, bedingt durch Nachrangigkeit, Vorrangig vor dem Eigenkapital und dem Equity Mezzanine | Höhe: vorrangiger Quotenanspruch, unbedingt |
| Zahlungsverpflichtung des Kapitalgebers: | Unbeschränkte Haftung für Verpflichtungen des Unternehmens | Keine Zahlungsverpflichtung | Keine Zahlungsverpflichtung | Keine Zahlungsverpflichtung |
| Gestaltungsrechte des Kapitalgebers bzgl. des Finanzierungsverhältnisses | Kein Kündigungsrecht | Nur außerordentliches Kündigungsrecht | Ordentliches Kündigungsrecht | Ordentliches Kündigungsrecht |
| Informationsrechte des Kapitalgebers | Recht auf vollständige Information | Nur durch vereinbarte, sehr weitgehende Informationspflichten | Nur durch vereinbarte, i.d.R. weitgehende Informationspflichten | Nur durch vereinbarte Informationspflichten |
| Herrschaftsrechte | Unternehmensleitung | Umfangreiche Mitspracherechte | geringe Mitspracherechte | Keine Herrschaftsrechte |

In der Praxis sind die Grenzen zwischen den einzelnen Finanzierungsformen fließend. Teilweise wird dies durch die Rechtsordnung bestimmt, unter der Mezzanine Kapital durch ein Unternehmen begeben wird. In Deutschland bestimmen insbesondere das Steuerrecht, der zugrundeliegende Rechnungslegungsstandard (HGB oder IFRS), das Gesellschaftsrecht, aber auch die Anforderungen von Ratinginstituten und Banken die konkrete vertragliche Ausgestaltung. Im Folgenden zeigt sich, dass die Anforderungen an die Kriterien zur Einordnung je nach Blickwinkel sehr deutlich von einander abweichen können, teilweise sogar widersprüchlich sind.

### 3. Motive für die Aufnahme von Mezzanine Kapital

Die Verwendungsmöglichkeiten von Mezzanine Kapital sind vielfältig. In der Praxis führen insbesondere folgende Anlässe zum Einsatz von Mezzanine Kapital:

**Verbesserung der Bilanzrelationen und des Ratings:** Ausgelöst durch Basel II[2344] basieren Kreditentscheidungen und die Höhe der Kreditzinsen auf internen und externen Unternehmensratings. Das Rating ist eine Prognose über die Fähigkeit eines Unternehmens zur vollständigen und termingerechten Rückzahlung seiner Verbindlichkeiten. Es soll die Ausfallwahrscheinlichkeit eines Unternehmens quantifizieren, um eine Prognose über die Kreditwürdigkeit zu erhalten.[2345] Ein wesentlicher Baustein der Ratingverfahren ist die quantitative und qualitative Bilanzanalyse. Die Eigenkapitalquote[2346] und der Verschuldungsgrad[2347] eines Unternehmens spielen dabei eine zentrale Rolle. Hierbei gilt im Allgemeinen, dass eine niedrige Eigenkapitalquote bzw. ein hoher Verschuldungsgrad insbesondere mit hohem Anteil an kurzfristiger Finanzierung tendenziell zu einer schlechteren und teureren Kreditversorgung führen hin bis zu einer Kreditrationierung.[2348] Ein Unternehmen wird daher bestrebt sein, das Verhältnis zwischen Eigenkapital und Verschuldung in einer aus Bankensicht als ausgewogen bewerteten Bandbreite zu halten.[2349] Dies dient der Erhöhung bzw. Beibehaltung der Kreditwürdigkeit und trägt zur Sicherung der Zahlungsfähigkeit bei. Insofern kann ein Kreditnehmer mit der Aufnahme von Mezzanine Kapital als Eigenkapitalsubstitut das Ziel verfolgen, seine Eigenkapitalquote und sein Rating zu verbessern.[2350] Zudem signalisiert das Unternehmen damit die Fähigkeit, noch über ausreichende finanzielle Dispositionsmöglichkeiten zu verfügen. Gleichzeitig reduziert das Unternehmen seine finanzielle Abhängigkeit von seiner Hausbank und diversifiziert seine Finanzierungsquellen.

Oftmals verpflichten sich Unternehmen gegenüber Kreditgebern zur Einhaltung von bestimmten Finanzkennziffern (sog. Financial Covenants typischer betreffend Eigenkapitalquote, Verschuldungsgrad, Zinsdeckung). Durch die Einhaltung dieser Finanzkennziffer soll eine zukünftige Entschuldungsfähigkeit hinreichend gesichert sein. Damit wirken die Covenants disziplinierend auf den Kreditnehmer ein. Gleichzeitig haben die Covenants eine Signalfunktion. Die Nichteinhaltung der Covenants kann eine sich eventuell abzeichnende wirtschaftlichen Krise signalisieren, damit frühzeitig gegensteuernde Maßnahmen ergriffen

---

[2344] Die „International Convergence of Capital Measurement and Capital Standards: A Revised Framework" der Bank for International Settlements v. Juni 2004 werden allgemein als die Basel II-Vereinbarung bezeichnet.

[2345] Vgl. zu der Bedeutung von Ratings nach Basel II, Oliver von Schweinitz, Rating Agencies, Their Business, Regulation and Liability under US, UK and German Law, UP, Bloomington, Indiana, 2007, S. 25 ff.

[2346] Verhältnis von Eigenkapital zur Bilanzsumme.

[2347] Summe vorrangiger Kredite/Ergebnis vor Zinsen, Steuern und Abschreibung.

[2348] Vgl. Initiative Finanzstandort Deutschland, Rating Broschüre, September 2006.

[2349] Eine durchschnittliche Eigenkapitalquote von rd. 15 % bei KMU (Monatsbericht der Deutsche Bundesbank, Dezember 2006) wird allgemein als zu gering angesehen. Für produzierende Unternehmen wird eine Eigenkapitalquote zwischen 25 % und 30 % als solide erachtet. Nach einer Untersuchung von Euler Hermes ist eine zu geringe Eigenkapitalquote einer der maßgeblichen Insolvenzursachen. vgl. Euler Hermes Kreditversicherungs-AG, Wirtschaft Konkret, Ursachen von Insolvenzen, Nr. 414.

[2350] Vgl. Kamp/Solmecke, Mezzanine Kapital: Ein Eigenkapitalsubstitut für den Mittelstand?, Finanz-Betrieb, 2005, 618 (625)

werden. Mezzanine Kapital bietet bei entsprechender Ausgestaltung die Möglichkeit, die Financial Covenants zu verbessern

**Erhöhung des Finanzierungsspielraumes:** Die Praxis zeigt, dass mittelständische Unternehmen ihre Außenfinanzierung für organische und anorganische Wachstumsinvestitionen hauptsächlich über Bankkredite abdecken. Der Umfang der Kreditfinanzierung durch die Bank richtet sich v. a. nach dem potentiellen Verschuldungsgrad des Unternehmens, den die Bank unter Berücksichtigung des zukünftigen Cashflows für vertretbar erachtet. Wenn der Kapitalbedarf für ein Investitionsvorhaben nicht vollständig durch Bankkredite und den Cashflow abgedeckt werden kann, sind alternative Finanzierungsquellen zur Schließung der Finanzierungslücke in Betracht zu ziehen.

Eine Finanzierung durch die Eigentümer des Unternehmens kann an Grenzen stoßen. Häufig mangelt es an privatem Vermögen oder die Gesellschafter wollen eine weitere Konzentration ihres Kapitals auf das Unternehmen unter dem Gesichtspunkt der Risikostreuung vermeiden. Eine Eigenkapitalbeteiligung durch eine Beteiligungsgesellschaft kann den Finanzierungsbedarf abdecken. Gerade bei familiengeführten Unternehmen ist die Aufnahme familienfremder Gesellschafter unerwünscht, weil damit die uneingeschränkte Kontrolle des Unternehmens verloren ginge. Überdies würde ein Teil des Unternehmenswertsteigerungspotentials abgegeben. In derartigen Fällen bietet sich Mezzanine Kapital als sinnvolle Alternative an, um über den Bankkredit hinaus zusätzliches Kapital aufzunehmen, ohne dass der Investor als Gesellschafter in das Unternehmen eintritt.

Für die vorrangigen Fremdkapitalgeber übernimmt bei entsprechender Ausgestaltung Mezzanine Kapital grundsätzlich Haftungs- und Verlustausgleichsfunktionen. Die Ausfallwahrscheinlichkeit eines Unternehmens bleibt aus Sicht des oder der vorrangigen Kreditgeber unberührt. Dies ermöglicht gegebenenfalls die Aufnahme weiterer Kredite. Insbesondere in Sondersituationen mit temporär erhöhtem Kapitalbedarf, z. B. Erweiterungsinvestitionen, Akquisitions- oder Management-Buy-Out-Finanzierungen kann Mezzanine Kapital zweckmäßig sein. Laufzeit, Fälligkeitsstruktur und Vergütungszahlung des Mezzanine Kapitals werden in derartigen Fällen an der erwarteten Cashflow-Entwicklung ausgerichtet. Firmenspezifischen Entwicklungen und der individuellen Liquiditätssituation kann so flexibel Rechnung getragen werden. Durch die endfällige Tilgung des Mezzanine Kapitals wird die Liquidität in der Investitionsphase geschont. Eine erfolgsabhängige Vergütung für das Mezzanine Kapital belastet die Liquidität nur, wenn ein ausreichender Cashflow erzielt wurde. Tritt der Erfolg der Investition ein und wurden in diesem Zuge das Unternehmen entschuldet, kann die wieder gewonnene Verschuldungskapazität dazu verwendet werden, die Mezzanine Finanzierung durch ein günstigeres Darlehen vorzeitig abzulösen,[2351] vorausgesetzt die vertraglichen Bedingungen lassen dies zu. Kommt es bei der Investition zur Planverfehlung, sollte idealtypisch der Cash-flow nicht durch Zahlungsansprüche des Mezzanine Kapitals zusätzlich belastet werden. Oftmals setzen Banken in Sanierungsszenarien die Aussetzung von Mezzaninen Zahlungsansprüchen voraus, damit die Banken weiterhin mit Krediten zur Verfügung stehen.

Aus der Sicht des Gesellschafters stellt Mezzanine Kapital wirtschaftlich unverändert Fremdkapital dar. Damit kann die erwartete Eigenkapitalrendite des Gesellschafters erhöht werden, solange der Zinssatz für das Fremdkapital inklusive Mezzanine Vergütung unter der im Unternehmen erzielten Rendite für das Gesamtkapital (Eigenkapital und Fremdkapital) liegt (Leverageeffekt).

---

[2351] Vgl. Dörscher, Mezzanine Capital als Wachstumskapital für KMU – Ein Fallbeispiel, Finanz Betrieb 2004, 161 (169).

## 4. Motive für die Bereitstellung von Mezzanine Kapital

Die grundlegende Motivation eines Mezzanine Investors ist die Realisierung einer überdurchschnittlichen, risikoadjustierten Rendite. Der Erfolg des Mezzanine Investors ist infolge der Charakteristika von Mezzanine Kapital – insb. Nachrangigkeit, erfolgsabhängige Vergütung und keine Sicherheiten – im hohen Maße vom zukünftigen Cashflow des Unternehmens abhängig. Gegenüber einer Kreditfinanzierung übernimmt damit ein Mezzanine Investor ein höheres Ausfallrisiko, das er sich durch eine höhere Verzinsung für die Kapitalüberlassung vergüten lässt.[2352] Gegenüber einer Direktbeteiligung hat der Mezzanine Investor den Vorteil, dass das Exitrisiko geringer ist infolge eines fixierten Rückzahlungsbetrages, der zu einem bestimmten Zeitpunkt fällig wird. Damit haben Markt- und Bewertungseinflüsse, denen Direktbeteiligungen insbesondere zum beabsichtigten Ausstiegszeitpunkt unterliegen, kaum Einfluss auf die Performance des Investments. Überdies werden die Ansprüche des Mezzaninen Gebers im Insolvenzfall in aller Regel vor den Eigenkapitalgebern bedient. Deshalb liegt die Verzinsungserwartung für Mezzanine Kapital typischerweise zwischen Eigen- und Fremdkapital. Dabei lässt sich die Rendite und Risikoerwartung von Debt- und Equity Mezzanine wie folgt darstellen:

**Abbildung 12: Risiko und Renditeerwartung bei Mezzanine Kapital[2353]**

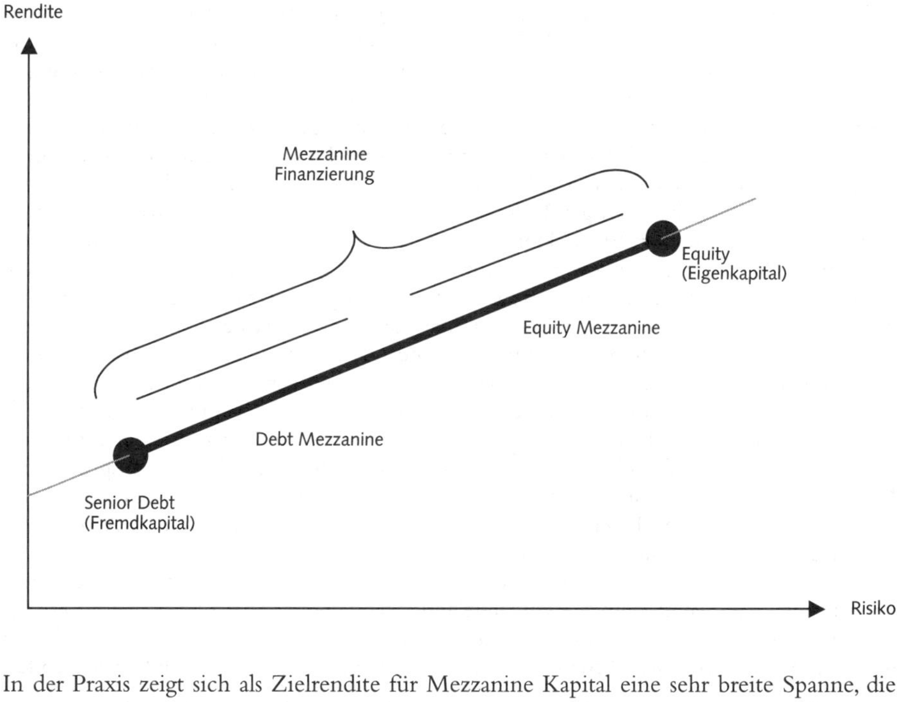

In der Praxis zeigt sich als Zielrendite für Mezzanine Kapital eine sehr breite Spanne, die von 8% p.a. bis 20% p.a. reicht. Bei Debt Mezzanine liegt die Spanne zwischen 8% p.a. bis 15% p.a., bei Equity Mezzanine über 15% p.a. Dies spiegelt den Umfang der mit der Investition verbundenen Risikoübernahme wider.

---

[2352] Dies muss nicht zwingend sein, so steht bei den Mittelständischen Beteiligungsgesellschaften der Fördergedanke im Vordergrund.

[2353] Golland/Gehlhaar/Grossmann/Eickhoff-Kley/Jänisch, Im Blickpunkt: Mezzanine Kapital, BB-Spezial 4/2005, 2.

Mezzanine Investoren können auch als passive Investoren bezeichnet werden, die primär eine relativ hohe und kontinuierliche Kapitalverzinsung anstreben und bereit sind, eigenkapitalähnliche Risiken zu übernehmen. Eine Unternehmenswertsteigerung durch ein aktives Beteiligungsmanagement wird nicht angestrebt. Dies ist allerdings typisch für Private Equity Investoren, deren Rendite maßgeblich von der Unternehmenswertsteigerung abhängig ist. Die Wertsteigerung erreichen Private-Equity Investoren – über die Kapitalüberlassung hinaus – häufig durch Übernahme von Managementfunktionen. Mezzanine Kapital ist demgegenüber im Regelfall eine reine Kapitalüberlassung ohne Einflussnahme auf das operative Geschäft.

Wie andere Investoren ist auch ein Mezzanine Investor „Moral Hazard" ausgesetzt. „Moral Hazard" tritt auf, wenn das Unternehmen zu Lasten des Mezzanine Investors riskantere Projekte umzusetzen versucht, weil die Eigenkapitalinvestoren an der Wertsteigerung überproportional und an dem Verlustrisiko nur unterproportional mit ihrer Kapitaleinlage partizipieren. Um die Risikoposition des Mezzanine Investors nicht durch Handlungen des Unternehmens ungewollt zu erhöhen, werden zur Interessenswahrung gewöhnlich Vereinbarungen über Mitsprache, Informationspflichten und Kontrollen getroffen. Ein Verstoß gegen diese Vereinbarungen kann durch eine außerordentliche Kündigung sanktioniert werden.[2354]

Neben der Vergütung sind die Transaktionskosten für das Mezzanine Kapital von Bedeutung. Die Transaktionskosten umfassen u. a. Entgelte für die Arrangierung der Finanzierung, Due Diligence und Dokumentationskosten. Insgesamt können sich diese auf etwa 2,5% bis 5% des Investitionsvolumens belaufen. Hierbei werden die Transaktionskosten ausgelöst durch die umfangreiche Bonitätsprüfung vor der Investitionsphase, die Rechtsberatung und durch die laufende Überwachung und Abstimmung der vertraglichen Vereinbarungen. Die Transaktionskosten für eine Mezzanine Finanzierung sind im Vergleich zum Bankkredit relativ hoch. Damit werden in der Praxis Mindestinvestitionsvolumen erforderlich, die bei individuellem Mezzanine häufig € 5 Millionen ausmachen.

In den letzten Jahren haben sich sogenannte standardisierte Mezzanine Programme im Markt etabliert, bei denen die Transaktionskosten infolge einheitlicher Verträge und eines standardisierten Bonitätsprüfungsprozesses relativ gering sind. Bei den standardisierten Mezzanine Programmen ist zwar die Strukturierung der einzelnen Finanzierungen relativ kostengünstig, dafür sind aber auch die Kosten der Prospektierung und Verbriefung der Finanzierung und die Kosten der Zweckgesellschaft auf die einzelnen Unternehmen umzulegen. Allerdings sind die Verträge durch die Standardisierung nicht verhandelbar. Damit können diese Mezzanine Finanzierungen nicht an den erwarteten Cashflow eines Unternehmens individuell angepasst werden. Zudem sind die relativ hohen Kosten einer vorzeitigen Vertragsauflösung zu berücksichtigen. Das Einzelinvestment lag dabei in der Vergangenheit zwischen € 1 und € 15 Millionen, die Kosten der Verbriefung lassen aber eine Verbriefung erst ab einem erwarteten Gesamtvolumen von wenigstens € 200 Millionen sinnvoll erscheinen. Infolge der Subprime-Krise in 2007 sind die Refinanzierungsmärkte für diese Programme eingebrochen und stehen bis auf weiteres nicht mehr zur Verfügung.[2355]

Grundsätzlich lassen sich zwei Märkte unterscheiden, auf denen Mezzanine Kapital angeboten wird. Auf dem Leverage Buy-Out Markt werden grundsätzlich Nachrangdarlehen im Zuge von Private-Equity Transaktionen eingesetzt. Hierbei wird Mezzanine Kapital als ein Baustein zur Darstellung der Kaufpreisfinanzierung verwendet, das neben dem Eigenkapital der Private Equity Investoren und Akquisitionsdarlehen von Banken zum Einsatz kommt. Hierbei steht vor allem die Maximierung des Leverage Effektes im Vordergrund. Das Mezzanine Kapital wird von Banken oder institutionellen Investoren zu bestimmten Konditionen bereitgestellt.

---

[2354] Diese Kündigungsrechte sind mit Sorgfalt auszuwählen, da diese ggf. im Widerspruch zum angestrebten bilanziellen Eigenkapitalausweis stehen.
[2355] Bastian, Mezzanine Finanzierung steht still, Handelsblatt v. 15. Sept. 2008, Nr. 179, Seite: D 12,.

# 7. Teil. Spezielle Beteiligungsformen § 22 Mezzanine Investments

Auf der anderen Seite existiert der Non-Buy-Out Markt. Hier fragen üblicherweise mittelständische Unternehmen Mezzanine Kapital nach u. a. für Wachstumsinvestitionen, Rekapitalisierung oder zur Stärkung des Eigenkapitals. Typische Investoren für Mezzanine Kapital kommen aus dem öffentlich-rechtlichen Sektor (Beteiligungsgesellschaften der Bundesländer, KfW Mittelstandsbank,), aus dem privaten Bankensektor und von spezialisierten Fonds. Hierbei wird Mezzanine Kapital in unterschiedlichen rechtlichen Ausgestaltungen wie stille Beteiligungen, Genussrechte oder auch Nachrangdarlehen bereitgestellt. Ferner haben insbesondere kapitalmarktorientierte Unternehmen in den letzten Jahren sogenannte Hybrid Anleihen zur Unternehmensfinanzierung genutzt.

## 5. Bilanzielle und wirtschaftliche Bewertung von Mezzanine Kapital

### 5.1. Mezzanine Kapital aus unterschiedlichen Blickwinkeln

Mezzanine Kapital kann aus unterschiedlichen Blickwinkeln betrachtet werden, insbesondere von Bedeutung sind die *handelsbilanziellen* (§ 266 III A. HGB), *steuerbilanziellen* (aufgrund handelsrechtlicher Maßgeblichkeit als solches definiert, § 5 Abs. 1 S. 1 EStG, oder rein steuerrechtliche Definition nach § 8 Abs. 3 S. 2, 2. Alt. KStG) und *wirtschaftlichen* Aspekten (betriebswirtschaftlich-finanzwirtschaftliche Sichtweise). Hierbei spiegeln sich die unterschiedlichen Anforderungen an das Mezzanine Kapital der involvierten Parteien wider. Neben dem Unternehmen zählen zu den involvierten Parteien vor allem die Hausbanken, die Finanzverwaltung, potentielle Investoren und ggf. Ratingagenturen.

**Abbildung 13: Inhärente Interessenskonflikte von Mezzanine Kapital**

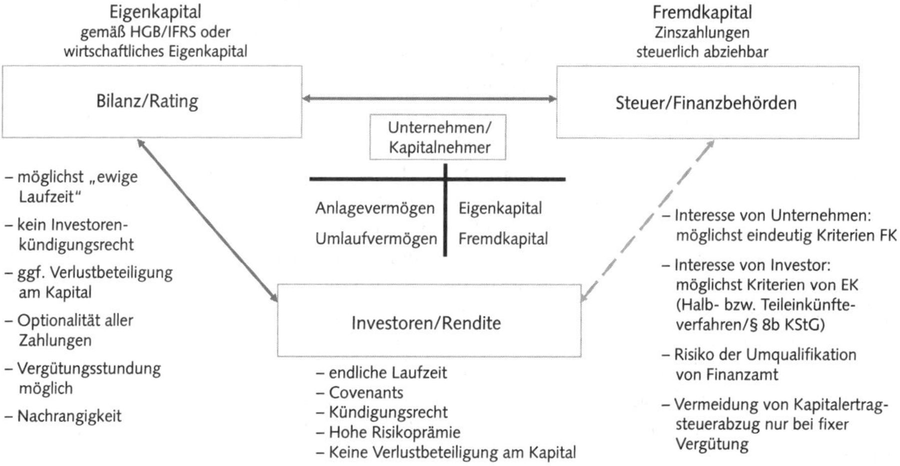

Eigenkapital
gemäß HGB/IFRS oder
wirtschaftliches Eigenkapital

Bilanz/Rating

- möglichst „ewige Laufzeit"
- kein Investorenkündigungsrecht
- ggf. Verlustbeteiligung am Kapital
- Optionalität aller Zahlungen
- Vergütungsstundung möglich
- Nachrangigkeit

Unternehmen/Kapitalnehmer

Anlagevermögen | Eigenkapital
Umlaufvermögen | Fremdkapital

Investoren/Rendite

- endliche Laufzeit
- Covenants
- Kündigungsrecht
- Hohe Risikoprämie
- Keine Verlustbeteiligung am Kapital

Fremdkapital
Zinszahlungen
steuerlich abziehbar

Steuer/Finanzbehörden

- Interesse von Unternehmen: möglichst eindeutig Kriterien FK
- Interesse von Investor: möglichst Kriterien für EK (Halb- bzw. Teileinkünfteverfahren/§ 8b KStG)
- Risiko der Umqualifikation von Finanzamt
- Vermeidung von Kapitalertragsteuerabzug nur bei fixer Vergütung

Aus den unterschiedlichen Anforderungen der involvierten Parteien ergibt sich ein Spannungsfeld, infolgedessen ist eine intensive Auseinandersetzung mit den jeweiligen Aspekten bei der Auswahl des geeigneten Finanzierungsinstrumentes erforderlich. Für das eine Unternehmen mag die handelsrechtliche Qualifikation einer Finanzierung als Eigenkapital im Vordergrund stehen, für das andere die Qualifikation als wirtschaftliches Eigenkapital nach den Definitionskriterien der finanzierenden Bank. Wichtig ist, dass eine handelsrechtliche Qualifikation als Eigenkapital nicht zwingend eine steuerrechtliche oder wirtschaftliche Qualifikation als Eigenkapital bedeutet und umgekehrt.

Was als handelsbilanzielles oder steuerbilanzielles Eigenkapital zu qualifizieren ist, kann im Einzelnen umstritten sein; jedenfalls folgen die Voraussetzungen gesetzlichen Vorschriften und deren Auslegung. Das unterscheidet handelsbilanzielles oder steuerbilanzielles

Eigenkapital von dem wirtschaftlichen Eigenkapital. Der Begriff des wirtschaftlichen Eigenkapitals entstammt aus der betriebswirtschaftlichen Finanzierungslehre und meint denjenigen Teil der Finanzierung, der – meist aus Sicht der kreditgebenden Bank und Drittinvestoren – bei wirtschaftlicher Betrachtung Verlustpuffer- und Haftungsfunktion wie idealtypisches Eigenkapital übernimmt.[2356] Diese Funktionen werden nicht zwangsläufig von Mezzanine Kapital, das handelsbilanziell als Eigenkapital ausgewiesen wird, erfüllt. Es gibt demnach keine allgemeingültige Definition dieses Begriffs, auch wenn die Rating Agenturen mit ihren jeweils als maßgeblich befundenen Kriterien zu einer gewissen Standardisierung beigetragen haben. Das IDW (Institut der Wirtschaftsprüfer) bemüht sich um eine Harmonisierung und das DVFA-Committe hat einen Kriterienkatalog vorgelegt.[2357]

## 5.2. Handelsbilanzielle Behandlung

Die handelsbilanzielle Einordnung von Mezzanine Kapital erweist sich teilweise auch für Fachleute als ein schwieriges Unterfangen. Die Hauptgründe dafür liegen in der Vielfalt der Ausgestaltungsmöglichkeiten von Mezzanine Finanzierungsinstrumenten, im Mangel ausreichender konkreter gesetzlicher Definitionen und den unterschiedlichen Anforderungen der Rechnungslegungsgrundsätze HGB und IFRS.

### 5.2.1. HGB-Anforderungen an den bilanziellen Eigenkapitalausweis

§ 247 Abs. 1 HGB fordert, dass auf der Passivseite der Handelsbilanz Eigenkapital, Schulden und Rechnungsabgrenzungsposten getrennt voneinander auszuweisen sind. Das HGB einschließlich der Grundsätze ordnungsgemäßer Buchführung (GoB) enthält jedoch keine Definition, was als Eigenkapital aufzufassen ist. Der Hauptfachausschuss des Instituts der Wirtschaftsprüfer (IDW) hat in der HFA-Stellungnahme 1/1994[2358] anhand von Genussrechten im Jahresabschluss von Kapitalgesellschaften Stellung genommen. Darin werden die Voraussetzungen definiert, unter denen eine Kapitalüberlassung als bilanzielles Eigenkapital ausgewiesen wird. Diese Voraussetzungen können grundsätzlich auch außerhalb von Kapitalgesellschaften und für andere Finanzierungsinstrumente wie stille Beteiligungen zugrunde gelegt werden.[2359]

Nach der Stellungnahme des IDW ist eine schuldrechtlich begründete Kapitalüberlassung nur dann als bilanzielles Eigenkapital auszuweisen, wenn folgende Bedingungen kumulativ erfüllt werden:[2360]

---

[2356] Küting/Dürr, Mezzanine Kapital – Finanzierungsentscheidung im Sog der Rechnungslegung, DB, 2005, 1529; Thiele, Das Eigenkapital im handelsrechtlichen Jahresabschluß, S. 36 f.

[2357] Vgl. Arnsfeld/Müller, Hybridkapital als Eigenkapitalsurrogat – Anerkennungspraktiken der Ratingagenturen und Konsequenzen für bankinterne Ratingverfahren, Finanz Betrieb 2005, 326–340; DVFA, DVFA-Finanzschriften, Mezzanine Finanzierungsformen und Bilanzrating, Nr. 05/2007

[2358] HFA-Stellungnahme 1/1994: Zur Behandlung von Genussrechten im Jahresabschluß von Kapitalgesellschaften, WPG 1994, 419 (422); für die vor der HFA-Stellungnahme geäußerten Meinungen, vgl. z. B. Lutter, Zur Bilanzierung von Genussrechten, DB 1993, 2441; Groh, Eigenkapitalersatz in der Bilanz, BB 1993, 1889.

[2359] Küting, DB 2005, S. 1532.

[2360] „Erfolgsneutrale Passivierung: Der Begriff des bilanziellen ‚Eigenkapitals' wird durch § 272 HGB nicht auf die in § 266 Abs. 3 HGB unter Eigenkapital genannten Positionen beschränkt. § 272 HGB enthält nur eine Definition der in § 266 Abs. 3 HGB genannten Posten. Nach § 265 Abs. 5 HGB dürfen deshalb unter bestimmten Voraussetzungen weitere Posten dem bilanziellen Eigenkapital zugeordnet werden. Grundlegende Voraussetzung für die Qualifikation einer Kapitalzufuhr als bilanzielles Eigenkapital ist angesichts der Gläubigerschutzfunktion des handelsrechtlichen Jahresabschlusses eine ausreichende Haftungsqualität des überlassenen Kapitals. Unerheblich ist dagegen, ob die Kapitalzufuhr durch den Gesellschafter erfolgt. Die gesetzlichen Bestimmungen des § 10 Abs. 5 KWG bzw. § 53c Abs. 3a VAG über die Zurechenbarkeit von Genusskapital zu den Eigenmitteln von Kreditinstituten bzw. Versicherungsunternehmen sind für die Frage des bilanziellen Ausweises von Genussrechtskapital wegen ihres abweichenden Regelungszwecks nicht maßgeblich. Im Gegensatz zum bilanziellen

– Nachrangigkeit des überlassenen Kapitals
Der Eigenkapitalgeber darf seinen Rückzahlungsanspruch im Insolvenz- oder Liquidationsfall erst nach Befriedigung aller anderen Gläubiger, deren Kapitalüberlassung nicht den Kriterien für einen Eigenkapitalausweis genügt, geltend machen. Das Eigenkapital muss also in beiden Fällen als Haftungssubstanz zur Verfügung stehen. Die Nachrangigkeit des Mezzanine Kapitals wird vertraglich durch Rangrücktrittserklärung vereinbart.
– Erfolgsabhängigkeit der Vergütung
Welches Maß an Erfolgsabhängigkeit verlangt wird, insbesondere, ob eine teilweise fixe Vergütung dadurch ausgeschlossen ist, geht aus der Stellungnahme des IDW nicht hervor. Durch entsprechende vertragliche Regelungen ist jedenfalls sicherzustellen, dass durch ggf. bestehende Beschränkungen der Verlustteilnahme und Zusagen von erfolgsunabhängigen Vergütungen zumindest die gesetzlichen Kapitalerhaltungsregeln nicht verletzt werden. Dabei ist unerheblich, ob eine Rückzahlung durch einen Kapitalgeber verlangt oder vom Kapitalnehmer beschlossen werden kann. Die Bedienung der Vergütung darf nur aus Eigenkapitalbestandteilen, bspw. aus Gewinnrücklagen oder aus dem Jahresüberschuss, erfolgen, soweit diese nicht besonders gegen Ausschüttungen geschützt sind. Die gegen Ausschüttungen besonders geschützten Eigenkapitalbestandteile ergeben sich aus dem Aktiengesetz, §§ 7, 58, 222 ff. AktG und dem GmbH-Gesetz, §§ 30, 5, sowie aus den §§ 269 und 274 Abs. 2 HGB.

Das Entstehen des Vergütungsanspruchs auf das Mezzanine Kapital und auch dessen tatsächliche Zahlung sollte deshalb unter der Voraussetzung stehen, dass besonders gegen Ausschüttungen geschützte Eigenkapitalbestandteile nicht angegriffen werden. Unter dieser Voraussetzung steht die Einräumung eines Nachzahlungsanspruchs für nicht geleistete Zahlungsansprüche einem bilanziellen Eigenkapitalausweis u.E. nicht entgegen. Auch die Vereinbarung einer erfolgsunabhängigen Mindestvergütung hindert die Qualifikation als Eigenkapital u.E. in diesem Fall nicht.[2361]

– Teilnahme am Verlust bis zur vollen Höhe
Das Mezzanine Kapital muss spätestens im Zeitpunkt seiner Rückzahlung in dem Umfang an den aufgelaufenen Verlusten teilnehmen, in dem diese Verluste nicht von Eigenkapitalbestandteilen getragen werden können, die gegen Ausschüttungen nicht besonders geschützt sind. Eine Verrechnung eingetretener Verluste mit Bestandteilen des bilanziellen Eigenkapitals, die gegen Ausschüttungen besonders geschützt sind, darf erst erfolgen, wenn das Mezzanine Kapital durch Verlustverrechnung vollständig aufgezehrt ist.

Der Rückzahlungsanspruch aus dem Mezzanine Kapital darf demnach nur entstehen, wenn und soweit dieser aus den Eigenkapitalbestandteilen geleistet werden kann, für die kein besonderer Ausschüttungsschutz besteht (s.o.). Die Kombination einer Verlustteilnahme des Mezzanine Kapitals mit einer Verlängerung der vertraglichen Laufzeit auf einen bestimmten vorher fixierten Zeitpunkt ist unschädlich. Dadurch besteht für den Investor die Chance, dass der Rückzahlungsanspruch bei nachfolgend erzielten Jahresüberschüssen bis zu seiner vollständigen Höhe wieder aufleben kann. Auch können nach teilweiser oder vollständiger Verlustteilnahme die nachfolgend erzielten Jahresüberschüsse nach Wiederherstellung des besonders geschützten Eigenkapitals vorrangig zur Wiederherstellung des nominalen Rückzahlungsbetrages von Mezzanine Kapital verwendet werden. Eine zwingende Verrechnung der eingetretenen Verluste mit Mezzanine Kapital während der Laufzeit des Mezzanine Kapitals ist nicht erforderlich.

---

Eigenkapital wird bilanzielles Fremdkapital vor allem durch die Kriterien der juristisch erzwingbaren Leistung und der wirtschaftlichen Belastung des Vermögens bestimmt."
[2361] Vgl. Wengel, Die handelsrechtliche Eigen-und Fremdkapitalqualität von Genussrechtskapital, DStR 2001, S. 1316 ff.

– Ausschluss des Rückforderungsanspruches/Längerfristigkeit der Kapitalüberlassung
Für die Qualifizierung als Eigenkapital sollte das Kapital für einen längerfristigen Zeitraum überlassen werden, während dessen sowohl für den Kapitalgeber als auch den Kapitalnehmer die Rückzahlung bzw. die Kündigung ausgeschlossen ist. Die Länge des Zeitraums lässt der IDW offen. Die Meinungen in der Literatur zu diesem Thema sind uneinheitlich und reichen von 5 Jahren bis 25 Jahren.[2362] Von der wohl überwiegenden Literatur wird eine Mindestlaufzeit von 5 Jahren als angemessen beurteilt, wenn in dieser Zeit das Mezzanine Kapital nicht entzogen werden kann.[2363] In der Praxis werden in Anlehnung an parallele Regelungen für das bankaufsichtsrechtliche Eigenkapital[2364] 5 Jahre als ausreichend angesehen. Auch zu der Frage, ob die Einräumung außerordentlicher Kündigungsrechte im Widerspruch zu der Längerfristigkeit der Kapitalüberlassung steht, gibt es unterschiedliche Literaturmeinungen. Wie einem GmbH-Gesellschafter oder einem Kommanditisten außerordentliche Kündigungsrechte im Gesellschaftsvertrag gewährt werden können, dürfte auch einem Mezzanine Investor dies nicht verwehrt werden. U.E. ist ein Ausschluss des Rückforderungsanspruches auch eingehalten, wenn die Kündigung nur auf besondere Ausnahmesituationen, z. B. Liquidation des Unternehmens, beschränkt ist und damit keine gestaltbare Aushebelung der vertraglichen Laufzeit des Mezzanine Kapitals möglich ist. Zum Teil wird weiter in Anlehnung an die bankaufsichtsrechtlichen Regelungen zum regulatorischen Ergänzungskapital von Banken bei der Gewährung von Genussrechten gefordert, dass eine Kündigung den Rückzahlungsanspruch nicht in weniger als zwei Jahren fällig werden lassen darf.

### 5.2.2. IFRS-Anforderungen an den bilanziellen Eigenkapitalausweis

Während die deutsche Rechnungslegung den Gläubigerschutz und die Kapitalerhaltung in den Vordergrund stellt, ist die internationale Rechnungslegung kapitalmarktorientiert, rückt also die Sicht des Investors bzw. des Eigenkapitalgebers in den Mittelpunkt (IAS Framework 10). Eigenkapitalgeber sind an entscheidungsrelevanten Informationen interessiert, die den tatsächlichen wirtschaftlichen Gehalt von Bilanz- und Gewinn und Verlust-Positionen wiedergeben, unabhängig von seiner zivilrechtlichen Qualifikation. Bei ihnen steht der Renditeaspekt im Vordergrund (IAS F. 35). Im IAS 32.11. sind spezielle Definitionen für Finanz- und Eigenkapitalinstrumente sowie für finanzielle Verbindlichkeiten zu finden, die auch für die Bilanzierung von Mezzanine Kapital grundlegend sind.[2365] Nach IAS 32.11 ist ein Finanzinstrument ein Vertrag, der gleichzeitig bei dem einen Unternehmen zu einem finanziellen Vermögenswert und bei dem anderen zu einer finanziellen Verbindlichkeit oder einem Eigenkapitalinstrument führt. Ein Eigenkapitalinstrument ist ein Vertrag, der einen Residualanspruch an den Vermögenswerten eines Unternehmens nach Abzug aller Verbindlichkeiten begründet.

Für den bilanziellen Ansatz und die Bewertung von Mezzanine Kapital ist dabei der wirtschaftliche Gehalt („substance over form") des Mezzanine Kapitals entscheidend (IAS F. 35,51). Anhand der vertraglichen Vereinbarungen wird auf Basis von IAS 32.15 ff. beurteilt, ob es sich bei Mezzanine Kapital um Fremdkapital oder um Eigenkapital handelt. Gemäß IAS 39 soll die Bewertung des Mezzanine Kapitals beim Kapitalgeber- und -nehmer nach einheitlichen Kriterien erfolgen.

Mezzanine Kapital ist als Eigenkapitalinstrument zu qualifizieren, wenn die Bedingungen des IAS 32.16 kumulativ erfüllt sind:[2366]

---

[2362] Harrer/Janssen/Halbig, Genussscheine – Eine interessante Form der Mezzanine Mittelstandsfinanzierung, Finanz Betrieb 2005, 4.
[2363] Heymann, in: Beck'sches Handbuch der Rechnungslegung, Bd. I, B 231 Rn. 19.
[2364] Vgl. §§ 10 Abs. 5 Nr. 3 und 10 Abs. 5a Nr. 2 KWG.
[2365] Brüggemann, Lühn, Siegel, KoR 2004, S. 390 ff.
[2366] Doralt, KODEX des internationalen Rechts, Internationale Rechnungslegung Stand: 1. Juli 2007, S. 263 ff.; vgl. auch Entwurf einer Fortsetzung der IDW Stellungnahme zur Rechnungslegung:

# 7. Teil. Spezielle Beteiligungsformen

A. Das Finanzinstrument darf keine Verpflichtungen beinhalten, flüssige Mittel oder andere finanzielle Vermögenswerte an ein anderes Unternehmen liefern zu müssen, oder finanzielle Vermögenswerte mit einem anderen Unternehmen zu eventuell ungünstigen Bedingungen für die Emittentin bzw. für den Kapitalnehmer zu tauschen. Das heißt:

A.1 Der Mezzanine Geber darf keine vertragliche oder faktische Möglichkeit haben, das überlassene Mezzanine Kapital einseitig zurückzufordern. Damit muss das Kapital dem Kapitalnehmer zeitlich unbegrenzt zur Verfügung gestellt werden. Das Erfordernis der unendlichen Laufzeit verbietet somit die Vereinbarung ordentlicher Kündigungsrechte. Jede von vornherein befristete Laufzeit des Mezzanine Kapitals führt zwangsläufig zu einer Qualifikation als finanzielle Verbindlichkeit.

A.2 Auch dürfen keine vertraglichen Verpflichtungen zu einer periodischen Zahlung von fixen Vergütungen bestehen. Faktische Zahlungsverpflichtungen, also ökonomische Zwänge, die dem Kapitalnehmer einen Anreiz zur Kündigung geben könnten, sind auszuschließen.

A.3 Demnach muss sowohl die Rückzahlung des Mezzanine Kapitals als auch die Zahlung der Vergütung für das überlassene Kapital im alleinigen Ermessen des Kapitalnehmers bzw. des Emittenten der Finanzinstrumente stehen (vgl. auch IAS 32. AG26).

B. Bei einem nicht derivaten Finanzinstrument darf keine vertragliche Verpflichtung seitens des Kapitalnehmers bestehen, eine variable Anzahl eigener Eigenkapitalinstrumente liefern zu müssen. Liegt ein derivates Finanzinstrument vor, darf dieses nur durch den Tausch eines fixen Betrages an flüssigen Mitteln oder eines anderen finanziellen Vermögenswertes gegen eine festgelegte Anzahl eigener Eigenkapitalinstrumente erfüllt werden:

B.1 Demnach liegt eine finanzielle Verbindlichkeit vor, wenn eine Verpflichtung zur Lieferung eigener Eigenkapitalinstrumente (z. B. Aktien) begründet wurde und die Anzahl der zu liefernden Aktien variiert. Ein derartiger Vertrag begründet keinen Residualanspruch an den Vermögenswerten des Unternehmens nach Abzug aller Schulden. Die Anzahl der zu liefernden Aktien würde mit dem Marktpreis der Aktien schwanken und könnte zu potenziell nachteiligen Bedingungen für den Emittenten führen. Nach dieser Definition sind auch Vereinbarungen über eine Put-Option schädlich für den Eigenkapitalausweis, da hier eine Verpflichtung des Kapitalnehmers bestehen würde, das Mezzanine Kapital „zurückzukaufen".

B.2 Ein Derivat ist als Eigenkapitalinstrument auszuweisen, wenn es in eigenen Eigenkapitalinstrumenten des Emittenten zu erfüllen ist, und zwar zu einem künftigen Zeitpunkt durch den Austausch einer vorher bestimmten festen Anzahl eigener Eigenkapitalinstrumente gegen einen bestimmten festen Betrag an flüssigen Mitteln. Der Preis, zu dem der Austausch erfolgt, darf keinen Marktschwankungen unterliegen.

Im Ergebnis sind die Kriterien für den Ausweis als Eigenkapital nach IAS detaillierter und weitgehender als nach HGB. Danach verbietet sich ein Eigenkapitalausweis, wenn Kapital befristet überlassen wird oder Kapitalrückzahlungsverpflichtungen bestehen. Zusätzlich dürfen keine (auch nicht potenzielle) Zahlungsverpflichtungen aus Vergütungsansprüchen zu Gunsten des Investors vereinbart werden. Dies bedeutet, dass jegliche Zahlungsverpflichtung im freien Ermessen des Kapitalnehmers zu stehen hat. An dieser Stelle divergieren die Interessen des Kapitalnehmers und Kapitalgebers. Typischerweise strebt ein Investor einen befristeten Investitionszeitraum an, innerhalb dessen ihm regelmäßige Vergütungen zufließen.

---

Einzelfragen zur Bilanzierung von Finanzinstrumenten nach IFRS (IDW ERS HFA 9 n.F.) – Abgrenzung von Eigenkapital und Fremdkapital nach IAS 32 (Stand: 12. Mai 2005), verabschiedet vom Hauptfachausschuss (HFA) am 12. Mai 2005.

Die Vereinbarung von Exitmöglichkeiten für den Investor gestaltet sich unter IAS oftmals problematisch, da Kündigungsrechte durch IAS *per se* ausgeschlossen werden. Der Konflikt lässt sich entschärfen, wenn das Mezzanine Kapital über eine Börseneinführung fungibel und transferierbar ist. In der Praxis sollen sogenannte Zins-Step-up-Regelungen einen Anreiz zur Rückzahlung des Mezzanine Kapitals bewirken. Danach erhöht sich ab einer bestimmten Laufzeit die Vergütung in einem unvorteilhaften Umfang, den sich der Kapitalnehmer durch die Rückzahlung des Mezzaninen Kapitals entziehen wird, vorausgesetzt, die Bonität hat sich nicht verschlechtert und das Unternehmen kann sich günstiger refinanzieren. Die konkrete Ausgestaltung des Zins-Step-up hat sich an den Kapitalmarktusancen zu orientieren, anderenfalls würden sie einen ökonomischen Zwang zur Rückzahlung darstellen, was einem bilanziellen Eigenkapitalausweis widersprechen würde.

Mezzanine Kapital, das unter HGB bilanzielles Eigenkapital darstellt, würde unter IFRS Kriterien bilanziellem Fremdkapital zugerechnet werden. Obwohl durch das BilMoG[2367] eine Annäherung von HGB an die internationalen Rechnungslegungsstandards erreicht wurden, sind die bisherigen Regelungen zur Bilanzierung des Eigenkapitals nach HGB davon unberührt geblieben.

### 5.3. Wirtschaftliche Bewertung von Mezzanine Kapital im Ratingverfahren

Das Rating wird durch eine Bank und/oder durch eine Ratingagentur erstellt, um die Ausfallwahrscheinlichkeit eines Unternehmens zu quantifizieren. Die Banken sind nach der Solvabilitätsverordnung zur Bemessung ihres regulatorischen Eigenkapitals verpflichtet, ein eigenes, sog. *internes Rating* zu erstellen. Das *externe Rating* der Ratingagenturen hingegen richtet sich in der Regel primär an potenzielle Kapitalmarktinvestoren. Neben den Banken zählen hierzu unter anderem Versicherungen und Pensionsfonds. Auch für diese bestimmt das Aufsichtsrecht, dass externe Ratings bei der Bemessung des jeweiligen regulatorischen Eigenkapitals bzw. der möglichen Investments zu beachten sind.[2368]

Im Ratingverfahren stellt sich die Frage, in welchem Umfang Mezzanine Kapital dem *wirtschaftlichen* Eigenkapital oder dem Fremdkapital zuzuordnen ist.[2369] Im Rahmen der Zuordnung kann die Ratingqualifikation des Mezzanine Kapitals von dem bilanziellen Ausweis als Eigenkapital nach IFRS/HGB abweichen. Eine hohe Eigenkapitalquote ist eine der Voraussetzungen für die Stabilität eines Unternehmens in Krisenzeiten[2370] und wirkt tendenziell positiv auf das Rating. Im Grundsatz erfolgt daher eine Zuordnung zum wirtschaftlichen Eigenkapital, wenn aus Sicht von Fremdkapitalgebern Mezzanine Kapital Haftungs- und Verlustpufferfunktionen übernimmt. Insbesondere in Sanierungsszenarien sollten Zahlungsansprüche des Mezzaninegebers weder eine Illiquidität eines Unternehmens auslösen noch verschärfen. Da aber bisher keine allgemeinverbindlichen Kriterien für die Bewertung von Mezzanine Kapital existieren, stellt das Rating nur die Meinung der jeweiligen Bank oder Ratingagentur dar. Dasselbe Mezzanine Kapital kann deshalb bei verschiedenen Banken unterschiedlich im Rating behandelt werden.[2371]

---

[2367] Bilanzrechtsmodernisierungsgesetz; der überwiegende Teil der neuen gesetzlichen Vorschriften von Juli 2008 soll erstmals auf Geschäftsjahre Anwendung finden, die im Kalenderjahr 2009 beginnen.

[2368] Solvabilitätsverordnung v. 14. Dezember 2006; Verordnung über die angemessene Eigenmittelausstattung von Instituten, Institutsgruppen und Finanzholding-Gruppen.

[2369] Im Rahmen des Ratingprozesses wird das bilanzielle Eigenkapital bereinigt und in ein „wirtschaftliches Eigenkapital" überführt.

[2370] Einer der bedeutendsten Insolvenzursachen ist mangelndes Eigenkapital. „Wirtschaft Konkret", Euler Hermes Kreditversicherungs-AG, November 2006, Nr. 414.

[2371] Plankensteiner/Rehbock, Die Bedeutung von Mezzanine Finanzierungen in Deutschland, in: Kreditwesen, S. 25, Nr. 15, 2005; Arnsfeld/Müller, Hybridkapital als Eigenkapitalsurrogat – Anerkennungspraktiken der Ratingagenturen und Konsequenzen für bankinterne Ratingverfahren, Finanz Betrieb, 2008, 326 (340).

# 7. Teil. Spezielle Beteiligungsformen § 22 Mezzanine Investments

Um eine größere Vergleichbarkeit der Risikobewertungsmaßstäbe herzustellen, hat die IFD[2372] sich dieses Themas angenommen. Die Unterarbeitsgruppe „Eigenkapital(-nahe) Finanzierungsinstrumente" vom IFD hat eine Übersicht der relevanten Kriterien für die Qualifizierung von Mezzanine Kapital als wirtschaftliches Eigenkapital im Rahmen eines Bankenratings erarbeitet und Ende 2006 veröffentlicht.[2373] Ferner sollte den Unternehmen ein Kriterienkatalog zur Verfügung gestellt werden, damit diese die Konsequenzen von Mezzanine Finanzierungen besser abschätzen können. Die Empfehlungen des IFD sind dem nachfolgenden Schaubild des IFDs zu entnehmen:

**Abbildung 14: Kriterien für die Mezzanine Qualifizierung der Kreditinstitute**

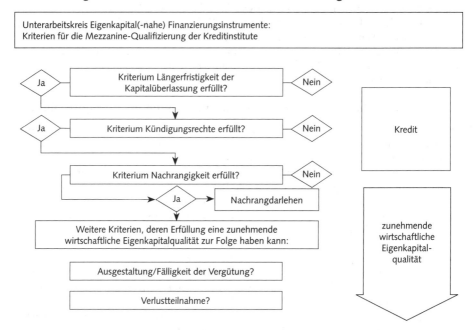

Damit Mezzanine Kapital im Ratingprozess als wirtschaftliches Eigenkapital qualifiziert wird, sind wenigstens die folgenden drei Kriterien positiv zu überprüfen:[2374]

– Längerfristige Laufzeit

Eine Längerfristigkeit der Kapitalüberlassung wird angenommen, wenn eine bestimmte Mindestlaufzeit (Ursprungslaufzeit) und bestimmte Restlaufzeit des Mezzanine Kapitals vereinbart werden. Die Mindestlaufzeit sollte 5 bis 7 Jahre betragen. Die geforderte Restlaufzeit sollte ein Jahr nicht unterschreiten. Einige Banken verlangen zusätzlich, dass die Restlaufzeit

---

[2372] Initiative Finanzstandort Deutschland. Die IFD will unter anderem im Bereich Mittelstandsfinanzierung neue Impulse im deutschen Finanzmarktsegment setzen. In der Mittelstandsfinanzierung wird das Ziel verfolgt, die Transparenz der Ratingverfahren zu erhöhen. An der IFD sind neben Versicherungen und deutschen Banken, eine ausländische Bank, die KfW Mittelstandsbank, das Ministerium für Finanzen und die Bundesbank beteiligt.

[2373] Handelsblatt 14. November 2006, Nr. 220, Plankensteiner, Ehrhart/KfW WirtschaftsObserver online, Nr. 23 Mai 2007; www.finanzstandort.de.

[2374] Vgl. Plankensteiner/Ehrhart, Wie Mezzanine Kapital die Bonität verbessert, in: Handelsblatt Nr. 20, vom 14. November 2006, S. 26; DVFA-Finanzschriften, Mezzanine Finanzierungsformen und Bilanzrating, Nr. 05/07; FitchRatings, Equity Credit for Hybrids & Other Capital Securities, 27. September 2006.

des Mezzanine Kapitals die Restlaufzeit der eigenen Kredite an das Unternehmen übersteigt.

– Keine ordentlichen Kündigungsrechte

Ordentliche Kündigungsrechte müssen ausgeschlossen sein. Kündigungsrechte insbesondere etwa aufgrund der Verschlechterung der wirtschaftlichen Situation des Unternehmens, bei Nichteinhaltung von Unternehmenskennzahlen oder bei Zahlungsverzug sollten ausgeschlossen sein. Hingegen werden außerordentliche Kündigungsrechte allgemein akzeptiert. Hierzu zählen z. B. Kündigungsrechte bei Verletzung von Informationspflichten oder Gesellschafterwechsel.

– Nachrangigkeit

Mezzanine Kapital muss gegenüber allen vorrangigen Gläubigern im Hinblick auf die Kapitalrückzahlung und Zinszahlung zu jeder Zeit nachrangig sein. Auch darf das Mezzanine Kapital nicht besichert werden.

Werden die vorgenannten Kriterien aus Sicht des bevorrechtigten Kreditgebers erfüllt, erhöht sich durch die Zuführung von Mezzanine Kapital die Vermögensmasse, die im Insolvenz- oder Liquidationsfall bevorrechtigte Ansprüche befriedigt. Insofern steht hier die Haftungsfunktion von Eigenkapital im Vordergrund. Für die Erfüllung der Haftungsfunktion notwendige Voraussetzung ist, dass der Mezzanine Investor das überlassene Kapital nicht beliebig zurückfordern kann, bevor nicht der vorrangige Gläubiger befriedigt wurde. Die Haftungsfunktion würde ausgehöhlt, wenn das Mezzanine Kapital bei Eintritt einer wirtschaftlichen Krise[2375] noch vor Einleitung eines Insolvenzverfahrens oder Beginn einer Liquidation entzogen werden könnte. Die vorgenannten Kriterien werden durch „Debt Mezzanine" erfüllt, das allerdings für Zwecke des Handels- und Steuerbilanzrechts Fremdkapital ist.

Allerdings zeigt sich, dass *ceteris paribus* die Aufnahme von Debt Mezzanine nur einen relativ geringfügigen positiven Effekt auf das Rating hat.[2376] Für einen deutlich positiveren Ratingeffekt zum Fortbestand des Unternehmens, ist neben der Haftungsfunktion vor allem die Verlustausgleichsfunktion entscheidend. Diese Funktionen übernimmt in der Regel Equity Mezzanine, bei dem der Vergütungsanspruch grundsätzlich ergebnisabhängig vereinbart wird oder bei dem eine automatische Zinsstundung[2377] eintritt. Die materielle Bedeutung solcher Vereinbarungen zeigt sich in wirtschaftlichen Krisen, die durch Zahlungsverpflichtungen von Mezzanine Kapital weder ausgelöst noch verschärft werden dürfen. Von daher überrascht es nicht, dass einige Institutionen Mezzanine Kapital eine höhere wirtschaftliche Eigenkapitalqualität beimessen, wenn neben den oben aufgeführten Kriterien zusätzlich die Gewinnabhängigkeit der Mezzaninen Vergütung und die Teilnahme am laufenden Verlust[2378] erfüllt werden.

Die Jahresabschlüsse selbst enthalten derzeit nicht genügend Informationen über Mezzanine Finanzierungen für eine sachgerechte Zuordnung zum wirtschaftlichen Eigenkapital.[2379] Von daher empfiehlt sich im Einzelfall, die vorgenannten Kriterien anhand des konkreten Vertrages über Mezzanine Kapital zu bewerten.

---

[2375] Krise im Sinne einer Wahrscheinlichkeit, dass es zu einer Nichterfüllung von Vertragsverpflichtungen kommt und der Fortbestand des Unternehmens gefährdet ist.

[2376] Vgl. DVFA-Finanzschriften, Mezzanine Finanzierungsformen und Bilanzrating, Nr. 05/07.

[2377] Hierbei kann die Zinsstundung durch die Verfehlung von bestimmten Financial Covenants ausgelöst werden. Diese Regelung findet sich bei Nachrangdarlehen, die im Rahmen von LBO-Transaktionen eingesetzt warden.

[2378] Das DVFA Committee Rating hat außerdem noch die Kriterien definiert: Kapitalgeber, Abänderungsrechte in Richtung Darlehen und Einsetzung eines Externen. Vgl. DVFA-Finanzschriften, Mezzanine Finanzierungsformen und Bilanzrating, Nr. 05/07.

[2379] Vgl. Baetge/Brüggemann, Ausweis von Genussrechten auf der Passivseite der Bilanz des Emittenten, DB 2005, 2146 (2152).

# 7. Teil. Spezielle Beteiligungsformen   § 22 Mezzanine Investments

Im Rahmen des Bankenratings werden die vertraglichen Bedingungen des Mezzanine Kapitals und der Kreditverträge bewertet. Damit sollen ratingrelevante Interessenkonflikte der Finanzierungsverträge identifiziert werden, die einer Zuordnung des Mezzanine Kapitals zum wirtschaftlichen Eigenkapital entgegenstehen könnten.[2380] So wird beispielsweise berücksichtigt, ob die Ursprungslaufzeit bzw. Restlaufzeit des überlassenen Mezzanine Kapitals in Konkurrenz mit der Laufzeit des „eigenen" Krediets steht. Der Grad der Eigenkapitalähnlichkeit sinkt zwangsläufig, wenn das Mezzanine Kapital vor dem Kredit zurückzuzahlen ist. Hierdurch würde sich die Ausfallwahrscheinlichkeit des Kreditgebers potentiell erhöhen, weil der Kreditnehmer gegebenenfalls eine mezzanine Anschlussfinanzierung nicht oder nur zu schlechteren Bedingungen realisieren könnte. Vor diesem Hintergrund nimmt der Grad der Eigenkapitalähnlichkeit mit abnehmender Restlaufzeit des Mezzanine Kapitals ab.[2381] Von daher wird im Rahmen des Bankenratings ab einer bestimmten Restlaufzeit das Mezzanine Kapital vom wirtschaftlichen Eigenkapital in Fremdkapital umqualifiziert, auch wenn dieses in der Handelsbilanz unverändert als Eigenkapital gemäß HFA-Stellungnahme 1/1994 ausgewiesen wird.

Durch die Einordnung zwischen dem Eigen- und dem Fremdkapital sind neben den unternehmensindividuellen Bedürfnissen des Mezzanine Nehmers bzw. denen des Mezzanine Gebers die Interdependenzen zwischen Eigen- und Fremdkapital und damit auch die Interessen der vorrangigen Kreditgeber und der nachrangigen Eigenkapitalgeber zu beachten. Um die gewünschte positive Wirkung im Rating zu erzielen, empfiehlt sich, vor der Aufnahme von Mezzanine Kapital mit dem Kreditgeber oder mit der Ratingagentur die Frage zu klären, wie das Mezzanine Kapital im Ratingprozess behandelt wird. Werden die Ratingkriterien für die Einordnung als wirtschaftliches Eigenkapital verfehlt, kommt es zur Zuordnung zum Fremdkapital. In der Konsequenz könnte sich das Rating dann sogar verschlechtern. Darin zeigt sich auch, dass die Kriterien die unter den Rechnungslegungsstandards Anwendung finden, nicht hinreichend sind, um eine Zuordnung zum wirtschaftlichen Eigenkapital aus Ratingsicht herbeizuführen.

## 6. Kategorien mezzaniner Finanzierungen

Verallgemeinernd ließen sich bei einem weiten wirtschaftlichen Verständnis des Begriffs „mezzanin" folgende graduellen Kategorien von mezzaninen Finanzierungen bilden, wobei hier der Vollständigkeit halber auch eindeutiges Fremd- (Debt) und Eigenkapital (Equity) aufgeführt werden.[2382] Die zivilrechtlichen Eigenschaften der jeweiligen Finanzierungsform werden im Anschluss an diese Auflistung beschrieben:
- Debt
  - Erstrangige Darlehen („Senior Debt") unter Einräumung von Sicherheiten
  - Unbesichertes Darlehen
- Debt Mezzanine
  - Gesellschafterdarlehen
  - Nachrangdarlehen,
  - Partiarisches Darlehen
  - Fremdkapitalgenussrechte, ggf. verbrieft
- Equity Mezzanine
  - Typisch stille Gesellschaft
  - Optionsanleihe

---

[2380] Vgl. Arnsfeld/Müller, Hybridkaptial als Eigenkaptialsurrogat- Anerkennungspraktiken der Ratingagenturen und Konsequenzen für bankinterne Ratingverfahren, Finanz Betrieb, 2008, 337–338.

[2381] Vgl. für eine ähnliche Wertung im bankaufsichtsrechtlichen Eigenkapital, § 10 Abs. 5 und Abs. 5a KWG.

[2382] Vgl. mit ähnlichen Abstufungen, Gerrit Volk, Mezzanine Capital: Neue Finanzierungsmöglichkeit für den Mittelstand?, BB 2003, 1224 (1226).

- Wandelschuldverschreibung
- Atypisch stille Gesellschaft
- Eigenkapitalgenussrechte, ggf. verbrieft
- Perpetual Bond
- Mandatory Convertible
– Equity
  - Vorzugsaktien
  - Stammaktien

Bei der Abgrenzung der verschiedenen Finanzierungsinstrumente kommt es auf deren wirtschaftlichen Gehalt der gewährten Berechtigung an, nicht auf die von den Parteien gewählte Bezeichnung.[2383]

## 6.1. Gesellschafterdarlehen

Ein Gesellschafterdarlehen kann mit oder ohne Nachrang vereinbart werden. Die Insolvenzordnung ist durch das „Gesetz zur Modernisierung des GmbH-Rechts und zur Bekämpfung von Missbräuchen" geändert worden, dadurch wurde die Unterscheidung zwischen „normalen" und „kapitalersetzenden" Gesellschafterdarlehen aufgegeben und Gesellschafterdarlehen in der Insolvenz grundsätzlich nachrangig gestellt.[2384]

Für Aktiengesellschaften scheidet eine Finanzierung durch Gesellschafterdarlehen regelmäßig aus. Nach § 57 Abs. 2 AktG dürfen Aktionären Zinsen weder zugesagt noch ausgezahlt werden. Regelmäßig ist ein Gesellschafter in der Insolvenz der Gesellschaft mit seinen Darlehensansprüchen wie ein Gesellschafter, nicht wie ein Fremdkapitalgeber zu behandeln ist.[2385]

Die gesellschaftsrechtlichen Regelungen zu „eigenkapitalersetzenden Darlehen" finden keine steuerrechtliche Entsprechung. Auch Zinsen auf „eigenkapitalersetzende" Darlehen bleiben damit im Grundsatz als Betriebsausgaben abzugsfähig, auch wenn das Darlehen aus Sicht des Insolvenzrechts wie Eigenkapital zu behandeln ist. Dies gilt auch für Zwecke der Anwendung der Zinsschranke nach § 4h EStG.[2386]

---

[2383] So etwa für Genussrechte, FG Köln 11. Dezember 2003, 2 K 7273/00, DStRE 2006, 23.

[2384] § 39 InsO wurde wie folgt geändert:
a) Absatz 1 Nr. 5 wird wie folgt gefasst: „5. nach Maßgabe der Absätze 4 und 5 Forderungen auf Rückgewähr eines Gesellschafterdarlehens oder Forderungen aus Rechtshandlungen, die einem solchen Darlehen wirtschaftlich entsprechen."
b) Folgende Absätze 4 und 5 werden angefügt:
„(4) Absatz 1 Nr. 5 gilt für Gesellschaften, die weder eine natürliche Person noch eine Gesellschaft als persönlich haftenden Gesellschafter haben, bei der ein persönlich haftender Gesellschafter eine natürliche Person ist. Erwirbt ein Gläubiger bei drohender oder eingetretener Zahlungsunfähigkeit der Gesellschaft oder bei Überschuldung Anteile zum Zweck ihrer Sanierung, führt dies bis zur nachhaltigen Sanierung nicht zur Anwendung von Absatz 1 Nr. 5 auf seine Forderungen aus bestehenden oder neu gewährten Darlehen oder auf Forderungen aus Rechtshandlungen, die einem solchen Darlehen wirtschaftlich entsprechen.
(5) Absatz 1 Nr. 5 gilt nicht für den nicht geschäftsführenden Gesellschafter einer Gesellschaft im Sinn des Absatzes 4 Satz 1, der mit zehn Prozent oder weniger am Haftkapital beteiligt ist." Vgl. Freudenberg, Gefahr für Konzern-Finanzierungen, Handelsblatt 21. November 2007, Nr. 225, S. 22.

[2385] Erst eine Nachrangigkeitsvereinbarung verhindert den Ausweis in der Überschuldungsbilanz; häufig werden Nachrangigkeitsvereinbarungen deshalb von Gesellschaftern in der Krise der Gesellschaft abgegeben. Die gesetzlich erzwungene Nachrangigkeit tritt dann neben den zivilrechtlich vereinbarten Rangrücktritt; vgl. Leuering/Simon, Neue Anforderungen an die Gestaltung eines Rangrücktritts, NJW-Spezial, Heft 7/2004, S. 315.

[2386] Bundesministerium der Finanzen: Schreiben betr. Zinsschranke (§ 4h EStG; § 8a KStG) v. 4. Juli 2008, Rn. 11 – Verweis auf „Darlehensforderungen und –verbindlichkeiten im Sinne des § 8b Abs. 3 S. 4 ff. KStG".

## 6.2. Typische und atypische stille Gesellschaft

Die stille Beteiligung ist in den §§ 230–236 HGB geregelt. Nach § 230 Abs. 1 HGB hat ein stiller Gesellschafter die Vermögenseinlage so zu leisten, dass sie in das Vermögen des Inhabers des Handelsgeschäfts übergeht. Nach § 230 Abs. 2 HGB wird allein der Inhaber aus den in dem Betriebe geschlossenen Geschäften berechtigt und verpflichtet. Der stille Gesellschafter nimmt an einem Verlust nur bis zum Betrag seiner eingezahlten oder rückständigen Einlage teil (§ 232 Abs. 2 S. 1 HGB). Er ist nicht verpflichtet, den bezogenen Gewinn wegen späterer Verluste zurückzuzahlen.

Die Regelungen der gesetzlich-typischen stillen Beteiligung entsprechen damit in vielerlei Hinsicht denen der Kommanditgesellschaft mit den stillen Gesellschaftern als quasi-Kommanditisten. Auch bei der Kommanditgesellschaft vertritt der persönlich haftende Gesellschafter die Gesellschaft im Außenverhältnis (§§ 161 Abs. 2, 125 Abs. 1 HGB). Der Kommanditist haftet nur beschränkt (§§ 161 Abs. 1, 171 HGB). Im Unterschied zur Kommanditgesellschaft tritt die „stille Gesellschaft" jedoch nach außen nicht in Erscheinung.

Steuerlich unterscheiden sich diese beiden Personengesellschaftstypen jedoch wesentlich: Die typische stille Gesellschaft ist keine Mitunternehmerschaft nach § 15 Abs. 1 Nr. 2 EStG, sie führt beim stillen Gesellschafter grundsätzlich zu Einkünften nach § 20 Abs. 1 Nr. 4 EStG.[2387] Die Gewinnanteile der (typisch) stillen Gesellschafter sind beim Inhaber des Handelsgeschäfts im Grundsatz als Betriebsausgaben abziehbar.

Zu einer einheitlichen und gesonderten Feststellung des Gewinns kommt es bei der *typisch* stillen Gesellschaft nicht. Die atypische stille Gesellschaft ist hingegen Mitunternehmerschaft nach § 15 Abs. 1 Nr. 2 EStG, weil bei ihr der stille Gesellschafter Mitunternehmerinitiative ausübt und Mitunternehmerrisiko trägt. Im Unterschied zur typisch stillen Gesellschaft ist sie selbst Gewinnermittlungsobjekt, ihr Gewinn ist einheitlich und gesondert festzustellen (vgl. § 180 Abs. 1 Nr. 2a), 181 Abs. 2a) AO). Praktisch bedeutet dies, dass die steuerliche Gewinnermittlung bei dem Gewinn der „Mitunternehmerschaft" ansetzt, den Gesellschaftern davon Gewinnanteile (nach ihren Gewinnanteilen, ggf. unter Berücksichtigung eines Gewinnvorabs und Ergebnissen aus Ergänzungsbilanzen) zugewiesen werden und Ergebnisse aus etwaigen Sonderbilanzen nach § 15 I Nr. 2, 2. Alt. EStG hinzugerechnet werden. Buchführungspflichtig ist dabei handels- wie steuerrechtlich der die Geschäfte der Mitunternehmerschaft führende Inhaber des Handelsgeschäfts.

Besteht – wie im Regelfall (z. B. bei der stillen Beteiligung an den Erträgen einer GmbH) – eine atypisch-stille Beteiligung an einem auch steuerrechtlich als Gewerbebetrieb zu qualifizierenden Unternehmen des Inhabers des Handelsgeschäfts, sind auch die Einkünfte des atypisch stillen gewerblich.

Seit Änderung von § 105 Abs. 2 HGB ist jedoch auch die *steuerlich* vermögensverwaltende Handelsgesellschaft möglich (auch in der Form der GmbH & Co. KG, wenn eine gewerbliche Prägung vermieden wird, indem einem Kommanditisten Geschäftsführungsbefugnisse eingeräumt werden, vgl. R 15.8 Abs. 6 S. 3 EStR). Damit hat sich auch der Charakter der stillen Gesellschaft verändert. Nunmehr ist *handelsrechtlich* auch eine (atypisch) stille Beteiligung an einer – steuerrechtlich – bloß vermögensverwaltenden, im Handelsregister eingetragenen Personenhandelsgesellschaft möglich.

Der atypisch stille Gesellschafter an einer solchen Handelsgesellschaft, die nicht steuerlich über § 15 Abs. 3 Nr. 1 EStG geprägt ist, sollte u.E. seinerseits vermögensverwaltende Einkünfte erzielen.

Problematisch ist allerdings der Fall, dass sich der stille Gesellschafter an einer Personenhandelsgesellschaft beteiligt, die gem. § 15 Abs. 3 Nr. 1 EStG gewerblich geprägt ist. In diesem Fall ist streitig, wie die Gewinnbeteiligung des atypisch stillen Gesellschafters zu behan-

---

[2387] Reiß in: Kirchhof, EStG, § 15 Rn. 224; vgl. auch Wacker in: Ludwig Schmidt, EStG, Kommentar, § 15 Rn. 623.

deln ist. Einerseits könnte bei einer atypischen Gesellschaft die gewerbliche Prägung bei dem Hauptbeteiligten auch für die Einkünfte des stillen Gesellschafters maßgeblich sein.[2388]

Dafür spricht der Rechtsgedanke des § 15 Abs. 3 Nr. 2 Satz 2 EStG, dass auch die gewerblich geprägte Mitunternehmerschaft weiter gewerblich prägen kann, in diesem Fall also auf die „atypisch stille Gesellschaft".

Der BFH vertritt jedoch inzwischen die Ansicht, dass sich die einkommensteuerliche Qualifikation der Einkünfte der atypisch stillen Gesellschafter nach *deren* Tätigkeit und nicht nach der des Hauptbeteiligten richte. Nach dieser Auffassung könnte der atypisch stille Beteiligte an einer steuerrechtlich eigentlich vermögensverwaltenden, aber gewerblich geprägten Personenhandelsgesellschaft nicht-gewerbliche, vermögensverwaltende Einkünfte erzielen.[2389] Dann wäre die atypisch-stille Mitunternehmerschaft eine „Zebra-Gesellschaft", aus der der gewerblich geprägte Inhaber des Handelsgeschäft gewerbliche Einkünfte, der atypisch stille Gesellschafter aber Überschusseinkünfte erzielt, wenn die Einkünfte nicht bei ihm aus in seiner Sphäre liegenden Gründen als gewerblich umqualifiziert werden (Prägung oder Abfärbung, § 15 Abs. 3 Nr. 1/2 EStG).

In der Praxis ist oftmals ein wichtiges Gestaltungsziel, die stille Gesellschaft zu vermeiden. Bei dieser bestehen – sowohl bei der typisch stillen als auch bei der atypisch stillen – gem. § 20 Abs. 1 Nr. 4 Satz 2 EStG bzw. § 15a Abs. 5 Nr. 1 EStG Verlustabzugsbeschränkungen. Zudem führt die typisch stille Gesellschaft zum Kapitalertragsteuereinbehalt (§ 43 Abs. 1 Nr. 3 EStG), die atypisch stille Gesellschaft zur Begründung einer Betriebsstätte. Für ausländische Investoren ist dies im Regelfall nicht erwünscht. Hintergrund dieser Praxissorgen ist eine Entscheidung des FG Baden-Württemberg. Das FG Baden-Württemberg hat am 3.12.2004[2390] eine als Genussrecht vereinbarte Finanzierung als stille Gesellschaft gedeutet und dabei als Merkmale für eine stille Gesellschaft die Einräumung von Informations- und Kontrollrechten entsprechend § 233 HGB angeführt. Überzeugend ist das Argument nicht, da auch Gläubigern Informations- und Kontrollrechte eingeräumt werden können. Handelt es sich bei dem Gläubiger um ein Kreditinstitut, so ist dieses z. B. gem. § 18 KWG verpflichtet, sich bei Krediten über € 150 000 mittels der Jahresabschlüsse einen Einblick in die Vermögenslage des Schuldners zu verschaffen. Dann aber ist es nicht überzeugend, für die zivil- und steuerrechtliche Klassifizierung auf nicht-mitgliedschaftsspezifische Informationsrechte abzustellen.[2391]

Im Streitfall konnte die (ordentliche) Kündigung nur mit sechsmonatiger Frist auf den Schluss des Geschäftsjahres erfolgen. Eine kürzere Kündigungsmöglichkeit hätte „indiziell gegen das Vorliegen einer stillen Gesellschaft" gesprochen. In der Praxis lässt sich aber gerade wie bei der dem Streitfall zu Grunde liegenden Fondsstruktur nicht verhindern, dass z.T. längere Kündigungsfristen eingeräumt werden. Damit droht oftmals in der Praxis eine Umqualifikation in eine stille Gesellschaft, ohne dass für die Vertragsparteien eine Möglichkeit bestünde, diese Umqualifikation zu verhindern. In geeigneten Fällen wird der Praktiker über die Einholung einer verbindlichen Auskunft zu entscheiden haben.[2392]

Auch bei ewigen Anleihen besteht nach der geschilderten Rechtsprechung des FG Baden-Württemberg eine erhebliche Rechtsunsicherheit[2393] der Umqualifikation der Anleihe in eine stille Gesellschaft mit fester Verzinsung. Nach dem BGH ist für die Abgrenzung der

---

[2388] Reiß in: Kirchhof, EStG, § 15 Rn. 229 m.w.N.
[2389] Reiß in: Kirchhof, EStG, § 15 Rn. 229 m.w.N.
[2390] Az. 10 K 225/01; http://www.fg-baden-wuerttemberg.de.
[2391] Vgl. in diesem Sinne auch Gerrit Volk, Mezzanine Capital: Neue Finanzierungsmöglichkeit für den Mittelstand?, BB 2003, 1224 (1226).
[2392] Vgl. Breuninger/Prinz, Ausgewählte Bilanz- und Steuerrechtsfragen von Mezzaninefinanzierungen, DStR 2006, 1345 (1347).
[2393] Breuninger/Prinz, Ausgewählte Bilanz- und Steuerrechtsfragen von Mezzaninefinanzierungen, DStR 2006, 1345 (1347).

stillen Gesellschaft vom partiarischen Darlehen entscheidend, ob die Vertragspartner einen gemeinsamen Zweck verfolgen oder ob ihre Beziehungen ausschließlich durch die Verfolgung unterschiedlicher eigener Interessen bestimmt werden. Diese Abwägung sei durch Abwägung aller nach dem Vertragsinhalt maßgebenden Umstände vorzunehmen.[2394]

### 6.3. Genussrechte und partiarisches Darlehen

Genussrechte und partiarische Darlehen sind kaum zu unterscheiden. Bei beiden erhält der Kapitalgeber eine gewinnabhängige Vergütung; typischerweise sind Genussrechte mit einer Nachrangigkeitsvereinbarung verbunden, partiarische Darlehen jedoch nicht. Obwohl die vertragliche Bezeichnung eigentlich irrelevant ist,[2395] spielt sie in der Praxis eine erhebliche Rolle. Andere Rechtsordnungen als die deutsche klassifizieren Genussrechte regelmäßig als partiarische Darlehen, Genussrechte sind nur im germanischen Rechtskreis bekannt und üblich.

Eindeutig sind Genussrechte und partiarische Darlehen nur zu unterscheiden, wenn neben der Gewinnbeteiligung eine Beteiligung am Liquidationserlös besteht. Dann verdrängt die Qualifikation als EK-Genussrecht diejenige als partiarisches Darlehen. Auch das Vorliegen einer Verlustbeteiligung spricht für die Qualifikation als Genussrecht.[2396]

Partiarisches Darlehen und Genussrecht werden im Regelfall dadurch voneinander unterschieden, dass ein partiarisches Darlehen nicht nachrangig gegenüber anderen Gläubigern gestellt wird, während dies für Genussrechte typisch ist. Zudem fehlt es bei partiarischen Darlehen an einer Beteiligung an den stillen Reserven.[2397] Im Einzelfall ist die Abgrenzung „problematisch".[2398] In der Praxis ist sie wesentlich auch von den Formulierungen abhängig. Von der stillen Gesellschaft ist das Genussrechtsverhältnis aufgrund der fehlenden gemeinsamen Zielsetzung und der fehlenden gesellschaftsähnlichen Bindung zu unterscheiden.[2399]

In der Praxis gibt es eine Reihe mezzaniner Finanzierungen, die gern mit dem Etikett des „Genussrechts" arbeiten, auch wenn bei wirtschaftlicher Betrachtung die Finanzierung eher der eines nachrangigen Darlehens mit Mindestverzinsung und partiarischer Sonderbeteiligung entspricht. So ist in der Praxis oft die gewinnabhängige Komponente so geringfügig, dass bei wirtschaftlicher Betrachtung diese Finanzierung einem nachrangig gestellten, partiarischen Darlehen gleichkommt.

---

[2394] BGH II ZR 32/94, BGHZ 127, 176; Zu Recht habe das Berufungsgericht als Indizien für eine stille Gesellschaft gewertet:
- die Bezeichnung der stillen Vereinbarung als stiller Gesellschaftsvertrag,
- die Einräumung der in § 233 HGB vorgesehenen Informations- und Kontrollrechte,
- die Verpflichtung des Unternehmens, dem Vertragspartner von sich aus den Jahresabschluss binnen sechs Monaten nach Ablauf eines jeden Geschäftsjahres schriftlich zu übermitteln,
- das Fehlen jeder Kreditsicherung,
- die lange Dauer einer festen vertraglichen Bindung von sieben Jahren,
- die Einschränkung der Kündigungsmöglichkeiten bei Fortsetzung des Vertrages nach Ablauf der Bindungsfrist,
- die Beschränkung der Beteiligungsübertragung auf Ehegatten und Abkömmlinge, und
- ausschlaggebend – die Pflicht zur Zustimmung des Vertragspartners zu Änderungen des Unternehmensgegenstandes, der Veräußerung oder Verpachtung des Unternehmens oder eines Teiles davon und bei Einstellung des Gewerbebetriebes.

[2395] So etwa für Genussrechte, FG Köln 11. Dezember 2003 – 2 K 7273/00, DStRE 2006, 23.

[2396] Ziebe, Rechtsnatur und Ausgestaltung von Genussrechten, DStR 1991, 1594 (1595).

[2397] Jänisch/Moran/Waibel, Mezzanine Finanzierung – Intelligentes Fremdkapital und deutsches Steuerrecht, DB 2002, 2451.

[2398] Schlösser/Sagasser, Die Besteuerung von Kapitalanlagevermögen, § 26 Rn. 494 in: Assmann/Schütze, Handbuch des Kapitalanlagerechts.

[2399] Schlösser/Sagasser, Die Besteuerung von Kapitalanlagevermögen, § 26 Rn. 494 in: Assmann/Schütze, Handbuch des Kapitalanlagerechts.

Auch das partiarische Darlehen kann jedoch nachrangig gestellt werden. Damit unterscheiden sich Genussrecht und partiarisches Darlehen inhaltlich allenfalls im Sinne eines „mehr oder weniger" und nicht in der Form einer klaren Abgrenzung. So hat z. B. das FG Köln festgestellt:[2400]

*„In den Steuergesetzen ist eine Definition des Begriffs „Genussrecht" nicht enthalten. Das deutsche Steuerrecht unterscheidet Genussrechte grundsätzlich danach, ob sie einen Anteil sowohl am Gewinn als auch am Liquidationserlös gewähren (z. B. § 20 Abs. 1 Nr. 1 EStG; § 8 Abs. 3 Satz 2 KStG) oder nicht (z. B. § 43 Abs. 1 Nr. 2 EStG). Hieraus ist zwar zu schließen, dass die Beteiligung am Gewinn und am Liquidationserlös nicht notwendige Voraussetzung für das Vorliegen eines „Genussrechts" im steuerlichen Sinne ist. Eine Abgrenzung zum partiarischen Darlehen, die sich ggf. auf die einkommensrechtliche Problematik übertragen ließe, fehlt indessen."*

Weitreichende Informations- und Mitbestimmungsrechte einer als „Genussrecht" bezeichneten Finanzierung können diese bei näherer Betrachtung in eine stille Beteiligung umqualifizieren (s. o., 6.2. typische und atypische stille Gesellschaft). Mit einer Umqualifikation kann der Verlust von Vergünstigungen verbunden sein, insbesondere können etwa EK-Genussrechte für den Investor steuerlich vorteilhaft wie Dividendenerträge zu behandeln sein (§ 8b KStG, § 3 Nr. 40d) EStG), während Einkünfte als typisch stiller Gesellschafter voll steuerpflichtig sind (§ 20 Abs. 1 Nr. 4 EStG, ggf. als gewerbliche Einkünfte nach § 20 Abs. 3 EStG).[2401]

Im Einzelfall mag eine Präferenz bestehen, den Begriff des Genussrechts zu verwenden, um für Zwecke des „Marketings" Argumente für eine Entlastungswirkung gegenüber der finanzierenden Bank zu gewinnen. Dennoch darf dieses nicht darüber hinwegtäuschen, dass die Bezeichnung für die steuerrechtliche oder finanzwirtschaftliche Einordnung irrelevant ist. Der Begriff des Genussrechtes ist nicht gesetzlich definiert. Allerdings hat die OFD München[2402] Genussscheine, also die verbriefte Form von Genussrechten, wie folgt umschrieben:

*„Der Genussrechtsinhaber ist anders als der Aktionär nicht am Unternehmen beteiligt. Je nach Ausstattung des Genussscheines hat dieser eher aktienähnlichen (bei ergebnisabhängiger Ausstattung) oder anleiheähnlichen (bei ergebnisunabhängiger fester Ausschüttung) Charakter. (...)"*

Genussrechte sind danach vertraglich begründete[2403] verbriefte oder unverbriefte, schuldrechtliche Ansprüche gegen ein Unternehmen ohne Mitgliedschaftsrecht (insbesondere ohne Stimmrechte), bei denen der vermögensrechtliche Anspruch ergebnisabhängig oder ergebnisunabhängig ausgestaltet sein kann. Die vermögensrechtlichen Ansprüche müssen allerdings mit den Ansprüchen, wie sie typischerweise Gesellschaftern zustehen, vergleichbar sein.[2404]

---

[2400] FG Köln 11. Dezember 2003, 2 K 7273/00, DStRE 2006, 23; nach Sontheimer, Die steuerliche Behandlung von Genussrechten, Beilage 19/1984 zu BB 1984, 1 (2) erweist sich die Grenze zwischen der Gewinnschuldverschreibung und dem Genussrecht zu ziehen, als „äußerst schwierig". In der Literatur werde ein Unterschied zwischen beiden Rechtsinstituten überhaupt verneint und die Gewinnschuldverschreibung als Unterart des Genussscheins angesehen.

[2401] Viele der hier angesprochenen Unterscheidungen werden ab 1. Januar 2009 nicht mehr so entscheidend sein, weil dann für die Besteuerung durch Privatpersonen für alle Kapitaleinkünfte ein besonderer Steuertarif nach § 32d EStG gilt (sog. Abgeltungsteuer).

[2402] OFD München, S- 2252 – 82 St 41, Verfügung v. 16. September 1999: Einkommensteuerliche Behandlung diverser Kapitalanlageformen im Rahmen des § 20 Abs. 1 Nr. 7 EStG i.V.m. § 20 Abs. 2 EStG.

[2403] Angerer, Genussrechte bzw. Genussscheine als Finanzierungsinstrument, DStR 1994, 41.

[2404] So zu Recht, Angerer, Genussrechte bzw. Genussscheine als Finanzierungsinstrument, DStR 1994, 41; nicht erforderlich ist, dass sich die Vergütungsform auf eine Vergütung in Geld richtet, auch eine Vergütung in Sachwerten ist denkbar, vgl. Hueck/Fastrich in: Baumbach/Hueck, GmbHG, § 29 Rn. 88 f.

## 7. Teil. Spezielle Beteiligungsformen § 22 Mezzanine Investments

Die vertragliche Einräumung eines Stimmrechts an den Genussberechtigten ist nicht zulässig; Mitgliedschaftsrechte sind mit dem vermögensrechtlichen Anspruch des Genussberechtigten nicht verbunden. Das schließt ein Anfechtungsrecht des Genussberechtigten, nicht jedoch Informationsrechte (wie z. B. das Recht auf Teilnahme an der Hauptversammlung) aus.[2405]

Als Genussschein bezeichnet man das verbriefte Genussrecht, das entweder als Wertpapier oder (nur) als Beweisurkunde begeben werden kann.[2406] Die Genussrechte können – wie üblich[2407] – auf den Inhaber oder auf den Namen ausgestellt werden und in letzterem Fall auf Order lauten.[2408]

Wirtschaftlich wird über ein Genussrecht im Regelfall eine Vergütung für die Überlassung von Kapital gewährt (sog. „Finanzierungsgenussrecht"),[2409] zwingend ist dieser Kompensationscharakter jedoch nicht. Die Parteien können Genussrechte auch ohne Entlohnung für die Überlassung von Genusskapital gewähren, etwa als Anreiz für leitende Angestellte.[2410]

Genussrechte werden typischerweise von Aktiengesellschaften begeben, können aber auch von Personengesellschaften, GmbH's, Sparkassen oder Versicherungsvereinen aG gewährt werden.[2411]

Bei Aktiengesellschaften dürfen Genussrechte gem. § 221 Abs. 3 i.V.m. Abs. 1 AktG nur auf Grund eines mit qualifizierter Mehrheit von drei Vierteln des bei der Versammlung vertretenen Grundkapitals gefällten Beschlusses der Hauptversammlung gewährt werden. Das Mehrheitserfordernis dient dem Schutz der bisherigen Gesellschafter, weil mit der Gewährung von Genussrechten schuldrechtliche Rechte geschaffen werden, die wegen ihrer Gewinnbeteiligung zu einer „Verwässerung" (*Dilution*) der Gewinnaussichten der Gesellschafter führen können. Die Regelung gilt für GmbH's analog, auch bei ihr bedarf die Gewährung eines Beschlusses der Gesellschafterversammlung; ob eine qualifizierte Mehrheit erforderlich ist, ist umstritten.[2412]

Die Aktionäre sind gem. § 221 Abs. 4 AktG bezugsberechtigt, wenn nicht ihr Bezugsrecht im Beschluss der Hauptversammlung wirksam ausgeschlossen ist (§§ 221 Abs. 4, 186 Abs. 3 Satz 4 AktG). Der Ausschluss bedarf eines sachlichen Grundes. Nach wohl überwiegender Meinung ist ein vereinfachter Bezugsrechtsausschluss nach § 186 Abs. 3 Satz 4 AktG möglich, bei dem der Börsenpreis durch einen nach finanzmathematischen Methoden ermittelten Wert ersetzt wird.[2413] Im Anhang zum Jahresabschluss sind Angaben über Genussrechte unter Angabe der Art und Zahl der jeweiligen Rechte sowie der im Geschäftsjahr neu entstandenen Rechte zu machen (§ 160 Abs. 1 Nr. 6 AktG).

Bei Kapitalerhöhungen aus Gesellschaftsmitteln sind die Genussrechtsgläubiger im Falle einer GmbH über § 57m Abs. 3 GmbHG, im Falle einer AG über § 216 Abs. 3 AktG gegen

---

[2405] BGH 5. Oktober 1992, II ZR 172/91, BB 1993, 451 (453).
[2406] Angerer, Genussrechte bzw. Genussscheine als Finanzierungsinstrument, DStR 1994, 41.
[2407] Groh, Eigenkapitalersatz in der Bilanz, BB 1993, 1889.
[2408] So ausdrücklich FG Baden-Württemberg, 1. Oktober 1993, 3 K 338/88, EFG 1993, S. 174 (175).
[2409] Terminologie nach Küting/Kessler/Harth, Genussrechtskapital in der Bilanzierungspraxis, Eine empirische Untersuchung zur Resonanz der HFA-Stellungnahme 1/1994 unter Berücksichtigung bilanzpolitischer Gesichtspunkte, Beilage 4 zu Heft 8 BB 1996, S. 1 (4).
[2410] FG Baden-Württemberg, 1. Oktober 1993 – 3 K 338/88, EFG 1993, 174 (175); Hueck/Fastrich in: Baumbach/Hueck, GmbHG, § 29 Rn. 88b.
[2411] Knobbe-Keuk, Bilanz- und Unternehmenssteuerrecht, § 16 IV Rn. 1; ergänzend Küting/Kessler/Harth, Genussrechtskapital in der Bilanzierungspraxis, Eine empirische Untersuchung zur Resonanz der HFA-Stellungnahme 1/1994 unter Berücksichtigung bilanzpolitischer Gesichtspunkte, Beilage 4 zu Heft 8 BB 1996, 1 (2).
[2412] Lutter/Hommelhoff, GmbHG, § 55 Rn. 43 ff.
[2413] Harrer/Janssen/Halbig, Genussscheine – Eine interessante Form der Mezzanine Mittelstandsfinanzierung, Finanz Betrieb 2005, S. 3.

eine (umgekehrte) Verwässerung ihrer Ansprüche geschützt.[2414] Nach § 23 UmwG sind den Inhabern von Rechten an einem übertragenden Rechtsträger, die kein Stimmrecht gewähren, insbesondere den Inhabern von Genussrechten gleichwertige Rechte in dem übernehmenden Rechtsträger zu gewähren. Die Kapitalherabsetzung trifft Genussrechtsberechtigte jedoch in gleicher Weise wie Gesellschafter.[2415]

Das grundsätzliche Verbot für eine Aktiengesellschaft, eigene Anteile zu halten (vgl. § 71 AktG), gilt für Genussrechte nicht.[2416]

### 6.4. Wandel-, Umtausch-, Optionsanleihe und ewige Anleihe

*Wandelanleihe* und *Wandelschuldverschreibung* sind Synonyme. Wandelanleihe ist der steuerrechtliche[2417] und Wandelschuldverschreibung der gesellschaftsrechtliche Begriff (§ 221 AktG). Wandelschuldverschreibungen sind Schuldverschreibungen, bei denen den Gläubigern ein Umtausch oder Bezugsrecht auf Aktien eingeräumt wird. Aktienrechtlich ist dafür ein Beschluss der Hauptversammlung erforderlich, der mit einer Mehrheit von mindestens drei Vierteln des bei der Beschlussfassung vertretenen Grundkapitals zu fassen ist (§ 221 Abs. 1 Satz 2 AktG).

Steuerrechtlich wird der Begriff der Wandelanleihe in § 43 Abs. 1 Nr. 2 EStG verwendet. Das Steuerrecht definiert als Wandelanleihe dabei Teilschuldverschreibungen, bei denen neben der festen Verzinsung ein Recht auf Umtausch in Gesellschaftsanteile genannt ist. Nicht ausdrücklich geht aus dieser Formulierung hervor, dass mit Wandelanleihe/Wandelschuldverschreibung nur die Schuldverschreibung mit Wandelungsrecht in Aktien *des Emittenten* gemeint ist. Das Wandelungsrecht in Aktien Dritter fällt unter den Begriff der *Umtauschanleihe*.

Die Unterscheidung ist bedeutsam, weil steuerrechtlich die Ausübung des *Umtauschrechts* als (Gewinn-)Realisationsvorgang gem. § 252 Abs. 1 Nr. 4 HGB/§§ 4, 5 EStG verstanden wird.[2418] Demgegenüber ist die Wandelung einer Anleihe in Aktien des Emittenten kein Austausch in ein *aliud*, sondern die Fortführung der Partizipation in einer neuen Rechtsform.[2419] Dem Anleger steht dabei eine Ersetzungsbefugnis zu (*facultas alternativa*).[2420] Diese

---

[2414] Hueck/Fastrich in: Baumbach/Hueck, GmbHG, § 29 Rn. 89a. Steuerrechtlich führt eine Kapitalerhöhung aus Gesellschaftsmitteln nicht zu Einkünften, § 1 KapErhG. Die Kapitalgesellschaft hat die Erhöhung des Nennkapitals innerhalb von 2 Wochen nach der Eintragung des Beschlusses über die Erhöhung des Nennkapitals in das Handelsregister dem Finanzamt mitzuteilen, § 4 KapErhG.

[2415] Erfolgt die Herabsetzung nicht wegen endgültig feststehender, sondern nur wegen drohender künftiger Verluste, für die Rückstellungen in der Bilanz gebildet worden sind, und können spätere Rückstellungen aufgelöst werden, weil die befürchteten Verluste nicht eingetreten sind, lebt das Genussrecht weder in der anteiligen Höhe wieder auf, noch kann der Genussrechtsinhaber dessen Auffüllung verlangen; der Genussrechtsinhaber hat jedoch in ergänzender Vertragsauslegung einen Anspruch auf Auszahlung des anteilig auf das Genusskapital und sein Genussrecht entfallenden Betrages. Ggf. hat er Schadensersatzansprüche wegen positiver Vertragsverletzung, wenn Geschäfte getätigt wurden, die von einem seriösen Kaufmann schlechterdings nicht mehr verantwortet werden konnten, BGH, Urt. v. 5. Oktober 1992, II ZR 172/91, BB 1993, 451.

[2416] Häger/Elkemann-Reusch (Herausgeber), Mezzanine Finanzierungsinstrumente, S. 213, Rn. 611.

[2417] Dreyer/Herrmann, Die Besteuerung von Aktien-, Wandel- und Umtauschanleihen, BB 2001, 705; Häuselmann, Wandelanleihen in der Handels- und Steuerbilanz des Emittenten, BB 2000, 139.

[2418] Bundesministerium der Finanzen: Schreiben betr. Behandlung von Umtauschanleihen, IV C 1 – S 2252 – 145/00, 24. Mai 2000, DB 2000, 1153.

[2419] Derselbe Gedanke findet sich auch bei der Besteuerung von Bezugsrechten. Nach dem FG Köln, v. 31. September 2006, Az. 15-K-444/05 sollen allerdings Bezugsrechte auf neue Aktien oder GmbH-Anteile nicht unter den Begriff „Anteile an einer Körperschaft" i.S.d. § 8b Abs. 2 KStG fallen.

[2420] Schlösser/Sagasser, Die Besteuerung von Kapitalanlagevermögen, § 26 Rn. 526 in: Assmann/Schütze, Handbuch des Kapitalanlagerechts.

Auffassung wird vom BMF geteilt.[2421] Durch die Wandelschuldverschreibung lassen sich mithin interessante Steuerstundungseffekte für den Investor erzielen.[2422]

Als *Optionsanleihe* bezeichnet man „unechte" Wandelschuldverschreibungen (§ 221 AktG), bei denen ein Optionsrecht auf „junge Anteile" *neben* das Schuldverhältnis in Form einer langfristigen Anleihe tritt.[2423] Anders als bei der „echten" Wandelschuldverschreibung sind beide Rechte, das Optionsrecht und die Schuldverschreibung, voneinander in ihrem Bestand unabhängig. *Lutter* hält wegen der Beteiligung am Gewinn Optionsanleihen für einen „Spezialfall von Genussrechten."[2424] Während bei einer „echten" Wandelschuldverschreibung der Gläubiger nur Rückzahlung *oder* Aktien gegen Hingabe der Schuldverschreibung verlangen kann, kann der Optionsscheingläubiger *parallel* das Optionsrecht geltend machen *und* Rückzahlung verlangen. Optionsanleihen können demgemäß mit (*cum*) oder ohne (*ex*) Optionsrecht gehandelt werden. Für die Emittentin bieten sie – wie die Wandelschuldverschreibung – die Möglichkeit, wegen der gleichzeitigen Ausgabe ein relativ günstiges Finanzierungsinstrument zu bekommen, das aus Sicht des Investors die Sicherheit einer Anleihe mit den Ertragschancen einer Aktie verbindet.

Obgleich das gesellschaftsrechtliche Schutzprogramm für Wandelschuldverschreibungen auch für Optionsanleihen gilt (vgl. oben, insbesondere gilt § 221 AktG), sind Optionsanleihe und Wandelschuldverschreibung steuerrechtlich grundverschieden: Während die Wandelung der Wandelschuldverschreibung keine Realisation bedeutet, ist die Einlösung des Optionsrechts ein (Ge-winn-)Realisationsvorgang im Hinblick auf das Wirtschaftsgut „Optionsschein".[2425]

Das Agio bei Erwerb der Optionsanleihe gegenüber der Schuldverschreibung ohne Optionsrecht behandelt die Rechtsprechung bei der Emittentin nicht als Aufwand, sondern im Vorgriff auf die spätere Gesellschafterstellung als Einlage. Diese Sichtweise ist fiskalisch geprägt. Sie führt dazu, das Aufgeld (*Agio*) auch des sog. „Noch-Nicht-Gesellschafters" als Einlage buchen zu müssen, und verhindert damit die Buchung des Agios als (zeitanteilig zu verteilenden)[2426] Aufwand.[2427] Im Falle der Nichtausübung des Wandlungs- oder Optionsrechts bleibt dieser Betrag in der Kapitalrücklage nach § 272 Abs. 2 Nr. 2 HGB.[2428]

---

[2421] Bundesministerium der Finanzen: Schreiben betr. Zweifelsfragen bei der Besteuerung privater Veräußerungsgeschäfte nach § 23 Abs. 1 S. 1 Nr. 2 EStG, IV C 3 – S 2256 – 238/04, v. 25. Oktober 2004, Rn. 2.1.

[2422] Kursgewinne sind jedoch als Marktrendite zu besteuern, FG Schleswig-Holstein, Urt. v. 5. April 2005 Az. 5-V-285/04. Für die Besteuerungsabfolge ist das Urteil des RFH 5. Juni 1929, AZ. II A 9/29, zu beachten.

[2423] Breuninger/Prinz, Ausgewählte Bilanz- und Steuerrechtsfragen von Mezzaninefinanzierungen, DStR 2006, 1345.

[2424] Lutter, Zur Bilanzierung von Genussrechten, DB 1993, 2441.

[2425] Bundesministerium der Finanzen: Schreiben betr. Zweifelsfragen bei der Besteuerung privater Veräußerungsgeschäfte nach § 23 Abs. 1 S. 1 Nr. 2 EStG, IV C 3 – S 2256 – 238/04 v. 25. Oktober 2004 Rn. 2.2; vgl. auch Bundesministerium der Finanzen: Schreiben betr. Einkommensteuerrechtliche Behandlung von Termingeschäften im Bereich der privaten Vermögensverwaltung (§§ 20, 22 und 23 EStG), DStR 2002, 172; OFD München, S-2252 – 82 St 41 v. 16. September 1999; zum gesamten Themenbereich, Dahm/Hamacher, Neues Einkommensteuerrecht für moderne Finanzinstrumente, WM Sonderbeil. Nr. 3 zu Nr. 21 vom 28. Mai 1994, S. 2–24 (16); Kleidt/Schiereck, Mandatory Convertibles, BKR 2004, 18; Wiese/Dammer, Zusammengesetzte Finanzinstrumente der AG – Hybride Kapitalmaßnahmen, strukturierte Anleihen und Kreditderivate im Bilanz-, Ertragsteuer- und Aktienrecht – Ein Überblick, DStR 1999, 867; Häuselmann, Die steuerliche Erfassung von Pflichtwandelanleihen, BB 2003, 1531.

[2426] Verteilung über einen passiven Rechnungsabgrenzungsposten.

[2427] BFH, Urt. v. 30. November 2005, I R 26/04, NV, DStRE 2006, 385 sowie I R 3/04, DStRE 2006, 259.

[2428] Schlösser/Sagasser, Die Besteuerung von Kapitalanlagevermögen, § 26 Rn. 497 in: Assmann/Schütze, Handbuch des Kapitalanlagerechts.

Eine „*ewige Anleihe*" (*Perpetual Bond*) ist eine weitere kostengünstige Finanzierungsalternative für große Industrieunternehmen oder Regierungen[2429] mit langfristig guter Bonität. Typischerweise ist auch diese Finanzierungsform nicht „ewig", weil dem *Emittenten* in der Regel das Recht eingeräumt wird, die Anleihe nach Ablauf einer gewissen Zeitspanne (typischerweise mind. 10 Jahre) zum Nominalwert zurückzukaufen.

Von diesem Recht wird der Emittent auch normalerweise Gebrauch machen, weil die Verzinsung einer „ewigen Anleihe" wegen der formalen Nicht-Rückzahlbarkeit der Anleihe erhöht sein wird.[2430]

„Ewige Anleihen" wirken bei korrekter Ausgestaltung als Eigenkapital nach IFRS[2431] und für Rating-Zwecke. Sie sind damit für große Industrieunternehmen ein bilanztaktisches Finanzierungsinstrument. Der Ausschluss der ordentlichen Kündigungsmöglichkeiten des Investors und ein einzuräumendes Ermessen hinsichtlich der Zinsauszahlung reichen aus, um die Schuldverschreibung als Eigenkapital für Zwecke der IFRS zu behandeln.[2432] Perpetual Bonds bieten aus Sicht des Emittenten den weiteren Vorteil, dass – bei vorsichtiger Strukturierung (möglichst unter Einholung einer verbindlichen Auskunft der Finanzbehörden) – eine Umqualifikation der Schuldverschreibung in EK-Genussrechte vermieden werden kann. Ein Schuldzinsenabzug bleibt damit steuerlich möglich, auch wenn für Zwecke des IFRS die Finanzierung als Eigenkapital behandelt wird. Im Regelfall wird der Emittent dabei die Ausgabe von Perpetual Bonds über eine ausländische Zweckgesellschaft abwickeln (bei Ausgabe einer Ausfallgarantie), um die Erhebung von deutscher Kapitalertragsteuer zu vermeiden.[2433]

## 7. Steuerliche Behandlung von mezzaninen Finanzierungen

Die Verrechnung von Einnahmen und Ausgaben entspricht dem Maßstab der Besteuerung nach der Leistungsfähigkeit,[2434] weil nur das objektive Netto von Einnahmen und Ausgaben dem Steuerpflichtigen zur freien Verfügung verbleibt. Den Zusammenhang zwischen den Ausgaben und den Einnahmen bezeichnet man als Veranlassungszusammenhang. Finanzie-

---

[2429] Im Falle von Regierungen wird oft verkürzt für „consolidated annuities" auch der Begriff des Consols verwendet.

[2430] Die Berechnung ist einfach: Interest/Discount Rate = Price. Beispiel: € 1/implizierte Zinsrate 5 % = 1/0,05 = € 20

[2431] Der ursprünglich feste Zinssatz wird oft nach Ablauf von 10 Jahren auf einen variablen Zinssatz (EURIBOR plus Marge) umgestellt; auch während dieser Phase muss jedoch der Emittent im freien Ermessen weiter die Zinszahlungspflicht stunden können, um die Behandlung als Eigenkapital nach IFRS zu erreichen.

[2432] Isert/Schaber, Die Bilanzierung von Einlagen in Personenhandelsgesellschaften, Mezzanine Kapital und anderen Finanzinstrumenten nach IFRS – Ein Vergleich zwischen IAS 32 (rev. 1998) und IAS 32 (rev. 2003), Teil I, DStR 2005, 2050; Teil II, DStR 2005, 2097 ff. erwähnen die Möglichkeit nicht, dass Perpetual Bonds auch als Eigenkapital qualifiziert werden können und ziehen aus dem Bestehen der Rückzahlungsverpflichtung den Schluss, diese seien nach IAS 39 als Fremdkapital zu erfassen. U.E. gilt dies nur, wenn die Rückzahlungsverpflichtung nicht in das Ermessen des Emittenten gestellt ist (vgl. S. 2000).

[2433] Zwar sind Perpetual Bonds nicht gewinnabhängig (wie Genussrechte, partiarische Darlehen oder stille Beteiligungen), jedoch führen sie zu Kapitalerträgen nach § 20 Abs. 1 Nr. 7 EStG aus Anleihen, über die Sammelurkunden (Globalurkunde) ausgegeben sind (vgl. § 43 Abs. 1 Nr. 7 a) EStG). Damit wäre – auch wenn kein inländisches Kreditinstitut als payment agent („die die Kapitalerträge auszahlende Stelle) eingeschaltet wird – ein inländischer Schuldner nach § 44 Abs. 1 S. 4 Nr. 1 b) EStG zur Einbehaltung von Kapitalertragsteuer (in der Form der Zinsabschlagsteuer) verpflichtet. Dies lässt sich nur vermeiden, wenn der Schuldner der Kapitalerträge (= Schuldscheingläubiger) auch im Ausland ansässig ist.

[2434] Für die Anwendung dieses Maßstabs im Bereich von Abschreibungen vgl. etwa Oliver v. Schweinitz, Abschreibungen zwischen Aufwands- und Subventionstatbestand, Europarechtliche und verfassungsrechtliche Grenzen von Abschreibungstatbeständen, Berlin 2005.

rungsaufwand ist grundsätzlich insoweit abzugsfähig, wie er Betriebsausgabe (§ 4 Abs. 5 EStG) oder Werbungskosten (vgl. § 9 Abs. 1 Satz 2 Nr. 1 EStG) darstellt, also ein Veranlassungszusammenhang mit der betroffenen Einkunftsart besteht. Die Abzugsmöglichkeit von Finanzierungsaufwendungen ist verfassungsrechtlich geboten.

(Eigenkapital-)Dividenden sind nicht abzugsfähig. Aus Sicht des Unternehmens sind Dividenden Zahlungen auf die Residualgröße Eigenkapital und damit Gewinnverwendung nach Abzug aller Betriebsausgaben. Für die Ermittlung des Einkommens ist es aber ohne Bedeutung, ob das Einkommen verteilt wird (§ 8 Abs. 3 Satz 1 KStG). Fremdkapitalzinsen sind hingegen grundsätzlich als Betriebsausgaben/Werbungskosten abzugsfähig.

Kapitalvergütung für Mezzanine Finanzierungen muss entweder nach dem Regime für Eigen- oder dem für Fremdkapital behandelt werden. Finanzierungsaufwendungen für sog. EK-Genussrechte mindern als „Ausschüttungen" das Einkommen nicht (vgl. § 8 Abs. 3 Satz 2, 2. Alt. KStG). Sie sind damit – für Zwecke des Steuerrechts – außerhalb der handelsrechtlichen Buchführung bei der Ermittlung des zu versteuernden Einkommens dem Einkommen einer Körperschaft wieder hinzuzurechnen.

Aber auch bei Finanzierungen, die eindeutig als Fremdkapital zu qualifizieren sind, kann der Gesetzgeber ein Abzugsverbot für die Kosten der Finanzierung aussprechen, etwa bei einem Gesellschafterdarlehen, bei dem der Zins im Belieben des Gesellschafters steht (verdeckte Gewinnausschüttung, vgl. § 8 Abs. 3 Satz 2, 1. Alt. KStG).

Nicht den laufenden Aufwand aber die Passivierung der Verbindlichkeit dem Grunde nach verhindert § 5 Abs. 2a EStG, nach dem für Verpflichtungen, die nur zu erfüllen sind, soweit künftig Einnahmen oder Gewinne anfallen, Verbindlichkeiten oder Rückstellungen erst anzusetzen sind, wenn die Einnahmen oder Gewinne angefallen sind.

Für die Strukturierung von Mezzanine Transaktionen ist weiter nicht nur die Passivierung und die Abzugsfähigkeit der Aufwendungen von Bedeutung, sondern natürlich auch die Behandlung auf Ebene des Investors. Aus seiner Sicht geht es darum, ob Kapitalertragsteuer einbehalten wird, ob er diese zurückerstattet bekommt oder eine Freistellung erreichen kann, und ob die Erträge steuerlich als Zinsen oder Dividenden zu behandeln sind. Bei internationalen Transaktionen sind Mezzanine Finanzierungen oftmals „hybrid", weil sie aus Sicht des Unternehmens als Zinsaufwand zu behandeln sind (so häufig einer zivilrechtlichen Qualifikation folgend in Luxemburg), aus Sicht des Investors aber als Eigenkapital (so häufig insbes. USA/Deutschland einer wirtschaftlichen Qualifikation folgend) zu behandeln sind.[2435] Oftmals werden dabei Qualifikationskonflikte zwischen der deutschen Steuerrechtsordnung und einer ausländischen Steuerrechtsordnung ausgenutzt.

Mit Finanzierungsaufwand lassen sich Gewinnpotentiale innerhalb von Konzernen besonders leicht verlagern. Deutschland hat als Hochsteuerland deshalb die Abzugsfähigkeit von Finanzierungsaufwendungen stark eingeschränkt (insbesondere nach § 4h EStG) und dabei einen möglichen Verstoß gegen das objektive Nettoprinzip in Kauf genommen. Nicht explizit Finanzierungsaufwand betreffen zwar die Regelungen gegen den „Mantelkauf" (vgl. § 8c KStG, § 10a Satz 8 GewStG) und die Beschränkungen der Verlustnutzung (§ 10d EStG) besonders bei Umwandlungsvorgängen (§ 4 Abs. 2 Satz 2 UmwStG); diese Regelungen wirken sich aber in der Praxis besonders bei vorgetragenen Finanzierungsaufwendungen aus.

In der Folge werden exemplarisch einige der typischen Fragestellungen angesprochen, die sich aus steuerrechtlicher Sicht bei Mezzanine Investments stellen. Für Mezzanine Investments sind Nachrangigkeitsvereinbarungen typisch, deshalb wird zunächst die Wirkungsweise einer Nachrangigkeitsvereinbarung im Hinblick auf die Überschuldungsbilanz dargestellt und die steuerrechtlichen Risiken, die sich im Hinblick auf § 5 Abs. 2a EStG ergeben.

---

[2435] In Private Equity Transaktionen werden z. B. häufig von Luxemburger Holding-Gesellschaften sogenannte preferred equity certificates (PECs) oder convertible preferred equity certificates (CPECs) begeben. Aus US-steuerrechtlicher Sicht sind dies Eigenkapitalinstrumente, aus Luxemburger Sicht Fremdkapitalinstrumente, die die dortige Bemessungsgrundlage senken.

Weiter wird auf die steuerrechtlichen Folgen eingegangen, die sich aus der Gewinnabhängigkeit der Mezzanine Finanzierungen ergeben.

### 7.1. Nachrangigkeitsvereinbarung und § 5 Abs. 2a EStG

Rangrücktritt und Erlass mit Besserungsabrede sind streng zu unterscheiden. Der Erlass mit Besserungsabrede, meist[2436] in der Form des auflösend mit dem Fall der Besserung bedingen(?) Erlasses,[2437] führt zum Wegfall der Forderung,[2438] die Rangrücktrittsvereinbarung berührt lediglich den Rang der Forderung im potentiellen Insolvenzverfahren.[2439]

Bei einer juristischen Person ist neben der Zahlungsunfähigkeit Eröffnungsgrund für ein Insolvenzverfahren die Überschuldung, § 19 Abs. 1 InsO. Für eine GmbH & Co. KG gilt dies entsprechend (vgl. § 19 Abs. 3 Satz 1 InsO). Überschuldung liegt vor, wenn das Vermögen des Schuldners die bestehenden Verbindlichkeiten nicht mehr deckt, § 19 Abs. 2 Satz 1 InsO. Bei der Bewertung des Vermögens des Schuldners ist die Fortführung des Unternehmens zugrunde zu legen (d. h. nach „going concern"-Bewertungsprinzipien), wenn diese nach den Umständen überwiegend wahrscheinlich ist (vgl. § 19 Abs. 2 Satz 2 InsO). Ist die Fortführung des Unternehmens nicht überwiegend wahrscheinlich, sind die Wirtschaftsgüter zu ihren Liquidationswerten anzusetzen.[2440]

Sinn und Zweck der Überschuldungsbilanz ist die Sicherstellung der Interessen der Gläubiger. Nach diesem Sinn und Zweck können diejenigen Verbindlichkeiten aus dem in der Überschuldungsbilanz auszuweisenden Fremdkapital herausgefiltert werden, die das Unternehmen buchmäßig nicht stärker als Eigenkapital belasten. Damit ist insbesondere der Teil der Verbindlichkeiten angesprochen, für die ein „Nachrang" vereinbart worden ist. Entgegen der üblichen Bezeichnung als „Erklärung" handelt es sich bei der Nachrangigkeitsvereinbarung um eine vertragliche Abrede zwischen Gläubiger und Schuldner.[2441] Forderungen eines Gesellschafters aus der Gewährung eigenkapitalersetzender Leistungen sind nach Ansicht des BGH trotz ihres gesetzlichen Rangrücktritts nach § 39 Abs. 2 Nr. 4 InsO in der Überschuldungsbilanz der Gesellschaft zu passivieren, soweit für sie keine Rangrücktrittserklärung abgegeben worden ist.[2442] Mit der Nachrangigkeitsvereinbarung ist nicht nur eine Vereinbarung über den Rang verbunden, sondern auch die Auflage, die Forderung in einem Insolvenz- oder Vergleichsverfahren nicht geltend machen zu dürfen.[2443]

Welcher exakte Rang im Rahmen einer Insolvenz aus der Vereinbarung eines „Nachrangs" folgt, ist durch Auslegung zu ermitteln (§§ 133, 157 BGB). Forderungen, für die zwischen Gläubiger und Schuldner der Nachrang im Insolvenzverfahren vereinbart worden ist, werden im Zweifel nach den in § 39 Abs. 1 InsO bezeichneten Forderungen – insbesondere also nach den Gesellschafterdarlehen – berichtigt. Dies entspricht meist auch dem mit

---

[2436] Groh, Eigenkapitalersatz in der Bilanz, BB 1993, 1884.

[2437] Ist über die Besserung ein „Besserungsschein" ausgegeben, handelt es sich dabei meist nur um ein deklaratorisches Schuldanerkenntnis über das Wiederentstehen des Anspruches, vgl. Groh, Eigenkapitalersatz in der Bilanz, BB 1993, 1884.

[2438] Zu dem steuerlichen Risiko einer Anwendung von § 8 Abs. 3 S. 2, 2. Alt. KStG bei Vereinbarung einer Besserungsabrede, vgl. Tz. 7.2.3. Steuerliche Abzugsfähigkeit von Finanzierungsaufwand.

[2439] Vgl. zu den Abgrenzungen, Groh, Eigenkapitalersatz in der Bilanz, BB 1993, 1882.

[2440] Zu den Einzelheiten des Wertansatzes im Überschuldungsstatuts, Michael Dahl, Der Tatbestand der Überschuldung nach § 19 InsO, NJW-Spezial 2008, 117 ff. Insbesondere haben die als Aktiva und Passiva in der Handelsbilanz ausgewiesenen Positionen nur indizielle Bedeutung für die insolvenzrechtliche Überschuldung.

[2441] Leuering/Simon, Neue Anforderungen an die Gestaltung eines Rangrücktritts, NJW-Spezial, 2004, 315.

[2442] BGH, Urt. v. 8. Januar 2001, II ZR 88/99, NJW 2001, 1280, der dies damit begründet, er wolle den Geschäftsführer von der Entscheidung entlasten, ob eine Gesellschafterleistung als eigenkapitalersetzend einzustufen ist oder nicht.

[2443] Groh, Eigenkapitalersatz in der Bilanz, BB 1993, 1883.

einer solchen Vereinbarung verfolgten Ziel, eine Entlastungswirkung für Zwecke der Überschuldungsbilanz zu erzielen.

Wie tief der Rangrücktritt zu sein hat, insbesondere ob er auch nach den „Forderungen auf Rückgewähr des kapitalersetzenden Darlehens eines Gesellschafters" (nach Gesellschafterforderungen, § 39 Abs. 1 Nr. 5 InsO n.F.) zu sein hat, ist umstritten.

Der BGH ist der Ansicht, die Frage der Passivierung stelle sich nicht, wenn der betreffende (Gesellschafter-)Gläubiger erklärt hat, "er wolle wegen der genannten Forderungen erst nach der Befriedigung sämtlicher Gesellschaftsgläubiger und – bis zur Abwendung der Krise – auch nicht vor, sondern *nur zugleich mit den Einlagerückgewähransprüchen* seiner Mitgesellschafter berücksichtigt, also so behandelt werden, als handele es sich bei seiner Gesellschafterleistung um statutarisches Kapital." Stelle sich der Gesellschafter in dieser Weise wegen seiner Ansprüche aus einer in funktionales Eigenkapital umqualifizierten Drittleistung auf *dieselbe* Stufe, auf der er selbst und seine Mitgesellschafter hinsichtlich ihrer Einlagen stehen, bestehe keine Notwendigkeit, diese Forderungen in den Schuldenstatus der Gesellschaft aufzunehmen.[2444]

Diese Formulierung spricht zunächst dafür, dass ein Rangrücktritt *nach* § 39 Abs. 1 Nr. 5 InsO auf die Stufe der Ansprüche der Einlagenrückgewähransprüche erforderlich ist. Die Gesellschafter sind jedoch hinsichtlich ihrer Einlagerückgewähransprüche keine Insolvenzgläubiger.

Andererseits hat der BGH aber formuliert, im Verhältnis zu seinen Mitgesellschaftern verliere der Rangrücktretende auch im Falle der Insolvenz der Gesellschaft die Stellung als Gesellschaftsgläubiger nicht und könne deswegen – sofern nach Befriedigung aller anderen Gläubiger der Gesellschaft ein zu verteilender Betrag verbleibt – die bis dahin in der Durchsetzung gehemmten Ansprüche mit Vorrang vor den Forderungen der Mitgesellschafter bei der Verteilung des Liquidationserlöses geltend machen. Diese Regeln seien in dem (aus damaliger Sicht) neuen Insolvenzrecht nunmehr in § 39 Abs. 1 Nr. 5 InsO ausdrücklich niedergelegt worden. Diese Formulierung spricht dafür, dass ein Rang nach § 39 Abs. 1 Nr. 4 und vor § 39 Abs. 1 Nr. 5 InsO ausreichend ist, um eine Entlastungswirkung für die Überschuldungsbilanz zu erzielen.

Im Hinblick auf die insolvenzrechtliche Überschuldungsbilanz ist jedenfalls ein Rang *nach* § 39 Abs. 1 Nr. 4 InsO erforderlich, um eine Entlastungswirkung zu erzielen.[2445] Ein solcher Rangrücktritt gegenüber allen anderen Gläubigern wird als „tiefer" Rangrücktritt bezeichnet.[2446] Häufig wird er vorsorglich schon bei Begründung der Forderung vereinbart, nicht erst in der Krise der Gesellschaft.[2447]

Die durch die Vereinbarung einer Nachrangigkeit erzielte Entlastungswirkung bezieht sich damit nur auf die Überschuldungsbilanz, nicht auf die Handelsbilanz. In der Handelsbilanz sind die einer Nachrangigkeitsvereinbarung unterliegenden Verbindlichkeiten weiter

---

[2444] BGH, Urt. v. 8. 1. 2001, II ZR 88/99, NJW 2001, 1280 (1281).

[2445] Ohne weitere Begründung wird dennoch vielfach angezweifelt, ob es für Zwecke der insolvenzrechtlichen Überschuldungsbilanz ausreicht, einen „einfachen" Rangrücktritt zu erklären, etwa mit den Forderungen im Rang hinter alle übrigen Gläubiger zurückzutreten. Schon für Zwecke der Entlastungswirkung nach der Überschuldungsbilanz ist deshalb ein sog. „qualifizierter" Rangrücktritt empfehlenswert; zu der Unterscheidung von „qualifiziertem" und „einfachem" Rangrücktritt vgl. Tz. 7.1. Nachrangigkeitsvereinbarung und § 5 Abs. 2a EStG. Häger/Elkemann-Reusch, Mezzanine Finanzierungsinstrumente, S. 196, Rn. 534.

[2446] Begrifflichkeit nach Steinhauer in: Häger/Elkemann-Reusch (Herausgeber), Mezzanine Finanzierungsinstrumente, S. 181, Rn. 481.

[2447] Groh, Eigenkapitalersatz in der Bilanz, BB 1993, 1882; Das hat steuerrechtlich die Folge, dass es sich um ein sog. „krisenbestimmtes Darlehen" (Bundesministerium der Finanzen: Schreiben v. 8. Juni 1999, BStBl. 1999, Teil I S. 545). Der Verlust aus einem solchen Darlehen wird bei einem Gesellschafter gem. § 17 EStG als nachträgliche Anschaffungskosten relevant, während ein erst in der Krise erklärter Rangrücktritt – bei Gesellschaftern nach § 17 EStG – zu einem steuerlich irrelevanten Verlust auf privater Vermögensebene führen kann.

anzugeben, die Nachrangigkeit ist durch einen Nachrangvermerk in der Bilanz oder im Anhang kenntlich zu machen.[2448] Wenn der Schuldner den Rangrücktritt missachtet und den Gläubiger auszahlt, bleibt die Erfüllung wirksam und die Verbindlichkeit geht unter.[2449]

Nach § 5 Abs. 2a EStG sind Verbindlichkeiten oder Rückstellungen für Verpflichtungen, die nur zu erfüllen sind, soweit künftig Einnahmen oder Gewinne anfallen, erst anzusetzen, wenn sie entgeltlich erworben wurden. Die drohende Rechtsfolge einer Anwendung von § 5 Abs. 2a EStG ist ein Gewinnausweis in Höhe des „geliehenen" Kapitals.

Nach Auffassung des BMF soll § 5 Abs. 2a EStG aber nur auf solche Verbindlichkeiten anzuwenden sein, die *ausschließlich* aus zukünftigen Gewinnen zu tilgen sind.[2450] Danach ist ein Ausweis einer Verbindlichkeit im Entstehungszeitpunkt weiterhin erforderlich (also kein Gewinnausweis), wenn die Rückzahlung nicht nur aus zukünftigen Gewinnen, sondern *auch* aus einem Liquidationsüberschuss oder aus anderem – freien – Vermögen zu erfolgen hat. Die Rangrücktrittsvereinbarung sollte deshalb vorsichtshalber vorsehen, dass die Rückzahlungen *nicht nur aus zukünftigen Gewinnen, sondern auch aus einem zukünftigen Liquidationsüberschuss oder aus anderem – freien – Vermögen zu leisten sind.*[2451] Diese Klausel bezeichnet man als „qualifizierten Rangrücktritt". Eine solche „qualifizierte" Rangrücktrittsvereinbarung einzuhalten, dürfte bei entsprechender steuerrechtlicher Beratung kein Problem darstellen. In der Praxis ist § 5 Abs. 2a EStG eine Frage der richtigen Formulierung bzw. Beratung.[2452]

Überdies hat der BFH in einem Urteil vom 10. November 2005 entschieden, dass eine Rangrücktrittsvereinbarung nicht schon dann zur Anwendung von § 5 Abs. 2a EStG führt, wenn eine ausdrückliche Bezugnahme der Vereinbarung auf die Möglichkeit der Tilgung auch aus einem Liquidationsüberschuss oder aus sonstigem Vermögen fehlt.[2453] Damit ist das Risiko der Anwendung von § 5 Abs. 2a EStG weitgehend entschärft worden.

Bei der als Junior oder „Mezzanine" bezeichneten Tranche eines Darlehens wird demgegenüber meist kein „tiefer" Rangrücktritt vereinbart, sondern lediglich ein Rangrücktritt hinter die Forderungen *der Senior-Tranche Darlehensgläubiger.*[2454]

## 7.2. Gewinnabhängige Vergütungen

Die Vergütung auf Mezzanine Investments kann vielfältige Formen annehmen. Typisch ist dabei die Einräumung eines „Equity Kickers". Die gewinnabhängige Vergütung ist weiter für Zwecke der Kapitalertragsteuer von Bedeutung und für die steuerliche Abzugsfähigkeit des Finanzierungsaufwandes.

### 7.2.1. Steuerliche Behandlung von Equity Kickern

Darlehen, deren Vergütung sich teilweise oder vollständig auf den Gewinn bezieht, werden als gewinnabhängig oder „partiarisch" bezeichnet. Bezieht sich die Gewinnbeteiligung auf die Wertsteigerung des Unternehmens nennt man diese Form der Vergütung „Equity

---

[2448] Ellrott/M. Ring, BeckBilKomm., § 266 HGB Rn. 255; Fleck, GmbHR 1989, 313 (318).
[2449] Groh, Eigenkapitalersatz in der Bilanz, BB 1993, 1882.
[2450] Bundesministerium der Finanzen: Schreiben v. 8. September 2006, IV B 2 – S 2133 – 10/06 (BStBl. I S. 497) betr. Passivierung von Verbindlichkeiten bei Vereinbarung eines einfachen oder qualifizierten Rangrücktritts; Auswirkungen des § 5 Abs. 2a EStG.
[2451] Bock, Steuerliche und bilanzielle Aspekte mezzaniner Nachrang-Darlehen, DStR 2005, 1067 (1069).
[2452] Bock, Steuerliche und bilanzielle Aspekte mezzaniner Nachrang-Darlehen, DStR 2005, 1067 (1069); vgl. ähnlich Leuering/Simon, Neue Anforderungen an die Gestaltung eines Rangrücktritts, NJW-Spezial, 2004, 315 (316).
[2453] BFH, Urt. v. 10. November 2005, IV R 13/04, DB 2006, 308.
[2454] Vgl. Krüger, Portfolios stärker diversifizieren, Mezzanine Loans: Eine bislang zu Unrecht unterrepräsentierte Kapitalanlageart, VW 2007, 166.

Kicker".[2455] Der Equity Kicker ist „echt", wenn er sich auf die Ausgabe von Eigenkapital bezieht, er ist „unecht" (oder Non-Equity Kicker), wenn er nur zu einer Sonderzahlung führt (sog. „virtueller Equity Kicker").[2456]

Der „echte" Equity Kicker kann entweder als Option (engl. *warrant*),[2457] also als zusätzliches Recht auf Ausgabe von Eigenkapital, oder als Wandelrecht (*convertible bond*) ausgestaltet sein.

Vor Erlangung einer Gesellschafterstellung ist der Finanzierungsaufwand auf das Darlehen auch dann Finanzierungsaufwand eines Nicht-Gesellschafters, wenn die Aussicht auf Erwerb einer Gesellschafterstellung durch Ausübung des „echten" Equity Kickers nahe liegt. Diese Auffassung entspricht auch der Auffassung der Finanzverwaltung.[2458]

Der Finanzierungsaufwand ist damit im Regelfall nicht von den Abzugsbeschränkungen für Gesellschafterdarlehen betroffen (vgl. § 8a Abs. 1 Satz 1 KStG a.F.[2459] und die Rückaus-

**Abbildung 15: Varianten des Equity Kickers**[2460]

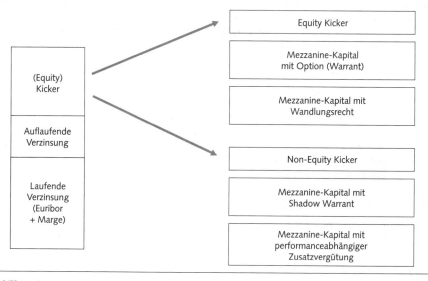

---

[2455] Golland/Gehlhaar/Grossmann/Eickhoff-Kley/Jänisch, Mezzanine Kapital, Beilage zu BB 2005 Heft 13, S. 1 sehen Equity Kicker gleichfalls als „Baustein" für Mezzanine Kapital an.

[2456] Bock, Steuerliche und bilanzielle Aspekte mezzaniner Nachrang-Darlehen, DStR 2005, 1067 (1068). Diese performanceabhängige Vergütungskomponente kann über die Ausübung eines virtuellen Optionsrechtes („shadow warrant") oder als einfache Sonderzahlung strukturiert sein. Zu der Abgabe von Gesellschaftsanteilen kommt es dabei nicht. Vgl. Golland/Gehlhaar/Grossmann/Eickhoff-Kley/Jänisch, Im Blickpunkt: Mezzanine Kapital, BB-Spezial 2005, 32.

[2457] Optionsschein, der es dem Inhaber ermöglicht, Eigenkapitalanteile zu festgelegten Konditionen zu erwerben. Golland/Gehlhaar/Grossmann/Eickhoff-Kley/Jänisch, Im Blickpunkt: Mezzanine Kapital, BB-Spezial 2005, 32.

[2458] OFD Düsseldorf 23. März 2001, S 2136 A – St 11, DB 2001, 1337. Anders aber der Fall des Agios eines „Noch-nicht-Gesellschafters" auf eine Optionsanleihe, das als Einzahlung in die Kapitalrücklage zu behandeln ist. Besonders überzeugend ist diese Abgrenzung zugegebenermaßen nicht.

[2459] Zu diesem Aspekt und zum alten § 8a KStG, Breuninger/Prinz, die zu Recht darauf hinweisen, dass auch bei Optionsanleihen trotz der nunmehr durch den BFH vertretenen Einlage-Bilanzierung der „Noch-Nicht-Gesellschafter" keine steuerrechtliche Schlechterstellung wegen der zukünftigen Gesellschafterstellung erfolgen darf; Breuninger/Prinz, Ausgewählte Bilanz- und Steuerrechtsfragen von Mezzaninefinanzierungen, DStR 2006, 1345 (1349).

[2460] Golland/Gehlhaar/Grossmann/Eickhoff-Kley/Jänisch, Im Blickpunkt: Mezzanine Kapital, BB-Spezial 2005, 3.

nahmen zur Konzernausnahme oder zum Eigenkapitalvergleich nach § 8a Abs. 2 u. 3 KStG n.F.). Typischerweise ist der Mezzanine Kapitalgeber nicht gleichzeitig Anteilseigner des Schuldners.[2461]

Der Kicker ist als zusätzliche Vergütung für die Kapitalüberlassung zu versteuern.[2462] „Echte" Equity Kicker in der Form einer zusätzlichen Optionsvergütung fallen steuerrechtlich unter die Regelungen für „Optionsanleihen". Optionsanleihen sind „Schuldverschreibungen, die auf einen – regelmäßig verzinslichen – Rückzahlungsanspruch laufen und bei denen den Gläubigern das Recht eingeräumt ist, zusätzlich zum Rückzahlungsanspruch Aktien an der ausgebenden Kapitalgesellschaft (oder ihrer zu 100 v. H. beteiligten Muttergesellschaft) zu beziehen."[2463] Diese Einordnung als Optionsanleihe zwingt dazu, Optionsrecht und Schuldverschreibung separat in der Handels- und Steuerbilanz zu bilanzieren, mit der Folge für den Gläubiger/Investor, dass das Optionsrecht erst bei Ablauf des Ausübungszeitraumes ertragsmindernd aufgelöst werden kann. Ein Disagio auf die Schuldverschreibung ist durch einen Rechnungsabgrenzungsposten zeitgerecht aufzulösen.[2464]

### 7.2.2. Behandlung von mezzaninen Finanzierungen für Zwecke der Kapitalertragssteuer und nach internationalem Steuerrecht

Die Frage, ob ein Darlehen gewinnabhängig ausgestaltet ist, ist weiter für den Einbehalt von Kapitalertragsteuer von Bedeutung. Grob vereinfacht, fällt nach gegenwärtigem deutschem Recht Kapitalertragsteuer auf alle gewinnabhängigen Finanzierungsentgelte an. Entscheidend ist die vetragliche Abrede und nicht, ob tatsächlich eine gewinnabhängige Vergütung bezahlt wird, also auch bei teilweise gewinnabhängiger Vergütung abrede, bei der tatsächlich nur die Fixkomponente zum Tragen kommt. Zinsen aus partiarischen Darlehen unterliegen etwa nach §§ 43 Abs. 1 Nr. 3, 43a Abs. 2 EStG dem Einbehalt von Kapitalertragsteuer.[2465]

Für Entgelte auf nicht-gewinnabhängige Finanzierungen ist hingegen im Regelfall keine Kapitalertragsteuer einzubehalten (Ausnahme: § 43 Abs. 1 Nr. 7 a) EStG – verbriefte Forderungen oder § 43 Abs. 1 Nr. 7 b) EStG – Schuldner ein inländisches Kreditinstitut ggf. mit Rückausnahmen). Die Zinsen auf ein unbesichertes, unverbrieftes Darlehen eines deutschen Industrieunternehmens an einen ausländischen Gläubiger unterliegen keiner Kapitalertragsteuer.

Die Kapitalertragsteuer ist – wie die Lohnsteuer – lediglich eine besondere Erhebungsform der Einkommensteuer. Sie setzt deshalb eine Einkommensteuerpflicht dem Grunde nach voraus. Für inländische Gläubiger ist dies unproblematisch, Inländer unterliegen aufgrund des Welteinkommensprinzips mit ihren gesamten Einkünften der Einkommensteuer.

Für ausländische Personen ist die Steuerpflicht dem Grunde nach jedoch separat neben den Kriterien des Einbehaltes nach §§ 43ff. EStG zu prüfen. Oft ist nämlich der Gläubiger einer mezzaninen Finanzierung eine ausländische Kapital- oder Personengesellschaft. Für den Einbehalt der Kapitalertragsteuer ist wegen der Systematik der Kapitalertragsteuer als besondere Erhebungsform der Einkommensteuer damit weiter die beschränkte Steuerpflicht der ausländischen Kapitalgesellschaft erforderlich. Diesen Gedanken formuliert die OFD Frankfurt am Main für Zinserträge im Sinne des § 20 Abs. 1 Nr. 7 EStG:

*„Steuerausländer unterliegen mit ihren Zinserträgen i. S. d. § 20 Abs. 1 Nr. 7 EStG grundsätzlich nur dann dem Steuerabzug vom Kapitalertrag i. S. d. § 43 Abs. 1 Satz 1 Nr. 7 und 8 sowie Satz 2*

---

[2461] Vgl. Jänisch/Moran/Waibel, Mezzanine Finanzierung – Intelligentes Fremdkapital und deutsches Steuerrecht, DB 2002, 2451 (2452).

[2462] Dies gilt auch, wenn er von einem Dritten (etwa dem Gesellschafter des finanzierten Unternehmens) gewährt wird. Vgl. Bärenz/Buge, Beteiligungen an Mezzanine Fonds, Steuerrechtliche Aspekte dieser modernen Beteiligungsform, NWB DokID: LAAAB-42447, BBV Nr. 2 v. 2. Februar 2005, S. 22.

[2463] OFD Düsseldorf v. 23. März 2001, S 2136 A – St 11, DB 2001, 1337.

[2464] OFD Düsseldorf v. 23. März 2001, S 2136 A – St 11, DB 2001, 1337.

[2465] 25 % plus Solidaritätszuschlag von 5,5 % hierauf und ggf. ab 1. Januar 2009 Kirchensteuer.

*EStG (Zinsabschlag), wenn die Zinserträge im Rahmen des § 49 EStG der beschränkten ESt- bzw. KSt-Pflicht unterliegen. Dies kann ausnahmsweise dann der Fall sein, wenn es sich um Zinserträge i. S. d. § 43 Abs. 1 Satz 1 Nr. 7a und 8 sowie Satz 2 EStG aus sog. Tafelgeschäften (§ 49 Abs. 1 Nr. 5 c) cc) EStG) handelt oder die Zinseinnahmen im Rahmen einer anderen Einkunftsart anfallen (z. B. als gewerbliche Einkünfte i. S. d. § 49 Abs. 1 Nr. 2a EStG) und nach Maßgabe des § 49 EStG der inländischen Besteuerung sowie nach der Subsidiaritätsklausel des § 43 Abs. 4 EStG der inländischen Kapitalertragsteuer (KapSt) unterliegen. Unterliegt der Steuerausländer im übrigen mit den erzielten Zinserträgen nicht der beschränkten ESt- bzw. KSt-Pflicht, muß die die Kapitalerträge auszahlende Stelle im Zeitpunkt der Auszahlung keine KapSt (Zinsabschlag) einbehalten und abführen."*[2466]

Die beschränkte Steuerpflicht kann sich insbesondere durch eine inländische Betriebsstätte (§ 49 Abs. 1 Nr. 2a) EStG) oder aufgrund einer Besicherung durch Grundschulden/Hypotheken (§ 49 Abs. 1 Nr. 5c)aa) EStG) ergeben. Im System der Abgeltungssteuer ab 1. 1. 2009 wird die beschränkte Steuerpflicht nach § 49 Abs. 1 Nr. 5 d) EStG erheblich ausgedehnt. Ausdrücklich ist z. B. auch der nicht Grundschuldversicherte Darlehensgläubiger ab 1. 1. 2009 bei verbrieften Forderungen beschränkt steuerpflichtig.[2467]

Der Gläubiger von Genussrechten ist beschränkt steuerpflichtig gem. § 49 Abs. 1 Nr. 5 a) EStG.[2468] Auch die meisten anderen mezzaninen Finanzierungsformen sind gewinnabhängig und führen zum Einbehalt von Kapitalertragsteuer.

Bei den meisten mezzaninen Finanzierungen ist es deshalb eine Grundfrage der Strukturierung, wie die Rückerstattung[2469] der Kapitalertragsteuer im Falle der Finanzierung durch Ausländer/Anrechnung im Falle der Finanzierung durch Inländer (vgl. § 36 Abs. 2 Nr. 2 EStG) zu erreichen ist.

Bei innerdeutschen Finanzierungen ist die einbehaltene Kapitalertragsteuer als Vorauszahlung der Einkommen-/Körperschaftsteuer zu behandeln (§ 36 Abs. 2 Nr. 2 EStG). Bei internationalen Finanzierungen ist Anspruchsgrundlage für die Erstattung der Kapitalertragsteuer § 50d Abs. 1 Satz 2 EStG in Verbindung mit den Regelungen eines Doppelbesteuerungsabkommens. Der Rückerstattungsantrag an das Bundeszentralamt für Steuern[2470] ist dabei an die Voraussetzung geknüpft, die erhöhten „substance"-Kriterien von § 50d Abs. 3 EStG einzuhalten.

Genussrechte (auch EK-Genussrechte) bilden als bloß schuldrechtliche Forderungen mangels „Beteiligung am Nennkapital" keinen „Anteil" für Zwecke der Hinzurechnungs-

---

[2466] OFD Frankfurt Rundverfügung betr. Erstattung des Zinsabschlags bei Steuerausländern v. 13. Januar 1999 (RIW S. 477), (S 2410 A – 26 – St II 13), für Einzelfragen zur Anwendung des Zinsabschlaggesetzes, vgl. Bundesministerium der Finanzen: Schreiben IV B 4 – S – 2000- 252/982.

[2467] Wird Kapitalertragsteuer einbehalten, obwohl keine Verpflichtung dazu bestand, hat der Darlehensgläubiger Anspruch auf Rückerstattung nach § 37 AO. Für die Geltendmachung des Anspruchs auf Rückerstattung ist kein besonderes Verfahren einzuhalten (vgl. BFH, Urt. v. 25. Februar 1992 Az. VII-R-8/91). Im Bereich der fehlenden Steuerpflicht aufgrund DBA oder meist auf Europarecht fußenden Sonderregelungen (§§ 43b EStG – Mutter-Tochter-Richtlinie, 50g EStG – Lizenzrichtlinie) bestimmt § 50d Abs. 1 als Ausnahme dazu, dass „die Vorschriften über die Einbehaltung, Abführung und Anmeldung der Steuer durch den Schuldner der Kapitalerträge ungeachtet" anzuwenden. Wenn also keine Freistellungsbescheinigung nach § 50d Abs. 2 EStG rechtzeitig beantragt und erhalten wird, muss der Schuldner trotz der Freistellung/Verringerung des Kapitalertragsteuersatzes aufgrund eines DBA/Europarechts Kapitalertragsteuer in voller Höhe einbehalten. Der Gläubiger der Kapitalerträge ist auf das Erstattungsverfahren verwiesen, um die fehlende oder niedrigere Steuerpflicht aufgrund DBA/europarechtlicher Sonderregelung durchzusetzen.

[2468] Vgl. Watrin/Lühn, Besteuerung von Genussrechten deutscher Emittenten mit im Ausland ansässigen Inhabern, IWB Nr. 21 v. 8. 11. 2006, S. 483, Gruppe 4, Fach 3 (S. 486).

[2469] Im EU-Kontext kann es zu einer gänzlichen Freistellung nach den Vorgaben der Mutter-Tochter-Richtlinie für EK-Genussrechte kommen.

[2470] Zuständigkeit in § 50d Abs. 1 S. 3 EStG festgelegt.

besteuerung nach § 7 AStG.[2471] Outbound-Transaktionen (= deutsche Investoren investieren im Ausland) sind deshalb oft über Genussrechte strukturiert. Auch auf der Ebene unter einer Zwischengesellschaft bieten sich EK-Genussrechte an, weil diese nach wohl herrschender Meinung zu (aktiven) Gewinnausschüttungen nach § 8 Abs. 1 Nr. 8 AStG führen.[2472]

### 7.2.3. Steuerliche Abzugsfähigkeit von Finanzierungsaufwand

Auch für die Abzugsfähigkeit von Finanzierungsaufwand ist es von Bedeutung, ob eine Finanzierung gewinnabhängig ausgestaltet ist. Zwar besteht kein allgemeiner Grundsatz, dass aus dem Gewinn zu tilgende Verbindlichkeiten steuerrechtlich weniger abzugsfähig sein sollten als anderer Finanzierungsaufwand; jedoch kann eine gewinnabhängige Ausgestaltung Indiz dafür sein, dass eine atypische Beteiligung vorliegt oder dass die Finanzierung insgesamt als Eigenkapitalgenussrecht zu qualifizieren ist. Zinsen aus partiarischen Darlehen und Gewinnanteile (typischer) stiller Gesellschafter sind hingegen – deren Angemessenheit unterstellt – grundsätzlich als Betriebsausgaben abziehbar.[2473]

#### 7.2.3.1. Abzugsverbot gem. § 8 Abs. 3 Satz 2, 2. Alt. KStG („EK-Genussrechte")

Nach § 8 Abs. 3 Satz 2, 2. Alt. KStG mindern Ausschüttungen jeder Art auf (1) *Genussrechte*, mit denen das Recht auf Beteiligung am Gewinn (2) *und* am Liquidationserlös (3) der Kapitalgesellschaft (4) (= des Schuldners) verbunden ist, das Einkommen nicht. Die Beteiligung am Gewinn *und* am Liquidationserlös muss kumulativ vorliegen.[2474] Daraus erklärt sich auch, dass der Gesetzgeber den gesellschaftsrechtlichen Begriff der Ausschüttung verwendet und nicht den des Zinses, denn Vergütungen auf derartige Genussrechte entsprechen bei wirtschaftlicher Betrachtung eher den gesellschaftsrechtlichen Ausschüttungen als den Zinsen eines Fremdkapitalgebers.[2475] Genussrechte, die diese Voraussetzungen erfüllen, bezeichnet man folgerichtig als Eigenkapital-Genussrechte („EK-Genussrechte").[2476] Genussrechte, mit denen nur das Recht auf Beteiligung am Gewinn, nicht aber das Recht auf Beteiligung am Liquidationserlös verbunden ist, bezeichnet man als Fremdkapital-Genussrechte („FK-Genussrechte").

Das Abzugsverbot des § 8 Abs. 3 Satz 2, 2. Alt. KStG bezieht sich ausdrücklich auf eine Beteiligung am Gewinn *einer Kapitalgesellschaft* (legaldefiniert in § 1 Abs. 1 Nr. 1 KStG) und lässt sich damit u.E. nicht auf andere Emittenten übertragen.[2477] Diese Ansicht wird von der

---

[2471] Wassermeyer in: Flick/Wassermeyer/Baumhoff, § 7 AStG Rn. 12; in diesem Sinne jüngst auch Strunk/Haase, Die tatbestandliche Erfassung von Genussrechten als Anteile an Kapitalgesellschaften bei der Hinzurechnungsbesteuerung, BB 2007, 17 (22), mit Hinweisen zu der möglicherweise anderen Auffassung der Finanzverwaltung jedenfalls für EK-Genussrechte.

[2472] Zum Streitstand Wassermeyer in: Flick/Wassermeyer/Baumhoff, § 8 AStG, Rn. 283, der überzeugend argumentiert, dass – wer EK-Genussrechte als Beteiligung nach § 7 AStG behandele –, Gewinnausschüttungen auf diese dann aber auch unter § 8 Abs. 1 Nr. 8 AStG fassen müsse. Die Streitfrage zu § 8 Abs. 1 Nr. 8 AStG, ob Gewinnausschüttungen auf EK-Genussrechte unter diese Vorschrift fallen, dürfte deshalb weniger virulent sein, als die vergleichbare Streitfrage zu § 7 AStG, ob EK-Genussrechte als Beteiligung aufzufassen sind.

[2473] BFH, Urt. v. 19. Januar 1994, I R 67/92, DStR 1994, 651; vgl. auch Anmerkung von Angerer zu BFH, Urt. v. 19. Januar 1994, I R 67/92, DStR 1994, 651 (652).

[2474] FG Baden-Württemberg, Urt. 1. Oktober 1993, 3 K 338/88, EFG 1993, 174.

[2475] Anmerkung von Angerer zu BFH, Urt. v. 19. Januar 1994, I R 67/92, DStR 1994, 651 (652).

[2476] Dieses Begriffsverständnis gilt unabhängig davon, ob das Genussrecht von einer Kapitalgesellschaft im Sinne des § 1 Abs. 1 Nr. 1 KStG eingeräumt wird oder von einem anderen Unternehmen (Personengesellschaft, Einzelkaufmann).

[2477] Angerer, Genussrechte bzw. Genussscheine als Finanzierungsinstrument, DStR 1994, 41 (43); diese Ansicht wird von der Finanzverfassung nicht geteilt, die die Ansicht vertritt, das Wort „auch" in § 8 Abs. 3 Satz 2, 2. Alt. KStG beziehe sich „auch" auf andere Emittenten von Genussrechten und nenne damit die Kapitalgesellschaft „nur beispielhaft", Bundesministerium der Finanzen: Schreiben betr. steuerliche Behandlung von Genussrechten v. 8. Dezember 1986, IV B 7-S 2742-26/86, BB 1987 S. 667.

# 7. Teil. Spezielle Beteiligungsformen § 22 Mezzanine Investments

Finanzverfassung nicht geteilt, die die Ansicht vertritt, das Wort „auch" in § 8 Abs. 3 Satz 2, 2. Alt. KStG beziehe sich „auch" auf andere Emittenten von Genussrechten und nenne damit die Kapitalgesellschaft „nur beispielhaft".[2478]

Nach Ansicht der Finanzverwaltung gehört das Genussrechtskapital bei Erfüllen der Voraussetzungen des § 8 Abs. 3 Satz 2, 2. Alt. KStG zum steuerlichen Eigenkapital.[2479] Das führt dazu, die Einzahlung des Genussrechtskapitals als Einlage, nicht als Verbindlichkeit einzubuchen. Die Finanzverwaltung argumentiert wie folgt:[2480]

*„Diese Auslegung ist auch vom Ergebnis her sinnvoll, wenn man die Einzahlung des Genussrechtskapitals in die Beurteilung mit einbezieht. Kommt eine Passivierung des Genussrechtskapitals als Verbindlichkeit oder die Bildung einer entsprechenden Rückstellung wegen der Nichtrückzahlbarkeit nicht in Betracht, ist zu prüfen, ob die Einzahlung steuerlich als Einlage oder als Gewinn zu behandeln ist. Da die Ausschüttungen unter den zuvor genannten Voraussetzungen steuerlich als Gewinnausschüttungen anzusehen sind, ist entsprechend die Einzahlung als Einlage und nicht als Gewinn zu erfassen."*

Dem hat sich der BFH angeschlossen.[2481] Diese Auffassung ist u.E. abzulehnen: § 8 Abs. 3 Satz 2, 2. Alt. KStG führt lediglich zur Umqualifikation der jeweiligen „Ausschüttungen" in nicht-abzugsfähige Betriebsausgaben; an der handelsrechtlich-geprägten Zuordnung des Genussrechtskapitals als steuerrechtliche Verbindlichkeit (§ 5 Abs. 1 Satz 1 EStG)ändert die Bestimmung nichts.[2482] Erst wenn die handelsrechtlichen Kriterien für die Qualifikation als Eigenkapital (vgl. Tz. 5.2.1. HGB Anforderungen an den bilanziellen Eigenkapitalausweis) erfüllt sind, ist das Genussrechtskapital als Eigenkapital zu qualifizieren, dies dann aber mit Wirkung sowohl für Handels- als auch für die Steuerbilanz[2483].

Selbst dann, wenn das Genussrechtskapital handelsrechtlich als Eigenkapital zu qualifizieren ist, sind nach Auffassung des HFA[2484] die Vergütungen für Genussrechte als Aufwand im Rahmen der handelsrechtlichen Gewinnermittlung zu verbuchen. Die handelsrechtliche Prüfung der Eigenkapitalkriterien entledigt also nicht von der weiteren Prüfung, ob in steuerrechtlicher Hinsicht das Abzugsverbot nach § 8 Abs. 3 Satz 2 KStG erfüllt ist. Begründet wird diese Auffassung damit, dass das Genussrechtskapital auf einem schuldrechtlichen Vertrag beruhe (und nicht auf einem Gesellschaftsvertrag), auch wenn Bezugspunkt der Vergütung der Gewinn des Unternehmens ist. Die gewinnabhängige Bemessung der Vergütung

---

[2478] BMF Schreiben betr. steuerliche Behandlung von Genussrechten v. 8. Dezember 1986, IV B 7-S 2742-26/86, BB 1987 S. 667.

[2479] Vgl. Winter, Steuerliche Behandlung von Genussrechten, GmbHR 1993, 31 (32): „Gewähren die Genussrechte keine Beteiligung am Gewinn und am Liquidationserlös, so mindern die Ausschüttungen hierauf grundsätzlich als Betriebsausgaben den Gewinn und das Einkommen der GmbH, wenn nicht die Voraussetzungen einer verdeckten Gewinnausschüttung erfüllt sind. Das Genussrechtskapital gehört in diesen Fällen in die Steuerbilanz zum Fremdkapital... Das Genussrechtskapital ist in den Fällen der Beteiligung am Gewinn und am Liquidationserlös in der Steuerbilanz der GmbH als Eigenkapital zu behandeln. Die Zuführung dieses Eigenkapitals ist eine Einlage, die sich auf das Einkommen der GmbH nicht auswirken darf."

[2480] Bundesministerium der Finanzen: Schreiben betr. steuerliche Behandlung von Genussrechten v. 8. Dezember 1986, IV B 7-S 2742-26/86, BB 1987 667.

[2481] BFH, Urt. v. 19. Januar 1994, I R 67/92, BStBl. 1996, Teil II, S. 77 ff., BB 1994, 1275; a. A. Strunk/Haase, Die tatbestandliche Erfassung von Genussrechten als Anteile an Kapitalgesellschaften bei der Hinzurechnungsbesteuerung, BB 2007, 17 (18).

[2482] Vgl. Groh, Eigenkapitalersatz in der Bilanz, BB 1993, 1890.

[2483] Der Steuerpflichtige hat mit der Handelsbilanz eine steuerrechtliche Überleitungsrechnung vorzulegen oder eine „den steuerlichen Vorschriften entsprechende Bilanz (Steuerbilanz)", vgl. § 60 Abs. 2 EStDV.

[2484] HFA-Stelungnahme 1/1994: Zur Behandlung von Genussrechten im Jahresabschluß von Kapitalgesellschaften, WPG 1994, 419 ff.

für das Genussrechtskapital wirkt sich lediglich auf die Höhe, nicht aber auf den rechtlichen Charakter der Zahlung (als handelsrechtlichen Aufwand) aus.[2485]

Diese nach HFA gebotene unterschiedliche Behandlung von Genussrechtskapital mit Eigenkapitalcharakter in der Handelsbilanz (als Eigenkapital) und in der Gewinn- und Verlustrechnung (GuV) als Aufwand (wie bei Fremdkapital) will zwar nicht recht einleuchten;[2486] sie entspricht jedoch der verbindlichen Auffassung des Instituts der Wirtschaftsprüfer. Auch für als Eigenkapital klassifizierte Genussrechte ist damit der Zins als handelsrechtlicher Aufwand zu buchen, der nur unter den zusätzlichen Voraussetzungen des § 8 Abs. 3 Satz 2, 2. Alt. KStG als nicht-abzugsfähiger Betriebsaufwand außerbilanziell hinzuzurechnen ist.

**a) Beteiligung am Gewinn.** Mit Genussrechten nach § 8 Abs. 3 Satz 2, 2. Alt. KStG ist eine Beteiligung am Gewinn verbunden. Ob eine Beteiligung am Gewinn vorliegt, ist nach betriebswirtschaftlichen Kriterien zu bewerten. Orientiert sich die Beteiligung am Jahresüberschuss (§ 275 HGB), am Bilanzgewinn (§ 268 Abs. 1 HGB) oder an der tatsächlich an die Aktionäre ausgeschütteten Dividende, liegt eine Gewinnbeteiligung vor.[2487] Sinnvoll ist es meist, die Beteiligung vom Jahresüberschuss abhängig zu machen, und damit von der Verwendung des Jahresüberschusses („Bilanzgewinn") unabhängig zu gestalten.

Ist eine Vergütung variabel, so ist allein das noch kein Indiz für eine Gewinnabhängigkeit, weil auch Fremdkapitalgeber einen variablen Zins vereinbaren können. Umgekehrt hat der BFH in einem Einzelfall eine Kapitalbeteiligung mit fixer Vergütung als Genussrechtsbeteiligung eingestuft, weil der fixe Zins (von 6 Prozent) genau dem erwartenden Dividendenertrag entsprochen hatte.[2488] Steuerlich liegt überdies jedenfalls dann eine „Gewinn"-abhängigkeit vor, wenn eine Verlustbeteiligung vereinbart ist, wenn also keine Vergütung erfolgen würde, soweit sich aus der Vergütung ein Jahresfehlbetrag ergeben oder erhöhen würde.

Die Abgrenzung ist stark einzelfallabhängig. Indizien gegen eine Beteiligung „am Gewinn" sind insbesondere die folgenden Fallgruppen:
– eine feste Verzinsung, auch wenn der Zins nach Ablauf eines längeren Zeitraumes variabel gestellt wird,
– im Verlustfall erfolgt kein Ausfall der Verzinsung, sondern bloss eine Stundung (auch bei Nachrangigkeit),

Ein „Dividend-Pusher", also die Auslösung einer Zahlungsverpflichtung bei Zahlung einer anderen Verpflichtung, ist selbst noch kein eindeutiges Indiz für eine Gewinnbeteiligung, sofern damit nur bis dahin gestundete Zinszahlungen ausgelöst werden.

Eine ausschließlich fixe Vergütung schließt die Qualifikation als „Genussrecht" aus, es sei denn über eine Wasserfall-Regelung[2489] mit Verbot der Insolvenzbeantragung (oder ähnliches) wird indirekt eine Gewinnabhängigkeit auch der fixen Vergütung erreicht.[2490] Aller-

---

[2485] HFA-Stellungnahme 1/1994: Zur Behandlung von Genussrechten im Jahresabschluß von Kapitalgesellschaften, WPG 1994, 419 (422); Küting/Kessler/Harth, Genussrechtskapital in der Bilanzierungspraxis, Eine empirische Untersuchung zur Resonanz der HFA-Stellungnahme 1/1994 unter Berücksichtigung bilanzpolitischer Gesichtspunkte, Beilage 4 zu Heft 8 BB 1996, S. 1 (20).

[2486] Küting/Kessler/Harth, Genussrechtskapital in der Bilanzierungspraxis, Eine empirische Untersuchung zur Resonanz der HFA-Stellungnahme 1/1994 unter Berücksichtigung bilanzpolitischer Gesichtspunkte, Beilage 4 zu Heft 8 BB 1996, S. 1 (20 u. 22).

[2487] Knobbe-Keuk, Bilanz- und Unternehmenssteuerrecht, § 16 IV Rn. 1.

[2488] BFH, Urt. v. 28. 6. 1960, I 85/60, DB 1960, 1057 (1058).

[2489] Als Wasserfall bezeichnet man die exakte Bestimmung der Zahlungsreihenfolge, die meist bei Verbriefungsgesellschaften und Zweckgesellschaften zu beachten ist. Diese Zahlungsreihenfolge zur Liquiditätsverwendung kann wirtschaftlich einer Bestimmung der Gewinnabhängigkeit gleichkommen, auch wenn formal der Zinssatz nur nominal bestimmt ist. Vgl. Schmidtbleicher, Mittelbarer Kapitalmarktzugang für KMU durch Genussrechtepooling, Arbeitspapiere Institut für Bankrecht, Nr. 128, 3/2006, S. 4.

[2490] Vgl. Winter, Steuerliche Behandlung von Genussrechten, GmbHR 1993, 31 (32): „Eine fixe Verzinsung ohne größere Schwankungen ist keine Gewinnbeteiligung."

dings wird eine indirekte Gewinnbeteiligung auch in dem Fall angenommen, wenn der Festzins unter dem Vorbehalt eines ausreichend hohen Gewinns steht.[2491]

Im Falle einer festen *Mindest*-verzinsung, die sich entsprechend der Gewinnlage erhöht, liegt eine Beteiligung am Gewinn nur dann vor, wenn die fixe Mindestverzinsung so niedrig ist, dass sie unter dem liegt, was nach den Verhältnissen des Unternehmens auf Eigenkapital zu zahlen wäre. In diesen Fällen wird bei wirtschaftlicher Betrachtung indirekt tatsächliches Unternehmensrisiko mitgetragen und das Unternehmen unter normalen Umständen nicht mit gewinn-unabhängigen Mindestverzinsungen belastet. Der Mindestzins ist in diesem Fall nicht primäre Gegenleistung für die Überlassung von Kapital, sondern die Hoffnung auf ein Eintreten der Gewinnbeteiligung.[2492] Eine Beteiligung am Gewinn liegt weiter nahe, wenn die variable Zinskomponente bei Prognose der tatsächlichen Ertragserwartungen in greifbarer Nähe liegt.[2493]

Ist der Mindestzins dagegen so hoch, dass die Vergütung bei wirtschaftlicher Betrachtung vom Geschäftsergebnis weitgehend unabhängig sein soll, scheidet eine Gewinnbeteiligung aus.[2494] Bei Mischformen zwischen fester Verzinsung und Reingewinnbeteiligung ist darauf abstellen, ob der eine oder andere Faktor überwiegt.[2495] Eine Aufteilung in abziehbare und nichtabziehbare Vergütungskomponenten ist ausgeschlossen.[2496]

In der Praxis liegt in den meisten Fällen einer Mindestverzinsung keine „Gewinnbeteiligung" in diesem Sinne vor, sondern bloß ein partiarisches Darlehen, weil die feste Zinskomponente die variable überwiegt.

**b) Beteiligung am Liquidationserlös.** Liegen kumulativ Gewinnbeteiligung und Beteiligung am Liquidationserlös vor, sind die Genussrechtszinsen steuerrechtlich als „Ausschüttungen" gem. § 8 Abs. 3 S. 2, 2. Alt. KStG außerbilanziell dem (steuerrechtlichen) Gewinn bei der Ermittlung des zu versteuernden Einkommens hinzuzurechnen. Umgekehrt wird der Bezieher dieser „Ausschüttungen" steuerrechtlich wie der Begünstigte von Dividenden behandelt, profitiert also als Körperschaft von § 8b KStG und kann als Privatperson das Halbeinkünfteverfahren geltend machen (§ 3 Nr. 40a) EStG i.V.m. § 20 Abs. 1 Nr. 1 EStG) und bei Halten einer Alt-Beteiligung mit Erwerb vor 31. 12. 2008 über die Jahresfrist gem. § 23 EStG steuerfreie Veräußerungsgewinne erzielen.[2497]

Die Frage, ob eine Beteiligung am Liquidationserlös vorliegt, ist damit steuerrechtlich sowohl für den Bezieher der Einkünfte als auch für das die Finanzierung aufnehmende Unternehmen von entscheidender Bedeutung.

Eine Beteiligung am Liquidationserlös scheidet aus, wenn es sich nicht um ein Finanzierungsgenussrecht handelt, das Genussrecht also ohne Kapitalüberlassung begründet wurde und ein Rückzahlungsanspruch des Genussrechtsberechtigten ausgeschlossen ist.[2498]

Die Finanzverwaltung argumentiert, in der Wahl des Wortes „Liquidationserlös" anstelle von „Liquidationsüberschuss" käme eine gesetzgeberische Entscheidung zum Ausdruck. Eine Beteiligung am Liquidationserlös liege deshalb vor, wenn die Genussrechtsberechtigten

---

[2491] Schlösser/Sagasser, Die Besteuerung von Kapitalanlagevermögen, § 26 Rn. 488 in: Assmann/Schütze, Handbuch des Kapitalanlagerechts.
[2492] Würde dieses Kriterium ernst genommen (was aus fiskalischen Gründen oft nicht der Fall ist), müsste einige „Mezzanine Finanzierung" als schlicht partiarische Darlehen umqualifiziert werden.
[2493] Vgl. Knobbe-Keuk, Bilanz- und Unternehmenssteuerrecht, § 16 IV Rn. 1.
[2494] Sontheimer, Die steuerliche Behandlung von Genussrechten, Beilage 19/1984 zu BB 1984, 1 (5).
[2495] Winter, Steuerliche Behandlung von Genussrechten, GmbHR 1993, 31 (32).
[2496] Breuninger/Prinz, Ausgewählte Bilanz- und Steuerrechtsfragen von Mezzaninefinanzierungen, DStR 2006, 1345 (1347).
[2497] Anders ab 1. 1. 2009 im System der „Abgeltungsteuer", vgl. § 20 Abs. 2 Nr. 1 EStG.
[2498] FG Baden-Württemberg, Urt. v. 1. Oktober 1993, 3 K 338/88, EFG 1993, 174 (175); zustimmend BFH, Urt. v. 19. Januar 1994, I R 67/92, DStR 1994, 651.

bei „Liquidation" wie ein Gesellschafter (positiv)[2499] an den stillen Reserven beteiligt *würden*; unerheblich ist, ob sie tatsächlich an einer Liquidation teilnehmen werden. Auch das Ausbezahlen der Beteiligung an den stillen Reserven vor Liquidation ist bei Zugrundelegung dieser Auffassung ausreichend.[2500] Damit verlagert sich die Fragestellung. Anstelle der Prüfung, ob eine Beteiligung am Liquidationserlös vorliegt, führt die Auffassung der Finanzverwaltung dazu, allgemein eine Beteiligung an den stillen Reserven zu prüfen.

Dafür ist dann darauf abzustellen, ob die Gesellschaft in gleicher Weise, insbesondere nicht *mehr* belastet durch Finanzierungen der Genussrechtsbeteiligten wie durch Gesellschafterbeiträge belastet wird (sog. „Belastungsvergleich").[2501] Diese den Wortlaut der Liquidation weitgehend außer Acht lassende Auslegung geht jedoch zurück auf die Entscheidung des Reichsfinanzhofes v. 17. 4. 1934. Der Reichsfinanzhof zog aus der wirtschaftlichen Betrachtungsweise des Steuerrechts folgende Schlussfolgerung:

*„Wenn die Rechte von Genußscheinen so gestaltet sind, dass die Steuerkraft der Gesellschaft durch die Genußscheine nicht anders, insbesondere nicht mehr belastet wird als durch die Rechte von Aktionären, dann mindern die Bezüge, die auf die Genussscheine entfallen, nicht das steuerpflichtige Einkommen."*[2502]

Bei Gesellschafterbeiträgen ist die Gesellschaft erst im Falle der Liquidation mit den Liquidationsansprüchen der Gesellschafter belastet;[2503] bei wirtschaftlicher Betrachtung muss diese geringe Form der Belastung auch der Finanzierung durch einen Genussrechtsberechtigten entsprechen, um als „Beteiligung am Liquidationserlös" einzuordnen zu sein.

Allein aus dem Bestehen einer Nachrangvereinbarung kombiniert mit einer Verlustteilnahme, ergibt sich jedoch noch keine (positive) „Beteiligung am Liquidationserlös".[2504] Eine Beteiligung am Liquidationserlös kann weiter auch nicht allein daraus abgeleitet werden, dass der Genussrechtsinhaber zugleich Gesellschafter ist.[2505]

Der Begriff der „Liquidation" wird in diesem Zusammenhang weit verstanden als die Rückführung von Verbindlichkeiten gegenüber Gesellschaftsgläubigern. Partizipiert der Genussrechtsberechtigte wie ein Gesellschafter an dem Rest-Vermögen (und damit an den stillen Reserven), ist er „an dem Liquidationserlös beteiligt". Dies gilt dabei auch, wenn er nur *teilweise* an den stillen Reserven beteiligt wird.[2506]

---

[2499] Winter spricht deshalb davon, es komme darauf an, ob der Berechtigte wenigstens am Risiko des Geschäftsbetriebs „nach der Seite der Gewinnerzielung" teilnimmt, Winter, GmbHR 1993, 31 (32).

[2500] Vgl. Winter, Steuerliche Behandlung von Genussrechten, GmbHR 1993, 31 (32).

[2501] FG Baden-Württemberg, Urt. v. 1. Oktober 1993 – 3 K 338/88, EFG 1993, 174 (175); allein auf den „Belastungsvergleich" darf aber auch nicht zurückgegriffen werden, weil sonst auch Genusskapital, das nicht rückzahlbar ist, unter die Regelung fiele, obwohl der Wortlaut des Gesetzes („Beteiligung am Liquidationserlös") nicht erfüllt wäre; vgl. Sontheimer, Die steuerliche Behandlung von Genussrechten, Beilage 19/1984 zu BB 1984, 1 (5).

[2502] RStBl. 1934, S. 773.

[2503] Vgl. Sontheimer, Die steuerliche Behandlung von Genussrechten, Beilage 19/1984 zu BB 1984, 1 (5).

[2504] Knobbe-Keuk, Bilanz- und Unternehmenssteuerrecht, § 16 IV Rn. 1; vgl. Bundesministerium der Finanzen: Schreiben betr. steuerliche Behandlung von Genussrechten, vom 8. Dezember 1986, IV B 7-S 2742-26/86, BB 1987 S. 667, das im Falle einer solchen Beteiligung das Genusskapital als (steuerrechtliches) Eigenkapital qualifizieren will.

[2505] FG Urt. Baden-Württemberg, 1. Oktober 1993 – 3 K 338/88, EFG 1993, 174; a. A. aber das Bundesministerium der Finanzen: für den Alleingesellschafter/Genussrechtsberechtigten ohne sonstige Beteiligung an dem Liquidationserlös das Bundesministerium der Finanzen: in dem Nichtanwendungserlass zu der Entscheidung des BFH, Urt. v. 19. Januar 1994 BStBl. 1996, Teil II S. 77; Bundesministerium der Finanzen: 27. Dezember 1995, IV B 7 – S 2742 – 76/95, BStBl. 1996, Teil I, S. 49.

[2506] Bundesministerium der Finanzen: Schreiben betr. steuerliche Behandlung von Genussrechten, 17. Februar 1986 – IV B 7 – S 2742 – 1/86.

# 7. Teil. Spezielle Beteiligungsformen § 22 Mezzanine Investments

Die Finanzverwaltung vertritt darüber hinaus die Ansicht, dass bei Genussrechten mit Verlustbeteiligung eine Beteiligung am Liquidationserlös auch dann vorliegt, wenn "das Genussrechtskapital im Falle der Liquidation des Unternehmens zum *Nennwert* zurückzuzahlen ist".[2507] Es begründet diese Auffassung damit, dass durch die Beteiligung am Verlust das Genussrechtskapital im Zeitpunkt der Liquidation gemindert sein *könnte*; der Anspruch auf Rückzahlung zum Nennbetrag führe dann zu einer teilweisen Beteiligung an den stillen Reserven, um die verlustbedingte Minderung auszugleichen.[2508]

Überzeugend ist diese Ansicht nur dann, wenn tatsächlich eine Beteiligung am Liquidationsgewinn (=Verlustkompensation) durch die Nominalrückzahlung eintritt. Wird kein vorheriger Verlust kompensiert, beinhaltet die Nominalrückzahlung auch keine Rückzahlung an den stillen Reserven.

U.E. ist die Auffassung der Finanzverwaltung allenfalls dann überzeugend, wenn *im Einzelfall* tatsächlich eine (bisher erfolgte) Verlustbeteiligung der Genussrechtsinhaber nahe liegt. Spricht die Ertragslage der Genussrechtsemittentin jedoch dagegen, dass im Zeitpunkt der „Liquidation" des Unternehmens über den Umweg der Nominalrückzahlung eine Beteiligung an den stillen Reserven vorliegt, ist § 8 Abs. 3 S. 2, 2. Alt. KStG nicht anwendbar. Die Auffassung der Finanzverwaltung verhindert den Einsatz eines wirtschaftlich sinnvollen Sanierungsinstruments.[2509] Ein Verzicht auf Genussrechtsrückzahlung unter Vereinbarung eines „Besserungsscheins"[2510] ist damit praktisch ausgeschlossen, denn auch darin liegt nach ihrer Argumentation eine vereinbarte, mögliche Beteiligung am Liquidationserlös.

In dem Moment des Verzichts ist die bisherige Verbindlichkeit bei Befolgung der Auffassung der Finanzverwaltung erfolgsneutral gegen das Eigenkapital zu buchen. Bilanziell ist die Besserungsverpflichtung jedoch erst dann wieder als Verbindlichkeit zu passivieren, wenn aufgrund entstandener oder sonst entstehender Jahresüberschüsse die Bedingung für eine Dotierung der Besserungsverpflichtung tatsächlich eingetreten ist.[2511] Die drohende Besserungsverpflichtung ist gem. § 264 Abs. 2 S. 2 HGB im Anhang zu erläutern.[2512]

Die Auffassung der Finanzverwaltung ist in diesem Punkt stark fiskalisch geprägt, weil sie der Finanzverwaltung über § 8 Abs. 3 S. 2, 2. Alt. KStG das Mittel gibt, in der Betriebsprüfung nachträglich die Abzugsfähigkeit von Finanzierungsaufwendungen abzulehnen. In dem umgekehrten Fall, dass sich die Qualifikation einer Finanzierung als EK-Genussrecht für den deutschen Fiskus negativ auswirkt, droht dem Steuerpflichtigen jedoch leicht Inkonsequenz entgegen zu schlagen: Dann mag die Finanzverwaltung etwa die stark Einzelfall-orientierten Kriterien anderweitig zu nutzen und die als EK-Genussrecht konzipierte Finanzierung in eine stille Beteiligung umqualifizieren (vgl. Tz. 6.2. Typische und atypische stille Gesellschaft).

In einem weiteren Schreiben[2513] hat die Finanzverwaltung die Ansicht vertreten, dass eine Beteiligung am Liquidationserlös auch in den Fällen vorliegt,
– in denen die Rückzahlung nicht vor der Liquidation verlangt werden kann oder
– der Anspruch auf Rückzahlung wirtschaftlich ohne Bedeutung ist,

---

[2507] Bundesministerium der Finanzen: Schreiben betr. steuerliche Behandlung von Genussrechten, 17. Februar 1986 – IV B 7 – S 2742 – 1/86.

[2508] Lang in: E&Y, KStG, § 8 Rn. 1161.

[2509] Vgl. Emmerich, Zur Behandlung von Genussrechten im Jahresabschluß von Kapitalgesellschaften, WPg, 1994, 677.

[2510] Verzicht auf die Forderung mit Wieder-Erstarken der Forderung nach Abwicklung des Insolvenzverfahrens.

[2511] Emmerich, Zur Behandlung von Genussrechten im Jahresabschluß von Kapitalgesellschaften, WPg, 1994, 677 (684).

[2512] Emmerich, Zur Behandlung von Genussrechten im Jahresabschluß von Kapitalgesellschaften, WPg, 1994, 677 (685).

[2513] Bundesministerium der Finanzen: Schreiben betr. steuerliche Behandlung von Genussrechten v. 8. Dezember 1986, IV B 7-S 2742-26/86, BB 1987 S. 667.

- etwa weil die Rückzahlung erst in ferner Zukunft (später als nach 30 Jahren) erlangt werden kann oder
- die Modalitäten eines Wandelungs- oder Optionsrechtes so ausgestaltet sind, dass ein wirtschaftlicher Zwang zum Erwerb von Gesellschaftsrechten ausgeübt wird.[2514]

Die Ansicht der Finanzverwaltung ist auch insoweit abzulehnen.[2515] Der Wortlaut von § 8 Abs. 3 S. 2, 2. Alt. KStG verlangt eine „Beteiligung am Liquidationserlös".[2516] Ist der Rückzahlungsanspruch wirtschaftlich bedeutungslos, ist die Belastung für die das Genussrechtskapital begebende Emittentin zwar mit der „Belastung" durch Eigenkapital vergleichbar; § 8 Abs. 3 S. 2, 2. Alt. KStG verlangt jedoch nicht bloß eine *Vergleichbarkeit* der Belastung, sondern eine (zukünftig zu erwartende) *Beteiligung* am Liquidationserlös.[2517] Ist keine derartige Beteiligung zu erwarten, weil der Rückzahlungsanspruch wirtschaftlich bedeutungslos ist, ist § 8 Abs. 3 S. 2, 2. Alt. KStG – entgegen der Auffassung der Finanzverwaltung – nicht einschlägig. Auch das FG Baden-Württemberg hatte sinngemäß in einer Entscheidung argumentiert, die wirtschaftliche Bedeutungslosigkeit des Rückzahlungsanspruches komme der Nicht-Beteiligung an den stillen Reserven gleich und umgehe damit das Erfordernis der Beteiligung an Gewinnen und stillen Reserven. Ein Erst-Recht-Schluss, dass keine Beteiligung am Liquidationserlös der Beteiligung eines Gesellschafters am Liquidationserlös gleichkomme, stehe im Widerspruch zum Wortlaut des § 8 Abs. 3 S. 2, 2. Alt. KStG.[2518] Der BFH hat dieser Argumentation zugestimmt.[2519] Das BMF hat die Entscheidung des BFH jedoch mit einem Nichtanwendungserlass belegt.[2520]

Die Auffassung der Finanzverwaltung, dass die bloße Aufrechterhaltung des Genussrechtsnominals im Falle der Insolvenz ausreichend sein soll für eine Beteiligung am Liquidationserlös, hat zudem mit dem Sinn und Zweck der Regelung, die schuldrechtliche Beteiligung an den stillen Reserven in gleicher Weise zu behandeln wie (nicht-abzugsfähige) Gesellschafterdividenden, nichts mehr zu tun. Die Aufrechterhaltung des Nominalwerts ist keine Beteiligung an den stillen Reserven. Eine Beteiligung am Liquidationserlös liegt darüber hinaus auch dann nicht vor, wenn den Genussberechtigten ein sonstiger fester Betrag erstattet wird, der unabhängig vom Liquidationserlös ist.[2521]

Bei Genussrechten, die mit Wandelungs- oder Optionsrechten verbunden sind, können die Modalitäten des Wandelungs- oder Optionsrechtes so ausgestaltet sind, dass ein wirtschaftlicher Zwang zum Erwerb von Gesellschaftsrechten ausgeübt wird. Dann kommt bei Zugrundelegung der Auffassung der Finanzverwaltung eine Beteiligung am Liquida-

---

[2514] Bundesministerium der Finanzen: Schreiben betr. steuerliche Behandlung von Genussrechten v. 8. Dezember 1986, IV B 7-S 2742-26/86, BB 1987 S. 667; Knobbe-Keuk, Bilanz- und Unternehmenssteuerrecht, § 16 IV Rn. 1.
[2515] Ähnlich etwa auch Groh, Eigenkapitalersatz in der Bilanz, BB 1993, 1890.
[2516] Schon diese Einseitigkeit – Verlustbeteiligung ist im Grundsatz nicht erforderlich – ist inkonsequent, denn teleologischer Ausgangspunkt von § 8 Abs. 3 S. 2, 2. Alt. KStG ist die Rechtsprechung des RFH v. 17. April 1934 (I A 316/32, RStBl. 1934, 773), die auf die Vergleichbarkeit mit Aktien abgestellt hat. Erst bei einer Beteiligung auch an den Verlusten ist dies jedoch wirtschaftlich der Fall. Vgl. zu dieser Argumentation schon Groh, Eigenkapitalersatz in der Bilanz, BB 1993, 1890.
[2517] Vgl. in diesem Sinne auch Sontheimer, Die steuerliche Behandlung von Genussrechten, Beilage 19/1984 zu BB 1984, S. 1 (5).
[2518] FG Baden-Württemberg, Urt. v. 1. Oktober 1993 – 3 K 338/88, EFG 1993, 174 (175).
[2519] BFH, Urt. v. 19. Januar 1994, I R 67/92, DStR 1994, 651; diese Ansicht wird auch von Schlösser/Sagasser, Schlösser/Sagasser, Die Besteuerung von Kapitalanlagevermögen, § 26 Rn. 493 in: Assmann/Schütze, Handbuch des Kapitalanlagerechts.
[2520] Bundesministerium der Finanzen: 27. Dezember 1995, IV B 7 – S 2742 – 76/95, BStBl. 1996, Teil I, S. 49.
[2521] Etwa in Höhe des gewogenen Mittels der Ausgabekurse verschiedener Emissionen von Genussscheinen, des aktuellen Börsenkurses oder in Höhe eines durchschnittlichen Mittelkurses eines bestimmten Zeitraumes; Beispiele nach Sontheimer, Die steuerliche Behandlung von Genussrechten, Beilage 19/1984 zu BB 1984, S. 1 (5).

tionserlös in Betracht, wenn der Rückzahlungsanspruch selbst wirtschaftlich bedeutungslos ist.

Genussrechte, deren Vergütung unter den zuvor erläuterten Gesichtspunkten als Betriebsausgaben abzugsfähig bleibt, begründen einkommensteuerlich keine Mitunternehmerschaft im Sinne des § 15 Abs. 1 Nr. 2 EStG, da es am Kriterium des Tragens von Unternehmerinitiative fehlt.[2522]

Verkürzt sind zum Ausschluss einer Beteiligung am Liquidationserlös erforderlich:[2523]
1. Die Genussrechtsgläubiger dürfen nicht an den stillen Reserven der Emittenten beteiligt sein,
2. die Rückzahlung des Genussrechtskapitals muss vor Liquidation des Unternehmens verlangt werden können und
3. die Kapitalüberlassung sollte 30 Jahre nicht überschreiten.

Diese Kasuistik hat über den Bereich der Genussrechte hinaus Bedeutung. So ist etwa die stille Beteiligung nur eine Beteiligung an den laufenden Gewinnen (u. ggf. an den Verlusten, wenn dies vereinbart ist), während der atypische stille Gesellschafter auch an den stillen Reserven beteiligt ist. Wann aber eine Beteiligung an den stillen Reserven vorliegt, ergibt sich – bei Zugrundelegung der Auffassung der Finanzverwaltung – durch eine Übertragung der für Genussrechte geltenden Abgrenzungen.

### 7.2.3.2. Abzugsverbote gem. §§ 4h EStG/8a Abs. 1 S. 1 KStG n.F.

Nach der Neuregelung der steuerrechtlichen sog. „Thin-Cap-Rules" mit der sog. „Zinsschranke" (§§ 4h EStG, 8c KStG n.F.) kommt es für die Abzugsfähigkeit von Finanzierungsaufwendungen nicht mehr darauf an, ob ein Finanzierungsinstrument mit einem gewinnabhängigen und nicht gewinnabhängigen Zins entgolten wird. Das alte Recht hatte hierfür noch unterschieden, und nur für die „in einem Bruchteil des Kapitals bemessene Vergütung" einen „Safe-Haven" nach § 8a KStG a.F. vorgesehen.

Anders als das alte Recht bestimmt § 4h Abs. 1 EStG n.F. nun absolute Grenzen für den Abzug von Zinsaufwand. Zinsaufwand eines Betriebs kann nunmehr nur in Höhe des Zinsertrags als Betriebsausgabe abgezogen werden, darüber hinaus jedoch nur bis zur Höhe von 30% des steuerlich modifizierten EBITDA.[2524] Unternehmen ohne Zinsertrag unterliegen damit einer „Zinsschranke" in Höhe von 30% ihres EBITDA. Je schlechter die Ertragslage des Unternehmens, umso weniger Zinsaufwand ist abzugsfähig. Es liegt nahe, diese Regelung vor dem Hintergrund des steuerlichen Nettoprinzips nach Art. 3 Abs. 1 GG als unzulässige Verallgemeinerung einer Anti-Mißbrauchsregelung für verfassungswidrig zu halten.[2525]

Im Kontext von mezzaninen Finanzierungen ist es jedoch entscheidend festzuhalten, dass es nach neuem Recht nicht mehr darauf ankommt, auf welche Bemessungsgrundlage sich der Zins bezieht. Insofern werden gewinnabhängige Finanzierungen erleichtert und die relative Finanzierungsflexibilität der Unternehmen – im Vergleich zum alten Recht – erhöht.

---

[2522] Vgl. Knobbe-Keuk, Bilanz- und Unternehmenssteuerrecht, § 16 IV Rn. 1.; Bundesministerium der Finanzen: Schreiben betr. steuerliche Behandlung von Genussrechten v. 8.12.1986, IV B 7-S 2742-26/86, BB 1987 S. 667, Winter, Steuerliche Behandlung von Genussrechten, GmbHR 1993, 31 (33).

[2523] Kriterien nach Harrer/Janssen/Halbig, Genussscheine – Eine interessante Form der Mezzanine Mittelstandsfinanzierung, Finanz Betrieb 2005, 6.

[2524] Earnings Before Interest, Tax, Depreciations and Amortization. Ergebnis vor Zinsen, Steuern und Abschreibungen. Golland/Gehlhaar/Grossmann/Eickhoff-Kley/Jänisch, Im Blickpunkt: Mezzanine Kapital, BB-Spezial 4/2005, S. 32.

[2525] Stangl/Hageböke in: Schaumburg/Rödder, Unternehmenssteuerreform 2008, Teil 3: „Die Neuregelung führt zu einer erheblichen Besteuerung von Kosten (Erwerbsaufwendungen) und stellt einen schwer wiegenden Verstoß gegen das objektive Nettoprinzip (Art. 3 Abs. 1 GG) sowie das verfassungsrechtliche Postulat der Folgerichtigkeit dar."

Die „Zinsschranke" gem. § 4h Abs. 1 EStG ist nach § 4h Abs. 2 EStG nicht anzuwenden, wenn
a) der Betrag der Netto-Zinsaufwendungen weniger als drei Millionen Euro beträgt, (Erhöhung durch das Wachstumsbeschleunigungsgesetz auf € 3 Mio. § 52 EStG Abs. 12d, Satz 3).
b) der Betrieb nicht oder nur anteilmäßig zu einem Konzern gehört, oder
c) der Betrieb zu einem Konzern gehört und seine Eigenkapitalquote am Schluss des vorangegangenen Abschlussstichtages gleich hoch oder höher ist als die des Konzerns (Konzernvergleich).

Nach § 8a Abs. 2 KStG n.F. ist die Ausnahme b) (keine Zugehörigkeit zu einem Konzern) nur anzuwenden, "wenn die Vergütungen für Fremdkapital an einen zu mehr als einem Viertel unmittelbar oder mittelbar am Grund- oder Stammkapital beteiligten Anteilseigner, eine diesem nahe stehende Person (§ 1 Abs. 2 AStG) oder einen Dritten, der auf den zu mehr als einem Viertel am Grund- oder Stammkapital beteiligten Anteilseigner oder eine diesem nahe stehende Person *zurückgreifen* kann, nicht mehr als 10 Prozent der Netto-Zinsaufwendungen der Körperschaft betragen und die Körperschaft dies nachweist.[2526] Ein vergleichbarer Nachweis wird auch für die Anwendbarkeit der Ausnahme zu c) (Eigenkapitalvergleich) verlangt.

Für das bis zur Unternehmenssteuerreform geltende Recht nach § 8a KStG ging die Finanzverfassung – stark vereinfacht – davon aus, dass von einem Gesellschafter einem Dritten gewährte Sicherheiten nur dann einen schädlichen Rückgriff auslösten (sog. *„Back-to-back financing"*), wenn diese in langfristigen, zinstragenden Sicherheiten (im angel-sächsischen Sprachgebrauch sog. „Long-Term Interest Bearing Receivables" – LTIBR) bestanden.[2527] Diese restriktive Auffassung der Finanzverwaltung für die Frage, wann ein schädlicher Rückgriff vorlag, führte in der Sicherheitengewährung zu Gunsten von Banken dazu, dass dem Sicherheitengeber eine dauerhafte Einrede eingeräumt wurde, falls eine Sicherheit als „LTIBR" zu qualifizieren war. Kautelarjuristisch hatte man damit § 8a KStG a.F. bei Finanzierungen durch Nicht-Gesellschafter weitgehend gelöst; praktisch war es dann mehr die Frage, wie das Fehlen von schädlichen LTIBR-Sicherheiten in den dazu vorgesehenen Formularen nachgewiesen werden sollte und wann eine LITBR-Sicherheit vorlag. Die Praxis hat dabei überwiegend mit der Annahme gearbeitet, dass Anteilsverpfändungen und Grundschulden – also die wesentlichen Sicherheiten einer Akquisitionsfinanzierung – nicht als LTIBR zu qualifzieren waren.

Die Finanzverwaltung hat sich in dem BMF-Schreiben zu § 4h EStG[2528] dahingehend festgelegt, die alte für den Steuerpflichtigen günstige einengende Auslegung eines „Rück-

---

[2526] Muster für den vergleichbaren Nachweis im alten Recht war die „Bescheinigung im Sinne der Rn. 5 des Bundesministeriums der Finanzen: Schreibens v. 22. Juli 2005", Az. IV B 7 – S 2742a – 31/05, BStBl. 2005; Teil I, 829: BMF-Schreiben v. 16. März 2006, Az. IV B 7 – S 2742a – 6/06, für die englische Fassung; Bundesministerium der Finanzen: Schreiben v. 20. Oktober 2005, Az. IV B 7 – S 2742a – 43/05, für die deutsche Fassung.
[2527] Bundesministerium der Finanzen v. 22. Juli 2005, Az. BMF IV B 7 – S 2742a – 31/05, Schreiben betr. bürgschaftsgesicherte Fremdfinanzierung von Kapitalgesellschaften nach § 8a Abs. 1 S. 2 KStG (Gesellschafter-Fremdfinanzierung), BStBl. 2005, Teil I, S. 829.
[2528] In Rn. 23 heißt es für die Frage, wann ein schädlicher Rückgriff vorliegt: „Ein konkreter rechtlich durchsetzbarer Anspruch (z. B. aufgrund einer Garantieerklärung oder einer Bürgschaft), eine Vermerkpflicht in der Bilanz, eine dingliche Sicherheit (z. B. Sicherungseigentum, Grundschuld) oder eine harte bzw. weiche Patronatserklärung vermögen einen Rückgriff [...] zu begründen, sind hierfür aber nicht erforderlich. Es genügt bereits, wenn der Anteilseigner oder eine ihm nahe stehende Person dem Dritten gegenüber faktisch für die Erfüllung der Schuld einsteht. Insbesondere werden auch Gestaltungen erfasst, bei denen eine Bank der Kapitalgesellschaft ein Darlehen gewährt und der Anteilseigner seinerseits bei der Bank eine Einlage unterhält (sog. Back-to-Back-Finanzierung); die Abtretung der Einlageforderung an die Bank ist nicht Voraussetzung. Auch die Verpfändung der Anteile an der fremdfinanzierten Gesellschaft begründet einen Rückgriff."

griffs" nur bei Vorliegen einer langfristigen, zinstragenden Sicherheit aufzugeben. Sollte sich diese Auffassung durchsetzen, wäre nach neuem Recht zum Beispiel die bei jeder Konzernfinanzierung übliche Verpfändung von Gesellschaftsanteilen durch Gesellschafter für Zwecke der Konzernausnahme/des Konzernvergleichs schädlich („faktischer" Rückgriff des Gläubigers auf den Anteilseigner). § 4h Abs. 1 EStG wäre in diesem Fall auf die gesamten Zinsaufwendungen gegenüber der Bank anwendbar (Begrenzung des Zinsausgabenabzugs auf 30% des EBITDA), auch wenn der Betrieb „eigentlich" nicht zu einem Konzern gehört oder die Fremdkapitalisierungsquote des Konzerns einhält.

Es bleibt zu hoffen, dass sich aus der Ähnlichkeit der Formulierungen zu § 8a KStG a.F. dennoch bei den Finanzgerichten die Ansicht durchsetzt, dass das Nichtvorliegen von LT-IBR ausreichend ist, um die Anwendbarkeit der Ausnahmen gem. § 4 Abs. 2 b) oder c) EStG nachzuweisen.

### 7.2.3.4. Gewerbesteuerrechtliche Hinzurechnung nach § 8 Abs. 1 Nr. 1 GewStG

Nach § 8 Nr. 1 a) GewStG n.F. sind ein Viertel der Summe aus Entgelten für Schulden dem Gewinn wieder hinzuzurechnen, soweit diese bei der Ermittlung des Gewinns abgesetzt worden sind und die Summe der Beträge nach § 8 Nr. 1 a) GewStG den Betrag von 100.000 Euro übersteigt. Zu § 8 Nr. 1 a) GewStG a.F. bestimmte GewStR 46 Abs. 1 S. 3, dass „zu den Entgelten für Dauerschulden sowohl Zinsen zu einem festen oder variablen Zinssatz als auch Vergütungen für partiarische Darlehen, Genussrechte und Gewinnobligationen gehören." In der Regel wird deshalb für mezzanine Finanzierungen eine anteilige Hinzurechnung auch nach § 8 Abs. 1 Nr. 1 GewStG n.F. in Betracht kommen.[2529]

Das gilt allerdings nach dem Wortlaut des § 8 GewStG nur, soweit die entsprechenden Beträge „bei der Ermittlung des Gewinns abgesetzt worden sind". Ist zum Beispiel ein Abzug von Zinsaufwand nach § 4h EStG nur in Höhe von 30% des EBITDA möglich gewesen, kommt es nur in Höhe der nicht schon im Rahmen des § 4h EStG hinzugerechneten Zinsaufwendungen zu einer Hinzurechnung nach § 8 Abs. 1 Nr. 1 GewStG. Der BFM hat mit Beschluß vom 27. 5. 2009 (Az. JR 30/08) dem EuGH die Frage vorgelegt, ob die gewerbesteuerliche Mindestregelung mit der der Kapitalwerbefreiheit vereinbart werden kann.

### 7.3. Fazit

Mit einer Nachrangigkeitsvereinbarung lassen sich Entlastungseffekte im Hinblick auf die Überschuldungsbilanz erzielen; die Formulierung sollte aber im Hinblick auf die Passivierung der Verbindlichkeit trotz § 5 Abs. 2a EStG mit einem steuerlichen Berater abgestimmt werden. Equity Kicker können als zusätzliche Vergütungsmittel vereinbart werden, ohne steuerrechtliche Nachteile vor Erlangung der Gesellschafterstellung nach sich zu ziehen. Finanziell wird auf diesem Weg die Liquidität der Schuldnerin entlastet.

Mezzanine Finanzierungen lösen wegen ihrer Gewinnabhängigkeit in der Regel Kapitalertragsteuer aus. EK-Genussrechte unterfallen in der Regel dem Dividendenartikel eines Doppelbesteuerungsabkommens und damit ggf. einem dort eingeräumten Holdingprivileg.

Finanzierungsaufwand auf mezzanine Vergütungen ist grundsätzlich in gleicher Weise abzugsfähig wie sonstiger Zinsaufwand, jedoch können Finanzierungsaufwendungen auf EK-Genussrechte nicht abgezogen werden (§ 8 Abs. 3 S. 2, 2. Alt. KStG). Die Kriterien für das Vorliegen eines EK-Genussrechts sind stark vom Einzelfall abhängig. Insbesondere das Merkmal der Beteiligung am Liquidationserlös wird von der Finanzverwaltung über seinen Wortlaut hinaus ausgedehnt und verlangt eine sorgfältige Strukturierung.

---

[2529] Zu altem Recht, Güroff in: Glanegger/Güroff, Gewerbesteuergesetz, Kommentar, 6. Aufl., München 2006, § 8 Nr. 1 Rn. 57a, vertritt die Ansicht, Zahlungen auf das Genussrecht seien ausnahmslos Dauerschuldentgelte, da das Genussrechtskapital der nicht nur vorübergehenden Verstärkung des Betriebskapitals diene.

Die verfassungsrechtlich fragwürdige Zinsschranke nach § 4h EStG führt im Vergleich zum alten Recht zu einer stärkeren Flexibilität der Finanzierungsformen, weil Finanzierungsaufwand für mezzanine Finanzierungen gegenüber anderen nicht-gewinnabhängigen Zinsaufwand gleichbehandelt wird. Anteilig unterliegt der trotz der Zinsschranke abziehbare Finanzierungsaufwand der Hinzurechnungsregelung der Gewerbesteuer. Insgesamt führt die Anwendung der Zinsschranke und der Gewerbesteuerhinzurechnung dazu, dass Finanzierungsaufwand weitgehend steuerrechtlich unbeachtlich ist; daraus ergibt sich relativ eine Aufwertung von mezzaninen Finanzierungsformen, die die Liquidität des Schuldners schonen und dennoch für eine – risikoabhängig – angemessene Vergütung des Kapitalgebers sorgen.

Die steuerlichen Vorzüge von ungesicherten, mezzaninen Finanzierungen zeigen sich insbesondere in Fällen, in denen die Konzernausnahme oder der Konzernvergleich nach § 4h Abs. 2 b)/c) EStG davon abhängig sind, dass kein Rückgriff auf einen Anteilseigner gewährt wurde (vgl. § 8a Abs. 2 und 3 KStG, vgl. Tz. 7.2.3. Steuerliche Abzugsfähigkeit von Finanzierungsaufwand). Eine traditionelle Bankfinanzierung, die ohne Sicherheiten des Gesellschafters nicht auskommt, kann jedoch zum Ausschluss von Konzernausnahme oder Konzernvergleich führen.

Gerade bei der schwierigen Abgrenzung von im Einzelfall sehr nahe liegenden Finanzierungsinstrumenten – wie z. B. der stillen Gesellschaft, dem partiarischen Darlehen und dem Genussrecht (allesamt erfolgsabhängig) – kann dem Steuerpflichtigen nur geraten werden, vor der Festlegung des Sachverhaltes in Zweifelsfällen eine verbindliche Auskunft zu beantragen (§ 89 Abs. 2 AO).

## 8. Auswahlkriterien für ein geeignetes Finanzierungsinstrument

Die systematische Berücksichtigung von Mezzanine Kapital neben Eigen- und Fremdkapital für die passende Finanzierungsstruktur eines Unternehmens, stellt das Finanzmanagement vor neue Herausforderungen. Vor der Auswahl eines geeigneten Finanzierungsinstrumentes sollten einige grundsätzliche Überlegungen angestellt werden. Schematisch können diese Überlegungen in einzelne Schritte aufgeteilt werden, wobei zwischen den einzelnen Schritten die Interdependenzen zu beachten sind. Im Einzelnen ergeben sich folgende Schritte:

1) *Wie hoch ist der Finanzierungsbedarf? Für wie lange besteht der Finanzierungsbedarf?*
Aus der integrierten Unternehmensplanung, die wenigstens einen Zeitraum von drei Jahren umfassen sollte, ergeben sich die Zahlungsströme, welche in Cashflows aus operativer Geschäftstätigkeit, Investitionen und Finanzierung unterteilt werden können. Aus dem Cashflow vor Finanzierung ergibt sich der künftige Finanzierungsbedarf in den einzelnen Jahren. Der Cashflow ist dabei die Residualgröße zwischen Einnahmen- und Ausgaben, die für die Bedienung des Kapitaldienstes (Zins und Tilgung) bzw. Ausschüttungen an die Gesellschafter zur Verfügung steht.

2) *Welche Cashflow-Entwicklung liegt der Unternehmensplanung zugrunde? Ist die geplante Entwicklung stabil?* Bedingt durch die Nachrangigkeit und die fehlende Besicherung kann der Mezzanine Investor seine Investitionsentscheidung nicht auf dingliche Sicherheiten stützen. Die Rückzahlungsfähigkeit für das aufgenommene Kapital beruht daher auf der Summe der Mittelzuflüsse, die in der Zukunft durch das Unternehmen erwirtschaftet werden können. Im Rahmen der Analyse der Cashflow-Entwicklung wird die Stabilität und Nachhaltigkeit der geplanten Cashflows bewertet. Durch sogenannte Stresstests (hier werden mehrere Szenarien der Cashflow-Entwicklung durchgespielt) kann die Qualität der Cashflows abgeschätzt werden. Beispielsweise werden aus der Analyse Rückschlüsse auf das Tilgungspotenzial sowie Tilgungsstrukturen möglicher Darlehensfinanzierungen gezogen. Die gewählte Finanzierungsstruktur muss eine ausreichende Liquidität des Unternehmens zu jeder Zeit gewährleisten.

# 7. Teil. Spezielle Beteiligungsformen § 22 Mezzanine Investments

3) *Wie könnte eine Finanzierungsstruktur aussehen?* In den einzelnen Planjahren stellt der Cashflow aus finanzieller Sicht den Engpassfaktor dar. Die „Maßschneiderung" der Finanzierungsstruktur auf die Cashflows kann durchaus mehrere Alternativen ergeben. Über die Tragfähigkeit einer Finanzierungsstruktur entscheidet letztendlich die intelligente Verzahnung der vielfältigen Finanzinstrumente. Ein idealer Mix kann der Abbildung 16 entnommen werden.

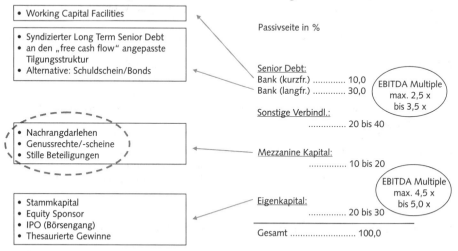

**Abbildung 16: Ideale Zusammensetzung der Passivseite**

Der idealen Zusammensetzung der Passivseite liegt folgende Konzeption zugrunde:

A) Alle Gläubiger eines Unternehmens werden in mehrere Rangklassen eingeteilt. Diese Rangklassen bestimmen den „Wasserfall", das heißt die Reihenfolge, in der die Ansprüche der jeweiligen Gläubiger insbesondere im Insolvenz- bzw. Liquidationsfall bedient werden sollen. Es werden vorrangige (senior) und nachrangige (mezzanine) Gläubiger unterschieden. Darüber wird die Risikoposition der einzelnen Gläubiger festgelegt, die wiederum Einfluss auf die erwartete Vergütung der Gläubiger nimmt. Logischerweise werden Ansprüche der Eigenkapitalgeber (Gesellschafter) erst zum Schluss befriedigt.

B) Die Messung der Risikoposition erfolgt in der Praxis häufig durch den sogenannten Leverage-Multiple, der die Verschuldung in x-fachem des EBITDA[2530] ausdrückt. Das EBITDA fungiert dabei vereinfacht als Cashflow-Annäherung, das für Investitionen und Kapitaldienst zur Verfügung steht. Auf dieser Basis lässt sich die maximale Verschuldungskapazität für die vorrangigen und nachrangigen Finanzierungsbausteine ableiten.

In der Praxis werden im Senior Debt Bereich (vorrangige Kreditgeber) EBITDA-Multiples zwischen 2,5x und 3,5x akzeptiert. Im Mezzaninen-Bereich reichen die EBITDA-Multiples bis zum 4,0x bis maximal 5,0x, wobei stets die aufaddierte Verschuldung inkl. Senior Debt betrachtet wird. Die EBITDA-Multiples stellen jedoch nur eine Orientierungsgröße dar. Bis zu welchem EBITDA-Multiple die Gläubiger und Mezzanine Investoren tatsächlich bereit sind, zusätzliche Fremdmittel bereitzustellen, hängt von verschiedenen qualitativen Enflußfaktoren ab. Einer der Faktoren ist zum Beispiel die Branche, in der das kapitalnachfragende Unternehmen agiert. Dies leuchtet ein, da in wenig konjunkturabhängigen Branchen (z. B. Gesundheits-

---

[2530] Earnings Before Interest, Tax, Depreciations and Amortization. Ergebnis vor Zinsen, Steuern und Abschreibungen.

branche) die Cashflows im Vergleich zu konjunkturabhängigen Branchen (z. B. Maschinenbau) eine hohe Planungssicherheit aufweisen. Die höhere Planungssicherheit lässt höhere EBITDA-Multiples zu. Sollte der Finanzierungsbedarf über dem Finanzierungsangebot der Gläubiger (Senior Debt und Mezzanine Kapital) liegen, welches auf Basis der EBITDA-Multiples sich realisieren ließe, dann muss diese Finanzierungslücke allein durch „echtes" Eigenkapital der Gesellschafter geschlossen werden.

4) *Welches Mezzanine Produkt soll zum Einsatz kommen?* Hierbei stellt sich die Frage, in welcher Form das erforderliche Mezzanine Kapital bereitgestellt werden soll. Die Ausgestaltung des Mezzanine Kapitals hängt von den Erwartungen des Unternehmens und sonstiger Gläubiger an ein solches Produkt ab. In der Praxis stehen häufig drei Ziele im Vordergrund, wenn auch diese Ziele nicht immer miteinander vereinbar sind. Zu nennen sind, der bilanzielle Ausweis im Eigenkapital, die steuerrechtliche Anerkennung der mezzaninen Vergütung sowie möglichst eine hohe wirtschaftliche Anerkennung des Mezzanine Kapitals als Eigenkapitalsurrogat im Rating zu erlangen. Daneben spielt auch eine Rolle, welche Informations-, Kontroll-, und Mitwirkungsrechte ein Unternehmen bereit wäre, einem Mezzanine Geber einzuräumen.

Die Auswahl aus dem Sammelsurium unterschiedlicher Mezzanine Produkte ist damit an den Präferenzen von Kapitalgeber und Kapitalnehmer zu bewerten. Für diesen Zweck kann die Abbildung 11 herangezogen werden.

Insgesamt lässt sich sagen, dass das Mezzanine Kapital ein sehr flexibles Finanzierungsinstrument ist, das sich auf die Bedürfnisse der kapitalaufnehmenden Gesellschaft anpassen lässt. Als Eigenkapitalsurrogat ist das Mezzanine Kapital in der Lage eine mögliche Finanzierungslücke zwischen Senior Debt und „echtem" Eigenkapital zu schließen. Bei entsprechender Ausgestaltung ist es in Einzelfällen möglich, alle drei Ziele (bilanzielles und wirtschaftliches Eigenkapital bei steuerrechtlicher Anerkennung als Fremdkapital) für das Unternehmen zu erreichen. Nichtsdestotrotz kann das Mezzanine Kapital nur situativ und in Ergänzung zu anderen Finanzierungsbausteinen eingesetzt werden.

**Abbildung 17: Typische Mezzanine Instrumente im Überblick[2531]**

| Kriterien \ Einordnung | Eigenkapital | Mezzanine Kapital | | | | Fremdkapital |
|---|---|---|---|---|---|---|
| | Direkte Beteiligung | Atypisch stille Beteiligung | Typisch stille Beteiligung | Genussschein | Wandelanleihe | Langfristiges Darlehen |
| Vergütung des Kapitalgebers | Wertsteigerung und Dividende | Fix/variabel | Fix/variabel | Fix und/oder variabel | Fix und Wandlungsrecht | Fix |
| Informations-/ Zustimmungsrechte des Kapitalgebers | Gesellschafterstellung | Ja | gestaltungsabhängig | Gläubiger; Vertragl. Zustimmrechte | Gläubiger; nach Wandlung Gesellschafter | Gläubigerstellung |
| Verlustpartizipation | Ja | Ja | Möglich | Möglich | Nach Wandlung | Nein |
| Haftung im Insolvenzfall | Ja | Ja | Nein, aber Rangrücktritt | Nein, aber Rangrücktritt | Nein, aber ggf. Rangrücktritt | Nein |
| Handelsbilanzielles Eigenkapital | Ja | gestaltungsabhängig | Nein | gestaltungsabhängig | Erst ab Wandlung | Nein |
| Wirtschaftliches Eigenkapital | Ja | Ja | gestaltungsabhängig | gestaltungsabhängig | Erst ab Wandlung | Nein |

---

[2531] Weitgehend übernommen von Häger/Elkemann-Reusch, Mezzanine Finanzierungsinstrumente, 2004, S. 24 ff.

# 7. Teil. Spezielle Beteiligungsformen § 22 Mezzanine Investments

## 9. Idealtypischer Ablauf einer Mezzanine Finanzierung

Der typische Finanzierungsprozess beim Investor ist in der folgenden Abbildung 18 dargestellt. Der Prozess bis zur Bereitstellung von mezzanine Kapital kann erfahrungsgemäß innerhalb von drei Monaten durchgeführt werden, wobei es wesentlich auch davon abhängt, dass aussagefähige Basisinformationen vom Unternehmen vorliegen (mittelfristige Unternehmensplanung, Wettbewerbsposition, Markthintergrund etc.).

**Abbildung 18: Idealtypischer Ablauf einer Mezzaninefinanzierung**

| Auswahl, Sondierungsgespräche | Grobprüfung, Strukturierung, Bewertung | Due Diligence | Vertragsgestaltung, Realisierung, Konzept | Zielgerichtete Zusammenarbeit | Rückzahlung |
|---|---|---|---|---|---|
| Informationsaustausch, Diskussion über Eckpunkte einer Mezzanine-Finanzierung | Unternehmensanalyse, Erarbeitung eines Mezzaninekonzeptes | Optimierung der Finanzierungsstruktur, Detailanalyse Due Diligence | Abschluss der Verträge, Umsetzung Finanzierungsstruktur, Auszahlung | Gremienarbeit, regelmäßiger Informationsaustausch, zielgerichtete Weiterentwicklung des Unternehmens | Ausscheiden des Investors im Rahmen eines Börsenganges oder Rückzahlung |

Für einen reibungslosen Ablauf ist bedeutsam, dass sich die Kapitalpartner frühzeitig gemeinsam auf das Finanzierungskonzept und die Grundsätze der Zusammenarbeit verständigen. Dies mündet typischerweise im sog. Term Sheet.

Sobald nach der Grobprüfung die wesentlichen Informationen vorliegen und ein Finanzierungskonzept vereinbart wurde, trifft der Investor in einer frühen Phase (vor Anfall entsprechender Transaktionskosten) eine grundsätzliche Investitionsentscheidung.

In der anschließenden Hauptprüfung werden je nach Erfordernis weitere umfassende Prüfungen (Due Diligence) zur Absicherung der Investitionsentscheidung mit Hilfe externer spezialisierter Berater durchgeführt. Diese Prüfungen umfassen neben den Jahresabschlüssen und der Unternehmensplanung auch beispielsweise die Bereiche Wettbewerb und Markt, Managementinformationssysteme, Technik, Recht und Umwelt. Der Umfang und die konkreten Inhalte der Due Diligence hängen vom einzelnen Geschäftsmodell und den Fragestellungen des Investors ab. Parallel wird der Finanzierungsvertrag ausgearbeitet. Schließlich werden alle Prüfungsergebnisse in einem Investitionsantrag für das zuständige Gremium zusammengefasst. Darauf basierend trifft das Gremium des Investors die finale Investitionsentscheidung. Der Übergang von der Grobprüfung zur Hauptprüfung ist ein bedeutender Schritt, da hiermit regelmäßig ein hoher Kostenaufwand (u. a. wegen der Due Diligence, Vertragsdokumentation) verbunden ist. Daher wird dieser Schritt in der Praxis häufig nur dann vorgenommen, wenn vorher ein Mandatsschreiben mit dem Unternehmen vereinbart wurde.

Nach finaler Zustimmung durch das Gremium wird der Finanzierungsvertrag unterzeichnet und das Mezzanine Kapital ausgezahlt. Nach Abschluss der Investition folgt die Phase des Post-Investment Managements. Dies umfasst die regelmäßige Kontrolle des Mezzanine Investments auf Basis der vertraglichen Vereinbarungen. Erst nach Rückführung gilt das Investment als abgeschlossen. Dieser Zeitraum kann in Abhängigkeit von der Vertragsdauer bis zu 10 Jahre dauern.

# § 23 Distressed Equity Investments

| Übersicht | Seite |
|---|---|
| 1. Einleitung | 644 |
| 1.1. Eigenkapitalinvestitionen in Krisenunternehmen | 644 |
| 1.2. Rendite-Risiko-Profil von Investitionen in Krisenunternehmen | 644 |
| 1.3. Wirtschaftliche Herausforderungen | 645 |
| 1.4. Rechtliche Herausforderungen | 645 |
| 1.5. Zielsetzung und Struktur des Beitrags | 645 |
| 2. Begriff und Abgrenzung | 645 |
| 2.1. Begriffsabgrenzung Unternehmenskrise | 646 |
| 2.1.1. Betriebswirtschaftlicher Krisenbegriff | 646 |
| 2.1.2. Rechtlicher Krisenbegriff | 646 |
| 2.2. Investment-Optionen bei Krisenunternehmen | 646 |
| 2.3. Begriffsabgrenzung Distressed Equity | 647 |
| 2.3.1. Übernahme des Eigenkapitals | 647 |
| 2.3.2. Instrument Debt-Equity Swap | 648 |
| 2.4. Abgrenzung von Private Equity | 648 |
| 2.5. Abgrenzung von Distressed Debt | 649 |
| 3. Besonderheiten bei Investitionen in Krisenunternehmen | 649 |
| 3.1. Investitionskriterium Sanierungsfähigkeit | 649 |
| 3.2. Due Diligence | 650 |
| 3.2.1. Due Diligence als Beurteilungsgrundlage bei Distressed-Equity-Investitionen | 650 |
| 3.2.2. Besondere Anforderungen an die Beurteilung | 650 |
| 3.2.3. Prozessvorgehen der Beurteilung | 651 |
| 3.3. Bestandteile des Restrukturierungskonzepts | 651 |
| 3.3.1. Strategische Neuausrichtung | 651 |
| 3.3.2. Operative Restrukturierung | 651 |
| 3.3.3. Finanzielle Restrukturierung | 651 |
| 3.4. Maßnahmenidentifikation und Umsetzung | 652 |
| 3.5. Anforderungen an den Distressed Investor | 652 |
| 3.5.1. Wertsteigerung durch aktives Engagement | 652 |
| 3.5.2. Anforderungen an den Distressed Equity Investor | 653 |
| 4. Wirtschaftliche Rahmenbedingungen | 653 |
| 4.1. Verfügbarkeit von Investitionsobjekten | 653 |
| 4.2. Verfügbarkeit von Refinanzierungsmitteln | 654 |
| 5. Rechtliche Rahmenbedingungen | 655 |
| 5.1. Investition vor Stellung des Insolvenzantrages | 655 |
| 5.1.1. Share Deal | 655 |
| 5.1.2. Asset Deal | 656 |
| 5.2. Investition nach Stellung des Insolvenzantrages | 657 |
| 5.2.1. Share Deal | 657 |
| 5.2.2. Asset Deal | 657 |
| 5.3. Investition nach Eröffnung des Insolvenzverfahrens | 658 |
| 5.3.1. Share Deal/Insolvenzplanverfahren | 658 |
| 5.3.2. Asset Deal/Übertragende Sanierung | 659 |
| 5.4. Geschäftsleitungshaftung | 660 |
| 5.4.1. Insolvenzantragspflicht | 660 |
| 5.4.2. Vorenthalten und Veruntreuen von Arbeitsentgelt | 661 |
| 5.5. Investor als faktischer Geschäftsführer | 661 |
| 5.6. Europäisches Insolvenzrecht | 662 |
| 5.6.1. EUInsVO | 662 |
| 5.6.2. Englisches Insolvenzrecht | 662 |
| 6. Steuerliche Rahmenbedingungen | 664 |
| 6.1. Abgrenzung Vermögensverwaltung/gewerbliche Tätigkeit | 664 |
| 6.2. Umsatzsteuerpflichtigkeit der Management-Leistung | 664 |

# 7. Teil. Spezielle Beteiligungsformen § 23 Distressed Equity Investments

| Übersicht | Seite |
|---|---|
| 6.3. Sanierungsgewinnbesteuerung/Sanierungsprivileg | 664 |
| 6.4. Verlustverrechnung | 665 |
|     6.4.1. Körperschaftsteuer | 665 |
|     6.4.2. Gewerbesteuer | 666 |
| 7. Zusammenfassung | 666 |

## 1. Einleitung

### 1.1. Eigenkapitalinvestitionen in Krisenunternehmen

Eigenkapitalgeber sind im Allgemeinen auf der Suche nach attraktiven Investitionsobjekten und legen den Schwerpunkt in der Regel auf wirtschaftlich stabile Groß- und mittelständische Unternehmen mit dem Ziel, am zukünftigen Wachstum des Unternehmens durch Wertsteigerung der Einlage zu partizipieren.[2532] Eigenkapitalinvestitionen in notleidende (*distressed*) Unternehmen scheinen damit auf den ersten Blick widersprüchlich zu sein, da zunächst davon auszugehen ist, dass Investoren das erhöhte Ausfallrisiko meiden. Seit einigen Jahren hat sich in Deutschland jedoch genau diese Form der Eigenkapitalbeteiligung unter dem Namen Distressed Equity Investments auch für Investitionen in Unternehmen etabliert, welche sich in einer akuten Krisensituation befinden. In der Krise liegt der Fokus des Unternehmens im Gegensatz zu sonstigen Eigenkapitalinvestitionen zunächst auf der Abwendung einer Existenz bedrohenden Situation und nicht auf der Generierung von Wachstum.

### 1.2. Rendite-Risiko-Profil von Investitionen in Krisenunternehmen

Dem erhöhten Ausfallrisiko der Investition in einer Unternehmenskrise steht beim Distressed Equity Investment ein erhebliches Wertsteigerungspotenzial gegenüber. In Krisensituationen bietet sich gegebenen falls die Chance, rentable Unternehmensteile bzw. ganze Unternehmen zu attraktiven Konditionen zu erwerben.[2533] Darüber hinaus ist die erfolgreiche Restrukturierung des Krisenunternehmens mit einer natürlichen Wertaufholung auf den eigentlichen Unternehmenswert verbunden. Der Eigenkapitalgeber kann somit jeweils durch einen günstigen Einstiegskurs und die anschließende Aufwertung profitieren. Natürlich ist das Verlustrisiko im Krisenfall deutlich höher als bei „gesunden" Unternehmen. Untersuchungen belegen jedoch, dass das Rendite-Risiko-Verhältnis bei Distressed-Investitionen äußerst attraktiv im Vergleich zu anderen Investitionsformen abschneidet.[2534] So weisen auf Investitionen in notleidende Unternehmen spezialisierte Fonds häufig ein besseres Rendite-Risiko-Verhältnis als andere Investoren auf. Börsennotierte Krisenunternehmen weisen einer Roland Berger Studie zu Folge zwei Jahre nach der Restrukturierung eine durchschnittliche Wertsteigerung zwischen 54 % und 136 % – je nach gewählter Restrukturierungsstrategie – auf.[2535] Der Wertbeitrag des Eigenkapitalinvestors liegt im Wesentlichen in der Ausnutzung von Unterbewertungen am Markt auf Grund von Informationsasymmetrien und Intransparenzen. Diese Charakteristika treffen insbesondere auf Krisenunternehmen zu. Distressed Equity Investments bieten dem Investor somit erhebliche Wertsteigerungschancen.

---

[2532] Brandes in: Buth/Hermanns, Restrukturierung, Sanierung, Insolvenz, S. 542.
[2533] Rhein in: Eilers/Koffka/Mackensen, Private Equity, S. 210.
[2534] Kraft, Private Equity für Turnaround-Investitionen, S. 83.
[2535] Lafrenz in: Blatz/Kraus/Haghani, Gestärkt aus der Krise, S. 45.

## 1.3. Wirtschaftliche Herausforderungen

Die Bewältigung von Unternehmenskrisen gilt als „Königsdisziplin" unter den Managementaufgaben. Der Anpassungsbedarf der Krisenunternehmen ist i.d.R. sehr hoch, da in der Krise oftmals strategische, operative und finanzielle Probleme gleichzeitig vorliegen. Das Management ist einerseits durch die Sicherung der Liquidität gebunden, sollte jedoch gleichzeitig die operative Restrukturierung und strategische Neuausrichtung des Unternehmens kurzfristig herbeiführen. Das Vertrauen der Kapitalgeber und Mitarbeiter in das Unternehmen ist deutlich gestört und der verbleibende Handlungsspielraum gering. Die verfügbare Zeit zur Erstellung und Umsetzung eines überzeugenden Konzeptes ist knapp.

Investitionen in Krisenunternehmen bedingen auch ein aktives Vorgehen von Seiten des Kapitalgebers. Dazu sind spezifische Kenntnisse in Bezug auf das Krisenmanagement notwendig. Der Distressed Investor hat vor allem die Aufgabe, die Corporate Governance zu forcieren und aktiv den Restrukturierungsprozess durch Management-Gespräche und Monitoring in monatlichen und sogar wöchentlichen Intervallen zu überwachen und zu begleiten. Kritische Personalentscheidungen und grundsätzliche Restrukturierungen im Geschäftsbetrieb müssen dabei proaktiv vom Investor ausgehen.

## 1.4. Rechtliche Herausforderungen

Eine große Herausforderrung ist die Investition in Krisensituationen auch in rechtlicher Hinsicht: Gläubigerschutzvorschriften und vielfältige Strukutrierungsüberlegungen hinsichtlich der Entscheidung für einen Asset Deal einerseits und einen Share Deal andererseits in der Situation vor bzw. nach Stellung des Insolvenzverfahrens komplizieren das Vorgehen auch in juristischer Hinsicht.

## 1.5. Zielsetzung und Struktur des Beitrags

Vor dem Hintergrund der Attraktivität von Distressed Investments stellt sich die Frage, welche Spezifika es bei Eigenkapitalinvestitionen im Distressed-Szenario zu beachten gilt. Dazu sollte zunächst geklärt werden, wie sich Distressed Equity von anderen Investitionsformen in der Krise unterscheidet und welche Abgrenzungen in Bezug zu „gewöhnlichen" Eigenkapitalinvestitionen bestehen. Weiterhin ist zu klären, welche für den Distressed-Equity-Investment-Markt relevanten wirtschaftlichen und rechtlichen Rahmenbedingungen in Deutschland vorliegen.

Der Beitrag ist dazu wie folgt gegliedert: Aufbauend auf der Abgrenzung von Distressed Equity zu anderen Finanzierungsformen bzw. Investitionsmöglichkeiten in der Krise in Abschnitt 2 stellt Abschnitt 3 die Besonderheiten im Investitionsprozess bei Distressed Equity dar. Abschnitt 4 stellt die wirtschaftliche Bedeutung des Marktes für Distressed Equity Investments dar, bevor Abschnitt 5 auf die rechtlichen Rahmenbedingungen vor und nach Insolvenzantragsstellung sowie nach der Eröffnung des Insolvenzverfahrens eingeht. Bevor der Beitrag mit einem Fazit in Abschnitt 7 endet, fasst Kapitel 6 die wesentlichen steuerlichen Aspekte der Kriseninvestition zusammen.

## 2. Begriff und Abgrenzung

Die Klassifikation einer Fremd- oder Eigenkapitalinvestition als Distressed Investment wird im Allgemeinen getroffen, wenn sich das Investitionsobjekt in einer Unternehmenskrise befindet. Es ist deshalb zunächst zu klären, wann eine Unternehmenskrise vorliegt, bevor näher auf das Distressed Equity Investment als Investitionsform in der Krise eingegangen wird.

## 2.1. Begriffsabgrenzung Unternehmenskrise
### 2.1.1. Betriebswirtschaftlicher Krisenbegriff

Die Unternehmenskrise bezeichnet eine zumeist unerwartete Situation, welche durch eine Beeinträchtigung des normalen Geschäftsablaufes gekennzeichnet ist und eine fundamentale Existenzgefährdung für das Unternehmen darstellt. Aus traditionell betriebswirtschaftlicher Perspektive „[...] *wird der Krisenbegriff auf eine mikroökonomische Einheit, d. h. auf eine selbständig wirtschaftende Unternehmung, bezogen. Die Bedrohung bedeutet hier Existenzgefährdung des Gesamtunternehmens. Sie ist gegeben, wenn die Selbständigkeit im Sinne der autonomen Entscheidungseinheit in Frage gestellt ist. Nicht einzelne Teile, Sparten oder Funktionsbereiche sind Gegenstand der Betrachtung, sondern die akut gestellte Existenzfrage für das selbständige Weiterbestehen des Unternehmens als Ganzes*".[2536] Sie wird evident, wenn eine negative Abweichung von den betrieblichen Zielvorstellungen vorliegt.[2537] Die Bedrohung der Unternehmensexistenz, also der Lebensfähigkeit eines Schuldners, führt nicht automatisch zur Vernichtung bzw. Liquidation des Unternehmens, denn der betriebswirtschaftlichen Unternehmenskrise ist auch die Chance zur positiven Wende immanent. Vor diesem Hintergrund ist zu berücksichtigen, dass die Konsequenzen der Unternehmenskrise bereits Rechtspflichten für die Geschäftsführung auslösen können, wie bspw. die Pflicht zur Durchführung einer Schwachstellenanalyse sowie das Einleiten von Sanierungsmaßnahmen.[2538]

### 2.1.2. Rechtlicher Krisenbegriff

Liegt ein konkreter Insolvenzgrund vor, befindet sich die Gesellschaft in einer Unternehmenskrise nach rechtlichem Verständnis. Diese ist als Zeitraum zwischen der identifizierten Insolvenzreife, der so genannten materiellen Insolvenz, und dem eröffneten Verfahren, der formellen Insolvenz, zu verstehen.[2539] Die Kreditunwürdigkeit eines Schuldners kann dabei bereits als Grundlage der rechtlichen Krise betrachtet werden. Die in §§ 17–19 InsO dargelegten Verfahrensauslöser stellen dabei die Grenzen der Unternehmenskrise dar. Bei Vorliegen der Zahlungsunfähigkeit und/oder Überschuldung der Gesellschaft hat die Geschäftsführung daraufhin nach § 64 Abs. 1 GmbHG, § 92 Abs. 2 AktG bzw. § 130a Abs. 1 HGB ohne schuldhaftes Zögern, aber spätestens binnen drei Wochen nach Eintritt des Insolvenzgrundes die Eröffnung des Insolvenzverfahrens zu beantragen. Nach § 80 InsO verlieren die Schuldner die Verfügungsfreiheit über das Vermögen mit dem gerichtlichem Eröffnungsbeschluss. Nach § 19 InsO liegt die Überschuldung im rechtlichen Sinne vor, wenn das Vermögen des Schuldners die bestehenden Verbindlichkeiten nicht mehr deckt. Dabei ist jedoch auf die tatsächliche Überschuldung, nicht die handelsrechtlich ausgewiesene Verschuldung abzustellen.

## 2.2. Investment-Optionen bei Krisenunternehmen

Investitionen in angeschlagene Unternehmen können durch die Übernahme verschiedener Finanzierungsoptionen einer Gesellschaft erfolgen, die jeweils spezifisch ausgestaltet sein können. Im Allgemeinen bedeutet dies, dass sowohl Eigenkapital, Fremdkapital als auch Mezzanine-Finanzierungen potenziell zur Disposition stehen. Zu letzteren zählen unter anderem Nachrangdarlehen, Genussrechte oder stille Beteiligungen. Abbildung 1 stellt die wichtigsten Investitionsformen in der Krise dar. Im Folgenden soll die Distressed-Equity-Investition von anderen Investitionsformen in der Unternehmenskrise abgegrenzt werden.

---

[2536] Witte in: Bratschitsch/Schnellinger, Unternehmenskrisen, S. 11.
[2537] Aleth in: Eilers/Koffka/Mackensen, Private Equity, S. 451.
[2538] Knecht/Quitzau in: Picot, Handbuch für Familien- und Mittelstandsunternehmen, S. 464.
[2539] Picot/Aleth, Unternehmenskrise und Insolvenz, S. 3–4.

**Abb. 1 Klassifizierung der Investitionsmöglichkeiten eines Distressed Investors**

## 2.3. Begriffsabgrenzung Distressed Equity

### 2.3.1. Übernahme des Eigenkapitals

Der Erwerb einer Eigenkapitalposition im Distressed-Szenario entspricht prinzipiell einem klassischen Anteilskauf bzw. einer Übernahme unter spezifischen Rahmenbedingungen. Zur Stabilisierung bzw. zur nachhaltigen Entwicklung bedarf es meist erheblicher Investitionen in das Umlaufvermögen bzw. für die Sanierungsfinanzierung. Es gilt, Liquiditätsengpässe zu beheben und Restrukturierungsmaßnahmen zur Überwindung der Krise finanziell zu unterstützen. Vor diesem Hintergrund ist mit erheblichen Wertabschlägen der Kapitalpositionen der vorherigen Kapitalgeber zu rechnen.

Investoren können sich langfristig an einem Unternehmen beteiligen oder nur ein kurzfristiges Engagement eingehen. Professionelle Eigenkapitalinvestoren bevorzugen meist die letzere Variante. Die Restrukturierungspotenziale sollten dabei innerhalb eines Investitionszeitraumes von typischerweise fünf bis sieben Jahren realisiert werden, um das Unternehmen aus der Krise zu führen und eine entsprechende Rendite zu erzielen. Es gilt, die notwendigen Kostensenkungen, Personalanpassungen, Desinvestitionen, Strategieanpassungen usw. umfänglich und schnell umzusetzen. Der Investor sollte über eine entsprechende Position verfügen, sodass die Maßnahmen angestoßen und vorangetrieben werden können. Dabei ist die Kontrollübernahme ein wesentlicher Punkt. In der Praxis finde sich somit oftmals die Konstellation einer faktischen Mehrheitsübernahme anstelle einer Minderheitsbeteiligung.

Ist die grundsätzliche Frage, ob sich ein Investor an einem krisenbehafteten Unternehmen beteiligen will, positiv beantwortet, ist die Frage zu thematisieren, in welcher Form die Beteiligung erfolgen soll und wie diese mit der Sanierungsplanung verzahnt werden kann. Im Bereich von Distressed Equity sind vornehmlich drei Einstiegsvarianten zu nennen:
– Der Anteilserwerb, auch Share Deal genannt;
– der Erwerb einzelner Betriebe bzw. Vermögensgegenstände (Asset Deal) und
– die Beteiligungsmöglichkeit in Form von Forderungsankäufen.

Vor allem letztere stellt dabei in Form des Debt-Equity Swap ein bedeutendes Instrument bei Eigenkapitalinvestitionen in Krisenunternehmen dar und wird im Folgenden näher erläutert.

### 2.3.2. Instrument Debt-Equity Swap

Die Übernahme der Eigenkapitalposition im Krisenfall kann auch durch Umwandlung einer zuvor erlangten Gläubigerposition in Eigenkapital, dem so genannten Debt-Equity Swap geschehen.[2540] Grundsätzlich ist unter Debt-Equity Swap ein Sanierungsinstrument zur finanziellen Restrukturierung zu verstehen, bei dem ein Kreditgeber für die Einbringung von Darlehensforderungen im Gegenzug Eigenkapital der Schuldner-Gesellschaft erwirbt. Abbildung 2 verdeutlicht die Funktionsweise des Debt-Equity Swaps. Durch die Wandlung von Fremdkapital zu Eigenkapital wird die Eigenkapitalquote bei gleichzeitiger Reduzierung der Verbindlichkeiten erhöht, mit dem Ziel, Zahlungsunfähigkeit und bilanzielle Überschuldung zu vermeiden. Die Finanzierung beeinflusst nicht nur die Bilanzrelationen und den Zinsaufwand positiv, sondern schafft durch das unternehmerische Neuengagement Vertrauen bei allen weiteren Beteiligten. Der Gläubiger trägt nun allerdings die Gefahr eines Totalausfalls bei einem Scheitern der Sanierung. Weiterhin kann die Einstufung einer umgewandelten Forderung bei einer Insolvenz zu einer Nachschusspflicht führen. Bei einem Scheitern der Sanierung droht zudem die rückwirkende Umqualifizierung der nicht in Eigenkapital gewandelten Kredite des Kreditgebers in kapitalersetzende Gesellschafterdarlehen (nachrangige Befriedigung im Insolvenzfall). Trotz dieser Risiken gelten Debt-Equity Swaps als populäres Workout-Instrument und zeigen die zunehmende Bedeutung des „Control-Investing".

**Abb. 2 Sanierung der Passivseite durch einen Debt-Equity Swap**

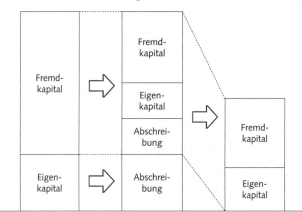

- Kapitalerhöhung mit Sacheinlage (Forderung, § 183 AktG, § 56 GmbHG)
- Gläubiger tritt Forderung ab und erhält dafür EK; Verbindlichkeit erlischt durch Konfusion mit Forderung
- Zustimmungserfordernis: 75 % des Altkapitals (§§ 53, 55 GmbHG; § 182 AktG)

### 2.4. Abgrenzung von Private Equity

Private Equity ist ein Begriff, der trotz seiner häufigen Verwendung in Literatur wie Tagespresse keine einheitliche Definition für sich beanspruchen kann. Weder gesetzlich noch in der Betriebswirtschaftslehre findet sich eine klare Definition. Zu subsumieren sind alle Unternehmensfinanzierungsformen, bei denen Beteiligungskapital genutzt wird und diesem Unternehmen nicht öffentlich wie beispielsweise über die Börse, sondern privat zur Verfügung gestellt wird. Welche Charakteristika in den Vordergrund rücken, hängt hierbei vom Begriffsverständnis des jeweiligen Autors ab.[2541]

---

[2540] Rhein in: Eilers/Koffka/Mackensen, Private Equity, S. 210.
[2541] Knecht/Schoon, in: Euroforum, Distressed Investments, S. 55.

Im Rahmen dieses Abschnitts sollen im Einklang mit *Albrecht/Füger/Dannenberg* folgende Aspekte besonders berücksichtigt werden:[2542]
- Erwerbsgegenstand sind Mehr- oder Minderheitsbeteiligungen an Unternehmen, die nicht an einer Börse gelistet sind, oder aber Übernahmen von börsennotierten Unternehmen.
- Es handelt sich um etablierte Unternehmen, die zumeist in traditionellen Branchen und über mehrere Jahre hinweg aktiv sind.
- Ziel der Investition ist es, eine positive Rendite auf das eingesetzte Kapital zu erwirtschaften, die den Mindesterwartungen der Investoren entspricht.

Verschiedene Formen von Private-Equity-Investitionen lassen sich voneinander abgrenzen. An dieser Stelle werden so genannte Turnaround Private Equity Funds betrachtet, die im „Later Stage"-Zyklus des Unternehmenslebenszyklus investieren und auf eine zukünftige Steigerung des Eigenkapitalwertes durch aktive Wertschöpfung zielen. Primäre Strategien sind hierbei die Schuldenreduktion und die Margenverbesserung durch operative Maßnahmen. Festzuhalten ist demnach, dass es sich hierbei um spezialisierte Investoren handelt, die mit einem hohen Grad an Branchen- und Unternehmenskenntnis auf operative Veränderungen drängen. Distressed Equity stellt somit einen Teil- bzw. Nischenmarkt von Private Equity dar.

## 2.5. Abgrenzung von Distressed Debt

Befindet sich die Gesellschaft in der Krise, besteht auch die Möglichkeit, Fremdkapitalanteile von den bisher engagierten Banken zu erwerben und zu übernehmen. Der neue Gläubiger kann in der Krise oft besondere Forderungen an die Unternehmensführung stellen und somit aktiv am Sanierungsprozess mitwirken. Der Erwerb des Fremdkapitaltitels erfolgt in der Regel unter dem ursprünglichen Ausgabewert des Kredites und weist somit prinzipiell Wertaufholungspotenzial auf. Dabei ist hier auch die Refinanzierung des Engagements am Kapitalmarkt bzw. die Syndizierung der Kredite zu erwähnen. Kreditderivate auf die angeschlagenen Vermögensgegenstände stellen eine bedeutende Ausprägungsform des Distressed Debt dar, welche nicht zwingend Auswirkungen auf das angeschlagene Unternehmen haben, aber eine Risikodiversifizierung des Investors erlauben.

## 3. Besonderheiten bei Investitionen in Krisenunternehmen

Nachdem dargestellt wurde, wie sich Distressed Equity von anderen Investitionsformen abgrenzen lässt, stellt sich die Frage, welche Besonderheiten im Investitionsprozess bei Investitionen in Krisenunternehmen zu beachten sind.

### 3.1. Investitionskriterium Sanierungsfähigkeit

Das Hauptkriterium für die Distressed-Equity-Investition sollte die Sanierungsfähigkeit des notleidenden Unternehmens sein. Die Bestimmung der Sanierungsfähigkeit gibt Aufschluss darüber, ob mittels der Sanierungsmaßnahmen die Lebensfähigkeit des Unternehmens und die Krisenursachen nachhaltig behoben werden können.[2543] Die Sanierungsfähigkeit ist gegeben, wenn die Finanzkraft der Gesellschaft mittelfristig zur Fortführung des Unternehmens ausreicht.[2544] Im Umkehrschluss führt die negative Bestätigung der Sanierungsfähig-

---

[2542] Albrecht/Füger/Dannenberg in: Hommel/Knecht/Wohlenberg, Handbuch Unternehmensrestrukturierung, S. 781.
[2543] Lebensfähigkeit aus Sicht des Kapitalgebers ist bedingt durch die Fähigkeit, Schulddienst zu leisten.
[2544] Vgl. BGH, Urteil v. 13. Juli 1992, II ZR 269/91, BGHZ 119, 201 (214).

keit zu einer Liquidationsbedürftigkeit.[2545] Die Sanierungsfähigkeit wird in einem Sanierungsgutachten durch einen externen Sanierungsberater bestätigt. Die Prüfung der Sanierung kann dabei nur unter Einschränkungen auf Grund des Zeitdrucks und der meist beschränkten Informationslage durchgeführt werden. Ob sich das Unternehmen tatsächlich als sanierungsfähig ausweist, wird spätestens bei der Umsetzung des detaillierten Maßnahmenplans evident. Die Sanierungsfähigkeit allein ist jedoch nicht ausreichend, um die Restrukturierung des angeschlagenen Unternehmens zu begründen. Das Unternehmen muss darüber hinaus für sanierungswürdig befunden werden. Die Sanierungswürdigkeit misst sich an den Interessen der beteiligten Stakeholder, z. B. den Fremdkapitalgebern. Ist der Fortführungswert des Unternehmens, also die abgezinsten zukünftigen Kapitalüberschüsse, höher als der Liquidationserlös, wird das Unternehmen in der Regel als sanierungswürdig eingestuft. Für den Eigenkapitalgeber ist die Sanierungsfähigkeit und -würdigkeit von höchster Bedeutung. Im Falle eines Scheiterns des Unternehmens erleidet der Eigenkapitalgeber als Anspruchsberechtigter des Residualwertes regelmäßig den Totalverlust. Das Sanierungsgutachten wird deshalb kritisch durch den Distressed Equity Investor hinterfragt und nicht selten durch den Investor selbst veranlasst. Im Rahmen des Investitionsprozesses wird dafür eine zeitlich straffe, jedoch umfängliche Due Diligence mit besonderen Anforderungen an den Krisenfall durchgeführt.

### 3.2. Due Diligence

#### 3.2.1. Due Diligence als Beurteilungsgrundlage bei Distressed-Equity-Investitionen

Das Ziel des Distressed Investors ist es, aus der Bandbreite der Krisenunternehmen die Investitionsmöglichkeiten zu finden, die ein möglichst hohes Rendite-Risiko-Profil aufweisen. Dazu ist einerseits die Sicherstellung des entsprechenden Zugangs zu den potenziellen Investments über ein ausgebildetes Netzwerk im Restrukturierungsumfeld und andererseits die ausführliche Prüfung des Einzelinvestments durch eine Due Diligence erforderlich. Die Due Diligence stellt die Entscheidungsgrundlage für den Distressed Investor dar und soll Aufschluss über die mögliche Bewertung des Unternehmens geben.

#### 3.2.2. Besondere Anforderungen an die Beurteilung

Während der Investitionsprozess im Allgemeinen bei gesunden und Krisenunternehmen standardisiert verläuft, gibt es besondere Anforderungen im Hinblick auf die durchzuführende Due Diligence im Distressed-Szenario. Anstatt die Hypothese einer Fortführung der Unternehmensentwicklung auf hohem Niveau zu validieren, hat die Due Diligence im Krisenfall die Aufgabe, die Hypothese zu validieren, dass das Unternehmen fundamental hin zu einer Verbesserung der Unternehmenslage restrukturiert werden kann.[2546] Mit fortschreitender Krise nehmen die Handlungsmöglichkeiten ab und destruktive Wirkungen der Krise sowie der Handlungsdruck deutlich zu. Das angeschlagene Unternehmen ist nicht selten direkt auf die finanzielle Unterstützung des Investors angewiesen. Eine Verzögerung oder der Abbruch führt mitunter unmittelbar zur Insolvenz des Unternehmens. Die Due Diligence muss deshalb unter erheblichem Zeitdruck durchgeführt werden. Diese Aufgabe wird zumeist durch das Fehlen fundamentaler Daten zur Bewertung der Unternehmenslage erschwert. Häufig sind gerade mangelnde Kontroll- und Informationssysteme für die missliche Lage bzw. verspätete Reaktion des Unternehmens ursächlich. Rückschlüsse aus der Vergangenheit lassen sich nur schwer treffen. Ausschlaggebend ist deshalb hauptsächlich die Zukunftsfähigkeit des Unternehmens.

---

[2545] Hommel/Knecht/Wohlenberg in: Hommel/Knecht/Wohlenberg, Handbuch Unternehmensstrukturierung, S. 49.

[2546] Albrecht/Füger/Dannenberg in: Hommel/Knecht/Wohlenberg, Handbuch Unternehmensrestrukturierung, S. 788.

### 3.2.3. Prozessvorgehen der Beurteilung

Sowohl inhaltlich als auch vom Prozess her sind spezifische Anforderungen an die Distressed Due Diligence gestellt. Erfahrene Distressed-Equity-Investoren nehmen für gewöhnlich nicht an Auktionsverfahren teil, sondern führen die Beteiligungsprüfung vor Ort im Unternehmen durch. Eine Outside-in-Validierung der Unternehmenslage ist im Krisenfall nicht ausreichend. Die Due Diligence zielt darauf ab, die Ursachen, sowie das Ausmaß der Unternehmenskrise zu erfassen und die Überlebensfähigkeit des Unternehmens zu bewerten. Die notwendigen Restrukturierungsmaßnahmen sollen erfasst, sowie die damit verbundenen Kosten und der zeitliche Rahmen abgeschätzt werden.

Die Due Diligence kann dabei in drei wesentliche Teilschritte gegliedert werden: Der erste Schritt beinhaltet die Schaffung von Transparenz zur Einordnung der Lage des Unternehmens. Im zweiten Schritt wird das Leitbild, also die Zielvorstellung des Unternehmens validiert. Hierzu gehört ein detaillierter Maßnahmenplan, der den Turnaround des Unternehmens begründet. Hierbei ist vor allem zu beantworten, ob und unter welchen Voraussetzungen sich das Leitbild aus der Lagebeurteilung ableiten lässt. Im dritten Schritt wird überprüft, in wie weit die Maßnahmen in der Business-Planung des Unternehmens abgebildet sind. Insgesamt sollte sich dabei ein in sich schlüssiges Restrukturierungskonzept abzeichnen.

## 3.3. Bestandteile des Restrukturierungskonzepts

Zur Überwindung der Krise wird ein ganzheitliche Restrukturierungskonzept erstellt, welches auf kurze Sicht das Überleben des Unternehmens sichern und auf lange Sicht die Wettbewerbsfähigkeit wiederherstellen soll. Es umfasst dazu die strategische Neuausrichtung sowie die operative und finanzielle Restrukturierung. Verbunden mit dem Restrukturierungskonzept ist ein professionelles Maßnahmenmanagement, welches die Restrukturierungshebel auf Einzelschritte, Verantwortlichkeiten, Termine und Effekte detailliert. Ein ganzheitliches und in sich schlüssiges Restrukturierungs- bzw. Sanierungskonzept umfasst inhaltlich drei Bereiche:

### 3.3.1. Strategische Neuausrichtung

Die strategische Neuausrichtung beinhaltet eine Neupositionierung des Krisenunternehmens im Markt und setzt an den strategischen und strukturellen Hebeln zur Wiederherstellung der Wettbewerbsfähigkeit an. Typische Maßnahmen sind die Neuausrichtung von Geschäfts- und Produktportfolios, die Neupositionierung im Markt und die Anpassung von Regional- und Wertschöpfungsstrukturen.

### 3.3.2. Operative Restrukturierung

Die operative Restrukturierung beinhaltet die Nutzung aller Potenziale des Unternehmens in Umsatz- und -Kostenstrukturen zur signifikanten Ergebnisverbesserung. Typische Maßnahmen sind Rohertragsmaßnahmen, die Senkung von Personal- und Materialkosten sowie die Anpassung von Standortstrukturen.

### 3.3.3. Finanzielle Restrukturierung

Die finanzielle Restrukturierung konzentriert sich auf alle Maßnahmen der Innen- und Außenfinanzierung zur Sicherung von Liquidität und Eigenkapital. Die Maßnahmen beinhalten zum einen die Generierung von zusätzlicher Liquidität durch Senkung des Working Capitals (Forderungen, Vorräte, Verbindlichkeiten gegenüber Lieferanten), Desinvestitionen sowie zum anderen Maßnahmen der Außenfinanzierung, wie z. B. zusätzliche Kredite oder neues Eigenkapital.

## Abb. 3 Bestandteile eines Restrukturierungskonzeptes nach *Kraus/Buschmann*[2547]

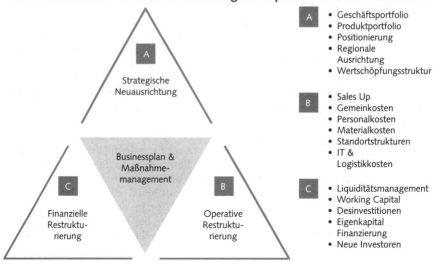

### 3.4. Maßnahmenidentifikation und Umsetzung

Nach erfolgtem Vertragsabschluss beginnt die Detaillierung und Umsetzung des zuvor definierten Restrukturierungskonzeptes. Das Maßnahmenmanagement ist dabei von zentraler Bedeutung für die Unterstützung der Umsetzung des Restrukturierungs- bzw. Sanierungskonzeptes. Es dient zum einen der strukturierten Erfassung und Detaillierung der Maßnahmen sowie zum anderen der Kontrolle der Zielerreichung der Maßnahmenumsetzung. Es ist die Basis für die Berichterstattung über den Status der Restrukturierung gegenüber Lenkungsausschuss und relevanten Stakeholdern. Die Restrukturierung kann so vorangetrieben und Gegenmaßnahmen eingeleitet werden, falls Ziele mit den bestehenden Maßnahmen nicht mehr erreicht werden. Aufgrund der Vielzahl der Maßnahmen und daraus resultierenden Einzelschritten (mehrere tausend Einzelschritte sind nicht ungewöhnlich) sowie der Komplexität des Prozesses kommt dem Maßnahmencontrolling eine wichtige Rolle zu.

### 3.5. Anforderungen an den Distressed Investor
#### 3.5.1. Wertsteigerung durch aktives Engagement

Die Phase der Betreuung des Engagements ist für einen Turnaround Investor der wesentliche Hebel für die Realisierung der angestrebten Wertsteigerung.[2548] Es ist dafür erforderlich, dass der Investor eine aktive Rolle im Restrukturierungsprozess übernimmt. So ist es üblich, dass der Distressed Equity Investor eigene Management-Kapazitäten und Berater für die Definition und Umsetzung der Restrukturierungsmaßnahmen zur Verfügung stellt.[2549] Als wesentliche Betätigungsfelder für Investoren sind die Optimierung der Kapitalstruktur, die Einrichtung und Verbesserung von Kontroll- und Informationssystemen sowie die Einführung von Anreizsystemen für das Management aufzuführen.[2550] Aus Sicht des Distressed Equity ist somit in der Krise nur ein aktiver Ansatz sinnvoll, da die Krise ein spezifisches Vorgehen zur Überwindung und Wertsteigerung erfordert. Während Distressed Debt Investments häufig, wenn auch nicht generell, durch Sachanlagen oder das Umlaufvermögen

---

[2547] Kraus/Buschmann in: Buth/Hermanns, Restrukturierung, Sanierung, Insolvenz, S. 140.
[2548] Brunke/Waldow in: Buth/Hermanns, Restrukturierung, Sanierung, Insolvenz, S. 432.
[2549] Brandes in: Buth/Hermanns, Restrukturierung, Sanierung, Insolvenz, S. 542.
[2550] Kraft, Privat Equity für Turnaround-Investitionen, S. 259.

besichert sind, verbleibt dem Eigenkapitalinvestor nur der Residualwert des Unternehmens nach der Liquidation. Nichtsdestotrotz stellt Distressed Equity eine sinnvolle Anlageklasse dar, bei der erfahrene Investoren erhebliche Wertsteigerungen erzielen können.

### 3.5.2. Anforderungen an den Distressed Equity Investor

Die Gesellschafter haben daher in der Krise umso mehr die Aufgabe, das Management zu überwachen, aber auch zu bewerten, inwiefern das Management die Fähigkeit zum Krisenmanagement besitzt. Die erfolgreiche Sanierung setzt daher einen aktiven Krisenmanagementprozess durch erfahrene Sanierer voraus. Wie eingangs erwähnt, stellt die Krise ein nicht alltägliches Problem dar, so dass die Geschäftsführung in der Regel keine Erfahrung im Umgang mit Krisen hat. Jedoch zeichnen sich Krisen gerade durch einen entsprechenden Handlungsdruck aus. Wird dieser Anforderung nicht entsprochen, endet die Unternehmenskrise mit hoher Wahrscheinlichkeit in der Unternehmensinsolvenz. Auf Grund der fehlenden Erfahrung in Bezug auf das Krisenmanagement werden Krisensignale oftmals nicht erkannt oder vom Management als nicht ernst genug wahrgenommen. Personalanpassungen in der Geschäftsleitung und in führenden Positionen sollten proaktiv von den Gesellschaftern initiiert werden.

Die in diesem Kapitel dargestellten Besonderheiten bei Investitionen verdeutlichen, dass die Wertsteigerung beim Distressed Equity Investment maßgeblich vom Investor abhängt. Aktives Engagement, ebenso wie ein krisenspezifisches Know-how und Vorgehen sind bei der Investition in Krisenunternehmen erforderlich. Für den aktiven Investor bieten sich jedoch wie eingangs erwähnt erhebliche Wertsteigerungspotenziale, wodurch die Bedeutung dieser Anlage in den letzten Jahren zugenommen hat. Die Investition ist auch von bestimmten wirtschaftlichen Rahmenbedingungen abhängig. Dies sind zum einen die Verfügbarkeit von entsprechenden Investitionsobjekten und zum anderen die Verfügbarkeit der adäquaten Refinanzierungsmöglichkeiten für den Investor.

## 4. Wirtschaftliche Rahmenbedingungen

### 4.1. Verfügbarkeit von Investitionsobjekten

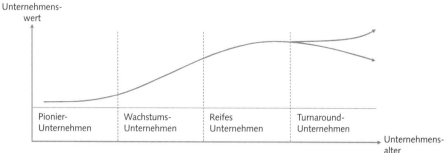

Abb. 4 Unternehmenszyklus

Die Verfügbarkeit von Investitionsobjekten hängt vom Unternehmenslebenszyklus ab. Dabei sind unterschiedliche Eigenkapitalinvestitionen vom Distressed Equity Investment zu unterscheiden. Investitionen in der „Pionierphase" des Unternehmens werden typischerweise als Venture-Capital-Investitionen bezeichnet. Private-Equity-Investitionen sind üblicherweise Investitionen in bestehende Unternehmen, welche sich entweder in der Wachstumsphase befinden oder diese bereits durchschritten haben und nun in der Reifephase über hohe Cash-flows verfügen. Distressed-Investitionen beziehen sich hingegen auf die darauf folgende Phase, bei der das Unternehmen durch eine negative Entwicklung der Leistungsfähigkeit gekennzeichnet ist. Auf Grund von Management-Fehlern oder Veränderungen im Markt nimmt die Leistungsfähigkeit der Unternehmen zu einem bestimmten Zeitpunkt meist ab. Diese Phase kann auch als Wende oder Turnaround-Phase bezeichnet werden. Innerhalb dieser Phase können vier Krisenphasen unterschieden werden, bei der potenziell zwei den Investitionszeitraum des Distressed Investors begrenzen. Die erste Krisenphase ist die strategische Krise. Da diese Krise meist unbemerkt bleibt, ergibt sich zumeist keine Investitionsmöglichkeit für den Distressed Investor in dieser Phase. Die zweite und dritte Phase sind die Ergebniskrise und die Liquiditätskrise. Hierin liegt das Hauptbetätigungsfeld für Distressed-Investoren. Die vierte Phase, die Insolvenz, ist auf Grund der stark eingeschränkten Handlungsfähigkeit wiederum zumeist für den Investor nicht relevant.

Da Distressed Equity Investing ein relativ junges Konzept in Deutschland ist, ist eine Erfassung des Marktvolumens noch nicht belastbar vorhanden. Die European Private Equity & Venture Capital Association (EVCA) veröffentlicht in ihrem jährlichen Bericht zur Entwicklung des Private-Equity-Volumens in Europa auch das Investitions- und Fondsvolumen der so genannten Turnaround Private Equity Funds.[2551] Das Volumen von Turnaround-Investitionen in Europa im Jahr 2007 betrug laut EVCA ca. 150 Mio. € bei einem gesamten Investitionsvolumen der Private-Equity-Branche in Europa i.H.v. 72 Mrd. €. Der Bereich ist somit nach wie vor sehr klein. Dass die Zahlen jedoch erst seit zwei Jahren veröffentlicht werden, zeigt, dass im Vergleich die Wahrnehmung über die steigende Bedeutung dieser Investitionsform vorhanden ist. Eine andere Studie geht davon aus, dass der weltweite Anteil von Turnaround-Investitionen am Private-Equity-Fonds-Volumen von ca. 3% im Jahr 2005 auf ca. 9% in 2007 angestiegen ist.

Auch in Deutschland wächst die Bedeutung von Distressed-Equity-Investitionen. Der Anteil Deutschlands betrug im Jahr 2007 laut EVCA und des Bundesverbands Deutscher Kapitalbeteiligungsgesellschaften (BVK) dabei Angabengemäß nur ca. 1,3 Mio. €. In 2008 betrug das Volumen bereits 38,4 Mio. €.[2552] Die Darstellung muss jedoch unvollständig bleiben, da Private-Equity-Fonds nur ein möglicher Distressed Investor für Eigenkapitalinvestitionen sind. Familienunternehmer, Banken und Privatinvestoren beteiligen sich ebenso am Markt.

Die dargestellten Zahlen können allenfalls einen Bruchteil darstellen. Es kann davon ausgegangen werden, dass der Großteil an Eigenkapitalinvestitionen im Verborgenen stattfindet. Hierzu zählen Forderungsverzichte, Einlagen von Unternehmerfamilien oder aus informationstechnischen Gründen nicht als Distressed-Investition deklarierte Investitionen. Der Gesamtmarktwert ist somit auf ein Vielfaches der veröffentlichten Zahlen zu taxieren.

### 4.2. Verfügbarkeit von Refinanzierungsmitteln

Die Refinanzierung wird im Allgemeinen durch eigene Mittel gedeckt oder von risikofreudigen Investoren übernommen. Die Refinanzierung von Distressed Equity Investments wird von Banken nur selten getragen. Während früher in Deutschland die Hausbank mehr oder weniger gezwungen war, die Restrukturierung des Unternehmens selbst zu begleiten, wickeln Banken ihre Distressed Assets heute über einen Verkauf bzw. eine Verbriefung ab. Bei Eintritt eines Krisenfalls beim Underlying versucht die Bank, möglichst den Verlust zu begrenzen. Vor allem die Anforderungen im Rahmen von Basel II mit Bezug auf die risikobezogene Eigenkapitalhinterlegung schränken die Teilnahme der Banken am Investitionsprozess im Krisenfall deutlich ein. In gesamtwirtschaftlichen Finanzkrisen entsteht somit eine paradoxe Situation. Auf der einen Seite gibt es zwar eine Fülle an interessanten Investitionsmöglichkeiten, auf der anderen Seite stehen jedoch nur beschränkte Mittel zur Verfügung, um die Investition zu refinanzieren. Aus diesem Grund spielen vor allem alternative Investoren, wie spezialisierte Fonds, Pensionsfonds oder Family Offices eine Rolle bei der

---

[2551] EVCA Yearbook 2008, S. 62.
[2552] Bundesverband Deutscher Kapitalbeteiligungsgesellschaften, BVK-Jahrbuch 2009, S. 13.

Refinanzierung von Distressed-Equity-Investitionen. Es kann auch vorkommen, dass der Transaktionswert des zu erwerbenden Unternehmens auf Grund der krisenbedingten Abwertung nicht vorhanden, beziehungsweise sogar negativ ist. In diesem Fall kann der Investor eine Beteiligung auch ohne Eigenkapital durchführen.

## 5. Rechtliche Rahmenbedingungen

Das vorstehend dargestellte wirtschaftliche Szenario lässt Distressed Equity Investments in Deutschland potentiell als durchaus lukrativ erscheinen. Die Wahrung einer solchen möglichen Geschäftschance ist verbunden mit der Wahl einer bestimmten rechtlichen Transaktionsstruktur, die den Besonderheiten der wirtschaftlichen Ausnahmesituation des Krisenunternehmens als Zielgesellschaft Rechnung zu tragen hat. Auch in steuerlicher Hinsicht gilt es, sich vor unliebsamen Überraschungen, namentlich unerwarteten Steuerpflichten, in Acht zu nehmen. Die folgenden Ausführungen sollen insoweit die grundsätzlichen Fragestellungen aus rechtlicher und steuerlicher Sicht behandeln. Dabei beschränken sie sich auf insolvenznahe Krisenszenarien und deren spezifische Probleme. Regelmäßig werden die Ausführungen die Inanspruchnahme weiterer rechtlicher und/oder steuerlicher Beratungsleistungen nicht ersetzen können.

### 5.1. Investition vor Stellung des Insolvenzantrages

In dieser Phase herrscht Zeitnot, da nicht zuletzt ggf. bereits die Dreiwochenfrist zur Insolvenzantragstellung läuft.[2553] Interessenkonflikte zwischen Gesellschaftern (Vermeidung einer Insolvenz) und der Geschäftsleitung (Antragstellung schon zur Haftungsvermeidung) treten hinzu.

In einer wirtschaftlichen Krisensituation ist der Investor somit gehalten, das Risiko einer Anschlussinsolvenz abzuschätzen bzw. zumindest bei der Preisfindung zu berücksichtigen. Aber auch Chancen bieten sich, insbesondere sind Lieferanten und Arbeitnehmer vor Stellung des Insolvenzantrages i.d.R. noch „an Bord". Abhängig ist das weitere Gedeihen auch hier von der gewählten Transaktionsstruktur, wobei der Erwerb von Gesellschaftsanteilen (*share deal*) bzw. jener von Vermögensgegenständen (*asset deal*) gleichermaßen in Betracht kommt.[2554]

### 5.1.1. Share Deal

Der Share Deal hat vor Stellung des Insolvenzantrages den Vorteil, dass es nicht zu einer Übertragung von Vermögensgegenständen kommt. Entsprechende Anfechtungsrisiken bei einem *asset deal* und nachfolgender Insolvenz entfallen somit.

Nach dem Erwerb der Gesellschaftsanteile ist – sofern keine natürliche Person als persönlich haftender Gesellschafter fungiert – dafür Sorge zu tragen, dass die Insolvenzgründe Überschuldung und Zahlungsunfähigkeit beseitigt werden.[2555] Wo dies unterbleibt, besteht für die Geschäftsführung die Insolvenzantragspflicht gem. § 64 Abs. 1 GmbHG, § 92 Abs. 2 AktG bzw. § 130a Abs. 1 HGB fort.

Insoweit ist ggf. neues Kapital zur Verfügung zu stellen, um einer drohenden Insolvenz entgegenzuwirken.[2556]

---

[2553] Tschauner/Desch in: Concentro Turnaround Investment Guide, S. 29.
[2554] Tschauner/Desch in: Concentro Turnaround Investment Guide, S. 29; Windhöfel/Ziegenhagen/Denkhaus, Unternehmenskauf in Krise und Insolvenz, Rn. 24.
[2555] Windhöfel/Ziegenhagen/Denkhaus, Unternehmenskauf in Krise und Insolvenz, Rn. 26.
[2556] Tschauner/Desch in: Concentro Turnaround Investment Guide, S. 29.

## 5.1.2. Asset Deal

Bereits hingewiesen wurde auf die Anfechtungsrisiken bei einem *asset deal* und nachfolgender Insolvenz. Eine Anfechtung nach den §§ 129 ff. InsO kommt in Betracht, wenn durch die angefochtene Rechtshandlung eine Gläubigerbenachteiligung eingetreten ist. Eine Gläubigerbenachteiligung kann unmittelbar (Verkauf des Unternehmens unter Wert)[2557] oder mittelbar (Befriedigung nur ausgewählter Gläubiger durch den Verkäufer mit dem Kaufpreis) sein.

Wird ein Insolvenzantrag erst nach Ablauf von drei Monaten nach Abschluss des Unternehmenskaufvertrages gestellt, so kommen die Vorsatzanfechtung (§ 133 AO) und die Anfechtung von zur Erfüllung des Kaufvertrages vorgenommenen Verfügungen über Vermögensgegenstände des Schuldners in Betracht.[2558]

Wird der Unternehmenskaufvertrag erst in den letzten drei Monaten vor Antragstellung wirksam, so tritt neben die soeben erläuterten Anfechtungsgründe die Anfechtung des Kaufvertrages als die die schuldrechtlichen Verpflichtungen begründende Rechtshandlung nach Maßgabe des § 132 Abs. 1 InsO.

Bereits übertragene Vermögensgegenstände, für deren Verfügung einer der dargestellten Anfechtungsgründe einschlägig ist, muss der Erwerber nach § 143 Abs. 1 InsO zur Insolvenzmasse zurückgewähren. Der Erstattungsanspruch bemisst sich nach dem Verlust, den die Insolvenzmasse durch die angefochtene Rechtshandlung erlitten hat.[2559]

Hinsichtlich der Anfechtungsrisiken gilt es in der Praxis, den anfechtungsrelevanten Zeitpunkt möglichst weit nach vorne zu verlagern, indem z. B. Eigentum bereits bei Kaufvertragsabschluss aufschiebend bedingt übergehen soll.[2560]

Neben die Anfechtungsrisiken tritt das Erfüllungswahlrecht des Insolvenzverwalters gem. § 103 InsO,[2561] sofern der Unternehmenskaufvertrag im Zeitpunkt der Eröffnung des Verfahrens von keiner Vertragspartei vollständig erfüllt ist.[2562] Eine vollständige Erfüllung liegt erst zum Zeitpunkt des Closing vor. Lehnt der Insolvenzverwalter die Erfüllung ab, bleibt der Vertragspartei die Geltendmachung eines Schadensersatzanspruches als Insolvenzforderung gem. § 103 Abs. 2 Satz 1 InsO.

### 5.1.2.1. Rechtliche Risiken

**a) § 25 HGB.** Wird der Name des Unternehmens vom Erwerber fortgeführt, so haftet dieser auch für die bestehenden Verbindlichkeiten des bisherigen Inhabers. Vermieden werden kann dies gem. § 25 Abs. 2 HGB durch einen im Handelsregister eingetragenen Haftungsausschluss oder eine Mitteilung an die Gläubiger.

**b) § 75 Abs. 2 AO.** Bis zur Höhe des übernommenen Vermögens haftet der Erwerber für betrieblich begründete Steuern und Steuerabzugsbeträge, die im Kalenderjahr vor der Übereignung entstanden sind und spätestens ein Jahr nach der Erwerbsanzeige festgesetzt oder angemeldet werden. Daraus ist abzuleiten, dass die Erwerbsanzeige möglichst rasch erfolgen sollte.

**c) § 613a BGB.** Beim Erwerb einzelner Vermögensgegenstände, welche eine „wirtschaftliche Einheit" bilden, tritt der Erwerber ggf. gem. § 613a BGB in die bestehenden Arbeitsverhältnisse ein. Dies gilt auch bei Erwerb nur eines Teilbetriebes.

---

[2557] Das Gutachten eines Wirtschaftsprüfers hins. der Angemessenheit des Kaufpreises sollte diesem Vorwurf entgegenwirken.
[2558] Windhöfel/Ziegenhagen/Denkhaus, Unternehmenskauf in Krise und Insolvenz, Rn. 37.
[2559] Windhöfel/Ziegenhagen/Denkhaus, Unternehmenskauf in Krise und Insolvenz, Rn. 49.
[2560] Tschauner/Desch in: Concentro Turnaround Investment Guide, S. 33.
[2561] Dieser ist dem § 17 KO nachgebildet, vgl. Marotzke in: Kreft, InsO, § 103 Rn. 1.
[2562] Vgl. hierzu auch Piepenburg in: FS Günter Greiner, S. 278 f.

## 5.1.2.2. Zwischenfazit

Vor Stellung des Insolvenzvertrages kommen zwar grundsätzlich *asset deal* und *share deal* für eine Transaktion in Betracht. Jedoch sollte eine Transaktion in dieser Phase nur umgesetzt werden, wenn den erheblichen (Anfechtungs-)Risiken ein äußerst attraktiver, z. B. negativer Kaufpreis und/oder die Notwendigkeit, einen vertraglichen status quo abzusichern, gegenüberstehen.

## 5.2. Investition nach Stellung des Insolvenzantrages

Die im Abschnitt 5.1 beschriebenen Risiken setzen sich in der Zeit nach Stellung des Insolvenzantrages, aber vor Insolvenzeröffnung grundsätzlich fort, wobei zusätzliche Anfechtungsrisiken (vgl. z. B. § 130 Abs. 1 Nr. 2 InsO) hinzutreten.

Im Ergebnis kommt in der Antragsphase daher kaum ein Verkauf zustande.

### 5.2.1. Share Deal

Nach Stellung des Insolvenzantrages und vor Eröffnung des Insolvenzverfahrens kann die Investition nicht als *share deal* strukturiert werden.[2563] Nach der Insolvenzordnung steht die Veräußerung des gesamten Unternehmens als Strukturoption im vorläufigen Verfahren nicht zur Verfügung.[2564]

### 5.2.2. Asset Deal

Nach Stellung des Insolvenzantrags wird das Gericht regelmäßig von der Möglichkeit Gebrauch machen, Sicherungsmaßnahmen gem. §§ 21 ff. InsO anzuordnen. Damit soll eine Verschlechterung der Vermögenslage des Schuldners während des Eröffnungsverfahrens verhindert werden.[2565] Die entsprechenden Anordnungen beschränken auch die Möglichkeit eines *asset deals*.

Zu unterscheiden sind hins. der Verfügungsmacht der „schwache" und der „starke" vorläufige Verwalter.

Der Zustimmungsvorbehalt des „schwachen" vorläufigen Verwalters lässt grundsätzlich die Veräußerung auch des ganzen Unternehmens durch den Schuldner zu, macht die Wirksamkeit aber von der Zustimmung des „schwachen" vorläufigen Verwalters nach den §§ 24 Abs. 1, 81 Abs. 1 Satz 1 InsO abhängig. Rechtshandlungen des „schwachen" vorläufigen Verwalters sind grundsätzlich – und abseits eines schutzwürdigen Vertrauenstatbestandes – anfechtbar. Hier bleibt rechtlich das Management des Unternehmens verwaltungs- und verfügungsbefugt.

Beim „starken" vorläufigen Verwalter geht mit der Anordnung eines allgemeinen Verfügungsverbotes nach § 22 Abs. 1 Satz 2 InsO die Verfügungsbefugnis über das Vermögen des Schuldners auf diesen über. Diesem bleiben einstweilen und grundsätzlich[2566] nur die Möglichkeiten der Fortführung oder der Stilllegung des Unternehmens.[2567] Rechtshandlungen des „starken" vorläufigen Verwalters sind grundsätzlich nicht anfechtbar. Der „starke" vorläufige Verwalter handelt „als Unternehmen".[2568]

---

[2563] Allert/Seagon, Unternehmensverkauf in der Krise, S. 46; Messenzehl, Finance, Juli/August 2009, S. 54.

[2564] Tschauner/Desch in: Concentro Turnaround Investment Guide, S. 36.

[2565] Kirchhof in: Kreft, InsO, § 21 Rn. 2.

[2566] § 158 InsO in der Fassung des Gesetzes zur Vereinfachung des Insolvenzverfahrens hat hieran im Ergebnis nichts geändert.

[2567] Windhöfel/Ziegenhagen/Denkhaus, Unternehmenskauf in Krise und Insolvenz, Rn. 90.

[2568] Tschauner/Desch in: Concentro Turnaround Investment Guide, S. 28.

### 5.2.2.1. Rechtliche Risiken

Grundsätzlich gelten hier die in Abschnitt 5.1.2.1 gemachten Ausführungen. Allerdings gilt die Haftung für Steuerschulden bei einem *asset deal* gem. § 75 AO nicht beim Kauf im vorläufigen Verfahren.[2569]

### 5.2.2.2. Zwischenfazit

Wegen der gegenüber dem Erwerb in Krisensituationen schlechteren rechtlichen Rahmenbedingungen ist von einer Transaktion im vorläufigen Verfahren grundsätzlich abzusehen.

## 5.3. Investition nach Eröffnung des Insolvenzverfahrens

Zu diesem Zeitpunkt gewährleistet die umfassende Verfügungsmacht des Insolvenzverwalters nach § 80 InsO für die Vertragspartei die notwendige Rechtssicherheit.[2570]

### 5.3.1. Share Deal/Insolvenzplanverfahren

Nach Eröffnung des Insolvenzverfahrens kommt ein *share deal* nur ausnahmsweise i.R.e. Insolvenzplanverfahrens in Betracht, wobei die Kombination natürlich bei hinreichendem Engagement der Altgesellschafter nicht zwingend ist. Der Insolvenzplan nach den §§ 217ff. InsO bietet sich strukturell vor allem für Unternehmens(teil-)veräußerungen im Wege der Anteilsveräußerung an, wenn neue Gesellschafter zu einer Sanierung der bestehenden Einheit beitragen sollen. Der Erhalt des Unternehmensträgers kann hierbei z.B. dann sinnvoll sein, wenn öffentlich-rechtliche Genehmigungen an diesen gebunden sind.[2571] Gem. § 227 Abs. 1 InsO wird der Schuldner nach Planbefriedigung von den übrigen Verbindlichkeiten gegenüber den Gläubigern befreit. Die Befreiungswirkung tritt – insoweit ist der Wortlaut irreführend – mit Rechtskraft der Bestätigung des Insolvenzplans ein.[2572]

Das Insolvenzplanverfahren bietet sich wirtschaftlich insbesondere für größere Verfahren mit komplexen Finanzierungsstrukturen an.[2573] Gerade auch bei Beteiligung von Private-Equity- bzw. Distressed-Equity-Investoren erscheint der Insolvenzplan vorteilhaft:[2574] Diese dürften tendenziell eher bereit und wirtschaftlich in der Lage sein, einen Sanierungsbeitrag zu leisten, als z.B. Familienunternehmen ohne weitere strukturelle Finanzierungsoptionen.[2575]

Mit den wesentlichen, besser mit allen, Gläubigern sollte im Fall des sog. „Schuldnerplans" bereits vor Antragstellung i.R.e. *pre-packaged plan*[2576] ein Verkaufskonzept erarbeitet werden, welches sodann mit Verfahrenseröffnung umgesetzt wird.[2577] Ansonsten dürfte sich einer der Nachteile des Insolvenzplanverfahrens – das Widerspruchsrecht einzelner Gläubiger gem. § 251 Abs. 1 InsO – spätestens im Abstimmungstermin bemerkbar machen.

Ein Nachteil des Insolvenzplanverfahrens ist, dass Austausch bzw. Aufnahme von Gesellschaftern von der Zustimmung der Altgesellschafter abhängig sind. Dies spielt aber keine Rolle in den Fällen, wo der Insolvenzplan eben entkoppelt von einem *share deal* umgesetzt wird. Trotzdem bleibt das Insolvenzplanverfahren eine Randerscheinung.[2578]

---

[2569] Messenzehl, Finance, Juli/August 2009, S. 54; Tschauner/Desch in: Concentro Turnaround Investment Guide, S. 36.
[2570] Windhöfel/Ziegenhagen/Denkhaus, Unternehmenskauf in Krise und Insolvenz, Rn. 108.
[2571] Windhöfel/Ziegenhagen/Denkhaus, Unternehmenskauf in Krise und Insolvenz, Rn. 127.
[2572] Braun/Frank in: Braun, InsO, § 227 Rn. 4.
[2573] Hagebusch/Oberle, NZI 2006, 618 (620).
[2574] Morshäuser/Falkner, NZG 2009, 526 (529).
[2575] Morshäuser/Falkner, NZG 2009, 526 ff.
[2576] Vgl. hierzu Fröhlich/Sittel in: Restrukturierung, Jahrbuch 2010, S. 16 ff.
[2577] Tschauner/Desch in: Concentro Turnaround Investment Guide, S. 38.
[2578] Laut einer Statistik der Sozietät Schultze & Braun gab es 2008 278 entsprechende Anträge bei ca. 30.000 Unternehmensinsolvenzen.

## 5.3.2. Asset Deal/Übertragende Sanierung

Die übertragende Sanierung,[2579] welche in Konzept und Begrifflichkeit auf *Karsten Schmidt* zurückzuführen ist,[2580] hat die Sanierung des Unternehmens unabhängig vom Schicksal bzw. unter Zurücklassung des bisherigen Unternehmensträgers zum Ziel. Die Trennung erfolgt durch die Veräußerung des Unternehmens an eine Fortführungs- bzw. Auffanggesellschaft im Wege eines *asset deals*.[2581] Hierbei werden die Aktiva an die Fortführungs- bzw. Auffanggesellschaft veräußert und der Erwerber zahlt den Kaufpreis an die Masse. Dinglich gesicherte Gläubiger übertragen ihre Darlehen bis zur Höhe der bewertbaren Sicherheiten auf die neue Gesellschaft.[2582]

Das Störpotenzial einzelner Gläubiger ist bei der übertragenden Sanierung im Vergleich zum Insolvenzverfahren reduziert: Zwar müssen Gläubigerausschuss bzw. Gläubigerversammlung der übertragenden Sanierung zustimmen, der Individualrechtsschutz einzelner Gläubiger ist aber auf ein situationsgemäß vernünftiges Maß reduziert.

### 5.3.2.1. Rechtliche Privilegierung

Nicht ohne Grund wird der Erwerb vom Insolvenzverwalter unmittelbar nach Eröffnung des Insolvenzverfahrens als „Idealfall des Unternehmenskaufs in der Krise" bezeichnet.[2583] Dies rechtfertigt sich durch den Wegfall eines ganzen Straußes von Risiken, welche sonst mit der Übertragung von Vermögensgegenständen verbunden sind.

Durch die Eröffnung des Insolvenzverfahrens bleiben allerdings unberührt die Haftung des Erwerbers für die Beseitigung von Altlasten (§ 4 Abs. 3 Bundesbodenschutzgesetz, BBodSchG) sowie der Ausgleichsanspruch der öffentlichen Hand bei einer Altlastensanierung aus öffentlichen Mitteln (§ 25 BBodSchG).

**a) § 25 HGB.** Der sich eines *asset deals* bedienende Investor kann die Firma des insolventen Rechtsträgers fortführen, ohne für Schuldnerverbindlichkeiten nach § 25 Abs. 1 HGB haftbar gemacht werden zu können.[2584] Es besteht Einigkeit darüber, dass § 25 HGB auf den Erwerb aus der Insolvenzmasse nach Eröffnung des Insolvenzverfahrens keine Anwendung findet.[2585]

**b) § 75 Abs. 2 AO.** Die Vorschrift des § 75 Abs. 1 AO, wonach der Erwerber eines Unternehmens oder eines Betriebes grundsätzlich auch bei einem *asset deal* für die noch ausstehenden Steuern haftet, ist bei *asset deals* im eröffneten Insolvenzverfahren nicht anwendbar. Beim *share deal* hingegen fehlt es schon an dem erforderlichen Wechsel des Rechtsträgers.

**c) § 613a Abs. 2 BGB.** Die mit § 613a BGB verbundenen Haftungsgefahren bei Betriebsveräußerung sind nach Eröffnung des Insolvenzverfahrens deutlich abgemildert. [2586]Betriebsbedingte Kündigungen sind i.R.d. § 613a Abs. 4 Satz 2 BGB zulässig. Weiterhin gilt die dreiwöchige Präklusionsfrist zur Erhebung einer Kündigungsschutzklage nach § 113 Abs. 2 InsO auch für den Unwirksamkeitsgrund des § 613a Abs. 4 BGB. Drittens gilt nach § 125 InsO i.V.m. § 111 BetrVG die Vermutung, dass eine Kündigung durch dringende betriebliche Erfordernisse bedingt ist, sofern zwischen Betriebsrat und Insolvenzverwalter ein Interessenausgleich zustande kommt, in dem die zu kündigenden Arbeitnehmer namentlich bezeichnet werden.

---

[2579] Vgl. hierzu umfassend Hagebusch/Oberle, NZI 2006, 618 ff.
[2580] Hagebusch/Oberle, NZI 2006, 618 (619).
[2581] Brete/Thomsen, NJOZ 2008, 4159 (4160); Bülow, DZWIR 2004, 192; Hölzle, DStR 2004, 1433 (1435).
[2582] Paulus, DZWIR 2008, 6 (11).
[2583] Hölzle, DStR 2004, 1433.
[2584] Windhöfel/Ziegenhagen/Denkhaus, Unternehmenskauf in Krise und Insolvenz, Rn. 125.
[2585] BGH, Urteil v. 11. April 1988, II ZR 313/87, BGHZ 104, 151 (153).
[2586] Zur Gestaltung im Übrigen vgl. Hausch, BB 2008, 1392 ff.

**d) § 419 BGB a. F.** Nach dieser Regelung haftete der Vermögensübernehmer für die Verbindlichkeiten des Übergebers. Die Abschaffung der Regelung mit Einführung der InsO 1999 erleichterte die übertragende Sanierung, obwohl ohnehin Einigkeit darüber bestand, dass § 419 BGB a. F. beim Erwerb vom Konkursverwalter ohnehin nicht anwendbar sein sollte.[2587]

### 5.3.2.2. Zwischenfazit

Die zahlreichen Haftungsprivilegien machen den Erwerb vom Insolvenzverwalter i.R. e. *asset deals* gegenüber dem Erwerb in der Krise wie im vorläufigen Verfahren zur attraktivsten Option. Hinzu kommt der Wegfall diverser Anfechtungsrisiken. Negativ ist, dass der Investor keine Exklusivität mit dem Investor wird vereinbaren können, sondern sich – ggf. sogar i.R.e. Auktion – gegen Wettbewerber durchsetzen muss.

## 5.4. Geschäftsleitungshaftung

Der Erwerb eines Krisenunternehmens kann auch mit strafrechtlichen Folgen verbunden sein:[2588] Bei außergerichtlichen Sanierungsmaßnahmen besteht immer die Gefahr, die Insolvenzantragspflicht zu verletzen und sich so der Insolvenzverschleppung strafbar zu machen (§ 84 Abs. 1 Nr. 2 GmbHG, § 401 Abs. 1 Nr. 2 AktG). In strafrechtlicher Hinsicht können zudem die §§ 283 Abs. 1 Nr. 1 StGB (Bankrott) und § 283c StGB (Gläubigerbegünstigung) einschlägig werden.

Zumindest dem Vorwurf der Insolvenzverschleppung kann man also entgehen, indem man rechtzeitig = unverzüglich, spätestens aber innerhalb von drei Wochen ab Kenntnis eines Insolvenzgrundes einen Insolvenzantrag stellt.

### 5.4.1. Insolvenzantragspflicht

Die Pflicht zur Stellung eines Insolvenzantrages dient zum einen der Sicherung der noch vorhandenen Haftungsmasse. Zum anderen sollen insolvenzreife Unternehmen gleichsam präventiv aus dem Markt entfernt werden.

Je nach Gesellschaftsform ergeben sich die Antragspflichten aus § 64 Abs. 1 GmbHG, § 71 Abs. 4 GmbHG; § 92 Abs. 2 AktG, § 268 Abs. 2 Satz 1 AktG, § 283 Nr. 14 AktG; § 130a Abs. 1 HGB, § 177a Abs. 1 HGB; § 99 Abs. 1 GenG; § 42 Abs. 2 Satz 1 BGB, § 86 Satz 1 BGB; § 22 Abs. 5 Satz 2 SEAG i.V.m. § 92 Abs. 2 AktG; § 18 Abs. 4 Satz 2 SCEAG i.V.m. § 99 GenG. Sonderregelungen ergeben sich für Kreditinstitute (§ 46b Abs. 1 Satz 2 KWG) und Versicherungsunternehmen (§ 88 Abs. 2 Satz 3 VAG).

Die Insolvenzordnung sieht gem. §§ 16 ff. InsO drei Gründe für die Eröffnung eines Insolvenzverfahrens vor, welche nachfolgend erläutert werden sollen.

#### 5.4.1.1. Zahlungsunfähigkeit

Eine Zahlungsunfähigkeit gem. § 17 Abs. 2 Satz 1 InsO liegt vor, wenn der Schuldner nicht in der Lage ist, die fälligen Zahlungspflichten zu erfüllen. Dies ist gem. § 17 Abs. 2 Satz 1 InsO regelmäßig bei einer Zahlungseinstellung anzunehmen.

Eine bloße Zahlungsstockung von maximal drei Wochen ist regelmäßig unschädlich.[2589] Ebenfalls gelten soll dies bei einer anhand einer Liquiditätsbilanz zu ermittelnden, geringfügigen Liquiditätslücke von maximal 10 %.

#### 5.4.1.2. Drohende Zahlungsunfähigkeit

Für den Fall, dass der Schuldner selbst den Insolvenzantrag stellt, wurde in § 18 InsO der Eröffnungsgrund der „drohenden Zahlungsunfähigkeit" geschaffen. Der Schuldner, und nur

---

[2587] Hölzle, DStR 2004, 1433 (1436).
[2588] Holzapfel/Pöllath, Unternehmenskauf in Recht und Praxis, Rn. 245; Schluck-Amend in: Restrukturierung; Jahrbuch 2010, S. 63.
[2589] Tschauner/Desch in: Concentro Turnaround Investment Guide, S. 28.

dieser, soll danach die Möglichkeit erhalten, sein Unternehmen in der Krise rechtzeitig einem geordneten Verfahren zu unterstellen.[2590] Hingegen soll dieser neue Insolvenzgrund nicht als Druckmittel missbraucht werden können.[2591]

### 5.4.1.3. Überschuldung

Gem. § 19 Abs. 2 InsO n. F. liegt eine Überschuldung dann vor, wenn das Vermögen des Schuldners die bestehenden Verbindlichkeiten nicht mehr deckt, – es sei denn, die Fortführung des Unternehmens ist nach den Umständen überwiegend wahrscheinlich. Abzustellen ist hierbei auf eine Finanzplanprognose.

Der Überschuldungstatbestand begründet eine kontinuierliche Selbstprüfungspflicht[2592] der straf- und haftungsrechtlich verantwortlichen Geschäftsführungsorgane. Das praktische Problem der (bilanziellen) Überschuldungsmessung stellt sich seit Bestehen der Regelung.

Zu beachten ist, dass nach Art. 6 und 7 des Finanzmarktstabilisierungsgesetzes die frühere Fassung des § 19 Abs. 2 InsO im Jahr 2011 wiederhergestellt wird.

### 5.4.1.4. Haftung

Die Verletzung der Insolvenzantragspflicht bei Vorliegen eines zwingenden Eröffnungsgrundes kann zu einer unmittelbaren Haftung der Geschäftsführer/Vorstände gegenüber den Gläubigern bzw. auch dem Insolvenzverwalter führen.[2593] Die Vorschriften zur Insolvenzantragspflicht stellen Schutzgesetze i.S.d. § 823 Abs. 2 BGB dar.[2594]

Gegenüber einem Gläubiger, welcher seine Forderung nach Eintritt der Zahlungsunfähigkeit geltend macht, haftet der Geschäftsführer bzw. Vorstand unmittelbar auf Schadensersatz.

Gegenüber der Gesellschaft ist die Geschäftsleitung unmittelbar erstattungspflichtig nach § 64 Abs. 2 GmbHG bzw. § 93 Abs. 2 AktG.

### 5.4.2. Vorenthalten und Veruntreuen von Arbeitsentgelt

Gem. § 266a Abs. 1 StGB ist das Vorenthalten und Veruntreuen von Arbeitsentgelt mit einer Freiheitsstrafe bis zu fünf Jahren, alternativ mit Geldstrafe belegt.

Weil die Geschäftsleitung gemäß § 64 GmbHG bzw. § 92 GmbHG nach Eintritt von Zahlungsunfähigkeit oder Überschuldung innerhalb von höchstens drei Wochen einen Insolvenzantrag stellen muss und bis dahin keine weiteren Zahlungen mehr aus dem Gesellschaftsvermögen leisten darf, sind die Organe während der Insolvenzantragsfrist von der Verpflichtung nach § 266a Abs. 1 StGB befreit.

### 5.5. Investor als faktischer Geschäftsführer

Eine Insolvenzantragspflicht trifft ggf. auch den sog. „faktischen Geschäftsführer". Eine bloße Einwirkung auf die Geschäftsführung ist hierbei nicht ausreichend. Erforderlich ist eigenes Handeln in einem die Geschäftsführung kennzeichnenden Umfang.

Dieses Handeln kann zum einen den Gesellschafter betreffen, der den Sanierungsprozess in seinem Portfolio-Unternehmen maßgeblich mitgestalten will. Zum anderen kann der Investor schon im Vorfeld z. B. als Gläubiger vor einem Debt-Equity Swap geneigt sein, die Organe der Zielgesellschaft zur Mitwirkung bei geplanten Kapitalmaßnahmen zu bewegen.[2595]

---

[2590] Ott/Göpfert, Unternehmenskauf aus der Insolvenz, S. 43.
[2591] Bußhardt in: Braun, InsO, § 18 Rn. 1.
[2592] Schmidt, DB 2008, 2467.
[2593] Keller, Insolvenzrecht, Rn. 514.
[2594] BGH, Urteil v. 16. Dezember 1958, VI ZR 245/57, BGHZ 29, 100; BGH Urteil v. 6. Juni 1994, II ZR 292/91, BGHZ 126, 181 (190).
[2595] Redeker, BB 2007, 673 (677).

In der Praxis dürften beide Fälle nur ganz ausnahmsweise zu bejahen sein, insbesondere hinsichtlich einer Qualifikation des Gläubigers als faktischer Geschäftsführer liegt bisher offenbar keine einzige rechtskräftige Entscheidung vor.[2596]

### 5.6. Europäisches Insolvenzrecht

Die dargestellten zahlreichen Restriktionen bei der Restrukturierung von/Investition in Krisenunternehmen nach deutschem Insolvenzrecht haben dazu geführt, dass andere europäische Jurisdiktionen für Investoren immer interessanter werden. Im Folgenden ist zu erörtern, auf welche Sachverhalte sich deren Anwendungsbereich erstrecken kann.

#### 5.6.1. EuInsVO

Zentrales Ziel der EuInsVO ist es, ein *forum shopping*[2597] im internationalen Insolvenzrecht zu vermeiden. Art. 3 Abs. 1 Satz 1 EuInsVO legt daher fest, dass für die Eröffnung des Insolvenzverfahrens die Gerichte jenes Mitgliedstaates zuständig sind, in dessen Gebiet der Schuldner den Mittelpunkt seiner hauptsächlichen Interessen hat. Art. 3 Abs. 1 Satz 2 EuInsVO stellt hierfür in einer widerlegbaren Vermutung auf den satzungsmäßigen Sitz der Gesellschaft ab. Inwieweit sich dies mit der Niederlassungsfreiheit nach Art. 43 ff. EG in Übereinstimmung bringen lässt, bleibt offen.[2598]

Aus deutscher Sicht bleibt auf die Regelung des Art. 102 § 3 EGInsO hinzuweisen, welcher regelt, dass ein Insolvenzverfahren in Deutschland unzulässig ist, wenn das Gericht eines anderen Mitgliedstaates bereits das Hauptinsolvenzverfahren eröffnet hat. Das deutsche Verfahren darf gem. Art. 102 § 3 Abs. 1 Satz 2 EGInsO nicht fortgeführt werden.

#### 5.6.2. Englisches Insolvenzrecht

Durch Verfahren wie z. B. *Hans Brochier GmbH & Co. KG/Hans Brochier Holdings Ltd.*, *Deutsche Nickel AG/DNICK Ltd.* und *Schefenacker AG/Schefenacker plc.* geriet in letzter Zeit der Insolvenzstandort Großbritannien ins Augenmerk auch deutscher Distressed-Investoren. Man verspricht sich hier im Rahmen eines *forum shopping* ein sanierungseffizienteres Umfeld,[2599] insbesondere was den – an dieser Stelle nicht näher zu behandelnden – Debt-Equity Swap anbelangt. Insbesondere auch die Tatsache, dass das englische Insolvenzrecht eine die Gläubiger bindende Sanierung ohne Beteiligung des Insolvenzgerichts vorsieht, wird von Investoren als reizvoll angesehen.[2600] Das englische Insolvenzrecht kennt hierbei grundsätzlich kein zentrales Insolvenzverfahren.

Als Gestaltungsalternativen des *forum shopping* aus Sicht des deutschen Krisenunternehmens kommt zum einen die Umwandlung einer GmbH oder AG in eine GmbH & Co. KG in Betracht, in die sodann eine englische *public limited company* bzw. *Limited* als persönlich haftender Gesellschafter beitritt. Scheiden die anderen Gesellschafter dann aus, wächst sämtliches Vermögen bei der *plc.* bzw. *Ltd.* an und die KG erlischt.[2601] Zum anderen ist eine „Herausverschmelzung" über die Grenze zu erwägen.

#### 5.6.2.1. Center of Main Interest

Um zu einer Anwendbarkeit englischen Insolvenzrechts zu gelangen, gilt es, das Center of Main Interest (COMI), also den überwiegend wirtschaftlich tätigen Teil des Unternehmens,[2602] dorthin zu verlegen. Der EuGH hat in der Rechtssache *Eurofood/Parma-*

---

[2596] Redeker, BB 2007, 673 (677).
[2597] Eyber, ZInsO 2009, 1225 (1226); zur Historie des Phänomens vgl. Vallender, NZI 2007, 129 (130).
[2598] Paulus, NZI 2008, 1 (2).
[2599] Eyber, ZInsO 2009, 1225 (1227).
[2600] Vallender, NZI 2007, 129 (131).
[2601] Vallender, NZI 2007, 129 (131).
[2602] Paulus, DZWIR 2008, 6 (7).

*lat*[2603] entschieden, dass die Bestimmung des COMI nach objektiven und für Dritte feststellbaren Kriterien vorzunehmen ist, sofern eine Abweichung von der Regelvermutung des satzungsmäßigen Sitzes belegt werden soll.

Der High Court of Justice[2604] hat präzisiert, dass es bei der Feststellung des Mittelpunkts der wirtschaftlichen Interessen nicht auf die interne Entscheidungsfindung, sondern vielmehr darauf ankomme, wo für außenstehende Dritte erkennbar der Schwerpunkt der wirtschaftlichen Aktivitäten liege.

Gelingt es, ein englisches COMI zu etablieren, so kennt das englische Insolvenzrecht der Sache nach insgesamt sieben Gesamtverfahren – grundsätzlich zu unterscheiden nach Sanierungs- und Liquidationsverfahren, wobei für deutsche insolvenzgefährdete und zu sanierende Unternehmen insbesondere die *administration* sowie das *company voluntary arrangement* (CVA) interessant sind.

### 5.6.2.2. Administration

Diese aus Sicht des Gesetzgebers als Hauptverfahren zur Sanierung vorgesehene, dem Insolvenzplanverfahren ähnelnde[2605] Prozedur bietet mit der außergerichtlichen Eröffnungsmöglichkeit der Geschäftsführer sowie der *floating charge holder* die Möglichkeit, über eine frühzeitige Verfahrenseröffnung einen großen Teil der Masse zu erhalten.[2606] Hierbei kann mit Eingang des entsprechenden Formulars bei Gericht unter eidesstattlicher Versicherung bestimmter Tatsachen ein qualifizierter *administrator* nach deren Wahl bestellt werden. Im weiteren Verlauf ist im Regelfall innerhalb von elf Tagen nach Aufforderung durch den *administrator* ein *statement of affairs* zu erstellen, welches detaillierte Angaben zur Vermögenssituation der Gesellschaft enthält. Der *administrator* hat sodann innerhalb von acht Wochen ein Sanierungskonzept zu erstellen.[2607]

### 5.6.2.3. Company Voluntary Arrangement

Hierbei handelt es sich um einen außergerichtlichen Vergleich, der zwischen Krisenunternehmen und Gläubigern geschlossen wird, um ein formelles Insolvenzverfahren zu vermeiden bzw. dieses informell zu beenden.[2608] Dem Insolvenzgericht kommen nur Kontrollaufgaben innerhalb des CVA zu. Der vom Geschäftsführer (*director*) unterbreitete Vergleichsvorschlag kommt zustande, sofern mindestens 75 % der Gläubiger zustimmen. Der Vorschlag ist – zusammen mit einem Vermögensstatus – an einen *nominee* zu übermitteln. Dieser gibt eine Erklärung hins. der Durchführbarkeit des Vergleichs ab und überwacht diesen nach Zustimmung der Gläubiger.[2609]

Das CVA kommt immer dann zum Einsatz, wenn wenige Hauptgläubiger, die 75+ % der Gesamtverbindlichkeiten halten, die übrigen Gläubiger in einen Vergleich einbinden wollen.

### 5.6.2.4. Vermeidung eines Sekundärinsolvenzverfahrens

Erreicht man die Eröffnung des Insolvenzverfahrens nach englischem Recht in einer der dargestellten Verfahrensarten, so gilt es immer noch, von ausländischen Gläubigern angestrengte Sekundärinsolvenzverfahren zu vermeiden. Dies kann man am besten erreichen, indem man die ausländischen Gläubiger in die eigene Sanierungsstrategie einbindet.[2610]

---

[2603] Rs. C-341/04, Slg. 2006, I-3813, NZI 2006, 360 und BB 2006, 1762.
[2604] Entscheidung vom 15. August 2006, Order No. 5618/06.
[2605] Andres/Grund, NZI 2007, 137 (138).
[2606] Vallender, NZI 2007, 129 (133).
[2607] Andres/Grund, NZI 2007, 137 (139).
[2608] Vallender, NZI 2007, 129 (133).
[2609] Andres/Grund, NZI 2007, 137 (139).
[2610] Vallender, NZI 2007, 129 (134).

# 7. Teil. Spezielle Beteiligungsformen  § 23 Distressed Equity Investments

Insgesamt bleibt abzuwarten, ob das englische Insolvenzrecht – so man überhaupt in seinen Anwendungsbereich gelangt – als Allheilmittel fungieren kann. Auch in Deutschland (Stichwort Insolvenzgeld) gibt es schließlich Pfunde, mit denen man wuchern kann.

## 6. Steuerliche Rahmenbedingungen

Distressed Equity Investments sind zum einen sicherlich wegen niedriger bzw. sogar negativer Kaufpreise interessant. Zum anderen sollte die Konkurrenzsituation unter den Investoren erträglich sein, man wird es nicht zu oft mit Auktionsverfahren o.ä. zu tun haben, sodass der Investor Gelegenheit erhalten wird, tatsächlich noch ein Wertsteigerungspotential des Portfolio-Unternehmens zu heben.

Interessant sind aber auch die Verlustvorträge des Portfolio-Unternehmens – lassen sich doch mit ihnen möglicherweise interessante steuerliche Effekte erzielen. Der Gedanke ans Steuerrecht ist aber schon früher, in der Phase der Strukturierung des Distressed-Equity-Fonds, opportun, da es schon hier gilt, strukturell gefährliche Weichenstellungen zu vermeiden.

### 6.1. Abgrenzung Vermögensverwaltung/gewerbliche Tätigkeit

Auf Ebene des in der Krise investierenden Distressed-Equity-Fonds, der in Deutschland regelmäßig in der Rechtsform der GmbH & Co. KG agiert, ist für die steuerliche Qualifizierung der vermittelten Einkünfte entscheidend, ob der Fonds über seine handelnden Organe eine bloße private Vermögensverwaltung betreibt oder gewerbliche Einkünfte generiert/erzielt werden. Die Abgrenzung wurde im vorliegenden Werk bereits an verschiedenen Stellen in aller Ausführlichkeit diskutiert.

An dieser Stelle soll nur noch einmal daran erinnert werden, dass eine Gewerblichkeit auch durch ein aktives Engagement beim Portfolio-Unternehmen indiziert wird, welches gerade in Krisensituationen jedenfalls operativ nahe liegt.[2611]

### 6.2. Umsatzsteuerpflichtigkeit der Management-Leistung

Das Bundesministerium der Finanzen hat sich in einer einigermaßen überraschenden Kehrtwendung dafür entschieden, die Management-Leistungen der Private-Equity-Gesellschaften gegenüber ihren Fondsvehikeln der Umsatzsteuer zu unterwerfen.[2612] Dies ist eine in Europa einmalige Diskriminierung – nicht zuletzt gegenüber anderen, insoweit befreiten Sondervermögen wie Investmentfonds oder REITs.

### 6.3. Sanierungsgewinnbesteuerung/Sanierungsprivileg

Die Steuerfreiheit von Sanierungsgewinnen gem. § 3 Nr. 66 EStG a. F. entfiel zum 1. Januar 1999. Ein BMF-Schreiben[2613] regelt nunmehr die ertragsteuerliche Behandlung von Sanierungsgewinnen durch Steuerstundung bzw. Steuererlass gem. §§ 163, 222, 227 AO.

Zunächst müssen aber vorrangig sämtliche zur Verfügung stehenden Verluste und negativen Einkünfte zur Verrechnung gebracht werden.[2614]

Für einen begünstigten Sanierungsgewinn müssen danach sodann vorliegen:
– die Sanierungsbedürftigkeit des Unternehmens;
– die Sanierungsfähigkeit des Unternehmens;

---

[2611] Bundesministerium der Finanzen: Schreiben v. 16. Dezember 2003, BStBl. 2004, Teil I, S. 40, Tz. 7.
[2612] Bundesministerium der Finanzen: Schreiben v. 31. Mai 2007, BStBl. 2007, Teil I, S. 503.
[2613] Bundesministerium der Finanzen: Schreiben v. 27. März 2003, BStBl. 2003, Teil I, S. 240.
[2614] Crezelius, NZI 2008, 472 (473) unter Hinweis auf OFD Hannover, Verfügung v. 19. März 2008, S 2140 – 8 – StO 241, DStR 2008, 1240.

- die Sanierungseignung des Forderungsverzichts *sowie*
- die Sanierungsabsicht des verzichtenden Gläubigers.[2615]

Vor Durchführung der angestrebten Sanierungsmaßnahme ist die Einholung einer verbindlichen Auskunft gem. § 89 Abs. 2 AO ratsam.

Das FG München[2616] geht nun davon aus, dass entsprechende Billigkeitsentscheidungen der Finanzverwaltung auf Grundlage des genannten BMF-Schreibens gegen den Grundsatz der Gesetzmäßigkeit der Verwaltung verstoßen. *Kroniger/Korb* weisen zu recht darauf hin, dass hier möglicherweise die letzte verbliebene steuerliche Möglichkeit der Unternehmenssanierung eliminiert wird.[2617]

## 6.4. Verlustverrechnung

Unternehmen in Krisensituationen verfügen naturgemäß oft über signifikante Verlustvorträge. Bei zukünftiger Verrechnung mit Gewinnen kann sich so ggf. eine Steuerfreiheit ergeben. Dies stellt allerdings keine Privilegierung von Distressed Equity Investments gegenüber „normalen" Leveraged Buy-Outs dar: Auch bei diesem führen die Fremdkapitalkosten z. B. nach einem Debt Push-Down zu einer erheblichen Reduktion der Steuerlast im Portfolio-Unternehmen.[2618]

### 6.4.1. Körperschaftsteuer

Eine Verlustverrechnung bei der Körperschaftsteuer gewährleistet generell § 10d Abs. 2 EStG i.V.m. § 8 Abs. 1 KStG.

Die Mantelkaufregelung des § 8c KStG,[2619] in der Literatur auch als „Verlustvernichtungsnorm" gescholten,[2620] stellt allerdings aus zwei Gründen tendenziell ein Hindernis für Distressed Equity Investments dar.[2621]

Bei Übertragung von zwischen 25% und 50% der Anteile kommt es zu einer quotalen Verlustliquidierung, bei mehr als 50%igem Anteilsübergang tritt eine vollständige Verlustliquidierung ein. Die Stärkung der Gesellschaft mit neuem Eigenkapital wird insoweit negativ sanktioniert.

Weiterhin fällt generell das Sanierungsprivileg des § 8 Abs. 4 KStG a.F. fort – bei einem Anteilsverkauf mit anschließender wirtschaftlicher/finanzieller Sanierung wird der steuerliche Verlustvortrag wertlos.

Der § 8c KStG erfasst über den Anteilswert hinaus als „vergleichbare Sachverhalte" Anteilsverschiebungen, die sich im Zuge einer Umwandlung bzw. konzerninternen Umstrukturierung ergeben. Eine teleologische Reduktion war insofern wünschenswert, stieß sich aber bisher am Wortlaut der Norm.[2622] Nunmehr schafft der § 8c Abs. 1 Satz 5 KStG i.d.F.

---

[2615] Die Sanierungsabsicht wird von der Finanzverwaltung regelmäßig mit Verweis auf eine entsprechende BFH-Rechtsprechung abgelehnt, welche ein Handeln in Sanierungsabsicht verneine, wenn ein einzelner Gläubiger, der erkennbar an der Fortsetzung seiner Geschäftsbeziehung zum Schuldner verstärkt interessiert sei, auf eine Forderung verzichtet. Die beiden BFH-Entscheidungen (Urteil v. 28. Februar 1989, VIII R 303/84, BStBl. 1989, Teil II, S. 711; Urteil v. 31. Juli 1991, VIII R 23/89, BStBl. 1992, Teil II, S. 375) geben eine solch restriktive Wertung aber nicht ohne weiteres her, vgl. Drews/Götze, DStR 2009, 945 ff.

[2616] Urteil v. 12. Dezember 2007, 1 K 4487/06, DStR 2008, 1687 und DB 2008, 1291 (Revision beim BFH anhängig unter VIII R 2/08); vgl. hierzu ausführlich Braun/Geist, BB 2009, 2508 ff.

[2617] Kroniger/Korb, BB 2008, 2656 (2658).

[2618] Klockenbrink/Wömpener, FB 2009, 641 (647).

[2619] Die Regelung des § 8 Abs. 4 KStG a.F. ist (parallel) anzuwenden, wenn mehr als 50% der Anteile an einer Kapitalgesellschaft innerhalb eines Zeitraums von fünf Jahren übertragen werden, der vor dem 1. Januar 2008 beginnt, und der Verlust der wirtschaftlichen Identität vor dem 1. Januar 2013 eintritt.

[2620] Crezelius, NZI 2008, 727 (729).

[2621] So auch Eickhorst, BB 2007, 1707 (1709).

[2622] So Crezelius, NZI 2008, 727 (729) entgegen Schick/Franz, DB 2008, 1987 (1989).

des Wachstumsbeschleunigungsgesetzes eine gewisse Erleichterung.[2623] Danach sollen bei Konzernumgliederungen die bis zum Beteiligungserwerb unterjährig angefallenen Verluste und Zinsvorträge erhalten bleiben können. Eine weitere Öffnung der Konzernklausel erscheint aus Praxissicht wünschenswert.[2624]

In der Praxis sollte trotzdem ggf. ein Forderungsverzicht vor Durchführung der Transaktion[2625] erfolgen bzw. nur eine „unwesentliche" Beteiligung eingegangen werden.

Nicht genutzte Verluste bzw. Verlustvorträge bleiben künftig bei einem schädlichen Beteiligungserwerb i.H.d. auf den erworbenen Anteil entfallenden stillen Reserven der übernommenen Gesellschaft erhalten (vgl. § 8c Abs. 1 Sätze 6–8 i.d.F. des Wachstumsbeschleunigungsgesetzes).

Eine nur vorübergehende Erleichterung verschafft zunächst der § 8c Abs. 1a KStG[2626] für Anteilsübertragungen nach dem 31. Dezember 2007 und vor dem 1. Januar 2010:[2627] Danach war ein Beteiligungserwerb zum Zweck der Sanierung für die Mantelkaufregelegung zunächst für diesen Übergangszeitraum unbeachtlich. Die zeitliche Beschränkung der Sanierungsklausel wird durch das Wachstumsbeschleunigungsgesetz in § 34 Abs. 7c KStG aufgehoben. Eine Sanierung ist eine Maßnahme, die darauf gerichtet ist, die Zahlungsunfähigkeit oder Überschuldung zu verhindern oder zu beseitigen und zugleich die wesentlichen Betriebsstrukturen zu erhalten. Diese Erhaltung wesentlicher Betriebsstrukturen setzt voraus wiederum die Erhaltung oder Sicherung der Arbeitsplätze oder eine Zuführung wesentlichen Betriebsvermögens.

### 6.4.2. Gewerbesteuer

Die Regelung des § 10a Abs. 8 GewStG verweist zunächst auf § 2 Abs. 5 GewStG (Übergang eines Gewerbebetriebs im Ganzen) und legt sodann fest, dass für die entsprechenden Fälle keine Ermittlung des maßgeblichen Gewerbeertrags unter Nutzung der Fehlbeträge des übergegangenen Unternehmens in Betracht kommt.

§ 10a Satz 9 GewStG verweist sodann hinsichtlich der Fehlbeträge auf den bereits diskutierten § 8c KStG. Insoweit kommt es auch hier bei Anteilsübertragungen außerhalb von Sanierungssituationen zu einer partiellen bzw. sogar vollständigen Liquidierung vorhandener Fehlbeträge für steuerliche Zwecke.

### 7. Zusammenfassung

Die wirtschaftlichen, rechtlichen und steuerlichen Rahmenbedingungen für Distressed Equity Investments in Deutschland bestimmen sich maßgeblich nach der gewählten Verfahrensphase. Will man das Verfahren nach den Rechtsregeln einer anderen Jurisdiktion gestalten, so sollte man nicht nur deren ggf. größeren Gestaltungsspielraum herbeisehnen, sondern auch entsprechende Haftungsgefahren einschätzen können.

Insgesamt bieten sich in Deutschland nicht nur hinreichend attraktive Investitionsobjekte; auch das rechtliche Umfeld bietet mittlerweile genügend Raum für konstruktive Lösungen und Transaktionsstrukturen.

---

[2623] Vgl. Scheunemann/Dennisen/Behrens, BB 2010, 23 (25).
[2624] So auch Wittkowski/Hielscher, DB 2010, 11 (18).
[2625] Crezelius, NZI 2008, 727.
[2626] Vgl. hierzu ausführlich Sistermann/Brinkmann, DStR 2009, 1453 ff.
[2627] Vgl. § 34 Abs. 7c KStG.

# § 24 Distressed Debt Investments

| Übersicht | Seite |
|---|---|
| 1. Einführung | 667 |
|   1.1. Motivation des Verkäufers | 668 |
|     1.1.1. Eigenkapitalunterlegung und bilanzieller Wertansatz von Distressed Debt | 668 |
|     1.1.2. MaRisk | 669 |
|     1.1.3. Rating | 669 |
|   1.2. Motivation des Erwerbers | 669 |
| 2. Single Name Transaktionen | 670 |
|   2.1. Finanzierung in der Krise | 670 |
|     2.1.1. Finanzierungsformen | 670 |
|     2.1.2. Rechtliche Risiken | 674 |
|   2.2. Erwerb von notleidenden Kreditforderungen | 684 |
|     2.2.1. Forderungskauf | 684 |
|     2.2.2. Due Diligence | 684 |
|     2.2.3. Exkurs: LMA Trades | 687 |
|     2.2.4. Übertragung von Forderungen und Sicherheiten | 692 |
|   2.3. Debt-Equity Swap | 703 |
|     2.3.1. Gestaltung der Umwandlung von Forderungen in Eigenkapital | 704 |
|     2.3.2. Risiken für den Investor in Zusammenhang mit dem Debt-Equity Swap | 707 |
|     2.3.3. Gesellschaftliche Risiken | 707 |
| 3. Portfoliotransaktionen | 717 |
|   3.1. Auswirkungen des Risikobegrenzungsgesetzes auf Portfoliotransaktionen | 717 |
|   3.2. Umwandlungsrechtliche Übertragung von Forderungsportfolien | 718 |
|     3.2.1. Allgemeine rechtliche Grundlagen der Spaltung nach §§ 123 ff. UmwG | 718 |
|     3.2.2. Übertragung eines Forderungsportfolios durch Spaltung §§ 123 ff. UmwG | 719 |
|   3.3. Betriebsübergang gemäß § 613a BGB | 720 |
|     3.3.1. Voraussetzungen eines Betriebsübergangs nach § 613a BGB | 720 |
|     3.3.2. Übernahme eines Forderungsportfolios als Betriebs- oder Betriebsteilübergang | 721 |
|   3.4. Betriebsänderung nach § 111 BetrVG | 721 |

## 1. Einführung

Distressed Debt Investing – hinter diesem uneinheitlich verwendeten[2628] Begriff verbirgt sich ein in den letzten Jahren häufig zu beobachtendes Investitions- und Beteiligungskonzept, bei dem Banken und Finanzinvestoren sich bei Schuldnern, die sich in finanziellen Schwierigkeiten befinden, wirtschaftlich engagieren. Verallgemeinernd lässt sich sagen, dass der Terminus *Distressed Debt* Verbindlichkeiten beschreibt bei denen die Gefahr besteht, dass der Schuldner seine Verpflichtungen nicht erfüllen kann oder bei denen ein Ausfall schon eingetreten ist[2629] und die weiterhin dadurch gekennzeichnet sind, dass diese Forde-

---

[2628] Richter, Möglichkeiten und Grenzen des Distressed Debt Investing in Deutschland, S. 9.
[2629] Richter, Möglichkeiten und Grenzen des Distressed Debt Investing in Deutschland, S. 12 m. w. N.; auf die vielfach nach dem Grad des Ausfalls bzw. der finanziellen Situation des Schuldners vorgenommene Unterscheidung zwischen „non-performing" loans einerseits und so genannten „sub-performing" oder „watch-list" loans andererseits (vgl. etwa Kestler/Striegel/Jesch, Distressed Debt Investments, S. 9) soll hier verzichtet werden. Eine einheitliche und handhabbare Definition der Begriffe hat sich bisher nicht herausgebildet und erscheint auch entbehrlich, da vom Gesetzgeber an diese Begrifflichkeiten keine Rechtsfolgen geknüpft werden. Vielmehr sind – soweit der Grad des Ausfalls für einzelne Rechtsfragen relevant wird – konkrete und sachgerechte Kriterien zu erarbeiten und zur Lösung der jeweiligen Rechtsfrage heranzuziehen.

rungen zu einem signifikanten Abschlag gehandelt werden.[2630] Distressed Debt Investing kann dabei durch den Erwerb (i) eines Portfolios an Forderungen gegen unterschiedliche Schuldner (*Portfoliotransaktionen*), (ii) durch Erwerb von Forderungen gegen einen bestimmten Schuldner oder durch die Zurverfügungstellung weiterer finanzieller Mittel (sog. *Fresh Money*) an einen bestimmten Schuldner (*Single Name Transaktionen*) geschehen. Während in den Jahren zwischen 2004 und 2006 der Markt für Distressed Debt Investing vorwiegend vom Erwerb großer Darlehensportfolios (z. B. Dresdner Bank (2,8 Mrd. Euro – zusammen mit Merryl Lynch, Hypo Real Estate Bank (3,6 Mrd. Euro), Aareal Bank (690 Mio. Euro), Delmora und Delbrück & Co. (2,2 Mrd. Euro)) dominiert wurde,[2631] ist die Zahl der großen Portfoliotransaktionen seit 2007 stark zurückgegangen, um vermehrt den Single Name Transaktionen zu weichen (z. B. Deutsche Nickel AG,/D Nick, Ihr Platz, Karstadt Quelle, Schefenacker, Borussia Dortmund, Kiekert, Schiedermöbel). Die gegenwärtige Marktlage ist dadurch geprägt, dass aufgrund der seit dem dritten Quartal 2008 vertieften Turbulenzen auf den Finanzmärkten eine Bewertung von Distressed Debt und eine Festlegung von Preisen für den Erwerb derartiger Forderungen durch die Marktteilnehmer sehr schwierig geworden ist, da nunmehr bereits Kredite, bei denen der Zins- und Tilgungsdienst durch den Schuldner vertragsgemäß erbracht wird und sich der Schuldner nicht in finanziellen Schwierigkeiten befindet bzw. bei denen es gegenwärtig auch keine konkreten Anhaltspunkte für einen Zahlungsausfall in Zukunft gibt (sog. *Performing Loans* oder *Par Loans*) mit Abschlägen gehandelt werden. Dennoch bleibt zu erwarten, dass gerade in den kommenden Monaten und Jahren aufgrund vermehrter Insolvenzen infolge der schlechteren Konjunkturlage und der Notwendigkeit für viele Kreditgeber, sich, soweit möglich, bestimmter Risiken im eigenen Kreditportfolio zu entledigen, der Handel mit Kreditforderungen – insbesondere solcher gegenüber Unternehmen in der Krise – massiv zunehmen wird.[2632]

## 1.1. Motivation des Verkäufers

### 1.1.1. Eigenkapitalunterlegung und bilanzieller Wertansatz von Distressed Debt

Zum einen kann der Verkauf von Distressed Debt zu einer Entlastung der Eigenkapitalunterlegungspflichten für Banken führen. Durch die Umsetzung von Basel II wurde nunmehr in den §§ 10 und 10a KWG sowie der Solvabilitätsverordnung die Pflicht der Bank statuiert, zu gewährleisten, dass das Verhältnis zwischen haftendem Eigenkapital der Bank und gewichteten Risikoaktiva (unter Berücksichtigung der Bonität der Schuldner) 8% nicht unterschreitet, wobei die einzelne Bank das Kreditausfallrisiko sowohl nach einem auf ein internes Rating basierenden Ansatz (*IRB-Ansatz*) als auch durch eine externe Ratinginstanz (*Standardmethode*) bestimmen kann.[2633] Die Risikogewichtung bezogen auf den Standardsatz von 8% zeigt, dass mit erhöhtem Kreditausfallrisiko ein erhöhtes Eigenkapital vorzuhalten ist.[2634] Insoweit können durch Verkauf von Distressed Debt gebundene Eigenmittel reduziert werden.[2635] Des Weiteren ergeben sich unter Umständen auch Vorteile in bilanzieller Hinsicht, da ein künftiger Wertberichtigungsbedarf, bei gleichzeitigem sofortigem Mittelzufluss vermieden wird.

---

[2630] So wird in der amerikanischen Literatur neben dem signifikanten Abschlag beim Handel zusätzlich auf das Vorliegen einer Differenz in der Rendite (Spread) von mindestens 1000 Basispunkten über einer US Staatsanleihe abgestellt (vgl. Altmann, Distressed Securities (1999), S. 2; kritisch dazu Richter, Möglichkeiten und Grenzen des Distressed Debt Investing in Deutschland, S. 13).
[2631] Kestler/Striegel/Jensch, Distressed Debt Investments, S. 3 ff.
[2632] Niering, NZI 2008, 146 (148).
[2633] Richter, Möglichkeiten und Grenzen des Distressed Debt Investing in Deutschland, S. 19; Basler Ausschuß für Bankenaufsicht, Internationale Konvergenz der Kapitalmessung und Eigenkapitalanforderungen (2004), S. 16.
[2634] Richter, Möglichkeiten und Grenzen des Distressed Debt Investing in Deutschland, S. 12.
[2635] So etwa durch Ausnutzung der 10%-Schwelle des § 10 Abs. 6 Nr. 1 bis 4 KWG.

### 1.1.2. MaRisk

Ein insbesondere für Banken nicht zu vernachlässigender Aspekt ist die Reduzierung des aufgrund der erhöhten Mindestanforderungen an das Risikomanagement (*MaRisk*)[2636] beträchtlichen und personalintensiven Compliance-Aufwands, um eine adäquate Regelung, Streuung und Kontrolle der Kreditrisiken zu gewährleisten.[2637] So ist die Bank verpflichtet, Kriterien festzulegen, nach denen Problemkredite an die jeweilgen spezialisierten Abteilungen Intensivbetreuung einerseits oder andererseits Sanierung und Abwicklung (zusammen Problemkreditbetreuung) abzugeben sind.[2638] Die spezialisierten Abteilungen verfolgen unterschiedliche Ziele und Aufgaben. Während in der Intensivbetreuung das betroffene Kreditengagement über einen überschaubaren Zeitraum (etwa 12 Monate) wieder in die Normalbetreuung zurückgeführt werden soll, steht im Fokus der Problemkreditbetreuung eine Gegenüberstellung der Realisationswerte im Sanierungsfall und in der Abwicklung und auf dieser Basis eine Entscheidung für eine Sanierung oder Abwicklung des betroffenen Kreditengagements.[2639] Erforderlich ist somit, dass sich die Spezialabteilung ausführlich mit dem Sanierungskonzept und der Sanierungsfähigkeit des Kreditengagements (d. h. inwieweit die Kapitaldienstfähigkeit des Kreditnehmers nachhaltig wiederhergestellt werden kann) bzw. im Abwicklungsfall mit den Realisationsmöglichkeiten beschäftigt. Es liegt auf der Hand, dass es sich hierbei um ressourcenbindende und zeitintensive Maßnahmen handelt. Das Vorstehende verdeutlicht mithin, dass sowohl die Intensivbetreuung als auch die Problemkreditbetreuung im Sinne der MaRisk einen erheblichen Verwaltungs- und Personalaufwand bedeutet, der durch eine Minimierung des Distressed Debt Volumens im eigenen Haus erheblich reduziert werden kann.

### 1.1.3. Rating

Letztlich kann durch den Verkauf von Problemkrediten auch eine Verbesserung des Ratings der Bank erreicht werden. Gerade letzteres ist für Landesbanken und Sparkassen nach Wegfall der Gewährträgerhaftung durch Länder und Kommunen von besonderem Interesse.[2640]

### 1.2. Motivation des Erwerbers

Zentrale Motivation für den Erwerb von Distressed Debt bleiben – trotz des gegenwärtig schwierigeren Marktumfelds – die vergleichsweise höheren Renditen, die sich durch Investitionen im Distressed Bereich erwirtschaften lassen, gegenüber anderen Assetklassen wie etwa Leveraged Buy-outs oder Venture Capital Investitionen.[2641] Hinzu kommt, dass aufgrund des regelmäßig günstigeren Erwerbs von Distressed Debt gegenüber Par Loans der mögliche Ausfall automatisch beschränkt ist. Grundsätzlich lassen sich auf Erwerberseite zwei Strategien unterscheiden: (i) die Verwertungsstrategie, bei der der Investor über die Einziehung von Forderungen bzw. Verwertung der diese Forderungen besichernden Sicherheiten kurzfristig einen Erlös anstrebt und daher primär Forderungen erwirbt, die werthaltig dinglich besichert sind[2642] und (ii) die Equitystrategie, bei der der Erwerb oder die Begründung von Forderungen gegenüber einem Unternehmen lediglich ein Mittel sind, um Einfluss auf das Unternehmen zu bekommen und letztendlich eine Eigenkapital- oder eigen-

---

[2636] Die mit Rundschreiben 18/2005 am 18. Dezember 2005 veröffentlichten MaRisk haben die Mindestanforderungen an das Kreditgeschäft der Kreditinstitute (MaK) ersetzt, vgl. www.bafin.de unter Rechtliche Grundlagen/Rundschreiben.
[2637] Kestler/Striegel/Jesch, Distressed Debt Investments, S. 12.
[2638] Vgl. ausführlich: Weis in: Problematische Firmenkundenkredite, S. 3 ff.
[2639] Vgl. ausführlich: Weis in: Problematische Firmenkundenkredite, S. 11 f. und 14 ff.
[2640] Richter, Möglichkeiten und Grenzen des Distressed Debt Investing in Deutschland, S. 21 f.
[2641] Kestler/Striegel/Jesch, Distressed Debt Investments, S. 8; Richter, Möglichkeiten und Grenzen des Distressed Debt Investing in Deutschland, S. 22.
[2642] Reuter/Buschmann, ZIP 2008, 1003 (1003 f.).

kapitalähnliche Position zu erlangen (etwa durch Umwandlung der Verbindlichkeiten in Eigenkapital) im Wege eines sog. Debt to Equity Swap (vgl. hierzu auch Abschnitt II.3); daher liegt der Fokus des Investors in diesem Fall vornehmlich auf der Akquisition von Forderungen und Positionen, die Verhandlungsmacht gegenüber Geschäftsführung und Gesellschaftern vermitteln. Damit wird deutlich, dass, während die Verwertungsstrategie regelmäßig über Portfolio-Transaktionen verfolgt wird, bei denen eine große Anzahl von dinglich besicherten Forderungen gegen unterschiedliche Schuldner erworben wird, eine Equitystrategie vornehmlich im Rahmen von Single Name Transaktionen umgesetzt werden kann.

In jüngerer Zeit hat sich auf Grund der erheblichen Abschläge, die beim Handel mit Forderungen gemacht werden, der Erwerb von Forderungen durch den Darlehensschuldner selbst, dessen Gesellschafter oder verbundene Unternehmen als eine besondere Spielart des Erwerbs von Distressed Debt etabliert (sog. *debt-buy backs*). Auf Grund der Abschläge können insbesondere finanzkräftige Gesellschafter von Darlehensschuldnern den Darlehenschuldner zu günstigen Bedingungen von Verbindlichkeiten entlasten.[2643]

## 2. Single Name Transaktionen

### 2.1. Finanzierung in der Krise

Eine Finanzierung in der Krise wird vielfach von wirtschaftlich bereits engagierten Parteien erwogen werden, da die Beseitigung der Krise automatisch zu einer Sicherung des bereits getätigten Investments führen wird bzw. eine Reduzierung von Verlusten bedeutend wird. Aber auch Parteien, die sich gerade in der Krise des Unternehmens erstmalig wirtschaftlich beteiligen wollen, können ein Interesse daran haben, einem Unternehmen in der Krise eine Finanzierung zur Verfügung zu stellen, sei es weil man über die Fremdkapitalseite einen ersten Einblick in ein als interessant erachtetes Unternehmen bekommen kann, ohne gleich eine Eigenkapitalbeteiligung einzugehen, sei es weil die Zurverfügungstellung von Fremdkapital der erste Schritt einer Reihe von Maßnahmen darstellt, die einer Kontrollerlangung vorangehen. Denn wie bereits dargestellt, verfolgen viele Investoren aktive Investitionsstrategien, die auf einer angestrebten Mehrheitsbeteiligung und nachhaltigen Managementunterstützung basieren.[2644] Dabei können der Einstieg in und die Kontrollerlangung über ein Unternehmen statt direkt über den Erwerb einer Mehrheitsbeteiligung am Eigenkapital auch indirekt über das Halten eines signifikanten Anteils am Fremdkapital und möglicherweise einen sich daran anschließenden Debt to Equity Swap erfolgen. Denkbar ist auch im Zusammenhang mit einer geplanten Insolvenz – in den Grenzen der in Deutschland bestehenden gesetzlichen Möglichkeiten – über die Rolle des Hauptgläubigers (vornehmlich durch Einflussnahme in der Gläubigerversammlung bzw. dem Gläubigerausschuss) die Kontrolle über das Unternehmen zu erlangen. Abhängig von der konkreten wirtschaftlichen und rechtlichen Situation im Einzelfall gibt es unterschiedliche Möglichkeiten für den Investor, einem Unternehmen, das sich in einer wirtschaftlich schwierigen Situation befindet, neue liquide Mittel zukommen zu lassen (sog. *Fresh Money*).

#### 2.1.1. Finanzierungsformen

##### 2.1.1.1. Sanierungskredit

**a) Sanierungskredit und Überbrückungsfinanzierung.** Zu unterscheiden sind der echte Sanierungskredit, bei dem das Darlehen erst in der Krise gewährt wird und dem un-

---

[2643] Derartige Transaktionen führen zu verschiedenen Rechtsfragen, etwa der Vereinbarkeit von solchen Transaktionen mit den darlehensvertraglichen Regelungen über die vorzeitige Rückzahlung des Darlehens oder die Beteiligungsrechte des Darlehensschuldners in einem Bankenkonsortium.

[2644] Kudla, Finanzierung in der Sanierung, S. 149 ff.

echten Sanierungskredit, bei dem das Darlehen trotz Kündigungsmöglichkeiten stehengelassen oder verlängert bzw. erweitert wird.[2645] Innerhalb der Sanierungskredite ist im Übrigen zwischen dem eher kurzfristig gewährten Überbrückungskredit und dem langfristigen Sanierungskredit zu unterscheiden. Letzterer ist darauf ausgerichtet, langfristig das Unternehmen aus der Krise zu führen und die finanzielle Unterdeckung nachhaltig zu beheben, ohne die Rückzahlung und Verzinsung durch seine Konditionen zu gefährden.[2646] Der Überbrückungskredit dient hingegen vielfach dazu, einen kurzzeitigen Liquiditätsengpass bzw. eine kurzfristig drohende Zahlungsunfähigkeit zu überbrücken, um Zeit für die Feststellung der Sanierungsfähigkeit des Unternehmens zu gewinnen.[2647] Es handelt sich dabei vielfach um ein Instrument, das der Gewährung einer langfristigen Finanzierung vorangeht, um eine Insolvenz des Unternehmens zu verhindern, bevor man dessen Sanierungsfähigkeit festgestellt bzw. einen belastbaren Sanierungsplan erstellt hat.[2648]

**b) Merkmale eines Sanierungskredits.** Sanierungskredite werden regelmäßig als Gelddarlehen gem. § 488 ff. BGB eingeräumt.[2649] Damit ein Kredit als zulässiges Sanierungsdarlehen qualifiziert und um gewisse nachteilige Rechtsfolgen in einem möglichen Insolvenzverfahren sowie das Risiko einer Insolvenzverschleppung durch die Kreditgewährung zu vermeiden (vgl. hierzu Abschnitt 2.1.2.1.), ist erforderlich, dass (i) ohne Stützungsmaßnahmen die für eine erfolgreiche Weiterführung des Betriebs und die Abdeckung der bestehenden Verbindlichkeiten erforderliche Betriebssubstanz nicht mehr erhalten werden kann,[2650] (ii) mit der Gewährung des Sanierungsdarlehens die tatsächliche Sanierung bezweckt wird – was sich aus der Dokumentation deutlich ergeben sollte – und (iii) die Sanierungswürdigkeit und -fähigkeit des Unternehmens gegeben ist.[2651] Bei der Prüfung der Sanierungswürdigkeit und -fähigkeit geht es primär darum, festzustellen, ob das in der Krise befindliche Unternehmen durch die Kreditgewährung überhaupt aussichtsreich saniert werden kann (sog. *positive Sanierungsprognose*). Diese Feststellung ist in erster Linie erforderlich, um dem Vorwurf einer sittenwidrigen Insolvenzverschleppung (vgl. hierzu Abschnitt 2.1.2.1.) zu begegnen. Die Sanierungsprognose ist von einem Wirtschaftsprüfer oder einem anderen sachverständigen Dritten zu erstellen. Die Prüfung hat nach betriebswirtschaftlichen und makroökonomischen Grundsätzen zu erfolgen unter Einschluss steuerlicher und juristischer Aspekte.[2652] Auf eine derartige Prüfung kann aus rechtlicher Sicht verzichtet werden, soweit (i) eine Absicherung des Kredits durch öffentliche Bürgschaften/Garantien erfolgt und die Sanierungsfähigkeit bereits durch öffentliche Stellen geprüft wurde, (ii) das Kaufangebot eines Dritten für das Unternehmen vorliegt, dessen Höhe die Werthaltigkeit des Unternehmens bestätigt oder (iii) ein Sanierungskonsortium gebildet wurde – da in diesen Fällen die subjektive Sanierungsfähigkeit indiziert ist.[2653] Allerdings wird die allgemeine kaufmännische Sorgfalt es nahe legen, in jedem Fall eine Sanierungsprüfung vorzunehmen. Der Sanierungsplan selbst hat deutlich aufzuzeigen, auf welche Weise das Unter-

---

[2645] Knops in: Knops/Bamberger/Reimer, Das Recht der Sanierungsfinanzierung, § 7 A Rn. 10.
[2646] Knops in: Knops/Bamberger/Reimer, Das Recht der Sanierungsfinanzierung, § 7 A Rn. 1.
[2647] BGH, Urteil v. 4. Dezember 1997, WM 1998, 248 (251) Knops in: Knops/Bamberger/Reimer, Das Recht der Sanierungsfinanzierung, § 7 A Rn. 8;
[2648] Heise in: Derleder/Knops/Bamberger, Handbuch zum deutschen und europäischen Baurecht, 2004, § 29 A Rn. 24.
[2649] Heise in: Derleder/Knops/Bamberger, Handbuch zum deutschen und europäischen Baurecht, 2004, § 29 A Rn. 24.
[2650] BFH, Urteil v. 27. Januar 1998 –VII R 64/96, NZI 1999, 39; BFH, Urteil v. 25. Oktober 1963, I R 359/60, BStBl. 1964, Teil III, S. 123; Vortmann in: Mohrbutter/Ringstmeier, Handbuch der Insolvenzverwaltung, § 27 Rn. 98; Bieder, ZInsO 2000, 531; Kiethe, KTS 2005, 179.
[2651] Obermüller, Insolvenzrecht in der Bankpraxis, Rn. 5122 ff.; Vortmann in: Mohrbutter/Ringstmeier, Handbuch der Insolvenzverwaltung, § 27 Rn. 99 m. w. N.
[2652] Knops in: Knops/Bamberger/Reimer, Das Recht der Sanierungsfinanzierung, § 7 A Rn. 8.
[2653] Knops in: Knops/Bamberger/Reimer, Das Recht der Sanierungsfinanzierung, § 7 A Rn. 14.

nehmen aus der Krise geführt werden soll und welche konkreten Maßnahmen hierfür vorzunehmen sind.

Was die Bedingungen des Sanierungskredits angeht, so differieren diese nicht von üblichen Unternehmenskrediten mit Ausnahme der Zweckbestimmung, die üblicherweise in einer separaten Sanierungsvereinbarung niedergelegt ist.[2654] Selbstverständlich ist die Zinshöhe anhand des Ausfallrisikos zu bemessen. Vielfach werden die Zinsen über die Laufzeit akkumuliert und sind vom Kreditnehmer erst am Ende der Vertragslaufzeit zu bezahlen.

**c) Kündbarkeit des Sanierungskredits.** Zu beachten ist weiterhin, dass das Sanierungsdarlehen, das nicht als Überbrückungskredit gewährt worden ist, aufgrund des vereinbarten nachhaltigen Sanierungszwecks nicht ordentlich gekündigt werden kann.[2655] Zudem ist auch eine fristlose Kündigung aus wichtigem Grund gem. § 490 Abs. 1 BGB vielfach nur möglich, wenn sich die Vermögenssituation des Kreditnehmers seit der Kreditzusage so wesentlich verschlechtert hat, dass dies die Sanierung als nicht aussichtsreich erscheinen lässt – wobei es deutlicher Anzeichen für ein Scheitern bedarf.[2656] Nicht ausreichend für eine außerordentliche Beendigung ist lediglich eine zeitliche Verzögerung der Sanierungsmaßnahmen.[2657]

**d) Sanierungskredit in der Insolvenz.** Sofern die Gewährung des Sanierungskredits in der Insolvenz bzw. im Insolvenzeröffnungsverfahren erfolgt, ist von maßgeblicher Bedeutung, ob die Kreditaufnahme durch einen vorläufigen Insolvenzverwalter mit Verfügungsbefugnis (sog. *„starker" vorläufiger Insolvenzverwalter*) bzw. den endgültigen Insolvenzverwalter erfolgt; dann stellt der Sanierungskredit eine Masseverbindlichkeit gem. § 55 Abs. 1 Nr. 2 bzw. Abs. 2 S. 1 InsO dar, die grundsätzlich vorrangig befriedigt wird;[2658] oder im Eröffnungsverfahren von einem vorläufigen Insolvenzverwalter ohne Verfügungsbefugnis (sog. *„schwacher" vorläufiger Insolvenzverwalter*), der grundsätzlich keine Masseverbindlichkeiten begründen kann,[2659] so dass Forderungen aus dem Sanierungskredit in diesem Fall als einfache Insolvenzforderung zu behandeln sind. Sowohl die Darlehensaufnahme als auch die Sicherheitenbestellung bedürfen, sofern die Kreditaufnahme erhebliche Belastungen der Insolvenzmasse begründet, einer Genehmigung durch den Gläubigerausschuss bzw. die Gläubigerversammlung gem. § 160 InsO – wobei die Versagung einer solchen Genehmigung die Wirksamkeit des Kreditvertrags und der Sicherheitenbestellung nicht berührt.[2660] Liegt ein Sanierungsdarlehen vor, so ist eine etwaige Sicherheitenbestellung, die aufgrund einer Sa-

---

[2654] Knops in: Knops/Bamberger/Reimer, Das Recht der Sanierungsfinanzierung, § 7 A Rn. 16 ff.
[2655] BGH Urteil v. 6. Juli 2004, XI ZR 254/02, WM 2004, 1676, Vortmann in: Mohrbutter/Ringstmeier, Handbuch der Insolvenzverwaltung, § 27 Rn. 110 m. w. N.
[2656] BGH Urteil v. 6. Juli 2004, XI ZR 254/02, WM 2004, 1676; Häuser in: Schimansky/Bunte/Lwowski, Bankrechtshandbuch, § 85 Rn. 72 f.; Vortmann in: Mohrbutter/Ringstmeier, Handbuch der Insolvenzverwaltung, § 27 Rn. 110.
[2657] Vortmann, ebenda.
[2658] Dies gilt nicht bei Masseunzulänglichkeit, d. h. wenn die Insolvenzmasse nicht ausreicht, um die Masseverbindlichkeiten vollständig zu erfüllen (§ 209 InsO), da in diesen Fällen gem. § 209 Abs. 1 Nr. 3 InsO der Neukredite gegenüber den Verfahrenskosten und den nach Anzeige der Masseunzulänglichkeit begründeten Masseverbindlichkeiten nachrangig sind. An dem Vorrang der Masseverbindlichkeit kann auch ein Insolvenzplan nichts mehr ändern, da nach dem Grundsatz des § 217 InsO der Insolvenzplan nicht in die Rechte von aussonderungsberechtigten und Massegläubigern eingreifen kann, so auch Obermüller, Insolvenzrecht in der Bankpraxis, Rn. 5289 m. w. N.; vgl. im Übrigen auch § 258 Abs. 2 InsO.
[2659] Wobei dem „schwachen" vorläufigen Insolvenzverwalter durch das Insolvenzgericht Einzelbefugnisse erteilt werden können, durch die er ausnahmsweise Masseverbindlichkeiten begründen kann, vgl. BGH, Urteil v. 18. Juli 2002, IX ZR 195/01, BGHZ 151, 353 ff.
[2660] Vortmann in: Mohrbutter/Ringstmeier, Handbuch der Insolvenzverwaltung, § 27 Rn. 112 und 114 m. w. N.

nierungsprüfung erfolgt ist, als Bargeschäft zu qualifizieren, das einer insolvenzrechtlichen Anfechtung gem. § 142 InsO entzogen ist.[2661]

**e) „Super Senior" Position** Vielfach wird ein Finanzinvestor, der sich in der Krise des Unternehmens erstmalig engagiert, versuchen, mit den übrigen Gläubigern und dem Schuldner zu vereinbaren, dass im Austausch für die in der Krise zur Verfügung gestellten „frischen" Mittel die Ansprüche des Finanzinvestors vorrangig gegenüber denen der anderen Gläubiger zu befriedigen sind. Im Rahmen einer solchen Vereinbarung (sog. *Intercreditor Agreement*) sollte neben der ausführlichen Bestimmung der Reihenfolge (i) der Verteilung der vom Schuldner bewirkten Zuflüsse sowie (ii) der Befriedigung in der Insolvenz darüber hinaus bestimmt werden, dass eine Fälligstellung von Forderungen der nachrangigen Gläubiger bzw. eine Verwertung von Sicherheiten nicht ohne Zustimmung des vorrangigen Gläubigers erfolgen darf, um so zu verhindern, dass die nachrangigen Gläubiger gegen den Willen des bevorrechtigten Gläubigers eine Insolvenz des Schuldners auslösen können bzw. über die Verwertung von Sicherheiten den Vorrang des bevorrechtigten Gläubigers unterminieren (sog. *Standstill*). Einen marktüblichen Standard gibt es im vorstehenden Zusammenhang nicht, vielmehr kommt es auf die konkrete Verhandlungssituation im Einzelfall an, inwieweit die vorstehend beschriebenen Bevorrechtigungen tatsächlich erreicht werden können.

### 2.1.1.2. Mezzanine Kapital

Eine Zuführung frischer liquider Mittel in der Krise durch einen Investor kann auch mittels bestimmter hybrider Finanzierungsmittel erfolgen, die eine intermediäre Rolle zwischen Fremdkapital und haftendem Eigenkapital einnehmen (sog. *Mezzanine Kapital*). Aufgrund der verschiedenen Ausgestaltungsmöglichkeiten im Einzelfall gibt es die verschiedensten Typen von Mezzanine Kapital, die zwischen den beiden Polen fremdkapitalnaher und eigenkapitalnaher Formen oszillieren.[2662] Grundsätzlich ist Mezzanine Kapital dadurch charakterisiert, dass es (i) aufgrund seiner Nachrangstellung strukturell zwischen den übrigen bzw. weiten Teilen der Fremdverbindlichkeiten und dem haftenden Eigenkapital rangiert – insofern es regelmäßig als zusätzliches Haftkapital für die übrigen Gläubiger des Schuldners dient, je nach Strukturierung (ii) dadurch handelsbilanziell die Eigenkapitalquote erhöht wird, (iii) die Ausschüttungen bzw. Verzinsung als Betriebsausgaben behandelt werden, (iv) meist eine ergebnisabhängige Verzinsung aufweist und (v) je nach Ausgestaltung dem Kreditgeber in der Regel nur eingeschränkte, manchmal aber auch wesentliche unternehmerische Mitspracherechte einräumt.[2663] Gerade in Zusammenhang mit der Krise von Unternehmen bilden Mezzaninefinanzierungen eine beliebte Möglichkeit für den Schuldner, trotz Krise die erforderlichen liquiden Mittel zu erhalten. Denn oft zeichnet sich für das Unternehmen in der Krise das Problem ab, dass zum einen unter den Kreditverträgen keine freien Sicherheiten zur Verfügung stehen, zum anderen unter den geltenden Kreditverträgen eine Neuverschuldung oder weitere Sicherheitenbestellung nur mit Zustimmung der jeweiligen Alt-Kreditgeber zulässig ist, so dass frisches Kapital oft nur durch die Gesellschafter zugeführt werden kann, sofern diese hierzu bereit und in der Lage sind. Da jedoch das Mezzanine Kapital meist so ausgestaltet wird, dass es hinter bestimmten bzw. allen übrigen Gläubigern des Schuldners rangiert (d. h. im Falle eines nicht unüblichen qualifizierten Rangrücktritts für die Feststellung der insolvenzrechtlichen Überschuldung[2664] nicht als passivierbare Verbind-

---

[2661] Obermüller, Insolvenzrecht in der Bankpraxis, Rn. 5136 ff.; Vortmann in: Mohrbutter/Ringstmeier, Handbuch der Insolvenzverwaltung, § 27 Rn. 109.
[2662] Zu Mezzanine Kapital vgl. im Übrigen § 22 Mezzanine Investments.
[2663] Hofert/Arends, ZIP 2005, 1297 ff.; Häger/Elkemann-Reusch, Mezzanine Finanzierungsinstrumente, Rn. 545 m. w. N., die auch vom sogenannten „magischen Fünfeck" sprechen.
[2664] Besonders zu beachten ist in Zusammenhang mit dem Überschuldungsbegriff, dass gem. § 19 Abs. 1 InsO in der Fassung nach dem Finanzmarktstabilisierungsgesetz der bisher gesetzlich normierte einstufige Überschuldungsbegriff bis zum 31. Dezember 2010 aufgehoben wurde und der vom BGH

lichkeit behandelt wird) und meist unbesichert bzw. nachrangig besichert wird, stellt es somit eine interessante, wenn auch nicht ganz günstige[2665] Alternative zur Gesellschafterfinanzierung dar. Die oben in Abschnitt 2.1.1.1. c) für den Sanierungskredit beschriebenen Besonderheiten bei Kündigungen und in Zusammenhang mit der Insolvenz finden *mutatis mutandis* grundsätzlich auch in Zusammenhang mit Mezzaninekrediten Anwendung.

### 2.1.1.3. Plafonds-/Insolvenzplankredit

Sofern Schuldner und Insolvenzverwalter über ein Insolvenzplanverfahren (§§ 217 ff. InsO) die Sanierung des Unternehmens verfolgen, besteht für einen Kreditgeber die Möglichkeit, gem. § 264 InsO sog. Plafonds- oder Insolvenzplankredite zu vergeben, die gem. § 266 InsO für ein während des Überwachungszeitraums (d. h. höchstens drei Jahre nach Aufhebung des Insolvenzverfahrens) eröffnetes Insolvenzverfahren Vorrang genießen.[2666] Voraussetzung für die Privilegierung des Plafondskredits ist, dass im gestaltenden Teil des Insolvenzplans ein entsprechender Kreditrahmen als Obergrenze für die privilegierten Kredite festgelegt wird (§ 264 Abs. 1 S. 2 InsO) und dass der Insolvenzverwalter gegenüber dem Kreditgeber dies schriftlich bestätigt (§ 264 InsO). Der im Insolvenzplan bestimmte Kreditrahmen darf gem. § 264 Abs. 2 S. 3 InsO) den Wert der in der Vermögensübersicht des Insolvenzplans aufgeführten Vermögensgegenstände (§ 229 InsO) nicht übersteigen. Der Vorrang eines Plafondskredits gilt gem. § 265 InsO auch gegenüber Gläubigern, die während des Überwachungszeitraums Forderungen gegen das Schuldnerunternehmen erlangt haben. Die Privilegierung erstreckt sich auf alle Arten von Krediten (d. h. sowohl Bar- als auch Aval- und Diskontkredite), nicht aber auf Gesellschafterdarlehen (§ 264 Abs. 3 InsO). Dies bedeutet für einen Finanzinvestor, der eine Neuvergabe oder ein Stehenlassen von Krediten nach Aufhebung des Insolvenzverfahrens in Erwägung zieht, darauf achten sollte, dass dieser Kredit in den gesetzlich vorgesehenen Kreditrahmen fällt und so – mit Zustimmung des Insolvenzverwalters – in den Genuss der vorstehend beschriebenen Privilegierung kommt.[2667] In jedem Fall sollte die Laufzeit des Kredits die Dauer Überwachungszeitraums nicht überschreiten.

### 2.1.2. Rechtliche Risiken

Nachstehend sollen einige aus rechtlicher Sicht diskussionswürdige Problemfelder dargestellt werden, die gerade im Zusammenhang mit Neuvergabe/Stehenlassen von Krediten an sanierungsbedürftige Unternehmen vom Kreditgeber bzw. beim Erwerb von notleidenden Krediten im Rahmen der Due Diligence und der im Forderungskaufvertrag enthaltenen Garantien zu berücksichtigen sind.

### 2.1.2.1. Sittenwidriger Sanierungskredit

Grundsätzlich hindert die prekäre wirtschaftliche Situation des Kreditnehmers einen Finanzinvestor nicht an der Kreditvergabe, sofern dieser nach den konkreten Umständen erwarten darf, dass die Krise mit dessen Hilfe überwunden werden kann.[2668] Dennoch ist die Abgren-

---

ursprünglich bestätigte zweistufige Überschuldungsbegriff wieder eingeführt worden ist. Demnach ist ein Insolvenzantrag wegen Überschuldung nur zu stellen, wenn für den Schuldner keine positive Fortführungsprognose besteht. Dies bedeutet in praxi, dass die Bedeutung der Überschuldung als Insolvenzgrund gegenwärtig stark abnehmen wird.

[2665] Wobei zu beachten ist, dass sich der Mezzaninekapitalgeber seine Risikoposition durch entsprechend hohe Verzinsungen und Kicker-Regelungen entlohnen lässt; zu Mezzanine Kapital vgl. im Übrigen § 22 Mezzanine Investments.

[2666] Vortmann in: Ringstmeier/Mohrbutter, Handbuch der Insolvenzverwaltung, § 27 Rn. 115.

[2667] Obermüller, Insolvenzrecht in der Bankpraxis, Rn. 5.298.

[2668] BGH, Urteil v. 3. März 1956, IV ZR 334/55, WM 1956, 529 ff.; BGH, Urteil v. 21. Juni 1961, VIII ZR 139/60, WM 1961, 1106 ff.; BGH, Urteil v. 9. Februar 1965, VI ZR 153/63, WM 1965, 476 ff.; OLG Hamm, Urteil v. 17. Mai 1999, 31 U 118/98, WM 2000, 518 ff.; Obermüller, Insolvenzrecht in der Bankpraxis, Rn. 5.106.

zung zwischen der erlaubten Kreditgewährung in der Krise einerseits und dem sittenwidrigen Sanierungskredit, der u. U. auch eine Haftung wegen Insolvenzverschleppung auslösen kann, in praxi schwierig. Maßgeblich ist hierfür in erster Linie, ob der Kreditgeber (i) durch eine ersichtlich unzureichende Kapitalzufuhr lediglich die Insolvenzantragstellung hinausschieben wollte, um sich gegenüber den übrigen Gläubigern Sondervorteile zu verschaffen, insbesondere seine Befriedigungschancen in Bezug auf Altkredite zu verbessern, und dabei in Kauf genommen hat, dass Dritte über die Kreditwürdigkeit des Schuldners getäuscht werden,[2669] (ii) mit der Kreditvergabe die Sanierung bezweckt wird und (iii) die Kreditvergabe in der konkreten Ausgestaltung ein für die Sanierung geeignetes Mittel darstellt.[2670] Entscheidende Bedeutung kommt dabei der Einordnung als eigennützige oder uneigennützige Kreditvergabe zu.[2671]

**a) Uneigennützige Kreditvergabe.** Eine Kreditvergabe lässt sich als uneigennützig qualifizieren, wenn der Kredit ohne Besicherung durch weiteres Vermögen des Schuldners eingeräumt wird und gleichzeitig auch keine Alt-Forderungen gegen den Schuldner offen sind,[2672] da dem Kreditgeber mit Ausnahme von Zins und Tilgung des Neukredits keinerlei sonstige Vorteile aus der Kreditvergabe zufallen. Als uneigennützig können überdies auch Kredite an unterkapitalisierte Unternehmen angesehen werden. Da auch in diesen Konstellationen der Kreditgeber aus der Kreditvergabe keinen Eigennutz zieht, außer dass das Unternehmen seinen Betrieb fortführt, es daher einzig den übrigen Gläubigern obliegt, selbstständig zu prüfen, ob sie mit dem Unternehmen kontrahieren wollen.[2673] Sittenwidrig handelt ein Kreditgeber in diesen Fällen nur, wenn er mit dem Unternehmen zusammenwirkt und den Kredit einzig zu dem Zweck vergibt, um weitere Kreditvergaben durch andere Gläubiger zu veranlassen.

Eine uneigennützige Kreditvergabe ist regelmäßig zulässig und kann grundsätzlich weder als sittenwidrig noch als Insolvenzverschleppung bzw. Teilnahme an einer Insolvenzverschleppung qualifiziert werden.

**b) Eigennützige Kreditvergabe.** Eine Kreditvergabe, durch die ein Kreditgeber es dem Kreditnehmer ermöglicht, die Stellung eines Insolvenzantrags zu verzögern, obwohl von einer unüberwindbaren nachhaltigen Krise des Unternehmens ausgegangen wird und er dabei in rücksichtsloser und eigensüchtiger Weise versucht, sich in der erwarteten Insolvenz Vorteile gegenüber den übrigen Gläubigern zu verschaffen, wird als eigennützige Kreditvergabe angesehen,[2674] die neben dem Stigma der Sittenwidrigkeit überdies für den Kreditgeber auch das Risiko einer zivil- und strafrechtlichen Haftung wegen Insolvenzverschleppung birgt. So ist insbesondere dann von einem unzulässigen eigennützigen Kredit auszugehen, wenn dem Kreditnehmer lediglich noch die Mittel zur Verfügung gestellt werden, die er benötigt, um Voraus- und Abschlagszahlungen gegenüber seinen Lieferanten und sonstigen Vertragspartnern zu leisten und somit bei letzteren den falschen Eindruck er-

---

[2669] Statt vieler BGH, Urteil v. 17. Juni 2004, IX ZR 2/01, ZIP 2004, 1464; BGH, Urteil v. 24. Mai 1965, VII ZR 46/63, WM 1965, 919; Obermüller, Insolvenzrecht in der Bankpraxis, Rn. 5.108 m. w. N.
[2670] BGH, Urteil v. 24. Mai 1965, VII ZR 46/63, WM 1965, 919; Obermüller, ebd., m. w. N.; Vortmann in: Ringtsmeier/Mohrbutter, Handbuch der Insolvenzverwaltung, § 27 Rn. 99.
[2671] BGH, Urteil v. 9. Juli 1953, IV ZR 242/52, BGHZ 10, 234 ff.; a. A. Rümker, KTS 1981, 493 (508).
[2672] Obermüller, Insolvenzrecht in der Bankpraxis, Rn. 5.110; Vortmann in: Ringtsmeier/Mohrbutter, Handbuch der Insolvenzverwaltung, § 27 Rn. 101. Schaeffler, BB 2006, 56 ff.
[2673] BGH, Urteil v. 14. November 1983, II ZR 39/83, WM 1983, 1406 ff.; Obermüller, Insolvenzrecht in der Bankpraxis, Rn. 5.111 f.
[2674] BGH, Urteil v. 9. Dezember 1969, VI ZR 50/68, WM 1970, 399; Obermüller, Insolvenzrecht in der Bankpraxis, Rn. 5.114; Vortmann in: Ringtsmeier/Mohrbutter, Handbuch der Insolvenzverwaltung, § 27 Rn. 101. Bachmann/Veith in: Finanz Colloquim Heidelberg Problematische Firmenkundenkredite, S. 122 ff.

weckt, die Restzahlung sei nicht gefährdet, wobei es aber tatsächlich nur darum geht, dass durch etwaige Leistungen der Lieferanten und Vertragspartner lediglich die Sicherheitsposition des Kreditgebers verbessert werden soll.[2675] In diesem Zusammenhang ebenfalls bedenklich kann die Entsendung von Vertrauenspersonen des Kreditgebers in das schuldnerische Unternehmen sein, wenn diese über übliche und angemessene Unterstützungshandlungen hinaus darauf hinwirken, dass bestimmte lediglich für den Kreditgeber günstige Maßnahmen im Unternehmen umgesetzt werden.[2676] Überdies darf auch nicht außer Acht gelassen werden, dass sich der Kreditnehmer die von seiner Vertrauensperson erlangten Kenntnisse unabhängig davon, ob diese auch tatsächlich weitergegeben wurden, umfassend zurechnen lassen muss, was sich unter anderem in einem späteren Insolvenzverfahren im Rahmen der Insolvenzanfechtung auswirken kann.

Eine eigennützige Kreditvergabe birgt das nicht unerhebliche Risiko, als sittenwidrig und zudem als Handlung, die zivil- und strafrechtlich als Insolvenzverschleppung bzw. Teilnahme an einer Insolvenzverschleppung bzw. Gläubigergefährdung qualifiziert werden kann. Während die Sittenwidrigkeit gem. § 138 BGB zivilrechtlich zur Nichtigkeit sämtlicher Verträge (d. h. neben dem Kreditvertrag sind auch die etwaigen Sicherheitenbestellungen und -verträge nichtig) führt, besteht für den Kreditnehmer überdies zusätzlich auch das Risiko, durch den Insolvenzverwalter, Altgläubiger (in Bezug auf den Quotenschaden)[2677] und/oder Neugläubiger (in Bezug auf den gesamten Forderungsausfall) auf Schadensersatz gem. § 823 BGB i. V. m. §§ 283 StGB oder § 826 BGB in Anspruch genommen zu werden,[2678] sofern sich der Kreditnehmer nicht dadurch entlasten kann, dass auf Grund einer von ihm vorgenommenen sorgfältigen und sachkundigen Prüfung er auf den Erfolg des Sanierungsvorhabens und auf das Ausbleiben der Schädigung Dritter vertrauen durfte.[2679] Dabei kommt es nach der höchstrichterlichen Rechtsprechung darauf an, dass es keine ernsten Zweifel am Erfolg des Sanierungsvorhabens gab und deshalb gerade nicht damit zu rechnen war, dass die Kreditvergabe den Niedergang des Unternehmens nicht aufhält, sondern nur verzögert.[2680]

### 2.1.2.2. Gesellschafterdarlehen

**a) Die Grundsätze über Gesellschafterdarlehen.** Von großer Bedeutung sind bei der Vergabe oder bei dem Erwerb notleidender Kredite auch die Grundsätze über (kapitalersetzende) Gesellschafterdarlehen, die nach dem Inkrafttreten des MoMiG nunmehr in § 39 Abs. 1 Nr. 5, Abs. 4 und 5, §§ 44a, 135 und 143 InsO geregelt sind.

Nach § 39 Abs. 1 Nr. 5 InsO sind Forderungen auf die Rückgewähr von Gesellschafterdarlehen in der Insolvenz des Darlehensnehmers nachrangig und werden im Rang erst nach den Forderungen der übrigen Insolvenzgläubiger und den in § 39 Abs. 1 Nr. 1–4 genannten Forderungen berichtigt; Rechtshandlungen, die dem Darlehensgeber im letzten Jahr vor dem Eröffnungsantrag oder nach dem Eröffnungsantrag Befriedigung gewährt haben, unterliegen nach § 135 Abs. 1 Nr. 2 InsO der insolvenzrechtlichen Anfechtung. Zudem können Sicherungen, die der Darlehensnehmer in den letzten zehn Jahren vor dem Antrag auf

---

[2675] Obermüller, Insolvenzrecht in der Bankpraxis, Rn. 5.117 m. w. N.; Vortmann in: Ringtsmeier/Mohrbutter, Handbuch der Insolvenzverwaltung, § 27 Rn. 102.
[2676] Obermüller, Insolvenzrecht in der Bankpraxis, Rn. 5.119 ff. m. w. N.
[2677] Als Quotenschaden versteht man den Differenzbetrag zwischen der Insolvenzquote bei rechtzeitiger Insolvenzantragstellung und der tatsächlichen Insolvenzquote, vgl. BGH, Urteil v. 30. März 1998, II ZR 146/96, WM 1998, 944; Obermüller, Insolvenzrecht in der Bankpraxis, Rn. 5.144 m. w. N.
[2678] Vgl. hierzu auch ausführlicher Obermüller, Insolvenzrecht in der Bankpraxis, Rn. 5.138 ff. m. w. N.
[2679] BGH, Urteil v. 9. Juli 1953, IV ZR 242/52, BGHZ 10, 234 ff.
[2680] BGH, Urteil v. 11. November 1985, II ZR 109/84, WM 1986, 2 ff., BGH, Urteil v. 30. Mai 1985 – III ZR 112/84, WM 1985, 1136 ff.; BGH, Urteil v. 9. Juli 1979, II ZR 118/77, WM 1979, 878 ff.; Obermüller, Insolvenzrecht in der Bankpraxis, Rn. 5.124 m. w. N.

Eröffnung des Insolvenzverfahrens oder nach diesem Antrag gewährt hat, nach § 135 Abs. 1 Nr. 1 InsO angefochten werden. Praktisch führt die Anwendung der Grundsätze über Gesellschafterdarlehen im Falle der Insolvenz des Darlehensnehmers mithin in der Regel zu einem Totalverlust der Ansprüche des kreditgebenden Gesellschafters.

Die Grundsätze über Gesellschafterdarlehen gelten nach § 39 Abs. 4 Satz 1 InsO für sämtliche Gesellschaften, die weder eine natürliche Person noch eine Gesellschaft als persönlich haftenden Gesellschafter haben, bei der ein persönlich haftender Gesellschafter eine natürliche Person ist. Erfasst werden damit neben der GmbH und der AG die SE, die Kapitalgesellschaft & Co KGaA, die Kapitalgesellschaft & Co KG sowie die OHG, bei der kein persönlich haftender Gesellschafter eine natürliche Person ist und zu deren persönlich haftenden Gesellschaftern auch keine Gesellschaft gehört, die ein natürliche Person als persönlich haftenden Gesellschafter hat. Darüber hinaus sollen die Grundsätze nah der Vorstellung des Gesetzgebers aber auch auf Gesellschafterdarlehen an Auslandsgesellschaften Anwendung, die ihren Verwaltungssitz in Deutschland haben.[2681]

Die Anwendung der vorgenannten Grundsätze setzen grundsätzlich voraus, dass der Kreditgeber Gesellschafter des Kreditnehmers ist. Maßgeblich ist dabei die Gesellschafterstellung im Zeitpunkt der Kreditgewährung. Erwirbt ein Gesellschafter, der nicht nach § 39 Abs. 4 und 5 InsO privilegiert ist,[2682] von einem Nichtgesellschafter oder einem nach § 39 Abs. 4 und 5 InsO privilegierten Gesellschafter eine Darlehensforderung, hat dies die Nachrangigkeit der Darlehensforderung zur Folge. Nicht abschließend geklärt ist hingegen, wie die Fälle zu behandeln sind, in denen eine nach § 39 Abs. 1 Nr. 5 InsO nachrangige Gesellschafterdarlehensforderung an eine Nichtgesellschafter abgetreten wird. Nach der ganz herrschenden Meinung ergibt sich aus § 404 BGB, dass sich der Zessionar die Nachrangigkeit entgegenhalten lassen muss, und zwar unabhängig davon, ob der Zessionar im Zeitpunkt der Abtretung Gesellschafter ist oder nach der Abtretung Gesellschafter wird.[2683] Diese Auffassung ist indessen nicht zweifelsfrei. In Frage stellen kann man bereits, ob es sich bei der Nachrangigkeit um eine Einwendung handelt, die unter § 404 BGB fällt. Nach Wegfall des Krisenmerkmals durch das MoMiG ist Auslöser für die Nachrangigkeit gemäß § 39 Abs. 1 Nr. 5 InsO allein die Gesellschafterstellung des Darlehensgebers und § 404 BGB findet anerkanntermaßen auf solche Einwendungen keine Anwendung, die in der Eigenschaft des Zedenten begründet sind.[2684] Darüber hinaus ist der Erhalt der Nachrangigkeit im Falle der Abtretung an einen Zessionar, der am Kapital der Gesellschaft mit nicht mehr als 10% beteiligt ist, mit der Wertung des Kleinbeteiligungsprivilegs des § 39 Abs. 5 InsO[2685] schwerlich zu vereinbaren. Es ist nicht einsichtig, weshalb der nach § 39 Abs. 5 InsO privilegierte Gesellschafter bei der Neuvergabe eines Darlehens nicht den Regeln über Gesellschafterdarlehen unterworfen wird, während die Darlehensforderung beim Erwerb nachrangig bleibt. Aus diesem Grund ist davon auszugehen, dass die Nachrangigkeit entfällt, wenn die Darlehensforderung an einen Dritten oder an einen nach § 39 Abs. 5 InsO privilegierten Gesellschafter erfolgt. Etwas anderes gilt selbstverständlich dann, wenn bezüglich der Darlehensforderung ein Rangrücktritt erklärt wurde (vgl. § 19 Abs. 2 InsO).

Erfasst werden von § 39 Abs. 1 Nr. 5 InsO aber auch „*Forderungen aus Rechtshandlungen, die einem solchen Darlehen*" wirtschaftlich entsprechen. Dadurch wird – wie schon unter Geltung des § 32a Abs. 3 Satz 1 GmbHG – der Anwendungsbereich der Grundsätze über

---

[2681] RegE MoMiG S. 130 f; Kindler, NJW 2008, 3249 (3253); Habersack, ZIP 2007, 2145 (2149).
[2682] Vgl. dazu unten 2.1.2.2. e).
[2683] Zur Rechtslage vor dem MoMiG etwa BGH, Urteil v. 21. März 1988, II ZR 238/87, BGHZ 104, 33 (43); Habersack in: Ulmer/Habersack/Winter, GmbHG, §§ 32a/b Rn. 57. Zum neuen Recht ebenso Habersack, ZIP 2007, 2145 (2149), der allerdings eine analoge Anwendung von § 135 Nr. 2 InsO erwägt, mit der Folge, dass der Erwerb der Forderung außerhalb der Ein-Jahres-Frist erfolgt, eine gewöhnliche Insolvenzforderung darstellt.
[2684] Vgl. etwa Grüneberg in: Palandt, BGB, § 404 Rn. 1 mwN.
[2685] Näher dazu unten e).

Gesellschafterdarlehen auf „gesellschaftergleiche Dritte" erweitert.²⁶⁸⁶ Damit werden nach einhelliger Auffassung etwa solche Kreditgeber von den Grundsätzen über Gesellschafterdarlehen erfasst, die ihre Mitgliedschaft bloß formal auf einen Dritten übertragen haben.²⁶⁸⁷ Darüber hinaus finden die Grundsätze auch bei der Darlehensgewährung durch den stillen Gesellschafter Anwendung, sofern²⁶⁸⁸ diesem Mitsprache- und Gewinnbeteiligungsrechte eingeräumt werden, die den Rechten eines Gesellschafters entsprechen (atypische stille Gesellschaft).²⁶⁸⁹

**b) Erstreckung auf Pfandrechtsinhaber am Geschäftsanteil.** Die Verpfändung von Geschäftsanteilen an dem Darlehensnehmer gehört zu den typischen Sicherungsinstrumenten der darlehensgebenden Bank. Nach der herrschenden Lehre führt sie nur dann zur Nachrangigkeit des Darlehens, wenn dem Darlehensgeber im Darlehensvertrag oder in der Vereinbarung mit dem Sicherungsgeber weitgehende Mitspracherechte im Hinblick auf die Geschäftsführung der Gesellschaft eingeräumt wurden.²⁶⁹⁰ Auch der Bundesgerichtshof hat die Nachrangigkeit des Darlehens in einer Fallgestaltung bejaht, die dadurch gekennzeichnet war, dass dem Inhaber des Pfandrechts umfassende Mitspracherechte eingeräumt waren und er von diesen Mitspracherechten auch umfassend nach Art eines faktischen Geschäftsführers Gebrauch gemacht hat.²⁶⁹¹

Indessen sprechen die besseren Gründe dafür, dass die Verpfändung des Geschäftsanteils für die Frage, ob das Darlehen nach § 39 Abs. 1 Nr. 5 InsO nachrangig ist, keine Rolle spielt. Die Verpfändung des Geschäftsanteils ändert nichts daran, dass das Interesse des Darlehensgebers auf die Rückführung seines Darlehens begrenzt ist und er – auch bei einer Verfallregelung²⁶⁹² – im Falle der Verwertung des Anteils nur in Höhe des gesicherten Anspruchs partizipiert (§ 1247 Satz 2 BGB).²⁶⁹³ Der Inhaber eines Pfandrechts am Geschäftsanteil ist mithin nicht mit einem Gesellschafter gleichgestellt und eine Anwendung der Grundsätze über Gesellschafterdarlehen scheidet aus.

**c) Erstreckung auf Optionsberechtigte.** Gelegentlich kommt es vor, dass sich der Erwerber einer notleidenden Forderung durch die Vereinbarung einer Option auf die Anteile am Darlehensschuldner den Zugriff auf die Anteile an der Gesellschaft sichern möchte. Für die Rechtslage vor dem Inkrafttreten des MoMiG wurde überwiegend angenommen, dass Darlehen, die vor der Ausübung eines Optionsrechts gewährt wurden, nicht den Grundsätzen über Gesellschafterdarlehen unterfallen. Die Nachrangigkeit des Darlehens konnte sich danach nur daraus ergeben, dass der Optionsberechtigte nach der Optionsausübung das Darlehen stehen lässt und damit eine neue Finanzierungsentscheidung trifft.²⁶⁹⁴

Diese Auffassung war bereits nach der früheren Rechtslage nicht überzeugend und ist auch unter Geltung des MoMiG abzulehnen. Vielmehr ist davon auszugehen, dass die Grundsätze über Gesellschafterdarlehen dann auf den Optionsberechtigten zu erstrecken

---

²⁶⁸⁶ RegE MoMiG v. 23. Mai 2007, S. 131.
²⁶⁸⁷ Siehe etwa BGH WM 1985, 1224 (1226); Habersack in: Ulmer/Habersack/Winter, GmbHG, §§ 32a/b Rn. 149.
²⁶⁸⁸ Der typische stille Gesellschafter unterfällt nicht den Grundsätzen über Gesellschafterdarlehen, vgl. etwa BGH, WM 1983, 594 (595); Habersack in: Ulmer/Habersack/Winter, GmbHG, §§ 32a/b Rn. 150; K. Schmidt in: Scholz, GmbHG, § 32a/b Rn. 139.
²⁶⁸⁹ H.M., vgl. BGH, Urteil v. 7. November 1988, II ZR 46/88, BGHZ 106, 7 (11); Habersack in: Ulmer/Habersack/Winter, GmbHG, §§ 32a/b Rn. 150; Habersack, ZIP 2007, 2145 (2148); K. Schmidt in: Scholz, GmbHG, §§ 32a/b Rn. 139.
²⁶⁹⁰ Habersack in: Ulmer/Habersack/Winter, GmbHG, §§ 32a/b Rn. 151; K. Schmidt in: Scholz, GmbHG, §§ 32a/b Rn. 139; Lutter/Hommelhoff in: Lutter/Hommelhoff, GmbHG, §§ 32a/b Rn. 54; Pentz in Rowedder/Schmidt-Leithoff, GmbHG, § 32a Rn. 74.
²⁶⁹¹ BGH, Urteil v. 13. Juli 1992, II ZR 251/91, BGHZ 119, 191, (196 ff.).
²⁶⁹² Siehe dazu § 1259 BGB.
²⁶⁹³ In diesem Sinne auch Habersack, ZIP 2007, 2145 (2149).
²⁶⁹⁴ Siehe dazu etwa Habersack in: Ulmer/Habersack/Winter, GmbHG, §§ 32a/b Rn. 152.

sind, sofern der Optionsberechtigte nach dem Optionsvertrag oder dem Darlehensvertrag Mitspracherechte im Hinblick auf die Geschäftsführung der Gesellschaft hat und der Erwerb des Anteils allein von einer Entscheidung des Optionsberechtigten abhängt. Dann steht der Optionsberechtigte dem Gesellschafter gleich. Die unterschiedliche Behandlung des Optionsberechtigten und des Pfandgläubigers ist gerechtfertigt, weil zum einen der Optionsberechtigte – etwa im Falle der Veräußerung der Option – wie ein Gesellschafter von einer erfolgten Wertsteigerung des Anteils profitiert und zum anderen die Realisierbarkeit dieser Partizipation nicht vom Eintritt des Sicherungsfalls oder anderen Ereignissen abhängt, auf die der Darlehensgeber keinen Einfluss hat.

**d) Schuldrechtliche Mitspracherechte des Darlehensgebers.** Im Rahmen von Kreditverträgen an notleidende Unternehmen wird versucht, dem Darlehensnehmer regelmäßig weitgehende Informations- und Mitspracherechte oder Verhaltenspflichten aufzuerlegen. So wird der Darlehensnehmer regelmäßig zur Einhaltung bestimmter Finanzkennzahlen verpflichtet oder es werden Zustimmungsvorbehalte des Darlehensgebers bei bestimmten gesellschaftsrechtlichen oder geschäftspolitischen Maßnahmen vereinbart. Die Vereinbarung solcher Rechte kann zu einem erheblichen Einfluss auf die Geschäftspolitik des Darlehensgebers führen, der sich zusätzlich verstärkt, wenn die wirtschaftliche Abhängigkeit des Darlehensnehmers krisenbedingt steigt, mit der Folge, dass wichtige Geschäftsführungsmaßnahmen unabhängig von den darlehensvertraglichen Vereinbarungen häufig zwischen der Geschäftsführung und dem Darlehensgeber abgestimmt werden müssen.
Im Schrifttum wird die Anwendung der Grundsätze über Gesellschafterdarlehen auf Grund der Vereinbarung von solchen „Covenants" bisher wohl überwiegend zu Recht abgelehnt.[2695] Dabei zeigt doch der Umstand, dass nach dem Kleinbeteiligungsprivileg[2696] nur der nicht geschäftsführende Gesellschafter privilegiert wird, dass die Frage des Einflusses auf die Geschicke der Gesellschaft für die Anwendung der Grundsätze über Gesellschafterdarlehen durchaus von Bedeutung ist. Allerdings verdient die herrschende Meinung deshalb Zustimmung, weil der Darlehensgeber anders als ein Gesellschafter im Regelfall[2697] wirtschaftlich nicht überproportional am Erfolg der Gesellschaft partizipiert. Den Risiken, die sich aus der Einflussnahme des Darlehensnehmers auf die Geschäftsführung der Gesellschaft für die Gesellschaft und ihre Gläubiger ergeben, ist anderweitig Rechnung zu tragen, etwa über die Grundsätze einer Haftung zur faktischen Geschäftsführung.

**e) Kleinbeteiligungsprivileg und Sanierungsprivileg.** Durch das MoMiG nicht angetastet werden zwei Ausnahmetatbestände, die beim Erwerb notleidender Kredite von erheblicher praktischer Bedeutung sind: Das Kleinbeteiligungsprivileg gemäß § 39 Abs. 5 InsO[2698] und das Sanierungsprivileg gemäß § 39 Abs. 4 Satz 2 InsO.[2699]

**(i) Kleinbeteiligungsprivileg.** Nach § 39 Abs. 5 InsO gelten die Grundsätze über Gesellschafterdarlehen nicht für den nicht geschäftsführenden Gesellschafter, der mit 10 Prozent oder weniger am Haftkapital beteiligt ist (*Kleinbeteiligungsprivileg*). Maßgeblicher Zeitpunkt für die Beurteilung der Anwendbarkeit des Kleinbeteiligungsprivilegs ist der

---

[2695] BGH, Urteil v. 6. April 2009, II ZR 277/07, NZG 2009, 782; Ebenso zum neuen Recht Habersack, ZIP 2007, 2145 (2148); zum alten Recht auch Habersack in: Ulmer/Habersack/Winter, GmbHG, §§ 32a/b Rn. 153; ders. ZGR 2000, 384, (393 ff.); K. Schmidt in: Scholz, GmbHG, §§ 32a/b Rn. 141; Damnitz/Degenhardt, WM 2005, 588; a.A. Fleischer, ZIP 1998, 315 ff.; Pentz in: Rowedder/Schmidt-Leithoff, GmbHG, § 32a Rn. 76; Schwintowski/Dannischewski, ZIP 2005, 840 ff., jeweils zum alten Recht.
[2696] Dazu unten § 24, Abschnitt 2.1.2.2., e), (i).
[2697] Etwas anderes gilt dann, wenn der Darlehensvertrag vorsieht, dass der Darlehensgeber in wirtschaftlicher Hinsicht an dem Erfolg der Gesellschaft beteiligt wird, etwa durch Vereinbarung eines so genannten „Equity-Kickers".
[2698] Bisher geregelt in: § 32a Abs. 3 Satz 2 GmbHG.
[2699] Bisher geregelt in: § 32a Abs. 3 Satz 3 GmbHG.

Zeitpunkt der Darlehensgewährung; der Wegfall der Geschäftsführerstellung oder die Reduzierung der Beteiligung am Haftkapital auf 10 Prozent nach der Darlehensgewährung führt mithin nicht dazu, dass die Privilegierung nachträglich eingreift.[2700]

Zweifelhaft ist aber, ob der nachträgliche Erwerb einer Beteiligung von mehr als 10 Prozent oder die nachträgliche Bestellung zum Geschäftsführer dazu führen, dass das Kleinbeteiligungsprivileg verloren geht. Zum alten Recht bestand im Schrifttum weitgehend Einigkeit darüber, dass ein Überschreiten der Beteiligungsschwelle nur dann zum Verlust der Privilegierung führt, wenn nach dem Überschreiten der Beteiligungsschwelle eine neue Finanzierungsentscheidung getroffen wird, etwa ein zuvor gewährtes Darlehen stehen gelassen wird.[2701] Mit der Aufgabe des Tatbestandsmerkmals der Finanzierungsentscheidung durch das MoMiG lässt sich diese Ansicht nicht weiter aufrechterhalten. Vielmehr ist davon auszugehen, dass die Privilegierung generell entfällt, wenn die Beteiligungsschwelle von 10 Prozent in dem in § 135 InsO bezeichneten Zeitraum zu irgendeinem Zeitpunkt überschritten war.[2702] Allerdings wird man in diesem Fall die Anfechtung nach § 135 Abs. 1 Nr. 2 InsO auf Leistungen beschränken müssen, die nach Überschreitung der 10 Prozent Schwelle bzw. nach der Geschäftsführerbestellung erfolgt sind.

Eine andere Frage ist, ob die Privilegierung des § 39 Abs. 5 InsO auch dann entfällt, wenn das Überschreiten der Beteiligungsschwelle nicht auf dem Erwerb eines zusätzlichen Geschäftsanteils durch den darlehensgewährenden Gesellschafter, sondern etwa auf der Einziehung von Geschäftsanteilen von Mitgesellschaftern beruht. Der Wortlaut des § 39 Abs. 5 InsO, der allein auf die Kapitalbeteiligung abstellt, legt den Schluss nahe, dass der Grund für die Überschreitung der 10 Prozent Schwelle unerheblich ist. Gleichwohl wird man für den Wegfall der Privilegierung des § 39 Abs. 5 InsO einen zurechenbaren Erwerbsakt des darlehensgewährenden Gesellschafters verlangen müssen. Dafür spricht zum einen, dass der Verzicht auf das Zurechenbarkeitserfordernis den darlehensgewährenden Gesellschafter unbillig belastet. Zum anderen ist dies durch eine einheitliche Auslegung des § 39 Abs. 5 InsO geboten: Auch die Geschäftsführerbestellung, die zum Wegfall der Privilegierung führt, setzt nämlich die Mitwirkung des darlehensgewährenden Gesellschafters voraus.

**(ii) Sanierungsprivileg.** Eine im Zusammenhang mit dem Erwerb notleidender Kredite bedeutsame weitere Einschränkung ihres Anwendungsbereichs erfahren die Grundsätze über Gesellschafterdarlehen durch das Sanierungsprivileg des § 39 Abs. 4 Satz 2 InsO.[2703] Danach führt es bis zu nachhaltigen Sanierung nicht zur Anwendung von § 39 Abs. 1 Nr. 5 InsO auf bestehende oder neu gewährte Darlehen oder auf Forderungen aus Rechtshandlungen, die einem solchen Darlehen wirtschaftlich entsprechen, wenn ein Gläubiger bei drohender oder eingetretener Zahlungsunfähigkeit oder bei Überschuldung Anteile zum Zwecke der Sanierung der Gesellschaft erwirbt.

Die Vorschrift setzt zunächst voraus, dass ein Anteilserwerb erfolgt. Als Anteilserwerb ist unzweifelhaft der Erwerb neuer Anteile an der Gesellschaft im Rahmen einer Kapitalerhöhung. Von § 39 Abs. 4 Satz 2 InsO erfasst wird aber auch der Erwerb bestehender Anteile von einem Gesellschafter, obgleich der Gesellschaft in diesem Fall kein neues Eigenkapital zugeführt wird.[2704] Daher erscheint es folgerichtig, auch den Darlehensgeber, dem ein Anteil am Darlehensnehmer verpfändet wird, unter das Sanierungsprivileg zu fassen. Allerdings dürfte schwer zu begründen sein, dass der Erwerb des Pfandrechts „zum Zwecke der Sanierung" erfolgt, geht es dem Darlehensgeber doch in erster Linie um die Sicherung seines Rückzahlungsanspruchs.

---

[2700] Hirte, WM 2008, 1429 (1433); Haas, ZInsO 2007, 617 (619 f.).
[2701] Vgl. etwa Habersack in: Ulmer/Habersack/Winter, GmbHG, §§ 32a/b Rn. 195 mwN.
[2702] So auch Habersack, ZIP 2007, 2145 (2150); Haas, ZinsO 2007, 617 (620).
[2703] Bisher geregelt in: § 32a Abs. 3 Satz 3 GmbHG.
[2704] Ganz h.M., vgl. zum alten Recht etwa Hueck/Fastrich in: Bambach/Hueck, GmbHG, § 32a Rn. 19; Pentz in: Rowedder/Schmidt-Leithoff, GmbHG, § 32a Rn. 111; Habersack in: Ulmer/Habersack/Winter, GmbHG, §§ 32a/b Rn. 199.

In persönlicher Hinsicht können sich nur solche Gläubiger auf das Sanierungsprivileg berufen, die vor dem Anteilserwerb gar nicht oder nach § 39 Abs. 4 InsO privilegiert an der Gesellschaft beteiligt waren.[2705] Wer hingegen an der Gesellschaft beteiligt ist, ohne sich auf die Privilegierung des § 39 Abs. 4 InsO berufen zu können, kann durch den Erwerb eines weiteren Anteils nicht in den Genuss der Privilegierung des § 39 Abs. 4 Satz 2 InsO kommen.[2706]

Der Erwerb des Anteils muss „zum Zwecke der Sanierung" erfolgen. Voraussetzung hierfür ist zunächst, dass der Erwerber mit Sanierungsabsicht handelt.[2707] Darüber hinaus bedarf es nach der zutreffenden herrschenden Meinung – aus *ex ante* Sicht – der Sanierungsfähigkeit der Gesellschaft und der Eignung des Sanierungskonzepts des Erwerbers zur Sanierung in überschaubarer Zeit.[2708] Das Vorliegen dieser Voraussetzungen muss von dem Erwerber nachgewiesen werden. Dieser Nachweis wird in der Praxis regelmäßig durch die Vorlage eines Sanierungsgutachtens erbracht.

Das Sanierungsprivileg gilt bis zu der nachhaltigen Sanierung der Gesellschaft. Mit der nachhaltigen Sanierung entfällt das Sanierungsprivileg. Der Gesellschafter muss das Darlehen daher mit dem Eintritt der nachhaltigen Sanierung der Gesellschaft – sofern möglich – abziehen, wenn er vermeiden will, dass das Darlehen erneut den Grundsätzen über Gesellschafterdarlehen unterfällt und nach § 39 Abs. 1 Nr. 5 InsO nachrangig ist.

**2.1.2.3. Insolvenzanfechtung**

Aus der Sicht eines Erwerbers von Kreditforderungen bzw. für den Fall der Bestellung von Sicherheiten für einen Neukredit an ein Krisenunternehmen zu beachten sind schließlich die Risiken, die sich aus den insolvenzrechtlichen Anfechtungstatbeständen der §§ 129 ff. InsO ergeben. Das gilt insbesondere für etwaige zur Sicherung der erworbenen Forderung vor deren Erwerb bestellte Sicherheiten, die im Falle einer erfolgreichen Anfechtung durch den Insolvenzverwalter nach § 143 Abs. 1 InsO an die Masse zurückzugewähren sind. Insoweit muss im Rahmen der Due Diligence insbesondere geprüft werden, ob miterworbene Sicherheiten im Falle der Insolvenz des Darlehensnehmers der Anfechtung unterliegen. Von besonderer Relevanz sind dabei die im Folgenden dargestellten Anfechtungstatbestände.[2709]

**a) Gesellschafterdarlehen, § 135 InsO.** Nach § 135 Abs. 1 Nr. 1 ist eine Rechtshandlung anfechtbar, die für die Forderung eines Gesellschafters auf Rückgewähr eines Gesellschafterdarlehens gemäß § 39 Abs. 1 Nr. 5 InsO Sicherheit gewährt hat, wenn die Handlung in den letzten zehn Jahren vor dem Antrag auf Eröffnung des Insolvenzverfahrens oder nach diesem Antrag vorgenommen worden ist.

**b) Vorsätzliche Benachteiligung, § 133 Abs. 1 InsO.** Nach § 133 Abs. 1 InsO kann die Sicherheitenbestellung zudem dann angefochten werden, wenn der Schuldner in den letzten zehn Jahren vor dem Antrag auf Eröffnung des Insolvenzverfahrens mit dem Vorsatz, seine Gläubiger zu benachteiligen, vorgenommen hat, sofern der andere Teil zur Zeit der Anfechtung den Vorsatz des Schuldners kannte. Dabei wird der Vorsatz des Schuldners vermutet, wenn der andere Teil wusste, dass die Zahlungsunfähigkeit des Schuldners drohte und dass die Handlung die Gläubiger benachteilige.

---

[2705] RegE MoMiG v. 23. Mai 2007, S. 131; zum alten Recht siehe etwa Habersack in: Ulmer/Habersack/Winter, GmbHG, §§ 32/b Rn. 200.

[2706] Zum alten Recht wie hier Habersack in: Ulmer/Habersack/Winter, GmbHG, §§ 32a/b Rn. 200.

[2707] Ganz h.M., vgl. etwa Neußner in: Graf-Schlicker, InsO, § 39 Rn. 33; Hueck/Fastrich in: Baumbach/Hueck, GmbHG, § 30 Rn. 76 m.w.N.

[2708] BGH, Urteil v. 21. November 2005, II ZR 277/03, ZIP 2006, 279 (281).

[2709] Für eine umfassende Darstellung der Anfechtungstatbestände und ihrer Voraussetzungen siehe etwa Henckel, Anfechtung im Insolvenzrecht; Bork, Handbuch der Insolvenzanfechtung.

Zentrale Voraussetzung der Anfechtung ist neben der objektiven Benachteiligung des Gläubigers der Vorsatz des Schuldners, seine Gläubiger zu benachteiligen. Dabei kann der – grundsätzlich vom Insolvenzverwalter zu beweisende – Vorsatz des Schuldners etwa dann zu bejahen sein, wenn der Schuldner für Forderungen derjenigen Gläubiger Sicherheiten bestellt, von denen er sich nach der Insolvenzeröffnung noch Vorteile verspricht.[2710] Daran ist insbesondere bei der Bestellung von Sicherheiten zu Gunsten der Hausbank des Schuldners zu denken.

**c) Inkongruente Deckung, § 131 InsO.** Von großer Bedeutung ist die Anfechtung wegen inkongruenter Deckung nach § 131 InsO. Ein Fall der inkongruenten Deckung liegt vor, wenn eine Sicherung oder Befriedigung gewährt wird, die der Gläubiger nicht oder nicht in der Art oder zu der Zeit zu beanspruchen hatte. Im Hinblick auf Sicherheiten ist mithin zu prüfen, ob der Gläubiger einen fälligen und hinreichend bestimmten – vertraglichen oder gesetzlichen – Anspruch auf die ihm gewährte Sicherheit hatte.[2711] Diesem Bestimmtheitserfordernis genügen allgemein gehaltene Nachbesicherungsansprüche, wie sie etwa in den Allgemeinen Geschäftsbedingungen der Banken und Sparkassen vorgesehen sind, nicht[2712].

Hinsichtlich des anfechtungsrelevanten Zeitraums sieht § 131 Abs. 1 Nr. 1 InsO vor, dass sämtliche Handlungen aus dem letzten Monate vor dem Antrag auf Eröffnung des Insolvenzantrags der Anfechtung unterliegen. Darüber hinaus können inkongruente Handlungen aus dem zweiten oder dritten Monat vor der Antragstellung angefochten werden, wenn entweder der Schuldner zur Zeit der Handlung zahlungsunfähig war oder dem Gläubiger zur Zeit der Handlung bekannt war, dass sie die Insolvenzgläubiger benachteiligte.

**d) Kongruente Deckung, § 130 InsO.** Ein Fall kongruenter Deckung liegt im Grundsatz vor, wenn der Gläubiger einen hinreichend bestimmten individualvertraglichen oder in AGB vereinbarten Anspruch auf die Bestellung einer Sicherheit hat. Kongruent ist nach herrschender Meinung auch die im Rahmen einer Mantelzession durch Übersendung der Zessionsliste begründete Abtretung. Im Falle kongruenter Deckung kommt eine Anfechtung nur dann in Betracht, wenn die Sicherheit in den letzten drei Monaten vor der Antragstellung gewährt wurde, der Schuldner zur Zeit der Sicherheitenbestellung zahlungsunfähig war und wenn der Gläubiger zu diesem Zeitpunkt die Zahlungsunfähigkeit kannte.

### 2.1.2.4. Existenzvernichtender Eingriff

Nach der ursprünglich für Kapitalgesellschaften entwickelten Konzeption des BGH begründete eine existenzvernichtende Entnahme von Vermögenswerten einer GmbH durch ihre Gesellschafter eine Außenhaftung der Gesellschafter gegenüber den Gläubigern.[2713] Dieses Konzept wurde in der jüngsten höchstrichterlichen Rechtsprechung[2714] zugunsten einer reinen Innenhaftung gem. § 826 BGB der Gesellschafter gegenüber der Gesellschaft aufgegeben.[2715] Voraussetzung für einen Anspruch ist (i) ein Eingriff in das Gesellschaftsver-

---

[2710] Vgl. etwa Dauernheim in: FK-InsO, 5. Aufl., § 133 Rn. 14.
[2711] Siehe etwa Dauernheim in: FK-InsO, 5. Aufl., § 131 Rn. 16.
[2712] BGH, Urteil v. 15. November 1960, VZR 35/59, BGHZ 33, 393 (394), BGH, Urteil v. 18. Dezember 1980, ZIP 1981, 144.
[2713] BGH, Urteil v. 17. September 2001, II ZR 178/99 (Bremer Vulkan), BGHZ 149, 10 ff. BGH, Urteil v. 24. Juni 2002, II ZR 300/00 (KBV), BGHZ 151, 181 ff.; BGH, Urteil v. 20. September 2004, II ZR 302/02 (Rheumaklinik), ZIP 2004, 2138 ff.; BGH, Urteil v. 13. Dezember, II ZR 206/02, ZIP 2005, 117.
[2714] BGH, Urteil v. 16. Juli 2007, II ZR 3/04 (Trihotel), BGHZ 173, 246 ff.
[2715] Gehrlein, WM 2008, 761 ff.; Altmeppen, ZIP 2008, 1201; Schwab, ZIP 2008, 341 ff.; Hönn, WM 2008, 769 ff.; Dauner-Lieb, ZGR 2008, 34; Strohn, ZInsO 2008, 706 ff.; Goette, DStR 2007, 1593 ff.; Weller, ZIP 2007, 1681 ff.; Schaefer/Steinmetz, WM 2007, 2265 ff.; J. Vetter, BB 2007, 1965 ff.; Sprau in: Palandt, Bürgerliches Recht, § 826 Rn. 35 m. w. N.

mögen,[2716] (ii) durch Entzug von Vermögenswerten[2717] (einschließlich von Geschäftschancen)[2718] zum Vorteil der Gesellschafter,[2719] die diese zur Erfüllung ihrer Verbindlichkeiten benötigt, (iii) zu gesellschaftsfremden Zwecken und ohne angemessenen Ausgleich, (iv) durch den die Insolvenz herbeigeführt oder vertieft wird[2720] soweit der Gesellschaft dadurch (v) vorsätzlicher (vi) Schaden entsteht. Rechtsfolge des existenzvernichtenden Eingriffs ist damit ein Schadensersatzanspruch der Gesellschaft gegen den Gesellschafter gem. §§ 826, 249 ff. BGB, der in Anspruchskonkurrenz neben etwaigen – ihrem Umfang nach nicht so weit gehenden – Rückerstattungsansprüchen gem. § 31 GmbHG steht.[2721] Je nachdem, ob der existenzvernichtende Eingriff die Insolvenz verursacht hat oder lediglich die bestehende Insolvenzreife vertieft hat, besteht der zu ersetzende Schaden im gesamten Ausfall oder im jeweiligen Quotenschaden.[2722] Umstritten bleibt, ob der existenzvernichtende Eingriff auch auf Aktiengesellschaften Anwendung findet; hier ist mit guten Argumenten im jüngeren Schrifttum Zurückhaltung geboten, enthält doch das Aktiengesetz anders als das GmbHG ein nicht nur auf das Stammkapital beschränktes generelles Ausschüttungsverbot in § 57 AktG und einige Schadensersatznormen, die den Anwendungsbereich des existenzvernichtenden Eingriffs abdecken sollten.[2723] Auf der anderen Seite könnte einiges dafür sprechen, die nun deliktsrechtlich verankerte Existenzvernichtungshaftung auch auf ausländische Gesellschaften anzuwenden, sofern keine der AG entsprechende Rechtslage gegeben ist, da nach der Rechtsprechung des EuGH das deutsche Gesellschaftsrecht für Auslandsgesellschaften keine Anwendung beanspruchen darf,[2724] hingegen die Anwendbarkeit des deutschen Deliktsrechts nicht eingeschränkt ist. Ob dies so auch vor dem EuGH Bestand haben wird, bleibt allerdings abzuwarten.

Mit Blick auf die für diesen Abschnitt interessierenden Transaktionen, stellt sich die Frage nach dem existenzvernichtenden Eingriff vornehmlich in Zusammenhang mit der Sicherheitenbestellung, da nur in diesen Konstellationen überhaupt ein existenzvernichtender Vermögensentzug in Frage kommen kann. In diesen Konstellationen kann die bestandsver-

---

[2716] BGH, Urteil v. 16. Juli 2007, II ZR 3/04 (Trihotel), BGHZ 173, 246 ff.; BGH, Urteil v. 17. September, II ZR 178/99 (Bremer Vulkan), BGHZ 149, 10 ff. BGH, Urteil v. 24. Juni, II ZR 300/00 (KBV), BGHZ 151, 181 ff.; BGH, Urteil v. 20. September 2004, ZR 302/02 (Rheumaklinik), ZIP 2004, 2138 ff.; BGH, Urteil v. 13. Dezember 2004, II ZR 206/02, ZIP 2005, 117; BGH, Urteil v. 28 April 2008, II ZR 264/06 (GAMMA), ZInsO 2008, 758; statt aller Strohn, ZInsO 2008, 706 (708).

[2717] Auf reine Managementfehler (vgl. BGH, Urteil v. 13. Dezember, II ZR 256/02, ZIP 2005, 250 (252)) und auf die Gründung einer unterkapitalisierten Beschäftigungs- und Qualifizierungsgesellschaft (BQG) (vgl. BGH, Urteil v. 28. April 2008, II ZR 264/06 (GAMMA), ZInsO 2008, 758 finden die Grundsätze der Haftung aus existenzvernichtendem Eingriff keine Anwendung.

[2718] BGH, Urteil v. 20. September 2004, II ZR 302/02 (Rheumaklinik), ZIP 2004, 2138 ff.; Strohn, ZInsO 2008, 706 (709).

[2719] BGH, Urteil v. 28. April 2008, II ZR 264/06 (GAMMA), ZInsO 2008, 758. Insofern hat der Existenzvernichtungseingriff durch das GAMMA-Urteil eine gewisse Einschränkung erfahren, indem der BGH klarstellt, dass es auf einen Vermögensentzug zum Vorteil der Gesellschafter ankommt und gerade keine Verpflichtung der Gesellschafter besteht, die Gesellschaft mit angemessenem Kapital auszustatten bzw. Ihr überleben zu sichern. Somit sind andere in Schrifttum udiskutierte Fallgruppen wie etwa bilanziell vermögensneutrale Eingriffe, existenzvernichtende Vermögenstransfers auf nicht verbundene Dritte sowie insbesondere die Unterkapitalisierung aus dem Anwendungsbereich Innenhaftung wegen Existenzvernichtung auszunehmen und allenfalls über eine Außenhaftung nach § 826 BGB zu berücksichtigen; vgl. Gloger/Goette/Japping, ZInsO 2008, 1051 (1053 f.); Weber/Sieber, ZInsO 2008, 952 (954 f.).

[2720] Strohn, ZInsO 2008, 706 (709); Sprau in: Palandt, Bürgerliches Recht, § 826 Rn. 35.

[2721] BGH, Urteil v. 16. Juli 2007, II ZR 3/04 (Trihotel), BGHZ 173, 246 ff.

[2722] Strohn, ZInsO 2008, 706 (710); Gehrlein, WM 2008 762 (763).

[2723] So überzeugend Strohn, ZInsO 2008, 706 (710).

[2724] EuGH, Urteil v. 9. März 1999, C 212/97 (Centros), NJW 1999, 2027 ff.; EuGH Urteil v. 5. November 2002, C 208/00 (Überseering), NJW 2002, 3614 ff.; EuGH Urteil v. 30. September 2003, C 167/01 (Inspire Arts), NJW 2003, 3331 ff.

nichtende Handlung in der Besicherung zugunsten des Gesellschafters bzw. in Bezug auf den gesellschaftsfremden Sicherungsnehmer[2725] oder den Geschäftsführer in der möglichen Beteiligung am existenzvernichtenden Eingriff des Gesellschafters gem. §§ 830 Abs. 1 S. 1 und Abs. 2, 826 BGB gesehen werden. Allerdings hat der BGH in seiner bisherigen Rechtsprechung deutlich gemacht, dass er an die Haftung wegen existenzvernichtenden Eingriffs sehr strenge Anforderungen stellt.[2726] Insbesondere in Zusammenhang mit der Bestellung von Sicherheiten lehnt der BGH in seiner jüngeren Rechtsprechung eine Bestandsvernichtung ab, sofern nicht durch die Sicherheitenbestellung die Gesellschaft entweder von der Verwendung des Sicherungsguts ausgeschlossen ist und dadurch ihren Betrieb nicht fortführen kann oder in ihrer Kreditfähigkeit so beeinträchtigt wird, dass sie nicht mehr in der Lage ist, dringend benötigte Mittel aufzunehmen.[2727] Somit ist bei einer Sicherheitenbestellung in der Krise stets zu prüfen, ob (i) ein Entzug oder eine Nutzungsbeeinträchtigung aufgrund der Verwertung oder aufgrund vertraglicher Pflichten in Bezug auf die Verwendung des Sicherungsgutes vor dem Sicherungsfall zu befürchten ist und ob (ii) hinreichend Vermögensgegenstände zur Verfügung stehen, um einen Kredit für die Überbrückung eines möglicherweise erwarteten Liquiditätsbedarfs zu erhalten, was anhand der Liquiditätsplanung des Schuldners feststellbar sein sollte.[2728] Da die Existenzvernichtungshaftung ein vorsätzliches Verhalten erfordert, ist diese stets ausgeschlossen, wenn Gesellschafter/Sicherungsnehmer aufgrund sorgfältiger Prüfung und Planung davon ausgehen durften, dass es nach dem gewöhnlichen Verlauf der Dinge weder zu einer Verwertung der Sicherheiten noch zu einer Beeinträchtigung der Liquiditätsversorgung der Gesellschaft kommen würde.[2729]

## 2.2. Erwerb von notleidenden Kreditforderungen

### 2.2.1. Forderungskauf

Der Erwerb der notleidenden Forderungen erfolgt auf der Grundlage eines Kaufvertrages nach den §§ 433 ff. BGB. Besonders zu beachten sind die kaufvertraglichen Regelungen zur Frage, ab welchem Zeitpunkt die Zinsen dem Käufer zustehen. Darüber hinaus sind die von dem Verkäufer hinsichtlich der Forderung und den Sicherheiten übernommenen Gewährleistungen in dem Kaufvertrag zu regeln, insbesondere hinsichtlich der im folgenden Absatz adressierten potentiellen Problemfelder.

### 2.2.2. Due Diligence

Im Vorfeld einer Distressed Debt Transaktion sind regelmäßig besondere Fragen hinsichtlich der inhaltlichen Ausgestaltung der zu erwerbenden Rechtsposition zu klären. Aufgrund der speziellen Situation des Schuldners richten sich diese Fragen vorwiegend auf das Vorliegen besonderer vertraglicher Regelungsmechanismen, welche die Umsetzung der Strategie des Erwerbers vereiteln können. Der Fokus der Legal Due Diligence Prüfung liegt in der Regel auf der Prüfung (i) des rechtlichen Bestands und des aktuellen Inhalts der Forderung und der Sicherheiten, (ii) der rechtlichen Rahmenbedingungen, unter welchen aus der Forderung Zins- und Tilgungsansprüche entstehen sowie (iii) der Möglichkeit des Schuldners oder einer Mehrheit der Gläubiger, die Modalitäten hinsichtlich der Forderung, der Sicherheiten und der Zins- und Tilgungsansprüche ohne die Zustimmung des einzelnen Gläubigers zu verändern.

---

[2725] Kritisch Vetter, BB 2007, 1965 (1969).
[2726] So auch Gehrlein, WM 2008, 761 (763).
[2727] BGH, Urteil v. 16. Juli 2007, II ZR 3/04, NJW 2007 2689 (2694); Gehrlein, ebd.; Vetter, BB 2007, 1965 (1967).
[2728] Vetter, ebd.
[2729] Vetter, ebd.

#### 2.2.2.1 Rang der Forderung

Im Folgenden werden einige Problempunkte skizziert, zu deren genauen Untersuchung es im Rahmen einer Legal Due Diligence gegebenenfalls Anlass gibt:
– Von wesentlicher Bedeutung für die wirtschaftliche Beurteilung des Darlehens ist – gerade im Rahmen eines Distressed Investments – die richtige Einordnung des Rangs der Forderungen aus dem Darlehen. Die vertragliche Festlegung des Rangs kann einzelne (z. B. nur den Rückzahlungsbetrag) oder sämtliche Forderungen des Darlehensgebers betreffen und sich entweder allein auf den Insolvenzfall oder auch auf eine Rangreihenfolge hinsichtlich Zahlungen außerhalb der Insolvenz bestimmen. Die Festlegung des Rangs bezieht sich in der Regel entsprechend auf die gestellten Sicherheiten und etwaige Garantien verbundener Gesellschaften, soweit es sich beim Darlehensnehmer um eine Konzerngesellschaft handelt. Von besonderer Bedeutung sind in diesem Zusammenhang die vertraglichen Regelungen, durch welche festgelegt wird, in welchem Umfang der Schuldner künftig vor- und gleichrangige Verbindlichkeiten eingehen darf. Ein weiterer Schutz vor einer wirtschaftlichen Aushöhlung des schuldnerischen Vermögens bieten *negative pledge* Klauseln, durch welche es dem Schuldner untersagt wird, anderen Gläubigern künftig weitere Sicherheiten zu gewähren.

#### 2.2.2.2 Gläubigerrechte

– Ein weiterer Schwerpunkt der Legal Due Diligence im Rahmen von Distressed Debt Investments bildet häufig die Frage, in welchem Umfang eine Restrukturierung des Darlehensnehmers ohne die Zustimmung der Gläubiger möglich ist und in welcher Form die Rechtsposition der Gläubiger dabei (etwa vor Verwässerung) geschützt werden. Die Frage, welche Restrukturierungsmaßnahmen nur mit der vorherigen Zustimmung der Gläubiger erfolgen dürfen, ist in der Regel vertraglich durch *covenants* geregelt. Daneben sind die gesetzlichen Schuldnerschutzvorschriften wie §§ 22 ff. UmwG in die Betrachtung einzubeziehen.

#### 2.2.2.3 Wirksame Sicherheitenbestellung

– Weiterhin sind im Rahmen der Due Diligence Prüfung die wirksame Bestellung der Sicherheiten und die Frage einer möglichen anfänglichen oder nachträglichen Übersicherung des Altgläubigers zu prüfen; insoweit kann eine Freigabepflicht des Schuldners gegenüber dem Alt-Gläubiger bestehen.

#### 2.2.2.4 Schuldneraustausch

– Mitunter findet sich in der Vertragsdokumentation eine Regelung, durch welche dem Schuldner das Recht zum Austausch des Darlehensnehmers innerhalb des Kreises der mit dem Schuldner verbundenen Unternehmen im Sinne von § 15 AktG gewährt wird. In aller Regel besteht für diesen Fall eine korrespondierende Regelung, nach welcher der ursprüngliche Darlehensnehmer oder die Konzern-Mutter in eine zusätzliche Garantie für die Zahlungen der neuen Darlehensnehmerin übernimmt. Es ist insoweit zu prüfen, ob die entsprechende Vertragsklausel einen für den Investor negativen Schuldneraustausch zulässt, etwa indem ein Schuldner mit besonders werthaltigen Vermögenswerten entlassen werden kann oder der/die künftige(n) Schuldner möglicherweise in einem anderen Land angesiedelt sind und insoweit eine im Rahmen des geplanten Investments einkalkulierte staatliche Unterstützung eines bestimmten Staates möglicherweise entfällt.

#### 2.2.2.5 Cross Default

– Weiterhin erwähnenswert sind vertragliche *cross default* Klauseln, welche in Kreditverträge aufgenommen werden, wenn der Schuldner – wie dies in der Regel der Fall ist – Kreditverbindlichkeiten gegenüber mehreren Gläubigern oder Gläubigerkonsortien hat. Durch die *cross default* Klausel wird – Bezug nehmend auf die weiteren Kreditverträge, durch welche der Schuldner gebunden ist – geregelt, dass das Eintreten eines Zahlungsverzugs oder einer sonstigen Vertragsverletzung (*events of default*) im Rahmen eines anderen Kreditengagements zu entsprechenden Rechten (z. B. Kündigungsrecht) der Gläubiger des eigenen Kreditvertrags führt. Ziel der Regelung ist es, sämtlichen Kreditgläubigern des Schuldners zum gleichen Zeitpunkt die Fälligstellung ihrer Forderungen zu ermöglichen.

#### 2.2.2.6 Mezzanine Darlehen

– Bei Mezzanine-Darlehen, insbesondere genussscheinähnlichen hybriden Finanzierungen sind verschiedene Regelungen zur Implementierung einer erfolgsabhängen Darlehensrückzahlung bzw. Zinszahlung möglich. Insoweit ist eine Verknüpfung der Legal und Financial Due Diligence notwendig, da die Leistungspflicht des Darlehensnehmers – je nach Regelungsinhalt – bei Vorliegen bestimmter Finanzkennzahlen gestundet oder aufgehoben ist. Dies ist nicht nur hinsichtlich einer gewinnabhängigen Verzinsung (sogenannter *margin ratchet*) im Bonus-Malus- oder im reinen Malus-System möglich, sondern darüber hinaus auch in Form einer Reduzierung des Nennbetrags der Darlehensforderung, also einer tatsächlichen Verlustteilnahme des Darlehensgebers hinsichtlich seiner Rückzahlungsforderung (*write down language*).

#### 2.2.2.7 Bankenaufsichtsrechtliche Ausgestaltung von Kern- und Ergänzungskapital

– Soweit es sich bei dem Emittent einer zu erwerbenden Anleihe um ein Institut, eine Institutsgruppe oder eine Finanzholding-Gruppe im Sinne des KWG handelt, ist die Anleihe in der Regel in einer Form ausgestaltet, dass sie den bankaufsichtsrechtlichen Kriterien des § 10 KWG entspricht. In Auslegungsfragen hinsichtlich der Vertragsdokumentation ist insoweit das gemeinsame Verständnis der Vertragsparteien zu berücksichtigen, dass das zur Verfügung gestellte Kapital als Kernkapital im Sinne von § 10 Abs. 2a KWG oder als Ergänzungskapital im Sinne von § 10 Abs. 2b KWG ausgestaltet sein soll. Hinsichtlich der den bankaufsichtsrechtlich ausgestalteten Nachranganleihen ist weiterhin zu beachten, dass Banken als Anleihegläubiger in jüngster Zeit – entgegen der bisherigen ausschließlichen Praxis – von ihrem Kündigungsrecht nicht Gebrauch gemacht haben und statt dessen eine höhere Verzinsung der Anleihe (welche letztlich dennoch unter dem Marktpreis liegen) gewählt haben.

#### 2.2.2.8 Debt-buy back

– Eine weitere im Rahmen der Due Diligence zu prüfende Fragestellung ist, ob (i) es dem Schuldner nach der Vertragsdokumentation erlaubt ist, von Gläubigern (direkt oder indirekt) Darlehensforderungen gegen sich selbst zurück zu erwerben (*debt-buy back*) und (ii) ein solcher *debt-buy back* bereits erfolgt ist. Insoweit bestehen typischerweise zwei Problemfelder: Zum anderen ist zu klären, inwieweit es dem Schuldner nach den vertraglichen Vereinbarungen über die vorzeitige Rückzahlung des Darlehens erlaubt ist, einen einzelnen Gläubiger durch Erwerb dessen Forderung faktisch zu befriedigen. Zum anderen ist zu klären, welche Einflussrechte dem Schuldner als potentiellem *majority lender* zustehen können bzw. in welcher Weise diese durch die Vertragsdokumentation eingeschränkt werden.

#### 2.2.2.9 Mögliche Nichtigkeit des Forderungskaufs im Insolvenzplanverfahren

– Beabsichtigt ein Investor eine Forderung zu erwerben, die gegen einen Schuldner gerichtet ist, über dessen Vermögen das Insolvenzverfahren eröffnet wurde und ein Insolvenzplan vorgelegt wurde, ist weiterhin folgendes zu beachten: kauft ein Insolvenzgläubiger oder ein Dritter einzelnen anderen Insolvenzgläubigern deren Forderungen zu einem Preis ab, der die in einem vorgelegten Insolvenzplan vorgesehene Quote übersteigt, um mit der so erlangten Abstimmungsmehrheit die Annahme des Insolvenzplanes zu erwirken, ist der Forderungskauf nichtig, falls der Insolvenzplan zustande kommt.[2730] Beruht die Annahme des Insolvenzplans auf dem Forderungskauf, so ergibt sich daraus weiterhin die Konsequenz, dass das Insolvenzgericht den Insolvenzplan nicht gem. § 248 InsO bestätigen darf.[2731]

### 2.2.3. Exkurs: LMA Trades

#### 2.2.3.1. Einführung

Der An- und Verkauf von Kreditforderungen im Allgemeinen und von notleidenden Kreditforderungen im Besonderen erfolgt im internationalen Verkehr meistens nach bestimmten von den Marktteilnehmern festgelegten Standards. Dabei wird regelmäßig auf die für Distressed Debt Transaktionen von der Loan Market Association (*LMA*) in London entwickelten Musterdokumentationen und Standardbedingungen zurückgegriffen, bei denen ein großer Teil der Regelungen standardmäßig vorgegeben ist und von den Parteien die Vertragsklauseln in der Regel nicht mehr im Einzelnen ausgehandelt werden müssen. Die Parteien einigen sich zunächst verbindlich in einem zu Beweiszwecken aufgezeichneten Telefongespräch auf die *essentialia negotii* (Kaufpreis und sonstige wirtschaftliche Parameter der Transaktion, konkret zu verwendende Dokumente aus der LMA Musterdokumentation, etwaige zu beachtende Besonderheiten der Transaktion) und dokumentieren danach die Einigung durch Verwendung der vereinbarten LMA Musterdokumentation. *LMA-Trades* unterliegen grundsätzlich englischem Recht, sofern die Parteien nichts anderes vereinbaren und dies rechtlich zulässig ist. Die Übertragung der jeweiligen Forderungen und Sicherheiten richtet sich allerdings zwingend nach der Rechtsordnung, der die Forderung unterliegt. jeweils nach den Grundsätzen erfolgen, denen die Forderungen bzw. die Sicherheiten unterliegen.

#### 2.2.3.2. Anatomie eines LMA Trades

Ein typischer *LMA Trade* setzt sich zusammen aus (i) dem Austausch der Vertraulichkeitsvereinbarungen und der sich daran anschliessenden Due Diligence, (ii) dem verbindlichen Abschluss des „Kaufvertrags" zwischen den Parteien im Rahmen eines aufgezeichneten Telefonats (sog. *Telephone Trade*), (iii) dem Austausch einer schriftlichen Bestätigung des *Telephone Trades* (*Trade Confirmation*), (iv) der im Anschluss zu erstellenden Vertrags- und Übertragungsdokumentation und (v) dem Vollzug des Forderungskaufs. Der von der LMA empfohlene Zeitraum zwischen (i) und (v) beträgt 20 Bankarbeitstage.

**a) Der Telephone Trade.** Im Rahmen des *Telephone Trades* einigen sich die Parteien zunächst mündlich auf die Kernbedingungen des Forderungsverkaufs; das bedeutet, dass neben den wirtschaftlichen Eckparametern wie Höhe der zu erwerbenden Kreditforderung, Kaufpreis, Übernahme noch nicht abgerufener Kreditbeträge und entsprechende Ausgleichszahlung hierfür, Vereinnahmung der Zinsen, Gefahrübergang etc., die zu verwendenden LMA Muster[2732] sowie das anzuwendende Recht (soweit zulässig) festgelegt werden. In der Regel erfolgt somit der Abschluss des Forderungskaufvertrags mündlich, sofern die Parteien nicht ausdrücklich etwas anderes vereinbaren bzw. den Vertragsabschluss von bestimm-

---

[2730] BGH, Urteil v. 3. März 2005 – IX ZB 153/04, ZIP 2005, 719.
[2731] BGH, Urteil v. 3. März 2005 – IX ZB 153/04, ZIP 2005, 719.
[2732] Die LMA hat verschiedene Muster für Standardgewährleistungskataloge (Standard Representations and Warranties for Distressed Trade Transactions (Bank Debt/Original Lender of Record) oder (Bank Debt/Secondary Lender) oder (Claims/Original Holder) oder (Claims/Secondary Holder) die nach Bedarf von den Parteien in der Trade Confirmation ausgewählt werden können, je nachdem, ob es sich bei den verkauften Forderungen um Forderungen gegen einen insolventen Schuldner handelt oder ob der Verkäufer der ursprüngliche Kreditgeber (Original Lender of Record/Original Holder) ist oder selbst die Forderungen erworben hat und diese nun weiterveräußert (Secondary lender/Secondary Holder).

ten Bedingungen abhängig machen. Der Tag an dem der mündliche *Telephone Trade* geschlossen wird, stellt meist auch den in der *Trade Confirmation* als solchen festgelegten *Trade Date* dar. Ab dem Trade Date übernimmt der Käufer das wirtschaftliche Risiko in Bezug auf den Kaufgegenstand und es beginnen bestimmte Fristen zu laufen (z. B. Vorbereitung der Übertragungsdokumentation).

**b) Die Trade Confirmation.** Im Anschluss an den *Telephone Trade* hat eine der Parteien (die sog. *Responsible Party*) eine schriftliche Bestätigung der in dem *Telephone Trade* vereinbarten Bedingungen anzufertigen (*Trade Confirmation*) und diese an die Gegenseite zur Gegenzeichnung zu versenden. Die *Trade Confirmation* ist ebenfalls ein von der LMA zur Verfügung gestelltes Formular, welches somit lediglich dazu dient, den im *Telephone Trade* abgeschlossenen mündlichen Forderungskaufvertrag zu Beweiszwecken nochmals schriftlich festzuhalten. Bei der *Trade Confirmation* wird zwischen dem Formular für unbesicherte Forderungen gegen Schuldner in Insolvenz (*Claims Confirmation*) und dem für Forderungen gegen Schuldner, die nicht insolvent sind (*Bank Debt Confirmation*) unterschieden. Beide Formulare sind sich inhaltlich sehr ähnlich und verweisen auf die gleichen Standardbedingungen *(Standard Terms and Conditions Distressed Trade Transactions (Bank Debt/Claims))*.

**c) Die Übertragungsdokumentation.** Nach dem nach deutschem Rechtsverständnis geltenden Abstraktionsprinzip stellen *Telephone Trade* und *Trade Confirmation* lediglich den schuldrechtlichen Teil des Forderungserwerbs dar, an den sich dann unmittelbar das Verfügungsgeschäft anschließt, durch das die jeweiligen Forderungen und Sicherheiten übertragen werden. Nicht anders ist dies im Ergebnis aber auch nach dem nach englischem Recht, welches konzeptionell den LMA Dokumentationen zugrunde liegt, anwendbaren Konsensprinzip (d. h. bereits die Forderung wird durch schuldrechtlichen Vertrag übertragen), da weder im *Telephone Trade* noch bei Unterzeichnung einer *Trade Confirmation* eine Übertragung der Forderung vereinbart wird, sondern vielmehr der Übertragungsdokumentation überlassen bleibt. Grundsätzlich ist die *Responsible Party* für die Erstellung der Übertragungsdokumentation zuständig, die nach LMA Standardbedingungen innerhalb von 15 Bankarbeitstagen nach Abschluss des *Telephone Trades* unterzeichnet sein sollte. Die Übertragungsdokumentation muss dabei zumindest unter der Anwendung des deutschen internationalen Privatrechts (Art. 33 Abs. 2 EGBGB) dem Forderungsstatut (d. h. dem Recht nach dem die abgetretene Forderung begründet wurde) unterliegen.[2733]

**d) Vollzugstag.** Sobald die Übertragungsdokumentation unterzeichnet, der vereinbarte Kaufpreis für den Forderungserwerb bezahlt und etwaige erforderliche Zustimmungen eingeholt wurden, ist der Forderungserwerb vollzogen (*Settlement Date*).

### 2.2.3.3. LMA Standardbedingungen

Die LMA Standardbedingungen[2734] enthalten einen Satz typischer Regelungen und Mechanismen, welche die LMA zur Verfügung stellt und einen Kompromiss zwischen den Interessen der Verkäufer und Erwerber vorwegnehmen sollen. Im Folgenden sollen einige charakteristische Standardregelungen vorgestellt werden:

**a) „A Trade is a Trade".** Eines der zentralen Prinzipien eines LMA Trades ist der Grundsatz *"A Trade is a Trade"*. Dahinter verbirgt sich der in Ziffer 5 der LMA Standardbedingungen verankerte Gedanke, dass die Parteien nach Abschluss des Telephone Trades verpflichtet sind, am vereinbarten Forderungsverkauf festzuhalten und sich nach besten Kräften bemühen müssen, diesen auch zu vollziehen und den Eintritt sämtlicher erforderlicher Be-

---

[2733] BGH, Urteil v. 24. Februar 1994, VII ZR 34/93, BGHZ 125, 196, (204 f.); BGH, Urteil v. 20. Juni 1990, VIII ZR 158/89, BGHZ 111, 376 (380); BGH, Urteil v. 23. Februar 1983, BGHZ 87, 19, 22 f.; Heldrich in: Palandt, Bürgerliches Gesetzbuch, Art. 33 EGBGB Rn. 2; Martiny in: MüKo/BGB, Art. 33 EGBGB Rn. 26 m. w. N.; a. A. Hausmann in: Staudinger, BGB, Art. 33 EGBGB Rn. 33 ff.

[2734] LMA Standard Terms and Conditions Distressed Trade Transactions (Bank Debt/Claims).

dingungen zu erreichen. Dies umfasst auch die Einigung auf alternative Übertragungsstrukturen. Das bedeutet z. B., dass, sofern sich nach dem Trade herausstellt, dass eine Forderung nicht übertragen werden kann, die Parteien sich auf eine Unterbeteiligung oder Treuhandlösung einigen müssen. Sofern Unterbeteiligungen oder Treuhandlösungen entweder rechtlich nicht möglich sind oder die Parteien vereinbart haben, dass zwingend eine rechtliche Übertragung zu erfolgen hat (ankreuzen von „Legal Transfer only" in der *Trade Confirmation*), so sieht auch für diesen Fall Ziffer 5 der LMA Standardbedingungen vor, dass der *LMA Trade* auf Basis von für beide Parteien zumutbarer Bedingungen dennoch vollzogen wird.

**b) Due Diligence.** Grundsätzlich gehen die LMA Standardbedingungen (vgl. Ziffer 6) davon aus, dass der Käufer eine hinreichende Due Diligence in Bezug auf Bonität des Schuldners, die Wirksamkeit der den verkauften Forderungen und Sicherheiten zugrunde liegenden Vertragsdokumentation (vgl. Ziffer 19.2) und den Erwerb der Forderungen vorgenommen hat. Dies spiegelt sich auch in den recht rudimentären Standardgewährleistungskatalogen der LMA wider. Sofern der Käufer aufgrund seiner Due Diligence oder auch sonst ein spezielles Schutzbedürfnis sieht, so hat er dies bereits beim Trade durch Vereinbarung spezifischer Gewährleistungen zu artikulieren.

**c) Kaufpreis.** Ziffer 12 der LMA Standarbedingungen enthält die Berechnungsmechanik für den Kaufpreis (*Settlement Amount*):

Vereinbarte Erwerbsquote[2735] multipliziert mit dem ausgezahlten und ausstehenden Nominalbetrag der verkauften Forderung zum *Settlement Date* abzüglich: (i) (100% minus der Erwerbsquote) multipliziert mit dem Betrag etwaiger Kreditauszahlungsverpflichtungen in Zusammenhang mit dem verkauften Kreditverhältnis zum *Settlement Date* und/oder (ii) (100% minus der Erwerbsquote) multipliziert mit dem Betrag etwaiger endgültiger Rückzahlungen oder Reduzierungen von Kreditrahmen in Zusammenhang mit dem verkauften Kreditverhältnis bis zum *Settlement Date*

Je nachdem, ob sich nach der soeben beschriebenen Berechnungsformel ein positiver oder negativer Saldo ergibt, ist der Kaufpreis vom Käufer und den Verkäufer bzw. umgekehrt zu bezahlen.

**d) Zinsen.** Unter Ziffer 13 der LMA Standardbedingungen können die Parteien vereinbaren, wem etwaige bis zum Vollzugstag aufgelaufene Zinsen wirtschaftlich zustehen sollen. Das von der LMA vorgeschlagene Konzept unterscheidet zwischen (i) „*Settled Without Accrued Interest*" und (ii) „*Trades Flat*". Während im ersten Fall der Käufer gegenüber dem Verkäufer zum Ausgleich in Höhe der bis zum Vollzugstag angefallenen Zinsen verpflichtet ist, mit anderen Worten das Zinsausfallrisiko erst ab dem Vollzugstag trägt, vereinnahmt unter der letztgenannten Konstellation der Käufer, ohne zu einer weiteren Gegenleistung verpflichtet zu sein, sämtliche Zinseinkünfte bereits ab dem Trade Date. Den Parteien steht es selbstverständlich frei, eine völlig andere Aufteilung des Zinsausfallrisikos zu wählen.

**e) Gewährleistung.** Die LMA Standardbedingungen stellen für verschiedene Konstellationen jeweils einen bestimmten Satz an Standardgewährleistungen zur Verfügung. Die Parteien können in der *Trade Confirmation* die Anwendbarkeit eines dieser Formularsätze an Gewährleistungen auswählen oder sich auf spezifische unter den Parteien einzeln auszuverhandelnde Gewährleistungen einigen. Zu beachten ist, dass die Standardgewährleistungen nach LMA lediglich Minimalgewährleistungen enthalten, wie etwa unter anderem die Garantie des Verkäufers, dass (i) er rechtlicher und wirtschaftlicher Inhaber der Forderung ist, (ii) die Forderung frei von Sicherungsrechten Dritter und Rangrücktritten ist, (iii) keine Aufrechnungslagen vorliegen, (iv) die für die Berechnung des Kaufpreises zur Verfügung gestellten Zahlen richtig sind und (v) keine noch nicht offengelegten Auszahlungsverpflichtungen bestehen. Eine umfassende Veritätshaftung, wie sie in Deutschland marktüblich ist, d. h. die Haftung für das Bestehen der verkauften Forderungen und Sicherheiten und deren

---

[2735] Die Erwerbsquote wird in der Regel in Form eines Prozentsatzes ausgedrückt.

jeweilige Einredefreiheit sehen die Standardgewährleistungen nach LMA nicht vor. Nach den LMA Standardgewährleistungen garantiert der Verkäufer die Wirksamkeit der Vertragsdokumentation und die Einredefreiheit der Kaufgegenstände lediglich nach bestem Wissen. Gem. Ziffer 20 der LMA Standardbedingungen ist, soweit es auf Wissen des Verkäufers ankommt, das Wissen der Mitarbeiter des Verkäufers, die für die Verwaltung und Betreuung des Kaufgegenstands tatsächlich zuständig waren, maßgeblich.

Sofern der Forderungsverkäufer nicht der ursprüngliche Forderungsinhaber ist (also *Secondary Lender/Secondary Holder*), sondern die verkauften Forderungen und Sicherheiten selbst durch Erwerb erlangt hat, sehen die LMA Standardbedingungen grundsätzlich vor, dass der Verkäufer bestimmte Gewährleistungen in Bezug auf den Zeitraum, in dem sein direkter Rechtsvorgänger der Forderungsinhaber war (*predecessor-in-title representations*) abgibt. Der Grundgedanke dieses Konzepts basiert darauf, dass ein professioneller Verkäufer Gewährleistungen in Bezug auf den Zeitraum der Rechtsinhaberschaft seines Rechtsvorgängers nur abgeben wird, soweit er selbst durch entsprechende Due Diligence und Gewährleistungen gegenüber diesem abgesichert ist. Unter dieser Prämisse führt das vorstehend beschriebene Konzept zu einer Verstärkung der Gewährleistungskette, da in der Veräußerungskette jeder Verkäufer bestimmte Gewährleistungen für die Zeiträume der eigenen Rechtsinhaberschaft und für jene seines unmittelbaren Rechtsvorgängers übernimmt. Überdies erfolgt ein Rückgriff immer nur unmittelbar zwischen den jeweiligen Erwerbsparteien. Gerade in dem soeben geschilderten Zusammenhang zeigt sich der von der LMA unter anderem mit den LMA Standardgewährleistungen verfolgte Zweck, durch Etablierung eines festgelegten Standards eine Gewährleistungskette zu schaffen, die im Ergebnis auch bei mehrfacher Weiterveräußerung von Forderungen bis zum ursprünglichen Forderungsinhaber zurückführt und so wirtschaftlich die Fungibilität und Handelbarkeit von Forderungen, die nach LMA Standardbedingungen veräußert werden, erhöht. Ein alternatives Konzept für Fälle der Weiterveräußerung von Kreditforderungen ist die im US-Distressed Markt weit verbreitete Abtretung der Gewährleistungsansprüche aus der ursprünglichen Erwerbsdokumentation (sog. *Assignment of Rights Approach*). Der Verkäufer gibt insoweit keinerlei Garantien in Bezug auf Zeiträume, die seiner eigenen Rechtsinhaberschaft vorgehen, sondern tritt lediglich sämtliche Rechte aus dem Kaufvertrag mit seinem Rechtsvorgänger an den neuen Erwerber ab. Für den Verkäufer hat dies den Vorteil, dass er ausschließlich für Garantieverletzungen haftet, die in seiner Sphäre begründet wurden. Für den Käufer birgt dies jedoch den Nachteil, dass er im Fall der mehrfachen Veräußerung gegen verschiedene Rechtsvorgänger vorgehen muss und überdies sehr sorgfältig die Forderungskaufverträge in der gesamten Erwerbskette prüfen muss, um seine Rechtsposition im Falle von Garantieverletzungen einschätzen zu können – insbesondere Verjährungsproblematiken kann in diesem Zusammenhang entscheidende Bedeutung zukommen.

#### 2.2.3.4. LMA Verträge in Deutschland

Gerade beim An- und Verkauf von Kreditforderungen außerhalb von Portfoliotransaktionen wird in Deutschland schon seit geraumer Zeit auf LMA Standarddokumentationen rekurriert. Was sicherlich für die LMA Dokumentation spricht, ist die Tatsache, dass der Trade sehr schnell abgeschlossen werden kann und durch die Bezugnahme auf die LMA Standardbedingungen zahlreiche regelungsbedürftige Bereiche bereits ohne weitere Verhandlung in einer für beide Parteien ausgewogenen Weise adressiert werden. Hinzu kommt, dass auf LMA Standard erworbene Forderungen auf den internationalen Finanzmärkten vielfach leichter handelbar sind. Zu bedenken bleibt allerdings auf der anderen Seite, dass die LMA Standardbedingungen vor dem Hintergrund und mit dem Rechtsverständnis der englischen Rechtsordnung entwickelt wurden. Insofern berücksichtigen sie bestimmte nach deutschem Recht bestehende Grundprinzipien wie z. B. das Abstraktionsprinzip nicht. Insbesondere in Zusammenhang mit den Gewährleistungen zeigen sich ebenfalls die unterschiedlichen Rechtsverständnisse. Während etwa nach Deutschem Rechtsverständnis das Bestehen der Forderung/Sicherheit zwingend mit umfasst, dass keine rechtsvernichtenden Einwendungen bestehen, die automatisch zur Nichtigkeit der Forderung/Sicherheit führen, bleibt unklar, ob eine „legal title" Garantie nach englischem Rechtsverständnis den gleichen Schutzumfang aufweist, kennt doch das englische Recht eben nicht die Unterscheidung zwischen Einwendungen, die, ohne von einer Partei erhoben zu werden, ihre Geltung entfalten und Einreden im engeren Sinne, die nur aufgrund ausdrücklicher Geltendmachung ihre Wirkung entfalten können. Dies bedeutet, dass die Parteien bei einem LMA Trade sehr sorgfältig prüfen sollten, ob das jeweilige wirtschaftliche Verständnis auch wirklich durch die anwendbaren Regelungen gedeckt ist bzw. ob man nicht im Sinne der Transparenz und Rechtssicherheit in der *Trade Confirmation* schon bestimmte Klarstellungen vornimmt. Ausdrücklich abzuraten ist von der bedauerlicherweise zu oft vorkommenden Praxis, den LMA Trade durch Rechtswahl dem deutschen Recht unterstellen zu wollen, ohne gleichzeitig eine Anpassung der Standardbedingungen und Gewährleistungskataloge vorzunehmen. Hier sind im Streitfalle Lücken und Rechtsunsicherheiten vorprogrammiert, da es sich wie bereits gesagt bei den LMA Dokumentationen um im Lichte des englischen Rechts entwickelte Dokumente handelt, mit zahlreichen Begriffen und Mechanismen, die nicht ohne angemessene Anpassung sinnvoll in das Deutsche Recht übertragen werden können. Es bleibt somit anzuraten, entweder einen englischen Trade für den schuldrechtlichen Teil des Kaufs abzuschließen und sodann die Übertragung der deutschen Forderung nach deutschem Recht vorzunehmen oder die LMA Dokumentation insgesamt auf das deutsche Recht anzupassen.

**2.2.3.5. Umsatzsteuerliche Risiken**

Der Erwerb von notleidenden Forderungen kann umsatzsteuerliche Risiken begründen. In einigen Fällen hat die Finanzverwaltung die zum Factoring ergangene EuGH[2736] – und BFH-Rechtsprechung[2737] auf den Erwerb von Kreditforderungen übertragen. Danach erbringe der Forderungserwerber eine steuerpflichtige Leistung an den Forderungsverkäufer. Diese bestehe in der Entlastung des Forderungsverkäufers von der Einziehung der Darlehensforderung (*Servicing*). Die umsatzsteuerliche Bemessungsgrundlage sei unter Herausrechnung der Umsatzsteuer grundsätzlich aus der Differenz zwischen dem Nennwert der Forderung und dem für die Abtretung der Forderungen gezahlten Preis zu ermitteln.[2738] Bei zahlungsgestörten Forderungen solle daher statt des Nennwertes der voraussichtlich realisierbare Teil der Forderungen angesetzt werden.

Die Übertragung der Factoring-Rechtsprechung auf den Erwerb von Kreditforderungen war bereits Gegenstand einiger Gerichtsverfahren. Die Beurteilung durch die Finanzgerichte ist unterschiedlich. Das Hessische Finanzgericht hatte in einem Verfahren anlässlich der Aussetzung der Vollziehung eines Umsatzsteuerbescheides keine ernstlichen Zweifel an der Beurteilung durch das Finanzamt und bejahte demzufolge eine umsatzsteuerliche Servicing-Leistung des Forderungserwerbers an den Forderungsverkäufer.[2739] Das Finanzgericht Düsseldorf hat diese Beurteilung mit überzeugenden Argumenten abgelehnt.[2740] Die Finanzverwaltung hat sich bisher noch nicht auf ein einheitliches Vorgehen festgelegt.

Angesichts der weiterhin offenen Rechtslage hat man *in praxi* versucht dem umsatzsteuerliche Risiko kautelarjuristisch zu begegnen, in dem im Forderungskaufvertrag der Wert der gegebenenfalls umsatzsteuerpflichtigen Servicing-Leistung anhand von marktüblichen Drittvergleichspreisen ermittelt und verbindlich zwischen den Parteien festgelegt und der voraussichtlich realisierbare Teil der erworbenen Forderungen dokumentiert wird. Vorstehende Vertragsgestaltung bietet sicherlich gute Argumente, die der Finanzverwaltung entgegengehalten werden können und ist daher sicherlich empfehlenswert, vermag aber das um-

---

[2736] EuGH v. 26. Juni 2003, Rs. C 305/01, BStBl. 2004, Teil II, S. 688.
[2737] BFH, Urteil v. 4. September 2003, V R 34/99 BStBl. 2004, Teil II, S. 667.
[2738] Abschnitt 18 Abs. 2 UStR, Oktober 2007.
[2739] Hessisches Finanzgericht, Beschluss v. 31. Mai 2007, 6 V 1258/07, EFG 2007, 1816.
[2740] Finanzgericht Düsseldorf, Urteil v. 15. Februar 2008, 1 K 3682/05 U, EFG 2008, 887.

satzsteuerliche Risiko nicht abschließend auszuschließen. Daher ist den Parteien des Forderungskaufs anzuraten im Forderungskaufvertrag die Verteilung des umsatzsteuerlichen Risiko vorzusehen

## 2.2.4. Übertragung von Forderungen und Sicherheiten
### 2.2.4.1. Übertragungsarten

**a) Abtretung. (i) Umfang der Abtretung.** Die Abtretung einer Forderung gem. §§ 398 ff. BGB erfordert in der Regel[2741] nicht die Zustimmung des Schuldners und erfolgt durch den üblicherweise mit dem Kaufvertrag verbundenen Abtretungsvertrag. Sie wird entweder zeitgleich mit Abschluss des schuldrechtlichen Rechtsgeschäfts zwischen dem Altgläubiger (Zedent) und dem Neugläubiger (Zessionar) oder aufgrund vertraglich vereinbarter aufschiebender Bedingungen gem. § 158 Abs. 1 BGB erst mit Eintritt der jeweiligen Bedingungen wirksam. Die Abtretung bedarf neben der Einigung keines weiteren zusätzlichen Aktes, wie beispielsweise einer der Übergabe im Sinne von § 929 BGB vergleichbaren Handlung. Der gutgläubige Erwerb einer Forderung vom Nichtberechtigten ist grundsätzlich ausgeschlossen.[2742] Gutglaubensschutz besteht insoweit lediglich – und auch hier nur ansatzweise – in dem Falle, dass der Schuldner eine Urkunde über die Schuld ausgestellt hat und die Forderung unter Vorlegung der Urkunde abgetreten wird. In diesem Falle kann sich der Schuldner dem Neugläubiger nach § 405 BGB gegenüber nicht darauf berufen, dass die Eingehung oder Anerkennung des Schuldverhältnisses nur zum Schein erfolgt oder dass die Abtretung durch Vereinbarung mit dem ursprünglichen Gläubiger ausgeschlossen sei, es sei denn, dass der Neugläubiger bei der Abtretung bösgläubig war. Urkunden im Sinne von § 405 BGB sind typischerweise Schuldscheine gem. § 952 Abs. 1 BGB,[2743] aber auch sonstige in der Form der §§ 126 ff. BGB ausgestellte Urkunden. Erforderlich bleibt jedoch, dass die Urkunde vom Schuldner ausgestellt und willentlich weggegeben wurde und weiterhin dem Neugläubiger vor der Abtretung zur Einsichtnahme vorlag. Bei mehrfachen Abtretungen ist insoweit die Besonderheit zu beachten, dass nach h. M. die Einwendungen i. S. v. § 405 BGB endgültig ausgeschlossen sind, soweit im Rahmen der ersten Zession die Urkunde vorgelegt wurde.[2744]

Die Abtretung kann sich auf bestehende Forderungen, aber auch künftige Forderungen – etwa künftig entstehende Zinsforderungen – erstrecken (Vorausabtretung).[2745] Notwendig, aber auch ausreichend ist insoweit, dass die Entstehung der Forderung zur Zeit der Abtretung möglich erscheint und die abgetretene Forderung bestimmt oder zumindest bestimmbar bezeichnet wird. Der Forderungserwerb wird indes erst mit der Entstehung der Forderung wirksam.[2746] Grundsätzlich empfiehlt es sich, sämtliche Nebenforderungen, insbesondere mitabzutretende Zinsforderungen, explizit im Abtretungsvertrag zu benennen. Ist dies nicht erfolgt, ist durch Auslegung der Wille der Vertragsparteien zu ermitteln. Nach der höchstrichterlichen Rechtsprechung ist im Zweifel davon auszugehen, dass Zinsansprüche, welche zum Zeitpunkt der Abtretung noch nicht fällig waren, mit übertragen wurden, hin-

---

[2741] Hiervon ausgenommen sind die in § 399 BGB benannten Fälle.
[2742] Abweichendes gilt für in Wertpapieren verbriefte Forderungen (vgl. etwa § 793 Abs. 1 i. V. m. 935 Abs. 2 BGB; Art. 16 WG; Art. 19 i. V. m. 21 ScheckG).
[2743] Der Schuldner ist insoweit durch seinen Anspruch auf Rückgabe des Schuldscheins gegen Empfang der Leistung nach § 371 BGB geschützt.
[2744] OLG Darmstadt, OLGE 20, 158 (159); OLG Rostock, OLGE 28, 93 (94); MüKo-BGB/Roth § 405 Rn. 8; Staudinger/Busche § 405 Rn. 22; Palandt/Grüneberg § 405 Rn. 4.
[2745] BGH, Urteil v. 21. April 1988, IX ZR 191/87, NJW 1988, 3204; BGH, Urteil v. 22. Juni 1989, III ZR 72/88, NJW 1989, 2383; BGH, Urteil v. 26. April 2005, XI ZR 289/04, NJW-RR 2005, 1408.
[2746] BGH, Urteil v. 19. September 1983, II ZR 12/83, NJW 1984, 492; BGH, Urteil v. 22. März 1995, VIII ZR 20/94, NJW 1995, 1671.

gegen solche, die bereits fällig waren, nicht.[2747] Befindet sich nicht nur der Schuldner, sondern auch der Zedent in einer wirtschaftlichen Krise, besteht die Gefahr, dass im Falle der zwischenzeitlichen Insolvenz des Zedenten künftig zahlbarer Zinsen durch die Vorausabtretung nicht insolvenzfest erfolgte.[2748]

Die Abtretung erstreckt sich gem. § 401 Abs. 1 BGB auch auf die für die abgetretene Forderung bestehenden Hypotheken, Schiffshypotheken oder Pfandrechte sowie die Rechte aus einer für sie bestellten Bürgschaft; diese gehen mit der Abtretung automatisch auf den Neugläubiger über, soweit nicht im Abtretungsvertrag eine abweichende Regelung getroffen wurde.[2749] Ebenfalls ist der Neugläubiger nach § 401 Abs. 2 BGB dazu berechtigt, die für den Fall der Zwangsvollstreckung oder des Insolvenzverfahrens geltenden Vorzugsrechte – insbesondere Absonderungsrechte nach §§ 49 ff. InsO – geltend zu machen.

Ist das abzutretende Darlehen durch eine Buchgrundschuld gesichert, ist diese durch Einigung und Eintragung nach §§ 1191, 1154 Abs. 3, 873 BGB zu übertragen, wobei die Eintragung konstitutive Wirkung hat. Die weiterhin vom Zedenten abzugebende Bewilligung bedarf der öffentlich beglaubigten Form, so dass sie vom Grundbuchamt als Nachweis i. S. v. § 29 GBO anerkannt wird. Handelt es sich um eine Briefgrundschuld, ist grundsätzlich die schriftliche Abtretungserklärung sowie die Übergabe des Briefes nach §§ 1191, 1154 Abs. 1 BGB zur Übertragung ausreichend. Soweit – wie regelmäßig der Fall – die Abtretung im Grundbuch nachvollzogen werden soll, bedarf auch hier die Bewilligung der öffentlich beglaubigten Form. Es ist (insbesondere bei der brieflosen Buchgrundschuld) zu beachten, dass im Rahmen des Abtretungsvertrages zwischen den Parteien regelmäßig vereinbart wird, dass der Erwerber die mit der Grundbucheintragung verbundenen Kosten zu tragen hat. Da nach § 8 Abs. 1, 2 KostO das Grundbuchamt in der Regel die Eintragung vom Eingang eines Kostenvorschusses abhängig machen wird, ist es im eigenen Interesse des Erwerbers, den Kostenvorschuss umgehend zu entrichten und damit seine Eintragung im Grundbuch nicht zu verzögern. Weiterhin ist es zweckdienlich, wenn der Antrag auch im Namen des Erwerbers gestellt wird, um eine einseitige Antragsrücknahme durch den Veräußerer auszuschließen.

Hinsichtlich des Erwerbs einer Sicherungsgrundschuld ergibt sich durch das Risikobegrenzungsgesetz[2750] nunmehr die Besonderheit, dass nach § 1192 Abs. 1a BGB für eine Sicherungsgrundschuld Einreden, die dem Eigentümer auf Grund des Sicherungsvertrags mit dem bisherigen Gläubiger gegen die Grundschuld zustehen oder sich aus dem Sicherungsvertrag ergeben, auch jedem Erwerber der Grundschuld entgegengesetzt werden können.[2751] Ein gutgläubiger, einredefreier Erwerb der Grundschuld ist aufgrund dessen ausgeschlossen, wenn durch den Sicherungsvertrag – wie regelmäßig der Fall – dem Sicherungsgeber im Falle der Rückzahlung der besicherten Darlehensforderung die Vollstreckung aus der Grundschuld verweigert wird.[2752] Hat der Erwerber vor Inkrafttreten des Risikobegren-

---

[2747] BGH, Urteil v. 18. Mai 1961, VII ZR 39/60, BGHZ 35, 172 (173); BGH, WM 1972, 560, 562; RGZ 74 (78) (80 ff.); vgl. auch: Staudinger/Busche § 401 Rn. 45; MüKo-BGB/Roth § 401 Rn. 11.

[2748] Vgl. zu den einzelnen Fallkonstellationen und dem diesbezüglichen Streitstand: MüKo-BGB/Roth § 398 Rn. 84 ff.; Staudinger/Busche § 398 Rn. 71, jeweils m. w. N.

[2749] Zur Zulässigkeit dispositiver Vereinbarungen vgl. BGH, Urteil v. 19. September 1991, IX ZR 296/90, NJW 1991, 3025; umgekehrt können die in § 401 Abs. 1 BGB genannten Rechte nicht selbständig abgetreten werden, vgl. Palandt/Grüneberg § 401 Rn. 1; § 399 Rn. 7.

[2750] Gesetz zur Begrenzung der mit Finanzinvestitionen verbundenen Risiken (Risikobegrenzungsgesetz) v. 12. August 2008, BGBl. 2008, Teil I, 1666.

[2751] In der Praxis war der Erwerber bisher häufig nur bei engen Sicherungszweckerklärungen bösgläubig.

[2752] Eine weitere wesentliche Änderung für Distressed Debt Investoren ergibt sich aus dem durch das Risikobegrenzungsgesetz eingeführten § 1193 Abs. 2 S. 2 BGB: das Kapital der Grundschuld wird erst nach vorgängiger Kündigung fällig, wobei die Kündigungsfrist sechs Monate beträgt. Nach § 1193 Abs. 2 S. 1 BGB sind hiervon abweichende Bestimmungen nicht mehr zulässig, wenn die Grundschuld der Sicherung einer Geldforderung dient.

zungsgesetzes eine Sicherungsgrundschuld erworben, musste er sich Einreden des Sicherungsgebers nur im Rahmen von § 1157 BGB entgegenhalten lassen, was voraussetzte, dass im Zeitpunkt der Übertragung der gesamte Einredetatbestand verwirklicht war und zudem die Einrede im Grundbuch eingetragen war oder aber der Erwerber bösgläubig war. Zur Annahme der Bösgläubigkeit war insofern die Kenntnis des Sicherungszwecks allein nicht ausreichend, sondern erforderte darüber hinaus Kenntnis des konkreten Einredetatbestandes.[2753]

(ii) **Abtretungshindernisse.** Forderungen sind grundsätzlich abtretbar, nicht jedoch, wenn die Leistung an einen anderen als den ursprünglichen Gläubiger nicht ohne Veränderung ihres Inhalts erfolgen kann oder wenn die Abtretung durch eine Vereinbarung mit dem Schuldner ausgeschlossen ist, § 399 BGB. Das schuldrechtlich vereinbarte Abtretungsverbot verhindert die Abtretung dinglich – die Abtretung geht damit ins Leere. Ein vertraglicher Ausschluss liegt nach der höchstrichterlichen Rechtsprechung jedoch nicht bereits dadurch vor, dass der Vertrag zwischen einer Bank und einem Kunden auf das Bankgeheimnis Bezug nimmt – unabhängig davon, ob das Darlehen notleidend ist.[2754] Vgl. zum Spannungsverhältnis zwischen der Abtretung einer Darlehensforderung, dem Bankgeheimnis und Vorgaben aus dem Bundesdatenschutzgesetz sogleich Abschnitt 2.2.4.2.

Einschränkungen hinsichtlich der vertraglichen Abdingbarkeit der Abtretbarkeit von Forderungen bestehen, wenn das Rechtsgeschäft, das eine abzutretende Geldforderung begründet hat, für beide Teile ein Handelsgeschäft[2755] ist. In diesem Falle ist nach § 354a Abs. 1 S. 1 HGB die Abtretung trotz des Ausschlusses der Abtretung durch Vereinbarung mit dem Schuldner gem. § 399 BGB wirksam. Der Schuldner hat jedoch weiterhin die Möglichkeit, mit schuldbefreiender Wirkung an den bisherigen Gläubiger zu leisten, § 354a Abs. 1 S. 2 HGB. § 354a Abs. 1 HGB ist zwingendes Recht und kann insoweit nicht durch abweichende Vereinbarungen wirksam ausgeschlossen werden.

Durch den im Rahmen des Risikobegrenzungsgesetzes eingeführten § 354 Abs. 2 HGB gilt die Regelung des § 354a Abs. 1 HGB jedoch nunmehr nicht mehr für Forderungen aus einem Darlehensvertrag, deren Gläubiger ein Kreditinstitut im Sinne des KWG ist.[2756] Die neu eingeführte Regelung des § 354a Abs. 2 HGB ist erstmals wirksam für nach dem 18. August 2008 geschlossene Vereinbarungen[2757] und ist für die künftige Rechtspraxis von hoher Relevanz.

(iii) **Übertragung von Forderungen durch Herbeiführung der Voraussetzungen eines gesetzlichen Forderungsübergangs.** Distressed Debt Investoren können weiterhin Inhaber einer Forderung werden, indem sie die Voraussetzungen einer *cessio legis* herbeiführen und hierdurch die Forderung von Gesetzes wegen auf sie übergeht. Denkbar sind etwa Konstellationen, in denen der Investor als Bürge in den Bürgschaftsvertrag mit dem Gläubiger eintritt und anschließend den Gläubiger befriedigt; die gesicherte Forderung geht hierdurch nach § 774 Abs. 1 BGB auf den Investor über. Gleiches kann dadurch erzielt werden, dass der Investor aufgrund einer Vereinbarung mit dem Gläubiger als weiterer Schuldner der Schuld beitritt und anschließend den Gläubiger befriedigt. Auch hier geht die Forderung des Gläubigers gegen den Schuldner auf den Investor kraft Gesetzes über, soweit er den Gläubiger über den im Verhältnis zum Schuldner geschuldeten Betrag hinaus befriedigt, §§ 426 Abs. 2 BGB. Ein noch aggressiverer – da grundsätzlich ohne die Zustimmung von Schuldner und Gläubiger erfolgender – Ansatz besteht darin, durch Zahlung auf eine fremde Schuld i. S. v. § 267 Abs. 1 BGB den Gläubiger zu befriedigen und hierdurch einen Erstat-

---

[2753] BGH, Urteil v. 15. Januar 1988, V ZR 183/86, NJW 1988, 1375.
[2754] BGH, Urteil v. 27. Februar 2007, XI ZR 195/05, NJW 2007, 2106.
[2755] Gleiches gilt, wenn der Schuldner eine juristische Person des öffentlichen Rechts oder ein öffentlich-rechtliches Sondervermögen ist (§ 354a HGB).
[2756] Vgl. zur gesetzlichen Definition des Kreditinstituts: § 1 Abs. 1 KWG.
[2757] Vgl. Art. 64 EGHGB.

tungsanspruch gegenüber dem Schuldner nach §§ 812 ff. BGB zu erhalten. Da der Gläubiger nach § 267 Abs. 2 BGB die Leistung des Investors ablehnen kann, wenn der Schuldner ihr widerspricht, kann die Umsetzung der Strategie jedoch durch die bisherigen Vertragsparteien gemeinsam vereitelt werden. Zu berücksichtigen ist zudem, dass durch die Leistung des Investors das Schuldverhältnis nach § 362 BGB erlischt,[2758] im Einzelfall unter Umständen einschließlich der vom Schuldner für den Gläubiger bestellten Sicherheiten.[2759]

In den genannten Konstellationen besteht indes die Problematik, dass der Investor den Gläubiger zum Nominalbetrag befriedigen muss, damit er eine Forderung in entsprechender Höhe gegen den Schuldner erlangt. In der Regel wird ein Forderungserwerb via *cessio legis* nur dann wirtschaftlich von Interesse sein, wenn zwischen dem Gläubiger und dem Investor eine Ausgleichszahlung durch den Gläubiger vereinbart wurde, welche der Höhe nach einem hinreichenden Risikoabschlag hinsichtlich der erworbenen Forderung entspricht.

**(iv) Einwendungen gegen die abgetretene Forderung.** Durch die Abtretung wird die Forderung inhaltlich nicht verändert: der Schuldner kann dem Investor als neuem Gläubiger die Einwendungen entgegensetzen, die zur Zeit der Abtretung der Forderung gegen den bisherigen Gläubiger begründet waren, § 404 BGB. Der Schuldner kann zudem gem. § 406 BGB eine ihm gegen den bisherigen Gläubiger zustehende Forderung auch dem Investor als neuem Gläubiger gegenüber aufrechnen, es sei denn, dass er bei dem Erwerb der Forderung Kenntnis von der Abtretung hatte oder dass die Forderung erst nach der Erlangung der Kenntnis und später als die abgetretene Forderung fällig geworden ist.

Die Abtretung einer Forderung birgt per se das Risiko, dass der Schuldner aufgrund mangelnder Kenntnis von der Abtretung weiterhin an den Altgläubiger leistet. Eine Zuweisung des Prozess- und Insolvenzrisikos hinsichtlich der versehentlich an den Altgläubiger geleisteten Zahlung ergibt sich aus den §§ 403, 405, 407, 409, 410 BGB. Es ist insoweit geboten, den Altgläubiger und Zedenten durch den Abtretungsvertrag dazu zu verpflichten, dem Schuldner die Abtretung gem. § 409 Abs. 1 S. 1 BGB anzuzeigen. Eine dem Schuldner vom Zedenten übermittelte Abtretungsanzeige führt in der Regel zur Bösgläubigkeit des Schuldners;[2760] wird die Abtretungsanzeige indes vom Zessionar vorgenommen, wird der Schuldner nur dann bösgläubig, wenn der Zessionar vertrauenswürdig erscheint.[2761] Einen unter Umständen weitergehenden Schutz des Neugläubigers und Zessionars bildet die Möglichkeit, sich vom Zedenten eine öffentlich beglaubigte Urkunde über die Abtretung gem. § 403 BGB ausstellen zu lassen und diese anschließend selbst dem Schuldner vorzulegen (§ 409 Abs. 1 S. 2 BGB), da hier der Zessionar die unverzügliche Weiterleitung der Urkunde an den Schuldner selbst in der Hand hat.[2762] Hat der Schuldner indes keine Kenntnis von der Abtretung, kann er weiterhin nach § 407 Abs. 1 BGB mit schuldbefreiender Wirkung an den Altgläubiger leisten.

**b) Vertragsübernahme.** Durch die Vertragsübernahme gehen alle Rechte und Pflichten aus einem Vertrag unter Auswechslung einer Partei auf die neue Vertragspartei über. Das Vertragsverhältnis an sich bleibt im Übrigen bestehen.[2763] Die Vertragsübernahme basiert auf einem dreiseitigen Vertrag zwischen dem Austretenden und dem Eintretenden sowie

---

[2758] BGH, Urteil v. 5. Februar 2004, IX ZR 473/00, NJW-RR 2004, 983.
[2759] BGH, DB 1975, 2432.
[2760] RGZ 102, 385 (387); OLG Köln, VersR 1994, 113 (114); Staudinger/Busche § 407 Rn. 33 m. w. N.
[2761] BGH, Urteil v. 19. Oktober 1987, II ZR 9/87, BGHZ 102, 68 (74); BGH, Urteil v. 18. März 2004, IX ZR 177/03, WM 2004, 981 (985); OLG Düsseldorf, WM 1975, 397 (398); OLG Hamm, VersR 1985, 582 (583).
[2762] Der Schuldner ist in diesem Falle ohne das Vorliegen besonderer Gründe nicht dazu berechtigt, von einer Urkundenfälschung auszugehen; siehe: RG, JR 1926 Nr. 1821.
[2763] BGHZ 129, 371; BGHZ 133, 71, 74.

der zurückgebliebenen Vertragspartei, wobei die Zustimmung der zurückbleibenden Vertragspartei ausreichend ist.[2764] Die Zustimmung kann grundsätzlich auch vorab als Einwilligung erteilt werden, wenngleich sich durch den im Rahmen des Risikobegrenzungsgesetzes auf Darlehensverträge ausgeweiteten § 309 Nr. 9 BGB hinsichtlich formularmäßig erteilter Einwilligungen die Beschränkung ergibt, dass der Dritte, welcher in den Vertrag eintreten kann, namentlich bezeichnet wurde oder dem anderen Vertragsteil das Recht eingeräumt wird, sich vom Vertrag zu lösen. Inwieweit § 309 Nr. 9 BGB auch hinsichtlich Verträgen zwischen Unternehmern über § 307 BGB Geltung erlangt, ist im Einzelfall nach den Interessen der Beteiligten zu entscheiden. Ergibt sich aus der Vertragsübernahme für die zurückbleibende Vertragspartei eine unangemessene Beeinträchtigung ihres Interesses hinsichtlich der Zuverlässigkeit und der Solvenz des Vertragspartners, welches wiederum maßgeblich vom personalen Einschlag der vertraglichen Beziehung sowie der Vertragslaufzeit abhängt, findet die Wertung des § 309 Nr. 10 BGB auch auf Verträge unter Unternehmern Anwendung.[2765]

Ist die Vertragsübernahme unwirksam – etwa mangels Zustimmung des Schuldners, ist nach den Maßgaben des § 139 BGB zu ermitteln, ob einzelne Abtretungen als solche wirksam bleiben sollen.[2766]

Die Tatsache, dass die Vertragsübernahme die Zustimmung des Schuldners erfordert, schränkt das Anwendungsgebiet der Vertragsübernahme gerade hinsichtlich Distressed Debt Investitionen erheblich ein. In Abhängigkeit von den jeweils vereinbarten vertraglichen Regelungen (insbesondere etwaiger Change of Control Klauseln) kann es sich im Einzelfall anbieten, dass der Altgläubiger den Vertrag auf eine von ihm kontrollierte Gesellschaft überträgt bzw. auf eine solche nach dem UmwG abspaltet und anschließend die Anteile an der Gesellschaft an den Investor veräußert.

Ein weiteres gravierendes Hindernis stellt die Tatsache dar, dass der in den Darlehensvertrag eintretende Investor die Verpflichtung der bisher das Darlehen gewährenden Bank eintritt und hierdurch selbst eine Verpflichtung eingeht, Kredite bereitzustellen. Hierdurch betreibt der Investor ein Kreditgeschäft gem. § 1 Abs. 1 Nr. 2 KWG, welches grundsätzlich einer Bankerlaubnis gem. § 32 Abs. 1 KWG bedarf.

**c) Unterbeteiligung.** Eine weitere rechtliche Konstruktion der Beteiligung eines Investors an den wirtschaftlichen Chancen und Risiken aus einem Rechtsverhältnis bildet die Eingehung einer Unterbeteiligung zwischen dem Gläubiger und dem Investor in Form einer Innengesellschaft als Gesellschaft bürgerlichen Rechts ohne Gesamthandvermögen.[2767] Der Unterbeteiligungsvertrag ist ein zweiseitiger Vertrag zwischen dem Gläubiger und dem Investor, der grundsätzlich nicht der Genehmigung des Schuldners bedarf. Enthält der Darlehensvertrag ein Verbot der Begründung von Unterbeteiligungen, hat dies grundsätzlich keinen Einfluss auf die Wirksamkeit des Unterbeteiligungsvertrages; der Gläubiger kann sich jedoch gegenüber dem Schuldner wegen Verstoßes gegen den Darlehensvertrag schadensersatzpflichtig machen.[2768] Der Unterbeteiligte ist lediglich an dem auf diesen Anteil entfallenden Gewinn beteiligt, nicht am Rechtsverhältnis zwischen dem Gläubiger und dem Schuldner an sich. Die Unterbeteiligung kann als offene oder verdeckte Unterbeteiligung ausgestaltet sein.

---

[2764] BGH, Urteil v. 3. Dezember 1997, XII ZR 6/96, NJW 1998, 531.

[2765] Kieninger in: MüKo-BGB § 309 Rn. 9; vgl. zu abweichenden Vertragsarten: BGH, Urteil v. 15. April 1998, VIII ZR 377/96, NJW 1998, 2286; BGH, Urteil v. 29. Februar 1984, VIII ZR 350/82, NJW 1985, 53, 54.

[2766] So: BGH, Urteil v. 11. Juli 1996, IX ZR 226/94, ZIP 1996, 1516 (1519); OLG Düsseldorf, Urteil v. 27. Februar 1998, 22 U 165/97, NJW-RR 1998, 1063.

[2767] BGH, Urteil v. 11. Juli 1968, II ZR 179/66, NJW 1968, 2003; BGH, Urteil v. 29. April 1965, WM 1965, 793; ausführlich zur Unterbeteiligung: Blaurock, Handbuch der Stillen Gesellschaft, S. 715 ff.

[2768] LG Bremen, Urteil v. 27. September 1990, NJW-RR 1992, 98; Blaurock, aaO, S. 724.

Der Unterbeteiligungsvertrag enthält typischerweise die Verpflichtung des Investors, eine Gegenleistung für die Einräumung der Unterbeteiligung zu leisten. Der Hauptbeteiligte räumt dem Unterbeteiligten eine Unterbeteiligung am betreffenden Rechtsverhältnis ein, mit entsprechender prozentualer Partizipation an künftigen Erträgen wie Zins- und Tilgungszahlungen. Der Unterbeteiligungsvertrag enthält zudem in der Regel eine Bestimmung der unterschiedlichen Pflichten der Gesellschafter, wobei der Hauptbeteiligte in der Regel zur Wahrnehmung der Interessen der Gesellschaft im Außenverhältnis sowie Unterrichtungs- und Anhörungspflichten im Innenverhältnis verpflichtet ist. Typische Pflicht des Unterbeteiligten ist die Verschwiegenheitspflicht – insbesondere gegenüber dem Schuldner des Hauptbeteiligten. Weiterhin umfasst der Unterbeteiligungsvertrag typische Regelungen eines GbR-Gesellschaftsvertrags wie die Errichtung von Gesellschafterkonten, Regelungen zur Dauer der Gesellschaft sowie Fragen der Abtretbarkeit und der Abfindung im Falle des Ausscheidens.

Für Distressed Debt Investments wird die Unterbeteiligung häufig dazu genutzt, dass sich der Investor durch die Unterbeteiligung verdeckt in den Informationsfluss – z. B. hinsichtlich der Entwicklung von Banken-Meetings einkauft. Durch die weitgehend passive Rolle des Investors ist die typische Unterbeteiligung für beabsichtigte Sanierungs- und Restrukturierungsvorhaben hingegen weniger geeignet.

**d) Treuhand.** Eine indirekte Partizipation des Investors kann weiterhin durch die Vereinbarung eines Treuhandvertrages mit dem Gläubiger des Darlehensverhältnisses erreicht werden. Das Treuhandverhältnis richtet sich nach Auftrags- und Dienstvertragsrecht. Abweichend von der Unterbeteiligung hält der Treuhänder die Ansprüche aus dem Darlehensvertrag ausschließlich für fremde Rechnung. Insofern handelt es sich regelmäßig – aber nicht ausschließlich[2769] – in Fällen, in welchen der Gläubiger seinen gesamten Anteil seiner Ansprüche aus dem Darlehensvertrag dem Treugeber zuwendet, um ein Treuhandverhältnis. Die Vereinbarung der Treuhand erfordert nicht die Zustimmung des Darlehensschuldners und ist damit für verdeckte Beteiligungen geeignet.

Der Treuhänder ist durch den Treuhandvertrag dazu verpflichtet, bestimmte Handlungen nach Weisung des Treugebers in eigenem Namen aber auf Rechnung des Treuhänders zu verrichten, wie beispielsweise Gewährung des Darlehens, Anhörung des Treugebers bei wesentlichen Handlungen im Zusammenhang mit dem Darlehen, Auskehrung von erhaltenen Zahlungen und Weiterleitung empfangener Informationen sowie Verschwiegenheitspflichten. Der Treugeber ist hingegen zur Ersetzung der entstandenen Aufwendungen und zur Freistellung des Treuhänders von Verpflichtungen aus dem Darlehensvertrag verpflichtet. Zudem hat er dem Treuhänder regelmäßig eine Vergütung für die Übernahme und Führung der Treuhandschaft zu entrichten.

### 2.2.4.2. Bankgeheimnis und Datenschutz

Nach der Rechtsprechung des Bundesgerichtshofs,[2770] welche vom Bundesverfassungsgericht[2771] bestätigt wurde, führen weder das Bankgeheimnis noch datenschutzrechtliche Vorgaben zum Ausschluss der Abtretbarkeit nach § 399 Alt. 2 BGB.

**a) Bankgeheimnis.** Hinsichtlich des Bankgeheimnisses ergibt sich dies nach dem Bundesgerichtshof zum einen aus dem Umstand, dass das Bankgeheimnis, abgeleitet aus der allgemeinen Schutzpflicht der Bank hinsichtlich der Vermögensinteressen des Darlehens-

---

[2769] Eine Treuhand ist auch dann anzunehmen, wenn es an der Verfolgung eines gemeinsamen Zwecks durch den Treugeber und den Treuhänder fehlt; vgl. BGH, NJW 1994, 2886; OLG Hamm, DB 1994, 1233.
[2770] BGH, Urteil v. 27. Februar 2007, XI ZR 195/05, NJW 2007, 2106.
[2771] BVerfG, Urteil v. 11. Juli 2007, ZIP 2007, 2348.

## 7. Teil. Spezielle Beteiligungsformen § 24 Distressed Debt Investments

nehmers,[2772] lediglich eine schuldrechtliche Verpflichtung zur Verschwiegenheit über kundenspezifische Tatsachen, welche der Bank im Rahmen der Geschäftsbeziehung bekannt geworden sind.[2773] Aus diesem Umstand ergibt sich indes keine ausdrückliche oder stillschweigende dahingehende Vereinbarung zwischen der Bank und dem Kunden, dass die Abtretung ausgeschlossen sein soll. Eine mögliche Kollision der Verpflichtungen aus dem Bankgeheimnis gegenüber dem Kunden einerseits sowie die Verpflichtung der Bank als Zedent gem. § 402 BGB zur Erteilung der zur Geltendmachung der Forderung nötigen Auskünfte gegenüber dem Zessionar andererseits führt nach der Rechtsprechung des Bundesgerichtshofs indes ebenfalls nicht zu einem Abtretungshindernis gem. § 399 Alt. 2 BGB. Denn zum einen besteht kein Automatismus, nach welchem grundsätzlich jede Abtretung zu einer Verletzung der Verschwiegenheitspflicht und damit des Bankgeheimnisses führt.[2774] Es steht den Parteien des Abtretungsvertrages frei zu vereinbaren, dass die Bank als Zedent auch weiterhin die Einziehung der abgetretenen Forderung vornimmt und insofern die Weitergabe von Informationen hinfällig wird.[2775]

Des Weiteren wendet sich der Bundesgerichtshof in seinem Urteil vom 27. Februar 2007 auch gegen die vom OLG Frankfurt[2776] aufgeführte Argumentation, die Abtretung verstoße gegen § 134 BGB i.V. m. dem Verbotsgesetz des § 203 Abs. 1 StGB, wonach die unbefugte Offenbarung eines anvertrauten oder sonst bekannt gewordenen fremden Geheimnisses durch die in § 203 Abs. 1 Nr. 1 bis 6 StGB benannten Berufsangehörigen strafbar ist. Zu diesen Berufsangehörigen zählen indes weder Angestellte von privaten Kreditinstituten oder Genossenschaftsbanken, noch deren Vorstände – eine Analogie scheidet aufgrund Art. 103 Abs. 3 Abs. 2 GG aus. Soweit Darlehensforderungen von einer Sparkasse als Zedentin abgetreten werden, ist nunmehr das OLG Schleswig[2777] im Ergebnis zu einem entsprechenden Ergebnis gelangt: zwar war durch den im Rahmen von § 402 BGB vorgenommenen Austausch von Bankdaten ein Geheimnis i. S. v. § 203 Abs. 2 StGB offenbart worden, allerdings nicht „unbefugt", wie es weitere Tatbestandsvoraussetzung des § 203 Abs. 2 StGB ist. Das OLG Schleswig greift dabei auf eine verfassungskonforme Auslegung des § 203 Abs. 2 StGB zurück, durch welches eine willkürliche Ungleichbehandlung öffentlich-rechtlicher Institute gegenüber privater Kreditinstitute vermieden und damit dem grundgesetzlichen Willkürverbot des Art. 3 Abs. 1 GG entsprochen werde.[2778]

Letztlich hat sich der Bundesgerichtshof[2779] auch gegen die Bestrebungen in der Literatur[2780] gewandt, das Bankgeheimnis als Gewohnheitsrecht einzuordnen, aus welchem sich i.V. m. § 134 BGB ein Abtretungsverbot ergibt. Der Bundesgerichtshof verweist zu Recht darauf, dass das Gewohnheitsrecht nur dann ein gesetzliches Verbot i. S. v. § 134 BGB darstellt, wenn es sich gegen ein bestimmtes Rechtsgeschäft richtet und zudem durch lang

---

[2772] BGH, Urteil v. 24. Januar 2006, XI ZR 384/03, NJW 2006, 830 („Kirch/Deutsche Bank und Breuer").
[2773] BGH, Urteil v. 27. Februar 2007, XI ZR 195/05, NJW 2007, 2106 (2107) m.w.N.
[2774] So hingegen: OLG Frankfurt, Urteil v. 25. Mai 2004, 8 U 84/04, NJW 2004, 3266.
[2775] BGH, Urteil v. 27. Februar 2007, XI ZR 195/05, NJW 2007, 2106, 2107 m.w.N.
[2776] OLG Frankfurt, Urteil v. 25. Mai 2004, 8 U 84/04, NJW 2004, 3266.
[2777] OLG Schleswig, Urteil v. 18. Oktober 2007, 5 U 19/07, ZIP 2007, 2308; bereits das LG Kiel, Urteil v. 17. Juli 2007, BKR 2007, 465 (466) war in einer anderen Sache zu einem im Ergebnis gleichen Resultat gelangt, hatte dieses aber dadurch gerechtfertigt, dass das öffentlich-rechtliche Kreditinstitut in Wahrnehmung berechtigter Interessen handle, welche das Geheimhaltungsinteresse des Kreditnehmers überwiegen (so auch bereits: Sester/Glos, DB 2005, 357 (377)).
[2778] OLG Schleswig, Urteil v. 18. Oktober 2007, aaO; das Urteil enthält weitere Ausführungen zur Frage, ob die Einschränkung der Abtretbarkeit von Darlehensforderungen im Falle einer Abtretung an ausländische Kreditinstitute mit Sitz in der Europäischen Union zu einem Verstoß gegen die Kapitalverkehrsfreiheit nach Art. 56 Abs. 1 EGV führt.
[2779] BGH, Urteil v. 27. Februar 2007, XI ZR 195/05, NJW 2007, 2106, 2108.
[2780] Schwintowski/Schäfer, Bankrecht, § 3 Rn. 3; Klüwer/Meister, WM 2004, 1157; Koberstein-Windpassinger, WM 1999, 473 (474); Toth-Feher/Schick, ZIP 2004, 491 (493).

dauernde, von Rechtskreisen getragene Übung getragen wird, nach welcher ein Verstoß gegen das Bankgeheimnis gerade zur Unwirksamkeit der Abtretung führt.[2781]

**b) Bundesdatenschutzgesetz.** Auch hinsichtlich etwaiger sich aus dem Bundesdatenschutzgesetz ergebender Abtretungshindernisse hat der Bundesgerichtshof durch sein Urteil vom 27. Februar 2007 Klarheit geschaffen, indem es § 28 BDSG die Qualität eines Verbotsgesetzes i. S. v. § 134 BGB abgesprochen hat. Das Bundesdatenschutzgesetz reguliert nach § 1 Abs. 2 i.V. m. § 3 Abs. 1 BDSG die Erhebung, Verarbeitung und Nutzung personenbezogener Daten, also persönlichen Daten über bestimmte oder bestimmbare natürliche Personen.[2782]

Bereits umstritten ist, wie das BDSG und das Bankgeheimnis zueinander stehen. Auszugehen ist bei der angesprochenen Frage von § 1 Abs. 3 BDSG. Nach dessen S. 1 gehen Rechtsvorschriften über personenbezogene Daten, zu denen auch das gewohnheitsrechtlich anerkannte Bankgeheimnis mit der daraus folgenden Pflicht zur Verschwiegenheit auch über Namen, Anschrift, Kreditschuld sowie persönliche und wirtschaftliche Verhältnisse eines Kunden gehört, den Vorschriften des BDSG vor. Und nach S. 2 lässt das BDSG die Verpflichtung zur Wahrung gesetzlicher Geheimhaltungspflichten oder von Berufs- oder besonderen Amtsgeheimnissen, die nicht auf gesetzlichen Vorschriften beruhen, „unberührt". Daraus ergibt sich nicht nur, dass Datenschutz und Bankgeheimnis nebeneinander gelten, sondern auch, dass das Datenschutzrecht im Verhältnis zum Bankgeheimnis als Berufsgeheimnis eine Auffangfunktion hat. Der Datenschutz reicht in Anwendungsbereich und Schutzgehalt weniger weit als das auf Vertrauen aufbauende Bankgeheimnis. Geschützt werden durch § 3 Abs. 1 BDSG anders als durch das Bankgeheimnis nur Daten natürlicher Personen, nicht aber solche juristischer Personen. Wesentlich zu berücksichtigen ist weiter, dass das Bankgeheimnis anders als das Datenschutzrecht eine schuldrechtliche Sonderverbindung zwischen dem zur Verschwiegenheit verpflichteten Kreditinstitut und dem Kunden voraussetzt. Entscheidend kommt schließlich hinzu, dass das BDSG vom Gesetzgeber nach der amtlichen Begründung zum Regierungsentwurf des Art. 1 des Gesetzes zur Fortentwicklung der Datenverarbeitung und des Datenschutzes[2783] als Auffanggesetz mit lückenfüllender Funktion konzipiert ist. Das BDSG will mit seinem Erlass nicht in existierende bereichsspezifische Geheimhaltungsregelungen und Verschwiegenheitspflichten z. B. aufgrund des Bankgeheimnisses als nicht kodifiziertes Berufsgeheimnis i. S. v. § 1 Abs. 3 S. 2 BDSG eingreifen. Das aufgrund einer schuldrechtlichen Sonderbeziehung bereits bestehende grundsätzlich höhere Schutzniveau soll nicht verändert werden. Anders kann der Wortlaut von § 1 Abs. 3 S. 2 BDSG, dass die Verpflichtung zur Wahrung bereichsspezifischer Geheimhaltungspflicht „unberührt bleibt", nicht verstanden werden. „Unberührt" bleibt die Verpflichtung zur Wahrung des Bankgeheimnisses nach dem Wortsinn nur dann, wenn das BDSG in sie überhaupt nicht eingreift. Das BDSG erlangt deshalb im Verhältnis zum Bankgeheimnis nur dann Bedeutung, wenn eine Frage aufgrund des Bankgeheimnisses nicht abschließend beantwortet werden kann. Für solche Fälle schafft das BDSG lückenfüllenden Schutz auf geringerem Niveau. Diese Sicht ist mit der Rechtsprechung des Bundesgerichtshofs zum Datenschutz vereinbar. Entgegen einer in der Literatur vertretenen Ansicht[2784] kann auch der Entscheidung des Bundesgerichtshofs vom 19. September 1985[2785] ein Vorrang des Bundesdatenschutzgesetzes vor dem Bankgeheimnis nicht entnommen werden.[2786]

Nach dem Bundesgerichtshof tritt hinzu, dass die Herleitung eines gesetzlichen Abtretungsverbots aus dem BDSG zu einem untragbaren Wertungswiderspruch führen würde, da

---

[2781] BGH, Urteil v. 27. Februar 2007, XI ZR 195/05, NJW 2007, 2106, 2108.
[2782] Soweit es sich um Darlehensforderungen gegen juristische Personen handelt, kann sich bereits aufgrund des eingeschränkten Anwendungsbereichs aus dem BDSG kein Abtretungsverbot ergeben.
[2783] Vgl. BT-Drucks. 11/4306, S. 39.
[2784] Canaris/GK-HGB, Bankvertragsrecht I, Rn. 72.
[2785] BGH, Urteil v. 19. September 1985, III ZR 213/83, NJW 1986, 46.
[2786] So bereits nachhaltig Nobbe, WM 2005, 1537 (1544).

nach § 3 Abs. 1 BDSG in den Anwendungsbereich des BDSG allein die Daten natürlicher Personen, nicht aber die von juristischen Personen fallen.[2787] Ein sachlich gerechtfertigter Grund, weshalb die Abtretung von Darlehensforderungen gegen natürliche Personen einem Abtretungsverbot unterliegen sollen, nicht aber solche, welche gegenüber juristischen Personen bestehen, ist nicht ersichtlich.

Letztlich stellt der Bundesgerichtshof § 28 Abs. 1 Nr. 2 BDSG die Wertung des § 398 BGB gegenüber, welcher die grundsätzliche Abtretbarkeit von Forderungen – auch von Geldforderungen – statuiert.[2788] Die Qualifizierung des § 28 Abs. 1 Nr. 2 BDSG als Verbotsgesetz im Sinne von § 134 BGB würde diese gesetzgeberische Entscheidung in weiten Bereichen aushebeln.

**c) Ausblick.** In der Literatur ist die Diskussion trotz der nunmehr ergangenen Rechtsprechung nicht gänzlich verstummt. So bejahen insbesondere *Schwintowski* und *Schantz*[2789] ein Abtretungshindernis gem. § 399 Alt. 1 BGB in Fällen, in welchen der Erwerber der Forderung nicht Inhaber einer Banklizenz gem. § 32 KWG ist. Die Qualifizierung des Gläubigers als Kreditinstitut sei, so die These, eine in der Person des Gläubigers liegende Tatsache, die wesentlich für Inhalt und Identität der Forderung ist. Die Position ist inhaltlich angreifbar, haben doch bankaufsichtsrechtliche Schutzmechanismen den Gläubigerschutz und nicht den Schuldnerschutz zum Ziel.[2790]

### 2.2.4.3. Erlaubnis gem. § 32 KWG

Wer in Deutschland gewerbsmäßig oder in einem Umfang, der einen in kaufmännischer Weise eingerichteten Geschäftsbetrieb erfordert, Bankgeschäfte betreiben will, bedarf hierfür gem. § 32 ff. KWG einer schriftlichen Erlaubnis der Bundesanstalt für Finanzdienstleistungen (*BaFin*).

Nach § 1 Abs. 1 S. 2 Nr. 2 KWG umfasst Bankgeschäft das sog. Kreditgeschäft. Letzteres wird in § 1 Abs. 1 S. 2 Nr. 2 KWG als „*Gewährung von Gelddarlehen und Akzeptkrediten*" legaldefiniert. Durch den Gebrauch des Begriffs des „Gelddarlehens" hat der Gesetzgeber auf den Darlehensbegriff nach §§ 488 ff. BGB rekurriert und damit gleichzeitig den Terminus des erlaubnispflichtigen Kreditgeschäfts auf die Hingabe (bzw. Rückzahlungsverpflichtung) von Geld begrenzt. Kreditgeschäft i. S. d. KWG ist somit lediglich die erstmalige Hingabe von Geld, nicht die Übernahme schon bestehender Darlehen, z. B. im Rahmen einer offenen oder stillen Unterbeteiligung.[2791] Eine Kreditgewährung im vorstehenden Sinn liegt jedoch nicht nur vor, wenn die Rechtsbezeichnungen der Parteien von Anfang an auf eine Darlehenswährung gerichtet sind, sondern auch, wenn eine bereits bestehende Schuld (z. B. eine Kaufpreisschuld) im Wege der Vereinbarung (Stundung, Umschuldung etc.) zu einer Darlehensschuld wird. Dazu ist eine Neubegründung der Schuld notwendig, die durch einen schriftlichen Vertragsabschluss zu dokumentieren ist (§ 780 BGB).[2792]

Die Übernahme einer Kreditforderung ist hingegen ausschließlich als entgeltlicher Forderungserwerb zu betrachten.[2793] Beim Ankauf von Geldforderungen handelt es sich weder um Kreditgeschäfte i. S. d § 1 Abs. 1 S. 2 Nr. 2 KWG, da keine Gelddarlehen gewährt werden, noch um Diskontgeschäfte gem. § 1 Abs. 1 S. 2 Nr. 3 KWG, da keine Wechselforderun-

---

[2787] BGH, Urteil v. 27. Februar 2007, XI ZR 195/05, NJW 2007, 2106, 2108.
[2788] BGH, Urteil v. 27. Februar 2007, XI ZR 195/05, NJW 2007, 2106, 2109; soweit sich der Bundesgerichtshof dabei wiederum auf die Wertung des § 354a HGB beruft, wird die Begründung durch den im Rahmen Risikobegrenzungsgesetzes eingeführten § 354a Abs. 2 HGB geschwächt.
[2789] Schwintowski/Schantz, NJW 2008, 472 ff.
[2790] Dazu im Einzelnen: Reuter/Buschmann, ZIP 2008, 1003 (1005).
[2791] Beck/Samm, Kreditwesengesetz, § 1 KWG Rn. 50; Reischauer/Kleinhaus, Kreditwesengesetz, § 1 KWG Rn. 61 ff.; Szagunn/Haug/Ergenzinger, Kreditwesengesetz § 1 KWG Rn. 31.
[2792] RG, Urteil v. 7. September 1936, RGZ 152, 159 (156).
[2793] Schäfer in: Boos/Fischer/Schulte-Mattler, Kreditwesengesetz, § 1 Rn. 46.

gen, sondern Buchforderungen diskontiert werden,[2794] sofern der Ankauf nicht durch ein Kreditinstitut erfolgt.[2795] So ergibt sich auch aus § 1 Abs. 3 S. 1 Nr. 2 KWG dass Unternehmen deren Haupttätigkeit[2796] im Ankauf von Geldforderungen liegt Finanzunternehmen sind, die gerade nicht erlaubnispflichtig sind und der Solvenzaufsicht unterfallen, sondern nur bestimmten aufsichtsrechtlichen Regelungen unterliegen (z. B. Konsolidierung nach §§ 10a und 13b KWG, Millonenkreditmeldungen nach § 14 KWG). Vorwiegend sind daher Factoring und Forfaitierungsinstitute sowie SPVs im Rahmen von Asset-backed Transaktionen als Finanzunternehmen im Sinne des § 1 Abs. 3 S. 1 Nr. 2 KWG zu qualifizieren und bedürfen keine Erlaubnis nach § 32 KWG.[2797] Während demnach der Erwerb von Darlehensforderungen ( d. k. valutierten Krediten) unstreitig keine Banklizenz gem. §§ 32 ff. KWG erfordert, kann diese Aussage für (i) die Übernahme offener Zahlungsverpflichtungen (z. B. noch nicht valutierte Kreditrahmen, Kontokorrentlinien, ungezogene Kredittranchen) oder (ii) die Neustrukturierung (Änderungen des Rückzahlungszeitraum, der Zinsen, der Tranchen etc.) eines bereits ausgereichten Darlehens nicht bestätigt werden.

**a) Offene Kreditverpflichtungen und Kreditlinien.** Unzweifelhaft bleibt, dass die Übernahme von offenen Zahlungsverpflichtungen aus Kreditverträgen sowie die Übernahme und Einräumung offener oder nicht ausgeschöpfter Kreditlinien eine Gewährung von Gelddarlehen darstellen und somit gem. §§ 32 Abs. 1, 1 Abs. 1 S. 2 Nr. 2 KWG grundsätzlich ein erlaubnispflichtiges Bankgeschäft darstellen können, sofern entweder gewerbsmäßig oder in einem Umfang, der einen in kaufmännischer Weise eingerichteten Geschäftsbetrieb erfordert, betrieben. Denn charakterisierendes Element der Übernahme offener Kreditverbindlichkeiten durch einen Investor ist die Kreditgewährung durch den Erwerber und nicht etwa der entgeltliche Erwerb einer Geldforderung, so dass der Erwerber nicht als nicht-erlaubnispflichtiges Finanzunternehmen im Sinne des § 1 Abs. 3 S. 1 Nr. 2 KWG qualifiziert werden kann. Von gewerbsmäßigem Kreditgeschäft darf man ausgehen, wenn die Kreditgewährung durch den Kreditgeber/Zessionar wiederholt[2798] und auf Dauer angelegt ist und diese mit Gewinnerzielungsabsicht (mithin entgeltlich) erfolgt.[2799] Für eine Kreditgewährung in einem Umfang, der einen in kaufmännischer Weise eingerichteten Geschäftsbetrieb erfordert, hatten das damalige Bundesaufsichtsamt für das Kreditwesen (*BaKred*) und die Rechtsprechung bestimmte – von der Bafin im Ergebnis auch bestätigte – Bagatellgrenzen etabliert, bis zu deren Erreichen dieses Tatbestandsmerkmal nicht erfüllt ist.[2800] In Zusammenhang mit dem Kreditgeschäft gelten als anerkannte Bagatellgrenzen: (i) ein Gesamt-

---

[2794] Grundsätzlich könnte das Vorliegen eines Bankgeschäftes gem. § 1 Abs. 1 S. 2 Nr. 7 KWG (Revolvierungsgeschäft) erwogen werden, was aber letztlich bei einem Darlehen mit Festlaufzeit, bei dem über die Neuvergabe/Verlängerung keine Zusage getroffen wird, zu verneinen ist.
[2795] Der Erwerb von Forderungen durch Kreditinstitute ist gem. § 19 Abs. 1 S. 1 Nr. 4 KWG stets Kreditgeschäft vgl. Serafin/Weber in: Luz/Neus/Scharpf/Schneider/Weber, Kreditwesengesetz, § 1 Rn. 61.
[2796] Entscheidend ist dabei, dass die in Frage stehende Tätigkeit die Haupttätigkeit des Finanzunternehmens bildet, d. h. mehr als 50 % des Geschäftsvolumens entfällt auf die Aktivität und bildet den Schwerpunkt der Gesamttätigkeit; Schäfer in: Boos/Fischer/Schulte-Mattler, Kreditwesengesetz, § 1 Rn. 169 m. w. N.
[2797] Schäfer in: Boos/Fischer/Schulte-Mattler, Kreditwesengesetz, § 1 Rn. 176 und 51.
[2798] Wobei auch schon die erstmalige Vornahme einer auf Dauer angelegten wiederholten Kreditgewährung die Gewerbsmäßigkeit nicht ausschließt, vgl. Fischer in: Boos/Fischer/Schulte-Mattler, Kreditwesengesetz, § 32 Rn. 5 f.
[2799] Schäfer in: Boos/Fischer/Schulte-Mattler, Kreditwesengesetz, § 1 Rn. 18; Fischer in: Boos/Fischer/Schulte-Mattler, Kreditwesengesetz, § 32 Rn. 5 f.; Beck/Samm, Kreditwesengesetz, § 1 KWG Rn. 34.
[2800] BaKred, Schreiben v. 21. Juli 1988, I 5 – 114 – 4/86, abgedr. in Cornsbruch/Möller, KWG Nr. 4.222 A; VG Berlin, Urteil v. 19. August 1996, WM 1997, 218 ff.; Fischer in: Boos/Fischer/Schulte-Mattler, Kreditwesengesetz, § 32 Rn. 5b; Schäfer in: Boos/Fischer/Schulte-Mattler, Kreditwesengesetz, 2008, § 1 Rn. 21 m.w.N.

kreditvolumen bis zu 500.000 € noch nicht abgewickelter Darlehen bei mindestens 20 Einzeldarlehen[2801] oder (ii) 100 einzelne Darlehen.[2802] Zu beachten ist jedoch, dass in praktischer Hinsicht das Merkmal der Erforderlichkeit eines in kaufmännischer Weise eingerichteten Geschäftsbetriebs subsidiär zum Tatbestandsmerkmal der Gewerbsmäßigkeit ist, mithin nur selbstständige Bedeutung erlangt, soweit das Bankgeschäft nicht gewerbsmäßig betrieben wird (etwa im Falle der Unentgeltlichkeit oder bei nicht auf Dauer angelegter Tätigkeit).[2803] In Zusammenhang mit der Übernahme offener Kreditauszahlungsverpflichtungen wird aufgrund der Entgeltlichkeit der Darlehensgewährung meist die Gewerbsmäßigkeit zu bejahen sein, so dass grundsätzlich der Krediterwerber im Besitz einer Erlaubnis gem. §§ 32 ff. KWG sein muss. Nicht erforderlich ist eine Erlaubnis nach §§ 32 Abs. 1, 1 Abs. 1 S. 2 Nr. 2 KWG, soweit Kreditgeschäfte lediglich mit Mutter-Tochter- oder Schwesterunternehmen betrieben werden (§ 2 Abs. 1 Nr. 7 KWG).[2804]

**b) Umstrukturierung von Krediten.** Weitestgehend ungeklärt und zweifelhaft bleibt allerdings, inwiefern Umstrukturierungshandlungen in Bezug auf den erworbenen Kredit wie etwa Schaffung neuer Tranchen, Zinsänderungen, Laufzeitverlängerungen, sonstige Stundungen u. ä. als Kreditgeschäft i. S. d. § 1 Abs. 1 S. 2 Nr. 2 KWG zu qualifizieren sind und somit eine Erlaubnis durch die BaFin erfordern. Nach dem Sinn und Zweck sowie dem Wortlaut des § 1 Abs. 1 S. 2 Nr. 2 KWG und § 1 Abs. 3 S. 1 Nr. 2 KWG könnte u. E. erwogen werden, dass für ein bereits ausgereichtes Darlehen solche Handlungen gerade nicht erlaubnispflichtig sind, soweit diese nur noch den bereits entstandenen Rückzahlungsanspruch betreffen. Folgt man dem, so müsste grundsätzlich bei Umstrukturierungsmaßnahmen sehr sorgfältig unterschieden werden zwischen solchen, die lediglich entstandenen Rückzahlungsanspruch betreffen und solchen, die darüber hinausgehen und mit einer Neuvergabe des Kredits gleichzusetzen sind (zu denken wäre etwa an Änderungen des Zinssatzes, Neutranchierungen, Änderungen des Sicherheitenpakets etc. Denn auf der anderen Seite soll einer Umgehung der strengen aufsichtsrechtlichen Bestimmungen vorgebeugt und durch die vollständige Abänderung eines ausgereichten Darlehens letztlich eine banklizenzfreie Neuvergabe unterbunden werden. Im Lichte des vorstehend Gesagten bleibt dem Zessionar nur zu empfehlen, in Zusammenhang mit der Umstrukturierung erworbener Kredite eine sorgfältige bankaufsichtsrechtliche Prüfung vorzunehmen, soweit er nicht in Besitz einer Banklizenz ist.

**c) Grenzüberschreitendes Kreditgeschäft.** Nach § 32 Abs. 1 S. 1 KWG bedarf einer schriftlichen Erlaubnis (Banklizenz), *„wer im Inland gewerbsmäßig oder in einem Umfang, der einen in kaufmännischer Weise eingerichteten Geschäftsbetrieb erfordert, Bankgeschäfte betreiben oder Finanzdienstleistungen erbringen will"*.[2805] Von einem *"Betreiben von Bankgeschäften oder Erbringen von Finanzdienstleistungen im Inland"* geht die BaFin dabei nicht nur dann aus, wenn der Erbringer der Dienstleistung seinen Sitz oder gewöhnlichen Aufenthalt im Inland hat, sondern auch dann, wenn der Erbringer der Dienstleistung seinen Sitz oder gewöhnlichen Aufenthalt im Ausland hat und sich im Inland zielgerichtet an den Markt wendet, um gegenüber Unternehmen und/oder Personen, die ihren Sitz oder gewöhnlichen Aufenthalt im Inland haben, wiederholt und geschäftsmäßig Bankgeschäfte oder Finanzdienstleistungen anzubieten. Keine Einschränkung besteht für die sog. passive Dienstleistungsfreiheit (d. h. das

---

[2801] Bei weniger als 21 einzelnen Krediten kann das Gesamtvolumen überschritten werden, vgl. Schäfer, ebd.

[2802] BaKred, Schreiben v. 21. Juli 1988, I 5 – 114 – 4/86, abgedr. in Cornsbruch/Möller, KWG Nr. 4.222 A; VG Berlin, Urteil v. 19. August 1996, WM 1997, 218 ff.; Schäfer, ebd. S. 697.

[2803] Statt aller Fischer in: Boos/Fischer/Schulte-Mattler, Kreditwesengesetz, § 32 Rn. 5b.

[2804] BaFin, Merkblatt über die Erteilung einer Erlaubnis zum Betreiben von Bankgeschäften gem. § 32 Abs. 1 KWG (Stand 31. Dezember 2007), S. 4. Ausführlich hierzu Schäfer in: Boos/Fischer/Schulte-Mattler, Kreditwesengesetz, § 2 Rn. 22 ff. m. w. N.

[2805] Siehe hierzu allgemein auch BaFin, Merkblatt über die Erteilung einer Erlaubnis zum Betreiben von Bankgeschäften gem. § 32 Abs. 1 KWG (Stand 31. Dezember 2007).

Recht der im Inland ansässigen Personen und Unternehmen, aus eigener Initiative Dienstleistungen eines ausländischen Anbieters nachzufragen). Bankgeschäfte, die aufgrund der Initiative des Kunden zustande gekommen sind, führen damit nicht zur Erlaubnispflicht nach § 32 Abs. 1 KWG. Die Erfassung der grenzüberschreitenden Bankgeschäfte und Finanzdienstleistungen betrifft vornehmlich den Privatkundenbereich sowie den (Massen-) Geschäftskundenbereich, da hier regelmäßig ausländische Unternehmen aus Drittstaaten durch gezielte Maßnahmen in Deutschland neue Kundenkreise erschließen wollen. Nach der BaFin ist maßgebend für die Beurteilung der Erlaubnispflicht nach § 32 Abs. 1 KWG auf welche Art und Weise die Verhandlungen über die Kreditaufnahme/Umstrukturierung des Kredits zustande gekommen sind. Falls sich das ausländische Institut in Deutschland zielgerichtet an den Markt wendet, um gegenüber Unternehmen und/oder Personen, die ihren Sitz oder gewöhnlichen Aufenthalt im Inland haben, wiederholt und geschäftsmäßig Darlehensverträge anzubieten, geht die BaFin grundsätzlich von dem erlaubnispflichtigen Betreiben des Kreditgeschäfts (§ 1 Abs. 1 S. 2 Nr. 1 KWG) aus. Sofern dagegen nur bereits bestehende Kundenbeziehungen weitergeführt werden oder die Initiative zum Abschluss der Kreditverträge/Umstrukturierung des Kredits von vornherein von dem Kunden ausgeht, wie dies bei den großen Geschäftskunden bzw. institutionellen Anlegern regelmäßig der Fall ist, führt dies nicht zu einer Erlaubnispflicht (*passive Dienstleistungsfreiheit*).

In europäischem Kontext sei darauf hingewiesen, dass in Umsetzung der europäischen Bankrechtsrichtlinie 2006/48/EG gem. § 53b KWG ein Einlagenkreditinstitut,[2806] Tochterunternehmen von Einlagekreditinstituten ein E-Geld-Institut oder ein Wertpapierhandelsunternehmen mit Sitz in einem Mitgliedstaat des europäischen Wirtschaftsraums auch ohne Erlaubnis, an sich erlaubnispflichtige Bankgeschäfte auch in anderen Mitgliedstaaten betreiben darf, soweit das Unternehmen von der zuständigen Stelle im Herkunftsland zugelassen worden ist, die Tätigkeiten von seiner Zulassung gedeckt sind und einer Aufsicht im Herkunftsstaat nach Maßgabe der europäischen Richtlinien unterliegen (sog. Europäischer Pass).[2807]

### 2.2.4.4. Kontokorrentforderungen

Hinsichtlich der Abtretbarkeit von Forderungen, die in einem Kontokorrentverhältnis abgerechnet werden, sind die folgenden weiteren Besonderheiten zu beachten: Wurden Einzelforderungen in das Kontokorrent eingestellt, ist die jeweilige Einzelforderung nicht mehr abtretbar. Auch eine Vorausabtretung von kontokorrentpflichtigen Einzelforderungen scheitert an der Kontokorrentabrede, da diese ein konkludentes Abtretungsverbot beinhaltet.[2808] Grundsätzlich abtretbar ist der Saldoanspruch des Gläubigers,[2809] soweit dies nicht im Einzelfall vertraglich eingeschränkt wurde.

### 2.3. Debt-Equity Swap

Unter einem Debt-Equity Swap[2810] versteht man die Umwandlung von Forderungen in eine gesellschaftsrechtliche Beteiligung mit dem Ergebnis dass die Verbindlichkeiten erlöschen und die Passivseite soweit bereinigt wird. Dabei kann wie nachstehend gezeigt ein Debt-Equity Swap auf verschiedene Arten durchgeführt werden, allen dargestellten Varianten ist gemeinsam, dass die von einem Gläubiger gehaltene Forderung als „Währung" ver-

---

[2806] Die gilt nur soweit die weiteren Voraussetzungen des § 53b Abs. 7 KWG erfüllt sind.
[2807] Zum Verfahren im Zusammenhang mit dem europäischen Pass vgl. BaFin, Merkblatt über die Erlaubnis zum Betreiben von Bankgeschäften gem. § 32 Abs. 1 KWG vom 31. Dezember 2007, S. 13 ff.
[2808] BGH, Urteil v. 26. Juni 2002, VIII ZR 327/00, ZIP 2002, 1488 (1489 ff.); vgl. dazu: Roth in: MüKo-BGB, § 399 Rn. 31.
[2809] BGHZ 70, 86; BGH, Urteil v. 3. November 1978, I ZR 150/76, NJW 1979, 924.
[2810] Allgemein dazu Westpfahl, in Eilers/Koffka/Mackensen, Private Equity, 2009, III.2 Rn. 1 ff.

# 7. Teil. Spezielle Beteiligungsformen § 24 Distressed Debt Investments

wendet wird, um im Austausch dafür Gesellschafter bei seines Schuldners zu werden.[2811] Ein Debt-Equity Swap stellt damit ein effektives Sanierungsinstrument dar, welches den Schuldner bilanzielle Entlastung verschafft und gleichzeitig dem veräußernden Alt-Gläubiger sofortige Liquidität unter Wegfall seines Durchsetzungsrisikos zuführt.[2812] Zugleich ermöglicht ein Debt-Equity Swap einem sanierungswilligen Investor, als Gesellschafter unmittelbaren Einfluss auf das Unternehmen zu nehmen, um so die Sanierung voranzutreiben und sodann die Beteiligung gewinnbringend zu veräußern. Erhebliches Renditepotenzial kann sich insbesondere für einen Investor ergeben, der die eingelegten Forderungen mit einem über seinen Anschaffungskosten bleibenden Wert einlegen kann. Denkbar ist dies etwa, wenn die Forderung bei Erwerb zur Abgeltung des „Lästigkeitswerts" einer Durchsetzung im Zwangsvollstreckungsverfahren mit einem Lästigkeitsabschlag versehen wurde.

### 2.3.1. Gestaltung der Umwandlung von Forderungen in Eigenkapital

Eine Umwandlung von Forderungen in Eigenkapital kann entweder durch (i) Abtretung von Geschäftsanteilen an den Forderungsgläubiger, der als Gegenleistung die erworbenen Forderungen erlässt, (ii) Verwertung von Sicherungsrechten (z. B. Pfandrechte, Sicherungsabtretungen) an Gesellschaftsanteilen oder (iii) durch Einlage der Forderungen gegen Gewährung von Gesellschaftsanteilen wobei die Einlage der Forderungen dazu führt, dass Schuldner und Gläubiger der Forderung zusammenfallen und so die Forderung im Wege der Konfusion automatisch erlischt.[2813] Der Debt-Equity Swap nach den unter (i) und (iii) aufgeführten Verfahren kann ohne weiteres auch im Rahmen eines Insolvenzplanverfahrens durchgeführt werden, falls eine Insolvenz nicht mehr abwendbar ist.[2814]

### 2.3.1.1. Abtretung von Gesellschaftsanteilen gegen Forderungserlass

Eine strukturell einfache Methode für die Durchführung eines Debt-Equity Swap ist die Abtretung von Gesellschaftsanteilen gegen Forderungserlass. Hierbei treten einer oder mehrere Gesellschafter Gesellschaftsanteile an den Forderungsinhaber ab, der als Gegenleistung für diese Abtretung einen Erlass seiner Forderungen gegenüber der Gesellschaft erklärt. Im Ergebnis erlöschen damit die Verbindlichkeiten und machen somit alle bestehenden Gesellschaftsanteile wirtschaftlich werthaltiger. Bei dieser Lösung bleibt allerdings zu bedenken, dass es erforderlich ist, dass Alt-Gesellschafter Gesellschaftsanteile abgeben und damit gesellschaftsrechtlichen Einfluss verlieren können. Weiterhin birgt diese Lösung auch aus steuerrechtlicher Sicht Risiken, soweit durch den Verzicht des Forderungsgläubigers ein steuerlich relevanter außerordentlicher Ertrag generiert wird der einen Betrag von 1.000.000 €. überschreitet (vgl dazu unten Abschnitt 2.3.2.5.).

### 2.3.1.2. Verwertung von Sicherungsrechten an Gesellschaftsanteilen

Eine weitere Möglichkeit zur Umwandlung von Forderungen in Eigenkapital bildet die Verwertung von Sicherungsrechten an Gesellschaftsanteilen.[2815] Sofern der Schuldner dem Forderungsgläubiger Pfandrechte an oder Sicherungsabtretungen von Gesellschaftsanteilen als Sicherheiten für dessen Forderungen eingeräumt hat, kann dieser die entsprechenden Forderungen, soweit vertraglich möglich,[2816] fällig stellen und sofern der Sicherungsfall eingetreten ist, diese Sicherheiten sodann nach Verkaufsandrohung gemäß § 1234, die in der

---

[2811] Westpfahl, in Eilers/Kafka/Mackensen, Private Equity, 2009, III.2 Rn. 2.
[2812] Halász/Kloster, WM 2006, 2152 (2152).
[2813] Reuter/Buschmann, ZIP 2008, 1003 (1009).
[2814] Siehe hierzu ausführlicher Westpfahl, in Eilers/Koffka/Mackensen, Private Equity, 2009, III.2 Rn. 31 ff.
[2815] Siehe in diesem Zusammenhang Westpfahl, in Eilers/Koffka/Mackensen, Private Equity, 2009, III.2 Rn. 48 ff.
[2816] Zu beachten ist hierbei dass unter Umständen ein deutsches Gericht nicht jede Vertragsverletzung, die nach dem Wortlaut des Vertrags zwar ein Kündigungsrecht bzw. die Fälligkeit des Rückzahlungsanspruchs begründen sollte, auch tatsächlich für wirksam und anwendbar erachtet.

Regel vertraglich auf 1 Woche abgekürzt werden kann, verwerten. Die Verwertung eines etwaigen Pfandrechts an Gesellschaftsanteilen erfolgt – anders als bei Pfandrechten an beweglichen Sachen – im Wege der Zwangsvollstreckung soweit die Parteien nicht im Sicherheitenvertrag etwas anderes vereinbart haben oder die Gesellschafter mitwirken.[2817] Dies bedeutet, dass der Pfandgläubiger grundsätzlich zunächst einen Vollstreckungstitel benötigt, – soweit man nicht wie in der Praxis üblich gemäß § 1277 BGB auf den Vollstreckungstitel verzichtet – bevor dann auf dieser Basis das Vollstreckungsgericht in der Regel die Verwertung über eine öffentliche Versteigerung oder einen freihändigen Verkauf gem. §§ 857, 844 ZPO anordnen wird.[2818] Insoweit empfiehlt es sich kautelarjuristisch vorzubeugen und bereits im Sicherheitenvertrag das anzuwendende Verwertungsverfahren vorzusehen, wobei allerdings zu beachten ist, dass aufgrund der Einschränkungen der §§ 1235, 1245 Abs. 2 BGB[2819] ein wirksamer Verzicht des Pfandrechtsgebers auf eine öffentliche Versteigerung erst nach Eintritt der Pfandreife wirksam möglich ist.[2820] Sicherlich stellt in vielen Fällen die öffentliche Versteigerung gem. § 1235 BGB eine zeitgemäße und effektive Form der Verwertung von Gesellschaftsanteilen dar, wie sich in Zusammenhang mit der Versteigerung von der Kirch-Gruppe verpfändeter Aktien an der Springer AG oder den Unternehmensbeteiligungen des Kabelnetzbetreibers ISH gezeigt hat.[2821] Anzuraten ist es gleichzeitig mit der öffentlichen Bekanntmachung von Ort und Zeit der Versteigerung auch die Versteigerungsbedingungen bekannt gemacht werden (insbesondere in Fällen in denen der Erwerb eine Fusionskontrolle unterfällt ist dies in den Versteigerungsbedingungen entsprechend zu berücksichtigen).[2822] In der öffentlichen Versteigerung kann der (erstrangige) Pfandrechtsgläubiger mitbieten und den Kaufpreis zuzüglich Verwertungskosten ohne Barzahlung durch Verrechnung mit der gesicherten Forderung erbringen,[2823] mithin also seine gesicherte Forderung in Gesellschaftsanteile „umwandeln". Soweit es sich bei den Gesellschaftsanteilen um Aktien einer börsennotierten Gesellschaft handelt, kann die Verwertung auch durch freihändigen Verkauf erfolgen (§§ 1235 Abs. 2, 1221 BGB).

### 2.3.1.3. Einlage der Forderungen gegen Gewährung von Gesellschaftsanteilen

Zu unterscheiden ist die Einlage der Forderungen gegen Gewährung von Gesellschaftsanteilen bei Kapitalgesellschaften einerseits und bei Personengesellschaften andererseits. In jedem Fall führt die Einlage der Forderungen, wie oben beschrieben zu einem Zusammenfallen von Schuldner und Gläubiger der eingelegten Forderungen und damit zu ihrem automatischen Erlöschen im Wege der Konfusion. Bei Kapitalgesellschaften erfolgt regelmäßig die Einlage von Forderungen gegen Gewährung von Gesellschafterrechten im Wege einer Sachkapitalerhöhung bei der Forderungen als Sacheinlage in die Gesellschaft gegen Erhalt von Gesellschaftsanteilen eingebracht werden, während er bei Personengesellschaften durch Einbringung der Forderungen als Gesellschafterleistung oder – sofern der Forde-

---

[2817] §§ 1277 i.V. m. §§ 857 828 ff., 844, ZPO. Für die Verwertung von Wertpapieren sind insbesondere die Sonderregelungen in §§ 1291, 1293 ff. BGB zu beachten; vgl. Staudinger/Wiegand, BGB, § 1277 Rn. 1; Schimansky/Bunte/Lwowski, Bankrechts-Handbuch, § 93 Rn. 289 ff.

[2818] Trotz der Verweisung von § 857 ZPO auf die Überweisung gem. §§ 828 ff. ZPO als Verwertungsart ist im Falle von Gesellschaftsanteilen die Anordnung „anderer Arten der Verwertung" gem. § 844 ZPO nicht der Ausnahmefall, sondern geboten vgl. Smid in: MüKo-ZPO, § 844 Rn. 1 m. w. N.; Kritisch Schimansky/Bunte/Lwowski, Bankrechts-Handbuch, § 93 Rn. 290, die den Fall der Anordnung des freihändigen Verkaufs oder der öffentlichen Versteigerung in der Praxis oft für problematisch erachten.

[2819] Klarstellend sei darauf hingewiesen, dass das Verfallsklauselverbot gem. § 1229 BGB ebenfalls zu beachten bleibt.

[2820] Schimansky/Bunte/Lwowski, ebd.

[2821] So auch Schimansky/Bunte/Lwowski, Bankrechts-Handbuch, § 93 Rn. 291; Mayer-Reimer, BB 2003, 1630 ff.

[2822] Westpfahl, in Eilers/Koffka/Mackensen, Private Equity, 2009, III.2 Rn. 38.

[2823] Vgl. §§ 816 Abs. 4, 817 Abs. 4 ZPO i. V. m. § 1239 Abs. 1 S. 1 und Abs. 2 BGB.

rungsinhaber bereits auch Gesellschafter ist im Wege des Verzichts bzw. der Einbringung erfolgt.[2824] Oft wird bei Kapitalgesellschaften der Sachkapitalerhöhung eine Kapitalherabsetzung vorgeschaltet (sog. Kapitalschnitt). Aufgrund ihrer außerordentlich hohen praktischen Relevanz sollen diese Konstellationen nachstehend etwas genauer dargestellt werden

**a) Der Kapitalschnitt.** Wurde das Grundkapital der Schuldnerin bereits durch Verluste aufgezehrt, kann es notwendig sein, die Unterbilanz im Wege einer Kapitalherabsetzung zu beseitigen bevor der Investor seine Forderung einlegt und dadurch das Grundkapital wieder erhöht (*Kapitalschnitt*). Das Grundkapital der Gesellschaft kann hier zumeist im Wege einer vereinfachten Kapitalherabsetzung (§§ 229 ff. AktG) herabgesetzt werden; diese besondere Form der Kapitalherabsetzung bietet den Vorteil, dass der aufwendige Gläubigerschutz nach § 225 AktG entfällt und sowohl die Kapitalherabsetzung, als auch die erneute Erhöhung des Grundkapitals mit Rückwirkung auf den Jahresabschluss des letzten vor der Beschlussfassung über die Kapitalherabsetzung abgelaufenen Geschäftsjahrs erfolgen können (§§ 234, 235 AktG).[2825] Neben dem Vorliegen der in § 229 Abs. 1 S. 1 AktG genannten Zwecke (Ausgleich von Wertminderungen, Deckung von Verlusten, Einstellungen in die Kapitalrücklage) erfordert die vereinfachte Kapitalherabsetzung einen von mindestens ¾ des vertretenen Grundkapitals gefassten Hauptversammlungsbeschluss (§§ 229 Abs. 3, 222 Abs. 1 und 2 AktG).

**b) Die Sachkapitalerhöhung mit Bezugsrechtsausschluss.** Die eigentliche „Umwandlung" der Forderung des Investors in Eigenkapital erfolgt durch Sacheinlage[2826] dieser Forderung im Wege einer Sachkapitalerhöhung (§§ 183 ff. AktG). Im Rahmen der Sacheinlage bedarf es zunächst einer Bewertung der einlagefähigen Forderung. Gem. § 183 Abs. 3 AktG ist die Werthaltigkeit der Forderung von einem unabhängigen Prüfer zu prüfen und (in Höhe des Nennwerts der zu gewährenden Aktien) dem Registergericht zu bestätigen. Unabhängig davon steht es dem Registerrichter frei, die Eintragung abzulehnen, wenn er zur Auffassung gelangt, dass der tatsächliche Wert der Sacheinlage den geringsten *Ausgabebetrag* der dafür auszugebenden Aktien wesentlich unterschreitet.[2827] Bei einem Unternehmen in der Krise ist zumeist ein deutlicher Wertabschlag (*haircut*) vorzunehmen.[2828] Um den Investor beteiligen zu können, muss die Sachkapitalerhöhung unter Bezugsrechtsausschluss (§ 186 Abs. 3 AktG) durchgeführt werden. Die hierfür nach dem BGH notwendige sachliche Rechtfertigung[2829] wird in den meisten Fällen erfüllt sein.[2830] Allerdings ist gerade der

---

[2824] Zu beachten bleibt allerdings, dass ohne gesonderte vertragliche Vereinbarung zwischen den Gesellschaftern der Personengesellschaft ein etwaiger Forderungsverzicht bzw. eine Einbringung der Forderung den Wert der Gesellschaftsanteile aller beteiligten Gesellschafter erhöht, so dass alle Gesellschafter gleichermaßen wirtschaftlich profitieren, obwohl die übrigen Gesellschafter im Gegensatz zum Forderungsinhaber keinen wirtschaftlichen Beitrag erbracht haben. Sofern dieses Ergebnis nicht gewollt ist, muss zwischen den Gesellschaftern im Gesellschaftsvertrag oder in einer entsprechenden Gesellschaftervereinbarung ein entsprechender Ausgleich vereinbart werden.
[2825] Ausführlich zur Rückwirkung Krieger, MünchHdbdAG, 1999, § 61 Rn. 36 ff.
[2826] Denkbar ist auch ein Erlass i. S. d. § 397 BGB oder eine Verrechnungsvereinbarung.
[2827] Vgl. Pfeifer in: MüKo, Bd. 6, § 183 Rn. 67; unzutreffend von Sydow/Beyer, AG 2005, 635 (637), die auf den Nennbetrag der zu gewährenden Aktien abstellen. Nur in Höhe des werthaltigen Teils der Forderung kann diese in statutarisches Eigenkapital umgewandelt werden Zu beachten ist, dass die Einlage des nichtwerthaltigen Teils der Forderung zu einem (i. d. R. steuerpflichtigen) Ertrag der Kapitalgesellschaft führt
[2828] Hüffer, AktG, § 183 Rn. 18.
[2829] Dazu Hüffer, AktG, § 183 Rn. 27 ff. m.w.N.
[2830] Zwar soll bei der Einlage einer gegen die Gesellschaft gerichteten Forderung ein Bezugsrechtsausschluss regelmäßig nicht gerechtfertigt sein, da in diesen Fällen die zur Tilgung benötigten Mittel auch durch ein Bezugsrechtskapitalerhöhung beschafft werden könnten. Da der Debt-Equity Swap zu Sanierungszwecken erfolgt und gleichwertige Alternativen i. d. R. nicht bestehen, sollte die sachliche Rechtfertigung hier aber unproblematisch vorliegen. Vgl. Halász/Kloster, WM 2006, 2152 (2152); von Sydow/Beyer, AG 2005, 635 (637) m.w.N.

Beschluss eines Bezugsrechtsausschluss aufgrund seiner zahlreichen rechtlichen Voraussetzungen häufig Gegenstand von Anfechtungsklagen von obstruierenden oder „räuberischen" Aktionären in Hauptversammlungen (gerade bei börsennotierten Gesellschaften). Um dieses Anfechtungsrisiko zu reduzieren, ist man in jüngerer Zeit[2831] vielfach dazu übergegangen, den Aktionären zunächst im Rahmen einer Barkapitalerhöhung ein Bezugsrecht einzuräumen und erst soweit die Aktionäre ihr Bezugsrecht nicht oder nicht vollständig ausüben, die nicht gezeichneten neuen Aktien dem Forderungsinhaber zum Bezug anzubieten, wobei dieser die Gegenleistung im Wege einer Sacheinlage durch Einbringung seiner Forderungen (d. h. im Rahmen einer Sachkapitalerhöhung) und nicht in bar erbringt. Ein Bezugsrechtsausschluss liegt in diesem Fall nicht vor, da den übrigen Aktionären vor Durchführung der Sachkapitalerhöhung die Aktien zum Bezug angeboten wurden und die Sachkapitalerhöhung nur insoweit durchgeführt wird, als die Aktionäre ihr Bezugsrecht im Rahmen der vorgeschalteten Barkapitalerhöhung nicht ausgeübt haben. Nachteil dieser Lösung ist, dass soweit die Aktionäre ihr Bezugsrecht ausüben der intendierte Debt to Equity Swap nicht erfolgt. Allerdings kann die Schuldnerin durch die im Wege der Barkapitalerhöhung zugeführten neuen Barmittel die Verbindlichkeiten gegenüber Forderungsinhabern zurückführen.

**c) Einlage der Forderungen gegen Gewährung von Genussrechten.** Denkbar ist grundsätzlich auch eine Umwandlung von Forderungen in Genussrechte.[2832] Genussrechte können entweder eine Beteiligung am Gewinn- und/oder Liquidationserlös bzw. unter Umständen Bezugs- oder Wandlungsrechte gewähren. Die Umwandlung wirkt sich auf die Passiva allerdings nur aus, soweit die Genussrechte bilanziell als Eigen- und nicht als Fremdkapital zu qualifizieren sind, was voraussetzt, dass diese nicht fest verzinst werden und lediglich eine Gewinn- bzw. Liquidationserlöspartizipation einräumen.[2833]

### 2.3.2. Risiken für den Investor in Zusammenhang mit dem Debt-Equity Swap

Im Gegensatz zu anderen Jurisidktionen (z. B. England, USA) ist ein Debt-Equity Swap in Deutschland mit nicht unerheblichen rechtlichen Risiken verbunden und bedarf daher im Einzelfall einer sehr sorgfältigen Prüfung und Vorbereitung. Dies mag auch ein Grund dafür sein, dass in Deutschland noch relativ selten (eines der prominentesten jüngeren Beispiele war die Sanierung der Borussia Dortmund KGaA) ein Debt-Equity Swap durchgeführt und vielfach noch auf Treuhandmodelle gesetzt wird.

### 2.3.3. Gesellschaftliche Risiken

#### 2.3.3.1. Kapitalerhaltung

Aus juristischer Sicht ergeben sich Risiken für den Investor zunächst schon dadurch, dass bei Kapitalgesellschaften die Umwandlung über eine Sachkapitalerhöhung (§ 183 ff. AktG, § 56 ff. GmbHG) erfolgen muss, wobei die Sacheinlagevorschriften nicht dadurch umgangen werden können, dass die Gesellschaft in einem ersten Schritt die Forderung befriedigt und sodann der Investor in zeitlichem und sachlichem Zusammenhang eine Bareinlage tätigt.[2834] Die Anwendung der Sacheinlagevorschriften hat zur Folge, dass sofern sich im Nachhinein (etwa in der Insolvenz der Gesellschaft) herausstellt, dass zum Zeitpunkt der Anmeldung der Eintragung der tatsächliche Wert der Forderung nicht dem Ausgabebetrag entsprach, eine Nachschusspflicht des Inferenten in Höhe des zu hoch angesetzten wirtschaftlichen Werts der umgewandelten Forderungen besteht. Gerade in der Krise wird je-

---

[2831] So etwa im Fall von Borussia Dortmund KGaA.
[2832] Unter § 221 AktG finden Genussrechte zumindest für die Aktiengesellschaft gesetzliche Erwähnung. Für die GmbH wird die Einräumung von Genussrechten trotz fehlender gesetzlicher Reglementierung für zulässig erachtet vgl. statt vieler Westpfahl, in Eilers/Koffka/Mackensen. Private Equity, 2009, III.2 Rn. 5; Scholz/Priester, GmbHG, § 55 Rn. 11.
[2833] Westpfahl, ebenda m.w.N.
[2834] Dies würde eine verdeckte Sacheinlage gem. § 19 Abs. 4 GmbHG darstellen.

doch der buchmäßige Nennwert der umzuwandelnden Forderung ihrem wirtschaftlichen Wert nicht entsprechen, so dass dies einen entsprechenden Abschlag bei der Bewertung erfordern wird; eine zu aggressive Bewertung erhöht damit das Risiko der Nachschusspflicht für den Inferenten.[2835] Den soeben beschriebenen Risiken verbundenen wirtschaftlichen Nachteilen einer geringeren Beteiligungsquote des Investors kann unter Umständen dadurch entgegengewirkt werden, dass dieser durch eine Anpassung des Unternehmenswertes dennoch eine höhere Beteiligung erhält und er somit die Marge zwischen Nennwert der Forderung und Kaufpreis für den Erwerb der Forderung für sich nutzbar macht.

### 2.3.3.2. Behandlung von Gesellschafterdarlehen nach MoMiG

Zum anderen führt die Umwandlung von Forderungen in Eigenkapital dazu, dass etwaige sonstige nicht umgewandelte Darlehensforderungen (samt Sicherheiten) nunmehr Gesellschafterdarlehen darstellen, die in der Insolvenz gem. § 39 Abs. 1 Nr. 5 InsO nachrangig sind und der Insolvenzanfechtung gem. § 135 InsO unterliegen, sofern der Investor für sich nicht die bereits dargestellten Privilegierungen gem. § 39 Abs. 5 InsO (Kleinstbeteiligungsprivileg) oder gem. § 39 Abs. 4 S. 2 InsO (Sanierungsprivileg) für sich in Anspruch nehmen kann.[2836]

**a) Gesamtschuldnerische Haftung nach § 16 Abs. 2 GmbHG.** Zu bedenken ist insbesondere im Zusammenhang mit dem Debt-Equity Swap im Wege der Abtretung gegen Forderungserlass, dass soweit GmbH-Geschäftsanteile übertragen werden, den Erwerber gemäß § 16 Abs. 2 GmbHG eine gesamtschuldnerische Haftung mit dem Veräußerer für rückständige Leistungen in Bezug auf den Geschäftsanteil trifft (z. B. Einlagen, Differenzhaftungsansprüche. Rückerstattungsansprüche nach § 31 GmbHG Nebenleistungen).[2837] Freilich bestehen im Falle einer Inanspruchnahme des Erwerbers nach § 16 Abs. 2 GmbHG im Innenverhältnis Regressansprüche des Erwerbers gegen den Veräußerer im Rahmen des Gesamtschuldnerinnenausgleichs (§ 426 BGB).[2838]

### 2.3.3.3. Übernahmerechtliche Risiken für den Investor bei börsennotierten Gesellschaften

Ein notleidende Forderungen erwerbender Investor erlangt i. d. R. weder Anteile noch die mit diesen verknüpften Stimmrechte. Der Anwendungsbereich der §§ 29, 35 WpÜG, nach denen der Erwerb von mindestens 30 % der Stimmrechte einer börsennotierten Gesellschaft die Pflicht des Erwerbers auslöst, diesen Kontrollerwerb zu veröffentlichen und den übrigen Aktionären ein Angebot zum Erwerb ihrer Aktien zu unterbreiten, ist *prima facie* folglich nicht eröffnet. Das Beteiligungskonzept des Distressed Debt Investing erfordert allerdings sowohl eine Abstimmung mit dem Management der Schuldnerin, als auch die Unterstützung durch die Aktionäre, etwa bei der Umsetzung der Sachkapitalerhöhung, die dem eigentlichen Debt-Equity Swap dient. Ist Schuldnerin der Forderung eine börsennotierte Aktiengesellschaft, stellt sich die Frage, ob solche Abstimmungen dazu führen können, dass der Investor nach § 30 Abs. 2 WpÜG dem Grunde nach[2839] zur Abgabe eines Angebots nach § 35 WpÜG verpflichtet wird. Eine solche Pflicht, deren Nichtbeachtung empfindliche

---

[2835] Davon zu unterscheiden ist die Frage, ob die Sachkapitalerhöhung vom Registerrichter eingetragen wird, wenn dieser zur Auffassung gelangt, dass der tatsächliche Wert der Sacheinlage den geringsten Ausgabebetrag der dafür auszugebenden Anteile wesentlich unterschreitet, da nach zutreffender herrschender Ansicht der Registerrichter lediglich die Deckung des geringsten Ausgabebetrags prüft und nicht etwa, ob darüber hinaus auch ein entsprechendes Aufgeld wertmäßig abgesichert ist.
[2836] Zu den damit verbundenen Problemen s. oben.
[2837] Westpfahl, in Eilers/Koffka/Mackensen, Private Equity, 2009, III.2 Rn. 27.
[2838] Westpfahl, ebenda.
[2839] Zur Möglichkeit einen Dispens, d. h. eine Befreiung von der Angebotspflicht nach § 9 S 1 Nr. 3 Angebots-VO zu erlangen, noch unten unter Abschnitt 2.3.2.3. lit. c).

Konsequenzen nach sich zieht,[2840] wäre mit dem Investitionskonzept klassischer Distressed-Debt Investoren kaum zu vereinbaren: Denn diese wollen (oder können) weder das aus einem Pflichtangebot resultierende finanzielle Engagement eingehen noch eine Mehrheitsposition bei einer börsennotierten AG übernehmen.

**a) Der Tatbestand des § 30 Abs. 2 WpÜG nach dem Risikobegrenzungsgesetz.**
**(i) Abgestimmtes Verhalten.** § 30 Abs. 2 WpÜG regelt die Zurechnung von Stimmrechten in Fällen des abgestimmten Verhaltens. Die Norm wurde kürzlich im Zuge des Risikobegrenzungsgesetzes[2841] neu gefasst. Während des Gesetzgebungsverfahrens war die Vorschrift Gegenstand zahlreicher Diskussionen.[2842] Das Risikobegrenzungsgesetz hat nun letztlich die vom *BGH* in einer jüngeren Entscheidung vertretene restriktive Anwendung des § 30 Abs. 2 WpÜG zurückgewiesen. Der II. Zivilsenat hatte darauf hingewiesen, dass es nach dem „eindeutigen" Wortlaut der Vorschrift allein auf eine Abstimmung über die Stimmrechtsausübung in der Hauptversammlung[2843] ankomme, und somit Abstimmungsverhalten in Bezug auf Vorgänge, die außerhalb der Hauptversammlung stattfinden, wie insbesondere die abgestimmte Einflussnahme auf Aufsichtsratsitzungen und in ihr zu treffende Entscheidungen, als taugliche Anknüpfungspunkte ausscheiden.

Nach § 30 Abs. 2 S. 1 WpÜG werden dem Bieter Stimmrechte eines Dritten aus Aktien der Zielgesellschaft, mit dem der Bieter (oder sein Tochterunternehmen) sein Verhalten in Bezug auf die Zielgesellschaft auf Grund einer Vereinbarung oder in sonstiger Weise abstimmt in voller Höhe zugerechnet, sofern dies nicht nur im Einzelfall geschieht (§ 30 Abs. 2 S. 1 WpÜG). Das abgestimmte Verhalten wird nunmehr in § 30 Abs. 2 S. 2 legaldefiniert und setzt voraus, dass der Bieter oder sein Tochterunternehmen und der Dritte sich über die Ausübung von Stimmrechten verständigen oder mit dem Ziel einer dauerhaften und erheblichen Änderung der unternehmerischen Ausrichtung der Zielgesellschaft in sonstiger Weise zusammenwirken. Damit hat der Gesetzgeber zumindest auf Ebene des Begriffs des abgestimmten Verhaltens ein materielles Verständnis eingeführt, so dass von einer tatbestandsmäßigen Abstimmung ausgegangen werden darf, sofern die Verständigung (i) tatsächliche Einflussnahme auf die Zielgesellschaft bezwecken soll (ii) auf die Umsetzung einer gemeinsamen Unternehmensstrategie für die Zielgesellschaft ausgerichtet ist und (iii) dies zu einer nachhaltigen und wesentliche Änderung der zum Abstimmungszeitpunkt bestehenden unternehmerischen Ausrichtung der Zielgesellschaft führt. Ohne Belang bleibt – u. E., ob – bei Vorliegen der sonstigen Voraussetzungen des Einzelfallprivilegs – die *Auswirkungen* der Abstimmung für die Gesellschaft oder die Aktionäre von langfristiger Wirkung sind,[2844] solange dies nicht mit einer nachhaltigen Kontrolle über die Zielgesellschaft gleichzusetzen ist.

---

[2840] Verstößt ein Bieter gegen seine Verpflichtung aus § 35 WpÜG, so folgt daraus (i) ein Anspruch der Aktionäre auf Zinszahlung (§ 38 WpÜG) und (ii) ein Rechtsverlust aus den Aktien (§ 59 WpÜG) für die Zeit, in der die Veröffentlichungs- und Angebotspflichten nicht erfüllt waren. Ferner sieht § 60 WpÜG die Möglichkeit der Verhängung einer Geldbuße vor.

[2841] Gesetz zur Begrenzung der mit Finanzinvestitionen verbundenen Risiken (Risikobegrenzungsgesetz) v. 12. August 2008, BGBl. 2008, Teil I, 1666.

[2842] Während noch der Regierungsentwurf von Oktober 2007 einen extensiven Anwendungsbereich der Zurechnungsnorm auch auf den abgestimmten Erwerb von Aktien sowie die Streichung des Einzelfallprivilegs vorsah, ist das am 18. August 2008 verabschiedete Gesetz hinter diesen Vorgaben zurückgeblieben und hat einerseits das Einzelfallprivileg beibehalten und andererseits darauf verzichtet, eine Abstimmung in Bezug auf den Aktienerwerb als tatbestandsmäßig anzusehen.

[2843] BGH, Urteil v. 18. 9. 2006 – II ZR 137/05, BGHZ 169, 98, a. a. O., Rn. 17 m.w.N. S. hierzu auch Halász/Kloster, Der Konzern 2006, 344 ff., Halász/Kloster, WM 2006, 2152 (2153 f., 2155) und jüngst auch LG Hamburg Urteil v. 16.Oktober 2006, 412 O 102/04, AG 2007, 177 – Beiersdorf m.w.N.

[2844] Ebenso von Bülow/Bücker, ZGR 2004, 669 (700); Saenger/Kessler, ZIP 2006, 837 (840); ablehnend auch Lange, ZBB 2004, 22 (27). Wohl auch LG München I, Urteil v. 11. März 2004, 5 HK O 16972/03, Der Konzern 2004, 355 (358).

§ 30 Abs. 2 S. 1 HS. 2 WpÜG erfordert, dass die Abstimmung (im Einzelfall) – mithin der Abstimmungsgrund – keine nachhaltige spürbare Auswirkung auf die unternehmerische Ausrichtung der Zielgesellschaft hat, die Auswirkungen des Abstimmungsgegenstands selbst spielen hingegen keine Rolle.[2845] Dies bedeutet, dass vielfach eine Abstimmung in Bezug auf ein Restrukturierungskonzept unter die Legaldefinition des abgestimmten Verhaltens subsumiert werden kann, da es bei Restrukturierungskonzepten vielfach gerade darauf ankommt die unternehmerische Ausrichtung der Zielgesellschaft zu beeinflussen. Eine Abstimmung von Verhalten i. S. d. § 30 Abs. 2 WpÜG setzt eine (zumindest stillschweigende) bewusste Übereinkunft zwischen den Abstimmenden voraus, sich gerade in Bezug auf die Stimmrechtsausübung oder in sonstiger Weise hinsichtlich der Unternehmenspolitik zu. Auf welche Art und Weise (Vertrag; bloße Abrede; Grenzfall: Absichtserklärung) die Abstimmung erfolgt, ist ohne Belang.[2846] Auch ein – ohne vorherige Übereinkunft – tatsächlich bewusst abgestimmtes Verhalten kann eine Zurechnung i. S. d. § 30 Abs. 2 HS. 1 WpÜG rechtfertigen.[2847] Entscheidend ist einzig, dass die Abstimmenden im Abstimmungszeitpunkt von einer gemeinsamen Willensausübung ausgehen.

**(ii) Das Einzelfallprivileg.** Eine Zurechung scheidet nach § 30 Abs. 2 S. 2 WpÜG selbst bei tatsächlich abgestimmten Verhalten aus, wenn die Abstimmung lediglich einen Einzelfall betrifft.[2848] Dem liegt die folgerichtige Überlegung zugrunde, dass eine Abstimmung nur dann als Kontrollwechsel qualifiziert werden kann, wenn sie als Ausdruck einer verfestigten Struktur auf eine gewisse Dauer und Nachhaltigkeit angelegt ist.[2849] Das Risikobegrenzungsgesetz hat bereits in der Legeldefinition des „abgestimmten Verhaltens" eine klare Position für die materielle Betrachtungsweise bezogen; ob er der vom BGH ursprünglich favorisierten formellen Betrachtungsweise, nach welcher sich in einmaligen Handlungen/Unterlassungen erschöpfende Abstimmungen stets ein Einzelfall zu sehen war,[2850] in Zusammenhang mit dem Einzelfallprivileg tatsächlich eine Absage erteilen wollte bleibt u. E. fraglich. Zum einen ließe sich darauf abstellen, dass bereits nach seiner Legaldefinition ein abgestimmtes Verhalten nur solche Abstimmungen betrifft, die entweder (i) auf Stimmrechtsausübung oder (ii) auf nachhaltige Einflussnahme im Sinne einer regelmäßigen und dauerhaften Einflusskoordination auf die Unternehmenspolitik ausgerichtet sind,[2851] unabhängig davon, ob die Abstimmung eine oder mehrere Handlungen zum Gegenstand hat und dass dieses materielle Verständnis sich auch im Begriff des „Einzelfalls" widerspiegeln muss. Zum anderen muss jedoch eine materielle Betrachtungsweise in Bezug auf das „abgestimmte Verhalten" nicht automatisch präkludieren, dass diese Betrachtungsweise auch zur

---

[2845] Schockenhoff/Schumann, ZGR 2005, 568 (589); ebenso Saenger/Kessler, ZIP 2006, 837 (840) die Zurecht darauf hinweisen, dass eine Vielzahl der von der Hauptversammlung zu entscheidenden Maßnahmen dadurch gekennzeichnet sind, dass sich Ihre Auswirkungen dauerhaft manifestieren, so dass stets der Einzelfall zu verneinen wäre.

[2846] Pentz, ZIP 2003, 1478 (1486); von Bülow, KölnKomm/WpÜG, § 30 Rn. 112. Nach Diekmann in: Baums/Thoma, WpÜG, 2004, § 30 Rn. 70, soll auch eine aufgrund einer Drohung veranlassten Abstimmung als abgestimmtes Verhalten qualifizieren.

[2847] Diekmann in: Baums/Thoma, WpÜG, 2004, § 30 Rn. 68.

[2848] Das Einzelfallprivileg findet über seinen Wortlaut hinaus auch auf „Abstimmungen in sonstiger Weise" Anwendung. Vgl. nur Weiler/Meyer, NZG 2003, 909 (910).

[2849] Zutreffend Liebscher, ZIP 2002, 1005 (1008); ebenso Halász/Kloster, Der Konzern 2007, 344 (349 ff.).

[2850] In diese Richtung BGH, Urteil v. 18.September 2006, II ZR 137/05, Der Konzern 2006, 763 ff.; Schwark/Noack, Kapitalmarktrecht, § 30 WpÜG Rn. 24. Wohl auch LG München I, Urteil v. 11. März 2004, 5 HK O 16972/03, Der Konzern 2004, 355 (358); a. A. zur alten Rechtslage („materielle Betrachtungsweise"): OLG München, Urteil v. 27. April 2005, 7 U 2792/04, von Bülow, KölnKomm/WpÜG, 2002, § 30 Rn. 137 f.; von Bülow/Bücker, ZGR 2004, 669 (700); im Ergebnis auch Halász/Kloster, Der Konzern 2007, 344 (349 ff.).

[2851] OLG Frankfurt/M., Beschluss v. 25.Juni 2004, ZIP 2004, 1309 (1312); Schockenhoff/Schumann, ZGR 2005, 568 (588); a. A. Wackerbarth in: MüKomm/AktG, § 30 WpÜG Rn. 20.

Bestimmung des „Einzelfalls" herangezogen werden muss, sondern dieser vielmehr formell – wie auch vom BGH befürwortet[2852] – bestimmt wird. Hierfür könnte ins Feld geführt werden, dass bereits der Tatbestand des abgestimmten Verhaltens durch das Abstellen auf eine dauerhafte und nachhaltige erhebliche Einflussnahme auf die unternehmerische Ausrichtung hinreichend erweitert worden und somit das Einzelfallprivileg rein formal zu verstehen ist mithin nur sich in einmaligen Handlungen/Unterlassungen erschöpfende Abstimmungen unter das Einzelfallprivileg fallen. Dem ist u. E. nicht zuzustimmen. Die „in erster Linie" formale Bestimmung des Vorliegens eines Einzelfalls zielt darauf ab, punktuelle Abstimmungen, die im jeweiligen Einzelfall regelmäßig nicht nachhaltig im Sinne einer regelmäßigen und dauerhaften Einflusskoordination sind, aus dem Anwendungsbereich der Zurechnungsnorm auszuscheiden.[2853] Allerdings ist zu bedenken, dass unabhängig davon, ob das Zurechnungssubjekt im Wege einer lediglich punktuellen[2854] oder wiederholten Abstimmung kontinuierlich und nachhaltig die Ausübung von mehr als 30 % der Stimmrechte beeinflusst, im Ergebnis ein dem Grundfall des Haltens von mehr als 30 % der Stimmrechte vergleichbarer Fall und qualitativ damit ein Kontrollwechsel vorliegt, der eine Stimmrechtszurechnung mit ihren weit reichenden Rechtsfolgen rechtfertigt. Den Aktionären einer Zielgesellschaft soll für solche Fälle der Bündelung von Stimmrechten (und damit Leitungsmacht), die faktisch einem Kontrollwechsel gleichkommt, ein Austrittsrecht gewährt werden.[2855] Dieses Ziel kann u. E. aber gerade nicht durch ein rein formelles Einzelfallverständnis erreicht werden:[2856] Denn der BGH konzediert, dass es letztlich nicht auf die Nachhaltigkeit der Wirkung des abgestimmten Verhaltens,[2857] sondern ausschließlich auf eine regelmäßige und dauerhafte Einflusskoordination.[2858] Auf der Basis des vorstehenden Verständnisses des § 30 Abs. 2 S. 1 HS. 2 WpÜG ist es u. E. einzig folgerichtig in Fällen, in denen sich Aktionäre über die Durchführung mehrerer sachlich zusammenhängender Maßnahmen abstimmen, einen Einzelfall anzunehmen. Auch ein Kapitalschnitt mit nachfolgender Kapitalerhöhung mit Bezugsrechtsausschluss werden folglich von § 30 Abs. 2 S. 1 HS. 2 WpÜG erfasst, sofern einerseits ein einheitlicher Lebenssachverhalt und andererseits keine dauerhafte Einflusskoordination durch Umsetzung eines auf Gestaltung ausgelegten unternehmerischen Konzepts vorliegt.[2859] Dies bedeutet, dass auch über einen längeren Zeitraum gestreckte, sukzessive Abstimmungen, die einen einheitlichen Lebenssachverhalt betreffen, „Einzelfälle" i. S. d § 30 Abs. 2 S. 1 WpÜG sind.[2860]

Damit **ist besonders bedeutsam, wer das Eingreifen des Einzelfallprivilegs vorzutragen hat** *(Beweisführungslast)* **und zu welchen Folgen ein etwaiges** *„non liquet"* **führt.**[2861] Die im Einzelfall anzuwendenden Beweisführungs- und Beweislastmaßstäbe im

---

[2852] BGH, Urteil v. 18. September 2006, II ZR 137/05, Der Konzern 2006, 763 ff. mit Anmerkung Halász/Kloster, Der Konzern 2007, 344 ff.

[2853] Vgl. hierzu schon OLG Frankfurt/M., Beschluss v. 25. Juni 2004, ZIP 2004, 1309 (1312); Halász/Kloster, WM 2006, 2152 (2155 f.); Halász/Kloster, Der Konzern 2007, 344 (349 ff.).

[2854] In Betracht kommt hier beispielsweise die Abstimmung über eine detailliert ausgearbeitete Unternehmensstrategie, die etwa im Wege der Satzungsänderung, mit Bindungswirkung gegenüber den Leitungsorganen der Gesellschaft festgeschrieben wird.

[2855] BegrRegE zu § 30 Abs. 2 WpÜG, BT-Drucks. 14/7034, S. 60; OLG Frankfurt/M., Beschluss v. 25. Juni 2004, WpÜG 5, 6 und 8/03, ZIP 2004, 1309 (1312).; Halász/Kloster, WM 2006, 2152 (2155 f.).

[2856] A.A. Kocher, BB 2006, 2436, der ein rein formelles Einzelfallverständnis befürwortet.

[2857] So aber noch das OLG München, Urteil v. 27. April 2005, 7 U 2792/04, ZIP 2005, 856.

[2858] Krauel/Grün, Börsenzeitung v. 27. September 2006, S. 2.

[2859] So bereits Halász/Kloster, WM 2006, 2152 (2158) insbesondere in Bezug auf die Durchführung eines debt to equity swaps.

[2860] Daher auch die plurale Verwendung im Wortlaut der Norm „Einzelfälle"; von Bülow/Bücker, ZGR 2004, 669 (700).

[2861] Auf die zentrale Rolle prozessualer Fragen bei § 30 Abs. 2 WpÜG weisen mit Recht Schüppen/Walz in: Haarmann/Schüppen, Frankfurter Kommentar zum WpÜG, § 30 Rn. 60 hin.

Rahmen des WpÜG bestimmen sich grundsätzlich danach, welcher Kategorie eine streiterhebliche Norm (Öffentliches Recht, Zivilrecht) in concreto angehört. Dem steht insbesondere nicht entgegen, dass es bei § 30 Abs. 2 WpÜG oftmals auf innere Tatsachen und Absichten ankommen wird. Die Schwierigkeit diese im Einzelfall nachzuweisen, führt zumindest im Verwaltungsverfahren[2862] zu keinen Erleichterungen (Anscheinsbeweis oder gar Beweislastumkehr).[2863] Allenfalls kann es ausreichen, wenn sich eine „Abstimmung in Bezug auf die Zielgesellschaft" aus bestimmtem äußeren Verhalten oder Indizien ergibt. Im Ergebnis muss folglich die BaFin (im Verwaltungsverfahren) und ein etwaiger Anspruchsteller (im Zivilverfahren) das Vorliegen einer Abstimmung in Bezug auf die Zielgesellschaft und das Nichtvorliegen des Einzelfallprivilegs darlegen und ggf. beweisen.[2864] **Ein Pflichtangebot könnte daher dem Grunde nach unterbleiben, wenn es der BaFin nicht gelänge, die Voraussetzungen des § 30 Abs. 2 WpÜG nachzuweisen. Freilich sollte ohne Klärung der Pflichtangebotsfrage ein Debt-Equity Swap nicht durchgeführt werden.** Wird aber die Erteilung eines Dispenses nach § 37 WpÜG beantragt, bleibt die vorstehende Beweislastverteilung theoretisch. Denn im Befreiungsverfahren nach § 37 WpÜG hat der Antragsteller gem. § 10 Nr. 5 Angebots-VO darzulegen (und im Zweifelsfalle zu beweisen), dass die Voraussetzungen einer Befreiung vorliegen,[2865] zwangsläufig also auch die über einen Einzelfall hinausgehende Abstimmung darzulegen.

**b) § 30 Abs. 2 WpÜG und die Umsetzungsakte eines Debt-Equity Swaps. (i) Akquisition der Forderungen.** Der Forderungserwerb von veräußerungswilligen Gläubigern der Schuldnerin kann, je nachdem, ob die Forderungen im Wege einer Abtretung gem. §§ 398 ff. BGB oder durch eine Vertragsübernahme nach § 414 BGB erworben werden sollen, nur mit der Zustimmung der Schuldner erfolgen. Eine Zustimmung der Aktionäre ist hingegen i. d. R. nicht notwendig. Damit scheidet der Erwerb der Forderung als Anknüpfungspunkt für ein abgestimmten Verhaltens selbst dann aus, wenn die Investoren tatsächlich Einfluss auf eine gleichwohl eingeholte Zustimmungsentscheidung nehmen.

**(ii) Einflussnahme auf die Aufsichtsratsstruktur der Zielgesellschaft.** Häufig wird ein Distressed Debt Investor ein erhebliches Interesse daran haben, die Zusammensetzung des Aufsichtsrats der Zielgesellschaft zu beeinflussen, um den Debt-Equity Swap und das Sanierungskonzept zu flankieren.[2866] Die in der Vergangenheit viel diskutierte Frage,[2867] ob und ggf. unter welchen Voraussetzungen die abgestimmte Besetzung des Aufsichtsrates eine Zurechung nach § 30 Abs. 2 WpÜG auslösen kann, hat der BGH entschieden[2868] indem er einzig auf die koordinierte Abstimmung zwischen Aktionären hinsichtlich der Stimmabgabe in einer Hauptversammlung abstellt. Somit ist die Abstimmung über Vorgänge im inneren des Aufsichtsrats, wie etwa die Besetzung des Aufsichtsratsvorsitzes nicht als Abstimmung in Bezug auf die Zielgesellschaft zu qualifizieren, während die abgestimmte Besetzung des gesamten Aufsichtsrats oder die abgestimmte Wahl einzelner Aufsichtsratsmitglieder zweifellos das Tatbestandsmerkmal erfüllt.[2869] In den letztgenannten Konstellationen, in denen ein abgestimmtes Verhalten im Sinne des § 30 Abs. 2 WpÜG zu bejahen ist, kommt entscheidende Bedeutung der Frage zu, ob das Einzelfallprivileg nach § 30 Abs. 2 S. 1 HS. 2

---

[2862] Zur Frage, inwieweit im Zivilverfahren Beweiserleichterungen zu gewähren sind, ausführlich (und i.E. ablehnend) Schockenhoff/Schumann, ZGR 2005, 568 (596 ff.).
[2863] Zutreffend Schockenhoff/Schumann, ZGR 2005, 568 (594 f.).
[2864] Ebenso von Sydow/Beyer, AG 2005, 635 (643).
[2865] Schockenhoff/Schumann, ZGR 2005, 568 (595).
[2866] Zutreffend von Sydow/Beyer, AG 2005, 635 (640).
[2867] OLG München, Urteil v. 27. April 2005, 7 U 2792/04, ZIP 2005, 856. Zu dieser Entscheidung insbesondere Saenger/Kessler, ZIP 2006, 837 (838 ff.).
[2868] BGH, Urteil v. 18. September 2006, II ZR 137/05, a. a. O. Leitsatz 2.
[2869] BGH, Urteil v. 18. September 2006, II ZR 137/05, a. a. O. Leitsatz 2. Vgl. auch LG München, Urteil v. 11. März 2004, 5 HK O 16972/03, Der Konzern 2004, 355 unter 3. b) und, mit Einschränkungen ebenso, OLG München, Urteil v. 27. April 2005, 7 U 2792/04, a. a. O. unter 2.

WpÜG einer Zurechnung entgegensteht. Der BGH hat jedoch jüngst genau für diesen Fall zu Recht entschieden, dass die in der Praxis übliche koordinierte Besetzung des Aufsichtsrates und die anschließende „abgestimmte" Wahl des Vorsitzenden infolge einer Anwendung des Einzelfallprivilegs regelmäßig zu keiner Zurechnung führt.[2870]

**(iii) Kapitalschnitt und die Sachkapitalerhöhung.** Dem Investor kann an einem Kapitalschnitt insbesondere deshalb gelegen sein, weil er durch die im Anschluss an die Kapitalherabsetzung erfolgende Zeichnung neuer Aktien seine Stimmacht in der Gesellschaft vergleichsweise vergrößern kann. Bereits im Vorfeld eines Debt-Equity Swap wird er daher regelmäßig versuchen, auf eine Kapitalherabsetzung hinzuwirken. Mit Blick auf die zur Kapitalherabsetzung benötigte Mehrheit von ¾ des vertretenen Grundkapitals, wird er an die Aktionäre herantreten und diese für sein Sanierungskonzept zu gewinnen suchen.[2871] Nur so kann er letztlich hinreichende Transaktionssicherheit erlangen. Gleiches gilt für die Sachkapitalerhöhung (§ 182 Abs. 1 S. 1 AktG) unter Bezugsrechtsausschluss (§ 186 Abs. 3 S. 2 AktG). Denn ohne Transaktionssicherheit einerseits,[2872] möglicherweise mit der Verpflichtung zur Abgabe eines Pflichtangebots belastet andererseits (sofern ein Dispens nicht erteilt wird),[2873] wird er die Transaktion letztlich nicht durchführen. Die Abstimmung zwischen Investor und Altaktionären lässt sich zunächst ohne weiteres als Abstimmung von Verhalten in Bezug auf die Zielgesellschaft, nämlich über die (konkrete) Stimmrechtsausübung in der Hauptversammlung sehen. Insofern wäre eine Zurechnung auch in diesem Fall nur bei Anwendung des Einzelfallprivilegs gem. § 30 Abs. 2 S. 1 WpÜG abzulehnen. Entgegen einer in der Literatur vertretenen Auffassung[2874] scheidet das Einzelfallprivileg des § 30 Abs. 2 S. 1 HS. 2. WpÜG bei einem Debt-Equity Swap nicht schon deshalb aus, weil sich die Abstimmung zwischen Investor und Altaktionären sukzessiv auf mehrere Beschlussgegenstände (Kapitalschnitt, Sachkapitalerhöhung) bezieht und die gewährten Mitgliedschaftsrechte es dem Investor ermöglichen, dauerhaft Einfluss auf die Belange der Gesellschaft zu nehmen. Diese Ansicht verkennt zunächst, dass es sich bei einem Debt-Equity Swap um einen einheitlichen Lebenssachverhalt handelt, ferner, dass sich die Abstimmung in aller Regel auf den Debt-Equity Swap beschränkt,[2875] mithin gerade keine dauerhafte Einflusskoordination vorliegt, da der Investor durch den Debt-Equity Swap lediglich mit einem bestimmten Prozentsatz an der Gesellschaft beteiligt wird; dieser Umstand vermittelt dem Investor (solange er nicht die Kontrollschwelle überschreitet) jedoch noch keine übernahmerechtliche Kontrolle.

**(iv) Verfolgung eines Sanierungskonzepts.** Sofern der Investor – was regelmäßig der Fall sein wird – ein Sanierungs- und Restrukturierungskonzept verfolgt und sich mit anderen Aktionären auf die Umsetzung dieses gemeinsamen Konzepts einigt, besteht allerdings durch die Neufassung des § 30 Abs. 2 WpÜG nunmehr ein erhöhtes Risiko, dass dies als Zusammenwirken „*in sonstiger Weise mit dem Ziel einer dauerhaften und erheblichen Änderung der unternehmerischen Ausrichtung der Zielgesellschaft*" angesehen wird. Ein erfolgreiches und nachhaltiges Sanierungskonzept ist vielfach gerade dadurch gekennzeichnet, dass durch substanzielle operative Maßnahmen wie Schließung von Geschäftsbereichen, Eröffnung neuer Geschäftsbereiche, Verlagerung von Produktionsstätten, Veräußerung von Geschäftsbereichen und Tochterunternehmen etc., die die unternehmerische Ausrichtung der Zielgesellschaft

---

[2870] BGH, Urteil v. 18. September 2006, II ZR 137/05, a.a.O., Rn. 23.
[2871] von Sydow/Beyer, AG 2005, 635 (637, 639).
[2872] Zwar ließe sich das Risiko durch einen aufschiebend bedingten Erwerb der Forderungen zum Teil begegnen, allerdings bliebe fragwürdig, inwiefern Forderungsverkäufer eine solche Bedingung akzeptieren würden.
[2873] Dazu noch unten unter 2.3.2.3. c).
[2874] von Sydow/Beyer, AG 2005, 635 (639 f.).
[2875] Unzulässig wäre es u. E. aus der Bereitschaft, sich im Einzelfall abzustimmen, auf eine zukünftig bestehende Abstimmungsbereitschaft zu schließen. Die Verhältnisse mögen sich ändern.

erheblich verändern, eine wirtschaftliche „Genesung" des angeschlagenen Unternehmens erreicht wird. Insofern bleibt zu konstatieren, dass bis zu einer ausdrücklichen Stellungnahme durch die BaFin und die Rechtsprechung ein Investor, der sich mit den Aktionären einer börsennotierten Zielgesellschaft auf ein Restrukturierungskonzept verständigt, durchaus Gefahr läuft die Aktien dieser Aktionäre gem. § 30 Abs. 2 WpÜG zugerechnet zu bekommen. Insofern bleibt nur zu empfehlen, in diesen Fällen bei der BaFin präventiv einen Antrag auf Befreiung von der Angebotspflicht (dazu sogleich unter 2.3) zu stellen.

**c) Befreiung von der Angebotspflicht.** Sofern das Einzelfallprivileg aufgrund eines unter den Aktionären abgestimmten unternehmerischen Konzepts nicht eingreift oder durch den Debt-Equity Swap die 30 % Schwelle überschritten wird, besteht die Möglichkeit, bei der BaFin (Übernahmereferat Abteilung WA 16) die Befreiung von der Angebotspflicht zu beantragen, wenn die Erlangung der Kontrolle im Zusammenhang mit der Sanierung der Zielgesellschaft steht (§ 37 Abs. 1 S. 1 WpÜG i.V. m. § 9 S. 1 Nr. 3 Angebots-VO). Die Befreiung von der Angebotspflicht setzt zunächst einen schriftlichen Antrag voraus, der bis spätestens sieben Kalendertage nach dem Zeitpunkt, in dem der Bieter von der Kontrollerlangung Kenntnis haben musste, gestellt werden muss (§ 8 S. 2 Angebots-VO). Der notwendige Antragsinhalt wird durch § 10 Angebots-VO festgelegt. Aus der Formulierung „im Zusammenhang mit der Sanierung der Zielgesellschaft" und dem Charakter des § 37 Abs. 1 S. 1 WpÜG als Ermessensnorm werden vier Voraussetzungen abgeleitet: Die Gesellschaft muss sanierungsbedürftig und sanierungsfähig sein,[2876] der Bieter einen Sanierungsbeitrag erbringen[2877] und das Interesse der Bieters an einer Erteilung des Privilegs das Interesse der sonstigen Aktionäre an einer Verweigerung der Genehmigung überwiegen.[2878] Sanierungsfähigkeit und -bedürftigkeit sowie der vom Bieter beabsichtigte Sanierungsbeitrag sind in einem belastbaren Sanierungskonzept darzulegen, dass ausgehend von dem zum Antragsstellungszeitpunkt vorliegenden Daten eine Prognose der wirtschaftlichen Entwicklung beinhaltet.[2879] Das Sanierungskonzept kann sowohl von einem externen Wirtschaftsprüfer als auch durch ein internes Gutachten des Bieters erstellt werden.[2880] Für die Sanierungsbedürftigkeit stellt die BaFin in ihrer Verwaltungspraxis auf das Vorliegen bestandsgefährdender Risiken im Sinne des § 322 Abs. 2 Satz 3 HGB ab.[2881] Hinsichtlich der Bestimmung der Sanierungsfähigkeit sind die Anforderungen an die Wahrscheinlichkeit des Sanierungserfolgs bei der Zielgesellschaft umstritten. Einen mit an Sicherheit grenzender Wahrscheinlichkeit vorhersehbaren Sanierungserfolg wird man nach zutreffender Ansicht nicht verlangen dürfen, da dies dem Charakter der Prognoseentscheidung zum Antragszeitpunkt widerspräche.[2882] Während teilweise darauf abgestellt wird, dass die Sanierungsmaßnahmen objektiv und *ex ante* sachgerecht und realisierbar erscheinen müssen um ihr mittelfristiges

---

[2876] Sehr instruktiv zu den Voraussetzungen der Sanierungsbefreiung nach § 37 WpÜG: Klepsch/Kiesewetter, BB 2007, 1403 ff; Hasselbach/Hoffmann, DB 2009, 327 ff.

[2877] Als Sanierungsbeiträge des Bieters hat die BaFin in der Vergangenheit u. a. Zeichnung von Bar-/Sachkapitalerhöhungen, Stellung von Sicherheiten und Krediten (vor allem zur Überbrückung eines Liquiditätsengpasses), Stundungen, Verzichte gestaltet, s. hierzu die beispielhafte Aufzählung bei Hasselbach/Hoffmann, DB 2009, 327 (331 f.).

[2878] Krause/Pötzsch in: Assmann/Pötzsch/Schneider, Angebots-VO, § 9 Rn. 21.

[2879] Hasselbach/Hoffmann, DB 2009, 327 (331); Klepsch/Kiesewetter, BB 2007, 1403 (1407); a. A. wohl Krause/Pötzsch in: Assmann/Pötzsch/Schneider, Angebots-VO, § 9 Rn. 28.

[2880] Hasselbach/Hoffmann, ebenda; Klepsch/Kiesewetter, ebenda.

[2881] In der Literatur wird hingegen vielfach ein weiteres Verständnis favorisiert, wobei teilweise auf den mittlerweile durch das MoMiG überholten Krisenbegriff gemäß § 32a GmbHG a. F. rekurriert wird, so etwa Krause/Pötzsch in: Assmann/Pötzsch/Schneider, Angebots-VO, § 9 Rn. 25; im Ergebnis Hasselbach/Hoffmann, DB 2009, 327 (3330), oder auf den Verlust der Hälfte des Grundkapitals gemäß § 92 Abs. 1 AktG, vgl. Wiesbrock, NZG 2005, 294 (298) bzw. auf die Sanierungsbedürftigkeit gemäß § 3 Nr. 66 EStG a. F.; vgl. zum Ganzen Hasselbach/Hoffmann, DB 2009, 327 (329) m.w.N.

[2882] Hasselbach/Hoffmann, DB 2009, 327 (330).

Überleben zu sichern,[2883] soll nach einer anderen Ansicht die Sanierungsfähigkeit auch bei ernsthaften Zweifeln am Sanierungserfolg gegeben sein.[2884] Zutreffenderweise sind an die Erfolgswahrscheinlichkeit keine überhöhten Anforderungen zu stellen u. E. sollte es vielmehr genügen, dass bei vernünftiger Betrachtung der Sanierungserfolg auf Basis des vorgelegten Konzepts grundsätzlich möglich erscheint und das Scheitern nicht bereits zum Antragszeitpunkt für den Bieter subjektiv erkennbar ist.[2885]

### 2.3.3.4. Kartellrechtliche Risiken

Grundsätzlich kann die Umwandlung von Forderungen in Gesellschafterrechte einen kartellrechtlichen Zusammenschlusstatbestand darstellen, der dann meist bei den zuständigen Behörden (nationale Kartellämter, EU-Kommission) anmeldepflichtig ist. Bis zur behördlichen Entscheidung über den Zusammenschluss besteht sowohl nach deutschem wie nach europäischem Recht ein Vollzugsverbot (§ 41 Abs. 1 GWB, Art. 7 Abs. 1 FKVO). Die Durchführung des kartellrechtlichen Prüfungsverfahrens kann durchaus Zeit kosten, die vielfach in Krisensituationen nicht vorhanden ist. Unter bestimmten Umständen ist jedoch ein Zusammenschluss ausnahmsweise auch ohne vorherige Anmeldung möglich, nämlich soweit (i) eine Befreiung beantragt und gewährt wird (§ 41 Abs. 2 GWB, Art. 7 Abs. 3 S. 4 FKVO), (ii) soweit neugeschaffene Gesellschaftsanteile von einem Kreditinstitut, (§ 37 Abs. 3 GWB, Art. 3 Abs. 5 lit. a) FKVO), einem Finanzinstitut oder einem Versicherungsunternehmen temporär übernommen werden sogenannte Bankenklausel oder (iii) das Schuldnerunternehmen ohne den Debt to Equity Swap nicht überlebensfähig wäre und kurzfristig aus dem Markt ausscheiden würde, („Failing Company Defence").[2886]

a) **Insolvenzrechtliche Risiken. (i) Insolvenzanfechtung.** Jeder Beteiligungserwerb innerhalb des Insolvenzanfechtungszeitraums gemäß §§ 129 ff. InsO kann im Fall einer späteren Insolvenz des Zielunternehmens vom Insolvenzverwalter angefochten werden. Während die Anfechtung nach §§ 130 bis 132 InsO nur auf Rechtshandlungen innerhalb eines Zeitraums von drei Monaten vor Insolvenzantrag Anwendung findet, bleibt eine Insolvenzanfechtung gemäß § 134 InsO bei unentgeltlichen Leistungen in einem Zeitraum von vier Jahren vor Antragstellung und bei § 133 InsO wegen vorsätzlicher Gläubigerbenachteiligung in einem Zeitraum von zehn Jahren vor Antragstellung möglich.[2887] Während sich im Wege entsprechender Vertragsgestaltung die Insolvenzanfechtung gemäß §§ 130 bis 132 InsO durch eine angemessene Gegenleistung und die Inanspruchnahme des Bargeschäftsprivilegs gemäß § 142 InsO weitestgehend ausschließen lassen, kann das Risiko einer Insolvenzanfechtung wegen vorsätzlicher Gläubigerbenachteiligung (§ 133 InsO) durch Vertragsgestaltung nicht ausgeschlossen werden. Wie dargestellt setzt § 133 Gläubigerbenachteiligungsvorsatz des Schulders und Kenntnis hiervon des Anfechtungsgegners voraus, wobei die Kenntnis des Anfechtungsgegners von einer der drohenden Zahlungsunfähigkeit des Schuldners und der objektiven Gläubigerbenachteiligenden Wirkung der vorgenommenen Rechtshandlung die Kenntnis vom Gläubigerbenachteiligungsvorsatz vermuten lassen (§ 133 Abs. 1 S. 2 InsO). Das bedeutet aber, dass im Rahmen des Debt-Equity Swaps ein Investor durchaus abwägen sollte in welchem Umfang er (etwa im Rahmen seiner Due Diligence) Informationen über die konkrete finanzielle Situation des Schuldners erhalten möchte.[2888] Im Falle einer Insolvenzanfechtung hätte der Anfechtungsgegner die Gesellschaftsanteile zur Insolvenzmasse zurückzugewähren, während sein Anspruch auf Rückgewähr der Gegenleistung eine einfache Insolvenzforderung (§ 38 InsO) darstellt. Soweit also der Debt-Equity Swap im Wege der Abtretung von Gesellschaftsanteilen gegen Verzicht auf Kreditforderungen er-

---

[2883] Krause/Pötzsch in: Assmann/Pötzsch/Schneider, Angebots-VO, § 9 Rn. 26.
[2884] Versteegen in: Köln-Komm, WpÜG, Anh. § 37, § 9 Angebots-VO, Rn. 14.
[2885] Ähnlich Hasselbach/Hoffmann, DB 2009, 327 (331).
[2886] Westpfahl, in Eilers/Koffka/Mackensen, Private Equity, 2009, III.2 Rn. 20 m.w.N.
[2887] Vgl. zu den Anfechtungstatbeständen im Einzelnen oben unter Abschnitt 2.1.2.3.
[2888] Ebenso Westpfahl, in Eilers/Koffka/Mackensen, Private Equity, 2009, III.2 Rn. 29.

folgt ist hängt der wirtschaftliche Wert eines Anspruchs des Investors auf Rückgewähr der Gegenleistung entscheidend davon ab, ob die Gegenleistung für die Übertragung der Gesellschaftsanteile ausschließlich in dem Forderungsverzicht bestand oder ob darüber hinaus ein Kaufpreis gezahlt wurde. Ein Anspruch auf Rückgewähr eines etwaig gezahlten Kaufpreises würde als einfache Insolvenzforderung in vielen Fällen nahezu wertlos sein, während die erklärten Forderungsverzichte lediglich zum Wiederaufleben der verzichteten Kreditforderungen führten, was im Falle von unbesicherten Forderungen nicht zu einer Schlechterstellung des Investors im Insolvenzverfahren führt. Bei besicherten Forderungen insbesondere im Falle von akzessorischen Sicherheiten, die mit dem Verzicht auf die Kreditforderungen automatisch wegfallen stellt sich die Frage in wie weit ein Anspruch gegen die Insolvenzmasse auf Neubestellung von erloschenen Sicherheiten besteht und durchführbar ist.[2889]

**(ii) Rückabwicklung gemäß § 103 InsO.** Letztlich ist noch darauf hinzuweisen, dass die Erfüllung eines im Rahmen eines Debt-Equity Swaps von beiden Seiten zum Zeitpunkt der Insolvenzeröffnung noch nicht vollständig erfüllter gegenseitiger Vertrag, wie etwa die Übertragung von Gesellschaftsanteilen gegen Forderungsverzicht, vom Insolvenzverwalter abgelehnt werden kann (§ 103 Abs. 2 InsO). Rechtsfolge der Erfüllungsablehnung ist, dass der Vertrag grundsätzlich mit allen bis zur Insolvenzeröffnung ausgetauschten Leistungen wirksam bleibt die übrigen Vertragsleistungen jedoch durch den Insolvenzverwalter nicht mehr erbracht werden müssen und die Gegenseite mit ihren Ansprüchen wegen Nichterfüllung auf eine einfache Insolvenzforderung gegen die Insolvenzmasse verwiesen werden. Daher sollte bereits bei der Vertragsgestaltung und insbesondere im Zusammenhang mit den Vollzugsmechanismen des Vertrags beachtet werden, dass die Risiken aus einer Erfüllungsablehnung gemäß § 103 Abs. 2 InsO erst ausgeschlossen sind, sobald zumindest eine der beiden Vertragsparteien den Vertrag vollständig erfüllt hat (d. h. entweder der Forderungsverzicht oder die Übertragung der Gesellschaftsanteile wirksam vollzogen wurden).[2890]

### 2.3.3.5. Besteuerung von Sanierungsgewinnen

Die im Rahmen eines Debt-Equity Swaps erfolgende Konfusion hinsichtlich der eingebrachten Forderung führt – wie bei einem Darlehensverzicht eines Drittgläubigers – bei dem kreditnehmenden Unternehmen in der Regel zu einem steuerpflichtigen Ertrag, welcher dem Wert der erlassenen Verbindlichkeit entspricht. Der durch den Forderungserlass entstandene steuerpflichtige Ertrag kann unbegrenzt mit steuerlichen Verlusten des laufenden Geschäftsjahres (die im Falle eines Distressed Investments bei der Zielgesellschaft in der Regel vorliegen werden) und bis zur Höhe von EUR 1 Mio. unbegrenzt mit körperschaft- und gewerbesteuerlichen Verlustvorträgen verrechnet werden. Darüber hinausgehende Erträge werden durch steuerliche Verlustvorträge nur zu 60 % von der Körperschaft- bzw. Gewerbesteuer freigestellt. Die im Zusammenhang mit Forderungsverzichten ausgelöste Besteuerung kann daher die Sanierungsbereitschaft der Gläubiger grundsätzlich hemmen.

Zur Förderung der Sanierungsbereitschaft hat die Finanzverwaltung in der Vergangenheit bestimmte Gewinne im Zusammenhang mit Forderungsverzichten von der Steuer freigestellt. Die vom Unternehmen zu erfüllenden Voraussetzungen sind im so genannten Sanierungserlass[2891] erläutert. Erforderlich ist u. a. die Sanierungsbedürftigkeit und -fähigkeit des Unternehmens, die Sanierungseignung des Schulderlasses und das Handeln der Gläubiger in Sanierungsabsicht.

In jüngster Vergangenheit beschäftigt der Sanierungserlass die Rechtsprechung: Das Finanzgericht München[2892] sieht im Sanierungserlass einen Verstoß gegen den Grundsatz der

---

[2889] So auch Westpfahl, in Eilers/Koffka/Mackensen, Private Equity, 2009, III.2 Rn. 29; Ausführlich hierzu Heidbrink NZI 2005, 363.
[2890] Westpfahl, in Eilers/Koffka/Mackensen, Private Equity, 2009, III.2 Rn. 29.
[2891] Bundesministerium der Finanzen: Schreiben v. 27. März 2003, BStBl. 2003, Teil I, 240.
[2892] FG München, Urteil vom 12. Dezember 2007, 1 K 4487/06, DStR 2008, 1687, nrkr, Az. BFH: VIII R 2/08.

Gesetzmäßigkeit der Verwaltung. Nach Ansicht des FG München dürfen Steuern auf durch Forderungsverzichte ausgelöste Erträge nicht erlassen werden. Das Finanzgericht Köln[2893] sowie das Bundesministerium der Finanzen[2894] halten die steuerliche Begünstigung von Sanierungsgewinnen weiter für zulässig. Die Oberfinanzdirektion Hannover[2895] hat kürzlich zum Sanierungserlass Stellung genommen. Danach muss das Vorliegen der im Sanierungserlass geforderten, oben genannten Voraussetzungen zwingend durch einen Sanierungsplan nachgewiesen werden. Aufgrund der aufgekommenen Bewegung hinsichtlich der Frage der Besteuerung von Sanierungsgewinnen ist es zwingend, die von den für das Zielunternehmen zuständigen lokalen Finanzbehörden geforderten Voraussetzungen zu prüfen.

## 3. Portfoliotransaktionen

Verfolgt der Investor eine Verwertungsstrategie (vgl. hierzu oben unter Abschnitt I.2.) so kann diese überwiegend über Portfoliotransaktionen erreicht werden. Dabei erwirbt der Investor mit Abschlag eine Vielzahl von (oft grundpfandrechtlich) besicherten Forderungen gegenüber unterschiedliche Schuldnern mit dem Ziel durch optimale Verwertung von Sicherheiten und ein effizientes *Work-out* Rendite zu erwirtschaften. Weitestgehend kann gerade in Bezug auf Forderungskaufverträge, die Übertragung von Forderungen, Bankgeheimnis und Datenschutz auf die Ausführungen unter Abschnitt II.2 und 3 verwiesen werden. Besonderheiten ergeben sich bei Portfoliotransaktionen insbesondere durch (i) die Änderungen des BGB im Zuge des Risikobegrenzungsgesetzes (ii) die Möglichkeit ein Forderungsportfolio neben der zivilrechtlichen Einzelrechtsnachfolge (*True Sale*) auch durch partielle Gesamtrechtsnachfolge nach dem Umwandlungsgesetz (UmwG) zu übertragen und (iii) das Risiko eines Betriebsübergangs nach § 613a BGB zu berücksichtigen ist. Nachstehend sollen diese Besonderheiten kurz erörtert werden.

### 3.1. Auswirkungen des Risikobegrenzungsgesetzes auf Portfoliotransaktionen

Durch das Risikobegrenzungsgesetz[2896] wurden in das BGB verschiedene Mechanismen eingeführt, welche Darlehensnehmer, die Verbraucher im Sinne des § 13 BGB sind, vor einer wirtschaftlichen oder tatsächlichen Übertragung der Rechtspositionen des Darlehensgebers aus dem Darlehensvertrag auf einen Dritten schützen sollen. Die vom Gesetzgeber gewählten Schutzmechanismen sehen die folgenden Punkte vor:

Zum einen enthält § 498 Abs. 3 BGB nunmehr die Beschränkung, dass hinsichtlich Immobiliardarlehensverträgen, bei welchen der Darlehensnehmer ein Verbraucher im Sinne von § 13 BGB ist, eine Gesamtfälligstellung wegen Zahlungsverzugs durch den Darlehengeber nur dann möglich ist, wenn der Darlehensnehmer mit mindestens zwei aufeinander folgenden Teilzahlungen ganz oder teilweise und mindestens 2,5 % des Nennbetrags des Darlehens in Verzug ist. Im Rahmen von Portfoliotransaktionen müssen häufig die wirtschaftlichen Voraussetzungen, dass es sich bei den abzutretenden Forderungen um solche aus gekündigten Darlehensverträgen handelt, erst durch Erklärung der Kündigung durch den bisherigen Darlehensgeber geschaffen werden. Dies wird nunmehr durch § 498 Abs. 3 BGB gerade für den als besonders schutzwürdig erachteten Verbraucher, welcher ein Immobiliardarlehen aufgenommen hat, erschwert.

Eine weitere transaktionsspezifische Änderung des BGB besteht darin, dass der Verbraucher als Darlehensnehmer im Falle einer Abtretung der Forderung aus dem Darlehensver-

---

[2893] FG Köln 24. April 2008 – 6 K 2488/06, nrkr, Az. BFH: X R 34/08.
[2894] Bundesministerium der Finanzen: Schreiben v. 10. Dezember 2008, Die Unternehmensbesteuerung 2009, 71.
[2895] Verfügung v. 11. Februar 2009, S 2140 – 8 – StO 241, DStR 2009, 532.
[2896] Gesetz zur Begrenzung der mit Finanzinvestitionen verbundenen Risiken (Risikobegrenzungsgesetz) v. 12. August 2008, BGBl. 2008, Teil I, 1666.

trag durch den Darlehensgeber auf einen Dritten oder im Falle eines Wechsels in der Person des Darlehensgebers gemäß § 496 Abs. 2 BGB unverzüglich darüber zu unterrichten ist und ihm die Kontaktdaten des neuen Gläubigers gemäß § 1 Abs. 1 Nr. 1–3 BGB-Informationspflichten-Verordnung zu übermitteln sind. Die Unterrichtung ist allerdings entbehrlich, wenn zwischen dem neuen und dem alten Gläubiger vereinbart wurde, dass im Verhältnis zum Darlehensnehmer weiterhin allein der bisherige Darlehensgeber auftritt.

Des Weiteren wurden durch das Risikobegrenzungsgesetz durch die Erweiterung des § 309 Nr. 10 BGB die Wirksamkeit einer formularmäßig getroffenen Vereinbarung, welche dem Verwender das Recht zur Übertragung der Rechte und Pflichten aus dem Darlehensvertrag einräumt, beschränkt; insoweit wird auf die Ausführungen unter 2.2.4.1. b) verwiesen.

Die weiteren verbraucherspezifischen Regelungen des Risikobegrenzungsgesetzes sind hingegen für die Portfoliotransaktion per se von untergeordneter Bedeutung und betreffen vielmehr den Ablauf des Workouts: nach § 492 Abs. 1a BGB muss bei Immobiliardarlehensverträgen die vom Darlehensnehmer zu unterzeichnende Vertragserklärung einen deutlich gestalteten Hinweis darauf enthalten, dass der Darlehensgeber Forderungen aus dem Darlehensvertrag ohne Zustimmung des Darlehensnehmers abtreten und das Vertragsverhältnis auf einen Dritten übertragen darf, soweit nicht die Abtretung im Vertrag ausgeschlossen ist oder der Darlehensnehmer der Übertragung zustimmen muss. Auch der im Rahmen des Risikobegrenzungsgesetzes neu gefasste § 769 Abs. 1 ZPO (Erleichterung der Verteidigung des Schuldners gegen Zwangsvollstreckung) sowie der neu eingeführte § 799a ZPO (Schadensersatzpflicht des die Zwangsvollstreckung Betreibenden bei unzulässiger Vollstreckung nach Forderungsabtretung aus einer die sofortige Zwangsvollstreckung ermöglichenden Urkunde) beschränken nicht die Portfoliotransaktion per se, sondern betreffen vielmehr den Workout.

Schlussendlich wurde durch den im Rahmen des Risikobegrenzungsgesetzes neu eingeführten § 492a BGB zusätzliche Unterrichtungspflichten des Darlehensgebers statuiert, welche es dem Verbraucher als Darlehensnehmer ermöglichen sollen, seine Refinanzierungsmöglichkeiten frühzeitig zu beurteilen. So hat der Darlehengeber den Darlehensnehmer im Falle eines Darlehensvertrags mit einem festen Zinssatz, nach welchem die Zinsbindung vor der für die Rückzahlung bestimmte Zeit endet, spätestens drei Monate vor Ende der Zinsbindung darüber zu informieren, ob er zu einer neuen Zinsbindungsabrede bereit ist. Weiterhin muss der Darlehensgeber den Verbraucher als Darlehensnehmer spätestens drei Monate vor Beendigung eines Darlehensvertrages darüber informieren, ob er zur Fortführung des Darlehensverhältnisses bereit ist. Die vorgenannten Informationspflichten treffen gem. § 492a Abs. 3 BGB im Falle einer vorausgegangenen Abtretung der Forderung aus dem Darlehensvertrag auch den neuen Gläubiger, soweit nicht zwischen dem neuen und dem alten Gläubiger vereinbart wurde, dass im Verhältnis zum Darlehensnehmer weiterhin allein der bisherige Darlehensgeber auftritt.

Hinsichtlich der durch das Risikobegrenzungsgesetz modifizierten §§ 1192 Abs. 1 und 1193 Abs. 2 BGB wird auf die Ausführungen unter Abschnitt 2.2.4.1. a) verwiesen.

### 3.2. Umwandlungsrechtliche Übertragung von Forderungsportfolien

Für die Übertragung eines Forderungsportfolios ist ausschließlich die umwandlungsrechtliche Spaltung gemäß §§ 123 ff. UmwG von Bedeutung.

### 3.2.1. Allgemeine rechtliche Grundlagen der Spaltung nach §§ 123 ff. UmwG

Die Zuordnung der von der Spaltung erfassten Gegenständen zu den jeweiligen Rechtsträgern erfolgt über einen Spaltungs- und Übernahmevertrag, dessen Anforderungen durch § 126 UmwG festgelegt werden. Der Spaltungs- und Übernahmevertrag regelt unter anderem die Abgrenzung der Vermögensmassen, das Umtauschverhältnis, die Anteilsgewährung und den Spaltungsstichtag. Die Eintragung der Spaltung im Handelsregister hat gemäß

§§ 130, 131 UmwG konstitutive Wirkung, so dass der Übergang von Vermögensgegenständen in dem im Spaltungs- und Übernahmevertrag geregelten Umfang auf den übernehmenden Rechtsträger (*partiellen Gesamtrechtsnachfolge*) eintritt. Mängel der Spaltung berühren die konstitutive Wirkung der Eintragung nicht (§ 131 Abs. 2 UmwG). § 131 Abs. 3 UmwG adressiert hingegen die Zuordnung von Vermögensgegenständen, die nicht im Spaltungs- und Übernahmevertrag zugeteilt bzw. vergessen wurden, wobei dies nur für Aktiva gilt, während für nicht zugeteilte Verbindlichkeiten in § 133 Abs. 1 UmwG eine gesamtschuldnerische Haftung statuiert wird.

§ 123 UmwG unterscheidet zwischen den folgenden drei Spaltungsarten: (i) Aufspaltung (§ 123 Abs. 1 UmwG), (ii) Abspaltung (§ 123 Abs. 2 UmwG) und (iii) Ausgliederung (§ 123 Abs. 3 UmwG). Während bei der Aufspaltung der übertragende Rechtsträger sein gesamtes Vermögen auf mindestens zwei übernehmende Rechtträger überträgt und mit Eintragung der Aufspaltung erlischt (§§ 123 Abs. 1, 131 Abs. 1 UmwG), überträgt der übertragende Rechtsräger bei der Abspaltung und Ausgliederung jeweils nicht sein gesamtes Vermögen auf einen neuen Rechtsträger und bleibt somit bestehen (§§ 123 Abs. 2, 131 Abs. 1 UmwG/ §§ 123 Abs. 3 131 Abs. 1 UmwG). Der entscheidenden Unterschied zwischen der Abspaltung und der Ausgliederung besteht darin, dass bei der Ausgliederung die Gesellschaftsanteile an einem übernehmenden Rechtsträger vom übertragenden Rechtsträger selbst übernommen werden (§ 131 Abs. 1 Nr. 3 Satz 3 UmwG) – mithin also der übernehmende Rechtsträger eine Tochtergesellschaft des übertragenden Rechtsträgers bildet,[2897] während bei der Abspaltung die Anteilsinhaber des übertragenden Rechtsträgers die Gesellschaftsanteile an einem übernehmenden Rechtsträger erhalten (§ 131 Abs. 1 Nr. 3 Satz 1 UmwG) – mithin also der übernehmende Rechtsträger eine Schwestergesellschaft des übertragenden Rechtsträgers ist.

### 3.2.2. Übertragung eines Forderungsportfolios durch Spaltung §§ 123 ff. UmwG

Da regelmäßig bei der Veräußerung eines Forderungsportfolios, der veräußernde Forderungsinhaber selbstständig bestehen bleiben soll, scheidet die Aufspaltung als Spaltungsform aus, so dass von den oben beschriebenen Spaltungsformen lediglich die Abspaltung zur Aufnahme bzw. zur Neugründung (§ 123 Abs. 2 Nr. 1 bzw. Nr. 2 UmwG) oder die Ausgliederung zur Aufnahme bzw. zur Neugründung (§ 123 Abs. 3 Nr. 1 bzw. Nr. 2 UmwG) in Betracht. Das Forderungsportfolio kann nach § 131 Abs. 1 Nr. 1 UmwG als Teil des Vermögens des übertragenden Rechtsträgers auf den übernehmenden Rechtsträger übergehen. In der Praxis erfolgt in einem ersten Schritt eine Spaltung zur Neugründung, durch die das Forderungsportfolio auf eine neugegründete Gesellschaft übertragen wird, bevor sodann der Käufer sämtliche Gesellschaftsanteile dieses übernehmenden Rechtsträgers erwirbt. Gegenüber der zivilrechtlichen Einzelrechtsnachfolge durch dingliche Übertragung der einzelnen Forderungen bzw. Vertragsverhältnisse des Portfolios hat die umwandlungsrechtliche Spaltung den Vorteil, dass aufgrund der partiellen Gesamtrechtsnachfolge gemäß §§ 123 ff., 131 Abs. 1 Nr. 1 UmwG grundsätzlich sämtliche rechte, Pflichten und Schuldverhältnisse *uno actu* auf den übernehmenden Rechtsträger übergehen;[2898] so dass die umwandlungsrechtliche Übertragung des Forderungsportfolios keinerlei Zustimmung der jeweiligen Drittschuldner bedarf und dies unabhängig davon, ob lediglich Forderungen, oder ob Verbindlichkeiten und Vertragsverhältnisse übertragen werden (z. B. im Fall der Übertragung von Kredit- oder Kontokorrentlinien bzw. nicht valutierten Krediten). Gerade darin zeigt sich der entschei-

---

[2897] Insoweit findet durch die Ausgliederung keine Reduzierung des Vermögens des übertragenden Rechtsträgers statt, da diese im Austausch für die Vermögensübertragung die Beteiligung an der übernehmenden Gesellschaft erhält, vgl. Gehrlein, Die Veräußerung und Übertragung eines Kreditportfolios unter Berücksichtigung der Übertragungsstrukturen, des Bankgeheimnisses und des Datenschutzes, S. 71 m. w. N.

[2898] Gehrlein, Die Veräußerung und Übertragung eines Kreditportfolios unter Berücksichtigung der Übertragungsstrukturen, des Bankgeheimnisses und des Datenschutzes, S. 74 m. w. N.

dende Vorteil einer Abspaltungs- oder Ausgliederungslösung gegenüber der zivilrechtlichen Einzelrechtsnachfolge, die für die Übertragung von Verbindlichkeiten (§§ 414 ff. BGB) und Schuldverhältnissen stets der Zustimmung der Vertragsparteien bedürfen und soweit die Übertragung von Forderungen nicht ebenfalls der Zustimmung des Drittschuldners bedarf (etwa aufgrund eines wirksam vereinbarten Abtretungsverbots gemäß § 399 BGB) in jedem Fall aber weitgehende Schutzmechanismen zu Gunsten des Drittschuldners vorsehen (§§ 404 ff. BGB). Bestärkt wird dies auch dadurch, dass die in Rechtsprechung und Schrifttum kontrovers diskutierte Bestimmungen des §132 UmwG a. F., durch die der partiellen Gesamtrechtsnachfolge weitgehenden Schranken aufgrund zivilrechtlicher Bestimmungen zur Einzelübertragung auferlegt wurden, durch den Gesetzgeber am 31. Januar 2007 ersatzlos aufgehoben worden ist,[2899] so dass nach der aktuell gültigen Fassung der §§ 123 ff. UmwG nur noch höchstpersönliche Rechte und Pflichten von der partiellen Gesamtrechtsnachfolge ausgenommen sind.[2900]

### 3.3. Betriebsübergang gemäß § 613a BGB

In den meisten Fällen möchte der Erwerber eines Forderungsportfolios vermeiden, mit Übernahme der Forderungen auch die diese Forderungen betreuenden Arbeitsverhältnisse zu übernehmen, da er meist die Betreuung (Servicing und work-out) der erworbenen Forderungen selbst vornehmen oder einem von ihm favorisierten Servicer übertragen wird.[2901] Entscheidend für die Frage des gesetzlichen Übergangs der Arbeitsverhältnisse, ist ob die Übertragung eines Forderungsportfolios einen Betriebsübergang gemäß §613a BGB bildet. Sinn und Zweck des § 613a BGB ist ein arbeitsrechtlicher Bestandsschutz, indem gewährleistet wird, dass bei Übertragung eines Betriebs oder eines Betriebsteils auf einen neuen Inhaber, die diesem Betriebsteil zuzuordnenden Arbeitnehmer ihren Arbeitsplatz nicht verlieren. So findet in diesen Fällen einerseits ein automatischer Übergang des Arbeitsverhältnisses statt, sofern der Arbeitnehmer nicht widerspricht (§ 613a Abs. 6 BGB), und andererseits sind Kündigungen wegen des Betriebsübergangs unwirksam.

#### 3.3.1. Voraussetzungen eines Betriebsübergangs nach § 613a BGB

§ 613a Abs. 1 Satz 1 BGB erfordert einen rechtsgeschäftlichen Übergang eines Betriebs oder Betriebsteils auf einen neuen Betriebsinhaber, wobei gemäß §§ 324 UmwG die §§ 613a Abs. 1 und 4 bis 6 auch auf umwandlungsrechtliche Sachverhalte (insbesondere die Spaltung gemäß §§ 123 ff. UmwG) Anwendung finden. Entscheidende Bedeutung kommt somit der Frage zu, ob bzw. unter welchen Umständen es sich bei einem Forderungsportfolio, um einen Betrieb oder Betriebsteil im Sinne des §613a BGB handelt. Dabei ist nach Rechtsprechung des BAG und des EuGH der Betrieb im Sinne von § 613a BGB als eine auf Dauer angelegte organisierte Gesamtheit von Personen und Sachen (wirtschaftliche Einheit) zur Ausübung einer wirtschaftlichen Tätigkeit mit eigener Zielsetzung zu verstehen, die nicht auf die Ausführung eines bestimmten Vorhabens beschränkt ist.[2902] Entscheidend ist der Übergang einer ihre Identität bewahrenden wirtschaftlichen Einheit im Sinne einer organisierten Zusammenfassung von Ressourcen zur Verfolgung einer Haupt- oder Nebentätigkeit, die auch nach Übergang die in dieser abgrenzbaren Einheit bisher geleistete Tätigkeit unverändert fortführen kann.[2903] Mit anderen Worten kommt es auf die Übernahme

---

[2899] Zweites Gesetz zur Änderung des Umwandlungsgesetzes v. 31. Januar 2007, BT-Drs. 16/4193.

[2900] Gehrlein, Die Veräußerung und Übertragung eines Kreditportfolios unter Berücksichtigung der Übertragungsstrukturen, des Bankgeheimnisses und des Datenschutzes, S. 118.

[2901] Gehrlein, Die Veräußerung und Übertragung eines Kreditportfolios unter Berücksichtigung der Übertragungsstrukturen, des Bankgeheimnisses und des Datenschutzes, S.45(65).

[2902] EuGH, Urteil v. 11. März 1997, Rs. C-13/95, ZIP 1997, 516 ff.; BAG, Urteil v. 22. Mai 1997, 8 AZR 101/96, BAGE 86, 20 (28); Steffan in: APS, Kündigungsrecht, § 613a Rn. 14.

[2903] Statt vieler BAG, Urteil vom 13. November 1997, 8 AZR 295/95, BAGE 87, 115 (118 f.).

der identitätsbildenden betrieblichen Merkmale an basierend auf einer den konkreten Einzelfall berücksichtigenden Gesamtbetrachtung an.[2904] Der Betriebsteil gemäß § 613a BGB ist ebenso wie der Betrieb eine arbeitsrechtliche Organisationseinheit, die zwar in den Gesamtbetrieb eingegliedert ist aber gleichzeitig organisatorisch abgrenzbar bleibt. Die Anforderungen für den Übergang eines Betriebsteils entsprechen denen für den Übergang des Betriebs. Zur Erfüllung der Voraussetzungen des Betriebs(teil-)begriffs ist somit erforderlich, dass eine Gesamtbetrachtung ergibt, dass die übertragenen sachlichen und immateriellen Betriebsmittel eine selbständig abtrennbare organisatorische Einheit (Untergliederung) darstellen, in der innerhalb des betrieblichen Gesamtzwecks ein Teilzweck verfolgt wird.[2905] Das Merkmal des Teilzwecks dient dabei nur zur Abgrenzung der organisatorischen Einheit; im Betriebsteil müssen nicht andersartige Zwecke als im übrigen Betrieb verfolgt werden.[2906]

### 3.3.2. Übernahme eines Forderungsportfolios als Betriebs- oder Betriebsteilübergang

Die identitätsbildenden Betriebsmittel bestimmen sich nach der jeweiligen Branche, der der Betrieb zuzuordnen ist. So sind gerade bei Dienstleistungsbetrieben wie etwa Banken, Finanzinstituten, Beratungsgesellschaften gerade die immateriellen Betriebsmittel wie Kunden, Know-how, Goodwill, Personal, Führungskräfte, Betriebsprozesse etc. identitätsbildend, während materielle Betriebsmittel von eher untergeordneter Bedeutung sind.[2907] Grundsätzlich wird man auf Basis einer Gesamtbetrachtung festhalten können, dass in den meisten Fällen ein Portfolio von Problemkrediten, auch wenn es organisatorisch oft in speziellen Abteilungen innerhalb des Finanzinstituts betreut wird und somit organisatorisch abgrenzbar ist, dennoch nicht als ein auf den Investor übergegangener Betrieb oder Betriebsteil qualifiziert werden kann, soweit neben dem Übergang von Forderungen nicht auch gleichzeitig die Arbeitsorganisation, die Betriebsprozesse und besonders fachkundige Mitarbeiter und Führungskräfte vom Erwerber übernommen werden,[2908] was in der Regel nicht intendiert ist. Gerade bei Kredit- und Finanzinstituten und anderen Dienstleistungsunternehmen sind neben dem in der Firma enthaltenen *Good Will*, vor allem das Personal und die Führungskräfte mit dem dort vorliegenden *Know-how* die betriebsidentitätsbildenden Mittel, die die Fortführung der wirtschaftlichen Tätigkeit in unveränderter Form sicherstellen. Allein die Tatsache, dass der Erwerber künftig das Servicing und Work-out selbst oder über einen beauftragten Servicer vornimmt stellt lediglich die Übernahme einer Tätigkeit dar,[2909] die jedoch gerade nicht in unveränderter Form fortgeführt werden soll, so dass der Übergang eines Betriebs oder Betriebsteils im Sinne des § 613a BGB hierdurch nicht ausgelöst werden kann.

### 3.4. Betriebsänderung nach § 111 BetrVG

In Unternehmen mit in der Regel mehr als zwanzig wahlberechtigten Arbeitnehmern hat der Unternehmer den Betriebsrat über geplante Betriebsänderungen, die wesentliche Nachteile für die Belegschaft oder erhebliche Teile der Belegschaft zur Folge haben können, rechtzeitig und umfassend zu unterrichten und die geplanten Betriebsänderungen mit dem

---

[2904] Annuß in: Staudinger, BGB, § 613a Rn. 49; Müller-Glöge in: MüKo, BGB, § 613a Rn. 20.
[2905] Siehe statt vieler BAG, Urteil v. 26. August 1999, 8 AZR 718/98, NJW 2000, 1589(1590); BAG, Urteil v. 24. April 1997, 8 AZR 848/94 NZA 1998, 253; Preis in: Erfurter Kommentar des Arbeitsrechts, § 613a Rn. 7; Steffan in: APS, Kündigungsrecht, § 613a Rn. 19.
[2906] BAG, Urteil v. 26. August 1999, 8 AZR 718/98; NJW 2000, 1589, 1590; Steffan, ebenda.
[2907] Annuß in: Staudinger, BGB, § 613a Rn. 51; Müller-Glög in: MüKo, BGB, § 613a Rn. 21(26) (36) Gehrlein, Die Veräußerung und Übertragung eines Kreditportfolios unter Berücksichtigung der Übertragungsstrukturen, des Bankgeheimnisses und des Datenschutzes, S. 64 f.
[2908] Gehrlein, Die Veräußerung und Übertragung eines Kreditportfolios unter Berücksichtigung der Übertragungsstrukturen, des Bankgeheimnisses und des Datenschutzes, S. 65 m. w. N.
[2909] Gehrlein, ebenda.

Betriebsrat zu beraten. Als Betriebsänderungen gelten Einschränkung und Stilllegung des ganzen Betriebs oder von wesentlichen Betriebsteilen, Verlegung des ganzen Betriebs oder von wesentlichen Betriebsteilen, Zusammenschluss mit anderen Betrieben oder die Spaltung von Betrieben, grundlegende Änderungen der Betriebsorganisation, des Betriebszwecks oder der Betriebsanlagen, Einführung grundlegend neuer Arbeitsmethoden und Fertigungsverfahren. Auch wenn der Betreib bzw. Teilbetrieb in § 613a BGB nicht identisch mit der Definition in § 111 BetrVG übereinstimmt, so bleibt festzuhalten, dass die Wertungen in beiden Vorschriften einen gleichlauf aufweisen, so dass der Tatbestand des § 111 BetrVG nicht einschlägig ist, soweit es sich bei dem Portfolio nicht um einen Betrieb bzw. Teilbetrieb im Sinne des § 613a BGB handelt.

# § 25 Real Estate Investments

| **Übersicht** | **Seite** |
|---|---|
| 1. Vorbemerkung | 723 |
| 2. Schwerpunkt Nr. 1: Laufende Besteuerung/Abzug von Fremdfinanzierungsaufwendungen/Kapitalertragsteuer | 724 |
|    2.1. Grundlagen der laufenden Besteuerung von Inbound-Immobilieninvestitionen | 724 |
|       2.1.1. Steuerpflicht | 724 |
|       2.1.2. Asset vs. Share Deal/Abschreibung | 725 |
|    2.2. Abzug von Fremdfinanzierungsaufwendungen – Zinsschranke | 725 |
|       2.2.1. Grundregel der Zinsschranke | 726 |
|       2.2.2. Ausnahmen von der Zinsschranke | 727 |
|       2.2.3. Keine schädliche Gesellschafterfremdfinanzierung | 728 |
|       2.2.4. Probleme bei der Zinsschranke/Offene Fragen | 729 |
|    2.3. Kapitalertragsteuer (§ 50d Abs. 3 EStG) | 730 |
|       2.3.1. Grundlagen | 730 |
|       2.3.2. Voraussetzungen und Folgen des § 50d Abs. 3 EStG | 730 |
|       2.3.3. Gestaltungen ohne Anwendung von § 50d Abs. 3 EStG | 732 |
| 3. Schwerpunkt Nr. 2: (Keine) Gewerbesteuer/Betriebstätten | 733 |
|    3.1. Grundlagen | 733 |
|    3.2. Betriebstätten bei Inbound-Immobilieninvestitionen | 733 |
|       3.2.1. Anknüpfung an § 12 AO | 733 |
|       3.2.2. Keine Betriebstätte durch schlichte Vermietung/Veräußerung | 734 |
|       3.2.3. Zusatzleistungen vor Ort/Subunternehmer/Kontrolle | 734 |
|       3.2.4. Geschäftsleitungs-Betriebstätte durch Asset/Property Manager? | 735 |
| 4. Schwerpunkt Nr. 3: Grunderwerbsteuer | 736 |
|    4.1. Asset Deal | 736 |
|    4.2. Share Deal | 736 |
|       4.2.1. Grundregel | 737 |
|       4.2.2. Erwerb von grundbesitzhaltenden Kapitalgesellschaften | 737 |
|       4.2.3. Erwerb von grundbesitzhaltenden Personengesellschaften | 737 |
|    4.3. Steuervergünstigung für konzerninterne Umstrukturierungen | 738 |
| 5. Steuerfragen in der Krise/Fazit | 738 |

## 1. Vorbemerkung

Der Immobilienumsatz lag in Deutschland im Jahr 2008 bei rund 160 Mrd. € und war damit 17,45 % geringer als 2007.[2910] Betroffen vom Rückgang waren insbesondere Investitionen in Gewerbeimmobilien. Dieser Trend hat sich 2009 verstärkt – ein Vergleich zu 2008 zeigt einen Rückgang von ca. 47 % bei den Investitionen in gewerbliche Immobilien.[2911] Als Folge der Finanzkrise werden hoch fremdfinanzierte Investitionen daher vermehrt Investitionen mit Eigenkapital weichen und eigenkapitalstarke Investoren wie beispielsweise Versicherungen vermehrt als Käufer auftreten. Steuerfragen bilden – unabhängig davon, ob ein eigenkapital- oder/und fremdfinanzierter Erwerb vorliegt – regelmäßig einen Schwerpunkt von Immobilieninvestitionen.[2912] Die Besteuerung hat maßgeblichen Einfluss auf die Rendite des Investors. Sie bestimmt daher u. a. auch den Kaufpreis, den ein Investor bereit

---

[2910] Analyse der IVD Markforschung, berechnet auf Basis des Grunderwerbsteueraufkommens, abrufbar unter www.ivd.net/html/0/188/artikel/930.html (Stand Januar 2010).

[2911] Jones Lang Lasalle, Investmentmarktüberblick Q1 2009, abrufbar unter http://www.joneslanglasalle.de/Germany/DE-DE/Pages/Research.aspx (Stand Januar 2010).

[2912] Zu anderen rechtlichen und steuerlichen Rahmenbedingungen von Private-Equity-Investitionen siehe auch Birk, Transaktionen – Vermögen – Pro Bono (FS zum zehnjährigen Bestehen von P+P Pöllath+Partners), München 2008.

ist, zum Beispiel in einem Bieterverfahren für ein Immobilienportfolio zu zahlen. Somit muss jede Strukturierung einer Investition von vornherein steuerliche Aspekte berücksichtigen.

Aus steuerlicher Perspektive gibt es drei wesentliche Schwerpunkte bei Immobilieninvestitionen in Deutschland:
– die laufende Besteuerung des Investments und hierbei die Abzugsfähigkeit von Fremdfinanzierungsaufwendungen sowie die Erstattung/Freistellung von Kapitalertragsteuer (siehe unter Abschnitt 2.),
– die Gewerbesteuerpflicht der Erträge in Deutschland und damit insbesondere die Frage, ob im Rahmen der Investition eine Betriebstätte des Investors in Deutschland begründet wird (dazu unter Abschnitt 3.) und
– die Grunderwerbsteuer als ein wichtiger, durch Strukturierung gegebenenfalls vermeidbarer Kostenfaktor (dazu unter Abschnitt 4.).

Nach Betrachtung dieser drei Schwerpunkte sollen abschließend Ausführungen zu den aktuellen Steuerfragen im Zusammenhang mit der (Immobilien-)Krise bei Private-Equity-Investitionen erhalten (Abschnitt 5).

## 2. Schwerpunkt Nr. 1: Laufende Besteuerung/Abzug von Fremdfinanzierungsaufwendungen/Kapitalertragsteuer

### 2.1. Grundlagen der laufenden Besteuerung von Inbound-Immobilieninvestitionen

Ausländische Investoren setzen aus verschiedensten Gründen in der Regel ausländische Kapitalgesellschaften als Akquisitionsgesellschaften ein. Diese Kapitalgesellschaften erwerben unmittelbar, zum Teil aber auch mittelbar über zwischengeschaltete in- oder ausländische Personengesellschaften, das Immobilienvermögen in Deutschland. Im Folgenden soll von dem Grundfall des direkten Erwerbs der Immobilien durch eine ausländische Kapitalgesellschaft ausgegangen werden, sofern nicht ausdrücklich andere Konstellationen beschrieben werden.

#### 2.1.1. Steuerpflicht

Die nach ausländischem Recht gegründeten und im Ausland verwalteten Kapitalgesellschaften sind mangels Sitz und/oder Ort der Geschäftsleitung mit ihrem Welteinkommen nicht unbeschränkt körperschaftsteuerpflichtig in Deutschland (vgl. § 1 Abs. 1 KStG). Der Ort der Geschäftsleitung befindet sich gemäß § 10 AO am Mittelpunkt der geschäftlichen Oberleitung, d. h. bei im Ausland gegründeten und dort verwalteten Kapitalgesellschaften regelmäßig im Ausland. Der Finanzverwaltung ist gegebenenfalls eine steuerliche Ansässigkeitsbescheinigung der ausländischen Finanzverwaltung vorzulegen, da diese Indizwirkung für einen im Ausland gelegenen Geschäftsleitungsort entfalten soll.[2913]

Die Einkünfte aus Vermietung und Verpachtung inländischen Grundbesitzes unterliegen in Deutschland seit 2009
– einer beschränkten Steuerpflicht gemäß § 49 Abs. 1 Nr. 2 lit. f EStG i.V. mit § 15 EStG oder subsidiär
– einer beschränkten Steuerpflicht gemäß § 49 Abs. 1 Nr. 6 EStG i.V. mit § 21 EStG (als Überschusseinkünfte).

---

[2913] So ausdrücklich OFD Münster: Verfügung v. 24. Juli 2008, S 1300 – 169 – St 45–32, GmbHR 2008, 1007. Hiernach sollen ferner durch die Finanzämter Ermittlungen zum Ort der Geschäftsleitung und zum Ort der Verwaltung des Grundbesitzes unter Zuhilfenahme der Erkenntnisse der Informationszentrale für steuerliche Auslandsbeziehungen beim Bundeszentralamt für Steuern (IZA) durchgeführt werden.

Einkünfte aus der Veräußerung des Grundbesitzes sind gegebenenfalls als gewerbliche Einkünfte (§ 49 Abs. 1 Nr. 2 lit. f EStG i.V. mit § 15 EStG) oder als private Veräußerungsgeschäfte (§ 49 Abs. 1 Nr. 8 lit. f EStG i.V. mit § 22 Nr. 2 EStG) beschränkt steuerpflichtig.

Hierbei ist zu beachten, dass bei denjenigen ausländischen Kapitalgesellschaften, die deutschen Kapitalgesellschaften vergleichbar sind,[2914] stets gewerbliche Einkünfte aus der Vermietung/Verpachtung oder Veräußerung fingiert werden (§ 49 Abs. 1 Nr. 2 lit. f Satz 2 EStG). Diese sind als Gewinneinkünfte (§ 2 Abs. 2 Nr. 1 EStG) zu ermitteln.[2915] Unklar ist jedoch, ob die Regelung ab 2009 zur Folge hat, dass eine einheitliche Ermittlung der Vermietungs- und der Veräußerungseinkünfte zu erfolgen hat oder ob es bei einer getrennten Ermittlung verbleibt.[2916] Jedenfalls ist bei den laufenden Einkünften aus der Vermietung[2917] ab 2009 ein AfA-Satz von 3% anzuwenden und es besteht unter Umständen die Möglichkeit zur Vornahme von Teilwertabschreibungen bei dauernder Wertminderung. Möglich ist ferner die Übertragung stiller Reserven auf Reinvestitionsgüter bzw. die Bildung einer Rücklage nach §§ 6b, 6c EStG.[2918]

Für den Fall, dass die Immobilien nicht direkt, sondern vielmehr Anteile an in Deutschland ansässigen, bestandshaltenden Immobilienkapitalgesellschaften erworben werden, besteht ebenfalls in der Regel eine beschränkte Steuerpflicht des ausländischen Investors (siehe hierzu die Ausführungen zum Kapitalertragsteuereinbehalt unter Abschnitt 2.3.).

**2.1.2. Asset vs. Share Deal/Abschreibung**

Das zu versteuernde Einkommen wird bei Immobilieninvestitionen maßgeblich durch die steuerlich wirksamen Abschreibungen für Gebäude bestimmt. Die Höhe dieser Abschreibungen hängt von den Anschaffungskosten ab. Bei einem Erwerb des Grundvermögens (Asset Deal) – oder von Anteilen an immobilienhaltenden Personengesellschaften – kann der Erwerber in der Regel einen sog. „Step up" geltend machen (mit der Folge einer erhöhten Abschreibungsbasis, generiert durch die aktuellen Anschaffungskosten). Werden hingegen „nur" die Anteile an einer immobilienhaltenden Kapitalgesellschaft erworben (Share Deal), übernimmt der Erwerber die bisherigen Buchwerte bei der erworbenen Kapitalgesellschaft. Überdies geht ein Share Deal mit dem ertragsteuerlichen Nachteil des Erwerbs latenter Steuerlasten (und latenter Risiken) einher. Käufer sind deshalb häufig nicht bereit, für einen Share Deal einen dem Asset Deal vergleichbaren Kaufpreis zu zahlen.

**2.2. Abzug von Fremdfinanzierungsaufwendungen – Zinsschranke**

Immobilieninvestitionen durch Private-Equity-Investoren sind unter Ausnutzung des Leverage-Effekts regelmäßig zu einem hohen Anteil fremdfinanziert. 80–95%-tige Fremdfinan-

---

[2914] Siehe hierzu die Tabelle 1 im Anhang von Bundesministerium der Finanzen: Schreiben betreffend Grundsätze der Verwaltung für die Prüfung der Aufteilung der Einkünfte bei Betriebstätten international tätiger Unternehmen (Betriebstätten-Verwaltungsgrundsätze) v. 24. Dezember 1999, IV B 4 – S 1300 – 111/99, BStBl. 1999, Teil I, 1076 (1114 ff.).

[2915] BFH, Urteil v. 5. Juni 2002, I R 81/00, BStBl. 2004, Teil II, 344; BFH, Urteil v. 28. Januar 2004, I R 73/02, BStBl. 2005, Teil II, 550; BFH, Urteil v. 22. August 2006, I R 6/06, BFH/NV 2007, 127; Schnitger/Fischer, DB 2007, 598 (599).

[2916] Töben/Lohbeck/Fischer, FR 2009, 151 (154); Mensching, DStR 2009, 96 (98); a.A. wohl Huschke/Hartwig, IStR 2008, 745 (749). Zur Neuregelung siehe auch Wassermeyer, IStR 2009, 238 ff.

[2917] Für die Ermittlung der Veräußerungsgewinne sieht das Bundesministerium der Finanzen ein eigenständiges (vereinfachtes) Vorgehen vor: Bundesministerium der Finanzen: Schreiben betreffend Zweifelsfragen zur Besteuerung der Einkünfte aus der Veräußerung von Grundstücken durch beschränkt Steuerpflichtige nach § 49 I Nr. 2 lit. f EStG v. 15. Dezember 1994, IV B 4 – S 2300 – 18/94, BStBl. 1994, Teil I, 883.

[2918] Huschke/Hartwig, IStR 2008, 745 (749). Bron, DB 2009, 592 (594) mit Hinweis zum abweichenden Gesetzestext. Überholt OFD Münster: Verfügung v. 24. Juli 2008, S 1300 – 169 – St 45-32, GmbHR 2008, 1007.

zierungen waren jedenfalls bis zur Finanzmarktkrise keine Seltenheit. Eine derartige Fremdfinanzierung ist betriebswirtschaftlich unproblematisch, wenn stetige Mietzinserlöse zu gut planbaren Cash-flow-Strömen führen, die den entsprechenden Zinsaufwand kompensieren. Jedoch ist eine solche Vorgehensweise nur denkbar, solange auch der Steueraufwand vorhersehbar ist.

Mit der Einführung der Zinsschranke im Rahmen der Unternehmensteuerreform 2008 wurde indes eine grundlegende Beschränkung der Abzugsfähigkeit von Zinsaufwendungen etabliert. Folge dieser Neuregelung sind unberechenbare und ungewisse Steuerzahllasten, die die Planbarkeit erschweren und die Bedingungen nicht nur für Inbound-Immobilieninvestitionen in Deutschland im internationalen Vergleich verschlechtert haben.

### 2.2.1. Grundregel der Zinsschranke

Nach der Grundregel der Zinsschranke sind Zinsaufwendungen eines „Betriebs" (Einzelunternehmer, Mitunternehmer-Personengesellschaft, Kapitalgesellschaft) in Höhe des Zinsertrags – jeweils bezogen auf ein Wirtschaftsjahr – unbegrenzt steuerlich abziehbar. Sind die Zinsaufwendungen höher als die Zinserträge, darf der überschießende Betrag in Höhe des verrechenbaren EBITDA als steuerlich abzugsfähige Ausgabe geltend gemacht werden. Verrechenbar sind 30 % des steuerlichen Gewinns/Einkommens vor Abschreibungen, Zinsaufwendungen und Zinserträgen (steuerliches EBITDA). Sofern das verrechenbare EBITDA die zu verrechnenden Nettozinsaufwendungen übersteigt, kann es als EBITDA-Vortrag in die folgenden fünf Wirtschaftsjahre vorgetragen werden und dient in diesen Jahren als weiteres Abzugspotential.[2919] Die Zinsschranke soll gemäß § 8a Abs. 1 Satz 4 KStG auch Anwendung finden auf beschränkt steuerpflichtige Kapitalgesellschaften mit inländischen Überschusseinkünften, obwohl es sich bei diesen grundsätzlich nicht um einen „Betrieb" handelt.[2920]

Die Zinsschranke erfasst anders als ihre Vorgängerregelung jede Art der Fremdfinanzierung, also auch Bankdarlehen. Nicht zum Abzug zugelassene Zinsaufwendungen können in die darauf folgenden Jahren vorgetragen werden. Der Zinsvortrag (sowie ein EBITDA-Vortrag) gehen jedoch bei Aufgabe oder Übertragung des „Betriebs" voll und bei Ausscheiden eines Mitunternehmers anteilig unter. Bei Kapitalgesellschaften folgt entsprechend der Regelung des § 8c KStG zu Verlustvorträgen aus einem Übergang von mehr als 25 % bis 50 % der Anteile an einen Erwerber, diesem nahe stehende Personen oder an eine Gruppe von Erwerbern mit gleichen Interessen ein quotaler Untergang eines Zinsvortrages, bei einem Übergang von mehr als 50 % der Anteile ein vollumfänglicher Untergang eines Zinsvortrages.

Die Zinsschranke schlägt auf die Gewerbesteuer durch, d. h. die nichtabzugsfähigen Zinsaufwendungen sind auch bei der Ermittlung des Gewerbeertrages nicht abzugsfähig. Entgelte für Schulden sind demnach nur noch insoweit der gewerbesteuerlichen Bemessungsgrundlage zu 25 % hinzuzurechnen (§ 8 Nr. 1 lit. a GewStG), als sie bei der Ermittlung des Gewinns abgesetzt wurden. Die wegen der Zinsschranke steuerlich nicht geltend gemachten Zinsen unterliegen dagegen nicht dieser Hinzurechnung.

---

[2919] Das Konzept des verrechenbaren EBITDA/EBITDA-Vortrags wurde mit Wirkung ab 2010 durch das Wachstumsbeschleunigungsgesetz vom 22. Dezember 2009 (BGBl. 2009, Teil I, 3950) eingeführt. Nach der Gesetzeslage sind auch rückwirkend für die Jahre 2007–2009 fiktiv zu berechnende EBITDA-Vorträge ab 2010 verrechenbar.

[2920] Dötsch/Pung in: Dötsch/Jost/Pung/Witt, § 8a KStG (URefG 2008), Rn. 31; Förster in: Breithecker/Förster/Förster/Klapdor, Unternehmensteuerreformgesetz 2008, § 8a KStG, Rn. 26 (dort das Beispiel). Unklar ist, ob der Verweis in § 8a Abs. 1 Satz 4 KStG zu einer vollständigen „Betriebsfiktion" für die entsprechenden Objektkapitalgesellschaften führt oder nur die Zinsschrankenregelung sinngemäß anzuwenden ist (Töben/Fischer, Ubg 2008, 149 (151 f.)).

## 2.2.2. Ausnahmen von der Zinsschranke

Grundsätzlich existieren drei Ausnahmen, bei denen die Zinsschranke keine Anwendung findet und welche – teilweise nur unter zusätzlichen Voraussetzungen – auch von Körperschaften in Anspruch genommen werden können.

### 2.2.2.1. Ausnahme Nr. 1 – Freigrenze

Die Zinsschranke ist gemäß § 4h Abs. 2 Satz 1 lit. a EStG nicht anzuwenden, wenn die Nettozinsaufwendungen eines Betriebs weniger als drei Millionen Euro betragen. In diesem Fall sind alle Zinsen steuerlich abzugsfähig. Auch Zinsaufwendungen, die aus einem aufgebauten Zinsvortrag stammen und daher zeitlich versetzt zum Abzug gebracht werden sollen, sind nach Ansicht der Finanzverwaltung[2921] für die Freigrenze zu berücksichtigen. Dies führt dazu, dass ein Betrieb mit laufenden Zinsaufwendungen, sofern er einmal die Freigrenze überschritten hatte, regelmäßig nicht die Chance bekommen wird, diese Grenze in nachfolgenden Jahren zu unterschreiten.

Eine mehrfache Nutzung der Freigrenze mittels Erwerb durch mehrere Gesellschaften (und damit „Betriebe") ist zulässig und sollte auch nicht zu einem Gestaltungsmissbrauch führen.[2922]

### 2.2.2.2. Ausnahme Nr. 2 – Keine Konzernzugehörigkeit

Nach der zweiten Ausnahme ist die Zinsschranke nicht anzuwenden, wenn der Betrieb keinem Konzern angehört (§ 4h Abs. 2 Satz 1 lit. b EStG). Diese Ausnahme gilt für Körperschaften jedoch nur, sofern keine schädliche Gesellschafterfremdfinanzierung im Sinne des § 8a Abs. 2 KStG vorliegt (dazu unten Abschnitt 2.2.3.).

Ein Betrieb gehört zu einem Konzern, wenn er mit einen oder mehreren anderen Betrieben konsolidiert wird oder – falls kein Konzernabschluss vorgenommen wird – konsolidiert werden könnte (§ 4h Abs. 3 Satz 5 EStG). Die Konsolidierung richtet sich nach IFRS-Rechnungslegungsstandards oder nachrangig nach dem Standard gemäß dem Handelsrecht eines EU-Mitgliedsstaates oder nach US-GAAP. Eine Konzernzugehörigkeit ist gemäß § 4h Abs. 3 Satz 6 EStG auch anzunehmen, wenn die Finanz- und Geschäftspolitik des Betriebs mit einem oder mehreren anderen Betrieben einheitlich bestimmt werden kann (IAS 27).

Eine Konzernzugehörigkeit im Sinne der Zinsschranke soll nach der Gesetzesbegründung auch bereits für die von einer natürlichen Person als Gesellschafter gehaltenen und beherrschten Kapitalgesellschaften angenommen werden können.[2923] Die Finanzverwaltung will diesen Ansatz auch auf vermögensverwaltende Gesellschaften als Konzernspitzen von solchen sog. Gleichordnungskonzernen erstrecken.[2924]

Ein Organkreis gilt als ein „Betrieb" im Sinne der Zinsschranke (§ 15 Satz 1 Nr. 3 KStG). Der Organträger sowie die Organgesellschaften sind damit nicht als konzernzugehörige Gesellschaften zu betrachten, wenn der handelsrechtliche Konsolidierungskreis mit dem Organkreis übereinstimmt.

### 2.2.2.3. Ausnahme Nr. 3 – Konzernzugehörigkeit/Keine schädliche Eigenkapitalquote

Der dritte Ausnahmefall bezieht sich auf einen „Betrieb" im Konzern. In dieser Konstellation ist die Zinsschranke gemäß § 4h Abs. 2 Satz 1 lit. c EStG nicht anzuwenden, wenn der Eigenkapitalquotenvergleich gelingt, d. h. wenn die Eigenkapitalquote (EK-Quote) des Betriebs gleich oder besser ist als die des Konzerns (mit einer Toleranz von zwei Prozentpunk-

---

[2921] Bundesministerium der Finanzen: Schreiben betreffend Zinsschranke (§ 4h EStG; § 8a KStG) v. 4. Juli 2008, IV C 7 – S 2742 – a/07/10001, Tz. 46, BStBl. 2008, Teil I, 718.
[2922] Dörr/Fehling, Ubg 2008, 345 (351 f.); Fischer/Wagner, BB 2008, 1872 (1876).
[2923] BR-Drucks. 220/07, 79.
[2924] Bundesministerium der Finanzen: Schreiben betreffend Zinsschranke (§ 4h EStG; § 8a KStG) v. 4. Juli 2008, IV C 7 – S 2742 – a/07/10001, Tz. 60, BStBl. 2008, Teil I, 718.

ten).²⁹²⁵ Eine Körperschaft kann nur dann den Eigenkapitalquotenvergleich durchführen, wenn gemäß § 8a Abs. 3 KStG kein konzernzugehöriger Rechtsträger schädlich gesellschafterfremdfinanziert ist (dazu unten Abschnitt 2.2.3.).

Im Grundsatz soll sich die Berechnung der EK-Quoten zunächst anhand der Ausgangsgrößen in IFRS-Abschlüssen richten. Es können auch nachrangig unter bestimmten Voraussetzungen Abschlüsse nach dem Handelsrecht eines EU-Mitgliedsstaates oder nach US-GAAP verwendet werden.

Um eine Vergleichbarkeit der Eigenkapitalquoten zwischen Betrieb und Konzern herzustellen, muss grundsätzlich jeweils derselbe Rechnungslegungsstandard zu Grunde gelegt werden. Wenn dies nicht der Fall ist oder wenn für den Betrieb kein handelsrechtlicher Jahresabschluss vorliegt, ist für den Nachweis der Eigenkapitalquote des Betriebs eine Überleitungsrechnung ausreichend, aber auch erforderlich. Diese Überleitungsrechnung ist einer „prüferischen Durchsicht" zu unterziehen (IDW PS 900).

Bei sog. Gleichordnungskonzernen sollen nur die beherrschten Betriebe bei der Berechnung der maßgeblichen Vergleichsgröße (Konzern-EK-Quote) zu berücksichtigen sein.²⁹²⁶

Wahlrechte sind im Konzernabschluss und im Einzelabschluss des Betriebs einheitlich auszuüben. Vermögenswerte und Schulden sind einheitlich und bei gesellschaftsrechtlichen Kündigungsrechten ist mindestens das HGB-Eigenkapital anzusetzen.²⁹²⁷

Um die Vergleichbarkeit der EK-Quoten zwischen Einzel- und Konzernabschluss herzustellen, existieren weitere Sonderregelungen (§ 4h Abs. 2 Satz 1 lit. c Satz 5 und 6 EStG): So ist das Eigenkapital des Betriebs um einen im Konzernabschluss enthaltenen auf den Betrieb entfallenden Firmenwert zu erhöhen. Handelsbilanziell ausgewiesene Sonderposten mit Rücklageanteil sind dem Eigenkapital des Betriebs zur Hälfte hinzuzurechnen. Anteile an anderen Konzerngesellschaften sind bei der Ermittlung des Eigenkapitals des Betriebs zu kürzen. Um Gestaltungen zu unterbinden, werden außerdem Einlagen aus den letzten sechs Monaten vor dem Abschlussstichtag, soweit ihnen Entnahmen oder Ausschüttungen innerhalb von sechs Monaten nach dem Abschlussstichtag gegenüberstehen, kürzend beim Eigenkapital angesetzt. Die Bilanzsumme des Betriebs ist schließlich um Kapitalforderungen zu kürzen, die nicht im konsolidierten Konzernabschluss enthalten sind und denen Verbindlichkeiten (jeder Art) in mindestens gleicher Höhe gegenüberstehen.

### 2.2.3. Keine schädliche Gesellschafterfremdfinanzierung

Die oben genannten Ausnahmen „Keine Konzernzugehörigkeit" (s.o. Abschnitt 2.2.2.2.) und „Konzernzugehörigkeit/Keine schädliche Eigenkapitalquote" (s.o. Abschnitt 2.2.2.3.) sind für Körperschaften nur dann anwendbar, wenn keine schädliche Gesellschafterfremdfinanzierung im Sinne von § 8a Abs. 2 und 3 KStG vorhanden ist.

Eine solche schädliche Fremdfinanzierung liegt vor, wenn Vergütungen für Fremdkapital
– einem unmittelbar oder mittelbar zu mehr als einem Viertel am Grund- oder Stammkapital beteiligten Anteilseigner,
– einer diesem nahe stehenden Person (§ 1 Abs. 2 AStG) oder
– einem Dritten, der auf die zuvor genannten Personen zurückgreifen kann,

geschuldet werden und diese Vergütungen mehr als 10% der Nettozinsaufwendungen der Körperschaft betragen („10%-Test"). Im Konzernfall muss nicht nur die steuerpflichtige

---

²⁹²⁵ Die Toleranzschwelle wurde durch das Wachstumsbeschleunigungsgesetz vom 22.12.2009 (BGBl. 2009, Teil I, 3950) von einem auf zwei Prozentpunkte erhöht.

²⁹²⁶ Bundesministerium der Finanzen: Schreiben betreffend Zinsschranke (§ 4h EStG; § 8a KStG) v. 4. Juli 2008, IV C 7 – S 2742 – a/07/10001, BStBl. 2008, Teil I, 718, Tz. 60.

²⁹²⁷ Diese Regelung wurde notwendig, weil deutsche Personengesellschaften wegen IAS 32.18 regelmäßig kein Eigenkapital nach IFRS ausweisen würden. Mittlerweile wurde eine Neufassung von IAS 32 vom International Accounting Standards Board verabschiedet, welche die Klassifizierung als Eigenkapital bei deutschen Personengesellschaften auch unter IFRS ermöglichen würde (vgl. hierzu Baetge/Winkeljohann/Haenelt, DB 2008, 1518ff.).

Körperschaft, sondern weltweit jeder dem Konzern zugehörige Rechtsträger den 10%-Test erfüllen. Liegt bei irgendeinem konzernzugehörigen Rechtsträger eine schädliche Gesellschafterfremdfinanzierung vor, führt dies zur Nichtanwendbarkeit des EK-Quotenvergleichs und damit zum beschränkten Zinsabzug bei den in Deutschland steuerpflichtigen Einkünften aus dem Immobilienvermögen. Für Zwecke des 10%-Tests sind im Rahmen des § 8a Abs. 3 KStG jedoch nur die Fremdfinanzierungen zu beachten, die von außerhalb des Konzerns erfolgen bzw. bei denen auf Personen außerhalb des Konzerns Rückgriff genommen werden kann (§ 8a Abs. 3 Satz 2 EStG).

Bei der Finanzierung durch Dritte ist wegen des weiten Rückgriffsbegriffs eine erhebliche Verschärfung eingetreten. Nach der Gesetzesbegründung soll ein schädlicher Rückgriff bereits dann anzunehmen sein, wenn der Anteilseigner oder die ihm nahe stehende Person dem Darlehensgeber gegenüber faktisch für die Erfüllung der Schuld einsteht. Neben Back-to-back-Finanzierungen sollen eine Vielzahl von Gestaltungen getroffen werden.[2928] Nach Ansicht der Finanzverwaltung soll darüber hinaus auch die schlichte Anteilsverpfändung zum Rückgriff führen.[2929]

### 2.2.4. Probleme bei der Zinsschranke/Offene Fragen

Die Anwendung der Zinsschranke ist begleitet von einer Vielzahl von Unsicherheiten. Im Folgenden sollen nur einige der zahlreichen Probleme exemplarisch aufgezählt werden:

a) Die Frage nach den relevanten Voraussetzungen für die Konzernzugehörigkeit ist nicht beantwortet. Die Konzernzugehörigkeit und der Umfang des Konzerns sind jedoch bei einer auf Eigenkapitalquoten abstellenden Regelung essentiell. In der Literatur wird versucht, eine zweckgemäße Auslegung der einschlägigen § 4h Abs. 3 Sätze 5 und 6 EStG zu erreichen.[2930] Unsicherheit entsteht jedoch insbesondere durch das oben erwähnte, durch die Finanzverwaltung eingebrachte Konzept des Gleichordnungskonzerns.

b) Unklar und umstritten ist, inwieweit die Regelung des § 49 Abs. 1 Nr. 2 lit. f EStG ab 2009 zu einer Fiktion der Betriebseigenschaft im Sinne der Zinsschranke führt.[2931]

c) Unsicherheiten entstehen ferner für unterjährige Veränderungen im Konzern. Die Finanzverwaltung versucht zwar Hilfen zu geben zur Auslegung der Konzernzugehörigkeit, zum maßgeblichen Zeitpunkt etc.,[2932] erfasst jedoch nicht alle Konstellationen befriedigend.[2933]

d) Schließlich ist die Anwendung der Zinsschranke auf Personengesellschaften in vielerlei Hinsicht ungeklärt. Fragen im Zusammenhang mit der entsprechenden Anwendung von § 8a KStG (§ 4h Abs. 2 Satz 2 EStG), der Aufteilung des Zinsvortrages auf Mitunternehmer oder der Anwendung der Zinsschranke bei ausländischen Tochterpersonengesellschaften seien hier nur beispielhaft genannt.[2934]

---

[2928] BR-Drucks. 220/07, 124.

[2929] Bundesministerium der Finanzen: Schreiben betreffend Zinsschranke (§ 4h EStG; § 8a KStG) v. 4. Juli 2008, IV C 7 – S 2742 – a/07/10001, BStBl. 2008, Teil I, 718, Tz. 83. Zur Kritik an dieser Regelung vgl. u. a. Kreft/Schmidt-Hohmann, BB 2008, 2099 ff., die eine Zurückführung des Rückgriffsbegriffs auf zivilrechtliche Dimensionen fordern.

[2930] Lüdenbach/Hoffmann, DStR 2007, 636 ff.; Dörfler/Vogl, BB 2007, 1084 (1085 ff.); Hoffmann, GmbHR 2008, 113 ff.; Winkler/Käshammer, Ubg 2008, 478 (480 ff.).

[2931] Verneinend Wassermeyer, IStR 2009, 238 (240). Vgl. dazu Töben/Lohbeck/Fischer, FR 2009, 151 (157).

[2932] Bundesministerium der Finanzen: Schreiben betreffend Zinsschranke (§ 4h EStG; § 8a KStG) v. 4. Juli 2008, IV C 7 – S 2742 – a/07/10001, BStBl. 2008, Teil I, 718, Tz. 68, 70.

[2933] Unklar ist etwa die Anwendung der Bilanzierungs-/Konsolidierungsmaßstäbe für die Frage der Konzernzugehörigkeit bei ausländischen Objektkapitalgesellschaften, die Überschusseinkünfte erzielen oder beispielsweise welche Kriterien im Rahmen von § 8a KStG bei der Abgrenzung der Konzernzugehörigkeit greifen, sofern unterjährige Veränderungen stattfinden.

[2934] Hoffmann, GmbHR 2008, 113 ff. (183 ff.); Schmitz-Herscheidt, BB 2008, 699 ff.; Kröner/Bolig, DStR 2008, 1309 ff.; Wagner/Fischer, BB 2007, 1811 ff.; Bron, IStR 2008, 14 ff.; Kußmaul/Pfir-

## 2.3. Kapitalertragsteuer (§ 50d Abs. 3 EStG)
### 2.3.1. Grundlagen

Soweit Immobilien nicht direkt von ausländischen Erwerbsgesellschaften gehalten werden, sondern indirekt über Beteiligungen an deutschen Kapitalgesellschaften, erhalten die Investoren ihre Rendite maßgeblich durch Ausschüttungen aus den erworbenen Gesellschaften. Auch mit diesen Ausschüttungen (und damit nicht nur bei direktem Halten der Immobilien) sind sie im Inland beschränkt körperschaftsteuerpflichtig (§ 49 Abs. 1 Nr. 5 lit. a EStG). Die Körperschaftsteuer gilt gemäß § 32 Abs. 1 Nr. 2 KStG für die Einkünfte eines beschränkt Steuerpflichtigen jedoch als abgegolten, wenn ein Steuerabzug in Gestalt der Kapitalertragsteuer erfolgt.[2935]

Die Pflicht zum Abzug/Einbehalt von Kapitalertragsteuer auf eine Ausschüttung durch die erworbene Gesellschaft ergibt sich aus §§ 43 Abs. 1 Satz 1 Nr. 1 EStG i.V. mit § 20 Abs. 1 Nr. 1 Satz 1 EStG, da ein inländischer Kapitalertrag vorliegt. Die Kapitalertragsteuer beträgt 25% (zuzüglich 5,5% Solidaritätszuschlag hierauf) der Bruttoausschüttung (§ 43a Abs. 1 S. 1 Nr. 1 EStG). Nach § 44a Abs. 9 EStG besteht jedoch für Dividendenzuflüsse ab 2009 hinsichtlich 2/5 der einbehaltenen Kapitalertragsteuer (= 10%-Punkte) ein Erstattungsanspruch für die Erwerbergesellschaft als beschränkt steuerpflichtige Körperschaft. Gemäß § 43b EStG wird die Kapitalertragsteuer bei einer Dividende an eine EU-Mutterkapitalgesellschaft zudem nicht erhoben, wenn die Beteiligung an den ausschüttenden Gesellschaften für 12 Monate mindestens 10% beträgt. Im Grundsatz kommt es dann zu einer Absenkung der Körperschaftsteuer-Belastung auf 0%.[2936]

Allerdings führen weder § 44a Abs. 9 EStG noch § 43b EStG zu einem schlichten Verzicht auf den Einbehalt von Kapitalertragsteuer. Verfahrenstechnisch sind vielmehr gemäß § 50d Abs. 1 EStG der Einbehalt von Kapitalertragsteuer und die spätere Erstattung an den Gläubiger (Erwerbergesellschaft) der nach §§ 43b, 44a Abs. 9 EStG nicht zu erhebenden/zu erstattenden Steuer vorgesehen. Voraussetzung ist dabei ein Antrag des Gläubigers auf amtlich vorgeschriebenem Vordruck beim Bundeszentralamt für Steuern. Gemäß § 50d Abs. 2 EStG kann in den Fällen des § 43b EStG[2937] durch die Vorlage einer ebenfalls beim Bundeszentralamt für Steuern zu beantragenden Bescheinigung die Freistellung vom Kapitalertragsteuereinbehalt erreicht werden.

### 2.3.2. Voraussetzungen und Folgen des § 50d Abs. 3 EStG

Problematisch ist indes, dass § 50d Abs. 3 EStG die Entlastungsberechtigung (entweder durch Erstattung nach § 50d Abs. 1 EStG oder durch Freistellung nach § 50d Abs. 2 EStG) in Fällen einer Ausschüttung an eine zwischengeschaltete Auslandsgesellschaft unter bestimmten Voraussetzungen versagt, so dass dann 25% Kapitalertragsteuer (zuzüglich Solidaritätszuschlag) definitiv, d. h. ohne Möglichkeit zur Erstattung/Freistellung, erhoben werden würde.

§ 50d Abs. 3 EStG – als zu weit geratene Anti-Treaty-/Directive Shopping Vorschrift[2938] – versagt die Entlastung von Kapitalertragsteuer einer ausländischen Gesellschaft unter folgenden Umständen:

---

mann/Meyering/Schäfer, BB 2008, 135 ff.; Kröner/Bolik, DStR 2008, 1209 ff.; van Lishaut/Schumacher/Heinemann, DStR 2008, 2341 ff.

[2935] Streck, KStG, § 32, Rn. 5; Becht in: Hermann/Heuer/Raupach, KStG, § 32 Rn. 1 (3).

[2936] Neben den genannten nationalen Normen kann sich eine Quellensteuerreduktion auch über ein DBA ergeben.

[2937] Sowie in qualifizierten DBA-Fällen (Mindestbeteiligung 10% und Steuerpflicht der Mutterkapitalgesellschaft im anderen Vertragsstaat).

[2938] § 50d Abs. 3 EStG ist nach herrschender Meinung europarechtswidrig, vgl. u. a. Heinicke in: Schmidt, EStG, Rn. 48; Wied in: Blümich, EStG § 50d Rn. 56a; Kessler/Eicke, DStR 2007, 781 (782); Kessler/Eicke, IStR 2008, 366 f.; Grotherr, RIW 2006, 898 (908); Gosch, IStR 2008, 415.

Sind an der antragstellenden ausländischen Gesellschaft nur entlastungsberechtigte Gesellschafter beteiligt, so ist auch die Gesellschaft vollumfänglich entlastungsberechtigt. Soweit dies nicht der Fall ist, d. h. soweit nicht entlastungsberechtigte Personen beteiligt sind, kann es zu einer Versagung der Entlastung von Kapitalertragsteuer kommen, sobald nur eine der in § 50d Abs. 3 Satz 1 Nr. 1–3 EStG geregelten Bedingungen eintritt:
– Es bestehen keine wirtschaftlichen oder sonst beachtliche Gründe für die Einschaltung der ausländischen Gesellschaft (§ 50d Abs. 3 Satz 1 Nr. 1 EStG).
– Die ausländische Gesellschaft erzielt nicht mehr als 10 % ihrer gesamten Bruttoerträge des entsprechenden Wirtschaftsjahres aus eigener Wirtschaftstätigkeit (§ 50d Abs. 3 Satz 1 Nr. 2 EStG).
– Die ausländische Gesellschaft nimmt nicht mit einem für ihren Geschäftszweck angemessen eingerichteten Geschäftsbetrieb am allgemeinen wirtschaftlichen Verkehr teil (§ 50d Abs. 3 Satz 1 Nr. 3 EStG).

Mit anderen Worten: Eine ausländische Gesellschaft ist nur dann entlastungsberechtigt, wenn an ihr ausschließlich entlastungsberechtigte Personen beteiligt sind oder sie nachweist, dass die Tatbestandsvoraussetzungen des § 50d Abs. 3 Satz 1 Nr. 1–3 EStG (kumulativ) nicht vorliegen. Falls an der ausländischen funktionslosen Gesellschaft ihrerseits eine (Mutter-) Gesellschaft beteiligt ist, ist entscheidend, ob letzterer die Entlastungsberechtigung zustehen kann.[2939]

### 2.3.2.1. Keine wirtschaftlichen oder sonst beachtliche Gründe (§ 50d Abs. 3 Satz 1 Nr. 1 EStG)

Wirtschaftlich oder sonst beachtliche Gründe liegen vor, wenn die Einschaltung der antragstellenden ausländischen Gesellschaft nicht lediglich formaler Natur ist. Es kommen nach Auffassung der Finanzverwaltung u. a. rechtliche, politische oder auch religiöse Gründe in Betracht.

Ein wirtschaftlicher Grund fehlt insbesondere, wenn die Gesellschaft überwiegend der Sicherung von Inlandsvermögen in Krisenzeiten dient oder für eine künftige Erbregelung oder für den Aufbau der Alterssicherung der Gesellschafter eingesetzt werden soll. Gründe, die sich aus den Verhältnissen des Konzernverbunds ergeben, wie z. B. Koordination, Organisation, Aufbau der Kundenbeziehung, Kosten, örtliche Präferenzen oder gesamtunternehmerische Konzeption, sollen nach Auffassung der Finanzverwaltung ebenfalls unbeachtlich sein.[2940]

### 2.3.2.2. Nicht mehr als 10 % der Bruttoerträge aus eigener Wirtschaftstätigkeit (§ 50d Abs. 3 Satz 1 Nr. 2 EStG)

Nach dem Gesetzeswortlaut müssen die Bruttoerträge aus aktiver Tätigkeit mehr als 10 % der gesamten Bruttoerträge der Gesellschaft betragen. Im Hinblick auf die „eigene Wirtschaftstätigkeit" sollen insbesondere die bloße Verwaltung von Wirtschaftsgütern sowie das Outsourcing wesentlicher Aktivitäten schädlich sein (vgl. auch § 50d Abs. 3 Satz 3 EStG).

Die (restriktive) Gesetzeslage wird durch das Schreiben des Bundesministerium der Finanzen vom 3. April 2007 zum Teil abgemildert: Bruttoerträge aus „eigener Wirtschaftstätigkeit" liegen demnach vor, wenn Dienstleistungen gegenüber Konzerngesellschaften entgeltlich und zu unter gegenüber fremden Dritten üblichen Bedingungen erbracht werden. Ebenso ist die Ausübung von geschäftsleitenden Funktionen durch Führungsentscheidungen gegenüber mindestens zwei Beteiligungsgesellschaften („aktive Beteiligungsverwal-

---

[2939] Bundesministerium der Finanzen: Schreiben betreffend Entlastungsberechtigung ausländischer Gesellschaften (§ 50d Abs. 3 EStG) bei mehrstufigen Beteiligungsstrukturen v. 10. Juli 2007, IV B 1 – S 2411/07/0002, IStR 2007, 555 f., mit Anmerkung Lüdicke.

[2940] Bundesministerium der Finanzen: Schreiben betreffend Entlastungsberechtigung ausländischer Gesellschaften; Anwendung des § 50d Abs. 3 EStG in der Fassung des Jahressteuergesetzes 2007 v. 3. April 2007, IV B 1 – S 2411/07/0002, BStBl. 2007, Teil I, 446, Tz. 5, 9.

tung") eine eigene Wirtschaftstätigkeit.[2941] Führungsentscheidungen sind dabei durch ihre grundsätzliche Bedeutung und langfristige Natur – in Abgrenzung zu kurzfristigen und ausführungsbezogenen Entscheidungen – gekennzeichnet. Das BMF-Schreiben zählt zu den aktiven Bruttoerträgen neben den Entgelten für konkret erbrachte Dienstleistungen auch Dividenden, Zinsen, Lizenzgebühren und andere Erträge von solchen geleiteten Beteiligungsgesellschaften.[2942]

Eine eigene Wirtschaftstätigkeit ist nach der Erlasslage nicht gegeben, wenn wesentliche Geschäftstätigkeiten auf Anwaltskanzleien oder Managementgesellschaften outgesourct werden bzw. die eigene Wirtschaftstätigkeit in einem anderen Staat als dem Sitzstaat der antragstellenden Gesellschaft ausgeübt wird.[2943]

### 2.3.2.3. Angemessen eingerichteter Geschäftsbetrieb (§ 50d Abs. 3 Satz 1 Nr. 3 EStG)

Zur Erfüllung der dritten Voraussetzung muss die Gesellschaft über einen angemessen eingerichteten Geschäftsbetrieb verfügen, d. h. es muss ein „greifbares Vorhandensein" nachgewiesen werden (qualifiziertes Personal, Geschäftsräume und technische Kommunikationsmittel).[2944] Der Umfang an Substanz, der erforderlich ist, um über einen angemessen eingerichteten Geschäftsbetrieb zu verfügen, soll sich dabei nach dem Geschäftszweck richten. Speziell bei Holdinggesellschaften mit Kapitalanlage- und Finanzierungsfunktionen darf dabei nach Ansicht der neueren Rechtsprechung kein Ausmaß an Substanz gefordert werden, welches für den Betrieb des Geschäfts nicht erforderlich ist.[2945]

### 2.3.3. Gestaltungen ohne Anwendung von § 50d Abs. 3 EStG

Unter bestimmten Voraussetzungen greifen die Rechtsfolgen von § 50d Abs. 3 EStG jedoch nicht ein. Auf zwei Varianten soll im Folgenden hingewiesen werden:

§ 50d Abs. 3 EStG kann im Ergebnis nicht zu einem definitiven Kapitalertragsteuereinbehalt führen, wenn die Anteile an der grundbesitzhaltenden Kapitalgesellschaft durch eine inländische gewerbliche Personengesellschaft gehalten werden.[2946] Im Rahmen der Veranlagung auf der Ebene der Personengesellschaft wird auf den steuerpflichtigen Betrag (§ 8b Abs. 3, 5 KStG) die von der Tochterkapitalgesellschaft einbehaltene Kapitalertragsteuer angerechnet bzw. erstattet. Hierfür genügt es, dass eine gewerblich tätige oder gewerblich geprägte Personengesellschaft mit Geschäftsleitung im Inland vorliegt und die Kapitalgesellschaftsbeteiligung der Personengesellschaft rechtlich zugewiesen ist. Eine funktionale Zuordnung der Beteiligung an der Kapitalgesellschaft nach DBA-rechtlichen Maßstäben sollte regelmäßig nicht erforderlich sein.[2947]

---

[2941] Bundesministerium der Finanzen: Schreiben betreffend Entlastungsberechtigung ausländischer Gesellschaften; Anwendung des § 50d Abs. 3 EStG in der Fassung des Jahressteuergesetzes 2007 v. 3. April 2007, IV B 1 – S 2411/07/0002, BStBl. 2007, Teil I, 446, Tz. 6.2.

[2942] Bundesministerium der Finanzen: Schreiben betreffend Entlastungsberechtigung ausländischer Gesellschaften; Anwendung des § 50d Abs. 3 EStG in der Fassung des Jahressteuergesetzes 2007 v. 3. April 2007, IV B 1 – S 2411/07/0002, BStBl. 2007, Teil I, 446, Tz. 7.

[2943] Bundesministerium der Finanzen: Schreiben betreffend Entlastungsberechtigung ausländischer Gesellschaften; Anwendung des § 50d Abs. 3 EStG in der Fassung des Jahressteuergesetzes 2007 v. 3. April 2007, IV B 1 – S 2411/07/0002, BStBl. 2007, Teil I, 446, Tz. 6.4.

[2944] Bundesministerium der Finanzen: Schreiben betreffend Entlastungsberechtigung ausländischer Gesellschaften; Anwendung des § 50d Abs. 3 EStG in der Fassung des Jahressteuergesetzes 2007 v. 3. April 2007, IV B 1 – S 2411/07/0002, BStBl. 2007, Teil I, 446, Tz. 8.

[2945] BFH, Urteil v. 29. Januar 2008, I R 26/06, FR 2008, 672 ff. mit Anmerkung Wagner/Fischer.

[2946] Für Gewinne aus der Veräußerung der Anteile an der erworbenen Gesellschaft wird dagegen durch die Zwischenschaltung der Personengesellschaft gegebenenfalls die Steuerpflicht in Deutschland erst begründet (beschränkte Steuerpflicht nach § 49 Abs. 1 Nr. 2 lit. a) EStG; 5% nichtabzugsfähige Betriebsausgaben, § 8b Abs. 3 KStG).

[2947] Günkel/Lieber, Ubg 2008, 383 (388).

Weiterhin führt ein (disproportionaler) Anteilsrückkauf durch die Kapitalgesellschaft nicht zur Einbehaltungspflicht von Kapitalertragsteuer, sofern die Gesellschaft einen fremdvergleichstauglichen Kaufpreis für den Erwerb der eigenen Anteile schuldet.[2948] Eine verdeckte Gewinnausschüttung (und damit Kapitalertragsteuer[2949]) kann nach der älteren Rechtsprechung des BFH nur angenommen werden, wenn ein proportionaler Anteilsrückkauf von allen Gesellschaftern erfolgt mit der Folge, dass sich die wirtschaftlichen Anteilsverhältnisse an der Kapitalgesellschaft nicht ändern.[2950] Es ist unklar, ob diese Einschränkung heute noch anzuwenden ist, denn nach herrschender Meinung wird mittlerweile jeder Anteilsrückkauf zu einem angemessenen Preis nicht als verdeckte Gewinnausschüttung qualifiziert.[2951] Jedenfalls dürfte ein disproportionaler Rückkauf nicht zu einer verdeckten Gewinnausschüttung führen.

### 3. Schwerpunkt Nr. 2: (Keine) Gewerbesteuer/Betriebstätte

Ein weiterer Schwerpunkt bei der steuerlichen Behandlung bzw. Strukturierung von Private-Equity-Investitionen in deutsches Grundvermögen liegt bei der Gewerbesteuer.

#### 3.1. Grundlagen

Ausländische Investoren unterliegen mit ihrer Investition deutscher Gewerbesteuer, wenn im Wesentlichen zwei Voraussetzungen gegeben sind. Es muss
– ein Gewerbebetrieb im Sinne des Gewerbesteuerrechts vorliegen, der
– in einer Betriebstätte in Deutschland verfolgt wird.

In der Regel ist davon auszugehen, dass die erste Voraussetzung – Gewerbebetrieb – mit dem Akquisitionsvehikel erfüllt ist. Ausländische Kapitalgesellschaften, die deutschen Kapitalgesellschaften vergleichbar sind, sind nach der Rechtsprechung sowie nach Ansicht der Finanzverwaltung kraft Rechtsform als Gewerbebetrieb im Sinne des GewStG anzusehen (vgl. § 2 Abs. 2 S. 1 GewStG).[2952] Ein Erlass aus neuerer Zeit der OFD Münster speziell zu Inbound-Immobilieninvestitionen relativiert jedoch diese bisherige Sichtweise und stellt zusätzlich auf die Gewerblichkeit ausländischer Kapitalgesellschaften ab.[2953]

In jedem Fall ist für eine Gewerbesteuerpflicht zudem eine Betriebstätte in Deutschland erforderlich (§ 2 Abs. 2 GewStG i.V. mit § 12 AO).

#### 3.2. Betriebstätte bei Inbound-Immobilieninvestitionen
##### 3.2.1. Anknüpfung an § 12 AO

In Konkretisierung von § 12 Satz 1 AO definiert der BFH in ständiger Rechtsprechung eine Betriebstätte dergestalt, dass eine feste Geschäftseinrichtung oder Anlage mit einer festen Beziehung zur Erdoberfläche bestehen muss, die von gewisser Dauer ist, der Tätigkeit des Unternehmens dient und über die der Steuerpflichtige nicht nur vorübergehende Ver-

---

[2948] Renger, BB 2008, 1379 (1380).
[2949] Auch bei verdeckten Gewinnausschüttungen ist grundsätzlich Kapitalertragsteuer einzubehalten (BFH, Urt. v. 20. August 2008, I R 29/07, DStR 2008, 2259). Hiervon nimmt die Finanzverwaltung Abstand, sofern die Besteuerung im Inland gesichert ist (OFD Münster, Verfügung v. 7. November 2007, S 2408a – 1 – St 22–31).
[2950] BFH, Urteil v. 27. März 1979, BStBl. 1979, VIII R 95/76, Teil II, 553.
[2951] Gosch, KStG, § 8 Rn. 577; Wassermeyer in: Kirchhof/Söhn/Mellinghoff, EStG, § 20 Rn. C 77.
[2952] BFH, Urteil v. 28. Juli 1982, I R 196/79, BStBl. 1983, Teil II, 77; § 13 Abs. 2 GewStR; Güroff in: Glanegger/Güroff, GewStG, § 2 Rn. 185.
[2953] OFD Münster: Verfügung v. 24. Juli 2008, S 1300 – 169 – St 45-32 GmbHR 2008, 1007 (1008).

fügungsmacht hat.[2954] § 12 Satz 2 AO sieht darüber hinaus bestimmte, enumerativ aufgezählte Fälle vor, bei denen eine Betriebstätte vorliegt, beispielsweise wenn sich die Geschäftsleitung als Mittelpunkt der geschäftlichen Oberleitung in Deutschland befindet (§ 12 Satz 2 Nr. 1 i.V. mit § 10 AO).

### 3.2.2. Keine Betriebstätte durch schlichte Vermietung/Veräußerung

Ein in Deutschland belegenes und vermietetes Grundstück als solches vermittelt dem Grundstückseigentümer grundsätzlich keine in Deutschland belegene Betriebstätte für die Vermietungseinkünfte. Hierin sind sich Rechtsprechung,[2955] Finanzverwaltung[2956] und steuerliches Schrifttum[2957] einig. Dies gilt unabhängig von der Größe, Anzahl oder Qualität der Grundstücke. Selbst wenn die Grundstücksvermietung die einzige Tätigkeit des ausländischen Unternehmens ist, entsteht daraus nicht zwangsläufig eine Betriebstätte in Deutschland.[2958]

Darüber hinaus wird nach Ansicht der Rechtsprechung (FG München) auch durch die Veräußerung von Grundstücken keine Betriebstätte am Belegenheitsort des Grundbesitzes vermittelt. Das FG München hat bestätigt, dass selbst bei Annahme gewerblichen Grundstückshandels (aufgrund Überschreitens der maßgeblichen Anzahl von veräußerten Objekten innerhalb des kritischen Zeitraums) keine Betriebstätte am Belegenheitsort der Objekte durch die Veräußerung als solche begründet wird.[2959]

### 3.2.3. Zusatzleistungen vor Ort/Subunternehmer/Kontrolle

Vermietetes Grundvermögen kann jedoch als Betriebstätte des Grundstückseigentümers in Deutschland zu qualifizieren sein, sofern neben der schlichten Vermietung Zusatzleistungen durch den Vermieter (oder durch ihn beauftragtes Personal) vor Ort erbracht werden.[2960]

Als Beispiel in diesem Zusammenhang wird häufig die Vermietung von Ferienwohnungen angeführt.[2961] Eine solche Vermietung führt in der Regel zu einer Betriebstätte, weil der Vermieter selbst vor Ort Zusatzleistungen wie Reinigung, Frühstück etc. erbringt.

Bei üblichen Vermietungen jedoch sollte die Erbringung von Zusatzleistungen – insbesondere mit Hilfe von durch den Grundstückseigentümer beauftragten Subunternehmern (etwa Hausmeister- oder Reinigungsunternehmen) – regelmäßig nicht zur Betriebstätte führen, auch wenn diesen Unternehmen Räume in den betreffenden Objekten durch den Vermieter zur Verfügung gestellt werden.

Zwar soll nach einer älteren Ansicht im Schrifttum eine Betriebstätte vor Ort durch den Einsatz solcher Subunternehmer zu Lasten des Auftraggebers unter Umständen begründbar

---

[2954] Siehe u. a. BFH Urteil v. 3. Februar 1993, I R 80–81/91, BStBl. 1993, Teil II, 462. Die in DBA verwendete engere Definition findet keine Anwendung, da die Abkommen regelmäßig Deutschland das Besteuerungsrecht im Hinblick auf die Einkünfte aus in Deutschland belegenen Immobilien zuweisen.

[2955] BFH, Urteil v. 30. Juni 2005, III R 47/03, BFH/NV 2005, 2087; BFH, Urteil v. 10. Dezember 1998, III R 50/95 BStBl. 1999, Teil II, 607; BFH, Urteil v. 10. Februar 1988, VIII R 159/84, BStBl. 1988, Teil II, 653; BFH, Urteil v. 28. August 1986, V R 20/79, BStBl. 1987, Teil II, 162; BFH, Urteil v. 10. März 1982, I R 1/79, BStBl. 1982, Teil II, 562; BFH, Urteil v. 19. März 1981, IV R 49/77, BFHE 133, 144; RFH, Urteil v. 27. Mai 1941, 112/41, RStBl. 1941, 393.

[2956] OFD Münster: Verfügung v. 24. Juli 2008, S 1300 – 169 – St 45-32 GmbHR 2008, 1007 (1008).

[2957] Güroff in: Glanegger/Güroff, GewStG, § 2 Rn. 239; Lenski/Steinberg, GewStG, § 2 Rn. 3113; Buciek in: Beermann/Gosch, AO, § 12 Rn. 22.

[2958] BFH, Urteil v. 28. Oktober 1977, III R 77/75, BStBl. 1978, Teil II, 116; Buciek in: Beermann/Gosch, AO, § 12 Rn. 22; Kruse in: Tipke/Kruse, AO, § 12, Rn. 15.

[2959] FG München, Urteil v. 17. Februar 1995, 8 K 2061/93 (unveröffentlicht).

[2960] Güroff in: Glanegger/Güroff, GewStG, § 2 Rn. 239; Lenski/Steinberg, GewStG, § 2 Rn. 3123; BFH, Beschluss v. 18. März 1965, IV B 411/62 U, BStBl. 1965, Teil III, 324.

[2961] Tz. 22 Abs. 6, S. 15 und 16 GewStR.

sein.[2962] Ferner sollen nach Tz. 22 Abs. 5 und 6 GewStR die Aktivitäten eines ständigen Vertreters an einem Ort, über den der Grundstückseigentümer Verfügungsgewalt besitzt, eine Betriebstätte des Grundstückseigentümers begründen können.

Nach überwiegender Auffassung des Schrifttums[2963] und der Rechtsprechung[2964] kann eine Betriebstätte durch einen unabhängigen Subunternehmer am Belegenheitsort der Grundstücke jedoch nur dann angenommen werden, wenn dieser Subunternehmer regelmäßig vor Ort durch den Auftraggeber kontrolliert und überwacht wird. Die Rechtsprechung hat in diesem Zusammenhang sogar ausdrücklich festgestellt, dass ein ständiger Vertreter als solcher keine Betriebstätte begründet und die GewStR insofern überholt sind.[2965] Vielmehr bedarf es immer einer Tätigkeit des Auftraggebers (Grundstückseigentümers) vor Ort (z. B. regelmäßige Überwachung), um dort eine Betriebstätte für ihn zu begründen. Allerdings kann für den Arbeitgeber (Auftragnehmer) der vor Ort tätigen Personen (z. B. Hausmeister als Angestellte des Auftragnehmers) am Belegenheitsort der Immobilie eine Betriebstätte entstehen.

Selbst wenn – beispielsweise wegen regelmäßiger Kontrolle/Überwachung von Subunternehmern vor Ort – eine Betriebstätte am Immobilienstandort für den Grundstückseigentümer anzunehmen ist, bedarf es einer Aufteilung der aus diesem Grundstück erzielten Einnahmen. Werden beispielsweise Zusatzleistungen vor Ort durch einen regelmäßig dort überwachten ständigen Vertreter an die Mieter erbracht, sollte nur der Teil der Einkünfte, der auf diese Zusatzleistungen entfällt, dieser Betriebstätte zurechenbar sein und damit einer Gewerbesteuerpflicht unterliegen. In solchen Fällen unterfallen damit vor allem Veräußerungseinkünfte nicht der Gewerbesteuer, vorausgesetzt der vor Ort überwachte Subunternehmer erbringt dort keine Leistungen im Zusammenhang mit der Veräußerung. Sollte die im Ausland ansässige Eigentümergesellschaft mehrere Objekte in Deutschland vermieten, so können ferner einer Betriebstätte (Immobilie), regelmäßig auch nicht die Einkünfte, die durch andere Immobilien generiert werden, zugerechnet werden.[2966]

### 3.2.4. Geschäftsleitungs-Betriebstätte durch Asset/Property Manager?

In Bezug auf die Verwaltung von Immobilien in Deutschland durch Subunternehmer (Asset/Property-Manager) ist weiterhin sicherzustellen, dass sich die Geschäftsleitung – und damit eine Geschäftsleitungs-Betriebstätte – der im Ausland ansässigen Akquisitionsgesellschaft nicht nach Deutschland verlagert und damit gewerbesteuerlich eine Betriebstätte anzunehmen ist (vgl. § 12 Satz 2 Nr. 1 AO).[2967]

Die Stätte der Geschäftsleitung ist definiert als der *„Mittelpunkt der geschäftlichen Oberleitung"* (§ 10 AO). Dies ist der Ort, an dem dauerhaft die für die Geschäftsführung nötigen Maßnahmen von einiger Wichtigkeit angeordnet werden.[2968] Der Ort der geschäftlichen

---

[2962] Gebbers, RIW 1985, 876 (877 ff.).
[2963] Birk in: Hübschmann/Hepp/Spitaler, AO, § 12 Rn. 23; Koenig in: Pahlke/Koenig, AO, München 2004, § 12 Rn. 19; vgl. auch Bendlinger/Görl/Paaßen/Remberg, IStR 2004, 146; Buciek in: Beermann/Gosch, AO, § 12 Rn. 20; Güroff in: Glanegger/Güroff, GewStG, § 2 Rn. 236; Töben/Lohbeck in: Birk, Transaktionen – Vermögen – Pro Bono (Festschrift zum zehnjährigen Bestehen von P+P Pöllath+Partners), 211 (225 ff.).
[2964] BFH, Urteil v. 13. Juni 2006, I R 84/05, BFH/NV 2006, 2334; FG Hamburg, Urteil v. 28. Oktober 2003, VI 216/01, EFG 2004, 582.
[2965] BFH, Urteil v. 30. Juni 2005, III R 76/03, BStBl. 2006, Teil II, 87; FG Hessen, Urteil v. 22. April 1997, 6 K 3417/94, EFG 1997, 1063.
[2966] Siehe hierzu: Töben/Lohbeck in: Birk, Transaktionen – Vermögen – Pro Bono (FS zum zehnjährigen Bestehen von P+P Pöllath+Partners), 211 (230 ff.).
[2967] Eine solche Geschäftsleitungs-Betriebstätte für Gewerbesteuerzwecke führt nicht zwangsläufig zur unbeschränkten Körperschaftsteuerpflicht der Akquisitionsgesellschaft in Deutschland (§ 1 Abs. 1 KStG), da die Aufzählung in § 12 Satz 2 AO nur beispielhaft den Betriebstättenbegriff in § 12 Satz 1 AO ergänzt.
[2968] BFH, Urteil v. 17. Juli 1968, I 121/64, BStBl. 1968, Teil II, 695.

Oberleitung bestimmt sich danach, wo tatsächlich der für die Geschäftsführung maßgebende Wille gebildet wird. Unerheblich ist, wo die getroffenen Entscheidungen ausgeführt oder die Willenserklärungen wirksam werden. Bei juristischen Personen befindet sich der Ort der Geschäftsleitung dort, wo das Geschäftsführungsorgan bzw. der faktische Geschäftsführer überwiegend tätig wird. Ausschlaggebend ist, an welchem Ort nachhaltig und am häufigsten die für die laufende Unternehmenstätigkeit bedeutsamsten Entscheidungen fallen. Hierfür kommt es grundsätzlich allein auf die kaufmännische, also geschäftliche Leitung, nicht jedoch auf die technische Betriebsleitung an.[2969]

Ein Asset/Property Manager, der für die Verwaltung des Grundvermögens engagiert wird, wird regelmäßig eine auf Beratung des Grundstückseigentümers ausgerichtete Tätigkeit entfalten. Die wichtigen Geschäftsführungsentscheidungen (Grundstückskauf/-verkauf; Abschluss, Änderung, Kündigung von Mietverträgen; Finanzierungsentscheidungen etc.) hingegen sollten allein der ausländischen Gesellschaft als Grundstückseigentümerin obliegen. Der Asset/Property Manager kann unterstützend tätig werden, mithin Entscheidungen vorbereiten, diese umsetzen oder die Überwachung der Umsetzung übernehmen. Derartige vorbereitende bzw. überwachende Dienstleistungen beziehen sich auf die bloße Unterstützung und Beratung hinsichtlich der im Ausland getroffenen Entscheidungen. Eine Geschäftsleitungs-Betriebsstätte in Deutschland kann dadurch nicht begründet werden.

### 4. Schwerpunkt Nr. 3: Grunderwerbsteuer

Ein weiterer Schwerpunkt liegt in grunderwerbsteuerlichen Fragestellungen. Die Grunderwerbsteuer in Höhe von 3,5% bzw. 4,5%[2970] bezogen auf den Wert der Gegenleistung für den Erhalt des Grundstücks bzw. bezogen auf den Bedarfswert des Grundstücks[2971] wird insbesondere dann ein relevanter Kostenfaktor, wenn häufige bzw. kurz hintereinander eintretende Rechtsträgerwechsel im Hinblick auf den Grundbesitz durchgeführt werden oder beabsichtigt sind.

#### 4.1. Asset Deal

Bei einem Asset Deal ist die Rechtslage grunderwerbsteuerlich vergleichsweise einfach. Jeder Rechtsträgerwechsel in Bezug auf die Eigentümerstellung – sei es kraft Einzel- oder Gesamtrechtsnachfolge – führt zu einem grunderwerbsteuerlich relevanten Tatbestand, der nur unter bestimmten Voraussetzungen einer Grunderwerbsteuerbefreiung unterliegt.[2972]

#### 4.2. Share Deal

Ein Share Deal hingegen, bei dem der Grundbesitz durch den Erwerb der Anteile an grundstückshaltenden Gesellschaften mittelbar akquiriert wird, eröffnet verschiedene Gestaltungsoptionen in grunderwerbsteuerlicher Hinsicht. Möglich ist beispielsweise ein grunderwerbsteuerfreier Erwerb durch den Investor. Aber auch die Möglichkeit eines grunderwerbsteuerfreien Weiterverkaufs bedarf von vornherein der „richtigen" Akquisitionsstruktur. Letzteres gilt im Übrigen auch für den Erwerb mittels Asset Deal.

---

[2969] Pahlke/König, AO, § 10 Rn. 6f. m.w.N.

[2970] Berlin und Hamburg haben von der Ermächtigung in Art. 105 Abs. 2a Satz 2 GG Gebrauch gemacht und die Grunderwerbsteuer auf 4,5% angehoben (Berlin seit dem 1. Januar 2007, Hamburg seit dem 1. Januar 2009).

[2971] Die Verfassungsmäßigkeit dieser Wertermittlung nach den §§ 138ff. BevG wird momentan angezweifelt (siehe BFH, Beschluss v. 27. Mai 2009, II R 64/08, DStR 2009, 1474).

[2972] Insbesondere wenn Personengesellschaften (Gesamthandschaften) als erwerbende/veräußernde Rechtsträger beteiligt sind (§§ 5, 6 GrEStG).

### 4.2.1. Grundregel

Die Grundregel in Bezug auf den Erwerb grundstückshaltender Gesellschaften beinhaltet, dass keine Grunderwerbsteuer anfällt, wenn weniger als 95% der Anteile an der bestandshaltenden Gesellschaft unmittelbar oder mittelbar übertragen werden. Die weiteren Konkretisierungen dieser Grundregel führen jedoch zu mitunter kompliziertesten Strukturen, deren Sinnhaftigkeit nicht immer nahe liegt. Hier soll nachstehend nur eine Darstellung der Grundprinzipien erfolgen:

### 4.2.2. Erwerb von grundbesitzhaltenden Kapitalgesellschaften

Bei einem Erwerb von grundbesitzhaltenden Kapitalgesellschaften ist gemäß § 1 Abs. 3 GrEStG entscheidend, dass nicht 95% oder mehr der Anteile an der grundbesitzhaltenden Kapitalgesellschaft in der Hand des Erwerbers oder in der Hand von herrschenden und abhängigen Unternehmern (Organkreis gemäß § 1 Abs. 4 GrEStG) vereinigt werden. Ein Erwerber kann deshalb in solchen Fällen unmittelbar nur weniger als 95% der Anteile an der grundbesitzhaltenden Kapitalgesellschaft erwerben.

Für die Zwecke der 95%-Schwelle sind auch mittelbare Anteilserwerbe zu berücksichtigen. Dies mündet sodann häufig in der Frage, ob mittelbar gehaltene Anteile über eine grunderwerbsteuerliche Organschaft dem Erwerber zuzurechnen sind (§ 1 Abs. 4 GrEStG). Eine Überprüfung im Hinblick auf grunderwerbsteuerliche Organschaft wird immer bei grundbesitzhaltenden Kapitalgesellschaften relevant, weil nur diese – und nicht Personengesellschaften – im Regelfall als abhängige Personen im Sinne des § 1 Abs. 4 Nr. 2 lit. a GrEStG in Betracht kommen.[2973]

Erfolgt der Erwerb von Anteilen an einer Kapitalgesellschaft, die ihrerseits – nicht bei ihr vereinigte[2974] – Anteile an der bestandshaltenden Kapitalgesellschaft hält, führt eine finanzielle, organisatorische und wirtschaftliche Eingliederung der erworbenen Gesellschaft beim Erwerber zu einer Zurechnung der insofern mittelbar erworbenen Anteile an der grundbesitzhaltenden Kapitalgesellschaft.[2975] Wird hingegen ein Anteil an einer Personengesellschaft erworben, die wiederum einen Anteil an der grundbesitzhaltenden Kapitalgesellschaft hält, ist eine grunderwerbsteuerliche Zurechnung über Organschaftsregeln nicht möglich, solange nur ein anderer unabhängiger Mitgesellschafter in der Personengesellschaft verbleibt. Denn dadurch wird die gesamthänderische Mitberechtigung am Gesellschaftsvermögen auf zwei Köpfe verteilt, so dass eine Zurechnung an den Mehrheitsgesellschafter der Personengesellschaft ausscheidet.[2976]

### 4.2.3. Erwerb von grundbesitzhaltenden Personengesellschaften

Wird eine grundbesitzhaltende Personengesellschaft erworben, gilt zusätzlich eine zu beachtende Fünfjahresfrist. Grunderwerbsteuer fällt an, wenn unmittelbar oder mittelbar innerhalb von fünf Jahren 95% oder mehr der Anteile an der grundbesitzhaltenden Personenge-

---

[2973] Fischer in: Borrutau, GrEStG, § 1 Rn. 963; Hofmann, GrEStG, § 1 Rn. 166.

[2974] Streitig ist, ob bei Erwerb von Anteilen an einer Kapitalgesellschaft, welche auf sich bereits Anteile an einer grundbesitzenden Kapitalgesellschaft vereinigt, im Hinblick auf einen mittelbaren Erwerb in Höhe von 95% im Rahmen des § 1 Abs. 3 GrEStG eine Durchrechnung zu erfolgen hat (vgl. FG Münster, Urteil v. 17. 9. 2008, 8 K 4659/05, EFG 2008, 199).

[2975] Siehe insbesondere Gleichlautender Ländererlass v. 21. März 2007, BStBl. 2007, Teil I, 422 f. Hiernach liegt u. U. auch bei einer finanziellen Eingliederung (mehr als 50% der Stimmrechte) keine Organschaft vor, wenn die organisatorische Eingliederung (mittels Geschäftsführung) zeitlich der finanziellen Eingliederung nachfolgt (15 Monate). Siehe hierzu Behrens/Meyer-Wirges, DStR 2007, 1290 (1290 f.).

[2976] BFH, Urteil v. 8. August 2001, II R 66/98, BFH/NV 2001, 1672; Fischer in: Borrutau, GrEStG, 16. Aufl. 2007, § 1 Rn. 898b; Hofmann, GrEStG, § 1 Rn. 164 m.w.N.

sellschaft übergehen (§ 1 Abs. 2a GrEStG). Entscheidend ist damit der Übergang von 95 % oder mehr innerhalb von fünf Jahren als solches.[2977]

Ein Erwerber muss insofern genau prüfen, welche Veränderungen der Gesellschafterstruktur innerhalb der letzten fünf Jahre erfolgten. Ein Altgesellschafter muss mit mindestens 5 % seit mehr als fünf Jahren Gesellschafter bzw. Gründungsgesellschafter der grundbesitzhaltenden Personengesellschaft sein. Mittelbare Übertragungen sind zu berücksichtigen. Bei Kapitalgesellschaften als Gesellschafter der bestandshaltenden Personengesellschaft erfordert dies, dass selbst 95 % oder mehr der Anteile an der Kapitalgesellschaft übergehen müssen, bevor der durch die Kapitalgesellschaft gehaltene Anteil an der Immobilien-Personengesellschaft als übergegangen gilt.[2978] Bei Übergang von Anteilen an Personengesellschaften, die wiederum Gesellschafter der bestandshaltenden Personengesellschaft sind, gilt die 95 %-Grenze nicht, sondern es erfolgt eine direkte Durchrechnung in Bezug auf die Anteile an der immobilienhaltenden Personengesellschaft.[2979]

### 4.3. Steuervergünstigung für konzerninterne Umstrukturierungen

Mit Wirkung ab 2010 wurde durch das Wachstumsbeschleunigungsgesetz eine Steuervergünstigung für konzerninterne Umstrukturierungen in § 6a GrEStG eingeführt. Hiernach wird Grunderwerbsteuer nicht erhoben, die aufgrund von Verschmelzungsvorgängen, Spaltungen oder Vermögensübertragungen im Sinne des Umwandlungsgesetzes (oder vergleichbarer Vorgänge aufgrund des Rechts im EU/EWR-Ausland) gemäß § 1 Abs. 1 Nr. 3, Abs. 2a oder Abs. 3 GrEStG entsteht. Voraussetzung ist jedoch, dass konzerninterne Umwandlungsvorgänge vorliegen. Das Gesetz sieht als Erfordernis eine Konzernmuttergesellschaft vor, die mindestens 95 % an den an der Umwandlung beteiligten Gesellschaften hält. Die Beteiligung muss bereits vor der Umwandlung seit fünf Jahren ununterbrochen bestanden haben und auch nach der Umwandlung noch weitere fünf Jahre ununterbrochen bestehen, um in den Genuss der Steuervergünstigung zu kommen. Diese vor- und nachgelagerte Konzernzugehörigkeitsfrist in Bezug auf die an der Umwandlung beteiligten Konzerngesellschaften schränkt den Anwendungsbereich des § 6a GrEStG erheblich ein und führen zu teilweise sinnwidrigen Ergebnissen.[2980]

### 5. Steuerfragen in der Krise/Fazit

Vermehrt tauchen seit 2009 bei bestehenden Immobilieninvestitionen Fragen im Zusammenhang mit der Krisenbewältigung und bei Restrukturierungen auf. Probleme bestehen vor allem auf der Schuldenseite, da die Bedingungen (Covenants) bei Kreditverträgen nach Abwertung der Immobilien häufig nicht erfüllt werden können und deshalb regelmäßig keine Verlängerung der Kreditverträge möglich ist. Zur Vermeidung einer Insolvenz, müssen die krisenbelasteten Unternehmen mit den Gläubigern über Restrukturierungsmaßnahmen verhandeln („Debt Restructuring"). Darlehensverzicht (ohne oder gegen Besserungsschein), Erwerb der Darlehensforderung durch die Schuldnergesellschaft oder ein ihr verbundenes Unternehmen oder Verzicht des Gläubigers auf Forderungen gegen Eigenkapitalbeteiligung sind nur einige der möglichen Maßnahmen.

---

[2977] Nur in seltenen Ausnahmefällen kommt es darauf an, ob mehr als 95 % der Anteile einer Personengesellschaft (mittelbar) in einer Erwerberhand vereinigt werden, § 1 Abs. 3 GrEStG (Hofmann, GrEStG, § 1 Rn. 140).

[2978] Gleichlautender Ländererlass v. 26. Februar 2003, BStBl. 2003, Teil I, 271, Tz. 4.1 (4.2.3); Hofmann, GrEStG, § 1 Rn. 116 m.w.N.

[2979] Fischer in: Borrutau, GrEStG, § 1 Rn. 848c; Hofmann, GrEStG, § 1 Rn. 117.

[2980] Beispielsweise beim Erlöschen des übertragenden Rechtsträgers mit der Umwandlung, so dass die nachgelagerte Konzernzugehörigkeitsfrist nicht erfüllbar ist. Siehe dazu Mensching/Tyarks, BB 2010, 87 (91), die eine teleologische Reduktion der Norm befürworten.

Die Folgen der zuvor genannten Maßnahmen sind unterschiedlich. Die Restrukturierung kann zum Erlöschen der Forderung durch Konfusion führen, einen steuerpflichtigen Verzichtsgewinn auslösen, der nur im Rahmen von Billigkeitsmaßnahmen als steuerfreier Sanierungsgewin begünstigt ist, steuerpflichtige Zinseinnahmen in der Unternehmensgruppe zur Folge haben, Probleme im Bereich der Zinsschranke weiter verschärfen und vorhandene Verlustvorträge bedrohen.[2981] Buchgewinne aus dem Verzicht auf Darlehensforderungen sollten bei ausländischen beschränkt steuerpflichtigen Investoren nicht zu einer deutschen Besteuerung führen, da solche Vermögensmehrungen nicht den Einkünften gemäß § 49 Abs. 1 Nr. 2 lit. f) EStG zuzurechnen sind. Sie resultieren nicht unmittelbar aus der Vermietung deutschen Grundvermögens. Bei Investoren aus DBA-Staaten unterliegt ohnehin der entsprechende Ertrag regelmäßig nicht dem deutschen Besteuerungsrecht, da keine Einkünfte aus der „unmittelbaren Nutzung, der Vermietung oder Verpackung sowie jeder anderen Art der Nutzung unbeweglichen Vermögens" im Sinne des Art. 6 Abs. 3 OECD MA vorliegen.

Neben den oben erläuterten Schwerpunkten von Inbound-Immobilieninvestitionen von Private-Equity-Fonds in Deutschland stellen sich zahlreiche weitere steuerliche Fragen, auf die hier im Detail nicht eingegangen werden soll.[2982]

Wie die hiesige Darstellung nur einiger Grundlagen bereits gezeigt hat, sind für Inbound-Immobilieninvestitionen komplizierteste Fragen des deutschen Steuerrechts zu beachten, für die häufig keine befriedigenden und verlässlichen Antwort bestehen. Dies wird nicht ohne Folgen für die Attraktivität Deutschlands als Immobilien-Investitionsstandort bleiben.

---

[2981] Dazu Töben/Lohbeck/Specker, NWB 2009, 1484 ff.

[2982] Genannt seien beispielsweise die Besonderheiten bei ehemals gemeinnützigen Wohnungsbaugesellschaften (sog. EK02-Gesellschaften) mit Sonderfolgen bei Veräußerungen von Grundstücken durch diese Gesellschaften oder in Bezug auf Ausschüttungen aus diesen Gesellschaften oder die Besonderheiten bei Investitionen in Immobilien-Spezialfonds.

# § 26 Infrastructure Investments

| Übersicht | Seite |
|---|---|
| 1. Vorbemerkung | 740 |
| 2. Infrastruktur als Anlageklasse | 741 |
| 2.1. Charakteristik von Infrastruktur-Investitionen | 741 |
| 2.2. Rendite und Risikoprofil | 742 |
| 2.3. Politische und gesellschaftliche Akzeptanz | 743 |
| 3. Investoren | 743 |
| 3.1. Infrastrukturfonds und strategische Investoren | 743 |
| 3.2. Unterschiede zwischen Private Equity Fonds und Infrastrukturfonds | 744 |
| 3.3. Akquisitionskontrolle für ausländische Investoren | 744 |
| 4. Investitionsstrukturen | 745 |
| 4.1. Direktinvestition | 745 |
| 4.1.1. Steuerliche Aspekte | 745 |
| 4.1.2. Managementbeteiligungen | 746 |
| 4.2. Mittelbare Beteiligung an Infrastruktur | 746 |
| 5. Öffentlich Private Partnerschaften | 747 |
| 5.1. ÖPP-Modelle | 748 |
| 5.2. Gesetzliche Rahmenbedingungen/ÖPP-Beschleunigungsgesetz | 750 |
| 5.2.1. Änderung der Vergabeverordnung | 750 |
| 5.2.2. Änderung des Fernstraßenbauprivatfinanzierungsgesetzes | 751 |
| 5.2.3. Änderung des Investmentgesetzes | 751 |
| 5.3. Gesetzesvorhaben und „Partnerschaften Deutschland" | 751 |
| 5.4. Infrastruktur-Sondervermögen | 752 |
| 5.4.1. Zulässige Vermögensgegenstände | 753 |
| 5.4.2. Verwaltung und Rücknahme | 754 |
| 5.4.3. Kritik | 754 |
| 6. Fremdfinanzierung | 755 |
| 6.1. Infrastrukturinvestitionen allgemein | 755 |
| 6.1.1. Finanzierung | 755 |
| 6.1.2. Sicherheiten | 756 |
| 6.2. Öffentlich Private Partnerschaften | 756 |
| 6.2.1. Projektfinanzierung | 757 |
| 6.2.2. Forfaitierung mit Einredeverzicht | 757 |

## 1. Vorbemerkung

Investitionen in Infrastruktur gelten als **eigene Anlageklasse**. In Deutschland wird eine Entwicklung nachvollzogen, die in den angelsächsischen Ländern abgeschlossen ist. Vorreiter im Markt für Infrastrukturinvestitionen waren Finanzinvestoren aus Australien und den USA. Inzwischen gibt es eine Reihe internationaler und heimischer Fonds, deren Anlagestrategie auf Infrastrukturinvestitionen unter anderem in Deutschland ausgerichtet ist.

Deutschland mag im internationalen Vergleich überdurchschnittlich gut mit Infrastruktur ausgestattet sein. Dieser Standortvorteil droht jedoch verloren zu gehen, wenn in den kommenden Jahren nicht in die Instandhaltung und Erneuerung der Infrastruktur investiert wird. Angesichts der angespannten Haushaltslage der öffentlichen Hand bedarf es dazu vermehrt privaten Kapitals. Nach Angaben des Deutschen Instituts für Urbanistik (*Difu*) beträgt allein der **Investitionsbedarf** der deutschen Kommunen in den Jahren 2006 bis 2020 etwa 704 Mrd. Euro.[2983] Dies entspricht jährlichen Investitionen in Höhe von 47 Mrd. Euro. Der höchste Bedarf wird dabei mit 162 Mrd. Euro auf den Straßenbau entfallen, gefolgt von

---

[2983] Difu, Der kommunale Investitionsbedarf 2006 bis 2020, April 2008: http://www.difu.de/presse/080421_kurzfassung_investitionen.pdf

Schulen mit 73 Mrd. Euro sowie der kommunalen Abwasserbeseitigung mit 58 Mrd. Euro. Nach Angaben des Bundesministeriums für Verkehr, Bau und Stadtentwicklung tätigt der Bund zwischen 2006 und 2010 allein im Bereich der Verkehrsinfrastruktur (Straße, Schiene und Wasserstraße) Erhaltungsinvestitionen in Höhe von rund 25 Mrd. Euro und Aus- und Neubauinvestitionen in Höhe von rund 57 Mrd. Euro.[2984]

## 2. Infrastruktur als Anlageklasse

### 2.1. Charakteristik von Infrastruktur-Investitionen

Allgemein lässt sich Infrastruktur definieren als Unternehmen, Anlagen, Einrichtungen und Netzwerke, die der Erfüllung von Grundbedürfnissen der Gesellschaft und der Wirtschaft eines Landes dienen.[2985] Dabei wird häufig eingeteilt in
- **Verkehrsinfrastruktur bzw. Transport** (z. B. Mautstraßen, -tunnel und -brücken, Wasserstraßen, See- und Flughäfen, Schienennetze, öffentlicher Nahverkehr, Fähren),
- **Ver- und Entsorgungsinfrastruktur** (z. B. Energieerzeugung, Transport und Verteilung von Energieträgern und Energie Öl- und Gaslagerung, Wasserversorgung und Abwasserentsorgung, Müllentsorgung und -verwertung),
- **Kommunikationsinfrastruktur** (z. B. Telefon- und Kabelnetze, Mobilfunknetze, Satelliten) und
- **Soziale Infrastruktur** (z. B. Krankenhäuser, Kindergärten, Schulen, öffentlicher Wohnungsbau, Gefängnisse, Stadien).

Die ersten drei Bereiche werden häufig als „ökonomische Infrastruktur" zusammen gefasst.

Diese Kategorien sind nicht abschließend. Aus Sicht derer, die in Infrastruktur investieren, kommt es weniger auf die Verwendung oder den Zweck der jeweiligen Anlage an, als dass eine möglichst hohe Anzahl folgender Kriterien erfüllt sind:[2986]
- **Monopolartige Stellung.** Aufgrund hoher Eintrittsbarrieren für den relevanten Markt, Konzessionen oder regulatorischer Abschottung gibt es keinen oder nur begrenzten Wettbewerb. Eine monopolartige Stellung ist vielfach die Folge der erheblichen Anschaffungskosten und des relativ niedrigen Kapitalbedarfs über die Lebensdauer des Anlageguts. Ein Beispiel hierfür sind die Stromübertragungsnetze in Deutschland: Der Aufbau neuer Netze, die in Konkurrenz zu bestehenden Netzen treten könnten, ist schon aufgrund des hohen Kapitalbedarfs wirtschaftlich nicht sinnvoll. Investitionen in den Erwerb und Ausbau der bestehenden Netze sind damit langfristig gegen Wettbewerb abgeschottet. Hohe Eintrittsbarrieren können sich auch aufgrund langwieriger Genehmigungsverfahren für bestimmte Anlagen ergeben, z. B. bei der Müllverbrennung.
- **Relativ unelastische Nachfrage.** Die Nachfrage ist weitgehend unabhängig von der Preisentwicklung und von der konjunkturellen Entwicklung. Infrastruktur erfüllt häufig Grundbedürfnisse ihrer Nutzer und es gibt keine oder nur eine sehr eingeschränkte Alternative.
- **Lange Lebensdauer.** Der Zeitraum zwischen der Anfangsinvestition und ersten wesentlichen Wartungs- und Erneuerungsinvestitionen ist bei Infrastrukturgütern in der Regel besonders lang, mitunter beträgt er Jahrzehnte.
- **Hoher Regulierungsgrad.** Aufgrund der Bedeutung für Gesellschaft und Wirtschaft oder zum Zwecke der Förderung sind viele Sektoren staatlich reguliert, wie z. B. Energie-

---

[2984] BMVBS, Investitionsrahmenplan bis 2010 für die Verkehrsinfrastruktur des Bundes: http://www.bmvbs.de/Anlage/original_1003308/Investitionsrahmen-plan-bis-2010-fuer-die-Verkehrsinfrastruktur-des-Bundes-IRP.pdf
[2985] David Rickards in: Henry A. Davis (Herausgeber), Infrastructure Finance: Trends and Techniques, London, 2008, S. 25.
[2986] Vgl. David Rickards in: Henry A. Davis (Herausgeber), Infrastructure Finance: Trends and Techniques, London, 2008, S. 27ff.

versorgung und Telekommunikation. Infrastrukturinvestoren schätzen an der Regulierung, dass sie die Eintrittsbarrieren erhöhen und die Rentabilität sichern kann. So hat der Gesetzgeber zur Förderung der erneuerbaren Energien eine Abnahmeverpflichtung der Stromnetzbetreiber mit einer festen Mindestvergütung kombiniert und damit Marktrisiken für den Anlagenbetreiber weitgehend ausgeschaltet.

Diese Charakteristika führen dazu, dass Infrastrukturanlagen in der Regel stabile und gut prognostizierbare *Cash Flows* aufweisen. Mit der Konjunkturunabhängigkeit geht einher, dass die Einnahmen in der Regel limitiert sind. Die Nachfrage lässt sich nicht steigern. Preissteigerungen können in regulierten Bereichen nur eingeschränkt durchgesetzt werden, z. B. weil diese wie in § 3 des Fernstraßenbauprivatfinanzierungsgesetzes an die Kosten für Bau, Erhaltung und Betrieb gekoppelt sind. Es sind daher oft nur langfristige Investitionen sinnvoll, da kurzfristige Wertsteigerungen kaum realisierbar sind. Dies macht **regelmäßige Ausschüttungen** erforderlich, da die Eigenkapitalrendite, anders als z. B. beim *Leveraged Buy-Out*, nicht über eine Wertsteigerung bis zum Exit generiert werden kann.

### 2.2. Rendite und Risikoprofil

Infrastrukturinvestitionen sind also durch geringe Volatilität, hohe Stabilität und gute Prognostizierbarkeit gekennzeichnet. Sie konnten vor der Finanzkrise mit einem hohen **Fremdkapitalanteil** von teilweise 95 % und mehr finanziert werden, wodurch hohe *Leverage*-Effekte erzielt wurden. Aufgrund der Verwerfungen an den Finanzmärkten dürften mittelfristig Fremdkapitalquoten zwischen 70 bis 80 % zu erwarten sein.[2987]

Die Renditeerwartung bei Infrastruktur-Investitionen liegt in der Regel zwischen 8 und 12 % p.a.[2988] Bei Investitionen mit höheren Risiken, insbesondere Länderrisiken oder Projektentwicklungsrisiken, können die Renditeerwartungen anspruchsvoller sein. Die Entwicklung der Investition ist weitgehend unabhängig von den Trends an den Aktien- und Rentenmärkten. Insbesondere bei Beteiligungen im Bereich von Öffentlich Privaten Partnerschaften (*Public Private Partnerships*) steht dem Investor mit dem Staat eine kreditwürdige und zuverlässige Vertragspartei gegenüber. Im Ergebnis weisen Infrastrukturinvestitionen für Anleger damit ein attraktives Rendite-Risiko-Profil auf.

Das **Risikoprofil** einzelner Projekte innerhalb der Anlageklasse „Infrastruktur" fällt sehr heterogen aus. Der Reifegrad eines Infrastrukturguts (*Maturity*) spielt eine wesentliche Rolle. Eine Investition in der Entwicklungs- oder Bauphase eines Infrastrukturprojekts birgt höhere Risiken (insbesondere Konstruktions- und Baurisiken), Chancen auf hohen Kapitalzuwachs, zunächst einen eher niedrigen Fremdkapitalanteil und häufig noch keinen prognostizierbaren Einnahmenstrom. Entsprechend haben solche sog. *Greenfield*-Projekte einen niedrigeren Wert als fertig entwickelte Infrastrukturgüter, die sehr viel geringere Risiken bergen. Investoren, die einen stabilen Einnahmenfluss und niedrige Volatilität suchen, werden in der Regel in bereits entwickelte Infrastrukturgüter investieren.[2989] Teilweise wird die Heterogenität einzelner Investitionen aber auch zur **Risikostreuung** genutzt. Dieser Ansatz ist zum Beispiel beim Aufbau von Windparkportfolios gängig. Hier kann auf eine Mischung aus Entwicklungsprojekten und fertig entwickelten Windparks gesetzt werden, um einen optimalen Risiko-Rendite-Mix zu erzeugen.

Rechtlich geht es insbesondere um die Absicherung der monopolartigen Stellung. Der **regulatorische Rahmen** kann sich über die lange Laufzeit der Investition ändern, z. B.

---

[2987] Vgl. Yoann Rey, Equity Investments in Infrastructure 2009, 26. März 2009, http://www.ijonline.com

[2988] Die australische Investmentgesellschaft Macquarie Bank Group gibt die erwartete Rendite ihres ersten Infrastrukturfonds Nr. 1 GmbH & Co. KG für private Anleger in Deutschland mit 11 Prozent p.a. an (nach IRR-Methode): http://www.macquarie.com/de/en/acrobat/infrafund1_prospectus.pdf

[2989] Vgl. David Rickards in: Henry A. Davis (Herausgeber), Infrastructure Finance: Trends and Techniques, London, 2008, S. 21.

können Märkte liberalisiert werden. Solche Änderungen sind häufig politisch initiiert und daher schwer vorherzusehen, stoßen aber unter Umständen an verfassungsrechtliche Grenzen, z. B. aufgrund der Eigentumsgarantie nach Artikel 14 des Grundgesetzes.

Neben einer Deregulierung oder Liberalisierung muss auch der **technologische und gesellschaftliche Wandel** berücksichtigt werden. Dies hat sich in den vergangenen Jahren insbesondere im Telekommunikationsbereich gezeigt, wo Mobilfunknetze neben Kabelnetze und Internet-basierte Telefonie (*Voice-over-IP*) neben die klassischen analogen und digitalen Telefonverbindungen getreten sind und vormalige Monopolisten auch dadurch Marktanteile eingebüßt haben. Auch demographischer Wandel ist aufgrund des langen Anlagehorizonts relevant, da sich z. B. das Verkaufsaufkommen auf einer Mautstraße oder einem Tunnel im Falle eines Bevölkerungsrückgangs in der jeweiligen Region reduzieren kann.

Viele Infrastrukturgüter bieten eine gewisse Unabhängigkeit von der **konjunkturellen Entwicklung**, da Grundbedürfnisse der Gesellschaft oder Wirtschaft erfüllt werden. Auch in dieser Hinsicht gibt es unterschiedliche Risikoprofile. So wird ein Seehafen zwar immer benötigt, der Umschlag und damit der Umsatz hängt aber von der konjunkturellen Lage ab. Stromnetze wiederum sind aufgrund der detaillierten Entgeltregulierung in Deutschland weitgehend von der konjunkturellen Entwicklung abgekoppelt.

### 2.3. Politische und gesellschaftliche Akzeptanz

Aufgrund der Bedeutung von Infrastrukturgütern für die Allgemeinheit müssen private Infrastrukturinvestoren politisch und gesellschaftlich akzeptiert sein. Das gilt vor allem bei Öffentlich Privaten Partnerschaften und bei der Privatisierung von Infrastruktur.[2990] Großinvestitionen im Verkehrs- und Energiesektor trafen zuletzt auf erheblichen **politischen und gesellschaftlichen Widerstand**. Ein anschauliches Beispiel bietet der Hamburger Hafen. Nachdem in den Jahren 2006 und 2007 monatelang über den anteiligen Verkauf an einen Großinvestor verhandelt wurde und Finanzinvestoren und strategische Interessenten ihre Konzepte vorgestellt hatten, entschied sich die Stadt für den Verkauf von 30% der Anteile über die Börse. Die Beschäftigten der städtischen Hamburger Hafen und Logistik AG hatten gegen die Verkaufspläne opponiert. Der Verkauf der Leipziger Stadtwerke an den französischen Energiekonzern Gaz de France, welcher 1998 Anteile an dem Berliner Erdgasunternehmen Gasag übernommen hatte, scheiterte im Januar 2008, als bei einem Bürgerentscheid rund 87% der Einwohner gegen die Teilprivatisierung stimmten. Das Votum erfasst sämtliche Eigenbetriebe der Stadt und bindet die Kommune für drei Jahre. Da der Bundespräsident das Gesetz zur Neuregelung der Flugsicherung nicht unterzeichnete, wurde der geplante Verkauf von 74,9% der Deutschen Flugsicherung an private Investoren vorerst nicht weiter verfolgt. Bereits im Bundestag hatten sich einige Abgeordnete wegen verfassungsrechtlicher Bedenken gegen eine Privatisierung ausgesprochen.

### 3. Investoren

### 3.1. Infrastrukturfonds und strategische Investoren

Eine Vorreiterrolle im Bereich der Infrastrukturinvestitionen nehmen australische Investmentgesellschaften ein. Einige Finanzinvestoren aus den USA sind ebenfalls auf Infrastruktur spezialisiert. Ferner haben seit 2005 eine Reihe von Private Equity-Gesellschaften, deren Schwerpunkt *Buy-outs* sind, Infrastruktur-Fonds aufgelegt.

---

[2990] Hüther/Voigtländer in: vdp, Immobilien-Banking, 2007/2008, S. 47, http://www.hypverband.de/d/bcenter.nsf/0/DF9272281C112CE8C12573630050F752/$FILE/DE%20_IMFB2007.pdf sehen z. B. das größte Problem für Öffentlich Private Partnerschaften in der geringen Akzeptanz der Kommunen gegenüber privatwirtschaftlichen Lösungen.

# 7. Teil. Spezielle Beteiligungsformen § 26 Infrastructure Investments

In Deutschland besteht seit 2007 die Möglichkeit, speziell auf Öffentlich Private Partnerschaften ausgerichtete Fonds aufzulegen (Infrastruktur-Sondervermögen gemäß §§ 90a ff. Investmentgesetz). Hiervon hat der Markt jedoch, soweit ersichtlich, bisher noch nicht Gebrauch gemacht.

Neben den Finanzinvestoren gibt es eine Reihe strategischer Investoren, die sich an der privaten Finanzierung von Infrastruktur beteiligen. Hierzu zählen z. B. Infrastrukturunternehmen wie Flug- und Seehafenbetreiber sowie Energieversorger. Große Bauunternehmen haben im Bereich des öffentlichen Hochbaus nicht nur Planung, Bau und Betrieb, sondern auch die Finanzierung der Projekte übernommen.

### 3.2. Unterschiede zwischen Private Equity Fonds und Infrastrukturfonds

Infrastrukturfonds weisen viele Gemeinsamkeiten mit Private Equity Fonds auf. Allerdings haben Infrastrukturfonds einen langen **Anlagehorizont** (in der Regel 20 bis 30 Jahre) im Vergleich zu der für Private Equity-Investitionen charakteristischen Halteperiode von drei bis sieben Jahren (im Jahr 2007 trennten sich die Private Equity-Fonds im Durchschnitt nach 3,6 Jahren von ihren Beteiligungen).[2991] *Buy-Out*-Fonds zielen darauf, ihre Rendite mit der Veräußerung der Beteiligung zu erzielen. Die Rendite wird allenfalls in geringem Umfang durch laufende Dividendenerträge erzielt. Stattdessen wird die Steigerung des Unternehmenswerts während der Haltezeit angestrebt.[2992]

Beim Infrastrukturfonds kann die Rendite in der Regel nur über **Dividendenerträge** erzielt werden, da eine kurzfristige Wertsteigerung aufgrund der begrenzten Wachstums- und Optimierungsmöglichkeiten nur sehr eingeschränkt möglich und die Anlage insgesamt nicht sonderlich liquide ist. Viele Infrastrukturfonds sind daher als sog. Evergreen-Fonds ohne feste Laufzeit konzipiert.[2993]

Den *Buy-Out*-Fonds ähnlicher sind Investitionen in Infrastrukturprojekte in der Entwicklungs-, Planungs- oder Bauphase mit dem Ziel, diese nach Erreichen der Betriebsphase mit Gewinn weiter zu veräußern. Hier übernimmt der Investor die höheren Risiken in einem frühen Projektstadium und will im Gegenzug an der in diesem Zeitraum überdurchschnittlichen Wertsteigerung der Anlage partizipieren. Regelmäßig gibt es in dieser Projektphase keine laufenden Dividendenerträge. Diese Art der Investition wird von klassischen Infrastrukturfonds zum Teil ergänzend zur Anlage in reifere Infrastrukturprojekte gewählt, um das eigene Risiko-Rendite-Profil zu optimieren (dann allerdings häufig ohne die Notwendigkeit eines Exits bei Erreichen der Betriebsphase), teils haben sich Investoren aber auch auf diese Frühphase spezialisiert. Ein Sekundärmarkt für Projekte in der Betriebsphase hat sich in vielen Bereichen wie z. B. der Windenergie mittlerweile etabliert.

Die für Infrastrukturfonds anfallenden Gebühren ähneln denen im Buy-Out-Bereich. Die Vergütung der Managementgesellschaft beträgt in der Regel 1 % bis 2 % des verwalteten Kapitals, die Gewinnbeteiligung beläuft sich auf 10 % bis 20 % und die Hurdle Rate liegt zwischen 8 % und 12 %.[2994]

### 3.3. Akquisitionskontrolle für ausländische Investoren

§ 7 Abs. 2 Nr. 6 des Außenwirtschaftsgesetzes sieht die Möglichkeit vor, den Erwerb gebietsansässiger Unternehmen oder Anteilen hieran durch gemeinschaftsfremde Erwerber zu beschränken, wenn infolge des Erwerbs die **öffentliche Ordnung oder Sicherheit** der

---

[2991] Vgl. Ernst & Young Studie „German Private Equity Activity June 2008", http://www.ey.com/Global/assets.nsf/Germany/Praesentation_PE-Studie_2008/$file/Praesentation_PE%20Studie_07_08.pdf, S. 3.
[2992] Gündel/Katzorke, Private Equity, 2007, S. 35.
[2993] Ein gutes Beispiel hierfür ist die an der London Stock Exchange notierte 3i Infrastructure plc., die letztlich über eine permanente Kapitalbasis verfügt.
[2994] Financial News „Infrastructure at crossroads", Artikel vom 12. Mai 2008.

Bundesrepublik Deutschland **gefährdet** ist. Dies setzt voraus, dass eine tatsächliche und hinreichend schwere Gefährdung vorliegt, die ein Grundinteresse der Gesellschaft berührt. Die Eingriffsschwellen wurden mit Rücksicht auf die europarechtlichen Vorgaben sehr hoch angesetzt. Die Regelung wird durch § 53 der Außenwirtschaftsverordnung konkretisiert.

Diese Möglichkeit zur Kontrolle des Erwerbs inländischer Unternehmen durch ausländische Erwerber ist erst im Frühjahr 2009 in das Außenwirtschaftsgesetz aufgenommen worden.[2995] Der Wunsch nach einem Kontroll- und Steuerungsinstrument des Staates war anlässlich des geplanten Verkaufs von Gas- und Stromnetzen und der verstärkten Investitionstätigkeit von Staatsfonds (*Sovereign Wealth Funds*) aufgekommen. Die Bundesregierung befürchtete insbesondere, dass ausländische Mächte über Staatsfonds oder Staatsunternehmen Kontrolle über wesentliche Infrastrukturanlagen erhalten und hierüber politischen Einfluss ausüben könnten.

Die Beschränkungsmöglichkeit ist nicht auf den Erwerb von Infrastruktur beschränkt, sondern allgemein gehalten. Eine Gefährdung der öffentlichen Ordnung oder Sicherheit ist beim Erwerb von Infrastrukturgütern denkbar, da diese häufig Grundbedürfnisse der Gesellschaft decken. Die Rechtsbegriffe sind derart unbestimmt, dass Beschränkungen oder Untersagungen nicht sicher ausgeschlossen werden können. Deshalb wird die Praxis von der Möglichkeit Gebrauch machen, eine **Undenklichkeitsbescheinigung** (§ 53 Abs. 3 AWV) vor Abschluss der Transaktion oder parallel zur Zusammenschlusskontrolle einzuholen.

## 4. Investitionsstrukturen

### 4.1. Direktinvestition

Direkte Investitionen in Infrastruktur unterscheiden sich in ihrer Struktur nicht grundsätzlich von anderen Private Equity-Investitionen. Die Errichtung neuer und der Erwerb bestehender Infrastruktur erfolgt in der Regel über eine **Zweckgesellschaft**, der die Investoren Eigenkapital über Einlagen und Gesellschafterdarlehen zur Verfügung stellen. Die Fremdfinanzierung erfolgt in der Regel auf der Ebene der Zweckgesellschaft.[2996]

Die Investition erfolgt häufiger in **Konsortien**, in denen Finanzinvestoren oft auch **Minderheitsbeteiligungen** eingehen. Damit können zum einen hohe Investitionsbeträge finanziert werden und die Finanzkraft von Infrastrukturfonds kann mit dem Know-How strategischer Investoren gebündelt werden. Hier wird neben der gesellschaftsrechtlichen Gestaltung regelmäßig eine Gesellschaftervereinbarung (*Shareholders' oder Joint Venture Agreement*) erforderlich sein, die die üblichen Regelungen zu *Governance,* Zustimmungspflichten, Auflösung von Pattsituationen sowie *Tag-* und *Drag-Along-*Regelungen enthält. Im Unterschied zu entsprechenden Vereinbarungen im Venture Capital oder *Buy-Out-*Bereich wird ein *Exit* unter Umständen nicht oder nur eingeschränkt vorgesehen und geregelt.

#### 4.1.1. Steuerliche Aspekte

Unterschiede zu anderen Private Equity-Investitionen ergeben sich vor allem aufgrund des langfristigen Anlagehorizonts. Dieser erfordert **regelmäßige Ausschüttungen** an die Investoren, was bei der gesellschaftsrechtlichen und steuerlichen Strukturierung insbesondere wegen eines **Steuerabzugs auf Dividendenerträge** in Deutschland (Quellensteuer) zu beachten ist. Der Fonds wird üblicherweise über eine oder mehrere Zwischengesellschaften im europäischen Ausland in die deutsche Zweckgesellschaft investieren, meist Gesellschaften mit Sitz in Luxemburg oder den Niederlanden. Aufgrund der sog. Mutter-Tochter-Richt-

---

[2995] 13. Gesetz zur Änderung des Außenwirtschaftsgesetzes und der Außenwirtschaftsverordnung v. 18. April 2009, BGBl. Teil I Nr. 20, S. 770.
[2996] Unten Abschnitt 5.

linie[2997] kann hier zwar eine Entlastung von der Kapitalertragssteuer in Betracht kommen (vgl. §§ 43b, 50d EStG). Dabei kommt es jedoch auf die Tätigkeit der Zwischengesellschaft sowie auf deren unmittelbare und mittelbare Gesellschafter an. Eine ausländische Gesellschaft hat gemäß § 50d Abs. 3 EStG keinen Anspruch auf Entlastung, soweit an ihr Personen beteiligt sind, denen die Erstattung oder Freistellung nicht zustände, wenn sie die Einkünfte direkt erzielten und

– für die Einschaltung der ausländischen Gesellschaft wirtschaftliche oder sonst beachtliche Gründe fehlen oder
– die ausländische Gesellschaft nicht mehr als 10 Prozent ihrer gesamten Bruttoerträge des betreffenden Wirtschaftsjahres aus eigener Wirtschaftstätigkeit erzielt oder
– die ausländische Gesellschaft nicht mit einem für ihren Geschäftszweck angemessen eingerichteten Geschäftsbetrieb am allgemeinen wirtschaftlichen Verkehr teilnimmt.

Diese Frage stellt sich nicht, sofern die deutsche Zweckgesellschaft eine gewerbliche Personengesellschaft ist (§ 15 Einkommensteuergesetz (EStG)). Daher wird im Infrastrukturbereich häufig über eine GmbH & Co. KG investiert, die die Anlagegüter ganz oder teilweise selbst betreibt und verwaltet.

Sofern die Investition nicht in Infrastrukturunternehmen wie Flughafenbetreiber erfolgt, hat diese in der Regel Projektcharakter. Der Erwerb eines Projekts in einer späteren Phase führt häufig zum **Wegfall von Verlustvorträgen** (§ 10d EStG, § 8c Körperschaftsteuergesetz, § 10a Gewerbesteuergesetz), die gerade in der Entwicklungs- und Bauphase sowie im ersten Teil der Betriebsphase anfallen. Diese unerwünschte Folge kann unter Umständen durch die Verwendung von Mezzanine-Finanzierung[2998] vermieden werden.

Die im Immobilienbereich üblichen Grunderwerbsteuerstrukturen[2999] können auch für Investitionen in immobilienlastige Infrastruktur sinnvoll sein.

### 4.1.2. Managementbeteiligungen

Ferner erschwert der langfristige Anlagehorizont eine **Beteiligung des Managements** (*Management Equity*), über die das Management im Private Equity-Bereich vor allem an der Wertsteigerung des Unternehmens zwischen Akquisition und Verkauf (*Exit*) partizipiert. Dies ist bei Investition in Infrastruktur nicht oder nur eingeschränkt möglich, da diese nicht auf einen kurz- oder mittelfristigen Verkauf angelegt sind. Alternativ kommen in der Privatwirtschaft übliche Anreizsysteme wie z. B. zielbasierte Boni in Betracht. Beim Erwerb von Infrastrukturanlagen befinden sich Infrastrukturfonds teilweise im Wettbewerb zu klassischen Private Equity Investoren, die für das Management aufgrund einer möglichen Beteiligung an kurzfristigen Wertsteigerungen unter Umständen interessanter scheinen. Vor allem aufgrund dieses Wettbewerbsdrucks haben einige Infrastrukturfonds mittlerweile auch Formen der Managementbeteiligung an Infrastrukturinvestitionen entwickelt.

### 4.2. Mittelbare Beteiligung an Infrastruktur

Das Produktspektrum der mittelbaren Anlage von Eigenkapital in Infrastruktur ist groß. Neben Aktien und Zertifikaten sind offene, geschlossene und börsennotierte Fonds auf dem Markt. Neben den allgemein auf Infrastruktur fokussierten Fonds gibt es eine Reihe von Fonds, die sich auf einzelne Unterbereiche wie z. B. erneuerbare Energien spezialisiert haben. Ferner ist zwischen Fonds zu unterscheiden, die unmittelbar in Infrastrukturanlagen

---

[2997] Richtlinie 90/435/EWG des Rates vom 23. Juli 1990 über das gemeinsame Steuersystem der Mutter- und Tochtergesellschaften verschiedener Mitgliedstaaten (ABl. EG Nr. L 225 S. 6, Nr. L 266 S. 20, 1997 Nr. L 16 S. 98), zuletzt geändert durch die Richtlinie 2006/98/EG des Rates vom 20. November 2006 (ABl. EU Nr. L 363 S. 129).
[2998] Vgl. § 22 Mezzanine Investments.
[2999] Vgl. § 25 Real Estate Investments.

oder -projekte investieren, und solchen, die ihrerseits in Infrastrukturunternehmen investieren.

Im Bereich der nicht börsennotierten Fonds überwiegen die **geschlossenen Fonds** (zumeist in der Rechtsform einer Gesellschaft bürgerlichen Rechts, Kommanditgesellschaft oder ausländischen Personengesellschaft). Als **offene Fonds** kommen Immobilienfonds (§§ 66 ff. InvG) und Spezialfonds (§§ 91 ff. InvG) in Betracht. Von der Möglichkeit der Auflage spezieller Infrastrukturfonds (§§ 90a ff. InvG) hat der Markt – soweit ersichtlich – bisher keinen Gebrauch gemacht.

Der Erwerb von Anteilen an **börsennotierten Infrastrukturunternehmen** ähnelt dem Erwerb von Immobilienaktien und bietet den Vorteil hoher Liquidität. Nachteilig sind jedoch die hohe Volatilität und die erhöhte Korrelation zum Aktienmarkt. Eines der bekanntesten Beispiele[3000] deutscher börsennotierter Infrastrukturunternehmen ist die Fraport AG, die Betreibergesellschaft des Flughafens Frankfurt am Main, welche zwischen 2001 und 2005 privatisiert wurde.

### 5. Öffentlich Private Partnerschaften

Als Vehikel für die Planung, Finanzierung und den Betrieb öffentlicher Infrastruktur stehen in Deutschland die sog. Öffentlich Privaten Partnerschaften („**ÖPP**") zur Verfügung, mittels derer Private die Erfüllung von Aufgaben der öffentlichen Hand übernehmen können.

Bereits in den siebziger Jahren wurden kommunale Vorfinanzierungsmodelle in Form von Forfaitierungsmodellen, kommunalem Leasing oder geschlossenen Immobilienfonds zur Realisierung von Projekten der öffentlichen Hand genutzt.[3001] Die heutigen ÖPP-Projekte beschränken sich jedoch nicht auf die Errichtung und Finanzierung, sondern umfassen den gesamten Lebenszyklus einer Infrastrukturanlage, d.h. auch den Betrieb und – in Abhängigkeit vom Organisationsmodell – die Verwertung. Folglich lässt sich eine Öffentlich Private Partnerschaft definieren als „[...] langfristige, vertraglich geregelte **Zusammenarbeit zwischen der öffentlichen Hand und [der] Privatwirtschaft** zur Erfüllung öffentlicher Aufgaben, bei der die erforderlichen Ressourcen (z. B. Know-how, Betriebsmittel, Kapital, Personal) in einen gemeinsamen Organisationszusammenhang eingestellt und vorhandene Projektrisiken entsprechend der Risikomanagementkompetenz der Projektpartner angemessen verteilt werden [...]".[3002] Dabei wird die Risikomanagementkompetenz aus dem Grundsatz abgeleitet, dass derjenige Partner ein Risiko übernehmen sollte, der es am besten beherrschen kann.[3003]

ÖPP sind dadurch legitimiert, dass Effizienzgewinne erzielt werden wodurch im Vergleich zu traditionellen Beschaffungsmethoden und der Eigenrealisierung durch den Staat Kosten eingespart werden. Finanzierungs- und Liquiditätsengpässe waren demgegenüber in der politischen Diskussion nachrangig,[3004] könnten je nach Wirtschafts- und Haushaltslage aber an Bedeutung gewinnen. Die **Effizienzgewinne** werden mit 5% bis 25% und im

---

[3000] Weitere Beispiele börsennotierter Bundesunternehmen im Infrastruktursektor und der Stand ihrer Privatisierung finden sich auf der Zusammenstellung „Privatisierung von Bundesunternehmen" des Bundesfinanzministeriums vom Juli 2008: http://www.bundesfinanzministerium.de/nn_3974/DE/BMF__Startseite/Service/Downloads/Abt__VIII/Privatisierung_2006_20kle07,templateId=raw,property=publicationFile.pdf.

[3001] Boll, Investitionen in PPP-Projekte, 2007, S. 20 mit weiteren Nachweisen.

[3002] Gutachten „PPP im öffentlichen Hochbau", 2003, Band I Kap. 2: http://www.bauindustrie-bayern.de/fileadmin/docs_pub/akppp/pdf/Band_I_Leitfaden.pdf.

[3003] Engel, GewArch 2006, 179 (180).

[3004] Vgl. Entwurf eines Gesetzes zur Beschleunigung der Umsetzung von Öffentlich Privaten Partnerschaften und zur Verbesserung gesetzlicher Rahmenbedingungen für Öffentlich Private Partnerschaften vom 14. Juni 2005, BT-Drs. 15/5668, S. 10.

# 7. Teil. Spezielle Beteiligungsformen § 26 Infrastructure Investments

Durchschnitt mit 16% beziffert.[3005] Beim ersten erfolgreich gestarteten kommunalen PPP-Bundes- und ersten PPP-Landespilotprojekt in Sachsen-Anhalt konnten nach Angaben der PPP Task Force im Vergleich zur konventionellen Beschaffung bei Schulen Effizienzvorteile von 19% (ca. 44 Mio. Euro) und bei Kindertagesstätten von 12% (ca. 4 Mio. Euro) erzielt werden.[3006]

Bislang wurden ÖPP-Projekte hierzulande schwerpunktmäßig im öffentlichen Hochbau realisiert. Ihr Durchschnittsvolumen ist im europäischen Vergleich allerdings noch sehr gering. Während in Frankreich im Jahr 2006 acht Projekte über insgesamt 2,6 Mrd. Euro abgewickelt wurden, kam Deutschland im gleichen Zeitraum zwar auf die gleiche Anzahl an Projekten, aber nur auf ca. ein Zehntel des Volumens.[3007] Das erfolgreichste ÖPP-Jahr in Deutschland war 2007, in dem 35 neue Projekte mit einem Investitionsvolumen von 1,5 Mrd. Euro vergeben wurden. Das entspricht rund einer Milliarde mehr als im Vorjahr.[3008] Gerade Finanzinvestoren scheuen den relativ hohen Aufwand einer Beteiligung an Ausschreibungen für ÖPP-Projekte vor allem wegen der häufig relativ geringen Investitionsvolumina und der damit einhergehenden absoluten Ertragsaussichten.[3009] Für sie sind Investitionen in private, kommerzielle Infrastruktur häufig attraktiver.

## 5.1. ÖPP-Modelle

ÖPP sind **Organisationsmodelle** und können mittels verschiedener Vertragsgestaltungen betrieben werden. In der Praxis findet sich eine Vielzahl unterschiedlicher Verträge mit teilweise auseinanderfallenden Begrifflichkeiten. Das vom damaligen Bundesministerium für Verkehr, Bau und Wohnungswesen (heute BMVBS) in Auftrag gegebene Gutachten „PPP im öffentlichen Hochbau" unterscheidet bei den bisher verwendeten Vertragstypen zwischen Inhaber-, Erwerber-, FMLeasing-, Vermietungs-, Contracting-, Konzessions-, und Gesellschaftsmodell.[3010] Grundlegende Unterschiede zwischen den verschiedenen Model-

---

[3005] Vgl. Rede Staatssekretär Großmann (BMVBS) anlässlich der Verleihung des PPP-Innovationspreises am 22. April 2008, Nr. 90/2008 : http://www.bmvbs.de/dokumente/-,302.1034926/Pressemitteilung/dokument.htm.

[3006] PPP Task Force im BMVBS, Newsletter 04/08, S. 2 : http://www.bmvbs.de/Anlage/original_1045510/Ausgabe-04-08-deutsch.pdf.

[3007] Sommer, Immobilien & Finanzierung 2007, 800.

[3008] PPP Task Force im BMVBS, Newsletter 01/08, S. 1 : http://www.bmvbs.de/Anlage/original_1045504/Ausgabe-01-08-deutsch.pdf.

[3009] Boll, Investitionen in PPP-Projekte, 2007, S. 123, verweist auf die hohen Due Diligence-Kosten, die Private Equity-Investoren für die Prüfung von Projekten aufgrund der in Deutschland noch uneinheitlichen Strukturen entstehen. In UK und Australien habe sich bereits eine Standardisierung eingestellt, die eine rentable Eigenkapitalbeteiligung auch bei geringeren Investitionsvolumina ermögliche.

[3010] Gutachten „PPP im öffentlichen Hochbau", 2003, Band I Kap. 9.3.6, Band II Kap. 3.1 : http://www.bauindustrie-bayern.de/fileadmin/docs_pub/akppp/pdf/Band_I_Leitfaden.pdf; ebenso Alfen/Fischer in: Weber/Schäfer/Hausmann, Praxishandbuch PPP, 2006, S. 57ff.; Jonas/Paulsen in: Nicklisch, Betreibermodelle, 2007, S. 22ff.; Müller-Wrede in: Müller-Wrede, ÖPP-Beschleunigungsgesetz, 2006, S. 28; Horn/Peters, BB 2005, 2421f. Ein Großteil der Autoren unterscheidet nach ÖPP Organisationsmodellen nach lediglich zwischen dem Betreiber-, Konzessions- und Kooperationsmodell. Dabei können die oben aufgeführten Vertragstypen mit Ausnahme des Konzessions- und Gesellschaftsmodells im Wesentlichen unter das Betreibermodell geordnet werden. Das Gesellschaftsmodell entspricht dem Kooperationsmodell, so dass Betreiber- und Konzessionsmodell folglich auch in der Form von Kooperationsmodellen auftreten können, vgl. Eppinger/Käsewieter/Miksch in: Meyer-Hofmann/Riemenschneider/Weihrauch, Public Private Partnership, S. 349f.; Roquette/Butcher in: Roquette/Otto, Vertragsbuch, 2005, F. III. Rn. 5; Reuter/Polley, NVwZ 2007, 1345 (1346f.;) Fleischer/Effenberger Immobilien & Finanzierung 2006, 624 (625); Bausback, DÖV 2006, 901 (902); Jaeger, NZBau 2001, 6 (7); Kestler/Raschke in: Wissenschaftliche Dienste des Deutschen Bundestages, Der aktuelle Begriff Nr. 73/2005 vom 6. Oktober 2005.

len bestehen u. a. bezüglich der Eigentumszuordnung, der Risikoverteilung, dem vertraglichen Leistungsumfang, den Entgeltzahlungen und der Gründung gemischt-wirtschaftlicher Unternehmen. Während die ersten fünf Modelle eigenständige Vertragsmodelle darstellen, beschreiben das Konzessions- und Gesellschaftsmodell lediglich besondere Ausgestaltungen, die mit jedem der Vertragsmodelle kombinierbar sind.[3011]

Charakteristisch für das **Inhabermodell** ist die Planung, der Bau, die Finanzierung und der Betrieb einer Immobilie durch den privaten Auftragnehmer. Das Eigentum an der Immobilie geht bereits mit der Errichtung kraft Gesetzes auf die öffentliche Hand als Grundstückseigentümerin über. Der Private erhält jedoch ein umfassendes Nutzungs- und Besitzrecht im Wege des Nießbrauchs oder einer schuldrechtlichen Vereinbarung. Die Kommune zahlt ein monatliches Entgelt, welches die Investitions- und Betriebskosten sowie Risikozuschläge und Gewinn des Privaten abdeckt.[3012]

Das **Erwerbermodell** unterscheidet sich hiervon lediglich durch die Eigentumszuordnung. Während der Vertragslaufzeit liegt die Immobilie im Eigentum des Privaten. Dieser überlässt sie der öffentlichen Hand zur Nutzung und überträgt ihr nach Ablauf des Vertrages das Eigentum.[3013] Das **FM-Leasingmodell** kommt dem Erwerbermodell sehr nahe, mit der Ausnahme, dass am Ende der Vertragslaufzeit keine Ankaufsverpflichtung besteht. Vielmehr hat die öffentliche Hand eine Kaufoption, wobei der Kaufpreis im Falle der Ausübung dem kalkulierten Restwert der Immobilie entspricht. Grundlage für die monatliche Entgeltzahlung ist in der Regel eine Teilamortisationsrechnung der Investitions- und Finanzierungskosten.[3014]

Beim **Vermietungsmodell** erfolgt die schlüsselfertige Errichtung ebenfalls durch den Privaten. Dieser überlässt die in seinem Eigentum stehende Immobilie dann dem Auftraggeber gegen Zahlung eines monatlichen Entgelts, dessen Höhe sich aus dem marktüblichen Mietpreis und der Vergütung der Betriebskosten zusammensetzt. Am Ende der Vertragslaufzeit besteht auch hier – soweit vertraglich vereinbart – eine Kaufoption zugunsten des öffentlichen Auftraggebers. Der Kaufpreis richtet sich jedoch nach dem Verkehrswert des Mietobjekts.[3015]

Für das **Contractingmodell** ist charakteristisch, dass der Private bestimmte technische Anlagen oder Anlagenteile, nicht jedoch vollständige Gebäude, für die öffentliche Hand errichtet bzw. verbessert und betreibt. Durch den Einbau werden die Anlagen Bestandteil des Gebäudes und damit Eigentum des Auftraggebers. Der Private hat jedoch ein Nutzungsrecht. Sein Entgelt ist z. B. an die Energiekosten angelehnt, welche der öffentlichen Hand bis zur Auslagerung entstanden sind und der Private finanziert sich dann über eine Senkung der Energiekosten.[3016]

Das **Gesellschaftsmodell** beschreibt die indirekte oder direkte Beteiligung der öffentlichen Hand als Mitgesellschafter an der Projektgesellschaft.[3017]

Beim **Konzessionsmodell** plant, baut, finanziert und betreibt der Private die Infrastrukturanlage ebenfalls. Der wesentliche Unterschied zu den anderen Modellen besteht in der Risikoverteilung zwischen Auftraggeber und Auftragnehmer. Die öffentliche Hand überträgt dem Betreiber das Recht zur Gebührenerhebung, so dass dieser das Entgelt vom Nutzer der Infrastrukturanlage erhält. Die dem Investor zufließenden Objekterträge hängen unmittelbar von der Nachfrage nach der Infrastruktur ab so dass der Investor das Marktri-

---

[3011] Müller-Wrede in: Müller-Wrede, ÖPP-Beschleunigungsgesetz, 2006, S. 29.
[3012] Gutachten „PPP im öffentlichen Hochbau", 2003, Band I Kap. 9.3.6, S. 93.
[3013] Reuter/Polley, NVwZ 2007, 1345.
[3014] Gutachten „PPP im öffentlichen Hochbau", 2003, Band I Kap. 9.3.6, S. 91.
[3015] Gutachten „PPP im öffentlichen Hochbau", 2003, Band I Kap. 9.3.6, S. 92; Reuter/Polley, NVwZ 2007, 1345.
[3016] Gutachten „PPP im öffentlichen Hochbau", 2003, Band I Kap. 9.3.6, S. 93 f.
[3017] Gutachten „PPP im öffentlichen Hochbau", 2003, Band I Kap. 9.3.6, S. 95.

# 7. Teil. Spezielle Beteiligungsformen § 26 Infrastructure Investments

siko trägt[3018] und sich dabei in der Regel auf Prognosen verlassen muss. Selbst bei Verkehrsinfrastrukturprojekten ist die Nachfrage aber nicht verlässlich prognostizierbar. So galt der Warnowtunnel in Rostock als Pilotprojekt der privaten Straßenbaufinanzierung. Im Jahre 2006 – drei Jahre nach der Eröffnung – stand die Betreibergesellschaft kurz vor der Insolvenz, die nur durch Verlängerung des Konzessionsvertrages von 30 auf 50 Jahre abgewendet werden konnte. Grund war die mangelnde Auslastung, denn statt der prognostizierten 20.000 Fahrzeuge passierten den Tunnel täglich nur etwa 10.500 Autos.[3019] Aufgrund dessen wird sich langfristig womöglich eine alternative Finanzierungs- und Risikostruktur durchsetzen, bei der der private Betreiber das von ihm nicht zu beeinflussende Verkehrs- und Einnahmenrisiko nicht allein trägt.

Bereits jetzt wird zunehmend das Verfügbarkeitsmodell („**V-Modell**") diskutiert.[3020] Beim V-Modell übernimmt der Private die Planung, den Bau, die Finanzierung und den Betrieb eines Verkehrsinfrastrukturprojekts, erhält sein Entgelt aber nicht vom Nutzer der Infrastruktur. Vielmehr zahlt ihm der öffentliche Auftraggeber – neben einer (einmaligen) sog. Anschubfinanzierung – ein monatliches Leistungsentgelt für die Verfügbarkeit der Anlage, welches die Investitions- und Betriebskosten sowie das Risiko und den Gewinn abdeckt.

## 5.2. Gesetzliche Rahmenbedingungen/ÖPP-Beschleunigungsgesetz

Gegenwärtig existiert in Deutschland keine eigenständige gesetzliche Regelung für Infrastrukturinvestitionen und auch ein ÖPP-Gesetz ist weder auf Bundes- noch auf Landesebene kodifiziert. Während offene Immobilienfonds und Spezialfonds dem Investmentgesetz unterliegen, können z. B. geschlossene Immobilienfonds uneingeschränkt in ÖPP-Projekte investieren, da sie jedenfalls bisher keiner gesetzlichen Aufsicht unterliegen.[3021] Dabei wurde bereits während der Beratungen zum Gesetz zur Beschleunigung der Umsetzung von Öffentlich Privaten Partnerschaften und zur Verbesserung gesetzlicher Rahmenbedingungen für Öffentlich Private Partnerschaften im September 2005[3022] („**ÖPP-Beschleunigungsgesetz**") die Notwendigkeit der Regulierung und Standardisierung sowie der Bedarf an geeigneten Fondsvehikeln zur Anlage in ÖPP-Projektgesellschaften diskutiert.[3023]

Ziel des ÖPP-Beschleunigungsgesetzes war die Erleichterung der Realisierung und Umsetzung von ÖPP-Projekten und die Schaffung erhöhter Rechtssicherheit.[3024] Dazu wurden Änderungen im Bereich des Vergaberechts, im Fernstraßenbauprivatfinanzierungsgesetzes, in der Bundeshaushaltsordnung, im Steuerrecht sowie im InvG vorgenommen.

### 5.2.1. Änderung der Vergabeverordnung

In der Vergabeverordnung wurde das neue Vergabeverfahren des „wettbewerblichen Dialogs" ergänzt. Art. 2 des ÖPP-Beschleunigungsgesetzes änderte die Verordnung für die Vergabe von Liefer- und Dienstleistungsaufträgen dahingehend, dass der Auftragnehmer sich nunmehr bei der Erfüllung der Leistung unbeschränkt der Fähigkeiten anderer Unterneh-

---

[3018] Zwar kann dem Konzessionsnehmer von der öffentlichen Hand eine Anschubfinanzierung gewährt werden. Das Risiko der Zahlung des Entgelts hat jedoch beim ihm zu verbleiben, vgl. Boos/Becker Immobilien & Finanzierung 2007, 798.
[3019] http://www.spiegel.de/auto/aktuell/0,1518,421586,00.html.
[3020] Für den Einsatz dieses Modells sprechen sich auch Boos/Becker, Immobilien & Finanzierung 2007, 798 (799); Ellenberg/Speer, Verfügbarkeitsmodell am Beispiel der Autobahn M 6 in Ungarn: http://www.vsvi-bayern.de/documents/VerfuegbarkeitsmodellausVSVIBayern-Zeitschrift2008.pdf und etwas vorsichtiger wohl auch Hüfner, Die Bank 2007, 24 (29) aus.
[3021] Bart, Immobilien & Finanzierung 2006, 618.
[3022] Gesetz zur Beschleunigung der Umsetzung von Öffentlich Privaten Partnerschaften und zur Verbesserung gesetzlicher Rahmenbedingungen für Öffentlich Private Partnerschaften vom 1. September 2005, BGBl. I 2005, Nr. 56, 2676.
[3023] Vgl. nur Gesetzesbegründung, BT-Drs. 15/5668 v. 14. Juni 2005, S. 2.
[3024] Vgl. Gesetzesbegründung, BT-Drs. 15/5668 v. 14. Juni 2005, S. 1f.

mer bedienen kann. Durch diese **Abschaffung des „Selbstausführungsgebots"** wurde die deutsche Rechtslage an das europäische Vergaberecht angepasst, denn bereits im Jahr 1994 hatte der EuGH[3025] entschieden, dass ein Bieter auch dann zum Wettbewerb zugelassen werden muss, wenn er als Holdinggesellschaft selbst keine Bauleistungen ausführt, aber die Verfügbarkeit über die Kapazitäten eines Drittunternehmens nachweisen kann. Damit haben jetzt auch institutionelle Investoren grundsätzlich die Möglichkeit, selbst als Bieter aufzutreten.[3026]

### 5.2.2. Änderung des Fernstraßenbauprivatfinanzierungsgesetzes

Durch Art. 3 ÖPP-Beschleunigungsgesetz wurde das Fernstraßenbauprivatfinanzierungsgesetz (FStrPrivFinG) geändert. Das FStrPrivFinG erfasst nach § 3 Abs. 1 Nr. 1 und 2 lediglich Brücken, Tunnel und Gebirgsenpässe im Zuge von Bundesautobahnen und Bundesstraßen sowie autobahnähnliche mehrstreifige Bundesstraßen, nicht jedoch Autobahnen.[3027] Nach § 1 Abs. 2 FStrPrivFinG kann dem Privaten der Bau, die Erhaltung, der Betrieb und die Finanzierung der genannten Infrastrukturanlagen übertragen werden. Dies entspricht dem Lebenszyklusansatz der neuen ÖPP-Projekte. Hierfür schließt die öffentliche Hand mit dem Privaten zumeist einen Konzessionsvertrag, welcher nach fast einhelliger Meinung als öffentlich-rechtlicher Vertrag zu klassifizieren ist.[3028] Zur Refinanzierung erhält der private Betreiber mit Inkrafttreten des ÖPP-Beschleunigungsgesetzes nunmehr das Recht, zwischen der Erhebung einer öffentlich-rechtlichen Gebühr und einem privatrechtlichen Entgelt zu wählen. Zweifel an der Verfassungsmäßigkeit der Erhebung eines privatrechtlichen Entgelts als Gegenleistung für die Benutzung einer öffentlichen Straße wurden durch Änderung des Art. 74 Nr. 22 GG ausgeräumt.[3029]

### 5.2.3. Änderung des Investmentgesetzes

Durch die Änderung des InvG wurde offenen Immobilienfonds die Möglichkeit eingeräumt, bis zu 10% ihres Fondsvermögens in Nießbrauchrechte an bebauten Grundstücken zu investieren. Ferner werden Investitionen dadurch attraktiver, dass in den Fällen, in denen ein Privater von der öffentlichen Hand zur Realisierung eines ÖPP-Projekts ein Grundstück erwirbt, Grund- und Grunderwerbsteuer nicht mehr anfallen (Art. 5, 6 ÖPP-Beschleunigungsgesetz). Bezüglich der Verbesserung der umsatzsteuerlichen Situation von ÖPP-Projekten hinken die Regelungen denjenigen in den Nachbarländern jedoch weiterhin hinterher.[3030]

### 5.3. Gesetzesvorhaben und „Partnerschaften Deutschland"

Ein weiterer Schritt zur Förderung, Flexibilisierung und Standardisierung von ÖPP-Projekten wurde am 6. April 2006 durch den Einsatz einer Koalitionsarbeitsgruppe zur Erarbei-

---

[3025] EuGH, Urteil v. 14. April 1994, Rs. C-389/92, Slg. 1994, I-1289, 1307 Rn. 17 „Ballast Nedam Groep NV"; EuGH, Urteil v. 18. Dezember 1997, Rs. C-5/97, Slg. 1997, I-7549, 7562 Rn. 13 „Ballast Nedam Groep NV II"; EuGH, Urteil v. 2. Dezember 1999, Rs. C-176/98, Slg. 1999, I-8607 Rn. 26f. „Holst Italia S.p.A."; EuGH, Urteil vom 18. März 2004, Rs. C-314/01, Slg. 2004, I-02549 Rn. 43, 46 „Siemens/ARGE Telekom".
[3026] Uechtritz/Otting, NVwZ 2005, 1105 (1107).
[3027] Für den Ausbau von Bundesautobahnen steht das sog. A-Modell zur Verfügung, bei dem die LKW-Maut an den Betreiber weitergeleitet wird, der zusätzlich eine Anschubfinanzierung erhalten kann.
[3028] Müller-Wrede in: Müller-Wrede, ÖPP-Beschleunigungsgesetz, 2006, S. 124 m.w.N.; Uechtritz, VBlBW 2002, 317 (318).
[3029] Rinke/Schäfer in: Bürsch/Funken, Kommentar zum ÖPP-Beschleunigungsgesetz, 2007, Art. 3 Rn. 42.
[3030] Hüther/Voigtländer in: vdp, Immobilien-Banking, 2007/2008, S. 45: http://www.hypverband.de/d/bcenter.nsf/0/DF9272281C112CE8C12573630050F752/$FILE/DE%20_IMFB2007.pdf; ausführlich zu dieser Problematik Northoff/Vincenc in: Knop, PPP – Jahrbuch 2006, S. 113ff.

tung eines „ÖPP-Vereinfachungsgesetzes" eingeleitet. Der Gesetzesentwurf soll insbesondere Regelungen im Bereich der Krankenhausfinanzierung, der sozialen Infrastruktur, der Verteidigung, des FStrPrivFinG sowie des Steuer- und Vergaberechts enthalten, liegt aber derzeit noch nicht vor.[3031]

Inzwischen versucht die Bundesregierung die Anhebung des ÖPP-Anteils an den öffentlichen Investitionen auf andere Art und Weise zu erreichen. Im Dezember 2007 hat das Bundeskabinett das Bundesfinanzministerium und das BMVBS mit der Gründung einer auf PPP-Fragen spezialisierten Beratungsgesellschaft beauftragt. In Anlehnung an die „Partnerships UK Ltd." wurde deshalb die „Partnerschaften Deutschland ÖPP Deutschland AG" („**PD**") gegründet. Die PD soll öffentliche Auftraggeber in allen Phasen des ÖPP-Beschaffungsprozesses, insbesondere in der Frühphase eines Projektes, beraten und Grundlagenarbeit zur Verbesserung der ÖPP-Rahmenbedingungen leisten. Die Länder halten einen Anteil von ca. 60 % an der PD. Die übrigen ca. 40 % werden von einer Beteiligungsgesellschaft gehalten, an der der Bund mit 30 % und im Übrigen Unternehmen der Privatwirtschaft beteiligt sind.[3032] Die Gründung der PD wurde nicht ausschließlich positiv aufgenommen. Die Kritik reicht vom Vorwurf zusätzlicher und unnötiger Bürokratisierung über die Unzulänglichkeit einer auf die Frühphase beschränkten Beratung bis hin zur falschen Fokussierung auf die Grundlagen- anstelle von Projektarbeit. Darüber hinaus wird vorgebracht, dass sich die PD in den ersten vier Jahren ausschließlich auf die Beratung von ÖPP-Projekten auf Bundesebene beschränken sollte, da hier der größte Handlungsbedarf bestehe.[3033] Auf Bundesebene wurden bislang kaum ÖPP-Projekte realisiert.[3034]

### 5.4. Infrastruktur-Sondervermögen

Im Rahmen der Änderung des Investmentgesetzes (InvG) [3035] wurde im Dezemer 2007 auch die Fondskategorie der „Infrastruktur-Sondervermögen" in §§ 90a ff. InvG eingeführt, nachdem sich Vorschläge zur Einführung eines neuen Fondsvehikels im Gesetzgebungsverfahren zum ÖPP-Beschleunigungsgesetz noch nicht hatten durchsetzen können. Damit sollte Kapitalanlagegesellschaften die Auflage und Verwaltung von ÖPP-Fonds unter anderem mit dem Ziel ermöglicht werden, privates Kapitals für ÖPP-Projekte zu mobilisieren.[3036] Kleinanlegern sollte die Möglichkeit eröffnet werden, sich mittelbar an ÖPP-Projekten zu beteiligen.

Der Gesetzgeber verwendet die Begriffe Infrastrukturfonds und **ÖPP-Fonds** synonym und setzt damit im Rahmen des Investmentgesetzes Infrastruktur mit ÖPP gleich.[3037] Das Infrastruktur-Sondervermögen ist an die rechtlichen Rahmenbedingungen von offenen Immobilienfonds angelehnt, welche ebenfalls direkt in wenig liquide Großobjekte investieren und die Verfügbarkeit der Anteile mittels eines entsprechend hohen Bestandes liquider

---

[3031] Vgl. Antwort der Bundesregierung vom 18. Juni 2007, BT-Drs. 16/5705 auf die kleine Anfrage vom 25. Mai 2007, BT-Drs. 16/5528 zu den Vorbereitungen für ein zweites Beschleunigungsgesetz für Öffentlich Private Partnerschaften. Der Deutsche Bundestag hat auf Antrag der Fraktionen von CDU/CSU und SPD am 19. März 2009 beschlossen, die Bundesregierung zur Vorlage eines Gesetzes zur Vereinfachung der Umsetzung von Öffentlich Privaten Partnerschaften (PPP-Vereinfachungsgesetz) noch in der laufenden Wahlperiode aufzufordern, BT-Drs. 16/12283, S. 3, und BT-Plenarprotokoll 16/211, S. 22853A.

[3032] Gesellschafterstruktur gemäß Website der PD: http://www.partnerschaftendeutschland.de

[3033] Vgl. auch Stiepelmann in: Knop, PPP – Jahrbuch 2008, S. 41 ff., insbesondere S. 43.

[3034] Zu den wenigen Ausnahmen gehört das Projekt Fürst-Wrede-Kaserne in München mit geschätzten Investitionskosten i.H.v. 164 Mio. EUR und die sog. A-Modelle bei Bundesautobahnen.

[3035] Investmentänderungsgesetz vom 21. Dezember 2007, BGBl. 2007, Teil I, Nr. 68, 3089.

[3036] Vgl. Gesetzesbegründung, BT-Drs. 16/5576 vom 11. Juni 2007, S. 1 f., 50.

[3037] Vgl. Gesetzesbegründung, BT-Drs. 16/5576 vom 11. Juni 2007, S. 48; ebenso Campbell, WM 2008, 1774 (1775), die auf die Formulierung in § 90b Abs. 1 Nr. 1 InvG verweist und daraus schließt, dass der Gesetzgeber alle Tätigkeitsbereiche, die Gegenstand eines ÖPP-Projektes sein können, als Infrastruktur ansieht.

Mittel gewährleisten (Mindestliquidität). Entsprechend gelten die Bestimmungen für Immobilien-Sondervermögen (§§ 66 bis 82 InvG) qua Verweis in § 90a InvG subsidiär auch für Infrastruktur-Sondervermögen.

**5.4.1. Zulässige Vermögensgegenstände**

Die Kapitalanlagegesellschaft darf für ein Infrastruktur-Sondervermögen nur folgende Vermögensgegenstände erwerben (§ 90b Abs. 1 InvG):
– Beteiligungen an ÖPP-Projektgesellschaften, also im Rahmen Öffentlich Privater Partnerschaften tätige Gesellschaften, die nach dem Gesellschaftsvertrag oder der Satzung zu dem Zweck gegründet wurden, Anlagen oder Bauwerke zu errichten, zu sanieren, zu betreiben oder zu bewirtschaften, die der Erfüllung öffentlicher Aufgaben dienen (§ 2 Abs. 14 InvG). Eine Beteiligung an rein privaten Infrastrukturprojekten, wie z. B. Kraftwerken, ist damit nicht zulässig.
– Immobilien, wenn diese der Erfüllung öffentlicher Aufgaben dienen (§ 90b Abs. 4 InvG).
– Wertpapiere.
– Geldmarktinstrumente, Bankguthaben und bestimmte Investmentanteile.
– Vermögensgegenstände mit derivativen Komponenten.

Dabei sollen die Beteiligungen an ÖPP-Projektgesellschaften und Immobilien den Schwerpunkt der Investition bilden. Der Anteil der für Rechnung des Infrastruktur-Sondervermögens gehaltenen Beteiligungen an ÖPP-Projektgesellschaften, Immobilien und Nießbrauchrechten an Grundstücken muss mindestens 60% des Wertes des Sondervermögens betragen (§ 90b Abs. 5 InvG). Andererseits darf die Beteiligung an ÖPP-Projektgesellschaften 80% des Werts des Sondervermögens nicht übersteigen (§ 90b Abs. 3 InvG). Mit dieser Obergrenze soll ausreichende **Liquidität** gewährleistet werden, um auch erhöhten Rücknahmeverlangen nachkommen zu können, ohne die Rücknahme aussetzen oder weniger liquide Vermögensgegenstände zu ungünstigen Bedingungen veräußern zu müssen.[3038] Denselben Zweck verfolgt die Regelung, wonach die Kapitalanlagegesellschaft sicherzustellen hat, dass der Anteil an Geldmarktinstrumenten, Bankguthaben und Investmentanteilen mindestens 10% des Wertes des Sondervermögens ausmacht (§ 90b Abs. 7 InvG).

Zum Zwecke des Anlegerschutzes dürfen Beteiligungen an ÖPP-Projektgesellschaften erst **nach Abschluss der Errichtung** oder Sanierung der Anlagen in der regeläßig wenig risikoreichen Betreiberphase erworben werden (§ 90b Abs. 2 InvG). Institutionelle Anleger können sich über Spezial-Sondervermögen (§§ 91ff. InvG) auch schon in der Errichtungs-, Sanierungs- oder Bauphase der Infrastrukturprojekte an ÖPP-Projektgesellschaften beteiligen (§ 91 Abs. 3 Nr. 2 InvG).[3039]

Durch Wertpapiere soll die Vorhaltung mittelfristiger **Liquidität** sichergestellt werden. Kurzfristige Liquidität soll durch Geldmarktinstrumente, Bankguthaben und Investmentanteile hergestellt werden. Ausschließlich zur Absicherung (*Hedging*) der Werte der im Sondervermögen befindlichen Gegenstände dürfen Vermögensgegenstände mit derivativen Komponenten erworben werden (§ 90b Abs. 8 InvG). Neben der Begrenzung des zulässigen Anteils an Wertpapieren auf 20% dürfen für ein Infrastruktur-Sondervermögen im Wesentlichen nur solche Wertpapiere erworben werden, die zum Handel an einer Börse in einem EU-Mitgliedstaat oder EWR-Vertragsstaat zugelassen oder in diesen einbezogen sind (§ 90b Abs. 6 InvG verweist auf § 47 Abs. 1 Nr. 1, 5 und 6 InvG).[3040]

Alle in § 90b Abs. 3 bis 7 InvG vorgeschriebenen Anlagegrenzen sind Bestandsgrenzen und folglich nicht nur beim Erwerb des Investitionsgegenstandes, sondern während der ge-

---

[3038] Vgl. Gesetzesbegründung, BT-Drs. 16/5576 vom 11. Juni 2007, S. 78f.
[3039] Weber/Heß in: Kempf, Die Novellierung des Investmentrechts, 2008, S. 143.
[3040] Vgl. Campbell, WM 2008, 1774 (1777); Nickel, Die Novelle des Investmentgesetzes, 2008, S. 92; a. A. wohl Zetzsche, ZBB 439, 445.

samten Laufzeit des Fonds zu beachten. Zur Erleichterung des Aufbaus von Infrastruktur-Sondervermögen finden die genannten Anlagegrenzen innerhalb der ersten vier Jahre (**Anlaufzeit**) keine Anwendung (§ 90c InvG).

### 5.4.2. Verwaltung und Rücknahme

Die Verwaltung der Kapitalanlagegesellschaft wird dadurch erleichtert, dass die Ermittlung des Nettoinventarwerts und damit des Anteilswerts nur zu bestimmten Terminen (mindestens aber monatlich) vorgenommen werden muss[3041] und die Rücknahmeverpflichtung auf mindestens einen oder höchstens zwei **Rücknahmetermine** im Jahr begrenzt ist (§ 90d Abs. 1, 2 InvG). Dies entspricht dem Charakter des Infrastruktur-Sondervermögens als langfristiger Vermögensanlage mit geringer Liquidität.[3042]

Ein Anleger kann die Auszahlung seines Anteils zu einem Rücknahmetermin nur verlangen, wenn der Wert der zurückgegebenen Anteile den Betrag von 1 Million Euro nicht übersteigt (§ 90d Abs. 3 InvG). Hierbei ist fraglich, ob sich die Grenze von 1 Million Euro ausschließlich auf die Anteile des Anlegers bezieht, dessen Rücknahmeverlangen geprüft wird, oder ob die Anteile aller Anleger, die zu einem bestimmten Termin die Rückgabe verlangen, insgesamt die 1 Million Euro Grenze nicht überschreiten dürfen. Die Regelung soll der Kapitalanlagesellschaft eine ausgewogene **Portfoliosteuerung** ermöglichen und die Gefahr begrenzen, dass aufgrund der Rücknahmeverlangen ungünstige Desinvestitionen getätigt werden müssen. Laut Gesetzesbegründung soll die Vorschrift eine Handhabung der Rücknahmeverlangen einzelner Anleger ermöglichen.[3043] Der Gesetzgeber wollte die Grenze also ausschließlich auf die zurückgegebenen Anteile eines einzelnen Anlegers bezogen wissen.[3044] Dies entspricht auch der Regelung von Rückgabeschwellen für Immobilien-Sondervermögen (§ 80c InvG).

### 5.4.3. Kritik

Bisher hat sich – soweit ersichtlich – noch kein Anbieter eines Infrastruktur-Publikumssondervermögens an den Markt gewagt und die Stimmen aus der Wirtschaft sind diesbezüglich auch eher verhalten. Namhafte Banken haben erklärt, sie planten keine Auflage eines Infrastrukturfonds und andere Fondsgesellschaften hielten die Rahmenbedingungen für Privatanleger für unattraktiv.[3045] Dies ist vor allem auf die eingeschränkte Rückgabemöglichkeit von Anteilen sowie die sehr restriktiven Vorgaben für Beteiligungen an ÖPP-Projektgesellschaften und sonstigen Investitionsmöglichkeiten zurückzuführen.

Bei herkömmlichen offenen Immobilienfonds können Anteile börsentäglich gegen Auszahlung zurückgenommen werden.[3046] Die Rückgabefrist in § 90d Abs. 2 S. 2 InvG beträgt zwischen einem und 24 Monaten, wodurch der Anleger die Wirtschaftlichkeit der Rückgabe seiner Anteile nicht sicher prognostizieren kann.[3047] Allerdings sind Rückgabefristen von bis zu 12 Monaten auch bei Immobilienfonds vorgesehen (§ 80c Abs. 2 InvG), wovon der Markt auch Gebrauch macht.

Die Beschränkung auf eine Beteiligung der Kapitalanlagegesellschaft für Rechnung des Infrastruktur-Sondervermögens in der Betreiberphase mag dem Anlegerschutz dienen, versperrt der Kapitalanlagegesellschaft allerdings die Möglichkeit, in der zumeist profitabelsten

---

[3041] Damit wird aber zugleich die Zeichnungsmöglichkeit für Anleger eingeschränkt, da eine Ausgabe von Anteilen nur zu Terminen zulässig ist, zu denen der Anteilswert ermittelt wird.

[3042] Zudem bedarf es der Abgabe einer unwiderruflichen Rückgabeerklärung unter Einhaltung von Rückgabefristen von bis zu 24 Monaten.

[3043] Vgl. Gesetzesbegründung, BT-Drs. 16/5576 vom 11. Juni 2007, S. 80.

[3044] Nickel, Die Novelle des Investmentgesetzes, 2008, S. 96.

[3045] FTD „Enttäuschender Start", Artikel vom 14. Februar 2008.

[3046] Baur in: Assmann/Schütze, Handbuch des Kapitalanlagerechts, § 20 Rn. 130.

[3047] Vgl. Campbell, WM 2008, 1774 (1780).

Phase eines ÖPP-Projektes zu investieren.³⁰⁴⁸ Minderheitsbeteiligungen an Projektgesellschaften dürfen höchstens 30% des Fondsvermögens ausmachen (§ 90a InvG verweist auf § 68 Abs. 6 S. 3 InvG). Ein Infrastrukturfonds, der ausschließlich in der Betreiberphase als Eigenkapitalgeber fungiert, wird jedoch in der Regel eine Minderheitsbeteiligung halten.³⁰⁴⁹

Aufgrund der Diversifizierungsvorschriften ist die Kapitalanlagegesellschaft gezwungen, in eine Vielzahl von ÖPP-Projekten zu investieren. Aufgrund der erheblichen Transaktionskosten beim Eingehen einer Investition lohnt sich die Beteiligung an Infrastrukturprojekten häufig erst ab einem Mindestanlagebetrag von 30 bis 50 Millionen Euro oder mehr. Bei entsprechender Fremdfinanzierung setzt das ein Projektvolumen von über 100 Millionen Euro voraus. Angesichts dieser Größenordnungen dürften sich die auf dem deutschen ÖPP-Markt vorhandenen Anlagemöglichkeiten als nicht ausreichend erweisen.³⁰⁵⁰

Die Möglichkeiten des Erwerbs von Investmentanteilen sind so stark eingeschränkt, dass die Kapitalanlagegesellschaft auf der Grundlage von § 90b Abs. 1 Nr. 6 InvG letztlich nur in Geldmarktfonds investieren kann.³⁰⁵¹

Ob das neue Infrastruktur-Sondervermögen doch noch vom Markt angenommen wird und die erhofften Mittel mobilisieren kann, darf bezweifelt werden. Bei allen Unzulänglichkeiten der gesetzlichen Regelung ist der Versuch des Gesetzgebers, Infrastrukturinvestitionen zu fördern, immerhin zu begrüßen.

## 6. Fremdfinanzierung

### 6.1. Infrastrukturinvestitionen allgemein

#### 6.1.1. Finanzierung

Für die Finanzierung des Baus neuer Infrastruktur haben sich mit der Projektfinanzierung Marktstandards etabliert. Fremdmittel werden dabei über ein Darlehen an die Zweckgesellschaft bereitgestellt. Die Rückzahlung erfolgt ausschließlich durch die in der Betreiberphase erwirtschafteten Cash-Flows.³⁰⁵² Als Sicherheit dienen grundsätzlich nur die Aktiva der Zweckgesellschaft. Ein Haftungsdurchgriff auf das Vermögen der Gesellschafter erfolgt entweder gar nicht (*non-recourse*) oder nur eingeschränkt (*limited recourse*),³⁰⁵³ zum Beispiel im Rahmen einer summenmäßig begrenzten Garantie für Kostenüberschreitungen (*Cost Overrun Guarantee*). Die Bank trägt damit das Risiko der Bonität der Zweckgesellschaft und des Projekts.

Bei der Finanzierung der Akquisition von Infrastruktur haben sich im Vergleich zur Akquisitionsfinanzierung beim *Leveraged Buy-Out* einige Besonderheiten herausgebildet, um den besonderen Charakteristika Rechnung zu tragen. Elemente der Projektfinanzierung wurden dabei in die Finanzierung von *Leveraged Buy-Outs* intergriert.³⁰⁵⁴ Zum einen ist die Laufzeit des Darlehens sehr viel länger, wenngleich sie sich nicht unbedingt mit dem Anlagehorizont des Eigenkapitalinvestors decken muss (dann sind während der Laufzeit der Investition Refinanzierungen erforderlich). In Abhängigkeit von bestimmten Finanzkenn-

---

³⁰⁴⁸ Ebenso Roegele/Görke, BKR 2007, 393 (399); Nickel, Die Novelle des Investmentgesetzes, 2008, S. 91; vgl. auch Stellungnahmen bei der öffentlichen Anhörung im Finanzausschuss zum Entwurf des Investmentänderungsgesetzes am 4. Juli 2007, Protokoll Nr. 16/66.
³⁰⁴⁹ Kestler/Benz, BKR 2008, 403 (409).
³⁰⁵⁰ Diese Einschätzung teilt auch Boll, Immobilien Zeitung 46 (2007), 4 (5).
³⁰⁵¹ Ebenso Campbell, WM 2008, 1774 (1777 f.).
³⁰⁵² Patt/Eilbacher/Effenberger, Immobilien & Finanzierung 2009, S. 390.
³⁰⁵³ Knütel in: Siebel/Röver/Knütel, Rechtshandbuch Projektfinanzierung und PPP, S. 500 mit weiteren Nachweisen.
³⁰⁵⁴ Vgl. Jacques Bertran de Belanda, Infrastructure Acquisition Finance – An encounter of the third kind?, Infrastructure Journal, Juni 2007, Seite 74 ff.

zahlen sind regelmäßige Dividendenzahlungen an die Eigenkapitalinvestoren in einem definierten Umfang zulässig, da andernfalls keine Eigenkapitalrendite generiert werden kann. Die Banken erhalten häufig mehr Kontrolle über die *Cash Flows* des Unternehmens bzw. Projekts, z. B. über definierte *Cash Waterfalls* und dedizierte Rücklagenkonten und es werden detaillierte Reportingpflichten und ggfs. auch Zustimmungserfordernisse etabliert.

### 6.1.2. Sicherheiten

Im Vergleich zur Akquisitionsfinanzierung im *Leveraged Buy-Out*-Bereich[3055] erhalten Banken im Infrastrukturbereich häufig **weitreichendere Sicherheiten**. Als Sicherheiten sind insbesondere die Verpfändung der Anteile an der Zweckgesellschaft, Grundschulden, eine Sicherungsübereignung beweglicher Sachen sowie eine Sicherungsabtretung von Forderungen üblich. Sofern ein konkretes Infrastrukturprojekt finanziert wird und nicht ein Infrastrukturunternehmen, stellen sich die *Upstream Security*- und *Financial Assistance*-Themen[3056] in der Regel nicht, da die Zweckgesellschaft sowohl Darlehensnehmer ist als auch die finanzierten Anlagegüter hält.

Bei der Projektfinanzierung ist es üblich, den Banken **Eintrittsrechte** (*Step-In Rights*) in die wesentlichen Projektverträge zu gewähren, insbesondere in den Generalunternehmervertrag, Wartungs- und Betriebsführungsverträge sowie in Miet-, Pacht- und andere Nutzungsverträge. Damit soll die Bank im Sicherungsfall in die Lage versetzt werden, das Projekt im Wege der Einzelrechtsübertragung auf sich oder eine weitere, dann neu gegründete Zweckgesellschaft zu übertragen. Entsprechende Eintrittsklauseln sollten sowohl insolvenzfest gestaltet werden als auch den Anforderungen an allgemeine Geschäftsbedingungen (§§ 305 ff. BGB) genügen. Der Insolvenzverwalter kann Wahlrechte (§§ 103 ff. InsO) unter Umständen vor einer Übertragung des Vertragsverhältnisses ausüben. Dem kann durch dreiseitige Vereinbarungen zwischen der Zweckgesellschaft, dem Vertragspartner und der finanzierenden Bank entgegnet werden. Dies ist aber nicht praktikabel, wenn die finanzierende Bank bei Abschluss der Verträge noch nicht feststeht. Sofern die Eintrittsklausel für eine Vielzahl von Verträgen vorformuliert ist und von der Zweckgesellschaft einseitig gestellt wird (allgemeine Geschäftsbedingung), muss sie den Anforderungen der §§ 305 ff. BGB genügen. Dies ist z. B. bei Nutzungsverträgen für Standorte, Überstreichflächen und Zuwegungen für Windenergieanlagen regelmäßig der Fall. Hier stellt sich die Frage, ob der eintretende Dritte namentlich bezeichnet werden muss,[3057] damit die Klausel nicht wegen unangemessener Benachteiligung unwirksam ist (§ 307 BGB). § 309 Nr. 10 BGB sieht dies nur für Kauf-, Darlehens-, Dienst- und Werkverträge vor und findet im Verkehr mit Unternehmern jedenfalls nicht unmittelbar Anwendung (§ 310 Abs. 1 BGB). Hier ist darauf abzustellen, ob der Wechsel des Vertragspartners die berechtigten Interessen des anderen Teils beeinträchtigt.[3058] Dies darf jedenfalls für Nutzungsverträge beim Wechsel von einer insolventen auf eine solvente Zweckgesellschaft bezweifelt werden. Vorsichtshalber sollte der eintretende Dritte in der Klausel aber so konkret wie möglich beschrieben werden, insbesondere wenn das Eintrittsrecht nicht nur bei Insolvenz der Zweckgesellschaft ausgeübt werden darf.

### 6.2. Öffentlich Private Partnerschaften

Gängige Finanzierungsmöglichkeiten bei ÖPP-Projekten sind die Forfaitierung mit Einrede, Einwendungs- und Aufrechnungsverzichtserklärung („**Forfaitierung mit Einredeverzicht**") und die Projektfinanzierung.

---

[3055] Vgl. § 12 Fremdfinanzierung.
[3056] Vgl. § 12 Fremdfinanzierung.
[3057] Alternativ käme ein Lösungsrecht des Vertragspartners in Betracht, was jedoch dem Zweck der Eintrittsklausel zuwider liefe.
[3058] Palandt/Grüneberg, § 309 Rn. 93.

### 6.2.1. Projektfinanzierung

Auf den internationalen PPP-Märkten werden die Vorhaben zumeist im Wege der klassischen Projektfinanzierung durchgeführt.[3059] Der private Investor gründet eine Projektgesellschaft, die die komplette Projektumsetzung verantwortet.[3060] Die öffentliche Hand schließt mit der Gesellschaft Projekt- und Finanzierungsverträge ab, in denen die Leistungsverpflichtungen und Ansprüche des Auftragnehmers, das Performancemanagementsystem und die Risikoverteilung geregelt werden.[3061] Die notwendigen Mittel zur Realisierung des Vorhabens werden in Form von Eigen- und Fremdkapital aufgebracht. Da ein Rückgriff der finanzierenden Bank auf die Eigenkapitalgeber in der Regel ausgeschlossen oder jedenfalls begrenzt ist, trägt die Bank das Bonitätsrisiko der Zweckgesellschaft und damit des Projekts. Aufgrund dessen wird sie eine umfassende rechtliche, technische und wirtschaftliche Prüfung durchführen (*Due Diligence*), von der auch die öffentliche Hand profitiert.[3062] Angesichts der im Rahmen einer Projektfinanzierung anfallenden hohen Planungs-, Transaktions- und Finanzierungskosten können Effizienzvorteile nur bei entsprechender Projektgröße realisiert werden, welche bei ca. 10 bis 30 Mio. Euro liegt.[3063]

### 6.2.2. Forfaitierung mit Einredeverzicht

Bei den bisher vergebenen deutschen ÖPP-Projekten wurde zumeist das Finanzierungsmodell der Forfaitierung mit Einredeverzicht gewählt.[3064] Forfaitierung bezeichnet den regresslosen An- bzw. Verkauf von Forderungen.[3065] Bei der Forfaitierung erfolgt die Beschaffung des zur Auftragsdurchführung erforderlichen Kapitals nicht durch die Aufnahme eines Darlehens, sondern im Wege des Verkaufs der langfristigen Forderungen gegen den öffentlichen Auftraggeber (i.d.R. die Kommune) an eine finanzierende Bank. Der Verkauf erfolgt in Anlehnung an das „Mogendorfer Modell" bereits während der Bauphase[3066] oder erst nach Abschluss der Bauphase und Abnahme der Bauleistung in der Betriebsphase.[3067] Die Bank zieht die Forderungen dann im eigenen Namen ein und übernimmt das Risiko der Erfüllung. Ein Rückgriff auf den privaten Auftragnehmer bzw. die Projektgesellschaft ist nicht möglich.[3068] Der Forfaitierungsvertrag beinhaltet die Erklärung eines Einrede-, Einwendungs- und Aufrechnungsverzichts der öffentlichen Hand gegenüber der Bank. Davon wird der Bestand der Forderungen der öffentlichen Hand gegen den Privaten zwar nicht berührt. Jedoch können die Forderungen der Bank nicht entgegen gehalten werden.[3069]

---

[3059] Boll, Investitionen in PPP-Projekte, 2007, S. 85 mit weiteren Nachweisen.
[3060] Röver in: Siebel/Röver/Knütel, Rechtshandbuch Projektfinanzierung und PPP, S. 492.
[3061] Rambold in: Knop, PPP – Jahrbuch 2005, S. 49.
[3062] Neugebauer in: Knop, PPP – Jahrbuch 2008, S. 167f.
[3063] Wegner/Böing/Jürgenliemk in: Knop, PPP – Jahrbuch 2005, S. 54 setzen eine Grenze von mindestens 30 Mio. EUR an, während nach Neugebauer in: Knop, PPP – Jahrbuch 2008, S. 169 ein vollständiger Einredeverzicht bereits bei Projekten mit einem Volumen von 10 Mio. EUR vermieden werden sollte. Trestler Immobilien & Finanzierung 2008, 384 (386) plädiert für die Wahl der Projektfinanzierung ab einem Volumen von 15 Mio. EUR.
[3064] Kloppenburg in: Knop, PPP – Jahrbuch 2008, S. 9f.; Wewel/Weber in: Bürsch/Funken, Kommentar zum ÖPP-Beschleunigungsgesetz, 2007, Art. 7 Rn. 13; Wagner, BKR 2006, 271, 273; Primozic, NZI 2005, 358.
[3065] K. P. Berger in: MüKo BGB, Vorbemerkung/Vor § 488 Rn. 20.
[3066] Beim Mogendorfer Modell werden dem Bauunternehmer während der Bauphase schriftliche Abnahmebescheinigungen (Bautestate) erteilt. Darin bestätigt der öffentliche Auftraggeber, dass die Werk- und sonstigen Leistungen für einen bestimmten Abschnitt erbracht wurden und deshalb eine Teil-Werklohnforderung entstanden ist, vgl. Bunsen/Sester, ZfIR 2005, 81 (82f.).
[3067] Jonas/Paulsen in: Nicklisch, Betreibermodelle, 2007, S. 32.
[3068] Berninghaus in: Martinek/Stoffels/Wimmer-Leonhardt, Handbuch des Leasingrechts, S. 847; Kümpel, Bank- und Kapitalmarktrecht, 7.231.
[3069] Napp/Ulsamer Immobilien & Finanzierung 2006, 614f.; Gesprächsrunde PPP (Oberste Baubehörde im Bayerischen Staatsministerium des Innern und die von ihr eingerichteten PPP-Arbeits-

Hiermit können einem Kommunalkredit vergleichbare Konditionen erzielt werden, da keine Eigenkapitalunterlegung erforderlich ist. Ferner ist die Kommune bankaufsichtsrechtlich als Kreditnehmer der forfaitierenden Bank anzusehen (§ 19 Abs. 5 KWG).[3070] Das Zinsänderungsrisiko wird während der Forfaitierungslaufzeit verringert, da längerfristige Zinsbindungen mit dem Investor vereinbart werden können,[3071] woraus Planungs- und Kalkulationssicherheit resultiert. Das Finanzierungsmodell ist weitgehend standardisiert, so dass nur geringe Bürokratiekosten anfallen.[3072] Zudem bedarf es für die gesamte Laufzeit nur der einmaligen Genehmigung durch die kommunale Rechtsaufsichtsbehörde, womit es eine hohe Flexibilität aufweist. Der Investor profitiert von der Gewerbesteuerentlastung, da bei ihm keine Dauerschulden (§ 8 Nr. 1 GewStG) entstehen.[3073]

Nachteilig ist, dass die Banken aufgrund des Einredeverzichts der öffentlichen Hand in der Konzeptionsphase keine umfassende Prüfung durchführen[3074] und auch in der Betriebsphase kein kontinuierliches Controlling stattfindet,[3075] so dass der Auftraggeber insofern selbst tätig werden muss. Des Weiteren führt die kommunale Forfaitierung zur Rückverlagerung des Baumängel- und Ausfallrisikos auf die öffentliche Hand, was von dieser bei der Bewertung der Wirtschaftlichkeit des ÖPP-Projektes (§ 7 Abs. 2 BHO) zu berücksichtigen ist.[3076] Deshalb besteht für die öffentliche Hand – anders als bei der Projektfinanzierung – auch das Bedürfnis der Risikoabsicherung, z. B. durch Bürgschaften.[3077] Da die Risikoallokation und -absicherung letztlich vollständig beim öffentlichen Auftraggeber verbleibt, fallen die Effizienzvorteile bei der Forfaitierung mit Einredeverzicht deutlich geringer aus.

Ob aus diesem Grund künftig auch hierzulande auf eine im Ausland bereits praktizierte Mischform aus beiden Finanzierungsmodellen zurückgegriffen werden wird, bleibt abzuwarten.[3078] Mit Blick auf den erwarteten Investitionsanstieg in den kommenden Jahren und die zunehmende Suche nach Eigenkapitalpartnern wird die Finanzierungsform der Projektfinanzierung aber vermehrt zur Anwendung kommen.[3079] Die Chance, institutionelle Investoren für ÖPP-Projekte zu gewinnen, ist bei dieser Finanzierungsform am höchsten.

---

kreise), PPP zur Realisierung öffentlicher Baumaßnahmen in Bayern, Teil 2 Rechtliche Rahmenbedingungen und Finanzierung, 2006, S. 13: http://www.stmi.bayern.de/imperia/md/content/stmi/bauen/themen/ppp/leitfaden_teil2.pdf.

[3070] Sester/Bunsen in: Weber/Schäfer/Hausmann, Praxishandbuch PPP, 2006, S. 447; Eppinger/Käsewieter/Miksch in: Meyer-Hofmann/Riemenschneider/Weihrauch, Public Private Partnership, S. 366: aufgrund der Strukturierungskosten weicht die Forfaitierung nur gering von den Konditionen eines Kommunalkredits ab; Kroll in: Kroll, Leasing-Handbuch für die öffentliche Hand, S. 61; Patt/Eilbacher/Effenberger Immobilien & Finanzierung 2008, 390.
[3071] Reuter, BB 2003, 18 Fn. 3.
[3072] Sommer, Immobilien & Finanzierung 2007, 800 (801).
[3073] Reuter, BB 2003, 18 (24).
[3074] Rambold in: Knop, PPP – Jahrbuch 2005, S. 50.
[3075] Wegner/Makowka/Hedrich in: Knop, PPP – Jahrbuch 2006, S. 91.
[3076] Vgl. Gutachten „PPP im öffentlichen Hochbau", 2003, Band III Kap. 3.4 http://www.bauindustrie-bayern.de/fileadmin/docs_pub/akppp/pdf/Band_I_Leitfaden.pdf; zu den Möglichkeiten und Grenzen maastrichtkonformer Finanzierungen mittels Forfaitierung mit Einredeverzicht vor dem Hintergrund der Eurostat-Entscheidung vom 11. Februar 2004 vgl. Kleinlein in: Knop, PPP – Jahrbuch 2006, S. 27f.
[3077] Wegner/Makowka/Hedrich in: Knop, PPP – Jahrbuch 2006, S. 91.
[3078] Zur Alternative des teilweisen Einredeverzichts vgl. Neugebauer in: Knop, PPP – Jahrbuch 2008, S. 168.
[3079] Diese Einschätzung teilen auch Iding Immobilien & Finanzierung 2008, 388 (389); Boll, Investitionen in PPP-Projekte, 2007, S. 195f.; vgl. auch Hauptverband der Deutschen Bauindustrie, Mobilisierung von Eigenkapital für PPP-Projekte, http://www.ppp-plattform.de/file.php?article=1462&file=Beitrag_Public+Infrastructure.pdf.

# § 27 Biotechnology Investments

| Übersicht | Seite |
|---|---|
| 1. Einleitung | 759 |
| 1.1. Bedeutung von Biopharmazeutika im Gesamtpharmamarkt | 759 |
| 1.2. Bedeutung von Investitionen in Biotechnologieunternehmen aus Sicht der Beteiligten | 760 |
| 2. Geheimhaltungsvereinbarung | 761 |
| 3. Term Sheet – Unverbindliche Absichtserklärung oder Vorvertrag? | 762 |
| 3.1. Üblicher Inhalt des Term Sheet | 762 |
| 3.2. Verbindliche Klauseln im „unverbindlichen" Term Sheet | 763 |
| 3.3. Verhandlungs-/Abschlussexklusivität | 763 |
| 3.4. Sorgfaltspflicht des Investors | 763 |
| 3.5. Regelungen zugunsten der Zielgesellschaft | 764 |
| 4. Besonderheiten bei der Due Diligence vor dem Erwerb einer Beteiligung an einem Biotechnologieunternehmen | 764 |
| 4.1. Was unterscheidet die Due Diligence im Bereich der Biotechnologie von anderen Bereichen? | 764 |
| 4.2. Due Diligence bei Beteiligungen an Biotechnologieunternehmen | 764 |
| 4.2.1. Standardklauseln | 765 |
| 4.2.2. Bestimmung von Umfang und Wert des Intellectual Property anhand von Vertragsklauseln | 766 |
| 4.2.3. Besondere „Gefahrenquellen" in Lizenz- und Kooperationsverträgen | 767 |
| 5. Beteiligungsvertrag | 771 |
| 5.1. Pre-Money-Bewertung | 771 |
| 5.2. Meilensteinzahlung | 772 |
| 5.3. Verwässerungsschutz | 772 |
| 5.4. Liquidationspräferenz | 772 |
| 6. Exit | 773 |
| 6.1. Exitvarianten | 773 |
| 6.2. Vor allem: Trade Sale | 773 |
| 6.3. Auslizenzierung als Alternativlösung | 773 |
| 6.4. Strukturierte Übernahme durch ein Pharmaunternehmen | 774 |
| 7. Fazit | 775 |

## 1. Einleitung

### 1.1. Bedeutung von Biopharmazeutika im Gesamtpharmamarkt

Im Jahr 2007 wurde in Deutschland mit Biopharmazeutika ein Umsatz von knapp über 4 Milliarden Euro erwirtschaftet, was gegenüber dem Jahr 2006 eine Steigerung von 28 % darstellt.[3080] Der Anteil von Biopharmazeutika am Gesamtpharmamarkt in Deutschland betrug im Jahr 2007 15 %. Die Wachstumsraten von Biopharmazeutika liegen dabei deutlich über dem Wachstum des Gesamtpharmamarktes, der insgesamt im Jahr 2007 um nur 5,5 % angewachsen ist. In einzelnen Indikationsgebieten erreichen gentechnisch hergestellte Medikamente bereits deutlich höhere Umsatzanteile, z. B. in der Immunologie mit 51 % des Umsatzes, in der Behandlung von Infektionskrankheiten mit 32 % oder bei der Therapie von Krebserkrankungen mit 25 %. Die hohen Anteile der Biopharmazeutika in diesen Indikationsgebieten spiegeln den Bedarf an innovativen Therapeutika wider, da in diesen Indika-

---

[3080] Die Daten zur Situation der pharmazeutischen Biotechnologie in Deutschland sind entnommen aus: „Report Medizinische Biotechnologie in Deutschland 2008", abrufbar über die Internetseiten des Verband forschender Arzneimittelhersteller unter www.vfa.de/vfa-bio-de/vb-branche/bcg-studie-medizinische-biotechnologie-2008.html.

tionsgebieten bisher keine oder nur unzureichende „konventionelle" Therapiemöglichkeiten vorhanden sind. Diesem Bedarf begegnen gentechnisch hergestellte Medikamente.

Die hohe Relevanz von Biopharmazeutika wird auch am Anteil der Biopharmazeutika bei den Neuzulassungen im Jahr 2007 deutlich. Von 40 im Jahr 2007 in Deutschland neu zugelassenen Medikamenten mit neuen Wirkstoffen waren ein Viertel – nämlich genau 10 – Biopharmazeutika. Damit bestätigt sich ein Trend der letzten Jahre, in denen Biopharmazeutika im Schnitt 20 bis 30% aller Neuzulassungen stellten. Da zudem Biopharmazeutika einen hohen Anteil der in der Produktpipeline befindlichen Entwicklungskandidaten bei in der medizinischen Biotechnologie tätigen Unternehmen ausmachen, ist zu erwarten, dass dieser Anteil in Zukunft mindestens gleich bleiben wird. Insgesamt waren im Jahr 2007 in Deutschland 177 Biopharmazeutika zugelassen, die unterschiedlichsten Gruppen wie Hormonen (Insuline, Epoetine usw.), Enzymen oder Impfstoffen gegen Infektionskrankheiten angehören.

Ein Blick auf die Produktpipeline der in der medizinischen Biotechnologie tätigen Unternehmen macht deutlich, dass die Anzahl und Vielfalt der Biopharmazeutika künftig noch weiter zunehmen wird. Die Zahl der Entwicklungskandidaten in der klinischen Entwicklung ist im Jahr 2007 um weitere 10% gestiegen, nachdem das Wachstum im Jahr 2006 sogar 25% betragen hatte. Dabei ist mit 46% (von 63 auf 92) der stärkste Anstieg bei Entwicklungskandidaten zu verzeichnen, die sich in Phase III der klinischen Entwicklung oder bereits im Zulassungsverfahren befinden. Daraus ergibt sich, dass die Produktpipelines reifer geworden sind und das Risiko von Fehlschlägen, die sich häufig bereits in früheren Phasen der klinischen oder präklinischen Entwicklung abzeichnen, damit gesunken ist. Die Anzahl präklinischer Projekte ist mit einem Zuwachs von 60% im Jahr 2007 ebenfalls stark angestiegen, die Zahl der Phase-I-Kandidaten stieg leicht um 7%, während sich die Zahl der Phase-II-Kandidaten um 4% verringert hat. Insgesamt ergibt sich aus diesen Zahlen, insbesondere auch aus dem starken Anstieg der präklinischen Projekte, dass die Produktpipeline auch zukünftig Nachschub an Biopharmazeutika liefern wird.

## 1.2. Bedeutung von Investitionen in Biotechnologieunternehmen aus Sicht der Beteiligten

Die Bedeutung eines Investments in ein Biotechnologieunternehmen und die Motivation für ein solches Investment sind aus Sicht des Biotechnologieunternehmens bzw. dessen Gesellschaftern anders zu beurteilen als aus Sicht des potentiellen Investors. Aber auch die Art des potentiellen Investors führt zu einer differenzierten Betrachtung der Motive und Ziele, die er mit einem Investment in ein Biotechnologieunternehmen verfolgt.

Aus Sicht des Biotechnologieunternehmens und dessen Altgesellschaftern steht bei der Suche nach einem Investor die Finanzierung des Unternehmens und damit der Finanzierung der weiteren Entwicklung eines Biopharmazeutika bzw. einer biotechnologischen Technologie im Vordergrund. In dieser Situation können nun im Wesentlichen zwei Arten von Investoren zu einer Beteiligung an dem Biotechnologieunternehmen interessiert sein. Zum einen können Venture Capital-Investoren an einer Beteiligung interessiert sein, mit dem Ziel, mit dem von ihnen eingesetzten Risikokapital eine hohe Rendite zu erwirtschaften. Zum anderen kann ein strategischer Investor, der aus einer branchenverwandten Industrie kommt (z. B. ein pharmazeutisches Großunternehmen), an einer Beteiligung interessiert sein, um die langfristige und solide Entwicklung der Produkte und Technologien des Biotechnologieunternehmens sicherzustellen.

Als strategische Investoren kommen vor allem große Pharmaunternehmen in Betracht, die damit konfrontiert sind, dass ihre eigenen, am Markt eingeführten und erfolgreichen Produkte wegen ablaufender Patente auf erhöhten Wettbewerb durch Generika stoßen, die nach Ablauf des Patentschutzes auf den Markt drängen. Dies führt regelmäßig zu massivem Preisdruck und entsprechenden Umsatzeinbrüchen bei den Originalpräparaten. Nach dem vorläufigen Ergebnis einer Sektoruntersuchung des europäischen Pharmamarktes durch die

Europäische Kommission führt der Verlust der Exklusivität durch Ablauf von Patenten zu einer Preisreduktion von durchschnittlich 20% im ersten Jahr und von durchschnittlich 40% im zweiten Jahr nach Verlust der Exklusivität, während der Marktanteil der Generika im ersten Jahr durchschnittlich 30% und nach zwei Jahren durchschnittlich 45% beträgt.[3081]

Neben diesem Druck durch Generika sehen sich die großen Pharmaunternehmen auch damit konfrontiert, dass der Nachschub an neuen Produkten aus der eigenen Produktpipeline nicht ausreicht, um damit Umsatzeinbußen durch den Verlust von Marktanteilen an Generikahersteller ausgleichen zu könnten. Bei vielen großen Pharmaunternehmen sind insbesondere neue Produkte, die sich bereits in Phase III der klinischen Entwicklung oder sogar schon im Zulassungsverfahren befinden, Mangelware. Da die Entwicklung neuer Produkte, die sich noch in den klinischen Phasen I und II oder sogar der präklinischen Entwicklung befinden, mehrere Jahre in Anspruch nimmt, besteht für große Pharmaunternehmen ein starker Anreiz, sich Entwicklungskandidaten von Biotechnologieunternehmen zu sichern, um diese dann später selbst vermarkten zu können.

Dabei wird sich auch ein strategischer Investor nicht auf eine reine Beobachterrolle in der Zielgesellschaft beschränken, sondern wird Einfluss auf Entscheidungen der Zielgesellschaft nehmen wollen, um sicherzustellen, dass sein eigenes Geschäft von der Liaison mit dem Biotechnologieunternehmen profitiert. Der Fokus des strategischen Investors liegt auf dem Zugang zu den Produkten und Technologien des Biotechnologieunternehmens, in deren Entwicklung er eingebunden werden will. Er strebt daher meist nicht nur eine gesellschaftsrechtliche Beteiligung an der Zielgesellschaft, sondern auch eine Forschungs- und Entwicklungskooperation an, von der beide Seiten, das Biotechnologieunternehmen und das große Pharmaunternehmen, profitieren.

Demgegenüber ist ein Venture Capital-Investor seinen Geldgebern gegenüber für die Erwirtschaftung einer möglichst hohen Rendite verantwortlich und hat regelmäßig keine langfristigen Interessen an der Beteiligung an der Zielgesellschaft, die über das Erwirtschaften dieser Rendite hinausgehen. Daraus ergibt sich auch, dass für Venture Capital-Investoren potentielle Exit-Strategien eine wichtigere Rolle spielen als für strategische Investoren.

In der Praxis fordern Venture Capital-Investoren daher meist die Aufnahme umfangreicher Kontroll- und Vorzugsrechte in den Beteiligungsvertrag. Solche Kontroll- und Vorzugsrechte umfassen z. B. Regelungen zum Schutz vor einer Verwässerung der Anteile oder für die mögliche Liquidation bzw. Veräußerung der Zielgesellschaft. Ein strategischer Investor wird auf diese Regelungen zwar nicht völlig verzichten, aber sein Verhandlungsspielraum ist – bedingt durch sein langfristiges Interesse an der Zielgesellschaft – größer, so dass die Altgesellschafter durchaus die genaue Ausgestaltung der Regelungen zu Verwässerungsschutz, Liquidations-/Veräußerungsvorzug, Verfügungsbeschränkungen usw. verhandeln können.

Umgekehrt wird ein strategischer Investor, anders als ein Venture Capital-Investor, vor einer Beteiligung an einem Biotechnologieunternehmen sehr darauf achten, dass die Zielgesellschaft nicht bereits in Kooperationen mit Wettbewerbern des großen Pharmaunternehmens als strategischem Investor zusammen arbeitet, da sonst aus Sicht des strategischen Investors die Gefahr besteht, dass seine Wettbewerber von der Entwicklung der Produkte und Technologien der Zielgesellschaft profitieren, die er durch seine Beteiligung (mit-)finanziert hat.

## 2. Geheimhaltungsvereinbarung

Bereits die Aufnahme von (Vor-)Gesprächen mit potentiellen Investoren sollte im Interesse aller Beteiligten mit dem Abschluss einer Geheimhaltungsvereinbarung verbunden sein.

---

[3081] Europäische Kommission: "Final Report on the Pharmaceutical Sector Inquiry", abrufbar unter http://ec.europa.eu/comm/competition/sectors/pharmaceuticals/inquiry/index.html

Dies ist in der Praxis auch nahezu selbstverständlich, allerdings fristet die Gestaltung der Geheimhaltungsvereinbarung häufig ein Schattendasein. Dabei ist die richtige Gestaltung gerade für Biotechnologieunternehmen von großer Bedeutung.

Unternehmensgegenstand von Biotechnologieunternehmen ist zumeist die Entwicklung neuer Technologien, auf deren Basis dann neue Biopharmazeutika zur Zulassung gebracht und vermarktet werden sollen. Ein öffentliches Bekanntwerden der Technologie vor ihrer Patentierung ist neuheitsschädlich und verhindert die Patentierung, und damit den angestrebten Patentschutz. Eine Rettung ist dann nur noch über den Missbrauchstatbestand in § 3 Abs. 4 Nr. 1 PatG möglich, nach dem die offensichtlich missbräuchliche Offenbarung einer Erfindung nicht neuheitsschädlich ist. Da der Missbrauchstatbestand jedoch die Verletzung einer gesetzlichen oder vertraglichen Pflicht durch den Offenbarenden voraussetzt, ist § 3 Abs. 4 Nr. 1 PatG nur anwendbar, wenn eine Geheimhaltungsvereinbarung besteht.

Um sich vor dem Verlust der Chance auf Patentschutz zu schützen, sollte die Zielgesellschaft daher vor Beginn der Verhandlungen Geheimhaltungsvereinbarungen mit dem Investor und dessen Beratern abschließen. Um zu einem späteren Zeitpunkt nachweisen zu können, welchen Personen eine Geheimhaltungspflicht obliegt, sollte auch eine Liste derjenigen Beteiligten (Mitarbeiter, Berater usw.) angelegt werden, die in den Bereich der Geheimhaltungsvereinbarungen fallen und denen geheimhaltungsbedürftige Informationen zugänglich gemacht werden.

Neben schutzrechtsfähigen Erfindungen können im Rahmen von Verhandlungen mit potentiellen Investoren auch allgemeine Betriebsgeheimnisse der Zielgesellschaft offenbart werden. Die Zielgesellschaft ist dann daran interessiert, dass diese Betriebsgeheimnisse nicht von potentiellen Investoren selbst genutzt werden, jedenfalls dann nicht, wenn der „Deal" mit der Zielgesellschaft nicht zustande kommt. Ein Unterlassungsanspruch bzw. ein Anspruch auf Schadensersatz kommt nach den relevanten Vorschriften des BGB und des UWG nur dann in Betracht, wenn der Dritte sich die Betriebsgeheimnisse unbefugt verschafft oder verwendet hat. Hat der Dritte hingegen in zulässiger Weise Kenntnis von den Betriebsgeheimnissen erlangt und unterliegt er keiner vertraglichen oder vertragsähnlichen Treuepflicht, handelt er nicht unbefugt und darf die Betriebsgeheimnisse nutzen. Hieraus ergibt sich, dass es für die Zielgesellschaft wesentlich ist, Geheimhaltungsvereinbarungen abzuschließen, um dadurch die „Unbefugtheit" des Dritten bei einer Nutzung der Betriebsgeheimnisse zu begründen.

### 3. Term Sheet – Unverbindliche Absichtserklärung oder Vorvertrag?

Abgesehen von – hoffentlich (!) durch eine gut ausformulierte Geheimhaltungsvereinbarung unterlegten – ersten Sondierungsgesprächen ist der nächste rechtlich relevante, dokumentierte Schritt eines Investors sowie der anderen Beteiligten, d. h. das meist als Kapitalgesellschaft organisierte Unternehmen und seiner Gesellschafter, in Richtung Beteiligung ein „Term Sheet".

### 3.1. Üblicher Inhalt des Term Sheet

Darin werden, in von Fall zu Fall unterschiedlicher Ausführlichkeit, die wichtigen Eckpunkte für die Beteiligung und der Weg dorthin zusammengefasst. Festgelegt wird ein Zeit- und Ablaufplan für die durchzuführende Due Diligence, die weiteren Verhandlungen, sowie der rechtliche Rahmen des Beteiligungserwerbs. Das Investment selbst, d. h. der Erwerb der Anteile an der Zielgesellschaft, erfolgt meist in Form einer Kapitalerhöhung, bei der der Investor gegen die Ausgabe der neuen Anteile eine entsprechende Einlage bzw. sonstige Zahlungen zu leisten hat. Auch deren rechtliche und zeitliche Ausgestaltung ist in der Regel im Term Sheet festgehalten, wo es Bestimmungen darüber gibt, inwieweit die Zahlung als Einlage auf das „Stammkapital" (GmbH) bzw. „Grundkapital" (Aktiengesellschaft) oder als Agio oder als „sonstige Zuzahlung" zu leisten ist. Meist wird auch nicht der gesamte für die neuen Anteile zu zahlende Betrag sofort fällig, sondern ist jeweils anteilig erst dann der Gesellschaft zur Verfügung zu stellen, wenn diese ihre Projekte vorangebracht und bestimmte Entwicklungserfolge („Meilensteine") erreicht hat.

Zentrales Thema des Term Sheet ist natürlich auch die Bewertung des Unternehmens vor der neuen Kapitaleinzahlung, die über den prozentualen Anteil entscheidet, den der Investor erwirbt und um den die Anteile der Altgesellschafter entsprechend „verwässert" werden. Dabei sind die Gesellschaftsanteile, die der Investor bei der Kapitalerhöhung erwirbt, meist mit Vorzugsrechten für den Fall einer Liquidation des Unternehmens oder auch einer Veräußerung seiner Vermögensgegenstände („Liquidationspräferenz") und einer Absicherung gegen die Anteilsdilutierung durch künftige Kapitalerhöhungen („Verwässerungsschutz") ausgestaltet. Neben weiteren Vorabfestlegungen für die später verbindlich zu vereinbarende Beteiligung (z. B. Garantien der Altgesellschafter) gibt es schließlich eine Geheimhaltungsklausel, die alle Beteiligten zur vertraulichen Behandlung von Informationen, insbesondere betriebsgeheimen Know-hows, verpflichtet.

### 3.2. Verbindliche Klauseln im „unverbindlichen" Term Sheet

Theoretisch ist sowohl eine Festlegung möglich, nach der die im Term Sheet enthaltenen Regelungen bereits verbindlich werden, womit die Parteien verpflichtet sind, unter Einschluss der Term Sheet-Bestimmungen den späteren Beteiligungsvertrag auch tatsächlich abzuschließen. Das Term Sheet hat dann den Charakter eines rechtsverbindlichen Vorvertrages. Meist ist jedoch – mit wenigen Ausnahmen einzelner Klauseln – im Gegenteil die Unverbindlichkeit des Term Sheet vorgesehen. Insbesondere der am „längeren Hebel" sitzende Investor vermeidet es gerne, sich in diesem frühen Stadium bereits bindend festzulegen. Rechtsverbindlichen Charakter erhalten dann nur wenige Bestimmungen wie z. B. die gegenseitige Geheimhaltungsverpflichtung.

### 3.3. Verhandlungs-/Abschlussexklusivität

Probleme bereitet dem Unternehmen oft der Wunsch des prospektiven Investors, ihm – auch dies rechtsverbindlich – für einen bestimmten Zeitraum Exklusivität für die Verhandlungen zuzusichern, d. h. während dieser Zeit nicht mit Dritten parallel zu verhandeln bzw. sogar mit ihnen abzuschließen. Aus Sicht des Investors ist dieses Ansinnen zunächst durchaus nachvollziehbar, verursachen die anstehende Due Diligence sowie die darauf folgenden Verhandlungen doch erhebliche Kosten. Dabei möchte sich der Investor verständlicherweise dagegen absichern, von den übrigen Beteiligten im Rahmen eines „Bieterwettbewerbs" aus dem Rennen geworfen zu werden, nachdem der vorgenannte Aufwand (inklusive Kosten) zumindest teilweise schon angefallen ist. Im Übrigen geht es natürlich auch schlicht um die Durchsetzung einer günstigen Verhandlungsposition.

Andererseits ist die Zusicherung von Exklusivität für das Unternehmen sowie seine bisherigen Anteilseigner umso problematischer, je dringlicher das Unternehmen auf die Zuführung frischer Liquidität angewiesen ist. Reichen etwa die liquiden Mittel ab Unterschrift des Term Sheet (und damit ab Geltungsbeginn der Exklusivitätsverpflichtung) noch sechs Wochen, begibt sich das Unternehmen damit rein faktisch in die Hand des prospektiven Investors, der sich selbst aber meist alles offen hält: Springt der Investor ab, muss das Unternehmen Insolvenz anmelden, wenn nicht ganz kurzfristig doch noch flüssige Mittel von dritter Seite beschafft werden können.

### 3.4. Sorgfaltspflicht des Investors

Damit hat der Investor zumindest moralisch und – je nach Gestaltung bzw. Ausformulierung des Term Sheet – auch rechtlich eine gesteigerte Sorgfaltspflicht. Das Term Sheet ist nämlich bezüglich der Beschreibung der gegenseitigen Rechte und Pflichten nicht unbedingt abschließend. Im Rahmen des „vorvertraglichen Rechtsverhältnisses" ist der prospektive Investor verpflichtet, seine Verhandlungspartner nicht unnötig zu schädigen, indem er zum Beispiel die Verhandlungen grundlos oder leichtfertig beendet und damit letztlich das Unternehmen in die Insolvenz treibt. Dies wäre etwa dann der Fall, wenn der prospektive Investor zunächst auf verbindlicher Zusicherung von Exklusivität sowie darauf besteht, dass die Kontakte zu anderen Beteiligungsinteressenten abgebrochen werden, und sich danach selbst unter Berufung auf bereits von Anfang an bekannte Aspekte von dem Projekt zurückzieht. In solchen Fällen kann der sich zurückziehende Investor möglicherweise den Altgesellschaftern der dann insolvent werdenden Gesellschaft zum Schadensersatz verpflichtet sein. Zuzugeben ist dabei allerdings, dass die betreffenden schadensverursachenden Umstände und auch der Umfang des entstandenen Schadens aus Sicht der Geschädigten meist schwer nachzuweisen sein werden, weil es hierüber kaum Schriftwechsel und ähnliche Dokumentation gibt; gegebenenfalls ist eine solche Dokumentation auch lediglich informell, nicht rechtlich ausformuliert und daher interpretationsfähig.

### 3.5. Regelungen zugunsten der Zielgesellschaft

Im Vorhinein bleibt der Zielgesellschaft und ihren (Alt-)Gesellschaftern nur, zu versuchen, dem prospektiven Investor entweder keine Exklusivität zuzusichern, oder doch für die Einräumung der Exklusivität einen Ausgleich z.B. in der Weise durchzusetzen, dass der prospektive Investor zumindest im Fall eines Rückzuges aufgrund bei ihm (und nicht dem Unternehmen) liegenden Ursachen eine pauschale Break-Up Fee zahlt. Damit kann sich das Unternehmen die nötige Luft für eine erfolgversprechende Wiederaufnahme der Suche nach alternativen Investoren verschaffen.

## 4. Besonderheiten bei der Due Diligence vor dem Erwerb einer Beteiligung an einem Biotechnologieunternehmen

### 4.1. Was unterscheidet die Due Diligence im Bereich der Biotechnologie von anderen Bereichen?

Bei Beteiligungen und Investments im Bereich der Biotechnologie stellt das Geistige Eigentum (Intellectual Property) der Zielgesellschaft deren „Kronjuwelen" dar. Das Intellectual Property ist der Kern der Transaktion, in dessen Entwicklung die Zielgesellschaft oft hohe Millionenbeträge gesteckt hat. Aus diesem Intellectual Property sollen durch Weiterentwicklung vermarktungsfähige Produkte entwickelt werden, die den Wert der Zielgesellschaft und damit auch den Wert der Beteiligung des Investors steigern.

Deshalb sind die Rechtsverhältnisse des Intellectual Property im Rahmen der Due Diligence besonders intensiv zu durchleuchten. Gleichzeitig sind die Immaterialgüterrechte, die das Intellectual Property ausmachen, nicht körperlich greifbar, sondern bestehen aus mitunter hochkomplexen und – auf den ersten Blick – mitunter diffus erscheinenden Rechtspositionen. Diese leiten sich oft über eine umfangreiche Kette vertraglicher Vereinbarungen von einem ursprünglichen Erfinder (z.B. Universitätsprofessor) über diverse weitere Inhaber als Zwischenstationen ab, bevor sie schließlich – meist in veränderter Form – bei der Zielgesellschaft gelandet sind.

Dabei sind die Verträge, aus denen sich die Berechtigung der Zielgesellschaft zur Nutzung des Intellectual Property ergibt, nicht immer reine Lizenzverträge und mitunter auch nicht unmittelbar als solche zu erkennen. Vielmehr finden sich Lizenzen in einer Vielzahl von Verträgen, die eine Zusammenarbeit auf dem Gebiet der Forschung und Entwicklung zum Gegenstand haben (z.B. Kooperationsverträge oder Research Agreements).

### 4.2. Due Diligence bei Beteiligungen an Biotechnologieunternehmen

Beteiligungen an Unternehmen sind vielfach mit letztlich nicht vollständig abschätzbaren Risiken verbunden. Daher ist die sorgfältige Ermittlung der für das Investment maßgeblichen Entscheidungsgrundlage wesentlich für den Erfolg des Investments. Um Klarheit über Inhalt, Umfang und Wert der Beteiligung an der Zielgesellschaft zu erhalten, wird in der Praxis daher regelmäßig eine Due Diligence (sorgfältige Unternehmensprüfung) durchgeführt, mit dem Ziel, die rechtlichen und wirtschaftlichen Gegebenheiten sowie Chancen und Risiken zu analysieren.

Die Due Diligence zur Prüfung einer Beteiligung an einem Biotechnologieunternehmen unterscheidet sich grundsätzlich nicht von der Due Diligence beim Erwerb einer Beteiligung an einem „normalen" Unternehmen. Aufgrund der oben dargestellten Besonderheit, dass sich bei Biotechnologieunternehmen der Wert der Zielgesellschaft und damit auch der Wert der Beteiligung aus dem bei der Zielgesellschaft vorhandenen Intellectual Property ergibt, und die Rechte an diesem geistigen Eigentum häufig über Vertragsketten an die Zielgesellschaft übertragen wurden, muss sich die Due Diligence bei einer Beteiligung an einem Biotechnologieunternehmen auf die Prüfung des Intellectual Property und den diesem zugrunde liegenden Verträgen fokussieren.

Bei dieser Vertragsprüfung ist auf bestimmte „Standardklauseln" (dazu unten Abschnitt 4.2.1.), Klauseln zur Bestimmung des Umfangs und Werts des Intellectual Property (dazu unten Abschnitt 4.2.2.) sowie auf versteckte Gefahrenquellen in den dem Intellectual Property zugrunde liegenden Verträgen (dazu unten Abschnitt 4.2.3.) besonders zu achten.

### 4.2.1. Standardklauseln

#### 4.2.1.1. Change of Control-Klauseln

Lizenz- und Kooperationsverträge können so genannte „Change of Control-Klauseln" enthalten, die den Vertragspartner der Zielgesellschaft berechtigen, eine Anpassung des Vertrags zu verlangen oder diesen sogar zu kündigen, wenn die Inhaberschaft an der Zielgesellschaft wechselt.

Stößt der Investor im Rahmen der Due Diligence auf solche Klauseln, so hat er zunächst zu prüfen, ob seine geplante Beteiligung ihrer Höhe nach das Anpassungs- oder Kündigungsrecht des Vertragspartners überhaupt auslöst. Sollte die Beteiligung des Investors zu einem Inhaberwechsel bei der Zielgesellschaft führen und damit das Anpassungs- oder Kündigungsrecht des Vertragspartners auslösen, ist es empfehlenswert, noch vor Abschluss des Beteiligungsvertrags die Erklärung des Vertragspartners einzuholen, ob und in welcher Weise er seine Rechte ausüben möchte.

Gleiches gilt auch dann, wenn die Beteiligung zwar nicht sofort zu einem Inhaberwechsel führt, aber der Investor sich im Rahmen des Beteiligungsvertrags bereits Optionen auf Erwerb weiterer Anteile an der Zielgesellschaft einräumen lässt, oder eine Aufstockung der Beteiligung des Investors automatisch beim Erreichen bestimmter Meilensteine durch die Zielgesellschaft erfolgen soll, und die Aufstockung der Beteiligung zu einem Inhaberwechsel bei der Zielgesellschaft führt. Auch in diesen Fällen ist es für den Investor sinnvoll, sich frühzeitig Klarheit über das Verhalten des Dritten zu verschaffen.

#### 4.2.1.2. Wettbewerbsverbote, die das Geschäft der Zielgesellschaft beschränken

Im Rahmen der Due Diligence sollten insbesondere strategische Investoren prüfen, ob bestehende Verträge der Zielgesellschaft mit Dritten Wettbewerbsverbote enthalten, die der Zielgesellschaft untersagen, in bestimmten Bereichen tätig zu werden. Im Bereich der pharmazeutischen Biotechnologie betreffen solche Wettbewerbsverbote häufig bestimmte Indikationen und werden meist deshalb vereinbart, weil der jeweilige Vertragspartner der Zielgesellschaft selbst die an die Zielgesellschaft lizenzierte Technologie für Entwicklungen in diesen Indikationsbereichen nutzen will.

Diese Wettbewerbsverbote sind insbesondere für einen strategischen Investor dann nachteilig, wenn nach seinen Vorstellungen die Zielgesellschaft zukünftig gerade in den vom Wettbewerbsverbot erfassten Bereichen tätig werden soll, etwa weil er eigene Entwicklungen in diesem Bereich in die Zielgesellschaft auslagern möchte.

### 4.2.1.3. Kündigungsklauseln

Die von der Zielgesellschaft abgeschlossenen Lizenz- und Kooperationsverträge können auch Kündigungsklauseln enthalten, die den Lizenzgeber bzw. Kooperationspartner zur Kündigung des Vertrags beim Vorliegen bestimmter Voraussetzungen berechtigen.

Im Bereich der pharmazeutischen Biotechnologie spielen für Investoren besonders Kündigungsklauseln eine Rolle, die den Vertragspartner der Zielgesellschaft zur Kündigung des Vertrags mit der Zielgesellschaft berechtigen, wenn die Zielgesellschaft bestimmte Meilensteine bei der Entwicklung von Produkten oder Technologien nicht erreicht. In der Praxis kommt es dabei vor, dass diese Meilensteine bereits in der Vergangenheit nicht zeitgerecht von der Zielgesellschaft erreicht wurden, der Vertragspartner aber bisher dies nicht zum Anlass für eine Kündigung genommen hat, sondern – aufgrund des Vertrauensverhältnisses zur Zielgesellschaft – diese Zeitverzögerung ignoriert hat. Erwirbt nun ein Investor eine Beteiligung an der Zielgesellschaft und ist der Dritte an einer (mittelbaren) Zusammenarbeit mit dem Investor nicht interessiert, kann er versucht sein, auf bereits bestehende Kündigungstatbestände zurückzugreifen, um dem Investor den Zugriff auf die lizenzierte Technologie zu entziehen.

Sollte dem Investor daher im Rahmen der Due Diligence auffallen, dass der Vertragspartner der Zielgesellschaft möglicherweise zur Kündigung berechtigt ist, empfiehlt es sich, eine Erklärung vom Dritten zu verlangen, dass er sein Kündigungsrecht auf Grund ihm bereits bekannter Sachverhalte nicht ausüben wird.

### 4.2.1.4. Mindestlizenzgebühren; Mindestabnahmeverpflichtungen

Soweit die Zielgesellschaft im Rahmen von Lizenz- oder Kooperationsverträgen zur Zahlung von Lizenzgebühren verpflichtet ist, ist ein besonderes Augenmerk im Rahmen der Due Diligence darauf zu richten, ob – neben umsatzabhängigen Lizenzgebühren – auch Mindestlizenzgebühren bzw. Mindestabnahmeverpflichtungen (so genannte „Take or pay-Klauseln") vereinbart sind.

Die Mindestlizenzgebühren und Take or pay-Klauseln stellen sicher, dass der Lizenzgeber unabhängig vom Umsatz des Lizenznehmers eine Mindestentschädigung für das Zurverfügungstellen seines geistigen Eigentums erhält. Gleichzeitig übernimmt damit der Lizenznehmer das Risiko, ob ein bestimmter Mindestumsatz überhaupt erzielt wird. Dementsprechend stellen solche Klauseln ein Risiko für die Zielgesellschaft als Lizenznehmer und damit auch für den Investor und den Wert seiner Beteiligung dar.

Im umgekehrten Fall, wenn die Zielgesellschaft selbst Lizenzgeber ist und mit seinen Lizenznehmern eine solche Mindestentschädigung vereinbart hat, stellen diese Klauseln eine Garantie für bestimmte Lizenzgebühren dar.

### 4.2.2. Bestimmung von Umfang und Wert des Intellectual Property anhand von Vertragsklauseln

#### 4.2.2.1. Umfang des lizenzierten Intellectual Property

Einen Schwerpunkt bei der Due Diligence bestehender Verträge eines Biotechnologieunternehmens stellt die Untersuchung der Verträge daraufhin dar, in welchem Umfang der Lizenzgeber der Zielgesellschaft Rechte an seinem geistigen Eigentum einräumt.

Dazu ist zunächst anhand der Vertragsklauseln festzustellen, an welchen Patenten, Knowhow oder Daten die Zielgesellschaft Rechte erhalten hat. Weiterhin ist zu prüfen, wofür die Zielgesellschaft die lizenzierten Rechte nutzen darf. Im besten Fall ist die Zielgesellschaft berechtigt, die lizenzierten Rechte umfassend für die Erforschung und Entwicklung von Produkten zu nutzen, um diese dann nach eigener Entscheidung herzustellen und zu vermarkten, und sie ist auch berechtigt, diese Tätigkeiten durch Dritte vornehmen zu lassen. Bei jedem dieser Punkte sind aber Einschränkungen möglich, die im Rahmen der Due Diligence aufgedeckt werden sollten.

Der Umfang der Nutzung der lizenzierten Rechte durch die Zielgesellschaft wird zunächst dadurch bestimmt, ob die Zielgesellschaft eine exklusive oder einfache Lizenz erhalten hat. Am umfangreichsten ist naturgemäß eine Exklusivlizenz. Liegt nur eine einfache Lizenz vor, muss der Investor sich bewusst sein, dass der Lizenzgeber berechtigt ist, weitere Lizenzen, auch an Konkurrenten des Investors, zu erteilen. Zwischen einer Exklusiv- und einer einfachen Lizenz sind wiederum vielfältige Abstufungen vorstellbar, z. B. co-exklusive Lizenzen oder exklusive Lizenzen, die Ausnahmen von der Exklusivität für bestimmte Fälle vorsehen.

Eine weitere Beschränkung des Nutzungsumfangs für die Zielgesellschaft kann sich aus der Definition des Vertragsgebiets ergeben. Häufig sehen auch exklusive Lizenzverträge vor, dass der Lizenznehmer die exklusiven Nutzungsrechte nur für bestimmte Territorien, meist einzelne Länder oder Gruppen von Ländern erhält. Dann ist der Lizenznehmer nicht berechtigt, die auf Basis der lizenzierten Rechte entwickelten Produkte in Ländern außerhalb seines Territoriums zu vertreiben, da der Lizenzgeber für diese Länder meist Exklusivlizenzen an Dritte vergeben hat oder in diesen Ländern die Vermarktung selbst vornimmt.

Neben einer territorialen Beschränkung der Lizenz kann auch der sachliche Anwendungsbereich, für den die Zielgesellschaft die lizenzierten Rechte nutzen darf, eingeschränkt sein. Im Bereich der pharmazeutischen Biotechnologie kommt dabei vor allem in Betracht, dass die Zielgesellschaft die einlizenzierte Technologie oder das einlizenzierte Protein nur zur Entwicklung von Biopharmazeutika für bestimmte Indikationen nutzen darf. Solche Einschränkungen finden sich u. a. dann, wenn der Lizenzgeber die Technologie oder das Protein entweder selbst zur Entwicklung von Biopharmazeutika für andere Indikationen nutzt oder Dritten Lizenzen für eine derartige Nutzung für andere Indikationen erteilt hat bzw. erteilen will.

### 4.2.2.2. Zahlungsverpflichtungen

Neben dem Umfang der Lizenz ist bei der Due Diligence von Lizenzverträgen, die die Zielgesellschaft als Lizenznehmer mit Dritten abgeschlossen hat, auch auf die darin enthaltenen Zahlungsverpflichtungen zu achten.

Zahlungsverpflichtungen können sich bei Lizenzverträgen vielfältig ergeben. So genannte „Upfront Payments" verpflichten den Lizenznehmer zu einem bestimmten Zeitpunkt, regelmäßig bei Vertragsschluss bzw. nach Transfer der Nutzungsrechte, bestimmte Zahlungen an den Lizenzgeber zu leisten. Im weiteren Verlauf der Entwicklung werden dann häufig so genannte "Milestone Payments" fällig, also Zahlungen des Lizenznehmers, die beim Erreichen bestimmter Meilensteine fällig werden. Im Bereich der pharmazeutischen Biotechnologie stellt meist das Erreichen bestimmter klinischer Entwicklungsphasen bzw. des Zulassungsverfahrens solche Meilensteine dar.

Ist das Produkt dann entwickelt und wird von der Zielgesellschaft vermarktet, sind – meist umsatzabhängige – Lizenzgebühren fällig. Auf die Besonderheit von Mindestlizenzgebühren wurde bereits unter Abschnitt 4.2.1.4. hingewiesen.

### 4.2.2.3. Zugang zu Weiterentwicklungen, Unterlizenzen

Ein wichtiger Punkt, der ebenfalls im Rahmen der Due Diligence vom Investor geprüft werden sollte, ist, inwiefern Weiterentwicklungen der lizenzierten Technologien von der Lizenz erfasst werden. Da Lizenzverträge regelmäßig für eine (unbestimmt) lange Dauer eingegangen werden, ist es nicht auszuschließen, dass der Lizenzgeber während der Laufzeit des Lizenzvertrags die lizenzierten Technologien weiterentwickelt. Sind diese Weiterentwicklungen nicht Bestandteil der Lizenz, partizipiert die Zielgesellschaft nicht an ihnen, was den Wert der lizenzierten Technologien schmälert.

### 4.2.3. Besondere „Gefahrenquellen" in Lizenz- und Kooperationsverträgen

Neben den vorgenannten Aspekten einer Due Diligence bei Biotechnologieunternehmen, können bestehende Lizenz- und Kooperationsverträge auch besondere „Gefahrenquellen" enthalten, deren Entdeckung teilweise nicht einfach ist. Einige dieser Gefahrenquellen sind im Folgenden dargestellt.

#### 4.2.3.1. Unterbrechung der Vertragskette

Die bestehenden Verträge über das Intellectual Property der Zielgesellschaft sind im Rahmen der Due Diligence auch daraufhin genau zu prüfen, ob die Zielgesellschaft überhaupt und im erforderlichen Umfang Inhaber der Technologie ist. Besonders bei Vertragsketten, wenn sich also die Rechte der Zielgesellschaft nicht direkt vom ursprünglichen Rechteinhaber (Erfinder) ableiten, kann der Bestand und Umfang der Rechte bei jedem vertraglichen Zwischenschritt verändert worden sein.

Solche Vertragsketten bestehen etwa, wenn die der Technologie zugrunde liegende Erfindung zunächst vom Erfinder, z. B. einem Universitätsprofessor oder der Universität, an eine Verwertungsgesellschaft übertragen und von dieser dann an die Zielgesellschaft lizenziert wird. Der Bestand und Umfang der Rechte kann sich durch die einzelnen Übertragungen fundamental ändern, im Extremfall können sich die Rechte an der Technologie sogar vollständig „verflüchtigt" haben, so dass sie nicht mehr bestehen.

So kann etwa die Rechtsunwirksamkeit eines der vorgeschalteten Lizenzverträge dazu führen, dass der Lizenznehmer dieses unwirksamen Lizenzvertrags nicht Inhaber der Rechte an der Technologie wurde, und daher auch nicht über diese Rechte im Wege einer weiteren Lizenzeinräumung verfügen konnte. Alle von ihm ausgehenden weiteren Lizenzen – auch die an die Zielgesellschaft vergebene – sind daher gegenstandslos gewesen und haben, da ein gutgläubiger Erwerb von Rechten jedenfalls nach deutschem Zivilrecht nicht möglich ist, nicht dazu geführt, dass die Zielgesellschaft Rechte an der Technologie erhalten hat.

Neben der Unwirksamkeit eines Glieds der Vertragskette kann auch der Ablauf der Vertragslaufzeit bei einem der Verträge die Vertragskette unterbrechen und zum Wegfall der lizenzierten Rechte führen. Dies ist etwa der Fall, wenn einer der Lizenzverträge automatisch mit Ablauf des längstlebenden Patents endet, ohne dass für die Zeit danach eine fortdauernde Lizenz an dem mitlizenzierten Know-how gewährt wird. Dann endet mit dem Ablauf des längstlebenden Patents auch das Recht zur Nutzung des Know-how. Dies ist umso schwerwiegender, je mehr das Know-how notwendiger Bestandteil der betreffenden Technologie ist.

#### 4.2.3.2. Know-how besonders gefährdet

Bei Vertragsketten ist zudem besondere Vorsicht im Hinblick auf geheimhaltungsbedürftiges Know-how geboten. Gelangen die Rechte an der Technologie über mehrere Verträge an die Zielgesellschaft, so erhöht sich mit jedem vertraglichen Zwischenschritt die tatsächliche Anzahl der Personen, denen das geheim zu haltende Know-how zugänglich gemacht wurde. Kenntnis vom Know-how erhalten auf diese Weise insbesondere die Mitarbeiter der an den Verträgen beteiligten Parteien.

Mit der Anzahl der „Mitwisser" steigt die Gefahr, dass das Know-how oder wesentliche Teile davon, trotz größtmöglicher Sorgfalt und vertraglicher Geheimhaltungsklauseln, an die Öffentlichkeit gelangen, wodurch das Know-how seinen exklusiven Charakter einbüßt.

#### 4.2.3.3. Altverträge zu Lasten des Investors

Auch aus Verpflichtungen in „Altverträgen", d. h. Verträgen, die die Zielgesellschaft vor der anstehenden Transaktion eingegangen ist, z. B. Kooperationen mit Dritten, können sich Stolpersteine ergeben:

Im Rahmen der Due Diligence ist insoweit zu prüfen, welche Vereinbarungen über die Technologie mit Dritten bestehen und welche Verpflichtungen sich daraus für die Zielgesellschaft ergeben. Bestandteil von Kooperationsverträgen etwa ist häufig die Bildung eines „Joint Steering Committees" durch die Kooperationspartner und der Investor kann sich dadurch nach Erwerb der Beteiligung in der Lage wieder finden, dass er mit dem Kooperationspartner der Zielgesellschaft, möglicherweise einem Konkurrenten, in einem „Joint Steering Committee" zusammen arbeiten und Informationen austauschen muss.

Auch können Kooperationsverträge Regelungen enthalten, die die Durchführung bestimmter Maßnahmen von der Zustimmung des Kooperationspartners abhängig machen, z. B. die Aufnahme oder Einstellung spezieller Forschungs- und Entwicklungsaktivitäten, von Indikationen oder in bestimmten Territorien. Weiterhin kann der Kooperationspartner der Zielgesellschaft Zutritts- oder Inspektionsrechte haben, die auch ihrem Umfang nach in der Due Diligence zu prüfen sind.

**4.2.3.4. „Iceberg Provisions"**

Besonders trickreich und schwer auffindbar sind so genannte „Iceberg Provisions". Unter Iceberg Provisions sind Vertragsbestimmungen zu verstehen, die in bestehenden Verträgen der Zielgesellschaft mit Dritten (Lizenzgebern, Kooperationspartnern usw.) enthalten sind, und die bei einer Beteiligung des Investors an der Zielgesellschaft zu unvorhergesehenen und unangenehmen Verpflichtungen beim Investor führen.

**a) Wettbewerbsverbote.** Als Klassiker einer solchen „Infektion" kann das Wettbewerbsverbot in einem Altvertrag gelten, in dem die beteiligten Parteien, u. a. die Zielgesellschaft, sich verpflichtet haben, Produkte für bestimmte Indikationsbereiche nicht zu entwickeln.

Eine Gefahr für den Investor geht von solchen Wettbewerbsverboten dann aus, wenn auch „Affiliates" der Zielgesellschaft ihnen unterliegen. Da als „Affiliate" häufig definiert ist, wer z. B. zu mindestens 25 % an einer Vertragspartei beteiligt ist, unterliegt der Investor als Gesellschafter der Zielgesellschaft dem Wettbewerbsverbot aus dem Altvertrag, wenn seine Beteiligung die definierte Schwelle (z. B. 25 %) übersteigt und der Altvertrag keine Ausnahmeregelung für Erwerber der Zielgesellschaft enthält.

Die Auswirkungen des „erworbenen" Wettbewerbsverbots können gravierend sein, etwa wenn der Investor selbst oder Unternehmen, an denen er beteiligt ist, in dem vom Wettbewerbsverbot erfassten Bereich tätig sind oder tätig werden wollen. Im Rahmen der Due Diligence ist dabei zu beachten, dass Wettbewerbsverbote nicht immer auch als solche ausdrücklich gekennzeichnet sind. Häufig sind sie in den Regelungen zum Umfang der Lizenz „versteckt", z. B. wenn eine exklusive Lizenz durch ergänzende Vereinbarungen eingeschränkt wird, die einem Wettbewerbsverbot gleichkommen.

**b) Zugriff Dritter auf Intellectual Property des Investors.** Ebenfalls negative Überraschungen für den Investor können bestehende Kooperations- oder Lizenzverträge der Zielgesellschaft enthalten, in denen die Zielgesellschaft Dritten eine (exklusive) Lizenz an einer bestimmten Technologie gewährt.

Häufig anzutreffen sind etwa Klauseln, die den Umfang einer exklusiven Lizenz wie folgt bestimmen:

*„Target grants Partner and its Affiliates an exclusive license, under Target Technology to make, have made, use, sell, offer to sale, have sold, import, export, research, develop, distribute or promote Licensed Compounds (Verbindung) for use in the Field in the Territory."*

Ergänzend wird die Licensed Compound dann definiert als

*„any compound controlled by Target or its Affiliates whose primary activity is ...".*

Verfügt nun auch der Investor über ein Forschungsprogramm im Bereich des Licensed Compound, oder nimmt er zukünftig ein solches Forschungsprogramm auf, dann können alle nach dem Investment in die Zielgesellschaft gefundenen Verbindungen (compounds) unter die exklusive Lizenz an den Dritten fallen, wenn sie die Definition des Licensed Compound erfüllen. Dadurch hat der Lizenznehmer der Zielgesellschaft plötzlich auch Zugriff auf das Intellectual Property des Investors.

Im Zusammenhang mit den beiden vorstehend erörterten Klauseln wird deutlich, dass diese ihre Gefährlichkeit für den Investor im Wesentlichen aus der Einbeziehung des Investors als „Affiliate" in den Kooperations- oder Lizenzvertrag der Zielgesellschaft erhalten. Deshalb ist im Rahmen der Due Diligence nicht nur darauf zu achten, ob Altverträge der Zielgesellschaft eine ausdrückliche Einbeziehung von „Affiliates" enthalten, sondern auch ob sich die Einbeziehung von Konzerngesellschaften auch ohne explizite Nennung der „Affiliates" aus dem Altvertrag ergibt bzw. ob der Altvertrag so ausgelegt werden könnte, dass Konzerngesellschaften einbezogen werden.

**c) Fortbestand der Lizenz nach Ablauf des Lizenzvertrags.** Lizenzverträge enthalten häufig Regelungen, nach denen der Lizenzvertrag mit dem Ablauf des längstlebenden Patents endet. Enthält der Vertrag dann keine Zusatzregelung, die ein Fortbestehen der Lizenz für den Zeitraum nach dem Ablauf des längstlebenden Patents vorsieht, fallen auch das mitlizenzierte Know-how und anderes, nicht-patentabhängiges geistiges Eigentum an den Lizenzgeber zurück.

Dies kann im Bereich der Entwicklung von Arzneimitteln zu Nachteilen für die Zielgesellschaft als Lizenznehmer und damit auch für den Investor führen. Hat die Zielgesellschaft zum Beispiel Rechte zur Entwicklung und Vermarktung eines Produkts von einem Dritten einlizenziert, so erstreckt sich die Lizenz üblicherweise auch auf die Nutzung von Daten aus klinischen Studien und Prüfungen, die der Lizenzgeber bereits vor der Lizenzvergabe an die Zielgesellschaft durchgeführt hat. Die Nutzung dieser Daten ist für die Zielgesellschaft zum einen im Rahmen des Zulassungsverfahrens notwendig, zum anderen kann die Zielgesellschaft die Daten auch danach noch für regulatorische Zwecke nutzen wollen bzw. hierfür benötigen. Endet die Laufzeit des Lizenzvertrags nun mit dem Ablauf des letzten einlizenzierten Patents, dann verliert die Zielgesellschaft mit dem Ablauf der Lizenzlaufzeit auch das Recht, die Daten der bereits vom Lizenzgeber durchgeführten Studien oder Prüfungen zu nutzen, wenn der Lizenzvertrag eine entsprechende Fortdauer der Lizenz zur Nutzung der Daten nach Ablauf des längstlebenden Patents nicht vorsieht.

### 4.2.3.5. Verstoß gegen europäisches Wettbewerbsrecht?

Bei der Due Diligence von bestehenden Lizenzverträgen der Zielgesellschaft sollte auch geprüft werden, ob diese gegen Normen des europäischen Wettbewerbsrechts (Art. 81, 82 EGV) verstoßen. Praktisch alle Lizenz- und Kooperationsverträge enthalten Klauseln, die grundsätzlich gegen das Verbot wettbewerbswidriger Absprachen verstoßen. Zu diesem, gerade im EU-Recht sehr weitgefassten Verbot gibt es jedoch zahlreiche Ausnahmen. Ob und inwieweit solche Ausnahmen eingreifen, ist jedoch nicht nur im Zeitpunkt des Vertragsabschlusses zu prüfen.

Dementsprechend können Lizenzverträge der Zielgesellschaft im Zeitpunkt ihres Abschlusses, der möglicherweise schon Jahre zurückliegt, seinerzeit durchaus unter die Gruppenfreistellungsverordnung Nr. 772/2004 (GFTT) für Technologietransfer-Vereinbarungen gefallen und deshalb unproblematisch gewesen sein. Allerdings ist die Beurteilung, ob ein Lizenzvertrag gegen Normen des europäischen Wettbewerbsrechts verstößt, nicht statisch nur auf den Zeitpunkt seines Abschlusses, sondern dynamisch auch während der Vertragslaufzeit und damit zu späteren Zeitpunkten vorzunehmen. Eine wichtige Voraussetzung für eine fortdauernde Freistellung nach der GFTT ist insbesondere, dass bestimmte Marktanteilsschwellen von den am Vertrag beteiligten Unternehmen nicht überschritten werden. Das bedeutet, dass Verträge, die ursprünglich z.B. aufgrund des Unterschreitens der Marktanteilsschwellen gemäß Art. 3 GFTT trotz wettbewerbsbeschränkender Vereinbarungen nach Art. 2 GFTT freigestellt waren, zu einem späteren Zeitpunkt bei Überschreiten der Marktanteilsschwellen nicht mehr freigestellt sind und damit möglicherweise wettbewerbswidrig werden (Art. 3, 8 GFTT).

Plant ein Investor eine Beteiligung an einem Biotechnologieunternehmen, besteht das Risiko, dass der Vertragspartner der Zielgesellschaft sich auf eine – möglicherweise schon länger – bestehende Wettbewerbswidrigkeit des Lizenzvertrags beruft, um auf diese Weise aus dem Vertrag herauszukommen, wenn er nicht mit dem Investor zusammenarbeiten möchte. Dieses potentielle Problem bestand zwar auch schon in der Vergangenheit, allerdings wurde bei Verträgen von Biotechnologieunternehmen häufig eine Prüfung aus wettbewerbsrechtlicher Sicht vernachlässigt, da das Problem der Wettbewerbswidrigkeit nicht im Bewusstsein der beteiligten Parteien war. Durch die Sektoruntersuchung des Pharmamarktes durch die Europäische Kommission, die hierzu am 8. Juli 2009 ihren Final Report vorgelegt hat,[3082] wird sich dies aber zukünftig ändern. Zu rechnen ist jedenfalls damit, dass das Kartellrecht sowohl als öffentlich-rechtliches Eingriffsinstrument als auch als Argumentationsbasis in den Verhandlungen der Vertragspartner erheblich an Bedeutung gewinnt – die Vertragspartner des Biotechnologieunternehmens werden wohl verstärkt nach wettbewerbsrechtlichen „Schlupflöchern" suchen, um sich ungeliebter Verträge zu entledigen.

## 5. Beteiligungsvertrag

Nachdem das Term Sheet – wenn auch unverbindlich – im Wesentlichen bereits den rechtlichen Weg in die Beteiligung an der Zielgesellschaft, die geplanten Beteiligungsverhältnisse, die Unternehmensausrichtung und vor allem auch die Bestimmungsrechte wie Sitz und Stimme in Gremien (Vorstand/Geschäftsführung, Aufsichtsrat, Beirat) vorgezeichnet hat, setzt der Beteiligungsvertrag dieses zunächst unverbindliche Programm nunmehr rechtlich bindend um. Bei Investments in Biotechnologie-Unternehmen spielen dabei aus rechtlicher Sicht zum einen die Bewertung der Zielgesellschaft vor der Kapitalzuführung des Investors („Pre-Money-Bewertung"), die Gestaltung der Einzahlungen als projektfortschrittsabhängige Meilensteinzahlungen sowie bestimmte Absicherungsgestaltungen zugunsten des Investors (Verwässerungsschutz, Liquidationspräferenz) eine Rolle bzw. werfen mitunter Probleme auf.

### 5.1. Pre-Money-Bewertung

Die Bewertung des Unternehmens ergibt sich im Wesentlichen aus der Summe der Werte seiner Produktpipeline. Junge Biotech-Gesellschaften haben in aller Regel selbst keine Produkte am Markt, sondern arbeiten an deren Erforschung bzw. Entwicklung. Ein etwaiges Eigengeschäft, etwa durch die Erbringung von Serviceleistungen, fällt wertmäßig meist nicht entscheidend ins Gewicht.

Bezüglich der Evaluierung dieser Produktpipeline, d. h. der einzelnen Forschungs- bzw. Entwicklungsprojekte, gibt es aber eine große Unsicherheit. Selbst bei sehr aussichtsreich erscheinenden Projekten ist rein statistisch das Risiko eines Scheiterns bis zur Marktzulassung noch ganz erheblich. Dies gilt bereits für die nur produktbezogenen Faktoren wie z. B. die Wirksamkeit der betreffenden Substanz als Arzneimittel oder mögliche Nebenwirkungen. Hinzu kommt das Risiko, dass in der langen Zeit bis zur Marktreife Wettbewerbsprodukte auf den Markt kommen, die den Umsatz mit dem eigenen Produkt schmälern, selbst wenn dieses die Ziellinie der Zulassung erreicht.

Aufgrund dieser Unsicherheiten ist jede Pre-Money-Bewertung, auf der sich ja der Preis für die im Rahmen der Beteiligung vom Investor zu erwerbenden Anteile ergibt, zu einem Großteil Spekulation. Dies macht die Verhandlungen, die der Einigung auf eine bestimmte Bewertung vorausgehen, mitunter extrem schwierig. Zudem schlagen sie sich in einigen Besonderheiten bei der Vertragsgestaltung nieder, die in dieser Ausprägung vor allem in Beteiligungsverträgen über Investments in Biotechnologieunternehmen anzutreffen sind.

---

[3082] Europäische Kommission: "Final Report on the Pharmaceutical Sector Inquiry", abrufbar unter http://ec.europa.eu/comm/competition/sectors/pharmaceuticals/inquiry/index.html.

## 5.2. Meilensteinzahlung

Um zum einen dem geschilderten hohen Risiko eines Verlustes Rechnung zu tragen, und zum anderen den Anteilserwerb durch zwischenzeitliche Zinseinkünfte zu verbilligen, werden die als „Kaufpreis" für die Anteile zu entrichtenden Beträge meist erst dann gezahlt, wenn bei der Zielgesellschaft konkreter Liquiditätsbedarf besteht, z. B. wenn für die vereinbarten Projekte der nächste kostenträchtige Schritt ansteht, wie etwa eine klinische Prüfung. Die rechtliche Gestaltung erfolgt dabei in der Regel so, dass der auf das zu erhöhende Stammkapital (GmbH) bzw. Grundkapital (Aktiengesellschaft) entfallende, meist relativ kleine Betrag, sowie gegebenenfalls ein geringfügiger Teil des Agio sofort fällig sind, während weitere Raten oder „Meilensteinzahlungen" jeweils bei Projektfortschritt als „sonstige Zuzahlung" in die Kapitalrücklage zu leisten sind.

Während dies bei der Beteiligung an einer Gesellschaft in der Rechtsform der GmbH weitestgehend unkritisch ist, bestimmt für die Aktiengesellschaft § 36a Abs. 1 des Aktiengesetzes, dass, soweit im Rahmen einer Kapitalmaßnahme Bareinlagen zu leisten sind, ein Agio stets sofort zu entrichten ist. Interpretiert man daher aus Sicht der Zielgesellschaft auch die späteren Meilensteinzahlungen als Teil des Agio im Sinne des § 36a Aktiengesetz, was, da es sich letztlich um den „Kaufpreis" für die Aktien handelt, jedenfalls nicht unplausibel erscheint, kann die zeitliche Staffelung der Zahlungen die gesamte Kapitalerhöhung nichtig machen. Der Investor hätte daher seine Kapitaleinlage rechtsgrundlos geleistet und könnte diese später zurückfordern; andererseits hat er dann auch keine rechtlich abgesicherte Position als Aktionär. All diese rechtlichen Unsicherheiten können darüber hinaus aus Sicht des Unternehmens höchst unangenehme Auswirkungen haben, wenn sie etwa im Rahmen einer Due Diligence im Vorfeld einer weiteren Transaktion (Unternehmensverkauf, IPO) ans Tageslicht kommen.

Diesen Risiken kann man jedoch dadurch begegnen, dass die Aktiengesellschaft selbst nicht Partei des Beteiligungsvertrages wird und auch sonst keinen Anspruch auf die Zuzahlung erhält, sondern nur im Rahmen der Kapitalerhöhung auf den auf das erhöhte Grundkapital entfallenden Betrag plus den sofort fälligen Agiobetrag. In diesem Fall kann eine spätere „sonstige Zuzahlung" nicht als verdecktes Agio ausgelegt werden, und ein Verstoß gegen § 36a Aktiengesetz kommt nicht in Betracht.

## 5.3. Verwässerungsschutz

Das große Risiko eines Verlustes des Investments führt dazu, dass sich die Kapitalgeber wenigstens vertraglich höchst komfortabel absichern lassen. Zum Ausdruck kommt dies etwa in einem rechtlich sehr weit gehenden Verwässerungsschutz, wobei dem neuen Investor für spätere Finanzierungsrunden eine Art „Meistbegünstigung" zugesichert wird: Sollten später Gesellschaftsanteile für einen geringeren Preis ausgegeben werden, als ihn der Investor heute für seine Anteile bezahlt (sog. „Down Round"), ist der Investor nachträglich so zu stellen, als habe er seine Anteile auch zu diesem niedrigeren Preis erworben. Im Ergebnis erhält er dann ohne zusätzliche Zahlungen weitere Anteile und wird somit jedenfalls durch die Tatsache, dass die neuen Anteile in der Down Round preiswerter ausgegeben werden, nicht verwässert.

## 5.4. Liquidationspräferenz

Eine weitere Absicherung des Investors ist die im Bereich Biotechnologie besonders weitgehend ausgestaltete Liquidationspräferenz. Danach erhält der Geldgeber bei einer Auflösung der Gesellschaft vor allen anderen Gesellschaftern, d. h. insbesondere den Alt- und Gründungsgesellschaftern, das von ihm eingezahlte Kapital sowie eine Verzinsung in durchaus komfortabler Höhe zurück. Zu einer aus Investorensicht attraktiven Einrichtung wird eine solche Liquidationspräferenz aber erst dadurch, dass sie nicht nur für den Grundfall einer Auflösung der Gesellschaft infolge einer Insolvenz oder aufgrund Gesellschafterbeschlusses gilt, sondern auch für den „Trade Sale", d. h. die Veräußerung aller oder aller wesentlichen Assets der Gesellschaft. Dass in solchen Fällen dann die Altgesellschafter – meist für sie überraschend, da sie sich unter „Liquidationspräferenz" nicht den Erfolgsfall eines Trade Sale vorgestellt haben – u. U. nichts oder wenig bekommen, lässt sich allenfalls mit dem ganz erheblichen Verlustrisiko begründen, das der Investor mit seinem Anteilserwerb eingeht.

## 6. Exit

Der Exit aus einer Beteiligung an einem Biotechnologieunternehmen spielt naturgemäß vornehmlich für Venture Capital-Investoren eine große Rolle. Diese Investoren streben vor allem eine hohe Rendite ihres Investments an und sind daher nicht so sehr an einer langfristigen Beteiligung, sondern vielmehr an einem schnellen Exit zur Optimierung ihrer Rendite interessiert.

### 6.1. Exitvarianten

Grundsätzlich stehen auch bei Investments in Biotechnologieunternehmen verschiedene Exitstrategien zur Verfügung: Das Biotechnologieunternehmen kann im Rahmen eines IPO an die Börse gebracht werden, der Venture Capital-Investor kann seine Beteiligung an einen Investor aus der Biotechnologie- oder Pharmaindustrie verkaufen („Trade Sale"), er kann sie auch an einen weiteren Venture Capital-Investor veräußern („Secondary Sale") oder die Altgesellschafter erwerben die Anteile des Venture Capital-Investors im Rahmen eines „Buy Back" zurück. Als letzte – und aus Renditesicht schlechteste – Möglichkeit zum Deinvestment kommt die Liquidation des Portfolio-Unternehmens in Betracht.

### 6.2. Vor allem: Trade Sale

Neben einem IPO, das aus Sicht des Venture Capital-Investors aufgrund der zu erwartenden hohen Rendite und der Flexibilität bei der Wahl des Zeitpunkts des Börsengangs sicherlich das bevorzugte Exitszenario darstellt, ist im Bereich der Biotechnologie vor allem der Trade Sale eine für Venture Capital-Investoren interessante Alternative. Bei einem Trade Sale veräußert der Venture Capital-Investor seine Beteiligung an dem Portfolio-Unternehmen an ein Unternehmen aus der Industrie, also im Falle eines Biotechnologieinvestments regelmäßig an ein großes Pharmaunternehmen. Die Motivation des Pharmaunternehmens für einen Trade Sale ist meist identisch mit der einleitend dargestellten Interessenlage für ein Investment in ein Biotechnologieunternehmen. Durch den Erwerb der Anteile des Venture Capital-Investors will das Pharmaunternehmen sich Zugang zur Produktpipeline der Zielgesellschaft verschaffen. Der Trade Sale kann entweder als Share-Deal oder als Asset-Deal gestaltet werden. Um einen für den Venture Capital-Investor lukrativen Trade Sale auch gegen den Willen der Altgesellschafter durchführen zu können bzw. um an einer Veräußerung von Geschäftsanteilen der Altgesellschafter an Dritte partizipieren zu können, ist für Venture Capital-Investoren die Vereinbarung von Mitverkaufsrechten („Tag-along-nights") und Mitverkaufspflichten („Drag-along-rights") im Beteiligungsvertrag wesentlich.

### 6.3. Auslizenzierung als Alternativlösung

Sollte weder ein IPO noch ein Trade Sale realisierbar sein, kommt für den Investor ein Technologietransfer in Form einer Lizenz als Alternative in Betracht.

Aus Sicht des Lizenznehmers, meist einem Pharmaunternehmen, das auch als Käufer im Rahmen eines Trade Sales in Betracht gekommen wäre, hat ein Lizenzvertrag gegenüber einem Trade Sale erhebliche Vorteile. Bei einem Trade Sale müssen sich die Parteien abschließend über die Höhe des Kaufpreises und dessen zeitnahe Bezahlung einigen. Da jedoch, zumindest solange das Biotechnologieunternehmen noch kein zugelassenes Produkt am Markt hat, das Risiko besteht, dass die Produktentwicklung etwa aufgrund auftretender Nebenwirkungen ausgesetzt oder beendet wird, sind Pharmaunternehmen häufig nicht bereit, das Biotechnologieunternehmen komplett zu erwerben. Außerdem sind Pharmaunternehmen in vielen Fällen lediglich an den Rechten an den Technologien und Produkten des Biotechnologieunternehmens interessiert, nicht aber an dessen gesamten Geschäftsbetrieb und Mitarbeitern. Diesen Interessen des Pharmaunternehmens kommt ein Lizenzvertrag entgegen. Das Biotechnologieunternehmen räumt dem Pharmaunternehmen im Wege einer exklusiven Lizenz das Recht ein, die Technologie bzw. das Know-how des Biotechnologieunternehmens zur weiteren Produktentwicklung und zur späteren Vermarktung von Produkten nutzen zu dürfen.

Neben der Lizenz bietet sich, insbesondere wenn es sich um einen „Early-Stage-Deal" handelt, die Produktentwicklung also noch in der präklinischen oder frühen klinischen Phase steckt, die Vereinbarung einer Forschungs- und Entwicklungskooperation an, in deren Rahmen das Biotechnologieunternehmen mit dem Pharmaunternehmen an der weiteren Produktentwicklung zusammen arbeitet.

Als Gegenleistung für die Lizenzgewährung erhält das Biotechnologieunternehmen eine Vergütung vom Pharmaunternehmen. Diese Vergütung setzt sich in der Praxis im Wesentlichen aus bei Vertragsabschluss fälligen Einmalzahlungen („Upfront Payments"), Meilensteinzahlungen, die beim Erreichen bestimmter Meilensteine fällig werden, und Lizenzgebühren bei der späteren Vermarktung des dann zugelassenen Biopharmazeutika zusammen. Um den mit der weiteren Produktentwicklung verbundenen Unsicherheiten Rechnung zu tragen, ist zwischen den einzelnen Vergütungsbestandteilen ein Kompromiss zwischen garantierten Zahlungen (meist Upfront Payments) an das Biotechnologieunternehmen und erfolgs- bzw. umsatzabhängigen Vergütungsbestandteilen (Meilensteinzahlungen, Lizenzgebühren) zu finden.

### 6.4. Strukturierte Übernahme durch ein Pharmaunternehmen

In der Praxis ist neben die bisher dargestellten Formen in letzter Zeit die strukturierte Übernahme durch ein Pharmaunternehmen getreten. Diese Entwicklung beruht auf der gestiegenen Verhandlungsstärke der Biotechnologieunternehmen, die sich nicht mehr von großen Pharmaunternehmen die Form der Übernahme oder Kooperation „diktieren" lassen, sondern vielmehr selbst ihre Ziele und Vorstellungen in den Verhandlungen durchsetzen.

Bei einer strukturierten Übernahme erwirbt das Pharmaunternehmen zunächst eine (geringe) Beteiligung an einem Biotechnologieunternehmen, an dessen in der Entwicklung befindlichem Produkt es interessiert ist. Bereits im Beteiligungsvertrag, mit dem das Pharmaunternehmen seine erste Beteiligung erwirbt, werden feste, an die erfolgreiche Produktentwicklung gekoppelte Meilensteine vereinbart, bei deren Erreichen das Pharmaunternehmen jeweils weitere Anteile am Biotechnologieunternehmen erwirbt. Bei Erreichen eines bestimmten Entwicklungsstands, z. B. Erreichen der klinischen Phase-III oder Zulassung als Arzneimittel, erwirbt das Pharmaunternehmen dann sämtliche noch ausstehenden Anteile und wird alleiniger Gesellschafter des Biotechnologieunternehmens.

Eine strukturierte Übernahme hat für Investoren, die an dem Biotechnologieunternehmen beteiligt sind, gegenüber der bloßen Auslizenzierung den Vorteil, dass sie ihre Beteiligung an dem Biotechnologieunternehmen schrittweise, zu festgelegten Konditionen an das Pharmaunternehmen veräußern können, während sie bei einer Auslizenzierung weiterhin Gesellschafter des Biotechnologieunternehmens bleiben.

## 7. Fazit

Beteiligungen an Biotechnologieunternehmen durch strategische Investoren oder Venture Capital-Investoren weisen bei der Due Diligence und bei der Gestaltung der Beteiligungsverträgen branchenspezifische Besonderheiten auf, die auf Seiten des Investors zu berücksichtigen sind.

Bei der Due Diligence durch den Investor ist zunächst zu beachten, dass das Intellectual Property eines Biotechnologieunternehmens regelmäßig dessen wesentlichen Vermögensgegenstand darstellt. Daher ist es für den Investor besonders wichtig, das Intellectual Property und die diesem zugrunde liegenden Verträge im Rahmen der Due Diligence sorgfältig zu prüfen, um den Umfang und Wert des Intellectual Property der Zielgesellschaft zu bestimmen. Dabei sind neben bestimmten Standardklauseln (z. B. Change of Control-Klauseln, Wettbewerbsverbote und Mindestlizenzgebühren) auch besondere, zum Teil versteckte Gefahrenquellen zu prüfen, die sich aus Lizenz- und Kooperationsverträgen ergeben können, die die Zielgesellschaft mit Dritten abgeschlossen hat. Besonders zu prüfen ist, ob die Zielgesellschaft überhaupt Rechteinhaber an einer Technologie geworden ist, was immer dann einer sorgfältigen Prüfung bedarf, wenn die Rechte nicht direkt vom ursprünglichen Rechteinhaber, sondern von Dritten, die ihrerseits die Rechte vom ursprünglichen Rechteinhaber erworben haben, einlizenziert wurden. Daneben können bestehende Verträge der Zielgesellschaft mit Dritten Vereinbarungen enthalten, die zu für den Investor unangenehmen Verpflichtungen führen können. Dazu gehören insbesondere Regelungen zu Wettbewerbsverboten oder Vereinbarungen, die Dritter den Zugriff auf Intellectual Property des Investors gestatten.

Bei der Gestaltung des Beteiligungsvertrags ist aus Sicht des Investors zunächst eine Pre-Money-Bewertung der Zielgesellschaft vor der Kapitalzuführung durchzuführen. Da die Zielgesellschaft regelmäßig im Zeitpunkt der Beteiligung des Investors noch über kein vermarktungsfähiges Produkt verfügt und im Bereich der Arzneimittelentwicklung ein erhebliches Risiko des Scheiterns der Entwicklung besteht, ist die Pre-Money-Bewertung immer spekulativ. Um das Risiko zu reduzieren, viel Geld in eine letztlich erfolglose Produktentwicklung investiert zu haben, bietet sich für einen Investor an, die Zahlung bestimmter Kaufpreisteile vom Erreichen vertraglich definierter Entwicklungserfolge abhängig zu machen.

Daneben sind vor allem bei Beteiligungen von Venture Capital-Investoren im Beteiligungsvertrag die Voraussetzungen für einen Exit des Investors zu regeln. Als Exitvarianten kommen insbesondere ein Trade Sale, die Auslizenzierung von Produkten und die strukturierte Übernahme durch ein Pharmaunternehmen in Betracht.

# 8. Teil. Länderberichte/Country Reports

## § 1 USA

| Übersicht | Seite |
|---|---|
| 1. Einführung: Übersicht über den M&A-Markt und die Aktivitäten der Private-Equity-Fonds | 777 |
| 2. US-Fondsstrukturen | 779 |
| 2.1. Fondsgröße und Investmentstrategie | 779 |
| 2.2. Capital Contributions | 780 |
| 2.3. Management der Limited Partnership | 780 |
| 2.4. Investitionsperiode | 780 |
| 2.5. Carried Interest | 781 |
| 2.6. Managementgebühren und andere Einnahmen | 781 |
| 2.7. „Key Man" Provisions | 782 |
| 2.8. „No Fault Divorce" Provisions | 782 |
| 2.9. Advisory Committee | 782 |
| 3. Private-Equity-Transaktionsstrukturen | 784 |
| 3.1. Herkömmliche Transaktionsstrukturen | 784 |
| 3.2. Regulatorische Gesichtspunkte | 785 |
| 3.3. Derzeitige Marktentwicklung bei M&A-Transaktionen – Kaufverträge | 785 |
| 3.4. Zusicherungen und Gewährleistungsversprechen | 789 |
| 3.5. Schadensersatzvereinbarungen | 790 |
| 4. Finanzierung | 791 |
| 5. Exits | 791 |
| 6. Ergebnis | 792 |

## 1. Einführung: Übersicht über den M&A-Markt und die Aktivitäten der Private-Equity-Fonds

Das vergangene Jahr war relativ turbulent, was das Marktgeschehen allgemein betrifft, und auch der M&A-Markt bildet hierbei keine Ausnahme. Die langfristigen Auswirkungen der gegenwärtigen Finanzkrise sind derzeit noch nicht absehbar, aber kurzfristig haben die dortigen Verwerfungen zu einem Rückgang der M&A-Aktivitäten geführt – sowohl weltweit wie auch in den USA –; was das zweite Halbjahr 2007 anbelangt wie auch das erste Halbjahr 2008.[3083] Abhängig von der Länge und Schwere dieser Krise, wird der Rückgang in den Transaktionsvolumina einen gravierenden Effekt auch auf die in M&A-Transaktionen verwandten Klauseln haben.

Zusätzlich zum so genannten *credit crunch* gibt es eine Reihe weiterer Marktentwicklungen, welche die M&A-Aktivitäten beeinflusst haben. Viele Praktiker haben sich zu der steigenden Anzahl so genannter *special purpose acquisition companies* (SPACs)[3084] geäußert, die in den letzten Jahren im M&A-Markt aufgetaucht sind. 2007 gab es insgesamt 49 SPAC *initial public offerings* (IPOs) in den Vereinigten Staaten verglichen mit 18 SPAC IPOs 2006.[3085] Es

---

[3083] Vgl. die entsprechenden Dealogic M&A Volume Reports, welche einen signifikanten Rückgang bei den M&A-Volumina ab dem dritten Quartal 2007 erkennen lassen.
[3084] Ein SPAC ist eine Gesellschaftshülle ohne operativen Geschäftszweck in dem Zeitpunkt, in der i.R.e. Börsengangs Kapital eingeführt wird. Erst später findet ein Zusammenschluss mit einer operativ tätigen Gesellschaft satt.
[3085] Vgl. Pricewaterhouse Coopers US IPO quarterly report veröffentlicht am 24. Juli 2008.

# 8. Teil. Länderberichte/Country Reports § 1 USA

kann derzeit noch nicht klar abgeschätzt werden, ob diese SPACs eine größere Anzahl von attraktiven Zielgesellschaften an sich werden binden können und damit zukünftig einen ernsthaften Wettbewerber um Transaktionen auf dem M&A-Markt darstellen werden.

Generell ist ein starker Rückgang bei den Börsengängen im ersten Halbjahr 2008 zu verzeichnen. Während der ersten sechs Monate des Jahres 2008 gab es insgesamt 42 IPOs in den Vereinigten Staaten mit einem Volumen von ca. 29,3 Mrd. USD verglichen mit 147 IPOs in den ersten 6 Monaten 2007, welche für ein Volumen von 32,8 Mrd. USD standen – ein Rückgang bei der Anzahl der Börsengänge von mehr als 70%.[3086] Es ist derzeit noch nicht absehbar, ob der Rückgang bei den Börsengängen in den USA einen spürbaren Einfluss auf die in den M&A-Transaktionen verwandten Klauseln haben wird, aber der derzeitige IPO-Markt dürfte die Anzahl der den Private-Equity-Fonds zur Verfügung stehenden Exit-Optionen zumindest merklich beschneiden.

Es kann auch sein, dass M&A-Transaktionen mit ausländischer Beteiligung in den USA zusätzliche politische Aufmerksamkeit auf sich ziehen werden. Der *Foreign Investment and National Security Act of 2007* hat den Prüfungsprozess, den das *Committee on Foreign Investment in the United States* zur Untersuchung entsprechender Transaktionen durchschreitet (in der Kurzform „CFIUS" genannt) grundlegend reformiert.[3087] Praktisch dürfte sich dies dahingehend auswirken, dass sich der Transaktionsprozess bei Einbeziehung bestimmter ausländischer Käufer signifikant verlangsamen dürfte. Da zukünftig Kongressmitgliedern, Lobbyisten und anderen Interessenvertretern ein größerer Einfluss auf die Zustimmungserteilung gem. CFIUS zukommen dürfte.

Vor dem Hintergrund einer solchen signifikanten Unsicherheit im M&A-Markt (welche primär auf den *credit crunch* zurückzuführen ist), prognostizieren eine Reihe von US-M&A-Praktikern bzw. -Kommentatoren (i) das so genannte Mid-Market-Transaktionen im derzeitigen Umfeld noch die größte Widerstandsfähigkeit zeigen dürften und (ii) strategische Investoren die Finanzinvestoren zusätzlich um ihre relative Verhandlungsstärke bringen werden. Gem. Angaben von *Dealogic* hat das durchschnittliche Transaktionsvolumen zwischen 2000 und 2007 um beachtliche 265% zugenommen. Es überrascht im derzeitigen Kreditumfeld nicht, dass jene extrem großen Transaktionen der vergangenen Jahre, welche sich eines signifikanten Kredithebels erfreut haben, derzeit schlicht verschwunden sind. Im Gegenteil, je weniger *geleveraged* (und damit je stärker aufs Operative fokussiert) Private-Equity-Transaktionen typischerweise im Mid-Market-Segment sind, desto weniger sehen sie sich der Gefahr ausgesetzt, einen vergleichbaren Schrumpfungsprozess zu durchlaufen. In jedem Fall werden jene strategische Investoren, welche einen langfristigeren Investmenthorizont besitzen und weniger auf Fremdkapital angewiesen sind, den Private-Equity-Käufern verstärkt Konkurrenz machen. Private-Equity-Gesellschaften werden sich auf diese neuen Marktrealitäten einstellen müssen, genau so wie auf den limitierten Zugang zu Fremdkapital.

Die übrigen Ausführungen dieses Länderberichts sollen einen Überblick über gängige US-Fondskonstruktionen und die zugrunde liegenden Prinzipien der Fondsstrukturierung geben sowie einige der Haupttrends im derzeitigen M&A-Markt beschreiben. Wie sich die Kreditkrise letztendlich auf jene Entwicklung auswirken wird, kann derzeit noch nicht mit Bestimmtheit gesagt werden. Das diese völlig ohne Auswirkung auf die Formulierung der Kaufverträge bleiben wird, erscheint jedoch eher unwahrscheinlich.

---

[3086] Ebenda.
[3087] Das Committee on Foreign Investment in the United States ist Teil der US-Exekutive und überprüft ausländische Direktinvestitionen in die USA darauf, ob Aspekte der nationalen Sicherheit berührt sind.

## 2. US-Fondsstrukturen

Private-Equity-Fonds sind unregulierte Investmentvehikel, welche strukturiert werden, um Investitionen in nichtbörsengelistete Unternehmen und andere Arten von illiquiden Wertpapieren zu erleichtern. Bei der Strukturierung eines Private-Equity-Fonds ist es wichtig, einen Rahmen zu schaffen, der genügend Flexibilität besitzt, um jegliche Eventualitäten, denen sich der Fonds über seine Laufzeit ausgesetzt sehen wird, zu antizipieren. Trotzdem muss sowohl dem Sponsor wie seinen Investoren eine Rechtssicherheit hinsichtlich der eigenen Position gewährleistet werden, sowie eine korrekte Umsetzung des wirtschaftlich Gewollten. Eine Vielzahl der Strukturierungsüberlegungen, welche in den vergangenen beiden Jahrzehnten Umsetzung fanden, waren primär auf steuerliche Überlegungen zurückzuführen, welche eine optimale Absicherung der Private-Equity-Gesellschaft wie auch der Private-Equity-Investoren bewirken sollten.

– Limited Partnerships

*Limited partnerships* sind das Fondsvehikel der Wahl für die meisten Private-Equity-Fonds, die von US-Marktteilnehmern gegründet werden. Die Vorzüge einer *limited partnership* bestehen im Wesentlichen in:
– transparenter Besteuerung;
– flexibler Vergütung der *general partner* und
– flexibler Gestaltung der entsprechenden Gesellschaftsverträge.

Eine *limited partnership* hat zwei Arten von Partner:
– *general partners,* die für das Management der *limited partnership* verantwortlich sind und unbegrenzt für die Verbindlichkeiten und vertraglichen Verpflichtungen der *limited partnership* einzustehen haben und
– *limited partner,* welche passive Investoren sind und deren Haftung sich auf die geleisteten Einlagen beschränkt.

Das *partnership agreement* ruft die *limited partnership* ins Leben und bestimmt die Parameter der Beziehung zwischen der Gruppe der *limited partner* untereinander bzw. zwischen der Gruppe der *limited partner* und dem *general partner.* Ein *partnership agreement* ist ein Vertrag und wird ausgelegt in Übereinstimmung mit gängigen vertragsrechtlichen Prinzipien. Es ist den Partnern zu raten, dass sie das *partnership agreement* regelmäßig einer Kontrolle unterziehen, um sicherzustellen, dass das Dokument weiterhin die Vertragspositionen der Beteiligten bzw. deren wirtschaftliche Zielsetzungen reflektiert.

– Kernelemente der Fondsstruktur

Viele Kernelemente der Struktur eines Private-Equity-Fonds lassen sich – direkt oder indirekt – auf die Verwendung und Struktur einer Personengesellschaft als Hauptfondsvehikel zurückführen.

### 2.1. Fondsgröße und Investmentstrategie

Die Größe des einzuwerbenden Private-Equity-Fonds wird sich daran orientieren, welche Größe und Anzahl der Investmentopportunitäten dem Fondsmanagement vorschweben. Es ist immer mehr üblich, in der Fondsdokumentation so genannten *hard caps* vorzusehen, welche den *general partner* daran hindern, einen über eine bestimmte vorher vereinbarte Summe hinausgehenden Betrag einzuwerben. Weiterhin kann vereinbart werden, den *general partner* darin zu limitieren, Exit-Erlöse aus der Veräußerung eines Portfoliounternehmens zur Finanzierung weiterer Investitionsvorhaben zu benutzen.

Ein Private-Equity-Fonds wird typischerweise einen gewissen geographischen bzw. Branchenfokus haben, auf den er seine Aktivitäten konzentriert. Zusätzlich kann im Vertragswerk vorgesehen werden, dass ein gewisses Diversifizierungsminimum einzuhalten ist bzw. der *general partner* bestimmte Cluster-Risiken zu vermeiden hat. Alternativ – bei Abwesenheit entsprechender „harter" Restriktionen – kann auch mit einigen Rahmenlimitierungen gearbeitet werden und einer um so klareren Definition des Fondsfokus.

### 2.2. Capital Contributions

Wenn Investoren sich entschließen, in einen Private-Equity-Fonds zu investieren, schließen Sie sich der *partnership* als *limited partner* an und verpflichten sich, über einen gewissen Zeitraum *capital contributions* zu leisten, um damit bestimmte Investitionen einzugehen und dem Sponsoren bzw. *general partner* des Private-Equity-Fonds gewisse Gebühren bzw. eine erfolgsbezogene Vergütung zukommen zu lassen. Als *general partner* wird ein Unternehmen der Private-Equity-Fonds-Gruppe fungieren.

*Limited partner* zahlen ihre Einlage in der Regel über einen gewissen Zeitraum sukzessive immer dann ein, wenn sie von dem *general partner* eine so genannte *draw-down notice* erhalten. Ein *limited partner* hat sodann regelmäßig 10 Tage Zeit, um dem Fonds die entsprechenden Mittel zuzuführen bzw. andererseits sich der Gefahr gravierender Sanktionsmaßnahmen auszusetzen. Ausnahmen werden insoweit nur für solche *limited partner* gemacht, welche sich von vornherein vorbehalten haben, bei bestimmten Investitionen zu „passen", um nicht gegen interne Restriktionen zu verstoßen. Dies ist vorher mit dem *general partner*, ggf. im Rahmen eines *side-letter*, abzustimmen.

Der *general partner* investiert regelmäßig gemeinsam mit der Gruppe der *limited partner* eine bestimmte Summe, um sicherzustellen, dass eine Interessengleichheit zwischen den beiden Parteien besteht. Würde eine solche Investition ausbleiben, würde sich der *general partner* dem Verdacht aussetzen, dass der Carried Interest gewährt wird nach dem Motto „*heads I win, tails you lose*".

### 2.3. Management der Limited Partnership

Hinsichtlich des Managements des Private-Equity-Fonds ist regelmäßig vorgesehen, dass die *limited partner* hieran nicht beteiligt werden. Die Managementfunktion wird dem *general partner* insofern übertragen als er im Auftrag der *partnership* den eigentlichen Fondsmanager auszuwählen und zu kontrollieren hat.

Regelmäßig wird der *general partner* eine Haftung mit der Ausnahme von Betrug, Vorsatz oder Fahrlässigkeit ausschließen. Trotzdem wird die Gesamtheit der Partner sich das Recht vorbehalten wollen, den *general partner* bei Verstoß gegen seine vertraglichen Verpflichtungen aus dieser Position entfernen zu können. Ein solches Vorrecht kann geknüpft werden an einen wichtigen Grund.

### 2.4. Investitionsperiode

Die Investitionsperiode des Private-Equity-Fonds wird sich im Regelfall auf 4–6 Zeitjahre belaufen. Am Ende dieser Periode verfallen alles seitens des *general partner* nicht ausgeübten *Draw-Down*-Ansprüche, d. h. die noch ausstehenden *capital commitments* des *limited partner* können vom *general partner* nicht mehr eingefordert werden, es sei denn es sind noch irgendwelche vorab definierten Kosten zu begleichen oder – dies in sehr begrenztem Umfang – es sind so genannte *follow-on investments* in bereits bestehende Portfolio-Unternehmen durchzuführen.

Im Falle des *Exits* eines Portfolio-Unternehmens durch den Private-Equity-Fonds werden die entsprechenden Einkünfte in der Regel sofort an die *limited partner* ausgeschüttet. Ausnahmen können z. B. im Fall von Portfolio-Unternehmen vereinbart werden, welche nur über einen Zeitraum von 12–18 Monaten im Bestand der Private-Equity-Gesellschaft war und in einem solchen Fall kann dem *general partner* zugestanden werden, die entsprechenden Einkünfte zu reinvestieren.

**Key Economic Terms**

Die *economic terms* des Private-Equity-Fonds etablieren eine Risiko/Ertragsbalance, welche dem Fonds hoffentlich eine rentierliche Investitions- und Exitphase ermöglicht. Bei Private-Equity-Fonds bestehen die Anreize typischerweise in einem so genannten Carried Interest, also einer über die gesellschaftsrechtliche Beteiligung des Fondsmanagements hinausgehenden Gewinnbeteiligung sowie in einer jährlichen *Management Fee*, welche sich an der Größe des Fonds orientiert und für die Aufrechterhaltung des täglichen Betriebs der Private-Equity-Gesellschaft, welche für den Fonds als Sponsor auftritt, eingesetzt wird.

## 2.5. Carried Interest

Das *partnership agreement* wird zudem detaillierte Klauseln hinsichtlich der Ausschüttung bzw. Verteilung der vereinnahmten Exit-Erlöse enthalten. Generell bekannt als so genannter „*waterfall*" steckt hinter diesem Schema der Zweck, dem *general partner* zu ermöglichen, eine überproportionale Beteiligung an den Erlösen des Private-Equity-Fonds zu erzielen. In Ergänzung zu den parallel zu den anderen *limited partners* investierten Fondsgeldern und den darauf entfallenden Carried Interest, wird der *general partner* auch an den gesellschaftsrechtlich quotal eigentlich den *limited partners* zustehenden Erträgen dieser anderen Investoren beteiligt. Der Carried Interest umfasst regelmäßig 20 % der Gewinne und wird an den *general partner* ausbezahlt, sobald die Investoren ihre ursprünglich eingezahlten Gelder zurück erhalten haben zuzüglich einer Minimalverzinsung (so genannte *hurdle rate* von z. B. 8 %) auf das investierte Kapital.

Sobald diese Gelder verteilt sind, wird nach der beschriebenen 80/20 Regelung verfahren. Hierbei ist es wichtig, festzuhalten, dass die im Rahmen der *hurdle rate* gewährte Verzinsung von 8 % eher ein zeitlicher Mechanismus ist, da zu dem beschriebenen Vertragswerk auch in der Regel eine so genannte *Catch-Up*-Regelung hinzu tritt, wonach zeitlich in Folge nach der Rückgewährung des Kapitals sowie des so genannten *preferred return* (*hurdle rate*) an die *limited partner* in einer nächsten Phase die verbleibenden Erträge zum Großteil an den *general partner* ausgekehrt werden, bis bezogen auf den Gesamtbetrag der Rückflüsse das 80/20 Verhältnis erreicht ist.

In den USA hat sich in der Praxis eine Regelung durchgesetzt, wonach der *general partner* nicht warten muss bis die *limited partner* all ihre ursprünglich eingezahlten Gelder zurückerhalten haben, um eine Zahlung auf seinen *carried interest* zu erhalten. Nach dem US-Ansatz wird der *carry* auf einer so genannten *Deal-by-Deal*-Basis geleistet. Hiernach erhalten die *limited partner* nur Ausschüttungen bezogen auf die bisher erfolgreich veräußerten Portfolio-Unternehmen (zusammen mit entsprechenden Gebühren- und Kostenrückvergütungen) und die darüber hinaus mit dem im Rahmen des einzelnen *Exits* erzielten Erträge werden unter Berücksichtigung der *Preffered-Return*-Regelung im Verhältnis 80/20 aufgeteilt. Im Gegensatz zu dem so genannten *Fund-as-a-whole*-Ansatz, der z. B. in Großbritannien und Kontinentaleuropa mehrheitlich Verwendung findet, ist die *Deal-by-Deal*- Regelung eine aus Sicht der *pricipals* des *general partner* attraktivere Lösung, welche eine zeitlich vorgelagerte Vereinnahmung des *carried interest* erlaubt.

## 2.6. Managementgebühren und andere Einnahmen

In Ergänzung zum so genannten *carried interest* wird der *general partner* zusätzlich eine regelmäßig ausgeschütteten *Management Fee* vereinnahmen können, um laufende Kosten, die den *principals* im Tagesgeschäft entstehen, abdecken zu können, bevor die Chance besteht, einen *carried interest* zu vereinnahmen, was mit den ersten Exit regelmäßig erst einige Jahre nach dem Start des Fonds der Fall sein wird. Regelmäßig ist die Management Fee ein fester Prozentanteil (z. B. 2 %) der dem Private-Equity-Fonds insgesamt zugesagten Gelder und ist von jedem *limited partner* anteilig aufzubringen.

# 8. Teil. Länderberichte/Country Reports

Beschränkungen wird das Vertragswerk regelmäßig vorsehen hinsichtlich der Möglichkeit des *general partners* und der mit ihm verbundenen Akteure, weitere direkte oder indirekte Einnahmen im Zusammenhang mit den Aktivitäten des Private-Equity-Fonds zu generieren. Diese ergänzenden Einnahmeströme können auftreten in der Form so genannter *monitoring fees*, *director fees* oder weiterer von den Portfolio-Unternehmen zu entrichtender Gebühren. Eine etwas konziliantere Lösung kann z. B. vorsehen, dass ein Anteil (z. B. 50%) solcher zusätzlicher Erträge mit der ansonsten zu zahlenden Managementgebühr zu verrechnen ist, während die anderen 50% in der Tat durch den *general partner* oder mit ihm verbundene Akteure vereinnahmt werden können.

**Governance Mechanisms**

In der letzten Zeit sind vermehrt Zweifel daran aufgekommen, dass Interessen von *gerenal partner* und *limited partner* tatsächlich auf Basis der herkömmlichen Vertragswerke in eine Paralle gebracht werden können. Man wird daher ein verstärktes Augenmerk darauf legen, dass entsprechende Interessenkonflikte durch entsprechende vorsorgende vertragliche Regelungen bereits in der Gründungsphase ausgeschlossen werden können.

### 2.7. „Key Man" Provisions

Sollten gewisse Individuen, welche auf Seiten des *general partner* agieren von besondere Relevanz für ein erfolgreiches Agieren des Private-Equity-Fonds sein, so können entsprechende *key man provisions* in das *partnership agreement* aufgenommen werden, welche z. B. die Investmentperiode des Fonds unterbrechen können, wenn eine oder mehrere dieser Schlüsselfiguren auf Seiten des Fondsmanagements ausscheiden und zunächst nicht adäquat ersetzt werden können. Die entsprechenden Regelungen können sehr detailliert gefasst werden und verschiedene Stufen der Seniorität abhandeln sowie ein bestimmtes Schema zur Auswahl und Bestätigung eines entsprechenden Nachfolgers vorsehen.

Sollte ein definitionsgemäßes Ereignis einer so genannten *key man provision* eintreten, kann im *partnership agreement* vereinbart werden, dass über ein Aussetzen der Investmentperiode zunächst abzustimmen ist bzw. kann auch eine automatische Aussetzung der Investmentperiode zwischen der Parteien vereinbart werden.

### 2.8. „No Fault Divorce" Provisions

Regelmäßig sehen Private-Equity-Fonds vor, dass bestimmte Gründe vorgebracht werden müsse, um den *general partner* eines Private-Equity-Fonds von seinen Aufgaben hinsichtlich der Verwaltung des Private-Equity-Fonds zu befreien und für eine solche Initiative sind i.R.d. auch bestimmte Mindestquoten im Rahmen der entsprechenden Abstimmungen erforderlich. Private-Equity-Fonds unterscheiden bzw. unterschieden sich hierbei signifikant hinsichtlich der Breite und Umsetzungshürden bezüglich solcher Eingriffsmaßnahmen. Die nunmehr verstärkt auftretenden so genannten *No-Fault-Divorce*-Klauseln sehen hingegen vor, dass der *general partner* auch abgesetzt werden kann, wenn hierfür kein expliziter Grund vorgebracht wird, aber ein entsprechendes Votum seitens der *limited partner* getroffen wird. Hierbei kann nun wieder einschränkend ein entsprechender Schutz für den *general partner* vorsehen, dass ihm zumindest für einen gewissen Zeitraum nach Absetzung die Management Fee z. B. über ein Jahr fortbezahlt wird oder aber das bedingungslose Absetzungsrecht erst nach Ablauf einer gewissen „Schonzeit" nach Gründung des Fonds gewährt wird.

### 2.9. Advisory Committee

So genannte *advisory committees* geben den *limited partners* die Möglichkeit, einen besseren Überblick der Tätigkeit des Private-Equity-Fonds während dessen Laufzeit zu erlangen. Jedes *partnership agreement* wird sich graduell hinsichtlich der Zuständigkeiten und Kompetenzen des *advisory committees* unterscheiden, aber eine immer wiederkehrende Rolle des *ad-*

*visory committees* liegt darin, Konflikte zu entschärfen, welche anderenfalls eine Verletzung des *partnership agreements* begründen könnten.

**Marketing**

In den Vereinigten Staaten ist sedes materie für geschlossene Fonds der *Investment Company Act of 1940*. In Abwesenheit entsprechender Ausnahmeregelungen qualifizieren Private-Equity-Fonds sich als so genannte „*Investment Company*" im Sinne des Gesetzes und sind daher zu einer Registrierung bei der *U.S. Securities and Exchange Commission* („SEC") verpflichtet. Registrierte Fonds unterliegen einer Reihe von Restriktionen, welche sich an und für sich schwerlich mit den Investmentstrategien, welche regelmäßig von Private-Equity-Fonds verfolgt werden, vereinbaren lassen. Private-Equity-Fonds streben daher im Regelfall danach, unter die Ausnahmevorschriften der Section 3(c)(1) und Section 3(c)(7) des *Investment Company Act of 1940* zu fallen und damit einer Registrierung bei der SEC zu entgehen.

Section 3(c)(1) des *Investment Company Act of 1940* ist die ältere und weitaus häufiger genutzte Ausnahmeregelung hinsichtlich der Qualifikation als „Investment Company". Um einer Registrierung zu entgehen, sind dabei zwei Voraussetzungen zu erfüllen:
– Die Fondsanteile müssen im Rahmen eines *private placements* bei den Investoren platziert werden und
– der Private-Equity-Fonds darf insgesamt nicht mehr als 100 Investoren haben.

Private-Equity-Fonds, welche sich auf diese Ausnahmeregelung verlassen wollen, müssen sich damit regelmäßig den Erfordernissen der *Rule 506 of Regulation D* unterwerfen, welche eine *Safe-Harbour*-Regelung für Section 4(2) des *Investment Company Act of 1940* darstellt.

Wird ein Private-Equity-Fonds außerhalb der Vereinigten Staaten aufgesetzt, werden hierbei regelmäßig nur US-Personen mitgezählt. Was das Limit von 100 Investoren anbetrifft, sind daher Restriktionen hinsichtlich der Anzahl ausländischer Investoren nur gegeben, sofern die entsprechende lokale Jurisdiktion des Domizils weitere Beschränkungen hinsichtlich der Platzierung, Registrierung und Prospektierung vorsieht.

Section 3(c)(7) des *Investment Company Act of 1940* stellt auf bestimmte Merkmale statt der Anzahl der Investoren ab. Auch hier sind grundsätzlich wieder zwei Voraussetzungen zu erfüllen:
– Genau wie im Rahmen der bereits erwähnten Ausnahmeregelung der Section 3(c)(1) des *Investment Company Act of 1940* muss ein *private placement* stattfinden und
– als Investoren für diesen privat platzierten Private-Equity-Fonds kommen nur in Betracht:
  • so genannte „*qualified purchasers*" und
  • „*knowledgeable employees*" des Fondsmanagers.

Section 3(c)(7) des *Investment Company Act of 1940* wurde geschaffen, um einer unbegrenzten Anzahl so genannter „*qualified purchasers*" ein Fondsinvestment zu erlauben, sofern die Platzierung kein *public offering* der Fondsanteile darstellt. Sollte ein Private-Equity-Fonds außerhalb der USA strukturiert werden, müssen regelmäßig sämtliche dort beteiligten US Personen *qualified purchasers* sein.

Bei der Vermarktung eines Private-Equity-Fonds an US-Investoren muss also nicht nur darauf geachtet werden, dass der potentielle Status des Private-Equity-Fonds als *investment company* verhindert wird, auch muss dies über die Strukturierung hinaus bei jedem einzelnen Angebot bzw. jeder einzelnen Veräußerung der Fondsanteile sichergestellt werden. Geschieht dies nicht, droht unweigerlich die Registrierung bei der SEC.

Sinn und Zweck des Securities Act ist es im Fall von öffentlichen Platzierungen für eine adäquate Informationsversorgung der potentiellen Investoren zu sorgen. Von dem Registrierungserfordernis gibt es gewisse Ausnahmen für Angebote bzw. Anteilsverkäufe im Secondary-Markt oder für den Fall eines *private placements*. Private-Equity-Fonds versuchen es generell zu vermeiden, den Registrierungserfordernissen des *Security Act of 1933* zu un-

# 8. Teil. Länderberichte/Country Reports § 1 USA

terfallen, in dem sie in den Bereich der Ausnahmeregelung der Section 4(2) des *Securities Act* drängen. Diese Ausnahme betrifft Transaktionen eines Emmitenten, welche nicht als öffentliches Angebot qualifizieren. Wegen einiger praktischer Schwierigkeiten bei der Anwendung dieser Norm hat die SEC die *Regulation D* als so genannten *save harbour* geschaffen. Es ist wichtig darauf hinzuweisen, dass ein Nichterfüllen des *Regulation D Save Harbour* weiterhin die Möglichkeit eröffnet, unter die Ausnahme der Section 4(2) des *Securities Act* zu unterfallen.

Ein maßgebliches Konzept innerhalb der *Regulation D* ist jenes des so genannten „*accredited investor*". Geht man davon aus, dass die anderen Erfordernisse der *Regulation D* eingehalten werden, so ist es einer nicht limitierten Anzahl dieser *accredited investors* möglich, in einen Fonds zu investieren, ohne aus dem Anwendungsbereich der Ausnahmeregelung für *private placements* gem. Section 4(2) des *Securities Act of 1933* heraus zufallen. Darüber hinaus dürfen bis zu 35 Personen in den Private-Equity-Fonds investieren, welche nicht der Qualifikation als *accredited investor* unterfallen.

## 3. Private-Equity-Transaktionsstrukturen

### 3.1. Herkömmliche Transaktionsstrukturen

Die herkömmliche Struktur einer Private-Equity-Transaktion in den Vereinigten Staaten ist der Erwerb von *assets* bzw. von Anteilen eines nicht börsengelisteten Unternehmens. Diese relativ klar nachzuvollziehenden Strukturen, bei der nur eine limitierte Anzahl von Anteilseignern betroffen ist, unterliegen keiner maßgeblichen Aufsicht der Regulierungsbehörden wie z. B. der SEC. Insbesondere so genannten Mid-Market Companies (ein Marktsegment, das in der derzeitigen Kreditkrise an Attraktivität gewinnt) sind typischerweise nicht börsengelistet und werden in der Regel von Eigentümern geführt, welche nach einer gewissen Zeit der Entbehrung gewillt sind, ihre Bemühungen in Veräußerungsgewinne umzumünzen. Private-Equity-Fonds kommt in solchen Konstellationen oftmals die Rolle zur operative Verbesserungen durchzusetzen durch den Einsatz eigener finanzieller Mittel, der Fähigkeit, ein qualitativ hochwertiges Management an das Unternehmen zu binden und dieses mit entsprechenden Incentivierungen auszustatten wie auch unter Ansprache der extensives Netzwerks von Branchenkontakten.

Vor dem Zusammenbruch der Kreditmärkte in 2002 war es für US Private-Equity-Gesellschaften immer mehr üblich, kontrollierende Anteile auch an börsengelisteten Unternehmen zu erwerben (so genannte *Going-Private-Transaktionen*). Vom Beginn des Jahres 2000 bis zum Ende 2005 gab es im Durchschnitt etwa 80 dieser *Going-Private-Transaktionen* pro Jahr. Tatsächlich hat sich diese Anzahl vor dem Zusammenbrechen der Kreditmärkte fast der Anzahl der jährlich durchgeführten Börsengänge angenähert. Ratio solcher Transaktionen war der Wunsch Reporting- und Compliance- Verpflichtungen auf Basis des Sarbanes-Oxley Act zu vermeiden, sowie die Haftung von Führungs- und Aufsichtsgremien zu limitieren, was wiederum eine bessere Langzeitplanung hinsichtlich der Unternehmenswertsteigerung erlaubt.

Hinsichtlich der Umsetzung einer Going-Private-Transaktion gibt es im Wesentlichen zwei Vorgehensweisen. Bei dem ersten Ansatz gibt der potentielle Käufer seine Absicht bekannt, eine Kontrollmehr an der Zielgesellschaft zu erwerben (dies im Wege eines *share deal*) und begibt sich dann in Verhandlung mit der Geschäftsführung des Unternehmens (im Regelfall in der Form eines *special committee* des *board of directors*), um die genauen Konditionen und Klauseln einer solchen Transaktion auszuhandeln. Im Falle erfolgreicher Verhandlungen wird die Akquisition im Rahmen eines so genannten *merger agreements* umgesetzt. Derartige Transaktionen werden naturgemäß einer gründlichen aufsichts- und kartellrechtlichen Kontrolle unterliegen. So wird z. B. im Bundesstaat Delaware die so genannte „*entire-fairness*" *analysis* auf derartige Transaktionen Anwendung finden. Beim zweiten Ansatz wendet sich der potentielle Käufer im Rahmen einer *tender offer* direkt an die Anteilseigner der Zielgesellschaft und diese *tender offer* wird gewöhnlicherweise an eine gewisse Schwellenakzeptanz (häufig 90%) hinsichtlich des Angebots gebunden werden. Geht man davon aus, dass 90% der Anteilseigner die *tender offer* akzeptieren, wird der Käufer im Regelfall einen so genannten *short-form merger* abschließen, um auch die ausstehenden Anteile zu erwerben. Transaktionen, welche diesem zweiten Ansatz folgen, unterliegen keiner weitergehenden rechtlichen Kontrolle, im Bundesstaat Delaware findet hierauf der „nachlässigere" Standard der so genannten „*business judgement rule*" Anwendung.

Eine Reihe weiterer Investitionsstrukturen (inklusive Transaktionen mit den bereits erwähnten SPACs, *reverse merger* und PIPE *transactions*) nahmen an Volumen vor Zusammenbruch der Kreditmärkte ebenfalls stetig zu, sind aber seit diesem Zeitpunkt signifikant zurückgegangen. Es hat den Anschein, dass eine Großzahl der Private-Equity-Gesellschaften stattdessen die operative Verbesserung ihrer Portfolio-Unternehmen in den Fokus stellen und sich nur noch einer kleineren Anzahl strategischer Akquisitionen zuwenden.

### 3.2. Regulatorische Gesichtspunkte

Private-Equity-Käufer, welche eine Kontrollmehrheit zu erwerben gedenken, haben sich im Fall einer börsengelisteten Zielgesellschaft mit diversen regulatorischen Beschränkungen, welche von der SEC auferlegt werden, zu befassen. Insbesondere der *Williams Act* verlangt von einem Anteilseigner, der mit 5% oder mehr an einem börsengelisteten Unternehmen beteiligt ist, die Tatsache einer solchen Anteilseignerschaft zu veröffentlichen, die wesentlichen Verträge die mit dieser Gesellschaft abgeschlossen sind sowie die verfolgte zukünftige Unternehmensstrategie (inklusive hinsichtlich möglicher Pläne, *board member* zu ersetzen oder eine kontrollierende Mehrheit an dem börsengelisteten Unternehmen zu erwerben). Meldungen nach dem Willams Act sind auf dem Form 13-D bzw. in gewissen Fällen Form 13-G einzureichen und werden auf der Internetseite der SEC sodann veröffentlicht. Zusätzlich sieht Section 16 des *Securities Exchange Act of 1934* für Anteilseigner von 10% oder mehr vor, dass sie Veräußerungen und Erwerbe entsprechender Anteile an börsengelisteten Unternehmen auf dem Form 4 melden (auch diese Meldungen sind öffentlich auf der Internetseite der SEC zugänglich). Letztlich verlangt Section 16 des *Securities Exchange Act of 1934* für Anteilseigner von 10% oder mehr der Anteile an börsengelisteten Unternehmen die Herausgabe so genannter „*short-swing*" *profits*, welche resultieren aus Erwerben oder Verkäufen entsprechender Anteile innerhalb eines sechsmonatigen Zeitraums. Die hier dargestellten Regelungen stellen einen wirksamen Schutz für Zielgesellschaften dar, welche sich mit so genannten unfreundlichen Käufern auseinanderzusetzen haben.

### 3.3. Derzeitige Marktentwicklung bei M&A-Transaktionen – Kaufverträge
#### 3.3.1. Finanzierungskonditionen

Die Hauptauswirkung dürfte die derzeitige Kreditkrise im Hinblick auf die *closing conditions* in M&A-Transaktionen haben. Die Sicherheit im Rahmen einer Transaktion hat nachvollziehbarerweise eine hohe Bedeutung für den Verkäufer im Bereich entsprechender Transaktionen. In einem Auktionsumfeld hat der Verkäufer insbesondere Interesse daran, dass der favorisierte Bieter es auch bis zum *closing* schafft und damit eine so genannte „*busted auction*" vermieden wird und das Bild des Unternehmens in der Öffentlichkeit damit beschädigt wird. Auch bei verhandelten Übernahmen außerhalb von Auktionskontexten werden Verkäufer Wert darauf legen, dass Zeit, Kosten und Anstrengungen, welche auf die Verhandlung einer Transaktion verwandt wurden, nicht an einem prospektiven Käufer scheitern, der sodann nicht mehr zu einem *closing* in der Lage ist. Die folgende Diskussion befasst sich mit einigen jüngeren Marktentwicklungen, welche *closing conditions* betreffen.

So genannte *financing contingencies*, auch bekannt als „*financing outs*", sind Gang und Gebe im derzeitigen M&A-Marktumfeld, insbesondere hinsichtlich von Transaktionen, welche eine hohe *leverage* mit sich bringen und damit kompliziert strukturierte Fremdfinanzierun-

## 8. Teil. Länderberichte/Country Reports § 1 USA

gen. Eine Untersuchung der für einen Leveraged Buy-Out wesentlichen Vertragsregelungen[3088] hat ergeben, dass für LBO-Transaktionen, deren Verträge zwischen dem 1. Januar 2002 und dem 1. Juni 2007 abgeschlossen wurden und bei denen Fremdfinanzierungen gem. der *Rule 144A* des *Securities Act of 1933* Verwendung fanden, dass 78 % dieser Transaktionen entsprechende *financing contingencies* vorsahen.

Wegen der Unsicherheit, den so genannte *financing outs* für eine Transaktion mit sich bringen verweigern Verkäufer oftmals relativ aggressiv deren Vereinbarung. Auf der anderen Seite und im Rahmen von Transaktionen, welche ein höheres Maß an *leverage* erfordern, sehen Käufer typischerweise solche *financing contingencies* als essentielles Element eines zu vereinbarenden Unternehmenskaufvertrages an. Im Ergebnis wird sich die Verhandlung darum drehen, wie eng die Financing-Contingency-Regelung gefasst werden kann. Im Falle von Transaktionen mit engagiertem Verkäufer, aber Käufern deren Finanzierungsaussichten relativ ungesichert aussehen, ist die Vereinbarung von zeitlich unlimitierten *financing outs* durchaus üblich. In etwas käuferfreundlicheren Transaktionen wird die *financing contingency language* enger gefasst werden und sich an die Regelung eines *commitment letters,* welcher zusätzlich mit den Finanzierern des potentielles Käufers zu vereinbaren sein wird, anlehnten. Ein solcher *commitment letter* wird durchaus auch unter Mithilfe des Verkäufers verhandelt werden.

Die relative Üblichkeit dieser *financing outs* hat dazu geführt, dass zunehmend in M&A-Transaktionen auch so genannte *„reverse break-up fees"* vereinbart werden. *Reverse break-up fees* garantieren die Zahlung einer vorher vereinbarten Summe durch den potentiellen Käufer an den Verkäufer für den Fall, dass der Käufer nicht in der Lage sein wird, ein *closing* durchzuführen, da ihm die in Aussicht gestellten Finanzierungsoptionen wegbrechen. Verschiedentlich werden die Käufer eine solche Klausel durchaus auch als gangbare Alternative wahrnehmen, da der Käufer letztlich die Option hat die Transaktion zu einem für ihn absehbaren Preis abzubrechen. Sollte die *reverse break-up fee* allerdings einen substantiellen Umfang bzw. Anteil des prospektiven Kaufpreises umfassen, stellt dies auch ein Druckmittel dar, um den potentiellen Käufer zum *closing* zu bewegen bzw. die auf einen Abschluss vertrauenden Käufer angemessen zu entschädigen.

Mit der signifikanten Erschwernis der Kreditaufnahme auf den derzeitigen Märkten werden die *financing contingencies* wohl für die meisten Verkäufer für einige Zeit ein zu akzeptierendes Faktum in Private-Equity-Transaktionen bleiben. Man darf gespannt sein, wie sich die Ausformulierungen der *reverse break-up fees* vor dem derzeitigen M&A-Marktumfeld fortentwickeln – insbesondere da Rechtsstreitigkeiten im Hinblick auf geplatzte Transaktionen stetig zunehmen.[3089]

### 3.3.2. MAC Conditions

Wie auch die *financing contingencies* sind so genannte MAC-Klauseln (Material Adverse Change Conditions) Gang und Gebe. In der erwähnten Studie[3090] fanden sich bei 94 % der untersuchten Transaktionen entsprechende MAC-Klauseln. MAC-Klauseln sehen vor, das ein prospektiver Käufer nicht zum Abschluss der Transaktion gezwungen werden kann, wenn der Verkäufer eine solche *material adverse change* zu gewärtigen bzw. sogar zu verschul-

---

[3088] Kaye Scholer LLP, What's Market, 2008 LBO Legal Issues Survey im Internet unter http://www.kayescholer.com/de_DE/news/publications/2008015/_res/id=sa_File1/WhatsMarket.pdf.
[3089] Siehe hierzu z. B. die Entscheidung United Rentals Incorporated vs. Ram Holdings Incorporated. In diesem Fall, der vor dem Delaware Chancery Court verhandelt wurde, hat der Kläger United Rentals Erfüllung eines merger agreements durch eine mit Cerberus Capital Management affiliierte Gesellschaft verlangt. Das merger agreement sah eine reverse break-up fee vor und enthielt etwas unklare Regelungen, was die Formulierung hinsichtlich der Leistungspflichten der Parteien anbelangt. Der Delaware Chancery Court entschied letztlich zugunsten des Beklagten und erlaubte Cerberus den Abbruch der Transaktion unter Zahlung der reverse break-up fee und vorliegend entstandener Gerichtskosten.
[3090] Kaye Scholer LLP, What's Market, S. 41.

den hat. Anhand der Formulierung der MAC-Klausel (inklusive entsprechender *carve outs* hinsichtlich der Definition) kann oftmals abgelesen werden, welche relative Verhandlungsstärke die jeweiligen Parteien im Rahmen der gegebenen Transaktion hatten.

Eine Standard MAC-Klausel sieht vor, dass ein Käufer nicht zum Abschluss der Transaktion gezwungen werden kann, sofern ein Ereignis oder eine Veränderung eintritt, welche bestimmt oder wahrscheinlich einen negativen Effekt auf das Unternehmen, dessen Vermögensgegenstände oder finanzielle Situation hat. Die Gerichte haben jüngst klargestellt, dass ein Käufer, der eine derart vereinbarte MAC-Klausel zur Anwendung bringen will, durchaus eine hohe Hürde zu nehmen hat.[3091] Kurzgefasst soll eine MAC-Klausel sicherstellen, dass der Käufer nicht zum Vertragsabschluss gezwungen werden kann, sofern ein unvorhergesehenes Ereignis nach dem Signing der Verträge eintritt, welches die unternehmerische Stellung der Zielgesellschaft bedroht. Konfrontiert mit diesen doch signifikanten Anforderungen, versuchen Käufer die entsprechende MAC-Klausel so extensiv zu formulieren, dass jegliche Verschlechterung der Unternehmensaussichten des Verkäufers den Käufer zu einem Abbruch der Transaktion befähigen soll. Tatsächlich dürfte es schwierig sein, eine solche erweiterte MAC-Klausel durchzusetzen, da die zitierten LBO-Studien lediglich im Fall von 14% der untersuchten Transaktionen MAC-Klauseln aufwies, welche auch zukünftige wirtschaftliche Aussichten in die MAC-Klausel einbezogen.

Im Gegensatzl hierzu ist es den Verkäufern in letzter Zeit gelungen, die Formulierung der MAC-Klausel zu ihren Gunsten einzuschränken. Im Speziellen gelang es Verkäufern in den letzten Jahren eine Reihe von Ausnahmen (so genannten *„carve-outs"*) aufzunehmen, hinsichtlich von Ereignissen welche bei breiterer Lesart als von der MAC-Klausel erfasst hätten angesehen werden können. Diese *carve-outs* sind in den letzten Jahren häufiger aufgetreten und können allgemein als Standard angesehen werden. Die zitierte LBO-Untersuchung listet folgende generelle Kategorien so genannter *MAC carve-outs* auf:

– Acts of God – enthalten in 12% der untersuchten Transaktionen;
– Acts of Terrorism – enthalten in 38% der untersuchten Transaktionen;
– Outbreaks of War – enthalten in 41% der untersuchten Transaktionen;
– Acts in Compliance with Terms of Acquisition Agreement – also jegliche Handlungen welche im Übrigen mit dem Anteilskaufvertrag in Übereinstimmung stehen – enthalten in 42% der untersuchten Transaktionen;
– Reaktionen auf die Ankündigung der derzeit laufenden Transaktion in Übereinstimmung mit bzw. aufgrund des Anteilskaufvertrages enthalten in 55% der untersuchten Transaktionen;
– Änderungen der U.S. Generally Accepted Accounting Principles (U.S. GAAP) – enthalten in 35% der untersuchten Transaktionen;
– Änderungen von Gesetzen bzw. Verordnungen – enthalten in 40% der untersuchten Transaktionen;
– generelle Veränderungen, welche die gesamte Industrie der Zielgesellschaft betreffen – enthalten in 72% der untersuchten Transaktionen; und
– generelle Veränderungen bzw. Schwankungen der wirtschaftlichen bzw. branchenspezifischen Rahmenbedingungen – enthalten in 81% der untersuchten Transaktionen.

Diese *carve-outs* erschweren es dem potentiellen Käufer effektiv nachzuweisen, dass eine *material adverse change* vorliegt und bürden ihm daher zusätzliche Risiken auf. Die zusätzlichen Hürden für den Käufer können es in einigen Fällen kritisch machen, dass ein Transaktionsabschluss tatsächlich resultiert.[3092] Insbesondere die derzeitige Krise auf den Kredit-

---

[3091] Vgl. hierzu die Entscheidung IBP vs. Tyson, eine häufig zitierte Entscheidung des Delaware Chancery Court in der das Gericht festgestellt hat, dass eine kurzfristige Schwankung bei den Erträgen keinen material adverse change im Sinne der entsprechenden Klausel darstellt, wobei es sich in der zitierten Entscheidung um einen so genannten strategischen Käufer handelte.

[3092] Vgl. hierzu die Entscheidung Genesco, Inc. vs. The Finish Line, Inc., eine Entscheidung des Tennessee Chancery Court bei der Genesco die weitere Vollziehung eines merger agreement beantragt

märkten wird dazu führen, dass die Anzahl der Rechtsstreitigkeiten über MAC-Klauseln und abgebrochene Transaktionen weiter zunehmen wird.[3093] Solche Fälle werden zur erhöhten Visibilität für jene Probleme führen, welche so genannte *MAC carve-outs* für potentielle Käufer mit sich bringen können. Die weitere Entwicklung mag möglicherweise eine Rückkehr zu spärlicheren bzw. enger formulierten *MAC carve-outs* bringen, sofern die Kreditmärkte weiterhin volatil bleiben und sehr zurückhaltende (Private-Equity-)Käufer es nicht unterlassen werden, Druck hinsichtlich der Einschränkung und Zurückdrängung von *MAC carve-outs* in M&A-Transaktionen auszuüben.

### 3.3.3. „Bring-Down" Conditions

Eine weitere Voraussetzung für das Closing, welche oftmals Rückschlüsse auf die relative Verhandlungsstärke von Käufer und Verkäufer zulässt, bezieht sich auf den Umfang, in dem die vom Verkäufer übernommene Zusicherung und Gewährleistung in Bezug auf die Zielgesellschaft zum Zeitpunkt des Signing des Kaufvertrages auch noch zum Zeitpunkt des Closing Geltung haben. Käufer mit einer starken Verhandlungsposition werden darauf bestehen, dass alle Zusicherungs- und Gewährleistungsvereinbarungen bezogen auf die Zielgesellschaft vom Signing bis zum Moment des Closing fortgeschrieben werden, d. h., dass der Käufer das Fortbestehen der entsprechenden verkäuferseitigen Verpflichtungen zur Voraussetzung seiner Closing-Verpflichtung macht. Einige Verkäufer werden sich bei ihrerseits starker Verhandlungsposition diesem so genannten Bring-Down-Erfordernis entziehen können, aber die Mehrzahl der jüngsten Transaktionen reflektiert die ein oder andere Form einer solchen Bring-Down-Klausel. In diesen Transaktionen ist sodann die Frage, ob auch in Bezug auf eine solche Bring-Down-Klausel die Wesentlichkeits- bzw. Erheblichkeitsstufe erklommen ist.

Auf der mehr käuferfreundlichen Seite des Spektrums enthält eine beachtliche Zahl von Transaktionen eine Bring-Down-Klausel, die entweder erfordert das (i) die Zusicherungs- und Gewährleistungsübernahmen zum Zeitpunkt des Signings auch zum Zeitpunkt des Closings zutreffend sind oder (ii) die Zusicherungs- und Gewährleistungsübernahme zum Zeitpunkt des *signings* im Wesentlichen auch zum Zeitpunkt des Closings einschlägig sind. In einer zunehmenden Anzahl von Transaktionen findet sich allerdings auch eine verkäuferfreundliche Fassung der Bring-Down-Klausel. Danach ist nicht erforderlich, dass die Zusicherungs- und Gewährleistungsübernahmen die zum Zeitpunkt des Signings gegeben wurden nicht mehr zum Zeitpunkt des Closings einschlägig sein müssen, vorausgesetzt das der Effekt entsprechender Verstöße oder Unregelmäßigkeiten höchstwahrscheinlich keinen durchschlagend negativen Effekt auf die Zielgesellschaft hat. Die Entwicklung hin zu derart eher verkäuferfreundlichen Fassungen der Bring-Down-Klausel wird in der näheren Zukunft wohl einem Stresstest unterzogen werden, da die relative Verhandlungsstärke potentieller Käufer vor dem Hintergrund der nach wie vor angespannten Kreditmärkte zunehmen dürfte.

Im derzeitigen Kreditumfeld dürfte es zudem zu einer steigenden Anzahl verfehlter *closing conditions* kommen (oder zumindest Situationen in denen ein potentieller Verkäufer dies annimmt). Solche Situationen dürften auch zu einer höheren Zahl von Klagen führen bzw. zu einer höheren Anzahl von neuverhandelten Kaufverträgen. Wie auch immer sich dies letztlich materialisiert, dürfte es bei den M&A-Transaktionen in naher Zukunft eine Menger Bewegung bei den *closing conditions* geben.

---

hat. Der Beklagte der Finish Line, hat argumentiert, dass die MAC-Klausel im streitgegenständlichen merger agreement einschlägig sei. Das Gericht hat The Finish Line insoweit Recht gegeben, aber gleichzeitig festgestellt, dass die entsprechende Veränderung – Verschlechterung auf allgemeine wirtschaftliche Entwicklungen zurückzuführen sei, welche ausdrücklich aus der Definition der material adverse change im streitgegenständlichen merger agreement ausgenommen worden sei.

[3093] Vgl. hierzu nochmals United Rentals, Inc. vs. Ram Holdings, Inc.

### 3.4. Zusicherungen und Gewährleistungsversprechen

Auch wenn der Umfang der übernommen Zusicherungen und Gewährleistungen, welche im Rahmen einer M&A-Transaktion verhandelt werden, je nach den unterschiedlichen Sachverhalten variieren dürfte, so gibt es doch eine Anzahl bestimmter Regelungen, welche abermals Rückschlüsse auf die Verhandlungsstärke der jeweiligen Partei zulassen.

Das von der *American Bar Association* veröffentlichte *model stock purchase agreement* enthält eine Zusicherung, wonach die Zielgesellschaft über keinerlei Verbindlichkeiten oder vertragliche Verpflichtungen verfügt, es sei denn diese sind in den Bilanzen der Zielgesellschaft abgebildet oder wurden nach Erstellung dieser Bilanzunterlagen eingegangen. Man spricht hierbei verallgemeinernd von den so genannten No-Undisclosed-Liabilities-Zusicherungen, welche gewissermaßen als Standard im Rahmen von entsprechenden Kaufverträgen angesehen werden können. In der Tat hat die bereits mehrfach zitierte Untersuchung ergeben, dass 92 % aller untersuchten Transaktionen die eine oder andere Form einer solchen No-Undisclosed-Liabilities-Zusicherung enthielten. Trotzdem verhandeln Käufer und Verkäufer oftmals gewisse Ausnahmen von einer solchen Zusicherung, welche eine große Bandbreite an Variabilität aufweisen. Die Untersuchung[3094] listet die folgenden Ausnahmen bzw. Einschränkungen hinsichtlich einer No-Undisclosed-Liability-Zusicherung auf.

- Beschränkung auf solche Verpflichtungen, welche auch gem. U.S. GAAP in den Bilanzunterlagen Aufnahme finden müssen – enthalten in 38 % der untersuchten Transaktionen;
- Ausschluss für immaterielle Verpflichtungen oder solche Verpflichtungen, die keinen *material adverse effect* auf die Zielgesellschaft haben – enthalten in 39 % der untersuchten Transaktionen;
- Ausschluss für Verbindlichkeiten, welche im Rahmen des gewöhnlichen Geschäftsbetriebes der Zielgesellschaft eingegangen werden – enthalten in 79 % der untersuchten Transaktionen; und
- Ausschluss für Verbindlichkeiten, welche sich auf eine separate Aufstellung (*separate schedule*) beziehen – enthalten in 56 % der untersuchten Transaktionen.

Derlei Qualifikationen bzw. Ausschlussregelungen statten Käufer wie Verkäufer mit einem beachtlichen Verhandlungsspielraum innerhalb der allgemein akzeptierten No-Undisclosed-Liabilities-Zusicherung aus.

Es gibt zwei weitere Zusicherungen, die regelmäßig im Zusammenhang mit der Verhandlung eines Unternehmenskaufvertrages diskutiert werden und welche Rückschlüsse auf den allgemeinen Zustand am M&A-Markt zulassen. Auf der käuferfreundlichen Seite des Spektrums verfügt eine so genannte *full-disclosure representation*, eine Zusicherung vollständige und wahrheitsgemäße Darstellung aller Tatsachen, welche sich auf die Zielgesellschaft beziehen und keine Tatsache unerwähnt bzw. unberücksichtigt lassen, welche die gegebene Zusicherung im Nachhinein nicht in einem ungünstigeren Licht erscheinen lassen. Diese Zusicherung wird typischerweise bezeichnet als so genannte *10b-5 representation,* was zurückzuführen ist auf die vergleichbare Formulierung in der *Rule 10b-5* des *Securities Act of 1933*. Diese findet Aufnahme in 19 % der in der zitierten Studie untersuchten Transaktion. Die 10b-5 Formulierung gibt dem Käufer effektiv einen Anspruch aus Vertragsverletzung, falls der Käufer später etwas über die Zielgesellschaft erfährt, was die Transaktion im Nachhinein in einem anderen Licht erscheinen lässt.

Demgegenüber werden die Käufer regelmäßig darauf bestehen, dass keine Zusicherungen und Gewährleistungsversprechen abgegeben werden über jene Tatbestände, die nicht schriftlich im Kaufvertrag Aufnahme gefunden haben. Eine solche Formulierung findet sich in 68 % der im Rahmen der Studie untersuchten Transaktionen und hat ihre Funktion darin, Ansprüche aus allgemeinen Rechtsprinzipien zu limitieren.

---

[3094] Kaye Scholer LLP, What's Market, S. 53.

### 3.5. Schadensersatzvereinbarungen

Im Fall einer Post-Closing-Streitigkeit zwischen Käufer und Verkäufer hat die Einigung hinsichtlich Freistellungs-, Caps-/Baskets-Mechanismen bzw. – auch Einschränkungen – einen spürbaren finanziellen Effekt. Als Ergebnis lässt sich feststellen, dass so genannte Haftungsfreistellungs-vereinbarungen die mit am stärksten verhandelten Klauseln eines Unternehmenskaufvertrages sind.

Bei einer spürbaren Mehrheit der Transaktionen werden Schadensersatzansprüche des Käufers auf einen gewissen Betrag beschränkt, der in der Regel signifikant unter dem vereinbarten Kaufpreis liegt. In der Kaye-Scholer-Studie betrug diese generell cap ca. 15% im Durchschnitt der untersuchten Transaktionen. Schließt man sogar jene Transaktionen aus bei der die generelle *cap* über 20% des Gesamtkaufpreises lag[3095] so liegt sodann die durchschnittliche generelle *cap* auf Schadensersatz-ansprüche bei ca. 8%. Diese Durchschnittswerte spiegeln die relativ hohe Verhandlungsstärke der Käufer bei den untersuchten Transaktionen im Zeitraum der letzten fünf Jahre wieder. In einem Markt mit verschärften Finanzierungsumfeld dürfte sich aber erhöhter Druck auf eine Heraufsetzung der generellen *caps* ergeben. In jedem Fall werden Käufer weiterhin hart verhandeln, um Ausnahmen von dieser generellen *cap* bezogen auf Schadensersatzansprüche zu erreichen.

In der untersuchten Studie bezogen sich die entsprechenden *carve-outs* hinsichtlich der Verletzung fundamentaler Zusicherungen z. B.:
– hinsichtlich der Eigentümerstellung an Anteilen oder Vermögensgegenständen bzw. der Vertretungsmacht – enthalten in 45% der untersuchten Transaktionen;
– *Carve-outs* hinsichtlich des Verstoßes gegen umweltrechtliche Vorschriften – enthalten in 18% der untersuchten Transaktionen;
– *Carve-outs* im Hinblick auf Verstöße gegen ERISA-Zusicherungen – enthalten in 14% der untersuchten Transaktionen;
– *Carve-outs* hinsichtlich des Verstoßes gegen steuerrechtliche Zusicherungen – enthalten in 34% der untersuchten Transaktionen;
– *Carve-outs* hinsichtlich der Verstöße gegen Zusicherungen mit Bezug auf *broker fees* oder Kommissionsansprüche – enthalten in 31% der untersuchten Transaktionen.

Die meisten Schadensersatzansprüche enthalten auch eine Beschränkung dahingehend, dass der Käufer keiner Schadensersatzverpflichtung unterliegt, bevor die kumulativen Ansprüche des Käufers eine gewisse Schwelle (gewöhnlich 1% des Kaufpreises) nicht überschreiten (*basket*). Circa die Hälfte der untersuchten Transaktionen enthielten auch so genannte Mini-Basket-Regelungen, wonach einzelnen Schadensersatzansprüche die einen Minimumbetrag nicht übersteigen, keine Berücksichtigung bei der Gesamtforderung des Käufers finden.

Eine steigende Anzahl von Transaktionen enthält Formulierungen, wonach die Wesentlichkeits-voraussetzung hinsichtlich der Zusicherungen und Haftungen bezogen auf die Zielgesellschaft für die Zwecke der Bestimmung eines Verstoßes aus dem Kaufvertrag „heraus gelesen werden", auch was die Höhe des entsprechenden Schadensersatzanspruches anbelangt. 20% der untersuchten Transaktionen enthielten auch eine solche Klausel.

Typischerweise verjährt der entsprechende Schadensersatzanspruch spätestens nach zwei Jahren seit Geltendmachung. Auch hier versuchen die Käufer Ausnahmeregelungen durchzusetzen, was z. B. Ansprüche bei Verstoß gegen steuerrechtliche Zusicherungen anbelangt (, welche sich ihrerseits der hinsichtlich der Verjährung ja an den steuerrechtlichen Vorschriften orientieren), Zusicherungen bezogen auf ERISA Verpflichtungen, umweltrechtliche Zusicherungen, fundamental wichtige Zusicherungen hinsichtlich der Eignerschaft an Vermögensgegenständen und Anteilen sowie betreffend die Vertretungsmacht zum Eingehen der Transaktion und letztlich Zusicherungen hinsichtlich der Kapitalisierung der Ziel-

---

[3095] Solche Transaktionen mit generellen caps von mehr als 20% des Kaufpreises können guten Gewissens ausgeschlossen werden, da es sich um wenige Ausreißer handelt.

gesellschaft. In vielen Fällen werden Käufer und Verkäufer separate Schadensersatzregelungen hinsichtlich der hier erwähnten Vertragsverstöße vereinbaren.

Schließlich werden Verkäufer, welche eine starke Verhandlungsposition für sich beanspruchen können, Regeln dahingehend aufnehmen wollen, dass sie sich keiner Schadensersatzverpflichtung unterwerfen, sofern dem potentiellen Käufer entsprechende Vertragsverstöße vor Unterzeichnung des Vertrages bekannt waren. Eine solche Regelung wird regelmäßig als Anti-Sandbagging-Klausel bezeichnet, welche effektiv einer prozessualen Durchsetzung entsprechender Forderungen einen Riegel vorlegen kann. Auch in Fällen von ganz offenkundigen Vertragsverstößen seitens des Verkäufers kann eine entsprechende Anti-Sandbagging-Formulierung diesen befähigen, bereits auf der Sachverhaltsebene und somit vor der eigentlichen rechtlichen Würdigung des Gerichts der Forderung entgegen zu treten. Diese äußerst käuferfreundliche Klausel konnte nur in 12% der untersuchten Transaktionen entdeckt werden.

Im Gegensatz dazu werden sehr verhandlungsstarke Käufer eine Klausel dahingehend durchsetzen können, dass gerade eine (vorangehende) Kenntnis jeglicher Verstöße gegen Zusicherungen und Gewährleistungen eine Verpflichtung zur Schadensersatzleistung des Verkäufers in keinerlei Weise beeinflusst. Dies wiederum bezeichnet man als Anti-Sandbagging-Klausel. Die entsprechende sehr käuferfreundliche Klausel findet sich immerhin in 25% der untersuchten Transaktionen.[3096]

## 4. Finanzierung

Vor dem Zusammenbruch der bis dahin boomenden Kreditmärkte in der Mitte des Jahres 2007 trieben letztere den M&A-Markt auf neue Höhen. Senior Facilities standen Private-Equity-Käufern auf breiter Basis und zu extrem guten Konditionen bei großzügigen *debt-to-equity ratios* auf Abruf zur Verfügung. Ergänzend waren Finanzierungen auf dem *subordinated* oder *mezzanine level* eine ergänzende Quelle der nachrangigen Finanzierung um die Leverage bei Primärtransaktionen zu erhöhen oder aber bei bestehenden Portfolio-Unternehmen Rekapitalisierungen vorzunehmen. Im Gegensatz hierzu bietet der gegenwärtige Kreditmarkt ein sehr angespanntes Umfeld und *senior lenders* verhandeln sehr viel stringentere Kreditkonditionen mit sehr weniger generösen Kreditbedingungen und sehr viel vorsichtigeren *debt-to-equity ratios* – sofern überhaupt noch Darlehen ausgereicht werden. Weiterhin vertreten die *senior lenders* mittlerweile eine sehr harte Position hinsichtlich der Gewährung von *subordinated debt* (sofern dies überhaupt zugelassen wird) im Rahmen von *inter-creditor agreeements*, was zu einer zusätzlichen Verteuerung der entsprechenden Kredittranchen führt. Es ist ungewiss, wann eine gewisse Erleichterung auf den Kreditmärkten eintreten wird, gewiss ist jedoch das bei Eintritt einer solchen Erleichterung die *senior lenders* auch weiterhin ein hohes Maß an Vorsicht bei der Kreditgewährung an den Tag legen werden.

## 5. Exits

Traditionell sind die Haupt-Exit-Strategien, welche auch von den Private-Equity-Gesellschaften hinsichtlich ihrer Portfolio-Unternehmen angestrebt werden IPOs, *leveraged recapitalizations* und Verkäufe an strategische Erwerber. Im derzeitigen Kreditumfeld ist die Fähigkeit, *leveraged recapitalizations* umzusetzen, stark beeinträchtigt und der Markt für Börsengänge hat auch einen signifikanten Einbruch erlitten. Wie bereits erwähnt, gab es in der ersten Hälfte 2008 lediglich 42 IPOs in den USA entsprechend einem Volumen von 29,3 Mrd.

---

[3096] Hierzu gilt es festzustellen, dass in Abwesenheit einer expliziten Anti-Sandbagging-Klausel es ohnehin sehr wahrscheinlich ist, dass die vom Käufer durchzusetzenden Rechte nicht durch dessen vorangehendes Wissen getrübt werden – auch in Abwesenheit einer so genannten Pro-Sandbagging-Klausel.

## 8. Teil. Länderberichte/Country Reports

§ 1 USA

USD, verglichen mit 147 Börsengängen in den ersten sechs Monaten 2007 entsprechend einem Äquivalent von 32,8 Mrd. USD – ein Rückgang bei den IPOs von 70%. Als Ergebnis ist im derzeitigen Marktumfeld die vorrangige Option für Private-Equity-Gesellschaften der Verkauf des Portfolio-Unternehmens an einen strategischen Käufer. Ob der breite Rückgang der M&A-Aktivitäten einen nachhaltigen Einfluss auf die Preisfindung im Rahmen solcher Transaktionen haben wird, dürfte sehr wahrscheinlich abhängen von der individuellen Dynamik der spezifischen Transaktion (unter besonderer Berücksichtigung der einschlägigen Branchen, der finanziellen Stärke des Käufers, wie auch dem strategischen „Fit" des Portfolio-Unternehmens mit den übrigen wirtschaftlichen Aktivitäten des Käufers).

### 6. Ergebnis

Die generellen Trends im Bereich der M&A-Klauseln, welche vorliegend beschrieben wurden, werden insgesamt nur nachrangige Bedeutung für die Verhandlung der entsprechenden Transaktionen insgesamt haben, insofern als die *terms and conditions* sich signifikant bei jeder einzelnen Transaktion mit den unterschiedlichen Interessen und Verhandlungsstärken von Käufern und Verkäufern unterscheiden dürften. Trotzdem dürfe ein breiteres Verständnis der Marktentwicklung einen sinnvollen Startpunkt für die Verhandlung spezifischer Klauseln darstellen. Im derzeitigen Marktumfeld mit schwierigen Finanzierungsbedingungen und steigender Unsicherheit, was auch gerade den Abschluss einer angestrebten Transaktion anbelangt, dürften sich die breiteren Markttrends allerdings nicht durch eine besondere Nachhaltigkeit auszeichnen.

# § 2 UK

| Übersicht | Seite |
|---|---|
| 1. Einführung und Momentaufnahme des M&A-Marktes sowie der Private-Equity-Fonds-Aktivitäten | 793 |
| 2. Fondsstrukturen | 794 |
| 2.1. Limited Partnerships | 795 |
| 2.2. Wesentliche Strukturelemente | 796 |
| 2.2.1. Fondsgröße und Investmentstrategie | 796 |
| 2.2.2. Capital Contributions | 796 |
| 2.2.3. Management der Partnership | 797 |
| 2.2.4. Ausfall der limited partner mit ihren Zahlungsverpflichtungen | 797 |
| 2.2.5. Investmentperiode | 798 |
| 2.3. Key Economic Terms | 798 |
| 2.3.1. Carried Interest | 798 |
| 2.3.2. Managementgebühren und andere Einnahmen | 799 |
| 2.4. Vermarktung von Private-Equity-Fonds | 799 |
| 2.4.1. Collective Investment Schemes | 800 |
| 2.4.2. Scheme Promotion Order | 800 |
| 2.4.3. FSA Rules | 800 |
| 2.4.4. Unauthorised Persons | 801 |
| 2.5. Anforderungen des Walker Reports | 801 |
| 2.6. Von der Walker Working Group zu der Guidelines Monitoring Group | 803 |
| 2.7. Die Alternative Investment Fund Manager's Directive | 803 |
| 3. Transaktionen mit Private-Equity-Hintergrund | 804 |
| 3.1. Transaktionsstruktur und -finanzierung | 804 |
| 3.2. Strukturierung vor der Finanzkrise | 805 |
| 3.3. Einfluss der Finanzkrise | 806 |
| 3.4. Exit | 806 |

## 1. Einführung und Momentaufnahme des M&A-Marktes sowie der Private-Equity-Fonds-Aktivitäten

Die Aktivitäten im M&A-Bereich in Großbritannien wurden stark durch den wirtschaftlichen Einbruch der letzten Zeit beeinträchtigt. Im ersten Quartal 2009 ist die Anzahl der M&A-Transaktionen mit UK-Zielgesellschaften auf ihren niedrigsten Stand seit 1993 gefallen – auch wenn die Interventionen seitens der Regierung im Bereich der Finanzinstitutionen zum einem starken Anstieg der absoluten Deal-Voluminia geführt haben.

UK-Unternehmen waren danach Ziele von 422 M&A-Transaktionen, welche im ersten Quartal 2009 mit einem Volumen von 54,1 Mrd. € annonciert wurden. Das ist in etwa die Hälfte der Transaktionen, welche für das erste Quartal 2008 annonciert wurden (791 Transaktionen mit 23,1 Mrd. € an Voluminia). Die Zahl für das erste Quartal 2009 ist, wie bereits erwähnt, die niedrigste seit dem vierten Quartal 1993, zudem UK-Unternehmen die Ziele von nur 404 M&A-Transaktionen darstellten.[3097]

Der signifikante Rückgang bei den M&A-Aktivitäten findet wenig überraschend sein Pendon bei den Aktivitäten der Private-Equity-Fonds, welche mittlerweile eine Schlüsselstellung im Bereich der M&A-Akteure einnehmen und auch für den relativen M&A-Boom der vergangenen Jahre verantwortlich waren. Statistiken für 2008 sowie das erste Quartal 2009, welche vom *Center for Management Buy-out Research* (CMBOR) an führenden UK-Daten Bankanbieter, veröffentlicht wurden, illustrieren den dramatischen Fall auf dem UK-Private-Equity-Markt en detail:

(i) Die Investition von Private-Equity-Fonds in Großbritannien erreichten mit nur 2 Mrd. € im ersten Quartal 2009, wobei 2/3 dieses Gesamtbetrages auf nur eine Transaktion

---
[3097] Grant Thornton LLP, März 2009.

# 8. Teil. Länderberichte/Country Reports § 2 Länderbericht UK

entfielen. Dies steht in Relation zu 1,3 Mrd. € im vierten Quartal 2008 – dem schlechtesten Quartal der vergangenen 13 Jahre;
(ii) Die Anzahl der Transaktionen ging auf nur 61 für das erste Quartal 2009 zurück – von zuvor 92 Transaktionen im vierten Quartal 2008 und sogar 152 im ersten Quartal 2008;
(iii) 23 (etwa 38 %) der 61 tatsächlich durchgeführten Transaktionen im ersten Quartal 2009 bezogen sich auf Transaktionen aus der Insolvenz und stehen damit für 14 % der Gesamttransaktionsvolumina;
(iv) Es gab insgesamt nur 8 Transaktionen in Großbritannien im Bereich zwischen 10 und 100 Mio. € im ersten Quartal 2009 – ein Rückgang von 39 Transaktionen im Vergleichszeitraum in 2008;
(v) Es gab zudem nur 30 Private-Equity-Exits mit einem aggregierten Wert von 221 Mio. € im ersten Quartal 2009. Es gab keinen Exit über Börsengänge für das fünfte aufeinander folgende Quartal. Ebenfalls sinkt kontinuierlich der Exit-Erlös seit dem Rekordjahr 2006 als ein aggregierter Gesamtwert von 26,9 Mrd. € realisiert wurde. Zum Ende 2008 konnten über Exits lediglich 9,8 Mrd. € i.R.v. 324 Transaktionen realisiert werden.

Diese Zahlen erlauben im Wesentlichen zwei Rückschlüsse. Erstens sind die großen Leveraged Buy-Outs, welche charakteristisch für die Boomjahre 2006 bis 2007 waren, angesichts des nur unzureichend verfügbaren Fremdkapitals quasi verschwunden. Zweitens sind Exits bestehender Portfolio-Unternehmen schwierig, wenn nicht unmöglich, zumindest was den Börsengang als Exit-Option anbelangt. Private-Equity-Fonds haben konsequenterweise ihren Fokus von den großen Leveraged Buy-Outs und lukrativen Exits verlagert hin zur operativen Verbesserung und Wertsteigerung im Rahmen des bestehenden Unternehmensportfolios. Die Buy-Out-Aktivitäten der Private-Equity-Fonds in Großbritannien werden voraussichtlich mittel- bis langfristig durch *distressed sales* von Unternehmen in insolvenznahen Situationen dominiert werden, wobei zudem bevorzugt Eigenmittel der Fonds zum Einsatz kommen dürften, verbunden mit der Hoffnung, dass ein gewisser Anteil hiervon bei wieder anziehenden Kreditmärkten refinanziert werden kann, sobald eine *leverage* zu akzeptableren Konditionen darstellbar ist.

Dieser Länderbericht soll einige grundlegendere Entwicklungen hinsichtlich der Formierung von Private-Equity-Fonds sowie bei der Gestaltung durch Private-Equity-Gesellschaften initiierte M&A-Transaktion in Großbritannien diskutieren.

## 2. Fondsstrukturen

Private-Equity-Fonds sind nach derzeitiger Rechtslage unregulierte Investmentvehikel, welche formiert werden, um Investments in börsennotierte wie nicht -notierte Unternehmen und andere Wertpapiere zu erleichtern. Private-Equity-Fonds können agieren als Generalisten oder aber spezifische Schwerpunkte in geographischer wie Branchenhinsicht haben. Herkömmlicherweise können diese Fonds in zwei Kategorien eingeteilt werden: (i) Venture-Capital-Fonds, die in Start-Up- und Early-Stage-Situationen investieren sowie Buy-Out-Fonds, welche in bereits reifere Unternehmungen investieren.

Oftmals wird die Auflegung eines Private-Equity-Fonds eine Gesellschaft stärkeren rechtlichen Beschränkungen unterwerfen, als sie es für gewöhnlich bei anderen Aktivitäten zu gewärtigen hat. Als eine Folge dieser weiteren Beschränkungen muss gehöriger Strukturierungsaufwand bei der Vorbereitung und Verhandlung der Fondsdokumentation getrieben werden. Auch wenn es hinsichtlich der wesentlichen Strukturelemente bei Private-Equity-Fonds mittlerweile so genannte „*market-terms*" gibt, so sind diese doch dynamisch und verändern sich mit der Zeit, insbesondere auch im Hinblick auf veränderte Investmentstrategien (z. B. eben Venture-Capital-Fonds im Vergleich zu Buy-Out-Fonds).

## 2.1. Limited Partnerships

Limited Partnerships sind auch bei den in Großbritannien strukturierten Private-Equity-Fonds das Investmentvehikel der Wahl. Historisch kamen hierbei *UK Limited Partnerships* wie auch *Offshore Partnerships* als Strukturierungsalternativen in Frage. Da *partnerships* für gewöhnlich von den Steuerbehörden in Großbritannien als steuerlich transparent behandelt werden, werden die Partner der *limited partnership* so behandelt, als hätten sie direkt in die darunter liegenden Vermögensgegenstände, welche von der *partnership* gehalten werden, investiert.

Die Rechtsverhältnisse der Partner untereinander werden bestimmt durch das *partnership agreement,* dessen Umfang und Inhalte zwischen dem *general partner* und den *limited partners* verhandelt werden. Das *partnership agreement* begründet die *partnership* und konstituiert die wesentlichen Beziehungen und Parameter im Verhältnis der *limited partner* untereinander sowohl wie auch zwischen den *limited partners* und dem *general partner.*

Es ist wichtig darauf hinzuweisen, dass eine englische *limited partnership* keine eigenständige Rechtspersönlichkeit besitzt und daher nicht direkt selbst Vermögensgegenstände zum Eigentum halten kann.[3098] Daher besitzen die *partner* selbst pro rata die Vermögensgegenstände nach Maßgabe ihrer prozentualen Anteilseignerschaft an der *partnership*. Ein Anteil eines *partners* an der *partnership* bezieht sich auf sein Kapitalkonto, welches nach Maßgabe folgender Kriterien veränderlich ist:
(1) durch Einlagen bzw. Entnahmen von Kapital durch den *partner* und
(2) durch entsprechende Gewinne oder Verluste, welche nominell die *partnership* erzielt und welche dem individuellen *partner* zugeordnet werden.

Nach welchem Verhältnis die realisierten wie unrealisierten Gewinne oder Verluste zwischen den Partnern verteilt werden, richtet sich ebenfalls nach dem *partnership agreement.*

Das Recht zum laufenden Managements der *limited partnership* steht einzig und allein dem *general partner* zu. *Limited partner* können ggf. rechtlich als *general partner* angesehen werden und damit den Vorteil der beschränkten Haftung verlieren, sofern sie sich aktiv am Management der *partnership* beteiligen. Wo hier genau die Grenze zu ziehen ist, hängt im Wesentlichen davon ab, welche Jurisdiktion im Hinblick auf die Frage adressiert ist. Da es keine einheitliche Definition des Begriffs „Management" im *Limited Partnership Act 1907* (im Weiteren „1907 Act") gibt, verfolgen die meisten *limited partner* einen sehr konservativen Ansatz hinsichtlich ihrer Beteiligung an Management-Entscheidungen.

Der 1907 Act beschränkt die Haftung des *limited partner* generell auf seine Kapitaleinlage. Section 4(2) des 1907 Act erreicht dies, indem er festlegt, dass *limited partners* „... shall not be liable for the debts or obligations of the firm beyond the amount so contributed". Investoren von Private-Equity-Fonds werden es generell nicht akzeptieren, dass ihre eingebrachten Vermögenswerte Ansprüchen von Gläubigern des Fonds oder noch weitergehend der Portfolio-Unternehmen des Fonds unterliegen.

Obwohl es kein rechtliches Erfordernis dahingehend gibt, dass das *partnership agreement* in schriftlicher Form abgefasst sein muss, ist es bei Private-Equity-Fonds absoluter Standard, um eine Gewissheit bei der Verteilung der Rechte und Pflichten bzw. des Haftungsumfangs zwischen den beteiligten Parteien zu erlangen. Ein *partnership agreement* ist ein Vertrag und wird in Übereinstimmung mit den gängigen vertragsrechtlichen Prinzipien ausgelegt werden. *Partnership agreements* gelangen gewöhnlich zur Ausführung als so genannte *deeds,* auch wenn es streng genommen hierfür kein rechtliches Erfordernis gibt. Bis zu seiner Registrierung wird die *partnership* als *general partnership* und nicht als *limited partnership* betrachtet werden, was bedeutet, dass zunächst auch den *limited partners* eine unbeschränkte Haftung auferlegt wird, bis es zur Registrierung kommt.

---

[3098] Dies ist ein Unterschied zur schottischen limited partnership, welche eine eigene Rechtspersönlichkeit besitzt.

## 2.2. Wesentliche Strukturelemente

Bei der Strukturierung eines Private-Equity-Fonds ist es wichtig, einen flexiblen Rahmen zu schaffen, um auf unvorhersehbare Ereignisse über die Zeitdauer des Fonds reagieren zu können und hierbei gleichzeitig die wesentlichen wirtschaftlichen Zielsetzungen der beteiligten Parteien und die daraus resultierenden Rechte zur Umsetzung zu bringen. Eine große Anzahl der strukturellen Ansätze, welche in den letzten beiden Jahrzehnten zur Umsetzung gekommen sind, sind hauptsächlich steuerlich motiviert.[3099]

### 2.2.1. Fondsgröße und Investmentstrategie

Die Summe, die im Fundraising des Private-Equity-Fonds einzuwerben ist, hängt maßgeblich davon ab, welche Art und Größe die potentiellen Zielgesellschaften haben, welche der Fonds ins Auge nehmen will. Es ist zunehmend üblich, dass die Fondsdokumente Regelungen dahingehend enthalten, dass eine Obergrenze definiert wird, über die hinaus der *general partner* keine weiteren Mittel einwerben darf. Weiterhin kann der *general partner* auch Restriktionen hinsichtlich eines möglichen Recyclings der Investmenterträge unterliegen, die ihm eine Ausschüttung auferlegen bzw. ein Folgeinvestment untersagen.

Ein Private-Equity-Fonds wird typischerweise eine spezifische geographische bzw. Sektorausrichtung haben, auf die er seine Aktivitäten konzentriert. Es können zudem explizite Diversifikationserfordernisse bzw. Begrenzungen hinsichtlich Cluster-Risiken vereinbart werden, an die sich der *general partner* halten muss. Alternativ in Abwesenheit „harter" Restriktionen sind die strategischen Leitlinien wichtiger als ein festgezurrtes Korsett an Investitionsvorgaben.

Der Trend in Richtung Mega-Fonds (Private-Equity-Fonds mit einem eingesammelten Volumen von mehr als 10 Mrd. USD) hat offenbar seine natürliche Grenze erreicht, so dass eine Anzahl von *general partners* ihren Investoren die Möglichkeit zur Reduzierung ihrer *capital commitments* bieten – dies auch vor dem Hintergrund einer nachlassenden Zahl von interessanten Zielgesellschaften bzw. limitierten Zugang zu Fremdfinanzierungen.

### 2.2.2. Capital Contributions

Die *capital contributions* betreffenden Regelungen des *partnership agreement* sind von hoher Bedeutung, da sie die entsprechenden Verpflichtungen der *limited partner* hinsichtlich entsprechender Kapital- bzw. Darlehenszusagen gegenüber der *partnership* regeln. Es gibt hierzu eine Vielzahl vertraglicher Optionen, z. B.:
(i) eine Einzahlung zum Beginn der Fondslaufzeit und ein weiterer Abruf nur im Einvernehmen aller Partner;
(ii) eine entsprechende anfängliche Einzahlung und eine Reihe weiterer Zahlungen in Folge bis zu einer vorab definierten *cap*. Dies verbunden mit dem Risiko, dass diesen *follow-up contributions* nicht Folge geleistet werden kann, so dass auf Seiten der *partnership* eine entsprechende Liquiditätslücke entsteht;
(iii) eine Kombination dieser beiden Klauseln, verbunden mit dem generellen Erfordernis, jederzeit Kapital bzw. Darlehen auf Abruf zur Verfügung zu stellen, sofern Haftungsansprüche gegen die *partnership* geltend gemacht werden bzw. es der vorab definierte Businessplan erforderlich macht.

*Limited partner* stellen dem Private-Equity-Fonds ihre Kapitaleinlage typischerweise über einen bestimmten Zeitraum zur Verfügung, nachdem sie vom *general partner* eine entsprechende *draw-down-notice* erhalten haben. Dem *limited partner* stehen sodann zehn Tage zur Verfügung, um den entsprechenden Verpflichtungen zu genügen oder sich anderenfalls Haf-

---

[3099] Vgl. hierzu die Stellungnahme der BVCA zu limited partnerships, welche als Venture Capital Investment Funds dienen (v. 26. Mai 1987) wie auch das Memorandum of Understanding zwischen der BVCA und HM Revenue and Customs Office hinsichtlich der steuerliche Behandlung von Venture Capital und Private Equity Limited Partnerships v. 15. Juli 2003.

tungsansprüchen ausgesetzt zu sehen. Ausnahmen gibt es für bestimmte *limited partner*, welche entsprechende hindernde Investmentrestriktionen vorab geltend gemacht haben.

Im Gegensatz zu Private-Equity-Fonds, welche als *Delaware limited partnership* strukturiert werden, wo der Investor dem Fonds sein gesamtes zugesagtes Kapital über eine *captial contribution* zur Verfügung steht, wird im Fall von *UK-limited partnerships* der Investor typischerweise sein Investment zunächst über Vorabdarlehen zur Verfügung stellen und nur einen allenfalls kleineren *trial* als Eigenkapital.

Diese Praxis ist zurückzuführen auf Bedenken im Hinblick auf Section 4(3) des 1907 Act, wonach ein *limited partner*, welcher vor Auflösung der *partnership* sein ursprünglich zur Verfügung gestelltes Kapital ganz oder teilweise ausgeschüttet erhält, dazu verpflichtet sein könnte, die entsprechenden Summe zur Ausbezahlung anderer Gläubiger der *partnership* sodann wieder zurückzuerstatten. Im Ergebnis werden bei UK-Private-Equity-Fonds die Partner typischerweise nur einen sehr geringen Anteil als tatsächliches Eigenkapital (z. B. 0,1 %) und den Rest der Zahlungsverpflichtung im Wege von vorab Darlehen (z. B. 99,9 %) zur Verfügung stellen. Das Vorabdarlehen wird ebenfalls vor Auflösung der *partnership* gemäß den Regelungen im *partnership agreement* an den jeweiligen *limited partner* zurückerstattet werden.

Der *general partner* investiert traditionell einen gewissen Betrag Seite an Seite mit den *limited partners*, um ein so genanntes *alignment of interest* zu gewährleisten. Die entsprechende Verpflichtung des *general partner* kann direkt über das Fondsvehikel realisiert werden, was sicherstellen würde, dass der *general partner* pari passu mit jedem *limited partner* an den Erträgen der einzelnen Investments beteiligt wird oder der *general partner* kann andererseits auf einer Ad-hoc-Basis und fallweise sich bei einzelnen Investitionen engagieren.

### 2.2.3. Management der Partnership

Die Management-Klausel legt typischerweise fest, dass die *limited partner* sich nicht am Management des Unternehmens beteiligen dürfen. Regelmäßig wird statuiert, dass der *general partner* die Interessen der *partnership* wahrnimmt – dies aber nur, was die Berufung und Kontrolle des Fondsmanagements anbelangt.

Viele *limited partnerships* sind so genannte *collective investment schemes* („CIS") nach dem *Financial Services and Markets Act 2000* („FSMA") und müssen daher durch eine „*authorised person*" geleitet werden. Da es sich bei dem *general partner* regelmäßig nicht um eine *authorised person* im Sinne des FSMA handelt, wird der Private-Equity-Fonds zusätzlich einen weiteren Manager berufen, der als *authorised person* die Geschäftsleitung der *limited partnership* übernehmen kann. Da die Gründung, laufende Geschäftsführung bzw. Auflösung einer CIS eine regulierte Tätigkeit darstellt und ein *general partner* sich strafbar machen würde, wenn er unautorisiert solche Handlungen vollziehen würde, muss auch der Manager und nicht der *general partner* die entsprechenden Dokumente unterzeichnen bzw. die nachfolgende Registrierung selbst vornehmen.

Der Manager selbst darf nicht *limited partner* der *partnership* sein, was auf den entsprechenden Ausschluss der *limited partner* vom Management (siehe oben) zurückzuführen ist. Der Manager wird vielmehr auf Grund eines *management agreements*, welches er mit dem Private-Equity-Fonds schließt, tätig.

### 2.2.4. Ausfall der *limited partner* mit ihren Zahlungsverpflichtungen

Jeder Ausfall eines *limited partner* mit einer Zahlungsverpflichtung führt typischerweise zu einem Verstoß gegen das *partnership agreement*. Die generellen Regelungen des *common law* sind nicht geeignet, entsprechende Sanktionen für einen solchen Ausfall zu statuieren. Bei der Strukturierung des *partnership agreement* sind daher verschiedene explizite Regelungen abzuwägen:

(i) der ausfallende Partner kann dazu verpflichtet werden, seinen Anteil zu einem Abschlag abzugeben, was allerdings in Krisenzeiten keine ausreichende Sanktion darstellen dürfe;

(ii) den nicht ausfallenden Partnern kann ein überproportionaler Anteil an den Kapitalkonten und damit Erträgen der *partnership* zugewiesen werden;
(iii) den nicht ausfallenden Partnern kann das Recht zugestanden werden, einen weiteren Partner ihrer Wahl ausfindig zu machen und von diesem Gelder zu sodann festzulegenden Konditionen einzuwerben. Dem ausfallenden *limited partner* könnten hierfür die entstehenden Kosten auferlegt werden;
(iv) die nicht ausfallenden Partner können verpflichtet werden, ihrerseits die ausstehenden Gelder einzuschießen, hierfür aber eine Vorzugsbehandlung bei den Ausschüttungen erhalten; und
(v) dem ausfallenden Partner kann in bestimmten Umfang sein Stimmrecht beschnitten bzw. entzogen werden.

Diese Ausfallregelungen haben nicht nur Bedeutung an sich, sobald es zu Streitigkeiten zwischen *limited partners* und *general partner* kommt, wird die Drohung mit der Nichteinzahlung weiteren Kapitals zu den häufig verfolgten strategischen Optionen gehören. Die vorgelagerten Verhandlungen werden das Ziel haben, die Einschlägigkeit einer entsprechenden Default-Klausel im Vorfeld zu beseitigen.

### 2.2.5. Investmentperiode

Die Investmentperiode eines Private-Equity-Fonds beträgt regelmäßig 4–6 Jahre. Am Ende dieser Investmentperiode wird jeder Anspruch des Fonds auf Abruf weiteren Kapitals gegenüber den *limited partner* verfallen, Ausnahmen sind insoweit aufgelaufene Kosten bzw. Verpflichtungen zur weiteren Kapitalausstattung vorhandener Zielgesellschaften – dies allerdings nur in einem sehr begrenzten Umfang.

Sobald eine Zielgesellschaft durch den Private-Equity-Fonds verkauft wurde, werden die erlösten Mittel generell an die *limited partner* ausgeschüttet, soweit das *partnership agreement* dies vorsieht. Ausnahmen können einschlägig sein für bestimmte Investments, welche über einen Zeitraum von weniger als 12–18 Monaten gehalten wurden, und insbesondere die *general partner* können das Recht erhalten, entsprechende Erträge zu reinvestieren.

### 2.3. Key Economic Terms

Die wirtschaftlichen Rahmenregelungen einer Private-Equity-Fondsstruktur aus Sicht des Managements umfassen regelmäßig den so genannten Carried Interest sowie eine jährliche Management Fee, welche abhängig von der Größe des Fonds ist und tägliche Ausgaben des Private-Equity-Fonds bestreiten helfen soll.

UK-Private-Equity-Fonds werden grundsätzlich ähnlich wie ihre US-Pendants strukturiert. Einige strukturelle Differenzen haben sich über die Jahre entwickelt, welche auf die lokale Steuer- und gesellschaftsrechtliche Gesetzgebung zurückzuführen sind.

Die strukturellen Differenzen betreffen u. a.
(i) die Berechnung des Carried Interest auf einer *Fund-as-a-Whole*-Basis statt einer *Deal-by-Deal*-Basis;
(ii) die Strukturierung der Management-Fee-Zahlungen als *priority profit share*;
(iii) den Einsatz von Vorab-Darlehen statt *capital contributions* zur Darstellung der Beteiligung des Investors am Private-Equity-Fonds.

### 2.3.1. Carried Interest

Das *partnership agreement* wird zudem detaillierte Klauseln hinsichtlich der Ausschüttung bzw. Verteilung der vereinnahmten Exit-Erlöse enthalten. Generell bekannt als so genannten „*waterfall*" steckt hinter diesem Schema der Zweck, dem *general partner* zu ermöglichen, eine überproportionale Beteiligung an den Erlösen des Private-Equity-Fonds zu erzielen. In Ergänzung zu den parallel zu den anderen *limited partners* investierten Fondsgeldern und den darauf entfallenden Carried Interest, wird der *general partner* auch an den gesellschaftsrechtlich quotal eigentlich den *limited partners* zustehenden Erträgen dieser anderen Investoren beteiligt. Der Carried Interest umfasst regelmäßig 20% der Gewinne und wird an den *general partner* ausbezahlt, sobald die Investoren ihre ursprünglich eingezahlten Gelder zurückerhalten haben zuzüglich einer Minimalverzinsung (so genannte *hurdle rate* von z. B. 8%) auf das investierte Kapital.

Sobald diese Gelder verteilt sind, wird nach der beschriebenen 80/20-Regelung verfahren. Hierbei ist es wichtig festzuhalten, dass die im Rahmen der *hurdle rate* gewährte Verzinsung von 8% eher ein zeitlicher Mechanismus ist, da zu dem beschriebenen Vertragswerk auch in der Regel eine so genannte *Catch-Up*-Regelung hinzu tritt, wonach zeitlich in Folge nach der Rückgewährung des Kapitals sowie des so genannten *preferred return* (*hurdle rate*) an die *limited partner* in einer nächsten Phase die verbleibenden Erträge zum Großteil an den *general partner* ausgekehrt werden, bis –bezogen auf den Gesamtbetrag der Rückflüsse – das 80/20-Verhältnis erreicht ist.

In den USA hat sich in der Praxis eine Regelung durchgesetzt, wonach der *general partner* nicht warten muss, bis die *limited partner* all ihre ursprünglich eingezahlten Gelder zurückerhalten haben, um eine Zahlung auf seinen Carried Interest zu erhalten. Nach dem US-Ansatz wird der *carry* auf einer so genannten *Deal-by-Deal*-Basis geleistet. Hiernach erhalten die *limited partner* nur Ausschüttungen bezogen auf die bisher erfolgreich veräußerten Portfolio-Unternehmen (zusammen mit entsprechenden Gebühren- und Kostenrückvergütungen) und die darüber hinaus mit dem im Rahmen des einzelnen Exits erzielten Erträge werden unter Berücksichtigung der Preferred-Return-Regelung im Verhältnis 80/20 aufgeteilt. Im Gegensatz zu dem so genannten *Fund-as-a-whole*-Ansatz, der z. B. in Großbritannien und Kontinentaleuropa mehrheitlich Verwendung findet, ist die *Deal-by-Deal*- Regelung eine aus Sicht der *principals* des *general partner* attraktivere Lösung, welche eine zeitlich vorgelagerte Vereinnahmung des Carried Interest erlaubt.

### 2.3.2. Managementgebühren und andere Einnahmen

In Ergänzung zum so genannten Carried Interest wird der *general partner* zusätzlich eine regelmäßig ausgeschüttete *Management Fee* vereinnahmen können, um laufende Kosten, die den *principals* im Tagesgeschäft entstehen, abdecken zu können, bevor die Chance besteht, einen Carried Interest zu vereinnahmen, was mit den ersten Exit regelmäßig erst einige Jahre nach dem Start des Fonds der Fall sein wird. Regelmäßig ist die Management Fee ein fester Prozentanteil (z. B. 2%) der dem Private-Equity-Fonds insgesamt zugesagten Gelder und ist von jedem *limited partner* anteilig aufzubringen.

Beschränkungen wird das Vertragswerk regelmäßig vorsehen hinsichtlich der Möglichkeit des *general partner* und der mit ihm verbundenen Akteure, weitere direkte oder indirekte Einnahmen im Zusammenhang mit den Aktivitäten des Private-Equity-Fonds zu generieren. Diese ergänzenden Einnahmeströme können auftreten in der Form so genannter *monitoring fees*, *director fees* oder weiterer von den Portfolio-Unternehmen zu entrichtender Gebühren. Eine etwas konziliantere Lösung kann z. B. vorsehen, dass ein Anteil (z. B. 50%) solcher zusätzlicher Erträge mit der ansonsten zu zahlenden Managementgebühr zu verrechnen ist, während die anderen 50% in der Tat durch den *general partner* oder mit ihm verbundene Akteure vereinnahmt werden können.

### 2.4. Vermarktung von Private-Equity-Fonds

Section 238 des FSMA enthält ein generelles Verbot des Vertriebs von CIS-Anteilen in Großbritannien durch Personen, welche eine FSMA-Autorisierung besitzen, von der es allerdings gewisse Ausnahmeregelungen gibt. Es ist bemerkenswert, dass Section 238 des FSMA sich direkt an so genannte *authorised persons* wendet, was darauf abzielt deren ansonsten weitgehende Fähigkeit einzuschränken, Wertpapiere zu vermarkten. Die entsprechende Fähigkeit zur Vermarktung durch unautorisierte Personen – ob im Zusammenhang mit einem nichtregulierten CIS oder anderweitig – wird geregelt durch Section 21 des FSMA und entsprechender Ausführungsverordnungen.

### 2.4.1. Collective Investment Schemes

Ein Collective Investment Scheme („CIS") bezieht sich auf jede Art vertraglicher Struktur hinsichtlich eines Eigentumsgegenstandes, welche darauf abzielt, dass die Vertragsparteien Teil eines solchen Arrangements werden, um an den Erträgen zu partizipieren, welche durch den Erwerb, das Halten, Verwalten bzw. Veräußern dieses Eigentumsgegenstandes generiert werden. Die entsprechenden vertraglichen Arrangements müssen dahingehend getroffen werden, dass die Begünstigten keinen Einfluss auf das tägliche Management des Eigentumsgegenstandes haben, unabhängig davon, ob sie mit einem entsprechenden „Beiratsmandat" ausgestattet sind oder nicht. Der weitgehende Ausschluss vom Management des Tagesgeschäfts lässt die Frage nach einer genaueren Abgrenzung der erwähnten Tatbestände aufkommen. Section 235 (2) des FSMA unterscheidet diesbezüglich zwischen *„day-to-day-control"* und *„the right to be consulted or to give directions"*. Praktisch ist diese Abgrenzung allerdings schwierig.

Legt man nicht einen ganz gehörigen Strukturierungsaufwand zugrunde, unterfallen UK-Private-Equity-Fonds regelmäßig der Definition eines nicht regulierten CIS. Beispielsweise sind *limited partnerships*, welche zu Investitionszwecken gegründet werden (was auf die allermeisten Private-Equity-Fonds zutreffen dürfte), generell ein CIS im Sinne der Section 235 des FSMA.

### 2.4.2. Scheme Promotion Order

Gemäß Section 238 des FSMA gibt es die erwähnte generelle Restriktion für *authorised persons* hinsichtlich des Vertriebs und der Bewerbung nicht regulierter CIS-Strukturen. Jedoch hat der *Financial Services and Market Act 2000 (Promotion of Collective Investment Schemes) (Exemptions) Order 2001 (the "Scheme Promotion Order")* für einige Investorenklassen Ausnahmen ermöglicht.

Die beiden relevantesten Ausnahmen im Hinblick auf die Vermarktung von Private-Equity-Fonds betreffen *certified high net worth investors* (Personen, welche nachweisen, dass sie ein jährliches Einkommen von mindestens 100.000 € haben oder Vermögensgegenstände außerhalb ihres Eigenheims bzw. ihrer aggregierten Rentenansprüche von mindestens 250.000 €) und für so genannte *sophisticated investors* (Personen, welche per Zertifikat, welches von einer *authorized person* unterzeichnet sein muss, nachweisen kann, dass sie subjektiv in der Lage sind, die Investmentrisiken bestimmter Investitionskategorien nachvollziehen zu können. Dieses Zertifikat kann jedoch nicht ausgestellt werden durch jene *authorised person*, welche selbst die Geschäftsführung der nicht regulierten CIS übernimmt, was die Praktikabilität der Ausnahmeregelung einschränkt.

Eine weitere wichtige Unterscheidung hinsichtlich der beiden aufgezeigten Ausnahmekategorien ist, dass die *high net worth individual exemption* nur für Fonds zur Verfügung steht, welche ganz oder schwerpunktmäßig in börsengelistete Unternehmen investieren. Andererseits steht die *sophisticated investor exemption* grundsätzlich jeder Art von Fonds zur Verfügung.

### 2.4.3. FSA Rules

Weitere Ausnahmeregelungen bieten die sog. FSA Rules, welche allerdings enger gefasst sind als die Ausnahmen gem. *Scheme Promotion Order*, welche soeben erläutert wurden. Die wahrscheinlich einschlägigsten Ausnahmeregelungen des neuen *Conduct of Business Sourcebook* COBS 4.12 enthalten die folgenden Sachverhaltskonstellationen:

(i) eine *authorised person* ist dazu berechtigt Anteile gegenüber einer Person zu vermarkten, welche im zeitlichen Rahmen der letzten 30 Monate Beteiligter an dem selben nicht regulierten CIS bzw. CIS mit vergleichbaren Vermögenswerten bzw. einem vergleichbaren Risikoprofil war;

(ii) eine *authorised person* kann weiterhin entsprechende Anteile eines unregulierten CIS vermarkten an Personen, für die nachgewiesen werden kann, dass verschiedene Maß-

nahmen ergriffen wurden, um sicherzustellen, dass das Investment für die Person ein angemessenes Chancen-Risiko-Profil bietet; und
(iii) ein nicht reguliertes CIS darf ohne Weiteres vermarktet werden an jede qualifizierte *counterparty* oder an professionelle Kunden.

**2.4.4. Unauthorised Persons**

Wenn eine nicht regulierte CIS durch eine nicht autorisierte Person in Großbritannien vermarktet wird, was z. B. zutrifft für den *general partner* des Private-Equity-Fonds oder den entsprechenden Investment-Manager, muss die entsprechende Kommunikation entweder durch eine *authorised person* abgesegnet werden oder es muss eine der dargestellten Ausnahmenregelungen einschlägig sein. Wenn die Genehmigung der *authorised person* eingeholt wurde, steht damit der *unauthorised person* die gleiche Vermarktungsfähigkeit hinsichtlich der CIS-Anteile zu wie der *authorised person*. Ohnehin ist eine Vermarktung wie unter lit. b) dargestellt zulässig gegenüber Personen, welche sich qualifizieren als *high net worth investors* bzw. *sophisticated investor*.

**2.5. Anforderungen des Walker Reports**

Im November 2007 nach einem entsprechenden Abstimmungsprozess unter der Ägide der Britisch Venture Capital Association (BVCA), hat Sir David Walker die *Guidelines for Disclosure and Transparency in Private Equity* („Guidelines") veröffentlicht.[3100] Die insgesamt 10 Guidelines zielen schwerpunktmäßig auf eine erweiterte Disclosure der Private-Equity-Gesellschaften gegenüber ihren Investoren und weiteren Stakeholdern ab.

Verschiedene Guidelines beziehen sich darüber hinaus auf eine erweiterte Disclosure nicht nur der Private-Equity-Gesellschaften (definiert als eine gem. FSA autorisierte Gesellschaft, welche Fonds berät oder verwaltet, die eines oder mehrere in der in Großbritannien ansässigen Portfolio-Unternehmen kontrolliert bzw. hierfür zukünftig die Voraussetzung hat), sondern vielmehr der Portfolio-Unternehmen bestimmter Größenordnung (Erwerbspreis im Rahmen einer Primärakquisition von mehr als 300.000 Mio. € bzw. im Rahmen einer Secondary- bzw. Investition in ein nicht gelistetes Unternehmen mehr als 500 Mio. €, bzw. in beiden Fällen wo mehr als 50% der Umsätze in Großbritannien generiert werden und im Unternehmen mehr als 1.000 Personen in Großbritannien selbst auf Vollzeitbasis beschäftigt waren). Die Guidelines legen im Weiteren Folgendes fest:

a) Erweiterte Disclosure seitens der Portfolio-Unternehmen (Guideline 4). Ein Portfolio-Unternehmen sollte im Rahmen seines Jahresabschlusses Details über den Private-Equity- bzw. die Private-Equity-Fonds veröffentlichen, welche an dem Unternehmen beteiligt sind bzw. auch über jene Personen, welche das Management der Private-Equity-Gesellschaft mit Sitz in Großbritannien darstellen. Weiterhin sollten Details über die Zusammensetzung des Aufsichtsrates/des Vorstandes/der Geschäftsführung, weiterer Beteiligter seitens der Private-Equity-Gesellschaft bzw. des erweiterten Führungszirkels veröffentlicht werden.

Der Jahresabschluss sollte weiterhin umfassen eine *business review,* im Wesentlichen nach den Maßgaben der Section 417 des *Companies Act 2006,* auch hinsichtlich der Regelungen, welche normalerweise nur für gelistete Unternehmen einschlägig sind (Informationen zu Umweltaspekten bei dem Unternehmen, Beschäftigte sowie Informationen zu sozialen bzw. kommunalen Engagements). Dieser Teil der Guideline nimmt erkennbar Kritik gewisser (Politiker-)Kreise auf, welche kritisiert haben, dass durch Private Equity kontrollierte Unternehmen sich eine nachlässige Regulierung bisher in überzogenem Maße zu Nutze gemacht haben.

Eine erweiterte Finanzberichterstattung sollte Auskunft gegenüber Sicherheitsmaßnahmen, welche ergriffen wurden, um ein entsprechendes Risk Management zu instal-

---

[3100] Im Internet abrufbar unter http://www.walkerworkinggroup.com.

lieren, was finanzielle Risiken, auch jene die mit der erhöhten Leverage im Rahmen von Private-Equity-Konstellationen zusammenhängen, anbelangt.

b) Form und Zeitpunkt der erweiterten Berichterstattung durch ein Portfolio-Unternehmen (Guideline 5). Der Jahresabschluss des Portfolio-Unternehmens sollte spätestens 6 Monate nach Ende des Geschäftsjahres auf der Internetseite des Portfolio-Unternehmens abrufbar sein. Zusätzlich sollte ein halbjährliches Update Auskunft geben über wesentliche Entwicklungen – dies innerhalb von 3 Jahren nach Ablauf des Halbjahres.

c) Zur Verfügungstellung von Daten der Portfolio-Unternehmen gegenüber der BVCA (Guideline 6). Ein Portfolio-Unternehmen soll verpflichtet werden, der BVCA verschiedene Kerndaten aus der Berichterstattung des abgelaufenen Geschäftsjahres zur Verfügung zu stellen – dies beinhaltet z. B. den Handelserfolg, bzw. die Kapitalzusammensetzung bzw. auch die Zusammensetzung der Arbeitnehmerschaft.

Vier der Guidelines betreffen die Private-Equity-Gesellschaften selbst. Guideline 7 (Kommunikation durch eine Private-Equity-Gesellschaft) erlegt einer Private-Equity-Gesellschaft die Veröffentlichung eines jährlichen Berichts auf ihrer Internetseite auf, um die Öffentlichkeit zu informieren über:

a) Einordnung der Private-Equity-Gesellschaft in die eigene Unternehmensgruppe, Geschichte der Unternehmensgruppe, Investmentansatz, durchschnittliche Haltedauer, ggf. angereichert durch entsprechende Fallstudien;

b) Die Aussage hinsichtlich der Einhaltung der entsprechenden Guidelines auf einer „Comply or Explain"-Basis und das Anerkenntnis, die entsprechende Verpflichtung auch auf Seiten der Portfolio-Unternehmen, welche von dem Private-Equity-Fonds gehalten werden, durchzusetzen;

c) Informationen über die Identität der obersten Führungsebene in Großbritannien, und die Zusicherung, dass Regelungen getroffen sind, um entsprechenden Interessenkonflikten vorzubeugen (wenn auch unklar ist, was hier zusätzlich geregelt werden soll, da im Rahmen einer Regulierung durch die FSA entsprechende Interessenkonflikte bereits in SYSC 10 abgehandelt sind);

d) eine Beschreibung der UK-Portfolio-Unternehmen; *und*

e) eine Kategorisierung der *limited partner*, welche an dem Fonds beteiligt sind und in die UK-Portfolio-Unternehmen investieren (aufgegliedert nach geographischer Herkunft und Investorenart) z. B. Pensionsfonds, Banken, institutionelle Investoren, Universitätsstiftungen und Privatanleger).

Guideline 8 (Reporting an die Limited Partner) legt fest, dass die Private-Equity-Gesellschaft sich etablierter Reporting Standards bedienen soll und auch insoweit die laufende Überprüfung der eigenen Investments vornehmen soll (jene der European Private Equity and Venture Capital Association (EVCA) werden in diesem Zusammenhang ausdrücklich erwähnt), und weiterhin, dass entsprechende industriespezifische Bewertungsregeln herangezogen werden sollen.[3101]

Guideline 9 entspricht inhaltlich Guideline 6, adressiert sind diesmal allerdings Private-Equity-Gesellschaften selbst. Guideline 9 verlangt von den Private-Equity-Gesellschaften, der BVCA verschiedene Kennziffern des vergangenen Geschäftsjahres zur Verfügung zu stellen, wie z. B. die eingeworbenen Fondsgelder, welche für Investments in UK-Zielgesellschaften zur Verfügung stehen, Erwerbe bzw. Veräußerung von Portfolio-Unternehmen und anderen UK-Gesellschaften, geordnet nach dem Transaktionsvolumen sowie Schätzungen hinsichtlich der aggregierten Managementgebühren, welche bisher für Aufsetzung, Einwerbung und Management des Fonds geflossen sind. Private-Equity-Gesellschaften müssen weiterhin Datenmaterial im Hinblick auf vollzogene Exits von UK-Portfolio-Unternehmen zur Verfügung stellen, zumindest ebenfalls für das abgelaufene Geschäftsjahr, um der BVCA

---

[3101] Hier sei verwiesen auf jene des International Private Equity and Venture Capital Valuation Board (IPEV) oder der Private Equity Industry Guidelines Group (PEIGG).

eine industrieweite Analyse hinsichtlich der Herkunft der durch Private-Equity-Gesellschaften generierten Renditen zu ermöglichen. Guideline 9 in Zusammenschau mit Guideline 6 soll es der BVCA ermöglichen, sich als allgemein anerkannte Analyse- und Datenquelle der britischen Private-Equity-Industrie zu etablieren.

Guideline 10 legt es einer Private-Equity-Gesellschaft auf, eine effektive und zeitnahe Kommunikation mit den Arbeitnehmern der Portfolio-Unternehmen sicherzustellen, dies insbesondere in Zeiten strategischer Umbrüche, sowie auch den treuhänderischen Verpflichtungen gegenüber den *limited partners* gerecht zu werden, in Fällen wo die Portfolio-Unternehmen in Übergangsphasen ihr Eigenkapital (nahezu) aufgezehrt haben.

### 2.6. Von der Walker Working Group zu der Guidelines Monitoring Group

Eine der Empfehlungen von Sir David Walker war, dass die BVCA eine unabhängige Guideline Review und Monitoring Group gründen sollte, welche eine Mehrheit unabhängiger Mitglieder unter der Führung eines unabhängigen Vorsitzenden zusammenfasst, um die Guidelines regelmäßig einer Revision zu unterziehen bzw. auch die Einhaltung der Guidelines durch Private-Equity-Gesellschaften wie Portfolio-Unternehmen sicherzustellen. In diesem Falle hat dann tatsächlich die Guidelines Monitoring Group (GMG) die Aufgabe übernommen, welche ihren ersten Bericht im Januar 2009 veröffentlicht hat.[3102] Zum Zeitpunkt der Veröffentlichung des GMG-Berichts haben sich 32 Private-Equity-Gesellschaften mit 54 Portfolio-Unternehmen bereit erklärt, den im Rahmen der Guidelines statuierten Berichtspflichten nachzukommen, auch wenn in einigen Fällen die Guidelines streng genommen gar nicht anwendbar waren.

Auch wenn der GMG keinerlei Sanktionsmöglichkeiten abseits eines *name and shame* hinsichtlich der Compliance-Sünder zustehen, so kann jedoch darauf hingewirkt werden, dass Private-Equity-Gesellschaften über entsprechende Empfehlungen dazu gebracht werden, noch besser den entsprechenden Disclosure-Verpflichtungen nachzukommen.[3103] Das Update zum GMG-Bericht vom April 2009 konnte sodann auch bestätigen, dass alle 32 Private-Equity-Firmen, welche durch die Guidelines erfasst wurden, vollständig den Anforderungen der Guidelines entsprochen haben. Die weitere Überprüfung hinsichtlich eines konformen Reportings seitens der Portfolio-Unternehmen wird im ersten GMG-Jahresbericht, welcher Ende 2009 veröffentlicht wird, nachzuvollziehen sein.[3104]

Die GMG hat bereits auch annonciert eine geringfügige Änderung der Definition der Portfolio Company, was nach GMG-Schätzungen dazu führen dürfte, dass weitere 13 Portfolio-Unternehmen in den Anwendungsbereich der Guidelines fallen. Weiterhin sucht die GMG die Abstimmung mit der Private-Equity-Industrie dahingehend, ob die Aufgriffsschwelle von 5 Mio. € bei der Definition einer Portfolio Company herabgesetzt werden soll, was zu einem erweiterten Anwendungsgebiet den Guidelines führen würde. Eine solche Änderung würde mit Beginn des Kalenderjahrs 2010 anwendbar sein. Diese Vorschläge zeigen, dass die Guidelines, so wie sie Sir David Walker auf den Weg gebracht hat, einer Anpassung und Abstimmung der Private-Equity-Industrie standhalten. Wie die weitere Rolle der GMG aussieht, hängt allerdings auch von der jetzt im Entwurf vorliegenden Alternative Investment Fund Managers Directive ab.

### 2.7. Die Alternative Investment Fund Manager's Directive

Die britische Private-Equity-Industrie, wie auch der Rest der Branchenteilnehmer in der Europäischen Union, sehen sich einer radikalen Veränderung, was die regulatorische Landschaft anbelangt, ausgesetzt. Der Entwurf einer neuen EU-Richtlinie, genannt Alternative Investment Fund Manager's Directive, wurde im April 2009 von der Europäischen Kom-

---

[3102] Im Internet abrufbar unter http://www.walker-gmg.co.uk.
[3103] Vgl. Guidelines Monitoring Group, First Report, January 2009, S. 5 f.
[3104] Vgl. Guidelines Monitoring Group, Update Report, April 2009, S. 2.

mission veröffentlicht. Der Entwurf soll einen Weg weisen, weg von dem Flickenteppich regulatorischer und selbstregulatorischer Regimes innerhalb der einzelnen EU-Memberstaaten, hin zu einem pan-europäischen Aufsichtssystem, gestützt auf einheitliche Standards einer Regulierung von Private-Equity- und Hedgefonds durch die nationalen Aufsichtsbehörden. Dies soll erreicht werden durch zusätzliche, den Fondsmanagern auferlegte Verpflichtungen hinsichtlich nationaler Zulassung, Reporting, Beschränkungen hinsichtlich Fremdfinanzierung, Erfordernis eines *EU depositary*, unabhängige Bewertung und einer Minimum-Kapitalausstattung. Die neue Deriktive findet ein breites Anwendungsspektrum, da nur eine relativ niedrige Schwelle definiert wird, was die *assets under management* anbelangt, bei denen die Regulierung eingreift – Manager alternativer Investmentfonds, welche in der EU domizilieren und *assets under management* von mehr als 100 Mio. € haben, bzw. 500 Mio. € in den Fällen, wo der Fonds sich keines Fremdkapitalhebels bedient und die Investoren eine Mindesthalteperiode von 5 Jahren oder länger akzeptiert haben (dies führt dazu, dass Venture-Capital-Fonds sich generell einer Regulierung entziehen können – Buy-Out-Fonds hingegen nicht). Es gibt in Großbritannien ernsthafte Bedenken, dass diese ergänzende Regulierung durch die vorgeschlagene Richtlinie letztlich ein effektives Funktionieren der britischen Private-Equity-Industrie verhindert und damit Unternehmen den Zugang zur entsprechend gebundenen Liquidität beschneidet sowie weiterhin den Abstiegstrend im Bereich genereller M&A-Aktivitäten beschleunigt. Da derzeit in Großbritannien mehr als die Hälfte der europäischen Private-Equity-Industrie vertreten ist, werden negative Auswirkungen dieser europäischen Richtlinie vor allen Dingen auch in Großbritannien zu spüren sein. Wie schnell die Richtlinie in Kraft tritt, hängt davon ab, welche Bedeutung Europäisches Parlament und Ministerrat der Umsetzung zumessen bzw. inwieweit eine Einigung über ihre einzelnen Regelungen erzielt werden kann. Eine solche stand im Frühjahr 2010 noch aus.

### 3. Transaktionen mit Private-Equity-Hintergrund

Private-Equity-Transaktionen beziehen sich in der Regel auf den Erwerb der Anteile eines nicht börsengelisteten Unternehmens im Gegensatz zum Erwerb von Aktien einer börsengelisteten Gesellschaft.

#### 3.1. Transaktionsstruktur und -finanzierung

Traditionelle Akquisitionsstrukturen bedienen sich eines neu zu gründenden Akquisitionsvehikels, dessen Anteile vom Management und dem Private-Equity-Fonds gehalten werden. Generell soll die Beteiligung des Managements eine zusätzliche Incentivierung darstellen, um an der Wertsteigerung des zu führenden Unternehmens zu partizipieren. Dies wird häufig, aber nicht immer erreicht, durch einen so genannten *performance ratchet*, welcher wirkt über die Umwandlung von *non-management shares* in *deferred shares* ohne effektiven wirtschaftlichen Wert zum Zeitpunkt des Exit.

Jede weitere Investition in das Akquisitionsvehikel findet normalerweise statt über *preference shares* und *loan notes (debt securities)*. Die wesentlichen Steuerfragen, mit welchen sich das Management-Team auseinandersetzen muss, betreffen den Erwerb von Anteilen an besagten Akquisitionsvehikel. Wenn die Manager dazu aufgefordert werden, eine Gegenleistung für die zu übertragenden Anteile zu entrichten und sie sich dafür entscheiden, den Anteilserwerb über Darlehen zu finanzieren, ist zu prüfen, ob eine steuerliche Abzugsfähigkeit der im Zusammenhang mit den Darlehen stehenden Zinsen in diesem Fall gewährleistet ist. Weiterhin und im Hinblick auf die vertraglichen wie wirtschaftlichen Restriktionen, welche mit dem vom Management gehaltenen Anteil verbunden sind, sind die entsprechenden steuerlichen Regelungen des *restricted and employment related securities regime* der UK employment tax legislation regelmäßig einschlägig. Diese relativ komplexen Regeln führen zur Versteuerung jedes über die Anteile erlangten wirtschaftlichen Vorteils durch die Manager, inklusive der Aufdeckung stiller Reserven beim Wegfall der anteilsbezogenen Restriktionen, sofern nicht zuvor eine entsprechende Gegenleistung durch den Manager entrichtet wurde. In der Praxis kann dies entsprechende Bewertungs- bzw. sogar Finanzierungsprobleme mit sich bringen. *Ratchets* können zu einer weiteren Komplizierung der Analyse führen.

Wo dies möglich ist, wird der Manager sich im Rahmen der Feststellung eines *2003 Memorandum of Understanding* zwischen HM Revenue and Customs und der BVCA halten wollen, welches sicherstellt, dass die vom Manager anfangs entrichtete Gegenleistung für die Anteile am Akquisitionsvehikel dem *fair market value* der Anteile entspricht, so dass keine Einkommensteuerschuld entsteht und die später hinzukommende Wertsteigerung der Anteile als *capital gain* zu einem bevorzugten Steuersatz von nur 18 % versteuert wird. Alternativ können entsprechende steuerliche Wahlrechte ausgeübt werden, um Gewissheit hinsichtlich der steuerlichen Behandlung zu erlangen. Weiterhin und in jenen Fällen wo Manager bereits Anteile oder Optionen auf Anteile an der bestehenden Zielgesellschaft vor Durchführung des Management Buy-Out halten, ergeben sich weitere steuerliche Fragestellungen z. B. hinsichtlich der steuerlichen Konsequenzen der Veräußerung bestehender Anteile bzw. der steuerlichen Behandlung einer entsprechenden *deferred consideration*.

Der Löwenanteil einer Finanzierung eines Management Buy-Outs wurde in den letzten Jahren durch Fremdkapital dargestellt. Dieses Fremdkapital wiederum teilt sich regelmäßig auf in eine *senior term loan facility* und eine separate *working capital facility*. Darüber hinaus – wenn auch weniger in jüngster Vergangenheit – wird ein Teil des Fremdkapitals in der Form von *junior debt* (nachrangig zum *senior debt*), bezeichnet meist als *mezzanine debt* strukturiert werden. Eine solche Fremdkapitaltranche wird regelmäßig eine höhere Verzinsung als der Senior-Debt-Anteil aufweisen bzw. mit einem Coupon ausgestattet sein, der zum Erwerb von Anteilen an dem Akquisitionsvehikel (ausübbar zum Zeitpunkt des Exit) berechtigt. Typischerweise werden *senior* wie *junior debt* einer neu zu schaffenden Einheit, nicht dem Akquisitionsvehikel, zur Verfügung gestellt. Dies hat den Hintergrund, dass eine strukturelle Subordination des Fremdkapitals sichergestellt werden soll.

### 3.2. Strukturierung vor der Finanzkrise

Im Zeitraum vor 2008 führte eine relativ großzügige Verfügbarkeit zinsgünstigen Fremdkapitals dazu, dass die Leverage bei M&A-Transaktionen unter Beteiligung von Private-Equity-Fonds in bisher ungekannte Höhe stieg, was den Private-Equity-Gesellschaften die Erzielung auskömmlicher Renditen ermöglichte. Zum gleichen Zeitpunkt wurde auch der M&A-Markt insgesamt viel wettbewerbsintensiver und Auktionen wurden der Regelfall, welche wiederum den Verkäufern zu einer hohen Rendite verhalfen.

In diesem wettbewerbsintensiven Umfeld standen die Banken unter hohem Druck, ihre liquiden Mittel auszureichen und die Private-Equity-Gesellschaften sahen sich daher in der Lage, vorzugshafte Termsheets mit den Banken auszuhandeln, welche ihnen eine größere Sicherheit hinsichtlich des Zustandekommens der Finanzierung gewährten, wie auch hinsichtlich des Abrufs des Fondskapitals so wie auch der Vereinbarung tragbarer *financial covenants*. Es wurde in dieser Zeit mehr und mehr Standard, dass beim Bruch von *financial covenants* weitgehende Heilungsmöglichkeiten und -perioden vereinbart wurden, wie auch häufig die so genannte *Mulligan's clause* zu finden war, wonach bei Bruch eines *financial covenant* ein Default-Ereignis nur vorliegt, sofern der entsprechende Bruch zum nächsten Stichtagsdatum fortbestand.

Ein häufiger Diskussionspunkt war die Frage, wann und wie eine MAC-Klausel in die Finanzierungsverträge aufgenommen werden konnte, um den Banken für die Periode zwischen Signing und Closing insoweit gegen Verwerfungen auf Seiten des Unternehmens bzw. im Umfeld des Unternehmens abzusichern. Eine Option sah ein Parallellaufen der MAC-Klauseln in den Finanzierungsverträgen mit jenen im Beteiligungsvertrag vor. Dies führte zu einigen Spannungen, insbesondere deshalb, weil der tendenziell verhandlungsstärkere Verkäufer gerade eine stärkere Bindung von Käufer wie auch finanzierenden Banken für diese Transaktion sicherstellen wollte.

### 3.3. Einfluss der Finanzkrise

Im Laufe des Jahres 2008, nach Erreichen des Scheitelpunkts großzügiger Fremdkapitalvergabe, war eine spürbare Zurückhaltung auf Seiten der britischen Investment- und Geschäftsbanken zu verzeichnen. Obwohl theoretisch und auf Anfrage Finanzierungen weiter möglich sein sollten, wurden diese faktisch nicht mehr ausgereicht, was bis ins Jahr 2009 hinein zu enormen Schwierigkeiten bei der Einwerbung entsprechender Finanzierungen führte.

Wenn auch keine Sicherheit hinsichtlich der weiteren Entwicklung auf dem M&A-Markt besteht, so dürften doch die immer attraktiver werdenden Preise auch gegen Ende 2009 wieder zu einer Zunahme entsprechender Transaktionen in Großbritannien führen – auch wenn ein hoher Anteil an Fremdkapital bei Strukturierung der Transaktion derzeit weiterhin nicht darstellbar sein wird. Diese zunächst höhere Eigenkapital-Exposure wird möglicherweise später über eine Refinanzierung zurückzuführen sein bzw. werden sich die Private-Equity-Fonds für eine Übergangszeit damit abfinden, dass die Rendite verstärkt über Maßnahmen operativer Verbesserung erzielt werden muss.

Auf Seiten der Verkäufer ist derzeit eine spürbar höhere Akzeptanz einer Kaufpreiszahlung in Tranchen bzw. einer Rückbeteiligung zu verspüren.

Was die Klauseln bei Erlangung einer entsprechenden Akquisitionsfinanzierung anbelangt, darf man weiterhin von harten Verhandlungsrunden ausgehen. *Financial covenants* und MAC-Klauseln werden so sorgfältig wie lange nicht mehr zwischen den Parteien ausverhandelt werden. Dies wird auf Seiten der Verkäufer dazu führen, dass sie verstärkt die Vereinbarung einer so genannten *reverse break-up fee* anstreben werden, die ihnen für den Fall des Ziehens einer MAC-Klausel durch den Fremdfinanzierer und die damit einhergehende Möglichkeit der Fortführung der Transaktion durch den Käufer zumindest eine Mindestschadenersatzsumme zusichert.

### 3.4. Exit

Der potentielle Exit ist entscheidende Fragestellung für die Private-Equity-Gesellschaft schon vor Eingehen der entsprechenden Beteiligung i.R.e. eines Management Buy-Out. Während natürlich über operative Verbesserungsmaßnahmen auch eine Verbesserung der laufenden Einkünfte des Portfolio-Unternehmens seitens der Investoren angestrebt wird (sofern die Finanzierungsstruktur dies zulässt), ist doch die Aussicht auf einen substantiellen *capital gain* zum Zeitpunkt des Exit Hauptmotivation aller Private-Equity-Investoren.

Die meisten Private-Equity-Investoren haben im Rahmen eines Buy-Outs einen Exit-Horizont von 4–6 Kalenderjahren. Wie bereits oben angedeutet, findet sich dies regelmäßig in der Fondsdokumentation verankert. Parallel hierzu haben Private-Equity-Fonds in der Regel eine beschränkte Lebensdauer von ca. 10 Jahren und die Fondmanager werden alles daran setzen in diesem Zeitraum eine ansprechende Wertsteigerung für die Investoren zu erzielen und damit gleichzeitig selbst einen auskömmlichen Carried Interest zu erzielen.

Was die möglichen Exit-Kanäle anbelangt, sind dies im Wesentlichen:
(a) Börsengang
 Die öffentliche Notierung der Anteile des Portfolio-Unternehmens über ein *initial public offering* neue Anteile aus einer Kapitalerhöhung bzw. eines *secondary offerings* der bereits von Private-Equity-Fonds bzw. Management gehaltenen Unternehmensanteile ist wegen hoher zu erwartender Renditen naturgemäß ein bevorzugter Exit-Kanal.
(b) Trade sale
 Dieser Exit-Kanal umfasst die Veräußerung der Anteile am Portfolio-Unternehmen an einen Dritten, wobei es sich hierbei nicht um einen weiteren Finanzinvestoren handelt.

(c) Secondary Buy-Out
   Dies umfasst generell eine Rekapitalisierung bzw. Refinanzierung durch den Erwerb der Unternehmensanteile zum einen durch das bestehende Management und zum zweiten durch einen weiteren Private-Equity-Fonds – ggf. zusätzlich unter Aufnahme neuen Fremdkapitals. Über Secondary Buy-Outs hinaus gibt es so genannte Tertiary Buy-Outs wo zum dritten Mal ein Private-Equity-Investor die Anteile am Portfolio-Unternehmen übernimmt.

(d) Break-up Fee und Erlösausschüttung
   In diesem Fall wird ein Akquisitionsvehikel, welches für eine Reihe von Transaktionen genutzt wurde, nach Ablauf einer bestimmten Zeit restrukturiert und über die Veräußerung einzelner Portfolio-Unternehmen liquidiert. Nach Rückzahlung der Fremdkapitalverbindlichkeiten werden die überschießenden Erträge an die einzelnen Anteilseigner regelmäßig über Dividendenzahlungen bzw. über Rückerwerbe der Anteile und/oder entsprechende Kapitalschnitte ausgekehrt.

Im ersten Quartal 2009 konnten nach Information von CMBOR lediglich 30 Exits mit einem realisierten Volumen von 221 Mio. € verzeichnet werden. Genereller Eindruck ist hierbei, dass in all jenen Fällen, wo ein Exit nicht zwingend ist, um den fondseigenen Investoren eine Rückführung des gezeichneten Kapitals zu gewährleisten, ein Exit im derzeitigen Marktumfeld schlicht nicht stattfindet. Hinsichtlich der in den Jahren 2004 bzw. 2005 erworbene Portfolio-Unternehmen ist jedoch zyklisch davon auszugehen, dass nach Ablauf der Investmentperiode des jeweilgen Fonds ein Exit schon aus Renditegründen zumindest nahe liegen sollte. Eine gewisse Belebung des Exit-Marktes ist daher durchaus wahrscheinlich.

# § 3 Frankreich

| Übersicht | Seite |
|---|---|
| 1. Überblick über die französiche Private-Equity-Industrie | 808 |
| 2. Strukturierung von Private-Equity-Fonds | 810 |
| 2.1. Gängige Fondsstrukturen | 810 |
| 2.2. Capital Contributions | 811 |
| 2.3. Capital Distributions | 811 |
| 2.4. Management Fees | 812 |
| 2.5. Carried Interest | 813 |
| 2.6. Liquidation | 814 |
| 2.7. Finanzaufsicht | 815 |
| 2.8. Investor Committee | 815 |
| 2.9. Besteuerung | 815 |
| 3. Strukturierung von Private-Equity-Transaktionen | 816 |
| 3.1. Akquisitionsstrukturen | 816 |
| 3.1.1. LBOs | 816 |
| 3.1.2. PIPEs | 816 |
| 3.2. Acquisition agreements | 817 |
| 3.2.1. MAC clause | 817 |
| 3.2.2. Abbruch der Verhandlungen, break-up fees und reverse break-up fees | 818 |
| 3.3. Finanzierungsstruktur | 819 |
| 3.4. Exit Optionen | 819 |
| 3.5. Spezielle regulatorische Erfordernisse zur Durchführung von Akquistionsvorhaben in Frankreich | 820 |
| 3.6. Besteuerung | 821 |
| 3.6.1. Steuerliche Organschaft einer französischen Unternehmensgruppe | 821 |
| 3.6.2. Quick Merger | 821 |
| 3.6.3. Thin-capitalization rules | 822 |
| 3.6.4. Secondary Leveraged Buy-Outs | 822 |
| 3.6.5. Besteuerung von Kapitalerträgen nach Exits | 822 |
| 3.6.6. Stempelsteuer/transfer tax | 823 |

## 1. Überblick über die französische Private-Equity-Industrie

Nach einer ersten Schwächephase der Private-Equity-Märkte in 2001 und 2002 und eingedenk des Vertrauens in ein attraktives Angebot für Private-Equity-Marktteilnehmer, hat sich Frankreich seit dem kontinuierlich zu einem der führenden Private-Equity-Märkte in Europa entwickelt. Mit angemessenem Abstand kann diese Statusverbesserung zurückgeführt werden auf eine Reihe von legislativen bzw. regulatorischen Reformen, welche Frankreich als Markt für Private-Equity-Transaktionen attraktiver gemacht haben. Der entsprechende *Benchmarking European Tax and Legal Environments*-Bericht der EVCA aus dem Oktober 2008 führt Frankreich nunmehr sogar als Land mit den attraktivsten rechtlichen wie auch steuerlichen Rahmenbedingungen in ganz Europa – eine Verbesserung gegenüber dem zweiten Platz, der bereits in 2006 erreicht werden konnte.

Folgt man jüngst veröffentlichten Statistiken der *Association Française des Investisseurs en Capital („AFIC")*,[3105] so hat sich in den vergangenen Jahren ein dramatisches Wachstum, was das Aktivitätsniveau anbelangt, ergeben. 2008 konnten französische Gesellschaften 12,73 Mrd. Euro an neuen Fonds einwerben, ein Anstieg gegenüber 2007 von 27,4% und ein aggregiertes Wachstum von beachtlichen 54,4% seit 2003.[3106] Mit einem Investorenanteil

---

[3105] Quelle: AFIC und Grant Thornton, 24. März 2009.

[3106] Obwohl endgültige Zahlen für 2009 noch nicht veröffentlicht sind, deutet einiges auf einen massiven Rückgang des Fundraisings im vergangenen Jahr hin, mit einem 80%igem Rückgang der Aktivität betreffend das erste Halbjahr, AFIC 2009 und Grant Thornton, 30. September 2009.

von mehr als 25% nehmen Einzelpersonen und Familiy Offices in 2008 erstmalig die bedeutendste Rolle im französischen Private-Equity-Markt ein, gefolgt von Banken, Versicherungsunternehmen, Pensionsfonds und Private-Equity-Dachfonds. Ein solch nachhaltiger Anstieg bei der Fundraising-Aktivität hat zu einem enormen Anwachsen des Kapitalberges in den vergangenen Jahren geführt mit jeweils mehr als 10 Mrd. Euro an Private-Equity-Investitionsvolumina in den Jahren 2006, 2007 und 2008, was wiederum ein 7%iges jährliches Wachstum seit 2003 bedeutet.

Auch wenn die jüngste Finanzkrise natürlich allgemeine Beunruhigung in der Private-Equity-Industrie erzeugt hat, bleiben die steuerlichen und rechtlichen Rahmenbedingungen in Frankreich attraktiv:

– Abgesehen von einigen eingeschränkten Restriktionen, welche in der europäischen Richtlinie Nr. 2203/41/EC niedergelegt sind und die Investments von französischen Pensionsfonds betreffen (umgesetzt in nationales französisches Recht in 2006), unterliegen französische Pensionsfonds im Übrigen keinerlei quantitativen wie qualitativen Restriktionen hinsichtlich ihrer französischen bzw. innereuropäischen Private-Equity-Investitionen. Französischen Pensionfonds ist es daher gelungen, die Anlagekategorie Private Equity ohne große Hindernisse in ihre Gesamtallokation einzubauen, was illustriert wird durch die mittlerweile 1,5 Mrd. Euro an Private-Equity-Investitonsvolumina des französischen *Fonds de reserve pour les retraites („FRR")* für die Jahre 2007–2010.

– Gleichermaßen können französische Versicherungsunternehmen Private-Equity-Investitionen im Rahmen der Vorgaben besagter EU-Direktive vornehmen, ohne innerhalb Europas geographischen Beschränkungen zu unterliegen. Auch wenn französische Versicherungsunternehmen traditionell nicht unter den aktivsten Investoren im Bereich Private Equity zu finden waren, konnte auch hier jüngst ein Anstieg bei der Allokation verzeichnet werden, speziell seit dem 4. Quartal 2004, nachdem französische Versicherungsunternehmen mit der französischen Regierung ein entsprechendes Förderprogramm vereinbart haben. Status 2008 ist, dass französische Versicherungsunternehmen für einen Anteil von 17,75% der von französischen Private-Equity-Fonds eingeworbenen Mittel stehen, was einem Gegenwert von 2,26 Mrd. Euro entspricht. Zum Vergleich haben französische Versicherungsunternehmen vor Auflegung besagten Förderungsprogramms lediglich ca. 600 Mio. Euro in die Asset-Klasse Private Equity investiert.[3107]

– Frankreich stellt eine Vielzahl von Fondsvehikeln für Investitionen in Private Equity zur Verfügung, das geläufigste ist hierbei der *Fonds commun de placement à risque („FCPR")*. In Ergänzung zu den sehr attraktiven steuerlichen Rahmenbedingungen der FCPR-Struktur wurden auch die rechtlichen Rahmenbedingungen in den letzten Jahren zunehmend flexibler und damit attraktiver gestaltet, was kulminierte in der Schaffung der so genannten „vertraglichen" FCPR-Struktur durch das Französische Gesetz Nr. 2008-776 datierend auf den 4. August 2008.

– Schließlich gibt es eine Reihe von steuerlichen Anreizen, welche französischen Investoren für Investments in französische Private-Equity-Fonds zur Verfügung stehen (z. B. *tax credits*), wie auch für Investments in entsprechende Portfolio-Unternehmen (z. B. Auflegung entsprechender Forschungs- und Entwicklungsprogramme).

In Reflexion des vorher Festgestellten soll nun eine Übersicht zu den gängigen Fonds wie Transaktionsstrukturen des französischen Private-Equity-Marktes folgen.

---

[3107] Quelle: AFIC (2004).

# 8. Teil. Länderberichte/Country Reports § 3 Frankreich

## 2. Strukturierung von Private-Equity-Fonds

### 2.1. Gängige Fondsstrukturen

Während *limited partnerships* in einer Vielzahl von Jurisdiktionen das übliche Fondsvehikel für Private-Equity-Investitionen darstellen, ist ein Schlüsselcharakteristikum des französischen Rechtssystems die Existenz spezifischer für solche Investments geschaffener Vehikel. Es gibt insoweit korporative Strukturen wie die *société de capital risque* (Venture Capital Company), wie auch weitere Unterarten der *fonds commun de placement*, wie z. B. den *fonds commun de placement dans l'innovation ("FCPI")*, den *fonds d'investissement de proximité ("FIP")* oder den *fonds commun de placement d'entreprise ("FCPE")*, welche ihren Schwerpunkt haben in der Forschungsförderung bei Unternehmen, kommunalen Unternehmen bzw. der Anlage von entsprechenden Arbeitnehmerzuschüssen. Wie bereits festgestellt, ist allerdings die Grundstruktur der FCPR das am weitesten verbreitete Vehikel für französische Private-Equity-Investitionen.

Während im allgemeinen Sprachgebrauch der Terminus FCPR generell als einheitliche Struktur eines *fonds commun de placement à risques* aufgefasst wird, gibt es tatsächlich verschiedene Subkategorien, insbesondere:

- FCPRs, die zur Zeichnung der allgemeinen Öffentlichkeit angeboten werden, und deren Auflegung von der vorherigen Zulassung der *Autorité des marches financiers ("AMF")* abhängig sind und welche über ihre ganze Lebensdauer einer recht intensiven Aussicht der AMF unterliegen.
- FCPRs, welche exklusiv so genannten *qualified investors* (also erfahrenen Investoren nach Definition des *French Monetary and Financial Code ("FMFC")* bzw. den allgemeinen Vorschriften der AMF) zur Verfügung stehen, und deren Auflegung lediglich abhängig ist von einer entsprechenden Meldung an die AMF und welche dafür nur einer *regulation light* durch die AMF unterliegen. Diese Kategorie beinhaltet jedenfalls die so genannten „Simplified Procedure"-, wie auch die oben bereits erwähnten vertraglichen FCPRs. Wenn solche vertraglichen FCPRs von den meisten auf die generellen FCPRs anwendbaren regulatorischen Beschränkungen befreit sind, so müssen sie den Nachweis der Marktfähigkeit trotzdem noch erbringen, da sie erst im August 2008 geschaffen wurden und bisher die FCPRs, welche im Rahmen der so genannten „simplified procedure" aufgelegt werden, nach wie vor die Mehrzahl der lancierten französischen Private-Equity-Vehikel bilden. Sofern nicht anders festgestellt, beschränken sich daher die weiteren Ausführungen auf eine Analyse der FCPRs gem. Auflegung nach der „simplified procedure".

Wie bereits dargestellt, sind FCPRs zunächst vor allen *fonds commun de placement* und unterliegen daher der generellen Investmentaufsicht, sofern über Spezialregelungen keine Ausnahmen geschaffen wurden. Der FCPR kommt insoweit keine eigene Rechtspersönlichkeit zu, es handelt sich vielmehr um ein bloßes Miteigentum an Wertpapieren, welches hinsichtlich der einzelnen Rechte und Verpflichtungen der Investoren im *règlement,* also der Satzung der FCPR, niedergelegt ist. In dieser Hinsicht erscheint noch erwähnenswert, dass zwar eine hohe Anzahl von Satzungen für außerfranzösische Investoren in die englische Sprache übersetzt wird, rechtlich verbindlich aber allein die französische Fassung ist. Naturgemäß treten auch in Frankreich die bekannten *Side Letters* mit Sonderrechten einzelner Investoren auf, dies allerdings abgeschwächt durch die mittlerweile sich zum Standard entwickelnden *most-favoured nation clauses ("MFN")* im Rahmen der Fondsdokumentation.

FCPRs werden gemeinsam aufgesetzt durch eine Fondsmanagementgesellschaft und einen für die Investoren tätigen Treuhänder.

- Die Managementgesellschaft muss der Rechtsform nach eine französische *société de gestion de portefeuille* sein, welche von der AFM für das Management von FCPRs zugelassen wird und der entsprechenden Verpflichtung auch tatsächlich hinsichtlich aller Investitionen bzw. Desinvestitionen nachkommt. Im Gegensatz zu *limited partnerships* ist es durchaus Standard für eine Managementgesellschaft, mehr als einen FCPR zu betreuen. Von den weiteren Voraussetzungen her muss die Managementgesellschaft (i) ein französisches Unternehmen mit Sitz der Geschäftsleitung in Frankreich sein, (ii) über mindestens zwei vollzeitangestellte Vertreter verfügen sowie (iii) sich spezifischen regulatorischen Erfordernissen der AMF sowie den entsprechenden Geldwäschepräventivregelungen unterwerfen.

– Der Treuhänder verwaltet treuhänderisch die Vermögenswerte der FCPR und folgt den Weisungen der Managementgesellschaft. Das französische Recht fordert, dass sämtliche Transaktionen, welche durch die Managementgesellschaft umgesetzt werden, im Auftrag der FCPR dahingehend zu überprüfen sind, dass sie in Übereinstimmung mit den französischen Gesetzen, wie auch der Satzung der FCPR, stehen. Generell handelt es sich bei dem Treuhänder um eine französische Bank.

– Die Investoren sind nicht in das Management der Gesellschaft eingebunden und auch haftungsmäßig begrenzt auf ihren Kapitaleinsatz, was vertraglich entsprechend explizit abgesichert wird.

Ein Spezifikum der FCPRs sind die gesetzlichen Anlagevorschriften. Generell muss eine FCPR mindestens 50% der eigenen Mittel in Anteile nicht-börsennotierter Unternehmen bzw. vergleichbare Rechte investieren, um sich als FCPR zu qualifizieren, wobei Sonderregelungen gelten für Gesellschafterdarlehen, börsennotierte *small caps* bzw. Börsengänge von Portfolio-Unternehmen. Im Falle eines Dachfonds sind entsprechende Investitionen in Personengesellschaften (d. h. *limited partnerships*), deren Hauptzweck wiederum ist, die Investition in nicht-börsennotierte Unternehmen in diese Anlagequote einbezogen. Zeitlich sind die entsprechenden Anlagegrenzen einzuhalten nach Ablauf des zweiten Fiskaljahres der FCPR bis hin zum Ablauf des fünften Fiskaljahres der FCPR.

## 2.2. Capital Contributions

Für die eingeworbenen Gelder werden Anteile an der FCPR an die Investoren ausgegeben, wobei es verschiedene Anteilsklassen für verschiedene Kategorien von Investoren geben kann. Generell lässt sich feststellen, dass jeder Anteil der gleichen Anteilsklasse dem Inhaber den entsprechenden Pro-rata-Anteil an den Vermögenswerten der FCPR zuordnet.

Auch wenn dies kein rechtliches Erfordernis ist, sind Investoren generell aufgefordert, ihre Anteile während einer fix definierten Zeichnungsperiode zu erwerben. Wie auch im Übrigen in Private-Equity-Konstellationen finden die Kapitalabrufe zunächst in einer größeren Einmalzahlung im Umfang eines bestimmten prozentualen Anteils des Gesamtcommitments des Investors statt, gefolgt von diversen weiteren *draw-downs*, welche durch den FCPR im Laufe der Fondslaufzeit für Investitionen bzw. Ausgaben (z. B. Management Fee) mit entsprechendem angemessenem zeitlichen Vorlauf abgerufen werden. Typischerweise wird nach Ablauf der 4–6jährigen Investmentperiode ein *draw-down* nur noch zulässig sein für bestimmte eng definierte Verwendungen (z. B. Folgeinvestitionen, bereits eingegangene vertragliche Verpflichtungen, Kosten bzw. Haftungsansprüche).

Das Mindeststammkapital der FCPR muss 400.000 € betragen. Anteilig kann von einem Investor nie eine größere Einlage verlangt werden als im Rahmen der Zeichnung vereinbart.

Um der FCPR eine optimale (und gesteigerte) Mittelverwendung zu ermöglichen, ist es durchaus nicht unüblich, entsprechende Reinvestitionen von Exit-Erlösen zuzulassen, insbesondere natürlich, sofern die Investmentperiode noch läuft.

## 2.3. Capital Distributions

In diesem Zusammenhang erscheint es erwähnenswert, dass FCPRs streng zu unterscheiden haben zwischen der Ausschüttung von Nettoeinkünften bzw. der Ausschüttung von Vermö-

# 8. Teil. Länderberichte/Country Reports § 3 Frankreich

genswerten – eine Unterscheidung, die es in den meisten anderen hier einschlägigen Jurisdiktionen nicht geben dürfte.
- Einerseits haben Ausschüttungen von generierten bzw. thesaurierten Einkünften der FCPR generell innerhalb von fünf Monaten nach dem Ende des jeweiligen Wirtschaftsjahres zu erfolgen, wenngleich in gewissem Umfang entsprechende Zwischenausschüttungen möglich sind. Zeitlich beschränkt auf jedes Wirtschaftsjahr entsprechen die Nettoeinkünfte der Summe von Zinseinkünften, Dividenden, Managementbezügen und anderen mit den Portfolio-Unternehmen generierten Einkünften, vermehrt um Zwischeneinkünfte und reduziert um entsprechende Ausgaben des FCPRs innerhalb des entsprechenden Wirtschaftsjahres.
- Andererseits umfasst die Ausschüttung von Vermögenswerten auch die erzielten *capital gains*. Ausschüttungen von Vermögenswerten dürfen zu jeder Zeit nach Ablauf der Zeichnungsperiode erfolgen mit oder ohne Rückerwerb der Anteile. Wegen des entsprechenden Bilanzverkürzungseffekts legen die meisten FCPRs darauf Wert, keine entsprechende Anteilsrücknahme vorzunehmen.

Wie bereits oben angedeutet, ist jedem FCPR-Anteil der selben Klasse ein entsprechender Pro-rata-Anteil an den Nettoeinkünften und Vermögenswerten der FCPR zugeordnet, so dass Ausschüttungen entsprechend anteilsmäßig zu erfolgen haben. Diese erfolgen in der Regel in bar, wenn auch der FCPR das Recht zu so genannten *in-kind distributions* durchaus zusteht. Mit Auflösung der FCPR können entsprechende *in-kind distributions* ohne Beschränkungen vorgenommen werden, es sei denn, es finden sich in der Satzung entsprechende vertragliche Beschränkungen. Jedoch kann die Satzung vor Auflösung der FCPR vorsehen, dass eine *in-kind distribution* nur für börsengelistete und frei übertragbare Wertpapiere vorzunehmen ist, gebunden an das weitere Erfordernis, dass jeder Investor vorab eine Umwandlung in Barmittel verlangen kann. In diesem Zusammenhang drehen sich Verhandlungen mit den Investoren in der Regel um die Frage einer fairen Bewertung der Sachausschüttung, um eine gleichmäßige Behandlung aller Investoren zu gewährleisten. Was die bereits in den vorangegangenen Länderberichten erwähnte Waterfall-Struktur[3108] anbelangt, so ist in Frankreich regelmäßig das Modell des *fund-wide waterfall* anzutreffen, im Gegensatz zu den so genannten *Deal-by-Deal*-Strukturen, welche häufig in den USA anzutreffen sind. Im Rahmen dieses *fund-wide waterfall* werden alle Ausschüttungen der Nettoeinkünfte bzw. Vermögenswerte als prioritär gegenüber dem Gesamtwert der aggregierten Kapitaleinlagen bzw. -zusagen strukturiert. Nachfolgend wird standardmäßig dem Investor ein *preferred return* in Höhe von 7–8% Verzinsung eingeräumt. Sobald die Manager über Ausschüttungen des Carried Interest die entsprechende Vorabverzinsung der sonstigen Investoren aufgeholt haben, erfolgt sodann die weitere Ausschüttung prozentual dem 80:20-Schema – es sei denn im Falle von First-Time-Fonds oder sehr erfolgreichen und bewährten Fonds wird eine andere Aufteilung vereinbart.

Wenn es auch vertraglich ursprünglich vorgesehen war, dass die entsprechenden Ausschüttungen dauerhaft und rechtsgültig erfolgen sollten, haben sich in letzter Zeit zunehmend Mechanismen durchgesetzt, welche zur nachfolgenden Beschneidung von Überausschüttungen etabliert wurden. Während für Carried-Interest-Berechtigte hinsichtlich entsprechender *claw-backs* und *segregated reserve accounts* ein gewisser Standard ausgebildet hat, werden mittlerweile auch für Subinvestoren entsprechende Vereinbarungen hinsichtlich der Rückgewähr von Ausschüttungen vereinbart (z.B. für Ausgaben und Haftungsansprüche, Garantieversprechen der FCPR bei Exit eines Portfolio-Unternehmens, etc.).

## 2.4. Management Fees

Einmal abgesehen von der Tatsache, dass Management Fees abhängig von der Investmentstrategie dem Vintage-Jahr und der Verhandlungsstärke des Sponsors gegenüber den Inves-

---

[3108] Vgl. z. B. Abschnitt 2.5.

toren variieren, erscheint es als generell akzeptierte Marktpraxis, eine Schnittlinie hin zum Ende der Investmentperiode der FCPR zu ziehen, welche sich um den Zeitraum von 4–6 Jahren vor Ende der Fondslaufzeit bewegt. Typischerweise beziehen sich Management Fees auf die aggregierten Kapitalzusagen, welche im Laufe der Investmentperiode abgegeben wurden und werden sodann im Laufe der Fondslaufzeit beschränkt auf einen niedrigeren Betrag jenes Kapital, was noch aktiv investiert ist. Die jährlichen Prozentsätze bewegen sich über die Industrie zwischen 1–2,5 %, jedoch wird immer stärker der Begriff des aktiv investierten Kapitals verwandt, wonach z. B. *write-offs* bzw. abgeschriebene Investments abzuziehen sind. Es ist zudem mittlerweile Standardpraxis geworden, sämtliche vom Management zusätzlich vereinnahmten *transaction fees* zur Anrechnung auf die Management Fee zu bringen (z. B. *directors' fees, monitoring fees,* etc.). Teilweise werden im Rahmen der sehr komplizierten Mechanismen z. B. auch so genannte *break-up fees* zur Anrechnung gebracht.

Wie sich aus dem vorher Gesagten andeutet, wird die Struktur der Management Fee auf einer Vielzahl von Ebenen Verhandlungsgegenstand sein – dies um so mehr in den vergangenen Jahren, welche Investoren haben gewahr werden lassen, welche Einnahmequelle für die Management-Einheiten in den Management Fees liegt, und damit einer Incentivierung hinsichtlich der verstärkten Wertsteigerung des Investments und damit Erzielung eines signifikanten Carried Interest entgegensteht. Im Ergebnis drängen die Investoren daher weiterhin auf eine Reduzierung der Management Fee.

Es ist darauf hinzuweisen, dass Management Fees in Frankreich nicht der Umsatzsteuer unterliegen. Die entsprechenden Management-Einheiten können aber für eine Umsatzbesteuerung in Frankreich optieren (effektiv fallen derzeit insoweit 19,6 % an Steuern an), was in der Folge zu einem Anstieg der *capital contributions* der Investoren, welche Bedeutung für die Bemessung der Management Fee haben, führt.

## 2.5. Carried Interest

Der Carried Interest soll zu einer Zusammenführung der Interessen von Managern und Investoren führen, indem das Management mit einem Anteil an den Nettoeinkünften und Erträgen der FCPR beteiligt wird. Wie bereits vorstehend angedeutet, steht dem Management bei einer typischen FCPR 20 % der Nettoeinkünfte und Erträge als Carried Interest zu, sobald die Investoren zunächst ihre aggregierten Kapitaleinlagen zurückerhalten haben bzw. ihre aggregierten Kapitalzusagen, je nachdem was individuell vereinbart ist, sowie zuzüglich einen *preferred return*.

Auf Grund des Charakters der FCPR-Anteile als *unit* wird der Carried Interest einer spezifischen Unit-Klasse zugeordnet, welche exklusiv den Bezug nur durch die Managementgesellschaft bzw. den Angehörigen des Investment-Teams zulässt. Zeitweilig wird ein Carried Interest auch zugewiesen dem Sponsor bzw. bestimmten Leitinvestoren – dies insbesondere bei First-Time-Fonds bzw. Captive-Fonds.

Historisch haben sich in Frankreich ansässige Investmentmanager einer FCPR auf den French Tax Circular Nr. BOI 5-I-2-02 vom 28. März 2002 gestützt, um eine Besteuerung des von ihnen bezogenen Carried Interest als *capital gains* zu erreichen. Jedoch und möglicherweise in Folge des gesteigerten Medieninteresses an der Private-Equity-Industrie sowie der darauf folgenden Steuerdebatte hat das Französische Gesetz Nr. 2008-1425 vom 27. Dezember 2008 zu einer Änderung der Besteuerung in Frankreich geführt, wonach zwar nach wie vor die bevorzugte Besteuerung als *capital gain* (zu einem effektiven Steuersatz von 30,1 %) möglich ist – hierfür aber folgende Voraussetzungen erfüllt sein müssen:
– Der Carried-Interest-Berechtigte muss (i) ein Angestellter (bzw. leitender Angestellter) der Managementgesellschaft bzw. jener Gesellschaft sein, welche Dienstleistungen für die FCPR erbringt und (ii) eine marktfähige Vergütung als Angestellter erhalten.
– Die den Carried Interest vermittelnden *units* müssen gezeichnet oder erworben werden für einen Preis, der dem Marktpreis entspricht.

## 8. Teil. Länderberichte/Country Reports § 3 Frankreich

- Die den Carried Interest vermittelnden *units* müssen eine eigene Anteilsklasse der FCPR darstellen.
- Die in Bezug auf den Carried Interest bezogenen *units* müssen mindestens 1 % der aggregierten *capital commitments* der FCPR darstellen, wobei Ausnahmen durch Dekret Nr. 2009-1248 vom 16. Oktober 2009 definiert werden.
- Carried-Interest-Ausschüttungen dürfen frühestens zum späteren der beiden folgenden Zeitpunkte erfolgen: (i) dem Ablauf von 5 Jahren nach Gründung der FCPR oder (ii) dem Datum der Rückzahlung der aggregierten *capital contributions* durch die FCPR an die Investoren.

Es bleibt darauf hinzuweisen, dass das Französische Gesetz Nr. 2008-1425 vom 27. Dezember 2008 ein Regime der Besteuerung des Carried Interest für in Frankreich ansässige Steuerpflichtige erreicht hat, welche den Carried Interest beziehen aus Private-Equity-Fonds, welche ihren Sitz in Europa, Island oder Norwegen haben.

Sind die soeben aufgeführten Bedingungen nicht erfüllt, unterliegt der vom französischen Steuerpflichtigen vereinnahmte Carried Interest der progressiven Einkommensteuer mit einem Steuersatz bis zu 40 % und zusätzlich Sozialabgaben von 30 % sofern der Carried Interest als Arbeitsentgelt angesehen wird.

Schließlich ist noch einmal darauf hinzuweisen, dass *claw-backs* sowie *segregated reserve accounts* auch bei FCPRs immer mehr zum Standard werden, um Investoren vor exzessiven und vorzeitigen Carried-Interest-Zahlungen zu schützen.

### 2.6. Liquidation

In Ergänzung zu mit Investoren individuell vereinbarten Auflösungsgründen (wie z. B. *no-fault* oder *for-fault dissolutions* der FCPR – z. B. im Zusammenhang mit einer Ablösung der Managementgesellschaft) gilt eine FCPR automatisch als aufgelöst mit der Folge der Zwangsliquidation beim Eintritt einer der folgenden Bedingungen:
- dem Ablauf der Laufzeit der FCPR, welche sich generell zwischen 8 und 10 Jahren zuzüglich ein oder zwei Jahren Verlängerung bewegt;
- der Unmöglichkeit, innerhalb eines akzeptablen Zeitrahmens nach Ablauf der so genannten Blocker-Periode Anteile zurückzunehmen. Dieser Auflösungsgrund stützt sich auf die Tatsache, dass es Investoren nicht untersagt werden kann, für einen Zeitraum von länger als 10 Jahren an der Rückgabe ihrer *units* gehindert zu werden. Konsequenterweise dürfte ein von einem Investor geäußerter Rückgabewunsch, welcher nach Ablauf der Blockerperiode eingeht, aber dem nicht innerhalb eines Jahres nach Abgabe Folge geleistet wird, dem Investor das Recht verleihen, die Auflösung der FCPR zu verlangen;
- sofern die Nettovermögenswerte der FCPR unterhalb 300.000 € (in besonderen Fällen unterhalb 160.000 €) liegen, dies für einen Zeitraum von mindestens 30 Tagen und sofern die entsprechenden Vermögenswerte nicht ganz oder teilweise auf eine andere FCPR übertragen werden;
- sofern die FCPR über keinerlei Investoren mehr verfügt;
- zum Zeitpunkt wo der Treuhänder seine Tätigkeit für die FCPR einstellt und gleichzeitig alternativ kein weiterer Treuhänder beauftragt wird;
- zum Zeitpunkt, an dem die Managementgesellschaft aufgelöst wird oder sich in der Insolvenz befindet oder ihre Erlaubnis zur Geschäftsführung bei einer FCPR verliert bzw. überhaupt ihren Geschäftsbetrieb einstellt, es sei denn die Investoren benennen ersatzweise eine weitere Managementgesellschaft, und die AMF stimmt diesem Ersatz zu.

Mit der Auflösung der FCPR müssen die Wirtschaftsprüfer eine Bewertung der Vermögenswerte vorlegen sowie einen Bericht über die näheren Umstände der Liquidation sowie der Gründe welche zu selbiger nach Ablauf der letzten Berichtsperiode geführt haben. Dieser Bericht ist den Investoren zur Verfügung zu stellen und bei der AMF einzureichen. Die Liquidation wird dann typischerweise durch die Managementgesellschaft selbst durchgeführt und jeder Investor hat das Recht, bei Gericht einen Liquidator bestellen zu lassen, sofern die Managementgesellschaft mit der Liquidation scheitert.

Mit der Ausnahme der vorgehend aufgeführten Liquidationsgründe regelt die Satzung die weiteren Bedingungen der Liquidation. Generell werden die im Rahmen der Liquidation erlösten Beträge zunächst den Gläubigern zu Verfügung gestellt und sodann nach Maßgabe des *distribution waterfall* verteilt, wobei wie bereits ausgeführt auch Sachausschüttungen gelisteter wie nichtgelisteter Vermögenswerte in Betracht kommen, sofern die Satzung dies zulässt.

## 2.7. Finanzaufsicht

Wie bereits dargestellt, unterliegen die FCPRs je nach Art und Qualifikation der beteiligten Investoren und FCPR-Kategorie einer stringenten Regulierung. Hierbei sind sehr große, der Öffentlichkeit gegenüber angebotene FCPRs stark reguliert, während FCPRs nach vereinfachtem Regime bzw. vertragliche FCPRs nur einer eingeschränkten Regulierung unterliegen. In jedem Fall unterliegen die FCPRs während ihrer ganzen Laufzeit der Aufsicht durch die AMF, welche z. B. erwartet, dass bei bestimmten Ereignissen eine Benachrichtigung (z. B. im Falle von Zusammenschlüssen oder Spin-Offs, dem Wechsel der Berichtsperiode, etc.) bzw. sogar vorherige Genehmigung (z. B. Übertragung der Finanzangelegenheiten, Berufung einer Ersatz-Managementgesellschaft) erfolgt.

Zusätzlich ist festzustellen, dass der Vertrieb von FCPRs in Frankreich kein *public offering* darstellt – unabhängig davon, ob ein Angebot nur über *qualified investors* erfolgt oder nicht. Die Vermarktungsdokumentation muss trotzdem bestimmten, von der AMF gesetzten Standards entsprechen und potentielle Investoren mit ausführlichen wie zutreffenden Informationen über die Anlageoption ausstatten.

## 2.8. Investor Committee

Nahezu alle FCPRs, welche sich an *qualified investors* wenden, verfügen mittlerweile über entsprechende *advisory* bzw. *investor committees*, auch wenn hierfür kein rechtliches Erfordernis besteht. Die Mitglieder eines *advisory committee* werden in der Regel durch die Managementgesellschaft aus dem Kreis der größten Investoren ausgewählt bzw. unter entsprechend qualifizierten unabhängigen Persönlichkeiten. Die *advisory committee*s werden branchenweit nahezu mit identischen Rechten ausgestattet und umfassen regelmäßig die Beratung der Managementgesellschaft im Zusammenhang mit Interessenkonflikten, Bewertungsfragen und fallweise Angelegenheiten, bei denen die Satzung eine Hinzuziehung des bzw. Beratung mit dem *advisory committee* vorsieht. Um eine Haftungsbegrenzung der Beiratsmitglieder bzw. jener Investoren, für die sie agieren, zu ermöglichen, sind die Entscheidungen des *advisory committee* in der Regel für Managementgesellschaft und FCPR nicht bindend, wobei hierzu wiederum die Ausnahme für Entscheidungen betreffend Interessenkonflikte zu nennen ist. Standardmäßig wird Mitgliedern eines *advisory committee* keine gesonderte Vergütung gewährt – dafür werden an sie auch niedrigere Haftungsmaßstäbe als z. B. an die Manager der FCPR angelegt.

## 2.9. Besteuerung

Die FCPR selbst unterliegt nicht der Besteuerung in Frankreich. Der Besteuerung hinterliegen allerdings ggf. Investoren der FCPR mit den bezogenen Ausschüttungen.

Sofern sich die FCPR an die so genannten „*tax quota*"-Regelungen hält, dürfen französische natürliche Personen wie Kapitalgesellschaften eine bevorzugte Besteuerung in Anspruch nehmen. Die *tax quota* erfordert, dass mindestens 50% der Vermögenswerte der FCPR in Wertpapiere der bereits erwähnten *legal quota* investiert werden und zudem ausgegeben werden von Unternehmen (i) welche ihren Sitz in einem EU-Mitgliedstaat bzw. Island oder Norwegen haben, (ii) welche einer Tätigkeit nachgehen, die in Art. 34 des French

# 8. Teil. Länderberichte/Country Reports §3 Frankreich

Tax Code Erwähnung findet (d. h. kommerzielle, industrielle oder kleingewerbliche Aktivitäten) und (iii) welche der Körperschaftsteuer zu gewöhnlichen, nicht reduzierten Sätzen unterliegen bzw. welche in Frankreich der entsprechenden Steuer unterliegen würden, sofern die außerfranzösische Aktivität innerhalb Frankreichs durchgeführt werden würde. Spezifika gelten hinsichtlich Holding-Unternehmen bzw. Dachfonds, was die Bestimmung der *tax quota* anbelangt. Soweit die *tax quota* erfüllt ist, gilt:

- Natürliche Personen, welche der französischen Steuerpflicht unterliegen und sich dazu verpflichten, ihre FCPR-Anteile für mindestens 5 Jahre zu halten, werden von der Einkommensteuer befreit, was alle Ausschüttungen bzw. *capital gains* betrifft, welche über die FCPR innerhalb dieser Fünf-Jahres-Periode bezogen werden und in die FCPR reinvestiert werden; die bereits erwähnten Sozialabgaben in Höhe von derzeit 12,1 % fallen allerdings unabhängig davon an.
- Französische Körperschaften, welche als FCPR-Investoren agieren, können ggf. einen bevorzugten Steuersatz von 15 % oder in einigen Fällen sogar 0 % hinsichtlich der mit den FCPRs erzielten *capital gains* in Anspruch nehmen.

Generell unterliegen außerfranzösische FCPR-Investoren keiner Quellen- oder sonstigen Steuer in Frankreich im Hinblick auf die Ausschüttung der FCPR bzw. auch der zum Zeitpunkt eines Verkaufs oder der Rückgabe der *units* realisierten *capital gains*, geht man davon aus, dass sie nicht über eine Betriebsstätte bzw. Geschäftsstelle in Frankreich investiert haben. Zusätzlich ist festzustellen, dass allein durch die Beteiligung an einer FCPR in Frankreich außerfranzösischen Investoren keine Betriebsstätte oder Geschäftsstelle als *fixed place of business* in Frankreich vermittelt wird.

## 3. Strukturierung von Private-Equity-Transaktionen

### 3.1. Akquisitionsstrukturen

In Frankreich dominiert die Struktur der privaten Leveraged Buy-Outs im Bereich der Management Buy-Outs oder Nachfolgeregelungen. Jedoch zeigen sich in letzter Zeit auch vermehrt so genannte PIPEs.

### 3.1.1. LBOs

Die klassische LBO-Struktur, welche sich in einer Reihen von Staaten durchgesetzt hat, findet in Frankreich in der Regel bei nicht-börsengelisteten Unternehmen Anwendung. Hierbei setzt der Käufer typischerweise eine Holding-Gesellschaft auf, mit dem Ziel die Akquisition finanziert überwiegend durch Fremdkapital durchzuführen, während der Private-Equity-Fonds für den (geringeren) Anteil an Eigenkapital einzustehen hat. Je nach Transaktion gibt es hierbei eine Vielzahl von Strukturvarianten und -spezifika zu beachten.

Auktionen, welche von Investmentbanken im Auftrag der Verkäufer durchgeführt werden, werden auch immer mehr zum Regelfall – unterliegen aber keiner spezifischen Form der Regulierung in Frankreich. Anwendung finden die Regelungen des generellen französischen Vertragsrechts.

### 3.1.2. PIPEs

Private Investments in Public Equity befinden sich auch im Frankreich im Aufschwung. Einen Gutteil zum Wachsen dieses Segments haben die so-genannten *active shareholder* unter den Private-Equity- bzw. Hedgefonds beigetragen. Typischerweise erwirbt z. B. ein Private-Equity-Fonds eine Minderheiten-Position bei einem börsengelisteten Unternehmen, baut diese Position über einen gewissen Zeitraum aus und wird im Zuge dieser Stärkung seiner Position immer mehr Rechte einfordern, wie z. B. ein Sitz im Aufsichtsrat und mehr generell Einfluss auf die strategische Planung des Unternehmens. Solche Kontrolle kann latent oder aktiv ausgeübt werden, aber die Investoren erreichen diese im Regelfall durch Lobby-Arbeit, *proxy contests* bzw. rechtliche Maßnahmen.

Beim Aufbau einer Minderheitenposition stellen sich dem Private-Equity-Fonds die Möglichkeiten entweder auf dem Markt sukzessive eine entsprechende Position aufzubauen oder dies über *block trades* zu realisieren. Für beide Formen des Positionsaufbaus gibt es gewisse Publizitätspflichten. Anteilseigner müssen gegenüber dem börsengelisteten Unternehmen wie auch der AMF die Gesamtzahl der erworbenen Aktien bzw. Stimmrechte offen legen, vorausgesetzt, dass jeweils eine Schwelle von 5%, 10%, 15%, 20%, 25%, 33,33%, 50%, 66,66%, 90% und 95% der aggregierten Anteile bzw. Stimmrechte unter- oder überschritten wird. Satzungen der börsengelisteten Unternehmen können zudem weitere Veröffentlichungspflichten statuieren, sofern Werte auch von unterhalb 5% (bzw. entsprechende *multiples*) über- oder unterschritten werden. Die Erklärung der Erwerbsabsicht hinsichtlich eines Anteils von 10%, 15%, 20% oder 25% muss durch den entsprechenden Anteilseigner innerhalb der nächsten 6 Monate nach dem Erwerb veröffentlicht werden. Sollte es die Situation erfordern machen, kann die AMF von einem potentiellen Bieter in einem Tender-Offer-Verfahren ebenfalls zur Verhinderung abnormer Kursbewegungen der Aktie verlangen, eine Bindeerklärung hinsichtlich der Erwerbsabsicht zu veröffentlichen.

Zusätzlich kommt ein bindendes Übernahmeangebot im Wesentlichen in zwei Fällen in Betracht: bei Überschreiten einer fixen Grenze von 1/3 der Anteile an dem Unternehmen bzw. beim weiteren Aufbau einer über 1/3 hinausgehenden Position – sollte der bisherige Anteilseigner bisher von einem Binden-Übernahme-Angebot befreit worden sein. Ein Überschreiten einer solchen Schwelle kommt in Betracht durch einzelne Anteilseigner bzw. auch bei einem *acting alone or in concert*.

In jüngster Zeit, jedoch vor Einsetzen der Finanzkrise, gelang es Private-Equity-Gesellschaften, über *club deals* bzw. die Bildung entsprechender Konsortien, einige Mega-Deals in Frankreich zu realisieren.

## 3.2. Acquisition agreements

Der Beteiligungsvertrag im Rahmen einer Private-Equity-Transaktion enthält im Regelfall Haftungs- und Garantiezusagen hauptsächlich seitens des Verkäufers und in einem gewissen Umfang auch des Managements. Es kann zusätzlich eine Haftungsübernahme in einem separaten Dokument, einer so genannten *garantie de passif,* übernommen werden. Inhalt und Struktur der Akquisition hängen selbstverständlich unter anderem davon ab, ob es sich um eine Transaktion im Rahmen eines *share deals, asset deals,* dem Erwerb eines Unternehmens oder nur eines Unternehmensteils bzw. einer Kombination dieser Strukturelemente handelt. Sofern die Akquisition in ein Tender-Offer-Verfahren hinsichtlich der Zielgesellschaft mündet, muss das entsprechende Angebotsdokument auch an die AMF übermittelt werden. Covenants, *indemnification provisions* und *undertakings* seitens Erwerber wie auch Verkäufer finden sich ebenfalls regelmäßig in den Kaufverträgen. Was die Praxis der Transaktion anbelangt, findet man die im Folgenden diskutierten Klauseln sehr häufig in der französischen Vertragsdokumentation:

### 3.2.1. MAC clause

Die Rolle einer MAC (Material Adverse Change) Clause besteht darin, den Erwerber in einer Unternehmenskauftransaktion mit der Möglichkeit auszustatten, von dieser Transaktion wieder Abstand zu nehmen, sollte während der Zeit zwischen Signing und Closing eine Ereignis eintreten, welches das Unternehmen negativ belastet. MAC-Klauseln haben oftmals den Charakter einer *bring-down warranty* wiederholt zum Zeitpunkt des Closing, mit der Bedingung, das keine signifikant negative Veränderung seit dem Zeitpunkt der dem Kauf zugrunde liegenden Zwischenbilanz eingetreten ist. In Frankreich widersetzen sich viele Verkäufer einer umfassenden *bring-down warranty* bis zum Zeitpunkt des Closings als Voraussetzung desselben, mit dem Argument, dass allenfalls entsprechende Verstöße, welche selbst einen *material adverse change* darstellen, hinreichender Grund für den Abbruch einer Transaktion sein dürfen.

# 8. Teil. Länderberichte/Country Reports § 3 Frankreich

Auch wenn keine MAC-Klauseln betreffende Kasuistik in Frankreich existiert, stellen aus Sicht des französischen Rechts MAC-Klauseln-Kombinationen einer *frustration of purpose (théorie de l'imprésivion,* welche allerdings konstant durch den *Cour de cassation* unter Bezugnahme auf seine berühmte *Canal de Craponne*-Entscheidung vom 6. März 1876 zurückgewiesen wird) und höherer Gewalt *(force majeure),* wobei allerdings deren Limitationen vermieden werden: die wesentlichen Klauseln eines Vertrages können modifiziert und an die drohende Verschlechterung der wirtschaftlichen Lage bzw. Unternehmensbedingungen angepasst werden.

Bei der Formulierung einer MAC-Klausel sollte auch das in Frankreich herrschende Verbot von Bedingungen, welche ausschließlich vom Gutdünken einer Vertragspartei abhängen (article 1174 des französischen Code Civil (condition potestative)), beachtet werden. Sie sollten daher klar und ohne Interpretationsnotwendigkeit formuliert werden.

### 3.2.2. Abbruch der Verhandlungen, *break-up fees* und *reverse break-up fees*

Der französischen Kasuistik lassen sich einige Prinzipien, was die Beendigung von Verhandlungen durch eine Vertragspartei anbelangt, entnehmen: In einer ebenfalls berühmten Entscheidung vom 23. November 2003 hat die *Cour de cassation* entschieden, dass es Vertragsparteien zu jedem Zeitpunkt freisteht, Verhandlungen abzubrechen. Prinzipiell bietet ein solcher Verhandlungsabbruch keine Grundlage für irgendwelche Haftungsansprüche. Geschieht dieser Verhandlungsabbruch jedoch unerwartet und ohne vorherige Ankündigung, könnte ein Verstoß gegen Treu und Glauben begründet sein, welcher die abbrechende Partei zum Ersatz des durch die entgangene Vertragschance der übrig gebliebenen Partei entstehenden Schaden verpflichtet (nicht jedoch des positiven Schadens, der aus dem Nichtabschluss des Vertrages resultiert). Bei der Formulierung einer klassischen *break-up fee* ist je nach Tatbestand eine Klausel zu vereinbaren, bei der der Verkäufer sich zur Zahlung einer Gebühr von 2 bis 5% des Kaufpreises an den potentiellen Käufer verpflichtet, sollten bestimmte Umstände das Zustandekommen der Transaktion verhindern. *Break-up clauses* können zudem die Haftungsfreistellung einer Partei durch die andere Vertragspartei vorsehen, sollte diese – aus welchem Grund auch immer – einen Abbruch der Vertragsverhandlungen anstreben. Insoweit wirken sich die *break-up clauses* auf das finanzielle Risiko aus, welches die Parteien im Rahmen des Akquisitionsprozesses und manifestiert in der verhandelten Vertragsdokumentation, eingehen.

Für gewöhnlich ist die Zahlung des Schadenersatzes durch den Verkäufer vorgesehen. Weniger häufig trifft man auf die Schadenersatzverpflichtung des Unternehmens selbst. Die französische Literatur und Praxis bleibt skeptisch hinsichtlich der Wirksamkeit einer durch die Zielgesellschaft selbst zu zahlenden *break-up fee,* vor allen Dingen wegen des Verbots der Financial Assistance, welchem auch in Frankreich Kapitalgesellschaften unterliegen, welche mit einem außenstehenden Dritten über den Verkauf von Anteilen des Unternehmens verhandeln. Zudem sind stets die Geschäftschancen des Unternehmens der Zielgesellschaft zu wahren. Ein Verstoß gegen diese Regelungen führt gegebenenfalls zu einer Haftung des Managements wegen Veruntreuung von Vermögensgegenständen des Unternehmens.

*Reverse break-up fees,* welche grundsätzlich der selben Idee folgen, stellen hingegen die Zielgesellschaft bzw. den Verkäufer schadlos, sollte der potentielle Käufer nicht mehr willens oder in der Lage sein, den Unternehmenskaufvertrag abzuschließen, selbst wenn dies basierend auf einer MAC-Klausel geschehen sollte bzw. wenn eine Finanzierung nicht zustande kommt. Mit den im Rahmen der Finanzkrise auftretenden Schwierigkeiten auf den Kapitalmärkten sehen Unternehmenskaufverträge in Privat-Equite-Konstellationen mittlerweile typischerweise ein *financing-out* vor, das heißt, eine Möglichkeit für den potentiellen Käufer gegen die Zahlung einer *reverse termination fee* aus dem Verkaufsprozess auszuscheiden, sollte eine Finanzierung nicht zustande kommen.

### 3.3. Finanzierungsstruktur

Dem Käufer stellen sich potentiell verschiedene Arten der Fremdfinanzierung für den Erwerb der Unternehmensanteile. Typischerweise sind dies:
(i) ein *senior loan,* welcher vorrangig und in der Regel innerhalb von 5 bist 7 Jahren ab dem Zeitpunkt der Akquisition gerechnet zurückzuzahlen ist;
(ii) ein *junior loan,* welcher erst nachrangig gegenüber dem *senior loan* zurückzuzahlen ist und schließlich
(iii) ein Mezzanine-Darlehen, welches prioritär zwischen *senior* und *junior loan* rangiert.

Rahmenvereinbarungen nach französischem Recht enthalten regelmäßig eine Reihe von *conditions precedent,* welche vor Ausreichung der Fazilitäten erfüllt sein müssen. Die Kreditrahmenvereinbarung enthält zudem eine Reihe von Covenants. Die Kennzahlenverhältnisse, welche sich regelmäßig wiederfinden sind Free Cash Flow/Net Financing Costs, Net Financial Debt/Capital oder eine Loan-to-Value Ratio.

Die Kreditrahmenvereinbarung kann zusätzlich eine Thesaurierung von Zinszahlungen im Rahmen von so genannten *bullet loans* enthalten, wonach Zinszahlungen zeitlich nachgelagert an ein bestimmtes Ereignis, wie z. B. die Fälligkeit, zu erbringen sind. Solche Regelungen sind nach französischem Recht zulässig, sofern die Zinsberechnung auf jährlicher Basis stattfindet.

Die derzeit vorherrschende Wirtschaftskrise hat signifikanten Einfluss auf die Finanzierungsstruktur, wie sie auch bei französischen Transaktionen anzutreffen ist, insbesondere im Hinblick auf die Leverage Ratio (das Verhältnis von Fremdkapital zu Eigenkapital hat sich von 75 : 25 vor der Finanzkrise verschoben auf 60 : 40).

Letztere hat auch im Bereich der *Distressed Leveraged Buy-Outs* zu Problemen geführt, bedingt durch Probleme beim Einhalten der *financial covenants* und dem Umgang mit dieser Situation. Distressed *Leveraged Buy-Outs* können restrukturiert werden, indem neue Stakeholder sich über Eigenkapital bzw. Quasi-Eigenkapital engagieren.

Was notleidene Unternehmen anbelangt, bietet das französische Recht mittlerweile eine Reihe von Erleichterungen, um eine weitere Verschlimmerung der Finanzsituation zu vermeiden. Zwei spezifische Prozeduren erlauben es einem Schuldner, der bisher mit seinem Darlehen noch nicht in Rückstand geraten ist, eine gerichtliche Vermittlungslösung zu finden, in deren Rahmen die einzelnen Klauseln der Kreditrahmenvereinbarung neu ausgehandelt werden können, namentlich:
(i) die Berufung eines entsprechend qualifizierten Vermittlers (article L. 611-3 des Code Commercial) sowie
(ii) das Schlichtungsverfahren (article L. 614-4 des Code Commercial).

Beide Verfahren beinhalten die Berufung eines speziellen Vermittlers, welcher die beiden Vertragsparteien hin zu einer Restrukturierung der Darlehensfinanzierung konstruktiv begleiten soll. Liegt allerdings bereits eine Situation vor, wonach der Schuldner mit Darlehensraten im Rückstand ist, werden die Gerichte gezwungen, eine Liquidation einzuleiten, welche sämtliche Cash-flow-Abflüsse an das Mutterunternehmen verhindern würde.

### 3.4. Exit Optionen

Exit-Optionen können bereits durch Verankerung in der Satzung des Akquisitionsvehikels vereinbart werden. Eher der Regelfall ist allerdings, dass diese Eingang finden in das Shareholders' Agreement, welches die zukünftigen Beziehungen zwischen Finanzinvestor und dem Management der Zielgesellschaft regelt.

In Frankreich stehen einem Private-Equity-Fonds für seine Exits regelmäßig drei Hauptoptionen zur Verfügung:
(i) Der Börsengang des erworbenen Unternehmens, welcher eine teilweise bzw. vollständige Trennung des Private-Equitiy-Fonds von seinem Engagement erlaubt. Ein Bör-

## 8. Teil. Länderberichte/Country Reports § 3 Frankreich

sengang in Frankreich ist eine relativ aufwendige Angelegenheit und erfordert unter anderem die Übermittlung eines *Document de Base* an die AMF inklusive allgemeiner Informationen über die Gruppe, ihre Aktivitäten sowie die Jahresabschlüsse der vergangenen drei Jahre. Eine *note d'operation* muss ebenfalls an die AMF übermittelt werden, welche gemeinsam mit dem *Document de Base* den für den Börsengang erforderlichen Prospekt bildet. In den vergangenen zwei Jahren ist die Anzahl der Börsengänge aufgrund des schwachen Kapitalmarktumfelds signifikant zurückgegangen.

(ii) Relativ häufig anzutreffen ist die Veräußerung der Zielgesellschaft an einen strategischen Investor. Potenzielle Synergien zwischen Käufer und Zielgesellschaft können zur Durchsetzung eines höheren Kaufpreises beitragen.

(iii) Ein Secondary (Tertiary) Leveraged Buy-Out kann zur Ausführung kommen, wobei das Kapital des Investmentvehikels an eine neue Holding-Gesellschaft übertragen wird, welche im Gegenzug über ein zusätzliches Darlehen die Anteile an der alten Holding-Gesellschaft erwirbt. Eine solche Exit-Option kann für Finanzinvestoren interessant sein, wenn nach Ablauf einer vier- bis fünfjährigen Haltezeit nach wie vor genügend Wachstums- bzw. Synergiepotenzial in der Zielgesellschaft steckt. Sehr häufig finden in der Vertragsdokumentation des *shareholders' agreement* in solchen Konstellationen Drag-Along- und Tag-Along-Klauseln Anwendung. Hinsichtlich der Gültigkeit nach französischem Recht bestehen wenig Zweifel. Um das Erfordernis eines bestimmten bzw. bestimmbaren Preises gemäß article 1591 des Code Civil zu erfüllen, wird Minderheitsgesellschaftern regelmäßig ein Verkaufsrecht dahingehend gewährt, dass, sollte der angebotene Verkaufspreis als zu niedrig eingeschätzt werden, den Minderheitsgesellschaftern ein entsprechendes Vorkaufsrecht gegenüber den Mehrheitsgesellschaftern, welche an außenstehende Dritte verkaufen wollen, zusteht. Das Shareholders' Agreement sieht zudem regelmäßig vor, dass der Verkaufspreis zu bestimmen ist in Anlehnung an eine unabhängige Unternehmensbewertung, welche zum Beispiel durch eine Investmentbank durchzuführen ist bzw. gebunden ist an bestimmte Finanzkennziffern.

In jedem Fall enthalten Shareholders' Agreements regelmäßige bestimmte Kauf- oder Verkaufsklauseln, nach denen sich die Gesellschafter gemeinsam nach besten Wissen und Gewissen darum zu bemühen haben, ihre jeweiligen Anteile innerhalb eines vorgegebenen Zeitrahmens an außenstehende Dritte zu verkaufen. Sollte ein solches Unterfangen scheitern, wird sodann eine Investmentbank mit dem Verkaufsprozess betraut und mit den entsprechenden hierfür notwendigen Informationen versorgt.

### 3.5. Spezielle regulatorische Erfordernisse zur Durchführung von Akquistionsvorhaben in Frankreich

Jede ausländische Investition in Frankreich löst bei Abschluss eine entsprechende Informationspflicht aus. Sogar einer vorherigen Genehmigung durch das französische Wirtschaftsministerium unterliegen ausländische Investitionen in Unternehmen, welche, wenn auch nur gelegentlich, hoheitliche Aufgaben wahrnehmen oder an Aktivitäten beteiligt sind, welche die öffentliche Ordnung, öffentliche Sicherheit oder nationale Verteidigungs- oder Forschungsinteressen betreffen bzw. befasst sind mit der Produktion von Waffen, Munition oder explosiven Substanzen.

Das französische Recht sieht zudem Regelungen vor, um eine Identifizierung ausländischer Investoren zu gewährleisten: sowohl Inhaber- wie auch Namensaktien sind im Namen des Anteilsinhabers zu registrieren. Sollten jedoch die Anteile zum Handel an einem regulierten Markt(-Segment) zugelassen sein und ihr Inhaber nicht in Frankreich ansässig sein, kann auch ein Intermediär anstelle des Inhabers registriert werden. Solche Registrierungen können über Sammel- oder Einzelkonten erfolgen, letztere bezogen auf einen Anteilsinhaber. Der zu registrierende Intermediär muss zum Zeitpunkt der Registrierung auf seine entsprechende Funktion bei Kontoeröffnung hinweisen. Diese Maßnahme stellt die Identifikation von außerfranzösischen Anteilsinhaberin fest, welche sich hinter einem *trust* oder Strohmann verbergen.

Nach den französischen Fusionskontrollregelungen bedarf jeder Unternehmenserwerb, jede Einbringung bzw. jede andere Transaktion, welche zu einer Konzentration von Anteilen in Folge eines Unternehmenskaufs führt, der vorherigen Genehmigung durch die französische *Autorité de la concurrence*, bevor die Transaktion abgeschlossen wird, sofern die folgenden zwei Vorraussetzungen vorliegen:

(i) Ein weltweiter Umsatz der beteiligten Parteien von mehr als 150 Millionen Euro *und*
(ii) ein kumulierter Umsatz in Frankreich von mindestens zwei der beteiligten Einheiten von mehr als 50 Millionen Euro. Sollte allerdings die Transaktion bestimmte Schwellen gemäß Definition der EU-Ratsverordnung Nr. 139/2004 (EG) des Rates vom 20. Januar 2004 über die Kontrolle von Unternehmenszusammenschlüssen („EG-Fusionskontrollverordnung") überschreiten, so ist es nicht länger erforderlich, eine Meldung an die französische *Autorité de la concurrence* vorzunehmen – dies geschieht in solchen Fällen ausschließlich an die Europäische Kommision.

## 3.6. Besteuerung

Generell benutzt der Private-Equity-Fonds zum Erwerb einer Zielgesellschaft ein nur für diese Zwecke geschaffenes, gesondertes Akquistionsvehikel. Die folgenden steuerlichen Folgen sind hierbei zu beachten.

### 3.6.1. Steuerliche Organschaft einer französischen Unternehmensgruppe

Die Holding-Gesellschaft, welche eine französische Zielgesellschaft erwirbt, kann jeweils für einen Fünf-Jahres-Zeitraum eine steuerliche Organschaft mit der Zielgesellschaft und deren französischen Tochtergesellschaften eingehen. Die Vereinbarung einer steuerlichen Organschaft erfordert neben weiteren Bedingungen, dass

(i) die Unternehmen als Teil der steuerlichen Organschaft einer Körperschaftsteuerpflicht in Frankreich unterlegen;
(ii) während der gesamten Fünf-Jahres-Zeitraums Tochtergesellschaften kontinuierlich zumindest 95% in der Anteilseignerschaft des Mutterunternehmens stehen *und*
(iii) ein Gleichlauf zwischen den Veranlagungszeiträumen der von der Organschaft betroffenen Gesellschaften besteht.

Wenn die Zielgesellschaft bereits Organträger im Rahmen einer bestehenden Organschaft ist, kann gerade die letzte Voraussetzung zu einem gewissen Steuerschwund, bedingt durch die Timingerfordernisse bei der Aufsetzung der steuerlichen Organschaft, führen. Dies insbesondere deshalb, wenn die Zielgesellschaft, welche im Laufe eines Steuerjahres erworben wird, erst mit Beginn des nächsten Steuerjahres als Organgesellschaft qualifiziert. Damit wären z. B. Zinszahlungen nicht den Gruppenverlusten zugeordnet, sondern bleiben auf Ebene des Akquisitionsvehikels gebunden.

Im Rahmen der steuerlichen Organschaft gibt der Organträger eine konsolidierte Steuererklärung für alle betroffenen Gruppengesellschaften ab und nimmt somit eine entsprechenden Abzug von ggf. entstandenen Verlusten von den Erträgen der Gesellschaft vor, um zum steuerbaren Gewinn der konsolidierten Gruppe zu gelangen. Dies führt letztlich dazu, dass die auf Ebene des Organträgers bzw. Akquisitionsvehikels erfolgten Zinszahlungen auf die für die Akquisition eingegangene Fremdfinanzierung abzuziehen sind von den Erträgen der Zielgesellschaft und ihrer Tochteruntnehmen.

### 3.6.2. Quick Merger

Es wird gelegentlich erwogen, das Akquisitionsvehikel mit der Zielgesellschaft zu verschmelzen – dies kurz nach dem Erwerb der letzteren, um den Gläubigern eine erweiterte Sicherheitenbasis unter Einbeziehung der Vermögensgegenstände der Zielgesellschaft zu gewähren und die erzielten Gewinne auf Ebene der Zielgesellschaft unmittelbar für die Rückzahlung der aufgenommenen Darlehen zur Verfügung zu stellen.

Nach der so genannten Quick-Merger-Doktrin gemäß einer Verwaltungsanweisung der französischen Steuerbehörden vom 18. August 2000 sind solche Zusammenschlüsse zwischen Akquisitionsvehikel und Zielgesellschaften in zeitlicher Folge des Erwerbs der Zielgesellschaft ggf. als rechtsmissbräuchlich anzusehen. Hintergrund einer solchen Einstufung ist die Tatsache, dass der Zusammenschluss für die Zielgesellschaft keinerlei Vorteile birgt, sofern das Akquisitionsvehikel Darlehensverpflichtungen im Zusammenhang mit dem Erwerb eingegangen ist, welche das Volumen der eigenen Vermögenswerte (exklusive des Werts der Anteile der Zielgesellschaft) übersteigen. Kommt besagte Doktrin durch die französische Steuerverwaltung zur Anwendung, ist ein steuerlich wirksamer Abzug der Zinszahlungen ausgeschlossen. Es findet sich in diesem Zusammenhang leider keine Definition des Zeitraumes, in dem ein Zusammenschluss als ein solcher *quick merger* anzusehen ist. Auch entsprechende Kasuistik besteht bisher nicht. Abgesehen von einigen wenigen Ausnahmen findet sich daher das Phänomen der *quick merger* zwischen Akquisitionsvehikel und Zielgesellschaft in Frankreich derzeit nicht mehr.

### 3.6.3. Thin-capitalization rules

Im Regelfall werden auch von Seiten des Private-Equity-Fonds an das Akquisitionsvehikel Darlehen zur Finanzierung des Erwerbs der Zielgesellschaft vergeben. Eine solche Fremdkapitalaustattung unterliegt dem französischen *thin-capitalization rules* welche seit dem 1. Januar 2007 in Kraft sind. Diese finden Anwendung auf Darlehen von Gruppengesellschaften inklusive entsprechender Vorstrukturen, wenn

(i) das Verhältnis Fremdkapital zu (Netto-)Eigenkapital 1,5 : 1 übersteigt,
(ii) die Zinszahlungen 25% der bereinigten Vorsteuergewinne übersteigen *und*
(iii) die an verbundene Gesellschaften gezahlten Zinsen die Zinseinnahmen aus Darlehen an verbundene Unternehmen übersteigen.

Sind diese Schwellenwerte überschritten, werden die abzugsfähigen Zinsen am höchsten der soeben dargestellten Schwellenwerte gekappt. Der Anteil an Zinszahlungen, der danach nicht sofort abzugsfähig ist, kann in die folgenden Jahre vorgetragen werden, wobei jährlich ein Abzug von 5% auf den Vortrag Anwendung findet.

In jedem Fall muss das Kapital der Muttergesellschaft voll eingezahlt sein und die von der Muttergesellschaft erhobenen Zinsen dürfen nicht den gesetzlichen Zinsatz übersteigen, welcher der durchschnittlichen effektiven *floating rate* auf Bankdarlehen mit einer minimal zweijährigen Laufzeit oder sofern höher, dem Zinssatz welchen der Schuldner zu gleichen Bedingungen bei Dritten hätte auf ein Darlehen verhandeln können, entspricht.

### 3.6.4. Secondary Leveraged Buy-Outs

Wird das neu formierte Akquisitionsvehikel kontrolliert von Parteien, welche auch an dem vorher finanzierenden Private-Equity-Fonds beteiligt waren, so ist ein Teil der vom neuen Financier eingegangenen Zinszahlungen im Rahmen der Secondary-Akquisition steuerlich für einen Acht-Jahreszeitraum nach der Akquisition nicht abzugsfähig. Diese Regelung, bekannt als *amendement Charasse*, hat einen hemmenden Effekt für die Strukturierung entsprechender Leveraged Buy-Outs in Frankreich.

### 3.6.5. Besteuerung von Kapitalerträgen nach Exits

Nach einer zweijährigen Halteperiode wird wie im Rahmen der deutschen steuerlichen Regelung ein Veräußerungsgewinn zu 95% steuerfrei gestellt, wohingegen 5% der Nettoerträge mit dem Standardsatz von 33,33% zuzüglich einen Aufschlag von 3,3% zu besteuern sind, wonach sich eine effektive Besteuerung des Veräußerungsgewinns in Höhe von 1,72% ergibt.

Findet der Exit auf Ebene des Private-Equity-Fonds statt, kann eine Besteuerung bzw. Steuerfreistellung auf Ebene des französischen Fondanteilseigners stattfinden, was wiederum von dessen spezifischer Steuersituation abhängt. Kapitalerträge, welche durch außerfranzösische Anteilseigner des Private-Equity-Fonds realisiert werden, sind generell von einer Besteuerung in Frankreich ausgeschlossen.

### 3.6.6. Stempelsteuer/*transfer tax*

Im Rahmen der Aufsetzung eines französischen Akquisitionsvehikels fällt keine Stempelsteuer an. Weitere Kapitalerhöhungen lösen hingegen eine Stempelsteuer in Höhe von 375 Euro bzw. 500 Euro aus, sofern das Volumen der Kapitalerhöhung 225.000 Euro übersteigt. Eine *transfer tax* ist bei Veräußerung der Anteile an der französischen Zielgesellschaft fällig in Höhe von 3% mit einer *cap* bei 5.000 € – dies findet allerdings keine Anwendung im Rahmen von Börsengängen. Handelt es sich bei der Zielgesellschaft um eine solche, welche Immobilien in ihrem Eigentum hält, so unterliegt der Verkauf von Anteilen einer transfer tax in Höhe von 5%.

# § 4 Österreich

| Übersicht | Seite |
|---|---|
| 1. Fondsstruktur | 824 |
| 1.1. Übliche Fondsstrukturen | 825 |
| 1.2. Kapitalaufbringung und -investments | 827 |
| 1.3. Ergebnisverwendung | 827 |
| 1.4. Management Fee | 828 |
| 1.5. Carried Interest | 828 |
| 1.6. Liquidation | 828 |
| 1.7. Finanzaufsicht/Regulatorisches Umfeld | 829 |
| 1.8. Investor Committee | 829 |
| 1.9. Steuerfragen | 830 |
| 1.9.1. Besteuerung von Private-Equity-Fonds | 830 |
| 1.9.2. Besteuerung auf Investorenebene | 830 |
| 1.9.3. Mehrwertsteuer | 831 |
| 2. Transaktionsstruktur | 832 |
| 2.1. Beteiligungsvertrag | 832 |
| 2.2. Fremdfinanzierung (Thin-Cap Rules) | 833 |
| 2.3. Exit-Optionen | 833 |
| 2.4. Steuerfragen | 834 |

## 1. Fondsstruktur

Die gesetzlichen Rahmenbedingungen für Private Equity (nachfolgend mit „PE" abgekürzt) sind in Österreich derzeit im Umbruch.

Eine der wichtigsten Organisationsformen für PE ist seit 1994 die Mittelstandsfinanzierungsgesellschaft (nachfolgend mit „MiFiG" abgekürzt), ein Fondsvehikel in der Rechtsform einer Kapitalgesellschaft. Die Europäische Kommission erachtete die mit dieser Organisationsform verbundenen steuerlichen Sondervorschriften („MiFiG-Regime alt") als selektive Beihilfe im Sinne des Art. 87 EG und eröffnete gegen Österreich ein diesbezügliches Beihilfeverfahren. Parallel traten im August 2006 neue Leitlinien der Europäischen Kommission zur Thematik Risikokapital und Beihilfen in Kraft.[3109] Neben den beihilfenrechtlichen Bedenken sah sich Österreich gezwungen, seine Risikokapitalmaßnahmen inklusive der Regelungen über MiFiGs an die Leitlinien der Europäischen Kommission anzupassen. Im Rahmen des MiFiGG 2007 hielt der Gesetzgeber zwar an der Förderung von Risikokapital durch die steuerliche Begünstigung von MiFiGs fest; die maßgebenden Bestimmungen in § 6b KStG wurden jedoch grundlegend reformiert und mit komplexen Übergangsbestimmungen versehen („MiFiG-Regime neu"[3110]).[3111]

Die unsichere Gesetzeslage hat dazu geführt, dass sich sowohl bereits bestehende MiFiGs als auch in Gründung bzw im Fundraising befindliche Gesellschaften zum Teil in ausländische Strukturen (zB Luxemburg, Schweiz) geflüchtet haben, die attraktive und international übliche Rahmenbedingungen bieten. Dieser strukturelle Nachteil gegenüber ausländischen klassischen PE-Fondsstrukturen, wie beispielsweise der SICAV oder SICAR sowie angelsächsischen Limited Partnership-Strukturen, wurde unter anderem zum Anlass genommen, mit dem Entwurf des Kapitalmarktstärkungs- und Innovationsgesetz 2008 (KMStIG 2008)

---

[3109] Leitlinien der Gemeinschaft für staatliche Beihilfen zur Förderung von Risikokapitalinvestitionen in kleine und mittlere Unternehmen, 2006/C 194/02.

[3110] Nach dem Auslaufen der Möglichkeit, eine MiFiG nach dem alten System zu gründen, wird im Rahmen dieses Beitrags nur das „MiFiG-Regime neu" vorgestellt. Dieses Regime gilt für solche MiFiGs, die nach dem 31. Dezember 2007 zur Eintragung ins Firmenbuch angemeldet wurden. Die Anwendbarkeit des § 6b KStG idF MiFiGG 2007 wurde mit 31. Dezember 2018 zeitlich befristet.

[3111] Vgl. Hofbauer-Steffel in: Lang/Schuch/Staringer, KStG, § 6b Rn. 2.

ein eigenes Bundesgesetz für Investmentgesellschaften (IG)[3112] zu initiieren, um Fondsstrukturen zu ermöglichen, die an die Stelle der bzw. neben die MiFiG treten sollen. Eine IG soll in zwei Rechtsformen errichtet werden können, nämlich als Kommanditgesellschaft (KG) oder Aktiengesellschaft (AG).[3113] Inwieweit der Begutachtungsentwurf des IGG letztendlich in Kraft tritt, ist im Zeitpunkt der Drucklegung dieses Beitrages vollkommen offen.

## 1.1. Übliche Fondsstrukturen

Die in Österreich dominierende Fondsstruktur ist die MiFiG, die als Sonderregime im Körperschaftsteuergesetz (§ 5 Z 14, § 6b und § 21 Abs. 2 Z 4 KStG) geregelt und in ihrer Form für Österreich spezifisch ist. Begünstigt sind ausschließlich Kapitalgesellschaften, das heißt (Europäische) Aktiengesellschaften sowie Gesellschaften mit beschränkter Haftung. MiFiGs haben über ein Nennkapital von mindestens 7,3 Mio. € zu verfügen. Neben der Ausgabe von Gesellschaftsanteilen besteht in einem begrenzten Rahmen auch die Möglichkeit, sozietäre Genussrechte zu emittieren.[3114] Die Sondervorschriften enthalten zwar keine Aussagen hinsichtlich einer Aufnahme von Fremdkapital auf Ebene einer MiFiG, allerdings ist es nach herrschender Auffassung untersagt, planmäßig Fremdkapital aufzunehmen. Dies wird damit begründet, dass der Geschäftsgegenstand auf die Veranlagung des Eigenkapitals und die damit zusammenhängenden Nebenleistungen beschränkt ist. Ein kurzfristiges Eingehen von betriebsbedingten Verbindlichkeiten ist aber grundsätzlich unschädlich.[3115] Als Gesellschafter einer MiFiG kommen sowohl in- als auch ausländische natürliche und juristische Personen in Betracht, wenngleich Körperschaften des öffentlichen Rechts (KöR) nicht insgesamt mehr als 50 % der Anteile an einer MiFiG halten dürfen.[3116]

Der Geschäftsgegenstand einer MiFiG untergliedert sich in zwei Bereiche, den Finanzierungs- und den Veranlagungsbereich.[3117] Insbesondere im Finanzierungsbereich unterliegen MiFiGs umfassenden Beschränkungen und Auflagen: Der Finanzierungsbereich hat nachhaltig mindestens 70 % des Eigenkapitals der MiFiG zu umfassen. Diese Relation muss bis zum Ablauf des fünften auf die Eintragung der MiFiG im Firmenbuch folgenden Jahres hergestellt werden. Unschädlich sind Unterschreitungen der 70 %-Quote aufgrund von Beteiligungsveräußerungen in der Abschichtungsphase. Die Wertrelation ist dabei auf Basis der historischen Anschaffungskosten inklusive der Annexfinanzierung der Beteiligungen zu berechnen.[3118] MiFiGs dürfen sich ausschließlich an nicht börsennotierten kleinen oder mittleren Unternehmen[3119] beteiligen und müssen dabei eine Risikokapital-

---

[3112] Investmentgesellschaftengesetz – IGG.
[3113] Die im Entwurf dargestellten Rahmenbedingungen weisen sowohl Stärken als auch Schwächen auf; siehe hierzu u. a. Stefaner, Neuanlauf für die KMU-Förderung, SWK 2008, T 147 ff.; sowie den von der Dachorganisation der österreichischen Beteiligungskapitalindustrie (AVCO) erarbeiteten Gegenvorschlag für ein „IGG light", der unter http://www.avco.at/upload/medialibrary/IGG_light_Juli_200811715.pdf abrufbar ist.
[3114] § 6b Abs. 1 KStG sozietäres Genussrechtskapital ist durch die Beteiligung am laufenden Gewinn und am Liquidationsgewinn der emittierenden Körperschaft gekennzeichnet.
[3115] Vgl. Hofmann/G. Kofler in: G. Kofler/Polster-Grüll, Private Equity & Venture Capital, S. 482; Stefaner in: Endfellner/Puchinger, Eigenkapitalfinanzierung für Unternehmen, S. 209 f.; Hofbauer-Steffel in: Lang/Schuch/Staringer, KStG, § 6b Rn. 55.
[3116] § 6b Abs. 1 Z 4 KStG.
[3117] § 6b Abs. 1 Z 5 KStG.
[3118] Vgl. Hofbauer-Steffel in: Lang/Schuch/Staringer, KStG, § 6b Rn. 63 ff.
[3119] Als „kleine Unternehmen" gelten Unternehmen, die (i) weniger als 50 Personen beschäftigen und (ii) einen Jahresumsatz oder eine Jahresbilanzsumme von höchstens 10 Mio. € haben. Unter einem „mittleren Unternehmen" ist ein Unternehmen zu verstehen, das weniger als 250 Personen beschäftigt und das entweder einen Jahresumsatz von höchstens 50 Mio. € erzielt oder dessen Jahresbilanzsumme sich auf höchstens 43 Mio. € beläuft.

# 8. Teil. Länderberichte/Country Reports § 4 Österreich

beteiligung[3120] in sehr frühen Phasen[3121] eingehen. Neben der Substanzbeteiligung kann an ein Beteiligungsunternehmen auch eine Annexfinanzierung vergeben werden.[3122]

Eine MiFiG kann maximal 20% ihres Eigenkapitals in ein Beteiligungsunternehmen investieren.[3123] Darüber hinaus ist das einzelne Beteiligungsengagement insofern doppelt gedeckelt, als zum einen das jeweilige Beteiligungsausmaß maximal 49% betragen und ferner kein beherrschender Einfluss ausgeübt werden darf (relative Grenze).[3124] Die zweite Deckelung sieht vor, dass ein Neuinvestment (Ersterwerb oder Erhöhung) einen Betrag von 1,5 Mio. € in einem Zwölfmonatszeitraum nicht überschreiten darf (absolute Grenze), sofern dieser Betrag nicht bereits durch eine andere MiFiG ausgeschöpft worden ist.[3125] Nach Ablauf des Zwölfmonatszeitraums ist jedoch eine weitere Finanzierung möglich. Ferner sind Beteiligungen an Unternehmen mit Sitz in Drittstaaten, selbst wenn sich der Ort der Geschäftsleitung in der EU/im EWR befindet, und an bestimmten anderen Unternehmen[3126] untersagt. Die einer MiFiG verbleibenden Mittel, die nicht im Finanzierungsbereich gebunden sind, sind nach den für den Veranlagungsbereich geltenden Bestimmungen zu investieren, die eine spekulative Veranlagung untersagen.[3127] MiFiGs haben das Vorliegen der Voraussetzungen jährlich durch Bestätigung eines inländischen Wirtschaftsprüfers oder einer inländischen Wirtschaftsprüfungsgesellschaft nachzuweisen.[3128]

Die massiven Restriktionen für Veranlagungen, die weder Mehrheitsbeteiligungen noch einen Leverage auf Fondsebene zulassen, und nur Investitionen in eine sehr eingeschränkte Auswahl an Portfolio-Unternehmen zulassen, können nur bedingt durch die eingeräumten steuerlichen Begünstigungen ausgeglichen werden. Allerdings liegt in diesen Begünstigungen, die ausschließlich zugunsten der MiFiG normiert und weitestgehend auf ihre Bedürfnisse zugeschnitten sind, auch ein möglicher Vorteil gegenüber alternativen in- und ausländischen PE-Fondsstrukturen in sehr spezifischen Situationen.[3129] Personengesellschaftsstrukturen, wie beispielsweise vermögensverwaltende GmbH & Co KGs oder SICAR-Strukturen, werden anstelle von MiFiGs deshalb häufig eingesetzt, da diese internationalen Investoren einerseits idR geläufiger und darum akzeptabler sind als das österreichspezifische MiFiG-Regime und andererseits dem Geschäftsmodell von PE deutlich angepasster sind.

---

[3120] Zu diesem Zwecke stehen nach § 6b Abs. 2 Z 1 KStG folgende Beteiligungsformen zur Verfügung: (i) Kommanditbeteiligungen an betrieblich tätigen KGs, (ii) atypisch stille Beteiligungen an betrieblich tätigen Unternehmen, (iii) Aktien und GmbH-Anteile sowie (iv) sozietäre Genussrechte.

[3121] In concreto muss es sich um Seed-Kapital, Start-up-Kapital oder Expansionskapital handeln; vgl. Hofbauer-Steffel in: Lang/Schuch/Staringer, KStG, § 6b Rn. 99.

[3122] Für Annexfinanzierungen stehen gemäß § 6b Abs. 2 Z 1 lit. f KStG folgende Möglichkeiten zur Verfügung: Darlehen, Schuldverschreibungen, echte stille Beteiligungen, obligationsartige Schuldrechte sowie Zuzahlungen. Allerdings ist eine wertmäßige Beschränkung einer typisch stillen Beteiligung und/oder einer Annexfinanzierung mit 30% des Gesamtengagements zu berücksichtigen. Die maximal mögliche Annexfinanzierung im Verhältnis zur Risikokapitalbeteiligung beträgt somit 42,86%; siehe hierzu Hofbauer-Steffel in: Lang/Schuch/Staringer, KStG, § 6b Rn. 83ff.

[3123] § 6b Abs. 2 Z 2 lit. a KStG.

[3124] § 6b Abs. 2 Z 2 lit. e KStG.

[3125] § 6b Abs. 2 Z 2 lit. b i.V.m. lit. f KStG.

[3126] Gemäß § 6b Abs. 2 Z 3 und 4 KStG zählen hierzu: Börsennotierte Unternehmen, Beteiligungen an einem Konzernunternehmen eines Gesellschafters, Beteiligungen an Unternehmen in Schwierigkeiten sowie Unternehmen der Industriezweige Schiffsbau, Kohle und Stahl. Ebenso ausgeschlossen ist das Eingehen von Beteiligungen zur Förderung unmittelbar exportbezogener Tätigkeiten; siehe hierzu Hofbauer-Steffel in: Lang/Schuch/Staringer, KStG, § 6b Rn. 101 ff.

[3127] Vgl. Hofbauer-Steffel in: Lang/Schuch/Staringer, KStG, § 6b Rn. 69 f.

[3128] § 6b Abs. 3 KStG.

[3129] Die steuerlichen Rahmenbedingungen werden in Abschnitt 1.9. zusammengefasst.

## 1.2. Kapitalaufbringung und -investments

Das *Committed Capital* in österreichische Fonds stieg im vergangenen Jahrzehnt kontinuierlich; insbesondere ab 2005 bis 2007 erhöhte es sich jeweils im hohen zweistelligen Prozentbereich (2005: rd 217 Mio. €; 2006: rd 279 Mio. €; 2007: rd 431 Mio. €). In 2008 sank das Committed Capital auf 230 Mio. € ab. Die mit Abstand stärkste Gruppe der Investoren waren traditionell österreichische Kreditinstitute. Sie hatten 2006 einen Anteil von 64,5%; 2007 verringerte sich der Anteil des von Kreditinstituten zur Verfügung gestellten Kapitals jedoch deutlich auf 31,4% und betrug in 2008 aufgrund der Finanzkrise lediglich 8,9%. Als größte Investorengruppe erwiesen sich in 2008 Versicherungen mit einem Anteil von 20%.[3130]

Österreich liegt, was den Prozentanteil der PE-Beteiligungsinvestitionen am Bruttoinlandsprodukt (BIP) betrifft, im EU-Ranking unter den Ländern mit der niedrigsten BIP-Quote. Sie betrug 2006 mit 0,1% nur ein Zehntel des EU-Durchschnittswertes (0,9%).[3131] 2006 wurden rd 158 Mio. € in insgesamt 234 Unternehmen investiert; im Jahr 2007 investierten österreichische PE-Fonds rd 257 Mio. € in 82 Unternehmen und in 2008 rd 231 Mio. € in 89 Unternehmen. Daraus lässt sich ein Trend in Richtung weniger, jedoch größerer Deals beobachten. Diese Zahlen wirken zwar insoweit bescheiden, wenn man sie mit den inländischen Investments von ausländischen PE-Fonds in 2007 vergleicht, die rd 804 Mio. € betragen haben. Allerdings lagen die Investitionen ausländischer PE-Gesellschaften in Österreich im Zeitraum zwischen 2001 und 2006 bzw. in 2008 jeweils signifikant unter denen von österreichischen Fonds.[3132]

## 1.3. Ergebnisverwendung

Üblicherweise wird zwischen den Investoren und der PE-Gesellschaft ein *„take down and return on exit"* Zyklus vereinbart; das heißt, die Investoren zahlen auf *Capital Call*-Basis schrittweise das *Committed Capital* ein und erhalten nach jedem Exit zeitnah die realisierten Erlöse im Wege von Ausschüttungen. Dieses Prinzip hat sich in Bezug auf eine MiFiG insoweit als durchaus problematisch erwiesen, als das AktG (bzw GmbHG) dem Grundsatz der Kapitalerhaltung folgt. Entnahmen zur Rückführung der Mittel an die Investoren sind nur in Form von Gewinnausschüttungen – begrenzt durch die Höhe des ausschüttungsfähigen Gewinns – und Kapitalherabsetzungen realisierbar. In gewissen Konstellationen ist es daher durchaus denkbar, dass trotz positiver Rückflüsse aus einem Exit keine Ausschüttungen an die Investoren vorgenommen werden können, da aufgrund von Verlusten aus anderen Beteiligungen kein ausschüttungsfähiger Bilanzgewinn auf Ebene der PE-Gesellschaft erzielt wird.

Demgegenüber bieten Personengesellschaften mehr Flexibilität bei der Kapitalaufbringung und Abschichtung, zumal einerseits die Pflicht, beim *Capital Call* auch tatsächlich Finanzierungsmittel zuschießen zu müssen, rechtsverbindlich im Gesellschaftsvertrag geregelt werden kann und andererseits Entnahmen nach Maßgabe des Gesellschaftsvertrages ohne die spezifischen Kapitalerhaltungspflichten des Aktien-/GmbH-Rechts auch mehrmals jährlich möglich sind.[3133]

---

[3130] AVCO, EVCA Yearbook 2009.
[3131] Vgl. Marchart/Url, Hemmnisse für die Finanzierung von Frühphasen- oder Venture-Capital-Fonds in Österreich (2008), S. 15.
[3132] AVCO, EVCA Yearbook 2009.
[3133] Vgl. Brandner/Jud/Kofler/Polster-Grüll, Private Equity und Venture Capital: Anforderungen an eine neue Fondsstruktur für den österreichischen Risikokapitalmarkt, ÖBA 2007, 365 (374).

# 8. Teil. Länderberichte/Country Reports § 4 Österreich

### 1.4. Management Fee

Die Implementierung einer vom Beteiligungsvehikel getrennten Managementgesellschaft ist sowohl bei MiFiGs als auch bei vermögensverwaltenden Personengesellschaften Marktstandard. Einer Managementgesellschaft obliegen regelmäßig der Aufbau und die Erhaltung der für das Beteiligungsgeschäft erforderlichen administrativen Infrastruktur, die Vorbereitung der Investitionsentscheidungen und die Betreuung der Investoren. Für diese Tätigkeit erhält die Managementgesellschaft eine pauschale Tätigkeitsvergütung, die sogenannte *Management Fee*. Diese fällt unabhängig vom erwirtschafteten Erfolg der PE-Gesellschaft an und bemisst sich üblicherweise in Prozent des *Committed Capitals*, kann aber auch von einer anderen Basis berechnet werden.[3134] Als marktüblich hat sich in den letzten Jahren eine Vergütung von rd 2,0 % p.a. erwiesen, die nach der Vollinvestition- oder ab der Desinvestitionsphase, aufgrund des geringeren Verwaltungsaufwandes, regelmäßig abfallend ausgestaltet ist. Bei vermögensverwaltenden Personengesellschaften ist die *Management Fee* üblicherweise als Gewinnvorab der Komplementär-Managementgesellschaft ausgestaltet.

### 1.5. Carried Interest

Neben der *Management Fee* hat das Management auch Anspruch auf einen Anteil an den Fondserlösen in Form des *Carried Interest*. Dieser bietet einen starken Anreiz, das Beteiligungsgeschäft im Interesse der Investoren abzuwickeln. Der *Carried Interest* oder *Carry* wird als Prozentsatz der Veräußerungserlöse des Fonds nach Abzug der ursprünglich dotierten Mittel plus einer Verzinsung zu einem vorab vereinbarten Satz (*Hurdle Rate*) bemessen.[3135] Die Höhe des Zinssatzes ist grundsätzlich Verhandlungssache. Üblicherweise beträgt der *Carry* komplementär zum Anteil der Investoren 20 %.[3136] *Deal-by-Deal Carries*[3137] sind zwar ganz vereinzelt und fast ausschließlich bei ausländischen PE-Gesellschaften zu finden, allerdings ist tendenziell zu beobachten, dass in diesem Fall Rückzahlungsregelungen (*Clawbacks*) immer häufiger in die Vertragswerke aufgenommen werden.[3138]

### 1.6. Liquidation

Der Lebenszyklus eines PE-Fonds, der sich in die Investitions- und Desinvestitionsphase untergliedert, beträgt in Österreich üblicherweise etwa zehn Jahre. *Evergreen* Fonds sind in Österreich eher selten.[3139] Am österreichischen PE-Markt ist es durchaus üblich, dass ein erfolgreiches Management im letzten Teil der Fondslebensphase damit beginnt, ein neues Fondsvehikel aufzusetzen.

Mit einem Engagement in eine PE-Gesellschaft wird idR nicht in bestehende Werte, sondern in ein Team investiert. Scheidet eine Schlüsselperson oder gar das gesamte Management aus der Gesellschaft aus, so kann dies die Interessen der Investoren nachhaltig berühren. Daher sind *Keyman*-Klauseln standardmäßig in Vertragsdokumenten zu finden. Tritt ein *Keyman*-Event ein, kann die Liquidation der Gesellschaft eine mögliche Folge sein.

---

[3134] Vgl. Brandner/Jud/Kofler/Polster-Grüll, Private Equity und Venture Capital: Anforderungen an eine neue Fondsstruktur für den österreichischen Risikokapitalmarkt, ÖBA 2007, 365 (371).

[3135] Vgl. Brandner/Jud/Kofler/Polster-Grüll, Private Equity und Venture Capital: Anforderungen an eine neue Fondsstruktur für den österreichischen Risikokapitalmarkt, ÖBA 2007, 365 (371).

[3136] Vgl. AVCO, Investor Relations Richtlinien, S. 18.

[3137] Hierbei erhalten die Fondsmanager den Carry bei entsprechend erfolgreichen Exits und unabhängig von der zukünftigen Geschäftsentwicklung laufend ausbezahlt und nicht erst, wenn die Investoren ihr eingesetztes Kapital zurückerhalten haben.

[3138] Aus steuerlicher Sicht ist ergänzend anzumerken, dass alineare/disproportionale Gewinnausschüttungen grundsätzlich anerkannt werden, wenn diese gesellschaftsvertraglich gedeckt und wirtschaftlich begründet sind; KStR 2001, Rn. 727.

[3139] Vgl. AVCO, Investor Relations Richtlinien, S. 15 f.

## 1.7. Finanzaufsicht/Regulatorisches Umfeld

Das PE-Geschäft ist in Österreich nur rudimentär in die kapitalmarkrechtlichen Strukturen integriert. Dies bereitet vereinzelt Auslegungsprobleme. Als Beispiele sind hier das Bankwesengesetz (BWG) und das Wertpapieraufsichtsgesetz (WAG) zu nennen: Der Wortlaut des § 1 Abs. 1 Z 15 BWG (Kapitalfinanzierungsgeschäft) lässt es beispielsweise zu, das PE-Geschäft von den Regelungen des BWG als erfasst zu sehen. Damit wären umfassende konzessions- und aufsichtsrechtliche Verpflichtungen zu erfüllen. Allerdings wird bei PE-Gesellschaften, die primär Strategien umsetzen und Managementfunktionen übernehmen, idR nicht vom Vorliegen des Kapitalfinanzierungsgeschäftes iSd BWG ausgegangen.[3140] Ferner sind die Bestimmungen des WAG 2007 zu beachten. PE-Gesellschaften können unter Umständen davon erfasst werden. Die Rechtslage ist diesbezüglich nicht eindeutig.[3141] Daneben kommen die Bestimmungen des Kapitalmarktgesetzes (KMG) und des Börsegesetzes (BörseG) zur Anwendung, sofern eine PE-Gesellschaft eine Notierung an der Wiener Börse anstrebt. Ergänzend ist darauf hinzuweisen, dass eine Qualifikation eines inländischen PE-Fonds als Investmentfonds iSd Investmentfondsgesetzes (InvFG) grundsätzlich ausscheidet. Inländische PE-Gesellschaften unterliegen damit nicht den aufsichtsrechtlichen Bestimmungen für Investmentfonds. Dies insbesondere deshalb, weil die Aktivitäten von PE-Gesellschaften idR über den bei Investmentfonds unterstellten engen Kapitalveranlagungsgedanken hinausgehen.[3142] Institutionelle Investoren, die in PE-Gesellschaften investieren wollen, unterliegen teilweise restriktiven Investitionsvorschriften, da die Veranlagungskriterien für Versicherungen, Pensions- und Mitarbeitervorsorgekassen traditionell eine starke Börsenfokussierung aufweisen.[3143]

## 1.8. Investor Committee

Eine MiFiG in der Rechtsform einer Aktiengesellschaft muss aufgrund der gesetzlichen Vorgaben des Aktienrechts jedenfalls über einen Vorstand und einen Aufsichtsrat verfügen. Der Vorstand wird vom Aufsichtsrat befristet bestellt und kann nur aus wichtigem Grund abberufen werden. Der als Kontrollorgan fungierende Aufsichtsrat wird seinerseits von der Hauptversammlung bestellt. Inwieweit einzelnen Investoren die Möglichkeit zur Bestellung von Aufsichtsratsmitgliedern zukommt, hängt maßgebend von der jeweiligen Beteiligungshöhe ab, kann aber auch durch Syndikats- oder Kooperationsverträge vermittelt oder aber im Beteiligungsvertrag selbst zugesichert werden. Für eine MiFiG in der Rechtsform einer GmbH kann die Bestellung eines Aufsichtsrates im Gesellschaftsvertrag festgesetzt werden.

Neben den gesetzlich verpflichtenden Organen werden regelmäßig auch Gremien, die mit externen Fachleuten oder aber auch Investoren besetzt werden, eingerichtet, die entweder nur beratende oder auch weiterführende Kontrollaufgaben übernehmen und Mitbestimmungsrechte (zB durch Durchführung von Portfolio-Investments) ausüben. In die konkrete Entscheidung über ein Investment sind Investoren idR nicht direkt eingebunden.

---

[3140] Vgl. Diwok in: Diwok/Göth, BWG I § 1 Rn. 94; a.A. Dellinger, BWG I § 1 Rn. 151 ff.; siehe auch Heidinger/Kaspar, zum Kapitalfinanzierungsgeschäft gemäß § 1 Abs. 1 Z 1 BWG, ZFR 2009, 125 ff.

[3141] Vgl. Brandner/Jud/Kofler/Polster-Grüll, Private Equity und Venture Capital: Anforderungen an eine neue Fondsstruktur für den österreichischen Risikokapitalmarkt, ÖBA 2007, 365 (372 f.).

[3142] Auch ausländische PE-Gesellschaften sollten i.d.R. nicht als ausländische Investmentfonds i.S.d. § 42 InvFG qualifiziert werden; siehe InvFR 2008, Rn. 265 ff.

[3143] Vgl. Brandner/Jud/Kofler/Polster-Grüll, Private Equity und Venture Capital: Anforderungen an eine neue Fondsstruktur für den österreichischen Risikokapitalmarkt, ÖBA 2007, 365 (373 f.).

## 1.9. Steuerfragen

### 1.9.1. Besteuerung von PE-Fonds

Erfüllt eine MiFiG alle Anwendungsvoraussetzungen, so kommt es zu weitgehenden Steuerbefreiungen. Die Gesellschaft ist hinsichtlich des dem Finanzierungsbereich zuzurechnenden Teils des Einkommens sowohl von der unbeschränkten als auch von der beschränkten Steuerpflicht befreit. Keiner Besteuerung unterliegen somit insbesondere Gewinnausschüttungen aus Portfolio-Unternehmen, Gewinne aus Beteiligungsveräußerungen sowie Zinserträge aus Annexfinanzierungen. Die aus dem Veranlagungsbereich erzielten Erträge sind hingegen steuerpflichtig; dies gilt auch für den Anlaufzeitraum. Für ertragsteuerliche Zwecke sind zwei voneinander unabhängige Einkommensschedulen zu führen. Positive Einkünfte des einen Bereichs können nicht mit negativen Einkünften des anderen Bereichs verrechnet werden. Verluste des steuerpflichtigen Veranlagungsbereichs sind daher in den Folgejahren vortragsfähig. Diese brauchen nicht mit allfälligen Gewinnen des steuerfrei gestellten Finanzierungsbereichs verrechnet werden. Aufgrund der gänzlichen Steuerfreiheit im Finanzierungsbereich sind negative Ergebnisse hieraus steuerlich unbeachtlich.[3144]

Weiters bestehen für MiFiGs verkehrsteuerliche Begünstigungen. Eigenkapitalzuführungen an eine MiFiG sind von der 1%igen Gesellschaftsteuer befreit.[3145] Ferner können beim Eingehen einer Beteiligung an einem Zielunternehmen sowohl Rechtsgeschäftsgebühren als auch (wiederum) Gesellschaftsteuer ausgelöst werden. Für diesen Fall besteht ebenfalls eine Steuerbefreiung.[3146]

Bei Personengesellschaften kommt es aufgrund des steuerlichen Durchgriffs- oder Transparenzgrundsatzes lediglich zu einer Besteuerung auf Investorenebene. Zu einer zentralen Frage in diesem Zusammenhang zählt die einkommensteuerliche Einordnung der Fondstätigkeit als Gewerbebetrieb oder Vermögensverwaltung. Dies deshalb, weil bei Qualifikation als Gewerbebetrieb eine Betriebsstätte eines ausländischen Investors in Österreich angenommen wird. Österreich steht damit sowohl innerstaatlich als auch idR abkommensrechtlich ein Besteuerungsrecht hinsichtlich der Betriebsstätteneinkünfte zu. Bei einer vermögensverwaltenden Personengesellschaft liegt hingegen keine inländische Betriebsstätte vor. Ausländische Investoren unterliegen folglich nur im Rahmen des § 98 EStG, unter Berücksichtigung des maßgebenden Doppelbesteuerungsabkommens einer beschränkten Steuerpflicht in Österreich.[3147] Eine Einordnung als Gewerbebetrieb ist daher zu vermeiden.

### 1.9.2. Besteuerung auf Investorenebene

Neben den Steuerbefreiungen auf Ebene der MiFiG sind auch auf Investorenebene Steuerbefreiungen für Gewinnausschüttungen vorgesehen. Soweit der Gesellschafter eine unbeschränkt steuerpflichtige Kapitalgesellschaft ist, greift die nationale Schachtelbefreiung für inländische Gewinnausschüttungen (§ 10 Abs. 1 KStG). Bei beschränkt steuerpflichtigen Kapitalgesellschaften kann im Anwendungsbereich der Mutter-Tochter-Richtlinie auf Ebene der ausschüttenden MiFiG ein Kapitalertragsteuerabzug bei Erfüllung der Voraussetzungen des § 94a EStG (Beteiligung von 10%, Behaltedauer 1 Jahr) unterbleiben. Für unbeschränkt steuerpflichtige Privatinvestoren ist ferner eine Steuerbefreiung von Ausschüttungen aus Aktien und Genussrechten einer MiFiG vorgesehen, die auf einen Nennbetrag von

---

[3144] Vgl. Hofbauer-Steffel in: Lang/Schuch/Staringer, KStG, § 6b Rn. 130 ff.
[3145] Art. XXVII § 1 StRefG 1993, BGBl. 818/1993 i.d.F. BGBl. I 100/2007.
[3146] Art. XXVII § 2 StRefG 1993, BGBl. 818/1993 i.d.F. BGBl. I 100/2007. Vgl. weiterführend Bavenek-Weber, Die gebühren- und kapitalverkehrsteuerliche Befreiung für Mittelstandsfinanzierungsgesellschaften gemäß Art. 27 StRefG 1993, FJ 2007, 2 ff.
[3147] Siehe die steuerlichen Folgen unter Abschnitt 1.9.2. unten.

bis zu 25.000,00 € entfallen (§ 27 Abs. 3 Z 3 EStG). Demgegenüber besteht für beschränkt Steuerpflichtige natürliche Personen keine solche Befreiung, was aus gemeinschaftsrechtlicher Sicht bedenklich ist.[3148]

Die Besteuerung der Investoren an einer vermögensverwaltenden Personengesellschaft ist davon abhängig, ob der Investor unbeschränkt oder beschränkt steuerpflichtig bzw eine natürliche oder juristische Person ist. Für in Österreich unbeschränkt steuerpflichtige Kapitalgesellschaften gilt eine Steuerbefreiung für Dividenden; Veräußerungsgewinne und Liquidationserlöse aus Beteiligungen an österreichischen Kapitalgesellschaften unterliegen der Körperschaftsteuer in Höhe von 25%. In Österreich unbeschränkt steuerpflichtige natürliche Personen unterliegen mit allfälligen Dividenden und Liquidationserlösen der Einkommensteuer; Veräußerungsgewinne sind nur dann steuerpflichtig, wenn die Veräußerung innerhalb der einjährigen Spekulationsfrist (§ 30 EStG) erfolgt oder eine Beteiligung von mindestens einem Prozent vorliegt (§ 31 EStG).[3149] Für beschränkt steuerpflichtige Investoren gilt: Gewinne aus der Veräußerung von Beteiligungen an österreichischen Kapitalgesellschaften sind nicht steuerpflichtig wenn die Beteiligung weniger als 1% beträgt. Auch wenn eine Veräußerung von Anteilen innerhalb der Spekulationsfrist erfolgt, ist der Gewinn nur dann steuerpflichtig, wenn eine Beteiligung von zumindest 1% oder betriebliche Einkünfte vorliegen.[3150] Für Dividenden aus österreichischen Kapitalgesellschaften ist grundsätzlich 25% Kapitalertragsteuer einzubehalten.[3151] Liquidationserlöse sind nach § 98 iVm § 31 EStG unabhängig von der Beteiligungshöhe (auch unter 1%) zu erfassen. Die österreichische Finanzverwaltung geht davon aus, dass Liquidationserlöse abkommensrechtlich als Veräußerungsgewinne zu qualifizieren sind. Für Veräußerungsgewinne und Dividenden kommt abkommensrechtlich idR dem Ansässigkeitsstaat das Besteuerungsrecht zu. Für Dividenden besteht daneben idR ein Abzugsteuerrecht des Quellenstaats.

Neben den Investoren beteiligt sich regelmäßig auch das Management am Fondsvehikel, wobei die jeweilige Anteilshöhe variiert. In diesem Zusammenhang war unklar, ob *Carried Interest* Vergütungen dieser Beteiligung zuzuordnen sind oder als Einkünfte des Managers aus nichtselbständiger Tätigkeit (§ 25 EStG), die dem Lohnsteuerabzug unterliegen, zu erfassen sind. Die österreichische Finanzverwaltung hat diesbezüglich kürzlich mitgeteilt, dass *Carried Interest* Vergütungen der jeweiligen Beteiligung zuzuordnen sind und eine Umqualifizierung in Einkünfte aus nichtselbständiger Tätigkeit nicht erfolgt.[3152] Die weiteren Entwicklungen werden aber abzuwarten bleiben.

### 1.9.3. Mehrwertsteuer

MiFiGs besitzen idR Unternehmereigenschaft und sind damit grundsätzlich vorsteuerabzugsberechtigt. Auf Grundlage der Rechtsprechung des EuGH[3153] wird jedoch der Schluss gezogen, dass MiFiGs, ähnlich wie reine Holdinggesellschaften, neben einer wirtschaftlichen (unternehmerischen) Tätigkeit auch eine nicht wirtschaftliche (nicht unternehmerische)

---

[3148] Vgl. Hofmann/G. Kofler in: G. Kofler/Polster-Grüll, Private Equity & Venture Capital, S. 480; Hofbauer-Steffel in: Lang/Schuch/Staringer, KStG, § 6b Rn. 39.
[3149] Es wird davon ausgegangen, dass die Beteiligung im Privatvermögen gehalten wird.
[3150] Vgl. Doralt/Ludwig, EStG 9 Aufl., § 98 Rn. 94; Sauer in: Gassner/Gröhs/Lang, Zukunftsaufgaben der Wirtschaftsprüfung, S. 212; a.A. Quantschnigg/Schuch, ESt-Handbuch, § 98 Rn. 13.
[3151] Für beschränkt steuerpflichtige EU/EWR Kapitalgesellschaften ist in § 21 Abs. 1 Z 1a KStG eine Rückzahlung auf Antrag vorgesehen, sofern die Kapitalertragsteuer nicht auf Grund eines DBA's im Ansässigkeitsstaat angerechnet werden kann.
[3152] Bundesministerium der Finanzen: Schreiben v. 15. Dezember 2008, BMF-010221/3364-IV/4/2008, Zweifelsfragen zum Außensteuerrecht und Internationalen Steuerrecht 2008, 1.3; siehe auch Staringer in: Bertl et al., Mitarbeiterbeteiligungen im Unternehmens- und Steuerrecht, 161 ff.
[3153] EuGH 6. Februar 1997, Rs C-80/95, Harnas & Helm; 27. September 2001, Rs C-16/00, Cibo Participations.

Tätigkeit ausüben können. Dies führt dazu, dass anfallende Vorsteuern auf diese Bereiche aufzuteilen sind.[3154]

Vermögensverwaltende Personengesellschaften besitzen hingegen keine Unternehmereigenschaft iSd § 2 Abs. 1 UStG und sind daher nicht vorsteuerabzugsberechtigt. Als problematisch erweist sich die fehlende Berechtigung zum Vorsteuerabzug insbesondere in Hinblick auf Leistungen einer Managementgesellschaft an die vermögensverwaltende Personengesellschaft. Es empfiehlt sich daher, die Managementleistungen als unecht befreite oder gar nicht umsatzsteuerbare Leistungen auszugestalten. In Betracht kommt eine Ausgestaltung als unecht befreite Vermittlungsleistung (§ 6 Abs. 1 Z 8 lit g UStG), als sonstige Leistung von Zusammenschlüssen von Unternehmen, die überwiegend Banken-, Versicherungs- oder Pensionskassenumsätze tätigen, an ihre Mitarbeiter (§ 6 Abs. 1 Z 28 UStG) sowie bei Personengesellschaften eine Ausgestaltung als nicht umsatzsteuerbare Leistungsvereinigung.

## 2. Transaktionsstruktur

Auch wenn jedes PE-Investment über spezifische Eigenheiten verfügt und jeweils einer gesonderten Strukturierung bedarf, so folgen Private-Equity-Beteiligungen in Österreich dennoch einem typischen und international üblichen Ablauf (Pre-Due Diligence; Grobstrukturierung der Finanzierungs- und Akquisitionsstruktur; Letter of Intent (LOI); Legal, Financial und Tax Due Diligence; Verhandlung des Beteiligungsvertrages; Signing; Closing).[3155]

### 2.1. Beteiligungsvertrag

Der Beteiligungsvertrag wird häufig als Oberbegriff für sämtliche Vereinbarungen und Absprachen bezeichnet, die im Zuge und im Zusammenhang mit der Beteiligung eines PE-Investors an einem Unternehmen getroffen werden. Der PE-Investor kann sich im Rahmen einer Kapitalerhöhung an der Zielgesellschaft beteiligen oder Anteile an der Gesellschaft von den Altgesellschaftern übernehmen und gleichzeitig eine Zuzahlung in die Kapitalrücklage leisten. Der PE-Investor wird versuchen, seine Interessen im Beteiligungsvertrag durch Änderung des Gesellschaftsvertrags/der Satzung oder durch den Abschluss von Nebenvereinbarungen sicherzustellen. Weiters wird ein PE-Investor regelmäßig an Zusicherungen und Garantien zur Situation des Unternehmens (zB gesellschaftsrechtliche, bilanzrechtliche, steuerrechtliche, arbeitsrechtliche und öffentlich-rechtliche Angelegenheiten) interessiert sein. Daneben werden im Beteiligungsvertrag regelmäßig über die gesetzlichen Bestimmungen hinausgehende Informations-, Kontroll- und Mitspracherechte vereinbart, um der Situation des PE-Investors gerecht zu werden; dazu kann auch die Berechtigung, ein Mitglied eines Aufsichts- oder Beirats zu benennen, zählen. Außerdem hat der PE-Investor regelmäßig großes Interesse daran, Einfluss auf den Kreis der Gesellschafter zu nehmen. Zu diesem Zweck werden häufig Veräußerungsbeschränkungen, Zustimmungsvorbehalte, Aufgriffs- und Verkaufsrechte und Anbotsverpflichtungen vereinbart. Daneben finden sich oft Mitveräußerungsklauseln wie zB *Drag-Along* oder *Tag-Along*-Klauseln. Beteiligungsverträge sehen außerdem häufig Bestimmungen vor, die es den Vertragspartnern ermöglichen, den ursprünglichen Bewertungsansatz anzupassen. Zu diesem Zweck werden gewisse Annahmen und Meilensteine (zB Umsatzentwicklung) definiert, bei deren Nicht-Erreichen oder Übertreffen es zu nachträglichen Anteilsverschiebungen zwischen Altgesellschafter und PE-Investor kommt (Bonus-/Malusregelungen). In diesem Zusammenhang sind auch Verwäs-

---

[3154] Siehe im Detail Bundesministerium der Finanzen: Schreiben v. 18. November 2008, BMF-010219/0416-VI/4/2008, Umsatzsteuerprotokoll über den Salzburger Steuerdialog 2008.

[3155] Siehe hierzu Jud in: Polster-Grüll/Zöchling/Kranebitter, Handbuch Mergers & Acquisitions, S. 45 f.

serungsklauseln zu nennen, die den PE-Investor vor einer Verwässerung seiner Beteiligungsquote schützen sollen, wenn bei folgenden Finanzierungsrunden eine niedrigere Bewertung zu Grunde gelegt wird. Angesichts des Engagements auf Zeit finden sich im Beteiligungsvertrag auch Exit Absprachen, zB zum Zeitraum der Beteiligung, wechselseitige put-/call-Optionen und Regelungen zur bevorzugten Abschichtung des PE-Investors bei Auflösung und Liquidation der Gesellschaft (Liquidationspräferenz). In der Praxis hat es sich bewährt, flexible Exit Szenarien vorzusehen, um geänderten Marktbedingungen gerecht zu werden.

Als sonstige selbstständige Regelungen außerhalb des Beteiligungsvertrags sind Syndikats- und Geschäftsführerverträge, Mitarbeiterbeteiligungsprogramme, Verträge betreffend die Übertragung von Immaterialgüterrechten und Verträge zur Unterstützung von Managementleistungen zu nennen.[3156]

### 2.2. Fremdfinanzierung (Thin-Cap Rules)

Die österreichische Rechtsordnung enthält im Gegensatz zu vielen anderen Jurisdiktionen keine kodifizierten Unterkapitalisierungsvorschriften. Dessen ungeachtet ist auch in Österreich auf eine angemessene Eigenkapitalausstattung einer Gesellschaft zu achten. Grundsätzlich sollte als grobe Richtschnur eine Debt/Equity-Ratio von 4:1 angestrebt werden. Selbst wenn diese Kennzahl nicht erfüllt sein sollte, ist die österreichische Finanzverwaltung jedoch grundsätzlich noch nicht ohne Weiteres berechtigt, eine Unterkapitalisierung anzunehmen. Nach ständiger Rechtsprechung steht dem Abgabepflichtigen nämlich die Wahl der Finanzierungsmittel grundsätzlich frei. Dies gilt entsprechend auch für Gesellschafterdarlehen, die in den vergangenen Jahren häufig dazu eingesetzt wurden, um neben Gewinnausschüttungen zusätzliche Liquidität aus Portfolio-Unternehmen zu generieren. Diesbezüglich ist zu beachten, dass eine Umdeutung eines Gesellschafterdarlehens in verdecktes Eigenkapital nach der Rechtsprechung nur zulässig ist, wenn eindeutig erwiesen ist, dass die Zufuhr von Eigenkapital wirtschaftlich geboten gewesen wäre und das Darlehen dieses Eigenkapital de facto ersetzt. Jedenfalls ist bei Gesellschafterdarlehen auf eine fremdübliche Verzinsung zu achten, um den steuerlichen Zinsenabzug zu gewährleisten. Daneben regelt das Eigenkapitalersatz-Gesetz (EKEG), unter welchen Voraussetzungen ein Kredit, den ein Gesellschafter seiner Gesellschaft in der Krise gewährt, als eigenkapitalersetzend zu behandeln ist, was eine Rückzahlungssperre zur Folge hat.

### 2.3. Exit-Optionen

PE-Beteiligungen sind von der Grundkonzeption prinzipiell als Partnerschaften auf Zeit ausgestaltet. Die konkrete Beteiligungsdauer hängt von einer Vielzahl von Faktoren ab. Maßgebend sind unter anderem die wirtschaftliche Entwicklung des Beteiligungsunternehmens, die Investitionsstrategie, die jeweilige Investitionsphase, in der sich die PE-Gesellschaft befindet, und vor allem das bestehende Marktumfeld. Die meisten PE-Beteiligungen lassen sich idR in ein Zeitfenster von 3–5 Jahren einordnen, welches jedoch überschritten werden kann. Wurden 2006 am österreichischen Markt noch Desinvestments in Höhe von rd 182 Mio. € realisiert, so konnte dies 2007 auf rd 210 Mio. € gesteigert werden. Im Jahr 2008 sanken die Desinvestments auf rd 120 Mio. €.[3157]

*Trade Sales* waren bis 2007 die am häufigsten gewählte Exit-Variante (2006: 41,6%; 2007: 88,8%; 2008: 58,6%).[3158] Darunter wird im Allgemeinen die Veräußerung der Anteile an einen strategischen Investor im Wege eines Share Deals verstanden. Ein wesentlicher Vorteil dieses Exit-Kanals liegt, im Vergleich zu einem IPO, in der tendenziell raschen und verhältnismäßig kostengünstigen Abwicklung des Transaktionsprozesses sowie der hohen Wahr-

---

[3156] Siehe hierzu Wöss/Helm in: G. Kofler/Polster-Grüll, Private Equity und Venture Capital, S. 319 ff.
[3157] AVCO, EVCA Yearbook 2009.
[3158] AVCO, EVCA Yearbook 2009.

scheinlichkeit eines vollständigen Exits. Ein Sonderfall des *Trade Sales* ist der Verkauf an einen Finanzinvestor (*Secondary Deal*). Die Motive hierfür liegen häufig in einer geänderten Investitionsstrategie, Liquiditätsengpässen auf Ebene der PE-Gesellschaft oder bei einem schwierigen Börsenumfeld. Die praktische Relevanz von *Secondaries* ist in 2008 wesentlich gestiegen (2006: 8,5 %; 2007: 3,4 %; 2008: 58,6 %).[3159]

IPOs wurden um die Jahrtausendwende in Österreich zwar häufig, aber im internationalen Vergleich dennoch relativ selten durchgeführt. Nach Platzen der „Dotcom-Blase" sank die Anzahl der Börsengänge. Nach 38,3 % der Exits über die Börse in 2006 ist der IPO-Markt seit 2007 vollkommen eingebrochen.[3160] Der breiten Streuung der Aktien und die sich daraus ergebende Liquidität und Handelbarkeit der Aktien stehen regelmäßig die hohen Kosten, die *Lock-up Period*, der verhältnismäßig kleine Börsenplatz Wien und konjunkturabhängige Kursschwankungen nachteilig gegenüber.

Ein *Write-Off* des Beteiligungsunternehmens, verbunden mit einer Abschreibung auf den Beteiligungsansatz, wird lediglich dann in Erwägung gezogen, wenn durch eine vollständige Verwertung der einzelnen Assets realistischerweise eine Erlösmaximierung erreicht werden kann. Im Unterschied zu 2006, wo 3,5 % der Desinvestments im Wege eines *Write-Offs* durchgeführt wurden, sank die Zahl in 2007 auf 1,6 % und erhöhte sich in 2008 auf 4 %. Als weitere Exitkanäle sind in den vergangen Jahren *Buy-Backs/MBOs* (2006: 1,6 %; 2007: 5,2 %; 2008: 0,4 %) und *Recaps* (2006: 1,4 %; 2007: 1,0 %), die jedoch lediglich einen wirtschaftlichen Teil-Exit bewirken, gewählt worden.[3161]

## 2.4. Steuerfragen

Eine typische PE/M&A-Erwerbsstruktur soll die steuerliche Abzugsfähigkeit der Transaktionskosten, insbesondere hinsichtlich der angefallenen Fremdfinanzierungskosten, auf Ebene der Erwerbsgesellschaft gewährleisten. Daneben kann mit Implementierung einer steuerlichen Unternehmensgruppe nach § 9 KStG eine Firmenwertabschreibung[3162] und eine Ergebnisverrechnung mit dem Portfolio-Unternehmen ermöglicht werden. Außerdem soll die Erwerbsstruktur eine gewisse Flexibilität hinsichtlich einer zukünftigen Beteiligungsveräußerung sicherstellen.

Darum bietet sich nach herrschender Praxis bei einer MiFiG die Strukturierung im Wege der Errichtung einer vom Beteiligungsvehikel getrennten Erwerbsgesellschaft (NewCo) an, die mit dem erforderlichen Akquisitionskapital ausgestattet wird.[3163] Hierfür fallen, aufgrund der Verkehrsteuerbegünstigung für MiFiGs, weder Gesellschaftsteuer noch Rechtsgeschäftsgebühren an. Bei Aufnahme von Fremdkapital auf Ebene der NewCo bestehen zwar keine Steuerbefreiungen hinsichtlich Rechtsgeschäftsgebühren,[3164] allerdings lässt sich der Anfall durch entsprechende Strategien idR vermeiden. Daneben ist zu berücksichtigen, dass Zinsen, nicht aber auch andere Kosten wie beispielsweise Kursverluste bei Fremdwährungskre-

---

[3159] AVCO, EVCA Yearbook 2009.
[3160] AVCO, EVCA Yearbook 2009.
[3161] AVCO, EVCA Yearbook 2009.
[3162] Die Firmenwertabschreibung setzt eine Beteiligung an einer betriebsführenden Körperschaft voraus. Die Höhe des Firmenwertes, der zwingend auf fünfzehn Jahre verteilt abzusetzen ist, hängt insbesondere von der Differenz zwischen den steuerlichen Anschaffungskosten und dem UGB-Eigenkapital des Portfolio-Unternehmens ab (adaptiert um bestimmte stille Reserven) und ist jedenfalls mit 50 % der Anschaffungskosten (inklusive Nebenkosten) begrenzt (§ 9 Abs. 7 KStG).
[3163] Beteiligungen an Holdinggesellschaften sind zwar grundsätzlich nicht vom Finanzierungsbereich einer MiFiG umfasst. Nach Ansicht der Finanzverwaltung ist das Halten einer Holdingbeteiligung aber dann unschädlich, wenn die Holding ausschließlich zur Bündelung der Investoren erfolgt und ihre Tätigkeit auf den Erwerb, das Halten und die geschäftsleitende Verwaltung einer einzigen Beteiligung beschränkt ist; KStR 2001, Rn. 261.
[3164] Diese betragen beispielsweise 0,8 % bei Darlehensverträgen (§ 33 TP 8 GebG) oder 0,8 % bzw. 1,5 % bei Kreditverträgen (§ 33 TP 19 GebG).

diten, Bankspesen und Wertsicherungsbeträge, aus der Fremdfinanzierung des Anteilserwerbs steuerlich abzugsfähig sind (§ 11 Abs. 1 Z 4 KStG).[3165]

Die NewCo beteiligt sich in weiterer Folge entweder im Wege einer Kapitalerhöhung oder durch Anteilserwerb an der Zielgesellschaft. Idealerweise erfolgt der Anteilserwerb zum Bilanzstichtag der Zielgesellschaft, weil für die Errichtung einer steuerlichen Unternehmensgruppe die qualifizierte finanzielle Verbindung[3166] während des gesamten Wirtschaftsjahres der Zielgesellschaft gegeben sein muss.[3167] Ist dies nicht der Fall, so sind die steuerlichen Vorteile des Gruppenbesteuerungskonzeptes erst im darauffolgenden Wirtschaftsjahr nutzbar. Ausschüttungen des Bilanzgewinns einer inländischen Zielgesellschaft sind auf Ebene der NewCo unabhängig von der konkreten Beteiligungsdauer und -höhe von der Körperschaftsteuer befreit. Nicht befreit sind hingegen Substanzgewinne und Zinseinnahmen aus Gesellschafterdarlehen, da die Bestimmung des § 10 Abs. 1 KStG nur laufende Gewinnanteile begünstigt.

Bei vermögensverwaltenden Personengesellschaften ist die oben skizzierte Erwerbsstrukturierung ebenfalls herrschende Praxis. In diesem Fall ist jedoch zu beachten, dass die einzelnen Investoren bei Zwischenschaltung einer NewCo unter Umständen (durchgerechnet) über 1% an der NewCo beteiligt sind. Dies kann sich im Exit – bei Veräußerung der NewCo durch die Personengesellschaft – für ausländische Investoren (sofern kein Abkommensschutz besteht) und natürliche Personen durchaus als ein Nachteil erweisen, da Veräußerungsgewinne, wie unter Abschnitt 1.9.2. erörtert, bei einer Beteiligung in Höhe von mindestens 1% einer Steuerpflicht unterliegen. Daher kann es vorteilhaft sein, eine Direktbeteiligung an der Zielgesellschaft einzugehen und auf die Errichtung einer Erwerbsgesellschaft sowie Implementierung einer Unternehmensgruppe zu verzichten.

---

[3165] Der von der Finanzverwaltung vertretene enge Zinsbegriff wird allerdings von der herrschenden Lehre einheitlich abgelehnt; vgl. Plansky in: Lang/Schuch/Staringer, KStG, § 11 Rn. 44 ff.

[3166] Eine solche liegt nach Maßgabe von § 9 Abs. 4 KStG bei einer Beteiligung von mehr als 50% am Grund-, Stamm- oder Genossenschaftskapital und an den Stimmrechten an der einzubeziehenden Körperschaft vor.

[3167] Im Anwendungsbereich des Umgründungssteuergesetzes ist unter bestimmten Voraussetzungen eine rückwirkende Übertragung (maximal 9 Monate) möglich.

# § 5 Spanien

| Übersicht | Seite |
|---|---|
| 1. Einführung | 836 |
| 2. Fondsstruktur | 837 |
| 2.1. Übliche Fondsstrukturen | 837 |
| 2.1.1. Sociedades de Capital-Riesgo und Fondos de Capital-Riesgo | 837 |
| 2.1.2. Régimen común und régimen simplificado | 839 |
| 2.2. Gründungsablauf, Genehmigungsvoraussetzungen und -verfahren, Kapitalisierungsanforderungen, Aufsicht | 839 |
| 2.2.1. Satzung | 839 |
| 2.2.2. Genehmigung | 840 |
| 2.2.3. Prüfverfahren der CNMV; Kapitalisierung | 840 |
| 2.2.4. Anforderung an interne Organisation | 840 |
| 2.2.5. Transparenz | 840 |
| 2.2.6. Untätigkeit des CNMV | 841 |
| 2.2.7. Registereintragung | 841 |
| 2.2.8. Laufende Aufsicht | 841 |
| 2.3. Anlagerestriktionen – régimen de inversiones | 841 |
| 2.3.1. Anlageformen und Portfolio | 841 |
| 2.3.2. Funds of funds | 842 |
| 2.3.3. Risikostreuung/Diversifikation | 842 |
| 2.3.4. Karenzfristen, Unbeachtlichkeit von Verstößen | 842 |
| 2.4. Ergebnisverwendung und Carried Interest | 842 |
| 2.5. Steuerfragen | 843 |
| 2.5.1. Steuerliche Behandlung des Fonds | 843 |
| 2.5.2. Steuerliche Behandlung der Anleger und des Carried Interest | 844 |
| 3. Transaktionsstruktur | 844 |
| 3.1. Investmentstrukturierung | 845 |
| 3.1.1. Letter of Intent/Memorandum of Understanding | 845 |
| 3.1.2. Due Diligence | 845 |
| 3.1.3. Kaufvertrag | 847 |
| 3.1.4. Investmentstruktur: Debt Push Down und Financial Assistance | 847 |
| 3.2. Beteiligungsstrukturierung | 849 |
| 3.2.1. Anreizsysteme – Management Incentives | 849 |
| 3.2.2. Art der Beteiligung und Ausgestaltung des finanziellen Engagements | 850 |
| 3.2.3. Recaps | 851 |
| 3.3. Exit-Strukturierung | 852 |
| 3.3.1. Veräußerung an Dritte: Trade Sale und Secondary Buy-Out | 852 |
| 3.3.2. Börsengang (IPO) | 853 |
| 3.4. Steuerfragen | 853 |

## 1. Einführung

In Spanien haben Private Equity-Fonds im Jahr 2008 3.26,3 Mio. € investiert und neue Mittel im Umfang von 2.778 Mio. € eingeworben. Im Unterschied zu den Vorjahren beabsichtigen viele Fonds neuerdings, verstärkt in Unternehmen in früheren Entwicklungsstadien zu investieren. Hauptinvestoren sind Finanzinstitute, gefolgt von Einzelpersonen und *funds of funds*.[3168] Die Mehrzahl der in Spanien aufgelegten Fonds ist verhältnismäßig klein oder mittelgroß, nur 20% haben ein Volumen von mehr als 120 Mio. €.[3169]

---

[3168] Vgl. Martí Pellón/Salas de la Hera, El Capital Riesgo en España 2008, Resumen, 2009, S. 9 ff., Im Internet abzurufen unter http://www.webcapitalriesgo.com/descargas/1424_04_09_563813440.pdf [Stand: 11. Juli 2009].
[3169] Vgl. Expertenbericht der Europäischen Kommission, Expert Group report on removing obsta-

Spanischer Branchenverband ist die *Asociación Española de Entidades de Capital-Riesgo*, kurz ASCRI. Im spanischen – wie auch im deutschen – Sprachgebrauch wird nicht strikt zwischen Venture Capital/Risikokapital und Private Equity/privatem Beteiligungskapital unterschieden und eher der erstere als Oberbegriff verwendet.

## 2. Fondsstruktur

Seit 1986 existieren in Spanien spezielle gesetzliche Regelungen für sog. Risikokapitalfonds.[3170] Jüngste Entwicklung ist das Gesetz 25/2005 über Risikokapitaleinheiten und die sie verwaltenden Gesellschaften,[3171] das besondere Fondsstrukturen zur Verfügung stellt und sie bestimmten Anlagebeschränkungen sowie einem Genehmigungs- und Aufsichtsregime unterstellt. Da die Fondsmodelle des Gesetzes 25/2005 im Gegenzug steuerlich sehr attraktiv ausgestaltet sind, haben sie in der Praxis weithin Akzeptanz gefunden[3172] und im Jahr 2007 Mittel i.H.v. rund 21 Mrd. € verwaltet.[3173] Andere Strukturen spielen praktisch keine Rolle. Das Gesetz 25/2005 gilt als eines der modernsten und praxisgerechtesten Regelwerke für Private Equity-Investitionen in Europa.[3174] Im weitgehend autonomen Baskenland und Navarra gelten ähnliche Regelungen.

### 2.1. Übliche Fondsstrukturen
#### 2.1.1. Sociedades de Capital-Riesgo und Fondos de Capital-Riesgo

Zur Errichtung eines Private-Equity-Fonds in Spanien stellt das Gesetz 25/2005 zwei Grundstrukturen zur Verfügung: Die *Sociedad de Capital-Riesgo* (im Folgenden: „SCR") und den *Fondo de Capital-Riesgo* (im Folgenden: „FCR").[3175]

#### 2.1.1.1. Sociedad de Capital-Riesgo

Bei der **SCR** handelt es sich um eine besondere Variante der spanischen Aktiengesellschaft, der *Sociedad Anónima* (im Folgenden: „S.A."). Sie unterliegt damit subsidiär deren Regeln,[3176] wesentliche Organe sind die Gesellschafterversammlung (*Junta General*) und der Verwaltungsrat (*Consejo de Administración*).[3177] Dem spanischen Aktienrecht liegt das monistische Modell zugrunde, mit dem Verwaltungsrat sieht es grds. ein einheitliches Leitungsorgan ohne gesonderten Aufsichtsrat vor.

Die Anleger werden Aktionäre der SCR und können als solche (indirekt) Einfluss auf die dem Verwaltungsrat obliegende Geschäftsleitung und damit die Investmententscheidungen

---

cles to cross-border investments by venture capital funds, Annex III, S. 59, Im Internet abzurufen unter http://ec.europa.eu/enterprise/entrepreneurship/financing/docs/cross_border_investment_report_30march07.pdf [Stand: 18. Juli 2008].

[3170] Arts. 12–16 Real Decreto-Ley 1/1986, de 14 de marzo, de medidas urgentes administrativas, financieras, fiscales y laborales.

[3171] Ley 25/2005, de 24 de noviembre, reguladora de las entidades de capital-riesgo y sus sociedades gestoras, Im Internet abzurufen unter http://www.boe.es/boe/dias/2005/11/25/pdfs/A38718-38736.pdf [Stand: 11. Juli 2009].

[3172] Am 31. März 2008 waren 292 nach dem Gesetz 25/2005 errichtete Fonds in den entsprechenden Registern der spanischen Finanzaufsicht CNMV eingetragen – dem standen 40 in anderer Rechtsform organisierte Private-Equity-Fonds gegenüber, vgl. Revista Española de Capital Riesgo 2008, 73 (dort auch sehr gute Marktübersicht zum genannten Stichtag).

[3173] Vgl. Martí Pellón/Salas de la Hera, a.a.O. (o. 3171), S. 9 f.

[3174] Art. 5 Ley 25/2005, der bestimmt, dass Satzungs- und effektiver Verwaltungssitz im Inland liegen müssen, verhindert jedoch den „Export" der spanischen Fondsstrukturen. Die Europarechtskonformität dieser Bestimmung mit Blick auf Art. 49, 56, 63 EG kann nach dem Urteil des EuGH in der Rs. C-210/06 – Cartesio, NZG 2009, 61, 66ff nicht ernsthaft bezweifelt werden.

[3175] Art. 4.1 Ley 25/2005.

[3176] Art. 28.2 Ley 25/2005; Real Decreto Legislativo 1564/1989, de 22 de diciembre, por el que se aprueba el texto refundido de la Ley de Sociedades Anónimas (im Folgenden: LSA).

[3177] Arts. 93ff; 123ff; 136ff LSA.

ausüben.[3178] Das Gesetz 25/2005 lässt es allerdings auch zu, dass die SCR eine Verwaltungsgesellschaft *sociedad gestora de entidades de capital riesgo* (im Folgenden: „SGECR") oder eine *sociedad gestora de instituciones de inversión colectiva* (im Folgenden: „SGIIC"), ihrerseits besonderen S.A.-Varianten,[3179] mit der Verwaltung ihrer Vermögenswerte beauftragt[3180] – üblicherweise gegen Zahlung einer *management fee (comisión de gestión)*.

Die Beteiligung an der SCR erfolgt durch Zeichnung, zur Aufnahme weiterer Anleger-Aktionäre nach Gründung und zur Vornahme von Ausschüttungen sind ggf. Kapitalmassnahmen (Erhöhung des genehmigten Kapitals/Kapitalherabsetzung) erforderlich, denn ein variables Grundkapital hat der spanische Gesetzgeber für die SCR nicht vorgesehen.[3181] Schließlich besteht für die SCR auch die Möglichkeit der Börsennotierung.

### 2.1.1.2. Fondo de Capital-Riesgo

Der **FCR** ist demgegenüber eine aus den Geldern mehrerer Investoren gebildete Vermögensmasse ohne eigene Rechtspersönlichkeit, die stets von einer SGECR oder einer SGIIC als Verwaltungsgesellschaft für Rechnung der Anleger verwaltet wird.[3182] Die gegen Zahlung einer *management fee* den Fonds verwaltende SGECR oder SGIIC wird in der Regel von den Fondsinitiatoren kontrolliert, die ihrerseits zugleich mit regelmäßig 1–3 % am FCR beteiligt sind.[3183] Da die Anleger keine Gesellschafterstellung erhalten, haben sie nach dem Gesetz auch keinerlei Einfluss auf die Geschäftsleitung, ihr Verhältnis zur SGECR oder SGIIC richtet sich im Wesentlichen nach dem *reglamento de gestión*, das notwendig im Gründungsdokument des FCR enthalten sein muss.[3184] Die Struktur des FCR steht den im angelsächsischen Rechtskreis üblichen *limited partnership*-Konstruktionen näher als die SCR.[3185]

Die Beteiligung am Fonds erfolgt durch Einzahlung, Kapitalmaßnahmen sind nicht erforderlich, auch das Desinvestment gestaltet sich aus Anlegersicht einfacher als bei der SCR: Der als FCR organisierte Fonds ist im Gegensatz zur SCR, die den Regeln über den Erwerb eigener Aktien unterliegt, im Rahmen der Gründungsvereinbarung zur Rücknahme seiner Anteile verpflichtet.[3186] Auch lassen sich FCR im Gegensatz zu SCR rein privatvertraglich ohne Beurkundungserfordernisse und ohne Eintragung im Handelsregister errichten.[3187] Insgesamt erweist sich der FCR damit strukturell als eher geeignet für ein breiteres und passiveres Anlegerpublikum, während die SCR eher geschlossenen, aktiveren Anlegergemeinschaften gerecht wird.

---

[3178] Vgl. Iglesias Prada/Díaz Ruíz/Hoedl Eigel, Comentarios a la Ley 25/2005, 1ª ed. 2006, Art. 4 II. 1. D).

[3179] Die Anforderungen an die SGECR benennen Art. 40–42 Ley 25/2005, u. a. besonderer Gesellschaftszweck, vollständig aufgebrachtes Grundkapital von mindestens 300.000 €. Gesetzlicher Delegationsumfang auf die SGECR (funciones) in Art. 43.3 Ley 25/2005. Die SGECR hat im Interesse der Aktionäre/Anleger der SCR/FCR, in deren/dessen Auftrag sie tätig wird, zu handeln und ist ihnen gegenüber für Pflichtverletzungen unmittelbar (sic!) schadensersatzpflichtig, Art. 43.1, 2 Ley 25/2005.

[3180] Art. 28.6; 31 Ley 25/2005.

[3181] Vgl. Iglesias Prada/Díaz Ruíz/Hoedl Eigel, Comentarios a la Ley 25/2005, Art. 4 II. 1. C) und dort Fn. 3206.

[3182] Art. 32.1 Ley 25/2005, zur SGECR s. vor und Fn. 3124.

[3183] Vgl. Martinez Iglesias/Tapias Monne, Revista Española de Capital Riesgo 2008, S. 31, 32, 34.

[3184] Art. 34.2 e); 34.3 (Mindestinhalt); 36.1 Ley 25/2005; im reglamento finden sich üblicherweise u. a. Regelungen über Laufzeit, Haltefristen, Anlagepolitik, Gewinnverwendung, management fee, Wechsel der Verwaltungsgesellschaft, Einrichtung und Kompetenzen von Advisory und Investor Committee; daneben sind in der Praxis auch side letters mit einzelnen Anlegern verbreitet, vgl. Martinez Iglesias/Tapias Monne, a.a.O.

[3185] Vgl. Iglesias Prada/Díaz Ruíz/Hoedl Eigel, Comentarios a la Ley 25/2005, Art. 4 II. 1. D).

[3186] Vgl. Art. 35.1 Ley 25/2005; Iglesias Prada/Díaz Ruíz/Hoedl Eigel, Comentarios a la Ley 25/2005, Art. 4 II. 1. C).

[3187] Arts. 11.2, 11.4, 34.2 Ley 25/2005.

### 2.1.1.3. Haftungsbegrenzung in Genehmigung

Bei **beiden Fondsstrukturen** ist die Haftung der Anleger auf ihre Beteiligung begrenzt.[3188] SCR und FCR bedürfen der aufsichtsrechtlichen Genehmigung durch die spanische Kapitalmarktaufsicht *Comisión Nacional del Mercado de Valores* (im Folgenden: „CNMV"),[3189] die unter im Wesentlichen gleichen Voraussetzungen erteilt wird, sind – konstitutiv – je in ein besonderes Register der CNMV einzutragen und unterliegen nahezu identischen Anlagerestriktionen.[3190]

### 2.1.2. Régimen común und régimen simplificado

Mindestens so bedeutsam wie die „vertikale" Unterscheidung zwischen SCR und FCR ist die Tatsache, dass das Gesetz 25/2005 auch „horizontal" differenziert: unabhängig von der Rechtsform können sowohl SCR als auch FCR unter bestimmten Voraussetzungen vom *régimen simplificado*, einem gegenüber den grundsätzlichen Regelungen, dem *régimen común* des Gesetzes 25/2005, erleichterten Rechtsrahmen, profitieren.[3191]

Das vereinfachte *régimen simplificado* steht nur SCR und FCR offen, die nicht öffentlich vertrieben werden. Weiterhin muss jeder Anleger mindestens Beteiligungen im Wert von 500.000 € gezeichnet haben – wobei jedoch exemplarisch benannte institutionelle Anleger wie Pensionsfonds, Versicherungsgesellschaften, Kreditinstitute oder Wertpapierfirmen diesem Erfordernis ebensowenig genügen müssen wie die Verwaltungsratsmitglieder, Geschäftsleiter und Angestellten der SCR/FCR/jeweiligen SGECR. Schließlich darf die Anzahl der beteiligten Anleger nicht höher als 20 sein – die vorgenannten Anlegergruppen werden insoweit nicht mitgezählt.[3192]

Erfüllt der Fonds diese Voraussetzungen nicht, gelten die restriktiveren Bestimmungen des allgemeinen *régimen común*.[3193]

## 2.2. Gründungsablauf, Genehmigungsvoraussetzungen und -verfahren, Kapitalisierungsanforderungen, Aufsicht

Das spanische Wirtschaftsministerium und die Kapitalmarktaufsicht CNMV stellen einen Gründungsleitfaden für das Genehmigungsverfahren mit Formularen für die Gründungsdokumente zur Verfügung.[3194]

### 2.2.1. Satzung

Die **Satzung** der SCR ist notariell zu beurkunden und die Gesellschaft – als „modifizierte" S.A. – mit konstitutiver Wirkung ins **Handelsregister** einzutragen, für den FCR als bloße Vermögensmasse sind diese beiden Erfordernisse fakultativ und ein **privatschriftliches Gründungsdokument** ausreichend.[3195] Die Satzung bzw. das Gründungsdokument muss bestimmten inhaltlichen Mindestanforderungen genügen,[3196] insbesondere die hauptsächlich bezweckten Aktivitäten des Fonds den für SCR/FCR qua Rechtsform gesetzlich vorgesehen Anlagerestriktionen[3197] anpassen.[3198]

---

[3188] Art. 33.3 Ley 25/2005; Art. 1 LSA.
[3189] Art. 7. a) Ley 25/2005.
[3190] Vgl. Iglesias Prada/Díaz Ruíz/Hoedl Eigel, Comentarios a la Ley 25/2005, Art. 4 II. 1. F).
[3191] Art. 4.2 Ley 25/2005.
[3192] Art. 4.2 a) – c) Ley 25/2005.
[3193] Art. 4.3 Ley 25/2005.
[3194] Gemäß Art. 9.4 Ley 25/2005, im Internet abrufbar auf der Hompage der CNMV, http://www.cnmv.es/index_n.htm?/consultas/capital_riesgo/capital.htm~/p_consultas_7.html [Stand: 11. Juli 2009].
[3195] Art. 7. b), 34.2 Ley 25/2005.
[3196] Art. 2.1; 10.1 a); 28.6 (SCR); 34.2., 3 (FCR) Ley 25/2005.
[3197] Dazu näher unter 2.3.
[3198] Art. 2.1; 10.1 a); andere Aktivitäten sind dem Fonds verboten, Art. 3.4 Ley 25/2005.

## 2.2.2. Genehmigung

Die erforderliche Genehmigung erteilt die Kapitalmarktaufsicht CNMV auf **Antrag**, dem namentlich folgende Dokumente beizufügen sind: Eine *memoria del proyecto*, die zusammenfassende Angaben zu dem zu errichtenden Fonds, seinen Initiatoren und seiner Anlagepolitik enthält und der Glaubhaftmachung dient, dass diese mit den zur Verfügung stehenden Mitteln realisierbar ist; eine Redlichkeits- und Befähigungserklärung *acreditación de la honorabilidad y experiencia* der Geschäftsleiter/Fondsmanager; sowie einen Anlegerprospekt *folleto informativo*.[3199] Von letzterem Erfordernis sind die dem *régimen simplificado* unterfallenden SCR und FCR befreit.[3200]

## 2.2.3. Prüfverfahren der CNMV; Kapitalisierung

Die **CNMV prüft**, ob den einschlägigen gesetzlichen Erfordernissen genügt ist.[3201] In materieller Hinsicht zählt dazu neben der bereits erwähnten Beschränkung auf bestimmte Aktivitäten, dass der Fonds über das erforderliche **Mindestkapital/-vermögen** verfügt:[3202] Im Fall von SCR muss das gezeichnete Kapital mindestens 1.200.000 € betragen, von denen die eine Hälfte bei Gründung, die andere innerhalb der folgenden drei Jahre einzuzahlen ist; Sacheinlagen sind in begrenztem Umfang zulässig.[3203] Das einen FCR bildende Vermögen muss mindestens 1.650.000 € betragen und ist von den Anlegern vollständig bei Gründung und ausschließlich in bar aufzubringen.[3204] Abgesehen von diesen gesetzlichen Mindestanforderungen wird die **Kapitalaufbringung im Übrigen** in der Praxis üblicherweise detailliert vertraglich geregelt; insbesondere, dass die Anteilseigner dem Fonds weiteres Kapital je nach Bedarf zur Verfügung stellen und ob und wie weitere Anleger aufgenommen werden.[3205]

## 2.2.4. Anforderungen an interne Organisation

SCR, die die Leitung ihrer Geschäfte nicht an eine SGECR oder SGIIC delegiert haben (und die SGECR oder SGIIC selbst) müssen bestimmten Anforderungen an ihre **interne Organisation** genügen.[3206] Insbesondere muss ihr Verwaltungsrat aus mindestens drei Personen von untadeligem professionellem Leumund bestehen und die Mehrheit der Verwaltungsratsmitglieder und Manager muss über die erforderlichen finanz- oder betriebswirtschaftlichen Kenntnisse verfügen.[3207]

## 2.2.5. Transparenz

Schließlich muss aus Sicht der CNMV hinreichende Klarheit über die Unternehmensgruppe, der der zu gründende Fonds angehören wird – also die maßgeblich dahinterstehenden Personen – bestehen und es darf nicht bereits absehbar sein, dass eine **wirksame Aufsicht** und Informationsbeschaffung durch die CNMV mit Schwierigkeiten behaftet sein wird.[3208]

---

[3199] Art. 9.1 Ley 25/2005.
[3200] Art. 14. d) Ley 25/2005.
[3201] Art. 8.2 Ley 25/2005.
[3202] Art. 10.1 a) und b) Ley 25/2005.
[3203] Art. 28.3 Ley 25/2005: max. 20% des Grundkapitals; generell in S.A. keine Dienstleistungen, Art. 36 LSA.
[3204] Art. 32. 2; 33.1, 2; 34.1 Ley 25/2005.
[3205] Vgl. (bezogen auf FCR) Iglesias Prada/Díaz Ruíz/Tapia Hermida, Comentarios a la Ley 25/2005, Art. 35, I.2.
[3206] S. im Einzelnen Art. 10.2 Ley 25/2005.
[3207] Art. 10.2. b) und c) Ley 25/2005, dort auch gesetzliche Vermutung dafür bei mindestens zweijähriger Tätigkeit in gehobener unternehmerischer oder unternehmensberatender Position.
[3208] Art. 8.2 a) und b) Ley 25/2005.

## 2.2.6. Untätigkeit des CNMV

**Untätigkeit der CNMV.** Erhält der Antragsteller im *régimen común* nicht binnen zwei Monaten ab Antragstellung die Genehmigung der CNMV, gilt der Antrag als abgelehnt. Im *régimen simplificado* hingegen gilt bei einmonatiger Untätigkeit der CNMV eine gesetzliche Genehmigungsfiktion.[3209]

## 2.2.7. Registereintragung

Mit der abschließenden **Eintragung in das jeweilige Spezialregister** der CNMV (auf erneuten Antrag hin) tritt die SCR/SGECR/der FCR ins Leben.[3210]

## 2.2.8. Laufende Aufsicht

Nach ihrer Gründung unterwirft das Gesetz 25/2005 die ihm unterfallenden Fondsvehikel einem **Aufsichts- und Sanktionsregime** durch die CNMV, das insbesondere Ermächtigungen zur Informationsbeschaffung (bis hin zu Durchsuchungsbefugnissen) einschließt.[3211] SGECR und SCR, die keine SGECR oder SGIIC mandatiert haben, werden auch daraufhin beaufsichtigt, ob sie ihren – zwingend aufzustellenden – eigenen internen Verhaltensregeln genügen.[3212] Sanktionsmaßnahmen sind u. a. Bußgelder und der Widerruf der Genehmigung.[3213]

## 2.3. Anlagerestriktionen – régimen de inversiones

### 2.3.1. Anlageformen und Portfolio

Die Satzung der SCR bzw. das entsprechende Gründungsdokument des FCR muss die hauptsächlichen Aktivitäten des Fonds grds. auf die zeitlich begrenzte Beteiligung an (im Beteiligungszeitpunkt) nicht im spanischen Börsensegment *primer mercado*[3214] oder an den Börsen anderer EU- oder OECD-Staaten börsennotierten und ihrem Wesen nach nicht dem Finanz- oder Immobiliensektor[3215] zugehörigen Unternehmungen beschränken.[3216] Mindestens 60% des Fondsvermögens müssen pro Geschäftsjahr derartig investiert sein.[3217]

Hierzu zählen Aktien, sonstige Kapitalbeteiligungen sowie Wertpapiere und Finanzierungsinstrumente, die das Recht zur Anteilsübernahme vermitteln (*convertibles*, *warrants*, Optionen des Portfolio-Unternehmens).

Neben den genannten Beteiligungsformen können die SCR und FCR nachrangige mezzanine Darlehen an Portfolio- wie andere Unternehmen ausreichen, allerdings dürfen diese Darlehen nur max. 30% der o.g. 60% ausmachen, insgesamt können somit max. 70% des Fondsvermögens als mezzanine Darlehen vergeben werden.[3218]

In Abweichung vom Grundsatz darf die Beteiligung an im *primer mercado* börsennotierten Unternehmungen unter der Voraussetzung erfolgen, dass die Börsennotierung binnen zwölf Monaten nach dem Beteiligungszeitpunkt beendet wird.[3219] Auch sind Beteiligungen an

---

[3209] Art. 8.1; 14 b) und c) Ley 25/2005.
[3210] Art. 7 c); 11 Ley 25/2005, die Register sind im Internet abrufbar auf der Homepage der CNMV, s. Fn 27.
[3211] Art. 47ff.; 51.1; 50.1 Ley 25/2005.
[3212] Art. 47 Ley 25/2005.
[3213] Arts. 13, 53 Ley 25/2005.
[3214] Bzw. vergleichbar regulierten Börsensegmenten anderer EU- oder OECD-Staaten, Art. 2.1 Ley 25/2005.
[3215] Welche Unternehmen umfasst sind, umschreibe Art. 2.1; 3.2, 3 Ley 25/2005 genauer.
[3216] Art. 2.1; 10. 1 a) Ley 25/2005.
[3217] Art. 18.2, 5 Ley 25/2005; die Anlage der verbleibenden 40% unterwirft Art. 21 Ley 25/2005 nur geringen Einschränkungen.
[3218] Vgl. Art. 18.2 Ley 25/2005; Iglesias Prada/Díaz Ruíz/Rodríguez Artigaz, Comentarios a la Ley 25/2005, Arts. 2 y 3, IV.2.
[3219] Arts. 2.2; 25 Ley 25/2005.

# 8. Teil. Länderberichte/Country Reports    § 5 Spanien

Unternehmen, deren Vermögen zu mehr als 50% aus Immobilien besteht, ausnahmsweise dann zulässig, wenn mindestens 85% ihres Immobilienvermögens zu unternehmerischen Zwecken, die über das reine Geschäft mit Immobilien hinausgehen, verwendet werden (z. B.: Hotels).[3220]

### 2.3.2. Funds-of-funds

Beteiligungen an anderen SCR, FCR oder vergleichbaren ausländischen Fondsvehikeln dürfen bis zu 20% der o.g. 60% ausmachen, wenn diese ihrerseits nicht mehr als 10% ihres Vermögens in anderen Private Equity-Fonds investiert haben.[3221] Das Gesetz lässt aber auch zu, dass (mindestens 30) und bis zu 100% des Fondsvermögens als *fund-of-funds* investiert werden, wenn die SCR/FCR ausdrücklich als *fondo/sociedad de entidades de capital riesgo* errichtet wird; dann dürfen aber nicht mehr als 40% der Vermögenswerte des Fonds in ein und demselben Portfoliofonds angelegt sein und die Portfoliofonds dürfen wiederum nicht mehr als 10% ihrer Vermögenswerte in anderen Private Equity-Fonds investiert haben.[3222]

### 2.3.3. Risikostreuung/Diversifikation

Die SCR und FCR dürfen nicht mehr als 25% ihrer Vermögenswerte zum Beteiligungszeitpunkt in ein und dasselbe Unternehmen und nicht mehr als 35% in Unternehmen, die derselben Unternehmensgruppe angehören, investieren. Für SCR und FCR nach dem *régimen simplificado* gelten insoweit erhöhte Beteiligungsgrenzen von je 40%.[3223]

In Unternehmen, die ihrer eigenen Unternehmensgruppe oder der ihrer SGECR oder SGIIC angehören, dürfen SCR und FCR maximal 25% investieren, zum Anlegerschutz bestehen noch weitere Erfordernisse.[3224]

### 2.3.4. Karenzfristen, Unbeachtlichkeit von Verstößen

Das Gesetz 25/2005 sieht Karenzfristen von drei Jahren ab Gründung sowie nach Kapitalerhöhungen und von 24 Monaten ab Veräußerung bestimmter Beteiligungen, die erst zur Verschiebung der Investitionsverhältnisse führen, vor, während derer die Nichtbeachtung der dargestellten Anlagerestriktionen unschädlich ist.[3225]

Werden den Anlegern aus dem Fondsvermögen angelegte Mittel zurückgewährt, so wird dennoch bei Berechnung der o.g. Investitionsverhältnisse auf das Anfangsfondsvermögen ohne Rücksicht auf die zwischenzeitig erfolgte Rückgewähr abgestellt.[3226]

## 2.4. Ergebnisverwendung und Carried Interest

Die Satzung der SCR bzw. das *reglamento* des FCR wird, wie international üblich, regelmäßig vorsehen, dass die Ergebnisse des Fonds nach einer bestimmten Ordnung verteilt werden (*waterfall*): zuerst ist allen Anlegern der gesamte von ihnen angelegte Betrag zuzüglich einer bestimmten Mindestverzinsung (*hurdle*) zurückzugewähren, sodann erhalten die Fondsinitiatoren und ggf. etwaige Manager einen Betrag, der oftmals 25% dieser Mindestverzinsung entspricht (*catch up*); alle danach verbleibenden Mittel werden zwischen Anlegern und Initiatoren/Managern im vereinbarten Verhältnis (oftmals 80:20) verteilt. Dabei ist es nicht üblich, das Verteilungsverfahren pro vom Fonds getätigtem Desinvestment vorzunehmen, sondern bezogen auf die gesamte Fondslaufzeit und -leistung.[3227]

---

[3220] Art. 2.1 Ley 25/2005; vgl. Álvarez Arjona/Lorenzo Sobrado, in: Álvarez Arjona (dir.), Capital Riesgo (Private Equity), 2006, S. 63.
[3221] Art. 2.2; 19.1 Ley 25/2005.
[3222] Art. 20.2 Ley 25/2005.
[3223] Art. 22.1 Ley 25/2005.
[3224] Art. 22 Ley 25/2005.
[3225] Art. 23 Ley 25/2005.
[3226] Art. 23.2 Ley 25/2005.
[3227] Vgl. Martinez Iglesias/Tapias Monne, Revista Española de Capital Riesgo 2008, 31, 33f.

Sind – wie üblich – die Fondsinitiatoren zugleich als Anleger an der SCR/dem FCR beteiligt, so lässt sich ihre gemessen an ihrer Beteiligung überproportionale Gewinnbeteiligung (Carried Interest, *comisión de éxito*) als besonderes Anlegerrecht nur im *régimen simplificado* ausgestalten. Denn grundsätzlich müssen allen Anlegern die gleichen Rechte eingeräumt werden, und es ist verboten, den Fondsinitiatoren nur aufgrund ihrer Eigenschaft als solche besondere Vergütungen oder Vorteile zu gewähren;[3228] der Gesetzgeber will hierdurch möglichen Interessenkonflikten zwischen Fondsinitiatoren und sonstigen Anlegern vorbeugen.[3229] SCR und FCR, die dem *régimen simplificado* unterliegen, dürfen hingegen Aktien/Beteiligungen einer besonderen Gattung (nur) an die Initiatoren des Fonds ausgeben,[3230] mittels derer sich Ergebnisbeteiligung und Carried Interest flexibel als Vorzugsdividende oder erhöhte Liquidationsrate gestalten lassen.[3231] Diese Gestaltungsmöglichkeit ist aber auf die Fondsinitiatoren[3232] beschränkt und steht z. B. Personen, die reine Managementfunktionen ausüben, ohne zugleich zu den Fondsinitiatoren zu gehören, nicht offen.

## 2.5. Steuerfragen
### 2.5.1. Steuerliche Behandlung des Fonds

Die SCR und trotz ihrer Rechtsnatur als bloße Vermögensmassen auch die FCR unterliegen grundsätzlich der spanischen Körperschaftsteuer *impuesto sobre sociedades* mit einem Steuersatz von 30%.[3233] Sie profitieren jedoch von besonderen Steuervorteilen: Gewinne aus Beteiligungsveräußerungen werden zu 99% körperschaftsteuerfrei gestellt, wenn die Beteiligungen im Zeitraum zwischen dem zweiten und 15. Jahr (ausnahmsweise bis zum 20. Jahr) ab dem Erwerbszeitpunkt veräußert werden. Wird die Beteiligung im Rahmen eines Börsengangs (IPO) veräußert, ist dieser Zeitraum auf 3 Jahre ab Börsenzulassung des Portfolio-Unternehmens verkürzt.[3234]

Die Steuerschuld wird um den Betrag, der auf Dividenden und sonstige Gewinnbeteiligungen (nicht: Zinsen aus – mezzaninen – Darlehen), die die SCR/FCR von Portfoliounternehmen einnehmen, entfällt, gemindert, und zwar unabhängig von den sonst geltenden Haltezeiten oder Beteiligungsquoten, sie sind damit im Ergebnis vollständig steuerfrei gestellt.[3235]

Außerdem sind die SCR/FCR von der bei ihrer Errichtung und Kapitalerhöhungen sonst zu zahlenden Stempelsteuer i.H.v. 1% des Erhöhungsbetrages zzgl. Agio – einer Besonderheit des spanischen Steuerrechts – befreit.[3236]

---

[3228] Art. 28.4, 5; 33.4 Ley 25/2005.
[3229] Vgl. Juste Mencía in: Álvarez Arjona (dir.), Capital Riesgo (Private Equity), S. 110f; dem liegt eine generelle Skepsis gegenüber der Prämierung von Gesellschaftsgründern als solchen zugrunde, vgl. exemplarisch Arroyo/Embid/Morral Soldevila, Comentarios a la Ley de Sociedades Anónimas, 2001, Art. 11.II.
[3230] Art. 28.4; 33.4 Ley 25/2005.
[3231] Vgl. Iglesias Prada/Díaz Ruíz/Hoedl Eigel, Comentarios a la Ley 25/2005, Art. 4 III. D).
[3232] Der spanische Gesetzestext spricht von promotores/fundadores und übernimmt damit feststehende Begriffe aus dem Recht der S.A., vgl. Art. 14.1 und 19ff LSA sowie Arroyo/Embid/Morral Soldevila, Comentarios a la Ley de Sociedades Anónimas, 2001, Art. 11.III.
[3233] Arts. 7.1 a) und d), 2; 28.1 Real Decreto Legislativo 4/2004, de 5 de marzo, por el que se aprueba el texto refundido de la Ley del Impuesto sobre Sociedades (im Folgenden: LIS).
[3234] Art. 55.1 LIS. Dass überhaupt eine Besteuerung auf Ebene des Fonds erfolgt, kann sich als vorteilhaft für ausländische Investoren erweisen, um in den Genuss von Steuerbefreiungen ihres Sitzstaates für ihre Einkünfte aus dem spanischen Fonds zu gelangen, vgl. Alorcón Espinosa in: Álvarez Arjona (dir.), Capital Riesgo (Private Equity), S. 149.
[3235] Art. 55.2 i.V.m. Art. 30.2 (inl.) und 21.1 (ausl.) LIS.
[3236] Art. 1.1; 6. 1 b); 19.1 (grds. Steuerpflicht); Art. 26 (Steuersatz); Art. 45 I. C disp. 11 (Befreiung) Real Decreto Legislativo 1/1993, de 24 de septiembre, por el que se aprueba el Texto Refundido de la Ley del Impuesto sobre Transmisiones Patrimoniales y Actos Jurídicos Documentados (im Folgenden: LITPyAJD).

## 2.5.2. Steuerliche Behandlung der Anleger und des Carried Interest

### 2.5.2.1. Körperschaftsteuer

Anleger, die selbst körperschaftsteuerpflichtig in Spanien sind, also v.a. juristische Personen, können ihrerseits durch **Veräußerung von Fondsbeteiligungen oder bei Rückgewähr der Einlage** erzielte Gewinne zu dem Betrag von ihrer Steuerschuld abziehen, der resultiert, wenn (fiktiv) der für den Fonds geltende Körperschaftsteuersatz auf die von dem Fonds während der Haltezeit nicht ausgeschütteten und anteilsmäßig auf diesen Anleger entfallenden Gewinne angewendet wird, so dass im Ergebnis der diesem fiktiven Gewinnanteil entsprechende Teil des Veräußerungsgewinns steuerfrei bleibt.[3237]

Die Körperschaftsteuerschuld wird um den vollen Betrag, der auf **Dividenden und sonstige Gewinnbeteiligungen** (nicht: Zinsen aus – mezzaninen – Darlehen), die in Spanien körperschaftsteuerpflichtige Anleger von SCR/FCR einnehmen, entfällt, gemindert, und zwar unabhängig von den sonst geltenden Haltezeiten oder Beteiligungsquoten, sie können somit im Ergebnis steuerfrei vereinnahmt werden.[3238]

Gleiches gilt für Personen, die der Besteuerung von nicht in Spanien ansässigen Personen mit dauerhafter Niederlassung in Spanien unterliegen.[3239] Gewinne, die juristische und natürliche Personen, die weder dauerhaft in Spanien ansässig sind noch dort über eine dauerhafte Niederlassung verfügen, aus Dividenden/sonstigen Gewinnbeteiligungen, der Veräußerung von Fondsbeteiligungen oder bei Rückgewähr der Einlage erzielen, gelten für Zwecke des spanischen Körperschaftssteuerrechts als nicht in Spanien erzielt, es sei denn, sie werden über einen als Steuerparadies qualifizierten Staat eingenommen.[3240]

### 2.5.2.2. Einkommensteuer und Carried Interest

Für Anleger in SCR/FCR, die natürliche Personen sind, sind keine Sonderregeln vorgesehen.[3241] Ist der Anleger in Spanien einkommensteuerpflichtig, sind die durch **Veräußerung von Beteiligungen am Fonds oder bei Rückgewähr der Einlage** erzielten Gewinne als Einkünfte aus Vermögen und die **Einkünfte aus Dividenden und sonstigen Gewinnbeteiligungen**, die über einen Freibetrag von 1.500 € hinausgehen, als Kapitalertrag zu versteuern.[3242]

Gleiches dürfte auch für das **Carried Interest** gelten, wenn es als besonderes Anlegervermögensrecht ausgestaltet (s.o. 2.4.) und nicht als Vergütung für persönliche Dienstleistungen gewährt wird,[3243] so dass es sogar einem deutlich niedrigeren Steuersatz als dem Mindeststeuersatz für Arbeitseinkünfte[3244] unterliegt.

## 3. Transaktionsstruktur

Wie international üblich, kann sich der Erwerb von Zielgesellschaften als *one-to-one*-Erwerb, bei dem der Fonds der einzige Kaufinteressent ist, oder als Bieterverfahren gestalten. Die

---

[3237] Art. 55.4 i.V.m. Art. 30.5 LIS; vgl. Iglesias Prada/Díaz Ruíz/Fuster Tozer/Marín Benítez, Comentarios a la Ley 25/2005, D.F. 1ª, III.1.
[3238] Art. 55.3 i.V.m. Art. 30.2 LIS.
[3239] S. die Nachweise in den vorstehenden Fn.
[3240] Art. 55.3 b), 4b), 5 LIS.
[3241] Vgl. Rovira del Canto/Juste Olesti in: Trías Sagnier (coord.), Régimen jurídico y tributario del capital riesgo en España, 2006, S. 351.
[3242] Arts. 6.2; 25.1; 33.1; 37; 46 a) und b); 66.1 Ley 35/2006, de 28 de noviembre, del Impuesto sobre la Renta de las Personas Físicas y de modificación parcial de las leyes de los Impuestos sobre Sociedades, sobre la Renta de no Residentes y sobre el Patrimonio (im Folgenden: LIRPF).
[3243] Iglesias Prada/Díaz Ruíz/Fuster Tozer/Marín Benítez, Comentarios a la Ley 25/2005, D.F. 1ª, III.1 und 2 sowie Fn 418 (zur LIRPF a.F.).
[3244] S. Art. 63.1 LIRPF.

üblicherweise zu durchlaufenden Akquisitionsphasen sind ggf. Strategie- und Planungsphase, erste Sondierungsgespräche, *Letter of Intent/Memorandum of Understanding*, *Due Diligence*, und Verhandlungsphase bis hin zum Vertragsschluss.[3245]

## 3.1. Investmentstrukturierung

### 3.1.1. *Letter of Intent/Memorandum of Understanding*

*Letter of Intent/Memorandum of Understanding* (im Folgenden: LoI/MoU) entfalten in aller Regel keine rechtliche Bindungwirkung und lassen den Abbruch der Vertragsverhandlungen ohne rechtlich nachteilige Konsequenzen (Haftung aus *culpa in contrahendo*) für die Parteien zu. Einzelne Bestandteile können ggf. bindend ausgestaltet werden (z. B. Vertraulichkeit, Exklusivität).[3246]

Allerdings besteht auch bei – jedenfalls zu empfehlender und rechtlich zulässiger – Aufnahme einer Klausel, die ausdrücklich eine rechtliche Bindung ausschließt, das Risiko, dass ein spanisches Gericht die schriftlich fixierte Erklärung und eventuell späteres Parteiverhalten als Indiz dafür wertet, dass (wenn auch evtl. erst später und konkludent) doch eine rechtliche Bindung gewollt ist. Ein gleichzeitiger vertraglicher Klageausschluss wird im spanischen Recht wegen der verfassungsrechtlichen Garantie effektiven Rechtsschutzes jedenfalls dann als unzulässig angesehen, wenn die Parteien nicht zugleich einen alternativen Streitbeilegungsweg vereinbart haben, dessen Ergebnisse sie als für sich bindend anerkennen.[3247]

### 3.1.2. *Due Diligence*

Der Verkäufer der Zielgesellschaft ist nach allgemeinem Zivilrecht nach Treu und Glauben verpflichtet, dem Kaufinteressenten im Rahmen der *Due Diligence* alle Informationen vollständig und wahrheitsgemäß zur Verfügung zu stellen, die für ihn erkennbar für die Kaufentscheidung des Fonds von Bedeutung sind. Die schuldhafte Verletzung dieser Pflicht berechtigt den Käufer zum Schadensersatz; und absichtliche Pflichtverletzungen können die Nichtigkeit des späteren Kaufvertrages zur Folge haben.[3248] In der Praxis finden sich deshalb z.T. „Disclaimer"-Regelungen im LoI/MoU. Sind mehrere Kaufinteressenten vorhanden (Bieterverfahren) sollten im Prinzip allen die gleichen Informationen zur Verfügung gestellt werden.[3249]

#### 3.1.2.1. Gesellschaftsrecht[3250]

Die Satzung der spanischen Kapitalgesellschaften und deren etwaige spätere Änderungen sind beurkundungspflichtig sowie die Gesellschaft im Handelsregister *Registro Mercantil* einzutragen, das auf Antrag Auszüge erteilt. Etwaige von der Gesellschaft erteilte Spezialvollmachten sind im Gegensatz zu Prokura und organschaftlicher Vertretung nicht aus dem Handelsregister ersichtlich, ihnen sollte daher besonderes Augenmerk gelten. Im Hinblick auf die organschaftlichen Verhältnisse ist namentlich zu beachten, dass Art. 126.2 LSA die Amtszeit der Mitglieder des Verwaltungsorgans der spanischen Aktiengesellschaft S.A. auf maximal sechs Jahre (mit Wiederbestellungsmöglichkeit) begrenzt. Die aktuelle Zusammensetzung des Gesellschafterkreises ist nicht aus dem Handelsregister ersichtlich; zur Führung

---

[3245] Vgl. Payá Pujadó/Martínez Maroto in: Trías Sagnier (coord.), Régimen jurídico y tributario del capital riesgo en España, S. 179ff.

[3246] Vgl. Payá Pujadó/Martínez Maroto, a.a.O., S. 181f.

[3247] Vgl. Carrasco Perera/Rentería Tazo in: Álvarez Arjona (dir.), Capital Riesgo (Private Equity), S. 228, 233ff.

[3248] Arts. 7.1; 1258; 1101; 1270 Codigo Civil (im Folgenden: CC), vgl. Hallet Charro in: Álvarez Arjona (dir.), Capital Riesgo (Private Equity), S. 304ff.

[3249] Vgl. Aguayo in: Trías Sagnier (coord.), Régimen jurídico y tributario del capital riesgo en España, S. 255.

[3250] Vgl. insgesamt Hallet Charro in: Álvarez Arjona (dir.), Capital Riesgo (Private Equity), S. 322ff.

eines Gesellschafterverzeichnisses ist die S.A. nur im Falle von Namensaktien verpflichtet, die der GmbH entsprechende *sociedad de responsibilidad limitada* (im Folgenden: S.L.) hingegen stets.[3251] Ansonsten ist die Gesellschafterstellung des/der Verkäufer/s nur anhand einer lückenlosen Kette entsprechender Übertragungsvereinbarungen bzw. ggf. Indossamente seit Gründung verifizierbar, Entsprechendes gilt für evtl. Drittrechte an den Anteilen. Einpersonen-Gesellschaften müssen als solche im *Registro Mercantil* eingetragen und im Rechtsverkehr auch stets als solche aufgetreten sein.[3252] Weiterhin ist sicherzustellen, dass die Zielgesellschaft ihre Bücher und die von ihr jeweils zu führenden Verzeichnisse, zu denen neben den erwähnten Gesellschafterverzeichnissen im Falle einer Einpersonen-Gesellschaft auch ein Verzeichnis der Verträge des Gesellschafters mit der Gesellschaft zählt,[3253] ordnungsgemäß geführt hat. Schließlich ist auf die Einhaltung der Kapitalerhaltungsvorschriften und der für Darlehen und/oder Sicherheitenbestellungen zwischen der Gesellschaft und ihren Gesellschaftern/Geschäftsleitern/Tochtergesellschaften geltenden Regelungen zu achten.[3254]

### 3.1.2.2. Vermögensgegenstände (*Assets*)

Im Rahmen der *Due Diligence* sollte sich der kaufinteressierte Fonds weiterhin vergewissern, dass die Zielgesellschaft Inhaber der dinglichen Rechte an ihren Vermögensgegenständen ist und welche Rechte Dritte evtl. daran geltend machen können.

Im Hinblick auf unbewegliche Sachen ist insofern zu beachten, dass das spanische Sachenrecht die Beurkundung des entsprechenden Kauf-und Übertragungsvertrages und die Eintragung im Grundbuch grds. nicht zur Voraussetzung der/s dinglichen Rechtsbegründung/-übergangs macht und so auch das Eigentum an unbeweglichen Sachen grds. durch bloße Einigung und Übergabe übergehen kann. Allerdings ist der Erwerber dann vor einem gutgläubigen Dritterwerb nur geschützt, wenn der Veräußerer als Eigentümer in das Grundbuch *Registro de la Propiedad* eingetragen ist und die Tatsache des Erwerbs ebenfalls eingetragen wird,[3255] was registerrechtlich wiederum doch die Beurkundung der entsprechenden Vereinbarung voraussetzt. Auch hat für die Begründung bestimmter Rechte die Eintragung im Grundbuch konstitutive Wirkung, z. B. zur Bestellung einer Hypothek.[3256] Stempel- und Umsatzsteuer fällt grds. bei Übertragung von Gesellschaftsanteilen nicht an, u. U. aber dann, wenn das Vermögen der jeweiligen Gesellschaft zu 50 % oder mehr aus unbeweglichen Sachen besteht.[3257]

Im Hinblick auf die dingliche Berechtigung an beweglichen Sachen muss sich der Kaufinteressent im Wesentlichen auf die Angaben des Verkäufers verlassen, nur in Ausnahmefällen bestehen Register, z. B. das Register für Eigentumsvorbehalte *Registro de Bienes Muebles*, das gutgläubige Dritterwerbe der Eigentumsvorbehaltskaufsache verhindert.

### 3.1.2.3. Sonstiges

Für etwaige im Rahmen der *Due Diligence* zutage tretenden zivilrechtlichen Haftungsrisiken der Zielgesellschaft gilt grundsätzlich die regelmäßige Verjährungsfrist von 15 Jahren für vertragliche und einem Jahr für außervertragliche Ansprüche ab Kenntnis des Anspruchsinhabers vom schadensstiftenden Ereignis,[3258] für bestimmte Anspruchsarten, z. B. Produkthaftungsansprüche, gelten besondere Verjährungsfristen. Steuerschulden verjähren grds. in vier

---

[3251] Art. 55 LSA; Art. 27 Ley 2/1995 de Sociedades de Responsibilidad Limitada, de 23 de marzo (im Folgenden: LSRL).
[3252] Art. 311 LSA; Art. 126 LSRL.
[3253] Art. 311 LSA; Art. 128 LSRL.
[3254] Arts. 74ff LSA; Arts. 10; 39ff. LSRL.
[3255] Art. 609 CC.
[3256] Art. 1875 CC.
[3257] Art. 108 Ley 24/1988, de 28 de julio, del Mercado de Valores (im Folgenden: LMV).
[3258] Arts. 1964 und 1968CC.

Jahren.[3259] Etwaige mit Bußgeld belegte Ordnungswidrigkeiten verjähren je nach Schwere des Verstoßes grds. in drei Jahren bis sechs Monaten.[3260]

Im Hinblick auf beendete Arbeitsverhältnisse kann sich die *Due Diligence* auf im vorangegangenen Jahr beendete Arbeitsverhältnisse beschränken, da Ansprüche aus Arbeitsverträgen ohne besondere Verjährungsfrist grds. mit Ablauf des Jahres, in dem das Arbeitsverhältnis beendet wurde, verjähren und Kündigungsschutzklagen einer Präklusionsfrist von 20 Werktagen ab Kündigung unterliegen.[3261]

### 3.1.3. Kaufvertrag

#### 3.1.3.1. Share Deal und Asset Deal

In der spanischen Praxis folgen Kaufverträge meistens dem international gebräuchlichen angelsächsischen Muster. Aus steuerlichen Gründen – insbesondere, wenn die Altgesellschafter natürliche Personen sind – ziehen es die Verkäufer normalerweise vor, die Anteile oder Aktien an der Zielgesellschaft zu veräußern (Share Deal). Käufer dagegen bevorzugen oftmals einen Asset Deal, der es ihnen erlaubt, unbekannte Verbindlichkeiten, sog. *hidden liabilities*, bei der Zielgesellschaft zu belassen und die Vermögensgegenstände u. a. zu steuerlichen Zwecken zu Marktpreisen aufzuwerten. In diesem Fall muss das Unternehmensvermögen (Aktiva, Verbindlichkeiten, Verträge usw.) allerdings einzeln übertragen werden, was u. U. die Zustimmung der Gläubiger oder sonstigen jeweiligen Vertragsparteien erfordert. Zu beachten ist auch, dass arbeitsrechtliche Beziehungen und Steuer- und Sozialverpflichtungen und -haftungen mit Betriebsübergang auf den Erwerber übergehen, unabhängig davon, ob die Zielgesellschaft im Wege des Share oder Asset Deal erworben wird.

Als Alternative zum Kauf der Anteile oder des Unternehmensvermögens kann die Übernahme mittels der Zeichnung einer Kapitalerhöhung (mit oder ohne Veräußerung der Bezugsrechte durch die Altgesellschafter) bewirkt oder als eine Verschmelzung (*fusión*) oder Vermögensübertragung (*cesión global de activo y pasivo*[3262]) gestaltet werden.

#### 3.1.3.2. Haftung

Die gesetzlichen Gewährleistungsregeln haben sich in der Praxis des Unternehmenskaufs als äußerst unzulänglich bewiesen. Unter anderem gilt für Mängelansprüche eine Verjährungsfrist von nur sechs Monaten. Bei der Verhandlung des Kauf- ebenso wie des Beteiligungsvertrages kommt der Haftung für etwaige beim Einstieg des Fonds bereits dem Grunde nach angelegte Verbindlichkeiten, die u. U. bei der *Due Diligence* nicht zutage getreten sind, daher besondere Bedeutung zu. Vom Verkäufer einer Beteiligung wird in aller Regel verlangt werden können, dass er den Käufer im Hinblick auf Altverbindlichkeiten der Gesellschaft und dadurch bedingte Wertminderung seiner Beteiligung mittels *reps & warranties* und *indemnities* im Kaufvertrag schadlos hält; ggf. mit entsprechenden Selbstbehalten, zeitlichen oder höhenmäßigen Beschränkungen, Ausschlussklauseln usw. Auch *escrows* und Bankgarantien, zur Absicherung der entstehenden Haftung des Verkäufers sind im spanischen Markt gängig. Nach den Regelungen zur Financial Assistance darf die Zielgesellschaft dagegen keine Haftung für *reps & warranties* übernehmen.

### 3.1.4. Investmentstruktur: Debt Push Down und Financial Assistance

Ziel des Private Equity-Fonds ist es in aller Regel, den – größtenteils fremdfinanzierten – Erwerb von Zielgesellschaften möglichst weitgehend mit deren eigenen Mitteln zu refinanzieren. In diesem Zusammenhang sind die spanischen Regelungen zur Financial Assistance

---

[3259] Arts. 67 f. Ley 58/2003, de 17 de diciembre, General Tributaria.
[3260] Art. 132 Ley 30/1992, de 26 de noviembre, de Régimen Jurídico de las Administraciones Públicas y del Procedimiento Administrativo Común.
[3261] Vgl. Hallet Charro in: Álvarez Arjona (dir.), Capital Riesgo (Private Equity), S. 330.
[3262] Gem. Art. 22 ff; 85 ff. des neuen spanischen Umwandlungsgesetzes Ley 3/2009, de 3 de abril, de Modificaciones Estructurales de las Sociedades Mercantiles (im Folgenden: LMESM).

# 8. Teil. Länderberichte/Country Reports § 5 Spanien

zu beachten: Art. 81.1 LSA für die S.A. und der entsprechende Art. 40.5 LSRL für die S.L. verbieten es der Zielgesellschaft, zum Zwecke des Erwerbs ihrer Aktien/Geschäftsanteile oder derjenigen ihrer Muttergesellschaft einem Dritten Geldmittel zur Verfügung zu stellen, Darlehen zu gewähren, Sicherheiten zu stellen oder sonstige finanzielle Unterstützung zu gewähren.

Regelmäßig wird deshalb eine *NewCo* als Akquisitionsvehikel gegründet, die die für die Kaufpreisfinanzierung erforderlichen Darlehen aufnimmt und durch Verpfändung der Anteile an der Zielgesellschaft im Moment des Erwerbs besichert, die Zielgesellschaft erwirbt und anschließend mit dieser eine Organschaft/steuerliche Einheit bildet oder verschmolzen wird (wobei als Ersatz für die als Sicherheit verpfändeten Anteile Sicherheiten am Vermögen der neuen Gesellschaft bestellt werden).[3263]

Einige Stimmen im spanischen Schrifttum sehen in dieser Struktur einen verbotenen Fall „sonstiger finanzieller Unterstützung" durch die Zielgesellschaft, etwa durch den Zustimmungsbeschluss zur Verschmelzung. Nach zutreffender bislang herrschender Auffassung unterfällt diese Erwerbsstruktur hingegen bei gebotener teleologischer Auslegung der genannten Vorschriften nicht dem Verbot der Financial Assistance.[3264] Die Interessen der Minderheitsgesellschafter und Gläubiger der Zielgesellschaft sind nämlich bereits durch die einschlägigen Verschmelzungsvorschriften, die die Kompensation der Minderheitsgesellschafter und Vetorechte der Gläubiger vorsehen,[3265] hinreichend geschützt.[3266] Des zusätzlichen und ökonomisch dann fragwürdigen Schutzes durch das Verbot der Financial Assistance bedarf es nicht. Aus diesem Grunde ist diese Erwerbsstruktur auch nicht als rechtsmissbräuchlich einzustufen.[3267] Wird mit der Transaktion zugleich ein MBO vollzogen, kann im Falle des Erwerbs einer S.A. u. U. eine gesetzliche Ausnahme vom Verbot der Financial Assistance zugunsten der Arbeitnehmer der Zielgesellschaft zum Zuge kommen.[3268]

Diese bislang herrschende Auslegung ist aber kürzlich durch das neue spanische Umwandlungsgesetz LME[3269] in Frage gestellt worden. Art. 35 des Gesetzes verlangt im Falle einer Verschmelzung einer Gesellschaft, die innerhalb der drei vorherigen Jahre Verbindlichkeiten aufgenommen hat, um eine andere der beteiligten Gesellschaften zu übernehmen oder deren Vermögensgegenstände zu erwerben, unter anderem, dass die Geschäftsleiter den Erwerb und die Verschmelzung begründen und einen Finanzplan erstellen, dem zu entnehmen ist, dass das verschmolzene Unternehmen über ausreichende Mittel verfügt, um die Schuld zu tilgen. Weiterhin muss der Verschmelzungsprüfer (*experto independiente*) in seinem Verschmelzungsbericht die Angaben und den Finanzplan der Geschäftsleiterr beurteilen und feststellen, ob bei der Verschmelzung eine Financial Assistance existiert. Das Gesetz besagt nicht, dass bei einer derartigen Feststellung des Verschmelzungsprüfers die Verschmelzung nicht zulässig ist.

Trotz der dargestellten Regelung im LME und insbesondere in Anbetracht der Vorlagen und Gesetzentwürfe gilt unseres Erachtens weiterhin, dass bei der Verschmelzung einer – fremdfinanzierten – *NewCo* mit der Zielgesellschaft das Verbot der Financial Assistance nicht greift. Rechtsprechung zu Art. 35 LME steht aber noch aus.

---

[3263] Vgl. Trías Sagnier in: ders. (coord.), Régimen jurídico y tributario del capital riesgo en España, S. 166f.

[3264] Vgl. statt vieler Paz-Ares/Perdices Huetos in: Uría/Menéndez/Olivencia, Comentario al régimen legal de las sociedades mercantiles, 2003, Bd. IV, Vol. 2° B.

[3265] Arts. 166; 235 b); 243; 247; LSA.

[3266] Vgl. Erlaiz Cotelo in: Álvarez Arjona (dir.), Capital Riesgo (Private Equity), S. 573ff.

[3267] Vgl. Trías Sagnier in: ders. (coord.), Régimen jurídico y tributario del capital riesgo en España, S. 157ff.

[3268] Art. 81.2 LSA. Regelmäßig sind die Verwaltungsratsmitglieder aber nicht als Arbeitnehmer in diesem Sinne zu qualifizieren; zudem wäre wohl erforderlich, dass das Akquisitionsvehikel mehrheitlich von ihnen (und nicht vom Fonds) kontrolliert würde, vgl. Erlaiz Cotelo, a.a.O., S. 581 ff. und Fn 54.

[3269] S. Fn 3265.

Auch aus steuerrechtlichen Gründen ist die Verschmelzung der *NewCo* mit der Zielgesellschaft mit gewissen Unsicherheiten behaftet, da die Steuerbehörden in zunehmendem Maß davon ausgehen, dass bei dieser Struktur rein steuerliche Vorteile bezweckt werden und daher die Steuervorteile für Verschmelzungen nicht Anwendung finden. Der Private-Equity-Fond riskiert daher, dass der Gewinnzuwachs der Zielgesellschaft besteuert wird.

## 3.2. Beteiligungsstrukturierung

Ist der Kaufvertrag geschlossen und der Erwerb vollzogen, so richten sich die Beziehungen des Fonds zu seinen Mitgesellschaftern in der Zielgesellschaft bzw. der aus einer etwaigen Verschmelzung mit einer *NewCo* hervorgegangenen Gesellschaft nach deren Satzung (*estatutos sociales*) und dem üblicherweise separat abgeschlossenen Beteiligungsvertrag *(acuerdo/pacto entre socios)*; (Gesellschaftervereinbarung). Darin finden sich Regelungen zu allen entscheidenden Aspekten der Beteiligung und Desinvestition sowie der Führung des Portfoliounternehmens, das spanische Recht lässt den Parteien insoweit einen erheblichen Gestaltungsspielraum.[3270] Meist wird auch die Zielgesellschaft selbst zur Partei des Beteiligungsvertrags gemacht, ist an diesen aber nur insoweit gebunden, als er im Einklang mit ihrer Satzung und nicht dispositiven gesetzlichen Regelungen steht.[3271] Ist die Zielgesellschaft börsennotiert, setzt die Wirksamkeit von Beteiligungsverträgen, die Stimmrechtsbeschränkungen oder Einschränkungen der Übertragbarkeit von Gesellschaftsanteilen enthalten, voraus, dass diese der Zielgesellschaft selbst und der Kapitalmarktaufsicht CNMV übermittelt sowie zum Handelsregister eingereicht und bekanntgemacht werden.[3272]

### 3.2.1. Anreizsysteme – *Management Incentives*

Die Beziehungen der Zielgesellschaft zu ihrem Management (*directivos*) werden so ausgestaltet, dass sie einen möglichst weitgehenden Interessengleichlauf mit den auf kurzfristige Wertsteigerung und zeitlich begrenzte Beteiligung gerichteten Interessen des Fonds gewährleisten.

Hierzu werden Anreizsysteme geschaffen, die je nach Einzelfall verschiedene Gestalt annehmen können. Den Managern werden oftmals Vorzugsbedingungen (*sweet equity*), beim Zeichnen des Kapitals der *NewCo* oder der Zielgesellschaft eingeräumt. Sind die Manager bereits Gesellschafter der Zielgesellschaft, finden sich oftmals *Vesting-* oder *Equity Rachet-*Klauseln. Ansonsten sind traditionell gebräuchlich insbesondere Aktienoptionen/Bezugsrechte, ggf. in den Varianten der *Share Saving Schemes* oder *Free Share Plans*, daneben auch *Phantom Share Schemes*. Gegenüber Bonussystemen haben diese den Vorteil, dass sie keinen Einsatz eigener Mittel der Gesellschaft erfordern.[3273]

Sind die Manager zugleich Mitglieder des Verwaltungsorgans *consejo de administración*, müssen diese Anreizsysteme in der Satzung verankert und ihre Anwendung im Einzelfall jeweils von der Gesellschafterversammlung bewilligt werden.[3274]

Die zur Erfüllung von Bezugsrechten benötigten Aktien kann sich die Zielgesellschaft auf verschiedene Weise verschaffen, das Gesetz sieht keine besonderen Regelungen vor. Bei der S.A. und der S.L. können sie vom *consejo de administración* aus genehmigtem Kapital geschaffen werden,[3275] was aber für den Optionsrechtsinhaber mit der Unsicherheit behaftet ist, ob der *consejo de administración* tatsächlich von der Kapitalerhöhungsmöglichkeit Gebrauch machen wird;[3276] zudem ist ein antizipierter Bezugsrechtsausschluss für die Altaktionäre nur in

---

[3270] Eingehend Martín de Vidales Godino/Sampedro Martín, Revista Española de Capital Riesgo 2008, 13ff.
[3271] Das gilt sowohl für Primär- als auch Sekundäransprüche. Vgl. Payá Pujado/Martínez Maroto in: Trías Sagnier, (coord.), Régimen jurídico y tributario del capital riesgo en España, S. 202, 206f.
[3272] Art. 112 LMV.
[3273] Vgl. Areitio Basagoiti in: Álvarez Arjona (dir.), Capital Riesgo (Private Equity), S. 744ff, 750.
[3274] Art. 130 LSA.
[3275] Art. 153.1 b) LSA.
[3276] Vgl. Areitio Basagoiti, a.a.O. (Fn 3273), S. 760.

der börsennotierten S.A. möglich.[3277] Als vorzugswürdig kann es sich deshalb erweisen, dass die Gesellschaft im Rahmen der gesetzlichen Beschränkungen zum Erwerb eigener Aktien[3278] sich am Markt mit den erforderlichen Aktien eindeckt. Dies setzt einen entsprechenden Beschluss der Gesellschafterversammlung voraus, der allerdings höchstens fünf Jahre lang gültig ist,[3279] so dass die Gesellschaft praktisch gezwungen ist, die eigenen Aktien während der gesamten Laufzeit des Optionsprogramms zu halten. Letzteres kann sich als ungünstig erweisen, wenn die Gesellschaft aus anderen Gründen eigene Aktien bis zur zulässigen Höchstgrenze von 20% des Gesellschaftskapitals erwerben möchte. Deshalb kann es sich schließlich anbieten, stattdessen Dritte – i.d.R. Banken – als Treuhänder einzuschalten, die die benötigten Aktien am Markt oder im Rahmen einer Kapitalerhöhung der Zielgesellschaft erwerben und halten, bis diese selbst sie zur Erfüllung des Optionsrechts benötigt.[3280]

Es ist in Spanien nicht ungewöhnlich, dass die im Rahmen von Optionsprogrammen ausgegebenen Aktien an S.A. oder Geschäftsanteile an S.L. mit Stimmrechten ausgestattet sind.[3281]

Kapitalmarktrechtlich müssen Optionsprogramme grds. noch vor ihrer Implementierung zum Register der Kapitalmarktaufsicht CNMV eingereicht werden, ausserdem bestehen dieser gegenüber Mitteilungspflichten der Gesellschaft und der Optionsrechtsinhaber.[3282]

Weil (ausgeübte) Aktienoptionen von der spanischen Arbeitsgerichtsbarkeit regelmäßig als Teil des Arbeitsentgelts angesehen werden, besteht das Risiko, dass sie im Falle einer unzulässigen Kündigung des Arbeitsverhältnisses seitens der Gesellschaft oder begründeter Kündigung seitens des Managers die Schadensersatzverpflichtungen der Zielgesellschaft wegen entgangenen Arbeitsentgelts in die Höhe treiben, da das spanische Arbeitsrecht in diesen Fällen pauschalisierten Schadensersatz vorsieht.[3283]

Für den Optionsrechtsinhaber, der Arbeitnehmer der Gesellschaft ist, werden Vermögenszuflüsse aus ausgeübten Aktienoptionen normalerweise auch einkommensteuerrechtlich als Arbeitseinkünfte behandelt;[3284] die Gesellschaft kann ihren entsprechenden Aufwand allerdings nur zum Zeitpunkt und zum Wert bei Gewährung der Option und nicht zum Zeitpunkt und Wert bei Ausübung steuerlich geltend machen.[3285]

### 3.2.2. Art der Beteiligung und Ausgestaltung des finanziellen Engagements

Sofern der Fonds die Zielgesellschaft nicht vollständig übernimmt, erwirbt er üblicherweise eine Beteiligung von 20 bis 35% ihres Kapitals, ggf. im Wege einer Kapitalerhöhung. Dabei gesteht ihm der zugleich abgeschlossene Beteiligungsvertrag im Innenverhältnis regelmäßig deutlich mehr Rechte zu, als seiner Beteiligung nach den gesellschaftsrechtlichen Regelungen entspräche. Gelegentlich enthält der Beteiligungsvertrag auch die Verpflichtung des Fonds, seine Beteiligung sukzessive mit Erreichen bestimmter Erfolgsziele aufzustocken. Umgekehrt ist es aus Investorensicht wichtig, dass der Beteiligungsvertrag die Möglichkeit vorsieht, die Mittel wieder abzuziehen oder die eigene Beteiligung zulasten der anderen Gesellschafter zu erhöhen, wenn bestimmte ungünstige Umstände eintreten. Außerdem sollten bereits im Beteiligungsvertrag Bewertungsregelungen getroffen werden, um künftigen Auseinandersetzungen vorzubeugen.[3286]

---

[3277] Art. 159.2 LSA.
[3278] Arts. 74ff LSA.
[3279] Art. 75 LSA.
[3280] Vgl. Areitio Basagoiti, a.a.O. (Fn 3273), S. 761f.
[3281] Vgl. Erlaiz Cotelo, a.a.O. (Fn 3266), S. 430.
[3282] Vgl. Areitio Basagoiti, a.a.O. (Fn 3273), S. 762ff m.w.N.
[3283] Vgl. Areitio Basagoiti, a.a.O. (Fn 3273), S. 751ff.
[3284] Vgl. Erlaiz Cotelo, a.a.O. (Fn 3266), S. 429.
[3285] Vgl. Areitio Basagoiti, a.a.O. (Fn 3273), S. 772.
[3286] Vgl. Picanyol Roig/Garrofé Pujol in: Trías Sagnier, (coord.), Régimen jurídico y tributario del capital riesgo en España, S. 114f.

Neben der direkten Beteiligung am Eigenkapital kann die Investition eine Reihe weiterer Formen annehmen:

So sieht das spanische Recht ausdrücklich mezzanine Darlehen, (*prestamos participativos*), vor, die folgende Charakteristika aufweisen: Der Zinssatz ist – wenigstens zu einem Teil – variabel, Vertragsstrafenklauseln bei vorzeitiger Kündigung sind zulässig, im Insolvenz- oder Liquidationsfalle sind sie nachrangig, gelten aber im Übrigen als Eigenkapital.[3287] Für den Fonds hat diese Finanzierungsform die Vorteile garantierter Mindestverzinsung mit dem festverzinslichen Teil, im Übrigen mit dem variablen Teil der Zinsen Beteiligung am Gewinn. Außerdem können z.B. das Nichterreichen bestimmter unternehmerischer Ziele, Verletzungen des Beteiligungsvertrages oder Ausscheiden des Fonds aus der Gesellschaft als Kündigungsgrund vereinbart werden. Beteiligt sich der Fonds allerdings zugleich mit mehr als 10% (bzw. 5% bei Gesellschaften, deren Anteile öffentlich gehandelt werden) am Eigenkapital der Gesellschaft, wird das Darlehen bereits unabhängig von seiner Ausgestaltung als mezzanin im Insolvenzfalle aufgrund Gesetzes als nachrangig behandelt und der Gesellschaftergläubiger vom Stimmrecht in der Gläubigerversammlung ausgeschlossen. Aus Sicht der bisherigen Gesellschafter können derartige Darlehen eine interessante Finanzierungsform darstellen, weil die bestehenden Mehrheitsverhältnisse in der Gesellschaft dadurch nicht angetastet werden.[3288]

Weiterhin kann die Beteiligung auch die Form eines durch vertragliche Vereinbarung mit Nachrang ausgestatteten „einfachen" Darlehens annehmen. Dabei ist zu beachten, dass – von den o.g. Fällen gesetzlichen Nachrangs von Gesellschafterdarlehen abgesehen – der vertraglich vereinbarte Nachrang nur dann Geltung für das Insolvenzverfahren hat, wenn ausdrücklich der Nachrang gegenüber allen anderen Gläubigern vereinbart wurde, nicht nur gegenüber einzelnen.[3289]

Schließlich finden sich gelegentlich Aktienanleihen, (*préstamos convertibles*), die grds. die bisherigen Mehrheitsverhältnisse in der Gesellschaft unangetastet lassen, jedoch im Falle bestimmter, das Investment gefährdender Umstände durch die dann eintretende Umwandlung in Aktien dem Fonds gesteigerte Steuerungsmöglichkeiten seines Investments einräumen. Besonderes Augenmerk ist hier auf die Verzahnung mit dem Beteiligungsvertrag zu richten, weil für die Umwandlung der Anleihe in Aktien die entsprechende Vereinbarung mit der Gesellschaft allein nicht ausreicht, sondern vielmehr die Gesellschafterversammlung einen entsprechenden Beschluss fassen muss, weshalb die übrigen Gesellschafter entsprechend verpflichtet werden sollten.[3290]

### 3.2.3. *Recaps*

Sogenannte *leveraged recapitalizations* (*recaps*) wurden in Spanien vor allem durchgeführt, um in Ermangelung eines ausgereiften Sekundärmarkts für Unternehmen (-sbeteiligungen) das von Anfang an zeitlich begrenzte Engagement des Fonds in dem Portfoliounternehmen durch Beteiligungsveräußerung zu beenden, den erwirtschafteten Gewinn zu realisieren und an die Anleger auszukehren. Unter Umständen liegt auch eine endgültige Trennung von der Portfoliounternehmen zum aktuellen Zeitpunkt aus anderen Gründen nicht im Interesse des Fonds.[3291]

Zu diesem Zweck wird von den ursprünglichen Gesellschaftern der zum Erwerb eingesetzten *NewCo* erneut eine Zweckgesellschaft gegründet, die die für den Erwerb der Anteile an der Portfoliogesellschaft erforderlichen Eigen- und Fremdmittel erhält, die Anteile an der Portfoliogesellschaft vom Fonds erwirbt und schließlich mit dieser verschmolzen wird. Da

---

[3287] Art. 20 Real Decreto-Ley 7/1996, de 7 de junio sobre medidas urgentes de carácter fiscal y de fomento y liberalización de la actividad económica.
[3288] Vgl. Picanyol Roig/Garrofé Pujol, a.a.O. (Fn 3286), S. 115 ff.
[3289] Vgl. Picanyol Roig/Garrofé Pujol, a.a.O. (Fn 3286), S. 117.
[3290] Vgl. Picanyol Roig/Garrofé Pujol, a.a.O. (Fn 3286), S. 117 f.
[3291] Vgl. Erlaiz Cotelo, a.a.O. (Fn 99), S. 585.

## 8. Teil. Länderberichte/Country Reports

so im Ergebnis die bei erstmaliger Beteiligung des Fonds eingesetzte Struktur mit denselben Beteiligten erneut zum Einsatz kommt, gestaltet sich das ganze Verfahren einschließlich der Erlangung der erforderlichen Fremdmittel wesentlich weniger aufwändig – vorausgesetzt natürlich, dass inzwischen eine Wertsteigerung der Portfoliogesellschaft erzielt werden konnte, die Investition also ein Erfolg war;[3292] im Übrigen gelten die obigen Ausführungen entsprechend.

### 3.3. *Exit*-Strukturierung

Sind an der Zielgesellschaft außer dem Fonds noch andere Gesellschafter beteiligt, werden bereits in deren Satzung und/oder im Beteiligungsvertrag möglichst genaue Regelungen für das Desinvestment des Fonds getroffen. Dabei stehen die sogenannte *Trade Sales* an strategische Investoren/*Secondary Buy-Outs* an andere Private-Equity-Fonds und Börsengänge (IPOs) als Exitkanäle im Mittelpunkt des Interesses. Hingegen spielen wegen der für den Erwerb eigener Anteile geltenden gesetzlichen Beschränkungen Verkaufsoptionen gegenüber der Gesellschaft keine besondere Rolle, ebensowenig wie Verkaufsoptionen gegenüber den übrigen Gesellschaftern.[3293] *Dual-Track*-Verfahren sind bislang in Spanien nicht üblich, werden aber als Exitmöglichkeit wahrgenommen.[3294]

Vorrangiges Interesse des Fonds ist es dabei zunächst, sicherzustellen, dass das investierte Kapital zurückfließt, möglichst zuzüglich einer gewissen Mindestverzinsung. Hierzu können dem Fonds insbesondere Vorzugsrechte im Falle der Liquidation der Zielgesellschaft und des Verkaufs ihrer Vermögensgegenstände (*Assets*) eingeräumt werden, ggf. i.V.m. der Schaffung entsprechend zweckgebundener Rücklagen.[3295]

#### 3.3.1. Veräußerung an Dritte: Trade Sale und Secondary Buy-Out

Hauptexitkanal ist der Verkauf des Portfoliounternehmens an Dritte, dabei kommt neben dem *Trade Sale* dem *Secondary Buy Out* eine zunehmende Bedeutung zu, insbesondere, weil es in Spanien an einem ausgereiften Sekundärmarkt für Unternehmen (-sbeteiligungen) fehlt.[3296]

Um beim Exit einen möglichst hohen Veräußerungserlös einschließlich Kontrollprämie erzielen zu können, empfiehlt sich im Vorfeld die Vereinbarung von *Drag-Along/Tag-Along-Rights*. Dabei erweist sich jedoch die Aufnahme derartiger Klauseln in die Satzung aus gesellschafts- und registerrechtlichen Gründen als schwierig: *Drag-Along-Rights* fehlt es i.d.R. am spezifisch satzungsmäßigen Charakter – was Eintragungsvoraussetzung ist – während *Tag-Along-Rights* u. U. gegen die Bestimmungen der Arts. 123.5 RRM (S.A.) bzw. 30.2 LSRL (S.L.) verstoßen, wonach Satzungsregelungen, die den Verkäufer von Gesellschaftsanteilen verpflichten, eine größere Anzahl als die ursprünglich von ihm zum Verkauf angebotene zu veräußern, nichtig sind. Deshalb müssen derartige Regelungen besonders aufmerksam gestaltet werden und können u. U. nur im Beteiligungsvertrag aufgenommen werden, entbehren dann aber der Wirkung für und gegen jedermann.[3297] *Drag-Along-Rights* können u. U. durch die unwiderrufliche Bevollmächtigung des Fonds abgesichert werden, auch die Anteile der Mitgesellschafter mit zu verkaufen.[3298]

Wird das Portfoliounternehmen an Dritte weiterveräußert, gewährt der Fonds als nur temporär in der Gesellschaft engagierter Veräußerer in aller Regel keine *reps & warranties*, was beim *Secondary Buy-Out* dem Erwerber, selbst ein Private-Equity-Fonds, meist einfacher zu vermitteln ist als sonstigen Erwerbern. Im Rahmen eines *Secondary Buy Outs* lässt sich

---

[3292] Vgl. Erlaiz Cotelo, a.a.O. (Fn 3266).
[3293] Vgl. Erlaiz Cotelo, a.a.O. (Fn 3266), S. 431 ff.
[3294] Vgl. Erlaiz Cotelo, a.a.O. (Fn 3266), S. 447.
[3295] Vgl. Erlaiz Cotelo, a.a.O. (Fn 3266), S. 433 ff.
[3296] Vgl. Erlaiz Cotelo, a.a.O. (Fn 3266), S. 436, 448.
[3297] Vgl. Erlaiz Cotelo, a.a.O. (Fn 3266), S. 436 ff. mit gebräuchlichen Formulierungsbeispielen.
[3298] Vgl. Erlaiz Cotelo, a.a.O. (Fn 3266), S. 437.

auch der Veräußerer oftmals sog. *Non Embarrassment*-Klauseln einräumen, die ihm eine angemessene Beteiligung an etwaigen während einer bestimmten Frist nach Veräußerung realisierten Veräußerungsgewinnen des Erwerbers sichern.[3299]

### 3.3.2. Börsengang (IPO)

Der Exit über die Börse mittels IPO ist hingegen wegen des damit verbundenen (Kosten-)Aufwands nicht sehr gängig. Wo dieser Weg dennoch gewählt werden soll, ist es aus Sicht des Fonds ratsam, sich im Vorfeld gegenüber den Mitgesellschaftern bestimmte Vorzugsrechte einräumen zu lassen, um einen möglichst hohen Erlös zu erzielen, etwa das Recht, einseitig die Beantragung der Börsenzulassung von der Gesellschaft zu verlangen sowie das Recht, die eigenen Aktien zuerst vor denen der übrigen Aktionäre listen zu lassen (ggf. durch Schaffung einer entsprechenden besonderen Aktiengattung in der Satzung), verbunden mit entsprechenden Beschränkungen der übrigen Aktionäre und besonders des Managements (*lock-in*) in zeitlicher und quantitativer Hinsicht.[3300] Auch sollte bei Bedarf bereits im Beteiligungsvertrag sichergestellt werden, dass die Voraussetzungen für den Börsengang möglichst schnell und „automatisiert" hergestellt werden können, indem etwa die Verpflichtung aller Gesellschafter zur Zustimmung zu etwa erforderlichen Satzungsänderungen (z. B. Aufhebung von Übertragungs- oder Stimmrechtsbeschränkungen) festgeschrieben wird.[3301]

### 3.4. Steuerfragen[3302]

Der Erwerb der Beteiligung an der Zielgesellschaft selbst kann abhängig von seiner Ausgestaltung unterschiedliche steuerliche Konsequenzen zeitigen. Werden bereits existierende S.A./S.L.-Gesellschaftsanteile erworben, fällt grds. keine Stempel- und Umsatzsteuer an,[3303] nur u. U. dann, wenn das Vermögen der jeweiligen Gesellschaft zu 50% oder mehr aus unbeweglichen Sachen besteht und ein Kontrollerwerb erfolgt oder wenn für die übertragenen Anteile in den drei vorangegangenen Jahren Immobilien als Sacheinlagen geleistet wurden.[3304] Die übertragenden Altgesellschafter sind aber, sofern sie aus der Übertragung Gewinn erzielen, damit ggf. körperschafts- bzw. einkommensteuerpflichtig.[3305] Wird die Beteiligung hingegen im Rahmen einer Kapitalerhöhung der Zielgesellschaft erworben, so unterliegt diese grds. der spanischen Stempelsteuer i.H.v. 1% des Erhöhungsbetrages zuzüglich evtl. Agio.[3306] Für die Altgesellschafter selbst ergeben sich dann keine steuerlichen Konsequenzen, abgesehen von dem Fall, dass sie zuvor einkommensteuerpflichtig etwaige Bezugs-/Vorzugsrechte mit Gewinn an den Fonds veräußert haben.[3307]

Die üblichen Erwerbsstrukturen bei Private-Equity-Transaktionen führen zu einer Konzernierung der Zielgesellschaft und/oder ihrer Verschmelzung mit einer *NewCo*. Damit liegen regelmäßig die Voraussetzungen dafür vor, dass steuerrechtlich die Kosten der Fremdfinanzierung des Beteiligungserwerbs als Verluste gegen die von dem Portfoliounternehmen erzielten Gewinne aufgerechnet werden können und so die Steuerschuld insgesamt mindern.[3308] Bei Konzernierung bereits generierte Verluste des Portfoliounternehmens selbst

---

[3299] Vgl. Erlaiz Cotelo, a.a.O. (Fn 3266), S. 449.
[3300] Vgl. Erlaiz Cotelo, a.a.O. (Fn 3266), S. 442 ff.
[3301] Vgl. Erlaiz Cotelo, a.a.O. (Fn 3266), S. 444 f.
[3302] S. ausführlich Cuesta Domínguez in: Trías Sagnier, (coord.), Régimen jurídico y tributario del capital riesgo en España, S. 359ff.
[3303] Art. 108.1 LMV; disp. adic. 4ª LSRL.
[3304] S. im Einzelnen die Rückausnahmen zu Art. 108.1 in Art. 108.2 LMV.
[3305] Vgl. Benítez Castelar in: Álvarez Arjona (dir.), Capital Riesgo (Private Equity), S. 695 ff., 697.
[3306] Art. 1.1; 6. 1 b); 19.1 (Steuerpflicht); Arts. 25.1; 26 (Steuersatz) LITPyAJD; Art. 108.1 LMV (keine Ausnahme).
[3307] Vgl. Benítez Castelar, a.a.O. (Fn 3305), S. 697f.
[3308] S. im Einzelnen Arts. 64 ff; 83 ff LIS; vgl. Benítez Castelar, a.a.O. (Fn 3305), S. 709 ff. Insbesondere ist zu beachten, dass als konzerniert in diesem Sinne nur ein Portfoliounternehmen gilt, deren Anteile zu 75% in der Hand der herrschenden Gesellschaft sind, Art. 67.2 b) LIS.

# 8. Teil. Länderberichte/Country Reports § 5 Spanien

können dabei aber nur bis zur Höhe der individuell errechneten Bemessungsgrundlage des Portfoliounternehmens selbst geltend gemacht werden.[3309] Die Verschmelzung durch Aufnahme bietet den zusätzlichen Vorteil, dass unter bestimmten Voraussetzungen die Kosten des Anteilserwerbs, die ihren tatsächlichen Nettozeitwert bei Verschmelzung übersteigen, für die aufnehmende Gesellschaft bis zu ihrem Marktwert abschreibungsfähig sind und im Übrigen als *fondo de comercio* (Geschäfts-/Firmenwert bzw. *goodwill*) bilanziert werden.[3310]

---

[3309] Art. 74.2 LIS.
[3310] Art. 89.3 LIS, vgl. Benítez Castelar, a.a.O. (Fn 3305), S. 710 f.

# § 6 Belgien

| Übersicht | Seite |
|---|---|
| 1. Einleitung | 855 |
| 2. Buy-Out-Strukturen | 855 |
|    2.1. Errichtung eines Akquistions-Vehikels | 855 |
|    2.2. Ansiedlung des SPV in Belgien | 856 |
|    2.3. Spezielle belgische Besteuerungssysteme für Private-Equity-Vehikel | 858 |
| 3. Wesentliche Steueraspekte | 859 |
|    3.1. Anteilsveräußerungsgewinne | 859 |
|    3.2. Dividenden | 860 |
|       3.2.1. Quellensteuer auf Dividenden | 860 |
|       3.2.2. Steuerbefreiung für Dividenden – Dividend Participation Exemption | 860 |
|    3.3. Zinsen | 860 |
|       3.3.1. Zinsabzug | 860 |
|       3.3.2. Quellensteuer auf Zinsen | 861 |
|    3.4. Das Fehlen der Konsolidierungsvorschriften sowie Debt-Push Down Szenarien | 862 |
|    3.5. Exit Tax | 862 |
|    3.6. Sonstiges | 863 |
|       3.6.1. Verlustvorträge und Anteilseignerwechsel (Change of Control) | 863 |
|       3.6.2. Der Verkauf einer „Cash Company" | 863 |
| 4. Fiktiver Zinsabzug | 864 |
| 5. Management Incentives | 865 |
|    5.1. Stock Options/Warrants | 865 |
|    5.2. Anteile | 867 |
|    5.3. Restricted Stock Units (RSU's) und Profit Units (Participation Bénéficiaire/Winstbewijzen) | 867 |

## 1. Einleitung

Auch ohne besondere Vergünstigungen (wie die Bildung einer steuerlichen Organschaft) und einem eher hohen nominalen Steuersatz ist das belgische Steuerrecht für Private Equity Investitionen eher günstig anzusehen. Das Umfeld hat sich in den letzten Jahren durch die Abschaffung der 0,5%igen Kapitalsteuer, die Quellensteuerbefreiung für Dividenden in DBA Länder sowie die Quellensteuerbefreiung für Zinszahlungen an EU-Banken weiter verbessert. Zusätzlich hat die so genannten Notional Interest Deduction, die einen fiktiven Zinsabzug auf das Eigenkapital zulässt, Belgien in einen bevorzugten Standort für Finanzinvestitionen verwandelt. Aus diesem Grund sollte Belgien stets als Standort für eine Private Equity Investitionen berücksichtigt werden.

Natürlich wird durch eine Private Equity Investition in oder über Belgien eine Vielzahl von steuerlichen und rechtlichen Problemen betroffen, die nicht alle in diesem Beitrag erfasst werden können. Zudem hängen die Fragen von der Rechtsform des Investors, dem Standort der Investitionsvehikel, dem erwarteten Einkommen, der Finanzierung sowie der Einbeziehung des Managements ab. Der Beitrag beschränkt sich daher auf einen generellen Überblick über die Aspekte, die im Zusammenhang mit einer Private Equity Investition in Belgien zu beachten sind. Eine detaillierte Analyse ist freilich für jede Investition darüber hinaus notwendig.

## 2. Buy-Out-Strukturen

### 2.1. Errichtung eines Akquistions-Vehikels

Die meisten Private Equity Investitionen waren über eine oder mehrere Special Purpose Vehikel („SPV")oder Akquisitions-Vehikel gestaltet.

# 8. Teil. Länderberichte/Country Reports § 6 Belgien

Zunächst kann ein SPV dazu genutzt werden, die Haftungsrisiken der Investition von den anderen Aktivitäten abzugrenzen. Der Private Equity Investor begrenzt so seine Haftung auf die Einlage in das SPV und schützt so seine anderen Investitionen von den Risiken der anstehenden Akquisition.

Weiterhin ermöglicht ein SPV eine größere Flexibilität, um z.B. das Management des Targets bei einem MBO zu beteiligen oder andere Investoren einzubeziehen. Diese Flexibilität erlaubt nicht nur die Incentivierung des Managements, sondern auch die gezielte Allokation der Kontrolle über das Target unter den verschiedenen Gesellschaftern.

Die Implementierung eines SPV kann auch Steuergründe haben. Dies ist z.B. für Private Equity Investoren aus einem Niedrigsteuerland der Fall. In dieser Situation würden die Investoren normalerweise nicht von einem DBA-Abkommensschutz profitieren, wenn sie kein SPV in einer – von einem DBA begünstigten – Jurisdiktion zwischengeschalten hätten.

Das belgische Recht enthält eine Vielzahl von Mißbrauchsvorschriften, welche die Übertragung von Anteilen an einen Investor im Niedrigsteuerland erschweren. Diese Transaktionen werden im belgischen Steuerrecht nur anerkannt, wenn entweder ein wirtschaftlicher Grund für die Übertragung dargelegt werden kann oder durch die Transaktion in Belgien normal zu versteuerndes Einkommen entsteht. Andernfalls besteuern die belgischen Finanzbehörden das Einkommen beim Verkäufer und ignorieren die Übertragung der Anteile in das Niedrigsteuerland.[3311] Darüber hinaus ist das belgische Target nicht berechtigt, Zinsen an eine Gesellschaft im Niedrigsteuerland als Betriebsausgaben geltend zu machen, solange der Fremdvergleichsgrundsatz nicht eingehalten ist und tatsächlich anzuerkennende Transaktionen vorliegen.[3312]

Nicht zuletzt können separate Akquisitions-Vehikel notwendig sein, um Vorzüge und Rangverhältnisse zwischen den unterschiedlichen Gläubigern (senior creditors, mezzanine financier and junior creditors) zu strukturieren. Das Rangverhältnis unter den Gläubigern kann entweder durch eine schuldrechtliche Vereinbarung, einem inter-creditor agreement, oder aber durch eine Gesellschaftsstruktur umgesetzt werden, bei welcher die senior creditors näher am Geschäft und den Wirtschaftsgütern des Schuldners platziert werden („structural subordination"). Dieses Konzept kann wie folgt dargestellt werden:[3313]

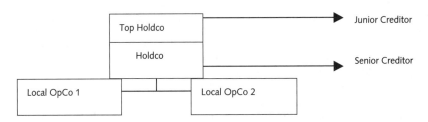

## 2.2. Ansiedlung des SPV in Belgien

Traditionell warden die Akquistions SPV im selben Land wie das Target angesiedelt. Dadurch wird die steuerliche Konsolidierung in den meisten europäischen Ländern ermöglicht. Diese Konsolidierung ermöglicht die Minderung des operativen Einkommens des Targets durch Abzug der Aufwendungen des SPV für die Akquistions-Finanzierung. In Belgien existiert keine Konsolidierungsmöglichkeit, so dass das SPV jedenfalls aus diesem

---

[3311] Belgian Income Tax Code ("BITC") Art. 344 § 2.
[3312] BITC Art. 54.
[3313] Entnommen aus H. Lamon, Financial Buy-Outs: Structuring the Deal and Sweet Equity, Derivatives & Financial Instruments (March/April 2005), S. 53.

Grunde nicht in Belgien ansässig sein muss; die Einführung einer Konsolidierung ist jedoch Gegenstand der öffentlichen Diskussion.

Auf dieser Basis ist das belgische Konzept für Private Equity Investments insbesondere aus den nachfolgenden Gesichtspunkten vorteilhaft:

(i) Anteilsveräußerungsgewinne sind grundsätzlich steuerfrei;[3314]
(ii) 95% der Dividenden belgischer Gesellschaften sind steuerfrei und unterliegen damit nicht der normalen Steuerbelastung von 33,99%;[3315]
(iii) Dividenden belgischer Gesellschaften an einen Gesellschafter in der EU oder in einem DBA-Staat können quellensteuerbefreit sein;
(iv) Es bestehen Quellensteuerbefreiungen auch für Zinszahlungen an bestimmte EU-Gesellschaften, EU-Banken sowie Gesellschaften, die in einem DBA-Land ansässig sind;
(v) Zinsen für die Akquisitionsfinanzierung sind grundsätzlich vollständig abzugsfähig und werden durch keine Thin-Cap-Regelungen beschränkt. Ausnahmen bestehen für Zinszahlungen an Gläubiger im Niedrigsteuerland sowie für Zahlungen an einen *director*, eine ausländische Gesellschaft, die als *director* fungiert, oder eine natürliche Person;
(vi) Belgien hat nur ein sehr eingeschränktes CFC-System, das mit der Intention der deutschen Hinzurechnungsbesteuerung vergleichbar ist und einen Steuerstundungseffekt bei niedrig besteuerten Kapitalgesellschaften verhindern will;
(vii) Belgien unterhält ein breites DBA-Netzwerk, insbesondere ein DBA mit Hongkong, das eine Quellensteuerbefreiung für Dividenden vorsieht und Belgien daher auch als "Gateway" für Investitionen von und nach Asien qualifiziert;[3316] und
(vii) Es existieren keine Register- oder ähnliche Gebühren für die Gründung oder Kapitalerhöhung von und bei Gesellschaften.

Im Falle eines Anteilsverkaufs durch eine natürliche Person mit Wohnsitz in Belgien kann die Implementierung einer belgischen Akquisitionsgesellschaft notwendig sein. Dies lag darin begründet, dass der Anteilsverkauf an eine ausländische Gesellschaft mit 16,5% (zzgl. Einer Local Tax von bis zu 10%) BITC nach Artikel 90.9° besteuert wurde, wenn der belgische Verkäufer in den letzten 5 Jahren mindestens 25% gehalten hat.

Der EuGH[3317] hat die Vorschrift des BITC Article 90.9° als europarechtswidrig angesehen, wenn ein Anteilsverkauf an eine EU Person erfolgt. Dennoch ist die Vorschrfit noch nicht angepasst worden und damit nach wie vor Quelle der Rechtsunsicherheit.[3318] Unstreitig ist die Vorschrift des BITC Article 90.9° nach wie vor in Fällen eines Anteilsverkaufs an Verkäufer außerhalb der EU bzw. des EWR anzuwenden.[3319] Aus diesem Grunde verlangen belgische Verkäufer nach wie vor die Implementierung einer belgischen Akquisitionsgesellschaft sowie eine mindestens 12 monatige Haltedauer,[3320] um der ansonsten drohenden Veräußerungsgewinnbesteuerung zu entgehen.

---

[3314] BITC Art. 192.
[3315] BITC Arts. 202 & 203.
[3316] Belgium-Hong-Kong Income Tax Treaty of December 10, 2003.
[3317] De Baeck, ECJ, No. C-268/03 (June 8, 2004).
[3318] Die Belgian Ruling Commission hat bestätigt, dass Article 90.9° nicht länger auf Käufer in der EU anwendbar ist, auch wenn das Gesetz noch nicht angepasst wurde,. Ruling No. 400.344 of June 9, 2005. Diese Auffassung der Belgian Ruling Commission entspricht der Rechtsprechung (Judgement of the Court of First Instance of Bruges of December 6, 2004; Judgement of the Court of First Instance of Leuven of December 23, 2005). BITC Art 90.9° soll bald angepasst werden und eine Differenz der Besteuerung von Gesellschaften in Belgien und dem EWR aufheben. Der Gesetzesentwurf wurde vom belgischen Parlament bereits beschlossen und steht nun zur Inkraftsetzung an.
[3319] Manche Autoren haben die EU-Rechtswidrigkeit von BITC Article 90.9° auch für Käufer außerhalb der EU angenommen. (Fiscoloog No. 1002 of Nov. 9, 2005, at p. 1).
[3320] Die 12 Monats Regel ist Teil des BITC Article 90.9°. Beglische Verkäufer verlangen zudem eine gewisse Substanz des Akquisitions-Vehikels (Meetings mehrheitlich in Belgien, Dokumentation, etc.).

# 8. Teil. Länderberichte/Country Reports § 6 Belgien

## 2.3. Spezielle belgische Besteuerungssysteme für Private-Equity-Vehikel

Private Equity Investoren können ihr belgisches Akquistions Vehickel entweder als Holding Gesellschaft mit normaler Besteuerung, aber steuerbefreiten Dividenden und Anteilsveräußerungsgewinnen, oder aber als geschlossenes Investmentvehikel a PRICAF Privée/Private PRIVAK aufsetzen. Statt dieser „privaten" PRIVAK kann auch öffentliches Vehikel, die PRICAF Publique/Publieke PRIVAK verwendet werden, die durch das Royal Decree of April 18, 1997[3321] geregelt ist. Auch wenn beide PRIVAKs in nicht notierte Targets investieren, ist die öffentliche Form selbst gelistet. Bislang sind nur 2 Gesellschaften als PRIVAK registriert. Die notierte PRIVAK wird in Anbetracht der im internationalen Bereich nur geringen Bedeutung nachfolgend nicht weiter dargestellt.

Die PRIVAK wurde mit Gesetz vom 22. 4. 2003 eingeführt, um Private Equity und Venture Capital Investitionen zu incentivieren. Insoweit hat Beglien ein begünstigtes Steuerumfeld mit folgenden Eckdaten implementiert:

(i) PRIVAKs unterliegen der normalen Körperschaftsteuerbelastung mit 33,99%; die Steuerbemessungsgrundlage beschränkt sich jedoch auf "abnormal and benevolent advantage"-Einkommen, das im Prinzip aus Transfer Price Anpassungen resultiert, sowie sonstigen nicht abzugsfähigen Ausgaben.[3322]

(ii) Die PRIVAK ist DBA-berechtigt. Zusätzlich und unabhängig von einem DBA-Schutz wird keine Quellensteuer auf Dividenden, Zinsen und Lizenzen erhoben, die an eine PRIVAK gezahlt werden, solange diese Zahlungen nicht aus einer beglischen Quelle erfolgt; in letzterem Fall erfolgt eine Anrechnung oder Erstattung.[3323]

(iii) Keine Quellensteuerpflicht fällt auf Ausschüttung eines PRIVAKs an, wenn die Dividende aus Anteilsveräußerungsgewinnen resultieren oder die Divdidenen an ausländische Begünstigte fleißen und aus Dividenden ausländischer Gesellschaften stammen.[3324] Dasselbe gilt im Falle der Liquidation eines PRIVAKs wie auch der Einziehung eines Anteils.[3325]

Trotz dieser steuerlichen Begünstigung bevorzugen die meisten Private Equity Investorem die Implementierung einer normalen Geesellschaft, die im Falle der bloßen Beteiligungsverwaltung als Holdinggesellschaft fungiert. Dies liegt darin begründet, dass die PRIVAK zudem regulatorischen Verpflichtungen unterliegt.

Zunächst mussten bi svor kurzem 80% der Anteile an der PRIVAK von mindestens 5 und maximal 20 Personen gehalten warden. Dieses Erfordernis wurde durch das Royal Decree vom 23. May 2007 aufgehoben und durch eine Mindestzahl von 6 Gesellschaftern ersetzt. Weiterhin darf die PRIVAK insbesondere keine Möglichkeit haben, Target und sein Management sowie die Besetzung der *directors* zu beeinflussen.[3326] Abschließend muss sich die PRIVAK beim Ministry of Finance registrieren, auch wenn dieses nur eine begrenzte Kontrolle ausübt. Die PRIVAK darf nicht länger als 12 Jahre bestehen.

Trotz der geringen Erfordernisse nach dem Royal Decree vom 23. Mai 2007 werden Private Equity Investoren nach wie vor die herkömmlichen Holdingstrukturen der PRI-

---

[3321] Moniteur Belge of June 24, 1997. Dieses Royal Decree erlaubt die Möglichkeit einer transparenten Besteuerung eines closed public collective investment vehicle (Prifonds). Die Belgian Banking, Finance and Insurance Commission hat bisher keine einzige Registrierung vorgenommen.

[3322] PRICAF Privée/Private PRIVAK können die dividend participation exemption ebenso wenig geltend machen wie die Steueranrechnung ausländischer Steuern nach Art. 185 bis § 2 ITC. In Anbetracht der geringen Steuerbemessungsgrundlage sind die Auswirkungen freilich überschaubar.

[3323] Royal Decree zur Einführung BITC, Articles 116, 117 § 9, 118 § 1, 6°, 119 & 123.

[3324] Royal Decree zur Einführung the BITC, Article 106 § 9.

[3325] BITC, Article 21.2°.

[3326] Es gibt einige Ausnahme z. B. für Anteile, die weniger als 2 Jahre gehalten werden und wenn nicht der Mehrheit der Stimmrechte gehalten werden oder wenn die Beteiligung aus einem MBO resultiert (Royal Decree of May 23, 2007, Article 14, Moniteur Belge of June 12, 2007).

VAK vorziehen, zumal sich nun die Quellensteuerbefreiung auch auf Dividenden an Muttergesellschaften in einem DBA-Land erstreckt. Die PRIVAK bleibt interessant, wenn das Investmentvehikel nicht für die Partizipation Exemption, die Steuerbefreiung für Dividenden und Anteilsveräußerungsgewinne, qualifiziert (z.b. bei Investments unter 1,2 Mio. € oder einer Beteiligung von unter 10%) oder (ii) gemeinschaftlich investierende natürliche Personen die partizipation exemption für Dividenden und Anteilsveräußerungsgewinne an einer PRIVAK nutzen wollen (was bei einer üblichen Holdinggesellschaft nicht möglich ist). Die Komplexität der PRIVAK kann diese steuerlichen Vorteile neutralisieren. Per Mai 2008 sind nur 8 PRIVAK registriert, wobei 5 davon nach der Einführung der Erleichterungen mit Royal Decree vom 23. Mai 2007 aufgesetzt wurden.

Nach der Entscheidung über das Ob zugunsten einer herkömmlichen Holdingstruktur muss das Wie – namentlich die Gesellschaftsform der Holdinggesellschaft – entschieden werden. Die Grundformen bestehen in der *joint stock company* („*SA/NV*"), der LLC *limited liability company* („*SPRL/BVBA*") oder einer Personengesellschaft *partnership limited by shares* („*SCA/CVA*").

Die Wahl der Rechtsform hängt von verschiedenen Kriterien ab, wozu auch ausländische Steuerregelungen wie die Check-the-Box-Regeln in den USA gehören, die es US-Gesellschaftern erlaubt, Gesellschaften für Zwecke der US-Besteuerung als transparent oder intransparent zu behandeln. Dabei werden *joint stock companies* („*SA/NV*") als per-se corporations angesehen und qualifizieren nicht für das Check-the-Box-Wahlrecht.

Die Rechtswahl wird auch von anderen Gesichtspunkten beeinflusst. Sowohl die *SA/NV* als auch die („*SCA/CVA*") eröffnen z. B. die Möglichkeit, participation Zertifikate (*"participation bénéficiaire/winstbewijzen"*), Optionen (*warrants*), convertible bonds und and tracking stock[3327] auszugeben, während dies bei der *SPRL/BVBA* nicht möglich ist.[3328] Auf der anderen Seite gewähren die („*SCA/CVA*") und die („*SPRL/BVBA*") eine größere Sicherheit für die *Directors* als bei der („*SA/NV*"), deren Gesellschafter die *Directors* jederzeit entlassen können.[3329]

## 3. Wesentliche Steueraspekte

### 3.1. Anteilsveräußerungsgewinne

Anteilsveräußerungsgewinne einer Körperschaft sind in Beglien steuerfrei, sofern die verkaufte Gsellschaft selbst nahc ITC Art. 203 steuerpflichtig ist.[3330] Dies bedeutet, dass alle Veräußerungsgewinne in Form von Anteilen an belgischen Gesellshcaften steuerfrei sind, mit Ausnahme der Anteile an einem beglischen collective investment vehicle, das einer besonderen Besteuerung unterliegt, oder eine belgischen Gesellschaft, die eine Betriebstätte in einem Niedrigsteuerland hat.[3331] Bemerkenswert ist, dass – im Gegensatz zu Luxembourg – keine Mindestbeteiligung verlangt wird.

Nach der kürzlichen Änderung des BITC ist der steuerbefreite Anteilsveräußerungsgewinn nach Abzug aller Kosten zu ermitteln.[3332] Damit wurde eine langjährige Diskussion beendet, die sich auf die Befreiung des Veräußerungserlöses bezog und die Veräußerungskosten abzugsfähig belassen hat.

---

[3327] W. Heyvaert & B. Springael, Het gebruik van de Belgische holdingvennootschap als persoonlijke houdstermaatschappij door Belgische ingezetenen en voor "private equity" investeringen door buiten België gevestigde investeerders, Fiscale Studies, 2004, at p. 26.
[3328] Article 232 of the Belgian Company Code.
[3329] Article 518 § 3 of the Company Code.
[3330] BITC Art. 192.
[3331] J. Kirkpatrick & D. Garabedian, Le régime fiscal des sociétés en Belgique, 2003, at p. 252. Die Besteuerung von Anteilen an einem collective investment vehicle sind hier nicht dargestellt.
[3332] BITC Art. 43; Circ. No. Ci.R.H. 241/576.972 of April 6, 2006.

## 8. Teil. Länderberichte/Country Reports    § 6 Belgien

Umgekehrt sind Anteilsveräußerungserlöse nicht abzugsfähig, solange sie nicht im Rahmen einer Liquidation bis zur Höhe des *paid up capital* anfallen.[3333] Vor diesem Hintergrund und freilich vorbehaltlich der Missbrauchsbeschränkungen könnte ein Private Equity Investor eine Holding Gesellschaft einrichten, deren paid up capital ausschließlich zur Akquisition des Targets verwendet wird. Bei der Liquidation der Holdinggesellschaft führen Wertverluste beim Target dann zum Verlust des paid up capital, welches zu abzugsfähigen steuerlichen Verlusten führt.[3334]

### 3.2. Dividenden

#### 3.2.1. Quellensteuer auf Dividenden

Dividenden einer belgischen Kapitalgesellschaft unterliegen einer Quellensteuer von 15 bzw. 25 %,[3335] solange nicht ein DBA einen niedrigeren Satz vorsieht. Das DBA USA beinhaltet z. B. einen 0 %-Satz – ebenso wie die DBAs mit Hongkong, Singapur und San Marino.

Darüber hinaus befreit Belgien nach nationalem Recht auch Dividendenzahlungen an Gesellschaften in der EU oder in einem DBA-Land.[3336] Die empfangende Gesellschaft muss seit dem 1.1.2009 zu mindestens 10 % am Kapital für mindestens 1 Jahr ununterbrochen beteiligt sein. Die EU-Gesellschaft muss dabei der Rechtsform entsprechen, die in der Mutter-Tochter-Richtlinie vorgesehen ist;[3337] Gesellschaften im Drittland müssen mit diesen Gesellschaftsformen vergleichbar sein. Weiterhin muss die empfangende Gesellschaft in ihrem Ansässigkeitsstaat steuerpflichtig sein.

#### 3.2.2. Steuerbefreiung für Dividenden – Dividend Participation Exemption

95 % der Dividendeneinnahmen einer belgischen Gesellschaft sind nach Art. 202 BITC steuerfrei, wenn (i) die Anteile für 1 Jahr gehalten werden oder werden müssen, (ii) die Anteile als *financial fixed assets* angesehen werden, die nicht der Begründung einer strategischen Beziehung dienen und (iii) die Muttergesellschaft mindestens 10 % odre aber 1.200.000 € hält sowie (iv) die Tochtergesellschaft einer normalen Besteuerung unterliegt, also in keinem Niedrigsteuerland ansässig ist.

### 3.3. Zinsen

#### 3.3.1. Zinsabzug

Zinsen, die mit durch die Akquistion von Anteilen an einem Target veranlasst sind, stellen grundsätzlich abzugsfähig Betriebsausgaben dar. Diese Analyse basiert auf der Grundregel, dass Ausgaben abzugsfähig sind, die zur Erzielung von Einkünften aufgewendet werden.[3338]
Es bestehen jedoch einige – wenn auch eingeschränkte – Begrenzungen:[3339]

---

[3333] BITC Art. 198 (7).

[3334] P. Minne, Group Taxation: The Environment in Belgium 89b Cahiers de droit fiscal international (2004), at p. 193.

[3335] BITC Art. 269.

[3336] Im letzteren Fall muss das DBA einen Informationsaustausch vorsehen. Art. 106 §§ 5 and 6 of the implementing Royal Decree of the BITC. See Ch. Chéruy, Belgium extends dividend withholding tax exemption, Tax Notes Int'l (Jan. 17, 2007).

[3337] EC Directive No. 90/435/EC of July 23, 1990, as amended, OJ C1225 of Aug. 20, 1990, at p. 6.

[3338] BITC Art. 49.

[3339] Vgl. J. Malherbe & N. Delaere, The deductibility of interest paid by a domestic subsidiary to its foreign corporation and to third parties on debt guaranteed by its foreign parent corporation 25 Tax Management Int'l Forum (March 2004) at p. 7; X. Clarebout & M. Dhaene, Thin Capitalization in Belgium, European Taxation (Sept./Oct. 2005), at p. 372.

(i) Zinszahlungen müssen dem Fremdvergleich entsprechen und das Risiko berücksichtigen.[3340] Variable Zinsen, die dem Fremdvergleich standhalten, sind dann ebenfalls abzugsfähig. Dagegen sind Zinsen, die über den Fremdvergleich hinaus bezahlt werden, nicht abzugsfähig.
(ii) Zinszahlungen an beschränkt Steuerpflichtige sind nicht abzugsfähig, wenn die Einkünfte im Ansässigkeitsstaat des Gläubigers nicht oder günstiger als in Belgien besteuert werden.[3341] Der Steuerpflichtige kann jedoch den Gegenbeweis antreten und nachweisen, dass die Darlehensbeziehungen ernsthaft vereinbart und üblich sind. Anderenfalls sin die Zinsen als *disallowed expense* nicht abzugsfähig.
(iii) Belgien unterhält zwei Arten von thin capitalization Regeln mit jedoch eingeschränktem Anwendungsbreeich. Zinszahlungen, di ebeim beschränkt steuerpflichtigen Gläubiger nicht oder im Vergleich zu Belgien begünstigt besteuert werden sind nach Art. 198.11° of the BITC nicht abzugsfähig, wenn der Schuldbetrag das 7 fache der Summe der Rücklagen und des paid up capital übersteigt (7:1 Debt-Equity-Ratio).

Übersteigende Zinszahlungen sind nicht abzugsfähig. Zinszahlungen an *directors* oder an Gesellschafter oder auch eine ausländische Gesellschaft, die als *director* agiert,[3342] werden als Dividenden angesehen und sind nicht abzugsfähig,[3343] wenn die Zinsen nicht fixen Marktzinsen entsprechen oder wenn der Schuldbetrag das Eigenkapital übersteigt.[3344]

### 3.3.2. Quellensteuer auf Zinsen

Zinszahlungen eines belgischen Schuldners unterliegen einer Quellensteuer mit 15%.[3345] DBAs können eine niedrigere Rate wie auch eine vollständige Quellensteuerbefreiung vorsehen. Befreiungen sind insbesondere in den DBAs mit Deutschland, Hongkong, Luxembourg, Niederlande und Schweiz vorgesehen.

Auch enthält das nationale Recht einige Ausnahmen von der Quellensteuerpflicht:
(i) Zinsen an eine in Belgien ansässige *financial institution*[3346] oder ein Finanzunternehmen in der EWR sowie im DBA-Land.[3347]
(ii) Zinsen auf in Beglien regstrierte Bonds, die von beschränkt Steuerpflichtigen gehalten werden.[3348]
(iii) Zinsen an einen belgischen Gläubiger.[3349]
(iv) Zinsen von bestimmten, gelisteten belgischen Holdinggesellschaften an einen ausländischen Schuldner; und
(v) Zinsen an ein verbundenes Unternehmen in der EU. Ein verbundenes Unternehmen liegt vor, wenn beide Gesellschaft in der EU gegründet wurden und a) ein Gesellschaft direkt oder indirekt zu mindestens 25% für mindestens 1 Jahr beteiligt ist oder b) ein andere Gesellschaft in der EU zu mindestens 25% an beiden Gesellschaften beteiligt ist.

---

[3340] BITC Art. 55. Die Beschränkung findet keine Anwendung in der Fallgestaltung des BITC Art. 56.
[3341] BITC Art. 54.
[3342] Die Differenzierung zwischen belgischen und EU Gesellschaften wurde als EU-rechtswidrig angesehen, vgl. Lammers & Van Cleef (No. C-105/07) of January 17, 2008.
[3343] Die Charakterisierung als Dividenden gilt auch für Quellensteuerzwecke.
[3344] BITC Art. 18, first indent, 4°. Die Charakterisierung von Zinsen in Dividenden findet auf notierte Bonds keine Anwendung. Die Beschränkung des BITC Art. 18, first indent, 4° ist EU rechtswidrig.
[3345] BITC Art. 269.
[3346] Art. 107 § 2 (9) of the implementing Royal Decree of the BITC.
[3347] Art. 107 § 2 (5) a) of the implementing Royal Decree of the BITC.
[3348] Art. 107 § 2 (10) of the implementing Royal Decree of the BITC.
[3349] Art. 107 § 2 (9) of the implementing Royal Decree of the BITC.

## 3.4. Das Fehlen der Konsolidierungsvorschriften sowie Debt-Push Down Szenarien

Trotz öffentlicher Diskussion hat Belgien bislang keine Konsolidierung eingeführt, die das Einkommen in der Gruppe zur Verrechnung zulassen würde.[3350] Es haben sich daher über die Zeit einige Debt Pust Down Gestaltungen entwickelt, mit welchen die Aufwendungen für die Akquisition-Finanzierung vom operativen Einkommen des Targets abgesetzt werden können.

Der Debt Push Down kann durch eine Kapitalherabsetzung oder auch eine fremdfinanzierte Dividende durch das Target erreicht werden. Ebenso kann das Target Wirtschaftsgüter durch eine Sale and Lease Back Gestaltung liquidieren und zur Ausschüttung oder Auszahlung verwenden. In beiden Situationen nutzt das SPV das Kapital zur Tilgung des Akquisition-Darlehens.

Eine andere Alternative besteht darin, dass das Target Wirtschaftsgüter des SPV erwirbt und finanziert. Die Idee besteht wiederum darin, dem SPV Kapital zur Tilgung des Akquisition-Darlehens auf Kosten einer höheren Finanzierung beim Target zukommen zu lassen. Man auch an einen Downstream Merger denken, wodurch das operative Einkommen des Targets mit den Finanzierungskosten des SPV in einer steuerpflichtigen Person zusammengeführt wird. Diese Gestaltung wird jedoch nach wie vor kontrovers diskutiert und birgt verschiedene Risiken.[3351]

Beide vorstehenden Alternativen werden in der Praxis eingesetzt; nichts desto trotz sollte ein Private Equity Investor vor einem solchen Debt Pust Down ein sorgfältige Analyse insbesondere auch der Mißbrauchsvorschriften durchführen.

## 3.5. Exit Tax

Liquidationserlöse wie auch Erlöse aus dem Einzug von Anteilen werden in Belgien als Dividenden qualifiziert[3352] und einer Quellensteure mit 10% unterworfen.[3353] Keine Quellensteuer fällt bei Gesellschaften in der EU oder in einem DBA-Staat an.

Zur Vermeidung dieser 10%igen Liquidations-Steuerbelastung wurde in der Praxis empfohlen, die Anteile am belgischen Target über eine Luxemburger Gesellschaft „LuxCo" zu halten. Auf diesem Weg kann das belgische Target ohne Quellensteuerbelastung liquidiert werden, wobei die Dividende in Luxembourg an einer Mindestbeteiligung von 10% oder 1,2 Mio. € steuerfrei vereinnahmt werden können; die Weiterleitung der Dividende an die Gesellschafter der LuxCo ist ebenfalls quellensteuerfrei. Natürlich wird diese Gestaltung durch die belgischen Behörden besonders auf Mißbrauchs-Aspekt überprüft, so dass es auf die Zeitschiene und wirtschaftliche Gründe für die Gestaltung ankommen kann.

Die 10%ige Liquidationsbesteuerung kann auch durch einen Anteilsverkauf an eine EU-Gesellschaft vermieden werden.[3354] Der Verkäufer realisiert dann einen in Belgien nicht steuerbaren Gewinn – entweder nach DBA oder nach nationalem Recht. Die EU-Käufergesellschaft kann das belgische Target dann grundsätzlich quellensteuerfrei liquidiere.[3355]

---

[3350] Belgien erlaubt einer belgischen Gesellschaft einen Verlustabzug auch ihrer ausländischen Betriebsstättenverluste. Die DBAs sehen eine Versteuerung späterer Gewinne bis zur Höhe der in Belgien geltend gemachten Verluste vor.
[3351] H. Verstraete, „Omgekeerde fusie": geen rechtmachtige behoeften voorhanden, Fiscoloog No. 1034 (Sept. 13, 2006), at p. 3.
[3352] BITC Art. 209.
[3353] BITC Art. 269 2°bis.
[3354] W. Heyvaert & B. Springael, supra note 20, at p. 19.
[3355] Art. 106 § 6 of the implementing Royal Decree of the BITC.

Im Falle einer belgischen Käufergesellschaft sind die Erträge zu 95% steuerbefreit – wenn die sonstigen Voraussetzungen erfüllt werden.[3356] Dieser Gestaltungsansatz führt freilich zu einem Kaufpreisabschlag, weil der Käufer neben dem Aufwand auch das Risiko für die steuerfreie Liquidation übernimmt.

In Anbetracht der Quellensteuerbefreiung für Dividenden sollte der Bedarf für die o.g. Gestaltungsalternativen in Zukunft sinken.

### 3.6. Sonstiges

#### 3.6.1. Verlustvorträge und Anteilseignerwechsel (Change of Control)

Verlustvorträge einer belgischen Gesellschaft können uneingeschränkt vorgetragen werden.[3357]

Im Falle eines Change of control, eines Anteilseignerwechsels, besteht eine Ausnahme. Die Verlustvorträge bleiben nur erhalten, wenn der Anteilseignerwechsel auf einem wirtschaftlichen Grund beruht. Sonst gehen die Verlustvorträge unter und können nicht mehr vom künftigen Einkommen abgezogen werden.[3358]

Die Kontrolle ist als tatsächliche oder rechtliche Möglichkeit definiert, die Kontrolle über die Bestellung der Mehrheit der *directors* auszuüben oder das Management zu steuern.[3359] Eine Kontrolle wird vermutet, wenn die Mehrheit an Stimmrecht gehalten wird oder aber die Mehrheit der *directors* bestimmt oder entlassen werden kann.[3360] Diese Vermutung ist widerlegbar.

Die Rechtfertigung des *change of control* durch wirtschaftliche Gründe ist eine Tatsachenentscheidung.[3361]

#### 3.6.2. Der Verkauf einer „Cash Company"

Der Gesetzgeber hat kürzlich eine gesamtschuldnerische Haftung von Verkäufer und verkaufter Gesellschafter für die Steuerschulden der Gesellschaft eingeführt, um Cash-Company Strukturen zu verhindern, die der Steuerhinterziehung dienen.[3362]

Hiernach ist ein Verkäufer, der mittel- oder unmittelbar mindestens 33% der Anteile[3363] oder abre *profit participating certificates* am belgischen Target hält, bei einem Verkauf von mindestens 75% seiner Anteile oder Zertifikate innerhalb eines Jahres haftbar, wenn mindestens 75% der Wirtschaftsgüter des Targets aus *financial fixed assets, financial liquid assets, claims/debts* oder andreen „*available values*" bestehen.

Die gesamtschuldnerische Haftung ist auf Steuerschulden beschränkt, die sich auf das Jahr des Verkaufs der Anteile oder Zertifikate sowie die 3 vorhergehenden Jahre beziehen. Darüber hinaus ist der Verkäufer auch Gesamtschuldner für steuerpflichtige Veräußerungsgewinne, für welches das Target eine Steuerstundung beantragt hat (nach BITC Art. 47). Eine gesamtschuldnerische Haftung ist bei börsennotierten Targets ausgeschlossen, die der Aufsicht der *Banking, Finance and Insurance Commission* unterliegen.

Die Frage der gesamtschuldnerischen Haftung ist Gegenstand ausführlicher Regelungen im SPA, sei es im Rahmen der *representations and warranties* oder einer Garantie oder sonstigen Regelung.

---

[3356] Manche Autoren wollen einen Teil des Liquidationserlöse als nicht steuerbaren Veräußerungserlös behandeln (vgl. J. Kirkpatrick & D. Garabedian, supra note 22, S. 319).
[3357] BITC Art. 206 § 1.
[3358] BITC Art. 207 third indent.
[3359] Circ. No. 421/521.807 of Dec. 15, 2000, at para. 6.
[3360] Id., at para 7.
[3361] Eine Richtlinie stellt ein Konzept der „valid economic or financial reasons" dar (Circ. No. 421/521.807 of Dec. 15, 2000, at para. 14). Eine verbindliche Auskunft kann insoweit sinnvoll sein.
[3362] BITC Art. 442ter, as introduced by the Law of July 20, 2006.
[3363] Anteile und Zertifikate von Eheleuten (sowie Personen im gemeinschaftlichen Haushalt sind für Zwecke der 33% Grenze zu addieren).

## 4. Fiktiver Zinsabzug

In 2005 wurde der sogenannte *notional interest* Abzug eingeführt.[3364] Der Zweck besteht darin, die steuerliche Behandlung der Fremdfinanzierung an diejenige der Eigenkapitalfinanzierung anzugleichen. Die Fremdkapitalfinanzierung war bis dahin wegen der steuerlichen Abzugsfähigkeit der Schuldzinsen aus Sicht der Gesellschaft günstiger.

Nach dieser neuen Regelung kann eine belgische Gesellschaft (oder auch eine belgische Betriebsstätte einer ausländischen Gesellschaft) einen Prozentsatz auf die *adjusted net assets* als Betriebsausgabe abziehen; der Zinssatz ist an den Zinssatz der 10 jährigen belgischen Staatsanleihen geknüpft (derzeit 4,307%). Mit anderen Worten kann 4,307% dieser Bemessungsgrundlage pauschal abgezogen werden. Kleine und mittlere Unternehmen können sich für einen zusätzlichen Abzug von 0,5% qualifizieren. Der Prozentsatz wird jährlich festgelegt, kann aber nicht um mehr als 1% angepasst werden und 6,5% nicht übersteigen. Der Abzug kann 7 Jahre vorgetragen werden, wenn er sich steuerlich nicht ausgewirkt hat.

Die Bemessungsgrundlage besteht in den *net assets* (insbesondere dem *stated capital, share premium, reserves*, etc.) in Höhe des Betrages, der in der Bilanz am Ende des Vorjahres ausgewiesen ist. Die Bemessungsgrundlage ist anzupassen, um einen Mißbrauch zu vermeiden. Insbesondere erfolgt eine Reduktion um *treasury stock*, die als *financial fixed assets* und nicht nur als bloßes Portfolio-Investment gehalten werden.

Der Abzug hängt nicht von der Aktivität des Unternehmens ab. Ebenso wenig ist ein Antrag des Steuerpflichtigen notwendig.

Trotz dieser Anpassungen, die insbesondere Holdingsgesellschaften betreffen, bietet der Abzug im Bereich des Private Equity interessante Gestaltungsmöglichkeiten. Eigenkapitalstarke Gesellschaften erhalten einen substantiellen Abzugsbetrag. Internationale Unternehmen nutzen Belgien bereits für Zwecke der Gruppenfinanzierung wie auch anderer Aktivitäten, für welche ein hohes Eigenkapital notwendig ist.

Wie nachstehend dargestellt kann der Abzugsbetrag für Double Dip Strukturen genutzt werden, in dem der Private Equity Investor ein Darlehen aufnimmt, das Kapital in die belgische Finanzierungsgesellschaft einbringt, die keine Anteile am Target hält, sondern nur die Gruppe finanziert und dabei die Zinsen sowohl bei der Finanzierungsgesellschaft als auch beim Investor abzugfähig sind.

Das nachfolgend dargestellte Beispiel illustriert einen *Debt Push Down*, der mit einem *double dip* Szenario kombiniert wird:
(1) Das belgische Akquisition -Vehikel kauft den profitabelsten Teil der Target-Grupp, hier z. B. *Target Co. 1*.
(2) Profitable Tochtergesellschaften des Investors, z. B. *Related Op. Cos*, nehmen Darlehen von dritter Seite auf (*third party lenders*).
(3) *Related Op. Cos* gründen ein belgisches Finanzierungs-Vehikel, die *Belgian NID Co*, und kapitalisieren diese mit den aus dem Darlehen erlangten Dritt-Mitteln.
(4) *Belgian NID Co*. gibt ein Darlehen an Target Co. 1, mit welchem das *Target Co. 2* gekauft werden soll.
(5) *Target Co. 1* kauft *Target Co. 2*.
(6) Zinszahlungen von *Target Co. 1* mindern das operative Einkommen und sind durch die *Notional Interest Deduction* auf der Ebene des *Belgian NID Co*. neutralisiert.
(7) Dividenden der Belgian NID Co. sind nicht quellensteuerpflichtig, wenn die Dividenden zu einer Gesellschaft im DBA-Land oder der EU gezahlt werden und die sonstigen Voraussetzungen erfüllt sind. Je nach Besteuerungssystem können Dividendeneinkünfte bei der *Related Op. Cos*. steuerbefreit sein.

Diese Gestaltung muss freilich auch auf die spezielle Situation des Steuerpflichtigen hin untersucht werden und Missbrauchsvorschriften wie auch CFC-Regelungen beachten.

---

[3364] BITC Arts. 205bis – 205 novies.

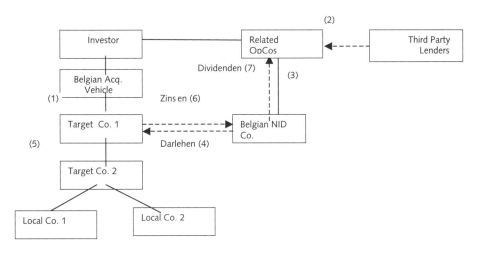

## 5. Management Incentives

Belgien verfügt über mehrere Möglichkeiten der Management Incentivierung. Eine der Alternativen besteht in der Gewährung eines Bonuses, der von den Erträgen des Targets abhängig ist. Dieser Bonus ist normales Einkommen und wird mit bis zu 50% besteuert sowie zusätzlich der Sozialversicherung unterworfen. Nach Art. 30.2° und 32 BATAC müssen alle geldwerten Vorteile aus der Tätigkeit als Mannager als Einkommen[3365] erfasst werden und der normalen Besteuerung unterworfen werden.

Nach der *Official Administrative Commentary on the BITC* wollte der Gesetzgeber dies hiermit als Vergütungen für eine Dienstleistung erfassen. Diese Behandlung hängt weder vom Schuldner noch der rechtlichen Qualifikation noch der Berechnungsmethode ab.[3366] Aus diesem Grunde wird oft auf die nachfolgend dargestellten Gestaltungen ausgewichen.[3367]

### 5.1. Stock Options/Warrants[3368]

Kostenlos eingeräumte Stock Options sind nach dem *Law of March 26, 1999* in dem Zeitpunkt steuerpflichtig, in welchem sie eingeräumt werden.[3369] Dies ist nach belgischem Recht 60 Tage nach Angebot der Fall,[3370] sofern die Annahme innerhalb dieser Frist erklärt wurde. Andernfalls gilt das Angebot als abgelehnt. Eine spätere – nach Ablauf der 60 Tage erfolgte – Annahme des Optionsangebotes führt zu keinen Optionen iSd. *Law of March 26, 1999*, so dass die Besteuerung bei Ausübung der Option in Höhe der Differenz des gemei-

---

[3365] Eine natürliche Personen ist ein Manager, wenn er die Funktion eines Director (bestuurder/administrateur or zaakvoerder/gérant), Liquidator oder ähnliches ausübt oder eine Management-Funktion im Tagesgeschäft ausfüllt, die über eine bloße nichtselbständige Beschäftigung hinausgeht.

[3366] Tiberghien, Manuel de droit fiscal (2006), at p. 126.

[3367] Wir haben nur die Hauptformen der Management-Beteiligung beschrieben. Andere Beteiligungen koennen in earn-out Regelungen bestehen.

[3368] Warrants unterscheiden sich von Optionen insoweit, als sie das Recht auf Zeichnung von neu zu schaffenden Aktien beinhalten. Warrants werden in der Praxis öfter gewählt, weil sie eine höhere Sicherheit gewähren und nicht nur vertragliche Rechte beinhalten (vgl. H. Lamon, "Financial Buy-Outs: Structuring the Managers' Participations", (May/June 2005) Derivatives & Financial Instruments 123). Warrants können nur von joint stock companies (SA/NV) und partnerships limited by shares (SCA/CVA) ausgegeben werden..

[3369] Article 42 of the Law of March 26, 1999, Moniteur Belge of April 1, 1999.

[3370] Id.

nen Wertes der gewährten Anteile und des Ausübungspreises erfolgt.[3371] Hierdurch wird dem Management ein faktisches Wahlreicht eingeräumt, zwischen der Besteuerung bei der Einräumung der Option oder aber der Ausübung derselben zu wählen.

Die Besteuerung nach dem *Law of March 26, 1999* hängt davon ab, ob die Option gehandelt wird. Bei nicht handelbaren Optionen wird der Wert aus dem Wert der zugrundliegenden Anteile abgeleitet. Wenn die zugrundeliegenden Anteile notiert sind,[3372] wird als Wert der Durchschnittspreis der letzten 30 Tage angesetzt. Andernfalls müssen die zugrundeliegenden Anteile vom Ausgeber bewertet und durch einen Wirtschaftsprüfer testiert werden.

Das steuerliche Einkommen entspricht 15% des Wertes der zugrundeliegenden Anteile und wird jeweils um 1% für jedes Jahr erhöht, für das die Ausübungsfrist über 5 Jahre hinausgeht.[3373] Der Prozentsatz wird um jährlich 0,5% auf 7,5% reduziert, wenn die folgenden Voraussetzungen erfüllt sind:
(a) Der Ausübungspreis ist im Zeitpunkt der Ausgabe der Optionen bereits festgelegt;
(b) Die Optionen können nicht vor Ablauf von 3 Jahren und nicht nach Ablauf von 10 Jahren ausgeübt werden;
(c) Die Option ist nur bei Tod übertragbar.
(d) Das Risiko einer Wertminderung der zugrundeliegenden Anteile ist nicht vom Ausgabe gedeckt; und
(e) Die Option muss sich auf Anteile an einer Gesellschaft beziehen, bei welcher der Manager beschäftigt ist oder aber einer Gesellschaft, an welcher eine Beteiligung besteht.[3374]

Ein eventueller Kaufpreis für die Option mindert das steuerbare Einkommen. Eine zusätzliche Besteuerung tritt ein, wenn die Option im Geld ist und daher schon bei Gewährung einen Ausübungspreis unterhalb des Wertes der zugrundeliegenden Anteile hat. In dieserm Fall erhöht sich das Einkommen um den Betrag, mit welchem die Option im Geld ist.

Interessanterweise wird die Gewährung von Optionen iSd. Law of March 26, 1999 nicht als geldwerter Vorteil fuer Zwecke der Sozialversicherung angesehen, freilich mit Ausnahme des Betrages, mit dem die Option im Geld ist.[3375]

Die Ausuebung der Optionen iSd. Law of March 26, 1999 stellt keinen steuerpflichtigen Vorgang dar. Dividendenzahlungen an die Manager unterliegen einer Quellensteuer von 15% bzw. 25%. Eine andere Steuer wird nicht erhoben.

Wenn die Optionen zum Erwerb ausländischer Anteile genutzt werden, kann zusätzlich ausländische Quellensteuer auf Dividenden anfallen, die nach belgischem Steuerrecht grundsätzlich nur abziehbar und nicht anrechnbar ist. Nach DBA kann eine Steueranrechnung ausnahmsweise geboten sein,[3376] was zum Teil schon von den Steuerpflichtigen erfolgreich geltend gemacht wurde. Dennoch bevorzugen belgische Manager eine Option, die sich auf Anteile an einer belgischen Gesellschaft bezieht.

Anteilsveraeusserungsgewinne der ueber eine Option erworbenen Anteile sind für in Belgien ansässige natürliche Personen steuerfrei, solange diese aus privater Vermögensverwaltung resultieren. Nach Art. 90 (1) BITC werden natürliche Personen im übrigen mit ihrem Einkommen einem Steuersatz mit 33% (plus local tax) unterworfen. Ob der Anteilsverkauf eine nichtsteuerbare private Vermögensverwaltung oder aber einen steuerpflichtigen Spekulationsgewinn darstellt, ist eine Tatsachenfrage. Die Tatsachenbeziehungen, insbe-

---

[3371] Response to the Parliamentary Quest. No. 228 of Jan. 20, 2004; Circ. No. 2005/0652 of May 25, 2005.
[3372] Article 43 §§ 1, 2, 3 & 4 of the Law of March 26, 1999, supra note 25.
[3373] Id., Article 43 § 5.
[3374] Id., Article 43 § 6. Option nach Article 609 of the Company Code sind nicht steuerpflichtig. Dieses Verfahren kann nur für Angestellte genutzt werden und unterliegt strengen Regelungen. Für eine Private Equity Investition sind sie nicht geeignet.
[3375] Article 19 (18) of the Royal Decree of November 28, 1969, Moniteur Belge of Dec. 5, 1969.
[3376] Court of Appeal of Liège of March 10, 2006, (2006) T.F.R. at p. 670 zur Anrechnung von US Steuern.

sondere auch der Anteilskaufvertrag, die Kenntnisse und das Wissen der Manager über die Gsellschaft und ihre finanzielle Lage werden einbezogen. Interessanterweise hat das Tribunal of First Instance in Brüssel eine Besteuerung eines Managers abgelehnt, der seine nicht notierten Anteile finanziert und später an den Mehrheitsgesellschafter verkauft hat. Das Gericht ist vielmehr von einer privaten Vermögensverwaltung ausgegangen.[3377]

## 5.2. Anteile

Der Anteilserwerb zum Marktwert vermeidet einen geldwerten und steuerpflichtigen Vorteil. Dagegen führt ein Abschlag zu einem steuerpflichtigen geldwerten Vorteil.[3378] Es bestehen keine Vorgaben, wie der geldwerte Vorteil zu ermitteln ist. Jedoch akzeptieren die Finanzbehörden einen Wertansatz von 83% der Differenz zwischen Marktwet und Kaufpreis der notierten Anteile, wenn die Anteile in den ersten 2 Jahren nicht übetragen werden dürfen.[3379] In der Praxis wird diese Faustregel auch auf nicht notierte Anteile angewendet.[3380]

Ein höherer Abschlag kann bei Restriktiionen des Anteilsbesitzes geltend gemacht werden (insbesondere Uebertragungsbeschränkungen, vesting conditions, Beschränkungen der Stimmrechte, good oder bad "leaver" sowie tag-along oder drag-along Regelungen).[3381] Diese Beeinträchtigungen können weitgehend sein. So kann die Dividendenzahlung an einen Manager davon abhängig gemacht werden, dass die anderen Investoren z. B. bereits 15% p.a. erhalten haben (so genannte Hurdle Rate). Der Verkauf der Anteile kann für eine gewisse Zeit beschränkt sein; ebenso kann der Rückfall der Anteile im Falle der Beendigung des Arbeitsverhältnisses vereinbart sein. Unabhängige Studien haben in solchen Fällen einen Abschlag im Wert von 20 bis zu 35% ermittelt.[3382] Manager können auch eine gesonderte Klasse von Anteilen erwerben, wonach zusätzliche ausgegeben werden, wenn eine gewisse Rendite bzw. Hurdle Rate erreicht wurde (equity ratchet). Dies ermöglicht eine Erhöhung der Beteiligungsqoute zugunsten des Managements. Es kann im umgekehrten Falle aber auch zur Reduktionen führen (reverse equity ratchet).[3383] Diese Vorzüge und Restriktionen koennen u.E. Neben der Bewertung der Anteile auch den Zeitpunkt des Zuflusses beeinflussen.

Die Besteuerung der Dividenden und Anteilsveräußerungsgewinne eines Managers entspricht der eben dargestellten Lage bei der Ausübung von Optionen.

## 5.3. Restricted Stock Units (RSU's) und Profit Units
*(Participation Bénéficiaire / Winstbewijzen)*

Der kostenlose Erwerb von RSU und PU ist – im Gegensatz zu Optionen und Warrants nicht reguliert. Der geldwerte Vorteil stellt steuerpflichtiges Einkommen dar, wohingegen der Zeitpunkt der Besteuerung bei Ausgabe oder Ausuebung wie auch die Bewertung von den Vertragsbedingungen abhängig ist.

---

[3377] J. Pattyn, „Aankoop aandelen vennootschap door bedrijfsleider: geen diverse inkomsten bij veredere verkoop", 11 Fiscale Actualiteit (March 2006) at p. 5.
[3378] Belgian Commentary to the BITC, No. 36/14.
[3379] Belgian Commentary to the BITC, No. 36/16. Anteile können bevorzugt auch nach Sn Article 609 of the Company Code or in the Law of May 22, 2001, Moniteur Belge of June 9, 2007 erworben werden; jedoch gilt dies nicht für Manager.
[3380] H. Lamon, supra note , at p. 120. Wenn die Anteile nicht notiert sind, sieht das Administrative Commentary einen geldwerten Vorteil in Höhe der Differenz zwischen Buchwert bzw. net equitz und dem Ausübungspreis vor. Der Buchwertansatz widerspricht dem Gesetzeswortlaut. Es sollte daher vorsorglich vom Marktwert der Anteile ausgegangen werden.
[3381] Id., p. 118.
[3382] A. Damodaran, "Valuing Private Firms", http://pages.stern.nyu.edu/~adamodar/.
[3383] H. Lamon, supra note , at p. 123; V. Simonart & T. Tilquin, „Le Ratchet", (2004) Mélanges John Kirkpatrick at p. 875 et seq.

## 8. Teil. Länderberichte/Country Reports § 6 Belgien

Die Rechtsprechung zu Stock Options, die vor dem Law of March 26, 1999 ausgegeben wurden, kann zum Teil übertragen werden.[3384] Die Entschiedung des Court of Appeal in Brüssel vom 21. 5. 2003 geht davon aus, dass convertible PU genauso besteuert werden sollen, wie nicht regulierte Optionen. Die Entscheidung verweist auf ein Urteil des Supreme Courts vom 16. 9. 2003, nach welcher eine Besteuerung bereits bei Einräumung der Rechte erfolgt.[3385] Dagegen folgt der Supreme Court in der Entscheidung vom 4. 2. 2005 der Entscheidung des Antwerp Court of Appeals vom 19. 2. 2002 und hält die Optionsrechte für so unsicher, dass erst bei Ausübung der Optionen eine Besteuerung erfolgen könne.[3386] Seit dieser Entscheidung hat der Court of Appeals of Antwerp 4 Urteile mit Datum vom 20. 9. 2005 getroffen, in welchen die bisherigen Position aufgegeben wird und eine Besteuerung schon bei Einräumung der Rechte erfolgen soll.[3387]

Die zutreffende Besteuerung der RSU und der PU hängt von den Bedingungen ab und ob die Ausübung von Bedingungen wie der Beendigung des Arbeitsverhältnisses abhängt. Die Gerichte tendieren dazu, dass solche Bedingungen die entscheidenden Tatsachen für die Bestimmung des Zeitpunktes der Steuerpflicht der alten Stock Option Pläne und damit auch der RSUs sind. Eine vorgelagerte Bedingung soll dabei erst einen Zufluss bei Eintreten der Bedingung ermöglichen, wohingegen eine nachgelagerte Bedingung als Zufluss angesehen wird.[3388] Nach einer Entscheidung des Court of Appeals of Ghent z. B. stellt eine Klausel in einem Stock Option Plan, wonach die Option bei begründeter Auflösung des Arbeitsverhältnisses entfällt, keine vor-, sondern eine nachgelagerte Bedingung dar, die keinen Einfluss auf den Besteuerungszeitpunkt bei Ausgabe der Optionen hat.[3389] Dagegen haben das Tribunal of First Instance of Leuven und das Tribunal of First Instance of Brussels die Verbindung einer Regelung, dass die Option im Falle der Beendigung des Arbeitsverhältnisses entfällt, mit einer Stand-Still-Klausel als eine vorgelagerte Bedingung aufgefasst, welche den Besteuerungszeitpunkt aufschiebt, bis diese Bedingung erfüllt ist.[3390]

Manche Autoren sind der Auffassung, dass solche Restriktionen dazu führen, dass bei Einräumung der Rechte kein steuerpflichtiger Vorteil entsteht und nur die Dividendenauszahlung zu besteuern ist, dann aber mit den progressiven Steuersätzen und nicht der Quellensteuer auf Dividenden von 15 bzw. 25%.[3391]

---

[3384] E. De Plaen, „L'actionnariat salarié", (Jan. 2007) R.G.F. at p. 6.
[3385] Court of Appeal of Brussels of May 21, 2003, (2003) Courr. Fisc. at p. 533.
[3386] Belgian Supreme Court of Feb. 4, 2005, (2005) T.F.R. at p. 540.
[3387] Auf welche die Entscheidung des Court of Appeal of Brussels of December 13, 2006 Bezug nimmt (see note 45 infra).
[3388] Court of Appeal of Brussels of Dec. 13, 2006, www.fisconet.fgov.be; J. Pattyn, „Belastbaarheid oude aandelenopties: begrip „toekenning" nu in alle nodige detail ingevuld" (Feb. 2008) Fisc. Act. at p. 3.
[3389] Court of Appeal of ghent, Jan. 22, 2008, (May 2008) Fiscoloog at p.12.
[3390] J. De Maere D'Aertrycke, „Anciennes options sur actions: aperçu de la jurisprudence récente", (2008) R.G.F. at p. 19.
[3391] C. Chevalier, Vennootschapsbelasting (2007) at p. 293; P. De Koster & I. Vanderreken, Financiële participatie voor werknemers: Resultaats, deling, opties en aandeelhouderschap (2001) at p. 9 & 10.

# § 7 Niederlande

| Übersicht | Seite |
|---|---|
| 1. Einführung und Übersicht über die Private-Equity-Industrie in den Niederlanden ... | 869 |
| 2. Private-Equity-Fondsstrukturen | 869 |
|    2.1. Partnerships, NV, BV | 869 |
|    2.2. COOP | 870 |
|       2.2.1. Charakteristika der COOP | 870 |
|       2.2.2. Kapitaleinlagen | 870 |
|       2.2.3. Kapitalauszahlungen | 870 |
|       2.2.4. Management Fees | 871 |
|       2.2.5. Carried Interest | 871 |
|       2.2.6. Liquidation | 872 |
|       2.2.7. Regulatorische Vorgaben der Regierung | 872 |
|       2.2.8. Investment Committee | 872 |
|       2.2.9. Besteuerung | 872 |
| 3. Private-Equity-Transaktionsstrukturen | 873 |
|    3.1. Share Purchase Agreement | 873 |
|    3.2. Finanzierung (Thin-Cap Rules) | 873 |
|    3.3. Exit Options | 873 |
|    3.4. Besteuerung | 874 |
|       3.4.1. Weitere Aspekte | 874 |

## 1. Einführung und Übersicht über die Private-Equity-Industrie in den Niederlanden

Durch die Finanzmarktkrise stehen dem niederländischen Private-Equity-Markt so gut wie keine Finanzierungsmöglichkeiten zur Verfügung. Es ist bemerkbar, dass Private-Equity-Gesellschaften nur auf Basis sehr vorsichtiger Unternehmensbewertungen handeln und im Finanz- und Real-Estate-Bereich keine wesentlichen Investitionen tätigen.

Vielleicht entwickeln sich im Laufe des Jahres 2009 bessere Investitionsgelegenheiten für Private-Equity-Gesellschaften, wenn sich die Finanzmarktkrise bis dahin beruhigt hat. Dies gilt insbesondere für Targets, die zu groß geworden sind, um im jetzigen Marktumfeld zu überleben.

Die Auswahl der Portfolio-Unternehmen muss in Anbetracht der Cash-Flow-Probleme, der notwendigen Finanzierung und den sinkenden EBITDA sorgfältiger überdacht werden. Einige Portfoliogesellschaften sollten durch ein de-leveraging überlebensfähig gemacht werden.

Im nachfolgenden Beitrag wird auf spezifische steuerliche und rechtliche Aspekte eines Private Equity Investments in den Niederlanden eingegangen.

## 2. Private-Equity-Fondsstrukturen

Gebräuchliche Fondsstrukturen

### 2.1. Partnerships, NV, BV

Private Equity Fonds werden in den Niederlanden entweder als haftungsbeschränkte Personengesellschaft oder Kapitalgesellschaft aufgesetzt *("Besloten Vennootschap met beperkte aansprakelijkheid" ("B.V."))* . Seltener wird die N._V. als Kapitalgesellschaft *("Naamloze Vennootschap" ("N.V.")* genutzt, die an der Börse gelistet werden kann. Gleiches gilt für die nicht haftungsbeschränkte Personengesellschaft.

## 2.2. COOP

In den letzten Jahren ist die hat sich die Genossenschaft, die *Dutch Cooperative Association* (*"Cooperative"*), zu einem populären Vehikel entwickelt. Die COOP wird oft auch als Zwischen-Siedlungsgesellschaft genutzt, durch welche der Fonds in die Portfoliogesellschaften investiert.

### 2.2.1. Charakteristika der COOP

Die COOP ist eine juristische Person, die auf der Grundform der *association (vereniging)* basiert. Sie hat daher nur Mitglieder, aber keine Gesellschafter. Die Genossenschaft wurde bislang hauptsächlich für Dienste und Services zugunsten ihrer Mitglieder oder Genossen genutzt. Der Einsatzbereich konzentrierte sich insbesondere auf den Bereich der Land- und Forstwirtschaft. Die weitergehende Nutzung der COOP als Holdinggesellschaft ist insbesondere auf steuerliche Gründe zurückzuführen.

Eine COOP wird durch den Vollzug einer notariellen Urkunde, der *deed*, gegründet. Hierzu sind mindestens zwei Gründer notwendig. Das Justizministerium muss – im Gegensatz zur Gründung einer B.V. oder N.V. keine Unbedenklichbescheidserklärung abgeben. Die COOP und ihre Geschäftsführer (Board Members) müssen bei der Handelskammer (*Dutch Chamber of Commerce*) registriert sein; die Mitglieder dagegen nicht.

Die Anteile der Gesellschafter an der Kapitalgesellschaft repräsentieren im Prinzip die Miteigentümerschaft. Dagegen vermittelt die Mitgliedschaft an einer COOP keine Eigentümerschaft. Vielmehr begründet die Mitgliedschaft ein Rechtsverhältnis zur COOP, wonach die Mitglieder gewisse Rechte gegenüber der COOP erhalten sowie Pflichten nach der Satzung (*Articles of Association of the Cooperative*) übernehmen. Darüber hinaus kann die COOP Vereinbarungen mit ihren Mitgliedern abschließen.

Die Mitglieder der COOP treffen in einer jährlichen Versammlung zusammen, bei welcher jedes Mitglied grundsätzlich eine Stimme hat. Die Satzung der COOP kann zusätzliche Stimmrechte, etwa auf Basis der geleisteten Einlagen vorsehen.

Die COOP agiert als juristische Person durch ihr Management Board. Zusätzlich kann ein Aufsichtsrat bestehen, der für große COOPs zwingend vorgesehen ist.

*Vorteile der Verwendung einer COOP durch einen-Private Equity-Fonds*
– Die COOP kann in den Niederlanden die sog. Participation exemption (Steuerbefreiung für Beteiligungsgewinne) geltend machen, ist Berechtigte nach den niederländischen Doppelbesteuerungsabkommen und ermöglicht einen quellensteuerfreien Exit (Divestment) aus den Niederlanden heraus.
– Juristische Personen können ebenso wie natürliche Personen oder Personengesellschafter bei einer COOP Mitglied sein.
– Das Kapital einer COOP kann flexibel strukturiert werden und z. B. in unterschiedliche Klassen mit unterschiedlichen Mitgliedschaftsrechten wie Vorzügen aufgeteilt werden.
– Eine Kapitalrückzahlung kann (im Gegensatz zur Rechtslage bei der BV oder NV) unabhängig von freien Rücklagen erfolgen.

### 2.2.2. Kapitaleinlagen

Die Einzahlungsverpflichtung entsteht durch Abruf des Fonds.

Einlagen oder Einbringungen von Anteilen in einen niederländischen Fonds lösen weder Ertragsteuern noch Stempel- oder sonstige Verkehrssteuern aus. Die Veräußerungsgewinnbesteuerung wurde mit Wirkung zum 1. Januar 2006 abgeschafft.

### 2.2.3. Kapitalauszahlungen

#### 2.2.3.1. B.V. and N.V.

Eine niederländische juristische Person kann Ausschüttungen nur insoweit vornehmen, als das Nettovermögen das Kapital (eingezahltes Kapital und Reserven) übersteigt. Die Ausschüttung sollte nach der Aufstellung des Jahresabschlusses erfolgen. Vorab-Ausschüttungen setzten eine entsprechende Erlaubnis in der Satzung voraus; die vorstehenden Eigenkapitalrestriktionen müssen dabei ebenfalls beachtet werden (die NV muss zusätzliche Voraussetzungen erfüllen).

Kapitalrückzahlungen sind nicht quellensteuerpflichtig, soweit Kapital im Sinne des niederländischen Steuerrechts vorliegt und keine Gewinnrücklage für die Ausschüttung verwendet wird. Soweit die Auszahlung das Kapital überschreitet, wird eine 15%ige Quellensteuer fällig.

### 2.2.3.2. Cooperative

Kapitalauszahlungen sind bei einer Cooperative nicht durch die Höhe der freien Rücklagen beschränkt. Ausschüttungen einer COOP sind ebenso wenig quellensteuerpflichtig wie Kapitalrückzahlungen.

### 2.2.4. Management Fees

Die Management-Gesellschaft verwaltet und vertritt den Private-Equity-Fonds und erhält dafür eine jährliche Fee. Die Fee soll die Kosten der Fondsverwaltung abdecken; sie beträgt regelmäßig 1,5 bis 2,5 % und sinkt im Laufe der Zeit. Die Fee dient nicht der Incentivierung des Investment Teams.

Die steigende Bedeutung von Private Equity Fonds im niederländischen Finanzmarkt führt zu einer erhöhten öffentlichen Aufmerksamkeit mit der Blickrichtigung auf Management- und Investitionsgebaren. Die Variationen in den Vergütungssystemen umfassen prozentuale Management Fees, performanceabhängige Anreize bei Überschreiten von bestimmten Zieldaten (Water Marks) sowie Management Beteiligungen.

Die erfolgsabhängige Performance Fee wird als Anteil über die Basisvergütung hinaus an das Management bezahlt. Die Basisvergütung wird als Prozentsatz der verwalteten Assets ermittelt. Zusätzlich kann bei Überschreiten einer Benchmark die Performance Fee gezahlt werden. Die Performance Fee kann dabei einen Prozentsatz der Outperformance des Fonds darstellen, wenn die Performance entweder gegenüber einem bisherigen Bezugspunkt oder aber gegenüber einem Index gestiegen ist. Der Manager kann die Performance Fee oft auch bei Exit des Investors ermitteln und dann einbehalten.

Die Management Fee ist prinzipiell umsatzsteuerfrei. Über die Management Fee hinaus bezieht der Fonds auch umsatzsteuerpflichtige Leistungen anderer Unternehmer. Die umsatzsteuerliche Situation des Fonds hängt von seiner Charakterisierung als Unternehmer ab. Die Umsatzsteuer kann beim Finanzamt als Vorsteuer geltend gemacht werden, wenn der Fonds Unternehmer ist und die Eingangsleistung für umsatzsteuerpflichtige Ausgangsumsätze verwendet. Nach dem Reverse Charge Verfahren gilt dasselbe auch für Inbound-Leistungen eines ausländischen Unternehmens. Keine Vorsteuer kann von einem Fonds gelend gemacht werden, der nicht als Unternehmer anzusehen ist.

### 2.2.5. Carried Interest

Wie auch in anderen Jurisdiktionen ist auch in den Niederlande üblicherweise eine Carry-Interest-Beteiligung des Managements am Private-Equity-Fonds anzutreffen. Durch die Änderung der Steuergesetze müssen Manager ihren Carry-Interest-Anteil mit einem Steuersatz von bis zu 52% versteuern. Das Änderungsgesetz ist auf "excessive remunerations" ausgerichtet. Erfasst werden sollen Top-Manager in den Niederlanden, deren Vergütung auch in Anteilen und Optionen besteht. Nach den alten Regeln waren Gewinne aus Anteilen mit einem begünstigten Steuersatz von 1,2% des Investment-Einkommens belegt. Die neuen Regelungen lassen nur die Wahl zwischen einer Besteuerung mit bis zu 52% oder der Zwischenschaltung einer Gesellschaft, deren Ausschüttungen mit 25% besteuert werden.

Der Tatbestand des Gesetzes ist weit gefasst und kann natürliche Personen mit ihrem Carry Interest in den folgenden Situationen erfassen:

- Ein Private Equity Manager ist im Board einer niederländischen Akquisitionsgesellschaft tätig;
- ein Private Equity Manager, der in den Niederlanden eigene Aktivitäten durch die Portfolio-Verwaltung ausübt *und*
- die täglichen Managementaufgaben werden für die niederländischen Portfoliogesellschaften ausgeübt.

Die neuen Regeln erfassen in- und ausländische Manager und hängen nicht davon ab, auf welcher Ebene des Konzerns eine Beteiligung oder der Carry Interest gewährt wird. Es muss nur ein Zusammenhang zwischen Carry Interest und der Tätigkeit des Managers in den Niederlanden bestehen. Ausländische Manager laufen daher sehr wohl Gefahr, von dieser Steuerpflicht ebenfalls erfasst zu werden.

### 2.2.6. Liquidation

Es werden grundsätzlich zwei Arten von Liquidationsvorzügen unterschieden: die Non-Participating- und die Participating-Vorzüge. Ein Investor mit einem Non-Participating-Liquidationsvorzug erhält nur seinen vorbestimmten Liquidationsvorzug, aber – anders als die normalen Gesellschafter – keinen darüber hinausgehenden Betrag.

Diese Begrenzung will der Investor vermeiden. Er verlangt über seinen intial return on investment hinaus eine Beteiligung am Erfolg – die so genannten participating Liquidationsvorzüge.

Die Liquidationsvorzüge sind in den Niederlanden gesetzlich geregelt. Oft enthalten die Gesellschaftsverträge einen Liquidationsvorzug für Vorzugsanteile. Auch das investment agreement kann Liquidationsvorzüge enthalten. Dabei geht das investment agreement meist den Gesellschaftsverträgen vor. Investoren erkennen diesen Vorrang des investment agreements oft nicht und geben sich nur mit einer nachrangigen Klausel im Gesellschaftsvertrag zufrieden.

Aus steuerlicher Sicht werden Liquidationszahlungen ebenso wie Kapitalrückzahlung behandelt, die oben dargestellt sind.

### 2.2.7. Regulatorische Vorgaben der Regierung

Interessanterweise wurde am 1. Januar 2007 der Act on Financial Supervision (Wet op het financieel toezicht („**Wft**") eingefuehrt. Der Wft kombiniert alle finanzmarktrechtlichen Regelungen und ersetzt eine Vielzahl von einzelnen Ueberwachungsgesetzen.

Die Hauptziele des Wft bestanden in der Entbuerokratisierung sowie in einer Differenzierung der Rolle der Dutch Central Bank zur AFM (supervision of conduct of business), um Überschneidungen zu verhindern und in sich konsistente Regelungen zu schaffen.

### 2.2.8. Investment Committee

Das Investment Committee prueft und genehmigt jeden Investment Vorschlag. Die Entscheidung des Investment Committees werden dem Fonds in Form von Empfehlungen vorgelegt. Es gibt hierfür keine speziellen niederländischen Voraussetzungen oder Regularien.

### 2.2.9. Besteuerung

Die Niederlande haben ihre Einschätzung als vorzugswürdiger Holdingstandort seit jeher ihrem günstigen Steuerumfeld zu verdanken. Das Körperschaftsteuersystem enthält die participation exemption, wonach Dividenden wie auch Anteilsveräusserungsgewinne bei qualifizierten Beteiligungen steuerfrei sind. Weitere Vorzüge bestanden in dem Quellensteuerverzicht für Dividenden und Lizenzzahlungen.

Der zentrale Gesichtspunkt einer niederländischen Fonsstruktur ist die Optimierung der Quellensteuer. Auszahlungen einer COOP sind quellensteuerfrei. Dasselbe gilt für closed CV. Dagegen sind Ausschüttungen einer open CV mit 15% quellensteuerpflichtig. Eine CV wird als closed und damit transparent angesehen, wenn der Anteil der nur mit Zustimmung aller Partner übertragen werden kann. Eine CV ist dagegen open, auch wenn der GP der Übertragung zustimmen muss. Eine open CV ist selbst steuerpflichtig, wobei das Einkommen des GP als Betriebsausgaben abzugsfähig ist.

Der Quellensteuersatz kann sich durch die Mutter-Tochter-Richtlinie oder aber durch DBAs reduzieren. Es ist zu beachten, dass ein 5%iger Private Equity Investor einem Steuersatz in den Niederlanden von bis zu 25% unterliegen kann, solange er nicht in einem DBA Staat oder aber der EU ansässig ist oder aber der Anteil selbst ein Bestandteil der unternehmerischen Tätigkeit ist oder einer niederländischen Betriebsstätte zuzuordnen ist. Eine Betriebsstätte kann die participation exemption beanspruchen. Auszahlungen aus der Betriebsstätte unterliegen keiner Quellensteuer.

## 3. Private-Equity-Transaktionsstrukturen

### 3.1. Share Purchase Agreement

Die niederländischen SPAs entsprechen weitgehend den im common law üblichen Vereinbarungen. Dennoch sind die angelsächsischen SPAs umfassender.

Nationale Aspekte – wie Informationspflichten bei Arbeitnehmern oder das Wettbewerbsrecht – müssen im SPA freilich auf Basis des niederländischen Rechts geregelt werden. Der Titel bzw. das Eigentum an registrierten Anteilen einer BV oder NV wird durch die Ausführung einer notariellen Urkunde übertragen.

Weiterhin ist darauf hinzuweisen, dass die niederländischen Restriktion für Eigenkapitalersatz die Gültigkeit eines Vertrages in Zweifel ziehen können:
– Niederländischen Gesellschaften und ihre niederländischen oder ausländischen Tochtergesellschaften ist es untersagt, Garantien oder Sicherheiten zu gewähren, als Schuldbeitretender aufzutreten oder Darlehen auszureichen (über die stillen Rücklagen hinaus), soweit der Zweck im Erwerb von Anteilen an einer niederländischen Gesellschaft durch Dritte besteht, und
– die Gültigkeit eines Rechtsgeschäftes kann durch den den Gläubiger oder Insolvenzverwalter angefochten werden, wenn eine niederländische Gesellschaft eine Transaktionen zu Lasten der Gläubiger durchführt.

### 3.2. Finanzierung (Thin-Cap Rules)

Das niederlaendische Einkommenssteuerrecht enthält Abzugsbeschränkungen für Zinsaufwendung, so genannte Thin Cap Rules. Eine Gesellschaft ist unkapitalisiert, wenn
a) das durchschnittliche Debt Equity Ratio 3:1 ueberschreitet,
oder
b) das durchschnittliche Debt Equity Ratio höher als das der Gruppe ist, zu welcher die niederländische Gesellschaft gehört.

Debt ist definiert als positiver Saldo der Darlehensverpflichtungen über die Darlehensansprueche. Die Thin Cap Rules greifen nur für Schulden ein, die höher als 500.000 Euro sind. Ein Zinsabzug ist bei einer unterkapitalisierten niederländischen Gesellschaft dann insoweit ausgeschlossen, als die Zinsausgaben an nahe Angehobene die Zinseinnahmen von nahen Angehörigen überschreiten. Eine Gesellschaft ist nahe Angehörige bei einer $1/3$ "shareholder relationship".

Nicht abzugsfähige Zinsen werden nicht in eine verdeckte Gewinnausschüttung umqualifiziert, so dass aus diesem Grunde keine Quellensteuer anfällt.

### 3.3. Exit Options

Die Niederlande hat in Bezug auf den Exit keine besonderen Regelungen. Die Haupt-Deinvestitionswege sind:

*Trade sale* – Die Anteile oder Assets werden ganz oder zum Teil an einen Investor verkauft. Die meisten Exits in den Niederlanden erfolgen im Wege des Trade Sales.

*Secondary buy-out* – Die Anteile werden an einen anderen Investment Fonds verkauft. Dieser Exit ist anzutreffen, die die Portfoliogesellschaften noch nicht boersenreif sind.

*Break up* – Der Verkauf einer Gesellschaft in Teilen an Dritte.

*Portfolio sale* – Ein Private-Equity-Fonds verkauft die Anteile zusammen mit Anteilen an anderen Gesellschaft in Form eines ‚package deals'.

*Repurchase* – Der Rückkauf von Anteilen einer Private-Equity-Fonds durch die Gesellschafter der Portfoliogesellschaft oder aber des Managements.

*Recapitalisation* – Die Refinanzierung wird benutzt, um dem Portfolio-Unternehmen die Mittel zum Rückkauf vom Investors zu beschaffen. Selten gelingt es jedoch, auf diesem Wege einen Mehrheitsgesellschafter „auszuzahlen".

*IPO* – Initial Public Offering bzw. Exit über den Verkauf an der Börse.

*Involuntary exit* – Insolvenz

## 3.4. Besteuerung

Akquisitionen sind üblicherweise als Share Deal strukturiert. Eine niederländische Akquisitionsgesellschaft wird in Abhängigkeit von der Finanzierungsstruktur zwischengeschaltet. Zinsen auf Akquisition-Darlehen können grundsätzlich als Betriebsausgaben abgezogen werden, wenn das Target und die niederländische Akquisitionsgesellschaft eine fiscal unit bilden – vorbehaltlich der Beschränkungen durch die Thin-Cap-Regelungen sowie der Anwendung des Base-Erosion-Tests. Eine fiscal unity kann bei einem Anteilserwerb von mindestens 95% begründet werden. Zinsen an Dritte sind als Betriebsausgaben abzugsfähig, wenn das Target von Dritten erworben wird und das Darlehen nicht von Personen garantiert wird, die außerhalb der fiscal unity sind. Zinsen an Gesellschafter sind als Betriebsausgaben abzugsfähig, wenn die Thin-Cap-Regelungen eingehalten werden, das Darlehen jedenfalls mittelbar als einem Darlehen eines Dritten gespeist wird und die Zinseinnahmen beim Empfänger zu mindestens einem Steuersatz von 10% besteuert wird.

### 3.4.1. Weitere Aspekte

Die Niederlande sind Mitglied der EU und haben ein stabiles wirtschaftliches Umfeld. Tatsächlich sind die Niederlande sogar Gründungsmitglied der NATO und der EU und partizipierten an der Einführung des Euro in 1999. Die Niederlande haben eine stabile Demokratie, die Menschenrechte und Minderheiten schützt. Es besteht ein funktionierender Finanzmarkt und eine Gesellschaft, die EU Recht umsetzt und schützt.

Ausländische Investoren werden gleich behandelt. Das niederländische Recht diskriminiert nicht; Unterschiede bestehen insoweit als Formalitäten in Bezug zur Gesellschaftsform, Währung und Securities, Banken und Versicherungen wie auch Oel und Gas beachtet werden müssen. Ansaessigkeits- oder EU-Staatsbürgerschaft ist erforderlich für die Schiffs- und Luftverkehrsindustrie sowie die Waffenproduktion.

Vertragliche Beziehungen sind durch niederländisches Recht geschützt und werden durch selbiges durchgesetzt. Das Risiko eine Repudiation ist sehr gering.

# § 8 Schweden

| Übersicht | Seite |
|---|---|
| 1. Fondsstruktur | 875 |
| 1.1. Übliche Fondsstrukturen | 875 |
| 1.1.1. Ausländische Strukturen | 875 |
| 1.1.2. Schwedische Strukturen | 876 |
| 1.2. Investoren | 876 |
| 1.3. Kapitalaufbringung | 877 |
| 1.4. Ergebnisverwendung | 877 |
| 1.5. Management Fee | 877 |
| 1.6. Carried Interest | 878 |
| 1.7. Liquidation | 878 |
| 1.8. Finanzaufsicht/Regulatorisches Umfeld | 879 |
| 1.9. Investor Committee | 879 |
| 1.10. Steuerfragen | 880 |
| 1.10.1. Besteuerung von Fonds und ihren Investoren | 880 |
| 1.10.2. Mehrwertsteuer | 882 |
| 2. Transaktionsstruktur | 882 |
| 2.1. Beteiligungsvertrag | 882 |
| 2.1.1. Anteilskaufvertrag | 882 |
| 2.1.2. Gesellschaftervertrag | 883 |
| 2.2. Fremdfinanzierung (Thin Cap Rules) | 883 |
| 2.3. Exit-Optionen | 883 |
| 2.3.1. Trade Sale | 884 |
| 2.3.2. Börsennotierung/Going public | 884 |
| 2.4. Steuerfragen | 886 |

## 1. Fondsstruktur

Der Private Equity Markt in Schweden steht unter starkem Einfluss der angelsächsischen Märkte, d. h. der Vereinigten Staaten und Großbritannien.

### 1.1. Übliche Fondsstrukturen

Die meisten Private Equity Gesellschaften haben Ihre Fonds als Partnerships in Jersey aufgelegt. Ein Private Equity Fond kann aber auch in Form eines der verschiedenen schwedischen Rechtssubjekte aufgelegt werden, was zunehmend gebräuchlich wird. Hier bestehen jedoch einige Nachteile im Vergleich zu ausländischen Fondsstrukturen, insbesondere deren günstigere steuerliche Behandlung, aber auch das geringere Vertrauen in weniger bekannte schwedische Strukturen. Andererseits hat die gewählte Fondstruktur (ausländisch oder schwedisch) kaum Auswirkungen auf die nachfolgend beschriebene Ausgestaltung des Fonds als solche oder auf das Verhältnis zwischen Management und Investoren.

### 1.1.1. Ausländische Strukturen

Die gewöhnlichste Fondstruktur in Schweden bildet die Jersey Limited Partnership. Diese Struktur wurde zum einen aus steuerlichen Erwägungen heraus entwickelt, aber auch weil ausländische Investoren mit den schwedischen Rechtssubjekten nicht vertraut sind und daher Zurückhaltung bestand, in solche zu investieren.

Grundsätzlich wird der Fond in Form einer Limited Partnership in Jersey errichtet, die ihrerseits wiederum in die Portfolio-Gesellschaften investiert. Der unbeschränkt haftende Gesellschafter der Limited Partnership hat seinen Sitz auf Jersey, und er ist es auch, der alle Entscheidungen bezüglich der Investitionen des Fonds trifft.

## 8. Teil. Länderberichte/Country Reports

Üblicherweise verfügt der Fond in Schweden über einen unabhängigen Investment-Berater, der keine Beteiligungen am Fond hält und auch keine Gelder in den Fond investiert.

### 1.1.2. Schwedische Strukturen

Das am häufigsten verwendete schwedische Rechtssubjekt zur Bildung eines Fonds ist die schwedische Kommanditgesellschaft (*Schw. Kommanditbolag*). Die Investoren sind dabei Kommanditisten (*Schw. Kommanditdelägare*) und die Management-Gesellschaft der Komplementär (*Schw. Komplementär*).

Einer der Hauptgründe für die Gründung von Fonds in Form einer schwedischen Kommanditgesellschaft war die Tatsache, dass es vielen schwedischen Pensionskassen zuvor nicht gestattet war, in ausländische Fond-Strukturen zu investieren. Heute ist es schwedischen Pensionskassen jedoch erlaubt, in ausländische Fondstrukturen zu investieren. Ein gewisser Anteil muss jedoch nach wie vor in schwedische Fonds investiert werden. Mit Wirkung zum 1. Januar 2010 wurden die schwedischen Steuergesetze in Bezug auf schwedische Kommanditgesellschaften und ihre Gesellschafter geändert. Die Änderungen lassen sich dahingehend zusammenfassen, dass schwedische und ausländische Investoren aus dem Gebiet der EWG ihre Anteile an schwedischen Kommanditgesellschaften zukünftig steuerfrei verkaufen können. Weiterhin können schwedische Kommanditgesellschaften Dividenden aus nicht notierten Anteilen ohne steuerliche Nachteile für die Investoren verkaufen und annehmen. Es ist nicht unwahrscheinlich, dass diese Änderungen zu einem verstärkten Interesse an schwedischen Kommanditgesellschaften als Fondsgesellschaften führen werden.

Einige Fonds wurden als schwedische Aktiengesellschaften (*Schw. Aktiebolag*) aufgelegt. Grundsätzlich funktioniert eine solche Fondsstruktur gut, wenn die Investoren zum überwiegenden Teil schwedisch sind. Weniger gut eignet sie sich bei ausländischen Investoren, insbesondere solchen von außerhalb der EWG. Zudem sind Fondstrukturen in Form von Aktiengesellschaften wegen zwingender Vorschriften des schwedischen Gesellschaftsrechts etwas unflexibler.

Sowohl in einer schwedischen Aktiengesellschaft als auch in einer schwedischen Kommanditgesellschaft (sofern der Investor nur Kommanditist und nicht Komplementär ist) ist die Haftung des Investors begrenzt.

### 1.2. Investoren

Wie in den meisten anderen Ländern auch, so sind auch in Schweden Banken, Pensionskassen und Versicherungsgesellschaften die größten Investoren. Daneben gibt es auch börsennotierte Private Equity Gesellschaften, staatseigene Gesellschaften, Stiftungen und Gesellschaften, die im Eigentum von größeren Industrieunternehmen stehen und von diesen finanziert werden.[3392]

In den letzten Jahren hat auch die Bedeutung von sogenannten „Dachfonds" als Investoren zugenommen. Ein Dachfond investiert nicht direkt in eine Zielgesellschaft sondern ausschließlich in andere Private Equity Fonds. Zweck eines solchen Dachfonds ist es, den Investoren eine optimierte Balance zwischen Risiko und Ertrag zu bieten; durch eine Investition in einen Dachfond werden Chancen und Risiken breiter gestreut.

In Statistiken aus dem Jahre 2008 ( in Klammern Statistiken aus dem Jahre 2007 ) wird die Verteilung der von verschiedenen Investoren erworbenen Anteile wie folgt dargestellt[3393]:

---

[3392] Fragor och svar om Private Equity, SVCA, 7. April 2005, S. 3.
[3393] Riskkapitalbolagens aktiviteter och finansiering i tidiga skeden. Fjärde kvartalet 2007 samt helår 2007 Bericht veröffentlicht von SVCA R 2008:9, S. 83 und Riskkapitalbolagens aktiviteter och finansiering i tidiga skeden. Fjärde kvartalet 2008 samt helår 2008, Bericht veröffentlicht von SVCA Mai 2009, S. 39.

| Erworbenes Kapital von Investor | Buyout Akteure | Venture-Akteure | Total |
|---|---|---|---|
| Dachfonds | 26 % (37 %) | 0 % (1 %) | 26 % (34 %) |
| Pensionskassen | 39 % (13 %) | 16 % (55 %) | 39 % (17 %) |
| Versicherungsgesellschaften | 14 % (12 %) | 0 % (15 %) | 14 % (12 %) |
| Kapitalmarkt | 4 % (9 %) | 4 % (3 %) | 4 % (9 %) |
| Beteiligungsgesellschaften[3342] | 1 % (7 %) | 40 % (12 %) | 2 % (8 %) |
| Banken | 0 % (8 %) | 0 % (1 %) | 0 % (7 %) |
| Privatpersonen | 4 % (5 %) | 34 % (12 %) | 4 % (6 %) |
| Andere | 0 % (5 %) | 0 % (0 %) | 0 % (4 %) |
| Öffentlicher Sektor | 0 % (3 %) | 5 % (0 %) | 0 % (3 %) |
| Universitäten/Hochschulen | 12 % (1 %) | 1 % (0 %) | 11 % (1 %) |

### 1.3. Kapitalaufbringung

Grundsätzlich verfügt ein Fond über mehrere voneinander gänzlich unabhängige Investoren. Es gibt keine rechtlichen Anforderungen oder Begrenzungen im Hinblick auf die vom Investor in den Fond zu erbringende Kapitaleinlage. In der Regel werden in den Fondverträgen die Voraussetzungen für die Kapitaleinlagen getroffen.

Jeder Investor eines Private Equity Fonds verpflichtet sich, über einen bestimmten Zeitraum einen bestimmten Betrag, das so genannte „Commitment" in die Fondgesellschaft zu investieren. Im Fond wird dies als Kapitaleinlage der Gesellschafter erfasst. Die Summe der Kapitaleinlagen entspricht der Größe des Fonds. Die Zahlung der zugesagten Kapitaleinlage erfolgt entsprechend der Investitionen des Fonds in die Portfoliogesellschaften oder zur Deckung der Kosten des Fonds.

Schließlich investiert in der Regel auch das Management-Team in den Fond, häufig mit einer Beteiligung in Höhe von 1–2 Prozent des Gesamtkapitals des Fonds.

### 1.4. Ergebnisverwendung

Die Ergebnisverwendung in Form der Gewinnausschüttung ist die Rendite, die ein Investor aus seinem Investment in einen Private Equity Fond erhält. Sie berechnet sich aus Kapital und Ertrag aus den Investitionen abzüglich Verbindlichkeiten und Kosten. Sobald ein Gesellschafter seine Investitionskosten wiedererlangt hat, stellen alle weiteren Ausschüttungen einen Gewinn dar. Der Gesellschaftsvertrag bestimmt den Zeitpunkt der Ausschüttungen an die Gesellschafter sowie die Art und Weise, in der Gewinn unter den Investoren und der Managementgesellschaft aufgeteilt wird.

Gewinnausschüttungen können in verschiedenen Formen strukturiert werden. In aller Regel folgen sie der international üblichen Praxis.

### 1.5. Management Fee

Grundsätzlich folgt die Management Fee in Höhe und Struktur der internationalen Praxis. Die Management Fee sollte die administrativen Kosten, wie etwa die Kosten für Personal, Büro und andere Kosten, abdecken.

In den letzten Jahren haben Investoren ein besonderes Augenmerk auf die Management Fee gerichtet, was eine Tendenz zu sinkenden Management Fees nach sich zog.[3394] Es ist immer üblicher geworden, dass die Investoren ein Budget für die Managementgesellschaft als Grundlage für die Festlegung der Höhe der Management Fee verlangen. Andere bevorzugen eine prozentuale Management Fee in Kombination mit einer Obergrenze meist in

---

[3394] Recent trends in Swedish fund formation, Peter Alhanko, Carl-Johan Ehn, Andreas Wisser.

Relation zu der Größe des Fonds.[3395] Während der Investitionsphase wird die Managementgebühr in der Regel nach wie vor als Prozentsatz der Kapitaleinlagen berechnet, also dessen, was die Investoren sich zu zahlen verpflichtet haben. Danach wird sie reduziert.

Bei einem Venture Capital Fond beträgt die Höhe der Management Fee 2–3 Prozent der gesamten Kapitaleinlagen und bei einem Buyout-Fond beläuft sich die Management Fee auf 1–2 Prozent der gesamten Kapitaleinlagen.[3396] Der Grund für die unterschiedlichen Mangement Fees bei Venture Capital und bei Buyout-Fonds wird üblicherweise mit der Tatsache erklärt, dass der Buyout-Fond für gewöhnlich über weitaus höhere Kapitaleinlagen verfügt, aber die Kosten nicht im Verhältnis *pro rata* zur Höhe der Kapitaleinlagen steigen.

Im Anschluss an die Investitionsphase eines Fonds wird die Management Fee normalerweise entsprechend der Veräußerung der Portfoliogesellschaften des Fonds geringer. Dies beruht zum Teil darauf, dass das Management Team keine neuen Investitionen mehr für den Fonds bewertet und zum Teil auch darauf, dass sich der Aufwand im Zuge der Veräußerungen der Portfoliogesellschaften verringert. Dabei gibt es eine Tendenz hin zu einem schnelleren Takt im Hinblick auf die Reduzierung der Managementgebühren. Üblicherweise legt das Management Team am Ende der Investitionsphase auch einen neuen Fond auf. Dies bedeutet, dass die allgemeinen Kosten der Managementgesellschaft zwischen verschiedenen Fonds gesplittet werden können.

### 1.6. Carried Interest

Das Management Team erhält einen Anteil des Gewinns, wenn die Investitionen des Privat Equity Fonds veräußert werden, was als „Carried Interest" bezeichnet wird. In den meisten Fällen beläuft sich der Carried Interest auf 20 Prozent der Erlöse nach Rückzahlung der geleisteten Kapitaleinlagen (*Schw. Neddraget kapital*).[3397]

Es gibt mehrere verschiedene Gewinnverteilungsmodelle. Der derzeitige Trend geht hin zu einer Gewinnverteilung, nachdem die Investoren eine Rückzahlung auf das gesamte eingezahlte Kapital sowie einen bestimmten Erlösanteil erhalten haben, was üblicherweise als „Hurdle Rate" oder „Mindestrendite" bezeichnet wird. Jeder darüber hinausgehende Gewinn wird im Allgemeinen zwischen den Investoren zu 80 Prozent und dem Management Team zu 20 Prozent aufgeteilt.

Während die 80/20-Aufteilung des Carried Interest die Standardstruktur in Schweden bleibt, hat sich die Methode für die Berechnung dieser Aufteilung graduell verändert. Die meisten Fonds kehren einer eher formalisierten, standardisierten Gesamtfondbetrachtung den Rücken zu und wenden sich einer ausgefeilten investmentbezogenen Verteilungsmethode zu, die eine frühere Rückzahlung des investierten Kapitals sicherstellt.[3398]

Dass die Investoren Rückzahlungsregelungen („Clawback") verlangen, die eine Rückzahlung des Carried Interest auf einer investmentbezogenen Berechnung ermöglichen, ist in Schweden in den vergangenen Jahren Standard geworden.

### 1.7. Liquidation

Der Lebenszyklus eines Private Equity Fonds beträgt normalerweise etwa zehn Jahre. Die Investitionsphase des Fonds, also die Zeit, in der Investitionen in neue Portfoliogesellschaften getätigt werden, umfasst in der Regel die ersten 3–5 Jahre. Danach werden keine neuen Investitionen in neue Portfoliogesellschaften getätigt. Investitionen in bestehende Portfoliogesellschaften können aber nach wie vor erfolgen. Wenn die Portfoliogesellschaften veräußert sind, wird ein erzielter Gewinn an die Investoren verteilt. Sind alle Portfoliogesellschaften veräußert und der Gewinn verteilt, wird der Fond aufgelöst.

---

[3395] Recent trends in Swedish fund formation, Peter Alhanko, Carl-Johan Ehn, Andreas Wisser.
[3396] Fragor och svar om Private Equity, SVCA, p. 4.
[3397] Recent trends in Swedish fund formation, Peter Alhanko, Carl-Johan Ehn, Andreas Wisser.
[3398] Recent trends in Swedish fund formation, Peter Alhanko, Carl-Johan Ehn, Andreas Wisser.

Eine freiwillige Liquidation einer schwedischen Aktiengesellschaft erfolgt aufgrund eines ordentlichen Gesellschafterbeschlusses, d. h. dass mehr als die Hälfte der anwesenden Gesellschafter zustimmen müssen. Es ist auch möglich, in der Satzung der Gesellschaft festzulegen, dass ein Beschluss über die freiwillige Liquidation der Gesellschaft von einer satzungsändernden Mehrheit (zwei Drittel) gefasst werden kann. Eine freiwillige Liquidation einer Kommanditgesellschaft erfolgt aufgrund auf Grund eines einstimmigen Beschlusses der Gesellschafter, d. h. des Komplementärs und des/der Kommanditist(en). Der Beschluss über die Auflösung der Gesellschaft ist in beiden Fällen bei dem schwedischen Gesellschaftsregister (Schw. Bolagsverket) einzureichen, welches dann im Falle einer Aktiengesellschaft einen Liquidator bestimmt. Im Falle einer Kommanditgesellschaft wird das Vermögen gemäß des Gesellschaftervertrages aufgeteilt. Der Fond kann in bestimmten, festgelegten Fällen auch als Folge eines so genannten „Key Man Events" aufgelöst werden, d. h. bei Ausscheiden eines Komplementärs und (in manchen Fällen) durch Beschluss der Investoren.

### 1.8. Finanzaufsicht/Regulatorisches Umfeld

Grundsätzlich bestehen keine regulatorischen Anforderungen für die Errichtung und Führung eines Private Equity Fonds in Form einer schwedischen Kommanditgesellschaft oder Aktiengesellschaft. Wenn jedoch der Private Equity Fond in Form einer schwedischen Aktiengesellschaft aufgelegt ist und die Aktien der Gesellschaft zum Handel an einem regulierten schwedischen Markt zugelassen sind (siehe unten Ziffer 2.3.2), beispielsweise NASDAQ OMX Stockholm, muss die Gesellschaft die Anforderungen z. B. des schwedischen Börsengesetzes (*Schw. lag (2007:528) om värdepappersmarknaden*)[3399], des Wertpapierhandelsgesetzes (*Schw. lag (1991:980) om handel med finansiella instrument*) und der jeweiligen Börsenregeln erfüllen. Die schwedische Finanzaufsichtsbehörde (*Schw. Finansinspektionen*) ist die nach dem Börsengesetz und dem Wertpapierhandelsgesetz zuständige Behörde, die dementsprechend z. B. kontrolliert, dass gelistete Unternehmen die Publizitätsregeln befolgen.

Es ist auch darauf hinzuweisen, dass Marketing und Verkauf von Private Equity Fonds in Schweden durch das Börsengesetz reguliert werden (Implementierung von MiFID).

Darüber hinaus würde die neue sogenannte AIFM-Richtlinie (Alternative Investment Fund Manager) der EU, sofern diese in ihrer derzeitigen Entwurfsfassung mit Wirkung frühestens ab 2012 in Kraft tritt, das Erfordernis einer Lizenz für die Manager Alternativer Investitionsfonds (AIF, z. B. Private Equity Fonds) beinhalten. Die vorgeschlagene Richtlinie enthält unter anderem Bestimmungen zu umfassenden Offenlegungspflichten, zum Management des Fonds (z. B. bezüglich Risikomanagement, Interessenkonflikt und Organisation), die Zulässigkeit von Fremdfinanzierung oder, wenn der AIF beherrschende Beteiligungen an einer nicht gelisteten Gesellschaft erlangt, Mindestanforderungen an das Kapital des Fondsmanagers, Treuhändern für das Vermögen des Fonds, Bewertungsvorschriften und Einschränkungen zur Erteilung von Bevollmächtigungen.

### 1.9. Investor Committee

Grundsätzlich sind die Investoren in das alltägliche Management des Private Equity Fonds oder die Leitung der Portfoliogesellschaften nicht involviert. Stattdessen wird der Einfluss seitens der Investoren üblicherweise in verschiedenen Arten von Gremien und Ausschüssen sowie in Gesellschafterversammlungen ausgeübt.

Die meisten Fonds haben einen von den Investoren ernannten Ausschuss, das sogenannte „Investor Committee", der sich unter anderem mit Interessenkonflikten und Bewertungen der Portfoliogesellschaften befasst. In bestimmten Fonds ist das Investor Committee auch in Entscheidungen über Investitionen in und über Verkäufe von Portfoliogesellschaften mit einbezogen. Der Einfluss der Investoren bei der Entscheidungsfindung kann aber auch durch ein positives Entscheidungsrecht oder durch ein Vetorecht oder durch Ideen, die bezüglich

---

[3399] Das Börsengesetz basiert auf der EU-Richtlinie MiFID (2004/39/EC).

## 8. Teil. Länderberichte/Country Reports

der vorgeschlagenen Investition oder des vorgeschlagenen Verkaufs präsentiert werden, ausgeübt werden.

In den letzten Jahren haben Investoren begonnen, mehr Kontrolle und Einfluss einzufordern, was zu wesentlichen Veränderungen im Fond oder im Management-Team geführt hat.[3400] Die Verträge haben sich hin zu einer detaillierteren Regelung der folgenden Fragen bewegt, wie z. B. derjenigen, ob eine Schlüsselperson dem Team beitritt oder es verlässt oder ob das Management-Team seiner Loyalitäts- und Treuepflicht bei der Erfüllung der Managementaufgaben nach dem Vertrag nicht nachkommt. Unter solchen Umständen dürfen die Investoren bestimmte Maßnahmen ergreifen, z. B. beschließen, ob die Investitionsphase beendet, der Fond aufgelöst oder das Management-Team ausgeschlossen und ein neues Management-Team ernannt werden sollte.

Es ist ferner üblich zu bestimmen, dass die Investoren, unter dem Vorbehalt einer satzungsändernden (zwei Drittel) Mehrheit, das Recht haben sollen, über eine vorzeitige Liquidation des Fonds zu beschließen oder das Management-Team ohne Angabe von Gründen auszuschließen.

### 1.10. Steuerfragen

#### 1.10.1. Besteuerung von Fonds und ihren Investoren

##### 1.10.1.1. Allgemeines zur Besteuerung von Fonds

Schwedische Fonds, die als Kommanditgesellschaft organisiert sind, unterliegen nicht der schwedischen Einkommensteuer (aber die Einkünfte der Investoren aus der Kommanditgesellschaft werden besteuert). Schwedische Fonds, die als Aktiengesellschaft organisiert sind, unterliegen der schwedischen Körperschaftssteuer. Ausländische Fonds (limited partnerships) unterliegen nur dann der schwedischen Einkommensteuer, wenn sie eine dauerhafte Betriebsstätte in Schweden begründen.

##### 1.10.1.2. Besteuerung von Investoren im Allgemeinen

Schwedische nationale Pensionskassen (*Schw. Allmänna pensionsfonder*) sind von der Steuer befreit. Schwedische Lebensversicherungsgesellschaften (*Schw. Svenska livförsäkringsbolag*) sind von der Einkommensteuer befreit, unterliegen aber stattdessen der Ertragssteuer (*Schw. Avkastningsskatt*). Schwedische Aktiengesellschaften unterliegen der Körperschaftssteuer mit einem Steuersatz von 26,3 Prozent (aber Kapitalerträge und Dividenden aus Aktien, die zu Zwecken des eigenen Geschäftsbetriebes gehalten werden, sind steuerbefreit). Ausländische Investoren unterliegen der Einkommensteuer mit einem Steuersatz von 26,3 Prozent auf Einkünfte aus einem schwedischen Fond in der Form einer Kommanditgesellschaft und auf Einkünfte aus einem ausländischen Fond, der eine dauerhafte Betriebsstätte in Schweden begründet. Dividenden aus Aktien an einem schwedischen Fond in der Form einer Aktiengesellschaft, die an ausländische Gesellschafter (entsprechend der Definition im schwedischen Einkommensteuergesetz) ausgeschüttet werden, unterliegen nicht der schwedischen Quellensteuer, sofern die ausländische Gesellschaft ihren Sitz nicht in einem Niedrigsteuerland hat.

##### 1.10.1.3. Besteuerung einer schwedischen Kommanditgesellschaft

Wenn ein Fond als schwedische Kommanditgesellschaft organisiert ist, unterliegen die Einkünfte der schwedischen (sofern nicht steuerbefreit) und der ausländischen Investoren aus der Kommanditgesellschaft der Besteuerung in Schweden.

Der Gewinn einer schwedischen Kommanditgesellschaft wird wie folgt besteuert. Zunächst wird der zu versteuernde Gewinn auf Gesellschaftsniveau so berechnet, als wäre die Gesellschaft eine steuerliche Einheit (was sie nicht ist). Der auf diese Weise ermittelte steuerpflichtige Gewinn wird dann in Schweden auf der Ebene der Investoren versteuert. So-

---

[3400] Recent trends in Swedish fund formation, Peter Alhanko, Carl-Johan, Andreas Wisser.

weit das Management des Fonds seine Investitionsaktivitäten in Schweden betreibt, werden die Einkünfte der Investoren so betrachtet, als entstammten sie einer dauerhaften Betriebsstätte in Schweden. Deshalb werden die Investoren in Schweden besteuert, auch wenn sie aus dem Ausland kommen.

Ab 1. Januar 2010 sind die Kapitalerträge und Dividenden aus Aktien, die der Fond hält, unter den selben Bedingungen wie Aktien, die eine schwedische Aktiengesellschaft hält (siehe unten Ziffer 1.10.1.5), von der Besteuerung befreit. Voraussetzung hierfür ist allerdings, dass die Kapitalerträge oder Dividenden auch dann steuerbefreit wären, wenn der Investor die Aktien unmittelbar selbst halten würde. Dies bedeutet, dass Investoren in der Regel keine Steuer auf solche Einkünfte des Fonds zahlen müssen. Andere Einkünfte des Fonds werden auf der Gesellschafterebene berechnet und in Schweden auf der Ebene der Investoren besteuert.

Die oben beschriebenen Regeln gelten auch dann, wenn ausländische Investoren in Ihrem Heimatstaat steuerbefreit sind.

### 1.10.1.4. Besteuerung eines ausländischen Fonds

Um eine Besteuerung in Schweden zu vermeiden, darf ein ausländischer Fond keine dauerhafte Betriebsstätte in Schweden haben, d. h. der ausländische Fond darf keine Entscheidungen in Schweden treffen oder Vertreter vor Ort haben. Ist der Fondverwalter in Schweden ansässig, so führt dies daher in der Regel dazu, dass der ausländische Fond so behandelt wird, als hätte er eine dauerhafte Betriebsstätte in Schweden.

Eine übliche Struktur zur Vermeidung dieser Konsequenz läuft darauf hinaus, dass sich der ausländische Fond von einer externen „Beratungsgesellschaft" in Schweden beraten lässt.

Wenn der ausländische Fond der schwedischen Besteuerung unterliegt, so ist er verpflichtet, in Schweden eine Steuererklärung (*Schw. deklaration*) einzureichen und Einkommensteuer zu zahlen.

### 1.10.1.5. Besteuerung einer schwedischen Aktiengesellschaft

Grundsätzlich wird der Gewinn eines Fonds in der Form einer schwedischen Aktiengesellschaft mit einem Steuersatz von 26,3 Prozent besteuert. Allerdings ist der Fond in der Regel im Hinblick auf seine Kapitalerträge und Dividenden aus Aktien in den Portfoliogesellschaften steuerbefreit.

Kapitalerträge und Dividenden aus nicht notierten (nicht gelisteten) Aktien sind steuerbefreit. Dies gilt unabhängig davon, ob es sich bei den Aktien, die die schwedische Aktiengesellschaft hält, um schwedische oder ausländische Portfoliogesellschaften handelt. Es gibt keine Bedingung, dass die ausländische Portfoliogesellschaft einem bestimmten Steuerniveau unterlegen haben muss, aber wenn ihre Erträge niedrig besteuert wurden (nach der Definition im schwedischen Einkommensteuergesetz), so kann es zu einer Anwendung der schwedischen Regeln über „controlled foreign companies" („cfc-Regeln") kommen, und die Erträge können evtl. einer laufenden Besteuerung auf der Ebene der schwedischen Aktiengesellschaft unterliegen. In der Regel gelten die cfc-Regeln nur für Gesellschaften in so genannten Steueroasen, sofern die schwedische Gesellschaft mindestens 25 Prozent der Anteile hält.

Gelistete Aktien sind von der Steuerpflicht ausgenommen, wenn entweder (i) die gehaltenen Aktien mindestens zehn Prozent der Stimmrechte aller Aktien verkörpern oder (ii) das Halten der Aktien zur Geschäftstätigkeit des Gesellschafters oder eines verbundenen Unternehmens gehört. Für gelistete Aktien gilt außerdem eine Mindesthaltedauer von zwölf Monaten.

Aktien werden als gelistet angesehen, wenn sie an einer schwedischen oder ausländischen Börse registriert sind oder, sofern sie nicht an einer Börse registriert sind, wenn sie anderweitig schwedischem oder ausländischem fortlaufenden Handel unterliegen.

## 1.10.2. Mehrwertsteuer

Managementdienstleistungen, die von der Managementgesellschaft (d. h. dem Komplementär einer Kommanditgesellschaft) gegenüber dem Fond erbracht werden, werden in der Regel für Mehrwertsteuerzwecke nicht als Leistung angesehen, vorausgesetzt, dass die Dienstleistungen vom Gegenstand des Gesellschaftsvertrages umfasst sind. Insoweit fällt für schwedische Fonds, die in Form einer Kommanditgesellschaft organisiert sind, bei in Rechnung gestellten Managementgebühren, keine Mehrwertsteuer an.

Im Zusammenhang mit einem in Form einer schwedischen Aktiengesellschaft organisierten schwedischen Fond sollten Mehrwertsteuerfragen ebenfalls keine Rolle spielen, da das Management des Fonds direkt beim Fond angestellt werden kann.

## 2. Transaktionsstruktur

### 2.1. Beteiligungsvertrag

Einleitend kann bemerkt werden, dass es in Schweden im Gegensatz zu vielen anderen Ländern keinerlei Beurkundungserfordernis durch einen Notar für vertragliche Vereinbarungen gibt.

Die Bedingungen, die typischerweise in schwedischen Beteiligungsverträgen enthalten sind, unterscheiden sich nicht wesentlich von den in anderen Ländern üblichen Bedingungen, wenngleich die Dokumentation dazu tendiert, weniger umfangreich zu sein als beispielsweise in den USA oder in Großbritannien. Die vergleichsweise Kürze der Dokumentation lässt sich begründen mit einer Kombination aus Tradition und den Grundsätzen von Vernunft und Fairness, die für alle schwedischen Geschäftsbeziehungen gelten. In den letzten Jahren konnte man eine Tendenz hin zu der Verwendung längerer Verträge beobachten, was auf eine Orientierung hin zu einem eher angloamerikanischen Stil deutet.

In der Regel besteht die Dokumentation aus einem Anteilskaufvertrag und einem Gesellschaftervertrag. Dazu kommt neben anderen Dokumenten üblicherweise auch noch die Satzung der Zielgesellschaft. Aus der Buyout-Perspektive betrachtet stellt der Anteilskaufvertrag das wichtigste Dokument dar. In Venture-Transaktionen hingegen wird der Anteilskaufvertrag als nicht so relevant angesehen wie der Gesellschaftervertrag.

Das Vorstehende gilt indes nur für schwedische private Aktiengesellschaften (*Schw. privat aktiebolag*). Beim Kauf einer schwedischen, im geregelten Markt gelisteten Publikumsaktiengesellschaft (*Schw. publikt aktiebolag*)[3401] sind zusätzlich die schwedischen Übernahmeregelungen zu beachten[3402].

#### 2.1.1. Anteilskaufvertrag

Bis auf die oben erwähnten Aspekte unterscheidet sich der schwedische Anteilskaufvertrag nicht sehr von der international gängigen Praxis. Die Aktien einer schwedischen Aktiengesellschaft sind grundsätzlich frei übertragbar,[3403] die zulässigen Veräußerungsbeschränkungen sind streng begrenzt. In die Satzung dürfen lediglich aufgenommen werden Zustimmungsvorbehalte (*Schw. Samtyckesförbehåll*), Vorkaufsrechte (*Schw. Förköpsförbehåll*) oder ein

---

[3401] Zu den Unterschieden zwischen den privaten schwedischen Aktiengesellschaften und den Publikumsaktiengesellschaften siehe Näheres unten unter Abschnitt 2.3.2.

[3402] Die drei Hauptquellen schwedischer Übernahmeregelungen sind das Übernahmegesetz (*Schw. lag (2006:451) om offentliga uppköpserbjudanden på aktiemarknaden*), die Übernahmeregeln der geregelten Märkte (z. B. NASDAQ OMX Stockholm) und Stellungnahmen und Regelungen des schwedischen Wertpapierkommitees (*Schw. Aktiemarknadsnämnden*). Bezüglich des Erwerbs einer schwedischen Gesellschaft, die an einer multilateralen Handelseinrichtung gehandelt wird (multilateral trading facility, MTF), hat das Börsenkommitte der schwedischen Wirtschaft (*Schw. Näringslivets Börskommitté*) Übernahmeregeln erlassen, welche am 1. Januar 2010 in Kraft getreten sind.

[3403] Kap. 4 § 7 des schwedischen Aktiengesellschaftsgesetzes.

Vorbehaltsrecht der Aktionäre, Aktien die verkauft worden sind, zu erwerben (*Schw. Hembudsförbehåll*). Die beiden ersten Vorbehalte dürfen jedoch nur in die Satzung von sogenannten Kupongesellschaften aufgenommen werden.[3404]

Wenn der Erwerber durch die Vorlage eines schriftlichen Vertrages mit dem letzten im Aktienbuch eingetragenen Aktionär seinen Erwerb nachweisen kann, wird der Verwaltungsrat ihn ins Aktienbuch eintragen. Gegenüber den Gläubigern des Veräußerers bzw. im Konkurs ist der Erwerber sachenrechtlich durch den Vertrag geschützt. Ohne den Besitz der indossierten Aktienbriefe, wenn solche ausgestellt sind, hat der Erwerber jedoch keine Sicherheit, dass er vom Verwaltungsrat im Aktienbuch als Aktionär eingetragen wird. Der Besitz von Aktienbriefen ist allerdings bei sogenannten Abstimmungsgesellschaften durch die Eintragung in das Register ersetzt worden.[3405]

### 2.1.2. Gesellschaftervertrag

Tag-along-, drag-along-Klauseln und Vorzugsrechte bei Verkäufen sind allesamt Dinge, welche die Rechte der Gesellschafter untereinander betreffen und die in einem Gesellschaftervertrag geregelt sein müssen.

Um flexible Ausstiegsmöglichkeiten zu gewährleisten, ist es empfehlenswert, sicher zu stellen, dass die vertraglichen Regelungen hinsichtlich tag-along und drag-along sowie der Vorzugsdividende für alle Gesellschafter gelten. Soweit sie nicht Partei von Gesellschafter- oder Zeichnungsverträgen werden, sollten solche Anteilseigner zumindest gesonderte Maßnahmen ergreifen, um diese Rechte zu sichern.

In Buy-out Transaktionen ist das Management meist an Veräußerungsbeschränkungen gebunden. Ferner sind Vesting-Schemes üblich, nach denen es dem Management erlaubt ist, Anteile an den Portfoliogesellschaften zu einem relativ geringen Preis zu kaufen. Um zu vermeiden, dass das Management geht, ist es ferner üblich, im Gesellschaftervertrag so genannte good-leaver und bad-leaver Klauseln einzubauen. An dieser Stelle ist anzumerken, dass es für das Management und für die Portfoliogesellschaften steuerlich von Nachteil sein kann, wenn die Veräußerungsbeschränkungen und die bad-leaver Klauseln das Management zu sehr einschränken, so dass es keinen fairen Marktpreis für seine Anteile erhalten könnte.

In Venture-Transaktionen sind Veto-Klauseln gegen bestimmte wesentliche Entscheidungen von größerer Bedeutung als in Buyout-Transaktionen. Auch sind Anti-Dilution-Regeln umfangreicher.

### 2.2. Fremdfinanzierung (Thin Cap Rules)

In Schweden gibt es keinerlei Steuerbestimmungen zu Gesellschafterfremdfinanzierung, und Zinsen sind grundsätzlich unbegrenzt abzugsfähig, sofern sie nicht im Zusammenhang stehen mit steuerlich begründeten konzerninternen Reorganisationsmaßnahmen.

### 2.3. Exit-Optionen

Grundsätzlich ist es Sinn und Zweck von Private Equity Unternehmen, ihr Portfolio innerhalb von 3–5 Jahren nach Abschluss der Investitionen wieder zu veräußern. Bei den im Jahr 2007 durchgeführten Exits betrug die durchschnittliche Länge der Investmentperiode von Investition bis Exit 4,6 Jahre. Bei Exits im Rahmen von Venture-Beteiligungen lag die durchschnittliche Dauer bei 5,0 Jahren und bei Buyouts bei 3,7 Jahren.[3406]

---

[3404] Schon jetzt enthalten aber die ganz überwiegende Mehrheit der AB Satzungen solche Vorbehalte über Andienungspflichten. Der Grund für solche Begrenzungen der Übertragbarkeit ist immer wieder derselbe: Der Schutz des bestehenden Aktionärskreises und die Angst vor Überfremdung, vgl. auch Nicolaysen RIW 2005, 885 (888).

[3405] Foerster/Kastner in Süß/Wachter, Handbuch des internationalen GmbH-Rechts, Rn. 83 f.

[3406] Riskkapitalbolagens aktiviteter och finansiering i tidiga skeden. Fjärde kvartalet 2007 samt helår 2007. Bericht von SVCA, R 2008:09, S. 70.

# 8. Teil. Länderberichte/Country Reports § 8 Schweden

Es gibt zwei Hauptarten von Exits, und zwar Direktverkäufe („Trade Sale") und Börsennotierung. Neben diesen Alternativen gibt es weitere, weniger bevorzugte Varianten für einen Ausstieg, z. B. Liquidation oder Rückkauf. Die letztgenannten Alternativen können sich in bestimmten Konstellationen als die einzig gangbaren Exit Optionen herauskristallisieren.

Im Jahr 2008 (2007 in Klammern) haben schwedische Private Equity Unternehmen 102 (172) Exits durchgeführt, der Gesamtbetrag der Investitionen in den Exitgesellschaften betrug SEK 9.022.000(SEK 18.936.000).[3407]

Die Verteilung auf die verschiedenen Exit Optionen, getrennt nach Venture und Buyout Exits aus dem Jahre 2008, war wie folgt:[3408]

| Exit Option | Venture Exits (% der Anzahl aller Ausgliederungen) | Buyout Exits (% der Anzahl aller Ausgliederungen) | Exits Total (% der Anzahl aller Ausgliederungen) (2007) |
| --- | --- | --- | --- |
| Trade Sale | 31 % | 41 % | 34 % (45 %) |
| Refinancing (an andere Private Equity Gesellschaft) | 18 % | 8 % | 14 % (15 %) |
| Rückkauf (an Unternehmer/Gründer) | 13 % | 3 % | 9 % (11 %) |
| Verkauf gelisteter Aktien | 2 % | 8 % | 4 % (9 %) |
| Finanzakteure (außer Private Equity Gesellschaften) | 6 % | 10 % | 8 % (8 %) |
| Börsennotierung/Go public | – | – | 0 % (5 %) |
| Anderweitige Liquidation | 19 % | 30 % | 24 % (4 %) |
| Insolvenz/Abschreibung/Verkauf zum Nominalwert | 11 % | – | 7 % (3 %) |

### 2.3.1. Trade Sale

Ein Trade Sale wird grundsätzlich als Share Deal durchgeführt. Es kommt aber auch vor, dass die Transaktion als Übernahme der Vermögenswerte des Unternehmens strukturiert wird, also als Asset Deal.

Bei einem Share Deal schließen die Parteien einen Anteilskaufvertrag und die Gegenleistung wird in Geld oder als Neuemission von Aktien in der Gesellschaft erbracht.

Bei einem Asset Deal schließen die Parteien einen Vertrag über die Übertragung der Vermögenswerte und die Gegenleistung wird in Geld gegenüber der Gesellschaft erbracht. Die Gesellschafter erhalten einen Veräußerungsgewinn dann durch eine Gewinnausschüttung oder einen Liquidationserlös.

### 2.3.2. Börsennotierung/Going public

Eine weitere Alternative zur Veräußerung besteht im Zusammenhang mit einem *initial public offering* („IPO"), d. h. dem öffentlichen Bezugsangebot für die Aktien der Gesellschaft und der Notierung an einem regulierten Markt oder einem anderen Marktplatz. Der Exit der Investoren wird dabei erreicht entweder durch den Verkauf der im Eigentum stehenden Aktien der Gesellschaft im Rahmen des IPO oder durch einen anschließenden Verkauf auf dem betreffenden Marktplatz. Da ein expandierendes Unternehmen grundsätzlich einen umfassenden Kapitalbedarf hat, um künftige Expansionen finanzieren zu können, werden im Zusammenhang mit einem IPO häufig auch neue Aktien ausgegeben.

---

[3407] Riskkapitalbolagens aktiviteter och finansiering i tidiga skeden. Fjärde kvartalet 2008 samt helår 2008. SVCAís Bericht Mai 2009, S. 14.

[3408] Riskkapitalbolagens aktiviteter och finansiering i tidiga skeden. Fjärde kvartalet 2008 samt helår 2008. SVCAís Bericht Mai 2009, S. 48,49.

Derzeit gibt es in Schweden zwei Börsen, NASDAQ OMX Stockholm AB („NASDAQ OMX") und Nordic Growth Market NGM AB („NGM"). NASDAQ OMX betreibt sowohl einen regulierten Markt (NASDAQ OMX Stockholm) als auch eine multilaterale Handelseinrichtung (First North). NGM betreibt ebenfalls einen regulierten Markt (NGM Equity) und eine multilaterale Handelseinrichtung (Nordic MTF). Aktietorget ist eine weitere schwedische multilaterale Handelseinrichtung. Regulierte Märkte und multilaterale Handelseinrichtungen sind im Börsengesetz geregelt.

Unternehmen, die an einem regulierten Markt oder bei einer multilateralen Handelseinrichtung notiert sind, müssen beispielsweise den Regelungen zu Veröffentlichungspflichten nach dem Wertpapierhandelsgesetz und den Regeln folgen, die von dem jeweiligen Marktplatz aufgestellt wurden, bei dem die Aktien gelistet sind. Wenn eine Gesellschaft zum Handel an einem regulierten Markt zugelassen ist, sind normalerweise mehr und strengere Regeln einzuhalten, als bei einer Notierung bei einer multilateralen Handelseinrichtung.

Daneben gelten allgemeine Bedingungen für die Notierung, die von dem betreffenden Marktplatz aufgestellt werden und von der Gesellschaft erfüllt werden müssen, damit diese gelistet wird. Diese Anforderungen betreffen z. B. Rechnungslegung und Unternehmensentwicklung, Wirtschaftlichkeit und Working Capital, Liquidität der Aktien (Angebot und Nachfrage der Aktien müssen hinreichend sein und eine ausreichend große Zahl von Aktien muss sich im Streubesitz befinden) und die Verwaltung der Gesellschaft (Management, Verwaltungsrat und die Befähigung, den Markt mit Informationen zu versorgen). Im Zusammenhang mit einem IPO wird nach dem Wertpapierhandelsgesetz (*Schw. lag (1991:980) om handel med finansiella instrument*) auch ein Prospekt verlangt.

Auch sind bestimmte rechtliche Formalitäten zu beachten, bevor eine Gesellschaft an die Börse gehen kann. Schwedische Aktiengesellschaften sind in private Aktiengesellschaften (*Schw. privat aktiebolag*) und in Publikumsaktiengesellschaften (*Schw. publikt aktiebolag*) eingeteilt.[3409] Diese Einteilung bezweckt, die Gesellschaften, die Aktien und Wertpapiere (Schuldverschreibungen, Optionen etc.) am Kapitalmarkt anbieten und die ihr Unternehmen somit bei einem breiten Anlegerpublikum finanzieren, als Publikums-Aktiengesellschaft besonders zu kennzeichnen und mit einer Reihe von zwingenden Sondervorschriften zu versehen, die am Ende jedes Kapitels des schwedischen Aktiengesellschaftsgesetzes getrennt aufgeführt sind. Die Privat-Aktiengesellschaft kann ihr Kapital nicht öffentlich, d. h. nicht über den Kapitalmarkt finanzieren. Die Aktien dürfen nicht an der Börse oder an einem anderen Kapitalmarkt gehandelt werden.[3410] Insofern muss die Gesellschaft bei einem Börsengang z. B. ihre unternehmerische Kategorie, unter der sie beim schwedischen Gesellschaftsregister (*Schw. Bolagsverket*) registriert ist, von *privat* in *publik* ändern. In diesem Zusammenhang ist es häufig erforderlich, das eingetragene Stammkapital der Gesellschaft zu erhöhen. Eine private Aktiengesellschaft muss in Schweden über ein Mindeststammkapital von SEK 100.000 verfügen[3411]. Eine Publikums-Aktiengesellschaft muss ein Mindeststammkapital von SEK 500.000 aufweisen.

Die Satzung enthält oftmals Vorschriften, die zwar so lange gültig sind, wie die Gesellschaft privat organisiert ist, die aber bei einer Börseneinführung gelöscht werden müssen. Die Aktien müssen zum Beispiel frei übertragbar sein, um an einem Marktplatz gelistet werden zu können. Vorschriften, die die Übertragbarkeit der Aktien beschränken und die gelöscht werden müssen, umfassen daher unter anderem z. B. Zustimmungsvorbehalte, Vorkaufsrechte oder ein Vorbehaltsrecht der Aktionäre, Aktien die verkauft worden sind, zu erwerben.

---

[3409] Kap. 1 § 2 des schwedischen Aktiengesellschaftsgesetzes.
[3410] Foerster/Kastner in Süß/Wachter, Handbuch des internationalen GmbH-Rechts, Rn 2.
[3411] Die schwedische Regierung hat dem schwedischen Parlament einen Vorschlag gemacht, das Mindeststammkapital einer privaten Aktiengesellschaft auf SEK 50.000 zu reduzieren. Diese Änderung soll mit Wirkung zum 1. April 2010 in Kraft treten.

# 8. Teil. Länderberichte/Country Reports

Schließlich sind die Aktien der Gesellschaft im zentralen Wertpapierregister zu registrieren, das von Euroclear SwedenAB „Euroclear") verwaltet wird und Mitglied der European Central Securities Depository Association („ECSDA") ist. Um zu einer CSD Gesellschaft im Sinne des schwedischen Aktiengesellschaftsgesetzes werden (*Schw. Avstämningsbolag*) zu werden, muss die Satzung der Gesellschaft entsprechend angepasst werden.

## 2.4. Steuerfragen

Wie bereits oben in Ziffer 2.2 ausgeführt, gibt es in Schweden keine steuerrechtlichen Vorschriften zu Gesellschafterfremdfinanzierung. Zinsen sind grundsätzlich unbeschränkt abzugsfähig, sofern sie nicht im Zusammenhang stehen mit steuerlich motivierten konzerninternen Reorganisationsmaßnahmen. Die Rechtsprechung macht deutlich, dass Verbindlichkeiten nicht wegen eines hohen Verschuldungsgrades in Eigenkapital umdefiniert werden können. Nach seiner nationalen Steuergesetzgebung erhebt Schweden keine Quellensteuer auf Zinszahlungen.

Schweden verfügt über ein System zur Gruppenkonsolidierung zu Steuerzwecken, welches effektiv ermöglicht, die Zinsen in einem schwedischen, fremdfinanzierten Erwerbsvehikel gegen Erträge zu verrechnen, die in den schwedischen operativen Zielgesellschaften generiert werden. Da es grundsätzlich keine Grenzen für die Abzugsfähigkeit der Zinsen gibt, können im Prinzip die gesamten Erwerbskosten nach unten umgelegt werden, um sie gegen die Erträge der operativen Gesellschaften zu verrechnen. Übersteigen die Zinsen die Erträge, so können Verluste unbegrenzt fortgeschrieben werden.

# § 9 Kanada

| Übersicht | Seite |
|---|---|
| 1. Einführung und Momentaufnahme der kanadischen Private-Equity-Industrie | 887 |
| 2. Private-Equity-Fondsstrukturen | 888 |
|    2.1. Übliche Fondsstrukturen | 888 |
|    2.2. Kapitalaufbringung | 889 |
|    2.3. Ergebnisausschüttung | 889 |
|    2.4. Management Fee | 890 |
|    2.5. Carried Interest | 890 |
|    2.6. Liquidation | 891 |
|    2.7. Regulatorisches Umfeld | 891 |
|    2.8. Anlegerbeirat | 891 |
|    2.9. Besteuerung | 892 |
| 3. Private-Equity-Transaktionsstrukturen | 892 |
|    3.1. Akquisitionsstrukturen | 892 |
|       3.1.1. Übernahmevorschriften und Plans of Arrangement („Arrangement") | 892 |
|       3.1.2. Zusätzliche Deal Strukturen | 893 |
|       3.1.3. Kaufverträge | 894 |
|       3.1.4. Abwehrtaktiken | 894 |
|       3.1.5. Kanada-spezifische Transaktionsmerkmale | 895 |
|    3.2. Kapitalbeschaffung | 895 |
|    3.3. Exits/Desinvestments | 896 |
|    3.4. Besteuerung | 896 |
|    3.5. Income-Trust | 897 |
|       3.5.1. Trusts | 897 |
|       3.5.2. Kanadische Pensionsfonds | 897 |

## 1. Einführung und Momentaufnahme der kanadischen Private-Equity-Industrie

Das vergangene Jahrzehnt verzeichnete ein enormes Wachstum von Private Equity in Kanada, sowohl hinsichtlich der Fondsstrukturierung als auch der „Deals-Seite", also der Investments in Portfolio-Unternehmen. Insbesondere im Bereich des Leveraged-Buy-out hat das Zusammenspiel verschiedener Elemente in Kanada ein günstiges Umfeld sowohl für die Käuferseite als auch für die Verkäuferseite geschaffen. Obwohl dieser Gleichlauf im vergangenen Jahr von der Finanzmarktkrise überschattet wurde, ist es dennoch wert, die Gründe für den ursprünglichen Bullenmarkt in Erinnerung zu bringen.

Man kann erfolgreiche Fondsgründungen in Kanada auf eine Vielzahl von Gründen zurückführen. Ein Hauptfaktor der Käuferseite war die Schaffung von Fondsjahrgängen mit einem Übermaß an Kapital, das für Investments zur Verfügung stand. Einerseits die günstigen, risikobereinigten Returns früherer Fondsjahrgänge, andererseits neue kanadische Investoren die als Limited Partners aktiv wurden (resultierend aus den Returns früherer Fondsjahrgänge und den damit zusammen hängenden Bedenken von Vermögensverwaltern an den überdurchschnittlichen Renditen von Private Equity -verglichen mit den volatilen Aktienmärkten- nicht partizipieren zu können). Ferner der nachhaltige Einfluss der Beseitigung des sog. *Foreign Property Limits* im Jahr 2005, der den Einstieg von Pensionsfonds und sog. Deferred Plan-Investors erleichtert, und schließlich die Verkürzung der sog. J-Curve (ein häufig benutzter Begriff in Private Equity, um grafisch die verzögerte Performance dieser Anlageklasse darzustellen).[3412] Die bis zur Finanzmarktkrise verhältnismäßig niedrigen Zins-

---

[3412] Anmerkung der Herausgeber: Die J-Curve stellt den typischen Verlauf eines Private Equity Investments dar: Nach anfänglich negativem Rendite- und Liquiditätsverlauf aufgrund von Anlaufver-

raten in Kanada und im Ausland haben überdies die Möglichkeit des Leverage befeuert, verbunden mit extrem günstigen *Covenants* für Darlehensnehmer. Die aggressiven Begehrlichkeiten von Kreditgebern bis Mitte 2007, beschleunigte ebenfalls sog. Dividend-Rekapitalisierungen, die ihrerseits diesen „Wahnsinn" förderten. Der Kollaps war unausweichlich.

Das anhaltende signifikante internationale Interesse der Käuferseite in Kanada war im vergangenen Jahrzehnt zusätzlich auch folgenden Faktoren geschuldet. Obwohl einige öffentliche und private Deals in Kanada in Form von Auktionen erfolgten, waren vergleichsweise kleinere Deals die Norm. Das Interesse bei global agierenden Fonds wurde angespornt durch günstige rechtliche, aufsichtsrechtliche, gesellschaftsrechtliche Akquisitionsstrukturen. Es gibt einige Stimmen, die sagen, dass Kanada eines der Industrieländer ist, denen eine feindliche Übernahme am leichtesten zu vollziehen ist.

Konvergierend mit dieser Nachfrage auf Käuferseite war die Verfügbarkeit auf Verkäuferseite. Gleich dem Rest Nordamerikas spielte Demografie eine große Rolle. Es gab einen Überfluss mittelständischer Unternehmer, die den Verkauf ihres Unternehmens wünschten und ihr Lebenswerk in bare Münze umsetzen wollten. Das resultierte oft aus fehlendem Interesse, der nachfolgenden Generation oder aber mangelndem Talent, dieser Generation, das Lebenswerk fortzuführen. Zusätzlich waren viele kanadische Unternehmen auf dem Zenit ihres Geschäftszyklus mit starken Erträgen und Cashflows sowie Bilanzen, die ausreichende Möglichkeiten für einen Leverage boten, ausgestaltet.

Aufgrund ähnlicher Gründe wie in den Vereinigten Staaten war bis vor kurzem auch der Börsenrückzug (sog. „Going Private") sehr populär, da man damit insbesondere die Sarbanes-Oxley (SOX) ähnlichen kanadischen Reporting und Compliance-Verpflichtungen vermeiden konnte. Man sah sich dadurch auch keinen Forderungen von Hedgefonds ausgesetzt, wenn beispielsweise Aktienkurse dahinsiechten oder das Management von Unternehmen apathisch wirkte. Schließlich spielten die Bedrohung von Sammelklagen (sog. Class Actions) gegen börsennotierte Unternehmen und deren Organe eine Rolle.

Die nachteiligen Folgen von Sammelklagen waren früher in Kanada eher selten, sind aber aufgrund von Gesetzesänderungen Ende 2005 alltäglicher geworden. Ebenso kann man die Veräußerung von Teilbereichen durch große institutionelle Gesellschaften beobachten, die durch Hedgefonds und den Druck der Finanzmärkte ausgelöst wurden. Natürlich wurde die Kapitalbeschaffung aufgrund der gegenwärtigen Finanzmarktkrise, die durch die US-Sub-Prime-Krise ausgelöst wurde, schwieriger. Das trifft insbesondere auf größere Transaktionen zu. Ebenfalls haben diese Marktturbulenzen einen negativen Einfluss auf die Transaktionshäufigkeit (Deal-Flow). Bis sich der Markt erholt, wird erwartet, dass Private Equity sich in Kanada hauptsächlich auf Binnenwachstum fokussieren wird, also insbesondere strategische Akquisitionen zur Verbreitung des existierenden Portfolios stattfinden werden. Vor dem Hintergrund dieser unsicheren Zeiten soll im Folgenden eine Darstellung gegenwärtiger Fondsstrukturen und Dealstrukturen in Kanada erfolgen.

## 2. Private-Equity-Fondsstrukturen

### 2.1. Übliche Fondsstrukturen

Wie andernorts in der sog. Common Law-Welt (beispielsweise dem Vereinigten Königreich oder den USA), bestehen Private-Equity-Fondsstrukturen in Kanada überwiegend aus Limited Partnerships, insbesondere aus Gründen der Steuertransparenz und der beschränkten Haftung. Diese Personengesellschaften bestehen aus einem Komplementär (General Partner), der die Geschäfte des Fonds führt und einem oder mehreren Kommanditisten (Limited Partner), die grundsätzlich passive Investoren des Fonds sind. Die Haftung des Limited Partners ist grundsätzlich beschränkt auf den Wert seines Investments in der Limited Partnership

---

lusten und Managementgebühren (unterer Teil des „J") in den ersten 2 bis 3 Jahren stellt sich regelmäßig ein steiler Trend nach oben ein.

(Ausnahmen gelten unter bestimmten Umständen). Eine Limited Partnership ist kein eigenständiges Rechtssubjekt (wie eine Kapitalgesellschaft). Diese kann als solche daher für gewisse Steuervorteile, wie beispielsweise die Steuertransparenz der Limited Partnership („flow-through"), d. h. dass das Einkommen in Form von Dividenden und Veräußerungsgewinnen von Portfolio-Unternehmen direkt dem Investor zuzurechnen sind, qualifizieren. Im Gegensatz dazu sind Gewinne und Verluste im Fall der Beteiligung an einer Kapitalgesellschaft weder den Investoren zuzurechnen, noch können diese darüber frei verfügen (vorbehaltlich gewisser Ausnahmen).

Typisch für kanadische Fondsstrukturen ist zwecks besseren Schutzes der beschränkten Haftung der Fondsinvestoren, dass der Fondssponsor einen sog. Single Purpose General Partner etabliert, der sich verpflichtet, die letztendliche Verantwortung für die Geschäftsführung des Fonds zu übernehmen. Fondsstrukturierungen beinhalten darüber hinaus oftmals einen Manager (normalerweise ein verbundenes Unternehmen der Fondssponsors), an den der General Partner gewisse Verantwortungsbereiche delegiert. Die rechtliche Dokumentation bezüglich der Limited Partnership beinhaltet einmal das Limited Partnership Agreement (den Gesellschaftsvertrag), das Management Agreement und sog. Side Letter, in denen vereinzelt Limited Partners (Investoren) zusätzliche Zugeständnisse erhalten, die nur sie betreffen. Ferner für Hauptinvestoren (sog. Lead-Investoren) Side Letter, die gewisse vorteilhafte Klauseln hinsichtlich wirtschaftlicher Gesichtspunkte und sonstiger ökonomischer Bedingungen enthalten, die nicht für andere Investoren gelten oder Anwendung finden, die kleinere Fondsinvestitionen vornehmen.

## 2.2. Kapitalaufbringung

Fondsstrukturierungen in Kanada beinhalten normalerweise, dass die Sponsoren ungefähr 2% des Gesamtvolumens des Fonds investieren (sog. Skin-in-the-game). In anderen Bereichen der Private-Equity-Fondsstrukturierungen – wie z. B. Infrastrukturfonds – ist dieser Eigenanteil grundsätzlich erheblich bedeutungsvoller und kann bis zu 20% des Fondsvolumens betragen. Die verbleibenden Kapitaleinlagen werden von den Fondsinvestoren (Limited Partners) beigetragen und vom Fonds normalerweise nach Bedarf abgerufen. Die Kapitalabrufe (sog. Capital Calls) erfolgen aufgrund einer Benachrichtigung (sog. Call Notice), die grundsätzlich zehn Tage im Voraus den Investoren zugeht. Kapitalabrufe können durch den General Partner erfolgen, damit die Personengesellschaft genügend finanzielle Mittel erhält um ihre Kosten, die Management Fee, den Kauf von Portfolio-Unternehmen sowie sog. Follow-on-Investitionen zu bewerkstelligen. Der Fonds behält sich zudem die Möglichkeit vor, Erträge, die in einer frühen Phase der Kapitalzeichnungsfrist angefallen sind, für solche vorgenannten Ausgaben zu verwerten („recyceln") bzw. erneut abzurufen. Sobald sämtliche Kapitaleinzahlungen der Investoren erfolgt sind oder eine andere gesetzte Frist abgelaufen ist (oftmals fünf Jahre), ist dies gleichbedeutend mit dem Ende der Anlageperiode, was grundsätzlich zu einer signifikanten Minderung der Management Fee, die vom Fonds in Rechnung gestellt wird, führt. Sobald die Anlageperiode endet, sind etwaige Kapitalzusagen der Investoren, die noch nicht vom Fonds abgerufen wurden, nicht länger für Kapitalabrufe durch den General Partner verfügbar (vorbehaltlich gewisser Ausnahmen wie z. B. zur Bedienung gewisser Verbindlichkeiten des Fonds oder für sog. Follow-on-Investments). Schließlich ist wichtig zu wissen, dass die Kapitalzusage der Investoren der maximale Betrag ist, den der Fonds von den Investoren abrufen kann.

## 2.3. Ergebnisausschüttung

Die Ergebnisverwendung durch kanadische Private-Equity-Fonds an ihre Investoren erfolgt anhand einer Formel, die im Gesellschaftsvertrag (*Limited Partnership Agreement*) niedergelegt ist und auch als sog. „*Distribution Cascade*" oder „*Distribution Waterfall*" bekannt ist. Erträge des Fonds, in der Regel aus der Veräußerung von Portfolio-Unternehmen, werden wie folgt verwendet und an die Investoren ausgeschüttet: (i) Zunächst werden 100% an die Investoren ausgeschüttet, bis der Ausschüttungsbetrag den Betrag der Kapitaleinzahlungen der Investoren zu dem Zeitpunkt der Ausschüttung entspricht; (ii) 100% an die Investoren, bis diese einen Betrag in Höhe von 8% (des vorgenannten Betrages) erhalten haben (die sog. Preferred Return oder Mindestverzinsung, die verhandelbar ist, aber auch in Kanada in der Regel 8% beträgt); (iii) 80% aller Erträge danach werden an die Investoren ausgeschüttet und die verbleibenden 20% an den General Partner (dieser 20%ige Betrag wird auch als „Promote" oder „Carried Interest" bezeichnet). Typischerweise ist der General Partner zudem zu einem sog. „Catch-up" berechtigt, bevor es zu dem vorgenannten 80:20-Split kommt. Diese 80:20-Regelung ist aus verschiedenen Gründen verhandelbar insbesondere bei Dachfonds und auch bei sog. Debt Fonds, wobei die 80:20-Quote ganz typisch für kanadische Buyout-Fonds ist.

Typischerweise regeln die Gesellschaftsverträge auch sog. Sachdividenden in Situationen, in denen der General Partner Wertpapiere oder Anteile an Portfolio-Unternehmen (insbesondere börsengängige) an die Investoren anstelle von Barausschüttungen vornehmen möchte. Diese Sachdividendenklauseln sehen normalerweise vor, dass der Investor die Möglichkeit hat, die Sachdividende zu erhalten oder die Möglichkeit zu wählen, dass der Fonds die Anteile im Namen des Investors veräußert. Kritisch im Hinblick auf den Ausschüttungsprozess ist die Bewertung solcher Anteile, so dass die Parteien normalerweise größte Sorgfalt an den Tag legen, um einen fairen und vernünftigen Bewertungsprozess im Gesellschaftsvertrag zu strukturieren.

### 2.4. Management Fee

Die Management Fee, die von kanadischen Private-Equity-Fonds in Rechnung gestellt wird, kann in der Höhe variieren, allerdings gleichen sich die Strukturen in den Gesellschaftsverträgen. Diese Struktur der Management Fee verpflichtet die Investoren, einen gewissen Prozentsatz ihrer Kapitalzusage (1% bis 2%) während der Anlageperiode zu zahlen. Diese reduziert sich jedoch nach Ablauf der Anlageperiode auf einen Prozentsatz bezogen auf die verbliebenen Kapitaleinzahlungen, die noch vom Fonds investiert sind. Die Management Fee wird grundsätzlich um einen gewissen Prozentsatz von sog. Transaktionsgebühren (inklusive sog. Director Fees, Break-up Fees etc.), die der Fonds erhalten hat, reduziert. Ursprünglich war die Management Fee dafür gedacht, die internen Gemeinkosten und Personalkosten der Fondssponsoren zu entschädigen. Mit der zunehmenden Größe von Fonds ist die Management Fee jedoch eine zusätzlich Einnahmequelle für die General Partner geworden. Investoren, die den Gleichlauf der Interessen gefährdet sahen und einen Mangel von Leistungsanreizen für die Fondssponsoren hinsichtlich ihres Carried Interest ausmachten, haben Höchstgrenzen für das Fondsvolumen eingeführt und versucht, die Management Fee infolge der steigenden Fondsvolumina zu reduzieren.

### 2.5. Carried Interest

Carried Interest ist die Hauptquelle des leistungsbezogenen Einkommens eines Fondssponsors und dient als Kompensation für die Ausführung der Leistungen der Fondssponsoren für den Fonds. In Kanada beträgt der Carried Interest in der Regel 20% der Fondserträge nach Ausschüttung der Kapitaleinzahlungen nebst Mindestverzinsung (Preferred Return) an die Investoren. In der Vergangenheit war auf dem nordamerikanischen Markt ein gewisser Trend zur Erhöhung des Carried-Interest-Betrages zu verzeichnen; insbesondere im Hinblick auf leistungsstarke und überzeichnete Fonds. Allerdings ist dieser Trend bisher nicht auf dem kanadischen Markt zu beobachten. Da der vorgenannte Berechnungsmodus des Carried Interest zu einer Überzahlung desselbigen an die Fondssponsoren vor Beendigung des Fonds führen kann, enthalten die meisten Gesellschaftsverträge zwischenzeitliche Anpassungsklauseln (sog. True-ups) oder garantierte Rückzahlungsverpflichtungen (sog. Claw-backs) im Fall einer Überzahlung von Carried Interest.

## 2.6. Liquidation

Typischerweise haben kanadische Buy-out-Fonds eine Laufzeit von zehn Jahren mit der Möglichkeit einer jeweils einjährigen Verlängerung nach dem Ermessen des General Partner, die jedoch zumindest einer gewissen Zustimmung der Investoren bedarf. Natürlich kann in bestimmten Fällen, beispielsweise bei Missverhalten des General Partner oder der Fondsmanager, der Liquidation oder des Bankrotts des General Partner oder des Managers sowie per sog. mehrheitsverschuldensunabhängigen Stimmrecht („no-fault-votes") der Investoren eine Beendigung des Fonds vor seiner grundsätzlich vorgesehenen Laufzeit erfolgen. Auf die Auflösung der Gesellschaft fungiert der General Partner typischerweise als Liquidator und verteilungsfähige Erträge werden zunächst an die Gläubiger und sodann an die Investoren sowie den General Partner entsprechend der vorgenannten Ausschüttungskaskade ausgeschüttet.

## 2.7. Regulatorisches Umfeld

Kanadische Private Equity-Fonds werden als Limited Partnerships entsprechend dem Gesellschaftsrecht der kanadischen Provinzen aufgesetzt. Fondssponsoren, die einen Private Equity-Fonds in Kanada aufsetzen möchten, zielen in der Regel auf die Provinzen ab, von denen sie meinen, dass sie vorteilhaftere Limited Partnership-Statuten vorweisen (z. B. Ontario oder Manitoba). Allerdings sind die meisten Gesetze insoweit in den meisten Punkten relativ einheitlich. Ein Private-Equity-Fonds muss zudem das Wertpapierrecht der Provinzen befolgen, in denen der Fonds sein Fondsgeschäft betreiben bzw. in denen er seine Anteile an die Investoren anbieten möchte.

Neben den sog. gesetzlichen Belangen gibt es auch einige wenige behördliche, auf Private-Equity-Fonds in Kanada bezogene aufsichtsrechtliche Elemente. Da Medien und Öffentlichkeit oftmals die fehlende Transparenz und vereinzelt die Returns von Private-Equity-Fonds in Frage stellen, bleibt abzuwarten, ob zukünftig eine aufsichtsrechtliche Regulierung von Fondssponsoren Einzug halten wird. Das gilt insbesondere vor dem Hintergrund der Bedenken gegenüber Hedgefonds und ihren Leerverkaufsaktivitäten im Rahmen der Aktienmärkte, aber auch im Hinblick auf einige der jüngsten Skandale. Hinsichtlich der Investorenseite erfolgen die meisten Angebote von Private Equity auf dem freien Markt an *autorisierte* Investoren („Accredited Investors") und unterliegen nur sehr geringen Erklärungspflichten. Allerdings haben Pensionsfonds, die einen großen Teil der Investoren darstellen, gewisse Sorgfaltspflichten und andere aufsichtsrechtliche Bestimmungen hinsichtlich der Anlage in Private Equity zu beachten.

## 2.8. Anlegerbeirat

Kanadische Private-Equity-Fonds richten ausnahmslos ein Gremium von Vertretern der Investoren ein, typischerweise auch als Anlegerbeirat („Investor Committee") bekannt. Die Mitglieder des Anlegerbeirats werden durch den General Partner ausgewählt, wobei Faktoren wie die Größe des Investments und auch die gewünschte Größe des Anlagerbeirats eine Rolle spielen. Die meisten größeren Investoren bestehen auf der Möglichkeit, einen ihrer Vertreter in den Anlegerbeirat zu entsenden. Um die beschränkte Haftung der Investoren, die zugleich Mitglieder des Anlegerbeirats sind, zu schützen, wird in den Gesellschaftsverträgen ausdrücklich darauf hingewiesen, dass der Anlegerbeirat keine Rolle hinsichtlich der Kontrolle und der Geschäftsführung des Fonds einnehmen wird. Ferner enthalten die Gesellschaftsverträge eine spezielle Auflistung der Pflichten des Anlegerbeirats, die oftmals Konsultationen mit dem General Partner, aber auch Entscheidungen hinsichtlich der Bewertung oder auch Interessenkonflikten und anderen Angelegenheiten, die der Gesellschaftsvertrag bestimmt, umfassen oder die der General Partner für die Besprechung oder Überprüfung durch den Anlegerbeirat für geeignet hält.

## 2.9. Besteuerung

Wie bereits vorgehend beschrieben, ermöglichen Limited-Partnership-Fondsvehikel in Kanada bestimmte Steuervorteile für die beteiligten Parteien. Zusätzlich zu diesen Überlegungen beinhaltet der Gesellschaftsvertrag normalerweise Klauseln betreffend die Steuerallokation, Klauseln über Steuerinformationen, die den Investoren geliefert werden und auch Klauseln bezüglich Steuererklärungspflichten der Gesellschaft durch den General Partner. Die Komplexität der Steuerstruktur von kanadischen Gesellschaftsverträgen (Limited Partnerships) steigt exponentiell, sobald Investoren in anderen Ländern außerhalb Kanadas domizilieren oder der Fonds (sei er ein inländischer oder ein ausländischer) beabsichtigt, außerhalb Kanadas zu investieren. In diesen Fällen muss der Steuerstatus des Fonds und der ausländischen Investoren vom Fonds Berücksichtigung finden, damit die steuergünstigsten Konsequenzen für alle beteiligten Parteien sichergestellt werden. Der Gesellschaftsvertrag (Limited Partnership Agreement) muss zudem gewisse Klauseln, aber auch Methoden enthalten, die die Deal-Strukturierung berücksichtigen. Das gilt insbesondere für kanadische steuerbefreite Investoren, wie beispielsweise Pensionsfonds, die in ausländische (USA oder Vereinigtes Königreich) Limited Partnerships investieren dürfen.

## 3. Private-Equity-Transaktionsstrukturen

### 3.1. Akquisitionsstrukturen

In Kanada existieren Private-Equity-Zielgesellschaften in vielerlei Formen und werden bisweilen aus verschiedenen Motivationen ausfindig gemacht. Beispielsweise mag ein Fonds eine Zielgesellschaft aus Nachfolgegründen in sein Visier nehmen (insbesondere im Mittelstandsbereich) oder aufgrund seiner stiefmütterlich behandelten bzw. verwaisten Stellung innerhalb eines Großkonzern oder aufgrund ungewöhnlicher Umstände, beispielsweise einer unternehmerischen Krise. Auch können strategische Überlegungen eine Rolle spielen oder weil die Zielgesellschaft als zu niedrig bewertet wahrgenommen wird. Während die meisten Private-Equity-Fonds sich auf Zielgesellschaften fokussieren, die eine generelle Spezifikation zeigen, z. B. eine geographische, industriespezifische oder größenspezifische Charakterisierung, konzentrieren sich Fonds jüngerer Jahrgänge häufig auf Not leidende Zielgesellschaften oder Zielgesellschaften, die ganz besonders anfällig für aktive tätige Hedgefonds sein könnten. Diese neuen Investitionserwägungen werden nunmehr auch von traditionellen Fonds übernommen, insbesondere vor dem Hintergrund der gegenwärtigen wirtschaftlichen Konjunkturschwäche.

#### 3.1.1. Übernahmevorschriften und Plans of Arrangement („Arrangement")

Die Übernahme von Aktiengesellschaften erfolgt in Kanada ausnahmslos durch Kauf der Gesellschaftsanteile, der im Wege eines Übernahmeangebotes („Takeover Bid") oder eines Planarrangements („Plan of Arrangement") erfolgt. Übernahmeangebote (in den USA auch als sog. „Tender Offers" bekannt) unterliegen dem Recht der einzelnen Provinzen Kanadas, die wiederum davon abhängig sind, wo die Zielgesellschaft und ihre Gesellschafter domizilieren sind. Ein Übernahmeangebot wird ausgelöst, sofern das Angebot dazu führen würde, dass der Erwerber mehr als 20 % der ausgegebenen Anteile an der Zielgesellschaft halten würde. Bevor ein Angebot abgegeben wird, kann der Fonds bis zu 9,9 % der Anteile der Zielgesellschaft erwerben, bevor er verpflichtet wird, seine Intentionen zu publizieren (auch bekannt als „Toehold-Investment"). Die Bekanntmachungsmethode erleichtert auch sog. Private Investments in Public Companies (auch PIPEs genannt). Die Schwellenwerte von sog. Toehold-Investments in anderen Jurisdiktionen (beispielsweise in den USA) sind normalerweise wesentlich geringer, ab dem Veröffentlichungspflichten ausgelöst werden. Diese größeren, nicht veröffentlichungspflichtigen Erwerbspositionen sind offensichtlich sehr attraktiv für Private-Equity-Fonds, die in Kanada agieren. Das Gleiche gilt für aktive Hedgefonds, die auch auf den Plan treten, sobald eine Zielgesellschaft Gegenstand von Übernahmen ist.

Ein sog. Arrangement-Plan ist eine andere Methode, bei der die Anteile an einer börsennotierten Zielgesellschaft durch einen Private-Equity-Fonds in Kanada erworben werden können. Diese Methode wird durch ein gesetzliches Verfahren entsprechend der föderalen und der Gesetzgebung der entsprechenden Provinz bestimmt. Es ermöglicht dem Fonds, eine gerichtliche Zustimmung des beabsichtigten Plans betreffend der Erwerb der Anteile der Zielgesellschaft zu beantragen. Vereinfacht gesprochen wird die Transaktion dann vom Gericht überwacht und soll in einer im Ermessen des Gerichts gerechten und vernünftigen Weise ablaufen. Diese Arrangement-Pläne werden als flexibler und effizienter Weg des Abschlusses von Transaktionsverhandlungen gesehen, die eine Vielzahl von Transaktionsstufen oder eine gewisse Komplexität beinhalten. Nachteil dieses Transaktionstyps sind vor allen Dingen die möglicherweise längere Transaktionsdauer und insbesondere, dass das Transaktionsgeschehen nicht mehr der Kontrolle des Käufers bzw. des Verkäufers unterliegt. Der Oberste Gerichtshof Kanadas hat jüngst rechtliche Ungewissheit hinsichtlich der Pflichten von Organen (Directors) bei sog. Change of Control-Transaktionen inklusive der Arrangement-Plan-Transaktionen geschaffen, indem er den sog. einseitigen Ansatz des US-Revlon-Urteils, wonach es die Pflicht der Organe der Zielgesellschaft ist, den Shareholder Value zu maximieren, sobald eine Aktiengesellschaft Spielball von Übernahmen wird, zurückwies. Der Oberste Gerichtshof hat diesen Singular Approach durch eine wenig trennscharfe Pflicht der Organe ersetzt, wonach sämtliche Aktionäre ordentlich im Einklang mit den Pflichten der Gesellschaft als verantwortliche Corporate „Citizens" zu behandeln sind.

### 3.1.2. Zusätzliche Deal Strukturen

Sofern die Übernahmen nicht als Übernahmeangebote oder Arrangement-Plan strukturiert werden, werden diese durch Private-Equity-Fonds mitunter auch als sog. Asset Deals oder als Unternehmenszusammenschlüsse (Verschmelzungen) strukturiert. Weitaus häufiger kaufen Fonds jedoch Mehrheitsbeteiligungen der Anteile an kanadischen nicht gelisteten Zielgesellschaften oder erwerben Anteile an gelisteten Zielgesellschaften mit der Absicht, diese gelisteten Zielgesellschaften zu privatisieren (auch als „Take Private-Transaktionen" bekannt).

Im Gegensatz zum Kauf von Anteilen an börsennotierten Zielgesellschaften unterliegt der Kauf von Anteilen an nicht börsennotierten Zielgesellschaften wesentlich geringerer Regulierung. Private Zielgesellschaften haben im Gegensatz zu öffentlichen Zielgesellschaften häufig weniger Anteilseigner, sind oft eigentümergeführt, haben höheres Wachstumspotenzial, sehen sich weniger aufsichtsrechtlichen Regulierungen ausgesetzt und unterliegen keiner Börsenaufsicht. Daraus resultiert, dass private nicht gelistete Zielgesellschaften wesentlich einfacher und schneller übernommen werden können, was die Attraktivität für Private-Equity-Firmen erhöht.

Ein Börsenrückzug (sog. „Going Private" oder auch „Take Private") erfolgt, wenn ein Fonds sämtliche Anteile an einer börsennotierten Zielgesellschaft erwirbt und einen Börsenrückzug vornimmt. Der rechtliche Rahmen dieser Transaktionen wird typischerweise durch das Wertpapier- und Gesellschaftsrecht der einzelnen Provinzen vorgegeben, insbesondere hinsichtlich sog. Squeeze-out-Rechte. In Nordamerika hat dieser Transaktionstyp in den letzten Jahren mehr und mehr an Popularität gewonnen, auch infolge der aufsichtsrechtlichen Hürden in Zusammenhang mit börsennotierten Unternehmen und den für solche Transaktionen notwendigen signifikanten Kapitalbeträgen, der Private-Equtiy-Fonds zugänglich ist. Es wird erwartet, dass die Privatisierungsaktivitäten wieder an Fahrt gewinnen werden, sobald sich der Kreditmarkt stabilisiert hat.

## 8. Teil. Länderberichte/Country Reports

### 3.1.3. Kaufverträge

Während Zusicherungen und Gewährleistungen, Vertragsabreden (Covenants), Haftungsfreistellungsklauseln und andere Vertragsklauseln zum größten Teil in den vergangenen Jahren unverändert geblieben sind, konnte man im Einklang mit den internationalen Standards jüngste Veränderungen in den Akquisitionsverträgen hinsichtlich Vertragsschutzklauseln feststellen. Aufgrund der Finanzmarktkrise in Nordamerika wurden beispielsweise sog. Material Adverse Change Klauseln (MAC-Klauseln) von Käufern, Verkäufern und deren rechtlichen Beratern einer sorgfältigen Prüfung unterzogen. Solche MAC-Klauseln sollen dem Käufer ein vertragliches Rücktrittsrecht für wesentliche Veränderungen der Zielgesellschaft zwischen dem Abschluss des Vertrages und seinem dinglichen Vollzug sichern. Jüngste Schwierigkeiten hinsichtlich der Sicherstellung einer günstigen Finanzierung, aber auch Fälle von sog. Käuferreue („buyer remorse") haben diese Klauseln in die vorderste Reihe gerückt, insbesondere in Zusammenhang mit ausgewählten Rechtsschutzklauseln und speziellen Leistungsansprüchsklauseln. Es gibt bereits Bedenken bezüglich der Anwendbarkeit solcher Klauseln aufgrund ihres grundsätzlich nicht eindeutigen Wortlautes und dem Mangel an Präzedenzrecht (*Case Law*) in diesem Bereich.

Auch Klauseln betreffend sog. umgekehrte Beendigungsgebühren (auch bekannt als „Business Interruption Fees") waren in jüngsten Transaktionen Gegenstand gründlicher Prüfung. Diese Klauseln finden sich im Kaufvertrag und bestimmen, dass, sobald der Käufer sich entscheidet, dass die Transaktion nicht dinglich vollzogen wird, er der Zielgesellschaft eine im Vorhinein festgelegte Gebühr zahlen muss. Diese Gebühr ist beispielsweise einschlägig, sofern sich der Käufer aus Finanzierungsgründen weigert, die Übertragung der Zielgesellschaft dinglich zu vollziehen, aber auch aus sonstigen Gründen, die den Käufer dazu veranlassen, den dinglichen Vollzug der Transaktion zu verhindern. In jüngster Vergangenheit ist allerdings streitig, ob der Käufer diese Gebühr zahlen muss, sofern die Zielgesellschaft eine wesentliche, nachteilige Veränderung (Material Adverse Change) zu verzeichnen hatte oder der Käufer es versäumt hat, seinen Verpflichtungen aus dem Übertragungsvertrag nachzukommen.

Die verhandelten Unternehmenskaufverträge beinhalten ausnahmslos sog. „No-shop"-Klauseln, nach denen es den Zielgesellschaften nicht gestattet ist, andere konkurrierende Kaufangebote für eine bestimmte Zeit einzuholen. Das gilt insbesondere nach einer umfänglichen Sondierung des Marktes oder einem Auktionsverfahren. Gleichsam enthalten die Unternehmenskaufverträge die entgegengesetzten sog. „Go-shop"-Klauseln. Diese ermöglichen es der Zielgesellschaft sich nach anderen Angeboten umzuschauen. Insbesondere in den Fällen, in denen der Käufer exklusive Vertragsverhandlungen geführt hat und in Fällen von Vorkaufsrechten („Pre-emptive Rights"), vorausgesetzt darin wurde keine Vereinbarung hinsichtlich der Sicherung der Organe der Zielgesellschaft hinsichtlich der Möglichkeit den Markt zu erörtern vereinbart, die sicherstellt, den Pflichten von Fairness gegenüber der Zielgesellschaft und ihren Unternehmen nachzukommen. Diese Klauseln sind bereits aus anderen Gründen sehr populär in den USA, sind aber auch mittlerweile sehr gebräuchlich in Kanada.

### 3.1.4. Abwehrtaktiken

Kanadas flexible Übernahmeregeln und eher restriktive Regeln betreffend Abwehrtaktiken von geplanten Übernahmen (sog. „Poison Pills") haben in Kanada eine eher geringere Haltbarkeit und haben in jüngster Vergangenheit zu vielen sog. feindlichen Übernahmen geführt. Darüber hinaus haben die Organe der Zielgesellschaft sämtliche Alternativen zu erörtern, um sämtliche Anteilseigner gerecht zu behandeln und Vertragsverpflichtungen in etwaigen Change-of-Control-Situationen zu respektieren. Sie müssen daher auch solche feindlichen Übernahmen als eine Alternative, aber eben nur als eine Alternative, berücksichtigen. Diese Faktoren sind verantwortlich dafür, dass feindliche Übernahmen eine größere Rolle als in anderen Ländern spielen. Ein Trend, der offensichtlich von enormer Bedeutung für aggressive Private-Equity-Fonds ist, denen es erlaubt ist, sich in feindlichen Übernahmen zu engagieren.

### 3.1.5. Kanada-spezifische Transaktionsmerkmale

Private-Equity-Fonds, die Unternehmenstransaktionen in Kanada anstreben, sollten sich der folgenden Kanada-spezifischen Erwägungen bewusst sein. Beispielsweise ist das Kartellrecht in Kanada durch den sog. Competition Act geregelt, der auf Transaktionen mit gewissen Parametern, beispielsweise dem Wert der Transaktion oder der Größe der beteiligten Unternehmen, Anwendung findet. Des Weiteren unterliegen Mehrheitserwerbe an kanadischen Unternehmen durch nicht kanadische Unternehmen dem sog. Investment Canada Act. Danach bedürfen diese der Überprüfung durch die Regierung, bevor die dingliche Übertragung stattfindet. Diese der Überprüfung unterzogenen Transaktionen müssen u. a. auch dem Wohle Kanadas dienen, damit sie genehmigt werden.

Kanada macht zudem Auflagen hinsichtlich ausländischer Anteilseigner in bestimmten Industriezweigen, beispielsweise Transport- (Airlines), Finanzindustrie (Banken und Versicherungen) und im Medienbereich (z. B. Telekommunikation, Rundfunk, Printmedien, Fernsehen und Film). Schließlich (im Gegensatz zu den USA eher ungewöhnlich) existieren gesetzliche und Common-Law-Regeln betreffend Arbeitnehmerschutz, wie beispielsweise Kündigungsfristen und Abfindungszahlungen. Zuletzt sollten Private-Equity-Käufer wissen, dass sich das Recht am geistigen Eigentum teilweise von jenem in den USA oder Europa unterscheidet.

### 3.2. Kapitalbeschaffung

Die in den letzten Jahren starke Zunahme von Private-Equity-Transaktionen in Kanada ist größtenteils den extrem günstigen Finanzierungsbedingungen (und Preisgestaltungen) in Bezug auf diese Transaktionen geschuldet. Infolge der US-amerikanischen Subprime-Krise (inklusive der taumelnden Investmentbanken) ist nunmehr klar, dass die Kreditmärkte durch Zurückhaltung geprägt sein werden und das Klima der Kapitalbeschaffung gegenwärtig weniger Private Equity freundlich ist. Nichtsdestotrotz wird erwartet, dass kanadische Transaktionen infolge der geringeren Inanspruchnahme von Derivaten und exzessivem Leverage und dem im Vergleich mit den USA grundsätzlich besser aufgestellten Finanzsektor nicht so stark betroffen sein werden wie Transaktionen in den USA.

Bei der ersten Tranche zur Finanzierung einer Zielgesellschaft handelt es sich grundsätzlich um vorrangige, endfällige Verbindlichkeiten, die durch die Wirtschaftsgüter der Zielgesellschaft besichert werden. Während der Blüte des vergangenen Jahrzehnts waren Banken bereit, diesen Finanzierungstyp auf Basis sehr liberaler Fremd- zu Eigenkapital-Kennziffern zu gewähren. Allerdings bleibt abzuwarten, wie flexibel die Finanzinstitute künftig vor dem Hintergrund des momentan sehr unsicheren Marktes sein werden.

Die nachfolgende Tranche von Finanzierungsinstrumenten, die Private-Equity-Fonds typischerweise zur Verfügung stehen, sind nachrangige Verbindlichkeiten oder Mezzanine Finanzierungen. Diese Arten von Verbindlichkeiten sind nachrangig in Bezug auf die Sicherheiten und Zahlungen gegenüber den vorgenannten vorrangigen Verbindlichkeiten. Die Kosten für Private-Equity-Fonds, die derartige Finanzierungsstrukturen verwenden, sind infolge des größeren Risikos für den Darlehensgeber höher.

Ausländische Private-Equity-Fonds sollten ebenfalls Fremdfinanzierungsregeln („Thin-Cap-Rules") bei der Finanzierungsstrukturierung berücksichtigen. Diese Fremdfinanzierungsregeln finden sich in Kanadas Einkommensteuergesetz und begrenzen den Zinsabzug von kanadischen Kapitalgesellschaften, die durch ausländische Vehikel finanziert werden. Gegenwärtig zwingen diese Thin-Cap-Rules einen steuerlich nicht in Kanada Ansässigen, bei der Übernahme einer kanadischen Zielgesellschaft eine Fremd- zu Eigenkapital-Kennziffer von 2:1 zu beachten, sofern Zinsen durch die kanadische Körperschaft an einen sog. näher bestimmten, im Ausland Ansässigen gezahlt werden. Vereinfacht gesprochen, handelt es sich dabei („Specified Non-resident") um einen im Ausland Ansässigen, der entweder allein oder zusammen mit verbundenen Personen 25% oder mehr der Stimmrechte an der kanadischen Zielgesellschaft besitzt.

### 3.3. Exits/Desinvestments

Es gibt mehrere Methoden, wie ein Private-Equity-Fonds einen Exit in Kanada strukturieren kann. Dazu zählt ein Börsengang („Initial Public Offering", IPO), der Verkauf an einen anderen Private-Equity-Fonds oder Pensionsfonds oder der Verkauf an einen strategischen Investor sowie sog. Dividenden Recapitalizations.

In Kanada existiert keine Aufsichtsbehörde ähnlich der Securities and Exchange Commission (SEC) in den USA. Das Aufsichtsrecht liegt in der Zuständigkeit der Provinzen und variiert in den einzelnen Provinzen, da diese ihre eigenen Gesetze, Regulierungen und Politik betreffend das Aufsichtsrecht haben. Allerdings arbeitet eine Vielzahl der Provinzen über die sog. Canadian Securities Administrators Organisation eng zusammen, um das Aufsichtsrecht in Kanada so einheitlich wie möglich zu gestalten. Sofern ein Private-Equity-Fonds das Portfolio-Unternehmen, welches ein nicht gelistetes Unternehmen ist, an die Börse bringen möchte, muss der Private-Equity-Fonds das Wettpapierrecht der etwaigen Provinz beachten, die beispielsweise gewisse Erfordernisse, z. B. die Erstellung eines Prospektes, beinhalten. Der Fonds muss zudem die Erfordernisse und Regulierungen der jeweiligen Börse, die er für den Börsengang auswählt, befolgen. Die Hauptbörse ist die Toronto Stock Exchange (auch bekannt als TSX). Es gibt zudem ein Verfahren, dass Emittenten aus Kanada erlaubt, Wertpapiere in den USA mithilfe der Veröffentlichungsdokumente ihrer Heimatjurisdiktion zu emittieren.

Zunehmend ist die Exit Alternative eines IPO eine weniger attraktive Option für Private-Equity-Fonds, da die Nachfrage nach öffentlichen Wertpapieren zunehmend abnimmt. Als Alternative versuchen diese Fonds typischerweise, ihr Portfolio-Unternehmen an einen anderen Private-Equity-Fonds, einen Pensionsfonds oder an einen strategischen Käufer zu verkaufen. Vor dem Hintergrund des gegenwärtig sehr unsicheren Marktes haben sich viele Private-Equity-Fonds daher gegen einen Exit entschieden und vielmehr die Weiterentwicklung ihrer Investments in Antizipation einer möglichen Trendwende vorangetrieben. Diesbezüglich wird erwartet, dass Private-Equity-Fonds sich auf das interne Wachstum dieser Portfolio-Unternehmen, die Verbesserung der Geschäftsbereiche und strategische Add-on Akquisitionen fokussieren werden.

### 3.4. Besteuerung

Es gibt viele Alternativen und Gesichtspunkte für Private-Equity-Käufer und Verkäufer in Kanada, um die möglichst günstigste steuerliche Behandlung eines Verkaufs zu erhalten. Beispielsweise erlauben die kanadischen Finanzbehörden (Canada Revenue Agency) gemäß dem Einkommensteuergesetz hinsichtlich der Anteile gewisse steuerneutrale Buchwertfortführungen. Diese Buchwertfortführungen („Rollovers") werden in verschiedenster Weise ausgeführt, abhängig davon, ob der Käufer in Kanada steuerlich ansässig ist, setzen jedoch voraus, dass ein Angebot für Gesellschaftsanteile anstelle von Bargeld als Entgelt erfolgt. Die Vertragsparteien können zudem ein günstiges Steuerresultat erreichen, in dem sie die Anschaffungskosten der erworbenen Anteile im Wege eines Step-ups („Bump-Transaction") oder auch im Rahmen einer sog. „Tuck-Transaction", nutzbar machen. Während der Haltedauer des Portfolio-Unternehmens ist Kanada hinsichtlich Körperschaftsteuer als auch Veräußerungsgewinnbesteuerung im Vergleich zu anderen G-8 Mitgliedstaaten vergleichbar günstig.

## 3.5. Income-Trust

### 3.5.1. Trusts

Ein wertvolles Exit-Tool für Private-Equity-Fonds in Kanada war bis Ende 2006 die Umwandlung von nicht börsennotierten Portfolio-Unternehmen in öffentliche sog. Income-Trusts. Diese Trusts waren attraktiv, da sie die Verhinderung einer Doppelsteuerung ihrer Einkommen verhinderten. Während eine Körperschaft beispielsweise selbst Steuersubjekt ist und sodann ihre Ausschüttungen an ihre Anteilseigner erneut besteuert werden, war es diesen Trusts möglich, Körperschaftsteuer zu vermeiden, da sie keine Körperschaften waren. Trusts konnten Zinsen, Dividenden und Veräußerungsgewinne somit direkt an ihre Anteilseigner als Ausschüttungen weiterleiten. Durch Nutzbarmachung dieser Struktur erhöhte sich der Wert einer Unternehmung sofort nach der Ankündigung einer Umwandlung in Folge des bevorstehenden günstigen Steuerregimes. Der dauerhafte und ständige Zufluss von Kapitalmitteln zu den Investoren machte diese Vehikel gleichsam populär.

Die kanadische Regierung nahm von diesem starken Zuwachs dieser Vehikel und der damit einhergehenden Umleitung von Steuergeldern Kenntnis. Im Oktober 2006 kündigte die Regierung an, dass sie diese Strukturen zukünftig anders besteuern werde. Beispielsweise werden zukünftig Kapitalgesellschaften, die sich in Income-Trusts umwandeln Steuern auf ihr Einkommen zahlen müssen, das sie an die Investoren ausschütten. Bereits existierende Trusts müssen diese Steuern ab Veranlagungszeitraum 2011 entrichten. Gleichsam wurde der Körperschaftsteuersatz mit Wirkung vom Veranlagungszeitraum 2011 reduziert, um gleiche Wettbewerbsbedingungen für Trusts und Kapitalgesellschaften zu schaffen.

Seit der Ankündigung der Regierung ist der Wert solcher Income Trusts zurückgegangen und viele dieser Vehikel sind nun Ziele von M&A-Transaktionen, insbesondere von Private-Equity-Fonds. Income Trusts sind daher keine gangbare Exit-Strategie mehr, sondern sind nunmehr vielmehr ein Grundstein von Private-Equity-Akquisitionsstrategien in Kanada.

### 3.5.2. Kanadische Pensionsfonds

In gewisser Weise einmalig für Kanada ist die Bedeutung und Betriebsamkeit von kanadischen Pensionsfonds für die Private-Equity-Branche. Traditionell waren kanadische Pensionsfonds schon immer Investoren in Private-Equity-Fonds. Allerdings zeigen die jüngsten Entwicklungen, dass kanadische Pensionsfonds eine noch aktivere und dominantere Rolle im Private-Equity-Markt einnehmen. Ein bedeutendes Beispiel in der jüngeren Vergangenheit war z. B. Ontario Teachers Pension Plans Rolle in dem Versuch, BCE (*kanadisches Telekommunikationsunternehmen*) zu privatisieren. Dieser Wandel ist zahlreichen Faktoren geschuldet, beispielsweise:

(i) Kanadische Pensionsfonds sind nicht limitiert hinsichtlich einer gewissen Größe oder der geografischen Ausrichtung von Transaktionen (im Gegensatz zu normalen Private-Equity-Fonds müssen Pensionsfonds keinen restriktiven Investitionsbeschränkungen aus den Limited Partnership Agreements befolgen);

(ii) Kanadische Pensionsfonds haben ihre Vergütungsmechanismen verbessert und konkurrieren nun mit anderen Private-Equity-Fonds hinsichtlich der Rekrutierung von Fachkräften;

(iii) Direktinvestitionen ermöglichen kanadischen Pensionsfonds auf die eigene interne beträchtliche Expertise zu vertrauen (also größere Investments zu identifizieren, vollziehen und zu managen) und verhindert Gebühren und Kosten, die normalerweise im Zusammenhang mit Investments durch traditionelle Private-Equity-Fonds anfallen;

(iv) Viele kanadische Pensionsfonds sind in der Lage, Partnerschaften mit anderen internationalen Gruppen einzugehen, um Dienste zu erbringen, die bei traditionellen Private-Equity-Fonds von Dritten eingekauft werden müssen. Beispielsweise ist es den Private Equity Abteilungen von Pensionsfonds möglich, intern Kreditmittel zu beschaffen. Dies führt zum einzigartigen „Abbau" der Vermittlerrolle von Private-Equity-Fonds durch größere kanadische Pensionsfonds. Welche jedoch wiederum in der Vergangenheit durch den Markteintritt kleinerer provinzieller, gemeindlicher sowie privater Pensionsfonds und Stiftungen in den Private-Equity-Markt ausgeglichen wurde. Da mehr und mehr kanadische Pensionsfonds sich in Private Equity engagieren und diese Fonds ihre Tätigkeiten global ausweiten sowie weitere Expertise entwickeln, muss man davon ausgehen, dass diese kanadischen Organisationen eine zunehmend signifikantere Rolle sowohl im kanadischen als auch im internationalen Private-Equity-Bereich einnehmen werden.

# § 10 Japan

| Übersicht | Seite |
|---|---|
| 1. Der japanische Private-Equity-Markt | 899 |
| 2. Rechtliche Aspekte japanischer Private-Equity-Fonds | 902 |
| 2.1. Fondsstrukturen | 902 |
| 2.1.1. Abhängige und unabhängige Fonds | 903 |
| 2.1.2. Aktivitäten von Fonds | 904 |
| 2.2. Rechtliche Organisationsformen | 911 |
| 2.2.1. Limited Liability Partnership for Investment (tôshi jigyô yûgen sekinin kumiai – LPS) | 911 |
| 2.2.2. General Partnership (nin'i kumiai – NK) | 913 |
| 2.2.3. Stille Gesellschaft (Silent Partnership (tokumei kumiai) – TK) | 914 |
| 2.2.4. Limited Liability Partnership (yûgensekinin jigyô kumiai – LLP) | 914 |
| 2.2.5. Kapitalgesellschaften | 915 |
| 2.2.6. Ausländische Gesellschaftsformen | 915 |
| 2.3. Rechtliche Rahmenbedingungen | 915 |
| 2.3.1. Anlegerschutz | 916 |
| 2.3.2. Eintragung oder Anzeige | 917 |
| 2.3.3. Andere Fondsvehikel | 918 |
| 2.4. Merkmale von Private-Equity-Fondsverträgen | 919 |

## 1. Der japanische Private-Equity-Markt[3413]

Der japanische Private-Equity-Markt blickt auf eine relativ kurze Geschichte zurück. 1996 fand fast keine Transaktion statt, die als Private Equity charakterisiert werden konnte. In der zweiten Hälfte der 1990er Jahre allerdings, während der ersten spürbaren Verbesserung der japanischen Volkswirtschaft nach dem Platzen der Spekulationsblase 1991, begannen ausländische und japanische Private-Equity-Fonds ihre Geschäftstätigkeit auf dem japanischen Markt zu entfalten. Advantage Partners,[3414] Pioniere des japanischen Private-Equity-Marktes, gründeten 1997 den ersten japanischen Private-Equity-Fonds. Obwohl der japanische Private-Equity-Markt seitdem kontinuierlich gewachsen ist,[3415] beurteilen Marktbeobachter Japan nach wie vor als unterentwickelten Private-Equity-Markt.[3416] Das Transaktionsvolumen eines durchschnittlichen M&A Deals in Japan entspricht in etwa der Hälfte des Vo-

---

[3413] Übersetzung aus dem Englischen. Die englischen Titel und Titelübersetzungen der Quellen und Gesetze wurden grundsätzlich beibehalten.

[3414] http://www.advantagegroup.co.jp/profile/index.html.

[3415] Economist Intelligence Unit 2006, "Private Equity in Japan – Fuelling the next M&A wave?" (EIU), S. 4f.

[3416] Yûko Kawai, "An Increasing Role Within the Ongoing Disintermediation" (*deisintahmideiehshon no nagare no naka de takamaru yakuwari*), Kin'yû Zaisei Jijô, 1. Oktober 2007, S. 14, für einen generellen Vergleich des japanischen Privat-Equity-Marktes mit dem europäischen und US-amerikanischen Private-Equity-Markt; ferner Satoru Arakawa/Kuniaki Wakabayashi, "The Rise of Private Equity and MBOs", (*puraibehto ekuitei no bokkô to MBO*), Chitekizaisan Sôzô, Oktober 2006, S. 28, speziell für den Buy-out-Sektor. Ähnliche Aussagen können dem Report des japanischen Wirtschafts-, Handels und Industrieministeriums (METI) (*keizai seichô ni muketa fando no yakuwari to hatten ni kansuru kenkyûkai – hôkokusho* – METI Report), 27. Dezember 2005, S. 32, entnommen werden; Yasushi Andô, „The Behavioural Management of Private Equity Funds ('PE Funds'), 2nd instalment" (*dai ni kai puraibehto ekuitei fando [,PE fando'] no kôdôkanri*), Nikkei Net, 13. November 2007, http://bizplus.nikkei.co.jp/manda/ando.cfm?i=20071112mi000mi = Nihon Keizai Shinbun (Druckversion), S. 7; Maya Nakamura, "Differences between PE Fund investments and Traditional Assets", (*PE fando tôshi ni okeru dentôtekizaisan to no saiten*), Daiwa Institute of Research Holdings, Ltd. May 2005, unter 1 bzgl. Investments von Pensionsfonds.

lumens eines durchschnittlichen UK oder US-Deals.[3417] Gemessen an der Zahl der Buy-Out-Transaktionen belegte Japan 2005 den dritten Platz nach den USA und UK; gemessen am Transaktionsvolumen als Prozentsatz des Bruttoinlandsproduktes belegte Japan den zehnten Platz mit 0,1% des Bruttoinlandsproduktes verglichen mit 0,38% in den USA und 0,56% in den UK.[3418] Veröffentlichungen zufolge standen 2007 eine Billion JPY oder 0,3% des japanischen Bruttoinlandsproduktes für Investments in Private-Equity-Fonds zur Verfügung, verglichen mit ca. 11% in den UK und fast 8% des Bruttoinlandproduktes in den USA.[3419]

Die tatsächlichen Verhältnisse in Japan deuten auf ein eher Private Equity-freundliches Umfeld hin. Die japanische Regierung fördert ganz offiziell die Entflechtung der von wechselseitigen Kapitalbeteiligungen geprägten japanischen Wirtschaft. Es wurden erhebliche gesetzliche Anstrengungen unternommen, um die Beschaffung von Risikokapital zu erleichtern, einschließlich weitreichender Reformen des japanischen Gesellschaftsrechts,[3420] neuer Gesetzgebung, die speziell auf die Erleichterung von Private-Equity-Fondsgründungen ausgerichtet ist[3421] und die generelle Bemühung um die Modernisierung des japanischen Rechtsrahmens gemäß dem Leitbild „Globalisierung und Reformen" seit den späten 1990er Jahren. Die Regierung fördert Private-Equity-Aktivitäten.[3422] Darüber hinaus wird die japanische Wirtschaft durch alternde Führungsriegen dominiert, die oftmals Anteile von 20% und mehr an ihren Gesellschaften halten und nach einem Nachfolger Ausschau halten.[3423]

Als Gründe für den Mangel an Transaktionen im japanischen Private-Equity-Markt werden unter anderem die traditionelle Risikoaversion der Japaner sowie allgemein die japanische Wirtschaftstradition genannt, vor allem aber die „japanische Art", Geschäfte zu machen. Die Verteilung von Anlagegeldern zeigt eine deutliche Tendenz zur Risikoscheu. Im Juni 2006 waren von den JPY 1.555 Billionen Vermögen japanischer Haushalte lediglich JPY 89 Billionen in Aktien oder andere riskantere Investitionen investiert.[3424] Privatpersonen als Private-Equity-Investoren sind nach wie vor eher selten[3425] und japanische Pensionsfonds haben den Private-Equity-Markt noch nicht als alternative Investmentmethode akzeptiert.[3426] Darüber hinaus blicken japanische Gesellschaften auf eine Geschichte indirekter Finanzierung zurück, die zu einem gegenüber Europa oder den USA unterentwickelten Markt für Direktinvestitionen geführt hat.[3427]

Private-Equity-Fonds haben es zudem schwer, als Investoren in Japan akzeptiert zu werden, was einen Marktbeobachter zu der Aussage veranlaßte, „reine Finanzgeschäfte sind der japanischen Art, Geschäfte zu machen, ein Greuel."[3428] Japan ist eine Stakeholder-Gesellschaft, in der sich die Führungskräfte nicht nur ihren Unternehmen sondern auch allen anderen gegenüber in der Verantwortung sehen, deren Interessen irgendwie mit dem Unter-

---

[3417] EIU, S. 7.
[3418] Arakawa/Wakabayashi, *ebenda*.
[3419] Andô, *ebenda*.
[3420] Was in der Einführung des neuen Gesellschaftsgesetzes (Companies Act (*kaisha hô*)) im Jahre 2006 gipfelte (Gesetz Nr. 86/2005, novelliert durch Gesetz Nr. 65/2008).
[3421] Insbesondere das Gesetz über Verträge betreffend Investment Limited Liability Partnerships (*tôshi jigyô yûgen sekinin kumiai keiyaku ni kansuru hôritsu* – LPS-Gesetz, Gesetz Nr. 90/1998, novelliert durch Gesetz Nr. 109/2006).
[3422] Vgl. Abschnitt 2.1.2.4. unten.
[3423] Arakawa/Wakabayashi, S. 28.
[3424] Andô, *ebenda*.
[3425] METI Report, S 31.
[3426] Mehr als die Hälfte der Pensionsfonds investiert in Hedgefonds aber lediglich 12% in Private-Equity-Fonds, vgl. Nakamura, unter 1, Andô, *ebenda*.
[3427] METI Report, S. 32.
[3428] EIU, S. 5.

nehmen verbunden sind.[3429] Selbst wenn ein Unternehmensinhaber altersbedingt versuchte, einen Private-Equity-Investor für sein Unternehmen zu finden, würde er Schwierigkeiten haben, einen Investor zu finden, der nicht nur mit der für die Leitung eines Unternehmens erforderlichen Führungsfähigkeit ausgestattet ist, sondern darüber hinaus auch noch *akzeptabel* wäre. Denn gute Führungskräfte, die ein Unternehmen nach der Übernahme führen können, sind in Japan spärlich; gute Manager, die die in Japan zwingend erforderlichen persönlichen Beziehungen haben oder anderweitig nicht unter einem Reputationsmangel leiden, der sie als Investoren inakzeptabel macht, sind gar noch schwerer zu finden.[3430] Wohl das wichtigste Hemmnis für den Erfolg von Private Equity in Japan ist jedoch der tiefe Argwohn japanischer Führungskräfte gegen Finanzinvestoren.[3431] Viele Japaner, einschließlich führende Regierungsvertreter[3432] und Gerichte[3433], betrachten Private-Equity-Investoren als unerwünschte Unruhestifter, die einzig auf kurzfristige Investments zwecks Maximierung ihrer Rendite aus sind, jedoch auf Kosten des langfristigen Wohles der anderen Anteilseigner, des Managements des Unternehmens, seiner Angestellten sowie der Gesellschaft im Allgemeinen.[3434] In der Folge gibt es mannigfaltige aufsichtsrechtliche Bedenken gegen Finanztransaktionen,[3435] die zu einer strengeren Aufsicht und Regulierung von Private-

---

[3429] EIU, Interview mit Sir Deryck Maughan, S. 14, der daraus die – bestreitbare – Schlussfolgerung zieht, dass es deshalb für japanische Unternehmen leichter sei, auf einen neutralen Investor wie eben Privat-Equity-Firmen zurückzugreifen.

[3430] EIU, S. 17.

[3431] Die Japan Business Federation (*nippon keizai dantai rengô kai* – Keidanren, http://www.keidanren.or.jp) veröffentliche im November 2004 eine Erklärung, wonach „ein Käufer, der sich nicht dem langfristigen Wohl des Unternehmens verpflichtet sieht, seine eigenen kurzfristigen Interessen verfolgen könnte und damit [ein Risiko bestehe] dass der Unternehmenswert geschädigt werde" (http://www.keidanren.or.jp/japanese/policy/2004/085.html). Vgl. Arakawa/Wakabayashi, S. 29, Bezug nehmend auf den bekannten Begriff der „Geier" – *hagetaka* – in Bezug auf Private-Equity-Fonds; Takeshi Katoda, „The Importance of Providing Risk Money – Businesses Change Stance from ‚Confrontation' to ‚Co-operation'" (*risuku maneh kyôkyû no juyaku, kigyô to ha ‚taiji' kara ‚kyôchô' no kankei ni*), Kin'yû Zaisei Jijô, 1. Oktober 2007, S. 19; Shûsaku Minoda, „Funds As Catalysts In Furthering The Chemical Reaction Between Management And Employees" (*fando ha keieisha, jûgyôin ni kagakuhannô wo okosaseru shokubaiteki sonzai*), Kin'yû Zaisei Jijô, 1. Oktober 2007, S. 22.

[3432] Takao Kitabata, seinerzeit Vize Minister des Ministeriums für Wirtschaft, Handel und Industrie (Ministry of Economy, Trade and Industry), "Are Corporations Only the Shareholders' Property?" (*kaisha wa kabunushi dake no mono ka?*), 25. Januar 2008, abrufbar unter http://www.meti.go.jp/topic/data/80208aj.pdf, der das Argument anbringt, dass obwohl rechtlich das Unternehmen seinen Anteilseignern gehört, in der Sache es allen Mitarbeitern, die unter einem Unternehmenspräsidenten arbeiten, den Geschäftspartnern sowie den Bürgern, die in der Nähe des Unternehmens leben, gehöre.

[3433] Supreme Court of Japan, Steel Partners vs Bull Dog Sauce, 7. August 2007, http://www.courts.go.jp/search/jhsp0030?action_id=dspDetail&hanreiSrchKbn=02&hanreiNo=35027&hanreiKbn=01, S. 7.

[3434] Ein anderes Beispiel, das oftmals bemüht wird, wenn man nach den Symptomen der Aversion von Japanern gegen Private-Equity-Investoren forscht – insbesondere gegen ausländische – ist die gescheiterte Kapitalerhöhung bei Electric Power Development Co., Ltd. (EPDC oder auch bekannt als „J-Power") (*dengen kaihatsu kabushiki kaisha*) durch The Children's Investment Master Fund im April 2008 (vgl. Börsenzeitung, 17. April 2008). Allerdings ist dieser Fall letztendlich nicht einschlägig, denn die Übernahme der Anteile wurde durch die japanische Regierung nicht aufgrund von Verteidigungsmaßnahmen gegen feindliche Übernahmen, sondern aufgrund des japanischen Foreign Exchange and Trade Act (*gaikoku kawase oyobi gaikoku bôeki hô*, Gesetz Nr. 228/1949 novelliert durch Gesetz Nr. 22/2007) verweigert, der im Wesentlichen vorsieht, dass die japanische Regierung ausländische Investitionen verhindern kann, die unter anderem die nationale Sicherheit, öffentliche Ordnung oder Sicherheit gefährden können. Das Gesetz verlangt keine *tatsächliche* Gefahr, sondern lässt eine abstrakte Gefahr (*jitai ga shôzuru osore ga aru*) ausreichen. Die meisten Länder wenden ähnliche Gesetze zum Schutze der grundlegenden nationalen Interessen an. Vgl. Handelsblatt, 28. April 2008, http://www.handelsblatt.com/News/printpage.aspx?_p=200051&_t=ftprint&_b=1423383).

[3435] EIU, S. 5.

# 8. Teil. Länderberichte/Country Reports

Equity-Fonds führen.[3436] Auch treffen Lobbyisten der Gegner von Private-Equity Investments bei Regierungsvertretern auf offene Ohren, die ihren Anliegen und Interessen Rechnung tragen.[3437] So hat sich ein Grundkonsens entwickelt, dass solchen unerwünschten Investoren zumindest teilweise[3438] gleichberechtigte Gesellschafterrechte abgesprochen werden können, und es ist mittlerweile weithin anerkannt, dass börsennotierte Unternehmen Verteidigungsstrategien zwecks Abwehr von feindlichen Übernahmeversuchen implementieren können.[3439] Bis zum Herbst 2007 war schlechterdings kein Versuch einer größeren feindlichen Übernahme eines japanischen Unternehmens erfolgreich.[3440]

Ungeachtet des schwierigen Umfelds für Private-Equity-Transaktionen bleiben Investoren optimistisch für den japanischen Private-Equity-Markt.[3441] Umfragen unter Investoren zeigen für 2005 einen 3.4fachen Ertrag auf das Investment[3442], und die Mehrheit der Antworten auf eine Umfrage berichtet von einem Nettoertrag Ende 2006 aus Investitionen in japanischen Buy-out-Fonds von mehr als 16%.[3443]

## 2. Rechtliche Aspekte japanischer Private-Equity-Fonds

### 2.1. Fondsstrukturen

Fondsstrukturen in Japan können unterschieden werden (i) mit Blick auf ihre Abhängigkeit oder Unabhängigkeit von einer Finanzinstitution und (ii) nach ihrer Investitionstätigkeit.

---

[3436] Vgl. Abschnitt 2.3.1. unten.

[3437] Ein bekanntes Beispiel: Die Wirksamkeit von Vorschriften des neuen Gesellschaftsgesetzes, die erstmals in der Geschichte Japans die Möglichkeit von (cross-border) Triangular-Mergers ermöglichten, wurde um ein Jahr verzögert, um den japanischen Unternehmen die Einführung von Abwehrmechanismen gegen feindliche Übernahmen zu ermöglichen. Es wurde befürchtet, dass ausländische Unternehmen in der Lage wären, durch das neue Gesetz japanische Unternehmen gegen deren Willen zu übernehmen. Diese Befürchtungen waren jedoch grundlos, da der Verfahrensablauf eines Triangular Merger fast zwangsläufig die Kooperation der Zielgesellschaft erfordert, vgl. Prof. Dr. Moritz Bälz während einer Vorlesung „Transition of the Japanese Corporate Law" (*Flexibilisierung des japanischen Gesellschaftsrechts*) auf dem Legal and Tax Symposium Japan 2008, 5. Juni 2008, bei der IHK Hamburg.

[3438] Vgl. Referenzen der Fn 3432 und 3433 oben.

[3439] Bis Herbst 2007 hatten mehr als 10% aller börsennotierten Unternehmen sog. „poison pills" in Erwartung eines feindlichen Übernahmeversuchs eingeführt, so Nami Matsuko von Nomura Securities Co., Ltd in einer Presentation „What is the Impact of ‚Shareholder Activism' on Corporate Japan", vom 17. Oktober 2007 anlässlich der IBA Conference in Singapore. Prof. Hiroshi Oda, während seiner zwei Vorlesungen über „Hostile Takeovers and Defensive Measures in Japan", am 25. Februar 2008 am Max-Planck Institute for Comparative and International Private Law in Hamburg und anlässlich des Legal and Tax Symposium Japan am 5. Juni 2008 bei der IHK Hamburg, wies darauf hin, dass sich die Diskussion in Japan um die Frage dreht, unter welchen Umständen es Unternehmen erlaubt sein soll, Abwehrmaßnahmen gegen feindliche Übernahmen einzuführen, es aber versäumt wird, infrage zu stellen, dass Abwehrmaßnahmen per se erlaubt sind.

[3440] Matsuko, *ebenda*.

[3441] Coller Capital, Global Private Equity Barometer, Japanese Snapshot: 87% der Antwortenden der Umfrage erwarteten für 2007/2008 einen Anstieg von Private-Equity-Investments im japanischen gesamten M&A-Markt, http://www.collercapital.com/assets/images/press/japan_barometer_english_version.pdf.

[3442] EIU, S. 4.

[3443] Coller Capital, *ebenda*.

### 2.1.1. Abhängige und unabhängige Fonds

Die in Japan traditionelle Verflechtung von Unternehmen[3444] hat auch das Anlagegeschäft beeinflusst. So gibt es eine klare Trennung von Fonds die von inländischen Geldinstituten abhängig sind, und unabhängigen Fonds.[3445]

#### 2.1.1.1. Private-Equity-Fonds inländischer Institutionen

Seit dem Aufstieg von Private-Equity-Fonds in den 1990er Jahren haben viele Banken und Wertpapierhäuser entdeckt, dass die Bereitstellung von Private-Equity-Fonds Investment Services ein potentiell sehr lukratives Geschäft ist. Dieses Geschäft profitierte vor allem von den Reformbemühungen der japanischen Regierung im Finanzsektor mit dem Ziel, die Beseitigung der notleidenden Kredite aus der Zeit der Spekulationsblase voranzutreiben.

Die Banken gründen oft eigene Unternehmen, die die Rolle des General Partners einnehmen, oder fungieren selbst als General Partner des Fonds. Besonders aktive Bankinstitute im Private-Equity-Fonds Bereich sind MUFG mit ihrem namhaften Phoenix Fund, SMBC, Shinsei Bank und Aozora Bank.

Bankinstitute haben den eindeutigen Vorteil gegenüber anderen Marktteilnehmern, dass sie die Deals durch ihre ausgeprägten und gut gepflegten Netzwerke akquirieren können.[3446] Darüber hinaus haben Bankinstitute seit der Industrialisierung der Meiji-Ära eine wichtige Rolle in der japanischen Wirtschaft gespielt und repräsentieren für viele Japaner nach wie vor den Inbegriff eines vertrauensvollen Geschäftspartners. Allerdings ist zu beachten, dass bei Fonds, die durch Bankinstitute oder deren Tochterunternehmen aufgesetzt werden oder sonst den Bankinstituten zuzurechnen sind, der Entscheidungsprozess nicht allein durch die wirtschaftlichen Ziele des Fonds beeinflusst wird, sondern auch durch die Ziele des jeweiligen Bankinstituts.[3447]

Des Weiteren dürfen Bankinstitute, die mittelbar und unmittelbar in Eigenkapital anderer Unternehmen investieren, in der Regel gemäß dem japanischen Bankengesetz (*ginkô hô*)[3448] und dem japanischen Anti-Monopol-Gesetz (*shiteki dokusen no kinshi oyobi kôsei torihiki no kakuho ni kansuru hôritsu* – AMA) maximal 5% der Stimmrechte an diesen Unternehmen halten.[3449] Bankinstitute, die zudem im Wertpapiergeschäft tätig sind, sind zwingend verpflichtet sog. Chinese Walls innerhalb ihrer Organisationsstrukturen einzurichten, um einen Missbrauch ihrer Position zu vermeiden.[3450]

---

[3444] Bis zur erzwungenen Entflechtung am Ende des Zweiten Weltkriegs war Japans Wirtschaft dominiert von großen familiengeführten Konglomeraten, sog. *zaibatsu*. Selbst heute gibt es große Unternehmensgruppen, die um eine Hauptbank organisiert sind und einen sog. *keiretsu* bilden. Während die gesetzgeberischen Bemühungen hinsichtlich der Förderung der Entflechtung von Überkreuzbeteiligungen während der Reformen im Anschluss an das Platzen der Spekulationsblase zu einer Abnahme solcher Überkreuzbeteiligungen von ca. 50% während der 1980er Jahre zu gegenwärtig ca. 20% (vgl. David Pilling, Financial Times, 3. September 2008) geführt hat, führte die Konsolidierung insbesondere im Bankensektor zu Oligopolen, die von drei Haupt-Bankinstituten gehalten werden: Mizuho, MUFG und Sumitomo. Es scheint, dass die *keiretsu* verschwunden sind (vgl. Pilling, *ebenda*), in der Praxis kontrollieren freilich viele Banken nach wie vor eng die Geschäftsbeziehungen mit ihren Geschäftspartnern, in dem sie die Rolle des Finanzberaters, Kreditgebers, Wertpapierhauses etc. für dieselbe Unternehmensgruppe einnehmen. Oftmals erklären sich erst vor diesem Hintergrund der Beziehung zwischen Banken und Unternehmen Entscheidungen, die aus einer rein wirtschaftlichen oder rechtlichen Betrachtung heraus nicht nachvollziehbar erscheinen.

[3445] Vgl. Andô, Nihon Keizai Shinbun, 13. November 2007.

[3446] EIU, S. 4. vgl. Fn. 31 oben.

[3447] Andô, *ebenda*.

[3448] Gesetz Nr. 59/1981, novelliert durch Gesetz Nr. 65/2008, Artikel 16-3.

[3449] Gesetz Nr. 54/1947, novelliert durch Gesetz Nr. 109/2006, Artikel 11. Ähnliche Beschränkungen existieren für Investments von bis zu 10% durch Versicherungsunternehmen. Beide Beschränkungen sind allerdings für Investments in eine LPS oder NK aufgehoben worden.

[3450] Artikel 13-3 Nr. 4 und 13-4 Banking Act und Artikel 14-11-3 Nr. 3 Durchführungsverord-

## 8. Teil. Länderberichte/Country Reports    § 10 Japan

Private-Equity-Fonds hingegen, die von Wertpapierhäusern betrieben und gegründet werden und keine Beziehungen zu Banken aufweisen, sind von den vorgenannten rechtlichen Investitionsbeschränkungen befreit. Allerdings dürften diese im Gegensatz zu banknahen Vehikeln Schwierigkeiten haben, attraktive Zielgesellschaften zu finden, da sie über keinen Zugang zu einem vergleichbar umfangreichen Netzwerk an Kontakten verfügen. Obwohl sehr bekannte Namen wie Nomura Securities, Nikko Cordial Securities und Daiwa Securities zu ihnen zählen, werden Wertpapierhandelsunternehmen grundsätzlich als weniger verlässlich als die etablierten Bankinstitute und deren zugehörige Private-Equity-Fonds-Gesellschaften angesehen. Die Unabhängigkeit und damit größere Freiheit bei der Investition bringt ein größeres Risiko für solche Wertpapierhandelsunternehmen mit sich, da diese nicht auf ähnlich komfortable Kapitalbeschaffung wie Bankinstitute zurückgreifen können.[3451] Zudem sind Wertpapierhandelsunternehmen normalerweise auch als Börsenmakler tätig, was zu Interessenkonflikten führen kann.[3452]

### 2.1.1.2. Unabhängige Private-Equity-Fonds

Marktteilnehmer ohne Anbindung an Banken oder Wertpapierhäuser werden allgemein als frei von deren obengenannten Nachteilen angesehen, insbesondere im Hinblick auf mögliche Interessenkonflikte.[3453] Theoretisch haben sie daher die höchste Anziehungskraft für Investoren. Allerdings leiden auch sie unter den Auswirkungen der eng verflochtenen japanischen Wirtschaft. Versucht beispielsweise ein Fonds, ein Unternehmen zum Ende der Investitionsperiode zu verkaufen, führt die geringe Zahl japanischer Bankinstitute oft dazu, dass dasselbe Bankinstitut auf zwei oder mehreren Seiten des Private-Equity-Deals tätig wird: Als Kreditgeber für die Zielgesellschaft, als Investor oder Kreditgeber für den Private-Equity-Fonds, und unter Umständen sogar als Kreditgeber für den Käufer, dem es das notwendige Kapital für die geplante Transaktion zur Verfügung stellt. Diese Situation kann Entscheidungen bereits in der frühen Phase einer Investition erschweren und die Aktivitäten sämtlicher Beteiligter behindern.[3454]

Nichtsdestotrotz hat der japanische Private-Equity-Markt sehr bekannte Private-Equity-Fondsgesellschaften hervorgebracht, beispielsweise Advantage Partners, MKS Partners und Unison Capital.

### 2.1.2. Aktivitäten von Fonds

Japanische Private-Equity-Fonds sind auf allen Feldern des Private-Equity-Investments tätig. Die japanische Regierung hat immer wieder Anstrengungen unternommen, um die Ansiedlung von Private-Equity-Fonds – insbesondere von Venture Capital Fonds und Restrukturierungs-Fonds – zu unterstützen.

### 2.1.2.1. Venture Capital und Start-up Fonds

Der japanische Venture Capital (VC) Sektor entwickelte sich in den frühen 1970er Jahren. Die erste private VC Gesellschaft war Kyoto Enterprise Development KK[3455]. Bis zur Ein-

---

nung (Enforcement Ordinance), Cabinet Ordinance Nr. 10/1982, novelliert durch Ordinance Nr. 79/2008. Vgl. Artikel 38 und 40-2 Financial Instruments and Exchange Law (*kin'yû shôhin torihiki hô* – FIEL), Gesetz Nr. 65/2008, der insbesondere Interessenkonflikte (*rieki sôhan*) behandelt.

[3451] Andô, *ebenda*.

[3452] Andô, *ebenda*. Die Vorschriften des FIEL über Interessenkonflikte finden auch auf Wertpapierhäuser Anwendung, da diese prinzipiell als Finanzdienstleister (Financial Instruments Business Provider) gemäß FIEL zu qualifizieren sind.

[3453] Andô, *ebenda*. Vgl. Katoda, S. 19f.

[3454] Andô, *ebenda*.

[3455] Kyoto Enterprise Development KK wurde als japanische Aktiengesellschaft (*kabushiki kaisha*) 1972 gegründet. Sie wurde 1979 liquidiert. Vgl. http://www.jri.co.jp/JRR/1995/05/rp-venture.html.

führung des LPS-Gesetzes im Jahre 1998[3456] wurden Private-Equity-Fonds hauptsächlich in der Rechtsform einer Personengesellschaft (*nin'i kumiai* – NK) nach dem japanischen Bürgerlichen Gesetzbuch (*minpô*) errichtet.[3457]

Ende März 2005 gab es ungefähr 490 Private-Equity-Fonds, die ein Vermögen von etwa JPY 1,57 Billionen verwalteten. Ungefähr 50% der Portfolio-Unternehmen waren jünger als fünf Jahre, 70% jünger als zehn Jahre. 33% der Portfolio-Unternehmen waren Unternehmen des IT-Sektors, 23% aus dem Biotechnologiesektor und dem Gesundheitswesen. Von 71 Gesellschaften, die 2004 an der JASDAQ gelistet waren, waren in 49 Unternehmen VC Fonds investiert.[3458]

Üblicherweise erwerben VC Fonds zwischen 10% und 50% der Anteile nicht börsennotierter Unternehmen. In der Anfangsphase stellen diese praktische Unterstützung durch sog. Hands-on (*hanzu on*) Support zur Verfügung, hauptsächlich durch Entsendung erfahrener Führungskräfte.[3459] Sie erhöhen den Unternehmenswert und stoßen das Investment meist ganz oder teilweise durch einen Börsengang ab. Seit einiger Zeit nimmt auch die Zahl der Verkäufe an andere Private-Equity-Fonds zu. VC-Fonds verwalten typischerweise Investments von bis zu JPY 100 Millionen und sind deshalb kleiner als andere Fondstypen. Sie werden hauptsächlich in der Rechtsform der Limited Liability Partnership (*tôshi jigyô yûgen sekinin kumiai* – LPS), der NK oder der stillen Gesellschaft (*tokumei kumiai* – TK) errichtet. Die Verwaltung der Fonds übernehmen zumeist VC Gesellschaften, vereinzelt sieht man aber auch Fonds, die von Einzelpersonen mit großer Erfahrung im Investitionsgeschäft verwaltet werden.[3460]

Hauptinvestoren sind Bankinstitute, Unternehmen und andere inländische Investoren, darunter auch Einzelpersonen. Ausländische Investments betrugen im Jahr 2005 lediglich 5% des Vermögens, das von Fonds in japanische nicht börsennotierte Unternehmen investiert wurde.[3461] Auch japanische Pensionsfonds investieren nur in geringem Maße in VC Fonds.[3462] Vereinzelt sammeln Wertpapiergesellschaften das Anlagevermögen durch öffentliche Angebote ein. In neuerer Zeit sind auch Treuhandmodelle entstanden.

Zu den Aufgaben des General Partners eines VC Fonds zählen die Gründung des Fonds, die Identifizierung und Entwicklung von Investitionsmöglichkeiten, das Aushandeln der Investitionsbedingungen sowie die tatsächliche Durchführung des Investments und schließlich die Planung und Durchführung des Ausstiegs am Ende des Investments. Während der Investitionsperiode unterstützt der General Partner das Portfolio-Unternehmen umfassend, beispielsweise durch die Aufsicht über die Geschäftstätigkeit und den bereits erwähnten Hands-on Support, sowie durch Mittelbeschaffung und Risikoanalyse. Der General Partner verwaltet zudem das Investmentportfolio und hat Berichterstattungspflichten gegenüber den anderen Investoren.[3463] Die Gründung eines VC Fonds erfordert allgemein gründliche Verhandlungen zwischen allen beteiligten Parteien und kann bis zu einem Jahr oder länger dauern. Die Ansicht, daß diesem Prozeß die Vorschriften über öffentliche Angebote (*kanyû*) und Publizitätserfordernisse (*jôhô kaiji*) nicht sinnvoll gerecht werden, hat zunehmend Befürworter gewonnen.[3464] Unter der bisherigen Geltung des Wertpapierhandelsgesetzes

---

[3456] Vgl. Fußnote 3421 oben. Eine englische Übersetzung vom 1. Dezember 2004 ist abrufbar unter http://www.meti.go.jp/policy/sangyou_kinyuu/pdf/LPSActforInvestment.pdf.
[3457] Gesetz Nr. 89/1896, novelliert durch Gesetz Nr. 78/2006.
[3458] METI Report, S. 36.
[3459] Nakamura, unter 4-2.
[3460] METI Report, S. 39 f.
[3461] Gleichwohl betrachten ausweislich der Studie von Coller Capital (Fußnote 3441) Ende 2006 ca. 35% der ausländischen antwortenden Fonds mit einem Investmentfokus Japan, Fonds gemanaged von japanischen General Partnern als den besten Weg um in Japan zu investieren, was möglicherweise eine Trendänderung andeutet.
[3462] Andô, Nihon Keizai Shinbun, 13. November 2007.
[3463] METI Report, S. 41 f.
[3464] Cf. METI Report, S. 42 f.

## 8. Teil. Länderberichte/Country Reports § 10 Japan

(*shôken torihiki hô*)[3465] und der darin enthaltenen Erfordernisse eines öffentlichen Angebots (*boshû*) wurden daher oft die Fondsprospekte mit individuellen Nummern von 1 bis 49 versehen, um zu veranschaulichen, dass die Anzahl der Investoren des jeweiligen Fonds die Zahl von 49 nicht übersteigt, die die Regelungen über öffentliche Angebote auslösen würde.[3466] Des Weiteren verboten (und verbieten auch heute noch) VC Fondsverträge grundsätzlich die nachträgliche Übertragung der Fondsanteile durch den Investor, um die Anwendung der Publizitätserfordernisse zu verhindern, die letztlich in diesem Fall nur dem Schutz weiterer potentieller Investoren dienen.[3467]

### 2.1.2.2. Buy-out Fonds

Buy-out Fonds erwerben in der Regel Mehrheitsbeteiligungen, die sie über einen Zeitraum von drei bis fünf Jahren halten. In diesem Zeitraum wird durch eine Restrukturierung oder Neuausrichtung des operativen Geschäfts versucht, den Unternehmenswert zu erhöhen.[3468] Für eine lange Zeit waren die hauptsächlichen Zielgesellschaften von Buy-out Fonds nichtbörsennotierte Unternehmen.[3469] Neuerdings nimmt allerdings die Zahl der (versuchten) Übernahmen börsennotierter Unternehmen zu.[3470] Sind solche Transaktionen erfolgreich,[3471] ziehen sich die börsengelisteten Unternehmen zum Zwecke der Unternehmensrestrukturierung zeitweise von der Böre zurück. Im Anschluß an die erfolgreiche Restrukturierung veräußern Private-Equity-Fonds ihre Anteile grundsätzlich an einen institutionellen oder strategischen Investor, oder durch ein öffentliches Angebot einschließlich eines erneuten Börsengangs.[3472]

Der mit einem Börsenrückzug verbundene Vorteil wird vorwiegend in den geringeren Kosten gesehen, die Unternehmensführung und allgemeine Compliance außerhalb der Börsennotierung mit sich bringen.[3473] Hierzu zählen insbesondere die Regeln des FIEL[3474] sowie der Börsenaufsicht.[3475] Allerdings verlangen die Investoren der Buy-out Fonds vom

---

[3465] Gesetz Nr. 25/1948, abgelöst durch das FIEL (Fußnote 3450).
[3466] Vgl. unten Abschnitt 2.3. in Bezug auf den Wechsel vom angebotsorientierten Schwellenwert von 50 oder mehr Investoren zum gegenwärtigen Schwellenwert von mehr als 500 Investoren, die tatsächlich angebotene Anteile erwerben.
[3467] METI Report, S. 43.
[3468] METI Report, S. 44.
[3469] Beispielsweise die kürzliche Akquisition von Asahi Fiber-Glass Co., Ltd., einer 100%tigen Tochter der Asahi Glass Co., Ltd., seitens einer von DBJ und Wise Partners KK zu diesem Zweck gegründeten Gesellschaft. Diese erfolgte mit dem ausdrücklichen Ziel eines Börsenganges, vgl. http://www.dbj.go.jp/japanese/release/rel2007/0912.html.
[3470] Der am 8. Juni 2006 bekanntgegebene Management-Buyout durch das Management der börsennotierten Skylark Co., Ltd. (von der Japan Times, 9. Juni 2006, als „größter MBO in der Geschichte Japans" bezeichnet) erfolgte durch ein Akquisitions-Vehikel von und finanziert durch Nomura Principal Finance Co., Ltd. (63.67%) und CVC Asia Pacific Limited (36.33%). Vgl. http://www.nomuraholdings.com/news/nr/holdings/20060711/20060711_b.pdf. Skylark wurde anschließend von der Börse genommen, vgl. ferner Fußnote 3475 unten. Ein anderes Beispiel für einen Buy-out und ein Delisting ist die Akquisition des Getränkeherstellers Pokka Corporation durch Advantage Partners LLP als Teil eines MBO, http://www.pokka.co.jp/company/ir/2005/pdf/050921_02_01.pdf.
[3471] Vgl. Fußnote 3439f.
[3472] Arakawa/Wakabayashi, S. 30f.
[3473] Arakawa/Wakabayashi, S. 30ff. verweisen auf die außerordentlichen Anstrengungen, die erforderlich sind, um die Interessen des Vorstands und der zahlreichen Aktionäre einer börsennotierten Gesellschaft miteinander in Einklang zu bringen. Sie zitieren den Chairman und CEO von Skylark, Kiwamu Yokokawa: „Es ist nachgerade unmöglich, durchgreifende Reformen unter Berücksichtigung des Willens von mehr als 50.000 Aktionären durchzuführen, oder auch nur der Verantwortung gerecht zu werden, ihnen die Reformen zu erklären", S. 32.
[3474] Vgl. Fußnote 3450 oben.
[3475] Arakawa/Wakabayashi, *ebenda*. Vgl. unten Abschnitt 2.3. Die Vorteile eines Delisting stehen auch im Zusammenhang mit den sog. „Japanischen SOX" oder „J-SOX" Regeln des FIEL. Diese verlangen von allen börsennotierten Unternehmen die Einführung interner Kontrollen (*naibu tôsei*

General Partner und der Geschäftsführung des Portfolio-Unternehmens in regelmäßigen Abständen Informationen über den Reformprozess, die Entwicklung und den Business Plan.[3476] Über einen Beirat (*tôshi iinkai*) nehmen sie zudem Einfluss auf den Entscheidungsprozess.[3477]

Einzelne Buy-out Fonds verwalten üblicherweise Vermögen von mehr als JPY 10 Milliarden und investieren in relativ wenige Portfolio-Unternehmen gleichzeitig. Da die Buy-out Fonds in der Regel große Investmentbeträge verwalten, investieren ausschließlich institutionelle Investoren in solche Fonds. Das Investitionsprogramm basiert grundsätzlich auf der Capital Call Methode, d.h. dem sukzessiven Abruf bereits zuvor in bestimmter Höhe zugesagten Kapitals.[3478] Der Fonds investiert zudem nicht über die gesamte Laufzeit, sondern nur während einer zuvor festgelegten Investitionsphase.

Im Jahr 2005 waren ungefähr 93 Buy-out Fonds in Japan aktiv.[3479] Buy-out Fonds spielten eine bedeutende Rolle in der Wiederbelebung der japanischen Wirtschaft in den 1990er Jahren. Nach der Einführung des LPS-Gesetzes im Jahr 1998 stieg ihre Zahl kontinuierlich an. Die Fonds erwiesen sich als wichtigste Finanzierungspartner für Unternehmen, denen die Banken kein Kapital zur Verfügung stellten. Bankinstitute hatten zu dieser Zeit insbesondere mit den notleidenden Krediten zu kämpfen, die sie in früheren Jahren angehäuft hatten, weshalb sie zur Kreditvergabe an Unternehmen in wirtschatlichen Schwierigkeiten nicht gewillt waren. Buy-out Fonds erwarben auch Gesellschaftsanteile, die den Banken von ihren Kreditnehmern für notleidende Kredite als Sicherheit übertragen wurden, oder auch direkt die faulen Kredite.[3480] Ihren Höhepunkt erreichte diese Entwicklung im Jahre 2003. Seitdem hat die Anzahl japanischer Buy-outs und das damit zusammenhängende Investitionskapital abgenommen. Wahrscheinlich verloren Buy-out Fonds aufgrund der kontinuierlichen Restrukturierung notleidender Kredite an Bedeutung. Darüber hinaus mag auch der Umschwung der öffentlichen Meinung gegen Fonds im Allgemeinen eine Rolle für den Rückgang gespielt haben.[3481]

Aus wirtschaftlicher Sicht können vier Hauptfunktionen von Buy-out Fonds unterschieden werden:[3482]

– Restrukturierungssponsor
  Buy-out Fonds investieren in notleidende Portfolio-Unternehmen und ermöglichen deren Restrukturierung, z. B. indem ihnen die teilweise oder vollständige Veräußerung unrentabler Tochterunternehmen anvertraut wird.
– Akquisitionspartner
  Buy-out Fonds stellen Unternehmen Kapital zum Erwerb einer Zielgesellschaft zur Verfügung und ermöglichen so deren komplette Übernahme.
– Public to Private Partner
  Buy-out Fonds finanzieren Management Buy-outs (MBOs).
– Partner bei Unternehmenszusammenschlüssen
  Buy-out Fonds können zudem als Schrittmacher bei Unternehmenszusammenschlüssen dienen und Tochtergesellschaften oder solche Vermögenswerte übernehmen, die in Folge des Unternehmenszusammenschlusses veräußert werden müssen.

---

*seido*). J-SOX erfordert im Wesentlichen die Zertifikation der internen Kontrollmechanismen für jedes Geschäftsjahr, das am 31. März 2009 oder später endet. Siehe auch den detaillierten Überblick bei Arakawa/Wakabayashi auf S. 31.

[3476] Arakawa/Wakabayashi, S. 31.
[3477] METI Report, S. 49.
[3478] Nakamura, unter 3-2.
[3479] METI Report, S. 46.
[3480] Vgl. METI Report, S. 44 und Fußnote 3437, wo darauf hingewiesen wird, dass auch Fonds entstanden sind, die sich auf den Erwerb notleidender Kredite spezialisiert haben.
[3481] Arakawa/Wakabayashi, S. 29.
[3482] METI Report, S. 45. Vgl. auch Arakawa/Wakabayashi, S. 23.

# 8. Teil. Länderberichte/Country Reports § 10 Japan

Bis zur Einführung des LPS-Gesetzes im Jahre 1989 waren Buy-out Fonds grundsätzlich als NK organisiert. Banken, die in Fonds investierten, riskierten einen Verstoß gegen die zuvorgenannte 5%-Regel[3483], da ihnen das Investment durch die NK zugerechnet wurde. Die Novelle des AMA und des Bankengesetzes haben diejenigen Bankinstitute, die in eine LPS und NK investieren, von der Anwendung der 5%-Regel[3484] befreit. Voraussetzung hierfür ist allerdings, dass sie nur beschränkt haftende Gesellschafter (Limited Partner) des Fonds sind,[3485] dass der Fonds seine Anteile an dem Portfolio-Unternehmen nicht länger als 10 Jahre hält und dass eine Genehmigung des japanischen Kartellamtes (*kôsei torihiki iinkai* – FTC) vorliegt.[3486] Des Weiteren ist es Fonds in der Form einer LPS nunmehr gestattet, Kredite zu vergeben, so dass diese auch in der Lage sind, den Kapitalbedarf der Portfolio-Unternehmen zu decken,[3487] weshalb Banken als Teilnehmer im Buy-out Fondsgeschäft ebenfalls vertreten sind.

Soweit es sich bei den beschränkt haftenden Gesellschaftern vornehmlich um ausländische Investoren handelt, sind die Fonds oftmals nach ausländischem Recht organisiert, beispielsweise als Kapitalgesellschaft der Cayman Islands oder ausländische Limited Partnership bzw. stille Gesellschaft.[3488] Buy-out Fonds werden grundsätzlich durch eine eigens zu diesem Zweck gesondert gegründete Verwaltungsgesellschaft geleitet, die Geschäftsführung des Fonds wird allerdings meist Dritten übertragen.[3489]

### 2.1.2.3. Restrukturierungs-Fonds

Die dritte Hauptgruppe von Private-Equity-Fonds investiert in Unternehmen, die sich in einer finanziellen und/oder geschäftlichen Krise befinden. Der Fonds hat hier meist die Funktion, das Unternehmen durch Bereitstellung von Kapital und Unterstützung im Geschäftsbetrieb aus der Krise herauszuführen (sog. Unternehmensrestrukturierungs-Fonds (*jigyô saisei fando*)).

Für die Notlage des Portfolio-Unternehmens sind viele Gründe denkbar, sie beruht in Japan aber meistens auf Überinvestitionen während der Spekulationsblase vor 1991. Restrukturierungs-Fonds spielten in Japan insbesondere als Erwerber notleidender Bankverbindlichkeiten und nicht mehr benötigten Unternehmensvermögens eine bedeutende Rolle. Sie stellen zudem Unterstützung auf den Gebieten der Finanz- und Geschäftsplanung sowie der Geschäftsführung zur Verfügung, um die Wettbewerbsfähigkeit des Portfolio-Unternehmens zu steigern.[3490] Darüber hinaus wird Restrukturierungs-Fonds prinzipiell eine wichtige Rolle bei der Erhaltung von Unternehmenswerten und damit letztlich dem Schutz der japanischen Gesellschaft gegen die schädlichen Auswirkungen der Auflösung unrentabler Unternehmen zugebilligt.[3491]

---

[3483] Vgl. oben Fußnoten 3448 und 3449.
[3484] Im Fall von Versicherungsunternehmen, betrifft die Ausnahme die 10%-Regel.
[3485] Selbst wenn die Bank nur beschränkt haftet findet die Befreiung keine Anwendung, wenn beschränkt haftende Gesellschafter den Entscheidungsprozess des Fonds bestimmen können.
[3486] Article 11 (1) Nr. 4, 5 AMA, Article 15 der Cabinet Ordinance for Enforcement des AMA. Die Erlaubnis wird prinzipiell nach nach Absprache zwischen FTC und der Bankenaufsicht (*kin'yû chô* – FSA) darüber, ob es der Bank ermöglicht werden soll, den Entscheidungsprozess des Fonds zu bestimmen, erteilt.
[3487] Vgl. unten Abschnitt 2.2.1.
[3488] METI Report, S. 49.
[3489] METI Report, S. 51f.
[3490] Vereinzelt werden Fonds, die sich auf die Unterstützung des Geschäftsbetriebs spezialisieren, einer eigenen Fondskategorie unterstellt, sog. Business-Operations-Restructuring-Funds (*jigyô saisei fando*). METI Report, S. 51 Fußnote 3441.
[3491] METI Report, S. 54. Diese Sichtweise ist sicher auch Ausdruck des „Stakeholder"-Charakters der japanischen Gesellschaft. Vgl. allerdings auch die Wahrnehmung von Fonds als „Geier", Fußnote 3431.

Restrukturierungs-Fonds, die in notleidende Kredite investieren, erarbeiten grundsätzlich einen Restrukturierungsplan für das betreffende Unternehmen, der einen Teilverzicht von Verbindlichkeiten sowie mitunter auch Debt Equity Swaps beinhaltet. Es gibt auch Fonds, die ihren Einfluss als Hauptgläubiger nutzen, um aktiv in die Planung und Geschäftsführung des Unternehmens einzugreifen.[3492] Nach einer erfolgreichen Restrukturierung trennt sich der Fonds grundsätzlich von seinem Investment. Der Ausstieg erfolgt entweder im Wege der Refinanzierung der Schulden durch Banken, was dem Fonds die Realisierung der ehemals notleidenden Kredite ermöglicht, oder aber durch den Verkauf der noch ausstehenden Kredite.[3493]

Im Gegensatz dazu erwerben Restrukturierungs-Fonds, die in Gesellschaftsanteile von notleidenden Unternehmen investieren, eine Mehrheitsbeteiligung. Ist das Unternehmen börsennotiert, führt dies meist zum Delisting; in den letzten Jahren bleiben Unternehmen, die Gegenstand von Restrukturierungsmaßnahmen waren, allerdings zunehmend börsennotiert.[3494] Zur Akquisition bedienen sich die Fonds sämtlicher gängigen M&A-Methoden, wie beispielsweise des Share Deals (*kabushiki jôto*), der Übertragung des Geschäfts oder von Teilen davon in eine zu diesem Zweck neu gegründete Gesellschaft (*jigyô jôto*) oder der Kapitalerhöhung mit Ausreichung neuer Anteile an Dritte (*daisansha wariate*).[3495] Als Anteilseigner übt der Fonds seine Gesellschafterrechte aus, um die Geschäftsplanung und Geschäftsführung sowie die Finanzen des Portfolio-Unternehmens nachhaltig zu beeinflussen und so den Unternehmenswert zu steigern.[3496] Auch der Exit erfolgt mithilfe gängiger M&A-Methoden, besonders häufig jedoch duch einen Börsengang.[3497]

Insbesondere wenn das zu restrukturierende Unternehmen eine große börsennotierte Gesellschaft ist, ist die Gründung sogenannter Ziel-Fonds, d.h. Fonds, die zum Zweck der Restrukturierung einer einzigen Gesellschaft gegründet werden, üblich. Im Einzelfall investieren auch mehrere Fonds in ein Portfolio-Unternehmen, um den notwendigen Kapitalbedarf aufzubringen.[3498] Zu den Investoren in Restrukturierungs-Fonds zählen institutionelle Investoren und im Fall regionaler Restrukturierungs-Fonds (s. nachfolgend Abschnitt 2.1.2.4.), auch die öffentliche Hand; Fälle, in denen Einzelpersonen in Restrukturierungs-Fonds investiert haben, sind bisher nicht bekannt.[3499]

### 2.1.2.4. Bemühungen der Regierung um Unterstützung für Fonds

Zusätzlich zu den gesetzgeberischen Bemühungen hat die japanische Regierung versucht, die Entwicklung von Private-Equity-Fonds dort zu unterstützen, wo dies zur Errei-

---

[3492] METI Report, S 52.
[3493] METI Report, *ebenda*.
[3494] LPS-Gesetz – Vollständiger Kommentar (*tôshi jigyô yûgen sekinin kumiai keiyaku ni kansuru hôritsu – chikujô kaisetsu* – LPS-Gesetz Kommentar) vom 1. Juni 2005, S. 1, abrufbar unter http://www.meti.go.jp/policy/sangyou_kinyuu/pdf/konmen1.pdf. Ausweislich des Reglements der Tokyo Stock Exchange müssen im Wesentlichen mindestens 5% der Anteile im Streubesitz sein, damit eine Gesellschaft nicht zwangsweise von der Notierung ausgeschlossen wird.
[3495] METI Report, *ebenda*.
[3496] Obwohl die meisten der auf eine Steigerung des Unternehmenswertes abzielenden Anträge seitens der Aktionäre (insbesondere nachdem ein Private-Equity-Fonds investiert hat) nach wie vor nicht erfolgreich sind, versuchen institutionelle Investoren verstärkt, auf diese Weise Einfluss auf den Vorstand zu nehmen, Börsenzeitung, 8. Juli 2008. Nomura Securities zufolge wurden bis zum Herbst 2007 von überwiegend ausländischen Finanzinvestoren mehr als 30 Anträge gestellt, die Dividendenerhöhungen, die Bestellung von Geschäftsführern und den Widerruf von Abwehrmaßnahmen seitens des Vorstands gegen feindliche Übernahmeversuche zum Gegenstand hatten. Keiner der Anträge wurde allerdings angenommen. Vgl. auch die Ablehnung des vom Childrens Investment Fund auf der Hauptversammlung von J-Power eingebrachten Antrags, http://www.jpower.co.jp/english/news_release/news080430-2.html.
[3497] METI Report, S. 52f.
[3498] METI Report, S. 56.
[3499] METI Report, *ebenda*.

## 8. Teil. Länderberichte/Country Reports § 10 Japan

chung bestimmter politischer Ziele sinnvoll erschien. Das Hauptziel war hierbei die Revitalisierung der japanischen Wirtschaft und die Beseitigung notleidender Kredite nach 1991.

### 2.1.2.4.1. Venture Capital

Seit 1996 hat die japanische Regierung Anstrengungen unternommen, um die Rahmenbedingungen für Venture Capital-Gesellschaften zu verbessern. Die im Jahre 2004 aus einer Vielzahl ähnlicher Organisationen hervorgegangene Organisation für mittelständische Unternehmen und regionale Innovation (Organization for Small and Medium Enterprises and Regional Innovation Japan – *dokuritsu gyôsei hôjin chûshôkigyô kiban seibi kikô* – SMRJ),[3500] beteiligt sich als Limited Partner an VC-Fonds, die gemäß dem LPS-Gesetz gegründet wurden und bietet aktive Unterstützung für VC-Businesses an, insbesondere durch Finanzierung und Hands-on Support. Im Dezember 2005 war die SMRJ mit einem Volumen von JPY 96,2 Milliarden unmittelbar an 62 Fonds und mittelbar an ungefähr 1.100 Portfolio-Unternehmen beteiligt. Andere Investoren in diese Fonds sind grundsätzlich institutionelle Investoren, wie beispielsweise Bankinstitute oder andere japanische Unternehmen. Zu beachten ist, dass Investitionsentscheidungen effektiv durch ein gewähltes Investoren-Gremium und nicht durch den geschäftsführenden General Partner getroffen werden.

Des Weiteren investiert auch die Japanische Entwicklungsbank (*nippon seisaku tôshi ginkô* – DBJ)[3501] unter anderem in VC-Fonds und hält grundsätzlich 5 bis 70% der Fonds-Anteile. Die DBJ hat sich auf sog. „Inkubatoren-Fonds" spezialisiert und bietet Unterstützung bei der Gründung von Venture Business unter der Beteiligung durch die VC-Fonds an. Anders als die SMRJ nimmt die DBJ die Rolle des unbeschränkt haftenden General Partners ein und unterstützt die Entwicklung des Venture Business. Solche VC-Fonds investieren grundsätzlich in ca. 10 bis 20 Unternehmen und verwalten ca. JPY 1 bis 3 Milliarden.

### 2.1.2.4.2. Regionale Restrukturierungs-Fonds

Sogenannte regionale Restrukturierungs-Fonds (*chi'iki saisei fando*) sind aus dem besonderen Bedürfnis entstanden, sowohl notleidende Kredite insbesondere regionaler Banken aufzufangen als auch die Genesung derjenigen Unternehmen zu ermöglichen, die von diesen Banken Kredite erhalten haben. Diese Fonds sind Teil eines Programms, das sich auf solche Unternehmen konzentriert, die von Private-Equity-Investoren wegen ihrer geringen Größe vielfach ignoriert werden.[3502] Das Hauptaugenmerk liegt hierbei nicht auf der Erzielung einer Rendite, vielmehr soll vornehmlich das Problem notleidender Kredite einer Lösung zugeführt werden.[3503] Regionale Restrukturierungsfonds werden vor allen von den regionalen Banken, oftmals die Hauptdarlehensgeber notleidender lokaler Unternehmen, aufgesetzt.[3504] Die Banken werden hier auf allen Ebenen aktiv, einschließlich der Fondsgründung, der Investition, der Entsendung von Personal und anderer Kooperationsformen. Gemeinden und ihre Verbände sind ebenfalls unmittelbar eingebunden und beteiligen sich an der Fondsgründung und den Investitionen.

Die Agentur für kleine und mittelständische Unternehmen (Small and Medium Enterprises Agency – *chûshô kigyô saisei shien kyôgikai*),[3505] die als Organisation zur Unterstützung der Gründung kleinerer Unternehmen und lokaler Start-ups durch das Wirtschafts-, Handels- und Industrieministerium (*keizai sangyô shô* – METI) gegründet wurde und in ganz

---

[3500] http://www.smrj.go.jp/fund/index.html.

[3501] http://www.dbj.go.jp/japanese/venture/index.html.

[3502] Junsuke Matsuo, "On the Relationship between Regional Restructuring Funds and Regional Financial Institutions" (*chi'iki saisei fando to chihô kinyû kikan no kankei nitsuite*), RIETI Discussion Paper Series 06-J-045, Juni 2006, http://www.rieti.go.jp/jp/publications/summary/06060004.html, S. 3. Matsuo erwähnt auch, dass im Jahre 2006 nur ein Fall bekannt wurde, in dem ein ausländischer Private-Equity-Fonds in einen regionalen Restrukturierungs-Fonds investiert hat.

[3503] METI Report, S. 57.

[3504] Matsuo, *ebenda*.

[3505] Vgl. http://www.chusho.meti.go.jp/keiei/saisei/.

Japan Niederlassungen hat, erbringt Beratungsleistungen, stellt Verbindungen mit anderen Organisationen her und kooperiert unmittelbar mit den Fonds. Das Engagement lokaler öffentlicher Behörden und deren Partner soll die nötigen Kenntnisse der örtlichen Gegebenheiten verschaffen, zwischen den Kreditnehmern und den Kreditgebern der ausstehenden Kreditrückzahlungen vermitteln und andere erforderliche Hilfestellungen geben.[3506] Die finanziellen Mittel, die den regionalen Restrukturierungsfonds zur Verfügung stehen, bewegen sich zwischen JPY 200 Millionen und JPY 500 Millionen.[3507]

Regionale Restrukturierungsfonds werden grundsätzlich in der Form einer LPS oder TK gegründet und investieren in die Schulden der Unternehmen, vereinzelt auch in deren Kapital.[3508] Schätzungen zufolge konnten diese Fonds im Jahre 2005 auf ca. JPY 190 Milliarden an Kapitalzusagen zurückgreifen,[3509] wenngleich die Mittelbeschaffung oftmals nicht auf einer vorher festgelegten Kapitalzusage basiert.[3510] Im Juni 2006 waren insgesamt 45 regionale Restrukturierungsfonds in Japan tätig.[3511]

## 2.2. Rechtliche Organisationsformen

In den meisten Fällen werden Private-Equity-Fonds als Personengesellschaften (*partnerships*) errichtet. Vereinzelt werden auch Kapitalgesellschaften gegründet, wenn dies den besonderen Bedürfnissen der Investoren besser entspricht.[3512] Dass die Rechtsform der Personengesellschaft bevorzugt wird, basiert zum einen auf den gegenüber Kapitalgesellschaften geringeren Gründungskosten.[3513] Ferner spielen steuerliche Gesichtspunkte eine wesentliche Rolle in der Rechtsformenwahl, insbesondere die Sitzbegründungsproblematik sowie anfallende Quellensteuern auf Dividendenzahlungen an ausländische Investoren.

### 2.2.1. Limited Liability Partnership for Investment (*tôshi jigyô yûgen sekinin kumiai* – LPS)

Seit ihrer Einführung im Jahre 1998 hat sich die LPS zur bevorzugten Gesellschaftsform für Investitionen in nicht börsennotierte Unternehmen entwickelt.[3514]

Das LPS-Gesetz wurde erlassen, um die Nachteile, die eine NK als Fondsvehikel mit sich bringt, insbesondere die unbeschränkte Haftung sämtlicher Gesellschafter, zu beseitigen. Ursprünglich war es einer LPS lediglich gestattet, in kleine und mittelgroße Aktiengesellschaften (*kabushiki kaisha*) ohne Börsennotierung zu investieren. Gesetzesänderungen in den Jahren 2002 und 2003 ermöglichten darüber hinaus Investitionen in Gesellschaften mit beschränkter Haftung (*yûgen kaisha*)[3515] sowie TKs und das aktive Tätigwerden auf dem Ge-

---

[3506] Matsuo, S. 3.
[3507] Matsuo, *ebenda*.
[3508] Matsuo, *ebenda*; METI Report, S. 56.
[3509] METI Report, S. 54.
[3510] METI Report, S. 56f.
[3511] Matsuo, S. 2.
[3512] Tsuyoshi Itô, "The Investment Vehicle of Private Equity Funds" (*puraibehto ekuitei fando no tôshi bihikuru*), Asialaw Japan Review, Oktober 2005, S. 7.
[3513] Zu beachten ist allerdings, dass mit der Einführung des Gesellschaftsgesetzes im Jahre 2006 viele bürokratische Hemmnisse in Bezug auf die Gründung einer *kabushiki kaisha* einschließlich des Erfordernisses eines Mindestkapitals beseitigt oder entschärft wurden. Dennoch ist die Gründung einer Kapitalgesellschaft nach wie vor aufwendiger und kostspieliger als die Gründung einer Personengesellschaft.
[3514] Itô, S. 7.
[3515] Die Rechtsform einer *yûgen kaisha*, ungefähr das Gegenstück der deutschen Gesellschaft mit beschränkter Haftung – GmbH , wurde durch das Gesellschaftsgesetz mit Wirkung vom 1. Mai 2006 als selbständige Rechtsform abgeschafft. *Yûgen kaisha*, die zu diesem Zeitpunkt bereits existierten, unterliegen einer Übergangsregelung und werden im Wesentlichen wie eine kleine *kabushiki kaisha* behandelt. Die *yûgen kaisha* darf nicht mit der japanischen limited liability company (*gôdô kaisha* – LLC) verwechselt werden, die mit dem Gesellschaftsgesetz eingeführt wurde.

biet der Unternehmensrestrukturierung. Seit dem 1. Dezember 2004 wurde das Betätigungsfeld der LPS erneut erweitert, so dass beispielsweise nun der Erwerb von Aktien börsennotierter Aktiengesellschaften, debt-equity-swap getriebene Restrukturierungsaktivitäten, mezzanine Instrumente und Finanzierungsmaßnahmen im Rahmen eines Konkursverfahrens mit vorrangigen Rechten für die LPS (debtor-in-possession financing) möglich sind. Fonds in Form der LPS sind nunmehr in der Lage, beinahe die gesamte Bandbreite an Private-Equity-Investment-Aktivitäten abzudecken, einschließlich der Bereitstellung von Finanzierungsleistungen, die bisher in Japan ausschließlich durch ausländische Private-Equity-Fonds (insbesondere Cayman Island Fonds) zur Verfügung gestellt werden konnten. Gleichzeitig mit der Erweiterung des Betätigungsfeldes der LPS sind Regelungen zum Kapitalanlegerschutz eingeführt worden; LPS-Anteile gelten nunmehr als Wertpapiere im Sinne des FIEL.[3516]

Zur Gründung einer LPS ist es erforderlich, dass alle Gesellschafter ihre Einlage einbringen und vereinbaren, dass sie vollständig oder zum Teil die Geschäftsführung der Gesellschaft übernehmen, Art. 3 Abs. 1 LPS-Gesetz. Der LPS-Gesellschaftsvertrag muss zumindest den Gesellschaftszweck, den Namen und Sitz der Gesellschaft, die Namen und Adressen der Gesellschafter, einen Hinweis auf die beschränkte (Limited Partner) oder unbeschränkte (General Partner) Haftung der einzelnen Partner, den Wert eines Gesellschaftsanteils, das Datum des Gesellschaftsvertrages sowie die Dauer der Gesellschaft beinhalten, Art. 3 Abs. 2 LPS-Gesetz. Die LPS bedarf zudem der Eintragung beim örtlichen Büro für Rechtsangelegenheiten (Legal Affairs Bureau (*hômu kyoku*)), Art. 17 ff. LPS-Gesetz. Soweit das LPS-Gesetz keine Spezialvorschriften enthält, verweist Art. 16 LPS-Gesetz größtenteils auf die Vorschriften des japanischen Bürgerlichen Gesetzbuches betreffend die NK. Grundsätzlich haben daher die Gesellschafter einer LPS untereinander die gleichen Rechte und Pflichten wie die Gesellschafter einer NK.[3517]

Die LPS besteht aus unbeschränkt haftenden Gesellschaftern (*mugen sekinin kumiai in* – GP) und beschränkt haftenden Gesellschaftern (*yûgen sekinin kumiai in* – LP). Alle Gesellschafter, einschließlich des GP, müssen zumindest einen Anteil übernehmen, Art. 6 Abs. 1 LPS-Gesetz. Der GP ist zur Geschäftsführung des Fonds verpflichtet, wobei dieser diese Aufgabe oftmals einem verbundenen Unternehmen im Rahmen eines Geschäftsbesorgungsvertrages überträgt.

Die erlaubten Anlageziele und Aktivitäten der LPS sind abschließend in Art. 3 Abs. 1 LPS-Gesetz aufgezählt. Hierzu zählen im Wesentlichen:
– Aktien einer Aktiengesellschaft (*kabushiki kaisha*) oder Eigenkapitalanteile einer Körperschaft (*kigyô kumiai*), beispielsweise einer Limited Liability Company (*gôdô kaisha*)
– Optionsscheine
– andere in Art. 2 Abs. 1 FIEL beschriebene Wertpapiere
– Bargeldforderungen
– Darlehensgewährung gegenüber Zielgesellschaften[3518]
– Geistiges Eigentum
– Management-Beratungsleistungen und fachliche Beratung gegenüber Portfolio-Unternehmen (Trust-Business) in die der Fonds investiert
– Anteile an anderen LPS oder NKs oder ähnlichen Gesellschaften ausländischen Rechts (Dachfonds)

---

[3516] Die Novellierung des LPS-Gesetzes mit Wirkung vom 1. Dezember 2004 ermöglicht es unter anderem, die Investmentaktivitäten einer LPS auf den Wertpapierhandel sowie die Kreditvergabe an Portfolio-Unternehmen zu erweitern. Gleichzeitig unterliegen nun LPS-Anteile den Anlegerschutzbestimmungen des Securities and Exchange Law. vgl. Abschnitt 2.3.1. unten hinsichtlich der gegenwärtigen Situation gemäß FIEL.
[3517] Itô, S. 7.
[3518] In diesen Fällen benötigt der Fonds grundsätzlich eine Erlaubnis nach dem Money Lending Act (*kashikin gyô hô*), Gesetz Nr. 32/1983, novelliert durch Gesetz Nr. 74/2008.

LPS können sich auch an ausländischen Zielgesellschaften beteiligen. Allerdings muss der maximale Investitionsbetrag in ausländischen Zielgesellschaften weniger als 50% des gesamten zur Verfügung stehenden Investitionskapitals der LPS betragen.[3519]

Limited Partners ist die Geschäftsführung des Fonds nicht gestattet, woraus sich ihre Haftungsbeschränkung rechtfertigt. Erweckt ein Limited Partner den Anschein der Geschäftsführung des Fonds, handelt er also wie ein General Partner, so birgt dies das Risiko, auch wie ein solcher behandelt zu werden, insbesondere als unbeschränkt haftend, Art. 9 Abs. 3 LPS-Gesetz. Mithin sind Limited Partner grundsätzlich beschränkt auf (i) diejenigen Handlungen, die gemäß Art. 3 Abs. 1 LPS-Gesetz zusammen mit dem General Partner ausgeübt werden können und (ii) ihre im Gesellschaftsvertrag bestimmten Rechte.[3520]

LPS sind steuerlich transparent und unterliegen der Durchgriffsbesteuerung.[3521] Ausländische Investoren einer LPS laufen Gefahr, durch das Investment eine Betriebsstätte in Japan zu begründen und damit der dortigen Besteuerung zu unterliegen, da das Vermögen der LPS als Vermögen aller Gesellschafter gilt. Entscheiden sich ausländische Investoren allerdings für andere Fondsvehikel, beispielsweise in Form einer Kapitalgesellschaft, unterliegen deren Dividenden wiederum der Quellensteuer.[3522]

### 2.2.2. General Partnership (nin'i kumiai – NK)

Die NK war bis zur Einführung der LPS im Jahre 1998 die für Private-Equity-Fonds übliche Gesellschaftsform. Da die NK keiner Eintragung bedarf, ist ihre Gründung äußerst kostengünstig. Sie kann bereits durch einen schlichten Gesellschaftsvertrag zwischen den Parteien formwirksam errichtet werden.

Eine NK ist eine Personengesellschaft gemäß Artikel 667 bis 688 des japanischen Bürgerlichen Gesetzbuches. Erforderlich ist lediglich, dass die Gesellschafter ihre Einlage erbringen und dieses Vermögen gemeinsam verwalten. Der Gesellschaftsvertrag bestimmt gewöhnlich den Fondsbetreiber oder ein verbundenes Unternehmen als geschäftsführenden Gesellschafter (gyômu shikkô kumiai in). Diesem obliegen unter anderem das Ausfindingmachen von Investmentchancen und die Verwaltung des Gesellschaftsvermögens. Im Gegensatz zur LPS haften sämtliche Gesellschafter einer NK unbeschränkt. Allerdings unterliegen NK, anders als die LPS, in Bezug auf mögliche Anlageziele keinerlei Beschränkungen. Wie die LPS gilt auch für die NK in Japan Durchgriffsbesteuerung mit der Folge, dass ausländische Investoren infolge ihres Investments der japanischen Körperschaftsteuer unterliegen können.

Gerade wegen ihrer einfacheren Handhabung behaupten NK nach wie vor ihre Position im japanischen Private-Equity-Markt. Ihre Flexibilität wird vorwiegend für spezielle Investitionsmodelle eingesetzt, beispielsweise indem eine mit dem Private-Equity-Fondsmanager verbundene Kapitalgesellschaft (z.B. eine LLC oder eine KK) das eigentliche Investment durchführt.[3523]

---

[3519] Artikel 3 Cabinet Ordinance Nr. 235/1998, novelliert durch Cabinet Ordinance Nr. 235/2007.

[3520] Der LPS-Gesetz Kommentar, S. 62, zählt einige Handlungen auf, die nicht den Anschein erwecken sollen, „als würde der Limited Partner sich wie ein General Partner verhalten", diese Handlungen sollen also in der Regel zulässig sein. Insbesondere sollen „Beratungsleistungen gegenüber dem General Partner hinsichtlich der Geschäftstätigkeiten der LPS" ausdrücklich keinen Verlust der beschränkten Haftung auslösen. Man geht daher davon aus, daß diese Vorschrift die Errichtung und Tätigkeit von Investitionsbeiräten unbeschränkt ermöglicht.

[3521] Itô, S. 7.

[3522] Cf. Itô, S. 9 Fußnote iv. Der Quellensteuersatz bestimmt sich nach etwaig einschlägigen Doppelbesteuerungsabkommen. In den meisten Fällen beläuft sich der verbleibende Steuersatz auf 20%. Es steht zu erwarten, dass Gesetzeslücken wie der Quellensteuersatz von 0% im Fall von Zahlungen an einen Empfänger in den Niederlanden kurzfristig geschlossen werden.

[3523] Solche Strukturen sind nur bei besonderen wirtschaftlichen Investitionsbedürfnissen sinnvoll. Die Errichtung einer juristischen Person wie z. B. einer LLC oder einer KK, um sich vor Haftung zu schützen, kann zu Nachteilen führen, beispielsweise einer Doppelbesteuerung der Erträge zunächst bei

# 8. Teil. Länderberichte/Country Reports

### 2.2.3. Stille Gesellschaft (Silent Partnership (*tokumei kumiai*) – TK)

Stille Gesellschaften werden durch einen Vertrag zwischen dem Unternehmer (*eigyôsha*) und dem stillen Gesellschafter (*tokumei kumiai in*) gegründet, in dem sich der Unternehmer verpflichtet, einen Teil der Gewinne an den stillen Gesellschafter auszukehren, Art. 535 des japanischen Handelsgesetzbuchs (*shôhô*).[3524]

Bei dem Unternehmer handelt es sich in der Regel um eine Gesellschaft in der Rechtsform einer *yûgen kaisha* oder – im Fall von nach Mai 2006 gegründeten TKs – einer japanischen Limited Liability Company (*gôdô kaisha* – LLC).[3525] Sofern der Fondsmanager nicht der Unternehmer selbst ist, erfolgt die Geschäftsführung des Fonds meist durch einen entsprechenden Geschäftsbesorgungsvertrag mit einem verbundenen Unternehmen. Der stille Gesellschafter ist nicht zur Geschäftsführung des Unternehmens befugt, mit dem die stille Gesellschaft besteht, Art. 536 Abs. 3 des japanischen Handelsgesetzbuchs. Ist der Name des stillen Gesellschafters Teil der Firma der TK oder wird dieser auf andere Weise im geschäftlichen Verkehr für die TK verwendet, unterliegt der stille Gesellschafter gemeinsam mit dem Unternehmer einer unbeschränkten Haftung gemäß Art. 537 des japanisches Handelsgesetzbuches.

Der Hauptunterschied zwischen TK-Strukturen und NK- bzw. LPS-Strukturen besteht darin, dass kein gemeinsamer Vertrag zwischen allen Investoren besteht, sondern vielmehr unabhängige Verträge zwischen dem Unternehmer und jedem einzelnen stillen Gesellschafter geschlossen werden. Es bestehen mithin keine Vertragsbeziehungen zwischen den einzelnen Investoren. Sämtliche Vermögenswerte verbleiben beim Unternehmer, der auch alleinige Vertragspartei im Geschäftsverkehr mit Dritten ist. Diese Struktur ermöglicht es, die Haftung des stillen Gesellschafters im Innenverhältnis auf einen vertraglich bestimmten Umfang zu begrenzen.

Anders als Gesellschafter von LPS und NKs setzen sich ausländische stille Gesellschafter einer TK nicht dem bereits erörterten Risiko aus, alleine aufgrund ihres Investments eine Betriebsstätte in Japan zu begründen. TK unterliegen grundsätzlich ebenfalls der Durchgriffsbesteuerung; eine Ausnahme gilt bei Sachausschüttungen, die zu einer Veräußerungsgewinnbesteuerung führen.[3526] Allerdings unterliegen sämtliche Gewinnausschüttungen der TK an ausländische stille Gesellschafter der Quellensteuer. Hat die TK zehn oder mehr japanische stillen Gesellschafter, unterliegen zudem auch inländische Gewinnausschüttungen der Quellensteuer.[3527]

### 2.2.4. Limited Liability Partnership (*yûgensekinin jigyô kumiai* – LLP)

Die Limited Liability Partnership (*yûgensekinin jigyô kumiai*) hat im Jahre 2005 durch das LLP-Gesetz (*yûgensekinin jigyô kumiai keiyaku ni kansuru hôritsu*) Einzug in das japanische Recht gehalten.[3528] Auch die LLP ist eine spezielle Form der NK, bei der die Haftung der Gesellschafter auf ihre Einlage begrenzt ist. Die Gründung erfolgt durch Vertrag, der Art und Höhe der Einlage bestimmt, sowie durch Zahlung dieser Einlage. Zu ihrer Wirksamkeit bedarf die LLP des Weiteren der Eintragung.

Im Gegensatz zur LPS oder NK sind zwingend alle Gesellschafter zur Geschäftsführung der LLP verpflichtet, Art. 13 Abs. 1 LLP-Gesetz. Dies macht die LLP in den allermeisten Fällen zu einem unpraktischen Instrument für Private-Equity-Fonds.[3529] Darüber hinaus

---

der Dividendenausschüttung durch das Portfolio-Unternehmen zum Private-Equity-Fonds und sodann erneut anlässlich der Dividendenausschüttung der Erträge durch den Fonds an die Investoren.

[3524] Gesetz Nr. 48/1899, novelliert durch Gesetz Nr. 57/2008.
[3525] Vgl. oben Fußnote 3515.
[3526] Itô, S. 8.
[3527] Itô, *ebenda*.
[3528] Gesetz Nr. 40/2005, novelliert durch Gesetz Nr. 95/2007.
[3529] Vgl. Masumi Nishi, "Q&A – Formation of PE Funds and the FIEL" (*PE fando sosei to kin'yû shôhin torihiki hô*), Kigyô Kaikei 2007, S. 139, (S. 141 Fußnote 1). Vgl. auch Artikel 2 Abs. 2 Nr. 5 FIEL,

kann ein Verstoß gegen die Verpflichtung zur Teilnahme an der Geschäftsführung zur unbeschränkten Haftung aller Gesellschafter führen, da dann die Anwendung der Regeln über die NK droht.

### 2.2.5. Kapitalgesellschaften

Auch die Aktiengesellschaft (*kabushiki kaisha* – KK) und die Limited Liability Company (*gôdô kaisha* – LLC) stehen theoretisch als Fondsvehikel zur Verfügung. Für Private-Equity-Fonds sind diese Rechtsformen allerdings wegen ihrer – im Vergleich zu Personengesellschaften – mangelnden Flexibilität, der anfallenden Körperschaftsteuer und der typischerweise begrenzten Fondslaufzeiten nicht attraktiv.

### 2.2.6. Ausländische Gesellschaftsformen

Auch ausländische Gesellschaftsformen werden für Private-Equity-Fonds genutzt. Viele dieser Gesellschaften sind Cayman Islands Limited Partnerships.[3530] Die Rechtsbeziehungen zwischen den Gesellschaftern unterliegen in solchen Fällen grundsätzlich dem (ausländischen) Recht, das am Ort der Gesellschaftsgründung Anwendung findet. Inwieweit auch japanisches Recht anwendbar ist, ist eine Frage des Einzelfalls und muss jeweils gesondert geprüft werden.[3531]

Investiert ein ausländischer Private-Equity-Fonds große Summen in Japan, finden möglicherweise die Beschränkungen des japanischen Devisen- und Außenhandelsgesetzes (Japanese Foreign Exchanges and Trade Act) Anwendung.[3532] Diese beinhalten Anzeigepflichten und andere Beschränkungen des Zuflusses ausländischen Kapitals.

## 2.3. Rechtliche Rahmenbedingungen

Mit Wirkung vom 30. September 2007 wurde mit dem FIEL[3533] eine vollständige Neuregelung der Regulierung von Finanzinstrumenten eingeführt. Zum einen vereinigt das FIEL nunmehr Vorschriften, die vorher in einer Vielzahl verschiedener Gesetze verstreut waren.[3534] Gleichzeitig führte es zur Regulierung von bisher nicht oder nur lückenhaft geregelten Finanzdienstleistungsgeschäften, indem es diese dem Anwendungsbereich der Generaldefinition über Finanzdienstleistungen (*kin'yû shôhin torihiki gyô*, Artikel 2 Abs. 8 FIEL) unterstellt.

Eines der Hauptziele der Neuregelung war die Verbesserung des Investorenschutzes durch Schließung von Gesetzeslücken. Ein besonderes Anliegen des Gesetzgebers war es, bislang nicht geregelte Modelle der kollektiven Kapitalanlage – hauptsächlich Fonds – nunmehr vollständig zu erfassen.[3535] Gemäß Art. 2 Abs. 2 Nr. 5 FIEL gelten Dividendenbezugsrechte oder Sachausschüttungsbezugsrechte, die unter anderem aus Investmentverträgen von NK, TK, LPS und LLP erwachsen, nunmehr grundsätzlich als Wertpapiere (*minashi yûka shôken*) im Sinne des FIEL. Die Teilhabe an den in Art. 2 Abs. 2 Nr. 5 FIEL beschriebenen Invest-

---

in Verbindung mit Artikel 1-3-2 Durchführungsverordnung zum FIEL (*kin'yû shôhin torihiki hô shikôrei*), Cabinet Ordinance Nr. 219/2008, die ausdrücklich festlegt, dass der Fonds nicht als kollektive Kapitalanlage (Collective Investment Scheme (vgl. unten Abschnitt 2.3.3.)) gemäß FIEL qualifiziert wird, wenn sämtliche Investoren an der Geschäftsführung des Fonds teilhaben.

[3530] Itô, S. 9; Kawai, S. 15.
[3531] Itô, *ebenda*.
[3532] Vgl. Fußnote 3434 oben.
[3533] Vgl. Fußnote 3450 oben.
[3534] Insbesondere das Wertpapierhandelsgesetz, Financial Futures and Trading Law (*kin'yû sakimono torihiki hô*), Commodity Fund Law (*shôhin fando hô*), Trust Banking Law (*shintaku gyô hô*), Securities Investment Advisory Business Law (*yukashôken ni kakaru tôshi komon gyô no kisei to ni kansuru hôritsu*), Investment Trusts und Investment Corporations Law (*tôshi shintaku oyobi tôshi hôjin ni kansuru hôritsu*).
[3535] Vgl. die Unterlagen, die auf der Website der FSA zur Verfügung stehen, z.B. das Dokument „On the Business of Sale and Solicitation of so-called Fund Schemes" (*iwayuru fando keitai deno hanbai/kanyû tô gyômu nitsuite*), http://www.fsa.go.jp/ordinary/fund/index.html.

ment-Modellen wird als Teilhabe an kollektiven Kapitalanlagen (*shûdan tôshi sukihmu mochibun*)[3536] bezeichnet. Dem Begriff der kollektiven Kapitalanlage nach dem FIEL unterstehen ausdrücklich auch Rechte, die aus Verträgen ausländischen Rechts resultieren und Bestimmungen, die diesen Rechten vergleichbar sind (Art. 2 Abs. 2 Nr. 6 FIEL).[3537]

Daraus folgt, dass die Führung von Private-Equity-Fonds nunmehr grundsätzlich als Finanzdienstleistung qualifiziert wird, Art. 2 Abs. 8 FIEL. Darüber hinaus finden die für Finanzdienstleister (*kin'yû shôhin torihiki gyôsha*) geltenden Publizitätsbestimmungen und Geschäftsführungsregeln auch auf Fonds Anwendung. Fonds bedürfen zudem grundsätzlich der Eintragung. Das FIEL beinhaltet ferner ein Verfahren, welches für bestimmte Fonds eine Erleichterung der Anforderungen vorsieht.

### 2.3.1. Anlegerschutz

Das FIEL verfolgt Anlegerschutz vor allem durch Publizitätspflichten zu verwirklichen. Gemäß Art. 4 und 5 FIEL muss eine Wertpapieranzeige (*yûka shôken todokedesho*) eingereicht werden. Im Fall eines Private-Equity-Fonds muss diese Anzeige den Gesellschaftsvertrag und den Prospekt (*mokuromisho*) beinhalten.

Die Publizitätspflichten finden ausschließlich Anwendung auf Fondsanteile, die öffentlich angeboten werden (*boshû*). Ein öffentliches Angebot liegt vor, wenn die Zahl der Erwerber von Fondsanteilen 499 übersteigt (Art. 2 Abs. 3 Nr. 3 FIEL, Art. 1-7-2 Cabinet Ordinace[3538]). In der Praxis gelten demnach fast alle Angebote von Private-Equity-Fondsanteilen nicht als öffentlich sondern vielmehr privat (*shibo*).[3539]

Über diese Publizitätspflichten hinaus legt das FIEL eine Vielzahl von Pflichten für Finanzdienstleister fest. Zusätzlich zur Eintragung (siehe unten Abschnitt 2.3.2.) bestehen unter anderem folgende Pflichten:

– Alle Orte der Geschäftstätigkeit (Filialen und andere Büros) sind in deutlicher Form bekanntzumachen, Art. 36-2 FIEL.
– Sämtliche Werbung ist mit einem eindeutigen Hinweis auf die Eigenschaft als eingetragener Finanzdienstleister (inklusive Registernummer) zu versehen. Es dürfen keine irreführenden Angaben – insbesondere über Gewinnaussichten – gemacht werden und es müssen Informationen zum Risiko in großen Buchstaben von exakt derselben Größe enthalten sein, Art. 37 FIEL.
– Vor Vertragsabschluss ist eine Zusammenfassung des Fondsvertrages nebst sämtlichen in Rechnung gestellten Kosten vorzulegen und in einem Rahmen in Schriftgröße von mindestens 12 Punkten auf die Möglichkeit eines Verlustes bzw. auf die Möglichkeit, dass der Verlustbetrag das vom Investor eingebrachte Kapital überschreiten kann, hinzuweisen (Art. 37-3 FIEL). Unverzüglich nach Vertragsabschluss sind dem Kunden Dokumente in Schriftform zur Verfügung zu stellen (Art. 37-4 FIEL).
– Kunden dürfen nicht getäuscht werden, noch darf der Finanzdienstleister ihnen gegenüber seine Meinung kundtun, sofern diese nicht ausschließlich auf feststehenden Tatsachen beruht. Ohne deren Einverständnis dürfen Kunden nicht kontaktiert werden (Art. 38 FIEL).

---

[3536] Das FIEL selbst enthält keine Definition des Begriffs. Er wird jedoch sowohl von Behörden als auch der Wissenschaft verwendet, um die Fondsinvestitionsformen zu beschreiben, die in Artikel 2 Abs. 2 Nr. 5 und 6 FIEL geregelt sind, vgl. z.B. die Stellungnahme zu den Kommentaren der Öffentlichkeit zum Entwurf des FIEL, veröffentlicht durch die FSA am 31. Juli 2007, abrufbar unter http://www.fsa.go.jp/news/19/syouken/20070731-7.html (*komento no gaiyô oyobi komento ni taisuru kin'yûchô no kangaekata* – Public Comments). Die FSA bezeichnet Artikel 2 Abs. 2 Nr. 5 FIEL als „Definition" (*teigi*) des Begriffs Teilhabe an kollektiven Kapitalanlagen, z. B. in den in Fußnote 3535 zitierten Materialien.

[3537] Vgl. unten Abschnitt 2.3.3. hinsichtlich des Frage, wie solche Invstitiionsformen nach japanischem Recht behandelt werden sollten, insbesondere im Hinblick auf das vereinfachte Verfahren.

[3538] Cabinet Ordinance Nr. 321/1965, novelliert durch Ordinance Nr. 369/2008.

[3539] Nishi, S. 139, aber vgl. ebenso oben unter Fußnote 3445.

- Gegenüber den Kunden dürfen keine Verlustdeckungszusagen gemacht werden (Art. 39 FIEL).
- Das Prinzip der Angemessenheit (*tekigôsei no gensoku*) ist zu beachten, d. h. Vertragsangebote müssen mit Rücksicht auf die Kenntnisse, Erfahrungen und das Vermögen des Kunden bzw. gemessen am Zweck des Investments angemessen sein, um den Schutz des Anlegers nicht zu gefährden (Art. 40 FIEL).

### 2.3.2. Eintragung oder Anzeige

Finanzdienstleister müssen ihren Betrieb beim örtlichen Finanzamt eintragen lassen. Ausländische Anbieter, die über kein Büro in Japan verfügen, tragen sich beim Finanzamt der Region Kantô ein (Art. 29 FIEL).

Ab dem 1. April 2008 dürfen Finanzdienstleister, die zuvor einen Handel mit Finanzinstrumenten betrieben haben, diesen nicht ohne Eintragung fortführen. In Bezug auf Fonds, die bereits im Geschäft mit Finanzdienstleistungen tätig waren, bevor das FIEL in Kraft trat, war eine bloße Anzeige der Geschäftstätigkeit innerhalb von drei Monaten nach Inkrafttreten des FIEL ausreichend, wenn diese ausschließlich das laufende Fondsgeschäft abwickelten (*unyô*) und danach keine weiteren Investments tätigten oder weitere Kapitaleinlagen für den Fonds einwarben.[3540]

Das Eintragungsformular[3541] verlangt die Angabe detaillierter Informationen über den Antragsteller, seine Geschäftstätigkeit, Büros und Mitarbeiter. Marktbeobachtern zufolge stellt sich die Bewirkung der Eintragung oftmals als sehr schwierig und beschwerlich für General Partner dar, hauptsächlich weil die Betreiber von Private Equity Funds mit Blick auf ihre personelle und finanzielle Ausstattung kaum sämtliche Erfordernisse erfüllen können.[3542] Das Gesetz enthält deshalb zudem ein Anzeigeverfahren und erleichterte Complianceerfordernisse für solche Fonds, die aus Anlegerschutzgesichtspunkten nicht die strenge Regulierung nach dem FIEL erfordern, um finanzielle Innovation nicht unmöglich zu machen.[3543]

Bietet ein Finanzdienstleister eine kollektive Kapitalanlage an, in die ausschließlich institutionelle Anleger (*tekikaku kikan tôshika*)[3544] oder nicht mehr als 49 nicht-institutionelle Anleger *und* zumindest ein institutioneller Anleger investieren, muss er sein Finanzdienstleistungsgeschäft nicht eintragen lassen. Hier genügt vielmehr eine bloße Anzeige (Art. 63

---

[3540] Artikel 48 Ergänzungsbestimmungen (*fusoku*).

[3541] Das japanische Formular ist abrufbar unter http://www.mof-kantou.go.jp/kinyuu/kinshotorihou/shosai/5.htm

[3542] Nishi, S. 140.

[3543] Nishi, *ebenda*. Seit einigen Jahren wird die Frage diskutiert, ob die Anwendung der kompletten Regulierung auf Private-Equity-Fonds sinnvoll ist. Die herrschende Meinung unter dem früheren Wertpapierhandelsgesetz war der Auffassung, dass ein Anlegerschutz jedenfalls dann nicht erforderlich ist, wenn eine nur geringe Wahrscheinlichkeit besteht, dass unerfahrene Einzelpersonen hochriskante Wertpapiere zeichnen. Deshalb war es bereits vor dem Inkrafttreten des FIEL üblich, Prospekte im Rahmen des Angebots von Fondsanteilen von 1 bis 49 durchzunummerieren. Vgl. oben unter Fußnote 3464.

[3544] Institutionelle Anleger werden in Artikel 2 Abs. 3 Nr. 1 FIEL allgemein als Personen mit spezialisiertem Fachwissen sowie Erfahrung auf dem Gebiet des Wertpapierhandels definiert. Die Konkretisierung der Vorschrift erfolgt durch Cabinet Ordinance. Diese erstreckt die Definition des institutionellen Anlegers in Artikel 10 unter anderem auf (i) juristische Personen, die Wertpapiere im Wert von JPY 1 Milliarde oder mehr halten und die FSA unterrichtet haben, (ii) natuerliche Personen, die Wertpapiere im Wert von JPY 1 Milliarde oder mehr halten, Wertpapierhandelskonten über einen Zeitraum von mehr als einem Jahr gehalten haben und die FSA unterrichtet haben, sowie (iii) juristische und natürliche Personen, die Mitglied einer Gesellschaft sind, die ihrerseits Wertpapiere im Wert von JPY 1 Milliarde oder mehr hält, mit Zustimmung aller Gesellschafter handelt und ebenfalls die FSA unterrichtet hat; (*kin'yû shôhin torihiki hô dai ni jô ni kitei suru teigi ni kansuru naikaku furei*), Cabinet Ordinance Nr 14/1993, novelliert durch Ordinance Nr. 87/2008.

Abs. 1 FIEL, Art. 17-12 der Durchführungsverordnung).[3545] Besondere Anforderungen an den Investitionsbetrag eines institutionellen Anlegers bestehen nicht.[3546] Allerdings reicht es nicht aus, wenn der General Partner in den Fonds investiert, selbst wenn er als institutioneller Anleger gilt.[3547] Für einen Dachfonds, der Kapital von anderen Fonds erhält (fund of funds), steht das Anzeigeverfahren in der Regel nicht zur Verfügung, da die Anzahl der nicht-institutionellen Anleger aller Fonds zusammengefasst werden und daher oftmals die Zahl von 49 überschreiten werden.[3548] Dadurch verhindert das FIEL, dass Fondsmanager einen Tochterfonds aufsetzen, in den der eigene (Mutter-) Fonds investiert, nur um sich für das Anzeigeverfahren zu qualifizieren.[3549] Private-Equity-Fondsverträge haben zudem hinsichtlich der Fondsanteile Übertragungsbeschränkungen dahingehend zu enthalten, dass institutionelle Anleger ihren Anteil nur auf andere institutionelle Anleger, und nicht-institutionelle Anleger ihre Anteile nur vollständig, übertragen dürfen.[3550]

Kommt das Anzeigeverfahren zur Anwendung, sind die Pflichten der Finanzdienstleister begrenzt auf das Verbot der Irreführung (Art. 38 Nr. 1 FIEL) und das Verbot der Verlustdeckungszusage (Art. 39 FIEL) einschließlich der entsprechenden Sanktionsvorschriften (Art. 63 Abs. 4 FIEL). Allerdings hat der Premierminister das Recht, Berichte anzufordern und weitere Ermittlungen anzustellen (Art. 63 Abs. 7 und Abs. 8 FIEL).

### 2.3.3. Andere Fondsvehikel

Das Anzeigeverfahren steht nach Art. 63 Abs. 1 FIEL grundsätzlich nur Private-Equity-Fonds in der Rechtsform von NK, TK, LPS oder LLPs (Art. 2 Abs. 2 Nr. 5 FIEL) und vergleichbaren ausländischen Fonds (Art. 2 Abs. 2 Nr. 6 FIEL) offen. Fonds in anderen Rechtsformen, beispielsweise die japanische KK, gelten *nicht* als kollektive Kapitalanlage und unterfallen damit auch nicht dem Anzeigeverfahren. Darüber hinaus bestimmt Art. 2 Abs. 2 Nr. 3 FIEL zwar, dass Teilhaberechte (*sha'in ken*) an Personengesellschaften, Kommanditgesellschaften und LLCs sowie vergleichbaren ausländischen juristischen Personen (Art. 2 Abs. 2 Nr. 4 FIEL) grundsätzlich Wertpapiere darstellen. Da diese aber keine Anteilsrechte an kollektiven Kapitalanlagen vermitteln, steht ihnen das Anzeigeverfahren ebenfalls nicht offen.

Es ist deshalb fraglich, ob Private-Equity-Fonds beispielsweise in Form einer Limited Liability Company nach US-Recht unter Art. 2 Abs. 2 Nr. 6 FIEL zu subsumieren sind und damit als kollektive Kapitalanlage möglicherweise das Anzeigeverfahren gemäß Art. 2 Abs. 2 Nr. 4 FIEL nutzen können. Diese Frage ist bislang noch nicht geklärt. Die FSA ist der Auffassung, dass die anzuwendenden Vorschriften sich einzelfallbezogen nach den Besonderheiten des jeweiligen Fondsvehikels richtet.[3551] Sie weist darauf hin, dass sogar unter den einzelnen US-Bundesstaaten die Bestimmungen der nach US-Recht gegründeten LLC in

---

[3545] Das japanische Formular ist abrufbar unter http://www.mof-kantou.go.jp/kinyuu/kinshotorihou/shosai/9.doc.

[3546] Public Comments, S. 538 Nr. 6.

[3547] Die FSA interpretiert das Gesetz so, dass dem Fonds zusätzlich zum General Partner zumindest ein weiterer institutioneller Anleger angehören muss, Public Comments S. 539 Nr. 9. Der General Partner in einer LPS muss immer in zumindest einen Fondsanteil investieren, vgl. oben Abschnitt 2.2.1.

[3548] Nishi, S. 140f., der eine Ausnahme diskutiert für den Fall, dass ein Dachfonds in Form einer LPS oder LLP in den Fonds investiert und der General Partner beider Fonds personenidentisch ist. Vgl. auch Public Comments, S. 548 Nr. 45 ff.

[3549] Public Comments, *ebenda*.

[3550] Artikel 17-12 (3) Durchführungsverordnung.

[3551] Public Comments, S. 547 Nr. 41. Die FSA erwägt ausdrücklich die erneute Prüfung, ob Fondsvehikel in Form einer japanischen LLC oder ähnlicher ausländischer Rechtsformen dem Regelungsbereich der Finanzdienstleistungen gemäß Artikel 2 Abs. 8 Nr. 15 FIEL zu unterwerfen sind, sollten solche Fondsstrukturen zunehmen, *ebenda* S. 3 Nr. 6. Vgl. auch Nishi, S. 142 Fußnote 3.

## 2.4. Merkmale von Private-Equity-Fondsverträgen

Japanische Fondsverträge haben in der Regel eine Laufzeit zwischen fünf und zehn Jahren.[3553] Der Fondsvertrag bestimmt die Investitionsperiode (*tôshi kikan*) und die Laufzeit des Fonds (*keiyaku kikan*). Die Investitionsperiode endet normalerweise ungefähr ein Jahr vor Ablauf der Vertragslaufzeit.

Üblicherweise wird ein maximaler Kapitalbetrag festgelegt, den die Anleger zusagen. Zu Beginn der Laufzeit des Fondsvertrages sind sämtliche Anleger verpflichtet, einen ersten Beitrag von in der Regel 25 % der Kapitalzusage zu erbringen. Weitere Zahlungen erfolgen aufgrund von Kapitalabrufen des General Partners.[3554] Oftmals wird der vereinbarte Maximalbetrag nicht vollständig ausgeschöpft. Andererseits gibt es auch Fälle, in denen mit Zustimmung der Limited Partner die Kapitalzusage nachträglich erhöht wird.[3555]

Während der ersten sechs Monate kann der General Partner weiteren beschränkt haftenden Gesellschaftern anbieten, dem Fondsvertrag beizutreten. Um die Gefahr zu verringern, dass Publizitätspflichten nach dem FIEL ausgelöst werden,[3556] ist die Ausgabe von Fondsanteilen vertraglich auf höchstens 499 begrenzt.[3557] Streben Fonds das Anzeigeverfahren gemäß Art. 63 Abs. 1 FIEL an,[3558] enthält der Fondsvertrag in der Regel die Verpflichtung der Anleger, alles zu unterlassen, was die Berechtigung zum Anzeigeverfahren gefährden könnte.[3559]

Der General Partner verpflichtet sich zur regelmäßigen (z. B. vierteljährlichen) Berichterstattung gegenüber den Anlegern. Der Verpflichtung des General Partners zum Hands-on Support kommt dieser in der Regel nach, indem er zuvor bestimmten Dritten (beispielsweise verbundenen Unternehmen) bestimmte Aufgaben überträgt. Das erlaubt dem General Partner den Zugriff auf das Know-how, welches seine Unternehmensgruppe entwickelt hat. Die grundsätzlich bestehende Haftung des General Partners wird in der Regel durch die Einbeziehung von Dritten nicht berührt, ist jedoch üblicherweise auf Vorsatz und grobe Fahrlässigkeit beschränkt. Der General Partner verpflichtet sich zudem, die Limited Partner von Ansprüchen Dritter bezüglich des Fondsgeschäfts freizustellen.

Fondsverträge sehen in der Regel Börsengänge, Verschmelzungen oder den Verkauf von Anteilen an Portfolio-Unternehmen an andere Private-Equity-Fonds als Möglichkeiten des Exits vor. Die Gegenleistung für die vom Fonds gehaltenen Vermögenswerte besteht normalerweise in Bargeld oder Aktien mit einer hohen Liquidität, beispielsweise Aktien börsennotierter Kapitalgesellschaften. Mit der Ausschüttung des gesamten Fondsvermögens an die Anleger wird der Fonds aufgelöst. In manchen Fällen kommt es zur Verlängerung, teilweise aber auch zu einer vorzeitigen Beendigung von Fondsverträgen,[3560] obwohl

---

[3552] Public Comments, *ebenda*. Der Wortlaut des Gesetzes trägt zur Unsicherheit bei. Vergleicht man Artikel 2 (2) no 4 FIEL ("Teilhaberechte an ausländischen juristischen Personen, die von ihrer Natur her identisch sind mit den Rechten, die in der vorhergehenden Nummer genannt sind" (*gaikoku hôjin no sha'in ken de zengô ni kakageru kenri no seishitsu wo yûsuru mono*)) mit Artikel 2 Abs. 2 Nr. 6 FIEL („auf ausländischem Recht fußende Rechte, die ähnlich den Rechten sind, die in der vorhergehenden Nummer genannt sind" (*gaikoku no hôrei ni motodzuku kenri deatte, zengô ni kakageru kenri ni ruisuru mono*)), ist nicht klar, ob der unterschiedliche Wortlaut auch eine unterschiedliche Beurteilung der „Natur" des Rechtes (Nr. 4) einerseits und der „ähnlichen" Rechte (Nr. 6) andererseits impliziert.
[3553] METI Report, S. 32.
[3554] METI Report, S. 48.
[3555] Nakamura, unter 3-2.
[3556] Vgl. oben Abschnitt 2.3.1.
[3557] Nishi, S. 141.
[3558] Vgl. oben Abschnitt 2.3.2.
[3559] Nishi, *ebenda*.
[3560] Nakamura, unter 3-2.

diese grundsätzlich keine vorzeitigen Ausstiegsmöglichkeiten von Anfang an vorsehen.[3561]

Die Vergütung des General Partners setzt sich typischerweise aus einer Grundvergütung und einer erfolgsabhängigen Vergütung zusammen. Die Grundvergütung beträgt zwischen 2% und 2,5% des Investitionskapitals, wobei die Bemessungsgrundlage des Investitionskapitals entweder den gesamten Betrag der Kapitalzusagen oder nur den Betrag der tatsächlichen Kapitalabrufe ausmachen kann.[3562] Die erfolgsabhängige Vergütung ist oft an einen Mindestertrag gebunden. Der Manager erhält die erfolgsabhängige Vergütung also nur, wenn der Fonds eine bestimmte Mindestrendite abwirft.[3563]

---

[3561] METI Report, S. 32.
[3562] Nakamura, unter 4.
[3563] Nakamura, *ebenda*.

# § 11 Volksrepublik China

**Übersicht**

1. Marktübersicht .................................................. 921
2. Fondsstrukturen ................................................ 922
   2.1. Onshore-Struktur ......................................... 922
   2.2. Limited Partnership der VR China ......................... 922
      2.2.1. Struktur ............................................ 922
      2.2.2. Carried Interest .................................... 923
      2.2.3. Rechtsrahmen ........................................ 923
   2.3. Foreign Invested Venture Capital Investment Enterprise (FIVCIE) .... 923
      2.3.1. Struktur ............................................ 924
      2.3.2. Management .......................................... 924
      2.3.3. „Indispensable" Investor ............................ 924
      2.3.4. Investments ......................................... 924
      2.3.5. Carried Interest .................................... 924
      2.3.6. Rechtlicher Rahmen .................................. 924
3. Industrial Investment Fonds ................................... 924
4. Offshore-Strukturen ........................................... 925
   4.1. Red-chip-Modell .......................................... 925
      4.1.1. Struktur ............................................ 925
      4.1.2. Regulierung ......................................... 925
      4.1.3. Status Quo .......................................... 926
   4.2. Das SINA-Modell .......................................... 926
      4.2.1. Struktur ............................................ 926
      4.2.2. Rechtsrahmen ........................................ 927
   4.3. Chinesisch-Ausländische Joint Ventures ................... 927
      4.3.1. Struktur ............................................ 927
      4.3.2. Rechtsrahmen ........................................ 928
5. Transaktionsstrukturen ........................................ 928
   5.1. Akquisitionen ............................................ 928
   5.2. Exit-Möglichkeiten ....................................... 928
   5.3. Genehmigungen ............................................ 929
   5.4. Beschränkung von ausländischen Investments ............... 929
6. Neuere Entwicklungen .......................................... 929
   6.1. Entwicklungen in Shanghai ................................ 929
   6.2. Foreign Invested Partnership Regularien .................. 930
   6.3. Rechtliche Rahmenbedingungen für Private Equity .......... 930
   6.4. Chinas Börsensegment für Wachstumsunternehmen (Growth Enterprise Market) . 930
   6.5. Chinas Staatlicher Pensionsfonds ......................... 930
7. Ausblick ...................................................... 930

## 1. Marktübersicht

In den letzten drei Jahrzehnten ist die Private-Equity-Industrie und damit zusammenhängende Investitionen in China aufgeblüht, da die VR China ein rasches Wirtschaftswachstum zu verzeichnen hat und die Regierung des Landes eine Politik verfolgt, die das Unternehmertum ermutigen und ausländische Investitionen in China anlocken soll.

Sowohl inländische als auch internationale Private-Equity-Fonds sind in der VR China tätig. Im Jahr 2008 haben inländische Private-Equity-Fonds in der VR China US-$ 4,3 Milliarden neues Kapital eingesammelt. Es wird erwartet, dass inländische Private-Equity-Fonds in 2009 bis zu US-$ 6 Milliarden an Kapital einsammeln werden. Das von inländischen Private-Equity-Fonds gemanagte Kapital entspricht in etwa der Hälfte des Private-Equity-Geldes in der VR China. Folglich konkurrieren inländische Private-Equity-Fonds, die im internationalen Vergleich relativ unbekannt sind – genannt seien Hopu Investment

## 8. Teil. Länderberichte/Country Reports § 11 Volksrepublik China

Management, CDH Investments, Hony Capital, Legend Capital und andere – mit global agierenden Private-Equity-Giganten wie z. B. KKR, Carlyle, Goldman Sachs Principal Investment, TPG Capital, Blackstone und Apax.

Jüngste Änderungen sowohl der Regierungspolitik als auch der rechtlichen Rahmenbedingungen in der VR China bieten neue Chancen für inländische und internationale, in der VR China tätige, Private-Equity-Fonds. Dazu zählen, die Ende 2007 erfolgten Änderungen im Steuerrecht der VR China, die eine Eliminierung der Doppelbesteuerung mit sich brachten und die steuerliche Behandlung von Private-Equity-Fonds in der VR China an die internationalen Gepflogenheiten angleich. Genannt seien ferner Änderungen der rechtlichen Rahmenbedingungen betreffend Personengesellschaften. Schließlich ebnete das neue Personengesellschaftsrecht der VR China den Weg für die Entwicklung der sog. Onshore-Renminbi-(RMB)Fonds für die Private-Equity-Industrie.

Unlängst hat die Regierung der VR China Regelungen eingeführt, die Shanghai und insbesondere den dortigen Pudong New District (*Anmerkung: eine Sonderwirtschaftszone*) sowie Peking und Tientsin für ausländische Private-Equity-Häuser öffnet. Flankierend dazu hat die kommunale Regierung Shanghais und Pekings sog. Konzessionsregularien eingeführt, um die Ansiedelung von Private-Equity-Fonds und Private-Equity-Firmen in Shanghai zu fördern. Der Erlass der sog. Foreign Invested Partnership Measures (FIP-Measures) eröffnet darüber hinaus die Möglichkeit der Gründung eines RMB-Fonds durch ausländische Investoren.

Dieser Länderbericht soll eine Marktübersicht der gegenwärtigen Private-Equity-Industrie in der VR China als auch der Transaktionsstrukturen, die für gewöhnlich für Private-Equity-Investments in der VR China genutzt werden, geben.

### 2. Fondsstrukturen

Es gibt zwei wesentliche Fondsstrukturen, die regelmäßig von ausländischen Private-Equity-Fonds, die in der VR China investieren, verwendet werden. Diese Private-Equity-Fonds können entweder (1) mittelbar (in der Landeswährung Renminbi (RMB)) in Fondsvehikel investieren, die in der VR China domiziliert sind (sog. **Onshore-Struktur**) oder (2) mit internationalen Währungen mittelbar in chinesische Portfolio-Unternehmen durch im Ausland domizilierte Fonds-Vehikel (sog. **Offshore-Struktur**) investieren.

### 2.1. Onshore-Struktur

Es gibt grundsätzlich drei Arten von Fonds-Vehikeln, die ausländischen oder außerhalb der VR China ansässigen Private-Equity-Fonds zwecks Strukturierung eines RMB Private-Equity-Fonds zur Verfügung stehen, namentlich die Limited Partnership der VR China, das Foreign Invested Venture Capital Investment Enterprise (FIVCIE) oder der Industrial Investment Fonds.

### 2.2. Limited Partnership der VR China

Das Recht der Personengesellschaft der VR China ermöglicht die Gründung von Limited Partnerships zwecks Investitionstätigkeit in der VR China, die den internationalen Gepflogenheiten der Branche Rechnung trägt. Daraus resultierend wurden in der jüngsten Vergangenheit viele RMB-Fonds in Form einer Limited Partnership als Fonds-Vehikel gegründet. Bis dato sind Limited Partnerships, die in Private-Equity-Investments engagiert sind, in den Hauptzentren Chinas, insbesondere Peking, Tientsin, Shanghai, Shenzhen und Chongqing gegründet.

#### 2.2.1. Struktur

Bis zum Inkrafttreten der FIP-Measures erlaubte das Recht der Personengesellschaften nicht, dass ausländische Unternehmen als Limited Partner einer chinesischen Limited Partnership registriert wurden. Allerdings sind chinesische Limited Partnerships als Zwischengesellschaft zwischen dem eigentlichen Portfolio-Unternehmen in der VR China und Unternehmungen der VR China, die Tochtergesellschaften von ausländischen Investoren sind, zulässig. Dementsprechend kann ein ausländischer Fonds-Manager ein zu 100% durch ausländische Gesellschafter gehaltenes Unternehmen, beispielsweise eine Limited Liability Company, die in China inkorporiert ist, aber zu 100% von ausländischen Investoren gehalten wird, gründen, damit diese als General Partner der chinesischen Limited Partnership fungiert. Die FIP-Measures erlauben nun seit 1. März 2010 ausländischen Investoren unmittelbar als Gesellschafter einer Limited Partnership der VR China registriert zu werden. Die konkrete Ausgestaltung dieser FIP-Measures und etwaige Interpretationen durch Auslegungsverordnungen gilt es abzuwarten bevor man beurteilen kann, ob dadurch ein attraktives alternatives Investitionsvehikel für RMB-Fonds zur Verfügung steht.

Die Geschäfte der Limited Partnership können entweder durch den General Partner oder einen außenstehenden Manager geführt werden, der keiner aufsichtsrechtlichen Regulierung in China unterliegen muss. Die beschränkt haftenden Gesellschafter (Limited Partner) einiger RMB-Private-Equity-Fonds haben Stimmrechte und partizipieren in den Investitionsgremien (Investment Committee) dieser Private-Equity-Fonds. Bis heute gibt es keine Anzeichen dafür, dass eine solche Teilhabe der beschränkt haftenden Gesellschafter (Limited Partner) eine unbeschränkte Haftung dieser zur Folge haben könnte, wie das in anderen Jurisdiktionen der Fall sein kann.

### 2.2.2. Carried Interest

Die grundsätzlich bei Private Equity üblichen Gewinnverteilungsabreden sind auch im Rahmen dieser Struktur zulässig. Der Carried-Interest-Berechtigte kann auch eine weitere Limited Partnership gründen (das sog. Carry Vehikel), welches den Carried Interest bezieht. Ein zur Gänze von ausländischen Gesellschaftern gehaltenes Unternehmen der VR China kann dabei als General Partner des Carry Vehikels fungieren. Der Carried Interest wird durch Limited Partnerships (Personengesellschaften) und nicht durch von ausländischen Investoren gehaltene Körperschaften bezogen, da die Limited Partnership der VR China steuerlich transparent ist.

### 2.2.3. Rechtsrahmen

Für diese Struktur sind hauptsächlich das novellierte Personengesellschaftsrecht (Partnership Law), veröffentlicht durch den Ständigen Ausschuss des Nationalen Volkskongresses der VR China (Standing Committee of the National's Peoples Congress of China), das im Juni 2007 in Kraft trat und die Verwaltungsanweisungen der sog. Partnership Registration sowie die jüngst in Kraft getretenen FIP-Measures einschlägig. In der VR China müssen sich Gesellschaften mit ausländischer Gesellschafterbasis einschließlich der sog. wholly-foreign-owned-enterprises (d. h. durch ausländische Anteilseigner zur Gänze gehaltene Unternehmen) sowie sämtliche ausländische Limited Partnerships den jeweiligen chinesischen Gesetzen und Richtlinien betreffend Investments von Ausländern in der VR China unterwerfen. Es ist wichtig zu wissen, dass das Recht der Personengesellschaften die Personengesellschaften im Allgemeinen regelt aber spezielle Regelungen betreffend Private-Equity-Fonds in Gestalt von Personengesellschaften in der VR China noch nicht existieren.

### 2.3. Foreign Invested Venture Capital Investment Enterprise (FIVCIE)

Ein FIVCIE kann in der VR China entweder ausschließlich durch ausländische Investoren oder gemeinsam mit chinesischen Investoren gegründet werden. Diese FIVCIEs werden grundsätzlich für Private-Equity-Investments in Hochtechnologien und/oder neuer Technologien sowie für Wagniskapitalbeteiligungen genutzt und ebenfalls zur zusätzlichen Erbringung von Serviceleistungen gegenüber diesen Portfolio-Unternehmen. Der Name deutet bereits darauf hin, dass FIVCIEs eher Venture-Capital-Fonds ähnln, als den typischen Buy-Out-Fonds.

### 2.3.1. Struktur

Solche FIVCIEs können in der VR China entweder als Kapitalgesellschaft mit eigener Rechtspersönlichkeit (sog. korporative FIVCIE) oder als Organisation ohne eigene Rechtspersönlichkeit (sog. nicht korporative FIVCIE) gegründet werden. In der Praxis wird die nicht korporative FIVCIE ohne eigene Rechtspersönlichkeit grundsätzlich präferiert, da sie als steuerlich transparent qualifiziert.

### 2.3.2. Management

FIVCIEs können entweder durch ihre Geschäftsführungsorgane gemanagt werden oder vorbehaltlich gewisser Eignungserfordernisse und einer behördlichen Genehmigung durch einen separaten Fonds-Manager.

### 2.3.3. „Indispensable" Investor

Zumindest ein Investor mit Venture-Capital-Expertise (der sog. Indispensable Investor) ist zwingend erforderlich für ein FIVCIE. Das gilt sowohl für korporative als auch für nicht korporative Strukturen. Dieser sog. Indispensable Investor muss die notwendige geschäftliche Bandbreite, Kapitaleinlage, Erfahrung und Expertise für die Geschäftsführung und Unterhaltung eines FIVCIEs mitbringen.

Dieser Indispensable Investor haftet unbeschränkt in einer nicht korporativen FIVCIE, wohingegen die anderen Investoren in ihrer Haftung beschränkt sind. In einer korporativen FIVCIE sind sämtliche Investoren inklusive des sog. Indispensable Investors in ihrer Haftung auf den Betrag ihrer Kapitaleinlage beschränkt.

Die Stellung des sog. Indispensable Investors ähnelt der Stellung eines General Partner in einer Limited Partnership. Aus dieser Stellung erfolgt jedoch nicht automatisch, dass dieser die Befugnisse eines General Partner innehat. Vielmehr können diese Befugnisse durch entsprechende Strukturierung der Gesellschaftsstatuten des FIVCIEs erteilt werden.

### 2.3.4. Investments

Im Einklang mit Chinas Industriepolitik dürfen FIVCIEs nicht in Industriezweige investieren, die für ausländische Investoren unzulässig sind. Darüber hinaus ist die Vergabe von Darlehen oder von Sicherheiten grundsätzlich nicht zulässig. Ausnahmen bilden Schuldverschreibungen mit einer Laufzeit von mehr als einem Jahr, die von Portfolio-Unternehmen ausgegeben werden und Investments in Form von Wandelschuldverschreibungen.

### 2.3.5. Carried Interest

Ähnlich der chinesischen Limited Partnership sind die üblichen Gewinnverteilungsabreden für Venture-Capital-Fonds auch in dieser Struktur zulässig. Auch in diesem Fall kann der Carried-Interest-Berechtigte eine Limited Partnership aufsetzen (das sog. Carry Vehikel), das den Carried Interest empfängt. Ein von ausländischen Investoren zur Gänze gehaltenes Unternehmen kann dabei als General Partner des Carry Vehikels fungieren.

### 2.3.6. Rechtlicher Rahmen

FIVCIEs unterliegen in der VR China hauptsächlich den sog. FIVCIE Regulations, die am 1. März 2003 in Kraft getreten sind.

## 3. Industrial Investment Fonds

Die Gründung und Unternehmung von Industrial Investment Fonds ist in China erst in einer vorläufigen Erprobungsphase. Bis heute existieren keine Gesetze oder Verordnungen, die den Industrial Investment Fonds regeln. Es gibt nur ganz wenige Industrial Investment Fonds in China. Bei den meisten dieser Industrial Investment Fonds fungiert die Regierung der VR China als Sponsor.

Die National Development and Reform Commission ist die einzige Genehmigungsbehörde für inländische Industrial Investment Funds. Diese Behörde delegiert ihr Genehmigungsrecht an die entsprechenden Behörden auf Ebene der Provinzen oder Gemeinden, sofern es sich um Industrial Investment Fonds mit einem Fondsvolumen von bis zu RMB 5 Milliarden handelt. Diese Behörden sind zusammen mit dem chinesischen Handelsministerium die gemeinsamen Genehmigungsbehörden für Industrial Investment Fonds ausländischer Investoren.

Die Nationale Entwicklungs- und Reformkommission (Development and Reform Commission) entwirft zurzeit Gesetze und Richtlinien betreffend der Industrial Investment Fonds. Es wird erwartet, dass in Kürze ausländische Private-Equity-Fonds in der Lage sein werden, in Industrial Investment Fonds in der VR China zu investieren.

## 4. Offshore-Strukturen

Ausländische Private-Equity-Fonds können durch ihre im Ausland domizilierten Fondsvehikel direkt in Portfolio-Unternehmen in der VR China nach Maßgabe der drei folgenden Strukturen investieren:

### 4.1. Red-chip-Modell
#### 4.1.1. Struktur

Nach dem sog. Red Chip-Modell setzt ein chinesischer Inhaber eines chinesischen Unternehmens eine im Ausland domizilierte Zweckgesellschaft auf (sog. Special-Purpose-Vehicle – SPV), die als Holdinggesellschaft für das in der VR China angesiedelte Unternehmen fungieren soll. Nachfolgend erwirbt dieses SPV das in der VR China ansässige Unternehmen und wandelt dieses zu einem durch ausländische Anteilseigner zur Gänze gehaltenes Unternehmen um (sog. wholly-foreign-owned-enterprise). Diese Transaktion wird als sog. „Round-trip-Investment" gemäß der vom Handelsministerium der VR China erlassenen Verordnung betreffend Mergers & Acquisitions von inländischen Unternehmungen durch ausländische Investoren (sog. M&A Verordnung), bezeichnet. Ausländische Private-Equity-Fonds investieren sodann in dieses ausländische SPV und streben den Exit aus diesem SPV an, sobald dieses erfolgreich an einer ausländischen Börse notiert wurde.

Grundsätzlich hatte dieses Red Chip-Modell große Anziehungskraft auf ausländische Private-Equity-Fonds und wurde weit verbreitet für Private-Equity-Investitionen genutzt, da dieses Modell von der Anwendung der Gesetze und Regulierungen der VR China befreit war. Die ausländische Börsennotierung des ausländischen SPV und jedwede Veräußerung von Anteilen an diesem war nicht Gegenstand von Genehmigungen durch die Behörden in der VR China. Allerdings, wie nachfolgend dargestellt wird, unterliegt dieses Red Chip-Modell nunmehr der aufsichtsrechtlichen Regulierung.

#### 4.1.2. Regulierung

Auf das Red Chip-Modell finden hauptsächlich nunmehr folgende Gesetze und Verordnungen Anwendung:
– „Bekanntmachung/Notice on Issues Relating to the Administration of Foreign Exchange in Fund Raising and Return Investment Activities of Domestic Residents Conducted via Offshore Special Purpose Companies" (landläufig bekannt als Circular 75), der sog. Staatsverwaltung für Devisen (State Administration of Foreign Exchange („SAFE")), die am 1. November 2005 in Kraft getreten ist;
– M&A-Verordnung (landläufig bekannt als Circular 10), die am 8. September 2006 in Kraft getreten ist;
– „Rundschreiben/Circular on Foreign Exchange Issues concerning Financing and Round Trip Investment by Domestic Residents through Offshore Special Purpose Vehicles" (landläufig bekannt als Circular 106), verkündet durch die Abteilung für Allgemeine An-

gelegenheiten des SAFE (General Affairs Department of SAFE), das am 29. Mai 2007 in Kraft getreten ist.

### 4.1.3. Status Quo

Das Red Chip-Modell ist gemäß der M&A-Verordnung gegenwärtig nicht durchführbar, da es insoweit an der Anerkennung durch das Handelsministerium der VR China mangelt. Denn gemäß M&A-Verordnung bedarf das sog. Round-trip-Investment, also der oben beschriebene notwendige Schritt innerhalb dieser Struktur, der Genehmigung durch das Handelsministerium der VR China. Das Handelsministerium hat jedoch bis zum heutigen Tag keine dahin gehende Genehmigung erteilt. Aus diesem Grund erscheint die Investmentstruktur des Red Chip-Modell gegenwärtig nicht realisierbar.

Allerdings hat die M&A-Verordnung keine Rückwirkung, d. h., das Erfordernis der Genehmigung durch das Handelsministerium der VR China findet keine Anwendung auf sog. Round-trip-Investments, die vor dem 8. September 2006, also dem Inkrafttreten der M&A-Verordnung, abgeschlossen wurden.

Zusätzlich hat das Handbuch Auslandsinvestitionen (sog. Foreign Investment Handbook), herausgegeben durch das Handelsministerium der VR China im Dezember 2008, eine weitere Ausnahme vom Erfordernis der Genehmigung für Akquisitionen durch ausländische Unternehmen geschaffen. Nach dieser Ausnahme sind Akquisitionen durch ausländische Unternehmungen in der VR China, welche vor dem 8. September 2006 gegründet wurden, nicht Gegenstand der Genehmigungserfordernisse durch das Handelsministerium der VR China. Nichtsdestotrotz bedürfen solche Transaktionen der Genehmigungen auf Ebene der einzelnen Provinzen oder kommunalen Ebene, die jedoch erlangt werden können.

Daher können ausländische Private-Equity-Fonds in diese zwei Arten von Unternehmungen in der VR China im Wege des Red Chip-Modells trotz der gegenwärtigen, in der M&A-Verordnung geäußerten, Position des Handelsministerium der VR China investieren.

Das Red Chip-Modell ist traditionell für Investitionen in chinesische Industriezweige genutzt worden, die keinen Investitionsbeschränkungen hinsichtlich ausländischer Investoren unterliegen. Hinsichtlich jener Industriezweige, die Investitionsbeschränkungen für ausländische Investoren unterliegen, kann möglicherweise das im Folgenden beschriebene sog. SINA-Modell genutzt werden.

## 4.2. Das SINA-Modell

Das sog. SINA-Modell ist ein modifiziertes Red Chip-Modell, das für ausländische Investitionen in regulierte Industriezweige der VR China, beispielsweise Telekommunikation-, Medien- und Internetunternehmen genutzt wird, bei denen entweder der Anteilsbesitz durch Ausländer oder ausländische Investitionen in die operative Gesellschaft beschränkt sind und die strikten Genehmigungsverfahren unterliegen. Dieses Modell ist benannt nach einem frühen Internetportal der VR China, das nach diesem Modell seinen Börsengang an einer ausländischen Börse erreichte.

### 4.2.1. Struktur

Unter dem SINA-Modell gründet ein chinesischer Gründer oder Entrepreneur ein SPV im Ausland, welches wiederum ein durch ausländische Anteilseigner zur Gänze gehaltenes Unternehmen (bereits erwähntes sog. wholly-foreign-owned-enterprise) in der VR China ins Leben ruft. Der ausländische Private-Equity-Fonds investiert nun in das Offshore-SPV. Im Gegensatz zum konventionellen Red Chip-Modell hält der ausländische Private-Equity-Fonds keine Eigenkapitalanteile an der inländischen chinesischen Gesellschaft, sondern der ausländische Private-Equity-Fonds übt die effektive Kontrolle über die inländische Gesellschaft in der VR China vermittels des sog. wholly-foreign-owned-enterprise auf Basis einer Reihe von schuldrechtlichen Vereinbarungen aus.

Die ausländische Struktur des SINA-Modells ist vergleichbar mit dem Red Chip-Modell, wohingegen die inländischen Strukturen davon abweichen.

Da ausländische Investoren in der Geschäftsführung von inländischen Portfolio-Unternehmen beschränkt sind oder es ihnen gänzlich untersagt ist, könnte das chinesische wholly-foreign-owned-enterprise keine Eigenkapitalanteile des Portfolio-Unternehmens in der VR China, welche vom chinesischen Gründer gehalten werden, kaufen. Vielmehr wird das wholly-foreign-owned-enterprise in China eine Vielzahl von schuldrechtlichen Verträgen mit dem inländischen Portfolio-Unternehmen oder dem chinesischen Gründer respektive Anteilseigner abschließen, die darauf zielen, dem Private-Equity-Fonds die beabsichtigten finanziellen Erträge aber auch den Investorenschutz sicher zu stellen.

Die schuldrechtlichen Verträge zwischen dem chinesischen wholly-foreign-owned-enterprise und dem inländischen Portfolio-Unternehmen sind als exklusive Dienstleistungsverträge und/oder Anlagen-Leasingverträge ausgestaltet, um die Gewinne des inländischen Portfolio-Unternehmens an das wholly-foreign-owned-enterprise zu transferieren. Die Verträge zwischen dem chinesischen wholly-foreign-owned-enterprise und dem chinesischen Gründer respektive Anteilseigner beinhalten in der Regel eine Verpfändung der Gesellschaftsanteile, Vertretungsvollmachten sowie einseitige Call-Optionen hinsichtlich der Eigenkapitalanteile an dem inländischen Portfolio-Unternehmen.

### 4.2.2. Rechtsrahmen

Grundsätzlich existiert kein spezielles Gesetz, das diese Struktur regelt. Vielmehr finden die generellen Gesetze und Verordnungen wie beispielsweise das Gesellschaftsrecht, das Vertragsrecht, Verordnungen hinsichtlich Immobilienrecht und Telekommunikationsservices auf diese Struktur Anwendung. Im Zuge der inländischen Strukturierung ist keine Genehmigung des chinesischen Handelsministeriums entsprechend der M&A-Verordnung erforderlich, da effektiv keine Akquisition zwischen der Offshore-Holdinggesellschaft und des inländischen Portfolio-Unternehmens stattfindet. Allerdings kann diese Struktur durch die Aufsichtsbehörden angefochten werden mit der Begründung, dass die Anwendung der Beschränkungen für Auslandsinvestitionen gemäß der M&A-Verordnung umgangen werde. Da die ausländische Holdinggesellschaft das inländische Portfolio-Unternehmen durch schuldrechtliche Verträge anstelle von tatsächlichen Anteilsmehrheiten kontrolliert, beinhaltet diese Struktur die mit schuldrechtlichen Verträgen immanenten Risiken. Schließlich ist auch die Rechtswirksamkeit solcher Verträge nicht zweifelsfrei, da diese Verträge versuchen, sämtliche Erträge, die vom inländischen Portfolio-Unternehmen generiert werden, an die ausländische Gesellschaft zu transferieren.

### 4.3. Chinesisch-Ausländische Joint Ventures

#### 4.3.1. Struktur

Ausländische Private-Equity-Fonds können mittels ihrer ausländischen Investitionsvehikel direkt in Zielgesellschaften in der VR China investieren um Joint Venture Gesellschaften in China zu gründen. Diese Joint Venture Gesellschaften in der VR China können entweder in Gestalt von sog. Chinese-foreign-Cooperative Joint Ventures oder sog. Chinese-foreign-Equity Joint Ventures gegründet werden.

Sog. Chinese-foreign-Cooperative Joint Ventures werden nach Maßgabe von Verträgen zwischen dem ausländischen Private-Equity-Fonds und seinem chinesischen Pendant gegründet. Chinese-foreign-Equity Joint Ventures werden hingegen durch gemeinsame Anteilsbeteiligungen an neu gegründeten chinesischen Limited Liability Companies gegründet.

Da dies eine unkomplizierte und etablierte Investmentstruktur in der VR China ist, wird diese zunehmend von ausländischen Private-Equity-Fonds für Investitionen in chinesische Unternehmen genutzt.

## 4.3.2. Rechtsrahmen

Chinese-foreign-Equity Joint Ventures unterliegen dem Recht der VR China betreffend Chineseforeign-Equity Joint Ventures (das in 2001 novelliert wurden) und Chinese-foreign-Contractual Joint Ventures unterliegen dem Recht der VR China betreffend Chinese-foreign-Contractual Joint Ventures (das in 2000 novelliert wurden). Darüber hinaus müssen beide Arten von Joint Ventures dem Gesellschaftsrecht der VR China und weiteren Gesetzen und Verordnungen betreffend ausländischer Direktinvestitionen in der VR China Rechnung tragen.

## 5. Transaktionsstrukturen

### 5.1. Akquisitionen

In der Offshore-Struktur, wie sie oben beschrieben wurde, wonach ein ausländischer Private-Equity-Fonds in ein chinesisches Portfolio-Unternehmen mittels einer Offshore-Zweckgesellschaft (SPV) investiert, kann das Investment in Form von Vorzugsaktien oder Geschäftsanteilen, Wandelanleihen und/oder Stammaktien erfolgen. Diese Transaktionen beinhalten üblicherweise auch einen Kaufvertrag über Anteile oder andere Instrumente als auch Kapitalerhöhungsverträge zwischen dem ausländischen Private-Equity-Fonds und dem chinesischen Gründer respektive Anteilseigner. Des Weiteren beinhalten diese sog. Shareholder Agreements und den Kaufvertrag zwischen der Offshore Holdinggesellschaft und dem inländischen Portfolio-Unternehmen.

Sofern ein ausländischer Private-Equity-Fonds direkt in ein chinesisches Portfolio-Unternehmen bzw. indirekt durch sein in der VR China aufgesetztes Investitionsvehikel unter der sog. Onshore-Struktur investiert, erfolgt dies grundsätzlich in der Form von eingetragenem Stammkapital, da Vorzugsaktien und Wandelanleihen grundsätzlich nach dem Recht der VR Chinas nicht zulässig sind. Solche Transaktionen beinhalten grundsätzlich Joint Venture-Verträge, Satzungen und Gesellschaftsverträge sowie Anteilskaufverträge.

Obwohl sog. Buy-Outs im Wege von Auktionen nach wie vor unüblich sind, finden diese doch zunehmend in der VR China Anwendung. Ein Auktionsverfahren ist zwingend, sofern die Zielgesellschaft ein staatliches Unternehmen ist. Das Auktionsverfahren unterliegt dem sog. Auktionsgesetz (Auction Law) und anderen einschlägigen Verordnungen. Im Anschluss an die Auktion schließt der erfolgreiche Bieter einen Anteilskaufvertrag oder einen Vertrag über die Vermögensübertragung von Wirtschaftsgütern (Assets Transfer Agreement) mit dem Veräußerer ab. Wenn die Transaktion ein staatliches Unternehmen betrifft, ist die Genehmigung der zuständigen Stelle innerhalb der Aufsichts- und Verwaltungskommission für Staatsbesitz (sog. State Owned Assets Supervision and Administration Commission) erforderlich und der Kauf muss zudem zusätzlichen speziellen rechtlichen Verfahren genügen.

Sog. Management-Buy-Outs (MBO) kleinerer oder mittelständischer staatlicher Unternehmen in der VR China sind grundsätzlich zulässig, bedürfen aber wiederum der Genehmigung der zuständigen Stelle der Aufsichts- und Verwaltungskommission für Staatsbesitz (sog. State Owned Assets Supervision and Administration Commission). Das Verfahren beinhaltet Kaufverträge über die zu erwerbenden Wirtschaftsgüter sowie ergänzende rechtliche Dokumente.

### 5.2. Exit-Möglichkeiten

Die typischen Exit-Routen, die von ausländischen Private-Equity-Fonds, welche in der VR China investieren, genutzt werden, sind zum einen Börsengänge aber auch der Verkauf an strategische Investoren oder andere Private-Equity-Fonds.

Börsengänge an ausländischen Börsen waren die hauptsächliche Exit-Route für ausländische Private-Equity-Fonds, die unter den sog. Offshore-Strukturen in Gestalt des sog. Red

Chip-Modells oder dem SINA-Modells operierten. Nach dem 8. September 2006 jedoch, dem Inkrafttreten der M&A-Verordnung, sind ausländische Neuemissionen auf eine kleine Anzahl von Unternehmen beschränkt (wie bereits im Abschnitt „Red Chip-Modell" beschrieben).

Neuemissionen an inländischen Börsen, namentlich der Shenzhen Börse oder der Börse in Shanghai, dürften eine alternative Exit-Route für Chinese-foreign-Equity Joint Ventures sein. Dafür muss das Chinese-foreign-Equity Joint Venture zunächst die Genehmigung des chinesischen Handelsministeriums betreffend die Umwandlung in eine Foreign-Invested Company Limited by Shares erhalten, darüber hinaus müssen noch andere einschlägige Verordnungen befolgt werden, bevor die Foreign-Invested Company Limited by Shares bei der chinesischen Wertpapieraufsichtsbehörde (Securities Regulator Commission) einen Antrag auf Zulassung ihrer Anteile an einer inländischen Börse stellen kann.

Die lang ersehnten vorläufigen Maßnahmen betreffend die Regulierung von Neuemission und Zulassung von Aktien an Chinas Börsensegment für Wachstumsunternehmen (Growth Enterprise Market), die am 1. Mai 2009 in Kraft getreten sind, beinhaltet eine weitere alternative Exit-Route für Neuemissionen an den inländischen Börsen in der VR China.

Es bleibt jedoch festzuhalten, dass der Verkauf von Portfolio-Unternehmen an strategische Investoren oder andere Private-Equity-Fonds die am häufigsten genutzte Exit-Route der ausländischen Private-Equity-Fonds unter den vorgenannten Strukturen ist.

### 5.3. Genehmigungen

Ein mehrstufiges System von behördlichen Genehmigungen findet auf Investitionen von ausländischen Private-Equity-Fonds in China Anwendung. Solche erforderlichen Genehmigungen beziehen sich beispielsweise auf die Schaffung von Investitions-Vehikel, Industrie-Sektoren, Kapitalverkehrsbeschränkungen, Staatseigentum, steuerliche Behandlung, Flächennutzung und anderes.

### 5.4. Beschränkung von ausländischen Investments

Obwohl China in den letzten 25 Jahren Maßnahmen und Regulierungen eingeführt hat, die ausländische Investoren ansprechen sollen, hält der rechtliche Rahmen der VR China nach wie vor signifikante Beschränkungen für ausländische Investoren parat.

Die Schlüsselverordnung für die Einführung der Industriepolitik der VR Chinas betreffend die Investition durch Ausländer ist der sog. Foreign Investment Industrial Guidance-Katalog (welcher in 2007 novelliert wurde), der verschiedene Industrien in vier Kategorien einordnet, namentlich in geförderte, zulässige, beschränkte oder verbotene Industrien. Dieser Katalog soll ausländische Investoren in bevorzugte Industrien lenken und die Investitionen von Ausländern in andere Industrie-Sektoren beschränken bzw. verhindern.

Das Kartellrecht der VR China bestimmt etwaige kartellrechtliche oder wettbewerbsrechtliche Überprüfungen von Investments oder Akquisitionen in China durch Ausländer.

## 6. Neuere Entwicklungen

### 6.1. Entwicklungen in Shanghai und Peking

Im Juli 2009 hat die Regierung der VR China eine Politik eingeführt, nach der Shanghai und insbesondere der sog. Pudong New District für ausländische Private-Equity-Fonds und deren Managementgesellschaften geöffnet wird. Die Kommunalverwaltung Shanghais führte daraufhin ein Bewilligungsverfahren ein, das die Gründung von Private-Equity-Fonds und von Private-Equity-Managementgesellschaften in Shanghai fördern soll.

Das neue Verfahren sieht vor, dass die ausländischen Private-Equity-Managementgesellschaften in Form einer Limited Liability Company gegründet und mit einem registrierten

# 8. Teil. Länderberichte/Country Reports   § 11 Volksrepublik China

Stammkapital von mindestens US-$ 2 Mio. ausgestattet werden. Darüber hinaus sollte jede ausländische Private-Equity-Managementgesellschaft mehr als zwei leitende Angestellte mit jeweils mehr als zwei Jahren Berufserfahrung in leitender Position entweder im Private-Equity-Investment oder im Private-Equity-Management vorweisen. Dem Beispiel Shanghais folgend, hat auch die Kommunalverwaltung Pekings am 4. Januar 2010 eine vergleichbare Strategie zwecks Ansiedlung ausländischer Fondshäuser veröffentlicht. Private-Equity-Fonds und andere Unternehmen für Beteiligungskapital sollen von diesem Verfahren ebenfalls angesprochen werden.

### 6.2. Foreign Invested Partnership Regularien

Mit Inkrafttreten dieser sog. FIP-Measures zum 1. März 2010 ist es nun ausländischen Investoren möglich, unmittelbar als Gesellschafter einer Limited Partnership der VR China registriert zu werden. Des Weiteren sehen diese Regularien vor, dass eine solche Foreign Invested Partnership keiner Genehmigung durch das Handelsministerium der VR China bedürfen. Die FIP-Measures sollten eine Möglichkeit der flexibleren Ausgestaltung von Investitionsvehikeln in Form von RMB-Fonds für ausländische Investoren eröffnen.

### 6.3. Rechtliche Rahmenbedingungen für Private Equity

Das Handelsministerium der VR China ist zurzeit im Beratungsprozess hinsichtlich des Entwurfs der Verwaltungsmaßnahmen betreffend ausländische Wachstumsgesellschaften (Measures for the Administration of Foreign Growth Investment Enterprises). Nach diesem Gesetzentwurf soll Private-Equity-Fonds ein breiterer Geschäftsbereich zugebilligt werden. Danach soll es Private-Equity-Fonds z. B. gestattet werden, in börsengelistete Unternehmen als strategischer Investor zu investieren, vorausgesetzt, dass jedes einzelne Investment nicht mehr als 20 % des Fondskapitals beträgt. Diese Entwicklungen stellen neue Möglichkeiten für ausländische Private-Equity-Fonds in der VR China dar.

### 6.4. Chinas Börsensegment für Wachstumsunternehmen (Growth Enterprise Market)

Zum 1. Mai 2009 ist Chinas neues Börsensegment für Wachstumsmärkte (neusprachlich auch Chinas NASDAQ genannt) gestartet. Mit wesentlich geringeren Schwellenwerten für Börsennotierungen und den erwarteten kürzeren Lock-up Periods für Minderheitsgesellschafter macht dieses neue Börsensegment Börsennotierungen in der VR China wesentlich zugänglicher für Investments, die durch ausländische Private-Equity-Fonds finanziert wurden.

### 6.5. Chinas Staatlicher Pensionsfonds

Der staatliche Pensionsfonds der VR China ist der größte institutionelle Investor in der VR China mit einem Vermögen von RMB 516 Milliarden. Seit April 2008 ist es diesem gestattet, bis zu 10 % seines Vermögens in Private-Equity-Fonds zu investieren.

### 7. Ausblick

China ist auf dem besten Weg die nächste Herausforderung für Private-Equity-Investments zu werden, denn die VR China ist gewillt, die Gesetze und Vorschriften, die die Entwicklung der Private-Equity-Industrie fördern, zu etablieren. Da die Volkswirtschaft weiterhin wächst und sich weiterentwickelt, hat die VR China zudem einen großen Markt mit einer großen Bandbreite für jegliche Art von Private-Equity-Investments.

# § 12 Indien

| Übersicht | Seite |
|---|---|
| 1. Einleitung | 931 |
| 2. Fondsstrukturen | 932 |
| 2.1. Übliche Fondstrukturen | 932 |
| 2.2. Investoren | 933 |
| 2.3. Kapitalaufbringung | 933 |
| 2.4. Ergebnisverwendung | 934 |
| 2.5. Management Fee | 934 |
| 2.6. Carried Interest | 934 |
| 2.7. Liquidation | 934 |
| 2.8. Investor Committee | 934 |
| 3. Transaktionsstruktur | 935 |
| 3.1. Zustandekommen von Investitionen | 935 |
| 3.2. Foreign Direct Investment und Sectoral Caps | 935 |
| 3.3. Beteiligungsvertrag | 936 |
| 3.4. Anteilskaufvertrag | 937 |
| 3.5. Gesellschaftervereinbarung | 939 |
| 3.6. Exit-Optionen | 941 |
| 3.6.1. Trade Sale | 942 |
| 3.6.2. Börsennotierung/Going public | 942 |

## 1. Einleitung

Der indische Private Equity-Markt hatte in den letzten Jahren einen dynamischen Aufschwung erlebt. Zwischen 1996 und 2007 stieg die Anzahl der Beteiligungen von ursprünglich fünf auf über 300 Investitionen jährlich an. Dabei hatte sich auch der Umfang der Investitionen vervielfacht, wobei das durchschnittliche Investitionsvolumen pro Transaktion im Jahre 2007 bei über USD 50 Mio. lag. Im Jahr 2008 waren mehr als 360 Private-Equity-Gesellschaften auf dem indischen Markt tätig.

Neben der High-Tech Industrie, die bis 2001 bevorzugtes Ziel erster auf Indien zugegangener ausländischer Investoren war,[3564] zählen heute weitere Bereiche wie Produktion, Finanz- und Gesundheitsdienstleistungen sowie Immobilien zu beliebten Investitionszweigen. Darüber hinaus beabsichtigt die indische Regierung eine weitere Öffnung des Banken-Sektors und der Bereiche Bergbau und Energieversorgung für den Wettbewerb.

Nach den Jahren einer starken Zunahme kam es Ende 2008 zum ersten Einbruch im indischen Private Equity-Markt. Entgegen den Prognosen, die zum Teil noch Mitte des Jahres 2008 aufgestellt worden sind,[3565] sanken sowohl die Anzahl der Transaktionen als auch die Höhe der Investitionen. Das Investitionsvolumen reduzierte sich dabei insgesamt um über 40 % im Vergleich zum Vorjahr.[3566] Im direkten Vergleich zwischen dem ersten Quartal 2008 und 2009 wird der Abschwung noch deutlicher: Hier liegt der Einbruch bei fast 80 %.[3567] Dabei bezieht sich der massive Rückgang auf fast alle Bereiche, wobei es Stimmen im Markt gibt, die davon ausgehen, dass der Gesundheitsbereich der investitionsstärkste Sektor in den nächsten Jahren sein wird.[3568] Im asienweiten Vergleich relativiert sich dieses Bild

---

[3564] Parikh, Practising Law Institute, 2009, S. 2.
[3565] NZZ vom 25. Juli 2008, zitiert in beck-online, FD-MA 2008, 264245.
[3566] ARC, Private Equity in India, April 2009, S. 1.
[3567] Von einem Investitionsvolumen von USD 3,3 Mrd. im 1. Quartal 2008 auf 0,74 Mio. im 1. Quartal 2009, so ARC, Private Equity in India, April 2009, S. 3.
[3568] Man beruft sich dabei auf den Fakt, dass es allein im Gesundheitsbereich im Jahr 2009 einen kontinuierlichen Aufschwung von einem Deal pro Monat gab; allerdings startete man im Januar auch bei null. Siehe ARC, Private Equity in India, April 2009, S. 4.

jedoch wieder. Während im ersten Quartal 2008 59% des Investitionsvolumens auf Indien entfiel, lag der Prozentsatz im ersten Quartal 2009 insgesamt immerhin noch bei 57%. Nichtsdestotrotz wird für die Jahre 2009/2010 ein starker Einbruch auf dem indischen Private Equity-Markt erwartet. Jedoch wird Indien aufgrund seines hohen Wachstumspotentials der beliebteste Markt unter den Entwicklungsmärkten bleiben. Auch hier birgt die Krise Chancen für Private Equity Gesellschaften. In Anbetracht der Tatsache, dass alternative Kapitalquellen wie Kredite und ausländische Wandelanleihen fast ausnahmslos vom Markt verschwunden sind, ist Private Equity-Kapital eine der wenigen Optionen, die indischen Unternehmen derzeit offenstehen.

## 2. Fondsstrukturen

### 2.1. Übliche Fondstrukturen

Regelmäßig sitzen die Private Equity Gesellschaften als Limited Partnerships in Jersey oder Guernsey.[3569] Von dort aus gründen sie ein Transaktionsvehikel im Ausland, welches wiederum in die indischen Portfolio-Gesellschaften investiert. Der unbeschränkt haftende Gesellschafter (General Partner) der Limited Partnership hat wie in anderen internationalen Private Equity-Strukturen auch seinen Sitz in Jersey oder Guernsey.

Die meisten Private Equity-Gesellschaften, die in Indien aktiv sind, investieren über ein Special Purpose Vehicle (SPV), welches in Mauritius ansässig ist. Hintergrund dieser Transaktionsstruktur ist, dass Indien und Mauritius Vertragsparteien eines Doppelbesteuerungsabkommens (Double Tax Avoidance Agreement) von 1982 sind.[3570] Hierdurch ist es unter bestimmten Voraussetzungen (mindestens zwei Direktoren müssen in Mauritius ansässig sein, ein Bankkonto muss dort bestehen und ein mauritischer Abschlussprüfer muss bestellt sein)[3571] für eine in Mauritius ansässige (juristische) Person möglich, von der in Indien für die Veräußerung von Gesellschaftsanteilen anfallenden Kapitalertragsteuer in Höhe von bis zu 40% befreit zu werden. Des Weiteren werden Dividenden von der Besteuerung ausgenommen, soweit die mauritische Gesellschaft eine Beteiligung von mehr als 5% an der indischen Gesellschaft hält. Ferner sind die in Mauritius anfallenden Steuern marginal und es bestehen Vorschriften für eine fiktive ausländische Steueranrechnung, so dass unter steuerlichen Gesichtspunkten Mauritius eine führende Rolle bei Investitionen in Indien spielt.[3572]

Diesen Vorteilen stehen allerdings auch bestimmte Nachteile gegenüber, deren zukünftige Bedeutung über den Stellenwert von Mauritius bei indischen Investitionen entscheiden wird. Zum einen besteht die Gefahr, dass die derzeit geltenden positiven Aspekte des Doppelbesteuerungsabkommens im Zuge künftiger Verhandlungen begrenzt werden. Weiter verändern die Finanzbehörden in Mauritius ihre Haltung hinsichtlich der Qualifizierung als eine in Mauritius ansässige (juristische) Person. Zukünftig wird es schwieriger werden, die dafür notwendigen Voraussetzungen zu erfüllen. Ferner häuften sich in der Presse die Hinweise darauf, dass die indische Regierung beabsichtigt, Registrierungsanträge von mauritischen SPVs in Zukunft restriktiver zu behandeln.[3573]

Als Alternative zu dem bisherigen Mauritius-Modell kommt Singapur als Sitzstaat für das Transaktionsvehikel in Betracht.[3574] Dieser Weg wurde durch die Unterzeichnung des Com-

---

[3569] Addlestone, Lawyer 2008, S. 32.

[3570] Deva, International Lawyer 2008, S. 177 (181); Bahl/Joshi, Doing Business in India 2008, S. 33 (42).

[3571] Vgl. Union of India vs. Azadi Bachao Andolan, SOL 2003, S. 619.

[3572] Sharma, Doing Business in India 2007, S. 275 (279).

[3573] Hier sei angemerkt, dass China sein Doppelbesteuerungsabkommen mit Mauritius im Jahre 2006 geändert hat und sich seit dem auch das Besteuerungsrecht für bestimmte Veräußerungsgewinne gesichert hat.

[3574] Bahl/Joshi, Doing Business in India 2008, S. 33 (42).

prehensive Economic Cooperation Agreement zwischen Indien und Singapur geöffnet,[3575] welches vergleichbare Vorteile wie das Doppelbesteuerungsabkommen zwischen Indien und Mauritius für die Behandlung der Kapitalertragsteuer bietet. Auch hier bestehen allerdings einige Schwierigkeiten für Private Equity-Fonds. Insbesondere ist erforderlich, dass die Holdings reale und dauerhafte Geschäftstätigkeiten in Singapur vornehmen und dort auch bestimmte Mindestkosten haben. Diese Anforderung führt zumindest derzeit noch dazu, dass der Weg über Mauritius bevorzugt wird, da sie als relativ strikt im Verhältnis zu den in Mauritius geltenden Kriterien empfunden wird.

Fonds, die dagegen in Fremdkapital investieren, können auch alternativ über Zypern in Indien investieren. Dies liegt an einem Doppelbesteuerungsabkommen zwischen Zypern und Indien, nach dem Zinszahlungen einer indischen Gesellschaft an eine zypriotische Gesellschaft steuerlich privilegiert werden. Jedoch ist auch dieser Transaktionsweg derzeit im Visier der indischen Regierung, so dass der künftige Fortbestand unklar ist.

Neben den SPVs in Mauritius, Singapur oder Zypern bedienen sich die Private Equity-Gesellschaften ebenfalls regelmäßig selbständiger rechtlicher Einheiten in Indien, die laufende Projekte überwachen oder Verwaltungsaufgaben wahrnehmen. Diese Einheiten sind jedoch nicht in die Investmententscheidungen eingebunden und üben auch keinen Einfluss auf die Managemententscheidungen in den Investments aus.

Was die Zielrichtung des Fonds betrifft, ist für Indien zu betonen, dass es keine Buy-out Fonds gibt. Dies liegt unter anderem daran, dass ein Leveraged Buy-out einer Public Limited Company in Indien nicht möglich ist, da es der Companies Act, 1956 solchen Gesellschaften untersagt, direkt oder indirekt finanzielle Hilfe – sei es in Form einer Garantie, der Bereitstellung einer Sicherheit oder anderer Mittel im Zusammenhang mit dem Erwerb ihrer Anteile oder ihrer Holdinggesellschaft – zu geben. Es existiert auch nicht die Möglichkeit eines White Wash Procedures, welches in anderen Ländern hierzu eine Ausnahme zulässt.

Restrukturierungsfonds sind bisher in Indien selten, was insbesondere daran liegt, dass zwar ein Debt-Equity Swap rechtlich möglich, aber äußerst kompliziert durchzuführen ist. Inwieweit sich die Bedeutung von Restrukturierungsfonds vor dem Hintergrund des aktuellen Marktumfeldes ändern wird, bleibt abzuwarten. Dagegen sind Private Equity Club Deals in Indien häufiger anzutreffen. Dies gilt gerade in Industrien, in denen der Equity Anteil sehr hoch und daher das Investment allein schwer zu stemmen ist. Häufig hält jede Private Equity-Gesellschaft in solchen Fällen eine Beteiligung in Höhe von 2-3%.

## 2.2. Investoren

Zu den größten Investoren der Private Equity-Fonds, die in Indien aktiv sind, zählen wie in anderen Ländern auch Versicherungsgesellschaften, Banken und Pensionskassen. Des Weiteren gehören auch sogenannte Dachfonds (Fund of Funds) zum Investorenkreis. Die Besonderheit eines Dachfonds besteht darin, nicht direkt in eine Zielgesellschaft zu investieren, sondern in andere Private Equity-Fonds, um so die Beteiligungsrisiken zu streuen und eine Syndizierung zu bewirken.

## 2.3. Kapitalaufbringung

Die Kapitaleinlagen werden in den Fondsverträgen geregelt. Besondere rechtliche Anforderungen oder Begrenzungen der Kapitalaufbringung bestehen nicht. Vielmehr verpflichtet sich jeder beteiligte Investor qua Fondsvertrag, einen bestimmten Kapitalbetrag („Commitment") in die Fondsgesellschaft zu investieren. Die Summe dieser Kapitaleinlagen bestimmt die Größe des Fonds. Darüber hinaus ist auch das Management-Team mit ca. 1 bis 2% am Gesamtkapital des Fonds beteiligt.

---

[3575] Siehe dazu Comprehensive Economic Cooperation Agreement Between the Republic of India and the Republic of Singapore vom 5. Juni 2005, http://www.commerce.nic.in/trade/international_ta_framework_ceca.asp.

## 2.4. Ergebnisverwendung

Die Ergebnisverwendung erfolgt als Gewinnausschüttung und bildet die Rendite, die die Investoren für ihr Investment erhalten. Die Ausschüttungen, die die Verbindlichkeiten und Investitionskosten überschreiten, bilden dabei den Gewinn. Auch hier bestehen gegenüber der internationalen Praxis keine Besonderheiten, wobei die Ausschüttungsmodelle variieren. Der Gesellschaftsvertrag regelt die Art und Weise der Gewinnverteilung unter den Investoren und der Managementgesellschaft sowie den Ausschüttungszeitpunkt.

## 2.5. Management Fee

Die Management Fee gleicht in ihrer Höhe und Struktur ebenfalls der internationalen Praxis. Sie deckt die laufenden Kosten der Verwaltung für Personal und beispielsweise Büroräume und liegt in einer Größenordnung von ca. 1 bis 2,5%. Über den Lebenszeitraum eines Fonds wird die Management Fee geringer, da sich der Verwaltungsaufwand reduziert und das Management Team auch keine neuen Investitionen nach Abschluss der Investitionsphase bewerten muss. Die Fee soll allein die Verwaltungskosten decken, nicht aber ein Anreizsystem für das Management Team bilden.

## 2.6. Carried Interest

Der Carried Interest, oder auch Carry genannt, wird zum Exit-Zeitpunkt bzw. bei vollständiger Rückzahlung des Fonds fällig. Üblich ist ein Carried Interest von 20% der Erlöse nach Rückzahlung der geleisteten Kapitaleinlagen. Dieser Anteil fließt an das Management Team nach Veräußerung der Investitionen des Private Equity Fonds. Zur Verteilung des Carry bestehen verschiedene Modelle. Häufig gibt es eine Gewinnverteilung nach Rückzahlung des eingezahlten Kapitals an die Investoren und Ausschüttung eines Erlösanteils als Basisvergütung („Hurdle Rate"). Die Gewinnverteilung erfolgt dann zwischen dem Management zu 20% und den Investoren zu 80%.

## 2.7. Liquidation

Der Lebenszyklus eines Private Equity-Fonds, der in Indien investiert ist, liegt regelmäßig bei 10 Jahren, in Ausnahmefällen auch bei 15 Jahren. Von diesem Zeitraum entfallen die ersten fünf Jahre auf die Investitionsphase, sprich die Phase, in der die Investitionen in die Portfolio-Unternehmen getätigt werden, während in den weiteren fünf Jahren die Beteiligungen an den Portfolio-Unternehmen gehalten werden. Soweit ein Portfolio-Unternehmen veräußert wurde, wird der erzielte Gewinn an die Investoren gemäß den oben getroffenen Ausführungen verteilt. Wenn alle Portfolio-Unternehmen veräußert sind und der Gewinn verteilt wurde, wird der Fonds aufgelöst.

## 2.8. Investor Committee

Die täglichen Managemententscheidungen werden im Board of Directors der Portfolio-Unternehmen getroffen. Indische Mehrheitseigentümer sind häufig nicht erfreut über die Versuche, von externer Seite in die Steuerung der Gesellschaft einzugreifen. Allerdings haben viele Fonds einen von den Investoren ernannten Ausschuss, das Investor Committee, dessen Mitglieder sich u. a. mit Bewertungen der Portfolio-Unternehmen befassen. Je nach Fonds trifft dieses Investor Committee auch Investitionsentscheidungen. Allerdings haben sie in Indien kaum einen Einfluss auf das tägliche Management der Portfolio-Unternehmen.

## 3. Transaktionsstruktur

### 3.1. Zustandekommen von Investitionen

Neben dem Erwerb einzelner Gegenstände eines indischen Unternehmens in Form eines Asset Deals kann das Transaktionsvehikel sich durch die Gründung einer Gesellschaft zusammen mit einem indischen Unternehmer in Form eines Joint Ventures beteiligen. Ebenso ist der Erwerb von Anteilen an einer bereits bestehenden operativen Zielgesellschaft durch einen Share Deal möglich, der über eine indische Börse oder außerbörslich erfolgen kann.

Anders als auf dem europäischen oder anglo-amerikanischen Markt sind Beteiligungserwerbe durch Auktionen in Indien eher unüblich. Allerdings hat in den letzten Jahren die Zahl der auf Auktionen basierenden Transaktionen zugenommen. Bisher kommt es noch überwiegend zu Vereinbarungen auf privater Basis, wobei die „Chemie" zwischen den Vertragspartnern von entscheidender Bedeutung ist. Mehrheitlich werden die Private Equity-Investitionen in Indien von Investment Banken initiiert. Ein Viertel der Investments beruht auf eigener Initiative der Private Equity-Gesellschaft, während in wenigen Fällen auch die indische Zielgesellschaft selbst aktiv an die Private Equity-Gesellschaften herantritt.

Bei Geschäften in Indien ist immer zu berücksichtigen, dass das indische Wirtschaftsleben von persönlichen Beziehungen bestimmt ist und das Vertrauen, das ein Private Equity-Partner einem potentiellen Kunden vermittelt, entscheidend ist. Da gerade die persönliche Ebene zwischen den künftigen Vertragspartnern maßgeblich ist, verhandeln viele indische Unternehmen nur mit einem Investor.

Von der insgesamt mittlerweile sehr beeindruckenden Anzahl der Verhandlungen kommt letztlich nur eine geringe Zahl der Deals zum Abschluss, was die besonderen Schwierigkeiten des indischen Marktes anschaulich widerspiegelt. Hierfür sind fehlende Grundanforderungen (z. B. eine mangelhafte Buchführung in indischen Unternehmen), Interesse an Mitbestimmung durch einen ausländischen Kapitalgeber oder eine Überbewertung des indischen Unternehmens als Hauptursachen zu nennen.

Für die Wahl des Private Equity-Investors als Partner in der indischen Gesellschaft ist nicht allein die Höhe des Beteiligungspreises maßgeblich. Vielmehr sind viele indische Unternehmen auch daran interessiert, Wertsteigerungen im Hinblick auf einen potentiellen Börsengang oder Wachstumschancen allgemein zu schaffen.

### 3.2. Foreign Direct Investment und Sectoral Caps

Als Folge der seit dem Jahr 1991 verfolgten sog. New Industrial Policy haben sich die Möglichkeiten für ausländische Direktinvestitionen in Indien (Foreign Direct Investments) deutlich verbessert. Waren Beteiligungen über lange Zeit auf maximal 40 % und im weiteren Verlauf auf maximal 51 % beschränkt, sind heute in den meisten Bereichen Beteiligungen von 100 % möglich, ohne dass es hierfür einer behördlichen Genehmigung bedarf (Automatic Route).[3576] Dies gilt beispielsweise für den IT-Sektor.[3577] Nach wie vor nicht erlaubt sind ausländische Direktinvestitionen weitestgehend im Einzelhandel, dem Lotterie-, Glücks- und Wettspiel sowie (noch) auf dem Atomsektor.[3578] Teilweise abhängig von der Höhe der Beteiligung (so etwa im Mobilfunkbereich) und dem jeweiligen Sektor sind vereinzelt nach

---

[3576] Vgl. Parameswaran, Öffentliche Übernahmen in Indien, S. 1; Ausführliche Informationen über Genehmigungserfordernisse und sektorspezifische Richtlinien für ausländische Direktinvestitionen stellt das Ministry of Commerce & Industry (Department of Industrial Policy & Promotion) im Internet bereit unter http://dipp.nic.in.
[3577] Parameswaran, Öffentliche Übernahmen in Indien, S. 4.
[3578] Siehe DIPP Press Note 7 (2008 Series) vom 16. Juni 2008, Annex.

wie vor Genehmigungen erforderlich (Approval Route),[3579] deren Erteilung in der Regel bis zu zwei Monate beansprucht.[3580]

Sektorunabhängig sind jedoch stets Genehmigungen unausweichlich, sofern die Private Equity-Gesellschaft in demselben Sektor schon ein Joint Venture mit einem indischen Partner führt, das bereits am 12. Januar 2005 bestand. Das bis zum Inkrafttreten der Press Notes 1 und 3 (2005 Series) geltende Genehmigungserfordernis in Fällen, in denen ein Joint Venture in einem dem Sektor verwandten Bereich betroffen war, besteht nun allerdings nicht mehr.[3581] Es findet vielmehr das allgemeine Investitionsrecht Anwendung, so dass eine Genehmigung nur für die Approval Route erforderlich ist.

Damit ein Investor unter den Regelungen der Automatic Route investieren kann, muss die Transaktion einige Voraussetzungen erfüllen. So muss z. B. der Kauf- bzw. Verkaufspreis für die Gesellschaftsanteile bei einem Share Deal grundsätzlich den Bewertungsregeln der Reserve Bank of India (RBI) entsprechen. Bei dem Erwerb einer börsennotierten Gesellschaft darf der Kaufpreis daher nicht den aktuellen Börsenkurs (prevailing market price) unterschreiten. Sofern es sich bei der Zielgesellschaft um eine nicht-börsennotierte Gesellschaft handelt, hat der Kaufpreis dem Verkehrswert (fair market value) zu entsprechen. Dieser Verkehrswert wiederum wird gemäß den Bewertungsregeln des Controller of Capital Issues (CCI) ermittelt.[3582] Liegt der Kaufpreis bei einem Share Deal darunter, ist eine Genehmigung der RBI einzuholen.

Um Private Equity und Venture Capital Investitionen in Indien zu stärken, hat das Securities and Exchange Board of India (SEBI) die Foreign Venture Capital Investors Regulations, 2000 in Kraft gesetzt.[3583] Hierdurch können sich Private Equity-Fonds bei dem SEBI registrieren lassen, um so Vorteile zu erlangen, die bei einem gewöhnlichen Foreign Direct Investment nicht zu erzielen wären.[3584] Der Registrierungsprozess dauert in der Regel bis zu drei Monate, abhängig von der Gestalt des Private Equity-Fonds. Durch die erfolgreiche Registrierung erhält der Private Equity-Investor zum einen eine Befreiung von der Anwendbarkeit der oben aufgezeigten Bewertungsregeln, so dass der Private Equity-Fonds Gesellschaftsanteile an nicht-börsennotierten indischen Unternehmen zu dem Preis veräußern oder erwerben darf, den die Parteien für angemessen halten. Zum anderen besteht im Falle der Registrierung keine lock-up Period für den Private Equity-Fonds, sofern das Portfolio-Unternehmen an einem IPO teilnimmt.

Allerdings stehen diesen Vorteilen auch verschiedene Nachteile gegenüber, von denen insbesondere das Kontroll- und Überwachungsrecht des SEBI zu nennen ist. Private Equity-Fonds schätzen es in der Regel nicht, Gegenstand staatlicher Marktüberwachung zu sein. Ferner ist der Fonds nach einer Registrierung nicht mehr in der Lage, mehr als 33,33 % der Fondsmittel in börsennotierte Unternehmen oder in Fremdkapital (z. B. für einen Dept-Equity Swap) zu investieren.

### 3.3. Beteiligungsvertrag

Von besonderer Bedeutung in der Private Equity-Transaktion ist auch in Indien der Beteiligungsvertrag. Die Bedingungen, die in indischen Beteiligungsverträgen enthalten sind, gleichen überwiegend den in anderen Ländern bekannten Regelungen. Zu beachten ist,

---

[3579] Vgl. zum Genehmigungsverfahren auch Sharma, Doing Business in India, 2007, S. 275 ff.; Mathew, Columbia Business Law Review 2007, S. 800 (817 f.).
[3580] Vgl. Parameswaran, Öffentliche Übernahmen in Indien, S. 4.
[3581] Die Press Notes sind vom Ministry of Commerce & Industry (Department of Industrial Policy & Promotion) auf der Internetseite http://dipp.nic.in veröffentlicht.
[3582] Vgl. Krause/von Ilsemann, Unternehmenskauf und Beteiligungen in Indien, RIW 2009, 43 (45).
[3583] Diese wurden später durch die Foreign Venture Capital Investors Regulations, 2004 angepasst.
[3584] Es handelt sich hierbei allerdings lediglich um eine Wahlmöglichkeit, nicht aber um eine Registrierungspflicht.

dass hiermit getroffene Vereinbarungen das Portfolio-Unternehmen selbst nur hinreichend binden, wenn entsprechende Regelungen auch in der Satzung des Portfolio-Unternehmens verankert werden.

Viele Investoren in Indien klagen über Abweichungen von den getroffenen Vereinbarungen. Darüber hinaus sind Expansionen in einen unternehmensfremden Bereich, die Nichtbeachtung von Aktionärsvereinbarungen und Änderungen in der finanziellen Leistungsfähigkeit Probleme, die sich für Investoren in Indien stellen. Daher sind häufig Private Equity-Gesellschaften bemüht, sich über den Beteiligungsvertrag einen Sitz im Board of Directors der indischen Gesellschaft zu sichern. Hierbei sollte jedoch besonders sensibel vorgegangen werden, da, wie bereits ausgeführt, indische Unternehmen in einer solchen Forderung nicht selten einen Grund sehen, einen Deal scheitern zu lassen. Mit der jungen indischen Generation, die im Ausland studiert hat und in die Unternehmensführung eintritt, mag sich dies künftig ändern.[3585] Allerdings ist anzumerken, dass bereits heute in vielen Fällen ein solches Anliegen erfolgreich ist, vorausgesetzt, es wird das notwendige Feingefühl bewiesen.

Als weitere Besonderheit im indischen Private Equity-Markt ist der hohe Stellenwert von Verwässerungsschutzklauseln zu sehen. Regelmäßig wollen die Eigentümer eines Portfolio-Unternehmens durch das Investment des Private Equity-Fonds nicht zu stark verwässert werden. Dies zeigt sich nicht nur in den Minderheitsbeteiligungen als Regelfall, sondern eben auch in den entsprechenden Verwässerungsschutzklauseln der Beteiligungsverträge. Ebenso wie in westlichen Ländern gibt es in Indien verschiedene Varianten mit komplettem oder teilweisem Verwässerungsschutz.

### 3.4. Anteilskaufvertrag

Wie in anderen Jurisdiktionen mit internationalen Berührungspunkten ebenfalls zu beobachten, zeigt sich auch bei Kaufverträgen über Anteile an indischen Portfolio-Unternehmen eine immer stärkere Anpassung an internationale Standards. Dies äußert sich insbesondere darin, dass die Kaufverträge zunehmend ausführlicher werden und zudem „Standard-Klauseln" enthalten, die den internationalen Gegebenheiten entsprechen.

Entscheidet sich ein ausländischer Investor für den Erwerb einzelner Vermögensgegenstände in Indien in Form eines sog. Asset Deal, unterliegen das schuldrechtliche Erwerbsgeschäft und die dingliche Übereignung grundsätzlich den Regelungen des Sale of Goods Act, 1930 in Verbindung mit den im Contract Act, 1872 niedergelegten Prinzipien. Danach bestehen bei Leistungsstörungen Schadensersatzansprüche des Käufers, vergleichbar mit den Ansprüchen nach den Regelungen des Common Law, und im Fall von Verletzungen wesentlicher Vertragspflichten auch Rücktrittsrechte. Allerdings kann auch nach indischem Recht eine Haftung vertraglich ausgeschlossen werden, sofern der Ausschluss nicht die Haftung für Vorsatz oder einen erheblichen Vertragsbruch (sog. fundamental breach) betrifft.

Wie auch in anderen wachsenden Märkten zu beobachten, ist in Indien der Erwerb von Geschäftsanteilen an dem indischen Portfolio-Unternehmen im Wege des sogenannten Share Deals im Gegensatz zum Erwerb der einzelnen Vermögensgegenstände durch den Asset Deal der gemeinhin übliche Weg, sei es durch Erwerb nur eines Unternehmensteils für ein Joint Venture oder durch die vollständige Übernahme aller Geschäftsanteile des Portfolio-Unternehmens.

Bei der Formulierung des Anteilskaufvertrages (Share Purchase Agreement) steht der Private Equity-Investor überwiegend vor denselben Herausforderungen wie bei Käufen in anderen Ländern mit internationalem Transaktionsbezug. In Indien ist dabei aber größte Sorgfalt geboten, da hier die sog. parol evidence rule gilt. Diese besagt, dass nicht als vereinbart gilt, was nicht ausdrücklich im Vertrag geregelt wurde. Dies hat unter anderem dazu geführt, dass Unternehmenskaufverträge in Indien mittlerweile einen dem anglo-amerikanischen

---

[3585] Meads, India deals overvalued: private equity chief, Reuters.com vom 9. Januar 2009.

## 8. Teil. Länderberichte/Country Reports

Raum vergleichbaren Umfang haben. Zur Verdeutlichung der Absichten der Parteien sollte daher auch die Möglichkeit einer ausführlichen Gestaltung der Präambel genutzt werden. Auf diese Weise können die Parteien klarstellen, von welchen Annahmen sie ausgehen, was insbesondere bei Verhandlungen mit Partnern gilt, mit denen noch keine oder kaum Erfahrungen gesammelt wurden.[3586]

Hinsichtlich der Kaufpreisvereinbarung gilt in Indien die Besonderheit, dass Kaufpreise zwischen den Parteien zwar grundsätzlich frei verhandelt werden können, der Kaufpreis im Fall des Share Deals letztlich aber den Bewertungsregeln der Reserve Bank of India (RBI) entsprechen muss, soweit nicht eine Ausnahme aufgrund der Registrierung unter den Foreign Venture Capital Investors Regulations, 2000 gilt.[3587]

In Indien gibt es keine gesetzlichen Regelungen, aufgrund derer der Kaufpreis bei einem Share Deal innerhalb eines bestimmten Zeitraumes nach Signing oder Closing zu leisten ist. Damit ist auch die Vereinbarung von Earn-Out Klauseln denkbar, aufgrund derer der Kaufpreis an die wirtschaftliche Entwicklung des Portfolio-Unternehmens in der Folgezeit nach Anteilsübertragung gekoppelt werden kann.[3588]

Diese Modelle einer flexiblen Kaufpreisgestaltung verlieren bei international tätigen Private Equity-Investoren jedoch zunehmend an Beliebtheit. Teilweise wird auf sog. Locked Box Modelle zurückgegriffen, in denen der Kaufpreis feststeht und dieser durch Vereinbarungen über die Weiterführung der Gesellschaft seit dem Bewertungsstichtag soweit als möglich gesichert wird. Der Kaufpreis ist im weiteren Verlauf über einen sog. Authorized Dealer zu zahlen. Die überwiegende Zahl der indischen Großbanken ist als solcher zugelassen und übernimmt die Abwicklung des Zahlungsvorgangs.

Die Vereinbarung von Garantieklauseln bei dem Erwerb von Anteilen an einem indischen Portfolio-Unternehmen stellt die Private Equity-Gesellschaft ebenfalls vor Herausforderungen, die aus anderen Regionen bekannt sind. Üblich ist in Indien allerdings die Aufnahme der vereinbarten Garantien in einer Anlage zum Vertrag, entsprechend etwa dem Vertrag nach anglo-amerikanischen Gepflogenheiten. Dies gilt auch für die Rechtsfolgen bei Garantieverletzungen, die in der Anlage zum Vertrag aufgenommen werden.

Wie ebenfalls in anderen Ländern üblich, haben sich in Indien Private Equity-Investoren der Forderung von Haftungsbeschränkungen durch Vereinbarung von Freibeträgen (De Minimis) zu stellen, vor deren Überschreitung keine Ansprüche wegen Verletzung von Garantien aus dem Anteilskaufvertrag geltend gemacht werden können und die die Haftung auf den Betrag beschränken, der oberhalb dieses Freibetrages liegt. Darüber hinaus wird zumeist gleichzeitig ein Gesamtfreibetrag (Basket oder Threshold) vereinbart, aufgrund dessen eine Geltendmachung von Ansprüchen erst möglich ist, wenn die Summe der den vereinbarten „De Minimis" jeweils überschreitenden Ansprüche insgesamt diesen Betrag übersteigt. Der Private Equity Investor drängt dagegen auf Freigrenzen, um im Fall der einmal ausgelösten Haftung zumindest den vollen Schadenersatz verlangen zu können. Schließlich sind auch Gesamthaftungsbeschränkungen (Caps) üblich, die grundsätzlich einen der letzten verbleibenden Verhandlungspunkte mit dem indischen Verkäufer darstellen.[3589]

Besonderes Verhandlungsgeschick erfordert regelmäßig die Vereinbarung einer Going Concern Klausel, die vor dem Hintergrund der in Indien oftmals sehr eigenwilligen Unternehmensführung und insbesondere auch noch oft unzureichenden Buchführung ein wesentliches Anliegen des Private Equity-Investor sein sollte, da diese Klausel ihn vor Überraschungen schützt, die sich aufgrund der nach Unterzeichnung des Anteilskaufvertrages gegebenenfalls noch für einige Zeit andauernden Weiterführung des Unternehmens durch den Verkäufer einstellen können, bevor es zum Closing, also dem Übergang der Geschäftsanteile, und zur Übernahme der tatsächlichen Kontrolle des Portfolio-Unternehmens durch

---

[3586] Piltz, NJW 1994, 1101 (1103).
[3587] Siehe hierzu oben unter Abschnitt 3.2. Foreign Direct Investment und Sectoral Caps.
[3588] Vgl. Watter/Gstoehl in: Tschäni, Mergers & Acquisitions VI, S. 35.
[3589] Aneja, International Law Practicum 2006, S. 53 (56 f.).

den Private Equity-Investor kommt. Darüber hinaus kann sich der Private Equity-Investor davor schützen, dass in dem Portfolio-Unternehmen Maßnahmen durchgeführt werden, die eine möglicherweise ausstehende Fusionskontrollfreigabe gefährden könnten. So lassen sich beispielsweise wesentliche Geschäftsabschlüsse des Managements des Portfolio-Unternehmens unter einen Zustimmungsvorbehalt des Private Equity-Gesellschafters stellen.

Die Gründe für die Vereinbarung von aufschiebenden Bedingungen entsprechen den in anderen Ländern bekannten. So besteht das Erfordernis einer aufschiebenden Bedingung in Indien zum Beispiel dann, wenn öffentlich-rechtliche Genehmigungen des Foreign Investment Promotion Board (FIPB)[3590] wegen Überschreitens von zulässigen Beteiligungsquoten (Sectoral Caps) gemäß den Regelungen des Monopolistic and Restrictive Trade Practices Act, 1969 ausstehen oder der Vollzug der Transaktion durch die Zentralregierung (Central Government) freizugeben ist.

Indien verfügt über unabhängige Gerichte in einem dreistufigen Aufbau. Ein Gerichtsverfahren über die Frage, ob bei einem Unternehmenskauf Garantien verletzt wurden, kann in Indien aber durchaus 10 Jahre und mehr in Anspruch nehmen, da die Gerichte stark überlastet sind.[3591] Sofern entsprechende Vereinbarungen über die Sicherung des Kaufpreises für Garantieansprüche nicht getroffen wurden, kann dies wegen der Länge der Verfahrensdauer und der damit verzögerten Rückzahlung eines Teils des Kaufpreises das Ende der Investition in Indien bedeuten. Daher empfiehlt sich bei Private Equity-Investitionen auch in Indien die Aufnahme einer Schiedsklausel, da die Schiedsgerichtsbarkeit, basierend auf dem Indian Arbitration and Conciliation Act, 1996, welcher auf dem UNCITRAL-Modell beruht, in Indien gut ausgebaut ist und bei in Indien investierten Private Equity-Gesellschaften durchaus hohes Ansehen genießt. Dadurch lässt sich die Verfahrensdauer teilweise um 7 bis 9 Jahre verkürzen. Im Ergebnis bedeutet dies für den Private Equity-Investor unter Umständen eine enorme Kostenersparnis.

Anzumerken ist schließlich, dass der Anteilskaufvertrag grundsätzlich nicht dem indischen Recht unterstellt werden muss, insofern sind die Parteien also weitestgehend frei.[3592] Dies gilt allerdings nicht für die Abwicklung des Vertrages (Closing), die zwingend nach indischem Recht erfolgt.

### 3.5. Gesellschaftervereinbarung

Den rechtlichen Rahmen für den Beitritt des ausländischen Private Equity-Gesellschafters bestimmen die Parteien auch nach indischem Recht grundsätzlich nicht nur durch den Beteiligungs- oder Anteilskaufvertrag, sondern insbesondere durch eine daneben stehende oder hiermit verbundene Gesellschaftervereinbarung. Hierdurch hat der Investor die Möglichkeit, sich langfristige Rechte in der Gesellschaft im Verhältnis zu den indischen Gesellschaftern zu sichern, selbst dann, wenn er als Minderheitsgesellschafter in dem Portfolio-Unternehmen investiert.

Gerade weil für ausländische Investoren indische Geschäftsgewohnheiten überwiegend neu und daher schwer vorhersehbar sind und der Auftritt am indischen Markt ohne Einsatz einheimischen Managements praktisch nicht möglich ist, besteht regelmäßig das Interesse, sich umfangreiche Informations- und Mitbestimmungsrechte auch im Fall der Minderheitsbeteiligung einzuräumen. Dies ist jedoch vielen indischen Unternehmern ein Dorn im Auge, da diese sich ungern von ausländischen Gesellschaftern, die mit den indischen Geschäftsgepflogenheiten nicht vertraut und mit dem Portfolio-Unternehmen nicht gewach-

---

[3590] Das FIPB ist eine Behörde des indischen Finanzministeriums, die für Genehmigungen ausländischer Direktinvestitionen zuständig ist. Prüfungsgegenstände des Genehmigungsverfahrens sind z. B. Plandaten und Auswirkungen auf Import und Export.

[3591] Vgl. hierzu Prasad/Balan, Doing Business in India, 2007, S. 49 f.; Bhat, Iowa Law Review 2007, S. 1429 (1448).

[3592] Podehl/Mathur/Agarwal, Rechtsfragen des Indiengeschäfts, 2007, S. 55.

sen sind, Rat erteilen und erst Recht nicht Weisungen geben lassen wollen. Dem entgegen z. B. ein Recht auf Zustimmung zu wesentlichen Geschäften der Geschäftsführung durchzusetzen, gelingt selbst indienerfahrenen Private Equity-Gesellschaften nicht immer.

Besonders wichtig ist ferner regelmäßig die frühzeitige Vereinbarung über Möglichkeiten und den Zeitpunkt des Ausstiegs der Private Equity-Gesellschaft aus dem indischen Portfolio-Unternehmen, sprich die sog. Exit Route. Nur so ist für den Private Equity oder Venture Capital Investor bestmöglich gewährleistet, dass er Entwicklung und Wertsteigerung des indischen Unternehmens beobachten und den besten Ausstiegszeitpunkt wahrnehmen kann.

Es besteht einerseits die Möglichkeit, sich aus einer gemeinschaftlichen Unternehmung mit dem indischen Partner zu lösen, indem die gehaltenen Anteile vollständig an die Gründungs- bzw. Altgesellschafter des Portfolio-Unternehmens zurückgegeben werden. Unter Umständen aber wird der Private Equity-Investor weitere oder alle Anteile an dem Portfolio-Unternehmen übernehmen wollen. Unabhängig von der Höhe ihrer Beteiligung wird die Private Equity-Gesellschaft als Gesellschafterin in Indien aber nahezu ausnahmslos auf die Mitwirkung des einheimischen Managements angewiesen sein, welches die Entwicklungserwartungen an das Portfolio-Unternehmen fördern und das Geschäft im Sinne des Kapitalgebers vorantreiben muss. Sobald das indische Management und die Mitgesellschafter das (vereinbarte) Engagement schleifen lassen und so den Erfolg des Portfolio-Unternehmens gefährden, ist auch ein erfolgreicher Exit des Private Equity Investors in Gefahr. Differenziert nach dem Beendigungsgrund lassen sich für diesen Fall Klauseln vereinbaren, die je nach Verhalten des betroffenen Partners diesen von vornherein aufgrund der an den Arbeitserfolg gekoppelten Bedingungen durch Abgabe seiner Geschäftsanteile aus der Gesellschaft ausscheiden lassen (good leaver – bad leaver) für den Fall, dass der Private Equity-Investor eine ihm nach Eintritt der hierfür vereinbarten Bedingung eingeräumte Call Option ausübt und die Geschäftsanteile der Altgesellschafter übernimmt oder diese an einen dritten Investor weiterveräußern darf.

Andererseits kann aber auch das Bedürfnis bestehen, im Fall einer Fehlentwicklung des Portfolio-Unternehmens selbst aus dieser auszutreten. Diese und die unabhängig von einem Fehlverhalten der Mitgesellschafter oder anderen Bedingungen festzulegenden Ausstiegsmöglichkeiten durch Vereinbarung einer Exit Route sind auf verschiedene Arten möglich und werden regelmäßig auch davon abhängen, wie lange das Investment in der indischen Gesellschaft andauern soll. Die in Indien üblichen Exit-Varianten entsprechen grundsätzlich denen im anglo-amerikanischen oder europäischen Raum. Die beliebteste Exit-Möglichkeit ist auch in Indien der Börsengang (sog. Initial Public Offering, kurz: IPO), auf den weiter unten eingegangen wird.

Daneben steht es den Gesellschaftern frei, den Ausstieg durch die Vereinbarung von sog. drag along und tag along Klauseln zu sichern. Im erstgenannten Fall werden in der Regel die indischen Altgesellschafter verpflichtet, ihre Geschäftsanteile in dem Fall mitzuveräußern, in dem die Private Equity-Gesellschaft sich ihrer Anteile entledigen möchte, z. B. wenn eine erwartete Entwicklungsstufe in dem Portfolio-Unternehmen erreicht ist. Eine solche Vereinbarung kann den Wert einer Beteiligung in Indien für eine Private Equity-Gesellschaft insbesondere deshalb steigern, da Dritte oftmals ausschließlich an dem Erwerb eines gesamten Unternehmens, jedenfalls aber an dem Großteil der Geschäftsanteile interessiert sind, da die Mehrheit der Stimmen und eine vollumfängliche Steuerung des Portfolio-Unternehmens ohne Mitbestimmung indischer Gesellschafter gewollt ist. Regelmäßig lässt sich eine solche drag along Vereinbarung aber nur schwer erreichen, ohne den übrigen (oftmals Gründungs-) Gesellschaftern ein Vorkaufsrecht an dem zu veräußernden Anteil der Private Equity-Gesellschaft einzuräumen, da die Gründungsgesellschafter in vielen Fällen das betroffene Portfolio-Unternehmen gegründet oder bereits in weiterer Generation übernommen haben und daher dieses nicht vollständig aus der Hand geben möchten. Darüber hinaus besteht regelmäßig ein gesteigertes Interesse an der vollständigen Übernahme des Portfolio-Unternehmens, in der durch das Investment der Private Equity-Gesellschaft schlummernde

Werte realisiert wurden, die das Unternehmen möglicherweise erst tauglich für den internationalen Wettbewerb gemacht haben.

Im zweiten Fall der sog. tag along Klausel vereinbaren die Gesellschafter ein Recht des Private Equity-Investors zur Mitveräußerung seines Geschäftsanteils, sollten die indischen Gesellschafter ihre Anteile veräußern wollen. Dieses Recht ist vor allem dann interessant, wenn die Private Equity-Gesellschaft lediglich eine Minderheitsbeteiligung an dem indischen Portfolio-Unternehmen erworben hat, da sich diese nur äußerst schwierig an Dritte weiterveräußern lässt. In der Regel werden die Bedingungen für den Verkauf des Minderheitsanteils dabei an die der veräußernden Altgesellschafter gekoppelt, sodass die veräußernde Private Equity-Gesellschaft vom Verhandlungserfolg der indischen Altgesellschafter profitieren kann. Der außerbörsliche Verkauf von Geschäftsanteilen durch indische Gesellschafter wird in der Regel zu einem besseren Erlös führen, da indische Unternehmen fast immer über das um ein Vielfaches größere Netzwerk und die erforderlichen Kontakte in Indien verfügen.

Schließlich ist auch in Indien die Vereinbarung einer Put Option möglich und üblich, die dem beteiligten Kapitalgeber das Recht einräumt, seinen Geschäftsanteil den übrigen Gesellschaftern anzudienen, während diese verpflichtet sind, den Anteil (unter den zuvor vereinbarten Bedingungen) zu übernehmen.

### 3.6. Exit-Optionen

Ziel einer Private Equity-Investition ist es, die Portfolio-Unternehmen nach Ablauf einer bestimmten Beteiligungsphase durch den Exit wieder zu veräußern. Bereits zum Zeitpunkt des Eingehens einer indischen Beteiligung plant der Private Equity-Investor daher bereits seinen Exit, der nicht nur Private Equity-Gesellschaften sondern regelmäßig auch strategische Investoren vor einige Probleme stellt.

Zwar ist die Übertragung von Gesellschaftsanteilen an einem indischen Unternehmen von einem inländischen Gesellschafter an einen ausländischen Private Equity-Investor mittlerweile grundsätzlich genehmigungsfrei, sofern die Gegenleistung für die Anteile in einer Geldleistung besteht.[3593] Gemäß den Foreign Exchange Management (Transfer of Issue of Security by a Person Resident Outside India) Regulations, 2000, und den RBI Circular No. 16 vom 4. Oktober 2004 bedürfen Transaktionen einer Genehmigung durch die Reserve Bank of India (RBI), wenn der Kaufpreis für die Geschäftsanteile (auch in Aktien) unterhalb des nach den von der RBI ausgegebenen Mindestpreisregelungen errechneten Wertes liegt, die Übernahmevorschriften (Takeover Regulations) Anwendung finden oder eine indische Gesellschaft aus dem Finanzdienstleistungssektor betroffen ist.

Ohne die Mithilfe einheimischer Kontakte ist es allerdings oft nur möglich, eine Beteiligung zu einem geringeren Verkaufspreis zu veräußern als geplant, da es Private Equity-Gesellschaften im Gegensatz zu erfahrenen indischen Unternehmern in diesem Bereich häufig an den geeigneten Verbindungen zur Platzierung ihrer Geschäftsanteile in Indien fehlt. Daneben machen gerade das rasante Wachstum und der ständige Wechsel der wirtschaftlichen Entwicklung Indiens die frühzeitige Festlegung auf eine Exit-Strategie äußerst schwierig. Einerseits möchte der Private Equity-Investor wegen der wirtschaftlichen Unvorhersehbarkeit in der indischen Wirtschaft so flexibel wie möglich hinsichtlich seines Exits sein, andererseits kostet ihn dieser Wunsch nach Flexibilität, der eine Risikoerhöhung für die indischen Altgesellschafter darstellt, da sie unter Umständen mit einem kurzfristigen Ausstieg des Kapitalgebers zu ungünstigen Bedingungen rechnen müssen, einen erhöhten Einkaufspreis.

---

[3593] Mit RBI Circular No. 16 vom 4. Oktober 2006 und DIPP Press Note 4 (2006 Series) vom 10. Februar 2006 wurde das damals bestehende Genehmigungserfordernis hierfür beseitigt, welches eine Genehmigung selbst dann vorsah, wenn eine Beteiligung betroffen war, für die es grundsätzlich keiner sektorspezifischen Genehmigung bedurfte.

## 8. Teil. Länderberichte/Country Reports     § 12 Indien

Im Wesentlichen gibt es für ausländische Private Equity Investoren zwei Arten von Exits in Indien: Den Direktverkauf (Trade Sale) und den Börsengang (Initial Public Offering, kurz: IPO). Zwar gibt es auch in Indien weitere Exit-Möglichkeiten, diese spielten in der bisherigen Praxis jedoch eine untergeordnete Rolle.[3594]

### 3.6.1. Trade Sale

Der Trade Sale als Exit-Möglichkeit kommt in ca. 30% der Beteiligungsfälle vor. Damit ist der Exit des Fonds aus dem Portfolio-Unternehmen durch Veräußerung der Anteile gemeint. Häufig wird dieser als Share Deal durchgeführt, wobei es auch möglich ist, die Vermögenswerte eines Unternehmens im Rahmen eines Asset Deals zu übertragen. Besonderheiten gegenüber der internationalen Praxis bestehen nicht, abgesehen davon, dass weniger Auktionsverfahren im Veräußerungsprozess durchgeführt werden, auch wenn die Tendenz leicht steigend ist.

### 3.6.2. Börsennotierung/Going public

Der Börsengang, das Initial Public Offering (IPO), d. h. das öffentliche Bezugsangebot für Aktien der Gesellschaft und die Notierung in einem Markt, war bisher die beliebteste Form des Ausstiegs aus einem indischen Unternehmen. Sie kam in fast 70% aller Fälle vor.

Reguliert wird der indische Börsenhandel vom Securities Exchange Board of India (SEBI). Angebote an indischen Börsen unterliegen dabei den Regularien des Companies Act, 1956 und den SEBI (Disclosure and Investor Protection) Guidelines, 2000 (DIP).

Die bekanntesten und bei Private Equity Investoren für einen solchen Exit zugleich beliebtesten Handelsplätze sind die Bombay Stock Exchange (BSE),[3595] die älteste Börse Asiens, und die National Stock Exchange (NSE).[3596] Zeigen sich diese vielversprechend, bietet sich ein Exit nach erfolgtem IPO an. Allerdings gilt es dabei zu berücksichtigen, dass gemäß den oben genannten DIP Regelungen das vor dem IPO bestandene Kapital einer lock-up Periode von einem Jahr unterliegt, gerechnet ab Vollendung des IPO. Dies ist ausnahmsweise anders, wenn eine Registrierung bei dem SEBI[3597] erfolgt ist und die Geschäftsanteile vor Einreichung des Entwurfes des Börsenprospektes[3598] bei dem SEBI[3599] für die Dauer von einem Jahr gehalten wurden.[3600]

Der Exit über den IPO wird dadurch geschaffen, dass die Anteile an dem Portfolio-Unternehmen entweder im Rahmen des IPO verkauft werden, soweit für diese keine lock-up besteht, oder sie später nach der Notierung über den betreffenden Marktplatz weitergegeben werden.

Die Preisbildung erfolgt auf dem Wege des dort im Jahr 1999 eingeführten bookbuilding oder fixed price Modells oder einer Mischung aus beidem. Das reine bookbuilding wird

---

[3594] Hier ist beispielsweise der Rückkauf zu nennen.
[3595] Im Internet zu finden unter http://www.bseindia.com.
[3596] Im Internet zu finden unter http://www.nseindia.com.
[3597] Zu dem Registrierungsverfahren mit dem SEBI siehe bereits oben Abschnitt 3.2. Foreign Direct Investment und Sectoral Caps.
[3598] Die Terminologie des Begriffes für die Angebotsunterlage variiert in Indien abhängig vom Stand und von der Art der Aktienausgabe bzw. der Preisbestimmung. Im Fall der Preisbestimmung im Wege des bookbuilding spricht man zunächst vom „red herring prospectus", der alle relevanten Informationen außer solchen zu Kaufpreis und Anzahl der auszugebenden Aktien enthält und der vor Beginn der Aktienausgabe zum RoC gegeben wird, nachdem der Entwurf hierzu vom SEBI kommentiert wurde. Der „prospectus" hingegen enthält die genauen Preisangaben und Angaben über die Anzahl der auszugebenden Aktien. Er wird im Fall der Preisbildung nach dem fixed price Modell vor Aktienausgabe, im Fall des bookbuilding erst nach der Aktienausgabe zum RoC gegeben.
[3599] Im weiteren Verlauf erfolgt die Einreichung des Prospekts beim Registrar of Companies (RoC).
[3600] Parikh, Practising Law Institute, 2009, S. 6 (16).

dabei nach wie vor bevorzugt, kombiniert mit einem soft underwriting.[3601] Innerhalb der Angebotsphase von mindestens fünf Tagen werden die Angebote abgegeben, bevor der endgültige Ausgabepreis festgelegt und die Auswahl der Käufer getroffen wird. In diesem Zusammenhang ist schließlich anzumerken, dass viele Investoren bisher indische Unternehmen für überbewertet hielten, was sich auch auf den Erfolg des Ausgabeverfahrens auswirkte.

---

[3601] Massad, Practising Law Institute, 2009, S. 3.

# § 13 Russland

| Übersicht | Seite |
|---|---|
| 1. Private Equity in Russland | 944 |
| 2. Fondsstrukturen | 944 |
|    2.1. Fondsstrukturen unter russischem Recht | 945 |
|       2.1.1. Strukturierungsoptionen aus dem Gesetz über Investmentfonds | 945 |
|       2.1.2. Weitere Optionen des russischen Gesellschaftsrechts zur Fondsstrukturierung | 946 |
|       2.1.3. Modifikationen unter Einsatz von Shareholders' Agreements | 947 |
|    2.2. Strukturierungen über ausländische Fondsgesellschaften | 947 |
| 3. Transaktionsstrukturen | 948 |
|    3.1. Legal Due Diligence | 948 |
|       3.1.1. Grundsätzliches | 948 |
|       3.1.2. Typische Schwerpunkte | 948 |
|    3.2. Tpische Strukturierungsmuster | 949 |
|       3.2.1. Russische Zielgesellschaft | 949 |
|       3.2.2. Ausländisches Zielgesellschaft | 950 |
|    3.3. Typische Inhalte des Investment Agreement | 951 |

## 1. Private Equity in Russland

Der Private Equity – Markt befindet sich in Russland in einer frühen Entwicklungsphase. Die Masse der M&A-Deals wird von den großen industriellen Gruppen und den Banken abgewickelt. Private Equity und Venture Capital – Fonds besetzen in diesem Geschäft eine Nische.

In den beginnenden 90er Jahren haben Entwicklungsbanken, insbesondere die Europäische Bank für Wiederaufbau und Entwicklung, eine zentrale Rolle in der Entstehung einer Private Equity-Industrie gespielt.[3602] Heute gibt es eine Reihe lokal etablierter Fonds und Fondsmanager, die den Markt prägen.[3603]

Das russische Recht bietet kaum spezifische Gesetzgebung zu Private Equity-Themen. Insbesondere gibt es praktisch keine Normierungen zu Investitionsgesellschaften. Dies zusammen mit den generellen Schwierigkeiten einer sich entwickelnden Rechtsordnung führt dazu, dass Fonds wie auch Transaktionen in der Regel unter ausländischem Recht strukturiert werden. Die Änderungen im russischen Gesellschaftsrecht aus dem Jahr 2009 werden daran nichts Wesentliches ändern können, so lange sich nicht eine abgesicherte Praxis entwickelt. Wie Strukturierungen erfolgen und welche russischen Spezifika in diesem Zusammenhang zu beachten sind, soll nachfolgend dargestellt werden.

## 2. Fondsstrukturen

Der Rechtsträger eines Private Equity – Fonds sollte einigen Grundanforderungen entsprechen, um den international üblichen Standards genüge zu tun. Dies sind insbesondere:
– Beschränkung der Haftung der Investoren;

---

[3602] EMPEA (Emerging Markets Private Equity Association; http://www.empea.net/pubs/markets_europe.shtml (13. Januar 2010).

[3603] Eine Zusammenstellung von russischen Private Equity – Fonds ist auf den Internetseiten der Russian Private Equity and Venture Capital Association zu finden, http://www.rvca.ru/eng/default.php?mid=3 (13. Januar 2010). In den letzten Jahren zeigt der russische Staat großes Interesse an der Entwicklung von Wagniskapitalfonds, die von ihm etwa durch die im Jahre 2006 gegründete AG „Russische Wagniskapitalgesellschaft" auch finanziell gefördert werden, http://rusventure.ru/ (13. Januar 2010).

- Steuerfreiheit von Dividenden und Veräußerungsgewinnen auf Fondsebene;
- schlanke Verwaltungsstrukturen;
- Flexibilität in der Regelung des Interessenausgleichs zwischen Investoren und Fondsmanagern;
- Vinkulierung der Geschäftsanteile.

Aus Gründen der Sachnähe läge es nahe, einen Fonds in der Jurisdiktion zu errichten, in der er seine Investitionsaktivitäten entfalten soll. Die in Russland investierenden Fonds sind jedoch derzeit fast ausschließlich unter ausländischem Recht errichtet, da national russische Strukturen nicht die genannten Kriterien erfüllen.[3604]

## 2.1. Fondsstrukturen unter russischem Recht
### 2.1.1. Strukturierungsoptionen aus dem Gesetz über Investmentfonds

Das russische Recht verfügt mit dem Gesetz über Investmentfonds („InvFondsG")[3605] vom 29. November. 2001 über eine spezielle Kodifikation für Investmentfonds. Unterschieden werden sogenannte Aktieninvestitionsfonds und Anteilsinvestitionsfonds.

Ein Aktieninvestmentfonds ist keine gesonderte Rechtsform, sondern eine offene Aktiengesellschaft russischen Rechts, auf die zusätzlich die Regelungen des InvFondsG Anwendung finden. Insbesondere darf die Gesellschaft ausschließlich in Aktien und sonstige Vermögenswerte investieren. Ihre Tätigkeit unterliegt einer Lizenzierungspflicht. Sonstige Tätigkeiten darf sie nicht ausüben.[3606] Die Mittel des Fonds werden treuhänderisch von einer Verwaltungsgesellschaft gehalten, welche auch gleichzeitig die Funktionen des Vorstands der Aktiengesellschaft übernehmen kann. Die Funktionen der Organe der Aktiengesellschaft neben dem Treuhänder sind gesetzlich nicht eindeutig bestimmt. Die insoweit unklare Regelung der Verwaltung eines Aktieninvestmentfonds hat dazu geführt, dass der Aktieninvestmentfonds keine weite Verbreitung erfahren hat.[3607] Für einen Private Equity – Fonds ist der Aktieninvestmentfonds keine geeignete Rechtsform, da eine Platzierung in einem abgeschlossenen Investorenkreis nicht zulässig ist: der Aktieninvestmentfonds darf ausschließlich beim Publikum platzieren.[3608]

Wesentlich weiter verbreitet sind Anteilsinvestmentfonds (paewoj inwesticionnyj fond; PIF). Ein Anteilsinvestmentfonds ist keine juristische Person, sondern ein Sondervermögen im Bruchteilseigentum der Investoren. Dieses Sondervermögen wird treuhänderisch von einer russischen Kapitalgesellschaft, die über eine entsprechende Lizenz verfügen muss, verwaltet. Durch die Treuhandkonstruktion fällt das Sondervermögen beim Konkurs des Treuhänders nicht in die Konkursmasse, sondern bleibt außerhalb des Zugriffs der Insolvenzgläubiger.[3609] Die Gestaltung als Sondervermögen hat darüber hinaus einen erheblichen steuerlichen Effekt: da der Anteilsinvestmentfonds keine Rechtspersönlichkeit hat, ist er als solcher auch nicht steuerpflichtig. Eine Besteuerung findet erst bei Auszahlung an den Investor, nicht aber auf Fondsebene statt.

Ein Anteilsinvestmentfonds kann als geschlossener Fonds strukturiert werden.[3610] Erforderlich sind der Ausschluss des Kündigungsrechts des Treuhandvertrags für die Festlaufzeit von höchstens 15 Jahren sowie die konkrete Benennung der Anzahl der auszugebenden Anteile.

---

[3604] Ausführlich dazu *Kruse*, Private Equity in Russland: Gesellschafts- und steuerrechtliche Rahmenbedingungen, RIW 2007, 256 ff.
[3605] Sobranie Zakonodatel'stva Rossijskoj Federacii (SZ RF) 2001, Nr. 49, Pos. 4562.
[3606] Art. 2 Ziff. 1, InvFondsG.
[3607] So *Prokudin*, A., O ponjatii inwesticionnogo fonda, Prawowye woprosy stroitel'stwa 2006, Nr. 1, S. 46 f.
[3608] Art. 4 Ziff. 1 Abs. 2 InvFondsG.
[3609] Art. 15 Ziff. 1, Ziff. 4 InvFondsG.
[3610] Sog. Zakrytyj paevoj investicionnyj fond, Art. 11 Ziff. 6 Abs. 5 InvFondsG.

Trotz dieser strukturellen Vorteile gegenüber den Aktieninvestmentfonds ist auch der geschlossene Anteilsinvestmentfonds nicht uneingeschränkt für Private Equity – Zwecke geeignet. Dies ergibt sich zunächst daraus, dass die Anteile auch eines geschlossenen Anteilsinvestmentfonds frei handelbar sind und damit die in dem Fonds investierten Personen jederzeit wechseln können.[3611] Daneben gibt es eine Reihe starrer Regelungen, die sich nachteilig auf die gewünschte Flexibilität in der Investitionstätigkeit des Fonds auswirken können. Dem geschlossenen Anteilsinvestmentfonds sind insbesondere Investitionen in ausländische Kapitalgesellschaften untersagt[3612], was Exit-Optionen unter Nutzung ausländischer Zwischenholdings verhindert. Im Ergebnis werden daher auch Anteilsinvestmentfonds kaum für Private Equity – Gestaltungen genutzt.

### 2.1.2. Weitere Optionen des russischen Gesellschaftsrechts zur Fondsstrukturierung

Als weitere Optionen für Fonds-Strukturierungen bieten sich die Rechtsformen der KG[3613], der GmbH[3614] sowie der geschlossenen Aktiengesellschaft[3615] an. Allen drei Gesellschaftstypen ist gemeinsam, dass eine zuverlässige Haftungsbegrenzung zu gestalten ist. Bei der KG ist dies für den Komplementär über eine Gestaltung als GmbH & Co. KG zu erreichen.

Die *KG* ist nach russischem Gesellschaftsrecht juristische Person.[3616] Als solche ist sie selbst Steuersubjekt: sie hat ihre Gewinne eigenständig zu versteuern. Eine steuerliche Transparenz ist nicht gegeben. Aus diesem Grund hat die KG im russischen Gesellschaftsrecht nur ganz geringe Bedeutung erlangen können. Sie gilt in der Praxis als ungewöhnliche Rechtsform ohne besondere Vorzüge. Auch hat sich aufgrund der Seltenheit bislang in vielen Fragen keine gesicherte Rechtspraxis herausgebildet. Für Private Equity – Zwecke kommen die folgenden weiteren Umstände hinzu, die eine KG nicht als ideales Vehikel erscheinen lassen:
– Kommanditisten haben ein nicht beschränkbares Austrittsrecht[3617] aus der KG. Sie können jeweils zum Jahresende die KG verlassen. Das erhöht die Gefahr für die weiteren Investoren nicht unerheblich und stellt auch die Liquidität der KG als solcher in Frage, die durchaus gezwungen sein könnte, Beteiligungen aus dem Portfolio zu verkaufen, um Abfindungsansprüche zu befriedigen;
– unklar ist die Möglichkeit, einem einzelnen Kommanditisten überproportional Gewinnanteile zukommen zu lassen. Damit kann den Interessen des Fondsmanagers gegebenenfalls nicht Rechnung getragen werden, aus den Gewinnen für seine Tätigkeit Sonderleistungen („carried interest") zu erhalten.[3618]

Ebenfalls problematisch stellt sich die *GmbH* russischen Rechts als Rechtsträger eines Fonds dar. Sie ist juristische Person und daher eigenständiges Steuersubjekt. Darüber hinaus war bis zur umfassenden Überarbeitung des GmbH-Rechts zum 1. Juli 2009[3619] jeder GmbH-Gesellschafter jederzeit berechtigt, aus der Gesellschaft auszutreten, wobei er einen Ausgleichsanspruch in Höhe des sogenannten tatsächlichen Wertes seines Anteils erwarb.[3620] Angesichts dieser Sachlage fiel die hohe Flexibilität in der Gestaltung der Beziehung der

---

3611 Art. 14 Ziff. 5 InvFondsG.
3612 Art. 7 RegVO Über Gegenstand und Struktur der Aktiva von Aktionärsinvestmentfonds und Anteilsinvestmentfonds (PortfolioVO), vom 22. Juni 2006, Nr. 06-68/pz-n.
3613 Art. 82 ff. Zivilgesetzbuch der Russischen Föderation (ZGB RF).
3614 Art. 87 ff. ZGB RF, GmbHG RF.
3615 Art. 96 ff. ZGB RF, AktG RF.
3616 Art. 50 Ziff. 2 ZGB RF.
3617 Art. 85 Ziff. 2 Nr. 3 ZGB RF.
3618 Hierzu ausführlich *Kruse*, aaO., S. 257 ff.
3619 Föderales Gesetz Nr. 312-FZ vom 30. Dezember 2008 „Über Änderungen des Teils I des Zivilgesetzbuches der Russischer Föderation und der einigen Gesetze der Russischer Föderation", SZ RF 2009, Nr. 1, Pos. 20.
3620 Art. 26 GmbHG RF.

Gesellschafter einer GmbH, insbesondere die Möglichkeit, anteilsdisproportionale Stimm- und Gewinnbezugsrechte zu gewähren, nicht mehr ins Gewicht. Auch nach der erfolgten Änderung hat sich die GmbH bislang nicht als Fondsvehikel etabliert. Aus den angeführten steuerlichen Gründen steht dies auch nicht zu erwarten.

Die geschlossene Aktiengesellschaft (gAG) ist eine Aktiengesellschaft, die ihre Aktien an einen vorher bestimmten Personenkreis von nicht mehr als 50 Aktionären anbietet. Die gAG ist nicht börsengängig. Ein Austrittsrecht von Aktionären ist nicht angelegt. Allerdings kann die Übertragung von Aktien nicht von der Zustimmung der Gesellschaft oder einer Mehrheit der Investoren abhängig gemacht werden.

Letztlich unterliegt die gAG aber als juristische Person der Besteuerung schon auf der Ebene des Fonds. Daneben ist eine Anpassung der Satzung an typische Gestaltungen für Private Equity – Fonds nur eingeschränkt möglich, da die gesetzlichen Vorgaben weitgehend zwingend sind. Der administrative Aufwand zur Leitung einer gAG ist hoch.

**2.1.3. Modifikationen unter Einsatz von Shareholders' Agreements**

Das russische Gesellschaftsrecht bietet damit bislang kein geeignetes Vehikel für die Errichtung geschlossener Private Equity – Fonds. Um die Unzulänglichkeiten der zur Verfügung stehenden Rechtsformen zu überwinden, könnte man Rückgriff nehmen auf schuldrechtliche Vereinbarungen unter den Aktionären, mit der am russischen Gesellschaftsrecht vorbei und einer ausländischen Rechtsordnung unterliegend bindende Vereinbarungen unter den Investoren getroffen werden (nachfolgend Shareholders' Agreement).

Shareholders' Agreements sind ein weit verbreitetes Instrument, mit dem Investoren versuchen, neben dem russischen Recht Regelungen zu vereinbaren, die sich an internationalen Standards orientieren. Sie sind allerdings in ihrer Durchsetzbarkeit problematisch, soweit sie russisches Gesellschaftsrecht modifizieren. Dies hat die Rechtsprechung in der Vergangenheit ausdrücklich für unzulässig erklärt.[3621] Mittlerweile hat die Gesetzgebung Shareholders' Agreements legitimiert und für zulässig erklärt.[3622] Rechtssicherheit ist damit hinsichtlich der Shareholders' Agreements aber nicht erzielt worden. Es herrscht weiterhin Unklarheit über die zulässigen Regelungsinhalte und insbesondere über die Zulässigkeit der Unterstellung unter ausländisches Recht. Eine Gestaltung, die ausreichende Sicherheit für einen Investor gewährt, wird daher auch nach neuer Rechtslage über Shareholders' Agreements kaum zu erreichen sein.

**2.2. Strukturierungen über ausländische Fondsgesellschaften**

Aus den dargelegten Gründen sind russische Fondsstrukturen im Markt praktisch nicht relevant. Soweit ersichtlich, wird Private Equity – Geschäft ausschließlich über im Ausland aufgelegte Fondsgesellschaften betrieben. Typischerweise ist das Geschäft folgendermaßen strukturiert:
– die Fondsgesellschaft wird in geeigneter Rechtsform in einer ausländischen Jurisdiktion errichtet;
– neben der Fondsgesellschaft besteht eine Managementgesellschaft, die im Ausland oder in Russland angesiedelt sein kann;
– wird die Managementgesellschaft in Russland errichtet, geschieht dies in der Regel in der Rechtsform der GmbH;
– ist die Managementgesellschaft im Ausland angesiedelt, agiert sie in Russland typischerweise über eine Repräsentanz bzw. Filiale.

---

[3621] Entscheidung des Föderalen Arbitragegerichtes des West-Sibirischen Bezirkes vom 31. März 2006 in Sachen № Ф04-2109/2005 (14105-А75-11), Ф04-2109/2005(15210-А75-11), Ф04-2109/2005(15015-А75-11), Ф04-2109/2005(14744-А75-11), Ф04-2109/2005(14785-А75-11), wonach das dem schwedischem Recht unterliegende Shareholders' Agreement der Aktionären von AG «Megafon» für unzulässig erklärt wurde.
[3622] Art. 8 Ziff. 3 GmbHG RF; Art. 32.1 AktG RF.

## 8. Teil. Länderberichte/Country Reports

Das russische Recht reguliert nicht die Tätigkeit ausländischer Fondsgesellschaften. Ebenso wenig ist die Tätigkeit der Managementgesellschaften reglementiert. Diese können sich frei ansiedeln und unterliegen den allgemeinen Regeln.

In aller Regel wird die Fondsgesellschaft von einem externen Fondsmanager gemanagt. Die Management – Verträge richten sich nach internationalen Standards. Spezifische russische Besonderheiten gibt es in dieser Hinsicht nicht. Der Fondsmanager erhält eine management fee als Vergütung. Daneben ist es durchaus üblich, Regelungen zum carried interest zu vereinbaren. In der Regel wird erwartet, dass der Fondsmanager selbst an den Investments als Co-Investor mit einem bestimmten Prozentsatz teilnimmt.

### 3. Transaktionsstrukturen

#### 3.1. Legal Due Diligence

##### 3.1.1. Grundsätzliches

Die Legal Due Diligence will auch in Russland ein möglichst vollständiges und umfassendes Bild von den rechtlichen Umständen einer Zielgesellschaft oder gegebenenfalls einer Gruppe von Zielgesellschaften verschaffen. Mittlerweile ist die Due Diligence im russischen Rechtsraum als ein Element im Prozess eines Unternehmenskaufs begriffen und akzeptiert. Dies hat sich allerdings erst entwickeln müssen.

Die Due Diligence setzt die Bereitschaft der Zielgesellschaft voraus, Einblick in die rechtliche und zum Teil auch buchhalterische Dokumentation zu gewähren. Diese Bereitschaft war zu Beginn der 90er Jahre praktisch nicht vorhanden und musste mühsam geschaffen werden. Hinderungsgründe waren ein schlechter Organisationsgrad der Unternehmen, die Zentralisierung jeglicher relevanter Information beim Generaldirektor, aber auch die Tendenz, nur sehr eingeschränkt die eigenen Verhältnisse offenzulegen. Die Bereitschaft zur Transparenz in geschäftlichen Dingen ist weiter eher beschränkt vorhanden. Dennoch haben sich die geschäftlichen Gepflogenheiten verändert und westlichen Mustern angepasst. Die generelle Bereitschaft zur Offenlegung der erforderlichen Dokumentation ist heute in der Regel fraglos gegeben.

Das Ergebnis einer Legal Due Diligence ist im Regelfall nicht eine lückenlose und vollständige Dokumentation von Rechtspositionen. Häufig bleiben Fragen offen, die nicht geklärt werden können. Der Wert einer Due Diligence kann in solchen Fällen schon darin liegen, dass eine Dokumentation geschaffen wird, die im Zweifel besser und vollständiger ist als diejenige eines möglichen Dritten, der künftig Rechtspositionen angreift.

##### 3.1.2. Typische Schwerpunkte

Im *Gesellschaftsrecht* ist ein traditioneller Schwerpunkt der russischen Due Diligence die wirksame Entstehung eines Unternehmens, insbesondere bei der Gründung durch *Privatisierung*. Die Privatisierungen der beginnenden 90er Jahre sind eilig und auf unsicherer Grundlage durchgeführt worden und daher immer wieder fehlerhaft gewesen. Die Heilung von Fehlern ist in der Regel schwierig oder unmöglich. Mittlerweile ist die Problematik durch eine signifikante Verkürzung der Verjährungsfristen entschärft;[3623] allerdings ist zu beachten, dass gegebenenfalls der Lauf der Verjährungsfrist erst mit Kenntnis von der Fehlerhaftigkeit beginnt.[3624] In schwierigen Fällen muss die gesellschaftsrechtliche Basis durch Neugründung neu geschaffen werden.

Wichtig ist ferner die Überprüfung aller *gesellschaftsrechtlichen Umgestaltungen* wie insbesondere Kapitalerhöhungen oder -herabsetzungen, Verschmelzungen oder Aufspaltungen

---

[3623] Föderales Gesetz Nr. 109-FZ vom 21. Juli 2005 „Über die Vornahme von Änderungen in Art. 181 des Ersten Teils des ZGB RF", SZ RF 2005, Nr. 30 (Teil II), Pos. 3120.
[3624] Art. 181 Ziff. 1 ZGB RF.

auf ihre Wirksamkeit. Auch hier können Probleme liegen, die die Existenz der Gesellschaft betreffen.

Eingehender Prüfung bedürfen weiter die Rechtsposition der Gesellschafter. Der Gesellschafter einer GmbH wurde bis zur Gesetzesänderung in 2009 in keinem Register geführt. Aktionäre sind in einer Aktionärsliste (bei der geschlossenen Aktiengesellschaft) oder im Aktionärsregister verzeichnet, wobei letzteres nicht zwingend von einem unabhängigen Registrator geführt werden muss. Der Erwerb sollte daher ausreichend dokumentiert werden. Zu beachten sind insbesondere auch kartellrechtliche Erlaubnis- und Zustimmungserfordernisse. Im Jahr 2008 neu hinzugekommen sind Erlaubnisvorbehalte im Bereich der strategischen Investitionen, womit ausländische Investitionen in russische Unternehmen aus bestimmten, gesetzlich aufgeführten Bereichen jetzt beschränkt sind.[3625] Bei Akquisitionen muss sorgfältig geprüft werden, ob eine Erlaubnis von staatlicher Stelle erforderlich ist. Bei Nichtbeachtung treten Rechtsfolgen bis hin zur Unwirksamkeit des Geschäfts ein.

Bei der Überprüfung der Rechtslage am Vermögen der Gesellschaft liegt der Schwerpunkt in der Regel beim *Immobilienvermögen*. Zu prüfen ist zunächst die Eigentümerposition. Die öffentlichen Immobilienregister haben keinen öffentlichen Glauben. Es ist daher die Voreigentümerkette zumindest so weit zurückzuverfolgen, dass Gutgläubigkeit beim Erwerb belegt werden kann. Lückenlose Rückverfolgung ist im Regelfall nicht möglich. Wichtiges Ziel ist jedoch die Sammlung möglichst umfassender Dokumentation.

### 3.2. Typische Strukturierungsmuster

Transaktionsstrukturen haben in den vergangenen Jahren eine gewisse Entwicklung durchgemacht. In den Anfängen erfolgten Investitionen direkt in die russische Zielgesellschaft. Die Europäische Bank für Wiederaufbau und Entwicklung (EBRD), die Anfang der 90er Jahre sogenannte Regional Venture Funds auflegte, um die Entwicklung einer Private Equity – Industrie zu initiieren, machte ihren Fonds-Managern zunächst die direkte Investition in russische Zielgesellschaften zur Auflage. In der weiteren Entwicklung ist dann allerdings eine Hinwendung zu international geprägten Strukturen zu erkennen.

### 3.2.1. Russische Zielgesellschaft

Direkte Investitionen durch einen ausländischen Fonds in eine russische Zielgesellschaft führen zu einer direkten gesellschaftsrechtlichen Beteiligung des Fonds an der russischen Gesellschaft. Dadurch ist der Investor auf Dauer unmittelbar in Berührung mit russischem Recht; gegebenenfalls ist damit auch verstärkte physische Präsenz in Russland erforderlich. Andererseits ist so auch die Einflussmöglichkeit des Investors unmittelbar gegeben.

Mit der unmittelbaren Beteiligung an einer russischen Zielgesellschaft begibt sich der Investor in den unmittelbaren Geltungsbereich des russischen Gesellschaftsrechts. Ist die Zielgesellschaft eine Aktiengesellschaft, gibt es aufgrund der weitgehend zwingenden Bestimmungen des russischen Aktienrechts erhebliche Beschränkungen in den Gestaltungsmöglichkeiten. Insbesondere sind die Kompetenzen der Gesellschaftsorgane weitgehend zwingend vorgeschrieben. Dennoch war die Aktiengesellschaft lange Zeit die bevorzugte gesellschaftsrechtliche Form für Private Equity – Investitionen, da sie aufgrund der detaillierten Kodifikation die größte Rechtssicherheit bot.

Seit Inkrafttreten des GmbHG[3626] bietet sich die GmbH als alternative Rechtsform an. Die GmbH erlaubt eine weitgehend freie Gestaltung der Kompetenzen der Gesellschaftsorgane. Allerdings war bis zur gesetzlichen Neuregelung im Juli 2009 jeder GmbH-Gesell-

---

[3625] Föderales Gesetz Nr. 57-FZ vom 29. April 2008 „Über das Verfahren der Einbringung ausländischer Investitionen in Kapitalgesellschaften, die für die Gewährleistung des Schutzes und der Sicherheit des Landes von strategischer Bedeutung sind", SZ RF 2008, Nr. 18, Pos. 1940.
[3626] 1. März 1998, vgl. Art. 59, Ziff. 1 GmbHG RF.

schafter jederzeit und unbeschränkbar zum Austritt aus der Gesellschaft berechtigt.[3627] Der Austritt erfolgte durch Erklärung gegenüber der Gesellschaft. Mit Erklärung des Austritts endete die Gesellschafterstellung des austretenden Gesellschafters. Er erhielt einen Abfindungsanspruch in Höhe des Wertes seines Anteils. Das Austrittsrecht machte die GmbH problematisch für die Nutzung als Joint Venture – Gesellschaft. In der Praxis hatte sich jedoch gezeigt, dass die GmbH stabiler war als dies zunächst den Anschein hatte: dadurch, dass der austretende Gesellschafter mit Erklärung des Austritts aus der Gesellschaft ausscheidet, hat er keine Möglichkeit mehr, die Höhe seines Ausgleichsanspruchs mitzubestimmen. Weil daneben auch die gesetzlichen Kriterien zur Bestimmung des Wertes eines GmbH-Anteils einen weiten Spielraum ließen, begab sich der ausscheidende Gesellschafter wirtschaftlich in die Hand der verbleibenden Gesellschafter. Er kann deren Entscheidung gerichtlich überprüfen lassen, muss aber zumindest erhebliche Verzögerungen in Kauf nehmen. Der Austritt war dadurch für den Austretenden gefährlich. Die GmbH hat deshalb auch für Private Equity – Investments durchaus Verbreitung gefunden. Entscheidend gebessert hat sich die Situation allerdings erst mit der Gesetzesnovelle von 2009, die das Austrittsrecht dispositiv macht und so einen erheblichen Mangel der russischen GmbH beseitigt hat.

Eine weitere erhebliche Verbesserung liegt in der jetzt zugelassenen Verwendung von Shareholders' Agreements.[3628] Damit verschafft sich das russische Gesellschaftsrecht einen wesentlich weiteren Gestaltungsrahmen. Prinzipiell ist nunmehr erstmalig anerkannt, dass Gesellschafter und Aktionäre durch Vereinbarungen und untereinander verbindliche Regelungen neben den gesellschaftsrechtlichen Regeln treffen können. Diese Neuerung kehrt die bisherige Rechtslage vollkommen um. Es ist daher nicht verwunderlich, dass sofort mit der Neuregelung eine kontroverse Diskussion über die Reichweite der Regelung ausgebrochen ist. Ein klares Meinungsbild hat sich bislang nicht entwickelt, zumal auch die Kodifikationen uneindeutig sind und einen eindeutigen gesetzgeberischen Willen nicht erkennen lassen.[3629] Nicht geklärt ist unter anderem die Zulässigkeit der Vereinbarung ausländischen Rechts. Die Regelung der Verhältnisse zwischen Gesellschaftern russischer Kapitalgesellschaften über Shareholders' Agreements ist damit bis auf weiteres mit erheblichen Unwägbarkeiten belastet.

### 3.2.2. Ausländische Zielgesellschaft

Aufgrund der dargelegten und nicht immer sicher auszuschließenden Problemstellungen aus dem russischen Gesellschaftsrecht ist es gängige Praxis geworden, Private Equity – Investments in russische Gesellschaften über ausländische Zweckgesellschaften (special purpose vehicle; SPV) zu strukturieren. Im Grundmuster gründet der (ausländische) Fonds eine außerhalb Russlands ansässige Gesellschaft in geeigneter Jurisdiktion und stattet diese mit Kapital aus, während der russische Partner seine Anteile an der russischen Zielgesellschaft zu 100% einlegt. In einer solchen Strukturierung werden die gesellschaftsrechtlichen Verhältnisse der Investoren aus Russland heraus verlagert. Dadurch lassen sich typische Private Equity – Inhalte leichter in ein Shareholders' Agreement einarbeiten und verbindlich zwischen den Parteien vereinbaren.

Als eine der bevorzugten Jurisdiktionen für die Ansiedlung solcher SPV hat sich Zypern herausgebildet. Insbesondere für Investitionen mit Berührung nach Deutschland ist dies

---

[3627] Föderales Gesetz Nr. 14-FZ vom 8. Februar 1998 „Über Gesellschaften mit beschränkter Haftung", Art. 26.
[3628] Art. 8 Ziff. 3 GmbHG RF, Art. 32.1 AktG RF.
[3629] Vgl. Stepanow D. Reforma sakonodatelstwa ob OOO: k prinzipu swobodi dogowora w korporatiwnom prawe, Korporatiwnij jurist, 2009, Nr. 6, S. 18–19; Wawulin D., Fedotow W. Prawowije osnowi akzionernogo soglaschenija, Prawo i ekonomika, 2009, Nr. 8, S. 21–24; Archipow W. Ismenenie w sakone ob OOO: lomka stereotipow, Akzionernij westnik, 2009, Nr. 7–8 (66), S. 31–32; Mirukow W., Mirukowa G. Dostoinstwa i nedostatki obnowlennogo sakona ob obschestwach s ogranitchennoj otwetstwennostiju, Sakon, 2009, Nr. 4, S. 164–165; Plechov E. Nowoe w sakonodatelstwe ob obschestwach s ogranitschenoj onwetstwennostiju, Korporatiwniji spori 2009, Nr. 1, S. 16–25.

vorteilhaft, da sowohl Zypern als auch Deutschland Doppelbesteuerungsabkommen mit Russland abgeschlossen haben.[3630]

### 3.3. Typische Inhalte von Investment Agreements

Eine Private Equity – Transaktion wird regelmäßig den Abschluss verschiedenster Verträge unter den Beteiligten erfordern. In der Praxis hat es sich als sinnvoll erwiesen, Verträge möglichst auf abgeschlossene, einzelne Themenbereiche zu beschränken und nicht mit komplexen Gestaltungen zu überladen. Werden Gestaltungen zu komplex und schwer überschaubar, erhöht sich das Risiko, dass russische Behörden oder Gerichte, die mit diesen Verträgen befasst werden, diese entweder umfassend hinterfragen oder nicht akzeptieren und für unwirksam erklären.

Für die Gestaltung von Transaktionen hat sich auf diesem Hintergrund als vorteilhaft erwiesen, Sachverhalte und Regelungskomplexe voneinander getrennt in Einzelverträgen abzuhandeln, die für sich genommen jeweils möglichst einfach und nachvollziehbar gestaltet werden. Die Gesamttransaktion wird in einem Rahmenvertrag (gelegentlich auch als „investment agreement", "joint venture agreement", "shareholders' agreement" oder (wegen seiner strukturellen Funktion) "umbrella agreement" bezeichnet) beschrieben und zusammengefasst. In diesem Rahmenvertrag werden auch die wesentlichen Pflichten der Parteien beschrieben, die für die gesamte Transaktion Anwendung finden sollen. Die einzelnen Spezialregelungen in den Einzelverträgen werden dem umbrella agreement als Anlagen beigefügt.

Dem Abschluss eines Investment Agreement geht normalerweise eine längere Anbahnphase voraus. Der Investor hat das Zielunternehmen identifiziert, sich und seine Ziele und Arbeitsweisen vorgestellt und eine – auch persönliche – Vertrauensbasis geschaffen. In der Regel ist ein Letter of Intend (LoI) abgeschlossen worden, der den weiteren Verlauf des Investitionsprozesses vorgezeichnet hat. Ebenfalls hat eine Due Diligence bereits stattgefunden, die die Grundlage für die weiter zu wählenden Gestaltungen bietet.

Das Investment Agreement bietet in dieser Situation die Möglichkeit, eine abschließende vertragliche Regelung zu fixieren und damit eine Investition formal zu einem relativ frühen Zeitpunkt zum Abschluss zu bringen, auch wenn gewisse Vorbedingungen noch erfüllt werden müssen, die eine Auszahlung ermöglichen. Diese zeitliche Komponente ist nicht zu unterschätzen. Russische Investoren, mit denen die Private Equity – Fonds in Konkurrenz stehen, können in aller Regel schneller handeln. Dies ist bedingt durch eine sehr zentralisierte Struktur russischer Unternehmen, in der ein Gesellschafter Entscheidungen treffen und ohne zeitraubende Gremienvorbehalte auch umsetzen kann. Kommt ein Private Equity – Fonds in eine solche Konkurrenzsituation, ist für ihn von entscheidender Bedeutung, das Target endgültig binden zu können.

Ein Investment Agreement in der oben dargestellten Konzeption wird zunächst die Absichten und Ziele der Parteien in angemessener Ausführlichkeit darstellen und diese den eigentlichen Regelungen voranstellen. Die Präambel eines Investment Agreement ist daher von hoher Bedeutung für die Parteien.

Typischer erster Regelungskomplex ist die gesellschaftsrechtliche Vorbereitung der Transaktion. Aufgrund der Erkenntnisse der Due Diligence und der grundsätzlichen strukturellen Vorgaben ("russische" oder "internationale" Struktur) wird die geeignete gesellschaftsrechtliche Gestaltung festgelegt. Von entscheidender Bedeutung ist dabei der rechtliche Zustand

---

[3630] Abkommen vom 29. Mai 1996 zwischen der Bundesrepublik Deutschland und der Russischen Föderation zur Vermeidung der Doppelbesteuerung auf dem Gebiet der Steuern vom Einkommen und vom Vermögen, BGBl. 1996. II., S. 2710 = SZ RF 1998, Nr. 8, Pos. 913 (in Kraft seit 30. Dezember 1996); Abkommen vom 5. Dezember 1998 zwischen der Regierung der Russischen Föderation und der Regierung der Republik Zypern zur Vermeidung der Doppelbesteuerung auf dem Gebiet der Steuern vom Einkommen und vom Kapital, SZ RF 1999, Nr. 37, Pos. 4447 (in Kraft seit 17. August 1999).

der Zielgesellschaft. Hat die Due Diligence ergeben, dass die Zielgesellschaft in gesellschafts-rechtlicher, vertragsrechtlicher oder steuerlicher Hinsicht erheblich belastet ist, wird in der Regel zu Zwecken der Transaktion die Zielgesellschaft gegen eine Zweckgesellschaft (SPV) ausgetauscht. Das SPV wird für die Durchführung der Transaktion in Russland gegründet. Die für die Zwecke des Investors wesentlichen Unternehmensbereiche der Zielgesellschaft werden auf das SPV in geeigneter Weise übertragen. Das SPV steht nach Abschluss einer solchen Vorbereitung für die Transaktion zur Verfügung. Im Investment Agreement werden der Weg der Vorbereitung und die für den Vorbereitungsprozess erforderlichen Handlungen verbindlich vereinbart. Ergebnisse des Vorbereitungsprozesses werden in der Regel auch zu Vorbedingungen der Transaktion gemacht. Von zentraler Bedeutung bei der Vorbereitung ist es, dass Risiken aus der Vorgängerstruktur nicht auf das SPV übergreifen.

Wird für die Transaktion darüber hinaus eine internationale Strukturierung gewählt, ist weiterhin ein ausländisches Investitionsvehikel zu gründen. Die Parteien werden sich an diesem ausländischen Vehikel beteiligen und das russische SPV zu einer Tochter des Vehikels machen.

Weiterer Regelungskomplex ist die Investition als solche. Es ist zu regeln, welche Pflichten die Parteien haben, insbesondere welche Investitionen in welcher Abfolge zu tätigen sind. Erfolgt die Investition in eine bestehende russische Zielgesellschaft, ist typischerweise nur der Fonds zu Investitionen verpflichtet. Diese erfolgen in der Regel als Bareinlagen im Wege der Kapitalerhöhung. Ist der Investor Gesellschafter mit einem gewissen Mindestkapital, kann er darüber hinaus steuerlich neutral Einzahlungen in die Rücklagen der Gesellschaft tätigen, die nicht mit einer Kapitalerhöhung verbunden sind. Dies kann im Hinblick auf die Regelungen zur Kapitalerhaltung sinnvoll sein. Allerdings erwirbt der Investor durch Einlagen in die Rücklagen keine Stimmrechte in der Gesellschaft. Die Einflussmöglichkeiten müssten dann anderweitig geregelt werden.

Ist eine internationale Struktur gewählt worden, wird auch der russische Partner Leistungen zu erbringen haben. Das wird in der Regel die Übertragung der Anteile an der Zielgesellschaft (dem SPV) an das ausländische Investitionsvehikel sein.

Nächster typischer Komplex ist die Regelung der Verhältnisse der Parteien untereinander. Diese Regelung kann zum Teil rein schuldrechtlich in dem Investment Agreement erfolgen. Zum Teil erfordert sie aber auch gesellschaftsrechtliche Regelungen auf der Ebene der jeweiligen Joint Venture-Gesellschaft. Befindet sich diese in Russland, sind die Regelungen in die Satzung der russischen Gesellschaft aufzunehmen. Insbesondere geht es um die Gestaltung von Minderheitenrechten. Der Private Equity – Investor wird typischerweise Minderheitsgesellschafter sein, sich aber erhebliche Rechte in der Beeinflussung der Geschäftstätigkeit der Gesellschaft sichern. Dies erfolgt über die Kompetenzverteilung in den Organen des russischen Targets sowie in der Festlegung der erforderlichen Mehrheiten bei Beschlussfassungen. Hier ist die Rechtsform der Zielgesellschaft von entscheidender Bedeutung: die russische Aktiengesellschaft bietet insofern nur sehr geringe Flexibilität, während die GmbH weitestgehend frei gestaltet werden kann.

Liegt der Sitz der Joint-Venture-Gesellschaft im Ausland, sind die dortigen Regeln einschlägig. Die Umsetzung in Russland ist in diesem Fall nicht problematisch, da auf der Ebene des russischen SPV keine kontroversen Entscheidungen zu treffen sind. Die relevanten Regeln müssen dann im Ausland getroffen werden.

Weitere Festlegungen werden die speziellen Gesellschafterpflichten betreffen. Die Pflichten des russischen Gesellschafters werden dabei typischerweise darin liegen, Arbeitskräfte zu stellen, behördliche Genehmigungen einzuholen u. a. Der Investor wird regelmäßig insbesondere Finanzierungspflichten übernehmen und für die erforderlichen Zugänge zu westlichen Finanzplätzen sorgen.

Einen breiten Raum nehmen Festlegungen zur wirtschaftlichen Tätigkeit ein. Hier werden zunächst die Prinzipien der gemeinsamen Tätigkeit festgelegt. Das sollte mit Sorgfalt und in großer Klarheit erfolgen, da hier immer wieder erhebliche Missverständnisse zwischen Investor und russischem Gegenpart auftreten. Die Perspektive des typischen Private

Equity – Investors, einen Gewinn nicht durch jährliche Ausschüttungen, sondern durch Wertsteigerung im Unternehmen und abschließenden Verkauf zu erzielen, ist nicht die typische Haltung eines russischen Unternehmers. Deshalb müssen die geschäftlichen Perspektiven und Prinzipien unbedingt vorab geklärt und dann vertraglich festgehalten werden.

Regelmäßig wird ein Plan zur Geschäftsentwicklung vereinbart und finanziell mit einem im Detail ausgearbeiteten Businessplan unterlegt. Diese Dokumente sind sinnvollerweise dem Investment Agreement als Anlage beizufügen.

Soll die Finanzierung der Tätigkeit auch durch Fremdkapital erfolgen, werden im Investment Agreement die Prinzipien der Finanzierung vereinbart. Steht der Fremdkapitalgeber fest, kann es sinnvoll sein, die mit ihm abzuschließenden Verträge sowie die dafür zu begebenden Sicherheiten ebenfalls dem Investment Agreement beizufügen. Bei der Fremdkapitalisierung, auch bei Gesellschafterdarlehen, müssen die russischen thin capitalisation rules beachtet werden, nach denen die Abzugsfähigkeit von Zinsen nur gegeben ist, wenn Eigen- und Fremdkapitalfinanzierung in einem bestimmten Verhältnis zueinander stehen.

Einen weiten Raum nehmen weiterhin Abreden zum Controlling ein. Zum einen geht es um die anzuwendenden Buchführungsregeln als solche; zum anderen um geeignete Berichtsformate und -pflichten.

Russische Buchführungsregeln, die von russischen Zielunternehmen jedenfalls aus steuerlichen Gründen zwingend angewandt werden müssen, weichen in der Aufbereitung der wirtschaftlichen Kennzahlen erheblich von westlichen Systemen ab. Trotz einer mittlerweile erfolgten umfangreichen Reform[3631] hat das russische Buchhaltungswesen weiterhin überwiegend fiskalischen Charakter: die Zahlen weisen das steuerliche, nicht aber das wirtschaftliche Ergebnis aus. Für Private Equity – Investments ergibt sich daher im Regelfall die Notwendigkeit, die Verpflichtung zur Ermittlung des wirtschaftlichen Ergebnisses nach einem westlichen Buchhaltungssystem zusätzlich zu fordern.

Die so ermittelten Ergebnisse müssen in geeigneter Weise berichtet und dem Investor zugänglich gemacht werden. Zu diesem Zweck werden im Investment Agreement Berichtsformate und -häufigkeiten vereinbart, die dem Investor den erforderlichen Einblick verschaffen sollen.

Da der Private Equity – Investor seinen Profit insbesondere aus dem Verkauf seiner Beteiligung erzielen will, sind Exit-Regeln wesentlicher Bestandteil des Investment Agreement. Zunächst besteht ein Interesse sowohl des Investors als auch des Zielunternehmens daran, den Verbleib der Parteien als Gesellschafter im Unternehmen für einen gewissen Zeitraum fest zu vereinbaren. Dies lässt sich nach den geschilderten Gesetzesänderungen jetzt rechtsicher gestalten.

Neben der Verweildauer vereinbaren die Parteien die Art und Weise des Verkaufs der Beteiligung durch den Investor. Typischerweise sind folgende Optionen angestrebt:
– Verkauf an einen strategischen Investor (trade sale);
– Börsengang (IPO) in Russland oder im Ausland;
– Verkauf an einen Finanzinvestor.

Je nach gewählter Option unterscheiden sich die Vorbereitungsmaßnahmen dazu. Die Parteien übernehmen im Investment Agreement verschiedene Verpflichtungen zur Vorbereitung der jeweiligen Exit-Option.

Um dem Investor in jedem Fall zu ermöglichen, sich nach einem bestimmten Zeitpunkt von seiner Beteiligung zu trennen, wird vielfach über Optionen gearbeitet. Mit einer Put-Option soll der Investor seinen Anteil zu einem vorher konkret oder über eine Formel be-

---

[3631] Föderales Gesetz Nr. 129-FZ vom 21. November 1996 „Über buchhalterische Rechnungsprüfung" i.d.F. des Gesetzes Nr. 183-FZ vom 3. November 2006, SZ RF 1996, Nr. 48, Pos. 5369. Vgl. auch das Programm der Reform der buchhalterischen Rechnungsprüfung gemäß den internationalen Standards der Finanzberichterstattung, verabschiedet durch die Verordnung der Regierung RF Nr. 283 vom 6. März 1998, SZ RF 1998, Nr. 11, Pos. 1290.

rechneten Wert dem russischen Partner unabhängig von dessen Interessen verkaufen dürfen. Über eine Call-Option erhält der Investor die Möglichkeit, den Anteil des Mitgesellschafters zu einem ähnlich festgesetzten Preis zu erwerben. Optionsverträge sind nach russischem Recht schwer zu gestalten. Die bloße Vereinbarung, bei Eintritt bestimmter Umstände eine Kauf- oder Verkaufsverpflichtung zu haben, ist in der Regel nicht ausreichend. Die Verpflichtung kann zwar wirksam nach russischem oder ausländischem Recht begründet werden. Sie kann allerdings mangels eines geeigneten Instrumentariums zur Vollstreckung von Willenserklärungen in Russland nicht umgesetzt werden.[3632] Im Zweifel muss daher mit aufschiebend bedingten Kaufverträgen gearbeitet werden. Auch insoweit ist allerdings Vorsicht geboten, da das russische Recht die Potestativ-Bedingung, also die vom Willen einer Partei abhängige Bedingung, nicht anerkennt und solchen Verträgen die Wirksamkeit abspricht. Als Bedingungen kommen daher nur objektive Umstände, die von den Parteien nicht abhängen, in Betracht.

Zusätzliche Schwierigkeiten sind durch die Änderungen des russischen GmbH-Rechts entstanden, das nunmehr die notarielle Beurkundung eines Kaufvertrags über GmbH-Anteile fordert.[3633] Dabei ist zwingend vorgesehen, dass ein GmbH-Anteil mit Beurkundung des Kaufvertrags übergeht. Bedingungen können nach aktueller Rechtslage nicht vereinbart werden. Sämtliche Mechanismen, über die in der Vergangenheit der automatische Übergang von Anteilen bewirkt werden sollte, sind damit obsolet und bedürfen der Überarbeitung. Eine neue Praxis hat sich bislang nicht entwickelt. Vorbehaltlich weiterer Gesetzesänderungen wird die Beurkundungspflicht dazu führen, dass ein erheblicher Teil der Transaktionen gerade in Private Equity Bereich auch künftig über Strukturen außerhalb Russlands erfolgen wird.

---

[3632] Vgl. etwa die Rechtsprechung in Fn. 24. Siehe auch *Lazarewa Ju.*, Perspektiwy primenenija akcionernyh soglaschenij w praktike GK „Rosnanoteh", Korporatiwnyj jurist 2008, Nr. 9, S. 12; *Sergeew A.*, Juriditscheskaja Priroda i ispolnimost' soglaschenij akcionerow po rossijskomu prawu, Korporatiwnyj jurist 2007, Nr. 10, S. 9; *Kozlow R.*, *Fedulow A.*, Akcionernye soglaschenija – nowyj instrument w rossijskom korporatiwnom uprawlenii, Slijanija i Pogloschtschenija 2007, Nr. 9, S. 44; *Ostapec I.*, *Konowalow A.*, Soglaschenija akcionerow w praktike sowmestnyh predprijatij s rossijskim utschastiem, Slijanija i Pogloschtschenija 2006, Nr. 1/2, zit. nach http://ma-journal.ru/articles/637/ (13.01.2010).

[3633] Art 21 Ziff. 11 GmbHG RF.

# Rechtsprechungs- und Literaturverzeichnis

## 1. Rechtsprechung

### 1.1. Ausländische Gerichte

High Court of Justice, Entscheidung vom 15. August 2006, Order No. 5618/06
U.S. Securities & Exchange Commission v. Mangan, 06 Civ. 531 (W.D.N.C. Aug. 20, 2008)
Wellmann v. Dickinson, 475 F. Supp. 783 (S.D.N.Y. 1979)

### 1.2. Europäischer Gerichtshof/EU-Kommission

EuGH, Urteil v. 9. März 1999, C-212/97, NJW 1999, S. 2027
EuGH, Urteil v. 11. März 1997, C-13/95, ZIP 1997, S. 516
EuGH, Urteil v. 27. September 2001, Rs. C 16/00, UR 2001, 500
EuGH, Urteil v. 5. November 2002, C-208/00, NJW 2002, S. 3614
EuGH, Urteil v. 26. Juni 2003, C-305/01, BStBl. 2004, Teil II, S. 688
EuGH, Urteil v. 30. September 2003, C-167/01, NJW 2003, S. 3331
EuGH, Urteil v. 29. April 2004, Rs. C-77/01, UR 2004, 292
EuGH, Urteil v. 13. Dezember 2005, Rs. C-446/03, DStR 2005, 2168
EuGH, Urteil v. 12. September 2006, C-196/04, IStR 2006, S. 670
EuGH, Rs. C-341/04, Slg. 2006, I-3813 = NZI 2006, S. 360 = BB 2006, S. 1762
EuGH, Urteil v. 1. Februar 2007, Rs. C 51/76, BeckRS 2004 73250
Conference of Insurance Supervisory Services of the Member States of the European Union: Prudential Supervision of Insurance Undertakings, 2002
EU-Richtlinie 2002/83/EG vom 5. November 2002 über Lebensversicherungen
EU-Richtlinie 2002/13/EG vom 5. März 2002 zur Solvabilitätsspanne für Schadenversicherungsunternehmen
EU-Richtlinie 92/49/EWG vom 18. Juni 1992, Dritte Richtlinie Schadenversicherung
KOM 2007/0361: Vorschlag Solvabilität II-Richtlinien vom 10. Juli 2007
KOM 2008/0119: Geänderter Vorschlag Solvabilität II-Richtlinien vom 26. Februar 2008
Kommission der Europäischen Gemeinschaften, Entscheidung v. 30. September 2009, Az. K(2009) 7387, im Internet abrufbar unter http://ec.europa.eu/competition/stateaid/register/ii/doc/C-2-2009-WLAL-de-30.09.2009.pdf
KPMG: Study into the methodologies to assess the overall financial position of an insurance undertaking from the perspective of prudential supervision, EU-Kommission, Mai 2002
MARKT/2535/02: Informationspapier für den Unterausschuss „Solvabilität" vom 28. November 2002

### 1.3. Gerichte des Bundes

#### 1.3.1. Bundesverfassungsgericht

#### 1.3.2. Bundesgerichtshof

BGH, Urteil v. 9. Juli 1953, IV ZR 242/52, BGHZ 10, 234
BGH, Urteil v. 28. April 1954, II ZR 8/53, BGHZ 13, 184
BGH, Urteil v. 9. Juni 1954, II ZR 70/53, BGHZ 14, 31
BGH, Urteil v. 13. Oktober 1955, II ZR 44/54, BGHZ 18, 250
BGH, Urteil v. 3. März 1956, IV ZR 334/55, WM 1956, S. 529
BGH, Urteil v. 29. November 1956, II ZR 32/56, BGHZ 22, 239
BGH, Urteil v. 19. Juni 1957, IV ZR 214/56, BGHZ 25, 4
BGH, Urteil v. 5. Mai 1958, VII ZR 102/57, BB 1958, S. 648
BGH, Urteil v. 1. Dezember 1958, II ZR 238/57, BGHZ 29, 3
BGH, Urteil v. 16. Dezember 1958, VI ZR 245/57, BGHZ 29, 100
BGH, Urteil v. 10. Februar 1960, V ZR 39/58, BGHZ 32, 62
BGH, Urteil v. 19. Oktober 1960, VIII ZR 133/59, NJW 1961, S. 169

# Rechtsprechungs- und Literaturverzeichnis

BGH, Urteil v. 15. November 1960, V ZR 35/59, BGHZ 33, 393
BGH Urteil v. 10. November 1960, XIII ZR 167/59, NJW 1961, S. 453
BGH, Urteil v. 18. Mai 1961, VII ZR 39/60, BGHZ 35, 172
BGH, Urteil v. 21. Juni 1961, VIII ZR 139/60, WM 1961, S. 1106
BGH, Urteil v. 17. Mai 1962, VII ZR 224/60, BGH, WM 1989, S. 685
BGH, Urteil v. 25. Oktober 1963, I R 359/60, BStBl. 1964, Teil III, S. 123
BGH, Urteil v. 29. April 1965, II ZR 281/63, WM 1965, S. 793
BGH, Urteil v. 24. Mai 1965, VII ZR 46/63, WM 1965, S. 919
BGH, Urteil v. 8. November 1965, II ZR 223/64, BGHZ 44, 229
BGH, Urteil v. 17. Mai 1967, VIII ZR 58/66, BGHZ 48, 25
BGH, Urteil v. 11. Juli 1968, II ZR 179/66, NJW 1968, S. 2003
BGH, Urteil v. 9. Dezember 1969, VI ZR 50/68, WM 1970, S. 399
BGH, Urteil v. 27. Februar 1970, I ZR 103/68, WM 1970, S. 819
BGH, Urteil v. 10. Juli 1970, V ZR 159/67, NJW 1970, S. 1840
BGH, Urteil v. 2. Februar 1972, VIII ZR 103/70, WM 1972, S. 560
BGH, Urteil v. 18. Oktober 1974, V ZR 17/73, NJW 1975, S. 43
BGH, Urteil v. 12. November 1975, VIII ZR 142/74, BGHZ 65, 246
BGH, Urteil v. 14. März 1977, II ZR 156/75, BGHZ 68, 196
BGH, Urteil v. 19. September 1977 – II ZR 11/76, NJW 1977, S. 2316f.
BGH, Urteil v. 7. Dezember 1977, VIII ZR 164/76, BGHZ 70, 86
BGH, Urteil v. 13. März 1978, II ZR 142/76, BGHZ 71, 40
BGH, Urteil v. 3. November 1978, I ZR 150/76, NJW 1979, S. 924
BGH, Urteil v. 9. Juli 1979, II ZR 118/77, WM 1979, S. 878
BGH, Urteil v. 2 Juni 1980, VIII ZR 64/79, DB 1980, S. 1786
BGH, Urteil v. 6. Oktober 1980, II ZR 60/80, BGHZ 79, 337
BGH, Urteil v. 18. Dezember 1980, III ZR 157/78, ZIP 1981, S. 144
BGH, Urteil v. 9. Februar 1981, II ZR 38/80, NJW 1981, S. 2251
BGH, Urteil v. 29. Juni 1981, II ZR 142/80, BGHZ 81, 82
BGH, Urteil v. 13. Juli 1981 – II ZR 56/80, BGHZ 81, 263
BGH, Urteil v. 25. Februar 1982, II ZR 174/80, BGHZ 83, 122 = NJW 1982, S. 1703
BGH, Urteil v. 12. Juli 1982, II ZR 175/81, WM 1982, S. 862
BGH, Urteil v. 23. Februar 1983, IVa ZR 186/81, BGHZ 87, 19
BGH, Urteil v. 21. März 1983, II ZR 139/82, WM 1983, S. 594
BGH, Urteil v. 20. Juni 1983 – II ZR 237/82, NJW 1983, S. 2880 f.
BGH, Urteil v. 14. November 1983, II ZR 39/83, WM 1983, S. 1406
BGH, Urteil v. 5. Dezember 1983, II ZR 56/82, NJW 1984, S. 1461
BGH, Urteil v. 29. Februar 1984, VIII ZR 350/82, NJW 1985, S. 53
BGH, Urteil v. 20. September 1984, III ZR 47/83, NJW 1985, S. 1778
BGH, Urteil v. 10. Dezember 1984, II ZR 28/84, BGHZ 1993, 159 = NJW 1985, S. 1468
BGH, Urteil v. 30. Mai 1985, III ZR 112/84, WM 1985, S. 1136
BGH, Urteil v. 8. Juli 1985, II ZR 269/84, WM 1985, S. 1224
BGH, Urteil v. 19. September 1985, III ZR 213/83, NJW 1986, S. 46
BGH, Urteil v. 11. November 1985, II ZR 109/84, WM 1986, S. 2
BGH, Urteil v. 19. Oktober 1987, II ZR 9/87, BGHZ 102, 68
BGH, Urteil v. 15. Januar 1988, V ZR 183/86, NJW 1988, S. 1375
BGH, Urteil v. 14. März 1988, II ZR 211/87, NJW 1988, S. 2241
BGH, Urteil v. 21. März 1988, II ZR 238/87, BGHZ 104, 33 = BB 1988, S. 1084
BGH, Urteil v. 11. April 1988, II ZR 313/87, BGHZ 104, S. 151
BGH, Urteil v. 21. April 1988, IX ZR 191/87, NJW 1988, S. 3204
BGH, Urteil v. 19. September 1988 – II ZR 329/87, BGHZ 105, 213
BGH, Urteil v. 7. November 1988, II ZR 46/88, BGHZ 106, 7
BGH, Urteil v. 22. Februar 1989, VIII ZR 4/88, NJW-RR 1989, 627 = ZIP 1989, 514
BGH, Urteil v. 5. Juni 1989 – II ZR 227/88, BGHZ 107, 351
BGH, Urteil v. 22. Juni 1989, III ZR 72/88, NJW 1989, S. 2383
BGH, Urteil v. 20. Juni 1990, VIII ZR 158/89, BGHZ 111, 376
BGH, Urteil v. 9. Juli 1990 – II ZR 194/89, BGHZ 112, 103
BGH, Urteil v. 25. Februar 1991, II ZR 169/90, NJW 1991, S. 1681
BGH, Urteil v. 16. Dezember 1991 – II ZR 58/91, BGHZ 116, 359
BGH, Urteil v. 23. März 1992, II ZR 128/91 = NJW 1992, S. 1891

# Rechtsprechungs- und Literaturverzeichnis

BGH, Urteil v. 13. Juli 1992, II ZR 251/91, BGHZ 119, 191
BGH, Urteil v. 20. September 1993 – II ZR 104/92, BGHZ 123, 281
BGH, Urteil v. 24. Februar 1994, VII ZR 34/93, BGHZ 125, 196
BGH, Urteil v. 6. Juni 1994, II ZR 292/91, BGHZ 126, 181
BGH, Urteil v. 13. Juni 1994, II ZR 259/92, NJW 1994, S. 2886
BGH, Urteil v. 13. Juni 1994 – II ZR 38/93, BGHZ 126, 226
BGH, Urteil v. 10. Mai 1995, VIII ZR 264/94, BGHZ 129, 371
BGH, Urteil v. 6. Dezember 1995, VIII ZR 192/94, NJW-RR 96, S. 429
BGH, Urteil v. 5. Juni 1996, VIII ZR 151/95, BGHZ 133, 71
BGH, Urteil v. 11. Juli 1996, IX ZR 226/94, ZIP 1996, S. 1516
BGH, Urteil v. 23. Juni 1997, II ZR 132/93, BGHZ 136, S. 133
BGH, Urteil v. 3. Dezember 1997, XII ZR 6/96, NJW 1998, S. 531
BGH, Urteil v. 4. Dezember 1997, IX ZR 47/97, WM 1998, S. 248
BGH, Urteil v. 8. Dezember 1997, II ZR 203/96, NJW 1998, S. 1314
BGH, Urteil v. 30. März 1998, II ZR 146/96, WM 1998, S. 944
BGH, Urteil v. 15. April 1998, VIII ZR 377/96, NJW 1998, S. 2286
BGH, Urteil v. 25. Januar 2001, II ZR 127/99, DStR 2001, S. 802
BGH, Urteil v. 8. Februar 2001, 7 U 2238/00, ZIP 2001, S. 604
BGH, Urteil v. 4. April 2001, VIII ZR 32/00, DB 2001, S. 1298
BGH, Urteil v. 4. April 2001, VIII ZR 33/00, NJW 2001, S. 483
BGH, Urteil v. 17. September 2001, II ZR 178/99, BGHZ 149, 10
BGH, Urteil v. 24. Juni 2002, II ZR 300/00, BGHZ 151, 181
BGH, Urteil v. 26. Juni 2002, VIII ZR 327/00, ZIP 2002, S. 1488
BGH, Urteil v. 18. Juli 2002, IX ZR 195/01, BGHZ 151, 353
BGH, Urteil v. 5. Februar 2004, IX ZR 473/00, NJW-RR 2004, S. 983
BGH, Urteil v. 16. Februar 2004 – II ZR 316/02, ZIP 2004, S. 613
BGH, Urteil v. 8. März 2004 – II ZR 165/02, BB 2004, S. 1017
BGH, Urteil v. 18. März 2004, I X ZR 177/03, WM 2004, S. 981
BGH, Urteil v. 26. April 2004, II ZR 155/02, BGHZ 159, 30 = DStR 2004, S. 922
BGH, Urteil v. 26. April 2004, II ZR 154/02, NZG 2004, S. 575 = ZIP 2004, S. 1001
BGH, Urteil v. 17. Juni 2004, IX ZR 2/01, ZIP 2004, S. 1464
BGH, Urteil v. 6. Juli 2004, XI ZR 254/02, NJW 2004, S. 3779
BGH, Urteil v. 14. September 2004, XI ZR 184/03, WM 2004, S. 1676
BGH, Urteil v. 20. September 2004, II ZR 302/02, ZIP 2004, S. 2138
BGH, Urteil v. 13. Dezember 2004, II ZR 206/02, ZIP 2005, S. 117
BGH, Urteil v. 13. Dezember 2004, II ZR 256/02, ZIP 2005, S. 250
BGH Urteil v. 20. April 2005, XII ZR29/02, NJW-RR 2005, S. 958
BGH, Urteil v. 26. April 2005, XI ZR 289/04, NJW-RR 2005, S. 1408
BGH, Urteil v. 19. September 2005 – II ZR 173/04, BB 2005, S. 2430
BGH, Urteil v. 19. September 2005 – II ZR 342/03, BB 2005, S. 2427
BGH, Urteil v. 21. November 2005, II ZR 277/03, ZIP 2006, S. 279
BGH, Urteil v. 24. Januar 2006, XI ZR 384/03, NJW 2006, S. 830
BGH, Urteil v. 18. September 2006, II ZR 137/05, Der Konzern 2006, S. 763
BGH, Beschluss v. 20. November 2006, II ZR 226/05, ZIP 2007, S. 24 = DStR 2007, S. 586
BGH, Urteil v. 27. Februar 2007, XI ZR 195/05, NJW 2007, S. 2106
BGH, Urteil v. 7. Mai 2007 – II ZR 281/05, BB 2007, S. 1578
BGH, Urteil v. 11. Juni 2007, II ZR 152/06, WM 2007, S. 2110
BGH, Urteil v. 16. Juli 2007, II ZR 3/04, BGHZ 173, 246
BGH, Urteil v. 28. April 2008, II ZR 264/06, DB 2008, S. 1423
BGH, Urteil v. 1. Dezember 2008, II ZR 102/07, WM 2009, S. 78
BGH, Urteil v. 16. März 2009, II ZR 302/06, DStR 2009, S. 862
BGH, Urteil v. 18. Mai 2009, II ZR 262/07, ZIP 2009, S. 1566
BGH, Urteil v. 18. Mai 2009, II ZR 124/08, ZIP 2009, S. 1624

**1.3.3. Bundesfinanzhof**

BFH, Urteil v. 29. Januar 1969, I R 247/65, BStBl. 1969, Teil II, S. 269
BFH, Urteil v. 15. April 1970, I R 122/66, BStBl. 1970, Teil II, S. 554
BFH, Urteil v. 3. Februar 1971, I R 51/66, BStBl. 1971, Teil II, S. 408
BFH, Urteil v. 30. Juni 1971, I R 57/70, BStBl. 1971, Teil II, S. 753

# Rechtsprechungs- und Literaturverzeichnis

BFH, Urteil v. 14. Juli 1971, I R 127/68, BStBl. 1971, Teil II, S. 776
BFH, Urteil v. 28. Juni 1972, I R 35/70, BStBl. 1972, Teil II, S. 785
BFH, Urteil v. 21. Dezember 1972, I R 70/70, BStBl. 1973, Teil II, S. 449
BFH, Urteil v. 27. November 1974, I R 123/73, BStBl. 1975, Teil II, S. 294
BFH, Urteil v. 3. August 1976, VIII R 101/71, BStBl. 1977, Teil II, S. 65
BFH, Urteil v. 30. April 1975, I R 152/73, BStBl. 1975, Teil II, S. 626
BFH, Urteil v. 23. März 1979, VIII R 95/76, BStBl. 1979, Teil II, S. 553
BFH, Urteil v. 9. Oktober 1979, VIII R 67/77, BStBl. 1980, Teil II, S. 116
BFH, Urteil v. 17. Oktober 1979, I R 14/76, BStBl. 1980, Teil II, S. 225
BFH, Urteil v. 17. Juli 1980, V R 5/72, BStBl. 1980, Teil II, S. 622
BFH, Urteil v. 20. Januar 1982, I R 201/78, BStBl. 1982, Teil II, S. 477
BFH, Urteil v. 24. März 1983, V R 8/81, BB 1983, S. 1518
BFH, Urteil v. 28. April 1983 – IV R 152/80, BStBl. Teil II 1983, S. 690 ff.
BFH, Urteil v. 7. Juli 1983, IV R 47/80, BStBl. 1983, Teil II, S. 753
BFH, Urteil v. 6. August 1985, VIII R 280/81, BStBl. 1986, Teil II, S. 17
BFH, Urteil v. 9. September 1985, VIII R 20/85, BFH/NV 1987, S. 442
BFH, Beschluss v. 23. Juli 1986, I B 25/86, BStBl. 1987, Teil II, S. 328
BFH, Urteil v. 20. August 1986, I R 150/82, BStBl. 1987, Teil II, S. 455
BFH, Urteil v. 10. März 1988 – IV R 226/85, BStBl. Teil II 1988, S. 833 ff.
BFH, Urteil v. 22. Februar 1989, I R 9/85, BStBl. 1989, Teil II, S. 631
BFH, Urteil v. 11. Oktober 1989, I R 77/88, BStBl. 1990, Teil II, S. 166
BFH, Urteil v. 7. Dezember 1989, I R 25/82, BStBl. 1989, Teil II, S. 248
BFH, Beschluss v. 14. Februar 1990, II B 107/89, BB 1990, S. 1542
BFH, Beschluss v. 4. Juli 1990, GrS 2-3/88, BStBl. 1990, Teil II, S. 817
BFH, Urteil v. 15. November 1990, IV R 97/82, BStBl. 1991, Teil II, S. 226
BFH, Urteil v. 27. Juni 1991, V R 106/86, BStBl. 1991, Teil II, S. 860
BFH, Urteil v. 28. Januar 1992, VIII R 7/88, BStBl. 1993, Teil II, S. 84
BFH, Urteil v. 5. Februar 1992, I R 127/90, BStBl. 1992, Teil II, S. 533
BFH, Urteil v. 5. Februar 1992, I R 79/89, BFH/NV 1992, S. 629
BFH, Urteil v. 23. Juni 1992, IX R 182/87, BStBl. 1992, Teil II, S. 972
BFH, Urteil v. 14. Oktober 1992, I R 1/91, BStBl. 1993, Teil II, S. 189
BFH, Urteil v. 3. Februar 1993, I R 80-81/91, BStBl. 1993, Teil II, S. 462
BFH, Urteil v. 31. August 1993, VII R 69/91, BFHE 173, 1
BFH, Urteil v. 20. Oktober 1993, II R 116/90, BB 1994, S. 417
BFH, Urteil v. 20. Oktober 1993, II R 116/90, BStBl. 1994, Teil II, S. 121
BFH, Urteil v. 12. Januar 1994, II R 130/91, BStBl 1994, Teil II, S. 408
BFH, Urteil v. 19. Januar 1994, I R 67/92, BStBl. 1996, Teil II, S. 77
BFH, Beschluss v. 12. April 1994, VII B 278/93, BFHE 174, 8
BFH, Urteil v. 5. Oktober 1994, I R 50/94, BStBl. 1995, Teil II, S. 549
BFH, Urteil v. 5. April 1995, I R 156/93, DStR 1995, S. 1109
BFH, Beschluss v. 3. Juli 1995, GrS 1/93, BB 1995, S. 1827
BFH, Urteil v. 13. Februar 1996, VIII R 39/92, BStBl. 1996, Teil II, S. 409
BFH, Urteil v. 18. Dezember 1996, I R 139/94, BStBl. 1997, Teil II, S. 301
BFH, Urteil v. 30. Juli 1997, I R 65/96, BStBl. 1998, Teil II, S. 402
BFH, Beschluss v. 8. Dezember 1997, GrS 1-2/95, BStBl. 1998, Teil II, 193
BFH, Urteil v. 17. Dezember 1997, I R 34/97, BStBl. 1998, Teil II, S. 296
BFH, Urteil v. 27. Januar 1998, VII R 64/96, NZI 1999, S. 39
BFH, Urteil v. 10. März 1998, VIII R 31/95, BFH/NV 1998, S. 1209
BFH, Urteil v. 15. Juni 1999, VII R 3/97, BFHE 189, 14
BFH, Urteil v. 19. August 1999, I R 77/96, BStBl. 2001, Teil II, S. 43
BFH, Urteil v. 15. Dezember 1999 – I R 29/97, BStBl 2000 Teil II, S. 527
BFH, Urteil v. 27. April 2000, I R 58/99, BStBl. 2001, Teil II, S. 168
BFH, Urteil v. 20. Juni 2000, VIII R 57/98, BFH/NV 2001, 28
BFH, Urteil v. 25. Juli 2001, X R 55/97, BStBl. 2001, Teil II, S. 809
BFH, Urteil v. 27. März 2001, I R 78/99, BStBl. 2001, Teil II, S. 449
BFH, Urteil v. 8. August 2001, I R 29/00, BStBl. 2002, Teil II, S. 392
BFH, Urteil v. 24. September 2001 – I R 100/98, BStBl. Teil II 2001, S. 509
BFH, Urteil v. 17. Oktober 2001, I R 103/00, BStBl. 2004, Teil II, S. 171
BFH, Beschluss v. 19. Dezember 2001, I R 58/01, BStBl. 2002, Teil II, S. 395

# Rechtsprechungs- und Literaturverzeichnis

BFH, Urteil v. 20. März 2002, I R 63/99, BStBl. 2003, Teil II, S. 50
BFH, Urteil v. 6. Juni 2002, V R 43/01, BStBl. 2003, Teil II, S. 36
BFH, Urteil v. 10. Juli 2002, II R 87/00, DStRE 2002, S. 1454
BFH, Urteil v. 1. August 2002, V R 17/01, BB 2003, S. 244
BFH, Urteil v. 5. November 2002, II R 41/02, BFH/NV 2003, S. 507
BFH, Urteil v. 28. November 2002, V R 3/01, BStBl. 2004, Teil II, S. 665
BFH, Urteil v. 15. Januar 2003, II R 50/00, BFHE 200, 430
BFH, Urteil v. 27. Februar 2003 – I R 46/01, DStR 2003, S. 1567
BFH, Urteil v. 15. März 2003 – I R 74/99, BB 2000, S. 2082
BFH, Urteil v. 4. Juni 2003 – I R 24/02, DStR 2003, S. 1747
BFH, Urteil v. 4. September 2003, V R 34/99, BStBl. 2004, Teil II, S. 667
BFH, Urteil v. 6. November 2003, IV R 10/01, BFH/NV 2004, 697
BFH, Urteil v. 17. Dezember 2003 – I R 22/03, DB 2004, S. 1075
BFH, Urteil v. 31. März 2004, II R 54/01, DStRE 2004, S. 837
BFH, Urteil v. 26. Mai 2004, I R 112/03, BStBl. 2004, Teil II, S. 1085
BFH, Urteil v. 26. Mai 2004 – I R 86/03, GmbHR 2004, S. 1536
BFH, Urteil v. 11. August 2004, I R 89/03, BStBl. 2004, Teil II, S. 1080
BFH, Urteil v. 16. September 2004, X R 25/01, DB 2005, S. 183
BFH, Urteil v. 4. November 2004, III R 5/03, BStBl. 2005, Teil II, S. 27
BFH, Urteil v. 22. Februar 2005, VIII R 24/03, BFH/NV 2005, S. 1266
BFH, Urteil v. 31. Mai 2005, I R 88/04, BStBl. 2006, Teil II, S. 118
BFH, Urteil v. 22. Februar 2006, I R 73/05, GmbHR 2006, S. 890
BFH, Urteil v. 14. März 2006, I R 8/05, BFH/NV 2006, S. 1419
BFH, Urteil v. 14. März 2006, I R 22/05, BStBl. 2006, Teil II, S. 680
BFH, Urteil v. 6. Juni 2006, XI B 162/05, BFH/NV 2006, S. 1785
BFH, Urteil v. 11. Juli 2006, VIII R 32/04, BStBl. II 2007, 296 ff.
BFH, Urteil v. 9. August 2006, II R 59/05, BFH/NV 2006, S. 2326
BFH, Urteil v. 1. Februar 2007 – VI R 73/04, BFH/NV 2007, 896 ff.
BFH, Urteil v. 14. März 2007, XI R 15/05, BStBl. 2007, Teil II, S. 924
BFH, Urteil v. 5. Juni 2007, I R 106/05, DStR 2007, S. 1765
BFH, Urteil v. 5. Juni 2007, I R 9/06, DStR 2007, S. 2152
BFH, Urteil v. 4. Juli 2007, VIII R 68/05, BStBl. 2007, Teil II, S. 937 = FR 2008, S. 136
BFH, Urteil v. 12. Juli 2007, X R 34/05, FR 2008, S. 27
BFH, Urteil v. 18. September 2007 – I R 73/06, DStR 2008, S. 247
BFH, Urteil v. 17. Oktober 2007, I R 5/06, BStBl. 2009, Teil II, S. 356
BFH, Urteil v. 28. November 2007, I R 94/06, Der Konzern 2008, 381
BFH, Beschluss v. 19. Dezember 2007, I R 66/06, BStBl. 2008, Teil II, S. 510
BFH, Urteil v. 29. Januar 2008, I R 26/06, BStBl. 2008, Teil II, S. 978
BFH, Urteil v. 13. Februar 2008, I R 63/06, BStBl. 2009, Teil II, S. 414
BFH, Urteil v. 19. August 2008, VII R 36/07, BFH/NV 2008, S. 2081
BFH, Urteil v. 20. August 2008, I R 34/08, BStBl. 2009, Teil II, S. 263
BFH, Urteil v. 16. Oktober 2008, IV R 98/06, BStBl. 2009, Teil II, S. 272
BFH, Urteil v. 14. Januar 2009, I R 36/08, DStR 2009, S. 635 = IStR 2009, S. 282

### 1.3.4. Bundesarbeitsgericht

BAG, Urteil v. 24. Oktober 1972, AZR 102/72, DB 1973, S. 924
BAG, Urteil v. 27. April 1982 – 3 AZR 814/79, DB 1982, S. 2406
BAG, Urteil v. 25. September 1984 – 5 AZR 89/82, DB 1984, S. 2251
BAG, Urteil v. 22. Mai 1997, 8 AZR 101/96, BAGE 86, 20
BAG, Urteil v. 13. November 1997, 8 AZR 295/95, BAGE 87, 115
BAG, Urteil v. 26. August 1999, 8 AZR 718/98, NJW 2000, S. 1589
BAG, Urteil v. 12. Dezember 2007 – AZR 97/07, DB 2008, S. 473
BAG, Urteil v. 28. Mai 2008 – 10 AZR 351/07, ZIP 2008, S. 1390

### 1.3.5. Bundesverwaltungsgericht

BVerwG, Urteil v. 27. Februar 2008, 6 C 11 u. 12/07, NJOZ 2008, S. 2191 = WM 2008, S. 1359

# Rechtsprechungs- und Literaturverzeichnis

### 1.3.6. Reichsgerichte

RG, Urteil v. 7. September 1936, VI 298/36, RGZ 152, 159
RG, Urteil v. 23. September 1921, II 61/21, RGZ 102, 385
RGZ 86, 146
RGZ 92, 73
RGZ 96, 227
RGZ 120, 283
RGE 160, 232
RFH, Urteil v. 12. Februar 1930, RStBl. 1930, S. 444
RFH, Urteil v. 18. Dezember 1930, RStBl. 1931, S. 200

## 1.4. Gerichte der Länder
### 1.4.1. Zivilgerichte

OLG Hamm, Urteil v. 12. Dezember 1984, 20 U 181/84, VersR 1985, S. 582
OLG Nürnberg, Urteil v. 19. März 1992 – 12 U 3500/91, GmbHR 1994, S. 252
OLG Hamburg, Beschluss v. 5. Juni 1992, 11 W 30/92, DB 1992, S. 1628
OLG Düsseldorf, Urteil v. 27. Februar 1998, 22 U 165/97, NJW-RR 1998, S. 1063
OLG München, Urteil v. 29. April 1998, 7 U 6364/97, DB 1998, S. 1321
OLG Schleswig, Urteil v. 28. Mai 1998, 5 U 24/97, 5 U 24/97, GmbHR 1999, S. 35
OLG Karlsruhe, Urteil v. 4. Mai 1999, 8 U 153/97, NZG 2000, S. 264
OLG Hamm, Urteil v. 17. Mai 1999, 31 U 118/98, WM 2000, S. 518
OLG Rostock, Urteil v. 15. August 2001 – 6 U 49/00, NZG 2002, S. 294
OLG Koblenz, Urteil v. 16. Mai 2002 – 6 U 211/81, AG 2003, S. 453 ff.
OLG Frankfurt, Urteil v. 25. Mai 2004, 8 U 84/04, NJW 2004, S. 3266
OLG Schleswig, Urteil v. 27. Mai 2004, 5 U 2/04, AG 2005, S. 48
OLG Düsseldorf, Urteil v. 23. Juni 2004 – 13 U 89/03, ZIP 2004, S. 1804 ff.
OLG Frankfurt, Beschluss v. 25. Juni 2004, WpÜG 5/03, WpÜG 6/03, WpÜG 8/03, ZIP 2004, S. 1309
OLG Frankfurt a. M., Urteil v. 16. September 2004 – 17 U 50/03, ZIP 2004, S. 1801 ff.
OLG München, Urteil v. 27. April 2005, 7 U 2792/04, ZIP 2005, S. 856
OLG Schleswig-Holstein, Urteil v. 18. Oktober 2007, 5 U 19/07, ZIP 2007, S. 2308
OLG Celle, Urteil v. 7. November 2007, 9 U 57/07, ZIP 2008, S. 926
OLG Hamm, Urteil v. 19. März 2008, 8 U 115/07, ZIP 2008, S. 923
OLG Hamm, Urteil v. 31. März 2008, 8 U 222/07, NZG 2008, S. 914
LG Bremen, Urteil v. 10. Mai 1990, 2 O 221/90, NJW-RR 1992, S. 98
LG Frankfurt am Main, Urteil v. 20. März 2003, 3/10O179/02, NZBAU 2004, S. 44
LG München I, Urteil v. 11. März 2004, 5 HK O 16972/03, Der Konzern 2004, S. 355
LG Hamburg, Urteil v. 16. Oktober 2006, 412 O 102/04, AG 2007, S. 177
LG Bonn, Urteil v. 1. Juni 2007, 1 O 552/05, AG 2007, S. 715
LG Kiel, Urteil v. 17. Juli 2007, 18 O 420/07, BKR 2007, S. 465
LG Köln, Urteil v. 26. März 2008, 90 O 11/08, GmbHR 2009, S. 261 = BB 2009, S. 186
KG, Urteil v. 22. August 2001, 23 U 6712/99, AG 2002, S. 243
KG, Urteil v. 16. November 2006, 23 U 55/03, NZG 2008, S. 29
KG, Urteil v. 3. August 2007, 14 U 72/06, ZIP 2008, S. 648

### 1.4.2. Finanzgerichte

FG Münster, Urteil v. 20. Oktober 1999, 8 K 5381/96 GrE, EFG 2000, S. 451
FG Hamburg, Urteil v. 28. Februar 2000, I 10/99, EFG 2000, S. 696
FG München, Gerichtsbescheid v. 13. Juni 2003, 7 K 3871/00, EFG 2004, S. 478
FG Köln, Urteil v. 16. März 2006, 2 K 1139/02, EFG 2006, S. 896
FG Niedersachsen, Urteil v. 29. März 2007, 6 K 514/03, IStR 2007, S. 755
Hessisches Finanzgericht, Beschluss v. 31. Mai 2007, 6 V 1258/07, EFG 2007, S. 181 = UR 2008, S. 190
FG Münster, Urteil v. 23. August 2007, 5 K 5835/03 U, EFG 2008, S. 1828
FG München, Urteil v. 12. Dezember 2007, 1 K 4487/06, DStR 2008, S. 1687 = DB 2008, S. 1291 (Revision beim BFH anhängig unter VIII R 2/08)
FG Düsseldorf, Urteil v. 15. Februar 2008, 1 K 3682/05 U, EFG 2008, S. 887
FG Hamburg, Urteil v. 26. Februar 2008, 2 K 54/07, Revision anhängig: BFH, I R 96/08f.

# Rechtsprechungs- und Literaturverzeichnis

FG Köln, Urteil v. 24. April 2008, 6 K 2488/06, NWB direkt 2008, S. 3
FG Münster, Urteil v. 17. September 2008, 8 K 4659/05 GrE, EFG 2008, S. 1933
FG Düsseldorf, Urteil v. 12. Mai 2009, 6 K 3127/06 K, G, F, EFG 2009, 1593; Revision anhängig: BFH I R 47/09
FG München, Urteil v. 28 Januar 2009, 3 K 3141/05, EFG 2009, S. 1153

### 1.4.3. Verwaltungsgerichte

HessVGH, Beschluss v. 14. Februar 2006, 6 TG 1447/05, ZIP 2006, S. 800 mit Anmerkung von Hey/Dörre in: EWiR 13/2006, S. 407
VG Berlin, Urteil v. 19. August 1996, 25 A 41.94, WM 1997, S. 218


## 2. Verwaltungsvorschriften und sonstige Stellungnahmen der öffentlichen Hand

Antwort der Bundesregierung v. 26. August 2008 auf die kleine Anfrage der Fraktion BÜNDNIS 90/DIE GRÜNEN: BT-Drucks. 16/10167
Begründung Regierungsentwurf Transparenzrichtlinie-Umsetzungesetz (TUG): BT-Drucks. 16/2498, S. 36
Beschlussempfehlung des Finanzausschusses zum Entwurf des Risikobegrenzungsgesetzes: BT-Drucks. 16/9778
Gesetz zur Umsetzung der Aktionärsrichtlinie (ARUG) v. 30. Juli 2009, BGBl. 2009, Teil I, S. 2479
Gesetz zur Begrenzung der mit Finanzinvestitionen verbundenen Risiken (Risiobegrenzungsgesetz) v. 12. August 2008, BGBl. 2008, Teil I, S. 1666
Transparenzrichtlinie-Umsetzungsgesetz (TUG) v. 5. Januar 2007, BGBl. 2007, Teil I, S. 10
Bundesministerium der Finanzen: Entwurf einer Dritten Verordnung zur Änderung der AnlV
Bundesministerium der Finanzen: Schreiben v. 20. November 1986, BStBl. 1986, Teil I, S. 532
Bundesministerium für Finanzen: Schreiben v. 8. Dezember 1986, IV B 7-S 2742-26/86, BB 1987, S. 667
Bundesministerium der Finanzen: Schreiben v. 11. Dezember 1989, IV A 5 – S 0120 – 4/89, BStBl. 1989, Teil I, S. 470 geändert durch Schreiben v. 2. Januar 2001, BStBl. 2001, Teil I, S. 40
Bundesministerium der Finanzen: Schreiben v. 16. September 1992, IV B 7-S 2742-61/92, BStBl. 1992, Teil I, S. 653
Bundesministerium der Finanzen: Schreiben v. 15. Dezember 1994, BStBl. 1995, Teil I, S. 25
Bundesministerium für Finanzen: Schreiben v. 27. Dezember 1995, IV B 7-S 2742-76/95, BStBl. 1996, Teil I, S. 49
Bundesministerium der Finanzen: Schreiben v. 25. März 1998, IV B 7-S 1978-21/98, IV B 2-S 1909-33/98, BStBl. 1998, Teil I, S. 268
Bundesministerium der Finanzen: Schreiben v. 16. April 1999, BStBl. 1999, Teil I, S. 455
Bundesministerium der Finanzen: Schreiben v. 24. September 1999, IV D 3 – S 1301 Ung – 5/99, IStR 2000, 627
Bundesministerium der Finanzen: Schreiben v. 24. Dezember 1999, IV B 4 – S 1300 – 111/99, BStBl. 1999, Teil I, S. 1076
Bundesministerium der Finanzen: Schreiben v. 25. Februar 2000, BStBl. 2000, Teil I, S. 372
Bundesministerium der Finanzen: Schreiben v. 7. Dezember 2000, BMF IV A 2 – S 2810 – 4/00, BStBl. 2001, Teil I, S. 43
Bundesministerium der Finanzen: Schreiben v. 15. Februar 2002, IV C 4 – S 0174 – 2/01, BStBl. 2002 Teil I, S. 267
Bundesministerium der Finanzen: Schreiben v. 25. Juli 2002, BStBl. 2002, Teil I, S. 712
Bundesministerium der Finanzen: Schreiben v. 14. Oktober 2002 – IV A 2 – S 2742 – 62/02, BStBl. I, 972
Bundesministerium der Finanzen: Schreiben v. 1. Februar 2003 – IV A 2 – S 2742 – 4/02, BStBl. I, 219
Bundesministerium der Finanzen: Schreiben v. 19. März 2003, BStBl. 2003, Teil I, S. 260
Bundesministerium der Finanzen: Schreiben v. 27. März 2003, IV A6 – S 2140/08/0003, Ertragsteuerliche Behandlung von Sanierungsgewinnen, BStBl. 2003, Teil I, S. 240
Bundesministerium der Finanzen: Schreiben v. 4. Juni 2003, IV A 2-S 2836-2/03, BStBl 2003, Teil I, S. 366
Bundesministerium der Finanzen: Schreiben v. 16. Dezember 2003, BStBl. 2004, Teil I, S. 40 = DStR 2004, 181

# Rechtsprechungs- und Literaturverzeichnis

Bundesministerium der Finanzen: Schreiben v. 16. Dezember 2003, IV A 2-S 1978-16/03, BStBl. 2003, Teil I, S. 786

Bundesministerium der Finanzen: Schreiben v. 26. Februar 2004, BStBl. 2004, Teil I, S. 270

Bundesministerium der Finanzen: Schreiben v. 19. März 2004, – IV B 4 – S 1301 USA – 22/04, BStBl. 2004, Teil I, S. 411

Bundesministerium der Finanzen: Schreiben v. 14. Mai 2004, IV B 4 – S 1340 – 11/04, BStBl. 2004, Teil I, Sonder-Nr. 1/2004, S. 3

Bundesministerium der Finanzen: Schreiben v. 15. Juli 2004, IV A 2-S 2742a-20/04, BStBl. 2004, Teil I, S. 593

Bundesministerium der Finanzen: Schreiben v. 17. August 2004, BStBl. 2004, Teil I, S. 847

Bundesministerium der Finanzen: Nichtanwendungserlass vom 18. Mai 2005, IV B 2-S 2241-34/05, BStBl 2005 I S. 698

Bundesministerium der Finanzen: Schreiben v. 26. Mai 2005, IV B 2-S 2175-7105, BStBl. 2005, Teil I, S. 699

Bundesministerium der Finanzen: Schreiben v. 2. Juni 2005, BStBl. 2005, Teil I, S. 728 in der Fassung v. 18. August 2009, IV C 1 – S 1980-1/08/10019, DB 2009, S. 2352

Bundesministerium der Finanzen: Schreiben v. 22. Juli 2005, BStBl. 2005, Teil I, S. 829

Bundesministerium der Finanzen: Schreiben v. 20. Oktober 2005, DStR 2005, S. 2126

Bundesministerium der Finanzen: Schreiben v. 26. Januar 2007, IV A 5-S 7300-10/07, BStBl. 2007, Teil I, S. 211

Bundesministerium der Finanzen: Erlasse vom 21. März 2007, IV B 2-S 2145/07/0002, 2007/0141884, BStBl. I 2007, 442

Bundesministerium der Finanzen: Schreiben v. 3. April 2007, BStBl. 2007, Teil I, S. 446

Bundesministerium der Finanzen: Schreiben v. 3. April 2007, IV B 1-S 2411/07/0002, BStBl 2007, Teil I, S. 446

Bundesministeriums der Finanzen: Schreiben v. 31. Mai 2007, IV A 5-S 7100/07/0031, BStBl. 2007, Teil I, S. 503

Bundesministerium der Finanzen: Schreiben v. 10. Juli 2007, IV B 1- S 2411/07/0002, IStR 2007, S. 555

Bundesministerium der Finanzen: Schreiben v. 2. August 2007, BStBl. 2007, Teil I, S. 624

Bundesministerium der Finanzen: Schreiben v. 4. Dezember 2007, IV B8 – S 1980- 1/0, BStBl. 2008, Teil I, S. 375 = DStR 2008, S. 256

Bundesministerium der Finanzen: Schreiben v. 4. Juli 2008, DStR 2008, S. 1427

Bundesministerium der Finanzen: Schreiben v. 4. Juli 2008, IV C 7-S 2742-a/07/10001, BStBl. 2008, Teil I, S. 718

Bundesministerium der Finanzen: Schreiben v. 4. Juli 2008, IV C 7-S 2745-a/08/0001, BStBl. 2008, Teil I, S. 736

Bundesministerium der Finanzen: Schreiben v. 4. Juli 2008, VI C 7-S 2745-a/08/10001-DOK 2008/0349554, GmbHR 2008, S. 883

Bundesministerium der Finanzen: Schreiben v. 10. Dezember 2008, IV B6 – S 7068/07/10001, BsTbl. 2008, Teil I, S. 17

Bundesministerium der Finanzen: Schreiben v. 5. Januar 2010, IV B 2 – S 1315/08/10001-09, BStBl. 2010, Teil I, S. 19

Bundesministerium der Justiz: Gesetzentwurf der Bundesregierung: Entwurf eines Gesetzes zur Modernisierung des GmbH-Rechts und zur Bekämpfung von Missbräuchen (MoMiG) vom 23. Mai 2007

Deutscher Bundestag: BT-Drucksache 15/3174: Entwurf eines Gesetzes zur Verbesserung des Anlegerschutzes v. 24. Mai 2004

Deutscher Bundestag: BT-Drucksache 12/6959: Gesetzentwurf Drittes Durchführungsgesetz/EWG zum VAG vom 4. März 1994

Deutscher Bundestag: BT-Drucksache 16/4339: Unterrichtung durch die Bundesregierung vom 9. Februar 2007

Deutscher Bundestag: BT-Drucksache 16/6648: Stellungnahme des Bundesrates und Gegenäußerung der Bundesregierung zum MoRaKG- Entwurf vom 10. Oktober 2007

Deutscher Bundestag: BT-Drucks. 13/9712: Entwurf eines Gesetzes zur Kontrolle und Transparenz im Unternehmensbereich v. 26. Januar 1998

Deutscher Bundestag: BT-DruckS. 15/5860: Beschlussempfehlung und Bericht des Rechtsausschusses (6. Ausschuss) v. 29. Juni 2005

Deutscher Bundesrat: BR-Drucksache 709/01: Verordnung über die Anlage des Gebundenen Vermögens von Versicherungsunternehmen vom 5. September 2001

# Rechtsprechungs- und Literaturverzeichnis

Jahressteuergesetz 2007, BStBl 2006, Teil I, S. 2878–2912
Zweite Verordnung zur Änderung der Anlageverordnung, BGBl 2007, Teil I, 70 S. 3278–3281
Oberste Finanzbehörden der Länder vom 2. Dezember 1999, BStBl. 1999, Teil I, S. 991
Oberste Finanzbehörden der Länder: Erlass v. 26. Februar 2003, BStBl. 2003, Teil I, S. 271
Finanzministerium Bayern: Erlass v. 2. Dezember 1999, BStBl. 1999, Teil I, S. 991
Finanzministerium Baden-Württemberg, Erlass vom 6. November 1995, S 4500/43, DB 1995, S. 2294
Finanzministerium Baden-Württemberg, Erlass vom 14. Februar 2000, 3 – S 4500/43, DStR 2000, S. 430
Finanzministerium Baden-Württemberg, Erlass vom 26. Februar 2003, VV BW FinMin 2003-02-26 3-S 4501/6, BStBl. 2003, Teil I, S. 271
Bayerisches Landesamt für Steuern: Verfügung v. 29. August 2008, S 2241 – 17 St32/St33, DB 2008, S. 2166
OFD Kiel, StEK KSTG § 8 Nr. 188, (Steuererlasse in Karteiform)
OFD Koblenz, StEK KSTG § 8 Nr. B 21, (Steuererlasse in Karteiform)
OFD München: Verfügung v. 2. April 2001 – S 2134 – 4/6 St 41, DStR 2001, 1032
OFD Erfurt: Verfügung v. 23. Oktober 2003, S 2241 A – 08 – L 221, GmbHR 2004, S. 209
OFD München, OFD Nürnberg: Verfügung v. 23. Januar 2004, S 2241 – 55 St 41/42, S 2241 – 328/St 31, DStR 2004, 355
OFD Düsseldorf: Verfügung vom 17. Juni 2004 – S 2742 A – St 13/S 2742 – 88 St 131 – K
OFD Hannover: Verfügung vom 5. Januar 2007, S 1978b – 22 . StO 243, DB 2007, S. 428
OFD Hannover: Verfügung v. 19. März 2008, S 2140 – 8 – StO 241, DStR 2008, 1240
OFD Münster: Verfügung v. 24. Juli 2008, S 1300 – 169 – St 45-32, GmbHR 2008, 1007
OFD Frankfurt: Verfügung v. 3. November 2008, S 2241 A – 37 – St 213 (nv)
OFD Frankfurt: Verfügung v. 14. November 2008, Az.: S2241 A-107-St. 213, RIW 2009, 96
OFD Rheinland und OFD Münster: Verfügung v. 9. Oktober 2008, S 1301 – St 123 (09/2008) (Rheinland), S 1301 – 51 – St 45 -31 (Münster), IStR 2008, 779
OFD-Verfügung v. 11. Februar 2009, S 2140-8-StO 241
Bundesanstalt für Finanzdienstleistungsaufsicht (BaFin): Merkblatt zur Prospektpflicht und zum Verfahren im Überblick, im Internet abrufbar unter http://www.bafin.de/verkaufsprospekte/verm_2.htm
Bundesanstalt für Finanzdienstleistungsaufsicht (BaFin): Rundschreiben 15/2005 v. 20. August 2005
Bundesanstalt für Finanzdienstleistungsaufsicht (BaFin): Rundschreiben 18/2005 v. 18. Dezember 2005, Mindestanforderungen an das Risikomanagement (aufgehoben mit Rundschreiben 5/2007)
Bundesanstalt für Finanzdienstleistungsaufsicht: Jahresbericht der BaFin 2007
Bundesanstalt für Finanzdienstleistungsaufsicht: Dritte Untersuchung zu den quantitativen Auswirkungen von Solvabilität II ( Quantitative Impact Study 3 – QIS 3), Hinweise für Lebensversicherer vom 9. Mai 2007
Bundesanstalt für Finanzdienstleistungsaufsicht (BaFin): Merkblatt über die Erteilung einer Erlaubnis zum Betreiben von Bankgeschäften gem. § 32 Abs. 1 KWG (Stand: 31. Dezember 2007)
Bundesanstalt für Finanzdienstleistungsaufsicht (BaFin): Pressemeldung v. 21. August 2008 zum Fall Schaeffler/Continental, http://www.bafin.de.
Bundesanstalt für Finanzdienstleistungsaufsicht (BaFin): Rundschreiben 14/2008 (WA) v. 22. Dezember 2008, WA 41–Wp 2136–2008/0001, im Internet abrufbar unter http://www.bafin.de
Bundesanstalt für Finanzdienstleistungsaufsicht (BaFin): Emittentenleitfaden v. 15. Juli 2009
Bundesanstalt für Finanzdienstleistungsaufsicht (BaFin): Schreiben v. 12. November 2009, WA 41-Wp 2136-2008/0001, sog. FAQ-Katalog
Bundesaufsichtsamt für das Kreditwesen (BAKred): Schreiben v. 30. August 1990 zum AuslInvG, V2-X-11/90, abgedruckt in Beckmann/Scholtz/Vollmer, Investment-Handbuch, 448 Nr. 26, S. 32
Bundesaufsichtsamt für das Kreditwesen (BAKred): Schreiben v. 28. August 1991 zum AuslInvG, V2-X-12/91, abgedruckt in Beckmann/Scholtz/Vollmer, Investment-Handbuch, 448 Nr. 27, S. 33
Bundesaufsichtsamt für das Kreditwesen (BAKred): Schreiben v. 7. Dezember 2001 zum AuslInvG, V2-X-3818/2001, abgedruckt in Beckmann/Scholtz/Vollmer, Investment-Handbuch, 448 Nr. 38, S. 91
Bekanntmachung des Bundesaufsichtsamtes für den Wertpapierhandel zum Verkaufsprospektgesetz v. 6. September 1999, Bundesanzeiger Nr. 177 v. 21. September 1999, S. 16180
Bundesaufsichtsamt für das Versicherungs- und Bausparwesen: Rundschreiben R 15/58 vom 20. Dezember 1958, VerBAV 1959
Bundesaufsichtsamt für das Versicherungs- und Bausparwesen: Veröffentlichung 4/2002

# Rechtsprechungs- und Literaturverzeichnis

Europäische Komission, Verordnung (EG) Nr. 139/2004, ABl. EU Nr. L 24 vom 29. September 2004, S. 1

Durchführungsrichtlinie 2007/14/EG v. 8. März 2007, ABl. EG Nr. L 69 v. 9. März 2007, S. 27

Institut Monétaire Luxembourgois: Rundschreiben Nr. 91/75 vom 21. Januar 1991, in: Arendt & Medernach: Organismen für gemeinsame Anlagen – Gesetze und Verordnungen

## 3. Literatur (Buchbeiträge, Aufsätze, Monographien)

*Achleitner, Ann-Kristin/Wahl, Simon:* Private Debt: Neue Finanzierungsalternative für den größeren Mittelstand, BB 2004, S. 1323 ff.

*Ahrweiler, Sonja/Börner, Christoph J.:* Neue Finanzierungswege für den Mittelstand [Finanzierungswege]: Ausgangssituation, Notwendigkeit und Instrumente, in: Kienbaum, Jochen/Börner, Christoph (Hrsg.), Neue Finanzierungswege für den Mittelstand, Wiesbaden 2003, S. 3 ff.

*Allert, Arnd/Seagon, Christopher:* Unternehmensverkauf in der Krise, Berlin 2007

*Altfelder, Stefan:* Beitrag oder Leistung?, FR 2005, S. 6 ff.

*Altmeppen, Holger:* „Upstream-loans", Cashpooling und Kapitalerhaltung nach neuem Recht, ZIP 2009, S. 49 ff.

*Altmeppen, Holger:* Zur vorsätzlichen Gläubigerschädigung, Existenzvernichtung und materiellen Unterkapitalisierung in der GmbH, ZIP 2008, S. 1201 ff.

*Altrichter-Herzberg, Torsten:* Ausschluss der Kapitalertragssteuer-Erstattung bei Zwischenschaltung einer funktionslosen Auslands-Holding. Anwendungsfragen zu § 50d Abs. 3 EStG in der Fassung des Jahressteuergesetzes 2007, GmbHR 2007, S. 579 ff.

*Alvermann, Jörg:* Ertragsbesteuerung der Berufsverbände, FR 2006, S. 262 ff.

*Ambacher, Bettina:* Incentivierung bei IPOs Private Equity-finanzierter Unternehmen, in Venture Capital Magazin Sonderbeilage 8/9, S. 18

*Andres, Dirk/Grund, Andreas:* Die Flucht vor deutschen Insolvenzgerichten nach England – Die Entscheidungen in dem Insolvenzverfahren Hans Brochier Holdings, NZI 2007, S. 137 ff.

*Angerer, Peter:* Genussrechte bzw. Genussscheine als Finanzierungsinstrument, DStR 1994, S. 41 ff.

*Angerer, Peter:* Ausschüttungen auf Genussrechte als Betriebsausgaben, DStR 1994, S. 651 ff.

*Angermeyer, Birgit:* Handelsrechtliche Anschaffungskosten von Sacheinlagen – Zugleich eine kritische Würdigung der Meinungsvielfalt bei der Einbringung einzelner Sacheinlagengegenstände und Sacheinlagen in Umwandlungsfällen, DB 1998, S. 145 ff.

*Anzinger, Heribert/Jekerle, Katherina:* Entwicklungen in der Besteuerung des Carried Interest in Deutschland, Großbritannien und den USA – Denkanstöße aus der neuen Welt?, IStR 2008, S. 821 ff.

*Apfelbacher, Gabriele/Metzner, Manuel:* Das Wertpapierprospektgesetz in der Praxis – Eine erste Bestandsaufnahme, BKR 2006, S. 81 ff.

*Arnsfeld, Thorsten/Müller, Julia:* Hybridkapital als Eigenkapitalsurrogat – Anerkennungspraktiken der Ratingagenturen und Konsequenzen für bankinterne Ratingverfahren, Finanz Betrieb 2005, S. 326 ff.

*Ascheid, Reiner/Preis, Ulrich/Schmidt, Ingrid (Hrsg.):* Kündigungsrecht, Kommentar, 3. Auflage, München 2007

*Assmann, Heinz-Dieter/Pötzsch, Thorsten/Schneider, Uwe H. (Hrsg.):* Wertpapiererwerbs- und Übernahmegesetz, Kommentar, Köln 2005

*Assmann, Heinz-Dieter/Schneider, Uwe H.:* Kommentar zum Wertpapierhandelsgesetz, 5. Aufl., Köln 2009

*Assmann, Heinz-Dieter/Schütze, Rolf A.:* Handbuch des Kapitalanlagerechts, 3. Aufl., München 2007

*Association Française des Investisseurs en Capital/Grant Thornton (Hrsg.):* Activité des acteurs français du capital investissement en 2008, Paris 2009

*Baeck, Ulrich/Diller, Martin:* Arbeitsrechtliche Probleme bei Aktienoptionen und Belegschaftsaktien, in DB 1998, S. 1405 ff.

*Baetge, Jörg/Brüggemann, Benedikt:* Ausweis von Genussrechten auf der Passivseite der Bilanz des Emittenten, DB 2005, S. 2146 f.

*Balmes, Frank/Zhang, Tracy/Ren Hong:* Investieren in China: Steuerliche Aspekte und Gewinntransfer, RIW 2009, S. 504 ff.

*Bälz, Kilian:* Islamische Aktienfonds in Deutschland?, BKR 2002, S. 447 ff.

*Bärenz, Uwe/Buge, Ronald:* Beteiligungen an Mezzanine Fonds, Steuerrechtliche Aspekte dieser modernen Beteiligungsform, NWB DokID: LAAAB-42447, BBV Nr. 2 v. 2. Februar 2005

# Rechtsprechungs- und Literaturverzeichnis

*Bärenz, Uwe/Steinmüller, Jens:* Ausländische Mezzanine-Fonds im Investmentsteuerrecht, FR 2005, S. 919 ff.

*Bassenge, Peter:* Kommentar zu § 903 BGB, in: Palandt, Kommentar zum BGB, 67. Auflage, München 2008

*Bastian, Nicole:* Mezzanine Finanzierung steht still, Handelsblatt v. 15. September 2008, S. D12

*Battke, Jörg-Dieter:* Der Ausschluss von Gesellschaftern aus der GmbH, GmbHR 2008, S. 850 ff.

*Bauer, Andreas F./Gemmecke, Thomas:* Zur einkommensteuerrechtlichen Behandlung von Venture Capital und Private Equity Fonds nach dem BMF-Schreiben v. 16. 12. 2003, DStR 2004, S. 579 ff.

*Baumann, Horst/Reiss, Wilhelm:* Satzungsergänzende Vereinbarungen – Nebenverträge im Gesellschaftsrecht, ZGR, 1989, S. 157 ff.

*Baumbach, Adolf/Hueck, Alfred:* GmbHG, Kommentar, 18. Auflage, München 2006

*Baumbach, Adolf/Hopt, Klaus:* Kommentar zum Handelsgesetzbuch, 33. Aufl., München 2008

*Baums, Theodor/Sauter, Maike:* Anschleichen an Übernahmeziele mittels Cash Settled Equity Derivaten – ein Regelungsvorschlag, Working Paper Series des Insitute for Law and Finance der J. W. Goethe-Universität Frankfurt No. 97, 2009

*Baums, Theodor/Thoma, Georg (Hrsg.):* WpÜG, Kommentar zum Wertpapiererwerbs- und Übernahmegesetz, Loseblatt, Köln (Stand: 2008)

*Baums, Theodor:* Zur Offenlegung von Vorstandsvergütungen, in ZHR 169 (2005), S. 299 ff.

*Bebchuk, Lucian/Fried, Jesse:* Pay without Performance – The unfulfilled promise of executive compensation, Cambridge (USA) and London (UK) 2004

*Bechtold, Rainer/Bosch, Wolfgang/Brinker, Ingo/Hirsebrunner, Simon:* EG-Kartellrecht, Kommentar, München 2005

*Bechtold, Rainer:* GWB Kartellgesetz, Gesetz gegen Wettbewerbsbeschränkungen, Kommentar, 4. Aufl., 2006

*Beck, Heinz/Samm, Carl-Theodor/Kokemoor, Axel:* Gesetz über das Kreditwesen, Kommentar, 134. Auflage, Heidelberg 2009

*Becker, Ralph:* Gesellschaftsrechtliche Probleme der Finanzierung von Leveraged-Buy-Outs, DStR 1998, S. 1429 ff.

*Beermann, Albert (Begr.)/Gosch, Dietmar (Hrsg.):* Abgabenordnung, Finanzgerichtsordnung, EuGH-Verfahrensrecht: Kommentar, Bonn (Stand: Januar 2006)

*Behrens, Stefan:* Besteuerung des Carried Interest nach dem Halbeinkünfteverfahren, FR 2004, S. 1211 ff.

*Behrens, Stefan/Schmitt, Rainer:* Grunderwerbsteuer bei mittelbarer Anteilsübertragung, BB 2009, S. 425 ff.

*Berger, Klaus-Peter:* Fremdkapitalnahe Mezzanine-Finanzierungen, ZBB 2008, S. 92 ff.

*Beisel, Daniel/Andreas, Friedhold E. (Hrsg.):* Beck'sches Mandatshandbuch Due Diligence, München 2007

*Beisel, Wilhelm/Klumpp, Hans-Hermann:* Der Unternehmenskauf – Gesamtdarstellung der zivil- und steuerrechtlichen Vorgänge, 5. Auflage, München 2006

*Berens, Wolfgang/Brauner, Hans U./Strauch, Joachim (Hrsg.):* Due Diligence bei Unternehmensakquisitionen, 4. Auflage, Stuttgart 2005; 5. Auflage, Stuttgart 2008

*Bertl, Romuald et al. (Hrsg.):* Mitarbeiterbeteiligungen im Unternehmens- und Steuerrecht, Wien 2009

*Betsch, Oskar/Groh, Alexander/Lohmann, Lutz:* Corporate Finance, München 1998

*Bhat, Varun:* Corporate Governance in India: Past, Present & Suggestions for the Future, Iowa Law Review, Vol. 92 (2006), S. 1429 ff.

*Bhojraj, Lee und Ng:* International Valuation Using Smart Multiples, Discussion Paper, Cornell University, S. 11 ff.

*Bieder, Marcus A.:* Zur Behandlung von Sanierungskrediten im Insolvenzplan, ZInsO 2000, S. 531 ff.

*Binz, Mark K./Sorg, Martin H.:* Manager-Beteiligung auf Zeit – ein unzulässiger Etikettenschwindel?, in: GmbHR 2005, 893 ff.

*Birk, Dieter/Pöllath, Reinhard/Rodin, Andreas:* Kapitalbeteiligungs-Gesellschaften (Private-Equity-Fonds) und ihre steuerliche Behandlung, Westfälische Wilhelms-Universität, Münster 2001, im Internet abrufbar unter http://www.pplaw.de/media/PEDBRPAR0.pdf (Stand: Dezember 2005)

*Blaurock, Uwe:* Handbuch Stille Gesellschaft, 6. Auflage, Köln 2003

*Blumenberg, Jens/Benz, Sebastian:* Die Unternehmensteuerreform 2008, Erläuterungen und Gestaltungshinweise, Köln 2007

*Blumenberg, Jens/Roßner, Sven:* Steuerliche Auswirkungen der durch das BilMoG geplanten Änderungen der Bilanzierung von eigenen Anteilen, GmbHR 2008, S. 1079 ff.

*Blumers, Wolfgang:* DBA-Betriebsstätten-Zurechnungen in der jüngsten BFH-Rechtsprechung, DB 2008, S. 1765 ff.

# Rechtsprechungs- und Literaturverzeichnis

*Blümich, Walter:* Einkommensteuer, Körperschaftsteuer, Gewerbesteuer, Kommentar, München (Stand: März 2004)

*BNA Tax Management Portfolios* – Private Equity Funds, 2004, 735, A-27 ff.

*Bock, Volker:* Steuerliche und bilanzielle Aspekte mezzaniner Nachrang-Darlehen, DStR 2005, S. 1067 ff.

*Bodewig, Theo:* Rechtsfolgen vorvertraglichen Verschuldens bei Abbruch von Vertragsverhandlungen, Jura 2001, 1 ff.

*Boeck, Claire de/Anterroches, Edouard d':* A new investment vehicle suitable for Private Equity, in: Arendt & Medernach, specialised investment funds, Luxemburg, Oktober 2007, S. 214 ff.

*Boos, Karl-Heinz/Fischer, Reinfried/Schulte-Mattler, Hermann (Hrsg.):* Kreditwesengesetz: KWG, Kommentar zum KWG und Ausführungsvorschriften, 2. Auflage, München 2004; 3. Auflage, München 2008

*Boruttau, Ernst Paul/Fischer, Peter/Sack, Hans-Joachim:* Grunderwerbsteuergesetz, Kommentar, 16. Auflage, München 2007

*Böttcher, Lars:* Verpflichtung des Vorstands einer AG zur Durchführung einer Due Diligence, NZG 2005, S. 49 ff.

*Böttcher, Lars/Blasche, Sebastian:* Die Grenzen der Leitungsmacht des Vorstands, NZG 2006, S. 569 ff.

*Boxberger, Lutz:* Mehr Steuern für Fondsinitiatoren, Frankfurter Allgemeine Zeitung v. 13. August 2008, S. 21

*Boxberger, Lutz/Schatz, Christian:* Steueroasen ausgetrocknet?, Deutscher AnwaltSpiegel 03/2010

*Boxberger, Lutz/Schatz, Christian:* Weg aus der Zuschreibungsfalle, Frankfurter Allgemeine Zeitung v. 2. Dezember 2009, S. 25

*Brandt, Ulrich:* Transparenz nach RisikobegrenzungsG – und darüber hinaus?, BKR 2008, S. 441

*Braun, Eberhard (Hrsg.):* Insolvenzordnung, Kommentar, 3. Aufl., München 2007

*Braun, Eckhart/Geist, Andreas:* Zur Steuerfreiheit von Sanierungsgewinnen - Bestandsaufnahme und Empfehlungen, BB 2009, S. 2508 ff.

*Braun, Heiner:* Für Private-Equity-Deals ist Konstruktion entscheidend: Einflussnahme auch ohne Squeeze-out – Finanzierungsalternativen – Incentives für das Management können kritisch sein, Börsen-Zeitung vom 4. 7. 2007, S. 2

*Braunschweig, Philipp von:* Steuergünstige Gestaltung von Mitarbeiterbeteiligungen in Management-Buy-Out-Strukturen, in DB 1998, S. 1831 ff.

*Braunschweig, Philipp von:* Variable Kaufpreisklauseln in Unternehmenskaufverträgen, DB 2002, 1815 ff.

*Brebeck, Grank/Bredy, Jörg:* Financial Due Diligence I: Vermögen, Ertrag und Cash Flow, in: Berens, Wolfgang et al. (Hrsg.), Due Diligence bei Unternehmensakquisitionen, Stuttgart 2005

*Bredow, Günther M./Vogel, Hans-Gert:* Restrukturierung von Anleihen – Der aktuelle Regierungsentwurf eines neuen Schuldverschreibungsgesetzes, ZBB 2009, S. 153 ff.

*Bredow, Günther M./Vogel, Hans-Gert:* Unternehmenssanierung in Restrukturierung von Anleihen – Welche Verwässerung bringt das neue Schuldverschreibungsrecht?, ZBB 2008, S. 221 ff.

*Bremer, Jürgen:* GmbH-Praxis GmbH-Beratung – Herausgabe von Informationen im Rahmen einer Due Diligence, GmbHR 2000, S. 176 ff.

*Brete, Raik/Thomsen, Michael:* Die Auffanggsellschaft, NJOZ 2008, S. 4159 ff.

*Breuninger, Gottfried/Müller, Welf/Strobl-Haarmann, Elisabeth (Hrsg.):* Festschrift für Albert J. Rädler zum 65. Geburtstag, München 1999

*Breuninger, Gottfried/Prinz, Ulrich:* Ausgewählte Bilanz- und Steuerrechtsfragen von Mezzaninefinanzierungen, DStR 2006, S. 1345 ff.

*Breuninger, Gottfried (Hrsg.):* StbJb. 2002/2003, Köln 2002/2003

*Broschinski, Gregor:* Venture Capital Goes Public, Die Bank 2000, S. 158 ff.

*Brück, Michael/Sinewe, Patrick (Hrsg.):* Steueroptimierter Unternehmenskauf, 2. Auflage, Wiesbaden 2009

*Bülow, Stephan:* Die Handhabung von Interessenkonflikten beim Verkauf aus der Insolvenz, DZWIR 2005, S. 192 ff.

*Bütter, Michael/Tonner, Martin:* Sittenwidrigkeit der Übertragung und bedingten Rückübertragung eines Gesellschaftsanteils, in BB 2005, S. 283 ff.

*Bundesverband Deutscher Kapitalbeteiligungsgesellschaften – German Private Equity and Venture Capital Association e. V. (Hrsg.):* BVK Statistik – Das Jahr 2007 in Zahlen, Berlin 2008

*Bundesverband Deutscher Banken (Hrsg.):* Kapitalmarktprodukte für den Deutschen Mittelstand, Berlin 2004; im Internet abrufbar unter http://www.bdb.de

*Bunjes, Johann/Geist, Reinhold/Zeuner, Helga:* Umsatzsteuergesetz, Kommentar, 8. Auflage, München 2005

# Rechtsprechungs- und Literaturverzeichnis

*Burg, Michael/Westerheide, Stefan:* Praktische Auswirkungen des MoMiG auf die Finanzierung von Konzernen, BB 2008, S. 62 ff.

*Busch, Torsten:* Aktuelle Rechtsfragen des Bezugsrechts und Bezugsrechtsausschlusses beim Greenshoe im Rahmen von Aktienemissionen, AG 2002, S. 230 ff.

*Buttler, Andreas:* Einführung in die betriebliche Altersversorgung, 5. Auflage, Karlsruhe: Verlag Versicherungswirtschaft 2008

*Calaba, Victor F.:* The Insiders: A Look at The Comprehensive and Potentially Unnecessary Regulatory Approaches to Insider Trading in Germany and the United States, Loy. L.A. Int'l & Comp. L.J. No. 23/2001, S. 457

*Canellos, George S./Pater, Joshua R.:* Federal Courts Consider SEC's Strategy in PIPE Cases, New York Law Journal December 2007, S. 1

*Cahn, Andreas:* Kredite an Gesellschafter – Zugleich Anmerkung zur MPS-Entscheidung des BGH, ILF Working Papers serious number 98 (02/2009)

*Cahn, Andreas:* Kredite an Gesellschafter – zugleich Anmerkungen zur MPS-Entscheidung des BGH, Der Konzern 2009, 67

*Canaris, Claus-Wilhelm (Hrsg.):* Großkommentar zum Handelsgesetzbuch, 4. Auflage, Berlin 1987

*Canaris, Claus-Wilhelm:* Handelsrecht, 24. Auflage, München 2006

*Canaris, Claus-Wilhelm:* Die Vertrauenshaftung im deutschen Privatrecht, München 1971

*Cannivé, Klaus:* Die Legal Vendor Due Diligence – Marktstandard oder Modeerscheinung?, ZIP 2009, S. 254 ff.

*Cascante, Christian/Topf, Cornelia:* „Auf leisen Sohlen"? – Stakebuilding bei der börsennotierten AG, AG 2009, S. 53

*Chéruy, Christian:* Belgium extends Dividend Withholding Tax Exemption, Tax Notes International, Vol. 45 (2004), S. 217 ff.

*Clarebout, Xavier/Dhaene, Marc:* Thin Capitalization in Belgium, European Taxation, September/Oktober 2005, S. 372 ff.

*Clasper, James:* Under the microscope, Global Competition Review, März 2007, S. 28 f.

*Coenenberg, Adolf G.:* Das Multiplikator-Verfahren in der Unternehmensbewertung: Konzeption und Kritik, FB 2002, S. 697 ff.

*Copeland, Thomas/Antikarov, Vladimir:* Real options – a practicioner's guide, New York 2003

*Crezelius, Georg:* Aktuelle Steuerrechtsfragen in Krise und Insolvenz – Mai/Juni 2008, NZI 2008, S. 472 ff.

*Crezelius, Georg:* Aktuelle Steuerrechtsfragen in Krise und Insolvenz – September/Oktober 2008, NZI 2008, S. 727 ff.

*Dahl, Michael:* Der Tatbestand der Überschuldung nach § 19 InsO, NJW-Spezial 2008, Heft 4, S. 117 ff.

*Dahmann, Attila:* Zur volkswirtschaftlichen Bedeutung von Private Equity und Venture Capital, in: BVK (Hrsg.), Jahrbuch, Berlin 2004, S. 45 ff.

*Daimler* gewinnt zweiten arabischen Ankerinvestor, Transaktion fast ohne Malus für Stuttgarter – Abu Dhabi verzichtet auf Dividende für 2008 – Aufstockung nicht ausgeschlossen, Börsen-Zeitung vom 24. März 2009, Ausgabe Nr. 57, S. 11

*Damnitz, Michael/Degenhardt, Joerg:* Faktische Geschäftsführung und kapitalersetzende (Bank-)Darlehen bei der AG, WM 2005, S. 583 ff.

*Dauner-Lieb, Barbara:* Die Existenzvernichtungshaftung als deliktische Innenhaftung gemäß § 826 BGB: Besprechung der Entscheidung BGH DStR 2007, 1586 (TRIHOTEL), ZGR 2008, S. 34 ff.

*Deibert, Volker:* Fund-of-Funds-News, VentureCapital Magazin 2/2005, S. 25

*Dellinger, Markus (Hrsg.):* Bankwesengesetz, Loseblattsammlung, Wien (Stand: 2007)

*Derleder, Peter/Knops, Kai-Oliver/Bamberger, Heinz Georg:* Handbuch zum deutschen und europäischen Bankrecht, 2. Auflage, Berlin 2009

*Diehl, Oliver/Bozicevic, Falko:* Dual Track-Prozesse – Die bevorzugte Exitalternative für Finanzinvestoren, AG-Report 2006, S. R 493 f.

*Diem, Andreas:* Akquisitionsfinanzierungen, 1. Auflage, München, 2005; 2. Auflage, München, 2009

*Dietrich, Kurt/Kölbel-Vogt, Jasmin:* Whole Business Securitisation – ein neues Refinanzierungskonzept für Deutschland, Die Bank 2002, S. 181 ff.

*Diwok, Georg/Göth, Philip (Hrsg.):* Bankwesengesetz, Kommentar, Wien (Stand: 2005)

*Dixit, Avinosh K./Pindyck, Robert S.:* Investment under uncertainty, Princeton 1994

*Djanani, Christiana/Brähler, Gernot (Hrsg.):* Umwandlungssteuerrecht, Wiesbaden 2005

*Doralt, Werner (Hrsg.):* Einkommensteuergesetz, Kommentar, Wien (Stand: 2008)

*Doralt, Werner:* KODEX des internationalen Rechts, Internationale Rechnungslegung Stand: 1. 7. 2007, Wien 2007

# Rechtsprechungs- und Literaturverzeichnis

*Dörscher, Martin:* Mezzanine Capital als Wachstumskapital für KMU – Ein Fallbeispiel, Finanz Betrieb 2004, S. 161 ff.
*Dörr, Ingmar/Fehling, Daniel:* Gestaltungsmöglickeiten zum Öffnen der Zinsschranke, Die Unternehmensbesteuerung 2008, S. 345 ff.
*Dötsch, Ewald/Jost, Werner/Pung, Alexandra (Hrsg.):* Die Körperschaftsteuer: Kommentar, Stuttgart (Stand: April 2006)
*Dötsch, Ewald/Pung, Alexandra:* Richtlinien-Umsetzungsgesetz: Die Änderung des EStG, des KStG und des GewStG , DB 2005, 10 ff.
*Dötsch, Ewald:* Kann eine unzutreffende handelsrechtliche Bilanzierung zur steuerlichen Nichtanerkennung der Organschaft führen?, Der Konzern 2009, S. 171 ff.
*Ecker, Martina:* Investmentstrategien von Finanzinvestoren, M&A Review 2006, S. 483 ff.
*Economist Intelligence Unit (Hrsg.):* Private Equity in Japan – Fuelling the next M&A Wave?, London, 2006
*Eickhorst, Daniel:* Auswirkungen der Unternehmensteuerreform 2008 auf Krisenunternehmen und ihre Sanierung, BB 2007, S. 1707 ff.
*Eidenmüller, Horst:* Private Equity, Leverage und die Effizienz des Gläubigerschutzrechts, ZHR 171 (2007), S. 644 ff.
*Eilers, Stephan:* Zinsschrankenerfahrungen – Sub-prime crisis; Reaktionsgestaltungen; Private Equity Strukturen –, Ubg 2008, S. 197 ff.
*Eilers, Stephan:* Fremdfinanzierung im Unternehmen nach der Unternehmensteuerreform, FR 2008, S. 733 ff.
*Eilers, Stephan:* Private Equity Strukturen, Ubg 2008, S. 197 ff.
*Eilers, Stephan/Koffka, Nils/Mackensen, Marcus (Hrsg.):* Private Equity, München 2009
*Eilers, Stephan/Rödding, Adalbert/Schmalenbach, Dirk (Hrsg.):* Unternehmensfinanzierung, München 2008
*Eilers, Stephan/Rödding, Adalbert:* Steuerliche Fragestellungen bei „Leveraged re-capitalizations", DB 2005, S. 1591 ff.
*Einmüller, Horst:* Private Equity, Leverage und Effizienz des Gläubigerschutzrechts, ZHR 171 (2007), S. 644 ff.
*Elfring, Claus:* Legal Due Diligence Reports, JuS-Beilage 2007, S. 3 ff.
*Eling, Martin:* Der Swiss Solvency Test: ein Vorbild für Solvency II?, in: Der Finanzbetrieb 9 (2007), Nr. 5, S. 278 ff.
*Ellrott, Helmut/Förschle, Gerhart/Hoyos, Martin/Winkeljohann, Norbert:* Beck'scher Bilanzkommentar, Handels- und Steuerbilanz, 6. Auflage, München 2006
*Endres, Dieter/Günkel, Manfred:* Vorschläge des IDW zur Unternehmenssteuerreform, WPg Sonderheft 2006, S. 2 ff.
*Englisch, Joachim:* Umsatzsteuerrechtliche Behandlung gesellschaftsrechtlicher Beteiligungen, UR 2007, S. 290
*Erhart, Gabriele/Lücke, Oliver:* Vorstandsbezüge als verdeckte Gewinnausschüttung? Der Aufsichtsrat als Filter der Angemessenheitsprüfung, in BB 2007, S. 183 ff.
*Erle, Bernd/Sauter, Thomas (Hrsg.):* KStG, Kommentar, 2. Auflage, Heidelberg 2006
*Ernst, Markus:* Private-Equity-Fonds zwischen Gewerblichkeit und Vermögensverwaltung, BB 2005, S. 2213 ff.
*Ernst & Young (Hrsg.):* Körperschaftsteuergesetz: Kommentar, Bonn (Stand: August 2006)
*Eschbach, Werner:* Management Buy-Out und Ausgabe von Stock Options, BB 1999, S. 2484 ff.
*Eßer, Martin:* Kollektive Anlagemodelle als Finanzportfolioverwaltung, WM 2008, S. 1671 ff.
*Euler Hermes Kreditversicherungs-AG (Hrsg.):* Wirtschaft Konkret, Ursachen von Insolvenzen, Nr. 414
*Europäische Kommission (Hrsg.):* Preliminary Report on the Pharmaceutical Sector Inquiry, DG Competition Staff Working Paper, Brüssel, 2008, im Internet abrufbar unter http://ec.europa.eu/comm/competition/sectors/pharmaceuticals/inquiry/index.html
*European Private Equity & Venture Capital Association (Hrsg.):* EVCA Special Paper: Why and How to Invest in Private Equity, Zaventem, März 2004, im Internet abrufbar unter http://www.evca.com
*European Private Equity & Venture Capital Association (Hrsg.):* International Private Equity and Venture Capital Valuation Guidelines, published on http://www.evca.com, Stand: Oktober 2006
*Everling, Oliver/Trieu, My Linh:* Stellenwert des Mezzanine-Kapitals im Rahmen des Unternehmensrating, in: Bösl, Konrad/Sommer, Michael (Hrsg.), Mezzanine-Finanzierung, München, 2006
*Ewald, Christian:* Paradigmenwechsel bei der Abgrenzung relevanter Märkte?, ZWeR 2004, S. 512 ff.
*Fahr/Kaulbach/Bähr:* VAG Versicherungsaufsichtsgesetz Kommentar, 4. neubearbeitete Auflage, München: Verlag: C.H. Beck 2007

# Rechtsprechungs- und Literaturverzeichnis

*Fahrholz, Bernd:* Neue Form der Unternehmensfinanzierung, München 1988
*Fahrholz, Bernd (Hrsg.):* Neue Formen der Unternehmensfinanzierung, München 2007
*Falk, I. Lee/Kleinman, Daniel R.:* What to do if your fund becomes subject to ERISA, The Investment Lawyer, January 2002, S. 2 ff.
*Fama, Eugene F./Jensen, Michael C.:* Separation of ownership and control, Journal of Law & Economics (1983), 301 ff.
*Farny, Dieter:* Versicherungsbetriebslehre, 4. überarbeitete Auflage, Karlsruhe: Verlag Versicherungswirtschaft 2006
*Farkas-Richling/Fischer/Richter (Hrsg.):* Privat Banking and Family Office, Stuttgart 2009
*Feinendegen, Stefan/Schmidt, Daniel/Wahrenburg, Mark:* Die Vertragsbeziehung zwischen Investoren und Venture-Capital-Fonds: Eine empirische Untersuchung des europäischen Venture-Capital-Marktes, Center for Financial Studies, CFS Working Paper No. 2002/01
Feldhaus/Veith (Hrsg.): Frankfurter Kommentar zu Private Equily, Frankfurt am Main 2010
*Fleischer, Holger:* Das Vorstandsvergütungs-Offenlegungsgesetz, in DB 2005, 1611 ff.
*Fleischer, Holger:* Informationspflichten der Geschäftsleiter beim Management Buyout im Schnittfeld von Vertrags-, Gesellschafts- und Kapitalmarktrecht, in AG 2000, S. 309 ff.
*Fleischhauer, Uwe/Hoyer, Götz A.:* Studie: Private Equity als fester Bestandteil der Anlageportfolios europäischer Institutionen, in: Finanz Betrieb 2004, S. 395 ff.
*Fleischer, Holger:* Konkurrenzangebote und Due Diligence, ZIP 2002, 651 ff.
*Fleischer, Holger:* Marktschutzvereinbarungen beim Börsengang, WM 2002, S. 2305 ff.
*Fleischer, Holger:* Umplatzierung von Aktien durch öffentliches Angebot (Secondary Public Offering) und verdeckte Einlagenrückgewähr nach § 57 Abs.1 AktG, ZIP 2007, S. 1969 ff.
*Fleischer, Holger:* Zum Begriff des öffentlichen Angebots im Wertpapiererwerbs- und Übernahmegesetz, ZIP 2001, S. 1653
*Fleischer, Holger/Schmolke, Klaus Ulrich:* Kapitalmarktrechtliche Beteiligungstransparenz nach §§ 21 ff. WpHG und „Hidden-Ownership", ZIP 2008, S. 1501 ff.
*Fleischer, Holger/Schmolke, Klaus Ulrich:* Das Anschleichen an eine börsennotierte Aktiengesellschaft – Überlegungen zur Beteiligungstransparenz de lege lata und de lege ferenda -, NZG 2009, S. 401 ff.
*Fenn, Patrick/Goldstein, David:* Tax considerations in structuring US-based private equity funds, International Financial Law Review, Private Equity and Venture Capital 2002 Supplement
*Fischer, Michael:* Europarecht und Körperschaftsteuerrecht, DStR 2006, S. 2281 ff.
*Fleck, Hans-Joachim:* Das kapitalersetzende Gesellschafterdarlehen in der Gmbh-Bilanz – Verbindlichkeit oder Eigenkapital?, GmbHR 1989, S. 313 ff.
*Fleischer, Holger:* Covenants und Kapitalersatz, ZIP 1998, S. 313 ff.
*Fleischer, Holger (Hrsg.):* Handbuch des Vorstandsrechts, München 2006
*Flick, Hans F.W./Heinsen, Oliver:* Steuerliche Behandlung von Einkünften deutscher Gesellschafter aus der Beteiligung an einer US-Limited Liability Company – Anmerkungen zum BFH-Urteil vom 20. August 2008, I R 34/08, IStR 2008, S. 781 ff.
*Flick, Hans F.W./Wassermeyer, Franz/Baumhoff, Hubertus:* Außensteuerrecht, Kommentar, Köln (Stand: Oktober 2004)
*Flowers* größter Aktionär der Hypo Real Estate, Investorengruppe sicher sich 24,1 Prozent am Münchner Immobilienfinanzierer – Aktie notiert fester, Börsen-Zeitung vom 25. Juni 2008, Ausgabe Nr. 120, S. 3
*Fock, Till:* Investmentsteuerrecht und Außensteuergesetz, IStR 2006, S. 734 ff.
*Fock, Till:* Unternehmensbeteiligung: Die geplante Novelle des UBGG und ein Vergleich zum Statut der Luxemburger SICAR, DB 2006, S. 1542 ff.
*Freenet* greift sich Debitel Verschuldung schnellt hoch, Kurssturz nach dem Ende des Zerschlagungsszenarios, Börsen-Zeitung vom 29. April 2008, Ausgabe Nr. 82, S. 9
*Freudenberg, Tobias:* Gefahr für Konzern-Finanzierungen, Handelsblatt v. 21. November 2007, S. 22
*Friedl, Marcus/Natusch, Ingo:* Debt-Buy-Backs-Analyse und Gestaltungsmöglichkeiten, Finanz Betrieb 2009, 227 ff.
*Fröhlich, Andreas/Sittel, Thomas C.:* Das Planverfahren als Restrukturierungsinstrument, in: Financial Gates (Hrsg.), Restrukturierung, Jahrbuch 2010, Frankfurt am Main 2010, S. 16 ff.
*Frotscher, Gerrit:* Die körperschaftsteuerliche Übergangsregelung nach dem Steuersenkungsgesetz, BB 2000, S. 2280 ff.
*Frotscher, Gerrit:* Verlustabzugsbeschränkung, § 8c KStG, und Organschaft, Der Konzern 2008, S. 548 ff.
*Früchtl, Bernd/Prokscha, Armin:* Die einkommensteuerliche Behandlung von Erlösen aus der Liquidation von Kapitalgesellschaften nach dem SEStEG, BB 2007, S. 2147 ff.

# Rechtsprechungs- und Literaturverzeichnis

*Fuchs, Andreas:* Wertpapierhandelsgesetz (WpHG) Kommentar, München 2009

*Füger, Rolf/Rieger, Norbert (Hrsg.):* Festschrift für Siegfried Widmann, Bonn 2000

*Füger, Rolf/Rieger, Norbert:* Private Equity zielt stärker auf Minderheitsbeteiligungen, Börsen-Zeitung v. 11. Oktober 2006, S. 2

*Gassner, Wolfgang/Gröhs, Bernhard/Lang, Michael (Hrsg.):* Zukunftsaufgaben der Wirtschaftsprüfung, Festschrift Deloitte & Touche, Wien 1997

*Gehlhaar, Lars/Golland, Frank:* Mezzanine-Kapital als Baustein einer Buy-Out-Finanzierung, Venture-Capital Magazin, Sonderausgabe Mittelstandsfinanzierung 2004, S. 57

*Gehrlein, Markus:* Die Existenzvernichtungshaftung im Wandel der Rechtsprechung, WM 2008, S. 761 ff.

*Gehrlein, Stefan:* Die Veräußerung und Übertragung eines Kreditportfolios unter Berücksichtigung der Übertragungsstrukturen, des Bankgeheimnisses und des Datenschutzes, Baden-Baden 2007

*Gemmel, Heiko/Schierle, Anja:* Ausländische Investmentanteile – Kleine Änderung des Investmentgesetzes mit großer Auswirkung auf das (Investment-)Steuerrecht?, BB 2008, S. 1144 ff.

*Gesamtverband der Deutschen Versicherungswirtschaft e. V.:* Diskussionsbeitrag für einen Solvency II kompatiblen Standardansatz (Säule I) Modellbeschreibung, Berlin 2005

*Geurts, Matthias/Jacob, Friedhelm:* Französische SICAV: Ansässigkeit nur bei Steuerpflicht – und was ist mit dem deutschen REIT?, IStR 2007, S. 737 ff.

*Geyrhalter, Volker/Zirngibl, Nikolas/Strehle, Christopher:* Haftungsrisiken aus dem Scheitern von Vertragsverhandlungen bei M&A-Transaktionen, DStR 2006, S. 1559 ff.

*Glanegger, Peter/Güroff, Georg:* Kommentar zum Gewerbesteuergesetz, 7. Auflage, München 2009

*Gleiss, Alfred/Hirsch, Martin/Burkert, Thomas:* Kommentar zum EG-Kartellrecht, Band 1, Artikel 85 und Gruppenfreistellungsverordnungen, 4. Auflage, Heidelbert 1993

*Gleske, Christoph L./Laudenklos, Frank:* in: Eilers, Stephan/Rödding, Adalbert/Schmalenbach, Dirk (Hrsg.), Unternehmensfinanzierung, München 2008

*Goette, Wulf:* Das Kapitalschutzsystem auf der neuen Grundlage der Existenzvernichtungshaftung, DStR 2007, S. 1593 ff.

*Goette, Wulf:* Zur Voreinzahlung auf künftige Kapitalerhöhung bei der GmbH, in: Hommelhoff, Peter/Rawert, Peter/Schmidt, Karsten (Hrsg.): Festschrift für Hans-Joachim Priester, Köln 2007, S. 95 ff.

*Golland, Frank:* Einsatz von Mezzanine-Kapital im Auktionsprozess, Newsletter Private Equity, Ausgabe 2/2005, S. 9

*Golland, Frank:* Goldener Mittelweg, Finance-Magazin, Sonderbeilage, Oktober 2005, S. 38

*Golland, Frank/Gehlhaar, Lars:* Genussschein-Buy-Out zur Nachfolgeregelung, Handelsblatt v. 20. April 2005, S. 43

*Golland, Frank/Gehlhaar, Lars:* Mezzanine-Kapital als Finanzierungsbaustein mit Wettbewerbsvorteil im Auktionsprozess, M&A Review 06/2005, S. 272

*Golland, Frank/Gehlhaar, Lars/Grossmann, Klaus/Eickhoff-Kley, Xenia/Jänisch, Christian:* Im Blickpunkt: Mezzanine-Kapital, BB-Spezial 4/2005, S. 1 ff.

*Gosch, Dietmar:* Ausschluss der Kapitalertragsteuererstattung gem. § 50d Abs. 1a EStG 1990 i.d.F. des StMBG, BFH/PR 2008, 296

*Gosch, Dietmar (Hrsg.):* Körperschaftsteuergesetz, Kommentar, München 2005

*Gosch, Dietmar:* Notwendiges Sonderbetriebsvermögen und Abkommensrecht, BFH/PR 2008, 328

*Gosch, Dietmar:* Die Zwischengesellschaft nach „Hilversum I und II", „Cadburry Schweppes" und den JStG 07 und 08, in: Festschrift Reiß, 2008, S. 597 ff.

*Gosch, Dietmar (Hrsg.):* Körperschaftsteuergesetz, Kommentar, München 2005

*Görgemanns, Thomas:* Tracking Stocks bei der Joint Venture GmbH, in GmbHR 2004, S. 170 ff.

*Götze, Cornelius:* Auskunftserteilung durch GmbH-Geschäftsführer im Rahmen der Due Diligence beim Beteiligungserwerb, ZGR 1999, S. 202 ff.

*Grabbe, Jan/Behrens, Stefan:* Ist die mittelbare Beteiligung natürlicher Personen schädlich für den Status als Spezialfonds?, DStR 2005, S. 159 ff.

*Graf von Westphalen, Friedrich:* 30 Jahre AGB-Recht – Eine Erfolgsbilanz, ZIP 2007, S. 149 ff.

*Gran, Andreas:* Abläufe bei Mergers & Acquisitions, NJW 2008, S. 1409 ff.

*Gray, Richard M./Mehta, Suhrud:* The Market Disruption Clause, International Finance Law Review, December/January 2009, S. 88

*Gätsch, Andreas/Schäfer, Frank A.:* Abgestimmtes Verhalten nach § 22 II WpHG und § 30 II WpÜG in der Fassung des Risikobegrenzungsgesetzes, NZG 2008, S. 846 ff.

*Gerhard, Frank:* Private Investments in Public Equity (PIPEs) – A Closer Look at PIPE Transactions in Switzerlan, European Company and Financial Law Review 2008, S. 305 ff.

*Groh, Manfred:* Eigenkapitalersatz in der Bilanz, BB 1993, S. 1882 ff.

# Rechtsprechungs- und Literaturverzeichnis

*Groß, Wolfgang:* Kapitalmarktrecht, 4. Auflage, München 2009

*Grotherr, Siegfried (Hrsg.):* Handbuch der internationalen Steuerplanung, 2. Auflage, Herne/Berlin 2003

*Gruber, Josef/Gruber, Walter/Braun, Hendryk:* Praktiker-Handbuch Asset-Backed-Securities und Kreditderivate, Stuttgart 2005

*Grunewald, Barbara:* Ausschluss aus Freiberuflersozietäten und Mitunternehmergesellschaften ohne besonderen Anlass, DStR 2004, S. 1750 ff.

*Grunewald, Barbara/Schlitt, Michael:* Einführung in das Kapitalmarktrecht, 2. Auflage, München 2009

*Günkel, Manfred/Lieber, Bettina:* Ausgewählte Zweifelsfragen im Zusammenhang mit der verschärften Holdingregelung in § 50d Abs. 3 EStG i.d.F. des JStG 2007, Ubg 2008, S. 383 ff.

*Haag, Maximilian/Veith, Amos:* Das MoRaKG und seine Auswirkungen für Wagniskapital in Deutschland – oder was von einem Private-Equity-Gesetz geblieben ist, BB 2008, S. 1915 ff.

*Haarmann, Wilhelm/Schüppen, Matthias (Hrsg.):* Frankfurter Kommentar zum WpÜG, 2. Auflage, Frankfurt am Main 2005

*Haas, Ulrich:* Das neue Kapitalersatzrecht nach dem RegE-MoMiG, ZInsO 2007, S. 617 ff.

*Haase, Florian:* Zweifelsfragen im Anwendungsbereich von § 1 Abs. 1 Nr. 2 InvStG, DStR 2009, S. 957 ff.

*Habersack, Matthias:* Aufsteigende Kredite im Lichte des MoMiG und des „Dezember"-Urteils des BGH, ZGR 2009, S. 347 ff.

*Habersack, Matthias:* Beteiligungstransparenz adieu? – Lehren aus dem Fall Continental/Schaeffler –, AG 2008, S. 817 ff.

*Habersack, Matthias:* Die erfolgsabhängige Vergütung des Aufsichtsrats und ihre Grenzen, ZGR 2004, S. 721 ff.

*Habersack, Matthias:* Gesellschafterdarlehen nach MoMiG: Anwendungsbereich, Tatbestand und Rechtsfolgen der Neuregelung, ZIP 2007, S. 2145 ff.

*Habersack, Matthias:* Aufgaben und Rechte des Aufsichtsrats, in: Münchener Kommentar zum Aktiengesetz, § 111, 3. Auflage, München 2008

*Habersack, Matthias/Verse, Dirk A.:* Rechtsfragen der Mitarbeiterbeteiligung im Spiegel der neueren Rechtsprechung, in ZGR 2005, S. 451 ff.

*Habersack, Mathias/Mülbert, Peter O./Schlitt, Michael:* Handbuch der Kapitalmarktinformation, München 2008

*Habersack, Mathias/Mülbert, Peter O./Schlitt, Michael:* Unternehmensfinanzierung am Kapitalmarkt, 2. Aufl., Köln 2008

*Haberstock, Otto:* BGH: Rückzahlungen an Gesellschafter aus freier Kapitalrücklage, Anmerkung zum BGH-Beschluss vom 15. 10. 2007 – II ZR 249/06 (OLG München), NZG 2008, S. 220 ff.

*Hachenburg, Max (Hrsg.):* GmbH-Gesetz, Großkommentar, 8. Auflage, Berlin 2002

*Häger, Michael/Elkemann-Reusch, Manfred (Hrsg.):* Mezzanine Finanzierungsinstrumente, 2. Auflage, Berlin 2007

*Hägerle, Jochen:* Finanzierung abseits der Bank, ProFirma, Februar 2005, S. 34 ff.

*Hagebusch, Alfred/Oberle, Thomas:* Gläubigerbefriedigung durch Unternehmenssanierung: die übertragende Sanierung – Eine Bestandsaufnahme vor dem Hintergrund jüngster InsO-Reformen, NZI 2006, S. 618 ff.

*Hagemann, Jens/Jacob, Burkhard/Ropohl, Florian, Viebrock, Björn (Hrsg.):* SEStEG 2007, Herne 2007

*Haghani, Sascha/Holzamer, Matthias:* Financial Covenants, in: Buth, Andrea Katharina/Hermanns, Michael (Hrsg.), Restrukturierung, Sanierung, Insolvenz, 3. vollständig neu überarbeitete Auflage, München 2008

*Hahn, Kerstin:* Die Kapitalanlage von Versicherungsunternehmen nach dem Vag unter besonderer Berücksichtigung von Asset-backed-securities, 1. Auflage, Karlsruhe 2005

*Haisch, Martin:* Besteuerung von Finanzprodukten unter der Abgeltungssteuer, DStZ 2007, S. 762 f.

*Haisch, Martin/Danz, Thilo/Jetter, Jann:* Gesamtkonzept des BFH zur Besteuerung von Finanzinnovationen, DStZ 2007, S. 450 ff.

*Hakenberg, Waltraut/Stix-Hackl, Christine:* Handbuch zum Verfahren vor dem Europäischen Gerichtshof, 2. Auflage, Berlin 2000

*Halász, Christian/Kloster, Lars:* Abgestimmtes Verhalten im Sinne des § 30 Abs. 2 WpÜG im Zusammenhang mit einem Dept-Equity Swap, WM 2006, S. 2152 ff.

*Halász, Christian/Kloster, Lars:* Acting in concert im Lichte der aktuellen höchstrichterlichen Rechtsprechung, Der Konzern 2007, S. 344 ff.

*Hallerbach, Dorothee:* Problemfelder der neuen Zinsschrankenregelung des § 4h EStG, StuB 2007, S. 487 ff.

# Rechtsprechungs- und Literaturverzeichnis

*Hamada, R. S.:* The effect of the Firm's Capital Structure on the Systematic Risk of Common Stocks, Journal of Finance, Volume 27 (1972), Nr. 2, S. 13 ff.

*Hamann, Hartmut/Sigle, Axel:* Vertragsbuch Gesellschaftsrecht, München 2008

*Hanten, Mathias/Livonius, Hilger von:* Erlaubnispflicht kollektiver Anlagemodelle nach dem KWG, BKR 2008, S. 230 ff.

*Harrer, Herbert (Hrsg.):* Mitarbeiterbeteiligungen und Stock-Option-Pläne, 2. Auflage München 2004

*Harrer, Herbert/Janssen, Ulli/Halbig, Uwe:* Genussscheine – Eine interessante Form der Mezzanine Mittelstandsfinanzierung, Finanz Betrieb 2005, S. 1 ff.

*Hasselbach, Kai/Hoffmann, Nils:* Die Sanierungsbefreiung nach § 37 WpÜG bei der Übernahme börsennotierter Unternehmen, DB 2009, S. 327 ff.

*Hausch, Tobias:* Gestaltungsmittel im Asset Deal-Unternehmenskaufvertrag im Hinblick auf § 613a BGB, BB 2008, S. 1392 ff.

*Häuselmann, Holger:* Die Einordnung von Kapitalüberlassungsverhältnissen für Zwecke der Zinsschranke, FR 2009, S. 506 ff.

*Häuselmann, Holger:* Möglichkeiten und Grenzen des Zinsschrankenmanagements beim Einsatz von Wertpapieren, Ubg 2009, 225 ff.

*Häuselmann, Holger:* Zum Zinsbegriff der Zinsschranke als Steueroptimierungsfaktor (§ 4h Abs. 3 EStG), FR 2009, 401 ff.

*Häussermann, Roland/Rengier, Christian:* Die InvStG-Ausnahme des § 50d Abs. 3 EStG: Fortgeltung des materiellen Investmentbegriffes für Immobilienfonds, IStR 2008, S. 679 ff.

*Heidinger, Markus/Kaspar, Rainer:* Zum Kapitalfinanzierungsgeschäft gemäß § 1 Abs. 1 Z 1 BWG, ZFR 2009, S. 125 ff.

*Heimbürger, Hans-Joachim:* Aufwandswirksame Buchung von Stock Options, in WPg 2008, S. 117 ff.

*Heinze, Harald:* Verdeckte Sacheinlagen und verdeckte Finanzierungen nach dem MoMiG, GmbHR 2008, S. 1065 ff.

*Helios, Marcus/Wiesbrock, Michael:* Der Regierungsentwurf des Gesetzes zur Förderung von Wagniskapitalbeteiligungen (Wagniskapitalbeteiligungsgesetz – WKBG), DStR 2007, S. 1793 ff.

*Hemeling, Peter:* Gesellschaftsrechtliche Fragen der Due Diligence beim Unternehmenskauf, ZHR 169 (2005), S. 275 ff.

*Herchen, Hilke:* Agio und verdecktes Agio im Recht der Kapitalgesellschaften, Köln 2004, zugl.: Hamburg, Univ., Diss., 2003

*Hering, Thomas:* Unternehmensbewertung, München 2005

*Herrler, Sebastian:* Kapitalaufbringung nach dem MoMiG, DB 2008, S. 2347 ff.

*Herz und Aksenenko* gehen bei Escada auf Augenhöhe, Tchibo-Erben finanzieren über Kapitalerhöhung ein 23-Prozent-Paket – Künftig Patt im Aktionärskreis – 50 Mill. Euro frische Mittel, Börsen-Zeitung vom 25. Juni 2008, Ausgabe Nr. 120, S. 11

*Herzig, Norbert:* Steuerliche und bilanzielle Probleme bei Stock Options und Stock Appreciation Rights, in DB 1999, S. 1 ff.

*Herzig, Norbert/Gocksch, Sebastian:* Die steuerliche Behandlung von Übergewinnanteilen für Sponsoren inländischer Private-Equity-Fonds, DB 2002, S. 600 ff.

*Hey, Friedrich:* Urteilsanmerkung zu BFH v. 25. Juli 2001, X R 55/97, BStBl. 2001 Teil II, S. 809, BB 2002, S. 870 ff.

*Hidalgo, Martina/Rid, Claudia:* Wie flexibel können Zielbonussysteme sein?, in BB 2005, S. 2686 ff.

*Hidien, Jürgen/Lohmann, Reinhard:* Organisatorische Eingliederung als Tatbestandsmerkmal der umsatzsteuerlichen Organschaft bei fehlender Personalunion der Geschäftsleistungen in GmbH-Organgesellschaften, GmbHR 2008, S. 917 ff.

*Hielscher, Udo/Zelger, Hansjörg/Bayer, Sven:* Performancemessung und Reporting von Venture Capital-/Private Equity-Gesellschaften, FR 2003, S. 498 ff.

*Hirte, Heribert:* Die Neuregelung des Rechts der (früher: kapitalersetzenden) Gesellschafterdarlehen durch das «Gesetz zur Modernisierung des GmbH-Rechts und zur Bekämpfung von Missbräuchen» (MoMiG)», WM 2008, S. 1429 ff.

*Hirte, Heribert (Hrsg.):* Kölner Kommentar zum WpÜG, Köln 2003

*Hirte, Heribert/Möllers, Thomas J. M.:* Kölner Kommentar zum WpHG, Köln 2007

*Hofert, Sebastian/Arends, Volker:* Mezzanine-Finanzierung der GmbH, GmbHR 2005, S. 1381 ff.

*Hofert, Sebastian/Arends, Volker:* Intelligente rechtliche Gestaltung von Mezzanine-Finanzierungen, ZIP 2005, S. 1297 ff.

*Hoffmann, Guido:* Financial Covenants in Akquisitionskrediten – Eine Bestandsaufnahme, ZBB 2007, S. 413 ff.

# Rechtsprechungs- und Literaturverzeichnis

*Hoffmann, Wolf-Dieter:* Nochmals: Verdeckte Gewinnausschüttung bei Genussrechtsvergütungen, GmbHR 1993, S. 280 ff.

*Hoffmann-Becking, Michael:* Boni für Manager aus zivilrechtlicher Sicht, in Verdient – unverdient, Unternehmerische Arbeit und Vermögen – Recht und Steuern, Köln 2008, S. 91 ff.

*Hoffmann-Becking, Michael (Hrsg.):* Münchener Handbuch des Gesellschaftsrechts, Aktiengesellschaft: Band 4, 3. Auflage, München 2007

*Hoffmann-Becking, Michael:* Der Einfluss schuldrechtlicher Gesellschaftervereinbarungen auf die Rechtsbeziehungen in der Kapitalgesellschaft, ZGR 1994, S. 442 ff.

*Höfling, Michael:* Interview mit Stefan Jugel, „Ein Markt für absolute Kenner", in: Welt am Sonntag v. 12. 12. 2004, S. 44

*Hofmann, Gerda/Hofmann, Ruth (Hrsg.):* GrEStG, 4. Auflage, Herne/Berlin 2004

*Hofmann, Gerda (Hrsg.):* GrESt, 8. Aufl., Herne/Berlin 2004

*Hohaus, Benedikt/Inhester, Michael:* Rahmenbedingungen von Management-Beteiligungen, in DStR 2003, S. 1765 ff.

*Hohaus, Benedikt/Koch-Schulte, Barbara:* Manager in Private Equity-Transaktionen; in Transaktionen, Vermögen, Pro Bono – Festschrift zum zehnjährigen Bestehen von P+P Pöllath + Partners, München 2008, S. 93 ff.

*Hohaus, Benedikt/Weber, Christoph:* Aktuelle Rechtsprechung zum Gesellschafterausschluss und Managementbeteiligungen in Private Equity-Transaktionen, NZG 2005, S. 961 ff.

*Hohaus, Benedikt/Weber, Christoph:* Aktuelles zu Managementbeteiligungen in Private Equity-Transaktionen 2005/2006, BB 2006, S. 2089 ff.

*Hohaus, Benedikt/Weber, Christoph:* Aktuelles zu Managementbeteiligungen in Private Equity-Transaktionen 2006/2007, BB 2007, S. 2582 ff.

*Hohaus, Benedikt/Weber, Christoph:* Aktuelles zu Managementbeteiligungen in Private Equity-Transaktionen 2007/2008, in BB 2008, S. 2358 ff.

*Hohaus, Benedikt/Weber, Christoph:* Vereinbarung von Managementbeteiligungen in Private Equity-Transaktionen, in Beraterbrief Vermögen 06/2005, S. 11 ff.

*Hohaus, Benedikt:* Aktuelles zu Managementbeteiligungen in Private Equity-Transaktionen, in BB 2005, S. 1291 ff.

*Hohaus, Benedikt:* Die „Treuhandlösung" bei Mitarbeiterdirektbeteiligungen – Steuerrechtliche Grundsätze, in DB 2002, S. 1233 ff.

*Hohaus, Benedikt:* Recht der Gesellschafterversammlung zur Hinauskündigung eines Gesellschafters bei Beendigung eines Kooperationsvertrages – Urteilsanmerkung zu BGH vom 14. 3. 2005 – II ZR 153/03, in DB 2005, S. 939 ff.

*Hölters, Wolfgang (Hrsg.):* Handbuch des Unternehmens- und Beteiligungskaufs, 6. Auflage, Köln 2005

*Holzapfel, Hans-Joachim/Pöllath, Reinhard:* Unternehmenskauf in Recht und Praxis, Köln 2005; 13. Auflage, Köln 2008

*Hölzle, Gerrit:* Sanierende Übertragung – Besonderheiten des Unternehmenskaufs in Krise und Insolvenz, DStR 2004, S. 1433 ff.

*Hommelhoff, Peter/Lutter, Marcus (Hrsg.):* GmbHG, Kommentar, 17. Auflage, Köln 2009

*Hönn, Günther:* Roma locuta? – Trihotel, Rechtsfortbildung und die gesetzliche Wertung, WM 2008, S. 769 ff.

*Hopt, Klaus/Wiedemann, Herbert:* Großkommentar zum Aktiengesetz, 4. Auflage, Berlin 2001

*Hopt, Klaus/Henze, Hartwig (Hrsg.):* Aktiengesetz Großkommentar, 15. Lieferung: §§ 54–66, 4. Auflage, Berlin, New York 2001

*Horn, Norbert:* Die Stellung der Anleihegläubiger nach neuem Schuldverschreibungsgesetz und allgemeinen Privatrecht im Licht aktueller Marktentwicklungen, ZHR 173 (2009), S. 12 ff.

*Horsch, Andreas/Schölisch, Dietmar/Sturm, Stefan:* Stress-Test. Regulierung der Kapitalanlagen von Lebensversicherungsunternehmen, in FinanzBetrieb 2003, S. 850 ff.

*Hoyos, Martin/Ring, Maximilian (Hrsg.):* Beck'scher Bilanz-Kommentar, 6. Aufl., München 2006

*Huber, Ulrich:* Mängelhaftung beim Kauf von Gesellschaftsanteilen, ZGR 1972, S. 395 ff.

*Hübschmann, Walter/Hepp, Ernst/Spitaler, Armin (Hrsg.):* Abgabenordnung und Finanzgerichtsordnung, Kommentar, Köln (Stand: März 2000)

*Hüffer, Uwe (Hrsg.):* AktG, Kommentar, 8. Auflage, München 2008

*Hülsen, Isabell:* Lieber frei als reich, Financial Times Deutschland v. 24. Juni 2004, S. 29

*Huschke, Christian/Hartwig, Sybille:* Das geplante Jahressteuergesetz 2009: Auswirkungen auf Vermietungseinkünfte beschränkt steuerpflichtiger Kapitalgesellschaften, IStR 2008, S. 745 ff.

*Immenga, Ulrich/Mestmäcker, Ernst-Joachim:* Wettbewerbsrecht GWB, Kommentar zum Deutschen Kartellrecht, 4. Auflage, 2007

# Rechtsprechungs- und Literaturverzeichnis

*Immenga, Ulrich/Mestmäcker, Ernst-Joachim:* Wettbewerbsrecht EG/Teil 1, Kommentar zum Europäischen Kartellrecht, 4. Auflage, 2007

*Immenga, Ulrich/Mestmäcker, Ernst-Joachim:* Wettbewerbsrecht EG/Teil 2, Kommentar zum Europäischen Kartellrecht, 4. Auflage, 2007

*Immenga, Ulrich:* Bietergemeinschaften im Kartellrecht – ein Problem potentiellen Wettbewerbs, Der Betrieb 1984, S. 385 ff. Initiative Finanzstandort Deutschland (Hrsg.), Rating Broschüre, September 2006

*Inhester, Michael:* Die Kommanditgesellschaft als vermögensverwaltende Gesellschaft, in: Gummert, Hans/Weipert, Lutz (Hrsg.): Münchener Handbuch des Gesellschaftsrechts, Band 2, 2. Auflage, München 2004, § 26, Rz. 125 ff.

*Inhester, Michael/Hohaus, Benedikt:* „Meilensteine" in VC-Verträgen sind legal, Financial Times Deutschland vom 15. Juni 2002, S. 33

*Inhester, Michael/Hohaus, Benedikt:* Inkongruente Einlagen im Rahmen von Private Equity-Transaktionen, JUVE Handbuch 2003/2004, S. 238 f.

*Inhester, Michael/Tönies, Christian:* Abschluss und Beendigung von Gewinnabführungsverträgen im GmbH-Konzern im Zusammenhang mit M&A-Transaktionen, in: Birk, Dieter (Hrsg.), Transaktionen, Vermögen, Pro Bono, München 2008, S. 69 ff.

*Inhester, Michael/Tönies, Christian:* Mezzanine-Finanzierungen – steuerliche und bilanzielle Gestaltungsmöglichkeiten, JUVE Handbuch 2006/2007, S. 224 f.

*Inhester, Michael/Tönies, Christian:* Anm. zu BGH Urteil vom 15.10.2007 – II ZR 216/06 (OLG Köln); BeckRS 2007, 19667

*Isert, Dietmar/Schaber, Mathias:* Die Bilanzierung von Einlagen in Personenhandelsgesellschaften, Mezzanine-Kapital und anderen Finanzinstrumenten nach IFRS – Ein Vergleich zwischen IAS 32 (rev. 1998) und IAS 32 (rev. 2003), Teil I, DStR 2005, S. 2050 ff.; Teil II, DStR 2005, S. 2097 ff.

*Jacob, Friedhelm:* Tax Treatment of Hybrid Financial Instruments in Cross-Border Transactions, IBFD 2000, S. 442

*Jacob, Friedhelm/Scheifele, Matthias:* § 8b Abs. 7 Satz 2 KStG auf dem Prüfstand des BFH: Welche Auswirkungen ergeben sich für ausländische Holdinggesellschaften mit Beteiligung an inländischen (Grundstücks-) Kapitalgesellschaften?, IStR 2009, 304 f.

*Jacobs, Otto H.:* Internationale Unternehmensbesteuerung, München 2002; 6. Auflage, München 2007

*Jänisch, Christian/Moran, Kevin/Waibel, Nicole:* Mezzanine-Finanzierung – Intelligentes Fremdkapital und deutsches Steuerrecht, DB 2002, S. 2451 ff.

*Jarass, Lorenz:* Steueroasen austrocknen, DATEVmagazin 5/2009, S. 33

*Jensen, Michael C./Meckling, William H.:* Theory of the firm: managerial behavior, agency costs and ownership structure, 3 Journal of Financial Economics (1983), S. 305 ff.

*Jesch, Thomas A.:* Private-Equity-Beteiligungen: Wirtschaftliche, rechtliche und steuerrechtliche Rahmenbedingungen aus Investorensicht, Wiesbaden 2004

*Jesch, Thomas A./Kreuter, Bernd:* Private Equity: Investitionsmöglichkeiten für Versicherungsunternehmen und Pensionsfonds aus wirtschaftlicher und rechtlicher Sicht, Finanz Betrieb 2002, S. 407 ff.

*Jetter, York:* in: Eilers, Stephan/Rödding, Adalbert/Schmalenbach, Dirk (Hrsg.), Unternehmensfinanzierung, München 2008

*Jetter, York/Frost, Ian/Müller-Deku, Tobias/Jörgens, Thomas,* in: Eilers, Stephan/Koffka, Matthias/Mackensen, Marcus (Hrsg.), Private Equity, München 2009

*Jones, Barbara A./Hurlock, Matthew H./Henry, Pamela R.:* Structuring PIPE Transactions in Key European Jurisdictions, Int'l L. 37 (2003) S. 23 ff.

*Juchem, Nikolai/Linnartz, Anke:* Dual-Track-Verfahren ist eine Herausforderung, Börsen-Zeitung v. 19. Mai 2007, Sonderbeilage, S. B 4

*Jugel, Stefan, (Hrsg.):* Private-Equity-Investments: Praxis des Beteiligungsmanagements, 2. Auflage, Wiesbaden 2008

*Kallmeyer, Harald (Hrsg.):* Umwandlungsgesetz, 4. Auflage, Köln 2008

*Kamp, Andreas/Solmecke, Henrik:* Mezzanine-Kapital: Ein Eigenkapitalsubstitut für den Mittelstand?, Finanz Betrieb 2005, S. 618 ff.

*Kästle, Florian/Heuterkes, Katja:* Leaver-Klauseln in Verträgen über Management-Beteiligungen im Lichte der neuesten OLG-Rechtsprechung, NZG 2005, S. 289 ff.

*van Kann, Jürgen/Dallmann, Michael:* Fusionskontrollrechtliche Besonderheiten bei Immobilientransaktionen, Zeitschrift für Immobilienrecht 2008, S. 81 ff.

*Keller, Ulrich:* Insolvenzrecht, München 2006

*Kempf, Andreas/Meyer, Annette:* Der neu gefasste § 50d Abs. 3 EStG, DStZ 2007, S. 584 f.

# Rechtsprechungs- und Literaturverzeichnis

*Kempf, Andreas/Zipfel, Manja:* Offene Fragen der Einkommenszurechnung bei abweichendem Wirtschaftsjahr im Organkreis, DStR 2005, S. 1301 ff.

*Kenyon, Geoffrey/Carmichael, Martin:* Distributing private equity funds to US investors, International Financial Law Review, Supplement Jan 2002, S. 6 ff.

*Kessel, Christian/Jüttner, Andreas:* Der Vorbehalt der Individualabrede im unternehmerischen Wirtschaftsverkehr, DB 2008, S. 1350 ff.

*Kessler, Wolfgang/Müller, Michael A.:* Ort der Geschäftsleitung einer Kapitalgesellschaft nach nationalem und DBA-Recht – Bestandsaufnahme und aktuelle Entwicklungen, IStR 2003, S. 361 ff.

*Kessler, Wolfgang/Kröner, Ilse/Köhler, Stefan (Hrsg.):* Konzernsteuerrecht, 2. Auflage, München 2008

*Kestler, Matthias/Striegel, Andreas/Jesch, Thomas A.:* Distressed Debt Investments, Köln 2006

*Kienbaum, Jochen/Börner, Christoph J. (Hrsg.):* Neue Finanzierungswege für den Mittelstand: Von der Notwendigkeit zu den Gestaltungsformen, Wiesbaden 2003

*Kiethe, Kurt:* Mezzanine-Finanzierung und Insolvenzrisiko, DStR 2006, S. 1763 ff.

*Kiethe, Kurt:* Der Sanierungskredit in der Insolvenz, KTS 2005, S. 179 ff.

*Kiethe, Kurt:* Vorstandshaftung aufgrund fehlerhafter Due Diligence beim Unternehmenskauf, NZG 1999, S. 976 ff.

*Kilgus, Stephan:* Auswirkungen der Finanzkrise auf das Konsortialkreditgeschäft, BKR 2009 S. 181 ff.

*Kindler, Peter:* Grundzüge des neuen Kapitalgesellschaftsrechts – Das Gesetz zur Modernisierung des GmbH-Rechts und zur Bekämpfung von Missbräuchen (MoMiG), NJW 2008, S. 3249 ff.

*Kirchhof, Paul (Hrsg.):* EStG, Kommentar, 7. Auflage, Heidelberg 2007

*Kirchner, Jörg:* Vertragsklauseln bieten keinen sicheren Ausstieg, Börsen-Zeiten v. 26. November 2008, S. 2

*Klein, Martin/Stephanblome, Markus:* Der Downstream Merger – aktuelle umwandlungs- und gesellschaftsrechtliche Fragestellungen ZGR 2007, S. 351 f.

*Klepsch, Oliver/Kiesewetter, Matthias:* Befreiung vom Pflichtangebot beim Erwerb zur Sanierung, BB 2007, S. 1403 ff.

*Klesse, Hans-Jürgen:* Tabula-rasa-Politik, in WirtschaftsWoche Nr. 32 v. 4. August 2008, S. 62 f.

*Klier, Stephan/Kuzmicki, Martin:* Nicht nur sorgenfrei: Standardisiertes Mezzanine ist nicht für jeden die günstigste Variante, in: Financial Gates (Hrsg.), Mezzanine, Unternehmensfinanzierung, Jahrbuch 2007, Frankfurt am Main 2007, S. 55 ff.

*Klockenbrink, Ulrich/Wömpener, Andreas:* Krisenunternehmen als Marktchance für Private-Equity?, Finanz Betrieb 2007, S. 641 ff.

*Klocker, Peter/Ost, Konrad:* Nach der Novelle ist vor der Novelle – Themen einer 8. GWB-Novelle, Festschrift für Rainer Bechtold zum 65. Geburtstag, München 2006, S. 229 ff.

*Kloster, Lars:* Grenzüberscheitende Unternehmenszusammenschlüsse, Hamburg 2004

*Kloyer, Andreas:* Secondary-Transaktionen als Exitvariante VentureCapital Magazin, 11/2005, S. 16 f.

*Klüger, Arne/Marschall, Fabian:* „Whole business securitization" – Die Verbriefung eines Unternehmenscashflows, ZBB 2005, S. 255 ff.

*Klüwer, Arne/Meister, Matthias:* Forderungsabtretung und Bankgeheimnis, WM 2004, S. 1157 ff.

*Knecht, Thomas C./Schoon, Stefan:* Distressed Assets – Risiko- und Ertragsstruktur einer Investitionsklasse, in: Euroforum (Hrsg.), Distressed Investments, 2. Auflage, Düsseldorf 2008

*Knobbe-Keuk, Brigitte:* Bilanz- und Unternehmenssteuerrecht, 9. Auflage, Köln 1993

*Knoll, Leonhard:* Kumulative Nutzung von bedingtem Kapital und Aktienrückkauf zur Bedienung von Aktienoptionsprogrammen – sind 10% nicht genug?, in ZIP 2002, S. 1382 ff.

*Knop, Wolfgang/Küting, Karlheinz:* Anschaffungskosten im Umwandlungsrecht, BB 1995, S. 1024 ff.

*Knops, Kai-Oliver/Bamberger, Heinz Georg/Maier-Reimer, Georg:* Recht der Sanierungsfinanzierung, Berlin 2005

*Koberstein-Windpassinger, Carmen:* Wahrung des Bankgeheimnisses bei Asset-Backed Securities-Transaktionen, WM 1999, S. 473 ff.

*Koblenzer, Thomas:* Management Buy-Out (MBO) und Management Buy-In (MBI) als Instrumente der Unternehmensnachfolgeplanung, ZEV 2002, S. 350 ff.

*Kocher, Dirk:* Acting in concert – Zurechnung von Stimmrechten bei Stimmrechtsausübungsvereinbarungen und Aufsichtsratsvorsitzendenwahlen, BB 2006, S. 2432 ff.

*Koenig, Christian/Kühling, Jürgen/Müller, Christoph:* Marktfähigkeit, Arbeitsgemeinschaften und das Kartell-verbot, WuW 2005, S. 126 f.

*Köhler, Peter:* Nici schockt Mittelstandsfinanzierer, Handelsblatt v. 19. Mai 2006, im Internet abrufbar unter hhttp://www.handelsblatt.com

*Köhler, Stefan:* § 8 Abs. 4 KStG: Verlust der wirtschaftlichen Identität nur bei überwiegendem Zuführen von „neuem" Betriebsvermögen, DStR 2003, S. 1011 ff.

# Rechtsprechungs- und Literaturverzeichnis

*Köhler, Stefan:* Erste Gedanken zur Zinsschranke nach der Unternehmensteuerreform, DStR 2007, S. 597 ff.

*Kofler, Georg W./Polster-Grüll, Barbara (Hrsg.):* Private Equity & Venture Capital, Wien 2002

*Kolaschnik, Helge/Haase, Florian,* Risiken schuldrechtlicher Hinauskündigungsklauseln bei Gesellschafter – Geschäftsführern, Stbg 2004, 574 f.

*Kollmann, Rüdiger:* Private Equity als Kapitalanlage deutscher Lebensversicherungsunternehmen – Eine empirische Analyse, 1. Auflage, Karlsruhe 2008

*Kollruss, Thomas:* Steueroptimale Gewinnrepatriierung unter der verschärften Anti-Treaty-Shopping-Regelung des § 50d Abs. 3 EStG i.d.F. JStG 2007 unter Berücksichtigung der Zinsschranke, IStR 2007, S. 870 ff.

*Koppensteiner, Hans-Georg:* GmbH-rechtliche Probleme des Management Buy-Out, ZHR 155 (1991), S. 97 ff.

*Körber, Torsten:* Geschäftsleitung der Zielgesellschaft und due diligence bei Paketerwerb und Unternehmenskauf, NZG 2002, S. 263 ff.

*Kordes, Tobias:* Problemfälle der GmbH-Manager-Beteiligungsmodelle, in GmbH-StB 2007, S. 21 ff.

*Korn, Klaus (Hrsg.)/Carlé, Dieter/Stahl, Rudolf:* Einkommensteuergesetz, Kommentar, Bonn 2003

*Korn, Klaus/Strahl, Martin:* Hinweise zum Jahreswechsel 2007/2008, KÖSDI 2007, S. 15783 ff.

*Kowalski, Andre/Bormann, Michael:* „(Manager-)Beteiligung auf Zeit – ein Fall der Sittenwidrigkeit?, in GmbHR 2004, S. 1438 ff.

*Kneip, Christoph/Jänisch, Christian:* Tax Due Diligence, Steuerrisiken und Steuergestaltung beim Unternehmenskauf, München 2005

*Kraft, Volker (Hrsg.):* Private Equity-Investitionen in Turnarounds und Restrukturierungen, Diss., Frankfurt am Main 2001

*Krauel, Wolfgang/Grün, Regina:* Recht und Kapitalmarkt: BGH schafft Rechtssicherheit für die Praxis, Börsen-Zeitung v. 27. September 2006, S. 2

*Krause, Nils/von Ilsemann, Julian:* Unternehmenskauf und Beteiligungen in Indien, RIW 2009, S. 43 ff.

*Kreft, Gerhart (Hrsg.):* Insolvenzordnung, Kommentar, 5. Auflage, Heidelberg 2008

*Kreuter, Bernd:* Kriterien für die Fondsauswahl, in: Jugel, Stefan (Hrsg.): Private Equity Investments, Praxis des Beteiligungsmanagements, 2. Auflage, Wiesbaden 2008, S. 91 ff.

*Krolop, Kaspar:* Zur Anwendung der MoMiG-Regelungen zu Gesellschafterdarlehen auf gesellschaftsfremde Dritte – Von der Finanzierungsfolgenverantwortung des Gesellschafters zur Risikoübernahmeverantwortung des Risikokapitalgebers?, GmbHR 2009, S. 397 ff.

*Krömker, Michael:* Der Anspruch des Paketaktionärs auf Informationsoffenbarung zum Zwecke der Due Diligence, NZG 2003, S. 418 ff.

*Kroniger, Axel/Korb, Markus:* Die Handhabung von Sanierungsgewinnen vor und nach dem Urteil des Finanzgerichts München vom 12. 12. 2007, BB 2008, S. 2656 ff.

*Kropff, Bruno/Semler, Johannes (Hrsg.):* Münchener Kommentar zum Aktiengesetz, Band 7, 3. Auflage, München 2008

*Krüger, Dirk/Kalbfleisch, Eberhard:* Due Diligence bei Kauf und Verkauf von Unternehmen, DStR 1999, S. 174 ff.

*Krüger, Ulrich:* Portfolios stärker diversifizieren, Mezzanine Loans: Eine bislang zu Unrecht unterrepräsentierte Kapitalanlageart, VW 2007, S. 166 ff.

*Kruschwitz, Lutz:* Finanzierung und Investition, München 2004

*Kruse, Tilman W.:* Private Equity in Russland: Gesellschafts- und steuerrechtliche Rahmenbedingungen, RIW 2007, S. 256 ff.

*Kudla, Ralph:* Finanzierung in der Sanierung: Innovative Lösungen für Krisenunternehmen, Wiesbaden 2005

*Kuntz, Thilo:* Die Auslegung von Material Adverse Change (MAC)-Klauseln in Unternehmenskaufverträgen, DStR 2009, S. 377 ff.

*Kuntz, Thilo:* Haftung von Banken gegenüber anderen Gläubigern nach § 826 BGB wegen Finanzierung von Leveraged Buyouts?, ZIP 2008, S. 814 ff.

*Kußmaul, Heinz/Richter, Lutz:* Betriebswirtschaftliche Aspekte von Venture-Capital-Gesellschaften und ihre Bedeutung im Hinblick auf Existenzgründungen: Zeitlicher Ablauf und öffentliche Finanzierungsprogramme, DStR 2000, S. 1195 ff.

*Kußmaul, Heinz/Ruiner, Christoph/Schappe, Christian:* Ausgewählte Gestaltungsmaßnahmen zur Vermeidung der Anwendung der Zinsschranke, GmbHR 2008, S. 505 ff.

*Kußmaul, Heinz/Niehren, Christoph:* Grenzüberschreitende Verlustverrechnung im Lichte der jüngeren EuGH-Rechtsprechung, IStR 2008, S. 81 ff.

# Rechtsprechungs- und Literaturverzeichnis

*Kußmaul, Heinz/Pfirmann, Armin/Tcherveniachki, Vassil:* Leveraged Buyout am Beispiel der Friedrich Grohe AG, DB 2005, S. 2533 ff.

*Kußmaul, Heinz/Richter, Lutz/Tcherveniachki, Vassil:* Ausgewählte praktische Problemfelder im Kontext des § 8c KStG, GmbHR 2008, S. 1009 ff.

*Kußmaul, Heinz (Hrsg.):* Betriebswirtschaftliche Steuerlehre, 4. Auflage, München 2008

*Küting, Karlheinz/Dürr, Ulrike L.:* Mezzanine-Kapital – Finanzierungsentscheidung im Sog der Rechnungslegung, DB 2005, S. 1529 ff.

*Küting, Karlheinz/Kessler, Harald/Harth, Hans-Jörg:* Genussrechtskapital in der Bilanzierungspraxis, Eine empirische Untersuchung zur Resonanz der HFA-Stellungnahme 1/1994 unter Berücksichtigung bilanzpolitischer Gesichtspunkte, Beilage 4 zu Heft 8, BB 1996, S. 1 ff.

*Lachner, Constantin/von Heppe, Rafael:* Die prospektfreie Zulassung nach § 4 II Nr. 1 WpPG („10%-Ausnahme") in der jüngsten Praxis, WM 2008, S. 576 ff.

*Lamon, Hugues:* Financial Buy-Outs, Brüssel 2005

*Lang, Bianca:* Die Neuregelung der Verlustabzugsbeschränkung gem. § 8c KStG durch das Unternehmensteuerreformgesetz 2008, DStZ 2007, S. 652 ff.

*Lang, Michael/Schuch, Josef/Staringer, Claus (Hrsg.):* Körperschaftsteuergesetz, Kommentar, Wien (Stand: 2009)

*Lange, Oliver:* Aktuelle Rechtsfragen der kapitalmarktrechtlichen Zurechnung, ZBB 2004, S. 22 ff.

*Langen/Bunte, Hermann-Josef:* Kommentar zum deutschen und europäischen Kartellrecht, Band 1, Deutsches Kartellrecht, 10. Aufl., 2006; Band 2, Europäisches Kartellrecht, 10. Aufl., 2006

*Laudenklos, Frank/Sester, Peter:* Mezzanine-Kapital als wirtschaftliches Eigenkapital im Rating Verfahren – Eine rechtliche Gestaltungsaufgabe, WM 2004, S. 2417 ff.

*Laudenklos, Frank:* Kreditnehmer kann von Banken Auskunft über die tatsächlichen Einstandszinssätze verlangen, Börsen-Zeitung v. 3. Dezember 2008, S. 2

*Laule, Gerhard:* Genussschein, Doppelbesteuerungsabkommen und die Praxis der deutschen Finanzgerichte, zugleich eine Besprechung von FG Köln, 2 K 2536/94, EFG 1996, 836, IStR 1997, S. 577 ff.

*Leitinger, Roland/Strohbach, Hannes/Schöfer, Peter/Hummel, Markus:* Venture Capital und Börsengänge: Von der Produktidee zum internationalen Nischenspezialisten, Wien 2000

*Lembke, Mark:* Die Ausgestaltung von Aktienoptionsplänen in arbeitsrechtlicher Hinsicht, in BB 2001, S. 1469 ff.

*Lenenbach, Markus:* Kapitalmarkt- und Börsenrecht, Köln 2002

*Leopold, Günter:* Venture Capital – Das Eigenkapitalgeschäft mit kleinen und mittleren Unternehmen, DStR 1999, S. 470 ff.

*Leopold, Günter/Frommann, Holger/Kühr, Thomas:* Private Equity – Venture Capital, Eigenkapital für innovative Unternehmer, 2. Auflage, München 2003

*Leopold, Kirsten/Reichling, Christian:* Alternative Finanzierungsformen: Mezzanine-Finanzierung für die Masse?, DStR 2004, S. 1360 ff.

*Leuering, Dieter/Simon, Stefan:* Neue Anforderungen an die Gestaltung eines Rangrücktritts, NJW-Spezial, Heft 7/2004, S. 315 ff.

*Liebscher, Thomas:* Die Zurechnungstatbestände des WpHG und des WpÜG, ZIP 2002, S. 1005 ff.

*Lingemann, Stefan/Diller, Martin/Mengel, Anja:* Aktienoptionen im internationalen Konzern – ein arbeitsrechtsfreier Raum?, NZA 2000, S. 1191 ff.

*Lingemann, Stefan/Gotham, Meike:* Freiwilligkeits-, Stichtags- und Rückzahlungsregelungen bei Bonusvereinbarungen – was geht noch?, in NZA 2008, S. 509 ff.

*Linker, Anja Celina/Zinger, Georg:* Rechte und Pflichten der Organe einer Aktiengesellschaft bei der Weitergabe vertraulicher Unternehmensinformationen, NZG 2002, S. 497 ff.

*Lischek, Jan/Mahnken, Volker:* Vertragsverhandlungen zwischen Unternehmen und AGB – Anmerkungen aus Sicht der Praxis, ZIP 2007, S. 158 ff.

*Littman, Eberhard (Begr.)/Bitz, Horst/Pust, Hartmut (Hrsg.):* Das Einkommensteuerrecht, Kommentar, Stuttgart (Stand: Februar 2007)

*Liu, Jing, Doron Nissim und Jacob Thomas (2007):* „Is Cash Flow king in valuations?", Financial Analysts Journal 63, Nr. 2, S. 1 ff.

*Löffler, Christoph:* Tax Due Diligence beim Unternehmenskauf, Analyse und Berücksichtigung steuerlicher Risiken und Chancen, Düsseldorf 2002

*Löffler, Christoph:* Tax Due Diligence beim Unternehmenskauf (Teil 1), Wpg 2004, S. 576 ff.

*Loewenheim, Ulrich/Meessen, Karl M./Riesenkampff, Alexander:* Kartellrecht, Band 1, Europäisches Recht, Kommentar, München 2005

*Lorenz, Christoph:* Auswirkungen der Unternehmenssteuerreform 2001 auf die Gestaltung von Venture Capital-Fonds, DStR 2001, S. 821 ff.

# Rechtsprechungs- und Literaturverzeichnis

*Louven, Christoph/Böckmann, Tobias:* Ausgewählte Rechtsprobleme bei M&A-Auktionen, ZIP 2004, S. 445 ff.
*Lüdicke, Jochen/Arndt, Jan-Holger/Götz, Gero:* Geschlossene Fonds, 3. Auflage, München 2005
*Lutter, Marcus:* Due Diligence des Erwerbers beim Kauf einer Beteiligung, ZIP 1997, S. 613 ff.
*Lutter, Marcus:* Letter of Intent, 3. Auflage, Köln 1998
*Lutter, Marcus/Scheffler, Eberhard/Schneider, Uwe H. (Hrsg.):* Handbuch der Konzernfinanzierung, Köln 1998
*Lutter, Marcus (Hrsg.):* UmwG, 2. Auflage, Köln 2001; 3. Auflage, Köln 2004
*Lutter, Marcus:* Zur Bilanzierung von Genussrechten, DB 1993, S. 2441 ff.
*Lutter, Marcus/Hommelhoff, Peter:* GmbH-Gesetz, Kommentar, 17. Auflage, Köln 2009
*Luz, Günther/Neus, Werner/Scharpf, Paul/Schneider, Peter/Weber, Max (Hrsg.):* Kreditwesengesetz: KWG, Kommentar, Stuttgart 2009
*Lyons, William/Hill, Franco, R.:* Allocating and substantiating income and expenses for tax-exempt organizations, Journal of Taxation of Exempt Organizations, November/December 1996
*Maasch, Beate:* Die Zulässigkeit von Bietergemeinschaften, Zeitschrift für das gesamte Handels- und Wirtschaftsrecht (ZHR) 150(1986), S. 657 ff.
*Mackewicz, Detlev et al.:* Die alternative Anlageklasse Private Equity und ihr Einfluss auf die Portfolioallokation institutioneller Investoren in Europa, München 2005
*Mackewicz & Partner Management Consultants (Hrsg.):* Institutionelle Investoren und deren Aktivitäten im Hinblick auf die alternative Anlageklasse Private Equity: Eine empirische Untersuchung in Europa, München 2004
*Maidl, Johannes:* Bedingtes Kapital für Mitarbeiterbeteiligung bis zu 50% des Grundkapitals?, in NZG 2007, S. 495 ff.
*Malherbe, Jacques/Delaere, Nathalie:* The Deductibility of Interest paid by a Domestic Subsidiary to its Foreign Corporation and to Third Parties on Debt guaranteed by its Foreign Parent Corporation, Tax Management International Forum, Vol. 25 (2004), S. 7 ff.
*Mao, Xiaofei/Glass, Tobias:* Das neue Antimonopolgesetz der Volksrepublik China, Gewerblicher Rechtsschutz und Urheberrecht (GRUR) International, 2008, S. 105 ff.
*Marchart, Jürgen/Url, Thomas:* Hemmnisse für die Finanzierung von Frühphasen- oder Venture-Capital-Fonds in Österreich, Wien 2008
*Marsch-Barner, Reinhard/Schäfer, Frank A.:* Handbuch börsennotierte AG, 2. Auflage, Köln 2009
*Markowitz, Harry M.:* Portfolio Selection, Journal of Finance, Vol. 7, March 1952, S. 77 ff.
*Marx, Franz-Jürgen/Löffler, Christoph:* Die Berücksichtigung von Risiken und Chancen im Rahmen der Tax Due Diligence beim Unternehmenskauf, StuB 2000, S. 333 ff.
*Mayer, Christian/Miege, Christian:* Die Rechtsfolgen eines Verstoßes gegen das zusammenschlussrechtliche Vollzugsverbot – Nichtigkeit der den Verstoß begründenden Rechtsgeschäfte?, BB 2008, S. 2031 ff.
*Mayer, Dieter:* Grenzen von Aktionärsvereinbarungen, MittBayNot 2006, S. 281 ff.
*Mayer-Reimer, Georg/Webering, Anabel:* Verwertung von Pfandrechten an Unternehmensbeteiligungen, BB 2003, S. 1630 ff.
*Meincke, Eberhard:* Geheimhaltungspflichten im Wirtschaftsrecht, WM 1998, S. 749 ff.
*Mellert, Rudolf:* Venture Capital Beteiligungsverträge auf dem Prüfstand, NZG 2003, S. 1096 ff.
*Menke, Thomas:* Müssen M&A-Verträge betreffend Geschäftsanteile „ausländischer GmbH's" beurkundet werden? M&A Review 2005, S. 2 ff.
*Mertens, Kai:* Die Information des Erwerbers einer wesentlichen Unternehmensbeteiligung an einer Aktiengesellschaft durch deren Vorstand, AG 1997, S. 541 ff.
*Mertens, Kai:* Aktuelle Fragen zur Verschmelzung von Mutter- und Tochtergesellschaften – down stream merger, AG 2005, S. 785 ff.
*Mestmäcker, Ernst-Joachim/Schweitzer, Heike:* Europäisches Wettbewerbsrecht, 2. Auflage, München 2004
*Meyer, Justus/Ludwig, Sören:* Aktienoptionen für Aufsichtsräte ade?, in ZIP 2004, S. 940 ff.
*Meyer, Thomas/Gschrei, Michael Jean:* The Management of Liquidity for Private Equity and Venture Capital Funds-of-Funds: Challenges and Approaches/Liquiditätsmanagement für Private Equity- und Venture Capital Dachfonds: Herausforderungen und Lösungsansätze, Oberhaching 2005
*Mihm, Asmus:* Wege aus der Missbrauchsfalle des § 50d Abs. 3 EStG i.d.F.d. JStG 2007, Steueranwaltsmagazin 2007, S. 82 ff.
*Mittendorfer, Roland:* Praxishandbuch Akquisitionsfinanzierung, Wiesbaden, 2007
*Miran Kahn, Aman/Olm, Malte:* Private Equity – Beteiligungskapital für den Mittelstand: Motive und Bedeutung von Investoren in Private Equity, M&A Review 6/1999, S. 257 ff.

# Rechtsprechungs- und Literaturverzeichnis

*Mohr, Randolf:* Kapitalaufbringung und Kapitalerhaltung nach dem MoMiG, GmbH-StB 2008, S. 339 ff.
*Mohrbutter, Harro / Ringstmeier, Andreas:* Handbuch der Insolvenzverwaltung, 8. Auflage, Köln 2007
*Möller, Matthias:* Rechtsformen der Wagnisfinanzierung: Eine rechtsvergleichende Studie zu den USA und zu Deutschland, Frankfurt am Main u. a., Lang, 2003, zugl. Dissertation, Universität Osnabrück 2002
*Möhlenbrock, Rolf:* Detailfragen der Zinsschranke aus Sicht der Finanzverwaltung, UbG 2008, S. 1 ff.
*Münchener Kommentar* zum Europäischen und Deutschen Wettbewerbsrecht (Kartellrecht), hrsg. von Günter Hirsch, Frank Montag und Franz Jürgen Säcker, I. Band, Europäisches Wettbewerbsrecht, München 2007
*Münchener Kommentar* zum Europäischen und Deutschen Wettbewerbsrecht (Kartellrecht), hrsg. von Günter Hirsch, Frank Montag und Franz Jürgen Säcker, II. Band, München 2008
*Mühlbert, Peter O. / Leuschner, Lars:* Aufsteigende Darlehen im Kapitalerhaltungs- und Konzernrecht – Gesetzgeber und BGH haben gesprochen, NZG 2009, S. 281 ff.
*Müller, Klaus J.:* Gestattung der Due Diligence durch den Vorstand der Aktiengesellschaft, NJW 2000, S. 3452 ff.
*Müller-Glöge, Rudi / Preis, Rudi / Schmidt, Ingrid (Hrsg.):* Erfurter Kommentar zum Arbeitsrecht, 9. Auflage, München 2008
*Müller-Känel, Oliver:* Mezzanine Finance, Neue Perspektiven in der Unternehmensfinanzierung, 2. Auflage, Berlin 2003
*Müller, Welf / Rödder, Thomas:* Beck'sches Handbuch der AG, München 2003
*Müller, Welf / Rödder, Thomas (Hrsg.):* Beck'sches Handbuch der AG, 2. Auflage, München 2009
*Mutter, Stefan:* Darf's ein bisschen mehr sein? – Überlegungen zum zulässigen Gesamtvolumen von Aktienoptionsprogrammen nach dem KonTraG, in ZIP 2002, S. 295 ff.
*Muzilla, Kevin / Siebens, Tom:* European Second Lien – the maturing of a new product, European International Debt Capital Markets Yearbook 2006, S. 5 ff.
*Neu, Heinz:* Anmerkung zum Urteil des FG Düsseldorf vom 19. August 2003, in EFG 2004, S. 291 ff.
*Neuer Großaktionär* steigt bei Medigene ein, Hexal-Gründer kaufen 9 Prozent – Kurs gibt nach, Börsen-Zeitung vom 11. September 2008, Ausgabe Nr. 174, S. 10
*Neumann, Kay-Uwe / Ogorek, Markus:* Das aktienrechtliche Entsenderecht auf dem Prüfstand der Kapitalverkehrsfreiheit – Überlegungen anlässlich der Entscheidung des OLG Hamm v. 31. 3. 2008, NZG 2008, 914 – Thyssen/Krupp –, NZG 2008, S. 892 ff.
*Neyer, Wolfgang:* Verlustnutzung nach Anteilsübertragung: Die Neuregelung des Mantelkaufs durch § 8c KStG n.F., BB 2007, S. 1415 ff.
*Nicolaysen, Isaschar:* Das neue schwedische Aktiengesetz, RIW 2005, S. 885 ff.
*Niering, Christoph:* Non Performing Loans – Herausforderung für den Insolvenzverwalter, NZI 2008, S. 146 ff.
*Nobbe, Gerd:* Bankgeheimnis, Datenschutz und Abtretung von Darlehensforderungen, WM 2005, S. 1537 ff.
*Nussbaum, Peter:* Besicherung durch die Aktiva der Zielgesellschaft im Leverage & Buyout, München 1996
*Obermüller, Manfred:* Insolvenzrecht in der Bankpraxis, 7. Auflage, Köln 2007
*O'Donavan, Donal:* Protection-light, IFR Buy Outs Europe, S. 15
*Oppenländer, Frank:* Grenzen der Auskunftserteilung durch Geschäftsführer und Gesellschafter beim Verkauf von GmbH-Geschäftsanteilen, GmbHR 2000, S. 535 ff.
*Oppenländer, Frank / Trölitzsch, Thomas:* Praxishandbuch der GmbH-Geschäftsführung, München 2004
*Ott, Wolfgang / Göpfert, Burkard:* Unternehmenskauf aus der Insolvenz, Wiesbaden 2005
*Ottersbach, Jörg H.:* Praxishandbuch Unternehmensbeteiligung, München 2003
*Pache, Sven / Englert, Max:* Grenzüberschreitende Verlustverrechnung deutscher Konzernspitzen – Ist die Organschaft noch zu retten ?, IStR 2007, S. 47 f.
*Pahlke, Armin / Franz, Willy (Hrsg.):* Grunderwerbssteuergesetz, 3. Auflage, München 2005
*Palandt, Otto (Hrsg.):* BGB, Kommentar, 68. Auflage, München 2009
*Parameswaran, Benjamin:* Öffentliche Übernahmen in Indien, Berlin 2009
*Paulus, Christoph G.:* Die EuInsVO – wo geht die Reise hin?, NZI 2008, S. 1 ff.
*Paulus, Roman:* Die ausländische Sanierung über einen Dept-Equity-Swap als Angriff auf das deutsche Insolvenzrecht?, DZWIR 2008, S. 6 ff.
*PEIGG:* „Updates U.S. Private Equity Valuation Guidelines", im Internet abrufbar unter http://www.peigg.org, (Stand: März 2007)
*Pentz, Andreas:* Acting in Concert – Ausgewählte Einzelprobleme zur Zurechnung und zu den Rechtsfolgen, ZIP 2003, S. 1478 ff.

# Rechtsprechungs- und Literaturverzeichnis

*Perridon, Louis/Steiner, Manfred:* Finanzwirtschaft der Unternehmung, 13., überarbeitete und erweiterte Auflage, München 2004

*Pfaar, Michael:* Steuereffiziente Strukturierung deutscher Investitionen in der VR China, IStR 2003, S. 692 ff.

*Pfaar, Michael/Vocke, Detlef:* China und Hongkong unterzeichnen erweiterte Vereinbarung gegen Doppelbesteuerung, IStR 2007, S. 510 ff.

*Picot, Gerhard (Hrsg.):* Handbuch Mergers & Acquisitions. Planung, Durchführung, Integration, 3. Auflage, Stuttgart 2005

*Picot, Gerhard:* Unternehmenskauf und Restrukturierung, 3. Auflage, München 2004

*Picot, Gerhard/Mentz, Alexander/Seydel, Eberhard (Hrsg.):* Die Aktiengesellschaft bei Unternehmenskauf und Restrukturierung, München 2003

*Piepenburg, Horst:* Unternehmenskauf in Krise und Insolvenz, in: Piepenburg, Horst (Hrsg.) Festschrift für Günter Greiner, Köln 2005

*Piltz, Burghard:* Neue Entwicklungen im UN-Kaufrecht, NJW 1994, S. 1101 ff.

*Plankensteiner, Dirk/Rehbock, Tobias:* Die Bedeutung von Mezzanine-Finanzierungen in Deutschland, Zeitschrift für das gesamte Kreditwesen, 2005, S. 790 ff.

*Podehl, Jörg/Mathur, CS/Agarwal, Shalini:* Rechtsfragen des Indiengeschäfts, Frankfurt am Main 2007

*Pöllath, Reinhard:* Corporate Governance und Unternehmenskauf, in Festschrift für Hans-Jochem Lüer zum 70. Geburtstag, München 2008, S. 571 ff.

*Pöllath, Reinhard:* Selbstbetroffenheit bei Entscheidungen – Erfolgsabhängige Vergütung vs. Unternehmens- und Vermögensertrag, in Verdient – unverdient, Unternehmerische Arbeit und Vermögen – Recht und Steuern, Köln 2008, S. 49 ff.

*Pöllath, Reinhard:* Unternehmensfortführung durch Nachfolge oder Verkauf, Berlin, Frankfurt, München 2007

*Pöllath, Reinhard/Rodin, Andreas:* Privately Placed Closed-End Funds for Crossboarder Investments From and Into Germany – German Legal and Tax Issues of Private Equity, Venture Capital, LBO, Real Estate or Other Specialized Funds or Pools, in: Breuninger, Gottfried/Müller, Welf/Strobl-Haarmann, Elisabeth (Hrsg.): Steuerrecht und europäische Integration, Festschrift für Albert J. Rädler, 1999, S. 487 ff.

*Pöllath+Partner (Hrsg.),* Private Equity Fonds – Einkommensteuerliche Behandlung von Venture Capital und Private Equity Fonds, Baden-Baden 2006

*Polster-Grüll, Barbara/Zöchling, Hans/Kranebitter, Gottwald:* Handbuch Mergers & Acquisitions, Wien 2007

*Prellberg, Michael:* Hilfe aus dem Zwischengeschoss, Financial Times Deutschland v. 24. Juni 2004, S. 29

*Priester, Hans-Joachim:* Kapitalaufbringungspflicht und Gestaltungsspielräume beim Agio, in: Schmidt, Karsten/Hommelhoff, Peter/Schneider, Uwe H./Grunewald, Barbara (Hrsg.), Festschrift für Marcus Lutter zum 70. Geburtstag, Köln 2000, S. 617 ff.

*Prinz, Ulrich:* Mittelstandfinanzierung in Zeiten der Zinsschranke, FR 2008, S. 441 ff.

*Prinz, Ulrich/Schürner, Carl Thomas:* Tracking Stocks und Sachdividenden – ein neues Gestaltungsinstrument für spartenbezogene Gesellschaftsrechte?, in DStR 2003, S. 181 ff.

*Pritsch, Gunnar/Weber, Jürgen:* „Die Bedeutung des Realoptionsansatzes aus Controlling-Sicht", in: „Realoptionen in der Unternehmenspraxis", Berlin 2001

*Private Equity* an Bord, Blackstone-Einstieg gilt als Aufbruchsignal – Analysten erwarten Nachahmer-Deals, Börsen-Zeitung vom 25. April 2006, Ausgabe Nr. 79, S. 11

*Pütz, Achim/von Livonius, Hilger:* VAG-Anlageverordnung 2008: Chancen und Grenzen für Alternative Investments, Absolutreport Nr. 41 12/2007, S. 40 ff.

*Pulz, Fabian:* Personalbindung mit Aktienoptionen, in BB 2004, S. 1107 ff.

*Quantschnigg, Peter/Schuch, Wilhelm:* Einkommensteuer-Handbuch, Wien 1993

*Quiry, Pascal/Dallocchio, Mauricio/Lefur, Jan/Salvi, Antonio:* Leveraged Buy-outs, in: Fabozzi, Frank J (Hrsg.), Handbook of Finance, Volume 2, Investment Management and Financial Management, Hoboken, NJ, 2008

*Rabini, Johannes:* Fonds-Alternative GmbH, Finance-Magazin, März 2003, S. 62 ff.

*Rau, Günter/Dürrwächter, Erich/Flick, Hans:* Kommentar zum Umsatzsteuergesetz, Köln (Stand: August 2006)

*Rebmann, Kurt/Säcker, Franz Jürgen/Rixecker, Roland (Hrsg.):* Münchener Kommentar zum Bürgerlichen Gesetzbuch, 4. Auflage, München 2006

*Redeker, Rouven:* Kontrollerwerb an Krisengesellschaften: Chancen und Risiken des Debt-Equity-Swap, BB 2007, S. 673 ff.

# Rechtsprechungs- und Literaturverzeichnis

*Reiche, Felix/Kroschewski, Robert:* Akquisitionsfinanzierungen nach Einführung der Zinsschranke – erste Berichte aus der Praxis, DStR 2007, S. 1330 ff.

*Reinicke, Dietrich/Tiedtke, Klaus:* Schadensersatzverpflichtungen aus Verschulden bei Vertragsabschluß nach Abbruch von Vertragsverhandlungen ohne triftigen Grund, ZIP 1989, 1093 ff.

*Reischauer, Freidrich/Kleinhans, Joachim (Hrsg.):* Kreditwesengesetz, Loseblatt-Kommentar, Berlin (Stand: 2009)

*Renz, Hartmut/Rippel, Julia-Christine:* Die Informationspflichten gem. §§ 21 ff. WpHG und deren Änderungen durch das Risikobegrenzungsgesetz, BKR 2008, S. 309 ff.

*Requenez, Arturo/Shuman, Timothy S.:* U.S. private equity funds making cross-border investments – primary tax considerations, Journal of Taxation, Jun 2007, S. 349 ff.

*Reuter, Alexander/Buschmann, Marco:* Sanierungsverhandlungen mit Krediterwerbern: Strategien „alternativer Investoren" auf dem rechtlichen Prüfstand, ZIP 2008, S. 1003 ff.

*Rhein, Tilman:* Der Interessenkonflikt der Manager beim Management Buy-out, München 1996

*Richter, Stefan:* Aktienoptionen für den Aufsichtsrat?, in BB 2004, S. 949 ff.

*Richter, Nicholas Peter:* Möglichkeiten und Grenzen des Distressed Debt Investing in Deutschland, Wiesbaden 2006

*Rittmeister, Maximilian:* Due Diligence und Geheimhaltungspflichten beim Unternehmenskauf – die Zulässigkeit der Gestattung einer Due Diligence durch den Vorstand oder die Geschäftsführer der Zielgesellschaft, NZG 2004, S. 1032 ff.

*Rödder, Thomas/Hötzel, Oliver/Mueller-Thuns, Thomas:* Unternehmenskauf, Unternehmensverkauf – Zivilrechtliche und steuerrechtliche Gestaltungspraxis, München 2003

*Rödder, Thomas/Herlinghaus, Andreas/van Lishaut, Ingo (Hrsg.):* Umwandlungssteuerrecht, Köln 2008

*Rödder, Thomas/Stangl, Ingo:* Zur geplanten Zinsschranke, DB 2007, S. 479 ff.

*Rödder, Thomas/Wochinger, Peter:* Down-Stream-Merger mit Schuldenüberhang und Rückkauf eigener Anteile, DStR 2006, S. 684 ff.

*Rödder, Thomas/Wochinger, Peter:* Besteuerung des down-stream merger, FR 1999, S. 1 ff.

*Rödder, Thomas:* Vororganschaftlich verursachte Mehrabführungen i.S. des § 14 Abs. 3 KStG n.F., DStR 2005, S. 217 ff.

*Rödder, Thomas/Schumacher, Andreas:* Das kommende SEStEG – Teil I: Die geplanten Änderungen des EStG, KStG und AStG, DStR 2006, S. 1481 ff.

*Rodin, Andreas:* Steuerliche Aspekte bei der Strukturierung von Private-Equity- und Venture-Capital-Fonds, in: Jugel, Stefan (Hrsg.): Private-Equity Investments. Praxis des Beteiligungsmanagements, 2. Auflage, Wiesbaden 2008, S. 184 ff.

*Rodin, Andreas/Veith, Amos:* Zur Abgrenzung zwischen privater Vermögensverwaltung und gewerblicher Tätigkeit bei Private-Equity-Pools, DB 2001, S. 883 ff.

*Romeike, Frank/Müller-Reichert, Matthias:* Risikomanagement in Versicherungsunternehmen: Grundlagen, Methoden, Checklisten und Implementierung, 2. Auflage, Weinheim 2008

*Rosenberg, Oliver von/Rüßmann, Martin:* Leveraged R-Capitalizations, DB 2006, S. 1303 f.

*Roschmann, Christian/Frey, Johannes:* Geheimhaltungsverpflichtungen der Vorstandsmitglieder von Aktiengesellschaften bei Unternehmenskäufen, AG 1996, S. 449 ff.

*Rowedder, Heinz/Schmidt-Leithoff, Christian (Hrsg.):* GmbHG, Kommentar, 4. Auflage, München 2009

*Rudolph, Bernd:* Funktionen und Regulierung der Finanzinvestoren, ZGR 2008, S. 161 ff.

*Rümker, Dietrich:* Verhaltenspflichten der Kreditinstitute in der Krise des Kreditnehmers, KTS 1981, S. 493 ff.

*Säcker, Franz-Jürgen:* Die handelsrechtliche Haftung für Altschulden bei Übertragung und Vererbung von Handelsgeschäften, ZGR 1973, 261 ff.

*Saenger, Ingo/Kessler, Nicholas:* Abgestimmtes Verhalten i. S. d. § 30 Abs. 2 WpÜG bei der Aufsichtsratswahl, ZIP 2006, S. 837 ff.

*Saenger, Ingo/Bayer, Walter/Koch, Elisabeth/Körber, Torsten:* Gründen und Stiften, Festschrift zum 70. Geburtstag des Jenaer Gründungsdekans und Stiftungsrechtlers Olaf Werner, Baden-Baden 2009

*Sahavi, Anahita:* Kollektive Anlagemodelle und das Finanzkommissionsgeschäft i. S. v. § 1 Abs. 1 S. 2 Nr. 4 KWG, ZIP 2005, S. 929 ff.

*Salzmann, Stephan/Loose, Falk:* Grunderwerbsteuerneutrale Umstrukturierung im Konzern, DStR 2004, S. 1941 ff.

*Schaden, Michael/Käshammer, Daniel:* Die Neuregelung des § 8a KStG im Rahmen der Zinsschranke, BB 2007, S. 2259 ff.

*Schaden, Michael/Käshammer, Daniel:* Der Zinsvortrag im Rahmen der Regelungen zur Zinsschranke BB 2007, S. 2317 ff.

*Schaffner, Petra:* Haftungsbeschränkungen im Managementletter, BB 2007, S. 1292 ff.

# Rechtsprechungs- und Literaturverzeichnis

*Schanz, Kay-Michael:* Schaeffler/Continental: Umgehung von Meldepflichten bei öffentlichen Übernahmen durch Einsatz von derivativen Finanzinstrumenten, DB 2008, S. 1899 ff.
*Schäfer, Carsten:* Vereinbarungen bei Aktienemissionen, ZGR 2008, S. 455 ff.
*Schäfer, Franz W./Steinmetz, Markus:* Neue Haftungsgrundlage für den existenzvernichtenden Eingriff, WM 2007, S. 2265 ff.
*Schäfer, Horst/Hillesheim, Christiane:* Die Gesellschafterstellung auf Zeit im Rahmen eines Geschäftsführerbeteiligungsmodells (Managermodells), DStR 2003, S. 2122 ff.
*Schäffler, Frank:* Bankenhaftung wegen Insolvenzverschleppung bei Auskehrung von Krediten in der Unternehmenskrise, BB 2006, S. 56 ff.
*Schäffler, Frank:* Finanzierung von LBO-Transaktionen: Die Grenzen der Nutzung des Vermögens der Zielgesellschaft, BB Special 2006, S. 1 ff.
*Schanz, Kay-Michael:* Börseneinführung, 3. Auflage, München 2007
*Schaumburg, Harald (Hrsg.):* Unternehmenskauf im Steuerrecht, 3. Auflage, Stuttgart 2004
*Schaumburg, Harald/Rödder, Thomas (Hrsg.):* Unternehmenssteuerreform 2008, München 2007
*Scheunemann, Marc P./Dennisen, Andre/Behrens, Stefan:* Steuerliche Änderungen durch das Wachstumsbeschleunigungsgesetz, BB 2010, S. 23 ff.
*Scheunemann, Marc P./Socher, Oliver:* Zinsschranke beim Leveraged Buy-out, BB 2007, S. 1144 ff.
*Schick, Rainer/Franz, Einiko B.:* Verlustnutzung bei Umwandlungen trotz § 8c KStG?, DB 2008, S. 1987 ff.
*Schickerling, Falco/Blunk, Andreas:* Auswirkungen des MoMiG auf die gesellschaftsrechtliche Due Diligence im Vorfeld eines Geschäftsanteilskaufs, GmbHR 2009, S. 337 ff.
*Schiessl, Martin/Tschesche, Frank:* Grunderwerbsteuerliche Privilegierungen bei Konzernumstrukturierungen, insbesondere nach § 1 Abs. 6 GrEStG, BB 2003, S. 1867 ff.
*Schiessl, Maximilian:* Auf der Suche nach dem „Ankeraktionär" – „PIPE"-Transaktionsmodelle und Organpflichten, AG 2009, S. 385 ff.
*Schiffers, Joachim:* Tax Due Diligence beim Unternehmenskauf, Teil I: Analyse der Risiken aus offenen Veranlagungszeiträumen, GmbH-StB 2004, S. 239 ff.
*Schimansky, Herbert/Bunte, Hermann-Josef/Lwowski, Hans-Jürgen (Hrsg.):* Bankrechts-Handbuch, 3. Auflage, München 2007
*Schlagheck, Markus:* AfA nach Änderung der Bemessungsgrundlage, StuB 2003, S. 723 ff.
*Schlitt, Michael:* Die neuen Marktsegmente der Frankfurter Wertpapierbörse, AG 2003, S. 57 ff.
*Schlitt, Michael/Schäfer, Susanne:* Auswirkungen der Umsetzung der Transparenzrichtlinie und der Finanzmarktrichtlinie auf Aktien- und Equity-Linked-Emission, AG 2007, S. 227 ff.
*Schlitt, Michael/Schäfer, Susanne:* Drei Jahre Praxis unter dem Wertpapierprospektgesetz – eine Zwischenbilanz, AG 2008, S. 525 ff.
*Schlitt, Michael/Schäfer, Susanne:* Der neue Entry Standard der Frankfurter Wertpapierbörse, AG 2006, S. 147 ff.
*Schlitt, Michael/Singhof, Bernd/Schäfer, Susanne:* Aktuelle Rechtsfragen und neue Entwicklungen im Zusammenhang mit Börsengängen, BKR 2005, S. 251 ff.
*Schlösser, Julia/Sagasser, Bernd:* Die Besteuerung von Kapitalanlagevermögen, § 26 in: Assmann, Heinz-Dieter/Schütze, Rolf A. (Hrsg.). Handbuch des Kapitalanlagerechts, München, 3. Auflage, München 2007
*Schluck-Amend, Alexandra:* Mit einem Bein im Gefängnis, in: Financial Gates (Hrsg.), Restrukturierung, Jahrbuch 2010, Frankfurt am Main 2010, S. 62 f.
*Schmeissel, Wilhelm/Claussen, Lydia:* Mezzanine-Kapital für den Mittelstand zur Verbesserung des Ratings, DStR 2008, S. 688 ff.
*Schmidt, Christian/Dendorfer, Wilhelm:* Beteiligungen an US-amerikanischen Immobilienfonds – Doppelbesteuerung von Zinserträgen aufgrund von Qualifikationskonflikten, IStR 2000, S. 46 ff.
*Schmidt, Karsten:* Entbehrlicher Rangrücktritt im Recht der Gesellschafterdarlehen? – Kritik an § 19 Abs. 2 E-InsO im MoMiG-Entwurf, BB 2008, S. 461 ff.
*Schmidt, Karsten:* Kommanditistenwechsel und Nachfolgevermerk, GmbHR 1981, S. 253 ff.
*Schmidt, Karsten:* Handelsrecht, 5. Auflage, Köln u. a. 1999
*Schmidt, Karsten/Lutter, Marcus:* Aktiengesetz, 1. Band, Köln 2008
*Schmidt, Frank/Mielke, Axel:* Steuerfolgen von Sanierungsmaßnahmen, UbG 2009, S. 395 ff.
*Schmitt, Joachim/Hörtnagl, Robert/Stratz, Rolf-Christian (Hrsg.):* UmwG/UmwStG, Kommentar, 5. Aufl., München 2009
*Schmidt, Mario/Schlitt, Michael:* Debt Equity Swap – Eine attraktive Form der Restrukturierung?, Der Konzern 2009, S. 279 f.
*Schmidt, Karsten:* Überschuldung und Insolvenzantragspflicht nach dem Finanzmarktstabilisierungsgesetz, DB 2008, S. 2467 ff.

# Rechtsprechungs- und Literaturverzeichnis

*Schmidt, Ludwig (Hrsg.):* EStG, Kommentar, 26. Auflage, München 2007
*Schmidtbleicher, Roland:* Mittelbarer Kapitalmarktzugang für KMU durch Genussrechtepooling, Johann Wolfgang Goethe-Universität, Arbeitspapiere des Institut für Bankrecht, Nr. 128, Frankfurt am Main 2006
*Schneider, Uwe H./Brouwer, Tobias:* Kapitalmarktrechtliche Meldepflicht bei Finanzinstrumenten, AG 2008, S. 557 ff.
*Schnittger, Arne/Bildstein, Christoph:* Praxisfragen der Betriebsstättenbesteuerung, Ubg 2008, S. 444 ff.
*Schnitger, Arne/Schachinger, Oliver:* Das Transparenzprinzip im Investmentsteuergesetz und sein Bedeutung für das Zusammenwirken mit den Vorschriften über die Hinzurechnungsbesteuerung nach den §§ 7 ff. AStG, BB 2007, S. 801 ff.
*Schnittker, Helder/Best, Michael:* Verdeckte Gewinnausschüttung bei unüblicher Tantieme – Vereinbarung mit Gesellschafter-Geschäftsführer – Welche Rolle spielt die Höhe der Beteiligung, in GmbHR 2002 S. 565 ff.
*Schnorbus, York:* Die Rechtsstellung der Emissionsbank bei der Aktienemission, AG 2004, S.113 ff.
*Schockenhoff, Martin:* Die befristete Unternehmensbeteiligung des GmbH-Geschäftsführers, in ZIP 2005, S. 1009 ff.
*Schockenhoff, Martin/Schumann, Alexander:* Acting in Concert – geklärte und ungeklärte Rechtsfragen, ZGR 2005, S. 568 ff.
*Scholz, Franz (Hrsg.):* GmbHG, Kommentar, Band 2, 9. Auflage, Köln 2002; 10. Auflage, Köln 2006
*Scholz, Jürgen/Nattkämper, Stefanie:* Organisatorische Eingliederung im Rahmen der umsatzsteuerlichen Organschaft, UR 2008, 716 ff.
*Schönfeld, Jens:* Anmerkung zu BFH, Beschluss v. 19. Dezember 2007, I R 66/06, IStR 2008, S. 370 ff.
*Schradin, Heinrich R.:* Entwicklung der Versicherungsaufsicht, in: Zeitschrift für die gesamte Versicherungswirtschaft, Heft 4, 2003, S. 611 ff. ( erschienen auch als Mitteilung 3/2003 des Instituts für Versicherungswissenschaft an der Universität zu Köln)
*Schrell, Thomas/Kirchner, Andreas:* Strukturelle und Vertragliche Subordination – Vorstellung und Vergleich der beiden Konzepte zur Subordinierung von Gläubigern bei der Finanzierung von Unternehmensübernahmen, BKR 2004, S. 212 ff.
*Schricker, Gerhard:* Probleme der Schuldenhaftung bei Übernahme eines Handelsgeschäfts, ZGR 1972, S. 121 ff.
*Schroeder, Ulrich:* Darf der Vorstand der Aktiengesellschaft dem Aktienkäufer eine Due Diligence gestatten?, DB 1997, S. 2161 ff.
*Schulte, Christof:* Corporate Finance, München 2006
*Schüppen, Matthias/Ehlermann, Christian:* Corporate Venture Capital, Köln 2000
*Schwark, Eberhard/Zimmer, Daniel:* Kapitalmarktrechts-Kommentar, 3. Auflage, München 2004
*Schwedhelm, Rolf:* Die steuerliche Angemessenheit von Bezügen für als Vorstand tätige Anteilseigner, in AG 2006, S. 626 f.
*Seibt, Christoph:* Gläubigerschutz bei Änderung der Kapitalstruktur durch Erhöhung des Fremdkapitals (Leveraged Recapitalization/Leveraged Buyout), ZHR 2007, S. 282 ff.
*Seibt, Christoph H./Reiche, Felix:* Unternehmens- und Beteiligungskauf nach der Schuldrechtsreform, DStR 2002, S. 1135 ff.
*Seibt, Christoph H./Wunsch, Oliver:* Managementgarantien bei M & T-Transaktionen, in ZIP 2008, S. 1093 ff.
*Seibt, Christoph/Wunsch, Oliver:* Investorenvereinbarungen bei öffentlichen Übernahmen, Der Konzern 2009, S. 195 ff.
*Semler, Johannes/Stengel, Arndt (Hrsg.):* UmwG, München 2003
*Semler, Johannes/Volhard, Rüdiger (Hrsg.):* Arbeitshandbuch für Unternehmensübernahmen, 1. Band, München 2001
*Sieger, Jürgen J./Hasselbach, Kai:* Die Übernahme von Gewährleistungen durch die Aktiengesellschaft bei Kapitalerhöhung und Aktientausch, BB 2004, S. 60 ff.
*Sigle, Walter:* Zur Beteiligung familienfremder Manager an Familien-Personen-Gesellschaften, in: Festschrift für Johannes Semler zum 70. Geburtstag am 28. April 1993, Berlin 1993, S. 767 ff.
*Stamm, Hans/Ries, Stefan:* Mezzanine-Finanzierungen, in: Habersack, Matthias/Mühlbert, Peter O./Schlitt, Michael (Hrsg.), Unternehmensfinanzierung am Kapitalmarkt, 2. Auflage, Köln 2008
*Stemmer, Dirk/Züchner, Patrick:* Private Equity weniger riskant als angenommen, in: Versicherungswirtschaft, S. 196 ff.
*Stupp, Alexander/Mucke, Jörg:* Die Auswirkung kreativer „Zinseszins"-Vereinbarung auf die ordentlichen Kündigungsmöglichkeiten des Darlehensnehmers, BKR 2005, S. 20 ff.

# Rechtsprechungs- und Literaturverzeichnis

*Schwab, Martin:* Die Neuauflage der Existenzvernichtungshaftung: Kein Ende der Debatte!, ZIP 2008, S. 341 ff.
*Schwark, Eberhard/Noack, Ulrich (Hrsg.):* Kapitalmarktrechts-Kommentar, 3. Auflage; München 2004
*Schwark, Eberhard:* Kommentar zum Kapitalmarktrecht, München 2004
*Schwintowski, Hans-Peter/Dannischewski, Johannes:* Eigenkapitalersetzende Darlehen durch den gesellschaftergleichen Dritten nach § 32a Abs. 3 GmbHG, ZIP 2005, S. 840 ff.
*Schwintowski, Hans-Peter/Schäfer, Frank A.:* Bankrecht, 2. Auflage, Köln 2004
*Schwintowski, Hans-Peter/Schantz, Peter:* Grenzen der Abtretbarkeit grundpfandrechtlich gesicherter Darlehensforderungen, NJW 2008, S. 472 ff.
*Sedemund, Jan/Fischenich, Britta:* Steuerneutralität von Leistungen ausländischer Kapitalgesellschaften im Halbeinkünfteverfahren vor und nach Einführung des § 27 Abs. 8 KStG, BB 2008, S. 1656 ff.
*Sedemund, Jan:* Zweifelsfragen im Rahmen von § 27 Abs. 8 KStG, IStR 2009, S. 579 ff.
*Semler, Johannes/Volhard, Rüdiger (Hrsg.):* Arbeitshandbuch für Unternehmensübernahmen, Bd. 1, München 2001
*Semler, Johannes/Volhard, Rüdiger:* Arbeitshandbuch für die Hauptversammlung, 2. Auflage, München 2003
*Sester, Peter/Glos, Alexander:* Wirksamkeit der Veräußerung notleidender Darlehensforderungen durch Sparkassen: Keine Verletzung von Privatgeheimnissen gem. § 203 StGB, DB 2005, S. 375 ff.
*Sohbi, Hassan/Beauvais, Ernst-Albrecht von:* Corporate Governance von Private-Equity-Fonds in Deutschland, in: Stefan Jugel (Hrsg.) Private-Equity Investments, Praxis des Beteiligungsmanagements, 2. Auflage, Wiesbaden 2008, S. 236 ff.
*Sonndorfer, Tobias:* Private Equity in Deutschland, Darstellung und Analyse unter besonderer Berücksichtigung des Exits, Saarbrücken 2007
*Sontheimer, Jürgen:* Die steuerliche Behandlung von Genussrechten, Beilage 19/1984 zu BB 30/1984, S. 1 ff.
*Sorrentino, Theresa:* Note on Private Placement Memoranda, Tuck School of Business at Darthmouth, Center for Private Equity and Entrepreneurship, Case # 5-0012 prepared under the supervision of Prof. Fred Wainwright and Prof. Colin Blaydon, August 2003, im Internet abrufbar unter http://mba.tuck.dartmouth.edu/pecenter/research/pdfs/Private_placement_memo.pdf (Stand: Januar 2005)
*Sosnitza, Olaf:* Rückerwerb der Geschäftsanteile von Gesellschafter-Geschäftsführern, in DStR 2005, S. 72 ff.
*Spätes Lob für Seifert* und skeptischer Ausblick, Reaktionen auf den Abgang des Börsenchefs – Klarheit über Strategie gefordert – Kommunikationsfehler, Börsen-Zeitung vom 10. Mai 2005, Ausgabe Nr. 88, S. 5
*Spindler, Gerald:* Das Gesetz über die Offenlegung von Vorstandsvergütungen – VorstOG, in NZG 2005, 689 ff.
*Spirtos, John B.:* Advising pension plans and other tax-exempt entities on investments in partnerships, Journal of Partnership Taxation, Fall 1997
*Stadler, Wilfried (Hrsg.):* Venture Capital und Private Equity, Köln 2000
*Stangl, Ingo/Hageböke, Jens:* Zinsschranke und gewerbesteuerliche Hinzurechnung von Finanzierungsentgelten, in: Schaumburg, Harald/Rödder, Thomas (Hrsg.), Unternehmensteuerreform 2008, München 2007, S. 447 ff.
*Staudinger, Julius von (Hrsg.):* BGB, Eckpfeiler des Zivilrechts, Kommentar, Berlin (Stand: 2005)
*Streck, Michael:* Zur Besteuerung von Management-Entgelten bei Private Equity-Investitionen, AG 2008, S. 321 f.
*Striegel, Andreas/Wiesbroch, Michael R./Jesch, Thomas A.:* Kapitalbeteiligungsrecht, Kommentar, Fankfurt am Main 2009
*Strohn, Lutz:* Existenzvernichtungshaftung – Vermögensvermischungshaftung – Durchgriffshaftung, ZInsO 2008, S. 706 ff.
*Strunk, Günther/Haase, Florian:* Die tatbestandliche Erfassung von Genussrechten als Anteile an Kapitalgesellschaften bei der Hinzurechnungsbesteuerung, BB 2007, S. 17 ff.
*Susanne Klatten* kauft sich bei SGL Carbon ein, Konzern begrüßt neuen Ankerinvestor Skion – Aktie haussiert – Altana-Gesellschafterin bleibt unter 25 Prozent, Börsen-Zeitung vom 17. März 2009, Ausgabe Nr. 52, S. 9
*Susanne Klatten* steigt bei Nordex ein, Quandt-Erbin erwirbt Anteil von 20 Prozent – Aktie des Windanlagenbauers zieht zeitweise kräftig an, Börsen-Zeitung vom 1. August 2008, Ausgabe Nr. 147, S. 9
*Süß, Rembert/Wachter, Thomas:* Handbuch des internationalen GmbH-Rechts, Bonn 2006

# Rechtsprechungs- und Literaturverzeichnis

*Süß, Stefan/Mayer, Stefan:* Zweifelsfragen im Anwendungsbereich des InvStG, DStR 2009, S. 957 ff.

*Szagunn, Volkhard/Haug, Volkhard/Ergenzinger, Wilhelm:* Gesetz über das Kreditwesen, Kommentar, 6. Auflage, Stuttgart 1997

*Tchibo-Erbe Günter Herz* neuer Herr im Hause Puma, Familie sichert sich mit 17 Prozent HV-Mehrheit – Sportartikel vor neuem Sprung, Börsen-Zeitung vom 11. Mai 2005, Ausgabe Nr. 89, S. 9

*Tchibo-Erben* stocken bei Puma auf, Sperrminorität eröffnet Einflussmöglichkeiten – Gut 800 Mill. Euro investiert, Börsen-Zeitung vom 10. September 2005, Ausgabe Nr. 175, S. 9

*TCI* bringt Werner Seifert zu Fall, Hedgefonds signalisiert nun Gesprächsbereitschaft, Börsen-Zeitung vom 10. Mai 2005, Ausgabe Nr. 88, S. 5

*Technau, Konstantin:* Rechtsfragen bei der Gestaltung von Übernahmeverträgen („Underwriting Agreements") im Zusammenhang mit Aktienemissionen, AG 1998, S. 445 ff.

*Teschke, Manuel:* Der Begriff der voraussichtlich dauernden Wertminderung bei der Teilwertabschreibung, DStZ 2006, S. 661 ff.

*Thaeter, Ralf/Guski, Roman:* Shareholder Activism: Gesellschaftsrechtliche Schranken aktiven Aktionärsverhaltens, AG 2007, S. 301 ff.

*The Boston Consulting Group (Hrsg.):* Report Medizinische Biotechnologie in Deutschland 2008, München, 2008, im Inernet abrufbar unter http://www.vfa.de/vfa-bio-de/vb-branche/bcg-studie-medizinische-biotechnologie-2008.html

*Thiele, Stefan:* Das Eigenkapital im handelsrechtlichen Jahresabschluß, Düsseldorf 1998

*Thomson, Andy:* Vive La Difference, Private Equity International, April 2005, Sonderheft Fund Structures, S. 3 ff.

*Thüsing, Gregor:* Das Gesetz über die Offenlegung von Vorstandsvergütungen, in ZIP 2005, S. 1389 ff.

*Tipke, Klaus/Lang, Joachim:* Steuerrecht, 19. überarbeitete Auflage, Köln 2008

*Tonner, Martin:* Zulässigkeit und Gestaltungsmöglichkeiten von Tracking Stocks nach deutschem Aktienrecht, IStR 2002, S. 317 ff.

*Toth-Feher, Geza M./Schick, Olaf:* Distressed Opportunities – Rechtliche Probleme beim Erwerb notleidender Forderungen von Banken, ZIP 2004, S. 491 ff.

*Triebel, Volker (Hrsg.):* Mergers & Acquisitions, Strategie – Steuern – Recht, Heidelberg 2004

*Tschauner, Heiko/Desch, Wolfgang:* Notleidende Unternehmen richtig erwerben – was aus rechtlicher Sicht zu beachten ist, in: Concentro Management AG (Hrsg.), Concentro Turnaround Investment Guide, München 2008

*T'Syen, Koen:* Market Power in Bidding Markets: An Economic Overview, World Competition 2008, S. 37 ff.

*Tcherveniachki, Vassil:* Kapitalgesellschaften und Private Equity Fonds, Berlin 2007

*Tcherveniachki, Vassil:* Strukturierung eines fremdfinanzierten Unternehmenskaufs, Praxisorientierte Analyse am Beispiel des LBOs der MTU Aero Engines, M&A Review 2008, S. 351 ff.

*Thill, Ingo/Antoszkiewicz, Christina:* Einzelfragen beim down-stream merger eines Organträgers auf eine Organgesellschaft, FR 2006, S. 7 ff.

*Ulmer, Peter/Habersack, Mathias/Winter, Martin (Hrsg.):* GmbHG, Großkommentar, Tübingen 2005–2007

*Töben, Thomas/Fischer, Hardy:* Fragen zur Zinsschranke aus der Sicht ausländischer Investoren, insbesondere bei Immobilieninvestitionen von Private-Equity-Fonds, Ubg 2008, S. 149 ff.

*Trossen, Nils:* Aufgabe der Maßgeblichkeit bei Umwandlungsvorgängen, FR 2006, S. 617 ff.

*Ulmer, Peter/Habersack, Mathias/Winter, Martin:* Gesetz betreffend die Gesellschaft mit beschränkter Haftung, 2. Band, Tübingen 2006

*Unterbewertung plus Wachstumschance* lockt One Equity an, Finanzinvestor mehrt ausschließlich Mittel von JPMorgan – Keine Scheu vor Minderheiten auch an börsennotierten Unternehmen, Börsen-Zeitung vom 23. Januar 2008, Ausgabe Nr. 15, S. 13

*Vallender, Heinz:* Gefahren für den Insolvenzstandort Deutschland, NZI 2007, S. 129 ff.

*van Lishaut, Ingo/Schumacher, Andreas/Heinemann, Peter:* Besonderheiten der Zinsschranke bei Personengesellschaften, DStR 2008, S. 2341 f.

*Vater, Hendrik:* Bilanzielle und körperschaftsteuerliche Behandlung von Stock Options, in DB 2000, S. 2177 ff.

*Vater, Hendrik:* Stock Options – Bewertung, steuerrechtliche Aspekte und Rechnungslegung sowie Alternativen, Berlin 2004

*Vetter, Eberhard:* Stock Options für Aufsichtsräte – ein Widerspruch?, in AG 2004, S. 234 ff.

*Vetter, Jochen:* Die neue dogmatische Grundlage des BGH zur Existenzvernichtungshaftung, BB 2007, S. 1965 ff.

*Vogel, Alfred/Schwarz, Bernhard,* Kommentar zum Umsatzsteuergesetz, Freiburg (Stand: Juni 2008)

# Rechtsprechungs- und Literaturverzeichnis

*Vogel, Klaus/Lehner, Moris (Hrsg.):* Doppelbesteuerungsabkommen (DBA) der Bundesrepublik Deutschland auf dem Gebiet der Steuern vom Einkommen und Vermögen, 5. Auflage, München 2008
*Volk, Gerrit:* Mezzanine Capital: Neue Finanzierungsmöglichkeiten für den Mittelstand?, BB 2003, S. 1224 ff.
*Volmer, Michael:* Vertragspaternalismus im Gesellschaftsrecht? – Neues zu Abfindungsklauseln, DB 1998, S. 2507 ff.
*Von Bülow, Christoph/Bücker, Thomas:* Abgestimmtes Verhalten im Kapitalmarkt- und Gesellschaftsrecht, ZGR 2004, S. 669 ff.
*Von Bülow, Christoph/Stephanblome, Markus:* Acting in Concert und neue Offenlegungspflichten nach dem Risikobegrenzungsgesetz, ZIP 2008, 1797 ff.
*Von Einem, Christoph/Schmid, Stefanie/Meyer, Arnt:* „Weighted-Average" – Verwässerungsschutz bei Venture Capital-Beteiligungen, BB 2004, S. 2702 ff.
*Von Livonius, Hilger/Bernau, Timo:* Der neue Tatbestand der „Anlageverwaltung" als erlaubnispflichtige Finanzdienstleistung, WM 2009, S. 1216 ff.
*Von Schweinitz, Oliver:* Abschreibungen zwischen Aufwands- und Subventionstatbestand, Europarechtliche und verfassungsrechtliche Grenzen von Abschreibungstatbeständen, Berlin 2005
*Von Schweinitz, Oliver:* Rating Agencies, Their Business, Regulation and Liability under US, UK and German Law, Bloomington 2007
*Von Sydow, Christian/Beyer, Oliver:* Erwerb von notleidenden Krediten und anschließende Kapitalerhöhung mit Sacheinlage, AG 2005, S. 635 ff.
*Veith, Amos:* Die Unternehmensbeteiligungsgesellschaft – Strukturalternative zur Vermeidung der Gewerbesteuer für Private Equity Fonds, DB 2003, S. 1191 ff.
*Vogt, Gabriele:* Die Due Diligence – ein zentrales Element bei der Durchführung von Mergers & Acquisitions, DStR 2001, S. 2027 ff.
*Wachter, Thomas:* Die englische private limited company im deutschen Steuerrecht (Teil 1), FR 2006, S. 358 ff.
*Wagner, Franz:* Gründung bzw. Kapitalerhöhung von Kapitalgesellschaften: Aufgeld auf satzungsmäßiger bzw. schuldrechtlicher Grundlage, DB 2004, S. 293 ff.
*Wagner, Wolfgang/Russ, Wolfgang:* „Due Diligence Untersuchungen", in: IDW (Hrsg.): Wirtschaftsprüfer-Handbuch 2002, Handbuch für Rechnungslegung, Prüfung und Beratung, Band II, 12. Auflage, Düsseldorf 2002, S. 997 ff.
*Wallenhorst, Rolf:* Gemeinnützigkeit: Ist die Geprägetheorie überholt?, DStR 2009, S. 717 ff.
*Walter, Wolfgang:* Unterjähriger Beginn der ertragssteuerlichen Organschaft, AG 2008, S. 741 ff.
*Wand, Peter/Tillmann, Tobias/Heckenthaler, Stephan:* Aufsteigende Darlehen und Sicherheiten bei Aktiengesellschaften nach dem MoMiG und der MPS-Entscheidung des BGH, AG 2009, S. 148 ff.
*Wang, Xiaoye:* Erlass und Ausführung des chinesischen Kartellgesetzes, RIW 2008, S. 417 ff.
*Watrin, Christoph/Lühn, Michael:* Besteuerung von Genussrechten deutscher Emittenten mit im Ausland ansässigen Inhabern, IWB Nr. 21 v. 8. November 2006, S. 483 ff.
*Watter, Rolf/Gstoehl, Matthias:* Preisanpassungsklauseln, in: Tschäni, Rudolf (Hrsg.), Mergers & Acquisition, VI, Zürich 2004 *Weber, Christoph:* Transaktionsboni für Vorstandsmitglieder: Zwischen Gewinnchance und Interessenkonflikt, Berlin 2006
*Weber, Christoph/Meckbach, Anne:* Finanzielle Differenzgeschäfte – Ein legaler Weg zum „Anschleichen" an die Zielgesellschaft bei Übernahmen?, BB 2008, S. 2022 ff.
*Wegmann, Jürgen/Koch, Wolfgang:* Unternehmensanalyse durch externe Gutachter – Ablauf und Technik, Folge-Due Diligence als neuer Analysestandard -, DStR 2000, S. 1027 ff.
*Weidig, Tom/Mathonet, Pierre-Yves:* The Risk Profiles of Private Equity, Januar 2004, im Internet abrufbar unter http://ssrn.com/abstract=495482 (Stand: Dezember 2004)
*Weiler, Lothar/Meyer, Ingo:* „Abgestimmtes Verhalten" gemäß § 30 WpÜG – Neue Ansätze der Bundesanstalt für Finanzdienstleistungsaufsicht?, NZG 2003, S. 909 ff.
*Weis, Ditmar u. a. (Hrsg.):* Problematische Firmenkundenkredite: Krise Sanierung Insolvenz, 2. Auflage, Heidelberg 2006
*Weiß, Daniel M.:* Aktienoptionspläne für Führungskräfte, Köln 1999
*Weitnauer, Wolfgang:* Der Beteiligungsvertrag, NZG 2001, S. 1065 ff.
*Weitnauer, Wolfgang:* Handbuch Venture Capital, 3. Auflage, München 2007
*Weitnauer, Wolfgang:* Rahmenbedingungen und Gestaltung von Private-Equity-Fonds, FB 2001, S. 258 ff.
*Weller, Marc-Philippe:* Die Neuausrichtung der Existenzvernichtungshaftung durch den BGH und ihre Implikationen für die Praxis, ZIP 2007, S. 1681 ff.
*Werner, Horst S.:* Mezzanine-Kapital, 2. aktualisierte Auflage, Köln 2007

# Rechtsprechungs- und Literaturverzeichnis

*Wicke, Hartmut:* Schuldrechtliche Nebenvereinbarungen bei der GmbH – Motive, rechtliche Behandlung, Verhältnis zum Gesellschaftsvertrag, DStR 2006, S. 1137 ff.

*Widmann, Siegfried/Mayer, Dieter (Hrsg.):* UmwG (Loseblatt), Bonn

*Wie der Börsenchef vom Jäger zum Gejagten wurde,* Werner Seifert hat seine Gegner unterschätzt – Eklat nach Treffen mit Chef des Hedgefonds TCI, Börsen-Zeitung vom 10. Mai 2005, Ausgabe Nr. 88, S. 5

*Wight, Richard/Cooke, Warren/Gray, Richard:* The LSTA's complete credit agreement guide, New York 2009

*Wimmer, Klaus (Hrsg.):* FK-InsO, Frankfurter Kommentar zur Insolvenzordnung, 5. Auflage, Neuwied 2009

*Windhöfel, Thomas/Ziegenhagen, Andreas/Denkhaus, Stefan:* Unternehmenskauf in Krise und Insolvenz, Köln 2008

*Winter, Gerrit:* Versicherungsaufsichtsrecht kritische Betrachtungen, 1. Auflage, Karlsruhe 2007

*Winter, Willi:* Steuerliche Behandlung von Genussrechten, GmbHR 1993, S. 31 ff.

*Winter, Michael:* Upstream-Finanzierung nach dem MoMiG-Regierungsentwurf, DStR 2007, S. 1484 f.

*Winkler, Christoph:* Rechtsfragen der Venture Capital-Finanzierung, Berlin 2004, zugl.: Mainz, Univ., Diss., 2002/2003

*Wittkowski, Ansas/Hielscher, Stephan:* Änderungen des § 8c KStG durch das Wachstumsbeschleunigungsgesetz, DB 2010, S. 11 ff.

*Wischott, Frank/Schönweiß, Rainer/Fröhlich, Gottfried:* Systemwechsel in der Anwendung des § 1 Abs. 3 GrEStG bei mittelbaren Anteilsvereinigungen?, DStR 2009, S. 361 ff.

*Wiese, Götz T./Klass, Tobias:* Einkommensteuerliche Behandlung von Private Equity und Venture Capital Fonds, FR 2004, S. 324 ff.

*Wiese, Götz T./Süß, Stefan:* Verschärfungen bei Kapitalertragsteuer-Entlastung für zwischengeschaltete ausländische Kapitalgesellschaften, GmbHR 2006, S. 972 ff.

*Wolf, Holger:* Der Beteiligungsvertrag bei der Aktiengesellschaft, Heidelberg 2004, zugl.: Frankfurt am Main, Univ., Diss., 2004

*Wollny, Paul:* Unternehmens- und Praxisübertragungen, 6. Auflage, Herne u. a. 2005

*Wood, Duncan:* Der Streit um Mezzanine, Deutsches Risk, Herbst 2005, im Internet abrufbar unter http://www.risk.net, S. 4 ff.

*Wood, Philip:* Law and Practice of International Finance, London 2008

*Wright, Sue:* International Loan Documentation, New York 2006

*Wulf, Martin:* Steuerliche Formvorschriften für Ergebnisabführungsverträge mit Tochter GmbH, AG 2007, S. 320 ff.

*Ziebe, Jürgen:* Rechtsnatur und Ausgestaltung von Genussrechten, DStR 1991, S. 1594 ff.

*Ziegert, Nicholas:* Der Venture Capital-Beteiligungsvertrag (VCB), Berlin 2005, zugl.: Freiburg i. Br., Univ., Diss., 2004

*Ziegler, Ole:* "Due Diligence" im Spannungsfeld zur Geheimhaltungspflicht von Geschäftsführern und Gesellschaftern, DStR 2000, S. 249 ff.

*Ziemons, Hildegard:* Die Weitergabe von Unternehmensinterna an Dritte durch den Vorstand einer Aktiengesellschaft, AG 1999, S. 492 ff.

*Zimmerer, Maximilian:* Versicherungen als Investoren in Private Equity, in: BVK (Hrsg.), Konferenzband zum 7. Deutschen Eigenkapitaltag 2004, S. 37 ff.

*Zirngibl, Nikolas:* Die Due Diligence bei der GmbH und der Aktiengesellschaft – Die Geschäftsführungsorgane im Konflikt zwischen Geheimhaltung und Informationsoffenlegung, Berlin 2003

*Zöllner, Wolfgang (Hrsg.):* Kölner Kommentar zum Aktiengesetz, 2. Auflage, Köln 1971 ff.

*Zöllner, Wolfgang (Hrsg.):* Kölner Kommentar zum Aktiengesetz, Band 1, §§ 1–75, 2. Auflage, Köln, Berlin, Bonn 1998

*Zweigert, Konrad/Kötz, Hein:* An introduction to comparative law, 3. edition, Oxford 1998

# Stichwortverzeichnis

(Die Zahlen bezeichnen die jeweiligen Seiten.)

Abfindung
– Sozialplan 579
– Vereinbarkeit mit Rückkaufpreis 246
Abbruchsoption
– Unternehmensbewertung 202
Abgeltungsteuer
– Inbound 90
– Managementbeteiligung 249
– vermögensverwaltende Personengesellschaft 48, 71, 455, 458, 478
Abkommensrecht
– Besteuerung ausländischer Gesellschaften 84 f, 90
Abtretung
– Distressed Debt Investments 692 ff
– Geschäftsanteile einer GmbH 376
– Kommanditanteile 386
AcquiCo
– Begriff 92
Add-on-Acquisitions
– Fremdfinanzierung 259
Advisory Committee
– Begriff 136, 782
AIFM-Richtlinie
– Änderung inländischer Fondsstrukturen 81
– Lizenzerfordernis 879
Aktiengesellschaft (AG)
– Beschlussfassungen 144 f
– Entscheidung über Due Diligence-Zulassung 144 ff
– Fondsstruktur 78
– Private-Equity-Dachfonds 54
Alternative Investment Fund Managers Richtlinie 73
Alternative Investments
– Anlageklasse 37
Ancillary facilities
– Senior-Kredit 261
Andienungsrechte
– Beteiligungsvertrag 251
Anlageverordnung (AnlV)
– Versicherungsunternehmen 20 ff, 34, 112
Anstaltsstiftung
– Begriff 5
Anteilsveräußerung als Exitvariante
– Arten 364 ff
– Ausgestaltung 372 ff
– Bewertung 366 ff
– Buy Back 366, 369, 392
– Call Option 371

– Due Diligence 394
– Earn-Out 373
– Einkommensteuer 390, 392
– fester Kaufpreis 372
– fusionskontrollrechtliche Anmeldepflichten 374 f
– Gewerbesteuer 389, 392
– Grunderwerbsteuer 388, 392
– Käuferauswahl 393
– Kaufpreisanpassung 373
– Kaufpreissicherung 374
– Körperschaftsteuer 388, 392
– Liquidationspräferenz 370
– Mitveräußerungspflicht (drag along) 369
– Mitveräußerungsrecht (tag along) 370
– Preisfindung 372 ff
– Regelungen in Beteiligungsvereinbarung/Satzung 369 ff
– Return on Investment 366
– Secondary Purchase 365, 368, 386 ff, 392
– Signing und Closing 395
– steuerliche Folgen 387 ff, 391 ff
– Strukturierung des Verkaufsprozesses 393 ff
– Trade Sale 364, 367, 376 ff, 387 ff
– Umsatzsteuer 387, 391
– value added 367
– Vertragsverhandlungen 394
– Vorbereitungsphase 393
– Vorerwerbsrecht/Voranbietungspflicht 371
– Vorkaufsrecht 371
Anteilsverfügungen
– Beteiligungsvertrag 250
Anti-Dilution
– Verwässerungsschutz beim Beteiligungsvertrag 245
Anti-Treaty-/Anti-Directive-Shopping
– Alternativstrukturen 97 f
– Geschäftsleitende Holding 96
– Inbound 95 ff
– Versagung der Abkommens-/Richtlinienvergünstigung 95
Anzeige- und Erklärungspflichten
– erhöhte Pflichten bei Outbound-Strukturen 116
Arbeitsentgelt
– Vorenthaltung/Veruntreuung 661
Arbeitgeberverband
– Austritt 562
– Wechsel 563

989

# Stichwortverzeichnis

Arbeitsrecht
- Änderung von materiellen Beschäftigungsbedingungen 562
- Angaben im Umwandlungsvertrag 544
- Ausgründung eines Betriebs/-teils 563
- Ausstieg aus dem geltenden Tarifsystem 562
- Austritt aus dem Arbeitgeberverband 562
- betriebliche Altersversorgung 565
- Betriebsänderung 554, 555 ff
- Betriebsübergang 548 ff
- Betriebsvereinbarungen 546, 564
- Bezugnahmeklauseln 547
- Due Diligence 160
- Einstellung freiwilliger Leistungen 566
- Information des Wirtschaftsausschusses 542
- Information des Betriebsrates 543
- Kündigung von Betriebsvereinbarungen 564
- Massenentlassungen 561
- Mitwirkungsrechte der Arbeitnehmervertretungen 542 ff
- Reorganisation auf Betriebsebene 555 ff
- Tarifsozialplan 560
- Tarifverträge 547, 562
- Überleitungsvereinbarungen 547
- Wechsel des Arbeitgeberverbandes 563

Asset Allocation
- Begriff 108

Asset Based Lending
- Fremdfinanzierungsform 266 f

Asset Deal
- Einkommensteuer 392
- Grunderwerbsteuer 187
- Interessenkonflikte bei Legal Due Diligence 143
- steuereffiziente Gewinnrepatriierung 100
- Tax Due Diligence 168, 187
- Trade Sale 383 f
- Umsatzsteuer 391

Asset-Liability-Management (ALM)
- Begriff 21, 25, 30 ff

Auction Sale
- Begriff 153

Auditor's Qualification
- Begriff 279

Auflagen für Kreditnehmer (General Undertakings)
- Kreditfinanzierung 274

Aufsichtsrat (AG)
- Entscheidung über Due Diligence-Zulassung 144
- Zustimmung zur Kapitalerhöhung 409

Aufsichtsrecht
- Finanzdienstleistungsaufsicht 23, 62
- Investmentaufsicht 124 ff, 127
- Luxemburger Finanzaufsicht 58
- Outbound-Strukturen 112, 115
- Parameter für inländische Fonds 74, 76
- Stiftungsaufsicht 3, 4

- vermögensverwaltende Personengesellschaft 76
- Versicherungsaufsicht 19 ff, s. a. dort

Außensteuergesetz (AStG)
- Outbound-Strukturen 130

Ausgründung von Betrieb/Betriebsteilen
- Fortgeltung von Tarifverträgen 563

Ausländische Fondsstrukturen s. Inbound, Outbound

Ausländische Holdinggesellschaft
- Nutzung grenzüberschreitender Akquisitionsstrukturen 306
- Zwischenschaltung einer LuxCo 303 ff

Ausländischer Investor
- Beteiligungsvertrag 236
- steuerliche Neutralität 74, 75
- Steuerpflicht juristischer Personen 479
- Steuerpflicht natürlicher Personen 479

Ausländische verbundene Unternehmen
- Tax Due Diligence 183

Ausstieg des Investors s. Anteilsveräußerung, Börsengang, Dual Track-Verfahren

Availability Period
- Begriff 259

back-to-back financing
- Begriff 300, 637

Bad Leaver
- Beteiligungsvertrag 249
- Call-Optionen 220
- Managementbeteiligung 220, 224
- Rückkaufspreis 224

BaFin s. Bundesanstalt für Finanzdienstleistungen

Bankgeheimnis
- kein Ausschluss der Abtretbarkeit 697 f
- Verhältnis zum BDSG 699

Basel II
- Distressed Debt Investments 668
- Mezzanine Investments 600
- Versicherungsunternehmen 30 ff

Basisgesellschaft
- keine steuerliche Anerkennung 94

Baskets
- Begriff 275

Beherrschungsverträge
- Fremdfinanzierung 286

Belgien
- Ansiedlung des Special Purpose Vehikel (SPV) 856 f
- Anteile 867
- Anteilsveräußerungsgewinne 859
- Buy-Out-Strukturen 855 ff
- Debt Push Down 862
- Dividenden 860
- Errichtung eines Akquisitions-Vehikels 855 f
- Exit Tax 862
- fiktiver Zinsabzug 864
- keine Konsolidierung 862
- Management Incentives 865

# Stichwortverzeichnis

- Restricted Stock Units (RSU's) und Profit Units 867
- spezielle Besteuerungssysteme für Private-Equity-Vehikel 858
- Stock Options/Warrants 865 f
- Verkauf einer „Cash Company" 863
- Verlustvorträge und Anteilseignerwechsel (Change of Control) 863
- Zinsen 860 f

Benchmark
- Track Record 46

Benefit Plan Investors
- Plan Assets Regulation 127
- verbotene Transaktionen 105
- wesentliche Beteiligung 106

Besicherung der Kredite
- Aufhebung des strukturellen Nachrangs 284 ff
- aufsteigende Sicherheiten und Garantien 284
- Beherrschungs-/Gewinnabführungsverträge 286
- Refinanzierung auf Ebene der Zielgesellschaften 285
- Schuldübernahme 285
- Struktur 283
- Upstream-Sicherheiten 285
- Verschmelzung mit der Zielgesellschaft 286

Besteuerung des Kreditgebers
- Fremdfinanzierung 287

Besteuerung der Kapitalgesellschaft 472

Besteuerung der Personengesellschaft
- Abschirmung gewerblicher Tätigkeiten 450
- Besteuerung der Investoren 455 f
- – institutionelle Investoren 460 f
- – natürliche Personen 455 ff
- – steuerbefreite institutionelle Investoren 462 f
- Besteuerungsverfahren 454
- Einspruch und Rechtsbehelfsverfahren 454
- Carry-Inhaber 464 ff
- gewerbliche Tätigkeit 451 ff
- Pooling des Kapitals 450
- steuerliche Transparenz 450, 451

Besteuerung der Unternehmensbeteiligungsgesellschaft 471

Beteiligung des Investors
- Beitritt durch Kapitalerhöhung 235 f
- disquotale Einlagen 241
- Kombination mit Fremdkapitalinstrumenten 237
- Milestone-Finanzierung 239
- Rücklagendotationen 239

Beteiligungscontrolling
- Abgrenzung zum allgemeinen Controllingbegriff 341
- Aufgabenfelder 342, 343 ff
- Aufhebung von Informationsasymmetrien 360
- Beteiligungscontrolling aus Konzernsicht 343
- Beteiligungscontrolling in Private-Equity-Gesellschaften 341

- Betreuungsphase 347 ff
- – Abweichungsanalyse/Laufender Soll-/Ist-Vergleich 347
- – Aufgabenbereiche 348
- Cash-Flow 351
- Cash Multiple 351
- Controlling-Gespräch 358 f
- Covenants 352
- EBIT und EBITDA 352
- Einordnung 349
- Erfolgsfaktoren aus Anwendersicht 360 ff
- Exitphase 348
- funktionale Träger 361
- Internal Rate of Return (IRR) 351
- Investitionsphase 344 ff
- – allgemeine Aufgaben/Zielsetzungen 344
- – Ergebnisse der Investitionsphase 344
- – Finanzplan 346
- – Maßnahmenplan 347
- – Wertsteigerungskonzept 345
- Kennzahlen 351 ff, 353
- Kontrolle des Umsetzungserfolges 361
- Merkmale 341
- Portfoliobericht 353 ff
- Private-Equity-Geschäftsmodell 340
- Umsetzung 342

Beteiligungsprivileg (§ 8b KStG)
- Kapitalgesellschaftsmodelle 78
- Stiftungen 12

Beteiligungsvertrag
- Andienungs- und Vorkaufsrechte 251
- Anteilsverfügungen 250 ff
- Begriffsbestimmungen 230
- Beteiligung des Investors 235 ff
- Beteiligungsvereinbarung im engeren Sinn 234 ff
- Biotechnology Investments 771 ff
- Corporate Governance Regelungen 246 ff
- Einstieg des jeweiligen Investors 230
- Exitvereinbarungen 252 ff
- Form 254
- Garantieverpflichtungen der Gründungsgesellschafter 241 ff
- Laufzeit 255
- Letter of Intent (LOI) 233 ff
- Liquidationspräferenz 772
- Meilensteinzahlung 772
- Pre-Money-Bewertung 771
- Rechtsnatur 255
- Satzungsbestimmungen 232
- schuldrechtliche Nebenabrede 231
- Verfügungsbeschränkungen 250
- Verwässerungsschutz 245, 772
- Vinkulierungsklauseln 251
- Wechselwirkung mit Satzung 232

Betreuungsphase
- Beteiligungscontrolling 342, 343, 347 ff

991

# Stichwortverzeichnis

Betriebsänderung (§ 111 BetrVG)
– Interessenausgleichsverfahren 555 ff
– Mitwirkungsrecht des Betriebsrats 554
– Portfoliotransaktionen 722
– Sozialplan 557
– taktische Hinweise 559
– Verhandlungspartner 558
Betriebliche Altersversorgung 558, 565
Betriebliche Übung 566
Betriebsmittelbedarf
– Revolving Facility 260
Betriebsprüfungen
– Tax Due Diligence 169
Betriebsrat
– Auswirkung der Unternehmensumwandlung 546
– Beteiligung bei Unternehmensübernahme 543
– Garantieversprechen 380
– Zuleitung des Verschmelzungsvertrags 544 f
Betriebsübergang (§ 613a BGB)
– arbeitsrechtlicher Gestaltungsspielraum 549
– Auswirkung auf Kündigungen 552
– Bezugnahme auf Tarifverträge 554
– Gesamtbetriebsvereinbarungen 553
– Haftung 552
– kollektivrechtliche Folgen 552 ff
– Portfoliotransaktionen 720 ff
– Trade Sale durch Asset Deal 385
– Transformationsgrundsatz 552
– Übergang der Arbeitsverhältnisse 550
– Unterrichtungspflicht 550 f
– Voraussetzungen 548
– Widerspruch der Arbeitnehmer 552
Betriebsstätte im Inland
– Inbound-Investments 87
Betriebsvereinbarungen
– Gesamtbetriebsvereinbarungen 553
– Kündigung 564
– Fortgeltung bei Unternehmensstrukturänderung 546
Bewertung
– Anlagevolatilität 24 f
– Mezzanine Kapital 604 ff, 609
– Unternehmensbewertung s. dort
Bezugsrechtsausschluss
– Distressed Debt Investments 706
– klassischer PIPE 579
– Schaffung neuer Aktien 404
Bieterkonsortien
– „Club Deal" 533
– deutsches Recht 534 ff
– europäisches Recht 538 f
Biotechnology Investments
– Auslizenzierung 773
– Bedeutung von Biopharmazeutika 759
– Bedeutung von Investitionen aus Beteiligtensicht 760
– Beteiligungsvertrag 771 ff

– Due Diligence 764 ff
– Exit 773 ff
– Geheimhaltungsvereinbarung 761 f
– Liquidationspräferenz 772
– Meilensteinzahlung 772
– Pre-Money-Bewertung 771
– strukturierte Übernahme durch Pharmaunternehmen 774
– Term Sheet 762 ff
– Trade Sale 773
– Verwässerungsschutz 772
Blind Pools
– Private-Equity-Dachfonds 38
Blocker Corporation
– Begriff 104
– steuerbefreite institutionelle Investoren 104, 121
Bookbuilding
– Decoupled Bookbuilding 416
– öffentlich angebotene Aktien 415
– Vorstandsbeschlüsse 409
Borrowing-Base-Kredite
– Asset Based Lending 266
Börsengang
– Anpassung der Satzung 399
– Auswahl der Konsortialbanken 400
– Bookbuilding 415
– Börseneinführungsrechte 398
– börsenfähige Rechtsform 396
– Börsenzulassung 401, 417
– Decoupled Bookbuilding 416
– Dokumentation 404 ff
– Dual Listing 403
– Dual Track 398, 427 ff
– Due Diligence 401
– Emissionskonzept 401 ff
– Emissionsvolumen 404
– Entry Standard 402
– Exit-Option 396
– Gremienbeschlüsse 408 ff
– Hauptversammlungsbeschluss 408
– kapitalmarktrechtliche Folgepflichten 422
– letter of engagement 409
– Mandatsvereinbarung 409
– Marketing 418
– Mitteilungspflichten nach WpHG 422
– öffentliches Angebot von Aktien 403, 415
– rechtliche Voraussetzungen 397
– regulierter Markt 402
– Sicherstellung zukünftiger Finanzierung 397
– Stabilisierung 419
– Übernahmevertrag 410 ff
– – aufschiebende Bedingungen 414
– – Gewährleistung/Garantien 411 f
– – Haftungsfreistellung 413
– – Marktschutzklausel 414
– Umwandlung der Gesellschaft 398
– Vorbereitung 398 ff

# Stichwortverzeichnis

- Vorstandsbeschluss 409
- Wertpapierprospekt 404 f
- Zustimmung des Aufsichtsrats 409

Break-up Fees
- Begriff 234

BRIC-Staaten 113

Bridgefinanzierungen
- Beteiligungsvertrag 241

Bring-Down-Conditions
- Closing-Voraussetzung 788

Bullet Repayment
- Laufzeitkredite 258

Bundesanstalt für Finanzdienstleistungen siehe (BaFin)
- Erlaubnispflicht gem. § 32 KWG 700
- Kontrolle der Einhaltung von Anlagebeschränkungen 23
- Versicherungsaufsicht 19 ff, 112
- Verwaltungspraxis bezgl. Treuhandkommanditmodelle 62

Bundesdatenschutzgesetz (BDSG) 699

Buy Back
- Bewertung 369
- Begriff 366
- Exit durch Anteilsveräußerung 366, 369, 387
- rechtliche Struktur 387
- steuerliche Folgen 392

Buy-Out-Finanzierungen
- Beteiligungsvertrag 237
- Mezzanine Investments 601

Buy Side Due Diligence 166

Buyout-Fonds
- Strukturierung 41, 44

Call Option
- Ausgestaltung im Leaver-Scheme 220
- Exit durch Anteilsveräußerung 371
- Rechtfertigung in Private-Equity-Transaktionen 222
- Rechtsprechungsgrundsätze 221

Capex Covenant
- Release Conditions 276, 277

Capital Asset Pricing Model (CAPM)
- Ermittlung erwarteter Rendite 200

Capital Expenditure
- Fremdfinanzierung 259, 277

Carried Interest
- AG-/GmbH-Modell 78
- als Parameter für inländische Fondsstrukturen 74
- Auszahlungs- und Zuflusszeitpunkt 135
- Begriff 8, 43
- Carry-Besteuerung 467 ff
- Carry-Holder 132
- Charakterisierung 466
- Claw back/catch up-Vereinbarungen 465
- Dachfonds als Investoren 43, 46, 69
- Deal-by-Deal (US-Modell) 135

- Full repayment of capital commitment 465
- Full repayment of capital contribution 465
- Fund-as-a-whole-Konzept 136
- GmbH & Co. KG 75
- GmbH & Co. KGaA 79
- Grundmodelle 465 ff
- lohnsteuerrechtliche Aspekte 136
- Managementvertrag 69
- marktübliche Besteuerung 74, 75, 79
- MoRaKG 134
- Outbound-Fonds 132 ff
- rechtliche Carry-Gestaltung 464 ff
- Steuerbefreiung 468
- steuerliche Betrachtung des Carry 466
- Stiftungen als Investoren 8
- überproportionaler Ergebnisanteil 464
- Umsatzsteuerbefreiung 61
- vermögensverwaltender Fonds/gewerbliches Carry-Vehikel 74 f, 134

Carried-Interest-Gesetz 76

Carried Interest GmbH & Co. KG 75, 78

Carry Back
- Begriff 278

Cash Call
- Begriff 221

Cash Flow
- Analyse 194
- Beteiligungscontrolling 351
- Discounted Cash Flow Methode 198
- Financial Due Diligence 194
- Legal Due Diligence 164

Cash-flow Cover
- Finanzkennzahlen 277

Cash Multiple
- Renditekennzahlen 351, 353

catch-up Vereinbarungen
- Modifikation von Carried Interest Vereinbarungen 135, 136, 254, 465

Change of Control-Klauseln
- Biotechnology Investments 765
- PIPEs 574

cheap mezzanine
- Second-Lien-Kredite 261

China
- Beschränkung von ausländischen Investments 929
- Chinesisch-Ausländische Joint Ventures 927
- Exit 928
- Fondsstrukturen 922 ff
- Foreign Invested Venture Capital Investment Enterprise (FIVCIE) 923 f
- Fusionskontrollrecht 530 f
- Genehmigungen 929
- Growth Enterprise Market 930
- Industrial Investment Fonds 924
- Limited Partnership der VR China 922 f
- Marktübersicht 921
- neuere Entwicklungen 929 f

993

# Stichwortverzeichnis

- Offshore-Strukturen 925 ff
- Onshore-Struktur 922
- rechtliche Rahmenbedingungen 930
- Red-chip-Modell 925
- SINA-Modell 926
- staatlicher Pensionsfonds 930
- Transaktionsstrukturen 928 ff
- typische Fondsstruktur 110

Center of Main Interest (COMI)
- Englisches Insolvenzrecht 662

Certain Funds
- Aufhebung des Dokumentationsvorbehaltes 270
- Bankgarantie und Treuhandkonto 269
- Equity Commitment Letter 268
- Erfüllung der Auszahlungsvoraussetzungen 271
- Übergangsfinanzierung 270
- unterzeichneter Kreditvertrag 269

Certain Funds Period
- Fremdfinanzierung 269

cessio legis
- Distressed Debt Investments 694

claw-back Vereinbarungen
- Rückzahlungsverpflichtung 135, 465, 468

Clean Down
- Begriff 260, 276

Closing Condition
- Vollzugsbedingung 141

Commitment Letter
- Fundable Commitment Papers 270
- Kreditzusageschreiben 267 ff

Confirmatory Due Diligence
- Begriff 140

Controlled Foreign Corporation (CFC-Rules)
- Hinzurechnungsbesteuerung 101, 102

Controlling s. Beteiligungscontrolling

Covenants
- Financial Covenants 277
- Kennzahlen 352

Convertible Preferred Equity Certificates (CPECs)
- hybride Finanzierungsformen 304, 330

Committed Capital
- Vergütungsstrukturen 43

Copy Request
- Due Diligence 156

Corporate Governance
- Begriff 246
- Besetzung der Management-/Aufsichtsgremien 246
- Informationsrechte 247
- Key-Man Klauseln 248
- Technologietransfer 250
- Vesting 248
- Wettbewerbsverbote 249
- Zustimmungsvorbehalte des PE-Investors 248

Cross Default
- Begriff 279

Dachfonds als Investoren
- Aktiengesellschaft 54
- Besteuerung 48 ff
- Blind Pool-Strategie 38
- Buyout-Fonds 41
- Carried Interest 43
- Commitment Struktur 47
- Committed Capital 43
- Erfolgsfaktoren 44 ff
- Erlaubnispflicht 61 ff, 65
- Feeder Fund 38
- Gesellschaftsvertrag 69
- GmbH 53
- GmbH & Co. KG 48 ff
- – Abgrenzung private Vermögensverwaltung/Gewerblichkeit 49 f
- – Gründungskommanditisten 51
- – Haftung 51
- – Investoren als Kommanditisten 52
- – Komplementärin 51
- – steuerliche Aspekte 48 f
- Gründe für Investment in PE-Dachfonds 40
- institutionelle Investoren 40
- Investmentperiode 44
- Key Man-Klausel 44
- Kontinuität 46
- Limited Partnership Agreement 69
- Losgrößentransformation 40
- Luxemburger Recht 58 ff
- Management-Fee 42
- Managementvertrag 69
- Mindestzeichnungssumme 40, 44
- Mittelverwendungsvertrag 71
- Multi-Fonds-Strategie 38
- Pre-Commitment-Strategie 38
- Private-Equity-Allokationen über Dachfonds 39
- Prospektpflicht 65 ff
- – Haftung 68
- – öffentliches Angebot 66
- – Prospektinhalt 67
- – Prospektprüfung und Veröffentlichung 67
- – Rechtsgrundlagen 65
- Publikums-Fonds 40
- Qualität des Managements 45
- Recycling 44
- Retail-Fonds 40, 43, 47 f, 52, 70, 71
- Risikoreduktion durch Diversifikation 44
- Struktur eines Fund-of-Funds 37
- Track Record 46
- Trennung von Vermögensanlage und Vermögensverwaltung 42
- Treuhandkommanditmodelle 62
- Treuhandvertrag 70
- typische Merkmale 41

# Stichwortverzeichnis

- Unternehmensbeteiligungsgesellschaft 56
- Venture-Capital-Fonds 41
- Vergütungsstrukturen 42
- Vertragsdokumentation 68 ff
- Wagniskapitalbeteiligungsgesellschaft 55

Data Request
- Due Diligence 155, 156

Data Room
- Datenraumindex 154
- Datenraumregeln 155
- Due Diligence 153 f
- physischer Datenraum 153
- virtueller Datenraum

Datenschutz
- Bundesdatenschutzgesetz 699
- kein Ausschluss der Abtretbarkeit 699

Deal-by-Deal-Modell
- Carried Interest 135, 781

Deal Breaker
- Begriff 141
- Kommunikation während Due Diligence 157

Dealflow
- Begriff 38

Dealing at Arm's Length Principle
- Fremdvergleichsgrundsatz 183

Death Spiral PIPEs
- Begriff 570

Decoupled Bookbuilding
- Angebotsduchführung 416

Delaware Limited Liability Company (LLC)
- Blocker Vehikel 122

Debt-buy-backs
- Distressed Debt Investments 670

Debt-Equity Swap
- Abtretung von Gesellschaftsanteilen gegen Forderungserlass 704
- Begriff 704
- Behandlung von Gesellschafterdarlehen nach MoMiG 708 f
- Besteuerung von Sanierungsgewinnen 716
- Einlage der Forderungen gegen Gewährung von Gesellschaftsanteilen 706
- Kapitalerhaltung 708
- kartellrechtliche Risiken 715 ff
- Risiken für den Investor 707 ff
- Sanierungsinstrument 648
- übernahmerechtliche Risiken 709 ff
- Umwandlungsgestaltung 704 ff
- Verwertung von Sicherungsrechten an Gesellschaftsanteilen 705

Debt Push Down
- als steuerliches Hauptziel 310
- Aufhebung des strukturellen Nachrangs 285
- Begriff 285
- Besonderheiten bei Übernahme börsennotierter Gesellschaften 326
- Formwechsel der Zielgesellschaft/anschließende Anwachsung 322 ff
- Organschaft 310 ff
- „Umhängen" der Fremdfinanzierung 323
- Verschmelzung der Erwerbszweck- auf die Zielgesellschaft (Down-stream Verschmelzung) 313 ff
- Verschmelzung der Ziel- auf die Erwerbszweckgesellschaft (Up-stream merger) 319 ff

Deutsche Fusionskontrolle
- Abwägungsklausel 515
- Anmeldung 516
- Anteilserwerb 507
- Ausnahmen von Anmeldepflicht 509
- Bagatellmarktklausel 510
- Bankenklausel 508
- Bedarfsmarktkonzept 512
- Berechnung des Umsatzes 510 f
- bereits vollzogene Zusammenschlüsse 517
- Besonderheiten bei PE Transaktionen 515
- beteiligte Unternehmen 509
- Beteiligung Dritter am Verfahren 519
- Bieterkonsortien 533 ff
- Drittes Mittelstandsentlastungsgesetz 504
- Einzelmarktbeherrschung 513, 514
- Entscheidung 519
- Erwerb eines wettbewerblich erheblichen Einflusses 508
- Fristen 518
- Gebühren 520
- Inlandsauswirkung 512
- Kontrollerwerb 506
- kontrollpflichtige/nicht kontrollpflichtige Vorhaben 504
- Marktabgrenzung 512 f
- marktbeherrschende Stellung 513
- Marktbeherrschungsvermutungen 514
- Mehrfachnotifizierungen 524 ff
- Ministererlaubnis 521
- Nebenabreden 516
- oligopolistische Marktbeherrschung 514
- Prognoseentscheidung 515
- räumlich relevanter Markt 513
- Rechtsmittel gegen Entscheidung 519 f
- sachlich relevanter Markt 512
- Umsatzschwellen 509 ff
- Verfahren 516
- Vermögenserwerb 505
- Verweisung an die Kommission 523
- Vollzugsanzeige 520
- Vollzugsverbot 482, 517
- Zusammenschlusstatbestände 505

Direktbeteiligung
- Infrastructure Investments 745 ff
- Managementbeteiligung 210, 746
- steuereffiziente Gewinnrepatriierung 93

disclosures
- Begriff 382

disclosure schedule
- Begriff 382

# Stichwortverzeichnis

Discounted Cash Flow-Methode
- Entity-Methode 198
- Equity-Methode 198
- Unternehmensbewertung 24, 198 f
- Weighted Average Cost of Capital-Ansatz 198

Distressed Debt Investments
- Begriff 667
- Betriebsänderung 722
- Betriebsübergang 720 f
- bilanzieller Wertansatz 668
- Debt-Equity Swap 704 ff
- Eigenkapitalunterlegung 668
- Erwerb von notleidenden Kreditforderungen 684 ff
- Finanzierung in der Krise 670 ff
- Fresh Money 668
- MaRisk 669
- Motivation des Erwerbers 669
- Motivation des Verkäufers 668
- Portfoliotransaktionen 668, 717 ff
- Rating 669
- Single Name Transaktionen 668, 670 ff
- umwandlungsrechtliche Übertragung von Forderungsportfolien 719 ff

Distressed Equity Investments
- Abgrenzungen 648 f
- Anforderungen an den Distressed Equity Investor 653
- Begriffe/Abgrenzung 645 ff
- Debt-Equity Swap 648
- Distressed Equity 647
- Due Diligence 650
- Eigenkapitalinvestitionen 644 ff
- Europäisches Insolvenzrecht 662
- Geschäftsleitungshaftung 660
- Gewerbesteuer 666
- Insolvenzantragspflicht 660
- Investition nach Eröffnung des Insolvenzverfahrens 658
- Investition nach Stellung des Insolvenzantrages 657
- Investition vor Stellung des Insolvenzantrages 655 f
- Investment-Optionen 646
- Investor als faktischer Geschäftsführer 661
- Klassifizierung der Investitionsmöglichkeiten 647
- Körperschaftsteuer 665
- Maßnahmenidentifikation und Umsetzung 652
- rechtliche Herausforderungen 645
- Restrukturierungskonzept 651 ff
- Rendite-Risiko-Profil 644
- Sanierungsfähigkeit 649
- Sanierungsgewinnbesteuerung/Sanierungsprivileg 664
- steuerliche Rahmenbedingungen 664 ff
- Übernahme des Eigenkapitals 647
- Umsatzsteuerpflichtigkeit der Management-Leistung 664
- Unternehmenskrise 646
- Verfügbarkeit von Investitionsobjekten 653
- Verfügbarkeit von Refinanzierungsmitteln 654
- Verlustverrechnung 665
- Vermögensverwaltung/gewerbliche Tätigkeit 664
- Vorenthalten und Veruntreuen von Arbeitsentgelt 661
- Wertsteigerung durch aktives Engagement 652
- wirtschaftliche Herausforderungen 645

distribution waterfall
- Carried Interest 133, 135

Dividenden
- Besteuerung bei institutionellen Investoren 118, 460, 462
- Besteuerung bei natürlichen Investoren 455 f
- Besteuerung beim ausländischen Investor 479

Documentary Conditions Precedent
- Fremdfinanzierung 269

Doppelbesteuerungsabkommen (DBA)
- Abkommensberechtigung 84
- Pan-Asiatische Fonds 110
- Vermeidung der Doppelbesteuerung 100
- VR China-Fonds 110

double dip
- Begriff 254, 864

Down-stream Verschmelzung
- Ausgangsstruktur 314
- Gesamtrechtsnachfolge 313
- gesellschaftsrechtliche Gesichtspunkte 315
- Grunderwerbsteuer 318
- Pro und contra 318
- Steuerrechtliche Gesichtspunkte 316
- Umsatzsteuer 317
- Verluste/nicht ausgeglichene negative Einkünfte 317
- Voraussetzungen und Funktionsweise 315 ff
- zeitliche Fragen 318
- Zinsabzug 317

Drag Along
- Exit durch Anteilsveräußerung 369
- Mitverkaufspflichten 252

Dual Track-Verfahren
- Auswahl der Berater 441 f
- Börsengang 398, 426 f, 432
- Definition 424
- Dokumentation 446 ff
- Dual Track 428
- Erlösmaximierung 430
- Exit-Option 423 ff
- Management 437 ff
- Mandatsvereinbarung 447
- M&A-Prozess
- – Secondary Buy-Out 426
- – Trade Sale 425

# Stichwortverzeichnis

- Synergien 433 f
- Transaktionssicherheit 429
- Unternehmenskaufvertrag 447
- Pro und Contra 448
- Prozess und Koordination 431 ff
- Prozessbrief 446
- Prozesssteuerung und Kommunikation 442 f
- Verkauf 432
- Vertraulichkeitsvereinbarung 446
- Vorbereitung des Exits 431
- zeitliche Planung 444

Due Diligence
- Biotechnology Investments 764 ff
- Börsengang 401
- Distressed Equity Investments 650
- Financial Due Diligence s. dort
- klassische PIPEs 581
- Legal Due Diligence s. dort
- moderne PIPEs 592 f
- Tax Due Diligence s. dort

due diligence defense
- Begriff 401

Earn-Out
- variable Kaufpreisregelung 373

EBIT/EBITDA
- Beteiligungscontrolling 352
- Financial Due Diligence 192
- Schuldendienstdeckungsgrad 277
- Tax Due Diligence 182

„echter" Equity Kicker
- Varianten 237

Effectively Connected Income (ECI)
- Allgemeines 103
- Entstehungstatbestände 104
- Vermeidungsstrategien 104

Eigenkapitalbeteiligung
- Co-Investmentvereinbarung 218
- Exit 218
- Finanzierung 217
- Leaver-Scheme 218 f
- Kauf von den Finanzinvestoren 217
- rechtliche Wirksamkeit von Call-Optionen 221
- Ratchets 226
- Rückkaufpreis 224
- – Ermittlung des Verkehrswertes 225
- – Vereinbarkeit mit Abfindungsgrundsätzen 224
- Übernahme von Anteilen an der Erwerbergesellschaft 217
- Vesting-Schedule 219
- Zwangseinziehung 223

Einkommensteuer
- Anrechnung der Körperschaftsteuer 455
- gewerblich geprägte Gesellschaft 86, 119
- Halbeinkünfteverfahren 456
- Kapitaleinkünfte 455

- Trade Sale durch Asset Deal 392
- Trade Sale durch Share Deal 390
- Zinseinkünfte 455

Einzelfonds
- Private-Equity-Investment 37

Employee Retirement Income Security Act (ERISA)
- Rechtsfolgen 105
- Regelungsinhalt 102
- Vermeidungsstrategien 106
- Voraussetzungen der „Plan Assets Regulation" 105

Equity Commitment Letter
- Begriff 268

Equity Cure
- Heilung von Verstößen gegen Finanzkennzahlen 279

Equity Interest
- Begriff 105

Equity Kicker
- echter Equity Kicker 237, 626
- Mezzanine-Finanzierungen 237, 625
- Non-Equity Kicker 237, 626
- steuerliche Behandlung 625
- Vergütungselement im Mezzanine-Kredit 263
- virtueller Equity Kicker 262

Erlaubnis
- Dachfonds 61 ff
- Erwerb notleidender Kreditforderungen 700 ff

Erlösverteilungspräferenz
- Exitvereinbarung 253

Ertragsteuer
- laufende Kosten des Fonds 477
- Transaktionskosten 477

Ertragswertverfahren
- Unternehmensbewertung 201

Erweiterungs- und Verkleinerungsoption
- Unternehmensbewertung 202

Erwerb notleidender Kreditforderungen
- Due Diligence 684 f
- Forderungskauf 684
- LMA Trades 687 ff
- Übertragung von Forderungen und Sicherheiten 692 ff

Escape-Klausel
- Zinsschranke 301

EURIBOR
- Laufzeitkredite 259

Europäische Fusionskontrolle
- Anmeldung 498
- Anwendbarkeit der FKVO 482
- Bankenklausel 485
- Besonderheiten bei PE Transaktionen 495
- Beteiligung Dritter am Verfahren 501
- Bezugs- und Lieferpflichten 497
- Bieterkonsortien 538 ff
- Durchführungsverordnung 497
- Entscheidung der Kommission 502

997

# Stichwortverzeichnis

- Fristen 500
- Fusion 482
- gemeinsame Kontrolle 483
- horizontale Zusammenschlüsse 492
- Kontrollerwerb 483 ff
- Kontrollerwerb durch Investmentfonds 485
- Leitlinien zur Bewertung 491 f
- Lizenzvereinbarungen 497
- Marktabgrenzung 489
- Mehrfachnotifizierungen 524 ff
- Nebenabreden 496 f
- negative alleinige Kontrolle 483
- nichthorizontale Zusammenschlüsse 494
- oligopolistische Marktbeherrschung 495
- pre-notification 498
- Preisheraufsetzungstest/SSNIP-Test 490
- Prognoseentscheidung 491
- räumlich relevanter Markt 491
- Rechtsmittel gegen Kommissionsentscheidung 503
- sachlich relevanter Markt 490
- Umsatzschwellen 485 ff
- Verpflichtungszusagen 500
- Verweisung an nationale Kartellbehörden 521 f
- Vollfunktionsgemeinschaftsunternehmen 484
- Vollzugsverbot 482, 499
- Wettbewerbsverbote 496

Europäisches Insolvenzrecht
- Distressed Equity Investments 662
- Englisches Insolvenzrecht 662 f
- EUInsVO 662

Europäisches Wettbewerbsrecht
- Lizenz-/Kooperationsverträge 770
- Verstoß 770

European Private Equity & Venture Capital Association (EVCA) 24, 204, 350

Events of Default
- Auditor's Qualification 279
- Cross Default 279
- faktische Beschränkung des Kündigungsrechts 280
- Material Adverse Change (MAC) 280
- Repeating Representation 280
- Rechtsfolgen 281
- wichtigste Kündigungsgründe 279

Exit
- Anteilsveräußerung s. dort
- Beteiligung auf Zeit 252
- Beteiligungscontrolling 348
- Börsengang s. dort
- Dual Track-Verfahren s. dort
- Erlösverteilungspräferenzen 253
- Mitverkaufspflichten 252
- Mitverkaufsrechte 253
- Verpflichtung zum Trade Sale/Börsengang 252

Expert Sessions
- Due Diligence 156, 169

Fair Value
- Bewertung 24, 34, 47, 205
Faktischer Geschäftsführer
- Investor 661
Familienstiftung
- Begriff 3, 17
Fee Letters
- Begriff 267
Feeder-Fonds
- Versicherungsunternehmen/Pensionskassen 27, 35, 38, 115
Financial Covenants s. Finanzkennzahlen
Financial Due Diligence
- Analyse des Cash Flow 194
- Analyse des Working Capital 193
- Analyse von Planungsrechnungen 195
- EBIT/EBITDA 192
- Informationsquellen 192
- Net Debt 192
- Net Working Capital 192, 193
- Normalisierungsbedarf 193
- Unternehmensbewertung s. dort
- Zielsetzung 191
Finanzierung des Beteiligungserwerbs
- CPECs 476
- Legal Due Diligence 161
- Tax Due Diligence 180 ff
- Zinsschranke 475
- Zwischenschaltung einer NewCo 474 f
Finanzierungszusage
- Commitment Papers 267
Finanzkennzahlen
- Compliance Certificate 278
- Equity Cure 279
- Gearing 278
- Investitionszahlungen (Capital Expenditure) 277
- Minimum Net Worth 278
- Net Worth Ratio 278
- Schuldendienstdeckungsgrad (Cash-flow Cover) 277
- Verschuldungsgrad (Leverage) 277
- Zinsdeckungsgrad (Interest Cover) 277
Flexible Kapitalstruktur
- als Parameter für inländische Fonds 74
- GmbH & Co. KG 75
- GmbH & Co. KGaA 79
Folgeinvestitionsoption
- Unternehmensbewertung 202
Fondsstrukturierung s. Ausländische Fondsstrukturen, Inländische Fondsstrukturen
Formwechsel der Zielgesellschaft
- Debt-push-down 322
Founders' Buy Back
- Begriff 253
Founders' lock up
- Begriff 251
Frankfurter Wertpapierbörse (FWB) 401

# Stichwortverzeichnis

Frankreich
- Acquisition agreements 817
- - MAC clause 817
- - Verhandlungsabbuch, break-up fees, reverse break-up fees 818
- Akquisitionsstrukturen 816
- - LBOs 816
- - PIPEs 816
- Besteuerung 815, 821 ff
- Capital Contributions 811
- Capital Distributions 811
- Carried Interest 813
- Exit Optionen 819
- Finanzaufsicht 815
- Finanzierungsstruktur 819
- Fusionskontrollrecht 525
- gängige Fondsstrukturen 810
- Investor Committee 815
- Liquidation 814
- Management Fees 812
- Private-Equity-Transaktionsstrukturen 816 ff
- regulatorische Erfordernisse 820
- Überblick über den Private-Equity-Markt 808

Freiwillige Leistungen
- betriebliche Übung 566
- Einstellung 566 ff
- Freiwilligkeitsvorbehalt 566
- Widerrufsvorbehalt 567

Fremdfinanzierung
- Abzugsfähigkeit des Zinsaufwandes beim Kreditnehmer 287
- Allgemeine Auflagen für Kreditnehmer 274
- Asset Based Lending 266
- Besicherung der Kredite 283 ff
- Besteuerung des Kreditgebers 287 f
- Certain Funds 268 ff
- Commitment Papers 267 ff
- Dokumentation der Kreditfinanzierung 271 ff
- Finanzkennzahlen 277
- Finanzierungszusage 267
- Hochzinsanleihen (High Yield Bonds) 266
- Infrastructure Investments 755 ff
- Intercreditor-Vereinbarung 282
- Kapitalertragsteuer 289
- Konsortialbestimmungen 281
- Kündigungsgründe (Events of Default) 279
- Mezzanine-Kredite 261 ff
- Öffentlich Private Partnerschaften 756 f
- PIK-Kredite (Payment in Kind) 264
- Second-Lien-Kredite 261
- Senior-Kredite 258 ff
- Sicherstellung der Kaufpreisfinanzierung 268 ff, 756
- syndizierter Kredit 257
- typische Akquisitionsfinanzierungsstruktur 257
- „Umhängen" der Fremdfinanzierung 323

- Verkäuferdarlehen (Vendor Loans) 265
- Vertragsmuster für Kreditverträge 271 f
- wichtigste Regelungen des Kreditvertrages 273
- Zusicherungen der Kreditnehmer 273

Fremdwährungsengagements
- Beschränkungen 114

Fresh Money
- Distressed Debt Investing 668, 670

Fund-as-a-whole-Konzept
- Ausschüttungszeitpunkt des Carried Interest 135, 136

Fund-of-Funds
- Struktur 37

Fundable Commitment Papers
- Begriff 270

Fungibilität der Kapitalanlagen
- Anlagebeschränkung 21, 33, 115

Fusionskontrollrecht
- Anmeldepflichten 374 f
- Bieterkonsortien 533
- China 530
- Deutsche Fusionskontrolle s. dort
- Europäische Fusionskontrolle s. dort
- Frankreich 525
- Italien 526
- Mehrfachnotifizierungen 524 ff
- Österreich 527
- Polen 527
- Russland 532
- Spanien 528
- USA 529

Garantieverpflichtungen
- Garantiegeber 242
- Garantiekatalog 242
- Haftung 243, 380
- maßgeblicher Zeitpunkt 243
- Regelungsgegenstand 380 f
- selbständige Garantie 242, 379 ff
- Upstream-Garantien 285
- vertragliche Rechtsfolgenvereinbarungen 241
- Warranty Insurance 383

GbR mbH
- Ausgestaltung des Private Equity Fonds 77

Geheimhaltungspflicht
- Aktiengesellschaft 146
- Spannungsverhältnis zur Informationsoffenlegung 142

Geheimhaltungsvereinbarung
- Biotechnology Investments 761

Gemeinnützigkeit
- Mittelverwendung 11, 121

General Undertakings
- Aufweichung durch Release Conditions 276
- Begriffsbestimmung 274
- Besonderheiten bei deutschen Kreditnehmern 275

999

# Stichwortverzeichnis

- Erlaubnistatbestände 275
- Vertragstechnik 274

Geographische Anlagebeschränkung
- Outbound-Fonds 113

Geprägetheorie 119, 121

Gesamtbetriebsvereinbarungen
- Auswirkungen eines Betriebsübergangs 553

Gesamtverband der Deutschen Versicherungswirtschaft (GDV) 32, 35

Geschäftsleitende Holding
- Anti-Treaty-/Anti-Directive-Shopping 96

Geschäftsleitungshaftung
- Insolvenzantragspflicht 660
- Vorenthalten und Veruntreuen von Arbeitsentgelt 661

Geschlossene Fonds
- Ausgestaltung des PE-Fonds 7, 74

Gesellschafterdarlehen
- Grundsätze 676
- Insolvenzanfechtung 681
- Kleinbeteiligungsprivileg 679
- Mitspracherechte des Darlehensgebers 679
- MoMiG 708 ff
- Optionsberechtigte 678
- Pfandrechtsinhaber am Geschäftsanteil 678
- Sanierungsprivileg 680

Gesellschafterfremdfinanzierung
- Tax Due Diligence 180

Gesellschaftsrecht
- Prüfungsschwerpunkt bei Due Diligence 159

Gewährleistung
- Beteiligungsvertrag 241 ff
- Managementbeteiligung 218
- Secondary Purchase 387
- Trade Sale 378

Gewerbebetrieb
- Negativabgrenzung nach § 14 Satz 1 AO 26
- Positivabgrenzung nach § 15 Abs. 2 Satz 1 EStG 26

Gewerbesteuer
- Abzugsbeschränkungen 302
- Distressed Equity Investments 666
- Dividenden 118 f
- gewerbliche GmbH & Co. KG 77
- gewerbliche Mitunternehmerschaft 48
- Immobilieninvestment 99 f
- Kapitalgesellschaften 79
- PE-Fonds mit Betriebsstätte im Inland 12
- Real Estate Investments 733 ff
- Stiftungen 12
- Trade Sale 389, 392
- Unternehmensbeteiligungsgesellschaft 56, 80
- Vermeidung einer gewerblichen Infektion 25 f

Gewerbliche Schutzrechte
- Legal Due Diligence 161

Gewerblichkeit
- Abgrenzung zur Vermögensverwaltung 13, 42 ff, 86, 119, 664

- ausländische Personengesellschaft 86
- Folgen für Stiftungen 12 f
- Gewerbebetrieb 26
- GmbH & Co. KG 77
- kraft Prägung 86, 119
- kurzfristiges Handeln von Beteiligungen 453
- originäre 119
- Outbound-Fonds 119
- Personengesellschaft 77, 452 ff
- Reinvestition von Veräußerungserlösen 453
- Sicherheitengestellung 452
- unternehmerisches Tätigkeitwerden 453
- „Verkaufen" eigener Marktkenntnis 453
- Vermarktung von Beteiligungen 453
- Versicherungsunternehmen 25 f
- Verwaltungs-Organisation 452
- Wertpapierhandel 452
- „Zebragesellschaft" 455

Gewinnabführungsverträge
- Fremdfinanzierung 286

Gewinnrepatriierung
- Akquisitionsstruktur 92 f
- Ausgangsstruktur 327
- Besteuerung von Target/NewCo beim „full-exit" 328
- Besteuerung von Ausschüttungen des Target/NewCo („Teil-Exit") 328
- - Gewerbesteuer 330
- - Körperschaftsteuer 328 f
- Besteuerung von Lux S.à.r.l. an den PE-Fonds 330
- Direktbeteiligung 93
- Gewerbesteuer
- Immobilieninvestment 99 f
- indirekte Beteiligung 94 ff

Gewinnverschiebungen
- Tax Due Diligence 179

Gleichordnungskonzerne
- Voraussetzungen 299

GmbH
- Fondsstruktur 78
- Private-Equity-Dachfonds 53
- Zulassungsentscheidung über Due Diligence 150 f

GmbH & Co. KG
- Aufsichtsrecht 76
- Entwicklung für Private-Equity-Fonds 74
- flexible Kapitalstruktur 75
- gewerbliche 77
- Haftungsbeschränkung 75
- marktübliche Besteuerung des Carried Interest 75
- Private-Equity-Dachfonds 48 ff
- steuerliche Transparenz 75
- Umsatzbesteuerung von Management-Leistungen 77
- Vermögensverwaltung 76

1000

# Stichwortverzeichnis

GmbH & Co. KG aA
- Carried Interest 79
- Fondsstruktur 78 f
- keine flexible Kapitalstruktur 79
- Management Fee 79
- marktübliche Besteuerung des Carried Interest 79
- steuerliche Neutralität 79
- Umsatzbesteuerung von Management-Leistungen 80

Good Leaver
- Beteiligungsvertrag 249
- Managementbeteiligung 220
- Rückkaufspreis 224

Grandfathering-Regelung
- Begriff 134

Greenshoe-Option
- Börsengang 420 f

Grenzüberschreitende Akquisitionsstrukturen
- Convertible Preferred Equity Certificates (CPECs) 304
- Nutzung einer ausländischen Holdinggesellschaft 303 ff
- Nutzung grenzüberschreitender Akquisitionsstrukturen 306
- Preferred Equity Certificates („PECs") 303
- Steuerfolgen für inländische Akquisitionsgesellschaft (NewCo) 306 ff
- Steuerfolgen für inländisches Zielunternehmen 309
- Zwischenschaltung einer LuxCo 303 ff

Grunderwerbsteuer
- Down-stream Verschmelzung 318
- Real Estate Investments 736 ff
- Tax Due Diligence 187 ff
- Trade Sale 388, 392
- Übertragung von Gesellschaftsanteilen 188
- Übertragung von Grundstücken 187
- Up-stream Merger 321

Grunderwerbsteuergesetz (GrEStG) 187

Haftungsbeschränkung
- als Parameter für inländische Fonds 74, 75
- Ausgliederung des Fonds-Management 42
- Disclaimer 435
- Due Diligence Reports 157
- GbR mbH 77
- GmbH & Co. KG 75
- GmbH & Co. KG aA 79
- Konsortialbestimmungen 281

Halbeinkünfteverfahren
- Dividenden 49, 120, 456, 460, 470, 632
- Veräußerungsgewinne 49, 54, 458, 461, 470, 497

Halteklauseln
- Beteiligungsvertrag 248

High Yield Bonds 257, 266

Hinzurechnungsbesteuerung
- US-amerikanische Besteuerung auf Investorenebene 102

Hochzinsanleihen
- Fremdfinanzierung 257, 266

Holding-Privileg
- Begriff 114

Hurdle Rate
- Mindestrendite 8, 133, 135, 254

Iceberg Provisions
- Begriff 769
- Fortbestand der Lizenz nach Ablauf 770
- Wettbewerbsverbote 769
- Zugriff Dritter auf Intellectual Property 769

IDW S1
- Unternehmensbewertung 204

Immobilieninvestment
- ertragsteuerliche Besonderheiten 91

Immobilienrecht
- Legal Due Diligence 160

Inbound-Fondsstruktur
- beschränkte Steuerpflicht 85 f
- Besteuerung nach Abkommensrecht 90
- Besteuerung nach nationalem Recht 89
- Betriebsstätte/ständiger Vertreter im Inland 87
- Doppelbesteuerungsabkommen 84
- ECI/UBTI 103 f
- ERISA 105
- Exit 89 f
- gewerbliche Prägung 86
- Hinzurechnungsbesteuerung/CFC-Rules 102
- Immobilieninvestment 91, 99
- Inlandsbezug sonstiger Einkünfte 89
- Inlandsinvestitionen durch Steuerausländer 83 ff
- originär gewerblicher Charakter 86
- Repatriierung von Gewinnen 92 ff
- – Akquisitionsstruktur 92 f
- – Direktbeteiligung 93
- – indirekte Beteiligung 94
- Steuerneutralität 82
- Steuersubjekte und Abkommensberechtigung 83, 84
- Typenvergleich 83
- US-amerikanische Vorgaben 101

Indien
- Anteilskaufvertrag 937 f
- Beteiligungsvertrag 936
- Börsennotierung/Going public 942
- Carried Interest 934
- Ergebnisverwendung 934
- Exit 941 f
- Foreign Direct Investment/Sectoral Caps 935
- Gesellschaftervereinbarung 939 f
- Investor Committee 934
- Investoren 933
- Kapitalaufbringung 933

1001

# Stichwortverzeichnis

- Liquidation 934
- Management Fee 934
- Marktübersicht 931
- Trade Sale 942
- Transaktionsstruktur 935 f
- übliche Fondsstrukturen 932
- Zustandekommen von Investitionen 935

Indirekte Beteiligung an Akquisitionsgesellschaft s. *Zwischenholding*

Infrastructure Investments
- Akquisitionskontrolle für ausländische Investoren 744
- Charakteristik 741
- Direktinvestition 745
- Fremdfinanzierung 755 ff
- Infrastruktur als Anlageklasse 741
- Infrastrukturfonds und strategische Investoren 743
- Investoren 743
- Managementbeteiligungen 746
- mittelbare Beteiligung an Infrastruktur 746
- Öffentlich Private Partnerschaften 747 ff
- politische/gesellschaftliche Akzeptanz 742
- Rendite und Risikoprofil 742
- Unterschied zum Private-Equity-Fonds 744

initial public offering (IPO) s. *Börsengang*

Inländische Fondsstruktur
- AIFM-Richtlinie 81
- Aktiengesellschaft 78
- Aufsichtsrecht 74
- Definition 73
- flexible Kapitalstruktur 74
- GbR mbH-Modell 77
- geschlossene Fonds 7, 74
- gewerbliche GmbH & Co. KG 77
- GmbH 78
- GmbH & Co. KGaA-Modell 78
- Haftungsbeschränkung 74
- Kapitalgesellschaftsmodelle 78 f
- marktübliche Besteuerung des Carried Interest 8, 74
- Personengesellschaftsmodelle 74 ff
- steuerliche Transparenz 74
- Stille Gesellschaft als Beteiligungsmodell 78
- Unternehmensbeteiligungsgesellschaft 80
- vermögensverwaltende GmbH & Co. KG 74
- Wagniskapitalbeteiligungsgesellschaft

Insolvenzanfechtung
- Finanzierung in der Krise 681 ff, 715

Insolvenzantragspflicht
- drohende Zahlungsunfähigkeit 660
- Geschäftsführung 655, 660
- Haftung 661
- Überschuldung 661
- Zahlungsunfähigkeit 660

Institutionelle Investoren
- ausländische 479
- Besteuerung 460 ff, 479

- Dachfondskonzepte 40
- steuerpflichtige 460 ff

Intellectual Property
- Due Diligence bei Biotechnology Investments 766 ff

Intercreditor-Vereinbarung
- Fremdfinanzierung 282

Interessenausgleichsverfahren
- Betriebsänderung 555 ff

Interest Cover
- Zinsdeckungsgrad 275, 277

International Financial Reporting Standards (IFRS)
- Bewertung 24 f, 30, 32, 34 f

Interim Facility Agreement
- Übergangsfinanzierung 270

Internal Rate of Return (IRR)
- Beteiligungscontrolling 351

Investitionsphase
- Beteiligungscontrolling 344 ff

Investment Company Act 105, 783

Investmentänderungsgesetz (InvÄndG) 125

Investmentperiode
- Fondsstrukturierungsmerkmal 44

Investmentsteuergesetz (InvStG) 25, 123, 470

Investmentsteuerrecht
- Anwendbarkeit 124 ff, 470
- Bekanntmachungs- und Nachweispflichten 123
- Bereichsausnahme 124
- Definitionen 470
- Investmentänderungsgesetz 125
- Investmentaufsicht 127
- Outbound-Fonds 123 ff
- pauschale Besteuerung 470
- Rückgaberecht der Anteile 127
- Sonderfall Private-Equity-Fonds 126
- Strafbesteuerung 123, 128 ff, 470
- Vermeidung der „Strafbesteuerung" 128 ff

Italien
- Fusionskontrollrecht 526

J-Curve-Effekt
- Verlauf der Wertentwicklung 47, 887

Japan
- abhängige Fonds 903
- Anlegerschutz 917
- ausländische Gesellschaftsformen 915
- Buy-out Fonds 906 f
- Eintragung/Anzeige 917
- Fonds inländischer Institutionen 903
- Fondsstrukturen 902
- General Partnership 913
- Kapitalgesellschaften 915
- Limited Liability Partnership (LLP) 914
- Limited Liability Partnership for Investment (LPS) 911 f
- Merkmale von Fondsverträgen 919

# Stichwortverzeichnis

- Private-Equity-Markt 899 ff
- rechtliche Rahmenbedingungen 915 f
- Restrukturierungs-Fonds 908 f, 910
- Stille Gesellschaft 914
- unabhängige Fonds 904
- Unterstützungsbemühungen der Regierung 909
- Venture Capital/Start-up Fonds 904 f, 910

Kanada
- Abwehrtaktiken 894
- Akquisitionsstrukturen 892
- Anlegerbeirat 891
- Besteuerung 892, 896
- Carried Interest 890
- Ergebnisausschüttung 889
- Exits/Desinvestments 896
- Fondsstrukturen 888 ff
- Income-Trust 897 f
- kanada-spezifische Transaktionsmerkmale 895
- Kapitalaufbringung 889
- Kapitalbeschaffung 895
- Kaufverträge 894
- Liquidation 891
- Management Fee 890
- Pensionsfonds 897
- „Poison Pills" 894
- regulatorisches Umfeld 891
- Transaktionsstrukturen 892 ff
- Trusts 897
- Überblick 887 f
- Übernahmevorschriften und Plans of Arrangement 892
- übliche Fondsstrukturen 888
- zusätzliche Deal Strukturen 893

Kapitalbeteiligung s. Eigenkapitalbeteiligung

Kapitalertragsteuer
- Fremdfinanzierung 289
- Gewinnausschüttungen 79, 91, 328
- Kapitalertragsteuerabzug 92
- Real Estate Investments 730 ff

Kapitalgesellschaftsmodelle
- AG-/GmbH-Modell 78
- Besteuerung 472
- GmbH & Co. KG aA 78

Kapitalstiftung
- Begriff 5

Kartellrecht s. Deutsche Fusionskontrolle, Europäische Fusionskontrolle, Fusionskontrollrecht

Kaufpreis
- Anpassungsklauseln 373
- Exit durch Anteilsveräußerung 372 f
- fester Kaufpreis 372
- variable Kaufpreisregelung 373

Kennzahlen s. Finanzkennzahlen

Key Economic Terms
- UK 798
- USA 781

Key Findings
- Due Diligence 157

Key Man-Klausel
- Beteiligungsvertrag 248, 250

Klassische PIPEs
- Ausstattung neu auszugebender Aktien 577 f
- Begriff/Herkunft 570
- Beispiele 572
- Beteiligung durch Übernahme von Aktien 577 f
- Beteiligung über Wandel-/Optionsanleihen 580
- Bezugsrechtsausschluss 579
- Börsenzulassung der neuen Aktien 580
- Due Diligence 581
- Herkunft der Aktien 577
- Interessenlage aus Sicht der Zielgesellschaft 576
- Vereinbarungen zwischen Investor und Zielgesellschaft 582

Kleinbeteiligungsprivileg
- Distressed Debt Investments 677, 679 f
- Gesellschafterdarlehen 679

Kollektives Arbeitsrecht 552 ff

Kommanditgesellschaft s. GmbH & Co. KG

Konsortialbestimmungen
- Fremdfinanzierung 282

Kontokorrentforderungen
- Distressed Debt Investments 703

Konzern
- Begriff 298

Konzernbeteiligungen
- Aufhebung des Ausschlusses 21

Körperschaftsteuer
- Besteuerung auf Ebene des Target/NewCo 328
- Distressed Equity Investments 665
- Dividendenausschüttung 118, 329
- GmbH & Co. KGaA 79
- Stiftung 3, 12
- Trade Sale 388, 392
- Versicherungsunternehmen 26

Kündigung des Kreditvertrags
- Auditor's Qualification 279
- Cross Default 279
- faktische Beschränkung des Kündigungsrechts 280
- Material Adverse Change (MAC) 280
- Repeating Representation 280
- Rechtsfolgen 281
- wichtigste Kündigungsgründe 279

Kursschwankungen
- Stabilisierung 419

last in first out (LIFO)
- Beteiligungsvertrag 254

Laufzeitkredite (Term Facilities)
- Fremdfinanzierung 258

1003

# Stichwortverzeichnis

Leaver-Scheme
- Ausgestaltung von Call- und Put-Optionen 220
- Bedeutung 219
- Good Leaver/Bad Leaver 220

Legal Due Diligence
- Assumptions 157
- Auction Sale 153
- Berichte 156, 157 f
- Bestandteil jeder Unternehmenstransaktion 140
- Confirmatory Due Diligence 140
- Copy/Data Request 156
- Datenraum 153 f
- Datenrauindex 154
- Datenraumregeln 155
- Datenschutz 149
- Deal Breaker 141, 157
- Due Diligence Reports 157 f
- – Aufbau 157
- – Darstellung 158
- Due Diligence Request List 153, 155
- Due Diligence Team 155
- Durchführung 156 ff
- Einordnung in den Transaktionsprozess 140
- Executive Summary 157
- Expert Sessions 156
- Funktionen 140 f
- Informationsquellen 156
- Interessensabwägung 147 f
- Interessenskonflikte 142 f
- Key Findings 157
- Kommunikationsstrategie 157 ff
- Management Presentation 155, 157
- Nutzung aller verfügbaren Informationsquellen 156
- Offenlegung von Betriebs- und Geschäftsgeheimnissen 144
- Pflicht zur Zulassung 151
- physischer Datenraum 153
- Post Acquisition Due Diligence 140
- Private-Equity-Transaktionen 162
- – erweiterter Adressatenkreis der Due Diligence 163 f
- – Restrukturierung/geplanter Exit 164
- – Secondary Buy-outs 164
- – Übernahme/Ablösung bestehender Finanzierung 163
- Prüfungsschwerpunkte 159 ff
- – Arbeitsrecht 160
- – Commercial Due Diligence: Wichtige Vertragsbeziehungen 161
- – Finanzierung/Banking 161
- – Gesellschaftsrecht 159
- – Gewerbliche Schutzrechte 161
- – Immobilienrecht 161
- – Öffentliche Zuschüsse und Beihilfen 162
- – Rechtsstreitigkeiten 162
- – Versicherungen 162
- Q&A-Process 156
- Reliance Letter 164
- Reports 157 f
- Reportingstandards 156
- Site Visit 157
- Spannungsverhältnis Informationsoffenlegung/Geheimhaltung 142, 148
- Vendor Due Diligence 140, 158
- virtueller Datenraum 154
- Vorbereitung
- – durch den Käufer 155 ff
- – durch den Verkäufer 153 f
- Wechselwirkung mit Vertragsgestaltung 141
- Zulassungsentscheidung 142 ff
- – bei einer Aktiengesellschaft 144 ff
- – bei einer GmbH 150 f
- – bei Personenhandelsgesellschaften 152
- – materieller Inhalt 144
- Zurückhaltung von Informationen 149

Letter of Intent (LOI)
- Abgrenzung zum Vorvertrag 234
- Bedeutung für den Transaktionsverlauf 233
- Break-up-Fees 234
- Vorfeldvereinbarung 233

Leveraged-Buy-outs (LBOs)
- Akquisitionen durch Private Equity Investoren 92
- Dokumentation 276, 282
- Down-stream Verschmelzung 313
- Finanzkennzahlen 277
- Kaufpreis 296

Leverage Covenant
- Verschuldungsgrad 277

Leveraged Re-Capitalization
- Ablauf der Leveraged Recap 332
- Anleihenemission 335
- Auskehrung der Liquidität 335
- Beispiel einer Leveraged Recap 335 f
- Einbringung der Beteiligung an NewCo 333
- gesellschaftsrechtliche Rahmenbedingungen 337
- Gründung einer Zwischenholding 333
- Struktur der Leveraged Recap 332 ff
- wirtschaftlicher Hintergrund 330 f

Leverage-Transaktion
- Begriff 291

Limited Partnership
- UK 795
- USA 779, 780

Limited Partnership Agreement (LPA)
- Dachfonds als Investoren 69

Liquidationspräferenz
- Biotechnology Investments 772
- Exit durch Anteilsveräußerung 370

LMA Trades
- „A Trade is a Trade" 688
- Anatomie 687 f

# Stichwortverzeichnis

- Begriff 687
- Due Diligence 689
- Gewährleistung 689
- Kaufpreis 689
- Standardbedingungen 688 ff
- Telephone Trade 687
- Trade Confirmation 688
- Übertragungsdokumentation 688
- umsatzsteuerliche Risiken 691
- Verträge in Deutschland 690
- Vollzugstag 688
- Zinsen 689

Lock-up-Perioden
- Begriff 127

LuxCo
- Convertible Preferred Equity Certificates (CPECs) 304
- Preferred Equity Certificates (PECs) 303
- steuergünstiger Exit 305
- Zwischenschaltung 303 f

Luxemburger Securitisation Vehicle
- Verbriefungsgesellschaft 122

Majority Lenders
- Begriff 282

Management Buy-out (MBO)
- Managementbeteiligung 208

Management Equity Program (MEP)
- Begriff 208

Management Fee
- Begriff 8
- Dachfonds 42, 69
- GmbH & Co. KG 75
- GmbH & Co. KGaA 79

Management Participation Program (MPP)
- Begriff 208

Management Presentation
- Due Diligence 155, 157

Managementbeteiligung
- Begriff 207
- Co-Investmentvereinbarung 208, 218
- Eigenkapitalbeteiligungen 209, 217 ff, s. a. dort
- Infrastructure Investments 746
- Kernelemente 207 ff
- Kombinationsmodelle 211
- Management Equity Program 208
- Management Participation Program 208
- Matching Stock-Program 211
- Offenlegung der Vergütung der Führungsorgane 228
- Optionsrechte 210, 214 ff
- – arbeitsrechtliche Aspekte 215 f
- – Vorgaben durch das Aktiengesetz 214
- – Einbeziehung von Aufsichtsratsmitgliedern 215
- Phantom Stocks 210
- Ratchets 207, 226
- Tantiemenvereinbarung 210, 212 ff

- – arbeitsrechtliche Grundsätze 212
- – Umqualifizierung in verdeckte Gewinnausschüttung 213
- Vesting Schedule 207, 219
- virtuelle Kapitalbeteiligung 210
- Zielrichtungen 208

Managementgesellschaft
- GmbH & Co. KGaA 78
- Zulassung durch AIFM-Richtlinie 81

Managementleistungen
- Umsatzbesteuerung 77, 79, 664

Managementvertrag
- Dachfonds 69

Mandatory Prepayments
- Fremdfinanzierung 275, 686

Margin Ratchet
- Fremdfinanzierung 259
- gewinnabhängige Verzinsung 686

MaRisk
- Mindestanforderungen an das Risikomanagement 361, 669

Marketing
- Börsengang 418

Marktwert s. Fair Value

Massenentlassungen
- Reorganisation auf Betriebsebene 561

Master-Feeder-Struktur
- Gründe für den Einsatz 27 f

Matching Stock-Programm
- Managementbeteiligung 211

Material Adverse Change (MAC)
- Kündigungsgrund 280, 414

Mehrfachnotifizierungen
- Kartellrecht 524 ff

Meilensteinzahlung
- Beteiligungsvertrag 772, 774

Meldepflichten
- aktien- oder wertpapierrechtliche 383
- fusionskontrollrechtliche 374 f, 504, 509, 516
- moderne PIPEs 585, 586, 591
- Trade Sale 383

Mezzanine Investments
- Ablauf, idealtypischer 642
- Abzugsfähigkeit von Finanzierungsaufwand 629 ff
- – EK-Genussrechte 628 ff
- – gewerbesteuerrechtliche Hinzurechnung
- – Zinsschranke 636
- Auswahlkriterien für geeignetes Finanzierungsinstrument 639
- Besteuerung 621 ff
- Bewertung von Mezzanine Kapital 604 ff
- Charakteristika 237, 597
- Covenants 597
- Debt Mezzanine 598 f, 612
- Definition 597
- Distressed Debt Investments 673 ff
- Eigenkapitalsurrogat 596, 598

1005

# Stichwortverzeichnis

- EK-Genussrechte 629
- Equity Kicker 625 f
- Equity Mezzanine 598 f, 612
- Erhöhung des Finanzierungsspielraumes 601
- „ewige Anleihen" 621
- Genussrechte/partiarisches Darlehen 616 ff, 629
- Gesellschafterdarlehen 613
- gewinnabhängige Vergütungen 625 f
- handelsbilanzielle Einordnung 605
- HGB-Anforderungen 605 f
- IFRS-Anforderungen 607
- internationales Steuerrecht 627 f
- Interessenskonflikte von Mezzanine Kapital 604
- Kapitalertragsteuer 627 f
- Kategorien mezzaniner Finanzierungen 612
- keine ordentlichen Kündigungsrechte 611
- Längerfristigkeit der Kapitalüberlassung 610
- Leveraged Buy-out Markt 603
- Moral Hazard 603
- Motive für Aufnahme von Mezzanine Kapital 600
- Motive für Bereitstellung von Mezzanine Kapital 602
- Nachrangigkeit 597, 611
- Nachrangigkeit und § 5 Abs. 2 a EStG 623 f
- Non-Buy-out Markt 604
- Optionsanleihe 620
- Qualifizierungskriterien 610
- Rating 609
- Risiko und Renditeerwartung 602
- stille Beteiligung 614 f
- Thin-Cap-Rules 636
- Transaktionskosten 603
- typische Instrumente 641
- Verbesserung der Bilanzrelationen/Ratings 600
- Vergütung des Investors für Kapitalüberlassung 597
- Wandel-, Umtauschanleihe 619
- Zinsschranke 636 f
- Zusammensetzung der Mezzanine Rendite 598

Mezzanine-Kredite
- Nachrangigkeit 264
- Prepayment Fees 263
- Warrant/Equity Kicker 263

Milestone-Finanzierung
- Beteiligungsvertrag 239

Milestone Payments
- Begriff 767

Minimum Commitment
- Strukturierungsmerkmal 44

Mittelverwendungsvertrag
- Dachfondsgesellschaft 71

Mitveräußerungspflichten (Drag Along)
- Beteiligungsvertrag 252

- Exit durch Anteilsveräußerung 369

Mitveräußerungsrechte (Tag Along)
- Beteiligungsvertrag 253
- Exit durch Anteilsveräußerung 370

Mitwirkungspflichten
- Fondsbeteiligung 116

Moderne PIPEs
- Begriff/Herkunft 571
- Beispiele 573
- Beteiligungsaufbau 584
- Dokumentation 594
- Due Diligence 592 f
- Erwerb von Wandel-/Optionsanleihen 592
- Interessenlage aus Zielgesellschaftssicht 583
- Meldepflichten des Stillhalters 591
- Meldepflichten gemäß §§ 21, 22 WpHG 585
- Meldepflichten gemäß § 25 WpHG 586
- Nichtberücksichtigung von Stimmrechten 587
- Swaps mit Cash Settlement 590
- Swaps mit physischem Settlement 589
- Überblick 584
- unmittelbarer Aktienerwerb über die Börse 588
- Vereinbarungen zwischen Investor/Zielgesellschaft 594
- Verwendung von Swaps 588 ff

Monitoring
- Outbound-Fonds 114

MoRaKG
- Carried Interest 134
- Unternehmensbeteiligungsgesellschaft 56 f
- Wagniskapitalbeteiligungsgesellschaft 55

Multi-Fonds
- Dachfonds 38

Naked Warrants
- Aktienoptionen 211

Negative Pledge
- Release Conditions 276

Natürliche Personen
- Besteuerung der Investoren 455 ff

Net Debt
- Due Diligence 192, 196

Net Working Capital
- Financial Due Diligence 192, 193

net-of-taxes-Klauseln
- Begriff 136

NewCo
- Besteuerung beim full-exit 328
- Eigenkapitalbeteiligungen 217
- Gewinnrepatriierung 92
- Körperschaftsteuer 328
- Steuerfolgen für inländische Akquisitionsgesellschaft 306
- Finanzierung des Beteiligungserwerbs durch Zwischenschaltung 474 f

Nichtberücksichtigung von Stimmrechten
- moderne PIPEs 587

# Stichwortverzeichnis

Nichtrechtsfähige Stiftung
– Charakteristik 3
Niederlande
– Besteuerung 874
– Share Purchase Agreement 873
– Coop 870 ff
– – Besteuerung 872
– – Carried Interest 871
– – Charakteristika 870
– – Investment Committee 872
– – Kapitalauszahlungen 870
– – Kapitaleinlagen 870
– – Liquidation 872
– – Management Fees 871
– – regulatorische Vorgaben 872
– Exit Options 873
– Finanzierung (Thin-Cap Rules) 873
– Fondsstrukturen 869 ff
– Partnerships, NV, BV 869
– Transaktionsstrukturen 873 ff
– Übersicht über die Private-Equity-Industrie 86
Non-Consenting Lenders
– Konsortialbestimmungen 282
Non-Equity Kicker
– Mezzanine Investments 237, 626
Non-participating preference
– Beteiligungsvereinbarungen 254

OECD
– geographische Anlagebeschränkung 113
Öffentlich Private Partnerschaften (ÖPP)
– Änderung des FStrPrivFinG 751
– Änderung des Investmentgesetzes 751
– Änderung der Vergabeverordnung 750
– Effizienzgewinne 747
– Entwicklung 747
– Forfaitierung mit Einredeverzicht 757
– Gesetzesvorhaben 751 f
– Infrastruktur-Sondervermögen 752 ff
– Modelle 748 f
– ÖPP-Beschleunigungsgesetz 750
– „Partnerschaften Deutschland" 752
– Projektfinanzierung 757
– Rahmenbedingungen 750 ff
– Vereinfachungsgesetz 752
Öffentliche Zuschüsse und Beihilfen
– Legal Due Diligence 162
Öffnungsklausel
– geographische Anlagebeschränkung 113
Offshore Private Equity Fonds
– Fondsstrukturen 82
Operating Company
– Strukturierungsmöglichkeit 106
Optionsrechte
– arbeitsrechtliche Aspekte 215
– Einbeziehung von Aufsichtsratmitgliedern 215

– Managementbeteiligung 210 f, 214 ff
– Vorgaben durch das Aktiengesetz 214
Organschaft
– Einkommenszurechnung 311
– Funktionsweise 310 f
– Pro und contra 313
– Tax Due Diligence 173 f
– Voraussetzungen 310 f
– zeitliche Fragen 311 f
Organwaltertheorie 77
Österreich
– Besteuerung
– – Investorebene 830
– – Mehrwertsteuer 831
– – PE-Fonds 830
– Beteiligungsvertrag 832
– Carried Interest 828
– Entwicklung 824
– Ergebnisverwendung 827
– Exit-Optionen 833
– Finanzaufsicht/Regulatorisches Umfeld 829
– Fremdfinanzierung (Thin-Cap Rules) 833
– Fusionskontrollrecht 527
– Investor Committee 829
– Kapitalaufbringung und -investments 827
– Liquidation 828
– Management Fee 828
– Steuerfragen 834
– Transaktionsstruktur 832 ff
– übliche Fondsstrukturen 825 f
Outbound-Fondsstruktur
– Anlagesicherheit: Monitoring 114
– Anzeige- und Erklärungspflichten bei Auslandssachverhalten 116
– aufsichtsrechtliche Strukturerwägungen 112
– Außensteuergesetz (AStG) 130
– Besteuerung der Investoren 117 ff
– Carried Interest 132 ff
– Feeder-Vehikel 115
– Fremdwährungsengagements 114
– Fungibilität/Treuhändervermerk 115
– geographische Anlagebeschränkungen 112
– Holding-Privileg 114
– Institutionelle Investoren 118
– Investmentsteuerrecht 123
– Pan-Asienfonds 110
– Private Investoren 119
– schuldnerbezogene Beschränkungen 114
– Steuerliches Einlagekonto 131
– steuerbefreite Investoren 120
– Steuererklärungspflichten 116
– steuerrechtliche Strukturerwägungen 115 ff
– US-Fonds 109
– Vermeidung der „Strafbesteuerung" 128 ff
– VR China-Fonds 110 f

Pan-Asiatische Fonds
– Fondsstruktur 110

1007

# Stichwortverzeichnis

Par Loans
- Begriff 668, 669

participating preference
- Beteiligungsvertrag 254

Pay-to-play-Klauseln
- Einschränkung des Verwässerungsschutzes 245

PEIGG Valuation Guidelines
- Unternehmensbewertung 204

Pensionskassen als Investoren
- Anforderungen durch Kapitalmarkt und Steuergesetze 24 ff
- Anforderungen durch Regulierung 19 f
- Anlagebeschränkungen 20 ff
- Anlageverordnung 20 ff
- Asset-Liability-Management 21
- Aufsicht 19 ff, 112
- freies Vermögen 20
- Fungibilität der Kapitalanlagen 21
- GDV-Modell 32 f
- gebundenes Vermögen 20
- Kontrolle durch die BaFin 23
- Master-Feeder-Struktur 27
- niedrige Anlagevolatilität 24
- qualitative Anlagenbeschränkungen 20
- quantitative Beschränkungen 22
- Sicherungsvermögen 20
- Solvency I 28 ff
- Solvency II 30
- Steuerbefreiung 26, 120 f
- Stresstests 23
- Streuung der Kapitalanlagen 22
- Vermeidung der Gewerblichkeit 25 f
- zukünftige Anforderungen durch Solvency II 28 ff
- Zweck der Versicherungsaufsicht 19

Pensionsfonds-Kapitalanlageverordnung (PFKapAV) 21

Per-se-Corporation
- Begriff 102

Performing Loans
- Begriff 668

phantom income
- Begriff 130

Phantom Stocks
- Begriff 210

PIK-Kredite
- Fremdfinanzierung 264

Ping-Pong-Verfahren
- Begriff 135

PIPEs
- Akquisitionsstruktur und Finanzierung 575
- Bedeutung in Deutschland 572
- Begriff/Herkunft 569
- Death Spiral PIPEs 570
- Erscheinungsformen 570 ff
- klassische PIPEs 570, 576 ff
- - Beteiligung durch Übernahme von Aktien 577 ff
- - Beteiligung über Wandel-/Optionsanleihen 580
- - Due Diligence 581
- - Interessenlage aus Zielgesellschaftssicht 576
- - Vereinbarungen zwischen Investor/Zielgesellschaft 582
- moderne PIPEs 571 ff, 583 ff
- - Beteiligungsaufbau 584 ff
- - Due Diligence 592
- - Interessenlage aus Sicht der Zielgesellschaft 583
- - Vereinbarungen zwischen Investor/Zielgesellschaft 594
- Structured PIPEs 569
- Vorteile aus Sicht des Investors 573

Planfonds-/Insolvenzplankredit
- Distressed Debt Investments 674

Plan Assets Regulation
- Voraussetzungen 105 f

Planungsrechnungen
- Financial Due Diligence 195

Polen
- Fusionskontrollrecht 527

Portfoliobericht
- Aufbau 354
- Darstellung der Bank Covenants 356
- Darstellung der beschlossenen Maßnahmen/deren jeweiliger Status 357
- Erläuterung/Kommentierung der wirtschaftlichen Situation 357
- Kennzahlensystem 355
- Überblick und Zusammenfassung 354

Portfoliotransaktionen
- Betriebsänderung 722
- Betriebsübergang 720 ff
- Risikobegrenzungsgesetz 718
- Spaltung nach §§ 123 ff. UmwG 719
- Verwertungsstrategie 717

Post Acquisition Due Diligence
- Begriff 140

Pre-Commitment-Strategie
- Dachfonds 39

Pre-Money-Bewertung 771

Preferred Equity Certificates (PECs)
- Zwischenschaltung einer LuxCo 303

Preferred Return
- Begriff 8, 135

Prepayment Fees
- Vorfälligkeitsgebühren 263

primary-shares
- Beitritt durch Kapitalerhöhung 235

Private Equity
- AIFM-Richtlinie 81
- Aktiengesellschaft 78
- Aufsichtsrecht 74
- Definition 73
- flexible Kapitalstruktur 74

# Stichwortverzeichnis

- GbR mbH-Modell 77
- geschlossene Fonds 7, 74
- gewerbliche GmbH & Co. KG 77
- GmbH 78
- GmbH & Co. KGaA-Modell 78
- Haftungsbeschränkung 74
- Inbound 82 ff
- Kapitalgesellschaftsmodelle 78 f
- marktübliche Besteuerung des Carried Interest 8, 74
- Outbound 108 ff
- Personengesellschaftsmodelle 74 ff, 450 ff
- steuerliche Transparenz 74
- Stille Gesellschaft als Beteiligungsmodell 78
- Unternehmensbeteiligungsgesellschaft 80
- vermögensverwaltende GmbH & Co. KG 74 ff, 450 ff
- Wagniskapitalbeteiligungsgesellschaft 80

Private-Equity-Erlass 26, 248, 389
Private-Equity-Gesetz 73
Private Investment in Public Equity s. PIPE
Private Investoren
- Besteuerung in Outbound-Fonds 120
- Dachfondskonzepte 40
Private Placements
- Begriff 76
Prospektpflicht
- Haftung 68
- öffentliches Angebot 66
- Prospektinhalt 67
- Prospektprüfung und Veröffentlichung 67
- Rechtsgrundlagen 65

Q&A-Process
- Due Diligence 156

Ratchets
- Begriff 207
- full-ratchet-Klausel 245
- Managementbeteiligung 207, 226
- Margin Ratchet 259, 686
- performance ratchet 804
Rating
- Distressed Debt Investments 669
- Verbesserung als Motiv für Beteiligungsform 600, 669
- wirtschaftliche Bewertung von Mezzanine Kapital 609
Real Estate Investments
- Abschreibung 725
- Abzug von Fremdfinanzierungsaufwendungen 725 ff
- ertragsteuerliche Besonderheiten 91, 99
- Kapitalertragsteuer 730 ff
- (keine) Gewerbesteuer/Betriebstätte 733 ff
- Grunderwerbsteuer 736 ff
- laufende Besteuerung 724 ff
- Steuervergünstigung für konzerninterne Umstrukturierungen 738
- Steuerpflicht 724
- Zinsschranke 725 ff
Real Estate Operating Company (REOC)
- Inbound-Struktur 106
Realoptionen
- Unternehmensbewertung 202
Rechtsfähige Stiftung
- Charakteristik 3
Rechtsstreitigkeiten
- Legal Due Diligence 162
„Recycling"
- Begriff 44
Rekapitalisierung als Teil-Exit
- Ablauf der Leveraged Recap 332
- Anleihenemission 335
- Auskehrung der Liquidität 335
- Beispiel einer Leveraged Recap 335 f
- Einbringung der Beteiligung an NewCo 333
- gesellschaftsrechtliche Rahmenbedingungen 337
- Gründung einer Zwischenholding 333
- Struktur der Leveraged Recap 332 ff
- wirtschaftlicher Hintergrund 330 f
Release Conditions
- Aufweichung von Auflagen 276
Reliance Letter
- Begriff 120, 159, 164
Repatriierung von Einlagen
- EU-Gesellschaften 131
Repatriierung von Gewinnen s. Gewinnrepatriierung
Repeating Representation
- Begriff 280
Representations
- Fremdfinanzierung 273
Restrukturierungskonzept
- Distressed Equity Investments 651
Retail-Dachfonds
- Produkte für private Investoren 40
- Treuhandvertrag 70
Revolving Facility
- Fremdfinanzierung 260, 276
Risikobegrenzungsgesetz
- Erwerb einer Sicherungsgrundschuld 693
- Mitteilungspflicht für Inhaber wesentlicher Beteiligungen 422
- Portfoliotransaktionen 718
- Übernahme börsennotierter Gesellschaften 709
- Zusammenrechnung der Finanzinstrumente 422
Risikodiversifikation
- Fondskriterium 124
RMB-Fonds
- Begriff 110
Rollover Loan
- Begriff 260

# Stichwortverzeichnis

Rückkaufpreis
- Ermittlung des Verkehrswertes 225
- Vereinbarkeit mit Abfindungsgrundsätzen 224

Rückstellungen
- Tax Due Diligence 170

Russland
- ausländische Zielgesellschaft 950
- Fondsstrukturen 944 ff
- – ausländische Fondsgesellschaften 947
- – russisches Recht 945
- Fusionskontrollrecht 532
- Legal Due Diligence 948
- Marktübersicht 944
- russische Zielgesellschaft 949
- typische Inhalte von Investment Agreements 951 ff
- typische Strukturierungsmuster 949 f

Sale-and-Lease-Back-Transaktionen
- Asset Based Lending 266

Sanierungsfähigkeit
- Distressed Equity Investments 649

Sanierungsgewinne
- Distressed Debt Investments 716
- Distressed Equity Investments 664
- Steuerbefreiung nach alter Rechtslage 238, 664

Sanierungskredit
- Insolvenz 672
- Kündbarkeit 672
- Merkmale 671
- Sittenwidrigkeit 674 f
- „Super Senior" Position 673

Sanierungsprivileg
- Distressed Equity Investments 664, 680

Schuldübernahme
- Fremdfinanzierung 285

Schweden
- Anteilskaufvertrag 882
- ausländische Fondsstrukturen 875
- Besteuerung
- – Aktiengesellschaft 881
- – Fonds 880, 881
- – Investoren 880
- – Kommanditgesellschaft 880
- – Mehrwertsteuer 882
- Beteiligungsvertrag 882
- Börsennotierung/Going public 884
- Carried Interest 878
- Exit-Optionen 883 f
- Finanzaufsicht/regulatorisches Umfeld 879
- Fremdfinanzierung (Thin Cap Rules) 883
- Gesellschaftervertrag 883
- Investor Committee 879
- Investoren 876
- Kapitalaufbringung 877
- Liquidation 878
- Management Fee 877
- schwedische Fondsstrukturen 876
- Steuerfragen 886
- Trade Sale 884
- Transaktionsstruktur 882 ff
- übliche Fondsstrukturen 875 f

Second-Lien-Kredite
- Fremdfinanzierung 261

Secondary Buy-outs
- Dual Track 426
- Due Diligence 164

secondary direct investments
- Begriff 251

Secondary Purchase
- Bewertung 368
- Exit-Variante 365
- Gewährleistung und Garantie 387
- rechtliche Struktur 386 ff
- steuerliche Folgen 392
- Veräußerung der Fondsgesellschaft 364
- Veräußerung des Portfolios 365, 386
- Veräußerung einzelner Beteiligungen 364, 386

Secondary Sale
- Begriff 252

secondary-shares
- Beteiligungsvertrag 235

Securitisation
- Asset Based Lending 266

Sekundärinsolvenzverfahren
- Vermeidung 663

Selbstständige Stiftung s. Rechtsfähige Stiftung

Selbstzweckstiftung
- Begriff 3, 5

Senior-Kredite
- Begriffsbestimmung 258
- Betriebsmittellinie (Revolving Facility) 260
- ergänzende bilaterale Linien (Ancillary Facilities) 261
- Laufzeitkredite (Term Facilities) 258

SEStEG
- steuerneutrale Einlagenrückgewähr 131

Share Deal 100
- Begriffsbestimmung 364
- Einkommensteuer 390
- Gewerbesteuer 389
- Grunderwerbsteuer 188, 388
- Körperschaftsteuer 388
- Legal Due Diligence 143
- Tax Due Diligence 168, 188
- Umsatzsteuer 387

Sharma-Bericht 30

Single Name Transaktionen
- Debt-Equity Swap 704 ff
- Erwerb notleidender Kreditforderungen 684 ff
- Finanzierung in der Krise 670 ff

Site Visit
- Due Diligence 157

# Stichwortverzeichnis

Société d'Investissement en Capital à Risque (SICAR)
– Besteuerung als Fondsgesellschaft 474
– Dachfonds 59
Société d'Investissement à Capital Variable (SICAV)
– Dachfonds 58
Solvabilität 29 ff
Solvency
– Entwicklung der Vericherungsaufsicht zu Solvency I 28 f
– Entwicklung der Vericherungsaufsicht zu Solvency II 30 ff
– Konsequenzen für Anlage in Private Equity 32
– zukünftige Anforderungen durch Solvency II 28 ff
Sozialplanverfahren
– Betriebsänderung 557 ff
Spaltung nach §§ 123 ff. UmwG
– Portfoliotransaktionen 719 ff
Spanien
– Anforderungen an interne Organisation 840
– Anlageformen und Portfolio 841
– Aufsichts- und Sanktionsregime 841
– Besteuerung des Fonds 843
– Beteiligungsstrukturierung 849 ff
– Debt Push Down/Financial Assistance 847 f
– Einkommensteuer/Carried Interest 844
– Ergebnisverwendung und Carried Interest 842
– Exit-Strukturierung 852
– Fondo de Capital-Riesgo (FCR) 838
– Funds-of-funds 842
– Fusionskontrollrecht 528
– Genehmigung 840
– Haftungsbegrenzung in Genehmigung 839
– Investmentstrukturierung 845 f
– Karenzfristen, Unbeachtlichkeit von Verstößen 842
– Kaufvertrag 847
– Körperschaftsteuer 844
– Prüfverfahren der CNMV; Kapitalisierung 840
– Régimen común und régimen simplificado 839
– Registereintragung 841
– Risikostreuung/Diversifikation 842
– Satzung 839
– Sociedades de Capital-Riesgo (SCR) 837
– Steuerfragen 853
– Transparenz 840
– übliche Fondsstrukturen 837
– Untätigkeit des CNMV 841
Stabilisierung
– Begrenzung von Kursschwankungen 419
– StabilisierungsVO 419
staged financing
– Beteiligungsvertrag 239
stand alone
– Begriff 155

Start-Up-Unternehmen
– Unternehmensbewertung 203
Steuerbefreite Investoren
– Besteuerung 120 f, 462
Steuererklärungspflichten
– Outbound-Fonds 116
Steuerhinterziehungsbekämpfungsgesetz 116
Steuerliche Strukturierung der Akquisitionsfinanzierung
– Debt-push-down Strukturen 310 ff
– – Down-stream Verschmelzung 313 ff
– – Formwechsel der Zielgesellschaft 322
– – Organschaft 310 ff
– – Up-stream merger 319 ff
– – „Umhängen" der Fremdfinanzierung 323
– – gewerbesteuerliche Abzugsbeschränkungen 302
– Gewinnrepatriierung 327 ff
– Grundsatz der Finanzierungsfreiheit 292
– Nutzung einer ausländischen Holdinggesellschaft 303 ff
– Zinsschranke (§§ 4 h EStG, 8a KStG) 293 ff
Steuerliche Verlustvorträge
– Tax Due Diligence 175 ff
Steuerliches Einlagekonto
– Drittstaaten- (und EWR-)Gesellschaften 132
– EU-Gesellschaften 131
Steuerneutralität
– als Parameter für inländische Fonds 74, 82
– GmbH & Co. KG 75, 451
– GmbH & Co. KGaA 79
– Zwischenholding 94
Steuerrecht
– ausländische Investoren 479
– CPECs 476
– Finanzierung 474 ff
– Kapitalgesellschaft 472
– laufende Fonds-Kosten 477 f
– SICAR 474
– Transaktionskosten 478
– Unternehmensbeteiligungsgesellschaft 473
– vermögensverwaltende Personengesellschaft 450 ff
– – Besteuerung der Investoren 455 ff
– – Besteuerung der Personengesellschaft 451 ff
– – Investmentsteuergesetz 470
– – Umsatzsteuer 470 ff
– Wagnisbeteiligungsgesellschaft 473
– Zinsschranke 475
Stiftungen als Investoren
– Anleger 2 ff
– Anstaltsstiftung 5
– Begünstigungsverbot 17
– Bestandserhaltungsgrundsatz 8 f
– Familienstiftung 3, 17
– Gebot der ertragreichen Vermögensanlage 10, 14
– Gebot der Selbstlosigkeit 6, 11, 17

1011

# Stichwortverzeichnis

- Gebot der sicheren Vermögensanlage 8 ff
- Gebot der zeitnahen Mittelverwendung 6, 15 f
- Gemeinnützigkeitsrecht 6, 11, 12, 17
- gewerbliche Beteiligung 12 f
- Illiquidität von Anlagen 14
- Kapitalstiftung 5
- Kostenstruktur 16
- nichtrechtsfähige/treuhänderische Stiftung 3
- Private Equity als alternative Anlageklasse 2
- Rahmenbedingungen der Vermögensanlage 4 ff
- rechtsfähige Stiftung 3
- Rechtsformen 2 ff
- Selbstzweckstiftung 3, 5
- steuerfreie/-pflichtige Einkünfte 12 ff
- Stiftungen der öffentlichen Hand 4
- Stiftungs-GmbH 3
- Stiftungs-Verein 4
- Stiftungszivilrecht 5
- Verbot der unbeschränkten Rücklagenbildung 6
- Verbrauchsstiftungen 6
- Verlustrisiko 8 ff
- Vermögen als Schlüsselfunktion 2
- Vermögensanlage 4 ff
- Vermögensausstattung 1, 5
- Vermögenserhaltung 5 f
- Vermögensverwaltung 1, 4, 13
- Zweckbetrieb 12

Stiftungen der öffentlichen Hand
- Charakteristik 4

Stiftungsaufsicht 3, 4

Stiftungs-GmbH
- Charakteristik 3

Stiftungs-Verein
- Charakteristik 4

Stille Gesellschaft als Beteiligungsmodell
- Fondsstruktur 78

Stimmrechte
- Nichtberücksichtigung 587

Strafbesteuerung
- Outbound-Fonds 123
- Vermeidung 128 ff
- – Fondsreporting 128
- – Spezialfondsregime 129
- – Zertifikatestruktur 130

Stresstests
- Überwachungsinstrument 23

Structured PIPEs
- Struktur 569 f

Substanzwertverfahren
- Unternehmensbewertung 201

Swaps
- Cash Settlement 590
- moderne PIPEs 588 ff
- physisches Settlement 589

syndizierter Kredit *s. Fremdfinanzierung*

Tag Along
- Beteiligungsvertrag 253
- Exit durch Anteilsveräußerung 370

Tantiemen
- arbeitsrechtliche Grundsätze 212
- Managementbeteiligung 210, 212 ff
- Problematik der verdeckten Gewinnausschüttung 213

Tarifsozialplan 560

Tarifverträge
- Auswirkung von Umwandlungsvorgängen 547
- Besonderheiten bei Bezugnahme 554
- Betriebsübergang 554

Tax Credit Clause
- Begriff 288

Tax Due Diligence
- Asset Deal 168, 187
- Aufnahme des steuerlichen Status 169
- Auftragsvergabe 167
- Begriff, Inhalt 166
- Berichterstattung und Auswertung 189
- Betriebsprüfungen 169
- Beziehungen zu ausländischen verbundenen Unternehmen 183
- – Dealing at Arm's Length Principle 183
- – Dokumentation von Verrechnungspreisen 184
- – Einkünfteberichtigung 184
- – Fremdvergleichsmaßstab 183
- Durchführung 169 ff
- Eigenkapitalstruktur 170
- Finanzierung 180
- Gesellschafterfremdfinanzierung 180 f
- Gewinnverschiebungen 179
- Grunderwerbsteuer 187 ff
- – Asset Deal 187
- – Prüfungsschwerpunkte 187
- – Share Deal 188
- immaterielle Wirtschaftsgüter 172
- Informationsquellen 167 ff
- offene Veranlagungszeiträume 170
- Organschaften 173 f
- Risikobegrenzung 190
- Rückstellungen 170
- Share Deal 168, 188
- Steuerklauseln 190
- steuerlich relevante Informationen 168
- steuerliche Verlustvorträge 175 ff
- – Rechtslage ab 2008 177
- – Rechtslage ab 2010 178
- – Rechtslage bis 2007 175 f
- Tax Due Diligence Report 167
- Teilwertabschreibungen 171
- Umfang des Untersuchungsprogramms 167
- Umsatzsteuer 185
- – Konsequenzen der Geschäftsveräußerung 185

# Stichwortverzeichnis

- – Prüfungsschwerpunkte 185
- – Risiken des Zielunternehmens 186
- Untersuchung ausgewählter Bilanzpositionen 170 ff
- verdeckter Einlagen 179
- verdeckte Gewinnausschüttung 179
- Verträge mit Gesellschaftern/nahe stehenden Personen 179
- Vorbereitung 167 ff
- Vorgehensweise 166 f
- Ziele 166
- Zinsschranke 181

Tax Exempt Entities
- Begriff 101

Tax Indemnity Clause
- Begriff 288

Technologietransfer
- Corporate Governance 250

Teilwertabschreibungen
- Tax Due Diligence 171

Term Facilities
- Fremdfinanzierungen 258

Term Sheet
- Begriff 267
- Regelungen zugunsten der Zielgesellschaft 764
- Sorgfaltspflicht des Investors 763
- üblicher Inhalt 762
- verbindliche Klauseln 763
- Verhandlungs-/Abschlussexklusivität 763

Track Record
- Dachfonds 46

Trade Sale
- Aktiengesellschaft 377, 378
- Begriffsbestimmung 364
- Besonderheiten beim Asset Deal 383 f
- Beteiligungsvertrag 252
- Bewertung 367
- Biotechnology Investments 773
- Dual Track 425
- Einkommensteuer 390, 392
- Exit-Variante 364
- gesetzliche Gewährleistungsansprüche 378
- Gewerbesteuer 389, 392
- GmbH 376, 377
- Grunderwerbsteuer 388, 392
- Haftung 377
- Körperschaftsteuer 388, 392
- Meldepflichten 383
- rechtliche Struktur 376
- steuerliche Folgen beim Asset Deal 391 ff
- steuerliche Folgen beim Share Deal 387 ff
- Umsatzsteuer 387, 391
- Verschulden bei Vertragsverhandlungen 379
- Verpflichtung zum Trade Sale 252
- vertragliche Garantieversprechen 379 ff
- Warranty Insurance 383

Transaktionskosten
- Ertragsteuer 477
- Umsatzsteuer 477

Treaty-Shopping
- Begriff 479

Treuhand
- Certain Funds 269
- indirekte Partizipation des Investors 697
- Retail-Dachfonds 70

Treuhand-GmbH
- Managementbeteiligung 210

Treuhänderische Stiftung *s. Nichtrechtsfähige Stiftung*

Treuhändervermerk
- Outbound-Fonds 115

Turnaround-Investments
- Beteiligungsvertrag 237

Übertragende Sanierung
- Distressed Equity Investments 659

„Umhängen" der Fremdfinanzierung
- Debt Push Down 323 ff
- Erwerb eigener Anteile 324
- fremdfinanzierte Dividende/Up-stream Darlehen 324
- konzerninterne Veräußerung 325
- Struktur 323

UK
- Alternative Investment Fund Managers Directive 803
- Ausfall der limited partner 797
- Capital Contributions 796
- Carried Interest 798
- Exit 806
- Fondsgröße und Investmentstrategie 796
- Fondsstrukturen 794 ff
- Fusionskontrollrecht 529
- Guidelines Monitoring Group 803
- Investmentperiode 798
- Key Economic Terms 798 ff
- Limited Partnerships 795
- Management der Partnership 797
- Managementgebühren 799
- Transaktionsstruktur und -finanzierung 804 ff
- Übersicht über den M&A-Markt 793
- Vermarktung 799 ff
- – Collective Investment Schemes 800
- – FSA Rules 800
- – Scheme Promotion Order 800
- – Unauthorised Persons 801
- Walker Report 801 f
- Walker Working Group 803

Umsatzsteuer
- Down-stream Verschmelzung 317
- Entgeltlichkeit 470
- Geschäftsveräußerung 185
- laufende Kosten 478

1013

# Stichwortverzeichnis

- Leistungsbeziehungen in Private Equity Struktur 471
- Management-Leistungen 77, 80, 664
- Risiken des Zielunternehmens 186
- Tax Due Diligence 185 ff
- Trade Sale 387, 391
- Transaktionskosten 477
- umsatzsteuerbare Leistungen 470 f
- Up-stream Merger 321

Umwandlungsrecht
- arbeitsrechtliche Angaben im Umwandlungsvertrag 544
- Auswirkungen auf Betriebsratsstrukturen 546
- Portfoliotransaktionen 719 ff
- Zuleitung des Vertrags an Betriebsrat 544

Uncommited Facilities
- Begriff 260

Unrelated Business Taxable Income (UBTI)
- Allgemeines 103
- Entstehungstatbestände 104
- Vermeidungsstrategien 104

Unselbständige Stiftung s. *Nichtrechtsfähige Stiftung*

Unterbeteiligung
- Beteiligungskonstruktion 696

Unternehmensbeteiligungsgesellschaft
- Beteiligungsform 56 f
- Gewerbesteuerbefreiung 473
- Struktur 80
- UBGG 56

Unternehmensbewertung
- Capital Asset Pricing Model 200
- direkte Bewertungsverfahren 196
- Ertragswertverfahren 201
- EVCA and PEIGG Valuation Guidelines 204
- Discounted Cash Flow Methode 198
- IDW S1 204
- indirekte Bewertungsverfahren 196
- Multiplikatormethode 196, 197
- Problemstellung 196
- Realoptionen 202
- Start-Up-Unternehmen 203
- Substanzwertverfahren 201

Unternehmenskrise
- Begriff 646

Up-stream Verschmelzung
- gesellschaftsrechtliche Gesichtspunkte 319
- Grunderwerbsteuer 321
- Pro und contra 322
- steuerrechtliche Gesichtspunkte 320
- Umsatzsteuer 321
- Verlustvorträge/nicht ausgeglichene negative Einkünfte 321
- Verschmelzung der Ziel- auf die Erwerbszweckgesellschaft 319 ff
- Voraussetzungen und Funktionsweise 319 ff
- zeitliche Fragen 322
- Zinsabzug 321

Up-stream-Sicherheiten
- Begriff 284, 285

USA
- Advisory Committee 782
- Besteuerung auf Investorenebene 102 ff
- „Bring-Down" Conditions 788
- Capital Contributions 780
- Carried Interest 781
- Exits 791
- Finanzierung 791
- Finanzierungskonditionen 785
- Fondsgröße und Investmentstrategie 779
- Fondsstrukturen 109, 779 ff
- Fusionskontrollrecht 529 f
- Gewährleistungsversprechen 789
- Governance Mechanisms 782
- Investitionsperiode 780
- Key Economic Terms 781
- „Key Man" Provisions 782
- Limited Partnerships 779 ff
- MAC Conditions 786
- Management der Limited Partnership 780
- Managementgebühren 781
- Marketing 783
- Marktentwicklung bei M&A-Transaktionen 785
- No Fault Divorce-Provisions 782
- regulatorische Beschränkungen 785
- Schadensersatzvereinbarungen 790
- special purpose acquisition companies (SPACs) 777
- Private-Equity-Transaktionsstrukturen 784 ff
- Übersicht über den M&A-Markt 777 f
- Zusicherungen 789

Value-at-Risk-Modell
- Berechnung der Solvenzkapitalanforderung 32, 35

Vendor Due Diligence
- Begriff 140, 166
- Dual Track-Verfahren 432
- Legal Due Diligence 140, 158 f
- Vendor Due Diligence Report 159
- Vor- und Nachteile 158

Vendor Loans
- Verkäuferdarlehen 265

Venture Capital-Finanzierungen
- Umwandlung Gesellschafterdarlehen in Eigenkapital 238

Venture Capital-Fonds
- Wertschwankungen 25
- Dachfonds 38, 40 f, 44
- Mindestzeichnungssumme 44

Venture Capital Operating Company (VCOC)
- Begriff 106

Veräußerungsgewinne
- Besteuerung beim ausländischen Investor 479
- Besteuerung bei natürlichen Investoren 457

# Stichwortverzeichnis

- Besteuerung bei institutionellen Investoren 118, 461, 463
Verbrauchsstiftungen
- Begriff 6
Verdeckte Einlagen
- Tax Due Diligence 179
Verdeckte Gewinnausschüttung
- Tax Due Diligence 179
- Managementbeteiligung 213
Verfügungsbeschränkung
- Beteiligungsvereinbarung 250
- Fungibilität der Kapitalanlagen 21, 115
Vergütung *s. Carried Interest, Management-Fee*
Verkäuferdarlehen
- Fremdfinanzierung 265
Verkaufsprospekt
- Inhalt 67
- Haftung 68
- öffentliches Angebot von Anteilen 66
- Prospektprüfung und Veröffentlichung 67
- Rechtsgrundlagen 65
- VerkaufsprospektG 65 ff
Verkleinerungsoption
- Unternehmensbewertung 202
Verlustrisiko
- Stiftungen 8 ff
Verlustvorträge
- Tax Due Diligence 175 ff
Verlustverrechnung
- Distressed Equity Investments 665
Vermögensbegriff des VAG 20
Vermögensverwaltung
- Abgrenzung zur Gewerblichkeit 13, 42 ff, 86, 119, 664
Vermögensverwaltende Personengesellschaft
- Abschirmung gewerblicher Tätigkeiten 450
- Aufsicht 76
- Besteuerung der Investoren 455 f
- Besteuerung der Personengesellschaft 451 ff
- Besteuerungsverfahren 454
- Carry-Besteuerung 467 ff
- Carry-Inhaber 464 ff
- Dividendeneinkünfte 455 f, 460, 462
- Entwicklung 74
- flexible Kapitalstruktur 75
- gewerbliche Tätigkeit 451 ff
- institutionelle Investoren 460 ff
- Haftungsbeschränkung 75
- Investmentsteuergesetz 470
- marktübliche Besteuerung des Carried Interest 75
- Pooling des Kapitals 450
- Standardstruktur 75, 449, 450
- steuerbefreite Investoren 462 f
- steuerliche Transparenz 75, 450, 451
- Umsatzsteuer 470 ff
- Veräußerungsgewinne 457, 461, 463
- Vermögensverwaltung 76

- Zinseinkünfte 455, 460, 463
Verschmelzung
- Erwerbszweck- auf die Zielgesellschaft 286, 313 ff
- Ziel- auf die Erwerbszweckgesellschaft 286, 319 ff
Verschonungsregel
- Ermittlung stiller Reserven 178
Versicherungsaufsicht
- Entwicklung zu Solvency I, II 28 ff
- laufende Missstandsaufsicht 19
- Outbound-Fonds 112
- VAG-Reporting 23
- Zweck und Umfang 19
- Vermögensbegriff des VAG 20
Versicherungsunternehmen als Investoren
- Anforderungen durch Kapitalmarkt/ Steuergesetze 24 ff
- Anforderungen durch Regulierung 19 f
- Anlagebeschränkungen 20 ff
- Anlageverordnung 20 ff
- Asset-Liability-Management 21
- freies Vermögen 20
- Fungibilität der Kapitalanlagen 21
- GDV-Modell 32 f
- gebundenes Vermögen 20, 112
- Kontrolle durch die BaFin 23
- Legal Due Diligence 162
- Master-Feeder-Struktur 27
- niedrige Anlagevolatilität 24
- qualitative Anlagebeschränkungen 20
- quantitative Beschränkungen 22
- Sicherungsvermögen 20
- Solvency I 28 ff
- Solvency II 30
- Stresstests 23
- Streuung der Kapitalanlagen 22
- VAG-Reporting 23
- Vermeidung der Gewerblichkeit 25 f
- Vermögensbegriff des VAG 20
- Versicherungsaufsicht 19
- zukünftige Anforderungen durch Solvency II 28 ff
- Zweck der Versicherungsaufsicht 19
Vertragsbeziehungen
- Legal Due Diligence 161
Vertragsmuster für Kreditverträge
- Fremdfinanzierung 271 f
Vertragsübernahme
- Distressed Debt Investments 695
Verwahrstelle
- AIFM-Richtlinie 81
Verwässerungsschutz
- Beteiligungsvertrag 245, 772
Verzögerungsoption
- Unternehmensbewertung 202
Vesting-Regelungen
- Bedeutung 219

1015

# Stichwortverzeichnis

- Begriff 46
- Corporate Governance 248
- Managementbeteiligung 219
Vesting-Schedule
- Begriff 249
Vinkulierung
- Beteiligungsvertrag 251
- Trade Sale 376
virtuelle Kapitalbeteiligung
- Managementbeteiligung 210
Volatilität
- Infrastructure Investments 742, 747
- Versicherungsunternehmen und Pensionskassen 24
Voranbietungspflicht
- Exit durch Anteilsveräußerung 371
Vorerwerbsrecht
- Exit durch Anteilsveräußerung 371
Vorkaufsrechte
- Beteiligungsvertrag 251
- Exit durch Anteilsveräußerung 371
Vorschaltgesellschaften
- Begriff 26
VR China-Fonds s. China

Wachstumsbeschleunigungsgesetz
- Nutzung von Verlustvorträgen 178
Wagniskapitalbeteiligungsgesellschaft
- Beschränkungen 55
- Beteiligungsform 55
- Struktur 80, 473 f
- Vermögensverwaltung 473
Wagniskapitalbeteiligungsgesetz (WKBG) 55
Wandel-/Optionsanleihen
- klassische PIPEs 580
- moderne PIPEs 592
Warrant
- Vergütungselement im Mezzanine-Kredit 263, 626
Warranty Insurance
- Begriff 383
Weighted Average Cost of Capital-Ansatz
- Unternehmensbewertung 198
Weisungsrecht
- der Gesellschafter 248
Wertpapierprospekt
- Billigung durch BaFin 406
- Europäischer Pass 407
- Haftung 407 f
- Inhalt 404
- Nachtragspflicht 406
- Notifizierungsverfahren 407
- Prospekterfordernis 404
- Prospektveranlasser 408

- Sprache 405
- Veröffentlichung 406
Wettbewerbsverbote
- Corporate Governance 249
Working Capital
- Financial Due Diligence 193

Zinsaufwand
- Abzugsfähigkeit beim Kreditnehmer 287
- Nettozinsaufwand 294, 296
Zinseinkünfte
- Besteuerung bei natürlichen Investoren 455
- Besteuerung bei institutionellen Investoren 460
Zinsschranke (§§ 4 h EStG, 8 a KStG)
- Anwendungsbereich 297, 726
- Beschränkung des Betriebsausgabenabzugs 475
- Betriebsbegriff 294 f
- Debt-to-Equity-Swap 297
- Escape-Klausel 301
- Finanzierungsgestaltungen außerhalb der gesetzlichen Ausnahmetatbestände 296
- Freigrenze 298, 475, 727
- Genussrechte 297
- gesetzliche Ausnahmen 298
- Grundregel 475, 726
- keine Konzernzugehörigkeit 298, 727
- keine schädliche Eigenkapitalquote 727
- Konzernzugehörigkeit 727
- Mezzanine-Kapital 297
- Nettozinsaufwand 294, 475
- Probleme 729
- Real Estate Investments 727 ff
- Tatbestandsvoraussetzungen 293 f
- Tax Due Diligence 181
- Überblicksdarstellung 476
- Zinsaufwendungen 295
- Zinserträge 295
Zusicherungen der Kreditnehmer
-Fremdfinanzierung 273
Zustimmungsvorbehalte des PE-Investors
- Geschäftsführungsebene 248
- Strukturmaßnahmen 248
Zwischenholding
- Immobilieninvestment 99
- keine Besteuerung im Inland 94
- - Alternativstrukturen 97
- - Anti-Treaty-/Anti-Directive-Shopping 95
- - keine Basisgesellschaft 94
- Steuerneutralität 94
- steueroptimaler Standort 99